Irland

Fionn Davenport

James Bainbridge, Amanda Canning, Tom Downs, Catherine Le Nevez,
Ryan Ver Berkmoes, Neil Wilson

WEST BELFAST (S. 631)
Das regenerierende Belfast verteidigt seinen Anspruch als heißeste Partystadt Nordirlands

BRÚ NA BOINNE (S. 592)
Dunkle Tunnel führen in die Ganggräber dieser neolithischen Totenstadt hinein

DUBLIN (S. 136)
Ein Guinness in der pulsierenden Hauptstadt Irlands trinken

DERRY (S. 688)
Eine lange Geschichte und hervorragende Pubs in einer der faszinierendsten Städte Irlands

DUNFANAGHY (S. 564)
Bergtouren, Seeklippen, Waldpfade, einsame Strände und geselliges Beisammensein

GLEN GESH PASS (S. 556)
Ein großes Stück Alpenmagie inmitten der Wildnis von Donegal

CONNEMARA (S. 459)
Wildes, kahles Hinterland und eine dramatische Küste

CLONMACNOISE S. 391
Die ausnahmslos besten klösterlichen Ruinen Irlands

SCHOTTLAND

NORDIRLAND

ATLANTISCHER OZEAN

IRISCHE SEE

LEGENDE

HÖHE
1200 m
900 m
600 m
300 m
0

GALWAY (S. 437)
Straßenmusikanten, Bars und Festspiele in einer kulturellen Stadt

ARAN ISLANDS (S. 450)
Kleine magische Inseln – ideal zum Spazieren und Radfahren

ENNIS (S. 397)
Hier spielen die besten irischen Folk-Musiker und laden zum Tanz

KILLARNEY-NATIONALPARK (S. 279)
Einsame Seen und neblig umhüllte Berge

SKELLIG MICHAEL (S. 289)
Ein faszinierendes Kloster aus dem 6. Jh. auf einer von Irlands ursprünglichsten Inseln

BEARA PENINSULA (S. 256)
Felsige Berge und grüne Täler auf der Halbinsel erkunden

KILKENNY (S. 347)
Modernes Flair in der prächtigen mittelalterlichen Stadt erleben

ROCK OF CASHEL (S. 333)
Die spektakuläre Festungsanlage auf dem Gipfel entdecken

KELTISCHE SEE

St. George's Channel

REPUBLIK IRLAND

WICKLOW
WEXFORD
CARLOW
KILKENNY
LAOIS
OFFALY
TIPPERARY
WATERFORD
LIMERICK
CLARE
KERRY
CORK

Galway

Galway Bay

Inishmór
Inishmaan
Inisheer
Aran Islands

Ennis

Limerick

Shannon

Tralee

Killarney-Nationalpark

Killarney

Cork

Cobh

Waterford

Wexford

Rosslare Harbour

Arklow

Wicklow

Greystones
Bray

Cashel

Kilkenny

Saltee Islands

Clear Island

Dursey Island

Valentia Island

Dingle Peninsula
Iveragh Peninsula
Beara Peninsula

Mizen Head

Bantry Bay
Clonakilty Bay

Lough Derg

Lough Ree

Dingle Bay
Tralee Bay

Mein Irland

FIONN DAVENPORT Hauptautor

Dieses Bild vor dem **Rathaus** (S. 98) veranschaulicht zwei wichtige Dinge. Erstens: Wenn im Sommer die Sonne scheint, dürfen sich Shorts und T-Shirt über das Regenimage Dublins getrost lustig machen. Zweitens: Das Fahrrad ist das beste Fortbewegungsmittel in der Stadt, vor allem für Reiseautoren mit immer näher rückendem Abgabetermin.

JAMES BAINBRIDGE

Bei einem Spaziergang nach unserem Mittagessen im **Blind Piper** (S. 293) turnten wir auf Felsen im **Derrynane National Historic Park** (S. 292) herum. Später sind wir dann zum Strand runter, wo ein alter Mann meinte, mein Freund sähe in seinen Kagool-Sachen aus wie Tom Crean. „Wer ist denn das?" fragte mein Freund. „Googlen Sie ihn", war die Antwort des Mannes aus Kerry.

AMANDA CANNING

Ich bin bis zum **Charles Fort** (S. 233) die Küste entlanggewandert und knabberte unterwegs wilden Knoblauch. Die Aussicht über das glitzernde Wasser nach Kinsale und über den Atlantik war einfach einmalig. Auf dem Rückweg kam ich an der wunderbaren **Harbour Bar** (S. 238) vorbei, wo aus einem herrlichen Tag ein unvergesslicher Abend wurde.

TOM DOWNS

Eine Frau aus Sligo war, ebenso wie ich, der Ansicht, dass „Amerikaner in Irland gerne Schafe fotografieren". Ich beschloss, dieses Klischee auszureizen und machte dieses Selbstportrait – mit Schaf, und zwar im County Donegal auf einem Feld, das ich auf dem Weg zur **Geburtsstätte der Hl. Colmcille** (S. 577) durchquerte.

RYAN VER BERKMOES

Gibt es etwas Irischeres als den St. Patrick's Day in Limerick? Ja! Es regnete nämlich in Strömen und ich war nass bis auf die Knochen. Also machte ich mich schnell auf zum nächsten Pub, um mich mit einem Bier aufzumuntern. Obwohl das Bier in Irland immer ungenießbarer wird – Guinness wird zwar immer kälter, milder und süffiger, aber welcher Pub hat schon irgendwas anderes zu bieten als diese langweiligen Gebräus wie Heineken oder Budweiser oder läppisches Smithwicks und ein geschmackfreies Stout? –, war es an diesem Tag und mit diesen Menschen das leckerste, das ich je getrunken habe.

CATHERINE LE NEVEZ

Galway erweist sich immer als ein Riesenspaß, kann sich mitunter aber auch katastrophal auf meinen Recherche-Zeitplan auswirken, etwa wenn ich wieder mal ins Pub gegenüber auf ein „schnelles Bier" eingeladen werde. Das endet dann immer damit, dass sich die Stammgäste selbst hinterm Tresen bedienen. Tja, andere Länder, andere Sitten…

NEIL WILSON

Das Beste an den Recherchen für einen neuen Lonely-Planet-Band ist die Erkundung abgelegener Gegenden. Robert Byron schrieb einmal: „Die schönsten Momente beim Reisen erwachsen zu gleichen Teilen aus Schönheit und Fremdheit." **Cuilcagh Mountain** (S. 522), an der Grenze zwischen den beiden Counties Fermanagh und Cavan, ist schön und fremd – ein mit Kies überdecktes Plateau, das sich vollkommen unwirklich aus einem Meer aus Flachmoor erhebt. Eine der aufregendsten Wanderungen meines Lebens.

Zu den Autoren siehe S. 791

Highlights

Das kleine Irland mit seiner packenden Geschichte, seinen atemberaubend schönen Landschaften und der Wärme und Herzlichkeit seiner Bewohner – und Pubs – steckt voller unvergesslicher Erlebnisse. Was unsere Autoren, Mitarbeiter und Reisenden am meisten begeistert, haben wir hier zusammengefasst. Weitere Highlights gibt's auf lonelyplanet.com/bluelist.

OLIVER ST

1 DUBLINER PUBS

Nirgendwo sonst lässt sich die Geschichte, das Erbe und die Lebensfreude Dublins besser erleben als in den rund 1000 Pubs der irischen Hauptstadt mit ihrem freundlichen Provinzcharme (S. 136).

Fionn Davenport, Autor und Dubliner

INISHMÓR (GALWAY)

Letzten Winter verbrachten wir ein langes Wochenende auf den drei zerklüfteten Inselchen an der Westküste. Den ersten Morgen auf Inishmór (S. 452) fuhren wir sämtliche Wege mit den Rädern ab, immer an den Steinwällen entlang. Wir schlenderten durch alte Ruinen, bis es anfing, in Strömen zu regnen. Also rannten wir schnurstracks zum nächsten Pub und verbrachten dort den ganzen Nachmittag bei Guinness und Pies und zählten Aran-Pullis.

Liz Heynes, Lonely Planet, Melbourne

NAGELESTOCK.COM / ALAMY

2

IRLANDS BESTER KÜSTEN-WANDERWEG (DERRY & ANTRIM)

Wanderstiefel anziehen, Rucksack packen und dann nichts wie los zu einer der schönsten Küstenwanderungen, die Irland zu bieten hat: 16 km von der wackeligen Hängebrücke in Carrick-a-Rede (S. 713) zu den spektakulären Felsformationen von Giant's Causeway (S. 712)

Neil Wilson, Autor

LEFT: RICHARD CUMMINS BELOW: BL IMAGES LTD / ALAMY

3

GLENDALOUGH (WICKLOW)

Glendalough (S. 159) ist eigentlich nur ein nettes Tal mit zwei großen Seen, einer alten Klosterruine und hervorragenden Wanderwegen. Hinfahren sollte man aber vor allem wegen der Landschaft. Im Frühling sind sowohl die Fahrt durch Wicklow als auch der Ort selbst atemberaubend.

Pengy, Thorn-Tree-Mitglied

BALTIMORE (CORK)

Einen romantischeren Ort als Baltimore (S. 244) kann ich mir gar nicht vorstellen. Außerdem gibt es da eines der besten Pubs Irlands: Auf dem Platz vor Bushe's Bar (S. 246) zu sitzen, mit Guinness und Krebs-Sandwich, und dem Treiben am Hafen zuzusehen, im Hintergrund die Inseln und Berge – was kann es Schöneres geben?

tony_b, Thorn-Tree-Mitglied

LEFT:GARETH MCCORMACK

KINSALE (CORK)

Zu Recht ist dieses charmante Hafenstädtchen (S. 232) für seine kulinarischen Genüsse berühmt. Mein Tipp: den Kai entlangbummeln, beim Leuchtturm picknicken und Irlands bestes Essen probieren.

marilily, Bluelist-Autor

MUSIK MIT TRADITION

Sei es ein schaurig-schöner Refrain aus einer alten gälischen Weise oder Höhenflüge eines modernen Freudentanzes: Irische Musik ist etwas Besonderes, denn sie ist kreativ, wunderbar emotional, höchst unterhaltsam, und sie passt hervorragend zum Bier! Für die Iren selbst wie für ihre Gäste gehört Musik zum irischen Leben dazu, egal wo sie gespielt wird – ob in einer kleinen Dorfkneipe, wo sich ein paar alte Käuze spontan zusammenfinden und mit nicht mehr als ein paar Löffeln musizieren, oder in Dublins Konzertsälen, wo jeden Abend immer neue Nachfolger von U2 auftreten.

Ryan Ver Berkmoes, Autor

DOUG MCKINLAY

SLIEVE LEAGUE (DONEGAL)

Wild und abgelegen: Mit über 600 m sind die Klippen von Slieve League (S. 554) die höchsten Europas. Mit dem Fahrrad lassen sie sich prima vom Städchen Donegal aus erreichen, wobei man ruhig auch mal einen Abstecher zur Küstenstraße wagen sollte.

Steve Slattery, Lonely Planet, Melbourne

CHERYL FORBES

CONNEMARA (GALWAY)

Nicht von dieser Welt scheint dieser Landstrich mit seinen schimmernden, kohlegrauen und grünen Hügeln hoch über von Riffen zerklüfteten Seen zu sein, der sich prima erkunden lässt. Inspirierend ist die Strecke entlang Lough Inagh zur Kylemore Abbey. Mit dem charmanten Mallmore House (S. 467) in Clifden als Ausgangspunkt ist die Sky Road (S. 467) entlang der Küste ideal zum Wandern.

ROXY123, Bluelist-Autor

RICHARD CU

9

DINGLE PENINSULA (KERRY)

Einmal bin ich zu einer eisig kalten Silvesterparty im Dick Mack's Pub (S. 309) von London nach Dingle (S. 304) getrampt. Die Leute, die ich dort kennenlernte, waren wunderbar und total verrückt, und alle hatten ein paar Anekdoten aus dem Ort zu erzählen. Ich wurde zu Bier und Steak eingeladen, besichtigte mit einem Pferdedoktor uralte Ställe; man zeigte mir Turmruinen, Schlachtfelder und Feenhügel. Und ich traf Schäferhunde, Dichter und Mädchen mit schrecklichen Zähnen.

Dan Austin, Lonely Planet, Melbourne

11

RICHARD CUMMINS

10 **IRLAND PER FAHRRAD**

Ich schließe mein Titanrad vor dem Pub ab, eingemummelt in neueste Outdoor-Kleidung, während ich mich mit einem 70-jährigen Gentleman unterhalte, der, in Tweed-Hosen und Melone gekleidet, gerade den Pub verlässt, um nach mehreren Pints sein genauso altes – nicht abgeschlossenes – rosafarbenes Fahrrad zu holen.

Jennipoo_McFluffer, Bluelist-Autorin

RICHARD CUMMINS

12 **HOOK PENINSULA (WEXFORD)**

Mit ihrer felsigen Küstenlinie ragt die Halbinsel Hook (S. 188) aus Irlands Südküste. Schon immer galt sie als Hauptlandungspunkt, ob für die Anglo-Normannen oder für Touristen, die tagtäglich am Fährhafen von Rosslare Harbour ankommen. Einheimische geben gern romantische Anekdoten über versunkene Schiffswracks und Dünengeister zum Besten. Harte Fakten hingegen erfährt man im Besucherzentrum in Europas ältestem noch benutzten Leuchtturm (S. 188) und im Hotel Naomh Seosamh (S. 187), wo sich auch der „Irische Verband der Koboldjäger" trifft.

James Bainbridge, Autor

MARTIN

13 WEST BELFAST

Auf einer Fahrt im schwarzen Taxi (S. 653) vorbei an politischen Wandgemälden und der sog. „Peace Wall" im Westen Belfasts, erzählt der allwissende Taxifahrer, nicht ohne ein Fünkchen schwarzen Humors, von Nordirlands konfliktreicher Vergangenheit.

Neil Wilson, Autor

DOUG MC

14 RING OF BEARA (CORK)

Der Ring of Beara (S. 256) ist ein wahrhaft magischer Ort. Verborgene Täler, umringt von Steinmauern und Ginsterbüschen; bunte Dörfer, die bis ans Ufer reichen, und abgelegene Inseln, die aus dem Atlantik ragen – da überrascht es doch, dass bisher so wenige Menschen diesen geheimnisvollen Ort entdeckt haben.

Amanda Canning, Autorin

Inhalt

Kartenübersicht

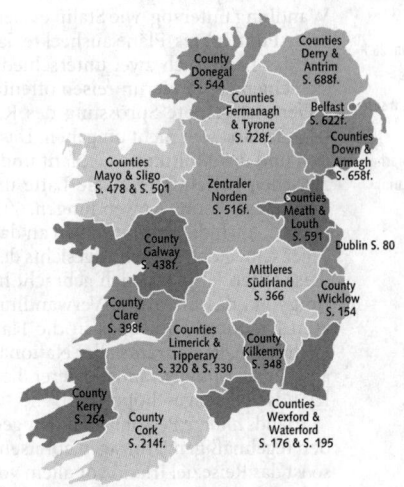

Reiseziel Irland

Als Irland nach 10 Jahren ohne Regierungswechsel am 24. Mai 2007 zu den Wahlurnen ging, dachte man, jetzt wird alles besser. Zum einen waren da die skandalumwitterten persönlichen Finanzen des scheidenden „Taoiseach" (Ministerpräsident) Bertie Ahern; zum anderen stand seine Partei, Fianna Fáil, unter ständigem Beschuss der Opposition, denn die Regierung hatte es tatsächlich geschafft, sämtliche Chancen durch Irlands bis dahin größtes Wirtschaftswachstum in der Geschichte des Landes mit kurzsichtigen Entscheidungen und nicht eingehaltenen Versprechen schlichtweg zu vergeuden. Am 25. Mai musste Irland sich eingestehen, dass das Land entgegen aller Umfragen noch nicht reif genug war für eine politische 180-Grad-Wende, und so wurden Bertie und sein Team für weitere fünf Jahre wiedergewählt.

Irgendwie verständlich. Oberflächlich gesehen ging es Irland ja auch nie besser. Das liebste Vorzeigekind der Welt in Sachen ungehinderte Wirtschaftsentwicklung ist ein wahres Wunderwerk dynamischen Unternehmertums, ein vorausschauendes Vorbild der Moderne, das sich so schnell auch keine Verschnaufpause gönnen mag.

Es sind aufregende Zeiten, unbestritten. Das Land ist, verglichen mit dem Irland von vor 20 Jahren, praktisch nicht wiederzuerkennen. Damals zwangen hohe Arbeitslosigkeit und eine völlig brachliegende Wirtschaft Mitglieder fast aller Familien zur Auswanderung. Eine Chance auf Glück war wie eine Nadel im Heuhaufen. Doch kein Land lässt sich in so kurzer Zeit radikal umkrempeln; nicht einmal Irland, das sich einer sozialwirtschaftlichen Wandlung unterzog, wie Stalin es sich nicht hätte erträumen können, als er seine Fünf-Jahres-Pläne ausheckte. Ja, Irland hat sich verändert, aber dabei hat das Land auch zwei unterschiedliche Persönlichkeiten entwickelt, die sich einem beim Herumreisen offenbaren.

Der viel gelobte Sprössling des Keltischen Tigers, Schöpfer des neuen Irlands, lässt sich nicht umgehen: Das neue Irland ist ein Land der Autobahnen und des Multikulti. Geplant und entwickelt wurde es mal so nebenher zwischen koffeinfreiem Café Latte und Entspannungspausen mit neusten Thermalschlamm-Anwendungen. 60 % der Bevölkerung sind unter 40 Jahre alt, d. h. auch die Erinnerungen an das unsichere Irland vor dem Keltischen Tiger schwinden schnell angesichts des uneingeschränkten Optimismus, den diese fetten Jahre mit sich gebracht haben. Und es ist eben dieses keltische Jungvolk, das die große Verwandlung Irlands von verschlafener Provinz zum Neidobjekt Europas in die Hand genommen hat: Luxushotels von Weltklasse, Restaurants aller Nationalitäten bis hin zu einer großen Anzahl an Dienstleistungen, anhand derer die natürliche und spektakuläre Schönheit Irlands voll ausgeschöpft wird.

Irlands *andere* Persönlichkeit hingegen ist eher traditionell, und wenn man den regelmäßigen Umfragen abreisender Touristen Glauben schenken darf, so ist das Reiseziel Irland vor allem von dieser Seite geprägt. Im Mittelpunkt steht dabei die herrliche Landschaft, die einem noch immer den Atem raubt trotz aller Bemühungen der Städteplaner, einige der schönsten Gegenden mit Kreisverkehren, horrenden Vorstädten und Sommerbungalows zu verschandeln. Von der einsamen, Wind gepeitschten Wildnis Donegals bis hin zu den Postkartenlandschaften im Westen von Cork ist Irland eins der schönsten Länder der Erde und lohnt in jedem Fall, erkundet zu werden. Angesichts der bisweilen schon nervenden Beliebtheit der landschaftlichen Superstars wie Connemara und Kerry haben anspruchsvolle Reisende mittlerweile die

KURZINFOS

Bevölkerung: 4,2 Mio.
Ew. (Republik), 1,7 Mio.
(Nordirland)

Arbeitslosigkeit: 4,3 %

Inflationsrate: 4,5 %

Fläche: 70 300 km²

Jährliche Einnahmen aus dem Tourismus: 5 Mrd. €

Handyverträge: 4,3 Mio. für 86 % der Bevölkerung

Besucher pro Jahr: 7,3 Mio. (mehr als Einwohner)

Erwachsene mit Satellitenfernsehen: 25 %

Niemals „begorrah" sagen – man macht sich nur lächerlich!

Zweithäufigste Sprache: Chinesisch (Mandarin)

ruhigeren und weitaus idyllischeren Orte für sich entdeckt, wie etwa die Schönheit der Seen von Roscommon, die Dörfer in Waterford und die selten besuchten Counties wie Westmeath. Während hier noch das ursprünglichere Irland erlebt werden kann, ist das in der perfekt geölten Maschinerie der Touristenzentren nicht mehr möglich.

Dank der mühseligen Plackerei nach dem Ende der Gewalt in Nordirland kann sich die Provinz endlich einem größeren Publikum präsentieren und beweisen, dass sie genauso schön und facettenreich ist wie der Rest der Insel. 2007 stand Nordirland auf der Lonely Planet „Blue List" als eins der zehn besten Reiseziele weltweit – aus gutem Grund. Die Provinz hatte schon immer viel Sehenswertes zu bieten, doch die ländliche Gegend von South Armagh ließ sich nur schwer genießen, war sie doch auch unter dem Namen „Bandid Country" bekannt wegen der dort hohen Präsenz der IRA.

Irland ist ein komplexes Land voller Widersprüche, die auch überall deutlich erkennbar sind: sei es das Stroh gedeckte Dorfpub mit WLAN-Anschluss und Weinimporten aus Australien oder eine Gruppe in Polen geborener, aber auf Irisch quatschender Schulkinder. Und kaum hat man sich ein Urteil über den Ort gebildet, wird es durch irgendetwas anderes wieder komplett über den Haufen geworfen und man ist wieder genauso schlau wie zuvor. Aber keine Sorge: Den meisten Iren geht es da nicht anders.

Dieses Kuddelmuddel passt da kaum zum traditionellen Bild einer freundlichen Nation, die sich bei einem Drink mit Freunden am wohlsten fühlt. Doch die Iren haben sich schon immer über diese wirklichkeitsferne Vorstellung lustig gemacht, die durch läppische Tourismusbroschüren und Filme wie *Der Sieger* aufrechterhalten wird. Natürlich trinken die Iren gern; aber sie wissen auch, dass Irland damit ein ernsthaftes Problem hat, was nun auf nationaler Ebene angepackt werden soll.

Und trotz aller Probleme einer modernen Gesellschaft – von denen Irland eine ganze Menge hat – bleibt die Tatsache bestehen, dass die Iren ein warmherziges und gastfreundschaftliches Völkchen sind, wovon Millionen von Besuchern bereits Zeuge wurden, denn nirgendwo sonst gewinnt man schneller neue Freunde als hier. Manche halten *wirklich*, um weiterzuhelfen, wenn man orientierungslos auf die Karte starrt. Und es gibt Leute, die einen *tatsächlich* anquatschen, wenn man mal allein im Pub sitzt; und es *kann* durchaus passieren, dass Leute einen freiwillig im Auto mitnehmen und dann auch noch an den gewünschten Ort fahren. Die Iren beschweren sich gern über ihr Land. Sie meckern über das schlechte Wetter, den schrecklichen Verkehr, die ganzen Baustellen, die Bestechlichkeit – und sie versichern einem, dass man der glücklichste Mensch auf Erden ist, weil man woanders lebt. Aber das tun sie doch nur, weil es das beste Land der Welt ist. Macht das irgendwie Sinn? Na ja, hier schon.

Bevor es losgeht

Irland ist klein, relativ homogen und lässt sich mit dem Auto *eigentlich* in knapp vier Stunden durchqueren. Besucher haben mit keinen allzu großen Herausforderungen zu rechnen, bis auf die wetterbedingten natürlich und den alptraumhaften Verkehr, bei dem man selbst noch im letzten Kaff gegen die eigenen Amokgedanken ankämpfen muss. Nerven können auch die hohen Preise für gar alles; hier braucht man schon einen etwas größeren Geldbeutel. Ansonsten ist Irland ein Riesenspaß.

REISEZEIT

In Irland macht das Wetter, was es will, und es kann vorkommen, dass man alle vier Jahreszeiten an einem Tag erlebt. Genaue Prognosen sind also schlichtweg unmöglich. Zumindest kann man sich aber auf ein paar Grunddaten verlassen.

Im Sommer, von Juni bis August, sind die Tage recht warm und – ganz wichtig – äußerst lang: Im Hochsommer muss man erst ab 22 Uhr das Licht anschalten. Das ist allerdings auch die Zeit, in der die gesamte Insel, mit Ausnahme der entlegensten Ecken, von Touristen belagert wird und die Preise in schwindelnde Höhen klettern. Und dass die meisten Festivals genau in diese Monate fallen, ist kaum verwunderlich, will man doch die vielen Menschen und die angenehmen Temperaturen ausnutzen.

Weitere Informationen siehe Klimatabellen S. 759.

Frühling (März–Mai) und Herbst (Sept.–Nov.) sind da gute Alternativen, wenngleich die Grenzen zwischen Neben- und Hochsaison oft verwischen angesichts Irlands steigender Beliebtheit als Reiseziel. Nichtsdestotrotz geht es im April und September deutlich ruhiger zu, und das Wetter ist überraschenderweise oft viel besser als Mitte Juli. Aber auch hier gilt: Das Wetter macht, was es will. Zu den Festen im Frühling zählt auch das allseits beliebte St. Patrick's Festival.

Obwohl die Temperaturen nur selten unter den Gefrierpunkt rutschen, können die Winter (Dezember bis Februar) mitunter ziemlich rau werden. Doch gerade im kalten Winterlicht erstrahlt fast ganz Irland, besonders der wildromantische Westen und Nordwesten. Trotzdem verirren sich dann nur wenige Besucher hierher, und auch viele Touristenattraktionen und Serviceeinrichtungen schließen im Oktober und machen erst zu Ostern wieder auf. Eingefleischte Irlandfans kommt das gerade recht, denn sie erleben die Insel wie die Iren selbst: Es ist kalt und grau, es wird vor 17 Uhr dunkel und es regnet fast ohne Unterlass. Aber zum Glück gibt es ja immer ein Pub, in dem man sich schnell wieder aufwärmen kann.

AN ALLES GEDACHT?

Normalerweise kommt man in Irland gut zurecht und benötigt kein Survival-Kit. Ein paar Dinge sollten aber alle Besucher unbedingt dabei haben:

- feste Schuhe
- Regenjacke
- Adapter für Irland/GB
- Sinn für Humor
- ordentlichen Appetit
- Playlist mit Irland-Songs für den iPod siehe S. 61

PREISE

Keine Frage: Irland ist teuer! Wucherpreise plagen das Land und tun Ausländern und Iren gleichermaßen weh. Fast immer hat man das Gefühl, viel zu viel zu bezahlen, horrend wird es aber vor allem bei Unterkunft und Essen.

Für Dublin muss man mindestens mit 50 € pro Tag rechnen: Bei 20 bis 25 € für die Übernachtung in einem Hostel und 20 € für Verpflegung bleibt gerade noch genug für ein Bier. Außerhalb der Hauptstadt wird's zwar ein bisschen günstiger, viel aber nicht. Touristenhochburgen erkennt man gleich am Preisniveau, das nur unmerklich niedriger ist als in Dublin. Wer ein bisschen mehr ausgeben kann, findet in der Hauptstadt für ca. 80 € eine passable Unterkunft, außerhalb auch für 60 €. Für 120 € kann man fast überall ziemlich komfortabel nächtigen, von exklusiven Luxushotels mal abgesehen.

Auswärts essen ist ein allgemein teures Vergnügen. Für unter 10 € kann man bestenfalls eine Suppe oder ein Sandwich erwarten. Für ein nicht sonderlich außergewöhnliches Gericht zahlt man 20 € und aufwärts, während man in den besseren Restaurants für ein Fischgericht ohne mit der Wimper zu zucken rund 35 € verlangt.

In Irland ein Auto zu mieten ist ebenfalls kein günstiger Spaß. Am besten prüft man noch zu Hause die Auslandskonditionen der eigenen Autoversicherung, bevor man sich die exorbitant teuren Versicherungen der Autovermietungen antut. Kreditkarten decken zwar oft die Mietwagenversicherung mit ab, man sollte aber trotzdem prüfen, ob das auch für Irland gilt.

WAS KOSTET WIE VIEL?

Irish Times 1,60 €

1 km Taxi-Fahrt 1,45 €

Kinokarte 8,50 €

Ticket für ein gälisches Fußballmatch 12–15 €

Wollpullover ab 50 €

NACHHALTIGES REISEN

Zu Irlands 40 verschiedenen Grünschattierungen scheint das allerwichtigste Grün, das „Öko-Grün", nicht zu zählen – dies meint zumindest die Europäische Umweltagentur: Irlands CO_2-Fußabdruck von 5 ha pro Person liegt doppelt so hoch wie der globale Durchschnitt.

Da jeder ein Auto besitzt, kommt es zu immer stärkerem Verkehr und einer überbeanspruchten Infrastruktur. Die Iren verdienen gut und gönnen sich immer öfter eine Erholungspause von der Stadt: Statistiken belegen, dass die Iren durchschnittlich drei Mal pro Jahr im Ausland Urlaub machen. Das irische Ministerium für Tourismus kündigte 2007 an, es wolle die Zahl ausländischer Besucher bis 2012 auf 10 Mio. verdoppeln. Aber auch die Iren besuchen gern ihr Land – genau genommen 6 Mio. Mal pro Jahr. Ständig werden neue Hotels, Restaurants und eine Vielzahl von Einrichtungen gebaut oder verbessert, um mit den Massenanstürmen (für ein so kleines Land, wohlgemerkt) fertig zu werden. Umweltfreundlicher Tourismus ist mittlerweile zur Chefsache erhoben geworden, zumal immer mehr Besucher in das ausgeprägt traditionsreiche Land mit seinen herrlichen Landstrichen und wunderbarer Kultur gelockt werden.

Die meisten Irlandreisen beginnen in Dublin. Warum also nicht gleich dem **Cultivate** (☎ 01-674 5773; www.cultivate.ie; 15-19 West Essex St) im Viertel Temple Bar einen Besuch abstatten – Irlands einzigem ökologisch geprägtem Lern- und Lebenszentrum, wo es einen Ökoladen und mehrere Informationsstände gibt und wo alle möglichen Workshops und Kurse angeboten werden, von „Kompostieren" bis „Umweltfreundlich bauen".

In diesem Buch sind vor allem ausgesprochen umweltschonende Unterkünfte oder Projekte hervorgehoben; siehe auch unser Umweltkapitel (S. 76), die „Öko"-Reiseroute (S. 29), unsere Top-Ten-Umweltunterkünfte (S. 22) und den „Greendex" (S. 809).

Emissionsausgleich

Einfach jemand anderen zum Ausgleich für die selbst verursachten Treibhausgase zu bezahlen ist nicht gerade die feine Art, das Problem der Erder-

---

„GRÜNE SEITEN" IM INTERNET

Auf den folgenden Webseiten stehen detaillierte Informationen darüber, wie sich Irland-Reisende umwelt- und klimafreundlich verhalten können:

■ **www.cultivate.ie** Umweltbewusstes Lebenszentrum in Dublins Viertel Temple Bar

■ **www.sustourism.ie** Landesweites Projekt zur Errichtung einer nachhaltigen touristischen Infrastruktur

■ **www.greenbox.ie** Ökotourismus in Fermanagh, Leitrim, West Cavan, North Sligo, South Donegal und North West Monaghan

■ **www.enfo.ie** Irlands öffentlicher Informationsdienst für Umweltfragen, u. a. zum Thema nachhaltige Umweltentwicklung

■ **www.thevillage.ie** Irlands erste umweltbewusste und nachhaltige Städteplanung ist eine Erweiterung von Cloughjordon, einem Dorf im County Tipperary

---

wärmung zu lösen – aber zumindest ist es ein Schritt in die richtige Richtung. Den meisten Anklang findet die Methode, Bäume als Ausgleich zu pflanzen; es gibt aber auch noch andere wie z. B. das Sammeln und Verbrennen von Methan. **Carbon Neutral Ireland** (www.carbonneutralireland.ie) hilft dabei, die Höhe der selbst verursachten Emissionen zu berechnen, und berät in Sachen Ausgleich.

Reiseplanung

Mit der richtigen Reiseroute lassen sich die irischen Highlights auch mit dem nötigen Umweltbewusstsein entdecken und erleben. Ziel sollten dabei die Unterstützung regionaler Betriebe sein bzw. sämtliche Projekte, die sich für den Kulturerhalt vor Ort einsetzen.

Im Einzelnen sähe eine solche Reiseplanung so aus: Als Unterkunft keine große Hotelkette wählen, sondern lieber eine von Einheimischen betriebene Pension (eine Auswahl umweltfreundlicher Unterkünfte siehe unten). Bei Restaurants darauf achten, dass mit Produkten aus der Umgebung gekocht wird; Aktivitäten sollten der Gemeinde nützen und nicht schaden. Golf sollte man besser auf altbewährten Plätzen spielen, statt auf neu gebauten Anlagen mit dazugehörigem Hotel, die nach amerikanischem „Supersize Me"-Prinzip zahlungskräftige Golfer anlocken und dabei nur den lokalen Ressourcen schaden. In diesem Band haben wir uns bemüht, alle Aspekte der Reiseplanung möglichst umweltbewusst zu behandeln.

TOP TEN – DIE BESTEN ÖKO-UNTERKÜNFTE

■ **Anna's House B&B** Strangford Lough, County Down; S. 666

■ **Benwiskin Centre** Ballintrillick, County Sligo; S. 513

■ **Coosan Cottage Eco Guesthouse** Athlone, County Westmeath; S. 541

■ **Corcreggan Mill Cottage Hostel** Dunfanaghy, County Donegal; S. 574

■ **Jampa Ling Buddhist Centre** Bawnboy, County Cavan; S. 523

■ **Omagh Independent Hostel** Omagh, County Tyrone; S. 740

■ **Otto's Creative Cooking** bei Bandon, County Cork; S. 237

■ **Phoenix Vegetarian Restaurant & Accommodation** Mt. Caherconcee, County Kerry; S. 313

■ **Rocky View Farmhouse** Fanore, County Clare; S. 429

■ **Shiplake Mountain Hostel** Dunmanway, County Cork; S. 253

Sustainable Tourism Ireland (www.sustourism.ie) bietet dafür praktische Hilfe mit einer Liste besonders umweltbewusster und umweltschonender Unternehmen, von Pensionen bis zu Städtebauprojekten.

Weniger fliegen

Zahlreiche Fährverbindungen nach Irland von England und Frankreich aus kosten hin und zurück nicht viel mehr als eine Einzelfahrt, ganz abgesehen von den vielen Spezialangeboten, mit denen man Billigfliegern Paroli bieten will. Fährhäfen liegen in Dublin, Belfast, Larne und Wexford. Weitere Infos sind im Kapitel „Verkehrsmittel & -wege" nachzulesen (S. 770).

Weniger Plastik

Seit 2002 werden an irischen Kassen 15 Cent pro Plastiktüte berechnet, was sich als äußerst effektiv erwiesen hat: Der Verbrauch von umweltschädigenden Plastiktüten ist um 40 % gesunken. In Nordirland kostet eine Tüte seit Juli 2007 5 Pence. Also, bitte so wenige Plastiktüten wie möglich benutzen! Die meisten Läden verkaufen Stofftaschen, die man aufbewahren und immer wieder verwenden kann.

Einfach länger bleiben

Längere Aufenthalte statt gehetzter Wochenendtrips sind zweifelsfrei die schönere Variante. Beim gemütlichen Erkunden hat man mehr Zeit, einen Ort wirklich in Ruhe kennenzulernen, ohne gleich an die erstbeste und schnellste Verbindung zum nächsten Ziel zu denken. Ideal sind Fahrradtouren – Infos zu Fahrradvermietungen haben wir daher, wo vorhanden, mit angefügt. Organisierte Fahrradtouren siehe S. 773.

REISELEKTÜRE

Irlandreisen scheinen auf Schriftsteller eine inspirierende Wirkung zu haben. Während für die einen Guinness und irisches Leben eine unzertrennliche Einheit bilden – was nicht nur die Iren, sondern auch alle anderen mit einer Aversion gegen schlechte Metaphern nervt –, erzählen andere mit Intelligenz und Humor.

Ireland – In a Glass of Its Own von Peter Biddlecombe ist eine urkomische Reise durch die 32 Counties Irlands, wobei jeder County einen Bestandteil des schwarzen Gebräus repräsentiert.

Pint-Sized Ireland von Evan McHugh ist die Geschichte eines Australiers und seiner ultimativen Pilgerreise kreuz und quer durch Irland auf der Suche nach der perfekt eingeschenkten Halben. Die unterhaltsame Lektüre rechtfertigt das haarsträubende Ende.

Der Bestseller *McCarthy's Bar* ist Pete McCarthys schillernder Bericht über seinen Versuch, Irland neu zu entdecken, indem er in jedem Pub, der seinen Nachnamen trägt, ein Bier trinkt. Der Nachfolger *The Road to McCarthy* liefert Einblicke in die irische Diaspora.

Silver Linings von Martin Fletcher ist ein fesselndes Porträt über Nordirland und eine Auseinandersetzung mit dessen angeschlagenem Image als eines vom Krieg gezeichneten Gebiets. Wie nirgendwo sonst auf der Insel erweisen sich die Bewohner des Nordens auf beiden Seiten der Grenze als nett, witzig und gastfreundlich.

Endurance von Dermot Somers ist eine famose und faszinierende Geschichtensammlung heldenhafter und historisch bedeutsamer Reisen durch Irland, von mythenhaften Legenden aus dem alten bis hin zu Geschichten aus dem modernen Irland.

A Secret Map of Ireland ist Rosita Bolands hervorragend erzählter wie informativer Bericht über ihre Reise durch Irlands 32 Counties. Zu lesen

‚Irlandreisen scheinen auf Schriftsteller eine inspirierende Wirkung zu haben.'

TOP 10

Hingucker – die besten irischen Filme

Die Reisevorbereitungen machen noch mal so viel Spaß, wenn man sich mit ein paar Kinoklassikern in Stimmung bringt. Folgende Filme sind auf DVD oder Videokassette zu bekommen. Weitere Infos über Kino und Fernsehen in Irland siehe S. 58.

1 *Bloody Sunday* (2002) Regisseur: Paul Greengrass

2 *Die Toten* (1987) Regisseur: John Huston

3 *Mein linker Fuß* (1989) Regisseur: Jim Sheridan

4 *The Crying Game* (1992) Regisseur: Neil Jordan

5 *Der Sieger* (1952) Regisseur: John Ford

6 *Inside I'm Dancing* (2004) Regisseur: Damien O'Donnell

7 *Cal* (1984) Regisseur: Pat O'Connor

8 *Adam & Paul* (2004) Regisseur: Lenny Abrahamson

9 *Die unbarmherzigen Schwestern* (2002) Regisseur: Peter Mullan

10 *Michael Collins* (1996) Regisseur: Neil Jordan

Irland-Romane

Wer einige dieser Bücher liest, bekommt einen guten Einblick in die irische Kultur und aktuelle Themen, denn in Irland sind es gerade die erfundenen Geschichten, die die Wahrheit widerspiegeln. Ein echter Grundstein für eine lebenslange Leidenschaft! Weitere Infos auf S. 56.

1 *Dubliners* (1914) James Joyce

2 *Das Buch der Beweise* (1991) John Banville

3 *Der Schlächterbursche* (1995) Patrick McCabe

4 *Paddy Clarke Ha Ha Ha* (2002) Roddy Doyle

5 *Der dritte Polizist* (1967) Flann O'Brien

6 *Irischer Tanzsaal* (2001) William Trevor

7 *Unter Frauen* (1991) John McGahern

8 *All Summer* (2003) Claire Kilroy

9 *Facing White* (2007) verschiedene Autoren

10 *Die Asche meiner Mutter (1996)* Frank McCourt

Die erfolgreichsten Umweltprojekte

Nichts stellt mehr zufrieden, als Projekte, die sich für den Schutz der Umwelt einsetzen, zu unterstützen, zu besuchen... oder auf solche Projekte aufmerksam zu werden. Denn es ist ja gerade diese Umwelt, die die meisten Besucher hierherlockt.

1 **Ecos Environmental Centre** (Ballymena, County Antrim, S. 724) Besucherzentrum zum Thema alternative Energiequellen und erneuerbare Technologien.

2 **Copper Coast GeoPark** (Tramore, County Waterford, S. 202) Anglo-irische Enklave mit der zweifelhaften Auszeichnung, das einzige irische Dorf ohne Pub zu sein.

3 **Cuilcagh Mountain Park** (County Fermanagh, S. 739) Eines der größten Flachmoore Europas ist als Regenerationsprojekt ausgewiesen.

4 **Jampa Ling Buddhist Centre** (Bawnboy, County Roscommon, S. 523) Galupa-Buddhismus, Philosophie und Meditation.

5 **T Bay** (Tramore, County Waterford, S. 202) Irlands größte Surfschule organisiert Öko-Wanderungen rund um eine der größten Gezeitenlagunen Europas.

6 **The Village** (Cloughjordan, County Tipperary, S. 77) Öko-Gemeinde, die bei Cloughjordan auf einem 27 ha großen Grundstück lebt.

7 **Rockfield Ecological Estate** (Mullingar, County Westmeath, S. 540) Inspirierende Einblicke in ökologisches Leben, sowie traditionelle irische Kultur und Handwerkskunst.

8 **Coosan Cottage Eco Guesthouse** (Athlone, County Westmeath, S. 541) Diese umweltfreundliche Pension nutzt windgenerierten Strom und heizt mit Pellets aus Sägemehl.

9 **Brigit's Garden** (Oughterard, County Galway, S. 463) Schmale Pfade schlängeln sich durch die vier Jahreszeitengärten des Parks.

10 **Bog of Allen Nature Centre** (Robertstown, County Kildare, S. 370) Die vom Irish Peatland Conservation Council unterhaltene Einrichtung hat sich der Geschichte der Torfproduktion verschrieben.

sind spannende Geschichten und faszinierende Details über die Counties, Dörfer und Städte auf ihrer Reiseroute.

The Oxford Illustrated Literary Guide to Great Britain and Ireland spürt berühmten Autoren nach, durch die einige Städte und Dörfer Irlands unsterblich geworden sind.

The Height of Nonsense von Paul Clements ist eine spannende Erzählung über irische Eigenheiten, Ticks und Sonderbarkeiten; eine Reise entlang der GMRs (Great Mountain Roads) auf der Suche nach der Wahrheit über Druiden, Todesfeen, Wegelagerern und leichten Mädchen.

INFOS IM INTERNET

Das Internet ist für die Reiseplanung unverzichtbar geworden. Irland ist gut vernetzt, und es gibt eine Menge Webseiten mit nützlichen Informationen. Hier einige Seiten für den Anfang:

Blather (www.blather.net) Dieses ironische Webzine veröffentlicht so manchen frechen Kommentar über alles, was mit Irland zu tun hat. Schlaue Informationsquelle für aktuelle Veranstaltungen und vieles mehr.

Entertainment Ireland (www.entertainmentireland.ie) Die wichtigsten Clubs, Theater, Festivals, Kinos und Museen des Landes. Ein Muss für alle, die demnächst nach Irland fahren.

Fáilte Ireland (www.ireland.ie) Das offizielle Tourismusportal der Republik Irland bietet eine Fülle von praktischen Informationen, darüber hinaus eine riesige Auswahl an Übernachtungsmöglichkeiten mit Fotos.

Fine Gael (www.ripoff.ie) Dies ist nicht die Webseite der Partei, sondern eine vom Gegenlager gesponserte Anti-Regierungs-Seite, die sich Pluspunkte erhaschen will, indem sie sich mit den armen Verbrauchern verbrüdert. Darauf fallen wir zwar nicht rein, die Seite nennt allerdings harte Fakten in Sachen Preise.

Irish Election (www.irishelection.com) Die beste Blog-Seite für irische Politik ist ideal dafür geeignet, sich mit aktuellen irischen Themen vertraut zu machen.

Mongrel (www.mongrel.ie) Frech und witzig präsentiertes Alternativ-Magazin aus Dublin mit Artikeln und Videos.

Northern Ireland Tourism (www.discovernorthernireland.com) Die offizielle Seite Nordirlands enthält besonders viele Tipps für Aktivitäten und Unterkünfte.

Reiserouten
KLASSISCHE ROUTEN

DURCH DEN WESTEN
Eine Woche/Von Mayo nach West-Cork

Diese Tour beginnt in Mayo mit den Ausgrabungsstätten **Céide Fields** (S. 494). Von dort schlängelt sich die Küstenstraße, vorbei an wildromantischen Stränden, zum Dörfchen **Pollatomish** (S. 494). Weiter geht's zum historischen **Westport** (S. 482) mit seinen Pubs, dann durch **Croagh Patrick** (S. 485) und das an Irlands einzigem Fjord gelegene **Leenane** (S. 472) zum **Connemara-Nationalpark** (S. 470). Von hier aus fährt man entweder die Küstenstraße, vorbei an **Kylemore Abbey** (S. 469) und über Clifdens Panoramastrecke, die **Sky Road** (S. 467), durch das hübsche **Roundstone** (S. 465). Oder man wählt die atemberaubende Route durch das Landesinnere über Maam Cross nach **Galway** (S. 437). Von dort gelangt man zu den Fischerdörfchen **Kinvara** (S. 474) und **Ballyvaughan** (S. 429) im Herzen des **Burren** (S. 420), wo es die uralten **Aillwee Caves** (S. 430) zu besichtigen gibt. Für die **Dingle Peninsula** (S. 304) darf man ruhig etwas mehr Zeit einplanen, bevor es über den **Ring of Kerry** (S. 283) zum **Killarney-Nationalpark** (S. 279) geht. Weiter südlich, um die **Beara Peninsula** (S. 256) herum, versprüht **Garinish Island** (S. 256) mediterranes Flair. Danach geht's immer die Küste entlang durch Castletownshend und das kleine Fischerdorf **Union Hall** (S. 242) nach **Cork** (S. 213).

Die 300 km lange Touristenstraße führt an den berühmtesten Sehenswürdigkeiten und spektakulärsten Landstrichen Irlands vorbei. Die Strecke ist zwar in zwei Tagen zu schaffen, aber wozu der Stress? Mit dieser Route kann man nichts falsch machen.

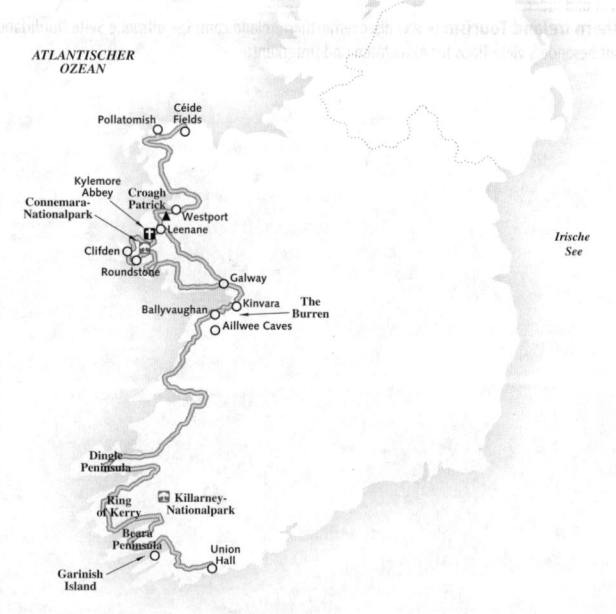

ATLANTISCHER OZEAN

Irische See

EINMAL RUNDHERUM

Drei Wochen/Anfang & Ende in Dublin

Die Rundfahrt beginnt nördlich von Dublin am **Casino at Marino** (S. 115). Das ist nicht etwa ein Spielkasino, sondern ein italienisch anmutendes Trompe-l'oeil-Anwesen aus dem 19. Jh. Nicht verpassen sollte man die nördlich gelegene Gräberstätte **Brú Na Bóinne** (S. 592), die in der Jungsteinzeit entstanden ist. Noch weiter nördlich liegen **Mellifont Abbey** (S. 614), Irlands älteste Zisterzienserabtei, und das hübsche Dorf **Carlingford** (S. 617) mit Gebäuden aus dem 16. Jh. In den Mourne Mountains gibt es Wanderwege, die zum **Slieve Donard** (S. 675), zur **Ards Peninsula** (S. 662) und nach **Strangford Lough** (S. 666) führen. Ebenfalls empfehlenswert ist eine Black-Taxi-Tour in **Belfast** (S. 619), bevor die Reise nach Nordwesten weitergeht zur Weltnaturerbestätte **Giant's Causeway** (S. 713), wo es am schönsten bei Sonnenuntergang ist. Auf der Fahrt um die schroffe Küste von Nord-Donegal sollte man unbedingt bei **Killyhoey Beach** (S. 573) Halt machen, bevor der Weg zum **Glenveagh-Nationalpark** (S. 578) führt. Danach geht es südlich vorbei an den Klosterruinen von **Glencolumbcille** (S. 555) ins quirlige **Sligo** (S. 501), wo es das steinzeitliche Ganggrab **Carrowkeel** (S. 508) zu erklimmen gibt. Von hier aus hat man einen tollen Blick auf Lough Arrow. Bis nach Cork entspricht die Route der Westküstentour (siehe gegenüber). Von dort geht's zum Picknick in den östlich gelegenen **Fota Wildlife Park** (S. 226). Als Nächstes steht die mittelalterliche Anlage von **Dungarvan Castle** (S. 204) auf dem Programm. Wer die malerische Halbinsel **Hook** (S. 187) umrundet hat, darf sich in **Dunmore East** (S. 201) mit einem Eis belohnen. Nach den vielen Gänsearten im berühmten **Wexford Wildfowl Reserve** (S. 182) begibt man sich ins County Wicklow zum **Nationalpark Wicklow Mountains** (S. 154). Dann hat man es geschafft: In Dublins **Long Hall** (S. 137) wartet schon ein leckeres Guinness.

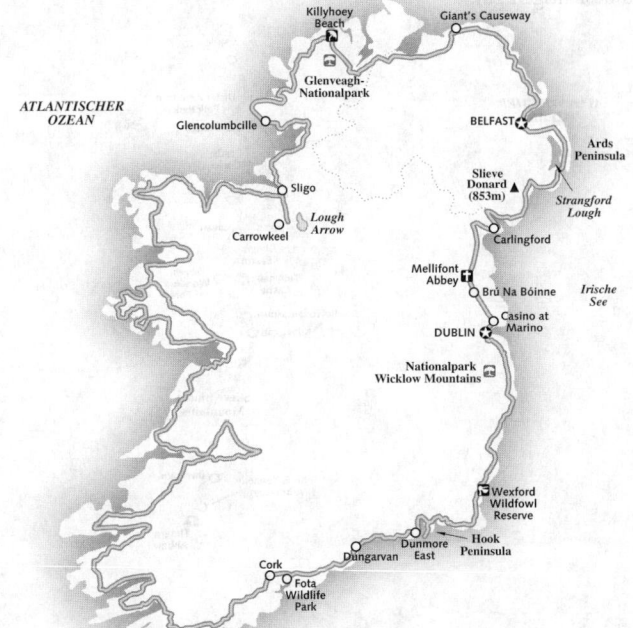

ATLANTISCHER OZEAN

Killyhoey Beach

Giant's Causeway

Glenveagh-Nationalpark

Glencolumbcille

BELFAST

Ards Peninsula

Sligo

Slieve Donard (853m)

Strangford Lough

Carrowkeel

Lough Arrow

Carlingford

Mellifont Abbey

Brú Na Bóinne

Irische See

Casino at Marino

DUBLIN

Nationalpark Wicklow Mountains

Wexford Wildfowl Reserve

Dunmore East

Hook Peninsula

Dungarvan

Cork

Fota Wildlife Park

Auf dieser 750 km langen Tour steht die wild-romantische Küste Irlands und seine lange Geschichte im Vordergrund. In vier Tagen hat man die Insel einmal komplett umrundet, gesehen hat man dann aber nicht viel. Wer kann, nimmt sich dafür zwei Wochen Zeit.

AB DURCH DIE MITTE   Zwei Wochen/Von Derry nach Wexford

Die Reise beginnt mit einem Spaziergang entlang der historischen Stadtmauer von **Derry** (S. 688). Danach steht eines von Irlands besten Museen,
der **Ulster American Folk Park** (S. 741), auf dem Programm – ein Nachbau
eines typischen Ulster-Dorfs aus dem 19. Jh. zur Zeit der Massenauswanderung nach Amerika. Etwas weiter südlich liegt **Omagh** (S. 740). Einst
Schauplatz eines Bombenanschlags erinnert der Ort an die tragische Vergangenheit während des Nordirlandkonflikts. Von hier aus führt der Weg
südlich nach **Castle Coole** (S. 732). Das prächtige Anwesen aus dem 18. Jh.
gehört zum nationalen Kulturerbe. Den Nachmittag verbringt man dann
entspannt mit einer Boots- oder Angeltour am **Lough Erne** (S. 732). Was-
serspaß pur mit einem See für jeden Tag des Jahres bietet das **County Cavan**
(S. 515). Am besten in Mountnugent ein Boot mieten und am **Lough Sheelin** (S. 521) angeln, bevor es weiter geht mit den chinesischen und tibe-
tischen Gärten von **Tullynally Castle** (S. 539) in Westmeath. Die **Seven Wonders of Fore** (S. 539), Westmeaths Antwort auf die sieben Weltwunder, sind
vielleicht nicht ganz so beeindruckend, aber zumindest versprechen sie
ein bis zwei Stunden Unterhaltung. Beim Besuch des prächtigen **Belvedere House** (S. 537) mit Blick auf Lough Ennell gibt's auch eine Multimedia-Ausstellung zu besichtigen. Wer bei den **Kilbeggan Races** (S. 538) aufs
richtige Pferd setzt, kann sich in **Locke's Distillery** (S. 538) vielleicht einen
Whiskey der Extraklasse leisten. Beschwingt geht's dann hinauf durch
die **Slieve Bloom Mountains** (S. 384), um den besten Blick über die Midlands
zu genießen. Weiter südlich lockt **Inistioge** (S. 361) im County Kilkenny
mit einem malerischen Dorfplatz und dem Woodstock Park. Im County
Wexford eignet sich das **John F Kennedy Arboretum** (S. 191) für ein Picknick, bevor es gestärkt das stille Zisterzienserkloster **Tintern Abbey** (S. 187)
zu besichtigen gilt.

Diese 400 km lange
Nord-Süd-Strecke
ist unglaublich
abwechslungsreich:
Ulsters schöne
Architektur und
sein Kulturerbe, die
Midlands mit ihren
vielen Seen und
die wunderbaren
Landschaften des
sonnigen Süd-
ostens.

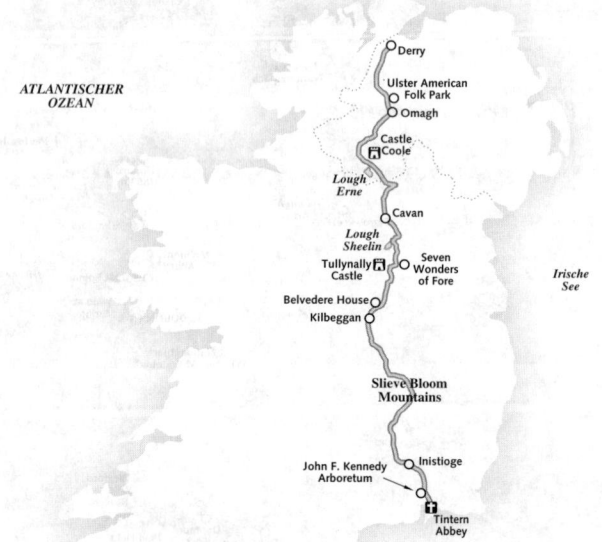

UNBEKANNTE ROUTEN

ÖKO-TOUR   Eine Woche/Von Dublin nach Tramore

Alle Infos, die man für diese Tour braucht, erhält man in Irlands einzigem Informationszentrum für umweltbewusstes Leben – dem Cultivate (S. 21) in Dublin. Danach verlässt man die Hauptstadt und hält erst wieder beim **Rockfield Ecological Estate** (S. 540) in Rathowen an, wo man einen Einblick in ökologisches Leben bekommt und irische Kultur kennenlernt. Als eine Oase der Ruhe bietet sich das **Jampa Ling Buddhist Centre** (S. 523) an, bevor man sich auf eine Nacht im **Coosan Cottage Eco Guesthouse** (S. 541) in Athlone freuen kann. Weiter im Westen lockt in Connemara **Brigit's Garden** (S. 463), dann geht's südwestlich in den Westen von Cork, wo der biologische Anbau von Obst und Gemüse fast schon als Lebensstil zelebriert wird. Eine großartige Übernachtungsmöglichkeit ist das **Shiplake Mountain Hostel** (S. 253). Dass es Öko-Sterne nicht nur für Sparsamkeit gibt, beweist die **Ballymaloe Cookery School** (S. 230). Unter Leitung von Irlands berühmtester Meisterköchin Darina Allen (siehe auch S. 273) kann man hier die Grundlagen der irischen Küche erlernen. Fährt man weiter östlich die Küste entlang, ist der nächste Halt **Copper Coast GeoPark** (S. 202) in Annestown. Diese anglo-irische Enklave unterscheidet sich von allen anderen irischen Dörfern in einem nicht ganz unwichtigen Punkt: Es gibt hier nicht ein einziges Pub! Letzter Stopp ist das Beach-Resort in Tramore, das zunehmend von New-Age-Kaliforniern in Beschlag genommen wird. Unter kalifornischer Leitung steht das **T-Bay** (S. 202), Irlands größte Surfschule, die zu einem erhöhten Umweltbewusstsein betragen will.

Irlands neues Umweltimage steckt zwar noch in den Kinderschuhen, diese über 500 km lange Strecke beweist allerdings, dass auch umweltfreundliches Reisen tolle Highlights zu bieten hat: die überraschend naturgewaltigen Midlands, die schroffe Westküste und den landschaftlich überaus reizvollen Süden.

DIE SCHÖNSTEN INSELN   Drei Wochen/Von Tory nach West Cork

Zu Irland gehören auch viele vorgelagerte Inseln, die Besuchern Einblicke in eine traditionelle Lebensweise verschaffen, wie sie nur noch selten in der westlichen Welt zu finden ist. Die Route beginnt auf der kargen, abgelegenen Insel **Tory** (S. 562), vor Bloody Foreland in Donegal, einer Gaeltacht-Region, in der noch Gälisch gesprochen wird. Hier kann man Vögel beobachten oder sich Bilder der ansässigen Malergruppe ansehen. Über eine Brücke ist **Achill** (S. 489) im County Mayo mit dem Festland verbunden. Auf Irlands größter Insel lockt das verlassene Dorf Famine; zudem ist sie bekannt für ihre guten Wassersportmöglichkeiten. **Inishturk** (S. 488), südlich von Achill gelegen, hat weniger als 100 Einwohner, und auch Touristen verirren sich trotz der geschützten Sandstrände nicht oft hierher. Irlands meistbesuchte Inseln sind die drei Aran-Inseln vor der Küste Galways. Auf **Inishmór** (S. 452), der größten Insel, gibt es gut erhaltene archäologische Reste zu besichtigen, auch Funde des steinzeitlichen Dún Aengus Fort. **Inishmaan** (S. 456) in der Mitte, Lieblingsort des Dramatikers J. M. Synge, ist mit ihren Steinmauern und Feldern ein herrlicher Ort zum Spazierengehen. Die kleinste und am wenigsten besuchte Insel **Inisheer** (S. 457) erreicht man am besten von Doolin im County Clare aus. Besonders interessant sind die Inseln am westlichsten Zipfel Europas: Die vor Kerry gelagerten **Blasket Islands** (S. 315) sind seit 1953 unbewohnt. Dafür leben hier Papageientaucher, Robben und Tümmler. **Skellig Michael** (S. 289), vor Caherciveen im County Kerry, gehört u. a. wegen eines Klosters aus dem 7. Jh. zum Unesco-Welterbe und gilt wegen der spirituellen Atmosphäre als ein Höhepunkt jeder Irlandreise. Vogelkundler und Geschichtenerzähler wird **Clear Island** (S. 246) begeistern.

Kulturgenießer und Freunde des einfachen Insellebens sollten diese Tour nicht einfach nur runterspulen, sondern möglichst drei Wochen Zeit einplanen, um die so unterschiedlichen Inseln richtig erleben zu können. Für den, der nicht so viel Zeit hat, lohnt sich zumindest ein Tagesausflug.

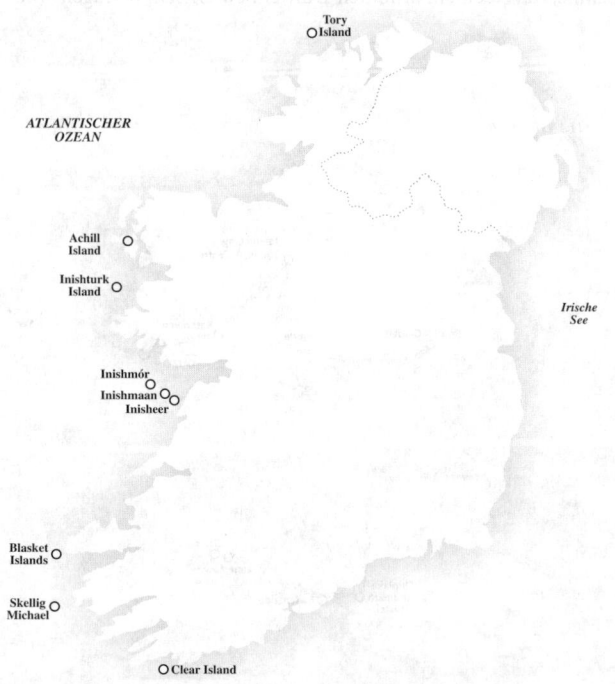

MASSGESCHNEIDERTE TOUREN

ACTION & ABENTEUER

Wer den ultimativen Kick sucht, sollte diese Action- & Abenteuertour an der Westküste Irlands wählen. Sie beginnt mit einer **Klettertour** (S. 292) in den Felsen der Halbinsel Iveragh im County Kerry. Am nächsten Tag geht es dann nördlich entlang der Küste zum windumtosten Rough Point auf der malerischen Dingle Peninsula, wo man sich beim **Kitesurfen** (S. 311) austoben kann. Im kleinen Städtchen Kilrush im County Clare ist wieder anstrengendes Bizeps-Training angesagt, diesmal im **Meereskajak** (S. 412). Mit dem **Mountainbike** (S. 468 und S. 469) geht es dann einmal quer durch die Wildnis von Connemara zum Glassillaun Beach im County Galway. Hier können Besucher im kristallklaren Wasser **tauchen** (S. 470) und die farbenprächtige Unterwasserwelt bestaunen, die dank des Golfstroms gedeiht. In Leenane bietet sich eine Klettertour zum Killary Harbour an, um von dort aus eine **Katamaran-Tour** (S. 472) zu unternehmen. Kraft und Ausdauer fordert ein **Querfeldein-Hindernisparcours** (S. 497) im schonen Delphi unweit von Irlands einzigem Fjord. Von dort geht es dann gen Norden nach Bundoran im County Donegal, wo auf **Surfer** (S. 509) die perfekte Welle wartet.

KELTISCHE STÄTTEN & CHRISTLICHE RUINEN

Die Tour beginnt an den jungsteinzeitlichen Gräbern von **Newgrange** (S. 593) und **Knowth** (S. 594) im County Meath. Hier, im Herzen von Brú na Bóinne (Boyne Palace), wurde der legendäre irische Held Cúchulainn gezeugt. Nicht weit entfernt erhebt sich der **Hill of Tara** (S. 598), ein wichtiger Ort für die Iren, an dem die Könige von Irland bis zum 11. Jh. ihren Sitz hatten. Auf der anderen Seite der Ebene liegt der **Hill of Slane** (S. 596), auf dem der Hl. Patrick im Jahr 433 ein Feuer entzündete, um im ganzen Land das Christentum zu verkünden. Westwärts geht es weiter nach **Kells** (S. 606), und zwar auf jener Straße, auf der auch Königin Medb in der berühmten irischen Sage *Táin Bó Cúailnge („Rinderraub von Cooley")* entlangging. Der Ort ist ideal für ein Pause, um sich die Klosterruinen und Kreuze anzusehen, bevor der Weg weiter durch die Grafschaft Roscommon führt. Kurz vor Tulsk befindet sich **Cruachan Aí** (S. 528), die berühmteste Keltenstätte Europas mit 60 Megalithgräbern und weiteren Grabstätten. Anschließend geht es südlich nach County Offaly zur **Clonmacnoise Abbey** (S. 391), einer Klosteranlage aus dem 6. Jh. Noch weiter südlich liegt in Tipperary eine Abtei auf dem zerklüfteten **Rock of Cashel** (S. 333). Hier biegt man nach Osten ab und durchquert das County Kilkenny, nicht ohne unterwegs das Zisterzienserkloster **Jerpoint Abbey** (S. 360) bei Thomastown zu besichtigen. Von dort geht's nordöstlich nach Wicklow und dem prächtigen **Glendalough** (S. 159), wo im Tal der zwei Seen Überreste einer Klostersiedlung zu sehen sind. Die Atmosphäre hier ist absolut einzigartig.

KINDER AN BORD

Für Kinder, die sich für Geschichte oder Tiere interessieren, hat Irland eine Menge zu bieten. Im **Kerry County Museum** (S. 297) in Tralee entführt eine Multimediatour ins mittelalterliche Kerry. Prima entspannen lässt es sich bei einer Fahrt mit der Tralee-and-Dingle-**Dampfeisenbahn** (S. 298) rund um die Tralee Bay. Nur einen Kilometer entfernt, darf man in Blennerville in der größten noch funktionstüchtigen **Windmühle** (S. 298) Irlands (errichtet im Jahr 1800) zusehen, wie Weizen gemahlen wird. Fährt man entlang der Halbinsel südlich nach Dingle, ebenfalls im County Kerry, lohnt ein Besuch der **Dingle Oceanworld** (S. 306), wo es Schildkröten, Rochen und exotische Fische zu bestaunen gibt. Beliebte Attraktionen sind das Streichelbecken, das untertunnelte Aquarium, das Haifischbecken und die Amazonasabteilung mit Piranhas. Abenteuer im Wasser erlebt auch, wer mit einem Boot in die Bucht hinausfährt und den berühmten **Delphin Fungie** (S. 305) beim Spielen beobachtet. Er ist dort fast täglich zu sehen. Am nächsten Tag geht es weiter nach Killarney. Hier bietet sich eine entspannende Fahrt in einer der traditionellen **Pferdekutschen** (S. 281) an. Weiter östlich liegt in Carrigtwohill, East Cork, der wunderschöne, nicht eingezäunte **Fota Wildlife Park** (S. 226), in dem über 90 exotische und bedrohte Tierarten wie Schimpansen, Makaken und Oryx-Antilopen leben.

Tralee;
Blennerville
Dingle Killarney
Fota Wildlife Park

VORRATSKAMMER DES SÜDENS

Überall in Irland gibt es zwar tolle Restaurants und Geschäfte, diese Minitour konzentriert sich jedoch auf Cork, die größte Grafschaft des Landes, weil es hier fast nur Gourmetlokale und Feinkostläden zu geben scheint. Die Tour beginnt im Westen von Cork: Bei **Twomey's** (S. 240) in Clonakilty bekommt man den besten Black Pudding, für den die Stadt auch berühmt ist. Cork ist bekannt für seine Käsesorten, und in **Durrus** (S. 251) können die örtlichen Käsereien auch besucht werden. Danach kehrt man in der vorzüglichen **Good Things Café and Cookery School** (S. 252) ein. Östlich und südlich der Stadt Cork ist vor allem in Kinsale alles vom Feinsten, auch das **Fishy Fishy Café** (S. 236), das nur tagsüber geöffnet hat. In Cobh, südöstlich von Cork, ist das **Belvelly Smokehouse** (S. 229) beheimatet, wo man alle möglichen Arten von geräuchertem Fisch probieren und kaufen kann. Bei all der Schlemmerei ist der Durst nicht weit, und den löscht man am besten in der **Franciscan Well Brewery** (S. 223) in Cork, wo man sich beim täglichen **English Market** (S. 221) auch gleich mit neuem Proviant eindecken kann. Von hier geht es östlich nach Midleton zum **Farmgate Restaurant** (S. 230), eines der besten in ganz Irland. Der hiesige Markt ist zwar besser als der in Cork, wird allerdings nur einmal in der Woche abgehalten. Als Abschluss der Schlemmerfahrt ist ein Besuch des weltberühmten **Ballymaloe House** (S. 230) südlich von Midleton absolute Pflicht.

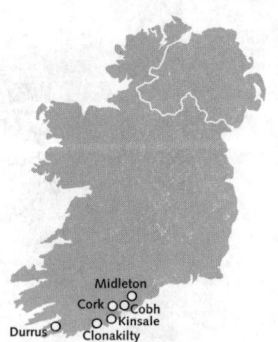

Midleton
Cork Cobh
Kinsale
Durrus Clonakilty

Geschichte

IRISCHE ANFÄNGE & DIE KELTEN

Die turbulente irische Geschichte beginnt vor etwa 10 000 Jahren. Die letzten Gletscher der Eiszeit waren gerade geschmolzen, und der Anstieg des Meeresspiegels trennte Irland vom Rest Britanniens. Sammler und Jäger hatten vermutlich schon früher die immer schmaler werdende Landverbindung überquert, doch nun machten sich immer mehr Menschen in kleinen Booten aus Tierhäuten auf den Weg über die Irische See. Landwirtschaft ist in Irland allerdings erst für die Zeit um 4000 v. Chr. nachweisbar. Die irische Goldschmiedekunst der Bronzezeit war von hoher Qualität und wurde in ganz Europa gehandelt.

Die kriegerischen Stämme der Kelten, die einen so starken Einfluss auf die irische Kultur ausüben sollten, kamen aus Mitteleuropa. Ursprünglich hatten sie große Teile Südeuropas erobert. Die Römer nannten sie *galli*, die Griechen sprachen von *keltoi*; beide fürchteten besonders die Brutalität dieser Menschen, denen im 4. Jh. die Plünderung Roms gelang. In Wirklichkeit hatten die Kelten aber auch einen ausgeprägten Sinn für Spiritualität und für das Übernatürliche.

Die Kelten erreichten Irland um 300 v. Chr. und brachten die Errungenschaften der Eisenzeit vom Festland mit. Nach 200 Jahren hatten sie sich überall auf der Insel niedergelassen. Sie führten das Brehonische Recht ein, ein ausgefeiltes Rechtssystem, das bis ins frühe 17. Jh. galt. Ein wichtiges grafisches Merkmal ihrer Kultur sind kreisförmige Elemente, die an Irrgärten erinnern. Solche Ornamente findet man schon an 2000 Jahre alten Kunstwerken, und sie gelten bis heute als typisch irisch. Einige hervorragende Beispiele für keltisches Design lassen sich am Broighter-Halsband im National Museum in Dublin studieren. Ein anderes schönes Beispiel für die Kunstfertigkeit der Kelten ist der Turoe-Stein im County Galway.

Unter den Kelten war Irland in fünf Provinzen aufgeteilt: Leinster, Meath, Connaught, Ulster und Munster; Meath wurde später mit Leinster vereint. Innerhalb jeder Provinz gab es rund 100 kleinere Könige und Anführer, die ihre Territorien verwalteten. Die mächtigsten Führer der Kelten residierten häufig in Tara im County Meath.

Die Kelten regierten fast 1000 Jahre lang auf der Insel und hinterließen eine Sprache und Kultur, die sich in Irland, Schottland, Wales und in einigen abgelegenen Gebieten Europas bis heute gehalten hat.

Das Christentum, das in der irischen Geschichte immer eine große Rolle gespielt hat, erreichte Irland zwischen dem 3. und 5. Jh. Schon vor dem hl. Patrick waren vermutlich Missionare an Land gegangen, doch traditionell schreibt man die Bekehrung des Landes dem Schutzpatron der Iren zu (s. Kasten S. 34).

Als sich die Finsternis des Mittelalters über dem Rest Europas ausbreitete, wurde Irland zum Land der Heiligen und Gelehrten. Mönche schufen im 7. und 8. Jh. wunderschöne Metallarbeiten und prächtige Handschriften, etwa das berühmte *Book of Kells*, das heute im Trinity College in Dublin aufbewahrt wird (S. 93). Berühmte Klöster, die noch aus jener

Wer waren eigentlich die Kelten? Einen kurzen, schnell lesbaren Überblick (auf Englisch) gibt www.ibiblio.org/gaelic/celts.html.

ZEITACHSE	6000–8000 v. Chr.	300 v. Chr.
	Ankunft erster Siedler nach der letzten Eiszeit	Keltische Einwanderer kommen in großer Zahl nach Irland; sie bleiben dort 1000 Jahre lang die beherrschende Macht

Zeit stammen, sind Clonmacnoise (S. 391) im County Offaly und Glendalough (S. 159) im County Wicklow.

WIKINGEREINFÄLLE

Gegen Ende des 8. Jhs. kamen die Wikinger auf ihren Beutezügen nach Irland. Ihre schlanken, schnellen Boote landeten erstmals 795 an der Lambay Island vor Dublin. Die Eindringlinge begannen mit Überraschungsangriffen an der Ostküste, bevor sie entlang der Flüsse weiter ins Inselinnere vordrangen und eigene Siedlungen gründeten; von dort aus plünderten sie die wohlhabenden Klöster. Die irischen Stämme waren untereinander zu zerstritten, um den Eindringlingen gemeinsam Widerstand zu leisten; außerdem waren sie den weit besser bewaffneten Nordmännern deutlich unterlegen. Im Gegenteil: Nicht selten schlossen sich sogar irische Plünderer den Wikingern an. Zur besseren Verteidigung errichteten die Mönche hohe Rundtürme. Von dort oben konnten Wachtposten die Feinde rechtzeitig ausmachen, und die Mönche konnten sich bei einem Angriff in den Turm zurückziehen. Einige dieser Türme sind noch heute zu sehen, z. B. in Glendalough (S. 159).

The Course of Irish History von T. W. Moody und F. X. Martin ist ein umfangreicher Wälzer. Die beiden Dubliner Professoren erklären die Geschichte Irlands vor allem aus der Nähe des Landes zu England.

Im 9. und 10. Jh. breiteten sich die Wikinger in ganz Irland aus. Dabei gründeten sie ein kleines Wikingerkönigreich namens Dubh Linn („Schwarzer Teich") – das spätere Dublin. Weitere Stadtgründungen waren Wicklow, Waterford und Wexford. Erst 1014 wurden die Wikinger in der Schlacht von Clontarf durch Brian Ború, König von Munster, geschlagen. Ihre Herrschaft war damit gebrochen, dennoch blieben sie in vielen Landesteilen sesshaft. Nicht mehr lange, und sie erhielten Verstärkung durch eine andere Gruppe ehemaliger Wikinger: die Normannen.

DER HEILIGE PATRICK

Überall auf der Welt feiern Menschen am 17. März den Tag des hl. Patrick – indem sie z. B. ausgiebig dem Guinness zusprechen und grüne Kleidung tragen. Trotz dieses Karnevalstreibens geht es dabei im Kern um einen Menschen mit einem ernsthaften Anliegen. Denn Patrick (389–461) tat nichts Geringeres, als das Christentum nach Irland zu bringen.

Der irische Nationalheilige war in Wirklichkeit gar kein Ire. Er stammte aus dem Südosten Schottlands, wo man damals – es war die Zeit, als die Römer Britannien besetzt hielten – Gälisch sprach.

Patrick verdankte seine Beziehung zur grünen Insel eigentlich Räubern: Die entführten den 16-jährigen Jungen nach Irland, wo er als Sklave arbeiten musste. Er wurde Christ, entkam aus der Gefangenschaft und kehrte nach England zurück. Dort schwor er, die Bekehrung der Iren zu seiner Lebensaufgabe zu machen. Er wurde zum Priester geweiht und später zum Bischof von Irland ernannt. Mit diesem Titel trat er die Reise über die Irische See an.

Er ließ sich in Armagh nieder. An der Stelle, wo seine alte Kirche errichtet worden war, steht heute die St Patrick's Church of Ireland Cathedral. Patrick war sehr erfolgreich: Er überzeugte Bauern wie Adlige von der christlichen Botschaft, und nach 30 Jahren war ein großer Teil der Iren getauft. Das Land gliederte sich in katholische Diözesen und Gemeinden. Daneben gründete Patrick eine ganze Reihe von Klöstern. Diese blieben jahrhundertelang Zentren der irischen Wissenschaft und Gelehrsamkeit.

Wer also zufällig an einem St. Paddy's Day in Irland ist und eifrig mitfeiert, sollte zwischen Guinnes, *corned beef* und Kohl vielleicht einen Moment daran denken, wer der Mann eigentlich war, den Iren auf der ganzen Welt so ausgiebig feiern.

432–461 n. Chr.
Der hl. Patrick bringt das Christentum nach Irland

600–800
Das „Goldene Zeitalter": Die Klöster sind Zentren der Wissenschaft

DIE NORMANNEN

Die Normannen stammten ursprünglich aus Skandinavien, hatten dann aber Teile Frankreichs besetzt und besiedelt und unter Wilhelm dem Eroberer 1066 auch England unterworfen. In Irland fassten sie ein Jahrhundert später Fuß: 1166 war Dermot MacMurrough, König von Leinster, von Rivalen vertrieben worden. Er floh nach England und traf dort Heinrich II. und Richard Fitz-Gilbert de Clare, den Earl of Pembroke (auch bekannt unter dem Namen Strongbow). Der Earl versprach, eine Armee nach Irland zu schicken, dafür erhielt er die Tochter des vertriebenen Königs zur Frau – und den Anspruch auf die Thronfolge in Leinster.

Im Mai 1169 landeten die ersten anglonormannischen Truppen in Bannow Bay im County Wexford. Die Städte Wexford und Dublin wurden mühelos überwältigt. Im folgenden Jahr führte Strongbow persönlich seine Truppen an: In einer blutigen Schlacht eroberte er Waterford – und seine Braut. MacMurrough starb innerhalb des folgenden Jahres, und Strongbow beanspruchte vertragsgemäß die Königswürde.

Unterdessen hatte Heinrich II. Schritte unternommen, um vom Papst als Herr über Irland anerkannt zu werden. Deshalb beobachtete er Strongbows Unternehmungen mit Interesse und dessen wachsende Macht und Unabhängigkeit mit wachsender Sorge. 1171 schickte er eigene Truppen nach Irland, die bei Waterford landeten und den Ort zur königlichen Stadt erklärten. Dem Anschein nach übte Henry nun also die Herrschaft aus – in Wirklichkeit machten die Normannenfürsten jedoch weiter, wie sie wollten. Barone wie Courcy und De Lacy besaßen bald sogar eigene Machtzentren.

Die Normannen hielten es ähnlich wie die Wikinger vor ihnen: Sie ließen sich in Irland nieder und passten sich der irischen Kultur an. Dabei gründeten sie schöne Städte wie Kilkenny, das bis heute viel von seinem mittelalterlichen Charakter bewahrt hat. 1366 versuchte die englische Krone, die Entwicklung zu stoppen, z. B. durch Eheverbote und durch ein Verbot der irischen Sprache und Kultur – aber dafür war es längst zu spät. Die anglonormannischen Barone waren unabhängig und mächtig geworden. Im Laufe der beiden folgenden Jahrhunderte verlor England nach und nach die Kontrolle über die Insel – englisches Einflussgebiet blieb nur die Gegend rund um Dublin, bekannt als *the pale*.

RÜCKKEHR DER KÖNIGE

Im 16. Jh. fürchtete Heinrich VIII. eine französische oder spanische Invasion auf dem Umweg über Irland; er setzte daher alles daran, die englische Vorherrschaft über die Nachbarinsel wiederherzustellen. Voraussetzung war ein Sieg über die einflussreichen Fitzgeralds, die anglonormannischen Earls of Kildare, die sich seiner Autorität besonders stark widersetzten.

1534 überfiel Silken Thomas, der Sohn des regierenden Earls, die Stadt Dublin mit ihrer englischen Garnison; er glaubte, König Heinrich habe seinen Vater ermorden lassen. Der König übte seinerseits brutale Vergeltung: Der Aufstand wurde niedergeschlagen, und Thomas und seine Anhänger wurden einer nach dem anderen hingerichtet. Vergeltung folgte auf Vergeltung – hier zeigt sich ein Muster, das die irische Geschichte noch jahrhundertelang bestimmen sollte. Die Besitztümer der Fitzgeralds

Der Ausdruck *beyond the Pale* (= inakzeptabel) stammt aus der Zeit, als der *pale*, das befestigte Siedlungsgebiet rund um Dublin, von den Engländern verwaltet wurde. Die britische Oberschicht hielt den Rest der Insel für komplett unzivilisiert.

Wikingerüberfälle auf die Klöster. Nach dem Ende der Plünderungen gründen die Wikinger überall auf der Insel ihre Siedlungen | Gründung von Dublin wurden an englische Siedler verteilt, und ein Vizekönig übernahm die Regierungsgeschäfte.

Anschließend ging Heinrich gegen die wohlhabende katholische Kirche des Landes vor; seit der konfliktreichen Scheidung von Katharina von Aragon nahm er auf die Kirche keine Rücksicht mehr. Seine Truppen plünderten die irischen Klöster; 1541 ließ er sich schließlich vom Parlament zum König von Irland wählen.

Elisabeth I. festigte später die englische Stellung in Irland und verlegte die Gerichtsbarkeit nach Connaught und Munster – trotz der Widerstände seitens der einflussreichen Familien vor Ort. Ulster blieb ein letzter Vorposten der Iren. Hugh O'Neill, Earl of Tyrone, leitete den vorerst letzten ernsthaften Kampf gegen die englische Herrschaft. O'Neill ließ sich Blei aus England liefern – angeblich für eine neue Bedachung seines Schlosses, in Wirklichkeit jedoch für Gewehrkugeln. Damit riskierte er den offenen Bruch mit England. Es kam zum Neunjährigen Krieg (1594–1603): Die Iren verteidigten sich anfangs erfolgreich – in den ersten sieben Jahren blieben die Engländer ohne nennenswerten Erfolg.

Die Schlacht von Kinsale bedeutete 1601 das Aus – für O'Neill und für die Provinz Ulster. 1607 verließ O'Neill mit 90 weiteren Anführern seine Heimat und ging für immer ins Exil. Nach dieser „Flucht der Earls" leistete Ulster den Engländern keinen weiteren Widerstand mehr.

Elisabeth und ihr Nachfolger, Jakob I., verfolgten nun eine Politik der „Kolonisierung", auch *plantation* genannt; gemeint ist eine systematische Konfiszierung von Land. Große Flächen wurden schlicht enteignet und englischen „Unternehmern" überschrieben, die das Land parzellierten und an schottische und englische Siedler verteilten. Im Gegensatz zu früheren Invasoren hatten die neuen protestantischen Landbesitzer allerdings nicht das geringste Interesse an einem Kontakt zu den verarmten und verbitterten irischen und anglonormannischen Katholiken. Damals wurden die Grundlagen für die Teilung der Provinz Ulster gelegt, die bis heute nicht überwunden ist.

SPALTUNG IN GLAUBENSFRAGEN

Artikel zum Thema Bürgerkrieg siehe http://larkspirit.com.

Der englische Bürgerkrieg in den 1640er-Jahren wirkte sich ganz erheblich auf Irland aus. Die katholischen Iren und Anglonormannen, 1641 in der Confederation of Kilkenny vereint, unterstützten Charles I gegen das protestantische Parlament. Sie hofften natürlich auf eine Stärkung des irischen Katholizismus. Während dieses Jahrzehnts wurde auch in Irland viel Blut vergossen.

Charles unterlag jedoch und wurde hingerichtet. Der siegreiche Führer des Parlamentsheers, Oliver Cromwell, begab sich 1649 nach Irland, um dort für Ordnung zu sorgen. Nach einem brutalen Massaker in Drogheda zog er durch das Land und hinterließ eine Spur des Todes. Seine Grausamkeit war bald überall gefürchtet, und Städte ergaben sich oft freiwillig, sobald seine Armee näher rückte. Viele Iren verloren unter Cromwell ihr Hab und Gut und wurden ins unwirtliche und unfruchtbare Connaught vertrieben. Cromwell konfiszierte über 2 Mio. ha Land – mehr als ein Viertel der Gesamtfläche! – und verteilte es an seine eigenen Leute.

1689, zwei Jahrzehnte nach der Wiedereinsetzung der Monarchie, floh der katholische Jakob II. (James II) nach Irland. Dort wollte er eine Armee aufstellen, um seinen Anspruch auf den Thron gegen den vom Parlament gewünschten Protestanten Willhelm von Oranien durchzusetzen. Das irische Parlament erkannte ihn sofort als König an und begann mit der Rückgabe des enteigneten Landes an die katholischen Eigentümer. Zu diesem Zweck belagerte James mit seinen Truppen die Stadt Derry; dabei starben viele Einwohner den Hungertod. Das berühmte protestantische Motto „No Surrender!" stammt aus den Tagen dieser Belagerung.

Die Belagerung dauerte von April bis Juli 1690. Dann ging Wilhelm mit einer 36 000 Mann starken Armee an Land. In der entscheidenden Schlacht am Boyne (12. Juli 1690) kämpften irische Katholiken unter Jakob II., einem Schotten, gegen englische Protestanten unter dem Holländer Wilhelm von Oranien. Wilhelms Sieg brachte die Wende: Nordirische Protestanten feiern diesen Tag bis heute als entscheidenden Schlag gegen die „Papisten".

Die Unterdrückung wurde im Jahr 1695 auch per Gesetz vollzogen: Katholiken wurden der Landbesitz und der Zugang zu Berufen untersagt. Man verbot irische Kultur und Musik in der Erwartung, der Katholizismus werde dann ganz von selbst verschwinden. Die meisten Katholiken fanden jedoch geeignete Mittel und Wege, ihre Gottesdienste an geheimen Orten zu feiern. Einige Wohlhabende konvertierten zum Protestantismus, um Besitz und Karriere nicht zu gefährden. Das Land wurde ansonsten nach und nach an Protestanten umverteilt; die meisten katholischen Iren lebten bald als Landpächter unter erbärmlichen Bedingungen. Ende des 18. Jhs. befanden sich nur noch 5 % der Fläche in der Hand von Katholiken.

ANFÄNGE DES IRISCHEN NATIONALISMUS

Inspiriert durch den Amerikanischen Unabhängigkeitskrieg und die Französische Revolution, gründeten Iren in Belfast die so genannten United Irishmen. Prominenter Vorsitzender der Gruppe war der junge Dubliner Protestant Theobald Wolfe Tone (1763–98). Die United Irishmen wollten Männer aller Konfessionen zusammenführen, um gemeinsam die britische Herrschaft über Irland zu verändern und abzumildern. Auf dem direkten politischen Weg blieben sie dabei aber ohne Erfolg.

Als es zum Krieg zwischen Großbritannien und Frankreich kam, duldete das politische Establishment eine solche Gruppe nicht mehr. Um ihr Ziel – Veränderungen um jeden Preis – noch erreichen zu können, gingen die Irishmen in den Untergrund. Wolfe Tone suchte Beistand in Frankreich, und protestantische Loyalisten bereiteten sich auf einen möglichen Konflikt vor und gründeten ihrerseits die Protestant Orange Society. Bekannt wurde sie später als Orange Society (Oranierorden).

1796 erschien eine französische Flotte mit mehreren tausend Soldaten in der Bantry Bay im County Cork; an Bord befand sich auch Wolfe Tone. Die Verteidiger an Land waren schlecht ausgerüstet und hätten keine Chance gehabt, aber heftige Winde machten eine Landung unmöglich, und die Schiffe mussten unverrichteter Dinge nach Frankreich zurückkehren.

Nun begann eine systematische Jagd auf die United Irishmen. Die brutale Vorgehensweise der Regierung schreckte das Land auf und führte zum Aufstand von 1798. Die heftigsten Kämpfe fanden im County Wex-

In *Cromwell: An Honourable Enemy* vertritt Tom Reilly die ziemlich unpopuläre Ansicht, dass die Berichte über Cromwells Zerstörungen möglicherweise ziemlich übertrieben sind. Das Gegenteil wird überall behauptet; hier also ein provozierender Widerspruch. (Ja, Reilly ist tatsächlich Ire.)

For the Cause of Liberty: A Thousand Years of Ireland's Heroes von Terry Golway zeichnet ein anschauliches Bild des irischen Nationalismus.

1585	1591
Die Kartoffel gelangt aus Südamerika nach Irland und wird dort zum Grundnahrungsmittel	Gründung des Trinity College in Dublin

ford statt, einem Bezirk, der eigentlich als friedlich galt; Father John Murphy führte den Widerstand an. Nach einigen kleineren militärischen Erfolgen wurden die Rebellen schließlich am Vinegar Hill bei Enniscorthy vernichtend geschlagen.

Hartnäckig unternahm Wolfe Tone einen weiteren Anlauf; er kehrte 1798 mit einer neuen französischen Flotte zurück, die aber bereits auf See geschlagen wurde. Wolfe Tone brachte man als Gefangenen nach Dublin; dort beging er im Gefängnis Selbstmord. Sein Freitod war das Ende der United Irishmen.

Der protestantische Adel hatte mit einem so heftigen Widerstand nicht gerechnet und beeilte sich nun, die Bindung an England abzusichern. Im Act of Union von 1800 wurde Irland formell mit England vereinigt. Das irische Parlament löste sich auf, und rund 100 ehemalige irische Parlamentarier zogen ins Londoner Oberhaus ein.

Einer der bedeutendsten irischen Politiker überhaupt wurde Daniel O'Connell (1775–1847), ein Katholik aus Kerry. Er gründete 1823 die Catholic Association. Ihr Ziel war die politische Gleichberechtigung der katholischen Iren. Schon bald koordinierte die Association erfolgreich friedliche Massenproteste. Bei der Wahl 1826 demonstrierte die neue Organisation bereits ihre Macht – indem sie erfolgreich protestantische Kandidaten unterstützte, die der Gleichberechtigung der Katholiken positiv gegenüberstanden.

1828 kandidierte O'Connell selbst für den Parlamentssitz des County Clare, obwohl er als Katholik den Sitz eigentlich gar nicht annehmen konnte. O'Connell gewann die Wahl – und bescherte dem Britischen Parlament damit ein Problem. Denn O'Connell den Parlamentssitz zu verweigern hätte einen Aufstand in Irland auslösen können. Viele Parlamentarier im House of Commons unterstützten im Grunde eine Gleichberechtigung der Katholiken, und so führten die besonderen Umstände zum Act of Catholic Emancipation (1829). Nun erhielten zumindest wohlhabende irische Katholiken das Wahlrecht und das Recht, ins britische Unterhaus gewählt zu werden.

O'Connell kämpfte weiter für Reformen, vor allem jedoch gegen die Union mit England; sein Ziel war die Wiedereinsetzung eines irischen Parlaments, dieses Mal auch mit katholischer Beteiligung. 1843 organisierte er Massendemonstrationen, die überall in Irland stattfanden und mehr als eine halbe Million Teilnehmer zählten. Diese Massen auf den Straßen sollten das Establishment provozieren; gleichzeitig scheute O'Connell aber eine echte Konfrontation mit den Briten. Als eine solche Großdemonstration einmal in Clontarf verboten wurde, sagte er sie einfach ab.

The Great Hunger von Cecil Woodham-Smith ist das Standardwerk über die Hungersnot von 1845–51.

1844 wurde O'Connell zu einer kurzen Gefängnisstrafe verurteilt. Eine neue Bewegung, Young Ireland, sprach sich nach den Misserfolgen der friedlichen Demonstrationen eher für Gewalt aus. O'Connell hatte daran keinen Anteil mehr, er stellte für Großbritannien jetzt keine Gefahr mehr dar. Er starb 1847.

PARNELL & DIE LAND LEAGUE

Trotz der Großen Hungersnot von 1845–51 stand die britische Herrschaft über Irland eine Zeit lang nicht zur Debatte. Einer der wenigen Aufstände

1649	1690
Cromwell verwüstet Teile des Landes, nachdem die Iren im Bürgerkrieg Charles I. unterstützt hatten	In der Schlacht am Boyne unterliegen die katholischen Truppen mit Jakob II. der protestantischen Armee Wilhelm von Oraniens

DIE GROSSE HUNGERSNOT

Am Ende der Großen Hungersnot von 1845–51 waren rund 3 Mio. Iren verhungert oder ausgewandert. Die große Tragödie wirkt im Rückblick fast unglaublich, da sie nicht nur natürliche Ursachen hatte. Kartoffeln waren damals das Hauptnahrungsmittel einer schnell wachsenden und völlig verarmten Bevölkerung. Als eine Krankheit die Ernte vernichtete, stiegen die Preise. Als Folge der strengen *penal laws* hatten die Bauern hohe Pachtzahlungen zu leisten und konnten nun das Geld für den bescheidenen Lebensunterhalt nicht mehr aufbringen. Die meisten gerieten mit der Pacht in Rückstand, wurden von den völlig gleichgültigen Landeigentümern vertrieben und landeten in den Arbeitshäusern.

In dieser furchtbaren Hungerzeit gab es gleichzeitig gute Weizenernten und genügend Milchprodukte: Die Landwirtschaft der Insel hätte die gesamte Bevölkerung ohne weiteres ernähren können. Vermutlich wurde damals mehr Vieh ins Ausland verkauft, als das Land Menschen hatte. Während Millionen Iren hungerten, musste die Insel Nahrungsmittel nach England und Übersee exportieren.

Auf dem Höhepunkt dieser Krise wurden die Grundeigentümer gesetzlich verpflichtet, für ihre Armen zu sorgen. Für viele war das Anlass genug, ihre Pächter einfach abzuschieben – beispielsweise indem sie ihnen die Überfahrt nach Amerika bezahlten. An Bord „schwimmender Särge" fuhren viele Menschen dabei geradewegs in den Tod. Der britische Premierminister Robert Peel unternahm einige gut gemeinte, aber völlig unzulängliche Versuche, den Hungernden zu helfen, und einige – aber viel zu wenige – Grundbesitzer bemühten sich wirklich um ihre Bauern.

Die Auswanderungswelle hielt noch 100 Jahre lang an, die Bevölkerungszahl sank stetig weiter. Viele der Iren, die vor allem in die USA zogen, blickten noch lange mit Bitterkeit auf diesen Teil der irischen Geschichte zurück.

jener Tage war die Erhebung der Irisch-Republikanischen Fenian-Bruderschaft im März 1867.

1875 wurde Charles Stewart Parnell (1846–91) ins Londoner Parlament gewählt. Der Sohn eines protestantischen Landbesitzers im County Wicklow gehörte eigentlich der einflussreichen angloirischen Schicht an. Mit einem Unterschied: Parnells Mutter war Amerikanerin, und ihr Vater hatte im amerikanischen Unabhängigkeitskrieg gegen die Briten gekämpft. Deshalb unterstützten die Parnells das Ziel eines unabhängigen Irlands. Im Unterhaus galt Parnell schon bald als leidenschaftlicher und etwas schwieriger Parlamentarier, der unangenehme Fragen stellte. Mit 31 Jahren wurde er Vorsitzender der Home Rule Party, die sich für eine begrenzte Autonomie aussprach.

1879 drohte der Insel eine neue Hungersnot, da die Kartoffelernte wieder einmal schlecht ausgefallen war – viele Menschen verließen Irland für immer. Zusätzlich hatten billige amerikanische Getreideeinfuhren manchen einheimischen Pächter ruiniert. Der Fenianer Michael Davitt organisierte den Protest der Pächter, Parnell unterstützte ihn. Gemeinsam gründeten sie die Land League, die sich für niedrigere Pachtzinsen und bessere Arbeitsbedingungen einsetzte. Die Auseinandersetzungen waren heftig, auf beiden Seiten kam es zu Ausschreitungen. Parnell erfand eine neue Taktik: Pächter und Landbesitzer, die sich nicht zu den Zielen der Land League bekannten, wurden öffentlich geächtet.

Der so genannte Kampf um Land dauerte von 1879 bis 1882 und hatte weit reichende Folgen. Zum ersten Mal leisteten Pächter den Grundei-

In *The Irish in America* beginnt Michael Coffey seine Geschichte der großen Hungersnot dort, wo die meisten anderen Darstellungen enden: mit den neuen Erfahrungen irischer Auswanderer in den USA.

1695	**1759**
Die *Penal Laws* verbieten Katholiken den Grunderwerb; 100 Jahre später sind nur noch 5 % des Landes in katholischer Hand	Gründung der Guinness-Brauerei

1870, nach der Hungersnot, verließen die Menschen immer noch in Scharen ihre Insel. Damals lebten mehr als ein Drittel der gebürtigen Iren außerhalb von Irland.

gentümern massenhaft Widerstand. Mit dem Land Act von 1881 besserte sich die Lage für die Pächter ganz erheblich; der Pachtzins wurde fair geregelt, und Pächter durften von da an auch Land besitzen.

1882 wurde die Lage kritisch, als zwei führende Vertreter der britischen Krone in Irland – Lord Cavendish und Thomas Burke – von Nationalisten ermordet wurden, die in Verbindung mit der Land League standen. Die Reformen hatten jedoch Bestand, und Parnell wandte sich der Autonomie (Home Rule) zu. Premierminister Willliam Gladstone, der in anderen heiklen Fragen auf Parnell angewiesen war, unterstützte die Anliegen. Trotzdem unterlagen die beiden bei der Abstimmung über die Home Rule Bill – nicht zuletzt, weil die Widerstände in Gladstones eigener Partei zu groß waren.

Eine Affäre beendete Parnells Laufbahn: Zehn Jahre lang war er bereits mit Kitty O'Shea, der Frau eines Parteikollegen, liiert, als die Beziehung 1890 ans Licht kam. Parnell weigerte sich, den Parteivorsitz niederzulegen, und die Partei spaltete sich. Parnell heiratete O'Shea, wurde aber dennoch als Parteivorsitzender abgelöst, und auch die katholische Kirche wandte sich von ihm ab. Der „ungekrönte König der Iren" war zur *persona non grata* geworden. Sein Gesundheitszustand verschlechterte sich rapide, und er starb schon ein knappes Jahr später.

Das Wort „Boykott" erinnert an Charles C. Boycott, einen Landverkäufer, der 1880 von Parnells Land League „boykottiert" wurde.

DER WEG ZUR UNABHÄNGIGKEIT

1892 wurde Gladstone zum vierten Mal Premierminister; dieses Mal setzte er die irische Autonomie im Unterhaus durch, das Gesetz scheiterte dann aber im Oberhaus.

Mittlerweile hatte es der Osten der Provinz Ulster zu einigem Wohlstand gebracht. Vor den schlimmsten Folgen der Hungersnot war die Provinz verschont geblieben, und die wachsende Industrialisierung nützte den herrschenden Protestanten. Gladstone hatte zwar erneut eine Niederlage einstecken müssen, doch die Ulster Unionists (die Partei war 1885 gegründet worden) waren sich darüber im Klaren, dass die Autonomie jederzeit wieder auf die Tagesordnung kommen konnte. Sollte die *Home Rule* Gesetz werden, war man zum Widerstand entschlossen. Unter der

---

DIE GÄLISCHE RENAISSANCE

Während noch über die politische Autonomie gestritten wurde, ereignete sich eine Art Revolution in der irischen Kunst, Literatur – und im irischen Bewusstsein. Der Dichter William Butler Yeats und seine literarischen Freunde (darunter Lady Gregory, Douglas Hyde, John Millington Synge und George Russell) leiteten eine Renaissance der angloirischen Literatur ein. Sie entdeckten die alten keltischen Erzählungen neu und schrieben voller Enthusiasmus über ein romantisches Irland, in dem tapfere Kriegerköniginnen Schlachten lenkten. Die Iren blickten auf Jahrhunderte zurück, in denen sie fremden Eroberern ausgeliefert und immer weiter verarmt waren. Da war das romantisch verklärte Bild ihrer früheren Geschichte natürlich viel attraktiver.

Gleichzeitig bemühten sich Hyde und Eoin MacNeill um eine Rettung der gälischen Sprache und der irischen Alltagskultur; beides hielten sie für wichtige Bestandteile der irischen Identität. 1893 gründeten sie die Gaelic League (Conradh na Gaeilge), die sich u. a. für Gälisch als Unterrichtsfach in den Schulen einsetzte. Die sehr politische Gaelic Athletic Association (GAA) förderte besonders die heimischen Sportarten und die nationale Kultur.

1828

Parlamentssitz für den Katholiken Daniel O'Connell; ein neues Gesetz gesteht Katholiken ein – eingeschränktes – Wahlrecht zu

1845–51

Während der Großen Hungersnot, einer Folge dramatischer Ausfälle bei der Kartoffelernte, sterben oder emigrieren 3 Mio. Iren

Führung von Sir Edward Carson (1854–1935), einem Rechtsanwalt aus Dublin, gründeten die Protestanten die Ulster Volunteer Force (UVF), eine paramilitärische Truppe zum Kampf gegen die irische Unabhängigkeit. Wenn Irland unabhängig würde, sei man zum bewaffneten Kampf für eine Abtrennung Nordirlands entschlossen, so Carson. Die Briten beugten sich den Drohungen aus Ulster. 1914 erklärte Carson eine irische Autonomie unter der Bedingung für akzeptabel, dass die Provinz Ulster nicht davon betroffen sei – die Teilung der Insel war besiegelt.

Unterdessen hatte in England eine neue liberale Regierung unter Premierminister Asquith das Vetorecht des Oberhauses abgeschafft und ein neues Autonomiegesetz für Irland erarbeitet. Das Gesetz wurde 1912 gegen erbitterten konservativen Widerstand angenommen (aber dann nicht in Kraft gesetzt).

Da die UVF immer stärker wurde, antworteten die Republikaner mit der Gründung der Irish Volunteers. Unter der Leitung von Eoin MacNeill sollten sie für ein ungeteiltes und unabhängiges Irland kämpfen. Allerdings waren sie deutlich schlechter organisiert und bewaffnet als die von der Armee unterstützte Ulster Volunteer Force. 1914 stand Irland am Rand eines Bürgerkriegs.

Der Home Rule Act, das Autonomiegesetz, wurde beim Ausbruch des Ersten Weltkriegs im August 1914 ausgesetzt; das Ulster-Problem blieb vorübergehend ungelöst.

DER OSTERAUFSTAND

Viele national gesinnte Iren kämpften auf den Schlachtfeldern Europas in der Hoffnung, ihr Opfer würde England dazu bewegen, endlich die irische Selbstbestimmung zuzulassen. Eine Minderheit zweifelte allerdings am Wert der englischen Versprechungen und setzte eher auf die revolutionäre Tat.

Zwei kleine Gruppen – die Irish Volunteers unter Pádraig Pearse und die Irish Citizens Army unter James Connolly – bereiteten im Geheimen einen Aufstand vor. Sie hofften auf deutsche Waffen, die jedoch von der britischen Marine beschlagnahmt wurden. Eoin MacNeill, der nicht beteiligt worden war, wollte den Aufstand stoppen, doch eine kleine Gruppe der Volunteers marschierte am Ostermontag 1916 in Dublin ein, besetzte einige wichtige Gebäude der Stadt und richtete ihr Hauptquartier im General Post Office in der O'Connell Street ein. Von den Stufen der Hauptpost verlas Pearse eine Erklärung: Irland sei nun eine Republik, und diese Gruppe bilde die provisorische Regierung. Die Aufständischen verteidigten sich eine ganze Woche gegen die deutlich überlegenen britischen Streitkräfte. Beliebt hatten sich die Rebellen allerdings nicht gemacht, und auf dem Weg ins Gefängnis mussten sie vor aufgebrachten Bürgern geschützt werden.

Viele vermuten, Pearse habe die Aussichtslosigkeit dieses Versuchs sehr wohl gesehen; er habe ein blutiges Opfer gewollt, um die Nation zusammenzuschmieden. Ein blutiges Ende gab es in der Tat.

Der Osteraufstand wäre vermutlich eine Episode geblieben, hätten die Briten die Anführer nicht zu Märtyrern gemacht. 15 der 77 Todesurteile wurden vollstreckt. Pearse wurde nur drei Tage nach der Niederschlagung der Rebellion erschossen; James Connolly starb als Letzter, neun Tage

Mike Cronins *A History of Ireland* behandelt die gesamte irische Geschichte auf weniger als 300 Seiten. Kompakt und leicht zu lesen, aber ohne vertiefende Analysen.

1879–82

Im so genannten *Land War* erzwingen die Pächter das Recht, eigenes Land zu erwerben

1890er-Jahre

Die von Dichter W. B. Yeats unterstützte *Gaelic-Revival*-Bewegung fördert eine neue Wertschätzung irischer Kultur und Tradition nach der Niederlage: hingerichtet auf einem Stuhl, da er nicht stehen konnte.

Verschont wurde z. B. die Gräfin Markievicz (1868–1927), weil sie eine Frau war. Die Todesstrafe für Eamon de Valera (1882–1975) wurde wegen seiner US-Staatsbürgerschaft in eine lebenslange Haftstrafe umgewandelt. Nach einer Amnestie kam er 1917 frei.

Bei der Wahl von 1918 traten die Republikaner unter den Fahnen der Sinn Féin an und erreichten eine deutliche Mehrheit. Eigentlich hätten sie nun ins Londoner Unterhaus einziehen müssen; die neu gewählten Sinn-Féin-Abgeordneten, darunter viele Teilnehmer des Osteraufstands von 1916, erklärten Irland jedoch für unabhängig und gründeten ein Irisches Parlament (Dáil Éireann). Sie tagten unter der Leitung von Eamon de Valera im Mansion House in Dublin. Aus den Irish Volunteers wurde die Irisch-Republikanische Armee (IRA), und das neue Parlament erteilte der IRA den Auftrag, gegen die britischen Truppen auf der Insel vorzugehen.

Das Blutvergießen auf irischem Boden war also noch lange nicht zu Ende.

UNABHÄNGIGKEITSKRIEG ZWISCHEN ENGLAND & IRLAND

An dem Tag im Januar 1919, an dem das neue Parlament in Dublin zusammentrat, wurden im County Tipperary zwei Polizisten erschossen. Damit begann der blutige Unabhängigkeitskrieg zwischen Irland und England, der zweieinhalb Jahre andauern sollte. Der charismatische, aber auch skrupellose Michael Collins (1890–1922) leitete den Kampf gegen die Briten.

Der Krieg wurde schnell blutig. Die IRA hatte gleich eine ganze Reihe von Gegnern: die Royal Irish Constabulary, die regulären britischen Truppen, und zwei quasi-militärische Gruppierungen, die Auxiliaries und die wegen ihrer Brutalität gefürchteten Black and Tans, ehemalige britische Soldaten. Deren Grausamkeit verstärkte die antibritische Stimmung in Irland und förderte den irischen Nationalismus noch zusätzlich. Auch der Tod des Bürgermeisters von Cork, Terence MacSwiney, der im Hungerstreik starb, beeinflusste die Stimmung. Die IRA bekämpfte die britische Armee mit kleinen Einheiten, die aus dem Hinterhalt angriffen, und da sie sich im eigenen Land bewegte, war sie recht erfolgreich. Im Juli 1921 wurde ein Waffenstillstand geschlossen.

Nach monatelangen Verhandlungen in London unterzeichnete die irische Delegation schließlich am 6. Dezember 1921 ein Friedensabkommen. Darin erhielten 26 irische Counties die volle Unabhängigkeit; sechs überwiegend protestantische Counties in Ulster sollten selbst über ihre Zukunft entscheiden. Sollten sie gegen die Unabhängigkeit stimmen, würde eine Grenzkommission strittige Fragen zwischen Nord- und Südirland klären.

Auf irischer Seite hatten vor allem Collins und Griffith die Verhandlungen geführt. Beiden war klar, dass viele Abgeordnete im Dáil eine Abtrennung des Nordens nicht akzeptieren würden. Auch bei der Regelung, dass der britische König Oberhaupt des neuen Staates bleiben sollte und dass irische Parlamentarier weiterhin auf die Krone schwören mussten, war Ärger vorprogrammiert. Dennoch stimmten sie dem Vertrag am Ende zu, ohne sich mit Valera in Dublin abzustimmen.

Die Hintergründe des irischen Unabhängigkeitskrieges und ihre Auswirkungen auf die einfachen Leute werden in J. G. Farrells Roman *Troubles* (1970) eindringlich und sehr bewegend geschildert.

Wer mehr über Michael Collins erfahren möchte, sollte *In His Own Words* lesen, eine Sammlung seiner Reden und Schriften.

1904	1916
Der 16. Juni dieses Jahres wird im *Ulysses* von James Joyce verewigt	Der Osteraufstand findet kaum Anhänger, doch die Hinrichtung von P. Pearse und J. Connolly stärkt die Widerstandsbewegung

Collins hielt die Frage der monarchischen Staatsform und den Eid für eher symbolisch. Er war sich sicher, dass die sechs nordöstlichen Counties nicht allein überleben könnten und sich früher oder später dem Süden anschließen würden. Außerdem hatte er den Eindruck, die Grenzkommission werde die nördlichen Counties wohl noch zusätzlich verkleinern. Trotzdem erklärte er bei der Unterzeichnung: „Vielleicht habe ich heute mein Todesurteil unterschrieben."

TEILUNG & BÜRGERKRIEG

Das nordirische Parlament trat am 22. Juni 1921 zusammen, James Craig war der erste Premierminister. National gesinnte Katholiken im Parlament machten aus ihren Vorbehalten keinen Hehl, und von Anfang an bestimmte die religiöse Spaltung die Politik Nordirlands.

Inzwischen war der Freistaat gegründet worden (so nannte man den Süden bis 1949). Der Dáil hatte das unpopuläre Abkommen mit England im Januar 1922 ratifiziert. Die ersten Parlamentswahlen im Juni endeten mit einem Sieg der Vertragsbefürworter. Zwei Wochen später brach der Bürgerkrieg aus. Collins war es nicht gelungen, seine Parteifreunde von den Vorteilen des Abkommens zu überzeugen; nun kämpften Männer gegeneinander, die ein Jahr zuvor noch als Kameraden für die gemeinsame Sache gestritten hatten. Collins geriet im County Cork in einen Hinterhalt und wurde erschossen, Griffith starb vor Angst und Erschöpfung. De Valera wurde von der neuen Regierung des Freistaats für kurze Zeit inhaftiert; Premierminister Willliam Cosgrave schreckte nicht einmal davor zurück, 77 seiner ehemaligen Gefährten hinrichten zu lassen. 1923 endete dieser Konflikt.

Einige Jahre boykottierte De Valera den Dáil, dann gründete er eine neue Partei, Fianna Fáil (Kämpfer Irlands) und gewann 1927 beinahe die Hälfte der Parlamentssitze. Die neu gewählten Abgeordneten (Teachta Dála – Mitglieder des Dáil) traten ihr Amt an, ohne den Eid auf die Krone zu leisten.

1932 gewann Fianna Fáil die absolute Mehrheit und konnte sich 16 Jahre an der Regierung halten. 1937 führte De Valera eine neue Verfassung ein, die den Treueschwur auf den König nicht mehr vorsah; außerdem erhob er Anspruch auf die sechs nördlichen Counties. De Valera stellte auch die Zahlung von Landpacht an die britische Regierung ein, die im Britisch-Irischen Abkommen vereinbart worden war. Die Folge war ein Wirtschaftskrieg, der die irische Landwirtschaft nachhaltig schädigte und erst kurz vor den Wahlen von 1948 beigelegt werden konnte.

DIE REPUBLIK

Fianna Fáil verlor 1948 die Wahl, Sieger wurde eine Koalition aus Fine Gael (den Anhängern der ersten Regierung des Freistaats) und der neuen republikanischen Clann an Poblachta. Die neue Regierung erklärte den Freistaat endlich zur Republik. 1949 trat die Republik Irland aus dem Britischen Commonwealth aus und trennte sich damit endgültig vom Norden.

Sean Lemass übernahm 1959 die Regierung und hoffte, das Problem der Auswanderung durch ein Wirtschaftsprogramm in den Griff zu bekommen. Mitte der 1960er-Jahre hatte er die Emigrationsrate in der Tat

Neil Jordans Kinofilm *Michael Collins* mit Liam Neeson in der Hauptrolle erzählt vom Osteraufstand, der Gründung des Freistaates und von der Ermordung des Revolutionärs.

1919–22	1948
Der Englisch-Irische Krieg führt zur Teilung der Insel: 1921 erhält Nordirland ein Parlament, 1922 wird der Süden zum Freistaat	Aus dem Freistaat geht die Republik Irland hervor

halbiert, und viele Auswanderer kehrten sogar wieder in die Heimat zurück. In dieser Zeit übernahm der Staat die Kosten für den Besuch von Sekundarschulen.

1972 trat die Republik Irland (zusammen mit Nordirland) der Europäischen Wirtschaftsgemeinschaft (EWG) bei. Anfänglich wuchs der allgemeine Wohlstand, bis Anfang der 1980er-Jahre erneut wirtschaftliche Probleme drohten. In diesen Jahren stieg die Auswanderungsrate wieder an. Anfang der 1990er-Jahre erholte sich die Wirtschaft aber – heute gehört sie zu den gesündesten in Europa.

Der Einfluss der katholischen Kirche auf die Gesellschaft hat mittlerweile nachgelassen. Bei Abstimmungen in den 1980er-Jahren hatte die Mehrheit der Iren noch dafür plädiert, Abtreibungen und Scheidungen weiterhin zu verbieten. Ein erneutes Referendum zur Freigabe der Ehescheidung wurde 1995 mit knapper Mehrheit angenommen.

Die Macht eines Präsidenten ist in Irland begrenzt; dennoch schaffte es die Anwältin Mary Robinson nach ihrer Wahl zur Präsidentin 1990, die Institutionen zu modernisieren und einen gewissen – informellen – Einfluss auf die Sozialpolitik zu nehmen. Sie setzte neue Akzente, die der veränderten Einstellung zu Scheidung, Abtreibung oder den Rechten von Homosexuellen entsprach.

Ireland Since the Famine von F. S. L. Lyons ist ein Standardwerk für alle, die sich für die neuere irische Geschichte interessieren.

Robinsons Nachfolgerin war Mary McAleese, eine katholische Nationalistin aus Belfast und Juraprofessorin an der Queen's University. Obwohl konservativer als Robinson, setzte sie die Arbeit ihrer Vorgängerin fort und verhielt sich auch in sozialen Fragen ähnlich tolerant. Demonstrativ besuchte sie 1999 ein Zentrum für Schwule, Lesben und Transsexuelle in Dublin, und im folgenden Jahr empfing sie – eine höchst umstrittene Geste! – die Kommunion in einem Gottesdienst der anglikanischen Kirche.

1994 wurde Premierminister (Taoiseach) Albert Reynolds, der zusammen mit Gerry Adams den ersten IRA-Waffenstillstand ausgehandelt hatte, zum Rücktritt gezwungen. Dieser Verzicht war die Folge einer umstrittenen Personalie (der Ernennung von Harry Whelehan zum Präsidenten des Obersten Gerichts, der Sex-Skandale in der katholischen Kirche angeblich nicht ernsthaft genug untersucht hatte). Reynolds Nachfolger war der Fine-Gael-Vorsitzende John Bruton, der eine Koalitionsregierung (mit der Labour Party und der Demokratischen Linken) anführte. Es war der erste Regierungswechsel ohne vorherige Neuwahlen.

Im Jahr 1997 wurde Bruton als Premierminister des Landes von Bertie Ahern abgelöst; Ahern leitete eine Regierung aus Fianna Fáil, den Progressiven Demokraten und einigen Unabhängigen. Mary Harney wurde Irlands erste weibliche *tánaiste* (stellvertretende Premierministerin Irlands).

Bertie Ahern hat bei den Friedensgesprächen mit Nordirland eine wichtige Rolle gespielt. Das Karfreitagsabkommen von 1998 sieht u. a. die Einrichtung eines Ministerrats aus Regierungsvertretern Nordirlands und der Republik vor, der Fragen von allgemeiner Bedeutung für die Insel diskutieren soll. Infolge dieser Entwicklung hat sich das Verhältnis der Republik zu Großbritannien verbessert – ein Zeichen dafür war Bertie Aherns Einladung an den britischen Premierminister Tony Blair, vor dem Dáil zu sprechen.

1969	1972
Der blutige Nordirlandkonflikt (The Troubles) zwischen Katholiken und Protestanten beginnt	Am 30. Januar, dem „Blutsonntag", töten britische Soldaten in Derry 13 Zivilisten

DER NORDIRLANDKONFLIKT

25 Jahre lang war der so genannte Nordirlandkonflikt, der Streit zwischen Katholiken und Protestanten in Nordirland, eigentlich eine Verkettung aus verlorenen Chancen, Uneinsichtigkeit auf beiden Seiten und kurzen Momenten der Hoffnung.

In den 1960er-Jahren lebten im County Derry rund 60 % Katholiken und 40 % Protestanten. Der Zuschnitt der Wahlbezirke und Tücken im Kommunalwahlrecht sorgten dafür, dass die Protestanten in den Stadträten trotzdem die Mehrheit behielten. Im Oktober 1968 sprengte die Royal Ulster Constabulary (RUC) einen katholischen Protestmarsch in Derry: Was als Bürgerrechtsbewegung begonnen hatte, entwickelte sich schnell zu einer blutigen Auseinandersetzung.

Im Januar 1969 organisierte eine weitere Bürgerrechtsbewegung, People's Democracy, einen Marsch von Belfast nach Derry. Nahe am Ziel wurden die Demonstranten von einem protestantischen Mob attackiert. Die Polizei hielt sich zunächst abseits – und ging dann gegen ein überwiegend katholisches Viertel vor. Weitere Märsche, Proteste und Gewalttaten folgten, und statt beide Seiten zu trennen, entwickelte sich die Polizei ganz offensichtlich zu einem Teil des Problems. Im August wurden britische Truppen nach Belfast und Derry verlegt, um für Ruhe und Ordnung zu sorgen. Anfangs begrüßten manche Katholiken den Einsatz der Armee, doch bald sahen viele in den Soldaten nur noch eine Schutzmacht der Protestanten. Übergriffe der Armee sorgten dafür, dass die fast vergessene IRA wieder regen Zulauf erhielt. Das geschah besonders nach dem Blutsonntag (30. Januar 1972), als britische Soldaten in Derry 13 Zivilisten erschossen.

1972 wurde das nordirische Parlament aufgelöst, obwohl einige Fortschritte in Richtung Bürgerrecht gelungen waren. Ein neues Abkommen zur Teilung der Macht, das Sunningdale Agreement von 1973, wurde nach einem Generalstreik protestantischer Arbeiter in Ulster im folgenden Jahr zurückgezogen.

Die IRA führte ihren Kampf vor allem in Nordirland, weitete ihr Einsatzgebiet aber aus und brachte den Bombenterror auch nach England. Bürger und Parteien aller Richtungen gingen zunehmend auf Distanz zur IRA. Unterdessen begannen paramilitärische Gruppen der protestantischen Loyalisten mit gezielten Mordanschlägen auf Katholiken. Die Entwicklung erreichte 1981 mit dem Hungerstreik republikanischer Häftlinge in Nordirland einen Höhepunkt. Die Inhaftierten forderten ihre Anerkennung als politische Gefangene. Zehn von ihnen starben, darunter der gewählte Parlamentsabgeordnete Bobby Sands.

Die Lage war ziemlich aussichtslos, zumal die beteiligten Parteien in unzählige Untergruppen mit den verschiedensten Programmen zerfielen. Die IRA besaß einen „offiziellen" und einen „provisorischen" Flügel; daraus entwickelten sich noch extremere Organisationen, z. B. die so genannte Befreiungsarmee, die Irish National Liberation Army (INLA). Auf protestantischer Seite entstanden unzählige paramilitärische Kleingruppen, und auf jede Gewalttat folgte ein blutiger Vergeltungsschlag.

> Viele Filme sind dem Nordirlandkonflikt gewidmet, darunter *Bloody Sunday* (2002), *Der Boxer* (1997; mit Daniel Day-Lewis) und *Im Namen des Vaters* (1994; ebenfalls mit Day-Lewis).

KARFREITAG & DIE FOLGEN

In den 1990er-Jahren sorgten neue Rahmenbedingungen für einen vorsichtigen Wandel. Die EU-Mitgliedschaft, der wirtschaftliche Aufschwung

1990	Mitte der 1990er-Jahre
Mary Robinson wird Irlands erste Präsidentin	Firmen für moderne Hochtechnologie begründen den wachsenden Wohlstand des „keltischen Tigers"

in Irland und die Schwächung der katholischen Kirche im Süden führten dazu, dass Nord- und Südirland sich ein wenig aneinander anglichen. Da die USA Interesse an einer Lösung des Konflikts zeigten, nahm der internationale Druck auf die Parteien zu.

Im Dezember 1993 unterzeichneten der britische Premierminister John Major und sein irischer Amtskollege Albert Reynolds die Downing-Street-Erklärung. Sie war ein wichtiger Schritt auf dem Weg zum Frieden, denn Großbritannien erklärte darin, keine „eigennützigen strategischen oder wirtschaftlichen Interessen" in Nordirland zu verfolgen und in allen Verfassungsfragen das Mehrheitsprinzip zu achten.

Am 31. August 1994 erklärte Gerry Adams, der Vorsitzende von Sinn Féin, im Namen der IRA ein Ende der Gewalt. Im Oktober 1994 verkündeten auch die paramilitärischen Gruppen der Protestanten einen Waffenstillstand. Die Mehrzahl der britischen Soldaten kehrte daraufhin in die Kasernen zurück, Straßenblockaden wurden entfernt. Es folgte ein schwieriger Friedensprozess, wobei alle Seiten zunächst einmal ihre bekannten Forderungen stellten.

Zum Hauptstreitpunkt wurde die Frage der Entwaffnung: Von der IRA wurde gefordert, als Zeichen des guten Willens vor Beginn von Verhandlungen die Waffen zu übergeben. Sinn Féin und die IRA wandten ein, man könne sich nicht entwaffnen, bevor die britischen Truppen das Land verlassen hätten und alle politischen Gefangenen befreit seien; eine Entwaffnung sei Teil eines Vertrags, keine Vorleistung. Die Friedensgespräche kamen zum Stillstand, die IRA erklärte die Waffenruhe für beendet und zündete am 9. Februar 1996 Bomben in der Londoner Canary Wharf. Dabei starben zwei Menschen, viele weitere wurden verletzt.

Als Tony Blair in London und Bertie Ahern in Dublin die Regierung übernahmen, gab es erneut Hoffnungen auf eine Lösung des Konflikts. Am 20. Juli 1997 erklärte die IRA einen zweiten Waffenstillstand. Sechs Wochen später nahm Sinn Féin an den Friedensgesprächen teil.

Die intensiven Verhandlungen gipfelten im historischen Karfreitagsabkommen vom 10. April 1998. Die Vereinbarung zielt darauf ab, die Menschen selbst über die politische Zukunft Nordirlands entscheiden zu lassen. Am 22. Mai 1998 stimmte eine überwältigende Mehrheit der Iren dem Vertrag zu – bei zwei Volksabstimmungen, die gleichzeitig in der Republik und in Nordirland stattfanden. 71 % der Nordiren stimmten für das vorgeschlagene demokratische Verfahren, in der Republik waren sogar 94 % damit einverstanden, den Gebietsanspruch auf die nördlichen Counties fallen zu lassen.

Vereinbarungsgemäß erhielt die neue Northern Ireland Assembly volle Entscheidungsbefugnis in Fragen der Landwirtschaft, der Wirtschaftsentwicklung, im Bildungswesen, beim Umweltschutz, in Finanz- und Personalfragen und im Gesundheits- und Sozialwesen. Eine Autonomie auf dem Gebiet der inneren Sicherheit war ebenso in Vorbereitung wie eine Amnestie für die inhaftierten Paramilitärs, ein Abbau der Sicherheitsanlagen und eine Verkleinerung der Royal Ulster Constabulary.

Leider war das Jahr des Friedensabkommens nicht frei von neuen Ausbrüchen der Gewalt. Diese entzündete sich z. B. an der Entscheidung, den alljährlichen Umzug des Oranierordens in Drumcree, Portadown, zu verbieten. Pro-britische Loyalisten warfen mit Molotowcocktails; dabei star-

Brendan O'Briens beliebte *Pocket History of the IRA* behandelt das komplexe Problem auf nur 150 Seiten – eine ganz brauchbare Einführung.

ben am 12. Juli drei Kinder. Am 15. August folgte der schlimmste Anschlag in der gesamten Geschichte des Nordirlandkonflikts: der Bombenanschlag von Omagh. Die Real IRA, eine republikanische Splittergruppe, die das Karfreitagsabkommen torpedieren wollte, zündete eine 650-kg-Bombe: 29 Menschen wurden getötet, 200 verletzt. Unklare Warnanrufe hatten dazu geführt, dass viele Menschen evakuiert und genau dorthin gebracht wurden, wo die Bombe später explodierte. Nur weil Politiker wie Gerry Adams den Anschlag sofort verurteilten, konnte der übliche Gegenschlag verhindert werden.

Endlose Gespräche folgten, bis die IRA sich am 6. Mai 1999 bereiterklärte, ihre Waffen „vollständig und überprüfbar" unbrauchbar zu machen. Im Juni stellten Inspektoren fest, die von ihnen geprüften IRA-Waffen könnten nicht mehr zum Einsatz kommen, ohne dass dies auffallen würde. Im Oktober 2000 bemängelte eine unabhängige Kommission allerdings, dass es bei der eigentlichen Entwaffnung noch überhaupt keine Fortschritte gebe.

So wechseln Fortschritt und Stillstand einander ab. Alle Beteiligten müssen offensichtlich auf die Radikalen in den eigenen Reihen Rücksicht nehmen. Sinn Féin unterstützt den Friedensprozess, muss aber aufpassen, dass Unzufriedene nicht wieder zu den republikanischen Paramilitärs überlaufen. Die Ulster Unionist Party hingegen fürchtet, Anhänger an die Democratic Unionist Party zu verlieren (die das Karfreitagsabkommen ablehnt). Deshalb bleibt sie bei einem strikten Anti-IRA-Kurs.

A History of Ulster von Jonathon Bardon ist ein ernsthafter und fundierter Versuch, die nordirische Geschichte aufzuarbeiten.

NATIONALE IDENTITÄT

Irland ist ein ausgezeichnetes Beispiel dafür, wie sehr die EU-Mitgliedschaft einem Land in kritischer Lage helfen kann. Die Wirtschaft der Insel wurde vor allem durch EU-Mittel kräftig angekurbelt. Niemand in Irland wünscht sich die Zeiten der Massenarbeitslosigkeit zurück. Trotzdem hat der wachsende Wohlstand auch seine Schattenseiten: Die bauliche Erschließung fängt an, die Außenbezirke zu zerstören; Irlands legendäre grüne Landschaft wird allmählich von Wohnhäusern und Bürogebäuden der Softwareindustrie überwuchert. Der Abstand zwischen Arm und Reich ist in letzter Zeit größer geworden, eine Zunahme der Gewaltkriminalität ist die Folge. Und in Dublin wird die Klage laut, Künstler und Musiker könnten sich ein Leben in der Hauptstadt allmählich nicht mehr leisten.

Im vergangenen Jahrzehnt ist die vorher sehr homogene irische Gesellschaft multikultureller geworden. Einwanderer aus Osteuropa, Asien und Afrika besetzen Stellen im Dienstleistungssektor, für die keine irischen Arbeitskräfte mehr zu gewinnen sind. Manche Einwanderer haben mittlerweile den Aufstieg in besser bezahlte Jobs geschafft, einigen ist sogar der Zugang zu politische Ämtern gelungen. Die Mehrzahl der Iren steht dieser Entwicklung aufgeschlossen gegenüber und freut sich sogar über die bunte Vielfalt im Land. Es gibt daneben aber auch nachdenkliche Debatten über Fragen der nationalen Identität.

Deshalb betrachtet die Öffentlichkeit eine EU-Erweiterung eher mit Skepsis. 2001 stimmte die Mehrheit der Iren gegen den Vertrag von Nizza, in dem es um neue Mitgliedsländer ging. Der Vertrag wurde dann im zweiten Anlauf doch noch angenommen, aber das ursprüngliche Votum

Die IRA erklärt den bewaffneten Kampf für beendet | Premierminister Bertie Ahern wird für eine dritte Amtszeit gewählt zeigt, mit welch gemischten Gefühlen die Iren der Globalisierung entgegensehen.

Ansonsten waren die politischen Verhältnisse in der Republik in letzter Zeit relativ stabil. 2002 und 2007 wurde Premierminister Bertie Ahern im Amt bestätigt. Immerhin war es das erste Mal in mehr als 30 Jahren, dass ein Taoiseach vom Wähler eine zweite Amtszeit erhielt, geschweige denn eine dritte. Das gelang sogar trotz schwankender Beliebtheitswerte und obwohl Ahern eine umstrittene Ehescheidung hinter sich hatte. 2004 sprach sich er als EU-Ratsvorsitzender für die Erweiterung der EU aus.

Auch Präsidentin Mary McAleese konnte 2004 ihre zweite siebenjährige Amtszeit antreten. McAleese stammt gebürtig aus Belfast und hat am Trinity College in Dublin studiert. Sie ist die erste Person aus Nordirland im Amt des Staatsoberhaupts der Republik Irland. 1997 trat sie die Nachfolge von Mary Robinson an. Wenn ihre zweite Amtszeit abgelaufen ist, wird Irland ganze 21 Jahre in Folge von einer Staatspräsidentin vertreten worden sein.

Kultur

MENTALITÄT

Die Iren sind zu Recht bekannt für ihre Freundlichkeit und Unbeschwertheit. Die Menschen sind offen und warmherzig, was im übertragenen Sinne so viel heißt wie: Sie halten gern ein Schwätzchen – ob mit Freunden oder Fremden. Sie sind humorvoll, verstricken sich aber auch mal in hitzige Debatten und überzeugen mit scharfsinnigen Argumenten. „Slagging" – sticheln – ist bei den Iren eine wahre Kunst. Das mag etwas grob klingen, entpuppt sich aber schnell als Basis der irischen Freundschaft. Es heißt, die Art und Enge einer Freundschaft zeigt sich daran, wie sehr man mit sich scherzen lässt, statt nur öde Komplimente zu machen.

In Irland drängt sich nicht gern in den Vordergrund. Bescheidenheit wird groß geschrieben, denn allgemein gilt, wer sich bewusst bescheiden gibt, hat es vermutlich faustdick hinter den Ohren. Auch Mäkeln ist eine irische Eigenart. Rummäkeln finden Iren irgendwie gut – aber es muss in der Familie bleiben. So erklärt sich auch, dass einer wie Bono in Irland deutlich mehr kritisiert wird als irgendwo sonst auf der Welt.

Hinter geschwätziger Geselligkeit und bescheidenem Getue verbirgt sich aber ein dunkles Geheimnis: Den Iren mangelt es schlicht und ergreifend an Selbstbewusstsein. Deswegen sind sie Komplimenten gegenüber meist misstrauisch und glauben einem nicht, wenn man etwas Nettes über sie sagt. Sich in falscher Bescheidenheit zu wiegen ist fast schon ein Sport.

Vielleicht erklärt das auch Irlands Hang zum Trinken. Im internationalen Vergleich sind die Iren führend in Sachen Alkoholkonsum. Doch obwohl sie die verheerenden Folgen des Alkoholkonsums für die (vor allem junge) irische Gesellschaft immer deutlicher – und mit Schrecken – erkennen, gehen die Iren nach wie vor am allerliebsten in das Pub. Man muss nur mal samstagabends durch irgendein Dorf laufen, um die Wirkung hautnah mitzuerleben.

Manche Experten sehen Irlands zunehmende Trinkerei als Folge des neuen finanziellen Wohlstands. Ob da wirklich etwas dran ist, sei mal dahingestellt. Nicht bestreiten lässt sich aber, dass der keltische Tiger die Iren verändert hat. Die U-30-Generation lebt heute in einem Land der unbegrenzten Möglichkeiten und macht sich keinerlei Vorstellung davon, wie sehr das Leben früher von Arbeitslosigkeit und Auswanderung bestimmt war.

Der Wohlstand hat dem Land gut getan, und während noch völlig unklar ist, wie der angehäufte Reichtum der letzten zehn Jahre angemessen verteilt werden soll, hat sich das Leben auf der Insel bereits dramatisch verändert. Es ist noch nicht lange her, da war der irische Alltag vor allem vom Katholizismus geprägt. Die Fesseln der Kirche sind mittlerweile dermaßen gelockert, dass – wie eine Studie jetzt herausfand – ein Drittel der irischen Jugend schon nicht mehr weiß, wo Jesus geboren wurde oder was es mit dem Osterfest überhaupt auf sich hat.

Die beliebtesten Vornamen in Irland sind Jack und Emma.

LEBENSART

Die Iren sind vielleicht notorische Nörgler – sie nörgeln über ihre Arbeit, das Wetter, die Regierung und über die „bescheuerten Idioten" in den Reality-TV-Shows. Mit der Pistole auf der Brust würden sie dann aber doch zugeben, dass sie im besten Land der Welt leben. Klar, so manches liegt hier im Argen, aber ist das denn anderswo anders?!

Das traditionelle Irland – Großfamilien mit einer engen Bindung an Kirche und Gemeinde – schwindet zusehends mit der rasanten Urbanisierung des Landes, die das einstige soziale Netz, das in Zeiten der Armut gut funktionierte, immer mehr zerstört. Das moderne Irland unterscheidet sich da nicht wirklich von anderen Ländern Europas. Heute muss man schon auf Inseln oder in abgelegene Dörfer fahren, um die alten Gesellschaftsstrukturen noch zu erleben.

Irland war lange Zeit recht homogen. Dann aber hat die Ankunft von Tausenden von Zuwanderern aus aller Welt – der Ausländeranteil liegt bei 10 % – Toleranz und Integration erfordert. Das hat im Großen und Ganzen auch gut geklappt, aber einmal an der Oberfläche gekratzt, kommt doch schnell eine gewisse Ausländerfeindlichkeit zum Vorschein. Solange die Neuankömmlinge die Jobs machen, die die Iren nicht mehr wollen, ist alles in Ordnung. Interessant wird es dann, wenn die zweite Einwanderergeneration um die besseren Stellen mitkämpft. Dann wird sich zeigen, wie tolerant Irland wirklich ist.

Die durchschnittliche Kinderzahl von 1,4 pro Familie ist die niedrigste in der Geschichte Irlands.

BEVÖLKERUNG

Insgesamt leben in Irland rund 5,9 Mio. Menschen – 4,2 Mio. in der Irischen Republik und 1,7 Mio. in Nordirland. Seit 1961 ist die Bevölkerungszahl stetig gestiegen, sie ist jedoch noch lange nicht so hoch wie vor der großen Hungersnot: Vor der Tragödie in den Jahren 1841–51 hatte Irland 8 Mio. Einwohner. Tod und Auswanderung ließen die Bevölkerungszahl auf 5 Mio. sinken, und auch in den darauffolgenden 100 Jahren brach die Emigrationswelle nicht ab.

Obwohl die Folgen der Auswanderung durch die steigende Zahl von Zuwanderern abgemildert werden – 10 % der Bevölkerung sind mittlerweile im Ausland geboren –, verliert Irland proportional gesehen durch Emigration immer noch mehr Einheimische als irgendein anderer Staat in Europa. 2005 waren es über 20 500 Iren, die anderswo ihr Glück versuchten.

Hauptstadt und größte Stadt der Irischen Republik ist Dublin mit rund 1,2 Mio. Einwohnern im Einzugsgebiet (rund 40 % der Bevölkerung), gefolgt von Cork, Galway und Limerick. Irlands Bevölkerung ist erstaunlich jung:

GAY-FRIENDLY IRLAND

Die beiden bisher größten Errungenschaften für irische Schwule und Lesben waren die Einführung von Schutzgesetzen gegen jegliche Art sexueller Diskriminierung und die Tatsache, dass der Einfluss der alles bestimmenden Kirche zurückgegangen ist. Laut Brian Merriman, Artistic Director des internationalen Dublin Gay Theatre Festivals, hätten erst der Autoritätsverlust der Kirche, die schockierenden Enthüllungen über den Kindesmissbrauch von Priestern sowie die Lockerung des Scheidungsgesetzes einen ehrlichen Umgang mit Sexualität und Gesellschaft in Irland möglich gemacht:

„In Irland sagt man nicht mehr ‚der oder die da‘, wenn man von Menschen spricht, die auch nur leicht von der Norm abweichen. Heute spricht man von ‚wir‘ – denn jede Familie kann ‚anders‘ sein", meint er. „Schwule oder lesbische Familienmitglieder haben nicht nur ‚die anderen‘. Sie sind überall!"

So offen gehen allerdings nicht alle mit diesem Thema um. Die Meinungen auf dem Land und in der Stadt driften meilenweit auseinander. Während Gesetzgebung und Lockerungen ungemein wichtig sind, steckt die Homophobie bei vielen noch sehr tief.

„Unsere Gegner sind nicht mehr so klar erkennbar und man kann nicht mehr direkt erahnen, wer wie denkt."

Nach Meinung von Merriman sollten Schwule und Lesben noch deutlicher innerhalb der irischen Gesellschaft auftreten, allein um für Respekt und Anerkennung weiterzukämpfen. „Erst wenn Schwule und Lesben endlich gesetzlich heiraten dürfen, wird es im Irland des 21. Jahrhunderts keine Bürger zweiter Klasse mehr geben."

GESCHICHTE EINER IMMIGRANTIN

Zaituna Aieiken ist 29 Jahre alt. Die Uigurin wurde in Ost-Turkestan geboren und wuchs in Kasachstan auf. 2004 kam sie nach Irland. Zunächst lebte sie in Carrick-on-Suir im County Waterford, sechs Monate später zog sie nach Dublin. Dort begann sie eine Ausbildung im Gesundheitswesen und träumt davon, irgendwann als Pflegeschwester zu arbeiten. Momentan verdient sie ihre Miete als Putzhilfe.

Überraschend ist, wie sie die Bedeutung von Pubs in der irischen Gesellschaft einschätzt: „Wer in Irland einen guten Job sucht, sollte einfach in ein Pub gehen. Dort ergeben sich immer die besten Möglichkeiten!"

Außerdem lerne man in einem Pub am leichtesten neue Männer kennen. Sie hat allerdings wenig Hoffnung, dass sich irische Männer auf längerfristige Beziehungen einlassen, am wenigsten mit Frauen aus dem Ausland. „Irische Typen wollen alle nur ihren Spaß", sagt sie und lächelt.

Bisher fühlte sie sich meist willkommen. Auch Ausländerfeindlichkeit hat sie nie erlebt. Trotzdem findet sie, dass die Älteren oft netter zu ihr sind als jüngere Leute, die bei weniger integrierten Ausländern eher intolerant und ungeduldig reagieren.

Irische Bekannte hat sie viele, doch treffen tut sie sich meistens mit der „russischen Gemeinde", Nicht-Russen aus der ehemaligen Sowjetunion. Als Muslimin fühlt sie sich dort am wohlsten.

„Zum Ramadan-Essen kommen meine russisch-orthodoxen Freunde zu mir, und Ostern feiere ich dann bei ihnen. Wir sind alle gleich und sitzen gern zusammen." Es kann alles so einfach sein.

---

41 % sind unter 25 Jahren, und im europäischen Vergleich hat Irland sogar den höchsten Bevölkerungsanteil an 15- bis 24-Jährigen und den zweithöchsten an unter 15-Jährigen.

In Nordirland ist Belfast mit ca. 277 000 Einwohnern die größte Stadt. Mit 25 % unter 16 Jahren hat die Stadt die jüngste Bevölkerung in ganz Großbritannien.

Die hier und im weiteren Buch genannten Zahlen basieren auf der letzten Volkszählung von 2002.

SPORT

Die Iren sind überaus sportbegeistert. Egal, ob sie ihre Mannschaft vom Spielfeldrand oder vom Barhocker aus anfeuern – Sport wird in Irland sehr ernst genommen.

Gaelic Football & Hurling

Diese beiden gälischen Sportarten sind wie ein Spiegel der irischen Seele. Sie gehören zum Leben dazu und nehmen einen besonderen Platz in der irischen Kultur ein. Ihr Wiederaufleben gegen Ende des 19. Jhs. ging einher mit dem damaligen Revival des Gälischen und dem Weg in die Unabhängigkeit. Das Herz des gälischen Sports ist die 1884 gegründete „Gaelic Athletic Association for the Preservation and Cultivation of National Pastimes" (GAA), die noch immer für die Pflege des Amateursports verantwortlich ist. Dass die gälischen Sportarten in Zeiten der Globalisierung und der allgemeinen Kommerzialisierung des Sports noch immer zu den absoluten Lieblingssportarten der Iren gehören, ist geradezu herzerwärmend..

Sowohl gälischer Fußball als auch Hurling sind schnelle und aufregende Spiele – also nichts für Leute mit schwachen Nerven. Beim Zweikampf geht es meist hart und aggressiv zu. Bei beiden Sportarten gibt es zwei Teams mit je 15 Spielern. Ziel ist es, den Ball durch eine Art Rugby-Tor zu schießen: Zwei lange, senkrechte Pfosten sind mit einer waagerechten Latte verbunden, darunter – wie beim Fußball – ein Tor, vor dem ein Torwart steht. Für ein Tor (unterhalb der Latte) gibt's drei Punkte; geht der Ball über die Latte, aber durch die beiden Torpfosten, gibt's einen Punkt. Gezählt wird so: 1–12, d. h. ein Tor und 12 Punkte macht zusammen 15 Punkte.

Gälischer Fußball wird mit einem runden fußballähnlichen Ball gespielt. Die Spieler dürfen ihn kicken oder mit der Hand weitergeben. Hurling ist der weitaus elegantere Sport von beiden, er wird mit einem flachen Schläger (irisch: *camán*) gespielt. Der kleine Lederball heißt *slíothar*, er wird mit dem Schläger geschlagen oder getragen. Eine Ballabgabe per Hand ist ebenfalls erlaubt. Beide Spiele dauern 70 schweißtreibende Minuten.

Gälischer Fußball und Hurling werden in den Städten und auf dem Land in zahlreichen Clubs gespielt, die zur GAA gehören. Wettkämpfe finden auf County-Ebene statt. Meisterschaften werden zuerst auf regionaler, dann auf überregionaler Ebene und schließlich nach Ausschlussprinzip ausgetragen. Der Traum eines jeden Vereinsspielers ist es natürlich, einmal seinen County vertreten zu dürfen, um vielleicht beim Meisterschaftsendspiel, dem All-Ireland Final, das jedes Jahr im September in Dublin stattfindet, dabei zu sein.

Mehr Informationen über Geschichte und Regeln gälischer Sportarten gibt's auf der Seite der Gaelic Athletic Association: www.gaa.ie.

Rugby & Fußball

Rugby und Fußball sind in Irland ebenfalls beliebt, besonders rund um Dublin. In Nordirland gibt es viele begeisterte Fußballfans.

Obwohl Rugby eher ein Sport der irischen Mittelschicht ist, herrscht beim alljährlichen Sechs-Länder-Wettkampf im Februar und März überall auf der Insel Hochstimmung, denn das irische Nationalteam besteht aus Spielern aus dem Norden und dem Süden und wird daher von Nationalisten und Unionisten gleichermaßen angefeuert. In Anbetracht dessen wird bei internationalen Spielen auch nicht mehr die irische Nationalhymne gespielt, sondern das etwas merkwürdige, dafür aber komplett neutrale Lied *Ireland's Call,* das speziell für diesen Anlass komponiert wurde. Mehr Infos siehe S. 114 und auf www.irishrugby.ie.

Fußball hat in Irland massenhaft Anhänger. Die meisten von ihnen sind Fans von Manchester United, Liverpool oder den beiden Clubs aus Glasgow (Rangers und Celtic); die mittelmäßigen Profis und Amateure der irischen **National League** (www.fai.ie) und der nordirischen **Irish League** (www.irishfa.com) interessieren dagegen weniger. Mit der millionenschweren Premier League in England können irische Teams nicht mithalten, und zu allem Übel werben die Engländer auch noch alle irischen Talente ab. Irische Spieler, die derzeit in englischen Vereinen spielen, sind u. a. Robbie Keane (Tottenham Hotspurs), Damien Duff (Newcastle United), Aiden McGeady (Celtic Glasgow) und David Healy (Leeds United).

Auf internationaler Ebene haben die Irische Republik und Nordirland getrennte Fußballteams. 2007 war für Nordirland eines der besten Jahre seit langem, dank des begeisternden Managers Lawrie Sanchez (der jetzt für das englische Premier-League-Team Fulham tätig ist). Die Republik kam dagegen so gar nicht in die Gänge. Austragungsorte für internationale Begegnungen sind Croke Park in Dublin (mindestens bis 2009) und **Windsor Park** (☎ 9024 4198; bei Lisburn Road) in Belfast.

Pferde- & Windhundrennen

Die Leidenschaft fürs Pferderennen wird den Iren mit in die Wiege gelegt, und sie gehen damit weitaus unbefangener und natürlicher um als die Engländer. Wer möchte, kann sich jeden Tag in eines der Wettbüros setzen und Pferderennen aus England und Irland anschauen. Was allerdings die Einsätze betrifft, so scheint es weder Gewinne noch Verluste zu geben, denn die meisten erzählen nach den Rennen, dass sie ihre Einsätze am Ende wieder raus hätten.

Die Iren genießen zudem einen exzellenten Ruf als Pferdezüchter für Renn- oder Springreitpferde. Springreiten ist ebenfalls äußerst populär, wenn auch etwas snobistischer als Pferderennen. Zu den großen Turnieren gehören das Irish Grand National (Fairyhouse, April), das Irish Derby (the Curragh, Juni) und das Irish Leger (im Curragh, Sept.). Weitere Auskünfte erteilt **Horse Racing Ireland** (☎ 045-842 800; www.hri.ie; Thoroughbred County House, Kill, Co Kildare).

Früher waren es eher die ärmeren Bevölkerungsschichten, die zum Windhundrennen gingen. In den vergangenen Jahren hat sich das jedoch geändert. Manche Rennen haben sich zu wahren Massenveranstaltungen gemausert, denn sie sind billiger und leichter zugänglich als Pferderennen. In Irland werden rund 20 Rennstrecken vom **Irish Greyhound Board** betreut (☎ 061-316 788; www.igb.ie; 104 Henry St, Limerick).

Golf

Golf erfreut sich in Irland großer Beliebtheit, wofür auch die vielen guten Golfplätze sprechen. Die Irish Open finden jedes Jahr im Juni oder Juli statt, die Irish Women's Open im September. Wo man überall Golf spielen kann, verrät die **Golfing Union of Ireland** (☎ 01-269 4111; www.gui.ie; 81 Eglinton Rd, Donnybrook, Dublin 4). Zu Irlands besten Golfern gehören Darren Clarke, Paul McGinley und natürlich der Irish Open-Sieger von 2007, Padraig Harrington – der erste irische Spieler seit Fred Daly 1947, der ein großes Turnier für sich entscheiden konnte. Im Auge behalten sollte man auch Jungstar Rory McIlroy, der 2007 eine Silbermedaille bei den Irish Open als bester Amateurspieler gewann.

Radsport

Radsport ist eine beliebte Zuschauersportart. Zu den großen Jahresrennen gehören das schweißtreibende **FBD Insurance Rás** (www.fbdinsuranceras.com) im Mai, ein achttägiges Rennen von bis zu 1120 km Länge (früher Milk Rás genannt), sowie die Tour of Ulster, ein dreitägiges Rennen Ende April. Weitere Informationen unter www.irishcycling.com.

Leichtathletik

Leichtathletik ist ebenfalls beliebt, und Irland hat vor allem in den Disziplinen Mittel- und Langstreckenlauf ein paar internationale Ausnahmesportler hervorgebracht. Sonia O'Sullivan aus Cork dominiert im Langstreckenlauf der Damen, Catherina McKiernan gehört zu den besten Marathonläuferinnen der Welt. Die Leichtathletikmeisterschaften in Irland finden im Dubliner Morton Stadion statt. Der **Belfast Marathon** (www.belfast-citymarathon.com) fällt immer auf den ersten Montag im Mai, der **Dublin Marathon** (www.dublincitymarathon.ie) auf den letzten Montag im Oktober.

Boxen

Boxen war immer ein Sport der Arbeiterklasse. Irische Boxer haben schon oft Olympiamedaillen oder Weltmeisterschaften gewonnen. Barry McGuigan und Steve Collins, heute beide nicht mehr aktiv, waren zu ihrer Zeit Weltmeister. Bester irischer Boxer ist derzeit Bernard Dunne aus Dublin, der einmal Titelverteidiger im europäischen Super-Bantamgewicht war.

Boßeln/Road Bowling

Ziel dieses Spiels ist es, eine gusseiserne Kugel 1 bis 2 km eine verkehrsarme Straße entlangzubefördern. Derjenige, der es mit den wenigsten Würfen schafft, gewinnt. Besonders beliebt ist Road Bowling in Cork und Armagh. Wettbewerbe finden das ganze Jahr über statt und ziehen zahlreiche Zuschauer an. Die Sportart ist mittlerweile auch in anderen Ländern populär, u. a. auch in Deutschland, wo vor allem im Winter in Ostfriesland geboßelt wird, was das Zeug hält. Und eine Weltmeisterschaft gibt es sogar auch schon (siehe www.irishroadbowling.ie).

Handball

Auch Handball hat in Irland eine lange Tradition und wird, genau wie gälischer Fußball und Hurling, von der Gaelic Athletic Association betreut. Anders als beim olympischen Handball wird Irish Handball als Einzel oder Doppel gespielt. Ähnlich wie beim Squash wird ein Ball mit den Händen gegen eine Vorplatzwand geschleudert.

MEDIEN

Auf www.medialive.ie erfährt man alles Wissenswerte über die irischen Medien.

Fünf überregionale Tageszeitungen, sechs überregionale Sonntagszeitungen, jede Menge irische Ausgabe englischer Zeitungen, Hunderte von Zeitschriften, über ein Dutzend Radiosender, vier Fernsehsender und mehr Digitalsender, als eine Fernbedienung verkraften kann... In Irland gehen die Diskussionsthemen nie aus.

Zeitungen

Die irische Medienlandschaft gehört fast ausschließlich zur Independent News & Media des bekanntesten irischen Geschäftsmanns, Tony O'Reilly. Die Zeitungen *Irish Independent*, *Sunday Independent* und *Evening Herald* verzeichnen die größten Absätze.

Die größte Herausforderung für Irlands Zeitungswesen sind die vielen englischen Publikationen – das betrifft vor allem die Sonntagszeitungen und damit einen ohnehin schon gesättigten Markt. Rupert Murdochs News International erkannte schon früh die Bedeutung des irischen Markts, eröffnete ein Büro in Dublin und eroberte die Zeitungsregale mit den großen Blättern *Irish Sun*, *News of the World* und *Sunday Times*. Von jedem englischen Klatschblatt gibt es mittlerweile auch eine irische Ausgabe. Medienbeobachter stellen bereits eine Verflachung der irischen Kultur durch die vielen geschmacklosen Boulevardblätter fest. Bei der englischen Yellow Press ist es gang und gäbe, Auflagenhöhen mit Promi-Klatsch und Skandalgeschichten über Sex und Verbrechen zu steigern; diese Vorgehensweise macht sich mittlerweile und zunehmend auch in Irland breit und betrifft vor allem besagte Sonntagsblätter.

Yeats is Dead, herausgegeben von Joseph O'Connor, ist ein Gemeinschaftswerk von 15 irischen Autoren, u. a. auch Marian Keyes und Anthony Cronin. Die amüsante Verwechslungskomödie handelt von einem Kleinkriminellen, der das letzte Manuskript von James Joyce stiehlt.

Das heißt natürlich nichts anderes, als dass diejenigen Lokalzeitungen, die nicht Murdochs Imperium angehören, heute und in Zukunft noch mehr zu kämpfen haben. Irlands beste Tageszeitung, die *Irish Times,* musste 2002 um ein Haar eingestellt werden und schreibt auch weiterhin schlechte Auflagenzahlen. Das erklärt vielleicht auch, warum englische Zeitungen weniger als einen Euro kosten, die drei irischen Tageszeitungen dagegen stolze 1,60 Euro.

Die drei wichtigsten Zeitungen im Norden sind der auflagenstärkste *Belfast Telegraph,* die pro-unionistische Zeitung *News Letter* – die seit 1737 existiert und somit die älteste Zeitung Europas ist – und die pronationalistischen *Irish News.*

Fernsehen & Radio

Das irische Fernsehen ist relativ unbedeutend. Anders als bei der BBC fehlt es ständig an Geldern und potentiellen Zuschauern. Aber: Verglichen mit den meisten europäischen Ländern ist es qualitativ sogar recht gut. Der staatliche Sender RTE wurde zwar schwer bescholten, er sei engstirnig, konservativ, langweilig, kurzsichtig und vollkommen veraltet – das aber nur, weil RTE die Produktion der ungeheuer erfolgreichen Serie *Father Ted* abgelehnt hat (ein sanfter und sehr witziger Seitenhieb auf das konservative Irland), deren Rechte sich daraufhin der englische Sender Channel 4 unter den Nagel gerissen hat.

In Irland gibt es vier TV-Sender. RTE bringt sehr gute Sportsendungen, Nachrichten und Berichte zu aktuellen Themen, die gründlich recherchiert und informativ sind, oft genau ins Schwarze treffen und darüber hinaus auch noch anspruchsvoll aufbereitet sind. Formate wie *Today Tonight, Questions and Answers* und *Prime Time* sind genauso gut, wenn nicht besser als alles andere, was sonst im Fernsehen läuft. Unbedingt erwähnt werden muss der Angelus, Irlands merkwürdiger Aufruf zum täglichen Gebet: 18 Schläge einer Kirchenglocke vor den Sechs-Uhr-Nachrichten auf RTE 1 und vor den Zwölf-Uhr-Nachrichten im Radio. Für Irlands schnelllebige und weltoffene Gesellschaft ist dies eine zwar anachronistische, dafür aber tägliche Erinnerung an die noch bis vor kurzem vom Staat geförderte und belebte Frömmigkeit.

Das Programm des reinen Privatsenders TV3 ist überwiegend seicht: jede Menge drittklassige US-Serien gepaart mit stumpfsinnigen Reality-TV- und Celebrity-Shows. Der irischsprachige Sender TG4 bietet das abwechslungsreichste und anspruchsvollste Programm mit sehr guten Filmen (auf Englisch) und einer interessanten Auswahl an TV-Spielfilmen und Dokumentationen *as gaeilge* (mit englischen Untertiteln). Die Hauptsender des englischen Fernsehens – BBC, ITV und Channel 4 – sind natürlich auch in den meisten irischen Haushalten über Kabel zu empfangen. Die großen Drahtzieher des Digitalfernsehens sind der irische Sender NTL und TV-Gigant Sky.

Den Rundfunk beherrscht der öffentlich-rechtliche Sender RTE mit den drei Hörfunkprogrammen Radio 1 & 2 und Lyric FM. Die Konkurrenz schläft allerdings nicht: Es gibt die privaten landesweiten Sender Today FM und Newstalk 106-108, sowie eine unüberschaubare Anzahl lokaler und regionaler Rundfunkanstalten.

Circle of Friends, ein Roman der bekannten irischen Unterhaltungsautorin Maeve Binchy, beschreibt die oft urkomischen wie merkwürdigen Erlebnisse zweier Landpomeranzen aus den 1940ern, die in Dublin nach der großen Liebe suchen.

RELIGION

Etwa 3,7 Mio. Einwohner der Irischen Republik sind Katholiken, 3 % Protestanten und 0,5 % Muslime. Der Rest setzt sich aus anderen Glaubensgemeinschaften und Atheisten zusammen. Im Norden leben 60 % Protestanten und 40 % Katholiken. Die meisten irischen Protestanten gehören zur Church of Ireland, einer Schwesterkirche der Church of England, bzw. zu den Kirchen der Presbyterianer und Methodisten.

Die Statistiken sind allerdings wenig aussagekräftig, denn der Einfluss der katholischen Kirche ist in den letzten zehn Jahren stark zurückgegangen. Viele junge Menschen empfinden die Institution Kirche als überholt und rückschrittlich, was die großen sozialen Themen wie Scheidung, Verhütung, Abtreibung, Homosexualität und eheähnliche Gemeinschaften angeht. Die schrecklichen Enthüllungen über den Kindesmissbrauch von Gemeindepriestern und der skrupellose Versuch der Kirche, die Wahrheit zu vertuschen, lösten bei vielen Iren Wut und Empörung aus. Viele ältere Gläubige fühlten sich regelrecht betrogen und stellten ihr lebenslanges Engagement für die Gemeindekirche in Frage.

Und dann ist da auch noch das liebe Geld: Mit dem größeren Wohlstand haben sich die Iren an Belohnungen in diesem Leben gewöhnt. Viele haben deshalb ihre Frömmigkeit gegen Konsumdenken eingetauscht. Trotzdem hängt man an alten Gewohnheiten, und so gehört die Sonntagsmesse nach wie vor zum Leben dazu, besonders in ländlichen Gemeinden. Erstaunlicherweise haben sowohl die römisch-katholische Kirche (Erzbischof

Sean Brady) als auch die Church of Ireland (Erzbischof Robert Eames) ihren Sitz im nordirischen Armagh, der traditionellen Hauptstadt des Hl. Patrick.

KUNST & KULTUR
Literatur

John Banville erhielt für *The Sea* den Booker Prize 2005. In seiner Geschichte verarbeitet er die Themen Tod, Trauer, Erinnerungen und Kindheit.

Neben all den landestypischen und kulturellen Eigenarten sind es insbesondere Sprache und Literatur, die die Iren auszeichnen. Die Liebe zur Sprache und die lange mündliche Tradition haben Irland zu dem gemacht, was es ist: ein Land mit weltberühmten Schriftstellern und Geschichtenerzählern. Dabei wurde ihnen die Sprache von fremden Eindringlingen aufgedrängt. Aber die Iren reagierten auf diese Einmischung mit einer meisterhaften sprachlichen Mixtur: Englisch angereichert und gewürzt mit charakteristisch irischen Rhythmen, Aussprachemustern und grammatischen Eigenheiten.

Bevor es irgendeine Form moderner Literatur gab, entstand Irlands Version des Homer-Epos: der Ulster-Zyklus (Ulaid) wurde zwischen dem 8. und 12. Jh. nach mündlicher Überlieferung niedergeschrieben. Im Mittelpunkt steht die Sage *Táin Bó Cúailnge* (Rinderraub von Cooley). Sie handelt von einem Kampf zwischen Königin Medb von Connacht und Cú Chulainn, der wichtigsten Heldengestalt der irischen Mythologie. Bis heute taucht Cú Chulainn in den Werken irischer Schriftsteller auf, von Samuel Beckett bis Frank McCourt.

Ein Jahrtausend später, nach Jonathan Swift (1667–1745) und seinem Meisterwerk *Gullivers Reisen*, brachte die irische Literatur den berühmten Dramatiker Oscar Wilde (1854–1900) hervor, außerdem den Schöpfer des *Dracula*, Bram Stoker (1847–1912). Irgendeiner Theorie zufolge könnte der Name des Grafen auf das irische Wort *droch fhola* (böses Blut) zurückgehen. Irlands ganzer Stolz sind die Romane von James Joyce (1882–1941). Allerdings haben wir noch keine fünf Leute getroffen, die *Ulysses* komplett gelesen haben. Die meisten Werke schrieb Joyce, nachdem er Irland verlassen und sich in Paris – damals Experimentierstätte für Künstler schlechthin – niedergelassen hatte.

Als der junge Tony versehentlich seine Freundin umbringt und die Leiche loszuwerden versucht, fangen seine Schwierigkeiten an... Fortsetzung folgt in Robert Quinns spannendem Debütroman *Dead Bodies* (2003).

Auch Samuel Beckett (1906–89), der mit Sprache und Stil überaus ideenreich und gestaltungsfreudig umging, zog es in die französische Metropole. Beeinflusst von Dante und Descartes befasste sich Beckett vor allem mit fundamentalen Fragen über die menschliche Existenz und die Natur des Ichs. Bekannt wurde er in erster Linie mit dem Stück *Warten auf Godot*, bedeutend sind aber auch viele seiner Romane und sein Theater des Absurden.

Das 20. Jh. brachte Dutzende erfolgreiche irische Autoren hervor, u. a. den berühmten Dramatiker und Romanautor Brendan Behan (1923–64), in dessen besten Werken Tragisches, Witz und Episoden aus seinem eigenen exzessiven Leben verwoben sind, z. B. *Borstal Boy, Der Spaßvogel* und *Die Geisel*. Nach einem ausschweifenden Leben starb er früh an den Folgen seiner Alkoholsucht.

Patrick McCabes *Der Schlächterbursche* ist eine brillant-gruselige Tragikomödie über einen Waisenjungen aus Monaghan, der in den Wahnsinn verfällt. Der Roman wurde mehrfach ausgezeichnet und erfolgreich verfilmt.

Der aus Belfast stammende C. S. Lewis (1898–1963) starb ein Jahr vor Brendan Behan. Sein bekanntestes Werk sind die *Chroniken von Narnia*, eine Reihe allegorischer Kindergeschichten, von denen eine 2005 verfilmt wurde. Andere Schriftsteller aus dem Norden haben sich dem Nordirlandkonflikt gewidmet: Bernard McLavertys *Cal* (ebenfalls verfilmt) und *Die Schule der Anatomie* sind beide hervorragend.

Zeitgenössische irische Autoren gibt es viele. Nennenswert sind u. a. Superstar Roddy Doyle (geb. 1958), Verfasser der Barrytown-Trilogie mit *Die Commitments, The Snapper* und *Fish & Chips* sowie einer Reihe ernsterer Romane; John Banville (geb. 1945), der für *The Sea* den begehrten Booker-

Prize gewann; und der wunderbare Colm Tóibín (geb. 1955), dessen Werk *The Master* (2004) über das Leben von Henry James den Novel of the Year Award der Los Angeles Times gewann.

Aus Irland stammen auch viele gute Schriftstellerinnen. Maeve Binchy (geb. 1940) hat mit ihrem „Komm, ich erzähl dir was"-Stil schon mehr Bücher verkauft als viele der irischen Literaturgrößen, Beckett und Behan mit eingeschlossen. Zu ihren zahlreichen Bestsellern gehören *Irische Freundschaften* (1982) und *Im Kreis der Freunde* (1990). Beide wurden erfolgreich verfilmt.

Nuala O'Faolain arbeitete zunächst als Kolumnistin für die *Irish Times*. Als sie gerade „zufällig" eine Autobiografie schrieb, kam ein kleiner Verlag auf sie zu mit der Bitte, ein Vorwort für eine Sammlung ihrer Kolumnen zu verfassen. Ihr respektloser, komischer und einfühlsamer Stil gewann die Gunst der Leser, und das Buch wurde unter dem Namen *Nur nicht unsichtbar werden* neu veröffentlicht (1996). Es folgte *Sein wie das Leben* (2003), das ebenfalls ein internationaler Bestseller wurde.

Irland hat gleich vier Nobelpreisträger für Literatur vorzuweisen: George Bernard Shaw gewann den Preis 1925, W. B. Yeats 1938, Samuel Beckett 1969 und Seamus Heaney 1995. Für den jährlich verliehenen International IMPAC Dublin Literary Award nehmen die Dublin City Public Libraries Nominierungsvorschläge von Büchereien aus aller Welt entgegen. Das Preisgeld in Höhe von 100 000 Euro wird für Arbeiten von hohem literarischem Wert vergeben. 2007 ging der Preis an Per Petterson aus Norwegen. Die deutsche Autorin Herta Müller gewann ihn 1998 für ihren Roman *Herztier*.

Lyrik

W.B. Yeats (1865–1939) war Dichter und Dramatiker; berühmt wurde er vor allem durch seine Gedichte. Wer noch nichts von ihm gelesen hat, sollte mit seinen *Liebesgedichten* anfangen (verlegt von Norman Jeffares).

Pádraig Pearse (1879–1916) schrieb auf Irisch und gehörte 1916 zu den Anführern des Osteraufstands. *Mise Éire* ist typisch für seinen Stil und seine Leidenschaft.

Patrick Kavanagh (1904–67) aus Inniskeen im County Monaghan war einer der meistgeschätzten Lyriker Irlands. In *The Great Hunger* und *Tarry Flynn* wird das raue Leben der armen Landbevölkerung spürbar. An seinem Lieblingsort, dem Grand Canal (siehe S. 367) in Dublin, erinnert eine Bronzestatue an den Dichter.

Seamus Heaney (geb. 1939) erhielt mit dem Whitbread Book of the Year eine von vielen Auszeichnungen für *The Spirit Level*. Auch für seine Übersetzung des angelsächsischen Epos *Beowulf* aus dem 8. Jh. wurde er allseits gepriesen. Ein paar seiner Gedichte handeln von den Hoffnungen, Enttäuschungen und Ernüchterungen im Friedensprozess.

Paul Durcan (geb. 1944) ist für seinen mutigen, unkonventionellen Stil bekannt, mit dem er sich schwieriger Themen widmet, z. B. den Aktivitäten der Republikaner oder der repressiven Haltung der katholischen Kirche.

Auch der aus Cork stammende Dichter Louis de Paor (geb. 1961) schreibt auf Irisch und gewann schon zweimal Irlands renommierten Sean-O'Riordan-Preis für seine Gedichtesammlungen. Tom Paulins (geb. 1949) Gedichte über den Norden (großartig: *The Strange Museum*) und auch Ciaran Carsons (geb. 1948) Werke vergisst man nicht so leicht. Viele der magischen und bildhaften Gedichte von Paula Meehan (geb. 1955) erzählen von der Schönheit der Liebe.

Wer sich für moderne irische Dichtkunst interessiert, ist mit dem Band *Contemporary Irish Poetry*, erschienen bei Fallon und Mahon, gut bedient.

John McGaherns schlichte, knappe Prosaerzählung *Amongst Women* erzählt anhand klar gezeichneter, vielschichtiger und gleichzeitig vertrauter Figuren vom Leben einer westirischen Familie nach dem Ende des Unabhängigkeitskriegs.

Mit dem Titel *Die Asche meiner Mutter* gewann Frank McCourt den Pulitzer-Preis. Die autobiografische Geschichte erzählt von der Kindheit des jungen McCourt im verarmten Limerick während der Weltwirtschaftskrise. Das Buch wurde von Alan Parker aufwendig verfilmt.

Im Juni 2006 erhielt Colm Tóibín als erster irischer Autor den renommierten IMPAC Prize für seinen Roman *The Master* über das Leben von Henry James.

Der Lyrikband *A Rage for Order*, herausgegeben von Frank Ormsby, ist eine Sammlung von Gedichten aus dem Norden Irlands.

Kino

Irland ist kein traditionelles Filmland. Die britische Filmindustrie warb die meisten Talente und kreativen Köpfe ab, während die irische Regierung jedes Mal, wenn ein Filmemacher um Fördergelder bat, auf leere Kassen verwies. In den vergangenen zehn Jahren hat sich die Haltung der irischen Regierung etwas verändert. Unbestritten ist auch, dass das Land einige der schönsten Momente der Filmgeschichte hervorgebracht hat und dass auffällig viele gute Schauspieler aus Irland kommen. Zu den besten gehören Gabriel Byrne (*Miller's Crossing, Die üblichen Verdächtigen*), Stephen Rea (*The Crying Game, Das Ende einer Affäre*) und die Oscar-Preisträger Liam Neeson (für *Schindlers Liste*), Daniel Day-Lewis und Brenda Fricker (beide für *Mein linker Fuß*). Brendan Gleeson glänzte in Dutzenden von Filmen in Nebenrollen. Dann wären da noch der smarte Cillian Murphy (*Breakfast on Pluto, The Wind That Shakes the Barley*) und Colin Farrell – Bad-Boy und Marlon-Brando-Verschnitt –, dessen Schauspieltalent sich jedoch in Grenzen hält … (hat jemand Alexander gesehen!?). Der nordirische Schauspieler James Nesbitt war, nachdem er mit den Serien *Cold Feet* und *Murphy's Law* bekannt geworden war, stets und ständig im englischen Fernsehen zu sehen; 2005 wagte er mit einer Nebenrolle in Woody Allens Film *Match Point* dann den Sprung ins Kino.

Dass das Irish Film Board 1993 wiedereröffnet wurde, war Teil der staatlichen Bestrebungen, die Filmindustrie im Land anzukurbeln. Bedeutende internationale Produktionen (*Braveheart, Der Soldat James Ryan*, usw.) wurden mit großzügigen Steuervergünstigungen angelockt; einerseits wollte man damit irischen Filmcrews die Möglichkeit geben, internationale Produktionsstandards kennenzulernen, andererseits Geld in die lokale Filmindustrie pumpen – mit mäßigem Erfolg.

Irland hat vehement versucht, sein Armutsimage loszuwerden, doch ist genau dies in Hollywood ausgesprochen beliebt, und zwar in der herzzerreißenden „Wir-sind-arm-aber-glücklich"-Version. Im Land selbst steht die irische Filmindustrie unter enormem Druck, Material zu liefern. Und in der Filmbranche ist „Material" gleichbedeutend mit kommerziellem Erfolg. Vorbei sind die Zeiten der wirklich gut gemachten, informativen Filme über alle möglichen irischen Themen. Jetzt heißt es Themen finden, die in England und in den USA Kasse machen. Immer gern gesehen sind schräg-verrückte Filme wie *Der Schlächterbursche, Disco Pigs* oder *Breakfast on Pluto*; smarte Gangsterfilme (z. B. *I Went Down* und *Intermission*) und nette Liebesgeschichten nach Schema F (z. B. *Brendan trifft Trudy*). Ein irischer Welles oder Fellini muss ja gar nicht sein, aber wo sind Irlands Pendants zu Loach, Leigh und Winterbottom?

Na ja, hört man aus dem Film Board, wir haben Jim Sheridan (*Im Namen des Vaters, Mein linker Fuß*) und Neil Jordan. Letzterer ist zweifellos der beste Regisseur, den Irland zu bieten hat. *Die Zeit der Wölfe, Mona Lisa, The Crying Game* und *Michael Collins* sind nur vier Beispiele seiner langen Filmografie.

Zu einer neuen Generation von Regisseuren gehört die junge, aber überaus gut vernetzte Kristen Sheridan (geb. 1976), Regisseurin von *Disco Pigs* und Tochter von Jim Sheridan. Ein weiteres Ausnahmetalent ist Damien O'Donnell, der mit *East is East* (1999) ein starkes Filmdebüt gab und sich mit *Heartlands* (2002) und der herausragenden irischen Produktion von 2004, *Inside I'm Dancing*, noch steigerte. Ebenfalls 2004 erschien *Adam & Paul*, ein passables Porträt zweier Junkies aus Dublin auf der Suche nach

John Crowleys spannende Filmkomödie *Intermission* (2003) erzählt von den Liebesmühen einer Reihe Exzentriker. Mit Colin Farrell, Colm Meaney und Ger Ryan.

John Boormans Film *The General* (1998) über Dublins gefürchtetsten Gangsterboss schockiert durch die gnadenlose Brutalität und den kindlichen Humor von Martin Cahill. Das Lachen bleibt einem im Halse stecken.

Paddy Breathnachs witziges Roadmovie *I Went Down* (1998) verfolgt die Spuren zweier Kleinkrimineller, die für einen Kredithai arbeiten.

dem nächsten Fix. In Irland war der Film von Autor Mark O'Hallorahan und Regisseur Lenny Abrahamson ein Kassenschlager.
Einen Überblick über die jährlichen Filmfestivals gibt es auf S. 754.

Musik

TRADITIONAL & FOLK

Während in anderen europäischen Ländern internationale Popmusik die Musikszene regiert, ist in Irland irische Musik (hierzulande Traditional Music oder kurz „Trad" genannt) angesagt. Was für Gründe das haben könnte? Irische Musik hat sich zwar einige traditionelle Aspekte bewahrt, gleichzeitig aber zahlreiche Musikgenres beeinflusst: Bekanntestes Beispiel ist die amerikanische Country- und Westernmusik – eine Mischung aus Mississippi Delta Blues und traditionellen irischen Melodien; gepaart mit anderen Einflüssen wie Gospel ist daraus der Rock'n'Roll entstanden. Außerdem wird irische Musik heute ganz zeitgemäß von Bands und im Pub gespielt und nur noch selten wie früher bei *Céili*-Tanzabenden. Und durch den neuen finanziellen Wohlstand wissen die Iren offenbar ihre eigene Kultur wieder zu schätzen, statt internationalen Trends hinterherzujagen. Und schließlich gibt es noch das Bühnenspektakel *Riverdance*, das dem irischen Tanz Sexappeal verliehen hat und zum weltweiten Phänomen wurde. Kenner von traditioneller irischer Musik sind allerdings vom musikalischen Wert von *Riverdance* nicht gerade überzeugt – klasse Bühnenshow, miese Musik.

Früher galt Musik als reine Begleitung zum Tanz, das war schon in keltischer Zeit so. Die Unmengen von Melodien und Liedern sind allerdings nicht annähernd so alt – die meisten überhaupt erst ein paar Hundert Jahre. Da ein Großteil irischer Musik mündlich bzw. per Gehör überliefert wurde, gibt es endlos viele Spielvarianten einer einzigen Melodie, je nach Aufführungsort und -zeit. Der blinde Wanderharfenspieler Turlough O'Carolan (1680–1738) komponierte über 200 Melodien, und es lässt sich kaum erahnen, wie viele Variationen einer Melodie beim Weitergeben eines Liedes entstanden sind.

Bei Traditional Music denkt man in erster Linie an Pub-Auftritte. Der erste Auftritt in einem Pub fand 1947 statt… und zwar in London mit ausgewanderten irischen Musikern, die in den Pubs zu Hause Spielverbot hatten. Doch das sollte sich bald ändern – dank der Folk-Welle in den USA und dem herausragenden Engagement von Seán O'Riada (1931–71), der zur Renaissance traditioneller irischer Musik sehr stark beigetragen hat. 1961 gründete er die Band Ceoltóirí Chualann, die mit Fiedel, Flöte, Akkordeon, Rahmentrommel und irischem Dudelsack auftrat. Bei ihren Konzerten wurde zugehört und nicht getanzt. Durch einen Auftritt der Band im Gaiety Theatre in Dublin bekam Traditional Music plötzlich wieder eine ganz neue Glaubwürdigkeit. Mitglieder der Band gründeten später die Gruppe The Chieftains, die auch heute noch irische Musik einem internationalen Publikum näherbringt.

Dann kamen Bands mit Sängern, z. B. die Dubliners mit ihren berühmtberüchtigten Trinkliedern, die Fureys oder die Wolf Tones als Vertreter des politischen Protestlieds. Mittlerweile ist der Gesang ruhiger und mystischer geworden, wie der der neueren Gruppen Clannad, Altan, Dervish oder Nomos. Bands wie Kíla oder The Afro Celt Sound System verwischen die Grenzen mit einem Mix aus traditioneller irischer Musik und Reggae, sowie östlichen und New-Age-Einflüssen.

Christy Moore ist der wohl bekannteste zeitgenössische Liedermacher mit vorwiegend irischem Repertoire; er steht schon seit den 1960er-Jahren auf der Bühne. Obwohl er schon in wichtigen Bands (Planxty und Moving

Jim Sheridans authentisches Drama *Der Boxer* (1998) ist ein Film über ein ehemaliges Mitglied der IRA, das aus einem Belfaster Gefängnis in ein neues Leben entlassen wird und erfahren muss, dass sich alle, inklusive seiner Freundin, verändert haben.

Für das nachdenkliche Werk *Im Dunkeln lesen* erhielt Seamus Deane den Guardian Fiction Prize. Das Buch erzählt vom Kampf eines Jungen, der sich während der Unruhen in Belfast auf die Spuren seiner Vergangenheit begibt.

DIE TOP „TRAD"-ALBEN

- *The Quiet Glen* (Tommy Peoples)
- *Paddy Keenan* (Paddy Keenan)
- *Compendium: The Best of Patrick Street* (Various)
- *The Chieftains 6: Bonaparte's Retreat* (The Chieftains)
- *Old Hag You Have Killed Me* (The Bothy Band)

Hearts) eine zentrale Rolle spielte, hat ihn seine Solokarriere noch berühmter gemacht.

Auf S. 754 stehen alle Festivaltermine für Traditional Music.

POPMUSIK

Das Magazin Hot Press (www.hotpress.com) erscheint alle zwei Wochen und informiert über die lokale und internationale Musikszene.

Vielleicht begann ja alles mit den Showbands, die in den 1960er-Jahren durch Irland tourten und die Top 40 rauf und runter spielten. Aber eigentlich war es Van Morrison, dessen genialer Sinn für Blues die irische Musik bekannt machte. Gleich darauf folgten Phil Lynott und Thin Lizzy, die mit *Jailbreak* (1975) den internationalen Durchbruch schafften. Weitere große Rocklegenden aus den 1970ern waren Horslips, deren ansteckender Celtic Rock mit traditionellen Elementen gespickt war; die Undertones, deren größter Hit *Teenage Kicks* der Lieblingssong von BBC Radio 1-Legende John Peel war; Stiff Little Fingers (kurz SLF), die als Punkband nicht besser hätten sein können; und die Boomtown Rats mit Frontmann Bob „Aus-dem-Weg-ich-muss-die-Welt-retten" Geldof.

Foggy Notions ist ein bunt aufgemachtes Musikmagazin für den ausgefallenen Musikgeschmack.

Während die Rats die Tugenden von Sex, Drugs and Rock'n'Roll zelebrierten, hängte ein junger Schlagzeuger eine Notiz an das Schwarze Brett seiner Schule, auf dem stand: „Suche Mitschüler, die mit mir eine Band gründen". Ende 1976 hatte Larry Mullen seine Band zusammen, und es dauerte vier Jahre, bis die erste Platte fertig war. Das Ergebnis, *Boy* (1980), klang komplett anders als alles zuvor dank Bonos leidenschaftlichem Gesang, Edges unnachahmlichem Gitarrenstil und Adams naivem Schrammelbass. Im Hintergrund hielt Larry mit seinem jahrelang praktizierten Militärtrommeln den Takt.

U2 produzierte eine ganze Reihe exzellenter Alben, bis sie mit ihrem wahrhaft wundervollen Album *The Joshua Tree* von 1987 die beste Rockband der Welt wurden. Durch dick und dünn sind sie gegangen und leuchten bis heute als Superstars am Pophimmel. Ihr letztes Album *U218* (2006) war eine

---

EUROVISION SONG CONTEST

Irland wird die zweifelhafte Ehre zuteil, das erfolgreichste Land aller Zeiten im Eurovision Song Contest zu sein, jener Schmalz triefenden Veranstaltung, die seit 1956 jedes Jahr stattfindet und besser bekannt ist unter der Bezeichnung Grand Prix. Der erste Sieg kam 1970 für die 16-jährige Dana aus Derry mit dem Titel „All Kinds of Everything". 10 Jahre später holte Johnny Logan den Preis nach Hause mit „What's Another Year?" und 1987 gleich wieder mit „Hold Me Now". Dann gewann Irland den Titel 1992–1994 gleich dreimal in Folge und 1996 noch einmal. Da traditionell das Gewinnerland den nächsten Contest veranstaltet, galt es auf der Insel schon als Witz, alle anderen in Europa würden nur für Irland stimmen, um sich die Ausrichtungskosten zu sparen. Sieben Mal Erster und vier Mal zweiter – keine schlechte Bilanz. Doch seit über zehn Jahren stand Irland nicht mehr auf dem Siegertreppchen und war 2007 sogar peinliches Schlusslicht: Nur Albanien gab gnädige *cinq points*. Für die Presse war der Tag danach ein Riesenfest.

lang ersehnte Single-Collection mit fast schon zu guter neuer Klangqualität. Und um zu beweisen, dass die Mittvierziger nicht schon zum alten Rockereisen gehören, sind sie seit 2007 zurück im Studio und basteln an ihrem neuen Album.

Von allen irischen Bands, die während der 1980er- und frühen 1990er-Jahre auf U2 folgten, konnten sich ein paar erfolgreich gegen den Stempel „die neuen U2" wehren. Die irische Band The Pogues mit Wahlheimat London präsentierte eine komplett neue Mischung aus Punk und Irish Folk und stach vor allem durch die Präsenz von Frontmann Shane McGowan heraus, dessen großartiges Talent allerdings von seinem Alkoholismus überschattet wurde. Nichtsdestotrotz ist McGowan Verfasser von Irlands Lieblingslied, *A Fairytale of New York,* das jedes Jahr zur Weihnachtszeit von jedermann inbrünstig geschmettert wird. Sinead O'Connor bestach durch ihr stures Kontra gegen U2 – was immer U2 gut fand, fand sie schlecht – und durch ihre gnadenlos gute Stimme. Bestes Beispiel dafür ist *The Lion and the Cobra* (1987). Und dann gab es da noch My Bloody Valentine, die Pioniere des Gitarren verzerrten Shoegazing Rocks der späten 1980er-Jahre: Ihr Album *Loveless* von 1991 ist eines der besten irischen Alben aller Zeiten.

Die 1990er-Jahre waren ein Jahrzehnt der DJs, der Dance Music und der Neuauflage eines alten Phänomens – der Boyband. Hinter Irlands erfolgreichsten Boybands Boyzone und Westlife steckt der musikalische Zuckerbäcker-Impressario Louie Walsh, dessen melodisches Gespür in der schmalzigen Showbandtradition der 1960er-Jahre verwurzelt scheint. Kommerzielle Goldgruben ohne jeden Gewinn für die Musikgeschichte – das Phänomen Boyband (bzw. Girlband) ist eine schmerzliche Erinnerung daran, dass in der Welt der Popmusik Millionen von Menschen tatsächlich falsch liegen können. Wir glauben übrigens schon lange, dass der ehemalige Boyzone-Frontmann Ronan Keating dieses Phänomen am besten ausdrückt mit seinem *…say nothing at all.*

Zu den Nicht-Boybands gehören, oder besser gesagt: Tatsächlich herausragend waren Paddy Casey (*Living* wurde mehrfach mit Platin ausgezeichnet

Edna O'Brien lebt und arbeitet in London. Ihr 1997 erschienener Sensationsroman *Am Fluss* erzählt die wahre Geschichte eines 14-jährigen Mädchens aus Dublin, das nach einer Vergewaltigung nach England ging, um das Kind dort abzutreiben.

UNSERE ZEHN BESTEN IRISCHEN ALBEN

- *Loveless* (My Bloody Valentine) – bei diesem absolut berauschenden Indie-Klassiker wimmelt es nur so von guten Sounds und Melodien.

- *Boy* (U2) – bestes Erstlingswerk aller Zeiten? Wir finden: Ja!

- *The End of History* (Fionn Regan) – zu früh, um es schon als Klassiker zu betiteln, aber verdammt gut.

- *Live & Dangerous* (Thin Lizzy) – von 1978 – ist und bleibt eins der besten Live-Alben aller Zeiten.

- *I Do Not Want What I Haven't Got* (Sinead O'Connor) – „Nothing Compares to U" aus der Feder von Prince quillt förmlich über vor Schmerz.

- *St. Dominic's Preview* (Van Morrison) – alle kennen *Astral Weeks,* aber dieses Album von 1972 ist mindestens genauso gut.

- *O* (Damien Rice) – mit Millionen verkaufter Platten wollen wir den Verdienst dieses Albums nicht abstreiten.

- *Inflammable Material* (Stiff Little Fingers) – die Sex Pistols waren gestern; dieses Album über den Nordirlandkonflikt ist das beste Punkalbum überhaupt.

- *The Book of Invasion* (Horslips) – ein ganzes Album mit eingängigen Songs; Celtic-Rock vom Feinsten.

und muss man einfach gehört haben; sein neues Album, *Addicted to Company*, erschien Ende 2007), Damien Rice (nach Welterfolg *O* folgte das enttäuschende Album 9) sowie ein paar Neuzugänge – der überaus talentierte Fionn Regan (sein Debütalbum *The End of History* beeindruckte einfach jeden) und der gebürtige Belfaster Duke Special, dessen Album *Songs from the Deep Forest* mit positiven Kritiken überhäuft wurde. Weitere hörenswerte Interpreten sind Julie Feeney – ihr Debütalbum *13 Songs* heimste den Hauptpreis des Choice Music Prize 2006 ein, Irlands Antwort auf Englands Mercury Award – und die Soul-Folk-Rocker The Frames, die nach 15 Jahren immer neuer Alben und Tourneen eine unfassbar treue Fangemeinde haben.

Nach Jahren der Technotracks und Songs mit Akustikgitarren feiert endlich wieder die laute Rockband ihr Comeback. Bell X1 (die besten Alben sind *Music in Mouth* und *Flock*), Republic of Loose aus Cork (*Aaagh* von 2006 war in Cork ein Riesenhit) und Snow Patrol, die mit *Final Straw* (2003) und *Eyes Open* (2006) internationale Erfolge feierten, sind nur drei einer ganzen Reihe von Bands, die auf die Kraft der Verstärker setzen.

Weitere erfolgreiche Debütalben der letzten Jahre waren u. a. *Future Kings of Spain* von der gleichnamigen Indierock-Band, sowie Hal von der ebenfalls gleichnamigen Band, deren melodischer und eingängiger Pop garantiert jedes Gesicht zum Strahlen bringt. Feinster Barockpop kommt von The Divine Comedy aus London, der aus Derry stammende Frontmann, Komponist und Texter Neil Hannon vermengt Jazz, Klassik und Pop mit ironischwitzigen Texten, und das Album *Victory for the Comic Muse* von 2006 führte die Umfragen beim Choice Music Prize 2007 an. Das ist doch der beste Beweis dafür, dass es in Zeiten, in denen alles etwas zu ernst genommen wird, immer noch Raum für ein bisschen Ironie gibt.

Auf S. 754 stehen die Termine für Irlands Musikfestivals.

Architektur

Überall auf der Insel sind prähistorische Gräber, Kloster- und Burgruinen und viele andere Überreste der langen und oft dramatischen Geschichte Irlands zu besichtigen. Aus der Steinzeit sind Gräber und Bauwerke für die Toten erhalten, die meist als Megalithgräber in großen Steinblöcken angeordnet sind. Am leichtesten als Megalithgräber zu erkennen sind die zwischen vier- und fünftausend Jahre alten Dolmen, gigantische dreibeinige Bauten, die aussehen wie riesige Barhocker. Prägnante Beispiele dafür sind der Poulnabrone Dolmen (S. 430) im Burren und Browne's Hill Dolmen (S. 379) bei Carlow.

Ganggräber wie die bei Newgrange und Knowth (S. 594) in Meath bestehen aus riesigen Hügeln mit schmal gemauerten Gängen, die zu Grabkammern führen. Die Grabkammern sind mit Spiral- und Winkelmotiven verziert und haben eine Öffnung, durch die die aufgehende Sonne zur Winter- bzw. Sommersonnenwende einfällt – so fungieren sie als exakte Himmelskalender.

Die irischen Bezeichnungen für Burgen – *dun, rath, caiseal/cashel* und *caher* – finden sich in den Namen zahlreicher Dörfer und Städte wieder. Über 30 000 Burgruinen sind in der irischen Landschaft verstreut. Die ältesten Burgen aus der Bronzezeit wurden als Ringanlagen gebaut: kreisrunde Erd- und Steinwälle, auf denen Holzpalisaden errichtet und die außen von einem Graben umzogen wurden. Außerhalb von Clonakilty im County Cork wurde bei Lisnagun (Lios na gCon) eine solche Festung nachgebaut (siehe S. 240).

Einige Burgen wurden komplett aus Stein errichtet. Die eisenzeitliche Burg Dún Aengus auf Inishmór (S. 453; die größte auf den Aran-Inseln) ist dafür ein hervorragendes Beispiel.

Über 30 000 Burgen sind überall in der Landschaft Irlands verstreut.

Lange Zeit wurde der Schreibimpuls von Caitlin Thomas (geborene McNamara) durch die erdrückende Berühmtheit ihres Mannes Dylan Thomas und durch ihren Alkoholismus erstickt. *Double Drink Story* ist ein eloquentes, schonungsloses Porträt ihres ausschweifenden Lebens, der Hassliebe zu ihrem Mann und der Bürde des Schaffens – ein brillantes literarisches Zeugnis.

Die ersten Klöster entstanden mit Ausbreitung des Christentums in Irland (ab dem 5. Jh.). Die frühen Steinkirchen waren oft einfach gebaut, manche sogar nur mit Holzdächern bedeckt, wie etwa Teampall Bheanáin (Church of St. Benen) aus dem 6. Jh. auf der Aran-Insel Inishmór. Oder sie wurden komplett aus Stein errichtet wie das Gallarus Oratory (S. 316) aus dem 8. Jh. auf der Dingle Peninsula. Zu den ältesten Eremitagen gehören die kleinen Bienenstockhütten und -gebäude auf dem Gipfel von Skellig Michael (S. 289) vor County Kerry.

Mit den immer aufwendigeren Klosterbauten dachte man auch in der Architektur in immer größeren Dimensionen. Obwohl die Kathedrale von Glendalough aus dem 12. Jh. (S. 160) und die Kathedrale von Clonmacnoise (10.–15. Jh., S. 392) schon sehr groß sind, wirken sie verglichen mit anderen mittelalterlichen Kathedralen Europas winzig.

Rundtürme gehören zu den historischen Wahrzeichen Irlands. Diese hohen, pfeilartigen Bauten galten hauptsächlich als Wach- und Rückzugsposten während der Wikingerangriffe im späten 9. bzw. frühen 10. Jh. Von den ursprünglich 120 Türmen sind noch 20 gut erhalten, wie z. B. in Cashel (S. 332), Glendalough (S. 159) und auf Devenish Island (S. 734).

Mit Ankunft der Normannen 1169 kam auch die Gotik mit ihren charakteristischen Spitzbogenfenstern und hohen Gewölben nach Irland. Besonders schön sind die Christ Church Cathedral in Dublin von 1172 (siehe S. 103) und St. Canice's Cathedral in Kilkenny aus dem 13. Jh. (siehe S. 351).

Die früher typischen irischen Strohdachhütten wurden aus Kalkstein oder Lehm gebaut. Sie waren nicht besonders robust und sind heute nur noch selten zu finden. Mitte des 20. Jhs. hörte man auf, in dieser traditionellen Weise zu bauen.

In Georgianischer Zeit wurde Dublin durch seine einfachen, hübsch gebauten georgianischen Reihenhäuser aus rotem Ziegelstein und großen, elegant geschwungenen Eingängen mit feinen Oberlichtern aus Glas zu einer Architekturhochburg in Europa. Ab den 1960er-Jahren begann Dublins georgianisches Erbe zu leiden, obwohl es immer noch schöne Häuser rund um den Merrion Square (S. 102) zu besichtigen gibt.

Die anglo-irische Ascendancy hat Landsitze hervorgebracht wie das Castletown House von 1722 (S. 369) bei Celbridge, das Russborough House von 1741 (S. 165) bei Blessington sowie Castle Coole (S. 732). Alle drei sind hervorragende Beispiele für den Palladianismus, der sich durch Regelmäßigkeit und klassische Strenge auszeichnet. Der äußerst produktive deutsche Architekt Richard Cassels (auch unter dem Namen Richard Castle bekannt) kam 1728 nach Irland, wo er viele architektonische Wahrzeichen schuf, u. a. das Powerscourt House (S. 155) in County Wicklow und das Leinster House (S. 100; Sitz der irischen Regierung Dáil Éireann) in Dublin.

In Irland gibt es kaum nennenswerte moderne Architektur, im 20. Jh. hat sich nicht viel Neues getan. Erst mit dem Bau von Dublins Busáras Station in den 1950er-Jahren kam es zu Irlands erstem wirklichen Kontakt mit der Moderne. Der Entwurf stammte von Michael Scott, der die irische Architektur für die nächsten zwei Jahrzehnte prägen sollte. Während der Bauwut der 1960er- und 1970er-Jahre machte man sich um Denkmalschutz keine Gedanken – und tatsächlich wurde damals mehr zerstört als geschaffen. Aus dieser Zeit stammt auch Paul Koraleks 1967 errichteter Brutalismus-Bau, die Berkeley Library des Trinity College in Dublin, das als Irlands Paradebeispiel für moderne Architektur gelobt wird.

Seit den 1980er-Jahren kümmert man sich deutlich mehr um Irlands Bauerbe und Architektur. Bestes Beispiel ist die Sanierung des einst stark heruntergekommenen Dubliner Viertels Temple Bar (S. 96). Um die Jahrtausendwende führte die gute Konjunktur im Land vor allem rund um

Dublin zu einem wahren Bauboom, der qualitativ recht Unterschiedliches entstehen ließ. Das imposante Financial Services Centre und der Custom House Square in den Docklands gehören zu den gelungeneren Bauprojekten. In den Grand Canal Docks flussabwärts soll das Performing Art Center mit Platz für 2000 Besucher entstehen. Entworfen wird der Bau von einem der derzeit angesagtesten Architekten der Welt, Daniel Libeskind.

Das vermutlich umstrittenste moderne Gebäude steht in der O'Connell Street: Dublins Monument of Light (S. 108; in The Spire umbenannt). Mit einer Gesamthöhe von 120 m ist der Hohlkegel aus gebürstetem Stahl sieben Mal höher als das General Post Office. Bis zu seiner Fertigstellung im Frühling 2003 hatte er heftigste Diskussionen ausgelöst, doch dann überzeugte die beeindruckende Konstruktion und die wunderschön reflektierende Oberfläche alle bis auf ein paar letzte Skeptiker.

Malerei

Irlands Malerei wird weniger Beachtung geschenkt als irischer Literatur oder Musik und das, obwohl Irland auf eine lange Tradition zurückblickt, die mit der Buchmalerei im frühen Christentum begann. Das wohl bekannteste ist das Book of Kells.

Die National Gallery (S. 99) stellt eine umfassende Werksammlung der Irischen Schule aus, in der hauptsächlich die anglo-irische Aristokratie dokumentiert wird.

Wie andere europäische Künstler des 18. Jhs. malte auch Roderic O'Conor vor allem Porträts und Landschaften. Sein post-impressionistischer Stil zeichnet sich durch lebendige Farben und leidenschaftliche Pinselführung aus. Von James Malton gibt es verschiedene Zeichnungen und Gemälde mit Motiven aus dem Dublin des 18. Jhs.

Die Werke großer Künstler aus dem 19. Jh. enthalten keinerlei Anspielungen auf Irlands politische und soziale Probleme. Der bekannteste Landschaftsmaler war James Arthur O'Connor; Sir John Lavery aus Belfast wurde als bester Porträtmaler Londons gefeiert.

Während W.B. Yeats der keltischen Literatur zu neuem Ruhm verhalf, griff sein jüngerer Bruder Jack Butler Yeats (1871–1957) die keltische Mythologie und das irische Alltagsleben als Motive auf und sorgte damit Anfang des 20. Jhs. für eine Welle künstlerischen Schaffens. Auch der Vater, John Butler Yeats, hatte sich einen Namen als Porträtmaler gemacht. William John Leechs (1881–1961) Faszination von Lichteffekten spiegelt sich in seinen expressionistischen Landschaften und Blumengemälden wider. Francis Bacon (1909–92) wurde als Sohn englischer Eltern in Dublin geboren. Mit seinen Darstellungen entstellter Körper ist er einer der bedeutendsten figurativen Künstler des 20. Jhs.

Auch die Buntglaswerke von Harry Clarke (1889–1931) gehören zum Kanon moderner irischer Kunst: Clarke, der stark von zeitgenössischen Kunstrichtungen wie Jugendstil und Symbolismus geprägt war, gestaltete vor allem Kirchenfenster (siehe S. 412 und S. 526).

Die Pionierarbeit der irischen Kubistin Mainie Jellet (1897–1944) und ihrer Freundin, der modernistischen Glaskünstlerin Evie Hone (1894–1955), beeinflusste spätere Modernisten wie Barrie Cooke (geb. 1931) und Camille Souter (geb. 1929).

Gemeinsam mit Louis Le Brocquy (geb. 1916) organisierten Jellett und Hone 1943 die Irish Exhibition of Living Art, um Werke nichtakademischer Künstler zu unterstützen. Die bekannte Porträt- und Landschaftsmalerin Estella Solomons (1882–1968) war Schülerin von William Orpen und Walter Osborne in Dublin. Die ländliche Idylle des irischen Westens war Paul Henry (1876–1958) Motiv für seine Landschaftsbilder. In den 1950er- und

1960er-Jahren ließ sich eine Gruppe naiver Künstler, darunter auch James Dixon, auf Tory Island vor der Küste Donegals nieder.

Zu den zeitgenössischen Künstlergrößen gehören Nick Miller, Sean Scully (der in New York lebt) und Fionnuala Ní Chíosain.

Die experimentelle Fotografin Clare Langan wurde international bekannt durch ihre ätherischen Bilder unberührter Natur.

Wandmalereien sind eine wichtige Dokumentation von Irlands jüngerer politischer Vergangenheit. Ausdrucksstarke Wandgemälde mit politischem Inhalt (S. 633) sind in West Belfast und Derry zu sehen (siehe Kasten S. 694).

Theater

Die meisten Theater sind in Dublin und Belfast, aber auch größere Städte wie Cork, Derry, Donegal, Limerick und Galway haben eine lebendige Theaterszene. Irlands Bühnengeschichte reicht fast genauso weit zurück wie die der Literatur. Dublins erstes Theater wurde 1637 in der Werburgh Street gegründet, jedoch schon vier Jahre später von den Puritanern wieder geschlossen. Ein weiteres Theater, das Smock Alley Playhouse bzw. Theatre Royal, eröffnete 1661 und wurde für über 100 Jahre bespielt. Im Zuge der literarischen Renaissance Ende des 19. Jhs. entstand das Abbey Theatre (S. 144) in Dublin, das heutige Nationaltheater Irlands. Aufgeführt werden Klassiker von W. B. Yeats, George Bernard Shaw (1856–1950), J. M. Synge (1871–1909) oder Sean O'Casey (1880–1964) sowie moderne irische Dramen. Das Gate Theatre (S.144), ebenfalls in Dublin, inszeniert Klassiker und Komödien, das Gaiety und das Olympia Theater (S. 144) bieten ein breit gefächertes Programm, genau wie das Grand Opera House (S. 626) in Belfast. Der Spielplan des Dubliner Project Arts Centre (S. 144) ist eher experimentell geprägt.

Zu den besten Dramatikern der letzten 20 Jahre zählt Frank McGuinness (geb. 1953). Seit den 1980er-Jahren hat er zahlreiche Stücke geschrieben, u. a. *Karthager,* das die Auswirkungen des Blutsonntags von 1972 auf die Menschen in Derry thematisiert. Der junge in London geborene irische Dramatiker Martin McDonagh (geb. 1970) lässt sich von den Schattenseiten der romantisch-ländlichen Idylle Irlands inspirieren. The *Beauty Queen of Leenane* aus der *Leenane Trilogy*, die bereits am britischen Nationaltheater und am Broadway aufgeführt wurde, erhielt 1998 vier Tony Awards. *Dancing at Lughnasa* von Brian Friel (geb. 1929) feierte erst am Broadway, dann in London große Erfolge. Später wurde das Stück mit Meryl Streep in der Hauptrolle verfilmt (dt. Titel: *Tanz in die Freiheit*).

Weitere talentierte Jungdramatiker sind Conor McPherson (geb. 1971) aus Dublin, dessen Stück *Das Wehr* vom Royal Court Theatre in Auftrag gegeben wurde.

Auch die Stücke des Dramaturgen und Dichters Damian Gorman (geb. 1961) erhielten viel Anerkennung. Sein erstes Stück, *Broken Nails,* wurde mit vier Peacock Ulster Theatre Awards ausgezeichnet. Mark O'Rowe (der u. a. das Drehbuch zu *Intermission* schrieb) erhielt gute Kritiken für sein umstrittenes Stück *Crestfall*, das 2003 am Gate Theatre uraufgeführt wurde.

Eine Liste der Termine für Kunst- und Theaterfestivals ist auf S. 754 zu finden.

Tanz

Die wichtigste Tanzform in Irland ist der traditionelle irische Tanz. Er wird meist spontan bei Céili-Abenden aufgeführt und von einer traditionellen irischen Band begleitet. Die Tänze heißen u. a. Hornpipe, Jig und Reel. Zwar wurde der irische Tanz durch Riverdance und ähnliche Shows international bekannt und erfolgreich, aber diese auf Glamour gemachte Tanzdarbietung hat nicht allzu viel mit dem traditionellen Tanz zu tun. Allerdings hat die wahre Kunst davon profitiert und damit auch den eingestaubten Tanzschulen für Irish Dance landesweit neuen Zulauf beschert.

Irland besitzt keine nationale Tanzakademie, dafür gibt es aber im ganzen Land mehrere Schulen und Tanz-Companys, die Ballett und Modern Dance unterrichten und Aufführungen veranstalten: Sowohl das Dance Theatre of Ireland als auch das Irish Modern Dance Theatre sitzen in Dublin, während das Firkin Crane Centre in Cork Irlands einziger Veranstaltungsort nur für Tanz ist. Auf S. 754 stehen die Termine für die jährlich stattfindenden Tanzfestivals.

Essen & Trinken

Generationen von Irlandbesuchern, die einst zu trostloseren Zeiten die Insel bereisten, wunderten sich meist, warum irisches Essen nur ungekocht lecker schmeckt. Man empfahl, sich vor dem Essen zu betrinken oder beschwerte sich darüber, das Essen wäre eher eine geschmacklose Strafe als ein vergnügliches Mahl. Diese Zeiten sind längst passé, denn heute kommt man auch gerade *wegen* des Essens nach Irland.

Auf der Insel ist eine kulinarische Renaissance im Gange, und so kommen die Iren nun auch und verdientermaßen in den Genuss der feinen Küche. Schon immer mit einer Fülle von Nahrungsmitteln und Spezialitäten gesegnet, wird Irland von der ganzen Welt um Fleisch, Fisch und Milchprodukte beneidet. Das neue Jahrtausend brachte zudem eine neue Generation von Köchen hervor, deren Stil oft als „New Irish Cuisine" gepriesen wird.

In Wahrheit ist die neue irische Küche eine selbstbewusste Rückbesinnung auf die Tradition, nach der feinste regionale Zutaten auf einfache Weise zubereitet werden. Viele der neuen Küchenchefs wollen ihren Gästen vor allem solche Gerichte servieren, die bei gut geführten Bauernhöfen von jeher auf den Tisch kamen. Wie immer man es auch nennen mag, die neue Küche hat die Geschmacksnerven der Iren auf jeden Fall getroffen (S. 270).

Die Gastronomen haben allerdings nicht nur alten Traditionen zu danken. Heute sind die Iren ein bunt gemischtes Völkchen, das sich leisten kann, bei Restaurantbesuchen kritisch und abenteuerlustig zu sein. Die Nachfrage will gestillt werden, und so warten immer neue Restaurants in Städten und auf dem Land mit internationalen Speisekarten auf. Zum Glück sind die Gaumenfreuden nicht nur Städtern und gut Betuchten vorbehalten – im ganzen Land wird hervorragendes Essen geschätzt, sodass selbst im kleinsten, abgelegensten Café kreativ gekocht wird.

Wer nicht anders kann, bekommt natürlich auch weiterhin Fleisch zäh wie Schuhsohle, verschrumpelten Fisch und verkochtes Gemüse. Aber warum soll man sich so was antun, wenn Gutes so nah liegt?

TYPISCHES & SPEZIALITÄTEN
Kartoffeln

Es ist schon ein Wunder, dass die Iren bei den vielen Kartoffeln ihren Humor nicht verloren haben. Aber Vorurteile hin oder her: Kartoffeln sind und bleiben Irlands Nahrungsmittel Nr. 1, das selbst Reisende immer wieder auf dem Teller haben. Dabei zählen die Kartoffelgerichte Colcannon und Champ (eins mit Kohl, eins mit Lauchzwiebeln) zu den leckersten Rezepten im ganzen Land.

Fleisch & Fisch

Zu einer irischen Mahlzeit gehört normalerweise Fleisch, entweder Rind, Lamm oder Schwein. Fisch wurde lange Zeit vernachlässigt, findet mittlerweile jedoch immer öfter seinen Weg in die irische Küche. In Restaurants steht er sehr häufig auf der Speisekarte, und besonders im Westen wird er ganz hervorragend zubereitet. Austern, Forelle und Lachs schmecken besonders dann gut, wenn sie im Meer gefangen und nicht auf Fischfarmen gezüchtet wurden. Die berühmte Dublin-Bay-Garnele ist in Wahrheit gar keine Garnele, sondern ein Hummer. Zwar verspricht sie einem wahre Gaumenfreuden, man muss dafür aber auch ordentlich in die Tasche greifen. Wer das eh vorhat, sollte unbedingt darauf achten, dass die Dublin-Bay-Garnelen noch leben, denn sonst verlieren sie schnell ihren Geschmack.

Auf www.ravensgard.org/prdunham/irishfood.html wird von der Geschichte der irischen Küche erzählt, mit spannenden Kapiteln wie z. B. „The Most Widely Used Cooking Methods in Pre-Potato Ireland" oder „Collecting of Blood for Pudding Making".

Die jährlich erscheinenden Georgina Campbell Guides (www.ireland-guide.com) enthalten über 900 Tipps für die besten Snackbars, Restaurants und Hotels der Insel.

Über 10 000 Austern werden jährlich beim ausschweifenden Galway Oyster International Festival geschlürft (www.galwayoysterfest.com; S. 443).

DIE FÜNF BESTEN IRISCHEN KÄSESORTEN

- Ardrahan – Würzige Bauernkreation mit reichhaltigem Nussgeschmack
- Corleggy – Feiner, pasteurisierter Ziegenkäse aus dem County Cavan (S. 519)
- Durrus – Feinschmecker werden diesen cremig-fruchtigen Käse einfach lieben (S. 252)
- Cashel blue – Cremiger Blauschimmelkäse aus Tipperary
- Cooleeney – Preisgekrönter Käse im Camembert-Stil

Brot

Die berühmteste und meistgegessene Brotsorte Irlands ist *soda bread*. Da das Mehl in Irland sehr weich ist und sich mit Backhefe nicht so gut verträgt, fingen die irischen Bäckermeister im 19. Jh. an, Backsoda zu verwenden. Zusammen mit Buttermilch wird daraus ein fluffig-leichtes und sehr leckeres Brot, das in Pensionen oft zum Frühstück gereicht wird.

Frühstück

Die wohl meist gefürchtete irische Spezialität ist das traditionelle Frühstück, das irische *fry* – der Herzinfarkt unter den Mahlzeiten, der morgens in so manchen Pensionen serviert wird. Trotz der Gesundheitshysterie im Land gehört das *fry* nach wie vor zur traditionellen Küche. Wer könnte schon einer Platte mit gebratenem Speck, Würstchen, Blutwurst, Eier und Tomaten widerstehen? Zum berühmten, im Norden üblichen Ulster Fry wird außerdem noch fadge (Kartoffelbrot) gereicht.

GETRÄNKE
Alkoholfreie Getränke
TEE

Pro Kopf trinken die Iren mehr Tee als jede andere Nation auf der Welt. Man braucht nur ein Haus zu betreten, schon wird einem eine Tasse angeboten. Beim Tee kommt man sich näher, und als Anerkennung der irischen Gastfreundschaft sollte man zumindest eine Tasse probieren. In Irland wird der Tee stark getrunken und ist nicht mit den Weichei-Tees zu vergleichen, die anderswo als irischer Frühstückstee verkauft werden.

ROTE LIMONADE

Rote Limonade ist nichts anderes als normale Limo mit rotem Farbstoff und wird seit Ende des 19. Jhs. nach immer gleichem Rezept in Irland produziert. Während sie von Kindern und Erwachsenen gleichermaßen gern getrunken wird, ist sie vor allem im Norden des Landes beliebt. Viele nehmen sie auch als Mixgetränk für Brandy und Whiskey.

Alkoholische Getränke

Gemeinsames Trinken hat in Irland nicht nur eine soziale Funktion, sondern bildet auch die Basis der irischen Kultur. Abgesehen von den ganz wunderbaren Drinks lässt sich dadurch erklären, warum sich die Iren trotz jahrhundertelanger Armut und Unterdrückung ihre beispiellose Gastfreundschaft und ihren Sinn für Humor erhalten konnten.

STOUT

Von allen irischen Getränken ist das „black stuff" am berühmtesten, und Guinness bildet wiederum das weltweit bekannteste *Stout* (dunkles Bier). Und so wissen außerhalb Irlands nur wenige, dass noch zwei andere Groß-

---

Wer die Unterschiede zwischen Ziegenkäse mit natürlicher Rinde und halbfestem Kuhmilchkäse mit gewaschener Rinde kennen will, wird auf www.irishcheese. ie Erleuchtung finden. Außerdem wird eine komplette Liste irischer Käsereien geboten.

Auf www.foodisland.com, einer Seite der staatlichen Ernährungsbehörde Bord Bia, gibt's Rezepte, einen geschichtlichen Überblick über die irische Küche und Links zu Herstellern irischer Spezialitäten, wo man Bauernkäse oder Obstkuchen mit Whiskeygeschmack erstehen kann.

The Book of Guinness Advertising von Jim Davies – einfach sensationell! Eine Sammlung der besten Guinness-Poster aus den 1920er-Jahren bis Ende des 20. Jhs.

brauereien um die Gunst der Biertrinker buhlen: Murphy's und Beamish & Crawford, beide mit Sitz in Cork-Stadt. Noch viel spannender ist allerdings, dass man wieder mehr unabhängige irische Brauereien findet (Guinness, Murphy's und Beamish & Crawford sind nicht mehr in irischer Hand). Einen kleinen Vorgeschmack gibt's auf S. 275.

ANDERE IRISCHE BIERE

Beamish Red Ale Dieses traditionelle *red ale* ist süß und schmackhaft und wird von der Beamish & Crawford aus Cork gebraut (S. 218).

Caffrey's Irish Ale Eins der besten Neuzugänge unter den irischen Bieren gibt es erst seit 1994. Das vollmundige Getränk ist eine würzige Mischung aus Stout und Ale und wird im County Antrim gebraut.

Kaliber Der berühmte irische Sportler Eamon O'Coghlan machte dieses alkoholfreie Lager bekannt. Doch selbst für Recherchezwecke war uns dieses Bier suspekt, obwohl es bei vernünftigeren Bürgern anzukommen scheint.

McCardles Traditional Ale Dieses dunkle vollmundig-nussige Ale findet man kaum; es lohnt sich aber, danach zu suchen.

Smithwicks Smithwicks ist ein herrlich erfrischendes Gebräu mit charmanter Geschichte. Es wird in Kilkenny (siehe S. 354) in der Francis Abbey (14. Jh.) gebraut, wo sich Irlands älteste noch betriebene Brauerei befindet.

WHISKEY

Sowohl Whiskey als auch Stout sind Irlands Nationalgetränke, wobei der Whiskey im Privaten absolut vorn liegt. Bei der letzten Zählung gab es fast 100 verschiedene Whiskeysorten, die von nur drei Destillerien hergestellt werden: Jameson's, Bushmills und Cooley's. In Irland kann man auf eine richtige Entdeckungsreise durch die vielen exzellenten Marken gehen, denn was die Iren *uisce beatha*, „Wasser des Lebens", nennen, versetzt selbst Kenner in Erstaunen und gewinnt immer wieder zahlreiche neue Fans.

IRISH COFFEE

Geschichten über den Ursprung des Irish Coffee gibt es zuhauf. Allgemein wird jedoch angenommen, dass Joe Sheridan, ein Barmann vom Flughafen Shannon, das alkoholische Heißgetränk in den 1940er-Jahren kreierte. Sämtliche Reisende, die aus den USA nach Irland flogen, hatten in Shannon ein,

Guinness Is Guinness: The Colourful Story of a Black and White Brand von Mark Griffiths geht den Ursprüngen und der späteren weltweiten Vermarktung des berühmten Stout nach. Für Guinness-Anhänger eine interessante und amüsante Lektüre.

1608 gegründet zählt Bushmills im County Antrim zu den ältesten legalen Destillerien der Welt (siehe S. 711). Als Bushmills eröffnet wurde, war der Whiskey in Irland bereits ein beliebtes Volksgetränk.

EIN SCHLÜCKCHEN WHISKEY-GESCHICHTE

Keiner weiß, ob Whiskey nun zuerst in Schottland oder Irland hergestellt wurde. Das ist in diesem Buch aber auch nicht weiter wichtig, und deshalb genügt die irische Version. Whiskey wird hier seit dem 10. Jh. gebrannt, als Mönche die Kunst des Destillierens von ihren Orientreisen mitbrachten. In Arabien wurde diese Technik zur Parfümgewinnung von Pflanzen angewandt, die Mönche hatten damit aber offenbar etwas anderes im Sinn. Der Überlieferung nach entwickelten sie bald eine Methode, um Whiskey aus Gerste zu destillieren; ein Geheimnis, das die Mönche über mehrere Jahrhunderte streng hüteten.

Im Übrigen waren die irischen Mönche für ihre Trinkfestigkeit bestens bekannt. Laut Klosterordnung waren nur 5 l Bier pro Tag erlaubt. Eine weitere Regelung legt fest, dass Mönche ihre Psalme ordentlich zu singen hatten. Somit kann man davon ausgehen, dass ihre Toleranzgrenze für Alkohol ziemlich hoch lag, um nicht durch schräge Töne aufzufallen.

Wären die Mönche nicht so geheimnistuerisch gewesen, wäre heute völlig klar, dass sie den Whiskey erfanden. Die Schotten erheben einen ähnlich gültigen Anspruch, auch wenn der sich erst auf das 15. Jh. bezieht. Übrigens wird der schottische Whisky nicht nur ohne e geschrieben, sondern auch nur zweimal statt der in Irland bevorzugten drei destilliert. Der amerikanische Bourbon sogar nur einmal.

zwei Stunden Aufenthalt, bevor sie sich auf ihre letzte Etappe innerhalb Irlands aufmachen mussten. Nach dem ersten Kälteschock auf der Insel bestellten bibbernde Passagiere bei Sheridan ein alkoholisches Getränk zum Aufwärmen. So kam es zur legendären Mischung aus irischem Whiskey und brühheißem Kaffee, die den damals – wie heute – gewünschten Effekt erzielte.

POITÍN

Die Herstellung von *poitín* (illegal gebranntem Whiskey) wird in Irland allgemein hingenommen. Schwarzbrenner wurden als Volkshelden gefeiert, während die Regierung versuchte, sie als Geächtete abzustempeln. In Souvenirläden und Duty-free-Shops bekommt man eine kommerzielle Marke von *poitín*, die ausschließlich als Gag für Touristen gilt. Den Geldbeutel sollte man allerdings besser stecken lassen, denn das Gesöff kann es bei Weitem nicht mit dem Original aufnehmen. In den ruhigeren Ecken des Landes gibt es immer noch echte *poitín*-Brauer, und in der *poitín*-Hauptstadt Donegal ist es nicht unüblich, dass Verträge mit einem Glas besiegelt oder Gefallen revanchiert werden. Wenn in den abgelegenen Sümpfen Connemaras eine Rauchwolke gen Himmel steigt, stammt die nicht unbedingt von einem wärmenden Feuer. Auch im Westen Corks, eine der patriotischsten und traditionellsten Gegenden Irlands, erfährt man meist über zwei Ecken, wo man an gutes *poitín* kommt.

WOHIN ZUM ESSEN?

In den Städten kann man sich leicht mit gutem Essen versorgen, ganz gleich welcher Art: Von frischem Fisch aus Irland bis hin zu internationaler Küche herrscht freie Auswahl. Wenn es um Fisch und lokale Produkte geht, hat man an der Westküste die Qual der Wahl.

Einheimische lotsen einen auf die Frage, wo man gut essen kann, mit großer Wahrscheinlichkeit zu ihrem persönlichen Lieblingspub. Außerhalb der Stadt ist das Pub nach tatsächlich meistens die beste Alternative, besonders zur Mittagszeit. In nahezu jedem Pub gibt es die übliche kleine Speisekarte mit Suppen, Kartoffeln, Gemüse, Steaks und Hühnchen. Manche bieten sogar extra Speisezimmer für die Abendkarte, auf der neben frischem *soda bread* meist herzhafte Speisen wie Shepherds Pie, Aufläufe und Fischgerichte stehen.

Um Frühstück muss man sich eher keine Gedanken machen, weil bei den meisten Unterkünfte in Irland Frühstück mit inbegriffen ist.

In der Regel sind Restaurants von 12 bis 22.30 Uhr geöffnet, wobei viele Lokale einen Tag in der Woche geschlossen haben – gewöhnlich am Montag, manchmal aber auch sonntags.

VEGETARIER & VEGANER

Oje, jetzt wird's schwierig. In Irland ist die Auswahl für Vegetarier derart dünn gesät, dass man sich vielleicht doch lieber wieder mit Fleisch anfreunden sollte. In kleineren und größeren Städten findet man zwar das eine oder andere Café, doch sobald man sich aufs Land rauswagt, herrscht vegetarische Wüste. Zum Glück öffnen immer neue, moderne Restaurants überall auf der Insel in alten Landhäusern ihre Pforten und überraschen oftmals mit raffinierten Menüs.

Veganer sollten sich ihr Essen am besten mitbringen oder gleich zu Hause bleiben, denn essenstechnisch wird ihnen Irland sicher nicht gefallen. Zeit und Nerven spart man sich, wenn man sich gleich nach der Ankunft den aktuellsten Restaurantführer zulegt. Und man sollte sich schnellstens an die ungläubige Frage gewöhnen: „Was, du isst keine Milchprodukte!?!"

Die Bridgestone Guides (www.bestofbridgestone.com) gehören zu den meistgelesenen Restaurantführern Irlands, die in ehelicher Gemeinschaftsarbeit von John und Sally McKenna geschrieben werden. Zu den Büchern gehören der *Vegetarian Guide to Ireland*, *Food Lover's Guide to Northern Ireland* sowie eine jährlich neue Ausgabe der *100 Best Restaurants*.

Café Paradiso Cookbook und *Paradiso Seasons* sind beides moderne und kreative Kochbücher für Vegetarier, herausgegeben vom gleichnamigen Restaurant in Cork (S. 222) – brauner Linseneintopf war gestern.

FÜR KLEINE ESSER

Kinder *(na páiste)* kann man eigentlich in jedes irische Lokal mitnehmen, auch in ein Pub. Nach 19 Uhr sind die Kleinen allerdings in den meisten Kneipen und besseren Restaurants unerwünscht. Manchmal gibt es gesonderte Menüs für Kinder, wobei aber auch die Hälfte einer Erwachsenenportion reicht. Infos zum Thema Reisen mit Kindern siehe S. 759.

ESSKULTUR
Wie die Iren essen

Die Iren sind für ihren gesunden Appetit bekannt: Die tägliche Kalorienzufuhr liegt bei fast 150 % gegenüber der von der EU empfohlenen Menge. Das hängt sicher sowohl mit ihrem Hang zu Snacks als auch der Mahlzeitenmenge zusammen.

Als Irland noch von der Landwirtschaft geprägt war, wurde vormittags mit Familie und Arbeitskräften ausgiebig gefrühstückt. Wie in den meisten anderen Industriestaaten besteht das Frühstück heute nur noch aus einer eher gehetzten Toast-und-Müsli-Ration. Das traditionelle *fry* gönnt man sich nur noch am Wochenende. Wer etwas Zeit hat, macht sich schnell eine Kurzversion aus Eiern und Speck. Die erste Tasse Tee trinkt man zum Frühstück, und die meisten werden auch erst dann richtig wach.

Um 11 Uhr („Elevenses") folgt das zweite Frühstück mit Tee und Snacks, das bis zum nächsten großen Essen reichen muss. Der Nachmittagstee gestaltet sich dann gleich wie am Vormittag und erfüllt denselben Zweck.

Das Mittagessen ist traditionell die größte Mahlzeit des Tages, was wohl auf den Rhythmus der Landarbeiter zurückgeht, die von ihren morgendlichen Pflichten ausgehungert nach Hause kamen. Allerdings muss man zwischen Stadt- und Landleben unterscheiden. Während auf dem Land das Mittagessen nach wie vor als wichtigste Tagesmahlzeit gilt, haben sich die Städter ihren Nine-to-Five-Jobs gefügt und essen ebenfalls auf die Schnelle. An den Wochenenden gelten jedoch für alle die gleichen Zeiten: Samstags gibt's Essen rund um 16 Uhr, an Sonntagen vor 14 Uhr. Und was hier lapidar „Lunch" heißt, ist in Wahrheit das reichlichste Essen der Woche.

Städter sehen das Abendessen dagegen immer mehr als Hauptmahlzeit an. Es wird dann eingenommen, wenn das letzte arbeitende Elternteil nach Hause kommt.

Etikette

Geselligkeit ist genauso wichtig wie das Essen selbst. Bei den Mahlzeiten wird entspannt und die Gesellschaft der anderen am Tisch genossen. Tischmanieren an sich gibt es im Grunde nicht. Das einzig Anstößige ist höchstens die eigene Überheblichkeit. Die Iren verzeihen so ziemlich jeden Fauxpas. Wer allerdings den Eindruck erweckt, sich für etwas Besseres zu halten, wird schnell auf den Boden der Tatsachen zurückgeholt.

KOCHKURSE

Kochen ist in Irland wieder angesagt, und viele Kochschulen erfreuen sich immer größerer Beliebtheit. Der Unterricht gestaltet sich eher ruhig und gesellig und findet meist an schönen Orten statt. Ein Besuch einer dieser Kochschulen wird da leicht zum Highlight jeder Reise:

Ballymaloe (S. 230; ☎ 464 6785; www.cookingisfun.ie; Ballycotton, County Cork) Bietet halbtägige bis hin zu 12-wöchigen Kursen (inkl. Zertifikat) an. Der Unterricht findet in alten Apfellagerhäusern statt; Schüler übernachten in kleinen Cottages.

Belle Isle School of Cookery (S. 733; ☎ 6638 7231; www.irish-cookery-school.com; Enniskillen, County Fermanagh) Vielzahl an Koch- und Weinkursen von einem Tag bis zu vier Wochen. Belle Isle Castle und anliegende Cottages bieten Luxusunterkünfte.

Slowfood Ireland (www.slowfoodireland.com) hat sich der regionalen und gehobenen Bioküche verschrieben. Die in ganz Irland organisierten Dinnerpartys reichen von „Bangers'n'Mash"-Partys (Wurst und Kartoffelpüree) bis hin zu Käse- und Weinabenden.

Elisabeth Bangert lädt in ihrem Kochbuch *Irische Küche erleben und genießen* auf eine kulinarische Entdeckungsreise ein.

Die Ballymaloe-Kochbuchreihe von verschiedenen Mitgliedern der ersten Kochfamilie Irlands, den Allens, ist sowohl in Irland als auch anderswo ein Verkaufsschlager. Der Schwerpunkt liegt auf einfachen, mit Liebe zubereiteten Gerichten aus exzellenten Zutaten.

Berry Lodge (S. 417; ☎ 708 7022; www.berrylodge.com; Annagh, County Clare) Kurse dauern meist länger als einen Tag. Zu den buchbaren Paketen gehören Kurs, Unterkunft und Verpflegung.

Castle Leslie (S. 525; ☎ 88109; www.castleleslie.com; Glaslough, County Monaghan) Meisterkoch Noel McMeel bietet ein Programm mit ganzjährig veranstaltetem Unterricht. In themenbezogenen Kursen lernt man alles von „Irischer Jahreszeitenküche", über „death by chocolate" bis zum „Erotischen Essen".

Fiacri Country House Restaurant (S. 344; ☎ 43017; www.fiacrihouse.com; Roscrea, County Tipperary) Kurse finden das ganze Jahr über statt, von einem Tag bis zu fünf Wochen.

Ghan House (S. 618; ☎ 937 3682; www.ghanhouse.com; Carlingford, County Louth) Bietet praktische Kochkurse und -vorführungen. Unterkünfte werden angeboten.

Good Things Café (S. 252; ☎ 61426; www.thegoodthingscafe.com; Durrus, County Cork) Organisiert ganzjährig Kochkurse, u. a. das 2-tägige „Miracle"-Programm für Anfänger.

Pangur Ban (S. 470; ☎ 41243; www.pangurban.com; Connemara, County Galway) 2-tägige Wochenendkurse mit unterschiedlichen Themen wie „Brot und Kuchen".

MÄRKTE

In Irland gibt es wohl kaum eine bessere Art zu essen, als auf den Markt zu gehen und sich mit lokalen, saisonalen Produkten einzudecken. Märkte erleben in den letzten Jahren ein richtiges Comeback. In den meisten irischen Kleinstädten finden heutzutage Wochenmärkte statt. Eine genaue Liste findet man unter www.irelandmarkets.com.

SPRACHFÜHRER ESSEN
Essglossar

bacon and cabbage – Scheiben gekochter Speck oder geräucherter Schinken mit gekochtem Kohl und Kartoffeln

barm brack – würziges, kuchenartiges Brot mit eingebackenem Ring (nicht aus Versehen verschlucken!), das traditionell an Halloween serviert wird

blaa – weiches, mehliges Brötchen

black and white pudding – *black pudding* wird traditionell aus Schweineblut, Schweinehaut und Gewürzen hergestellt und wie eine große Wurst in runde Schreiben geschnitten und gebraten; *white pudding* ist das Gleiche, nur ohne Blut

boxty – Kartoffelpfannkuchen, findet man heute eher selten

carrigeen – Gericht aus Seetang

champ – nordirisches Gericht aus gestampften Kartoffeln und Frühlingszwiebeln

coddle – Eintopfgericht aus Dublin, mit Würstchen, Speck, Kartoffeln und Zwiebeln

colcannon – Kartoffelbrei mit Kohl und Zwiebeln, in Butter und Milch gebraten

crubeens – Gericht aus Cork mit eingelegten Schweinefüßen

drisheen – noch ein Gericht aus Cork mit Innereien, gefüllt mit Schaf- oder Schweineblut und bitterem *tansey*, gekocht in Milch

dulse – getrocknetes Seegras, das gesalzen und verzehrbereit verkauft wird, vor allem in Ballycastle im County Antrim

fadge – nordirisches Kartoffelbrot

farl – allgemeiner Name für dreieckig geformtes Gebäck

Guinness cake – beliebte Obstkuchen mit Guinness-Geschmack

Irish stew – den berühmten Hammeleintopf (möglichst Lamm), mit Kartoffeln und Zwiebeln sowie mit Petersilie und Thymian gewürzt, lässt man langsam köcheln

potato bread – dünnes Brot aus Kartoffeln

soda bread – sehr leckeres Brot, weiß oder braun, süß oder würzig, aus sehr weichem irischem Mehl und Buttermilch gebacken

yellowman – zähes, hartes Toffee aus dem County Antrim

Die *Avoca Café Cookbooks* von Hugo Arnold enthalten herzhafte und gesunde Rezepte der familienbetriebenen Avoca-Handweaver-Restaurants. Das erste Restaurant gab es in Wicklow (siehe S. 169), heute gibt es bereits zehn in der ganzen Republik.

Natur & Umwelt

GEOGRAFIE

Aus der irischen Literatur, aus Liedern und Gemälden wird immer wieder deutlich, wie sehr sich die Landschaft auf das Gemüt der Inselbewohner auswirkt. Vor allem die ausgewanderten Iren gaben überall zum Besten, wie sehr sie sich doch in die noch so schlechte Heimat zurücksehnen. Auch die Besucher versprechen sich von der irischen Landschaft weiterhin eine beruhigende Wirkung auf die Laune und Sinne. Wer das Land einmal bereist hat, kann dem nur zustimmen: Das satte Grün der sanften Hügel, die gewaltige Kulisse zerklüfteter Küsten und das düstere Licht der vielen wolkenverhangenen Tage gehören schlichtweg zum Erlebnis Irland mit dazu.

Die gesamte Insel umfasst nur 486 km von Nord nach Süd und 275 km von Ost nach West. Irlands enorme topografische Vielfalt ist daher ziemlich erstaunlich. Tatsächlich erwartet einen hier viel Grün. Gras wächst fast überall, es gibt jedoch auch Ausnahmen, etwa an den dramatischen Küsten.

Gewaltige Felsformationen wie der Burren (S. 420) im County Clare, bilden zwar keine gute Lebensgrundlage für Gras, doch selbst hier sprießt mancherorts genügend Grün, damit sich Schafe und Ziegen sattfressen können. Ansonsten ist das weite Land vor allem grau und karg. Nicht weit entfernt stehen die dramatischen Cliffs of Moher (S. 420) wie abgeschnitten in der tosenden Brandung. Genauso unverhofft trifft man im County Antrim auf die außergewöhnlichen sechseckigen Steinsäulen des Giant's Causeway (S. 713) oder auf die schroffen Felsen von Slieve League (S. 554) im County Donegal, die höchsten Meeresklippen Europas. Sanddünen schaffen einen Übergang zu weitaus sanfteren Küstenabschnitten.

Irland bestand früher zu einem Fünftel aus Moorland, das nicht grün, sondern eher whiskeyfarben ist. Das Braun stammt von Heidekraut und Torfmoos, das die unberührten Moore überdeckt. Reisende stoßen mitunter im County Kildare auf das Bog of Allen (S. 370) sowie auf andere Sumpflandschaften in den westlichen Counties – fast die gesamte Mayoküste ist ein einziges Moor und auch in Donegal findet man riesige Abschnitte. Die ländlichen Farmen an der Westküste sehen oft schroff aus, was hauptsächlich daran liegt, dass das Felsgestein so nah am Boden liegt. Große Gesteinsteile wurden abgetragen, um fruchtbare Erde zu schaffen. Aus den Steinen errichtete man Wälle, mit denen kleine Landteile abgegrenzt werden. Auf den Aran-Inseln (S. 450) kann man ein ganzes Labyrinth solcher Felsenmauern bewundern.

Vor der gesamten irischen Küste erstrecken sich zahlreiche kleinere Inseln. Viele von ihnen ragen als karge Felshaufen mit einzigartigen Ökosystemen aus dem Wasser; Skellig Michael (S. 289) fasziniert beispielsweise als ein atemberaubend zerklüftetes Eiland vor der Küste Kerrys. Außerdem wartet der Westen mit den hügeligsten Landschaften Irlands auf, und ein Großteil der Westküste ist eine einzige Aneinanderreihung von Klippen, Hügeln und Bergen. Die imposantesten Gipfel liegen aber im Südwesten, so auch der höchste Berg Irlands, der Carrantuohil (1039 m), in den Macgillycuddy's Reeks (S. 281) im County Kerry.

Bei der Beschreibung der irischen Natur denkt man trotzdem immer zuerst an grüne Wiesen und Wälder. Die Iren beklagen sich oft über den Verlust ihrer Forste; ein Großteil der Bäume wurde bereits unter Elisabeth I. von den Engländern abgeholzt, um Schiffe für die Royal Navy zu bauen. Heute ist kaum noch etwas von den einst so üppigen Eichenwäldern übrig. Die heutigen Bäume bilden oftmals das Produkt des jüngsten Wiederauf-

Von den neun Counties, die ursprünglich Teil von Ulster waren, gehören heute sechs zu Nordirland und drei zur Republik Irland.

1821 wurde in einem Moor in Galway die Leiche eines Mannes aus der Eisenzeit gefunden. Mantel, Schuhe und auch sein Bart waren noch erhalten.

forstungsprogramms. Anstelle der Wälder bietet sich dem Besucher ein stetiger Anblick von grünen Wiesen und Feldern, unterteilt durch Hecken und Steinwälle. Sie werden zum Ackerbau und als Weideland für Rinder und Schafe genutzt.

TIERE & PFLANZEN

Der illustrierte Führer *The Animals of Ireland* von Gordon D'Arcy bietet eine praktische und günstige Einführung.

Die irische Pflanzen- und Tierwelt erschließt sich dem Betrachter nicht sofort; doch wie jede Insel will auch Irland mit seinen vielen interessanten Arten zu Fuß erkundet werden.

Tiere

Abgesehen von Fuchs und Dachs, die auf Menschen scheu reagieren und sich deswegen eher rar machen, gehören die meisten wild lebenden Säugetiere Irlands zur Kategorie Kleintiere, wie z.B. Kaninchen, Igel und Spitzmäuse. Wanderer treffen öfter mal auf einen irischen Feldhasen bzw. sehen ihn blitzschnell davonhoppeln. Rotwild streift in manchen wilderen Gegenden umher, vor allem in den Wicklow Mountains oder im Killarney-National-park, wo auch die größte Herde Irlands beheimatet ist.

Die meisten Besucher sehen Säugetiere vor allem im Meer oder anderen Gewässern. Dem Otter, den es sonst kaum noch in Europa gibt, geht es in Irland prächtig. Robben erspäht man oft an Flüssen oder an der Küste. Das gilt auch für Delphine, die dem warmen Wasser des Golfstroms bis nach Irland folgen. Manche verbringen das ganze Jahr an der Küste und sind oft in Buchten und Zuflüssen vor der irischen Westküste anzutreffen.

Der exzellente Birds of Ireland News Service hat auch eine Webseite: www.birdsireland.com/pages/birding_in_ireland.html.

Viele Reisende kommen extra zur Vogelbeobachtung nach Irland. Durch ihre Lage ganz im Westen Europas ist die Insel ein idealer Zwischenstopp für Zugvögel, die von Nordamerika und der Arktis gen Süden fliegen. Im Herbst werden die südlichen Counties kurzfristig zur Heimat amerikanischer Watvögel (vor allem Strandläufer und Regenpfeifer) und Grasmücken. Zugvögel aus Afrika, darunter Sturmtaucher, Sturmvögel und Alkenvögel, bevölkern vom Frühling an die südwestlichen Counties.

Den recht seltenen Wachtelkönig, der von Afrika über Irland zieht, findet man in den westlichen Counties, in Donegal und rund um die Shannon Callows sowie auf Inseln wie Inishbofin in Galway. Im Spätfrühling und im Frühsommer verwandeln sich die schroffen Küstenstreifen, besonders Klippengegenden und auf Inseln, in ein Paradies für brütende Meeresvögel, etwa Tölpel, Dreizehenmöwen, Schwarzschnabel-Sturmtaucher, Eissturmvögel, Kormorane und Reiher. Papageientaucher, die mit ihrem frackartigen Gefieder aussehen wie Pinguine, nisten in großen Kolonien auf Klippenfelsen.

In *Irish Birds* beschreibt David Cabot Vögel und ihre Lebensräume sowie die besten Orte für Vogelbeobachtung.

Seen und tief gelegene Moorgebiete ziehen zahlreiche Wasser- und Watvögel aus der Arktis und Nordeuropa an, so z.B. Singschwäne, Kiebitze, Weißwangengänse, Blässgänse und Goldregenpfeifer. In Wexfords bedeutendem Wildfowl Reserve (S. 182) lebt die Hälfte der weltweiten Population an Blassgänsen; auch die Zwergseeschwalbe brütet dort, von den Dünen geschützt, am Strand. Im Winter kann man außerdem Krickenten, Rotschenkel und Brachvögel beobachten. Die meisten Vögel ziehen von April bis Mai und von September bis Oktober.

Der Bestand des wunderbaren Wanderfalken konnte sich hier gut erholen; er kann beim Nisten auf den Klippen in Wicklow und auch anderorts beobachtet werden. 2001 wurden 46 Steinadlerjunge aus Schottland im Glenveagh-Nationalpark in Donegal ausgesetzt. Zwar begannen sich einige Steinadler 2005 zu paaren, doch noch ist kein Jungtier erfolgreich geschlüpft. Das könnte sich in den nächsten ein bis zwei Jahren ändern, wenn die Vögel geschlechtsreif sind. Da das Revier einiger Adler über die Parkgrenzen hinaus geht, werden sie oft sogar in den Counties Mayo und Antrim gesichtet.

CONNEMARA-PONYS

Das bekannteste einheimische Tier Irlands ist das Connemara-Pony, das größte unter den Ponyrassen. Seine Vorfahren wurden vermutlich von den Kelten mitgebracht. In der Wildnis Connemaras entwickelten sie dann ihre Robustheit und Schnelligkeit, für die sie allgemein bekannt sind. Der Legende nach hat das Pony aber auch spanisches Blut von den Hengsten der Spanischen Armada, die sich nach dem Schiffbruch von 1588 ans Ufer gerettet und sich mit den dortigen Stuten gepaart hatten.

Das kleine, aber starke Connemara-Pony war bei den Bauern sehr beliebt. Wilde Stuten wurden gezähmt und dazu genutzt, die Felder zu pflügen und große Gesteinsbrocken zu beseitigen. Das bewusste, selektive Züchten begann erst 1923, als eine Gruppe aus Clifden die Connemara Pony Breeders' Society gründete. Es scheint jedoch, als wäre das Connemara-Pony durch das ständige Stallleben und wahllose Züchten geschwächt worden. Seitdem hat es sich weiterentwickelt und eine neue Aufgabe: Der Ackergaul von einst ist zum Show-Pony mutiert. Connemara-Ponys sind ideale Reitpferde und für ihr sanftes Wesen bekannt. Erwachsene und Kinder können problemlos aufsteigen.

Pflanzen

Obwohl es in Irland nur wenig Wälder gibt, ist die Zahl hiesiger Pflanzenarten größer als in vielen anderen Ländern Europas, was u. a. mit dem vergleichsweise späten Aufkommen der Landwirtschaft zusammenhängt.

Überreste des ursprünglichen Eichenwalds findet man im Killarney-Nationalpark und im südlichen Wicklow bei Shillelagh. Weit mehr verbreitet sind die immer weiter wachsenden Kiefernschonungen. Hecken, die zur Unterteilung von Feldern und als Markierung von Landgrenzen gepflanzt werden, bestehen zum großen Teil aus einheimischen Pflanzenarten, die früher zuhauf in den Eichenwäldern wuchsen – ein faszinierendes Beispiel für die Fähigkeit der Natur, sich anzupassen und neu zuzusetzen. Im Burren im County Clare wächst eine erstaunlich bunte Mischung aus mediterranen, alpinen und arktischen Pflanzen.

Irlands Moore haben ihre ganz eigene Fauna, die an feuchte, säurehaltige, nährstoffarme Bedingungen gewöhnt ist. Ihr Fortbestand ist jedoch durch den Abbau der Moore als Energiequelle bedroht. Neben Rosmarin, Wollgras, Riedgras (dessen hauchdünner Halm bis zu 30 cm hoch wird) sowie verschiedenen Arten von Heidekraut und Flechten gehört der Torfmoos zur häufigsten Moorpflanze. Sogar Fleisch fressende Pflanzen gedeihen hier, etwa der Sonnentau, der mit seinen klebrigen Tentakeln Insekten fängt; oder die Wasserschläuche, deren winzige Fangblasen sich blitzschnell öffnen und mit dem Beutetier in der Falle wieder zuschnappen.

> Informationen über Parks, Gärten, Denkmäler und Binnenwasserstraßen gibt es auf www.heritage ireland.ie.

NATIONALPARKS

In Irland gibt es sechs Nationalparks: Burren- (S. 420), Connemara- (S. 470), Glenveagh- (S. 578), Killarney- (S. 279), Wicklow-Mountains- (S. 154) und den Ballycroy-Nationalpark (S. 493). Sie wurden zum Erhalt, Schutz und zur besseren Zugänglichkeit von bedeutsamem Naturerbe errichtet. Alle Parks haben ganzjährig geöffnet und jeweils ein Büro für Auskünfte.

> Wer etwas über Geologie, Archäologie, Stadtentwicklung und Aufforstung in Irland erfahren möchte, besorgt sich am besten Frank Mitchells und Michael Ryans *Reading the Irish Landscape*.

Wälder & Waldparks

Coillte Teoranta (Irische Forstbehörde; ☎ 01-661 5666; www.coillte.ie; Leeson La, Dublin) verwaltet rund 3500 km² Waldgebiet mit ausgewiesenen Picknickplätzen und 12 Waldparks, die rund 70 % der Wälder in der Republik Irland ausmachen. Diese Parks sind ganzjährig geöffnet und beherbergen eine Vielzahl an Tieren und Lebensräumen. In einigen der Parks findet man auch Chalets und/oder Campingplätze, Läden, Cafés und Spielplätze.

Nationale Naturschutzgebiete

In der Republik Irland gibt es 66 staatlich und 10 privat betriebene Nationale Naturschutzgebiete (National Nature Reserves, kurz NNR), die von Dúchas, dem Ministerium für Parks, Denkmäler und Gärten, verwaltet werden. Nordirland verfügt über 40 NNRs, die das dortige Umweltministerium entweder besitzt oder pachtet. Naturreservate sind Gebiete mit besonderer Pflanzen-, Tier- oder Gesteinswelt, z. B. Giant's Causeway (S. 713) und Glenariff (S. 720) in Antrim und North Strangford Lough (S. 666) im County Down. Weitere Auskünfte bekommt man beim **Environment & Heritage Service** (☎ 028-9054 6533; www.ehsni.gov.uk).

Die Greenbox (www. greenbox ie) bietet eine Reihe umweltfreundlicher Aktivitäten und Wanderungen im Nordwesten Irlands an.

UMWELTPROBLEME

Irland gehört sicher nicht zu den größten Umweltsündern der Welt. Dennoch, mit dem neuen Wirtschaftsboom gibt es mehr Industrie und ein erhöhtes Konsumverhalten, was letztendlich auch zu mehr Abfall und

---

KLIMAWANDEL & ANDERE ZUKUNFTSPROBLEME

Noch ist unklar, wie die Zukunft Irlands, angesichts der Erwärmung der Meere und der Erdatmosphäre, einmal aussehen wird. Wissenschaftler warnen schon längst mit einer langen Liste möglicher Alptraum-Szenarien. Die harmloseste Vorhersage. Das nordirische Wetter wird einmal ähnlich sein wie heute im südlichen County Cork, während Cork sich in eine Art irische Côte d'Azur verwandeln wird.

Mitte des 21. Jhs. werden die durchschnittlichen Wintertemperaturen um 1 °C steigen, während der Regen vor allem im ohnehin schon ziemlich nassen Nordwesten weiter zunimmt. Überschwemmungen könnten im Shannon River Basin ein Problem werden. Die Sommertemperatur könnten durchschnittlich um 2,5 °C klettern, während es in den Sommermonaten zu vermutlich längeren Trockenperioden kommt. Jahreszeitenabhängige Dürreperioden mit ausbrechenden Buschfeuern würden möglicherweise daraus resultieren. Und aufgrund der erhöhten Bewässerungskosten könnte die Kartoffel in den meisten Teilen Irlands kein ertragstaugliches Gemüse mehr sein.

Ein erhöhter Meeresspiegel würde sich direkt auf sämtliche irische Küsten auswirken. Die leicht abfallenden Strände an der Westküste könnten verschwinden, da höhere Wellen den Sand wegspülen und die Flut immer weiter ins Land vordringen würde. Schon heute raten Klimaforscher, nicht näher als 100 m an die flachen Küstenabschnitte zu bauen. Viele Städte, auch Dublin, Cork, Limerick und Galway, wären bei Sturmwarnung einer erhöhten Überflutungsgefahr ausgesetzt, sollten dort keine Schutzwalle errichtet werden.

Auch die Auswirkungen der Artenvielfalt bleiben ein großes Fragezeichen, da schwer einzuschätzen ist, wie gut sich die verschiedenen Tier- und Pflanzenarten an den Klimawandel und die damit einhergehenden Nebeneffekte anpassen können. Heide- und Moorland, von denen es in Irland reichlich gibt, reagiert auf längere Trockenperioden äußerst empfindlich. Die Lachse halten sich in Irland momentan noch im Süden auf. Sie könnten jedoch weiter in den Norden abwandern (wo sie schwieriger zu züchten wären), sollten sich die Strömungen zu sehr erwärmen. Außerdem könnten neue Vogelarten nach Irland abwandern, wenn sich ihre Lebensräume anderswo verkleinern oder verändern. Dies hätte wiederum dramatische Folgen auf die sensiblen Ökosysteme.

Ein heiß diskutiertes Thema ist die Auswirkung der Klimaerwärmung auf den Nordatlantischen Strom, auch Golfstrom genannt, der warmes Wasser vom Golf von Mexiko und der Westküste Afrikas nach Norden bringt. Einige Forscher behaupten, der Golfstrom verliere jetzt schon an Kraft und könnte innerhalb der nächsten Jahrzehnte völlig zum Stillstand kommen. Sollte das passieren, würden sich die arktischen Gewässer immer mehr auf Irland auswirken, die Insel würde sich dramatisch abkühlen – zumindest bis die Temperaturen durch die Erderwärmung auch in der Arktisregion steigen. Dann könnte Irland seine Côte d'Azur vergessen, denn mediterranes Klima gäbe es vielleicht noch in Skandinavien. Die Theorie des geschwächten Golfstroms ist allerdings nicht weltweit gängig und auch die möglichen Auswirkungen sind fraglich. Eins bleibt allerdings dennoch klar: Die Menschen werden sich in naher Zukunft noch viel übers Wetter unterhalten.

Verschmutzung führt. Die Abfallmengen sind seit Anfang der 1990er-Jahre deutlich gestiegen. Obwohl die Bevölkerungsdichte eine der niedrigsten Europas ist, wächst die Einwohnerzahl. Immer mehr Menschen zieht es in die neuen Stadtrandgebiete, vor allem in die Counties Meath und Killarny, die nah genug an Dublin liegen. Da immer mehr Einheimische Auto fahren oder fliegen, wird Irland zunehmend abhängiger von nicht-erneuerbaren Energiequellen.

Überraschenderweise ist die Wasserqualität für Gemeinden, die ihr Leitungswasser aus dem westlich gelegenen Lough Corrib beziehen, problematisch. Im März 2007 mussten die Bewohner von Galway, Tuam und Headford ihr Trinkwasser wegen darin enthaltener Kryptosporidien-Parasiten abkochen. Die Ursache war angeblich menschlicher und tierischer Abfall. Zwar wurde das Problem schnell gelöst, rief aber trotzdem in Erinnerung, dass sich wirtschaftlicher Fortschritt auch negativ auf die Lebensqualität auswirken kann.

Gleichzeitig wächst aber auch die Sorge um die Umwelt, und so ergreift die Regierung nun erste Maßnahmen, um den Schäden der florierenden Wirtschaft entgegenzuwirken. In Recycling-Programmen werden große Mengen an alten Plastikverpackungen wiederverwertet. 2002 führte die viel umworbene Plastiktütensteuer, kurz „Plastax", zu ganzen 90 % weniger Müll. Im Jahr 2005 erwarb die Sustainable Projects Ireland Ltd. ein 27 ha großes Stück Land direkt neben Cloughjordan, einem Dorf in North Tipperary, und kündigte Pläne zum Aufbau einer umweltfreundlichen Gemeinde an. Das Projekt **The Village** (www.thevillage.ie) beinhaltet einen effizienten Wasserdienst, eine bestimmte Ausrichtung der Häuser zur größtmöglichen Nutzung von Sonnenlicht sowie den Ausbau von Holzwegen statt asphaltierter Straßen. Indessen hat die Republik Irland 35 Windfarmen errichtet, um das Land damit weniger von fossilen Brennstoffen abhängig zu machen.

Obwohl diese Projekte durchaus positive Signale setzen, ist Irland damit längst kein Vorreiter in der Umweltbewegung. Umfragen lassen sogar vermuten, dass die Iren sich weniger um ihre Umwelt scheren als die Bürger der meisten anderen europäischen Staaten. Außerdem ist die Insel meilenweit von den Bestimmungen des Kyoto-Protokolls zur Senkung der Emissionswerte entfernt. Die Regierung setzt sich für die Umwelt nicht viel mehr ein, als EU-Abstimmungen zu ratifizieren. Diese verfolgen jedoch zugegebenermaßen recht hochgesteckte Ziele, was die Senkung der Luftverschmutzung und eine genauere Überwachung der Wasserqualität betrifft.

Da die jährliche Zahl an Touristen die der irischen Einwohner bei weitem übersteigt (ca. 1,5 zu 1), können Reisende mitunter stark in die lokale Umwelt eingreifen. In dieser Hinsicht gilt der Tourismus als möglicher positiver Faktor, denn das Geld umweltbewusster Reisender könnte die ökologischen Aspekte der Wirtschaft in Schwung bringen. Zwar befindet sich der Ökotourismus noch in den Kinderschuhen, doch gibt es schon eine Organisation namens The Greenbox, die erste Standards für Öko-Reisen durch Irland eingeführt hat und Reiseunternehmen unterstützt, die diesen Vorgaben entsprechen. Die steigende Popularität von Outdoor-Aktivitäten schafft wirtschaftliche Anreize, die Sauberkeit von Irlands Küsten und Binnengewässern zu erhalten. Je mehr diese Umgebungen aber aktiv genutzt werden, könnte sich das, wenn keiner aufpasst, wiederum schädlich auswirken.

Mit Irlands großem und sehr effizientem Busnetz kann man das Auto ruhig mal stehen lassen. Überhaupt ist die Insel für Fahrrad- und Wanderreisen wie geschaffen. Viele Hotels, Pensionen und Hostels werben mit ihrem Sinn für Umweltbelange, und auch in Restaurants wird oft mit Bio-Zutaten gekocht. Reisende haben es in Irland also wirklich nicht schwer, sich umweltfreundlich zu verhalten. Auf S. 21 stehen dazu weitere Informationen.

Für eine stetig wachsende Liste umweltfreundlicher Urlaubsmöglichkeiten in Irland (und anderswo) siehe www.responsible travel.com.

Dublin

Die kleinste Hauptstadt Westeuropas strotzt derzeit nur so vor Selbstbewusstsein, was ja auch kaum verwunderlich ist: Innerhalb von zwei Jahrzehnten hat sich Dublin von einem netten Kaff mit finanziellen Nöten in eine dekadente Metropole mit grenzenlosem Ehrgeiz verwandelt. Hier trifft Tradition auf Spaßgesellschaft, elegante georgianische Architektur auf geschwätzige und gesellige Bürger. Beides trägt zum Charakter und Charme der Stadt bei, die ohnehin viel zu bieten hat.

Mittlerweile hat sich Dublins Bevölkerung an die goldenen Zeiten gewöhnt. Die junge Generation kennt fast nichts anderes mehr als jenen leicht verdienten Reichtum, mit denen die teuren Designerklamotten im Schrank und die Golfschläger im Kofferraum bezahlt werden. Für sie ist Dublin ein Melting Pot der Kulturen, wo Russen Kaviar in Dosen erstehen, nigerianische Teenager über die Vorzüge von Haarverlängerungen diskutieren und Koreaner Telefonkarten aus dem Auto verkaufen. Sie wissen genau, wie angesagt ihre Stadt momentan ist: Besucher aus aller Welt reisen an, um hier die vielen schönen und heiteren Dinge selbst zu erleben.

Und mit Vergnügen kennt sich Dublin aus. Ob Musik, Kunst, Literatur oder das berühmte Nachtleben, von dem sich Musiker, Künstler und Schriftsteller inspirieren ließen – Dublin weiß, wie man Spaß hat, und verfolgt dies mit aller Ernsthaftigkeit. Aber das kann ja jeder selbst herausfinden.

HIGHLIGHTS

- **Alte Gelehrte** Spaziergang durch den kopfsteingepflasterten Campus des elisabethanischen Trinity College (S. 93)

- **Gebundene Bände** Alte Bücher, Bibeln und andere gedruckte Wunderwerke der Welt stehen in der Chester Beatty Library (S. 98)

- **Ausgewählte Adressen** Georgianische Schmuckstücke rund um den begrünten Merrion Square (S. 102) und St. Stephen's Green (S. 101)

- **Geschichtsstunde** Auf Tuchfühlung mit der Vergangenheit im Kilmainham Jail (S. 106)

- **Und Guinness für mich** Ein Glas – oder auch fünf – in einem der vielen Dubliner Pubs und Nachtclubs (S. 137)

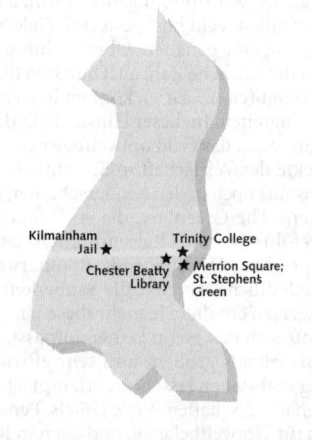

Kilmainham Jail ★

Chester Beatty Library ★

Trinity College ★

★ Merrion Square; St. Stephen's Green

■ TELEFONVORWAHL: 01   ■ EINWOHNER: 1,2 MIO.   ■ FLÄCHE: 921 KM²

GESCHICHTE

1988 feierte Dublin offiziell tausendjähriges Bestehen, die ersten frühkeltischen Siedlungen gab es allerdings schon lange vor 988. Um 500 v. Chr. ließen sich die ersten Menschen an einer Furt über der Liffey nieder. Der gälische Name Dublins lautet daher noch heute Baile Átha Cliath, Ort an der befestigten Furt.

Etwa 1000 Jahre lebten die Kelten friedlich vor sich hin. Erst mit den Wikingern nahm Dublin erste urbane Züge an. Im 9. Jh. gehörten dann die Raubzüge aus dem Norden zum irischen Alltag. Manche wilden Nordmänner entschlossen sich sogar zu bleiben, statt nur zu plündern und sich direkt wieder davonzumachen. Sie heirateten irische Frauen und errichteten einen florierenden Handelshafen an der Stelle, wo der Fluss Poddle am *dubh linn* (schwarzen Teich) in die Liffey mündet. Heute ist vom Poddle nicht mehr viel übrig. Er wurde unterirdisch verlegt, fließt unter der St. Patrick's Cathedral hindurch und tröpfelt schließlich an der Capel St. (Grattan) Bridge in die Liffey.

Weitere 1000 Jahre später, nach Ankunft der Normannen im 12. Jh.: An dem langsamen Prozess, Irland unter anglonormannische (und später englische) Herrschaft zu bringen, war Dublin nicht ganz unbeteiligt. Anfang des 18. Jhs. lebten in der verdreckten Stadt vor allem arme Katholiken, was den imperialen Ansprüchen der anglophilen Bürger kaum entsprach. Die Großen und Guten – sprich die protestantische Ascendancy – verlangten maßgebliche Verbesserungen und fingen an, eine im Wesentlichen noch mittelalterlich geprägte Stadt in eine moderne angloirische Metropole umzukrempeln. Straßen wurden erweitert, Plätze angelegt und neue Stadthäuser gebaut, alles in einer Art Proto-Palladianismus, der schon bald als georgianische Architektur (benannt nach den Königen, die damals nacheinander in England regierten) bekannt werden sollte. Eine Zeit lang war Dublin die zweitgrößte Stadt des Britischen Königreiches. Die Dinge standen also allgemein zum Besten, es sei denn, man gehörte der armen und überwiegend katholischen Masse an, die in den zunehmend ausufernden Slums hausten. Für sie blieb alles beim Alten.

Der georgianische Boom nahm ein jähes und dramatisches Ende, als Irland 1801 durch den Act of Union mit England vereint und sein Parlament aufgelöst wurde. Plötzlich war Dublin nicht mehr die schöne Prinzessin beim königlichen Ball, sondern nur noch die nervige Cousine, die den Wink einfach nicht verstehen wollte. Bald schon folgten wirtschaftliche und soziale Unruhen. Während der großen Hungersnot wurde die Stadt von Zehntausenden Flüchtlingen aus dem Westen überschwemmt, die sich zur unterdrückten Arbeiterklasse dazugesellten. Anfang des 20. Jhs. drohte Dublin schließlich an Armut, Krankheit und unzähligen sozialen Problemen zu ersticken. Der Großteil der Enwohner hatte das verständlicherweise satt und drängte auf Veränderung.

Die erste Gelegenheit bot der Osteraufstand von 1916, bei dem der Stadtkern erhebliche Schäden erlitt. Zuerst waren die Dubliner von den Rebellen nicht gerade begeistert, da sie mehr Chaos und Unordnung anrichteten, als den meisten lieb war. Doch schon bald änderte sich ihre Meinung, als die Anführer kaltblütig hingerichtet wurden. Die Dubliner schlagen sich eben immer auf die Seite der wehrlosen Unterlegenen.

Als das ganze Land immer weiter auf einen Krieg mit England zusteuerte, wurde Dublin überraschenderweise nicht zum Schauplatz des Geschehens. Zwar waren überall Soldaten postiert, und hie und da kam es zu Schießereien oder ein bekanntes Gebäude wurde gesprengt (z. B. das Custom House 1921), doch gingen die Dinge trotz Unabhängigkeitskrieg ihren gewohnten Gang. Die Menschen arbeiteten weiter und trafen sich mit Freunden, als ob der Krieg gar nicht statt gefunden hätte.

Ein Jahr später war Irland – bis auf den nördlichen Teil – unabhängig. Doch schon bald schlidderte das Land in einen Bürgerkrieg, bei dem weitere bedeutende Gebäude in Flammen aufgingen, u. a. 1922 das Gerichtsgebäude Four Courts. Das Ironische an der Sache war, dass der Krieg gegeneinander weit brutaler vonstatten ging als der vorher gemeinsame Kampf um Unabhängigkeit. Vor allem in der O'Connell Street wurde heftigst geschossen. Die Gewalt von damals hinterließ tiefe Narben, die erst jetzt allmählich zu verblassen beginnen.

Als der neu gegründete Staat endlich seine Arbeit aufnehmen konnte, war Irlands Hauptstadt müde und ausgelaugt. Trotz langsamer und stetiger Besserung hing eine unheimliche, schwarze Wolke über Dublin und dem ganzen Land. Steigende Arbeitslosigkeit, hohe Aus-

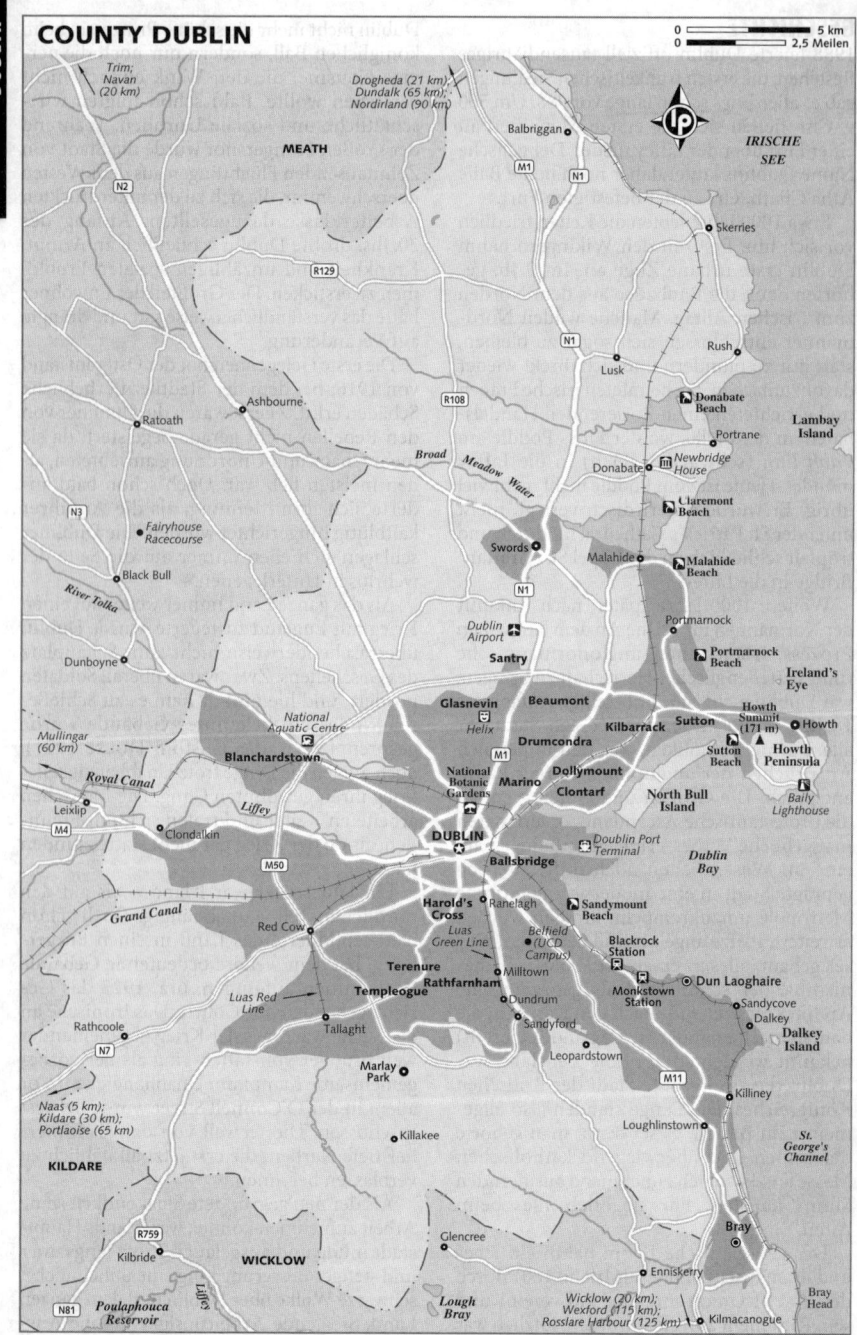

COUNTY DUBLIN

0 ——— 5 km
0 ——— 2,5 Meilen

Trim;
Navan
(20 km)

Drogheda (21 km);
Dundalk (65 km);
Nordirland (90 km)

MEATH

Balbriggan

IRISCHE
SEE

N2

M1   N1

Skerries

R129

Rush

N1

Lusk

Donabate
Beach

Ratoath

Ashbourne

R108

Portrane

Lambay
Island

Broad   Meadow   Water

Donabate

Newbridge
House

N3

Fairyhouse
Racecourse

Claremont
Beach

River Tolka

Black Bull

Swords

Malahide

Malahide
Beach

Dunboyne

N1

Portmarnock

Mullingar
(60 km)

Dublin
Airport

Santry

Portmarnock
Beach

Ireland's
Eye

Royal Canal

National
Aquatic Centre

Glasnevin

Beaumont

Kilbarrack

Sutton

Howth
Summit
(171 m)

Howth

Leixlip

M4

Blanchardstown

Helix

Drumcondra

M1

Howth
Peninsula

Sutton
Beach

Clondalkin

Liffey

National
Botanic
Gardens

Marino

Dollymount

Clontarf

North Bull
Island

Baily
Lighthouse

DUBLIN

M50

Doublin Port
Terminal

Dublin
Bay

Grand Canal

Red Cow

Ballsbridge

Harold's
Cross

Ranelagh

Sandymount
Beach

Luas
Green Line

Belfield
(UCD
Campus)

Blackrock
Station

Terenure

Milltown

Monkstown
Station

Dun Laoghaire

Luas Red
Line

Templeogue

Rathfarnham

Dundrum

Sandycove

Dalkey

Rathcoole

Tallaght

Sandyford

Dalkey
Island

N7

Marlay
Park

Leopardstown

M11

Killiney

Naas (5 km);
Kildare (30 km);
Portlaoise (65 km)

Killakee

Loughlinstown

St.
George's
Channel

KILDARE

R759

Glencree

Bray

Kilbride

WICKLOW

N81

Poulaphouca
Reservoir

Lough
Bray

Enniskerry

Wicklow (20 km);
Wexford (115 km);
Rosslare Harbour (125 km)

Kilmacanogue

Bray
Head

DUBLIN IN...

zwei Tagen

Der erste Tag beginnt mit einem „furchtbaren" Brunch bei **Gruel** (S. 129) in der Dame Street. Das Café ist nur einen Katzensprung vom **Trinity College** (S. 93) entfernt, wo auch das berühmte **Book of Kells** (S. 95) zu sehen ist. In der atmosphärischen **George's St. Arcade** (S. 145) trifft man immer wieder auf Straßenmusiker, bevor es dann zur Grafton Street geht, Dublins exklusivste Einkaufsmeile. Im **Eden** (S. 133), einem der angesagtesten Restaurants Dublins im Vergnügungsviertel **Temple Bar** (S. 96), sorgen Cocktails, Abendessen und Freiluftkino auf der Terrasse für den passenden Ausklang. Genächtigt wird in einem der sieben Betten des **Irish Landmark Trust** (S. 124). Am nächsten Tag geht's zur Kunstschau in die **Chester Beatty Library** (S. 98) und anschließend hoch ins **Guinness Storehouse** (S. 105). Die Führung endet mit einem Glas „Plain" in der Gravity Bar, von wo aus man einen atemberaubenden Rundblick auf die gesamte Stadt genießt.

vier Tagen

Nach dem oben beschriebenen Zweitagesprogramm folgt Tag drei, der mit einem Spaziergang durch das historische **Glasnevin Cemetery** (S. 115) und die ruhigen **National Botanic Gardens** (S. 114) beginnt. Zurück in der Stadt lohnt sich ein Abstecher zu den **Designerläden** (S. 145) in Temple Bar. Nach einem Mittagssnack in der **Diep Noodle Bar** (S. 136) macht man sich zum **Dublin Literary Pub Crawl** (S. 120) auf. Am nächsten Tag geht es mit der Dublin Area Rapid Transport (DART) die Küste entlang in das hübsche Städtchen **Dalkey** (S. 148). Nach einem feinen Stärkungsmahl im **L'Gueuleton** (S. 132) endet der Abend mit einem Konzert in der **Vicar Street** (S. 143).

---

wanderungsraten und allgemeine Stagnation waren die Plagen dieser schweren Zeit. Dennoch versuchte die Dubliner Bevölkerung, das Beste daraus zu machen. Dann endlich kam in den 1960er-Jahren ein Hoffnungsschimmer in Gestalt eines Wirtschaftsbooms auf: Dublin wuchs und wuchs, und das hat sich bis heute nicht geändert.

Doch auch ein Aufschwung bewirkt keine Wunder, und so dümpelte Dublin noch Jahrzehnte vor sich hin. Die alten Probleme wie hohe Arbeitslosigkeit, Auswanderung blieben, und ein paar Neue kamen hinzu (Drogensucht und Bandenkriminalität). Und dann passierte doch ein Wunder: Der schrecklich schöne „Keltische Tiger" wurde geboren und alles veränderte sich. Heute, 15 Jahre später, ist Dublin nicht wiederzuerkennen. Den Titel Hauptstadt hat es sich redlich verdient und gilt nun als eine der lebendigsten Metropolen Europas.

ORIENTIERUNG

Dublin erstreckt sich rund um die bogenförmige Bucht von Dublin, die bis zum hügeligen Howth im Norden und bis zur Landspitze von Dalkey im Süden reicht. Der Stadtkern ist klein und überschaubar und damit ideal für Fußgänger. Der unscheinbare Fluss Liffey teilt Dublin in zwei Hälften und gilt traditionell als psychologische wie gesellschaftliche Trennlinie zwischen dem reichen Süden und dem ärmeren Norden.

Südlich des Flusses, auf der anderen Seite der O'Connell Bridge, liegen Temple Bar und der Campus des Trinity College. Die beiden Haupteinkaufsstraßen sind die Nassau Street am südlichen Campus-Ende und die verkehrsfreie Grafton Street. Am südlichen Ende der Grafton Street liegt St. Stephen's Green. Etwa 2 km weiter westlich den Fluss entlang gelangt man zur Heuston Station, eine der beiden Hauptbahnhöfe der Stadt.

Nördlich der Liffey erstrecken sich die beiden wichtigsten Einkaufsstraßen, die O'Connell Street und die Querstraße Henry Street. Fast alle B&Bs im Norden befinden sich in der Gardiner Street, die weiter nördlich merklich schäbiger wird. Am nördlichen Ende der O'Connell Street liegt Parnell Square. Auf den Busbahnhof Busáras und den zweiten Hauptbahnhof der Stadt, Connolly Station, stößt man unweit des südlichen Endes der Gardiner Street.

(Fortsetzung auf Seite 90)

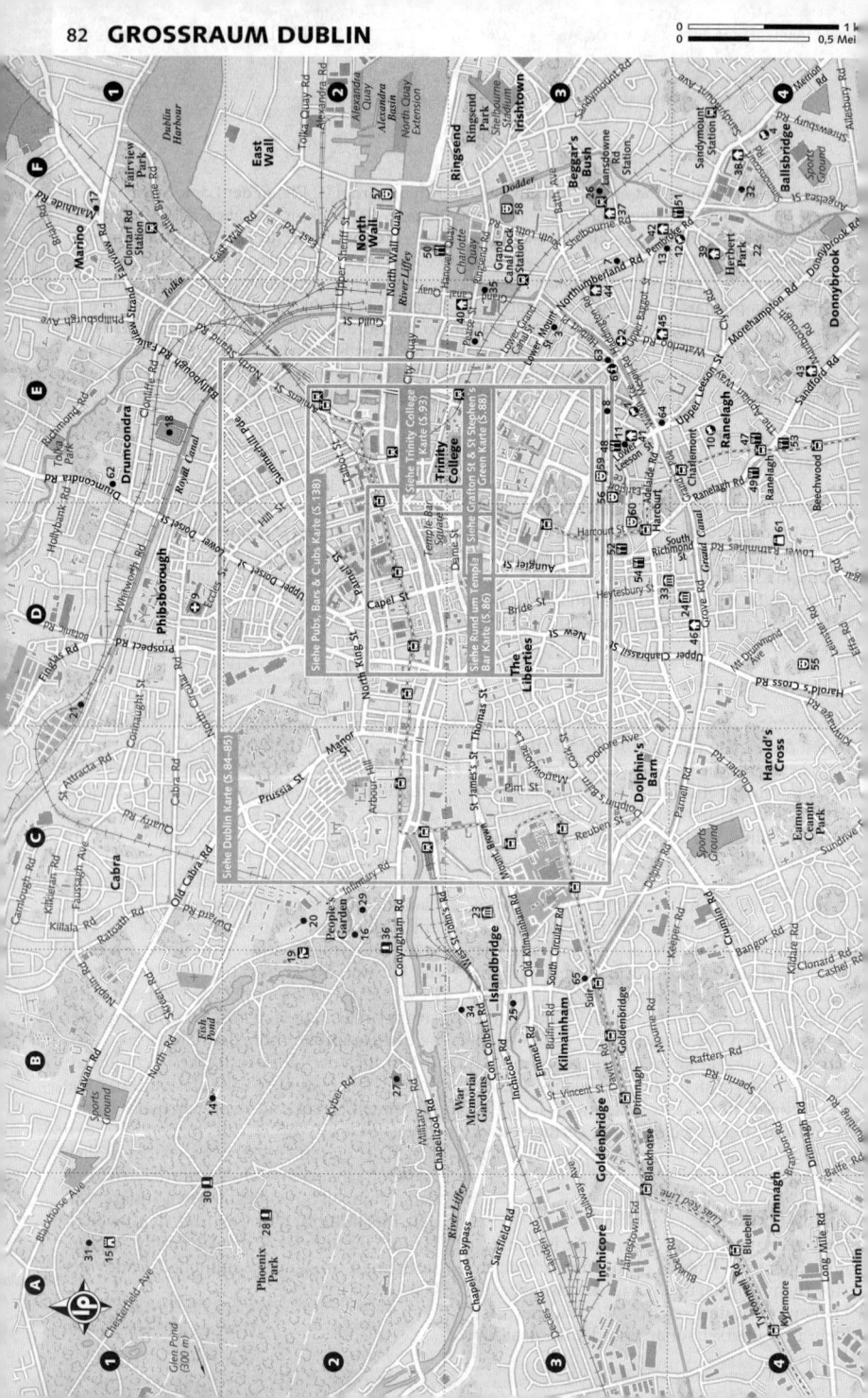

DUBLIN (S.84f.)

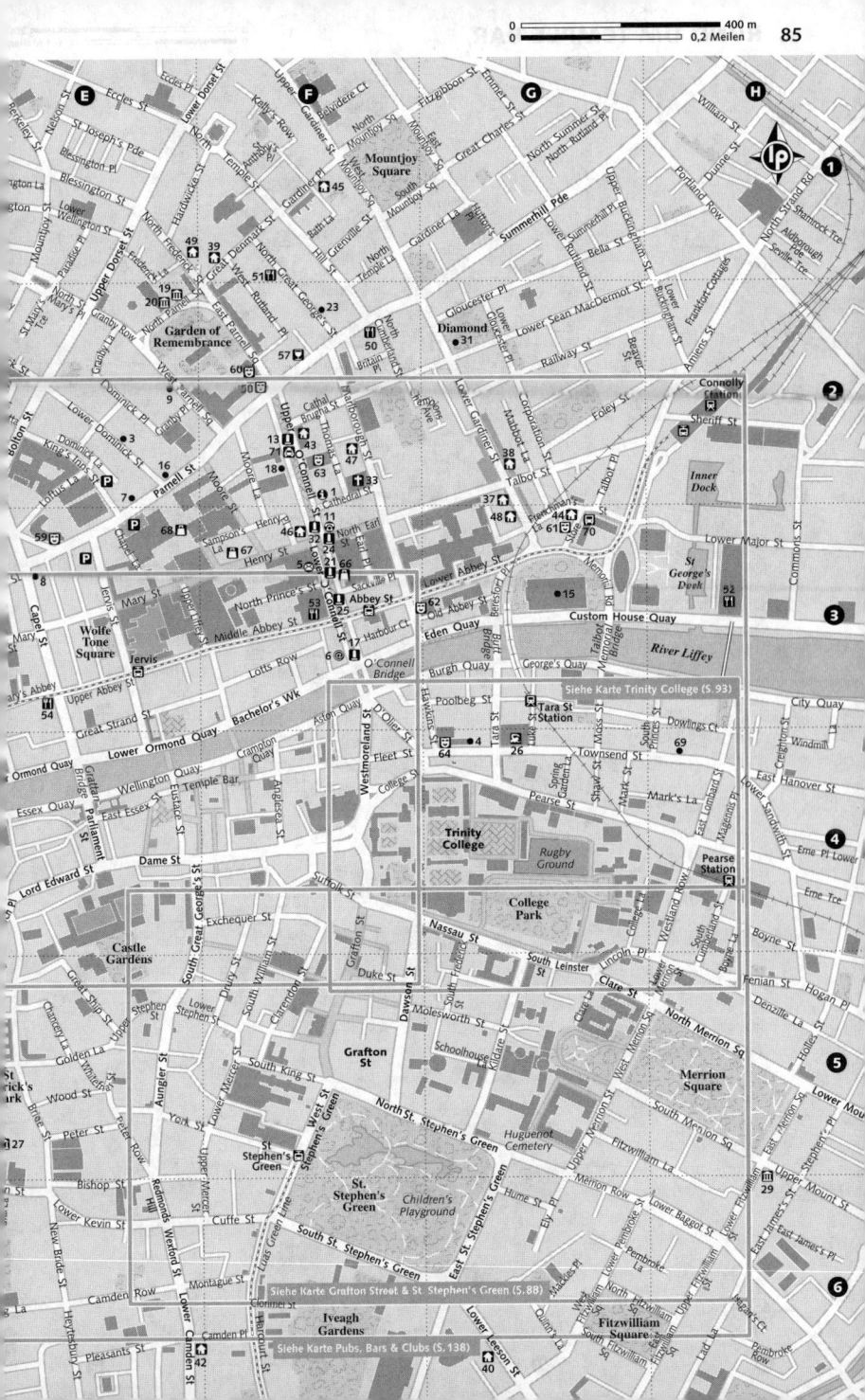

LP

E   F   G   H

1

Eccles St

Mountjoy
Square

Connolly
Station

2

Sheriff St

Garden of
Remembrance

Diamond

Inner
Dock

Dominick St

Parnell St

St
George's
Dock

3

Wolfe
Tone
Square

Abbey St

Custom House Quay

Jervis

River Liffey

City Quay

O'Connell
Bridge

Burgh Quay

Siehe Karte Trinity College (S.93)

Lower Ormond Quay

Bachelor's Wk

Tara St
Station

Temple Bar

Windmill

Ormond Quay

Dame St

Trinity
College

Rugby
Ground

Pearse
Station

4

Castle
Gardens

College
Park

Nassau St

South Leinster St

Exchequer St

Grafton
St

Dawson St

Molesworth St

Merrion
Square

5

Stephen's
Green

St.
Stephen's
Green

Children's
Playground

Huguenot
Cemetery

South St. Stephen's Green

Siehe Karte Grafton Street & St. Stephen's Green (S.88)

Fitzwilliam
Square

6

Iveagh
Gardens

Siehe Karte Pubs, Bars & Clubs (S.138)

DUBLIN

(Fortsetzung von Seite 81)

Die Postleitzahlen für den Dubliner Innenstadtbereich lauten Dublin 1 (unmittelbar
nördlich des Flusses) und Dublin 2 (unmittelbar südlich). Die 4 deckt die Nobelviertel
Ballsbridge, Donnybrook und Sandymount
ab; Dublin 4 oder „D4" steht daher synonym
für reich und elitär. Kleine Eselsbrücke: Im
Süden sind die Postleitzahlen gerade, im Norden ungerade.

Für Infos über den Transfer vom/zum
Flughafen bzw. Bahnhof siehe S. 147.

PRAKTISCHE INFORMATIONEN
Bibliotheken

Dublin Corporation (Karte S. 88; ☎ 661 9000; Cumber-
land House, Fenian St; ☽ Mo–Fr 9.30–17) Gibt Auskünfte
über öffentliche Büchereien.
ILAC Centre Public Library (Karte S. 84f.; ☎ 873 4333;
ILAC Centre, Henry St; ☽ Mo–Do 10–20, Sa bis 17 Uhr)
Eine der größten Stadtbibliotheken.

Buchläden

Cathach Books (Karte S. 88; ☎ 671 8676; www.
rarebooks.ie; 10 Duke St) Erstaunlich große Auswahl an
gebrauchten Büchern über Irland, auch Erstausgaben.
Connolly Books (Karte S. 86; ☎ 670 8707; 43 East
Essex St) Marxisten und Radikale vergöttern diesen linken
Buchladen.
Dubray Books (Karte S. 88; ☎ 677 5568; 36 Grafton St)
Hervorragender kleiner Laden mit gut sortierter Irland-
abteilung.
Dublin Writers Museum (Karte S. 84f.; ☎ 872 2077;
18 North Parnell Sq)
Eason (Karte S. 86; ☎ 873 3811; 40 Lower O'Connell St)
Hat die größte Zeitschriftenauswahl in ganz Irland.
Eason – Hanna's (Karte S. 88; ☎ 677 1255; 27-29
Nassau St) Verkauft wissenschaftliche Wälzer, Bestseller
und Schreibwaren.
Greene's Bookshop (Karte S. 88; ☎ 676 2554; www.
greenesbookshop.com; 16 Clare St) Wie ein Secondhand-
Buchladen eben aussehen muss – staubige Wälzer bis
unter die Decke.
Hodges Figgis (Karte S. 88; ☎ 677 4754; 56-58 Dawson
St) Größte Buchauswahl Dublins.
Hughes & Hughes Dublin Airport (Karte S. 80; ☎ 814
4034); St. Stephen's Green (Karte S. 88; ☎ 478 3060; St.
Stephen's Green Shopping Centre) Zeitschriften, Bestseller
und Neuerscheinungen.
Irish Museum of Modern Art (IMMA; Karte
S. 82; ☎ 612 9900; Royal Hospital Kilmainham) Bücher
über zeitgenössische Kunst und Irland.
Library Book Shop (Karte S. 93; ☎ 608 1171; Trinity
College) Bücher über Irland, u. a. einige über *Book of Kells*.

Murder Ink (Karte S. 88; ☎ 677 7570; 15 Dawson St)
Krimibuchhandlung.
National Gallery (Karte S. 88; ☎ 678 5450;
Merrion Sq. West) Bücher über Irland und traditionelle
Kunst.
Sinn Féin Bookshop (Karte S. 84f.; ☎ 872 7096; 44
West Parnell Sq)
Stokes Books (Karte S. 88; ☎ 671 3584; 19 George's St.
Arcade) Alte und neue Bücher über die irische Geschichte.
Waterstone's Dawson Street (Karte S. 88; ☎ 679 1415; 7
Dawson St); Jervis Street Centre (Karte S. 86; ☎ 878 1311;
Jervis St)

Geld
In Irland gilt der Euro. Im Stadtzentrum findet man zahlreiche Banken und Bankautomaten.

Gepäckaufbewahrung
Gepäckaufbewahrungsstellen gibt es in allen
(Bus-)Bahnhöfen und am Flughafen.

Busáras (Karte S. 84f.; ☎ 703 2434; Schließfach für 24
Std. 4–9 €; ☽ 7–22.30 Uhr) Busbahnhof nördlich der
Liffey.
Connolly Station (Karte S. 84f.; ☎ 703 2363; 24 Std.
2,50 € pro Gepäckstück; ☽ Mo–Sa 7–22, So 8–22 Uhr)
Hauptbahnhof, Northside.
Dublin Airport (Karte S. 80; ☎ 814 4633; Greencaps
Left Luggage & Porterage, Dublin Airport; 24 Std. 4,50–
12 € pro Gepäckstück; ☽ Mo–Sa 7–22, So ab 8 Uhr)

Infos im Internet
Balcony TV (www.balconytv.com) Interviews und Musik
von einem Balkon im Zentrum Dublins.
Discover Ireland (www.ireland.ie) Offizielle Seite von
Discover Ireland, das öffentliche Gesicht des Irish Tourist
Board.
Dublin Tourism (www.visitdublin.com) Offizielle Seite
von Dublin Tourism.
Dubliner (www.thedubliner.ie) Klatsch & Tratsch, Artikel
und andere Dublin-Schmankerln.
Nixers.com (www.nixers.ie) Praktische Seite für alle, die
in Irland einen leichten Ferienjob suchen.

Internetzugang
Global Internet Café Basement (Karte S. 84f.;
☎ 878 0295; 8 Connell St. Lower; 5 € pro Std.;
☽ Mo–Fr 8–23, Sa ab 9, So ab 10 Uhr)
Internet Exchange (Karte S. 86; ☎ 670 3000; 3 Cecilia
St; 5 € pro Std.; ☽ Mo–Fr 8–2, Sa & So 10–24 Uhr)

Kulturzentren
Alliance Française (Karte S. 88; ☎ 676 1732; 1 Kildare
St)
British Council (Karte S. 82; ☎ 676 4088; Newmount
House, 22-24 Lower Mount St)

Goethe-Institut (Karte S. 88; ☎ 661 1155; 37 North Merrion Sq)
Instituto Cervantes (Karte S. 82; ☎ 668 2024; 58 Northumberland Rd)
Italienisches Kulturinstitut (Karte S. 82; ☎ 676 6662; 11 Fitzwilliam Sq)

Medien
Neben den irischen Tageszeitungen (siehe S. 746) gibt es auch eine Reihe von Stadtmagazinen und anderen Medien zum Thema Dublin.

RADIO
Phantom 105.2 Alternative Musik, von Mod bis Metal.
Spin 103.8 Chart-Musik und Themen für die 18- bis 24-Jährigen.

ZEITUNGEN & ZEITSCHRIFTEN
Dublin Event Guide (kostenlos) 14-tägiger Veranstaltungskalender für Dublin.
Dubliner (3,99 €) Monatliches Magazin mit Stadtthemen sowie Artikel und Interviews.
Evening Herald (1 €) Abendblatt mit umfassenden Veranstaltungstipps und exzellentem Wohnungsmarkt.
In Dublin (kostenlos) Monatliche Beilage.
Mongrel (kostenlos) Spitzenheft mit herrlich-sarkastischen Artikeln und Interviews.

Medizinische Versorgung
In akuten Fällen kann man sich jederzeit an die Notaufnahme des am nächsten gelegenen Krankenhauses wenden. Die Notrufnummer für einen Krankenwagen ist die ☎ 999. In Dublin gibt es keine Notdienstapotheken; die letzten machen um 22 Uhr zu.
Baggot St. Hospital (Karte S. 82; ☎ 668 1577; 18 Upper Baggot St; ☺ Mo–Fr 7.30–16.30 Uhr) Stadtzentrum, Southside.
City Pharmacy (Karte S. 86; ☎ 670 4523; 14 Dame St; ☺ 9–22 Uhr)
Dental Hospital (Karte S. 88; ☎ 612 7200; 20 Lincoln Pl; ☺ 8 Uhr mit Termin) Bei akuten Zahnschmerzen sollte man nach der Mittagszeit kommen (es sei denn, man hat einen Termin).
Doctors on Call (☎ 453 9333; ☺ 24 Std.) Auf Abruf kommt der Arzt jederzeit direkt ins Haus bzw. in die Unterkunft.
Eastern Regional Health Authority (Karte S. 84f.; ☎ 679 0700, 1800 520 520; www.erha.ie; Dr. Steevens' Hospital, Steevens' Lane; ☺ Mo–Fr 9.30–17.30) Zentrale Gesundheitsbehörde, wo man sich montags bis freitags von 9 bis 17 Uhr einen passenden Allgemeinarzt empfehlen lassen kann. Der Informationsdienst gilt auch für körperlich und geistig Behinderte.

Grafton Medical Centre (Karte S. 88; ☎ 671 2122; www.graftonmedical.ie; 34 Grafton St; ☺ Mo–Do 8.30–18.30, Fr bis 18 Uhr) Ärztehaus mit Medizinern/rinnen, Physiotherapeuten und einer Abteilung für Tropenmedizin.
Mater Misericordiae Hospital (Karte S. 82; ☎ 830 1122; Eccles St) Stadtzentrum, Northside, Querstraße der Lower Dorset St.
O'Connell's Pharmacy Grafton Street (Karte S. 88; ☎ 679 0467; 21 Grafton St; ☺ 9–22 Uhr); O'Connell Street (Karte S. 86; ☎ 873 0427; 55-56 O'Connell St; ☺ 9–22 Uhr)
St. James' Hospital (Karte S. 84f.; ☎ 453 7941; James St) Southside.
Well Woman Centre Lower Liffey St. (Karte S. 86; ☎ 661 0083; 35 Lower Liffey St; ☺ Mo, Do & Fr 9.30–19.30, Di & Mi 8–19.30, Sa 10–16, So 13–16 Uhr); Pembroke Rd. (Karte S. 82; ☎ 660 9860; 67 Pembroke Rd; ☺ Mo–Mi 10–19.30, Do 8–19.30, Sa 10–16 Uhr) Für weibliche Patienten. Hier bekommt „frau" Verhütungsmittel, auch „die Pille danach" (52 €).

Notfall
Landesweit gültige Notfallnummern stehen auch in der vorderen Umschlaginnenseite dieses Buches.
Garda Confidential Line (☎ 1800 666 111) Gebührenfreie Nummer zur Meldung von Verbrechen.
Drugs Advisory & Treatment Centre (Karte S. 84f.; ☎ 677 1122; Trinity Ct, 30-31 Pearse St) Zentrum für Drogenberatung und -therapie.
Rape Crisis Centre (Karte S. 84f.; ☎ 1800 778 888, 661 4911; 70 Lower Leeson St) Hilfe für Vergewaltigungsopfer.
Samaritans (☎ 1850 609 090, 872 7700) Für Menschen mit Depressionen oder Selbstmordgefährdete.

Post
An Post (Karte S. 86; ☎ 705 8206; St. Andrew's St)
General Post Office (Karte S. 84f.; ☎ 705 7000; O'Connell St; ☺ Mo–Sa 8–20 Uhr) Dublins berühmte Hauptpost ist eine gute Adresse für Briefmarkensammler. Außerdem gibt es hier mehrere öffentliche Telefone und einen kostenlosen Postlagerungsdienst.

DUBLIN

Reisebüros

American Express (Karte S. 86; ☎ 605 7709; Dublin Tourism Centre, St. Andrew's Church, 2 Suffolk St; ☺ Mo–Sa 9–17 Uhr)

Thomas Cook (Karte S. 86; ☎ 677 1721, 677 1307; 118 Grafton St; ☺ Mo, Di, Fr & Sa 9–17.30, Mi 10–17.30, Do 9–19 Uhr)

USIT (Karte S. 86; ☎ 602 1904; www.usit.ie; 19 Aston Quay; ☺ Mo–Mi & Fr 9.30–18.30, Do 9.30–20, Sa 9.30–17 Uhr) Reisebüro der irischen Studentenvereinigung (Union of Students).

Telefon

Talk Shop (☺ 9–23 Uhr); Temple Lane (Karte S. 86; ☎ 672 7212; The Granary, 20 Temple Lane); Upper O'Connell St. (Karte S. 84f.; ☎ 87-2 0200; 5 Upper O'Connell St) Hier kann man günstig ins Ausland telefonieren.

Touristeninformation

Keine der Dubliner Touristeninformationen gibt telefonische Auskünfte; Beratung erhält man nur direkt am Schalter.

Sämtliche telefonischen Buchungen und Reservierungen werden über Gulliver abgewickelt, ein automatisches Informations- und Reservierungsservice, den man über eines der Touristenbüros, aber auch von überall auf der Welt erreichen kann. Gulliver gibt aktuelle Informationen zu Veranstaltungen, Sehenswürdigkeiten und Verkehrsmitteln. Sogar Unterkünfte können über www.visitdublin. com oder www.gulliver.ie bzw. telefonisch unter ☎ 1800 668 668 (von Irland) und über die internationale Hotline ☎ 353-669 792083 gebucht werden.

Dublin Tourism (www.visitdublin.com); Dublin Airport (Ankunftshalle; ☺ 8–22 Uhr); Dun Laoghaire (Fährhafen Dun Laoghaire; ☺ Mo–Sa 10–13 & 14–18 Uhr); O'Connell St. (Karte S. 84f.; 14 Upper O'Connell St; ☺ Mo–Sa 9–17 Uhr); Wilton Terrace (Karte S. 82; Wilton Terrace; ☺ Mo–Fr 9.30–12 & 12.30–17 Uhr)

Dublin Tourism Centre (Karte S. 86; ☎ 605 7700; www.visitdublin.com; St. Andrew's Church, 2 Suffolk St;

☺ Juli & Aug. Mo–Sa 9–19, So 10.30–15, Sept.–Juni Mo–Sa 9–17.30 Uhr) Dublins zentrale Touristeninformation. Die Buchung einer Unterkunft mit Verpflegung kostet 7,50 €, eine Unterkunft mit Selbstversorgung 4,50 €. Eine Kaution von 10 % wird beim Zahlen der Hotelrechnung rückerstattet.

Fáilte Ireland Head Office (Karte S. 82; ☎ 1850 230 330; www.ireland.ie; Wilton Terrace; ☺ Mo–Fr 9–17.15 Uhr)

Waschsalons

In der Innenstadt gibt es jede Menge Waschsalons. Eine Ladung kostet ab 7,50 €; am besten einfach bei der Unterkunft nach der nächstgelegenen Adresse fragen. Alternativ bieten auch die meisten Hostels, B&Bs und Hotels einen Wäscheservice an. In Hostels darf man die Waschmaschinen für ca. 6 € pro Ladung benutzen.

All-American Laundrette (Karte S. 88; ☎ 677 2779; Wicklow Court, South Great George's St)

Laundry Shop (Karte S. 84f.; ☎ 872 3541; 191 Parnell St)

GEFAHREN & ÄRGERNISSE

Bagatelldelikte wie Handtaschenklau, Taschendiebstahl und Autoeinbrüche sind schlichtweg nervig. Besonders beliebt sind Mietwagen und Autos mit ausländischem Kennzeichen – als würde quer über der Motorhaube „Schlag *mein* Fenster ein!" stehen. Man sollte auf alle Fälle Vorsicht walten lassen. Gerade nachts lohnt es sich, das Auto in einem bewachten Parkhaus abzustellen. Und nicht vergessen: Versicherungen kommen oft nicht für gestohlene Wertsachen auf.

Die Gegend nördlich von Gardiner Street, O'Connell Street und Mountjoy Square sollte man möglichst meiden. Drogenhandel, Kleinkriminalität und Gewaltdelikte sind hier an der Tagesordnung. Auch der Phoenix Park gilt nach Einbruch der Dunkelheit als nicht mehr sicher. Zelten ist nicht erlaubt, und man würde sich eh ganz andere Probleme einhandeln.

Nach Kneipenschluss machen manche Betrunkene nicht selten Randale, wenn sie torkelnd rund um die Pubs und Clubs nach einer Mitfahrgelegenheit und/oder schnellem Sex suchen. Klappt's mit dem einen oder anderen nicht, führt das mitunter zu Schlägereien oder sogar einer Einlieferung in die Unfallaufnahme, die sich das ganze Wochenende über in erster Linie mit alkoholbedingten Fällen befassen muss.

DUBLIN PASS

Wer viel besichtigen will, sollte sich unbedingt den **Dublin Pass** (Erw./Kind 1 Tag 31/17 €, 2 Tage 49/29 €, 3 Tage 59/34 €, 6 Tage 89/44 €) zulegen. Darin inbegriffen sind der Eintritt für 30 Sehenswürdigkeiten und man spart sich lange Warteschlangen an den Kassen. Die Karte ist in den Dubliner Touristeninformationen erhältlich (siehe oben).

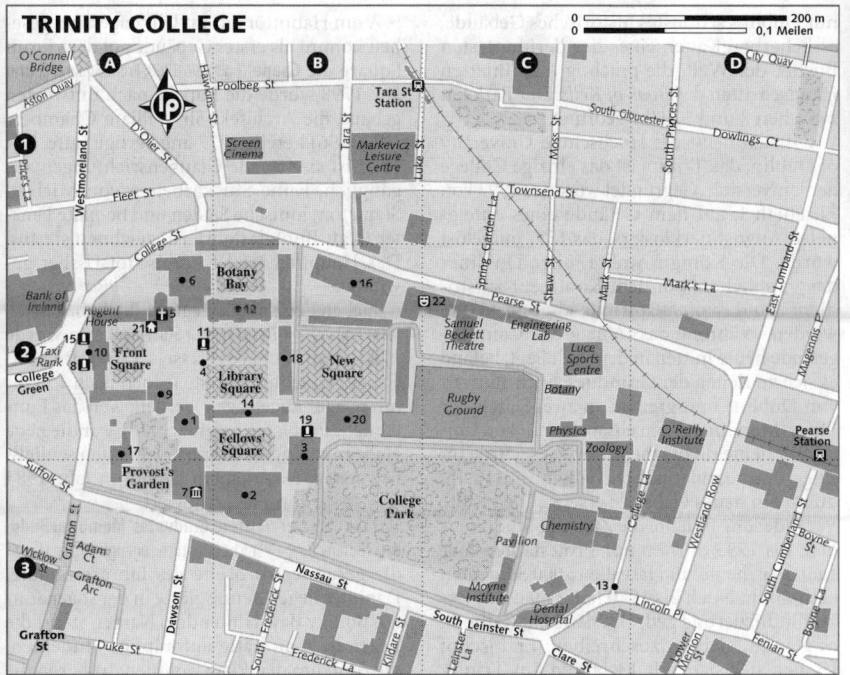

TRINITY COLLEGE

SEHENSWERTES
Rund um das Trinity College

Dublins älteste und schönste Universität liegt auf einem parkähnlichen Campus und erstreckt sich fast komplett über den wertvollsten Grundbesitz des südlichen Stadtzentrums. Südlich vom Trinity College liegt die Grafton Street, Dublins nobelste Einkaufsstraße, die bis zum Haupteingang von St. Stephens Green führt. Um und hinter dem beliebtestem Park der Stadt steht Dublins architektonisches Erbe: wunderschöne private und öffentliche Gebäude im georgianischen Stil, in denen Galerien und Museen untergebracht sind. Nicht weit nordwestlich vom Trinity College

befindet sich der Eingang zum Vergnügungsviertel Temple Bar, wo vor allem nach Sonnenuntergang wild und ausgelassen getrunken und gefeiert wird.

TRINITY COLLEGE

An lauen Sommerabenden, wenn es auf den Straßen still wird, gibt es in Dublin kaum einen schöneren Ort als das Gelände von Irlands renommiertester **Universität**, ein Glanzstück georgianischer Architektur und Landschaftsgärtnerei (siehe oben; ☎ 896 1000, Führungen ☎ 896 1827; Führung mit Besichtigung des Long Room 10 €; ⏰ Führungen alle 40 Min. Mitte Mai–Sept. Mo–Sa 10.15–15.40, So 10.15–15 Uhr). Das College ist nicht nur Dublins schönstes historisches Gebäude, es beherbergt auch eines der berühmtesten Bücher der Welt, die prächtig illuminierten Handschriften des *Book of Kells*. Der Park hat zwischen 8 und 22 Uhr geöffnet.

Offiziell heißt die Hochschule University of Dublin, das Trinity ist das einzige College der Universität. Gegründet wurde es 1592 von Elisabeth I. auf dem Gelände eines enteigneten Augustinerklosters, das 1537 aufgelöst wurde. Die Königin wollte junge Dubliner davon abhalten, auf dem Kontinent zu studieren und „vom Papismus angesteckt" zu werden. Während das 16 ha große Campusgelände heute mitten in der Stadt liegt, befand es sich zu Zeiten der Gründung noch „unweit von Dublin" und grenzte an zwei Seiten der Liffey-Mündung. Vom elisabethanischen College ist heute nichts mehr übrig, es wurde im Zuge der georgianischen Bauwut im 18. Jh. durch ein neues Gebäude ersetzt. Die größte Veränderung brachte die Zahl der Studierenden: Bis 1793 durften nur Protestanten hier studieren, heute sind fast alle 15 000 Studenten katholisch. Noch bis 1970 hatte man mit Exkommunizierung gedroht, hätte ein Katholik es gewagt, sich einzuschreiben. Erzbischof Ussher, der sich mit 13 Jahren am Trinity College einschrieb, wäre entsetzt gewesen. Seine größte wissenschaftliche Errungenschaft war übrigens die genaue Datierung des Schöpfungszeitpunkts auf 4004 v. Chr.

Das Tor (Eingang Regent House) zum Campusgelände, auf der anderen Seite von College Green, wurde zwischen 1752 und 1759 errichtet. Bewacht wird es von den Statuen von Dichter Oliver Goldsmith (1730–74) sowie Politiker und Rhetoriker Edmund Burke (1729–97). Im Sommer beginnen hier die Führungen durch das College.

Der offene, vom Regent House aus zugängliche Platz ist in Front Square, Parliament Square und Library Square unterteilt. Im Mittelpunkt des Geländes steht der von Edward Lanyon entworfene, 30 m hohe Glockenturm von 1852/53. Angeblich markiert er die Stelle, wo einst das Zentrum des Augustinerklosters gestanden haben soll. Links des Glockenturms befindet sich eine Statue von George Salmon, Vorsteher des Trinity College von 1888 bis 1904. Mit Feuereifer setzte er sich dafür ein, Frauen keinen Zugang zum College zu gewähren. Nur „über meine Leiche", soll er gesagt haben. Eine Drohung, die sich auch prompt bewahrheitete, als seine Befürchtung eintrat.

Vom Haupttor aus im Uhrzeigersinn gesehen kommt als erstes Gebäude auf der Front Square die **Chapel** (☎ 896 1260; Front Square; Eintritt frei). 1798 wurde die Kapelle nach Entwürfen gebaut, die Architekt Sir William Chambers (1723–96) bereits 1777 angefertigt hatte. Seit 1972 ist sie für alle Glaubensrichtungen zugänglich. Feine Stuckarbeiten von Michael Stapleton, ionische Säulen und bemalte Fenster (statt Buntglasfenstern) zeichnen sie aus. Das Hauptfenster ist Erzbischof Ussher gewidmet.

Neben der Kapelle liegt die **Dining Hall** (Parliament Square; ☯ Zutritt nur für Studenten). Sie wurde 1743 von Richard Cassels (alias Richard Castle) errichtet, musste jedoch nach 15 Jahren wieder abgetragen werden, weil das Fundament Probleme bereitete. 1761 war die neue Halle mit einigen Originalelementen schließlich fertig. Nach einem Brand im Jahr 1984 wurde sie komplett renoviert.

Das 1892 errichtete **Graduates' Memorial Building** (Botany Bay; ☯ nicht öffentlich zugänglich) umfasst die gesamte Nordseite des Library Square. Dahinter liegen Tennisplätze in der sogenannten Botany Bay. Hinter dem Namen steckt die Legende, man hätte aufmüpfige Studenten, die rund um den Platz wohnten, früher in die britische Strafkolonie im australischen Botany Bay geschickt.

Auf der Ostseite des Library Square steht das **Rubrics Building** mit roter Backsteinfassade. Um 1690 errichtet, ist es das älteste Gebäude des College. 1894 wurde es restauriert und in den 1970er-Jahren komplett umgebaut.

Am Südende des Platzes stößt man auf die **Old Library** (☎ 896 2320; Library Square), von Thomas Burgh zwischen 1712 und 1732 in strengem Stil erbaut. Noch heute erhält die Trinity College Library, neben vier anderen Bibliotheken in England, nach den Bestimmungen des Library Act von 1801 ein Freiexemplar für jedes Buch, das in England veröffentlicht wird, obwohl Irland längst unabhängig ist. Für diese Flut an ständig neuen Büchern braucht die Bibliothek jährlich fast 1 km zusätzliche Regale. Momentan umfasst die Sammlung rund 4,5 Mio. Bücher. In ganz Dublin gibt es mittlerweile extra Lagerräume, weil sie niemals alle in die Räumlichkeiten der Uni-Bibliothek passen würden.

Die größten Schätze des Trinity College sind im **Long Room** (65 m Länge), in der phantastischen alten Bibliothek aufbewahrt (☎ 896 2320; East Pavilion, Library Colonnades; Erw./Stud./Kind 8/7 €/

frei; ⊗ ganzjährig Mo–Sa 9.30-–17 Uhr, Okt.–April So 12–16.30 Uhr, Mai–Sept. So 9.30–16.30 Uhr). Hier befinden sich rund 250 000 der ältesten Bände, u. a. das einzigartige *Book of Kells* (siehe unteren Kasten). Die Eintrittskarte gilt auch für Wechselausstellungen im East Pavilion. Die Kolonnaden im Erdgeschoss waren früher offene Arkaden, wurden jedoch 1892 zugemauert, um mehr Lagerraum zu schaffen. Schon 1853 hatte man versucht, mehr Platz zu gewinnen; damals war die Decke des Long Room nach oben hin versetzt worden. Besucher können auch eine seltene Kopie der Proklamation der Republik Irland bestaunen, die Pádraig Pearse zu Beginn des Osteraufstands im Jahr 1916 öffentlich verlesen hatte. Die ebenfalls ausgestellte „Harfe von BrianBorú" wurde sicher nicht gespielt, als die Armee dieses frühen irischen Helden 1014 in der Schlacht von Clontarf die Dänen besiegte. Auf 1400 datiert stellt sie damit eine der ältesten Harfen Irlands dar.

Geht man im Uhrzeigersinn um den Glockenturm herum, gelangt man zum **Reading Room** von 1937 und zur **Exam Hall** (öffentliches Theater), die zwischen 1779 und 1791 erbaut wurde. Wie die Kapelle ist auch sie ein Werk von William Chambers und mit Stuckarbeiten von Michael Stapleton verziert. Der Eichenholz-Kronleuchter in der Exam Hall wurde aus dem Parlamentsgebäude gegenüber von College Green (heute Sitz der Bank of Ireland) gerettet. Eine Orgel aus dem Jahr 1702 soll angeblich von einem spanischem Schiff geborgen worden sein – die Beweise sprechen allerdings dagegen.

Hinter der Exam Hall liegt **Provost's House** von 1760, ein herrliches Gebäude im georgianischen Stil, wo der Provost, der Vorsteher des College, noch heute wohnt. Das Haus und der angrenzende Garten sind nicht öffentlich zugänglich.

An eine Seite der Old Library grenzt die von Paul Koralek im Jahr 1967 erbaute **Berkeley Library** (Fellows' Square; ⊗ nicht öffentlich zugänglich). Der Steinklotz im Brutalismus-Stil wird stets als Paradebeispiel moderner irischer Architektur gepriesen, wobei die Konkurrenz nicht gerade groß ist. Vor dem Gebäude steht eine Skulptur von Arnaldo Pomodoro: **Sphere within Sphere** von 1982/83.

George Berkeley wurde 1685 in Kilkenny geboren. Schon im zarten Alter von 15 Jahren studierte er am Trinity und machte sich in

---

DIE SEITE VON KELLS

Über eine halbe Million Menschen besuchen jährlich die Hauptattraktion des Trinity College: das weltberühmte *Book of Kells*. Diese illuminierte Handschrift wurde etwa um 800 n. Chr. geschrieben und gehört somit zu den ältesten Büchern der Welt. Angeblich wurde das Buch von Mönchen des St. Colmcille's Monastery verfasst, das sich auf der entlegenen Insel Iona vor der Westküste Schottlands befindet. Wegen wiederholter Überfälle plündernder Wikinger flohen die Mönche 806 nach Kells im County Meath und nahmen ihr Meisterwerk mit. Rund 850 Jahre später wurde das Buch zur sicheren Aufbewahrung ins Trinity College gebracht, wo man es noch heute bestaunen kann.

Das *Book of Kells* enthält die vier Evangelien des Neuen Testaments (in lateinischer Sprache) sowie Vorworte, Zusammenfassungen und andere Texte. Bestünde das Buch nur aus Wörtern, wäre das *Book of Kells* einfach nur ein sehr altes Werk. Vielmehr sind es die vielen und wunderbar vielschichtigen Illustrationen, die es so besonders machen. Neben den phantastisch ausgeschmückten Initialen enthält es sogar kleine Malereien zwischen den Zeilen.

Und genau hier liegt das Problem. Von den 680 Seiten sind gerade mal zwei ausgestellt: Auf einer ist eine Illumination zu sehen, auf der anderen ein Text. Das hat irgendwann dazu geführt, dass man nur noch von der *Page* of Kells spricht. Doch anders geht's eben nicht. Die Besucher kann man ja wohl kaum eigenhändig durch ein so wertvolles Dokument blättern lassen. Das eigentliche Problem liegt in der immensen Beliebtheit, die einen Besuch zu einem unschönen Vergnügen macht. Im Schnelldurchlauf wird man durch den speziell angefertigten Besucherraum gescheucht. Dann hat man's zwar gesehen, mehr aber auch nicht.

Wer sich das Buch in Ruhe ansehen will, kann ein Faksimile für schlappe 22 000 € kaufen. Ansonsten bietet der Buchladen der Bibliothek auch eine Menge Souvenirs und andere Andenken, u. a. George Otto Simm's hervorragendes Hintergrundwerk *Exploring the Book of Kells* (10,95 €), mit schönen Farbtafeln. Viele kaufen auch die DVD-ROM mit allen 800 Seiten für 29,95 €.

vielen unterschiedlichen Bereichen einen Namen, insbesondere als Philosoph. Sein Einfluss reichte bis in die Kolonien Nordamerikas, wo er u. a. an der Gründung der University of Pennsylvania beteiligt war. Die Stadt Berkeley in Kalifornien sowie die gleichnamige Universität wurden nach ihm benannt.

Südlich der Old Library liegt das **Arts & Social Science Building** (1978), dessen Rückseite an die Nassau Street grenzt. Hier befindet sich der zweite Eingang zum College. Wie die Berkeley Library wurde das Gebäude von Paul Koralek entworfen und beherbergt die **Douglas Hyde Gallery of Modern Art** (☎ 896 1116; www.douglashyde gallery.ie; Eintritt frei; ☾ Mo–Mi & Fr 11–18, Do 11–19, Sa 11–16.45 Uhr).

Die größte Touristenattraktion des College, nach dem *Book of Kells*, ist die **Dublin Experience** (☎ 896 1688; Arts & Social Science Bldg; Erw./Stud. 5/4 €, inkl. Book of Kells 11/9 €; ☾ Mitte Mai–Sept. 10–17 Uhr), eine 45-minütige Multimedia-Stadtführung durch Dublin. Das lohnt sich allerdings nur, wenn es so schüttet, dass man sich die Sehenswürdigkeiten nicht in natura ansehen mag. Der Film wird im hinteren Teil des Arts & Social Science Building gezeigt.

Am östlichen Rand des Library Square, hinter dem Rubrics Building, erstreckt sich der New Square mit dem reich verzierten, zwischen 1853 und 1857 erbauten **Victorian Museum Building** (☎ 896 1477; New Square; Eintritt frei; ☾ nach Vereinbarung). Im Eingang thronen die Skelette zweier riesiger irischer Hirsche. Das Geologische Museum lädt im ersten Stock zu einem Besuch ein.

Das **Printing House**, an der Nordostseite des New Square, wurde 1734 von Richard Cassels als dorischer Tempel errichtet. Heute sind darin die Institute für Mikroelektronik und Elektroingenieurwesen untergebracht.

Am östlichen Ende des Campusgeländes liegen ein Rugbyplatz und der College Park, wo Cricket gespielt wird. Außerdem findet man hier noch weitere wissenschaftliche Institute. Das zumeist geöffnete **Lincoln Place Gate** an diesem Ende ist vor allem dann praktisch, wenn man mit dem Rad durch den Campus fährt.

BANK OF IRELAND

Die imposante **Bank of Ireland** (Karte S. 86; ☎ 671 1488; College Green; Eintritt frei; ☾ Mo–Mi & Fr 10–16, Do 10–17 Uhr), direkt gegenüber des Trinity College, wurde 1729 als irischer Parlamentssitz erbaut. Als sich das Parlament mit dem Act of Union von 1801 auflöste, hatte das Gebäude plötzlich keine Funktion mehr. Es wurde 1803 unter der Bedingung verkauft, dass der Innenraum so umgestaltet würde, dass man ihn nie wieder als Kammer für Debatten nutzen könnte. Das große Unterhaus im Zentrum wurde also komplett umgebaut, während der kleinere Originalsaal des Oberhauses erhalten blieb. Nach der Unabhängigkeit entschied sich die irische Regierung gegen eine erneute Umgestaltung und zog das Leinster House als neues Parlamentsgebäude vor.

Die Schalter der Bank of Ireland befinden sich im ehemaligen Unterhaus, das man allerdings als solches nicht mehr richtig erkennen kann. Interessanter ist das Oberhaus mit Holzarbeiten aus irischer Eiche, einem Kristallkronleuchter aus dem späten 18. Jh., Wandteppichen und einem 10 kg schweren versilberten Amtsstab.

Der Dubliner Historiker und Autor Éamon MacThomás veranstaltet **Führungen** (Eintritt frei; ☾ Di 10.30, 11.30 & 13.45 Uhr) durch das Oberhaus. Dabei plaudert er dann auch gern über das gesamte Gebäude, seine Heimat Irland und das Leben an sich.

TEMPLE BAR

Dublins größte Attraktion (Karte S. 86), ein Labyrinth aus kopfsteingepflasterten Straßen, erstreckt sich vom Trinity College bis zur Christ Church Cathedral und zwischen Dame Street und Liffey. In Temple Bar kann man gut nach Vintage-Klamotten stöbern oder neue Kunstinstallationen bewundern, oder man lässt sich erst die Brustwarzen piercen und isst dann eine gegrillte mongolische Brustkeule. Bei gutem Wetter findet abends Open-Air-Kino auf einem der Plätze statt oder man gesellt sich woanders zu einer Gruppe Bongo-Trommler. Das alles gehört in den kulturellen Mikrokosmos von Dublin, mittlerweile einer der bekanntesten Vergnügungsviertel Europas.

Trotz aller Kultur, der Spitzname des Viertels passt nicht mehr so recht. Temple Bar ist längst nicht mehr so authentisch, weil die „Erfahrung Dublin" gradezu erzwungen wird. Tagsüber und an den Abenden unter der Woche ist noch ein Hauch von Bohème zu spüren, einmal abgesehen von den billigen Touri-Läden und den entsetzlichen Restaurants mit Wucherpreisen. Am Wochenende wird dann nur noch durchgefeiert und vor allem durchgezecht. Anonyme Riesenbars drehen bei offenen Türen die Musik bis zum Anschlag, und die Zehntausenden von Feierlustigen lassen sich vollaufen und abschleppen, als stünde der Weltuntergang bevor. Wenn man sich dann um 3 Uhr morgens den Weg durch Kotz- und Urinlachen bahnen muss, könnte man meinen, man hätte sich in der Kanalisation verirrt.

Temple Bar Information Centre (Karte S. 86; ☎ 677 2255; www.templebar.ie, www.visit-templebar.ie; 12 East Essex St; ☉ Mo–Fr 9–17.30 Uhr) bringt den *Tascq*-Führer heraus, mit Informationen über die Kultur- und Gastroszene im Viertel. Er liegt im Informationszentrum selbst oder in den umliegenden Läden aus. Auf der Internetseite stehen Einzelheiten zu Veranstaltungen, vor allem zum Diversions Festival (S. 121).

Ein echtes Highlight in Temple Bar ist der **Meeting House Square** (Karte S. 86). Auf der einen Seite befindet sich die herausragende **Gallery of Photography** (Karte S. 86; ☎ 671 4653; Eintritt frei; ☉ Mo–Sa 11–18 Uhr) mit wechselnden Ausstellungen zeitgenössischer Fotografen aus dem In- und Ausland. Um Fotografie geht es auch auf der anderen Seite des Platzes im **National Photographic Archive** (Karte S. 86; ☎ 671 0073; Eintritt frei; ☉ Mo–Sa 11–18, So 14–18 Uhr); eine großartige Quelle für alle, die sich für die Geschichte Irlands und historische Fotografien interessieren.

Am westlichen Ende von Temple Bar, an der Christ Church Cathedral, stößt man auf die älteste Straße Dublins: die **Fishamble Street** (Karte S. 86). Sie geht auf die Zeit der Wikinger zurück – nicht, dass man das heute noch sehen könnte.

In der Parliament Street, die vom Fluss aus südlich Richtung Rathaus und Dublin Castle verläuft, finden sich die **Sunlight Chambers** (Karte S. 86). Sunlight hieß früher eine Seife der Lever Brothers, die das Gebäude im späten 19. Jh. errichteten. Entlang der Fassade schlängelt sich ein wunderschöner Fries, der zeigt, wie das Weltbild der beiden Brüder aussah: Die Männer kommen mit dreckigen Klamotten nach Hause und die Frauen waschen sie.

Wer einen Abstecher durch die interessante **Eustace Street** (Karte S. 86) macht, kommt am Presbyterian Meeting House (1715) vorbei, in dem heute das Kinderkulturzentrum **Ark** (Karte S. 86; ☎ 670 7788; www.ark.ie; 11A Eustace St) untergebracht ist. Die Dubliner Zentrale der Society of United Irishmen, die für Parlamentsreformen und gleiche Rechte für Katholiken kämpfte, tagte erstmals 1791 in der Eagle Ta-

---

HÄNDEL IN DUBLIN

1742 dirigierte der nahezu mittellose Georg Friedrich Händel bei der Uraufführung seines Meisterwerks *Messias* in der heute nicht mehr existierenden Dublin Music Hall. Die Konzerthalle lag in einer der ältesten Straßen der Stadt, der Fishamble Street. Jonathan Swift, Verfasser von *Gullivers Reisen* und Dekan der St. Patrick's Cathedral, hatte vorgeschlagen, dass sein Chor und jener der Christ Church mitsingen sollten. Doch dann nahm er dieses Angebot wieder zurück und schwor, „die Pfarrer für ihre Rebellion, Ungehorsam und Untreue zu bestrafen". Das Konzert fand trotzdem statt. Jährlich wird das gefeierte Werk am Originalschauplatz in Dublin gespielt, wo heute ein Hotel steht, das nach dem Komponisten benannt ist.

---

vern, dem heutigen **Friends Meeting House** (Karte S. 86; Eustace St); nicht zu verwechseln mit der Eagle Tavern in der Cork Street.

Merchant's Arch führt zur **Ha'penny Bridge** (Karte S. 86). Sie wird so genannt, weil die Überquerung der Brücke früher einen halben Penny kostete. Die **Börse** (Karte S. 86) in der Anglesea Street befindet sich in einem Gebäude von 1878.

DUBLIN CASTLE

Dublin Castle (Karte S. 86; ☎ 645 8813; www.dublincastle.ie; Cork Hill; Erw./Stud./Kind 4,50/3,50/2 €; ☉ Mo–Fr 10–16.45, Sa & So 14–16.45 Uhr) wurde 1204 auf Geheiß von König John als englisches Machtzentrum errichtet. Sie gleicht allerdings mehr einer Hüpfburg als einer richtigen Festung. Von dem normannischen Originalbau ist nur noch der 1258 fertiggestellte Record Tower sowie Teile des Fundaments übrig. Das Interessanteste an der ganzen Burgführung ist die Besichtigung der Ausgrabungen. Die Wassergräben, die heute komplett unter moderneren Anlagen verschwunden sind, wurden einst vom Poddle gespeist. In der Burg befindet sich außerdem eines der besten Museen Dublins, die Chester Beatty Library (siehe unten).

Die Burg steht hinter dem Rathaus auf Cork Hill und wird nach wie vor für administrative Zwecke genutzt. Da die Führungen (alle 20 Minuten) meist um Konferenzen und Besprechungen herumgeplant werden, fallen sie auch schon mal komplett aus. Ein Anruf vorher lohnt sich also.

CHESTER BEATTY LIBRARY

Die weltberühmte **Chester Beatty Library** (Karte S. 86; ☎ 407 0750; www.cbl.ie; Dublin Castle, Cork Hill; Eintritt frei; ☺ ganzjährig Mo–Fr 10–17, Sa 11–17, So 13–17 Uhr, Okt.–April Mo geschl.) beherbergt die Sammlung des Bergbauingenieurs Sir Alfred Chester Beatty (1875–1968), die der irische Staat von ihm vermacht bekommen hatte. Über zwei Stockwerke verteilt umfassen die eindrucksvollen Werke über 20 000 Manuskripte, seltene Buchausgaben, Miniaturgemälde, Tontafeln, Kostüme und andere Objekte. Mittwochs um 13 Uhr und sonntags um 15 und 16 Uhr finden Führungen durch die Bibliothek statt.

Im ersten Stock zeigt **Artistic Traditions Gallery** zum einen Memorabilia aus Beattys Leben, zum anderen wertvolle Kunst aus Persien, Japan und China, aus dem Osmanischen und dem Mogulreich. Höhepunkte sind die prachtvoll gestalteten Pillendöschen und die vielleicht schönste Sammlung chinesischer Jadebücher weltweit. Auch die illuminierten Handschriften aus Europa sollte man sich nicht entgehen lassen.

Die **Sacred Traditions Gallery** im zweiten Stock vermittelt einen faszinierenden Einblick in die wichtigsten Rituale und Übergangsriten der fünf Weltreligionen – Christentum, Judentum, Islam, Buddhismus und Hinduismus. Über audiovisuelle Präsentationen erfahren Besucher mehr über das Leben Christi und Buddhas sowie über die muslimische Wallfahrt nach Mekka.

Besonders interessant ist die Koransammlung aus dem 9. bis 19. Jh. Sie gilt als eine der bestilluminierten Handschriften des Islam. Außerdem kann man alte ägyptische Papyri (mit ägyptischen Liebesgedichten aus der Zeit um 1100 v. Chr.), Schriftrollen und edelste Kunst aus Birma, Indonesien und Tibet sowie das zweitälteste Bibelfragment, das je gefunden wurde (die ältesten sind die Schriftrollen vom Toten Meer), bestaunen.

Die **Reference Library** (☺ nach vorheriger Anmeldung) ist eine exzellente und umfassende Archivquelle für Künstler und Studenten. Der Raum hat eine wunderschön lackierte Decke, die sich Beatty selbst in seinem Londoner Haus anfertigen ließ.

Regelmäßig veranstaltet die Bibliothek kostenlose Fachworkshops, Ausstellungen und Diskussionsrunden zu allen möglichen Themen, von Origami bis Kalligrafie. Der friedliche **Japanische Garten** auf der Dachterrasse bietet kurzzeitige Entspannung, und im Erdgeschoss serviert man das Silk Road Café (S. 132) arabische Leckereien.

BEDFORD & RECORD TOWERS

Überquert man den Upper Yard vom Haupteingang des Schlosses aus, kommt man zum **Bedford Tower** (Karte S. 86; Dublin Castle, Cork Hill). 1907 wurden aus dem Turm die sogenannten irischen Kronjuwelen entwendet, die bis heute nie wieder aufgetaucht sind.

Auf der Auffahrt zum Schlosshof steht neben dem Bedford Tower eine Statue von Justitia, die seit jeher für Belustigung sorgt. Mit dem Gesicht zum Schloss kehrt sie der Stadt den Rücken zu – na, wenn das kein Wink mit dem Zaunpfahl ist, was die einfache Ire von den Engländern zu erwarten hatte. Außerdem schwankten die Waagschalen bei Regen immer nach oben bzw. unten, statt in der eigentlichen Waagerechten zu bleiben. Irgendwann bohrte man einfach ein Loch in die Schalenböden, damit das Regenwasser abfließen konnte.

Der massive **Record Tower** (Karte S. 86) steht zwischen dem unteren Hof und den Burggärten. Er ist nicht nur der älteste Bau der Burg (13. Jh.), sondern auch der letzte mittelalterliche Turm in Dublin. Heute erzählt hier das **Garda Museum** (☎ 666 9998; Eintritt frei; ☺ Mo–Fr 9.30–16.30 Uhr, Sa & So nur nach vorheriger Anmeldung) die Geschichte der irischen Polizei, angefangen mit der Royal Irish Constabulary, die 1816 von Robert Peel gegründet wurde.

CITY HALL

Vor Dublin Castle in der Lord Edward Street befindet sich die **City Hall** (Karte S. 86; ☎ 222 2204; www.dublincity.ie; Cork Hill; Erw./Stud./Kind 4/2/2 €; ☺ Mo–Sa 10–17.15, So 14–17 Uhr), von Thomas Cooley zwischen 1769 und 1779 als Sitz der Royal Exchange (Börse) erbaut. Später waren dort die Büros der Dublin Corporation, heute Dublin City Council, untergebracht. An gleicher Stelle standen früher das Lucas Coffee House und die Eagle Tavern, wo Richard Parsons, Earl of Rosse, 1735 den berüchtigten Hell Fire Club gründete. In dem Herrenclub, von denen es in Dublin mehrere gab, ging es ziemlich heiß her. Angeblich wurden dort Orgien gefeiert und Schwarze Magie betrieben, was aber wohl nicht mehr als ein Gerücht ist.

The Story of the Capital ist eine Multimedia-Ausstellung im Untergeschoss über die Geschichte Dublins von seinen frühesten Anfängen bis heute.

Die **Municipal Buildings** von 1781 westlich der City Hall wurden von Thomas Ivory (1720–86) entworfen, der auch den Bedford Tower (S. 98) in Dublin Castle errichtete.

NATIONAL MUSEUM OF IRELAND – ARCHÄOLOGIE & GESCHICHTE

Sir Thomas Newenham Deane konzipierte das 1890 fertiggestellte **National Museum of Ireland** (Karte S. 88; ☎ 677 7444; www.museum.ie; Kildare St; Eintritt gegen Spende; ☽ Di–Sa 10–17, So 14–17 Uhr). Hauptattraktion dieser Abteilung ist die Schatzkammer mit einer der weltweit besten Sammlungen von goldenen Exponaten aus der Bronze- und Eisenzeit sowie der umfassendsten Sammlung keltischer Metallarbeiten aus dem Mittelalter.

Die Glanzstücke der einmaligen Schatzsammlung stellen zugleich Irlands berühmteste Kunstgegenstände, den **Ardagh Chalice** und die **Tara Brooch**, dar. Der Kelch von Ardagh aus dem 12. Jh. ist aus Gold, Silber, Bronze, Messing, Kupfer und Blei und misst 17,8 cm Höhe und 24,2 cm im Durchmesser. Kurzum, das schönste Stück keltischer Kunst, das je gefunden wurde. 700 n. Chr. entstand die nicht weniger berühmte Tara-Brosche, die einmal als Mantelschließe diente. Sie besteht aus weißer Bronze, verziert mit Gold, Silber, Glas, Kupfer, Email und Perlen.

Viele weitere schöne Stücke in der Schatzkammer wurden so angeordnet, wie sie häufig von den Bauern beim Umgraben von Feldern oder Mooren gefunden wurden: in „Haufen". Besonders bemerkenswert sind der Broighter- und der Mooghaun-Haufen.

Im Obergeschoss wird gezeigt, wie Dublin zu Wikingerzeiten aussah, u. a. mit Ausgrabungsstücken von Wood Quay, die Gegend zwischen der Christ Church Cathedral und dem Fluss, wo das Dublin City Council heute seinen neuen Sitz hat. Andere Exponate dokumentieren vor allem die Zeit des Osteraufstands von 1916 und den Unabhängigkeitskrieg zwischen 1900 und 1921. Häufig finden hier auch Sonderausstellungen statt.

NATIONAL GALLERY

Allein schon wegen des grandiosen Caravaggio und der atemberaubenden Werksammlung von Jack B. Yeats, William Butlers kleinem Bruder, ist ein Besuch der **National Gallery** absolut empfehlenswert (Karte S. 88; ☎ 661 5133; www.nationalgallery.ie; West Merrion Square; Eintritt frei; ☽ Mo–Mi, Fr & Sa 9.30–17.30, Do 9.30–20.30, So 12–17.30

Uhr). Der Schwerpunkt der herausragenden Sammlung liegt auf irischer Kunst, aber auch viele große europäische Maler sind mit exzellenten Werken vertreten. An kostenlosen Führungen kann man samstags um 15 Uhr und sonntags um 14, 15 und 16 Uhr teilnehmen.

Das Museum besteht aus vier Flügeln: der original Dargan Wing, die Milltown Rooms, der North Wing und der spektakuläre neue Millennium Wing. Im Erdgeschoss des Dargan Wing (benannt nach dem Eisenbahnmagnaten und Kunstliebhaber William Dargan, dessen Statue den Rasen vor dem Gebäude ziert) befindet sich der imposante Shaw Room. Er wurde nach George Bernard Shaw benannt, der auch ein großer Gönner des Museums war und dessen Bronzestatue ebenfalls draußen gleich neben der von Dargan steht. Die Ganzkörperporträts in diesem Raum werden von einer Reihe spektakulärer Waterford-Kristallkronleuchter angestrahlt. Im Obergeschoss sind mehrere Räume der italienischen Früh- und Hochrenaissance gewidmet sowie norditalienische Kunst aus dem 16. Jh. und italienische Kunst aus dem 17. und 18. Jh. zu bestaunen. Fra Angelico, Tizian und Tintoretto gehören zu den ausgestellten Malern. Als absolutes Highlight gilt Caravaggios *Gefangennahme Christi* von 1602, das über 60 Jahre in einem Jesuitenhaus in der Leeson Street lag und rein zufällig von Chefkurator Sergio Benedetti entdeckt wurde.

Die in der Mitte befindlichen Milltown Rooms wurden zwischen 1899 und 1903 dazu errichtet, um die Kunstsammlung des Russborough House unterzubringen, die der Nationalgalerie 1902 vermacht wurde. Im Erdgeschoss sind eine wunderbare irische Sammlung sowie eine kleinere britische Sammlung mit Werken von Reynolds, Hogarth, Gainsborough, Landseer und Turner zu sehen. Nicht verpassen sollte man die **Yeats Collection** im hinteren Museumsteil, mit über 30 Werken des irischen Impressionisten Jack B. Yeats (1871–1957), Irlands bedeutsamstem Maler des 20. Jh.

Im Obergeschoss können Besucher Werke aus Deutschland, Holland und Spanien besichtigen. Ganze Räume sind den Werken von Rembrandt und seinem Zirkel sowie spanischen Künstlern aus Sevilla gewidmet. Die spanische Sammlung enthält außerdem Werke von El Greco, Goya und Picasso.

Der Nordflügel wurde zwischen 1964 und 1968 angebaut und seitdem einmal gründlich renoviert. Ausgestellt sind Werke von englischen und europäischen Künstlern.

Für den modernen, lichtdurchfluteten 2001 neu eröffneten Millennium Wing gibt es einen Extraeingang in der Nassau Street. Er beherbergt eine kleine Sammlung irischer Kunst aus dem 20. Jh., Sonderausstellungen namhafter Künstler (kosten Eintritt), eine Kunstbibliothek, einen Hörsaal, einen Buchladen und das Fitzer's Café.

LEINSTER HOUSE

Dublins prächtigstes georgianisches Gebäude, das Richard Cassels zwischen 1745 und 1748 für James Fitzgerald, Earl of Kildare, erbaute, ist heute Sitz beider Häuser des irischen Parlaments (Oireachtas na Éireann): dem Dáil (Unterhaus) und dem Seanad (Oberhaus). Ursprünglich hieß das Bauwerk Kildare House, wurde später jedoch in **Leinster House** umbenannt, als der Earl 1766 den Titel Duke of Leinster erhielt (Karte S. 88; ☎ 618 3000, Auskunft zu den Führungen ☎ 618 3271; www.irlgov.ie/oireachtas; Kildare St; Eintritt frei; ☾ Aussichtsgalerie Nov.–Mai Di 14.30–20.30, Mi 10.30–20.30, Do 10.30–17.30 Uhr).

Die Fassade zur Kildare Street entwarf Richard Cassels als normale Stadthausfront, während die Seite zum Merrion Square im Landhausstil gestaltet ist. Was man sich allerdings heute kaum mehr vorstellen kann: Cassels baute das Haus mitten ins Niemandsland südlich der Liffey, fernab des nördlichen Viertel, wo Dublins Aristokraten residierten. Dem Earl mangelte es allerdings nie an Selbstbewusstsein und deswegen tat er die Kritik mit einem „wo ich auch hingehe, die Gesellschaft wird mir folgen" ab. Eins steht jedenfalls fest: Jimmy Fitz hatte ein gutes Näschen fürs Immobiliengeschäft.

1814 kaufte die Dublin Society, die später Royal Dublin Society hieß, das Haus, zog dann aber wieder etappenweise zwischen 1922 und 1925 aus, als die erste Regierung des unabhängigen Irlands beschloss, das Gebäude als Parlamentssitz zu nutzen. Der Obelisk vor dem Haus ist Arthur Griffith, Michael Collins und Kevin O'Higgins geweiht, den Schöpfern des freien Irlands.

Während sich das Unterhaus im Saal des Nordflügels trifft, kommt das Oberhaus in einem weniger interessanten ehemaligen Hörsaal, der 1897 angebaut wurde, zusammen. Wenn das Parlament tagt, dürfen Besucher die Sitzungen von einer Galerie aus beobachten. Am Eingang Kildare Street bekommt man gegen Vorlage des Personalausweises eine Eintrittskarte. Taschen dürfen nicht mit reingenommen werden; Mitschriften und Fotos sind ebenfalls untersagt. Vorher angemeldete (kostenlose) Führungen sind an den Wochentagen möglich, an denen Parlamentssitzungen stattfinden.

NATURAL HISTORY MUSEUM

Extrem staubig, ein klein bisschen unheimlich und unglaublich spannend ist das **Natural History Museum** (Karte S. 88; ☎ 677 7444; www.museum.ie; Merrion St; Eintritt frei; ☾ Di–Sa 10–17, So 14–17 Uhr). Viel hat sich seit 1857 nicht verändert, als der schottische Forscher Dr. David Livingstone die Eröffnungsrede hielt. Anders als die ganzen Hightechmuseen der Stadt konnte es sich seinen wunderbar viktorianischen Charme bewahren, was diesen „leblosen Zoo" zu einem der interessanteren Museen Dublins macht. Die riesige und bestens organisierte Sammlung zählt über 2 Mio. Exponate, von denen rund 10 000 ausgestellt sind. Was man hier gar nicht findet, sind von Motten zerfressene, ausgestopfte Tiere, die keiner sehen will. Vor allem Kinder werden in diesem Museum mit Sicherheit ihren Spaß haben.

Im Erdgeschoss wird mit einer umfassenden Sammlung an Skeletten und ausgestopften Tieren die ganze Bandbreite der irischen Tierwelt abgedeckt, u. a. auch zwei Skelette von irischen Riesenhirschen, die vor rund 10 000 Jahren ausstarben. Im ersten und zweiten Stock kann man Tiere aus aller Welt sehen.

GOVERNMENT BUILDINGS

Der Kuppelbau der **Government Buildings** (Karte S. 88; ☎ 662 4888; www.taoiseach.gov.ie; Upper Merrion St; Eintritt frei; ☾ Führungen Sa 10.30–15.30 Uhr) in der Upper Merrion Street wurde 1911 feierlich eröffnet. Architektonisch ist es eine etwas unglückliche edwardianische Version des georgianischen Stils. Für eine 40-minütige Führung werden 15 Personen zugelassen, es kann also passieren, dass man eine Weile warten muss, bis genug Leute zusammenkommen. Touren können nicht im Voraus gebucht werden. Wer aber an einem Samstagmorgen geht, kann sich für eine spätere Führung eintragen lassen. Der Rundgang führt durch das Büro des Premierministers (Taoiseach), den Kabinettsaal, die feierliche Freitreppe mit einem herrlichen Buntglasfenster, das Evie Hone (1894–1955) für die New Yorker Messe 1939

DUBLIN

schuf, und zahlreiche schöne Beispiele für modernes irisches Kunsthandwerk. Karten für Führungen gibt es im Ticket Office der **National Gallery** (Karte S. 88; ☎ 661 5133; www.national gallery.ie; West Merrion Square; ☻ Mo–Mi, Fr & Sa 9.30–17.30, Do 9.30–20.30, So 12–17.30 Uhr).

NATIONAL LIBRARY

Gleich neben dem Eingang zum Leinster House in der Kildare Street steht die **National Library** (Karte S. 88; ☎ 603 0200; www.nli.ie; Kildare St; Eintritt frei; ☻ Mo–Mi 10–21, Do & Fr 10–17, Sa 10–13 Uhr). Sie wurde zwischen 1884 und 1890 von Sir Thomas Newenham Deane und seinem Sohn Sir Thomas Manly Deane erbaut, zur gleichen Zeit und im ähnlichen Baustil wie das National Museum. Das Leinster House, die Bibliothek und das Museum gehörten der Royal Dublin Society, die 1731 zur Förderung der Wissenschaft und Künste gegründet wurde und um die Lebensbedingungen der Armen zu verbessern. Die riesige Bibliothekssammlung umfasst zahlreiche wertvolle alte Handschriften, Erstausgaben, Karten und vieles mehr. James Joyce wählte den Lesesaal als einen der Schauplätze für *Ulysses*. Der Eingangsbereich wird häufig für wechselnde Ausstellungen genutzt.

Im zweiten Stock befindet sich das **Genealogical Office** (Karte S. 88; ☎ 603 0200; 2. OG, National Library, Kildare St; ☻ Mo–Fr 10–16.30, Sa 10–12.30 Uhr). Hier erfährt man, wie und wo man Nachforschungen über mögliche irische Vorfahren anstellt. Recherchetipps bekommt man zwar umsonst, bequemer geht es allerdings mithilfe eines Ahnenforschers, der sich gegen Aufwandsentschädigung auf Stammbaumsuche begibt.

ST. STEPHEN'S GREEN & UMGEBUNG

Wenn man sich im 9 ha großen, wunderschön angelegten **St. Stephen's Green** (Karte S. 88; Eintritt frei; ☻ Sonnenaufgang–Sonnenuntergang), dem Lieblingsort der Dubliner, in der Sonne rekelt und sich des Lebens freut, kann man sich kaum vorstellen, dass dies früher ein Platz für öffentliche Auspeitschungen, Prügel und Hinrichtungen war. Heute geht es zum Glück beschaulicher zu. Die Leute treffen sich meist zum mittäglichen Picknick und anschließendem Spaziergang. An Sommertagen tummeln sich hier Bürohengste, Pärchen und Touristen zum Frischluft tanken, Enten füttern oder einfach nur für ein Schäferstündchen im Gras.

Im 17. Jh. wurde eine Mauer errichtet, als die Dublin Corporation das umliegende Land an Bauunternehmer verkaufte. 1814 kamen Absperrungen und verschließbare Tore hinzu, als eine jährliche Parknutzungsgebühr von einem Guinea eingeführt wurde, damit die Armen auch schön draußen blieben. 1877 führte Arthur Edward Guinness ein Gesetz ein, wonach der Park wieder für die gesamte Bevölkerung geöffnet war. Außerdem kam er für die Seen und Teiche im Park auf, die 1880 nachträglich angelegt wurden.

Die wunderschönen Gebäude rund um den Platz stammen vorwiegend aus Dublins Blütezeit Mitte bis Ende des 18. Jhs., als der georgianische Baustil vorherrschte. Damals hieß das Nordende Beaux Walk, und auch heute präsentiert sich dieser Abschnitt als vornehme Wohngegend. Wer Lust auf Luxusflair verspürt, sollte sich eine Tasse Tee im imposanten **Shelbourne Hotel** (S. 125) von 1867 gönnen. Direkt hinter dem Hotel liegt ein kleiner **Hugenottenfriedhof** (Karte S. 88) aus dem Jahre 1693. Zu dieser Zeit waren zahlreiche französische Hugenotten vor der Verfolgung unter Ludwig XIV. hierhergeflüchtet.

Der Haupteingang führt durch den **Fusiliers' Arch** (Karte S. 88) an der nordwestlichen Ecke des Parks. Dem Titusbogen in Rom nachempfunden erinnert der Bogen an die 212 Soldaten der Royal Dublin Fusiliers, die im Zweiten Burenkrieg (1899–1902) gefallen sind.

Westlich des Parks, auf der anderen Straßenseite, stehen die **Unitarian Church** (1863) (Karte S. 88; ☻ 7–17 Uhr) und das **Royal College of Surgeons** (Karte S. 88) mit prächtiger Fassade. Während des Osteraufstands 1916 wurde das Gebäude der schillernden irischen Freiheitskämpferin Gräfin Markievicz (1868–1927) besetzt, die angeblich mit einem polnischen Grafen verheiratet war. An den Säulen sind immer noch Einschusslöcher zu sehen.

Auf der Südseite des Parks befinden sich die zwei Gebäude des **Newman House** (Karte S. 88; ☎ 716 7422; 85-86 St. Stephen's Green; Erw./Kind 5/4 €; ☻ Führungen Juni–Aug. Di–Fr 12, 14, 15 & 16 Uhr), das heute zum University College Dublin gehört. Die Stuckarbeiten im Inneren zählen zu den schönsten Dublins. 1865 erstand die Catholic University of Ireland, Vorläufer des University College Dublin, erstand das Haus Nr. 85 und verkaufte es dann weiter an die Jesuiten. Einige Stuckabbildungen waren den Jesuiten jedoch zu schamlos, sodass eine Verhüllungsaktion angeordnet wurde. Die ehemals nackten Frauenfiguren an der Decke des oberen Saals wurden in eine Art Badeanzug aus Fell gehüllt, besser kann man es wohl nicht beschreiben. Immerhin eine hat die Restaurierung überlebt.

An die Newman University Church grenzt die zwischen 1854 und 1856 erbaute **Newman Chapel**. Ihre bunte neo-byzantinische Innenausstattung wurde damals zur Zielscheibe heftigster Kritik. Heute ist sie eine der angesagtesten Traukirchen Dublins.

Zu den schönsten Parkanlagen Dublins gehören auch die **Iveagh Gardens** (Eintritt frei; ☝ ganzjährig Sonnenaufgang–Sonnenuntergang). Der Eingang liegt gleich hinter dem Newman House in der Clonmel Street, einer Nebenstraße der Harcourt Street. Die hohen Mauern lassen zwar einen Privatgarten vermuten, es ist aber keiner. Im Sommer oder vor einem Konzert in der National Concert Hall kann man hier wunderbar relaxen.

MERRION SQUARE

St. Stephen's Green mag zwar allgemein als beliebtester Stadtpark gelten, unser Favorit ist allerdings der ruhige **Merrion Square** (Karte S. 88; Eintritt frei; ☝ Sonnenaufgang–Sonnenuntergang). Die gepflegten Rasen und prachtvollen Blumenbeete sind von einigen der schönsten georgianischen Gebäudefassaden umgeben, mit phantastischen Türen, Fächerfenstern, kunstvoll verzierten Türklopfern und Schuhabstreifern, an denen die Herren vor dem Eintreten ihre Stiefelsohlen von Matsch befreiten.

So vornehm und beschaulich ging es hier aber nicht immer zu: Während der großen Hungersnot campierten Massen von Landflüchtlingen auf den Grünflächen des Platzes und ernährten sich von Suppenspenden. Die britische Botschaft hatte ursprünglich ihren Sitz am 39 Merrion Square East. 1972 fiel das Gebäude einem Brandanschlag zum Opfer, als Protestaktion gegen die 13 Zivilisten, die am Blutsonntag in Derry unschuldig ums Leben kamen.

Auf der gleichen Seite des Merrion Square, entlang der Lower Fitzwilliam Street, stand früher die längste georgianische Häuserreihe Europas. Ohne jedes Gespür für Geschichte und Ästhetik ließ 1961 das Electricity Supply Board (ESB) 26 der Häuser abreißen und stellte stattdessen einen Büroklotz hin, heute einer der größten Schandflecke Dublins.

Nur um zu beweisen, dass das ESB durchaus Verständnis für das kostbare architektonische Vermächtnis der Stadt zeigt, hatte man die Güte, eines der schönsten georgianischen Häuser, **Lower Fitzwilliam Street Nr. 29** (Karte S. 84f.; ☎ 702 6165; www.esb.ie/education; 29 Lower Fitzwilliam St; Erw./Stud./Kind 5/2,50 €/frei; ☝ Di–Sa 10–17, So 13–17, 2 Wochen vor Weihnachten geschl.) an der südöstlichen Ecke des Merrion Square zu restaurieren. Das Haus vermittelt einen guten Eindruck vom vornehmen Leben in Dublin zwischen 1790 und 1820. An einen kurzen Film über die Geschichte des Hauses schließt eine 30-minütige Führung (max. 9 Pers.).

OSCAR WILDE HOUSE

1855 zogen der Chirurg Sir William Wilde und Dichterin Lady „Speranza" Wilde mit ihrem einjährigen Sprössling Oscar in das Haus Nr. 1 am North Merrion Square – das erste georgianische Wohnhaus, das an dem Platz 1762 errichtet worden war. Bis 1878 wohnte die Familie hier, und es kann gut sein, dass die kreative Atmosphäre des Hauses zu Oscar Wildes literarischem Genie beitrug. Seine Mutter hielt hier die bekanntesten und bestbesuchten literarischen Salons der Stadt ab.

SCHAUPLÄTZE DER LITERATUR

Lange Zeit galt der Merrion Square als bevorzugte Adresse für Dublins wohlhabende Intelligenzia. Oscar Wilde (1854–1900) verbrachte einen Großteil seiner Jugend im Haus Nr. 1 Merrion Square North. W. B. Yeats (1865–1939) wohnte im Haus Merrion Square East Nr. 52 und später, zwischen 1922 und 1928, im Merrion Square South Nr. 82. Der Dichter, Mystiker, Maler und Herausgeber George William Russell (1867–1935), der meist unter dem Pseudonym AE auftrat, arbeitete im Haus Nr. 84. Daniel O'Connell (1775–1847) lebte im Alter in der Nr. 58. Der Österreicher Erwin Schrödinger (1887–1961), der 1993 den Nobelpreis für Physik erhielt, wohnte zwischen 1940 und 1956 in der Nr. 65. Auch Autoren von Gruselgeschichten waren von Dublin angezogen: Joseph Sheridan Le Fanu (1814–73), der den Vampirklassiker *Carmilla* schrieb, bewohnte das Haus Nr. 70.

Heute gehört das Haus dem American College Dublin, das einige Räume in ein **Museum** zu Ehren des Dichters umfunktioniert hat (Karte S. 88; ☎ 662 0281; www.amcd.ie/oscarwildehouse/about/html; 1 North Merrion Square; Eintritt 5 €; ☒ Führungen Mo, Mi & Do 10.15 & 11.15 Uhr).

Fans sollten unbedingt die **Oscar Wilde Statue** am Nordwestende des Platzes aufsuchen. Sie ist reich bestückt mit pointenreichen Einzeilern, für die der Schriftsteller berühmt ist.

The Liberties & Kilmainham

Auf einer kleinen Anhöhe westlich von Dublin Castle thront ein eindrucksvolles Monument aus der Zeit des Mittelalters: die Christ Church Cathedral. Felsenfest stand sie stets innerhalb der Stadtgrenzen, was man von dem anderen großen Gotteshaus, St. Patrick's, nicht behaupten kann. Westlich unterhalb der beiden Kirchen liegt Dublins ältestes, noch bestehendes Viertel The Liberties. Über dem westlichen Ende der Liberties liegt stets ein merkwürdiger Geruch; hier wird Hopfen geröstet und zu Dublins schwarzem Gold, Guinness, verarbeitet, das viele Besucher als Inbegriff des Irischen sehen. Geht man die James Street entlang, kommt irgendwann das alte und sehr sehenswerte Kilmainham-Gefängnis, das im Kampf um die irische Unabhängigkeit eine zentrale Rolle spielte. Im Militärkrankenhaus ist heute das wichtigste Museum für moderne Kunst untergebracht.

CHRIST CHURCH CATHEDRAL

Die Mutter aller Dubliner Kirchen ist die **Christ Church Cathedral** (Church of the Holy Trinity; Karte S. 86; ☎ 677 8099; www.cccdub.ie; Christ Church Place; Erw./Stud. 5/2,50 €; ☒ Mo–Fr 9.45–17, Sa & So 10–17), südlich des Flusses und westlich von Temple Bar. Gegründet wurde die Kathedrale 1030 an der Südgrenze einer Dubliner Wikingersiedlung. Im Mittelalter bildete sie das Herzstück der Stadt mit den wichtigsten Gebäuden in der Nähe: Dublin Castle, Tholsel (Rathaus; wurde 1809 abgerissen) und dem ursprünglichen Four Courts (1796 abgerissen). Ebenfalls unweit steht in der Back Lane das einzig erhaltene Zunfthaus Dublins, die Tailors Hall von 1706. In den 1960er-Jahren sollte auch sie abgerissen werden, dann bezog die irische Umweltschutzorganisation **An Taisce** (National Trust for Ireland; Karte S. 86) das Gebäude.

Früher stand an dieser Stelle eine Holzkirche, die von den Normannen entfernt und 1172 noch mal aus Stein errichtet wurde.

Größter Befürworter des Baus war Richard de Clare, der Earl of Pembroke. Der anglonormannische Adlige ging als Strongbow in die Geschichte ein, als er 1170 Irland eroberte.

Den Großteil ihres Bestehens wetteiferte die Christ Church der nahe gelegenen St. Patrick's Cathedral um die Gunst der Gemeinde. Im 18. und 19. Jh. machten jedoch beide schwere Zeiten durch. Das Hauptschiff der Christ Church wurde als Markthalle genutzt, während man sich in der Krypta zum Biertrinken traf. Als die Kirche restauriert werden sollte, stand sie schon kurz vor dem Verfall. Heute fristen beide Kirchen der Church of Ireland angesichts der überwiegend katholischen Gemeinden in Dublin nur noch ein Schattendasein.

Geht man vom südöstlichen Eingang zum Friedhof, kommt man an den Ruinen des 1230 erbauten Kapitelsaals vorbei. Der Eingang zur Kathedrale liegt an der südwestlichen Ecke, folglich schaut man beim Hineingehen zuerst auf die Nordwand. Diese hat den Zusammensturz der gegenüberliegenden Seite gut überstanden, obwohl sich auch bei ihr die Fundamente senken.

Im südlichen Seitenschiff steht ein Denkmal des legendären Strongbow. Bei der Rittergestalt auf dem Grab handelt es sich jedoch vermutlich nicht um den normannischen Eroberer, sondern um den Earl of Drogheda. Zumindest sollen Strongbows Organe hier bestattet sein. Einer volkstümlichen Legende nach stellt die halbe Figur neben dem Grab Strongbows Sohn dar, der von seinem Vater in zwei Stücke geschlagen wurde, als seine Tapferkeit im Kampf angezweifelt wurde.

Im südlichen Querschiff findet sich das barocke Grab des 19. Earl of Kildare (verstorben 1734). Sein Enkel, Lord Edward Fitzgerald, gehörte zu den United Irishmen und fiel bei dem gescheiterten Aufstand von 1798.

Vom südlichen Querschiff aus geht ein Eingang hinunter in die ungewöhnlich große Gewölbekrypta, die auf die originale Wikingerkirche zurückgeht. Zu den eher sonderbaren Highlights der Krypta gehört ein Schaukasten mit einem mumifizierten Katz-und-Maus-Spiel: Während einer wilden Verfolgungsjagd in den 1860er-Jahren waren beide Tiere in einer Orgelpfeife stecken geblieben und dort verendet. Vom Haupteingang aus führt eine Brücke, die während der Restaurierungsarbeiten zwischen 1871 und 1878 angebaut wurde, nach Dvblinia (S. 104).

DVBLINIA

In der alten Synod Hall neben der Christ Church Cathedral wird das mittelalterliche Treiben von **Dvblinia** auf anschauliche, wenn auch etwas kitschige Weise zum Leben erweckt (Karte S. 86; ☎ 679 4611; www.dublinia.ie; Erw./ Stud./Kind 6/5/3,50 €; ⊗ April–Sept.10–17 Uhr, Okt.–März Mo–Sa 11–16 & So 10–16.30 Uhr). Zumindest Kinder werden mit den Nachbildungen, begehbaren Straßenzügen und den etwas überholten, interaktiven Schaukästen ihren Spaß haben. Die Modelle eines mittelalterlichen Kais und einer Schusterwerkstatt sind gelungen, ebenso wie das maßstabsgetreue Modell des mittelalterlichen Stadtbilds. Wie Dublin im 9. und 10. Jh. ausgesehen haben könnte, wird in der „Viking World" gezeigt. Am Ende kann man noch den benachbarten Turm von St. Michael's hochsteigen und einen herrlichen Blick über die Stadt und die Dublin Hills genießen.

Das Ticket gilt auch für die Christ Church Cathedral, zu der man über eine Verbindungsbrücke gelangt.

ST. PATRICK'S CATHEDRAL

Angeblich war es diese **Kathedrale** (Karte S. 84f.; ☎ 475 4817; www.stpatrickscathedral.ie; St. Patrick's Close; Erw./Rentner./Stud./Kind 5/4/4 €/frei; ⊗ März–Okt. Mo–Sa 9–18, So 9–11, 12.45–15 & 16.15–18, Nov.–Febr. Mo–Fr 9–18, Sa 9–17, So 10–11 & 12.45–15 Uhr), wo der gute Patrick höchstpersönlich die irischen Heiden in einen Brunnen getaucht hat. Damit befindet sich die nach dem Heiligen benannte St. Patrick's Cathedral auf einem der ältesten christlichen Flecken der Stadt, der unter Gläubigen sogar als heilig gilt. Obwohl es hier schon seit dem 5. Jh. eine Kirche gab, geht der heutige Bau auf 1190 oder 1225 zurück – man ist sich da nicht so einig. Mehrere Umbauten folgten; die auffälligste Veränderung stammt von 1864, als mit der allgemeinen Begeisterung für den neogotischen Stil Strebebögen angebracht wurden. St. Patrick's Park neben der Kathedrale war lange Zeit ein erfüllter Slum, bis sämtliche Anwohner Anfang des 20. Jhs. vertrieben wurden.

Wie die Christ Church Cathedral blickt auch St. Patrick's auf eine dramatische Geschichte voller Stürme und Brandschäden zurück. Als Oliver Cromwell 1649 nach Irland kam, wandelte er St. Patrick's in einen Stall für seine Armeepferde um; eine Schmach, der sich auch zahlreiche andere irische Kirchen unterziehen mussten. Jonathan Swift war von 1713 bis 1745 Dekan der Kirche. Erst eine

Restaurierung rettete den vernachlässigten Bau vor dem Verfall.

Betritt man die Kathedrale durch das Südwestportal, gelangt man rechts fast direkt zu den Gräbern von Swift und seiner langjährigen Gefährtin Esther Johnson alias „Stella". An der Wand hängen Swifts selbst verfasste Grabinschriften auf Lateinisch sowie eine Büste des Schriftstellers.

Das riesige, staubige Boyle-Grabmal ließ Richard Boyle, der Earl of Cork, 1632 aufstellen, mit zahlreichen Abbildungen seiner Familie. Die Figur unten in der Mitte stellt den fünfjährigen Sohn des Earls, Robert Boyle (1627–91), dar, aus dem ein berühmter Wissenschaftler wurde. Er entdeckte z.B. das Boylesche Gesetz, das die Beziehung zwischen Druck und dem Volumen von Gasmassen angibt.

Auf 1432 geht das Chorgestühl der Kathedrale zurück. 1742 stimmte der Kirchenchor bei der Uraufführung von Händels *Messias* an. Heute singt der Chor während des laufenden Schuljahres wochentags (außer Mittwochabend) um 9.40 Uhr zur Morgenmesse und um 17.35 Uhr zur Abendandacht. Vor allem die Konzerte zur Weihnachtszeit sind ein echter Genuss; unter ☎ 453 9472 erfährt man, wo man die begehrten Tickets ergattern kann.

Zur Kathedrale fahren die Busse 50, 50A oder 56A von Aston Quay und die Busse 54 oder 54A von Burgh Quay aus.

MARSH'S LIBRARY

Einer der schönsten Geheimtipps ist die **Marsh's Library** (Karte S. 84f.; ☎ 454 3511; www.marsh library.ie; St. Patrick's Close; Erw./Stud./Kind 2,50/1,50 €/frei; ⊗ Mo & Mi–Fr 10–13 & 14–17, Sa 10.30–13 Uhr). Die fast unbeachtete antike Bibliothek hat sich in Einrichtung und Atmosphäre kaum verändert, seit sie 1707 ihre Pforten für Gelehrte öffnete. Sie befindet sich gleich um die Ecke der St. Patrick's Cathedral.

In den kunstvoll geschnitzten Eichenregalen drängen sich über 25 000 Bücher vom 16. bis ins frühe 18. Jh. sowie Karten, zahlreiche Handschriften und eine Sammlung Inkunabeln (Bücher, die vor 1500 gedruckt wurden). Einer der ältesten und schönsten Wälzer der Sammlung ist ein Band von Ciceros *Briefen an Freunde,* der 1472 in Mailand gedruckt wurde.

Das Gebäude wurde von Erzbischof Narcissus March (1638–1713) in Auftrag gegeben und von Sir William Robinson entworfen, von dem auch das Royal Hospital Kilmainham stammt (heute Sitz des Irish Museum of Modern Art; S. 106). Heute gehört die Bibliothek zu den wenigen Gebäuden des 18. Jhs., die immer noch ihrem ursprünglichen Zweck dienen. Kurzum, man würde echt was verpassen, wenn man diesen phantastischen Ort nicht gesehen hat.

ST. WERBURGH'S CHURCH

Zweifellos alt, aber von ungewisser Herkunft ist **St. Werburgh's** (Karte S. 86; ☎ 478 3710; Werburgh St, Eintritt gegen Spende; ☽ Mo–Fr 10–16 Uhr). Die Kirche musste sich schon mehreren „Schönheitsreparaturen" unterziehen: 1662, 1715 und 1759 nach einem Brand von 1754. Der hohe Kirchturm wurde nach Robert Emmets Aufstand von 1803 komplett abgetragen, weil man fürchtete, die Rebellen könnten dort ihre Scharfschützen postieren. Das Gotteshaus ist eng mit den Aufständen gegen die britische Herrschaft verknüpft. Lord Edward Fitzgerald, Mitglied der United Irishmen, die 1798 revoltiert hatten, liegt in der Gruft der Kirche begraben. Wie so häufig bei irischen Rebellionen wurde er von den eigenen Männern verraten. Er starb an den Folgen der Verletzungen, die er bei seiner Verhaftung erlitten hatte. Ironischerweise ist der Mann, der ihn gefangen nahm, Major Henry Sirr, auf dem benachbarten Friedhof bestattet. In der Vorhalle befinden sich zwei Löschpumpen, die aus der Zeit stammen, als Dublins Feuerwehr aus freiwilligen Helfern der Gemeinde bestand.

Wer die Kirche von innen besichtigen möchte, muss vorher den Hausmeister anrufen (8 Castle St).

ST. AUDOEN'S CHURCHES

St. Audoen war im 7. Jh. Bischof von Rouen und Schutzpatron der Normandie. In Dublin muss er zumindest ein paar Freunde gehabt haben, denn gleich zwei Kirchen wurden nach ihm benannt. Beide liegen westlich der Christ Church Cathedral. Die interessantere und kleinere **Church of Ireland** (Karte S. 86; ☎ 677 0088; Cornmarket, High St; Eintritt frei; ☽ Juni–Sept. 9.30–16.45 Uhr) stammt als einzige Dubliner Pfarrkirche noch aus dem Mittelalter. Gebaut wurde sie zwischen 1181 und 1212; bei neueren Ausgrabungen kam eine Grabplatte aus dem 9. Jh. zutage, die darauf hindeutet, dass an gleicher Stelle schon eine viel ältere Kirche gestanden haben muss. Turm und Tür gehen auf das 12., das Seitenschiff auf das 15. Jh. zurück. Die

heutige Kirche ist hauptsächlich das Ergebnis von Restaurierungsarbeiten im 19. Jh.

Die Führung umfasst einen Besuch der Ruinen, aber auch der jetzigen Kirche und des Besucherzentrums der **St. Anne's Chapel**, wo die Grabsteine einiger führender Mitglieder der Dubliner Gesellschaft aus dem 16. bis 18. Jh. liegen. Ganz oben im Turm der Kapelle kann man die drei ältesten Glocken Irlands von 1423 besichtigen. Obwohl die Ausstellungsstücke der Kirche wenig spektakulär sind, wirkt das Gebäude an sich sehr schön und stellt ein echtes Stück mittelalterliches Dublin dar.

Von Norden kommend geht man von der High Street aus durch einen Bogen, der als Teil der alten Stadtmauer im Jahr 1240 gebaut wurde. Als einziger blieb er von den alten Stadttoren erhalten.

Gleich neben der älteren protestantischen St. Audoen's steht die neuere und größere **St. Audoen's Catholic Church** (Cornmarket, High St; Eintritt frei; ☽ Juni–Sept. 9.30–17.30, Okt.–Mai 10–16.30 Uhr). Sie ist vor allem wegen einem ihrer Pfarrer berühmt: Father „Flash" Kavanagh las die Messe immer im Eiltempo, damit seine große Gemeinde schneller zu anderen sonntäglichen Beschäftigungen wie Fußball kam.

GUINNESS STOREHOUSE

Diese Spielwiese für Bierliebhaber gilt als Dublins größte Touristenattraktion, eine grandiose Hommage an das berühmteste Exportbier des Landes und Irlands beständigstes Symbol überhaupt. Das **Guinness Storehouse** (Karte S. 84f.; ☎ 408 4800; www.guinness-storehouse.com; St. James's Gate Brewery; Erw./Kind/Schüler. unter 18/Stud. über 18/Rentner 14/5/7,50/9,50/9,50 €; ☽ 9.30–17 Uhr) ist als einziger Bereich der riesigen, 26 ha großen St. James's Gate Brewery öffentlich zugänglich. Einen passenderen Tempel zur Huldigung des schwarzen Goldes könnte es wohl nicht geben. Geformt wie ein riesiges Pintglas ragt der siebenstöckige Rundbau um ein phantastisches Atrium in die Höhe. Ganz oben in der Schaumkrone bietet die Gravity Bar einen Panoramablick über ganz Dublin.

Von hier aus kann man auch am besten erkennen, wie groß die Brauerei ist. Arthur Guinness hatte die St. James's Gate Brewery 1759 gegründet. Seitdem wurde sie bis zur Liffey und entlang beider Straßenseiten ausgeweitet. Eine Zeit lang gab es sogar eine eigene Werksbahn, und ein gigantisches Tor erstreckte sich über die James Street; daher auch der eigentliche Name der Brauerei. In den 1930er-Jahren war sie mit über 5000 Beschäftigten der Hauptarbeitgeber der Stadt. Mit zunehmender Automatisierung der Abläufe schrumpfte die Belegschaft auf rund 600 Mitarbeiter. Trotzdem werden weiterhin 1,25 Mio. l Stout pro Tag produziert.

Am Ende bekommt natürlich jeder ein Pint, vorher sollte man allerdings fit sein für den elend langen Touri-Marathon durch die Guinness-Floorshow, ein 1,6 ha großes Gelände mit einer Unmenge audiovisueller und interaktiver Vorführungen, die keine Fragen über die Geschichte der Brauerei und zum Brauvorgang offen lassen. Zwar ist die Show aufwendig und professionell gemacht, trotzdem vergisst man zu keinem Zeitpunkt, wer hinter den Kulissen an den Strängen zieht. Das ganze Geschwafel über die ach so erfolgreiche Werbegeschichte des Unternehmens macht doch immer wieder deutlich, dass hinter den beiden M's – Magie und Mystik – in Wahrheit vor allem Marketing und Manipulation steckt.

Aber das ist alles nicht mehr wichtig, wenn man erst einmal mit einem Guinness in der Hand den Blick aus den schwindelerregenden Höhen der Gravity Bar genießt. Kenner der Materie behaupten ja, es sei das beste Guinness überhaupt. Wichtig ist aber vor allem, dass man es mit guten Freunden und noch besseren Gesprächen probiert, sonst schmeckt es nur halb so gut.

Arthur Guinness (1725–1803) wohnte übrigens gleich um die Ecke, in der **1 Thomas Street** (Karte S. 84f.; ☺ nicht öffentlich zugänglich). Das Haus ist mit einer Gedenktafel gekennzeichnet. Im Hof gegenüber steht der **St. Patrick's Tower** (Karte S. 84f.; ☺ nicht öffentlich zugänglich), Europas höchste Holländermühle, die um 1757 gebaut wurde.

Zum Storehouse fahren die Busse 21A, 78 oder 78A von der Fleet Street oder die Luas Green Line zum James's Gate.

IRISH MUSEUM OF MODERN ART

Irlands bedeutendste Sammlung moderner irischer Kunst ist in den eleganten und großzügigen Räumlichkeiten des Royal Hospital von Kilmainham untergebracht, seit 1991 das **Irish Museum of Modern Art** (IMMA; Karte S. 82; ☎ 612 9900; www.imma.ie; Military Rd; Eintritt frei; ☺ Di–Sa 10–17.30, So 12–17.30 Uhr). Die Buslinien 24, 79 oder 90 von Aston Quay verkehren dorthin.

William Robinson entwarf das Royal Hospital Kilmainham (wie auch die Marsh's Library; siehe S. 104) zwischen 1680 und 1687 als Heim für Kriegsveteranen. Als solches wurde es auch bis 1928 genutzt, danach stand es fast 50 Jahre leer, bis man es in den 1980er-Jahren komplett renovierte. Der ursprüngliche Bau war zu Anfang eines der schönsten Gebäude Irlands. Immer wieder wurden Stimmen laut, es wäre doch eigentlich viel zu schade für seine Bewohner.

Das Museum umfasst 4000 Gemälde von Picasso, Miró und Vasarely, aber auch Werke zeitgenössischer Künstler wie Gilbert und George, Gillian Wearing und Damien Hirst. Zudem präsentiert die Galerie eigene Künstler in wechselnden Ausstellungen und veranstaltet regelmäßig Wanderausstellungen.

Moderne irische Kunst gibt es aber immer zu sehen. Irische und internationale Künstler wohnen und arbeiten vor Ort in den **umgebauten Stallungen** gleich hinter dem Südflügel. Die **New Galleries**, im restaurierten Deputy Master's House, sollte man ebenfalls nicht verpassen. Museumsführungen werden das ganze Jahr über angeboten (Mi, Fr & So 14.30 Uhr, frei); besonders empfehlenswert sind allerdings die ebenfalls kostenlosen Traditionstouren durch das alte Gebäude (Juli–Sept. Di–Sa 11–16 & So 13–16 Uhr, stündl.).

KILMAINHAM JAIL

Wer die irische Geschichte wirklich verstehen will – vor allem den Teil über den dramatischen Widerstand gegen England –, sollte unbedingt das **Kilmainham Jail** besuchen (Karte S. 82; ☎ 453 5984; www.heritageireland.com; Inchicore Rd; Erw./Stud./Kind 5,50/2,10/2,10 €; ☺ April–Okt. tgl. 9.30–17, Nov.–März Mo–Sa 9.30–16, So 10–16 Uhr). Das graue, bedrohlich wirkende Gebäude wurde zwischen 1792 und 1795 erbaut und spielte bei so ziemlich jeder Etappe auf Irlands steinigem Weg in die Unabhängigkeit eine Rolle.

Die Revolten von 1798, 1803, 1848, 1867 und 1916 endeten alle hier, mit der Inhaftierung der jeweiligen Anführer. Robert Emmet, Thomas Francis Meagher, Charles Stewart Parnell, die Köpfe des Osteraufstands von 1916 – sie alle saßen im Kilmainham Jail ihre Zeit ab. Berühmt und verabscheut wurde das Gefängnis jedoch für die dort abgehaltenen Hinrichtungen von 1916: 14 der 15 Hinrichtungen, die zwischen dem 3. und 12. Mai stattfanden, wurden hier ausgeführt. Zu guter Letzt hatte man hier 1922 die Gefangenen des Bürgerkrieges eingesperrt, bevor es 1924 geschlossen wurde.

Auf einen hervorragenden Einführungsfilm über das Gebäude folgt eine nachdenklich stimmende Führung durch das unheimliche Gefängnis. Es ist das größte leer stehende Gebäude seiner Art in ganz Europa. Etwas unpassend liegt draußen im Hof die *Asgard*, jenes Schiff, das 1914 die britische Blockade durchbrach, um die nationalistischen Truppen mit Waffen zu versorgen. Die Führung endet schließlich auf dem düsteren Hof, wo 1916 die Exekutionen stattfanden.

Vom Aston Quay aus fahren die Busse 23, 51, 51A, 78 oder 79.

WAR MEMORIAL GARDENS

Zu den schönsten angelegten Parks in Dublin gehören ganz klar die **War Memorial Gardens** (Karte S. 82; ☎ 677 0236; www.heritageireland.ie; South Circular Rd, Islandbridge; Eintritt frei; ☒ Mo–Fr 8 Uhr–Abenddämmerung, Sa & So ab 10 Uhr). Allein schon deswegen, weil es nirgendwo sonst in der Stadt so friedlich zugeht wie hier. Die Gärten sind den 49 400 irischen Soldaten gewidmet, die im Ersten Weltkrieg gefallen sind. Ihre Namen stehen auf zwei riesigen, von Sir Edwin Lutyens entworfenen „Bücherräumen" aus Granit. Ein herrlicher und eine eindrucksvolle Lektion in Sachen Geschichte.

Vom Stadtzentrum aus verkehren die Busse 25, 25A, 26, 68 oder 69.

Rund um die O'Connell Street

Jahrzehntelang hinkte sie der Grafton Street und ihren Seitenstraßen auf der Southside hinterher, doch nun erstrahlt der Boulevard der Nordseite in neuem, altem Glanz und darf sich endlich wieder Dublins schönste Straße nennen. Reihenweise Prachtbauten, faszinierende Museen und nicht wenige kulturelle Highlights der Stadt sind genügend Gründe, um sich auf die andere, nördliche Seite der O'Connell Bridge zu begeben.

O'CONNELL STREET

Schon erstaunlich, was so ein paar Hundert Millionen Euro und eine visionäre Idee aus einer Straße machen können, die jahrelang im toten Winkel der Entwicklungspolitik schändlich vernachlässigt wurde und nur noch als gefährliches Pflaster galt, von dem man sich besser fernhielt. Wie kann es sein, dass aus der einst so eleganten und mondänen O'Connell Street (Karte S. 84 f.) eine billige Vergnügungsmeile wurde? Dort, wo 1916 die

---

DIE HELDENDENKMÄLER DER O'CONNELL STREET

Im Schatten des Spires ist die ganze O'Connell Street gesäumt von Denkmälern der großen Helden in der irischen Geschichte. Allen voran ragt die Bronzestatue des Superhelden und „Befreiers" **Daniel O'Connell** (Karte S. 84 f.) über der Straße am Ende der Brücke. Die vier geflügelten Figuren zu seinen Füßen sollen O'Connell's Tugenden darstellen: Mut, Treue, Eloquenz, Patriotismus.

Vor dem Eingang der Hauptpost wirkt das Denkmal des Gewerkschaftsführers **Jim Larkin** (1876–1947; Karte S. 84 f.) mit weit ausgebreiteten Armen nicht weniger theatralisch. Fast kann man hören, wie er lauthals eine seiner Reden schwingt.

Mit schmunzelndem Blick steht die kleine Statue von **James Joyce** (Karte S. 84 f.) an der Ecke der Fußgängerzone North Earl Street Scherzkekse nennen sie gerne „Prick with the Stick", zu deutsch: „Schwanz mit Stock". Joyce hätte dieses derbe Wortspiel sicher gefallen.

Weiter nördlich befindet sich die Statue von **Father Theobald Mathew** (1790–1856; Karte S. 84 f.), dem „Abstinenzapostel" – in Irland ein recht erfolgloses Unterfangen. Seine unlösbare Aufgabe führte immerhin dazu, dass heute eine Brücke über die Liffy seinen Namen trägt. Am Nordende der Straße steht schließlich noch das imposante Denkmal von **Charles Stewart Parnell** (1846–91; Karte S. 84 f.), Verfechter der Home-Rule-Gesetze und Opfer der irischen Moral.

Hauptbühne des Osteraufstands gewesen war, standen plötzlich mitten auf der Straße einarmige Banditen und Pokerautomaten. Was ist da nur schief gelaufen?

Lang ist's her, als sie im 18. Jh. während der georgianischen Blütezeit unter dem Namen Drogheda Street (nach dem Viscount Henry Moore, Earl of Drogheda) die Stadt durchkreuzte. 1924 wurde die Straße in O'Connell Street umbenannt. Vorher hatte sie aber noch einige Jahrzehnte lang Sackville Street geheißen, als Tribut an den irischen Lord Lieutenant. Doch egal wie man sie nannte, sie war immer ein prächtiger Boulevard, bis Fast-Food-Ketten und Ramschläden die altehrwürdigen Geschäfte verdrängten. Zum Glück engagiert sich heute die Dublin Corporation dafür, dass die Straße wieder ihr altes Aussehen zurückbekommt. Es hat sich zwar schon viel getan, aber das reicht bei Weitem noch nicht aus.

Erstes Projekt war der beeindruckende **Spire** (bzw. Monument of Light; Karte S. 84f.), der heute die Stelle ziert, wo früher Admiral Nelson stand (der 1966 buchstäblich in die Luft gejagt wurde). Mit einer Höhe von 120 m stellt er die weltweit höchste Skulptur dar. Die Einheimischen juckt das eher wenig; sie nennen das Kunstwerk nur die „größte Nadel im Umkreis" und spielen damit auf das Drogenproblem in der nördlichen Innenstadt an. Zu den weiteren laufenden Projekten zählen die Erweiterung der Gehwege und eine Zufahrtsbeschränkung. Richtig schön wird die Straße aber erst, wenn die Unmengen von Fast-Food-Ketten endlich von der Bildfläche verschwunden sind.

GENERAL POST OFFICE

Im **GPO Building** (Karte S. 84f.; ☎ 705 7000; www.anpost. ie; O'Connell St; ☽ Mo–Sa 8–20 Uhr) ging 1916 buchstäblich „die Post ab". Das Gebäude wird wohl für alle Zeit mit den tragischen und dramatischen Ereignissen des Osteraufstands verbunden sein, als Pádraig Pearse, James Connolly und die anderen Anführer von der Eingangstreppe aus ihre Proklamation verlasen und das Haus zu ihrem Hauptquartier machten. Bei der anschließenden Belagerung brannte der Bau – ein neoklassizistisches Meisterwerk von Francis Johnston (1818) – komplett aus. Das war aber noch nicht alles: Im Bürgerkrieg von 1922 wurde drinnen wie draußen erbittert gekämpft. Noch heute sieht man Einschusslöcher in den dorischen Säulen.

Seit der Wiedereröffnung 1929 hat das Gebäude sehr viel ruhigere Zeiten erlebt. Aufgrund der zentralen Rolle, die das GPO Building in der Geschichte des unabhängigen Irlands gespielt hat, ist das Hauptpostamt noch immer ein prädestinierter Ort für offizielle Paraden oder Protestmärsche.

CUSTOM HOUSE

Sein Einstand in der Dubliner Gesellschaft hätte besser nicht sein können. James Gandon (1743–1823) baute das imposante, strahlend weiße **Custom House** (Karte S. 84f.) zwischen 1781 und 1791, trotz Widerstands der örtlichen Händler und Hafenarbeiter im ursprünglichen Zollhaus, das sich flussaufwärts in Temple Bar befand. Es gilt als eines der schönsten georgianischen Häuser der Stadt.

1921, während des Unabhängigkeitskampfes, wurde das Custom House in Brand gesteckt und stand fünf Tage lang in Flammen. Die Innenräume wurden später komplett neu gestaltet und zwischen 1986 und 1988 umfassend renoviert.

Die beste Sicht auf das 114 m lange Gebäude entlang der Liffey hat man vom anderen Ufer aus. Es lohnt sich aber auch ein genauerer Blick auf die vielen Details. Über dem Gebäude thront eine Kupferkuppel mit vier Uhren und der 5 m hohen Statue der Hoffnung.

Unterhalb der Kuppel befindet sich das **Custom House Visitor Centre** (Karte S. 84f.; ☎ 888 2538; Custom House Quay; Eintritt 1,30 €; ☽ Mitte März–Okt. Mo–Fr 10–12.30, Sa & So 14–17.30, Nov.–Mitte März Sa geschl.) mit einem kleinen Museum über James Gandon und die Geschichte des Gebäudes.

ST. MARY'S PRO-CATHEDRAL

Dublins bedeutendste **katholische Kirche** (Karte S. 84f.; ☎ 874 5441; Marlborough St; Eintritt frei; ☽ 8–18.30 Uhr) ist nicht gerade ein Schmuckstück. Zum einen befindet sie sich nicht wie ursprünglich geplant in der O'Connell Street, wo heute die Hauptpost steht, sondern in einer kleinen, unscheinbaren Seitenstraße. Die Protestanten der Stadt hatten nämlich einen Riesenaufstand gemacht und darauf bestanden, dass sie in einer unauffälligeren Gasse gebaut werden sollte. Und tatsächlich verirrten sich nur Kunden des ältesten Gewerbes der Welt in diese Gegend, mitten in Monto, wie die Marlborough Street früher genannt wurde, dank der hier stationierten britischen Armee dem meist besuchten Rotlichtviertel Europas. Nach der

Unabhängigkeit und dem Abzug der Briten war Monto wieder die gute alte Marlborough Street, und das Einzige was heute noch an die anrüchige Vergangenheit der Straße erinnert, ist ein Zitat von James Joyce, der in einem seiner Texte die Gegend erwähnt, wo er seine Unschuld verlor: in der „Nighttown", der Nachtstadt.

Heute ist die Gegend nicht mehr das, was sie mal war, aber so wird man wenigstens nicht abgelenkt, wenn man die Kathedrale mit den sechs dorischen Säulen besichtigen will. Zwischen 1816 und 1825 errichtet, wurde der Bau dem Theseus-Tempel in Athen nachempfunden. Die beste Zeit für einen Besuch ist sonntags um 11 Uhr, wenn der Palestrina Chor die lateinische Messe singt; selbiger Chor, in dem Count John McCormack, Irlands größter und international bekanntester Sänger (nix für ungut, Bono), 1904 seine Karriere begann.

Und zum Schluss noch ein kleiner Vermerk zu dem Wörtchen „Pro"-Kathedrale. Grob übersetzt ist das eine inoffizielle Kathedrale, die provisorisch als Übergangslösung genutzt wird, bis sich die Kirche den Bau einer größeren leisten kann. Dieser Fall ist allerdings nie eingetreten, und so hat die katholischste aller Städte zwei unglaublich schöne, aber zu wenig genutzte protestantische Kathedralen und eine recht schnöde katholische. 1:0 für die Ironie der Geschichte.

DUBLIN CITY GALLERY – THE HUGH LANE

Die phantastische **Hugh Lane Gallery** (Karte S. 82-3; ☎ 874 1903; www.hughlane.ie; 22 North Parnell Square; empfohlene Spende 2 €; ☼ Di–Do 9.30–18, Fr & Sa 9.30–17, So 11–17 Uhr) ist im prächtigen Charlemont House aus dem 18. Jh. untergebracht. Mit einem grandiosen modernistischen Anbau, den sich die Galerie für 13 Mio. Euro geleistet hat, gibt es nun fast doppelt so viele Räumlichkeiten wie bisher. Das neue Gebäude steht dort, wo sich einst der National Ballroom befand. Auf drei Stockwerken in 13 lichtdurchfluteten Galerien werden Werke ab 1950 gezeigt; zusätzlich findet man einen Kunstbuchladen und ein schickes Restaurant im Untergeschoss.

Die Galerie füllt genau die Lücke zwischen den alten Meistern der National Gallery (S. 99) und den zeitgenössischen Werken, die im Irish Museum of Modern Art ausgestellt sind (S. 106).

Alle großen Namen des französischen Impressionismus und der irischen Kunst aus dem frühen 20. Jh. sind hier unter einem Dach vereint: Skulpturen von Rodin und Degas, Gemälde von Corot, Courbet, Manet und Monet sowie die Werke der irischen Meister Jack B. Yeats, William Leech und Nathaniel Hone.

Das **Francis Bacon Studio** ist eine originalgetreue Nachbildung des chaotischen Ateliers, das der Maler in der 7 Reece Mews in London besaß, wo der in Dublin geborene Künstler 31 Jahre lang lebte. Sicher wäre Francis Bacon, der sein heilloses Durcheinander als Kunst bezeichnete und Irland leidenschaftlich verabscheute, nicht gerade begeistert, wenn er wüsste, dass seine Zeitungsausschnitte, Pferdepeitschen, alten Socken, schmutzige Wäsche, Gurkengläser und Mäuseköttel in jahrelanger Kleinstarbeit katalogisiert wurden, um sie in Dublin peinlich genau wieder zusammenzufügen.

1908 wurde die Galerie von dem reichen Kunsthandler Sir Hugh Lane gegründet, der 1915 auf der *Lusitania* starb, als das Schiff von einem deutschen U-Boot torpediert und versenkt wurde. Nach seinem Tod entbrannte ein bitterer Erbstreit zwischen der National Gallery in London und der Hugh Lane Gallery über die Meisterwerke seiner Sammlung. Noch immer, nach jahrelangem Tauziehen, wird im ständigen Wechsel die eine Hälfte in Dublin ausgestellt, die andere in London. Momentan ist Hugh Lane im Besitz des wertvollsten Schatzes: Renoirs *Les Parapluies*.

DUBLIN WRITERS MUSEUM

Wer sich für Dublins Schriftsteller interessiert, sollte unbedingt das **Dublin Writers Museum** (Karte S. 84f.; ☎ 872 2077; www.writersmuseum.com; 18 North Parnell Square; Erw./Kind/Stud. 7/4,40/5,95 €; ☼ Sept.–Mai Mo–Sa 10–17, Juni–Aug. bis 18, ganzjährig So 11–17 Uhr) besuchen, wo Memorabilia, Tagebücher und Ähnliches an das reiche literarische Erbe Dublins erinnern. Leider stellt das Museum nur Werke, die bis in die 1970er-Jahre entstanden sind, aus; neuere Autoren werden nicht berücksichtigt. Besucher, die allerdings Briefe, Fotos, Erstausgaben und vieles mehr von Beckett, Behan und Co. spannend finden, werden hier nicht enttäuscht.

Im Museum gibt es außerdem einen Buchladen und ein Restaurant, das Chapter One (S. 135). Im Eintritt ist zudem eine Audio-Führung enthalten, über die man sich ausgesuchte Texte u. a. auch auf Deutsch anhören kann. Wer vorhat, das James Joyce Museum

(S. 149) und das Geburtshaus von George Bernhard Shaw (S. 116) zu besichtigen, sollte gleich das insgesamt günstigere Kombiticket kaufen (Erw./Stud./Kind 12/10/7,40 €).

Während sich das Museum hauptsächlich mit toten Schriftstellern beschäftigt, dient das Irish Writers' Centre im Haus nebenan (Nr. 19) als Treffpunkt und Arbeitsplatz für noch lebende Schreiberlinge.

JAMES JOYCE CULTURAL CENTRE

Denis Maginni, der ebenso extravagante wie exzentrische Tanzlehrer, den James Joyce in *Ulysses* unsterblich gemacht hat, unterrichtete in diesem **Haus** (Karte S. 84f.; ☎ 878 8547; www.james joyce.ie; 35 North Great George's St; Erw./Stud./Kind 5/4 €/frei; ☺ Di–Sa 10–17 Uhr). 1982 kaufte Senator David Norris, ein berühmter Joyce-Experte und bekannter Aktivist für Schwulenrechte, das heruntergekommene Gebäude, ließ es restaurieren und eröffnete schließlich ein Zentrum für Joyce-Studien.

Besucher können den Raum sehen, wo Maginni Unterricht gab, sowie eine Sammlung von Bildern, die u. a. die 17 Dubliner Häuser zeigen, in denen die Nomadenfamilie Joyce – übrigens alles Vorbilder für Romanfiguren – gewohnt hat. Einige der wunderbaren Stuckdecken sind restaurierte Originale, andere sorgfältige Nachbildungen von Michael Stapletons Stuckarbeiten. Weitere Informationen über spezielle Joyce–Spaziergänge, die hier im Center starten, siehe S. 120.

Smithfield & Phoenix Park

Seit fast einem Jahrzehnt ist Smithfield ein urbaner Hoffnungsträger der Städteplaner – ja, es wird Temple Bar irgendwann als coolstes Viertel der Stadt ablösen und, ja, es wird auch eine kulturelle Renaissance der Northside auf den Weg bringen. Trotzdem bleibt die Gegend eine ständige Baustelle. Während der neue attraktive Platz und moderne Neubauten zweifellos ihren Beitrag leisten, lohnt es sich noch viel mehr, auf den maroden Spuren des alten Dublins zu wandeln. Weiter westlich liegen immerhin Dublins größter öffentlicher Park, die Residenz des Präsidenten und der Zoo. Auf dem Weg dorthin kommt man außerdem an einem der besten Museen der Stadt vorbei.

SMITHFIELD

Für das Viertel Smithfield (Karte S. 84f.), das im Osten an die Church Street, im Westen an Blackhall Place, im Norden an die North King Street und im Süden an den Arran Quay grenzt, wurden schon Mitte der 1990er-Jahre große wohnungsbauliche und kulturelle Pläne geschmiedet. Seitdem entwickelt sich die Ecke in Schüben, mit dem noch nicht ganz erreichten Ziel, ein vielversprechendes Kulturviertel zu werden. Hauptaugenmerk bei den Entwicklungen liegt auf dem alten Heu-, Stroh-, Vieh- und Pferdemarkt – dem Smithfield Market – der mittlerweile durch einen neuen öffentlichen Platz ersetzt wurde. Aushängeschild des Historic Area Rejuvenation Project (HARP), das sich der nordwestlichen Innenstadt angenommen hat, ist eine autofreie Fußgängerzone, die auf einer Seite von 26 m hohen Gasfackeln mit jeweils 2 m hohen Flammen beleuchtet wird. Das alte Kopfsteinpflaster wurde herausgenommen, sauber gemacht und, gemischt mit neuen Granitplatten, neu verlegt. So wirkt das Ganze modern, ohne an alter Schönheit einzubüßen.

Auf der Ostseite des Platzes liegt die Old Jameson Distillery, während auf der Westseite alte Traditionen aufrechterhalten werden: Der alte Obst- und Gemüsemarkt läuft nach wie vor prächtig.

CHIMNEY

Im Rahmen der andauernden Sanierung des Smithfield-Viertels wurde der Schornstein der Jameson-Brennerei von 1895 in Dublins ersten und einzigen 360-Grad-**Aussichtsturm** (Karte S. 84f.; ☎ 817 3800; Smithfield Village; Erw./Kind/Stud./Fam. 5/3,50/3,50/10 €; ☺ Mo–Sa 10–17, So 11–17.30 Uhr) verwandelt. Ein gläserner Aufzug bringt die Besucher hoch zur Plattform, wo man sich hinter sicherem Glas die gesamte Stadt, das Meer und die Berge im Süden ansehen kann. Bei klarem Wetter lassen sich von hier aus ein paar schöne Fotos machen.

NATIONAL MUSEUM OF IRELAND – DECORATIVE ARTS & HISTORY

So viel zum strengen Soldatenleben: Bis zur Stilllegung vor einem Jahrzehnt waren die Collins Barracks, die 1704 auf Geheiß von Königin Anne gebaut wurden, die größte Militärkaserne der Welt. 1997 wurde der graue, früh neoklassizistische Steinquader am Nordufer der Liffey komplett modernisiert und beherbergt nun die Decorative Arts & History Sammlung des **National Museum of Ireland** (Karte S. 84f.; ☎ 677 7444; www.museum.ie; Benburb St; Eintritt frei; ☺ Di–Sa 10–17, So 14–17 Uhr). Die Ausstellung ist ganz nett, atemberaubend wirkt hingegen das Gebäude. Im Zentrum befindet sich ein riesiger Platz, umgeben von Kolonnaden und Blöcken, die über Fußgängerbrücken miteinander verbunden sind. Bei einem Rundgang durch die Plaza sollte man immer daran denken, dass hier einmal bis zu sechs Regimenter untergebracht waren. Das Prachtwerk stammt von Thomas Burgh (1670–1730), der auch die Old Library (S. 94) im Trinity College und St. Michan's Church (S. 112) errichtete.

Im Inneren des imposanten Baus verbirgt sich ein wahrer Schatz an Artefakten – von Silber, Keramik und Glaswaren über Waffen, Möbel und Alltagsgegenstände. 25 von verschiedenen Kuratoren ausgewählte Glanzstücke werden in einer Sonderausstellung mit dem Titel *Curator's Choice* gezeigt. Die Auswahl wird jeweils kurz begründet.

Das Museum vermittelt einen Eindruck der sozialen, wirtschaftlichen und militärischen Geschichte Irlands des letzten Jahrtausends. Vielleicht hat es sich damit etwas leicht übernommen, wie manche Kritiker behaupten; dennoch sind die toll gestalteten Schaukästen, die interaktive Multimedia-Spielereien und eine schwindelerregende Masse verschiedenster Artefakte zumindest einen interessanten und tapferen Versuch wert gewesen. Während der erste Stock die **Irish Silver Collection**, eine der größten Silbersammlungen der Welt, beherbergt, sind im zweiten **irische Antikmöbel** und **wissenschaftliche Instrumente** ausgestellt. Die dritte Etage wartet mit einfach-robusten **irischen Landhausmöbeln** auf.

Wer modernes Mobiliar und Design schätzt, wird von der Sammlung über die irische Kultdesignerin Eileen Gray (1878–1976) begeistert sein, die zu den Höhepunkten des Museums zählt. Gray galt als eine der einflussreichsten Designerinnen des 20. Jhs. Die Ausstellung dokumentiert ihr Leben und Werk und zeigt Beispiele sowie Modelle ihrer bekanntesten Stücke. In der faszinierenden Ausstellung *Way We Wore* werden irische Kleidung und Schmuck der letzten 250 Jahre präsentiert. Die spannende sozio-kulturelle Studie macht vor allem deutlich, wie die Exponate als Ausdrucksmittel für Trauer, Liebe und Persönlichkeit genutzt werden.

Eine neue Sammlung über den **Osteraufstand von 1916** befindet sich im Erdgeschoss. Bedrückende Memorabilia wie Augenzeugenberichte über die Gewalt der Polizei und die Hungerstreiks nach dem Aufstand sowie handgeschriebene Todesurkunden republikanischer Gefangener und ihre Postkarten aus dem Holloway-Gefängnis lassen dieses schmerzliche Kapitel irischer Geschichte erschreckend lebendig wirken.

OLD JAMESON DISTILLERY

Smithfields größte Attraktion ist die **Old Jameson Distillery** (Karte S. 84f.; ☎ 807 2355; www.jameson. ie; Bow St; Erw./Kind/Stud. 10/6/8 €; ⏰ 10–17.30 Uhr, Führungen alle 35 Min.), ein riesiges Museum, das ganz dem *uisce beatha*, dem Wasser des Lebens, gewidmet ist, denn für echte Fans ist Whiskey nichts anderes. Die dürften von der Professionalität des Museums allerdings leicht abgeschreckt sein, da man erst zwangsläufig durch die Nachbildung der Fabrik geschleust wird und dann im allgegenwärtigen Souvenirladen landet.

Bis dahin gibt es aber viel zu entdecken. Nach einem kurzen Film wird der gesamte Destillierungsvorgang erklärt, vom Korn bis zur Abfüllung. Man erfährt viele interessante Details, z. B. was eigentlich einen Single Malt ausmacht, z. B. woher der Whiskey seine Farbe und sein Aroma bekommt, und was der Unterschied zwischen irischem und schottischem Whiskey, außer der Schreibweise, ist. Das verleitete einen Schotten dazu, zu sagen, die Iren hätten doch wirklich an alles gedacht; selbst ein „e" haben sie in „Whisky" geschmuggelt.

Dann geht's direkt in die Bar, wo das Objekt des Interesses probiert wird. Ambitionierte Trinker können sogar an einer Whiskey-Verkostung teilnehmen, bei der Sorten aus aller Welt getestet und die Unterschiede fachmännisch erläutert werden. Und schließlich landet man dann im besagten Shop. Wer Whiskey kauft, sollte Sorten wählen, die es zu Hause nicht gibt, z. B. den hervorragenden Red Breast oder den super edlen Midleton, der als sehr limitierte Edition dementsprechend kostet.

FOUR COURTS

Berufungskläger beben vor Ehrfurcht, Angeklagte vor Angst, Besucher eher vor Erstaunen, wenn sie vor James Gandons imposanten **Four Courts** stehen (Karte S. 86; ☎ 872 5555; Inn's Quay; Eintritt frei), Irlands Oberstem Gerichtshof. Gandons georgianisches Meisterwerk ist ein Mammutgebäude mit einer 130 m langen Fassade und einer Vielzahl an Statuen. Der von korinthischen Säulen gesäumte Mittelbau, dessen Errichtung 1786 begann und erst 1802 abgeschlossen war, wird von Seitenflügeln mit jeweils abgeschlossenen Innenhöfen flankiert. Die ursprünglichen vier Höfe – für Finanzen, Zivilrecht, Strafrecht und den Gerichtshof des Lordkanzlers – sind um eine Rotunde in der Mitte angeordnet.

Four Courts spielte kurz im Osteraufstand von 1916 eine Rolle, den das Gebäude unbeschadet überstand. Trotzdem waren die Ereignisse von 1922 ziemlich unschön. Als Truppen, die gegen das Abkommen kämpften, das Gebäude einnahmen und nicht mehr abziehen wollten, wurde es vom anderen Flussufer aus beschossen. Nachdem sich die Besetzer zurückgezogen hatten, setzte man das Gebäude in Brand und zerstörte dabei viele unwiederbringliche frühe Aufzeichnungen. Das Ereignis war Auslöser für den Bürgerkrieg, und der Bau wurde erst 1932 restauriert.

Besucher dürfen zwar durch das Gebäude wandeln, die Höfe oder andere abgegrenzte Bereiche sind allerdings nicht zugänglich. In der Halle der Rotunde kann man Anwälte mit ihren Perücken beim Diskutieren beobachten und sieht Polizisten und Angeklagte, die mit Handschellen aneinandergekettet sind.

ST. MICHAN'S CHURCH

Die makabren Überreste uralter Leichname sind der Publikumsmagnet der **St. Michan's Church** (Karte S. 86; ☎ 872 4154; Lower Church St; Erw./ Kind/Stud. 3,50/2,50/3 €; ☺ Mai–Okt. Mo–Fr 10–12.45 & 14–16.45, Sa 10–12.45, Nov.–April Mo–Fr 12.30–15.30 Uhr). Unweit von Four Courts gelegen wurde die Kirche 1095 von den Dänen gegründet und nach einem ihrer Heiligen benannt. Kaum zu glauben, dass es die *einzige* Kirche darstellt, die bis 1686 nördlich der Liffey erbaut worden war. Das ursprüngliche Gotteshaus ist weitgehend unter mehreren Anbauten verschwunden, die hauptsächlich aus dem 17. Jh. stammen – bis auf den im 15. Jh. errichteten Schlachtenturm. Anfang des 19. Jhs. wurde der Bau von Grund auf saniert und dann noch mal nach dem Bürgerkrieg, aus dem er einige Schäden davontrug.

Im Innenraum kommt man sich eher wie in einem Gerichtssaal vor als in einer Kirche. Darin steht eine Orgel von 1724, auf der Händel die Uraufführung des *Messias* gespielt haben soll. Ein Totenschädel auf dem Boden auf einer Seite des Altars soll der von Oliver Cromwell sein. Auf der anderen Seite steht

ein öffentlich platzierter Büßerstuhl für die Bewohner der Gemeinde mit notorisch schlechtem Lebenswandel.

Als größte Attraktion gilt die Krypta im Untergeschoss mit 400 bis 800 Jahre alten Leichnamen, die nicht etwa mumifiziert, sondern durch die stets trockene Atmosphäre konserviert wurden. Führungen werden spontan angeboten, je nachdem, wie viele Interessenten sich zusammenfinden. Vom Stadtzentrum aus fährt der Bus 134 oder die Luas Red Line nach Smithfield.

PHOENIX PARK

Mit unglaublichen 709 ha gilt der **Phoenix Park** (Karte S. 82; Eintritt frei) als größter Stadtpark Europas. Die grüne Lunge ist sogar doppelt so groß wie der Central Park in New York (337 ha) und größer als alle größeren Parkanlagen Londons zusammen. Hier findet man Gärten und Seen, Plätze für alle möglichen britischen Sportarten – von Fußball über Cricket bis hin zu Polo (natürlich die langweilige Pferdvariante) –, den zweitältesten Zoo Europas, ein Schloss und ein Besucherzentrum, die Hauptwache der Garda Síochána (Polizei) und die Büros des Ordnance Survey (Vermessungsamt) sowie die Luxusvillen des irischen Präsidenten und des US-Botschafters, die fast gegenüberliegen. Und es gibt sogar eine Herde mit rund 500 Damhirschen.

Lord Ormond siedelte das Wild 1662 hier an, als Ländereien, die dem Hospitaliterorden gehörten, plötzlich königliches Jagdrevier wurden. 1745 gab Vizekönig Lord Chesterfield den Park für die Öffentlichkeit frei. Der Name „Phoenix" ist übrigens keine Anspielung auf den mythologischen Vogel, sondern eine Verfälschung des irischen Ausdrucks *fionn uisce*: „klares Wasser".

1882 war der Park Schauplatz eines berühmten Verbrechens der irischen Geschichte. Wo heute der irische Präsident residiert, wurden der britische Minister für irische Angelegenheiten, Lord Cavendish, und sein Assistent von einer Gruppe Nationalisten, den sogenannten „The Invincibles" (Die Unbesiegbaren), ermordet. Das Haus von Lord Cavendish heißt heute Deerfield und wird als offizielle Residenz des US-Botschafters genutzt.

Neben dem Eingang in der Parkgate Street steht das 63 m hohe **Wellington Monument**. Der Bau begann 1817, zog sich aber bis 1861 hin, weil der Duke of Wellington bei der Bevölkerung in Ungnade fiel. Daneben liegt der

People's Garden von 1864 und ein **Konzertpavillon** im „The Hollow".

1830 gegründet ist der 12 ha große **Dublin Zoo** (Karte S. 82; ☎ 677 1425; www.dublinzoo.ie; Phoenix Park; Erw./Kind/Fam. 14/9,50/40 €; ☺ März–Sept. Mo–Sa 9.30–18, So 10.30–18 Uhr, Okt.–Febr. Mo–Sa 9.30 Uhr–Sonnenuntergang, So 10.30 Uhr–Sonnenuntergang) der älteste Tierpark der Welt. Vor allem Kinder kommen hier auf ihre Kosten. Früher war der Zoo derart heruntergekommen, dass die deprimierten Tiere die Besucher regelrecht niedergeschlagen machten. Mittlerweile hat sich die Haltung der Tiere jedoch deutlich verbessert, und den Menschen macht ein Abstecher auch gleich mehr Spaß.

Das große viktorianische Gebäude hinter dem Zoo, am Rande des Parks, ist die Hauptwache der Garda Síochána. Sie wurde von Benjamin Woodward im 19. Jh. errichtet, der u. a. auch die Old Library des Trinity College (S. 94) baute.

In der Parkmitte markiert das **Papstkreuz** die Stelle, wo Papst Johannes Paul II. im Jahr 1979 vor 1,25 Mio. Menschen predigte. Das **Phoenix Monument**, 1747 von Lord Chesterfield errichtet, hat nur wenig von einem Phönix und wird deshalb oft als Eagle (Adler) Monument bezeichnet. Der 81 ha große Abschnitt im Süden wird merkwürdigerweise Fifteen Acres genannt und von zahlreichen Fußballfeldern in Beschlag genommen. Zum Zuschauen kommt man am besten an einem Sonntagvormittag im Winter hier vorbei. Im Westen liegt die besonders schöne und ländlich wirkende Ecke von **Glen Pond**.

Zurück am Toreingang des Parks ragt das **Magazine Fort** auf den Thomas' Hill. Zwischen 1734 und 1801 im Schneckentempo errichtet diente es als gelegentliches Waffendepot für die britische und später die irische Armee. Unter Beschuss geriet es 1916 während des Osteraufstands sowie 1940, als sich die IRA mit den gesamten Munitionsvorräten der irischen Armee vom Acker machte (die aber nach wenigen Wochen wieder auftauchten).

Die Residenz des irischen Präsidenten, **Áras an Uachtaráin** (Karte S. 82; ☎ 617 1000; Phoenix Park; Eintritt frei; ☺ Sa 10.30–16.30 Uhr, Führungen stündl.), wurde 1751 erbaut und 1782 zum ersten Mal vergrößert. 1816 fügte der berühmte irische Architekt Francis Johnston den ionischen Portikus hinzu. Zwischen 1782 und 1922 wohnten dort die britischen Vizekönige und Lord Lieutenants, sprich die Vertreter der britischen Krone. Nach der Unabhängigkeit

wurde das Gebäude Heimat des irischen Generalgouverneurs, bis das Band mit der britischen Krone zerbrach und Irland sich 1937 sein eigenes Präsidentschaftsamt schuf.

Karten für eine Führung bekommt man im **Phoenix Park Visitor Centre** (☎ 677 0095; Erw./erm./ Fam. 2,75/1,25/7 €; ☺ April–Sept. 10–18, Okt. 10–17, Nov. & Dez. Mo–Sa 10–17, Jan.–März Sa & So 10–17 Uhr). Das Besucherzentrum in den ehemaligen Stallungen der päpstlichen Nuntiatur widmet sich der Geschichte und Natur des Parks der letzten 3500 Jahre. Daneben befindet sich das restaurierte vierstöckige **Ashtown Castle**. Das turmähnliche Schloss aus dem 17. Jh. wurde zufällig im Inneren der Nuntius-Villa (18. Jh.) „entdeckt", als Letzteres 1986 wegen Hausschwamms abgerissen werden musste. Interessierte können das Schloss nur im Rahmen einer offiziellen Führung besichtigen.

Zu Dublins beliebter Spielwiese fahren die Linien 10 von der O'Connell Street bzw. 25 und 26 von der Middle Abbey Street.

Am Royal Canal

Heute kann man hier schön spazieren gehen, doch als Long John Binns 1790 seine Ersparnisse in den Bau des Kanals investierte (Karte S. 82), tat er dies nur aus falschem Optimismus und selbstzerstörerischer Rachsucht. Die Zeit der Wasserstraßen war schließlich längst vorbei. Binns steckte sein Geld eigentlich nur deshalb in das Projekt, weil sich einer seiner Amtskollegen im Gremium für den Grand Canal über seinen Beruf als Schuster lustig gemacht hatte. Es kam, wie es kommen musste: Der Kanal war ein glatter Reinfall, Binns verlor einen Haufen Geld und wurde zur Witzfigur.

Binns Pech ist des Spaziergängers Glück, denn heute kann man auf idyllischen Pfaden den Kanal entlangwandern, mitten durch die Stadt. Man gelangt z. B. zur Newcomen Bridge in der North Strand Road, nördlich der Connolly Station, und geht dann bis in den Vorort Clonsilla oder noch weiter; insgesamt sind es über 10 km. Besonders schön ist der Abschnitt in Drumcondra hinter der Binns Bridge. Am oberen Ende der Blessington Street gibt es einen großen Teich mit Wasservögeln; er stammt aus der Zeit, als der Kanal die Stadt mit Trinkwasser versorgte.

Jenseits des Royal Canal beginnen die Vororte und ein authentisches Stückchen Nordstadtleben. Hier stößt man auf ein paar herrliche Gärten, das größte Stadion des Landes, einen historischen Friedhof und eines der interessantesten Gebäude ganz Dublins.

CROKE PARK

Es ist schon ein phantastisches Stadion, wenn man sich dafür interessiert. Mit Platz für über 82 000 Fans gilt **Croke Park** (Karte S. 82; ☎ 819 2323; Clonliffe Rd) als die größte Sportarena des Landes und die viertgrößte Europas. „Croker" – wie die Dubliner es liebevoll nennen – wirkt wie eine grandiose Festung, die den Geist der gälischen Spiele und natürlich auch den des dahintersteckenden Hauptorganisators, der Gaelic Athletic Association (GAA), bewahrt. Wie, klingt übertrieben? Die GAA sieht sich eben nicht nur als Hauptorganisator einiger irischer Sportarten, sondern auch als stoischer Verfechter einer kulturellen Identität, die im Selbstbild der Iren fest verwurzelt ist (siehe Kasten „Wenn Ereignisse Geschichte schreiben").

Wer wissen will, welchen Einfluss die GAA wirklich hat, sollte unbedingt die **Croke Park Experience** (☎ 855 8176; www.gaa.ie; New Stand, Croke Park, Clonliffe Rd; Erw./Kind/Stud. Museum 5,50/3,50/4 €; Museum & Führung 9,50/6/7 €; ☒ April–Okt. Mo–Sa 9.30–17, So 12–17, Nov.–März Di–Sa 10–17, So 12–16 Uhr) miterleben, wobei es nicht schadet, wenn man sich für Sport begeistert. Die Führung (2-mal tgl.; außer an Spieltagen) durch das imposante Stadion ist absolut empfehlenswert.

Zu Croke Park fahren die Linien 3, 11, 11A, 16, 16A und 123 von der O'Connell Street aus.

NATIONAL BOTANIC GARDENS

Die 1795 gegründeten, 19,5 ha großen **National Botanic Gardens** (Karte S. 80; ☎ 837 7596; Botanic Rd, Glasnevin; Eintritt frei; ☒ April–Okt. Mo–Sa 9–18, So 11–18, Nov.–März Mo–Sa 10–16.30, So 11–16.30 Uhr) treffen nördlich des Zentrums auf den Fluss Tolka.

WENN EREIGNISSE GESCHICHTE SCHREIBEN

Am 24. Februar 2007 um 17.31 Uhr wurde im Croke Park Stadion Geschichte geschrieben, als die ersten Takte von „God Save The Queen" erklangen. Das englische Rugby-Team stand stolz aufgereiht auf dem Platz, 82 000 Zuschauer applaudierten höflich als Einstimmung auf das lang ersehnte Sechs-Länder-Spiel zwischen Irland und dem „ehemaligen Feind".

Vor 25 Jahren hätte der vorherige Abschnitt wie reine Erfindung geklungen, ein abstruser Traum, der niemals in Erfüllung gehen könnte. Vor diesem Tag im Februar hatten offizielle Vertreter Englands zuletzt am 1. November 1920 das Stadion von Croke Park betreten. Damals eröffneten Soldaten das Feuer auf die Menge, als Vergeltungsakt für vorangegange Morde an 14 englischen Agenten. 14 Menschen, darunter ein Spieler und zwei Jungen, starben. In den darauf folgenden 76 Jahren entstand die Republik Irland und die Gaelic Athletic Association (GAA), die sich zum größten Sport- und Kulturverband des Landes mauserte. Sie war so einflussreich, dass sie u. a. sämtliche fremden Spiele (also: die Engländer) in der heiligsten aller Spielstätten, Croke Park, verbot.

Die Iren spielten zwar Fußball und Rugby – in den letzten Jahrzehnten sogar recht erfolgreich – doch die Spiele wurden immer auf Plätzen ausgetragen, die nicht von der GAA kontrolliert wurden. Internationale Begegnungen fanden im Lansdowne Road der Irish Rugby Football Union (IRFU) statt. Als man 2007 mit der längst überfälligen Renovierung des Lansdowne Road Stadions begann, hatten die Rugby-Gemeinde und die Football Association of Ireland (FAI) ein Problem: In Irland gab es keine anderen Austragungsorte für internationale Spiele, und so wurde erwogen, die Heimspiele in Großbritannien stattfinden zu lassen!

Die GAA wollte jahrelang nicht einmal darüber reden, doch im April 2005 stimmte man mit hauchdünner Mehrheit dafür, dass die rivalisierenden Verbände vorübergehend in Croke Park spielen durften. So wurde hier am 13. Oktober 2007 auch das EM-Qualifikationsspiel der deutschen Nationalmannschaft gegen Irland ausgetragen und es konnte am 24. Februar zu jenem denkwürdigen Moment kommen. Nur 80 Minuten später wurde noch einmal Geschichte geschrieben: Irland gewann 43 zu 13, der höchste Sieg jemals.

Ein gelungenes Ende für ein starkes Stück Geschichte. Doch im Interesse der (oft) langweiligen Genauigkeit muss gesagt werden, dass die Engländer nicht das erste Team waren, das ein Spiel in Croke Park bestritt. Zwei Wochen zuvor wurde den Franzosen diese Ehre zuteil, die einen schwer erkämpften Sieg gegen ein begeistertes irisches Team feierten. Letzteres war von diesem besonderen Anlass an sich schon überwältigt. Doch im Grunde zählte ja doch nur der Sieg gegen die Engländer. Wie immer.

In den Gärten stehen eine Reihe geschwungener Gewächshäuser von 1843 bis 1869. Sie wurden von Richard Turner errichtet, der auch das Gewächshaus im Botanischen Garten von Belfast und das Palmenhaus in Londons Kew Gardens baute. Im Inneren dieser viktorianischen Prachtbauten verbirgt sich neueste botanische Technik, u. a. computergesteuerte Biotope, in denen jeweils unterschiedliche Weltklimazonen vorherrschen. Auch gärtnerische Pionierarbeit wurde geleistet: 1844 hatte man erstmals versucht, Orchideen aus Samen zu ziehen. Das Kleine Pampasgras und Riesenseerosen wurden hier ebenfalls zum ersten Mal in Europa gezüchtet.

Zu den Botanischen Gärten gelangt man mit den Linien 13, 13A und 19 von O'Connell Street bzw. 34 oder 34A von Middle Abbey Street aus.

GLASNEVIN CEMETERY

Irlands größter und historisch bedeutendster Friedhof ist der **Prospect Cemetery** (Karte S. 82; ☎ 830 1133; www.glasnevin-cemetery.ie; Finglas Rd; Eintritt frei; 🕑 24 Std., Führungen Mi & Fr 14.30 Uhr). Man nennt ihn auch Glasnevin Cemetery, nach dem nördlichen Stadtteil Dublins, wo er sich befindet. Von den Botanischen Gärten liegt er nur einen kleinen Spaziergang entfernt. Errichtet wurde der Friedhof 1832 als letzte Ruhestätte für Katholiken, denen Grabstellen in den protestantischen Friedhöfen der Stadt immer öfter verwehrt wurden. Daher ist es wenig überraschend, dass die Denkmäler und Monumente recht nationalistisch anmuten, mit zahlreichen Hochkreuzen, Kleeblättern, Harfen und anderen irischen Symbolen. Joyce-Anhängern wird der Friedhof besonders gefallen, denn er findet in *Ulysses* Erwähnung.

Der interessanteste Teil erstreckt sich südöstlich von Prospect Square. Das beeindruckendste Monument ist das riesige Denkmal von McCabe (1837–1921), dem Erzbischof von Dublin und Primas von Irland. Ein moderner Nachbau eines Rundturms dient als praktischer Wegweiser zum Grab von Daniel O'Connell, der 1847 starb und 1869 hierher verlegt wurde, als der Turm fertiggestellt war. Charles Stewart Parnells Grab kann man an dem großen Granitfelsen erkennen. Auch andere berühmte Persönlichkeiten fanden hier ihre letzte Ruhe, etwa Sir Roger Casement, der 1916 wegen Hochverrats von den Briten hingerichtet wurde (seine Überreste wurden erst 1964 nach Irland überführt); der republikanische Anführer Michael Collins, der im Bürgerkrieg ums Leben kam, Hafenarbeiter und Gewerkschafter Jim Larkin, der im Generalstreik von 1913 als treibende Kraft auftrat, sowie Dichter Gerard Manley Hopkins.

Ein markantes Gruppendenkmal erinnert an die Menschen, die sich im Laufe des Jahrhunderts für die irische Unabhängigkeit zu Tode hungerten, darunter auch jene zehn Männer, die in den „H-Block-Hungerstreiks" von 1981 ihr Leben ließen.

Von den Wachtürmen aus wurde früher nach Leichenräubern Ausschau gehalten.

Den Friedhof erreicht man mit den Linien 40, 40A oder 40B von Parnell Street.

CASINO AT MARINO

In diesem Casino sucht man vergeblich nach Roulette- und Blackjack-Tischen, denn hier handelt es sich um ein original italienisches **Casino** (Karte S. 82; ☎ 833 1618; Malahide Rd; Erw./erm./Fam. 2,90/1,30/7,50 €; 🕑 Mai & Okt. 10–17, Juni–Sept. 10–18, Febr., März, Nov. & Dez. Sa & So 12–16, April Sa & So 12–17 Uhr), das vielmehr als „Lusthaus" oder „Sommerresidenz" zu verstehen und in einem der bezauberndsten Gebäude ganz Irlands untergebracht ist. Eine Besichtigung wird nur im Rahmen einer Führung angeboten; die letzte beginnt 45 Minuten, bevor das Haus geschlossen wird.

Das Casino wurde Mitte des 18. Jhs. vom Earl of Charlemont errichtet, der bei seiner Rückkehr von einer großen Rundreise durch Europa mit mehr Kunstwerken zurückkam, als sein Zuhause verkraften konnte. Sein Landschloss, das Marino House, befand sich auf demselben Grundstück, wurde jedoch in den 1920er-Jahren abgerissen. Auf seiner Reise hatte er sich außerdem in den palladianischen Stil verliebt, wie an der Architektur dieses wunderbar nutzlosen Prachtbaus unschwer zu erkennen ist.

Durch die riesige Eingangstür und die zwölf toskanischen Säulen, die eine tempelähnliche Fassade bilden, wirkt das Gebäude von außen, als gäbe es drinnen nur einen zentralen Innenraum. Weit gefehlt: Stattdessen erwartet den Besucher ein extravagant geschnittenes Labyrinth mit phantasievoll gestalteten Räumen. Die Kamine für die Zentralheizung sind als Dachurnen getarnt, in den Säulen verstecken sich Fallrohre, und es gibt aus Holz geschnitzte Stofffalten, reich verzierte offene Kamine, herrliche Parkettböden aus seltenen

DUBLIN

Hölzern und einen geräumigen Weinkeller. Verschiedene Statuen zieren den Außenbereich, amüsanter sind aber vor allem die Täuschungen. Das massive Eingangsportal ist reine Maskerade, denn der eigentliche Zugang zum geheimnisvollen Innenraum ist eine stinknormale Tür. Die Fenster sind schwarz hinterlegt, damit man von außen nicht erkennen kann, dass sich im Inneren nicht nur ein großer Raum befindet, sondern gleich ein ganzes Gewirr von Zimmern.

Zum Casino fahren die Buslinien 20A, 20B, 27, 27B, 42, 42C und 123 vom Stadtzentrum aus, oder man nimmt den Dublin Area Rapid Transport (DART) zur Clontarf Road.

AM GRAND CANAL

Der schönere der beiden Kanäle Dublins, der Grand Canal (Karte S. 82) verbindet die Stadt mit dem River Shannon. Er verläuft 6 km rund um das südliche Zentrum und wird von einem hübschen Pfad gesäumt, der sich herrlich zum Spazierengehen oder Radfahren eignet. Am östlichen Ende bildet der Kanal einen Hafen, der bei Ringsend mit der Liffey durch Schleusen (1796) verbunden ist. Das große Grand Canal Dock zwischen Hanover Quay und Charlotte Quay wird heute gern von Windsurfern und Kanufahrern frequentiert und ist außerdem Standort großer Bauprojekte, u. a. Dublins erster richtiger Wolkenkratzer, in dem sich U2 ein speziell gebautes Plattenstudio einrichten wird.

Am nordwestlichen Ende des Docks entdeckt man den Misery Hill, wo früher öffentliche Hinrichtungen stattfanden. Die Leichname derjenigen, die bereits in Gallows Hill nahe der Upper Baggot Street gehängt worden waren, wurden ebenfalls hierhergebracht, um sie zwischen sechs Monaten und bis zu einem Jahr öffentlich zur Schau zu stellen.

Der schönste Abschnitt des Kanals liegt etwas weiter südwestlich zwischen der Mount St. Bridge und Baggot Street. Hier, an den grünen, von Bäumen gesäumten Ufern, zog sich Dichter Patrick Kavanagh oft und gern zurück. Sein schaurig-schönes Gedicht „On Raglan Road", dessen Verse später von Van Morrison vertont wurden, handelt von seiner problematischen Liebe zu Dublin. In einem anderen Gedicht wünscht sich Kavanagh eine Parkbank für Spaziergänger, die nach seinem Tod an ihn erinnern soll. Seine Freunde erfüllten ihm diese Bitte und errichteten eine Bank an der Schleuse auf der Südseite des Kanals.

Weiter auf der Nordseite kann man sogar direkt neben Kavanagh Platz nehmen, denn er sitzt in Bronze gegossen gemütlich auf einer Bank und blickt auf seinen geliebten Kanal.

Wer unbedingt wissen möchte, wie Irlands Kanäle gebaut und betrieben werden, sollte die DART zum Grand Canal Dock nehmen und das **Waterways Visitor Centre** (Karte S. 82; ☎ 677 7510; www.waterwaysireland.org; Grand Canal Quay; Erw./Stud./Kind 2,50/1,20/1,20 €; ⏰ Juni–Sept. 9.30–17.30, Okt.–Mai Mi–So 12.30–17 Uhr) auf dem Grand Canal Basin besuchen. Diejenigen, die künstlich angelegte Wasserwege einfach nur ganz nett finden, können sich die „Box on the Docks" – wie dieser moderne Kasten spaßeshalber genannt wird – auch von außen anschauen.

Jenseits des Kanals liegt südöstlich des Stadtzentrums das absolute Nobelviertel Dublins, **Ballsbridge** (Karte S. 80), wo die meisten Botschaftsgebäude und ein paar Luxus-B&Bs angesiedelt sind. Die Hauptsehenswürdigkeiten hier sind der Royal Dublin Society Showground und das **Lansdowne Road Rugby Stadium** (Karte S. 82), das renoviert wurde, als dieses Buch zustande kam. Sport treiben, Spazieren gehen oder einfach nur entspannen kann man auch im **Herbert Park** (Karte S. 82).

ROYAL DUBLIN SOCIETY SHOWGROUND

Der **Royal Dublin Society Showground** (RDS Showground; Karte S. 82; ☎ 668 9878; Merrion Rd, Ballsbridge) befindet sich rund 15 Minuten vom Stadtzentrum entfernt und ist mit der Linie 7 ab Trinity College zu erreichen. Das ganze Jahr über finden hier Ausstellungen statt. Die Society wurde 1731 gegründet und hatte schon in einigen bekannten Dubliner Gebäuden ihren Hauptsitz, u. a. im Leinster House (S. 100) zwischen 1814 und 1925. Die Gesellschaft war an der Gründung des National Museum (S. 99 und S. 110), der National Library (S. 101), der National Gallery (S. 99) und der National Botanic Gardens (S. 114) beteiligt. Das wichtigste Ereignis des Jahres ist im August, wenn die **Dublin Horse Show** (☎ Karten 668 0866) u. a. ein internationaler Springwettbewerb abgehalten wird. Auskünfte zu weiteren Veranstaltungen erteilen die Touristeninformationen und Veranstaltungskalender.

SHAW BIRTHPLACE

Streng genommen liegt dieses Gebäude gerade noch auf der Stadtseite des Kanals. Das Geburtshaus des berühmten Dramatikers George Bernard Shaw, in dem er bis zu seinem 10.

Lebensjahr wohnte, beherbergt heute ein **Museum** (Karte S. 82; ☎ 475 0854; 33 Synge Street; Erw./Kind/Stud. 7/4,40/5,95 €; ☻ ganzjährig Mo–Sa 10–13 & 14–17, Ostern–Okt. auch So 11–13 & 14–17 Uhr), das ihm bzw. der Zeit, in der er aufwuchs, gewidmet ist. Eine Audiopräsentation über Shaws Leben vermittelt einen guten Einblick in einen viktorianischen Haushalt.

Das Kombiticket (Erw./Stud./Kind 12/10/7,40 €) gilt übrigens auch für das Dublin Writers' Museum und das James Joyce Museum in Sandycove.

Vom Trinity College verkehren die Busse 16, 19 oder 122.

IRISH-JEWISH MUSEUM

Gleich um die Ecke vom Shaw House stößt man auf das **Irish-Jewish Museum** (Karte S. 82; ☎ 453 1797; 4 Walworth Rd; Eintritt frei; ☻ Mai–Sept. Di, Do & So 11–15.30, Okt.–April nur So 10.30–14.30 Uhr). Das Museum ist in einer alten Synagoge beheimatet, die 1985 vom damaligen israelischen Präsidenten, Chaim Herzog, eröffnet wurde, der selbst aus Belfast stammt. An Dublins kleine, aber kulturell bedeutsame jüdische Gemeinde erinnern Fotos, Gemälde, Dokumente, Bücher und andere Memorabilia.

AKTIVITÄTEN
Fahrrad fahren

Dublin ist flach und nicht sonderlich groß – für Radfahrer also wie geschaffen. Rostrote Fahrradwege schlängeln sich quer durch die Stadt, wenngleich Staus, Verkehrsrowdys und Straßenbau das Fahrvergnügen zu einem gefährlichen Hindernisparcours machen. Trotzdem kommt man sehr viel schneller mit dem Rad durch die zunehmend verstopfte Innenstadt.

Fahrraddiebstahl ist in Dublin leider ein echtes Problem. Am besten, man stellt das Fahrrad an belebteren Straßen ab oder kettet es an eine der u-förmigen Parkstangen. Da Bikes gerne nachts geklaut werden, bieten die meisten Hotels und Hostels diebstahlsichere Abstellbereiche an.

Irish Cycling Safaris (☎ 260 0749; www.cyclingsafaris. com; University College Dublin, Belfield; Tour 590 €; ☻ Ende April–Anfang Okt.) organisiert acht äußerst empfehlenswerte, einwöchige Überlandtouren. Jede Gruppe radelt nach eigenem Tempo; der Tourleiter fährt dahinter in einem Sicherheitsfahrzeug mit. Fahrradmiete, Hotel und B&B-Unterkunft sind im Preis inbegriffen.

Empfehlenswerte Fahrradläden sind:
Cycle-Logical (Karte S. 86; ☎ 872 4635; 3 Bachelor's Walk) Verkauft Topausrüstung für echte Profis, mit Informationen für Rad-Events in ganz Irland. Kein Reparatur-Service.

Square Wheel Cycleworks (Karte S. 86; ☎ 679 0838; South Temple Lane) Großartiger Reparaturdienst, schnell und freundlich.

Das Mieten von Fahrrädern ist wegen der astronomisch gestiegenen Versicherungskosten richtig teuer geworden. Die Preise für Mountainbikes liegen zwischen 10 und 25 € pro Tag oder bis zu 100 € pro Woche. In den folgenden Läden findet man die Agentur Raleigh Rent-a-Bike:

Cycleways (Karte S. 84f.; ☎ 873 4748; www.cycleways. com; 185-186 Parnell St) In Dublins bestem Fahrradladen arbeiten nur fähige Mitarbeiter, die sich richtig gut auskennen. Super Leihräder.

Eurotrek (☎ 456 8847; www.raleigh.ie)

MacDonalds Cycles (Karte S. 88; ☎ 475 2586; 38 Wexford St) Freundlich und hilfsbereit, perfekt für Freizeitradler.

Strände & Schwimmbäder

Dublin eignet sich nun wirklich nicht für ausgedehnte Sonnenbäder. Die Wassertemperatur klettert selbst an heißen Sommertagen kaum über den Gefrierpunkt. Trotzdem sollten die schönen Strände nicht unerwähnt bleiben. Viele Joyce-Fans lassen es sich z. B. nicht nehmen, in den **Forty Foot Pool** bei Sandycove (S. 149) zu hüpfen, und auch im Norden Dublins gibt es mehrere Sandstrände, etwa **Sutton** (11 km), **Portmarnock** (11 km), **Malahide** (11 km), **Claremount** (14 km) und **Donabate** (21 km). Obwohl der Strand bei **Sandymount** an sich nichts Besonderes ist, liegt sein Reiz in der Nähe zur Stadt: Er ist nur 5 km und eine kleine Busfahrt (Linie 3 von Fleet St) vom Zentrum entfernt.

Das **National Aquatic Centre** (Karte S. 80; ☎ 646 4300; www.nac.ie; Snugborough Rd, Blanchardstown; Erw./Kind & Stud. 12/10 €; ☻ Mo–Fr 14–22, Sa & So 9–20 Uhr) ist der größte Wasserpark Irlands und wurde 2003 für die Special Olympics World Summer Games gebaut. Neben einem Olympia-Becken für Wettkämpfe gibt es Wasser-Achterbahnen, Wellen- und Surfbäder, ein Spaßbad und alle möglichen Wasserrutschen. Das Bad eignet sich als toller Tagesausflug für Familien, wobei man sich an Wochenenden darauf einstellen kann, dass sich vor den Rutschen lange Schlangen mit bibbernden Kindern bilden. Der Bus

DUBLIN

38A bringt einen von der Hawkins Street zur Snugborough Road.

In der Stadtmitte ist die Auswahl an guten Bädern ziemlich dürftig. Die meisten sind klein, überfüllt und unhygienisch. Ganz anders geht es dagegen im **Markievicz Leisure Centre** (Karte S. 84f.; ☎ 672 9121; Ecke Tara St. & Townsend St; Erw./Kind 5,50/2,80 €; ✆ Mo–Fr 7–20.45, Sa 9–17.45, So 10–15.45 Uhr) zu, mit 25-Meter-Becken, Fitnessraum und Sauna. Der Eintritt gilt für den ganzen Tag. Kinder sind jedoch zu den Hauptstoßzeiten (Mo–Fr zw. 7–9, 12–14 & 17–19 Uhr) nicht erwünscht.

STADTSPAZIERGANG

Wenn es darum geht, sich vor dem Spaziergehen zu drücken, um stattdessen in den nächsten Pub zu ziehen, lassen sich die Du-

---

ROUTENINFOS

Start Camden St.
Ziel Ormond Quay
Länge 2,5 km
Dauer eine Stunde bis zwei Tage!

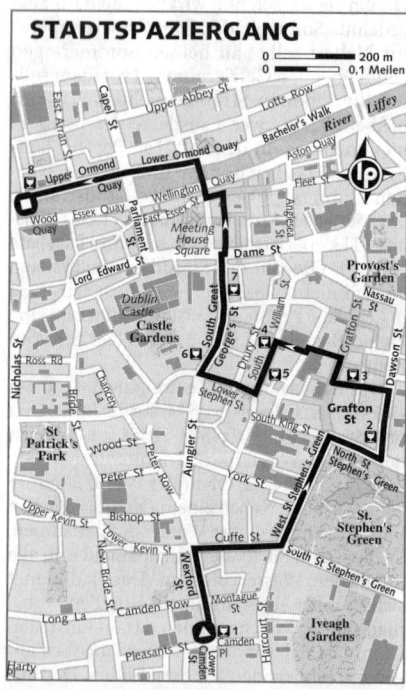

STADTSPAZIERGANG

bliner bisweilen originelle Ausreden einfallen. Bei dieser Tour durch Dublins beste, netteste und heftigste Kneipen ist das gar nicht nötig – und man kann sich nebenher noch ein bisschen gesellschaftlich und kulturell bilden.

Den Anfang macht das hervorragende **Anseo** (**1**; S. 139) in der Camden Street, wo großartige DJs ein extrem hippes und unprätentiöses Publikum anziehen. In der Stadtmitte geht es dann in den kleinsten Pub Dublins, wo in der **Dawson Lounge** (**2**; S. 137) kurz vornehm am Glas genippt wird. Das nächste Pint wird im äußerst netten **Kehoe's** (**3**; S. 137) in der South Anne Street geleert, mit der mitunter besten Stimmung in ganz Dublin. Die traditionelle **Grogan's Castle Lounge** (**4**; S. 137) am Castle Market hat sich glücklicherweise gegen alle Modernisierungsversuche gewehrt, und so kann man hier auch weiterhin mit frustrierten Autoren und Künstlern über die Vorzüge nicht veröffentlichter Werke diskutieren. Gleich um die Ecke in der South William Street sorgt das sehr angesagte **South William** (**5**; S. 140) mit selbst gemachten Kuchen, prima Musik und coolem Publikumsmix für gute Laune. Über die Unbeständigkeit des Lebens sinnieren lässt es sich in der trefflich düsteren viktorianischen **Long Hall** (**6**; S. 137), bevor es dann zum wilden Abtanzen ins **Globe** (**7**; S. 139) geht. Der letzte Absacker wird auf der anderen Seite der Liffey getrunken: Das **Sin É** (**8**; S. 140) am Ormond Quay ist eine schnuckelige Bar mit ganz hervorragender Musik. Wer alle Stationen ordnungsgemäß abgehakt hat, weiß vermutlich nicht mehr, woher die ganzen Tipps eigentlich kamen. Wie viele Finger?

DUBLIN MIT KINDERN

Mit Kindern Urlaub zu machen erfordert bisweilen militärische Disziplin, endlos viel Geduld und Energie, einen Sack voll Gold und Sinn für Humor. Es hilft also ungemein, wenn vor Ort der entsprechende Wille und gute Möglichkeiten bestehen.

Die meisten Hotels bieten Kinderbetten und sogar einen Babysitter-Service (meist für 7–10 € pro Std.) an. Kellner in Restaurants tun zwar nicht so, als hätten sie noch nie ein Baby gesehen, aber zumindest tagsüber sind Junior-Reisende in Dublin gern gesehene Gäste. Etwas nervig ist die Regelung vieler Restaurants in der Innenstadt, wo Kinder unter 12 Jahren und vor allem Babys nach 18 Uhr nicht mehr erwünscht sind. Also besser nachfragen, bevor man einen Tisch reserviert. In vielen, selbst edleren Restaurants gibt es Kindersitze; Fläschchen oder Babynahrung werden auch gern aufgewärmt. Ziemlich einfallslos sind dafür die „Kindermenüs": Neben Chicken Nuggets oder Wurst mit Pommes steht fast nirgends noch etwas anderes auf der Speisekarte. Davon einmal abgesehen, öffnen ständig neue Familienrestaurant mit Bioanspruch ihre Pforten, und die Pizzakette Milano bietet am Wochenende eine kostenlose Kinderbetreuung in ihren Dubliner Restaurants an.

Wickelräume und Spielplätze sind in der Innenstadt dünn gesät. Zum Windelwechseln geht man also am besten direkt ins Einkaufszentrum, Kaufhaus oder zur Not in ein Hotel. In der Gardiner Street (Karte S. 84f.) und in St. Stephen's Green (S. 101) gibt es einigermaßen große Spielplätze, wo man auch die Enten füttern kann. Die Iveagh Gardens (S. 102) haben keinen Spielplatz, dafür aber einen Wasserfall, einen kleinen Irrgarten und einen herrlichen Ort, wo sich die Eltern ausruhen können.

Das **Ark** (Karte S. 86; www.ark.ie; 11A Eustace St) ist ein tolles Kinderkulturzentrum, das Spiele, Ausstellungen und Workshops für 4- bis 14-Jährige organisiert. Veranstaltungen müssen unbedingt vorab gebucht werden.

In Monkstown, 10 km südlich von Dublin, veranstaltet das **Lambert Puppet Theatre** (☎ 280 0974; www.lambertpuppettheatre.com; Clifton Lane, Monkstown) Puppentheater für Kinder ab 3 Jahren.

Das National Museum (S. 99 und S. 110), Natural History Museum (S. 100) und Irish Museum of Modern Art (S. 106) bieten spaßige und lehrreiche Wochenendveranstaltungen für Kinder. Am **Newbridge House** (Karte S. 80; ☎ 843 6534; Donabate; Erw./Kind 3,50/2 €; ☼ April–Sept. Di–Sa 10–17, So 14–18, Okt.–März Sa & So 14–17 Uhr) kann man nett picknicken. Auf der traditionellen Farm leben Kühe, Schweine und Hühner, und es gibt einen großen Park und einen Abenteuerspielplatz. Sie liegt nordöstlich von Swords bei Donabate, 19 km vom Stadtzentrum entfernt. Wer ohne Auto unterwegs ist, kann auch die Suburban Rail (2,40 €, 30 Min.) nehmen, die stündlich von den beiden Hauptbahnhöfen Connolly oder Pearse Station abfährt.

In der Mittwochsausgabe der *Irish Times* stehen Veranstaltungstipps für Kinder.

Wenn das Hotel keinen Babysitter-Service hat, kann man auch auf einige Agenturen zurückgreifen. Der Stundenlohn ist Verhandlungssache, es sollte aber schon um die 13 € sein, zzgl. Geld fürs Taxi, wenn der Babysitter nicht selbst fährt. Vorab muss ein Formular unterschrieben werden, das von der Agentur ans Hotel gefaxt wird.

Empfehlenswerte Agenturen:
Belgrave Agency (☎ 280 9341; 55 Mulgrave St, Dun Laoghaire; 18 € pro Std.)
Executive Nannies (☎ 873 1273; 43 Lower Dominick St; 20 € pro Std.)

GEFÜHRTE TOUREN

Dublin lässt sich wunderbar zu Fuß erkunden, und mit einer Stadtführung schlägt man gleich zwei Fliegen – Kultur und Fitness – mit einer Klappe. Für längere Ausflüge und Spaziermuffel gibt es jede Menge Bustouren, die Stadt- oder Ganztagsfahrten über die Stadtgrenzen hinaus anbieten.

Bustouren
City Sightseeing (Karte S. 84f.; www.citysightseeing. co.uk; Dublin Tourism, 14 Upper O'Connell St; Erw./Kind/ Fam. 16/7/38 €; ☼ tgl. 9–18 Uhr, alle 8–15 Min.) Die altbewährte Hop-on-Hop-off-Tour mit offenem Verdeck dauert 90 Minuten. Man kann an allen markierten Haltestellen beliebig oft ein- und aussteigen.
Dublin Bus Tours (www.dublinbus.ie; Touren 14–25 €; ☼ tgl. Touren) O'Connell St (Karte S. 84f.; ☎ 872 0000; 59 Upper O'Connell St); Suffolk St (Karte S. 86; Dublin Tourism Centre, St. Andrew's Church, 2 Suffolk St) Organisiert werden verschiedene Rundfahrten, u. a. eine Stadtrundfahrt durch Dublin, die Ghost Bus Tour, Coast & Castles Tour sowie eine South Coast & Gardens Tour.
Grayline Dublin Tour (☎ 872 9010; www.irish citytours.com; Erw./Kind/Stud./Rentner/Fam. 15/6/12,50/12,50/36 €; ☼ 9.30–17 Uhr alle 15 Min., Juli & Aug. bis 17.30 Uhr) Bachelor's Walk (Karte S. 86; 33 Bachelor's Walk); Suffolk St (Karte S. 86; Dublin Tourism Centre, St. Andrew's Church, 2 Suffolk St) Noch eine Hop-on-and-off Tour (90 Min.) zu den wichtigsten Sehenswürdigkeiten der Stadt.
Wild Wicklow Tour (Karte S. 86; ☎ 280 1899; www. discoverdublin.ie; Dublin Tourism Centre, St. Andrew's Church, 2 Suffolk St; Erw./Kind 28/25 €; ☼ 9.10 Uhr) Dieser prämierte 8½-stündige Ausflug macht großen Spaß. Los geht's beim Dublin Tourism Centre mit einer kurzen Stadtrundfahrt; dann führt die Fahrt weiter die Küste entlang südlich nach Avoca Handweavers, Glendalough und zum Sally-Gap-Pass.

Stadtspaziergänge
1916 Easter Rising Walk (Karte S. 86; ☎ 676 2493; www.1916rising.com; International Bar, 23 Wicklow St;

Erw./Kind 12 €/frei; ☾ März–Okt. Mo–Sa 11.30, So 13 Uhr) Dieser empfehlenswerte Rundgang von Absolventen des Trinity College führt zu den Schauplätzen des Osteraufstands. Beginn an der International Bar; Dauer: 2½ Stunden.

Dublin Footsteps Walking Tours (Karte S. 88; ☎ 496 0641; Bewley's Building, Grafton St; Erw. 9 €; ☾ Juni–Sept. Mo, Mi, Fr & Sa 10.30 Uhr) Verbindet die georgianische, literarische und architektonische Seite Dublins zu einem faszinierenden Rundgang. Die Tour beginnt vor dem Bewley's in der Grafton Street; Dauer: 2 Stunden.

Dublin Literary Pub Crawl (Karte S. 88; ☎ 454 0228; www.dublinpubcrawl.com; Duke, 9 Duke St; Erw./Stud. 12/10 €; ☾ April–Nov. Mo–Sa 19.30 Uhr, So 12 & 19.30, Dez.–März Do–So 19.30 Uhr) Preisgekrönter Rundgang mit zwei Schauspielern durch Pubs mit literarischem Bezug. Es wird dabei viel getrunken, was die Tour umso beliebter macht. Spätestens um 19 Uhr im Duke Pub sein und sich einen Platz sichern! Dauer: 2½ Stunden.

Dublin Musical Pub Crawl (Karte S. 86; ☎ 478 0193; www.discoverdublin.com; Oliver St. John Gogartys, 58-59 Fleet St; Erw./Stud. 12/10 €; ☾ Apri–Okt. 19.30, Nov.–März Do–Sa 19.30 Uhr) Die Geschichte traditioneller irischer Musik und deren Einfluss auf zeitgenössische Genres erklären und veranschaulichen zwei Profimusiker in verschiedenen Pubs in Temple Bar. Die Gruppe trifft sich oben bei Oliver St. John Gogartys; Dauer: 2½ Stunden.

James Joyce Walking Tour (Karte S. 84f.; ☎ 878 8547; James Joyce Cultural Centre, 35 North Great George's St; Erw./Stud. 10/9 €; ☾ Di, Do & Sa 14 Uhr) Hervorragende Führung zu den James-Joyce-Stätten der Northside; Beginn beim James Joyce Cultural Centre. Dauer: 1¼ Stunden.

Pat Liddy Walking Tours (Karte S. 86; ☎ 831 1109; www.walkingtours.ie; Dublin Tourism Centre, St. Andrew's Church, 2 Suffolk St; Erw./Kind/Stud. 12/5/10 €) Prämierte Stadtführungen mit dem bekannten Dubliner Historiker Pat Liddy, u. a. Viking & Medieval Dublin (Di, Do & So 10.30, Sa 14.30 Uhr), The Historic Northside (Mi & Fr 10.30 Uhr) und Georgian and Victorian Splendours (Mo 10.30 & Fr 14.30 Uhr). Alle Führungen beginnen am Dublin Tourism Centre.

Bootsfahrten

Viking Splash Tours (☎ 707 6000; www.vikingsplash. ie; Erw./Kind/Fam. ab 20/10/60 €; ☾ März–Okt. 9–17.30, Nov. Di–So 10–16, Febr. Mi–So 10–16 Uhr) Patrick Street (Karte S. 84f.; 64-65 Patrick St); St. Stephen's Green (Karte S. 88; North St. Stephen's Green) Man kommt sich mit dem Wikinger-Plastikhelm zwar ein bisschen albern vor, aber vielleicht macht die 1¼-stündige Tour mit Ende am Grand Canal Dock ja grade deshalb so viel Spaß.

Kutschfahrten

An der Kreuzung Grafton Street und St. Stephen's Green (Karte S. 88) warten offene Pferdekutschen mitsamt Führer an den Zü-

geln. Eine halbstündige Fahrt kostet bis zu 60 €; eine Kutsche bietet Platz für vier bis fünf Personen. Die Länge der Tour kann mit dem Kutscher abgesprochen werden.

FESTIVALS & EVENTS

Es ist noch nicht lange her, da zogen auf der St. Patrick's Parade in Dublin bloß ein paar Stelzenläufer und Festwagen vorbei, die als Floße oder Pritschenwagen voller Torfbriketts verkleidet waren. Für den festlichen Glamour fuhr man traditionell zur berühmten Parade nach New York. Doch dann kam der wirtschaftliche Aufschwung und die Erkenntnis, dass hinter dem jährlichen Ereignis eine prädestinierte Touristenattraktion steckt. Heute ist der 17. März nur Teil des St. Patrick's Festivals, einer viertägigen Party, die von Straßentheater bis hin zu Feuerwerk und jeder Menge Feuchtfröhlichkeit alles zu bieten hat.

Und genau darin liegt das Geheimnis, warum die Dubliner so gerne Feste feiern. *Offiziell* wird das große Kulturerbe der Stadt zelebriert, aber eigentlich sind sie doch nur eine gute Ausrede dafür, über die Stränge zu schlagen.

Der nachfolgende Festivalkalender ist bei Weitem nicht vollständig. Mehr Infos bietet die Webseite von **Dublin Tourism** (www.visitdublin. com). Auf S. 754 werden spezielle Veranstaltungen in ganz Irland zusammengefasst.

DUBLIN EINMAL ANDERS

Unbedingt ansehen sollte man die *incunabula* in der Marsh's Library (S. 104). Sie sind so alt, dass sie gar nicht mehr als Bücher bezeichnet werden. Die Bibliothek gehört zu den am wenigsten besuchten Museen Dublins. Seltene Originalhandschriften und antike Karten gibt es bei Cathach Books (S. 90). So, jetzt aber genug gelesen und ab zum Comedy-Abend in die kleine International Bar (S. 144), jeden Mittwochabend ab 21.30 Uhr (Eintritt 9 €). Aufregende Speedboat-Touren rund um die Dubliner Bucht und ihre Inseln, von Malahide nach Dalkey, kann man bei **Sea Safaris** (☎ 806 1626; www.seasafari.ie; Malahide Marina; 25 € pro Std.) buchen. Wer am 16. Juni in der Stadt ist, kann sich in edwardianische Schale werfen und den Bloomsday mitfeiern (S. 122).

Temple Bar Trad Festival (☎ 677 2397; www.
templebartrad.com) Das Festival für traditionelle Musik in
den Bars und Kneipen von Temple Bar findet am letzten
Wochenende im Januar statt.

Jameson Dublin International Film Festival
(☎ 872 1122; www.dubliniff.com) Auf dem zweiwöchi-
gen Filmfestival Ende Februar werden Filme aus Irland,
internationale Arthouse-Filme und Previews großer
Blockbuster gezeigt.

St. Patrick's Festival (☎ 676 3205; www.stpatricks
festival.ie) Die Mutter aller Festivals: Hunderttausende ver-
sammeln sich vier Tage lang zu Ehren des Heiligen Patrick
auf den Straßen und in verschiedenen Veranstaltungsorten
der Stadt, rund um den 17. März.

Heineken Green Energy Festival (☎ 1890 925 100;
www.mcd.ie) Viertägiges Rock- und Indie-Festival im Mai.
Findet vor dem Dublin Castle und in umliegenden Veranstaltungsorten statt.

Convergence Festival (☎ 674 6415; www.sustai-
nable.ie; 15-19 Essex St) Zehntägiges „grünes" Festival
Ende Juni zum Thema „umweltfreundlich leben"; vielfältige Veranstaltungen mit Workshops, Ausstellungen und
Kinderprogramm.

Diversions (☎ 677 2255; www.temple-bar.ie) Kostenlose Straßenkonzerte, Kino und Veranstaltungen für Kinder
an allen Wochenenden zwischen Juni und September am
Meeting House Square in Temple Bar.

Dun Laoghaire Festival of World Cultures (☎ 271
9555; www.festivalofworldcultures.com) Buntes Multikulti-
Fest mit Konzerten und Theater; am letzten Wochenende
im August.

Oxegen (www.mcd.ie) Zweitägiges Konzert mit bekannten internationalen Bands; Mitte Juli am Punchestown
Racecourse.

Liffey Swim (☎ 833 2434) Ende Juli schwimmen 500
Verrückte 2,5 km von der Rory O'More Bridge bis zum
Custom House – ihren eisernen Willen kann man nur
bewundern.

Dublin Theatre Festival (☎ 677 8439; www.dublin-
theatrefestival.com) Etabliertes internationales Theaterfestival über zwei Wochen Ende September.

Dublin Fringe Festival (☎ 872 9016; www.fringefest.
com) Comedy und Kleinkunst; Ende September bis Anfang
Oktober.

SCHLAFEN

Dublins Hotels gehören zu den teuersten Europas. Wer sich die gehobeneren Kategorien
nicht leisten möchte oder kann, darf leider
auch nicht allzu viel vom Zimmer erwarten.
Mit ständig steigenden Touristenzahlen in der
Stadt liegen die Preise während der Hauptsaison, zwischen Mai und September, denn auch
gleich viel höher. In der Regel sollte man
immer im Voraus buchen, es sei denn, man

nimmt eine zweistündige Stop-and-go-Reise
ins Stadtzentrum in Kauf. Zum Glück sprießen jedoch immer neue Hotels aus dem
Boden. Das liegt teilweise an den Lizenz-
rechten der Stadt, mit denen gewiefte Geschäftsleute lukrative Alkohollizenzen
erwerben können, sofern eine bestimmte Anzahl an Zimmern vorhanden ist.

Durch die 2004 fertiggestellte Strecke der
Luas-Bahn, wie die Straßenbahn in Dublin
heißt, ist auch die Anbindung zu den Hotels
in den Vorstädten besser geworden. Wer also
keine Bleibe in der Stadtmitte findet, was für
Kurzbesuche immer noch die beste Option
ist, kann auch ein weniger zentrales Hotel in
Erwägung ziehen. Dass Unterkünfte südlich
der Liffey teurer sind als im Norden, ist kaum
verwunderlich. Es gibt zwar hie und da ein
einigermaßen erschwingliches Hotel, viel
günstiger wird es allerdings in den Gegenden
rund um Gardiner Street und Dorset Street.

Bei den Preisen fällt nicht nur die Qualität,
sondern vor allem die Lage ins Gewicht: Ein
großes, komfortables B&B in einem der nördlichen Vororte kostet gerade mal 50 € pro
Person, während die Besitzer einer kleinen,
mittelmäßigen Pension in laufbarer Entfernung zu Stephen's Green locker 100 € für
einen Abstellraum bezahlen. Eine gute Pension oder eine Mittelklasseunterkunft kostet
zwischen 80 und 200 €; die Zimmerpreise in
einem wirklich guten Hotel gehen erst ab
200 € los. Am anderen Ende der Skala liegt der
Inbegriff der Billigabsteige, die es an jeder
Ecke gibt. Der Standard ist überall gleichmä-
ßig gestiegen und mit ihm die Preise. Für ein
Bett muss man zwischen 18 und 34 € berappen. Bei den Hostels ist das Frühstück gewöhnlich nicht inbegriffen; Ausnahmefälle
werden in diesem Buch erwähnt.

Die gute Nachricht ist: Viele Hotels habe
einen Wochenend- oder B&B-Tarif, der bis
zu 40 % unter dem Normalpreis liegt. Andere
bieten ähnliche Sonderkonditionen für Übernachtungen unter der Woche an. Wer online
bucht, kann ebenfalls kräftig sparen (siehe
Kasten Hotelreservierung, S. 123). Diese Angebote bestehen zwar normalerweise das
ganze Jahr über, sind während der Hauptsaison allerdings schwerer zu bekommen.

Rund ums Trinity College

Zentraler geht's wirklich nicht. Der relativ
schmale Streifen südlich der Liffey bietet jede
Menge Unterkünfte, die von Jugendherbergen

BLOOMSDAY

Es ist der 16. Juni. Ein Haufen Spinner läuft in edwardianischen Anzügen durch die Stadt und gibt in dramatischem Tonfall jede Menge Quatsch von sich. Nein, sie sind nicht verrückt, zumindest nicht klinisch. Es sind nur Bloomsdayers, die an James Joyces *Ulysses* erinnern. Wer das Buch kennt (was nicht heißt, dass man es auch gelesen haben muss), weiß, dass die Handlung an einem einzigen Tag spielt. Was aber nicht unbedingt jeder weiß, ist, dass Leopold Blooms Odyssee am 16. Juni 1904 stattfindet. Das war der Tag, an dem Joyce zum ersten Mal mit Nora Barnacle ausging, der Frau, die er sechs Tage zuvor kennengelernt hatte und mit der er den Rest seines Lebens verbringen würde. Als James' Vater von der neuen Liebe hörte, meinte er nur: Mit dem Namen wird sie ihn bestimmt nicht verlassen.

Die irische Gesellschaft behandelte Joyce zu Lebzeiten wie einen literarischen Pornografen. Heute kann das ganze Land, insbesondere Dublin, gar nicht genug von ihm bekommen. Der Bloomsday ist heute eher eine überzogene Attraktion für Touristen, die extra wegen Joyce nach Irland reisen. Trotzdem macht es großen Spaß, und außerdem ist eine perfekte Grundlage für die Lektüre des zweitschwersten Buch des 20. Jhs. (das schwerste ist natürlich Joyces Meisterwerk nach Ulysses, *Finnegan's Wake,* das beste Buch, das keiner je gelesen hat).

Grundsätzlich geht man an diesem Tag Blooms Weg durch die Stadt nach. In den vergangenen Jahren weiteten sich die Festivitäten allerdings auf vier Tage rund um den 16. Juni aus. Am eigentlichen Bloomsday frühstückt man am besten im James Joyce Cultural Centre (S. 110), wo „die inneren Organe von Vieh und Geflügel" von feierlichen Lesungen begleitet werden.

Die morgendlichen Führungen zu Joyce-Schauplätzen beginnen meistens an der Hauptpost (S. 108) und beim James Joyce Cultural Centre. Mittags steht das **Davy Byrne's** (Karte S. 138 Duke St.) im Mittelpunkt des Geschehens. In Joyces „moralischem Pub" gönnte sich Bloom bei einem Glas Burgunder und einer Scheibe Gorgonzola ein Päuschen. Nachmittags sorgen Straßenkünstler für gute Laune, wenn man an einer der Führungen teilnimmt und bei angeregten Lesungen aus *Ulysses* und Joyces anderen Büchern zuhört. Um 16.00 Uhr finden im **Ormond Quay Hotel** (Karte S. 86; Ormond Quay) eine Lesung und später im **Harrisons** (Karte S. 86; Westmoreland St.) Lesungen statt.

Auch vor und nach dem eigentlichen Bloomsday gibt es jede Menge Veranstaltungen. Was in welchem Jahr genau stattfindet, erfährt man im James Joyce Cultural Centre oder kurz vorher im kostenlosen *Dublin Event Guide*.

---

bis hin zum Nobelhotel reichen. Nur nicht vergessen: je besser die Lage, desto teurer.

BUDGETUNTERKÜNFTE

Ashfield House (Karte S. 86; ☎ 679 7734; www.ashfield house.ie; 19-20 D'Olier St; B/EZ/DZ ab 13/58/102 €; 💻) Nur einen Katzensprung von Temple Bar und O'Connell Bridge entfernt liegt dieses moderne Hostel, das sich in einer ehemaligen Kirche befindet. Zur Auswahl stehen saubere 4- und 6-Bett-Zimmer, ein großer Schlafsaal und 25 private Zimmer mit Bad. Eigentlich ist es wie ein kleines Hotel, nur dass der Preis (auf angenehme Weise) nicht stimmt. Das Frühstück ist inklusive, was bei Hostels sonst fast nie der Fall ist. Man kann hier höchstens sechsmal übernachten.

Avalon House (Karte S. 88; ☎ 475 0001; www.avalon house.ie; 55 Aungier St; B/EZ/DZ 18/32/64 €; 💻) Bevor der Massentourismus Einzug hielt, stiegen in diesem Hostel hin und wieder mal ein paar Abenteurer ab, die es nach Dublin verschlagen

hatte. Heute wird das wunderhübsche viktorianische Gebäude mit Zimmeranfragen überschwemmt, deshalb unbedingt vorher reservieren! Trotzdem kümmert sich das Avalon weiter rührend um seine Gäste, ob junge Rucksackreisende oder Familien. Die Aufenthaltsräume sind urgemütlich, und kostenloses WLAN gibt's auch.

Barnacles Temple Bar House (Karte S. 86; ☎ 671 6277; www.barnacles.ie; 19 Lower Temple Lane; B/DZ ab 18,50/40 €; 💻) Mitten in Temple Bar liegt dieses helle, geräumige und picobello saubere Hostel. Es gibt einen gemütlichen Aufenthaltsraum, gut ausgestattete Schlafsäle und Doppelzimmer mit Bad und Stauraum fürs Gepäck. Bettzeug und Handtücher werden bereitgestellt. Die Zimmer zur Rückseite sind ruhiger.

Kinlay House (Karte S. 86; ☎ 679 6644; www.kinlay-house.ie; 2-12 Lord Edward St; B/DZ ab 19/34 €; 💻) Das Kinlay House war früher ein Jungeninternat; heute wird darin ein Hostel mit riesigen 24-

Betten-Schlafsälen und kleineren Zimmern betrieben. Wer wilde Partys mag, wird hier viel Spaß haben.

MITTELKLASSEHOTELS

Grafton House (Karte S. 88; ☎ 679 2041; www.graf tonguesthouse.com; 26-27 South Great George's St; EZ/DZ ab 55/110 €) Das Grafton House wird von den Besitzern der Globe Bar (S. 139) betrieben. Das denkmalgeschützte Haus hat 17 Zimmer mit Bad, die allesamt umgemodelt und aufgepeppt worden sind. Moderne Armaturen, stilechtes Mobiliar aus Walnussholz, Retrotapeten und aller möglicher Schnickschnack inklusive Dataports und vegetarisches Frühstück zu einem prima Preis.

Dublin Citi Hotel (Karte S. 86; ☎ 679 4455; www. dublincitihotel.com; 46-49 Dame St; EZ/DZ So–Do ab 79/89 €, Fr–Sa 120/159 €) Ein ungewöhnliches, turmförmiges Gebäude aus dem 19. Jh. beherbergt dieses gute und günstige Hotel. Die Zimmer sind nicht riesig, aber dafür zweckmäßig und mit frischen, weiß bezogenen Betten eingerichtet. Passabel gestalten sich die Preise, zumal man (buchstäblich) von Temple Bar zurücktorkeln kann.

Albany House (Karte S. 84f.; ☎ 475 1092; www. albanyhousedublin.com; 84 Harcourt St; EZ/DZ ab 80/140 €) Dass dieses zentrale Schmuckstück mancherorts etwas sanierungsbedürftig ist, macht gar nichts, denn es fühlt sich an wie ein richtiges georgianisches Dubliner Zuhause. Das Albany House verteilt sich über drei Häuser, deren Fassaden und Stuckarbeiten noch vollkommen intakt sind. Die hellen, geschmackvoll eingerichteten modernen Zimmer oder die größeren Originalräume mit Antikmöbeln sind ihr Geld absolut wert.

Drury Court Hotel (Karte S. 88; ☎ 475 1988; www. drurycourthotel.com; 28-30 Lower Stephen St; EZ/DZ ab 85/130 €; 🖳) Die Zimmer dieses zentral gelegenen Hotels sind in erster Linie auf Geschäftsreisende ausgerichtet. Das Drury Court ist eine gute Wahl, wenn man sich nichts aus Einrichtung macht, aber trotzdem gerne komfortabel schläft.

Mercer Hotel (Karte S. 88; ☎ 478 2179; www.mercer hotel.ie; Lower Mercer St; EZ/DZ ab 99/160 €) Hinter der einfachen Fassade verbirgt sich ein recht gutes Hotel mit angenehm großen Zimmern. Antikmöbel geben dem Ganzen einen klassisch-eleganten Touch. Die Auswahl an Sonderangeboten ist verwirrend groß und auch die Preise für die Nebensaison sind sensationell.

Central Hotel (Karte S. 88; ☎ 679 7302; www.central hotel.ie; 1-5 Exchequer St; EZ/DZ ab 100/135 €) Die Zimmer sind fast schon zu gemütlich für die protzige edwardianische Einrichtung. Im Central Hotel kann man nicht nur edel nächtigen, es gibt auch die wunderbare Library Bar im ersten Stock mit Ledersesseln und -sofas. Sie gilt als einer der schönsten Orte der Stadt für ein gepflegtes Nachmittagsgetränk. Was die Lage angeht, ist der Name Programm.

LP Tipp Number 31 (Karte S. 82; ☎ 676 5011; www. number31.ie; 31 Leeson Close; EZ/DZ/3BZ ab 120/175/230 €) Dieser Ort könnte eine Filmkulisse für den Film *The Ice Storm* sein. Das ehemalige Haus des modernistischen Architekten Sam Ste-

---

HOTELRESERVIERUNG

Wer ohne vorher gebuchte Unterkunft nach Dublin kommt, bezahlt für eine Reservierung in einem der Dublin-Tourism-Büros 4 € plus 10 % Kaution.

Möchte man ein Hotelzimmer in Irland von zu Hause aus buchen, tut man dies am besten über Gulliver Info Res., dem Online-Reservierungsservice von Dublin Tourism (www.visitdublin. com). Oder man geht zur Buchung direkt auf die Webseite des Hotels. Auf S. 92 steht eine Liste aller Dublin-Tourism-Büros sowie die Telefonnummern, unter der man Gulliver erreichen kann.

Wer vorher übers Internet bucht, bekommt oft günstigere Preise. Hier nur ein paar Beispiele, die Zimmer zu günstigeren Tarifen anbieten:

All Dublin Hotels (www.all-dublin-hotels.com)
Dublin City Centre Hotels (http://dublin.city-centre-hotels.com)
Dublin Hotels (www.dublinhotels.com)
Go Ireland (www.goireland.com)
Hostel Dublin (www.hosteldublin.com)
Under 99 (www.under99.com)

Weitere Adressen siehe S. 764 oder auf www.lonelyplanet.com/accommodation.

DUBLIN

TOP FIVE: UNTERKÜNFTE

- Bestes B&B – Grafton House (S. 123)
- Bestes Boutique-Hotel – Number 31 (S. 123)
- Beste Budgetunterkunft – Isaacs Hostel (S. 126)
- Bestes Luxushotel – Merrion (S. 125)
- Hotel mit der besten Aussicht – Clarence Hotel (S. 125)

---

phenson, der durch den Bau der Central Bank bekannt wurde, hat noch immer einen deutlichen Sechzigerjahre-Charakter, mit seinem berühmten eingelassenen Wohnzimmer, Ledersofas, einem Spiegel hinter der Bar und Plexiglas-Lampen. Die 21 Zimmer liegen aufgeteilt in extravaganten Stallungen und in dem etwas anmutigeren georgianischen Haus, wo die Räumlichkeiten individuell mit französischen Antikmöbeln und großen Betten eingerichtet sind. Im Wintergarten wird das Gourmet-Frühstück serviert. Kinder unter 10 Jahren sind nicht erwünscht.

Paramount Hotel (Karte S. 86; ☎ 417 9900; www.paramounthotel.ie; Ecke Parliament St & Essex Gate; EZ/DZ 120/240 €) Die Eingangshalle hinter der viktorianischen Fassade ist originalgetreu dem Hotelstil der 1930er-Jahre nachempfunden, mit dunklen Holzdielen, tiefroten Chesterfield-Ledersofas und schweren Samtvorhängen. Die rund 70 Zimmer erinnern zwar nicht an den Filmklassiker *Die Spur des Falken*, trotzdem sind sie schön eingerichtet und sehr gemütlich.

Morgan Hotel (Karte S. 86; ☎ 679 3939; www.themorgan.com; 10 Fleet St; Zi. ab 140 €; 🖵) Kühles Design wirkt oft ganz schön kalt, doch im hypertrendigen Morgan hat man grade noch mal die Kurve gekriegt. Das Interieur ist im modernen Crème gehalten (was ja nichts Besonderes ist), dafür ist die Ausstattung erste Sahne. Aromatherapie-Behandlungen und Massagen kosten extra, das Frühstück auch (18 €).

Trinity Lodge (Karte S. 88; ☎ 617 0900; www.trinity-lodge.com; 12 South Frederick St; EZ/DZ ab 140/180 €) Wer diese gemütliche, prämierte Pension betritt, wird erst mal von einem grinsenden Martin Sheen in Empfang genommen. Natürlich hat er seine Filmkarriere nicht fürs Hotelwesen an den Nagel gehängt, dafür hat ihm sein

Aufenthalt (angeblich mitsamt irischem Frühstück) hier so gut gefallen, dass er sich bereitwillig fotografieren ließ. Zimmer 2 dieses klassischen georgianischen Hauses besitzt ein wunderschönes Erkerfenster.

La Stampa (Karte S. 88; ☎ 677 4444; www.lastampa.ie; 35 Dawson St; Zi. werktags/Wochenende 160/200 €; 🖵) La Stampa ist ein kleines atmosphärisches Hotel in der angesagten Dawson Street. Die 29 asiatisch anmutenden weißen Zimmer sind mit Rattanmöbeln und exotischen Samtüberwürfen eingerichtet. Neu dazu gekommen ist ein ayurvedisches Spa; wer die Entspannung nach der Behandlung ungestört genießen will, sollte sich ein Zimmer unterm Dach geben lassen, fernab der lärmigen SamSara Bar (S. 140).

Irish Landmark Trust (Karte S. 86; ☎ 670 4733; www.irishlandmark.com; 25 Eustace St; 2/3 Nächte ab 620/820 €) Dieses phantastische denkmalgeschützte Haus aus dem 18. Jh. wurde vom Irish Landmark Trust wunderschön restauriert. Ab zwei Übernachtungen kann man das ganze Haus mieten. Die Doppel- und 3-Bett-Zimmer bieten für maximal sieben Personen Platz. Übernachtungen für eine Nacht sind leider nicht möglich. Ausgestattet sind die Räume mit geschmackvollen Antiquitäten, Original-Möbeln und sonstiger Einrichtung (u. a. einem Flügel im Salon). Ein solches Ferienhaus ist wirklich einmalig und etwas ganz Besonderes.

SPITZENKLASSEHOTELS

Westin Dublin (Karte S. 86; ☎ 645 1000; www.westin.com; Westmoreland St; EZ/DZ ab 184/300 €; 🅿 🖵) Das Westin-Gebäude wurde einst für die Allied Irish Bank gebaut. Heute werden die alten Banktresore und Marmorschalter im Untergeschoss von der Mint Bar genutzt. Die Hotelzimmer versprühen einen Hauch von klassisch amerikanischem Flair mit zurückhaltender Eleganz: Bad und Dusche sind getrennt, es gibt einen Laptop-Safe und Westins typisches Himmelbett mit sage und schreibe 10 Luxusdecken. Man sollte sich auch unbedingt den wunderschönen Bankettsaal in der alten Bankhalle zeigen lassen – die blattgoldverzierten Stuckdecken wirken atemberaubend. Das Frühstück kostet nochmal 25 € extra.

Browne's Townhouse (Karte S. 88; ☎ 638 3939; www.brownesdublin.com; 22 North St. Stephen's Green; EZ/DZ 195/250 €; 🖵) Die Lage dieses herrlichen georgianischen Gebäudes ist ideal. Über einem renommierten Restaurant liegen elf traumhaft schöne, individuell gestaltete Zimmer, die an

Komfort und Anmut nicht zu übertreffen sind. Hier wurde die Eleganz des 18. Jhs. perfekt an die Bedürfnisse des 21. Jhs. angepasst.

Westbury Hotel (Karte S. 88; ☎ 679 1122; www.jurysdoyle.com; Grafton St; EZ/DZ/Suiten ab 210/245/750 €; P ⌨) Schon so mancher Promigast hat sich in den eleganten Suiten des Westbury ein bisschen Ruhe gegönnt. Hier kann man vom Jacuzzi aus fernsehen, ehe man es sich im Himmelbett gemütlich macht. Normalsterbliche nehmen mit den Standardzimmern vorlieb, die zwar komfortabel sind, aber die mondäne Eleganz der luxuriösen öffentlichen Bereiche vermissen lassen.

Shelbourne (Karte S. 88; ☎ 676 6471; www.theshelbourne.ie; 27 North St. Stephen's Green; Zi. ab 255 €; P ⌨) Zwei Jahre und viele Millionen Euro später ist ein schmerzlich vermisster alter Freund zurückgekehrt: Das legendärste Hotel Dublins gilt endlich wieder als die beste Adresse der Stadt. Alle Zimmer wurden gründlich saniert, die öffentlichen Bereiche haben ihren alten Glamour wiederentdeckt, und der Nachmittagstee ist nach wie vor in der Lord Mayor's Lounge am schönsten.

Clarence Hotel (Karte S. 86; ☎ 407 0800; www.theclarence.ie; 6-8 Wellington Quay; Zi. 350–380 €, Suiten 720–2600 €; ⌨) Dublins coolstes Hotel steht synonym für seine Besitzer Bono und The Edge von U2. Also kaum verwunderlich, dass sich die Promis hier die Klinke in die Hand geben. Die rund 50 Zimmer sind zweifellos stilvoll eingerichtet, aber es fehlt doch das gewisse Etwas, das man von einem Luxushotel durchaus erwarten würde. Eine gründliche Sanierung ist momentan im Gespräch, das Hotel

UNI-UNTERKÜNFTE

Von Mitte Juni bis Ende September bieten auch die städtischen Universitäten Übernachtungsmöglichkeiten an. Man sollte aber unbedingt frühzeitig buchen.

Trinity College (Karte S. 93; ☎ 608 1177; www.tcd.ie; Accommodations Office, Trinity College; EZ/DZ ab 35/70 €; ⌨) Komfortable Zimmer mit und ohne Bad an einem der schönsten Orte Dublins mit besonderer Atmosphäre.

Mercer Court (Karte S. 88; ☎ 478 2179; reservations@mercercourt.ie; Lower Mercer St; 7i. ab 99 €; ⌨) Inhaber und Betreiber des Mercer Court ist das Royal College of Surgeons. Die Zimmer sind modern und entsprechen Hotelstandard.

könnte also beim nächsten Besuch geschlossen sein.

Merrion (Karte S. 88; ☎ 603 0600; www.merrionhotel.com; Upper Merrion St; Zi. ab 470 €; P ⌨ ♨) Das prachtvolle Fünfsternehotel liegt in einer Häuserreihe mit wunderschön restaurierten georgianischen Gebäuden. Den elegantesten Komfort findet man im alten Haus (wo die größte private Kunstsammlung der Stadt untergebracht ist), nicht im neueren Teil. Gegenüber von den Regierungsgebäuden gelegen, sind hier oft Würdenträger und Prominente auf den Marmorfluren anzutreffen. Selbst wer nicht hier übernachtet, sollte mindestens zum Nachmittagstee vorbeischauen (32 €), der in Silbertassen neben einem lodernden Kaminfeuer gereicht und beliebig oft nachgeschenkt wird.

DAHEIM – UND DOCH WEIT WEG VON ZUHAUSE

Ferienwohnungen bieten sich vor allem für Freunde oder Familien mit Kindern an, die mehrere Tage bleiben wollen. Die Wohnungen variieren zwischen Einzimmerapartments bis hin zu Wohnungen mit zwei Schlafzimmern und Wohnbereich, Küchennische und Badezimmer. Ein gutes Apartment mit zwei Schlafzimmern kostet ca. 100 bis 150 € pro Nacht. Empfehlenswert sind folgende gute und zentrale Wohnungen:

Clarion Stephen's Hall (Karte S. 84f.; ☎ 638 1111; www.premierapartmentsdublin.com; 14-17 Lower Leeson St.) Luxusstudios und -suiten, mit Zimmersafe, Faxgerät, moderner Einrichtung und CD-Player.

Home From Home Apartments (Karte S. 82; ☎ 678 1100; www.yourhomefromhome.com; The Moorings, Fitzwilliam Quay) Hochwertige Wohnungen mit ein bis drei Schlafzimmern im südlichen Zentrum.

Latchfords (Karte S. 88; ☎ 676 0784; www.latchfords.ie; 99-100 Lower Baggot St.) Studio-Apartments und Wohnungen mit zwei Schlafzimmern in georgianischem Stadthaus.

Oliver St. John Gogarty's Penthouse Apartments (Karte S. 86; ☎ 671 1822; www.gogartys.ie; 18-21 Anglesea St.) Im Dachgeschoss des gleichnamigen Pubs (S. 138) bieten die Wohnungen (1–3 Schlafzimmer) Blick auf Temple Bar.

The Liberties & Kilmainham

Sehenswert ist dieser Stadtteil zwar nicht, aber die folgende Ausnahme bietet sich wirklich an.

Jurys Inn Christchurch (Karte S. 86; ☎ 454 0000; www.jurysinns.com; Christchurch Pl; Zi. ab 97 €) Eine Hotelkette, die überall gleich aussieht, sodass man beim Aufwachen nicht mehr weiß, ob man nun in Detroit, Darmstadt oder Dublin ist. Trotzdem ist es die perfekte Wahl, wenn man a) anonym bleiben will, b) nicht vom Service-Personal belästigt werden möchte oder c) einen phantastischen Deal im Internet sucht und nur einen Platz zum Schlafen braucht.

Rund um die O'Connell Street

Rund um die O'Connell Street gibt es zwar ein paar elegante Hotels; interessant ist diese Gegend aber vor allem wegen der vielen B&Bs in der östlich gelegenen Gardiner Street. Doch Vorsicht: Neben einigen hervorragenden B&Bs findet man auch viele schlechte. Hier werden nur die vorgestellt, die zu ersteren zählen. Je weiter nördlich man kommt, desto zwielichtiger wird es – mit dem üblich benebelten Großstadtmix aus Drogen und Kriminalität. Also immer schön aufpassen, vor allem in der Upper Gardiner Street hinter dem Mountjoy Square.

BUDGETUNTERKÜNFTE

Marlborough Hostel (Karte S. 84f.; ☎ 874 7629; www.marlboroughhostel.com; 81-82 Marlborough St; B/DZ ab 13/58 €; 🖳) Neben der Pro-Cathedral befindet sich dieses gut gelegene Hostel mit 76 Betten und zweckmäßiger Einrichtung. Die kleinen Zimmer werden durch hohe georgianische Decken wettgemacht. Nur die leicht heruntergekommenen Duschen im Keller sind einen kleineren Marsch von den Schlafsälen entfernt.

Isaacs Hostel (Karte S. 84f.; ☎ 855 6215; www.isaacs.ie; 2-5 Frenchman's Lane; B/DZ ab 14/62 €; 🖳) Dieses beliebte Hostel mit viel Charakter liegt in einem 200 Jahre alten Weinkeller. Wer auf eines der günstigsten Betten der Stadt aus ist, ohne dabei allzu viel an Hygiene und Sauberkeit einbüßen zu müssen, ist hier genau richtig. Im Aufenthaltsbereich ist immer was los, ob Grillfeste oder Konzerte. Das lockere Personal steht rund um die Uhr sieben Tage die Woche mit Rat und Tat zur Seite. Globetrotter werden sich hier ganz wie zu Hause fühlen.

Litton Lane Hostel (Karte S. 86; ☎ 872 8389; www.irish-hostel.com; 2-4 Litton Lane; B/DZ ab 15/70 €) Alles sieht noch so aus wie das alte Tonstudio von Van Morrison. Dieses freundliche Hostel könnte trotz seines angestaubten Charmes ein bisschen Farbe an den Wänden vertragen. Sowohl Schlafsäle als auch Duschen sind gemischt, was dem Motto des Hostels eine ganz neue Wendung gibt: „Don't Sleep Around; Sleep with Us".

Abbey Court Hostel (Karte S. 86; ☎ 878 0700; www.abbey-court.com; 29 Bachelor's Walk; B/DZ 22/88 €; 🖳) An den Kais der Liffey verteilt sich dieses gut geführte Hostel auf zwei Gebäude. Es hat 33 saubere Schlafsäle mit viel Stauraum. Doppelzimmer mit Bad befinden sich im neueren Bau, wo im Café Juice auch ein kleines Frühstück serviert wird.

MITTEL- & SPITZENKLASSEHOTELS

Anchor Guesthouse (Karte S. 84f.; ☎ 878 6913; www.anchorguesthouse.com; 49 Lower Gardiner St; EZ/DZ ab 55/75 €) Die meisten B&Bs in dieser Gegend sind ziemlich ähnlich ausgestattet: Fernseher, Tee- und Kaffeekocher, eine halbwegs funktionierende Dusche und saubere Bettwäsche. Das gilt auch für das Anchor – und dazu kommt noch eine Eleganz, wie man sie in den meisten anderen B&Bs in dieser Straße nicht findet. Diese hübsche georgianische Pension mit ihrem köstlichen Frühstück wird von vielen Lesern wärmstens empfohlen. Und sie haben absolut recht.

Lyndon House (Karte S. 84f.; ☎ 878 6950; 26 Gardiner Pl; EZ/DZ ab 60/100 €) Dieses einfach eingerichtete, aber sehr freundliche georgianische Haus verfügt über sieben einfache Zimmer mit Bad und zwei kleine Zimmer ohne.

Townhouse (Karte S. 84f.; ☎ 878 8808; www.townhouseofdublin.com; 47-48 Lower Gardiner St; EZ/DZ/3BZ ab 70/115/132 €) Der irisch-japanische Schriftsteller Lafcadio Hearn wohnte früher hier, vielleicht waren es ja seine Geistergeschichten, die den gotischen Einrichtungsstil mit beeinflusst haben. Ein klingelnder Kronleuchter und die dunklen, goldumrandeten Wände des Foyers führen zu den 82 individuell gestalteten, gemütlichen Zimmern. Ein paar der Zimmer auf der Rückseite im neuen Flügel sind größer und verfügen über Balkone mit Blick auf den kleinen japanischen Garten.

Castle Hotel (Karte S. 84f.; ☎ 874 6949; www.castle-hotel.ie; 3-4 Great Denmark St; EZ/DZ/3BZ ab 75/115/145 €) Seit 1809 ist das Castle Hotel schon in Betrieb und daher nicht mehr ganz taufrisch. Trotzdem gehört es zu den schönsten Unterkünften auf dieser Seite der Liffey. Die prächtige *Palazzo*-artige Freitreppe führt zu den rund 50

Zimmern. Die Einrichtung ist zwar traditionell und ein klein bisschen antiquiert, aber daran gibt es überhaupt nichts auszusetzen. Unbedingt auf die original georgianischen Deckenleisten achten.

Walton's Hotel (Karte S. 84f.; ☎ 878 3131; www.waltons-hotel.ie; 2-5 North Frederick St; EZ/DZ/3BZ 80/120/160 €) Besser bekannt für ihren legendären Instrumentenladen nebenan, eröffnete die Familie Walton dieses freundliche Hotel, um vor allem das traditionelle georgianische Gebäude zu erhalten. Und mithilfe des Castle Hotel (S. 126) ist das auch gelungen. Die 43 Zimmer sind sauber und geräumig; mit großartiger Lage und Blick über Findlater's Church und das Rotunda Hospital ist das Walton's eine hervorragende Wahl. Kinder unter 12 übernachten kostenlos.

Lynam's Hotel (Karte S. 84f.; ☎ 888 0886; www.lynams-hotel.com; 63-64 O'Connell St; EZ/DZ/3BZ ab 85/130/170 €) Ein Mittelklassehotel mitten in der O'Connell Street ist fast zu schön, um wahr zu sein. Seit Dublins Nobelmeile fast den Glanz alter Tage wiedererlangt hat, ist das Lynham's eine echte Rarität geworden. Die 42 hübschen Zimmer dieses elegant-freundlichen Hotels sind mit ländlichen Kiefernmöbeln ausgestattet. Zimmer 41 ist ein wunderschönes 3-Bett-Zimmer mit einem extra Feldbett – ideal für Gruppen, die sich die Kosten teilen wollen. Unter der Woche sind die Übernachtungen günstiger. Also nachfragen!

Browns Hotel (Karte S. 84f.; ☎ 855 0034; www.dublin-hotel.net; 80-90 Lower Gardiner St; EZ/DZ 89/115 €) Die 22 Zimmer des Browns sind beliebt und daher auch schnell ausgebucht, was u. a. an der Sauberkeit und den modernen Möbeln liegt. Früh buchen!

Gresham Hotel (Karte S. 84f.; ☎ 874 6881; www.gresham-hotels.com; Upper O'Connell St; Zi. 200 €, Suiten 450–2500 €; 🖳) Ein Wahrzeichen der Stadt und eines der ältesten Hotels Dublins: Das Gresham wurde vor einigen Jahren komplett saniert und hat sich dabei von seinem traditionellen Ambiente à la Omas Wohnzimmer verabschiedet. Trotz des helleren, modernen Erscheinens und des offenen Foyers sind die betuchten Amerikaner und Seniorengruppen auf Shopping-Tour in der Großstadt dem Hotel treu geblieben. Die Zimmer sind geräumig und sauber, die Einrichtung lässt allerdings etwas zu wünschen übrig.

Smithfield & Phoenix Park

Smithfield ist zwar weiterhin im Umbruch, aber vor allem die Unterkünfte entlang der Kais sind eine gute Adresse, weil sie zentral und nah am Geschehen liegen.

Comfort Inn Smithfield (Karte S. 84f.; ☎ 485 0900; www.comfortinndublincity.com; Smithfield Village; Zi. 130–150 €) Die beste Wahl ist dieses moderne Hotel, mit großen Schlafzimmern und sehr viel Erdtönen, die Wärme ins nüchtern-kühle Design bringen. Die Fenster, vom Boden bis zur Decke, eignen sich phantastisch, um Leute unten auf dem Platz zu beobachten.

Morrison Hotel (Karte S. 86; ☎ 887 2400; www.morrisonhotel.ie; Lower Ormond Quay; Zi. 285–580 €, Suiten 1400 €; 🖳) Mit 48 neuen Zimmern im angrenzenden ehemaligen Druckwerk erhöhte das Morrison erst kürzlich seinen Einsatz im Spiel um das „hippste Hotel". Modedesigner John Rocha wählte für die Zimmereinrichtung orientalisch anmutende, Zen-hafte Möbel; der eigentliche Clou sind allerdings die feinen Extras wie Plasmabildschirme von Apple, iPod-Dockingstationen und Verwöhnprodukte von Aveda. Für ein paar Euro mehr bekommt man ein weitaus besseres Studio im neuen Flügel mit Balkon und Platz für eine Party.

Am Royal Canal

Der Royal Canal windet sich durch den grünen Vorort Drumcondra, rund 3 km östlich der Upper O'Connell Street, parallel zur Dorset Street. Hier stehen jede Menge B&Bs zur Auswahl, die meisten in gut erhaltenen und gemütlichen spätviktorianischen oder edwardianischen Schmuckstücken. Da sie an der Zufahrtsstraße zum Flughafen liegen, sind sie meist das ganze Jahr über ausgebucht. Deshalb rechtzeitig buchen! Die Busse 3, 11, 11A, 16 und 36A von Trinity College und O'Connell Street halten mehrmals entlang der Drumcondra Road.

Charleville Lodge (☎ 838 6633; www.charlevillelodge.ie; 268-272 North Circular Rd, Phibsboro; EZ/DZ ab 45/64 €; 🅿) Wer nicht mitten im Zentrum übernachten will, ist im Charleville an der richtigen Adresse. Das Gebäude steht in einer Häuserreihe aus eleganten viktorianischen Prachtbauten aus dem 19. Jh. Die Besitzer lieben altes Zeug (das Haus ist voller herrlicher Antiquitäten!), sie selber sind aber alles andere als alt und verstaubt. Hier fühlt man sich sofort wie zu Hause. Von der O'Connell Street aus fährt die Linie 10.

Griffith House (☎ 837 5030; www.griffithhouse.com; 125 Griffith Avenue; EZ 50 €, DZ mit/ohne Bad 80/70 €) Das elegante Haus liegt an einer wunderschönen Allee. Von den vier Doppelzimmern haben drei ein eigenes Bad. Alle Zimmer sind geschmackvoll eingerichtet, mit großen, gemütlichen Betten und hübschen Möbeln.

Tinode House (☎ 837 2277; www.tinodehouse.com; 170 Upper Drumcondra Rd; EZ/DZ 54/78 €) Mit familiärer Atmosphäre und einem hervorragenden Frühstück inklusive punktet dieses gemütliche edwardianische Stadthaus, das vier elegante Zimmer bietet.

Am Grand Canal

Im südlich gelegenen Stadtteil Ballsbridge findet man viele gute Hotels und Pensionen, bei denen das Preis-Leistungs-Verhältnis oft sehr viel besser ist als im Zentrum. Mit den Linien 5, 7, 7A, 8, 18 und 45 ist man innerhalb von 10 Minuten in der Stadt, zu Fuß braucht man etwa eine halbe Stunde. Alternativ kann man sich im zunehmend beliebteren Stadtteil Ranelagh umschauen. Vom Zentrum nimmt man am besten die Luas-Bahn.

MITTELKLASSEHOTELS

Sandford Townhouse (Karte S. 82; ☎ 412 6880; 52 Sandford Rd, Ranelagh; EZ/DZ 50/70 €; P) Ein elegantes viktorianisches Stadthaus mit drei großen, gemütlichen Zimmern. Die Anbindung zum Zentrum ist hervorragend, da man vom Hotel nur ein paar Meter zur Luas-Station hat.

Waterloo House (Karte S. 82; ☎ 660 1888; www.waterloohouse.ie; 8-10 Waterloo Rd, Ballsbridge; EZ/DZ 65/118 €; P) Das Waterloo liegt nur ein paar Schritte von St. Stephen's Green entfernt in einer Seitenstraße der Baggot Street. Die hübsche Pension verteilt sich über zwei efeubewachsene georgianische Häuser. Die Zimmer sind geschmackvoll in original georgianischen Farrow & Ball-Farben gestaltet und mit hochwertigen Möbeln, Kabelfernsehen und Wasserkocher ausgestattet. Frühstück, wie bei Muttern, wird im Wintergarten, an sonnigen Tagen auch im Garten serviert.

Ariel House (Karte S. 82; ☎ 668 5512; www.ariel-house.net; 52 Lansdowne Rd, Ballsbridge; Zi. ab 99 €; P) Irgendwo zwischen Boutique-Hotel und Luxus-B&B ist das überaus geschätzte Ariel House anzusiedeln. Das viktorianische Haus verfügt über 28 individuell gestaltete Zimmer mit Bad, alle mit Antikmöbeln ausgestattet. Für einen Hauch von Glamour ist es gegenüber den meisten anderen Unterkünften eine exzellente Wahl.

Pembroke Townhouse (Karte S. 82; ☎ 660 0277; www.pembroketownhouse.ie; 90 Pembroke Rd, Ballsbridge; EZ 90–165 €, DZ 100–210 €; P) Was passiert, wenn

Tradition und Moderne perfekt verschmelzen, demonstriert dieses superluxuriöse Stadthaus. Hier wurde ein klassischer georgianischer Bau in ein erstklassiges Boutique-Hotel verwandelt, bei dem einfach alles stimmt. Von den sorgfältigst gestalteten Zimmern, in einem grandiosen Mix aus Stil und modernem Design, bis hin zu moderner Kunst an den Wänden und einem Fahrstuhl. Ob man sich deren Innenarchitekt wohl mal ausborgen könnte?

Schoolhouse Hotel (Karte S. 82; ☎ 667 5014; www.schoolhousehotel.com; 2-8 Northumberland Rd, Ballsbridge; EZ/DZ ab 169/199 €; P) Ein echtes Schmuckstück: In diesem phantastischen Boutique-Hotel wurde zu Viktorias Zeiten noch gebüffelt. Die 31 Luxus-Zimmer sind nach irischen Schriftstellern benannt. Zur Ausstattung gehören edelste Toilettenartikel und alle erdenklichen modernen Extras. Eine glatte Eins. Setzen.

SPITZENKLASSEHOTELS

Herbert Park Hotel (Karte S. 82; ☎ 667 2200; www.herbertparkhotel.ie; Merrion Rd, Ballsbridge; EZ/DZ ab 230/270 €; P 🖵) In diesem gehobenen Hotel südöstlich des Zentrums steigen vor allem Geschäftsreisende ab. Die Einrichtung ist streng traditionell, während die Zimmer modern und nach höchsten Ansprüchen ausgestattet sind. Im Internet findet man immer wieder günstige Spezialangebote; während unserer Recherche konnte man ein Zimmer z. B. zum halben Preis buchen.

Four Seasons (Karte S. 82; ☎ 665 4000; www.fourseasons.com; Simmonscourt Rd, Ballsbridge; Zi. ab 295 €; P 🖵 🐾) In diesem Riesenhaus wird neuerdings auf noch mehr Gastfreundlichkeit gesetzt. Über den Stilmix der amerikanischen Luxushotelkette lässt sich streiten – unechtes viktorianisch-georgianisches Prunk-Interieur mit ein bisschen Protz-Barock gefällig? Trotzdem spricht die beispiellose Qualität für sich. Der Wellness-Bereich ist einzigartig, das beleuchtete Schwimmbad im Untergeschoss ein Traum. Viele halten es zwar für das beste Hotel der Stadt; wir sind jedoch für dezentaren Luxus und deshalb lautet die Wertung Platz 3. Das Four Seasons liegt auf dem Gelände des Royal Dublin Society Showground.

ESSEN

Noch vor ein paar Jahrzehnten waren Restaurantbesuche nur den Reichen vorbehalten, oder man traf sich zu Geschäftsessen oder zu ganz besonderen Anlässen. Und das war auch gut so, denn Dublin hatte eh nur eine Handvoll anständiger Lokale zu bieten. Heute kann sich die Stadt vor Restaurants gar nicht mehr retten. Essen gehen ist derart trendy geworden, dass es vielen nicht mehr darum geht, was man isst, sondern wo man isst. Französische (und irische) *Haute Cuisine* gibt es nach wie vor, mittlerweile geht man aber auch zum Nepalesen, Brasilianer und allen sonstigen Nationalitäten.

Die Gastronomen scheinen endlich begriffen zu haben, dass sich Gäste nicht nur einmal im Jahr ein teures Essen gönnen wollen und dass man mit gunstigeren Angeboten weitaus mehr Umsatz macht. Und schon sind alle glücklich und zufrieden. In ganz Dublin eröffnet ein Mittelklasserestaurant nach dem anderen, wo man in der Regel sehr gut zu vernünftigen Preisen speisen kann.

In Temple Bar findet man die meisten Restaurants. Allerdings stehen den paar guten jede Menge Lokale gegenüber, die vorwiegend Touristen fade, einfallslose Kost und feststehende Menüs vorsetzen. Zu beiden Seiten der Grafton Street ist das Essen und der Service meistens bedeutend besser; die richtig teuren Restaurants verteilen sich auf den Merrion Square und den Fitzwilliam Square. Die Northside wird von Fast-Food-Ketten regiert, obwohl selbst dort endlich ein paar sehr nette Cafés und Lokale aufgemacht haben. Besonders die Gegend rund um die Parnell Street lockt mit neuen exotischen Restaurants, die den wachsenden Multikulti-Faktor des Viertels widerspiegeln.

In Irland bekommt man hervorragendes Rind, Schwein, Fisch, Milchprodukte und Wintergemüse; viele gute Restaurants beziehen ihre Zutaten auch von örtlichen Biobauern und -herstellern.

Freitag- und Samstagabend herrscht gerade in den Restaurants im Zentrum Hochbetrieb. Also unbedingt vorher reservieren.

TOP FIVE: RESTAURANTS

- Bestes günstiges Restaurant – Gruel (siehe unten)
- Bester Brunch – Odessa (S. 133)
- Bestes Sandwich zum Mitnehmen – Bottega Toffoli (S. 130)
- Bestes Mittagessen – L'Gueuleton (S. 132)
- Bestes teures Restaurant – Town Bar & Grill (S. 134)

Rund ums Trinity College

Im südlichen Zentrum drängen sich die besten Restaurants der Stadt. Hier kann man wirklich jeden Tag woanders und immer gut essen gehen.

GÜNSTIG

Listons (Karte S. 82; ☎ 405 4779; 25 Camden St; kleine Gerichte 3–8 €; ⌚ Mo–Do 8.30–19.30, Fr bis 18.30, Sa 10–18 Uhr) Die täglich lange Warteschlange zur Mittagszeit beweist, dass Listons Dublins bester Imbiss ist. Hat man die lecker belegten Sandwiches, gegrillten vegetarischen Quiche, Rosmarin-Kartoffel-Küchlein oder die sagenhaften Salate einmal probiert, kommt man immer wieder. Das einzige Problem an dem Laden ist die riesige Auswahl. Bei schönem Wetter verspeist man sein Gourmet-Picknick am besten in den ruhigen Iveagh Gardens um die Ecke.

Lemon (Karte S. 88; Pfannkuchen ab 3,75 €; ⌚ Mo–Sa 9–19, So 10–18 Uhr) South William Street (☎ 672 9044; 66 South William St); Dawson Street (☎ 672 8898; 61 Dawson St) In Dublins erstem und bestem Pfannkuchenhaus arbeiten nur nette Leute, die laute Musik und leckere Crêpes mögen: hauchdünn, süß oder pikant und variantenreich belegt, gefüllt oder bestreut. Nicht weit weg, in der Dawson Street, gibt es eine zweite Filiale.

Queen of Tarts (Karte S. 86; ☎ 670 7499; Lord Edward St; Stücke ab 4 €; ⌚ 7–18 Uhr) Das winzige Queen of Tarts ist die Königin unter den Café-Bäckereien mit einer Auswahl an köstlichen Törtchen, gefüllten Foccacias, Obst-Streuselkuchen und mörderisch gutem Gebäck. Perfekt geeignet fürs Frühstück oder Mittagessen. Ist es drinnen zu voll, nimmt man sein Essen einfach mit in den ruhigen Chester Beatty Garden auf der anderen Straßenseite.

Cake Café (Karte S. 82; ☎ 633 4477; Pleasant Pl; Hauptgerichte 4–8 €; ⌚ 10–18 Uhr) Dublins bestgehüteter Geheimtipp für Kuchen und Törtchen ist dieses tolle Café in einer sehr unauffälligen Seitenstraße der Camden Street. Am besten geht man einmal quer durch den Schreibwarenladen Daintree und gelangt über den Hinterausgang (61 Camden Street) auf einen in sich geschlossenen Hof. Bei schönem Wetter ist das der beste Ort für Kaffee und Kuchen.

LP Tipp **Gruel** (Karte S. 86; ☎ 670 7119; 68a Dame St; Frühstück 4 €, Mittagessen 4,50–8 €, Brunch 5–12 €, Abendessen 9–15 €; ⌚ Mo–Fr 7–21.30, Sa & So 10.30–22.30 Uhr)

VEGETARISCH, GÜNSTIG, GUT

Blazing Salads (Karte S. 88; ☎ 671 9552; 42 Drury St; Hauptgerichte 3,50–8,50 €; ☕ Mo–Sa 10–18, Do bis 20 Uhr) Dieser leckere vegetarische Feinkostladen hat Biobrote (viele für besondere Diäten geeignet), kalifornische Salate, Smoothies und Pizzastücke – alles auch zum Mitnehmen.

Fresh (Karte S. 88; ☎ 671 9552; Powerscourt Townhouse Shopping Centre, oberstes OG, 59 South William St; kleine Gerichte 5–9 €; ☕ Mo–Sa 9.30–18, So 10–17 Uhr) Auf der Karte dieses alteingesessenen vegetarischen Restaurants stehen zahlreiche Salate und sättigende warme Tagesgerichte. Viele Gerichte sind milch- und glutenfrei, ohne dabei an Geschmack zu verlieren. Zu der Ofenkartoffel mit Biokäse (5,50 €) gehören auch zwei Salate, was einer kompletten Mahlzeit gleichkommt.

Cornucopia (Karte S. 88; ☎ 677 7583; 19 Wicklow St; Hauptgerichte ab 6 €; ☕ Mo–Mi & Fr–Sa 9–19, Do bis 21 Uhr) Für diejenigen, die der irischen Cholesterinfalle entgehen wollen, ist das beliebte Cornucopia mit seiner gesunden Vollwertküche eine gute Alternative. Es gibt sogar ein warmes vegetarisches Frühstück – wenn's mal kein Müsli sein soll.

Govinda's (Karte S. 88; ☎ 475 0309; 4 Aungier St; Hauptgerichte 6–11 €; ☕ 12–21 Uhr) Dieses authentische Bohnen-und-Hülsenfrüchte-Restaurant gehört den Hare Krishnas und gibt es mittlerweile auch auf der anderen Seite des Flusses (83 Middle Abbey St.; ebenfalls 12–21 Uhr). Die günstigen gesunden Salate und indisch angehauchten Tagesgerichte sind lecker und machen satt.

Das Gruel findet immer neue treue Anhänger, die mittags wegen der mächtigen und sehr leckeren Bratenbrötchen hierherpilgern – ein wechselnder Belag aus langsam gebratenem Biofleisch in einer Semmel und dazu hausgemachte Soßen. Auch die Abendkarte ist sensationell: Nudelgerichte, Fisch oder Hühnchen bekommen ihren eigenen exotischen Touch. Hingehen, anstehen und auf Tuch- bzw. Rückenfühlung mit dem Nachbartisch sitzen – es lohnt sich! Reservierungen sind nicht möglich.

Simon's Place (Karte S. 88; ☎ 679 7821; George's St. Arcade, South Great George's St; Hauptgerichte ab 4,50 €; ☕ Mo–Sa 5–17.30 Uhr) Seit 20 Jahren hat Simon sein Angebot an Sandwiches und nahrhaft-vegetarischen Suppen nicht verändert. Warum auch? Sein Essen ist genauso legendär wie Simon selbst. Ein prima Laden, um bei einer Tasse Kaffee das Treiben in den altmodischen Arkaden zu beobachten.

Larder (Karte S. 86; ☎ 633 3581; 8 Parliament St; Hauptgerichte 6 €; ☕ 8–18 Uhr) In diesem neuen Café herrscht eine positive, gesunde Stimmung. Ob reichhaltiges Porridge-Frühstück, Gourmet-Sandwiches wie Serrano-Schinken, Gruyère-Käse und Rucola oder Suki-Teespezialitäten (unbedingt den China Gunpowder probieren) – das Larder ist sich seiner Zutaten so sicher, dass sogar die einzelnen Produkthersteller einzeln genannt werden.

Honest to Goodness (Karte S. 88; ☎ 677 5373; George's St. Arcade; Hauptgerichte 6 €; ☕ Mo–Sa 9–18, So 12–16 Uhr) Ein verheerender Brand führte dazu, dass dieses wunderbare Café fast das ganze Jahr

2007 über geschlossen war. Jetzt ist es endlich wieder offen und verkauft nach wie vor mächtige Sandwiches, phantasiereiches Frühstück sowie leckere Suppen und Smoothies. Dazu kommen noch vorzüglicher Kuchen, Gebäck und Fairtrade-Kaffee zu unschlagbaren Preisen.

Fallon & Byrne (Karte S. 88; ☎ 472 1000; Exchequer St; Feinkostladen-Gerichte 6–9 €, Brasserie-Gerichte 17–28 €; ☕ Feinkostladen Mo–Sa 9–20, So 11–18, Brasserie Mo–Mi 12–16.30 & 18.30–22.30, Do–Sa bis 23.30, So 11–16 Uhr) Die Eröffnung einer noblen Markthalle mit Weinkeller und Restaurant à la Dean & Deluca in New York löste Mitte 2006 bei Dublins Gourmet-Liebhabern eine Welle der Begeisterung aus. Die Schlangen an den vorzüglichen Delikatessen-Ständen reißen nicht ab, auch in der schicken Brasserie im Obergeschoss – mit roten Sitzreihen, exzellentem Service und einer umfangreichen Karte mit cremiger Fischpastete, Rindercarpaccio und gebratenem Steinbutt – ist immer Betrieb.

Bar Italia (Karte S. 86; ☎ 679 5128; 4 Essex Quay; kleine Gerichte 7–10 €; ☕ Mo–Fr 8–18, Sa 9–18, So 12–18 Uhr) Ein Italiener der neuen Generation, der den alteingesessenen Landsleuten zeigt, was und wie man zu Hause wirklich isst. Die Bar Italia ist besonders zur Mittagszeit wegen der immer neuen Nudelgerichte, hausgemachten Risottos und dem sensationell guten Palombini-Kaffee sehr beliebt.

Bottega Toffoli (Karte S. 86; ☎ 633 4022; 34 Castle St; Sandwiches & Salate 8–11 €; ☕ Di–Sa 10–18 Uhr) Mitten im Stadtzentrum versteckt (so sehr, dass man schon gezielt danach suchen muss) liegt dieses grandiose italienische Café, wo es die besten Sandwiches der Stadt gibt: wunderbarer Schinken, Kirschtomaten und Rucola, besprenkelt mit importiertem Olivenöl auf hausgemachtem *piadina*-Brot schmecken einfach himmlisch.

Dunne & Crescenzi (Karte S. 88; ☎ 677 3815; 14 South Frederick St; Hauptgerichte 9 €; Mo & Di 9–19, Mi–Sa bis 22 Uhr) Dieser Ausnahme-Italiener erfreut seine Stammgäste mit einfachen, aber rustikalen Genüssen. Das Tagesmenü besteht aus einem *panini*, einem Pasta-Gericht und einem köstlichen Antipasti-Teller. Die Weinregale sind voll, der Kaffee einfach perfekt und die Desserts sündhaft gut.

MITTELTEUER
Good World (Karte S. 88; ☎ 677 2580; 18 South Great George's St; Dim Sum 4–6 €, Hauptgerichte 8–22 €; 12.30–2.30 Uhr) Sieger im Wettrennen um das beste Chinarestaurant der Stadt ist eindeutig das Good World. Es gibt gleich zwei Speisekarten, eine chinesische und eine westlich orientierte, in die man aber am besten erst gar nicht reinschaut. Die chinesische ist zweisprachig und vollgepackt mit leckeren Köstlichkeiten, für die man gerne wiederkommt.

La Maison des Gourmets (Karte S. 88; ☎ 672 7258; 15 Castle Market; Hauptgerichte 5–15 €; Mo–Sa 8–19, Do bis 21 Uhr) Zu Recht tummeln sich die Frankreich-Liebhaber der Stadt in diesem winzigen französischen Café über einer Bäckerei. Die Karte ist klein, aber dafür sind die Salate, Wurstplatten und *tartines* (belegte Sandwichhälften) mit täglich wechselndem Belag wie gegrillter Aubergine und Pesto absolut göttlich. Außerdem stehen verschiedene Gebäcksorten, Törtchen und Kräutertees zur Auswahl. Für 12 € bekommt man ein traditionelles Bauernfrühstück mit Fleisch, Käse und ofenfrischem Brot.

Market Bar (Karte S. 88; ☎ 677 4835; Fade St; Hauptgerichte 7–14 €; 12–23 Uhr) Die ehemalige Wurstfabrik ist heute eine angesagte Kneipe (S. 139) mit großartiger Küche, die mit Tapas und anderen spanischen Leckereien aufwartet. Es gibt große und kleine Portionen; wer also mag, kann gleich mehrere Gerichte probieren, ohne danach zu platzen. Hier ist der Beweis, dass es in der Kneipe nicht nur Wurst und Pommes gibt.

Avoca Handweavers (Karte S. 86; ☎ 677 4215; 11–13 Suffolk St; Hauptgerichte 8–15 €) Das luftige Café im ersten Stock gehörte einst zu Dublins bestgehütetsten Geheimnissen (es gab nämlich kein Schild), bis die „Ladies Who Lunch" es entdeckten. Wer es schafft, zwischen den ganzen Designer-Einkaufstaschen einen Tisch zu ergattern, wird die köstlich rustikalen Genüsse von Shepherd's Pie aus Biofleisch über Lammbraten mit Couscous bis hin zu den üppigen Salaten einfach lieben. Im Untergeschoss gibt es auch eine Mitnahmetheke mit Salatbar und heißen Gerichten. Mehr Infos über deren Kunsthandwerk, siehe S. 146.

Juice (Karte S. 88; ☎ 475 7856; 73 South Great George's St; Hauptgerichte 8–16 €; Mo–Do 12–22, Fr & Sa 12–23, So 10–22 Uhr) Das Juice erfreut durch seine kreative, vegetarische Küche mit deutlich kalifornischem Einschlag. Richtig lecker und eine gesunde Alternative zum üblichen Cola/Fanta/Sprite-Angebot sind die Frucht-Smoothies.

Café Bardeli (Karte S. 88; www.cafebardeli.ie; Hauptgerichte 9–13 €; 7–23 Uhr) Grafton Street (☎ 672 7720; Bewley's Bldg., Grafton St); South Great George's Street (☎ 677 1646; 12–13 South Great George's St) Mit gleich drei erfolgreichen Filialen – u. a. einem besonders spektakulären Ableger in Dublins beliebtestem Café, dem Bewley's in der Grafton Street – haben die Betreiber der Bardeli-Kette den Nagel auf den Kopf getroffen. Von den hervorragenden knusprig-dünnen Pizzas mit so originellen Belägen wie scharfes Lamm mit Zaziki, den frischen Pastagerichten und Salaten (z. B. mit Brokkoli, Fetakäse und Kichererbsen) träumt man noch Tage später. Bei dem sensationellen Preis-Leistungs-Verhältnis ist der Laden immer brechend voll. Reservieren geht nicht – es kann also schon mal länger dauern. Siehe auch S. 136.

Village (Karte S. 88; ☎ 475 8555; 26 Wexford St; Hauptgerichte 10–15 €; Mo–Fr & So 12–20.30 Uhr) Mit fader Pubkost ist das hier nicht zu vergleichen: Selbst Gourmetköche wären stolz auf die Karte im Village (S. 140), das zu den beliebtesten Kneipen in Dublin zählt. Wie wär's mit gebratenem *piri-piri*-Flussbarsch (mit Chili) und Ratatouillegemüse für 14 €? Eine gute Wahl für mittags oder frühabends.

Pizza Milano (Karte S. 88; ☎ 670 7744; 38 Dawson St; Hauptgerichte 10–18 €; 12–23 Uhr) Die Pizzas in diesem großen, aber stilvoll aufgemachtem Fladenbrot-Emporium sind ziemlich gut. Noch viel besser ist allerdings die kostenlose Kinderbetreuung. So kann man mal in Ruhe essen, während sich jemand anders um die Kleinen kümmert (So 12–16.30 Uhr).

Bistro (Karte S. 88; ☎ 671 5430; 4–5 Castle Market; Hauptgerichte 10–19 €; 12–22 Uhr) Das Beste am Bistro ist die Außenbestuhlung im Sommer an dem belebten Fußgängerabschnitt hinter George's St. Arcade. Auf der Karte stehen exzellente Fisch-, Pasta und Fleischgerichte, der Weinkeller ist gut sortiert und der Service stimmt. Alles in allem: bei schönem Wetter die beste Wahl.

Peploe's (Karte S. 88; ☎ 676 3144; 16 North St. Stephen's Green; Hauptgerichte 10–20 €; ☺ Mo–Sa 12–23 Uhr) In dieser elegant-luxuriösen Weinbar, einer der schicksten Adressen Dublins, werden nach dem Begrüßungs-Küsschen erst mal die Einkaufstaschen verglichen. Dafür passt die hervorragende Weinkarte zur anspruchsvollen Speisekarte.

Yamamori (Karte S. 88; ☎ 475 5001; 71 South Great George's St; Hauptgerichte 10–28 €; ☺ 12.30–23 Uhr) In diesem beliebten Asia-Restaurant werden an langen Gemeinschaftstischen Sushi und reichhaltige Nudel- und Reisgerichte serviert. Für Kinder wird gesorgt und der Service stimmt auch. Ideal für den schnellen Happen vor dem Kinobesuch.

Silk Road Cafe (Karte S. 86; ☎ 407 0770; Chester Beatty Library, Dublin Castle; Hauptgerichte um 11 €; ☺ Mo–Fr 11–16 Uhr) Die Küche in Museumscafés ist meist nicht der Hit, doch dieses arabische/nordafrikanische/mediterrane Kleinod ist eine Ausnahme. Die Karte besteht zu zwei Dritteln aus vegetarischen Gerichten, mit den beiden Hausspezialitäten griechische Moussaka und Spinatlasagne sowie Vorspeisen mit frittierten Kichererbsen und Hummus. Zum Nachtisch hat man die Wahl zwischen libanesischem Baklava, Kokosnuss-kataïfi (Gebäck aus Engelshaar) oder den saftigsten Datteln diesseits von Tyros. Alle Gerichte sind halal und koscher zubereitet.

Clarendon Café Bar (Karte S. 88; ☎ 679 2909; Clarendon St; Hauptgerichte 11–17 €; ☺ Mo–Sa 12–20, So bis 18 Uhr) Die Gebrüder Stokes (siehe Café Bang gegenüber) haben sich erfolgreich ans Kneipenessen auf gleich drei trendig-gestalteten Etagen gewagt. Der einzige Unterschied zu einem richtigem Restaurant ist, dass die Bedienung einen nicht schräg ansieht, wenn man Bier zum Essen bestellt.

Wagamama (Karte S. 88; ☎ 478 2152; South King St; Hauptgerichte 11–18 €; ☺ 11–23 Uhr) Reis- und Nudelgerichte vom Fließband werden hier schnell und wie in einer Kantine serviert. Das mag zwar nicht gerade einladend klingen, aber die Speisen sind so was von unglaublich gut. Gegessen wird im Untergeschoss, wo es trotz fehlendem Tageslicht erstaunlich hell und luftig ist.

El Bahia (Karte S. 88; ☎ 677 0213; 1. OG, 37 Wicklow St; Hauptgerichte 11–20 €; ☺ Mo–Sa 18–23 Uhr) Im dunklen, schwülen El Bahia, angeblich Irlands einziges marokkanisches Restaurant, ist die Atmosphäre in etwa so intim, wie man sich einen orientalischen Harem vorstellt. Das Essen ist nicht minder exotisch: täglich wechselnde tagines (Eintöpfen), Couscous und bastillas (Teigtaschen, gefüllt mit Huhn oder Fisch). Der süße marokkanische Kaffee mit fünf wärmenden Gewürzen schmeckt köstlich.

Chameleon (Karte S. 86; ☎ 671 0362; 1 Lower Fownes St; Hauptgerichte 12–20 €; ☺ Di–Sa 18–23, So bis 22 Uhr) Das freundliche Chameleon besticht durch Charakter und seinen exotischen Wandbehang. Serviert werden Reis- und Nudelgerichte sowie indonesische Klassiker wie satay, gado gado (Gemüse mit Satésoße), Nasi Goreng und mee goreng (scharfe gebratene Nudeln). Wer sich nicht entscheiden kann, sollte die Rijsttafel probieren mit verschiedenen Gerichten und Reis.

Toscana (Karte S. 86; ☎ 670 9785; www.toscana.ie; 3 Cork Hill; Hauptgerichte 12–24 €) Das Toscana ist eine nette, wascheche Trattoria, die italienische Klassiker mit irischem Einschlag auftischt. Wie wär's z. B. mit einer Riesenportion Penne und danach einem Baileys-Käsekuchen?

L'Gueuleton (Karte S. 88; ☎ 675 3708; 1 Fade St; Hauptgerichte 12–25 €; ☺ Mo–Sa 12–15 & 18–23.30 Uhr) Der Name (franz.: „Das große Fressen") ist ein echter Zungenbrecher. Weil man hier nicht reservieren kann, wird so mancher auf eine Geduldsprobe gestellt – man steht sich meistens die Beine in den Bauch. Trotzdem kriegen die Dubliner nicht genug von der französischen Landhausküche. Da nimmt man auch mal einen Knoten in der Zunge und wunde Füße in Kauf. Das Steak ist sensationell, und erst die Toulouser Würstchen mit Sauerkraut und die Lyoner Kartoffeln zeigen überdeutlich, dass sich die Franzosen mit Gaumenfreuden einfach auskennen.

Locks (Karte S. 82; ☎ 454 3391; 1 Windsor Terrace; Hauptgerichte 16–20 €; ☺ Mo–Sa 12–16 & 18–22 Uhr) Als Chefkoch Troy Maguire Anfang 2007 das allseits beliebte L'Gueuleton (siehe oben) verließ, um mit dem ehemaligen Manager des Bang, Kelvin Rynhardt, einen der Eckpfeiler der Dubliner Restaurantszene zu übernehmen, war das schon eine kleine Sensation. Würden sie das Locks wirklich wieder auf Vordermann bringen? Könnte Maguire dort seine informale, aber exzellente französische Bauernküche neu kreieren, die L'Gueuleton so erfolgreich machte? Würde das Locks genauso trendy werden wie früher das Bang? Und wären die Preise dann immer noch bezahlbar? Dem Himmel sei dank, alle Fragen dürfen mit einem klaren Ja beantwortet werden. Man wird sich hier noch viele Jahre um die Tische reißen.

Ar Vicoletto (Karte S. 86; ☎ 670 8662; 5 Crow St; Hauptgerichte 12–25 €; ☼ 12–22 Uhr) Wenn es gut ist, ist es verdammt gut. Im Ar Vicoletto gibt's italienische Küche und dazu den passenden Rotwein und ausgelassene Stimmung. Problem ist nur, dass das nicht immer so ist und manchmal sogar an Enttäuschung grenzt. Einen Versuch ist es trotzdem wert.

Aya (Karte S. 88; ☎ 677 1544; Clarendon St; Hauptgerichte 12–28 €; ☼ 11.30–23 Uhr) Wand an Wand mit dem Kaufhaus Brown Thomas liegt das beste japanische Restaurant der Stadt, was angesichts der dürftigen Auswahl an Japanern allerdings nicht wirklich zählt. Am Sushi-Karussell heißt es täglich zwischen 17 und 21 Uhr (außer Do und Sa) All-you-can-eat für 25 € (max. 55 Min.). Oder man bestellt à la carte von der riesigen Speisekarte.

Saba (Karte S. 88; ☎ 679 2000; www.sabadublin.com; 26–28 Clarendon St; Hauptgerichte 12–28 €; ☼ 12–23 Uhr) Hier trifft Südostasien auf Dublin. Das Ergebnis ist ein stylisches und super trendiges Lokal, das mit großer Speisekarte und moderner Einrichtung aufwartet. Zwar ist das Saba gut, aber nicht herausragend. Das scheint allerdings keinen zu stören, denn es ist immer brechend voll.

Monty's of Kathmandu (Karte S 86; ☎ 670 4911; 28 Eustace St; Hauptgerichte 13–21 €; ☼ Mo–Sa 12.30–14.30 & 18–23.30, So 18–23 Uhr) Das prämierte Monty's lebt vor allem von Stammgästen, die wegen der typisch nepalesischen Gerichte wie *gorkhali* (Huhn in Chili, Joghurt und Ingwer) oder *kachila* (rohes, mariniertes Fleisch) immer wiederkommen. Das Shiva-Bier passt super zur herzhaften, scharfen Küche. Besser geht's kaum.

Odessa (Karte S. 86; ☎ 670 7634; 13 Dame Court; Hauptgerichte 13–25 €) Die Lounge-Atmosphäre im Odessa, mit gemütlichen Sofas und Stehlampen im Retro-Look, lockt vor allem Szenepublikum an. Gespeist werden selbst gemachte Burger, Steaks und täglich wechselnde Fischgerichte. Nach ein paar Runden Backgammon und zwei, drei der berühmten Cocktails schaffte es schon so mancher nicht mehr aus dem Sofa. Das Wochenend-Brunch ist *wahnsinnig* beliebt, nur so als Warnung.

Jaipur (Karte S. 88; ☎ 677 0999; www.jaipur.ie; 41 South Great George's St; Hauptgerichte 17–20 €; ☼ 12–22 Uhr) Kritiker überschlagen sich wegen der vielfältigen und feinen Gerüche, die aus der Küche des Jaipur strömen. An Gewürzen wird hier wirklich nicht gespart, und das Essen ist so ziemlich das authentischste, was man außerhalb Delhis bekommen kann.

TEUER

Eden (Karte S. 86; ☎ 670 5372; Meeting House Square; Hauptgerichte 15–25 €; ☼ Mo–Fr 12–14.30 & 18–22.30, Sa & So 12–15 & 18–23 Uhr) Das Eden ist das schickste Restaurant in Temple Bar, mit trendy Personal, minimalistischer Einrichtung, hohen Decken, Hängepflanzen und einer Terrasse auf dem Meeting House Square. Und das Essen erst: Eleanor Walsh benutzt für ihre unkomplizierte, moderne irische Küche nur saisonale Bioprodukte; bei der Auswahl der Weine geht man ähnlich selektiv vor. An Sommerabenden kann man dank Heizstrahlern auf der Terrasse sitzen, während Filmklassiker auf die Wand der gegenüberliegenden Gallery of Photography projiziert werden.

Bang (Karte S. 88; ☎ 676 0898; www.bangrestaurant. com; 11 Merrion Row; Hauptgerichte 15–28 €; ☼ Mo–Sa 12.30–15 & 18.30–22.30 Uhr) Die hippen und gut aussehenden Stoke-Zwillinge brachten dänisches Flair nach Dublin und das passende Ambiente dazu. Die 30+ Generation mit dem nötigen Kleingeld hat mit dem Bang ihr Lieblingslokal gefunden. Die moderne europäische Küche – sorgfältigst kreiert von Chefkoch Lorcan Cribbin (ja, genau der aus dem Ivy in London) – ist scharf, lecker und extrem angesagt. Gebackener Thai-Wolfsbarsch, Rindermedaillons und butterzarte gebratene Jakobsmuscheln sind nur ein paar Beispiele. Ohne Reservierung läuft hier gar nichts, nicht mal zur Mittagszeit.

Ely Wine Bar (www.elywinebar.ie; Hauptgerichte 15–29 €; ☼ Mo–Fr 12–15 & 18–22, Sa 13–16 & 18–22 Uhr) Ely Wine Bar (Karte S. 88; ☎ 676 8986; 22 Ely Pl); Ely CHQ (Karte S. 84f.; ☎ 672 0010; Custom House Quay); Ely HQ (Karte S. 82; ☎ 633 9986; Hanover Quay) Sensationelle Burger, Bratwurst und Kartoffelbrei oder Salat mit wildem Räucherlachs sind nur einige der Gerichte, die man in diesem untergeschössigen Restaurant bekommt. Das Essen besteht ausschließlich aus Bioprodukten vom eigenen Bauernbetrieb im County Clare – Qualität kommt hier also nicht zu kurz. Die Weinkarte gibt 70 verschiedene Weine her. Zu beiden Seiten der Liffey nahe der Docks haben mittlerweile zwei neue Restaurants eröffnet: Das Ely CHQ, auf der Northside, ist in einem alten atmosphärischen Tabaklager untergebracht; das spektakuläre Ely HQ liegt direkt an den Grand Canal Docks.

Town Bar & Grill (Karte S. 88; ☎ 662 4724; 21 Kildare St; Hauptgerichte 18–28 €; ☺ Mo–Sa 12–23, So bis 22 Uhr) An jedem beliebigen Abend der Woche kann es passieren, dass man den Speiseraum mit den niedrigen Decken mit Irlands Reichsten und Mächtigsten teilt, die ihre oh-so-wichtigen Angelegenheiten im Flüsterton besprechen. Ein etwas zugeknöpftes Lokal, was aber angesichts des phantastischen Essens verzeihlich ist: Lammleber, schonend gegrilltes Kaninchen oder süßes Lamm mit Pfefferfüllung. Das Town Bar & Grill ist doch eins der besten Restaurants der Stadt.

Dax (Karte S. 82; ☎ 676 1494; 23 Upper Pembroke St; Hauptgerichte 18–30 €; ☺ Di–Fr 12–14.15 & 18–23, Sa 18–23 Uhr) Olivier Meisonnave, ehemaliger Chefkoch des Thornton's, und der irische Küchenmeister Pól ÓhÉannraich haben gemeinsam dieses nobel-rustikale Restaurant eröffnet, benannt nach Meisonnaves Heimatstadt nördlich von Biarritz. Im hell beleuchteten Speiseraum im Untergeschoss werden Feinschmecker mit Seebarsch auf Selleriepüree, Schwein im Serrano-Mantel oder Trüffel-Risotto verwöhnt.

Balzac (Karte S. 88; ☎ 677 8611; 35 Dawson St; Hauptgerichte 18–30 €; ☺ 18–23 Uhr) Jetzt ist es amtlich: Paul Flynn gehört zu Irlands Starköchen. Zu Ruhm und Ehre kam er als Küchenchef in dem schlichtweg phantastischen Tannery Restaurant (S. 205) in Dungarvan, im County Waterford. Sein erster Abstecher nach Dublin wird seine wachsende Reputation nur weiter festigen. Der elegante, traditionelle Speisesaal ist ein passendes Ambiente für die herausragende Küche. Wie wär's z. B. mit Austern-Mignonette gefolgt von Champagner-Trüffel-Risotto?

Mermaid Café (Karte S. 86; ☎ 670 8236; 22 Dame St; Hauptgerichte 18–31 €; ☺ Mo–Sa 12.30–14.30 & 18–23, So 12.30–15 & 18–21 Uhr) Das Mermaid ist ein Bistro im amerikanischen Stil mit Naturholzmöbeln und abstrakten Gemälden an getäfelten Wänden. Die Gäste, vorwiegend hippe Gourmetliebhaber, schätzen die einfallsreichen Gerichte aus Bio-Zutaten wie z. B. Seeteufel mit rotem Buttermangold oder geschmorte Lammkeule mit Aprikosen-Couscous. Lockere Atmosphäre, makelloses Essen und freundliches Personal. Tische sind hier sehr begehrt.

Thornton's (Karte S. 88; ☎ 478 7000; Fitzwilliam Hotel; 2/3-Gänge-Mittagsmenüs 30/40 €, Hauptgerichte 45 €; ☺ Di–Sa 12.30–14 & 19–22 Uhr) Kevin Thornton musste 2006 einen seiner zwei Michelin-Sterne abgeben. Trotzdem behauptet er trotzig weiter, sein Restaurant sei genauso gut wie jedes andere in der Stadt. Und damit hat er auch recht. Seine Neuinterpretation der französischen Küche ist sensationell und der Service unübertroffen, wenn auch etwas zu steif für diesen trendigen Speiseraum mit Blick auf St. Stephen's Green. Wer den Ober mal so richtig aus der Fassung bringen will, muss einfach nach Ketchup fragen.

Restaurant Patrick Guilbaud (Karte S. 88; ☎ 676 4192; 21 Upper Merrion St; 2/3-Gänge-Mittagsmenüs 33/45 €, Hauptgerichte um 35 €; ☺ Di–Sa 12.30–14.30 & 19.30–22.30 Uhr) Dieses elegante Restaurant ist mit zwei Michelin-Sternen eines der besten in ganz Irland, und Chefkoch Guillaume Lebrun gibt sein Bestes, dass das auch so bleibt. Neben dem Merrion Hotel gelegen serviert das Guilbaud französische *Haute Cuisine* in exklusivem Ambiente. Das Mittagsmenü ist, zumindest in dieser Kategorie, quasi geschenkt.

The Liberties & Kilmainham

Fast-Food-Ketten und öltriefende Imbisse dominieren noch immer die Gastroszene dieses Stadtteils. Ein Restaurant sticht jedoch aus dem Öl- und Fettdesaster heraus und ist praktisch schon jetzt eine Legende.

Leo Burdock's (Karte S. 86; ☎ 454 0306; 2 Werburgh St; Fish & Chips 8,50 €; ☺ Mo–Sa 12–24, So 16–24 Uhr) Man hört oft, dass man erst in Dublin gegessen hat, wenn man einmal schlotternd an der berühmtesten Imbissbude der Stadt für Fish'n'Chips angestanden hat. Das stimmt natürlich nicht, aber es hat schon was, mit der Tüte auf dem Bürgersteig zu sitzen und die Pommes zu verschlingen, ehe sie kalt werden und dann nicht mehr lecker schmecken. Erinnerungen an das alte Dublin werden wach. Die Reise in die Vergangenheit lohnt sich, vor allem, wenn man nicht darin stecken bleibt.

Rund um die O'Connell Street

Dublins bedeutendster Boulevard hat seine Aufholjagd mit der Southside noch nicht beendet, viel fehlt allerdings nicht mehr. Die leidige Unmenge an Fast-Food-Ketten entlang der O'Connell Street sollte man am besten ignorieren und lieber gleich die guten Läden aufsuchen, die es in diese Liste geschafft haben.

GÜNSTIG

Epicurean Food Hall (Karte S. 86; Lower Liffey St; kleine Gerichte 3–12 €; ☺ Mo–Sa 9.30–17.30 Uhr) Wenn die Einkaufstüten zu schwer werden, sind die geschäftigen Arkaden mit den rund 20 Imbissständen genau das Richtige. Die Qualität ist nicht überall gleich, aber mit einem warmen Bagel von Itsabagel oder einem leckeren Kebab aus dem Istanbul House kann man nichts falsch machen. Danach noch einen Espresso bei El Corte.

Soup Dragon (Karte S. 86; ☎ 872 3277; 168 Capel St; Suppen 4,50–9,50 €; ☺ Mo–Fr 8–17.30, So 11–17 Uhr) Zwölf leckere hausgemachte Suppen, Shepherd's Pie oder würzige Gemüse-Gumbos zum Sofortessen oder Mitnehmen. Es gibt drei Portionsgrößen, im Preis inbegriffen sind frisches Brot und ein Stück Obst. Frühstücken kann man hier zu jeder Tageszeit. Besonders gut sind die frischen Smoothies (3,75 €), pochiertes Ei im Bagel (3,20 €) oder eine große Schüssel Joghurt mit Obst und Müsli (4 €).

Cobalt Café & Gallery (Karte S. 84f; ☎ 873 0313; 16 North Great George's St; Hauptgerichte 5–9 €; ☺ Mo–Fr 10–16.30 Uhr) Wer gerade in der Gegend ist, darf an diesem wunderbar eleganten Café mit hellem georgianischem Salon nicht vorbeigehen. Das Cobalt liegt fast genau auf der anderen Seite des James Joyce Cultural Centre. Die Karte ist einfach; dafür werden im Winter herzhafte Suppen am lodernden Kaminfeuer serviert, an wärmeren Tagen gibt's frische Sandwiches im Garten.

Fußballfanatiker und Städteplaner Mick Wallace hat (ganz allein) ein lebendiges neues italienisches Viertel erschaffen. Überall im Quartier Bloom, der neuen Szenestraße zwischen Ormond Quay und Great Strand Street, eröffnen neue Cafés und Lokale.

La Taverna di Bacco (Karte S. 86; ☎ 873 0040; 24 Lower Ormond Quay; Hauptgerichte 8–9 €; ☺ Mo–Sa 12.30–22.30, So ab 17 Uhr) und **Enoteca Delle Langhe** (Karte S. 86; ☎ 888 0834; Bloom's Lane; ☺ 12–23 Uhr), ein paar Türen weiter, servieren einfache Pastagerichte, Antipasti und italienische Käse; dazu vorzüglichen Wein aus Wallace's eigenem Anbau und anderen Weingütern aus dem Piemont.

MITTELTEUER

Alilang (Karte S. 84f.; ☎ 874 6766; 102 Parnell St; Hauptgerichte 7–15 €; ☺ Mo–Do 12–14.30 & 17.30–23.30, Fr 12–14.30 & 17.30–24, Sa & So 12.30–24 Uhr) Der Koreaner auf der bunten Parnell Street hat mit chinesischer, japanischer und thailändischer Küche etwas für alle Geschmäcker zu bieten. Leckere Gerichte wie *padun* (Pfannkuchen mit Meeresfrüchten) oder Eintopf mit Kabeljau und Tofu. Fleisch grillen die Gäste selbst am Tisch, mit Gaskocher, Pfanne und scharfer Marinade; so wird das Essen zum Gesprächsthema. Das hell-glänzende Interieur eignet sich vielleicht nicht gerade für ein romantisches Date, trotzdem ist die Atmosphäre im Alilang einladend. Statt der langweiligen Weinkarte sollte man übrigens gleich das hauseigene Hite-Bier bestellen.

Bar Italia (Karte S. 86; ☎ 874 1000; 28 Lower Ormond Quay; Hauptgerichte 9–16 €; ☺ Mo–Sa 10.30–23, So 13–21 Uhr) Der etwas elegantere und jüngere Ableger des immens erfolgreichen Cafés auf der anderen Flussseite (siehe S. 130) ist größer und genauso gut – als käme das Essen aus derselben Küche.

TEUER

Winding Stair (Karte S. 86; ☎ 873 3292; 40 Lower Ormond Quay; Hauptgerichte 15–26 €; ☺ Di–Sa 12–16 & 18–22, So ab 13 Uhr) Als diese Dubliner Institution 2005 ihre Pforten schloss, rauften sich so manche Anhänger zähneknirschend die Haare. Zum Glück feierte man 2006 Wiedereröffnung: Das warme Ambiente ist geblieben, und die Einrichtung ist noch genauso schlicht; dazu gekommen ist eine exzellente Wein- und eine wunderbar irische Speisekarte. Cremige Fischpastete, Schinken und Biokohl, gedämpfte Muscheln und irischer Bauernkäse, mit viel Liebe zubereitet.

Chapter One (Karte S. 84f.; ☎ 873 2266; 18-19 North Parnell Sq; Hauptgerichte 23–30 €; ☺ Mittagessen Di–Fr, Abendessen Di–Sa) Klassische französische Küche mit Fois gras, Enten-*confit* oder Kaninchen-*cassoulet*; im Hintergrund ertönen leise Klänge eines Flügels. Das Restaurant liegt im herrlichen Gewölbekeller des Dublin Writers Museum (S. 109) und gehört zu den zehn besten der Stadt. Wer vor 19 Uhr kommt, kann noch das dreigängige „Pre-Theatre"-Menü (34 €) bestellen.

Rhodes D7 (Karte S. 84f.; ☎ 804 4441; Mary's Abbey; Hauptgerichte 23–30 €; ☺ Di–Sa 12–22, So & Mo bis 16 Uhr) Ist Irland bereit für ein durch und durch englisches Restaurant? Zumindest dachte das der Londoner Starkoch Gary Rhodes, als er seinen Gourmettempel an der Northside eröffnete. Den Rotschopf sieht man zwar nicht selbst in der Küche schuften, dafür stellte er die Karte mit englischen Traditionsgerichten zusammen, u. a. Cheddar Rarebit (eine Art englisches Käse-Fondue mit Cheddar) und gegrillter Kabeljau mit Hummer – alles mit irischem Einschlag zubereitet.

Am Grand Canal

In den noblen Vororten im südlichen Stadtzentrum gab es schon immer einige wenige phantastische Restaurants. Vor allem Ranelagh ist derzeit ein echter Renner; der Stadtteil hat in den letzten Jahren eine Art Minirevolution erlebt. Nur zehn Minuten mit der Luas-Bahn von der Stadtmitte entfernt ist es eine gute Alternative, wenn das Zentrum mal wieder aus allen Nähten platzt.

Café Bardeli (Karte S. 82; ☎ 496 1886; 62 Ranelagh Rd; Hauptgerichte 9–15 €; ☺ Mo–Sa 12.30–23, So bis 22 Uhr) Unbedingt vorbeischauen: Das Café Bardeli eröffnete 2004 eine Filiale in Ranelagh mit der gleichen bodenständigen Karte, die schon seiner großen Schwester in der South Great George's Street (siehe S. 131) zu großem Erfolg verholfen hat.

Diep Noodle Bar (Karte S. 82; ☎ 497 6550; 19 Ranelagh Rd; Hauptgerichte 9–17 €; ☺ 14.30–23.30 Uhr) Dieser coole Laden serviert (blitzschnell) erstklassige thailändische und vietnamesische Gerichte wie *pad thai* (thailändische gebratene Nudeln), *vermicello* mit Red Snapper oder Reisnudeln mit Meeresfrüchten. Die minimalistische Einrichtung ist modern und sauber. An Wochenenden ist es meistens voll, vor oder nach Stoßzeiten bekommt man aber auch ohne Reservierung einen Tisch.

French Paradox (Karte S. 82; ☎ 660 4068; 53 Shelbourne Rd; Hauptgerichte 10–18 €; ☺ Mo–Do 12–15 & 18–21.30, Fr–Sa 12–21.30 Uhr) Diese große, helle Weinbar befindet sich über dem gleichnamigen Weinladen. Auf der Karte stehen authentische französische Gerichte wie *cassoulet*, Foie gras in verschiedenen Variationen, Wurst- und Käseplatten sowie üppige Salate. Hauptattraktion ist allerdings die überwältigende und erlesene Weinauswahl, vorwiegend Franzosen (wen wundert's), die pro Flasche, im Glas oder sogar im 6,25 cl Gläschen serviert werden. Ein kleines Stückchen Paris in Dublin 4.

Mint (Karte S. 82; ☎ 497 8655; 47 Ranelagh Rd; Hauptgerichte um 16 €; ☺ Di–So 12–15 & 18–22 Uhr) Die Betreiber des Mint haben Großes vor. Der englische Küchenchef Oliver Dunne kochte zuvor im Gordon Ramsay's Pied à Terre in London. Mit seiner abwechslungsreichen Speisekarte ist er als Michelin-Anwärter geradezu prädestiniert. Der kleine Raum ist schick und spärlich beleuchtet, der Service

formell, aber freundlich. Zu erwarten sind herausragende Klassiker wie Enten-*confit* und Kalb auf Foie gras und Pilzrisotto.

AUSGEHEN

Wer sagt, Dublin wäre eine einzige Party, meint damit eigentlich, hier wird gebechert bis zum Umfallen. Und das ist nicht unwahr. Für viele ist es sogar mit der Hauptgrund ihrer Irlandreise. Das Pub ist und bleibt Dreh- und Angelpunkt des sozialen Geschehens: ein Treffpunkt für Freunde und Fremde gleichermaßen, wo die Dubliner sich von ihrer freundlichsten und ausgelassensten Seite zeigen (und leider auch von ihrer betrunkensten und aggressivsten).

Pubs gibt es für jeden Geschmack und jedes Gemüt, wobei man heute kaum noch die alten Spelunken findet, wo Rentner mit Schirmmützen spannende Anekdoten zum Besten geben. Mittlerweile findet man nur noch massenhaft Designerbars und Themenlokale, die es auch in jeder anderen Großstadt gibt. Währenddessen herrscht weltweit das McPub-Phänomen. Überall schießen „original" Irish Pubs wie Pilze aus dem Boden. Geht das so weiter, ist Dublin bald der letzte Ort, wo man noch eine richtige Bier- und Whiskeykaschemme erwartet.

Dublins berüchtigtes Ausgehviertel ist Temple Bar, wo sich durstige und abenteuerhungrige Nachtschwärmer in riesigen Kneipen zu Chart-Musik vollaufen lassen – man möchte sagen, Irlands verregnete Version von Ibiza. Während es unter der Woche einigermaßen erträglich zugeht, sieht man am Wochenende ausschließlich Touristen und solche, die mit einem dämlich bedruckten T-Shirts einen der vielen Junggesellenabschiede feiern. Das kultiviertere Partyvolk geht da schon lieber in die überdimensionalen Bars in der Dawson Street bzw. seit neustem auch in die Bars entlang der Wexford Street und Camden Street, südwestlich von St. Stephen's Green. Aber keine Angst: Im Zentrum muss man nie sonderlich weit laufen, um ein Pub zu finden, in dem was los ist.

Die Sperrstunde, „Last Orders", wird montags bis donnerstags um 23.30 Uhr eingeläutet (wortwörtlich), freitags und samstags um 0.30 und sonntags um 23 Uhr. Danach hat man eine halbe Stunde Zeit zum Austrinken. Viele Pubs im Zentrum dürfen aber auch bis 1.30, 2.30 bzw. die mit einer ganz speziellen „Theatre Licence" bis 3 Uhr ausschenken.

Traditionelle Pubs

In Dublin gibt es noch ein paar gute, alte Traditionskneipen.

Flowing Tide (Karte S. 138; ☎ 874 0842; 9 Lower Abbey St) Direkt gegenüber dem Abbey Theatre gelegen zieht das Pub eine nette Mischung aus Theaterbesuchern und Anwohnern der Northside an. Das laute Stimmengewirr macht ganz viel Laune auf ein Bier.

Patrick Conway's (Karte S. 138; ☎ 873 2687; 70 Parnell St) Das Pub ist zwar etwas abgelegen, aber dafür ein echtes Schmuckstück. Seit 1745 in Betrieb haben sich hier mit Sicherheit schon viele frischgebackene Väter feiern lassen, seitdem 1757 das Rotunda Maternity Hospital gegenüber eröffnet wurde.

Palace Bar (Karte S. 138; ☎ 677 9290; 21 Fleet St) Die Palace Bar mit ihren Spiegeln und Holznischen wird oft als perfektes Beispiel für ein altes Dubliner Pub genannt. Sie liegt in Temple Bar und ist ein beliebter Treffpunkt für Journalisten der nahe gelegenen *Irish Times*.

Dawson Lounge (Karte S. 138; ☎ 677 5909; 25 Dawson St) Wer die kleinste Bar Dublins sehen will, muss erst durch einen kleinen Durchgang und eine schmale Treppe nach unten. In den beiden winzigen Räumen scheint es immer ein paar verwirrte Betrunkene zu geben, die sich vor irgendwas verstecken. Und hier noch ein kleines Geheimnis: Der Sänger einer gewissen berühmten irischen Band steht hier ab und an mit Sonnenbrille rum.

John Mulligan's (Karte S. 138; ☎ 677 5582; 8 Poolbeg St) Auch das John Mulligan's, östlich von Temple Bar, hat sich über die Jahre kaum verändert. Das Pub glänzte als Stammkneipe in dem Film *Mein linker Fuß* und ist vor allem bei den Journalisten benachbarter Zeitungsverlage beliebt. 1782 gegründet genoss das Mulligan's lange den Ruf, das beste Guinness in ganz Irland sowie die bunteste Mischung an Stammgästen zu haben.

Stag's Head (Karte S. 138; ☎ 679 3701; 1 Dame Ct) An der Kreuzung Dame Court Ecke Dame Lane, nahe der Dame Street, liegt das Stag's Head, das 1770 errichtet und 1895 umgebaut wurde. Seine pittoreske Fassade wurde sogar für eine Briefmarkenserie mit Irish Pubs ausgewählt.

Long Hall (Karte S. 138; ☎ 475 1590; 51 South Great George's St) In all seiner viktorianischen Pracht – man beachte die Kronleuchter und die Schnitzereien hinter der Theke – ist Long Hall Dublins schönstes und beliebtestes Pub. Alle, die hier arbeiten, sind Meister ihres Fachs, was man in Dublin immer seltener sieht.

TOP FIVE: PUBS

- ▪ Für ein gepflegtes Bier und eine Runde Quatschen – Grogan's Castle Lounge (siehe unten)
- ▪ Für Beats und Beatniks – Anseo (S. 139)
- ▪ Für Fiedel und *Bodhrán* – Cobblestone (S. 138)
- ▪ Zum Tanzen – Village (S. 140)
- ▪ Zum Schaulaufen – South William (S. 140)

Kehoe's (Karte S. 138; ☎ 677 8312; 9 South Anne St) In diesem zentral gelegenen Pub herrscht die mitunter beste Stimmung der Stadt, daher ist das Kehoe's bei Dublinern unterschiedlichster Art beliebt. Es gibt eine wunderschöne viktorianische Theke, ein schnuckliges Nebenzimmer und jede Menge weiterer Nischen und Ecken. Oben werden die Drinks im ehemaligen Wohnzimmer des Wirts serviert. Das sieht man!

Neary's (Karte S. 138; ☎ 677 8596; 1 Chatham St) Neary's ist ein prächtiges Pub aus viktorianischer Zeit mit herrlicher Fassade, das gern von Schauspielern des nahe gelegenen Gaiety Theatre aufgesucht wird. Die Bar im ersten Stock gilt als einer der wenigen Orte in der ganzen Stadt, wo man Freitag- oder Samstagabend vielleicht noch einen Sitzplatz ergattern kann.

Grogan's Castle Lounge (Karte S. 138; ☎ 677 9320; 15 South William St) Eine Institution in der Innenstadt. Schon lange ist das Grogan's die Lieblingskneipe der Dubliner Maler und Schriftsteller sowie anderer Künstlern aus der alternativen Szene. Merkwürdig nur, dass die Getränke in der Bar, wo Steinboden liegt, etwas billiger sind als in der Lounge, die mit Teppichboden ausgelegt wurde – und das, obwohl beide Räume von der gleichen Bar bedient werden!

James Toner's (Karte S. 138; ☎ 676 3090; 139 Lower Baggot St) Mit seinem Steinboden wirkt das Toner's wie ein Dorfpub mitten im Zentrum. Die Regale und Schubladen erinnern daran, dass hier früher mal ein Lebensmittelgeschäft war. Nicht, dass die Bürohengste hier je eingekauft hätten...

Hartigan's (Karte S. 138; ☎ 676 2280; 100 Lower Leeson St) Wahrscheinlich die spartanischste Bar der ganzen Stadt; tagsüber nisten sich diverse

DUBLIN

Hardcore-Trinker ein, denen die Stille und Einfachheit zu gefallen scheint. Abends treffen sich hier Medizinstudenten.

Sackville Lounge (Karte S. 138; Sackville Pl) Die holzvertäfelte Ein-Raum-Bar aus dem 19. Jh. liegt versteckt in einer Seitenstraße der O'Connell Street, was vielleicht auch erklärt, warum sie bei Schauspielern und Theaterbesuchern so beliebt ist, bzw. bei allen, die gern noch ein Pint in einem herrlich altmodischen Pub trinken.

Pubs mit Livemusik

In den folgenden hervorragenden Pubs wird traditionelle und moderne Musik geboten:

Sean O'Casey's (Karte S. 138; ☎ 874 8675; 105 Marlborough St) Hier gibt's einmal die Woche Live-Rock und gelegentliche Jam-Sessions mit irischer Musik.

Hughes' Bar (Karte S. 138; ☎ 872 6540; 19 Chancery St) Liegt direkt hinter den Four Courts; spontane Konzerte dauern oft bis nach Feierabend, wenn die Türen bereits längst geschlossen sind. Mittags treffen sich hier häufig die Anwälte, die in der Nähe arbeiten.

Cobblestone (Karte S. 84f.; ☎ 872 1799; North King St) Dad Pub liegt am Hauptplatz in Smithfield, einem alten Marktplatz der Northside. In der gemütlichen Bar im ersten Stock herrscht immer eine prima Stimmung. Abends finden Konzerte mit traditionellen Bands, neuen Folkbands und Singer-Songwritern statt.

Oliver St.John Gogarty's (Karte S. 138; ☎ 671 1822; 58-59 Fleet St) In dem geschäftigen Pub in Temple

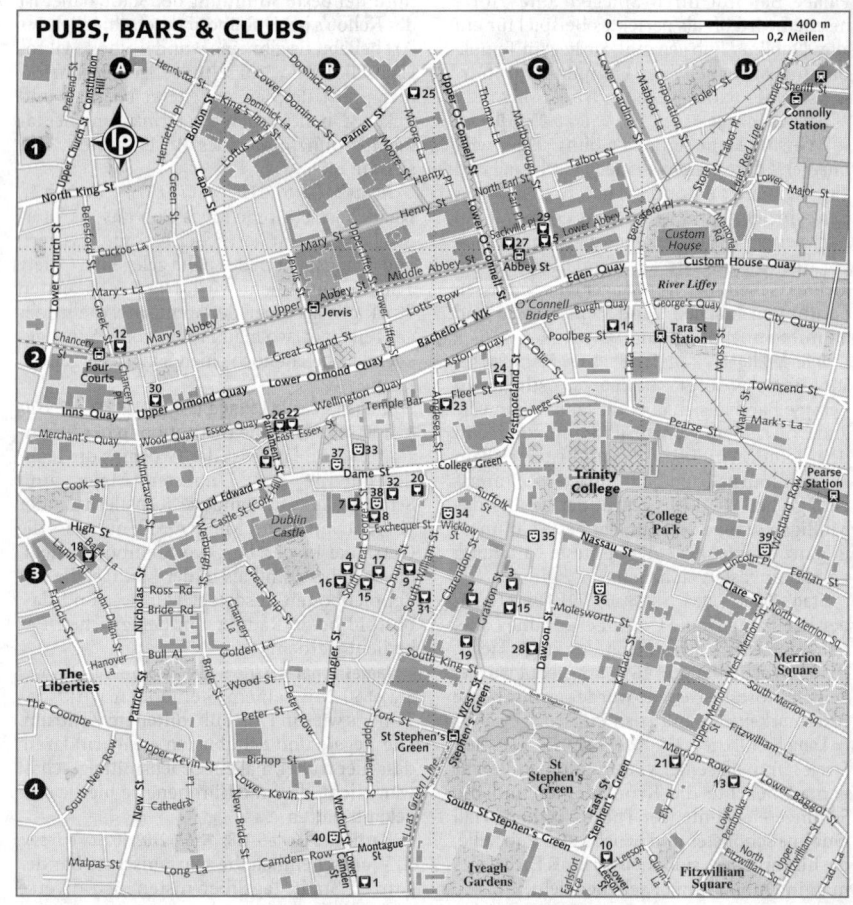

PUBS, BARS & CLUBS

Bar wird jeden Abend traditionelle Livemusik geboten. Das Publikum besteht hauptsächlich aus Touristen.

International Bar (Karte S. 138; ☎ 677 9250; 23 Wicklow St) Fast jeden Abend Jazz- und Blueskonzerte.

Bruxelles (Karte S. 138; ☎ 677 5362; 7-8 Harry St) Die Rockkonzerte, die hier einmal pro Woche stattfinden, sind wohl der einzige Hinweis darauf, dass dieser trendige Laden mal ein Heavy-Metal-Schuppen war.

O'Donoghue's (Karte S. 138; ☎ 661 4303; 15 Merrion Row) Hier, in der berühmtesten traditionellen Musikkneipe Dublins, nahm die Weltkarriere der Folkgruppe The Dubliners in den 1960er-Jahren ihren Anfang. An Sommerabenden verlagert sich das junge, internationale Publikum auf den Hof daneben.

Mother Redcaps (Karte S. 138; ☎ 453 8306; Back Lane) Legendärer Folkladen, der nach ein paar Jahren Pause wieder geöffnet hat; liegt über einem gleichnamigen Pub.

Bars

Die folgenden modernen Bars sind in Dublin derzeit besonders angesagt:

Anseo (Karte S. 138; ☎ 475 1321; 28 Lower Camden St) Unprätentiös, ungekünstelt und unglaublich beliebt – eine gemütliche Alternative für alle, die nach dem Motto leben: Sich zu sehr zu bemühen ist viel schlimmer als überhaupt nicht. Hier wird Coolness wie ein lockeres Hemd getragen; super Musik und nette Gespräche.

Dice Bar (Karte S. 84f.; ☎ 674 6710; 79 Queen St) Mitbesitzer ist Sänger Huey von den Fun Lovin' Criminals. Die Dice Bar könnte auch in der New Yorker Lower East Side beheimatet sein. Schwarz-rote Wände, tropfendes Kerzenwachs, dicht gedrängte Sitze und fast jeden Abend DJs vom Feinsten. Kein Wunder, dass die Bar Dubliner Beatniks magisch anzieht.

No 4 Dame Lane (Karte S. 138; ☎ 679 0291; 4 Dame Lane) Die schicke Bar auf zwei Ebenen ist beim jüngeren Partyvolk und bei Berufstätigen gleichermaßen beliebt, und zwar wegen des modernen Ambientes und der coolen Mischpult-Beschallung. Unter der Woche ist es ziemlich ruhig, während an den Wochenenden die Post abgeht.

Market Bar (Karte S. 138; ☎ 677 4835; Fade St) Dieser angesagte Laden gehört den gleichen Jungs wie das Globe (siehe unten) um die Ecke. Schon komisch, dass diese wunderschöne viktorianische Halle früher mal eine Wurstfabrik war.

Globe (Karte S. 138; ☎ 671 1220; 11 South Great George's St) Das Globe war eine der ersten richtigen Café-Bars in Dublin, mit Holzböden und einfachen Steinwänden. Tagsüber schlürft man hier gemütlich Milchkaffee, abends verwandelt es sich in eine coole, lockere Bar mit DJ und freundlichem Personal. Das Publikum ist ein Mix aus jungen hippen Dublinern und ortskundigen Touristen.

Hogan's (Karte S. 138; ☎ 677 5904; 35 South Great George's St) Das Hogan's erstreckt sich über zwei Etagen und ist vor allem bei jungen Berufstätigen beliebt. Am Wochenende wird's wegen der besonders langen Öffnungszeiten ziemlich voll.

Octagon Bar (Karte S. 138; ☎ 670 9000; Clarence Hotel, 6–8 Wellington Quay) Im schicksten Laden von Temple Bar trifft man auf Dublins Promis mitsamt Entourage. Die Getränke sind teurer als anderswo; ein Bellini (Pfirsich und Champagner) kostet 13 €. Aber wer es am strengen Türsteher vorbeigeschafft hat, kann sicher auch die Preise verkraften.

Porterhouse (Karte S. 138; ☎ 679 8847; 16–18 Parliament St) Dublins erste Privatbrauerei ist unser Favorit in Temple Bar und vor allem bei ausländischen Mitbürgern und Besuchern sehr beliebt. Das Porterhouse verkauft ausschließlich eigenes Gebräu. Ob hell oder dunkel, sie schmecken alle hervorragend.

SamSara (Karte S. 138; ☎ 671 7723; 35-36 Dawson St) Junge Bürohengste und alle, die später noch tanzen gehen, treffen sich vor allem am Wochenende in diesem riesigen, orientalisch anmutenden Laden. Dann hat die Bar auch länger geöffnet.

Shakespeare (Karte S. 84f.; ☎ 878 8650; 160 Parnell St) Eine wunderbare Mischung aus traditionellem Pub und kosmopolitischem Flair. Die Bar ist heute in koreanischer Hand und veranstaltet regelmäßige Karaokeabende.

South William (Karte S. 138; ☎ 679 3701; South William St) Hinter der Glasfassade von Dublins neuester und coolster Bar verbirgt sich alles, was gute Unterhaltung ausmacht: erstklassige Musik, tolle DJs, im Keller ein Club und die womöglich besten Bar-Snacks in ganz Dublin; die Kuchen von Troy Maguire aus dem Lock's sind einfach köstlich.

Sin É (Karte S. 138; ☎ 878 7009; 14-15 Upper Ormond Quay) Die exzellente Bar am Kaiufer beweist, dass es in einem Pub vor allem auf die Stimmung ankommt. Einen bestimmten Einrichtungsstil gibt es nicht; trotzdem ist der Laden fast immer voll mit einer netten Mischung aus Studenten, Berufstätigen, Szeneleuten und Normalos. Die DJs sind ausnahmslos sensationell.

Village (Karte S. 138; ☎ 475 8555; www.thevillagevenue. com; 26 Wexford St) Jedes Wochenende wird es in dieser großen modernen Bar brechend voll. Nette Jungs und hübsche Mädels praktizieren hier ihr nicht ganz ernst gemeintes Balzritual, während der Rest sich vor der Tür die Beine in den Bauch steht. Abends legen klasse DJs auf; Donnerstag bis Samstag ist auch der Clubteil geöffnet (siehe gegenüber).

UNTERHALTUNG

Dublins Ruf als Spaßhochburg wird vom Ministerium für Tourismus und anderen Interessenvertretern bis zum Äußersten ausgereizt. Tatsache ist: Für ihre Größe hat die Stadt etwas in allen Bereichen und für alle Geschmäcker zu bieten, von Theater bis hin zu Hunderennen.

Veranstaltungshinweise findet man am besten im *Event Guide*, ein Gratisheft, das alle zwei Monate in vielen Bars, Cafés und Hostels ausliegt. Dann gibt es noch die wöchentliche Musikzeitschrift *Hot Press* oder das zweiwöchentliche Gratisblatt *In Dublin*. *Ticket* ist eine Beilage in der Freitagsausgabe der *Irish Times*, mit umfassendem Veranstaltungskalender und Adressen.

Kinos

Die Jugendlichen in Irland gehören zu Europas größten Kinogängern. Es empfiehlt sich also, per Kreditkarte vorzubuchen, oder aber man steht für die Abendvorstellung eine halbe Stunde in der Schlange an. Die meisten Kinos befinden sich nördlich der Liffey. Nachmittagsvorstellungen kosten meistens 6 €, abends rund 8 €.

Irish Film Institute (Karte S. 86; ☎ 679 5744; 6 Eustace St) Das Multiplex-Kino zeigt Klassiker und Arthouse-Filme. Im Komplex befinden sich außerdem eine Bar, ein Café und ein Buchladen. Für nicht zugelassene Filme, die nur im Rahmen eines „Clubs" gezeigt werden dürfen, zahlt man eine wöchentliche Mitgliedsgebühr von 2 €.

Savoy (Karte S. 84f.; ☎ 874 6000; Upper O'Connell St; ⏱ ab 14 Uhr) Das traditionelle Kino mit vier Sälen zeigt Neuerscheinungen; an Wochenenden auch Spätvorstellungen.

Screen (Karte S. 84f.; ☎ 671 4988; 2 Townsend St; ⏱ ab 14 Uhr) Zwischen Trinity College und O'Connell Bridge gelegen, zeigt das Screen neue Independent-Filme und kleinere kommerzielle Streifen in drei Sälen.

Cineworld (Karte S. 84f.; ☎ 872 8400; Parnell Centre, Parnell St; ⏱ ab 10 Uhr) In diesem Multiplex-Kino laufen sämtliche Neuerscheinungen.

Nachtclubs

Nach zehn Jahren Achterbahnfahrt ist Dublins Clubszene immer noch leicht schummrig. Diskotheken erlebten in den letzten Jahren ein böses Erwachen und reichen heute von kompletter Müll über erstklassig bis hin zu zweit- oder drittklassig. Die beschränkten Öffnungszeiten sind ein Dauerstreitpunkt; Late-Night-Bars bieten im Grunde genau das Gleiche, nur umsonst, und dann ist da noch der verwirrte Musikgeschmack der Massen. Dublins Bevölkerung mag heute zwar ein buntes Multikulti-Völkchen sein, doch der größtenteils konservative Teil steht auf Chart-Musik, hin und wieder Alternativrock, R&B-Klänge und kommerzielle Dance-Beats. Trotzdem hält sich Dublins Ruf als Partyhochburg, was ja auch stimmt. Die Dubliner Partyszene weiß, wie man ordentlich feiert.

Da sich die scheinbar endlosen Events laufend ändern, wirft man am besten vorher einen Blick in einen der beiden Veranstaltungskalender *Event Guide* und *In Dublin*. Die meisten Clubs öffnen kurz nachdem die Pubs zumachen (23.30 und 24 Uhr) und schließen gegen 2.30 oder 3 Uhr. Sonntag bis Donnerstag liegt der Eintritt zwischen 5 und 8 €, Freitag und Samstag zwischen 15 bis 20 €. Schwulen- und Lesbenclubs siehe S. 142.

Tripod (Karte S. 82; ☎ 478 0025; www.pod.ie; 35 Harcourt St; Eintritt 5–20 €; ☺ Mo–Sa) Das Tripod wurde Ende 2006 Nachfolger des PoD Clubs, in der atmosphärischen alten Harcourt Street Station. Es hat jetzt drei Ebenen: einen technisch supermodernen Veranstaltungsraum für Rock- und Popkonzerte mit Platz für 1300 Leute, einen kleineren Tanz-Clubraum und den kleinen, aber feinen Konzertraum Crawdaddy (S. 143).

Village (Karte S. 138; ☎ 475 8555; 26 Wexford St; www.thevillagevenue.com; Eintritt 8–10 €; ☺ Do–Sa) Nach Konzerten (siehe S. 140) geht die Party im Club los. Die rund 600 Clubber werden mit einem konstanten Musikmix aus Neuem und Altem, Dancefloor-Classics und anderem Tanzbaren beschallt. Tolle Location und Top-Stimmung.

Underground@Kennedy's (Karte S. 138; ☎ 661 1124; 31-32 Westland Row; ☺ Fr & Sa 23.30–2.30 Uhr) Im Keller des Pubs gibt es einen stickigen, dunklen Club, wo regelmäßig lokale und internationale DJ-Größen mit schweißtreibenden Sets von House bis Hip-Hop auftreten.

Lillie's Bordello (Karte S. 138; ☎ 679 9204; www.lillies bordello.ie; Adam Ct.; Eintritt 10–20 €; ☺ 23–3 Uhr) Im Lillie's feiern vor allem Stars, Sternchen und tourende Rockstars. Das heißt allerdings nicht, dass man mit den Promis die Tanzfläche teilt, denn die werden schnellstens in einen separaten VIP-Raum gebracht. Die Musik ist erwartungsgemäß kommerziell.

Renard's (Karte S. 138; ☎ 677 5876; www.renards.ie; South Frederick St; Eintritt frei–10 €; ☺ 22.30–2.30 Uhr) Der Club gehört Colin Farrell's Patenonkel, und deshalb feiert der Schauspieler (und andere Promis) hier auch am liebsten, sofern er mal in der Stadt ist. Weil das Renard's so klein ist, kommt man oft nur schwer rein. Meistens läuft House, selten auch Soul, Funk und Jazz.

Rogue (Karte S. 138; ☎ 675 3971; 64 Dame St; Eintritt 8–12 €; ☺ Mo–Sa 23.30–3 Uhr) Das Rogue zählt noch zu den Neuzugängen. Der kleine Club wird von zwei Ebenen wird von der Bodytonic-Truppe betrieben, die nach dem Wax (gibt es nicht mehr) hier eine neue Bleibe gefunden haben. Samstags wird im Discotonic Melodic House, Deep House und Techno gespielt.

Hub (Karte S. 138; ☎ 670 7655; 11 Eustace St; Eintritt 6–15 €) Arctic Monkeys, We Are Scientists und Komiker Jimmy Carr haben alle schon mal den legendären Rock-Indie-Electronic Abend „Trashed" bestritten, den Trev Radiator jeden Dienstag präsentiert. Ansonsten laufen eingängige Indie-Hits.

Rí Rá (Karte S. 138; ☎ 677 4835; Dame Ct.; Eintritt 5–11 €; ☺ Mo–Sa) 2007 wechselte der langjährige Club die Besitzer; die sind jedoch darauf aus, zumindest bis auf Weiteres, ohne frenetische Beats auszukommen. Der Schwerpunkt liegt auf trendiger Beschallung, von Soul bis Hip-Hop, manchmal auch ein bisschen Rock. Die Achtzigerjahre-Party „Strictly Handbag" findet seit 16 Jahren immer montags statt. In der Globe Bar (S. 139) im ersten Stock wird entspannt getrunken und gechattet.

Livemusik

Karten sind entweder an der Abendkasse, bei **HMV** (Karte S. 88; ☎ 679 5334; 65 Grafton St) oder **Ticketmaster** (☎ 0818 719 300, 456 9569; www.ticketmaster.ie) erhältlich. Letztere verlangen bei Kreditkartenzahlungen allerdings zwischen 9 % und 12,5 % Bearbeitungsgebühr pro Karte, nicht pro Buchung.

KLASSISCHE MUSIK & OPER

Zahlreiche Veranstaltungsorte in der Innenstadt bieten klassische Konzerte und Opernaufführungen. Auch in Kirchen gibt es gelegentlich Konzerte; Einzelheiten stehen in der Tagespresse.

National Concert Hall (Karte S. 82; ☎ 417 0000; www.nch.ie; Earlsfort Terrace) Irlands bedeutendste Konzerthalle hat das ganze Jahr über Konzerte im Programm, darunter eine Reihe Mittagskonzerte (Juni–Aug. Di 13.05–14 Uhr).

Gaiety Theatre (Karte S. 88; ☎ 677 1717; www.gaietytheatre.com; South King St) Das beliebte Dubliner Theater veranstaltet auch klassische Konzerte und Opern.

Bank of Ireland Arts Centre (Karte S. 86; ☎ 671 1488; Foster Place) Das Kunstzentrum veranstaltet regelmäßig kostenlose Mittagskonzerte ab 13.15 Uhr sowie gelegentliche Abendkonzerte. Genaueres telefonisch erfragen.

Helix (Karte S. 80; ☎ 700 7000; www.thehelix.ie; Collins Ave, Glasnevin) Das Helix auf dem Gelände der Dublin City University bietet u. a. eine beeindruckende Bandbreite internationaler Opern und Klassikkonzerte. Erreichbar mit den Linien 11, 13, 13A und 19A von der O'Connell Street aus.

DUBLIN

DUBLIN FÜR SCHWULE UND LESBEN

Für Schwule und Lesben ist Dublin gar kein schlechtes Pflaster. Die meisten Städter nehmen den Anblick eines Transvestiten oder öffentlich knutschenden, gleichgeschlechtlichen Paares ziemlich gelassen. In den Vororten sollte man dennoch etwas zurückhaltender sein.

Praktische Informationen

Gay & Lesbian Garda Liaison Officer (☎ 666 9000) Wer auf der Straße belästigt wird oder in Schwierigkeiten gerät, kann sich hier melden.

Gay Community News (www.gcn.ie) Brauchbares, landesweites Magazin mit Nachrichten und Sonderthemen. Erscheint monatlich. Die beiden Hochglanzbeilagen *Q-Life* and *Free!* enthalten Veranstaltungstipps und liegen rund um Temple Bar und im Irish Film Institute in der Eustace St. aus.

Gay Switchboard Dublin (☎ 872 1055; www.gayswitchboard.ie) Freundlicher und nützlicher Service auf ehrenamtlicher Basis, wo man Auskünfte aller Art bekommt – von Unterkünften bis Rechtsfragen.

Outhouse (Karte S. 84f.; ☎ 873 4932; www.outhouse.ie; 105 Capel St.) Großartiges Informationszentrum für Schwule, Lesben und Bisexuelle. Hier kann man einfach vorbeischauen und erfahren, was wo los ist, die schwarzen Bretter studieren oder neue Leute treffen. Das Outhouse bringt die kostenlosen *Ireland's Pink Pages heraus,* ein Verzeichnis schwuler Dienste, das auch im Internet zu finden ist. Wer auf der Straße belästigt wird oder in Schwierigkeiten gerät, kann sich hier melden.

Sexual Assault Unit (Karte S. 84f.; ☎ 666 6000) Opfer sexueller Gewalt können in der Pearse St. Garda Station anrufen oder direkt hingehen.

Festivals & Events

Pride (www.dublinpride.org) Eine Woche lang Theater, Performance, Musik, Lesungen und – natürlich – eine pulsierende, farbenfrohe Parade durch die Stadtmitte für alle Queers, Dykes, Bis und Fetischisten der Stadt.

Lesbian & Gay Film Festival (☎ 670 6377; www.irishculture.net/filmfestival) Internationales Film- und Dokumentarfilmfestival, das im August im Irish Film Institute stattfindet.

Schlafen

Frankies Guesthouse (Karte S. 84f.; ☎ 478 3087; www.frankiesguesthouse.com; 8 Camden Place; EZ 40–60 €, DZ 90–110 €) Obwohl die meisten Hotels der Stadt natürlich auch gleichgeschlechtliche Paare aufnehmen, ist das in vielen B&Bs in Dublin anders. Eine zentrale Übernachtungsmöglichkeit bietet dieses komfortable B&B nur für Schwule und Lesben, mit hübsch eingerichteten Zimmern mit Fernseher und Wasserkocher für Tee und Kaffee.

Ausgehen

Dragon (Karte S. 138; ☎ 478 1590; 64-65 South Great George's St.) Der Neuzugang in Dublins Clublandschaft ist diese große Disco-Bar mit bunter Asia-Einrichtung, gemütlichen Sitzecken und kleiner Tanzfläche. Vor allem jüngere Nachtschwärmer treffen sich hier, bevor es weiter ins George geht.

George (Karte S. 138; ☎ 478 2983; 89 South Great George's St.) Das grell-lila George-Logo kann man gar nicht übersehen. Die einzige offizielle Schwulenbar von Temple Bar genießt den Ruf, zu später Stunde immer wilder und verrückter zu werden. Sonntags um 18.30 Uhr trifft sich hier alles zum Bingoabend, während Donnerstagabend die Missing Link Gameshow stattfindet, moderiert von James Balls.

Front Lounge (Karte S. 138; ☎ 670 4112; 33 Parliament St.) Luxusclub mit gemischtem, eher anspruchsvollem Publikum. Dienstags findet hier die Casting Couch Party statt, von und mit Dragqueen Panti Kabarett und Karaoke.

Unterhaltung

Viele Clubs veranstalten spezielle Gay & Lesbian Nights. Die Szene ist allerdings ständig im Wandel. Obwohl die hier genannten Partys regelmäßig stattfinden, ist es trotzdem sicherer, vorher noch mal anzurufen. Weitere Veranstaltungsorte unter www.gay-ireland.com.

Boilerhouse Sauna (Karte S. 86; ☎ 677 3130; 12 Crane Lane; Eintritt 20 €; ☻ So–Do 13-6 Uhr, Fr & Sa rund um die Uhr) Beliebtes Afterhour-Ziel für all diejenigen, die nach der Party im George (siehe oben) kurz um die Ecke gehen und noch mal so richtig schwitzen wollen. Die große und sehr saubere Sauna gilt als beste in ganz Dublin.

Rí Rá (Karte S. 138; ☎ 677 4835; Dame Court) Der Montagabend im Rí Rá, einem der netteren Clubs in Dublin, heißt Strictly Handbag. Während auch Heteros gern hier feiern, ist er bei Schwulen und Lesben dennoch sehr beliebt.

DUBLIN

Dublin City Gallery – the Hugh Lane (Karte S. 84f.; ☎ 874 1903; www.hughlane.ie; Charlemont House, Parnell Sq) Von September bis Juni finden in der Art Gallery bis zu 30 Konzerte zeitgenössischer Klassik statt. Beginn ist 12 Uhr.

Royal Dublin Society Showground Concert Hall (Karte S. 82; ☎ 668 0866; www.rds.ie; Ballsbridge) In der riesigen Konzerthalle kann man das ganze Jahr über zahlreiche Opern und klassische Konzerte besuchen.

ROCK & POP

Ambassador Theatre (Karte S. 84f.; ☎ 1890 925 100; O'Connell St) Das Ambassador war früher erst ein Theater, dann ein Kino. Drinnen hat sich nicht viel verändert; im coolen Retroambiente treten einheimische und internationale Rockbands auf.

Crawdaddy (Karte S. 82; ☎ 478 0225; www.pod.ie; 35A Harcourt St) Das Crawdaddy ist nach dem Londoner Club benannt, wo die Rolling Stones 1963 ihre Karriere begannen. Die kleine Venue-Bar hat sich auf Ethno-Künstler spezialisiert, von afrikanischen Percussion-Bands über Avantgarde-Jazz bis hin zu Flamenco-Gitarristen. Gehört zum Tripod (S. 141).

Gaiety Theatre (Karte S. 88; ☎ 677 1717; www.gaietytheatre.com; South King St; ☿ bis 4 Uhr) Altes viktorianisches Theater, wo am Wochenende bis spät in die Nacht Jazz, Rock oder Blues gespielt wird.

Isaac Butt (Karte S. 84f.; ☎ 855 5884; Store St) In der Grunge-Bar gegenüber dem Busáras rocken fast jeden Abend lokale Garagen-, Rock-, Metal- und Indiebands ab.

Olympia Theatre (Karte S. 86; ☎ 677 7744; Dame St) In dem angenehm schmuddligen Laden läuft freitags querbeet alles von Disco bis Country. Die legendäre Mitternachtsshow dauert bis 2 Uhr.

Point Depot (Karte S. 82; ☎ 836 3633; East Link Bridge, North Wall Quay) Dublins größte Konzerthalle. Hier sind schon Rock- und Popgrößen wie Diana Ross, Prince oder Jamiroquai aufgetreten. Die 1878 als Kopfbahnhof errichtete Halle bietet Platz für rund 6000 Leute.

Sugar Club (Karte S. 82; ☎ 678 7188; 8 Lower Leeson St) Am Wochenende wird in diesem gemütlichen, theaterähnlichen Club an der Ecke von St. Stephen's Green Livejazz, Kabarett und Soul gespielt.

Temple Bar Music Centre (Karte S. 86; ☎ 670 0533; Curved St) Hier finden alle möglichen Konzerte statt, von Irish Folk bis Drum'n'Bass. Das Publikum macht sich nichts aus Imagepflege.

Vicar Street (Karte S. 84f.; ☎ 454 5533; www.vicarstreet.com; 58-59 Thomas St) In diesem kleinen Club nahe der Christ Church Cathedral finden kleinere Konzerte statt. Immerhin 1000 Leute passen an die Tische unten und oben auf der Galerie. Das Programm wird hauptsächlich von Folk- und Jazzkünstlern bestritten.

Village (Karte S. 88; ☎ 475 8555; www.thevillagevenue.com; 26 Wexford St) Schöner, mittelgroßer Laden und beliebt bei aufstrebenden Acts. Fast jeden Abend treten im Village Rockbands und Solokünstler auf. Außerdem gibt's eine gute Showcase-Bühne für lokale Singer-Songwriter.

Whelan's (Karte S. 88; ☎ 478 0766; www.whelanslive.com; 25 Wexford St) Das Whelan's ist bei irischen Singer-Songwritern und anderen ruhigeren Acts derart beliebt, dass die Presse sie oft als „Whelan's Clique" bezeichnet. Dazu gehören u. a. Glen Hansard & The Frames, Paddy Casey, Mark Geary, Damien Rice und Mundy.

Sport

Croke Park Stadium (Karte S. 82; ☎ 836 3222; www.gaa.ie; Clonliffe Rd) Von Februar bis November wird in diesem Stadion nördlich des Royal Canal in Drumcondra Hurling und Gaelic Football gespielt. Seit Ende 2006 und bis der Umbau des Lansdowne Road Stadions abgeschlossen ist, werden hier auch internationale Rugby- und Fußballbegegnungen ausgetragen. Die Linien 19 und 19A fahren hierher. Weitere Infos zum Stadion siehe Kasten „Wenn Ereignisse Geschichte schreiben", S. 114.

Harold's Cross Park (Karte S. 82; ☎ 497 1081; 151 Harold's Cross Rd; Erw./Kind 7/2 €; ☿ Mo, Di & Fr 18.30–22.30 Uhr) Der frisch renovierte Austragungsort für Windhundrennen liegt nahe Rathmines. Vom Zentrum verkehren die Linien 16 und 16A.

Leopardstown Race Course (Karte S. 80; ☎ 289 3607; Foxrock) Irlands Begeisterung für Pferderennen lässt sich 10 km südlich vom Zentrum in Foxrock beobachten. An Renntagen fahren Spezialbusse; Auskünfte erteilt die Rennbahn.

Shelbourne Park Greyhound Stadium (Karte S. 82; ☎ 668 3502, an Renntagen ☎ 202 6601; Bridge Town Rd, Ringsend; Erw./Kind 8/4 €; ☿ Mi, Do & Sa 18.30–22.30 Uhr) Vom verglasten Restaurant aus hat man einen super Blick über die erstklassige Hunderennbahn: Essen, wetten und die Rennen verfolgen, ohne aufzustehen. Toll! Die Linie 3 fährt ab der D'Olier Street.

Theater

Dublins Theaterszene ist klein, aber aktiv. Karten kann man meistens per Telefon und Kreditkarte bestellen und kurz vor Vorstellungsbeginn abholen.

Abbey Theatre (Karte S. 84f.; ☎ 878 7222; www.abbey theatre.ie; Lower Abbey St) Das berühmte Abbey Theatre nahe dem Fluss ist Irlands Nationaltheater. Aufgeführt werden moderne irische Stücke, aber auch Neuinszenierungen irischer Klassiker von W. B. Yeats, J. M. Synge, Sean O'Casey, Brendan Behan und Samuel Beckett. Karten für Abendvorstellungen kosten bis zu 25 €; montags ist es etwas billiger. Das kleinere und günstigere Peacock Theatre (Karte S. 84f.; ☎ 878 7222) gehört zum gleichen Komplex.

Ark (Karte S. 86; ☎ 670 7788; 11A Eustace St) Theater für Kinder zwischen 5 und 13 Jahren mit 150 Plätzen.

Gaiety Theatre (Karte S. 88, ☎ 677 1717; www.gaiety theatre.com; South King St) Das Theater wurde 1871 eröffnet und wird heute für moderne Stücke, TV-Shows, Musical-Comedies und Revuen genutzt.

Gate Theatre (Karte S. 84f.; ☎ 874 4045; www.gate theatre.ie; 1 Cavendish Row) Nördlich der Liffey gelegen, hat sich das Gate Theatre auf internationale Klassiker und ältere irische Stücke von Oscar Wilde, George Bernard Shaw und Oliver Goldsmith (vorwiegend Komödien) spezialisiert. Hin und wieder werden auch moderne Stücke gezeigt. Die Preise variieren, liegen aber meist bei ca. 20 €.

Helix (Karte S. 80; ☎ 700 7000; www.thehelix.ie; Collins Ave, Glasnevin) Das neue Theater der Dublin City University hat sich mit seinem gemischten Programm aus leicht zugänglichen und anspruchsvollen Stücken zu einer ernst zu nehmenden Spielstätte gemausert. Von der O'Connell Street aus fahren die Linien 11, 13, 13A und 19A.

International Bar (Karte S. 88; ☎ 677 9250; 23 Wicklow St) Eines von mehreren Pubs mit Theaterbühne; Comedy-Abende gibt es immer mittwochs um 21.30 Uhr (Eintritt 9 €).

Olympia Theatre (Karte S. 86; ☎ 677 7744; 72 Dame St) Hier liegt der Schwerpunkt auf leichter Kost und Pantomimen (zur Weihnachtszeit).

Players' Theatre (Karte S. 93; ☎ 677 2941, Durchwahl: 1239; Regent House, Trinity College) Das Unitheater des Trinity College führt das ganze Studienjahr über Stücke auf. Im Oktober werden die besten des Dublin Theatre Festivals gegeben.

Project Arts Centre (Karte S. 86; ☎ 1850 260 027; www.project.ie; 39 East Essex St) Hervorragende Produktionen experimenteller Stücke von aufstrebenden, irischen und internationalen Theaterautoren.

Tivoli Theatre (Karte S. 86; ☎ 454 4472; 135-136 Francis St) Experimentelles und weniger kommerzielles Theater.

SHOPPEN

Erst seit kurzem haben die Dubliner das nötige Kleingeld, um sich in den Geschäften richtig austoben zu können. Samstags möchte man meinen, den Läden könnten die Waren ausgehen, so wie hier auf Teufel komm' raus geshoppt wird. Die Wochenenden sind der blanke Horror, wenn sich in der Stadt hordenweise Teenager, Familien mit Kinderwagen, Pärchen im Einkaufswahn und Touristen tummeln und sich ältere Damen mutig durchs Gedränge kämpfen.

Wer ungestört bummeln will, sollte das unter der Woche und möglichst früh tun.

Die Haupteinkaufsstraße und größeren Einkaufszentren werden von englischen und amerikanischen Ketten beherrscht. Es gibt allerdings auch viele kleine, unabhängige Läden, die qualitativ hochwertige, lokal hergestellte Produkte verkaufen: irische Designerkleidung und Streetwear, handgefertigten Schmuck, ungewöhnliche Haushaltswaren und Dekogegenstände sowie unglaublich guten Käse – man muss nur wissen, wo.

Souvenirjäger können immer noch Spielzeugschafe, Guinness-Kühlschrankmagneten und Geschirrtücher mit Kleeblattmotiv kaufen oder aber eine neue Art von Kunsthandwerksladen ausprobieren, die Unikate oder limitierte Auflagen von Kunst(handwerk) anbieten. Traditionelle irische Produkte wie Kristall- und Strickwaren sind weiterhin beliebte Mitbringsel, es gibt aber auch immer originellere Versionen der Klassiker.

Henry Street, eine Seitenstraße der O'Connell Street, und Grafton Street sind Dublins Haupteinkaufsstraßen, wo hauptsächlich typisch englische Geschäfte zu finden sind. Im Straßengewirr zwischen der Grafton Street und South Great George's Street gibt es jede Menge irische Modeläden, Schmuckgeschäfte und Secondhandshops. Wer Kunst und Antiquitäten sucht, dem sei die Francis Street im Stadtteil Liberties empfohlen.

Nicht-EU-Bürger können die Umsatzsteuer für alle gekauften Artikel zurückverlangen,

MÄRKTE IN DUBLIN

Blackberry Fair (Karte S. 82; Lower Rathmines Rd.; ☺ Sa & So 10–17 Uhr) Man muss sich schon durch Unmengen von Trödel wühlen, bevor man in diesem charmant abgerockten Wochenendmarkt fündig wird. Im Angebot sind Möbel, Schallplatten und ein paar Stände mit Klamotten. Auf jeden Fall ist es günstig.

Blackrock Market (Main St., Blackrock; ☺ Sa & So 11–17.30 Uhr) Diesen Markt in einem alten Kaufmannshaus und seinem Hof im Küstenstädtchen Blackrock, südlich von Dublin, gibt es schon lange. Die verschiedenen Stände verkaufen alles, von New-Age-Kristallen bis hin zu Futons.

George's St. Arcade (Karte S. 88; George's St. Arcade; ☺ Mo–Sa 9–16, So 10–18 Uhr) Auf diesem wunderschönen, überdachten Markt zwischen South Great George St. und Drury St. gibt es einige tolle Secondhandläden und Stände mit mediterranen Snacks, Schmuck und Schallplatten.

Meeting House Square Market (Karte S. 86; Meeting House Sq.; ☺ Sa 8–17 Uhr) Dieser Freiluft-Gemüsemarkt in Temple Bar findet jeden Samstag statt. Es lohnt sich, früh zu kommen, um die beste Auswahl zu haben und den Massenandrang zu umgehen. Die zahlreichen Stände verkaufen erstklassige Bioprodukte aus dem Umland, man bekommt aber auch Snacks wie Sushi, Waffeln, Tapas, Austern und handgemachte Käsesorten.

die mit einem Cash-Back-Aufkleber versehen sind. Näheres am besten vor Ort erfragen.

Fast alle Kaufhäuser und Einkaufszentren haben Montag bis Samstag von 9 bis 18 Uhr (Do bis 20 Uhr) und Sonntag von 12 bis 18 Uhr geöffnet.

Kaufhäuser & Einkaufszentren

Powerscourt Townhouse Shopping Centre (Karte S. 88; ☎ 679 4144; 59 South William St) Großes, modernes Einkaufszentrum in einem prächtigen alten Gebäude westlich der Grafton Street. Auf allen Etagen findet man ein paar ganz ordentliche Restaurants, und im Irish Design Centre werden Arbeiten aufstrebender irischer Modedesigner verkauft.

Arnott's (Karte S. 86; ☎ 805 0400; 12 Henry St) Das früher eher mittelmäßige Kaufhaus in einem riesigen Gebäudekomplex mit Eingängen in der Henry Street, Liffey Street und Abbey Street ist nach einer Komplettsanierung das beste Kaufhaus in ganz Dublin. Hier gibt es einfach alles, ob Gartenmöbel oder Designermode, und sogar einigermaßen bezahlbar.

Brown Thomas (Karte S. 88; ☎ 605 6666; 92 Grafton St) Das Sortiment in Dublins Exklusiv-Kaufhaus richtet sich vornehmlich an gut betuchte Kunden. Alle Nobelmarken sind hier unter einem Dach vereint.

Dundrum Town Centre (Karte S. 80; ☎ 299 1700; Sandyford Rd, Dundrum; ☺ Mo–Fr 9–21, Sa 8.30–19, So 10–19) Die größte Kirche des modernen Irlands ist dieses riesige Einkaufs- und Entertainment-Center im südlichen Stadtteil Dundrum, mit über 100 Geschäften. Entweder man nimmt die Luas-Bahn bis Ballaly oder fährt vom Zentrum aus mit den Buslinien 17, 44C, 48A oder 75.

St. Stephen's Green Shopping Centre (Karte S. 88; ☎ 478 0888; St. Stephen's Green) In diesem Luxus-Einkaufszentrum finden Shopper eine Mischung aus Ladenketten und kleineren Geschäften.

Jervis St. Centre (Karte S. 86; ☎ 878 1323; Jervis St) Nördlich der Capel St. Bridge befindet sich ein ultramodernes Einkaufszentrum mit Dutzenden von Läden.

Clery's & Co (Karte S. 84f.; ☎ 878 6000; O'Connell St) Dieser vornehme Laden ist ein Klassiker in Dublin, mit eher konservativem Klientel. Er wurde erst vor kurzem elegant renoviert.

Debenham's (Karte S. 84f.; ☎ 873 0044; Henry St) Das englische Riesenkaufhaus eröffnete 2006 eine Dubliner Filiale. Hinter der großen Glasfront finden jüngere Käufer smarte Streetfashion-Marken wie Zara, Warehouse und G-Star. Die obligatorische Elektro- und Haushaltswarenabteilung gibt's natürlich auch.

ILAC Centre (Karte S. 84f.; ☎ 704 1460) Das ILAC Centre in einer Seitenstraße der Henry Street, nahe der O'Connell Street, ist etwas in die Jahre gekommen. Trotzdem findet man hier ein paar interessante Läden mit vernünftigen Preisen.

Kleidung

Temple Bar und die Gegend rund um die Grafton Street sind die besten Adressen für neue und gebrauchte Designermode.

Costume (Karte S. 88; ☎ 679 5200; 10 Castle Market) Von Casual bis zu glitzernden, bodenlangen Kleidern – Costume hat sich auf Damenmode europäischer Designer spezialisiert. Zur Auswahl stehen das hauseigene Label Costume, Temperley, Anna Sui, Newcomer Jonathan Saunders und das irische Label Leighlee.

Smock (Karte S. 88; ☎ 613 9000; Smock Alley Court, West Essex St) Dieser winzige Designerladen am Rand von Temple Bar verkauft neueste Damenmode von eleganten, internationalen Designern wie Easton Pearson, Veronique Branquinho und A. F. Vandevorft sowie eine kleine Auswahl an interessantem Schmuck und Lingerie.

5 Scarlet Row (Karte S. 86; ☎ 672 9534; 5 Scarlet Row) Schön, modern, exklusiv, minimalistisch: Wer nach diesen Kriterien sucht, sollte die Kreationen von Eley Kishimoto, Zero, der irischen Designerin Sharon Wauchob oder dem Männerlabel Unis probieren. Mitbesitzerin von 5 Scarlet Row ist Eileen Shields, die mit Donna Karan in New York zusammenarbeitete, ehe sie eine eigene phantastische Schuhmarke gründete, die es hier ebenfalls zu kaufen gibt.

BT2 (Karte S. 88; ☎ 679 5666; 88 Grafton St) Das BT2 ist Brown Thomas' junger und trendiger Ableger mit exklusiver Freizeitmode für Frauen und Männer. Im Obergeschoss gibt es eine Saftbar mit Blick über die Grafton Street. Der Laden führt u. a. DKNY, Custom, Diesel, Ted Baker und Tommy Hilfiger.

Jenny Vander (Karte S. 88; ☎ 677 0406; 50 Drury St) Bei Jenny Vander kommt man sich vor wie in einem exotischen Boudoir der 1940er-Jahre. Die Auswahl an historischen Kleidern, Hüten und Schmuck ist schon einmalig, Schnäppchen macht man aber eher selten.

Urban Outfitters (Karte S. 88; ☎ 670 6202; 4 Cecilia St) Für treue Kunden ist es der trendigste Laden der Stadt. Und ganz unrecht haben sie nicht; neueste Modetrends, witzige Geschenkartikel und ein cooler Plattenladen sind hier vereint.

Irisches Kunsthandwerk & Souvenirs

Avoca Handweavers (Karte S. 86; ☎ 677 4215; 11-13 Suffolk St) Dieser Laden für zeitgenössisches Kunsthandwerk entpuppt sich als eine richtige Schatztruhe mit interessanten Objekten aus Irland und dem Ausland, bis zur Decke voll mit Strickwaren, Keramik, handgefertigten Geräten und tollem Spielzeug – dafür keine Tweed-Kappen weit und breit.

Claddagh Records (Karte S. 86; ☎ 677 0262; 2 Cecilia St) Plattenladen für Folk und traditionelle irische Musik.

DesignYard (Karte S. 86; ☎ 474 1011; Cow's Lane) Hochwertiger Laden für Kunsthandwerk; sämtliche Stücke, ob Glas, Batik, Skulpturen oder Gemälde, sind Unikate von irischen

Künstlern. Junge internationale Designer dürfen hier ihre Schmuckobjekte ausstellen.

Kilkenny Shop (Karte S. 88; ☎ 677 7066; 6 Nassau St) Wunderbare Auswahl an hochwertigem irischem Kunsthandwerk mit Kleidung, Glas- und Töpferwaren, Schmuck, Kristall und Silber von einigen der besten Designern Irlands.

AN- & WEITERREISE

Auto & Motorrad

Mehrere Autovermietungen betreiben Schalter direkt am Flughafen; andere stellen ihre Wagen am Flughafen bereit. Hier eine Liste der größten Autovermietungen in Dublin:

Avis (www.avis.com) City (Karte S. 84f.; ☎ 605 7500; 1 East Hanover St); Dublin Airport (☎ 844 5204)

Budget (www.budgetcarrental.ie) City (Karte S. 82; ☎ 837 9802; 151 Lower Drumcondra Rd); Dublin Airport (☎ 844 5150)

Dan Dooley Car Hire(www.dan-dooley.ie) City (Karte S. 88; ☎ 677 2723; 42-43 Westland Row); Dublin Airport (☎ 844 5156)

Europcar (www.europcar.com) City (Karte S. 82; ☎ 614 2800; Baggot St Bridge); Dublin Airport (☎ 844 4179)

Hertz (www.hertz.com) City (Karte S. 82; ☎ 660 2255; 149 Upper Leeson St); Dublin Airport (☎ 844 5466)

Sixt Rent-a-Car (www.icr.ie) City (☎ 862 2715; Old Airport Rd, Santry); Dublin Airport (☎ 844 4199)

Thrifty (www.thrifty.ie) City (Karte S. 82; ☎ 1800 515 800; 125 Herberton Bridge, nahe der South Circular Rd); Dublin Airport (☎ 840 0800)

Bus

Busáras (Karte S. 84f.; ☎ 836 6111; www.buseireann.ie; Store St) befindet sich nördlich des Flusses hinter dem Custom House.

Mehr Informationen über Preise, Fahrzeiten und -dauer zu verschiedenen Zielen in Irland und Nordirland siehe S. 773.

Flugzeug

Dublin Airport (Karte S. 80; ☎ 814 1111; www.dublinairport.com) Irlands größter Flughafen liegt 13 km nördlich vom Zentrum. Von hier aus starten Direktflüge nach Europa, USA und Asien. Infos über einzelne Fluggesellschaften siehe S. 767 und S. 768.

Schiff/Fähre

Dublin hat zwei Fährhäfen. Der **Dun Laoghaire Ferry Terminal** (☎ 280 1905; Dun Laoghaire), 13 km südöstlich des Zentrums, bedient Holyhead in Wales und ist mit der DART-Bahn (Station: Dun Laoghaire), mit den Linien 7, 7A und 8 von Burgh Quay oder der Linie 46A von Trinity College aus erreichbar. Vom 3 km nordöstlich gelegenen **Dublin Port Terminal** (Karte S. 80; ☎ 855 2222; Alexandra Rd) legen Fähren nach Holyhead, Mostyn und Liverpool ab.

Die Busse vom Busbahnhof Busáras sind auf die Ankunft- und Abfahrtzeiten der Fähren abgestimmt: Für die Fähre um 9.45 Uhr von Dublin Port ist Abfahrt um 8.30 Uhr ab Busáras, für die 1-Uhr-Nachtfähre nach Liverpool um 23.45 Uhr (auch von Busáras). Das Busticket kostet jeweils 2 €.

Weitere Informationen zu den Fähren siehe S. 770.

Zug

Allgemeine Auskünfte über Züge erteilt das **Iarnród Éireann Travel Centre** (Karte S. 86; ☎ 836 6222; www.irishrail.ie; 35 Lower Abbey St; ◯ Mo–Fr 9–17, Sa 9–13 Uhr). Von **Connolly Station** (Karte S. 84f.; ☎ 836 3333), nördlich der Liffey und des Zentrums gelegen, fahren Züge Richtung Belfast, Derry, Sligo und andere Ziele im Norden. **Heuston Station** (Karte S. 84f.; ☎ 836 5421), südlich der Liffey und vom Zentrum aus weit im Westen, bedient Züge Richtung Cork, Galway, Killarney, Limerick, Wexford, Waterford und andere Städte westlich, südlich und südwestlich von Dublin. Weitere Infos auf S. 775.

UNTERWEGS VOR ORT
Auto & Motorrad

Der Verkehr in Dublin ist ein Graus und Parken ein teures Ärgernis. Während der Bürozeiten (Mo–Sa 7–19 Uhr) kann man nirgendwo in der Stadt umsonst parken, dafür gibt es jede Menge Parkplätze mit Parkuhren (2,50–4,80 € pro Std.) und über ein Dutzend bewachte Parkhäuser (ca. 5 € pro Std.).

Für Falschparken fängt man sich schnell eine Parkkralle ein, die man gegen eine Gebühr von stolzen 80 € erst wieder losbekommt.

Von Montag bis Samstag ist das Parken nach 19 Uhr an Parkuhren und einfachen, gelben Streifen kostenlos; und sonntags den ganzen Tag.

Autodiebstahl und -einbrüche sind an der Tagesordnung. Die Polizei rät Besuchern deshalb, nach Möglichkeit im überwachten Parkhaus zu parken. Vor allem auf Autos mit ausländischem Kennzeichen haben es die Langfinger abgesehen. Also niemals Wertgegenstände im Wagen lassen! Bei der Hotelbuchung sollte man sich am besten gleich nach Parkmöglichkeiten erkundigen.

Vom/Zum Flughafen

Es gibt keine Züge vom oder zum Flughafen, dafür fahren Busse oder man nimmt einfach ein Taxi.

BUS

Aircoach (☎ 844 7118; www.aircoach.ie; einfach/Hin- & Rückfahrt 7/12 €) Privater Busdienst mit zwei Routen. Vom Flughafen aus hält der Bus 18-mal überall in der Stadt, auch in den Hauptstraßen der Innenstadt. Alle 10–15 Minuten von 6 bis 24 Uhr, von 24 bis 6 Uhr jede Stunde.

Airlink Express Coach (☎ 872 0000, 873 4222; www.dublinbus.ie; Erw./Kind 5/2 €) Der Bus 747 verkehrt alle 10–20 Minuten von 5.45 bis 23.30 Uhr zwischen Flughafen, Busbahnhof (Busáras) und dem Dublin Bus Office in der Upper O'Connell Street; die Linie 748 fährt zwischen Flughafen, Heuston Station bzw. Connolly Station hin und her (alle 15–30 Min., 6.50–22.05 Uhr).

Dublin Bus (☎ 872 0000; www.dublinbus.ie; 59 Upper O'Connell St; Erw./Kind 2/0,75 €) Einige Busse fahren von verschiedenen Orten aus über die Innenstadt zum Flughafen, darunter die Linien 16A (Rathfarnham), 746 (Dun Laoghaire) und 230 (Portmarnock).

TAXI

Direkt vor der Ankunftshalle befindet sich ein Taxistand. Eine Fahrt vom Flughafen ins Zentrum kostet ca. 20 €, einschließlich der zusätz-

---

BUS- & ZUGTICKETS:

- **Adult Short Hop** (8,80 €) Tagesticket für unbegrenzte Fahrten im Dublin Bus, DART und U-Bahnen (nicht gültig für Nitelink oder Airlink).
- **Bus/Luas Pass** (Erw./Kind 6,50/3,10 €) Tagesticket für unbegrenzte Fahrten mit Bussen und Luas.
- **Family Bus & Rail Short Hop** (13,50 €) Tagesticket für eine Familie mit zwei Erwachsenen und zwei Kindern unter 16 Jahren; gültig für alle Busse und Züge außer Nitelink, Airlink, Fähren und Tourbusse.
- **Rambler Pass** (1/2/5/7 Tage 6/11/17,30/21 €) Gültig für unbegrenzte Fahrten mit allen Dublin Bussen und Airlink (außer Nitelink).

lichen, 2,50 €, die man zum Flughafen nicht bezahlt. Man sollte darauf achten, dass der Taxameter läuft.

Öffentliche Verkehrsmittel

BUS

Im Büro von **Dublin Bus** (Karte S. 84f.; ☎ 872 0000; www.dublinbus.ie; 59 Upper O'Connell St; ☺ Mo–Fr 9–17.30, Sa 9–14 Uhr) sind für alle Linien kostenlose Fahrpläne erhältlich.

Busse verkehren zwischen 6 Uhr (manche ab 5.30 Uhr) und 23.30 Uhr. Die Tarife sind nach Stationen gestaffelt: ein bis drei Stationen kosten 1 €, vier bis sieben 1,40 €, acht bis 13 1,60 € und 14 bis 23 1,90 €. Beim Einsteigen sollte man unbedingt passendes Kleingeld dabeihaben, denn statt Wechselgeld gibt's einen Rückerstattungsbeleg, den man nur im Hauptbüro von Dublin Bus einlösen kann.

LUAS

Die **Luas**-Stadtbahn (www.luas.ie; ☺ Mo–Fr 5.30–0.30, Sa ab 6.30, So 7–23.30 Uhr) hat zwei Linien: Die Green Line (alle 5–15 Min.) verbindet St. Stephen's Green mit dem südlichen Sandyford und fährt über Ranelagh und Dundrum; die Red Line (alle 20 Min.) verkehrt von Lower Abbey St. bis Tallaght über die nördlichen Kais und Heuston Station. Tickets bekommt man an Fahrkartenautomaten oder an den Haltestellen oder an Kiosken in der Stadtmitte. Eine Kurzstrecke kostet 1,70 €.

NITELINK

Die Nachtbusse fahren im Dreieck über College Street, Westmoreland Street und D'Olier Street und halten unterwegs in den meisten Dubliner Vororten. Nachtfahrten verkehren Montag bis Mittwoch zwischen 0.30 und 2 Uhr, Donnerstag bis Samstag alle 20 Minuten zwischen 0.30 und 3.30 Uhr. Fahrt ab 4 €.

ZUG

Mit dem **Dublin Area Rapid Transport** (DART; ☎ 836 6222; www.irishrail.ie) ist man schnell und bequem an der Küste; nördlich verkehren Züge bis Howth (ca. 30 Min.), im Süden bis Greystones im County Wicklow. Pearse Station (Karte S. 88) ist praktischer für den Dubliner Nahbereich südlich der Liffey, Connolly Station für den Teil nördlich der Liffey. Züge fahren Montag bis Samstag von 6.30 bis 24 Uhr alle 10 bis 20 Minuten, manchmal auch öfters. Sonntags ist der Fahrplan eingeschränkt. Von Dublin aus ist man in 15 bis 20 Minuten in

Dun Laoghaire. Eine einfache Fahrt nach Dun Laoghaire oder Howth kostet 2,20 €, nach Bray 2,50 €.

Weitere Vorortzüge verkehren nördlich bis Dundalk, ins Landesinnere bis Mullingar und südlich über Bray bis Arklow.

Für DART sind verschiedene Tages- und Wochenkarten erhältlich:

Adult Weekly Inner Rail Pass (23 €) Gültig für alle DART- und Vorortzüge zwischen Bray im Süden, Rush und Lusk im Norden.

All Day Ticket (7,20 €) Tagesticket für DART- und Vorortzüge.

TAXI

Der Basistarif für alle Taxis liegt bei 3,80 €; danach werden 1,50 € pro Kilometer berechnet (8–22 Uhr). Dazu kommen noch Extragebühren: 1 € pro Fahrgast und 2 € für telefonische Bestellungen; Gepäck kostet nichts.

Taxis kann man entweder direkt an der Straße anhalten, oder man geht zu einem der Taxistände, z. B. in der O'Connell Street, College Green vor dem Trinity College oder bei St. Stephen's Green am Ende der Grafton Street. Es gibt verschiedene Taxiunternehmen, die ihre Wagen per Funk benachrichtigen. Hier zwei Beispiele:

City Cabs (☎ 872 2688)
National Radio Cabs (☎ 677 2222)

Wer sich über einen Taxifahrer beschweren will oder etwas im Taxi liegen gelassen hat, kann beim **Garda Carriage Office** (☎ 475 5888) anrufen.

RUND UM DUBLIN

Bei den ersten Sonnenstrahlen oder zumindest halbwegs erträglichem Wetter zieht es die Dubliner raus ins Grüne. Die meisten fahren dann in eines der Küstendörfer rund um die Hauptstadt. Die malerischen Örtchen Howth und Malahide im Norden gehören – zu deren Leidwesen – schon fast zum Dubliner Einzugsgebiet, während das südliche Dalkey diesen Kampf längst aufgegeben hat. Dennoch hat es der Ort irgendwie geschafft, sich seinen Dorfcharakter zu bewahren.

DALKEY

Dalkey (Deilginis), 1 km südlich von Dun Laoghaire, ist für seine Burgruinen bekannt. In der Hauptstraße, der Castle Street, stehen sich zwei Burgen aus dem 16. Jh. gegenüber: **Archibold's Castle** und **Goat Castle**. Neben letzterer befindet sich die **St. Begnet's Church** aus dem 9. Jh. Das **Bullock Castle** oberhalb von Bullock Harbour, im Norden der Stadt, wurde im 12. Jh. von Mönchen der St. Mary's Abbey in Dublin errichtet.

Das Goat Castle und die St. Begnet's Church hat man kürzlich in das **Dalkey Castle & Heritage Centre** (☎ 285 8366; www.dalkeycastle.com; Castle St; Erw./Kind/Stud. 6/4/5 €; ◷ Mo–Fr 9.30–17, Sa & So 11–17 Uhr) umgewandelt. Dalkeys interessante mittelalterliche Geschichte wird hier anhand von Modellen, Schaukästen und Ausstellungen veranschaulicht.

In Dalkey gibt es mehrere heilige Quellen, u. a. auch die **St. Begnet's Holy Well** neben der Ruine einer anderen Kirche, die ebenfalls St. Begnet gewidmet ist. Sie steht auf der 9 ha großen **Dalkey Island**, ein paar Hundert Meter vor der Küste von Coliemore Harbour. Weil das Wasser gegen Rheuma helfen soll, ist es ein beliebtes Ausflugsziel für Touristen und Pilger. Wer einen Abstecher zur Insel unternehmen möchte, kann sich in Coliemore Harbour ein Boot mit kleinem Außenbordmotor mieten. Einfach hingehen (im Voraus buchen ist nicht möglich); sie kosten ca. 25 € pro Stunde.

Nach Süden hin bieten der kleine Park am Sorrento Point und Killiney Hill schöne Aussichtspunkte. **Dalkey Quarry** ist bei Kletterern sehr beliebt; der meiste Granit für die riesigen Piers von Dun Laoghaire Harbour stammt von hier. Entlang der Küste von Dalkey entdeckt man auch ein paar felsige **Schwimmteiche**.

Queen's (☎ 285 4569; 12 Castle St; kleine Gerichte 8–10 €; ◷ Mo–Fr 12–16 & 17–19.30, Sa & So 12–16 Uhr) ist in Dalkey eine Institution und serviert leckere Fleisch- und Fischgerichte.

Das **Jaipur** (☎ 285 0552; 23 Castle St; Hauptgerichte 15–20 €; ◷ 12–23 Uhr), das im Zentrum Dublins sein Hauptrestaurant hat (siehe S. 133), überzeugt auch in Dalkey mit einer exzellenten indischen Küche.

Schön, es ist zwar nicht wirklich in Dalkey; trotzdem sollten Liebhaber von Krustentieren den einen Kilometer zum **Caviston's Seafood Restaurant** (☎ 280 9245; Glasthule Rd, Sandycove; Hauptgerichte 14–28 €; ◷ Di–Sa 12–18 Uhr) auf sich nehmen, denn hier wartet ein unvergessliches Mahl. Einheimischer Fisch und Meeresfrüchte kommen einfach und einfallsreich zubereitet, mit fein abgestimmten Zutaten, auf den Tisch.

Dalkey ist mit der DART-Bahn erreichbar. Wer allerdings mehr von der Landschaft sehen will, kann auch die Buslinie 8 von Burgh Quay in Dublin aus nehmen. Tickets kosten jeweils 2 €.

ABSTECHER NACH SANDYCOVE & INS JAMES JOYCE MUSEUM

Rund 1 km nördlich von Dalkey liegt Sandycove mit einem netten kleinen Strand und dem **Martello Tower,** der von den Engländern errichtet wurde, um von dort nach einer Napoleonischen Invasion Ausschau zu halten. Heute ist dort das **James Joyce Museum** (☎ 280 9265; Sandycove; Erw./Kind/Stud. 7/4,20/6 €; ◷ April–Okt. Mo–Sa 10–13 & 14–17, So 14–18 Uhr, Nov.–März nur nach Anfrage) untergebracht, und im Übrigen beginnt hier auch die Handlung in James Joyces Roman *Ulysses*. Das Museum wurde 1962 von Sylvia Beach eröffnet. Die in Paris lebende Verlegerin war die Erste, die es gewagt hatte, *Ulysses* zu veröffentlichen. Ausgestellt sind Fotos, Briefe, Dokumente, verschiedene Versionen von Joyces Werk und zwei Totenmasken des Schriftstellers. Ein Kombiticket für das James Joyce Museum, Shaws' Geburtsort und das Writers Museum kostet für Erwachsene, Studenten und Kinder jeweils 12/10/7,40 €.

Unterhalb der Martello Tower liegt der **Forty Foot Pool**, ein Freiluft-Meerbad, dessen Name auf das Fortieth Foot Regiment zurückgeht, das am Turm stationiert war, bis es 1904 aufgelöst wurde. Am Ende des ersten Kapitels von *Ulysses* fährt Buck Mulligan morgens zum Forty Foot Pool, um dort zu schwimmen. Noch immer hat das morgendliche Bad hier Tradition, Sommer wie Winter. Im Winter ist ein Sprung ins Nass sogar nicht viel mutiger als im Sommer, da sich die Temperatur nur um etwa 5 °C unterscheidet. So oder so, es ist immer ziemlich kalt.

Auf Druck der weiblichen Badegäste hin wurde dieser Abschnitt, den früher nur Nacktbader und Männer betreten durften, für beide Geschlechter geöffnet, trotz großer Protests von Seiten der "Forty Foot Gentlemen". Schließlich einigte man sich darauf, dass der Badehosen-Zwang erst nach 9 Uhr gilt. Vor dieser Uhrzeit kommen hauptsächlich Männer und es wird vorwiegend nackt gebadet.

HOWTH

Das hübsche Fischerörtchen Howth (Binn Éadair) ist an steilen Treppen gebaut, die bis ans Ufer führen. Von Dublin aus bildet Howth ein beliebtes Ausflugsziel und gilt heute mehr als ein Vorort der Hauptstadt. Die begehrtesten Anwesen liegen in Hanglage über dem Dorf, an einem bauchförmigen Ende, das nördlich in die Bucht von Dublin ragt. Atemberaubend ist die Aussicht von der Spitze. Der einst strategisch wichtige Hafen wird heute noch als Fischer- und Yachthafen genutzt.

Howth ist nur 15 km vom Zentrum Dublins entfernt und gut mit der DART-Bahn oder dem Auto – immer am Nordufer der Bucht entlang – über die Clontarf Road zu erreichen. In Clontarf fand 1014 die berühmte „Schlacht von Clontarf" zwischen den Kelten und Wikingern statt. Etwas weiter stößt man auf North Bull Island, ein Naturschutzgebiet, wo viele Zugvögel überwintern.

Geschichte

Ursprünglich stammt der Name Howth von den Wikingern und leitet sich von dem dänischen Wort *hoved* (Kopf) ab. Der Hafen von Howth wurde 1807 gebaut und galt einst als wichtigste Dubliner Anlaufstelle für englische Paketschiffe. Mit dem Bau der Howth Road wurde der Transport von Post- und Paket-ladungen vom Hafen in die Stadt und umgekehrt beschleunigt. Als die Segelboote 1818 durch Dampfschiffe ersetzt wurden, verkürzte sich die Überfahrt von Holyhead auf sieben Stunden. Howths Einfluss währte jedoch nur kurz. Schon 1813 wies der Hafen erste Anzeichen von Verschlammung auf, bis Dun Laoghaire ihm 1833 den Rang ablief. Howths berühmtester Gast war König Georg IV., der Irland 1821 einen unvergesslichen Besuch abstattete: Er torkelte bei seiner Ankunft sturzbetrunken von Bord! Zumindest schaffte er es noch, an der Landungsstelle am West Pier seinen Fußabdruck zu hinterlassen.

1914 legte die *Asgard*, die Yacht von Robert Erskine Childers, im Hafen an, mit 900 Gewehren für die Nationalisten im Gepäck. Während des Bürgerkriegs wurde Childers von ehemaligen Kameraden verraten und wegen illegalen Waffenbesitzes durch ein Erschießungskommando hingerichtet. Die *Asgard* kann heute im Gefängnis von Kilmainham (S. 106) in Dublin besichtigt werden.

Sehenswertes
RUND UM DIE HALBINSEL

Der Großteil von Howth grenzt an das riesige Gelände von **Howth Castle**, das 1564 erbaut wurde. Seitdem wurde die Burg diverse Male umgebaut, zuletzt von Sir Edwin Lutyens, der sie 1910 modernisieren ließ. Heute teilt sie sich in vier exklusive Privatresidenzen auf. Das Originalanwesen wurde 1177 von dem normannischen Adeligen Sir Almeric Tristram erworben, der seinen Nachnamen in St. Lawrence umänderte, nachdem er auf Geheiß (zumindest glaubte er das) seines Lieblingsheiligen eine Schlacht gewonnen hatte. Seither ist das Land in Familienbesitz, obwohl die männliche Erbfolge 1909 abriss.

Auf dem Gelände befindet sich die Ruine von **Corr Castle** aus dem 16. Jh. und ein alter Dolmen (Grabkammer oder Portalgrab aus aufrechten Steinen, verbunden durch einen riesigen Deckstein), das sogenannte **Aideen's Grave**. Der Legende nach starb Aideen an gebrochenem Herzen, als ihr Mann in der Schlacht von Gavra nahe Tara im Jahr 184 ums Leben kam. Der Dolmen ist allerdings mindestens 300 Jahre älter und die Geschichte frei erfunden.

Ein Besuch der **Castle Gardens** (Eintritt frei; ☉ 24 Std.) lohnt sich. Bekannt sind sie für ihre Rhododendren, die im Mai und Juni blühen, Azaleen und eine lange, 10 m hohe und 1710 gepflanzte Buchenhecke.

Außerdem kann man auf dem Gelände die Ruine der **St. Mary's Abbey** (Abbey St, Howth Castle; Eintritt frei) besichtigen. Die Abtei wurde 1042 von dem Wikingerkönig Sitric gegründet, der auch die Vorgängerkirche der Christ Church Cathedral bauen ließ. 1235 wurde die Abtei an das Kloster auf Ireland's Eye (siehe rechts) angegliedert. Einige Teile der Ruine stammen noch aus dieser Zeit, die meisten sind aber aus dem 15. und 16. Jh. Das Grab von Christopher St. Lawrence (Lord Howth) in der südöstlichen Ecke wurde um 1470 angelegt. Die Öffnungszeiten stehen am Tor angeschrieben oder sind beim Verwalter zu erfragen.

Ein kultureller Neuzugang ist das etwas heruntergekommene **National Transport Museum** (☎ 832 0427; www.nationaltransportmuseum.org; Howth Castle; Erw./Kind/Stud. 3,50/2/2 €; ☉ Juni–Aug. Mo–Sa 10–17, Sept.–Mai Sa, So & feiertags 14–17 Uhr). Ausgestellt sind Doppeldeckerbusse, ein Bäckerauto, Löschfahrzeuge und Straßenbahnen, darunter die Hill of Howth Electric, die von 1901 bis

1959 im Einsatz war. Zum Museum gelangt man, wenn man nach dem Eingangstor vor der Burg rechts abbiegt.

Dem geschichtlichen Anreiz und den öffentlichen Verkehrsmitteln zum Trotz gehen die meisten Besucher gleich zum **Deer Park Golf Course** (☎ 832 2624; Howth Castle; 18-Loch Mo–Fr 17,50 €, Sa & So 25 €, Schlägermiete 16 €; ☽ Mo–Fr 8 Uhr–Sonnenuntergang, Sa & So 6.30 Uhr–Sonnenuntergang). Der Golfplatz gehört zwar zu einem Hotel, ist aber öffentlich zugänglich. Besonders beliebt sind der 18-Loch-Platz, zwei 9-Loch-Plätze und ein Par-3-Platz, allesamt mit phantastischem Blick über die Dublin Bay und die umliegende Landschaft. Laut H. G. Wells sogar der beste westlich von Neapel.

Howth ist im Grunde ein sehr großer, von Klippen gesäumter Hügel. Der höchste Punkt, **Howth Summit** (171 m), bietet eine sensationelle Sicht über Dublin Bay bis runter nach Wicklow. Von der Spitze aus kann man nach Ben of Howth zu einem Steinhaufen wandern, unter dem sich ein 2000 Jahre altes keltisches **Königsgrab** verbergen soll. Das **Baily Lighthouse** von 1814 am südöstlichen Ende steht an der Stelle, wo sich früher eine alte Steinfestung befand. Man gelangt über einen dramatischen Klippenpfad dorthin. Schon 1670 wies ein Leuchtfeuer den Schiffen den Weg.

IRELAND'S EYE

Nicht weit vor der Küste von Howth liegt Ireland's Eye (Karte S. 80), ein felsiges Vogelschutzgebiet mit Ruinen eines Klosters aus dem 6. Jh. Am nordwestlichen Ende der Insel ragt ein Martello-Turm auf, wo früher die Boote von Howth landeten; am östlichen Ende stürzt eine spektakuläre nackte Felswand steil ins Meer hinab. Während der Brutzeit sieht man hier nicht nur Meeresvögel in der Luft kreisen, sondern auch Jungvögel am Boden. Robben werden ebenfalls immer wieder rund um die Inseln gesichtet.

Doyle & Sons (☎ 831 4200; Hin- & Rückfahrt 12 €) fährt im Sommer mit Booten vom Ostpier des Howth Harbour zur Insel, meist Samstag- und Sonntagnachmittag. Da die ganze Klosterruine dicht mit Brennnesseln bewachsen ist, sollte man bei einem Besuch auf Shorts verzichten. Und bitte den Müll wieder mitnehmen; viel zu viele Inselbesucher tun das nämlich nicht.

Weiter nördlich von Ireland's Eye liegt die nicht zugängliche **Lambay Island**, ein bedeutendes Schutzgebiet für Meeresvögel.

Schlafen & Essen

Wright's Findlater (☎ 832 4488; www.wrightsfindlater howth.com; Harbour Rd; Gerichte 10–21 €) Modernes Restaurant-Bar-Lounge-Ambiente; im ersten Stock des Wright's Findlater befindet sich das Lemongrass, ein Restaurant mit asiatischem Einschlag. Darunter eine hippe Bar, wo man großartig essen kann. Vor allem die Fischgerichte schmecken hervorragend.

Abbey Tavern (☎ 839 0307; www.abbeytavern.ie; Abbey St; Gerichte 22–26 €, 3-Gänge-Menüs 38 €) Taverne aus dem 16. Jh. mit viel Atmosphäre. Die überdurchschnittlich gute Kneipenkarte legt den Schwerpunkt auf Meeresfrüchte und Fleisch. Die Barkarte gilt den ganzen Tag über.

King Sitric (☎ 832 5235; www.kingsitric.ie; East Pier; Gerichte 35–48 €, 5-Gänge-Menüs 55 €; ☽ Mo–Fr Mittag- & Abendessen, Sa nur Abendessen) Das berühmteste Restaurant von Howth liegt direkt am Hafen und ist für seine hervorragenden Meeresfrüchtegerichte und die preisgekrönte Weinkarte bekannt. Seit einiger Zeit werden auch acht herrliche Zimmer vermietet (145–205 €). Jedes ist nach einem Leuchtturm benannt, geschmackvoll eingerichtet und bietet einen wunderbaren Blick über den Hafen.

Wer selbst kochen will, findet entlang des West Pier in Howth eine Reihe von Läden mit frischen Meeresfrüchten.

An- & Weiterreise

Nach Howth gelangt man am einfachsten und schnellsten mit der DART-Bahn; die Fahrt dauert etwas über 20 Minuten und kostet 2 €. Zum gleichen Preis fahren die Busse 31 und 31A von der Lower Abbey Street im Zentrum aus bis zum Gipfel, 5 km südöstlich von Howth.

MALAHIDE

Malahide (Mullach Ide) war früher ein verschlafenes Nest mit eigenem Hafen, weit weg vom Großstadtdschungel. Das Einzige, was den Ort noch von Dublins Außenbezirken im Norden trennt, ist Malahide Demesne, ein 101 ha großer gepflegter Park mit einem Schloss, der früher der mächtigen Talbot-Familie gehörte. Das hübsche Örtchen ist noch relativ intakt, doch der einst so ruhige Yachthafen wurde mächtig umgekrempelt und hat sich in ein reges Zentrum mit Promenaden, Restaurants und Geschäften verwandelt. Eine tolle Alternative zurück nach Dublin ist eine Fahrt im Speedboat von **Sea Safaris** (☎ 806 1626; www. seasafari.ie; Malahide Marina; 25 € pro Std.), die auch eine einstündige Rundfahrt durch die Dublin Bay anbieten.

Sehenswertes

MALAHIDE CASTLE

Trotz der unbeständigen irischen Geschichte war **Malahide Castle** (☎ 846 2184; www.malahidecastle. com; Erw./Kind/Stud./Fam. 7/4,40/6/20 €, inkl. Fry Model Railway 12/7,50/10/34 €; ☒ April–Okt. Mo–Sa 10–17, So 11–18, Nov.–März Sa & So 11–17 Uhr) von 1185 bis 1976 im Besitz der Talbot-Familie, mit kurzer Unterbrechung zu Zeiten Cromwells (1649–60). Heute gehört es dem Dublin County Council. Das Schloss ist der übliche „Mischmasch" aus Anbauten und Renovierungen; der älteste Teil, ein dreistöckiges Turmhaus, stammt aus dem 12. Jh. 1765 wurden die Rundtürme an den Seiten der Fassade hinzugefügt.

Malahide Castle steht voller Möbel und Gemälde. Highlights sind ein Eichenzimmer aus dem 16. Jh. mit kunstvollen Schnitzereien und die mittelalterliche Great Hall mit Familienporträts, einer Spielmannsgalerie und einem Gemälde von der Schlacht am Boyne. Puck, der Geist der Familie Talbot, soll zuletzt 1975 erschienen sein.

Im **Schlosspark** (Eintritt frei; ☒ April–Okt. 10–21, Nov.–März 10–17 Uhr) kann man gut picknicken.

FRY MODEL RAILWAY

Irlands größte **Modelleisenbahn** (☎ 846 3779; Malahide Castle; Erw./Kind/Stud./Fam. 7/4,40/6/20 €; ☒ April–Sept. Mo–Sa 10–13 & 14–17, So 14–18, Okt.–März Sa, So & feiertags 14–17 Uhr) erstreckt sich über eine 240 m² große Anlage. Das Spur-O-Modell (mit Spurbreite 32 mm) ist eine getreue Nachbildung der meisten irischen Transportsysteme, u. a. auch der DART-Strecken und Fährverbindungen. In einem Extraraum werden Modellbahnen und andere Memorabilia ausgestellt. Leider nehmen die Betreiber des Museums alles viel zu ernst – Männer mit kompliziertem Spielzeug eben. Anstatt die Besucher einfach nur schauen und staunen zu lassen, werden sie für Vorführungen gruppenweise durch den Kontrollraum gescheucht.

An- & Weiterreise

Malahide liegt 13 km nördlich von Dublin. Mit der Linie 42 (2 €) ist man von der Talbot Street aus in 45 Minuten dort. Die DART-Bahn hält zwar in Malahide (2,35 €), man muss allerdings aufpassen, dass man nicht in den falschen Zug steigt (die Richtung steht vorne drauf); an der Howth Junction wird die Strecke geteilt.

County Wicklow

Wild und wunderschön ist Wicklow (Cill Mhantáin), die Lieblingsoase der Dubliner. Ruhelose Städter, die von der landschaftlichen Vielfalt der Region nur so schwärmen, haben die Grafschaft längst als ihr Gelobtes Land auserkoren, ja sogar ihren Wohnsitz dorthin verlegt.

Dem „Garten Irlands" ist es allen Fährnissen zum Trotz gelungen, dem Damoklesschwert der Verstädterung auszuweichen bzw. sich fast allerorts gegen drastische Baumaßnahmen zu sperren. Von der strengen Raumplanung einmal abgesehen, lässt sich auch nur wenig gegen die Macht der Natur ausrichten: ein Bergkamm, dicht bewachsen mit Ginster und Farnen, von wilder Schönheit und Undurchdringlichkeit zugleich, gerät zur Barriere für alle Landerschließer.

Geschichte und Geologie verweben sich hier famos zu einer der herrlichsten Landschaften Irlands mit tiefen Gletschertälern, steilen Bergpässen und archäologischen Schätzen in rauen Mengen – angefangen bei den Kultstätten der Urchristen bis hin zu den Herrenhäusern des irischen Hochadels aus dem 18. Jh.

Auf dem 132 km langen Wicklow Way, einer der berühmtesten Wanderrouten, warten Naturwunder, so weit die Füße tragen. Es gibt keine erbaulichere Art des Erkundens als die Region zu erwandern. Von den Vororten des südlichen Dublin zu den sanft hügeligen Feldern von Carlow wandeln die Wanderer entlang des „Way" auf einstigen militärischen Versorgungsrouten, durch Hochmoorgebiete und auf Naturpfaden bis hin zu den östlichen Gebirgsflanken.

HIGHLIGHTS

- **Magische Klosterruine** Auratisches Glendalough, eingebettet in eine faszinierende Waldhügellandschaft (S. 159)
- **Geist & Körper** Sei gut zu deinem Körper, dann folgt der Geist von ganz allein, z. B. im Wells Spa in Macreddin (S. 172)
- **Hügel voller Leben** entlang des Wicklow Way, Irlands beliebtestem Wanderweg (S. 163)
- **Klasse Kunst** im Russborough House, einem herrlichen Anwesen (S. 165)
- **Park mit Glanz und Glorie** Italienischer Gartenflair mit beeindruckendem Wasserfall in Powerscourt Estate (S. 155)

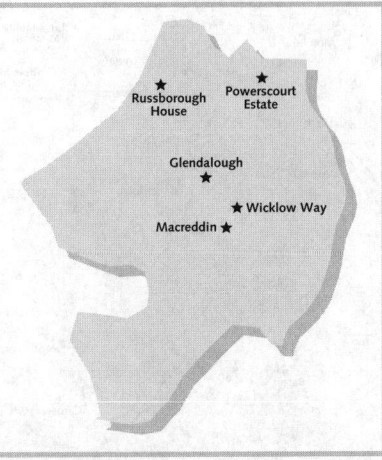

★ Russborough House
★ Powerscourt Estate
★ Glendalough
★ Wicklow Way
Macreddin ★

EINWOHNER: 114 700 | FLÄCHE: 2025 KM²

COUNTY WICKLOW

NATIONALPARKS

Der Wicklow-Mountains-Nationalpark umfasst heute über 20 000 ha Hochmoor- und Waldgebiete. Letzten Endes soll aber fast das gesamte Hochland unter Naturschutz gestellt werden, also über 30 000 ha.

Innerhalb des Parks befinden sich zwei Naturreservate, die dem Heritage Service gehören. Das größere Reservat, westlich vom Glendalough-Besucherzentrum, dient der Erhaltung der weitläufigen Heide- und Moorlandschaft des Glendalough-Tals sowie des Upper Lake und der Hänge zu beiden Seeseiten. Das Glendalough-Wood-Nature-Reservat schützt Eichenwälder, die sich vom Upper Lake bis zur Rathdrum-Straße im Osten erstrecken.

Fast alle in Irland beheimateten Säugetiere sind im Park vertreten. Rotwildherden durchstreifen heute wieder die offenen Hügellandschaften. Während der ersten Hälfte des 18. Jhs. waren sie bereits ausgestorben, und erst im 20. Jh. wurden sie wieder neu angesiedelt. In den höheren Lagen leben Füchse, Dachse und Wildhasen. Eichhörnchen findet man vor allem in den Kiefernwäldern rund um den Upper Lake.

Auch Vogelkolonien gibt es in den Parks *en masse*, insbesondere Greifvögel, darunter die nicht gerade seltenen Wanderfalken, Merline, Turmfalken, Habichte und Sperber. Auch Kornweihen leben im Park, wenn auch seltener sichtbar. Unter den Moorvögeln sind Wiesenpieper und Feldlerchen vertreten.

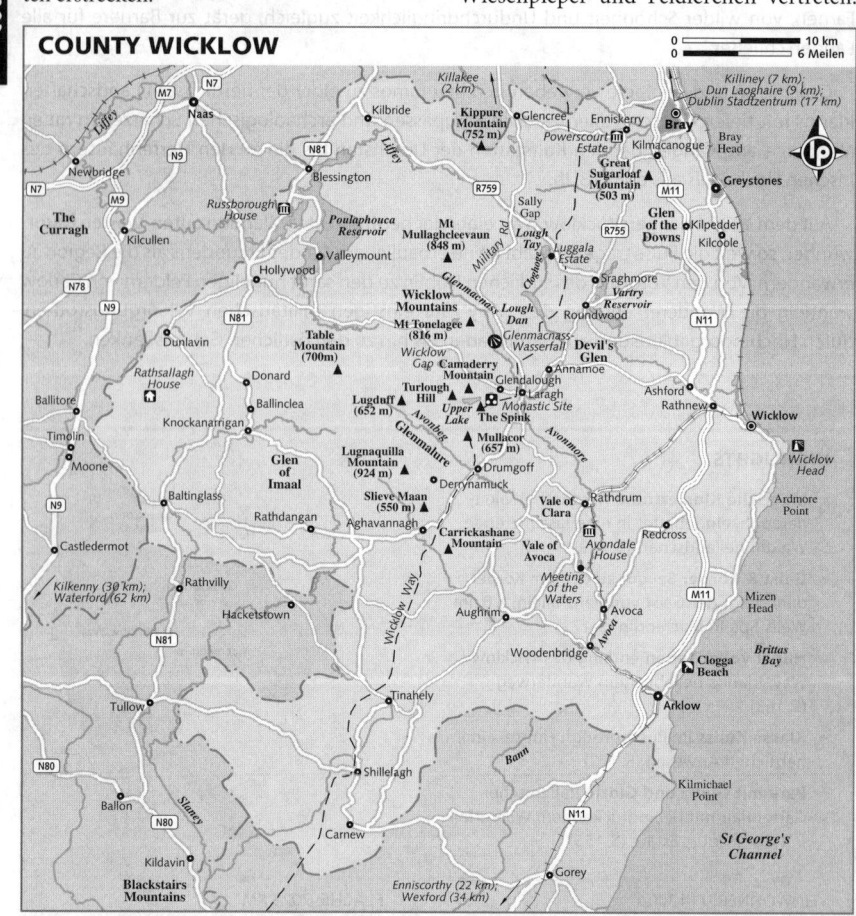

Auch seltenere Vögel wie Braunkehlchen, Ringdrosseln und Wasseramseln kann man entdecken sowie auch schottische Moorhühner, deren Bestand in anderen Gegenden Irlands inzwischen rapide abnimmt. Weitere Informationen sind erhältlich am **Informationspunkt des Nationalparks** (☎ 0404-45425; www.wicklownationalpark.ie; Bolger's Cottage, Miners' Rd, Upper Lake, Glendalough; ◷ Mai–Sept. 10–18, Okt.–April Sa & So 10 Uhr–Sonnenuntergang), etwa 2 km vor Glendalough-Besucherzentrum entfernt an der Green Road unweit des Upper Lake. Meist trifft man dort jemanden, der weiterhilft, wenn geschlossen ist, sind vermutlich alle auf Führungen unterwegs. Mithilfe der Broschüre *Exploring the Glendalough Valley* (Heritage Service; 1,80 €) lässt sich das Gelände auch auf eigene Faust erkunden.

AN- & WEITERREISE

Wicklow ist im Nu von Dublin aus zu erreichen. Zu den großen Straßen zählt die N11 (M11), die in Nord-Süd-Richtung von Dublin aus an allen Küstenstädten vorbei bis nach Wexford führt; die N81 verläuft im Westen durch Blessington bis nach Carlow. Die S-Bahn DART führt von Dublin aus in Richtung Süden bis nach Bray, auch verkehren zwischen der Hauptstadt und Wicklow bzw. Arklow regelmäßig Züge und Busse.

Nach Glendalough führt von Dublin und Bray aus zweimal täglich der **St. Kevin's Bus** (☎ 01-281 8119; www.glendaloughbus.com), der auch in Roundwood hält. Der Westen einschließlich Blessington ist von Dublin aus mit der Buslinie 65 erreichbar. Genauere Informationen stehen im Abschnitt An- und Weiterreise unter der jeweiligen Stadt.

WICKLOW MOUNTAINS

Sobald man Dublin hinter sich gelassen hat und in die Grafschaft Wicklow eintaucht, ändert sich die Landschaft ganz und gar. Von Killakee aus, noch in Dublin gelegen, führt die Military Road 30 km Richtung Süden über weite, mit Ginster, Farn und Heidekraut bedeckte Hügel, durch Moorgebiete und idyllische Berg- und Seenlandschaften.

Die Zahlen wirken gar nicht so beeindruckend, denn die höchste Erhebung, der Lugnaquilla, ist mit 924 m eher ein sehr großer Hügel. Aber das tut nichts zur Sache. Der Granitriese, der vor 400 Mio. Jahren aus heißem Magma entstanden ist, hat sich während der Eiszeit zu dem heutigen zerklüfteten Gebirge aufgefaltet. Die Gipfel sind wunderbar einsam und so rau, wie es nur die Natur zu sein vermag. Zwischen den Bergen gibt es einige tiefe Gletschertäler, vor allem Glenmacnass, Glenmalure und Glendalough, während Karterseen wie der obere und untere Lough Bray, durch Eis einst in den Fels gegraben, das wilde Landschaftsbild ergänzen.

Direkt am Südrand von Dublin beginnt die Military Road. Sie windet sich durch die abgeschiedensten Höhenlagen mit herrlichen Ausblicken auf die Umgebung. Am besten startet man in Glencree (von Enniskerry aus). Dann verläuft die Straße weiter südwärts über den Sally Gap, durch die Täler Glenmacnass, Laragh und Glendalough, dann weiter nach Glenmalure und Aghavannagh.

Unterwegs bietet sich ein Abstecher zum Sally Gap an, um die Seen Loughs Tay und Lough Dan zu besuchen. Weiter südlich führt die Strecke am großen Wasserfall von Glenmacnass vorbei weiter nach Laragh, wo in der Nähe die herrlichen Ruinen des Klosters von Glendalough liegen. Weiter geht die Tour durch das Tal von Glenmalure. Wer fit ist, kann hier den Lugnaquilla erklimmen.

ENNISKERRY & POWERSCOURT ESTATE

☎ 01 / 2800 Ew.

An einem schönen Sommertag gibt es kaum ein herrlicheres Fleckchen als das Dorf Enniskerry mit seinen vielen Kunstgalerien und Cafés, die allerlei köstliche Biogerichte anbieten. Gäbe hier jemand zu, Eier von Batteriehühnern zu essen, riskierte er eine Festnahme. Die Ursprünge des Dorfs gehen auf Richard Wingfield zurück, Graf des nahe gelegenen Powerscourt, der 1760 für seine Arbeiter eine Reihe Cottages mit Terrassen bauen ließ. Heutzutage muss man schon eine Weile erfolgreich gearbeitet haben, um sich ein solches Häuschen leisten zu können.

Sehenswertes

Zwar ist das Dorf an sich schon reizvoll, jedoch verdankt es seine Beliebtheit vor allem dem herrlichen, 64 km² großen **Powerscourt Estate** (☎ 204 6000; www.powerscourt.ie; Erw./Kind/Stud. 7,50/4,50/6,50 €; ◷ Febr.–Okt. 9.30–17.30, Nov.–Jan. 9.30–16.30 Uhr). Dort erhält man noch heute einen guten Einblick, wie die reiche Elite im 18. Jh. lebte. Der Haupteingang liegt 500 m südlich des Dorfplatzes.

COUNTY WICKLOW

Das Anwesen besteht bereits seit 1300, als die Familie LePoer (später ins Englische als „Power" übertragen) hier eine Burg errichtete. Diese wechselte einige Male die Besitzer, bis sie schließlich der frisch gekürte Marshall of Ireland Richard Wingfield 1603 übernahm. Seine Nachfahren sollten hier für die nächsten 350 Jahre leben. 1731 erhielt das georgianische Wunderkind Richard Cassels (oder Castle) den Auftrag, die Anlage zu einem imposanten Herrenhaus umzubauen. 1743 waren die Arbeiten eigentlich beendet, jedoch kam im Jahr 1787 noch ein weiteres Stockwerk hinzu und im 19.Jh. erfuhr das Haus weitere Umbauten.

Nach dem Weggang der Wingfields in den 1950er-Jahren wurde das Herrenhaus von Grund auf saniert. Dann, just am Vortag der Wiedereröffnung im Jahr 1974, fiel das ganze Gebäude einem Brand zum Opfer. Schließlich wurde es von den Slazengers, einem renommierten Familienunternehmen der Sportindustrie, aufgekauft, um es ein zweites Mal zu restaurieren; diesmal fand eine Erweiterung durch zwei Golfplätze statt; dazu kam noch ein Café, ein großes Gartencenter und eine Handvoll netter Läden sowie eine kleine Ausstellung über die Geschichte des Hauses.

All dies soll den Investoren so viel Geld wie möglich aus der Tasche locken, um das riesige Restaurierungsprojekt zu Ende zu bringen und aus dem Anwesen ein lukratives Wunderland zu machen. Im Sommer ist es vor allem an den Wochenenden überlaufen. Wenn man unter der Woche herkommt, hat man wirklich etwas von der Besichtigung – sensationell ist schon allein die 20 ha große Gartenanlage mit ihren sagenhaften Ausblicken.

Die Gärten wurden in den 1740er-Jahren angelegt, aber im 19. Jh. von Daniel Robinson umgestaltet, der ebenso auf seine Arbeit wie auch auf Alkohol versessen war. Vielleicht trug gerade dies zu seinem zwanglosen Stil bei, der sich auf eine herrliche Symbiose aus Landschaftsgärten mit großzügigen Terrassen, Skulpturen, Zierseen, verborgenen Grotten und weitläufigen Spazierwegen und Einfriedungen niederschlug. Über 200 Baum- und Straucharten gedeihen hier vor der großartigen Naturkulisse des Great Sugarloaf Mountain im Südosten. Mit den Eintrittskarten erhält man eine Karte, die 40-minütige und einstündige Touren durch den Garten ausweist. Unbedingt gesehen haben sollte man den herrlichen Japanischen Garten oder den Pepperpot Tower nach dem Modell einer Pfeffermühle von Lady Wingfield. Unser Favorit aber ist der Tierfriedhof, auf dem Haustiere und sogar besonders beliebte Milchkühe der Wingfields ihre letzte Ruhestätte fanden. Erstaunlich, wie persönlich hier manche Grabinschrift ist.

Eine 7 km lange Wanderung führt zum **Powerscourt-Wasserfall** (☎ 204 6000; Erw./Kind/Stud. 5/3,50/4,50 €; ۵ Mai–Aug. 9.30–19, März–April & Sept.–Okt. 10.30–17.30, Nov.–Jan. bis 16.30 Uhr), mit 130 m der höchste Wasserfall Großbritanniens und Irlands. Nach starken Regenfällen ist er besonders beeindruckend. Der Wasserfall ist auch über die Straße erreichbar (Wegweiser Richtung Park folgen). Der Naturpfad rund um den Wasserfall ist von Mammutbäumen, uralten Eichen, Buchen, Birken und Ebereschen gesäumt. In der Gegend sind auch viele Vogelarten, darunter Buchfinken, Kuckucke, Zilpzalpe, Raben und Fitislaubsänger heimisch.

Aktivitäten

Eines der besten Spas in der Gegend ist die **Powerscourt Springs Health Farm** (☎ 276 1000; Coolakay; Tagespauschale 255 €), eine ideale Verwöhnoase. Im Tagesprogramm sind Mittagsmenü, Benutzung aller Anlagen und Ganzkörperbehandlungen enthalten.

Geführte Touren

Alle Touren nach Powerscourt beginnen in Dublin.

Bus Éireann (☎ 836 6111; www.buseireann.ie; Busáras; Erw./Kind /Stud. 28,80/18/25,20 €; ۵ Mitte März–Okt. 10 Uhr). Eine Ganztagestour nach Powerscourt und Glendalough (inklusive aller Eintrittskosten) ab Busáras.

Dublin Bus Tours (☎ 872 0000; www.dublinbus.ie; 59 Upper O'Connell St; Erw./Kind 25/12 €; ۵ 11 Uhr) Die vierstündige South & Coast & Gardens-Tour beinhaltet einen Besuch in Powerscourt einschließlich der Küste zwischen Dun Laoghaire und Killiney und Abstecher landeinwärts nach Wicklow bzw. bis nach Enniskerry. Eintritt für den Park im Fahrpreis inbegriffen.

Grayline Tours (☎ 872 9010; www.irishcitytours.com; Gresham Hotel, O'Connell St; Erw./Kind 38/19 €; ۵ So 10 Uhr) Die Tour beinhaltet die Topattraktionen in Wicklow – Powerscourt, Glendalough mit den Seen und einen Halt in Avoca, des Weiteren Dun Laoghaire und Dalkey (einschließlich Eintritt zum Glendalough-Besucherzentrum und Powerscourt, außer Kaffee).

Schlafen

Summerhill House Hotel (☎ 286 7928; www.summer hillhousehotel.com; EZ/DZ ab 80/100 €; Ⓟ) Ein wirklich spektakuläres Herrenhaus, etwa 700 m südlich der Stadt, direkt an der N11 gelegen. Besser kann man sich wirklich weit und breit nicht betten: auf weichen Kissen inmitten von Antiquitäten und Genregemälden. Alles, auch das erstklassige Frühstück, bleibt hier unvergesslich.

Coolakay House (☎ 286 2423; www.coolakayhouse. com; Waterfall Rd, Coolakay; EZ/DZ 45/80 €; **P**) Ein moderner Gutshof etwa 3 km südlich von Enniskerry (an der Straße ausgeschildert), ideal für Wanderer auf dem Wicklow Way. Die vier Zimmer mit herrlichem Ausblick sind schon recht behaglich, doch der absolute Hit ist das Restaurant. Ob mit Snacks oder Hauptspeisen (ca. 11 €), hier brummt das Geschäft!

Die nächstgelegene Jugendherberge befindet sich in Glencree, 10 km weiter westlich.

Essen

Powerscourt Terrace Café (☎ 204 6070; Powerscourt House; Hauptgerichte 8–13 €; ☺ 10–17 Uhr) Die Leute von Avoca Handweavers (S. 169) haben ihr ganzes Savoir-faire eingebracht und das, was leicht zu einem x-beliebigen Touristencafé hätte werden können, zu einer Gourmet-Oase umgewandelt. Eine Quiche auf der Terrasse mit Blick über den Park vor der Kulisse des Great Sugarloaf? Bitte gerne!

Emilia's Ristorante (☎ 276 1834; The Square; Hauptgerichte 13–21 €; ☺ Mo–Sa 17–22.45, So 12–21.30 Uhr) Ein hübsches Restaurant im ersten Stock, das mit hauchdünnen, knusprigen Pizzas selbst Anspruchsvolle rundherum zufriedenstellt. Dies gilt aber auch für die gesamte Speisekarte, ob Biosuppe, Steak oder Baiser-Desserts vom Feinsten.

Poppies Country Cooking (☎ 282 8869; The Square; Hauptgerichte ca. 9 €; ☺ 8.30–18 Uhr) Wäre der Service nicht so lahm und alles ein bisschen besser organisiert, könnte dieses kleine Café am Hauptplatz eine der besten Adressen in Wicklow sein. Das Essen ist – wenn es erst mal auf den Tisch kommt – sensationell: gesunde Salate, deftige Sandwiches aus fein geschnittenem Brot und preisgekröntes Eis sind wahre Gaumenfreuden.

Johnnie Fox (☎ 295 5647; Glencullen; Hungry Fisherman's Meeresfrüchteplatte 31 €; ☺ 12–22 Uhr) Im Sommer fallen hier abends ganze Touristenscharen ein, die mit dem Bus anreisen und Irland, wie es tanzt und feiert, erleben wollen. Übers Essen lässt sich jedoch nicht meckern: Es schmeckt hier verdammt gut, sodass man bei einem weiteren Refrain von *Danny Boy* Sitz-

fleisch entwickelt und am Ende selbst noch einstimmt. Das Pub befindet sich rund 3 km nordwestlich von Enniskerry in Glencullen.

An- & Weiterreise

Enniskerry liegt 18 km südlich von Dublin, nur 3 km westlich der M11 an der R117. **Dublin Bus** (☎ 872 0000, 873 4222), Linie 44, (2,10 €, alle 20 Minuten) braucht ca. 1¼ Std. Nach Enniskerry, ab Hawkins Street in Dublin. Es fährt auch noch eine S-Bahn (DART) nach Bray (2,50 €) oder man nimmt den Bus 185 (1,40 €, stündlich, weitere 40 Minuten Fahrtdauer) ab dem Bahnhof.

Es ist ohne Weiteres möglich, auf eigene Faust zum Powerscourt House zu gelangen (nur 500 m außerhalb der Stadt), aber der Weg zum Wasserfall hat seine Tücken. **Alpine Coaches** (☎ 286 2547) betreibt einen Zubringerservice zwischen dem DART-Bahnhof Bray, dem Wasserfall (5,50 €, HR) und dem Anwesen (4 €). Abfahrt in Bray ist Mo–Sa um 11.05 (Juli und August 11.30), 12.30, 13.30 (sowie Sept. bis Juni 15.30) und So um 11, 12 und 13 Uhr. Letzte Rückfahrt ab Powerscourt House um 17.30 Uhr.

GLENCREE

☎ 01

Südlich der Grenze zur Grafschaft Dublin und 10 km westlich von Enniskerry liegt Glencree, ein Dorfidyll im Grünen auf der Seite des gleichnamigen Tals, das sich in Richtung Osten öffnet und einen herrlichen Blick auf den Great Sugarloaf Mountain und das Meer freigibt.

Im Glencree-Tal wird derzeit das Glencree Oak Project durchgeführt, ein ehrgeiziges Vorhaben zur Wiederaufforstung weiter Landschaftsteile mit Eichen, welche einst noch im ganzen Land verbreitet waren, heute aber nur noch 1 % der grünen Insel bedecken.

Im Dorf selbst gibt's einen kleinen Laden und eine Herberge, jedoch kein Pub. Der **German Cemetery** (deutscher Friedhof), eine emotional beladene Gedenkstätte, ist den 134 in Irland Gefallenen aus dem Ersten und Zweiten Weltkrieg gewidmet. Direkt südlich der Ortschaft ist in der ehemaligen Kaserne ein Begegnungs- und Versöhnungszentrum untergebracht, wo sich Menschen verschiedener Konfessionen aus Irland und Nordirland treffen.

Das **Knockree Hostel** (☎ 286 4036; www.anoige.ie; Knockree, Enniskerry), ein herrlicher Gutshof aus dem 18. Jh., lockt mit traumhaften Ausblicken über Glencree. Seine Wiedereröffnung als Fünf-Sterne-Hotel ist für 2008 geplant.

SALLY GAP

Sally Gap ist einer der beiden Hauptpässe von Ost nach West über die Wicklow Mountains. Der Pass durchquert eine spektakuläre Landschaft. Von der Abzweigung der unteren Straße (R755) zwischen Roundwood und Kilmacanogue bei Bray führt die enge Straße (R759) oberhalb des dunklen, geheimnisvollen Sees Lough Tay vorbei. Die felsigen Abhänge ringsum gehen direkt in die Geröllhänge von **Luggala** (Fancy Mountain) über. Eine nahezu märchenhafte Landschaft, einst im Besitz von Garech de Brún, Familienmitglied der Guinness und Gründer von Claddagh Records, Irlands führenden Produzenten traditioneller irischer Folkmusik. Der kleine Fluss Cloghoge verbindet den Lough Tay mit dem Lough Dan und fließt dann weiter in nordwestlicher Richtung nach Kilbride zur N81. Diese folgt dem Liffey, der hier kaum mehr als ein Bach ist.

ROUNDWOOD

☎ 01 / 440 Ew.

Als bekanntermaßen höchstes Dorf Irlands liegt Roundwood gerade einmal auf 238 m über dem Meeresspiegel und ist für Wanderer entlang des Wicklow Way (3 km westlich der Ortschaft) ein beliebter Zwischenstopp. Die lange Hauptstraße führt südwärts nach Glendalough und ins südliche Wicklow. Abzweigungen führen im Osten nach Ashford und gen Westen ans südliche Seeufer des Lough Dan. Allerdings ist fast die gesamte Seeseite in Privatbesitz, verwehrt also den Zugang zum Wasser.

Das Städtchen hat einige Läden und ein Postamt, aber es gibt weder eine Bank noch einen Geldautomaten. Den nächstgelegenen Geldautomaten findet man bei der Tankstelle in Kilmacanogue an der Kreuzung von M11 und R755.

Aktivitäten

Wer Wicklow oder die vielen anderen Reiseziele in Irland auf einer geführten Tour (bis zu acht Tagen) oder auf eigene Faust erkunden will, erkundigt sich am besten bei **Footfalls Walking Holidays** (☎ 0404-45152; www. walkinghikingireland.com; Trooperstown, Roundwood). Eine achttägige Tour durch die Wicklow Moun-

tains inklusive Übernachtung und Verpflegung kostet 999 €.

Schlafen & Essen

Roundwood Caravan & Camping Park (☎ 281 8163; www.dublinwicklowcamping.com; Campingplatz 8 €; ✆ April–Sept.) Die gesamte Anlage, eine der besten überhaupt in ganz Wicklow, ist tiptop einschließlich Küche, Speisebereich und TV-Lounge. Etwa 500 m südlich der Ortschaft gelegen, verkehren hier täglich Busse von St. Kevin's zwischen Dublin und Glendalough.

Tochar House (☎ 281 8247; Bett/EZ/DZ 22/41/80 €) Die frisch renovierte Pension mit ihren hellen, holzvertäfelten Zimmern liegt auf mittlerer Höhe der Main Street. Wanderer und Radfahrer übernachten sehr gerne im Schlafsaal (nur für Gruppen ab zwei Personen) mit eigenem Bad, Dusche sowie Teeküche; da die Herberge direkt hinter dem Pub liegt, ist's am Wochenende ziemlich laut.

Ballinacor House (☎ 281 8168; ballinacor@eircom.net; EZ/DZ 36/65 €; ✆ Mai–Sept.) Die an der Straße nach Laragh gelegene Pension (etwa 2 km südlich der Stadt) mit phantastischen Ausblicken auf die Landschaft ringsum ist der Inbegriff der Gemütlichkeit, also ein Geheimtipp nicht nur für Wanderer. Die gastfreundlichen Eigentümer fahren ihre Gäste auch schon mal nach Laragh.

Roundwood Inn (☎ 281 8107; Main St; Hauptgerichte 16–32 €, Bargerichte 10–16 €; ✆ Bar Mo–Fr 12–21, Restaurant 19.30–21.30, So 13–15 Uhr) Dieses Haus aus dem 17. Jahrhundert ist in deutschen Händen. Hier gibt's eine tolle, supergemütliche Bar, wo das Essen am offenen Kaminfeuer besonders gut schmeckt, sei es ungarisches Gulasch oder irischer Eintopf mit deutscher Note. Das etwas gediegenere Restaurant mit preisgekrönter Küche gehört zu den besten Adressen der Stadt. Auf der Karte stehen hauptsächlich Fleischgerichte, beispielsweise

---

TOP FIVE: ESSEN

- Roundwood Inn (siehe oben)
- Rathsallagh House (S. 166)
- Tinakilly Country House & Restaurant (S. 172)
- Grangecon Café (S. 166)
- Marc Michel (S. 170)

Lamm aus heimischen Landen oder besonders saftiges Schweinefleisch mit Knusperkruste. Unbedingt vorher reservieren.

An- & Weiterreise

St. Kevin's Bus (☎ 281 8119; www.glendaloughbus.com) hält zweimal täglich in Roundwood auf der Strecke zwischen Dublin und Glendalough (einfach/Hin- & Rückfahrt 8/12 €, 1¼ Std.).

GLENMACNASS

Das entlegene, einsame Glenmacnass-Tal, ein Streifen wildes Moorland zwischen dem Sally Gap und Laragh, zählt zu den schönsten Berglandschaften dieser Region, wenn man sich hier auch mutterseelenallein fühlt.

Die höchste Erhebung im Westen ist der Mount Mullaghcleevaun (848 m); der südwärts strömende Glenmacnass ergießt sich über die Kante des Hochplateaus als schäumender Wasserfall.

Oben gibt es in der Nähe einen Parkplatz. Vorsicht beim Klettern auf den Felsen beim **Glenmacnass Waterfall** – einige sind hier schon in den Tod gestürzt! Schöne Wanderpfade führen auf den Mount Mullaghcleevaun oder in die Hügellandschaft östlich des Parkplatzes.

WICKLOW GAP

Zwischen Mount Tonelagee (816 m) im Norden und Table Mountain (700 m) im Südwesten zieht sich der Wicklow Gap als zweiter großer Pass durchs Gebirge. Das östliche Ende der Straße beginnt direkt am Nordrand von Glendalough. Dann geht's in Richtung Nordwesten entlang des Glendassan-Tals den Pass hinauf durch wunderschöne Naturkulissen.

Die Straße führt an einstigen Blei-Zink-Bergwerken vorbei, bevor sie in eine Nebenstraße mündet, die sich in Richtung Süden hinauf nach Turlough Hill zieht. Dort befindet sich Irlands einziges Pumpspeicherwerk.

Vom Hügel aus schweift der Blick über den Upper Lake.

GLENDALOUGH

☎ 0404 / 280 Ew.

Wer auf der Suche nach Irlands Landschaftsjuwelen ist, findet im Zwei-Seen-Tal von Glendalough (Gleann dá Loch) den Inbegriff von Romantik und Urnatur, zweifelsohne ein Höhepunkt auf jeder Reise entlang der Ostküste.

Allein schon die Ruinen einer ehemaligen Klostersiedlung sind beeindruckend, doch macht ihre phantastische Lage den ganzen Reiz aus: Zwei dunkle, geheimnisvolle Seen liegen eingebettet in einem tiefen, bewaldeten Tal.

Doch trotz seines hohen Beliebtheitsgrads ist es nach wie vor ein Ort der Stille und Einkehr. So lässt es sich leicht nachvollziehen, warum so viele Mönche auf der Suche nach Einsamkeit dieses Kloster wählten.

Geschichte

Im Jahr 498 zog sich ein junger Mann namens Kevin mit dem Wunsch nach Stille und Meditation in dieses Tal zurück. Auf den Überresten eines Grabs aus der Bronzezeit errichtete er am Südufer des Upper Lake ein Haus. Während der folgenden sieben Jahre schlief er auf Steinen, kleidete sich in Tierfelle, litt ständig Hunger und freundete sich der Legende nach mit Vögeln und anderen Tieren an.

Bald schon verbreitete sich die Kunde von Kevins naturnaher Lebensart, sodass ihm Schüler nachzogen, die ironischerweise gar nicht zu merken schienen, dass sie sich um einen Eremiten scharten, der so weit weg von anderen Menschen wie möglich leben wollte.

Obwohl Kevin die Einsamkeit vorzog, entstand hier mit der Zeit eine Siedlung. Bereits im 9. Jahrhundert konkurrierte Glendalough mit Clonmacnoise (S. 391) um den Rang von Irlands führender Klosterstadt: Tausende von Studenten lebten und studierten hier und bevölkerten das ganze Tal.

Die erfolgreiche Enklave fiel allerdings zwischen den Jahren 775 und 1071 mindestens viermal den Raubzügen der Wikinger zum Opfer.

Im Jahr 1398 fielen englische Truppen aus Dublin ein. Nachdem sie fast völlig zerstört worden war, versuchte man, die Anlage wieder aufzubauen. Einige Menschen lebten weiterhin hier, bis das Kloster schließlich im 17. Jh. aufgelöst wurde.

Orientierung & Praktische Informationen

Am Eingang des Tals, noch vor dem Glendalough Hotel, befindet sich das **Glendalough Visitor Centre** (☎ 45325; Erw./Kind & Stud. 5,30/2,10 €; ⊙ Mitte März–Okt. 9.30–18, Nov.–Mitte März 9.30–17 Uhr). Dort läuft der hochwertige Kurzfilm

(17 Min.) *Ireland of the Monasteries,* der anschaulich das Klosterleben von einst darstellt.

Von Laragh aus sieht man zuerst das Besucherzentrum, dann das Hotel Glendalough gleich neben dem Eingang zum Ruinenkomplex mit Rundturm.

Der Lower Lake ist ein kleiner, dunkler See im Westen, zu dem sich weiter westlich der größere und eindrucksvollere Upper Lake gesellt. Unweit des großen Parkplatzes am See befinden sich weitere Ruinen. Den Upper Lake sollte man keineswegs verpassen; auch eine Seeumwanderung ist sehr lohnenswert.

Sehenswertes

UPPER LAKE

Teampall na Skellig, die einstige Siedlung des hl. Kevin liegt am Fuß der Steilklippen, die über dem Südufer des Upper Lake aufragen. Diese Stelle ist heute nur noch mit dem Boot zu erreichen, doch leider gibt es bislang keinen Fährdienst. So bleibt dem Besucher nur der Blick vom gegenüberliegenden Ufer. Auf einem Felsplateau stehen die wiederhergerichteten Überreste einer Kirche und eines frühzeitlichen Friedhofs. Auf der nahen Anhöhe standen früher einfache Hütten. Ringsum liegen einige Grabplatten und Steinkreuze.

Östlich von hier, 10 m über dem Wasser, befindet sich eine künstliche, 2 m tiefe Höhle namens **St. Kevin's Bed.** Der hl. Kevin soll hier gelebt haben. Die frühesten menschlichen Bewohner aber nutzten die Höhle lange vor Kevins Ankunft, denn natürlich war das Tal schon Jahrtausende bewohnt, bevor Mönche sich dort niederließen. Auf einer Grünfläche direkt südlich vom Parkplatz erhebt sich eine große, runde Mauer, angeblich die Reste eines frühchristlichen *caher* (Steinfestung).

Der Uferweg südwestlich des Parkplatzes führt zu den bemerkenswerten Ruinen der **Reefert Church** oberhalb des winzigen Poulanass, mehr Bach als Fluss. Es handelt sich um eine kleine, romanische Kirche mit Hauptschiff und Altarraum aus dem 11. Jh., von der einige Bögen und Mauern wieder zusammengefügt worden sind. Ursprünglich war Reefert (eigentlich „Royal Burial Place", also königliche Gruft) der Platz, an dem die Oberhäupter der Familie O'Toole bestattet wurden. Auf dem umgebenden Friedhof befinden sich eine Reihe von groben Steinkreuzen und Platten, meist aus glänzendem Schieferstein.

Steigt man über die Stufen hinter dem Friedhof hinauf und folgt dann dem Pfad Richtung Westen, stößt man auf einer Anhöhe mit Blick auf den See und die Überreste der **St. Kevin's Cell,** eine sogenannte „Bienenkorbhütte".

LOWER LAKE

Während der Upper Lake in eine besonders reizvolle Landschaft eingebettet ist, wartet der untere Teil des Tals östlich des Lower Lake mit einigen faszinierenden Bauwerken auf, allesamt schön vereint inmitten einer alten Klosteranlage.

Gleich beim Glendalough Hotel geht's durch den steinernen Torbogen des **Monastery Gatehouse,** des einzigen erhaltenen Kloster-Torhauses in Irland. Direkt im Eingangsbereich befindet sich eine große Steinplatte mit eingraviertem Kreuz.

Dahinter liegt ein **Friedhof,** der noch immer benutzt wird. Der **Rundturm** aus dem 10. Jh. ist 33 m hoch und hat unten einen Umfang von 16 m. Die oberen Stockwerke und das kegelförmige Dach wurden 1876 wieder aufgebaut. Im Südosten findet sich nahe des Turms die **Kathedrale St. Peter und St. Paul** mit einem Langhaus aus dem 10. Jh. Der Altarraum und die Sakristei stammen aus dem 12. Jh.

In der Mitte des Friedhofs südlich des Rundturms steht das **Priest's House.** Das Gebäude wurde 1170 errichtet, in der Folge aber stark verändert. Möglicherweise wurden in ihm Schreine aus dem Kloster St. Kevin aufbewahrt. Später, während der sogenannten *Penal Times* (18./Anfang 19. Jh.), wurden dort Priester aus der Gegend bestattet – daher auch der Name. Die Überreste der **St. Mary's Church,** 140 m südwestlich des Rundturms, stammen aus dem 10. Jh. Ursprünglich stand die Kirche mit dem reizvollen Westportal wohl außerhalb der Klostermauern.

Ein wenig weiter östlich stößt man auf die Ruinen der kleinsten Kirche von Glendalough, der **St. Kieran's Church.**

Glendaloughs Wahrzeichen ist **St. Kevin's Kitchen** am Südrand der Einfriedung. Die Kirche mit einem kleinen, runden Glockenturm, einer vorspringenden Sakristei und einem steilen Steindach ist ein wahres Meisterwerk. Warum sie unter der Bezeichnung „Küche" bekannt wurde, ist und bleibt ein Rätsel, zumal sie immer nur als Kirche genutzt worden zu sein scheint. Die ältesten Gebäudeteile stammen aus dem 11. Jh., und trotz einiger Umgestaltungen handelt es sich noch immer um eine der frühen klassischen irischen Kirchen.

Überquert man den Fluss südlich dieser beiden Kirchen, so stößt man an der Kreuzung mit der Green Road auf die Felsgruppe **Deer Stone**. Als der hl. Kevin Milch für zwei Waisenkinder brauchte, erschien hier der Legende nach eine Hirschkuh und ließ sich melken. Bei dem Stein handelt es sich um einen *bullaun* (einen Stein mit tiefer Aushöhlung, der als Mörser diente, um Medizin oder Essen zuzubereiten). Die Ritualsteine, denen man übernatürliche Eigenschaften zuschrieb, stammen wohl aus vorgeschichtlicher Zeit: So sollten Frauen, die sich das Gesicht mit dem Wasser in der Vertiefung wuschen, ihr Aussehen für immer bewahren. Kirchenmänner brachten die Steine in die Klöster, wohl in der Hoffnung, die darin verborgenen Kräfte nutzen zu können.

Die Straße Richtung Osten führt zur **St. Saviour's Church** mit feinen Schnitzereien aus romanischer Zeit. Im Westen geht's auf einem Waldweg am Lower Lake vorbei hinauf zum Upper Lake.

Aktivitäten

Im Glendalough-Tal lässt es sich prima wandern und klettern. Neun ausgeschilderte Wege führen durch das Tal; für den längsten mit 10 km braucht man ca. 4 Stunden. Vor dem Aufbruch sollte man beim **Informationspunkt des Nationalparks** (☎ 45425; ⊙ Mai–Sept. tgl. 10–18, Okt.–April Sa & So 10 Uhr–Sonnenuntergang) vorbeischauen und ein Faltblatt mit Wanderkarte (ca. 0,50 €) mitnehmen. Alleinreisende können hier auch Mitwanderer finden. Außerdem gibt es einige sehr gute Wanderführer zu kaufen: Mit David Hermans *Hillwalker's Wicklow* (6 €) oder Joss Lynams *Easy Walks Near Dublin* (10 €) liegt man nie verkehrt. Achtung: Die relativ sanft anmutende Landschaft täuscht. Auch wenn die Wicklow Mountains nichts weiter als große Hügel sind, kann das Wetter manchmal gnadenlos sein. Man braucht auf jeden Fall eine geeignete Ausrüstung, und man sollte immer jemandem Bescheid geben, wohin es geht und wann man zurück sein müsste. Die Bergwacht hat die Nummer ☎ 999.

Der einfachste und beliebteste Weg ist der gemütliche Spaziergang am Nordufer des Up-

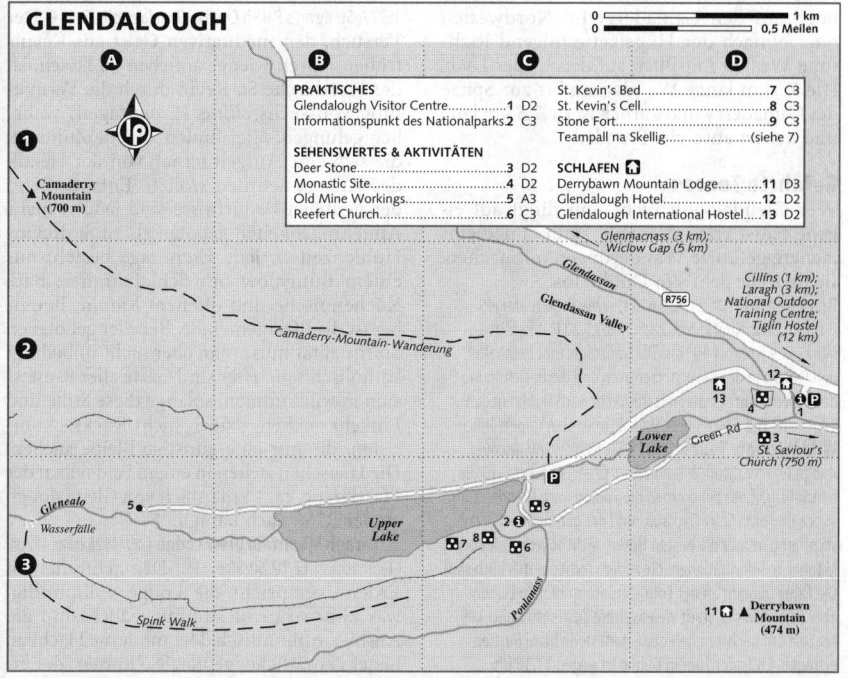

per Lake entlang zu den **Blei-Zink-Bergwerken** aus dem Jahr 1800. Der Weg am Ufer entlang ist besser als der über die Straße, der etwa 30 m vom Ufer entfernt verläuft. Vom Glendalogh-Besucherzentrum beträgt die einfache Strecke etwa 2,5 km. Wer möchte, kann auf den höchsten Punkt des Tals weitergehen.

Ein anderer Weg führt hinauf auf den **Spink** (auf Irisch „spitzer Hügel"; 380 m), einem steilen Bergkamm mit senkrechten Klippen an den südlichen Uferhängen des Upper Lake. Man kann einen Teil der Strecke gehen und dann umkehren oder auf dem Weg hoch oben durch die Felsen den Upper Lake umrunden. Dann kommt man unten bei den Minen raus und wandert am Nordufer entlang zurück. Für den ca. 6 km langen Rundweg braucht man etwa drei Stunden; wer von da aus weiterwandern will, lese den Kastentext S. 163.

Die dritte Möglichkeit besteht in einer Gipfelwanderung zum **Camaderry Mountain** (700 m), der versteckt zwischen den Hügeln auf der Nordseite des Tals liegt. Die Route beginnt 50 m Richtung Glendalough vom Parkplatz des Upper Lake entfernt. Vom steilen Hügel im Norden aus hat man einen sagenhaften Panoramablick. Weiter geht es entweder hoch auf den Camaderry im Nordwesten oder einfach der Hügelkette folgend Richtung Westen mit Blick auf den Upper Lake. Die 7,5 km lange Wanderung bis zur Spitze des Camaderry und zurück ist ca. 7,5 km lang und dauert etwa vier Stunden.

Geführte Touren

Wer Glendalough nicht unbedingt auf eigene Faust erkunden will, kann einige einfachere geführte Wanderungen mitmachen. Beide Male geht's in Dublin los.

Bus Éireann (☎ 01-836 6111; www.buseireann.ie; Busáras; Erw./Kind /Stud. 28,80/18/25,20 €; ☺ Mitte März–Okt. Abfahrt 10 Uhr) Die Ganztagestour beinhaltet den Eintritt in das Besucherzentrum und die Besichtigung des Powerscourt Estate, mit Rückkehr nach Dublin gegen 17.45 Uhr. Die Gästeführer sind ok, aber eher unpersönlich.

Wild Wicklow Tour (☎ 01-280 1899; www.discover dublin.ie; Erw./Stud. & Kind 28/25 €; ☺ Abfahrt 9.10 Uhr, ganzjährig) Zwar bekommen die Touren nach Glendalough, Avoca und zum Sally Gap aufgrund der garantierten Partystimmung immer die besten Noten, nicht so jedoch für den Mangel an Informationen, die zudem recht oberflächlich sind. Die Fahrt beginnt an der Touristeninformation in Dublin, aber es gibt in der Stadt viele weitere Zustiegsmöglichkeiten; die am nächsten gelegene Haltestelle beim Buchen erfragen. Ende der Tour in Dublin gegen 17.30 Uhr.

Schlafen

BUDGETUNTERKÜNFTE

Glendalough International Hostel (☎ 45342; www. anoige.ie; The Lodge; B Juni–Okt. 23 €, Nov.–Mai 19 €) Die moderne Jugendherberge liegt recht günstig gleich hinter dem Rundturm, mitten im tiefen, bewaldeten Gletschertal von Glendalough.

MITTELKLASSEHOTELS

Die meisten B&B-Unterkünfte finden sich in und rund um Laragh, einem Dorf 3 km östlich von Glendalough bzw. auf dem Weg von Glendalough dorthin.

Glendale (☎ 45410; www.glendale-glendalough.com; Laragh East; EZ/DZ 36/60 €, Cottage pro Woche 250–600 €; **P**) Eine tadellos moderne, gepflegte B&B-Pension mit großen Komfortzimmern. Zu mieten gibt's auch fünf moderne Cottages für Selbstverpfleger mit Platz für sechs Personen pro Haus. Jedes Cottage hat alle Annehmlichkeiten wie TV- und Videogerät bis hin zu voll ausgestatteter Küche mit Mikrowelle, Geschirrspüler, Waschmaschine und Trockner. Wer nicht laufen möchte, den nehmen die Besitzer mit nach Glendalough.

Glendalough Cillíns (☎ 45140; Buchungen unter 45777; St. Kevin's Parish Church, Glendalough; Zi. 45 €) Der Versuch, den meditativen Geist aus Kevins frühen Jahren wieder aufleben zu lassen, ist der Pfarrkirche St. Kevin durch die Vermietung von sechs *cillíns* (Eremitagen) wahrlich gelungen. Hier finden all jene Zuflucht, die sich eine Auszeit fernab von der Hektik des Alltags nehmen wollen. Entsprechend der heutigen Bedürfnisse sind jedoch mehr Annehmlichkeiten geboten als zu St. Kevins Höhlenzeiten. Jede Eremitage besteht aus einem Bungalow mit Schlafzimmer, Bad, Küchennische und offenem Kamin; Betreiber ist die Pfarrgemeinde. Bei aller gebotenen Spiritualität muss man aber nicht unbedingt katholisch sein. Hier sind Gäste aller Konfessionen willkommen, solange diese Stille und Einkehr suchen, jedoch nicht Rucksacktouristen, die nur eine günstige Bleibe suchen. Die Häuschen stehen in einem Feld neben der Pfarrkirche, ca. 1 km östlich von Glendalough an der R756 nach Laragh.

Laragh Mountain View Lodge (☎ 45282; Fax 45204; Glenmacnass; EZ/DZ 50/80 €; **P**) Den „Himmel auf Erden" verspricht die Lodge vollmundig, was zwar so nicht stimmt, jedoch sind die Ausblicke himmlisch. Der moderne Flachbau bietet gemütliche, gepflegte Zimmer, der ei-

AUF DEM WICKLOW WAY VON GLENDALOUGH NACH AUGHRIM

Der Wicklow Way zählt aufgrund seiner malerischen Kulissen zu den beliebtesten Wanderrouten Irlands. Von verschiedenen Stellen aus erreichbar, sind Anfangs- und Endpunkte variabel, d. h. es gibt allerorts viele Halbtages- und Ganztagsoptionen.

Der Abschnitt durch Wicklow ist 40 km lang. Wanderer durchqueren die entlegensten Winkel der Wicklow Mountains bis hinunter ins südöstliche Vorgebirge. Die meiste Zeit geht es durch Föhrenschonungen, man bewegt sich also relativ wenig auf der Straße. Die Wanderung dauert etwa 7½ bis acht Stunden (Höhenunterschied: 1035 m).

Ab dem **Infopoint des Nationalparks** am südlichen Upper-Lake-Seeufer biegt man links ab und geht weiter bachaufwärts entlang des Lugduff Brook bzw. am **Pollanass Waterfall** vorbei. Beim Waldpfad schwenkt man links ein, dann an einer Wegkreuzung noch mal links, dann weiter über zwei Brücken. Der „Way" verläuft etwa 600 m in Richtung Nordosten; nach einem scharfen Knick nach rechts geht's direkt weiter südwärts (via verschiedene gut markierte Kreuzungen), dann hinauf quer durch Kiefernplantagen wieder über den Lugduff Brook an einem Nebenfluss vorbei, bis der Weg auf dem Bergsattel zwischen **Mullacor** (657 m) und **Lugduff** (1¾ Std. ab Glendalough) auf offenes Terrain führt.

An einem guten Tag lässt das Bergmassiv des Lugnaquilla den Blick weit in Richtung Südwesten schweifen. In entgegengesetzter Richtung gelangt man zum langen Camaderry-Kamm hoch über Glendalough mit dem riesigen Tonelagee als Kulisse.

Es geht weiter entlang des Bohlenwegs bergab, um die Föhrenschonung herum und dann mitten ins Gestrüpp hinein, wo ein steiler, schlammiger und felsiger Pfad zur Waldstraße hinabführt; dort geht's dann nach links weiter.

Wer lieber in der Jugendherberge bei Glenmalure übernachten will (siehe S. 165) anstatt den ganzen Weg hinunter zur Kreuzung in den Ort zu laufen, folgt dem „Way" ab der linken Abzweigung auf etwa 1 km südwärts. An einer abgeschrägten Kreuzung, wo der „Way" nach Südosten abbiegt, hält man sich links in westlicher Richtung, von wo ein steiler Weg zur Straße durch Glenmalure hinabführt. Die Jugendherberge ist etwa 2 km nordöstlich von dort.

Um auf dem Weg ab dem linken Knick schnurstracks weiterzugehen, folgt man den Waldwegen Richtung Süden, dann ungefähr 1½ km nach Südosten bis zu einem breiten Zickzackweg auf freiem Gelände; dann geht's um einen steilen Hang herum mit einem Schwenk nach Nordosten, wo wiederum der Pfad bergab an zwei Brücken vorbei in eine kleinere Straße mündet. Von da geht es weiter bergab bis zu einer Wegkreuzung bzw. bis Glenmalure; die Wanderung dauert ab dem Bergsattel ca. 1¼ Std.

Der „Way" verläuft 500 m südwärts weiter über die Kreuzung hinaus, quer über den Avonbeg River, an der stillgelegten Kaserne **Drumgoff Barracks** aus dem Jahr 1803 vorbei, dann einen Waldpfad entlang. Hinter einem zerfallenen Cottage hält man sich links und gewinnt auf zwei längeren Abschnitten wieder an Höhe; danach biegt man zweimal links ab, läuft weiter bergab und überquert einen Fluss. Etwa 800 m weiter biegt man rechts ab, um den **Slieve Maan** (550 m) über vier Wegkreuzungen langsam zu ersteigen, immer in süd-südwestlicher Richtung. Zurück im Wald biegt der „Way" nahe am unbewaldeten Terrain links nach Westen ab. Über einige weitere Wegschleifen stößt man an einer Waldlichtung auf den Pfad zwischen der Föhrenschonung und der Straße (auf Karten als Military Rd bezeichnet). Der „Way" vereint sich schließlich neben einem kleinen Nebenfluss des Aghavannagh mit diesem Pfad (zwei Std. ab Glenmalure).

Die Straße führt etwa 25 m weiter bergab; dann geht's links entlang eines Waldpfads weiter; man hält sich kurz rechts, um stetig Höhe zu gewinnen und auf einen breiten Pfad über den **Carrickashane Mountain** (508 m) zu gelangen. Dann geht's steil hinab zu einer breiten Waldstraße und ca. 1 km weiter bergab. Man hält sich rechts, um eine kleinere Straße zu erreichen und biegt rechts ab. Nach weiteren 500 m verlässt man die Weg, um zu einer weiteren Straße hinunterzugelangen – die Iron Bridge ist dort gleich rechter Hand (eine Std. ab Military Rd).

Es geht 150 m weiter bergauf zu einem Weg, der nach links abbiegt; diesem folgt man auf 7,5 km bergab entlang des Ow-Tals bis zu einer Kreuzung – Aughrim liegt 500 m weiter linker Hand. Hier halten Busse auf der Strecke von Dublin nach Wexford.

gentliche Reiz besteht aber in der herrlichen Abgeschiedenheit. Die Unterkunft liegt ca. 3 km nördlich von Laragh an der R115 nach Glenmacnass.

Derrybawn Mountain Lodge (☎ 45644; derrybawn lodge@eircom.net; Derrybawn, Laragh; EZ/DZ 50/90 €; **P**) Wunderschön auf dem Derrybawn Mountain (474 m) gelegen, lockt diese hübsche Herberge ca. 4 km südlich von Laragh mit acht behaglichen Zimmern und herrlichen Ausblicken auf die Landschaften ringsum. Die Eigentümer sind bei der Bergwacht und geben gerne Insidertipps rund ums Wandern.

Glendalough River House (☎ 45577; www.glenda loughriverhouse.com; Laragh; EZ/DZ 58/82 €; **P**) Der 200 Jahre alte Gutshof am Fluss, gleich am Anfang der Green Road (Fußweg) von Laragh nach Glendalough gelegen, ist eine wahre Wonne. Die großen Zimmer sind gut ausgestattet; das Frühstück ist reichhaltig, schafft also damit eine gute Grundlage für Wanderungen in die Hügellandschaften ringsum. Selbstversorger können das Gehöft auch für sich allein mieten.

SPITZENKLASSEHOTELS

Glendalough Hotel (☎ 45135; www.glendaloughhotel. com; EZ/DZ 120/190 €; **P**) Dies ist zweifellos Glendaloughs bestes Hotel in günstiger Lage gleich neben dem Besucherzentrum. Den Gästen, die in 44 recht luxuriösen Zimmern logieren, mangelt's hier an nichts.

Essen

Laragh ist der beste Ort, um etwas zwischen die Zähne zu bekommen, zumal es in Glendalough nur ein richtiges Restaurant gibt.

Im Sommer stellen die Dorfbewohner Schilder auf und servieren Tee mit Gebäck auf Grünflächen.

Wicklow Heather Restaurant (☎ 45157; Main St, Laragh; Hauptgerichte 12–18 €; ⏰ 12–20.30 Uhr) Wer etwas Nahrhaftes sucht, ist hier goldrichtig. Die Zuchtforellen aus der Gegend sind einfach Spitze.

Glendalough Hotel (☎ 45135; 3-Gänge-Mittagsmenü 19 €, Hauptgerichte an der Bar ca. 10 €; ⏰ 12–18 Uhr) Das riesige Hotelrestaurant bietet eine sehr gute Mittagskarte mit einfachen Gerichten, gewöhnlich mit Huhn, Rind oder Fisch. An der Theke gibt's Sandwiches und Würstchen.

An- & Weiterreise

St. Kevin's Bus (☎ 2818119; www.glendaloughbus.com) fährt vor dem Mansion House in der Daw-son Street (Dublin) ab, jeweils um 11.30 und 18 Uhr von Montag bis Samstag sowie sonntags um 11.30 und 19 Uhr (einfach/Hin- & Rückfahrt 11/18 €, 1½ Std.). Die Busse halten auch am Rathaus von Bray. Abfahrtszeiten ab Glendalough: Mo–Sa 7.15 und 16.30 Uhr. Im Juli und August verkehrt der spätere Bus wochentags um 17.30 Uhr; außerdem gibt's eine zusätzliche Fahrt um 9.45 Uhr.

GLENMALURE

Folgt man der Military Road bis fast an ihr südliches Ende und dringt tiefer in die Berge südwestlich von Glendalough ein, wird alles zusehends wilder und abgeschiedener. Auf der Westseite des Lugnaquilla, Wicklows höchstem Gipfel, liegt Glenmalure, ein dunkles Tal, umrahmt von den typischen Geröllhängen. Hat man Glenmalure erreicht, biegt man hinter der Drumgroff-Brücke in Richtung Nordwesten ab. Von dort aus führt die Straße ca. 6 km am Fluss Avonbeg entlang bis zu einem Parkplatz, von wo aus Wanderwege in verschiedene Richtungen abgehen.

Glenmalure spielt ein wichtige Rolle im Nationalepos vom Widerstand gegen die Briten. Das Tal war eine Hochburg der Rebellen. 1580 gelang es dem gefürchteten Anführer Fiach Mac Hugh O'Byrne (1544–97) und seiner Bande, 1000 englische Soldaten zu besiegen, woraufhin Königin Elisabeth vor Wut fast einen Schlaganfall erlitt. 1597 aber rächten sich die Engländer: Sie fingen O'Byrne und spießten seinen Kopf auf einen Pfahl vor den Toren des Dublin Castle.

Sehenswertes & Aktivitäten

Unweit von Drumgoff befindet sich Dwyer's oder **Cullen's Rock**, der sowohl an die Schlacht bei Glenmalure erinnern soll als auch an Michael Dwyer, einen Rebellen, der am Aufstand von 1798 beteiligt war und sich hier verbarg. Während der Kämpfe wurden Männer an diesem Fels erhängt.

Wer nicht den Lugnaquilla ersteigen möchte, kann weiter zum Fraughan Rock Glen östlich des Parkplatzes gehen. Es gibt auch die Möglichkeit, schnurstracks durch das Glenmalure Valley an der kleinen Herberge An Óige Glenmalure vorbeizuwandern. Danach teilt sich der Weg – Richtung Nordosten gelangt man über die Hügel nach Glendalough; Richtung Nordwesten führt der Weg ins Tal Glen of Imaal (S. 166).

Schlafen

Glenmalure Hostel (☎ 01-830 4555; www.anoige.ie; Greenane; B 15 €; ☺ Juni–Aug. tgl., Sept.–Mai nur Fr & Sa) In dem rustikalen, zweistöckigen Cottage gibt es 19 Betten und fließend Wasser, allerdings kein Telefon und keinen Strom, nur Gaslampen.

Dieser Ort besitzt aber ein reiches literarisches Erbe: Das Haus gehörte einst W. B. Yeats' Geliebter Maud Gonne und bildete die Kulisse für J. M. Synges Theaterstück *Shadow of a Gunman*. Einsam ist's hier, dies jedoch in wunderbarer Lage am Fuß des Lugnaquilla.

Glenmalure Log Cabin (☎ 01-269 6979; www.glenmalure.com; 11 Glenmalure Pines, Greenane; 2 Nächte 220–290 €, 3 Nächte 350–500 €) Im Herzen des Glenmalure-Tals gelegene moderne Lodge im skandinavischen Stil mit zwei Zimmern mit Bad/Dusche/WC, einer voll ausgestatteten Küche, einem Wohnzimmer mit allerlei Unterhaltungselektronik inklusive einer DVD-Bibliothek.

Dennoch sollte man hoffen, möglichst viel Zeit auf der Sonnenterrasse mit Panoramablick verbringen zu können. Allerdings muss man mindestens zwei Übernachtungen buchen, in den Monaten Juli und August sogar sieben Nächte.

Birchdale House (☎ 0404 46061; tmoylan@wicklowcoco.ie; Greenane; EZ/DZ 38/65 €) und **Woodside** (☎ 0404 43605; www.woodsideglenmalure.com; Greenane; EZ/DZ 40/70 €) sind zwei gemütliche, modern eingerichtete Häuser in Greenane am südlichen Ende des Tals.

WESTLICHES WICKLOW

Weiter westlich wird die Landschaft weniger felsig und ländlicher, vor allem an den Grenzen zu Kildare und Carlow.

Das wilde, ursprüngliche Terrain weicht hier saftigem Weideland: Östlich von Blessington ist die Landschaft von vielen privaten Gestüten geprägt, wo einige der weltweit teuersten Pferde unter strenger Geheimhaltung dressiert werden.

Die Hauptattraktion in diesem Teil von Wicklow ist das Russborough House, ein palladianisches Bauwerk gleich hinter Blessington. Wer allerdings auf wildere Kulissen aus ist, wird rund um Kilbride und am Oberlauf des Liffey fündig sowie weiter südlich im Glen of Imaal.

BLESSINGTON

☎ 045 / 3147 Ew.

Blessington, die größte Stadt in dieser Gegend, besteht aus einer langen Reihe von Pubs, Läden und Stadthäusern aus dem 17. und 18. Jahrhundert. Der Ort eignet sich gut als Ausgangspunkt für Touren in die Umgebung. Direkt außerhalb von Blessington liegt der Poulaphouca-Stausee, der 1940 zum Betreiben des örtlichen Kraftwerks und zur Wasserversorgung Dublins angelegt wurde.

Die **Touristeninformation** (☎ 865 850; Blessington Craft Centre, Main St, ☺ Mo–Fr 10–17 Uhr) befindet sich gegenüber dem Downshire House Hotel.

Sehenswertes

Das prächtige **Russborough House** (☎ 865 239; Blessington; Erw./Stud. 6,50/3,50/5 €; ☺ Mai–Sept. Mo-Sa 10–17, April & Okt. So & feiertags 10.30–17.30 Uhr, restliches Jahr geschl.) ist eines der edelsten Herrenhäuser Irlands. Erbaut wurde es für Joseph Leeson (1705–83), dem späteren ersten Earl of Milltown und noch späterem Lord Russborough. Der Bau erfolgte zwischen 1741 und 1751 nach einem Entwurf von Richard Cassels, der damals auf dem Höhepunkt seines Ruhms stand. Leider lebte der gute alte Richard nicht mehr lang genug, um sein Projekt zu vollenden, allerdings war Francis Bindon ein würdiger Nachfolger. Doch jetzt zu dem Schmuckstück:

Das Haus zog immer wieder ungewollt Aufmerksamkeit auf sich, angefangen mit dem Aufstand von 1798, als irische Truppen das Anwesen besetzten. Bald aber wurden sie von der britischen Armee verdrängt, die sich so sehr an die Annehmlichkeiten des Orts gewöhnten, dass sie ihn erst 1801 verließen. Erst nachdem ihr Anführer Lord Tyrawley vom wütenden Lord Russborough zu einem Duell mit der Donnerbüchse herausgefordert wurde, suchten die britischen Soldaten das Weite.

Das Gebäude blieb bis 1931 im Besitz der Familie Leeson. 1952 wurde es an Alfred Beit verkauft, den Neffen des Mitbegründers der Firma de Beers (Diamantenproduzenten und -händler).

Alfred Beit war ein besessener Kunstsammler. Nach seinem Tod wurde seine bedeutende Sammlung – darunter kostbare Gemälde von Velázquez, Vermeer, Goya und Rubens – an seinen Neffen weitervererbt, der sie in Russborough House unterbrachte. Dort zog sie nicht nur das Interesse von Kunstliebhabern auf sich.

COUNTY WICKLOW

Im Jahr 1974 wollte die IRA wohl ins Kunstgeschäft einsteigen, indem sie 16 Gemälde raubte. Zum Glück wurden alle wieder gefunden, jedoch profilierte sich zehn Jahre später der berühmt-berüchtigte Martin Cahill (alias „der General") aus Dublin mit einem Kunstraub, nun aber zugunsten der paramilitärischen Loyalisten. Diesmal konnten nicht alle Kunstwerke sichergestellt werden; einige waren beschädigt und nicht mehr zu retten – ein guter Dieb ist eben noch lange kein Kurator. 1988 erhielt Beit eines der entwendeten Bilder zurück und beschloss, die wertvollsten Teile seiner Sammlung der National Gallery zu überlassen; im Gegenzug stellt die Gallery andere Gemälde aus der eigenen Sammlung für Wechselausstellungen dem Russborough House zur Verfügung. Doch das ist noch nicht das Ende der Geschichte: 2001 rammten zwei Diebe mit einem Geländewagen die Eingangstür und machten sich mit zwei Gemälden im Wert von vier Millionen Euro, darunter ein bereits zweimal geraubter und wieder gefundener Gainsborough, auf und davon. Und um dieser Schande auch noch zu spotten, gelang es Kunsträubern im Jahr 2002 abermals, weitere fünf Gemälde zu entwenden, darunter zwei von Rubens. Beide Werke konnten aber erstaunlich schnell wiedergefunden werden.

Im Eintrittspreis ist eine 45-minütige Tour durchs Anwesen mit Erklärungen zu allen wichtigen Gemälden enthalten. Dabei Positives zu berichten, gerät für jeden Führer zur echten Herausforderung. Auf keinen Fall sollte man ruckartige Bewegungen machen. Zudem gibt es eine 30-minütige **Tour** (Erw./Kind 4 €/frei; ☉ Mo–Sa 14.15 Uhr, sonntags stündl.) durch die oberen Gemächer mit noch mehr Silber und Mobiliar.

Aktivitäten

Rathsallagh Golfclub (☎ 403 316; Green Fee für Hotelgäste/Besucher 65/80 €) wird nach dem berühmten Augusta Golfclub mit etwas Übertreibung auch „Augusta ohne Azaleen" bezeichnet, jedoch ist er aufgrund der herrlichen Parkanlage immer noch einer der besten Golfplätze in Irland. Er erstreckt sich über 6,5 km inmitten uralter Bäume, kleiner Seen und seichter Bäche.

Schlafen & Essen

Haylands House (☎ 865 183; haylands@eircom.net; Dublin Rd; EZ/DZ 45/70 €; P) Gemütliche B&B-Pension mit hübschen Zimmern (alle mit Bad/

Dusche/WC). Der Service ist gastfreundlich, das Frühstück ausgezeichnet. Die Pension liegt nur 500 m außerhalb der Stadt an der Dublin Road. Eine möglichst frühe Buchung lohnt sich!

LP Tipp **Rathsallagh House & Country Club** (☎ 403 112; www.rathsallaghhousehotel.com; Dunlavin; EZ/DZ ab 135/185 €) Etwa 20 km südlich von Blessington liegt dieses traumhafte Herrenhaus mitten in der Natur. Das einstige Gestüt von Queen Anne aus dem Jahr 1798 ist heute mehr als ein stattliches Hotel. Überall erwartet einen hier Luxus: von den prächtig ausgestatteten Räumen bis hin zum Speisesaal im exquisiten Landhausstil (wo feinste irische Kulinarik den Ton angibt); das Fünf-Gänge-Menü kostet 65 €). Das Anwesen liegt eingebettet auf dem Gelände eines herrlichen Golfplatzes. Sogar das Frühstück, welches schon dreimal mit dem „Nationalen Frühstückspreis" ausgezeichnet wurde, übertrifft alle Erwartungen. (Gibt es eigentlich irgendetwas, wofür man im irischen Tourismus keinen Preis erhält?)

Grangecon Café (☎ 857 892; Tullow Rd; Hauptgerichte 9–16 €; ☉ Di–Sa 10–17 Uhr) Salate, hausgebackene Spezialitäten und eine ganze Palette von irischen Käsesorten sind die Pluspunkte in diesem kleinen, feinen Café in einer umgebauten alten Schule. Alles, was hier serviert wird – von der Pasta bis zum köstlichen Apfelsaft – hat ein rundes Aroma, wobei viele Zutaten Bioqualität haben. Ein kleines, aber feines Menü entlässt die Gäste mit einer Portion Zufriedenheit und Optimismus, was die Zukunft der irischen Küche betrifft.

An- & Weiterreise

Blessington liegt 35 km südwestlich von Dublin an der N81. Von Eden Quay (Dublin) gibt es täglich regelmäßige Verbindungen mit **Dublin Bus** (☎ 01-872 0000, 873 4222); Bus 65 ab Eden Quay (3,60 €, 1½ Std., alle 1½ Std.). Der Expressbus 005 von **Bus Éireann** (☎ 01-836 6111) von/nach Waterford hält in Blessington (tgl. 2- bis 3-mal); auf der Strecke ab Dublin kann man nur zusteigen, und auf der Strecke von Waterford nur aussteigen.

GLEN OF IMAAL

Rund 7 km südöstlich von Donard erstreckt sich das wunderschöne Glen of Imaal, das einzige bedeutsame Tal an den Westhängen der Wicklow Mountains. Es ist nach Mal benannt, einem Bruder von Cathal Mór, der im 2. Jh. irischer König war. Leider sind die nordöstlichen Bereiche des Tals für Manöver und Schießübungen der Armee gesperrt. (Auf die roten Gefahrenschilder achten!)

Aus dieser Gegend stammte der berühmte Michael Dwyer, der die Rebellen während des Aufstands von 1798 anführte. Fünf Jahre lang dienten ihm die Hügel und Täler ringsum als Versteck. Im Südosten des Tals steht bei Derrynamuck ein weiß getünchtes kleines Cottage mit Reetdach, wo Dwyer und drei seiner Freunde von hundert englischen Soldaten umzingelt wurden. Einer seiner Kumpanen, Samuel McAllister, rannte schießend nach vorne hinaus in den Tod, während Dwyer im Dunkel der Nacht fliehen konnte. 1803 wurde er schließlich ergriffen und ins Gefängnis auf Norfolk Island vor der Ostküste Australiens gebracht. Bevor er 1825 verstarb, wurde er Oberwachtmeister von Liverpool bei Sydney. Das Cottage an der Straße von Knockanarrigan nach Rathdangan ist heute ein **Heimatmuseum** (☎ 0404-45325; Derrynamuck; Eintritt frei; ◷ Mitte Juni–Sept. tgl. 14–18 Uhr).

DIE KÜSTE

Berge und andere landschaftliche Wunderwerke bestimmen zwar das Bild von Wicklows Landesinnerem, aber auch der Küstenstreifen hat einige schöne Flecken zu bieten. Ein echter Anziehungspunkt sind die schönen Strände von Brittas Bay zwischen Wicklow und Arklow. Dort entlang zieht sich die N11 (M11) von Dublin nach Wexford, eine viel befahrene Straße, die durchs **Glen of the Downs** führt, ein Tal, das in der Eiszeit durch Flutwasser ausgewaschen wurde. Es gibt einen Waldpfad an der Ostflanke hinauf zu einer halb verfallenen Teestube. Wer's ein bisschen ruhiger mag, macht sich auf den Weg an der Küste entlang durch Greystones, Kilcoole und weiter über kleine Sträßchen bis nach Rathnew.

BRAY
☎ 01 / 26 200 Ew.

Wer auf den Spuren des berühmten Badeorts, einst das „irische Brighton" genannt, wandeln möchte, muss hier lange suchen. Das verschlafene Städtchen lohnt dennoch einen Besuch und es gibt weit Schlimmeres, als einen Nachmittag lang über die Promenade zu schlendern und am Strand herumzulungern. Da Bray mit der DART-Linie

von Dublin aus gut zu erreichen ist, gibt es keinen Grund, hier zu übernachten. Allerdings heißt es dann auch der Versuchung zu widerstehen, die besten Kneipen in ganz Irland abzuklappern. Ein Fußweg vor malerischer Kulisse führt Richtung Süden nach Greystones.

Praktische Informationen

Die **Touristeninformation** (☎ 286 7128, 286 6796; ◷ Juni–Sept. Mo–Sa 9.30–13 & 14–17, Okt.–Mai 14–16.30 Uhr) befindet sich im Gerichtshof aus dem Jahr 1841 neben dem Royal Hotel am Ende der Main Street.

Sehenswertes

Wenn's hier auch nicht viel zu sehen gibt, so ist doch das **Heritage Centre** (☎ 286 7128; Old Courthouse; Erw./Stud. 4/2 €; ◷ Mo–Fr 9–17, Sa 10–15 Uhr) über der Touristeninformation ein Highlight. Dort kann man einiges über Brays tausendjährige Geschichte erfahren. Gezeigt wird auch, wie Ingenieur William Dargan (1799–1867) die Eisenbahn nach Bray brachte. Kinder werden einen für diesen Besuch hassen!

Das lässt sich aber wieder gutmachen im **National Sealife Centre** (☎ 286 6939; www.sealife europe.com; Strand Rd; Erw./Kind 10,50/7 €; ◷ Mo–Sa 11–17, So 10–17 Uhr). Das von Briten betriebene Aquarium bietet ziemlich viele Bassins mit 70 verschiedenen Spezies aus Süß- und Salzwasser.

Rund 3 km südlich von Bray an der Straße nach Greystones liegt **Killruddery House & Gardens** (☎ 286 3405; www.killruddery.com; Killruddery; Haus & Park Erw./Kind 10/3 €, nur Park 6/2 €; ◷ Mai, Juni & Sept. 13–17 Uhr). Das Herrenhaus im elisabethanischen Stil war ab 1618 Sitz der Familie Brabazon (Grafen von Meath) und ist von einem der ältesten Parks in Irland umgeben. Umgebaut wurde es 1820 von den damals renommierten Architekten Richard Morrisson und seinem Sohn William. 1953 „verkleinerte" es der 14. Graf auf seinen heutigen Zuschnitt; er stand anscheinend eher auf etwas Edles. Das Gebäude ist immer noch beeindruckend, der absolute Hit aber ist die prächtige Orangerie aus dem Jahr 1852 voller Statuen und Pflanzen. Wer ausgefallene Glaskonstruktionen mag, liegt hier genau richtig.

Aktivitäten

Einer der schönsten **Küstenwanderwege** in Wicklow erstreckt sich vom südlichen Ende der Promenade von Bray über die Bray Head bis zum kleinen Pendlerstädtchen Greystones 7 km weiter südlich. Der Weg ist eben und bequem zu gehen; wer will, kann aber an den Pinien am Wegesrand vorbei einen Abstecher zum großen Kreuz (1950) auf dem **Bray Head** (240 m) machen. Die Landspitze ist voller Schmugglerhöhlen und Eisenbahntunnels, darunter einer von 1,5 km Länge. Herrlich ist auch der Ausblick auf den Great Sugarloaf. Zurück auf dem Küstenweg nähert man sich Greystones über eine schmale Fußgängerbrücke über die Gleise. Der Weg verengt sich, während er weiter bis zum idyllischen Hafen von Greystones führt. Dort lädt die Kneipe **Byrne's** (Greystones Pier), besser bekannt als Dan's, zu einem süffigen Bier ein.

Festivals

Das **Bray Jazz Festival** (www.brayjazz.com) lockt am ersten Wochenende im Mai (Maifeiertag) recht gute Jazzmusiker in die Küstenstadt.

Essen

Es gibt einige passable Adressen für eine Einkehr zum Mittagessen in Bray, eine sogar mit wunderbarem Meerblick.

Betelnut Café (☎ 272 4030; Mermaid Art Centre, Main St; Snacks 3–7 €; ⊗ Mo–Fr 8–18, Sa 10–18, So 12–18 Uhr, bei Vorstellungen auch länger) Ein gediegenes Café in einem Kulturzentrum? Es lohnt nicht, lange darüber nachzudenken, was Bray zu bieten hat oder nicht: Hier kann man mittags oder vor dem Theaterbesuch prima einen Happen essen. Sandwiches, Salate, und Kaffee, alles frisch!

Barracuda (☎ 276 5686; Strand Rd; Hauptgerichte 16–25 €; ⊗ 12–21 Uhr) Wer sich an den maritimen Lebewesen im National Sealife Centre satt gesehen hat, geht einfach nach oben in das minimalistische Restaurant mit Metall- und Spiegeldekor und schaut nach, was aus Nemo wird, wenn ein wirklich guter Koch ans Werk geht. All denen, die gerade erst ihr Herz für Meeresbewohner entdeckt haben, sei dafür ein gutes Steak gegönnt.

Ausgehen

Harbour Bar (☎ 286 2274; Seapoint Rd) Ein ernsthafter Anwärter für das Prädikat „Bestes Pub Irlands": Im gastfreundlichen, ruhigen Ambiente schmeckt das Guinness hier besonders gut. Es gibt eine separate Lounge mit Samtvorhängen, wohlgefälligen Bildern und gemütlichen Sofas. Wenn sonntags su-

per DJs Musik auflegen, kommen Schwule und Lesben zum Chillen.

Clancy's Bar (☎ 286 3191; Quinnsboro Rd) Das Interieur ist urig und schlicht, die Gäste beinahe so alt wie das Holz der Theke – der ideale Ort für ein ruhiges Bierchen und einen Plausch.

Porter House (☎ 286 0668; Strand Rd) Brays Version der beliebten Temple-Bar-Pubs. Auch in dieser Kneipe brummt das Biergeschäft mit Sorten aus aller Welt und einer eigenen hochprozentigen Marke. Allerdings ist die Kneipe etwas zu kitschig eingerichtet.

Mermaid Art Centre (☎ 272 4030; Main St; Eintritt frei; ⊗ Mo–Sa 10–18 Uhr) Kunstgalerie, Theater und Kino unter einem Dach. Das Theater bietet hervorragende moderne Inszenierungen, insbesondere experimentelle Bühnenstücke, während im Kino fast nur Autorenfilme laufen. Ticketpreise bitte telefonisch erfragen. In der Galerie folgt eine Wechselausstellung auf die andere mit neuesten Kunstwerken aus Irland und Europa.

An- & Weiterreise

BUS

Dublin Bus (☎ 872 0000) betreibt die Buslinien Nr. 45 (ab Hawkins St) und Nr. 84 (ab Burgh Quay) nach Bray (Einzelfahrt 2,30 €, 1 Std.).

St. Kevin's Bus (☎ 281 8119; www.glendaloughbus.com) fährt von Montag bis Freitag am Rathaus von Bray um 8 und 17 Uhr bzw. samstags um 10.30 und 17 Uhr sowie sonntags um 10.30 und 18.30 Uhr nach Dublin (2,50 €, 50 Min.). In Dublin fahren die Busse vor dem Mansion House in der Dawson Street ab.

ZUG

Der **Bahnhof von Bray** (☎ 236 3333) liegt 500 m östlich der Main Street direkt am Meeresufer. Der DART-Express (Einzelfahrt 3 €, 30 Min.) fährt zu Stoßzeiten alle fünf Minuten nach Dublin und weiter nach Howth, sonst alle 20 bzw. 30 Minuten.

Der Bahnhof liegt auf der Hauptstrecke von Dublin nach Wexford und Rosslare Harbour. Montag bis Samstag verkehren fünf, sonntags vier Züge täglich in beide Richtungen.

KILMACANOGUE & GREAT SUGARLOAF

☎ 01 / 850 Ew.

Mit 503 m ist der Great Sugarloaf noch nicht einmal Wicklows höchster Gipfel. Seine kegelförmige Kuppe jedoch macht ihn selbst aus einer meilenweiten Entfernung unverkennbar. Der Berg erhebt sich über dem

Dörfchen Kilmacanogue an der N11 etwa 4 km südlich von Bray. Es verdiente kaum ein Zuwinken im Vorbeifahren, wäre es nicht die Wiege des irischen Kunsthandwerks mit einem Laden der ersten Stunde am Ortseingang.

Avoca Handweavers (☎ 286 7466; www.avoca.ie; Main St) ist eine der ältesten Handwebereien mit landesweit sieben Ateliers und einem internationalen Renommee für Stil und Eleganz des traditionellen Kunsthandwerks. Der Firmensitz befindet sich in einer Baumschule aus dem 19. Jh.; im Verkaufsraum kann sich jeder von dem unglaublichen Erfolg des Unternehmens überzeugen.

Das Einkaufen von Schals und Tischsets kann ganz schön hungrig machen; glücklicherweise gibt's in dem Laden ein erstklassiges **Restaurant** (Hauptgerichte 11–16 €; 🕑 9.30–17.30 Uhr) mit Gerichten aus besten Zutaten. Am beliebtesten ist die Guiness-Rindfleischpfanne, aber auch für Vegetarier ist gut gesorgt. Viele der Rezepte lassen sich in den zwei Bänden des *Avoca Cookbook* nachschlagen, die dort für 25 € erhältlich sind.

Die Linie Nr. 133 von **Bus Éireann** (☎ 836 6111), welche die Strecken von Dublin nach Wicklow (Stadt) und Arklow bedient, hält auch in Kilmacanogue (einfach/Hin- & Rückfahrt 3,20/5,10 €, 30 Min., 10-mal tgl.).

VON GREYSTONES NACH WICKLOW

Der Badeort Greystones, 8 km südlich von Bray, war einst ein malerisches Fischerdorf, wobei es rund um den kleinen Hafen immer noch idyllisch ist. Sommers wimmelt es in der Bucht von Schlauchbooten und Windsurfern. Leider wird die Landschaft ringsum zusehends zum Bauland.

Sehenswertes

Gärtner aus aller Herren Länder streifen schwelgend und schwärmend durch die 8 ha große Anlage der **Mount Usher Gardens** (☎ 0404-40116; www.mountushergardens.ie; Erw./Kind/Stud. 7/3/6 €; 🕑 Mitte April–Okt. 10.30–18 Uhr). Der Park liegt außerhalb der unscheinbaren Stadt Ashford, etwa 10 km südlich von Greystones an der N11. Die Gärten sind schon etwas ganz Besonderes mit ihren Bäumen, Sträuchern und Stauden aus aller Welt; sie wurden – im Gegensatz zu der bis dahin formalistischen Gartenkunst – im natürlichen Stil des berühmten irischen Landschaftsarchitekten William Robinson (1838–1935) angelegt.

Schlafen

Hunter's Hotel (☎ 40106; www.hunters.ie; Newrath Bridge, Rathnew; EZ/DZ ab 100/170 €; 🅿) Dieses noble Anwesen außerhalb von Rathnew an der R761 ist ein echtes Juwel mit 16 herrlichen, geschmackvoll ausgestatteten Zimmern. Das Hunter's ist eine von Irlands ältesten Herbergen, umgeben von einem preisgekrönten Garten, der auch am Wicklow Gardens Festival teilnimmt (siehe Kasten, S. 170).

Essen

Hungry Monk (☎ 287 5759; Church Rd; Hauptgerichte 13–23 €; 🕑 Mi–Sa 19–23, So 12.30–21 Uhr) Ein ausge-

---

WANDERUNG ZUM GREAT SUGARLOAF

Vor Aufbruch zur 7 km langen, mittelschweren Gipfelwanderung tut man gut daran, sich bei der Touristeninformation in Bray die Broschüre *Wicklow Trail Sheet No 4* für 1,50 € zu besorgen.

Die Wanderung beginnt an der schmalen Straße gegenüber der **St. Mochonog's Church** (benannt nach dem Missionar, der St. Kevin die letzten Sakramente verabreichte). Man lässt die linke Abzweigung außer Acht und geht weiter rund um die Kehre bis zu einem Brücklein rechter Hand. Wiederum zur Rechten fällt der Blick hinab in das weitläufige **Rocky Valley**, ein Tal, das die Wassermassen aus einem Gletschersee der Eiszeit vor ca. 10 000 Jahren gegraben haben. Es geht weiter auf dem Pfad bis zur einer Weggabelung: Die untere Straße nach rechts führt um den Berg herum, die linke zum Gipfel hinauf. Kurz bevor man den Gipfel erreicht, geht's auf einem schmalen Pfad zunächst bergab, dann nach links, und von da klettert man auf allen vieren durch eine Felsenschlucht hinauf bis zum Gipfel. Auf dem gleichen Weg geht's wieder zurück, dann weiter Richtung Süden bis zu einer großen Almwiese. Querfeldein hält man sich immer links, bis ein Tor auftaucht. Entlang eines Zauns (rechts) geht's weiter bergab bis zu einem Weg rund um die Südseite des Berges, wo man schließlich rechter Hand an einem kleinen Gehölz vorbeikommt. Unmittelbar danach stößt man auf „The Quill", ein kleines Spielfeld. Jenseits davon liegt Kilmacanogue..

zeichnetes Restaurant in der Hauptstraße von Greystones, das zu den besseren Einkehradressen entlang der gesamten Küste gehört. Die Speisen auf der schwarzen Schiefertafel sind die Tagesangebote, z. B. saftiges Schweinefleisch mit Pflaumen und Aprikosenfüllung als Ergänzung zu den klassischen Menüs wie frische Meeresgerichte, Wicklow-Lammrücken oder Würstchen mit Kartoffelbrei.

LP Tipp Organic Life/Marc Michel (☎ 201 1882; Tinna Parc, Kilpedder; Hauptgerichte etwa 16 €; ☺ 10–17, Restaurant 12–16 Uhr) Unser Lieblingslokal in ganz Wicklow ist dieses erstklassige Biorestaurant, das zum Organic-Life-Laden in Kilpedder gehört, etwa 2 km südlich der Abzweigung von der N11 nach Greystones. Das Gemüse kommt frisch aus der Gegend, während das tolle Burger-Rindfleisch bei einem Zuchtbetrieb vor Ort eingekauft wird. Allerdings ist es leider nur mittags geöffnet.

An- & Weiterreise

Bus Éireann (☎ 836 6111) Der Bus Nr. 133 von Dublin nach Wicklow (Stadt) und Arklow hält vor dem Ashford House (einfach/Hin- & Rückfahrt 5,50/7,90 €, 1 Std., 10-mal tgl.).

WICKLOW (STADT)
☎ 0404 / 7031 Ew.

Die geschäftige Stadt mit ihrem schönen Hafen liegt eindrucksvoll im Halbrund der weiten Bucht, die sich im Norden über rund 12 km erstreckt. Die langen Abschnitte mit Kieselstrand eignen sich gut für Spaziergänge. Außer einem einzigen Highlight hält den Besucher ansonsten nicht viel in Wicklow, aber die Stadt ist ein guter Ausgangspunkt für Ausflüge in die Umgebung. Die **Touristeninformation** (☎ 69117; www.wicklow.ie; Fitzwilliam Sq; ☺ Juni–Sept. 9.30–18, Okt.–Mai 9–13 & 14–17 Uhr, So geschl.) befindet sich direkt im Stadtzentrum.

Sehenswertes

GEFÄNGNIS MIT GESCHICHTE

Wicklows berüchtigtes **Gefängnis** (☎ 61599; www.wicklowshistoricgaol.com; Kilmantin Hill; Erw./Kind/ Stud. mit Führung 6,80/3,95/4,90 €; ☺ 10–18, letzter Einlass 17 Uhr) wurde 1702 errichtet, um die vielen Gefangenen unterzubringen, die zu Zeiten der *Penal Laws* verurteilt wurden. Es war im ganzen Land wegen der Brutalität seiner Wärter und der harten Haftbedingungen berüchtigt. Der üble Geruch, die Folterungen, der Höllenfraß und die virenverseuchte

Luft sind hier natürlich seit langem passé. Kinder wie auch Erwachsene können hier bei der sehr unterhaltsamen Führung dem harten Gefängnisalltag von einst nachspüren. Der Kerker ist inzwischen die Touristenattraktion schlechthin. Schauspieler schlüpfen in die Rollen von Wärtern und Häftlingen, um die dramatische Stimmung noch zu erhöhen, die verschiedene Exponate ohnehin verbreiten. Zu diesen gehören etwa eine Tretmühle, die Gefangene zur Bestrafung stundenlang in Gang halten mussten, wie auch das grauenhafte Verlies.

Im zweiten Stock befindet sich ein Modell der HMS *Hercules*, eines Sträflingsschiffs, das Verurteilte nach New South Wales deportierte. Kapitän war der Psychopath Luckyn Betts: Nach sechs Monaten unter seiner eisernen Faust erschien den meisten der Tod als Gnade. Der oberste Stock widmet sich den Geschichten der Gefangenen nach ihrer Ankunft in Australien. Führungen finden alle 10 Min. statt, außer zwischen 13 und 14 Uhr.

NOCH MEHR SEHENSWERTES

Die wenigen Überreste des **Black Castle** liegen an der Küste am südlichen Stadtrand. Von dort sind die Ausblicke auf die Küste herrlich. Die Burg wurde 1169 von den Fitzgeralds aus Wales erbaut, nachdem ihnen der anglo-normannische Eroberer Strongbow Land überlassen hatte. Einst war die Festung durch eine Zugbrücke mit dem Festland verbunden. Dem Gerücht nach soll es einen Fluchttunnel gegeben haben, der eine Meeresgrotte mit der Stadt verband. Bei Ebbe lässt sich diese Höhle schwimmend oder mit Schnorchel erkunden.

Ein Klippenwanderweg südlich der Stadt, der zur Landspitze von **Wicklow Head** führt, bietet grandiose Ausblicke auf die Wicklow Mountains. Eine Reihe von **Stränden** – Silver Strand, Brittas Bay und Maheramore – beginnt 16 km südlich von Wicklow. Mit ihren hohen Dünen, dem feinen Sand und guten Bademöglichkeiten zieht es bei schönem Wetter scharenweise Leute aus Dublin hierher.

Festivals

Das traditionelle, zehntägige **Wicklow Regatta Festival** (☎ 68354) findet alljährlich im Juli bzw. August statt. Zum umfangreichen Veranstaltungsprogramm zählen u. a. Schwimm- und Raftingwettbewerbe, Ruder- und Segelregatten, Liederwettbewerbe, Konzerte und das Queen-Ball-Festival.

Schlafen & Essen

Die Unterkünfte in der Stadt sind nichts Besonderes, aber ein paar Kilometer außerhalb von Wicklow finden sich einige richtig nette Herbergen. Wer etwas in zentraler Lage für eine oder zwei Nächte sucht, findet verschiedene B&Bs in bzw. rund um Dubur Hill sowie an der St. Patricks Road.

Grand Hotel (☎ 67337; www.grandhotel.ie; Abbey St; EZ/DZ ab 85/125 €; P) Dieses Hotel im Möchtegern-Tudorstil ist Wicklows beste Unterkunft. Für die Bezeichnung „Grand Hotel" reicht's eigentlich nicht ganz, aber hübsch und behaglich ist's allemal. Die Zimmer sind tadellos, der Service persönlich und freundlich.

Wicklow Bay Hostel (☎ 69213, 61174; www.wicklow bayhostel.com; Marine House; B 15 €; P) Große, strahlend gelbe Herberge oberhalb des Hafens, schon lange ein Insidertipp unter Rucksacktouristen mit Pluspunkten wie saubere Schlafsäle, zwei riesige Küchen und ein freundliches Ambiente.

Bakery Restaurant (☎ 66770; Church St; Hauptgerichte 18–32 €; ☼ Mo–Sa 18–22, So 11.30–15.30 & 18–22 Uhr) Hier läuft einem wirklich das Wasser im Mund zusammen. Die monatlich wechselnde Speisekarte bietet allerlei Köstlichkeiten – angefangen bei üppigen Wildgerichten bis hin zu vegetarischen Kreationen. Womöglich das beste Restaurant der Stadt.

Anreise & Unterwegs vor Ort

Bus Éireann (☎ 01-836 6111) Der Bus Nr. 133 fährt Wicklow von Dublin aus an (7 €, 1½

Std., 10-mal); auch der Schnellbus Nr. 2, der zwischen Dublin (1 Std., 12-mal tgl.) und Rosslare Harbour verkehrt, hält in Wicklow.

Iarnród Éireann (Irish Rail; ☎ 01-836 6222) hält auf der Hauptlinie zwischen Dublin Rosslare Harbour (einfach/Hin- & Rückfahrt 12,50/15,50 €, 1 Std., 5-mal tgl.). Der Busbahnhof liegt zehn Gehminuten nördlich der Stadtmitte.

Wicklow Cabs (☎ 66888; Main St) schickt gewöhnlich einige Wagen zu den Abendzügen aus Dublin. Die Fahrt zu einem Ziel in der Stadt darf nicht mehr als 5 € kosten.

SÜDLICHES WICKLOW

RATHDRUM

☎ 0404 / 2123 Ew.

Die ruhige Ortschaft Rathdrum am Fuß des Vale of Clara hat nicht viel mehr als einige Häuser von anno dazumal und Läden zu bieten, aber Ende des 19. Jhs. florierte hier die Flanellindustrie. Auch gab es bereits ein Armenhaus. Trotzdem ist für heutige Besucher die Stadt selbst weniger interessant als ihre unmittelbare Umgebung.

Die kleine **Touristeninformation** (☎ 46262; 29 Main St; ☼ Mo–Fr 9–17.30 Uhr) bietet Broschüren und Informationen über die Stadt und ihre Umgebung, einschließlich den Wicklow Way.

Sehenswertes

> „Wehe dem, durch den das Ärgernis kommt... Für ihn wäre es besser, wenn ihm ein Mühlstein um den Hals gelegt und er ins Meer versenkt wäre, als dass er einen dieser Kleinen verführte."
> *James Joyce, Ein Porträt des Künstlers als junger Mann*

Keineswegs bezieht sich James Joyce mit dem Bibelzitat auf einen Mörder oder Schwerverbrecher, sondern auf Charles Stewart Parnell (1846–91), den „ungekrönten König von England", der eine Schlüsselrolle innerhalb der irischen Unabhängigkeitsbewegung spielte. Das **Avondale House**, wo Parnell geboren wurde, war später auch Hauptsitz der irischen Partei. Den Mittelpunkt des 209 ha großen, 1779 von James Wyatt entworfenen Anwesens bildet ein **Herrenhaus** (☎ 46111; Erw./Stud. & Kind 5/4,50 €; ☼ Mai–Aug. 11–18 Uhr, März & April, Sept. & Okt. nur Di–So, restl. Jahr nur nach Vereinbarung). Das gesamte Haus ist sehenswert, doch die absoluten Knüller sind die prächtige, zinnoberrote Bibliothek (Parnells Lieblingszimmer) und der wunderschöne Speisesaal.

Von 1880 bis 1890 war Avondale Inbegriff des Kampfes um Irlands Selbstverwaltung, den Parnell anführte, bis 1890 ein Mitglied seiner eigenen Partei, Captain William O'Shea, seine Frau Kitty des Ehebruchs beschuldigte und Parnell als ihren Geliebten entlarvte. Die Affäre war im katholischen Irland ein Skandal. So erklärte der erzkonservative Klerus, Parnell sei für eine Führungsrolle nicht mehr geeignet, obwohl er Kitty direkt nach ihrer Scheidung heiratete. Parnell gab seine Führungsposition auf und zog sich verbittert nach Avondale zurück, wo er im darauffolgenden Jahr verstarb.

Das Anwesen ist von einer großen Wald- und Parklandschaft umgeben, wo die Irish Forestry Service (Coillte) nach dem Übergang in den Staatsbesitz im Jahr 2004 erste forstwirtschaftliche Experimente umsetzte. Die ca. 1,5 ha großen Versuchsparzellen sind entlang einem der schönsten Parkwege, dem Great Ride, zu sehen. Der Park ist ganzjährig tagsüber zu besichtigen.

Schlafen

Old Presbytery Hostel (☎ 46930; www.hostels-ireland.com; The Fairgreen, Rathdrum; B/DZ 15/40 €; P) Eine moderne, zentral gelegene IHH-Jugendherberge, die aber eher wie ein Studentenwohnheim wirkt. Neben großen, gemütlichen Schlafsälen gibt es gut ausgestattete Zweibettzimmer mit Bad sowie Familienzimmer. Zudem vorhanden sind Waschküche und Fernsehzimmer. Auf dem Gelände ist auch Campen möglich.

Brook Lodge & Wells Spa (☎ 0402-36444; www.brooklodge.com; Macreddin; Zi./Suite ab 260/330 €; P) Ein Luxuslandhaus, das bei der Schickeria von Dublin als Oase der Entspannung hoch im Kurs steht: Die 39 Standardzimmer mit Baldachinbetten und edler Bettwäsche setzen einen hohen Maßstab. Unübertroffen harmonisch sind jedoch die Suiten, wobei jede für sich ein minimalistisches Juwel ist, das genauso gut in New York seinen Platz in einem Boutique-Hotel haben könnte – mit massiven Betten, Plasma-TV, super Sound-System und was sonst noch alles Stil hat. Kurz und gut: Luxus pur! Jedoch lockt eines der landesweit besten Spas seine Gäste mit noch weit mehr an, so mit Schlamm- und Floatingbädern, Finnischer Sauna und Aromabädern, Hammam-Massagen und Wellnessbehandlungen mit Kosmetik von Decléor und Carita. Kreditkarten landen nirgends in sanfteren Händen. Die Lodge liegt in einem kleinen Ort namens Macreddin, ca. 3 km westlich von Rathdrum.

An- & Weiterreise

Bus Éireann (☎ 836 6111) Der Bus Nr. 133 fährt auf seinem Weg nach Arklow Rathdrum von Dublin aus an (einfach/Hin- & Rückfahrt 8/10,20 €, 1¾ Std., 10-mal tgl.).

Iarnród Éireann (☎ 01-836 6222) hält in Rathdrum auf der Hauptstrecke zwischen Dublin und Rosslare Harbour (einfach/Hin- & Rückfahrt 13,50/16,50 €, 1¼ Std., 5-mal tgl.).

VALE OF AVOCA

Im Sommer drängeln sich Reisebusse und PKWs durch das malerische Tal von Avoca, alle auf dem Weg zu den berühmten Webmühlen im gleichnamigen Dorf. Unterwegs kriegen sich die Touristen beim Anblick der großartigen Naturkulisse, einer üppigen Waldlandschaft, vor lauter Staunen kaum mehr ein. Das Naturschauspiel beginnt am Zusammenfluss des Avonbeg und Avonmore, wo sie sich zum Avoca vereinen. Ein herrlicher Fleck, der sinnigerweise **Meeting of the Waters** heißt. Berühmt wurde diese Stelle durch ein gleichnamiges Gedicht von Thomas Moore aus dem Jahr 1808.

ABSTECHER ZUM TINAKILLY COUNTRY HOUSE & RESTAURANT

Wicklow mangelt es nicht an edlen Landhäusern, die zu Luxusherbergen umgebaut wurden. Allerdings ist **Tinakilly Country House & Restaurant** (☎ 69274; www.tinakilly.ie; Rathnew; EZ/DZ ab 169/334 €), ein herrliches viktorianisches Anwesen mit italienischem Flair gleich außerhalb von Rathnew (etwa 5 km westlich von der Stadt Wicklow), der Inbegriff von Eleganz. Im Westflügel befinden sich *Period Rooms* (museale Gästezimmer) mit Antiquitäten und Baldachinbetten, im Ostflügel prächtige Suiten mit wunderschönen Ausblicken auf die farbenfrohen Gärten oder aufs Meer, auch wenn es etwas weit weg liegt. Und dann ist da noch das Restaurant, das den Begriff „Landhausküche" auf ein ganz neues, mondänes Niveau hebt. Ein Fünf-Gänge-Menü kostet 55 €.

Heute kehrt man dort gerne im **Meetings** (☎ 0402-35226; www.themeetingsavoca.com; EZ/DZ 40/65 €; ☽ 12–21 Uhr) ein (Hauptgerichte 10 bis 19 €). Das ganze Jahr über wird am Wochenende Musik aufgespielt. Von April bis Oktober finden sonntags zwischen 16 und 18 Uhr so genannte *céilidhs* (traditionelle Tanz- und Musikvorführungen) statt. Angeschlossen ist eine Pension, Robin's Nest, mit ordentlichen, sauberen Zimmern. Busse von Dublin nach Avoca halten direkt am Meetings; man kann auch vom 3 km entfernten Avoca zu Fuß hierherlaufen.

Avoca
☎ 0402 / 570 Ew.

Das Dörfchen Avoca (Abhóca) wirbt immer noch damit, dass es einmal Schauplatz der BBC-Fernsehserie *Ballykissangel* war, aber was sich am meisten lohnt, ist ein Besuch und Einkauf bei **Avoca Handweavers** (☎ 35105; www.avoca.ie; Old Mill, Main St; ☽ 9.30–18 Uhr), eine Handweberei, die in der ältesten Webmühle Irlands untergebracht ist.

Seit 1723 werden hier Leinenstoffe, Wolle und andere Gewebe der viel gepriesenen Avoca-Kollektion hergestellt. In den Webwerkstätten darf man nach Lust und Laune herumstreifen.

Nur für den Fall, dass sich jemand für etwas anderes vor Ort interessiert: Die **Touristeninformation** (☎ 35022; Old Courthouse; ☽ Mo–Sa 10–17 Uhr) befindet sich in der Bücherei.

Schlafen
River Valley Park (☎ 41647; Fax 41677; Stellplatz 14 €) Dieser gut ausgestattete Campingplatz liegt etwa 1 km südlich des Dorfs Redcross, 7 km nordöstlich von Avoca an der R754.

Koliba (☎ /Fax 32737; www.koliba.com; Beech Rd; EZ/DZ 48,50/69 €; ☽ April–Okt.) Ein 3 km außerhalb von Avoca an der Akrlow Raod gelegener moderner Flachbau mit gut ausgestatteten Zimmern (alle mit Bad/WC).

Sheepwalk House & Cottages (☎ 35189; www.sheepwalk.com; Arklow Rd; EZ/DZ 55/90 €, Cottages pro Woche 275–659 €) Der Gutshof wurde 1727 für den Earl of Wicklow gebaut und gehört heute zu den beliebtesten Unterkünften in Avoca, wenn auch 2 km außerhalb der Stadt gelegen. Das Haupthaus hat wunderschön eingerichtete Zimmer; die umgewandelten Nebengebäude – mit ausgebautem Dach, Kaminen und Kachelfußböden – sind ideal für Gruppen von fünf bis sechs Personen.

An- & Weiterreise
Bus Éireann (☎ 836 6111) Bus Nr. 133 von Dublin nach Arklow hält unterwegs in Bray, Wicklow, Rathdrum und Avoca (einfach/Hin- & Rückfahrt 8,80/12,20 €, 2 Std., 10-mal tgl.).

ARKLOW
☎ 0402 / 9955 Ew.

Arklow ist die größte und lebendigste Stadt in der Grafschaft Wicklow. Rund um den einstigen Inlandshafen hat sie sich zu einem florierenden Handelszentrum entwickelt. Zwar würde niemand wegen Arklow einen Umweg machen, doch irgendwie landen am Ende doch alle hier. Die Einheimischen glauben, dass ihre Stadt bereits in Ptolemäus' Europakarte aus dem 2. Jh. erwähnt wurde. Sicher ist hingegen, dass Sir Francis Chichesters preisgekrönte Yacht *Gypsy Moth III* (heute in Greenwich, England) mit der er über den Atlantik segelte, hier gebaut wurde.

Die Seefahrervergangenheit der Stadt präsentiert das kleine **Schifffahrtsmuseum** (☎ 32868; St. Mary's Rd; Eintritt 3,50 €; ☽ Mai–Sept. Mo–Sa 10–13 & 14–17 Uhr). Zu sehen sind ein Modell der *Titanic*, gerettete Fundstücke der *Lusitania* und ein tolles Schiffsmodell aus 10 000 Streichhölzern.

Über alles Weitere gibt die **Touristeninformation** (☎ 32484; www.arklow.ie; ☽ Juni–Sept. Mo–Sa 9.30–13 Uhr) im Coach House Auskunft.

Leider liegt der weiße Sandstrand zwischen den Docks und einer Kiesfabrik; es lohnt, 10 km weiter Richtung Norden zu **Brittas Bay** oder 7 km Richtung Süden zum besser geschützten **Clogga Beach** zu fahren.

Schlafen & Essen
Plattenstown House (☎ /Fax 37822; Coolgreany Rd; EZ/DZ 40/65 €; P) Ein herrlich traditioneller Gutshof auf 20 ha Land, etwa 5 km südlich der Stadt. Antiquitäten aus dem Familienbesitz, wunderschöne Ausblicke auf die gepflegte Parklandschaft und behagliche, gut ausgestattete Zimmer machen diesen Ort zu einer Wohlfühloase erster Wahl.

Ansonsten bietet sich eine breite Palette an ordentlichen B&Bs, jeweils mit behaglichen Zimmern und gutem Frühstück. So etwa **Valentia House** (☎ 39200; www.geocities.com/valentiahouse; Coolgreany Rd; EZ/DZ 45/90 €; P) oder **Pinebrook** (☎ 31527; www.pinebrook.net; Ticknock Close, Briggs La; EZ/DZ 42/78 €; P).

Kitty's of Arklow (☎ 31669; Main St; Mittagessen 9–17 €, Abendessen 23–26 €; ☽ 12–17 & 18–21.30 Uhr) Eine echte Institution in Arklow! Tagsüber gibt's eine tolle Auswahl an typischen Bistrogerichten, von Hamburgern bis zum Schollenfilet; abends hingegen kommen neben Kreationen mit Fisch und Meeresfrüchten auch Fleischgerichte auf den Tisch. Zwar keine *nouvelle cuisine*, aber fein variierte Klassiker.

An- & Weiterreise

Bus Éireann (☎ 836 6111) Der Bus Nr. 133 aus Dublin hält auf seinem Weg nach Arklow in Avoca, Bray, Wicklow und Rathdrum (ein-

fach/Hin- & Rückfahrt 10/12,50 €, 2¼ Std., 10-mal); auch der Schnellbus Nr. 2 zwischen Dublin und Rosslare Harbour fährt nach Arklow (1½ Std., 12-mal tgl.). Alle Busse halten vor dem *Chocolate Shop*.

Iarnród Éireann (☎ 01-836 6222) verkehrt mit der Arrow-Vorstadtlinie von Dublin nach Arklow (Einzelfahrt/HR 13,20/16,50 €, 1¼ Std., 5-mal tgl.) sowie mit dem IC nach Rosslare Harbour – der Fahrpreis ist in beiden Fällen der gleiche.

Counties Wexford & Waterford

Durch den Golfstrom, der Irlands sonnige Südostküste umspült, herrscht in dieser Region das wärmste und trockenste Klima des Landes. Nichtsdestotrotz verlaufen die gängigen Touristenrouten meist außerhalb der Grafschaften Wexford und Waterford – eine frohe Botschaft für all jene, die am liebsten für ein paar Tage auf idyllischen ruhigen Straßen mit Meerblick dahintingeln. Von Kilmore Quay, einem Fischerdorf mit weiß getünchten, reetgedeckten Cottages, bis nach Tramore, wo die Holy Cross Church den 5 km langen Strand beherrscht, erstreckt sich eine abwechslungsreiche Küstenlandschaft mit vielen Sandstränden.

Wer sich von der Küste einfach nicht losreißen kann, überbrückt den Flussmündungsarm zwischen den beiden Counties mit einer Autofähre. Ansonsten bietet sich ein Abstecher entlang des Barrow nach New Ross an, wo Unerschrockene an Bord eines *coffin ship* (Sargschiff) dem Elend einstiger Emigranten bei ihrer Flucht vor dem Hungertod nachspüren können.

Östlich der Flussmündung erstreckt sich die sagenumwobene Hook-Halbinsel. Ihre Geschichte ist geprägt von plündernden Wikingern, Leuchtturmwärtern in Mönchskutten, schiffbrüchigen Normannen und obskuren Ritterbanden, weswegen die Gegend seit jeher ein Magnet für Gralsjäger und Verschwörungstheoretiker war. Heute versetzt der älteste Leuchtturm der Welt seine Besucher förmlich in Trance, wenn sie sich ihm über die sanft gewellten Hügel des flachen Vorgebirges langsam nähern.

Landeinwärts führt die magische Reise in die Vergangenheit weiter nach Enniscorthy und Vinegar Hill. Das Zentrum des großen irischen Aufstands von 1798 thematisiert das blutige Jahr, als sich irische Rebellen 23 Schlachten mit den Engländern lieferten.

HIGHLIGHTS

- **Küstenkreuzzug** – auf den Spuren der Templerritter rund um die Halbinsel (S. 188)
- **Ökospaß** – Tramore und die Copper Coast GeoPark (S. 203)
- **Natürlich gemütlich im Nire Valley** – Im nördlichen County Waterford findet sich für jedes Budget ein Refugium (S. 210).
- **Wikinger und ihre Schätze** – Beute im bestem Licht, präsentiert im Waterford Museum of Treasures (S. 197)
- **Holdes Haus der Geburt** – Die bescheidenen Anfänge der Kennedy-Familie in der tiefsten Provinz bei New Ross (S. 191)
- **Gruselgeschichte** – Das Fiasko am Vinegar Hill und das National Rebellion Centre in Enniscorthy (S. 192)

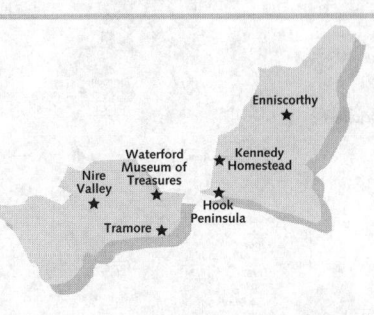

■ EINWOHNER: 218 142	■ FLÄCHE: 4224 KM²

COUNTY WEXFORD

131 750 Ew.

Invasoren und Freibeuter fühlten sich immer schon von der Grafschaft Wexford mit ihren leicht schiffbaren Flüssen und fruchtbaren Böden magisch angezogen. Die Wikinger gründeten Irlands erste große Städte am gemächlichen Slaney, der sich ein breites Flussbett durch die Landschaft gebahnt hat. Heutzutage hingegen bauen Heerscharen von Feriengästen an Wexfords wunderbaren Stränden eher harmlose Sandburgen.

Die Stadt Wexford ist recht reizvoll, aber nur noch wenige Spuren erinnern an ihre Wikingervergangenheit. Sehenswert sind al-lerdings das *Enniscorthy's National 1798 Rebellion Centre* und der Platz der letzten Aufständischen *Vinegar Hill.* Wer sich einmal wie ein Emigrant auf der Flucht vor der Hungersnot fühlen möchte, geht an Bord des Dunbrody Heritage Ship bei New Ross.

Vor der Küste der Hook-Halbinsel liegen Wracks am Meeresgrund, die eine faszinierende Geschichte über die Geschehnisse an Land erzählen. Normannische Siedler ebenso wie Tempelritter durchstreiften das flache, mystische Vorgebirge, welches zu einem der ältesten Leuchttürme der Welt hin ausläuft. Die schönste Art, diese Landschaft mit allen Sinnen aufzusaugen, ist eine gemütliche Radtour mit Abstechern zu Küstendörfern wie Duncannon und Kilmore Quay, wo verschiedene Ausblicke aufs

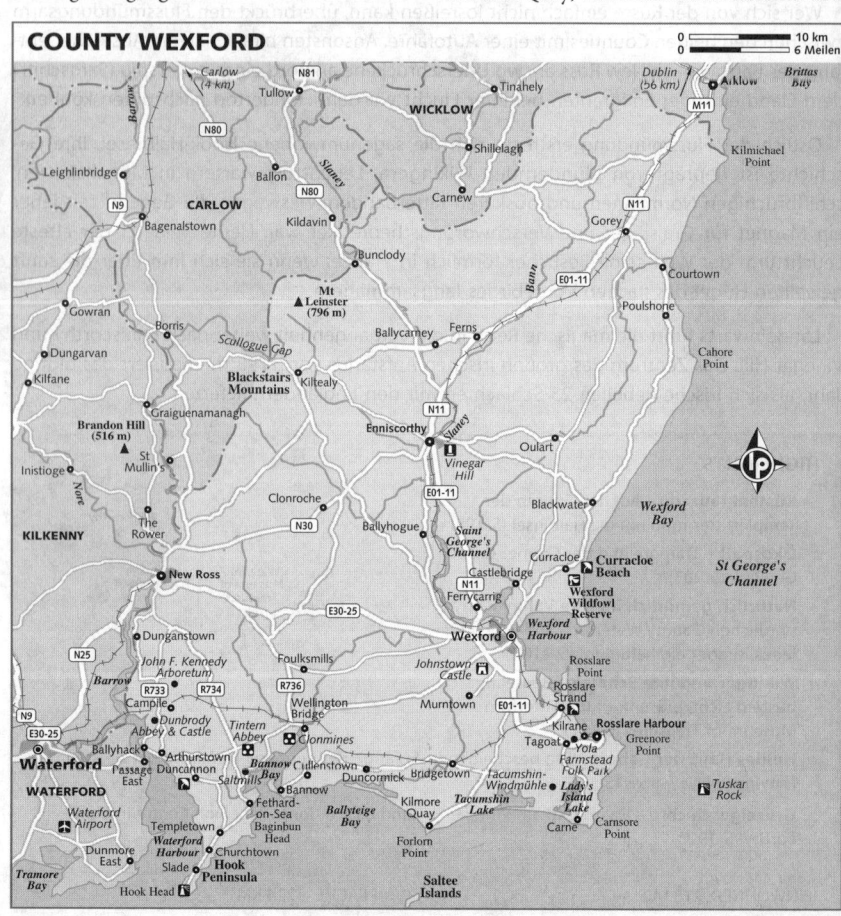

COUNTY WEXFORD

Wellenspektakel geboten sind. Dorthin führt auch der 221 km lange Küstenwanderweg Slí Charman, der bei Kilmichael Point an der Grenze zur Grafschaft Wicklow beginnt.

Wer ganz Ohr ist, kriegt noch Überbleibsel des Dialektes Yola mit, manchmal auch Forth and Bargy genannt, der im südöstlichen Wexford bis heute gesprochen wird. Yola steht für „ye olde language" und ist ein Mix aus altem Französisch, Englisch, Irisch, Walisisch und Flämisch. Beispiele aus dieser Sprache sind *cyne* (Kuh), *hime* (Heim), *hachee* (schlecht gelaunt) und *stouk* (widerspenstige Frau).

WEXFORD (STADT)
☎ 05391 / 8860 Ew.

Auf den ersten Blick wirkt Wexford (Loch Garman) wie ein unscheinbares Provinznest, wo sich seit der Versandung der Flussmündung im Gegensatz zu Waterford und Rossare Harbour inzwischen immer weniger Schiffe tummeln. Allerdings bergen die verwinkelten Gassen abseits der Main Street neben mittelalterlichen Baudenkmälern auch Überbleibsel aus der ruhmreichen Wikinger- und Normannenzeit. Im Oktober findet hier ein Opernfestival von Weltklasse statt. In der Stadt wohnen heute schon mehr Ruheständler als anderswo, jedoch tut das dem Kneipenrummel rund um den Bullring keinen Abbruch. Nahe an Dublin gelegen, zieht Wexford auch Wochenendausflügler an.

Geschichte
Die Wikinger nannten den Ort einst Waesfjord (Hafen der schlammigen Sandbänke). Aufgrund seiner günstigen Lage nahe der Flussmündung des Slaney entstanden hier bereits im Jahr 850 die ersten Ansiedlungen. Die Normannen eroberten die Stadt 1169; Spuren ihrer Festung sind auf dem Gelände des Irish National Heritage Park zu besichtigen.

Auf seinem Irlandfeldzug stieß auch Cromwell bis nach Wexford vor (1649/1650). Ungefähr 1500 der 2000 Einwohner fielen dem Schwert zum Opfer, darunter sämtliche Franziskanermönche. Dies war der übliche Umgang mit Städten, die sich widersetzten. Der blutige Aufstand von 1798 wurde von den Rebellen anfangs sehr entschlossen geführt, dann aber doch niedergeschlagen.

Orientierung
Von der Wexford Bridge am nördlichen Ortsende führt die Straße Richtung Südosten am Wasser entlang vorbei an einer kleinen Flussbiegung, im Volksmund The Crescent. Dort steht auch das Standbild des Flottillenadmirals John Barry (1745–1803), der von Wexford aus nach Nordamerika emigrierte und dort später die US Navy gründete.

In den Straßen North und South Main Street, etwas weiter landeinwärts, befinden sich die meisten Läden.

Praktische Informationen
BUCHLÄDEN
Readers' Paradise (☎ 24400; 2 Slaney St; ☾ Mo–Sa 9.30–18 Uhr) Gute Fundgrube für irische Secondhand-Taschenbücher.

Wexford Book Centre (☎ 23543; 5 South Main St; ☾ Mo–Do & Sa 9–18, Fr 9–19, So 13–17 Uhr) Hier gibt's Bücher zu irischen Themen neben einigen wenigen ausländischen Zeitungen und Zeitschriften.

GELD
Auf der North Main Street nahe der Common Quay Street befinden sich Filialen der Allied Irish Bank und der National Irish Bank. Die Bank of Ireland liegt an der Ecke von Common Quay Street/Custom House Quay. Im Tourismusbüro befindet sich eine Wechselstube.

GEPÄCKAUFBEWAHRUNG
O'Hanrahan Station (☎ 22522; Redmond Pl) Gepäckaufbewahrung 2,50 € pro Stück und Tag.

INTERNETZUGANG
Office 1 (☎ 21884; 74 North Main St; 3 € pro Std.; ☾ Mo–Sa 9–21, So 11–20 Uhr)
Tangiers (☎ 46404; 19 Trimmers La; 3,50 € pro Std.; ☾ Mo–Sa 9–22, So 14–19 Uhr)

STREIFZÜGE IM SÜDOSTEN

- **Wexforder Küstenpfad** (S. 176) – 221 km entlang der Küste mit 1000 Wracks

- **Mount Leinster** (S. 194) – Panoramablick vom 796 m hohen Gipfel über fünf Grafschaften

- **St. Declan's Way** (S. 207) – Der 94 km lange Pilgerweg vorbei an Lismore Castle

- **Comeragh Mountains** (S. 210) – durch Moränenlandschaften mit Überresten aus der Steinzeit

COUNTIES WEXFORD & WATERFORD

MEDIZINISCHE VERSORGUNG
Wexford General Hospital (☎ 42233) Auf der N 25, ca. 2,5 km westlich des Zentrums.

POST
Hauptpostamt (☎ 45314; Anne St)

TOILETTEN
Öffentliche Toiletten nahe dem Standbild von Admiral Barry.

TOURISTENINFORMATION
Tourismusamt (☎ 23111; Crescent Quay; ☼ Nov.– März Mo–Fr 9.15–13 & 14–17, April–Okt. Mo–Sa 9–13 & 14–18 Uhr)
County Wexford Tourism (☎ 52900; www. wexfordtourism.com; 8A Westgate; ☼ Mo–Fr 9–13 & 14–17 Uhr)

WASCHSALON
My Beautiful Laundrette (☎ /Fax 24317; St. Peters Sq, ☼ Mo–Fr 9.30–13 & 14–17, Sa 9.30–13 Uhr) Selbstbedienung, Waschen und Trocknen 15 bis 17 €.

Sehenswertes

Einst nur ein flacher Küstenstreifen, wo Lebensmittel umverladen bzw. in die Innenstadt verbracht wurden, entwickelte sich der **Bullring** im Mittelalter zu einem Schauplatz fürs bullbaiting, eine Hetzjagd auf Stiere. Jeder Metzger der Stadt musste sich seine Gildenmitgliedschaft durch die Bereitstellung eines Stiers pro Jahr für das Spektakel verdienen. Die **Lone Pikeman Statue** erinnert an die Aufständischen von 1798, die den Platz als Waffenschmiede nutzten. Freitags ab 9 Uhr findet immer ein **Wochenmarkt** neben dem Bullring statt.

Von den ehemals sechs Stadttoren ist nur noch das West Gate aus dem 14. Jh. am nördlichen Ortsende erhalten, wo sich einmal das Westgate Heritage Centre befand. Einst fungierte das Stadttor als Mautstelle; die Kassierstellen der Zolleintreiber sind heute noch als Mauernischen erkennbar, ebenso die Gefängniszellen der *runagates* (Zollpreller). Einige Teile der Stadtmauer sind noch gut in Schuss, insbesondere der Abschnitt nahe am Cornmarket (Getreidemarkt).

Nach dem Meuchelmord an seinem Freund Thomas Becket leistete Heinrich II. Abbitte für seine blutige Tat in der **Selskar Abbey**, die 1190 von Alexander de la Roche 1190 erbaut wurde. Einer der Heerführer Heinrichs II., genannt Strongbow, soll hier seine Schwester Bascilla mit einem seiner Offiziere verkuppelt

haben. Der heute desolate Zustand des Hause lässt sich auf einen „Besuch" Cromwells au dem Jahr 1649 zurückführen.

Die Ruinen sind über eine Treppe nah dem ehemaligen Westgate Heritage Centre zugänglich.

Südlich des Bullring liegt die **St. Iberiu Church** (☎ 40652; North Main St; ☼ Mo–Sa 10–17 Uhr aus dem Jahr 1760. Am gleichen Ort standen angeblich früher bereits verschiedene ander Kirchen, noch bevor der Hl. Patrick in Irland auftauchte. Einige von Oscar Wildes Vorfahren waren in dieser Kirche Pfarrer. Die Renaissancefassade ist zwar sicherlich einen Blick wert, eine echte Augenweide aber ist de georgianische Innenbereich mit seinem fein geschnitzten Chorgeländer und den Skulpturen aus dem 18. Jh. Eine Führung lässt sich durch vorherigen Telefonanruf arrangiere (Spenden sind willkommen).

1649 entfachten Cromwells Truppen im **Franziskanerkloster** aus dem 13. Jh. ein Flammeninferno, weshalb das Gebäude größtenteils eine Rekonstruktion aus dem 19. Jh. ist. Nur zwei der ursprünglichen Wände sind noch erhalten. Einige Elemente wie der Tabernake sind recht modern, wodurch attraktive architektonische Spannungsmomente entstehen. Das Kloster (☎ 22758; Ecke Francis & School St; ☼ 10– 18.30 Uhr) birgt eine Reliquie sowie eine Wachsfigur von St. Adjutor, einem jungen Märtyrer, der im alten Rom von seinem eigenen Vater getötet wurde.

ALTE WIKINGERPFADE

Insgesamt ist wenig vom alten Wikinger-Wexford geblieben, aber die *keysers* („Kaistraßen") gibt es noch. Gerade noch breit genug für ein Packpferd, waren sie wichtige Verbindungswege vom und zum Fluss. Auf diesen Lebensadern der Stadt wurden Honig, Getreide und Malz von Lagerhäusern zum Hafen geschafft, während von dort Wolle, Walfischtran und Fisch in die Stadt transportiert wurde.

Keysers Lane, die Hauptstraße, führte vom Keysergate in der Altstadt zum Hafenbecken der Wikinger (dorthin wo heute das Halbrund „The Crescent" ist). Die langsame Versandung des Hafens ließ die *keysers* als interessante historische Fußnote zurück ... für den Verkehr von heute allerdings ein Alptraum.

WEXFORD (STADT)

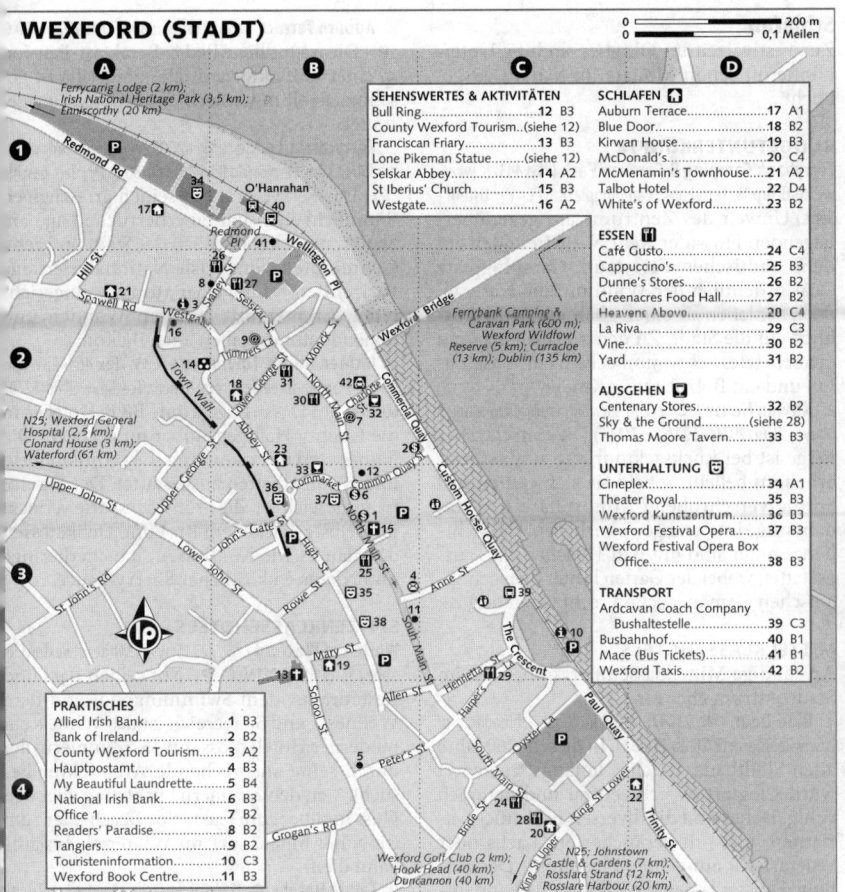

SEHENSWERTES & AKTIVITÄTEN
Bull Ring	12 B3
County Wexford Tourism	(siehe 12)
Franciscan Friary	13 B3
Lone Pikeman Statue	(siehe 12)
Selskar Abbey	14 A2
St Iberius' Church	15 B3
Westgate	16 A2

SCHLAFEN
Auburn Terrace	17 A1
Blue Door	18 B2
Kirwan House	19 B3
McDonald's	20 C4
McMenamin's Townhouse	21 A2
Talbot Hotel	22 D4
White's of Wexford	23 B2

ESSEN
Café Gusto	24 C4
Cappuccino's	25 B3
Dunne's Stores	26 B2
Greenacres Food Hall	27 B2
Heaven's Above	28 C4
La Riva	29 C3
Vine	30 B2
Yard	31 B2

AUSGEHEN
Centenary Stores	32 B2
Sky & the Ground	(siehe 28)
Thomas Moore Tavern	33 B3

UNTERHALTUNG
Cineplex	34 A1
Theater Royal	35 B3
Wexford Kunstzentrum	36 B3
Wexford Festival Opera	37 B3
Wexford Festival Opera Box Office	38 B3

TRANSPORT
Ardcavan Coach Company Bushaltestelle	39 C3
Busbahnhof	40 B1
Mace (Bus Tickets)	41 B1
Wexford Taxis	42 B2

PRAKTISCHES
Allied Irish Bank	1 B3
Bank of Ireland	2 B2
County Wexford Tourism	3 A2
Hauptpostamt	4 B3
My Beautiful Laundrette	5 B4
National Irish Bank	6 B2
Office 1	7 B2
Readers' Paradise	8 B2
Tangiers	9 B2
Touristeninformation	10 C3
Wexford Book Centre	11 B3

In-Kartenbeschriftungen:
Ferrycarrig Lodge (2 km);
Irish National Heritage Park (3,5 km);
Enniscorthy (20 km)

O'Hanrahan

Ferrybank Camping & Caravan Park (600 m);
Wexford Wildfowl Reserve (5 km); Curracloe (13 km); Dublin (135 km)

N25; Wexford General Hospital (2,5 km);
Clonard House (3 km); Waterford (61 km)

Wexford Golf Club (2 km); Hook Head (40 km); Duncannon (40 km)

N25; Johnstown Castle & Gardens (7 km);
Rosslare Strand (12 km); Rosslare Harbour (20 km)

Aktivitäten

Der **Wexford Golf Club** (☎ 42238; Mulgannon; 18-Loch-Platz wochentags/Wochenenden 30/35 €; ☼ Mo–Sa 8 Uhr–Sonnenuntergang, So nur für Mitglieder 7–14 Uhr) liegt abseits der R733, ca. 2 km südwestlich der Stadt, ist aber gut ausgeschildert. Sogar Vollblutgolfer werden den Blick auf Wexford und den ca. 2 km südwestlich der Stadt gelegenen Hafen zu schätzen wissen.

Geführte Touren

Einstündige geführte **Spaziergänge** (☎ 087-614 0790; Erw./Erm./Familie 4/3,50/10 €) finden ganzjährig von Montag bis Samstag zwischen 10.30 und 14.30 Uhr statt; los geht's vor der Touristen-information der Grafschaft County Wexford am Westgate.

Festivals & Events

Das **Wexford Festival Opera** (☎ 22400, Kartenvor-verkauf ☎ 22144; www.wexfordopera.com; 49 North Main St), ein opulentes Klassikfestival, das 1951 ins Leben gerufen wurde, findet jedes Jahr im Oktober im **Theatre Royal** statt. Inzwischen gilt es landesweit als das Opernereignis. Dann heißt es Bühne frei für selten aufgeführte Opern und Vorstellungen vor ausgebuchten Rängen, während zusätzliche Straßentheater-aufführungen, Dichterlesungen und Ausstellungen die ganze Stadt in Festlaune versetzen. Viele Bars und Kneipen veranstalten sogar ihre eigenen Gesangswettbewerbe für Laien. Wer dabei sein will, sollte mindestens drei Monate im Voraus reservieren; das Programm kommt regelmäßig im Juni heraus.

Schlafen

Zur Festivalzeit im Oktober sind die Unterkünfte oft schon Monate im Voraus ausgebucht.

BUDGETUNTERKÜNFTE

Ferrybank Camping & Caravan Park (☎ 44378; www.wexfordcorp.ie; Ferrybank; Campingplatz 10 €; 🏵 Ostern–Sept.) Unweit des Zentrums am gegenüberliegenden Flussufer weht Naturfreunden auf dem städtischen Ferrybank-Campingplatz zwar ordentlich der Wind um die Nase, jedoch genießen sie einen phantastischen Ausblick auf die Stadt. Zu den Anlagen gehören ein beheiztes Schwimmbecken, ein Waschsalon und ein Bolzplatz für Kinder.

Kirwan House (☎ 21208; kirwanhostel@eircom.net; 3 Mary St; B/EZ/2BZ/4BZ 22/38/52/44 €) Die einfache Herberge ist bei Rucksacktouristen und Saisonarbeitern beliebt, sobald sie sich erst einmal an die verschrobene Atmosphäre und das dämmrige Interieur gewöhnt haben. Die Mehrbettzimmer sind mit Bad/Duschen/WC ausgestattet, wobei der Garten hinter dem georgianischen Gemäuer schon recht verwildert ist.

MITTELKLASSEHOTELS

Anständige Mittelklasseunterkünfte sind im Stadtzentrum eher rar.

Blue Door (☎ 21047; http://indigo.ie/~bluedoor; 18 Lower George St; EZ/DZ ab 45/80 €). In diesem 200 Jahre alten Stadthaus, welches unlängst renoviert wurde, logiert es sich zentral und dennoch ruhig. Dabei sind die diversen Frühstücksvarianten, mal mit geräuchertem Lachs oder vegetarisch, ein echter Pluspunkt. Deckenhohe Fenster lassen die Zimmer hell und luftig wirken.

McDonald´s (☎ 23457; 114 South Main St, EZ/DZ 50/80 €) Direkt über einem Pub, aber dennoch außer Hörweite zum nächtlichen Ausgehrummel, bietet das McDonald´s bequeme Zimmer abseits ausgetretener Pfade.

LP Tipp **Clonard House** (☎ /fax 43141; www.clonardhouse.com; Clonard Great; EZ/DZ 50/85 €; 🏵 Mitte April–Okt.; 🅿) Eine Übernachtung in diesem hochherrschaftlichen Haus ist wie die Entdeckung eines Diamanten. Das georgianische Herrenhaus aus dem Jahr 1780 hat großzügige Empfangsräume. Eine Treppe führt hinauf zu den Zimmern mit Blick auf den Park, den Hof oder die hügelige Landschaft. Wer möchte, kann im Himmelbett nächtigen. Clonard House liegt 3 km westlich der Stadt an der N25.

Auburn Terrace (☎ 52750; Auburn Rd; EZ/DZ 55/90 €; 🅿) Die freundliche Bed & Breakfast-Pension in einer spätviktorianischen Stadtvilla ist geschmackvoll mit stilechtem Mobiliar ausgestattet.

Ferrycarrig Lodge (☎ 42605; www.wexford-accommodation.com; Ferrycarrig Rd; EZ/DZ 60/80 €; 🏵 Jan. geschl. 🅿) Das Ferrycarrig mit seinen großzügigen Räumlichkeiten hat eine herrliche Lage am Slaney, nur 2 km nördlich der Stadt und zehn Gehminuten vom Irish National Heritage Park entfernt. Einige der attraktiv eingerichteten Zimmer mit farbigen Wänden und hohen Plafonds haben auch Balkon.

McMenamin's Townhouse (☎ /Fax 46442; www.wexford-bedandbreakfast.com; 6 Glena Tce, Spawell Rd; EZ/DZ 60/90 €; 🅿) Das preisgekrönte B&B-Hotel ist in die County Hall gegenüber umgezogen. Die Räume sind mit viktorianischen Antikmöbeln und Himmelbetten ausgestattet. Der Service ist ausgezeichnet; die Frühstückskarte verlockt mit selbstgebackenem Brot und Delikatessen des Hauses wie Konfitüren, Räucherheringe und Nieren in köstlicher Sherry-Sauce.

SPITZENKLASSEHOTELS

White's of Wexford (☎ 22311; www.whitesofwexford.ie; Abbey St, EZ/DZ 100/150 €; 🅿) Mit seinen Bars und Restaurants, dem Swimmingpool und dem Wellness- und Spabereich ist das White's ein moderner Hotelkoloss mit 157 Zimmern, der durch seine ansprechende Architektur besticht. Von den Zimmern blickt man über den Fluss hinüber zum Curracloe Beach oder zum Innenhof hinaus, der im Winter als Eislaufbahn dient.

Talbot Hotel (☎ 22566; www.talbotwexford.ie; Trinity St, EZ/DZ 110/180 €; 🅿) Der Hotelriese am Kai bietet große elegante Zimmer, darunter viele mit Flussblick. Zum Haus gehören eine schicke Bar mit originellem Holzinterieur und Gewölbedecken (Grillspezialitäten) sowie ein helles, modernes Restaurant und ein Pool, nebst Dampfsauna, Sauna und Fitnessraum in einer umgebauten Kornmühle.

Essen

Café Gusto (☎ 24336; 106 South Main St, Snacks & Hauptgerichte 4–9 €; 🏵 Mo–Mi 9–15, Do–Sa 9–17 Uhr) Das helle, kleine Café bietet sich an für ein „großes" Frühstück oder einen Bagel wie in New York oder auch für Burger, *goujons* (Fischstreifen oder paniertes Fleisch, schön durchgebraten) und Salate als leichterer Mittagssnack.

Cappuccino's (☎ 23669; 25 North Main St, Frühstück –8 €; 🕑 Mo–Sa 8–18, So 10–8.30 Uhr) Der Name steht für ein phantasievolles Frühstücksangebot und Snacks, angefangen von irischen Spezialitäten bis hin zu Bagels, *panini*, Wraps und naan (indisches Fladenbrot). Hier tummelt sich Wexfords Jugend, um Desserts zu vernaschen oder die vielen hippen Drinks zu schlürfen.

Vine (☎ 22388; 109 North Main St, Hauptgerichte 16–20 €; 🕑 18–22 Uhr) Aromatische Thaigerichte werden in einem märchenhaften Ambiente serviert.

Yard (☎ 44083; 3 Lower George St, Hauptgerichte 17–25 €; 🕑 8.30–22 Uhr) Der neueste Coup des Restaurantbesitzers von Centenary Stores ist ein Lokal mit heimelig lässigem Flair. Das dunkle Mobiliar kommt bei schummrigem Kerzenlicht und klassischer Hintergrundmusik erst so richtig zur Geltung.

Heavens Above (☎ 24877; 112-113 South Main St; Hauptgerichte 18–25 €; 🕑 Mo–Sa 17–22, So 16–21 Uhr) Alle, die sich einmal ohne viel Brimborium verwöhnen lassen wollen, sind in diesem Restaurant über dem Sky & the Ground genau am richtigen Ort. Dunkles Holzinterieur und Kerzenlicht sorgen für Ambiente. Feine Fleisch- und Meeresgerichte sowie vegetarische Menüs erfreuen Gourmets mit großem Appetit.

LP Tipp **La Riva** (☎ 24330; warrengillen@dol.ie; Henrietta St; Hauptgerichte 18–28 €; 🕑 Mo–Sa 18–23 Uhr) Über ein Treppenhaus, das mit überschwänglichen Restaurantkritiken tapeziert ist, gelangen Gäste in das Bistro im ersten Stock, wo herrlich komponierte irisch-mediterrane Gaumenfreuden mit Biozutaten aus heimischen Landen auf sie warten. Faszinierend sind die cremigen Suppen, die raffinierten Saucen und der Blick auf das abendliche Lichtgeglitzer am Kai.

Selbstversorger decken sich im **Dunne's Stores** (Slaney St; 🕑 8–12 Uhr) ein oder stellen sich im **Greenacres Lebensmittelmarkt** (☎ 22975; 7 Selskar St; 🕑 Mo–Sa 9.30–18 Uhr) mit einer großen Auswahl an Käse, Fleisch, Oliven und Wein ihr eigenes Gourmet-Picknick zusammen.

Ausgehen

Centenary Stores (☎ 24424; thecstores@eircom.net; Charlotte St), eine ehemalige Lagerhalle, gehört heute zu Wexfords beliebtesten Ausgehadressen, nicht zuletzt wegen der gelungenen Mischung aus Alt und Neu: Das Guinness ist hier das beste weit und breit, sodass auch sonntags der Nachtclub immer voll ist. Beim musikalischen Sonntagsfrühschoppen geht es schon etwas zivilisierter zu.

Thomas Moore Tavern (☎ 24348; Cornmarket) Hier kann man sich in gediegenem Rahmen gut unterhalten, wobei ab 21.30 Uhr auch aus voller Kehle gesungen wird – beim berüchtigten Gesangsspektakel ist schon manche Freundschaft geschlossen worden.

Sky & the Ground (☎ 21273; 112-113 South Main St) Ein Pub der Extraklasse. Mit seinem stilechten Interieur und offenem Kamin, war das Lokal früher ein Treff für ältere Herren, bevor es zum Magnet für junge Leute wurde. An Wochenenden finden die *trad sessions* (traditionelle Musikabende) statt, während im Café Paradiso nebenan Tapas und andere Happen serviert werden.

Unterhaltung

Theatre Royal (☎ 22144; High St) Das Royal inszenierte Dramen und Opern. Zur Zeit der Recherche war es wegen Sanierungsarbeiten geschlossen. Ein brandneuer Komplex soll 2008 eröffnet werden.

Wexford Arts Centre (☎ 23764; www.wexfordartscentre.ie; Cornmarket) Die einstige Markthalle aus dem 18. Jh. beherbergt heute ein Kulturzentrum mit Ausstellungen, Theater-, Tanz- und Musikdarbietungen, bietet aber auch anspruchsvolles Kino dienstags um 20 Uhr (7 €).

Cineplex (☎ 21490; Redmond Rd; Erw./Kind 8/5 €) Dieser Kinokomplex liegt nahe am Bahnhof.

An- & Weiterreise

Die N25 führt von den Uferstraßen und Trinity Street Richtung Südosten nach Rosslare Harbour. Nach Duncannon oder Hook Head geht es entweder westwärts The Crescent entlang Richtung Harpers Lane oder beim Paul Quay entlang in die King St. Lower.

BUS

Bus Éireann (☎ 22522) Ab dem Bahnhof O'Hanrahan am Redmond Place verkehren Busse nach Rosslare Harbour (4 €, 30 Min., mindestens 9-mal tgl.), Waterford (11,50 €, 1 Std., Mo–Sa 6-mal tgl., So 3-mal) sowie nach Dublin (12 €, 3 Std., mindestens 9-mal tgl.), normalerweise über Enniscorthy (5,10 €, 25 Min.). Fahrkarten kann man beim nahe gelegenen Zeitschriftenladen **Mace** (Redmond Pl) erhalten.

Ardcavan Coach Company (☎ 22561; The Crescent) betreibt eine Buslinie von/nach Dublin (10 €, 2½ Std.), mit Abfahrt von Dublin von Mo–Sa um 18 Uhr, und ab Wexford von Mo–Sa um 8 Uhr, sonntags um 20 Uhr (Sept. bis April auch um 18 Uhr).

ZUG
O'Hanrahan Station (☎ 22522; Redmond Pl), am nördlichen Stadtrand, ist Station der Europort-Linie (über Enniscorthy und Wicklow) zwischen Dublin (18,50 €, 2½ Std.) und Rosslare (4 €, 25 Min.), auf der täglich in beide Richtungen drei Züge verkehren.

Unterwegs vor Ort

In den meisten Zeitschriftenläden sind Parkscheiben erhältlich (1,20 € pro Std.).

Die Taxiunternehmen **Wexford Cabs** (☎ 23123; 3 Charlotte St) oder **AA Cabs** (☎ 40222) sind rund um die Uhr erreichbar, wobei Stadtfahrten in der Regel 5 € kosten.

RUND UM WEXFORD (STADT)

☎ 05391
Irish National Heritage Park

Der tolle **Irish National Heritage Park** (☎ 20733; Ferrycarrig; Erw./Kind unter 13/Kind 13-16/Familie 7,50/3,75/4,25/19 €; ☼ April–Sept. 9.30–18.30 Uhr, Okt.–März 9.30–17.30) unternimmt den mutigen und extrem erfolgreichen Versuch, 9000 Jahre irischer Geschichte bis hin zu den Normannen in einem einzigen Freizeitpark unterzubringen.

Also tief Luft holen und einfach eintauchen, vorbei an einem nachgebauten jungsteinzeitlichen Gehöft, einem Steinkreis, einer Ringfestung, einem Kloster, einer Pfahlsiedlung, einer Wikingerwerft, einer Normannenburg u.v.m. Klangeffekte und Rauchfeuer lassen das Ganze noch realistischer wirken, wie auch die regelmäßig stattfindenden 1½-stündigen Touren, bei denen kostümierte, sachkundige Darsteller den Ort zum Leben erwecken.

Der Park befindet sich ca. 3,5 km nordwestlich von Wexford an der N11. Eine Taxifahrt ab Wexford kostet ca. 7 €.

Johnstown Castle & Gardens

Stolzierende Pfauen gebärden sich als Wächter dieses prächtigen Landhauses aus dem 19. Jh., wo einst die mächtigen Fitzgeralds und Esmondes residierten.

Das heute leer stehende Anwesen überblickt einen kleinen See und ist von einer 20 ha großen, bewaldeten **Park- und Gartenlandschaft** umgeben (Auto & Insassen, Mai–Sept. 5 €; ☼ 9–17.30 Uhr). Im Nebengebäude ist das **Irische Landwirtschaftsmuseum** (☎ 71247; Erw./Kind 6/4 € ☼ April, Mai, Sept. & Okt Mo–Fr 9–12.30 & 13.30–17, Sa So 14–17, Nov.-März Sa. & So. geschl., Juni-Aug. Mo–Fr 9–17 Sa & So 11-17 Uhr; ☒) untergebracht, wo Sammlungen von landwirtschaftlichen Geräten irische Landhausmöbel und ein von Pferden gezogener Anhänger bestaunt werden können. Daneben gibt es noch eine kleine Ausstellung über die Große Hungersnot. Um den See herum führt ein angenehmer Spazierweg (15 Min.).

Das Schloss befindet sich 7 km südwestlich von Wexford auf dem Weg nach Murntown.

Wexford Wildfowl Reserve

Die „Slobslands" bei Wexford, abgeleitet vom irischen Wort *slab*, was so viel bedeutet wie „Schlamm" oder „Morast", klingen nicht gerade angenehm im Ohr, jedoch ist die weitläufige Tiefebene als Vogelparadies weithin bekannt. Hier lebt ein Drittel der weltweiten Bestände von Blässgänsen – insgesamt einige 10 000 Vögel.

Das **Wexford Wildfowl Reserve** (☎ 23129; North Slob; Eintritt frei, geführte Touren auf Anfrage; ☼ Mitte April–Sept. 9–18, Okt.–Mitte April 10–17 Uhr) bietet den Vögeln einen geschützten Lebensraum mit Futterplätzen, während Naturfreunde von einem Beobachtungsturm oder Unterständen aus bzw. im Besucherzentrum ihre Beobachtungslust stillen können. Der Winter ist eine gute Zeit, um nordkanadische Ringelgänse zu beobachten, aber auch verschiedene Wattvögel und Wildgänse sind ganzjährig anzutreffen.

Entlang der Straße von Wexford nach Dublin geht es 3 km nordwärts über eine Brücke direkt zum Naturschutzgebiet. Kurz vor der Mazda-Werkstatt weist ein Schild den Weg nach rechts. 2 km weiter befindet sich dann das Besucherzentrum.

Strand von Curracloe

Mit einer Länge von über 11 km ist Curracloe einer von mehreren wunderschönen einsamen Stränden, die sich an der Küste nördlich von Wexford aneinanderreihen. Die spektakulären Filmszenen in *Der Soldat James Ryan* (1997), die die Landung der alliierten Truppen in der Normandie zeigen, wurden hier gedreht. Viele der Vögel, die im Wexford

DIE BESTEN WEXFORD-STRÄNDE MIT DER BLAUEN FLAGGE

- Curracloe (links) – 11 km Sandstrand als Filmkulisse
- Duncannon (S. 188) – Langsam abfallender Strand, ideal für Paddler
- Rosslare (unten) – Einladender Sand- und Steinstrand zwischen Wexford und Rosslare Harbour

Wildfowl Reserve beheimatet sind, können auch im **Raven Nature Reserve** beobachtet werden. Es liegt 13 km nordöstlich von Wexford an der Straße nach Dublin.

Hotel Curracloe (☎ 37308; www.hotelcurracloe.com; EZ/DZ 45/80 €) ist ein kleines familiengeführtes Hotel mit behaglicher Einrichtung, wo freitags, samstags und sonntags traditionelle Musikabende stattfinden. Zum Strand sind es von hier 30 Minuten zu Fuß.

ROSSLARE STRAND
☎ 05391

Die Stadt Rosslare (Ros Láir) bietet nichts Besonderes, doch wurde der Strand von der EU mit der Blauen Flagge ausgezeichnet. Im Sommer wimmelt es hier nur so von Kindern, die sich an Eiscreme gütlich tun. Im Winter sieht man nur einige vereinzelte Spaziergänger.

Die lang gezogene, seichte Bucht ist ideal zum Windsurfen. Das **Wassersportzentrum Rosslare** (☎ 32032; ☉ Juli–Aug. 10–18 Uhr) verleiht die Ausrüstung zum Windsurfen, Paddeln, Segeln und Wellenreiten und bietet entsprechende Kurse an. Die Zufahrt zum Golfclub **Rosslare Golf Links** (☎ 32203; Green Fee; wochentags/an Wochenenden 50/70 €) erfolgt über die Strandstraße, die weiter zum 7 km entfernten Rosslare Point führt, wo man hübsche Spaziergänge unternehmen kann.

Schlafen & Essen
Doyle's (☎ 32182; doylesbandb.rosslare@ireland.com; Orchard Park House, Tagoat; EZ/DZ 45/75 €) ist ein behagliches Landhaus mit stilvoller Ausstattung. Es liegt an der R736 auf dem Weg vom Strand Rosslare nach Tagoat.

Killiane Castle (☎ 58885; www.killianecastle.com; Drinagh; EZ/DZ 65/100 €) ist ein nicht allzu stattliches Anwesen aus dem 17. Jh., auf dessen Gelände sich auch eine mittelalterliche Burg befindet.

Hier beginnen verschiedene Wanderwege, ein Tennisplatz ist vorhanden. Die B&B-Herberge liegt nordöstlich der N25 auf dem Weg nach Wexford.

Kelly's Resort Hotel (☎ 32114; www.kellys.ie; EZ/DZ inkl. Mahlzeiten 149/298 €; P) Das Kelly's, eine echte Wexforder Institution, ist für Familien das Nonplusultra mit allem, was das Herz begehrt: Tennis, Golf, Minigolf, Billard, Tischtennis, Badminton, Yoga, Krocket … und das Wellnessparadies SeaSpa, wo die Gäste nach allen Regeln der Kunst verwöhnt werden. Daneben laden zwei gute Restaurants und eine Snackbar zum Verweilen ein. Die meisten Unterkünfte gibt's als Pauschalarrangement, z. B. ein Doppelzimmer für drei Nächte inklusive Feiertag, mit allen Mahlzeiten, für 930 €.

Abgesehen vom **Le Marine** (☎ 32114; Hauptgerichte 18–25 €; ☉ 12–22 Uhr), dem wunderschönen Bistro bei Kelly's mit gallischem Flair, hat Rosslare gastronomisch nicht viel zu bieten. Im **Le Colosseo** (☎ 73975; Strand Rd.) am Strand gab es zur Zeit der Recherche einen Inhaberwechsel, wobei die Wiedereröffnung unter chinesischer Führung stattfinden soll.

An- & Weiterreise
Der tägliche Bus um 9.40 Uhr nach Dublin (14,50 €, 3½ Std.) hält in Wexford (4 €, 30 Min.). Von Montag bis Samstag geht einer 6.20 Uhr nach Rosslare Harbour (20 Min.).

Auf der Europort-Linie Dublin–Wexford–Rosslare verkehren drei Züge pro Tag in beide Richtungen (ab Dublin 23,50, 3 Std.; ab Wexford 9,50 €, 20 Min.; ab Rosslare Europort 9,50 €, 10 Min.). Zwischen der Ortschaft *Rosslare Strand* und Waterford verkehrt von Montag bis Samstag ein Zug pro Tag (18 €, 1¼ Std.).

ROSSLARE HARBOUR
☎ 05391 / 1050 Ew.

Rosslare Harbour ist ein lebhafter Hafen mit Verbindungen nach Wales und Frankreich ab dem riesigen Europort-Terminal. Besonders schön ist der Ort nicht, aber wer erst einmal bleiben muss, findet hier immerhin eine große Auswahl an Unterkünften und Restaurants.

Orientierung & Praktische Informationen
Der Fährhafen ist die Verkehrsdrehscheibe der Stadt, hier befindet sich auch der Europort-Bahnhof. Die Straße, die vom Hafen kommend bergauf führt, geht in die N25 über

COUNTIES WEXFORD & WATERFORD

und bringt einen zu den B&B-Unterkünften bzw. Hotels. Sie führt dann weiter nach Kilrane und Tagoat, wo es weitere Optionen zum Übernachten und Essen gibt. Direkt an der N 25 findet sich auch eine Filiale der **Bank of Ireland** (St Martin's Rd.) mit einem Geldautomaten und einer Wechselstube.

Sehenswertes

Der etwas putzige, aber letztlich doch auch wieder interessante **Yola Farmstead Folk Park** (☎ 32610; Tagoat; Erw./Kind /Familie 6/4,50/15 €; Mai–Okt. 10–18, letzter Eintritt um 17, April–Nov. Mo–Fr 10–16.30 Uhr) eignet sich gut für einen Ausflug mit Kindern. Die Rekonstruktion eines Dorfes aus dem 18. Jh. mit reetgedeckten Cottages, einer klappernden Windmühle und einer winzigen Kirche soll den Besuchern den Eindruck vermitteln, wie das Leben auf dem Land einmal war (natürlich ohne die hoffnungslose Armut und den Gestank von damals). Kinderaugen beginnen beim Anblick der Hennen, Schafe, Rehe, Kaninchen, Schweine und exotischen Vögel zu leuchten; Erwachsene lockt das Ahnenforschungszentrum. Der Park befindet sich gleich außerhalb von Tagoat an der N25.

Schlafen & Essen

An der St. Martin's Road gibt es eine Menge B&B-Unterkünfte.

St Martin's Bed & Breakfast (☎ /Fax 33133; www.saintmartinsrosslare.com; St. Martin's Rd; EZ/DZ 50/70 €; P) Die B&B-Herberge ist zwar ein recht nüchterner Bau, doch haben die Zimmer ein behagliches Ambiente, in Nr. 7 nächtigt man gar im Himmelbett. Die im Wintergarten ausliegenden Bücher helfen bei der Planung der nächsten Irlandetappe. Der Inhaber John ist wahnsinnig hilfreich bei allen möglichen Problemen und Fragen, außerdem gibt's ein frühes Frühstück für Leute, die morgens gleich zur Fähre müssen.

Harbour View Hotel (☎ 61450; www.harbourviewhotel.ie; EZ/DZ 80/130 €) Der Name ist Programm, wobei der Blick über den riesigen Europort nicht allzu attraktiv ist. Allzu lange liegt die letzte Renovierung noch nicht zurück, die Zimmer wirken freundlich. Im hoteleigenen Seasons Restaurant (Hauptgerichte 12–23 €, geöffnet von 17.30 bis 21.30 Uhr) isst man so gut wie nirgendwo sonst in der Stadt. Besonders zu erwähnen ist die große Auswahl an chinesischen Gerichten. Kleine Snacks gibt es mittags auch an der Bar (8,50–18 €).

An der Ortsausfahrt entlang der N25 kommt gleich das (geografisch gesehen) erst Pub in Irland, **The Kilrane Inn** (☎ 33661; Kilrane Barsnacks 4–12 €, Hauptgerichte 10–22 €; Mi 12–15 & 17–2 Uhr), zum pfiffigen Pub gehört ein helles, modernes Restaurant gleich nebenan. Inhaber sind die Gebr. O'Donoghue, die sich grundsätzlich darüber streiten, ob denn nun Chelsea oder Liverpool besser spielt.

Morgan's Café (☎ 31358; Tagoat; 4–8 €; Mi–Sa 17–22 Uhr) ist eine prima Fish-&-Chips Adresse.

An- & Weiterreise

AUTO

Budget (☎ 33318), **Hertz** (☎ 33238) und **Europcar Murrays** (☎ 33634) befinden sich im Fährterminal.

BUS

Busse und Züge fahren ab dem Bahnhof Rosslare Europort beim Fährterminal.

Bus Éireann (☎ 22522) betreibt zahlreiche Buslinien zu irischen Klein- und Großstädter einschließlich Dublin (15 €, 3 Std., 13 Verbindungen tgl. von Mo–Sa, So 11 Fahrten), Wexford (12 €, 30 Min., 13 tgl. Mo–Sa, So 11) und Cork (19,50 €, 4 Std., 5-mal tgl. Mo–Sa, So 3-mal), über Waterford (13,50 €, 1½ Std.).

SCHIFF/FÄHRE

Stena Line Express (☎ 33115; www.stenaline.ie; Mai–Sept.) verkehrt zwischen Rosslare Harbour und Fishguard in Wales (Erw. 30 €, Motorrad und Fahrer 67 €, Auto und Fahrer 117–222 €, 2 Std., zwei Überfahrten pro Tag), mit jeweils ca. einer Stunde Eincheckzeit. Stena Line betreibt auch eine Superferry (Erw. 30 €, Motorrad und Fahrer 52 €, Auto und Fahrer 92-182 €, 3½ Std., zwei Überfahrten pro Tag) ganzjährig.

Irish Ferries (☎ 33158; www.irishferries.com) setzt von Pembroke nach Wales über (3¾ Std., 2-mal tgl.). Die einfachen Tarife beginnen bei 29 € pro Person ohne Fahrzeug, 49 € für ein Motorrad mit Fahrer, 89 € für ein Auto mit Fahrer. Zwischen April und Dez. verkehren Fähren nach Cherbourg, Frankreich (19½ Std., bis zu 3-mal pro Woche); zwischen April und Sept. nach Roscoff, Frankreich (18 Std.), wenn auch weniger oft. Die einfachen Tarife sind ab 56 € für Passagiere ohne Fahrzeug, 90 € für ein Motorrad mit Fahrer sowie 99 € für ein Auto mit Fahrer.

Weitere Informationen siehe S. 770.

ZUG

Auf der Strecke Rosslare Europort–Rosslare Strand–Wexford–Dublin verkehren drei Züge täglich in beide Richtungen (nach Rosslare Strand 4,50 €, 10 Min.; nach Wexford 4,50 €, 25 Min.; nach Dublin 18,50 €, 3 Std.). Züge auf der Strecke Rosslare Europort–Limerick halten in Waterford (9 €, 1¼ Std., Mo–Sa 2-mal tgl.). Weitere Informationen auf telefonische Anfrage unter ☎ 33114.

SÜDLICH VON ROSSLARE HARBOUR

☎ 05391

Ungefähr 9 km südlich von Rosslare Harbour Carnsore Point liegt der erste Windpark an der Ostküste Irlands. Hätten die hohen Kosten (und Bürgerproteste) das Projekt nicht zum Scheitern gebracht, stünden hier heute die ersten vier Atomkraftwerke.

Das Dorf **Carne** hat einige hübsche, weiß getünchte, reetgedeckte Cottages und einen schönen Strand.

Einheimische und Besucher füllen im Sommer den **Lobster Pot** (☎ 31110; Carne; Mittagessen 6–12 €, Abendessen 20–27 €; ✹ Restaurant Di–Sa 12–21, Febr.–Dez. So 12.30–19.30 Uhr). Angesichts des superfrischen Meeresgetiers ist das Gedrängel in diesem sagenhaften Pub-Restaurant schon o.k. Und die Fischsuppe ist nirgendwo auf der Welt so gut wie hier.

Fährt man die Straße zurück, kommt man beim Lady's Island Lake mit **Our Lady's Island** vorbei, wo ein Augustinerpriorat gestern wie heute Besucher anlockt. Einst rieben sich passionierte Pilger auf ihrem Bußweg rund um die Insel die Knie auf; heute laufen die meisten barfuß. Sehenswert ist der normannische Turm mit noch größerem Neigungswinkel als der Schiefe Turm von Pisa. Das Inselkastell ist mit dem Auto erreichbar; vor Ort führt ein 2 km langer Rundweg am Marienschrein vorbei, allerdings ist der Zufahrtsweg wegen Überflutung oft gesperrt.

Am östlichen Seeufer erstrecken sich die Aussichtshöhen **Castle View Heights** (☎ 31140), wo auch ein Restaurant, ein Kunsthandwerksladen und ein Minigolfplatz zum Verweilen einladen.

500 m vom Strand entfernt liegt der gut ausgestattete Campingplatz **St. Margaret's Beach Caravan & Camping Park** (☎ 31169; stmarg@eircom.net; St. Margaret's Beach; Campingplatz 16 €; ✹ Mitte März–Mitte Okt.).

Öffentliche Verkehrsmittel gibt es in dieser Gegend nicht.

KILMORE QUAY

☎ 05391 / 400 Ew.

Wie eine Postkartenidylle präsentiert sich das beschauliche Kilmore Quay, ein kleines intaktes Fischerdorf, bekannt für seine malerischen reetgedeckten Cottages, Hummergerichte und tollen Restaurants. Wer Irlands größtes Vogelschutzgebiet, die Saltee Islands (siehe S. 186) – in Sichtweite direkt vor der Küste – besuchen will, sticht direkt vom Hafen aus in See.

Anfang Juli findet das viertägige **Seafood Festival** (☎ 29918) mit Musik und Tanz statt. Natürlich ist mit Fisch und frischen Meeresfrüchten auch für das leibliche Wohl gesorgt.

Sehenswertes & Aktivitäten

Im Hafen liegt ein Feuerschiff mit Originalausstattung vor Anker. Über seine verschiedenen Rettungseinsätze erfährt man mehr im **Maritime Museum** (☎ 21572; Erw./Kind 4/2 €; ✹ Juni–Aug. tgl. 12–18, Sept.–Mai Sa & So 12–18 Uhr).

Boote zum Hochseefischen gibt es zu chartern bei **John Devereaux** (☎ 29637), **Eammon Hayes** (☎ 29723) oder **Leslie Bates** (☎ 29806).

Sailing Ireland (☎ 39163; Sallystown, Murrintown) bietet Segelkurse (ab 60 € pro Pers.) sowie Halbtageskreuzfahrten an (ab 200 € pro Boot).

Ab Forlorn Point (Crossfarnoge) dehnen sich Sandstrände in Richtung Nordwesten und -osten aus. Jenseits der Dünen verlaufen einige ausgeschilderte **Wanderpfade.** Sehenswert ist ein 2006 havarierter holländischer Fischdampfer am **St. Patrick's Bridge-Damm,** der zur Insel Little Saltee hinüberführt.

Schiffswracks wie die von SS *Isolde* und *Ardmore,* die in den 1940er-Jahren havarierten, aber auch die außergewöhnliche Meeresfauna dürften Taucher faszinieren. Material und Ausrüstung sind beim **Pier House Dive Centre** (☎ 29703; http://homepage.eircom.net/~pierhouse divecentre) erhältlich; dort lässt sich auch ein Tauchgang buchen bzw. die Sauerstoffflasche auffüllen.

Schlafen & Essen

Mill Road Farm (☎ 29633; www.millroadfarm.com; R739; EZ/DZ 40/70 €; ✹ Ende Dez. geschl.; Ⓟ) Etwa 2 km nordöstlich von Kilmore Quay an der R739 bietet diese Farm mit Molkereibetrieb einfache, geschmackvoll eingerichtete Zimmer. Zum Frühstück gibt's hausgebackenes Brot und Eier aus Freilandhaltung.

DER PRINZ DER SALTEES

Michael Neale kaufte die Saltee-Inseln 1943 und ernannte sich sogleich zum „Prince of the Saltees". Ein seltsamer Typ war es schon, errichtete er doch einen Thron und einen Obelisken zu seiner eigenen Ehre auf der Insel Great Saltee, ja sogar eine Krönungszeremonie mit allem Pipapo fand dort 1956 statt. Zwar wies das Londoner College of Arms Neales Anspruch auf Anerkennung seiner adeligen Abstammung ab, doch errang er einen Teilsieg, als der Rat der Grafschaft Wexford Briefe zu Händen des „Prince Michael Neale" verschickte.

Der Prinz tat kurz vor Kriegsende öffentlich übers Radio seine Absicht kund, Great Saltee in ein zweites Monte Carlo zu verwandeln. Jedoch wurde er von diesem Vorhaben durch einen anderen Krieg direkt vor seiner Haustür abgelenkt. Auf dem Höhepunkt der Kampfhandlungen ließ er zwei Frettchen, ein Dutzend Füchse und 46 Katzen frei, damit sie den ihm verhassten Hasen den Garaus machen sollten.

Prinz Michael starb 1998, nicht ohne vorher zu verfügen: „Alle, ob jung oder alt, sollen auf die Inseln kommen, um sie zu erleben und zu genießen, und sie sollen sie so hinterlassen, wie sie sie vorgefunden haben, damit die nachfolgenden Generationen auch noch etwas davon haben."

Quay House (☎ 29988; www.kilmorequay.net; EZ 40–45 €, DZ 80–90 €; P ⛶) Die weiß getünchte Herberge im ehemaligen Telegrafenamt hat eine behagliche Lounge. Im Nebengebäude sind günstigere Zimmer zu haben. Hobbyfischer können sich hier mit allem eindecken, was sie brauchen.

Wooden House (☎ 48879; www.thewoodenhouse.ie; EZ/DZ 85/120 €; Hauptgerichte 13–18 €) Ein Sandwich, ein gut gekühltes Stout und Livemusik (Do–So) sorgen für beste Stimmung. Dazu kommen jetzt auch noch ein paar moderne Gästezimmer mit Meerblick.

Hotel Saltees (☎ 29601; www.hotelsaltees.ie; EZ/DZ 90/140 €) Die neuen Inhaber haben den „Frühjahrsputz" erledigt. Das Ergebnis: moderne freundliche, aber einfache Zimmer. Im Restaurant führt ein Koch aus Sri Lanka Regie.

Kehoe's (☎ 29830; Hauptgerichte 7–20 €) Bei Kehoe's, einem gemütlichen alten Pub mit Seemannsdekor, trifft man sich auf ein Gläschen oder zum Probieren eines der vielen Meeresgerichte. Wochenends spielen Livebands.

Silver Fox Seafood Restaurant (☎ 29888; Hauptgerichte 15–30 €; ☯ Juni–Aug. 12–21.30, Sept.–Mai Mo–Sa 17–21.30, So 12.30–14.30 & 17–21.30 Uhr) Der frühere Chefkoch vom QE2's hat den Restaurantgründer Nicky Cullen ersetzt, der ins Gourmetlokal gegenüber abgewandert ist. Das Innere ist etwas gesichtslos, hingegen hat die Speisekarte Profil: Geboten werden Garnelen, Fischgerichte und -platten, Hummer frisch aus dem Wasserbassin, aber auch Perlhuhn und Eiernudeln aus dem Wok.

An- & Weiterreise
Öffentliche Verkehrsmittel sind rar. **Bus Éireann** (☎ 22522) fährt 383-mal (sic! – wahrscheinlich nur 3-mal) täglich von /nach Wexford am M und Sa (3 €, 45 Min., 2-mal in jede Richtung) Der **Viking Shuttle Bus** (☎ 21053) bedient die gleiche Strecke etwas regelmäßiger; das Postamt gibt Fahrplanauskunft.

SALTEE ISLANDS

Einst Schlupfwinkel für Schmuggler und Piraten aller Herren Länder erfreuen sich die Saltees heute ihrer friedlichen Existenz als eines der bedeutendsten Vogelschutzgebiete Europas. Über 375 registrierte Vogelarten haben hier, 4 km von der Küste von Kilmore Quay, ihren Lebensraum, insbesondere Basstölpel, Kormorane, Dreizehenmöwen, Papageientaucher, Alke und Eissturmvögel. Die Nistzeit im Frühling/Anfang Sommer ist die beste Saison für Vogelbeobachtungen. Sobald die Jungen flügge sind, verlassen die Vögel die Inseln, Anfang August ist es verdammt ruhig hier.

Auf den beiden Inseln, auf Great Saltee (90 ha) und Little Saltee (40 ha), die bereits seit dem 3. oder 4. Jahrtausend bewohnt sind, finden sich mit einem Alter von mehr als 2 Milliarden Jahren einige der ältesten Felsen in ganz Europa. Vom 13. bis zur Auflösung des Klosters 1538 war das gesamte Terrain Eigentum der Tintern Abbey; danach wechselte der Besitzer ständig.

Zwei der Wexforder Rebellenführer, Bagenal Harvey und John Colclough, tauchten hier nach dem gescheiterten Aufstand von 1798 unter. Sie wurden jedoch durch einen bestochenen Informanten verraten, nach sechs Tagen Hetzjagd aufgespürt und fanden in Wexford am Galgen ihren Tod. Zur Abschreckung wurden ihre Köpfe aufgespießt.

Überfahrten zu den Saltees bietet **Declan** **Bates** (☎ 053-29684, 087-252 9736).

Im Sommer legen zwischen 10.30 und 15 Uhr fast stündlich Fähren im Hafen von Kilmore Quay ab. Allerdings hängt es von der Windrichtung ab, ob die Schiffe an den Inseln anlegen können (das entscheidet sich vielfach erst kurzfristig!). Die Überfahrt dauert 30 Minuten, die Hin- und Rückfahrkarte kostet 22 € pro Person (für Kinder halber Tarif) bei voller Auslastung, 120 € für Einzelfahrten.

Wer mehr über die Inseln erfahren will, liest *Saltees: Islands of Birds and Legends* von Richard Roche und Oscar Merne (O'Brien Press).

HOOK-HALBINSEL & UMGEBUNG
☎ 051

Die lang gezogene Hook-Halbinsel bietet auf den ersten Blick zwar keine großen Touristenattraktionen, entpuppt sich jedoch als Bilderbuchlandschaft mit idyllischen Stränden, dazwischen eine Burg, ein imposantes Kloster und Fischrestaurants. Bei gutem Wetter empfiehlt sich der Trip raus zum Leuchtturm an der Spitze von Hook Head und zurück entlang der Westküste nach Duncannon.

Cromwells Prophezeiung, die Stadt Waterford würde „durch Hook oder Crooke" fallen, bezog sich auf die zwei möglichen Landungsstellen für Invasoren: hier oder bei Crooke im County Waterford.

Von Duncormick bis zur Wellington Bridge

Ausgeschildert als Bannow Drive, ist die Gegend östlich der Hook-Halbinsel übersät von normannischen Ruinen. **Baginbun Head**, südlich von Bannow Bay, war der Landungspunkt der ersten Normannen auf ihrem Eroberungszug durch Irland im Jahr 1169. Die Normannen gründeten hier die Stadt **Bannow**, von der heute nur noch Überreste einer Kirche erhalten sind. Historiker und Archäologen sprechen von der „vergrabenen Stadt Bannow". Der **Martello Tower** stammt aus dem 19. Jh.

Bannow Bay ist ein Vogelschutzgebiet, mit einer Vielfalt von Spezies wie z. B. Ringelgänse, Rotschenkel, Pfeifenten und Krickenten. Auch hat sich die Bucht als führendes Austernzuchtgebiet einen Namen gemacht. Die Ruinen des mittelalterlichen Dorfes **Clonmines**, das nach der Versandung des Mündungsgebiets seinen Niedergang erlebte, befinden sich südwestlich der Wellington Bridge. Zwar liegen die Ruinen auf Privatgelände, aber wer von Norden her in die Stadt kommt, hat direkt südlich der Brücke einen guten Ausblick auf das Areal. Der rote Backsteinschlot auf einer Koppel neben der Straße auf der anderen Seite der Brücke gehört zu einem alten **Silberbergwerk**, das von 1530 bis 1851 in Betrieb war und das irische Münzamt belieferte.

Tintern Abbey

Auf dem Weg nach Fethard-on-Sea liegt ein Zisterzienserkloster aus dem frühen 13. Jh. inmitten eines 50 ha großen Waldgebiets. **Tintern Abbey** (☎ 562 650; Salzmühlen; Erw./Kind inkl. Tour 2/1 €; ☼ Mitte Juni–Sept. 10–18, Okt. 10–17 Uhr, letzter Einlass 45 Min. vor Schluss) wurde vom Earl of Pembroke, William Marshal, gegründet. In Seenot geraten, schwor er, eine Kirche zu bauen, falls er jemals wieder an Land kommen sollte. Das Kloster wurde nach der walisischen Abtei benannt, aus der die ersten Mönche kamen. Die **Tintern Trails** erschließen das Klostergelände und den nahen Wald. Im Besucherzentrum oder im Tourismusamt in Fethard-on-Sea ist eine Wanderkarte erhältlich.

An der Abzweigung der R733 oder R734 ist der Weg zum Kloster ausgeschildert.

Fethard-on-Sea
330 Ew.

Weiter südwärts in Richtung Hook Head liegt Fethard, das größte Dorf in der Gegend. Hier stehen die kargen Ruinen der **St. Mogue's Kirche** aus dem 9. Jh. und eines **Schlosses** aus dem 15. Jh. (Achtung baufällig, daher nicht betreten!). Es gehörte dem Bischof von Ferns. Gegenüber erteilt das kleine **Tourismusamt** (☎ /Fax 397 502; www.thehook-wexford.com; Main St; ☼ Mo–Fr 9.30–17.30 Uhr) Auskunft.

Hotel Naomh Seosamh (☎ 397 129; aobrien@eircom. net; Main St; EZ/DZ 30/60 €; ℙ) ist ein Hotel mit komfortablen Zimmern. In der Bar kommt man leicht mit anderen Gästen ins Gespräch. Der knallrote Torbogen, den man bei der Zufahrt passiert, erinnert an die einstige Funktion des Gebäudes als Polizeikaserne. Wer es versteht, den Pächter Arthur mit seiner Recherche über Hook zu beeindrucken, dem wird ein Koboldjagd-Zertifikat überreicht.

Etwa 1 km nördlich der Ortschaft liegt der ruhige, kleine Campingplatz **Ocean Island Camping & Caravan Park** (☎ 397 148; Campingplatz 24 €; ☼ April–Sept.) mit einem Laden, einem Spielplatz, einem Waschsalon und Räumlichkeiten für Spiele.

The Village (☎ 397 116; Snacks & Mahlzeiten 2–8 ; ⌚ Mo–Mi 17–21, Do & Fr 16–22, Sa & So 15–22 Uhr) ist eine Imbissstube für Fish & Chips, brutzelnd heiße Hähnchenspieße und ähnliche Snacks. Alles auch zum Mitnehmen.

Hook Head

Die Fahrt von Fethard raus nach **Hook Head** ist ein Traum, nur wenige Häuser unterbrechen das flache offene Land. Der Blick schweift hinüber nach Waterford Harbour, an klaren Tagen sogar bis hin zu den Comeragh und Galtee Mountains.

Etwa 5 km nordöstlich steht **Loftus Hall.** Das stattliche Herrenhaus wurde von dem Marquis von Ely Ende der 1870er-Jahre erbaut. Man überblickt von hier das Mündungsgebiet bei Dunmore East. Ungefähr 3 km weiter bei einem kleinen Kreisverkehr geht es links zum Dorf **Slade**, wo sich außer dem Geflatter herumschwirrender Seemöwen über der Burgruine und dem Hafen nicht viel rührt.

Weiter südlich liegt Hook Head, gekrönt durch Europas (und wahrscheinlich auch der Welt) ältesten **Leuchtturm** (☎ 397 055; Erw./Kind 5,50/3 €; ⌚ März–Okt. 9.30–17.30, Nov.–Febr. Sa & So 9.30–17.30 Uhr). Bis 1996 lebte hier noch ständig ein Leuchtturmwärter. Es wird erzählt, dass Mönche im 5. Jh. ein Leuchtfeuer bei Hook Head unterhielten und die einfallenden Wikinger sie aus Dank dafür ungeschoren ließen. Anfang des 13. Jhs. errichtete William Marshal den Turm mit Leuchtfeuer, der bis heute praktisch unverändert blieb. Zugang zum schwarz-weißen Leuchtturm erhalten Besucher nur im Rahmen von Führungen. Das Besucherzentrum beherbergt ein gediegenes Restaurant und eine Touristeninformation, wo allerlei Reiseführer ausliegen, einschließlich des Buchs *The Hook Peninsula* von Billy Colfer.

Rund um die Landspitze gibt es herrliche **Küstenpfade**, die vor allem abends eindrucksvolle Aussichten eröffnen. Auf der Westseite der Landspitze ist jedoch angesichts des fast immer starken Seegangs Vorsicht geboten: Die Wellen schäumen hoch auf. Die schwarzen Kalksteinfelsen rund um den Leuchtturm sind reich an **Fossilien**. Wer länger sucht, findet womöglich 350 Millionen Jahre alte Muscheln und Seesterne. Ein gutes „Jagdrevier" ist die Patrick's Bay bei Loftus Hall. Eine im Besucherzentrum erhältliche Karte listet alle neun zugänglichen Strände von Hook Head auf. Bei Ebbe kann man die felsigen Buchten der Strände von Grange, Carnivan und Baginbu Head (S. 187) gut erkunden.

Das Kap ist ein hervorragender Aussichts punkt für **Vogelbeobachtungen**: Über 200 Arte wurden hier bereits gesichtet. Besonders zwi schen Dezember und Februar lassen sich mi etwas Glück Delphine oder **Wale** beobachten.

Auch zum **Tauchen** ist die Gegend äußers beliebt. Die besten Reviere befinden sich un terhalb des Leuchtturms oder vor den Felser am südwestlichen Rand der Landzunge. Mi vielen Grotten, Felsspalten und Schluchter hat die bis zu 15 m tiefe Unterwasserlandschaft ihren eigenen Reiz. Wem das Revier zu gefährlich ist, kann es auch mit Churchtowr 1 km weiter nördlich an der Westküste de Halbinsel versuchen. Auch die Felsen südlich von Slade Harbour sind ein beliebtes Revier. Der nächste Verleih für Tauchausrüstungen ist in Kilmore Quay (S. 185).

Duncannon & Umgebung

Auf dem Weg von Hook Head nach Duncannon, stößt man gegenüber dem Templar's Inn auf die Ruinen einer befestigten **mittelalterlichen Kirche**. Im Jahr 1172 schenkte Heinrich II. den Templern Ländereien in dieser Gegend; die Ritter machten das nahe gelegene Templetown zu ihrem Hauptquartier und erbauten in der Folgezeit viele Kirchen, u. a. dieses Gotteshaus aus dem 13. Jh. Es ging später in den Besitz des Johanniter-Ritterordens und der Herren von Loftus Hall über. Auf einer Steinplatte links neben der Kirche ist das Templersiegel mit Lamm und Kruzifix eingraviert.

Der kleine Ferienort Dunacannon hat etwas Geniales an sich: der Sandstrand, die schönen Ausblicke auf Waterford Harbour, angenehme Einkehrmöglichkeiten und eine heiter gelassene Atmosphäre sind wie Balsam für die Seele. Im Juli findet hier das **Duncannon International Sand Sculpting Festival** (☎ 087-205 8491; www.visitduncannon.com/sand_festival.htm statt, am Strand entstehen dann surrealistisch wirkende Sandskulpturen.

Im Westen des Dorfes liegt das sternförmige **Duncannon Fort** (☎ 389 454; duncannonfort@hotmail.com; Erw./Kind 5/3 €; ⌚ Juni–Mitte Sept. 9.30–17.30 Uhr), in dem der Film *Der Graf von Monte Cristo* mit Richard Harris und Guy Pearce gedreht wurde. Errichtet wurde das Fort 1588 zur Abwehr eines Angriffs der Spanischen Armada. Im Ersten Weltkrieg nutzte es die irische Armee als Ausbildungslager, bis heute dient es an einem Juniwochenende als Trainingslager für Rekruten. Zur Festung gehören auch ein Meeresmuseum und ein Café.

Ungefähr 4 km nordwestlich von Duncannon liegt das schöne **Ballyhack**, von wo aus eine Fähre nach Passage East in der Grafschaft Waterford fährt (siehe Kasten, S. 203). **Ballyhack Castle** (☎ 389 468; Erw./Kind 1,50/0,75 €; ☼ Mitte Juni–Mitte Sept. 10–18 Uhr, letzter Einlass 45 Min. vor Schluss), eine Burg des Johanniterordens mit trutzigen Türmen, beherbergt eine kleine Ausstellung über die Kreuzzüge.

SCHLAFEN & ESSEN

The Moorings (☎ 389 242; Duncannon; EZ 35–40 €, DZ 70–80 €) Hier stimmen das Preis-Leistungs-Verhältnis und der Service. Das Haus ist bestens ausgestattet mit großen Badezimmern und Sofas in jeder Ecke. Auch Angler logieren gerne hier.

Glendine Country House (☎ 389 500; www.glendine house.com; Arthurstown; EZ 75–85 €, DZ 110–130 €) Die Betreiberfamilie Crosbie hat aus dem von Efeu überwucherten Haus eine heimelige Pension gemacht. Einige Zimmer haben Fenster mit Ausblick auf die Bucht und die Koppeln, auf denen Pferde und Wild grasen und Hasen herumhoppeln. Die Ausstattung der Räume reicht von ganz modern bis stilecht. Die servierten Speisen haben Bioqualität, Selbstgebackenes wird zum Nachmittagstee gereicht.

Dunbrody Country House Hotel & Restaurant (☎ 389 600; www.dunbrodyhouse.com; Arthurstown; EZ mit Frühstück & Abendessen ab 160–225 €, DZ 270–400 €, Mahlzeit im Restaurant 48–60 €) Untergebracht in einem georgianischen Herrenhaus mit authentischem Interieur aus den 1830er-Jahren, wird im Dunbrody Country House besonderer Wert auf eine relaxte Atmosphäre gelegt. Es gibt eine Lachsräucherei (Lachsverkauf!) und eine schnuckelige Bar. Auf der Speisekarte des Gourmet-Restaurants stehen Gerichte mit heimischen Zutaten. Zur Zeit der Recherche war auch noch eine Austernbar in Planung. Wem das für ein Wochenende immer noch nicht reicht, der kann in der 150 ha großen Anlage das hauseigene Spa oder eine Kochschule besuchen.

Templar's Inn (☎ 397 162; Templetown; Gerichte 11–22 €; ☼ März–Okt. 12.30–21, Nov.–März Do–So 12–20 Uhr) Diese Straßenkneipe sieht wie ein Gasthof für Durchreisende aus, jedoch ist es ein Geheimtipp für prima Steaks oder Meeresgerichte. Wer draußen sitzt, hat einen schönen Blick über die Felder und auf eine mittelalterliche Kirche.

Sqigl Restaurant & Roche's Bar (☎ 389 188; sqigl restaurant@eircom.net; Quay Rd, Duncannon; Hauptgerichte 10–25 €; ☼ Bargerichte 10.30–21, Restaurant Febr.–Ostern Mi–Sa & Ostern–Dez. Di–So 19–22 Uhr). Alles wird hier ganz frisch und überwiegend aus Biozutaten zubereitet. Die Auswahl reicht von gedünstetem Wolfsbarsch bis hin zu Junglamm. Das wunderschön eingerichtete Pub nebenan bezieht sein Essen aus der gleichen Küche. Traditionelle Musikabende finden immer freitags und samstags statt, im Sommer auch wochentags.

Dunbrody Abbey

Dunbrody Abbey, eine herrliche Ruine aus dem 12. Jh. westlich von Hook Head, liegt nahe dem R733, etwa 9 km nördlich von Duncannon, südwestlich des Dorfes Campile. Der Eingang zum Zisterzienserkloster führt über das **Dunbrody Abbey Visitor Centre** (☎ 388 603; www. dunbrodyabbey.com; Erw./Kind 2/1 €; ☼ Mai–Mitte Sept. 10–18 Uhr). Zm Komplex gehören auch die Ruinen von **Dunbrody Castle** (Erw./Kind 4/2 €), ein Kunsthandwerksladen, ein Puppenmuseum, ein Golfübungsplatz zum Pitchen und Putten und ein **Labyrinth** aus Eibenhecken. Der Eintritt für die beiden letztgenannten Attraktionen ist im Eintrittspreis für die Burg inbegriffen.

An- & Weiterreise

BUS

West Coast Wexford Rural Transport (☎ 389 410; Ramsgrange Centre, New Ross) unternimmt den tapferen Versuch, Hook mit der Außenwelt zu verbinden. Dienstags pendelt ein Bus zwischen Wellington Bridge und New Ross; dienstags und donnerstags verkehren Busse nach Fethard, Duncannon, Arthurstown, Ballyhack und New Ross, die samstags auch nach Waterford weiterfahren; mittwochs nach Wellington Bridge, Saltmills (bei Tintern Abbey), Fethard, Duncannon, Arthurstown, Ballyhack und Wexford; freitags nach Wellington Bridge, New Ross und Waterford; samstags nach Wellington Bridge und Wexford. Die Rückfahrkarten kosten zwischen 5 € und 8 €; 3 € für Studenten und Jugendliche unter 16, kostenlos für Kinder unter fünf Jahren.

Montags und donnerstags verkehrt die Linie 370 von **Bus Éireann** (☎ 05391-22522) zwischen Waterford, New Ross, Duncannon, Templetown, Fethard, Wellington Bridge und Wexford. Die gesamte Fahrt dauert 2¾ Std. Der gleiche Bus verbindet Waterford, New Ross und Duncannon von Montag bis Sams-

DIE BESTEN ERDBEEREN DES LANDES

Der Koch Kevin Dundon ist regelmäßig im *Irish Independent*, in der RTÉ I *The Afternoon Show* und auf *Jigs'n'Reels* neben anderen Berühmtheiten zu sehen. Noch als Chefkoch im Shelbourne Hotel (Dublin), erhielt er Anerkennung für sein simples Motto: „Viele Köche können exquisit kochen, aber wenige können Einfaches exzellent zubereiten. Denn hierbei darf man sich keinen Fehler erlauben, muss die besten Zutaten finden und sich aufs Wesentliche konzentrieren".

Dundon zog vor zehn Jahren ins Dunbrody House ein und sein Kochbuch *Full On Irish* ist ein wahrer Fundus an kulinarischen Themen à la Wexford. Mit kilometerlangen Stränden ist Wexford ein Eldorado für Meeresgerichte wie z. B. die Jakobsmuscheln von Kilmore Quay, die Herz- und Miesmuscheln der Baginbun Bay, Wildlachs aus der Flussmündung von Waterford, Schwertfisch, Thunfisch und Wolfsbarsch aus dem Meeresgebiet bei Duncannon.

Die Gegend ist aber auch berühmt für ihre Erdbeeren, die im Fühsommer überall an Straßenständen verkauft werden. Dundon kombiniert sie bevorzugt mit Ziegenkäse (aus Blackwater im östlichen Wexford County). Eine andere Delikatesse aus heimischen Landen ist die British-Queen-Kartoffel, die auf Hook Head angebaut wird und hier prächtig gedeiht, was Dundon dem Golfstrom zuschreibt.

Dieser sorgt dafür, dass der Südosten dem restlichen Irland um zwei Monate beim Wachstum voraus ist, so dass hier die erste Kartoffelernte reift. Dundon schwärmt: „Der Boden ist sandig, also ideal für den Kartoffelanbau. Die Sorte British Queen ist mehlig und damit einmalig in Irland. Beim Kochen reißt die Haut auf, sodass sie einem quasi zublinzeln".

tag (Abfahrt abends), mittwochs und samstags auch Waterford, New Ross, Wellington Bridge und Wexford. Alle Linien verkehren in beiden Richtungen.

SCHIFF/FÄHRE

Wer nach Waterford weiterreist, geht am besten an Bord der Autofähre zwischen Ballyhack und Passage East (s. Kastentext, S. 203), um sich den Umweg über New Ross zu ersparen.

NEW ROSS
☎ 051 / 4680 Ew.

Die große Attraktion in New Ross (Rhos Mhic Triúin), 34 km westlich von Wexford (Stadt), besteht in der Gelegenheit, einmal an Bord eines Auswandererschiffs aus dem 19. Jh. zu gehen. Die Stadt, die sich im 12. Jh. als normannischer Hafen am Barrow entfaltete, nennt sich auch das „Normannische Eingangstor zum Barrowtal". Besonders schön ist New Ross nicht, aber am östlichen Flussufer steigen immerhin ein paar enge und steile Gassen ganz malerisch an, aus denen St. Mary's Church als Blickfang hervorragt.

Während des Aufstands von 1798 versuchten einige Rebellen die Stadt einzunehmen, wurden jedoch von den Verteidigern zurückgeschlagen. Resultat waren 3000 Tote und ein Ort voller Trümmer.

Die **Touristeninformation** (☎ 421 857; The Quay; ❤ April–Sept. 10–18.30, Okt.–März 10–17 Uhr) befindet

sich im Besucherzentrum, wo es neben einem kleinen Café auch Internetzugang bei **Solaak Inventures** (☎ 420 807; 5 The Quay; 4 € pro Std.; ❤ Mo–Sa 10–22, So 13–24 Uhr) gibt.

Sehenswertes & Aktivitäten

Wer mehr über das Schicksal der Auswanderer während der Hungersnot an Bord der „Sargschiffe" erfahren will, sollte ein Ticket für das **Dunbrody Heritage Ship** (☎ 425 239; www dunbrody.com; Erw./Kind 7/4 €; ❤ April–Sept. 10–18, Okt.–März 10–17 Uhr) kaufen, der Rekonstruktion eines Segelschiffs aus dem Jahr 1845. Schauspieler stellen sehr lebendig die teils herzzerreißenden Szenen nach, die sich dort ehemals abspielten. Zum Besuchsprogramm gehören eine 40-minütige Tour und ein zehnminütiger Kurzfilm über die Geschichte des ursprünglichen Dreimasters und den Bau eines neuen Schiffes. Bereits über 2 Mio. Einträge hat die ebenfalls zugängliche Datenbank zur irischen Emigration nach Amerika zwischen 1845 und 1875.

Die zwei- bis dreistündige Flusskreuzfahrt an Bord des **Galley River Cruising Restaurant** (☎ 421 723; www.river cruises.ie; North Quay; Kreuzfahrt mit Mittagessen/Abendessen 25/40 €; ❤ Mai–Okt. 12, 15 & 19 Uhr) verspricht ein gemächliches Dahingleiten auf dem Barrow, vorbei an einer ländlichen Idylle. Man genießt sie bei einer Tasse Tee oder gönnt sich eine feine Mahlzeit (12–17 €).

St Mary's Abbey an der Church Lane war einst eine der größten mittelalterlichen Kirchen in Irland. Von der Kirche, die Isabella von Leinster und ihr Gemahl William im 13. Jh. gründeten, bliebt nur eine Ruine ohne Dach. Das Tourismusamt arrangiert den Einlass.

Schlafen & Essen

MacMurrough Farm Hostel (☎ 421 383; www.macmurrough.com; MacMurrough; B 14–16 €, DZ 34–40 €; ☽ März–Okt.; ℗) Brian und Jenny's Hostel erreicht man über eine 3,5 km lange Straße, die vom Nordosten der Stadt zur Jugendherberge hinauf führt (am besten erkundigt man sich telefonisch nach der genauen Anfahrtsbeschreibung). Der Gemeinschaftsraum im weiß getünchten Nebengebäude und die Mehrbettzimmer mit Bad samt ihren duftigen Plumeaus sind schön rustikal. Außerdem gibt's da noch eine ebenso behagliche Selbstversorgeroption für zwei Personen (pro Nacht/Woche 60/350 €) in den alten Stallungen.

Riversdale House (☎ 422 515; www.wexford-bnb.com; Lower William St; EZ/DZ 50/80 €; ☽ März–Nov.; ℗) Die einzige B&B-Pension im Stadtzentrum, oberhalb des Flusskais besteht schon seit 25 Jahren. Die freundliche, dynamische Inhaberin und Kochlehrerin namens Ann hatte bereits den Titel National Housewife of the Year (Hausfrau des Jahres). Die rosaroten Zimmer sind mit Gemälden der Familie und mit Porzellanfiguren dekoriert, die Ann von ihren Reisen mitgebracht hat. Vom Wintergarten blickt man hinaus auf einen idyllischen Garten.

Brandon House Hotel (☎ 421 703; www.brandonhousehotel.ie; New Ross; EZ/DZ 125/190 €; ℗ ▯) Das Brandon, 2 km südlich von New Ross auf einem Hügel mit Flussblick gelegen, ist nicht so schnieke wie die nahe gelegenen Landhaushotels von Duncannon, hat jedoch einige Pluspunkte aufzuweisen: offenes Kaminfeuer, eine weitläufige Gartenanlage, eine Bar mit Bibliothek und Zimmer, die für eine kleine Familie Platz bieten. Dazu gehört ein luxuriöser Wellness- und Spaclub mit Whirlpool, Fitness- und Wellnessbehandlungen sowie Sauna.

Sid's Diner (☎ 421 973; Marsh Meadows; Hauptgerichte 6–12 €; ☽ Mo–Sa 7–19 Uhr) Im Sid's, 1,5 km südlich vom Stadtzentrum, wird das Speisen zu einem eklektischen Erlebnis mit den ewig gleichen Klassikern, serviert in einem Café mit amerikanischem Flair, während das Personal die Marke Renault repräsentiert (gleich neben dem Showroom).

Upper Deck Café (☎ /Fax 425 391; 8 Mary St; Sandwiches 4–7 €, Hauptgerichte 6–10 €; ☽ Mo–Sa 9–17.30 Uhr) In diesem Café im ersten Stock bekommt Vollwertkost einen neuen Schwung. Wer's eilig hat, schnappt sich ein schnelles Sandwich, wer hungrig ist, kann sich mit Köstlichkeiten von der warmen Theke richtig satt schlemmen.

An- & Weiterreise

Verschiedene Busse von **Bus Éireann** (☎ 05391-22522) fahren ab dem Dunbrody Inn am Quay (Ufer) nach Waterford (1,50 €, 30 Min., Mo–Sa 11-mal tgl., So 7-mal), Dublin (10,50 €, 3 Std.,4-mal tgl.), Rosslare Harbour (10,50 €, 1 Std., Mo–Sa 4-mal tgl., So 3-mal) und Wexford (5,50 €, 40 Min., Mo–Fr 4-mal tgl., Sa 3-mal).

RUND UM NEW ROSS
☎ 051

Ungefähr 7 km südlich von New Ross, liegt das **Kennedy Geburtshaus** (☎ 388 264; www.kennedy homestead.com; Dunganstown; Erw./Kind/Familie 5/2,50/ 14 €; ☽ Juli & Aug. 10–17, Mai, Juni & Sept. Mo–Fr 11.30–16.30 Uhr, ansonsten auf Anfrage), hier erblickte Patrick Kennedy, der Urgroßvater von John F Kennedy, das Licht der Welt. Er emigrierte 1849 in die USA. Als JFK 1963 das Gehöft besuchte und die Großmutter des Besitzers umarmte, zeigte er nach den Worten seiner Schwester Jean das erste Mal Gefühle in der Öffentlichkeit. Später war es Jean, die hier die Gedenktafel enthüllte. Die Nebengebäude wurden in ein Museum umfunktioniert, das die Umstände des Kennedy-Besuchs und die Familiengeschichte des irisch-amerikanischen Clans unter die Lupe nimmt.

Das **John F Kennedy Arboretum** (☎ 388 171; jfkarboretum@opw.ie; New Ross; Erw./Kind 3/1,50 €; ☽ Mai–Aug. 10–20, April & Sept. 10–18.30, Okt.–März 10–17 Uhr, letzter Einlass 45 Min. vor Schluss) mit seinen 4500 Baum- und Straucharten auf 252 ha Wald- und Parkland ist für Familien an einem sonnigen Tag ein echter Publikumsmagnet. Der Park, 2 km südöstlich vom Kennedy-Geburtshaus, wurde von prominenten Amerikanern irischer Abstammung als JFK-Gedenkstätte angelegt. Zur Anlage gehören ein kleines Besucherzentrum, Teestuben und ein Picknickgelände.

Gegenüber dem Parkeingang erhebt sich **Slieve Coillte** (270 m), eine Anhöhe mit Aussichtspunkt. Der Blick schweift nicht nur über das Arboretum, sondern an klaren Tagen weit über sechs Grafschaften.

ENNISCORTHY

☎ 05392 / 3240 Ew.

Der idyllische Marktflecken Enniscorthy (Inis Coirthaidh) besteht aus einem Gewirr steiler Gassen, die von der Pugin's Kirche hinunter zur Normannenburg und dem Slaney führen. Iren verbinden Enniscorthy auf ewig mit einigen der erbittertsten Kämpfe während des Aufstands von 1798, als Rebellen die Stadt einnahmen und bei Vinegar Hill ihr Lager aufschlugen. Ein Besucherzentrum erläutert die Geschichte auf sehr eindrucksvolle Weise.

Praktische Informationen

Bei der örtlichen **Touristeninformation** (☎ 34699; Mill Park Rd; 🕑 Ostern–Sept. Mo–Fr 9.30–17, Sa & So 11–17, Okt.–Ostern Mo–Fr 9.30–16 Uhr) im National 1798 Rebellion Centre sind kostenlose Prospekte mit Stadtplänen und Umgebungskarten erhältlich.

Eine einstündige **geführte Stadttour** (5 €) kann für eine Gruppe mit mindestens fünf Personen bei **Castle Hill Crafts & Tours** (☎ 36800; Castle Hill) gebucht werden.

Unterhalb von Castle Hill, auf und rund um den Abbey Square befinden sich das Hauptpostamt und zwei Banken. Vom **Internet Café' Plus** (☎ 43676; 2 Templeshannon; 2 € pro Std.; 🕑 Mo–Fr 10–22, Sa & So 12–22 Uhr) aus blickt man auf die Enniscorthy Bridge.

Sehenswertes

Ein Besuch im ausgezeichneten **National 1798 Rebellion Centre** (☎ 37198; 98com@iol.ie; Mill Park Rd; Erw./Kind 6/3,50 €; 🕑 Ostern–Sept. Mo–Fr 9.30–17, Sa & So 11–17, Okt.–Ostern Mo–Fr 9.30–16 Uhr) lohnt sich, bevor es zum Vinegar Hill hinaufgeht. Es beleuchtet die Ideale der Revolutionäre des 18. Jhs. und den Aufstand von Wexford gegen die englische Besatzung. Viele interaktive Medien und Filme dokumentieren die Umstände und Hintergründe der Rebellion sowie das Schicksal der Rebellen, von denen die meisten einen grausamen Tod erleiden mussten. Vom Abbey Square läuft man stadtauswärts entlang der Mill Park Road, und biegt dann die erste Straße rechts hinter der Schule ab.

Die Normannen hinterließen die trutzige **Burg Enniscorthy** mit ihren vier Türmen. Königin Elisabeth I. gewährte dem Dichter Edmund Spenser das Pachtrecht als Anerkennung für die Schmeicheleien, die er ihr im Epos *The Faerie Queene* machte. Wenig dankbar, verkaufte er die Burg allerdings an einen ortsansässigen Gutsherrn weiter.

Wie alles in dieser Gegend attackierte im Jahr 1649 Cromwell auch diese Burg. Während des Aufstands von 1798 fungierte das Gebäude als Gefängnis.

In der Festung befindet sich das **Wexford County Museum**, welches zur Zeit der Recherche geschlossen war, wobei nicht sicher ist, ob es wieder eröffnet wird. Das leicht angestaubte Museum bot bis zu seiner Schließung einen kuriosen Mischmasch von Exponaten, darunter ein Einspänner und verschiedene Galionsfiguren von Schlachtschiffen.

Die katholische **St. Aidan's Cathedral** (1846) von Augustus Pugin, dem federführenden Architekten der Houses of Parliament in London, erstrahlt nach ihrer Restaurierung wieder in ihrem alten Glanz.

Jedes irische Schulkind kennt den Namen von **Vinegar Hill,** der im Zusammenhang mit einer der blutigsten Schlachten während des Aufstands von 1798 steht, die schließlich aber auch einen Wendepunkt herbeiführte. Nach der Besetzung von Enniscorthy ließ sich eine Rebellengruppe rund um die Windmühle auf Vinegar Hill nieder. Einen Monat später griffen englische Truppen an und zwangen die Rebellen zum Rückzug. Dabei wurden Hunderte von Frauen und Kindern in einer „Säuberungsaktion" niedergemetzelt.

Oben auf dem Hügel, mit herrlichen Panoramablicken auf Enniscorthy und die umgebenden Berge, erinnert eine Gedenkstätte an den Aufstand. Den Weg dorthin weist ein braunes Schild ab Templeshannon am östlichen Flussufer. Es sind etwa 45 Gehminuten.

Aktivitäten

Der 18-Loch-Golfplatz des **Enniscorthy Golf Club** (☎ 37600; New Ross Road; Green Fee wochentags/an Wochenenden 30/40 €) liegt 2,5 km südwestlich der Stadt.

Fischen ist in den Forellenteichen der nahe gelegenen **Rainbow Farm** (☎ 40707; Kellystown, Adamstown) möglich. Fahrten hinaus aufs Meer betreut **Danny's Bait & Tackle** (☎ 43571; St. Senan's Rd).

Feste & Events

Ende Juni/Anfang Juli findet in Enniscorthy das **Erdbeerfest** (☎ 33540) statt. Dann haben die Kneipen auch länger geöffnet, und es gibt Erdbeeren mit Sahne bis zum Abwinken.

Schlafen

Murphy's (☎ 37837; murphysguesthouse@gmail.com; 9 Main St; EZ ab 40–45 €, DZ 60–70 €; Ⓟ) Diese B&B-

Herberge über einem Bekleidungsgeschäft ist angesichts des Preises ganz in Ordnung. Es ist eine zentrale Übernachtungsoption mit Miniparkplatz.

Old Bridge House (☎ 34222; obhouse@indigo.ie; Slaney Place; EZ/DZ 40/70 €) Die Pension ist das perfekte Gegenstück zur Uniformität eines großen Hotels. Das Haus ist innen reich mit Topfpflanzen, Kunstdrucken und allerlei Kuriositäten ausgestattet. Auf der kleinen Sonnenterrasse können Besucher relaxen.

Treacy's Hotel (☎ 37798; www.treacyshotel.com; Templeshannon; EZ/DZ 95/150 €) Die Zimmer sind so ähnlich wie die eines Hotels an der Autobahn, jedoch werten zwei Bars, ein Nachtclub und ein Thair-Restaurant die Unterkunft auf. Unterhaltung ist geboten durch die Aufführung irischer Tänze. Die Gäste können das Freizeitzentrum gegenüber mit Fitnessraum und Sauna gratis nutzen.

Monart (☎ 38999; www.monart.ie; The Still; EZ/DZ/3BZ 185/290/435 €) ist ein Resort mit Spa nur für Erwachsene, das 2 km westlich von Enniscorthy etwas versteckt im Wald liegt. Die Zimmer gruppieren sich um einen Teich. Ein gläserner Anbau am Haupthaus verbreitet den Hauch der Moderne, ohne dessen Grandezza zu schmälern. Die Wellnessbehandlungen reichen von Wassertherapie bis hin zur Verjüngungskur.

Essen

Baked Potato (☎ 34085; Rafter St; Snacks & Mahlzeiten 5,50–8,50 €; ⏰ Mo–Sa 8–18 Uhr) Hier gehen Unmengen von hausgemachten Kuchen, Torten, Sandwiches und Snacks des Tages über die Ladentheke.

De Olde Bridge (☎ 38624; 2 Templeshannon; Snacks 2,50–4 €, Mahlzeiten 6–11,50 €; ⏰ Mo–Sa 8–16, So 9–16 Uhr) Dieses Café ist die Adresse für günstige, altmodische Magenfüller wie Lasagne, Lammkoteletts oder Full Irish Breakfast.

The Bailey (☎ 30353; Barrack St; Hauptgerichte 13–27 €; ⏰ 10–22 Uhr) In diesem umgebauten einstigen Getreidelager gibt's die üblichen Pubsnacks, teils ergänzt durch originelle Varianten wie das Cajun-Seelachssteak.

Galo Chargrill Restaurant (☎ 38077; 19 Main St; Hauptgerichte 18–28 €; ⏰ Di–So 12–15 & 17.30–22 Uhr) Einheimische sind ganz begeistert von dem portugiesischen Restaurant, jedoch lässt die Bierqualität zu wünschen übrig. Es tendiert mehr zu mediterraner Küche, so gibt's auch Fischpasteten, Hähnchenspieße und Fleischgerichte à la carte.

Auf dem **Bauernmarkt** (☎ 087-411 4481; Abbey Square; ⏰ Sa 9–14 Uhr) werden heimisches Biogemüse, Speck, Käse, Brot, Fisch und Obst feilgeboten.

Ausgehen

Die Kneipenlandschaft in Enniscorthy besteht aus traditionellen Bars ohne viele Extras und urgemütlichen Lokalen.

Antique Tavern (☎ 33428; 14 Slaney St) Aufgepasst: Bei diesem schnuckelig kleinen Fachwerkwirtshaus am Flussufer müssen „Schurken, Trickdiebe, Gauner und Penner" tunlichst draußen bleiben.

The Bailey (☎ 30353; Barrack St) Diese Bar am Flussufer hat eine Musik- und Kabarettbühne für Künstler aus der Gegend, aber auch aus ganz Irland.

Slaney Plaza Cinema (☎ 37060; www.slaneyplaza. net; Templeshannon; Erw./Kind 8/5,50 €) zeigt Kommerz- und Autorenfilme.

Shoppen

Die Region Enniscorthy gilt seit dem 17. Jh. als Zentrum für Tonwaren. Eines der ältesten Ateliers ist **Carley's Bridge Potteries** (☎ 33512; Fax 34360; ⏰ Mo–Fr 9–12.45 & 14–17.30 Uhr) an der Straße nach New Ross. Der kostenlose Prospekt *Slaney Tourism* präsentiert die Töpferstraße (im Fremdenverkehrsamt erhältlich).

An- & Weiterreise

BUS

Busse von **Bus Éireann** (☎ 05391-22522) halten am Shannon Quay am östlichen Flussufer vor dem **Bus Stop Shop** (☎ 33291; ⏰ 9–22 Uhr), wo Fahrkarten erhältlich sind. Nach Dublin fahren täglich neun Busse (10,50 €, 2½ Std.) bzw. acht nach Rosslare Harbour (8,20 €, 1 Std.) über Wexford (5,10 €, 25 Min.).

ZUG

Der **Bahnhof** (☎ 33488) liegt am östlichen Flussufer, wobei 3-mal täglich Züge nach Dublin (18,50 €, 2¼ Std.), Wexford (5 €, 25 Min.) und Rosslare Europort (8 €, 45 Min.) fahren.

FERNS

☎ 05393 / 950 Ew.

Das verschlafene Dorf war einst die Machtzentrale der Könige von Leinster, insbesondere von Dermot MacMurrough (1110–71), der die Normannen nach Irland brachte (siehe S. 35). Die Normannen hinterließen eine Kirche und eine wehrhafte Burg, die später Cromwell zertrümmern ließ.

Ferns Castle (☎ 66411; ☿ Mitte Juni–Mitte Sept. 10–18 Uhr, letzter Einlass 45 Min. vor Schluss) wurde um 1220 erbaut. Einige Festungsmauern und ein Teil des Wallgrabens sind erhalten; der Turm kann erklommen werden. 1649 ließen die Republikaner die Burg schleifen und töteten den größten Teil der Bevölkerung. Die Ruine soll genau an der Stelle stehen, wo die alte Festung von Dermot MacMurrough stand. Das Besucherzentrum beherbergt ein Café mit einem auffallenden historischen Wandteppich.

Am östlichen Ende der Hauptstraße befindet sich die neogotische **St. Edan's Kirche** aus dem Jahr 1817. Im **Friedhof** verweist ein ramponiertes Kreuz auf die letzte Ruhestätte von Dermot MacMurrough.

Hinter der Kirche sind die Reste von zwei Gebäuden zu sehen: von der von Normannen erbauten **Ferns Cathedral** und **St. Mary's Abbey** mit einem originellen Rundturm auf einem viereckigen Sockel. Dermot MacMurrough gründete das Augustinerkloster im Jahr 1158. Die Wikinger zerstörten hier eine frühe christliche Siedlung St. M'Aodóg aus dem Jahr 600.

Weiter außerhalb der Stadt liegt **St. Peter's Church**, errichtet aus Steinen von der Ferns Cathedral und St. Mary's Abbey.

Da die Besichtigung von Ferns nur etwa eine Stunde dauert, bietet sich das ca. 12 km östlich gelegene Enniscorthy als idealer Übernachtungsort an. Jedoch ist die B&B-Herberge **Coolbawn** (☎ 66452; EZ/DZ 60/80 €) unweit vom Ferns Castle angenehmer und preiswerter als alle anderen Optionen in Enniscorthy.

Bus Éireann (☎ 05391-22522) verkehrt von Mo–Sa 9-mal (So 1-mal) täglich von Ferns nach Dublin (2¼ Std.), 8-mal nach Rosslare Harbour (1¼ Std.) via Enniscorthy (15 Min.) und Wexford (40 Min.), und 3-mal nach Waterford (1 Std.).

MOUNT LEINSTER

Der höchste Berg in den Blackstairs ist Mount Leinster (796 m), von dessen Gipfel man einen herrlichen Ausblick auf die Grafschaften Waterford, Carlow, Kilkenny und Wicklow hat.

Der Parkplatz am Fuß des Berges ist ab Bunclody, 16 km nordwestlich von Ferns, ausgeschildert. Hier ist der Ausgangspunkt für eine steile 1½-stündige Rundwanderung. Wer von Kilkenny aus anreist, folgt ab Borris den Wegweisern zur South-Leinster-Panoramastraße. Die letzten paar Kilometer bestehen

aus engen, gefährlichen Kurven unterhalb steiler Felswände.

Mount Leinster ist ein Mekka für Gleitschirm- und Drachenflieger: Nähere Auskunft gibt **Irish Hang Gliding & Paragliding Association** (http://ihpa.ie).

Brian Gilsenan (☎ 05393-77828) bietet geführte Bergwanderungen in den Blackstairs Mountains an. Nützlich ist auch die regionale Wanderkarte Nr. 68 von Survey's Discovery.

COUNTY WATERFORD

108 000 Ew.

Es sieht so aus, als hätte der keltische Tiger, der symbolisch für die Modernisierung und den Fortschritt in Irland steht, plötzlich ein inneres Unbehagen gespürt, sodass er kurz nach Ankunft in Waterford in ein Nickerchen versank. Die ruhige Grafschaft ist vom Tourismus noch relativ unberührt, dies gilt gerade auch für die Küste zwischen Waterford Harbour und Cork. Erst langsam erwacht das touristische Interesse an diesem Küstenstrich, den vor allem Familien schätzen lernen. Fáilte Ireland hat die regionale Broschüre *Cool for Kids* herausgegeben. Auch sollen familienfreundliche Plätze mit Smiley-Plaketten ausgewiesen werden.

An Waterfords attraktiven Sandstränden finden sich Badeorte für jeden Geschmack, darunter das vornehme Dunmore East oder das historische Ardmore mit goldenen Stränden und einer herrlichen Küste, wie geschaffen für Spaziergänge. Dann ist da noch Tramore, das seit Jahren schon als Ferienort im Zuckerwatte- und Pommesfieber bekannt ist, wobei inzwischen auch der „grüne Tourismus" Aufwind bekommen hat, der mit entsprechenden Attraktionen lockt. Vom Helvick Head aus genießt man herrliche Ausblicke auf eine 25 km lange Küstenlinie mit verschiedenen Gesteinsschichten. Dies ist übrigens Gaeltacht-Gebiet, in dem noch Irisch gesprochen wird. Auch die Straßenschilder sind in Irisch gehalten.

Die Stadt Waterford hat sich nach jahrelanger Verjüngungskur gemausert. Das Stadtbild prägen heute Fußgängern vorbehaltene Plazas, auf denen Straßenmusikanten aufspielen. Mittelalterlich wirkende Gassen und georgianische Architektur konkurrieren mit Irlands ältestem Gebäude in der Ortsmitte.

Das Nire Valley im Norden wirkt im Schatten der Comeragh und Monavullagh Mountains wie eine verlorene Welt. Angesichts der klaren Luft, der freundlichen Menschen und der wunderschönen Berglandschaft lohnt sich eine Entdeckungstour zu Steinkreisen, Grabhügeln und Menhiren aus der Jungsteinzeit.

Der gemächliche Blackwater durchfließt die Grafschaft und passiert die malerischen Städtchen Cappoquin und Lismore. Im letztgenannten Ort erzählt man sich mehr als eine Anekdote zu einem präraffaelitischen Fenster von Edward Burne-Jones (das einzige in Irland).

WATERFORD (STADT)

☎ 051 / 45 750 Ew.

Als Irlands älteste Stadt ist Waterford (Port Láirge) ein geschäftiger Handelshafen. Mit ihren engen Gassen, die von den breiten Straßen abzweigen, wirkt die Stadt teilweise noch mittelalterlich. Reginald's Tower symbolisiert das Wikinger-Herz der Stadt; dann sind da noch einige attraktive Stadt- und Lagerhäuser im georgianischen Stil. Irlands verrücktestes Museum entlang der Kaimauer nutzt neueste Computertechnik, um Waterfords Geschichte zu vermitteln. Wer die Sinnesreize weiter stimulieren will, unternimmt eine Tour durch Waterfords Kristallfabrik.

Zwar ist die Atmosphäre einer etwas heruntergekommenen Hafenstadt noch überall zu spüren, doch hat sich der Ort in jüngster Vergangenheit gemausert. Fußgängerzonen und Kunst im öffentlichen Raum haben das Zentrum verschönert, sodass das Herumschlendern jetzt viel mehr Spaß macht.

Geschichte

Im 8. Jh. siedelten sich Wikinger am Port Láirge an, den sie in Vadrafjord umbenannten und bald in einen boomenden Handelsplatz verwandelten. Um ihre Herrschaft zu stärken, erhoben sie von allen Volksgruppen eine Tributzahlung, die als *Airgead Sróine* (Nasengeld) in die Geschichte einging. Verweigerern wurde zur Strafe die Nase abgeschnitten!

Als die neu angekommenen Anglo-Normannen Waterfords strategische Bedeutung erkannten, griffen sie die Stadt 1170 an und schlugen die miteinander verbündeten Heere der Iren und Wikinger. 70 namhafte Bürger

COUNTIES WEXFORD & WATERFORD

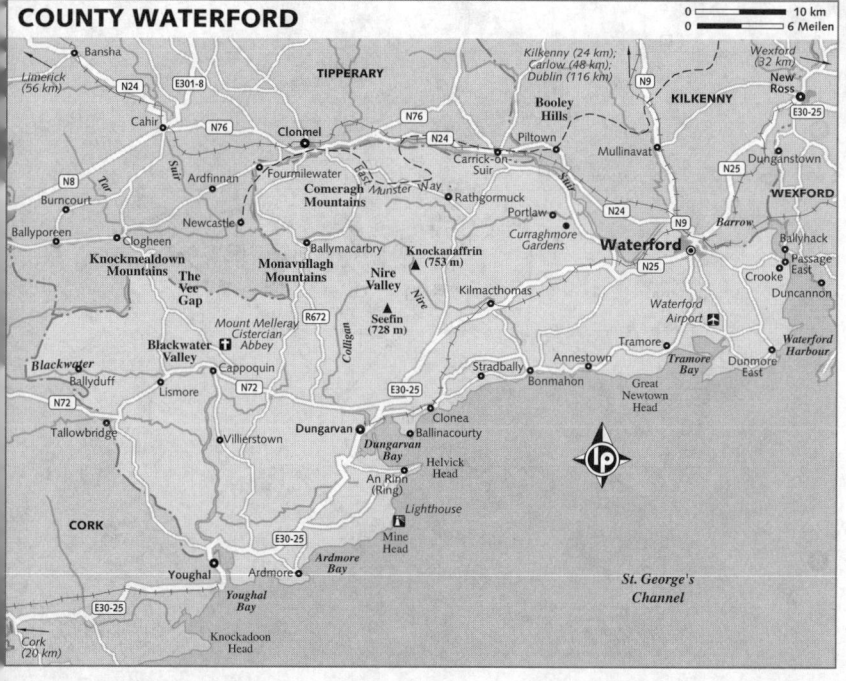

COUNTY WATERFORD

WATERFORD (STADT)

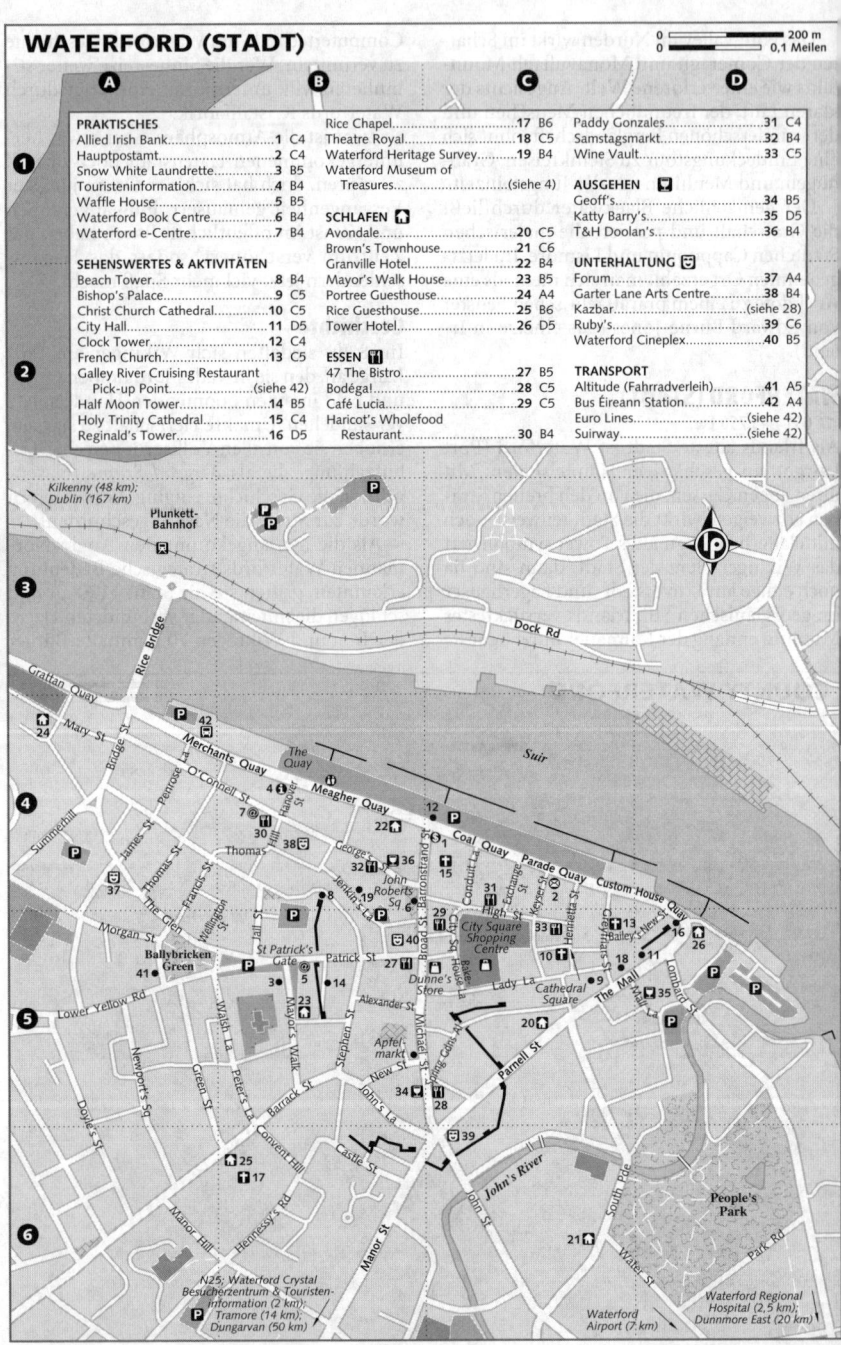

PRAKTISCHES
Allied Irish Bank	**1** C4
Hauptpostamt	**2** C4
Snow White Laundrette	**3** B5
Touristeninformation	**4** B4
Waffle House	**5** B5
Waterford Book Centre	**6** B4
Waterford e-Centre	**7** B4

SEHENSWERTES & AKTIVITÄTEN
Beach Tower	**8** B4
Bishop's Palace	**9** C5
Christ Church Cathedral	**10** C5
City Hall	**11** D5
Clock Tower	**12** C4
French Church	**13** C5
Galley River Cruising Restaurant Pick-up Point	(siehe 42)
Half Moon Tower	**14** B5
Holy Trinity Cathedral	**15** C4
Reginald's Tower	**16** D5

Rice Chapel	**17** B6
Theatre Royal	**18** C5
Waterford Heritage Survey	**19** B4
Waterford Museum of Treasures	(siehe 4)

SCHLAFEN
Avondale	**20** C5
Brown's Townhouse	**21** C6
Granville Hotel	**22** B4
Mayor's Walk House	**23** B5
Portree Guesthouse	**24** A4
Rice Guesthouse	**25** B6
Tower Hotel	**26** D5

ESSEN
47 The Bistro	**27** B5
Bodéga!	**28** C5
Café Lucia	**29** C5
Haricot's Wholefood Restaurant	**30** B4

Paddy Gonzales	**31** C4
Samstagsmarkt	**32** B4
Wine Vault	**33** C5

AUSGEHEN
Geoff's	**34** B5
Katty Barry's	**35** D5
T&H Doolan's	**36** B4

UNTERHALTUNG
Forum	**37** A4
Garter Lane Arts Centre	**38** B4
Kazbar	(siehe 28)
Ruby's	**39** C6
Waterford Cineplex	**40** B5

TRANSPORT
Altitude (Fahrradverleih)	**41** A5
Bus Éireann Station	**42** A4
Euro Lines	(siehe 42)
Suirway	(siehe 42)

wurden bei Baginbun Head über die Steil-klippen in den Tod gestoßen. 1170 gelang Strongbow mit 200 Soldaten und 1000 Bogen-schützen die vollständige Eroberung. Ihren abschließenden Höhepunkt fand sie in der Vermählung von Strongbow mit der Tochter von Dermot MacMurrough.

1210 verstärkte King John die alten Stadt-mauern der Wikinger. Waterford wurde da-durch zu Irlands bestbefestigter Stadt. Im 15. Jh. widerstand sie den Machtränken zweier Anwärter auf die englische Krone, Lambert Simnel und Perkin Warbeck. So wurde das Motto *Urbs intacta manet Waterfordia* (Water-ford bleibt unbesiegt) geprägt.

Das Glück währte jedoch nicht lange: Zwar hielt die Stadt Cromwells Truppen im Jahr 1649 stand, aber als sie 1650 zurückkehrten, musste Waterford kapitulieren. Obwohl der Stadt das übliche Gemetzel erspart blieb, schrumpfte die Bevölkerung. Denn die Katho-liken mussten entweder ins Exil oder wurden als Sklaven in die Karibik verschleppt.

Orientierung

Waterford liegt am Fluss Suir, 16 km von der Küste entfernt. Die Haupteinkaufsstraße be-ginnt direkt südlich vom Suir, als Barronstrand Street, quert John Roberts Square und setzt sich als Michael Street und John Street fort, bevor sie die Parnell Street kreuzt, dann ver-läuft in nordöstlicher Richtung zurück zum Flusskai und heißt bald *The Mall*. Fast alle Sehenswürdigkeiten und Geschäfte liegen in diesem Dreieck.

Praktische Informationen

BUCHLÄDEN

Waterford Book Centre (☎ 873 823; 25 John Roberts Sq; ☻ Mo–Do & Sa 9–18, Fr 9–21, So 13–17 Uhr) Ein prima Laden mit Büchern auf drei Etagen, einigen auslän-dischen Zeitungen und Zeitschriften sowie einem Café.

GELD

Es gibt eine Filiale der **Allied Irish Bank** (☎ 874 824; Meagher Quay) am Uhrturm und Geldauto-maten überall in der Stadt.

GEPÄCKAUFBEWAHRUNG

Bahnhof Plunkett (☎ 873 401) Gepäckaufbewahrung für 2,50 € pro Gepäckstück für 24 Std.

INTERNETZUGANG

Waffle House (☎ 086-050 8196; 31 Patrick St; 0,50 € pro 30/60 Min.; ☻ 8.30–20 Uhr)

Waterford e-Centre (☎ 878 448; 10 O'Connell St; 2,80/4,50 € pro 30/60 Min.; ☻ Mo–Do 9.30–21, Fr 9.30–20, Sa 9.30–18, So 11–18 Uhr)

MEDIZINISCHE VERSORGUNG

Waterford Regional Hospital (☎ 848 000; Dunmore Rd) Etwas außerhalb der Stadt. Dem Flusskai ostwärts folgen und auf die Schilder achten.

POST

Das Hauptpostamt liegt auf dem Parade Quay. Daneben gibt es die Filialen O'Connell Street und High Street, Montag bis Samstag ganz tags, donnerstags nur halbtags geöffnet.

TOILETTEN

Öffentliche Toiletten befinden sich im Bus-bahnhof nahe dem Merchant's Quay sowie beim Uhrturm.

TOURISTENINFORMATION

Waterford City Touristeninformation (☎ 875 823; www.southeastireland.com; Merchants Quay; ☻ Mo–Sa Mai–Sept. 9–18, Okt.–April Mo–Sa 9.15–17, So Juli–Aug. 11–17 Uhr) Dieses große Fremdenverkehrsamt ist die beste Auskunftsquelle für die Counties Waterford und Wexford mit gutem Service.

Waterford Crystal Touristeninformation (☎ 358 397; Cork Rd; ☻ Jan.–März & Ok.t 9–17, April–Sept. 9–18 Uhr, Nov. & Dez. geschl.)

WASCHSALON

Snow White Laundrette (☎ 858 905; Mayor's Walk; ☻ Mo–Sa 9.15–13.30 & 14.30–18 Uhr)

Sehenswertes & Aktivitäten

Waterford Museum of Treasures (☎ 304 500; www. waterfordtreasures.com; Hanover St; Erw./Kind 4/2 €; ☻ April, Mai & Sept. 9.30–18, Juni–Aug 9.30–21, Okt.–März 10–17 Uhr) ist eines der vielfältigsten und modernsten Museen Irlands mit Hightech-Magie und au-diovisueller Spitzentechnik in einem teilweise hypnotisierenden Labyrinth aus Metall und Glas. Alle Sinne werden hier angeregt.

Der Spaß beginnt im dritten Stock. Mit ei-nem Audioguide wandelt man durch diverse Schauräume auf den Spuren der Geschichte. Ein Publikumsmagnet ist das „Langschiff der Wikinger", das auf Meereswogen dahinschau-kelt. Danach nimmt man an der Hochzeit von Strongbow und Prinzessin Aiofe aus Water-ford teil, die ihrem anglonormannischen Ge-mahl das Feiern auf Irisch beibringt.

Zwar gehen die Exponate ein wenig im Techniktaumel des 21. Jh. unter, jedoch sind einige wahre Juwelen dabei. Zur Ausbeute einer tausendjährigen Geschichte zählen u. a. goldene Wikingerbroschen, edelsteinbesetzte Normannenkreuze, die herrliche Magna Charta aus dem Jahr 1372 und silberne Kirchenreliquien aus dem 18. Jh.

Das älteste noch vollständig erhaltene Gebäude im ganzen Land und das erste, bei dem Mörtel zum Einsatz kam, ist der **Reginald's Tower** (☎ 304 220; The Quay; Erw./Kind 2/1 €; ☻ Juni-Aug. 9.30–18, Sept.–Mai 9.30–17 Uhr) aus dem 12. Jh. Mit seinen 3 bis 4 m dicken Mauern ist er ein richtiges Paradebeispiel für mittelalterliche Wehranlagen und war einst die wichtigste Befestigung der Stadt. Die Normannen errichteten ihn an der Stelle, an der ein hölzerner Vorgängerbau der Wikinger stand. Viele hochrangige Besucher logierten einst in dem Befestigungsbau.

Über die Jahrhunderte hinweg diente das Gebäude als Zeughaus, Gefängnis und Münzpräge, daran erinnern diverse Exponate im Innern, u. a. mittelalterliche Silbermünzen, ein hölzerner Kerbstock, der Schuldbeträge ausweist, ein (zertrümmertes) Sparschwein aus dem 12. Jh. und eine Münzwaage zum Abwiegen der Goldbarren. Ein etwas bizarres architektonisches Detail ist das Plumpsklo mit einem Wasserschacht, der das halbe Gebäude einnimmt.

Im oberen Stockwerk werden die Verteidigungsanlagen von Waterford audiovisuell präsentiert; eine Vorführung sollte man sich anschauen, aber das reicht dann auch. Hinter dem Turm ist ein Bereich der **alten Mauer** in eine Wand der Bower Bar integriert. Die beiden Bögen waren Sicherheitsschleusen, die das gefahrlose Einlaufen der Boote in den Hafen garantieren sollten.

Ursprünglich der Stolz jedes Mittelklassewohnzimmers hat Kristall aus Waterford inzwischen einen weltweiten Ruf als Luxusmarke. Das **Waterford Crystal Besucherzentrum** (☎ 332 500; www.waterfordvisitorcentre.com; Cork Rd) mit Restaurant und Touristeninformation liegt 2 km südlich des Stadtzentrums. Ein Bummel durch den **Laden** (☻ März–Okt. 8.30–18, Nov.–Feb 9–17 Uhr) ist ganz nett, besser noch ist jedoch eine einstündige **Werkstour** (Erw./Kind 9,50/6,50 €; ☻ März–Okt. 8.30–16, Nov.–Febr. Mo–Fr 9–15.15 Uhr). Die Verwandlung glühend heißer Glasklumpen in fein geschliffenes Kristall grenzt fast an ein Wunder; und die Führer können wirklich kompetent Auskunft über die Herstellungsprozesse geben. Wer schlau ist, vermeidet im Sommer langes Anstehen und kauft sein Ticket im Voraus bei der Touristeninformation.

Die erste Glasfabrik in Waterford entstand 1783 am westlichen Ende der Uferstraße. Sie musste jedoch aufgrund der Erhebung von Schutzzöllen durch die Briten 68 Jahre später wieder geschlossen werden. Im letzten Jahrhundert wurde der Betrieb erneut aufgenommen; heute sind dort 700 Mitarbeiter beschäftigt, darunter hochqualifizierte Glasbläser, Schneider und Graveure. Das Glas ist ein schwerer Bergkristall, hergestellt aus Bleirot, Quarzsand und Pottasche.

Gegenüber dem Uhrenturm führt die Buslinie 3C alle 15 Minuten (1,50 €) direkt zur Fabrik.

KIRCHEN

Christ Church Cathedral (☎ 858 958; Cathedral Sq; ☻ Mo–Sa 10–18 Uhr) ist Europas einzige neoklassizistische georgianische Kathedrale. Vom Waterforder Architekten John Roberts entworfen, wurde sie an der Stelle erbaut, wo einst die Wikingerkirche aus dem 12. Jh. stand. Im gleichen Jahrhundert fand hier auch die Hochzeit zwischen Strongbow und Aiofe statt. Eine Attraktion ist das **Grab von James Rice**, dem damaligen Oberbürgermeister von Waterford: seine Statue zeigt einen verfallenden Körper, aus dem Würmer und Frösche krabbeln. Eine Führung wird angeboten (4 €).

Wegen der hervorragenden Akustik wird die Kirche vielfach für **Konzerte** genutzt. Das Programm reicht von Chorgesang bis zu Popmusik.

Das prächtige Interieur der katholischen **Heiligen Dreifaltigkeitskirche** (☎ 875 166; Barronstrand St) besteht aus einer Barockkanzel aus geschnitztem Eichenholz, bemalten Säulen mit korinthischen Kapitellen und zehn Kronleuchtern aus Waterford-Kristall. Die Kirche wurde zwischen 1792 und 1796 von John Roberts erbaut, also demselben Architekten, der die protestantische Christ Church Cathedral entwarf.

Vor der eleganten Ruine der **French Church** in der Greyfriars Street steht ein Standbild von Luke Wadding, dem in Waterford geborenen Franziskanermönch, der den Papst überredete, mit Karl I. zugunsten der irischen Katholiken zu verhandeln. Im Jahr 1240 schenkte Hugh Purcell den Franziskanern die Kirche. Im Gegenzug sollten sie dafür einmal pro Tag für ihn beten. Nach der Auflösung der Klöster wurde die Kirche zunächst zum Krankenhaus, bevor sie zwischen 1693 und 1815 von französischen Hugenotten genutzt wurde. John Robert wurde hier beigesetzt. Wer hinein will: Das Personal vom Reginald's Tower hilft weiter.

Edmund Ignatius Rice, Gründer der Christian Brothers, baute seine erste Schule bei Mount Sion in der Barrack Street, wo auch die **Rice-Kappelle** steht, eine gelungene Kombination aus rotem Backstein und buntem Kirchenfensterglas. In seinem Grab sieht Rice hier seiner zu erwartenden Heiligsprechung entgegen.

ANDERE GEBÄUDE
The Mall, eine breite Straße aus dem 18. Jh., die auf einem aufgeschütteten Stück Land angelegt wurde, war früher einmal ein Gezeitenarm. Besonders stattlich sind das **Rathaus** (1788) von John Roberts und das **Theatre Royal**, das zweifellos das besterhaltene Theater aus dem 18. Jh. in ganz Irland ist, sowie der nüchterne **Bischofspalast** (1741) von Richard Cassels, in dem heute die Stadtverwaltung ihren Sitz hat.

Überreste der alten Stadtmauer sind der **Half Moon Tower** und der **Beach Tower** auf der Jenkin's Lane (beide nahe der Patrick St).

AHNENFORSCHUNGSZENTRUM
Wer Vorfahren in der Grafschaft hat, kann mithilfe des **Waterford Heritage Register** (☎ 876 123; Jenkin's La; ◷ Mo–Do 9–13 & 14–17, Fr 9–14 Uhr) womöglich seinen Stammbaum komplettieren.

Geführte Touren
Jeder Besucher in Waterford sollte unbedingt Jack Burtchaells **Stadtführungen** (☎ 873 711, 851 043; Tour 5 €; ◷ 11.45 & 13.45 Uhr) mitmachen. Jack hat ein echt „flottes Mundwerk" und kann zu jedem Winkel in Waterford etwas sagen, wobei er 1000 Jahre Geschichte locker in eine Stunde packt. Aufgepasst: Die aktive Teilnahme der Zuhörer wird erwartet! Die Touren beginnen außerhalb des Waterford Museum of Treasures. Weitere Teilnehmer werden unterwegs am Granville Hotel abgeholt.

Die zweistündigen Fahrten auf dem **Ausflugsschiff** am Suir und Barrow (15 Uhr am Merchants Quay) werden vom **Galley River Cruising Restaurant** (☎ 421 723; www.rivercruises.ie; North Quay, New Ross; Kreuzfahrt 10 €; ◷ Ma–Okt.) orga-

nisiert. Sea Safari mit Sitz in Dunmore East (S. 201) lässt seine Gäste am Meagher Quay an Bord.

Festivals & Events
Das Waterforder **International Light Opera Festival** (☎ 874 402; The Mall) findet in den letzten zwei Wochen im September statt. Dafür gibt's leichter auch günstigere Karten als für das berühmtere Wexford Festival Opera, jedoch ist Vorreservieren immer noch angesagt.

Schlafen
In Waterford gibt es so gut wie keine Budgetunterkünfte, jedoch bietet Tramore mit gutem Busanschluss günstige Alternativen.

MITTELKLASSEHOTELS
Mayor's Walk House (☎ 855 427; mayorswalk bandb@ eircom.net; 12 Mayor's Walk; EZ/DZ 28/50 €) Diese passable B&B-Pension befindet sich in einem hohen schmalen Gebäude. Die Badezimmer im Flur werden gemeinschaftlich genutzt, die großen Zimmer haben jedoch eigene Waschbecken.

Avondale (☎ 852 267; www.staywithus.net; 2 Parnell St; EZ/DZ/3BZ ab 45/60/70 €) Im Avondale mit seinen roten Teppichen fühlt man sich gleich heimisch. Das Hotel hat sechs angenehme altmodische Zimmer. Zur Straße hin kann es etwas laut werden. Frühstück gibt's keins.

Portree Guesthouse (☎ 874 574; www.portreeguest house.ie; Mary St; EZ/DZ 45/80; € P) Hinter der unscheinbaren grauen Fassade verbirgt sich eine hinreißende B&B-Pension mit georgianischem

Interieur, die von den zuvorkommenden In-habern selbst geführt wird. Sie liegt in einer ruhigen Straße, was in Waterford ein echter Pluspunkt ist.

Rice Guesthouse (☎ 371 606; www.riceguesthouse. com; 35-36 Barrack St; EZ/DZ/3BZ 55/100/120 €) Über einem Pub, das bei Einheimischen jeden Al-ters beliebt ist, befindet sich dieser Zweckbau mit 21 Zimmern. Vom Zentrum sind es fünf Gehminuten.

LP Tipp **Brown's Townhouse** (☎ 870 594; www. brownstownhouse.com; 29 South Pde; DZ 120 €; 🖵) Dieses reizvolle viktorianische Stadthaus nahe dem People's Park hat gemütliche Betten in kom-fortablen Zimmern. Die Gäste sitzen beim Frühstück gemeinsam an einem großen Tisch. Je nach Wahl gibt's zum Full-Irish-Breakfast Pfannkuchen oder etwas anderes.

SPITZENKLASSENHOTELS

Granville Hotel (☎ 305 555; www.granville-hotel.ie; Meagher Quay; EZ/DZ ab 80/95 €; 🅿) Das nachts an-gestrahlte Granville Hotel am Fluss besteht bereits seit dem 18. Jh. und ist damit eines der ältesten Hotels in Irland. Gemeinschafts-räume und Zimmer sind im eleganten geor-gianischen Stil gehalten. Auch die Prominenz war hier einst zu Hause: Charles Stuart Parnell hielt vom Fenster im ersten Stock aus eine Rede.

Tower Hotel (☎ 862 300; www.towerhotelwaterford. com; the Mall; EZ/DZ ab 99/162 €) Die Zimmer wirken ein bisschen anonym, sind aber hell und mo-dern. Alles in allem hat das Hotel am Sport-hafen ein gutes Preis-Leistungs-Verhältnis; ein Fitnesscenter und ein hippes Lokal mit Bar bieten Abwechslung.

Essen
GÜNSTIG & MITTELTEUER
Neben allerlei Kunsthandwerk gibt's samstags am Waterforder **Wochenmarkt** (George's St; 🕑 9–15 Uhr). Crêpes und Käsespezialitäten.

Café Lucia (☎ 854 023; 2 Arundel La; Hauptgerichte 6,50–9,50 €; 🕑 Mo–Sa 9.30–17 Uhr) In diesem ver-dientermaßen beliebten Lokal muss man schon mal auf einen Sitzplatz warten, schließ-lich gibt es hier köstliche hausgemachte Sup-pen, frische Säfte, Salate, *panini,* Wraps und Thai-Fischquiche.

Haricot's Wholefood Restaurant (☎ 841 299; 11 O'Connell St; Hauptgerichte 8–10 €; 🕑 9–20 Uhr) An den Wänden ist Kunstvolles aus der Region zu bestaunen und ans Ohr dringt Musik von Billie Holiday. Auf den Tisch kommen Ge-richte wie Fischsuppe, Rindseintopf und Biopfännchen für Veganer.

47 The Bistro (☎ 844 774; 47 Patrick St; Hauptgerichte 10–15 €; 🕑 Mo–Sa 11.30–21.30, So 12–21 Uhr) Das 47 ist ein beliebtes Restaurant mit pfiffigem, mo-dernem Dekor, wo es brutzelnde Pfannenge-richte, kulinarische Klassiker wie Irischer Eintopf, Pasta und köstliche Nachspeisen gibt. Eine Reservierung macht Sinn.

Paddy Gonzales (☎ 856 856; 50 High St; Hauptgerichte 13–18 €; 🕑 10–22 Uhr) Dieses Pub, welches mit seinen Platznischen einem amerikanischen Restaurant ähnelt, ist unverhältnismäßig teuer, jedoch eine gute Option für ein Essen mit Kindern. Neben einer Frühstückskarte gibt's auch noch Tex-Mex (Mi–Sa).

TEUER
LP Tipp **Wine Vault** (☎ 853 444; www.waterford winevault.com; High St; Hauptgerichte 16–26 €; 🕑 Mo–Sa 12.30–14.30 & 17.30–22.30 Uhr) Das wunderschöne Weinlokal, eines von einer ganzen Reihe ge-hobener Restaurants, ist in einem Stadthaus aus elisabethanischer Zeit untergebracht. Das Essen ist eine Wucht, angefangen mit den Vorspeisen wie Kaninchenwürstchen und Miesmuscheln bis hin zu Kalamari etc.

Bodéga! (☎ 844 177; 54 John St; Hauptgerichte abends 16–27 €; 🕑 Mo–Fr 12–17 & Mo–Mi 17.30–22, Do 17.3–22.30, Fr & Sa 17.30–12.30 Uhr) Die Einrichtung ist ganz und gar spanisch, jedoch ist die Speise-karte so französisch wie auch der Küchenchef. Die Speisekarte variiert nach Lust und Laune, je nachdem was gerade frisch am Markt er-hältlich ist, so z. B. *moules frites* (überbackene Miesmuscheln) und Würstchen aus Toulouse. Die Bodéga hat bis tief in die Nacht geöffnet.

Ausgehen
Das Nachtleben steht und fällt mit den Stu-denten am *Waterford Institute of Technology,* wobei viele am Wochenende heimfahren.

T&H Doolan's (☎ 841 504; 32 George's St), ein ge-schichtsträchtiges Lokal, gibt's nun schon seit über 300 Jahren, heute beliebt bei Gästen, die zum TV-Abend kommen oder Live-Bands wie *Shamrocks* und *The Dead Beats* beklatschen.

Geoff's (☎ 874 787; 9 John St; Hauptgerichte 4–8 €; 🕑 warme Küche Mo–Sa 12–20.30 Uhr) Dieses Pub mit knarrenden Holzdielenböden und Rockmu-sik, die aus den Lautsprechern tönt, ist mit nichts der dicht mit quirligem Unipublikum gefüllt.

Katty Barry's (☎ 855 095; Mall La) Von der ein-tönigen Fassade sollte man sich nicht abschrecken lassen. Die Kneipe in der Nebenstraße ist ein kleiner, aber feiner Ort, wo süffiges Guinness die Kehle erfreut.

Unterhaltung

Nachtlokale und originelle Bars sind rund um den Apple Market angesiedelt. Zu den besten zählt das Ruby's, wo Musikbands gratis spielen, und das Kazbar, beide in der John Street.

Garter Lane Arts Centre (☎ 855 038; boxoffice@garterlane.ie; O'Connell St) Das Theater in dem historischen Gebäude aus dem 18. Jh. bekommt viele gute Kritiken; das Programm umfasst Autorenfilme, Ausstellungen, Musik, Tanz und Bühnenstücke.

Theatre Royal (☎ 874 402; the Mall) inszeniert Musicals, Theater- und Tanzvorführungen.

Forum (☎ 871 111; www.forumwaterford.com; The Glen) Das kolossale Forum eignet sich für jedes Großspektakel, angefangen bei Gay-Partys bis in die frühen Morgen bis hin zu den Irischen Meisterschaften im Kickboxen. Zum Komplex gehört auch das Gallery Theatre.

Waterford Cineplex (☎ 843 399; Patrick St) ist ein Multiplex-Kino mit fünf Sälen, wo meist Kassenschlager laufen (8/5 € pro Erw./Kind).

An- & Weiterreise

BUS

Der Busbahnhof von **Bus Éireann** (☎ 879 000) befindet sich bei Merchant's Quay. Täglich fahren zahlreiche Busse nach Tramore (2,50 €, 30 Min.), Dublin (11,50 €, 3 Std.) via Enniscorthy oder Carlow, Wexford (12 €, 1½ Std.), Killarney (21,50 €, 4¼ Std.) via Cork (16,50 €, 2¼ Std.), sowie Dungarvan (9,70 €, 50 Min.).

Die Busse von **Euro Lines** (☎ 879 000) nach London fahren täglich um 19 Uhr (40 €, 13 Std.) und halten in Cardiff und Bristol. Busse nach Tralee (€40, 5¼ Std.) fahren um 8.30 Uhr und halten in Dungarvan, Cork und Killarney.

Die rot-weißen Busse von **Suirway** (☎ Büro 382 209, Fahrplan 382 422; www.suirway.com) fahren nach Dunmore East (3,20 €, 30 Min., Mo-Sa 6-mal tgl.) und nach Passage East (3 €; 30 Min., Mo-Sa 3-mal tgl.).

FLUGZEUG

Waterford Airport (☎ 875 589; www.flywaterford.com; ⏲ Mo-Sa 8-20.30, So 9-20.30 Uhr) ist 7 km südlich der Stadt bei Killowen. **AerArann** (☎ in GB 0800 587 2324, in Irland 0818 210 210; www.aerarann.com) fliegt

---

> **DIE DREI GEHEIMNISSE VON WATERFORD**
>
> ▪ In Waterford wurde Irlands erster Frosch ausgesetzt.
>
> ▪ Eine *shellicky boo-ky* ist eine Gartenschnecke aus Waterford.
>
> ▪ Um an Totengräbern und Galgen zu sparen, hängte man Gefangene der Rebellion von 1798 an einer Zugbrücke auf und schnitt die leblosen Körper dann einfach ab, sodass sie in den Fluss fielen!

---

täglich Luton Airport (London) an, 6-mal pro Woche Birmingham und Manchester, und 2-mal pro Woche Lorient (FR). Flugtarife nach Großbritannien beginnen bei 40 € (einfacher Flug, ohne Steuer). **Slattery Sun** (☎ 066-718 6230; www.slatterys.com) fliegt nach Frankreich, Portugal und Spanien.

ZUG

Der **Bahnhof Plunkett** (☎ 873 401) befindet sich am nördlichen Flussufer. Züge nach Dublin (28 €, 2¾ Std., 4- bis 6-mal tgl.) fahren via Kilkenny (12,50 €, 45 Min.) und nach Limerick (21,50 €, 2¾ Std., Mo-Sa 3-mal tgl.).

Unterwegs vor Ort

Zum Flughafen gibt es keinen Zubringerservice. Eine Fahrt mit dem **Taxi** (☎ 393 940) kostet um die 17 €.

Parken im Zentrum ist gebührenpflichtig (1,20 € pro Std.), aber auch entlang der Kais und bei The Glen, gleich westlich der Innenstadt der Stadt, gibt's Parkplätze.

Taxisstände sind am Bahnhof Plunkett und in der Barronstrand Street zu finden.

Altitude (☎ 870 356; altitude@indigo.ie; 22 Ballybricken; ⏲ Mo-Fr 9.30-18 & Sa 9.30-17.30 Uhr) verleiht Fahrräder für 15 € pro Tag.

DUNMORE EAST

☎ 051 / 1550 Ew.

Dunmore East (Dún Mór), ein Küstenstreifen mit roten Sandsteinklippen und idyllischen Buchten, ist wirklich ein besonderer Fleck. Die Ausblicke rüber zum Leuchtturm am Hook Head in der Grafschaft Wexford sind phantastisch; die Hauptstraße säumen reetgedeckte Cottages; über dem Industriehafen thront der originelle **Leuchtturm Doric** (1825), während

Seemöwen kreischend über den Klippen kreisen.

Die beliebtesten Strände von Dunmore sind der südliche **Counsellor's Beach** zwischen den Klippen und **Ladies Cove** in der Ortschaft. Wenn Tagesausflügler aus dem 20 km entfernten Waterford herbeiströmen, kann es ganz schön voll werden.

Im 19. Jh. war der Ort Anlaufstelle für Schiffe, die Post zwischen England und dem südlichen Irland transportierten.

Sea Safari (☎ 086-813 1437; Erw./Kind 30/20 €; ☻ Ostern–Sept. 12, 13.30 & 15 Uhr), geführt vom dynamischen Gewinner der Reality TV-Show *Cabin Fever*, bietet einstündige Bootstouren zu den Grotten und Wracks bis hinaus zu den Fischer- und Seehundrevieren an.

Dunmore East Adventure Centre (☎ 383 783; www.dunmoreadventure.com) verleiht Kayakausrüstung sowie Material zum Windsurfen, Wellenreiten und Schnorcheln. Pauschalangebote für zwei Stunden nur zum Schnuppern oder bis zu zwei Wochen sind für alle Sportarten möglich einschließlich Bogenschießen und Klettern.

Wer auf Haifischfang oder Wracktauchen steht, wendet sich an **Dunmore East Angling Charters** (☎ 383 397).

Vom 18-Loch-**Golfplatz** (☎ 383 151; wochentags/an Wochenenden 25/35 €) hat man herrliche Ausblicke auf die Stadt.

Schlafen

Brookside (☎ 383 893; alanpriest@eircom.net; Ballymabin; EZ/DZ 50/70 €; ☻ April–Okt.; Ⓟ) Eine freundliche, von Engländern geführte Bed & Breakfast-Pension mit modernem Ambiente. Die Zimmer haben Dusche/Bad/WC.

Avon Lodge (☎ 385 775; www.avonlodgebandb.com; Lower Dunmore East; EZ/DZ 55/76 €; ☻ April–Okt.; Ⓟ) Die attraktive B&B-Herberge von Richie, einem

---

DIE DREI TOPSTRÄNDE VON WATERFORD

- Counsellor's Beach (oben) – einer von vielen Sandstränden in Dunmore East
- Clonea Strand (S. 205) – der beliebte 3 km lange Strand bei Dungarvon steht im Juli und August unter der Obhut der Wasserwacht
- Bunmahon (S. 203) – seltene Pflanzenarten wachsen in den Dünen bei Bunmahon an der Copper Coast

---

Gästeführer, Musiker und Fahrlehrer ist eine tolle Bleibe nahe am Meer.

Strand Inn (☎ 383 174; www.thestrandinn.com; Ladies Cove; EZ 55–70 €, DZ 80–120 €) Die großzügigen Zimmer sind hell und luftig mit weißen Kommoden und geblümten Vorhängen. Der Blick geht hinaus aufs Meer.

Haven Hotel (☎ 383 150; EZ 55–75 €, DZ 110–150 €; ☻ Restaurant März–Okt. 18 –21 Uhr) In den 1860er-Jahren als Sommerresidenz der Malcolmson-Familie erbaut, deren Wappen immer noch über dem Kamin prangt, präsentiert sich heute das Haven als nobles Refugium mit holzvertäfelten Badezimmern. Zwei der Gästezimmer haben ein Himmelbett.

Essen & Ausgehen

Bay Café (☎ 383 900; Dock Rd; Hauptgerichte 3–7 €; ☻ 9–18 Uhr) Ein freundliches Café mit so herrlichen Ausblicken auf den Hafen, dass am Fenster ein Prospekt mit Wissenswertem über Walbeobachtungen aushängt.

Haven Hotel (☎ 383 150; Hauptgerichte 10,50– 19,50 €, Bistrogerichte 5,50–14,50 €; ☻ März–Okt. Restaurant 18–21, So 12.30–14.15, Bistrogerichte Mo–Fr 12.30–14.15 Uhr) An der flippigen Bar wie auch im Restaurant gibt's Leckeres aus heimischen Landen.

Strand Inn (☎ 383 174; www.thestrandinn.com; Ladies Cove; Hauptgerichte 22,50–29 €; ☻ Febr.–Dez. 12.30–16.30 & 18.30–22 Uhr) Das französisch angehauchte Fischrestaurant nahe dem Wasser ist ein Geheimtipp. Zwar stehen auch Steaks und Ente auf der Speisekarte, jedoch liegt die wahre Versuchung in Gerichten wie gebratene Seezunge oder Bouillabaisse.

Dienstagabend gibt's *trad sessions* bei **Power's Bar** (☎ 383 318; Dock Rd.), die auch den Spitznamen The Butcher's hat.

An- & Weiterreise

Suirway-Busse verkehren nach/von Waterford (mehr dazu siehe S. 201).

TRAMORE

☎ 051 / 9200 Ew.

Spielhallen, Sandburgen und Zuckerwatte – Tramore lebe dreimal hoch! Tramores Jahrmarktbuden und Fastfoodzirkus entlang der Küste sind echt ätzend. Der Ort selbst wirkt sehr nüchtern. Er schmiegt sich an einen Steilhang und wird überragt von der Holy Cross Church (1860).

Mit einem bezaubernden, 5 km langen Strand und 30 m hohen Dünen ist Tramore (auf Irisch „Großer Strand") der quirligste

---

EINE CLEVERE ABKÜRZUNG

Wer zwischen den Grafschaften Waterford und Wexford hin- und herreist, umgeht mit einer Überfahrt auf der **Autofähre** (☎ 382 480; http://homepage.eircom.net/~passferry; ☼ April–Sept. Mo–Sa 7–22 & So 9.30–22, Okt.–März Mo–Sa 7–20 & 9.30–20 Uhr) einen langen Umweg rund um Waterford Harbour und den Fluss Bannow.

Die Fähre verkehrt zwischen Passage East, etwa 11 km östlich von Waterford (Stadt) and Ballyhack (County Wexford). Beides sind ganz hübsche kleine Fischerdörfer mit reetgedeckten Cottages und gepflegten Häfen; so macht die fünfminütige Überfahrt einen Heidenspaß.

Tagsüber fahren die Schiffe regelmäßig. Passagiere ohne Fahrzeug zahlen 1,50 € einfach/2 € Hin- & Rückfahrt, Radfahrer 2/3 €, Autos 8/11 €. Rückfahrkarten gelten für unbegrenzte Zeit.

Bei Suirway (gegenüber) gibt's eine Buslinie zwischen Waterford u. Passage East (Mo–Sa 3-mal tgl.)

Badeort in der ganzen Gegend. Mittlerweile gilt er auch als Mekka der Wellenreiter. Vermarktet wird der Ort als Destination mit Ökocharakter, so soll der durch touristischen Massenandrang verursachte Schaden verringert werden.

Bei der **Touristeninformation** (☎ 381 572; www.tramore.net; Railway Sq; ☼ Juni–Aug. Mo–Sa 10–18 Uhr) im alten Bahnhof sind detaillierte Beschreibungen für verschiedene Stadtspaziergänge erhältlich; eine andere Broschüre beschreibt den *Dolmen Drive*, eine 35 km lange Route, die an **Hünengräbern** und **Menhiren** vorbeiführt.

Sehenswertes

Die Bucht von Tramore ist im Südwesten durch den **Great Newtown Head** und im Südosten durch den **Brownstown Head** begrenzt. Deren 20 m hohe Betonpfeiler wurden von Lloyds of London im Jahr 1816 nach der Schiffstragödie der *Seahorse* errichtet, die 363 Menschenleben forderte. Der Kapitän des Schiffs hielt die Bucht von Tramore für den Hafen Waterford und lief auf Grund.

Metal Man, das kolossale Standbild eines Seemanns aus Eisen (18. Jh.) ragt beim Great Newtown Head in den Himmel. In Uniform aus weißer Kniehose und blauer Jacke warnt er mit theatralischer Geste herannahende Schiffe. Der Legende nach soll ein Mädchen, das dreimal auf einem Bein um die Statue herumhüpft, innerhalb eines Jahres unter die Haube kommen.

Von den Klippen der **Guillamene Cove** aus, wo ein 60 Jahre altes Schild darauf hinweist, dass der Strand Männern vorbehalten ist, hat man herrliche Ausblicke.

Auf dem höchsten Punkt der Klippe steht die **Coast Guard Station** (☎ 393 833; Love La; ☼ Mo–Fr 9–16.30 Uhr) aus dem 19. Jh., wo das Kunstzentrum der Gemeinde untergebracht ist.

Aktivitäten

Die gemeinnützige Initiative **T-Bay** (☎ 391 297; www.surftbay.com; The Beach; ☼ Mai–Aug. 9–20, Sept.–April 10–17.30 Uhr) betreibt nicht nur Irlands größte Surfschule, sondern veranstaltet auch umweltfreundliche Wandertouren rund um Back Strand, eine der größten Gezeitenlagunen Europas. Surfkurse kosten zwischen 45 und 65 €, je nach Anzahl der Teilnehmer (Gruppen- und Einzeltarif); Leihmaterial kostet zwischen 15 und 25 €.

Westlich von Tramore erstreckt sich der zerklüftete Küstenstreifen des **Copper Coast Geopark** (☎ 396 686; www.coppercoastgeopark.com), der seinen Namen den Kupferminen des 19. Jhs. nahe Bunmahon verdankt. An den Stränden sind Erdformationen zu sehen, die bis zu 460 Mill. Jahre alt sind. Im Juli und August werden einstündige geführte Wanderungen angeboten, zudem ist eine Wanderkarte im Parkbüro erhältlich. Mittelpunkt des Parks ist Annestown mit einem guten Surfstrand und dem Ruf, das einzige publose Dorf Irlands zu sein.

Wer paddelnd die Grotten, Buchten und Klippen erforschen will, ruft einfach beim sympathischen O'Meara von **Sea Paddling** (☎ 358 995; www.seapaddling.com; halber/ganzer Tag ab 45/75 €) an. Seine Agentur bedient die ganze Gegend ab der Copper Coast bis zu den Saltee Islands.

Der weitläufige Wasserpark **Splashworld** (☎ 390 176; www.splashworld.ie; Railway Sq; Erw./Kind 10/7,50 €) ist ein Wunderland mit tosenden Stromschnellen, spritzigen Rutschen, Piratenschiffen und Ähnlichem bei „lauen Temperaturen zu jeder Jahreszeit". Wochentags ist er drei Stunden, an Wochenenden sechs Stunden pro Tag geöffnet.

Das erste europäische Pferderennen des Jahres findet am 1. Januar im Rahmen des

Tramore Racecourse (☎ 381 425; www.tramore-race course.com; Graun Hill) statt, einem von vielen Events im Jahreslauf.

Das Reitzentrum **Lake Tour Stable** (☎ 381 958) bietet auch Ausritte mit Ponys an.

Schlafen

Newtown Caravan & Camping Park (☎ 381 979; www. newtowncove.com; Dungarvan Coast Rd; Campingplatz 23 €; ☼ Ostern–Sept.) Der familiengeführte Campingplatz, 2 km außerhalb der Stadt gelegen, ist der beste in der ganzen Gegend.

Fitzmaurice's Caravan & Camping Park (☎ 381 979; www.newtowncove.com; Riverstown; Campingplatz 26 €; ☼ Ostern–Sept.) Der Campingplatz am westlichen Eingang zur Stadt, 300 m vom Strand entfernt und mit Hook Head am Horizont, bietet u. a. gute Wasch- und Einkaufsmöglichkeiten.

Beach Haven House Bed & Breadfast & Hostel (☎ 390 208; www.beachhavenhouse.com; Waterford Rd; B&B EZ/DZ ab 35/70 €, Herberge B /DZ 20/50 €; ☐) A very and Niamh aus Kalifornien bringen ihren Gästen Tramores Zuckerwatte- und Kitschkultur näher. Die B&B-Option besteht aus acht luftigen, modernen Zimmern in hellen Farbtönen mit Atelierfenstern und Muscheldekor, die gut geführte Pension hat außerdem sieben schlichte, jedoch überraschend saubere (Mehrbett)zimmer. Fahrräder können ausgeliehen werden.

Cliff House (☎ 381 497; www.cliffhouse.ie; Cliff Rd; EZ 55–60 €, DZ 80–90 €; ☼ März–Okt.; ☐) Die blitzsaubere, moderne B&B-Pension bietet eine ausgewogene Frühstücksauswahl und atemberaubende Blicke über die Klippen. Zwei Zimmer sind mit eigenem Balkon zur Meerseite hin; wer keins bekommt, hat immer noch den Blick vom Wintergarten aus. Ins Ortszentrum ist es ein langer Fußmarsch, jedoch gibt's eine Abkürzung entlang des Doneraile Walk.

O'Shea's Hotel (☎ 381 246; www.osheas-hotel.com; Strand St; EZ 65 €, DZ 130–140 €) Die Räume sind genauso nobel wie das schwarz-weiße Äußere, allerdings ist das familiengeführte Hotel nahe am Strand eine gute Wahl bei B&B-Überdruss.

Essen

Tramore hat womöglich mehr Fastfoodlokale pro Quadratmeter als irgendein anderer Ort auf der Erde, aber es gibt auch einige Gourmetadressen für alle, die keine Pommes mögen.

The Vic Café (☎ 386 144; 1 Lower Main St; Mittagessen 10–12 €; ☼ Mo–Mi 9–16.30, Do & So 9–20.30, Fr 9–21.30, Sa 9–22 Uhr) Mit Ethnokunst und abstrakten Gemälden an den Wänden ist das Vic eine beliebte Oase zum Zeitunglesen oder für Gespräche über die Kunstszene vor Ort. Auf der Speisekarte mit thailändischem Einschlag stehen traditionelle und moderne Gerichte.

The Pine Room (☎ 381 683; Turkey Rd; Hauptgerichte 13–22 €; ☼ 18–21.45 Uhr) Ein Haus im georgianischen Stil beherbergt das beste Restaurant von Tramore. Innen ist das Ambiente rustikal. Die Speisekarte ist fleischlastig, es gibt herrliche Hühnchenvarianten, aber auch vegetarische Tagesgerichte.

Esquire (☎ 381 324; Little Market St; Hauptgerichte 15–22 €; ☼ Bistrogerichte 12–19, Restaurant 12–16 & 18–21.30 Uhr) Gleich hinter der Post befindet sich dieses Pubbistro, in dem man sich wie in einem Schmugglernest vorkommt. Frischen Fisch gibt's hier in rauen Mengen, aber auch traditionelle Fleischgerichte mit Ente, Lamm und Kalb sowie Vegetarisches.

An- & Weiterreise

Bus Éireann (☎ 879 000) bedient die Strecke zwischen Waterford und Tramore mit mehreren Verbindungen (2,50 €, 30 Min.). Die Haltestelle ist vor der Tourismusinformation nahe dem Splashworld-Wasserpark.

DUNGARVAN
☎ 058 / 7800 Ew.

Eingebettet zwischen den Monavullagh und Comeragh Mountains liegt der Marktflecken Dungarvan (Dún Garbhán) an der Bucht, wo der Fluss Colligan ins Meer mündet. Eine Burgruine und ein Augustinerkloster überragen den Ort.

St. Garvan gründete hier im 7. Jh. ein Kloster, aber fast alles im Ortszentrum stammt aus dem frühen 19. Jh., als der Duke von Devonshire die Straßen rund um Grattan Sq. sanierte. Dungarvan ist heute das Verwaltungszentrum von Waterford.

Dungarvan verfügt über einige Spitzenrestaurants. Außerdem ist es ein prima Ausgangspunkt, um den Westen der Grafschaft, die Halbinsel sowie den hügeligen Norden zu erkunden.

Orientierung & Praktische Informationen

Dungarvans Einkaufszone ist Grattan Square südwestlich vom Fluss. Main Street (oder auch

O'Connell St) verläuft am Südrand des Platzes vorbei und geht über in die Parnell oder Lower Main Street, die zum Hafen führt.

Die **Touristeninformation** (☎ 41741; info@dungarvantourism.com; TF Meagher St; ☽ Mo–Fr 9.30–17 Uhr ganzjährig geöffnet, zzgl. Mai–Sept. Sa 10–17 Uhr) befindet sich nahe dem Postamt.

Die meisten Banken findet man am Grattan Square. Internetzugang gibt's bei **Sip & Surf** (☎ 48658; Davitt's Quay; 5 € pro Std.; ☽ Mo–Fr 8.30–20, Sa 10.30–17.30, So 14–18 Uhr) und gratis in der **Bücherei** (☎ 41231; The Quay).

Sehenswertes & Aktivitäten

Der bunte **Davitt's Quay** aus dem 18. Jh. ist der schönste Flecken der ganzen Stadt. Am besten man besorgt sich ein kühles Bier und schaut sich an, wie die Boote in den Hafen einlaufen.

Im Zuge einer großen Sanierung entsteht **Dungarvan Castle** (☎ 48144; Eintritt frei; ☽ Juni–Sept. 10–18 Uhr, letzter Einlass 45 Min. vor Schluss) wieder in normannischer Pracht. Einst residierte hier King Johns Vertrauter Thomas Fitz Anthony. Der älteste Teil des Komplexes ist der originelle Burgfried aus dem 12. Jh., erbaut zur Verteidigung des Flussdeltas. Die britische Kaserne aus dem 18. Jh. beherbergt ein Besucherzentrum mit verschiedenen Exponaten. Einlass nur mit Führung.

Waterford County Museum (☎ 45960; www.dungarvanmuseum.org; St. Augustine St; Eintritt frei; ☽ Mo–Fr 9–17, Juni–Sept. Sa 14–17 Uhr), ein kleines, aber feines Stadtmuseum mit Ausstellungsstücken von Schiffsunglücken und Wissenswertem zur Großen Hungersnot und zu Lokalgrößen ist einen Besuch wert.

Von der **St. Augustine's Church** aus auf der östlichen Seite der Brücke schweift der Blick über den Hafen. 1832 erbaut, besaß die Kirche einst ein Strohdach. Verschiedene Bauelemente stammen noch von einem Kloster aus dem 13. Jh., so z. B. der gut erhaltene Turm des Mittelschiffs. Während der Belagerung durch Cromwell wurde das Kloster zerstört.

Im **Old Market House Arts Centre** (☎ 48944; Lower Main St; Eintritt frei; ☽ Di–Sa 11–17 Uhr) finden regelmäßig wechselnde Ausstellungen statt.

Unweit von Dungarvan, in Richtung Tramore, liegt **Clonea Strand**, ein herrliches Fleckchen unberührter Natur.

Festivals & Events

Anfang Mai findet in 17 Pubs und zwei Hotels das **Féile nan Déise** statt, ein Festival mit traditioneller Musik und Tanz, an dem rund 200 Musiker teilnehmen. Mehr dazu unter ☎ 086-252 3729.

Schlafen

The Whitehouse (☎ 41951; Youghal Rd; EZ/DZ 35/60 €; ℗) Willie und Olive White, Eltern des Stadtmusikers Ollie, betreiben eine freundliche B&B-Pension mit Wintergarten, zehn Gehminuten vom Zentrum entfernt.

Casey's Townhouse (☎ 44912; 8 Emmet Tce; EZ/DZ 40/60 €) In diesem familiengeführten Garnihotel ist man noch richtig stolz auf sein Haus. Das reichliche Frühstück mit Rühreiern und geräuchertem Seelachs frisch aus der Pfanne ist einfach köstlich.

Mountain View House (☎ /fax 42588; www.mountainviewhse.com; O'Connell St; EZ 55–70 €, DZ 90–100 €; ℗ ▯) Dieses wunderschöne georgianische Haus aus dem Jahr 1815 hat Zimmer mit Ausblick auf die Comeragh Mountains. Der Internetzugang kostet 5 € pro halbe Stunde. Es ist fünf Gehminuten ab dem Grattan Square in der O'Connell Street; vor der Technischen Hochschule weist ein Schild nach links.

Tannery Townhouse (☎ 45420; www.tannery.ie; Church St; EZ/DZ ab 60/100 €; ☽ Febr.–Dez.; ℗ ▯) Mit viel Geschmack und Geschick wurde das Tannery Restaurant, einst ein Ladenkomplex, in eine Pension umgewandelt. Extravagant wirken die gestreiften Teppiche. Hinter den Türen in Grau und Rosarot verbergen sich sieben plüschige Räume. Die Kühlschränke sind mit Säften, Obst und Süßgebäck bestückt, sodass die Gäste auch in aller Ruhe auf dem Zimmer frühstücken können.

Lawlor's Hotel (☎ 41122; www.lawlorshotel.com; Meagher St; EZ/DZ ab 90/150 €) Von William Thackeray im Jahr 1843 als „sehr gepflegter und komfortabler Gasthof" gelobt, ist das Lawlor's ein altmodisches Hotel mit angenehmer Patina und überraschend modernen Zimmern, darunter einige mit Hafenblick.

Essen

Shamrock Restaurant (☎ 42242; O'Connell St; Snacks & Hauptgerichte 4–15 €; ☽ Mo–Sa 8.30–21 Uhr) Schlichtes Café mit einfachen Holztischen. Mittags kommen gern Arbeiter aus der Umgebung hierher, um sich mit guter irischer Hausmannskost zu stärken.

Interlude (☎ 45898; Davitt's Quay; Mittagessen 5,50–20 €; ☽ Di–Mi 11–19, Do–Sa 11–21.30, So 10.30–17.30 Uhr) Für Leute, die nur etwas Leichtes zu Mittag essen wollen, ist das originelle Café mit dem knubbeligen Mobiliar genau das Richtige. Indie-Musik verleiht dem Ort etwas Hippes. Hier gibt's eine bunte Palette Kuchen, Süßigkeiten und Snacks.

Mill Restaurant (☎ 45488; Davitt's Quay; Hauptgerichte 16–28 €; ☺ Mi–Sa 17–21.45, So 17–21 Uhr) Man kommt zur Tür herein und fühlt sich gleich pudelwohl: Der Service ist kinderfreundlich, das Ambiente pfiffig und entspannt, jeder hat hier seinen Spaß, keine Frage! Meeresgerichte und Steaks sind die Spezialitäten, daneben gibt's noch einen Mischmasch aus Gerichten aus aller Welt, einschließlich Pizza.

Tannery Restaurant (☎ 45420; www.tannery.ie; 10 Quay St; Hauptgerichte 18–29 €; ☺ Di–Fr & So 12.30–14.30, Di–Sa 18.30–21.30, Juli & Aug. So 18.30–21 Uhr) Aus einer ehemaligen Gerberei wurde eines von Irlands innovationsfreudigsten Restaurants. Die von Spitzenkoch Paul Flynn kreierten Gerichte variieren je nach Jahreszeit (sogenannte moderne Irische Kochkunst mit kontinentalem Touch): gebackenen Seehecht, Lasagne mit Feldhase und Zitrone, Salbei- und Haselnussbutter sowie geröstete Lammknödel mit Fetakäse und Minze. Alles ist so schön angerichtet, dass man es kaum essen mag.

Unterhaltung

Moorings (☎ 41461; Davitt's Quay) Eine lässige Bar am Kai mit beheiztem Biergarten und Palmen. Sommers finden Musikabende statt (Di, Do & So), samstags legt der DJ auf. Das behagliche Restaurant mit superfrischen Meeresfrüchten (Hauptgerichte 16–23 €, Ostern–Okt. täglich geöffnet von 18 bis 21.15 Uhr, Nov.–Ostern Fr & Sa 18–21.15 Uhr) ist ebenfalls einen Besuch wert. Essen gibt's auch an der Bar (11,50–17 €), darunter Tagliatelle mit geräuchertem Lachs; außerdem sind da noch sechs Räume im ersten Stock (EZ/DZ 50/80 €).

SGC Cinema (☎ 45796; Einkaufszentrum; Erw./Kind 8/5,50 €) Im Programm sind Hollywoodfilme.

An- & Weiterreise

Bus Éireann (☎ 051-879 000) fährt auf dem Weg von/nach Waterford mit Zu- und Ausstieg am Davitt's Quay (9 €, 1 Std., 11-mal tgl.) nach Cork (13 €, 1½ Std., 13-mal tgl.) und nach Dublin (13,50 €, 3¾ Std., So nur 3-mal).

RING PENINSULA

☎ 058 / 380 Ew.

Zerklüftet und unberührt präsentiert sich An Rinn (was „Landzunge" heißt) als eine der berühmtesten Gaeltacht-Regionen Irlands. Die Strecke nach Helvick Head am Ende der Halbinsel eröffnet Ausblicke auf die Comeragh Mountains, Dungarvan Bay und nach Nordosten auf die Copper Coast.

Man folgt den Schildern nach An Rinn, dann nach Cé Heilbhic, an Ballynagaul vorbei („Fremdendorf", ein kleines Nest, das von auswärtigen Fischern gegründet wurde).

Im kleinen Industriehafen Helvick Head steht ein **Denkmal** zu Ehren der Crew von *Erin's Hope*. Sie importierten im Jahr 1867 Gewehre aus New York mit der Absicht, einen Aufstand anzuzetteln, wurden jedoch kurz nach ihrer Ankunft verhaftet. Das faszinierende Haus mit den Rundtürmen und der Gartenmauer drumherum, welches auf Steinen direkt über dem Wasser steht, wurde zur Zeit der Recherche für 3 Mio. Euro angeboten.

Coláiste na Rinne (☎ 46128; www.anrinn.com), die prestigeträchtige, 100 Jahre alte irische Sprachenschule an der Straße nach Helvick, bietet Sommerkurse für 10- bis 19-Jährige an.

Eamonn Terry, ein ehemaliger Mitarbeiter der Kristallfabrik, unterhält jetzt ein eigenes Atelier, das **Criostal na Rinne** (☎ 46174; ☺ Mo–Fr 9–18 Uhr), wo Glaswaren verkauft bzw. graviert werden.

Schlafen & Essen

Ocean View (☎ 46400; Ringville; EZ/DZ 35/70 €) ist eine moderne B&B-Bleibe mit Panoramablick (Zi. mit Dusche/Bad/WC).

Seaview (☎ 41583; www.seaviewdungarvan.com; Pulla; EZ 45 €, DZ 60–90 €) An einer Nebenstraße von Ringville Richtung N25 und zu den Drum Hills liegt diese freundlich wirkende Pension. Vom Wintergarten aus schaut man auf Dungarvon und die Comeragh Mountains.

An Linn Bhuidhe (☎ 46854; Ringville; Hauptgerichte 8–10 €; ☺ Mo–Sa 10–15, So 11–16 Uhr) Ein beliebtes Café, das Vollwertkost wie Pilze in Knoblauch, Lasagne, Quiche, Lauch- und Kartoffelsuppe mit einem großen Sahnehäubchen serviert.

The Old Storyteller (An Seanachaí; ☎ 46755; Pulla; Hauptgerichte 11–29 €, Bistrogerichte 11,50–19,50 €; ☺ 12.30–21 Uhr) Das restaurierte Lokal aus dem 19. Jh. mit einem Reetdach und einer kitschigen Wandmalerei bietet täglich ein Mittagsbüffet. Im Sommer wird Livemusik gespielt (Do–So).

In Ringville gibt's einen kleinen **Supermarkt**.

Anreise & Unterwegs vor Ort

Bus Éireann (☎ 051-879 000) hält in Ringville auf dem Weg nach Ardmore (30 Min.) und Waterford (10 €, 1¼ Std.) via Dungarvon. In der Hochsaison (Juli/Aug.) halten die Busse 1-mal täglich, in den anderen Monaten nur Freitag und Samstag.

Kneipen, Herbergen und Läden liegen überall auf der Halbinsel verstreut. Man braucht also ein Auto oder Fahrrad, um herumzukommen.

ARDMORE

☎ 024 / 415 Ew.

Der schöne, kleine und beliebte Ferienort Ardmore verfügt über einen langen goldenen Strand. Schöne Klippenspazierwege ziehen sich an der Küste entlang. Hier soll St. Declan bereits zwischen 350 und 420 erste Handelsgeschäfte betrieben haben. So gelangte das Christentum in den Südosten Irlands, schon lange bevor St. Patrick auf der Bildfläche erschien, um die Heiden zu bekehren. Über dem Seebad ragt ein gut erhaltener **Rundturm** aus dem 12. Jh. auf.

Sehenswertes & Aktivitäten

Bei **Ardmore Pottery** kann man Fremdenführer für die Region buchen (☎ 94152; ☯ Mai–Sept. Sa & So 10–18, Okt.–April 10–18 Uhr).

Die Ruinen der **St. Declan's Church** und ein schlanker 29 m hoher **Rundturm** aus dem 12. Jh. mit konischem Dach stehen auf einem Hügel über dem Dorf, wo sich einst St. Declans ursprüngliches Kloster befand.

Verwitterte Schnitzereien aus dem 9. Jh., eingefügt in ungewöhnliches Maßwerk auf der äußeren westlichen Giebelwand der Kirche aus dem 13. Jh. zeigen, wie Erzengel Michael Seelen wiegt, die Anbetung der Hlg. Drei Konige, Adam und Eva und eine Darstellung von Salomons Urteil. Das Kircheninnere birgt zwei Ogham-Steine mit den ältesten irischen Schriftzeichen, darunter eine der längsten Inschriften im ganzen Land.

Nach der Überlieferung wurde St. Declan in der Betkapelle aus dem 8. Jh. beigesetzt (Beannachán), die 1716 ein neues Dach bekam. Im Innern klafft eine leere Grube, der die Steinplatte fehlt. Im Lauf der Jahrhunderte hatten Gläubige immer wieder Erde aus der Grabstätte entnommen, um Unheil abzuwehren.

Das Gelände wurde im Jahr 1581 nach der Auflösung der Klöster an Sir Walter Raleigh verpachtet. Im Jahr 1642 besetzten es royalistische Truppen. 117 Menschen fanden hier den Tod am Galgen.

Etwa 800 m östlich der Gebäudegruppe befindet sich bei den Ruinen der Dyert Church der **St.-Declan-Brunnen**. Beim Brunnen beginnt eine 5 km lange **Klippenwanderung**. Unterwegs kommt man an einem Schiffswrack vorbei, das im Jahr 1987 auf seinem Weg von Liverpool nach Malta während eines Sturmes strandete.

Am südlichen Ende des Strandes liegt ein Findling, **St. Declan's Stone**, der sich geologisch von anderen Gesteinen der Gegend unterscheidet. Vermutlich wurde er von einem Gletscherstrom hierhertransportiert. Die Legende will es jedoch anders. Danach handelt es sich bei dem Steinbrocken um die ehemalige Glocke von St. Declan, mit der er auf Abbildungen häufig zu sehen ist. Sie gelangte auf wundersame Weise von Wales über das Meer hierher. Wo immer der Stein angespült werden sollte, so verfügte St. Declan, solle der Ort seiner Wiederauferstehung sein.

Der 94 km lange **St. Declan's Way** folgt einer alten Pilgerstraße von Ardmore zum Rock of Cashel (County Tipperary). Am St. Declan's Day (24. Juli) sind hier katholische Pilger unterwegs. Weitere Auskunft gibt's bei der Töpferei Ardmore oder bei der Touristeninformation in Lismore.

Schlafen & Essen

Duncrone (☎ 94860; www.duncronebandb.com; Ardo; EZ/DZ 45/65 €; ☒) In dem einzeln auf dem Hügel über der Stadt stehenden Haus logiert man in Zimmern, die in zarten Blau-, Grün- und Orangetönen gehalten sind. Die gastfreundliche Familie Dunne serviert ein Frühstück ganz nach Wunsch.

The Olde Forge (☎ 94750; Main St; Hauptgerichte 13–21,50 €; ☯ Juni–Aug. 9–22, Sept.–Mai Mo–Do 9.30–16 & Fr–So 9.30–21 Uhr) Das freundliche Café mit einem Boden im Schachbrettmuster und Schwarz-weiß-Bildern an den Wänden hat eine gute Auswahl an Sandwiches, Kuchen und Teegebäck und einige wenige Fleischgerichte auf der Karte.

White Horses (☎ 94040; Main St; Mittagstisch 8–13 €, Abendgerichte 13–24 €; ☯ Mai–Sept. Di–So 11–16 & 18–22, Okt.–Dez. & Mitte Febr.–April Fr 18–22, Sa 11–16 & 18–22, So 12–16 Uhr) Dieses dufte Bistro tischt nur Gesundes auf wie zum Beispiel frische Fischsuppe oder frischen Briekäse mit Tomaten-Chutney und das auf im Dorf handgemachten Tellern.

Das Personal ist spitze und serviert auch Kinderportionen, falls die Kleinen mal auf etwas Abenteuerlicheres als Burger stehen.

Ans Postamt angeschlossen ist ein kleiner **Supermarkt**.

An- & Weiterreise

Montag bis Freitag fahren zwei Busse täglich (Sa 3-mal, So 1-mal) von Cork (11,10 €, 1¾ Std.) nach Ardmore. Im Juli und August verkehren zwei Busse täglich nach Waterford (Mo–Sa, 12 €, 2 Std.) via Ringville und Dungarvan, in anderen Monaten nur Freitag und Samstag. Die Busse halten außerhalb von O'Reilly's Pub in der Main Street.

CAPPOQUIN & UMGEBUNG

☎ 058 / 740 Ew.

Der Marktflecken Cappoquin wird überragt von den Knockmealdown Mountains, einer hügeligen Heidelandschaft. Im Westen liegt das malerische Blackwater Valley mit Spuren, die auf die ältesten irischen Volksstämme verweisen.

Der **Dromana Drive** nach Cappoquin ab Villierstown (An Baile Nua), 6 km weiter südlich, verläuft am Blackwater entlang durch den Dromana Forest. An der Brücke über den Finisk erhebt sich ein in Irland einzigartiges **Hinduistisch-Gotisches Tor**, das an den Brighton Pavilion in England denken lässt.

Lachsfischen ist über **Titelines** (☎ 54152), einen Anglerladen an der Hauptstraße, organisierbar.

Mount Melleray Cistercian Abbey (☎ 54404; Di–So 12–17 Uhr), 6 km nördlich der Stadt an den Ausläufern der Knockmealdown Mountains gelegen (ab Cappoquin ausgeschildert), ist ein völlig intaktes Kloster mit 28 Trappistenmönchen. Das Kloster wurde 1832 von 64 Mönchen gegründet, die von ihrer Heimat Melleray in der Bretagne (Frankreich) vertrieben worden waren. Es beherbergt Teestuben und ein Kulturerbezentrum.

Zu den Waldpfaden oder Picknickplätzen bei **Glenshelane Park** biegt man rechts nach Mount Melleray ab.

Cappoquin House & Gardens (☎ 54004; Erw./Kind 10 €/frei; April–Juli Mo–Sa 9–13 Uhr) ist ein georgianisches Herrenhaus (1779), umgeben von Gärten mit Blick über den Blackwater. Hier residiert seit mehr als 200 Jahren die Keane-Familie. Die Zufahrt durch ein riesiges schwarzes Eisentor beginnt nördlich der Ortsmitte von Cappoquin.

Während die Zimmer im **Richmond House** (☎ 54278; www.richmondhouse.net; N72; EZ 95–140 €, DZ 150–240 €; Abendspeisekarte 35–54 €; Restaurant Di–Do 18–21, Fr–Mo 19–21 Uhr) wohl kaum einem Landhaushotel entsprechen (zwischen Standard und Superior gibt's wenig Unterschied), ist das Restaurant spitze. Gekocht wird mit Gutem aus heimischen Landen wie z. B. Helvick-Lachs, aber auch die Auswahl an vegetarischem Essen ist prima.

Barron's Bakery (☎ 54045; the Square) benutzt immer noch die Scotch Brick-Öfen von 1887. Sandwiches und superleckere Kuchen bzw. Brötchen sind im Café erhältlich.

An- & Weiterreise

Bus Éireann (☎ 051-879 000) hält in Cappoquin auf dem Weg nach Lismore und Dungarvan (5 €, 20 Min.) am Mo, Do und Sa. Sonntags fährt ein Bus nach Dublin (4¼ Std.) um 3.55 Uhr. Freitags verkehren Busse nach Waterford (12 €, 1 Std.) um 5.50 Uhr und Cork (1½ Std.) um 9.40 Uhr. Sonntags gibt's auch eine Verbindung nach Cork um 18.10 Uhr außer im Juli und August. Busse halten vor dem Morrissey's Pub.

LISMORE

☎ 058 / 790 Ew.

Die „Kulturerbestadt" Lismore im County Waterford ist eine ruhige Ortschaft am Blackwater im Schatten eines eleganten Schlosses aus dem 19. Jh. Über Jahrhunderte gaben sich hier, am Standort der Klosteruniversität St. Cartach (gegr. 7. Jh.), Staatsmänner und Geistesgrößen die Ehre. König Alfred von Wessex studierte hier; Heinrich II. besuchte hier 1171 den päpstlichen Legaten Bischof Christian O'Conairche; sogar Fred Astaire schneite einmal vorbei, als seine Schwester Adele in die Cavendish-Familie einheiratete, die in der Nähe ein Schloss besaß. Die Älteren im Dorf rätseln immer noch, ob er nach der Sperrstunde die Main Street entlanggesteppt ist.

Lismore hatte einst über 20 Kirchen, jedoch wurde die Stadt im 9. und 10. Jh. durch die Wikingerüberfälle arg in Mitleidenschaft gezogen. Die meisten Gebäude stammen also aus dem frühen 19. Jh. Wem die Geschichte zu viel wird, kann zwischendurch in den **Millennium Gardens** neben dem Schlossparkplatz picknicken oder einen 20-minütigen Spaziergang unternehmen entlang des **Lady Louisa's Walk** zur Kathedrale mit Buntglasfenster von Edward Burne-Jones.

Praktische Informationen

Die **Touristeninformation** (☎ 54975; lismore heritage@
eircom.net; Main St; ☼ Mai–Okt. Mo–Fr 9.30–17.30, Sa
10–17.30, So 12–17.30, Nov.–April Mo–Fr 9.30–17.30 Uhr)
befindet sich im Lismore Heritage Centre.
Geführte Stadttouren finden im Juli und August täglich um 11 und 15 Uhr statt. Alternativ beschreibt auch der detaillierte *Lismore
Walking Tour Guide* (3 €) die Sehenswürdigkeiten der Umgebung.

Sehenswertes

„Eines der schönsten Bauwerke, die ich je
gesehen habe", so äußerte sich Thackeray
1842 über die eindrucksvolle **St. Carthage's
Cathedral** (1679). Und das war noch bevor ein
wunderschönes präraffaelitisches **Buntglasfenster** von Edward Burne-Jones nachträglich
eingefügt wurde. Dargestellt sind die Gerech-
tigkeit (ein Mann mit Schwert und Waage)
und Bescheidenheit (eine Frau, die ein Lamm
hält) vor einem Hintergrund mit Blumenor-
namenten. In Ehren gehalten werden mit
diesem Fenster die Tugenden des gütigen
Francis Currey, der während der Großen
Hungersnot den Armen half.

Beachtenswert in der Kathedrale sind einige **Gräber**, darunter die kunstvoll verzierte
Krypta der MacGrath-Familie aus dem Jahr
1557. Ein Faltblatt mit Tourentipps (2 €), das
für Kinder gemacht, aber für alle witzig ist,
lotst durch die Seltsamkeiten des Gebäudes,
z. B. zu den Fossilien in der Kanzel!

Von der Straße nach Cappoquin aus hat
man herrliche Ausblicke auf **Lismore Castle**,
welches für Tagesausflügler geschlossen ist,
jedoch für Gruppen für 4000 € pro Nacht
buchbar ist. Besichtigt werden können die 3
ha großen **Gartenanlagen** (☎ 54424; www.lismore
castle.com; Erw./Kind 7/3,50 €; ☼ April–Okt. 13.45–16.45,
Juni–Aug. ab 11 Uhr). Es soll der wohl älteste Park
in Irland sein, teilweise noch aus der Zeit Jakobs I. Wunderschön beschnittene Hecken,
Magnolien- und Kameliensträucher und eine
Eibenallee, die Edmund Spenser zu *The Faerie
Queen* inspiriert haben soll, fügen sich perfekt
ins Bild. Die modernen Skulpturen überall im
Park gehören zur **Kunstgalerie** (☎ 54061; www.
lismore castlearts.ie; ☼ Ma–Okt.) im westlichen
Schlossflügel.

Das ursprüngliche Schloss wurde von
Prince John, Lord of Ireland, im Jahr 1185
erbaut. Nachdem es als Bischofsresidenz
gedient hatte, wurde es im Jahr 1589 an Sir
Walter Raleigh übertragen, zusammen mit

200 km² Grund und Boden drumherum. Später veräußerte er es an den Grafen von Cork,
Richard Boyle, dessen Sohn Robert hier geboren wurde. Letzterer wurde als „Vater der
modernen Chemie" bzw. durch das von ihm
formulierte Boyle-Marriott'sche Gesetz bekannt.

Der Großteil des heutigen Schlosses wurde
Anfang des 19. Jhs. erbaut. Im Zuge der Restaurierung entdeckten Arbeiter das *Book of
Lismore* aus dem 15. Jh. und den Bischofsstab
von Lismore aus dem 12. Jh., beide heute im
Nationalmuseum in Dublin. Das Buch dokumentiert nicht nur das Leben irischer Heiliger,
sondern schildert auch die Reiseabenteuer
von Marco Polo. Das Schloss gehört Peregrine
Cavendish, 12. Herzog von Devonshire, der
auch in Chatsworth in Derbyshire, England,
Besitzungen hat.

Im alten Gerichtshof befindet sich das **Lismore Heritage Centre** (☎ 54975; www.discoverlismore.
com; Main St; Erw./Kind 4,50/4 €; ☼ Mai–Okt. Mo–Fr
9.30–17.30, Sa 10–17.30, So 12–17.30, Nov.–April Mo–Fr
9.30–17.30 Uhr). Eine eindrucksvolle audiovisuelle Präsentation entführt die Besucher auf
eine Zeitreise von der Ankunft von St.
Carthage 636 v. Chr. bis heute, einschließlich der Entdeckung des *Book of Lismore* hinter einer Wand im Jahr 1814 und John F.
Kennedy's Besuch im Jahr 1947.

Schlafen & Essen

Pine Tree House (☎ 53282; www.pinetreehouselismore.
com; EZ/DZ ab 40/70 €) Die wunderbaren Zimmer
à la Daphne Power sind angenehmer, als das
moderne Äußere vermuten ließe, und es gibt
einen Hund so groß wie ein Kalb, mit dem
man spielen kann. Die Pension befindet sich
hinter der Blackwater Community School am
südwestlichen Stadtrand.

Northgrove (☎ 54325; www.lismorebedandbreakfast.
com; Tourtane; EZ 40–55 €, DZ 65–80 €; ☐) Idyllisch
abseits der N72 nach Cork gelegen, lässt hier
van Gogh grüßen: Die Wände sind mit dessen
Bildern geschmückt, während die Zimmer
nach Blumen benannt sind.

Ballyrafter House Hotel (☎ 54002; www.waterford
hotel.com; EZ/DZ 95/170 €; Mittagessen 28 €, Abendessen 44
€; ☼ März–Okt.; ⓟ) Kaminfeuer und Feines aus
der Küche sorgen für ein behagliches Ambiente in diesem Landhaushotel. Von den einfachen Schlafzimmern aus geht der Blick
hinaus auf den prächtigen Park mit herum-
stolzierende Pfauen. Vom Restaurant aus, wo
Lachs, Honig und Käse aus der Region gekos-

tet werden können, hat man einen schönen Ausblick aufs Schloss.

Foley's (☎ 53671; Main St; Hauptgerichte 10–24 €; 9–21 Uhr) Das Lokal hat eine gute Auswahl an Steaks, Fisch und hausgemachten Burgern, mit unwiderstehlichen Saucen wie z. B. Käsesauce; das Ambiente aus Pfauentapete, lederüberzogenen Bänken und offenem Kaminfeuer sorgt für eine richtig entspannte Atmosphäre.

An- & Weiterreise

Bus Éireann (☎ 051-879 000) unterhält Verbindungen in beide Richtungen zwischen Lismore und Dungarvan (5,10 €, 30 Min.) via Cappoquin (Mo, Do, Sa) und nach Dublin (So, 4½ Std.) um 15.45 Uhr. Freitags verkehren Busse nach Waterford (12 , 1¼ Std.) um 17.40 Uhr und Cork (1¼ Std.) um 9.50 Uhr. Nach Cork fährt sonntags um 18.20 Uhr ebenfalls ein Bus, außer im Juli und August. Die Busse halten vor O'Dowd's in der West Street.

NÖRDLICHES COUNTY WATERFORD

Einige der landschaftlich schönsten Ecken der Grafschaft Waterford liegen im Norden rund um Ballymacarbry und im Nire Valley, das sich zwischen den Comeragh und Monavullagh Mountains ausdehnt. Zwar ist die Gegend nicht so zerklüftet wie der Westen Irlands, obwohl es hier wie dort den 370 Mio. Jahre alten Sandstein gibt, jedoch ist die Bergwelt von ganz herber Schönheit. Touristen sind hier nur wenige anzutreffen. Es ist übrigens auch eine tolle Gegend, um in Pubs wie dem Melody's Nire View Musik und Tanz zu erleben.

Sehenswertes & Aktivitäten

Lord und Lady Waterford residieren in dem Herrenhaus in den **Curraghmore Gardens** (☎ 051-387 102; Fax 051-387 481; Portlaw; Eintritt mit geführter Besichtigung 4 €; Ostern–Mitte Okt. Do 14–17 Uhr), 14 km nordwestlich von Waterford (Stadt). Der Familie gehört das 1225 ha große Grundstück bereits seit dem 12. Jh. Nach Terminvereinbarung öffnet das feine georgianische **Herrenhaus** (Eintritt 6 €; Mo–Fr 9–13 Uhr) mit den exquisiten Stuckverzierungen den Besuchern seine Pforten. Lord Waterford leitet die Tour gewöhnlich selbst.

Die bewaldete Hügellandschaft mit ihren Megalithgräbern ist ideal für Wanderer. Die Comeragh Mountains verdanken ihren Namen den vielen *coums* (von Gletschern geformte Täler). Coumshingaun und Coum Iarthair – unweit von Crotty's Lough, benannt nach einem Banditen, der sich hier in einer Höhle versteckte – zählen zu Irlands schönsten *coums*.

Im **Melody's Nire View** (☎ 052-36169; Ballymacarbry) lohnt sich die Einkehr auf eine Halbe mit *panini*. Dort gibt's auch noch Prospekte für Wanderungen und andere Aktivitäten gratis dazu!

Oder man kommt während des **Autumn Walking Festival** (☎ 052-36239) hierher, das immer am zweiten Wochenende im Oktober stattfindet, mit geführten Wanderungen und traditioneller Musik in den Pubs.

Die 70 km lange Wanderroute **East Munster Way** (S. 749) verläuft von Carrick-on-Suir in Tipperary bis zu den nördlichen Hängen der Knockmealdown Mountains. Der Einstieg in den Weg befindet sich bei Fourmilewater, etwa 10 km nordwestlich von Ballymacarbry.

Von März bis Sept. eignen sich der Nire und Suir prima zum **Fischen**. Eine Angelerlaubnis ist bei Hanora's Cottage (siehe unten) oder im **Zentrum für Fliegenfischen** (☎ 052-36752; Clonanav) erhältlich, dort gibt es auch eine Pension.

Schlafen

Powers the Pot (☎ 052-23085; www.powersthepot.net; Harney's Cross; Campingplatz 14 €; Mai–Sept.) Ein heimeliger kleiner Campingplatz, der vom Archäologie- und Wanderfan Niall geführt wurde. In der originellen Bar mit Reetdach kommen gälisches Steak und andere deftige Mahlzeiten auf den Tisch (10–15 €). Die Akustik ist einfach spitze für lange Musikabende rund ums Lagerfeuer, das nach Torf riecht. Das Platz liegt 9 km südwestlich von Clonmel (ab der Straße nach Rathgormuck ausgeschildert), die Zufahrt ist aber auch ab Ballymacarbry möglich (Richtung Hanora's Cottage, nach der Brücke links, den Schildern nach).

Hanora's Cottage (☎ 052-36134; www.hanoras cottage.com; Nire Valley, Ballymacarbry; EZ 120–170 €, DZ 170–250 €) Das Haus aus dem 19. Jh. neben der Nire Church beherbergt eine der besten B&B-Pensionen im ganzen Land. Die wunderschön restaurierten Zimmer haben tolle Badewannen und im Wintergarten schauen die Gäste vom Spa aus auf die Berge. Zum Cottage gehört ein ausgezeichnetes Gourmetrestaurant

(Mahlzeit 48 €, Mo–Sa 19–21 Uhr), versorgt werden hier aber auch Wanderer mit prima Proviant. Bei der Ortsausfahrt Ballymacarbry zweigt eine Straße gegenüber vom Melody's Richtung Osten ab; von da sind's noch 5 km.

An- & Weiterreise

Bus Éireann (☎ 051-879 000) fährt dienstags von Ballymacarbry nach Dungarvan (45 Min., 15 Uhr) und Clonmel, Tipperary (1 Std., 9.43 Uhr). Freitagnachmittags verkehren noch zwei Busse zwischen Clonmel und Ballymacarbry. Eine Taxifahrt von Clonmel nach Ballymacarbry kostet 28 €. Nach Curraghmore Gardens fahren regelmäßig Busse zwischen Waterford und Carrick-on-Suir, Tipperary, mit Halt in Fiddown, 5 km nördlich von Portlaw.

County Cork

Im äußersten Südwesten der Insel gelegen, entspricht Cork ziemlich genau jenem verklärten Bild, das sich die meisten von Irland machen.

Auf den drei Halbinseln, die sich wie knöchrige Finger in den Atlantik strecken, breitet sich eine wilde, windgepeitschte Küstenlandschaft mit lebendigen Dörfern und Häfen aus, in denen es von Fischerbooten nur so wimmelt.

Weiter östlich säumen geschichtsträchtige Städte die Südküste. Ein halbes Jahrtausend voller Kämpfe und Unruhen hat ihnen seinen unauslöschlichen Stempel aufgedrückt. Im Norden dagegen verströmen die sanften Hügel einen friedlichen Zauber.

Und dann ist da natürlich die Stadt Cork, welche auf ihrem Weg ins neue Jahrtausend Dublin nonchalant überholt hat. Wer sich für moderne Kunstgalerien, Avantgarde-Theater und Cocktailbars interessiert, wird in Cork viel Spaß haben.

Was einem jedoch am meisten im Gedächtnis bleiben wird, ob in der Stadt oder auf dem Land, ist die phantastische Livemusik in einem alten Pub, das Essen mit den besten und frischesten Zutaten ganz Irlands und der nie getrübte Frohsinn einer Bevölkerung, die mit Stolz auf ihre Vergangenheit zurück und selbstbewusst in die Zukunft blickt.

HIGHLIGHTS

- **Stadt der Superlative** Das geschäftige Cork prunkt mit Restaurants (S. 221), Pubs (S. 223), Musik (S. 224) und Theatern (S. 224)

- **Endlich allein …** auf der atemberaubenden Küstenstraße rund um die Halbinsel Beara (S. 256)

- **Die Küche im Westen** Das beste Essen der Insel gibt es entlang der Südküste von Kinsale (S. 232) bis Clonakilty (S. 239)

- **Der Zauber von Gougane Barra** Überraschend reich an Natur ist das Herzstück Corks mit Bergwäldern und einem Gletschersee (S. 247)

- **Ahoi!** Unberührte Fischerdörfer, z. B. Union Hall (S. 242), Glandore (S. 242), Castletownshend (S. 243), Castletownbere (S. 259) und Baltimore (S. 244)

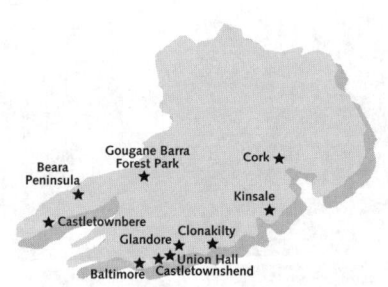

- EINWOHNER: 481 000
- FLÄCHE: 7508 KM²

CORK (STADT)

☎ 021 / 119 000 Ew.

Cork versprüht die Energie einer Stadt, die sich ihrer Bedeutung innerhalb Irlands genau bewusst ist. So selbstsicher ist die einstige „Rebellenstadt", dass ihre Bewohner sie auch halb scherzend „Volksrepublik Cork" nennen. Schon lange schaut man ein wenig gering-schätzig auf Dublin herab; und dank einer wachsenden Kunst-, Musik- und Gastroszene macht Cork der Hauptstadt nun sogar in kul-tureller Hinsicht Konkurrenz.

Die Innenstadt wird vom Fluss Lee umrun-det und wirkt wie eine Insel. Sie wird durch-zogen von engen Gässchen aus dem 17. Jh. und georgianischen Prachtstraßen, gesäumt von modernen architektonischen Meisterwer-ken wie dem Opernhaus. Der anhaltende Renovierungs- und Bauboom, der mit Corks Ernennung zur Europäischen Kulturhaupt-stadt 2005 begann, bringt immer neue Bau-werke, Bars und Kunstzentren hervor. Doch glücklicherweise hat sich die Stadt ihren tra-ditionellen Charme bewahrt – kleine Pubs mit fast täglichen Konzerten, beste regionale Er-zeugnisse in einer wachsenden Zahl an Res-taurants und nicht zuletzt Corks Bewohner, die jeden Gast stolz willkommen heißen.

GESCHICHTE

Corks lange blutige Geschichte ist untrennbar verbunden mit dem irischen Kampf um Un-abhängigkeit.

Sie begann im 7. Jh. mit dem Hl. Finbarr, der auf einem *corcach* (Sumpfland) ein Klos-ter gründete. Nachdem die Siedlung Raubzüge und die zeitweilige Besiedlung durch Nord-männer überstanden hatte, wurde sie im 12. Jh. Hauptstadt des Königreichs South Munster. Doch die Herrschaft der Iren währte nicht lange – schon 1185 war Cork in eng-lischer Hand. In dem folgenden unerbittlichen Kampf zwischen Engländern und Iren wurde Cork mehrfach von beiden Seiten bezwungen, wieder verloren und zurückerobert. Die Stadt überstand Cromwells Invasion, nur um hin-terher dem strengen Protestanten Wilhelm von Oranien in die Hände zu fallen.

Im 18. Jh. erlebte die Stadt Cork eine Blü-tezeit und exportierte Butter, Rindfleisch, Bier und Whiskey in die ganze Welt. Nur ein Jahrhundert später wütete die große Hungersnot in der Stadt und im Umland; Millionen Menschen kamen ums Leben oder wanderten aus.

Im Kampf um die irische Unabhängigkeit spielte Cork als Rebellenhochburg eine ent-scheidende Rolle. 1920 wurde Oberbürger-meister Thomas MacCurtain von Mitgliedern der Royal Irish Constabulary, den „Black and Tans", erschossen. Sein Nachfolger, Terence MacSwiney, starb in London im Gefängnis von Brixton an den Folgen eines Hunger-streiks. Die Briten unterwarfen Cork mit be-sonders harter Hand und brannten einen Großteil der Innenstadt nieder, darunter die St. Patrick's Street, das Rathaus und die Stadt-bibliothek. 1922–23 rückte Cork im irischen Bürgerkrieg ins Zentrum des Geschehens.

ORIENTIERUNG

Das Zentrum Corks liegt auf einer Insel im Lee, über die mehrere Brücken führen. Von der St. Patrick's Bridge am Nordarm des Lee verläuft die St. Patrick's Street durch das Ein-kaufs- und Handelszentrum der Stadt bis zur georgianischen Grand Parade, die zum Süd-arm des Lee führt. Nördlich und südlich der Straße erstrecken sich die Vergnügungsviertel, ein Gewirr von Gässchen mit unzähligen Pubs, Cafés, Restaurants und Läden.

Auf der anderen Seite der St. Patrick's Bridge geht es genauso rege zu. Rund um die MacCurtain Street gibt es Unmengen von Pubs, Restaurants und Geschäften. Östlich der MacCurtain Street befinden sich die Kent Train Station (Bahnhof) und einige günstige B&Bs. Westlich der Bridge Street liegt der Stadtteil Shandon, der sich vor allem in den engen, steilen Gassen unterhalb der Kirchen seinen dörflichen Charakter bewahrt hat.

Auf halber Strecke der Grand Parade führt die Washington Street im Südwesten Rich-tung Universität.

PRAKTISCHE INFORMATIONEN
Bibliotheken

Cork City Library (☎ 492 4900; www.corkcitylibrary.ie; 57-61 Grand Parade; ◷ Mo–Sa 10–17.30 Uhr)

Buchläden

Connolly's Bookshop (☎ 427 5366; Rory Gallagher Pl, Paul St) Hier kann man prima plaudern und Unmengen von gebrauchten Büchern erstehen.

Liam Ruiséal Teo (☎ 427 0981; 49-50 Oliver Plunkett St) Neue und gebrauchte Bücher, viele über Cork.

Mainly Murder (☎ 427 2413; 2A Paul St) Krimis en masse.

Vibes & Scribes (☎ 450 5370; 3 Bridge St; ⊙ Mo–Sa 10–18.30, So 12.30–18.30 Uhr) Vier Stockwerke mit Büchern, CDs und DVDs. Eine zweite Filiale ist am Lavitt's Quay.
Waterstone's (☎ 427 6522; 69 St. Patrick's St; ⊙ Mo–Do & Sa 9–19, Fr 9–20, So 12–18 Uhr) Beste Abteilung für Reisebücher im ganzen Südwesten.

Geld
In Irland gilt der Euro. Mehrere Geldautomaten findet man in der St. Patrick's Street.

Gepäckaufbewahrung
Am Hauptbahnhof gibt es keine Gepäckaufbewahrung.
Cork Bus Station (☎ 450 8188; Ecke Merchant's Quay & Parnell Place; 2,70 € für 24 Std. pro Gepäckstück; ⊙ Mo–Fr 7.45–24, Sa 9–18 Uhr, ganzjährig, im Sommer auch So)

Internetzugang
Webworkhouse.com (☎ 427 3090; www.webwork house.com; 8A Winthrop St; 1,50–3 € pro Std.; ⊙ 24 Std.) Hier kann man auch billig ins Ausland telefonieren.
Wired to the World (☎ 453 0383; www.wired totheworld.ie; 28 North Main St; 1 € pro Std.; ⊙ Mo–Sa 9–24, So 10–24 Uhr) Weitere Filialen im Thompson House auf der MacCurtain Street und in der Washington Street.

Notfall
Mercy University Hospital (☎ 427 1971; www.muh. ie; Grenville Place)

Post
Hauptpost (☎ 485 1042; Oliver Plunkett St; ⊙ Mo–Sa 9–17.30 Uhr)

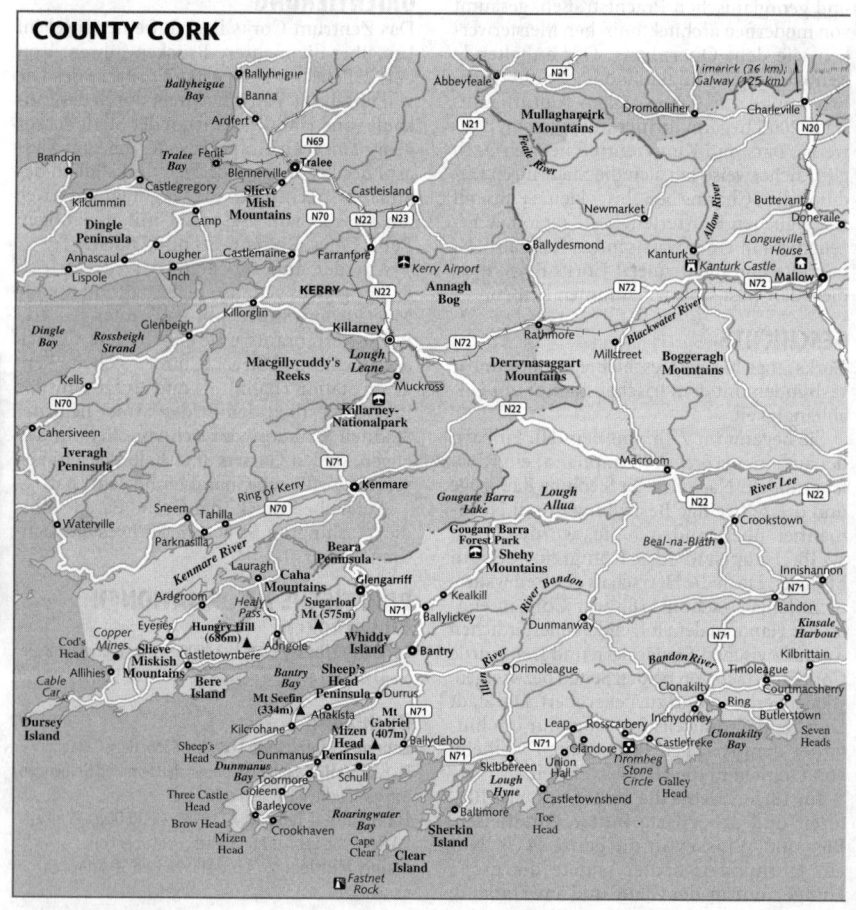

Touristeninformation

Cork City Tourist Office (☎ 425 5100; www.corkkerry.
ie; Grand Parade; ☷ Juli–Aug. Mo–Sa 9–18, So 10–5 Uhr,
Sept.–Juni Mo–Fr 9.15–17 & Sa 9.30–16.30 Uhr) Ein gro-
ßer Souvenirladen mit Informationsschalter. Jede Menge
Broschüren und Bücher über Stadt und Grafschaft. Stena
Line Ferries (siehe S. 770) hat auch einen Schalter hier.

GEFAHREN & ÄRGERNISSE

In Cork geht es weniger rau zu als in Dublin.
Trotzdem sollte man sich nachts vor den Pubs
und Clubs der Innenstadt in Acht nehmen.

SEHENSWERTES
Cork City Gaol

Zart Besaiteten wird es hinter den Gefängnis-
mauern des **Cork City Gaol** (☎ 430 5022; www.cork

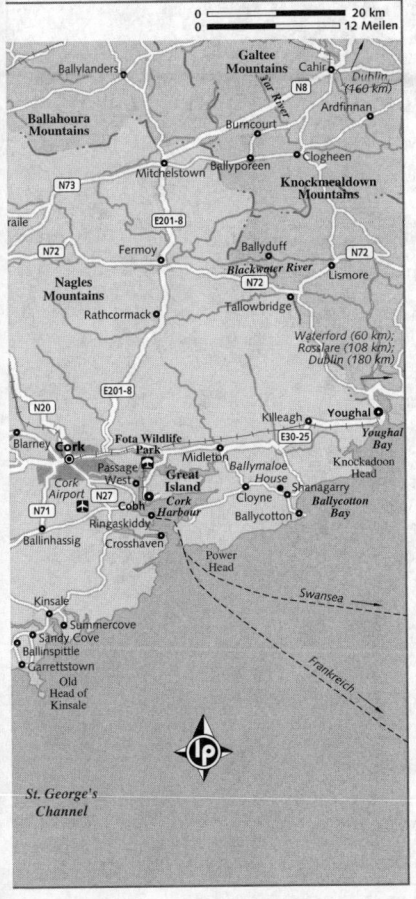

citygaol.com; Convent Avenue; Erw./Kind 7/3,50 €; ☷ März–
Okt. 9.30–18 Uhr, Nov.–Febr. 10–17 Uhr, letzter Einlass 1 Std.
vor Schluss) sicher ziemlich mulmig zumute.
Trotzdem sollte man diese äußerst ungewöhnliche und lohnende Sehenswürdigkeit nicht
auslassen. Mit Kopfhörern ausgestattet, geht
man durch die restaurierten Gefängniszellen
und begegnet dort den lebensgroßen Figuren
leidender Insassen und sadistisch dreinblicken-
der Wärter. Die Härte des Strafsystems im
19. Jahrhundert geht einem unter die Haut.
Häufig war es einzig die weit verbreitete bit-
tere Armut, die die Menschen ins Gefängnis
brachte: Die meisten Inhaftierten leisteten
hier Schwerstarbeit, weil sie einen Laib Brot
gestohlen hatten.

Das Gefängnis wurde 1923 geschlossen und
1927 als Radiosender wiedereröffnet. Der
neuen Funktion des Gebäudes widmet sich
das **National Radio Museum** (Erw./Kind 6/3,50 €;
☷ März–Okt. 9.30–18 Uhr, Nov.–Febr. 10–17 Uhr) im
Obergeschoss, wo man eine Sammlung schöner alter Radios betrachten und die Geschichte
von Guglielmo Marconi, dem Pionier der
drahtlosen Telekommunikation, erfahren
kann.

Vom Stadtzentrum geht man entweder zu
Fuß oder steigt am Busbahnhof in die Linie 8
und fährt bis University College Cork (UCC);
von dort geht es quer durch den Fitzgerald
Park über die Mardyke Bridge, den River Lee
Walkway entlang und den Hügel hinauf. Der
Weg ist ausgeschildert.

Crawford Municipal Art Gallery

Corks öffentliche **Galerie** (☎ 490 7855; www.craw
fordartgallery.com; Emmet Place; Eintritt frei; ☷ Mo–Sa
10–17 Uhr) beherbergt eine kleine, aber feine
Dauerausstellung mit Werken irischer Künstler wie Jack Yeats und Seán Keating. Wirklich
sehenswert ist Keatings *Men of the South*
(1921): Das Meisterwerk historischer Romantik zeigt Mitglieder des North Cork Batallion
der IRA.

Die schneeweißen Gipsmodelle römischer
und griechischer Statuen in den Skulpturen-
galerien waren ein Geschenk des Papstes an
den englischen König Georg IV. im Jahr 1822.
Der fand daran jedoch wenig Gefallen und
verbannte die Skulpturen in den Keller, bis
schließlich jemand vorschlug, diese der Stadt
Cork zu vermachen.

Im Untergeschoss gibt es meist hervorragende Wechselausstellungen und ein schickes
Café (siehe S. 222).

COUNTY CORK

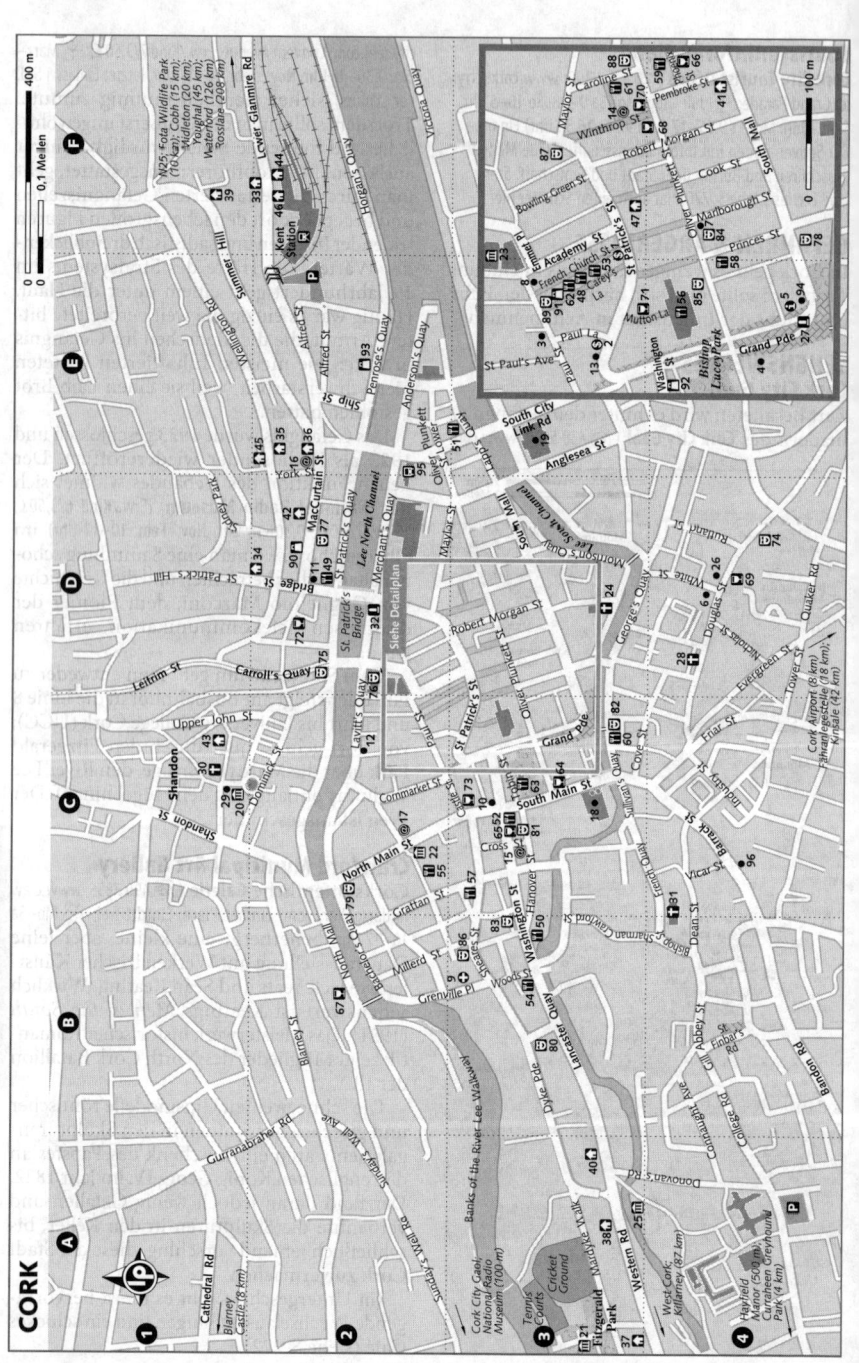

St. Finbarre's Cathedral

Spitze Türme, die Fratzen von Wasserspeiern und unzählige Skulpturen schmücken die Außenfassade der protestantischen **Kathedrale** (☎ 496 3387; http://cathedral.cork.anglican.org; Bishop St; Erw./Kind 3/1,50 €; ☉ April–Sept. Mo–Sa 10–17.30 & So 12.30–19.30 Uhr, Okt.–März 10–12.45 & 14–17 Uhr) von Cork. Das Gebäude ist eine auffallende Mischung aus französischer Gotik und mittelalterlichem Einfallsreichtum. Einer Legende nach soll der goldene Engel auf der Ostseite in sein Horn stoßen, sobald die Apokalypse bevorsteht.

Der Innenraum ist nicht weniger prächtig gestaltet, mit Marmormosaiken auf dem Boden, einer farbenprächtigen Decke über dem Altar, einer riesigen Kanzel und einem Bischofsthron. Zu den ungewöhnlicheren Ausstellungsobjekten gehört eine Kanonenkugel, die bei der Belagerung von Cork 1690 einen mittelalterlichen Turm traf.

Ein Großteil dieser Pracht ist das Ergebnis eines 1863 abgehaltenen Architektenwettbewerbs, aus dem William Burges als klarer Sieger hervorging. Sobald er zum Gewinner gekürt worden war, warf er prompt alle Entwürfe über den Haufen, fügte ein weiteres Chorgewölbe und höhere Türme hinzu und sprengte rasch sein Budget von umgerechnet 22 000 Euro. Zum Glück hatte der Bischof Verständnis für den Perfektionisten – er verbrachte den Rest seines Lebens damit, Gelder für das Projekt einzutreiben.

Die Kathedrale liegt etwas südlich der Innenstadt, genau dort, wo Corks Schutzpatron St. Finbarr im 7. Jh. sein Kloster gegründet hatte.

Lewis Glucksman Gallery

Die **Glucksman Galerie** (☎ 490 2760; www.glucksman. org; University College Cork; Eintritt frei; ☉ Di, Mi, Fr & Sa 10–17, Do 10–20, So 12–17 Uhr) ist in einem Aufsehen

COUNTY CORK

erregenden Gebäude aus Kalkstein, Stahl und Holz untergebracht, ein sichtbares Zeichen für Corks Optimismus. Die Eröffnung der Galerie im Jahr 2004 war eine Sensation. Das 12 Millionen Euro teure Gebäude besitzt drei riesige Präsentationsflächen für Wechselausstellungen und Installationen. Wer gerade in Cork ist, sollte die kostenlose Führung mitmachen, die alle zwei Wochen stattfindet. Mehr Informationen dazu stehen auf der Webseite. Da die Galerie auf dem Unigelände liegt, wimmelt es hier eigentlich immer von Leuten, die entweder zu Vorlesungen gehen, die Kunstwerke besichtigen oder im Café im Untergeschoss entspannen (siehe S. 221).

Cork Public Museum

In einem hübschen georgianischen Haus im Fitzgerald Park befindet sich dieses **Museum** (☎ 427 0679; www.corkcitycouncil.ie/amenities; Fitzgerald Park; Eintritt frei; ☽ ganzjährig Mo Fr 11 13 & 14.15–17, Sa 11–13 & 14.15–16 Uhr, April–Sept. So 15–17 Uhr). Anhand unterschiedlicher Exponate aus der Region erzählt es die Geschichte der Stadt von der Steinzeit bis hin zur lokalen Fußball-Legende Roy Keane. Nebenan ist ein Café.

Die Linie 8 hält am Haupttor des UCC; der Weg ist ausgeschildert.

Beamish & Crawford Brewery

Diese berühmte **Brauerei** (☎ 491 1100; www.beamish.ie; South Main St; Führung Erw./erm. 7/5 €; ☽ Mai–Sept. Di & Do 10.30 & 12.00, Okt.–April Do 11 Uhr) ist die älteste Porter-Brauerei Irlands. Die unterhaltsamen Führungen enden in der Bar, wo man selber noch ein Pint leeren kann. Vor dem Gebäude steht das Counting House, ein an Hässlichkeit kaum zu überbietendes Bauwerk (Pseudo-Tudorstil, Staffelgiebel, klassisches Pediment *und* Kieselputz).

Shandon

Gäbe es in den bunten Gässchen und Plätzen noch ein paar Galerien, Antiquitätenläden und Cafés mehr, könnte **Shandon** locker als Quartier Latin von Cork durchgehen. Auf einem Hügel über dem Zentrum gelegen, lohnt das Viertel allein schon wegen der schönen Aussicht.

Herzstück von Shandon ist die **St. Anne's Church** (☎ 450 5906; www.shandonbells.org; John Redmond St; ☽ Mo–Sa 9.30–16.30 Uhr), auch „Four-Faced Liar" (Lügner mit vier Gesichtern) genannt. Die Kirche erhielt diesen Namen, weil früher jede der vier Turmuhren eine andere Uhrzeit

anzeigte. Hobby-Kampanologen können die **Glocken** (Erw./Kind 6/3,90 €) im ersten Stock des italienisch anmutenden Kirchturms läuten und dann die Stufen bis zur Spitze hochsteigen, um den herrlichen Panoramablick über die Stadt zu genießen.

In den 1860er-Jahren befand sich in Cork der größte Buttermarkt der Welt. Irische Butter wurde bis nach Indien, Südamerika und Australien exportiert. In Shandon, einst Sitz der Butterbörse, lassen sich noch immer Butter- und Milchmotive entdecken: z. B. das **Butter Market Café** (☎ 430 2303; ☽ Mo–Sa 7.30–14.30 Uhr) oder die Kuh über dem **Shandon Craft Centre** (O'Connell Square), in dem heute Souvenirläden untergebracht sind. Im **Cork Butter Museum** (☎ 430 0600; www.corkbutter.museum; O'Connell Square; Erw./Kind 3/2,50 €; ☽ März–Juni & Sept.–Okt. 10–17 Uhr, Juli–Aug. 10–18 Uhr, Nov.–Febr. nach Vereinbarung) informiert ein 25-minütiges Video über die geschichtliche Bedeutung dieser Industrie für Irland; ausgestellt sind außerdem Exponate aus der Butterherstellung und historische Darstellungen.

Noch mehr Sehenswertes

Empfehlenswert ist auch ein kurzer Besuch des **Cork Vision Centre** (☎ 427 9925; www.corkvisioncentre.com; St. Peter's Church, North Main St; Eintritt frei; ☽ Di–Sa 10–17 Uhr). In oft wechselnden Kunstausstellungen werden viele lokale Künstler und Fotografen gezeigt, außerdem steht hier ein Modell des Stadtzentrums.

Eine der berühmtesten Persönlichkeiten von Cork war Pfarrer Theobald Mathew, der „Apostel der Enthaltsamkeit". In den 1830er- und 40er-Jahren unternahm er einen effektiven, wenn auch nicht lange währenden Feldzug gegen den Alkohol: Eine viertel Million Menschen schworen dem Trinken ab, die Produktion von Whiskey halbierte sich. Ihm zu Ehren entwarfen die Gebrüder Pain 1834 die **Holy Trinity Church** (Fr. Mathew Quay); auch die Father Mathew Bingo Hall um die Ecke ist nach ihm benannt. Sein **Denkmal** steht in der St. Patrick's Street.

Von einem Augustinerkloster aus dem 14. Jh. blieb nur der **Red Abbey Tower** (Red Abbey St) stehen, Corks einziges erhaltenes Gebäude aus dem Mittelalter. Seine Lage ist zwar wenig spektakulär, aber mit etwas Phantasie kann man sich die alte Umgebung ausmalen.

Auf der Grand Parade, nicht weit von der Touristeninformation, steht das prunkvolle **Nationalist Monument**. Es wurde zum Gedenken an die irischen Patrioten errichtet, die in den Aufständen von 1798 und 1867 ums Leben kamen.

GEFÜHRTE TOUREN

Arrangements Unlimited (☎ 429 3873; www. arrangements.ie) Organisiert auf Anfrage geführte Spaziergänge.

Bus Éireann (☎ 450 8188; www.buseireann.ie; Erw./Kind 9,90/6,30 €; ☼ Ostern–Sept. Abfahrt tgl. 10.30 Uhr vom Busbahnhof) Dreistündige Bustour mit offenem Verdeck durch Cork und nach Blarney Castle.

Cork City Tour (☎ 430 9090; Erw./Kind 13/5 €; ☼ April–Okt. 9.30–17 Uhr) Die Busse mit offenem Verdeck fahren zu allen Hauptattraktionen der Stadt; an bestimmten Punkten kann man ein- und aussteigen.

Cork Historic Walking Tours (☎ 085-100 7300; www.walkcork.ie; Erw./Kind 10/5 €; ☼ April–Sept. Mo–Fr) Die 90-minütigen Touren beginnen an der Touristeninformation.

Haunted History Tour (☎ 430 5022; corkgaol@indigo. ie; Tour 15 €; ☼ Do–Sa 20 Uhr) Geistertour durch das Cork City Gaol.

FESTIVALS & EVENTS

Vor allem für die Jazz- und Film-Festivals sollte man sich schon früh um Karten kümmern. Programme gibt's beim **Cork Opera House** (☎ 427 0022; www.corkoperahouse.ie; Emmet Place).

Cork Pride (www.corkpride.com) Einwöchiges Gay Pride Festival im Mai/Juni.

Corona Cork Film Festival (www.corkfilmfest.org) Einwöchiges Filmfestival im Oktober mit ausgesuchten internationalen Produktionen.

Eigse Literary Festival (Tigh Litríochta; ☎ 431 2955; www.munsterlit.ie; 84 Douglas St) Festival im Februar mit Schreibworkshops, Lesungen und Ausstellungen. Näheres weiß das Munster Literature Centre.

Guinness Jazz Festival (www.corkjazzfestival.com) Hochkarätige Jazzgrößen treten jeden Oktober an verschiedenen Veranstaltungsorten in Cork auf.

International Choral Festival (www.corkchoral.ie) Das Fest der Chöre wird von Ende April bis Anfang Mai im Rathaus und an anderen Veranstaltungsorten abgehalten.

Slow Food Ireland (www.slowfoodireland.com) Fördert und unterstützt einheimische Lebensmittelhersteller; mit Käse-Proben und anderen Events das ganze Jahr über.

SCHLAFEN
Budgetunterkünfte

Sheila's Hostel (☎ 450 5562; www.sheilashostel.ie; 4 Belgrave Pl, Wellington Rd; Zi. mit B 8/4 BZ 15/18 €, DZ 52 €; P ☐) Bei Sheila's geben sich Rucksackreisende die Klinke in die Hand. Kein Wunder, denn das Hostel wird immer besser. Seit Neu-

estem gibt es sogar einen Kinoraum, in dem täglich kostenlos Filme gezeigt werden. Außerdem steht den Gästen eine Sauna, kostenloses Internet, ein Billardtisch und ein Grillplatz zur Verfügung. Mitarbeiter helfen bei der Auto- oder Fahrradvermietung. Frühstück kostet 3 € extra.

Kinlay House Shandon (☎ 450 8966; www.kinlayhousecork.ie; Bob & Joan's Walk; B 16–20 €, EZ/DZ 45/49 €, Zi. mit Bad 52 €; ☐ ☐) Dieses verschachtelte Hostel liegt in einer ruhigen Ecke nahe der St. Anne's Church in Shandon. Die Inneneinrichtung hat schon bessere Tage gesehen, dafür ist die Atmosphäre nett und entspannt. Gäste dürfen das Fitnessstudio nebenan verbilligt nutzen.

Cork International Hostel (☎ 454 3289; www.anoige. ie; 1 & 2 Redclyffe, Western Rd; Zi. mit B 10/6/4 BZ 16/18/20 €, DZ 44 €; P ☐) Dieses An Óige Hostel ist in einem schönen roten Backsteingebäude nicht weit von der Uni untergebracht. Die Schlafsäle sind hell und das Personal immer gut drauf, trotz des ständigen Stroms an neuen Gästen. Einziger Nachteil: der 2 km lange Marsch ins Zentrum entlang einer stark befahrenen Straße (es sei denn, man nimmt die Linie 8). Frühstück kostet 4,50 € extra.

Brú Bar & Hostel (☎ 455 9667; www.bruhostel.com; 57 MacCurtain St; Zi. mit B 6/4 BZ 17,50/22,50 €, DZ 50 €; P ☐ ☐) Das viel gebuchte Hostel wird von zuvorkommenden Neuseeländern betrieben. Es besitzt ein eigenes Internetcafé mit kostenlosem Zugang für Gäste und eine phantastische Bar, die von Backpackern und Einheimischen gleichermaßen frequentiert wird. Die Schlafsäle (mit Bad) sind eher klein, dafür exquisit ausgestattet und schick eingerichtet. Wer kann, sollte sich ein Bett in einem der oberen Stockwerke geben lassen, sonst könnte der Lärm aus der Bar stören.

In der Nähe des Bahnhofs gibt es ein paar einfache, aber saubere B&Bs, u. a. das **Tara House** (☎ 450 0294; 52 Lower Glanmire Rd; EZ/DZ 45/70 €) und das benachbarte **Oaklands** (☎ 450 0578; EZ/DZ 45/70 €). Besonders herzlich empfangen wird man auf der anderen Straßenseite im **Aaran House Tourist Hostel** (☎ 455 1566; B 14 €, DZ 38 €), vor allem von Hund Reilly.

Mittelklassehotels

In der Western Road liegen die meisten B&Bs.

Emerson House (☎ 450 3647; www.emersonhousecork. com; 2 Clarence Terrace, North Summer Hill; Zi. ab 40 €; P) Das B&B für Schwule und Lesben liegt versteckt hinter einer ruhigen Terrasse fast ganz oben auf dem lebhaften Summer Hill. Das georgianische Haus ist mit vielen originalen Einrichtungsstücken elegant ausgestattet, aber dennoch gemütlich. Bei Fragen einfach an Hostelbesitzer Cyril wenden. Er kennt die Gegend wie seine Westentasche.

Victoria Hotel (☎ 427 8788; www.thevictoriahotel. com; Patrick St; Zi. 40–90 € pro Pers.) In keiner anderen derart zentralen Unterkunft bekommt man mehr für sein Geld als in diesem historischen Hotel. Vor allem bei großen Gruppen ist es sehr beliebt. Das freundliche Personal erzählt jedem Gast stolz, dass Charles Stuart Parnell hier einmal übernachtet hat, ebenso Stephen Daedalus in James Joyces Roman *Ein Porträt des Künstlers als junger Mann* (sein Vater aß Drisheen zum Frühstück, die irische Version von Black Pudding). Inzwischen wurde das Haus gründlich renoviert und hat jetzt einen neuen Eingang in der St. Patrick's Street und große, neu gestaltete Zimmer.

Auburn House (☎ 450 8555; www.auburnguesthouse. com; 3 Garfield Terrace, Wellington Rd; EZ/DZ 45/75 €, mit Bad 58/80 €; P) In diesem netten B&B wird man wie ein Familienmitglied aufgenommen. Die Zimmer sind etwas klein, dafür blitzsauber mit hübschen Blumenkästen vor den Fenstern. Die Zimmer nach hinten haben eine herrliche Aussicht über die Stadt. Für Vegetarier gibt's fleischlose Würstchen zum Frühstück.

Acorn House (☎ /Fax 450 2474; www.acornhouse-cork. com; 14 St. Patrick's Hill; EZ 52–65 €, DZ 90–110 €) Das ansehnliche, teils georgianische Haus mit hohen Decken verfügt über schöne Zimmer, deren Wände in zarten Gelb- und beruhigenden Grüntönen gehalten sind. Antiquitäten wie Waschgeschirr und Wasserkrüge geben dem Ganzen eine persönliche Note. Das Haus liegt in einer ruhigen Straße unweit vom Zentrum.

LP Tipp Garnish House (☎ 427 5111; www.garnish. ie; Western Rd; DZ 60–80 €, DZ 90–140 €; P &) „Möchten Sie vielleicht gern eine Tasse Tee?" lautet die Begrüßung, wenn man dieses große B&B unweit vom Zentrum betritt. Und schon kommt der Tee. Und Scones, Schokoladenkuchen und Sodabread. Und noch mehr Tee. Fortwährend wird man mit Gastfreundschaft und Zuvorkommenheit überschüttet. Selbst nach einem Monat hätte man die Frühstückskarte noch nicht durchprobiert. (Wir empfehlen sowieso, vor dem Porridge mit Sahne, Honig und Whiskey aufzuhören.) Schick eingerichtete Zimmer mit gemütlichen Betten

und gebügelter Bettwäsche sind das Sahnehäubchen obendrauf.

Crawford House (☎ 427 9000; www.crawfordguest house.com; Western Rd; EZ 75–85 €, DZ 110–120 €; P) Auch das Crawford House ist ein exzellentes B&B mit großzügigen Zimmern und King-size-Betten, edlen Möbeln und riesigen Jacuzzis. Der Standard gleicht dem eines modernen Hotels, doch man fühlt sich hier wie zu Hause.

Spitzenklassehotels

Isaac's Hotel (☎ 450 0011; www.isaacs.ie; 48 MacCurtain St; EZ/DZ 110/135 €, Apt. mit 2 DZ 160 €; P 🖳) Die Einrichtung passt nicht so recht zur herrlichen Außenfassade. Trotzdem erwarten einen in diesem alten Hotel zuvorkommender Service, große Zimmer und gemütliche Betten. Zu Viktorias Zeiten wurde das Gebäude als Möbellager genutzt. Das hoteleigene Restaurant Greene's serviert internationale Küche vor einem beleuchteten Wasserfall, was für ein Lokal in der Stadtmitte schon ein beeindruckender Anblick ist.

Imperial Hotel (☎ 427 4040; www.flynhotels.com; South Mall; EZ/DZ Standard 135/175 €, Superior 175/215 €; P &) Das Imperial geht mit großen Schritten auf seinen 200. Geburtstag zu, doch das Haus weiß in Würde zu altern. Eine groß angelegte Renovierung hat dem Ganzen einen eleganten, zeitgenössischen Charakter verpasst, ohne das prächtige Traditionshaus zu verhunzen. Die Superior Rooms sind mit einem Aveda-Spa und einem DVD-Player ausgestattet. Bei zwei Gourmet-Restaurants, einer Food Hall mit Imbissständen und einem doppelstöckigen Pub braucht man schon einen ziemlich guten Grund, um das Hotel überhaupt zu verlassen.

Hayfield Manor (☎ 484 9500; www.hayfieldmanor.ie; Perrott Ave., College Rd; EZ/DZ 180/220 €; P 🖳 &) Der rote Teppich ist ausgerollt, ein Glas Sherry wartet schon – willkommen im Hayfield Manor. Knapp 1½ km vom Zentrum entfernt, geht es hier eher zu wie in einem gemütlichen Landhaus. Komfort und Annehmlichkeiten, wie man es von Luxushotels gewöhnt ist, treffen auf die lockere Gastfreundlichkeit einer privaten Pension. Wenn man sich nicht gerade in den wunderschönen Zimmern vergnügt (man kann zwischen traditioneller und moderner Einrichtung wählen), kann man auch eine Tasse Tee in der Bibliothek oder eine Gesichtsbehandlung in der Beautique genießen.

ESSEN
Günstig

Café Gusto (☎ 425 4446; www.cafegusto.com; 3 Washington St; Gerichte 4–5 €; ⊙ 7.45–18 Uhr) Wraps, Salate, Pitas und die leckersten Füllungen stehen in diesem einfachen Café auf der Karte. Auch Gustos Behauptung, den besten Kaffee der Stadt zu kredenzen, ist nicht nur so dahergesagt. Man bestellt entweder für hier (und isst an einem der Thekenplätze) oder zum Mitnehmen. Am Lapps Quay gibt's noch eine zweite Filiale.

Triskel Café (☎ 427 4644; www.triskelart.com; Tobin St; Mittagessen 5–8 €; ⊙ Mo–Sa 8.30–17 Uhr, auch bei Veranstaltungen) In diesem coolen, trendigen Café neben dem Triskel Arts Centre ist tagsüber oft wenig los, deshalb kann man die Gemüselasagne, Salate, Paninis und den besten Möhrenkuchen dieses Planeten in Ruhe genießen. Dazu bestellt man ein Glas Wein oder einen gesunden Smoothie.

Café Glucksman (☎ 490 1848; www.glucksman.org; Lewis Glucksman Gallery, University College Cork; Gerichte 8–11 €; ⊙ Mo–Sa 10–17 & So 12–16 Uhr) Vom Café in der Lewis Glucksman Gallery hat man einen herrlichen Blick über den Campus. Die Einrichtung ist modern, das Essen orientiert sich an zeitgenössischer europäischer Küche. Auf der Karte stehen Gerichte wie pochierter Lachs in Zitronenbutter oder Tagliatelle mit Blauschimmelkäse.

Quay Co-op (☎ 431 7026; www.quaycoop.com; 24 Sullivan's Quay; Gerichte 8–11 €; ⊙ Mo–Sa 9–21 Uhr) Ein Flaggschiff für das alternative Cork. Das beliebte, erstaunlich kinderfreundliche Café bietet eine wechselnde Tageskarte mit vegetarischen, organisch hergestellten Gerichten, z. B. großes Frühstück, reichhaltige Suppen und Eintöpfe. Auch diejenigen, die auf Glutamin, Milchprodukte oder Weizen verzichten, werden hier fündig. Fast alle alternativen Organisationen und Veranstaltungen in Cork sind auf dem Schwarzen Brett im Untergeschoss zu finden.

Farmgate Café (☎ 427 8134; English Market; Mittagessen 4–13 €; Abendessen 18–30 €; ⊙ Mo–Sa 8.30–22 Uhr) Wer in Cork ist, darf sich einen Besuch des Farmgate Cafés mitten auf dem English Market nicht entgehen lassen. Wie im Schwesterrestaurant in Midleton (siehe S. 230) beherrscht man hier die Kunst, herrliche Speisen ohne großes Brimborium zu zaubern. Frischeres Essen findet man wirklich nirgendwo in Cork; das Farmgate bezieht sämtliche Zutaten, von Austern bis Lamm, direkt vom

Markt. Vom Balkon hat man einen tollen Blick über die Marktstände.

SELBSTVERSORGER

LP Tipp **English Market** (⊙ Mo–Sa 9–17.30 Uhr) Picknickfans haben in Cork Glück, denn dieser wunderbare Markt ist ein wahres Paradies für Selbstversorger. Es gibt so viele Leckereien zu kaufen, dass man sich nur schwer entscheiden kann. Der Schwerpunkt liegt auf regionalen Erzeugnissen wie Käse, Schinken, Eier, Würstchen, Brot und Räucherschinken, es gibt aber auch importierte Oliven oder Wein. Wer in der Unterkunft eine Kochgelegenheit hat, erfährt vom Fischhändler, was man kaufen soll und wie man es zubereitet. Ansonsten isst man einfach an einem der Stehtische oder nimmt das Essen mit in den Bishop Lucey Park, ein beliebter Ort für Picknicks.

Quay Co-op Organic & Wholefood Shop (Sullivan's Quay; ⊙ Mo–Sa 9–18.15 Uhr) Ein großartiger Laden für Selbstversorger; direkt neben dem Quay Co-op Café.

Mittelteuer

Boqueria (☎ 455 9049; www.boqueriasixbridgest.com; 6 Bridge St; Frühstück 3–8 €; Tapas 4–15 €; ⊙ Frühstuck 8.30–12, Tapas Mo–Sa 12 Uhr–open end & So 17 Uhr–open end) Diese wunderbare Tapasbar ist noch recht neu. Neben den üblichen Zwiebel-Knoblauch-Tomaten-Kombinationen begeistern die Köche mit neuen irischen Kreationen, etwa aus Sauerteig, Gubbeen-Käse und Lachs. Das kleine Lokal wird abends vor allem von Pärchen besucht; zur Mittagszeit treffen sich Freunde auf ein zivilisiertes Glas Wein.

> ### EINKEHREN IM HUGENOTTENVIERTEL
>
> In den vielen Cafés und Restaurants der Fußgängerzone nördlich der St. Patrick's Street tummeln sich Tag und Nacht Leute. Auswahl gibt es ja genug: Alle haben draußen bestuhlt, und bei den meisten kann man noch bis spät abends essen. Am besten macht man einen kleinen Rundgang und sucht sich ein Lokal je nach Laune und Geldbeutel aus. Wir bevorzugen u. a. die amerikanische Küche im **Amicus Café & Restaurant** (☎ 427 6455; 14a French Church St), das spanisch-mexikanische Essen im **Café Mexicana** (☎ 427 6433; www.cafemexicana.net; 1 Carey's Lane) und die internationale Karte im **Strasbourg Goose** (☎ 427 9534; 17-18 French Church St).

Café de la Paix (☎ 427 9556; 16 Washington St; www.cafedelapaixcork.com; Mittagessen 4–10 €, Abendessen 10–14 €; ☺ Mo–Do 8–23.30, Fr 8–0.30, Sa 10–0.30 & So 12–23 Uhr) Hinter einer unauffälligen, roten Außenfassade versteckt sich diese entspannte Weinbar am Ufer des River Lee. Die Panoramafenster bieten einen netten Ausblick, während die Einrichtung eher schlicht und weiß gehalten ist. Im Sommer kann man auf der Terrasse direkt am Fluss Platz nehmen. Die Karte glänzt mit beliebten internationalen Gerichten, von Thai Currys bis hin zu täglich wechselnden Pasta-Specials. Das Essen ist für Gaumen und Augen ein Genuss. Tapas gibt es erst ab 22 Uhr.

Currans (☎ 422 3950; www.curranscork.com; 5 Adelaide St; Gerichte 10–23 €; ☺ So–Mi 12–22, Do–Sa 12–23 Uhr) Im Currans finden ungeliebte Möbel, Lampen oder Vasen ihre letzte Ruhestätte, denn das Café ist komplett mit Gegenständen eingerichtet, die aus abgerissenen Gebäuden gerettet wurden. Die Holzvertäfelung stammt aus dem GPO, die Heizungen aus dem Linville-Krankenhaus; der Aufzug befand sich früher in einer Steuerbehörde. Auf der Karte sind die üblichen Verdächtigen versammelt – Pizza, Burger, Fisch und Steaks. Wer sich an der Einrichtung sattgesehen hat, kann sich auch auf die herrliche Dachterrasse setzen.

Scoozi's (☎ 427 5077; 3-4 Winthrop Ave.; Mittagessen 9–12 €, Gerichte 12–15 €; ☺ Mo–Sa 9–23, So 12–22 Uhr) Die Inneneinrichtung dieses äußerst beliebten Lokals wird dominiert von Ziegelmauern und poliertem Holz. Es liegt versteckt in einer kleinen Gasse zwischen der Winthrop Street und der Caroline Street, im Innern sorgen kuschlige Nischen für Privatsphäre, während das schnelle und freundliche Personal Frühstück, Pizza, Pasta und Gegrilltes serviert. Die Auswahl an Weinen ist auch ganz ordentlich. Ideal für Familien.

Crawford Gallery Café (☎ 427 4415; www.crawfordartgallery.com; Emmet Pl; Gerichte 13–14 €, Menü 25 €; ☺ Mo–Sa 10–16.30 Uhr) Der elegante blau gehaltene Speiseraum des Crawfords und die erstklassigen, saisonalen Erzeugnisse versprechen ein unvergessliches Esserlebnis. Hier kann man übrigens auch toll Gespräche belauschen.

Isaac's Restaurant (☎ 450 3805; 48A MacCurtain St; Mittagessen 13–23 €, Abendessen 16–23 €; ☺ 12.30–14.30 & 18.30–22.30 Uhr) Das Restaurant ist in einer ehemaligen Lagerhalle aus dem 18. Jh. untergebracht. Deren nostalgische Atmosphäre erinnert an ein Pariser Café, was auch gut zu der abwechslungsreichen Speisekarte passt. Auf der Tageskarte stehen Gerichte wie Penne mit Gubbeen-Chorizo oder Krebskuchen mit Chili-Mayonnaise. Vegetarier werden ebenfalls bestens umsorgt.

Teuer

Fenn's Quay (☎ 427 9527; www.fennsquay.ie; 5 Sheares St; Mittagessen 5–20 €, Abendessen 18–28 €; ☺ Mo–Sa 10 Uhr–open end) An diesem außerordentlich gemütlichen Ort könnte man den ganzen Tag verbringen, zum Frühstück frisch gebackene Scones essen und den Abend mit Fisch direkt vom English Market (S. 221) beschließen. Die einfache Einrichtung – weiß getünchte Wände und Holzmöbel – passt zur gradlinigen Kochphilosophie: hochwertige lokale Erzeugnisse mit Liebe zum Detail zubereitet. Vor 19.30 Uhr kostet ein 2-Gänge-Menü 22,50 €.

Café Paradiso (☎ 427 7939; www.cafeparadiso.ie; 16 Lancaster Quay; Mittagessen 12–16 €, Abendessen 24–25 €; ☺ Di–Sa 12–15 & 18.30–22.30 Uhr) Das wohl beste vegetarische Restaurant in ganz Irland überzeugt selbst hartgesottene Fleischesser mit einfallsreichen Gerichten. Zur lebhaften mediterranen Stimmung trägt auch das charmante, zum Plaudern bereite Personal bei. Die Kreativität der Köche versagt nie und die Weinkarte zeugt von wahrer Leidenschaft für die Rebe. Wem es nach dem Essen direkt nach einem kuscheligen Bett gelüstet, der kann sich nach oben in eins der drei stilvoll eingerichteten Doppelzimmer begeben (160 €), die ausschließlich von Restaurantgästen gebucht werden können.

Jacques Restaurant (☎ 427 7387; http://jacquesrestaurant.ie; 9 Phoenix St; Gerichte 22–27 €; ☺ Mo–Sa 18–22 Uhr) Seit mehr als 25 Jahren im Geschäft, haben sich Jacqueline und Eithne Barry ein hervorragendes Netzwerk an lokalen Erzeugern geschaffen, mit deren Hilfe das Paar seine kulinarische Vision verwirklicht: frisches Essen einfach zubereitet. Die Gerichte, serviert in einem eleganten Speisesaal, bestehen aus den jeweils verfügbaren saisonalen Produkten – ein wahres Gedicht ist die gebratene Ente mit Aprikosenfüllung. Zwischen 18 und 19 Uhr gibt es ein 2-Gänge-Menü für 21,90 €.

Ivory Tower (☎ 427 4665; www.seamusoconnell.com; Exchange Buildings, 35 Princes St; Gerichte 28–35 €; ☺ Mi–Sa 6.30–22 Uhr) Dieser wunderbare Ort versteckt sich hinter einer etwas schäbigen Eingangsfront. Drinnen sitzt man wie im Oma im Wohnzimmer, d. h. falls diese auf Klaviere, Safarihüte und Mond-und-Sterne-Motive steht. Nicht weniger spannend ist die Karte – Chefkoch Seamus O'Connells „Expeditionen" nach Japan haben seine exzellente Küche maßgeblich beeinflusst. An kulinarisch zurückhaltende Gemüter werden nur wenig Zugeständnisse gemacht (Spezialität ist geschwärzter Haifisch mit Bananenketchup). Ein 5-Gänge-Menü bekommt man für 60 €; zwischen 18.30 und 20 Uhr wird für 30 € auch ein 3-Gänge-Menü angeboten.

AUSGEHEN

Die Pub-Szene von Cork ist quicklebendig und kann es leicht mit jener von Dublin aufnehmen. Zwei Stouts (Dunkelbiere) werden hier gebraut – Murphy's und Beamish. Außerdem hat die Stadt ihren eigenen Brauereipub, die Franciscan Well Brewery.

An Spailpín Fánac (☎ 427 7949; South Main St) „Der Wanderarbeiter" macht seinem Namen alle Ehre, mit sichtbaren Ziegelfassaden, gefliestem Steinboden, gemütlichen Ecken und offenen Kaminen. Samstagabends kann man hier ausgezeichnete Konzerte mit traditioneller irischer Musik erleben.

LP Tipp **Sin É** (☎ 450 2266; Coburg St) In diesem alten Pub jenseits des nördlichen Lee-Arms könnte man locker einen ganzen Tag zubringen. Hier geht's ausschließlich gemütlich zu, mit 100 % Stimmung und null Etepetete. Entweder man lässt sich im schummrigen Keller nieder oder im Friseurstuhl im helleren Obergeschoss. An den meisten Abenden wird Musik gemacht – häufig traditionell, mit der einen oder anderen Ausnahme.

Mutton Lane Inn (☎ 427 3471; Mutton Lane) Dieses einladende Pub versteckt sich in der winzigsten Gasse, die von der St. Patrick's Street abgeht. Von Kerzen und bunten Lichtern beleuchtet, ist das Mutton Lane Inn eine von Corks intimsten Kneipen. Außerdem gibt es hier eine der besten Bierkarten der Stadt. Die Bar ist winzig klein und sehr beliebt. Am besten kommt man schon früh, um sich eine Ecke zu sichern. Oder man gesellt sich zu den Rauchern, die sich draußen an den Bierbänken drängen.

Long Valley (☎ 427 2144; Winthrop St) Eine Institution in Cork, die bis in die Mitte des 19. Jh. zurückreicht. Noch immer ist das Pub extrem beliebt und macht seinem Namen alle Ehre. Wenn es in der Hauptbar zu voll wird, kann man ins Hayloft im ersten Stock ausweichen.

Franciscan Well Brewery (☎ 421 0130; www.francis canwellbrewery.com; 14 North Mall) Die Kupfertanks hinter der Bar sagen eigentlich alles: Im Franciscan Well wird eigenes Bier gebraut. Und das kann sich sehen lassen, egal ob man Stout, Ale, Lager oder Weizen bevorzugt. Am schönsten ist es im hinten gelegenen großen Biergarten. Gemeinsam mit anderen irischen Mikrobrauereien hält das Pub regelmäßig Bierfeste ab – mehr Infos stehen auf der Webseite.

Hi-B (☎ 427 2758; 108 Oliver Plunkett St) Zu dem winzigen Raum gelangt man über eine dunkle Treppe. Das Hi-B gehört zu Corks eigentümlichsten Pubs, was vor allem an Besitzer Brian O'Connell liegt. Wer noch niemals aus einem Pub geworfen wurde oder gar nicht erst reinkam, sollte hier mal versuchen, mit dem Handy zu telefonieren oder eine Cola zu bestellen. Oder Brian „komisch" anzuschauen. Mittwochabends sorgen Livejazz-Auftritte am Klavier für Stimmung.

Crane Lane Theatre (☎ 427 8487; Phoenix St) Das erst kürzlich eröffnete Crane Lane ist dank seines Biergartens im Hof, der theatertypischen Einrichtung und regelmäßigen Live-Konzerten fast schon eine Institution. Außerdem stehen einige gute Getränkespezialitäten auf der Karte – schwedischer Wildbeeren-Cider gefällig?

Eigentlich wird das Nachtleben von Corks Pubs bestimmt. Wer trotzdem lieber Cocktails trinkt – die Barszene boomt:

Chambers (☎ 422 2860; Washington St; ✆ Do–So spät) Ein Herrenausstatter verschlang einst eine Ausgabe von *Elle Decoration* und heraus kam das Chambers.

Suas (☎ 427 8973; www.suasbar.com; 4-5 South Main St; ✆ Fr–Sa open end) Phantastische Dachterrasse hoch über der Main Street; Eingang ist beim Wagamama's.

AUF DEN HUND GEKOMMEN

Wer von den Pubs, Konzerten und Theatern genug hat, dem bleiben immer noch die Windhundrennen, die vor allem bei irischen Familien tierisch beliebt sind. Eins der besten und größten Stadien ist der **Curraheen Greyhound Park** (☎ 454 3095; www.igb.ie; Curraheen Park; Erw./Kind 10/5 €; ✆ Mi, Do & Sa ab 18.45 Uhr). Pro Abend finden zehn Rennen statt; Bar- und Livemusik sorgen zwischendurch für Unterhaltung. Curraheen liegt 5,5 km außerhalb vom Zentrum und ist mit der Linie 8 zu erreichen. Ein Bus kutschiert die Gäste zwischen 22.30 und 0.30 Uhr kostenlos zurück.

COUNTY CORK

UNTERHALTUNG

Das Heftchen **WhazOn?** (www.whazon.com) listet alle Veranstaltungen in Cork auf und ist bei der Touristeninformation, in einigen B&Bs und Läden erhältlich.

Theater

Das kulturelle Leben in Cork steht anderen Orten in Irland in nichts nach und lockt internationale Künstler in die Stadt.

Cork Opera House (☎ 427 4308; www.corkoperahouse. ie; Emmet Pl; ◷ Kartenverkauf 9–20.30 Uhr, an Abenden ohne Vorstellung bis 17.30 Uhr) Das renommierte Opernhaus bereichert die Stadt seit über 150 Jahren mit Oper, Ballett, Stand-Up-Shows und Marionettentheater. Das Programm reicht von *Carmen* über Nanci Griffith bis hin zu dem Musical *I, Keano*.

Everyman Palace Theatre (☎ 450 1673; www.everymanpalace.com; 15 MacCurtain St; Karten ab 12 €; ◷ Kartenverkauf Mo–Sa 10–19.30, an Abenden ohne Vorstellung bis 18 Uhr) Hier werden vor allem bekannte Musical- und Theaterproduktionen aufgeführt, aber auch die eine oder andere erstklassige Oper. Außerdem treten Rockbands, Geschichtenerzähler oder Comedians auf.

Granary (☎ 490 4275; www.granary.ie; Dyke Parade; Karten um 12 €) Im Granary spielen neben der Theatergruppe des University College Cork auch auswärtige Ensembles. Bietet auch Theaterworkshops, Symposien und Installationen.

Cork Arts Theatre (☎ 450 5624; www.corkartstheatre. com; Camden Court, Carrolls Quay; Karten 10–20 €) Gerade frisch umgebaut, zeigt dieses Spitzentheater bisweilen schwere Kost und veranstaltet Workshops für Schriftsteller und Kinder.

Triskel Arts Centre (☎ 472 2022; www.triskelart.com; Tobin St; Karten um 15 €) Das Triskel ist klein, aber fein, mit umfangreichem Programm, ob Konzerte, Installationskunst, Fotografie oder Theater. Auch das Triskel Café ist nett (S. 221).

Kinos

Gate Multiplex (☎ 427 9595; North Main St; Karten Erw./Kind 8/5,50 €) Das Multiscreen-Kino zeigt vor allem Hollywoodfilme.

Kino (☎ 427 1571; www.kinocinema.net; Washington St; Karten 8 €, Matinée 5,50 €) Arthouse-Kino.

Livemusik

Musik spielt in Cork eine besonders wichtige Rolle. Neben den bereits erwähnten Pubs (S. 223) veranstalten die folgenden Läden Konzerte oder Live-Events. Sie bilden natürlich nur die Spitze des Eisbergs – in *WhazOn?*, bei Plugd Records (siehe S. 225) oder unter www.corkgigs.com findet man weitere Adressen. Karten sind an den Abendkassen oder bei Plugd erhältlich.

An Cruiscín Lán (☎ 484 0941; www.cruiscin.com; Douglas St) Traditionelle Bands und Musiker geben in dieser bekannten Bar südlich des Lee Worldmusic, Blues oder Pop zum Besten.

Fred Zeppelins (☎ 427 3500; www.fredzeps.com; 8 Parliament St) In dieser dunklen Bar ist die Gangart etwas härter: Man trifft auf Goths, Rocker und Menschen, die nicht ohne ein Päckchen Rizla aus dem Haus gehen. Oben finden regelmäßig Konzerte statt, unten legen DJs auf.

Savoy (☎ 425 1419; www.savoycork.com; St. Patrick's St) Neben regulären Club-Abenden treten Songwriter, Rockbands und Cover-Bands auf. Vor nicht allzu langer Zeit haben auch die

---

CORK FÜR SCHWULE & LESBEN

Cork Pride (www.corkpride.com) Einwöchiges Festival im Mai/Juni mit Veranstaltungen überall in der Stadt.

Flux! (☎ 450 5405; www.fluxcork.com; 56 MacCurtain St; ◷ tgl. ab 14, Fr & Sa bis 2 Uhr) Schnittige neue Bar, am Wochenende mit DJ.

Grub Café-Bar (☎ 427 8470; www.gayprojectcork.com; 8 South Main St; ◷ Mo–Fr 11–22, Sa & So 11–19 Uhr) Adresse siehe unten bei Other Place.

Instinct (www.instinctbarcork.com; Sullivan's Quay; ◷ Fr–Sa 21 Uhr–open end) Angesagter Club mit DJs, Kylie-Minogue-Partys, Salsa-Kursen und Quiz-Abenden.

L.Inc (☎ 480 8600; www.linc.ie; 11A White St; ◷ Büro Mo–Fr 11–15; Sprechzeiten Di 12–15, Do 20–22 Uhr) Hervorragendes Archiv für Lesben und bisexuelle Frauen.

Loafers (☎ 431 1612; www.loafersbar.com; 26 Douglas St) Corks älteste und lässigste Schwulenbar.

Other Place (☎ 427 8470; www.gayprojectcork.com; St. Augustine St) Veranstalter des Southern Gay Health Project (www.gayhealthproject.com); mit Buchladen, Café-Bar und Disco (Fr & Sa 22–2.30, So 22–2 Uhr). Genaueres auf www.theotherplaceclub.com.

www.gaycork.com Veranstaltungstipps und -kalender.

Lemonheads und The Levellers hier gespielt.

Half Moon Theatre (☎ 427 0022; www.halfmoon theatre.ie; Emmet Place) Einer von Corks besten Veranstaltungsorten für Livemusik, Theater und Comedy. Samstagabends heißt es Lobby Live, wenn spannende Lokal- oder internationale Bands das Programm bestreiten. Die Musik schwankt zwischen Blues, Folk, traditionell, Rock und Alternative.

Nachtclubs

Corks Nachtleben kann es locker mit dem von Dublin aufnehmen, zumindest was die Quantität betrifft. In den meisten Clubs lassen es betrunkene Studenten und Abschleppwillige Anfang Zwanzig mächtig krachen. Wem dies gefällt, der wird im **Redz** (17 Liberty St), **Qube** (74 Oliver Plunkett St) und **Vibes** (Paul St) viel Spaß haben.

Der Eintritt variiert zwischen 0 und 15 €; die meisten Clubs haben freitags und samstags bis 2 Uhr geöffnet.

Scotts (☎ 422 2779; www.scotts.ie; Caroline St; 🕑 Fr–Sa) In diesem erstklassigen Haus mit dunklem Holzinterieur und Schummerbeleuchtung gibt's ein exzellentes Restaurant im Untergeschoss. Oben im Club treffen sich gepflegte Mittzwanziger zu dröhnender Chart-Musik.

Havana Browns (☎ 427 1969; www.havana-browns. com; Hanover St; 🕑 nachts) Das Havana Browns ist einer der beliebtesten Clubs in Cork. Es gibt drei Bars, einen VIP-Raum und eine Außenterrasse; die Beleuchtung variiert zwischen Neonfarben und Bernstein. Bei der Musikauswahl entfernt man sich selten weit von aktuellen MTV-Hits.

LP Tipp **Liquid Lounge** (☎ 427 6097; www.liquid lounge.ie; 29 Marlborough St; 🕑 Mi–Sa) Die Liquid Lounge ist der Rettungsanker für alle, die lieber gute Musik hören als auf betrunkene One-Night-Stands aus sind. Samstags finden regelmäßig Konzerte mit irischen Bands statt; DJs spielen alles von Arcade Fire und den Yeah Yeah Yeahs bis hin zu Kraftwerk und De La Soul. Auf der Dachterrasse kann man frische Luft schnappen.

SHOPPEN

Neben einheimischen und internationalen Läden gibt es in Cork auch ein paar exzellente Spezialgeschäfte. Die spannendsten liegen versteckt in den kleinen Gassen nördlich der St. Patrick's Street, wo sich eine kleine Boutique an die nächste reiht.

O'Connaill (☎ 437 3407; 16B French Church St) Cork sollte man nicht verlassen, ohne eine heiße Schokolade an der winzigen Theke des O'Connaill-Pralinengeschäfts geschlürft zu haben (3,30 €). Tollkühne kaufen hier gleich 2,5 kg Schokolade auf einmal. Es gibt aber auch weniger kalorienreiche Angebote, etwa hauchdünne Kakao-Blättchen mit exotischen Geschmacksrichtungen wie Kaffeebohne oder Chili.

Living Tradition (☎ 450 2564; 40 MacCurtain St; 🕑 Mo–Sa 10–18 Uhr) Hier findet man CDs von traditionellen irischen Bands und Worldmusic, Instrumente, Magazine und Infos zu Konzerten.

Plugd Records (☎ 427 6300; 4 Washington St) Ein toller Plattenladen, der von Techno bis Nu-Jazz einfach alles hat. Auch Konzertkarten und das aktuelle Stadtmagazin mit Veranstaltungskalender bekommt man hier.

Union Chandlery (☎ 455 4334; 4-5 Penrose's Quay) Verkauft werden Camping- und Trekking-Ausrüstungen, Taucheranzüge, Segel-Equipment und Reiseführer; ein Schwarzes Brett informiert über Sportaktivitäten in ganz Irland.

AN- & WEITERREISE
Auto

Folgende Autovermietungen haben Schalter am Flughafen. Budget bietet erfahrungsgemäß die besten Preise.

Alamo/National (☎ 431 8623; www.carhire.ie)
Avis (☎ 432 7460; www.avis.ie)
Budget (☎ 431 4000; www.budget.ie)
Hertz (☎ 496 5849; www.hertz.ie)
Sixt (☎ 4318644; www.e-sixt.ie)
Thrifty (☎ 434 8488; www.thrifty.ie)

Bus

Bus Éireann (☎ 450 8188; www.buseireann.ie) verkehrt vom Busbahnhof an der Ecke Merchant's Quay und Parnell Place. Von Cork aus erreicht man die meisten Orte in Irland, z. B. Dublin (9,50 € einfach, 4¼ Std., 6-mal tgl.), Killarney (13,50 € einfach, 1 Std. 40 Min., 14-mal tgl.), Waterford (14,90 €, 2¾ Std., 14-mal tgl.) und Kilkenny (14,90 € einfach, 3 Std., 3-mal tgl.).

Flugzeug

Cork Airport (☎ 431 3131; www.cork-airport.com) Der Flughafen liegt 8 km südlich der Stadt an der N 27. Hier findet man auch Geldautomaten und Schalter für Autovermietungen (S. 225).

COUNTY CORK

Zu den Fluglinien, die Cork anfliegen, gehören bmibaby, Malev Hungarian Airlines, Ryanair und Wizz. Direktflüge gibt es nur von Zielen innerhalb Europas, alle anderen verkehren über Dublin.

Auf S. 225 stehen weitere Information zur Anreise ins Stadtzentrum.

Schiff/Fähre

Brittany Ferries (☎ 427 7801; www.brittany-ferries.com; 42 Grand Parade) fährt zwischen März und Oktober jeden Samstag um 16 Uhr nach Roscoff (Frankreich). Die Überfahrt dauert 15 Stunden und man muss vorab einen Platz bzw. eine Kabine buchen (Liegesitz/2-/4-Bett-Kabine 10/125/155 €). Die besten Preise gibt es online. Hier einige Beispieltarife während der Hochsaison (ohne Kabine): Auto & 2 Passagiere 430 €; Motorrad & Fahrer 147 €; nur Passagier 92 €.

Zug

Die **Kent Train Station** (☎ 450 4777) liegt nördlich des Lee in der Lower Glanmire Road. Von hier fährt die Linie 5 ins Zentrum (1,30 €); ein Taxi kostet zwischen 7 und 8 €.

Es gibt Direktverbindungen nach Dublin (68 €, 3 Std., 16-mal tgl.), Limerick (22,50 €, 1½ Std., 9-mal tgl.), Tralee (29,50 €, 2¼ Std., 9-mal tgl.) und Killarney (22,50 €, 1½ Std., 9-mal tgl.).

Die Zugfahrt nach Waterford ist lang und umständlich, also empfiehlt es sich, den Bus zu nehmen.

UNTERWEGS VOR ORT
Auto

Wer am Straßenrand parken will, braucht dafür eine Parkscheibe zum Rubbeln (1,80 € pro Std.), die man bei der Touristeninformation und einigen Kiosken bekommt. Vorsicht: Politessen erledigen ihre Arbeit vorbildlich, und um ein abgeschlepptes Auto wieder zurückzubekommen, zahlt man gesalzene Gebühren. Rund um das Stadtzentrum gibt es etwa zehn ausgeschilderte Parkhäuser. Die Kosten liegen bei 1,30 € pro Stunde und 3 € über Nacht.

Mit einem Park&Ride-System will Cork den verstopften Straßen in der Innenstadt beikommen; eine Hin- und Rückfahrt zum Zentrum kostet 5 € (Mo–Sa 7.30–19.30 Uhr). Der Park&Ride-Platz liegt an der südlichen Zufahrtsstraße Richtung Kinsale, am Lapp's Quay gibt man das Fahrzeug ab.

Bus

Vom Stadtzentrum kann man fast alle Sehenswürdigkeiten leicht zu Fuß erreichen. Ein einfaches Busticket kostet 1,30 €.

Vom/Zum Fährhafen

Der Fährhafen liegt in Ringaskiddy, 15 Min. mit dem Auto südöstlich vom Stadtzentrum, an der N 28. Ein Taxi kostet zwischen 25 und 30 €. Bus Éireann bietet täglich recht häufige Verbindungen vom Busbahnhof zum Fährhafen, die an die Abfahrtszeiten der Schiffe gekoppelt sind (Erw./Kind 4,60/2,90 €, 50 Min.).

Fahrrad

Wer ein Rad mieten will oder gute Tipps braucht, wendet sich an Aidan und Robbie von **Rothar Cycles** (☎ 431 3133; www.rotharcycletours.com; 55 Barrack St; pro Tag/Woche 25/80 €). Für 30 € (100 € Kaution) kann man sein Leihrad aus anderen Städten abholen lassen; im Sommer werden häufig Radtouren organisiert.

Vom/Zum Flughafen

Eine Taxifahrt in die Stadt kostet zwischen 13 und 18 €. Die Linie 226 verkehrt zwischen dem Flughafen und dem Busbahnhof sowie ins Stadtzentrum (3,80 €). Mit Bus oder Taxi ist man 30 Min. unterwegs.

Taxi

Empfehlenswert sind **Cork Taxi Co-op** (☎ 427 2222) und **Shandon Cabs** (☎ 450 2255).

RUND UM CORK (STADT)

BLARNEY CASTLE

Eines der beliebtesten Touristenziele Irlands ist **Blarney Castle** (☎ 021-438 5252; www.blarneycastle.ie; Blarney; Erw./Kind 8/2,50 €; ☼ Juni–Aug. Mo–Sa 9–19 & So 9.30–17.30, Okt.–April Mo–Sa 9–18 bzw. Sonnenuntergang & So 9.30–17 bzw. Sonnenuntergang, Mai & Sept. Mo–Sa 9–18.30 & So 9.30–17.30 Uhr, letzter Einlass 30 Min. vor Schluss). Menschenmassen strömen hierher, um den **Blarney Stone** zu küssen, der einem die Gabe der Beredsamkeit verleihen soll.

Doch Eloquenz gibt's nicht für lau: Der Stein befindet sich ganz oben auf einer Burg aus dem 15. Jh. und kann nur über steile, schlüpfrige Wendeltreppen erreicht werden. Um den Stein zu küssen, muss man sich auf den Zinnen rückwärts über einen sehr tiefen Abgrund lehnen – ein Sicherheitsgitter und ein Wächter passen auf, dass dabei keine unschönen Unfälle passieren. Während einem das Hemd hochrutscht, starren einem ganze Busladungen von Schaulustigen geradewegs in die Nasenlöcher. Wer endlich wieder aufrecht steht, sollte nicht vergessen, vor dem Abstieg die herrliche Aussicht zu genießen.

Auch wenn der Brauch des Steinküssens noch relativ jung ist, wird Blarney Castle schon sehr lang mit der Kunst der Wortgewandtheit in Verbindung gebracht. Den Ausdruck „to talk blarney" soll Königin Elisabeth I. in einem Wutanfall über Lord Blarney erfunden haben. Der redete nämlich ohne Punkt und Komma, ohne je auf ihre Forderungen einzugehen.

Doch Vorsicht: Stille Momente auf der Jagd nach dem Stein gibt es auf Blarney Castle nicht. Am besten spart man sich die Kusszeremonie für den Spätnachmittag oder frühen Abend auf, wenn der Ansturm etwas nachlässt. Wem alles zu viel wird, der verzieht sich in den **Rock Close**, einen Teil der wunderschönen Gärten. Hier gibt es eine Elfenlichtung und eine Hexenküche; auf der Zaubertreppe darf man sich etwas wünschen.

Blarney liegt 8 km nordwestlich von Cork; Busse fahren regelmäßig am Busbahnhof in Cork ab (2,70 €, 30 Min.).

FOTA

In dem großartigen **Fota Wildlife Park** (☎ 021-481 2678; www.fotawildlife.ie; Carrigtwohill; Erw./Kind 12,50/8 €, Kinder unter 2 Jahren Eintritt frei; ☺ Mitte März–Okt. Mo–Sa 10–16.30 & So 11–16.30, Nov.–Mitte März Mo–Sa 10–15 & So 11–15 Uhr, letzter Einlass 1 Std. vor Schluss) können die Tiere ohne Käfig oder Zaun frei herumlaufen. Kängurus hüpfen vorbei, Affen und Gibbons springen schreiend auf Holzinseln herum und Wasserschweine wühlen sich durchs Gebüsch. Neu ist der „Cheetah Run": Jeden Tag um 16 Uhr „jagen" die Wildkatzen ihr Abendessen, das an einem Draht mit 104 km/h vor ihnen hergezogen wird.

In der Hochsaison dreht eine Bimmelbahn alle 15 Min. eine Runde durch den Park (einfach/Hin- und Rückfahrt 0,50 €); einen viel besseren Eindruck bekommt man allerdings, wenn man den 2 km langen Rundgang zu Fuß zurücklegt. Außerdem kann man hier Enten füttern, es gibt einen Spielplatz und ein Café.

Nach dem Besuch des Wildparks empfiehlt sich ein Spaziergang zum **Fota House** (☎ 021-481 5543; www.fotahouse.com; Carrigtwohill; Erw./Kind 5,50/2,20 €; ☺ April–Okt. Mo–Sa 10–17 & So 11–17, Nov.–

SCHLAU ABGEKÜRZT:
DIE PASSAGE WEST

Wer von Ost- nach West-Cork unterwegs ist, kann die Innenstadt komplett umgehen, denn mit der **Ferry Link** (☎ 021-481 1223; Fußgänger/Auto 1/4,50 €; ☺ 7–0.15 Uhr) dauert eine Fahrt von Glenbrook nach Carrigaloe (bei Cobh) gerade mal fünf Minuten. Räder dürfen kostenlos mitgenommen werden.

März tgl. 11–16 Uhr, letzter Einlass 30 Min. vor Schluss). Im Innern beeindruckt das Haus im Regency-Stil mit einer wunderschönen Küche und herrlichen Stuckdecken. Die alte Möblierung aus dem 18. und 19. Jh. ist nicht mehr vorhanden, dafür erwecken Info-Bretter und interaktive Schaukästen die Räume zum Leben.

Zum Haus gehört auch das 150 Jahre alte **Arboretum** mit einem viktorianischen Farnhaus, einem Magnolienweg und ein paar uralten Bäumen, darunter riesige Bergmammutbäume und ein Geisterbaum aus China.

Fota liegt 10 km östlich von Cork. Der Zug verkehrt stündlich zwischen Cork und Fota (Hin- und Rückfahrt 3,85 €, 13 Min.) und von dort weiter nach Cobh. Für Besucher von Park und Haus steht ein Parkplatz (3 €) zur Verfügung.

COBH

☎ 021 / 6800 Ew.

Im Zuge der großen Hungersnot wanderten 2,5 Mio. Menschen über den Hafen von Cobh (sprich „cof") aus. An grauen Tagen kann man hier immer noch ein Gefühl von Verlust und Abschied spüren. Bei Sonnenschein und Massenandrang zeigt sich das hügelige Örtchen jedoch von einer anderen Seite. Die imposante Kathedrale thront über grellbunten Häuschen, und beim Blick auf die weitläufige Uferpromenade und die glitzernde Flussmündung scheint es fast, als hätte Cobh seine traurige Vergangenheit hinter sich gelassen.

Cobh hat sich zu einem beliebten Zwischenstopp für Kreuzfahrtschiffe gemausert. Passagiere werden im Bus zu den wichtigsten Sehenswürdigkeiten chauffiert.

Geschichte

Viele Jahre lang war Cobh der Hafen von Cork und spielte immer eine wichtige Rolle für Überfahrten über den Atlantik. 1838 stach die *Sirius* von Cobh aus in See, um als erstes

Dampfschiff den Atlantik zu überqueren. Die *Titanic* legte hier ein letztes Mal an, bevor sie 1912 ihre schicksalhafte Reise antrat. Als die *Lusitania* 1915 vor der Küste von Kinsale torpediert wurde, brachte man viele der Überlebenden nach Cobh und begrub hier die Toten. Außerdem war der Ort für die Menschen, die während der Hungersnot auswanderten, das Letzte, was sie von Irland sahen.

Nachdem Königin Viktoria den Ort besucht hatte, wurde Cobh 1849 in Queenstown umbenannt. Diesen Namen behielt die Stadt bis zur Unabhängigkeit Irlands im Jahr 1921 bei, dann führte der Stadtrat – wenig überraschend – wieder das irische Cobh ein.

1720 wurde hier außerdem der erste Yachtclub der Welt, der Royal Cork Jacht Club, gegründet. Heute wird er von Crosshaven auf der anderen Seite des Cork Harbour aus betrieben.

Orientierung

Cobh befindet sich auf Great Island, die einen Großteil von Cork Harbour einnimmt. Mit dem Festland ist die Insel durch eine Dammstraße verbunden. Der Ort liegt gegenüber von Haulbowline Island, einer ehemaligen irischen Marinebasis, und der grünen Gefängnisinsel Spike. Direkt am Wasser erstrecken sich der breite Westbourne Place und West Beach; von hier führen steile Straßen ins Landesinnere. Gleich neben der Touristeninformation am Ufer gibt es einen schönen Park mit Konzertpavillon und Spielplatz.

Praktische Informationen

Im alten Yachtclub sind eine **Touristeninformation** (☎ 481 3301; www.cobhharbourchamber.ie; ⏱ Mo–Fr 9.30–17.30, Sa–So 13–17 Uhr) und ein Kunstzentrum untergebracht.

Sehenswertes

COBH, THE QUEENSTOWN STORY

Ein Teil des Bahnhofs von Cobh wurde geschickt in ein nicht zu übersehendes **Heritage Centre** (☎ 481 3591; www.cobhheritage.com; Cobh Heritage Centre; Erw./Kind 6,60/3,30 €; ⏱ Mai–Okt. 9.30–18 & Nov.–April 10–17 Uhr, letzter Einlass 1 Std. vor Schluss; ♿) umgebaut, das um Welten besser ist als viele andere „Interpretative Centres". Eine faszinierende Ausstellung erzählt von der irischen Massenauswanderung während der großen Hungersnot, als Familien derart verzweifelt waren, dass sie ihr Land auf lecken Booten verließen, die man später „coffin ships", Sarg-

schiffe, nannte. Schockierende Berichte schildern das Schicksal von Häftlingen, die auf Schiffen nach Australien deportiert wurden, auf denen es „so wenig Luft gab, dass keine Kerze brannte". Auch die Ära der berühmten Linienschiffe wird dokumentiert, u. a. der tragische Untergang der *Titanic* und der *Lusitania*, die beide eng mit Cobh verknüpft sind.

Wer Recherchen zum Familienstammbaum anstellen will, kann dies im angeschlossenen Ahnenforschungszentrum tun. Wem der Sinn mehr nach Tee und süßen Teilchen steht, der gehe ins Café nebenan (siehe rechts).

ST. COLMAN'S CATHEDRAL

Auf einer Hangterrasse über Cobh thront die wuchtige **St. Colman's Cathedral** (☎ 481 3222; Cathedral Place; Eintritt gegen Spende) im Stil der französischen Gotik. An diesem eher unauffälligen Ort wirkt die Kathedrale völlig überdimensioniert. Ungewöhnlich ist das Glockenspiel mit 47 Glocken. Mit einem Tonumfang von vier Oktaven ist es das größte in ganz Irland. Die größte Glocke wiegt 3,4 t – etwa so viel wie ein ausgewachsener Elefant! Von Mai bis September ist sonntags um 16.30 Uhr ein Glockenkonzert zu hören.

Das Bauwerk wurde von Pugin entworfen und 1868 begonnen, jedoch erst 1915 vollendet. Ein Großteil der Spendengelder stammt von heimatverbundenen irischen Gemeinden in Australien und den USA.

COBH MUSEUM

Das kleine **Museum** (☎ 481 4240; www.cobhmuseum.com; High Rd; Erw./Kind 2/1 €; ⏱ April–Okt. tgl. Mo–Sa 11–13 & 14–17.30 Uhr) ist nahe dem Bahnhof in einer schottischen Presbyterianerkirche aus dem 19. Jh. untergebracht. Zu sehen gibt es Schiffsmodelle, Gemälde, Fotos und kuriose Ausstellungsstücke, welche die Geschichte Cobhs näherbringen.

Geführte Touren

Marine Transport Services (☎ 481 1485; www.mts.ie) Einstündige Bootsfahrten (Erw./Kind 5,50/3,50 €) Viermal täglich von Juni bis September.

Titanic Trail (☎ 481 5211; www.titanic-trail.com; Erw./Kind 9,50/4,75 €; ⏱ ganzjährig 11, Mai & Juni–Aug. 14 Uhr) Der geführte Spaziergang von Michael Martin dauert 1¼ Stunden. Los geht's beim Commodore Hotel am Westbourne Place und endet mit einer gratis Kostprobe Stout-Bier. Es gibt auch einen unheimlichen Geisterspaziergang (15 €), über den Michael Auskünfte geben kann.

Schlafen

Westbourne House (☎ 481 1391; 12 Westbourne Place; EZ/DZ 25/50 €) Der freundliche Besitzer dieses historischen Hauses, das einst einem Reeder gehörte, bietet erstaunlich viel fürs Geld. Luxuriös ist es nicht, dafür sind die Zimmer groß und hell, und die vielen Yachtbilder an den Wänden passen zum Hafenblick.

Commodore Hotel (☎ 481 1277; www.commodore hotel.ie; Westbourne Pl; EZ/DZ 57/96 €) Häufige Sonderaktionen machen dieses klassische Hotel am Meer noch attraktiver. Die mit Kronleuchtern geschmückten Flure führen zu den frisch renovierten Zimmern (für 15 € extra bekommt man ein Zimmer mit Meerblick), und überhaupt versprüht das ganze Haus einen angenehmen Nostalgie-Charme.

Amberleigh (☎ 481 4069; www.amberleigh.ie; West End Terrace; EZ/DZ 60/90 €; P) Der Empfang in diesem hoch gelegenen viktorianischen Haus mit Blick auf den Hafen ist familiär und herzlich. Die vier Zimmer mit hohen Decken sind schneeweiß eingerichtet. In der Gäste-Lounge lockt an kühlen Abenden ein offener Kamin.

Knockeven House (☎ 481 1778; www.knockeven house.com; Rushbrooke; EZ/DZ 75/120 €; P) Knockeven ist ein herrliches, aber entspanntes viktorianisches Hotel 1,5 km nördlich von Cobh. Die riesigen Zimmer sind mit Antikmöbeln eingerichtet und blicken auf einen traumhaften Garten mit Magnolien und Kamelien. Auch das Frühstück mit selbst gebackenem Brot und frischem Obst ist phantastisch und wird in einem üppig dekorierten Speisezimmer serviert.

Essen & Ausgehen

Jeden Freitag findet direkt am Ufer zwischen 10 und 13 Uhr ein **Bauernmarkt** statt.

Queenstown Restaurant (☎ 481 3591; Mittagessen 4–7 €; ☼ 10–17 Uhr) Kaffee, Tee und leckere Mittagsgerichte wie Salate oder Lasagne kommen im alten Bahnhof von Cobh auf den Tisch. Gegessen wird auf dem Bahnsteig, umgeben von Koffern, Fahrplänen und der nostalgischen Erinnerung an Dampfeisenbahnen.

Jacob's Ladder (☎ 481 5566; www.watersedgehotel. ie; Mittagessen 6–14 €, Abendessen 18–28 €; ☼ 11.30–21 Uhr) In diesem lebhaften Restaurant im Water's Edge Hotel hat man einen grandiosen Blick auf den Hafen. Die Preise sind recht gehoben; zur Auswahl stehen Fleisch- und Geflügelgerichte sowie exzellente Fischspeisen, die allesamt kreativ zubereitet sind.

Kelly's (☎ 481 1994; Westbourne Pl) Im sonnigen Kelly's tummeln sich Tag und Nacht gesellige Gäste. Die zwei Pubräume sind mit Kirchenbänken und wuchtigen Holzmöbeln eingerichtet. Außerdem gibt es einen Holzofen und ein Hirschgeweih. Bei Sportübertragungen herrscht hier eine Bombenstimmung.

An- & Weiterreise

Cobh liegt 15 km südöstlich von Cork, an der Hauptstraße N 25 von Cork Richtung Rosslare. Züge von Cobh nach Cork fahren im Stundentakt (Hin- und Rückfahrt 5,25 €, 24 Min.).

Unterwegs vor Ort

Alle Sehenswürdigkeiten in Cobh sind zu Fuß erreichbar. Wer ein Taxi braucht, kann es bei **Cobh Taxi Owners Association** (☎ 086-815 8631) versuchen.

MIDLETON & UMGEBUNG

☎ 021 / 3900 Ew.

Die meisten Besucher eilen höchstens auf dem Weg zur Old Midleton Distillery durch die Gegend; dabei lohnt sich Midleton durchaus für einen kurzen Abstecher. Das Fremdenverkehrsamt spricht zwar etwas großspurig von der „irischen Riviera", nichtsdestotrotz gibt es hier hübsche Dörfer, schroffe Küstenstreifen und einige himmlisch ländliche Hotels. Midleton selber ist ein nettes, lebendiges Marktstädtchen; wer über Nacht bleiben will, findet in der näheren Umgebung eine reiche Auswahl an Übernachtungsmöglichkeiten.

GERÄUCHERT

An der N 25, 2 km stadtauswärts Richtung Fota, liegt die älteste und nunmehr einzige Räucherkammer Irlands, Frank Hedermans **Belvelly** (☎ 481 1089; www.frankhederman. com). Neben Meeresfrüchten und Käse wird hier vor allem Fisch, insbesondere Lachs, geräuchert. Bei dem traditionellen Verfahren, welches 24 Stunden dauert, wird der Fisch filetiert und gepökelt, ehe er in der winzigen Kammer über Buchenholzscheiten zum Räuchern aufgehängt wird. Ein Aufenthalt in Cork ist erst dann vollkommen, wenn man den Spezialitätenhersteller besucht hat. Frank macht auch gerne eine Führung – vorher anrufen oder eine Mail schicken.

Die **Touristeninformation** (☎ 461 3702; www.eastcorktourism.com; ☽ Mai–Sept. Mo–Sa 9.30–13 & 14–17.15 Uhr) befindet sich am Eingang der Destillerie.

Sehenswertes

Die größte Attraktion der Stadt ist die alte Jameson **Old Midleton Distillery** (☎ 461 3594; www.jamesonwhiskey.com; Erw./erm. 9,75/6 €; ☽ 9–18 Uhr). Ganze Busladungen Touristen werden durch das restaurierte, 200 Jahre alte Gebäude geführt, bevor im Souvenirladen kräftig eingekauft wird. Jamesons wunderbarer, 12 Jahre alter „Midleton Distillery Reserve" wird ausschließlich hier verkauft.

Führungen (☽ März–Okt. 10–17, Nov.–Febr. 11.30, 14.30 & 16 Uhr) dauern eine Stunde und beginnen mit einem kurzen Film. Auf dem anschließenden Rundgang wird der gesamte Vorgang der Whiskey-Herstellung erklärt. Die Tour endet in der Bar mit einer kleinen Kostprobe für jeden; besonders Glückliche dürfen eine Auswahl an irischen Whiskeys, Scotch und Bourbon testen.

Schlafen & Essen

Der **Midleton Farmers Market** hinter dem Gerichtsgebäude in der Main Street gehört zu den besten Wochenmärkten in Cork, mit jeder Menge lokaler Erzeugnisse und freundlichen, redseligen Bauern. Markt ist jeden Samstagmorgen.

LP Tipp **Farmgate Restaurant** (☎ 463 2771; The Coolbawn; ☽ Kaffee & Snacks 9–17.30, Mittagessen Mo–Sa 12.30–16, Abendessen Do–Sa 18.45–21.30 Uhr) Als Original und Schwester des Farmgate Café in Cork (S. 221) bietet das Restaurant in Midleton dieselbe hervorragende Mischung aus traditionellem und modernem irischem Essen. Am Eingang werden lokale Erzeugnisse verkauft, u. a. Bioobst und -gemüse, verschiedene Käsesorten und Eingemachtes. Dahinter befindet sich das Café-Restaurant im Bauernausstil, wo man genauso gut speist wie an jedem anderen Ort in Irland.

Bayview Hotel (☎ 464 6746; www.thebayviewhotel.com; Ballycotton; DZ/DZ 127/190 €; P) Das Bayview liegt auf einer Klippe und prunkt mit einer atemberaubenden Aussicht von der Lounge, dem Restaurant und den eleganten Hotelzimmern (den besten Blick hat man von einem der Zimmer im 3. Stock mit Balkon). Es gibt nix zu tun, und deshalb kann man hier in Ruhe die Kulisse genießen, auf der Terrasse ausspannen, eine Klippenwanderung machen oder einfach im Dorf ein Bier trinken – im Blackbird schmeckt das Guinness besonders gut.

An- & Weiterreise

Midleton liegt 20 km östlich von Cork. Busse fahren von Montag bis Samstag alle 30 Minuten (So. stündl.) vom Busbahnhof in Cork (5 €, 25 Min.). Zwischen Cobh und Midleton verkehrt kein Bus; zum Erkunden der umliegenden Gegend braucht man ein Auto.

YOUGHAL

☎ 024 / 6400 Ew.

Dem alten ummauerten Seehafen Youghal (Eochaill; sprich: joal) an der Mündung des Blackwater-Flusses kommt die Geschichte schon zu den Ohren raus – aber der Ort weiß wirklich etwas daraus zu machen!

ABSTECHER: DAS ZAUBERHAFTE BALLYMALOE

Wer vor dem Eingang des glyzinienumrankten **Ballymaloe House** (☎ 465 2531; www.ballymaloe.ie; Shanagarry; EZ/DZ ab 165/260 €; P ♿) steht, dem wird klar, dass dies ein besonderer Ort ist. Seit nunmehr 40 Jahren führen die Allens dieses herausragende Hotel-Restaurant im alten Familiendomizil – und es wird immer noch schöner. Die Zimmer sind unterschiedlich geschnitten und wurden mit ausgesuchten Antikmöbeln eingerichtet. Am schönsten ist das Grey Room mit Aussicht nach zwei Seiten. Zum Hotel gehören ein Garten, ein Tennisplatz, ein Laden, ein Minigolfplatz und mehrere Aufenthaltsräume. Nicht zu vergessen das hoch gepriesene Restaurant. Jeden Tag ändert sich die Karte, je nach den vor Ort erhältlichen Zutaten. Das Hotel bietet außerdem Wochenendarrangements für Weinproben und Gartenarbeit (Näheres siehe Webseite).

Ein paar Kilometer weiter auf der R 628 befindet sich die **Kochschule** der Allens (☎ 464 6785; www.cookingisfun.ie) auf einem über 40 ha großen Grundstück. Hier finden in einem alten Apfellager halbtägige (50–105 €) bis 12-wöchige Kurse (ca. 9000 €, mit Zertifikat) statt, der entspannte Unterricht ist als Ansporn gedacht. Die Teilnehmer übernachten auf dem Grundstück in hübschen Cottages.

COUNTY CORK

Im 16. Jh., während der Revolte gegen England, war die Stadt ein heißes Pflaster; Oliver Cromwell überwinterte 1649 hier, während er Hilfe für seinen Krieg in England zusammentrommelte und den Aufstand der lästigen Iren unterdrückte. Während der elisabethanischen Plantation of Munster wurde Youghal an Sir Walter Raleigh übergeben, der sich hier gelegentlich in seinem Haus Myrtle Grove aufhielt.

Orientierung & Praktische Informationen

Youghals größtes Wahrzeichen ist das Clock Gate am südlichen Ende der North Main Street.

Youghal Visitor Centre (☎ 20170; www.eastcorktourism.com; Market Square; Ⓨ Mo–Fr 9–17.30, Sa & So 10–17 Uhr). Das Besucherzentrum ist in einem sehr schönen alten Markthaus direkt am Wasser untergebracht und beinhaltet auch ein kleines **Heritage Centre**, das einem die Geschichte des Ortes näher bringt. Mehr erfährt man außerdem in der kostenlosen Broschüre *Youghal Town Trail* oder dem exzellenten Büchlein *Youghal: Historic Walled Port* (4,50 €).

Geführte Touren (Erw./Kind 6/3 €; 90 Min.) starten im Juli und August Montag bis Freitag um 10.30 Uhr am Besucherzentrum (andere Zeiten auf Anfrage).

Sehenswertes & Aktivitäten

Youghal hat gleich zwei sogenannte „Blue-Flag"-**Strände** (saubere und sichere Strände werden von der EU mit einer blauen Flagge ausgezeichnet): Claycastle (2 km) und Front Beach (1 km) an der N 25 sind vom Ort aus zu Fuß erreichbar und ideal zum Sandburgenbauen und Schwimmen geeignet. Claycastle ist auch für Rollstuhlfahrer zugänglich und wird im Sommer von Rettungsschwimmern überwacht.

Whale of a Time (☎ 086-328 3256; www.whaleoftime.ie) bietet Meer- und Flussfahrten (Erw./Kind 20/15 €), u. a. Ausflüge zur Walbeobachtung.

Das kleine **Fox's Lane Folk Museum** (☎ 20170, 291 145; www.tyntescastle.com/fox; North Cross Lane; Erw./Kind 4/2 €; Ⓨ Juli–Aug. Di–Sa 10–13 & 14–18 Uhr) stellt über 600 Haushaltsgegenstände aus der Zeit zwischen 1850 und 1950 sowie eine viktorianische Küche aus.

Stadtspaziergang

Am besten erschließt sich Youghals Geschichte anhand seiner Wahrzeichen. Dieser Spaziergang von Süden nach Norden führt an allen Hauptsehenswürdigkeiten vorbei.

Das kuriose **Clock Gate** von 1777 diente als Glockenturm und Gefängnis zugleich: Beim Osteraufstand von 1798 wurden hier Gefangene hingerichtet, indem man sie aus den Fenstern hängte.

Das wundervoll proportionierte **Red House** in der North Main Street wurde 1706 von dem holländischen Architekten Leuventhen erbaut. Das rote Ziegelgebäude lässt Details der niederländischen Renaissance erkennen. Ein paar Türen weiter stehen sechs **Armenhäuser**, die der Engländer Richard Boyle erbauen ließ. Er kaufte Raleigh sämtliche Ländereien in Irland ab und wurde 1616 der erste Earl von Cork, in Anerkennung für seine Arbeit, eine „herausragende Kolonie" geschaffen zu haben. Die Armenhäuser wurden an ehemalige Soldaten übergeben, samt einer Pension von fünf Pfund pro Jahr.

Gegenüber liegt **Tynte's Castle** (http://tyntescastle.com) aus dem 15. Jh. Die Burg stand einst als Verteidigungsposten direkt am Fluss. Als der Blackwater jedoch versandete und im 17. und 18. Jh. seinen Lauf änderte, blieb sie sich selbst überlassen.

Die **St. Mary's Collegiate Church** von 1220 enthält Elemente einer dänischen Kirche aus dem 11. Jh. Innen steht ein Denkmal von Richard Boyle, zusammen mit seiner Frau und seinen 16 Kindern. Der Earl of Desmond und seine Truppen zerstörten bei einem Aufstand gegen England im 16. Jh. das Dach über dem Altarraum, Cromwell soll hier 1650 eine Grabrede für einen gefallenen General gehalten haben. Der Friedhof wird von einem alten Stück **Stadtmauer** aus dem 13. Jh. umsäumt, samt einem noch erhaltenen Eckturm.

Myrtle Grove neben der Kirche wurde einst von Sir Walter Raleigh bewohnt. Laut einheimischer Tradition soll er hier seine erste Zigarette geraucht und die ersten Kartoffeln angepflanzt haben; Historiker (die alten Spielverderber) sind da allerdings anderer Meinung. Seine **Gärten** auf der anderen Seite von St. Mary's wurden erst kürzlich erneuert und sind öffentlich zugänglich.

Schlafen

Clonvilla Caravan & Camping Park (☎ 98288; clonvilla@hotmail.com; Clonpriest; Campingplatz 20 €; Ⓨ März–Okt.) Der kleine, angenehm ruhige Zeltplatz mit einfachen sanitären Anlagen liegt 4 km stadtauswärts.

Roseville (☎ 92571; www.rosevillebb.com; New Catherine St; EZ 45–50 €, DZ 61–70 €; ☿ Mitte Jan.–Mitte Dez.; ℗) Das leuchtend rote Roseville mit Landhaus-Charme und eigenem Garten liegt im Herzen von Youghal. Die Zimmer würden zwar keinen Designpreis gewinnen, dafür wird man von Landlady Phyllis herzlich empfangen und schläft in den großen, gemütlichen Betten ausgezeichnet.

Avonmore House (☎ 92617; www.avonmoreyoughal.com; South Abbey; EZ/DZ 50/70 €) Das imposante georgianische Haus nahe des Glockenturms atmet Geschichte. 1752 wurde Avonmore auf den Grundmauern eines franziskanischen Klosters erbaut, das von Cromwells Truppen zerstört worden war. Später gehörte es den Grafen von Cork, ehe es 1826 in private Hände überging. Heute geht es sehr viel gemächlicher zu – die Zimmer sind einfach und hell, die Hotelwirte freundlich.

Ballymakeigh (☎ 249 5184; www.ballymakeighhouse.com; Killeagh; EZ/DZ 75/130 €) Zum Ballymakeigh fährt man über eine kurvenreiche Küstenstraße, vorbei an grasenden Kühen und Wiesen voller blühender Hyazinthen – ein Landhaushotel wie aus dem Bilderbuch. Es gibt sechs einfache, aber elegant ausgestattete Zimmer, einen Bauernhof zum Anfassen und einen Tennisplatz. Hotelwirtin Margaret Browne war früher Fernsehköchin; ihre Fünf-Gänge-Menüs sollte man keineswegs verpassen (45 €). Das Ballymakeigh liegt 12 km westlich von Youghal, in der Nähe von Killeagh.

Aherne's (☎ 92424; www.ahernes.net; 163 North Main St; EZ/DZ 150/240 €; ℗ ♿) Dieses charmante Viersternehotel ist stilvoll und gemütlich. Alle Zimmer sind individuell mit Antikmöbeln eingerichtet. Das Beste ist jedoch das fabelhafte Frühstück im Restaurant (siehe unten).

Essen

Aherne's Seafood Bar & Restaurant (☎ 92424; 163 North Main St; Bargerichte 12–38 €, Abendessen 24–38 €; ☿ Bar 12–22, Abendessen 18.30–21.30 Uhr) Wer gern Fisch isst, muss in Youghal ins Aherne's gehen. Das preisgekrönte Restaurant ist zu Recht berühmt für seine exzellente Karte. Wem es hier zu steif ist, der bekommt auch in der gemütlichen Bar leckere Fischgerichte – das Lachs-Kartoffelgratin ist der Inbegriff von Essen für die Seele.

Priory (☎ 92574; www.thepriory.ie; 56 North Main St; ☿ Di–Fr 9.30–18, Sa 10–17, So 11–14 Uhr, im Sommer länger geöffnet) Diese herrliche Sandwich-Bar mit Im-

biss hat sich auf irische Spezialitäten und Bioerzeugnisse spezialisiert. Die Ciabattas (ab 3,55 €) sind nach berühmten Chefköchen benannt; vor allem das „Allen", mit irischem Schinken, Cashel-Schimmelkäse und Ballymaloe-Relish, ist ein Gedicht. Drinnen sitzt man auf hohen Barhockern, oder man geht mit dem Sandwich direkt an den Strand. Vor kurzem wurde zudem das Via & The Priory Restaurant eröffnet.

Ausgehen & Unterhaltung

Dancing Thru the Ages (☎ 92571; www.dancingthrutheages.com; Mall Arts Centre; Erw./Kind 20/15 €; ☿ Juli–Aug. Mi & Do 20.30 Uhr) Hier wird irischer Tanz mit modernen Anklängen auf die Bühne gebracht; Tänzer, Musiker und nicht zuletzt das Publikum haben offensichtlich Spaß an den feurigen Shows. Karten sind im Mall Arts Centre oder im Youghal Visitor Centre erhältlich.

Für ein Absacker-Pint und traditionelle Livemusik gibt es keinen besseren Ort als das **Treacy's** (auch „The Nook" genannt; 20 North Main St), den ältesten Pub von Youghal.

An- & Weiterreise

Bus Éireann (☎ 450 8188; www.buseireann.ie) unterhält häufige Verbindungen nach Cork (8,80 €, 50 Min., 14-mal tgl.) und Waterford (13 €, 1 ½ Std., 11-mal tgl.).

Parken an der Straße kostet 0,60 € pro Std. mit Parkscheibe, auf manchen Parkplätzen kann man auch kostenlos stehen.

WESTLICHES CORK

KINSALE

☎ 021 / 4100 Ew.

In Kinsale (Cionn tSáile) pulsiert das bunte Leben. Schmale gewundene Gässchen, winzige Häuser, Fischerboote und Yachten schaffen eine wahre Postkartenidylle. Bei Summercove vor den Toren der Stadt wacht eine imposante Festung über die Bucht.

Dank Besuchen von VIP-Köchen wie Keith Floyd und Rick Stein hat sich Kinsale zum Gourmetzentrum Irlands gemausert. Restaurants von internationalem Rang gibt es in diesem kleinen Ort überdurchschnittlich viele.

Kinsale lockt auch das Künstlervolk an. In unzähligen Galerien und Geschäften kann man Geschenke und Schmuck erstehen.

Geschichte

Im September 1601 ankerte eine spanische Flotte im Hafen von Kinsale, belagert von den Engländern. Entsandt worden war sie vom spanischen König, um die irischen Rebellen im Norden zu unterstützen. Eine irische Armee marschierte daraufhin quer durchs ganze Land, um die spanischen Schiffe in Kinsale zu befreien, wurde jedoch am Weihnachtsabend vor den Toren der Stadt geschlagen. Für die Katholiken hieß dies sofortige Verbannung aus Kinsale. Es vergingen 100 Jahre, ehe sie wieder in der Stadt geduldet wurden. Historiker betrachten das Jahr 1601 als Anfang vom Ende des gälischen Irland.

Nach 1601 entwickelte sich ein Werfthafen in Kinsale. Anfang des 18. Jhs. brach ein gewisser Alexander Selkirk von hier zu einer Reise auf, in deren Verlauf er auf einer einsamen Insel strandete – damit lieferte er Daniel Defoe die Romanvorlage für *Robinson Crusoe*.

Orientierung

Die meisten Hotels und Restaurants von Kinsale liegen in Hafennähe und sind vom Zentrum aus leicht zu Fuß erreichbar. Auch auf Scilly, einer Halbinsel im Südosten, gibt es einige Restaurants. Ein Weg führt von dort weiter nach Summercove und Charles Fort.

Praktische Informationen

In der Pearse Street befindet sich eine Post und eine Allied Irish Bank mit Geldautomat. Öffentliche Toiletten gibt es neben der Touristeninformation. Weitere Informationen sind im Internet zu finden unter www. kinsale.ie.

Bookstór (☎ 477 4946; www.bookstor.ie; 1 Newman's Mall) Hier gibt's alles, was man an guter Lektüre braucht.

Elasnik Web Café (☎ 477 7356; Market Square; 2,50/5 € pro 30/60 Min.; ☼ 10–22 Uhr) Ab einer Stunde surfen gibt's einen Kaffee umsonst.

Market Street Drycleaning & Laundrette (☎ 477 2875; Market St; ☼ Mo–Fr 9–18 Uhr)

Touristeninformation (☎ 477 2234; kinsaletio@ eircom.net; Ecke Pier Rd & Emmet Pl; ☼ März–Okt. Mo–Sa 9.30–13 & 14.15–17.30 Uhr, Juli–Aug. tgl.) Vor allem in den ruhigeren Monaten variieren die Öffnungszeiten. Erhältlich ist eine kostenlose Karte mit Spazierwegen in und um Kinsale.

Sehenswertes

In einem Gerichtsgebäude aus dem 17. Jh., in dem 1915 der Untergang der *Lusitania* verhandelt wurde, ist heute ein nettes, kleines

Museum (☎ 477 7930; Market Sq; Erw./erm. 2,50/1,50 €; ☼ Mo–Sa 10–17, So 14–17 Uhr) untergebracht. Es informiert zum einen über die Schiffskatastrophe, stellt aber auch lustige Kuriositäten aus: etwa die Hurling-Schläger und Schuhe von Michael Collins, dem Zweieinhalb-Meter-Riesen von Kinsale.

In Summercove, 3 km östlich von Kinsale, erheben sich die gewaltigen Ruinen des **Charles Fort** (☎ 477 2263; Erw./Kind 3,70/1,30 €; ☼ Mitte März–Okt.10–18, Nov.–Mitte März 10–17 Uhr, letzter Einlass 45 Min. vor Schluss) aus dem 17. Jh. Es gehört zu den besterhaltenen sternförmigen Forts in Europa und lohnt allein schon wegen der phantastischen Aussicht. Die Bastion wurde in den 1670er-Jahren zur Überwachung von Kinsale Harbour erbaut und war bis 1921 in Betrieb. Im gleichen Jahr wurde beim Abzug der Briten ein Großteil des Forts zerstört. Die Ruinen stammen größtenteils aus dem 18. und 19. Jh. Am besten geht man von Scilly aus zu Fuß und folgt den Schildern rund um die Bucht.

Das **Turmhaus** (☎ 477 4855; www.winegeese.ie; Cork St; Erw./Kind 2,90/1,20 €; ☼ Ostern–Ende Okt. Di–So 10–18 Uhr, letzter Einlass 45 Min. vor Schluss) aus dem frühen 16. Jh. wurde 1601 von den Spaniern eingenommen. Seitdem diente es als Zollhaus, als Gefängnis für französische und amerikanische Kriegsgefangene und als Armenhaus während der großen Hungersnot. Es enthält heute spannende Ausstellungsstücke zur Geschichte und ein kleines **Weinmuseum** zur Geschichte des irischen Weinhandels.

St. Multose, dem Schutzpatron von Kinsale, ist die zur Church of Ireland gehörende **Kirche** (Pfarrhaus ☎ 477 2220; Church St) geweiht. Sie wurde 1190 von Normannen anstelle einer Kirche aus dem 6. Jh. erbaut und ist damit eine der ältesten in ganz Irland. Von der urspünglichen Innenausstattung ist heute kaum mehr etwas zu sehen, die Außenfassade blieb dafür wunderbar erhalten. Auf dem Friedhof findet man einige interessante Familiengräber, außerdem wurden hier mehrere Opfer der gesunkenen *Lusitania* begraben. Im Kircheninneren zeigt ein flacher Stein eine Figur mit rundlichen Händen. Diese wurde nach alter Tradition von den Fischerfrauen gerieben, damit ihre Männer heil vom Meer zurückkehrten.

Aktivitäten

Herlihy's Guided Tour (☎ 477 2873; Erw./Kind 7/1 €; ☼ tgl. 11.15 Uhr; im Sommer auch 9.15 Uhr) Der spannende Spaziergang durch die Geschichte der Stadt beginnt an der Touristeninformation.

Wer zum Charles Fort und James Cove und weiter den Bandon River flussaufwärts schippern will, ruft bei **Kinsale Harbour Cruises** (☎ 477 8946, 086-250 5456; www.kinsaleharbourcruises.com; Erw./ Kind 12,50/6 €) an. Abfahrtszeiten variieren je nach Jahreszeit und Wetterlage, Näheres erfährt man auf der Webseite oder bei der Touristeninformation. Die Boote legen vom Denis Quay in der Pier Road am südlichen Ende der Stadt ab.

Whale of a Time (☎ 087-120 3463; www.whaleofatime. ie) bietet am Wochenende Küstenfahrten ab 20/15 € pro Erwachsenem/Kind.

Wer sich fürs Angeln interessiert, kann bei **Mylie Murphy's** (☎ 477 2703; 14 Pearse St) für 10 € pro Tag eine Ausrüstung mieten. Zum Hochseefischen wendet man sich an **Kinsale Angling Co-Op** (☎ 477 4946; www.kinsale-angling.com).

Festivals & Events

Gourmet Festival (www.kinsalerestaurants.com) Weinproben, Essen und Hafenrundfahrten Anfang Oktober tragen zum Ruf der Stadt als Gourmetzentrum bei.

Kinsale Fringe Jazz Festival (www.kinsale.ie) Entspannte Unterhaltung am Feiertag-Wochenende Ende Oktober.

Schlafen

BUDGETUNTERKÜNFTE

Kinsale ist eher etwas für Gutbetuchte. Da es gute Busverbindungen nach Cork gibt, sollte man überlegen, ob man nicht lieber dort in einem der Hostels übernachtet (siehe S. 219) und nach Kinsale pendelt.

Garrettstown House Holiday Park (☎ /Fax 477 8156; www.garrettstownhouse.com; Zeltplatz 3 €; ✆ April–Mitte Sept.) Der nächstgelegene Campingplatz befindet sich auf dem Grundstück eines Herrenhauses aus dem 18. Jh. unweit eines herrlichen Strandes. Im Sommer bevölkern allerdings lärmende Familien den Platz. Der Park liegt 1,3 km südwestlich von Ballinspittle (11 km südwestlich von Kinsale) an der R 600.

Dempsey's (☎ 772 124; Eastern Rd; B 15 €) Etwas außerhalb an der Straße nach Cork findet man die günstigste Unterkunft von Kinsale. Die Schlafsäle mit breiten Stockbetten sind nach Geschlechtern getrennt; es gibt eine Küche und Picknicktische vorne im Garten. Nebenan bei der Texaco-Tankstelle bekommt man Lebensmittel.

MITTELKLASSEHOTELS

Cloisters (☎ 470 0680; www.cloisterskinsale.com; Friar St; EZ 70 €, DZ 80–90 €) Kleinigkeiten machen den Unterschied aus in diesem bezaubernden B&B unweit vom Desmond Castle. Bei der Ankunft wird man mit einem Lächeln und Schokolade begrüßt; die orthopädischen Matratzen sind so gemütlich, dass einen höchstens das warme Frühstück aus dem Bett lockt. Zimmer 5 mit Schwarz-Weiß-Thematik ist das schönste, doch auch alle anderen sind sehr elegant.

Olde Bakery (☎ 477 3012; www.theoldebakery.com; 56 Lower O'Connell St; Zi. 80 €) Ein paar Schritte südwestlich des Zentrums befindet sich dieses überaus freundliche Haus, eine ehemalige britische Garnisonsbäckerei. Die Zimmer sind angenehm groß; das exzellente Frühstück wird in der Küche serviert, wo man schnell mit den anderen Gästen ins Gespräch kommt.

Chart House (☎ 477 4568; www.charthouse-kinsale. com; 6 Dennis Quay; EZ 80–130 €, DZ 120–170 €; ℗) Dieses entspannt-elegante georgianische Stadthaus ist unglaublich komfortabel. Alle Zimmer sind mit schweren Vorhängen, Kronleuchtern und Antikmöbeln ausgestattet, die großen Badezimmer mit Jacuzzis. Zur Begrüßung wird Tee oder Kaffee serviert.

Weitere Empfehlungen:

Cucina (☎ 470 0707; www.cucina.ie; 9 Market St; Zi. 80 €) Frische, dezent eingerichtete Zimmer mitten in der Stadt. Das Frühstück ist nicht im Preis inbegriffen, dafür ist das Cucina's Café gleich um die Ecke (siehe S. 236).

Gallery B&B (☎ 477 4558; www.gallerybnb.com; The Glen; EZ 55 €, DZ 90–110 €) Die Außenfassade ist so hell, dass man fast eine Sonnenbrille braucht. Gemütliche Zimmer und kreative Hotelwirte, die zum Frühstück Eis servieren.

San Antonio (☎ 477 2341; 1 Friar St; EZ/DZ 40/70 €; ℗) Schönes altes Gebäude mit gemütlichem, altmodischem Interieur. Besitzer Jimmie ist der Star.

SPITZENKLASSEHOTELS

Old Presbytery (☎ 477 2027; www.oldpres.com; Cork St; EZ 90 €, DZ 100–160 €; ✆ Jan.–Mitte Febr. geschl.) Ein wunderbares, knarzendes und schräges Schmuckstück von einem Haus, angefüllt mit Kuriositäten und Antikmöbeln. Direkt an der Eingangtür hängt irische Bettwäsche auf der Wäscheleine, alte Kinderwagen säumen die Korridore und jedes Zimmer wurde mit viel Liebe individuell eingerichtet. In Zimmer 6 sollte man nur übernachten, wenn man sonst nichts von Kinsale sehen will – denn bei dem Balkon und dem Sonnenzimmer will man nie wieder gehen. Das Frühstück, vom Besitzer und einstigen Chefkoch Phillip zubereitet, ist legendär!

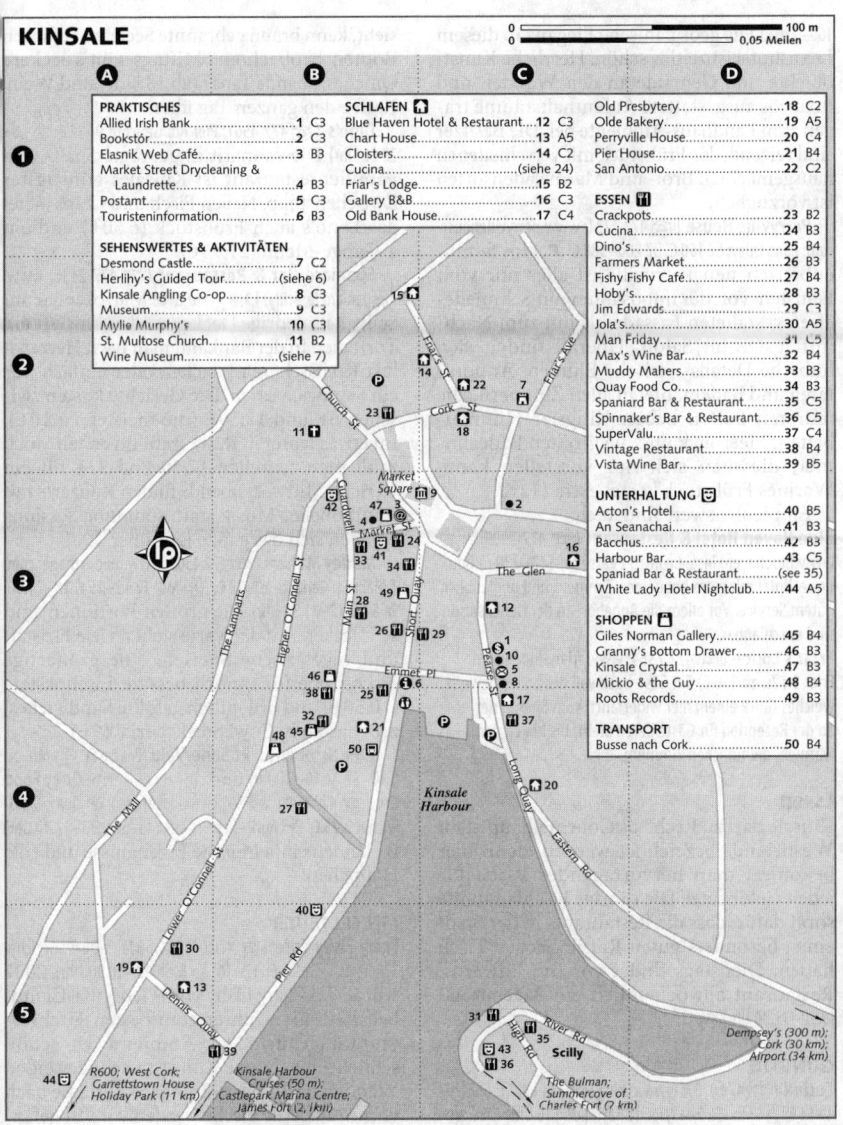

KINSALE

0 — 100 m
0 — 0,05 Meilen

PRAKTISCHES

Allied Irish Bank	1 C3
Bookstór	2 C3
Elasnik Web Café	3 B3
Market Street Drycleaning & Laundrette	4 B3
Postamt	5 C3
Touristeninformation	6 B3

SEHENSWERTES & AKTIVITÄTEN

Desmond Castle	7 C2
Herlihy's Guided Tour	(siehe 6)
Kinsale Angling Co-op	8 C3
Museum	9 C3
Mylie Murphy's	10 C3
St. Multose Church	11 B2
Wine Museum	(siehe 7)

SCHLAFEN

Blue Haven Hotel & Restaurant	12 C3
Chart House	13 A5
Cloisters	14 C2
Cucina	(siehe 24)
Friar's Lodge	15 B2
Gallery B&B	16 C3
Old Bank House	17 C4

Old Presbytery	18 C2
Olde Bakery	19 A5
Perryville House	20 C4
Pier House	21 B4
San Antonio	22 C2

ESSEN

Crackpots	23 B2
Cucina	24 B3
Dino's	25 B4
Farmers Market	26 B3
Fishy Fishy Café	27 B4
Hoby's	28 B3
Jim Edwards	29 C3
Jola's	30 A5
Man Friday	31 C5
Max's Wine Bar	32 B4
Muddy Mahers	33 B3
Quay Food Co.	34 B3
Spaniard Bar & Restaurant	35 C5
Spinnaker's Bar & Restaurant	36 C5
SuperValu	37 C4
Vintage Restaurant	38 B4
Vista Wine Bar	39 B5

UNTERHALTUNG

Acton's Hotel	40 B5
An Seanachai	41 B3
Bacchus	42 B3
Harbour Bar	43 C5
Spaniad Bar & Restaurant	(see 35)
White Lady Hotel Nightclub	44 A5

SHOPPEN

Giles Norman Gallery	45 B4
Granny's Bottom Drawer	46 B3
Kinsale Crystal	47 B3
Mickio & the Guy	48 B4
Roots Records	49 B3

TRANSPORT

Busse nach Cork	50 B4

Kinsale Harbour

Dempsey's (300 m);
Cork (30 km);
Airport (34 km)

Scilly

The Bulman;
Summercove bei
Charles Fort (2 km)

R600; West Cork;
Garrettstown House
Holiday Park (11 km)

Kinsale Harbour
Cruises (50 m);
Castlepark Marina Centre;
James Fort (2, 1km)

Pier House (☎ 477 4475; www.pierhousekinsale.com; Pier Rd; Zi. 120–140 €) Dieses luxuriöse B&B liegt etwas von der Straße versetzt in einem heimeligen Garten. Nirgendwo im Land schläft man schöner: Die Zimmer sind mit Skulpturen aus Holz und Muscheln dekoriert, und auch das Bad aus schwarzem Granit ist erstklassig – perfekter Wasserdruck beim Duschen, spezielle Spiegel, die nicht beschlagen, und die Füße werden mit Fußbodenheizung gewärmt! Vier der Zimmer haben außerdem Balkone mit Meerblick. Das ganze Haus ist herrlich dekoriert und ausgestattet, mit ausgefallener Kunst, modernen Möbeln, Jacuzzi, Sauna und Grill.

Old Bank House (☎ 477 4075; www.oldbankhousekin sale.com; 11 Pearse St; Standard- 120–170 €, De-luxe-Zimmer

160–230 €) Die georgianische Eleganz in diesem Luxushotel ist zeitlos schön. Herrliche Kunstobjekte und Gemälde an den Wänden und luxuriös ausgestattete Aufenthaltsräume tragen zum Landhaus-Ambiente bei. Die Besitzer sind reizend, das Frühstück mit verschiedenen hausgemachten Brot- und Marmeladensorten ist vorzüglich.

Perryville House (☎ 477 2731; www.perryvillehouse.com; Long Quay; EZ 150 €, DZ 200–380 €; **P**) Im familienbetriebenen Perryville ist alles nur vom Feinsten, von der imposanten mit Schmiedeeisen gestalteten Fassade bis hin zum Nachmittagstee im Salon. Überall finden sich hübsche Details – frische Blumen, Antiquitäten und Bademäntel in allen Zimmern. Die teureren Suiten haben Kingsize-Himmelbetten, Meerblick und die größten Badezimmer, die man sich nur vorstellen kann. Warmes Frühstück kostet extra (12 €).

Empfehlenswert sind auch:

Blue Haven Hotel & Restaurant (☎ 477 2209; www.bluehavenkinsale.com; 3 Pearse St; 140–230 €) Boutique-Hotel mit extra bequemen Zimmern und unglaublich gutem Service. Vor allem die Angebote in der Nebensaison sind unschlagbar.

Friar's Lodge (☎ 477 7384; www.friars-lodge.com; Friar St; Zi. ab 150 €) Ein Gästebuch voll des Lobes beweist, welches Glück einem hier widerfährt: vom Sherry, der an der Rezeption für Gäste bereit steht, bis hin zu den warmen, gemütlichen Zimmern.

Essen

Kinsale darf zu Recht als Gourmethauptstadt Westirlands bezeichnet werden, denn hier bekommt man hervorragendes Essen für jeden Geldbeutel. Die rührige Fischfangflotte sorgt dafür, dass die Restaurants in der Stadt einen besonders guten Ruf in Sachen Fisch haben. Dienstags findet vor Jim Edwards' Restaurant allwöchentlich ein **Bauernmarkt** (9.30–13.30 Uhr) statt.

GÜNSTIG

Cucina (☎ 470 0707; www.cucina.ie; 9 Market St; Gerichte 4–14 €; ☯ Mo–Sa 9–17, letzte Bestellung 16 Uhr) Die gemütliche Cucina serviert gesunde Wraps, Salate und Suppen in einem freundlich-hellen Speiseraum mit mediterranem Flair zu entspannter Electro-Lounge-Musik. Ein ausgefallenes Brunch gibt es ab 11.30 Uhr.

Vista Wine Bar (☎ 6866; Shearwater, Pier Rd; Mittagessen 4–14 €, Tapas 5–9 €) Der Blick über den Yachthafen in dieser schicken, modernen Bar ist schon was. Wer vom Balkon aus nach unten

sieht, kann braun gebrannte Seeleute auf ihren Booten beobachten. Mittags gibt's leckere Quiches, abends Tapas (ab 18 Uhr) und Wein; Kaffee den ganzen Tag über.

Dino's (☎ 477 4561; Pier Rd; Gerichte 9–12 €; ☯ 8–22.30 Uhr) Dieses maritim geprägte Spaß- und Familienrestaurant ist Kinsales günstigster Zwischenstopp. Neben Fisch und Chips bietet das Dino's auch Frühstück (6,50 €) und ein 4-Gänge-Menü (21,95 €).

Spaniard Bar & Restaurant (☎ 477 2436; www.thespaniard.ie; Scilly) Die gute alte Matrosenbar auf Scilly hat niedrige Decken und es knistert ein Torffeuer. In der Bar kann man nach Herzenslust Krebsscheren knacken oder einfach nur ein Sandwich essen. Die Gerichte kosten zwischen 6 € und 17,50 € (die meisten ca. 10 €). Im etwas teureren Restaurant im ersten Stock zahlt man zwischen 17,50 und 22 € für ein Gericht. Mittwochabends finden Konzerte mit traditioneller Musik statt; spontane Sessions ergeben sich das ganze Jahr über.

Muddy Mahers (☎ 477 4602; www.muddymaher.com; 1 Main St; Gerichte 10–22 €; ☯ Mo–Fr 12–15 & 18–21.30, Sa & So 12–21.30 Uhr) Die großen Portionen sind sehr lecker. Auf der Karte stehen viele Fleisch- und vegetarische Speisen, eine großartige Fischsuppe (6 €), noch bessere Fischpastete (10,50 €) und ordentlich gefüllte Sandwiches, z. B. das Holy Cow! Steakspezial (9 €).

Der Supermarkt **SuperValu** (Pearse St; ☯ Mo–Sa 8.30–21, So 10–21 Uhr) und der exzellente **Quay Food Co.** (☎ 477 4000; www.quayfood.com; Market Quay; Sandwiches 3,75 €; ☯ April–Sept. 9–18, Mo–Sa 9.30–17.30 Uhr) verkaufen einheimische Erzeugnisse und edle Häppchen.

MITTELTEUER

Fishy Fishy Cafe (☎ 470 0415; Crowley's Quay; Gerichte 13–33 €; ☯ Mo–Fr 12–16, Sa & So 12–16.30 Uhr) 2007 wurde das Fishy Fishy vom Georgina-Campbell-Restaurantführer zum besten Fischrestaurant gekürt. Das Ambiente ist schön schlicht mit bunter Kunst an schneeweißen Wänden und einer grandiosen Terrasse nach vorne raus. Alle Fische werden vor Ort gefangen, die Speisekarte reicht vom gebratenen Schellfisch in Kinsale-Bier bis hin zum unvergleichlich guten, über Eichenholz geräucherten Lachs. Wer von allem etwas probieren will, sollte den Fishy Fishy Pie (19,50 €) mit Lachs und verschiedenen Meeresfrüchten bestellen.

Jim Edwards (☎ 477 2541; www.jimedwardskinsale.com; Market Quay ; Bargerichte 7–19 €, Restaurantgerichte

ABSTECHER: KINSALE & CLONAKILTY

Entlang der Küstenstraße zwischen Kinsale und Clonakilty gibt es drei erstklassige Restaurants. Wer sich auch nur ansatzweise für gutes irisches Essen interessiert, sollte einen Abstecher hierher einplanen.

Dillons (☎ 023-46390; Timoleague; Gerichte 18–24 €, keine Kreditkarten; ☙ Do–So Abendessen) Im hellen, freundlichen Dillons mit Bistroatmosphäre werden interessante Variationen irischer Spezialitäten serviert. Der Schwerpunkt liegt zwar auf Fleisch (z. B. Skeaglianore-Entenbrust oder gebratene Wachtel), doch es gibt auch interessante Fischgerichte und vegetarische Speisen wie *bread pudding* mit Tomaten und Ziegenkäse.

Casino House (☎ 023-49944; Kilbrittain; Gerichte 19–27 €; ☙ Do–Mo Abendessen, Jan.–Mitte März geschl.) Ein helles, schlicht eingerichtetes Bauernhaus mit Blick über die funkelnde Bucht bildet den perfekten Rahmen für moderne irische Küche. Jedes Gericht wird mit Produkten aus der Region zubereitet. Je nach Saison entdeckt man auf der Karte Lachs aus Ummera, Ente aus Ballydehob oder Lamm aus Kilbrittain.

Otto's Creative Cooking (☎ 023-40461; www.ottoscreativecatering.com; Dunworley, bei Butlerstown nahe Bandon; ☙ So Mittagessen, Mi–Sa Abendessen, Jan. & Febr. geschl.) Für dieses abgelegene Restaurant in herrlicher Umgebung bei Butlerstown muss man unbedingt vorher reservieren. Die Karte ist äußerst vielfältig; alle Zutaten stammen aus der Region, ein Großteil sogar aus Otto und Hilde Kunzes eigenem biologischem Anbau. Ein Vier-Gänge-Menü kostet 35 €, ein Fünf-Gänge-Menü 55 €. Wer nach dem Essen nicht mehr zurückfahren will, kann auch in einem der individuell gestalteten Zimmer übernachten (EZ/DZ 110/130 €).

15–30 €; ☙ Bar 12.30–22, Restaurant 18–22 Uhr) Wie so oft in Kinsale, hat das Bar-Essen in diesem beliebtem Lokal Restaurantniveau. Bodenständige Gerichte aus Irland werden mit europäischen Einflüssen aufgepeppt. In der Bar muss man sich bei all dem Lärm meist die Aufmerksamkeit der Bedienung erkämpfen, aber wenn das Essen einmal da ist, will man den ganzen Abend bleiben. Die Spezialitäten sind Steaks und Fisch, für 29,90 € gibt's eine hervorragende Meeresfrüchteplatte.

Bulman (☎ 477 2131; www.thebulman.com; Summercove; Gerichte 16–21 €; ☙ 12.30–21.30 Uhr) Besser als hier kann man am Meer nicht essen. Das urige Hafenlokal ist eine Oase fernab vom umtriebigen Kinsale, deftige Sprüche gehören zum guten Ton. Fisch gibt's hier im Überfluss, mittags beispielsweise Fischsuppe oder Lachskuchen; abends werden Seebrassen, Garnelen und vieles mehr in aufregenden Variationen zubereitet.

Ebenfalls empfehlenswert:

Crackpots (☎ 477 2847; crackpots@iol.ie; Cork St; Gerichte 17–26 €; ☙ Mi–Sa ab 18 Uhr) In diesem „Keramikrestaurant" werden internationale Speisen auf Geschirr aus der dazugehörenden Töpferei serviert. Zwischen 18 und 19 Uhr ist ein 3-Gänge-Menü für 25 € erhältlich.

Spinnakers Bar & Restaurant (☎ 477 2098; www. kinsalerestaurants.com; Scilly; Gerichte 14–25 €) Das helle, fröhliche Pub am Wasser serviert einheimischen Fisch, Steak und Meeresfrüchte.

TEUER

Vintage Restaurant (☎ 477 2502; www.vintagerestaurant.ie; 50 Main St; Gerichte 18–24 €; ☙ Di–So 18–22 Uhr, Jan. geschl.) Die Einrichtung ist etwas muffig, trotzdem bleibt das Vintage mit ein Grund, warum Kinsale das Gourmet-Gütesiegel verdient – zu wirklich gerechtfertigten Preisen. Die Gerichte sind ein Genuss, von den Austern als Vorspeise bis hin zum Hummer in Brandysauce oder Seebarsch in weißer Portwein-Crème. Hier wird reinster Fischzauber betrieben.

Hoby's (☎ 477 2200; 5 Main St; Gerichte 18–25 €; ☙ 18–22.30 Uhr) Auch in diesem eleganten Restaurant wird exzellente irisch-europäische Küche serviert. Schlichte Farben, Kerzenschein, sorgsam arrangierte Tische und ein freundlicher Service, der einen glauben lässt, man wäre der einzige Gast. Ein 3-Gänge-Menü ist für 27,50 € zu haben.

Jola's (☎ 477 3322 www.jolasrestaurant.com; 18-19 Lower O'Connell St; Mittagessen 6–10 €; Abendessen 20–25 €; ☙ 12–15.30 & 18–open end, Café ganztägig geöffnet) Mit hohen Decken, groben Ziegelwänden, einem phantastischen Kronleuchter und warmen Brauntönen bringt das Jola's einen Hauch von Welt nach Kinsale. Beim Essen wird selbstbewusst die osteuropäische Küche mit der irischen vermischt. Die Blinis sind der Hit, doch auch alles andere auf der Karte kann begeistern, ob Kalb mit Meerrettichkartoffelpüree oder Lammschenkel mit *Boczek* (pol-

MICHAEL COLLINS – DER „BIG FELLA"

County Cork, insbesondere die Gegend um Clonakilty, hat ein besonders enges Verhältnis zu „Big Fella" Michael Collins. Als Oberbefehlshaber der irischen Freiheitsbewegung führte er das Land in die Unabhängigkeit.

Collins wurde als jüngstes von acht Kindern auf einem kleinen Bauernhof in Woodfield nahe Clonakilty geboren, wo er auch zur Schule ging. Von 1906–1916 lebte und arbeitete er in London. Vor dem Osteraufstand kehrte er nach Irland zurück und wurde rasch zur Schlüsselfigur der irischen Nationalbewegung. Collins revolutionierte die Kampfmethoden der Rebellen, organisierte sie als guerillaartige „mobile Kolonnen" und fungierte als wichtigster Verhandlungspartner im anglo-irischen Abkommen von 1921, das Irland zum Freistaat machte. Dieser Vertrag rief jedoch ganz unterschiedliche Reaktionen hervor – viele waren der Meinung, Irland hätte England zu viele Zugeständnisse gemacht – und stürzte das Land in einen blutigen Bürgerkrieg.

Auf einer Reise durch den Westen Corks geriet Michael Collins am 22. August 1922 bei Beal-na-Bláth, nahe Macroom, in einen Hinterhalt und wurde von vertragsgegnerischen Truppen getötet. Jedes Jahr wird am Tag seiner Ermordung ein Gedenkgottesdienst abgehalten. Wer die Stätte besuchen will, nimmt die N 22 westlich von Cork und biegt nach etwa 20 km rechts auf die R 590 nach Crookstown ab. Dort fährt man rechts auf die R 585 nach Beal-na-Bláth. Der Schauplatz des Mordes liegt 4 km weiter auf der linken Seite.

In der Touristeninformation von Clonakilty erhält man eine praktische Karte und die Broschüre *In Search of Michael Collins* (4 €), in der alle Orte der Gegend beschrieben sind, die einen Bezug zu Collins haben. Im großartigen **Michael Collins Centre** (☎ 023-46107; www.michaelcollinscentrecom; Erw./Kind 10–16 Jahre 5/3 €; ⌚ Mitte Juni–Sept. Mo–Fr 10.30–17, Sa 11–14 Uhr) erfährt man mehr über sein Leben und diesen Teil der irischen Geschichte. Bei einer Führung sieht man Fotos, Briefe und eine Rekonstruktion der Landstraße aus den 1920er-Jahren, auf der Collins ermordet wurde – samt Panzerfahrzeug. Das Centre organisiert außerdem Touren zu den wichtigsten Orten in Collins' Leben (70 €, 3½ Std.). Es ist auf der R 600 zwischen Timoleague und Clonakilty ausgeschildert.

Das **Clonakilty Museum** (Western Rd.; Eintritt 3 €; ⌚ Juni–Sept.) stellt weitere Memorabilien aus, u. a. Collins' Waffen und Uniform. Das Museum wird ehrenamtlich betrieben. Die genauen Öffnungszeiten kann man bei der Touristeninformation erfragen.

nischer Schweinebauch). Ein 3-Gänge-Menü kostet zwischen 18 und 19 Uhr 25,95 €.

Man Friday (☎ 477 2260; www.man-friday.net; Ecke River Rd & High Rd, Scilly; Gerichte 21–30 €; ⌚ 18.30–22.15 Uhr) Fernab der Stadt auf der entspannten Insel Scilly kann man in diesem 30 Jahre alten Restaurant auf der Terrasse im Freien sitzen und den Blick auf den Hafen von Kinsale genießen. An lauen Abenden sollte man einen Tisch reservieren. Hervorragende Fischgerichte sind der Standard; daneben gibt es auch exzellentes Steak, Lamm, Ente und vegetarische Gerichte.

Max's Wine Bar (☎ 477 2443; 48 Main St) Bei der Recherche war die beliebte Bar wegen Renovierung geschlossen, sie sollte aber beim nächsten Besuch wieder offen haben. Auf der Karte steht irisch-französisches Crossover – das gilt für Küche und Einrichtung.

Ausgehen & Unterhaltung

Harbour Bar (☎ 477 2528; Scilly; ⌚ ab 18 Uhr) Die Harbour Bar ist ein Kleinod unter den „ungewöhnlichen" Bars von Kinsale. Hier hat man eher das Gefühl, sich in einem Wohnzimmer als in einer Bar zu befinden. Besitzer Tim ist stolz auf seine uralten Sofas und die kleine Ziegelsteintheke. Er hat immer eine Geschichte auf Lager und wer am offenen Kamin sitzt, glaubt sie auch alle. Herrlich abgedreht.

Spaniard Bar & Restaurant (☎ 477 2436; www.thespaniard.ie; Scilly) Jeden Abend außer Di & Do finden in der Bar Sessions mit traditioneller Musik statt.

Acton's Hotel (☎ 477 2135; www.actonshotelkinsale.com; Pier Rd) Sonntagnachmittags spielt die berühmte Cork City Jazz Band herrliche Jazz-Konzerte in der Waterfront Bar.

An Seanachai (☎ 477 7077; 6 Market St) In diesem scheunenartigen Pub wird von Montag bis Freitag traditionelle Musik gespielt.

Bacchus (☎ 477 2382; www.bacchuskinsale.com; Main St; ⌚ Do–Sa 23–2.30 Uhr) Am Wochenende trifft sich in diesem Club quirliges Jungvolk, freitags finden Konzerte statt.

Shoppen

Giles Norman Gallery (☎ 477 4373; 45 Main St) Hier kann man eine große Auswahl an Schwarz-Weiß-Fotos mit Irlandmotiven von Giles Norman erstehen, einem Meister des Genres. Drucke sind ab 30/45 € (ohne/mit Rahmen) erhältlich.

Granny's Bottom Drawer (☎ 477 4839; 53 Main St) Eine große Auswahl an edlem irischem Leinen, Damast und Vintage-Stoffen wird in diesem netten Laden verkauft.

Kinsale Crystal (☎ 477 4493; Market St) Hier kann man erlesene Arbeiten eines aus Waterford stammenden Handwerkskünstlers erstehen, der sich dem traditionellen Tiefschnitt in Kristallglas verschrieben hat. Ein Weinglas kostet stolze 60 €, für größere Stücke zahlt man mehrere Hundert Euro.

Mickio & the Guy (☎ 470 0921; www.mickioandtheguy.ie; 38 Main St) Traditionelles Spielzeug und hippe Klamotten in diesem Stiltempel halten die Kids bei Laune.

Roots Records (☎ 477 4963; www.rootsrecords.ie; 1 Short Quay) In diesem Plattenladen findet man alles, von traditionell irischer Musik bis Reggae.

An- & Weiterreise

Bus Éireann (☎ 450 8188) verkehrt zwischen Kinsale und Cork (5,90 €, 50 Min., Mo–Fr 14-mal tgl., Sa 11-mal und So 5-mal). Der Bus hält an der Esso-Tankstelle in der Pier Road, unweit der Touristeninformation.

Unterwegs vor Ort

Fahrräder kann man bei **Mylie Murphy's** (☎ 477 2703; 14 Pearse St; 10 € pro Tag) mieten. Wer ein Taxi braucht, ruft **Kinsale Cabs** (☎ 477 2642).

CLONAKILTY

☎ 023 / 4150 Ew.

Die fröhliche, bunte Marktstadt Clonakilty weiß, wie man Gäste umsorgt: mit schicken B&Bs, Top-Restaurants und einigen gemütlichen Pubs mit großartiger Musik.

Clonakilty ist vor allem für zwei Dinge berühmt: Zum einen wurde hier Michael Collins geboren (siehe Kasten S. 238), worauf die Gemeinde auch mächtig stolz ist. Eine Statue des „Big Fella" steht an der Ecke zum Emmet Square. Zum anderen gibt es hier den besten Black Pudding der Insel. Er steht in vielen Lokalen auf der Karte; Variationen nach Re-

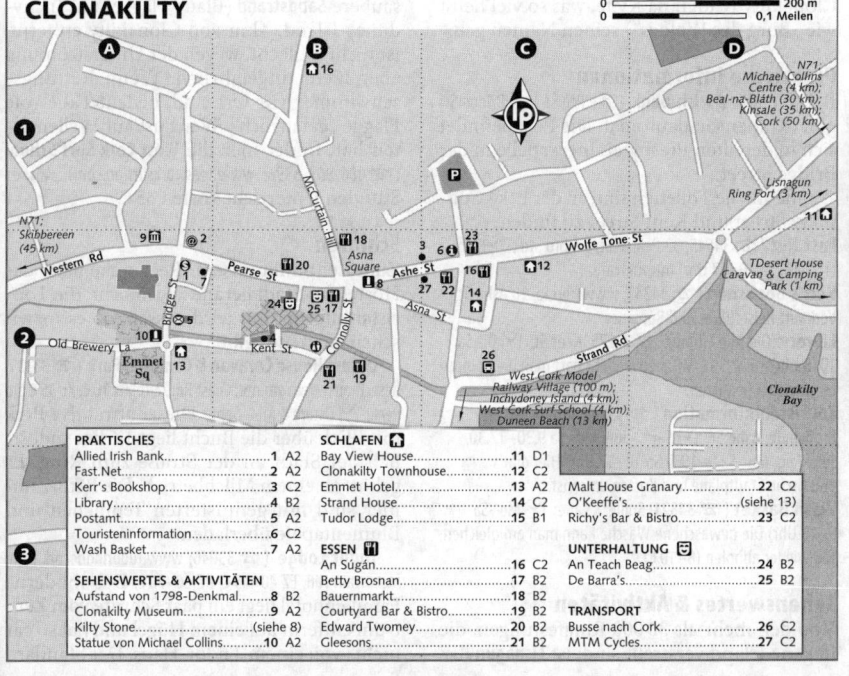

CLONAKILTY

PRAKTISCHES		SCHLAFEN 🏠			
Allied Irish Bank	1 A2	Bay View House	11 D1		
Fast.Net	2 A2	Clonakilty Townhouse	12 C2	Malt House Granary	22 C2
Kerr's Bookshop	3 C2	Emmet Hotel	13 A2	O'Keeffe's	(siehe 13)
Library	4 B2	Strand House	14 C2	Richy's Bar & Bistro	23 C2
Postamt	5 A2	Tudor Lodge	15 B1		
Touristeninformation	6 C2			UNTERHALTUNG 🎭	
Wash Basket	7 A2	ESSEN 🍴		An Teach Beag	24 B2
		An Súgán	16 C2	De Barra's	25 B2
SEHENSWERTES & AKTIVITÄTEN		Betty Brosnan	17 B2		
Aufstand von 1798-Denkmal	8 B2	Bauernmarkt	18 B2	TRANSPORT	
Clonakilty Museum	9 A2	Courtyard Bar & Bistro	19 B2	Busse nach Cork	26 C2
Kilty Stone	(siehe 8)	Edward Twomey	20 B2	MTM Cycles	27 C2
Statue von Michael Collins	10 A2	Gleesons	21 B2		

COUNTY CORK

zepten aus dem 19. Jh. kann man auch bei **Edward Twomey** (☎ 33733; www.clonakiltyblackpudding. ie; 16 Pearse St; Pudding ab 2,50 €) kaufen.

Geschichte

Clonakilty wurde schon 1292 zum ersten Mal urkundlich erwähnt, Anfang des 17. Jhs. jedoch von Richard Boyle, dem ersten Earl von Cork, neu gegründet. Er ließ sich mit hundert englischen Familien hier nieder und plante eine protestantische Stadt, von der Katholiken ausgeschlossen sein sollten. Aber sein Plan ging nicht auf: Heute ist Clonakilty sehr irisch und sehr katholisch. Die Presbyterianerkapelle dient mittlerweile als Postamt.

Von Mitte des 18. bis Mitte des 19. Jhs. arbeiteten mehr als 10 000 Menschen in der städtischen Leinenindustrie. Wo sich früher der alte Leinenmarkt befand, hat heute die Feuerwehr ihren Sitz.

Orientierung

Die Straßen laufen am Asna Square zusammen. Dieser wird von einem Denkmal beherrscht, das an den Aufstand von 1798 erinnert. Auf dem Platz steht außerdem der Kilty Stone, einst zur ursprünglichen Burg gehörend, die Clonakilty (Clogh na Kylte, was so viel heißt wie „Burg des Waldes") seinen Namen gab.

Praktische Informationen

Bei der **Allied Irish Bank** (Ecke Pearse St & Bridge St) gibt es einen Geldautomat. Die Post befindet sich in der alten Presbyterianerkapelle in der Bridge Street.

Öffentliche Toiletten sind an der Ecke Connolly Street und Kent Street zu finden.

Fast.Net (☎ 34545; 32 Pearse St; 5 € pro Std.; ☼ Mo–Fr 9–18, Sa 10–17 Uhr) Internetcafé.

Kerr's Bookshop (☎ 34342; www.kerr.ie; 18 Ashe St) Verkauft Reiseführer und Romane.

Library (Old Mill Library; ☎ 34275; Kent St; ☼ Di–Sa 1018 Uhr) Für 2,50 € Mitgliedsgebühr darf man die Computer umsonst benutzen.

Touristeninformation (☎ 33226; info@corkkerry tourism.ie; Ashe St; ☼ Sept.–Juni Mo–Sa 9.30–17.30, Juli–Aug. Mo–Sa 9–19 & So 10–17 Uhr) Hier gibt's praktische Stadtpläne und Karten umsonst.

Wash Basket (☎ 34821; Spiller's Lane; ☼ Mo–Sa 9–18 Uhr) Die gewaschene Wäsche kann man am gleichen Tag wieder abholen (8–10 €).

Sehenswertes & Aktivitäten

Von den mehr als 30 000 Ringfestungen, die in ganz Irland verstreut sind, ist **Lisnagun** (Lios

na gCon; ☎ 32565; www.liosnagcon.com; Erw./Kind 5/3 €; ☼ 12–16 Uhr) die einzige, die an ihrer ursprünglichen Stelle wiedererrichtet wurde. Mit Untergeschoss und einer reetgedeckten Hütte in der Mitte vermittelt die Anlage einen lebhaften Eindruck vom Alltag in einem Bauerngehöft des 10. Jhs. Nach dem Kreisverkehr am Ende der Strand Road folgt man den Schildern zum Bay View House B&B. Man fährt die Straße bergauf zur Kreuzung, biegt dort rechts ab und fährt noch 800 m weiter, bis es wieder rechts abgeht (ausgeschildert).

Nostalgieliebhaber und Kinder können sich im **West Cork Model Railway Village** (☎ 33224; www. modelvillage.ie; Inchydoney Rd; Erw./Kind 7/4,25 €; ☼ Sept.– Juni 11–17, Juli–Aug. 10–17 Uhr) richtig austoben. Zu den Highlights gehört die funktionierende Nachbildung der West Cork Railway aus dem Zweiten Weltkrieg und ein erstklassiges Miniaturmodell der wichtigsten Städte im Westen von County Cork um 1940. Eine **Bimmelbahn** (Erw./Kind inkl. Eintritt zum Railway Village 11/6,25 €; ☼ im Sommer tgl., im Winter nur an Wochenenden) startet am Railway Village zu einer 20-minütigen Rundfahrt durch Clonakilty.

Die Bucht eignet sich zwar gut zum **Schwimmen**, doch das Wasser ist eiskalt. Auch der saubere **Sandstrand** (Blaue Flagge) auf Inchydoney Island, 4 km von Clonakilty entfernt, ist nicht schlecht, wegen der Unterströmung aber nicht ungefährlich. Wenn Rettungsschwimmer vor Ort sind, bedeutet die rote Flagge „gefährlich". Wer Lust auf Wellenreiten hat, findet hier die **West Cork Surf School** (☎ 086-869 5396; www.westcorksurfing.com). Zwei Stunden Unterricht kosten 35 €.

Schlafen

Zum Zeitpunkt unserer Recherche hatte das Hostel der Stadt gerade zugemacht; die Touristeninformation wird wissen, ob es inzwischen ein neues gibt.

Desert House Caravan & Camping Park (☎ 33331; deserthouse@eircom.net; Coast Rd; Zeltplatz 10 €, Zi. 35 € pro Pers.; ☼ Ostern & Mai–Sept.) Dieser attraktive Park mit Blick über die Bucht liegt 1,5 km südöstlich der Stadt an der Straße zum Ring. Er gehört zu einem Milchbetrieb. Die B&B-Zimmer sind mit gemusterten Teppichen und Blumentapete überladen.

Tudor Lodge (☎ 33046; www.tudorlodgecork.com; McCurtain Hill; EZ 40–45 €, DZ 60–70 €) Das moderne Familienhotel liegt ein paar Schritte vom Zentrum entfernt auf einem Hügel und hat so gar nichts von einem Tudor-Haus. Der Standard in den eleganten und ruhigen Zimmern ist auf dem neuesten Stand.

Bay View House (☎ 33539; www.bayviewclonakilty.com; Old Timoleague Rd; EZ 40–70 €, DZ 80 €) Dieses rosafarbene Haus ist ein B&B auf höchstem Niveau, in dem man herzlich empfangen wird. Von Zimmer 5 und 6 und der gemütlichen Lounge hat man einen phantastischen Blick über die Felder, die sich bis runter zur Bucht von Clonakilty Bay hinunterziehen. Außerdem gibt es eine „Gartensuite" mit privatem Wintergarten. Hervorragendes Frühstück!

Strand House (☎ 34719; www.ansugan.com; Sand Quay; EZ/DZ 45/70 €) Dieses B&B in exponierter Lage ist zwar schlicht, dafür ist die Stimmung entspannt, die Zimmer sind riesig und ganz in der Nähe ist das Restaurant An Súgán.

Clonakilty Townhouse (☎ 35533; www.clonakilty townhouse.com; Wolfe Tone St; EZ/DZ 60/110 €; 🖳) In diesem zentralen, groß angelegten B&B steppt der Bär. Die brandneuen Räume mit blitzsauberen Bädern und strahlend weißen Betten sind einfach eingerichtet, der Service ist ausnahmslos zuvorkommend.

Emmet Hotel (☎ 33394; www.emmethotel.com; Emmet Sq; EZ/DZ 65/120 €) Das bezaubernde georgianische Emmet Hotel am gleichnamigen Platz setzt auf Traditionscharme und -service mit allen Annehmlichkeiten eines modernen Hotels. Die Zimmer sind groß, schlicht und gemütlich. O'Keeffe's Restaurant serviert deftige irische Speisen mit einheimischen Bioprodukten.

Essen

Selbstversorger sollten den **Bauernmarkt** besuchen (McCurtain Hill; 🕙 Do & Sa 10–14 Uhr), der zweimal wöchentlich abgehalten wird.

Betty Brosnan (☎ 34011; 58 Pearse St; Gerichte 4–13 €; 🕙 Mo, Di, Do–Sa 9–17, Mi 9–14.30 Uhr) Das geschäftige Café ist der beste Ort für bezahlbare und akzeptable Snacks und bietet zig Arten von Frühstück (u. a. auch das „14-Inch Cooked Irish" für Ausgehungerte), Sandwiches, Lasagne, Smoothies und Puddings. Sogar Diabetiker werden hier versorgt. Die Galerie im ersten Stock stellt schwarz-weiße Reisefotos aus.

An Súgán (☎ 33719; www.ansugan.com; 41 Wolfe Tone St; Bargerichte 4–30 €, Gerichte 13–25 €) Auch diese kleine Oase mit eigenwilligem Stil ist eine hervorragende Wahl. Bar und Restaurant sind vollgestopft mit allem möglichen Krimskrams – Krüge baumeln von der Decke, unter den Sparren stecken jede Menge Visitenkarten,

die Wände sind behangen mit Laternen und sogar antiken Feuerlöschern. Fisch und Meeresfrüchte stehen hier im Vordergrund: Empfehlenswert ist der „Atlantic Seafood Basket" mit Garnelen, Lachs, Jakobsmuscheln und Engelshai in Blätterteig.

Malt House Granary (☎ 34355; 30 Ashe St; Gerichte 18–25 €; 🕙 Mo–Sa 17–22 Uhr) Auf der Speisekarte des Malt House stehen ausschließlich Gerichte mit Produkten aus West Cork, z. B. Clonakilty Black Pudding, Boile-Ziegenkäse, Gubbeen-Chorizowurst und Muscheln aus der Bantry Bay. Einfach alles ist empfehlenswert, doch der Hit ist das Hühnchen mit Gubbeen-Wurstfüllung in Whiskeysoße. Die Einrichtung ist ein Mischmasch aus stylish (dunkle Holzmöbel und klobige Glaswaren) und, ähm, weniger stylish (was, bitte, soll diese Fee, die Wasser in Austernschalen gießt?!), aber genau solche Ausrutscher machen den Ort liebenswert.

Gleesons (☎ 21834; www.gleesons.ie; 3-4 Connolly St; Abendessen 19–29 €; 🕙 Mo–Fr 18.30–21.30, Sa 18–22 Uhr) Für viele ist das Gleesons das beste Restaurant in Clonakilty. Der Laden wird mit guten Kritiken regelrecht überhäuft. Seine Einrichtung aus Holz und Schiefer ist angenehm schlicht, die internationale Karte ebenfalls, perfekt zubereitet mit Bio- und Fairtrade-Produkten sowie einheimischen Erzeugnissen je nach Saison. Sehr lecker ist der Fisch; doch wer so richtig was auf die Rippen braucht, sollte das irische Rinderfilet mit Wildpilzen probieren. Für 35 € gibt's ein 3-Gänge-Menü.

Außerdem empfehlenswert:

Courtyard Bar & Bistro (☎ 35802; 3-4 Harte's Courtyard; Gerichte 4–9 €) Riesige Sandwiches, Quiches und Burger werden hier den ganzen Tag über serviert, u. a. auf der hübschen Terrasse direkt am Fluss.

Richy's Bar & Bistro (☎ 21852; www.richysbarand bistro.com; Wolfe Tone St; Mittagessen 8–16 €, Abendessen 14–30 €) Hier mal was ganz anderes für den Gaumen – das moderne Bistro serviert „West Cork Fusion" (z. B. Sushi mit Black Pudding).

Unterhaltung

De Barra's (☎ 33381; www.debarra.ie; 55 Pearse St) Hier ist immer mächtig was los. Die Wände sind mit Fotos, Zeitungsausschnitten, Masken und Instrumenten gepflastert und jeden Abend ab 21.30 Uhr wird Livemusik vom Feinsten geboten. Noel Redding, Bassist der Jimi Hendrix Experience, war bis zu seinem Tod 2003 fast jeden Freitag hier.

An Teach Beag (☎ 33883; 5 Recorder's Alley) Dieses einladende Pub gehört zum O'Donovan's

COUNTY CORK

Hotel. Es ist nicht so alt, wie es scheint, trotzdem herrscht genau die richtige Stimmung für traditionelle Musik. Mit etwas Glück erwischt man sogar einen *Scríocht*-Abend mit Dichtern und Geschichtenerzählern. Im Juli und August finden jeden Abend Konzerte statt, ansonsten immer an den Wochenenden.

An- & Weiterreise
Nach Cork (6,80 €, 65 Min.) und Skibbereen (7 €, 40 Min.) gibt es von Montag bis Samstag täglich acht Busverbindungen, an Sonntagen sieben. Die Bushaltestelle liegt gegenüber von Harte's Spar an der Umgehungsstraße nach Cork.

Unterwegs vor Ort
MTM Cycles (☎ 33584; 33 Ashe St) verleiht Fahrräder für 10/50 € pro Tag/Woche. Ein netter Radausflug führt zum Duneen Beach, ca. 13 km südlich.

VON CLONAKILTY NACH SKIBBEREEN
Malerische Dörfer, ein sehenswerter Steinkreis und eine friedliche Küstenlandschaft zeichnen diese weniger befahrene Strecke von Clonakilty nach Skibbereen aus. Wer nicht nur auf der Hauptstraße N 71 fahren will, sollte in Rosscarbery am Ende der Dammstraße links auf die R 597 abbiegen (Glandore ist ausgeschildert).

Drombeg Stone Circle
Der stimmungsvolle Drombeg-Steinkreis liegt exponiert auf einem Hügel und ist umgeben von Feldern, die sich bis zur Küste ziehen. Die 17 aufrecht stehenden Steine bewachten einst die eingeäscherten Gebeine eines jungen Mannes, welche man bei Ausgrabungen in den 1960er-Jahren entdeckte. Der Kreis mit 9 m Durchmesser datiert vermutlich ins 5. Jh. v. Chr. und stellt eine anspruchsvolle eisenzeitliche Rekonstruktion eines früheren Monuments aus der Bronzezeit dar.

Gleich hinter dem Steinkreis liegen die Überreste einer Hütte und einer Kochstelle aus der Eisenzeit, eine sogenannte *Fulachta Fiadh*. Experimente haben gezeigt, dass die erhitzten Steinbrocken Wasser zum Kochen bringen und drei Stunden lang warm halten konnten – lange genug, um Fleisch gar zu kochen.

Wer hinfahren will, nimmt die ausgeschilderte Linksabzweigung von der R 597, rund 4 km westlich von Roscarberry.

Glandore & Union Hall
☎ 028 / 250 Ew.

im Sommer, wenn ganze Yachtflotten im geschützten Hafen von Glandore ankern, erwachen die hübschen Küstendörfer Glandore (Cuan Dor) und Union Hall zum Leben.

Letzteres ist benannt nach dem Act of Union von 1800, welcher das eigenständige irische Parlament aufhob. Der Ort ist von Glandore aus über eine enge Straßenbrücke über die Mündung zu erreichen. 1994 wurde hier das Familiendrama *Der Krieg der Knöpfe* über den Kampf zweier Jugendbanden gedreht.

In Union Hall gibt es einen Geldautomat, eine Post und einen Gemischtwarenladen. Essensmöglichkeiten bieten beide Dörfer, die Auswahl in Union Hall ist allerdings größer – mit einem Imbiss, einem Café und mehreren Pubs, wovon zwei sogar direkt am Wasser Sitzmöglichkeiten bieten.

SEHENSWERTES & AKTIVITÄTEN
Die wunderbare Theresa O'Mahoney leitet das **Ceim Hill Museum** (☎ 36280; Erw./Kind 4/2 €; ☙ 10–19 Uhr) von ihrem Farmhaus aus, das in einer Seitenstraße der Castletownshend Road liegt. Die kleine Sammlung aus der Eisenzeit lohnt einen Besuch, wenn man in der Nähe ist.

Einen abenteuerlichen Küstenausflug im Kajak bietet **Atlantic Sea Kayaking** (☎ 21058; www. atlanticseakayaking.com; Union Hall; 50 € für 3 Std.; ☙ ganzjährig). Besonders beliebt ist das Paddeln bei Nacht (45 €, 2½ Std.).

Colin Barnes bietet vierstündige **Delphin- und Walbeobachtungsfahrten** (☎ 086-327 3226; www. whales-dolphins-ireland.com; Erw./Kind 40/30 €) sowie kürzere Küstenfahrten vom Reen Pier, rund 3 km hinter Union Hall.

SCHLAFEN
Meadow Camping Park (☎ 33280; meadowcamping@ eircom.net; Rosscarbery Rd, Glandore; Zeltplatz 17 €; ☙ Ostern & Mai–Mitte Sept.) Der kleine Campingplatz liegt idyllisch in einem Garten mit Bäumen und Blumen, 2 km östlich von Glandore an der R 597 nach Rosscarbery.

Ardagh House (☎ 33571; www.ardaghhouse.com; Union Hall; EZ/DZ 40/70 €; P 🖥) In dem renovierten Bauernhof am Hafen gehört man schnell zur Familie. Viele der sonnigen Zimmer haben Meerblick, und es gibt auch einen Garten. Das Haus war übrigens in dem Film *Der Krieg der Knöpfe* (1994) zu sehen.

Bay View House (☎ 33115; Glandore; EZ/DZ 45/70 €) Der Name ist reines Understatement: Vom Bay View House hat man eine *spektakuläre* Aussicht über die ganze Bucht! Zimmer 1 hat den atemberaubendsten Blick. Helle Zitrusfarben, Dielenboden, ordentliche Holzmöbel und blitzblanke Badezimmer tragen zum Charme des Hotels bei.

AN- & WEITERREISE
Der Bus hält im 3 km nördlich gelegenen Leap. Von dort holen die meisten B&B-Besitzer ihre Gäste ab, sofern man vorab Bescheid sagt.

Castletownshend
☎ 028 / 160 Ew.
Mit seinen herrschaftlichen Gebäuden und kunterbunten Häuschen aus dem 17. und 18. Jh. entlang der steilen Hauptstraße ist Castletownshend eins der kuriosesten Dörfer Irlands. Am Fuß des Hügels liegen ein kleiner Hafen und die Burg, nach der das Dorf benannt ist. Mehr gibt's nicht zu sehen. Charmant untouristisch eben.

Es gibt nur wenige Orte, an denen man besser auftanken kann; warum also nicht gleich ein, zwei Tage bleiben? Die **Burg** (☎ 36100; www.castle-townshend.com; 50–80 € pro Pers.) thront imposant am Wasser – der Stoff, aus dem Kinderträume sind. Ihre sieben Gästezimmer versprühen altmodischen Charme, das eigentliche Highlight ist das holzgetäfelte Wohnzimmer.

Einen Bummel durch die Hauptstraße rundet man am besten mit einem Essen bei **Mary Ann's** (☎ 36146; www.maryannbarrestaurant.com; Mittagessen 5–12 €, Abendessen 15–27 €) ab. Auf der Karte stehen hauptsächlich Meeresfrüchte (die Jakobsmuscheln in Safransoße sind vorzüglich!), es gibt aber auch das übliche Fish and Chips oder Lammcurry.

Der Ort ist nur mit dem Auto über die R 596 erreichbar. Ein **Taxi** (☎ 21258) von Skibbereen kostet 10–12 €.

SKIBBEREEN
☎ 028 / 2300 Ew.
Skibbereen (Sciobairín) ist eine typische Marktstadt: unverblümt, bodenständig und herzlich, immer voller Horden von Touristen, die auf ihrem Weg in den Westen Corks hier Halt machen. Länger bleiben ist nicht nötig; man schnappt sich eine Infobroschüre von der Touristeninformation, besucht das Heritage Center und übernachtet im Bridge House – ein Erlebnis für sich.

Geschichte
Die große Hungersnot traf Skibbereen besonders schlimm: Zahllose Bewohner wanderten aus oder starben an Hunger oder Krankheit. „Die Berichte sind nicht übertrieben, sie können es nicht sein. So etwas Schreckliches lässt sich nicht ausdenken," schrieben Lord Dufferin und G. F. Boyle, die im Februar 1847 von Oxford nach Skibbereen reisten, um zu prüfen, ob die Meldungen von der Hungersnot wirklich stimmten. Ihr Augenzeugenbericht liest sich wie eine Horrorgeschichte; Dufferin war von dem Erlebten so entsetzt, dass er 1000 £ spendete (heute rund 100 000 €).

Orientierung
Das wichtigste Wahrzeichen der Stadt ist eine Statue auf dem Hauptplatz, zu Ehren der Helden der irischen Rebellion errichtet. Von hier gehen drei Straßen ab: Die Market Street führt südlich nach Lough Hyne und Baltimore; die Main Street ist die Haupteinkaufsstraße und wird zur Bridge Street, ehe sie westlich über den Fluss nach Ballydehob und Bantry führt. Die North Street verläuft zur Hauptstraße nach Cork.

Praktische Informationen
Die **Touristeninformation** (☎ 21766; skibbereen@skibbereen.corkkerrytourism.ie; North St; ☉ Juli–Aug. 9–19, Juni & Sept. Mo–Sa 9–18, Okt.–Mai Mo–Fr 9.15–13 & 14–17 Uhr) verkauft für 2 € das praktische Heftchen *Skibbereen Trail* für einen historischen Rundgang durch die Stadt (auch an Kiosken oder im Heritage Centre erhältlich). Hier kann man auch Unterkünfte für Baltimore sowie für die Inseln Sherkin und Clear buchen, bekommt Infos für Spazierwege und die Abfahrtszeiten der Fähren zu den Inseln. Weitere Informationen stehen auf www.skibbereen.ie.

In der Bridge Street gibt es eine Allied Irish Bank mit einem Geldautomaten. E-Mails abrufen kann man im **Flexible Learning IT Centre** (☎ 40297; North Street; 9 Cent/Min.; ☉ Mo–Fr 10–13.30 & 14.30–17 Uhr), im ersten Stock des West Cork Arts Centre.

Sehenswertes
Das **Heritage Centre** (☎ 40900; www.skibbheritage. com; Old Gasworks Bldg., Upper Bridge St; Erw./Kind 6/3 €; ☉ Juni–Sept. tgl. 10–18, Mitte März–Mai und Mitte Sept.– Okt. Di–Sa 10–18, letzter Einlass 17.15 Uhr) steht genau

an der Stelle der einstigen städtischen Gaswerke. Es beherbergt eine tief bewegende Ausstellung über die große Hungersnot, bei der Schauspieler erschütternde Berichte aus jener Zeit vorlesen. Hier werden grauenvolle Aspekte der irischen Geschichte ins Bewusstsein gerückt. Es gibt auch eine kleinere Ausstellung über das nahe gelegene Lough Hyne, den ersten Meeresschutzpark Irlands, sowie ein Zentrum für Ahnenforschung.

Auf dem **Abbeystrewery Cemetery**, einem Friedhof 1 km östlich vom Zentrum an der N 71 nach Schull, befinden sich die Massengräber von 8000 bis 10 000 Einheimischen, die während der großen Hungersnot ums Leben kamen.

Geführte Touren

Geführte **historische Spaziergänge** (☎ 40900, 087-930 5735; Erw./Kind 4,50/2 €, 1½ Std.) beginnen am Heritage Centre, von April bis September immer dienstags und samstags um 18.30 Uhr. Besser im Voraus buchen.

Schlafen

Russagh Mill Hostel & Adventure Centre (☎ 22451; www.russaghmillhostel.com; Castletownshend Rd; Zeltplatz 5 €, B/DZ/FZ 15/40/60 €) Dieses freundliche und lebhafte Hostel liegt 1,5 km südöstlich der Stadt an der R 596 in einer alten, stimmungsvollen Getreidemühle. Die Maschinen funktionieren noch heute. Vorwiegend Schulgruppen übernachten hier, aber eigentlich ist jeder willkommen. Für 20–30 € kann man alle möglichen Aktivitäten ausprobieren, z. B. einen Tag lang auf dem Loch Hyne mit Kajaks herumpaddeln oder unter Anleitung von erfahrenen Profis die Kletterwand im Centre hochkraxeln (Aktivitäten nur für Hostelgäste).

Bridge House (☎ 21273; Bridge St; EZ/DZ 40/70 €) Ein solches Hotel gibt es nicht zweimal. Mona Best hat ihr Haus in ein Gesamtkunstwerk verwandelt; die Räume sind angefüllt mit phantastischen viktorianischen Gemälden und alten Memorabilien. Das Hotel platzt praktisch aus allen Nähten mit liebevoll gesammeltem Krimskrams, verrückten Holzschnitzereien, Schaufensterpuppen und Dingen, die so komisch sind, dass man sie gar nicht erwähnen mag. Die Badezimmer sind recht modern, es gibt sogar einen Whirlpool.

Im **Eldon Hotel** (Bridge St) aß Michael Collins zum letzten Mal, bevor er bei Beal-na-Bláth (S. 238) in einen Hinterhalt geriet und ermordet wurde. Zur Zeit der Recherche wechselte

gerade das Management und das Hotel hatte noch geschlossen. Die Touristeninformation kann sicher Auskunft geben.

Essen

Auf dem **County Market** (☺ Fr 12.30–14.30 Uhr) und **Bauernmarkt** (☺ Sa 10–13.30 Uhr) kann man sich bestens für ein Picknick eindecken. Wer im September in der Stadt ist, sollte das **Taste of West Cork Food Festival** (www.skibbereen.ie) nicht verpassen. Dann gibt es einen lebhaften Markt und in den örtlichen Restaurants finden Veranstaltungen statt.

Kalbo's Bistro (☎ 21515; 48 North St; kleine Snacks 3–11 €, Abendessen 17–28 €; ☺ ganzjährig Mo–Sa 12–15 & 18.30–21.30, Juli/Aug. auch So. 17.30–21.30 Uhr) In dem Bistro mit frischen Blumen auf den Tischen geht es immer hoch her. Zur Mittagszeit werden leckere Suppen, warme Salate, Wraps und Burger serviert. Mit den Kerzen kommt auch die abwechslungsreiche Abendkarte auf den Tisch. Neben Fleisch und Fischgerichten gibt es auch einige besonders leckere vegetarische Speisen, z. B. Risotto mit getrockneten Tomaten und Mozzarella.

Yassou's (☎ 21157; www.yassouskibbereen.com; Bridge St; Mittagessen 4–10 €, Abendessen 10–23 €; ☺ Küche 12–21.30 Uhr) Dieses griechische Restaurant samt Weinbar, mit Gebälk im Speisezimmer, Schieferboden und dunkelroter Tischgarnitur, ist ein Ort zum Wohlfühlen. Zum Mittagessen serviert die griechische Küche leichte Speisen wie *Spanakopita* und Salate, abends sind die Portionen mit Moussaka, Meze und Fleischbällchen größer.

An- & Weiterreise

Bus Éireann (☎ 021-450 8188; www.buseireann.ie) fährt von Montag bis Samstag neunmal, an Sonntagen fünfmal nach Cork (13 €, 1 ¾ Std.); nach Schull fahren Montag bis Samstag täglich acht Busse, Sonntag neun Busse (5 €, 30 Min.). Die Haltestelle befindet sich vor dem Eldon Hotel in der Main Street.

BALTIMORE

☎ 028 / 400 Ew.

Im malerischen Baltimore trägt man seinen Segelhut schräg auf dem Kopf und hat immer ein fröhliches Pfeifen auf den Lippen. Der hübsche Hafen wird von den Überresten des Dun na Sead (Fort of the Jewels) beherrscht, der einzigen Sehenswürdigkeit am Ort. An sonnigen Tagen ist es nirgendwo schöner als in dieser herrlichen Küstenlandschaft. Mit einem Glas Stout in der Hand faul die Boote zu beobachten kann eine phantastische Freizeitbeschäftigung sein.

Neben Faulenzern lockt Baltimore auch Segler, Angler, Taucher und Ausflügler zu den Inseln Sherkin und Clear an. Im Sommer wird es also sehr voll hier.

Praktische Informationen

Am Hafen hängt ein Informationsbrett und es gibt auch eine Webseite (www.baltimore. ie). Der nächste Bankautomat ist in Skibbereen. Das Casey's Hotel hat Internetzugang (3,50 € pro Std.).

Aktivitäten

An den Riffen rund um Fastnet Rock kann man prima tauchen; das Wasser wird dort vom Golfstrom erwärmt und in der Nähe gibt es einige Schiffswracks zu erkunden. Das **Aquaventures Dive Centre** (☎ 20511; www.aquaventures.ie; Stonehouse B&B, Lifeboat Rd) verlangt 60 € für einen ganzen Tag Tauchen und bietet außerdem Pauschalangebote für Tauchen und Übernachtung im zugehörigen B&B; Preise beim Centre direkt erfragen.

Die **Baltimore Sailing School** (☎ 20141; www. baltimoresailingschool.com) veranstaltet von Mai bis September Kurse (330 € für 5 Tage) für Anfänger und fortgeschrittene Segler.

Kürzere Ausflüge auf dem Meer bietet **Gannets' Way** (☎ 20598; www.gannetsway.com), mit einem eintägigen Segelturn auf einem Holzschoner ab 85 €.

Am Hafen erfährt man Näheres zu Tauch-, Segel- und Angelanbietern.

Ein weiß getünchter Leuchtturm (auch „Lots Weib" genannt) ragt als Wahrzeichen an der westlichen Landspitze der Halbinsel auf und lädt vor allem bei Sonnenuntergang zu einem netten **Spaziergang** ein.

Zehn Kilometer von Baltimore entfernt, an der R 585 Richtung Skibbereen, kann man rund um Lough Hyne und im Naturschutzgebiet Knockamagh Wood **spazieren gehen**. Gut ausgeschilderte Wege führen einmal rund um den See und einen steilen Hügel hinauf durch den Wald. Oben angekommen, wird man mit einer spektakulären Aussicht belohnt.

Festivals & Events

Fiddle Fair (www.fiddlefair.com) Im Mai treten internationale und lokale Musiker auf.

Seafood Festival (www.baltimore.ie) Am letzten Maiwochenende spielen Jazzbands, in den Pubs gibt's Muscheln und Krabben.

Schlafen

Top of the Hill Hostel (☎ 20094; www.topofthehillhostel. ie; B/DZ 15/44 €) Alles in diesem eleganten neuen Hostel ist weiß, von der Außenfassade bis hin zu den Bettdecken. In den stabilen Stockbetten kann man beruhigt schlafen, vor allem, weil das Gepäck sicher in Schließfächern verstaut werden kann. Die (weißen) Aufenthaltsräume bestehen aus einer Lounge, einem Wohnzimmer und einer Küche. Zum Haus gehört auch ein hübscher Garten.

Rolf's Holidays (☎ 20289; www.rolfsholidays.eu; Baltimore Hill; EZ 50–60 €, DZ 80–100 €; P) Das vornehme Rolf's befindet sich in einem alten Bauernhaus mit ruhigem Garten am Stadtrand. Die Gäste haben die Wahl zwischen elegant eingerichteten Zimmern mit hervorragendem Preis-Leistungs-Verhältnis oder Cottages (ab 500 € pro Woche). Es hat hilfsbereites Personal und ein charmantes Café. Auch für Schwule und Lesben eine gute Adresse.

Fastnet House (☎ 20515; fastnethouse@eircom.net; Main St; EZ/DZ 50/90 €) Das Haus aus dem frühen 19. Jh. liegt gleich über dem Haupthafen und ist ebenfalls eine sehr gute Wahl. Steinstufen führen zu den simpel eingerichteten Räumen mit großen Fenstern. Die Atmosphäre ist locker, und Besitzer Sandra und Ronnie kümmern sich vorbildlich um ihre Gäste.

Casey's of Baltimore (☎ 20197; www.caseysofbaltimore.com; Skibbereen Rd; EZ/DZ 110/182 €; P 💻) Zehn der Zimmer haben einen fast schon paradiesischen Blick auf die Mündung. Wer sich vom Fenster losreißen kann, entdeckt die hübschen Räume mit riesigen Betten. Der Service ist zuvorkommend; zur Nebensaison lockt das Hotel mit günstigen Sonderpreisen. Auch das Essen ist hier ein Genuss (siehe unten).

Ebenfalls empfehlenswert sind:

Baltimore Bay Guesthouse (☎ 20600; www. youenjacob.com; the Quay; EZ/DZ 80/120 €) Nettes B&B am Hafen mit großen sonnigen Zimmern, einige auch mit Balkon und Meerblick.

Baltimore Townhouse (☎ 20197; www.baltimore townhouse.com; EZ/DZ 110/180 €; P) Phantastisches B&B mit allem Pipapo, z. B. Kingsize-Betten und LCD-Fernseher.

Essen

Casey's of Baltimore (☎ 20197; Sandwiches 4–10 €, Gerichte 14–30 €; 🕑 12.30–15 & 18.30–21 Uhr, Bargerichte den ganzen Tag) Bei Casey's gibt's zum Essen auch noch eine Spitzenaussicht, ob zum Frühstück, bei einem Sandwich oder zum ausgiebigen Abendessen. Die Muscheln kommen frisch aus der hoteleigenen Zucht in Roaringwater Bay. Spezialität des Hauses: Krebsscheren in Knoblauchbutter.

Café Art (☎ 20289; Baltimore Hill; Gerichte 17–26 €; Ⓥ Mittag- & Abendessen) Obwohl der Laden gut organisiert ist, geht es hier so herrlich locker zu, dass man am liebsten seine Schuhe ausziehen möchte. Das Personal ist immer gut drauf, und die mit Kunst geschmückten und von Kerzenschein erhellten Speiseräume laden zum Schlemmen ein. Alle Gerichte haben einen europäischen Touch, ob Schweinefilet in Brandy flambiert oder Seehecht in Pernod-Soße. Wem der Wein auf der Karte geschmeckt hat, der kann ihn auch flaschenweise zum Mitnehmen kaufen.

Chez Youen (☎ 20136; www.youenjacob.com; the Quay; Abendessen ab 30 €; Ⓥ 18–22 Uhr, Nov. & Febr. geschl.) Hauptregel in diesem bretonisch anmutenden Restaurant ist: Nur der beste Fisch ist gut genug. Die Meeresfrüchteplatte (50 €) mit Hummer, Garnelen, Taschenkrebsen, Samtkrabben und Austern bietet die Möglichkeit, alles mal zu probieren.

Customs House Restaurant (☎ 20200; www.thecustomshouse.com; Main St; Menü 35–45 €; Ⓥ Mai–Juni & Sept. Do–So 19–22 Uhr, Juli–Aug. tgl.) Die bescheidene Fassade täuscht über das moderne Innere des Custom House hinweg. Dieses Restaurant leistet seinen Beitrag zum Gourmet-Ruf der Region. Der Fisch des Tages und lokale Erzeugnisse je nach Saison bestimmen die Zusammenstellung der preiswerten Menüs. Die Gerichte haben einen mediterranen Einschlag, z. B. erstklassige Jakobsmuscheln mit Chorizo-Wurst und Pilzrisotto mit Trüffel-Soße. Eine Reservierung ist unumgänglich; Öffnungszeiten variieren das ganze Jahr über, also am besten vorher telefonisch erfragen.

Ausgehen

Bushe's Bar (☎ 20125; www.bushesbar.com; the Quay) In Bushe's Bar hängt jede Menge Seemannskrimskrams – der perfekte Ort für Wasserratten, um sich nach einem Tag in den Wellen nett zu unterhalten. Tipp: Draußen auf einer der Bänke sitzend den Sonnenuntergang beobachten.

An- & Weiterreise

Zwischen Skibbereen und Baltimore verkehren an Wochentagen viermal täglich Busse; an Wochenenden insgesamt dreimal (3 €,

20 Min.). Fährverbindungen Schull–Clear Island–Baltimore siehe S. 247.

CLEAR ISLAND
☎ 028 / 150 Ew.

Mit ihren leeren Buchten, Kiesstränden und von Ginster und Heidekraut bedeckten Klippen ist Clear Island (Oileán Chléire; Cape Clear Island) ein Paradies für alle, die es gerne einsam mögen. Man braucht Zeit, um die zerklüftete, gälisch sprechende Gegend gebührend zu genießen. Die am südlichsten gelegene, bewohnte Insel eignet sich ideal für entspannte Spaziergänge, zur Vogelbeobachtung oder um Hinkelsteine zu suchen.

Der Tourismus hat hier noch kaum Einzug gehalten, es gibt aber ein paar B&Bs, einen Laden und drei Pubs.

Orientierung & Praktische Informationen

Die Insel ist 5 km lang und erreicht an ihrer breitesten Stelle knapp über 1,5 km. In der Mitte trennt eine Landenge den nördlichen vom südlichen Hafen. Hinter dem Pier neben dem Café gibt es eine **Touristeninformation** (☎ 39100; Ⓥ Mai–Aug. 11–13 & 15–18 Uhr), in der jede Menge Broschüren ausliegen. Toiletten befinden sich am Hafen.

Die Insel hat auch eine eigene Webseite: **www.oilean-chleire.ie**.

Sehenswertes

Das kleine **Heritage Centre** (☎ 39119; Eintritt 2,50 €; Ⓥ Juni–Aug. 14.30–17 Uhr) zeigt Ausstellungen über die Geschichte und Kultur der Insel. Von hier hat man auch einen wunderbaren Blick übers Meer nach Mizen Head.

Die Ruinen des **Dunamore Castle** aus dem 14. Jh., der Festung des O'Driscoll-Clans, thronen auf der nordwestlichen Seite der Insel auf einem Felsen (vom Hafen aus dem Fußweg folgen).

Festivals

Wenn die Tage Ende August, Anfang September wieder kürzer werden, lockt das **Cape Clear Island International Storytelling Festival** (☎ 39157; http://indigo.ie/~stories; Wochenendticket 65 €) Hunderte von Menschen nach Clear Island, um hier Geschichten zu lauschen, Workshops zu besuchen und Spaziergänge zu unternehmen. Im Internet stehen die genauen Termine. Karten und Unterkunft sollte man lange im Voraus buchen.

Aktivitäten

VOGELBEOBACHTUNG

Cape Clear zählt zu den besten Orten Irlands, um Vögel zu beobachten, u. a. Schwarzschnabel-Sturmtaucher, Tölpel, Eissturmvögel und Dreizehenmöwen. Trottellummen brüten auf der Insel. Aber auch andere Vögel fliegen zur Nahrungssuche von den Felsen der westlichen Halbinseln hierher. Manchmal kommen stündlich Zehntausende von Vögeln vorbei, besonders frühmorgens und in der Dämmerung. Die beste Zeit des Jahres zur Vogelbeobachtung ist der Oktober.

Am Hafen steht das weiße Gebäude der **Vogelwarte** (am Ende des Piers rechts und 100 m weiter). Es lohnt sich, dort nachzufragen, ob irgendwelche Vogelbeobachtungstouren geplant sind.

Wer Vögel per Boot beobachten will, ruft bei **MVS Gaisceanán** an (☎ 39182).

BirdWatch Ireland (www.birdwatchireland.ie) bietet Vogelexpeditionen auf Cape Clear an. Nähere Infos auf der Webseite.

WANDERN

Überall auf der Insel gibt es markierte Wanderwege. Auch bei B&Bs und der Touristeninformation kann man Routen erfragen. **Geführte Spaziergänge** zur Geschichte, Archäologie und Ökologie der Insel kann man unter ☎ 39157 (im Sommer) buchen; solche mit Schwerpunkt Literatur und Kultur unter ☎ 39190.

Kurse

Comharchumann Chléire Teo (☎ 39119; ccteo@iol.ie) bietet Irischkurse für 12- bis 18-Jährige (730 € für 3 Wochen). **Ionad Foghlama Chléire** (☎ 39190; www.cleire.com) veranstaltet Programme für Erwachsene.

Wer alles zum Thema Ziegenhaltung wissen will, geht zu Ed Harper von **Chléire Goats** (☎ 39126; goat@iol.ie) und seinem Bauernhof westlich der Kirche. Er stellt Eiscreme und Hüttenkäse her, den man dort auch probieren kann, und leitet Tages- und Wochenkurse in Ziegenhaltung.

Schlafen & Essen

Die Unterkünfte auf der Insel sind angenehm schlicht. Zwischen Mai und September sollte man im Voraus buchen.

Es gibt einen **Campingplatz** (☎ 39119; 7 € pro Pers.; ☼ Juni–Sept.) und das An Óige's **Cape Clear Island Hostel** (☎ 41968; www.mamut.com/anoigecape clear; Old Coastguard Station, South Harbour; B 18 € für die 1. Nacht, danach 16 €; 🖳) in einem großen weißen Gebäude am südlichen Hafen.

Für diese zwei freundlichen B&Bs in typischen Inselhäusern fragt man am besten nach dem Weg: das **Ard Na Gaoithe** (☎ 39160; ardnagaoithe@hotmail.com; the Glen; EZ/DZ 35/70 €) und das **Cluain Mara** (☎ 39153, 39172; www.capeclearisland. com; North Harbour; 28–35 € pro Pers.), das auch Ferienwohnungen anbietet.

Ciarán Danny Mike's (☎ 39172; www.capeclearisland. ie; Gerichte 7–12 €) serviert Essen an der Bar, im Sommer steht er mit seiner mobilen Pommesbude am Nordhafen.

An- & Weiterreise

Von Baltimore braucht die Fähre **Naomh Ciarán II** (☎ 39153; www.capeclearferry.com) 45 Min. für die 11 km lange Überfahrt nach Clear Island. Bei klarer Sicht ist die Strecke ein beeindruckendes Erlebnis. Zwischen Mitte Juli und Mitte August verkehren täglich vier Schiffe; erste Hinfahrt ist um 11 Uhr, letzte Rückfahrt um 19 Uhr. Den Rest des Jahres fahren mindestens zwei Schiffe pro Tag (Abfahrten nur morgens und spätnachmittags). Eine Hin- und Rückfahrt kostet 12/6 € pro Erw./Kind; Fahrräder können kostenlos mitgenommen werden.

GOUGANE BARRA FOREST PARK

Gougane Barra (www.gouganebarra.com) im Landesinneren von County Cork gleicht einem Zauberwald. Man fühlt sich fast wie in den Bergen und genießt eine spektakuläre Aussicht über Täler, silberne Flüsse und Wälder, die bis hinunter zu einem Bergsee reichen, aus dem der River Lee entspringt. St. Finbar, der Gründer von Cork, errichtete hier im 6. Jh. ein Kloster und lebte als Einsiedler auf der Insel im **Gougane Barra Lake** (Lough an Ghugain), die heute über einen kurzen Dammweg zu erreichen ist. Die kleine **Kapelle** auf der Insel hat schöne Buntglasfenster mit Motiven von unbekannten keltischen Heiligen. Eine Straße führt einmal rund um den Park, die Strecke entlang der gut ausgeschilderten Wege und **Naturpfade** durch den Wald lässt sich ideal erwandern.

Die Gegend schreit förmlich nach einem Hotel, doch der einzige Ort, wo man die Wanderstiefel mal entlüften kann, ist das teure **Gougane Barra Hotel** (☎ 026 47069; www.gouganebarra hotel.com; EZ/DZ 75/140 €). Es gibt auch ein Restaurant (mit einem 2-Gänge-Menü für 29 €), ein

COUNTY CORK

Café und ein Pub nebenan. Im Sommer findet dort ein Theaterfestival statt.

An- & Weiterreise

Die Anfahrt mit öffentlichen Verkehrsmitteln könnte sich etwas schwierig gestalten. Von Cork fährt montags bis samstags ein Bus (15.15 Uhr, 2 Std.) nach Ballingeary (5 km entfernt). Wer im Gougane Barra übernachtet, wird dort abgeholt.

Außerdem fährt samstags um 8 Uhr ein Bus von Macroom nach Ballingeary, genau rechtzeitig, um dort den 9-Uhr-Bus nach Gougane Barra zu erwischen. An Samstagen fährt der Bus um 16.40 Uhr in Gougane Barra ab und schließt an den 17-Uhr-Bus nach Macroom an.

Die **Touristeninformation** in Macroom (☎ 026 43280; ☻ nur im Sommer) kann bei der Zimmersuche helfen. Alternativ kostet ein **Taxi** (☎ 026 41152) von Macroom ca. 30 € oder man organisiert eine Tour von Bantry (siehe S. 253) aus.

Der Park ist auf der R 584 nach Ballingeary ausgeschildert. Wer auf dem Rückweg die Hauptstraße nimmt und weiter nach Westen fährt, überquert den Keimaneigh-Pass und erreicht bei Ballylickey die N 71, auf halber Strecke zwischen den Halbinseln Beara und Sheep's Head.

MIZEN HEAD PENINSULA

Von Skibbereen verläuft die Straße Richtung Westen durch Ballydehob, dem Tor zum Mizen Head, und in das hübsche Örtchen Schull. Wer weiter durch die hügelige Landschaft fährt, passiert winzige Siedlungen und landet endlich in Goleen.

Doch auch hier endet Mizen noch nicht. Immer schmalere Straßen führen weiter westlich zum spektakulären Mizen Head und zu zwei versteckten Naturschätzen: Barleycove Beach und Crookhaven. So mancher, der ohne ordentliche Landkarte unterwegs ist, landet allerdings immer wieder an der gleichen Kreuzung.

Auf dem Rückweg von Goleen lohnt ein Abstecher nach Norden die malerische Küstenstraße entlang, die sich am Rand von Dunmanus Bay fast bis nach Durrus schlängelt. In Durrus biegt dann eine Straße Richtung Bantry ab, eine andere führt westlich zur Halbinsel Sheep's Head.

SCHULL

☎ 028 / 700 Ew.

Schull („skul" ausgesprochen) ist ein kleines Fischerdorf, in dem ein paar wenige Kutter die Zunft am Leben erhalten. Trotzdem herrscht am Hafen reges Durcheinander, denn der Wassersport hat Schull zu einem lebhaften Touristenort gemacht. Vor allem bei der Segelregatta in der Calves Week, dem Feiertag im August, ist richtig was los. In der Nebensaison ist es aber in dem Dorf mit starkem Gemeinschaftsgefühl fast noch schöner.

Orientierung & Praktische Informationen

Die meisten Läden und B&Bs sind in der Main Street zu finden.

Es gibt keine Touristeninformation, dafür aber ein sehr praktisches Heftchen – Schull: A Visitor's Guide ist bei Hotels und einigen Läden erhältlich. Mehr Informationen stehen auf der **Webseite** (www.schull.ie).

Einen Geldautomat gibt es bei der Allied Irish Bank in der Main Street.

@Your Service (☎ 28600; Main St; 3/6 € für 30/60 Min.) Internetzugang und Touristeninfos.

Chapter One (☎ 27606; www.chapterone.ie; Main St; ☻ Mi geschl.) Der als Kooperative geführte Buchladen hat eine gute Auswahl.

Sehenswertes

Das einzige Planetarium des Landes, das **Schull Planetarium** (☎ 28552; www.schullcommunitycollege. com; Colla Rd; ☻ Mai So 15.30–17, Juni Di 15–17 & Sa 19.30–21, Juli–Aug. Mo & Sa 19–21, Di, Do & Sa 15.30–17, Mo & Do 19.30–21 Uhr), befindet sich auf dem Gelände des Schull Community College. Unter der 8 m hohen Kuppel wird eine Video- und Diashow gezeigt. Das Planetarium wurde von einem deutschen Besucher gegründet, der dem Charme der Stadt verfallen war. Eine 45-minütige **Sternenschau** (Erw./Kind 5/3,50 €) beginnt um 16 Uhr, wenn länger geöffnet ist auch um 20 Uhr.

Das Schull Planetarium befindet sich am Ende von Goleen an der Straße nach Colla. Vom Pier aus kann man auch über den Uferpfad zu Fuß laufen.

Aktivitäten

In der Gegend bieten sich einige **Wanderungen** an, u. a. zum Mount Gabriel (13 km hin und zurück), in dem einst Kupfer abgebaut wurde. Heute gibt es dort Hinterlassenschaften aus der Bronzezeit sowie alte Minenschächte und

COUNTY CORK

Schlote aus dem 19. Jh. zu sehen. Bequemer ist der kurze Uferweg (Foreshore Path 2 km) vom Pier zur Roaringwater Bay hinaus, von wo aus man die vorgelagerten Inseln sehen kann. Diese und weitere Wanderungen sind in *Schull: A Visitor's Guide* beschrieben.

Schull Watersport Centre (☎ /Fax 28554; The Pier; ☽ Mo–Sa 9.30–12.30, Sa 14–17 Uhr) vermietet Segelboote (50 € für den halben Tag), Schnorchelausrüstungen (10 € pro Tag), bietet Kajaktouren auf dem Meer (3 Std./25 €) und Segelstunden (95 € für 2½ Std.).

Divecology (☎ 28943; www.divecology.com; Cooradarrigan) leitet Kurse und Tauchgänge (25 €) zu Riffen und Wracks.

Wer fischen möchte, meldet sich bei **Schull Angling Centre** (☎ 087-251 7452; mizen@eircom.net) oder **Blue Thunder Charters** (☎ 086-386 2876; www.schull-seaangling.com).

Pferde- und Ponytrekking sowie Kutschfahrten kann man bei **Ballycumisk Riding School** (☎ 37246, 087-961 6969; Ballycumisk, außerhalb von Schull Richtung Ballydehob) für 25 € pro Std. buchen.

Schlafen

Glencairn (☎ 28007; susanglencairn@yahoo.com; Ardmanagh Drive; EZ/DZ 40/70 €; Ⓟ) Ein hervorragendes Preis-Leistungs-Verhältnis bietet dieses freundliche Haus; es liegt in einer Sackgasse 100 m von der Main Street entfernt. Hier wird auf Details geachtet: In Zimmer 4, dem einzigen ohne Bad, hängen Morgenmäntel, damit man sich nicht die Blöße geben muss, im Nachthemd das private Bad daneben aufzusuchen. Noch besser ist die Dose mit Keksen in allen Zimmern.

Rookery Cottage B&B (☎ 28660; Air Hill; Zi. 70 €; Ⓟ) In diesem privat geführten B&B in ruhiger Lage hinter dem Dorf geht's urgemütlich zu. Die Holzböden sind so gewienert, dass man sich drin spiegeln kann. Alle drei Zimmer (zwei mit Bad) sind liebevoll mit Antikmöbeln eingerichtet.

Grove House (☎ 28067; www.grovehouseschull.com; Colla Rd; EZ 75–85 €, DZ 100–120 €; Ⓟ) Das wunderschön restaurierte und mit Efeu bewachsene Anwesen ist die teuerste Übernachtungsmöglichkeit in Schull. Das Haus ist edel, aber gemütlich eingerichtet, mit Antikmöbeln und selbst angefertigten Teppichen. Es gibt auch ein Restaurant (siehe rechts).

Harbour View Hotel (☎ 28101; Main St) Das ehemalige East End Hotel wurde gerade renoviert. Informationen und Preise am besten telefonisch erfragen.

Essen

Newman's West (☎ 27776; www.tjnewmans.com; Main St; Gerichte 6–9 €; ☽ 9–23 Uhr) Diese schicke Weinbar und Kunstgalerie serviert kleine Speisen wie Suppen, Salate und riesige Sandwiches, gefüllt mit Salami und Käse aus der Region. Als Tagesgericht werden beispielsweise Muscheln aus der Bantry Bay, Fischpie oder -suppe gereicht.

Hackett's (Main St; ☽ Mittagessen tgl. 12–15, Abendessen Juli–Aug. Mi–Do, ganzjährig Fr–Sa; Bargerichte 3–7 €, Abendessen 15–20 €) Das Hackett's zeichnet sich durch seine Einfachheit aus. Schwarz-Weiß-Fotos und Blechschilder zieren die schrägen Wände; auf dem verschlissenen Steinboden steht ein Mischmasch aus alten Küchenstühlen und -bänken. An Wochenenden wird die Karte *un peu französisch* mit Cassoulet und Eintöpfen.

Jagoe's Café & Restaurant (☎ 28028; Main St; Mittagessen 3–11,50 €, Abendessen 16–22 €; ☽ ganzjährig Di–Sa 9.30–17.30 Uhr, Juli–Aug. Abendessen) Im Eingang dieses herrlich einfachen Restaurants mit altem Holzmobiliar werden Delikatessen aus der Region verkauft. Zum Mittagessen gibt es die üblichen Suppen, Sandwiches und Salate. Auf der Abendkarte stehen dagegen interessante, kreativ kombinierte Gerichte wie Safranhühnchen und Jakobsmuscheln in Cidresoße.

Waterside Inn (☎ 28203; Main St; Gerichte 17–28 €) Die dunkle Einrichtung erinnert an die 70er-Jahre; trotzdem vertrauen die Einheimischen der Küche voll und ganz. Die Karte ist eher fischlastig, mit kreativen Gerichten wie Seeteufel mit Gubbeen-Schinken und Schnittlauch. Aber auch Fans von lokalem Fleisch werden hier fündig.

Auch die, die nicht im Grove House (siehe links) absteigen, dürfen im hoteleigenen **Restaurant** essen (Gerichte 15–23 €; ☽ Juli–Aug. Mi–Mo & Sept.–Juni Do–Sa). Hier kann man örtliche Spezialitäten probieren, etwa Schinken aus Gubbeen und Eier aus Schull zum Frühstück, abends werden französische und schwedische Gerichte serviert.

SELBSTVERSORGER

Picknickfans haben die Qual der Wahl: Neben den Supermärkten in der Main Street hat auch der **West Cork Gourmet Store** (☎ 27613; Main St) eine phantastische Auswahl an Delikatessen und Weinen; **Gwen's Chocolates** (☎ 27853; Main St) ist die Adresse für Kakao und Kekse. Sonntags findet auch ein **Bauernmarkt** statt (☎ 27824; Pier Rd Parkplatz; ☽ Ostern–Weihnachten 10–14 Uhr).

COUNTY CORK

An- & Weiterreise

Von Cork nach Schull verkehren täglich zwei Busse (15 €, 2½ Std.) über Clonakilty und Skibbereen.

Die **Clear Island Ferry** (☎ 28278; www.capeclear ferries.com; ☷ Juni 11.30, Juli–Aug. 10.30, 14.30 & 16.30, Sept. 14.30 Uhr; Hin- & Rückfahrt Erw./Kind 13/5 €) legt am Pier ab.

Unterwegs vor Ort

Im Sommer findet man in Schull kaum einen Parkplatz. Es gibt drei Parkplätze, gegenüber vom Harbour View Hotel, hinter der Allied Irish Bank und in der Pier Road.

Für Busse oder Taxis: **Betty Johnson's Bus Hire** (☎ 28410, 086-265 6078).

WESTLICH VON SCHULL NACH MIZEN HEAD

☎ 028

Für Auto- oder Radfahrer empfiehlt sich die kurvenreiche Küstenroute von Schull nach Goleen. An klaren Tagen sieht man sogar bis nach Clear Island und zum Fastnet-Leucht- turm. Rund um Toormore wird die Gegend wilder. Von Goleen führen ein paar Straßen nach Mizen Head und ins malerische Ha- fenörtchen Crookhaven.

Goleen

Die Bevölkerung um Goleen kommt mit dem Tourismus ganz gut zurecht; ein Beweis für ihr Engagement und ihre Phantasie ist die **Mizen Head Signal Station** (siehe S. 251).

SCHLAFEN & ESSEN

Fortview House (☎ 35324; www.fortviewhouse.ie; Gurtyowen, Toormore; EZ 45–62 €, DZ 90–100 €; ☷ März– Nov.; P) Dieses herrliche Haus ist wirklich eine Klasse für sich, was Wärme, Qualität und seine Lage betrifft. In den nach Blumen be- nannten Zimmern stehen überall Antiquitä- ten. Das Lachen der gastfreundlichen Besitzerin Violet ist höchst ansteckend und ihre Frühstücksauswahl vorzüglich, mit Eiern von glücklichen Hühnern aus dem Garten. Man nimmt rund 1 km nordöstlich von Go- leen die Straße, die von der R 592 nach Durrus abbiegt.

Heron's Cove (☎ 35225; www.heronscove.com; Goleen; EZ/DZ 50/80 €; P) Dieses hervorragende Restau- rant und B&B in herrlicher Lage an der Bucht von Goleen Harbour ist eine ausgezeichnete Wahl. Jedes Zimmer ist auf seine Art char- mant, einige haben Balkone mit Blick auf die

Bucht. Das gemütliche Restaurant verfügt über eine exzellente Speisekarte mit Gerichten aus Bio- und einheimischen Erzeugnissen. Von Mai bis September hat es von 19 Uhr bis 21.30 Uhr geöffnet (bzw. ganzjährig für Ho- telgäste). Gerichte zwischen 18 € und 25 €.

Rock Cottage (☎ 35538; www.rockcottage.ie; Barna- tonicane, Schull; EZ/DZ 95/130 €; P) Im Rock Cottage bleibt man immer länger als geplant. Die ge- orgianische Jagdhütte hat drei Gästezimmer, mit Holzboden und einem netten Mix aus Antiquitäten und modernen Textilien. Es ist gleichzeitig ein Bauernhofbetrieb, viele Zu- taten für das Abendmenü (48 €) stammen von den benachbarten Feldern. Das Restaurant liegt 1 km hinter Fortview House; man betritt es durch das Tor zur Linken.

AN- & WEITERREISE

Zwei Busse fahren von Goleen über Schull nach Skibbereen (8 €, 70 Min.). Abfahrt in Skibbereen ist von Montag bis Samstag um 16.05 und 19.45 Uhr, an Sonntagen um 11.30 und 13.05 Uhr. In die andere Richtung fährt der Bus von Goleen montags bis samstags um 7.45 und 17.30 Uhr ab (sonntags um 13.35 und 17.30 Uhr). Busse fahren nur bis Go- leen.

Crookhaven

Der westliche Zipfel von Crookhaven hinter Goleen wirkt so abgelegen, dass man meint, man wäre mit dem Boot schneller dort als mit dem Auto. Für manche trifft das sogar zu – im Sommer legen hier viele Yachten an und Crookhaven erwacht zum Leben. In der Ne- bensaison fällt der Ort wieder in seinen tiefen Schlummer.

In seiner Blütezeit war der natürliche Hafen von Crookhaven ein wichtiger Ankerplatz. Post aus Amerika wurde hier gesammelt, und Segel- und Fischerboote fanden Schutz. Am Ufer gegenüber liegen, in den Hügel einge- bettet, die Überreste eingefallener Steinbruch- hütten, die 1939 geschlossen wurden; bei neugierigen Fragen können Einheimische so manche haarsträubende Geschichte erzäh- len.

SCHLAFEN & ESSEN

Galley Cove House (☎ 35137; www.galleycovehouse.com; EZ 45–55 €, DZ 75–85 €; P) Das herzliche Willkom- men passt zu der Abgeschiedenheit dieses modernen Hotels 2 km von Crookhaven. Der Blick über das Meer ist einmalig und man ist schnell am Strand von Barley Cove. Die Zimmer mit Holzdielen sind sauber, luftig und hell.

O'Sullivan's Bar (☎ 35319; osullivans@crookhaven.ie; Snacks 3–11 €; ☻ 12–20 Uhr) und das **Crookhaven Inn** (☎ 35309; Gerichte 4–14 €; ☻ April–Okt. 12.30–20 Uhr) sind zwei nette Pubs direkt am Meer. Im Sommer, wenn die Bars mit Seglern aus den naheliegenden Segelclubs brechend voll sind, wird Livemusik gespielt. Auf der Karte stehen das ganze Jahr über (Fisch-)Suppe, Krebssandwiches und Quiches.

Brow Head

Der südlichste Punkt auf dem irischen Festland lohnt einen Spaziergang. Hinter Crookhaven ist eine Abzweigung nach links zum „Brow Head" ausgeschildert. Wer mit dem Auto kommt, sollte am Fuß des Hügels parken. Der Weg ist schmal und man kann nirgendwo ausweichen, falls einem ein Traktor entgegenkommen sollte. Nach 1 km endet die Straße und wird zu einem Fußpfad, der nach Brow Head führt. Vom dortigen **Aussichtsturm** verschickte Guglielmo Marconi seine erste Funkmeldung (nach Cornwall) und empfing die Antwort.

Barleycove

Obwohl er als schönster Strand im Westen Corks gilt, ist der goldene Barleycove nie überfüllt. Kinder können hier wunderbar herumtollen; es gibt einen sicheren Badeabschnitt an einer Flussmündung, und im Juli und August wird der Strand von Rettungsschwimmern bewacht. Die blaue Flagge steht für sauberes Wasser. Ein Steg und eine Pontonbrücke schützen das umliegende Sumpfgebiet vor unschönen Fußabdrücken der Besucher. Auf der Südseite des Damms an der Straße nach Crookhaven befindet sich ein Parkplatz direkt am Strand.

Das **Barleycove Beach Hotel** (☎ 35234; www.barleycovebeachhotel.com; Barleycove; EZ/DZ 80/160 €, 2-Bett-Apt. für Selbstversorger, 780 € pro Woche; (P)) liegt nur 200 m vom Strand entfernt – dafür kann man vielleicht verzeihen, dass ein solch moderner Klotz an einem so himmlischen Ort steht. Die Zimmer sind einfach mit Blick aufs Meer. Es gibt eine Bar/Restaurant mit Außenbestuhlung. Die Wände sind ziemlich dünn, also Ohrstöpsel mitbringen!

Auf der anderen Seite der Bucht liegt in Strandnähe der **Barleycove Holiday Park** (☎ 35302; Barley Cove; Zeltplatz 20 €; ☻ Mitte April–Mitte Sept.), ein

gut organisierter Campingplatz mit Fahrradverleih, einem Supermarkt und Miniclub.

Mizen Head Signal Station

Wer Mizen richtig erleben will, muss die **Mizen Head Signal Station** (☎ 35225, 35115; www.mizenhead. net; Mizen Head; Erw./Kind 6–12 Jahre 6/3,50 €; ☻ Mitte März–Mai & Okt. 10.30–17, Juni–Sept. 10–18, Nov.–Mitte März Sa & So 11–16 Uhr) besuchen. Abgesehen davon, dass man hier am südwestlichsten Zipfel Irlands steht, ist sowohl der Spaziergang hinunter zum Head als auch die Ausstellung in der Signalstation ein einmaliges Erlebnis.

Hoch auf den Klippen thront die **Fastnet Hall** mit jeder Menge Information zur Ökologie, Geologie und Geschichte der Gegend. Von hier wandert man über die spektakuläre **Bogenbrücke**, die sich an den Klippen über einen weitläufigen Golf erstreckt. Wenn das Meer ruhig ist, sieht man unten Seehunde im Wasser herumtollen. Jenseits der Brücke, am entlegenen Ende der Felseninsel, steht die **Signalstation** mit den Zimmern des Wärters, dem Maschinen- und Funkraum der Mizen Head Nebelstation. Sie wurde 1909 fertiggestellt und 1993 auf Automatikbetrieb umgestellt. Man kann sehen, wie die Wärter früher gelebt haben und wie die Station funktionierte. Den eigentlichen Kick bekommt man beim Blick auf die ewigen Weiten des Atlantiks – selbst wenn der Andrang groß ist.

Wieder oben angelangt, ist das **Mizen Café** nach so viel Dramatik der ideale Ort für einen entspannten Snack.

DIE NORDSEITE DER HALBINSEL

Obwohl die Landschaft auf dieser Seite der Halbinsel nur halb so dramatisch ist, lohnt sich eine Fahrt entlang der Küstenstraße, denn die Ausblicke auf die Halbinseln Sheep's Head und Beara sind einfach herrlich.

Durrus

☎ 027 / 900 Ew.

Durrus ist ein lebhaftes kleines Dorf an der Spitze von Dunmanus Bay und vor allem als Anlaufstelle für Mizen Head und die Sheep's Head Halbinseln recht beliebt.

Hobbygärtner werden über den **Kilravock Garden** (☎ 61111; Ahakista Rd; Erw./Kind 5/3 €; ☻ Mai–Sept. Mo–Sa 10–18.30 Uhr) staunen, den ein Paar mit offensichtlich grünem Daumen innerhalb von 17 Jahren von einem einfachen Feld in ein üppiges Exotenparadies verwandelt hat.

COUNTY CORK

KÄSE AUS DURRUS

Wären wir Kühe, wir würden gerne auf den kargen Wiesen von West-Cork grasen. Das sehen die irischen Huftiere anscheinend auch so, denn die Gegend ist für seine exzellenten Milchprodukte bekannt. Wer sehen will, wie Käse gemacht wird, sollte bei **Durrus Cheese** vorbeischauen (☎ 027-61100; www.durruscheese.com). Gründerin Jeffa Gill unterhält sich während der Käseproduktion gerne mit Besuchern, außerdem gibt es mehrere Käsesorten zu kaufen. Vorher aber auf alle Fälle anrufen. Ab Durrus nimmt man die Ahakista Road und biegt 500 m weiter an der Kirche rechts ab. Nach 3 km sieht man schon das Schild für die Käserei.

Dunbeacon Campsite (☎ 61246; Campingplatz 14 €; ⊗ Ostern–Mitte Okt.) Rund 5,5 km südöstlich von Durrus an der R 591 gelegen, bietet der Campingplatz geschützte Stellplätze unter Bäumen mit Spitzenlage und Blick über die Bucht.

Blairs Cove House (☎ 61127; www.blairscove.ie; EZ/DZ 140/220 €, Apt. ab 720 € pro Woche; ⊗ März–Jan.) Mittelpunkt dieses georgianischen Landhauses auf einem 2 ha großen Grundstück ist der edle Innenhof. Die Zimmer und Ferienwohnungen sind sehr elegant und stilvoll eingerichtet. Im **Restaurant** (März–Okt. Di & Sa abends geöffnet; So zum Mittagessen), einem von Kronleuchtern erhellten Saal, wird ein internationales Dinner-Menü (55 €) aus lokalen Erzeugnissen serviert. Reservierung empfohlen.

Im **Good Things Café** (☎ 61426; www.thegoodthings cafe.com; Ahakista Rd; Gerichte 13–28 €; ⊗ Mitte Juni–Dez. Do–Mo 12.30–15 & 19–21 Uhr) an der Dunmanus Bay kann man sich den Bauch vollschlagen. Die modernen Gerichte werden aus Bioerzeugnissen aus der näheren Umgebung zubereitet; das ganze Jahr über finden sehr beliebte Kochkurse statt, von „The Practical Pig" bis hin zu den zweitägigen „Wunder"-Kursen für Anfänger.

BANTRY

☎ 027 / 3300 Ew.

Die weitläufige Bucht von Bantry schmiegt sich in die zerklüfteten Caha Mountains und bietet einen fast schon epischen Anblick. Der Ort blickt auf eine bewegte Vergangenheit zurück: Auf Armut und Massenauswanderung folgte unerwarteter Wohlstand, als Gulf Oil einen Ölhafen auf Whiddy Island errichtete. Auch die zweite Geldquelle entspringt aus der Bucht: Auf den Speisekarten in ganz County Cork stehen Austern und Muscheln aus Bantry.

Gegen Ende des 18. Jhs. hätte sich der Ort beinahe einen bedeutenden Platz in der irischen Geschichte erworben: Eine französische Flotte wollte den rebellischen United Irishmen zu Hilfe kommen, konnte wegen des Sturms aber nicht in der Bucht landen. Richard White, ein ortsansässiger Engländer, warnte das britische Militär in Cork und wurde dafür in den Adelsstand erhoben. Sein herrschaftliches Haus ist heute die Hauptattraktion des Ortes.

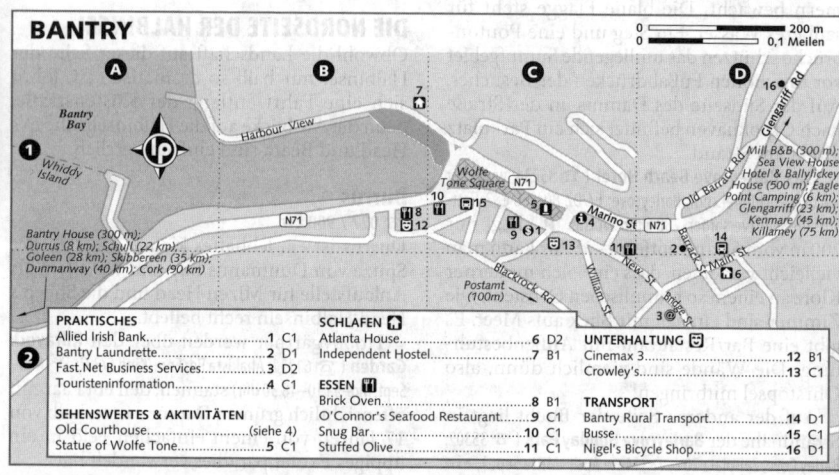

Orientierung & Praktische Informationen

Die beiden Hauptstraßen nach Bantry treffen am Wolfe Tone Square aufeinander, in dessen Mitte das Denkmal von Wolfe Tone prangt (siehe S. 37).

Die hilfsbereite **Touristeninformation** (☎ 50229; Wolfe Tone Square; ☺ April–Okt. Mo–Sa 9.15–17 Uhr) ist in einem alten Gerichtsgebäude untergebracht. In der Blackrock Road befindet sich eine Post, am Wolfe Tone Square steht ein Geldautomat der Allied Irish Bank, der Waschsalon **Bantry Laundrette** (☎ 55858; ☺ Mo Fr 9.30–18, Sa bis 17.30 Uhr) liegt versteckt in einem kleinen Hof bei der Barrack Street.

Internetzugang findet man bei **Fast.Net** (☎ 51624; Bridge St; 10/60 Min. 1/5 €; ☺ Mo–Fr 9–18, Sa 10–17 Uhr).

Sehenswertes

Mit seinem melancholischen Charme einstigen Glanzes ist das **Bantry House** (☎ 50047; www. bantryhouse.com; Bantry Bay; Eintritt 10 €, Gärten & French Armada Centre nur 5 €, Kinder Eintritt frei; ☺ Mitte März–Okt. 10–18 Uhr) aus dem 18. Jh. einen Besuch wert. Seit 1729 befindet sich das Haus im Besitz der Familie White. In jedem Zimmer verbergen sich Schätze, mitgebracht von diversen Reisen verschiedener Familiengenerationen. Der Boden im Eingang ist mit Mosaiken aus Pompeji ausgelegt, an den Wänden hängen französische und flämische Wandteppiche; japanische Truhen stehen neben russischen Schreinen. Von den etwas mitgenommenen Zimmern im Obergeschoss hat man einen wunderbaren Blick auf die Bucht – im 18. Jh. hatten die Whites hier Logenplätze mit Sicht auf die Armada (siehe rechts). Gute Pianisten dürfen auf dem uralten Klavier in der Bücherei in die Tasten greifen. In den Seitenflügeln kann man auch übernachten (siehe S. 254).

Die **Gärten** von Bantry House sind eine wahre Pracht. Rasenflächen erstrecken sich vom Gebäudeeingang bis zum Meer und in dem kunstvoll angelegten italienischen Garten steht eine riesige „Himmelsleiter" mit einmaliger Aussicht.

In den ehemaligen Ställen befindet sich das **1796 French Armada Exhibition Centre** mit einer eindringlichen Darstellung der zum Scheitern verurteilten französischen Invasion unter Anführer Wolfe Tone. Die Flotte wurde von Stürmen auseinandergerissen; eine Fregatte, *La Surveillante*, wurde von der eigenen Crew versenkt und liegt heute 30 m tief in der Bucht.

Das Bantry House befindet sich 1 km südwestlich vom Zentrum an der N 71.

Geführte Touren

George Plant Minibus Tours (☎ 50654, 087-239 8123; gplant@eircom.net) bietet von Juni bis September verschiedene Touren für 20–30 €. Zu den Ausflugszielen gehören Mizen Head, die Halbinsel Beara und der Gougane Barra Forest Park (S. 247). Die Touren finden nur mit genügend Teilnehmern statt.

Festivals

West Cork Chamber Music Festival (www.westcork music.ie) Das einwöchige Festival wird im Juni/Juli im Bantry House veranstaltet, wovon das Haus für die Öffentlichkeit geschlossen ist. Der Garten, das Teezimmer und der Kunsthandwerksladen bleiben geöffnet.

Schlafen
BUDGETUNTERKÜNFTE

Independent Hostel (☎ 51140; Harbour View; B 12,50 €) Dieses einfache Hostel am Hafen ist die günstigste Unterkunft der Stadt, mit zwei winzig kleinen Schlafsälen. Den Besitzer findet man nebenan in Barry's B&B.

COUNTY CORK

ABSTECHER: SHIPLAKE MOUNTAIN HOSTEL

Hoch oben am Ende eines gewundenen Pfades liegt eines der ungewöhnlichsten Hostels von Cork. Das **Shiplake Mountain Hostel** (☎ 023-45750; www.shiplakemountainhostel.com; Dunmanway; Campingplatz 7 €, B/EZ/DZ 13/18/32 €; ℗) besteht aus drei hell erleuchteten Wohnwagen, jeweils ausgestattet mit einem Doppelbett, und zwei Schlafsälen in einem alten Steincottage. Die Besitzer nehmen ihre Verantwortung für die Umwelt sehr ernst: Aus den Duschen kommt nur örtliches Quellwasser und zum Frühstück kann man hauseigene Enteneier (30 Cent) bestellen. Gäste werden im nahe gelegenen Dunmanway abgeholt, wo es einen Bankautomat und mehrere Supermärkte gibt. Im Hostel angekommen, kann man Hühner jagen oder spazieren gehen, kostenlos ein Rad leihen oder sich auf ein Schwätzchen zu den anderen Gästen an den Kamin im Aufenthaltsraum setzen.

Eagle Point Camping (☎ 50630; www.eaglepoint camping.com; Glengarriff Rd, Ballylickey; Campingplatz 23 €; ☺ Ende April–Ende Sept.) Der Zeltplatz ist wegen seiner herrlichen Lage am Ende eines Kaps, 6 km nördlich von Bantry, sehr beliebt. Die meisten Stellplätze haben Meerblick, und man hat direkten Zugang zum Kiesstrand gleich in der Nähe.

MITTELKLASSEHOTELS

Atlanta House (☎ 50237; atlantaguesthouse@gmail.net; Main St; EZ/DZ 40/60 €; 🖳) Eine zentralere Unterkunft als dieses kürzlich renovierte Stadthaus gibt es nicht. In geräumigen Zimmern stapeln sich Kissen auf den festen Betten. Das Personal dieses gemütlichen und entspannten Hotels heißt jeden Gast herzlich willkommen.

Mill (☎ 50278; Glengarriff Rd; www.the-mill.net; EZ/DZ 45/70 €; ☺ Ostern–Okt.; P) Das modern gestaltete Haus direkt am Stadtrand ist eins der besten B&Bs im Westen und sehr ungewöhnlich. Das liegt nicht nur an der wilden Besitzerin Tosca – die Zimmer quellen mit Krimskrams über, den geräumigen Frühstücks- und Speisesaal ziert Toscas Kunst und eine herrliche Sammlung indonesischer Puppen.

SPITZENKLASSEHOTELS

Ballylickey House (☎ 50071; www.ballylickeymanor house.com; Ballylickey; DZ 120–130 €, Haus 170 €; ☺ März–Nov.; P) Im wunderschönen Ballylickey Hotel mit englischem Rasen und Blick über die Bucht kann man zwischen zwei Arten von Unterkünften wählen: Entweder man nächtigt in einem der großen Räume im prächtigen Haupthaus oder in den gemütlichen Häuschen, die rund um den Swimmingpool im Garten angeordnet sind. Beide Varianten sind großzügig und nett eingerichtet, mit weichen Betten und geblümten Polstermöbeln.

Sea View House Hotel (☎ 50073; www.seaviewhouse hotel.com; Ballylickey; EZ 85–95 €, DZ 150–170 €; P) Dieses Hotel hat alles, was man von einer Luxusunterkunft erwartet: Landhausatmosphäre, geschmackvoll eingerichtete Aufenthaltsräume, außerordentlichen Service und gemütliche Zimmer. Es liegt an der N 71, 5 km nordöstlich von Bantry.

Bantry House (☎ 50047; www.bantryhouse.com; Bantry Bay; EZ/DZ 140/240 €; ☺ April–Okt.; P) In den luxuriösen Zimmern, die mit einer gemütlichen Mischung aus Antikmöbeln und modernem Mobiliar eingerichtet sind, kann man stundenlang verweilen. Die Zimmer 22 und 25 bieten zweifache Aussicht sowohl auf den Garten als auch auf die Bucht. Wer diesen Traum von einem Hotel noch mehr genießen will, kann eine Partie Krocket, Tennis oder Billard spielen oder in der hauseigenen Bibliothek entspannen, die abends nur noch für Hotelgäste zugänglich ist.

Essen

O'Connor's Seafood Restaurant (☎ 50221; www.ocon norseafood.com; Wolfe Tone Sq; Mittagessen 5–13 €, Abendessen 18–30 €; ☺ Mittag- und Abendessen März–Okt. tgl., Nov.–Febr. Di–Sa; ♿) Das Hummeraquarium und die hölzernen Segelschiffe im Fenster nehmen schon alles vorweg – bei O'Connor's bekommt man die besten Fischgerichte und Meeresfrüchte von ganz Bantry. Muscheln sind die Spezialität des Hauses und werden auf unterschiedliche Arten zubereitet, z. B. gekocht in Murphy's Stout. Alles ist ultrafrisch, vom Essen bis hin zur neutral gehaltenen Einrichtung. Ein 2-Gänge-Menü ist zwischen 18 und 19 Uhr für 26 € erhältlich.

Brick Oven (☎ 52500; The Quay; Gerichte 9–25 €; ☺ Mo–Do 12–15 & 17–21, 12–15 & Fr–Sa 18–22, So 13–22 Uhr) Hier ist es dank der familienfreundlichen Karte und der fröhlichen Stimmung meist sehr voll. Während man die Kleinen mit Pizza füttert, erfreuen sich die kulinarisch anspruchsvolleren Eltern an Risotto mit sonnengetrockneten Tomaten.

Snug Bar (☎ 50027; The Quay; Gerichte 14–23 €) Der Name – Snug heißt gemütlich – ist Programm: Die Bar ist ein interessanter kleiner Kokon voller Ecken und Nischen. An den Wänden hängen alte Emaille-Werbeschilder und einer der Tische windet sich um einen Baumstamm. Die Mittagskarte ist einfach gestrickt mit Suppen, Lasagne und Ähnlichem; abends werden Steak, Fisch und Meeresfrüchte serviert.

Wer ein leckeres, gesundes Picknick plant, kann hausgemachte Produkte, Salate, Sandwiches und Wein bei **Stuffed Olive** kaufen (☎ 55883; New St).

Unterhaltung

Crowley's (☎ 50029; Wolfe Tone Sq) ist eine der besten Livemusik-Bars, mittwochs spielen traditionelle Bands.

Cinemax 3 (☎ 55777; www.cinemaxbantry.com; the Quay) zeigt auf drei Leinwänden Blockbuster; dienstags auch Arthouse-Filme.

An- & Weiterreise

Bus Éireann (☎ 021-450 8188; www.buseireann.ie) verkehrt Montag bis Samstag täglich zwölfmal

(Sonntag 4-mal) zwischen Bantry and Cork (13,50 €, 2 Std.). Im Juni und August fährt täglich nur ein Bus nach Killarney (13 €, 12 Std.), via Glengarriff und Kenmare.

Der private **Berehaven Bus** (☎ 70007) verbindet Bantry mit Castletownbere (über Glengarriff). Abfahrt ist bei der Feuerwehr am Wolfe Tone Square, montags um 12 und um 17.50 Uhr, dienstags, freitags und samstags um 15.45 Uhr und donnerstags um 19.45 Uhr (einfach/Hin- & Rückfahrt 8/15 €, 75 Min.).

Bantry Rural Transport (☎ 52727; www.ruraltransport.ie, 5 Main St) fährt nach Dunmanway, Durrus, Goleen, Schull, Skibbereen und zu abgelegeneren Dörfern. Der Festpreis beträgt 4/6 € für die einfache bzw. Hin- und Rückfahrt. Diese Busse verkehren nur an bestimmten Tagen. Näheres telefonisch erfragen.

Unterwegs vor Ort

Nigel's Bicycle Shop (☎ 52657; Glengarriff Rd; 15/60 € pro Tag/Woche) vermietet Fahrräder.

SHEEP'S HEAD PENINSULA

Sheep's Head, die am wenigsten besuchte der drei Halbinseln von Cork, hat ihren ganz eigenen Reiz. Von der fast um die ganze Peninsula führenden Ringstraße aus eröffnen sich spektakuläre Ausblicke aufs Meer. Eine praktische Verbindungsstraße mit bester Sicht ist die Goat's Path Road zwischen Gortnakilly und Kilcrohane (entlang der Nord- bzw. Südküste) über den Westhang des Mount Seefin.

In **Ahakista** (Atha an Chiste) gibt es nur ein, zwei Pubs und ein paar Häuser entlang der R 591. Ein uralter **Steinkreis** am südlichen Ortsende von Ahakista ist über einen kurzen Pfad erreichbar (ausgeschildert). Das zweite Dorf, **Kilcrohane**, liegt 6 km südwestlich an einem schönen **Strand**. In beiden Dörfern bieten die Pubs auch Essen an.

Weitere Informationen über die Gegend sind auf www.sheepshead.ie nachzulesen.

WANDERN & RADTOUREN

Wanderer und Radfahrer können sich hier wunderbar die Beine vertreten und Sümpfe, wilden Stechginster, Fingerhut und Fuchsien in herrlicher Einsamkeit genießen. Für den steilen Abschnitt in Bantry Kilcohane an der Goat's Path Road braucht man stramme Waden, dafür ist die Strecke Ahakies–Durrus nicht ganz so anstrengend. Die Touristeninformation in Bantry (siehe S. 253) hilft bei der Zimmersuche entlang des Sheep's Head Way, gibt allerlei Auskünfte und Tipps weiter und verkauft einen Plan und einen Wanderführer (12,50 €).

Der **Sheep's Head Way** ist der 88 km lange Wanderroute rund um die Halbinsel, die, wo es die Landschaft erlaubt, über Straßen und Pfade führt. Die Karten 85 und 88 helfen bei der Orientierung (zu kaufen auf www.osi.ie). Auf Sheep's Head gibt es keinen Campingplatz; Zelten kann man an der Straße, wenn es der Landbesitzer erlaubt.

Der 120 km lange **Sheep's Head Radrundweg** verläuft gegen den Uhrzeigersinn von Ballylickey (nördlich von Bantry) an der Küste von Sheep's Head entlang, zurück zum Festland und hinunter nach Ballydehob. Es gibt auch jede Menge Abkürzungen oder Alternativrouten (z. B. über die Goat's Path Road oder entlang der Küste von Ahakista nach Durrus).

COUNTY CORK

WANDERUNG: MOUNT SEEFIN

Wer genügend Zeit mitbringt, sollte den 1-km-Marsch zum Gipfel des Mount Seefin (345 m) unternehmen. Der Aufstieg ist leicht, doch in dem offenen Gelände kann schnell dichter Nebel aufziehen; man sollte sich also entsprechend ausstatten. An manchen Stellen ist der Pfad nicht besonders gut erkennbar.

Die Wanderung startet am oberen Ende der Goat's Path Road, ca. 2 km hinter Gortnakilly Richtung Kilcrohan. Am Straßenrand steht (völlig fehl am Platz) eine Kopie von Michelangelos Pietà. Südlich davon, gegenüber vom Parkplatz, beginnt der Weg. Man folgt dem felsigen Hügelrücken, bis man zu einer Senke kommt. Weiter geht's über den Pfad zur Rechten einer kleinen Klippe, entlang der Schlucht, und über den breiten Felsenkamm, bis man den Trigonometrischen Punkt (TP) auf dem Gipfel erreicht. Den gleichen Weg zurückzufinden könnte schwierig werden. Vom TP aus orientiert man sich am besten an dem breiten Bergkamm und kommt dabei nicht zu sehr nach links ab.

Die fast überall erhältliche Broschüre *The Sheep's Head Cycle Route* beschreibt die Tour in allen Einzelheiten.

AN- & WEITERREISE

Bantry Rural Transport (☎ 027-52727; www.ruraltransport.ie; 5 Main St) Ringbusse fahren dienstags und donnerstags um 9.15 Uhr in Bantry los, über die Goat's Path Road nach Kilcrohane und Durrus (einfach/Hin- & Rückfahrt 4/6 €).

BEARA PENINSULA (RING OF BEARA)

Die Halbinsel Beara (Mor Choaird Bheara) ist der Stoff, aus dem Touristenträume sind: ein herrliches Fleckchen Erde mit grünen Tälern und kargen Felsen, die in unmöglichen Winkeln in den Atlantik ragen. Die Dörfer sind so freundlich und malerisch, wie sie nur sein können. Mit der gefährlich schwankenden, aber sehr praktischen Seilbahn an der Spitze der Halbinsel werden Touristen und Schafe auf die winzige Dursey Island gebracht.

Beara liegt direkt auf der Grenze zwischen Cork und Kerry und wird weitaus weniger besucht als der nördlichere Ring of Kerry. Wer die Wanderstiefel anzieht, kann tief in einsame Landschaften vorstoßen. Die spannenden Hügelwanderungen erfordern einiges an Erfahrung und Disziplin sowie richtige Kleidung und einen guten Orientierungssinn.

Der 196 km lange **Beara Way** ist ein ausgeschilderter Wanderweg von Glengarriff nach Kenmare in Kerry über Castletownbere, Bere Island, Dursey Island und die nördliche Seite der Halbinsel (mehr Infos auf S. 748). Ähnlich ist auch der 138 km lange **Beara-Way-Radweg**, der über kleine Straßen durch alle Dörfer von Beara führt. Die Touristeninformationen vor Ort verkaufen hervorragende Karten und Führer.

ORIENTIERUNG & PRAKTISCHE INFORMATIONEN

Ein kleiner Teil der Halbinsel liegt zwar in Kerry, wird aber für diejenigen, die den Ring of Beara bereisen wollen, hier besprochen. Castletownbere in Cork oder Kenmare in Kerry eignen sich gut als Ausgangspunkt zum Erkunden der Gegend.

Theoretisch hat man die 137 km lange Küste an einem Tag abgefahren, dafür verpasst man aber sehr viel – vor allem den spektakulären **Healy Pass**, der sich quer über die Halbinsel von Cork nach Kerry zieht.

Die folgenden Ortschaften werden anhand einer Route beschrieben, die bei Glengarriff beginnt und im Uhrzeigersinn bis nach Kenmare führt.

GLENGARRIFF

☎ 027 / 1020 Ew.

Glengarriff (Gleann Garbh), ein hübsches Dorf mit Feriencharakter, liegt versteckt an der Bantry Bay. In dem besonderen Mikroklima, hervorgerufen durch die geschützte Lage und das seichte Meer, gedeihen exotische Pflanzen, die besonders schön auf Garinish Island und im Bamboo Park (siehe S. 257) zu besichtigen sind.

Die kargen, felsigen Caha Mountains eignen sich gut zum Bergwandern. Es gibt aber auch einige leichtere Touren, z. B. durch alte Eichenwälder oder durch die Blue Pool Amenity Area, wo sich Seehunde auf den Felsen im Wasser sonnen.

In der zweiten Hälfte des 19. Jhs. war Glengarriff ein beliebter Ferienort für reiche Engländer. Diese segelten von England herüber, nahmen den Zug nach Bantry und tuckerten dann mit dem Dampfschiff nach Glengarriff. 1850 baute man eine Straße quer durchs Gebirge nach Kenmare und schuf so eine Anbindung nach Killarney. Heute liegt Glengarriff an der Hauptstraße von Cork nach Killarney. Trotz des Ansturms wirkt der Ort immer noch angenehm ländlich.

Praktische Informationen

Auskünfte erteilt sowohl die **Fáilte Ireland Touristeninformation** (☎ 63084; Main St; ☼ Juni–Aug. 9.15–13 & 14–17 Uhr) als auch eine privat betriebene **Touristeninformation** (☼ Juni–Aug. Mo–Sa 10–13 & 14–18 Uhr) neben dem Blue Pool Ferries Fährhafen.

Es gibt keine Bank, dafür aber eine Post in der Main Street (im Spar-Supermarkt).

Sehenswertes
GARINISH (ILNACULLIN) ISLAND

Den italienisch anmutenden **Garten** (☎ 63040; Erw./Sen. & Kind 3,70/2,20 €; ☼ Juli–Aug. Mo–Sa 9.30–18.30 & So 11–18.30, April–Juni & Sept. Mo–Sa 10–18.30 & So 11–18.30, März & Okt. Mo–Sa 10–16.30 & So 13–17 Uhr, letzter Einlass 1 Std. vor Schluss) auf Garinish Island

BEARA PENINSULA (RING OF BEARA)

muss man gesehen haben. Auf dem nähr-stoffreichen Boden und in dem warmen Klima gedeihen die exotischen Pflanzen prächtig. Vor allem Kamelien, Magnolien und Rhododendren bringen Farbe in die Landschaft, die sonst eher von Grün- und Brauntönen dominiert wird. Von dem **griechischen Tempel** am Ende einer Zypressenallee hat man einen phantastischen Ausblick, ebenso von der Spitze des **Martello-Turms**, der im 19. Jh. erbaut wurde, um nach einer möglichen napoleonischen Invasion Ausschau zu halten.

Erschaffen wurde dieser kleine, wundersame Ort Anfang des 20. Jhs., als die Besitzerin der Insel, Annan Bryce, den englischen Architekten Harold Peto beauftragte, einen Garten auf dem damals noch kargen Hang anzulegen.

Garinish Island ist in 10 Minuten mit dem Boot zu erreichen. Bei der Überfahrt kommt man an kleinen Inselchen und Seehundkolonien vorbei. Wenn der Garten geöffnet hat, setzt alle 20–30 Min. eine Fähre über. Im Ticket für Hin- und Rückfahrt (Erw. 8–12 €, Kind 6 €) ist der Eintritt für die Gärten nicht inbegriffen.

Blue Pool Ferries (☎ 63333) Vom Ortszentrum, in der Nähe des Quills Woollen Markets.

Harbour Queen Ferries (☎ 63116, 087-234 5861) Vom Pier gegenüber vom Eccles Hotel.

Lady Ellen (☎ 087-944 3784) Von Ellen's Rock, 1,6 km entlang der Straße nach Castletownbere.

BAMBOO PARK

Auch der **Bambus-Park** (☎ 63570; www.bamboo-park. com; Erw./Kind 5 €/gratis; ⏰ 9–19 Uhr) gedeiht dank des milden, frostfreien Klimas prächtig. Auf dem 12 ha großen Gelände wachsen exotische Pflanzen, Palmen und Baumfarne. Waldwege führen an der Küste entlang. Das Ufer säumen 13 efeubewachsene Steinsäulen, deren Herkunft selbst für Einheimische rätselhaft ist.

GLENGARRIFF WOODS NATURE RESERVE

Die 300 ha großen uralten **Wälder** am Gletschertal in Glengarriff gehörten im 18. Jh. der Familie White von Bantry House. In dem dichten Baumbestand wird genügend Feuchtigkeit gespeichert, sodass Farne und Moose besonders gut gedeihen. Hier wächst auch der seltene Rauhaar-Steinbrech mit winzigen weißen Blüten auf roten Stängeln.

COUNTY CORK

In den Wäldern und Sümpfen sind außerdem Irlands einzige auf Bäumen lebende Ameise und die seltene und geschützte Kerry-Nacktschnecke beheimatet. Mit ein bisschen Glück sieht man die gesprenkelten, cremefarbenen Bauchfüßler, wenn sie nach einem Regenschauer an Flechten nagen.

Im Reservat gibt es vier ausgeschilderte Wanderwege. Jeder führt durch Waldgebiete, über Berge, Flüsse und Wiesen. Die Routen lassen sich auch zu einer langen Wanderung verbinden (8,5 km, 3–4 Std.).

Um das Waldreservat zu erreichen, lässt man Glengarriff hinter sich und fährt auf der N 71 nach Kenmare. Der Zugang liegt ca. 1 km weiter auf der linken Seite.

Aktivitäten

Wer Hochseefischen gehen will, sollte Brendan von **Harbour Queen Ferries** (☎ 63116, 087-234 5861) anrufen.

Schlafen

Murphy's Village Hostel (☎ 63555; Main St; B/DZ 15/40 €) Mitten in Glengarriff gelegen, ist das Murphy's ein fröhliches, gut geführtes Hostel mit hellen, geräumigen Zimmern und gemütlichen Holzstockbetten. An lauen Sommerabenden trifft man sich auf der Dachterrasse mit Blick über den Wald. Den Besitzern gehört auch das nette Village Café, das von Juni bis September geöffnet hat.

Dowlings Camping & Caravan Park (☎ /Fax 63154; Castletownbere Rd; Campingplatz 18 €; ☼ Ostern–Okt.) Dieser ordentlich geführte Park liegt mitten in einem Wald, 4 km westlich von Glengarriff an der Straße nach Castletownbere. Zur Einrichtung gehören ein Spielzimmer und eine Bar mit Alkoholausschank, in der von Juni bis August allabendlich Livemusik geboten wird.

River Lodge B&B (☎ 63043; Castletownbere Rd; EZ/DZ 50/80 €; ☼ Febr.–Nov.; ℗) Am Ortsrand von Glengarriff, an der Straße nach Castletownbere, liegt das moderne River Lodge, umgeben von wunderschönen Gärten. Die Zimmer sind einfach und altmodisch eingerichtet, was zum Charme des Hauses mit beiträgt. Morgens servieren die freundlichen Besitzer ein selbst gekochtes Frühstück.

Casey's Hotel (☎ 63010; Main St; EZ/DZ 52/92 €; ℗) Das in die Jahre gekommene Casey's ist schon seit 1884 ein Hotel und besonders stolz auf berühmte Gäste wie Eamon de Valera. Die Zimmer sind nicht mehr auf dem neuesten Stand und bisweilen arg klein, dafür wird man warmherzig umsorgt. Aufhalten kann man sich außerdem in den charakteristischen Aufenthaltsräumen und im Patio-Garten.

Eccles Hotel (☎ 63003; www.eccleshotel.com; Glengarriff Harbour; DZ 126 €; ℗) Das Eccles Hotel blickt auf eine lange und recht distinguierte Geschichte zurück. Es wurde schon von Angehörigen des britischen Kriegsministeriums bewohnt sowie von den Schriftstellern Thackeray, George Bernard Shaw und W. B. Yeats. Die Einrichtung ist simpel, dafür sind die Zimmer groß und sonnig, und das Haus versprüht einen angenehm nostalgischen Charme. Die beste Aussicht hat man von einem der Zimmer im vierten Stock mit Blick auf die Bucht.

Essen

Rainbow Restaurant (☎ 63440; Main St; Mittagessen 9–15 €, Abendessen 14–28 €) Hier gibt's vorwiegend einheimische Gerichte, besonders Fisch. Auf einer der Außenbänke kann man sich bei einer Portion Bantry-Bay-Muscheln oder Fischsuppe mit Soda Bread den Abend wunderbar vertreiben.

Hawthorne Bar (Bargerichte 4,50–10 €, Gerichte 10–16 €) Hier geht es nicht sonderlich formell zu. Zu essen gibt's günstige Pubgerichte mit Riesenportionen. Dem Betreiber gehört auch das Rainbow Restaurant nebenan.

Martello Restaurant (☎ 63860; Garinish Ct, Main St; Mittagessen 11–18 €, Abendessen 20–28 €; ☼ Juni–Aug. Di–Sa 12.30–15.30 & 18.30–21.30, So 12.30–15.30, Sept.–Mai Do–Sa 18.30–21.30, So 12.30–15.30 Uhr) Dieses schicke, aber gemütliche Bistro serviert das beste Essen in Glengarriff. Auf der Mittagskarte stehen Steaksandwiches und Pastagerichte. Wer abends wiederkommt, kann einheimische Spezialitäten probieren, z. B. flambierte Jakobsmuscheln aus der Bantry Bay und Krebsscheren. Reservierung wird empfohlen.

An- & Weiterreise

Busse verkehren dreimal täglich von Montag bis Samstag (Sonntag 2-mal) von Glengarriff nach Bantry (3 €, 30 Min.) und Cork (13,50 €, 2½ Std.); seltener in die andere Richtung nach Adrigole und Castletownbere. Näheres beim Berehaven-Busdienst, siehe S. 255.

Unterwegs vor Ort

Glengarriff Cabs (☎ 63060, 087-973 0741; www.glengarrifftours.ie) veranstaltet Tagesausflüge. Nach Gene fragen!

ABSTECHER: BERE ISLAND

Irgendwer hat in den 1950er-Jahren auf dieser herrlich abgeschiedenen Insel die Uhren angehalten. Zumindest scheint es so, wenn man das geruhsame Treiben auf Bere mit dem Festland vergleicht. Zwischen der Insel, 2 km vor der Küste gelegen, und dem Örtchen Castletownbere erstreckt sich der zweittiefste natürliche Hafen der Welt (nach Sidney!). Bere hat nur 230 Bewohner; im Sommer strömen jedoch zahlreiche Urlauber hierher, die von der gemütlichen Gangart und der unberührten Natur angelockt werden. Wer unbedingt aktiv sein will, kann die zwei Martello-Türme und ein abgelegenes britisches Fort besichtigen, Spazier- und Radwege oder die vielen geschützten Badebuchten erkunden.

Das Dörfchen Rirreen im Osten ist touristisch am besten erschlossen. Hier gibt es einen Supermarkt, ein Pub, ein Café und die hellen, sauberen Zimmer der **Lawrence Cove Lodge** (☎ 027-75988; www.lawrencecovelodge.com; B/EZ/DZ 27/45/70 €, (&)). Derricreeveen im Westen hat ein Café und ein Pub.

Es gibt zwei Fährbetriebe nach Bere: **Bere Island Car Ferries** (☎ 027-75009; www.bereislandferries. com) fährt von Castletownbere nach Derricreeveen. Der **Murphy's Ferry Service** (☎ 027-75014; www.murphysferry.com) fährt von einem 3 km östlich von Castletownbere gelegenen Ponton aus nach Rirreen. Die Überfahrt dauert 20 Minuten; eine Hin- und Rückfahrt kostet für Fußgänger zwischen 6 und 8 €; für Autos 25 €.

Weitere Informationen über die Insel gibts auf www.bereisland.net.

VON GLENGARRIFF NACH CASTLETOWNBERE

Ab Glengarriff weiter westlich Richtung Castletownbere wird die Landschaft wilder und imposanter. Auf den beiden höchsten Erhebungen, dem Sugarloaf Mountain und dem Hungry Hill, schlängeln sich Steinmauern, sogenannte „Bänke", quer über die Hänge. Sie machen eine Bergwanderung recht anstrengend; bei Nebel wird es auch gefährlich. Wer sich in die Berge aufmachen will, sollte einen Kompass und Karten mitnehmen (die topografischen Karten 84 und 85 decken dieses Gebiet ab). Einheimische helfen gern weiter.

Adrigole besteht bloß aus einer Reihe einzelner Häuser und ist geradezu ideal für Wanderer und Segler, die es ruhig und friedlich mögen. Das **West Cork Sailing Centre** (☎ 027-60132; www.westcorksailing.com; The Boat House) bietet alles vom Kajak-Verleih bis hin zu Segeltrips für die ganze Familie. Ein halbtägiger Segelkurs kostet 160 €, eine Stunde Kajakfahren 12 € und ein „Action-Tag" mit verschiedenen Wasseraktivitäten 75 €.

Hungry Hill Lodge (☎ 027-60228; www.hungryhill lodge.com; Adrigole; Campingplatz 15 €, B 17 €, DZ 34–40 €; P) ist ein hervorragend eingerichtetes Hostel (samt Pub), gleich hinter Adrigole. Es liegt recht abgeschieden und ist die perfekte Unterkunft für Wanderer, Radfahrer und Wassersportler. Die Besitzer verleihen Fahrräder für 12,50 € pro Tag; Taucher können für 5 € ihre Sauerstoffflaschen auffüllen lassen.

CASTLETOWNBERE & UMGEBUNG

☎ 027 / 850 Ew.

In Castletownbere (Baile Chais Bhéara) spielt der Tourismus keine große Rolle, deshalb geht es hier angenehm alltäglich zu. Im Hafen herrscht reges Treiben, denn hier ist eine der größten Fischereiflotten Irlands zu Hause.

Die hilfsbereite **Touristeninformation** (☎ 70054; www.bearatourism.com; Main St; ☺ Di–Sa) befindet sich gleich vor der Church of Ireland. Bei der **Beara Action Group** (☎ 70880; www.bearainfo.com; 30/60 Min. 3,50/4,50 €) stehen Computer mit Internetzugang. In der Main Street findet man eine Post, einen Geldautomat der Allied Irish Bank und einige Pubs. **O'Shea's Laundrette** (☎ 70966; Main St; ☺ Mo–Fr 9–18, Sa ab 9.30 Uhr) verlangt 1 € pro Waschladung.

Sehenswertes

Das **Call of the Sea** (☎ 70835; www.callofthesea.com; North Rd; Erw./Kind 4/2 €; ☺ Juni–Aug. Mo–Fr 10–17, Sa & So 13–17 Uhr, ansonsten Öffnungszeiten telefonisch erfragen) ist ein kleines Museum mit maritimem Flair. Wer sich für Schmuggel, Bergbau, Fischerei und die alte Seefahrt rund um die Beara Peninsula interessiert, wird hier mit einer Reihe interessanter, manchmal auch interaktiver Exponate (man darf sogar das Morsegerät ausprobieren!) viel Spaß haben. Das Museum liegt an der R 571, die von Castletownbere nördlich verläuft.

Auf einem einsamen Hügel 2 km von Castletownbere entfernt thront der eindrucksvolle

COUNTY CORK

Steinkreis von Derreenataggart mit zehn Menhiren. Er liegt in der Nähe der Straße und ist am westlichen Ortsausgang an einer Rechtsabbiegung ausgeschildert. In der näheren Umgebung gibt es weitere solcher Steine.

8 km südwestlich von Castletownbere liegt das **Dzogchen Beara Buddhist Meditation Centre** (☎ 73032; www.dzogchenbeara.org; Garranes, Allihies) abgeschieden hoch oben auf dem Black Ball Head. Hier genießt man Einsamkeit und einige der besten Meerblicke im Westen von Cork. Übernachten kann man in kleinen **Ferienhäuschen** (305–425 € pro Woche) oder im **Hostel** (B 15 €). Besucher dürfen an Meditationen teilnehmen, außerdem werden regelmäßig Seminare angeboten. Weitere Informationen telefonisch oder per E-mail.

Aktivitäten

Beara Diving & Watersports (☎ 71682, 087-699 3793; www.bearadiving.com; The Square; ☺ Juni–Mitte Sept. 10–18, Mai Mo–Sa 12–17, Rest des Jahres Sa 10–17.30 Uhr) Organisiert PADI-Kurse und Tauchgänge (49 € mit Ausrüstung) von Ostern bis Mitte September. Wer Glück hat, trifft den freundlichen Meeraal Dirk.

Bike N Beara Bike Hire (☎ 74898, 086-1280 307; ab 12,50/70 € pro Tag/Woche) Bringt das Leihrad zur Unterkunft. Näheres bei SuperValu in der Main Street.

Sea Kayaking West Cork (☎ 70692, 086-309 8654; www.seakayakingwestcork.com) Bietet halbtägige Paddelausflüge für 45 €.

Silver Dawn (☎ 70979, 086-816 2899; www.irelandsea fishing.com) Schickes, neues Boot zum Hochseefischen (350 € für ½ Tag) oder Küstenrundfahrten (Erw./Kind 25/15 €).

Schlafen

Harbour Lodge Hostel (☎ 71043; www.harbourlodge. net; Old Convent; B/DZ 18/36 €; P ♿) Einst beherbergte dieses große Gebäude in einer Seitenstraße der Main Street ein Nonnenkloster. Ein merkwürdiger alter Ort, vor allem der an ein Refektorium erinnernde Speisesaal. Die Zimmer sind geräumig, aber etwas heruntergekommen. In den Doppelzimmern gibt es richtige Betten statt der sonst üblichen Stockbetten.

Rodeen B&B (☎ 70158; www.rodeencountryhouse. com; EZ/DZ 45/70 €; ☺ März–Okt.; P) Das reizende Rodeen liegt versteckt östlich oberhalb der Stadt. Das lichtdurchflutete Haus blickt direkt aufs Meer und ist umgeben von Gärten voller verwitterter Delphinsäulen und anderen Überraschungen. Auf den Frühstückstischen stehen Blumen aus dem Garten und es gibt selbst gemachte Scones mit Bienenhonig aus eigener Herstellung.

Cametringane Hotel (☎ 70379; www.camehotel.com; The Harbour; EZ/DZ 70/140 €; P) Das Beste an diesem sauberen Hotel sind die Zimmer mit Balkon, auf denen man in der Sonne sitzen und den Booten im Hafen zusehen kann. Die muss man allerdings lang im Voraus buchen. Das Hotel liegt ganz am Ende des Hafens.

Siehe auch **Dzoghen Beara Buddhist Meditation Centre** (siehe links).

Essen

Copper Kettle (☎ 71792; The Square; Gerichte 10–12 €; ☺ 10–17 Uhr) In diesem netten, kleinen Café nahe am Wasser gibt es riesige Portionen Lasagne, Pfannengerichte und Sandwiches, der eigentliche Knaller sind allerdings die selbst gebackenen Kuchen: erst Apfelkuchen, dann Scones und zum Schluss eine gehaltvollen Schokoladenkuchen. Himmlisch!

Olde Bakery (☎ 70869; oldebakerybeara@eircom.net; Castletown House; Gerichte 13–21 €; ☺ Di–So 17.30–21.30 Uhr und So 12–16.30 Uhr) Das Olde Bakery mit holzgetäfelten Wänden und rustikalem Flair ist eins der besten Restaurants im Ort und serviert große Portionen internationaler Speisen zu annehmbaren Preisen. Vor allem die Fischgerichte sind sehr lohnenswert, z. B. Garnelen in Saté-Soße.

Zutaten für ein ordentliches Picknick findet man bei **Taste** (☎ 71842; Main St; ☺ 9.30–18 Uhr).

Ausgehen

McCarthy's Bar (☎ 70014; Main St) Wer eine Ausgabe von Pete McCarthys Bestseller *McCarthy's Bar* dabeihat, wird freudig entdecken, dass das Haus auf dem Umschlag in der Main Street steht. McCarthy's ist Gemüseladen und Pub zugleich; wer also zu seinem Glas Beamish eine Dose Pfirsiche und eine Flasche Bleichmittel kaufen will, ist hier genau richtig. Drinnen finden regelmäßig Konzerte statt, witzig ist das winzige Extrazimmer.

An- & Weiterreise

Bus Éireann (☎ 021-450 8188) unterhält montags bis samstags drei Verbindungen von Cork nach Castletownbere (17 €, 3¼ Std.) über Bantry, Glengarriff und Adrigole; an Sonntagen fahren zwei Busse. Das private Busunternehmen **Harringtons** (☎ 74003) verkehrt täglich außer donnerstags und sonntags um 8 Uhr zwischen Cork und Castletownbere. **O'Donoghue's** (☎ 70007) fährt am Donnerstag um 7.30 Uhr und am Sonntag um 16.50 Uhr. Alle Busse starten am Platz.

DURSEY ISLAND

☎ 027 / 60 Ew.

Die winzige Dursey Island am Ende der Halbinsel kann mit Irlands einziger **Seilbahn** (Hin- und Rückfahrt Erw./Kind 4/1 €; ☾ Mo–Sa 9–11, 14.30–17 & 19–20, So 9–10, 13–14, 16–16.30 & 19–19.30 Uhr) erreicht werden, die gefährliche 30 m über dem Dursey Sound schwebt. In der Warteschlange haben Kühe und Schafe Vorrang; Fahrräder sind nicht erlaubt. Die o. g. späteren Zeiten beziehen sich nur auf die Rückfahrt.

Die nur 6,5 km lange und 1,5 km breite Insel ist ein Schutzgebiet für Wildvögel und Wale; auch Delphine schwimmen manchmal im umliegenden Meer. Die Insel selbst hat keine Unterkünfte, dafür gibt es überall gute Stellen zum Zelten.

Der **Beara Way** führt 11 km rund um die Insel; das Stellwerk bietet sich als Ziel für einen kurzen Spaziergang an.

DIE NORDSEITE VON BEARA

Eine einspurige Straße schlängelt sich um die Nordküste, vorbei an mit Felsbrocken übersäten Hängen, die dramatisch zum Meer abfallen. Die Gegend wirkt herrlich abgelegen, nur ein paar Schafherden und der eine oder andere Hirtenhund leisten einem Gesellschaft.

Allihies & Die Kupferminen

Kupfererzvorkommen wurden erstmals 1810 auf der Halbinsel Beara gefunden. Der Bergbau machte die Familie Puxley, welcher das Land gehörte, schnell reich, während die bis zu 1300 Arbeiter für Hungerlöhne unter riskanten, gesundheitsschädlichen Bedingungen arbeiten mussten. Erfahrene kornische Minenarbeiter wurden hierhergeholt. Die dramatischen Ruinen der Maschinenhäuser gleichen den Zinnminen an Cornwalls Küste. Noch in den 1930er-Jahren wurden über 30 000 Tonnen reines Kupfer pro Jahr ausgeführt, 1962 jedoch machte auch die letzte Mine dicht. Wer hier spazieren geht, sollte auf versteckte Minenschächte achten.

In Allihies (Na hAilichi) gibt es ein paar Pubs und B&Bs, und im Sommer hat eine kleine Touristeninformation neben der Kirche geöffnet.

Von Eyeries nach Lauragh

Von Allihies führt eine Küstenstraße 23 km gen Norden und Osten. Von Fuchsien- und Rhododendronbüschen gesäumt, schlängelt

sie sich bis nach **Eyeries**. Dessen bunte Häuschen mit Blick auf die Coulagh Bay sind eine beliebte Filmkulisse. Außerdem kommt der **Milleens-Käse** (☎ 027 74079; www.milleenscheese.com) von hier. Herstellerin Veronica Steele empfängt bei vorheriger Anmeldung Gäste in ihrer Käserei.

Die Küstenstraße trifft bei der kleinen Ortschaft **Ardgroom** (Ard Dhór) wieder auf die Hauptstraße. Weiter östlich Richtung Lauragh weisen Schilder zum **Steinkreis von Ardgroom**, ein ungewöhnliches Monument aus der Bronzezeit mit neun hohen, schlanken Hinkelsteinen. Parken kann man am Ende der schmalen Zufahrt. Den Kreis sieht man schon aus 200 m Entfernung; ein Pfad führt durch das Marschland dorthin.

Lauragh (Laith Reach), nordöstlich von Ardgroom, liegt bereits in der Grafschaft Kerry. Hier sind die **Derreen Gardens** (☎ 064-83103; Erw./Kind 6/3 €; ☾ April–Okt. 10–18 Uhr) zu besichtigen, die der fünfte Lord Lansdowne an der Wende zum 20. Jh. anlegen ließ. Moosbewachsene Wege sind hier vorbei an unzähligen interessanten Pflanzen, darunter spektakuläre Baumfarne aus Neuseeland und Riesenlebensbäume. Hin und wieder sieht man in Ufernähe einen Seehund.

Von Lauragh führt eine Serpentinenstraße 11 km südlich über den **Healy Pass** und hinunter nach Adrigole. Der Blick auf die felsige Landschaft fernab der Küste ist atemberaubend. Rund 1 km westlich von Lauragh, an der R 572, verläuft eine Straße zum **Glanmore Lake**, wo auf einer winzigen Insel inmitten des Sees die Überreste einer alten Einsiedelei zu besichtigen sind. In der Gegend gibt es einige Wanderwege, manche sind aber nur schwer erreichbar. Am besten vor Ort fragen.

Schlafen & Essen

In Eyeries, Ardgroom und Allihies findet man Pubs und B&Bs. In der Hochsaison am besten bei der Touristeninformation in Castletownbere nachfragen (S. 259).

Glanmore Lake Hostel (☎ 064-83181; www.anoige. ie; Glanmore Lake; B Erw./Kind 15/12 €; ☾ Ende Mai–Ende Sept.; Ⓟ) Die zeitlose Atmosphäre und schöne Umgebung im Herzen Glanmores machen dieses abgelegene An Óige Hostel zu einem wunderbaren Ort. Untergebracht ist es in Glanmores altem National Schoolhouse, 5,6 km von Lauragh entfernt. Die Straße zum Glanmore Lake nehmen und ihr immer weiter folgen.

Allihies Village Hostel (☎ 027-73107; www.allihies hostel.net; Allihies; B/DZ/FZ 18/50/65 €; 🔥) Dieses vorbildliche Hostel wird von Vater Michael und Tochter Sarah betrieben. Das Haus glänzt vom Boden bis zum Dach, die mit Dielenboden ausgelegten Schlafsäle und Aufenthaltsräume sind elegant eingerichtet; es gibt einen Innenhof und einen Grillbereich. Michael ist ein wandelnder Reiseführer der Gegend und gibt gern über Wanderwege und Ponytreks Auskunft.

Josie's Lakeview House (☎ 064-83155; Glanmore Lake; Mittagessen 3–13 €, Abendessen 14–24 €) Ein schönerer Ausblick zum Abendessen muss in Irland erst noch gefunden werden. Das Josie's liegt auf einem Hügel hoch über dem Glanmore Lake – zur Mittagszeit glitzert die Sonne auf dem Wasser, abends versinkt sie hinter den Bergen. Die Philosophie der Küche ist einfach: Essen wie bei Muttern, aber noch besser. Auf der Tageskarte stehen Salate und Sandwiches, abends locken würziges Lamm und besondere Fischgerichte. Das Josie's liegt 4 km von Lauragh entfernt an der Straße zu Glanmore Lake, dort den Schildern folgen.

An- & Weiterreise

Der Busverkehr ist eingeschränkt. Die Linie 282 verkehrt nur im Juli und August, von Montag bis Samstag zweimal täglich, zwischen Kenmare und Castletownbere über Lauragh. Auskunft über Fahrzeiten und Preise erteilt **Bus Éireann** (☎ 021-450 8188; www.buseireann. ie). Nach Allihies fährt das private Busunternehmen **O'Donoghue's** (☎ 027-70007).

NÖRDLICHES CORK

Der Norden von Cork ist nicht ganz so glamourös und romantisch wie die Küstenregionen der Grafschaft; trotzdem wirkt die Gegend erfrischend anders, und die Städte und Dörfer haben ihren ganz eigenen ländlichen Charakter.

MALLOW

☎ 022 / 7900 Ew.

Mallow (Mala), ein wohlhabender Ort im Blackwater-Tal, ist ideal für alle, die gern angeln, golfen oder Pferderennen mögen. Im 19. Jh. tauften Besucher den Badeort „das Bath Irlands". Heute hinkt der Vergleich etwas,

obwohl die Architektur im Stadtzentrum den Glanz von einst noch anzudeuten vermag.

Die **Touristeninformation** (☎ 42222; www.east corktourism.com; ⏰ Mo–Fr 9.30–13 & 14–17.30 Uhr) hilft bei Unterkunft und Aktivitäten.

Im Ort selbst kann man weiße Damhirsche beobachten, die rund um die imposanten Ruinen des **Mallow Castle** (Bridge St) von 1585 grasen. Ebenfalls sehenswert ist das elegante **Clock House** (Bridge St), das ein Hobbyarchitekt nach einem Urlaub in den Bergen entwarf – was man dem Haus überhaupt nicht ansieht.

Angelruten vermietet **Country Lifestyle** (☎ 20121; Spa Walk) nahe der Touristeninformation für 10–15 € pro Tag, **Cremin Cycles** verleiht Fahrräder für 15 € pro Tag (☎ 42465; Bridge St).

Ard Na Laoi (☎ /Fax 22317; Bathview, Mallow; EZ/DZ 39/60 €; Ⓟ) ist eine friedliche Oase, ein wunderschönes Haus mit großen einladenden Gästezimmern, umgeben von einem Garten. Im Flur und in den Empfangsräumen fallen vor allem die bemalten Zinndecken ins Auge, eine amerikanische Mode, die der ursprüngliche Besitzer anbringen ließ.

Im **Longueville House** (☎ 47156; www.longueville house.ie; EZ/DZ 110/260 €; Ⓟ), 7 km von Mallow an der N 72, herrscht eine zeitlose Atmosphäre wie in allen guten Landhaushotels. Die Räumlichkeiten, von den exquisiten Gästezimmern bis hin zum berühmten President's Restaurant, sind aufwändig gestaltet. Man kann angeln, in den Gärten lustwandeln, am offenen Kamin Zeitung lesen oder einfach den ganzen Tag Leckereien aus lokalem Anbau probieren.

Busse verkehren jeden Tag stündlich zwischen Mallow und Cork (7,90 €, 35 Min.), Züge alle 2 Stunden (8 €, 25 Min.).

MALLOW & UMGEBUNG

Bei Buttevant, rund 20 km nördlich von Mallow an der N 20, stehen die Ruinen eines **franziskanischen Klosters** aus dem 13. Jh. Zwischen Mallow und Killarney lohnt sich ein Abstecher zu den gut erhaltenen Überresten des **Kanturk Castle** aus dem 17. Jh. Die Burg diente vom frühen 17. Jh. bis 1906 erst als Festung und später als Landhaus, heute wird sie nur noch von Krähen bewohnt.

In dem 161 ha großen angelegten **Doneraile Park** (⏰ schließt um 20 Uhr) 13 km nordöstlich von Mallow grast friedlich das Rotwild. Es gibt Wanderwege durch den Wald sowie Wasserspiele und Spielplätze für die Kleinen.

County Kerry

Kerry kommt dem Mythos Irland am nächsten: Jenes keltische Königreich, das sich mit seinen nebligen Hügeln auf Hochglanzbroschüren, in Hollywoodfilmen und unseren eigenen Tagträumen romantisch in Szene setzt. Zwischen schneebedeckten Gipfeln tummeln sich mittelalterliche Ruinen, Gletscherseen, Küstenhalbinseln, stürmische Strände, einsame Inselgruppen, abgeschiedene Dörfer und größere Ortschaften, aus denen jeden Abend Musik ertönt.

Die meisten Besucher bleiben in Killarney hängen. Und die Städter wissen, wie man ein Hotel zu führen hat; auf den Tisch kommt Fisch aus dem Atlantik und Lamm aus Kerry. Statt öffentlicher Gärten gibt es einen 10 000 ha großen Nationalpark. Im nahe gelegenen Gap of Dunloe windet sich die kurvige Straße halsbrecherisch unterhalb der Macgillycuddy's Reeks, zu denen neun der zehn höchsten Berge Irlands gehören.

Nicht selten kommen Besucher in dem Glauben, der berühmte Ring of Kerry sei ein „Ort", den man kurz mal besuchen kann. In Wahrheit ist es ein 179 km langer Rundweg um die Iveragh Peninsula und einer der schönsten „Roadtrips" der Welt. Wie ein Pubschild besagt: Hier gibt es Irlands schönste Aussicht… wenn der Nebel es zulässt. Gegenüber der Bucht (mit eigenem Delphin) wartet die Halbinsel Dingle mit der höchsten Konzentration an antiken Stätten im ganzen Land sowie mit dem Mount Brandon, Irlands achthöchstem Berg, auf.

Eine derart phantastische Landschaft ist auch ein Magnet für Touristenbusse. Die Besucherhorden kann man allerdings umgehen, indem man auf die kleineren Seitenstraßen und Bergpässe ausweicht. Was die Bevölkerung betrifft, so ist Kerry in ganz Irland berühmt für seinen stolzen Provinzialismus und seine ländliche Durchtriebenheit. Am besten lauscht man einfach mal den haarsträubenden Geschichten der Droschkenfahrer in Killarney.

HIGHLIGHTS

- **Abgelenkte Autofahrer** Den Ring of Kerry entlang, vorbei an Bergen und Stränden (S. 283)
- **Lachs oder Steak** Keltische Gastfreundschaft in Killarney (S. 264) und Kenmare (S. 294)
- **Insel-Hopping** Die felsigen Skelligs (S. 289) und einsamen Blaskets (S. 315)
- **Bier oder Schraubenzieher** Im lebhaften Örtchen Dingle verkaufen die Pubs auch Werkzeug (S. 304)
- **Umgarnt** Das Literaturörtchen Listowel (S. 304) und seine Geschichtenerzähler
- **Aktivitäten mit Herz** Zu Land oder zu Wasser bei Derrynane (S. 292) und Rough Point (S. 310)

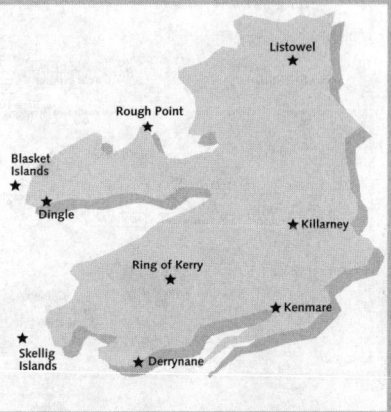

- EINWOHNER: 139 900
- FLÄCHE: 4746 KM²

KILLARNEY

☎ 064 / 16 800 Ew.

Killarney und seine gut geölte Touristenma-
schinerie ist von herrlichster Landschaft umgeben, die ein phantastisches Postkartenmotiv
abgibt. In der Stadt herrscht eine niedlich-
putzige Atmosphäre: Heerscharen von Besuchern machen hier halt, um Stofftiere in Form
von Kleeblättern zu kaufen; Plakate an jeder
Straßenecke werben für traditionelle irische
Livemusik. Neben ihrer Nähe zu Seen, Wasserfällen, Wäldern und Sümpfen im Schatten von
1000 und mehr Meter hohen Bergen, haben
Reisende in Killarney noch den Vorteil, dass
der Tourismus hier schon vor über 250 Jahren

Einzug gehalten hat. Und da die Konkurrenz
bekanntlich nicht schläft, findet man für jeden
Geldbeutel hervorragende Restaurants, großartige Pubs und gute Unterkünfte.

GESCHICHTE

Die ersten Bewohner in Killarney und Umgebung gab es vermutlich schon in der Jungsteinzeit. Während der Bronzezeit entstanden
hier Siedlungen wegen der Kupfererzminen
auf Ross Island. Killarney wurde in dieser
Periode von immer neuen Kriegsstämmen
eingenommen, wobei die Firbolg („Beutel-
männer") zu den bekanntesten gehören. Sie
waren exzellente Steinmetze, bauten Festungen (u. a. auch Staigue) und entwickelten die
Ogham-Schrift.

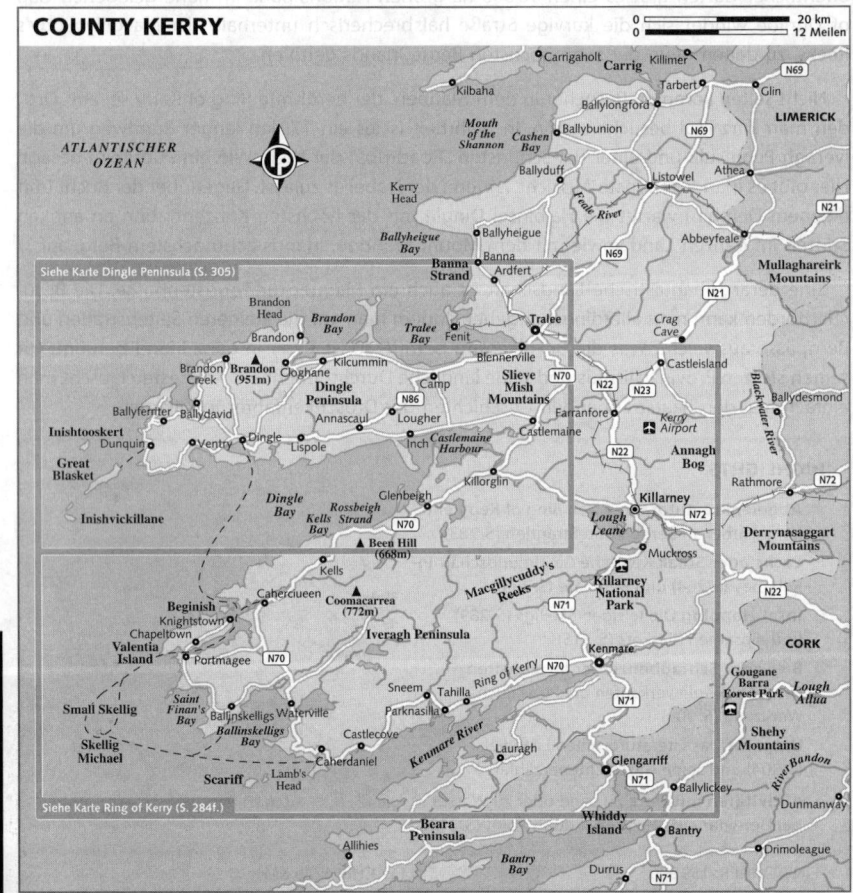

Im 7. Jh. gründete der Hl. Finian ein Kloster auf Inisfallen Island, und Killarney wurde zum christlichen Zentrum der Region. Später vertrieb der O'Donoghue-Clan die Gälen, ehe sie im 15. Jh. Ross Castle errichteten.

Erst im 17. Jh. wandelte sich die Stadt unter Lord Kenmare zu einem Touristenort, einer irischen Version des Lake District in England. Zu den vielen berühmten Besuchern im 19. Jh. gehören der romantische Dichter Percy Bysshe Shelley, der sein *Queen Mab* hier zu schreiben begann, und die englische Königin Viktoria.

ORIENTIERUNG

Das Zentrum von Killarney ist dort, wo die New Street auf High Street und Main Street trifft. Im Süden geht die High Street in die Main Street über und mündet östlich in den Kenmare Place und die East Avenue Road, wo alle großen Hotels zu finden sind. Der Nationalpark befindet sich südlich der Stadt, die Bahnhöfe für Bus und Züge liegen im Osten.

PRAKTISCHE INFORMATIONEN
Bibliotheken
Killarney Library (☎ 32655; Rock Rd; ☺ Mo, Mi, Fr & Sa 10–17, Di & Do 10–20 Uhr)

Buchläden
Killarney Bookshop (☎ 34108; 32 Main St)
Pages Bookstore (☎ 26757; 20 New St)

Geld
In vielen Banken gibt es entweder eine Wechselstube bzw. Geldautomaten oder beides.

Gepäckaufbewahrung
Gepäckaufbewahrung (☎ 37509; 2 € pro Gepäckstück; ☺ Mo–Sa 7–18 Uhr) Am Busbahnhof; beim Café nachfragen.

Infos im Internet
www.corkkerry.ie Praktische Seite mit Unterkünften und Informationen für den gesamten Südwesten.

Internetzugang
Killarney Library (☎ 32655; Rock Rd) Der Internetzugang der Bücherei darf kostenlos genutzt werden.
Leaders (☎ 39635; Beech Rd; 1,80/3 € pro 30 Min./1 Std.; ☺ Mo–Fr 9.30–18, Sa 10.30–17.30 Uhr)
WEB-Talk (☎ 22523; 12 Main St; 2/4 € pro 30 Min./1 Std.; ☺ Mo–Sa 9.30–22, So 11–22 Uhr) Hat auch günstige Telefontarife fürs Ausland.

Medizinische Versorgung
Die nächstgelegene Unfall- und Notfallaufnahme ist im General Hospital in Tralee (S. 297).
SouthDoc (☎ 1850-335999; Upper Park Rd) Ärzte außerhalb der normalen Sprechzeiten.

Notfall
Für sämtliche Notfälle (Ambulanz, Polizei oder Feuerwehr) gilt die ☎ 999.

Post
Killarney-Postamt (☎ 31461; New St; ☺ Mo & Mi–Sa 9–17.30, Di ab 9.30 Uhr)

Toiletten
Öffentliche Toiletten gibt es am Kenmare Place.

Touristeninformation
Frank Lewis (☎ 31108; www.guidekillarney.com; 6 Bridewell Lane) bringt den *Guide Killarney* (5 €) heraus, ein recht gutes Stadtmagazin, das in vielen Hotels, B&Bs, Hostels und Buchläden ausliegt. Man bekommt es auch direkt beim Herausgeber.
Touristeninformation (☎ 31633; www.corkkerry.ie; Beech Rd; ☺ Juni–Aug. 9–20, Sept.–Mai 9.15–17 Uhr) Immer voll, aber praktisch; hat eine gute, kostenlose Karte für den Nationalpark.

Waschsalon
Gleeson's (☎ 33877; Brewery Lane; 12 € pro 6 kg; ☺ Mo–Sa 9–18 Uhr)

SEHENSWERTES

Am westlichen Ende der New Street befindet sich die kreuzförmige **St. Mary's Cathedral** (☎ 31014; Cathedral Pl). Die zwischen 1842 und 1855 erbaute Kathedrale ist ein hervorragendes Beispiel für neogotische Architektur. Für den Bau ließ sich Architekt Augustus Pugin von der Ardfert Cathedral (siehe S. 300) bei Tralee inspirieren.

Das **Famine Memorial** wurde 1972 von der Republican Graves Association zum Gedenken an die Opfer der großen Hungersnot am Nordende der High Street errichtet. Mit Entschlossenheit, in der sich die unerbittliche Hoffnung auf ein vereintes Irland ausdrückt, besagt die Inschrift: „Dieses Denkmal wird erst enthüllt, wenn Irland frei ist."

Auf dem Fair Hill steht ein **Franziskanerkloster** von 1860 mit einem prunkvollen Altargemälde im flämischen Stil, eindrucksvollen

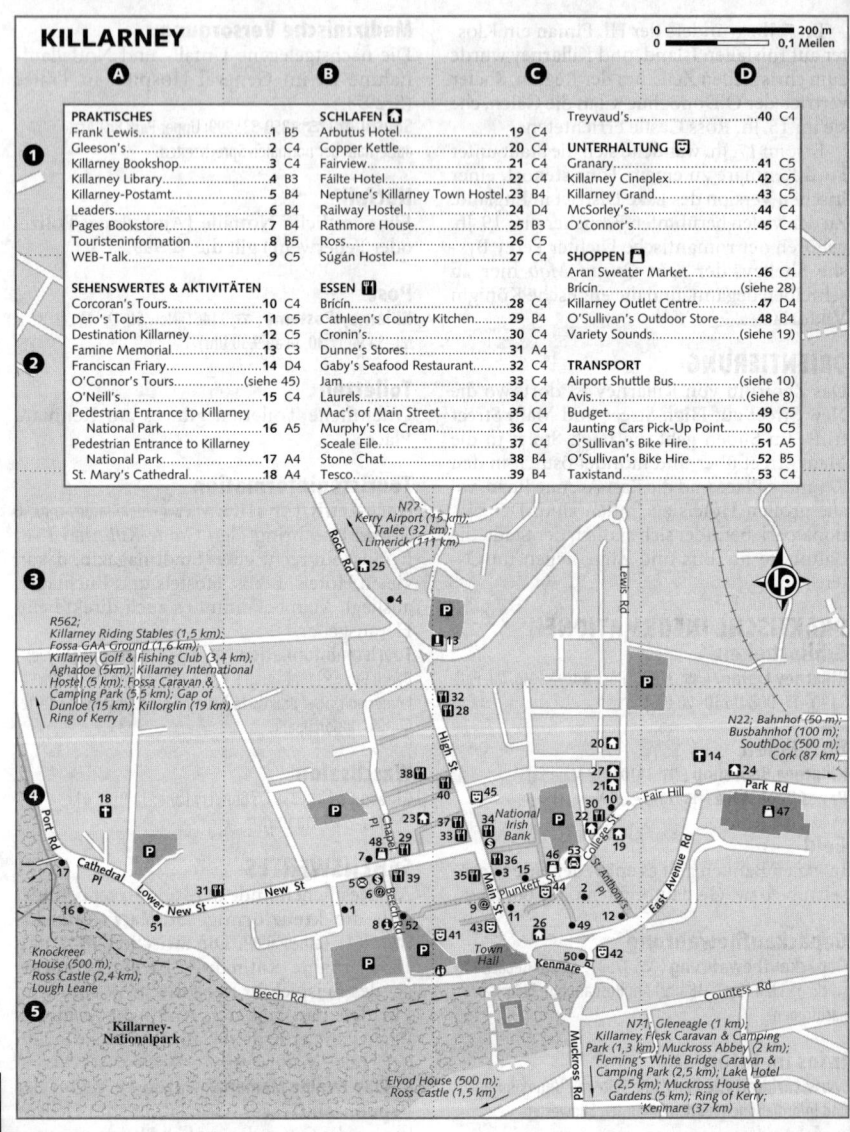

KILLARNEY

0 — 200 m
0 — 0,1 Meilen

PRAKTISCHES
Frank Lewis...................................1 B5
Gleeson's......................................2 C4
Killarney Bookshop........................3 C4
Killarney Library............................4 B3
Killarney-Postamt..........................5 B4
Leaders...6 B4
Pages Bookstore............................7 B4
Touristeninformation.....................8 B5
WEB-Talk......................................9 C5

SEHENSWERTES & AKTIVITÄTEN
Corcoran's Tours...........................10 C4
Dero's Tours.................................11 C5
Destination Killarney.....................12 C5
Famine Memorial..........................13 C3
Franciscan Friary...........................14 D4
O'Connor's Tours...................(siehe 45)
O'Neill's.......................................15 C4
Pedestrian Entrance to Killarney
    National Park.............................16 A5
Pedestrian Entrance to Killarney
    National Park.............................17 A4
St. Mary's Cathedral......................18 A4

SCHLAFEN
Arbutus Hotel...............................19 C4
Copper Kettle................................20 C4
Fairview..21 C4
Fáilte Hotel...................................22 C4
Neptune's Killarney Town Hostel...23 B4
Railway Hostel..............................24 D4
Rathmore House............................25 B3
Ross..26 C5
Súgán Hostel.................................27 C4

ESSEN
Brícín..28 C4
Cathleen's Country Kitchen............29 B4
Cronin's..30 C4
Dunne's Stores..............................31 A4
Gaby's Seafood Restaurant............32 C4
Jam...33 C4
Laurels..34 C4
Mac's of Main Street......................35 C4
Murphy's Ice Cream.......................36 C4
Scole Eile......................................37 C4
Stone Chat....................................38 B4
Tesco..39 B4

Treyvaud's.....................................40 C4

UNTERHALTUNG
Granary...41 C5
Killarney Cineplex..........................42 C5
Killarney Grand..............................43 C5
McSorley's.....................................44 C4
O'Connor's.....................................45 C4

SHOPPEN
Aran Sweater Market.....................46 C4
Brícín....................................(siehe 28)
Killarney Outlet Centre..................47 D4
O'Sullivan's Outdoor Store.............48 B4
Variety Sounds......................(siehe 19)

TRANSPORT
Airport Shuttle Bus................(siehe 10)
Avis.......................................(siehe 8)
Budget..49 C5
Jaunting Cars Pick-Up Point..........50 C5
O'Sullivan's Bike Hire....................51 A5
O'Sullivan's Bike Hire....................52 B5
Taxistand......................................53 C4

Fliesenarbeiten und einem Buntglasfenster von Harry Clarke. Der organische Stil des Dubliner Künstlers war von Jugendstil, Art Déco und Symbolismus beeinflusst.

AKTIVITÄTEN

Forellen und Lachse angeln kann man in den Flüssen Flesk (10 € pro Tag) und Laune (25 € pro Tag); für Lachse braucht man jedoch eine Lizenz (48 € pro 21 Tage). In den Seen im Killarney-Nationalpark darf man Bachforellen auch umsonst fischen. Informationen, Lizenzen, Genehmigungen und leihbare Angelausrüstungen gibt es bei **O'Neill's** (☎ 31970; 6 Plunkett St) – sieht aus wie ein Souvenirladen, ist aber ein traditionsreiches Angelzentrum.

COUNTY KERRY

Die **Killarney Riding Stables** (☎ 31686; Ballydowney; Ausritte 30/50/70 € pro 1/2/3 Std.) liegen 1,5 km westlich vom Stadtzentrum an der N72. Der gut geführte Betrieb bietet für erfahrene Reiter zwei- bis fünftägige Ausritte über die Iveragh Halbinsel.

3,4 km ebenfalls westlich von Killarney an der N72 kommen Golffans im **Killarney Golf & Fishing Club** (☎ 31034; www.killarney-golf.com; Mahony's Point; Platzgebühr 40–120 € pro Pers., Schlägermiete 30–40 €) auf ihre Kosten. Zwei der drei Golfplätze erstrecken sich am Lough Leane und einer an künstlich angelegten Seen; von allen dreien hat man einen herrlichen Blick auf die Berge.

SCHLAFEN

Budgetunterkünfte

Manche Hostels holen ihre Gäste vom Busbahnhof oder Bahnhof ab. Die meisten verleihen Fahrräder zu günstigeren Preisen, bieten Ausritte und Touren rund um den Ring of Kerry, die Halbinsel Dingle und zu Sehenswürdigkeiten vor Ort an. Im Sommer sollte man vorab buchen.

Neptune's Killarney Town Hostel (☎ 35255; www.neptuneshostel.com; Bishop's Lane, New St; B 14–17,50 €; 💻) In den gemischten Schlafsälen des Neptune's stehen über 150 Betten bereit; trotzdem wirkt das zentral gelegene Hostel viel behaglicher und privater, was wohl an dem flackernden Kaminfeuer an der Rezeption, dem kostenlosen Internetzugang und dem stets freundlichen Service liegen mag. Frühstück (2,50 €) wird in der großen Küche serviert.

Súgán Hostel (☎ 33104; www.killarneysuganhostel.com; Lewis Rd; B/DZ 15/40 €) Hinter der Pub-ähnlichen Fassade versteckt sich ein liebenswert exzentrisches Hostel mit loderndem Torffeuer im Aufenthaltsraum und niedrigen Decken. Der Manager des 250 Jahre alten Súgáns, Pa Sugrue, verspricht selbstbewusst, Gästen ihr Geld zurückzugeben, sollten seine Geschichtenabende im O'Connor's (S. 277) sie unbeeindruckt lassen.

Fossa Caravan & Camping Park (☎ 31497; www.camping-holidaysireland.com; Fossa; Campingplatz 15 €, Hostel 13–17 €; 🕑 Ostern–Sept.). Der bessere der beiden Campingplätze liegt 5,5 km westlich von Killarney an der N72 nach Killorglin. Es gibt ein Restaurant, und die beschauliche Lage bietet Ausblicke auf die Macgillycuddy's Reeks.

Killarney International Hostel (☎ 31240; anoige@killarney.iol.ie; Aghadoe House, Fossa; B 16–22 €, DZ 46 €; P 💻) Das Haus aus dem 18. Jh. gehörte früher den Baronen von Headley, liegt 5 km westlich vom Zentrum Killarneys und ist auf der N72 ausgeschildert. Umgeben von 31 ha Wald wirkt dieses Hostel mit seinen 170 Betten erstaunlich gemütlich. Das An-Óige-Mitglied bietet ein Frühstück für 5 bis 7 €, Lunchpakete, einen Waschraum und einen kostenlosen Bustransfer nach und von Killarney (Juni–Sept.).

Railway Hostel (☎ 35299; www.killarneyhostel.com; Fair Hill; B 16–22 €, EZ/DZ 35/50 €; P) Dieses moderne Hostel in Bahnhofsnähe ist recht einladend: Die Zimmer verfügen über Bad und Stockbetten in privaten Nischen. Karten und Fahrradrouten zieren die Wände. Im Preis ist ein kleines Frühstück inbegriffen.

Killarney Flesk Caravan & Camping Park (☎ 31704; www.campingkillarney.com; Muckross Rd; Campingplatz 19 €; 🕑 Ostern–Sept.) Der von Wäldern und Bergen

FUSSBALLVERRÜCKT

Clubs für Gaelic Football gibt es in Irland so viele wie grüne Wiesen und Kneipenschilder mit dem Wörtchen Guinness. Und trotzdem ist die Begeisterung für den Sport in Kerry größer als sonst wo, während Fußball und selbst Hurling beinahe abgeschrieben sind. Gaelic Football gehört zu Kerry wie Rugby zu Neuseeland oder Fußball zu Brasilien.

Organisiert von der GAA (Gaelic Athletic Association) wird diese Sportart von zwei Teams à 15 Mann auf einem H-förmigen Rasenfeld mit einem schweren Lederball gespielt. Auf jeder Seite stehen zwei Tore mit Netzen. Die Punktevergabe ist ziemlich verwirrend: Die Spieler dürfen den Ball kicken, tragen, mit der Hand weitergeben oder toe-tappen (der Ball wird auf den Fuß fallen gelassen und zurück in die Hand gekickt). Die Spielregeln, ähnlich wie beim australischen Football, gehen zurück auf das 16. Jh. Die heutige Form entstand allerdings erst im 19. Jh.

Wer eine Partie Gaelic Football live erleben will und gerade zur Spielsaison in der Stadt ist (Febr.–Sept.), sollte sich zum Fossa GAA Ground an der N72 aufmachen, 1,6 km westlich vom Zentrum. Mehr über das Spiel erfährt man von den langjährigen Kommentatoren in den Pubs – am besten bei einem Pint im Gaelic-Football-Schrein von Jimmy O'Brien's (in Fair Hill).

umgebene Campingplatz befindet sich ca. 1,3 km südlich der Stadt an der N71. Dazu gehören ein Fahrradverleih, ein Supermarkt, ein Restaurant-Café und eine Bar.

Mittelklassehotels

B&Bs und Pensionen gibt es in Killarney zwar wie Sand am Meer, trotzdem kann die Zimmersuche zwischen Juni und August schwierig werden. Am besten, man lässt sich von der Touristeninformation bei der Buchung helfen (4 €). Gute Adressen sind die New Road, Rock Road und Muckross Road (oder die Seitenstraßen der Muckross Road).

Rathmore House (☎ 32829; rathmorehousekly@iol. ie; Rock Rd; EZ/DZ 50/80 €; ☯ März–Okt.; P) In diesem traditionellen, familiengeführten B&B am nördlichen Ortseingang wird man stets herzlich empfangen. Die Zimmer (mit Bad) sind mit Kirschholzmöbeln eingerichtet und wirken genauso fröhlich wie die Besitzer selbst.

Elyod House (☎ 36544; www.elyodhouse.ie; Ross Rd; EZ/DZ 55/72 €; P) Dieses ruhig gelegene, moderne Haus befindet sich an der Straße nach Ross Castle, nur wenige Minuten von der Innenstadt entfernt. Die Zimmer sind sauber und frisch, und man wird freundlich willkommen geheißen.

Northwood House (☎ 37181; www.northwoodhouse. com; 5 Muckross View; Zi. 64–80 €) Man erreicht dieses ruhige B&B südöstlich der Stadt über die Countess Road. Herrliche Ausblicke versprechen die modernen, mit Bad und TV ausgestatteten Zimmer.

Copper Kettle (☎ 34164; Lewis Rd; EZ/DZ 70/100 €; P) Was in diesem modernen B&B als Erstes auffällt, ist die alte Standuhr in einer speziell dafür angefertigten Nische am Eingang. In den gemütlichen Zimmern dominiert eine Inneneinrichtung aus hellem Holz. Ein großes Frühstück wird ein paar Meter weiter in der angrenzenden Pension Fairview serviert.

Fáilte Hotel (☎ 33404; failtehotel@eircom.net; College St; EZ/DZ 75/120 €) Das Fáilte wurde erst kürzlich renoviert. Zwar ist das Preis-Leistungs-Verhältnis eher mittelprächtig, dafür stimmen aber Lage, Restaurant und Bar, wo im Sommer jeden Abend Livemusik gespielt wird. Die 15 Zimmer, besonders Nr. 5, sind hübsch mit bunten Flickensteppdecken, Blumen und modernen Bildern geschmückt.

Spitzenklassehotels

Fairview (☎ 34164; www.fairviewkillarney.com; Lewis Rd; EZ/DZ 80/130 €; P ♿ 🖳) Komfort und Charak-

ter zeichnen dieses Hotel aus. Hübsche Details wie geschwungene Armaturen, Antikmöbel, Fußbodenheizung, Whirlpool und Plasmafernseher, ein zuvorkommender Service und die Lage (abseits vom Zentrum, aber zu Fuß erreichbar) sind perfekt.

Arbutus Hotel (☎ 31037; www.arbutuskillarney.com; College St; EZ/DZ ab 80/150 €; ☯ Febr.–Nov.) Die Zimmer sind unterschiedlich eingerichtet, ob mit keltisch anmutenden Möbeln aus den 1920er-Jahren oder modern mit schwarz-weiß gefliesten Bädern und einer Badewanne in großzügiger Nische. In Buckley's Bar wird Samstag- und Montagabend sowie sonntags zur Mittagszeit traditionelle irische Musik gespielt.

The Ross (☎ 31855; www.theross.ie; Kenmare Pl; DZ 170–225 €; P 🖳) Dieses schamlos moderne Boutique-Hotel mit 29 Zimmern nutzt frech den Pool- und Spabereich des älteren Schwesternhotels, dem Killarney Park Hotel. Der schicke Bau beherbergt eine Cocktailbar und ein Restaurant mit Zugang über eine gläserne Treppe. In den lila erleuchteten Fluren liegen flauschige Teppiche mit riesigen rosa Blumen.

ESSEN
Günstig

Jam (☎ 31441; 77 High St; Snacks & Gerichte 2–8 €; ☯ Mo-Sa 8–18 Uhr) Dieses kleine Café ist ideal für einen gesunden Pausensnack. Serviert werden heiße Suppen, Salate, Sandwiches, Kaffee und Kuchen.

Cathleen's Country Kitchen (☎ 33778; New St; Frühstück & Mittagessen 3,50–11 €; ☯ 9–17.30 Uhr) Ein super Ort für ein Brötchen zum Frühstück oder gekochten Schinken zum Mittagessen; solider Service.

Sceale Eile (☎ 35066; 73 High St; Gerichte 6–11 €; ☯ Mo-Sa 9.30–17 Uhr) Das kleine Kantinencafé, dessen Wände Memorabilia aus der irischen Literatur zieren, versorgt Killarneys Berufstätige mit Baguettes, Bagel, Burger, Lasagne und Braten.

Cronin's (☎ 31521; 9 College St; Gerichte 9–19 €; ☯ 9–21.30 Uhr), ein altehrwürdiger Familienbetrieb, ist eines von vielen Restaurants in der Gegend und beliebt für sein umfangreiches Frühstück, seinen Braten mit reichlich Soße und den süßen Kuchen mit jeder Menge Sahne. Die Lampen und Spiegel lassen erkennen, dass es hier abends schicker zugeht.

(Fortsetzung auf Seite 277)

Die irische Küche

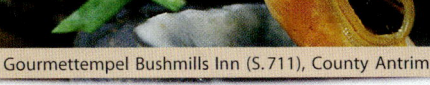

Gourmettempel Bushmills Inn (S.711), County Antrim

REGIONALE ERZEUGNISSE

„Im Zusammenhang mit Lebensmitteln klingt das Wort ‚regional' ungeheuer sexy, noch mehr als ‚Bio'", schwelgt Darina Allen, Chefköchin des Ballymaloe House (S. 230), Lehrerin und versierte Meisterin in allem, was an irischem Essen toll ist. „Früher hatten wir die schreckliche Einstellung, selbst gemachte Butter oder Speck wäre weniger wert als etwas, das man in Plastik abgepackt im Supermarkt kauft."

Mit diesem neu entdeckten „Sexappeal" regionaler Erzeugnisse und traditioneller Herstellung lohnt sich eine Irlandreise umso mehr. Überall eröffnen Bauernmärkte, Produkte aus der Region gibt es überall zu kaufen, und Anbieter laden Besucher ein, ihnen bei der Arbeit zuzusehen.

Frank Hederman, Belvelly Smokehouse (S. 229), County Cork

JOHN ANGERSON/ALAMY

TRADITIONEN NEU ENTDECKT

So war das nicht immer. Ende des 20. Jhs. kochten die Iren weniger und kauften stattdessen mehr Fertiggerichte – Irlands traditionelle Esskultur lag am Boden. Dann kam die Revolution, wozu mitunter auch der wirtschaftliche Aufschwung in Irland beigetragen hat. „Auf einmal war mehr Geld in Umlauf, die Leute reisten, aßen in Restaurants und wurden damit mutiger und anspruchsvoller beim Essen", meint Darina. Zudem sorgte die BSE-Krise in Europa dafür, dass die Menschen genauer darauf zu achten begannen, wo die Produkte herkommen.

Darinas persönliches Interesse an Nahrungsmitteln geht auf ihre Kindheit zurück. „Früher hatten wir einen Gemüse- und Obstgarten, eine Kuh und Hühner. Küken schlüpften aus den Eiern, wurden rund und dick und landeten irgendwann auf dem Mittagstisch. Um

Im McDonagh's Einheimische treffen (S. 446), County Galway

OLIVER S

schiedene Käsesorten aus der Region

OLIVER STREWE

mich herum wurde immer gekocht. Ich weiß noch, wie ich von der Schule nach Hause kam und gerade ein ganzes Blech mit frischen *scones* aus dem Ofen geholt wurde. Oder wie wir nachmittags picknicken gingen."

In Irland sehnt man sich nach der guten, alten Zeit zurück, und beim Essen zählen wieder traditionelle Werte. Ein Zeichen dafür sind die „Vergessene Fähigkeiten"-Kurse im Ballymaloe House: Hier lernt man, wie man Schweinefleisch pökelt, Bienen züchtet oder Butter herstellt. „Vor 15 Jahren hätte das keinen interessiert", sagt Darina. Doch heute nehmen immer mehr, vor allem jüngere Leute an den Kursen teil.

Ähnlich gilt die Leidenschaft oft als treibende Kraft hinter der Lebensmittelherstellung. Die Wahrheit fällt ein bisschen nüchterner aus. So meint Frank Hederman vom Belvelly Smokehouse (S. 229), „Leidenschaft hat nichts damit zu tun. Es ist vielmehr eine Frage der Wirtschaft. Als ich in den frühen 1980er-Jahren begann, war ich hoch verschuldet und musste eine Familie ernähren. Ich wusste, wenn man einen Fisch wertvoller macht, kann man ihn auch für mehr verkaufen. Damals war für mich der Lebensunterhalt wichtiger als die Lebensmittel."

Irlands Rückbesinnung auf den regionalen Anbau war eine notwendige und kreative Reaktion auf neue Landwirtschaftsgesetze, die mit dem Beitritt zur Europäischen

Frisch aus dem Ofen im Ballymaloe House (S. 230), County Cork

OLIVER STREWE

Der Gemüsegarten von Ballymaloe House (S. 230), County Cork

Kunstvoll angerichtet bei Kirwan's Lane Creative Cuisine (S. 446), County Galway

DESIGN PICS INC./ALAMY

OLIVER STREWE

Union verabschiedet wurden. „Die Iren lieben ihr Land", erklärt Darina. „die Wirtschaftlichkeit von Ackerbau und Viehzucht hatte sich so verändert, dass sich die Bauern den Kopf zerbrachen, wie sie ihr Land behalten können. Die Lösung: ein Mehrwert der Erzeugnisse. Vor 25 Jahren stellte die Mutter der Käsereien, Veronica Steel, ihren Käse selbst her und löste damit einen Schneeballeffekt aus."

Veronica, von der Milleens-Käserei (S. 261) in Cork erinnert sich noch gut an diese Zeit. „Es war ganz einfach. Ich hatte ein Kuh, die mehr Milch produzierte, als ich trinken konnte. Und bei zu viel Milch gibt es nur eins: Man macht Käse daraus. Erste Wanderer kamen zu meinem Bauernhof, um Käse zu kaufen und eine Köchin aus der Gegend bestellte ihn für ihr Restaurant. Als ich irgendwann eine zweite Kuh kaufte, fingen die anderen Bauern auch an, ihren eigenen Käse herzustellen."

Über die Jahrzehnte kämpften die kleinen Erzeuger gegen Regelungen, bei denen Großhersteller gegenüber lokalen Familienbetrieben bevorzugt wurden. Ein Großteil der Kleinbetriebe hat in den Gegenden um Munster und Cork angefangen und ist auch heute noch

Direkt vom Bootshafen – frische Fischköstlichkeiten im Quay Cottage (S. 485), County Mayo

HOLG

FOOD-KÜNSTLERS PARADIES

Darina Allen: „Menschen das Kochen beizubringen ist für mich das Allergrößte. Ihnen zeigen zu können, wie man eine Suppe oder Marmelade macht, ist wie ein Geschenk – eine lebenslange Fähigkeit, die man jeden Tag aufs Neue erprobt. Ich freue mich immer wieder, wenn jemand mit strahlenden Gesicht das erste selbst gebackene Brot aus dem Ofen holt. Das treibt mich an."

Frank Hederman: „Meine Vorstellung vom Paradies wäre, selbst in der Räucherkammer Fisch zu pökeln und zu räuchern, statt mich ums Geschäft zu kümmern. Ich bin gern draußen und rede mit dem Aal- oder dem Makrelenlieferant. Und ich liebe Wochenmärkte! Menschen zu treffen, die meine Erzeugnisse kaufen, ist unglaublich befriedigend und schön."

Veronica Steele: „Es ist schon faszinierend zu sehen, wie bei der Käseherstellung aus einem Klumpen „Etwas" ein wunderschöner orangefarbener Käse wird. Und wenn die Menschen ihn dann genusslich essen, ist das fast wie Magie."

Seamus O'Hara: „Die größte Freude für mich ist, in eine Bar zu kommen, egal ob in Dublin oder Manhattan, und Menschen zu sehen, die mein Fassbier trinken."

---

erfolgreich. „Myrtle Allen [Darinas Schwiegermutter] vom Ballymaloe hat viel dazu beitragen," erklärt Frank. „Sie hat das Ganze unterstützt, indem sie in ihrem Restaurant mit regionalen Erzeugnissen gekocht und andere Hersteller ermutigt hat."

> „Unsere Esskultur muss unbedingt bewahrt werden."

Nach Jahren des Lobbyismus änderte sich schließlich die Landwirtschaftspolitik: Die EU begann für Qualität, statt für Quantität zu bezahlen. Gleichzeitig erkannte die irische Regierung, dass die regionale Lebensmittelherstellung bei der Neuentwicklung der ländlichen Gebiete eine große Rolle spielen könnte. „Von offizieller Ebene werden diese Produkte heute viel mehr unterstützt und geschätzt als früher. Heute werden die kleinen Hersteller vom irischem Nahrungsmittelverband viel mehr gewürdigt," sagt Darina.

ROSIGE AUSSICHTEN

Es gibt viele Gründe, warum die Zukunft der irischen Küche vielversprechend aussieht. Frank glaubt, dass allein die Akzeptanz zu Hause und im Ausland deutlich zeigt, wie weit Irland schon gekommen ist. „Wir setzen Zeichen. Die Menschen kommen wegen des Essens, nicht wegen Fußball, Rugby, Guinness oder womöglich wegen dem *craic* [geselligem Beisammensein]. Irland hat gute Restaurants, und man kann Räuchereien und Käsereien besuchen."

Darina stimmen das neu aufgeflammte Interesse an jahrhundertealten Herstellungsmethoden und die vielen neuen Bauernmärkte optimistisch, auf denen es

Darina Allen, Ballymaloe House (S. 230), County Cork

BALLYMALOE COOKERY SCHOOL

INFOS FÜR LECKERMÄULER

In den nach Regionen unterteilten Kapiteln werden auch regionale Hersteller genannt. Auf den folgenden Internetseiten stehen noch viele mehr, aber auch Geschäfte vor Ort kennen den einen oder anderen. Man sollte vorher anrufen, damit die Hersteller sich für eine Führung Zeit nehmen können.

- **www.bestofbridgestone.com** – eine lange Liste an Lebensmittelherstellern sowie die besten Restaurants, die mit ihren Produkten kochen
- **www.bordbia.ie** – Internetseite des irischen Nahrungsmittelverbandes
- **Good Food in Cork** – in Myrtle Allens exzellentem, jährlich erscheinendem Buch stehen viele Hersteller aus Cork; erhältlich im Farmgate Café (S. 221), Cork, oder unter www.corkfreechoice.com
- **www.irelandmarkets.com** – *die* Liste der Listen aller regionalen Bauernmärkte
- **www.irishcheese.ie** – der Verband der Bauernkäsereien listet jede noch so kleine Molkerei auf
- **www.slowfoodireland.com** – die Organisation unterstützt Kleinhersteller mit sozialen Veranstaltungen in ganz Irland

regionale und saisonale Produkte zu kaufen gibt (in Supermärkten ein Ding der Unmöglichkeit). „Kleinere Erzeuger werden auf so vielen Ebenen geschätzt, ob aus gesundheitlicher Sicht, wegen des Geschmacks oder des Handwerks. Heute erkennen die Menschen, wie wichtig es ist, unsere traditionelle Essenskultur zu erhalten und zu schätzen."

Für Veronica ist es dieser grundlegende Sinnungswandel, der ihrer Heimat neues Selbstbewusstsein und Stolz gegeben hat. „Ständig werden neue, außergewöhnlich gute Käsesorten kreiert. Vorher gab es nichts als widerliches Zeug. Es ist aufregend, mit anzusehen, dass das Wissen und die Fähigkeiten zur Herstellung von Nahrungsmitteln da sind und wachsen. Für ein Inselvolk schafft das enorme Sicherheit."

MODERNE IRISCHE KÜCHE

Das Vertrauen in natürliche Erzeugnisse vom Land und aus dem Meer hat eine bodenständige, unverblümt moderne Küche hervorgebracht. Im ganzen Land werden regionale Hersteller namentlich auf Speisekarten genannt, von Garnelen aus der Dubliner Bucht und Lachs aus Connemara bis hin zu Ente aus Skeaghanore und Lamm aus Kilbritain. Irlands Spitzenköche verwenden Produkte bester Qualität und verarbeiten sie zu einfachen und wohlschmeckenden Gerichten. Darina findet: „Ich mag keine schnörkeligen Details beim Essen, wenn man an 90 Dinge gleichzeitig denken muss. Die sollen doch eh nur über schlechte Zutaten hinwegtäuschen. Mein Motto lautet: Immer schön einfach."

Frische Produkte aus der Region bei Fenn's Quay (S. 222), County Cork

...hrerische Häppchen, Longueville House (S. 262), County Cork

OLIVER STREWE

Und das Beste ist, Gäste müssen kein Vermögen für raffinierte Speisen in feinen Restaurants ausgeben. Überall in Irland haben kleine Lokale, Feinkostläden und Cafés an guten, frischen Erzeugnissen Gefallen gefunden.

BRAUEREIEN SCHLAGEN ZURÜCK

Bis in die 1980er-Jahre sah die Zukunft für Irlands Brauereien noch schwärzer aus als für das Essen. Klar, jeder kennt Guinness, dafür hat die Marke in den letzten 100 Jahren aber auch Hunderte kleinere Brauereien verdrängt. Ironischerweise hält Irland an seinem Ruf als traditionelle Biernation fest, doch bis vor kurzem sah die Wirklichkeit noch ganz anders aus. Alle irischen Biersorten stammten aus gerade mal drei Brauereien, und davon ist keine derzeit in irischer Hand.

Das Beispiel der Carlow Brewing Company (S. 376) ist typisch für das wieder aufgeflammte Interesse an kleinen Brauereien. Gründer Seamus O'Hara erzählt: „Eine Reise durch Europa hat mir die Augen geöffnet. Ich erkannte plötzlich, dass es noch viel mehr Biersorten gab als nur die zwei, drei, die man in Irland bekommt. Die Szene der Mikrobrauereien, die sich in den 1980er-Jahren in Amerika entwickelt hatte, ließ uns glauben machen, dass auch wir eine kleine Brauerei gründen und erfolgreich sein könnten." Mitte der Neunzigerjahre zogen andere kleine Brauereien nach.

Kein leichter Job: Stout-Probe in der Carlow Brewing Company (S. 376)

CARLOW BREWING COMPANY

Doch das wirtschaftliche Umfeld und die hohen Zoll- und Steuerabgaben belasteten die neu gegründeten Kleinbrauereien. „Viele Brauereien trieb das Interesse und die Leidenschaft am Bierbrauen an, während die geschäftliche Seite etwas vernachlässigt wurde,“ sagt Seamus. Manche Betriebe mussten seit den ersten Pioniertagen wieder dicht machen. Von den ursprünglich zwölf sind heute noch neun übrig.

Carlow Brewing überlebte die ersten Jahre, indem 75 % der Produktion in den Export ging. „In anderen Ländern sind die Menschen gewohnt, neue Biersorten zu testen. Deshalb gab es immer einen Markt für ein echt irisches Bier, das sich in Qualität und Geschmack abhebt.“ Wie beim Essen brachte intensiver Lobbyismus bei Regulierungsbehörden erste Erfolge: Die Verbrauchssteuer wurde für kleine Hersteller um 50 % gesenkt. Zwar wird der Markt immer noch von den Großbrauereien dominiert, doch die Einstellung der Menschen ändert sich. Die Zahl der Spezialbiersorten erweitern den Markt und den Horizont der Biertrinker. „Der irische Biertrinker ist anspruchsvoller geworden, denn er weiß, dass es noch andere Sorten gibt. Es ist wie mit dem irischen Essen – beim Bier dauert es nur länger.“

IRISCHE ESSKULTUR

Wer Irlands Glanzlichter in Sachen Essen und Trinken für sich entdeckt, wird das Land mehr genießen können. Der Besuch einer kleinen Käserei, Räucherei oder eines Brauerei-Pub lohnt sich immer. Die meisten Erzeuger sind gerne zu Führungen bereit und bieten oft auch Kostproben an. Oder man begibt sich auf einen Bauernmarkt und informiert sich über die Erzeugnisse der Region bzw. was wann geerntet und verkauft wird. An den Ständen stehen meist die Hersteller selbst, die wissen, was die besten regionalen Nahrungsmittel sind und welche Restaurants auch damit kochen.

Wer genau hinschaut, wird sehen, dass es weitaus mehr irische Biersorten gibt als nur die üblichen. Pubs, in denen Spezialbier vom Fass gezapft wird, zeigen, dass es die Iren mit ihren Bieren ernst meinen. Und zu guter Letzt: Fernab der touristischen Ballungszentren warten herrlich versteckte Pubs, Bauernläden und Restaurants nur darauf, entdeckt zu werden.

Ein Paradies für alle, die gutes Essen schätzen – der English Market (S. 221), County Cork

(Fortsetzung von Seite 268)

Wem es nach selbst gemachtem Eis und Snacks gelüstet, sollte **Mac's of Main Street** (☎ 35213; Main St) und/oder **Murphy's Ice Cream** (☎ 066-9152644; Main St) aufsuchen.

Dunne's Stores (☎ 35888; New St) ist ein gut sortierter Supermarkt mit Salat- und Pastatheke; an der Ecke Beech Road und New Street gibt es außerdem einen **Tesco**-Supermarkt.

Mittelteuer
Die meisten Restaurants bieten zwischen 18 und 19 Uhr vergünstigte Menüs an.

Laurels (☎ 31149; www.thelaurelspub.com; Main St; Gerichte 14–20 €; ⏰ 12–15 & 18–21.30 Uhr) Die Burger und Pizzas mit originellen Belägen sind lecker, aber nicht gerade günstig. Wer statt im Restaurant lieber in der Bar sitzt, bekommt einen angenehmen Mix aus traditionellem Pub und professionellem, freundlichem Service. Das Guinness schmeckt hervorragend, und Spezialität des Hauses ist *champ* – Kartoffelbrei mit Frühlingszwiebeln.

Stone Chat (☎ 34295; 8 Flemings Lane; Gerichte 14–23 €; ⏰ 12.30–15 & 18–21 Uhr) Auf der Karte dieses versteckten Restaurants entdeckt man traditionelle und internationale Gerichte, von Lamm aus Kerry bis Seeteufel aus Marokko oder Hühnchen in Parmaschinken eingewickelt. Feurige *fajitas* und Pasta mit Kokosnuss und Chili sind nur zwei der vielen vegetarischen Gerichte. Unbedingt probieren: gegrillter Lachs mit knackig gebratenem Gemüse.

Treyvaud's (☎ 33062; 62 High St; Gerichte 15–24 €; ⏰ April–Sept. 12–22.30 Uhr, Öffnungszeiten die restliche Zeit erfragen) Michael Treyvauds schickes Restaurant ist für seine raffinierte Küche bekannt – traditionell irisches Essen wird hier mit verführerisch kontinentalen Einflüssen aufgepeppt, von erstklassigen Rindfleischbällchen bis hin zu frittierten Cannelloni mit Butternusskürbisfüllung.

Brícín (☎ 34902; 26 High St; Gerichte 18–20 €; ⏰ Di–Sa 12.30–15 & 18–21 Uhr) Die Einrichtung dieses keltisch anmutenden Restaurants, das nebenbei auch das Stadtmuseum ist, stammt aus einem Kloster, einem Waisenhaus und einer Schule. Im Vordergrund stehen Jonathan Fishers Bilder des Nationalparks aus dem 18. Jh. Ob Kerry-Lamm, Lachs gefüllt mit Krebsfleisch oder *boxty* (Kartoffelpuffer), die Spezialität des Hauses – alles ist bei Stammgästen sehr beliebt.

Teuer
Gaby's Seafood Restaurant (☎ 32519; 27 High St; Gerichte 18–50 €; ⏰ Mo–Sa 18–22 Uhr) Gaby's-Gegner, die das Restaurant überschätzt und viel zu teuer finden, bevorzugen eher das benachbarte Foley's. Dabei hat es alle Auszeichnungen für 31 Jahre professionellen, aber herzlichen Service redlich verdient. Am offenen Kamin wird in Ruhe die Karte studiert, bevor es am Weinkeller vorbei in den schummrig erleuchteten Speiseraum geht. Zur Auswahl stehen exquisite gälische Gerichte, z. B. Hummer in einer geheimen Soße aus Cognac und Sahne. Sogar Nicht-Fischesser werden hier fündig.

AUSGEHEN & UNTERHALTUNG
Die meisten Pubs bieten Livemusik und sind auch fast immer voll; sogar montags, denn dann feiern Hotelangestellte, die ihren freien Tag haben. In der Plunkett Street und College Street reiht sich ein Pub an das nächste.

O'Connor's (☎ 30977; High St) Dieses Mini-Pub ist von jeher eines der beliebtesten in Killarney. Jeden Abend ist Programm, ob Konzerte, Standup-Comedy, Geschichtenerzähler oder Pub-Theater.

Killarney Grand (☎ 31159; Main St; Musik 21–2.45 Uhr) Vor 23 Uhr kommt man in diese gut besuchte Bar umsonst. Dann lösen Livebands die traditionell irische Musik ab. Mittwochs gibt's irischen Set Dance, am Wochenende Disco.

Granary (☎ 20075; Touhills Lane) Versteckt in einer Seitenstraße neben dem Killarney Grand gilt dieses Bar-Restaurant als coolste Location der Stadt, mit Schummerlicht, Ziegelwänden und Ledersofas. Am Wochenende spielen Bands und DJs.

McSorley's (☎ 37280; College St) Beliebte Bar mit Club-Atmosphäre; in Kilts gekleidete Cover-Bands werden unterstützt von bunter Lichtshow.

Gleneagle (☎ 36000; Muckross Rd) Im Sommer wird hier jeden Abend Kabarett geboten; freitags und samstags tanzt man im O'D's Nightclub bis spät in die Puppen ab.

Kinos
Killarney Cineplex (☎ 37007; Kenmare Pl; Erw./Kind 9/5,50 €) In den vier Kinosälen werden gute, aktuelle Filme gezeigt.

SHOPPEN
Variety Sounds (☎ 35755; 7 College St) Plattenladen mit großer Auswahl an traditioneller Musik,

Instrumenten, Notenblättern und Lehrbüchern.

Aran Sweater Market (☎ 39756; College St) In diesem gut sortierten Laden kann man sich vor Aran-Pullis kaum retten.

Killarney Outlet Centre (☎ 36744; Fair Hill) Hier kann man jede Menge namhafter Marken und andere Artikel zu vergünstigten Preisen erstehen, u. a. Lowe Alpine, Nike Factory Store und Blarney Woollen Mills.

O'Sullivan's Outdoor Store (☎ 26927; New St) Bei O'Sullivan's findet man die typische Auswahl an Outdoor-Artikeln.

Brícín (☎ 34902; 26 High St) Dieser Kunsthandwerksladen verkauft interessante Objekte einheimischer Künstler sowie auf alt getrimmte Guinness-Werbeschilder und Souvenirs.

AN- & WEITERREISE
Bus

Die Busse von **Bus Éireann** (☎ 34777, 30011) fahren neben dem Bahnhof los, mit regelmäßigen Verbindungen nach Tralee (7,50 €, 35 Min., stündl.), Cork (14,50 €, 2 Std., 15-mal tgl.), Dublin (22 €, 6 Std., 6-mal tgl.), Galway (20,50 €, 7 Std., 7-mal tgl.) über Limerick (15 €, 2¼ Std.), Waterford (20,50 €, 4½ Std., stündl.) und Rosslare Harbour (24 €, 6–7 Std., 3-mal tgl.).

Von Juni bis Mitte September verkehren täglich Busse auf den Ring of Kerry (siehe S. 285).

ABSTECHER: AGHADOE

5 km westlich der Stadt lockt die Aussicht von Aghadoe über ganz Killarney, die Seen und die Insel Inisfallen. Seit Jahrhunderten pilgern Touristen auf diesen Hügel. Am östlichen Ende der Wiese, direkt vor dem Aghadoe Heights Hotel, entdeckt man die Ruinen einer **romanischen Kirche** und das **Parkavonear Castle** aus dem 13. Jh. Noch heute steht der Burgfried von Parkavonear – einer der wenigen zylinderförmigen, statt rechteckigen, die von den Normannen in Irland errichtet wurden. Übersetzt bedeutet der Name Parkavonear „Feld der Wiese".

Von Killarney aus biegt man von der N72 nach der Ausfahrt zu den Killarney Riding Stables rechts ab. Von Juni bis September verkehren Montag bis Samstag täglich vier Busse zwischen Killarney und Aghadoe. Bustouren machen auch ab und zu hier Halt.

Flugzeug

Kerry Airport (☎ 066-9764644; www.kerryairport.com) liegt in Farranfore, 15 km nördlich von Killarney auf der N22 und weitere 1,5 km die N23 entlang. **Aer Arann** (☎ 0818 210210; www.aerarann.com) fliegt täglich nach Dublin sowie Montag, Mittwoch und Freitag nach Manchester und Lorient (Frankreich), von Juni bis September auch samstags. **Ryanair** (☎ 0818 303030; www.ryanair.com) bietet täglich einen Flug nach London-Stansted (Ostern–Okt. 2-mal tgl.) an. Montag, Mittwoch, Freitag und Sonntag besteht eine Verbindung nach Frankfurt–Hahn.

Auf dem kleinen Flughafen findet man ein Café, einen Geldautomaten und einen Hotspot für Wireless Lan. Folgende Autovermietungen haben hier einen Schalter:
Avis (086-2604454; www.avis.ie)
Budget (064-34341; www.budget.ie)
Dooley Car Rentals (062-53103; www.dooleycarrentals.com)
Europcar (087-2383938; www.europcar.com)
Hertz (064-34126; www.hertz.ie)
Irish Car Rentals (086-1700650; www.irishcarrentals.com)
National and Alamo (086-3846193; www.carhire.ie)

Zug

Der Bahnhof von Killarney (☎ 31067) befindet sich in der Park Road, östlich des Zentrums. Pro Tag fahren bis zu drei Züge nach Cork (22,50 €, 1½ Std.) und neun nach Tralee (8,50 €, 45 Min.). Wer nach Dublin reisen möchte, muss allerdings mitunter in Mallow umsteigen. Verbindungen nach Waterford und Limerick sind dafür meist direkt.

UNTERWEGS VOR ORT
Auto

Im Zentrum von Killarney herrscht bisweilen ein ziemlich dichtes Verkehrsaufkommen. **Budget** (☎ 34341; Kenmare Pl) hat als einzige Autovermietung eine Filiale in der Innenstadt; von Juni bis August betreibt auch **Avis** (☎ 36655; Beech Rd) einen Stand in der Touristeninformation. Ansonsten ruft man eine der Filialen im Flughafen an.

Neben der St. Mary's Kathedrale gibt es einen großen, kostenlosen Parkplatz. Parken im Zentrum kosten 1 € pro Stunde und zwar Montag bis Samstag von 8.30 bis 18.30 Uhr.

Fahrrad

Die weit verstreuten Sehenswürdigkeiten rund um Killarney lassen sich hervorragend auf zwei Rädern erkunden; manche sind sogar nur mit dem Drahtesel oder zu Fuß erreichbar. Man kann Fahrräder für 15 € am Tag, inklusive Satteltasche, Flickzeug und Karten, mieten.

O'Sullivan's Bike Hire (☎ 31282) hat Filialen in der New Street, gegenüber der Kathedrale, und in der Beech Road, gegenüber der Touristeninformation.

Vom/Zum Flughafen

Bus Éireann bedient die Strecke Killarney–Flughafen von Juni bis September täglich etwa alle zwei Stunden. In den anderen Monaten verkehren von Montag bis Samstag täglich nur ein bis zwei Busse. Oder man nimmt den Bus nach Farranfore, 1,5 km vom Flughafen entfernt.

Ein privater Shuttle-Bus (☎ 36666) für Flüge aus Frankfurt fährt um 10.30 Uhr vor dem Concoran's (Karte S. 266) und um 12 Uhr vom Flughafen ab. Einen Sitzplatz sollte man telefonisch vorab reservieren.

Für ein Taxi nach Killarney muss man etwa 30 € berappen. In der Stadtmitte befindet sich der Taxistand in der College Street.

Jaunting Car (Pferd & Wagen)

Wer nicht mit dem Rad unterwegs ist, kann auch Killarneys traditionelles Transportmittel nehmen: ein **jaunting car** (☎ 33358; www.killarney jauntingcars.com), mit Pferd und Kutscher („jarvey"). Haltepunkt ist Kenmare Place, auch „The Ha Ha" oder „The Block" genannt. Eine Fahrt kostet je nach Entfernung 40 bis 70 €, die Wagen dürfen maximal vier Personen befördern. Auch sammeln sich die Kutschen an der N71 auf den Parkplätzen vor Muckross House, Abbey und bei Gap of Dunloe.

RUND UM KILLARNEY

KILLARNEY-NATIONALPARK

Jeglicher Zynismus, der sich vor Killarneys Läden mit „Mein Freund hat den Blarney-Stein geküsst und alles, was ich bekommen habe, ist dieses blöde T-Shirt"-Waren einstellt, legt sich in diesem Park. Die Busse fahren hoch zu Ross Castle und Muckross House, doch sind die Touristenhorden auf dem 10 236 ha großen Gelände leicht zu umgehen. Hier findet man Irlands einzige einheimische Rotwildherde und das größte Gebiet mit den ältesten Eichenwäldern. Außerdem genießt man im Nationalpark eine herrliche Aussicht auf die größten Berge des Landes.

Die Gletscherseen Lough Leane (Lower Lake oder „See des Lernens"), Muckross Lake und der Upper Lake bedecken rund ein Viertel des Parks. In den torfigen Gewässern und am Ufer sind eine Vielzahl von Tieren beheimatet: Kormorane fliegen tief über die Wasseroberfläche, Rehe schwimmen zu den Inseln, um dort zu grasen, und Lachse, Forellen und Flussbarsche können hier friedlich leben ohne Gefahr von Hechten.

1982 wurde der Park südwestlich der Stadt von der Unesco zum Biosphärenreservat ernannt. Gegenüber der St. Mary's Cathedral (Karte S. 266) gibt es Zugänge für Wanderer, weitere für Autos befinden sich an der N71.

Knockreer House & Gardens

Beim Parkeingang nahe der St. Mary's Cathedral steht das Knockreer House. In den Gärten mit terrassenförmig angelegtem Rasen findet man auch ein Sommerhaus. In den 1870er-Jahren auf den Rat von Königin Viktoria hin errichtet, wurde das Originalgebäude in einem Feuer zerstört; der heutige Bau stammt von 1958. Zwar ist das Haus nicht öffentlich zugänglich, doch hat man von den Gärten aus einen schönen Blick über die Seen bis zu den Bergen. Rechts vom Eingang der St. Mary's Cathedral führt ein Weg ca. 500 m bergauf.

Ross Castle

Dúchas ließ **Ross Castle** (☎ 35851; Ross Rd; Erw./Kind 5,30/2,10 €; ☉ Jun–Aug. 9–18.30, Sept.–Mitte Okt. & Mitte März–Mai 9.30–17.30, Mitte Okt.–Mitte Nov. Di–So & feiertags 9.30–16.30 Uhr; ℗) aus dem 15. Jh. restaurieren. Damals war die Festung noch Sitz des O'Donoghues-Clans und die letzte in Munster, die sich Cromwells Truppen unterwarf – u. a. dank ihrer raffinierten Wendeltreppe, deren Stufen alle eine andere Höhe haben, um Angriffe zu verzögern.

Laut einer Prophezeiung würde die Burg vom Wasser aus eingenommen werden, daher ließ Cromwells Kommandant Ludlow 1652 schwimmende Batterien von Castlemaine Harbour den Fluss Laune entlang nach Lough Leane bringen. Als die Prophezeiung wahr zu werden schien, ergaben sich die Umlagerten, die den Engländern vom Land aus monatelang erfolgreich Widerstand geleistet hatten, sofort.

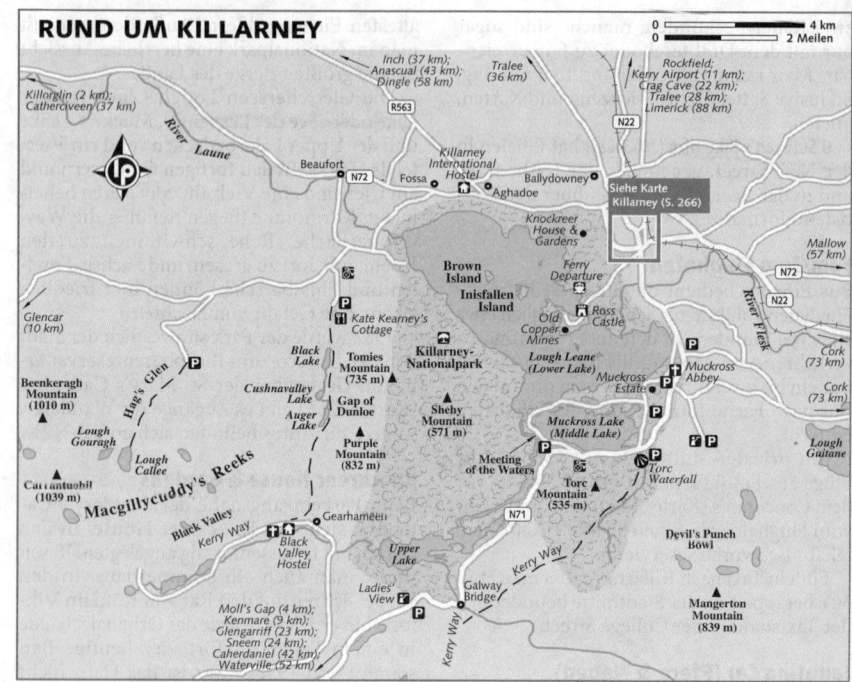

RUND UM KILLARNEY

Vom Fußgängereingang zum Park bei St. Mary's Cathedral ist es ein 2,4 km langer Spaziergang bis zur Festung. Wer von Killarney aus fahren will, biegt rechts gegenüber der Esso-Tankstelle am Anfang der Muckross Road ab. Eine Besichtigung ist nur im Rahmen einer Führung möglich.

Inisfallen Island

Das erste Kloster auf Inisfallen Island, mit 9 ha die größte der 26 Inseln im Nationalpark, wurde angeblich im 7. Jh. vom Hl. Finian dem Aussätzigen gegründet. Der Ruhm der Insel geht auf das frühe 13. Jh. zurück, als die „Annalen von Inisfallen" hier verfasst wurden. Diese befinden sich heute in der Bodleian Library im englischen Oxford und stellen noch immer eine wichtige Informationsquelle für die frühe Munster Geschichte dar. Auf Inisfallen (der Name bedeutet „Insel") sind die Ruinen eines **Oratoriums** aus dem 12. Jh. zu besichtigen, mit einer geschnitzten romanischen Eingangstür und einem **Kloster** an der Stelle, wo vorher St. Finians Originalkloster gestanden hatte.

Von Ross Castle aus kann man mit einem Leihboot zur Insel rüberrudern. Ansonsten verlangen Fährmänner für die Überfahrt ca. 7 € pro Person. Auch ein paar Schiffe und Busse halten hier auf ihrer Tour zum Gap of Dunloe.

Muckross Estate

Das Herzstück des Killarney-Nationalparks ist das Landgut Muckross, das Arthur Bourn Vincent 1932 dem Staat schenkte. **Muckross House** (☎ 31440; www.muckross-house.ie; Erw./Kind/Fam. 5,50/2,25/13,75 €, Kombiticket inkl. Farmen 8,25/3,75/21 €; ☼ Sept.–Juni 9–18, Juli & Aug. bis 19 Uhr; P &) ist eine Villa aus dem 19. Jh., die nach einer Renovierung wieder in altem Glanz erstrahlt. Die Einrichtung stammt noch von damals. Besichtigungen sind nur in Form einer Führung möglich.

Der herrliche Park, der bis runter zum See führt, umfasst auch einen eingezäunten Garten mit angelegten Blumenbeeten. In einem Anbau hinter dem Haus befindet sich ein Restaurant, ein Laden mit Kunsthandwerk und Ateliers, wo man Töpfern, Webern und Buchbindern bei der Arbeit zusehen kann. Per Kutsche kann man sich durch ein Rotwildgelände und Wälder bis zum Torc Waterfall und

Muckross Abbey fahren lassen (Hin- & Rückfahrt ca. 10 € pro Pers.).

Direkt östlich von Muckross House erstrecken sich die **Muckross Traditional Farms** (☎ 31440; Erw./Kind/Fam. 5,75/2,35/14,50 €, Kombiticket inkl. Muckross House 8,25/3,75/21 €; ☽ Juni–Sept. 10–18, Mai 13–18, Mitte März–April & Okt. Sa, So & feiertags 13–18 Uhr). Die Rekonstruktionen von Kerry-Farmen aus den 1930er-Jahren, inklusive Hühnern, Schweinen, Rindern und Pferden, lassen erahnen, wie das Leben auf einer Farm ausgesehen haben muss, bevor es Elektrizität gab.

Muckross House liegt 5 km südlich der Stadt; der Weg ist ab der N71 ausgeschildert. Im Sommer verkehrt ein Touristenbus von O'Connor's Tours (siehe unten): Abfahrt zum Haus um 13.45 Uhr, zurück geht's um 17.15 Uhr (Hin- & Rückfahrt 10 €). Eine Besichtigung ist in manchen Halbtagsausflügen durch Killarney schon inbegriffen, oder man besucht das Haus als Teil einer Rundfahrt durch den Park und den Gap of Dunloe.

Wer sich nach Muckross zu Fuß oder auf zwei Rädern aufmachen möchte, kann den Radweg entlang der Straße nach Kenmare nehmen. Nach 2 km führt rechts ein Pfad in den Killarney-Nationalpark, und nach einem weiteren Kilometer erreicht man **Muckross Abbey**. Das Kloster wurde 1448 gegründet, 1652 jedoch von Cromwells Truppen niedergebrannt. William Thackeray nannte es „das schönste kleine Juwel von einer Klosterruine, das es je gab". Muckross House liegt 1,5 km von der Klosterruine entfernt.

Fahrradfahrer, die eine Tour um den Muckross-See machen, sollten gegen den Uhrzeigersinn fahren – das ist einfacher und landschaftlich reizvoller. Da die meisten diese Route nehmen, kommt es auch zu weniger Unfällen mit Radlern aus der anderen Richtung.

Gap of Dunloe

Geografisch liegt der Gap of Dunloe außerhalb des Killarney-Nationalparks, die meisten Reisenden verbinden die beiden Sehenswürdigkeiten jedoch zu einem Besuch. Im Winter ist die Schlucht im Schatten von Purple Mountain und den Macgillycuddy's Reeks einfach atemberaubend, doch im Hochsommer steppt hier der Bär: Touristenbusse spucken zahllose Besucher vor Kate Kearney's Cottage aus, die alle ihre einstündige Pferd-und-Wagen-Fahrt durch die Schlucht erleben wollen.

Am schönsten ist es, sich in Killarney ein Bike (S. 278) zu leihen und bis nach Ross Castle zu radeln. Wer vor 11 Uhr da ist, kann per Boot über die Seen zum Lord Brandon's Cottage und dann durch die Schlucht fahren. Zurück nimmt man die N72 und einen Weg über den Golfplatz (Fahrradverleih und Bootsfahrt kosten ca. 30 €).

Die 90-minütige Bootsfahrt allein ist den Ausflug schon wert. Man durchkreuzt alle Seen, kommt an Inseln und Brücken vorbei und schlängelt sich zwischen den Gewässern über Meeting of the Waters und Long Range hindurch. Der Besitzer des Brícín Restaurants, benannt nach der Brücke auf der Muckross Halbinsel, meint, wenn man auf einem der offenen Boote sitzt, kommt man sich vor wie Robinson Crusoe persönlich.

An Land kann man das Fahrradfahren auch durch Wandern, Ponyreiten oder Pferdewagen (für vier Pers.) ersetzen. Für einen Ponyritt durch die Schlucht zahlt man 50 € pro Stunde oder 80 € für einen zweistündigen Ausflug von Lord Brandon's Cottage nach Kate Kearney's Cottage.

Eine solche Rundfahrt bietet z. B. der Veranstalter **O'Connor's Tours** (☎ 30200; www.gapofdun

---

MUNROS UND HEWITTS

Macgillycuddy's Reeks heißt die herrliche Bergkette südwestlich von Killarney und westlich von Gap of Dunloe. Der Name Macgillycuddy stammt von dem uralten Clan Mac Gilla Muchudas; das Wort *reek* bedeutet „spitzer Hügel". In den Gaeltacht-Regionen, wo Einheimische noch Gälisch sprechen, wird sie Na Crucha Dubha (die schwarzen Spitzen) genannt.

Die Berge aus Rotsandstein wurden von kleineren Gletschern elegant in Form gebracht, etwa auch die kurvige Silhouette des Carrantuohil – wörtlich übersetzt „umgedrehte Sichel". So ergibt sich ein Bild aus phantastischen Klippen, Gipfeln gestützt von Bergkämmen und leicht violetten Felsen und dazwischen Täler mit glitzernden Seen.

Mit neun von zwölf m*unros* (schottischer Ausdruck für Berge über 900 m) sind die Reeks Irlands höchstes Gebirge. Dazu gehören die sieben höchsten Gipfel des Landes, die neben rund der Hälfte von Irlands 211 *hewitts* (Erhebungen in England, Wales und Irland über 610 m) gen Himmel ragen.

COUNTY KERRY

loetours.com; High St) an. **O'Donoghue Brothers Boating Tours** (☎ 31068; www.killarneydaytour.com; Muckross Rd) hat sich auf Touren zur Schlucht und zum Nationalpark spezialisiert.

Mittagessen, Nachmittagstee und Abendessen bekommt man im **Kate Kearney's Cottage** (☎ 44146; Mittagsgerichte 10,50–13 €), ein Pub aus dem 19. Jh., oder im nicht ganz so schönen **Lord Brandon's Cottage** (Snacks 6,50 €). Nur die schöne Aussicht auf den Upper Lake macht diese ungemütliche Snackbar wieder wett.

Im Winter kann man auch mit dem Auto die Schlucht durchqueren, im Sommer ist die Zufahrt manchmal gesperrt.

WANDERN

Rund um Killarney gibt es viele leichtere Wandermöglichkeiten, z. B. vierstündige Rundgänge um Muckross Lake. Die Touristeninformation in Killarney und örtliche Buchläden führen Tekkingführer und die Ordnance Survey Karte Nr. 78, die man für

---

WANDERUNG: REEKS RIDGE

Erfahrene Wanderer können sich die längste Kammwanderung von ganz Irland vornehmen, einen siebenstündigen, 13 km langen Marsch mit atemberaubenden Ausblicken. Die anspruchsvolle Tour führt an sechs Gipfeln von 900 m und mehr vorbei, u. a. am Knocknapeasta und Maolán Buí, Irlands viert- und fünfthöchsten Bergen mit einem Aufstieg von insgesamt 1050 Höhenmetern.

Allerdings sollte man bei Sturm auf diese Wanderung verzichten, und bei schlechtem Wetter oder möglichem Schneefall und Eis kann es sogar lebensgefährlich werden. Einen Eispickel, wer hat, auch weitere Bergausrüstung, sollte man dabeihaben. Diesen Marsch sollten sowieso nur erfahrene Wintertrekker antreten.

Bei Cronin's Yard geht man rechts durch ein Tor. Ein Graspfad führt vorbei an einem Feld, dann steigt man über einen Zaun und folgt dem steinigen Pfad, der sanft über dem Gaddagh River nach oben verläuft. Dort, wo der Weg einen Nebenfluss des Gaddagh kreuzt, wandert man südöstlich weiter über ein offenes Feld und geht den immer steiler werdenden Hügel hinauf zum deutlich sichtbaren **Cruach Mór** (932 m). Östlich davon läuft es sich leichter. Eine Steingrotte steht auf dem Gipfel; von hier wird man mit einer beeindruckenden Sicht gen Süden auf die Halbinsel Iveragh (nach 1½–2 Std.) belohnt.

Viele wird jedoch der Blick über den Bergkamm in den Bann ziehen, der sich südlich Richtung **Big Gun** (939 m) erstreckt. Auf dem Gipfel thronen riesige Felsblöcke (Gendarme), die den Aufstieg zunächst erschweren. Westlich des Kamms kommt man dann besser voran. Aber aufpassen, nicht zu sehr an Höhe verlieren! An einer Kerbe klettert man dann wieder auf den Bergrücken und vorsichtig den beschwerlichen felsigen Grat entlang bis zum Big Gun. Danach verläuft der Kamm südwestlich Richtung Knocknapeasta. An der Stelle, wo es abwärts zu einem Gebirgspass geht, bleibt man auf dem Grat. Wenn der Kamm wieder schwer begehbar wird, kann man südlich (links) des Passes auch untenrum wandern, bevor man kurz vor dem Gipfel von **Knocknapeasta** wieder auf den Grat stößt (988 m; 1 Std. von Cruach Mór aus).

Vom höchsten Punkt der Wanderung aus bietet sich eine atemberaubende Sicht: Im Osten und Westen blickt man auf die drei höchsten Gipfel Irlands sowie den zackigen Kamm, den man gerade überquert hat. Nach Norden hin stürzen wilde Klippen ins dunkle Wasser des Lough Cummeenapeasta, weiter hinten sind die Patchwork-Felder im Norden Kerrys zu sehen. Gen Süden fällt der Höhenzug ins Black Valley ab; ein Kamm nach dem anderen erstreckt sich bis zum Atlantik.

Dann wandert man südlich von Knocknapeasta einen breiten, steinigen Bergrücken entlang, bis man südwestlich auf einen Gebirgspass stößt. Von dort erreicht man nach einem kurzen Marsch den **Maolán Buí** (973 m). Auf 926 m überquert man einen namenlosen Gipfel und erreicht **Cnoc an Chuillin** (958 m), den letzten großen Berg des Höhenzugs. Danach führt der Weg hinunter zu einem Pass, und man erklimmt eine weitere unbenannte Spitze. Am besten steigt man von hier direkt hinunter ins westlich gelegene Hags Glen, wo es weniger steil ist. Manche trauen sich auch auf die Devil's Ladder (siehe rechts) weiter im Westen. Von Hags Glen verläuft ein Steinpfad 4 km bis zum Ziel (1–1½ Std.).

Alternativ können sehr fitte Wanderer auch die längere Route nehmen (8–10 Std., 15 km, 1450 m Aufstieg). Sie führt weiter westlich über die zwei höchsten Gipfel Irlands, den Carrantuohil (1039 m) und den Beenkeragh (1010 m) – bevor man wieder nach Hags Glen absteigt.

COUNTY KERRY

den Carrantuohil (1039 m), Irlands höchsten Berg, und andere Erhebungen braucht.

Die Macgillycuddy's Reeks und die benachbarten Berge (Purple, Tomies und Shehy, zwischen dem Gap of Dunloe und Lough Leane, sowie den Bergen Torc und Mangerton, südlich des Muckross Lake) sollten wirklich nur erfahrene Wanderer angehen, die sich mit Karten und Kompass auskennen. Wasserfeste Kleidung und Schuhe sind das ganze Jahr über ein Muss. Vor einer Besteigung sollte man sich im Ort Rat holen.

Mehrere Wege führen zum Carrantuohil hoch. Manche sind mittelschwere Wanderungen, bei anderen Routen muss man sogar richtig klettern. Einen Vorgeschmack auf die Reeks bietet das nahe gelegene Hag's Glen: Durch das schöne Tal geht es immer bergauf zu den beiden Seen Callee und Gouragh am Fuß der Nordwand des Carrantuohil.

Am besten beginnt man bei **Cronin's Yard** (☎ 34963; www.croninsyard.com; Mealis); dort gibt es einen Teestube, Duschen und Toiletten, ein Telefon und, wer will, auch Lunchpakete. Das Lokal liegt am Ende der Straße (OS Ref. 836873), die von der N72 über Beaufort, westlich von Killarney, abzweigt. Parkplätze können eine kleine Gebühr kosten. Von dort führt der Weg am Fluss Gaddagh entlang, durch den man an manchen Stellen waten muss; bei höherem Wasserstand ist Vorsicht geboten. Bis zu den Seen sind es knapp über 3 km.

Von den Gewässern aus verläuft der beliebte, aber sehr anstrengende Aufstieg zum Gipfel von Carrantuohil über die berüchtigte **Devil's Ladder** (Teufelsleiter), die einen stark erodierten Schluchtweg südwestlich der Seen entlangführt. Der Boden ist an manchen Stellen locker und wird bei nassem Wetter ziemlich matschig. Für den Hin- und Rückweg von und zum Cronin's Yard sollte man sechs Stunden einplanen.

GEFÜHRTE TOUREN

Geführte zweistündige **Wanderungen durch den Nationalpark** (☎ 33471, 087-639 4362; www.killarney guidedwalks.com; Erw./Kind 9/4,50 €) beginnen täglich um 11 Uhr vor O'Sullivan's am westlichen Ende der New Street. Richard Clancy und sein Irish Setter Rua führen die Gruppe durch die Knockreer Gardens, dann zu Orten, wo Charles de Gaulle einst Urlaub machte, wo David Lean *Ryan's Tochter* filmte und Brother Cudda 200 Jahre geschlafen haben soll. Auf Anfrage kann man weitere Touren vereinbaren.

Einige Veranstalter in Killarney organisieren täglich Tagesausflüge mit dem Bus um den Ring of Kerry (25 €), zum Gap of Dunloe (S. 281) und zur Halbinsel Dingle (25 €). Die Touren dauern von 10.30 bis 17.30 Uhr. Halbtagestouren (17 €) nach Aghadoe, zu Ross Castle, Muckross House und Torc Waterfall werden auch täglich angeboten, ebenso wie Fahrradtouren und Bootsfahrten. Empfehlenswerte Anbieter sind **Dero's Tours** (☎ 31251; www.derostours.com; Main St), **Corcoran's** (☎ 36666; 8 College St) und **O'Connor Autotours** (☎ 34833; Ross Rd). Wer keinen Zeitdruck hat, sollte die Landschaft lieber langsam genießen – bei den Touren wird nämlich ziemlich gehetzt.

Destination Killarney (☎ 32638; East Avenue Rd) und **Killarney Watercoach Cruises** (☎ 31068) organisieren einstündige Bootsfahrten über den See mit Erklärungen (Erw./Kind 8/4 €). Im Sommer legen die Boote mehr oder weniger stündlich von Ross Castle ab; genaue Abfahrtszeiten erfährt man bei der Touristeninformation (S. 265).

Open Boats (☎ 087-6899241) bietet reizvollere, aber auch teurere Fahrten an. Während im Sommer bis zu zehn Boote (mit Platz für 12 Pers.) über die Seen schippern, trifft man im Winter höchstens auf einen Bootsmann.

VON KILLARNEY NACH KENMARE

Die N71 nach Kenmare führt an Seen und Bergen vorbei. Von zahlreichen Haltepunkten kann man die herrlichen Ausblicke genießen. Allerdings sollte man auf die Busse achten, die sich hier entlangzwängen. Rund 2 km südlich vom Eingang zum Muckross House verläuft ein 200 m langer Weg zum hübschen **Torc Waterfall**. Nach weiteren 8 km auf der N71 kommt die **Ladies' View** mit schönem Panorama über den Upper Lake. Über diese gerieten auch schon Königin Viktorias Hofdamen in Verzückung, woher der Aussichtspunkt seinen Namen hat. Hier gibt es Cafés und 5 km weiter erreicht man bei **Moll's Gap** einen weiteren schönen Aussichtspunkt.

RING OF KERRY

Diese 179 km lange Rundstraße um die Halbinsel Iveragh taucht zu Recht bei allen ordentlichen Reiserouten durch Irland auf. Die Nebenstraße schlängelt sich vorbei an herrlichen Stränden, dem von Inseln übersäten Atlantik, mittelalterlichen Ruinen, Bergen und Seen. Selbst Einheimische halten manchmal am Straßenrand an, um die zerklüftete Küste zu bewundern. Vor allem die Strecke zwischen Waterville und Caherdaniel im Südwesten der Halbinsel ist an Schönheit kaum zu überbieten.

Obwohl man die Rundfahrt an einem Tag im Auto oder mit dem Bus oder an drei Tagen mit dem Rad „schaffen" kann, lautet die Devise: Je mehr Zeit man sich nimmt, desto mehr kann man genießen. Reisebusse umrunden die Halbinsel gegen den Uhrzeigersinn. Hinter ihnen herzutuckern ist schon anstrengend genug, wem aber an einer uneinsehbaren Kurve so ein Bus entgegenkommt, dem stellen sich schon mal die Haare auf. Um beide Szenarien zu vermeiden, umfährt man am besten

die Spitze der Halbinsel, denn hier ist der beschauliche Skellig Ring für die Busse zu eng.

Auch in der Ballaghbeama Gap herrscht kaum Verkehr. Die Schlucht zieht sich durch die zentralen Highlands der Halbinsel und bietet einige spektakuläre Ausblicke. Diese und die längere Strecke von Ballaghisheen Pass nach Waterville eignen sich perfekt für eine lange Radtour. Der 214 km lange Kerry Way (S. 749) beginnt und endet in Killarney.

UNTERWEGS VOR ORT

Von Juni bis Mitte September bietet Bus Éireann täglich Verbindungen über den Ring of Kerry (Linie 280) an. Die Busse fahren um 13.15 Uhr in Killarney los, um 17.40 Uhr wieder zurück und halten in Killorglin, Glen-

RING OF KERRY

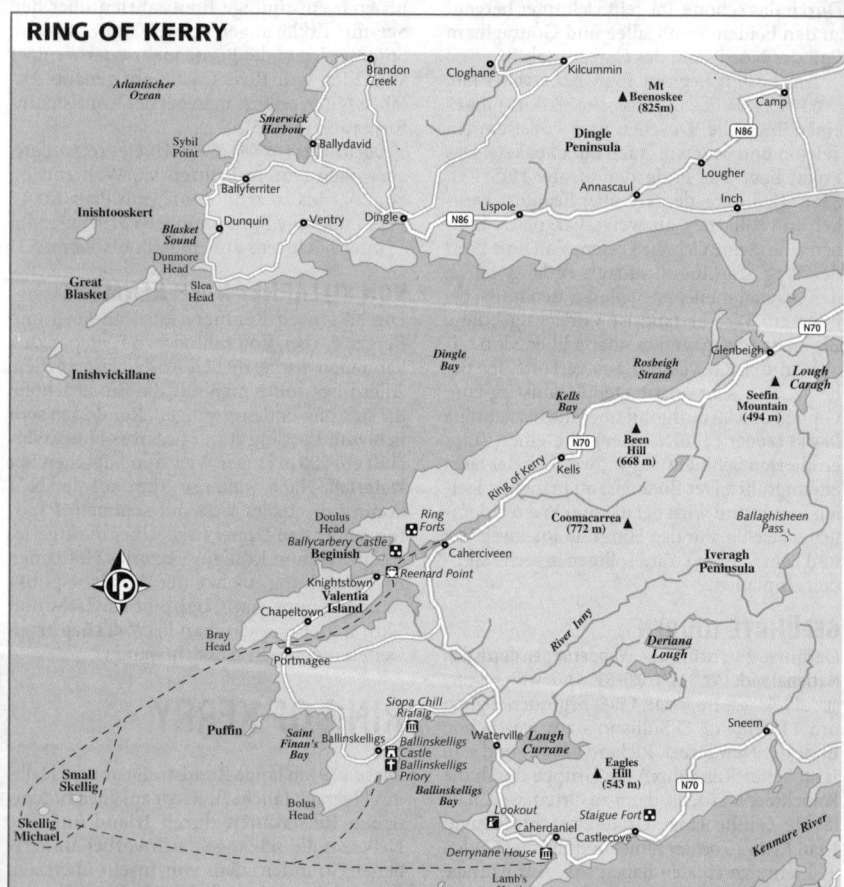

beigh, Caherciveen, Waterville, Caherdaniel und Molls Gap. In den gleichen Monaten fährt die Linie 279 Montag bis Samstag von Killarney nach Waterville und Caherciveen, mit Halt in Killorglin. Der Bus startet in Killarney um 9.50 und 15 Uhr, in Waterville um 7.30 Uhr und in Caherciveen um 12.15 Uhr. Näheres erfährt man beim **Busbahnhof in Killarney** (☎ 064-30011).

Einige Tourveranstalter in Killarney organisieren außerdem täglich Tagesfahrten rund um den Ring of Kerry (25 €).

KILLORGLIN
☎ 066 / 3870 Ew.

Fährt man von Killarney aus gegen den Uhrzeigersinn, so ist Killorglin (Cill Orglan) der

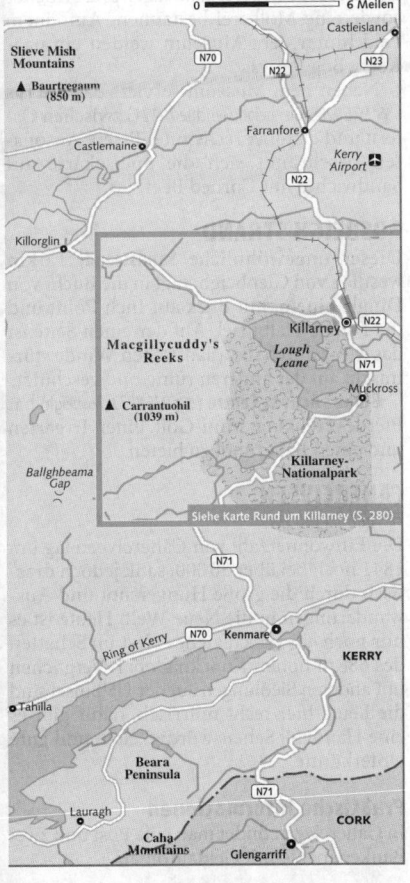

TOP FIVE: KERRY-ABENTEUER

- Den **Carrantuohil** (S. 283) oder **Mount Brandon** (S. 312) besteigen, aber nur mit angemessener Kleidung bzw. Erfahrung mit Karten und Kompass.

- In **Caherdaniel** (S. 292) die eigenen Kräfte beim Bergsteigen und Kanufahren testen.

- Reisetabletten einpacken und zu den **Skellig Islands** (S. 289) aufbrechen. Wer braucht schon Trekkingtouren im Himalaja?

- Fest im Sattel über die westlichen Strände von **Iveragh Peninsula** (S. 283).

- Ausflug zu den **Blaskets** (S. 315). Nicht so rau wie die Überfahrt zu den Skelligs, dafür steht hier die Zeit still.

---

erste Ort auf dem Ring of Kerry. Die kleine Stadt ist stiller als das Wasser des Laune-Flusses, das gegen die achtbogige Brücke von 1885 plätschert. Im August wird ein ganzes Feuerwerk an langjährigen heidnischen Zeremonien und Trinkfesten während des berühmten Puck Fair abgehalten. Eine hübsche Statue von König Puck (ja, er ist eine Ziege) steht auf der Killarney-Seite des Flusses. Autor Blake Morrison hat die Kindheit seiner Mutter in *Things My Mother Never Told Me* beschrieben.

In der hilfsreichen **Touristeninformation** (☎ 976 1451; Library Pl; 🕒 Mo–Sa 9–17 Uhr) findet man Karten, Wanderführer, Töpferwaren und Souvenirs. und in der **Bibliothek** (☎ 976 1272; Library Pl; 🕒 Di–Sa 10–17 Uhr) einen kostenlosen Internetzugang. Wer ein Taxi braucht, ruft eines bei **Laune Cabs** (☎ 1800-223 223).

Festivals
Das lebhafte **Puck Fair Festival** (Aonach an Phuic; ☎ 9/6 2366; www.puckfair.ie) findet vom 10. bis zum 12. August statt. Zum ersten Mal 1603 erwähnt ist sein Ursprung ungewiss. Alles dreht sich um den Brauch, einen Ziegenbock oder Puck – das Wahrzeichen des bergigen Kerry – mit schleifchenverzierten Hörnern auf ein Podest in der Stadt zu stellen. Für zusätzliche Unterhaltung sorgen eine Pferdemesse, ein Wettbewerb um das hübscheste Baby und Straßentheater. Die Pubs bleiben

COUNTY KERRY

bis 3 Uhr morgens offen. Wer nicht im Voraus gebucht hat, wird sich mit der Zimmersuche schwer tun.

Schlafen

West's Holiday Park (☎ 976 1240; enquiries@west caravans.com; Killarney Rd; Campingplatz 18 €; ☯ April–Okt.) Von diesem kleinen Campingplatz blickt man direkt nach Carrantuohil über die von Bäumen gesäumten Felder. An der N72, knapp 2 km östlich der Brücke, gibt es einen Tennisplatz, und die Besitzer helfen auch Wanderern und Anglern weiter.

Coffey's River's Edge (☎ 976 1750; www.coffeysriversedge.com; The Bridge; EZ/DZ 50/100 €; Ⓟ) Das Haus liegt traumhaft direkt bei der Brücke am River Laune auf der Ortsseite. Die Zimmer sind hell und schick eingerichtet.

Essen & Ausgehen

Selbstversorger finden auf dem Platz an der Upper Bridge Street einen Supermarkt mit Feinkost-Selbstbedienung.

Sol Y Sombra (☎ 976 2347; Lower Bridge St; Gerichte 5–13 €; ☯ Juni–Aug. Mi–Mo, Sept.–Jan. & März–Mai Mi–So, Febr. geschl.) Diese Tapasbar in einer wunderschön renovierten Kirche entführt ihre Gäste mit kleinen und größeren Tapas (z. B. gegrillter Tintenfisch, marinierte Sardellen und frittierte Austernpilze) in mediterrane Gefilde. Zur Auswahl stehen 40 spanische Weine. An Wochenenden spielen Bands, manchmal treten sogar Flamencotänzer auf.

Bunkers Bar & Coffee Shop (☎ 976 1381; Iveragh Rd; Hauptgerichte 7–19 €; ☯ 9–22 Uhr) Zwar verzichtet dieses Pub-Restaurant auf eine schicke Einrichtung, überzeugt dafür aber mit einer soliden Auswahl an Gerichten, von Steak bis Chicken Kiev. Frühstück ist für rund 6,50 € zu haben.

Dev's 'N The Square (The Square; 17–25 €; ☯ 9–15 & 18–22 Uhr) Das unprätentiöse Dev's bietet deftige Enten-, Steak- oder Lammgerichte, dazu Ofenkartoffeln mit Knoblauchbutter. Unbedingt den gegrillten Lachs mit Zitronen-Kräuter-Couscous probieren!

Nick's Seafood Restaurant (☎ 976 1219; info@nicks. ie; Lower Bridge St; Gerichte 20–38 €; ☯ Mai–Sept. Di–So, Okt.–März Mi–So 18.30–21.30 Uhr) Die französisch-irische Atmosphäre macht dieses exzellente Restaurant zum Dauerbrenner. Muscheln und Meeresfrüchte werden exzellent zubereitet. Außerdem gibt es hier bestes Rind und Lamm aus Kerry, und auch Vegetarier kommen nicht zu kurz. Auf der langen Weinliste steht u. a. ein sehr süffiger Hauswein.

Zu den Pubs zählt ebenso die alte, geräumige **Clifford's Tavern** (Upper Bridge St), wo es vor allem bei traditioneller Musik freitags und samstags brechend voll werden kann. Donnerstags wird in der **Laune Bar** (Lower Bridge St), an der Ecke oberhalb der Brücke, Musik gemacht.

KERRY BOG VILLAGE MUSEUM

An der N70 zwischen Killorglin und Glenbeigh hat das **Kerry Bog Village Museum** (☎ 976 9184; Erw./Kind/Fam. 4,50/4/15 €; ☯ Ostern–Okt. 9–18 Uhr, sonst 9–18 Uhr) eine Moorsiedlung aus dem 19. Jh. rekonstruiert, wie sie für die kleinen Gemeinden typisch war. Nur unter großen Mühen konnten die Menschen damals in dieser kargen Landschaft mit Irlands allgegenwärtigen Torfmooren überleben. Besucher können Nachbauten von den Wohnhäusern der Torfstecher, Schmiede, Dachdecker und Arbeiter sowie eine Molkerei bestaunen. Auf einem Feld hinter dem Museum weiden ein paar Kerry Bog Ponys.

Neben dem Museum serviert das **Red Fox** (☎ 976 9288; Glenbeigh; Gerichte 7–12 €) zwischen Ostern und Oktober recht gutes Essen. Ansonsten beschränkt sich die Speisekarte auf Sandwiches mit Corned Beef.

ROSBEIGH STRAND

Dieser ungewöhnliche **Sandstrand**, 1,6 km westlich von Glenbeigh, ragt in die Bucht von Dingle hinein, mit Blick auf Inch Point und die Dingle-Halbinsel. Auf der einen Seite ist das Meer durch die atlantischen Winde stürmisch, auf der anderen ruhig und geschützt.

Burke's Activity Centre (☎ 976 8872; Rosbeigh) hat Pferde-Trekking, Mini-Golf, einen Irrgarten und einen Bauernhof zu bieten.

CAHERCIVEEN

☎ 066 / 1300 Ew.

Die Einwohnerzahl von Caherciveen lag um 1841 noch bei über 30 000, sank jedoch drastisch durch die große Hungersnot und Auswanderungen in die Neue Welt. Heute ist es nur noch ein verschlafenes Nest im Schatten des 688 m hohen Knocknadobar. Verglichen mit anderen Siedlungen auf der Halbinsel sind die Leute hier recht mürrisch, dafür gibt es eine Handvoll Sehenswürdigkeiten und gute Unterkünfte.

Praktische Informationen

In Caherciveen findet man eine Post und zwei Banken, beide mit Geldautomat.

Internet Café (☎ 948 1885; 12 Main St; 3/5 € pro 30 Min./Std.; ⊗ Juni–Aug. 9–21 Uhr, sonst 11–19 Uhr)
Touristeninformation (☎ 947 2589; Community Centre; ⊗ April–Okt.) Nur sporadisch geöffnet. Das Old Barracks Heritage Centre kann auch Auskunft geben.

Sehenswertes

O'CONNELL'S GEBURTSHAUS

Wenn man links die Brücke Richtung Kells überquert, stößt man am Ostufer des Carhan River auf das verfallene Geburtshaus von Daniel O'Connell, „dem großen Befreier" (siehe S. 38). Am anderen Ufer steht eine schöne Büste des großen katholischen Anführers. Entlang des Flusses führt ein Weg mit Tafeln, die über die regionale Tierwelt informieren.

BARRACKS

Das **Old Barracks Heritage Centre** (☎ 947 2777; Nebenstraße der Main St; Erw./Kind 4/2 €; ⊗ März–Mai & Okt.–Dez. Mo–Sa 10–16, Juni–Sept. Mo–Sa 10–18, So 13–17 Uhr) ist in einem Turm der Kaserne der ehemaligen Royal Irish Constabulary (RIC) untergebracht. Nachdem Vertragsgegner das Gebäude 1922 niedergebrannt hatten, wurden angeblich die Wiederaufbaupläne mit denen für die in Indien geplante Kaserne vertauscht. Das Gebäude hat definitiv einen leicht indischen Charakter.

Im Museum werden Themen von regionalem und nationalem Interesse aufgegriffen, etwa der Fenier-Aufstand, Daniel O'Connell sowie Caherciveens anderer berühmter Bürger, der gälische Footballstar Jack O'Shea. Außerdem sind eine Nachbildung einer alten Behausung zur Zeit der großen Hungersnot und einer Kaserne während des Osteraufstands von 1916 zu sehen.

BALLYCARBERY CASTLE & RINGFESTUNGEN

Von der Kaserne aus führen die Ruinen von Ballycarbery Castle 2,4 km entlang der Straße nach White Strand Beach. Die Burg aus dem 16. Jh. wurde von den McCarthy More Anführern und später von Sir Valentine Brown, dem irischen Generalaufseher unter Elisabeth I., bewohnt.

An der gleichen Straße befinden sich zwei steinerne Ringfestungen. Cahergall, die größere der beiden, geht auf das 10. Jh. zurück. An den Innenmauern sind Treppen erkennbar, außerdem eine Bienenstock- bzw. Bienenkorbhütte (*clochan*) sowie die Überreste eines Hauses. Das kleinere, Leacanabuile, stammt aus dem 9. Jh. und besitzt einen Ein-

gang zu einem unterirdischen Gang. Die Innenwände und Räume vermitteln einen Eindruck vom Leben in einer Ringfestung. Autofahrer können auf dem Parkplatz neben einer Steinmauer parken und den Fußweg nehmen.

Aktivitäten

Zu den regionalen **Wanderungen** gehört der 5½-stündige Rundweg um den Berg Killelan und der weniger anstrengende Strandweg zur Burg und den Ringfestungen.

Von Juni bis September wird ein zweistündiger **geführter Spaziergang** (☎ 947 3186; Erw./Kind 7/4 €) zu archäologischen und historischen Stätten angeboten. Startpunkt ist jeden Morgen um 11 Uhr vor der UN Bar, gegenüber der Post.

Bootsfahrten (☎ 947 3186; 15 €; ⊗ Juni–Sept.) auf dem Valentia River werden jeden Nachmittag vom gleichen Veranstalter organisiert.

Festivals

Zum **Caherciveen Festival of Music & the Arts** (☎ 947 3772; www.celticmusicfestival.com) gehört vor allem keltische Musik. Es findet Anfang August am Feiertagswochenende statt. Auf dem Programm stehen Coverbands, Straßenmusikwettbewerbe und irisches Set Dancing.

Schlafen

Sive Hostel (☎ 947 2717; sivehostel.ie; 15 East End; B/DZ 16/44 €) Die rosafarbenen Bettbezüge in den kleinen Schlafsälen riechen leicht nach Krankenhaus. Dafür ist die Fernseh-Lounge des IHH-Hostels total gemütlich.

Mannix Point Camping & Caravan Park (☎ 947 2806; www.campinginkerry.com; Mannix Point; Campingplatz 19 €; ⊗ März–Okt.) Mortimer Moriartys preisgekrönter Zeltplatz liegt direkt an der Küste. In den Badezimmern ertönt Radiomusik. Außerdem gibt es eine Lounge, ein Musikzimmer, eine gemütliche Küche mit Gasherd, einen Grillplatz, und sogar eine Aussichtsplattform zum Vögelbeobachten.

O'Shea's B&B (☎ 947 2402; www.osheasbnb.com; Church St; EZ/DZ 37/64 €; ℗) Das gemütliche, privat geführte B&B verfügt über vier Zimmer mit Bad und Aussicht auf die Burg und Kaserne. Die O'Sheas kennen sich gut in der Gegend aus und organisieren auch Wanderungen und Bootstouren.

Sea Breeze (☎ 947 2609; seabreezeband@eircom.net; Reenard Rd; EZ/DZ 45/70 €) Dieses strahlend weiße B&B hat einen Wintergarten mit Blick über den Hafen, die Burg und Doulus Head. Es liegt 500 m südwestlich der Stadt an der Straße nach Reenard Point.

Essen

Helen's Coffee Shop (☎ 947 2056; Main St; Snacks 4–6 €) Helen's ist ein wahres Juwel! Auf der Karte stehen viele verschiedene Kaffeesorten sowie leckere Suppen und Sandwiches, selbst gebackene Kuchen und Süßwaren.

Amarantine (☎ 947 3499; 14 Church St; Gerichte & Snacks 4–11 €) Diese unscheinbare Café-Weinbar ist für seine Ciabattas, Salate, Kuchen und Gerichte bekannt.

Fertha (☎ 947 2023; 20 Main St; Bargerichte 7–12 €) Das geräumige Pub bietet eine Reihe von irischen Leibspeisen, z. B. Braten und gedünsteten Lachs.

Unterhaltung

Traditionelle irische Musik bekommt man bei An Bonnán Buí, The Anchor und bei Mike Murts zu hören.

VALENTIA ISLAND

☎ 066 / 715 Ew.

Über der 11 km langen Insel Valentia (Oileán Dairbhre) thront der Mount Geokaun. Das kleine Eiland ist gemütlicher als die Skelligs im Südwesten. Hügel und Felder harmonieren mit denen auf dem Festland, mit dem die Insel per Fähre und Brücke verbunden ist. Wie auch der Skellig Ring, zu dem sie führt, lohnt ein (busfreier!) Abstecher vom Ring of Kerry aus. Eine empfehlenswerte Wanderung führt am Mount Geokaun und Fogher Cliff vorbei.

Auf Valentia wurde das erste transatlantische Telegrafenkabel angeschlossen. Als die Verbindung 1858 fertiggestellt war, stand Caherciveen in direktem Kontakt mit New York, noch ehe es einen Anschluss nach Dublin gab. Dieser Kontakt hielt allerdings nur 27 Tage, wurde einige Jahre später dann neu aktiviert. Die Telegrafenstation war bis 1966 in Betrieb.

Portmagee (376 Ew.) überblickt vom Festland aus die Südseite der Insel und besteht aus einer einzigen Straße mit hübschen, bunten Häusern. An Sommermorgen erwacht der kleine Pier zum Leben, wenn die Boote bei ihrer Überfahrt zu den Skellig-Inseln hier anlegen (siehe rechts).

Sehenswertes & Aktivitäten

Am anderen Ende der Brücke, gegenüber von Portmagee, steht ein interessantes Gebäude

mit einem torfbedeckten Tonnendach – wenn es auch nicht gerade die geglückteste Nachbildung von Bauwerken aus der Vergangenheit darstellt. Die **Skellig Experience** (☎ 947 6306; Erw./Kind/Fam. 5/3/14 €; ⏱ Juni–Aug. 10–19, April, Mai & Sept.–Nov. bis 18 Uhr, letzter Einlass 45 Min. vor Schluss) zeigt Ausstellungen über die Tierwelt, das Leben und die Zeit der Mönche von Skellig Michael sowie die Geschichte der Leuchttürme auf der Insel. Wer einen Ausflug zu den Skellig-Inseln plant, bekommt hier wertvolle Informationen. Bei schlechtem Wetter ist der nächstgelegene Ort zu den Eilanden. Insel- und Hafenrundfahrten werden ebenfalls angeboten.

Portmagee veranstaltet **Set-Dancing-Workshops** (☎ 947 7108) über das Feiertagswochenende im Mai, mit jeder Menge stampfender Übungsstunden in der Bridge Bar.

Schlafen

Spring Acre (☎ 947 6141; rforan@indigo.ie; Knightstown; EZ/DZ 35/70 €) Das beste an diesem Bungalow mit Blick über den Fährhafen von Valentia Island (das Hotel gehört übrigens dem Fährbetrieb) ist die Aussicht über den Hafen zum Mount Killelan. Wer allerdings auf der Insel übernachten möchte, kann von der extrem praktischen Lage profitieren: in der Nähe von Pubs, Restaurants, Wanderungen und dem Pier, von wo aus Boote zu den Skellig-Inseln rübersetzen.

The Moorings (☎ 947 7108; www.moorings.ie; Portmagee; EZ 55–90 €, DZ 80–130 €, 3BZ 120–190 €, FZ 100–245 €) Diese Unterkunft ist ein netter Treffpunkt. Bei den 16 Zimmern hat man die Wahl zwischen gedämpft-modern und natürlich-traditionell. Das Restaurant (Gerichte 20–37 €) mit maritimer Aufmachung hat sich auf Fisch spezialisiert. Im Juli und August wird in der gemütlichen Bridge Bar jeden Dienstagabend Livemusik und irischer Tanz geboten. Im „Skelligs-Paket" sind die Übernachtung im B&B und Ausflüge enthalten.

An- & Weiterreise

Die meisten Besucher fahren über die Brücke von Portmagee aus auf die Insel. Von April bis Oktober verkehren **Fähren** (☎ 947 6141) von Reenard Point aus, 5 km südwestlich von Caherciveen, nach Knightstown auf Valentia Island. Die fünfminütige Überfahrt kostet pro Auto 5/8 €, 2/3 € für Radfahrer und 1,50/2 € für Fußgänger (jeweils einfach /Hin- & Rückfahrt). Die Fähren sind zwischen 8.15 bzw. Sonntag 9 und 22 Uhr im Einsatz.

SKELLIG ISLANDS

45 000 Tölpel

Die Skellig-Inseln (Oileáin na Scealaga) brechen regelrecht aus dem Atlantik hervor und bilden damit einen auffälligen Kontrast zu den Tölpeln, die mit starrem Blick auf den kargen Felsen hocken. Sie nehmen es mit allen tierischen Festland-Attraktionen auf; dafür muss man sich aber auch mental wie körperlich auf die 12 km lange Überfahrt einstellen, die mitunter ziemlich rau sein kann. Auf Skellig Michael, die einzige für Besucher zugängliche Insel, gibt es weder Toiletten noch Unterstände. Man sollte etwas zu essen und zu trinken mitnehmen und unbedingt feste Schuhe und witterungsbeständige Kleidung tragen; dazu gehört auch eine wasserfeste Jacke für die spritzenden Wellen bei der Überfahrt. Bootsbetreiber haben oft alte wasserundurchlässige Anoraks und Hosen, die sich Passagiere leihen können.

Aktivitäten

Für **Vogelbeobachter** sind die Skelligs ein wahres Paradies. Wer bei der Bootsfahrt genau aufpasst, bekommt vielleicht winzige Sturmschwalben (auch bekannt als Mother Carey's Chickens) zu sehen, die blitzschnell übers Wasser schießen. Tölpel mit scharfen Schnäbeln, eindringlichem Blick und gelben Hauben sind allein schon durch ihre Flügelspannweite von 100 cm und mehr leicht zu erkennen. Wie ein Dreizack stürzen sie sich aus 30 m Höhe mit weit über 100 km/h ins Wasser, um nach Fischen zu jagen. Dreizehenmöwen (*kittiwakes*), kleine, zierliche Vögel mit schwarzen Flügelspitzen, kann man, sobald man das Boot verlässt, am überdachten Fußweg von Skellig Michael sehen und hören. Sie überwintern auf See und kommen zwischen März und August zu Tausenden zum Brüten an Land. Hoch oben auf den Felsen entdeckt man Eissturmvögel (fulmars) mit ihren stoppeligen Flügeln und auffällig knöchernen Nasenlöchern, aus denen eine übel riechende grüne Flüssigkeit strömt, sobald man ihnen zu nahe kommt. Außerdem können Tordalke (*razorbills*), schwarz-weiße Lummen (*guillemots*) und die schönen Papageitaucher (*puffins*) mit vielfarbigen Schnäbeln und Watschelgang beobachtet werden. Im Mai kommen sie an Land, um am hinteren Höhlen- oder Gangende ein einziges Ei zu legen, das dann von den Vogeleltern bewacht wird. Diese Vögel bleiben nur die ersten Augustwochen über.

Skellig Michael

Der schroffe, 217 m hohe Felsen **Skellig Michael** („Felsen des Erzengel Michael" wie St. Michael's Mountain im englischen Cornwall und Mont Saint Michel in der Normandie) ist die größere der zwei Inseln und gehört zum Unesco-Welterbe. Die Klippe wirkt wie der letzte Ort auf Erden, an dem irgendwer an Land gehen, geschweige denn eine Gemeinde aufbauen würde. Und doch lebten hier vom 6. Jh. bis zum 12. bzw. 13. Jh. frühchristliche Mönche. Beeinflusst von der koptischen Kirche, die der Hl. Antonius in den Wüsten von Ägypten und Libyen gegründet hatte, führte sie ihre beharrliche Suche nach absoluter Einsamkeit zu diesem abgelegenen und windigen Felsen am Rande Europas.

Die Klosterbauten thronen auf einem Felssattel 150 m über dem Meeresspiegel und sind über 600 steile, ins Gestein gehaune Stufen erreichbar. Nicht entgehen lassen sollte man sich die unterschiedlich großen Oratorien und Bienenstockhütten aus dem 6. Jh.; die größte Zelle misst 4,5 m x 3,6 m. Man kann die nach Süden hin angelegten Gemüsegärten der Mönche und ihre Zisterne, in denen Regenwasser gesammelt wurde, sehen. Doch die eindrucksvollste bauliche Errungenschaft stellen die Fundamente der Siedlung dar: Plattformen aus Erde und trockenen Steinmauern wurden direkt auf den steilen Abhang errichtet.

Über das Klosterleben ist kaum etwas bekannt, es gibt aber Aufzeichnungen über die Wikinger-Überfälle in den Jahren 812 und 823. Mönche wurden verschleppt oder getötet, doch die Gemeinde erholte sich wieder und blieb weiter bestehen. Einer Legende nach sollen die Klosterbrüder sogar einen der Plün-

RISKANTES SKELLIG

Besucher von Skellig Michael werden von einem Schild vor möglicher Gefahr gewarnt. Schon die Überfahrt ist abenteuerlich und manchmal auch ziemlich rau. Wer schnell seekrank wird, erlebt einen starken Seegang nicht gerade als Freudenfest. Außerdem muss man über Felsen und steinige Stufen klettern können. Ein Bootsbetreiber meinte: „Oft sage ich nervöseren Gemütern, sie sollen erst gar nicht ins Boot steigen. Aber eigentlich ist es ja immer gut gegangen."

derer, Olaf Tryggvesson, bekehrt haben, der später der erste christliche Herrscher Norwegens wurde. Im 11. Jh. wurde die Anlage um ein rechteckiges Oratorium erweitert, und obwohl im 12. Jh. weitere Anbauten folgten, verließen die Mönche den Felsen zu dieser Zeit – vielleicht aufgrund besonders heftiger Atlantikstürme.

Nach der Einführung des gregorianischen Kalenders 1582 wurde Skellig Michael ein beliebter Ort für Hochzeiten. In der Fastenzeit waren keine Eheschließungen erlaubt; da auf Skellig der alte julianische Kalender galt, konnte man auf die Insel fahren und dort heiraten, statt bis Ostern zu warten.

In den 1820er-Jahren hatte man auf Skellig Michael zwei Leuchttürme sowie eine Ringstraße errichtet.

Inselbesucher werden von den Tourleitern gebeten, ihre Picknickpause auf dem Weg zum Kloster oder bei Christ's Saddle vor der letzten Treppe einzulegen, und nicht in den Ruinen. So sollen hungrige Vögel mitsamt ihrem Kot vom Bau ferngehalten werden.

Small Skellig

Während Skellig Michael an zwei durch einen Vorsprung verbundene Dreiecke erinnert, ist Small Skellig länger, flacher und zerklüfteter. Von weitem sieht es aus, als hätte jemand ein Federkissen darüber ausgeschüttelt. Aus der Nähe erkennt man dann, dass die Federn eine Kolonie von 20 000 brütenden Tölpelpaaren sind, die zweitgrößte Brutkolonie der Welt. Die meisten Boote umrunden die Insel, damit Ausflügler die Tölpel genauer beobachten können. Manchmal tauchen auch badende Seehunde auf. Small Skellig ist ein Vogelschutzgebiet und darf deshalb nicht betreten werden.

An- & Weiterreise

Um Skellig Michael zu schonen, ist die tägliche Besucherzahl reglementiert. 15 Boote mit maximal zwölf Passagieren dürfen zur Insel fahren. Damit sind nie mehr als 180 Menschen gleichzeitig vor Ort. Aufgrund dieser Beschränkungen macht es Sinn, die Überfahrt schon im Juli oder August zu buchen. Man muss aber bedenken, dass die Boote bei schlechtem Wetter nicht auslaufen. Die Ausflugsaison beginnt meist rund um Ostern, wegen stürmischer See und schlechtem Wetter kann sich der Beginn auch manchmal bis Mai verzögern.

Die Boote legen gegen 10 Uhr in Portmagee (und sogar Caherciveen), Ballinskelligs oder Derrynane ab und kehren um 15 Uhr zurück. Allerdings versuchen die Betreiber gern, den Inselaufenthalt auf zwei Stunden zu beschränken, was man an guten Tagen mindestens braucht, um das Kloster zu besichtigen, die Vögel zu sehen und dann auch noch zu picknicken. Also unbedingt nachfragen, ob das Boot auch wirklich bei Skellig Michael anlegt. Die Überfahrt von Portmagee dauert ca. 1½ Stunden, von Ballinskelligs eine Stunde und von Derrynane 1¾ Stunden. Hin- und Rückfahrt von allen drei Orten schlägt mit etwa 40 € zu Buche.

Die Pubs und B&Bs der Gegend kennen die einzelnen Veranstalter, empfehlenswert sind u. a. folgende:

Casey's (☎ 947 2437; Caherciveen)
Des Lavelle (☎ 947 6124; Portmagee)
Eoin Walsh (☎ 947 6327; Valentia Island)
John O'Shea (☎ 087-670 5121; Caherdaniel)
Sea Quest (☎ 947 6214; Reenard Point)
Skellig Cruise (☎ 947 9182; Ballinskelligs)

SKELLIG RING

Dieser 18 km weite Abstecher vom Ring of Kerry verbindet Portmagee und Waterville und liegt in der Gaeltacht (wo noch gälisch gesprochen wird) rund um Ballinskelligs (Baile an Sceilg). Der Name Ballinskelligs heißt übersetzt „Stadt mit Kanten" und mag Fans von Father Ted und seinen kantigen Inselfreunden ein Grinsen entlocken. Die Gegend ist genauso wild und schön wie Teds fiktionale Insel, und die zerklüfteten Umrisse von Skellig Michael hat man fast immer in Sichtweite.

Eine Touristeninformation gibt es im Café Coistrá (siehe rechts).

Sehenswertes
SIOPA CHILL RIALAIG

Diese zeitgenössische **Galerie** (☎ 947 9297; cillrialaig@easatclear.ie; Dun Geagan; ⌚ Juli–Aug. 10–19, sonst 11–17 Uhr) ist vollgepackt mit Werken regionaler Künstler sowie Talenten aus Irland und der ganzen Welt. Sie fungiert als Schaufenster des Cill Rialaig Project, das Kreativen einen Rückzugsort bietet, und zwar an der Stelle, wo einst ein ganzes Dorf vor der Hungersnot floh. Indem Künstler der Galerie eines ihrer Werke widmen, erhalten sie kostenlos Unterkünfte und Atelierplätze. Dabei ist das Niveau recht hoch: Die hier ausgestellten Arbeiten stehen denen der besten Galerien Dublins in nichts nach.

Siopa Chill Rialaig liegt an der R566 am nordöstlichen Ende von Ballinskelligs. Die runden, strohgedeckten Dächer und die an einen halluzinogenen Pilz erinnernde Skulptur sind nicht zu übersehen. Innen lädt ein Café zu einem Päuschen ein.

BALLINSKELLIGS PRIORY & BAY

Das Meer und die salzige Luft zehren an den stimmungsvollen Ruinen dieses mittelalterlichen Gebäudes. Vermutlich stand die Klostersiedlung mit den Mönchen von Skellig Michael in Verbindung, nachdem diese ihren felsigen Außenposten im 12. Jh. verlassen hatten. Der Weg zur Ruine ist bis zum Pier am westlichen Ortsende ausgeschildert, wo man sie auf der linken Seite erkennen kann.

Auch findet man den schönen, kleinen und badetauglichen – mit blauer Flagge ausgezeichneten – **Strand** dank der Wegweiser problemlos. Am westlichen Ende liegen die Überreste einer **Burg** aus dem 16. Jh., die einst Sitz der McCarthys war. Auf der Landenge erbaut sollte sie vor Piratenangriffen schützen.

Aktivitäten

Die Bucht von St. Finian ist zum Surfen ideal. **Ballinskelligs Water Sports** (☎ 086-389 4849) vermietet Surfbretter, Kajaks sowie Ausrüstung zum Windsurfen und gibt auch Unterricht. **Sean Feehan** (☎ 947 9182) bietet Angel-, Tauch- und Bootsausflüge zu den Skellig Islands an.

Schlafen & Essen

Skellig Hostel (☎ 947 9942; www.skellighostel.com; Ballinskelligs; B 14,50 €; EZ & 2BZ 36 €; DZ 44–48 €; FZ 60 €; Ⓟ Ⓖ) Das moderne Gebäude wirkt zwar etwas charakterlos, doch Zimmer, Lounge und Essbereich sind gemütlich, und mit der leicht erhöhten Lage genießt man einen Blick aufs Meer.

Ballinskelligs Inn (Cable O'Leary's; ☎ 947 9106; www. ballinskelligsinn.com; EZ/DZ 40/80 €; Mittagessen 9 €, Abendessen 12–20 €; Ⓟ) Ein klassisch dörfliches Lokal: Unterhaltungen werden auf gälisch geführt, es gibt behagliche Zimmer, aber kaum heißes Wasser. Auf das Essen sollte man sich hier nicht allzu sehr freuen, dafür ist die Geschichte interessant, vor allem, wenn man nach Cable O'Leary fragt.

Café Coistrá (☎ 947 9323; Ⓨ 9–18 Uhr) Am Parkplatz von Ballinskelligs Strand gelegen, kann man bei diesem Strandhütten-Café und Kunsthandwerksladen nett Kaffee trinken und dabei alte Fotos von der Gegend anschauen.

WATERVILLE

☎ 066 / 550 Ew.

Trotz der bunten Reihenhäuschen zwischen Lough Currane und Ballinskelligs Bay fehlt Waterville der Charme seines Nachbardörfchens Caherdaniel. Dennoch hatte der windige Badeort berühmte Anhänger wie Charlie Chaplin, der im Butler Arms Hotel nächtigte und dem eine frappierend ähnliche lebensgroße Statue gewidmet wurde. Einheimische hoffen nun, dass der neue Skellig Bay Golf Club dem Ort bald wieder zu neuem Schwung verhilft.

Eine Touristeninformation gibt es beim **Waterville Craft Market** (☎ 947 4212; Ⓨ Juni–Aug. 9–21, Sept.–Mai 10–18 Uhr).

Sehenswertes

Am nördlichen Ende von Lough Currane befinden sich auf **Church Island** die Ruinen einer mittelalterlichen Kirche und einer Bienenstockhütte. Angeblich vom Hl. Finian im 6. Jh. als Klostersiedlung gegründet, ist sie bei schlechtem Wetter eine gute Alternative zu den Skellig-Inseln.

Ein Boot für drei Personen kostet 40 bis 50 €; Kontakt erfolgt über Lakelands B&B (siehe S. 292).

Aktivitäten

Waterville Golf Links (☎ 947 4102) verlangt stolze 165 € pro Runde bzw. 115 € vor 8 und nach 16 Uhr Montag bis Donnerstag. Dafür ist er einer der schönsten Golfplätze weltweit und lockt professionelle Golfer aus aller Herren Länder an. Eine günstigere Alternative ist der **Skellig Bay Golf Club** (☎ 947 4133; Mo–Fr 60 €, Sa & So 70 €).

Am Lough Currane und anderen Seen darf man kostenlos Meerforellen **angeln**. Man braucht allerdings eine Lizenz. Hochseeangler könnten Makrelen, Seelachse oder ein Hai ins Netz gehen. Im Angelsportgeschäft **Tadhg O'Sullivan** (☎ 947 4433; Main St) erfährt man Näheres.

Schlafen & Essen

O'Dwyer's (☎ 947 4248; Main St; EZ 30 €, DZ 60 €) Günstig und zentral über einem Bar-Restaurant gelegen. Die Bäder sind klein, ebenso wie die Betten in den Doppelzimmern.

Clifford's B&B (☎ 947 4283; cliffordbandb@eircom.net; Main St; EZ/DZ 35/60 €; 🕓 März–Okt.; P) Gemütliches Haus mit exzellentem Preis-Leistungs-Verhältnis; die Zimmer im oberen Stockwerk haben Meerblick.

Lakelands (☎ 947 4303; www.lakelandshouse.com; Lake Rd; EZ/DZ 75/96 €) Bei diesem Bauernhaus-B&B kann man vor allem gut angeln. Das moderne Gebäude verfügt über eine herrliche Aussicht über den Lough Currane; einige Zimmer sind mit Whirlpool und Balkon ausgestattet.

Smuggler's Inn (☎ 947 4330; www.the-smugglers-inn. com; Cliff Rd; EZ 90–130 €, DZ 120–160 €; 🕓 April–Okt.; P) Das angenehme Smuggler's Inn hat hauptsächlich Golfer zu Gast und liegt herrlich einsam zwischen Golfplatz und einem langen Sandstrand. Es gehört zu den schickeren Hotels nördlich von Waterville. Fisch und besonders Muscheln gelten als Spezialität des hauseigenen Restaurants direkt am Strand. (Gerichte 20–30 €, Bargerichte 5–15 €).

The Huntsman (☎ 947 4124; huntsmanclub@eircom. net; EZ/DZ 125/150 €; 🕓 März–Okt.) Die fünf Ferienwohnungen gegenüber der St. Michael's Church sind erstaunlich luxuriös ausgestattet, mit Sauna, zwei Whirlpools und Balkon mit Meerblick. In einem amüsanten Mischmasch ist das Restaurant mit vorwiegend französischer Küche (Gerichte 15–30 €) dekoriert, z. B. mit Tiefseemonstern aus Glasfaser.

Sheilin (☎ 947 4231; Top Cross; Mittagessen 10 €, Abendessen 14–28 €; 🕓 12–15 & 18–22 Uhr) Freundliches, wenn auch hoffnungslos exzentrisches Fischrestaurant, auf zwei Häuser verteilt. Serviert werden Gerichte wie Jakobsmuscheln von Valentia Island und frischer Krebs in Weinsoße.

Paddy Frog's (☎ 947 8766; The New Line; Hauptgerichte 25–28 €; 🕓 März–Okt. 18.30–21.30 Uhr) Dieses französisch-irische Gourmet-Restaurant in einem kreativ gestalteten neuen Gebäude ist mächtig überteuert, dafür besticht es durch einen guten Mix aus frischem Fisch und Fleisch.

CAHERDANIEL

☎ 066 / 350 Ew.

Caherdaniel liegt versteckt zwischen Derrynane Bay und den Ausläufern des Eagles Hill und ist stolz auf seinen mit der blauen Flagge ausgezeichneten Strand. In den wenigen Straßen dieses winzigen Örtchens geht es überraschend lebhaft zu. Langeweile kommt hier ganz bestimmt nicht auf, und wenn doch, kann man den einstigen Sitz von Daniel „dem Befreier" O'Connell besichtigen (S. 38).

Abends wird im Blind Piper Pub gefeiert, der mit Angelgeräten und Treibholz geschmückt ist (S. 293).

Auskünfte erhält man beim Wave Crest (siehe S. 293).

Sehenswertes

DERRYNANE NATIONAL HISTORIC PARK

Derrynane House (☎ 947 5113; Derrynane; Erw./Kind 2,90/1,30 €; 🕓 Mai–Sept. Mo–Sa 9–18, So 11–19, April & Okt. Di–So 13–17, Nov.–März Sa & So 13–17 Uhr, letzter Einlass 45 Min. vor Schluss) gehörte der Familie von Daniel O'Connell, dem Verfechter der katholischen Emanzipation. Die O'Connells kauften das Gebäude und umliegendes Parkgelände, nachdem sie durch Schmuggelgeschäfte mit Frankreich und Spanien zu Reichtum gelangt waren. Das Haus ist weitgehend mit Gegenständen und Möbeln aus O'Connell-Besitz ausgestattet, u. a. ein restaurierter Triumphwagen, in dem er nach seiner Entlassung aus dem Gefängnis 1844 durch Dublin fuhr.

Ein Wanderweg führt durch die Gärten – wo dank des Golfstroms Palmen, 4 m hohe Farne, Riesen-Rhabarber (Gunnera) und südamerikanische Pflanzen wachsen – zu den Feuchtgebieten, Stränden und Kliffs. Manchmal kann man wilde Fasane und andere Vögel erspähen. Die **Kapelle**, die O'Connell dem Derrynane House 1844 hinzufügte, stellt eine Nachbildung der verfallenen Kapelle auf **Abbey Island** dar, die meist zu Fuß über den Sand erreicht werden kann.

Auf der linken Straßenseite zum Haus hin steht ein **Ogham-Stein**. Die eingemeißelten Schriftzeichen repräsentieren das einfache, altirische Ogham-Alphabet. Einige Buchstaben fehlen zwar, doch könnte es sich hierbei um den Namen eines Häuptlings handeln.

Aktivitäten

Caherdaniel konkurriert als Tauchbasis der Halbinsel Iveragh mit der Valentia Island um Wassersportfans. Empfehlenswert ist **Activity Ireland** (☎ 947 5277; www.activity-ireland.com), denn der Veranstalter organisiert auch andere Outdoor-Aktivitäten wie Klettern. Beim beliebten Anbieter **Derrynane Sea Sports** (☎ 087-908 1208) kommen Sportbegeisterte zwischen Juni und August mit Segelturns, Kanufahrten, Windsurfing und Wasserski für alle Stufen auf ihre Kosten.

Eagle Rock Equestrian Centre (☎ 947 5145) bietet Strand-, Berg- und Waldtouren für alle Schwierigkeitsgrade (25 € pro Std.).

John O'Shea (☎ 087-670 5121; Bunavalla Pier) veranstaltet Angelausflüge und Exkursionen zu den Skellig-Inseln.

Wanderfans sollten sich zum **Bunavalla Pier**, 3,2 km bergabwärts und fernab der N70, westlich von Caherdaniel, aufmachen. Dort erwartet einen der „bekannteste Ausblick ganz Irlands", wenn man dem Schild beim Scarriff Inn glauben mag. Vielleicht ist es aber auch der windigste und steilste Weg in Land. Am besten hält man sich schön links und hebt sich genügend Puste für den anstrengenden Rückweg bergan auf!

Schlafen & Essen

Wave Crest (☎ 947 5188; www.wavecrestcamping.com; Campingplatz 16 €; ☻ Mitte März–Mitte Okt.; ▱) Die tolle Lage direkt an der Küste und die gepflegte Anlage sprechen für diesen Zeltplatz, der 1,6 km südöstlich von Caherdaniel liegt. In der Hochsaison sollte man unbedingt im Voraus buchen.

Glenbeg Caravan & Camping Park (☎ 947 5182; glenbeg@eircom.net; Campingplatz 17 €; ☻ Mitte April–Anfang Okt.) Glenbeg befindet sich ca. 2,5 km östlich von Caherdaniel an der N70. Die Lage am Meer mit Blick über einen Sandstrand bis rüber zur Halbinsel Beara ist einfach unschlagbar.

Travellers' Rest Hostel (☎ 947 5175; B/DZ 16,50/39 €; ℗) Niedrige Decken, Brettspiele und getrocknete Blumen im Gitter – das Travellers' Rest hat etwas von einem Landhaus-Cottage. Wenn keiner da ist, an der Tankstelle gegenüber fragen.

Olde Forge (☎ 947 5140; theoldeforge@eircom.net; EZ/DZ 40/70 €; ℗) Dieses B&B hat sechs hübsche Zimmer mit phantastischer Sicht auf Kenmare Bay und Beara Peninsula. Nach 1,2 km südöstlich von Caherdaniel auf der N70 ist man am Ziel.

Kerry Way B&B (☎ 947 5277; www.activity-ireland. com/bab; EZ/DZ 45/60 €; ℗) Die Leute vom Activity Ireland betreiben auch dieses angenehm alte Haus. Großzügige Zimmer verfügen über ein eigenes Bad.

Glaise Rinn (☎ 947 5013; Mittagessen 4–7 €; ☻ Mai–Aug.) In dieser Feinkostadresse direkt am Eingang von Wave Crest bekommt man Frühstück, Baguettes, hausgemachte Quiches und Pizza.

Blind Piper (☎ 947 5126; Bargerichte 10–18 €; ☻ Juni–Aug. 12–21.30, sonst bis 20.30 Uhr) Diese lokale Institution ist tagsüber ein tolles Familienpub mit teurem, aber hervorragendem Essen. Den frittierten Seeteufel, Panini mit *cajun*-Hühn-chen und *croque monsieur* mit Brie sollte man unbedingt probieren. Abends tummeln sich hier Einheimische und Touristen. Manchmal wird auch Musik gemacht.

Das **Courthouse Cafe** (☎ 947 5834; Abendessen 10 €; ☻ Juni–Sept. 11–16 & 18–22 Uhr), nicht weit vom Blind Piper, ist im Sommer ein netter Ort und in Sachen Essen die günstigere Alternative zum Pub. Fischfrikadellen mit Pommes und andere sättigende Gerichte kann man entweder mitnehmen oder im ersten Stock verspeisen.

STAIGUE FORT

Auf der anderen Seite eines Tal bietet diese Ringfestung einen imposanten Blick und lässt die späte Eisenzeit Irlands wieder lebendig werden. Die runde, bis zu 6 m hohe und 4 m dicke Steinmauer wird von einem großen Schutzwall und Graben umschlossen. Stufen führen zur Innenmauer hinauf, hinter der sich zwei kleine Zimmer und ein enger Eingangstunnel befinden.

Staigue stammt vermutlich aus dem 3. oder 4. Jh. Der ausgeklügelte Bau lässt darauf schließen, dass es einst einem mächtigen Häuptling gehörte. Obwohl die Sicht hinunter zur Küste völlig frei ist, kann man es vom Meer aus nicht sehen. Daher könnte die Festung als allgemeiner Zufluchtsort gedient haben oder aber auch als Kultur- und Handelszentrum, wo Leute zusammenkamen, um zu feiern, Waren auszutauschen und Zeremonien abzuhalten.

Staigue Fort liegt in der Nähe von Castlecove, rund 4 km fernab der N70, und kann über eine mit Schlaglöchern übersäte Landstraße erreicht werden. Diese wird immer enger, je mehr man sich dem Parkplatz neben der Festung nähert; es kann deshalb auch zu Staus kommen.

In dem geschundenen Gebäude, das gut nach Havanna passen würde, ist das **Ausstellungszentrum** (☻ Ostern–Sept. 10–21 Uhr) untergebracht. Darin findet man ein Café und interaktive Schaukästen.

Auf einem schwer lesbaren Schild steht, dass die Durchquerung des Privatgrundstücks auf dem Weg zur Dúchas-Stätte 1 € kostet.

SNEEM

Auf halber Strecke zwischen Caherdaniel und Kenmare liegt Sneem (An tSnaidhm). Der Ort eignet sich für eine kurze Pause zum Eisessen oder Felsenklettern unter der Brücke (natürlich nicht gleichzeitig). Wahrscheinlich geht der gälische Dorfname (übersetzt „der Knoten") auf den Fluss Sneem zurück, der sich knotenartig in die nahe gelegene Kenmare-Bucht schlängelt. Scherzhaft wird er auch als „Knoten im Ring von Kerry" bezeichnet.

Charles de Gaulle gehört zu den Berühmtheiten, die von diesem friedlichen Ort schwärmten. Seiner wird mit einer Statue gedacht. Im Skulpturenpark stehen gespendete Kunstwerke aus aller Welt, u. a. *Göttin Isis* aus Ägypten und *Friedlicher Panda* aus China.

KENMARE
☎ 064 / 2460 Ew.

Die kupferbedeckte Kalkstein-Kirchturmspitze der Holy Cross Church lenkt den Blick auf die bewaldeten Hügel oberhalb des Ortes, die Kenmare schon fast wie ein Bergdorf aussehen lassen. Flussnamen wie Finnihy, Roughty und Sheen, die allesamt in der Kenmare Bay münden, lassen aber darauf schließen, dass man sich nirgendwo anders als im Südwesten Irlands befinden könnte. Trotzdem hebt sich Kenmare von anderen Ortschaften ab. Elegante Straßen mit erstklassigen Restaurants reichen bis nach Fair Green. Im Sommer geht es hier recht geschäftig und hektisch zu, allerdings weitaus weniger als in Killarney. Kenmare liegt ideal, wenn man den Ring of Kerry und die Beara Peninsula besuchen möchte.

Orientierung

Im 18. Jh. wurde Kenmare x-förmig angelegt. Der dreieckige Marktplatz liegt in der Mitte, während man Fair Green im oberen V findet. Nach Süden gehen die Hauptstraßen Henry Street und Main Street ab, wo sich die meisten Geschäfte und Lokale befinden. Am südlichen Ende werden sie von der Shelbourne Street gekreuzt. Die Bucht von Kenmare erstreckt sich nach Südwesten und eröffnet einen einmaligen Blick auf die Berge.

Praktische Informationen

Die Post, Ecke Henry Street/Shelbourne Street, verkauft Wanderkarten und -führer und hat einen Internetzugang (1 € pro 15 Min.). Zwei Webseiten bieten nähere Informationen rund um Kenmare: www.kenmare.eu und www.kenmare.com.

In der ganzen Stadt kann man zwar umsonst parken, zwischen 9 und 18 Uhr jedoch nur maximal zwei Stunden.

AIB (Ecke Main St. & Henry St) Geldautomat.

Bank of Ireland (am Square) Geldautomat und Wechselstube.

Finnegan's Taxis & Tours (☎ 41491) Das Büro befindet sich über der Touristeninformation.

Kenmare Bookshop (☎ 41578; Shelbourne St) Bietet eine große Auswahl an Büchern, u. a. eine große Irlandabteilung mit Karten und Führern.

O'Shea's Laundry (☎ 41394; Kenmare Business Park; ☽ Mo–Fr 8.30–18, Sa bis 17.30 Uhr; Selbstbedienung 1 €) Liegt 2 km nördlich der Stadt an der N71.

Öffentliche Toiletten (Old Killarney Rd) Gegenüber der Holy Cross Church, neben einem Parkplatz.

Touristeninformation (☎ 31633; am Square; ☽ April–Okt.) Verteilt kostenlose Karten mit einem *Heritage Trail* rund um die Stadt und bis zu 13 km langen Wanderungen.

Sehenswertes

Der Zugang zum **Kenmare Heritage Centre** (☎ 41233; am Square; Erw./Kind 2,70/1,30 €; ☽ Juli & Aug. Mo–Sa 9.15–19, Ostern–Juni & Sept. Mo–Sa bis 17.30 Uhr) erfolgt über die Touristeninformation. Hier wird die Geschichte der Stadt von ihrer Gründung – und zwar durch den verwegenen Sir William Petty aus Neidín 1670 – bis heute nacherzählt. Außerdem widmet man sich der Historie des 1861 errichteten Poor Clare Convent, das noch heute hinter der Holy Cross Church steht. Einst lernten die Frauen aus dem Ort im Frauenkloster das Spitzenklöppeln; ihre Arbeiten brachten Kenmare international Ruhm ein.

Im oberen Stockwerk zeigt das **Kenmare Lace and Design Centre** (☎ 42978; ☽ Ostern–Okt. Mo–Sa 10.15–17.30, Nov.–März 10.30–13.30 Uhr) u. a. Designs für „das wichtigste Stück Spitze, das in Irland je hergestellt wurde" (laut Meinung eines Kritikers aus dem 19. Jh.). Geleitet wird es von der Spitzenklöpplerin Nora Finnegan, die von den Nonnen des Poor Clare ausgebildet wurde. Ebenfalls interessant ist die Geschichte von Margaret Anna Cusack (1829–99), einer Nonne aus Kenmare und früheren Verfechterin der Frauenrechte. Als sie aus Kenmare vertrieben wurde, konvertierte sie zum Protestantismus und starb schließlich verbittert im englischen Leamington.

Südwestlich des Square entdeckt man einen für diesen Teil des Landes sehr seltenen **Steinkreis**. Das Grabmonument aus der frühen Bronzezeit besteht aus 15 Steinen, die einen Dolmen umgeben.

Die **Holy Cross Church** in der Old Killarney Road wurde 1862 errichtet und besitzt ein prächtiges Holzdach mit 14 geschnitzten Engeln. In den Bögen des Mittelgangs und rund um das Buntglasfenster über dem Altar sind schöne Mosaike zu bestaunen. Der Architekt, Charles Hansom, war Mitarbeiter und Schwager von Augustus Pugin, dem Erbauer des Londoner Parlamentsgebäudes.

Aktivitäten

Der Eingang zum **Kenmare Golf Club** (☎ 41291; 18 Löcher Mo–Fr 50 €, Sa & So 55 €) liegt an der R569, etwa 100 m vom oberen Ende der Main Street entfernt.

Star Sailing (☎ 41222; Dauros), an der R571, bietet Aktivitäten wie Segeln, Kajakfahrten auf dem Meer, Tauchgänge, Windsurfen, Ponytrekking sowie Radfahren und Bergwandern für Anfänger und Fortgeschrittene an.

Während der zweistündigen Fahrt mit **Seafari** (☎ 42059; Kenmare Pier; Erw./Kind 20/12,50 €) kann man Seehunde und andere Meerestiere beobachten. Unterwegs sorgen Tee, Kaffee, Rum und die Matrosenlieder des Kapitäns für Stimmung. Eine Buchung vorab wird empfohlen.

Angler sollten es bei **Kenmare Bay Angling & Sightseeing Cruises** (☎ 087-2592209; Kenmare Pier) versuchen.

Ausritte organisieren die **Dromquinna Stables** (☎ 41043; Templenoe), 10 km westlich der Stadt auf dem Ring of Kerry (N70).

Die Touristeninformation gibt nähere Auskünfte für Wanderungen rund um die Kenmare Bay und in die Berge. Auf S. 749 wird der Kerry Way und auf S. 748 der Beara Way näher beschrieben.

Schlafen

BUDGETUNTERKÜNFTE

Kenmare Lodge (☎ 40662; 27 Main St; B 15–20 €, DZ 34–50 €) Dieses nette und moderne Hostel besitzt eine Veranda, und an den cremefarbenen Wänden hängen bunte Kopien moderner Kunst. Ein Waschraum, eine geräumige Küche und ein Essbereich stehen den Gästen zur Verfügung.

Ring of Kerry Caravan & Camping Park (☎ 41648; Reen; Campingplatz 18–20 €; ☼ April–Sept.) Dieser wunderschöne Zeltplatz liegt mitten in einem Wald, umgeben von Bergen und Meer. Von Kenmare fährt man erst 3,5 km in westlich, dann von der nördlichen Seite der Straße nach Sneem 1 km eine Seitenstraße entlang.

MITTELKLASSEHOTELS

Hazelwood (☎ 41420; www.kenmare-bnb.com; EZ/DZ 45/70 €; ℗) 3,5 km südwestlich der Stadt am Anfang des Ring of Beara (R571) liegt dieses privat geführte B&B. Das Gebäude soll an einen afrikanischen Bungalow erinnern, den der Großvater der Besitzerin Miffy besaß. Am besten, man schnappt sich ein Buch aus dem Regal, setzt sich vor den Kamin oder in den Wintergarten mit Blick über Kenmare Bay.

Whispering Pines (☎ 41194; wpines@eircom.net; EZ/DZ 45/80 €; ☼ Ostern–Nov.; ℗) Das gastfreundliche Hotel liegt ruhig in der Nähe des Piers und verfügt über vier tadellos saubere Zimmer. Zum Frühstück gibt es Pflaumen- und Aprikosenkompott oder geräucherten Lachs aus Kenmare und Rührei.

Hawthorn House (☎ 41035; www.hawthornhouse kenmare.com; Shelbourne St; EZ/DZ 55/80 €; ℗) Dieses elegante Hotel besitzt sieben großzügige Zimmer, ein prunkvolles Wohnzimmer und Böden aus hellem Kiefernholz. Alle sind nach Ortschaften aus der Region benannt. Die redselige Besitzerin Mary kennt sich bestens in der Gegend aus.

Rose Cottage (☎ 41330; am Square; DZ 70–80 €; ℗) Leicht versetzt vom Fair Green bietet dieses malerische Gebäude altmodische, aber gemütliche und heimelige Zimmer. Die Nonnen von Poor Clare wohnten hier nach ihrer Ankunft in Kenmare, mussten das Haus aber verlassen, gerade als die Äpfel im Obstgarten reif wurden. Zu beachten ist, dass es nur Doppelzimmer gibt. Einzelzimmer sind nicht erlaubt.

SPITZENKLASSEHOTELS

Sheen Falls Lodge (☎ 41600; www.sheenfallslodge.ie; Zi. ab 445 €; Frühstück 24 €; ☼ Febr.–Dez.; ℗) Die ehemalige Sommerresidenz des Marquis von Landsdowne wirkt noch immer wie ein Spielplatz für Aristokraten. Das Bar-Bistro Oscar's wurde nach dem hiesigen Reiher benannt, und es gibt einen 1920er-Buick, der für Picknickausflüge benutzt wird. Hinter all dem Schnörkel verbirgt sich ein luxuriöses Hotel mit Wellnessbereich und 66 Zimmern, die über DVD-Spieler und Bäder aus italienischem Marmor verfügen. Mit Ausblick auf die Wasserfälle und über Kenmare Bay bis nach Carrantuohil ist dies ein herrlicher Zufluchtsort, weg von den weniger amüsanten Aspekten des 21. Jhs.

Essen

Kenmare ist verdientermaßen für seine herausragenden Lokale berühmt.

GÜNSTIG

Für Selbstversorger gibt es einen **SuperValu**-Supermarkt (☎ 41307; Main St).

COUNTY KERRY

Jam (☎ 41591; Henry St; Gerichte & Snacks 2–9 €; ☺ 8–17 Uhr) Im funkig-gemütlichen Jam kann man sich mit Köstlichkeiten aus Blätterteig und göttlichen Quiches verwöhnen lassen. Raffinesse verspricht die lange Liste an Kaffeevariationen.

Café Mocha (☎ 42133; am Square; Gerichte & Snacks 4–13 €; ☺ 9–17.30 Uhr) Suppen, Salate, Sandwiches, Frühstück und selbst gemachtes Eis stehen in diesem beliebten Café auf der Karte. An den gelb gestrichenen Wände hängen Gemälde.

Purple Heather Bistro (☎ 41016; Henry St; Gerichte & Snacks 5–15 €; ☺ Mo–Sa 10.45–18 Uhr) Tolle Atmosphäre und gemütliche traditionelle Einrichtung: Das beliebte Lokal bietet eine große Auswahl an köstlichen Sandwiches und irischen Gerichten mit kontinentalem Touch. Die vegetarischen Speisen und hausgemachten Desserts sind immer ein Genuss.

MITTELTEUER

Horseshoe (☎ 41553; 3 Main St; Hauptgerichte 12–26 €; ☺ 17–22 Uhr) Zu den exzellenten vegetarischen Gerichten in diesem Gastro-Pub gehören z. B. das Spinat-Wildzwiebel-Risotto; Steaks, Jakobsmuscheln, Burger und Muscheln werden auf einfache und traditionelle Weise zubereitet.

Im **Bacús** (☎ 49300; Main St; Hauptgerichte 13–25 €; ☺ 8.30–21.30 Uhr) wird alles selbst gemacht. Die saisonalen Zutaten stammen aus der Region, und die Ales werden in kleinen Brauereien hergestellt. Bei der Einrichtung dominieren Art-Déco-Lampen und Schwarz-Weiß-Fotos mit Motiven aus Frankreich. Vielleicht ist es sogar das beste Restaurant Irlands seiner Preisklasse. Absolut empfehlenswert: die Bouillabaisse und der Sonntagsbrunch (9–16 Uhr).

PF McCarthy's (☎ 41516; 14 Main St; Abendessen 13–27 €; ☺ Mo–Sa 12–15, Di–Sa 17–21 Uhr) Ein geselliges Pub mit deutschem und tschechischem Zapfklee. Auf der Karte stehen neben den üblichen Wirtshausgerichten thailändische Krebslasagne und marokkanischer Bohneneintopf.

TEUER

Packies (☎ 41508; Henry St; Hauptgerichte 13-30 €; ☺ März–Okt. Mo–Sa, Nov.–Febr. Do–Sa 18–22 Uhr) Die Köche dieses eleganten, preisgekrönten Restaurants verstehen es meisterhaft, traditionelle irische Gerichte mit mediterranem Flair auf den Teller zu zaubern. Fast alles dreht sich hier um Fisch, außerdem werden fast ausschließ-

lich Bioprodukte verwendet. Daneben stehen auch Huhn-, Lamm- und Nudelgerichte zur Auswahl.

Mulcahy's Restaurant (☎ 42383; 36 Henry St; Hauptgerichte 17–29 €; ☺ April–Sept. Mi–Mo, Okt.–März Do–Mo 18.30–22 Uhr) Im bekannten Mulcahy's kommt die weite Welt nach Kenmare. Die Gerichte haben eine angenehm moderne Note: Es gibt Sushi als Vorspeise und Hauptgericht mit südostasiatischem Flair, aber mit einfallsreichem irischem Touch. Vegetarier und Weinkenner kommen ebenfalls nicht zu kurz.

D'Arcy's Oyster Bar and Grill (☎ 41589; Hauptgerichte 19–31 €; ☺ 18.30–21.30 Uhr) Zeitungen schwärmen vom D'Arcy's, doch das Schild im Fenster trifft es am besten: „Esst Fisch – euer Herz wird es euch danken". In modernem, unauffälligem Ambiente werden u. a. frisch gefangener Hummer und Red Snapper serviert. Fleischliebhaber können sich an irischem T-Bone Steak und gegrilltem Kerry-Lamm laben.

Unterhaltung

Gute traditionelle Musik-Sessions bietet das **Crowley's** in der Henry Street, während es bei **Florry Batt's** ein paar Häuser weiter meist feucht-fröhlich zugeht; gelegentlich wird hier gemeinsam gesungen. Konzerte finden auch im **PF McCarthy's** in der Main Street statt (Do–Sa).

Shoppen

In Kenmare gibt es verhältnismäßig viele gute Kunsthandwerksläden. Mittwochmorgens findet ein **Markt** (☎ 84236; am Square) statt (Dez. & Jan. geschl.). Jedes Jahr am 15. August kommen Händler aus ganz Irland mit Kunsthandwerk, regionalen Erzeugnissen, Ponys, Kühen, Schafen, Krimskrams, etc. in die Stadt.

PFK Gold & Silversmith (☎ 42590; pfkelly@indigo.ie; 18 Henry St) Minimalistischer Schmuck von Paul Kelly und zeitgenössischen Designern aus Irland. Besonders schön sind die Salzstreuer aus Email von Designerin Marika O'Sullivan aus dem Westen Corks. Die Preise beginnen bei 80 €. Kelly nimmt Schmuck auch in Kommission.

Soundz of Muzic (☎ 42268; 9 Henry St) Breite Auswahl an irischer und zeitgenössischer Musik.

Noel & Holland (☎ 42464; 3 Bridge St) Dieser exzellente Secondhand-Buchladen hat sicher auch das lang gesuchte Lieblingsbuch. In unzähligen Regalen stehen nur sorgfältig ausgewählte Taschenbücher.

Kerry Wool Market (☎ 89168; Henry St) Verkauft Berge von Aran-Pullis.

An- & Weiterreise

Täglich gibt es zwei Verbindungen nach Killarney (7,60 €, 50 Min.), mit Anschluss nach Tralee. Jeden Freitagnachmittag fahren Busse nach Sneem sowie nach Lauragh und Ardgroom auf der Halbinsel Beara. Im Sommer verkehren zweimal täglich Busse weiter nach Castletownbere. Die Haltestelle befindet sich vor der Roughty Bar in der Main Street.

Unterwegs vor Ort

Finnegan's Cycle Centre (☎ 41083; Shelbourne St) vertreibt Raleigh Rent-a-Bikes. Fahrräder kosten 15/85 € pro Tag bzw. Woche.

NÖRDLICHES KERRY

Die Landschaft im Norden von Kerry ist verglichen mit den grandiosen Küsten der Halbinseln Iveragh und Dingle und der Städte Killarney und Kenmare eher unspektakulär. Dennoch gibt es einige faszinierende Orte mit packender Geschichte, die ein paar Tage in der Gegend wert sind. Ballybunion und die stürmischen Strände südlich der Shannon-Mündung lohnen sich auf jeden Fall.

TRALEE

☎ 066 / 22 070 Ew.

Tralee ist zwar County-Hauptstadt, gilt aber oft nur als Überlaufventil für Limerick und dessen soziale Probleme. Hier geht es äußerst bodenständig zu; die Einheimischen kümmern sich eher um ihr alltägliches Leben als um den Tourismus. Ständig wird man nach einer Zigarette gefragt, und nachts sollte man vorsichtig sein. Nach einigen Tagen in der Gegend von Kerry wirkt aber Tralee erfrischend lebendig und vielfältig, mit freundlichen Pubs und interessanten Sehenswürdigkeiten.

1216 von den Normannen gegründet, blickt die Stadt auf eine lange Geschichte der Rebellion zurück. Im 16. Jh. wurde der letzte herrschende Earl of Desmond gefangen genommen und hier hingerichtet. Seinen Kopf hatte man Elizabeth I. überbracht, die ihn auf der London Bridge zur Schau stellen ließ. Desmond Castle befand sich einst an der Kreuzung von Denny Street und Mall, alle Spuren des mittelalterlichen Tralee wurden jedoch während der Zeit Cromwells ausgelöscht.

Orientierung

Alles, was man braucht, findet man an der Mall und ihrer Verlängerung, der Castle Street. Die elegante Denny Street und Day Place bilden mit ihren Gebäuden aus dem 18. Jh. die ältesten Teile der Stadt. In der Ashe Street liegt das runde Courthouse, ein ehrwürdiger, festungsähnlicher Bau. Die Touristeninformation ist am südlichen Ende der Denny Street. Bahnhof und Busbahnhof befinden sich fünf Gehminuten nordöstlich der Innenstadt. Der Square, unterhalb der Mall, präsentiert sich als ein angenehm offener, modern gestalteter Platz.

Praktische Informationen

In der Castle Street gibt es mehrere Banken mit Geldautomaten. Der große Parkplatz gegenüber des Brandon Hotel kostet 3 € am Tag (Mo–Sa). Für Parken mit Parkuhr zahlt man 1,20 € pro Stunde.

Antech (☎ 719 1441; 40 Bridge St; 4 € pro Std.) Internetzugang, günstige Telefontarife fürs Ausland, Western-Union-Überweisungen, Fotokopien und Handy aufladen.

Gepäckaufbewahrung (2,50 € pro Gepäckstück; ⏱ 7–17 Uhr) Am Bahnhof.

Polymaths (☎ 712 5035; 1-2 Courthouse Lane) Neuer Buchladen mit guter Auswahl an Literatur über Kerry.

Post (Edward St) In einer Seitenstraße der Castle Street.

Öffentliche Toiletten (Denny St)

Touristeninformation (☎ 712 1288; Denny St) Auf der Rückseite der Ashe Memorial Hall.

Tralee General Hospital (☎ 7126222; Boherbee) Mit Unfall- und Notaufnahme.

Sehenswertes & Aktivitäten

In der Ashe Memorial Hall zeigt das **Kerry County Museum** (☎ 712 7777; Denny St; Erw./Kind/Fam. 8/5/22 €; ⏱ Jan.–März Di–Fr 10–16.30, April, Mai & Sept.–Dez. Di–Sa 9.30–17, Juni–Aug. 9.30–17.30 Uhr) exzellente informative Ausstellungen über historische Ereignisse und Entwicklungen in Kerry und ganz Irland. Mit dem **Tom Crean Room** wird der gleichnamige Lokalheld (siehe Kasten S. 307) gefeiert, der Scott und Shackleton auf langen Antarktisexpeditionen begleitete. Auch kann man hier die **Medieval Experience** bestaunen: Die vergnügliche Multimedia-Präsentation bringt Besuchern das Leben, die Gerüche etc. in Tralee um 1450 näher. Besonders Kinder laufen begeistert durch die mittelalterlichen Straßen. Erläuterungen sind in mehreren Sprachen zu hören.

Blennerville war früher der wichtigste Hafen von Tralee, ist aber bereits lange versan-

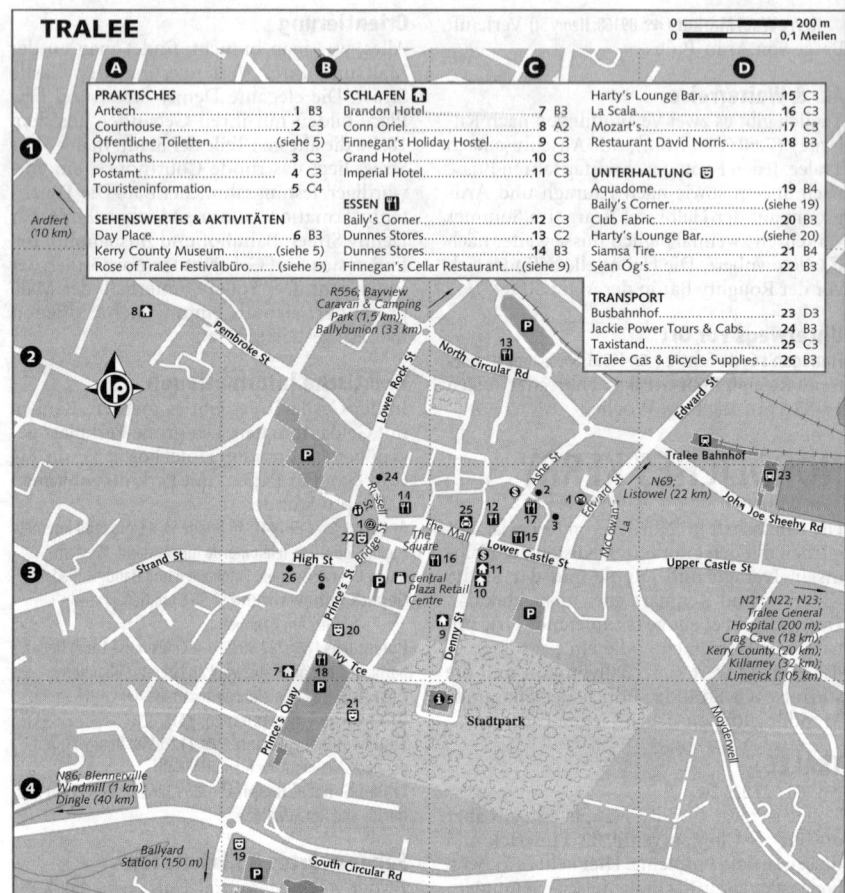

TRALEE

0 ——— 200 m
0 ——— 0,1 Meilen

PRAKTISCHES
Antech..1 B3
Courthouse......................................2 C3
Öffentliche Toiletten..................(siehe 5)
Polymaths.......................................3 C3
Postamt...4 C3
Touristeninformation......................5 C4

SEHENSWERTES & AKTIVITÄTEN
Day Place..6 B3
Kerry County Museum..............(siehe 5)
Rose of Tralee Festivalbüro.......(siehe 5)

SCHLAFEN
Brandon Hotel.................................7 B3
Conn Oriel.......................................8 A2
Finnegan's Holiday Hostel..............9 C3
Grand Hotel...................................10 C3
Imperial Hotel...............................11 C3

ESSEN
Baily's Corner................................12 C3
Dunnes Stores...............................13 C2
Dunnes Stores...............................14 B3
Finnegan's Cellar Restaurant.....(siehe 9)

Harty's Lounge Bar.......................15 C3
La Scala...16 C3
Mozart's...17 C3
Restaurant David Norris...............18 B3

UNTERHALTUNG
Aquadome......................................19 B4
Baily's Corner..........................(siehe 19)
Club Fabric....................................20 B3
Harty's Lounge Bar..................(siehe 20)
Siamsa Tíre....................................21 B4
Séan Óg's.......................................22 B3

TRANSPORT
Busbahnhof...................................23 D3
Jackie Power Tours & Cabs...........24 B3
Taxistand......................................25 C3
Tralee Gas & Bicycle Supplies......26 B3

det. Eine restaurierte **Windmühle** für Mehl aus dem 19. Jh. ist die größte noch in Betrieb befindliche Mühle Irlands und ganz Großbritanniens. Das moderne **Besucherzentrum** (☎ 712 1064; Erw./Kind/Fam. 5/3/15 €; ☼ Mai–Okt. 9.30–17.30 Uhr) präsentiert eine Ausstellung über das Getreidemahlen sowie über die Tausenden von Auswanderern, die im damals größten Anlegeplatz von Kerry an Bord der „Sargschiffe" (*coffin ships*) gingen. Außerdem listet eine Datenbank alle Iren auf, die zu jener Zeit nach Amerika emigrierten. Eine 30-minütige Führung durch die Windmühle ist im Eintrittspreis enthalten. Sie liegt 1 km südwestlich von Tralee an der N86.

Von 1891 bis 1953 waren Tralee und Dingle durch eine **Schmalspur-Dampfeisenbahn** mitein-

ander verbunden. Der letzte noch fahrende Zug verkehrt auf dem restaurierten Abschnitt zwischen Tralee und Blennerville, der allerdings während der Recherche für unbestimmte Zeit wegen Bauarbeiten nicht befahren werden konnte.

In Tralees Wasserpark **Aquadome** (☎ 712 8899; www.aquadome.ie; an der South Circular Road; Erw./Kind 12/10 €; ☼ Juli & Aug. 10–22, sonst Mo, Mi & Fr 10–22, Di & Do 12–22, Sa & So 11–20 Uhr) laden Springquellen, Geysire, eine Sauna und Dampfgrotte sowie viele Pools zum Schwimmen und Planschen ein.

Festivals
Das etwas angestaubte **Rose of Tralee** (www.rose oftralee.ie; Ashe Memorial Hall, Denny St) Festival findet

COUNTY KERRY

Ende August statt. Die örtliche Künstlergruppe **Samhlaíocht** (www.samhlaiocht.com) organisiert das ganze Jahr über Kulturfestivals.

Schlafen

Bayview Caravan & Camping Park (☎ 712 6140; bayviewtralee@eircom.net; Killeen; Campingplatz 14 €; ☺ April–Okt.) Der kleine Park mit guter Infrastruktur erstreckt sich in schöner, baumreicher Umgebung, 1,5 km nördlich des Zentrums an der R556.

Finnegan's Holiday Hostel (☎ 712 7610; www.finneganshostel.com; 17 Denny St; B/EZ 17/30 €) Von der eleganten georgianischen Fassade sollte man sich nicht täuschen lassen – es ist ein Hostel. Zwar ist der Prunk im Inneren längst verblasst, dafür gibt es eine große Küche und eine Lounge. Die Schlafsäle sind nach irischen Schriftstellern benannt und mit Badezimmern ausgestattet.

Conn Oriel (☎ 712 5359; www.connoriel.com; 6 Pembroke Sq., Pembroke St; EZ/DZ 40/70 €; P) Das Haus steht in einer ganzen Reihe von B&Bs und wird von einem netten Mutter-Tochter-Paar geführt. An den gelb gestrichenen Wänden hängen fröhliche, dekorative Bilder.

Imperial Hotel (☎ 712 7755; www.imperialtralee.com; Denny St; EZ/DZ 65/120 €) Nicht so elegant wie das Grand, dafür punktet das nette, privat geführte Imperial mit modern und gut ausgestatteten Zimmern. In der holzvertäfelten Bar wird Freitag und Samstag traditionelle Musik gespielt.

Grand Hotel (☎ 712 1499; www.grandhoteltralee.com; Denny St; EZ/DZ 85/130 €; P) 1928 erbaut sind die Preise des Grand zwar arg mondän, dafür wirkt es so, wie es sich für ein Hotel in der County-Hauptstadt geziemt – mit gemütlichen Aufenthaltsräumen und angenehm altmodischen Zimmern.

Brandon Hotel (☎ 712 3333; www.brandonhotel.ie; Prince's St; EZ 105–145 €, DZ 160–240 €; P) Wer die Anonymität eines großen Hotels mag, ist im Brandon richtig. Hier muss man zwar tiefer in die Tasche greifen, bekommt aber auch einiges geboten, etwa Spa, Freizeitzentrum, etc. Die Zimmer sind in elegantem Creme gehalten.

Essen

In Tralee findet man jede Menge Mittagslokale sowie ein paar ausgezeichnete Restaurants und Pubs.

Baily's Corner (☎ 712 6230; Ashe St; Bargerichte 4-7 €) Eine erstklassige Wahl für Suppen, Sandwiches und einen Plausch mit dem freundlichen Besitzer Garry und den Stammgästen an der Bar. Die entspannte Atmosphäre am Vormittag verflüchtigt sich schnell im Laufe des Tages.

Harty's Lounge Bar (☎ 712 5385; Lower Castle St; Bargerichte 4,50–9 €, Hauptgerichte 9–22 €) Trotz des schicken Ambientes serviert diese auf modern gemachte Tralee-Institution immer noch einfaches Essen – Pasta trifft auf Rind- und Guinness-Eintopf. 1959 wurde hier das Rose of Tralee Festival ins Leben gerufen.

La Scala (☎ 712 2477; am Square; Hauptgerichte 6–19 €; ☺ Fr & Sa 10–24, So Do 10–23 Uhr) Ein beliebtes irisch-italienisches Lokal, wo sich die Einheimischen zu Pizza und Pasta, brutzelnden *fajitas* und Fleischklößchen treffen. Frühstück kann man noch bis 17 Uhr bestellen.

Mozart's (☎ 712 7977; 4 Ashe St; Snacks & Hauptgerichte 8–20 €; ☺ Mo–Sa 9–18 Uhr) Weil er mit seiner Oper Don Giovanni nicht zufrieden war, wurde er zur Inspirationsquelle für ein Bistro in Tralee. Das Mozart's ist ideal für einen Snack zwischendurch. Auf der Karte stehen *burritos* und Brötchen (*baps*), Focaccia und Croissants.

Finnegan's Cellar Restaurant (☎ 718 1400; 17 Denny St; Hauptgerichte 15–24 €; ☺ Mai–Sept. 17.30–22.30 Uhr, sonst nur Mi–Mo) Wie der Name schon verrät, speist man hier in einem georgianischen Kellergewölbe, an kleinen Tischen und bei Kerzenschein. Serviert werden traditionelle Fleisch- und Fischgerichte zu annehmbaren Preisen. Das Besondere sind dabei die ungewöhnlichen Soßen, Kräuter und Dressings.

Restaurant David Norris (☎ 718 5654; Ivy Terrace; Hauptgerichte 18–24 €; ☺ Di–Fr 17.30–21.30, Sa 19–21.30 Uhr) Die moderne Fassade des Norris wirkt eher kühl, die Inneneinrichtung ist dafür umso schicker und die Karte geradezu aufregend. Einfach himmlisch schmecken die knusprig frittierten Calamari als Vorspeise. Obwohl der Schwerpunkt mehr auf Steaks bzw. Fleisch liegt, wird auch Vegetariern und Fischfreunden einiges geboten. Von Montag bis Freitag gibt es 19 Uhr 4-Gänge-Menüs für 25 €.

Dunnes Stores (The Mall) ist ideal für Selbstversorger. Eine zweite Filiale liegt in der North Circular Road.

Unterhaltung
PUBS & CLUBS

Die Castle Street brummt vor Pubs, in vielen finden auch Konzerte statt. Am Square findet man einige nette Café-Bars, wo man locker einen ganzen Nachmittag mit „Leutebeobachten" zubringen kann.

Baily's Corner (☎ 712 6230; Ashe St) Das Baily's ist verdientermaßen für seine traditionellen Musik-Sessions beliebt. Fast jeden Abend treten Musiker aus der Gegend auf und spielen eigenes Material.

Harty's Lounge Bar (☎ 712 5385; Lower Castle St) Die schicke Einrichtung passt zu den DJ-Sets von Donnerstag bis Samstag. Sonntags finden Livekonzerte statt.

Seán Óg's (☎ 712 8822; Bridge St) Von Sonntag bis Donnerstag gibt es in dieser lärmigen Trinkkneipe traditionelle Musik zu hören.

Club Fabric (☎ 712 4174; Godfrey Place) Derzeit Tralees In-Club mit dem richtigen Mix für eine Chill-out-Adresse. In der Bar im Obergeschoss laufen Hits der 70er- und 80er-Jahre. Außerdem gibt es eine Disko mit schweißtreibenden DJ-Sets.

THEATER

Siamsa Tíre (☎ 712 3055; www.siamsatire.com; Town Park; Karten 15–25 € pro Pers.; ☽ Kartenverkauf Mo–Sa 9–18 Uhr) Das irische National Folk Theatre Siamsa Tíre liegt hübsch im Stadtpark nahe der Touristeninformation. Hier werden die dynamischen Aspekte gälischer Kultur durch Lied, Tanz, Theater und Pantomime wiederbelebt. Vorstellungen finden von Mai bis September mehrmals wöchentlich um 20.30 Uhr statt. Im Winter stehen Tanz, Schauspiel und bekannte Musicals auf dem Programm.

An- & Weiterreise

Der **Busbahnhof** (☎ 716 4700) befindet sich direkt neben dem Bahnhof, östlich vom Zentrum. Täglich fahren acht Busse nach Dublin (20,50 €, 6 Std.), über Listowel (5 €, 30 Min.) mit Umsteigen in Limerick (13,50 €, 2 Std.). Jede Stunde gibt es Verbindungen nach Waterford (20,50 €, 5½ Std.), nach Killarney (6 €, 40 Min.) und nach Cork (14,50 €, 2½ Std.); manche fahren auch weiter nach Wexford (22 €, 6½ Std.) und nach Rosslare Harbour (23 €, 7 Std.).

Vom **Bahnhof** (☎ 712 3522) verkehren täglich drei Direktzüge nach Cork (30 €, 2¼ Std.), neun nach Killarney (8,50 €, 45 Min.) und einer nach Dublin (44 €, 4 Std.). Weitere Züge fahren durch Mallow (20 €, 1½ Std.).

Unterwegs vor Ort

An der Mall findet man einen Taxistand. Oder man versucht es bei **Jackie Power Tours & Cabs** (☎ 712 9444; 2 Lower Rock St). **Tralee Gas & Bicycle Supplies** (☎ 712 2018; Strand St) verleiht Fahrräder.

RUND UM TRALEE
Crag Cave

Diese **Höhle** (☎ 714 1244; Castleisland; Erw./Kind 12/5 €; ☽ Jan. & Febr. Mi–So 10–18, Mitte März–Juni & Sept.–Dez. 10–18, Juli & Aug. 10–18.30 Uhr) wurde erst im Jahr 1983 entdeckt, als man wegen einer Wasserverschmutzung nach der örtlichen Flussquelle suchen musste. 1989 hat man 300 m der 4 km langen Höhle der Öffentlichkeit zugänglich gemacht, die im Rahmen einer 30-minütigen Führung besichtigt werden können. Zu den bemerkenswerten Felsformationen gehören ein großer, Weinflaschen-förmiger Stalagmit in der „Kitchen Cave", die „Crystal Gallery" mit Tausenden von strohhalmdünnen Stalaktiten und einem Stalagmit, der an eine Madonnenfigur erinnert.

Crag Cave ist ab Castleisland bzw. der N21-Strecke Abbeyfeale–Castleisland ausgeschildert. Castleisland kann man von Tralee und Killarney aus gut mit dem Bus erreichen.

Ardfert

☎ 066 / 940 Ew.

Ardfert (Ard Fhearta) liegt rund 10 km nordwestlich von Tralee an der Straße nach Ballyheigue. Bekannt ist das Dorf für seine **Ardfert Cathedral** (☎ 713 4711; Erw./Kind 2/1 €; ☽ Mai–Sept. 10–18.30 Uhr; letzter Einlass 45 Min. vor Schluss), die unter Dúchas-Verwaltung steht. Die Kathedrale stammt größtenteils aus dem 13. Jh., einige Elemente wurden von einer Kirche aus dem 11. Jh. übernommen. Ein Bildnis in der Innenwand stellt den Hl. Brendan, den Navigator, dar. Er ging in Ardfert zur Schule und gründete hier ein Kloster. Auf dem Gelände stehen die Ruinen zweier weiterer Kirchen: Templenahoe aus dem 12. Jh. und Templenagriffin aus dem 15. Jh. Ein kleines Besucherzentrum zeigt eine Ausstellung zur Geschichte der Kathedrale.

Geht man vor dem Gotteshaus rechts 500 m die Straße entlang, stößt man auf die weitläufige Ruine eines **Franziskanerklosters** aus dem 13. Jh. Die Kreuzgänge gehen auf das 15. Jh. zurück.

Auf dem **Ardfert Indoor Market** (☎ 087-920 9673; Community Centre; ☽ So 11–14 Uhr) werden Bioprodukte und diverser Krimskrams verkauft.

Unter der Woche hält einmal täglich in beide Richtungen die Buslinie Éireann 274, die zwischen Tralee und Ballyheigue verkehrt. Im Juni und September sowie an Sonntagen fährt der Bus öfter.

LISTOWEL

☎ 068 / 3900 Ew.

Der verstorbene Schriftsteller Bryan MacMahon sagte einst über Listowel: „Ich hege die absurde Vorstellung, eine irische Kleinstadt, einen winzigen Punkt auf der Karte, dazu zu bewegen, zu einem Zentrum der Phantasie zu werden."

Listowel hat literarisch sicher mehr zu bieten als jedes normale Provinznest. Schließlich bestehen Bezüge zu großen Namen wie John B. Keane, Maurice Walsh, George Fitzmaurice und Brendan Kennelly. Keane ist bekannt für seine ironischen Texte über Limericks Bettler bis hin zu den Gefahren, als Vorsatz fürs Neue Jahr kein Porter (Bier) mehr zu trinken. Abgesehen von der literarischen Seite und ein,

zwei Veranstaltungsorten besteht der Ort jedoch lediglich aus ein paar saubereren georgianischen Straßen und einem Park am Fluss.

Orientierung & Praktische Informationen

Der Square bildet mit dem St. John's Theatre und dem Arts Centre, der ehemaligen St. John's Church, den Mittelpunkt der Stadt. Die meisten Pubs und Restaurants befinden sich in der Church Street und William Street nördlich des Square. Ein kurzer Spaziergang südöstlich entlang der Bridge Road führt zum Fluss Feale und zum Childers Park. Ein weiterer Weg zum Fluss verläuft die Straße hinunter entlang der Burg.

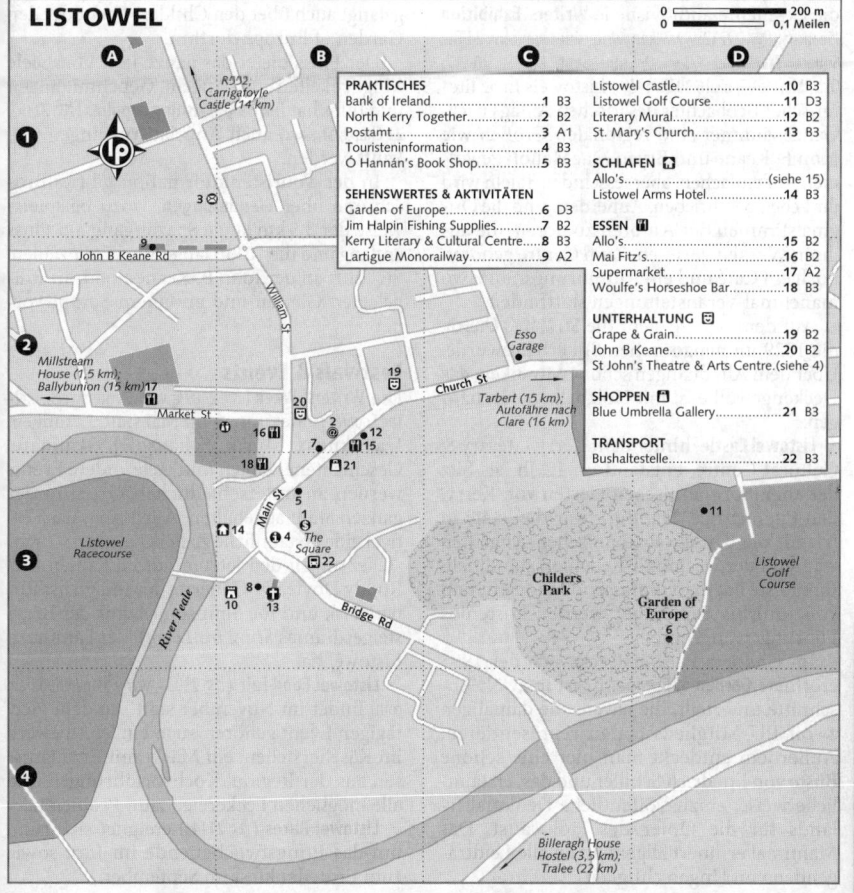

LISTOWEL

0 _____ 200 m
0 _____ 0,1 Meilen

PRAKTISCHES
Bank of Ireland....................1	B3
North Kerry Together...............2	B2
Postamt............................3	A1
Touristeninformation...............4	B3
Ó Hannán's Book Shop...............5	B3

SEHENSWERTES & AKTIVITÄTEN
Garden of Europe...................6	D3
Jim Halpin Fishing Supplies........7	B2
Kerry Literary & Cultural Centre....8	B3
Lartigue Monorailway...............9	A2

Listowel Castle...................10	B3
Listowel Golf Course..............11	D3
Literary Mural....................12	B2
St. Mary's Church.................13	B3

SCHLAFEN
Allo's.........................(siehe 15)	
Listowel Arms Hotel...............14	B3

ESSEN
Allo's............................15	B2
Mai Fitz's........................16	B2
Supermarket.......................17	A2
Woulfe's Horseshoe Bar............18	B3

UNTERHALTUNG
Grape & Grain.....................19	B2
John B Keane......................20	B2
St John's Theatre & Arts Centre.(siehe 4)	

SHOPPEN
Blue Umbrella Gallery.............21	B3

TRANSPORT
Bushaltestelle....................22	B3

COUNTY KERRY

Am Marktplatz findet man gebührenpflichtige Parkplätze. Rechter Hand am Fuß des Burghügels kostet das Parken dafür nichts.

Der Ó Hannán's Book Shop liegt gegenüber der Stelle, wo die William Street auf die Main Street trifft. Werke von Autoren aus der Region verkauft auch der Buchladen im Kerry Literary & Cultural Centre.

Bank of Ireland (The Square) Geldautomat.

North Kerry Together (☎ 23429; 58 Church St; 1 € pro 15 Min., 3 € pro Std.; ☺ Mo–Do 9.30–18, Fr 9.30–13 Uhr)

Post (William St) Am nördlichen Ende der Straße.

Touristeninformation (☎ 22590; ☺ Mai–Sept. Mo–Sa 9.30–13 & 14–17.15 Uhr) Befindet sich im St. John's Theatre & Arts Centre.

Sehenswertes

Im Kerry Literary & Cultural Centre erzählt die exzellente audiovisuelle **Writers' Exhibition** (Seanchaí; ☎ 22212; www.kerrywritersmuseum.com; 24 The Square; Erw./Kind 5/3 €; ☺ Juni–Sept. Mo–Sa 10–17, Okt.–Mai Mo–Fr bis 16.30 Uhr; ⌖) Listowels Erbe literarischer Beobachter des irischen Alltags nach. Ganze Zimmer sind regionalen Größen wie John B. Keane und Bryan MacMahon gewidmet. Auf einfachen, aber fesselnden Tafeln wird ihr Leben beschrieben. Außerdem sind die Originalstimmen der Autoren zu hören, die aus ihren Werken vorlesen. Zum Centre gehören noch ein Café und ein Aufführungsraum, wo manchmal Veranstaltungen stattfinden.

Auf dem Square steht die **St. Mary's Church**, die 1829 im neugotischen Stil erbaut wurde. Über dem Altar hängen schöne Mosaiken, das Deckengewölbe ist mit Holzbalken durchzogen.

Listowel Castle, hinter dem Kerry Literary & Cultural Centre, entstand im 12. Jh. als Sitz der anglonormannischen Herren von Kerry, den Fitzmaurice. Die Burg war die letzte in Irland, die den elisabethanischen Angriffen während der Desmond-Rebellion standhielt. Ihre Reste hat man umfassend renoviert, und von Juni bis September werden kostenlos Führungen angeboten.

Im Childers Park erstreckt sich der 1995 eröffnete **Garden of Europe**. Er ist in zwölf Abschnitte unterteilt, die jeweils die damaligen zwölf EU-Mitgliedstaaten repräsentieren. Außerdem entdeckt man hier eine schöne Büste von Friedrich Schiller und das, erstaunlicherweise, einzige öffentliche Denkmal Irlands für die Opfer des Holocaust. Das Mahnmal erinnert allgemein an alle Leidtragenden von Ungerechtigkeit.

In der Church Street zeigt die **literary mural** (literarisches Wandgemälde) bekannte Schriftsteller aus der Region mit Zitaten.

Aktivitäten

Lartigue Monorailway (☎ 24393; John B. Keane Rd; Erw./Kind 6/3 €; ☺ Mai–Sept. 14–16 Uhr) entstand nach den Entwürfen des Franzosen Charles Lartigue. Die letzte viktorianische Eisenbahn fuhr zwischen Listowel und dem Küstenort Ballybunion. Zwar ist der restaurierte Streckenabschnitt kurz, aber dafür faszinierend. Mit manuellen Drehkreuzen an beiden Enden lässt sich der Zug wenden.

Am Ufer des River Feale, 2 km westlich des Zentrums und nahe dem N69 nach Tarbert, kommen Golfans beim **Listowel Golf Course** (☎ 21592; 30 € für 9 Löcher) auf ihre Kosten. Man gelangt auch über den Childers Park oder den Garden of Europe dorthin.

Der Fluss bietet das ganze Jahr über viele Möglichkeiten zum Angeln. Genehmigungen und Infos hat **Jim Halpin Fishing Supplies** (☎ 22392; 24 Church St), wo auch Angelausrüstungen verkauft werden.

In der Touristeninformation gibt es Broschüren über **Wanderungen**, wozu beispielsweise der 3,5 km lange Spaziergang am Fluss entlang und die 10 km lange Sive-Tour zählen. Sie führt an der John B. Keane Road, an stillgelegten Gleisen und an einem Sumpf vorbei.

Festivals & Events

Die **Writers' Week** (☎ 21074; www.writersweek.ie; 24 The Square) findet immer im Mai statt. Lesungen, Dichtkunst, Musik, Schauspiel, Seminare, Geschichtenerzählen und viele andere Events werden an unterschiedlichen Orten in der ganzen Stadt abgehalten. Auch zieht das Festival eine erstaunliche Zahl bekannter Schriftsteller an. In den letzten Jahren kamen z. B. Roddy Doyle, DBC Pierre, der Journalist Robert Fisk und Joe Simpson (Autor des Bergsteigerdramas *Sturz ins Leere*), der Familie in Listowel hat.

Listowel Food Fair (☎ 23034; www.listowelfoodfair.com) findet im November statt. Zu dem viertägigen Event gehören auch ein Wettbewerb im Käseherstellen, ein Markt mit Erzeugnissen aus der Region, Kochvorführungen und alle möglichen Leckereien zum Probieren.

Listowel Races (☎ 21144) ereignet sich rund um das Pfingstwochenende im Juni sowie zum Erntedankfest im September.

Schlafen

Billeragh House Hostel (☎ 40321; billeraghhousehostel@ yahoo.com; B/EZ/DZ/FZ 15/20/35/50 €) Das Hostel befindet sich in einem von Efeu umrankten georgianischen Haus, 3,5 km südlich von Listowel an der N69. Zu den Einrichtungen gehören Zimmer mit Bad, eine Küche und Speisesaal sowie ein Waschraum.

Millstream House (☎ 21129; Greenville; EZ/DZ 30/ 60 €) In diesem exzellenten B&B, 1,5 km vom Zentrum entfernt, kann man sich auf Deckenwärmer und Hochdruckduschen freuen. Der herzliche Empfang der Sheahans sorgt für wohlige Stimmung.

Listowel Arms Hotel (☎ 21500; The Square; www. listowelarms.com; EZ 85–100 €, DZ 140–170 €; **P**)) Das einzige Hotel in Listowel wird von einer Familie geführt und ist in einem georgianischen Haus untergebracht, das gekonnt die Waage zwischen Prunk und Landhauscharme hält. Die Zimmer sind mit Antikmöbeln, Marmorwaschbecken sowie Hochdruckduschen ausgestattet, einige bieten Blick auf Fluss und Pferderennbahn. Außerdem kann man in einem luxuriösen Restaurant speisen, und im Sommer finden in der Bar oft Konzerte statt.

Über dem Bar-Bistro **Allo's** gibt es drei Zimmer (☎ 2288; Church St; EZ/DZ 50/100 €).

Essen

In Listowel findet man einige gute Lokale sowie einen Supermarkt in der Market Street.

Mai Fitz's (☎ 23144 William St; Mittagessen 4–9 €, Hauptgerichte 12–23 €; ⏰ Di–So 12–21 Uhr) Ein nettes, kleines Pub, das Snacks wie Fischsuppe, überbackene Pilze und Ähnliches offeriert. Nach 15 Uhr kann man auch richtige Speisen bestellen, wie beispielsweise Scampi aus der Dingle Bay.

Allo's (☎ 22880; Church St; Hauptgerichte 12–29 €; ⏰ Di–Sa 12–21 Uhr) Holznischen und saloonartige Schwingtüren sorgen in dem beliebten Bar-Bistro für wohliges Ambiente. Neben Seehecht, Seeteufel und Entenbrust stehen ab 19 Uhr kontinentale Gerichte wie Schweinefilet in Serranoschinken auf der teueren Speisekarte (à la carte).

Woulfe's Horseshoe Bar (☎ 21083; 14 Lower William St; Bargerichte 13–20 €, Abendessen 18–28 €; ⏰ 12–21 Uhr) In der unteren Etage dieses alteingesessenen Lokals kann es sich eine gemütliche Bar, oben ein Restaurant. Die Karte bietet Fleisch-, Geflügel- und Fischgerichte mit internationaler Note.

Unterhaltung

Listowel wartet mit mehreren Pubs auf; einige bieten traditionelle Sessions unter der Woche.

John B. Keane (37 William St) Der verstorbene Autor war einst Besitzer dieser kleinen, unauffälligen Bar, die mit Andenken an Keane voll gestopft ist. Im Juli und August führt sein Sohn jeden Dienstag und Donnerstag um 21.15 Uhr Sketche auf. Außerdem werden Auszüge aus seinen Stücken dargeboten.

St. John's Theatre & Arts Centre (☎ 22566; The Square) Neben Kunstausstellungen gibt's hier auch Schauspiel-, Musik- und Tanz Events.

Grape & Grain (☎ 23001; Church St) Am Wochenende wird in dieser kürzlich renovierten Institution Livemusik geboten; auch auf ein Pint und einen Happen lohnt es sich.

Shoppen

Blue Umbrella Gallery (21 Church St; ⏰ Di–Sa 10–18 Uhr) Die Kunst(handwerks)-Kooperative gegenüber der großen Archangel Galerie zeigt wechselnde Ausstellungen und bietet auch jede Menge Kunst zum Verkauf an.

An- & Weiterreise

Täglich verkehren mehrere Busse nach Tralee (40 Min., 5 €) und Limerick (1½ Std., 13 €). Im Juli und August besteht eine Verbindung zu den Cliffs of Moher und Galway. Der Bus hält an der Nordseite des Square.

RUND UM LISTOWEL
Ballybunion

Es gibt überraschend viele Gründe, diesen kleinen Badeort, 15 km nordöstlich von Listowel an der R553, zu besuchen. Hinter der Statue eines Golfschläger schwingenden Bill Clinton, mit der an seinen Besuch des örtlichen Golfclubs im Jahr 1998 erinnert wird, erstrecken sich zwei **Strände**, die mit der blauen Flagge ausgezeichnet wurden.

Die Überreste des **Ballybunion Castle**, das im 16. Jh. Sitz der Fitzmaurice-Familie war, überblicken den Strand im Süden. Von der Burg zum Kliff führt ein unterirdischer Gang.

Im Juni findet hier das **Ballybunion Bachelor Festival** statt, und zwar schon seit 30 Jahren: 15 irische Junggesellen müssen in Anzug und Krawatte die Richter überzeugen, während die Stadt ein langes Wochenende mit Straßenunterhaltung und Feiern genießt.

Im Juli und August verkehren montags bis samstags täglich zwei Busse von Listowel nach Ballybunion.

Carrigafoyle Castle

Die schöne Lage über der Shannon-Mündung trägt zur Romantik der spätmittelalterlichen **Burg** (☎ 43304; ☺ Mai–Sept. 9–18 Uhr) zwischen dem Festland und der Insel Carrig bei. Ihr Name leitet sich von Carragain Phoill (Rock of the Hole) ab. Einst von den O'Connors errichtet, die weite Teile des nördlichen Kerry beherrschten, wurde die Burg 1580 von den Engländern belagert, von O'Connor wieder zurückerobert und schließlich 1649 von Cromwells Truppen zerstört. Eine Wendeltreppe führt bis ganz nach oben, von wo aus man einen herrlichen Blick auf die Mündung genießen kann.

Carrigafoyle Castle liegt 2 km westlich von Ballylongford (Bea Atha Longphuirb). Zwischen September und Juni fahren Dienstag und Donnerstag zwei Busse von Ballylongford nach Tralee über Listowel.

Tarbert
☎ 068 / 810 Ew.

Tarbert liegt 16 km nördlich von Listowel an der N69. **Shannon Ferry Limited** (☎ 905 3124; einfach/ Hin- & Rückfahrt Fahrräder & Fußgänger 4/6 €, Motorräder 8/12 €, Autos 15/25 €; ☺ April & Sept. Mo–Sa 7–21.30, So 9–21.30, Mai–Sept. 10.30–18, Okt.–März Mo–Sa 7–19.30, So 9–19.30 Uhr) betreibt eine Fähre zwischen Tarbert und Killimer im County Clare. Die Überfahrt (alle 30 Minuten) ist eine praktische Alternative, wenn man das ständig verstopfte Limerick umgehen will. 2,2 km westlich von Tarbert stößt man auf den gut ausgeschilderten Fährhafen.

Wer vor der Abfahrt noch ein bisschen Zeit hat, sollte dem renovierten **Tarbert Bridewell Jail & Courthouse** (☎ 36500; Erw./Kind 5/2,50 €; ☺ April–Okt. 10–18 Uhr) einen Besuch abstatten. Eine Ausstellung widmet sich den sozialen und politischen Bedingungen im 19. Jh. Vom Gefängnis aus führt der 3,8 km lange **John F. Leslie Woodland Walk** entlang der Bucht von Tarbert zur Shannon-Mündung.

Dienstag- und Donnerstagmorgen sowie Freitagabend verkehren Busse nach Tralee (1 Std.), Sonntagnachmittag nach Limerick (1¼ Std.).

DINGLE PENINSULA

Die Dingle-Halbinsel ist nicht nur der nördlichste Ausläufer Kerrys und Corks ganzer Stolz, sie ist auch auf sehr unaufdringliche Weise charmant. Die Landschaft mit sanften grünen Hügeln und goldenen Stränden endet an Europas westlichstem Zipfel, mit Blick hinüber zur unbewohnten Great Blasket Island. Natürlich findet man hier neben den kleineren Anhöhen auch richtige Bergregionen wie Mount Brandon und den Connor Pass, doch im Großen und Ganzen strahlt dieser Landstrich eine große Ruhe aus.

Das hübsche Städtchen Dingle ist Mittelpunkt der Halbinsel, auf der man auch eine Vielzahl von Ringfestungen und anderen alten Ruinen besichtigen kann. Aber allem voran wird hier jedoch getaucht und Bodhrán gespielt. An den zahlreichen Kunsthandwerksläden und Kulturzentren, traditionellen Sessions und Folklorefestivals zeigt sich die alternative Lebensweise in den winzigen Dörfern auf Dingle.

Touren

Eine ganze Reihe von Veranstaltern aus Killarney bietet täglich Tagestouren rund um die Halbinsel (25 €) an. Oder man nimmt an einer der von Dingle aus geführten Touren im Minibus teil (2 Std., 15 € pro Pers.).
Moran's Slea Head Tours (☎ 086-275 3333; Moran's Garage) Fährt täglich um 10 und 14 Uhr am Pier ab.
O'Connor's Slea Head Tours (☎ 087-248 0008) Abfahrt täglich um 11 und 14 Uhr von Dingle Pier.
Sciúird (Karte S. 306; ☎ 915 1606) bietet 3½-stündige archäologische Touren ab Dingle. Die Fahrten beginnen täglich um 10.30 Uhr, sofern sich mindestens sechs Personen angemeldet haben. Ziel sind die prähistorischen Stätten, Ogham-Steine und Klosterruinen im Westen der Halbinsel. Beim Buchen auf den Abfahrtsort achten!

DINGLE
☎ 066 / 1775 Ew.

Besucher lernen die Hauptstadt der namensgleichen Halbinsel als einen ganz besonderen Ort kennen: Es ist nämlich eine von Irlands größten Gemeinden, in denen noch gälisch gesprochen wird. Außerdem lebt seit 25 Jahren ein freundlicher Delphin namens Fungie in der Dingle-Bucht. Viele Pubs fungieren gleichzeitig als Geschäft, d. h. man kann ein Guinness trinken und auch Nägel, Gummistiefel oder Hufeisen kaufen. Diesem Charme sind schon zahlreiche Aussteiger aus aller Welt erlegen, wodurch das Hafenstädtchen überraschend kosmopolit und künstlerisch wirkt. Touristen zieht es vor allem wegen Fungie hierher. Daneben ist es auch ein berüchtigter Ort für Junggesellenpartys.

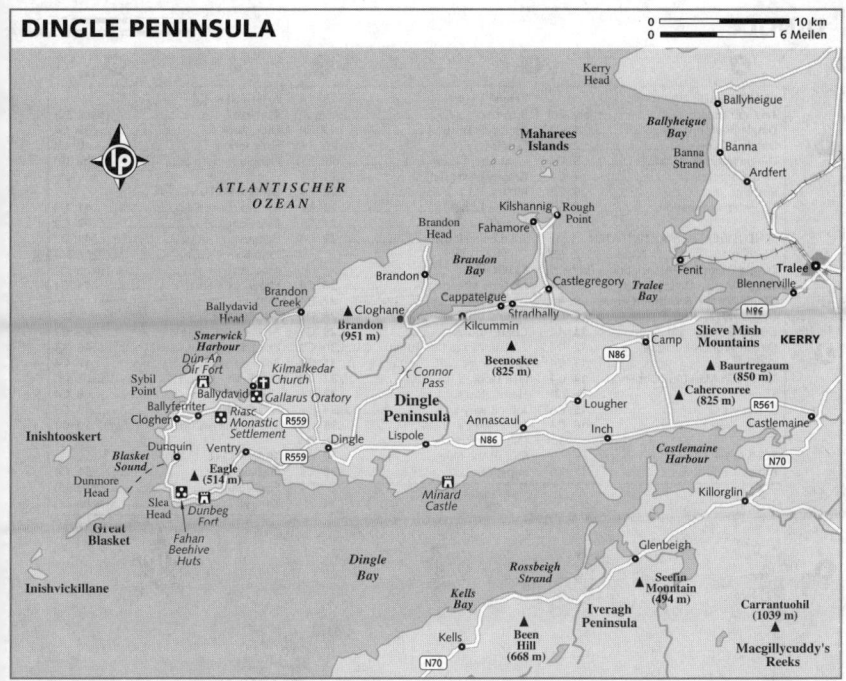

DINGLE PENINSULA

Praktische Informationen

Die Banken auf der Main Street stellen alle auch einen Geldautomaten bereit. Die Post liegt in einer Seitenstraße der Lower Main Street. Parken kann man im ganzen Ort umsonst. Für den Parkplatz am Hafen wird eine Gebühr von 1 € erhoben.

An Café Liteártha (☎ 915 2204; Dykegate Lane) Buchladen mit Schwerpunkt auf der irischen Geschichte.

Dingle Bookshop (☎ 915 2433; Green St) Gute Auswahl an neuen und gebrauchten Werken, u. a. auch Reisebücher und Literatur zu regionalen Themen.

Dingle Cleaners (☎ 915 0680; Mail Rd; 🕑 Mo–Sa 9.30–18 Uhr) Waschautomat.

Dingle Internet Café (☎ 915 2478; Lower Main St; 4 € pro Std.; 🕑 Mai–Sept. Mo–Fr 10–22, sonst bis 18 Uhr)

The Old Forge (☎ 915 0523; Holyground; 4 € pro Std.; 🕑 Mo–Sa 10.30–19.30, Juni–Aug. 9.30–22, So 12.30–19.30 Uhr) Internetcafé; auch günstige Telefontarife fürs Ausland.

Touristeninformation (☎ 915 1188; am Pier; 🕑 Juni–Sept. 9–19, Okt.–Mai Mo–Sa 9–13 & 14.15–17 Uhr) Hilfreich, aber ziemlich überlaufen; man bekommt hier Karten, Führer und jede Menge nützlicher Informationen über die ganze Halbinsel. Buchung von Unterkünften kostet 4 €.

Sehenswertes
FUNGIE DER DELFIN

Anfang der 1980er-Jahre wurden die Fischer von Dingle auf einen einzelnen Großen Tümmler aufmerksam, der neben ihren Schiffen mitschwamm, im Wasser herumtollte und manchmal sogar über kleinere Boote sprang. Als ein amerikanischer Tourist einem Bootsmann Geld bot, um den großen, freundlichen Delfin mit eigenen Augen sehen zu können, war das der Beginn eines einträglichen Geschäfts. Im Sommer fahren täglich elf Boote hinaus, und der Delfin von Dingle ist heute eine internationale Berühmtheit.

Die Boote legen täglich vom Pier zu einer einstündigen Delfinbeobachtungstour ab. Sollte sich Fungie nicht zeigen, was allerdings kaum vorkommt, so verlangt die **Dingle Boatmen's Association** (☎ 915 2626; Erw./Kind 16/8 €) nichts. Der Verband bietet außerdem täglich einen zweistündigen Bootsausflug für ganz Begeisterte an, die mit **Fungie schwimmen wollen** (25 € pro Pers., plus Leihgebühr für Neoprenanzug Erw./Kind 25/15–20 €; 🕑 Juni–Aug. 8, sonst 9 Uhr). Das geht allerdings nur nach Voranmeldung bei **Brosnan's** (☎ 915 1967; Coleen), wo man auch einen Neo-

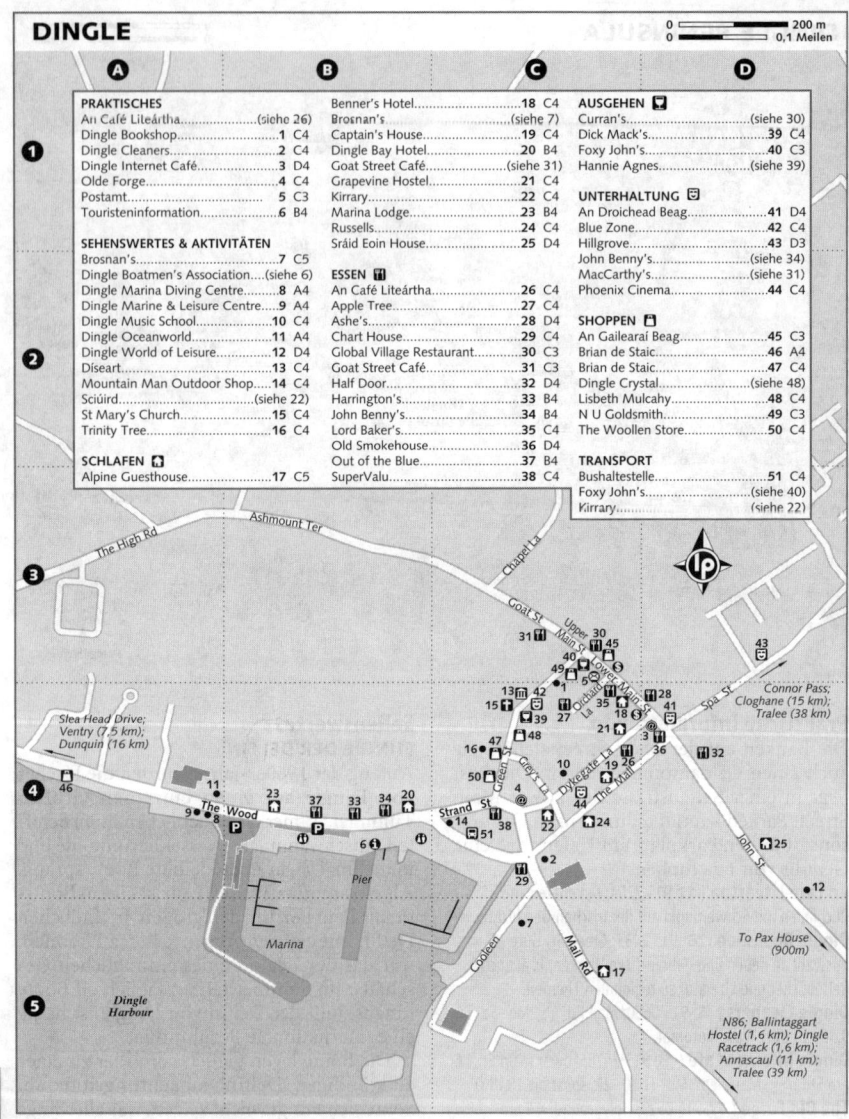

DINGLE

0 —————— 200 m
0 —————— 0,1 Meilen

PRAKTISCHES
An Café Liteártha.....................(siehe 26)
Dingle Bookshop........................**1** C4
Dingle Cleaners.........................**2** C4
Dingle Internet Café...................**3** D4
Olde Forge...............................**4** C4
Postamt...................................**5** C3
Touristeninformation..................**6** B4

SEHENSWERTES & AKTIVITÄTEN
Brosnan's.................................**7** C5
Dingle Boatmen's Association....(siehe 6)
Dingle Marina Diving Centre......**8** A4
Dingle Marine & Leisure Centre...**9** A4
Dingle Music School..................**10** A4
Dingle Oceanworld...................**11** A4
Dingle World of Leisure..............**12** D4
Díseart...................................**13** C4
Mountain Man Outdoor Shop....**14** C4
Sciúird...............................(siehe 22)
St Mary's Church......................**15** C4
Trinity Tree............................**16** C4

SCHLAFEN
Alpine Guesthouse....................**17** C5

Benner's Hotel........................**18** C4
Brosnan's.............................(siehe 7)
Captain's House......................**19** C4
Dingle Bay Hotel....................**20** B4
Goat Street Café....................(siehe 31)
Grapevine Hostel....................**21** C4
Kirrary.................................**22** C4
Marina Lodge.........................**23** B4
Russells...............................**24** C4
Sráid Eoin House.....................**25** D4

ESSEN
An Café Liteártha....................**26** C4
Apple Tree............................**27** C4
Ashe's.................................**28** D4
Chart House..........................**29** C4
Global Village Restaurant..........**30** C3
Goat Street Café....................**31** C3
Half Door.............................**32** D4
Harrington's..........................**33** B4
John Benny's.........................**34** B4
Lord Baker's..........................**35** C4
Old Smokehouse.....................**36** C4
Out of the Blue......................**37** B4
SuperValu.............................**38** C4

AUSGEHEN
Curran's..............................(siehe 30)
Dick Mack's..........................**39** C4
Foxy John's...........................**40** C3
Hannie Agnes's.......................(siehe 39)

UNTERHALTUNG
An Droichead Beag..................**41** D4
Blue Zone.............................**42** C4
Hillgrove.............................**43** D3
John Benny's.........................(siehe 34)
MacCarthy's..........................(siehe 31)
Phoenix Cinema......................**44** C4

SHOPPEN
An Gailearaí Beag...................**45** C3
Brian de Staic........................**46** A4
Brian de Staic........................**47** C4
Dingle Crystal........................(siehe 48)
Lisbeth Mulcahy.....................**48** C4
N U Goldsmith........................**49** C3
The Woollen Store...................**50** C4

TRANSPORT
Bushaltestelle........................**51** C4
Foxy John's...........................(siehe 40)
Kirrary................................(siehe 22)

---

prenanzug und Schnorchelausrüstung leihen
kann.

DINGLE OCEANWORLD

Das **Aquarium** (☎ 915 2111; www.dingle-oceanworld.ie;
Dingle Harbour; Erw./Kind/Fam. 11/6,50/30 €; ☾ Juli & Aug.
10–20.30, sonst bis 18 Uhr) sorgt für mächtig Spaß.
Farbenprächtige Fische schwimmen durch

Aquarien, in denen ganze Landschaften nachempfunden sind, z.B. der Malwai-See, der
Congo-Fluss und der Amazonas mit unzähligen Piranhas. Riffhaie und Stachelrochen
kann man im Haifischbecken bewundern. Für
den unglaublich hässlichen Wrackbarsch wird
extra Wasser aus dem Hafen gepumpt.
Außerdem gibt es einen begehbaren Unter-

wassertunnel und einen „Touch Pool" (Streichelbecken).

NOCH MEHR SEHENSWERTES

Neben der **St. Mary's Church** in der Green Street steht der **Trinity Tree**, eine Skulptur aus einer ungewöhnlichen dreistämmigen Platane, die Heilige Dreifaltigkeit darstellend. Mit seinen geschnitzten Gesichtern könnte der Baum auch aus einem Märchen stammen.

Im ehemaligen Kloster auf der anderen Seite der Kirche befindet sich das keltische Kulturzentrum **Díseart** (☎ 915 2476; Erw./Kind/Fam. 3,50/2/10 €; ◷ 9–13 & 14–17 Uhr). Die Buntglasfenster stammen von Harry Clarke (S. 266).

Jedes zweite Wochenende im August ziehen die **Dingle Races** Besucher von nah und fern an. Die Rennbahn liegt 1,6 km östlich der Stadt an der N86.

Die **Dingle Regatta** ist ein Wettrennen mit traditionellen irischen Kanus (*currach* oder *naomhóg*). Das größte Event in Kerry dieser Art findet Ende August statt.

Aktivitäten

Mountain Man Outdoor Shop (☎ 915 2400; Strand St) ist der Laden hinter **Adventure Dingle** (www. adventuredingle.com), der alle möglichen Abenteuerausflüge veranstaltet, u. a. Bergsteigen, Segeln, Reiten und Bootsfahrten zu den Blasket-Inseln. Touren des Veranstalters **Dingle Horse Riding** (☎ 915 2199; Ballinaboola; 30 € pro Std.) kann man hier auch buchen, z. B. Bergwanderungen, Strandausritte und Ausflüge rund um die Halbinsel.

Schnorchel- und Tauchfahrten in der Dingle Bay und rund um die Blasket Islands sowie Kurse und Wracktauchen werden vom **Dingle Marina Diving Centre** (☎ 915 2789; The Wood) organisiert.

Dingle Marine & Leisure (☎ 915 1344; the Wood) bietet Halb- und Ganztagesausflüge für Hochseefischen an (ab 45 €).

Im Juli und August veranstaltet die **Dingle Music School** (☎ 086-319 0438; Dykegate Lane) Anfänger-Workshops für Bodhrán (ab 12 €; Di, Mi & Do 12, Sa 11 Uhr) und Blechflöte (25 €; Mo 11 Uhr). Bodhráns werden bereitgestellt.

Im **Dingle World of Leisure** (☎ 915 660; John St) sorgen ein Schwimmbad und ein Spa, eine Bowlingbahn und eine Spielecke für Kinder für Entspannung, Spaß und Unterhaltung.

Stadtspaziergänge

Zweistündige **Spaziergänge** durch Dingle (☎ 915 2476; Green St; 8 €) beginnen um 11 Uhr bei Díseart (siehe links), Montag bis Freitag.

KERRYS BESCHEIDENER FORSCHER

County Kildare mag zwar stolz auf seinen berühmten Polarforscher Ernest Shackleton sein, Kerry hat dafür seinen eigenen Polarhelden: Tom Crean, der mehrere Expeditionen zur Antarktis unternahm.

Crean (1877–1938) lebte in der Nähe von Annascaul, in Gurtacurran, auf der Dingle Peninsula. Mit 15 Jahren ging er zur britischen Marine und nahm später an drei von vier britischen Antarktisexpeditionen teil, an Bord der *Discovery* (1901–04), der *Terra Nova* (1910–13) und der *Endurance* (1914–16).

Sowohl Robert Falcon Scott als auch Shackleton hielten Tom Crean für einen unverzichtbaren Teilnehmer ihrer Expeditionen. Shackletons Briefe an den Mann aus Kerry zeugen von großer Wärme und Freundschaft. Creans körperliche und mentale Kraft war einmalig. Als die *Endurance* einmal im Eis stecken blieb und die Crew in kleinen Booten zur Elephant Island fuhr, nahm Shackleton Crean und eine kleine Crew mit auf die endlos weite Seereise von 1300 km zur Insel South Georgia, um Hilfe zu holen.

Crean diente im Ersten Weltkrieg und ging 1920 in den Ruhestand. 1921 bat Shackleton seinen Landsmann, ihn auf seiner letzten Expedition an Bord der *Quest* zu begleiten, doch Crean lehnte ab, denn er hatte bereits mehr Zeit in der Antarktis verbracht als Scott und Shackleton. Stattdessen eröffnete er den South Pole Inn (S. 313) bei Annascaul, heiratete und hatte drei Töchter.

Erst Jahrzehnte später verfasste Michael Smith eine Biografie über den stillen, bescheidenen Forscher und seine außergewöhnlichen Errungenschaften. „Keiner hier machte großes Aufhebens um ihn", sagt der jetzige Pächter des South Pole Inn. „Er war einfach nur einer der Männer, die weggingen… und irgendwann wieder da waren." Sein Name bleibt unvergessen – nach ihm benannt sind der Crean Glacier auf South Georgia und der Mount Crean im antarktischen Victoria Land.

COUNTY KERRY

Schlafen

BUDGETUNTERKÜNFTE

Grapevine Hostel (☎ 915 1434; www.grapevinedingle. com; Dykegate Lane; B 16–18 €, DZ 21 €) Dieses kleine hübsche Hostel versteckt sich in der Nähe des Zentrums. In der Lounge brennt ein Feuer, auf den Holzstockbetten liegt blaue Bettwäsche, und die Badezimmertür ist nur eine einfache Schiebetür.

Ballintaggart Hostel (☎ 915 1454; www.dingleac commodation.com; Racecourse Rd; Campingplatz 18 €, B 13,20–20 €, EZ 40–70 €, DZ 50–75 €; ☽ Mai–Sept.; **P**) Dieses 120-Betten-Hostel, 1,6 km von Dingle an der N86, ist in einem 300 Jahre alten Jagdschloss untergebracht. Es herrscht eine Atmosphäre wie in einem Internat aus einem alten Roman. In der Steinbodenküche stehen ein Billardtisch und im kopfsteingepflasterten Innenhof riesige Kessel, die noch aus der Zeit stammen, als das Haus in den Jahren der großen Hungersnot zur Suppenkuche wurde. Die Schlafsäle mit Bad sind geräumig und es gibt Waschmöglichkeiten.

Brosnan's (☎ 915 1146; Cooleen; EZ/DZ 40/70 €) Das Blumendekor gehört zu diesem freundlichen und günstigen B&B *einfach dazu*.

Über dem **Goat Street Café** gibt es ein paar einfache Zimmer (☎ 915 2770; Goat St; Zi. 20 €).

MITTELKLASSEHOTELS

In Dingle findet man reichlich B&Bs dieser Preisklasse. Viele ruhen sich allerdings zu sehr auf ihren Lorbeeren aus, was jedoch nicht heißt, dass es nicht auch ein paar erstklassige Adressen gibt.

Kirrary (☎ 915 1606; Avondale; collinskirrary@eircom. net; EZ/DZ 45/76 €; **P**) An diesem fröhlichen Ort wird viel gequatscht und Information ausgetauscht. Die Zimmer sind geräumig, das Frühstück reichhaltig. Der Besitzer (ja, das ist er auf den Fotos mit Tom Cruise und Neil Armstrong!) verleiht auch Fahrräder und veranstaltet Touren nach Slea Head.

Marina Lodge (☎ 915 0800; www.dinglemarinalodge. com; The Wood; EZ/DZ 50–60/100–120 €; **P** ▯) Das gepflegte Haus am Hafen mit moderner, sauberer Ausstattung ist das lebhafteste B&B der Stadt.

Russells (☎ 915 1747; maryr@iol.ie; The Mall; EZ/DZ 50/80 €) Die Begrüßung fällt in diesem limonengrünen B&B eher lauwarm aus, dafür sind die modernen Zimmer geschmackvoll eingerichtet und auf der umfangreichen Frühstückskarte stehen u. a. Räucherhering, Lachs und Arme Ritter.

Sráid Eoin House (☎ 915 1409; www.sraideoinbnb. com; John St; EZ/DZ 55/70 €; ☽ März–Okt.; **P**) Über einem Reisebüro am ruhigen Ende von Dingle gelegen, kann man hier erst mal das Frühstücksbüfett genießen, bevor es in die Stadt geht.

Alpine Guesthouse (☎ 915 1250; www.alpineguest house.com; Mail Rd; EZ/DZ 60/110 €; **P**) Das beliebte Gästehaus besteht schon seit 45 Jahren und verfügt über helle Zimmer und eine ordentliche Frühstücksauswahl, mit Rührei und Räucherlachs. Der freundliche Besitzer Paul O'Shea weiß alle möglichen Delphin-Geschichten zu erzählen.

SPITZENKLASSEHOTELS

Pax House (☎ 915 1518; www.pax-house.com; Upper John St; EZ 45–80 €, DZ 90–160 €; **P**) Von der individuellen Ausstattung mit kraftvollen Farben und leuchtenden Gemälden bis hin zur einmaligen Aussicht über die Mündung: Ein Aufenthalt im Pax House ist ein echter Genuss. Es liegt 1 km vom Zentrum entfernt.

Captain's House (☎ 915 1531; captigh@eircom.net; The Mall; EZ/DZ 65/110 €; ☽ Mitte März–Mitte Nov.; **P**) Ein Garten am Fluss und eine schöne Inneneinrichtung machen dieses hübsche Hotel zu einer exzellenten Wahl.

Dingle Bay Hotel (☎ 915 1231; www.dinglebayhotel. com; Strand St; EZ 105–120 €, DZ 150–180 €; **P** ▯) In den 25 hellen und modern eingerichteten Zimmern mit allen Annehmlichkeiten herrscht geschäftsmäßiger Chic. In den ruhigeren Monaten purzeln die Preise.

Benner's Hotel (☎ 915 1638; www.dinglebenners.com; Main St; EZ 115–127 €, DZ 180–204 €; **P**) In den ruhigen Zimmern, Lounge, Bibliothek, Bar und Restaurant dieser Dingle-Institution gehen altmodische Eleganz, regionaler Touch und moderner Komfort Hand in Hand. Im Frühling und Herbst sinken die Preise um 20 %, im Winter fast um die Hälfte.

Essen

Selbstversorger finden einen großen Super-Valu-Supermarkt in Holyground. An der Tankstelle hinter dem Kreisverkehr in der Mail Road gibt es einen Laden und eine Sandwichbar.

Der Hafen ist gespickt mit Lokalen, die sich auf Fisch spezialisiert und auf Touristen eingestellt haben, darunter auch das quirlige blaugelbe **Out of the Blue** (☎ 915 0811) und das **Harrington's** (☎ 915 1985), die Schwester des Apple Tree's.

GÜNSTIG

John Benny's (☎ 915 1215; Strand St; Snacks 3–5 €, Hauptgerichte 10–17,50 €; ⏱ 12.30–21.15 Uhr) Das freundliche Benny's schafft es trotz Lage am Hafen, keine Touristenfalle zu sein. Das beliebte Pub serviert Klassiker wie Filets, Ribs, Lende, Curry, Eintopf, Kohl mit Speck, Fish & Chips und Sandwiches.

An Café Liteártha (☎ 915 2204; Dykegate Lane; Snacks 3–6 €; ⏱ 9–18 Uhr) Die Preise dieses herrlichen Cafés ändern sich kaum. Man sitzt hinten in einem Buchladen, der vom Geist des literarischen Dingle umgeben ist.

Goat Street Café (☎ 915 2770; Goat St; Snacks & Hauptgerichte 4–11 €; ⏱ Mo–Sa 10.30–17 Uhr) Das fröhliche kleine Café kommt bei zu viel Kundschaft ins Schleudern, dafür gibt es hier leckere Suppen, Salate, Kuchen und Tagines.

Apple Tree (☎ 915 0804; Orchard Lane; Hauptgerichte 7–10 €; ⏱ 9–18 Uhr) Erstklassiges, bodenständiges Café mit hausgemachten Pommes und Desserts, u. a. frittierte Marsriegel.

MITTELTEUER

Old Smokehouse (☎ 915 1061; Lower Main St;. Mittagessen 6–10 €, Abendessen 15–23 €; ⏱ April–Mai & Sept.–Okt. 18.30–22, Juni–Aug. 12.30–22 Uhr) Das Essen, die Einrichtung und der Service sind durchweg angenehm. Auf der Karte findet man sehr viel mehr Fleisch als Fisch, z. B. Lamm aus der Region mit Salbei und Senfknödeln. Früh kommen lohnt sich für einen der Tische im Wintergarten mit Blick auf den Fluss.

Ashe's (☎ 915 0989; Main St; Hauptgerichte 16–29 €; ⏱ Mo–Sa 12–15 & 18–21 Uhr) Dieses Gastro-Pub gehört einem entfernten Verwandten von Gregory Peck. Das allseits gelobte Essen – moderne Küche in altmodischer Umgebung – reicht von Rinder- und Guinness-Eintopf bis hin zu spanischem Fischeintopf. Auch Vegetarier und Fischesser werden glücklich gemacht.

Lord Baker's (☎ 915 1277; Lower Main St; Bargerichte 7–24 €; Hauptgerichte 17–30 €; ⏱ Fr–Mi 18–22 Uhr) Diese Institution wurde 1890 vom gleichnamigen Lord als Pub gegründet. In der Bar lodert ein Torffeuer und die keineswegs überzogene Karte bietet eine ausgezeichnete Wahl an Glattbutt, Lachs und Hummer, Kerry-Lamm, Steak und Geflügel.

Global Village Restaurant (☎ 915 2325; Main St; Hauptgerichte 18–24 €, Early-Bird-Menüs 21–23 €; ⏱ März–Mai 18–21.30, Juni–Sept. 17–22 Uhr) Der Chef und Inhaber dieses europäischen Bistros ist weit herumgekommen, was sich auch bei der Karte niederschlägt. In edlem Ambiente wird ein Mix an internationalen Gerichten serviert. Selbst die CD- und Kunstsammlung ist erstklassig. Auch Vegetarier werden hier gut versorgt. Als Vorspeise unbedingt die Glenbeigh-Austern probieren.

The Chart House (☎ 915 2255; Mail Rd; Hauptgerichte 19–29; ⏱ Mi–So 18.30–22 Uhr, Jan. geschl.) Das tief liegende Steinhaus nahe dem Kreisverkehr wird hier als Gourmettempel verehrt. Man sollte früh reservieren, wenn man das Blasket Islands Lamm, das Tartlet mit wilden Pilzen und Estragon, den Steinbutt, Seebarsch oder Rochen nicht verpassen will.

Half Door (☎ 915 1600; John St; Hauptgerichte 22–50 €, Menüs 25 €; ⏱ Mo–Sa 12.30–14.30, Mo–So 17.30–22 Uhr) Fisch und Schalentiere werden in diesem herausragenden Fischrestaurant vorzüglich zubereitet. Wer sich etwas gönnen möchte, sollte den Hummer Thermidor oder die Muscheln in Knoblauch und Weißweinsoße probieren. Aber auch die Fleischspeisen und die Ente sind nicht zu verachten. Das gemütliche Ambiente passt hervorragend.

Ausgehen

In Dingle gibt es über 50 Pubs, viele davon dienen auch gleichzeitig als Ladengeschäft. Zwei wunderbare Beispiele dafür sind in der Main Street beheimatet: das **Foxy John's** (☎ 915 1316) und das **Curran's** (☎ 915 1110). Beide verkaufen Eisenwaren und Outdoor-Kleidung. Nachts kann man auch hinter der Ladentheke sitzen.

Dick Mack's (☎ 915 1960; Green St) Auf dem Gehweg davor sind die Namen berühmter Gäste eingemeißelt – von Robert Mitchum bis Julia Roberts. In diesem lebendigen Pub und Lederwarenladen finden auch spontane Live-Sessions statt.

Hannie Agnes (☎ 087-949 0832; Green St) Lokaler Treff, der für sein mildes (*smooth*) Guinness bekannt ist. Im Sommer kommt man wegen der Livemusik und Irish Coffee hierher. Früher gehörte der Laden einem Sargmacher; zu Halloween werden die Särge wieder aufgestellt.

Unterhaltung

MacCarthy's (☎ 915 1205; www.maccacrthyspub.com; Goat St) Beliebte Bar mit einem der kleinsten Veranstaltungsräume in ganz Irland. Am Wochenende finden Konzerte statt. Näheres steht auf der Webseite.

John Benny's (☎ 915 1215; Strand St) Montag, Mittwoch, Freitag und Samstag ab 21.30 Uhr bekommt man hier Traditionelles und Set Dancing geboten.

An Droichead Beag (☎ 915 1723; Lower Main St) Traditionelle Musik ist allabendlich ab 21.30 Uhr im Pub bei der Brücke zu hören.

Blue Zone (☎ 915 0303; Green St; ☺ Di–Do 18–1, Fr & Sa 18–2, So 18–12.30 Uhr) Abendlicher Treff bei Corona, San Miguel und Pizza, dienstags und donnerstags finden Konzerte statt.

Hillgrove (☎ 915 1131; Spa St) In diesem Nachtclub wird mit den Traditionen von Dingle gebrochen. Im Sommer ertönt jeden Abend Chart-Musik, sonst immer am Wochenende.

KINOS
Phoenix Cinema (☎ 915 1222; Dykegate Lane; Karte 6,50 €) Zeigt Hollywoodstreifen.

Shoppen
The Woollen Store (☎ 915 0692; Green St) Hier findet man eine tolle Auswahl an Hüten, Pullis, Kapuzenshirts und Schals; manche haben ein Fleece-Futter, damit die Wolle nicht so kratzt.

Lisbeth Mulcahy (☎ 915 1688; Green St) Die wunderschönen Schals, Teppiche und Wandbehänge dieser bekannten Designerin entstehen an einem 150 Jahre alten Webstuhl. Außerdem werden hier die Keramikarbeiten ihres Mannes verkauft, der sein Atelier bei Louis Mulcahy Pottery (S. 316) westlich von Dingle hat.

An Gailearaí Beag (☎ 915 2976; Main St) Das Geschäft stellt die Arbeiten der West Kerry Craft Guild aus und verkauft u. a. Keramikarbeiten, Gemälde, Holzschnitzereien, Fotos, Batik, Schmuck und Glasmalereien.

N U Goldsmith (☎ 915 2217; Green St) Origineller Schmuck von Niamh Utsch wird in dieser eleganten kleinen Galerie präsentiert. Einzelstücke sind ab 40 € und mehr zu haben.

Brian de Staic (☎ 915 1298; www.briandestaic.com; Green St) Der ortsansässige Schmuckdesigner integriert Symbole, Kreuze und Hinkelsteine in seine außergewöhnlichen, modern-keltischen Arbeiten. De Staic hat auch noch einen Laden auf The Wood.

Dingle Crystal (☎ 915 1550; Green St) Biker und Meister Seán Daly arbeitete 15 Jahre für Waterford Crystal, bevor er sich vor 10 Jahren selbstständig machte. Auf dem Grundstück finden Demonstrationen statt, das nahe gelegene Atelier kann im Rahmen einer Führung besichtigt werden.

An- & Weiterreise
Die Busse von **Bus Éireann** (☎ 712 3566) halten vor dem Parkplatz hinter dem Supermarkt. Montag bis Samstag fahren täglich vier Busse von Dingle nach Tralee, an Sonntagen drei (9 €). Von Juni bis September verkehren Montag bis Samstag vier Busse am Tag zwischen Dingle und Killarney (11 €) über Inch. Ansonsten muss man in Tralee umsteigen.

Pro Woche gibt es acht Verbindungen nach Dunquin und Ballydavid (Mo, Di, Do & Fr).

Unterwegs vor Ort
Dingle lässt sich leicht zu Fuß erkunden. Ein Taxi kann man bei **Dingle Co-op Cabs** (☎ 087-2225777) rufen; die Firma bietet auch Privattouren auf der Halbinsel an.

Zu den Fahrradverleihern zählen **Kirrary** (☎ 915 1606; Avondale; 8 € pro Tag) und **Foxy John's** (☎ 915 1316; Main St; 10 € pro Tag).

IM NORDEN DER HALBINSEL
Von Tralee nach Dingle kommt man auf zwei Wegen. Beide folgen derselben Straße aus Tralee hinaus und passieren die Blennerville Windmühle. Bei Camp zweigt rechts eine Straße zum Connor Pass ab. Die N86 über Annascaul ist die schnellere Route nach Dingle, die Strecke über den Connor Pass dafür aber landschaftlich revoller. In westlicher Richtung biegt ein Weg bei Kilcummin zu den ruhigen Dörfern Cloghane und Brandon ab und führt weiter zum Brandon Point mit schönem Blick über die Brandon Bay.

Castlegregory
☎ 066 / 940 Ew.

Castlegregory (Caislean an Ghriare) war einst so bedeutend wie Tralee. Heute wird das ruhige Dorf nur gelegentlich von den frisierten Autos junger Männer aufgemischt, die verzweifelt Aufregung und Abenteuer in ihr Leben zu bringen versuchen. Das ändert sich jedoch, wenn man die Sandstraße entlang über eine breite Landzunge zwischen Tralee Bay und Brandon Bay zum Rough Point fährt. Dort oben wird die Halbinsel zur reinsten Spielwiese. Weil ihr der Ruf als bester Ort zum Windsurfen nicht reicht, sieht man hier immer neue, seltsame Sportarten wie Wavesailing und Kitesurfing. Taucher erhaschen oft einen Blick auf Grindwale, Orkas, Sonnenbarsche und Delphine. Im Pub erkennt man an den vielen verschiedenen Akzenten der Einwohner, dass schon so mancher für einen

Tagesausflug hierherkam und den Ort nie wieder verlassen hat.

Jamie Knox Watersports (☎ 713 9411; www.jamieknox.com; Brandon Bay) bietet Unterricht in Wind- und Kitesurfen an und vermietet Kanus und Tretboote. Der Laden liegt auf halbem Weg die Halbinsel entlang und betreibt zwischen Ostern und November auch ein B&B (EZ/DZ 48/76 €).

Hinter Rough Point befinden sich die sieben **Maharees Islands**. Die größte der „Schweine", wie die Inseln hier genannt werden, ist Illauntannig. Von einer Klostersiedlung aus dem 6. Jh. sind noch ein Steinkreuz, eine Kirche und Bienenstockhütten erhalten. Zwei kleine, angrenzende Inseln können bei Ebbe von Illauntannig aus zu Fuß erreicht werden, dafür sollte man aber genau wissen, wann die Flut wiederkehrt. Obwohl die Inseln heute in Privatbesitz sind, kann man über Castle House (siehe unten) oder Harbour House (siehe unten) Ausflüge dorthin arrangieren (Überfahrt ca. 10 Min.), in Verbindung mit einem **Tauchgang**. Die hervorragende Sicht unter Wasser machen den Ort zu einem der besten Tauchgebiete Irlands.

SCHLAFEN & ESSEN

Anchor Caravan Park (☎ 713 9157; www.caravanparksireland.net; Campingplatz 16–18 €; ☼ Ostern–Sept.) Der gut ausgestattete Campingplatz liegt geschützt zwischen Bäumen in Strandnähe. Von der R560 südöstlich von Castlegregory aus folgt man einfach den Hinweisschildern.

Castle House (☎ 713 9183; www.castlehouse-bnb.com; EZ/DZ 50/75 €; P) Am Anfang der Straße zur Rough-Point-Halbinsel gelegen, verfügt das hübsche Haus über sechs Zimmer, die mit antiken Anrichten, gemütlichen Stühlen und blitzblanken Badezimmern überzeugen. Den Strand erreicht man nach wenigen Minuten Fußmarsch über einen Feldweg.

Harbour House (☎ 713 9292; www.maharees.ie; Scraggane Pier; EZ/DZ 57/94 €; P) Das gut besuchte B&B mit angeschlossenem Restaurant prangt herrlich an der Spitze der Halbinsel – 5 km nördlich von Castlegregory mit Blick auf die Maharees Islands. Zugleich fungiert das Harbour House als Tauchstation, die PADI-Kurse veranstaltet und exzellent ausgestattet ist, u. a. mit Schwimmhalle und Fitnessraum.

Spillane's (☎ 713 9125; Fahamore; Bargerichte 6–23 €; Gerichte 11–22 €; ☼ April & Mai, Sept. & Okt. 16–21, Juni–Aug. 13–21, Nov.–März 18–21 Uhr) Wer draußen Platz nimmt, blickt direkt über den Strand, die Bucht und die Berge. Drinnen schauen die Gäste wilden Kindern dabei zu, wie sie an den Bedienungen zerren, die gerade Scampi, Burger und die üblichen Pub-Snacks servieren. Möchte man bedient werden, muss man sich laut Gehör verschaffen.

AN- & WEITERREISE

Freitags hält der Tralee–Cloghane Bus in Castlegregory. Abfahrt ist um 8.55 Uhr und 14 Uhr. In die andere Richtung macht er in Castlegregory um 10.35 Uhr halt. Mehr Busse fahren durch Camp, 10 km südöstlich an der N86.

Cloghane
☎ 066 / 275 Ew.

Cloghane (An Clochán) ist noch so ein kleines Stückchen heile Welt auf der Dingle Peninsula. Die freundlichen Pubs und Unterkünfte haben sich zwischen Mount Brandon und Brandon Bay niedergelassen, mit Blick übers Meer zu den Stradbally-Bergen. Wer den Mount Brandon nicht hochklettern möchte, kann auch einen Spaziergang entlang der Küste unternehmen.

Am letzten Juli-Wochenende feiert man in Cloghane das uralte keltische Erntefest **Lughnasa** (☎ 713 8277; www.irishcelticfest.com). Veranstaltungen finden im Dorf und auf der Spitze vom Mount Brandon statt. Die Brandon-Regatta Ende August ist ein Rennen in traditionellen *currach*-Kanus.

In Cloghane gibt es eine **Touristeninformation** (☎ 713 8137; ☼ Mai–Sept.) gegenüber der Kirche. Zur Zeit der Recherche wurde das Dach vom Wind abgedeckt; die Dorfbewohner waren aber schon dabei, es zu reparieren. Sobald sie wieder geöffnet hat, kann man dort (oder aber in den Unterkünften) den *Cloghane and Brandon Walking Guide* (4 €), mit detaillierten Infos über die markierten Wanderwege, und den *Loch a'Dúin Archaeological and Nature Trail* (4 €) kaufen.

Eine Post befindet sich im Dorfladen, der an das Mount Brandon Hostel angeschlossen ist.

Die stille **St. Brendan's Church** hat ein Buntglasfenster, auf dem man das Gallarus Oratory und die Kathedrale von Ardfert erkennt.

SCHLAFEN & ESSEN

Mount Brandon Hostel (☎ 713 8299; www.mountbrandonhostel.com; B/EZ/DZ 18/25/40 €; ☼ März–Jan.; P 🖳) Kleines, einfaches Hostel mit gewienerten

WANDERUNG: MOUNT BRANDON

Mit 951 m ist der **Mount Brandon** (Cnoc Bhréannain) der achthöchste Gipfel Irlands. Das Massiv besteht aus einer Reihe herrlicher Berge, die sich am Rand von spektakulären, nach Osten hin abfallenden Klippen entlangziehen und ein felsiges, seenreiches Tal überragen. Der Aufstieg ist ein anstrengender Ganztagesausflug. Auch im Sommer sollte man wasserfeste Kleidung und Bergstiefel dabeihaben. Und ganz wichtig – man sollte sich unbedingt mit Wanderkarten (Ordnance Survey Map Nr. 70) und Kompass auskennen! Dichter Nebel sowie Wind und Regen können einem hier schnell die Orientierung rauben. Für den Hin- und Rückweg planen Wanderer mindestens sechs bis sieben Stunden ein.

Eine beliebte Route vom Westen aus ist die Saint's Road, die an der Kilmalkedar Church (S. 317) beginnt. Um den 274 m hohen Reenconnell zu umgehen, beginnt man die Tour am besten beim großen Parkplatz vom Mount Brandon, der auf der Straße von Dingle nach Feohanagh ausgeschildert ist. Auf der fünfstündigen Wanderung (hin und zurück) läuft man 6 km immer geradeaus; 14 Kreuze, durchsetzt mit weißen Markierungen, kennzeichnen den Weg.

Der klassische Aufstieg zum Mount Brandon beginnt in Faha (OS-Referenz: 493120) oberhalb von Cloghane. Bis dorthin kann man mit dem Auto fahren. Wer dennoch läuft, sollte für die steilen 2 km stetig bergauf zwei Stunden zu den sechs Stunden ab Faha dazurechnen. Nach Faha stößt man etwa 200 m nordöstlich der Schule von Cloghane auf das Schild „Cnoc Bhréanainn". Hier biegt man links ab und folgt der schmalen Straße bis zur T-Kreuzung, wo man sich wiederum links hält und weitergeht, bis man am Ende der Straße einen Parkplatz erreicht. Von hier sind es bis zum Gipfel und zurück ziemlich anstrengende sieben Kilometer.

Oberhalb des Parkplatzes führt linker Hand ein Weg hoch und an einer Grotte vorbei auf den Berg zu. Der felsige Pfad ist gut zu erkennen: Immer wieder markieren Pfähle den Weg entlang des grasbewachsenen Höhenzuges. Geradeaus kann man herrliche Klippen und Bergkämme sehen. Schließlich windet sich der Weg um felsige Abhänge und führt in die von Gletschern geformte Wildnis des Talschlusses hinab. Dort schlängelt er sich zwischen großen Felsbrocken und -platten hindurch. Auf die Felsen gemalte gelbe Pfeile kennzeichnen den weiteren Verlauf.

Wenn die Rückwand erreicht ist, verläuft der Pfad zickzackartig steil bergauf bis zum Rand der großen Klippen. Oben angelangt, geht es links weiter Richtung Gipfel, der dank eines Vermessungspunktes, eines Holzkreuzes und der Überreste des Teampaillin Breanainn (St. Brendan's Oratory) gut sichtbar ist. Bei klarem Wetter bietet sich von der Spitze ein ergreifendes Panorama, doch Vorsicht: Die Felsen fallen steil ab! Am Klippenrand führt ein Weg zu etwas tiefer liegenden Nachbargipfeln und zum 2 km südlich gelegenen Brandon Peak, der die Wanderzeit um ein paar Stunden verlängert. Zurück sollte man vor allem auf dem zu Beginn sehr steilen Zickzackweg achtsam und konzentriert laufen; der restliche Weg nach Faha ist dann fast ein Kinderspiel.

Holzböden und Möbeln sowie einer Veranda mit Blick auf die Bucht. Es werden Shiatsu-Massagen angeboten.

Benagh (☎ 713 8142; mcmorran@eircom.net; EZ/DZ 35/70 €; **P**) Am Fuß des Mount Brandon, 500 m nordöstlich des Dorfes, verfügt dieses praktische B&B über vier luftige Zimmer mit herrlichem Blick über die Bucht. Von den niedrigen Holzdecken sorgen Oberlichter für angenehmes Licht. Die freundlichen Besitzer veranstalten geführte Spaziergänge und sind versiert in der regionalen Archäologie und Ökologie.

O'Connors (☎ 713 8113; www.cloghane.com; EZ 40–50 €, DZ 70–90 €; Gerichte 14–17 €; **P**) Man sollte rechtzeitig buchen, wenn man sich ein Zimmer oder einen Tisch in diesem herzlichen Dorfpub sichern will. Die Gerichte, etwa Lachs oder Steak, werden zwischen 19 und 21.30 Uhr serviert und mit Erzeugnissen aus der Region zubereitet. Besitzer Michael kann man alles über die Region fragen. Außerdem gehört noch ein Campingplatz mit guten Duschen zum O'Connors (7 € pro Pers.).

Crutch's Hillville House Hotel (☎ 713 8118; www.irishcountryhotels.com; Connor Pass Rd, Kilcummin; EZ/DZ 50/100 €; Hauptgerichte 17–23 €; **P**) 1833 von trinksüchtigen Adligen erbaut und später von einem pensionierten Feldherr renoviert – er benutzte Zuggleise fürs Gebälk – ist dieses blau-weiße, efeuumrankte Hotel eine exklusive Bastion für Exzentriker. In vielen der modernen Zimmer stehen Himmelbetten. Das Frühstück ist im Preis inbegriffen. Wer möchte, kann im Restaurant mit Blick auf den platanenumringten Rasen zu Abend essen.

AN- & WEITERREISE
Freitags fährt die Linie 273 um 8.55 und 14 Uhr von Tralee nach Cloghane (1¼ Std.). Von Cloghane geht es um 10.05 und 15.10 Uhr zurück.

CONNOR PASS
Mit 456 m ist der Connor (oder Conor) Pass der höchste in Irland und wartet mit einem sensationellen Blick über den Hafen von Dingle im Süden und Mount Brandon im Norden auf. An nebligen Tagen erkennt man allerdings nichts außer der Straße direkt vor einem. Bei guter Sicht lohnt es sich, den zehnminütigen Weg vom Parkplatz nahe der Spitze hochzusteigen, denn von dort überblickt man die gesamte Halbinsel. Auf der Südseite wurde die Straße ausgebessert, dennoch sollten Autofahrer sehr vorsichtig sein, vor allem bergab.

VON TRALEE VIA ANNASCAUL NACH DINGLE
Die N86 hat nur wenig zu bieten, außer dass es hier schneller geht als über den Connor Pass. Mit dem Fahrrad ist es weniger anstrengend. Wer zu Fuß unterwegs ist, nimmt die ersten drei Tage den Dingle Way (S. 749), der nahe der Straße entlangführt.

Hauptgrund für einen Zwischenstopp in Annascaul (Abhainn an Scáil, auch Anascaul) ist ein Besuch des **South Pole Inn** (☎ 066-915 7388; Main St; Bargerichte 8–20 €; ☷ 12–20 Uhr). Der Antarktisforscher Tom Crean (S. 307) führte den Pub, nachdem er sich zur Ruhe gesetzt hatte. Heute ist dort das Crean Museum und ein Souvenirladen untergebracht. Im Pub werden herzhafte Speisen, *puddings* und ordentlicher Irish Coffee serviert. Unbedingt nach der „Polarerfahrung" (*polar experience*) fragen.

Von Montag bis Samstag halten täglich acht Busse (sonntags sechs) in Annascoul auf dem Weg nach Tralee oder Dingle.

VON KILLARNEY VIA CASTLEMAINE NACH DINGLE
☎ 066
Der schnellste Weg von Killarney nach Dingle führt durch Killorglin und Castlemaine. In Castlemaine verläuft die R561 in westlicher Richtung. Bald erreicht man die Küste und fährt durch Inch, bis man auf die N86 nach Dingle stößt.

In Castlemaine gibt es gute Verbindungen nach Tralee, Killorglin und Limerick (via Killarney); von Castlemaine über Inch nach Annascaul fahren keine Busse.

Mount Caherconree
Rund 11 km westlich von Castlemaine zweigt der Weg zum Mount Caherconree (825 m) ab, der als Panoramastraße bis Camp ausgeschildert ist. Aus südlicher Richtung trifft man nach etwa 4 km auf ein Vorgebirgsfort aus der Eisenzeit, das Cúror MacDáine, König von Munster, errichtet haben soll. Egal, aus welcher Richtung man kommt: Die steilen Abhänge und umliegenden Landschaften von Caherconree bieten phantastische Ausblicke. Die enge, exponierte Straße erfordert allerdings hohe Konzentration. Fahrer sollten also lieber anhalten, wenn sie das Panorama genießen wollen.

Das **Phoenix Vegetarian Restaurant & Accommodation** (☎ 976 6284; www.thephoenixorganic.com; Shanahill East, Castlemaine; Campingplatz inkl. Dusche 14 €, Zi. mit/ohne Bad 28/35 €, Wohnwagen 30 €; Mittagessen 4–10 €, Abendessen 10–20 €; ☷ Ostern–Okt.; ℗) ist ein kreatives und schräges Zentrum, wie die bunten Wandmalereien über der R561 schon andeuten. Besitzerin und Tanzlehrerin Lorna betreibt hier ein Tanzzentrum und einen Filmclub. Das Restaurant hat ganzjährig geöffnet und ist auf vegetarische Gerichte spezialisiert, mit Erzeugnissen aus dem Garten. Die Zimmer sind schnuckelig. Leider waren die Wohnwagen und Außentoiletten bei unserem letzten Besuch in desaströsem Zustand, sollen aber saniert werden.

Inch
Inch, eine 5 km lange **Sandnehrung**, fungierte als Schauplatz für die Filme *Ryans Tochter* und *Der Held der Westlichen Welt*. Sarah Miles, die Protagonistin des ersten Streifens, beschrieb ihren Aufenthalt als „kurz, aber schön".

In den herrlichen Dünen liegen überall Überreste von Schiffswracks und Siedlungen aus der Stein- und Eisenzeit. Der nach Westen ausgerichtete Strand ist auch bei Surfern sehr beliebt, denn die Wellen können hier 1 bis 3 m hoch werden. **Westcoast Surf School** (☎ 086-306 7053) bietet Unterricht und fünftägige Camps für Kinder an.

Autos sind zwar auf dem Strand erlaubt, aber Vorsicht: Immer wieder bleibt ein Wagen im nassen Sand stecken.

Sammy's (☎ 915 8118), am Eingang zum Strand, bildet das Dorfzentrum. Auf der Karte dieses Strandbar-Restaurants stehen Sandwiches, Pasta, frische Austern und Muscheln. Es gibt einen Laden, eine Touristeninformation, einen Internetzugang (5 € pro Std.), und im Sommer wird traditionelle Musik gespielt. In Wirklichkeit heißt der pakistanisch-irische Inhaber Mahmood Hussein.

Camping (Campingplatz ab 10 €) ist auf dem Feld oberhalb vom Strand erlaubt – vorher bei Sammy's fragen. Außerdem kann man in den Dünen übernachten, wo man auch bestens geschützt ist.

Moan Laur (☎ 915 8957; www.moanlaur-bnb.com; Slieve East; EZ/DZ 35/60 €), an der N86 nach Camp, wird von einem netten englischen Ehepaar geführt. Vom weiß getünchten, modernen Landhaus genießt man ein wundervolles Panorama auf die Slieve Mish Mountains.

Inch Beach Guest House (☎ 915 8333; www.inch beachguesthouse.com; EZ 47–67 €, DZ 70–110 €) Das Guesthouse begeistert vor allem mit seinen Oberlichtern, dem Ausblick aufs Meer und den *Ryans-Tochter*-Filmsouvenirs. Die schönen modernen Möbeln passen zur luftigen Atmosphäre.

Foley's (☎ 915 8117) ist eine beliebte Kneipe mit Blick über die Grasdünen.

WESTLICH VON DINGLE
☎ 066

Am Ende der Halbinsel verläuft der Slea Head Drive entlang der R559. Hier befindet sich die größte Ansammlung historischer Stätten in ganz Kerry, wenn nicht sogar ganz Irlands. In den Spezialführern, die man im An Café Liteártha (S. 305) und der Touristeninformation (S. 305) in Dingle kaufen kann, werden die interessantesten und zugänglichsten Stätten vorgestellt.

Auf diesem Teil der Halbinsel wird gälisch gesprochen. Vor allem bei dichtem Nebel wirkt die Landschaft noch dramatischer. Wer den Slea Head Drive im Uhrzeigersinn entlangfährt, genießt die besten Ausblicke. Nachdem man westlich von Dingle eine Brücke überquert hat, geht's immer geradeaus bis nach Ventry (S. 314). Hinter Ventry führt die Strecke an der Küste entlang, am Dunbeg Fort (S. 314) vorbei und um die vorgelagerten Felsen von Slea Head (S. 314) und Dunmore Head (S. 314) herum. Die Straße verläuft dann weiter an der Küste entlang nach Dunquin (S. 315) und schließlich östlich nach Ballyfer-

riter (S. 316) – mit Blick auf die Blasket Islands (S. 315), den 951 m hohen Mount Brandon (S. 312) und seine Nachbargipfel. Hinter Ballyferriter erreicht man das Gallarus Oratory (S. 316), zahlreiche andere historische Stätten und ein ganzes Labyrinth an kleinen Straßen. Von Gallarus führt die R599 wieder zurück nach Dingle.

Ventry
410 Ew.

Das kleine Dorf Ventry (Ceann Trá) taucht neben einer breiten Sandbucht auf.

Ein guter Ausgangspunkt zur Erkundung der Gegend ist das **Ceann Trá Heights** (☎ 915 9866; www.iol.ie/~ventry; EZ/DZ 50/72 €; ☾ März–Nov.), ein gemütliches, modernes Gästehaus mit Blick über den Hafen von Ventry.

In der Nähe des Ceann Trá Heights liegen die **Long's Riding Stables** (☎ 915 9723; 1 Std./Tag 30/125 €), die Ausritte zum Strand und in die Berge organisieren.

Slea Head & Dunmore Head

Shea Head bietet einige der schönsten Ausblicke auf die Dingle Bay, außerdem phantastische Strände, gute Wanderwege und eine herrliche Sicht auf den Mount Eagle und die Blasket Islands. Verständlicherweise ist er auch bei Busgesellschaften sehr beliebt.

Dunmore Head kennzeichnet den westlichsten Punkt auf dem irischen Festland, wo zwei Schiffe der spanischen Armada 1588 Schiffbruch erlitten.

Rund 7 km südwestlich von Ventry, auf der Straße nach Slea Head, thront auf einer Meerklippe das eisenzeitliche **Dunbeg Fort** ein dramatisches Exempel einer Vorgebirgsfestung. Das Fort besitzt vier äußere Steinmauern; innen sind die Reste eines Hauses, eine Bienenstockhütte und ein unterirdischer Gang erhalten.

An der landeinwärts liegenden Straßenseite befinden sich ein Parkplatz und das im Stil des Gallarus Oratory errichtete **Stonehouse Restaurant** (☎ 915 9970; Mittagessen 5–10 €, Abendessen 16–23 €). Es bietet ein gute Auswahl an Kaffee und Kuchen, Nachmittagstee und größeren Gerichten.

Die Gegend um Slea Head ist mit **Bienenstockhütten**, **Forts**, **Steinen mit Inschriften** und **Kirchenstätten** regelrecht übersät. 500 m westlich des Dunbeg Forts auf der landeinwärts liegenden Straßenseite stößt man auf die **Fahan huts**, zu denen zwei intakte Hütten gehören.

Wenn die Kassen besetzt sind, wird für die Besichtigung der Stätten 2 bis 3 € verlangt.

Dunquin

Nach Dunquin, einem kleinen Dorf unterhalb des Mount Eagle und Croaghmarhin, kommt man eigentlich nur, wenn man das Blasket Centre besuchen will oder mit dem Boot zu den Inseln hinüberfährt. Eine Panoramastraße klettert von Dunquin nach Ventry über Berg und Tal.

Das **Blasket Centre** (Ionad an Bhlascaoid Mhóir; ☎ 915 6444; Erw./Kind 3,70/1,30 €; ☙ Ostern–Juni, Sept. & Okt. 10–18, Juli & Aug. 10–19 Uhr, letzter Einlass 45 Min. vor Schluss) ist ein wunderbares Informationszentrum, das in einer langen, weißen Halle mit deckenhohen Fenstern untergebracht ist, von wo aus man einen schönen Blick auf die Inseln hat. Neben namhaften Schriftstellern wie John Millington Synge, Autor von *Held der westlichen Welt*, werden auch die vielen Geschichtenerzähler und Musiker von Blasket vorgestellt. Den eher prosaisch anmutenden praktischen Gegenständen des Insellebens widmen sich Ausstellungen über Schiffsbau und Fischfang. Außerdem findet man hier ein Café mit Blick auf die Blasket Islands und einen kleinen Buchladen.

Unweit vom Blasket Centre und Dunquin Pier besticht das **Dunquin Hostel** (☎ 915 6121; oigedun@eircom.net; B 16 €; ☙ Febr.–Nov.; P) durch seine traumhafte Lage mit umwerfender Aussicht. Das Mitglied der Óige-Kette schließt zwischen 10 und 17 Uhr.

Das senffarbene **De Mórdha** (☎ 915 6276; ardaingeal@hotmail.com; EZ/DZ 40/60 €; ☙ Ostern–Okt.; P) ist ein nettes kleines B&B mit allen modernen Annehmlichkeiten und tollem Panorama.

An Portán (☎ 915 6212; www.anportan.com; Mittagessen ab 12 €, Abendessen 15–25 €; ☙ Ostern–Sept.; P) serviert traditionelle irische Gerichte, international aufgepeppt. In einem anderen Gebäude werden auch Zimmer angeboten.

Blasket Islands

Die Blasket Islands (Na Blascaodaí) ragen 5 km vor der Küste aus dem Atlantik und bilden damit die westlichsten Inseln Europas. Mit 6 km Länge und 1,2 km Breite ist Great Blasket (An Blascaod Mór) das größte und meistbesuchte Eiland und bergig genug für stramme Wanderungen (eine wird auch in Kevin Corcorans *Kerry Walks* beschrieben). Alle Blasket-Inseln waren irgendwann einmal bewohnt; einige Funde beweisen, dass sich auf Great Blasket sogar schon in der Eisen- und frühchristlichen Zeit Menschen ansiedelten. Die letzten Inselbewohner verließen ihre abgeschiedene Heimat 1953, nachdem die Regierung und die übrige Bevölkerung sich einig waren, dass es sich nicht länger lohnte, unter solch harten Bedingungen derart entlegen und zurückgezogen zu leben.

Man kann zwar auf den Inseln campen, allerdings ohne jegliche sanitäre Einrichtungen. In Dunquin gibt es ein paar Unterkünfte.

AN- & WEITERREISE

Bei passablem Wetter verkehren die Fähren von Ostern bis September nach Great Blasket (Hin- & Rückfahrt Erw./Kind 30/15 €, 20

EINE WALISERIN IN BLASKET

Das verlassene Dorf auf Great Blasket sieht nicht grade so aus, als würde man dort leben wollen. Doch genau das macht die walisische Einwanderin Sue Redican seit rund 20 Jahren – zwischen April und Oktober bewohnt sie den Sommer über in einer der Hütten.

Europas westlichster Bewohner hat keinen Strom oder Telefon, dafür Kerzenlicht, Gas zum Kochen sowie ein Handy und Funkgerät zum Kommunizieren. Sie bleibt, solange es die Witterung mitmacht, einmal waren es sogar zehn Monate. Bei schlechtem Wetter ist sie komplett vom Festland abgeschnitten. „Ich bin lieber ein- als ausgeschlossen", entgegnet sie. Wenn die Bewohner von Blasket zum Festland rüberfahren, sprechen sie von „rausfahren", auf die Insel kommen sie „rein".

„Ich bin hier zwar allein, aber nicht einsam", sagt Sue Redican. „Manchmal sitzen am Strand 400 Robben und sehen mir zu. Und in den letzten Wochen hatten wir hier Haie und Orkas." Im Sommer bekommt die Waliserin jede Menge Besuch, wenn sie ihre Webarbeiten an Tagesausflügler verkauft und ihre selbst gebackenen *scones* an das Blasket Islands Eco Ventures Boot ausliefert.

Min.). Von Dunquin aus legt alle 30 Minuten ein Schiff ab (9.55–18 Uhr). Mit **Dingle Marine & Leisure** (☎ 915 1344) kann man von Dingle aus übersetzen (Hin- & Rückfahrt Erw./Kind 35/25 €, 35 Min.). Bei der Ankunft sollte man darauf achten, wann das letzte Schiff zurückfährt.

Dingle Marine & Leisure, **Blasket Islands Eco Ventures** (☎ 915 6422) und **Blasket Islands Tours** (☎ 915 4864) bieten 2½-stündige Bootstouren rund um die Inselgruppe (Erw./Kind 40/25 €) an, mit Abfahrt in Dunquin.

Ballyferriter

Setzt man die Fahrt nördlich von Dunquin fort, kommt man an der winzigen Siedlung Clogher vorbei, wo die Straße landeinwärts nach Ballyferriter (Baile an Fheirtearaigh) führt. Der Ort wurde nach dem Poeten und Soldaten Piaras Ferriter benannt, der beim Aufstand von 1641 als lokaler Anführer emporstieg und sich als letzter Kommandeur von Kerry Cromwells Truppen ergab.

Eine der interessanten Töpfereien auf der Halbinsel, die **Louis Mulcahy Pottery** (☎ 915 6229; Clogher; ☼ Nov.–Ostern Mo–Fr 9–17.30, Sa 10–17.30, So 11–17.30 Uhr), bietet alle möglichen Krüge, Töpfe, Teller und hübsche Uhren an. Einige Teile wurden schon an Berühmtheiten wie Bill Clinton und an den Papst verkauft bzw. geschenkt. Im Sommer und Herbst hat der Laden länger geöffnet.

Kurz vor dem eigentlichen Ort Ballyferriter weist ein Schild auf die **Ceann Sibéal Golf Links** (☎ 915 6255; Juni–Sept. 65 €, Okt.–Mai 45 €, plus Schlägermiete ganzjährig 25 €) hin, ein wilder und windiger Golfplatz neben dem **Ferriter's Cove**.

Etwas 2,5 km nordöstlich des Ferriter's Cove liegt das **Dún an Óir Fort** (Fort of Gold), Schauplatz eines grauenhaften Massakers während des irischen Aufstands von 1580 gegen die englische Herrschaft. Die Festung wurde von Sir James Fitzmaurice erbaut, dem eine internationale Brigade von Italienern, Spaniern und Basken unterstand. Am 7. November griffen englische Truppen unter Lord Grey das Fort an – nach drei Tagen ergaben sich die Belagerten. „Dann legte ich in feste Bande, die gleich der Hinrichtung anheimfielen. 600 wurden niedergemetzelt", schrieb der Dichter und Sekretär Lord Greys, Edmund Spenser, auf höchst unpoetische Weise.

Alles, was von dem Fort noch erhalten blieb, sind einige Grashügel. Dennoch ist es heute ein schöner Ort mit Blick auf den Hafen von Smerwick und rund 2,5 km nördlich von Ballyferriter, nahe dem goldenen Strand von Beal Bán. Von der Hauptstraße aus findet man dank der Ausschilderung problemlos hin. Auf dem Parkplatz, der in den 1980er-Jahren vom damaligen Präsident Charles Haughey eingeweiht wurde, steht eine schöne Skulptur von Cliodna Cussen.

In einem Schulgebäude aus dem 19. Jh. untergebracht, zeigt das **Dingle Peninsula Museum** (Músaem Chorca Dhuibhne; ☎ 915 6100; Erw./Kind 2,50/1,50 €; ☼ April–Okt. 10–18 Uhr, sonst nach Vereinbarung) Exponate zur Archäologie und Ökologie der Halbinsel.

Das freundliche **Ferriter's Cove** (☎ 915 6295; ferriterscove@eircom.net; Ballyyoughtra; EZ/DZ 40/70 €; ℗) hat sonnige Zimmer mit schön bunten Tagesdecken und Blick auf die Bucht. Wer dorthin möchte, folgt einfach den Schildern zum Golfclub.

Kostenlos Campen kann man in der Nähe des Ferriter's Cove, es gibt allerdings keinerlei sanitäre Einrichtungen. Vor dem Zeltaufschlagen erkundigt man sich am besten im Ort.

In **Murphy's Bar** (Tigh Uí Mhurchú; ☎ 915 6224; Snacks & Hauptgerichte 4–11 €; ☼) schaut ein ausgestopfter Fuchs mit einem Fasan im Maul auf die gälisch sprechenden Gäste jeden Alters herab. Auf den Tisch kommt solide Pub-Kost.

Klostersiedlung Riasc

Die Reste dieser klösterlichen Siedlung aus dem 5. oder 6. Jh. gehören zu den beeindruckendsten – besonders die Säule mit wunderschönen keltischen Verzierungen –, aber auch unheimlichsten Stätten der Halbinsel. Ausgrabungen brachten außerdem die Grundmauern eines Oratoriums (das zuerst aus Holz, später aus Stein erbaut worden war), einen Ofen zum Trocknen von Getreide und einen Friedhof zutage. Die Ruinen befinden sich rund 2 km östlich von Ballyferriter an der schmalen Straße abseits der R559. Hinweisschildern mit „Mainistir Riaisc" folgen.

Gallarus Oratory

Das aus Trockenstein errichtete Oratorium bietet einen beeindruckenden Anblick und steht bereits seit 1200 Jahren einsam unterhalb der braunen Hügel. Wind und Wetter hat es bisher perfekt standgehalten, von dem leicht eingesunkenen Dach mal abgesehen. Spuren von Mörtel weisen darauf hin, dass die Innen-

und Außenmauern möglicherweise verputzt wurden. Geformt wie ein umgedrehtes Boot befindet sich ein Eingang auf der West- und ein rundes Fenster auf der Ostseite. Auf der Innenseite des Eingangs ragen zwei Steine mit Löchern heraus, an denen einst die Tür aufgehängt war.

Rund 2 km hinter der Ausfahrt zur Klostersiedlung Riasc liegt das ab der R559 ausgeschilderte Oratorium. Das von der Gemeinde geführte **Besucherzentrum** (☎ 915 5333; Erw./Kind 3/2,50 €; ⊗ 9–20 Uhr) verlangt für die Besichtigung des Oratoriums, fürs Parken und für eine 15-minütige audiovisuelle Vorführung eine Gebühr. Außerdem findet man hier einen Laden und ein Café, das aber nur im Sommer geöffnet hat.

Wer weiter bergauf zu dem kleineren Parkplatz auf der linken Seite fährt, zahlt für den Besuch nichts. Im Sommer sollte man allerdings wissen, dass die Parkplätze dort knapp werden und es auf der engen Straße schnell zu Staus kommt.

Europas westlichster Campingplatz, **Oratory House Camping** (Campaíl Teach An Aragail; ☎ 915 5143; www.dingleactivities.com; Gallarus; Campingplatz ab 17 €; ⊗ April–Sept.), 300 m vom Gallarus Oratory entfernt, ist zugleich eine gute Informationsquelle für die Region und viele Aktivitäten, vor allem Wandern.

Die Buslinie 277 startet um 9 Uhr in Dingle und hält zehn Minuten später in Gallarus (nur Di & Fr). Von dort fährt der Bus um 13.25 Uhr zurück.

Kilmalkedar Church

Diese Kirche aus dem 12. Jh. war einst Teil eines Komplexes verschiedener Sakralbauten. Der typisch romanische Eingang wird von einem Tympanon (Bogenfeld) mit einem Kopf in der Mitte verziert. Auf dem Gelände steht ein Ogham-Stein mit einem Loch und eine sehr alte Sonnenuhr. In der Nähe befindet sich ein zweistöckiges Gebäude, das sogenannte **St. Brendan's House**: Hier soll der Klerus im Mittelalter seinen Sitz gehabt haben. Die Straße rechts davon ist die **Saint's Road**, die zum Mount Brandon (S. 312) führt. Es stehen hier nur begrenzt Parkplätze zur Verfügung.

Vom Gallarus Oratory verläuft die R559 gen Norden zum kleinen Ort Murreagh. Die Kirche liegt rund 2 km östlich davon.

Von Kilmalkedar aus sind es 8 km auf der R559 in südöstlicher Richtung nach Dingle.

An- & Weiterreise

Montags und donnerstags fahren zwei Busse von Dingle über Ballyferriter nach Dunquin. Einer von beiden hält auch in Ventry. Dienstags und freitags fahren zwei Busse nach Ballydavid, einer davon über Gallarus. Die Rückfahrt erfolgt jeweils am gleichen Tag. Weitere Auskünfte erteilt **Bus Éireann** (☎ 716 4700) in Tralee.

Counties Limerick & Tipperary

Die Namen kennt jeder: Tipperary und Limerick stehen synonym für Marschlieder und freche Wortspiele auf Toilettenwänden. Doch es ist eine Binsenweisheit, dass die Realität kaum etwas mit der Legende zu tun hat.

Die Geschichte der Stadt Limerick ist so dramatisch wie die ganz Irlands. Dieses gebeutelte Land musste auch übermäßig viel einstecken. Sobald sie eine Möglichkeit dazu sahen, flohen von hier Generationen von Inselbewohnern. Heute aber kann man in dem Ort dies- und jenseits der Shannon-Mündung das modern-urbane Irland erleben.

Tipperary ist überraschend schön – nicht, dass Irland schon genügend herrliche Grafschaften hätte –, aber die sanften Hügellandschaften, das fruchtbare Ackerland und die Flusstäler, gesäumt von hoch aufragenden Bergen, machen hier jede Erkundungstour zum Genuss. Pioniere auf der Suche nach dem Authentischen tingeln da schon einmal flussaufwärts bis zur Quelle oder klettern über Grundstückszäune, um eine einsame Ruine zu begutachten.

In beiden Grafschaften lässt sich in irischer Geschichte schwelgen. Alte keltische Kultstätten, mittelalterliche Klöster und andere Kulturdenkmäler in einsamer Idylle warten nur darauf, entdeckt zu werden. Attraktionen wie der monumentale Rock of Cashel und Cahir Castle gehören zum Pflichtprogramm einer jeden Tour und haben bis heute nichts von ihrer Inspirationskraft eingebüßt. Beim Erkunden von Limerick und Tipperary passiert es schnell, dass Reisende fröhlich ein Liedchen vor sich hinträllern – auf geht's.

HIGHLIGHTS

■ **Eine Stadt voller Überraschungen** ist Limerick (S. 324) mit seinen Pubs und Restaurants, nicht zu vergessen das herrliche Hunt Museum (S. 321)

■ **Nahe am Wasser** Enge Straßen und Panoramablicke auf den Shannon entlang der Westroute von Limerick nach Foynes mit seinem neuen Flugbootmuseum (S. 328)

■ **Bergauf bergab** Erkundungstour durch die wilden Landschaften von Tipperary, vom Glen of Aherlow (S. 332) bis ins Suir-Tal (S. 337)

■ **Wo einst das Öl siedete** Auf den Festungsmauern vom authentischen und intakten Cahir Castle (S. 337) spazieren

■ **Auf dem Gipfel der Welt** Ausblicke auf die Grafschaft Tipperary vom Rock of Cashel (S. 333) aus

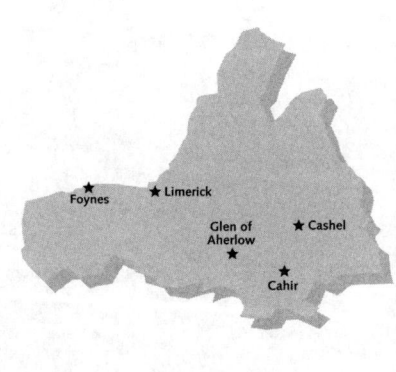

■ EINWOHNER: 262 000

■ FLÄCHE: 6989 KM²

COUNTY LIMERICK

Das tief gelegene Ackerland von Limerick ist im Süden und Osten vom ansteigenden Hochland und von Bergen umrahmt. Trotz des ländlichen Charakters der Umgebung sprüht die Stadt Limerick nur so vor urbanem Leben und bietet Tagesausflüglern genügend historische und kulturelle Attraktionen. Etwa 10 km südlich der Stadt liegen die faszinierenden archäologischen Stätten rund um den Lough Gur, darunter auch das bei Touristen beliebte Dorf Adare, nur ein paar Kilometer weiter südwestlich, in einer romantischen Landidylle des 19. Jhs.

LIMERICK (STADT)

☎ 061 / 56 200 Ew.

Die Stadt funkelt und glänzt heute in ihrer neuen Silhouette am Flussufer, mit Spitzenklassehotels, stilvollen Cafés und Kneipen. Längst hat sie ihr unglückseliges Etikett als „Stab City" (Stadt der Messerstecher) abgestreift, um sich Irlands Eroberungsfeldzug in die Zukunft anzuschließen. Da und dort sind jedoch noch Spuren des einstigen Elends sichtbar, wie es von Frank McCourt in seinem Roman *Die Asche meiner Mutter (Angela's Ashes)* wort- und bildreich porträtiert wird. Solange die Sanierungspläne nicht greifen, wird sich die O'Connell Street nicht vom Joch ihrer Vergangenheit befreien. Doch sollte das die Besucher nicht davon abhalten, in der viertgrößten Stadt der Republik vorbeizuschauen, denn die Burg macht neugierig, Museen warten mit interessanten Ausstellungen auf und auch mangelt es nicht an guten Restaurants und Kneipen. Nirgendwo in ganz Irland lässt sich der Übergang von Tradition und Moderne so hautnah erleben.

Geschichte

Im 9. Jh. errichteten die Wikinger auf einer Insel im Shannon eine Siedlung. Die einheimischen Iren versuchten das Territorium immer wieder zurückzuerobern, aber erst 968 gelang es Brian Borús Truppen, die Eindringlinge zu vertreiben und Limerick zum Hauptsitz der O'Brien-Könige zu machen. Das endgültige Aus bereitete Ború den Wikingern 1014 in der Schlacht von Clontarf. Ende des 12. Jhs. fielen dann die Normannen ein und drängten die Iren zurück. Das ganze Mittelalter hindurch scharten sich die unterdrückten Iren im Süden des Flusses Abbey in Irishtown zusammen, während die Normannen sich im nördlichen Englishtown verschanzten.

In den Jahren 1690/91 erwarb Limerick Heldenstatus im endlosen Kampf der Iren gegen die englischen Unterdrücker. Nach ihrer Niederlage am Boyne 1690 zogen sich die jakobitischen Truppen Richtung Westen hinter die berüchtigten dicken Mauern der Stadt zurück. Nach monatelangem Beschuss kapitulierte Patrick Sarsfield, der Anführer der Irischen Jakobiten. 1691 wurde der Vertrag von Limerick geschlossen und Sarsfield mit seinen 14 000 Soldaten durfte die Stadt verlassen, um nach Frankreich abzuziehen. Der Vertrag garantierte den Katholiken die Religionsfreiheit, aber die englischen Herrscher hielten sich nicht daran und setzten strenge antikatholische Gesetze durch – ein Akt des Verrates, der als Symbol für die Ungerechtigkeit der britischen Herrschaft gesehen wurde.

Während des 18. Jhs. wurde die alte Stadtmauer abgerissen, um einer neuen, gut konzipierten und florierenden Stadt nach georgianischem Muster Platz zu machen. Der Wohlstand hatte sich jedoch bis zu Beginn des 20. Jhs. wieder verflüchtigt, als für die traditionellen Industriebetriebe harte Zeiten angebrochen waren. Einige eingefleischte Nationalisten wie auch Eamon de Valera erhoben von dort aus ihre Stimme. Heute aber bestimmen Technologie- und Dienstleistungsunternehmen den Arbeitsmarkt. Wer von irgendwo auf der Welt eine Hotline anruft, spricht – wenn nicht mit Indien – meist mit jemandem in Limerick.

Orientierung

Limerick liegt beiderseits des Shannon, genau dort, wo der Fluss Richtung Westen schwenkt, um sich zur Trichtermündung zu weiten. Die Stadt ist in einem übersichtlichen Straßenraster angelegt. Die Hauptdurchgangsstraße verläuft von Norden nach Süden, wobei ihr Name mehrmals wechselt: Rutland Street im Norden, dann Patrick Street, O'Connell Street, The Crescent und Quinlan Street; im Süden führt sie weiter entlang der O'Connell Avenue auf die Straßen nach Cork und Kilkenney. Limericks Attraktionen konzentrieren sich im Norden auf King's Island, dem ältesten Viertel, das einst zu Englishtown gehörte, sowie im Süden rund um The Crescent und Pery Square (der sehenswerte georgianische Stadt-

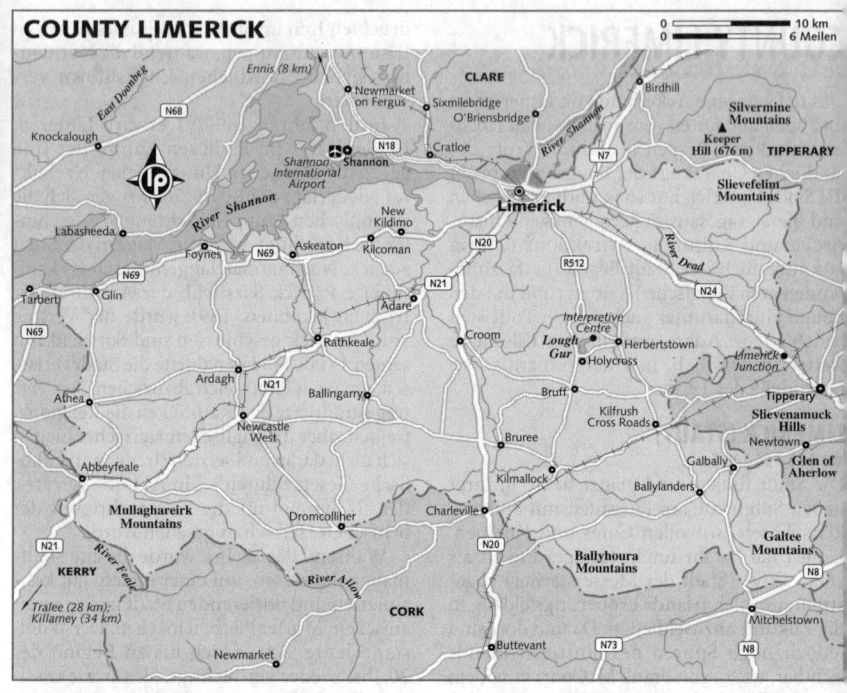

COUNTY LIMERICK

| 0 | 10 km |
| 0 | 6 Meilen |

teil) und entlang den Flussufern. Der gemeinsame Bahnhof für Busse und Züge liegt im
Südosten, nahe der Parnell Street.

Es kommt recht häufig zu Verkehrsstaus.
Deshalb soll bald eine neue südliche Umgehungsstraße mit der N7 (ebenfalls in der Sa-
nierungsphase) bzw. der N18, N20 und N24
verbunden werden.

Praktische Informationen

BIBLIOTHEKEN

Limerick City Library (☎ 407 501; The Granary,
Michael St; ⏰ Mo & Di 10–17.30, Mi–Fr bis 20, Sa bis
13 Uhr)

BUCHLÄDEN

Eason (☎ 419 588; 9 O'Connell St) Eine gute Fundgrube
für Zeitschriften und Magazine.

O'Mahony's (☎ 418 155; 120 O'Connell St) Irlands
größter unabhängiger Buchladen, der bereits sein hundert-
jähriges Jubiläum gefeiert hat, mit einer prima Auswahl an
Büchern mit lokalen und regionalen Themen.

GELD

Geldautomaten findet man in Einkaufspassagen sowie an den Bus- und Bahnhöfen.

AIB (☎ 414 388; 106/108 O'Connell St) Geldautomaten
und Wechselbüro.

Ulster Bank (☎ 410 200; 95 O'Connell St) Hat ebenfalls
Geldautomaten und ein Wechselbüro.

GEPÄCKAUFBEWAHRUNG

Limerick Train Station (☎ 217 331; Colbert Station,
Parnell St; 2,50 € pro Gepäckstück, 24 Std.; ⏰ Mo–Fr
8–18 & 18.30 –20.30, Sa & So 9.30–18 Uhr)

INTERNETZUGANG

Die Touristeninformation gibt Auskunft zu
neuen Internetcafés. Auch bietet die Limerick
City Library, siehe rechts, Internetzugang.

Netlink (☎ 467 869; 11 Sarsfield St; 2 € pro 15 Min.;
⏰ 9–21 Uhr) Klein und betriebsam.

MEDIZINISCHE VERSORGUNG

Beide Krankenhäuser verfügen über Notauf-
nahmen und Unfallstationen.

Midwestern Regional Hospital (☎ 482 219, 482
338; Dooradoyle)

St. John's Hospital (☎ 415 822; John's Sq)

POST

Hauptpost (☎ 316 777; Lower Cecil St)

WASCHSALON
Superwash Launderette (☎ 414 027; 19 Ellen St; 8–18 € pro Waschladung; ◷ Mo–Sa 9–18 Uhr)

TOILETTEN
Toiletten (Arthur's Quay; Eintritt 0,20 €)

TOURISTENINFORMATION
Limerick Tourist Office (☎ 317 522; www.shannonregiontourism.ie; Arthur's Quay; ◷ Mo–Fr 9.30–13 & 14-17.30, Sa 9.30–13 Uhr) Ein großer, eindrucksvoller Komplex mit praktischen Information rund um die Region, mit längeren Öffnungszeiten im Sommer. Hier erfährt man auch mehr zu den Angela's Ashes-Touren. Die „Straßenbotschafter" in roter Uniform stehen ebenfalls mit Rat und Tat zur Seite.

Gefahren & Ärgernisse
Abgesehen vom schlechten Ruf ist es in der Stadtmitte von Limerick auch nicht weniger sicher als in anderen irischen Stadtvierteln. Wer nachts Vorsicht walten lässt, dem sollte auch nichts passieren.

Sehenswertes
KING JOHN'S CASTLE
Den besten Blick auf Limericks schmucke **Burg** (☎ 360 788; www.shannonheritage.com; Nicholas St; Erw./ Kind 9/5,25 €; ◷ April–Okt. 10–17.30, Nov.–März 10.30– 16.30 Uhr, letzter Einlass 1 Std. vor Schluss) mit massiven Umfassungsmauern und Türmen hat man vom Westufer des Shannon aus. Die Burg wurde von King John of England zwischen 1200 und 1212 an der Stelle erbaut, wo einst eine Befestigungsanlage stand. Sie diente der wohlhabenden Region Shannon als militärischer Stützpunkt wie auch als Verwaltungszentrum.

Im Burginneren können Besucher Rekonstruktionen von grausamen Waffen aus dem Mittelalter, etwa den Tribok (eine Wurfschleuder), oder auch ausgegrabene Wikingerstätten, restauriertes normannisches Kulturgut sowie andere Artefakte bestaunen. Auf einem Rundgang entlang der Mauern kann man in seiner Phantasie auch einen Eimer siedenden Öls schleppen.

Auf der anderen Seite der mittelalterlichen Thomond Bridge steht der **Treaty Stone**. Das Monument markiert die Stelle am Ufer, wo der Vertrag von Limerick unterzeichnet wurde. Vor dem Überqueren der Brücke fällt der Blick auf den **Bischofspalast** aus dem 18. Jh. (☎ 313 399; Church St; ◷ Mo–Fr 10–13 & 14–16 Uhr) und das einstige **Zolltor**.

HUNT MUSEUM
Obgleich das **Museum** (☎ 312 833; www.huntmuseum. com; Palladian Custom House, Rutland St; Erw./Kind 7,50/ 3,75 €; ◷ Mo–Sa 10–17, So 14–17 Uhr) nach seinen Mäzenen benannt ist, verdankt es seinen Namen ebenso der Tatsache, dass sein Besuch einer „Jagd" nach einem Schatz gleicht. Hier wird man nämlich dazu animiert, Schubladen zu öffnen, in den feinsten Sammlungen aus der Bronze- und Eisenzeit herumzustöbern oder mittelalterliche Schätze außerhalb Dublins ausfindig zu machen. Die über 2000 Exponate stammen aus der Privatsammlung des verstorbenen Ehepaars Hunt, das sich als Antiquitätenhändler und Experten für Denkmalpflege in der Region einsetzte. Interessierte sollten sich das kleine, aber feine Bronzepferd von Leonardo da Vinci und die Münze aus Syrakus, angeblich einer der 30 Silbertaler, die Judas für den Verrat an Jesus erhalten haben soll, nicht entgehen lassen. Kykladische Figuren, eine Zeichnung von Giacometti und Gemälde von Renoir, Picasso und Jack B. Yeats gehören ebenfalls zur Sammlung. Touren werden von engagierten freiwilligen Museumsführern in bunten Gewändern angeboten.

Das Museum beherbergt das erstklassige Restaurant DuCartes (siehe S. 324).

GEORGIAN HOUSE & GARTEN
Schaurig-schön sind die hohen, hallenden Räume in dem restaurierten **Georgian House** (☎ 314 130; 2 Pery Sq; Erw./Kind 6/4 €; ◷ Mo–Fr 9.30–16.30 Uhr). Die Rekonstruktion zeigt, wie einst Limericks Elite residierte. Während die Haupträume aufwendig mit Marmor, Stuck und Wandmalereien verziert sind, wirken die Wohnungen der Bediensteten mit ihrem schlichten, staubigen Mobiliar recht schäbig. Auf Tafeln an der Wand sind etwas verworrene, aber dennoch amüsante Limericks zu lesen. Der restaurierte Garten hinter dem Anwesen führt zu einer Remise, wo man die Geschichte der Stadt anhand von Fotografien nachvollziehen kann. Nicht weniger interessant ist die **Ashes Exhibition**, eine Ausstellung über den Schriftsteller Frank McCourt. Ein rekonstruiertes Haus zeigt, wo er seine Kindheit verbrachte.

LIMERICK CITY GALLERY OF ART
Die **Limerick City Gallery of Art** (☎ 310 633; Carnegie Bldg, Pery Sq; Eintritt frei; ◷ Mo–Mi & Fr 10–18, Do bis 19, Sa bis 13 Uhr) präsentiert eine Sammlung traditi-

oneller Gemälde aus den letzten drei Jahrhunderten und befindet sich neben dem ruhigen People's Park im Herzen des georgianischen Viertels. Zur Dauerausstellung gehören Werke von Sean Keating und Jack B. Yeats. Besucher sollten unbedingt einen Blick auf Keatings stimmungsvolles Genrebild *Kelp Burners* (Tangfeuer) und Harry Kernoffs *The Turf Girl* (Das Mädchen mit dem Torf) werfen; beide Male ist das jeweilige traditionelle Motiv kraftvoll und fröhlich in Szene gesetzt. Hin und wieder finden auch Wechselausstellungen mit pseudo-skandalösen Werken statt. Jedes Frühjahr beherbergt die Galerie die **ev+a** (www.eva.ie), eine längerfristige Ausstellungsreihe zeitgenössischer Kunst in der ganzen Stadt.

ST. MARY'S CATHEDRAL

Limericks altehrwürdige **Kathedrale** (☎ 310 293; Bridge St; Eintritt gegen 2 € Spende; ☼ Mai–Nov. Mo–Sa 9.30–16.30, Dez.–April Sa bis 13 Uhr) wurde 1168 von Domhnall Mór O'Brien, König von Munster, gegründet. Teile des romanischen Westportals aus dem 12. Jh., Haupt- und Seitenschiff blieben erhalten. Aus dem 15. Jh. stammen die kunstvoll aus schwarzem Eichenholz geschnitzten Misericordien (kleine Stützbretter im kirchlichen Chorgestühl) – die einzigen ihrer Art in ganz Irland. Ein Besuch lohnt sich vor allem bei musikalischen Veranstaltungen.

LIMERICK CITY MUSEUM

Das kleine **Stadtmuseum** (☎ 417 826; Castle Lane; Eintritt frei; ☼ Di–Sa 10–13 & 14.15–17 Uhr) befindet

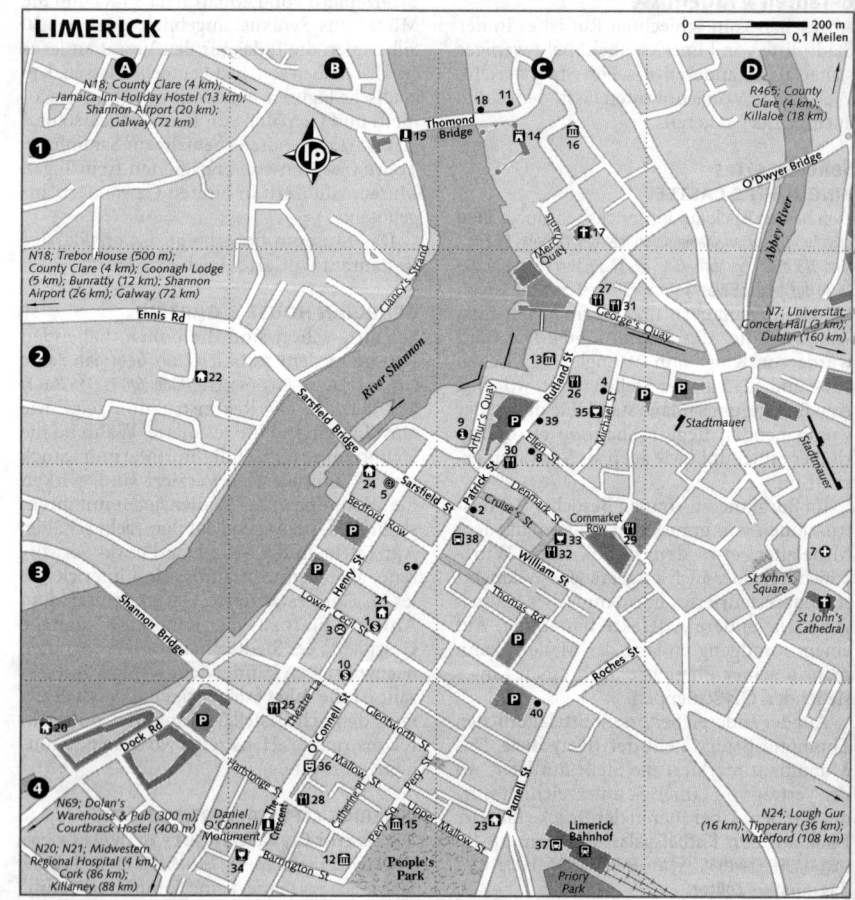

sich neben dem King John's Castle. Zu den Exponaten zählen Artefakte aus der Stein- und Bronzezeit, das berühmte Civic Sword von 1575, Beispiele von Limericker Silberarbeiten sowie einige der Glacé- und Spitzenhandschuhe, die in der Stadt hergestellt wurden. Darüber hinaus kann man Exponate aus dem 19. Jh. sehen.

Geführte Touren

Ein lokaler Veranstalter organisiert zwei verschiedene zweistündige **geführte Touren** (☎ 318 106; 10 € pro Pers.). Großer Beliebtheit erfreut sich jener Rundgang, der zu den Schauplätzen des Romans *Die Asche meiner Mutter* von Frank McCourt, führt. Start- und Endpunkt ist jeweils bei der Touristeninformation am Arthur's Quay (Beginn 14.30 Uhr). Die zweite Tour hat historische Attraktionen auf dem Programm und findet von Montag bis Freitag um 11 Uhr und 14.30 Uhr statt. Treffpunkt wird nach Absprache vereinbart. Beide Führungen sind über die Touristeninformation zu buchen.

Schlafen

Wer in der Nähe des Stadtzentrums eine Unterkunft findet, hat es zum Nachtleben nicht weit. Ansonsten gibt's noch Optionen an oder unweit der Umgehungsstraßen für alle, die es lieber rustikal mögen.

BUDGETUNTERKÜNFTE

Jamaica Inn Holiday Hostel (☎ 369 220; www.jamaica inn.ie; Mount Levers, Sixmilebridge, Co Clare; B 18–19 €, DZ 27–29 €; P 🖳) Eine gute Option 13 km nordwestlich der Stadt. Die Übernachtungsauswahl reicht von Zimmern mit Bad bis hin zu Schlafsälen mit zehn Betten. Täglich (außer

sonntags) verkehren Busse nach Limerick und zum Shannon Airport.

Courtbrack Hostel (☎ 302 500; www.courtbrack accom.com; Courtbrack Ave; B/EZ/DZ 24/30/52 €; 🕙 Juni– Aug.; 🖳) Von der Shannon Bridge aus sind es zum Courtbrack nur ein paar Minuten zu Fuß die Dock Road entlang. Ein leichtes Frühstück ist im Preis enthalten. Den Gästen steht eine Küche, ein Internetraum und eine Wäscherei zur Verfügung.

MITTELKLASSEHOTELS

Alexandra Terrace an der O'Connell Avenue hat einige mittelteure B&Bs zur Auswahl, ebenso die Ennis Road, die nordwestlich Richtung Shannon führt, allerdings ein paar Kilometer vom Zentrum entfernt.

Trebor House (☎ 454 632; www.treborhouse.com; Enns Rd.; EZ/DZ 45/64 €; 🕙 Mai–Sept.; P) Die McSweeneys bieten ein gastfreundliches Ambiente in einer klassischen Vorstadtvilla, zehn Gehminuten vom Stadtzentrum entfernt, und fünf einfach, aber mit TV ausgestattete Zimmer.

Glen Eagles (☎ 455 521; gleneaglesbandb@eircom.net; 12 Vereker Gardens, Ennis Rd.; Zi. 45–70 €; 🕙 Febr.–Nov.; P) In einer ruhigen Sackgasse, vom Stadtzentrum aus am anderen Flussufer, stößt man auf diese kleine Pension mit vier recht großen und behaglichen Zimmern.

Coonagh Lodge (☎ 327 050; www.coonaghlodge.com; Zi. 45–75 €; P 🖳) Eine hübsche kleine B&B-Herberge mit traditionellem Satteldach. Die sechs Räume sind entweder Einzelzimmer oder auch ziemlich große Familienzimmer, alle verfügen über WLAN-Anschluss. Die Logde befindet sich in Coonagh, einem Städtchen an der N18 westlich von Limerick.

Railway Hotel (☎ 413 653; www.railwayhotel.ie; Parnell St; Zi. 46–92 €; P) Direkt gegenüber dem

Bahn- und Busbahnhof weist dieses alteinge-sessene geschäftige Hotel zwar schon einige Alterserscheinungen auf, punktet aber immer noch mit seiner tollen Lage. Die 30 Zimmer sind angenehm groß.

Sarsfield Bridge Hotel (☎ 317 179; www.tsbh.ie; Sarsfield Bridge; Zi. 67–125 €; P ⌨) Statt vieler Extras setzt dieses neue, stilvolle Hotel direkt am Fluss lieber auf ein moderates Preisniveau. Viele der 55 etwas kompakten Zimmer haben einen guten Ausblick.

SPITZENKLASSEHOTELS

George (☎ 460 400; www.thegeorgeboutiquehotel.com; O'Connell St; Zi. 100–200 €; P ⌨) 2006 eröffnet, besticht dieses Hotel durch Stil und Ambiente. Dazu gehört die beliebte Atrium-Lobby und eine kleine Terrasse über die verkehrsreichen Straßen im Stadtzentrum. Einrichtung und Design könnten der Sonntagsbeilage entsprungen sein – alles ist in warmen Farbtönen gehalten und verströmt einen Hauch von Luxus. Die 127 Zimmer haben WLAN-, iPod-Anschluss und vieles mehr.

Clarion Hotel (☎ 469 555; www.clarionhotellimerick. com; Zi. ab 100 €; P ⌨) Wie ein Wahrzeichen ragt dieser auffällige, neue Hotelbau mit seinem modernen Glas- und Metalldesign am Wasser auf. Die Zimmer am Ende der Korridore scheinen über dem Fluss zu schweben. Drahtlose Kommunikation und viele Annehmlichkeiten eines Geschäftshotels gehören zur Ausstattung.

Essen

Meeresgerichte sind das A und O in Limerick. So gibt's auch ein paar Optionen mit Qualität. An Wochenenden sollte man vorher reservieren, um sich die besseren Plätze zu sichern. George's Quay verströmt ein bisschen kontinentales Flair und hat Tische am Wasser. Einheimische nennen es auch die „Reihe fürs erste Rendez-vous".

GÜNSTIG

O'Connors Bakery (☎ 417 422; Cruises St; Mittaggerichte 4–7 €) In der Filiale der familiengeführten Bäckereikette O'Connors, die für das beste Brot der Region steht, duftet es nach frisch gebackenen Köstlichkeiten. Doch auch was Hochzeitstorten betrifft, haben die O'Connors ein besonderes Renommee.

Mojo Café Bar (☎ 410 898; 15 Patrick St; Hauptgerichte 4–10 €) Das lebhafte Bistro hat Sandwiches, Paninis, Brötchen und eine große Auswahl an warmen Mittagsgerichten. Hier schmeckt der Kaffee einen Tick besser als anderswo.

Chimes (☎ 319 866; Belltable Arts Centre, 69 O'Connell St; Frühstück 4 €, Hauptgerichte 6–9 €; ☺ Mo–Fr 8.30–17 Uhr) Das Café im Souterrain des Kunstzentrums serviert auch die kreative und gesunde Kost, die man dort erwartet. Und außerdem ein paar Specials.

MITTELTEUER

DuCarts (☎ 312 662; Hunt Museum, Rutland St; Mahlzeiten 5–12 €; ☺ Mo–Sa 10–17, So 14–17 Uhr) Von den Fensterplätzen aus blickt man auf die grüne Uferböschung des Shannon, die selbst an düsteren Tagen in heiteres Licht getaucht ist. Das Essen macht dem kulturellen Umfeld auch alle Ehre mit einer wechselnden Auswahl an Salaten, Suppen, Sandwiches und warmen Gerichten. Jedoch sollte man sich den Appetit von Anfang an einteilen, damit noch Platz für ein köstliches Dessert bleibt.

Locke Bar (☎ 413 733; George's Quay; Hauptgerichte 9–15 €) Wenn die atlantischen Windböen abflauen, wird's an den Tischen am Wasser so richtig gemütlich. In dem ausufernden Bistro mit Bar verliert man sich schnell im Labyrinth von Räumen und Theken. Nicht nur im Getümmel versprechen Pasta, Fish & Chips und Burgers einen Gaumenschmaus, sondern auch oben im feineren Restaurant.

Green Onion (☎ 400 710; Old Town Hall, Rutland St; Hauptgerichte 10–20 €; ☺ Di–Sa 12–22 Uhr) Das Lokal befindet sich im einstigen Rathaus von Limerick aus dem 19. Jh. Im Green Onion ist die Speisekarte so eklektisch und oft auch so originell wie das Interieur. Es gibt durchgehend warme Küche, aber auch eine bunte Palette an Sandwiches und Salaten – alles modern irisch zubereitet mit internationaler Note. In den Abendstunden locken immer verschiedene 3-Gänge-Menüs unter 30 €.

Moll Darby's (☎ 411 511; George's Quay; Hauptgerichte 12–30 €; ☺ Mo–Fr 12–14, tgl. 17.30–22 Uhr) Unverputzter Ziegelstein, dunkles Holz und ein Sammelsurium an nautischem Nippes machen aus Moll's eine attraktive Adresse mit Ambiente, direkt am George's Quay. Die rot karierten Tischdecken verbreiten ein witziges Flair. Richtig lustig wird's dann beim Schlürfen köstlicher Austern und anderer saisonaler Meeresgerichte.

TEUER

Brûlée's (☎ 319 931; Ecke Henry & Mallow Sts; Hauptgerichte ab 20 €; ☺ Di–Sa 17.30–21 Uhr) Schon von außen lässt sich an den weiß gedeckten Tischen mit Kerzen erkennen, dass das elegante, historische Haus auch drinnen Stil beweist. Die Küche – am besten als moderne irische Kulinarik mit europäischer Note beschrieben – wird der Kulisse bestens gerecht. Auch mediterrane Einflüsse geben den Ton an, und es gibt eine reiche Auswahl an regionalen Meeresgerichten.

Market Square Brasserie (☎ 316 311; 74 O'Connell St; Hauptgerichte ab 20 €; ⏰ Di–Sa 17.30–22 Uhr) Im Souterrain des attraktiven georgianischen Hauses geht es vornehm zu: Das Essen ist mit Liebe zubereitet und wird kunstvoll dargereicht. Die Speisekarte begeistert mit irischen Fleischspezialitäten und Meeresgerichten, denen originelle Saucen und überraschende Aromen den letzten Schliff verpassen. Außerdem besticht diese Brasserie durch einen ausgezeichneten Stil und ein behaglichen Ambiente – was will man mehr? Unbedingt vorher reservieren!

SELBSTVERPFLEGUNG

Frisches aus heimischen Landen, wie z. B. Käse, gibt's auf dem **Milk Market** (☎ 415 180; Cornmarket Row; ⏰ 8–12 Uhr), einem traditionellen Bauernmarkt in den alten Markthallen von Limerick.

Ausgehen

Ob einheimische Künstler oder Stars auf Tournee – in Limerick ist alles geboten, von traditionell irischen Klängen bis hin zu Trash Rock, Indie, Chart, Soul, Reggae, Drum'n' Bass, Jazz und Klassik, aber auch Theater und Stand-up-Comedy. Die meisten Nachtclubs haben strenge Türsteher. Der kostenlose *Limerick Event Guide* (LEG; www.eightball.ie/leg. php) liegt in Pubs, Restaurants und Hotels überall in der Stadt aus.

Dolan's Warehouse (☎ 314 483; www.dolanspub.com; 3/4 Dock Rd) Limericks beste Bühne für Livemusik verspricht ein unschlagbares Starprogramm, zu dem die ganze Musikszene von Roper über Kate McGarry bis hin zu den Folklegenden The Fureys und The Twang, aber auch innovative Überraschungskünstler gehört. Der Warehouse Nightclub bildet mit dem gemütlichen Dolan's Pub eine harmonische Einheit; dort finden an den meisten Abenden traditionelle Musik-Sessions statt. Oben wird oft Jazz live gespielt.

Trinity Rooms (☎ 411 177; www.trinityrooms.ie; The Granary, Michael St) Wie der Name schon sagt,

bestimmt hier die „Dreifaltigkeit" die Raumaufteilung, denn das 300 Jahre alte Gebäude am Flussufer gliedert sich in drei Räume. Im „Green Room" (Bar im vorderen Bereich) werden durchgehend Speisen und Getränke serviert. Nach Sonnenuntergang legen DJs auf oder es spielen Live-Bands. Der „Quarter Club" ist eine Chill-out-Lounge für späte Stunden mit R&B-Klängen, während im „Main Room" bis in den frühen Morgen DJs für guten Sound sorgen. In milden Nächten wird draußen im Innenhof Musik aufgelegt und oft gegrillt.

Nancy Blake's (☎ 416 443; Upper Denmark St) In diesem gemütlichen Pub ist der Boden mit einer Staubschicht aus Sägemehl bedeckt, und aus dem offenen Kamin steigt Torfgeruch auf. Hinter dem Lokal gibt's eine große überdachte Fläche mit Ausschank im Freien, wo oft Livemusik gespielt oder Fußballspiele übertragen werden.

South's (☎ 318 850; 4 Quinlan St) In diesem Pub ist die *Angela's Ashes*-Connection zu spüren, denn die Klos sind nach den Romanfiguren Frank und Angela benannt. Jedoch haben die modernen Spiegel und das Glasmotiv kaum etwas mit der Geschichte zu tun. In der edlen Kulisse schmeckt ein klassisches „Pint" besonders gut.

Belltable Arts Centre (☎ 319 866; www.belltable.ie; 69 O'Connell St) Hier ist Kultur von A–Z vertreten, ob Theater, Bildende Kunst, Film oder Comedy – von klassischen Darbietungen bis hin zu experimenteller Kunst. Zum Belltable gehört auch noch eine Kunstgalerie. Einmal im Jahr (Jan. & Febr.) findet das Theaterfestival für experimentelle Bühnenkunst, Unfringed, statt, das von Mal zu Mal besser wird.

University Concert Hall (UCH; ☎ 322 322; www.uch. ie; University of Limerick) Die Heimat des Irish Chamber Orchestra verleiht der Kulturszene von Limerick einen Hauch von internationalem Glanz und Glamour: Weltklassekünstler kommen hierher zu Konzerten, Opern, Theater und Tanzdarbietungen. Kabarettisten wie Jon Kenny treten in der Hall ebenfalls auf.

An- & Weiterreise
BUS

Bus Éireann (☎ 313 333; Parnell St) betreibt Buslinien ab dem Bahnhof für Busse und Züge in der Stadtmitte. Die Busse verkehren regelmäßig nach Dublin (Einzelfahrt, 11,30 €, 1¼ Std.), Tralee (13,50 €, 2 Std.), Cork (10,80 €, 1¾ Std., Galway, Killarney, Rosslare, Ennis,

Shannon, Derry und zu den meisten anderen Städten. In Limerick gibt's eine weitere Bushaltestelle in der O'Connell Street.

FLUGZEUG
Der Shannon Airport (siehe S. 405) in County Clare fungiert als Drehscheibe für Flüge aus dem In- und Ausland. Eine Taxifahrt zum Flughafen kostet 32 €.

ZUG
Von der **Limerick Railway Station** (☎ 315 555; Parnell St) fahren sechs Züge täglich nach Dublin Heuston (43 €, 2½ Std.) und acht Züge am Tag nach Ennis (8,20 €, 40 Min.). Andere Verbindungen gehen nach Cork, Tralee, Tipperary, Cahir und Waterford mit Umsteigen in Limerick Junction, 20 km südöstlich von Limerick.

Unterwegs vor Ort
Es verkehren regelmäßig Busse zwischen Limericks (Bus-)Bahnhof und dem Shannon Airport (5 €, einfache Fahrt), wobei man für eine Taxifahrt 32 € berappen muss. Der Flughafen liegt 26 km nordwestlich von Limerick, ca. 30 Autominuten entfernt.

Limerick ist so klein, dass man zu Fuß oder mit dem Fahrrad mühelos überall hinkommt. Der Weg von der St. Mary's Cathedral bis zum Bahnhof dauert etwa 15 Minuten.

Taxistände gibt's vor der Touristeninformation, am Bahnhof und in der Thomas Street.

Rubbelparkscheiben (2 € pro Std.) sind in den meisten Kiosken und Läden um die Ecke erhältlich. Es gibt auch zahlreiche Parkhäuser rund um die Stadt mit unterschiedlichen Tarifen.

Fahrräder kann man bei **Emerald Alpine** (☎ 416 983; www.irelandrentabike.com; 1 Patrick St; 20/80 € pro Tag/Woche) mieten oder sich für 25 € innerhalb Irlands abholen bzw. bringen lassen. **McMahons Cycle World** (☎ 415 202; www.mcmahons cycleworld.com; 30 Roches St; 20/80 € pro Tag/Woche) bietet einen kostenlosen Liefer- und Abholservice in der Region von Limerick, zum Shannon Airport und nach Galway an.

RUND UM LIMERICK (STADT)
Im Süden der Stadt lohnen eine Menge phantastischer historischer Stätten einen Tagesausflug mit dem Auto oder eine mehrtägige Fahrradtour. Nur die größeren Ortschaften werden von Bussen angefahren. Hauptsächlich pilgern Touristen zum Bunratty Castle (siehe S. 406) im nahe gelegenen County Clare.

Lough Gur
Die Gegend rund um diesen hufeisenförmigen See birgt zahlreiche faszinierende archäologische Stätten. Der **Grange Stone Circle**, auch als Lios bekannt, ist ein herrlicher 4000 Jahre alter Steinkreis aus 113 Pfeilern und damit die größte prähistorische Stätte dieser Art in ganz Irland. An der Straße findet man Parkmöglichkeiten, und der Zugang zum Gelände ist kostenlos. Die Anfahrt erfolgt über die N24 nach Süden Richtung Waterford. Am Kreisverkehr außerhalb der Stadt weist ein Schild rechts nach Lough Gur über die R512. Von da sind es noch rund 18 km bis zum Ziel.

Etwa 1 km weiter südlich die R512 entlang auf der Höhe von der Holycross Garage und der Post, biegt man links ab in Richtung Lough Gur, vorbei an einer verfallenen **Kirche** aus dem 15. Jh. und einem **Keilgrab** (*wedge tomb*) auf der anderen Straßenseite.

Nach weiteren 2 km erreicht man einen Parkplatz bei Lough Gur sowie den strohgedeckten Nachbau einer neolithischen Hütte die das **Lough Gur Stone Age Centre** (☎ 360 788; www.shannonheritage.com; Erw./Kind 5/3 €; ☀ Anfang Mai–Mitte Sept. 10–17.30 Uhr; ⓟ) beherbergt. Im Zentrum ist eine schöne Ausstellung über irische Bauernhöfe, die noch aus der Zeit vor dem Kartoffelanbau stammen, untergebracht. Außerdem zeigt ein kleines **Museum** jungsteinzeitliche Artefakte und die Replik des Lough-Gur-Schutzschilds, das sich heute im Dubliner Nationalmuseum befindet. Andere Exponate erzählen die regionale Emigrationsgeschichte der jüngsten Vergangenheit nach, einschließlich zahlreicher Gestalten, die in Amerika eine Gangsterlaufbahn einschlugen.

Einige Minuten am Seeufer entlang gelangt man zu Hügelgräbern, Menhiren, alten Einfriedungen und anderen interessanten Stellen. Diese Stätten können Interessierte kostenlos besichtigen. Auch ist die ganze Gegend für einen Picknickausflug wie geschaffen.

Kilmallock
☎ 063 / 1400 Ew.
Die verstreut liegenden, altertümlichen Bauten sind einen Besuch allemal wert. Kilmallock war im Mittelalter Irlands drittgrößte Stadt (nach Dublin und Kilkenny), die sich um ein Kloster aus dem 7. Jh. herum ent-

vickelte. Zwischen dem 14. und 17. Jh. fungierte sie als Sitz der Earls of Desmond. Heute liegen zwischen der Ortschaft am Lubach, 26 km südlich von Limerick, und dem Tosen der Stadt Welten.

Von Limerick kommend erblickt man linker Hand zuerst ein **mittelalterliches Steinhaus** – eines von rund 30 Wohnhäusern der wohlhabenden Händler und Landbesitzer des Ortes. Etwas weiter windet sich die Straße ums vierstöckige **King's Castle**, ein Turmhaus aus dem 15. Jh. mit einer heute gepflasterten Passage unter einem Torbogen. Auf der anderen Seite führt eine Gasse zum kleinen **Kilmallock Museum** (☎ 91300; Sheares St; Eintritt frei; ☼ 11–15 Uhr) mit einer bunten Sammlung historischer Exponate und einem Modell der Stadt, wie sie 1597 aussah. Dort bekommt man auch praktische Hinweise zu Rundgängen.

Hinter dem Museum auf der anderen Seite des Lubach erhebt sich die imposante Ruine des **Dominikanerstifts** aus dem 13. Jh. Highlight ist das prachtvolle fünfteilige Fenster im Chor.

Zurück auf der Hauptstraße Richtung Limerick geht's links in die Orr Street, die zur **Stiftskirche** aus dem 13. Jh. führt. Vermutlich stammt der Rundturm von einem älteren vornormannischen Kloster.

Wenn man weiter südlich auf der Hauptstraße links in die Wolfe Tone Street abbiegt (nur zu Fuß; Achtung: Einbahnstraße), sieht man rechter Hand kurz vor der Brücke an einem Haus eine Hinweistafel. Sie besagt, dass hier 1795 der irische Dichter Aindrias Mac Craith seine letzte Ruhe fand. Auf der anderen Straßenseite stehen einige hübsche eingeschossige Cottages; von der Brücke aus gesehen das fünfte wartet im Inneren mit der Originaleinrichtung aus dem 19. Jh. auf. Der Schlüssel ist nebenan erhältlich.

Auf der anderen Seite der Hauptstraße in der Emmet Street steht das **Blossom Gate**, das einzige erhaltene Tor der mittelalterlichen Stadtmauer.

Eine wunderbare Einrichtung in Kilmallock ist das **Friars' Gate Theatre and Arts Centre** (☎ 98727; www.friarsgate.ie; Main St), wo man auch Informationen über den Ort erhält. In dem Zentrum finden Kunstausstellungen statt und auf der kleinen, aber feinen Bühne werden Theaterstücke und Konzerte aufgeführt.

Deebert House (☎ 98106; www.deeberthouse.com; Zi. 3–70 €; ☼ Febr.–Nov.; Ⓟ ▯), ein prächtiges georgianisches Herrenhaus, bietet fünf Zimmer mit Bad inmitten eines traumhaften Gartens, wo ein Spielplatz Kinderherzen höher schlagen lässt. Es empfiehlt sich, vom südlichen Ortsausgang her anzufahren und in die Straße Richtung Tipperary einzubiegen. Das Deebert House taucht dann an der nächsten Kreuzung auf. Wer sich selbst versorgen möchte, erkundigt sich nach den Preisen für die zwei Apartments.

Von Montag bis Samstag fahren zwei Éireann-Busse von Limerick nach Kilmallock (8,70 €, 1 Std.).

ADARE & UMGEBUNG
☎ 061 / 1150 Ew.

Touristen werden in ganzen Busladungen nach Adare gekarrt, zumal schon die Autos allein die Straßen verstopfen. Allerdings lohnt es sich, das Verkehrschaos in der Hauptsaison auf sich zu nehmen, denn dem Auge des Betrachters bieten sich unzählige mittelalterliche Bauten und reihenweise reetgedeckte Cottages – wie in einem typisch englischen Dorf. Das ist dem Earl of Dunraven, einem englischen Großgrundbesitzer, zuzuschreiben. Ganze Menschenscharen spazieren durch das reizvolle irische Örtchen, das in ruhigeren Zeiten als ein echtes Idyll lockt. Gelegentlich verwandelt es sich auch in die ideale Kulisse fürs Hochzeitsporträt: Hier haben sich schon unzählige glückliche Bräute, aufgeregte Bräutigame und Väter mit schmerzverzerrtem Gesicht abbilden lassen.

Adare liegt 16 km südwestlich von Limerick am Fluss Maigue an der verkehrsreichen N21. In der Ortschaft kann man sein Auto am Straßenrand abstellen, doch ist der kostenlose Parkplatz hinter dem Heritage Centre die bessere Alternative.

Praktische Informationen
AIB Unweit der Touristeninformation; mit Geldautomat und Wechselstube.

Farrier's Internet Café (☎ 396 163; Main St; 2 € pro 15 Min.; ☼ 10–18 Uhr) Hier bekommt man guten Kaffee.

Touristeninformation (☎ 396 255; www.shannonregiontourism.ie; Adare Heritage Centre, Main St; Mo–Sa ☼ 9–13 & 14–17 Uhr, Jan. geschl.) Im Sommer länger geöffnet.

Sehenswertes
ADARE HERITAGE CENTRE
Mitten im Ort befindet sich das **Heritage Centre** (☎ 396 666; Main St; Erw./Kind 5/3,50 €; ☼ 9–18 Uhr).

Eine audiovisuelle Show und Ausstellung illustrieren auf unterhaltsame Weise die Geschichte und das mittelalterliche Leben von Adare. Besucher sollten sich das „glückliche Pferd" nicht entgehen lassen. Im Eintrittsgeld ist eine Burgführung (rechts) enthalten. Während der Wintermonate schließt das Heritage Centre auch schon mal um 16 Uhr.

KLÖSTER
Ehe die Tudors alle Klöster auflösten (1536–39), gab es in Adare drei blühende Konvente, deren Überreste heute noch zu besichtigen sind. Im Ort selbst stehen neben dem Heritage Centre noch der eindrucksvolle Turm und die Südmauer der **Church of the Holy Trinity**. Die katholische Kirche gehörte einst zum Dreifaltigkeitskloster aus dem 13. Jh., das der erste Earl of Dunraven restaurieren ließ. Gleich nebenan befindet sich ein restaurierter **Taubenschlag** aus dem 14. Jh.

Am Maigue, mitten auf dem Adare-Manor-Golfplatz, stehen die Ruinen des **Franziskanerklosters**, das der Earl of Kildare 1464 gründete. Der Zutritt ist gestattet, man sollte aber vorher im Clubhaus Bescheid geben. Von dessen Parkplatz sind es rund 400 m – aber Vorsicht: fliegende Golfbälle! Ein schöner Turm und eine kunstvolle Sedilia (Sitzbank für Priester) an der Südwand des Altarraums blieben u. a. übrig.

Südlich der Ortschaft, an der N21 nahe der Brücke über den Maigue, taucht die Pfarrkirche der Church of Ireland auf, ehemals ein 1316 gegründetes **Augustinerkloster**, das auch als Black Abbey bekannt ist. Im Inneren präsentiert sich die Kirche herrlich höhlenartig, doch richtig eindrucksvoll wirkt der atmosphärische kleine Kreuzgang.

Ein schöner **Flussweg** mit Sitzgelegenheiten beginnt direkt vor dem Klostertor. Der Zugang ist nur eine schmale Lücke – dann geht' los und am Wasser entlang. Nach rund 250 n biegt ein Weg links ab in Richtung Adare Zentrum, wo sich die stark befahrene Hauptstraße lärmend in Erinnerung bringt.

ADARE CASTLE
Um 1200 entstanden, hat diese Burg bereit schwere Zeiten durchgemacht, bevor Crom wells Truppen sie 1657 unwiederbringlich in eine malerische **Feudalruine** (Eintritt & Führung inkl Heritage Centre; ☑ Juli–Okt. 10–18 Uhr) verwandelten. Schon bei ihrer Zerstörung hatte sie längs ihre strategische Bedeutung verloren. Momentan ist die Restaurierung noch im voller Gange. Besucher sollten sich unbedingt den großen Saal mit Fenstern aus dem früher 13. Jh. anschauen. Wenn keine Führunger angeboten werden, kann die Burg von der vie befahrenen Straße aus bewundert werden Wem das zu riskant ist, kann sie auch vom Flusspfad oder vom Grundstück des Augus tinerklosters aus sehen.

CELTIC THEME PARK & GARDENS
Rund 8 km nordwestlich von Adare wurde an der Originalstätte eine keltische Siedlung rekonstruiert: Der **Celtic Park** (☎ 394 243; Kilcornan Erw./Kind 6 €/frei; ☑ Mitte März–Mitte Okt. 9.30–18 Uhr enthält sogar einige echte alte keltische Bauten. Zum Park gehören ein weitläufiger Rosengarten und Grünanlagen mit seltener einheimischen Pflanzen, einschließlich Orchideen.

Schlafen
B&B-Unterkünfte gibt es in der Gegend zuhauf. Auch finden sich einige Hotelkomplexe mit großen Busparkplätzen.

Adare Camping & Caravan Park (☎ 395 376; www adarecamping.com; Adare; Campingplatz 20 €) Der wind-

---

ABSTECHER: AUF DER MALERISCHEN N69

Die enge, sonst aber ruhige Straße verläuft entlang der Flussmündung des Shannon westlich von Limerick 65 km nach Listowel (siehe S. 301). Es locken herrliche Ausblicke aufs Wasser und die scheinbar endlosen grünen Hügellandschaften, durchsetzt von Steinmauern. Zu entdecken gibt's auch eine Anzahl kleiner, feiner Heritage-Museen und Gärten, die allerdings meist nur in der Hochsaison geöffnet sind. Foynes wartet aber mit einer Attraktion ersten Ranges auf, nämlich dem **Foynes Flying Boat Museum** (☎ 069-65416; www.flyingboatmuseum.com; Erw./Kind 8/5; ☑ April–Okt. 10–18 Uhr). Zwischen 1939 bis 1945 war hier die Startbahn für Flugzeuge, die zwischen Nordamerika und den britischen Inseln verkehrten. Große panamerikanische Clipper (auf Überseestrecken eingesetzte Langstreckenflugzeuge) – eins davon gibt's hier als Replik zu sehen – landeten in der Flussmündung zum Auftanken.

geschützte, wenig überlaufene Campingplatz erstreckt sich ca. 4 km südlich von Adare unweit der N21 und R519. Ein zahmer „Hausesel" nimmt gerne Streicheleinheiten entgegen.

Smithfield House (☎ 64114; gklowe@eircom.net; Croagh, Rathkeale; Zi. 40–70 €; P) Eingebettet in eine Bauernhofkulisse bietet das georgianische Landhaushotel, 4 km westlich von Adare an der N21, vier komfortable Zimmer (1780). Tierliebhaber können sich mit einigen der vielen Milchkühe und Pferde vor Ort anfreunden.

Elm House (☎ 396 306; Mondellihy; EZ/DZ 47/68 €, P) Rund um die Pension, die idyllisch hinter einem Wäldchen auftaucht, herrscht ein gastfreundliches, entspanntes Ambiente. Es gibt vier Zimmer, darunter eines mit eigenem Bad. Die B&B-Herberge liegt 1 km nördlich der Ortschaft.

Berkeley Lodge (☎ 396 857; www.adare.org; Station Rd; Zi. 55–80 €; P) Eine von mehreren hübschen B&B-Lodges an der ortsnahen Station Road. Der Gasthof besitzt sechs Zimmer mit TV, serviert ein reichhaltiges Frühstück und holt Gäste, die in den frühen Morgenstunden ankommen, vom Shannon Airport ab.

Dunraven Arms (☎ 396 633; www.dunravenhotel.com; Main St; EZ/DZ 170/190 €; P 🖥 🏊) Schön geschützt hinter einer weitläufigen Gartenanlage ist dieses Anwesen aus dem Jahr 1792 wohl das Beste, was Adare zu bieten hat. Die 86 Zimmer der traditionsreichen Luxusherberge haben alle WLAN-Anschluss. Zum hohen Standard gehört ebenfalls der Freizeitbereich mit Pool und anderen Wasserfreuden.

Essen & Ausgehen

Fein und gemütlich essen kann man in Adare vielerorts. Hier nur einige Geheimtipps:

Dovecot (☎ 396 449; Adare Heritage Centre, Main St; Mittagessen 4–12 €; 🕙 9–17 Uhr) Diese helle und luftige Cafetería übertrumpft alle anderen, was das leckere Frühstück und die köstlichen Mittagsgerichte betrifft.

Seán Collins (☎ 396 400; Main St; Mahlzeiten 5–10 €) Trotz Modernisierung in jüngster Zeit das traditionsreichste Pub in Adare. Die Speisekarte verspricht gute Pubkost, die man sich auch im Freien schmecken lassen kann. Sonntags finden traditionelle Musikabende statt (meist im Sommer).

Inn Between (☎ 396 633; Main St; Hauptgerichte 12–22 €; 🕙 12–15 & 18.30–21.30 Uhr) Idyllischer geht's nicht: In dem Gasthof, einem reetgedeckten

Cottage und Ableger des gegenüberliegenden Dunraven Arms Hotel, stehen moderne, irische Kreationen auf der Speisekarte. Die Meisterköchin Sandra Earl zaubert Wild- und Grillgerichte oder auch *seafood*-Spezialitäten.

Wild Geese (☎ 396 451; Main St; Hauptgerichte 20–30 €; 🕙 Di–Sa 18.30–22 Uhr) In einer Stadt, wo auch beim Wettbewerb um das charmanteste Cottage mit harter Konkurrenz zu rechnen ist, würde dieses Lokal in der Kategorie Essen wahrscheinlich den ersten Preis erringen. Die stets wechselnde Speisekarte ist eine Hommage an die feinste Kulinarik, die Irlands Südwesten zu bieten hat, angefangen bei Jakobsmuscheln bis hin zum deftigen Lammbraten. Die Arrangements zeugen von Kreativität, und der professionelle Service hat Schliff.

Bill Chawke Lounge Bar (☎ 396 160; Main St) Jeden Donnerstagabend gibt's traditionelle Musik und freitags auch Gelegenheit zum Mitsingen (bzw. brummen, bei entsprechendem Bierkonsum auch Bassklänge). Ein Biergarten lockt bei warmen Temperaturen.

An- & Weiterreise

Zwischen Adare und Limerick verkehren stündlich Busse (4 €, 25 Min.), wobei viele bis nach Tralee weiterfahren (13,50 €, 1¾ Std.). Andere bedienen Killarney (13,50 €, 1¾ Std.). Bei der Touristeninformation sind Fahrpläne erhältlich bzw. hängen auch welche an den Bushaltestellen aus.

COUNTY TIPPERARY

Das Binnenland von Tipperary besitzt den fruchtbaren Boden, von dem jeder Bauer träumt. Die Tradition wird hier noch auf Hautvolee-Niveau gepflegt: Im Winter finden Fuchsjagden ohne jegliche gesetzliche Einschränkung statt; dann sieht es hier nicht viel anders aus als in Ortschaften der klassischen englischen Grafschaften. Das Kernland von Tipperary liegt in einer Tiefebene, umrahmt von den Hügellandschaften der angrenzenden Regionen. Insbesondere das Glen Of Aherlow bietet gute Wandermöglichkeiten rund um die Stadt Tipperary. Publikumsmagneten sind natürlich Cashel und Cahir mitsamt Burg. Zwischendurch lässt sich noch das eine oder andere Juwel landauf landab am Straßenrand entdecken.

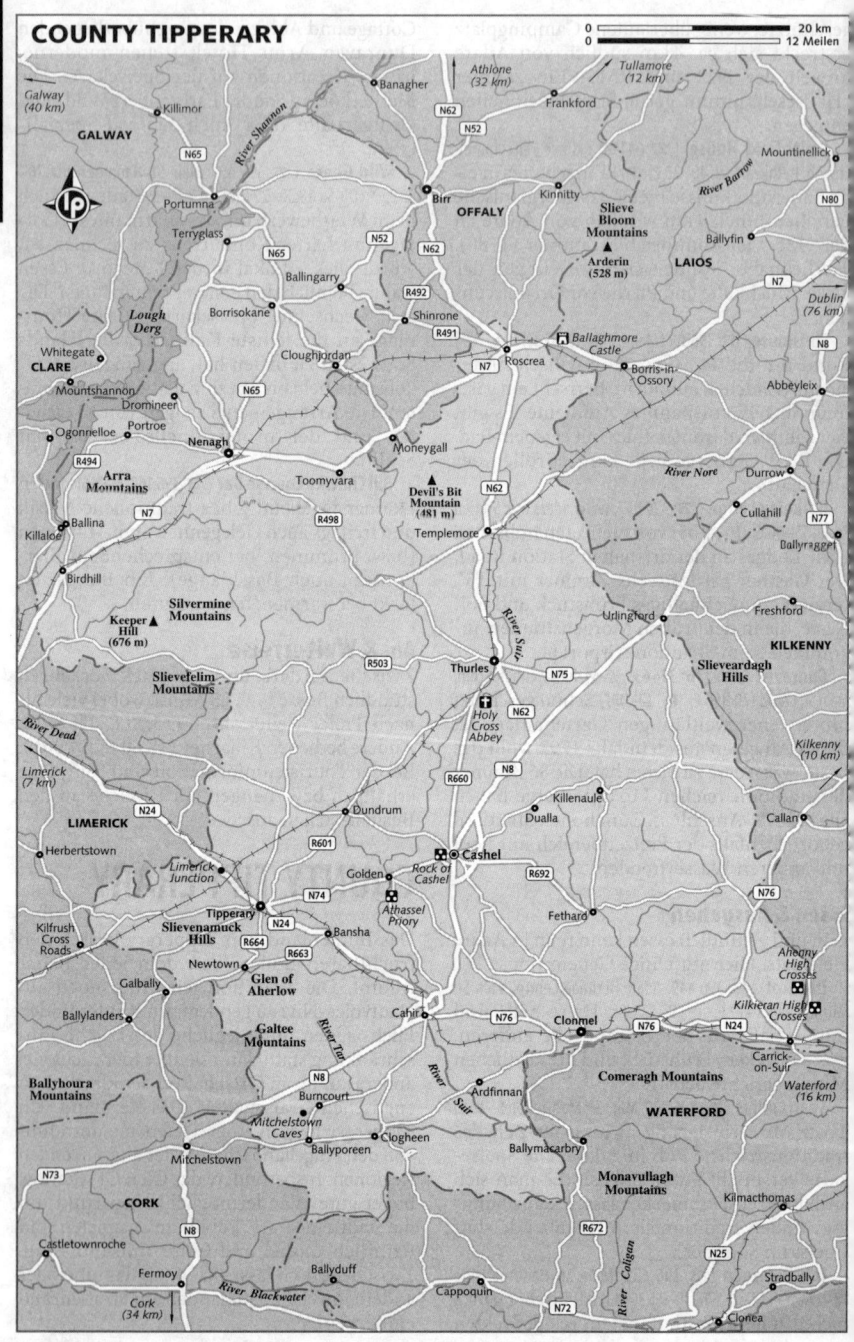

COUNTY TIPPERARY

TIPPERARY (STADT)

☎ 062 / 4600 Ew.

Tipperary (Tiobrad Árann) hat einen Namen mit Geschichte, den es größtenteils einem Marschlied aus dem Ersten Weltkrieg zu verdanken hat. Und tatsächlich zieht sich der so besungene „lange Weg nach Tipperary" auch ganz schön auf der N24 hin bzw. quer durchs regionale Straßenlabyrinth, das im Stadtzentrum zusammenläuft, wo es verkehrsmäßig genauso wenig vorwärtsgeht wie im Stellungskrieg von Verdun. Der Ort selbst ist eher unscheinbar, jedoch bietet er sich als gute Basis für Ausflüge in die Slievenamuck Hills, der Galtee Mountains und des Glen of Aherlow an.

Zur **Touristeninformation** (☎ 80520; Excel Heritage Centre, Mitchell St; ☽ Mo–Sa 9.30–17.30 Uhr) gelangt man über die St. Michael's Street, eine Seitenstraße, die 200 m nördlich der Main Street abzweigt. Ein Parkplatz befindet sich beim Heritage Centre, das neben einer kleinen Galerie, einem Kino und einem **Ahnenforschungszentrum** (☎ 80552; ☽ Mo–Fr 9.30–16.40 Uhr) auch **Internetzugang** (1 € pro 10 Min.) hat.

Banken, Geldautomaten, Wechselstube und verschiedenste Läden reihen sich entlang der Main Street. Die Post liegt in der Davis Street, nördlich der Main Street.

Mitten in der Main Street steht die **Statue von Charles T. Kickham** (1828–82), einem Schriftsteller aus Tipperary (Autor des Romans *Knocknagow*) und Mitglied der Young Irelander. Wegen Betrug saß er um 1860 vier Jahre im Londoner Gefängnis Pentonville.

Schlafen

Die Auswahl an Unterkünften ist in Tipperary (Stadt) recht bescheiden. Normale B&Bs gibt's aber entlang der N24 zu beiden Seiten der Stadt.

Ach na Sheen (☎ 51298; www.achnasheen.net; Bansha Rd; Zi. 50–90 €; [P]) An der N24 gleich außerhalb der Stadt in Richtung Bansha gelegen, ist diese Pension eine gute Wahl. Neben den acht Zimmern mit TV und der idyllischen Gartenkulisse gehören auch noch andere Annehmlichkeiten zum Standard.

Aisling (☎ 33307; www.aislingbedandbreakfast.com; R664; Zi. 45–65 €; [P]) Den weitläufigen Park rund ums Haus, wo es fast das ganze Jahr über blüht, ziert außerdem eine Skulptur. Die vier Zimmer sind im gemütlichen Landhausstil eingerichtet, und die frische Landluft macht Appetit auf ein herzhaftes Frühstück. Man

findet die Herberge an der Straße zum Glen of Aherlow.

Essen

Auf dem Parkplatz rund ums Excel Heritage Centre findet regelmäßig ein Markt statt.

Tipp's Sporting Pub (☎ 51716; 50 Main St; Hauptgerichte 7–15 €) Auch als Ehren eines Kirkham House bekannt, das zu Ehren eines Heimathelden erbaut wurde, lockt das alte Pub mit Brunch inklusive geräuchertem Schellfisch und *cod pie* (Pastete vom Dorsch). Dienstagabends werden traditionelle Musik-Sessions abgehalten.

Unterhaltung

Tipperary Racecourse (☎ 51357; www.tipperaryraces. com; Limerick Rd) Eine der führenden Rennbahnen Irlands, 3 km außerhalb der Stadt gelegen, mit regelmäßigen Veranstaltungen das ganze Jahr über. Aktuelle Informationen entnimmt man der Lokalpresse. Die Rennbahn ist vom Bahnhof Limerick Junction zu Fuß erreichbar. An Renntagen fahren Kleinbusse von Tipperary (Stadt) aus; nähere Auskunft erhält man telefonisch.

An- & Weiterreise

BUS

Die meisten Busse halten in der Abbey Street am Fluss. Bus Éireann betreibt auf der Strecke Limerick–Waterford (8,10 €, 2 Std.) über Cahir und Clonmel acht Busse täglich. Auch gibt es regelmäßige Verbindungen nach Limerick (4,50 €, 40 Min.). Montag bis Samstag verkehrt eine frühe Buslinie von **Bernard Kavanagh** (☎ 51563; www.bkavcoaches.com) über Cahir und Cashel nach Dublin (6 €, 50 Min.). Busse fahren um 7.40 Uhr vor der Marian Hall am nördlichen Ende der St. Michael's Street ab.

Rafferty Travel (☎ 51555; Main St) reserviert Fahrkarten für Bus Éireann und Iarnród Éireann.

ZUG

Zum Bahnhof kommt man über die Bridge Street in südlicher Richtung. Tipperary liegt auf der Strecke Waterford– Limerick Junction. Zweimal täglich fahren Züge nach Cahir (25 Min.), Clonmel, Carrick-on-Suir, Waterford und Rosslare Harbour. Ab **Limerick Junction** (☎ 51406), knapp 3 km ab dem Bahnhof Tipperary entlang der Limerick Road, gibt's verschiedene Verbindungen nach Cork, Kerry und Dublin.

Unterwegs vor Ort

FAHRRAD

Springhouse Bicycle Hire (☎ 31329; gmrbailey@eircom. net; Kilshane; Leihgebühr 20/80 € pro Tag/Woche) verleiht Fahrräder und gibt Tipps für Ausflüge in die Umgebung. An der N24 betreibt Springhouse auch eine kleine B&B-Pension, direkt südöstlich von Tipperary.

GLEN OF AHERLOW & GALTEE MOUNTAINS

Im Süden von Tipperary erhebt sich die markante Silhouette der Slievenamuck Hills und der Galtee Mountains, die das bunte und breite Glen of Aherlow voneinander trennen. Von Tipperary aus verläuft eine gut ausgeschilderte, 25 km lange Panoramaroute durchs ganze Tal hindurch. Am östlichen Ende zwischen Tipperary und Cahir befindet sich Bansha (An Bháinseach). Das Dorf bildet den Startpunkt für einen 20 km langen Ausflug nach Westen Richtung Galbally. Ob auf vier oder auf zwei Rädern – entlang der R663 durchquert man eine der malerischsten Landschaften Irlands.

Südlich von Tipperary, beim **Coach Road Inn** in Newtown (☎ 56240), laufen die R663 und R664 zu einer Straße zusammen. Dieses gute, alte Pub ist vor allem bei Wanderern beliebt, die sich dort gerne Tipps für Ausflüge in der Umgebung holen. Eine andere praktische Informationsquelle ist die Webseite des regionalen Tourismusverbandes: www.aherlow. com. Üppige bewachsene Flussufer am Aherlow, Kieferwälder in den Bergen und windverwehtes, felsiges Weideland mit scheinbar unendlichem Horizont prägen das Landschaftsbild.

In der ganzen Gegend lässt sich auch wunderbar wandern. Spektakuläre Blicke bieten sich von den Hügeln über das Glen-Tal – vorausgesetzt es regnet nicht. Nördlich von Newtown an der R664 erreicht man einen **Aussichtspunkt** mit einer geschichtsträchtigen **Christusstatue**.

Schlafen

Die B&B-Unterkünfte rund um Tipperary (S. 331) sind alle günstig im Glen gelegen. Dazu kommen noch eine ganze Reihe von ländlichen Herbergen, wo sich Wanderer gerne stärken. Wer länger bleiben möchte, kann sich auch selbst versorgen.

Ballinacourty House Camping Park & B&B (☎ 56559; www.camping.ie; Glen of Aherlow; Campingplatz 18 €, Zi. 45–80 €; ☼ Mitte April–Sept.; ℗) Der attraktive Campingplatz liegt 10 km westlich von Bansha, hinter Newtown, vor der wunderbaren Kulisse der Galtees. Zu den exzellenten Einrichtungen gehören ein hübscher Park, ein Restaurant, eine Weinstube und ein Tennisplatz. Außerdem bietet ein altes, restauriertes Steinhaus Zimmer mit Übernachtung und Frühstück.

Bansha House (☎ 54194; www.tipp.ie/banshahs.htm Bansha; EZ/DZ 50/90 €; ℗) Zeittypische Eleganz und hohe Decken prägen den Stil dieses georgianischen Landhauses auf weitläufigem Grundstück. Mit Ackerland und Wanderwegen rundherum bildet es ein tolles Urlaubsrefugium. Der 250 lange Zufahrtsweg zum Haus, an der westlichen Ortseinfahrt nach Bansha, ist gut ausgeschildert.

Rathellen House (☎ 54376; www.rathellenhouse.com Raheen, Bansha; Zi. 90–190 €; ℗ ▯) Südlich von Bansha und östlich der N24 liegt dieser Zweckbau im georgianischen Stil. Umgeben von offenem Gelände und wunderschönen Steinmauern taucht diese Pension im Herzen von grünem Weide- und Ackerland auf. Alle sieben Zimmer verfügen über ein eigenes Bad mit beheiztem Fußboden und allerlei Annehmlichkeiten. Das Frühstück ist ein Augen- und Gaumenschmaus.

Aherlow House Hotel (☎ 56153; www.aherlowhouse. ie; Newtown; EZ/DZ 105/180 €; ℗) Einst war dieses Herrenhaus von 1928 ein Zufluchtsort in den Bergen. In den 1970er-Jahren wurde es dann zu einem Hotel umgebaut. Später kamen Unterkünfte für Selbstversorger dazu. Oft richtet das Aherlows auch regionale Wanderfestivals aus.

An- & Weiterreise

Bus Éireann fährt regelmäßig zwischen Tipperary und Waterford mit Halt in Bansha. Ab hier geht's dann mit dem Drahtesel oder zu Fuß weiter in die Berge. Auf S. 332 stehen mehr praktische Informationen zum Fahrradverleih, ansonsten lässt sich die weitere Umgebung zwischen den Wanderungen auch einmal mit dem Mietauto erkunden.

CASHEL

☎ 062 / 2500 Ew.

Cashel (Caiseal Mumhan) verdankt seine große Beliebtheit dem majestätischen Rock of Cashel und einer Handvoll historischer Sakralbauten, die seinen windumtosten Gipfel krönen, als wüchsen sie förmlich aus dem

Felsen heraus. Als ein Wahrzeichen Irlands lockt es natürlich zahlreiche Besucher an, doch gelingt es Cashel ganz gut, sich ein gewisses Flair als kleiner Marktflecken zu bewahren. Der Massenansturm bringt es mit sich, dass der Ort mit einer tollen Auswahl an Restaurants und Unterkünften aufwartet.

Orientierung

Eine Umgehungsstraße von Dublin nach Cork entlastet inzwischen das Stauproblem innerhalb der Stadt, da der Lastwagenverkehr umgeleitet wird – und lässt Orte wie Tipperary hoffen, die immer noch auf Umgehungsstraßen warten. Majestätisch erheben sich der Rock of Cashel und seine faszinierenden Bauten ringsum über die Landschaft. Für gelungene Fotos mit dem Felsen bietet sich die Straße stadteinwärts ab dem Dublin-Road-Kreisverkehr an oder die Nebenstraße gleich westlich des Stadtzentrums. Noch bessere Motive versprechen die Ruinen von Hore Abbey; am besten man fotografiert hier von innen nach draußen.

Parken kann sich in Cashel schwierig gestalten. Den Parkplatz ganz nahe am Rock sollte man meiden, denn dort ist man gleich 3 € für einen ganzen Tag los, da man keine kürzeren Zeiten lösen kann. An den Straßen in der näheren Umgebung und überall in der Stadt zahlt man nur für die benötigte Parkzeit.

Praktische Informationen

AD Weblink (☎ 63304; 102a Main St; 1 € pro 20 Min.; ⏰ 10–19 Uhr) Hinter der Main Street.

Book Nook (☎ 64947; 79 Main St) hat eine gute Auswahl an Büchern über die Region, Reiseliteratur etc.

Cashel Heritage Town Centre (☎ 62511; www.cashel.ie; Town Hall, Main St; ⏰ Mitte März–Sept 9.30–17.30, Okt.–Mitte März am Wochenende geschl.) Dank des hilfsbereiten und kontaktfreudigen Personals eine wahre Fundgrube an Informationen. Ein Museum gehört auch dazu.

Polizei (☎ 62866) Hinter der Post am Ende der Main Street.

Sehenswertes

ROCK OF CASHEL

Als eine der spektakulärsten archäologischen Stätten Irlands gilt der **Rock of Cashel** (☎ 61437; www.heritageireland.com; Erw./Kind 5,30/2,10 €; ⏰ Mitte Juni–Mitte Sept. 9–19, Mitte Sept.–Mitte März bis 16.30, Mitte März–Mitte Juni bis 17.30 Uhr, letzter Einlass 45 Min. vor Schluss). Im Grunde ist der Felsen ein markanter

grüner Hügel, aus dem Kalksteinschichten herausragen. Er erhebt sich aus einer grasbewachsenen Ebene am Stadtrand und ist mit alten Festungsanlagen gespickt – Cashel ist das englische Pendant zum irischen Wort *caiseal* für „Festung". Eine kompakte Mauer umschließt kreisförmig einen Hof, der einen Rundturm, ein Kloster ohne Dach und die schönste romanische Kappelle Irlands aus dem 12. Jh. umfasst. Über tausend Jahre lang war der Rock of Cashel ein Symbol der Macht, Sitz der Könige und Kleriker, die über die Region herrschten.

Von der Stadtmitte aus sind es fünf Gehminuten bis zum Felsen. Man kann einige schöne Abstecher machen, so auch zum Bishop's Walk, der im Park vom Cashel Palace Hotel endet. Am Ende der Zufahrtsstraße zum Ticketbüro gibt's lediglich ein paar Parkplätze für Behinderte. Näheres zum Parken in Cashel steht auch unter „Orientierung". Der Rock of Cashel ist vor allem im Juli und August ein beliebtes Ziel für Reisende. Auf dem Felsen lassen sich schon von weitem die herannahenden Tourbusse ausmachen. Ein Gerüst wird von Jahr zu Jahr ein Stück weiter gerückt im endlosen Kampf gegen auftretende Risse.

GESCHICHTE

Der Eóghanachta-Clan aus Wales wählte im 4. Jh. den Rock of Cashel als Hauptsitz; von hier aus eroberten die Waliser weite Teile von Munster und wurden Könige der Region. Rund 400 Jahre lang wetteiferten Cashel und Tara um die Stellung als Machtzentrum Irlands. Der Clan berief sich auf seine Verbindung zum Hl. Patrick; daher wird der Rock of Cashel auch gelegentlich St. Patrick's Rock genannt.

Im 10. Jh. verloren die Eóghanachta den Fels an die O'Briens (oder Dál gCais) unter Brian Borús Führung. 1101 schenkte König Muircheartach O'Brien ihn der Kirche, um sich die Gunst der mächtigen Bischöfe zu erkaufen. Außerdem wollte er den uralten Streit um diesen Felsen mit den Eóghanachta, inzwischen als MacCarthys bekannt, beenden. Zahlreiche Gebäude müssen auf der Erhebung schon gestanden haben, doch nur die Sakralbauten hielten sogar dem Wüten von Cromwells Armee im Jahre 1647 stand.

HALL OF THE VICARS CHORAL

Man betritt den Rock of Cashel durch diese Vorhalle aus dem 15. Jh. Einst von Chorsängern der Kathedrale bewohnt, ist hier heute ein Ticketbüro untergebracht. Zu den Exponaten in der angrenzenden Krypta gehören seltenes Silber, Äxte aus der Bronzezeit und das St. Patrick's Cross, ein eindrucksvolles, wenn auch arg verwittertes Kreuz aus dem 12. Jh. Es zeigt auf der einen Seite die Kreuzigung Christi und auf der anderen Tierfiguren. Im Burghof steht eine Replik. Küche und Refektorium sind mit Möbeln, Teppichen und Gemälden der Zeit bestückt. Das wunderschön geschnitzte Dach aus Eichenholz und die Galerie sollten Besucher unbedingt in Augenschein nehmen. Alle halbe Stunde läuft eine 20-minütige Videoshow über die Geschichte des Felsens (auch in Deutsch).

KATHEDRALE
Das gotische Bauwerk aus dem 13. Jh. überragt die anderen Ruinen. Der Eingang führt durch eine kleine Vorhalle gegenüber der Hall of the Vicars Choral. Auf der Westseite der Kathedrale steht die **Archbishop's Residence** (Erzbischöfliche Residenz), eine vierstöckige Burganlage aus dem 15. Jh., deren große Halle über dem Kirchenschiff lag. Aus der Mitte der Kathedrale erhebt sich ein massiver Viereckturm mit einem angebauten Türmchen in der südwestlichen Ecke.

Überall verstreut stehen Monumente, Flügel von Altargräbern des 16. Jhs. und Wappen. Wer ein Fernglas hat, kann sich die zahlreichen Kapitelle und Konsolen in luftiger Höhe ansehen.

RUNDTURM
In der nordöstlichen Ecke der Kathedrale entdeckt man einen Rundturm aus dem 11. bzw. 12. Jh., das älteste Gebäude am Rock of Cashel. Er ist 28 m hoch und sein Eingang liegt 3,5 m über dem Boden – vermutlich eher aus bau- als aus verteidigungstechnischen Gründen.

CORMAC'S CHAPEL
Würde auf dem Rock of Cashel nur Cormac's Chapel stehen, wäre er schon faszinierend genug. Der erstaunliche Bau stammt aus dem Jahr 1127 und ist in seiner mittelalterlichen Gestalt vollständig erhalten. Vermutlich stellt er die erste romanische Kirche in Irland dar. Für die ungleichen Vierecktürme soll die Regensburger Jakobskirche Pate gestanden haben; das steile Steindach weist unübersehbare Ähnlichkeiten mit den schiffsrumpfartigen Formen anderer Bauten in Irland auf, etwa zum Gallarus Oratory in der Grafschaft Clare oder zu den Beehive Huts (Bienenkorbhütten) auf der Halbinsel Dingle.

Das Faszinierendste an der romanischen Baukunst aber beruht auf der Detailarbeit, wie sie bei den Rundbögen am Hauptportal, dem großen Rundbogen im Altarraum und dem Rippengewölbe zu bewundern ist. Kunstvoll und präzise sind auch die Reliefs gestaltet, darunter ein Ungeheuer mit drei Schwänzen sowie ein Zentaur mit Normannenhelm, der einen Pfeil auf einen wütenden Löwen abschießt. Im Inneren herrscht zunächst geheimnisvolle Finsternis, aber nach einer Weile gewöhnen sich die Augen an die Dunkelheit. Hinter dem Hauptportal steht linker Hand ein Sarkophag, in dem angeblich King Cormac liegt. Das Grab stammt aus der Zeit zwischen 1125 und 1150. Ursprünglich zierten Fresken die Wände; aber nur Fragmente blieben erhalten. Vom Südturm führt ein Gang zu einem steinernen Gewölbe und einer grasbewachsenen Plattform über dem Hauptschiff (kein Zutritt).

HORE ABBEY
Chasel hat für Geschichtsbegeisterte noch eine weitere Attraktion in petto: die Ruine von Hore Abbey aus dem 13. Jh., im flachen Ackerland 1 km nördlich des Rock of Cashel gelegen. Ende des 12. Jhs. lebten hier Benediktinermönche aus dem englischen Glastonbury. Im 13. Jh. wurden sie von einem Erzbischof vertrieben; er hatte geträumt, dass sie ihn ermorden wollten, und schenkte das Haus dem Zisterzienserorden. Da der Bau schön dämmrig ist, gibt der Rock of Cashel von innen ein wunderbares Fotomotiv ab – mit richtig interessantem Vordergrund, wenn man den Dreh raus hat.

BRÚ BORÚ
Cashels Geschichts- und Kulturzentrum **Brú Ború** (☎ 61122; www.comhaltas.ie; ☉ Juni–Sept. 9–17 Uhr, Okt.–Mai am Wochenende geschl.) ist in einem modernen Gebäude gleich neben dem Parkplatz unterhalb des Rock of Cashel untergebracht. Hier bekommt man faszinierende Einblicke in die traditionelle irische Musik samt Tanz und Gesang. Dazu gehören auch ein Laden und ein Café. Highlight ist jedoch die Ausstellung **Sounds of History** in einem unterirdischen Raum, wo auf phantastische Weise, auch mittels Audioshow, die Geschichte Irlands und seiner Musik nacherzählt wird. In

den Sommermonaten finden abends und im restlichen Jahr auch tagsüber Theatervorführungen statt. Der Eintritt kostet zwischen 10 € für Vorstellungen tagsüber und über 40 € für Dinner-Shows.

NOCH MEHR SEHENSWERTES

Das **Cashel Heritage Town Centre** (☎ 62511; www.casheltc.ie; Town Hall, Main St; Eintritt frei; ✆ Mitte März–Sept. 9.30–17.30 Uhr, Okt.–Mitte März am Wochenende geschl.) im Rathaus zeigt ein Stadtmodell von Cashel, wie es um 1640 ausgesehen hat.

Typische alte Häuser und Ladenfronten kann man in der faszinierenden Ausstellung **Cashel Folk Village** (☎ 62525; Dominic St; Erw./Kind 4/2 €, ✆ Mai–Okt. 9.30–19.30, März & April 10–18 Uhr) bestaunen. Memorabilien aus der Umgebung und das IRA-Museum ergänzen das kulturelle Angebot.

Die **Bolton Library** (☎ 61944; John St; Erw./Kind 3/2 €; ✆ Mo–Fr 10–16 Uhr) birgt eine phantastische Sammlung aus Büchern, Karten und Handschriften, von den Anfängen des Buchdrucks bis heute; darunter auch Werke der Schriftsteller Chaucer oder Swift.

Schlafen

BUDGETUNTERKÜNFTE

O'Brien's Holiday Lodge & Camping Park (☎ 61003; www.cashel-lodge.com; Dundrum Rd; Campingplatz 8 € pro Pers., B 18 €, EZ 40 €, DZ 55–60 €; P) Diese erstklassige, nette und gut ausgestattete IHH-Lodge in einer umgebauten Remise nordwestlich der Stadt bietet neben einem Campingplatz auch super eingerichtete Schlafsäle und Zimmer. Herrliche Blicke auf den Rock of Cashel und Hore Abbey, eine wunderschöne Holzeinrichtung und blanke Steinwände sind weitere Pluspunkte.

Cashel Holiday Hostel (☎ 62330; www.cashelhostel.com; 6 John St; B 16–18 €, EZ 25 €, DZ 40 €) Freundlich, zentral gelegen und darüber hinaus auch noch günstig – in einem ruhigen, dreistöckigen georgianischen Reihenhaus unweit der Main Street untergebracht, wartet die Herberge mit 52 Betten in 4- bis 8-Bett-Zimmern, einem Aufenthaltsraum, einer Küche und Waschmöglichkeiten auf.

MITTEKLASSEHOTELS

In der Stadtmitte von Cashel finden sich auch die schönsten Hotels bzw. die größte Auswahl an Unterkünften. Von hier kann man Stadt und Rock gut zu Fuß erkunden.

Kearney's Castle Hotel (☎ 61044; Main St; EZ/DZ 40/70 €) Direkt gegenüber des Cashel Heritage Town Centre steht „nur ein altes Haus", wie es die Besitzer ganz bescheiden nennen, obwohl ein historischer Befestigungsturm dazugehört. Die zwölf einfachen Zimmer mit TV sind in munteren Blau- und Beigetönen gehalten.

Bruden Fidelma Bed & Breakfast (☎ 62330; www.sisterfidelmabandb.com; 5 John St; EZ/DZ 50/80 €; P) „Der Meisterpoet der Sippe verdient 21 Kühe…" – nur eine von vielen alten irischen Binsenweisheiten, die in dieser Frühstückspension die Wände von sieben Zimmern schmücken. Ins neue pfiffige Dekor reihen sich auch die riesigen Badewannen ein. Nomen est omen: Die Pension ist eine Hommage an die fiktive Schwester Fidelma, die das Böse bekämpft (siehe Kasten unten). Das Cashel Holiday Hostel nebenan wird von den gleichen sympathischen Inhabern geführt.

Ladyswell House (☎ 62985; www.ladyswellhouse.com; Ladyswell St; Zi. 50–80 €) Nur fünf Gehminuten vom Kloster entfernt liegt diese tadellos saubere

---

DIE NONNE VON CASHEL WIDER DAS VERBRECHEN

„Unterhalb der Klostermauer scheint es eine kleine Schlägerei zu geben", meint Schwester Fidelma, die Königin der Trivialliteratur, welcher Cashel seinen Ruhm als Romankulisse verdankt. Die tugendhafte Fidelma, eine Schöpfung des kanadischen Autors Peter Tremayne (eigentl. Peter Berresford Ellis), reist von ihrem Standort Cashel aus durch das Irland des 7. Jhs. Unterwegs löst sie wie eine Miss Marple des frühen Mittelalters Mysterien, Morde und Verbrechen. In 17 Romanen (angefangen mit dem hier zitierten *Nur der Tod bringt Vergebung; Absolution by Murder*) predigt sie Gesetz und Ordnung, während sie in Begleitung ihres etwas tollpatschigen Weggefährten Bruder Eadulf herausfindet, wer umherirrende Mönche umgebracht hat. Die Einwohner von Cashel sind daran gewöhnt, atemlosen Touristen die Frage zu beantworten, wo Schwester Fidelma gelebt hat; auch gibt's überall in der Stadt einschlägige Bücher zu kaufen. Bald schon wird man sich über spannende Zeilen wie „Und ich kann sehen, warum die frommen Brüder hier ihr stilles Örtchen gesucht haben, da das Wasser alle ihre Spuren verwischt hat" begeistern können.

B&B-Pension. Einige Badezimmer haben Oberlicht. Die Inhaber sind überaus sympathisch und organisieren gerne individuelle Touren für ihre Gäste oder kümmern sich um die Abholung vom Shannon Airport.

Ashmore House (☎ 61286; www.ashmorehouse.com; John St; EZ/DZ 60/70 €; P) Das Hotel, ein georgianisches Stadthaus in einer ruhigen Straße unweit der Main Street, ist an der grellgelben Tür zu erkennen. Es besitzt fünf große Zimmer mit hohen Decken und einen Garten nach hinten raus.

Hill House (☎ 61277; www.hillhousecashel.com; Palmershill; Zi. 60–100 €; P) Man könnte es genauso gut das „Haus mit dem herrlichen Blick" nennen, denn das Anwesen thront etwa 400 m oberhalb der Main Street und bietet einen tollen Ausblick auf den Rock. Beim ausgezeichneten Frühstück mit Feinstem aus heimischen Landen gerät der Felsen schon einmal in Vergessenheit.

SPITZENKLASSEHOTELS

Baileys of Cashel (☎ 61937; www.baileys-ireland.com; Main St; EZ/DZ 95/150 €; P 💻 🐾) Alle 19 Zimmer dieses eleganten Hauses von 1709 bestechen durch WLAN-Anschluss, großzügige Badewannen und ein schickes, modernes Design, das dunkles Holz mit hellen Wänden kombiniert. Im Souterrain befindet sich eine Weinbar mit Kerzenlicht, ein feines Restaurant und ein Freizeitzentrum.

Cashel Palace Hotel (☎ 62707; www.cashel-palace. ie; Main St; Zi. 140–280 €; P 💻) Das Cashel Palace, ein hübsches Anwesen mit roter Backsteinfassade aus der Queen-Anne-Ära ist ein echtes Wahrzeichen der Stadt. Nach einer Komplettsanierung verfügt es über 23 Zimmer (einige mit WLAN-Anschluss), die vor Luxus nur so strotzen, inklusive Hosenbügler. 1732 im Auftrag eines protestantischen Erzbischofs erbaut, kann man entweder im herrschaftlichen Hauptgebäude oder in den gemütlichen Stallungen logieren.

Essen

In Cashel lässt sich wunderbar schlemmen, auch wenn man nur auf Durchreise ist. Einheimische bevorzugen mittags ein Tagesgericht an der Bar für 10 € im Cashel Palace Hotel (siehe oben). Als lokale Spezialität gilt der *blue cheese* (Blauschimmelkäse), der auf vielen Speisekarten steht.

Henry's Fine Foods (☎ 086 894 3707; 5 Main St; Mahlzeiten ab 5 €; ⏱ 9–18 Uhr) Schinken und Käse aus heimischen Landen sind Bestandteil vieler Tagesgerichte – unbedingt probieren. Neben Eiern aus Freilandhaltung kann man sich mit hausgemachten Sülzen, Marmeladen und Chutneys eindecken.

Bake House (☎ 61680; 7 Main St; Mahlzeiten 5–8 €; ⏱ 9–17.30 Uhr) Gegenüber des Cashel Heritage Town Centre lockt dieses lebhafte Café mit Tee oder Kaffee, Frühstück oder einem leichten Mittagessen. Die herzhafte Quiche mit *blue cheese* aus Cashel ist auf jeden Fall eine Kostprobe wert. Hier kann man gut draußen sitzen und Passanten beobachten.

LP Tipp **Café Hans** (☎ 63660; Dominic St; Hauptgerichte 8–14 €; ⏱ Di–Sa 12–17.30 Uhr) Die gerade mal 32 Plätze in diesem lässigen Café sind hart umkämpft. Café und Restaurant gleichen Namens (siehe unten) werden von ein und derselben Familie geführt. Es gibt eine erstklassige Auswahl an Salaten, Sandwiches, Fisch, Meeresfrüchte, Lamm- und vegetarischen Gerichte mit ausgezeichnetem Wein und Desserts – da läuft einem das Wasser im Munde zusammen. Wer nicht Schlange stehen will, geht am besten früh hin oder erst nach dem großen Ansturm.

Chez Hans (☎ 61177; Dominic St; 3-Gänge-Menüs 33 €; ⏱ Di–Sa 18–22 Uhr) Seit 1968 ist das einstige Gotteshaus eine Kultstätte für Feinschmecker aus ganz Irland und damit für die ganze Welt. Frisch und erfinderisch wie eh und je huldigt dieses Spitzenrestaurant der heimischen Küche, darunter seinem berühmten *cassoulet* mit Meeresfrüchten und verschiedenen regionaltypischen Fleischgerichten. Und auch Vegetarier kommen voll auf ihre Kosten. Süße Köstlichkeiten gibt's in Hülle und Fülle, etwa hausgemachte Schokolade zum Kaffee. Vorher reservieren!

Ausgehen

In Cashel findet man einige empfehlenswerte Pubs.

Davern's (☎ 61121; 20 Main St) Immer gut für ein nettes Schwätzchen. Hin und wieder wird auch Livemusik gespielt, die man in diesem uralten Gemäuer je nach Sitzecke oder Nische mal besser oder weniger gut mitkriegt.

Ryan's (☎ 62688; Ladywell St) An diesem angenehmen Ort mit Biergarten quatschen, tratschen und schlürfen Einheimische ihr Pint.

An- & Weiterreise

Bus Éireann hat acht Buslinien, die täglich über Cahir (3,90 €, 15 Min.) und Fermoy zwischen Cashel und Cork verkehren (9,50 €, 1½ Std.). Drei Busse fahren am Tag nach Roscrea (8,80 €, 1¼ Std.) und Birr. Die Haltestelle für den Bus nach Cork liegt vor dem Bake House an der Main Street; gleich gegenüber hält der Bus nach Dublin (9,50 €, 3 Std., 5-mal tgl.). Karten sind am nahe gelegenen Spar-Laden oder direkt im Bus erhältlich.

Bernard Kavanagh (☎ 51563; www.bkavcoaches.com) betreibt eine Verbindung nach Tipperary, und zwar abends von Montag bis Samstag (6 €, 50 Min).

Der nächste Bahnhof befindet sich in Cahir, wo auch Busse nach Cashel weiterfahren.

RUND UM CASHEL

Die atmosphärischen – und in der Dämmerung schaurig-schönen – Ruinen der **Athassel Priory** liegen im grünen Flusstal des Suir, 7 km südwestlich von Cashel. Der ursprüngliche Bau stammt von 1205. Einst war Athassel eines der reichsten und bedeutendsten Klöster Irlands. Weite Teile blieben bis heute erhalten: Torhaus, Fallgittertor, Kreuzgang, Abschnitte der Umfriedungsmauer sowie einige mittelalterliche Grabbildnisse.

Zuerst fährt man auf der N74 in Richtung **Golden**, folgt dann 2 km einer engen, ausgeschilderten Straße gen Süden nach Athassel Abbey. Die Parkmöglichkeiten an der Straße sind leider eingeschränkt. Der Weg zum Kloster führt über oft schlammige Felder.

CAHIR

☎ 052 / 2850 Ew.

Cahir (An Cathair; ausgesprochen wie „care"), ein kompaktes, attraktives Städtchen, das sich um die gleichnamige Burg herum entwickelte, steht Cashel in nichts nach. Mit den vielen Türmen, dem Wallgraben und Zinnen ist alles geboten, was das Herz von Castle-Fans höher schlagen lässt. Am Hauptplatz reihen sich Pubs und Cafés aneinander; mehrere Wege am Flussufer des Suir laden zum Spazierengehen ein.

Cahir liegt 15 km südlich von Cashel, am östlichen Zipfel der Galtee Mountains.

Orientierung

Die Busse halten in der Castle Street bei einem großen Parkplatz unweit von Fluss und Burg (1 €, 2 Std.). Östlich der Castle Street schließt sich das Stadtzentrum, auch „The Square" genannt, an. Überall in Cahir kann man auch an den Straßen parken.

WANDERN: TIPPERARY HERITAGE WAY

Der **Tipperary Heritage Trail** wartet mit einigen wunderschönen Flusstälern und Ruinen auf. Er erstreckt sich über 55 km ab einer Stelle namens The Vee im Süden bis nach Cashel im Norden. Der 30 km lange nördliche Abschnitt von Cahir nach Cashel gilt als der schönste, denn dort ist die Gegend rund ums Flusstal von grünen Landschaften geprägt und man kommt an Attraktionen wie Athassel Priory vorbei. Rund um Golden liegen die besten Wegstrecken abseits der Straße. Auch tummelt sich hier allerlei Wild, denn die Pfade und Sträßchen verlaufen am Wasser entlang und durchs Gehölz. Es gibt eine ausgezeichnete Webseite (www.tipperaryway.com) mit Karten zum Herunterladen für die ganze Route. Wer schon schwächelt, fährt mit öffentlichen Verkehrsmitteln entweder nach Cashel oder Cahir zurück.

Praktische Informationen

AIB (Castle St) hat einen Geldautomaten und eine Wechselstube.

Cahir Communications (☎ 42555; The Square; 1 € pro 15 Min.; ◷ 10–21 Uhr) Internetzugang und Dienstleistungen.

Postamt (Church St) Nördlich des Square.

Öffenliche Toiletten Neben der Touristeninformation.

Touristeninformation (☎ 41453; Main St; ◷ April–Sept. Mo–Sa 9.30–18 Uhr) hält Broschüren und Informationen rund um die Stadt und die Region bereit.

Sehenswertes

CAHIR CASTLE

Cahirs Ehrfurcht erweckende **Burg** (☎ 41011; www.heritageireland.ie; Castle St; Erw./Kind 2,90/1,30 €; ◷ Mitte Juni–Mitte Sept. 9–19, April–Mitte Juni & Mitte Sept.– Mitte Okt. 9.30–17.30, Mitte Okt.–März bis 16.30 Uhr) bietet mittelalterliche Fantasy mit allem Drum und Dran: romantische Lage auf einem felsigen Eiland im Fluss, massive Mauern, Türmchen und Bergfried, Verteidigungsanlagen und Verliese. Die Burg gehört zu den größten Irlands. Gegründet von Conor O'Brien im Jahre 1142, wurde sie 1375 an die Butlers übergeben. 1599 verlor sie den Rüstungswettlauf der damaligen Zeit, als der Earl of Essex die Wälle mit Kanonenfeuer beschoss, was anhand eines riesigen Modells illustriert wird.

1650 ging die Burg kampflos an Cromwell. Womöglich entschied sich der englische Staatsmann aufgrund ihrer soliden Bauweise, sie nicht zu schleifen, sondern in Zukunft selbst zu nutzen. Die Burg ist größtenteils intakt und immer noch wunderschön anzusehen. Sie wurde in den 1840er-Jahren restauriert und nochmals in den 1960er-Jahren, als sie in stattlichen Besitz überging.

Eine 15-minütige audiovisuelle Show liefert Hintergrundwissen zu Cahir, auch im Zusammenhang mit anderen irischen Burgen. Zwar sind die einzelnen Gebäude nur spärlich möbliert, die ausgestellten Exponate jedoch von guter Qualität. Das eigentliche Erlebnis aber besteht darin, durch dieses interessante Relikt des irischen Mittelalters zu streifen. Es finden regelmäßig Führungen statt, und verschiedene Broschüren für individuelle Rundgänge sind am Eingang erhältlich.

SWISS COTTAGE

Hinter dem städtischen Parkplatz beginnt ein schöner Flusspfad; er schlängelt sich 2 km nach Süden Richtung Cahir Park und **Swiss Cottage** (☎ 41144; www.heritageireland.ie; Cahir Park; Erw./Kind 2,90/1,30 €; ⚇ Mitte April–Mitte Okt. 10–18, Di–So Mitte März–Mitte April 10–13 & 14–18, Di–So Mitte Okt.–Mitte Nov. bis 16.30 Uhr). Umgeben von Rosen, Lavendel und Geißblatt könnte das zauberhafte reetgedeckte Cottage auch direkt einem Märchen entspringen. Es ist das interessanteste seiner Art in Irland und wurde 1810 als Domizil für Richard Butler, den 12. Baron Caher, errichtet. Der Entwurf stammt von dem Londoner Architekten John Nash, der auch den Royal Pavilion in Brighton und den Londoner Regent's Park schuf. Der verspielt pittoreske, sogenannte Cottage-Orné-Stil kam Ende des 18., Anfang des 19. Jhs. in England auf und entsprach dem vorherrschenden Modegeschmack. Charakteristisch hierfür war die Verzierung der Häuser mit Strohdächern, Holz und geschnitzten Schindeln.

Auch gilt das Swiss Cottage als Paradebeispiel für den Regency-Stil schlechthin. Das stattliche Anwesen ist größer als ein gewöhnliches Cottage und besitzt eine weitläufige Anlage. 30-minütige Besichtigungen sind nur im Rahmen von recht amüsanten und kurzweiligen Führungen möglich; in den Sommermonaten muss man allerdings längere Wartezeiten in Kauf nehmen. Zur Zeit der Recherche war das Cottage geschlossen, da sich die Einheimischen um den Zugang über die Brücke stritten. Also am besten erkundigt man sich über den Stand der Dinge vor Ort.

Schlafen

Apple Caravan & Camping Park (☎ 41459; www.the applearm.com; Moorstown; Campingplatz Erw./Kind 6/4 €; ⚇ Mai–Sept.) Der ruhige, weitläufige Campingplatz befindet sich an der N24 auf dem Gelände eines Bauernhofs mit Apfelbäumen zwischen Cahir (6 km) und Clonmel (9 km). Hier herrscht ein heiteres, „fruchtiges" Ambiente. Tennisplatz und Schläger werden kostenlos zur Verfügung gestellt.

Lisakyle (☎ 41963; Ardfinnan Rd; B/EZ/DZ 14/18/36 € P) Etwa 2 km südlich der Stadt hinter dem Swiss Cottage an der R670 bietet diese zauberhafte Herberge mit 21 Betten auch noch Platz zum Zelten (8 €) inmitten eines wunderschönen Gartens. Gäste werden herzlich von Maurice, dem Inhaber, empfangen.

Tinsley House (☎ 41947; www.tinsleyhouse.com; The Square; Zi. 35–65 €; ⚇ Mai–Sept.) In herrlicher Lage wartet diese gepflegte Pension mit vier gut eingerichteten Zimmern und einem Dachgarten auf. Der Hausherr Liam Roche kennt sich mit der Stadtgeschichte bestens aus und kann auch Wanderungen und andere Aktivitäten empfehlen.

Cahir House Hotel (☎ 43000; www.cahirhousehotel. ie; The Square; 90–130 €; P 🖥) An einer exponierten Ecke in der Stadtmitte ragt dieses stattliche Hotel mit entspanntem Ambiente wie ein Wahrzeichen auf. Die 42 Zimmer mit WLAN-Anschluss sind recht schrill in Gelb- und Rottönen gehalten – morgens wird man also durch einen Farbschock richtig wach!

Essen

Lazy Bean Café (☎ 42038; The Square; Snacks 3–7 €; ⚇ Mo–Sa 9–18, So 10.30–18 Uhr) Lebhaft-luftiges Café im Kleinformat, wo ganze Berge von schmackhaften Sandwiches, Snacks und Eiscreme serviert werden. Auf einem Schild steht: „Schokolade, Kaffee, Männer. Einige Dinge sind einfach besser, wenn sie reich(haltig) sind".

River House (☎ 41951; 1 Castle St; Mahlzeiten 7–12 €; ⚇ 9–17 Uhr) In diesem modernen, attraktiven Mittagslokal gleich gegenüber der Burg gibt's die richtige Stärkung für eine Burgbesichtigung. Die Auswahl an warmen und kalten Speisen ist bunt gemischt. Kochbücher findet man auch jede Menge, wobei die besseren eindeutig hier zum Kochen verwendet werden.

Cahirs **Bauernmarkt** (Craft Yard; ☺ Sa 9–13 Uhr) besteht aus mehreren Ständen, die Biowaren anbieten.

An- & Weiterreise

BUS

Cahir ist ein Verkehrsknotenpunkt auf mehreren Strecken von Bus Éireann, einschließlich Dublin–Cork, Limerick–Waterford, Galway–Waterford, Kilkenny–Cork und Cork–Athlone. Von Montag bis Samstag fahren acht, sonntags sechs Busse täglich nach Cashel (3,90 €, 15 Min.). Sie halten am Parkplatz neben der Touristeninformation.

ZUG

Von Montag bis Samstag macht der Zug auf der Strecke Limerick Junction–Waterford dreimal täglich in jeder Richtung Halt.

MITCHELSTOWN CAVES

Während die Galtee Mountains hauptsächlich aus Sandstein bestehen, verläuft entlang der Südseite ein schmaler Streifen aus Kalkstein, aus dem die **Mitchelstown Caves** (☎ 052-67246; Burncourt; Erw./Kind 5/2,50 €; ☺ 10–18 Uhr) entstanden sind. Obwohl sie interessanter und reizvoller als Kilkennys Dunmore Cave (S. 363) erscheinen und zu den größten Höhlen des Landes gehören, sind sie touristisch noch nicht vollständig erschlossen. Die Besucher erwarten hier fast 3 km an Gängen und spektakulären Kammern voller Bilderbuchformationen mit Namen wie Orgelpfeife, Turm zu Babel, House of Commons und Adlerschwinge. Die Führungen dauern etwa 30 Minuten.

Die Höhlen liegen bei Burncourt, 16 km südwestlich von Cahir, und sind auf der N8 Richtung Mitchelstown (Baile Mhistéala) ausgeschildert.

Schlafen

Mountain Lodge Hostel (☎ 052-67277; www.anoige.ie; Burncourt; B 11–15 €; ☺ April–Sept.; Ⓟ) Einst war diese An-Óige-Herberge ein hübsches Jagdschlösschen 6 km nördlich der Höhlen. Heute bietet das Hostel 24 Betten an und eignet sich als Ausgangspunkt zum Erkunden der Galtee Mountains. Die Lodge liegt nördlich der N8 auf der Straße von Mitchelstown nach Cahir.

An- & Weiterreise

Täglich verkehrt **Bus Éireann** (☎ 062-51555) auf den Strecken von Dublin nach Cork oder Athlone. Am Tor zum Mountain Lodge Hostel kann man aussteigen.

CLONMEL

☎ 052 / 15 900 Ew.

Clonmel (Cluain Meala; „Honigwiesen") ist Tipperarys größte Stadt, die auch ein reges Geschäftsleben bietet. Es lohnt sich, hier Halt zu machen, sich etwas umzusehen oder ein paar Besorgungen zu erledigen. Laurence Sterne (1713–68), Autor von *A Sentimental Journey* und *Tristram Shundy,* wurde hier geboren. Den wirtschaftlichen Aufschwung verdankt der Ort dem gebürtigen Italiener Charles Bianconi (1786–1875). Er war im zarten Alten von 16 Jahren von seinem Vater nach Irland „verbannt" worden, weil er sich wohl zu früh in die falsche Frau verliebt hatte. Bianconi kompensierte seine unerfüllte Leidenschaft, indem er eine Kutschenlinie zwischen Clonmel und Cahir einrichtete. Seine Firma entwickelte sich bald zu einem landesweiten Personen- und Postbeförderungsunternehmen. Clonmel wurde in ganz Irland berühmt, als sich Bianconi zweimal hintereinander zum Bürgermeister wählen ließ.

Orientierung

Das Zentrum von Clonmel erstreckt sich am Nordufer des Suir. Hinter den Kais, parallel zum Fluss, verläuft die Hauptstraße in Ost-West-Richtung, beginnend als Parnell Street. Im weiteren Verlauf heißt sie Mitchell Street und dann O'Connell Street, nach dem West Gate schließlich Irishtown und Abbey Road. Von dieser langen Durchfahrtstraße geht nach Norden die Gladstone Street mit ihren Hotels und Pubs ab.

Clonmel ist ein Labyrinth aus Einbahnstraßen. Am besten stellt man sein Auto auf dem riesigen Parkplatz unweit von Gladstone Street bzw. Mary Street ab.

Praktische Informationen

Allied Irish Bank (AIB; O'Connell St) hat einen Geldautomaten und eine Wechselstube.

Circles Internet (☎ 23315; 16 Market St; 1 € pro 10 Min.; ☺ 11–22 Uhr) Bei den schnellen Internetverbindungen vergisst man das etwas unfreundliche Personal.

Postamt (Emmet St)

Sophie's Bookshop (☎ 80752; 15 Mitchell St) Niedlicher Buchladen mit guter Auswahl, einschließlich Reiseliteratur und Büchern mit Wissenswertem über die Region.

Touristeninformation (☎ 22960; www.clonmel.ie; St Mary's Church, Mary St; ☺ Mo–Fr 9.30–13 & 14–

16.30 Uhr) In einem ruhigen Innenhof auf dem Kirchen-grundstück gelegen; dort ist die praktische Wanderkarte zum *Clonmel Heritage Trail* erhältlich.

Sehenswertes

An der Kreuzung von Mitchell Street und Sarsfield Street steht das wunderschön restaurierte **Main Guard** (☎ 27484; www.heritageireland.ie; Sarsfield St; Erw./Kind 2,10/1,10 €; ☺ Mitte März–Okt. 9.30–18 Uhr). Einst diente das Anwesen von 1675 der Butler-Familie als Gerichtsgebäude und basiert auf einem Entwurf von Christopher Wren. Die Säulengänge sind nach der Sanierung wieder geöffnet. Zu den Exponaten gehört das allgegenwärtige Modell von Clonmel mit Stadtmauern aus dem 17. Jh.

In der Nelson Street, südlich der Parnell Street, befindet sich das renovierte **County Courthouse**, das Richard Morrison 1802 schuf. Hier fand der Prozess gegen die Young Irelanders von 1848 statt, unter ihnen Thomas Francis Meagher; sie wurden zur Strafe nach Australien geschickt.

Wenn man Richtung Westen die Mitchell Street entlang- (am Rathaus vorbei, wo ein Monument an den Aufstand von 1798 erinnert) und südlich die Abbey Street hinunterläuft, gelangt man zum **Franziskanerkloster**. Im Inneren befindet sich unweit der Tür ein Butler-Familiengrab aus dem Jahr 1533, das einen Ritter und seine Lady zeigt. Mit schönen, modernen Buntglasfenstern besticht vor allem die St. Anthony's Chapel im Norden.

Wer der Bridge Street nach Süden folgt, den Fluss überquert und weitergeht, stößt direkt auf **Lady Blessington's Bath**, einen malerischen Streifen am Fluss, der sich bestens zum Picknicken eignet.

Das **County Museum South Tipperary** (☎ 25399; The Borstal, Market Place; Eintritt frei; ☺ Di–Sa 10–17 Uhr) erzählt die Geschichte der Grafschaft Tipperary, von der Jungsteinzeit bis heute, und beherbergt wechselnde Ausstellungen.

Schlafen

In der Marlfield Road, westlich vom Zentrum, gibt's einige B&Bs.

Fennessy's Hotel (☎ 23680; fennessyshotel.com; Gladstone St; Zi. 50–120 €; ☒) Die St. Peter & Paul Church gegenüber vom Hotel macht einem Mut – für den Fall, dass in einem der zehn Zimmer des schmucken, zentral gelegenen Hauses unmoralische Gedanken aufkommen. Zu den Extras zählen eigene Tresore und Jacuzzis in einigen Zimmern.

Mulcahy's Hotel (☎ 25054; www.mulcahys.ie; 47 Gladstone St; Zi. 55–95 €; ☒) Im Zentrum angesiedelte, bietet das Hotel zehn Zimmer mit WLAN-Anschluss. Im gleichen Komplex findet man auch Bars und Bistros. Zwar ist das Mulcahy's preiswert, jedoch wird's am Wochenende etwas laut.

Hotel Minella (☎ 22388; www.hotelminella.ie; Coleville Rd; Zi. 120–250 €; ☒ ☒ ☒) Was gibt's zu einem Luxushotel noch zu sagen, wo ein Hirtenhund namens Sparky am Eingang steht und die Gäste begrüßt. Das unprätentiöse, aber dennoch edle familiengeführte Etablissement befindet sich inmitten eines weitläufigen Terrains am südlichen Flussufer des Suir, 2 km östlich vom Stadtzentrum. Die 90 Zimmer verteilen sich auf das alte Herrenhaus von 1863 und einen neueren Flügel, dem es an modernen Annehmlichkeiten nicht mangelt, darunter exklusive Whirlpools auf Terrassen mit Flussblick.

Essen

O'Gorman's Bakery (☎ 21380; 61-62 O'Connell St; Mittagsgerichte 5–7 €; ☺ Mo–Sa 8–18 Uhr) *Scones* gehen in dieser beliebten Bäckerei sprichwörtlich weg wie warme Semmeln. Neben Sandwiches zum Mitnehmen kann man sich in der Teestube mit einem Stück warmem Shepherd's Pie stärken.

Mulcahy's (☎ 25054; 47 Gladstone St; Mahlzeiten 7–20 €; ☺ Büfett 8.30–21.30 Uhr) Dieses riesige Pub lockt mit einem Mittagsbüfett. Abends werden im Restaurant eher traditionelle Gerichte serviert.

Angela's (☎ 26899; 14 Abbey St; Mahlzeiten 7–10 €; ☺ Mo–Sa 9–17.30 Uhr) In dem zentralen Café-Bistro herrscht von morgens bis abends Trubel. Heiße und warme Speisen werden aus biologisch angebauten Erzeugnissen und heimischen Produkten zubereitet. Salate, Suppen, Sandwiches und warme Gerichte wie Eintopf und Pasta begeistern durch eine herrlich kreative Note.

Befani's (☎ 77893; 6 Sarsfield St; Mahlzeiten 10–30 €; ☺ 9–21.30 Uhr) Vom Main Guard die Straße hinunter wird's mediterran in Clonmel. Im Befani kommen mittags und abends Gerichte mit feinen, südländischen Aromen auf den Tisch. Tagsüber können Tapasfans aus einem großen Angebot auswählen und sich dazu einen Sherry an der kleinen Bar bestellen. Das Frühstück verspricht hier eine willkommene Abwechslung zum üblichen Wurststandard (mit *black pudding* etc.).

Ausgehen

An der großen Theke im Mulcahy's (siehe S. 340) ist's dunkel genug, um sich schon mittags heimlich zu betrinken. Man muss deshalb nicht gleich oben ein Zimmer nehmen.

Fast nebeneinander liegen zwei traditionelle Pubs auf der Parnell Street (unweit der Nelson Street): das winzige **Phil Carroll** (☎ 25215), Clonmels urigste Kneipe, und **The Coachman** (☎ 21299), das dem Modernisierungswahn ebenfalls erfolgreich ausgewichen ist.

Unterhaltung

In Clonmel sprießen neue Nachtclubs schnell aus dem Boden, verschwinden aber auch wieder. Welche Adresse gerade in ist, erfragt man am besten vor Ort.

Im **South Tipperary Arts Centre** (☎ 27877; Nelson St), dem Herzstück der Kulturszene in Tipperary, wird ein hervorragendes Programm von Kunstausstellungen, Theaterstücken und Filmen geboten.

Nördlich der Stadt liegt **Powerstown Park Racecourse** (☎ 21422; www.powerstownpark.com; Powerstown Park). Auf der 2 km langen Rennbahn finden 13 Wettrennen im Jahr statt.

An- & Weiterreise

BUS

Bus Éireann fährt nach Cahir (4,20 €, 30 Min., 8-mal tgl.), Cork (13,50 €, 2 Std., 3-mal tgl.), Kilkenny (6,80 €, 1 Std., 12-mal tgl.), Waterford (5,40 €, 1 Std., 8-mal tgl.) und eine Reihe von anderen Orten. Tickets bekommt man am Bahnhof in der Prior Park Road, wo auch die Busse halten.

ZUG

Der **Bahnhof** (☎ 21982) liegt in der Prior Park Road. Folgt man der Gladstone Street 1 km nordwärts, dann taucht er hinter dem Einkaufszentrum Oakvile und der Tankstelle auf. Montag bis Samstag halten die Züge auf der Strecke Limerick Junction–Waterford dreimal täglich in beide Richtungen.

RUND UM CLONMEL

Direkt südlich von Clonmel, schon in der Grafschaft Waterford, liegen die Comeragh Mountains. Eine Panoramastraße verläuft Richtung Süden nach Ballymacarbry und ins Nire Valley. Für mehr Infos siehe S. 210.

Der East Munster Way (siehe S. 749) führt durch Clonmel Richtung Osten nach Carrick-on-Suir, entlang dem alten Treidelpfad am Suir. Bei der Sir Thomas Bridge dreht er vom Fluss ab nach Süden hin zu den Comeraghs. Durch Gurteen Wood geht's nach Harney's Crossroads. An der Kilsheelan Bridge trifft er wieder auf den Suir und folgt dem Pfad bis Carrick-on-Suir. Von Clonmel aus nach Westen verläuft der Weg zunächst durch die Hügel und dann hinab Richtung Newcastle und Fluss. Die Route nach Osten eignet sich ausgezeichnet für einen kurzen Ausflug in die Umgebung.

FETHARD

☎ 052 / 1400 Ew.

Fethard (Fiodh Ard) ist ein ruhiges, hübsches Dorf mit überraschend vielen mittelalterlichen Ruinen, die um den kompakten Ortskern herum verstreut sind. 14 km nördlich von Clonmel am Clashawley gelegen, erfreut es sich seiner größtenteils gut erhaltenen, alten Stadtmauern. Folgt man der R689 weiter nordwärts, überquert man eine kleine Brücke. Von hier aus kann man auf Fethard im smaragdgrünen Tal hinterblicken – nicht viel anders als vor Jahrhunderten. Die breite Hauptstraße zeugt von seiner historischen Rolle als wichtiger Handelsposten.

Das freundliche Personal des **Tirry Community Centre** (☎ 31000; Barrack St; ⏲ Mo–Fr 9–17 Uhr) hält Informationen rund um den Ort bereit. Auch ist eine Broschüre mit Tipps für Rundgänge erhältlich. Weitere Auskünfte und Tipps stehen auf www.fethard.ie.

In der Main Street liegt das Postamt. Einen Geldautomaten gibt's auch in Kenny's Foodmarket; man läuft auf der Straße vom Tirry Community Centre aus ca. 50 m nordöstlich.

Sehenswertes

Fethards **Holy Trinity Church** samt **Friedhof** (☎ 26643; Main St; Eintritt frei) nimmt den Besucher auf eine spannende Zeitreise mit. Die Kirche liegt etwas abseits der Main Street und wird durch ein spitzeisernes Tor betreten. Wer hinein will, muss sich die Schlüssel im XL Stop & Shop (alias Whyte's) in der Main Street, 50 m westlich des Tors, besorgen.

Der Hauptteil des Gebäudes stammt aus dem 13. Jh. Leider wurde das Gemäuer durch einen wetterfesten Verputz ziemlich verschandelt. Der hübsche Westturm kam erst später dazu und zeigt blankes Mauerwerk. Mit seinen wilden Kreuzblumen an den Ecktürmchen sieht der Bau eher aus wie eine befestigte Burg. Seitenschiff und Altarraum sind von mittelalterlicher Baukunst geprägt, jedoch nur spärlich ausgestattet. Am Südende der Kirche schließen sich eine verfallene Kapelle und eine Sakristei an. Das eigentliche Spektakuläre an diesem Gotteshaus ist seine Lage inmitten des Kirchhofs. Reihen alter Grabsteine erstrecken sich bis zu dem rekonstruierten Teil der mittelalterlichen Mauer mitsamt Wachturm und Brüstung. Von hier aus genießt man einen herrlichen Blick auf den ruhigen River Clashawley und seine Ufer, auf denen Pferdehufe klappern.

Nahe der Kirche in der Main Street befindet sich die **Town Hall** aus dem 17. Jh. mit einigen schönen Wappen an der Fassade.

Die größte Ansammlung mittelalterlicher Überreste, die teilweise in neuere Gebäude integriert wurden, liegt südlich der Kirche am Ende der Watergate Street. An das Castle Inn schließen sich die Ruinen mehrerer befestigter **Turmhäuser** aus dem 17. Jh. an. Unter dem Torbogen, der sich zum Flussufer und zur Watergate Bridge hin öffnet, prangt an der linken Wand ein schönes **Sheila-na-gig** (Schamanin in sinnlicher Pose). Besucher können hier herrlich am Ufer entlangspazieren – vorausgesetzt, die Gänse sind friedlich. Von dieser Seite aus sind die Rückseiten der Häuser in der Abbey Street besonders gut zu sehen. Auch wenn viel angebaut und manches zerstört wurde, zeigt sich doch hier wieder einmal die wohltuende Nonkonformität des mittelalterlichen Baustils.

An der Abbey Street in östlicher Richtung kommt das im 14. Jh. erbaute **Augustinerkloster** in Sicht, das heute als katholische Kirche dient. Sehenswert sind einige schöne mittelalterliche Buntglasfenster und ein weiteres obszönes **Sheila-na-gig** an der Ostwand.

Schlafen & Essen

Gateway (☎ 31701, 087-780 6842; www.gatewaybandb. com; Rocklow Rd; Zi. 30–60 €; (P)) Ganz am Rande des Dorfes liegt dieses Häuschen aus dem 15. Jh. Ein netter Zwischenstopp mit einem sonnigen Frühstücksraum und eklektischen Zimmern.

McCarthy's (☎ 31149; Main St; Mittagsgerichte 3–8 €) Als Klassiker unter den Pubs und Restaurants inklusive Nebengeschäft als „Leichenbestatter" (oder auch in umgekehrter Reihenfolge!) verdient McCarthy's eine Hommage der Nation. Der Phantasie sind an diesem zeitlosen Ort keine Grenzen gesetzt: Inmitten einer Fundgrube von Schätzen, die bis ins 19. Jh.

zurückreichen, sitzt man in engen holzvertäfelten Nischen. In der Tat lässt sich hier hervorragend ein Leichenschmaus inszenieren.

Sadels (☎ 31176; Main St; Hauptgerichte 12–22 €; ☼ Mi–So 17–21 Uhr) Als Ableger von McCarthy's lockt dieses klassische Abendrestaurant mit einer ambitionierten französischen Speisekarte. Die Tische sind mit weißen Tischdecken und Kerzen fein dekoriert.

An- & Weiterreise

Öffentliche Verkehrsmittel fahren nicht nach Fethard. Von Cashel aus, 15 km westlich, kann man einen schönen Fahrradausflug hierher unternehmen (S. 332).

CARRICK-ON-SUIR
☎ 051 / 5700 Ew.

Der unprätentiöse Marktflecken Carrick-on-Suir (Carraig na Siúire), 20 km östlich von Clonmel, hatte im späten Mittelalter einmal doppelt so viele Einwohner wie heute, als es noch ein Zentrum des Brauerei- und Wollgewerbes war. Heute lädt das moderne Städtchen auf einen Zwischenstopp ein – selbst wenn man nur dem regionalen Verkehrschaos entkommen möchte.

Sean Kelly, Ende der 1980er-Jahre einer der größten Radrennfahrer der Welt, wurde in Carrick-on-Suir geboren, und der Ort macht sich seinen Ruhm gerne zunutze. Der Stadtplatz trägt seinen Namen ebenso wie das Sportzentrum. Carrick ist auch der Geburtsort der Clancy Brothers, die in den 1960er-Jahren neben Tommy Makem und den Aran-Schafwollpullovern viele Fans für die Folkmusik gewonnen haben.

Von Carrick-on-Suir aus windet sich der East Munster Way (S. 749) in Richtung Westen nach Clonmel, um dann nach Süden in Richtung Waterford abzudrehen.

Praktische Informationen

In der Main Street finden sich Banken, Geldautomaten und andere Dienstleistungen.

Splash & Chat (☎ 649 911; 86 Main St; 5 € pro 15 Std.; ☼ Mo–Sa 10–20, So 12–17 Uhr) bietet Internetzugang und eine Wäscherei. Dort kann man nach Lust und Laune chatten.

Die **Touristeninformation** (☎ 640 200; www.carrick onsuir.ie; ☼ Mai–Sept. Mo–Fr 10–17, Okt.–April Di–Fr bis 16 Uhr) unweit der Main Street betritt man über einen engen Eingang. Zusammen mit dem Heritage Centre ist sie in einer alten Kirche untergebracht.

Sehenswertes

Carrick-on-Suir gehörte einst den Butlers, Earls of Ormond, die im 14. Jh. am Flussufer das **Ormond Castle** (☎ 640 787; www.heritageireland.ie; Castle St; Eintritt frei; ☼ Mitte Juni–Anfang Sept. 10–18 Uhr) errichteten. Anne Boleyn, die zweite Gemahlin Heinrichs VIII., soll hier geboren sein. Allerdings rühmen sich auch noch andere Burgen dieses ehrenwerten Titels in der Hoffnung, dass ihr Nippes in memoriam der Geköpften noch mehr Absatz findet. Das elisabethanische Herrenhaus neben der Burg wurde im Auftrag des 10. Earl of Ormond, Black Tom Butler, erbaut – eigens für den langfristig geplanten Besuch seiner Cousine Königin Elisabeth I., die dann jedoch so rücksichtslos war und nie auftauchte.

Einige Räume des prächtigen Gebäudes, das heute den Dúchas gehört, sind mit edlem Stuck aus dem 16. Jh. verziert, insbesondere die Long Gallery. Hier hängen die Porträts von Elisabeth und die Wappen der Butlers.

Schlafen & Essen

In der Main Street gibt's zahlreiche Mittagslokale und Bistros.

Fatima House (☎ 640 298; www.fatimahouse.com; John St; EZ/DZ 36/68 €; Ⓟ) Etwa 500 m westlich der Bushaltestelle Greenside gelegen ist diese B&B-Pension in einem 100 Jahre alten Bauernhaus untergebracht. Im Laufe der ganzen Zeit haben sich sämtliche Einrichtungsgegenstände angesammelt.

Bell & Salmon Arms (☎ 641 293; www.bellsalmonhotel.com; Main St; EZ/DZ 50/90 €, Mahlzeiten 8–15 €; Ⓟ) Die 13 Zimmer mit rosaroten Akzenten sind einfach und modern. Im Pub wird von Montag bis Mittwoch irische Folkmusik gespielt; in der restlichen Woche stehen Live-Rockmusik und DJ-Sound auf dem Programm. Im Anne Boleyn's Restaurant gibt's für Nimmersatte Fleisch- und Meeresgerichte, serviert mit großen Schüsseln von Pellkartoffeln.

An- & Weiterreise

BUS

Die Busse halten beim Greenside-Park an der N24. Von der Main Street aus folgt man nördlich der New Street und biegt dann rechts ab.

Bus Éireann (☎ 879 000) betreibt mehrere Verbindungen nach Carrick-on-Suir. Die Linie zwischen Limerick und Waterford bedient bis zu neunmal täglich Cahir und Clonmel (4,50 €, 25 Min.). Nach Kilkenny verkehrt ebenso regelmäßig ein Bus (6,80 €, 45 Min.).

ZUG

Der Bahnhof liegt nördlich des Greenside-Parks, unweit der Cregg Road. Montag bis Samstag halten drei Züge täglich auf der Strecke Limerick Junction–Waterford in beide Richtungen.

THURLES & UMGEBUNG

☎ 0504 / 6900 Ew.

Thurles (Durlas) ist eine quirlige Marktstadt, 22 km nördlich von Cashel, die im 13. Jh. von den Butlers gegründet wurde. Dieser bodenständige Ort lohnt einen kurzen Abstecher allemal. 1884 wurde hier der Gälische Leichtathletikverband *Cumann Lúthchleas Gael* (GAA) ins Leben gerufen, und heute konkurriert das berühmte Semple Stadium mit dem Dubliner Croke Park Stadium um den Rang als Gralshüter gälischer Sportarten wie Hurling und Gaelic Football.

Die Stadtmitte wird vom weitläufigen und oft verkehrsbelasteten Liberty Square geprägt. Die Touristeninformation ist in der GAA-Geschäftsstelle **Lár na Páirc** (☎ 22702; http://tipperary.gaa.ie; Slievenamon Rd) untergebracht – unverwechselbar in den Farben der Heimmannschaft Blau, Schwarz und Gold gehalten. Ganz dem Sport widmet sich das **Besucherzentrum** (Erw./Kind 4/2 €; ☼ 10–17.30 Uhr), aber man erhält hier auch kostenlos Auskunft über die Region.

Als *die* Attraktion in der Gegend gilt die **Holy Cross Abbey** (☼ 9–20 Uhr), 6 km südwestlich von Thurles am Suir. Die großen bis heute noch erhaltenen Bauten stammen aus dem 15. Jh., wenn auch das Zisterzienserkloster im Jahr 1168 bereits gegründet wurde. Man sollte sich die kunstvoll geschnitzte „Sedelia" in der Nähe des Altars nicht entgehen lassen. Außerdem lässt sich einmal die frühe Form der Stadionsitzordnung (*stadium seating*) ausprobieren. Die Abtei birgt zwei Relikte des Heiligen Kreuzes (True Cross) mit verschiedenen Stammbäumen. Ein Buchladen hat zu unregelmäßigen Zeiten geöffnet.

ROSCREA

☎ 0505 / 5600 Ew.

Die nette kleine Stadt Roscrea (Ros Cré) bietet sich als ein Etappenziel auf der Reise von Dublin in den Westen an. Neben einigen interessanten Ruinen wartet sie auch mit einer Reihe von guten Restaurants auf.

Roscrea verdankt seine Entstehung im 5. Jh. dem hl. Crónán, der an dieser Stelle eine Raststation für mittellose Reisende errichtete. Ein Großteil der historischen Bauten befindet sich in oder nahe der Hauptstraße, der Castle Street.

Die Bank of Ireland in der Castle Street hat einen Geldautomaten. Eine Umgehungstraße schirmt die Stadt vom regen Verkehr auf der N7 ab.

Sehenswertes

Mit dem Bau von **Roscrea Castle**, einer steinernen Burg direkt in der Stadtmitte, begann man bereits im Jahr 1213. Mit ihren zwei befestigten, von Mauern umgebenen Steintürmen blieb der Bau insgesamt bemerkenswert erhalten. Wer genau hinschaut, erkennt auch noch die Stelle, wo die ursprüngliche Zugbrücke verankert war. Im Innenhof entdeckt man das **Damer House**, die Residenz der Damer-Familie im Queen-Anne-Stil aus dem frühen 18. Jh. Aufgrund ihres Standorts war sie stets vor Einbrechern gut geschützt.

Das **Roscrea Heritage Centre** (☎ 21850; Castle St; Erw./erm. 3,70/1,30 €; April–Okt. 10–18, Nov–März Sa & So 9.30–16.30 Uhr) im Inneren zeigt einige interessante Ausstellungen u. a. über mittelalterliche Klöster im Binnenland und das bäuerliche Leben Anfang des 20. Jhs. Zum Haus gehört ein idyllischer ummauerter Garten.

Schlafen & Essen

Quigley's Bakery (☎ 23313; Roscrea Shopping Centre; Castle St; Mahlzeiten ab 3 €) Super Sandwiches und andere Snacks für zwischendurch.

Tower (☎ 21774; www.thetower.ie; Church St; EZ/DZ 42/75 €;) Die Pension ist eine ausgezeichnete Option, sei es mittags zur gemütlichen Einkehr oder auch über Nacht. Zehn hübsche, aber dennoch gediegene Zimmer sind voll ausgestattet. Gelobt wird das Restaurant mit Burgblick für die authentisch irische Küche, wie Braten und Meeresfrüchte. Aber auch das Mittagsangebot ist nicht zu verachten.

An- & Weiterreise

Bis zu zwölf Verbindungen von Bus Éireann halten zwischen Dublin (9,30 €, 2½ Std.) und Limerick (6,80 €, 1½ Std.) in Roscrea. Täglich fahren drei Busse nach Cashel (8,80 €, 1¼ Std.).

Wer nach Dublin mit der Bahn reisen möchte, muss in Ballybrophy umsteigen. Züge nach Limerick (8,30 €, 1½ Std.) halten von Montag bis Samstag zweimal, am Sonntag einmal am Tag in Roscrea.

RUND UM ROSCREA

Im Hinterland südwestlich von Roscrea gelegen ist das **Fiacri Country House Restaurant** (☎ 43017; www.fiacrihouse.com; Menüs 50 €; Mi–Sa 19–21 Uhr), eine in Rosa getauchte Oase inmitten der Torfmoore und Milchbauernhöfe. Auf feine Küche wird hier besonders Wert gelegt. Dazu gehören regionale Produkte, kreativ und immer mal anders arrangiert. Fleisch-, Meeres- und vegetarische Gerichte werden einfach, aber mit raffinierten Aromen zubereitet. Hier stimmt das Ambiente und der Service, wenn's auch etwas langsam zugeht. Vom Speisesaal aus kann man einen schönen Blick auf den Garten genießen.

Auch gibt's hier eine **Kochschule** (60 €; Di 10–14 Uhr). Kurszeiten stimmt man vorher telefonisch ab. Entweder hält man nach Hinweisschildern Ausschau oder fragt einfach vor Ort nach.

NENAGH & UMGEBUNG

Nenagh ist ein hübscher Ort mit grausamer Geschichte. Im 19. Jh. war er Garnisonsstadt, zuvor stand hier eine trutzige Burg. Spuren der Vergangenheit finden sich gleich nördlich des Zentrums in der O'Rahilly Street, wo man vor allem den großen Turm der Rosenkranzkirche St. Mary's bewundern kann. **Nenagh Castle** erinnert an die Turmfigur im Schachspiel und wird von krächzenden Krähen und Kindergeschrei umgeben. Der Turm mit seinen 30 m dicken Mauern stammt aus dem 13. Jh.

In der Nähe ragt der beeindruckende Komplex des Gemeindezentrums auf, mit dunklen Steingemäuern aus dem 19. Jh. Das wie ein

---

ABSTECHER: FAMINE WARHOUSE

Von Roscrea fährt man 10 km auf der R491 nach Shinrone, dann weitere 10 km auf kleineren Straßen zur winzig kleinen Ortschaft Ballygarry. Hier steht ein Relikt des schwärzesten Kapitels in Irlands Geschichte, das **Famine Warhouse** (☎ 087-908 9972; www.heritageireland.ie; Eintritt frei; April–Sept. Mi–So 14.30–17.30, Okt.–März Sa & So 14–16 Uhr). Beim Großen Aufstand gegen die Hungersnot 1848 belagerten Rebellen die Polizei, die sich in diesem Gebäude mit Kindern als Geiseln verbarrikadiert hatte. Verschiedene Exponate schildern die Ereignisse und erklären die Zusammenhänge. Danach geht's auf der N52 weiter nach Nenagh oder Birr.

altes **Verlies** aussehende Gebäude entpuppt sich tatsächlich auch als eines. Nebenan befindet sich ein Gefängnis ganz anderer Art: Ehemals ein Kloster beherbergt das hübsche, steinerne **Round House** von 1840 heute das **Nenagh Heritage Centre** (☎ 31610; ☯ Mo–Fr 9.30–17 Uhr). Hier sind eine Touristeninformation und Ahnenforschungsdienst untergebracht.

Überall in der Stadt laden mehrere gute Restaurants auf ein leckeres Mittagessen ein. **Cinnamon Alley** (☎ 33923; Hanly's Place; Mahlzeiten 5–9 €; ☯ Mo–Sa 9–17 Uhr) liegt in einer kleinen Straße, gleich westlich der Burg und des Verlieses. Kreativ werden hier Sandwiches, Suppen und warme Gerichte zubereitet. Gut besucht ist auch die Kaffeebar.

Liebhaber authentisch irischer Küche kommen im **Country House** (☎ 32596; 25 Kenyon St; Mahlzeiten 6–12 €; ☯ Mo–Sa 9–17 Uhr) voll auf ihre Kosten. Im Café kann man mittags à la carte schlemmen oder sich auch an der umfangreichen Feinkosttheke nach Eingemachtem, verschiedenen Käsesorten und anderen Gaumenfreuden umschauen. Wie schreibt sich gleich P-i-c-k-n-i-c-k?

Nenagh ist das Tor zur Ostküste von **Lough Derg**, ein beliebter Ort für Bootsausflüge und zum Fischen. Nach etwa 9 km nordwestlich der R495 entlang taucht **Dromineer** auf, ein kleines Dorf am Seeufer. Im Sommer tummeln sich hier jede Menge Boote. Doch kann man hier auch wunderbar baden, angeln oder eine Yacht chartern. Auskunft erteilt **Shannon Sailing** (☎ 067-24499; www.shannonsailing.com).

Das **Dromineer Bay Hotel** (☎ 067-24114; www.dromineerbay.com; Zi. 60–130 €; P ☐) ist ein lebhaftes, attraktives Hotel am See. 20 helle Zimmer verfügen über einen WLAN-Anschluss, und in der Hotelbar kann man sich mit leckeren Sandwiches für 4 € stärken. Das **Gillies Restaurant** (Hauptgerichte 15–35 €) bietet aufwendigere Fisch- und Fleischgerichte.

Eine interessante, malerische Strecke verläuft am Seeufer 24 km auf der R494 entlang und schlängelt sich rund um Killaloe und Ballina (siehe S. 408).

County Kilkenny

Für viele entspricht die Grafschaft Kilkenny genau dem Irland ihrer Träume. In dieser Gegend mit sanften Hügel fällt es schwer, noch ausdrucksvollere Worte für „grün" zu finden. Schmale Straßen schlängeln sich durch Täler, vorbei an plätschernden Gewässern und moosbewachsenen Mauern aus Feldsteinen. Überall trifft man auf Relikte der jahrhundertealten irischen Geschichte, die sich in die Landschaft einfügen, als seien sie Teil eines großartigen Designs.

Wanderer und Ausflügler werden mit urigen Pubs und exquisiten Restaurants belohnt, sofern sie bereit sind, fernab ausgetretener Pfade zu wandeln. Inistioge diente häufig als Schauplatz in Kinofilmen, aber nichts ist schöner, als diesen Ort hautnah zu erleben. Bei einem Schaufensterbummel, auf dem hübschen Platz und beim Geräusch des Wassers am Ufer des Nore findet man schnell zu sich selbst.

Vielleicht sind Kilkennys Schönheit und seine Attraktionen der Grund, warum sich hier so viele Künstler und Kunsthandwerker niedergelassen haben. In Städten wie Bennettsbridge und Thomastown bauen talentierte und kreative Menschen eifrig ihre Ateliers auf. Eventuell inspiriert sie ja das Beispiel der stolzen Stadt mit demselben Namen – Kilkenny.

Als bleibendes Geschenk der Normannen lockt Kilkenny Besucher in Scharen an, denn es fällt schwer, den Reizen dieser Stadt zu widerstehen. Ein mittelalterliches Gassengewirr verzweigt sich zwischen Burg, Kathedrale und Klosterruinen. Nichts wirkt hier statisch wie auf einer Postkarte: Die faszinierende Mischung aus erstklassigen Restaurants, netten Pubs und Kunsthandwerksläden schafft eine quirlige Atmosphäre.

Ob idyllisches Landleben oder städtisches Vergnügen, Kilkenny ist einfach traumhaft!

HIGHLIGHTS

- **Kulinarisches** Schlemmen und Bechern im mittelalterlichen Kilkenny (S. 355)
- **Kreationen** Ausgefallenes Kunsthandwerk im Kilkenny Design Centre bewundern (S. 356)
- **Bauwerke** Die eindrucksvollen Ruinen des Zisterzienserklosters Jerpoint (S. 360)
- **Besichtigung** Spazierengehen in und um das reizvolle Inistioge (S. 361) und Eintauchen ins Zungenbrecher-Städtchen Graiguenamanagh (S. 361 f.)
- **Vorlieben** Kunsthandwerkliche Produkte heimischer Künstler in Thomastown (S. 359) und Bennettsbridge kaufen (S. 359)

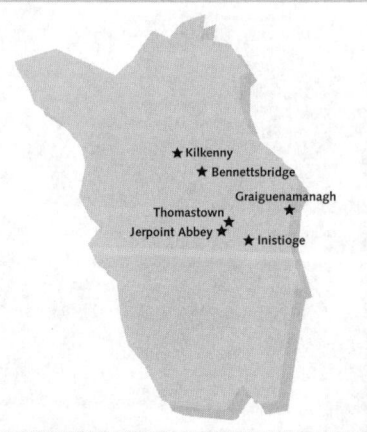

★ Kilkenny
★ Bennettsbridge
Graiguenamanagh ★
Thomastown ★
Jerpoint Abbey ★ ★ Inistioge

- EINWOHNER: 75 500
- FLÄCHE: 1274 KM²

KILKENNY (STADT)

☎ 056 / 9100 Ew.

Bei vielen Irlandurlaubern steht Kilkenny aus gutem Grund weit oben auf dem Reiseplan. Auf recht engem Raum konzentrieren sich ein leicht zugängliches Kulturerbe, eine Burg, schöne Geschäfte, vielfältige Restaurants sowie zahlreiche Pubs und einladende Herbergen.

Fast alles lässt sich in ein paar Stunden zu Fuß erkunden, doch wer die vielen Attraktionen wirklich genießen möchte, braucht wesentlich länger. Die Stadt bzw. „Großstadt", worauf die Einheimischen bestehen, strahlt eine Eleganz und Lebendigkeit mit zeitlosem Flair aus.

Kilkennys Architektur verdankt ihren Charme größtenteils dem Mittelalter, als die Stadt politisches Machtzentrum war. Aber die Zeit ist nicht spurlos an ihr vorübergegangen. Noch heute präsentiert sich Kilkenny als ein kulturelles Zentrum, berühmt für sein großes Kunstengagement. Kopfsteingepflasterte Fußgängerzonen und nostalgische Ladenfassaden scheinen in andere Zeiten zu entführen, doch in Wirklichkeit verbergen sich coole Kneipen, schicke Boutiquen und ausgefallene Restaurants dahinter. Kilkenny bietet eine Vielzahl moderner Verlockungen, aber es verleugnet auch die Reize seiner Vergangenheit nicht.

In den über 60 Pubs und Bars herrscht vergnügtes Treiben, wenn gesellige Einheimische und Scharen auswärtiger Amüsierfreudiger am Wochenende in die Stadt einfallen. An der High Street scheint buchstäblich jedes Haus ein Pub zu sein. Wer im Zentrum wohnt, kann feuchtfröhlich von Kneipe zu Kneipe ziehen.

Beherrschendes Wahrzeichen Kilkennys ist die prachtvolle mittelalterliche Kathedrale. Sie wurde nach dem Hl. Canice (Cainneach oder Kenneth) benannt, der hier im 6. Jh. ein Kloster gründete und der Stadt ihren irischen Namen Cill Chainnigh gab. Die zweite Attraktion, eine mächtige Burganlage, die mehr einem Herrenhaus als einer Festung ähnelt, erhebt sich majestätisch an einer Biegung des Nore.

Ein Prädikat allein genügt der Stadt offenbar nicht, denn sie wird manchmal auch noch die „Marmorstadt" genannt, da der schwarze Kalkstein der Gegend an schieferfarbenen Marmor erinnert. Dieses reizvolle Gestein

entfaltet nicht nur in der Kathedrale seine eindrucksvolle Wirkung, sondern dient auch überall im Ort zur Gestaltung von Fußböden und Verzierungen.

In Kilkenny kann es ganz schön voll werden. Besser ist es, die Stadt wochentags oder außerhalb der Hochsaison zu besuchen. Dann bleibt mehr Gelegenheit, ihren zeitlosen Charme zu genießen.

GESCHICHTE

Bereits im 5. Jh. soll der Hl. Kieran nach Kilkenny gekommen sein und die Clanchefs von Ossory an der Stelle des heutigen Kilkenny Castle dazu aufgefordert haben, sich zum Christentum zu bekennen. Schon bald darauf gründete der Hl. Canice eben dort ein Kloster. Im 13. Jh. festigte Kilkenny seine Bedeutung unter der Herrschaft William Marshalls, Earl of Pembroke und Schwiegersohn des anglonormannischen Eroberers Strongbow. Kilkenny Castle entstand als Schutzburg an einer Furt am Nore.

Im Mittelalter war Kilkenny – mit Unterbrechungen – die inoffizielle Hauptstadt Irlands und hatte ihr eigenes anglonormannisches Parlament, das 1366 die sogenannten „Statuten von Kilkenny" verabschiedete. Eine drakonische Gesetzgebung sollte die Integration der zunehmend selbstbewussten Anglonormannen in die irische Gesellschaft verhindern. So war ihnen die Ehe mit Iren, die Teilnahme an irischen Sportveranstaltungen, die Eingliederung ins irische Leben, bis hin zur irischen Sprache, Kleidung und Musik, verboten. Wer dem zuwiderhandelte, wurde enteignet; den einheimischen Iren drohte die Todesstrafe. Die Gesetze blieben über 200 Jahre in Kraft, konnten aber nie ganz durchgesetzt werden. Die Vermischung von anglonormannischer und irischer Kultur ließ sich nicht aufhalten.

Im englischen Bürgerkrieg um 1640 verbündete sich die Stadt mit katholischen Königstreuen. Der Bund von Kilkenny im Jahr 1641 war eine widerwillige irisch-anglonormannische Zweckallianz, mit deren Hilfe die Katholiken Land und Macht zurückgewinnen wollten. Nach der Hinrichtung Karls I. ließ Cromwell Kilkenny fünf Tage lang belagern. Bis sich Ormond endlich unterwarf, war die Südflanke der Burg größtenteils zerstört. Mit der Niederlage zeichnete sich bereits das Ende der politischen Macht Kilkennys über Irland ab.

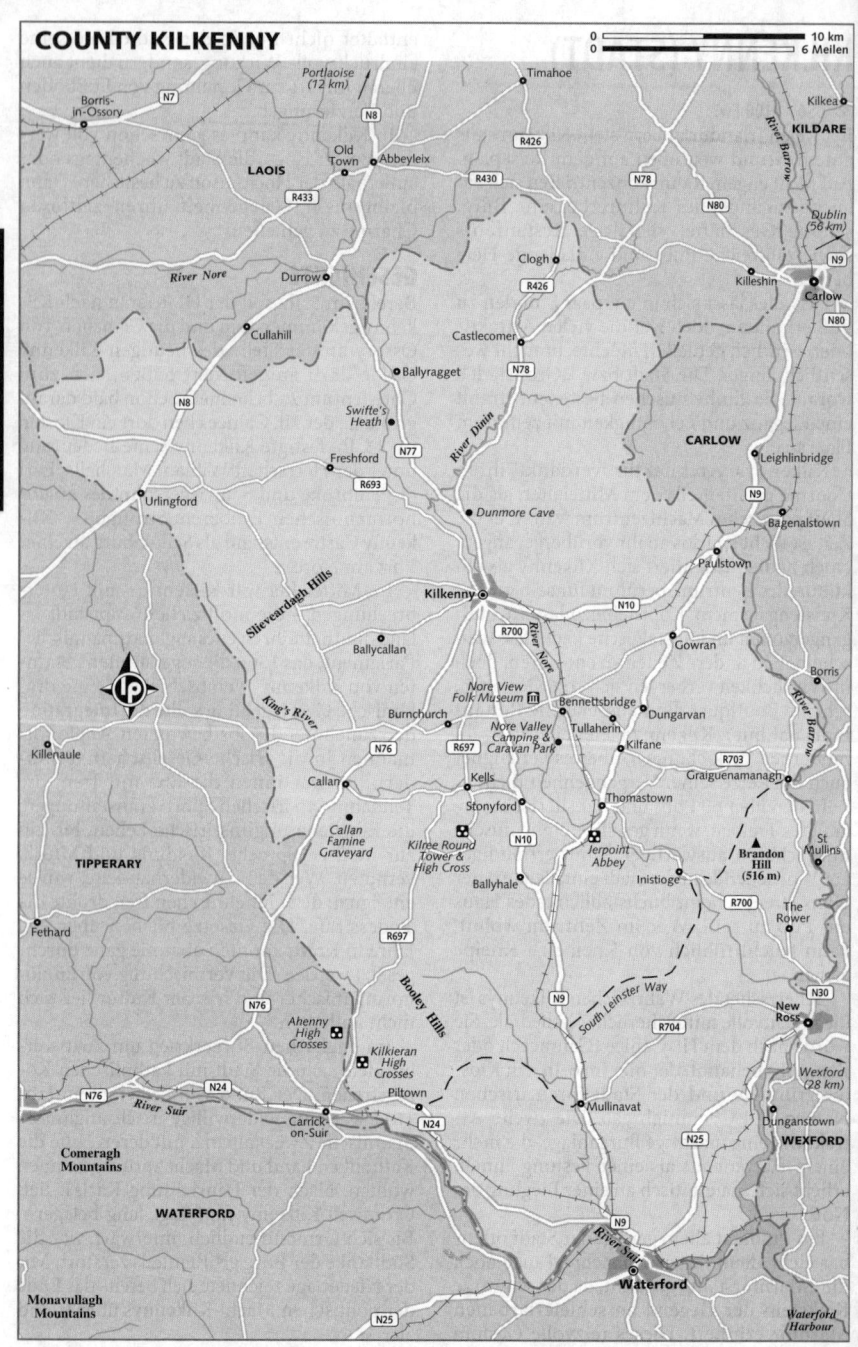

COUNTY KILKENNY

Heute erfreut sich der Ort dank der vielen Besucher einer florierenden Wirtschaft. Auch eine große Zahl an Dienstleistungsunternehmen hat sich hier angesiedelt. Kilkenny setzt als regionales Zentrum einen starken Akzent auf landwirtschaftliche Interessen; so machen Traktorfahrer in aller Seelenruhe den Reisebussen Platz.

ORIENTIERUNG
Mehrere Hauptstraßen kreuzen sich auf der Höhe, wo sich Kilkenny zu beiden Seiten des Nore erstreckt, der durch große Teile der Grafschaft fließt. Die St. Canice's Cathedral erhebt sich am Nordufer des Bregagh (Nebenfluss des Nore) im Norden des Zentrums außerhalb der Stadtmauern. Kilkennys wichtigste Durchgangsstraße geht von der Parliament in die High Street über bzw. verläuft südöstlich der Kathedrale. Den Süden der Stadt prägt die am Nore-Ufer gelegene Burg Kilkenny Castle. Die John Street ist die Hauptstraße am nördlichen Ufer des Nore und mündet am MacDonagh Train Station mit seiner riesigen neuen Einkaufspassage in die Dublin Road.

PRAKTISCHE INFORMATIONEN
Buchläden
Kilkenny Book Centre (☎ 776 2117; 10 High St) Im größten Buchladen der Stadt findet man eine gute Auswahl an Büchern und Karten sowie Zeitungen. Eine Treppe höher gibt's ein tolles Café.

Geld
In der High Street sind alle großen Banken Irlands mit Geldautomaten vertreten.

Internetzugang
Café Net (☎ 777 0051; 4 Patrick St; 4 € pro Std.; ☽ Mo–Sa 8–21, So 12–21 Uhr)
E-centre (☎ 776 0093; 26 Rose Inn St; 6 € pro Std.; ☽ 9–21 Uhr)

Medizinische Versorgung
St. Luke's Hospital (☎ 775 1133; Freshford Rd)
Sam McCauley Pharmacy (☎ 775 0122; 33 High St) Große Apotheke; eine von vielen in der High Street

Notfall
Polizei (☎ 999, 22222; Dominic St)

Touristeninformation
Touristeninformation (☎ 775 1500; Rose Inn St; www.kilkenny.ie; ☽ Sept.–Juni Mo–Sa 9.15–13 & 14–17, Juli & Aug. Mo–Sa 9–17, So 11–17 Uhr) Im Büro des Shee Alms House von 1582 sind hervorragende Stadtführer und preiswerte Wanderkarten der Gegend erhältlich.

Waschsalon
Bretts Launderette (☎ 63200; Michael St; 15 € pro Waschladung; ☽ Mo–Sa 8.30–20 Uhr) Selbstbedienung und Service.

SEHENSWERTES
Kilkenny Castle
An einer anmutig geschwungenen Biegung des Nore befindet sich das **Kilkenny Castle** (☎ 772 1450; www.heritageireland.ie; Erw./Kind 5,30/2,10 €; ☽ Juni–Sept. 9.30–19, Okt.–März 10.30–12.45 & 14–17, April & Mai 10.30–17 Uhr), eine der beliebtesten Irlands und zugleich Kilkennys größte Touristenattraktion. Einst stand ein Holzturm an diesem strategisch wichtigen Ort, errichtet 1172 von Richard de Clare, dem anglonormannischen Eroberer Irlands und besser bekannt als Strongbow. Im Jahr 1192 ließ Strongbows Schwiegersohn, William Marshall, eine Steinburg mit vier Türmen erbauen, von denen drei noch heute erhalten sind. Die Burg wurde 1391 von der mächtigen Familie Butler gekauft, deren Nachkommen bis 1935 dort wohnten. Als der Erhalt dieses Bauwerks zu einer großen finanziellen Belastung wurde, musste fast das ganze Mobiliar auf Auktionen versteigert werden. 1967 ging die Festung für eine fürstliche Summe von 50 £ in das Eigentum der Stadt über.

Man sieht auf den ersten Blick, dass die Burg im Laufe der Jahrhunderte erweitert wurde. Zuerst fällt auf, dass sie keine Mauer besitzt – ein entscheidendes Manko in der Verteidigung. Außerdem wurden viele Fenster eingebaut, die perfekte Ziele für Wurfmaschinen abgaben. Fast alle der heute sichtbaren Veränderungen stammen aus dem 19. Jh.; die düstere Stimmung sollte einer fröhlichen Atmosphäre weichen. Zu dieser Zeit galt es allenfalls noch, sich vor Bauern zu schützen, die womöglich mit verfaulten Kartoffeln werfen.

Schwerpunkt einer 40-minütigen Führung ist die **Long Gallery** in dem Gebäudeflügel, der dem Fluss am nächsten liegt. Biedere Porträts der Butler-Familie vergangener Jahrhunderte schmücken diese eindrucksvolle Halle. Die hohen Decken werden von farbenfrohen Fresken mit keltischen und präraffaelitischen Motiven geziert. Derzeit stellen Restaurierungsarbeiten die viktorianische Pracht der Burg wieder her. Die Räume werden nach und

KILKENNY

0   300 m
0   0,2 Meilen

PRAKTISCHES

Bretts Launderette	**1**	C4
Café Net	**2**	B5
E-centre	**3**	B5
Kilkenny Book Centre	**4**	B5
Polizei	**5**	A5
Sam McCauley Pharmacy	**6**	B5
Touristeninformation	**7**	B5

SEHENSWERTES & AKTIVITÄTEN

Black Abbey	**8**	A4
Black Freren Gate	**9**	A4
Confederation Hall Monument	**10**	B4
Gardens	**11**	B5
Grace's Castle	**12**	B4
Kilkenny Castle	**13**	C5
Kilkenny College	**14**	C5
National Craft Gallery	**15**	B5
Rothe House	**16**	B4
Shee Alms House	(siehe 7)	
Smithwick Brewery	**17**	B4
St. Canice's Cathedral	**18**	A4
St. Francis' Abbey	**19**	B4
St. John's Priory	**20**	C4
St. Mary's Cathedral	**21**	A5
Tholsel (City Hall)	**22**	B5

SCHLAFEN

Butler Court	**23**	B5
Butler House	**24**	B5
Celtic House	**25**	B4
Cleere's B&B	**26**	B3
Daley's B&B	**27**	C5
Darcy's Guest House	**28**	A5
Kilford Arms Hotel	(siehe 56)	
Kilkenny Inn Hotel	**29**	A3
Kilkenny River Court	**30**	B5
Kilkenny Tourist Hostel	**31**	B4
Lacken House	(siehe 41)	
Langton House Hotel	**32**	C4
Macgabhainn's Hostel	**33**	A3
Rafter Dempsey's	**34**	B5

ESSEN

Café Sol	**35**	B5
Chez Pierre	(see 16)	
Dunnes Stores	**36**	B5
Edward Langton's	(siehe 32)	
Fléva	**37**	B5
Gourmet Store	**38**	B4
Kilkenny Design Centre Café	**39**	B5
Kyteler's Inn	**40**	B4
Lacken House	**41**	D5

Lautrec's Brasserie	**42**	B5
Marble City Bar	**43**	B4
Pordylos	**44**	B5
Rinuccini	**45**	B5
The Pantry	**46**	B4
Zuni	**47**	B5

AUSGEHEN

Ana Conda	(siehe 48)	
Hibernian Bar	(siehe 55)	
John Cleere	**48**	A4
O'Riada	**49**	B4
Pumphouse	**50**	B4
Tynan's Bridge House	**51**	B5

UNTERHALTUNG

James Park	**52**	A3
Kilkenny Cineplex	**53**	A5
Morrisey's Club	**54**	B4
Morrison's Bar	**55**	B5
O'Faolain's	**56**	C4
Watergate Theatre	**57**	B4

SHOPPEN

Kilkenny Design Centre	**58**	B5
Mac Donagh Junction	**59**	C4
Market Cross	**60**	B5

TRANSPORT

Buggys Coaches Stop	**61**	B5
JJ Wall & Son	**62**	C4
McDonagh-Busbahnhof	**63**	C4

COUNTY KILKENNY

nach der Öffentlichkeit wieder zugänglich gemacht. Das Mobiliar stammt zum größten Teil nicht mehr aus dem Originalbestand, einige Stücke jedoch wurden zurückerworben. Zu sehen sind viktorianische Antiquitäten, die aber höchstens noch Trödelmarkt-Liebhaber vom Hocker reißen.

Im Burgkeller befindet sich die **Butler Gallery** (☎ 776 1106; www.butlergallery.com; Eintritt frei), eine der wichtigsten Kunstgalerien des Landes außerhalb Dublins. Ganzjährig finden kleine Ausstellungen mit Werken zeitgenössischer Künstler statt. Die Räume wurden 2007 neu renoviert. Ebenfalls im Untergeschoss liegt die Burgküche, wo im Sommer ein beliebtes Café betrieben wird. Butler Gallery und Café sind ohne Eintritt direkt zugänglich.

Im Südosten erstreckt sich ein 20 ha großer **Landschaftspark** (Eintritt frei; ☻ im Sommer 10–20 Uhr) mit einem Rosengarten in der Form eines keltischen Kreuzes, einem Springbrunnen am nördlichen Ende und einem Kinderspielplatz im Süden. Die ehemaligen Stallungen der Burg beheimaten heute das beeindruckende Design Centre (siehe S. 356) der Stadt.

St. Canice's Cathedral

Irlands zweitgrößte mittelalterliche Kathedrale (nach St. Patrick's in Dublin), **St. Canice's Cathedral** (☎ 776 4971; www.stcanicescathedral.ie; St Canice's Pl; Erw./Kind 4/3 €; ☻ April–Sept. Mo–Sa 9–13 & 14–18, So 14–18, Okt.–März Mo–Sa 10–13, So 14–16 Uhr), ragt im Norden des Zentrums in den Himmel. Dieses gotische Bauwerk mit seinem ikonenartigen, runden Turm hat eine lange, faszinierende Vergangenheit. Der Legende nach soll schon im 16. Jh. der Hl. Canice, Schutzpatron von Kilkenny, an dieser Stelle ein Kloster errichtet haben. Aufzeichnungen zufolge brannte hier 1087 eine Holzkirche ab.

Das Gotteshaus entstand zwischen 1202 und 1285 und durchlebte eine wechselhafte Geschichte. Als Folge einer der unglaublichsten Begebenheiten in der Stadtgeschichte stürzte 1332 der Turm ein. Die Dame Alice Kyteler wurde zusammen mit ihrer Zofe der Hexerei angeklagt, und auch ihr Neffe William Outlawe war in diese Sache verwickelt. Das unglückliche Dienstmädchen endete auf dem Scheiterhaufen, der Dame Alice jedoch gelang die Flucht nach London. William schließlich blieb verschont, weil er anbot, das Dach der St. Canice's Cathedral mit Bleiziegeln neu zu decken. Ein unkluger Schachzug von den Stadtoberen, sich auf diesen Handel

einzulassen: Die bleiernen Ziegel waren für die Konstruktion viel zu schwer und der Turm stürzte ein.

1650 schändeten und demolierten Cromwells Truppen die Kirche, indem sie diese als Pferdestall zweckentfremdeten. Die Reparaturarbeiten begannen 1661 und dauern bis in die heutige Zeit an. Im Jahr 1863 wurde das wunderschöne Dach des Mittelschiffs fertig. Auch ein Blick auf das Stadtmodell „Kilkenny im Jahr 1646" lohnt sich, denn viel hat sich seitdem nicht verändert.

Außerhalb der Kathedrale erhebt sich ein 30 m hoher **Rundturm** (Eintritt 3 €; ☻ April–Okt.) aus einem bizarren Gewirr alter Grabsteine. Der älteste Bau auf dem Gelände wurde zwischen 700 und 1000 n. Chr. an der Stelle eines früheren christlichen Friedhofs errichtet. Abgesehen von der fehlenden Krone ist der Rundturm sehr gut erhalten. Wer älter als zwölf Jahre ist, kann einen herrlichen Rundblick von ganz oben genießen. Ziemlich mühsam gestaltet sich aber das Erklimmen der Plattform; man braucht beide Hände, um die 100 Treppen der steilen Stiegen hochzuklettern. Der Fußweg zur Kathedrale führt von der Parliament Street aus über die Irishtown Bridge und die St. Canice Steps von 1614 hinauf; die obere Mauer weist Fragmente mittelalterlicher Reliefs auf. An düsteren Tagen wird man durch die schiefen Grabsteine zumindest dazu verleitet, nach einer schwarzen Katze Ausschau zu halten …

In der Kathedrale befinden sich an den Wänden und auf dem Boden blank polierte **Grabplatten** aus alten Zeiten. An der Nordwand, gegenüber dem Eingang, erinnert eine Platte mit normannisch-französischer Inschrift an Jose de Keteller, der 1280 verstarb. Trotz der unterschiedlichen Schreibweisen handelt es sich wahrscheinlich um Alice Kytelers Vater. Ein Steinstuhl des Hl. Kieran, eingebettet in die Mauer, stammt aus dem 13. Jh. Das kunstvolle Denkmal der Honorina Grace von 1596 auf der Westseite des südlichen Mittelgangs, ist aus wundervollem schwarzem Kalkstein aus der Region gefertigt. Ein prächtiges **schwarzes Grabmal** zeigt im südlichen Querhaus Bildnisse von Piers Butler (verstorben 1539) und seiner Frau Margaret Fitzgerald. In dieser Ecke der Kirche kann man noch mehr Grab- und Denkmäler der bedeutenden Butlers entdecken; diese sind auf einer Tafel im südlichen Mittelgang aufgelistet.

Rothe House

Das am besten erhaltene Beispiel eines irischen Händlerhauses aus dem 16. Jh. ist das **Rothe House** (☎ 772 2893; www.rothehouse.com; Parliament St; Erw./Kind 4/3 €, Kombi-Tickets auch für Kathedrale erhältlich; ☉ April–Okt. Mo–Sa 10.30–17, So 15–17, Nov.– März Mo–Sa 10.30–16.30 Uhr). Heute beherbergt dieses kunstvolle Tudorhaus mit mehreren Innenhöfen ein Museum, das eine kleine Sammlung von regionalen Funden zeigt, darunter ein abgenutztes Wikingerschwert und ein grinsender Steinkopf, das Werk eines keltischen Künstlers. Stilvoll wirkt das Dachgebälk im zweiten Stock – eine sorgfältig ausgeführte, eindrucksvolle Rekonstruktion. In der ersten Etage entlockt die Kostümausstellung mit ihren eigenartig verkrampft wirkenden und recht unglücklich aussehenden Schaufensterpuppen Besuchern höchstens ein mildes Lächeln. 2008 soll ein neu gestalteter, mittelalterlicher Garten eröffnet werden.

Um 1640 spielte die wohlhabende Familie Rothe eine tragende Rolle im Bündnis von Kilkenny. Peter Rothe, Sohn des Erbauers, musste die Enteignung seines gesamten Besitzes erleben. Seiner Schwester gelang es zwar, diesen zurückzufordern, doch kurz vor der Schlacht am Boyne (1690) verlor die Familie das Haus endgültig, da sie Jakob II. unterstützte. 1850 wurde im Gebäude ein Banner gefunden, das jenes Bündnis belegt. Heute kann man es im Nationalmuseum von Dublin sehen.

Am Eingang wird eine sehr gute Auswahl an Büchern über die Region verkauft.

Black Abbey

1225 wurde die Dominikanerabtei in der Abbey Street von William Marshall gegründet. Sie verdankt ihren Namen den düsteren Gewohnheiten der Mönche. 1543, sechs Jahre nach Auflösung der Klöster durch Heinrich VIII., wurde sie in ein Gerichtsgebäude umgewandelt. Nach dem Besuch Cromwells 1650 bis zu ihrer Restaurierung im Jahr 1866 war nur noch eine Ruine vorhanden. Viele der bestehenden Gebäudeteile gehen auf das 18. und 19. Jh. zurück. Reste älterer Bogengänge sind jedoch im jüngeren Mauerwerk noch zu sehen. Während der täglichen Messe sollte man sich unbedingt die aus dem 13. Jh. stammenden Särge in der Nähe des Eingangs anschauen.

National Craft Gallery

Gegenüber vom Kilkenny Castle beherbergt diese **Galerie** (☎ 776 1804; www.ccoi.ie; Castle Yard; Eintritt frei; ☉ Mo–Sa 10–18, Sa 11–18 Uhr) zeitgenössisches irisches Kunsthandwerk. Sie ist Teil der ehemaligen Stallungen, in denen sich auch das Kilkenny Design Centre (siehe S. 356) befindet. Die hochwertigen Ausstellungen beleuchten die Vielfalt und Phantasie der Handwerkskünste im modernen Irland. Zwar liegt der Schwerpunkt auf Keramikarbeiten, doch werden auch regelmäßig Möbel, Schmuck und Webarbeiten gezeigt, gefertigt von Mitgliedern der handwerklichen Berufsgenossenschaft Irlands, dem Crafts Council of Ireland. Immer wieder finden Töpfer- und Schmuckherstellungskurse statt.

Hinter dem Gebäude führt ein Spazierweg zu den wundervollen **Gärten** des Anwesens der Butler, eines Hotels mit Ausgang in die Patrick Street. Ein Blickfang ist der Springbrunnen. Aus Relikten der britischen Nelson-Ära errichtet, wurde er vor fast 100 Jahren von Nationalisten in Dublin zerstört.

Noch mehr Sehenswertes

Der **lokale Wohltäter** Sir Richard Shee und seine Frau erbauten **Shee Alms House** in der Rose Inn Street 1582 aus robustem Stein, um den Armen zu helfen. Bis 1740 diente es als Krankenhaus, heute ist hier die Touristeninformation untergebracht. 1761 wurde das Rathaus **Tholsel** in der High Street an der Stelle errichtet, wo Petronella, einst Zofe der Dame Alice Kyteler, 1324 auf dem Scheiterhaufen verbrannte.

An das Tholsel schließt sich der **Butter Slip** an, ein tunnelartiger Weg, der die High Street mit der Low Lane (jetzt St. Kieran's Street) verbindet. 1616 entstanden, säumten ihn ursprünglich lauter Stände mit Butterverkäufern. Mit seinem Rundbogeneingang und den Steintreppen gilt der Butter Slip bei Weitem als die malerischste aller mittelalterlichen Gassen von Kilkenny.

Black Freren Gate in der Abbey Street ist das einzige noch bestehende Tor der normannischen Stadt – wenn auch nur mithilfe von Metallstreben, die für die Sicherheit der Fußgänger bürgen. Bröckelnde Überreste der alten Stadtmauer kann man noch überall im Stadtzentrum finden.

An der Ecke von Parliament Street und der Straße, die zum Bateman's Quay führt, steht neben der Bank of Ireland das **Confederation Hall Monument** (oder was davon übrig ist). Es markiert die Stelle, an der von 1642 bis 1649 das nationale Parlament tagte. Nahebei befindet sich das baufällige **Grace's Castle** von 1210. Im

Jahr 1568 wurde es in ein Gefängnis und 1794 in ein Gerichtsgebäude umgewandelt, das es bis heute geblieben ist. Hier wurden Rebellen des Aufstands von 1798 hingerichtet.

Die **St. Mary's Cathedral** aus dem 19. Jh. ist fast von der ganzen Stadt aus zu sehen. Auf einer Gedenktafel am Eingang steht: „Mit dem Bau der Kathedrale wurde 1843 begonnen. Die Arbeiten zogen sich durch jahrelange Hungersnot, Emigration und coffin ships [sog. „Sargschiffe"] in die Länge. Es herrscht schiere Verzweiflung, weil so viele Menschen unseres Volkes an Hunger und Krankheiten sterben mussten ...". Und es geht mit noch mehr widrigen Umständen weiter.

Auf der anderen Flussseite stehen die Ruinen von **St. John's Priory**, das 1200 gegründet wurde und einst für seine vielen wundervollen Fenster berühmt war, bis Cromwell kam. Das nahe gelegene **Kilkenny College** in der John Street stammt aus dem Jahr 1666, wo Jonathan Swift und der Philosoph George Berkeley büffelten. Heute ist es das Rathaus von Kilkenny.

GEFÜHRTE TOUREN

Das Zentrum von Kilkenny ist klein und eignet sich bestens für Stadtspaziergänge.

Tynan Tours (☎ 087 265 1745; Erw./Stud. 6/5,50 €; ☺ häufig tgl. Mitte März–Okt.) organisiert einstündige Führungen durch die schmalen Gassen, über Treppen und Fußwege. Geschulte Guides erzählen mit viel Witz die geheimnisvollen Geschichten dieser alten Gemäuer. Auch außerhalb der Saison werden geführte Touren angeboten. Wenn man mit Freunden unterwegs ist, fragt man am besten nach einem Gruppentarif.

FESTIVALS & EVENTS

Kilkenny wird zu Recht als die Festival-Hauptstadt Irlands gerühmt. Ganzjährig ziehen Veranstaltungen mit Weltklasseformat Tausende in ihren Bann.

Kilkenny Rhythm & Roots (☎ 779 0057; www. kilkennyroots.com) An Country und American Roots Music kann man sich auf dem größten Musikfestival Irlands erfreuen, das Anfang Mai an mehr als 30 verschiedenen Orten veranstaltet wird.

Cat Laughs Comedy Festival (☎ 776 3416; (www. thecatlaughs.com) Erstklassiges Festival englischsprachiger Weltklasse-Comedians, Ende Mai bis Anfang Juni.

Kilkenny Arts Festival (☎ 775 2175; www.kilkenny arts.ie) Mitte August steht die ganze Stadt zehn Tage lang im Zeichen der Kunst: Theater, Kino, Musik, Literatur,

Bildende Künste, Straßenfeste, Kinderveranstaltungen. Eine Unterkunft für diese Tage zu finden, ist wie ein Sechser im Lotto – also unbedingt im Voraus buchen.

Kilkenny Celtic Festival (www.celticfestival.ie) Die irische Tradition, vor allem die irische Sprache, hochleben lassen und eintauchen ins irische Leben: Ausstellungen, Seminare und vieles mehr; Ende September bis Anfang Oktober.

SCHLAFEN

Wer ohne Zimmerreservierung anreist – was in den Sommermonaten unklug ist, da die Preise an den Wochenenden in die Höhe schnellen –, wende sich an die Touristinformation. Das dortige Buchungssystem funktioniert äußerst effizient und wirft für 4 € garantiert eine Adresse aus.

Budgetunterkünfte

Tree Grove Caravan & Camping Park (☎ 777 0302; www.treegrovecamping.com; New Ross Rd; Campingplatz ab 7 € pro Pers.) Diese Anlage in einem Park liegt 1,5 km südlich von Kilkenny unweit der R700; von dort geht es an einem Flusspfad weiter entlang.

Macgabhainn's Hostel (www.hostelworld.com; 24 Vicar St; B 15–18 €) In ruhiger Lage kommt die schnuckelige, kleine Herberge mit 16 Zimmern ohne viel Schnickschnack aus. Tilda, die Haushündin, hat ein überaus goldiges Wesen. Es wird nur kaltes Frühstück serviert. Im Garten hinter dem Haus finden zwar noch Bauarbeiten statt, aber alles in allem tut das der angenehmen Atmosphäre keinen Abbruch. Pluspunkt: eine Wäscherei gibt's auch.

Kilkenny Tourist Hostel (☎ 776 3541; www.hostels ireland.com; 35 Parliament St; B 16–20 € 🖳) Hinter den mit Efeu bewachsenen Mauern geht es ganz entspannt und freundlich zu. Eine Handvoll Clubs und mehrere gute Restaurants liegen nur einen Steinwurf von diesem IHH-Hostel, an der Hauptstraße von Kilkenny, entfernt. Die Küche ist sehr geräumig, der Speisesaal hat Ambiente und das Wohnzimmer lädt mit Sofas und einem Kamin zum gemütlichen Verweilen ein. Die 60 Betten teilen sich hauptsächlich auf 4- bis 8-Bett-Zimmer auf. Außerdem steht ein kostenloser WLAN-Anschluss zur Verfügung.

Daley's B&B (☎ 776 2866; 82 John St; Zi. 32–60 €; 🅿) Dieses eher schlichte Hotel versteckt sich hinter einer Reihe Pubs und Läden. Neben angemessen vernünftigen Preisen punktet das B&B mit acht anständigen Zimmern in guter Lage.

COUNTY KILKENNY

SELTSAMES GEBRÄU

Wer einen komischen Geruch erschnüffelt, dem dürfte das Budweiser in die Nase gestiegen sein, das hier in Lizenz in der **Smithwick Brewery** (☎ 772 1014; Parliament St) gebraut wird. Heute ist das ehemalige Aushängeschild der Stadt im Besitz des Getränkegiganten Diageo (Guinness, Harp und viele andere Spirituosen). Die allseits beliebten Führungen von einst gehören der Vergangenheit an. Heute laufen im Sommer nur noch gelegentlich Werbevideos. Viel Spaß dabei! Was noch schlimmer ist: Die **St. Francis' Abbey** befindet sich mitten im Gebäudekomplex. 1232 von William Marshall gegründet, wurde die Abtei dann aber zweimal entweiht – 1650 von Cromwell und später von Diageo. Die Architektur ist wirklich faszinierend, leider ist jedoch der Zutritt verboten. Wer am Tor um Einlass bittet, um diese wunderbaren Relikte anschauen zu dürfen, wird vom Wächter glatt aufgefordert, „doch besser die alten Stätten der Stadt zu besuchen".

Das „Smithwicks Irish Ale" ist auch als „Kilkenny Ale" bekannt. Unter diesem Namen wird es in zahlreichen Möchtegern-Irish-Pubs in ganz Europa ausgeschenkt. Hier trinken die meisten Einheimischen Guinness – gebraut von der Firmencousine.

Mittelklassehotels

Cleere's B&B (☎ 772 1210; cleere102@hotmail.com; New Rd; Zi. 45–70 € P) Saubere, komfortable Zimmer mit TV machen dieses zentral gelegene B&B zu einer guten Wahl.

Rafter Dempsey's (☎ 772 2970; www.accommodationkilkenny.com; 4 Friary St; Zi. 45–130 €) Über dem gleichnamigen Pub in der High Street bietet diese einfache B&B-Unterkunft 16 Zimmer. Die farbliche Gestaltung kann man bestenfalls als „gewagt" bezeichnen. Beim Anblick der winzigen TVs an der Decke vergisst man dies jedoch schnell.

LP Tipp Celtic House (☎ 776 2249; john376@gofree.indigo.ie; 18 Michael St; Zi. 50–80 € P) Angela Byrne ist buchstäblich die gutherzige „Botschafterin Irlands" und bereitet ihren Gästen im blitzblanken B&B einen wundervollen Empfang. Die hellen Zimmer haben teilweise Bäder mit Dachfenster, andere bieten einen Ausblick auf die Burg. Wenn Angela nicht gerade Menschen *en masse* beglückt, dann arbeitet sie als Landschaftsmalerin. Ihre Werke zieren hier einige Wände.

Darcy's Guest House (☎ 777 0219, 777 0087; James St; Zi. 50–90 € P) Dieses entzückende gelbe Stuckhaus steht in einer Seitenstraße der High Street. Blumenkästen erfrischen den Ausblick aus den elf, mit Kabel-TV ausgestatteten Zimmern. Eine gedeckte Farbgestaltung rundet das Interieur ab.

Kilford Arms Hotel (☎ 776 1018; www.kilfordarms.ie; John St; Zi. 60–160 € P) Ein ausgestopfter, etwas schäbiger, 150 Jahre alter bengalischer Tiger mitten in der Lobby gibt in diesem etwas exzentrisch anmutenden Hotel den Ton an. Der mächtige Nimbus dieser Katze ist zwar bereits verblichen, aber dafür sprühen die Farben und das Flair in den 53 Zimmern vor Leben.

Butler Court (☎ 776 1178; www.butlercourt.com; Patrick St; Zi. 70–130 €) Unter Einheimischen wird diese freundliche Pension mit zehn hübschen Zimmern mit Kühlschrank zum idyllischen Hof hinaus als Geheimtipp gehandelt. Morgens wird ein kontinentales Frühstück serviert.

Kilkenny Inn Hotel (☎ 777 2828; www.kilkennyinn.com; 15–16 Vicar St; Zi. 70–150 € P) Direkt unterhalb der Kathedrale gelegen, bietet dieses moderne Hotel 30 Zimmer und im Inneren einen stilvollen Mix aus hellem Holz und Pastelltönen. In den kleinen Räumen gibt's sogar Breitband-Internetzugang.

Lacken House (☎ 776 1085; www.lackenhouse.ie; Dublin Rd; Zi. 95–170 € P) Zwar befindet sich die wunderschöne Pension aus viktorianischer Zeit etwas außerhalb der Stadt, verströmt aber dafür Charme und Flair. Exzellent ist das Frühstück, und auch das Restaurant genießt einen hervorragenden Ruf. Zehn Minuten braucht man zu Fuß ins Zentrum. Die zehn hübsch dekorierten Zimmer verfügen über kostenlosen WLAN-Anschluss.

Spitzenklassehotels

Langton House Hotel (☎ 776 5133; www.langtons.ie; 69 John St; Zi. 80–200 € P) Hoch über dem Wahrzeichen der Stadt, also über dem höhlenartigen Terrain, locken 30 exklusive Zimmer mit unterschiedlichem Standard. Das Gebäude stammt aus älterer Zeit, doch das Interieur ist in schönen dunklen Braun- und Beigetönen modern gestaltet. In den geräumigen Badezimmern zieren verrückte, neumodische Duschvorrichtungen die Wannen.

Kilkenny River Court (☎ 772 3388; www.kilriver-court.com; John St; Zi. ab 110 € pro Pers.; P 🖵) Das direkt an der Brücke am Nore gelegene Hotel wartet mit 90 modernen Zimmern in einem nüchternen Zweckbau mit Hinterhof auf. WLAN-Anschluss steht kostenlos zur Verfügung. Einige Zimmern haben sogar einen hübschen Ausblick.

Butler House (☎ 772 2828; www.butler.ie; 16 Patrick St; Zi. 125–250 € P 🖵) Einst fungierte das anmutige Stadthaus als Wohnsitz der Grafen von Ormonde, die auch die Burg nebenan erbauten. Heute zeichnet sich das Luxushotel im aristokratischen Stil durch Freitreppen, Marmorkamine, eine Kunstsammlung und sorgsam gepflegte Parkanlagen (siehe S. 352) aus. Die 13 großzügig gestalteten Zimmer überzeugen mit neuen Bädern und WLAN-Anschluss.

ESSEN

Kilkenny bietet eine gute Auswahl an Restaurants und Cafés, doch in der Nebensaison schließen die Lokale oft schon um 20.30 Uhr. Wer dann noch Hunger hat, kann sich bei **Dunnes Stores** (☎ 776 1756; St. Keiran's St; ⏱ 24 Std.) mit Lebensmitteln eindecken.

Cafés

In der St. Keiran's Street findet man zahlreiche schicke Cafés mit Tischen im Freien.

Gourmet Store (☎ 777 1727; 56 High St; Sandwiches 4 €; ⏱ Mo–Sa 9–18 Uhr) In diesem engen, überfüllten Feinkostgeschäft stellt man sich sein Sandwich zum Mitnehmen nach eigenem Gusto zusammen. Außerdem bekommt man hier auch importiertes Fleisch und Käse – und natürlich ein paar hervorragende einheimische Sorten.

Chez Pierre (☎ 776 4655; 17 Parliament St; Gerichte 3–8 € ⏱ 10–17 Uhr) Hell, beschwingt und locker geht es in diesem Café im französischen Stil direkt neben dem Rothe House zu. Die abwechslungsreiche Speisekarte lockt mit Sandwiches, Suppen und süßen Leckereien. An den zeitlosen, einfachen Holztischen lässt es sich herrlich speisen.

The Pantry (☎ 776 2250; St. Keiran's St, Gerichte 6–12 € ⏱ 8–18 Uhr) In dieser urigen Bäckerei mit Teestube kann man wunderbar *soda bread* (zumindest mit Butter drauf) schnabulieren und Kaffee in großer Auswahl schlürfen. Hier schmecken die vielen satt machenden, warmen Mahlzeiten wie bei Mama zu Hause.

Restaurants

LP Tipp **Kilkenny Design Centre Café** (☎ 772 2118; Castle Yard; Gerichte 6–12 €; ⏱ 10–19 Uhr) Über dem stilvollen Geschäft befindet sich ein ebensolches Café. Raffinierte, zumeist biologische, auf jeden Fall aber gesunde Kost wird hier serviert – bis auf den üppigen Nachtisch, doch wer will es denn immerzu gesund? Das Brot wird in der hauseigenen Bäckerei hergestellt, ist also nicht nur für köstliche Sandwiches gut, sondern schmeckt auch zu Suppen und Salaten. Exzellent und äußerst empfehlenswert: warme Speisen.

Marble City Bar (☎ 776 1143; 66 High St; Gerichte 6–15 €; ⏱ Mahlzeiten von 10–21 Uhr) Dieser eleganten, modernen Bar gelingt es aufzufallen. Die äußerst exquisiten Zutaten machen sogar gewöhnliche Snacks, wie Würstchen mit Kartoffelbrei oder Fish & Chips, zum kulinarischen Erlebnis. In einem Café ein paar Treppen tiefer, gegenüber der St. Kieran's Street, bekommt man Frühstück und Kaffee, auch an Tischen im Freien.

Edward Langton's (☎ 776 5133; 69 John St; Gerichte 8–22 €; ⏱ Mo–Sa 12–22, So 12–21 Uhr) Langton's ist ein flottes Pub mit einem gutem Restaurant, das von seiner Größe her fast das ganze Stadtvolk unterbringen könnte. Zum Sonntagsessen, wenn beschwipste Blondinen torkelnd schwatzende Omis anrempeln, trifft hier natürlich jeder jeden. Auf den Teller kommt traditionell Irisches: Man rechne mit riesigen Schalen gekochter Kartoffeln und Gemüseallerlei.

Fléva (☎ 777 0021; 84 High St; Gerichte 8–28 €; ⏱ Di–Sa 12.30–14.30 & 6–21.30 Uhr) Zutaten aus der Region verschmelzen zu Kompositionen mit internationalen Aromen. Dieser Spagat aus „förmlich" (weiße Tischdecken) und dennoch schrullig (eklektische einheimische Kunstwerke an den Wänden) schafft eine ganz besondere Atmosphäre. Vegetarier wird die riesige Auswahl begeistern, Weinliebhaber können hier so manchen Tropfen probieren.

Kyteler's Inn (☎ 772 1064; 27 St Kieran's St; Hauptgerichte 9–20 €; ⏱ 12–22 Uhr) Das alte Haus der Alice Kyteler von 1224 gehört zu den Touristenmagneten der Stadt. Die Dame überlebte vier Ehemänner, die alle unter mysteriösen Umständen starben. Nachdem sie sich mächtige Feinde gemacht hatte, wurde sie 1323 der Hexerei bezichtigt. Hier gibt es typische Pubkost, wobei die Speisekarte auch mit „Gesundem", etwa Ofenkartoffeln gefüllt mit in Tomatensoße gekochten Bohnen, punktet.

KUNSTHANDWERKLICHES KILKENNY

Gegenüber der „Parade" von Kilkenny Castle liegen die eleganten, aufwendig renovierten, ehemaligen Hofstallungen von 1760. Neben der National Craft Gallery (S. 352) findet man zahlreiche Werkstätten einheimischer Künstler, wie z. B. die des redseligen Silberschmieds A. Byrne.

Der vordere Teil des Gebäudes ist wie eine Galerie aufgebaut; hier sind die Geschäfte des **Kilkenny Design Centre** (☎ 772 2118; www.kilkennydesign.com; Castle Yard) untergebracht, wo man irisches Kunsthandwerk und feinste Arbeiten erstehen kann. Typisch für die Grafschaft Kilkenny sind „Spongeware" mit feiner Keramikglasur von Nicholas Moss, das mundgeblasene Kristallglas von Jerpoint Glass, die extravaganten Ledertaschen von Chesneau Leathers und die handgefertigten Perlen von All That Glistens. Insgesamt betreiben in dieser Grafschaft mehr als 130 Kunsthandwerker und Künstler ihr Gewerbe in Vollzeit; damit sind sie also hier in Irland mit am dichtesten vertreten. Dafür gibt es unterschiedliche Gründe, aber ein wesentlicher Faktor ist wohl die hohe Affinität zur Kunst in den besseren Kreisen von Kilkenny. Auch in Bennettsbridge und Thomastown wird hochwertiges Kunsthandwerk produziert.

Touristen aller Alterklassen rühren die Werbetrommel für das verliesartige Kellerwirtshaus.

Lautrec's Brasserie (☎ 776 2720; 9 St Kieran's St; Hauptgerichte 10–26 €; ☺ 17–22 Uhr) Allein schon dem französischen Namen dieses reizvollen, romantischen Bistros kann kaum jemand widerstehen. Nichts ist schöner, als an den schnuckeligen Tischen im behaglichen Wohnzimmer bei einem Schluck Wein Händchen zu halten. Die Auswahl der Gerichte reicht von leckeren Pizzas bis hin zu Meeresfrüchten und Klassikern vom Festland.

Pordylos (☎ 777 0660; Butter Slip; Gerichte 10–30 €; ☺ 12.30–15 & 17.30–22 Uhr) Wer aus der schattigen Butter-Slip-Gasse kommt, fühlt sich hier gleich wie in einem französischen Landhaus. Die Meeresfrüchte stammen aus Dunmore East und das exzellente Fleisch aus heimischen Landen. Hervorragende französische Weinsorten beglücken die Sinne. Ein unvergessliches Dinner ist somit garantiert.

LP Tipp Café Sol (☎ 776 4987; William St; Abendessen 16–28 €; ☺ Mo–Sa 12–15 & 18–21 Uhr) Vom Inhaber Noel McCarron erfährt man, aus welchen heimischen Regionen die Erzeugnisse stammen, die hier je nach Saison verarbeitet werden. Genauso wie die kühnen, exzentrischen Werke an den Wänden überrascht auch die Komposition der Gerichte. Gewagte Gewürzmischungen und Zutaten bilden eine harmonische Symphonie. Die 3-Gänge-Menüs (23 €) sind ihr Geld allemal wert.

Rinuccini (☎ 776 1575; 1 The Parade; Hauptgerichte 16–28 €; ☺ 12–14 & 18–21 Uhr) Wer im Schatten der Burg in elegantem Stadthaus-Ambiente wundervoll speisen möchte, ist in diesem Restaurant ein paar Treppen tiefer genau richtig.

Nach Herzenslust lässt sich hier die klassische italienische Küche ausprobieren – von Minestrone über Pasta bis hin zu köstlichem Kalbfleisch und Meeresfrüchten.

Zuni (☎ 772 3999; www.zuni.ie; 26 Patrick St; Abendessen 19–30 €; ☺ Di–Sa 12.30–14.30 & 18.30–22, So 13–15 & 18–21 Uhr) Inmitten all der schicken, betriebsamen Lokale der Stadt ist es dem Zuni (eröffnet zur Jahrtausendwende) gelungen, weiterhin ganz oben auf der Beliebtheitsskala zu stehen. Dunkles Leder und Stuhlbezüge bilden einen reizvollen Kontrast zu den hellen Naturholztischen und -Wänden.

Lacken House (☎ 776 1085; www.lackenhouse.ie; Dublin Rd; 4-Gänge-Menüs 43 €, 5-Gänge-Menüs 59 €; ☺ Di–Sa 8–21.30 Uhr) Nirgends in Kilkenny geht es verträumter zu. In diesem gleichnamigen großartigen Hotel mit behaglichem Speisesaal bei Kerzenlicht zu dinieren, ist Romantik pur. Die regionalen Zutaten stammen nach Möglichkeit aus biologischem Anbau. Traditionell irische Gerichte werden mit einer modernen, kreativen Note zubereitet. Nicht zu verachten ist auch die vielfältige Weinauswahl.

AUSGEHEN

Am Wochenende geht es an einigen Orten hoch her.

Tynan's Bridge House (☎ 772 1291; St. John's Bridge) Der prachtvolle, alte georgianische Pub, wohl der urigste in der ganzen Stadt, eignet sich bestens zum Schwatzen. Im Laufe der Zeit musste das 300 Jahre alte Gebäude zwar ein paar Federn lassen, aber vielen Gästen erging es ja nicht anders. Die vorderen Tische laden zum geselligen Zusammensitzen ein; wer es lieber ruhiger mag, kann sich unter die Olivenbäume im Innenhof zurückziehen.

O'Riada (27 Parliament St) Ganz versteckt im Souterrain befindet sich diese Bar. Die einzigen Lichtquellen sind eine Taschenlampe und ein Fernseher. Wenn ein Spiel übertragen wird, geht hier richtig die Post ab. Ansonsten kann man hier seelenruhig sein Pint trinken und quatschen – mit anderen oder mit sich selbst.

Pumphouse (☎ 776 3924; 26 Parliament St) Mehrmals in der Woche spielen Rockbands, wie z. B. Kopek im Pumphouse, einer der lebhafteren Bars von Kilkenny. Wenn mal keine Livemusik ansteht, kommen klasse Hits gratis aus einer Jukebox. Im geräumigen Pumphouse gibt es sogar einen Billardtisch und einen großen Fernseher. Raucher hängen draußen auf dem Dach ab.

Ana Conda (☎ 777 1657; Parliament St) Das Ana Conda geht regelmäßig als Gewinner aus örtlichen Meinungsumfragen hervor. Dass es bei den Einheimischen so beliebt ist, liegt an dem gekachelten Fußboden, den superbequemen Sitzbänken, den Céilidh-Sessions am Freitagabend und den Rockshows am Samstagabend. Der vollständig überdachte Biergarten kommt bei Rauchern gut an.

John Cleere (☎ 776 2573; 22 Parliament St) Einen besseren Ort für Livemusik kann man in Kilkenny kaum finden. In dieser Bar wird Blues, Jazz und Rock gespielt, und es treten einheimische Stars wie Bone auf. Vor allem im Sommer erlebt man hier die tollsten Musik-Sessions.

Hibernian Bar (☎ 777 1888; Hibernian Hotel, Patrick St) Manchmal ist ein Bier mehr in noch einem anderen stimmungsvollen Pub einfach zu viel. Warum nicht einfach in dieser eleganten Hotelbar verweilen, sich in die bequemen Lederbänke lümmeln und die endlose Cocktail-Karte studieren.

UNTERHALTUNG

Informationen zu örtlichen Veranstaltungen stehen in der Wochenzeitung *Kilkenny People* und auf der empfehlenswerten regionalen Webseite www.whazon.com.

Kino & Theater

Kilkenny Cineplex (☎ 772 3111; Fair Green, Gaol Rd) In vier Sälen laufen hier die neuesten Hollywood-Filme.

Watergate Theatre (☎ 776 1674; www.watergatekilkenny.com; Parliament St) Das vor kurzem erst frisch renovierte Theater bringt Dramen, Komödien und Musik auf die Bühne. Warum nur scheinen die Pausen 18 Minuten zu dauern?

Nachtclubs

Kilkenny ist die regionale Drehscheibe der Clubgänger – hier wird geboten, was im Moment total angesagt ist.

O'Faolain's (☎ 776 1018; Kilford Arms Hotel, John St; Eintritt 8–12 €) Schon der Club allein ist der Hammer: Drei Ebenen reihen sich um eine alte Steinkirche in der Mitte, die extra aus Wales hierher gebracht wurde. Fast jede Nacht ab 22.30 Uhr und in den Clubnächten am Wochenende heizen Live-DJs so richtig ein.

Morrison's Bar (☎ 777 1888; 1 Ormonde St; ☼ 17–1 Uhr) Im Keller des Hibernian Hotels findet man diesen schicken Schlupfwinkel. Die tolle Deko im Stil der Belle Epoque ist in stimmungsvolles Licht getaucht. DJs wählen einen eklektischen Mix für anspruchsvolle Gäste, die nach Unterhaltung pur suchen.

Morrisey's Club (☎ 777 0555; 40 Parliament St; Eintritt 8 €; ☼ Do–So 20 Uhr–open end) In einem Untergeschoss, ein paar Häuser vom Kilkenny Tourist Hostel entfernt, kommt dieser Club nicht vor 22 Uhr auf Touren (wer früher kommt, hat dafür freien Eintritt). Hier legen vor allem DJs auf; es finden aber auch oft Live-Aufführungen statt. Am Sonntagabend strömt vor allem das junge Volk um die 18 ins Morrisey's.

Sport

Einheimische wetteifern über die Ergebnisse der regelmäßig stattfindenden Hunderennen im James Park (☎ 772 1214; Freshford Rd; ☼ Do & Fr 20 Uhr).

SHOPPEN

Kilkenny ist das regionale Einkaufseldorado. In der High Street findet man eine spannende Mischung aus Ladenketten und einheimischen Geschäften. Ebenso im Market Cross, einem Konsumtempel auf vielen Etagen gleich hinter den Geschäften der High Street. 2008 eröffnet noch das MacDonagh Junction, ein protziges, neues und zugleich das größte Shoppingcenter der Region.

AN- & WEITERREISE

Dublin eignet sich als Ausgangspunkt für Ausflüge nach Kilkenny: Von der Autobahn M7 geht's auf die M9 und dann immer Richtung Süden. Straßenarbeiten zur Erweiterung der M9 gen Süden nach Carlow, zur Entlastung der übervollen N9, sind noch in vollem Gange. In Paulstown zweigt die N10 ab; von dort sind es noch 17 km Richtung Westen nach Kilkenny. Wenn die Bauarbeiten fertig sind, kann man Dublin in weniger als zwei Stunden erreichen.

Bus

Bus Éireann (☎ 776 4933; www.buseireann.ie) befindet sich 200 m östlich der John Street neben dem Bahnhof, wo man auch Fahrkarten bekommt. Zu- und Aussteigen ist auch am zentral gelegenen Café Net in der St. Patrick's Street möglich. Es fahren Busse nach Carlow (6,30 €, 1 Std., 12-mal tgl.), Clonmel (6,80 €, 1 Std., 12-mal tgl.), Cork (14,90 €, 3 Std., 2-mal tgl.), Dublin (9,80 €, 2¼ Std., 5-mal tgl.) und Waterford (8,40 €, 1 Std., 2-mal tgl.).

JJ Kavanagh & Sons (☎ 883 1106; www.jjkavanagh.ie) bietet von Montag bis Samstag zwei Busse täglich nach Carlow City (5 €, 50 Min.) in die Grafschaft Carlow und nach Portlaoise (7 €, 1½ Std.) an.

Zug

Der Bahnhof (☎ 772 2024) ist jetzt 200 m hinter die John Street verlegt worden, um für das riesige neue Einkaufszentrum Platz zu schaffen. Verbindungen nach Dublin (22 €, 1¾ Std.) und Waterford (9,80 €, 50 Min.) bestehen fünfmal täglich.

UNTERWEGS VOR ORT

Auf beiden Seiten der High Street findet man große Parkflächen und Tiefgaragen. Weitere Stellplätze sind über die ganze Stadt verteilt.

JJ Wall & Son (☎ 772 1236; 86 Maudlin St) verleiht Fahrräder für 20 € am Tag. Eine nette Tagestour verspricht der Rundweg über Kells, Inistioge, Jerpoint Abbey und Kilfane. Auch Rasenmäher sind hier erhältlich – für diejenigen, die genug von der grünen Natur haben.

Ein Taxi kann man sich bei **Danny's Taxis** rufen (☎ 223 8887).

ZENTRAL-KILKENNY

Das südliche – und vor allem das südöstliche – Umland von Kilkenny (Stadt) verzaubert mit Landstraßen und reizvollen kleinen Städten, die herrliche Ausblicke über die üppig grünen Flusstäler von Barrow und Nore bieten. Die am Strom gelegenen Orte Graiguenamanagh und Inistioge betören durch ihre grandiose Landschaft. Wer gern wandert, ist hier genau richtig. Wunderbare Wege führen

am Ufer entlang von einer Stadt zur nächsten. Und in Bennettsbridge lohnt ein Besuch in den Werkstätten der bekanntesten Kunsthandwerker Irlands.

KELLS & UMGEBUNG

Kells (nicht zu verwechseln mit Kells in der Grafschaft Meath), 13 km südlich von Kilkenny an der R697 gelegen, ist kaum mehr als ein winziges Straßendorf an einem Nebenfluss des Nore, den hier eine schöne Steinbrücke überspannt. Mit den Kells Priory jedoch kann das Städtchen so richtig protzen: Es sind die eindrucksvollsten und romantischsten Klosterstätten im ganzen Land.

Kells Priory

Die besten Ruinen sind solche, in denen man frei herumstreifen kann, ohne Karte, Reiseführer, Seil oder sonstige Beschränkungen. Da es keine Öffnungszeiten oder Eintrittsgelder gibt, gleicht der Besuch hier schon fast einer spirituellen Erfahrung. In der Abenddämmerung eines wolkenlosen Tages ist die alte Abtei einfach ein Traum. Oft stehen die Chancen gut, dass man die Stätte ganz für sich allein hat – nur blökende Schafe leisten einem dann noch Gesellschaft.

Während die ältesten Überbleibsel dieser großartigen Klosteranlage aus dem späten 12. Jh. stammen, geht der größte Teil der heute vorhandenen Ruinen auf das 15. Jh. zurück. In einer weiten Fläche fruchtbaren Ackerlands stehen sieben Wohntürme, die durch einen sorgfältig restaurierten Schutzwall miteinander verbunden sind. Innerhalb der Mauern befinden sich die Reste des **Augustinerklosters** sowie die Fundamente einiger Kapellen und Häuser. Für eine Abtei ist die Anlage ungewöhnlich gut befestigt; die massiven Umfassungsmauern weisen auf eine bewegte Vergangenheit hin. Und in der Tat wurde dieses Kloster in den 100 Jahren nach 1250 von kampfeslustigen Kriegsherren zweimal angegriffen und anschließend niedergebrannt. Seit 1540 ist der Verfall unaufhaltsam weitergegangen.

Die Ruinen liegen 800 m östlich von Kells an der Straße nach Stonyford.

Rundturm & Hochkreuz von Kilree

Etwa 2 km südlich von Kells (ab dem Parkplatz des Klosters ausgeschildert) stehen ein 29 m hoher Rundturm und ein einfaches, frühes Hochkreuz, das angeblich die Grabstätte des irischen Hochkönigs Niall Caille aus dem 19. Jh. kennzeichnet. Er soll um 840 im King's River bei Callan ertrunken sein, während er versuchte einen Diener zu retten. Seine Leiche wurde bei Kells an Land gespült. Da er kein Christ war, wurde er vor den Toren des Friedhofs beigesetzt.

Callan Famine Graveyard

Westlich von Kilree, abseits der Hauptstraße (beschildert) und 2 km südlich von Callan, befindet sich ein **Friedhof**, auf dem Opfer der großen Hungersnot (S. 39) bestattet wurden. Es gibt nicht wirklich viel zu sehen, die unbeschriebenen Gräber jedoch führen auf ergreifende Weise die Anonymität des Hungertodes vor Augen.

BENNETTSBRIDGE & UMGEBUNG
☎ 056 / 950 Ew.

7 km südlich von Kilkenny an der R700 taucht Bennettsbridge in malerischer Umgebung am Flussufer des Nore auf. Hier trifft sich die Künstler- und Kunsthandwerksszene. Allein die Steinbrücke mit ihren vielen Bögen ist ein Meisterstück für sich.

Eine große Mühle am westlichen Flussufer beherbergt den **Nicholas Mosse Irish Country Shop** (☎ 772-7105; www.nicholasmosse.com; ◌ Mo–Sa 10–18, So 13.30–18 Uhr). Dieses Keramikgeschäft hat sich auf die Töpferkunst mittels Schwammtechnik spezialisiert – natürlich alles in Handarbeit. Es werden herrliche cremefarben-braune Waren verkauft, deren reich verzierte Muster mit einem Schwamm aufgetragen werden. Im Laden gibt's außerdem Heimtextilien und allerlei handgefertigten Kunstnippes (auch wenn wohl so manches aus Billiglohnländern fern von Irland stammt). Fehlerhafte Ware ist erheblich heruntergesetzt.

Ein paar Treppen höher lädt ein **Café** zum Mittagessen ein, mit einer guten Auswahl an Suppen, Sandwiches und warmen Mahlzeiten. Unbedingt probieren: die ausgezeichneten *scones*.

Weiter die Straße hinauf liegt **Keith Mosse Wood Working** (☎ 772 7948; www.keithmosse.com), wo der namengebende Kunsthandwerker zu Hause ist. Aus edlen Hölzern von fünf Kontinenten zaubert er klassische, elegante Möbel und wunderschöne Dekorationsgegenstände. Nur ein paar Hundert Meter weiter kann man **Moth to a Flame** (☎ 772 7826) an der Brücke eigentlich nicht verfehlen. Die ehemalige, niedergebrannte Fabrik beherbergt heute eine alte Werkstatt. Ein Wachsduft steigt einem in die Nase: Hier werden von zahlreichen Arbeitern aufwendig verarbeitete Kerzen hergestellt.

Wer auf der Suche nach feinen Lederwaren ist, sollte unbedingt der Werksboutique von **Chesneau** (☎ 772 7456; www.chesneaudesign.com) nahe dem Stadtzentrum einen Besuch abstatten. Schicke Taschen und Accessoires findet man hier in allen Farben; der Renner sind smaragdgrüne Exemplare. Die meisten Designs stammen aus Irland, werden aber weltweit verkauft.

In einer kleinen Straße über dem Nicholas Mosse stößt man auf das **Nore View Folk Museum** (☎ 27749; Danesfort Rd; Eintritt frei). Das Volkskundemuseum ist in Privatbesitz und zeigt interessante Funde aus der Gegend, darunter ausgediente landwirtschaftliche Geräte und anderen Schnickschnack.

Auf dem 2 ha großen Farmgelände des **Nore Valley Camping & Caravan Park** (☎ 972 7229; http://norevalleypark.tripod.com; Annamult; Tageseintritt 4 €; Campingplatz ab 8 €; ◌ April–Sept. Mo–Sa 9–17 Uhr) fühlen sich Kinder und Camper so richtig wohl. Kids können hier Ziegen streicheln, mit Häschen knuddeln, im Irrgarten herumstromern und von Strohballen hüpfen. Es gibt auch ein Teezimmer sowie einen Picknickbereich. Von Kilkenny auf der R700 kommend biegt man bei der Einfahrt nach Bennettsbridge kurz vor der Brücke rechts ab; der Park ist ausgeschildert.

Neben dem Café am Nicholas Mosse bietet das zentral gelegene Restaurant **Italian Affair** (☎ 770 0988; 4 Chapel St; Gerichte 8–25 €; ◌ Di–So 12–15 & 17–19 Uhr) eine gute Auswahl an Pizza, Pasta & Co. Die Coffee-Bar ist äußerst beliebt.

THOMASTOWN & UMGEBUNG
☎ 056 / 1750 Ew.

Thomastown, ein kleiner Marktflecken, ist für sein Kunsthandwerk bekannt und liegt sehr hübsch am Ufer des Nore. Allerdings verläuft die Hauptverbindung von Dublin nach Waterford (N9) mitten durch den Ortskern, und das Verkehrsaufkommen kann sehr stark sein. Seinen Namen verdankt das Städtchen dem walisischen Kaufmann Thomas de Cantwell. In Thomastown findet man Überreste einer mittelalterlichen Stadtmauer und die teilweise verfallene **Church of St. Mary** aus dem 13. Jh. An der Brücke liegt **Mullin's Castle**, die einzige der insgesamt 14 Burgen, die heute noch erhalten ist.

COUNTY KILKENNY

Am besten ignoriert man einfach den Verkehr und startet eine Entdeckungstour durch das Stadtzentrum. Hier drängen sich überraschend viele faszinierende Läden und Cafés. **Clay Creations** (☎ 772 4977; Low St) präsentiert die Werke der irischen Künstlerin Brid Lyons. Eine ihrer skurrilen Keramiken und Skulpturen zeigt das Abbild eines knurrenden Hundes.

Food For Thought (☎ 779 3297; Market St) ist eine Hommage an die kreative irische Küche. Manche einheimischen Produkte enthalten natürliche Konservierungsmittel aus eigenen, biologischangebauten Himbeeren. Außerdem locken Knockdrinna Farmhouse Cheese (frischer Ziegenkäse), Carlow Cheese (ein ganz besonders leckerer Hartkäse, mit Nesseln zubereitet) sowie Schokolade von Truffle Fairy.

Jerpoint Abbey

Eines der schönsten Zisterzienserklöster Irlands, **Jerpoint Abbey** (☎ 24623; www.heritageireland. ie; an der N9; Erw./Kind 2,90/1,30 €; ☉ Juni–Sept. 9.30–18, Okt.–Mai 10–16 Uhr), erhebt sich etwa 2,5 km südwestlich von Thomastown an der N9. Die Abtei wurde im 12. Jh. gegründet, und die Ruinen sind teilweise restauriert. Turm und Kreuzgang stammen aus dem späten 14. oder frühen 15. Jh. Die Silhouette der dachlosen Kreuzgänge schafft eine tolle Atmosphäre. Witzig sind die eingemeißelten Relieffiguren an den Säulen, ganz besonders die der Ritter. Steinreliefs zieren auch die Kirchenwände und Grabmäler von Familienmitgliedern der Butlers und Walshes. An der nördlichen Kirchenwand kann man verblasste Spuren einer Malerei aus dem 15. oder 16. Jh. sehen. Im Altarraum befindet sich ein Grabmal, möglicherweise die letzte Ruhestätte des eigensinnigen Felix O'Dullany, dem ersten Abt von Jerpoint und Bischof von Ossory, der 1202 starb. Auf Anfrage werden kostenlose Führungen angeboten. Eine kleine Ausstellung widmet sich weiteren historischen Ruinen in der Umgebung.

Einer regionalen Legende nach soll der Hl. Nikolaus bei der Abtei begraben liegen. Kreuzritter von Jerpoint haben angeblich auf dem Rückweg aus dem Heiligen Land in Myra in der heutigen Türkei seine Leiche mitgenommen und sie in der **Church of St. Nicholas** westlich der Abtei bestattet. Das Grab ist an einer zerbrochenen Platte zu erkennen, die mit dem Relief eines Mönchs geschmückt ist.

Stonyford

An der N10, ein paar Kilometer nordwestlich der Abtei und von Thomastown entfernt, liegt das Städtchen Stonyford. In einem alten Bauernhaus aus Stein ist hier das landesweit renommierte **Jerpoint Glass Studio** (☎ 24350; www. jerpointglass.com) untergebracht. An fast allen Tagen kann man Arbeitern zusehen, wie sie geschmolzenes Glas in exquisite oder praktische Kunstwerke verwandeln.

Kilfane

Das Dorf Kilfane, 3 km nördlich von Thomastown an der N9 (Straße nach Dublin), besitzt eine kleine, zerfallene **Kirche aus dem 13. Jh.** und einen **normannischen Turm**, 50 m abseits der beschilderten Straße. In der Kirche entdeckt man ein bemerkenswertes Steinrelief von Thomas de Cantwell, als „Cantwell Fada" oder „Long Cantwell" bekannt. Es stellt einen großen, schlanken Ritter in detailgetreuem Kettenpanzer dar, der einen Schild mit dem Cantwell-Wappen schwingt.

Im **Kilfane Glen & Wasserfall** (☎ 24558), einem 6 ha großer Landschaftsgarten, locken wunderschöne, verwilderte Waldpfade. Eine herrliche Wanderung führt z. B. zu einem malerischen reetgedeckten Cottage. Da diese Anlage 2007 geschlossen blieb, sollte man sich vorher erkundigen, ob sie schon wieder geöffnet ist. Kilfane Glen wurde um 1790 angelegt und liegt 2 km nördlich der Stadt, an der N9.

Gowran

Etwa 14 km nordöstlich von Thomastown an der N9 und 14 km östlich von Kilkenny ist die kleine Stadt Gowran vor allem für ihr Kulturerbe bekannt: die **St. Mary's Church** (☎ 772 6894; www.heritageireland.ie; Erw./Kind 1,60/1 €; ☉ Juni–Mitte Sept. 9.30–18 Uhr), ein Gebetshaus für in freier Gemeinschaft zusammenlebende Geistliche aus dem 13. Jh. Im Zuge der umfassenden Restaurierungsarbeiten in den letzten Jahren wurde eine Kirche aus dem 19. Jh. mit dem Gebäude verbunden.

Schlafen & Essen

In idyllischer Lage überblickt das **Ballyduff House** (☎ 775 8488; www.ballyduffhouse.com; EZ/DZ 55/90 €; Ⓟ), 7 km südöstlich von Thomastown an der R700, den River Nore. Drei große Zimmer verteilen sich auf das Herrenhaus aus dem 18. Jh.; dick gepolsterte Sofas laden in den Aufenthaltsräumen müde Seelen zum Verweilen ein.

Die kreative, natürliche Kost des erst vor Kurzem eröffneten **Ethos Bistro** (☎ 775 4945; Low St, Thomastown; Gerichte 6–22 €; ☼ Do–Sa 12–20, So 12–15 Uhr) wird hoch gelobt. So ist es nicht verwunderlich, dass einheimische Zutaten eine wichtige Rolle spielen und die eklektische Auswahl an Speisen häufig wechselt. Da hier immer viel Betrieb herrscht, sollte man vorher reservieren. Im Hinterhof stehen weitere Tische.

Hudsons (☎ 779 3900; Station Rd, Thomastown; Abendessen 28 €; ☼ Do–So 18–21 Uhr) Von dem schicken, modernen Speisesaal blickt man auf einen verschlungen angelegten Garten. Beliebte Klassiker wie Grillgerichte, gebratener Lachs und Caesar's Salad stehen hier regelmäßig auf der Tageskarte. Zubereitet wird alles aus frischen, regionalen Produkten.

An- & Weiterreise

Bus Éireann (☎ 64933) betreibt täglich zwei Busverbindungen von Thomastown nach Bennettsbridge (4 €, 10 Min.) und Kilkenny (6 €, 20 Min.). Zahlreiche Busse verkehren auch nach Dublin und Waterford. Sie halten vor dem Supermarkt O'Keeffe's auf der Main Street in Thomastown.

Der Bahnhof befindet sich 1 km westlich der Stadt hinter Kavanagh's-Supermarkt. Züge von Dublin nach Waterford über Kilkenny machen hier fünfmal am Tag halt.

INISTIOGE
☎ 056 / 714 Ew.

Das kleine Inistioge (in-isch-tig) ist ein Dorf wie aus dem Bilderbuch. Eine Steinbrücke aus dem 18. Jh., die sich in zehn Bögen über den Nore spannt, erlesene Geschäfte auf einem beschaulichen Dorfplatz – so viel Authentizität ist ein gefundenes Fressen für Location-Scouts. Kein Wunder also, dass Inistioge immer wieder als Filmkulisse diente, u. a. für *Die Witwen von* Widow's Peak (1993), *Unter Freunden* (1994) und *Where the Sun is King* (1996). Am Flussufer stehen Tische zum Picknicken im Freien.

Ein malerisches Stück des South Leinster Way verläuft durch den Ort, was ihn zu einem empfehlenswerten Ausgangspunkt für Erkundungstouren macht. Die R700, aus Richtung Thomastown kommend, eignet sich für eine wundervolle **Panoramatour** durch das Flusstal. Wer möchte, streift auf den kleinen Straßen und abseits davon mitten durch die grüne Landschaft. Allerdings kann man sich ganz schön in der Pampa verirren. Besser ist es, den **Wanderwegen** am Fluss zu folgen. Abzweigungen führen direkt in die Berge.

Fast 1 km südlich auf dem Mount Alto liegt **Woodstock Gardens** (☎ 779 4000; Parken 4 €; ☼ April–Sept. 9–20, Okt.–März 9–16 Uhr). Der beschwerliche Aufstieg wird mit einem phantastischen Panoramablick über das Tal belohnt. Aber auch der dicht bewaldete Park mit weitläufigen Gartenanlagen, Picknickplätzen und Spazierwegen lohnt die Mühen.

Wie die Nachbarlokale auch, bietet **Woodstock Arms** (☎ 775 8440; www.woodstockarms.com; Inistioge; EZ/DZ 40/70 €) Tische im Freien mit Blick auf den Marktplatz. Bei der umgestalteten Inneneinrichtung wurde eher auf Schlichtheit gesetzt. Das Pub hat sieben einfache, aber ordentliche und blitzblanke Zimmer im Obergeschoss.

Gleich nördlich der Stadt besticht das **Motte Restaurant** (☎ 775 8655; Plas Newydd Lodge; Menüs 35 €; ☼ Do–Sa 19–21.30 Uhr) mit überaus köstlicher und moderner irischer Küche, die sich kulinarisch von internationalen Einflüssen inspirieren lässt. Es herrscht eine freundliche, entspannende Atmosphäre. Nach dem Essen dürfen die Gäste so lange sitzen bleiben und quatschen, wie sie möchten.

Direkt außerhalb des Woodstock Gardens bietet das Zuhause von John Bassett eine Dinner-Erfahrung der ganz besonderen Art. In seinem früheren Jugendzimmer steht heute ein Fässchen. Das Restaurant **LP Tipp** **Bassetts at Woodstock** (☎ 775 8820; www.bassetts.ie; Hauptgerichte 25–28 €; ☼ Do–So 12–14, Do–Sa 18–22 Uhr) sprüht nur so vor Erfindungsgeist und serviert ständig neue Kreationen. Mittags werden auch mal Tapas (je 10 €) und samstagabends abwechslungsreiche, leckere Menüs serviert, kredenzt mit passenden Weinen. Einfallsreich verarbeitet kommen hier Zutaten der Region auf den Tisch. Draußen vor der Tür grast auf der Weide, was später auf den Teller kommt.

An- & Weiterreise

Die Gegend ist ideal für Autoreisende, Fahrradtouristen und Wanderer. Wöchentlich (!) fahren Busse nach New Ross und Kilkenny.

GRAIGUENAMANAGH
☎ 059 / 1700 Ew.

Graiguenamanagh (greg-nah-mana) ist ein hübsches, kleines Städtchen am Ufer des Barrow, 23 km südöstlich von Kilkenny. Als Highlight des Ortes gilt eine Steinbrücke mit

WANDERN IM COUNTY KILKENNY

Der **South Leinster Way** verläuft durch das südliche Hügelland der Grafschaft Kilkenny, von Graiguenamanagh über Inistioge bis hinunter nach Mullinavat und westwärts nach Piltown. Auf der Karte wirkt der Weg recht verlockend. In Wirklichkeit jedoch besteht er größtenteils aus Asphaltstraßen und eignet sich nicht besonders gut zum Wandern. Am besten beschränkt man sich auf die schönsten Abschnitte, die insgesamt 13 km ausmachen und am Fluss Barrow beginnen. Der Weg verbindet die malerischen Städtchen Graigue und Inistioge. Beide Dörfer haben sich gut auf Reisende eingestellt und bieten viele Einkehrmöglichkeiten, um den Ausflug mit einem köstlichen Essen zu krönen.

Alternativ kann man von dieser Route aus in den **Brandon Way** (4 km südlich von Graigue) einbiegen, der zum **Brandon Hill** (516 m) hinaufführt. Das weite Moorland-Hochplateau ist leicht zu erreichen. Von hier oben hat man einen wunderbaren Blick auf die Blackstairs Mountains und den Mount Leinster im Osten. Von Graigue aus hin und zurück sind es gerade mal entspannte 12 km Spazierweg.

Die Strecke am **Barrow** flussabwärts von Graigue nach St. Mullins ist landschaftlich ebenso schön. Ein befestigter Pfad führt an Kanälen entlang, durch Wälder und über Wiesen, die zum Picknicken einladen. Auch **St. Mullins** ist ein interessantes Wanderziel.

sechs Bögen, die bei Nacht angestrahlt wird. Entlang des Stromes führt ein abgelegener **Waldweg** in 1½ Stunden nach St. Mullins, wenige Kilometer flussabwärts. Auf einem weiteren Weg gelangt man auf den 6 km entfernten Brandon Hill (516 m) hinauf.

Die Gründung der **Duiske Abbey** (☎ 24238; ☒ 8–18 Uhr), der einst größten Zisterzienserabtei Irlands, geht auf das Jahr 1204 zurück. Alles, was man noch davon sehen kann, ist das Ergebnis vieler Anbauten und Veränderungen in den letzten acht Jahrhunderten. Heute wird die Abtei aktiv genutzt. Wer zur richtigen Zeit kommt, platzt vielleicht mitten in die Übungsstunde des Kinderchors – zum großen Vergnügen des Nachwuchses. Das schlichte Äußere und der weiß getünchte Innenraum weisen nur dezent auf die lange Geschichte hin. Rechter Hand vom Eingang entdeckt man den „Ritter von Duiske": Das Hochrelief aus dem 14. Jh. stellt einen Ritter im Kettenpanzer dar, der nach seinem Schwert greift. Ganz in der Nähe gibt eine Glasfläche auf dem Boden die Sicht auf ein Stück der ursprünglichen Bodenfliesen aus dem 13. Jh. frei, die jetzt 2 m unter der Erde liegen. Auf dem Gelände befinden sich zwei frühe Hochkreuze, die im letzten Jahrhundert zu ihrem Schutz hierher gebracht wurden. Das kleinere Ballyogan Cross zeigt auf seiner östlichen Seite Tafeln mit Darstellungen von der Kreuzigung, Adam und Eva, Abrahams Opferung des Isaak sowie dem Harfe spielenden David. Auf der westlichen Seite ist der Kindermord zu Bethlehem erkennbar.

Um die Ecke liegt das **Abbey Centre** (☒ Mo–Fr 9–13 Uhr, an manchen Tagen länger geöffnet) mit einer kleinen Ausstellung über christliche Kunst sowie Bildern der Abtei in unrestauriertem Zustand.

Neben den am Flussufer vertäuten Booten kann man sich ins **Waterside** (☎ 792 4246; www.watersideguesthouse.com; Quay Graiguenamanagh; Gerichte 36 €; ☒ Restaurant Mo–Sa 18.30–21.30, So 12.30–14.30 Uhr, Okt.–April nur am Wochenende) einquartieren. Einst war diese beliebte Pension ein eindrucksvolles Getreidelagerhaus aus dem 19. Jh. Das solide Steinhaus verfügt über zehn zweckmäßig gestaltete Zimmer (57–110 €) und wurde 2007 neu eingerichtet. In den höchsten Tönen wird die vielseitige, moderne irische Küche des Restaurants gelobt. Man sollte die lokale Spezialität, geräucherten Aal in Meerrettichsauce, unbedingt probieren. Im Sommer stehen auch draußen Tische.

Wem es nach Fisch, *baked beans* (weiße Bohnen in Tomatensauce) und einem Stout gelüstet, der sollte bei **Mick Doyle's** und **Mick Ryan's** vorbeischauen. Diese zwei alten Pubs in der Abbey Street bemühen sich rührend, die Grundbedürfnisse ihrer Kunden zu stillen. Zwischen beiden Kneipen findet man einen guten Secondhand-Buchladen.

ST. MULLINS

Ein beschaulicher Flecken, 6 km flussabwärts von Graiguenamanagh entfernt, ist St. Mullins, an der Grenze zur Grafschaft Carlow. Hier lässt es sich gut entspannen und picknicken; außerdem bildet der Ort ein lohnendes

Ziel der langen Wanderung von Graigue aus. Im Schatten des Brandon Hill schlängelt sich der Fluss dahin. Von seinem Ufer aus windet sich ein Weg hoch in die Berge zu einer alten Klosterruine, die sich zwischen den Gräbern der Aufständischen von 1798 erhebt. Angenagt vom Zahn der Zeit steht seitlich des Stifts noch ein keltisches Kreuz aus dem 9. Jh. Unweit davon stößt man auf die heilige Quelle St. Moling's Well, die entbehrliches Kleingeld magisch anzuziehen scheint.

Mulvarra House (☎ 051-424 936; www.mulvarra.com; EZ/DZ 50/80 €; Ⓟ) liegt oberhalb des Flussufers am Berg. Als Ausgangspunkt für Erkundungstouren ist das moderne und komfortable B&B bestens geeignet. Wer mag, kann sich auch im Wellnessbereich verwöhnen lassen.

NÖRDLICHES KILKENNY

Die wogenden grünen Berge im Norden des County Kilkenny laden zu gemächlichen Spritztouren mit Picknickkorb im Gepäck ein. In diesem Teil der Grafschaft ist nicht gerade der Bär los, aber die malerischen Städtchen Ballyragget und Castlecomer lohnen durchaus einen Abstecher. Dunmore Cave gilt als eine der meistbesuchten Sehenswürdigkeiten dieser Region. Wer sich entschließt, die Gegend auf den Straßen quer durch die Pampa zu erkunden, kann die herrliche Landschaft genießen und seine eigenen Entdeckungen machen.

CASTLECOMER & UMGEBUNG
☎ 056 / 2400 Ew.

Castlecomer liegt am sanften Fluss Dinin, knapp 18 km nördlich von Kilkenny. Nachdem man 1636 Vorkommen von Anthrazit aufgespürt hatte, wurde die Stadt ein Bergbauzentrum, bis die Gruben Mitte der 1960er-Jahre geschlossen wurden. Diese anthrazitfarbene, sehr harte Form der Kohle gilt als die beste Europas, denn sie enthält sehr wenig Schwefel und entwickelt fast keinen Rauch.

Heimische fossile Brennstoffe können in dem neuen **Castlecomer Discovery Park** (☎ 444 0707) bestaunt werden. Hier wird eine Ausstellung über den Kohlebergbau inmitten der saftig grünen Waldlandschaft gezeigt.

Am besten erkundet man diese Gegend auf Wanderpfaden. Man folgt Nebenstraßen, genießt die wunderbare Landschaft und ent-

deckt kleine Dörfer wie **Clogh**. Das hiesige schnuckelige Pub **Joyce's** wird vom sympathischen John Coffey geführt.

8 km westlich von Castlecomer liegt Ballyragget, mit einem fast intakten Eckturm im **Butler Castle** aus dem 16. Jh., der jedoch nicht öffentlich zugänglich ist.

2 km südlich von Ballyragget befindet sich **Swifte's Heath**, Wohnsitz von Jonathan Swift während seiner Schulzeit in Kilkenny. Offenbar wurde das „e" in seinem Namen weggelassen, noch bevor der Satiriker und Schriftsteller mit *Gullivers Reisen* und *Ein bescheidener Vorschlag* berühmt wurde.

Foulksrath Castle Hostel (☎ 67674; www.anoige.ie; Ballyragget; B 12–15 €; Ⓟ) ist ein quirliges An-Óige-Hostel in bester Lage in der Nähe von Ballyragget und gehört mit Sicherheit zu den besten Budgetunterkünften in ganz Irland. 44 Betten sind in einem normannischen Turm aus dem 16. Jh. untergebracht. Hier sollen angeblich außer Reisenden mit knappem Budget noch ganz andere Wesen herumspuken.

An- & Weiterreise
Bus Éireann (☎ 64933) betreibt fünf Busse täglich nach Kilkenny (4,30 €, 20 Min.). **Buggys Coaches** (☎ 444 1264) verkehrt drei- bis viermal am Tag (3,50 €). In Kilkenny halten die Busse vor dem Castle sowie in 300 m Entfernung vom Foulksrath Castle Hostel.

DUNMORE CAVE
Mit eindrucksvollen Kalkspatformationen wartet die **Dunmore Cave** (☎ 056-67726; www.herit ageireland.ie; Ballyfoyle; Erw./Kind 2,90/1,30 €; ◷ Juni–Sept. 10–18.30, Okt.–Mai 10–17 Uhr) auf, 6 km nördlich von Kilkenny an der Straße nach Castlecomer (N78). Historischen Quellen zufolge töteten plündernde Wikinger im Jahr 928 1000 Menschen in den nahe gelegenen Ringfestungen. Die Überlebenden flüchteten sich in die Höhlen, wo ihre Peiniger versuchten, sie auszuräuchern. Man nimmt an, dass die Männer dann von ihren Häschern aus dem Feuer gezogen wurden, um sie als Sklaven zu halten. Frauen und Kinder hingegen ließen sie ersticken. Bei Ausgrabungen 1973 kamen die Gebeine von mindestens 44 Menschen zutage, zumeist von Frauen und Kinder. Auch fand man Münzen aus der Zeit um 1920. Einer These zufolge sollen diese Geldstücke von Wikingern stammen, die sich ihre Münzen oftmals mit Wachs unter die Achseln klebten, um sie im Kampf nicht zu verlieren. Die

Skelette weisen aber kaum Spuren von Gewalteinwirkungen auf, was wiederum dafür spricht, dass tatsächlich Ersticken die Todesursache war.

Die Höhle ist gut beleuchtet und weitläufig, aber – wie viele Kavernen – feucht und kalt. Nach einem steilen Abstieg erreicht man die Hohlräume voller Stalaktiten, Stalagmiten und Säulen, darunter das 7 m hohe „Market Cross", den größten frei stehenden Stalagmiten Europas. Zutritt hat man nur im Rahmen einer Tour, die sich aber auf jeden Fall lohnt.

Buggys Coaches (☎ 056-444 1264) betreibt drei bis vier Busverbindungen täglich (3,50 €); die Haltestelle liegt vor dem Castle in Kilkenny.

Mittleres Südirland

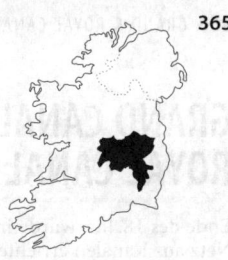

Viele verspotten die vier Counties im Herzen Irlands als „Loch im Donut". Dabei ist das Loch für manche das beste Stück.

Die mittleren Counties Kildare, Carlow, Laois und Offaly punkten mit grünen Feldern, bewaldeten Hügeln, großen Moorlandschaften und reicher Tierwelt sowie einer bewegten Geschichte, belegt durch jede Menge Artefakte. Von den Großanwesen alter Grundbesitzer mit prachtvollen georgianischen Bauten bis hin zu Irlands herrlichen Klosteranlagen – die kleinen Straßen der Region haben so manche Überraschung auf Lager.

Auf Erkundungstouren durch die Region passiert vor allem eins: man verläuft bzw. verfährt sich. Klar, richtig verloren geht man nicht, aber die Straßen können recht verwirrend sein. Was soll's – einen netten Ort findet man eigentlich immer. Und das Beste ist: Wer nicht weiter weiß, fragt nach und kommt dabei mit Einheimischen ins Gespräch. Wo sonst auf der Welt hört man Wegbeschreibungen wie: „Also, erstmal dort die kleine Straße hoch, bis zu dem großen Baum. Das heißt, nicht der eine große Baum, sondern der andere, wo Brigit O'Neill vor ein paar Jahren mal ein hübsches Stelldichein hatte …". Am liebsten hätte man ein Aufnahmegerät dabei.

Während man mit der Karte kämpft, wächst der Appetit auf die vielen tollen Speisen, die es im neuen kulinarischen Zentrum Irlands zu entdecken gibt. Schließlich fabrizieren diese üppig grünen Gegenden die wunderbarsten Genüsse, die dieses Loch im Donut zum best-schmeckendsten überhaupt machen.

MITTLERES SÜDIRLAND

HIGHLIGHTS

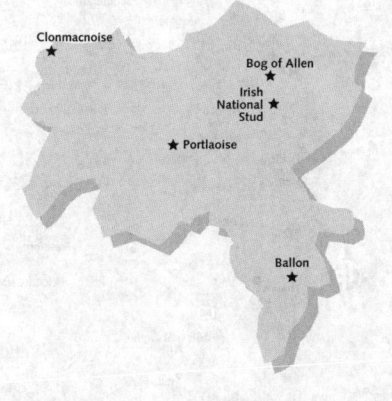

- **Fruchtbares Moorland** Das Bog of Allen im County Kildare (S. 370)
- **Pferde über Pferde** Von der wahren Bedeutung des Irish National Stud in Kildare (S. 372)
- **Prachtgärten** Herrliche Anwesen in üppigem Grün in und um Ballon (S. 379)
- **Klosterleben** Der Seele freien Lauf lassen in Irlands schönster Klosteranlage in Clonmacnoise (S. 391)
- **Schmuckstücke** Historische Sehenswürdigkeiten und Naturschätze rund um Portlaoise (S. 382)

★ Clonmacnoise
★ Bog of Allen
★ Irish National Stud
★ Portlaoise
★ Ballon

■ EINWOHNER: 333 000   ■ FLÄCHE: 6301 KM²

GRAND CANALS & ROYAL CANAL

Ende des 18. Jhs. wurde in Irland ein ganzes Netz aus Kanälen errichtet, das bis ins westliche Dublin reichte. Als Ausgangspunkt diente die Guinness-Brauerei. Ziel war es, die ersten Industriezentren mit den Überseehäfen zu verbinden. Zwei der aufwendigsten Kanäle waren der Grand Canal und der Royal Canal, die den Transport innerhalb Irlands im frühen 19. Jh. revolutionierten. Ihre Blütezeit währte allerdings nicht lange, denn schon bald wurden sie durch das Schienennetz ersetzt. Heute werden die Kanäle vor allem für Boots-

und Angelfahrten genutzt und haben beliebte Rad- und Wanderwege. Viele der frisch renovierten Dörfer, die sich entlang der Wasserstraßen befinden, sind heute attraktive Ausflugsziele.

Der *Guide to the Grand Canal of Ireland* und der *Guide to the Royal Canal of Ireland* sind phantastische Quellen für geschichtliche und ökologische Hintergrundinformationen, enthalten Tipps für Angler und ausführliche Karten der Kanäle. Beide kann man in Touristeninformationen und Buchläden vor Ort erhalten. **Waterways Ireland** (www.waterwaysireland. org) befasst sich mit der Entwicklung der Wasserwege, hat viele Infos und veröffentlicht die Broschüre *Ireland's Waterways, Map and Directory*.

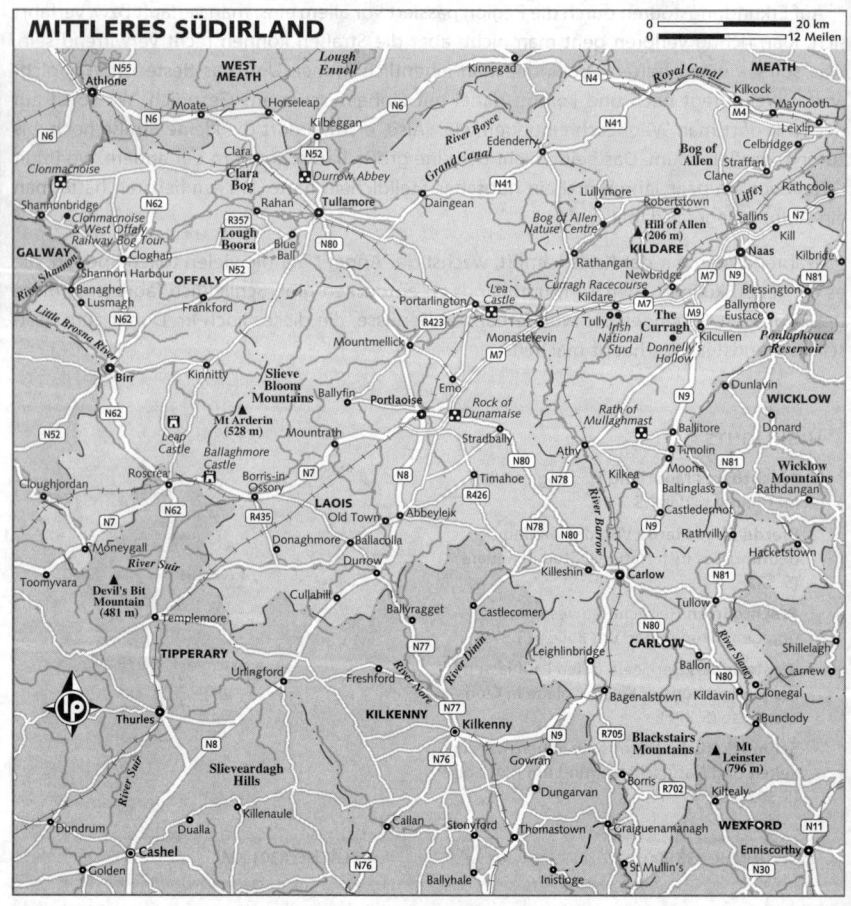

MITTLERES SÜDIRLAND

GRAND CANAL

Der Grand Canal mit einer Gesamtlänge von 130 km verläuft von Dublin nach Robertstown im County Kildare. Dort fließt ein Arm weiter westlich durch Tullamore und mündet schließlich im County Offaly bei Shannonbridge (S. 390), wo viele Wasserwege in den Shannon umgeleitet werden. Der andere Arm zweigt südlich ab und trifft in der hübschen Stadt Athy (S. 374) auf den Fluss Barrow.

Der Kanal fließt durch recht unbewohnte Landschaften. Bis zur Mündung passiert er Blumenwiesen, sumpfige Niederungen, malerische Dörfer und 36 Schleusen. Mit etwas Glück sieht man auch Otter. In der Nähe von Sallins wird der Kanal vom siebenbogigen **Leinster-Aquädukt** über die Liffey geleitet; schön sind auch die weiter südlich gelegenen Abschnitte des Barrow-Flusses.

Große bauliche Herausforderungen, z. B. die Frage, wie das Bog of Allen durchquert werden sollte, führten dazu, dass der Bau des Kanals 23 Jahre dauerte und erst 1779 eröffnet werden konnte. Passagiere wurden bis in die 1850er-Jahre befördert. Bis 1960 transportierten wenige Handelsschiffe Torf, Porter (Starkbier), Kohle und Getreide; die letzte Fracht war eine Ladung Guinness!

Näheres zum Kanalabschnitt zwischen Robertstown und Lullymore, siehe S. 370.

ROYAL CANAL

14 Jahre nach dem Grand Canal wurde zum gleichen Zweck der 145 km lange Royal Canal gegraben und zum absoluten Verlustgeschäft. Er folgt der nördlichen Grenze der Grafschaft Kildare und fließt vor der eindrucksvollen Kulisse historischer Wahrzeichen und an Herrenhäusern vorbei, u. a. am St. Patrick's College in Maynooth und Castletown House. Bei Leixlip überquert der Kanal ein riesiges **Aquädukt** und fließt bei Cloondara (oder Clondra) im County Longford in den Shannon.

Der Kanal wird von Tausenden von Pendlern genutzt, die im Norden von Kildare wohnen. Dementsprechend gut ist auch die Bus- und Bahnanbindung. Ein netter Spaziergang zwischen Leixlip und Maynooth bietet sich von Dublin als bequemer Tagesausflug an. Obwohl die Treidelpfade bis zum Shannon geöffnet sind, kann der Kanal an sich nur bis Ballymahon im County Longford befahren werden. Die Sanierungsarbeiten gehen weiter. 2007 wurde ein wichtiger Abschnitt bei Abbeyshrule im County Longford neu eröffnet, und 2008 wird die gesamte Wasserstraße schiffbar sein, sobald die letzte 18-Kilometer-Strecke nach Clondra in Betrieb genommen ist.

HAUSBOOTE & KÄHNE

In den Sommermonaten kann man entspannt über die Kanäle quer durchs Land schippern; vielerorts werden Kanalschiffe vermietet. Boote mit zwei bzw. acht Kojen kosten 800/1600 € im September und rund 1200/1800 € im Juli und August, wobei die Preise stark variieren.

Barrowline Cruisers (☎ 0502-25189; www.barrowline.ie; Vicarstown Inn, Vicarstown, County Laois) Grand Canal und River Barrow.

Canalways (☎ 045-524 646; www.canalways.ie; Spencer Bridge, Rathangan, County Kildare) Grand Canal und River Barrow.

Tranquil Holidays (☎ +44-1788 824 664; www.tranquilholidays.org; Twelfth Lock, Dublin 15) Einer von wenigen Anbietern für den Royal Canal.

Auch in Banagher (S. 389) kann man Boote für den Grand Canal mieten.

AUF DEN TREIDELPFADEN

Treidelpfade eignen sich perfekt für Spaziergänger und sind an beiden Kanälen vielerorts zugänglich. Für ausgedehnte Streifzüge ist Robertstown ein guter Ausgangspunkt, denn hier treffen der Kildare Way und die Treidelpfade des River Barrow aufeinander. Letztere erstrecken sich 95 km gen Süden bis St. Mullin's im County Carlow. Wer will, wechselt von dort entweder auf den South Leinster Way (S. 750) bei Graiguenamanagh oder auf das südliche Ende des Wicklow Way (S. 751) bei Clonegal, nördlich vom Mount Leinster.

Die meisten örtlichen Touristeninformationen verteilen Broschüren mit genauen Wegbeschreibungen. Waterways Ireland ist auch keine schlechte Quelle.

COUNTY KILDARE

Früher war County Kildare (Cill Dara) noch tiefste Provinz, heute gilt es als begehrtes Einzugsgebiet nahe der Hauptstadt. Charmante Kleinstädte wie Maynooth und Kildare (Stadt) werden zunehmend von Pendlern bevölkert und es scheint, als hinkten die ständigen Straßenarbeiten immer einen Schritt den neuesten Verkehrsverstopfungen hinterher.

In Kildare, eines der reichsten Counties Irlands, gibt es einige der lukrativsten Vollblutzuchten der Welt. Mit Pferden werden hier zig Millionen verdient, u. a. weil die irische Gesetzgebung keine Steuern auf Zuchtgebühren erhebt (was dem früheren Ministerpräsidenten und Pferdebesitzer Charles J. Haughey zu verdanken ist.) Kildare unterhält daher auch enge Verbindungen zum amerikanischen Bundesstaat und Gestützentrum Kentucky.

Das Ackerland im County Kildare ist überaus fruchtbar. Eine weite Moorfläche überzieht den Nordwesten, im Süden erstreckt sich das Weideland des Curragh.

Auch wenn Kildare nicht mit allzu vielen Top-Attraktionen gesegnet ist, so bietet es sich doch an, einen Tagesausflug von Dublin aus zu planen oder auf dem Weg in den Westen einen Zwischenstopp einzulegen.

MAYNOOTH
☎ 01 / 10 300 Ew.

In der Universitätsstadt Maynooth (Maigh Nuad) ist immer was los. Der Ort hat eine hübsche, von Bäumen gesäumte Hauptstraße mit schönen Fassaden und Läden. Man kann den Royal Canal leicht erreichen, und dank der vielen Anwälte und anderen hohen Tiere, die hier arbeiten, ist auch die Verkehrsanbindung sehr gut.

Orientierung & Praktische Informationen

Die Main Street und Leinster Street treffen aufeinander und verlaufen von Ost nach West, die Parson Street nach Süden Richtung Kanal und zum Bahnhof, der über einige Fußgängerbrücken erreicht wird. Die Straffen Road stößt im Süden auf die M4.

Tech Store (☎ 629 1747; www.techstore.ie; Unit 5, Glenroyal Shopping Centre; ☾ Mo–Fr 10–22, Sa & So 12–20 Uhr) Unterschiedliche Dienstleistungen, u. a. ein Internetcafé (6 € pro Std.); nahe der Straffen Road.

Sehenswertes
ST. PATRICK'S COLLEGE

Seit 1795 werden im **St. Patrick's College & Seminary** (☎ 628 5222; Main St) Priester ausgebildet. Das College wurde ausgerechnet von den Engländern gegründet, um die irischen Priester von den gefährlichen Idealen der Revolution und des Republikanismus, die zu der Zeit in Frankreich gelehrt wurden, fernzuhalten. 1910 wurde das College Teil der National Uni-

versity und hat heute rund 5500 Studenten. Die Zahl der jungen Männer, die das Priesteramt anstreben, sinkt unaufhörlich. Heute sind es nur noch ein paar Dutzend.

Die Collegegebäude wirken eindrucksvoll (Pugin war am Entwurf beteiligt); es lohnt sich also, ein Stündchen einzuplanen. Der Zutritt erfolgt über das Georgian Stoyte House, wo auch die **Zimmervermittlung** (☎ 708 3576; ☾ Mo–Fr 8.30–17.30 & 20–23, Sa & So 8.30–12.30 & 13.30–23 Uhr) eine Broschüre (4 €) als Orientierungshilfe verkauft. Im Sommer haben das **Besucherzentrum** (☾ Mai–Sept. Mo–Fr 11–17, Sa & So 14–18) und ein kleines **Wissenschaftsmuseum** (Eintritt gegen Spende; ☾ Mai–Sept. Di & Do 14–16, So 14–18 Uhr) geöffnet. Auf dem Gelände befinden sich einige schicke georgianische und neogotische Gebäude, Gärten und Plätze, aber Highlight der Tour ist die **College Chapel**. Eine quietschende Tür öffnet sich zur weltgrößten Chorkapelle mit prachtvollen Verzierungen und Stühlen für über 450 Chorsänger.

MAYNOOTH CASTLE

Nahe des Eingangs zum St. Patrick's College liegen die Ruinen des Pförtnerhauses, des Bergfrieds und der großen Halle von **Maynooth Castle** (☎ 628 6744; Eintritt frei; ☾ Juni–Sept. Mo–Fr 10–18, Sa & So 13–18, Okt. So 13–17 Uhr) aus dem 13. Jh., Sitz der Familie Fitzgerald. Die Burg wurde zur Zeit Cromwells zerstört, und die Fitzgeralds zogen nach Kilkea Castle (S. 375) um. Besichtigen kann man die Burg nur im Rahmen einer 45-minütigen Führung; im Bergfried ist eine kleine Ausstellung zur Geschichte der Burg untergebracht.

Aktivitäten

Leixlip liegt an der Liffey zwischen Maynooth und Dublin und ist ein wichtiges **Kanuzentrum** und Startpunkt des jährlichen, 28 km langen **International Liffey Descent Race** (www.liffeydescent.com). Über 1000 Teilnehmer kämpfen meist Anfang September um den Sieg. Nähere Auskünfte zu Kanufahren in Irland erteilt **Canoeing Ireland** (www.canoe.ie).

Schlafen

In Maynooth gibt es nur ein paar Übernachtungsmöglichkeiten.

NUI Maynooth (☎ 708 6200; www.maynoothcampus.com; B/EZ/DZ ab 23/57/70 €; P) Auf dem Unicampus können 1000 Gäste in unterschiedlichsten Zimmern untergebracht werden. Die meisten befinden sich auf dem nördlichen Gelände,

das Mitte der 1970er-Jahre entstand. Der Süd-
campus, wo man auch die Zimmervermittlung findet, bietet bessere Zimmer, denn sie
liegen um die Innenhöfe und Gärten des stimmungsvollen St. Patrick's College verstreut.
Im Sommer hat man die besten Chancen,
eines zu ergattern.

Glenroyal Hotel & Leisure Club (☎ 629 0909; www.
glenroyal.ie; Straffan Rd; Zi. 85–130 €; P ⬚ 🏊) Dieses moderne Hotel mit 113 Zimmern richtet
sich vor allem an Geschäftsreisende und Hoch-
zeitsgesellschaften. Zwar ist das Design nur
mittlerer Durchschnitt, dafür sind die Zimmer geräumig und blitzsauber. Es gibt zwei
Swimmingpools und High-Speed Internet.

Carton House (☎ 505 2000; www.cartonhouse.com;
Zi. ab 140 €; P ⬚ 🏊) Prachtvoller als dieses
riesige Anwesen und großzügige Gelände aus
dem frühen 19. Jh. geht es einfach nicht. Das
Haus hatte schon die unterschiedlichsten Besitzer, wurde allerdings erst vor Kurzem in
ein Hotel mit 147 Zimmern umgebaut. Im
Kontrast zur Außenfassade gibt sich die Inneneinrichtung erstaunlich minimalistisch.
Die Zimmer sind mit WLAN, luxuriösen Bädern und Flachbildfernsehern ausgestattet.
Die Anfahrt zum Hotel erfolgt über die R148
östlich Richtung Leixlip, am Royal Canal.

Essen

Kehoe's (☎ 628 6533; Main St; Gerichte 5–8 €; Mo–Sa
8–16 Uhr) Der richtige Ort für ein klassisch
irisches Frühstück: Im warmen und traditionell eingerichteten Kehoe's sitzt man in kleinen, gemütlichen Ecken. Es gibt eine täglich
wechselnde Mittagskarte.

Meghna (☎ 505 4868; Main St; Gerichte 10–20 €;
 12–14.30 & 17–23 Uhr) Das Meghna ist um einiges besser als die meisten indischen Restaurants. Zur Auswahl stehen ausgezeichnete
südasiatische Gerichte. Der Speiseraum im
ersten Stock wirkt anmutig und freundlich.
Wer richtig gutes Masala will, sollte die Chi-
cken-Chili-Version probieren.

An- & Weiterreise

Dublin Bus (☎ 873 4222; www.dublinbus.ie) verkehrt
mehrmals stündlich nach Maynooth (3,10 €,
60 Min.); Abfahrt ist an der Pearse Street in
Dublin.

Maynooth liegt auf der Strecke Dublin-
Sligo, mit regelmäßigen Verbindungen in
beide Richtungen: nach Dublin (2,70 €, 35
Min., 1- bis 4-mal pro Std.); nach Sligo (35 €,
2 Std. 40 Min., 4-mal pro Tag).

MAYNOOTH & UMGEBUNG
Celbridge

Nach den blumigen Ausschweifungen der
Barockzeit machte die Architektur eine 180-
Grad-Wende zum Palladianismus, einem
neoklassizistischen Stil, der sich durch Balance, Strenge und vor allem viele Säulengänge
auszeichnet. Anfang des 18. Jhs. brachten italienische Architekten eine besonders reine
Form nach Irland. Das **Castletown House** (☎ 628
8252; Erw./Kind 3,70/1,30 €; Ostern–Sept. Mo–Fr 10–18,
Sa & So 13–18, Okt. Mo–Fr 10–17, So 13–17 Uhr), ein
mächtiges Herrenhaus, ist dafür das beste
Beispiel. Eine lange Allee führt auf die imposante Fassade zu; das Innere wurde vollständig
restauriert. Eine Besichtigung ist nur im Rahmen einer einstündigen Tour möglich.

Das Haus wurde zwischen 1722 und 1732
für William Conolly erbaut, einem einfachen
Gastwirtssohn, der zum Sprecher des irischen
Unterhauses aufstieg und reichster Mann Irlands wurde. Die Entwürfe stammen von
Alessandro Galilei. Der avantgardistische Bau
– ein Mittelbau, flankiert von geschwungenen
Blendfassaden – galt als Vorbild für viele
irische Landhäuser. Ein großer Fan des Palladianismus war auch der amerikanische Präsident Thomas Jefferson; viele Häuser in
Washington, D.C., sind im gleichen Stil gebaut.

Auf dem Anwesen gibt es noch zwei nutz-
lose Bauten, die Conolly's Witwe Katherine
in Auftrag gab, um den Armen nach der Hungersnot von 1739 Beschäftigung zu geben. Der
Obelisk ist von der Long Gallery auf der
Rückseite des Hauses sichtbar, während die
scheunenartige **Wonderful Barn** mit sechs Stockwerken, die durch eine äußere Wendeltreppe
zusammengehalten werden, schief steht wie
eine Robinsonhütte auf einem Privatgrund-
stück bei Leixlip. Baulöwen wollten die
Scheune mit Häusern zubauen, was allerdings
nie passiert ist. Zwischen Dublin und Celbridge verkehren die Busse 120 und 123 (3 €,
30 Min., Mo–Fr 1-mal jede halbe Std., Sa 1-
mal pro Std., So 6-mal).

Larchill Arcadian Gardens

Diese **Gärten** (☎ 628 7354; www.larchill.ie; Kilcock; Erw./
Kind 7,50/5,50 €; Juni–Aug. Di–So 12–18, Sept. Sa & So
12–18 Uhr) sind heute Europas einziges Beispiel
für einen Zierhof (*ferme ornée*) aus der Mitte
des 18. Jhs. Ein 40-minütiger Spaziergang
führt durch einen schönen Landschaftspark
mit exzentrischen Prachtbauten, klassischen

Bepflanzungen aus dem 18. Jh., Pavillons und einem See. Kinder können auf dem Abenteuerspielplatz und im Irrgarten herumtollen oder herzige Bauerntiere streicheln.

Die Gärten liegen 5 km nördlich von Kilcock an der Straße nach Dunsaughlin (R125).

STRAFFAN
☎ 01 / 400 Ew.

Teeny Straffan bietet ein paar Attraktionen für die Jungen und eine ganz riesige für die Älteren.

Technikfans wird das **Steam Museum & Lodge Park Walled Garden** (☎ 627 3155; www.steam-museum. ie; Erw./erm. 7,50/5 €; ☻ Juni–Aug. Mi–So 14–18 Uhr) begeistern! In einer alten Kirche dokumentiert das Museum die Geschichte der Dampfmaschine und der industriellen Revolution. Zur Sammlung gehören noch funktionstüchtige Dampfmaschinen aus Brauereien, Destillerien, Fabriken und Schiffen. Daneben wachsen in einem umzäunten Garten aus dem 18. Jh. traditionelle Früchte, Blumen und Bepflanzungen.

Am Ende der Straße liegt die **Straffan Butterfly Farm** (☎ 627 1109; www.straffanbutterflyfarm.com; Ovidstown; Erw./Kind 7/4,50 €; ☻ Juni–Aug. 12–17.30 Uhr), wo man durch ein tropisches Gewächshaus mit riesigen exotischen Schmetterlingen läuft oder so kleinen Kerlchen wie Larry, dem Leopardgecko, begegnen kann.

Zwei von Irlands bekanntesten Golfplätzen befinden sich im **K Club** (Kildare Hotel & Country Club; ☎ 601 7200; www.kclub.ie; Straffan; Zi. ab 250 €; Ⓟ 🖳 🏊), einem georgianischen Anwesen und Golferparadies. Im Inneren bieten 92 schöne Zimmer und Aufenthaltsräume viel Platz für die Gäste, wo bei einem Drink über frei erfundene Heldentaten geplaudert werden kann. Es gibt zwei Golfplätze: Der eine, mit Imprimatur von Arnold Palmer, gehört zu den besten ganz Irlands und ist seit 1995 ein Austragungsort der European Open. Der zweite wurde erst 2003 eröffnet. Die Green Fee ist happig (ab 250 €), trotzdem sollte man früh buchen. 2006 gewann das europäische Team den Ryder Cup zum dritten Mal in Folge.

Von Dublin fährt **Bus Éireann** (☎ 836 6111; www.buseireann.ie) jede halbe Stunde (3,30 €, 30 Min.), sonntags verkehren nur sechs Busse.

AM GRAND CANAL
Von Straffan aus führt der Grand Canal Richtung Westen an einigen interessanten Sehenswürdigkeiten vorbei. Gleich hinter Clane lohnt ein kurzer Umweg ins winzige und friedliche **Robertstown**. Das malerische Dorf ist weitgehend unberührt geblieben und wird vom nicht mehr taufrischen Grand Canal Hotel aus dem Jahr 1801 beherrscht. Von hier aus kann man wunderbar am Kanal entlang spazieren (siehe S. 367).

Südwestlich von Robertstown und mitten im Flachland von Kildare liegt der **Hill of Allen** (206 m). Wegen der Panoramasicht von 360 Grad galt die Anhöhe jahrhundertelang als strategischer Punkt. Heute erkennt man die Spitze an einem Zierbau aus dem 19. Jh. und den Ruinen einer eisenzeitlichen Festung, in der angeblich Fionn McCumhaill gewohnt haben soll.

Weiter westlich liegt das informative **Bog of Allen Nature Centre** (☎ 045–860 133; www.ipcc.ie; R414, Lullymore; Erw./Kind 5 €/frei; ☻ Mo–Fr 9.30–17 Uhr). Die faszinierende Einrichtung wird vom wohltätigen Irish Peatland Conservation Council geführt. Das Zentrum erzählt die Geschichte der Torfmoore und -gewinnung und besitzt die größte Sammlung fleischfressender Pflanzen in ganz Irland – Sonnentau, Fettkraut und andere Proteinfresser sind im Moor beheimatet. Finanziell unterstützt wird das Center vor allem von den Niederlanden, wo es keine alten Moore mehr gibt. Deswegen arbeiten auch viele holländische Helfer bei den andauernden

---

DAS BOG OF ALLEN

Wie eine braune, feuchte Wüste erstreckt sich das Bog of Allen durch neun Countys, u. a. durch Kildare, Laois und Offaly. Irlands bekanntestes Hochmoor überdeckte einst den Großteil der Midlands. Leider wird der Torf in ganz Irland regelmäßig und schnell zu Kompost und Treibstoff verarbeitet. Früher waren 17 % der Insel von Moorland bedeckt; heute sind es weniger als 2 %. In den Sümpfen ist eine Vielzahl von Pflanzen und Tieren beheimatet, z. B. Moosbeeren, insektenfressender Sonnentau und alle möglichen Arten von Fröschen und Schmetterlingen.

Dieses reiche Land kann auf verschiedene Arten erkundet werden. Näheres über die Clonmacnoise & West Offaly Railway Bog Tour findet man auf S. 390. Das Bog of Allen Nature Centre liegt direkt am Grand Canal.

CHRISTY MOORE: NEUES LEBEN FÜR TRADITIONELLE IRISCHE MUSIK

Christy Moore kommt ursprünglich aus Newbridge im County Kildare und ist einer von Irlands bekanntesten und zweifellos meistgeschätzten traditionellen Sängern. Mit koboldhaftem Charme und Schlagfertigkeit gesegnet, produzierte er bisher über 23 Soloalben mit eingängigen Liedern.

Die Themen, für die sich Moore engagiert – Wandersleute, Atomkraftgegner, Südafrika, Nordirland – könnten einen falschen Eindruck erwecken, denn Christy Moore kennt sich mit romantischen Liebesliedern („Nancy Spain") genauso gut aus wie mit schwermütigen Balladen („Ride On"), komischen Weisen („Lisdoovarna") und bizarren Höhenflügen lyrischer Phantasie („Reel in the Flickering Light"). Er war einflussreiches Mitglied der Bands Planxty und Moving Hearts, als man in den 1970er- und 1980er-Jahren in Irland mit traditionellen Musikformen experimentierte und eine dynamische Kombination aus Folk, Rock und Jazz suchte.

Moore kam 1945 als Sohn eines Gemüsehändlers zur Welt. Seine musikalische Laufbahn wurde früh von dem Reisenden John Riley beeinflusst. Als ihm die erhofften musikalischen Chancen in Irland verwehrt blieben, zog es Moore 1966 nach England, wo er in der britischen Folk-Szene in Manchester und West Yorkshire schnell bekannt wurde.

Seinen ersten großen Durchbruch feierte Moore mit dem Lied *Prosperous* (gemeint ist die Stadt Kildare), das er zusammen mit den Legenden Donal Lunny, Andy Irvine und Liam O'Flynn schrieb. Unter dem Bandnamen Planxty produzierten sie drei bahnbrechende Alben.

Christy Moore bringt neuen Schwung in die traditionelle irische Musik. Seine Lieder sind immer unterhaltsam, aber wie jede gute Pub-Ballade zeugen auch seine Texte von mehr Tiefgründigkeit als man zunächst vermutet. Er ist leidenschaftlich, provokant und unverwechselbar wie seine Vorbilder, z. B. Jackson Browne und Van Morrison.

Bei Fans und Kollegen gilt Moore als Ikone, als einer der ganz Großen in der irischen traditionellen Musik, auch wenn er seine Konzerte zugunsten des Schreibens einschränkt. Moore hat sich als Autor und Interpret einer lebendigen Tradition auch international einen Namen gemacht.

Hörtipp: *The Christy Moore Collection, 1981–1991.*

Renovierungen mit. Über einen Holzweg gelangt man zum Bog of Allen.

Ein leicht schäbiges Hasenmaskottchen begrüßt die Besucher im fröhlichen **Lullymore Heritage & Discovery Park** (☎ 045-870 238; Lullymore; Erw./Kind 9/8 €; ☾ Ostern–Okt. Mo-Sa 10–18, So 11–18, Nov.–Ostern Sa & So 11–18 Uhr), das 1 km südlich vom Bog of Allen Nature Centre liegt. Der Park eignet sich prima für Familien: Ein Waldweg führt an verschiedenen Behausungen (z. B. an Hütten aus der Jungsteinzeit, einem Haus aus der Zeit der Hungersnot und einem Märchendorf) vorbei, es gibt einen Minigolfplatz und eine Bimmelbahn. Sollte es wirklich mal regnen, sorgt ein riesiger überdachter Spielplatz im Funky Forest für Spaß und Abwechslung.

Mehr Infos über das Mieten von Kanalschiffen, siehe S. 367.

NEWBRIDGE & THE CURRAGH

☎ 045 / 15 900 Ew.

Die recht unscheinbare Stadt Newbridge (Droichead Nua) liegt nahe der Kreuzung der M7 und M9. Touristen strömen vor allem zum **Newbridge Silverware Showroom** (☎ 431301; www.newbridgecutlery.com), einem rein kommer-

ziellen Unternehmen, das traditionelle Metallarbeiten aus der Gegend verkauft, darunter auch jede Menge versilberte Löffel und Gabeln. Die unwirschen Verkäufer können einem allerdings die Laune verderben.

Neben all dem Silber ist die Stadt vor allem als Tor zum Curragh berühmt, einer der größten zusammenhängenden fruchtbaren Bodenflächen Irlands und Zentrum der irischen Pferdezucht. Newbridge besticht darüber hinaus mit der ältesten und prestigeträchtigsten **Rennbahn** (☎ 441 205; www.curragh.ie; Eintritt 15–50 €; ☾ Mitte April–Okt.) des Landes. Auch wenn man kein Pferdenarr ist, sollte man die Leidenschaft, Atmosphäre und allgemeine Begeisterung bei den Rennen – die fast schon in Massenhysterie ausarten – zumindest einmal erleben und auf sich wirken lassen. Wer es nicht zum Wettkampf schafft, kann am frühen Morgen oder späten Abend beim Training der Vollblüter auf den offenen Plätzen rund um die Rennbahn zuschauen.

Von Dublin führt die M7 durch Curragh (Ausfahrt 12) und Newbridge. Zwischen Dublins Busbahnhof Busáras und Newbridge gibt es häufige Bus-Éireann-Verbindungen

MITTLERES SÜDIRLAND

ABSTECHER: BALLYMORE EUSTACE

In Ballymore Eustace ist einer von Irlands besten modernen Pubs zu Hause, der **Ballymore Inn** (☎ 045-864 585; www.ballymoreinn. com; Gerichte 10–30 €). Gäste sitzen im gekachelten Innenraum auf Korbstühlen und Ledersesseln; geheizt wird mit kleinen Kaminöfen. Die Speisekarte reicht von Pizza bis zu sensationellen Steaks. Außerdem gibt es einen Speisesaal für ein gehobeneres Mittag- oder Abendessen. Eine große Kneipe serviert den ganzen Tag über Pub-Kost. Die Zutaten stammen von herausragenden Erzeugern aus der Region.

(6,80 €, 90 Min.). Von Newbridge verkehren die Busse weiter zur Curragh Rennbahn (1,30 €, 10 Min.) und nach Kildare (Stadt). An Renntagen werden Extrabusse eingesetzt.

Der **Zug** (☎ 01-836 6222) Dublin–Kildare fährt vom Bahnhof Heuston ab und hält in Newbridge (11,30 €, 30 Min., stündl.). Auf den Fahrplan schauen, welche Züge zur Rennbahn fahren.

South Kildare Community Transport (☎ 871 916; www.skct.ie) betreibt einen regionalen Busservice auf zwei Strecken, u. a. über Athy, Ballitore, Castledermot, Kildare (Stadt), Moone und Newbridge (einfache Fahrt 3,50 €; bis 5-mal tgl.).

KILDARE (STADT)
☎ 045 / 5800 Ew.

Das unscheinbare Marktstädtchen Kildare hat eine kleine Kathedrale, die eng mit Irlands berühmter Heiligen, Brigida von Kildare, verbunden ist. Der belebte dreieckige Platz ist vor allem außerhalb der Hauptgeschäftszeiten ein einladender Ort.

Praktische Informationen

Das **Tourist Office & Heritage Centre** (☎ 521 240; www.kildare.ie; Market House, Market Sq; ☺ Mai–Sept. Mo–Sa 9.30–13 & 14–17.30, Mo–Fr 10–13 & 14–17 Uhr) zeigt eine Ausstellung (Eintritt 1 €) über die Geschichte von Kildare. Außerdem wird Kunst aus der Region verkauft.

Sehenswertes
ST. BRIGID'S CATHEDRAL

Die mächtige Präsenz der **St. Brigid's Cathedral** (☎ 521 229; Market Sq; Eintritt gegen Spende; ☺ Mai–Sept. Mo–Sa 10–13 & 14–17, So 14–17 Uhr) aus dem 13. Jh.

beherrscht den Kildare Square. Ein kunstvoll verziertes Buntglasfenster im Inneren stellt die drei Schutzpatrone Irlands dar: Patrick, Brigida und Kolumban (Colmcille). In der Kirche steht auch das restaurierte Grab von Walter Wellesley, Bischof von Kildare, das kurz nach seinem Tod im Jahr 1539 verschwand und erst 1971 wieder auftauchte. Eine der Relieffiguren wird als Turnerin oder Sheila-na-Gig (Steinrelief einer weiblichen Figur) ausgelegt.

Der aus dem 10. Jh. stammende **Rundturm** (Eintritt 4 €) auf dem Kirchengelände ist mit 32,9 m der zweithöchste Irlands und einer der wenigen, den man besteigen darf, vorausgesetzt, der Wächter hält sich in der Nähe auf. Das ursprünglich kegelförmige Dach wurde durch unübliche normannische Zinnen ersetzt. In der Nähe des Turms befindet sich ein **Wunschstein** – wenn man einen Arm durch das Loch steckt und die eigene Schulter berührt, geht der Wunsch in Erfüllung. Auf der Nordseite der Kathedrale liegen die restaurierten Fundamente eines alten **Feuertempels** (siehe Kasten S. 373).

IRISH NATIONAL STUD & GÄRTEN

Mit Highlights wie dem „Teasing Shed" sollte man das I**rische Nationalgestüt** (☎ 521 617; www.irish-national-stud.ie; Tully; Erw./Kind 10/5 €; ☺ Mitte Febr.–Dez. 9.30–18, letzter Einlass 17 Uhr), etwa 3 km südlich von Kildare, auf keinen Fall verpassen. Gegründet wurde es 1900 von Colonel Hall Walker (der sich mit Johnnie Walker Whiskey unsterblich machte). Er hatte zwar ein erstaunlich gutes Händchen für Pferde, doch bei seinen exzentrischen Zuchtmethoden verließ er sich meistens auf die Sterne. Das Leben eines Fohlens hing von seinem Horoskop ab, und die Dächer der Hengstställe wurden zu feierlichen Anlässen zum Himmel hin geöffnet, um das Schicksal der Pferde entsprechend zu beeinflussen. Heute gehört das tadellos geführte Gestüt dem irischen Staat. Stuten aus aller Welt werden hier von wertvollen Zuchthengsten gedeckt.

Geführte Touren (viele der Führer erzählen tolle Geschichten) durch das Gestüt finden zur vollen Stunde statt. Besucht wird auch die „Intensivstation" für neugeborene Fohlen. Wer zwischen Februar und Juni kommt, kann vielleicht sogar die Geburt eines Fohlens miterleben. Ansonsten können Besucher den ganzen Vorgang auch auf einem zehnminütigen Video verfolgen. In den Ställen blickt man den berühmten Hengsten direkt in die Augen. Weniger kraftvoll wirken die älteren Tiere wie Vintage Crop, der 1993 den Cup von Melbourne gewann. Da die meisten längst kastriert sind, erinnern sich die Wallache wohl nur dunkel an den oben erwähnten „Teasing Shed", wo die Hengste für die Paarung vorbereitet werden, vor den Augen Dutzender Zeugen. Kostenpunkt: ein Spitzenpferd ist Zigtausende Euros wert.

Im umgearbeiteten **Irish Horse Museum** werden Siegerpferde sowie gewöhnlichere Geschöpfe wie Bauerngäule gefeiert.

Der herrliche **Japanische Garten** (Teil des Komplexes) gilt als der beste seiner Art in ganz Europa. Zwischen 1906 und 1910 angelegt zeichnet er den Lebensweg von der Geburt bis zum Tod durch 20 Sinnbilder nach, darunter auch die „Tunnel der Unwissenheit", der „Berg des Ehrgeizes" und der „Stuhl des Alters".

Auch der **St. Fiachra's Garden** ist ein ländlicher Mix aus Mooreichen, sprudelnden Gewässern, nachgebauten Klosterzellen und einem unterirdischen Kristallgarten von zweifelhaftem Rang. Beide Gärten eignen sich perfekt für einen entspannten Spaziergang.

Im großen **Besucherzentrum** gibt es ein tolles Café, einen Laden und einen Spielbereich für Kinder. Eine Führung durch das Gestüt und die Gärten dauert ca. zwei Stunden.

Außerhalb des Geländes, hinter dem Museum, liegt die Ruine der **Black Abbey** aus dem 12. Jh. Abseits der Straße nach Kildare findet man den **St. Brigid's Well**, wo die verschiedenen Lebensstationen der Hl. Brigida von Kildare durch fünf Steine dargestellt sind.

Schlafen

Silken Thomas (☎ 522 232; www.silkenthomas.com; Market Sq; EZ/DZ ab 45/70 €; P) Zu dieser regionalen Institution gehören Clubs, Bars und ein Hotel mit 18 Zimmern. Man kann entweder im modernen Flügel oder im Stadthaus aus dem 18. Jh. logieren. Die Zimmer sind einfach, aber gemütlich. Am besten man lässt sich eines fernab vom Trubel geben.

Derby House Hotel (☎ 522 144; www.derbyhouse hotel.ie; EZ/DZ ab 60/100 €; P 🖳) Dieses alte Hotel mit 20 hübschen Zimmern liegt direkt im Stadtzentrum. Sämtliche Bars, Restaurants und Sehenswürdigkeiten der Hl. Brigida kann man erlaufen. Im ganzen Hotel steht WLAN zur Verfügung.

Martinstown House (☎ 441 269; www.martinstown house.com; the Curragh; EZ/DZ 145/220 €; ☾ Mitte Jan.–Mitte Dez.; P) Dieses wunderbare, ländliche Herrenhaus aus dem 18. Jh. wurde in rüschigem

---

DIE HEILIGE BRIGIDA

Die hl. Brigida gehört zu Irlands bekanntesten Heiligen. Sie wird als eine der ersten Feministinnen gefeiert und ist berühmt für ihr Mitgefühl, ihre Großzügigkeit und ihre besondere Art, mit Haustieren umzugehen. Viele Mythen und Geschichten ranken sich um sie. Fest steht, dass sie extrem eigenwillig war: Als ihr Vater sie gegen ihren Wunsch vermählen wollte, soll sie sich ein Auge ausgerissen haben, um zu beweisen, dass sie niemals heiraten würde. Nachdem sie jedoch ihr Gelübde abgelegt hatte und versehentlich als Bischof statt als Nonne geweiht worden war, stellte sich ihre Schönheit auf wundersame Weise wieder her. Einer anderen Legende zufolge soll sie in ein Kloster geschickt worden sein, nachdem sie das gesamte Familienvermögen an die Armen verschenkt hatte.

Für diese Zeit recht ungewöhnlich, gründete Brigida im 5. Jh. in Kildare ein Kloster für Nonnen und Mönche. Die merkwürdigste Legende ist allerdings die um das ewige Feuer, das von 20 Jungfrauen bewacht wurde und bis 1220 brannte, als der Bischof von Dublin diese Tradition für unchristlich erklärte. Die angebliche Feuerstelle kann auf dem Gelände der St. Brigid's Cathedral besichtigt werden, wo am 1. Februar, dem Namenstag der hl. Brigida, ein Feuer entfacht wird. Auch Nicht-Jungfrauen sind willkommen.

Brigida war unermüdlich auf Reisen. Als sich der Ruf ihrer vielen Wundertaten verbreitete, dehnte sich ihr Einfluss auf ganz Europa aus. So soll die mittelalterliche Ritterschaft sie als Schutzpatronin gewählt haben.

Der Heiligen wird mit einem einfachen Kreuz aus Schilfrohr gedacht, mit dem sie einem sterbenden Häuptling das Konzept der Erlösung verdeutlichte. Das Kreuz soll einem Heim Schutz und Segen bringen und ist noch immer in vielen Häusern auf dem Land zu finden. Brigida ist u. a. auch die Schutzheilige der Reisenden, Geflügelfarmen, Seeleute.

„Strawberry-Hill"-Stil des Gotischen Revival gebaut. Umgeben von Bäumen steht es auf einem 70 ha großen Grundstück. Die vier Zimmer des Hauses sind mit vielen Antiquitäten eingerichtet. Kinder sind allerdings nicht erwünscht. Wer früh bucht, kann hier ein unvergessliches Abendessen genießen (55 €). Die Zutaten stammen aus dem eigenen Gemüsegarten.

Essen

Jeden Donnerstag findet auf dem Market Square passenderweise ein Markt statt. Die Auswahl variiert – auf unsere Frage, was regional angebaut wird, lautete die Antwort: „Kartoffeln".

Agape (☎ 533 711; Station Rd; Gerichte 5–10 €; ☸ Mo– Sa 9–18 Uhr) Unweit des Market Square bietet dieses trendige kleine Café eine exzellente Auswahl an einfachen Speisen. Auf der Karte stehen Salate, Suppen, Sandwiches und leckere warme Tagesgerichte.

Chapter 16 (☎ 522 232; Market Sq; Gerichte 12–25 €; ☸ 18–22 Uhr) Als Teil des Silken Thomas Imperiums serviert dieses schicke Restaurant Steaks, Fisch und moderne irische Küche in attraktivem Ambiente. Das Fleischbüfett des riesigen Pubs ist immer sehr beliebt.

An- & Weiterreise

Bus Éireann bietet regelmäßige Verbindungen zwischen Dublin Busáras und Kildare (Stadt; 8,80 €, 1¾ Std.). Die Busse fahren nach Limerick (11,30 €, 2½ Std., 4-mal tgl.) weiter. Einige Busverbindungen Richtung Dublin halten auch am Gestüt.

Der **Zug** Dublin–Kildare (☎ 01-836 6222) fährt am Bahnhof in Heuston ab und hält in Kildare (12,80 €, 35 Min., 1- bis 4-mal stündl.). Von hier verkehren Züge in unterschiedliche Richtungen, z. B. nach Ballina, Galway, Limerick und Waterford.

South Kildare Community Transport (☎ 045-871 916; www.skct.ie) betreibt einen Regionalbus mit zwei Routen, u. a. nach Athy, Ballitore, Castledermot, Kildare (Stadt), Moone und Newbridge (einfache Fahrt 3,50 €, bis 5-mal tgl.).

ATHY

☎ 059 / 6200 Ew.

Die anglonormannische Siedlung wurde strategisch am Fluss Barrow angelegt. Heute ist nur noch wenig von Athys (Áth Í; a-*thigh*) langer Geschichte zu sehen.

Athy wurde im 12. Jh. gegründet und später zu einem wichtigen Verteidigungsposten. Viele ältere Bauten blieben erhalten, darunter das eindrucksvolle **White's Castle**. Den Turm hatte man 1417 zur Unterbringung einer Garnison errichtet. Nahebei liegt die Crom-a-boo Bridge. Ihren Namen verdankt sie dem wohl peinlichsten Schlachtruf der Welt, den die ortsansässige Familie Geraldine auszustoßen pflegte.

Gute Wandertipps bekommt man bei der **Touristinformaton & Heritage Centre** (☎ 863 3075; Emily Sq; Eintritt Heritage Centre Erw./Kind 3/2 €; ☸ Mai–Okt. Mo–Fr 10–17, Sa & So 14–16, Nov.–April Mo–Fr 10–17 Uhr). Das Heritage Centre dokumentiert die Geschichte von Athy und zeigt eine faszinierende Ausstellung über den Antarktisforscher Sir Ernest Shackleton (1874–1922), der im benachbarten Kilkea geboren wurde. Dazu gehört auch einer von Shackletons Schlitten, den er in Neuseeland verkaufte, um seine Schulden bezahlen zu können.

Aktivitäten

Athy ist äußerst beliebt um Hechte, Lachse und Forellen zu angeln. Eine gute Adresse für Ausrüstung und Infos bildet **Griffin Hawe Hardware** (☎ 863 1221; www.griffinhawe.ie; 22 Duke St). Dort bekommt man auch Fliegenruten und Zubehör.

Schlafen & Essen

Coursetown House (☎ 863 1101; Fax 863 2740; Stradbally Rd; EZ/DZ 75/120 €; ℗) Das 200 Jahre alte Bauernhaus liegt östlich von Athy an der R428 und in einem wunderschönen Garten, wo auch viele der Zutaten angebaut werden, die morgens zum reichhaltigen Frühstück angeboten werden. Die fünf Zimmer versprühen einen ländlichen Charme, und der Wasserdruck in der Dusche ist schön stark, sodass man sich nach einer langen Wanderung schnell wieder wohlfühlt.

Carlton Abbey Hotel (☎ 863 0100; www.carltonabbey hotel.com; Innenstadt; Zi. ab 80 €; ℗ ☐ ☒) Früher war das Haus so stur wie die Moralvorstellung seiner Bewohner; heute präsentiert sich das alte Kloster als höchst einladendes Boutique-Hotel. Die Einrichtung der 40 Zimmer besteht aus dunklen Möbeln, heller Bettwäsche und modernster Ausstattung, z. B. High-Speed Internet. Außerdem wartet das Hotel mit einem gut besuchten Pub, einem hervorragenden Restaurant und einem 21 m langen Pool auf.

An- & Weiterreise

Bus Éireann (☎ 01-836 6111; www.buseireann.ie) bietet sechs Busverbindungen von/nach Dublin (9,30 €, 1½ Std.) und Clonmel (11,70 €, 2 Std.).

South Kildare Community Transport (☎ 045-871 916; www.skct.ie) betreibt einen Busdienst auf zwei Strecken, u. a. mit Halt in Athy, Ballitore, Castledermot, Kildare (Stadt), Moone und Newbridge (einfache Fahrt 3,50 €, bis 5-mal tgl.).

VON DONNELLY'S HOLLOW NACH CASTLEDERMOT

Auf der 25 km langen Strecke ins südliche Carlow gibt es ein paar interessante Abstecher zu winzigen Ortschaften, die alle an der schnellen, wenn auch nicht besonders reizvollen N9 liegen.

Donnelly's Hollow

Dan Donnelly (1788–1820) wird als Irlands größter Boxer des 19. Jhs. verehrt. Er war der Stoff, aus dem Legenden sind. Seine Arme waren angeblich so lang, dass er seine Schnürsenkel zubinden konnte, ohne sich zu bücken. An diesem Ort, 4 km westlich von Kilcullen an der R413, kämpfte er besonders gern. Auf dem Obelisk stehen die Eckdaten seiner Laufbahn.

Ballitore

☎ 059 / 750 Ew.

Das kleine Ballitore ist die einzige geplante und dauerhafte Quäkersiedlung Irlands, gegründet im frühen 18. Jh. von Einwanderern aus Yorkshire. In einem winzigen restaurierten Häuschen untergebracht, dokumentiert ein kleines **Quaker Museum** (☎ 862 3344; ballitorelib@ kildarecoco.ie; Mary Leadbeater House, Main St; Eintritt gegen Spende; ☾ ganzjährig Di–Sa 12–17, Juni–Sept. So 14–18 Uhr) das Leben der Gemeindemitglieder, inklusive der Namensschwester und einstigen Besitzerin, die als Kriegsgegnerin bekannt war. Neben einem Quäkerfriedhof und einem Gemeindehaus findet man einen modernen **Shaker Store** (☎ 862 3372; www.shakerstore.ie; Main St; ☾ Mo–Fr 10–18, Sa & So 14–18 Uhr), der herrlich einfache Spielzeuge und Möbel verkauft. Im Laden gibt es auch ein Teezimmer.

Etwa 2 km westlich liegt **Rath of Mullaghmast**, eine eisenzeitliche Bergfestung mit einem Hinkelstein, wo Daniel O'Connell, Verfechter der Katholikenemanzipation, 1843 eine seiner „Massenkundgebungen" abhielt.

Moone

☎ 059 / 380 Ew.

Südlich von Ballitore taucht das unscheinbare Dorf Moone auf, wo man eins der prächtigsten Hochkreuze ganz Irlands besichtigen kann. Das ungewöhnlich hohe und schlanke **Moone High Cross** ist ein Meisterwerk aus dem 8. oder 9. Jh. Die Reliefs mit biblischen Szenen wirken so lebendig wie Comics. Das Kreuz steht 1 km westlich von Moone und der N9 auf einem stimmungsvollen frühchristlichen Friedhof. Alte Steinruinen tragen zur Atmosphäre bei.

Das **Moone High Cross Inn** (☎ 862 4112; Bolton Hill; EZ/DZ ab 50/80 €; P) aus dem 18. Jh. befindet sich 2 km südlich von Moone und hat fünf Zimmer im ländlichen Stil. In der tollen Bar mit offenem Kamin im Untergeschoss wird mittags gute Pubkost serviert, abends verwandelt sie sich in ein richtiges **Restaurant** (geöffnet 18–20.30 Uhr, Hauptgerichte 12–35 €), das regionale Bioprodukte verarbeitet. Hier dreht sich alles ums Keltentum: Heidnische Feste werden gefeiert und Glücksbringer, heilende und sogar Liebessteine draußen im Hof gesammelt.

Kilkea Castle

Das **Kilkea Castle Hotel** (☎ 059-914 5156; www.kilkea castle.ie; Castledermot; Zi. ab 160 €; P ☐) entstand im 12. Jh. und gilt damit als Irlands älteste ständig bewohnte Burg. Es ist die Art von Ort, wo in einer Flurecke eine Ritterrüstung steht und auch sonst vieles wie eine Filmkulisse aussieht. Einst war die Burg zweite Heimat der Fitzgeralds aus Maynooth. Angeblich soll es hier sogar spuken: Gerald the Wizard Earl taucht alle sieben Jahre aus dem Rath of Mullaghmast auf, um Irland von seinen Feinden zu befreien – kein schlechter Trick, zumal er in London begraben liegt.

Im 19. Jh. komplett renoviert, fungiert die Burg heute als Luxushotel und Golfclub. Zu ihren äußerlichen Kuriositäten zählt der **Evil Eye Stone** hoch oben auf der Rückseite des Baus. Er soll aus dem 14. oder 15. Jh. stammen und ein paar äußerst merkwürdige Handlungen dreier albtraumhafter Kreaturen (vermutlich eine Frau, ein Wolf und ein Hahn) darstellen. Auf einem anderen Relief ist ein gefesselter Affe zu sehen. Ein idealer Schauplatz für Voyeure.

Das Restaurant **De Lacy's** (Menüs ab 50 €) serviert umfangreiche Festtagsgerichte in elegantem Ambiente.

MITTLERES SÜDIRLAND

Kilkea Castle befindet sich 5 km nordwestlich von Castledermot an der Straße nach Athy (R418).

Castledermot
☎ 059 / 1160 Ew.

In Castledermot gab es früher eine riesige Klostersiedlung. Alles, was heute noch vom **Kloster** des Hl. Diarmuid aus dem 9. Jh. übrig blieb, ist ein 20 m hoher Rundturm mit mittelalterlichen Zinnen. In der Nähe stehen zwei gut erhaltene, mit Reliefs verzierte Granithochkreuze aus dem 10. Jh., ein romanisches Eingangstor aus dem 12. Jh. und ein mittelalterlicher, steiler langer Grabstein in skandinavischem Stil – der einzige seiner Art in Irland. Zu den Ruinen gelangt man über ein rostiges Tor an der stark befahrenen Main Street (N9); dann läuft man eine Allee entlang zur St. James Church. Am südlichen Ortsende stehen an der Straße die Ruinen eines **Franziskanerklosters** aus dem frühen 14. Jh.

Das **Schoolhouse Restaurant** (☎ 914 4098; Main St; ☽ Di–Sa 18–21, So 12–15 & 18–21 Uhr) ist, wie der Name bereits andeutet, in einem alten Schulgebäude aus den 1920er-Jahren untergebracht. Der Speisesaal besticht durch Eleganz, cremefarbene Wände und dunkle Holzmöbel. Beim Essen wird auf moderne irische Küche sowie auf regionale Zutaten gesetzt. Manchmal sind auch einfache B&B-Zimmer zu haben.

COUNTY CARLOW

Carlow (Ceatharlach) ist die zweitkleinste Grafschaft Irlands und strahlt ihren ganz eigenen Charme aus. Verstreut liegen ruhige, malerische Dörfer wie Rathvilly, Leighlinbridge und Borris, die sich in den letzten 100 Jahren kaum verändert haben. Der dramatischste Brocken an Historie in dieser Gegend ist Europas größter Dolmen, direkt vor den Toren von Carlow (Stadt). Ob Geschichte oder herrliche Parks – es gibt viele Gründe, die Weiterfahrt aus Carlow hinauszuzögern.

Die landschaftlich reizvollen Blackstairs Mountains beherrschen den Südosten. Der höchste Berg, Mount Leinster (796 m), ist eines der bevorzugten Drachenfliegerreviere, mit sagenhafter Sicht vom Gipfel. Zahlreiche Infos zur Region bietet folgende Website www.carlowtourism.com.

CARLOW (STADT)
☎ 059 / 13 400 Ew.

Die verschlungenen Straßen und Gassen von Carlow wirken wie eine Light-Version von „Kilkenny" oder zumindest wie eine günstige Variante. Der Ort bietet genügend Geschichte für einen ganzen Nachmittag. Jede Menge angesagter Cafés und Carlows solides Nachtleben sorgen auch nach der Abenddämmerung für Ablenkung und Zerstreuung. Von Bushorden mit Touristen wird man hier kaum belagert.

Orientierung & Praktische Informationen

Von Norden nach Süden zieht sich die Dublin Street durch die Stadt. Die Tullow Street, Carlows große Einkaufsstraße, geht in rechtem Winkel von der Dublin Street ab.

Postamt (Ecke Kennedy Ave. & Dublin St)

Touristeninformation (☎ 913 1554; Ecke Tullow St. & College St; ☽ ganzjährig Mo–Fr 9.30–13 & 14–17.30, Juni–Aug Sa 10–17.30 Uhr) Eine nützliche Informationsquelle. Im Carlow County Museum (www.carlowcountymuseum.com) werden derzeit Anbauarbeiten verrichtet.

Webtalk (☎ 913 9721; 44 Tullow St; 6 € pro Std.; ☽ Mo–Sa 9.30–18 Uhr) Internetzugang.

Sehenswertes

Wer Carlows Highlights sehen möchte, schließt sich einem geführten Stadtspaziergang an (siehe unten).

Und wenn der Durst größer ist als der Tatendrang, lockt die **Carlow Brewing Company** (☎ 913 4356; www.carlowbrewing.com; The Goods Store, Station Rd; Eintritt 7 €). Die kleine Mikrobrauerei schwimmt seit ihrer Eröffnung 1998 auf einer Erfolgswelle. Das preisgekrönte O'Hara's Celtic Stout ist herrlich im Geschmack und viel besser als das *andere* irische Stout. Führungen nach vorheriger Anmeldung.

Aktivitäten

Bei Ruderern, Kanu- und Kajakfahrern ist der Barrow sehr beliebt. **Adventure Canoeing Days** (☎ 087-252 9700; www.gowiththeflow.ie) veranstaltet Wildwasserfahrten an den Wochenenden (ab 50 €) und verleiht Kanus (ab 50 € pro Tag). Am besten bucht man im Voraus.

Stadtspaziergang

Der Spaziergang startet an der Touristeninformation in der College Street. Gleich rechts steht die elegante **Cathedral of the Assumption** (1), 1833 im Regency-Stil erbaut. Die Kathedrale war geistiges Kind des Bischofs Doyle, eines großen Verfechters der Katholikenemanzipation. Teil seines Denkmals ist eine Frau, die symbolisch für Irland im Aufstand gegen die Unterdrücker steht. Außerdem besitzt die Kirche eine kunstvolle Kanzel und einige schöne Buntglasfenster.

Nebenan liegt das **St. Patrick's College** (2), Irlands erstes Priesterseminar nach Aufhebung der Penal Laws (Strafgesetze gegen Katholiken). Es besteht seit 1793 und gilt als dienstältestes Priesterseminar der Welt, kann allerdings nicht mehr besichtigt werden.

Weiter geht's Richtung Norden entlang der College Street, dann links in die Dublin Street. Das beeindruckende **Carlow Courthouse** (3) am nördlichen Ende der Dublin Street entstand 1830 nach den Entwürfen von William Morrisson. Dem Parthenon nachempfunden, wird dieses elegante Bauwerk als eines der prächtigsten Gerichtshäuser des Landes angesehen. Es fiel durch eine behördliche Verwechslung in Carlows Besitz – das Gebäude sollte eigentlich in Cork entstehen.

Der Weg führt weiter die Dublin Street hinunter, dann rechts in die Centaur Street

und an der **Town Hall** (4) von 1884 vorbei. Am Fluss überquert man die **Millennium Bridge** (5) und läuft quer durch den Park zur 98 Street, wo das **Keltische Hochkreuz** (6) auf das Massengrab Croppies' Grave hinweist. Hier wurden 640 Rebellen der United Irishmen bestattet, die im blutigsten Kampf der Unruhen von 1798 ums Leben kamen. Hinter dem Namen „Croppie" steckt der Brauch der Rebellen, sich als Zeichen der Verbundenheit die Haare kurz zu scheren.

Von hier spaziert man zurück in die Maryborough Street und läuft südlich zur **Graiguecullen Bridge** (7) mit fünf Bögen. Sie gilt als älteste und niedrigste Brücke am Barrow. Über die Brücke und in östlicher Richtung gelangt man zu den Ruinen von **Carlow Castle** (8), das im 13. Jh. von William de Marshall gebaut wurde, und zwar an der Stelle, wo lange vorher ein normannisches Motte-and-Bailey Fort stand. Die Burg überstand Cromwells Angriffe, unterlag dann aber den großen Plänen eines gewissen Dr. Middleton, der sie in eine Irrenanstalt umwandeln wollte. Mit der Absicht, die Burg umzubauen, ließ er 1814 einen Großteil sprengen und bedient damit

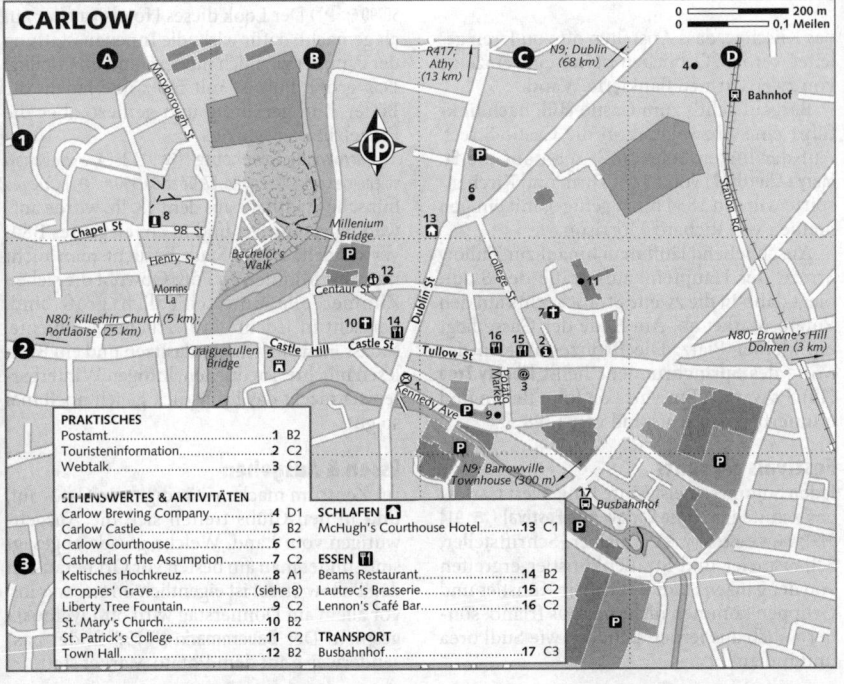

CARLOW

0   200 m
0   0,1 Meilen

PRAKTISCHES		
Postamt	1	B2
Touristeninformation	2	C2
Webtalk	3	C2

SEHENSWERTES & AKTIVITÄTEN		
Carlow Brewing Company	4	D1
Carlow Castle	5	B2
Carlow Courthouse	6	C1
Cathedral of the Assumption	7	B2
Keltisches Hochkreuz	8	A1
Croppies' Grave	(siehe 8)	
Liberty Tree Fountain	9	C2
St. Mary's Church	10	B2
St. Patrick's College	11	C2
Town Hall	12	B2

SCHLAFEN		
McHugh's Courthouse Hotel	13	C1

ESSEN		
Beams Restaurant	14	B2
Lautrec's Brasserie	15	C2
Lennon's Café Bar	16	C2

TRANSPORT		
Busbahnhof	17	C3

MITTLERES SÜDIRLAND

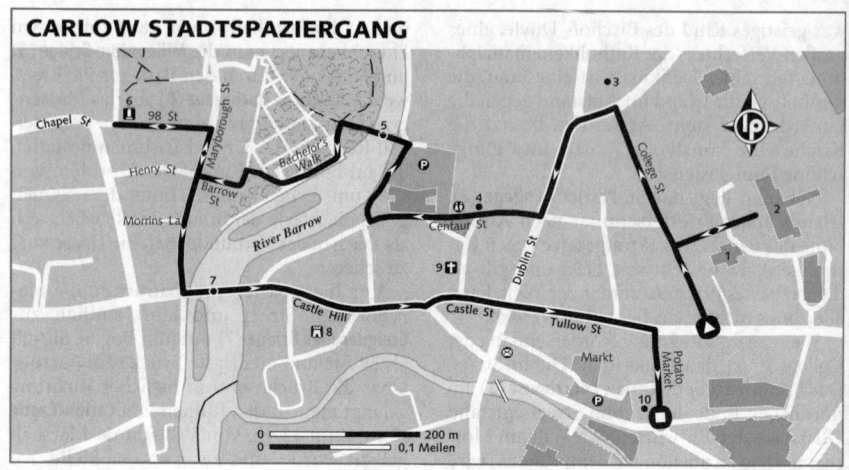

CARLOW STADTSPAZIERGANG

MITTLERES SÜDIRLAND

ROUTENINFOS

Start: Touristeninformation
Ziel: Liberty Tree Fountain
Länge: 2,5 km
Dauer: eine Stunde

das Klischee, dass Anstalten oft von Irren geleitet werden. Geblieben ist nur eine einzelne von zwei Türmen flankierte Wand.

Bergauf geht's zum Castle Hill, nach links führt eine Abzweigung in die Castle Street. Auf der linken Seite stößt man auf die **St. Mary's Church (9)** von 1727 (Turm und Kirchenspitze wurden 1834 hinzugefügt), mit einigen Statuen von Richard Morrison.

Anschließend läuft man hinauf zur Tullow Street, der Haupteinkaufsstraße der Stadt, biegt dann in die zweite Straße rechts auf den Potato Market ab. Am Ende der Gasse liegt ein kleiner Platz. Die Bronzestatue in der Mitte des Springbrunnens heißt **Liberty Tree (10)**. Es war ein Entwurf von John Behan und erinnert an den Aufstand von 1798.

Festivals & Events

Jeden Sommer, meist Mitte Juni, feiert Carlow das zehntägige **Éigse Carlow Arts Festival** (☎ 914 0491; www.eigsecarlow.ie). Musiker, Schriftsteller, Schauspieler und Straßenkünstler ergreifen von der ganzen Stadt Besitz. Die Künstler und Gruppen kommen nicht nur aus Irland, sondern auch aus fernen Ländern wie Südkorea und Indien.

Schlafen

Das kleine County Carlow hat viele charmante kleine Gasthäuser. So bleibt man doch lieber draußen auf dem Land und begibt sich für Restaurants und Kultur in die Stadt.

McHugh's Courthouse Hotel (☎ 913 3243; www.mchughscourthousehotel.com; 38-39 Dublin St; EZ/DZ ab 50/90 €; (P)) Der Look dieses Hotels ist eher auf alt gemacht; dafür wirkt die Innenausstattung der Zimmer ziemlich modern und unauffällig. Das große Pub ist mit Holz überladen, die Bäder sind geräumig und gefliest, aber die Einzelzimmer winzig.

Barrowville Townhouse (☎ 914 3324; www.barrowvillehouse.com; Kilkenny Rd; EZ/DZ ab 60/110 €; (P)) Dieses hübsche Stadthaus aus dem 18. Jh. wurde aufwendig restauriert und in ein elegantes B&B verwandelt. In die Stadt braucht man nicht mal fünf Minuten zu Fuß. Obwohl die sieben Zimmer alle unterschiedlich groß sind, herrscht in jedem ein herrliches Ambiente, sodass man einfach nur dasitzen und ein Buch lesen möcht. Im offenen, luftigen Wintergarten schmeckt das Frühstück gleich noch mal so gut.

Essen & Ausgehen

Im Zentrum machen ständig neue Cafés auf, und in den Clubs treffen sich die Ausgehwütigen vom Land. Welche gerade angesagt sind, findet man am besten vor Ort heraus. In der Tullow Street ist eigentlich immer was los, vor allem am Donnerstag wird oft Livemusik gespielt. Der **Bauernmarkt** (☺ Sa) findet passenderweise auf dem Potato Market statt.

Lennon's Café Bar (☎ 913 1575; 121 Tullow St; Gerichte 5–15 €; 🕒 Küche Mo–Sa 9–16, Do & Fr 18–22 Uhr) Das trendige Lennon's ist ein sicheres Zeichen dafür, dass sich die Zeiten auch in Carlow ändern. Liam und Sinéad Byrne betreiben ein Pub, das eigentlich nur eine Ausrede für gesundes, frisches Essen zu günstigen Preisen ist. Die Karte überrascht mit Sandwiches, Salaten, warmen Hauptspeisen und kreativer Kost.

Lautrec's Brasserie (☎ 914 3455; 115 Tullow St; Gerichte 10–25 €; 🕒 12–21 Uhr) In Carlow gibt es einen Ableger des Originals in Kilkenny. Lautrec's ist nach dem Künstler benannt und bietet daher auch entsprechend originale französische Bistroküche. Tagsüber kann man mittagessen; abends trifft man sich drinnen zum romantischen Candle-Light-Dinner.

Beams Restaurant (☎ 913 1824; 59 Dublin St; Menüs 40 €; 🕒 Sa 19.30–21.30 Uhr) Im Kutschenhaus aus dem 18. Jh., das nur samstags geöffnet hat, verbirgt sich eines der Top-Restaurants Irlands. Französisch mit irischem Einschlag – so lässt sich die Küche am besten beschreiben. Die edlen Tropfen auf der umfangreichen Weinliste werden in der eigenen Weinhandlung bezogen.

An- & Weiterreise
BUS
Bus Éireann bietet Verbindungen nach Dublin (9,30 €, 2 Std., 10-mal tgl.), Cork (14,90 €, 3½ Std., 1-mal tgl.) über Kilkenny (6,30 €, 35 Min.) und Waterford (9,30 €, 1½ Std., 7-mal tgl.) an.

JJ Kavanagh & Sons (☎ 914 3081; www.jjkavanagh. ie) fährt mehrmals täglich nach Dublin (11 €, 2 Std.) und zum Dublin Airport (16 €, 3 Std.). Von Montag bis Samstag gibt es zwei Verbindungen nach Kilkenny (5 €, 50 Min.) und Portlaoise (6 €, 1 Std.). Beide Busunternehmen fahren am Busbahnhof ab, der sich am östlichen Ende der Kennedy Avenue befindet.

ZUG
Der **Bahnhof** (☎ 913 1633; Station Rd) ist im Nordosten der Stadt. Carlow liegt auf der Strecke Dublin–Waterford. Montags bis samstags fahren in beide Richtungen fünf Züge (So 4). Eine einfache Fahrt nach Dublin oder Waterford (beide 1¼ Std.) kostet 12,80 €.

RUND UM CARLOW (STADT)
Browne's Hill Dolmen
Dieses 5000 Jahre alte Granitungetüm ist das größte **Ganggrab** Europas und eines der berühmtesten in Irland. Allein die Deckplatte wiegt schon über 100 t und war ursprünglich von einem Erdhaufen bedeckt. Der Dolmen steht 3 km östlich der Stadt an der R726 Richtung Hacketstown. Ein Weg führt um das Feld herum zur Stätte. Es gibt keine öffentlichen Verkehrsmittel. Ein Taxi kostet rund 15 bis 20 € von Carlow, inklusive 20 Minuten Wartezeit.

Killeshin Church
Hier stand einst ein bedeutendes Kloster mit einem der schönsten Rundtürme des Landes. Dieses mittelalterliche Meisterwerk wurde Anfang des 18. Jhs. von einem Bauern zerstört. Er dachte nämlich, der Turm könnte einstürzen und seine Kühe erschlagen. Man kann die Ruine einer Kirche aus dem 12. Jh. besichtigen, darunter ein phantastisches Eingangstor, das aus dem 5. Jh. stammen soll. Ein wunderbar bärtiges Gesicht ziert die Mauerkrone. Die Killeshin Church steht 5 km westlich von Carlow an der R430. Da sie nicht an das öffentliche Verkehrsnetz angebunden ist, nimmt man sich ein Taxi von Carlow aus für ca. 15 bis 20 €, inklusive 20 Minuten Wartezeit.

BALLON
☎ 059 / 400 Ew.
Nahe der kleinen Ortschaft Ballon, an der N80, stehen mehrere Anwesen und Gärten in Carlows schönster hügeliger Landschaft.

Altamont Gardens (☎ 915 9444; www.heritageireland. ie; Eintritt frei; 🕒 Mo–Fr 9–17, Sa & So 14–17.30 Uhr; 🅿) ist eine der herrlichsten alten, umzäunten Gartenanlagen Irlands. Der 16 ha große Park, 5 km östlich von Ballon, wurde zu Viktorias Zeiten angelegt und mittlerweile vom irischen Heritage Service (Dienst für Naturerbe) verwaltet. Vom Parkplatz aus folgt man einfach immer der Nase bzw. dem Duft. Im Inneren werden in einer Gärtnerei Pflanzen verkauft.

Nur 600 m südlich der Altamont Gardens liegt das **Sherwood Park House** (☎ 915 9117; www. sherwoodparkhouse.ie; EZ/DZ ab 60/100 €; 🅿), ein georgianisches Herrenhaus von 1730. Fünf riesige Zimmer bestechen durch antike Schmuckstücke und Himmelbetten. Ein Abendessen lässt sich vorab arrangieren. Die Gegend ist ideal zum Wandern.

Das elegante **Ballykealey Manor Hotel** (☎ 915 9288; www.ballykealeymanorhotel.com; Ballon; EZ/DZ ab 90/140 €; 🅿) ist ein Pastiche aus dem frühen 19. Jh., mit gotischen und spätgotischen Details. Im Inneren des kürzlich renovierten Herrenhauses befinden sich zwölf luxuriös ausgestattete Zimmer. Das Hotel liegt auf einem wunderschönen Grundstück, mitsamt einem beliebten Restaurant: Der **Oak Room** (Gerichte 15–30 €; 🕑 So 12–14.30, Mi–So 18–21 Uhr) verwöhnt seine Gäste mit Haute Cuisine.

BORRIS
☎ 059 / 590 Ew.

Das georgianische Dorf mit traditioneller Hauptstraße liegt scheinbar unberührt vor einer dramatischen Bergkulisse. Seit der idiotischen Streckenstilllegung in den 1950er-Jahren wird das riesige, steinerne Eisenbahnviadukt am Stadtrand nicht mehr genutzt.

Borris ist voller Charakter, mit jeder Menge stimmungsvoller Bars, die im Sommer für ihre traditionellen Musiksessions bekannt sind.

Sehenswertes & Aktivitäten
Am Ortsende gegenüber dem schönen, 16-bogigen Eisenbahnviadukt steht das dramatisch aussehende **Borris House** (☎ 977 3105), ein prächtiges Wohnhaus im Tudorstil und eines der majestätischsten Herrenhäuser Irlands. Führungen sind nur nach vorheriger Anmeldung möglich.

In den **Mill Gardens** (☎ 977 3132; Eintritt 5 €; 🕑 Besichtigung telefonisch vereinbaren) mischen sich am Fuße des Hügels viktorianische Formalität mit Obstgärten und modernen Zierpflanzen.

Borris eignet sich als Startpunkt für den 13 km langen **Mount Leinster Scenic Drive** (er ist auch per pedes zu bewältigen), der ebenfalls zum South Leinster Way (siehe S. 750) gehört. Alternativ kann man auch die 10 km entlang dem **Treidelpfad am Barrow** wandern, bis zum malerischen Dorf Graiguenamanagh, das bereits im County Kilkenny liegt.

Schlafen & Essen
In und um Borris gibt es mehrere großartige und unvergessliche Übernachtungsmöglichkeiten.

Step House (☎ 977 3209; www.thestephouse.com; 66 Main St; EZ/DZ ab 55/90 €; Ⓟ) Direkt im Ortszentrum gelegen strahlt dieses georgianische Haus selbst an grauen Tagen in fröhlichem Gelb. Die Aufenthaltsräume und sämtliche 20 Zimmer sind mit Antikmöbeln eingerichtet. Ein Traum sowohl für dysfunktionale Sammler als auch für Eltern, die gern ihre Kinder „loswerden" wollen (die sind nämlich nicht er-

> **ABSTECHER: CLONEGAL**
>
> Das winzige, stimmungsvolle Dörfchen Clonegal liegt 5 km östlich von Kildavin und der N80 entfernt an kurvigen Landstraßen. Wer hier die Wege rund um **Huntington Castle** (☎ 054-77552) im Herzen der Sümpfe erkundet, kann damit rechnen, dass ein kopfloser Reiter an einem vorbeigaloppiert. Die Burg hat nur sporadisch geöffnet, aber eigentlich kommt man eh nur wegen der unheimlichen Atmosphäre, ehe man sich dann in einen der liebenswerten Dorf-Pubs begibt.

laubt). Viele Zimmer haben Blick auf den großen rückwärtigen Garten und auf Mount Leinster im Hintergrund.

Lorum Old Rectory (☎ 977 5282; www.lorum.com; 95/150 €; 🕑 März–Nov.; Ⓟ) Das historische Herrenhaus erhebt sich gut sichtbar auf einem Hügel östlich der R705, auf halber Strecke zwischen Borris und Bagenalstown. Seine Gärten erstrecken sich in alle Richtungen, und von jedem der fünf Zimmer genießt man einen wunderbaren Ausblick. Das Hotel ist für seine gute Küche bekannt (hauptsächlich Bioprodukte), deshalb bei der Buchung nach besonderen Arrangements fragen.

LP Tipp **Kilgraney Country House** (☎ 0503-75283; http://indigo.ie/~kilgrany; EZ/DZ ab 100/130 €; 🕑 März–Nov.; Ⓟ) Von den sechs Zimmern dieses georgianischen Prachtbaus hört man den Barrow leise im Tal plätschern. Die Besitzer, ehemalige Dauerreisende, haben hier ein phantastisches Interieur für alle geschaffen, die dem üblichen Kitsch für eine Weile entfliehen wollen. Einrichtung und Ausstattung kommen von überall her, sogar von solch fernen Ländern wie den Philippinen. Es gibt ein Spa, einen Kräutergarten und 6-Gänge-Menüs (ab 48 €) – also die klassische Erholung vom hektischen Dublin. Das Haus liegt an der R705, auf halber Strecke zwischen Borris und Bagenalstown, nördlich des Lorum Old Rectory.

M O'Shea (☎ 977 3106; Main St) Dieser Ort ist ein Mix aus Haushaltswaren-, Lebensmittelladen und Pub. Von der Decke baumeln Ersatzteile, während man nebenan Bananen kaufen kann. Jedes Zimmer wartet mit einigen Überraschungen auf. Wer Hunger bekommt, kann unweit der Bar ins Pferdefutter greifen, das man sogar käuflich erwerben kann – außer man bevorzugt doch lieber leckere Pubkost.

Bei schönem Wetter kann man hinten auch draußen sitzen.

An- & Weiterreise

Borris liegt an der R702, die von Ost nach West die N9 mit der N11 im County Wexford verbindet. Richtung Norden führt die R705 12 km am schönen Barrow-Tal entlang bis nach Bagenalstown.

MOUNT LEINSTER

Mit 796 m Höhe ist der Mount Leinster ein ideales Gebiet für **Drachenflieger**. Außerdem lohnt sich eine Wanderung zur Spitze mit Rundblick über die Counties Carlow, Wexford und Wicklow. Von Borris fährt man 13 km immer den Mount Leinster Scenic Drive entlang bis Bunclody im County Wexford. Mit dem Auto dauert die Fahrt 20 Minuten, zu Fuß gut 2 Stunden.

SOUTH LEINSTER WAY

Südwestlich von Clonegal, am Nordhang des Mount Leinster, liegt das winzige Dörfchen **Kildavin**, Startpunkt des South Leinster Way. Mehr Informationen dazu siehe S. 750.

COUNTY LAOIS

Die meisten Besucher nehmen Laois ("leash" ausgesprochen) nur vom Autofenster aus als verwischten Grünstreifen wahr, wenn sie über die N7 oder N8 zu attraktiveren Orten im Westen unterwegs sind. Doch gerade abseits der Hauptstraßen kann man die verborgenen Winkel von Irlands Herzstück entdecken: überraschend charmante historische Dörfer, die unberührten Slieve Bloom Mountains und verschiedenste Flüsse und Wanderwege.

Alles Wissenswerte über County Laois erfährt man auf www.laoistourism.ie. Eine andere hervorragende Lektüre ist das Büchlein *Laois Heritage Trail*, das man in den Touristeninformationen erhält und die Geschichte aller Ortschaften gut erklärt.

PORTLAOISE

☎ 057 / 3600 Ew.
Die beiden bedeutendsten Gebäude von Portlaoise sind als "Nuts and Bolts" ("Muttern und Schrauben" bzw. "verrückt" und "hinter Schloss und Riegel") bekannt: eine große Nervenheilanstalt und ein Hochsicherheitsgefängnis. Wenn man also nicht gerade den Verstand verlieren oder einen Mord begehen will, sucht man als Besucher schnell wieder das Weite. Dafür sind die Slieve Bloom Mountains (S. 384) im Westen und der beeindruckende Rock of Dunamaise (siehe S. 383) im Osten absolut sehenswert.

Praktische Informationen

Dunamaise Arts Centre (☎ 866 3355; Church St; 5 € pro Std.; Mo–Sa 8.30–17.30 Uhr) Hat Internetzugang.

Touristeninformation (☎ 862 1178; James Fintan Lawlor Ave; Okt.–Mai Mo–Fr 9.30–13 & 14–17.30, Juni–Sept. Mo–Sa) Auf dem Parkplatz des Einkaufszentrums an der Umgehungsstraße; großartiger Service.

Schlafen & Essen

In Portlaoise wird man in jedem Fall satt: Die Auswahl an Mittagslokalen ist groß und gut. Viele liegen auf der stimmungsvollen Main Street. Diese erreicht man, indem man von der weniger charmanten Mall und dem Parkplatz (wo auch die Touristeninformation ist) an der Umgehungsstraße durch die Lyster's Lane geht.

O'Loughlin's Hotel (☎ 862 1305; www.oloughlins hotel.ie; 30 Main St; EZ/DZ ab 60/100 €; P 🖵) Dieses historische Gebäude beherbergt ein einfaches, aber komfortables Hotel. Alle 20 Zimmer haben WLAN. Vorbei am kleinen Kamin in der Lobby serviert ein großes Pub gutes Mittagessen.

Egan's Hostelry (☎ 862 1106; Main St; Gerichte 7–12 €; 9–21.30 Uhr) In diesem Pub ist immer was los, dank des guten und günstigen Büfetts. Täglich stehen mehrere leckere, traditionelle warme Speisen zur Auswahl, mit allen möglichen Beilagen.

Kitchen & Foodhall (☎ 866 2061; Hyand's Sq; Hauptgerichte 7–12 €; Mo–Sa 9–17.30 Uhr) Das Lokal ist für seine kreative und gesunde Küche und das herrlich große Salatbüfett bekannt. Täglich gibt es ein warmes Special und Hausgemachtes wie Chutneys und Marmeladen. Außerdem kann man sich hier für ein Picknick eindecken. Hell, fröhlich und kinderfreundlich geht es in dem Restaurant nahe der Main Street zu.

Unterhaltung

Dunamaise Arts Centre (☎ 866 3355; www.dunamaise. ie; Church St) Das Theater- und Kunstzentrum in einem landeseigenen Spezialbau zeigt ein vielfältiges Programm aus nationalen und internationalen Performances und visueller Kunst, Comedy und Film.

An- & Weiterreise

BUS

Portlaoise liegt an einer viel befahrenen Hauptstraße an der Kreuzung der M7, N7 und N8.

Es gibt regelmäßige Verbindungen (Bus Éireann) für diese drei Hauptrouten: nach Cork (9,50 €, 3 Std.) über Abbeyleix, Cashel und Cahir; nach Dublin (9,30 €, 1¾ Std.) über Kildare (Stadt); und entlang der N7 nach Limerick (11,30 €, 3 Std.) über Mountrath, Borris-in-Ossory und Roscrea.

JJ Kavanagh & Sons (☎ 056-883 1106; www.jjkavanagh.ie) betreibt montags bis samstags täglich zwei Busse nach Carlow (6 €, 1 Std.) und Kilkenny (7 €, 1½ Std.).

ZUG

Nur 70 Bahnminuten von Dublin (18,50 €, 14-mal tgl.) entfernt liegt Portlaoise auf den Strecken nach Cork, Limerick und Tralee. Der kleine **Bahnhof** (☎ 862 1303; Railway St) liegt 5 Minuten zu Fuß nördlich des Zentrums.

PORTLAOISE & UMGEBUNG

In einem 20 km Umkreis um Portlaoise findet man einige Dörfer und Sehenswürdigkeiten, die bis ins 2. Jh. zurückreichen, darunter herrliche Parks und historische Zeugnisse der Wikinger, Franzosen und anderer Besetzer. Die unterschiedlichen Attraktionen liegen etwa in einem Halbkreis von Nord nach Süd (im Uhrzeigersinn) und können mit dem Auto an einem Tag besichtigt werden. Selbst eine Radtour wäre nicht wahnsinnig anstrengend. Mit öffentlichen Verkehrsmitteln kann man nur ein paar der Ortschaften bequem erreichen.

Mountmellick

☎ 057 / 2600 Ew.

Mountmellick, ein stilles georgianisches Städtchen am Fluss Owenass, wird fälschlicherweise auch als „Manchester Irlands" bezeichnet, obwohl es kleiner, netter und einladender ist. Im 19. Jh. war es für seine Leinenherstellung berühmt und verdankt seine Geschichte zum Großteil den Quäkern, die sich hier niederließen.

Ein 4 km langer und ausgeschilderter **geschichtlicher Rundweg** beginnt am Marktplatz und führt an den wichtigsten Sehenswürdigkeiten vorbei. Eine Ausstellung im **Mountmellick Museum** (☎ 862 4525; www.mountmellickdevelopment.com; Mountmellick Development Association, Irishtown; Eintritt 3 €; ☺ ganzjährig Mo–Fr 9–13, Juni–Sept. 14–16.30 Uhr) zeigt feinste Mountmellick-Stickereien. Hervorragende Lektüre hierfür ist das Büchlein *Mountmellick Heritage Trail*. Unterschiedliche Leinenstoffe und Flickendecken werden noch immer von Bewohnern hergestellt und hier verkauft.

Der Ort liegt 10 km nördlich von Portlaoise an der N80.

Portarlington

3300 Ew.

Portarlington (Cúil an tSúdaire) entstand unter dem Einfluss französischer Hugenotten und deutscher Siedler. An der French Street und Patrick Street entdeckt man einige schöne Gebäude aus dem 18. Jh., wovon viele jedoch ziemlich heruntergekommen sind. Die **St. Paul's Church** (Eintritt frei; ☺ 7–19 Uhr) von 1851 wurde an der Stelle der ursprünglichen französischen Kirche aus dem 17. Jh. für die Hugenotten errichtet. In einer Ecke des Kirchhofes sind einige Hugenottengräber zu besichtigen. Das Gotteshaus liegt 18 km nordwestlich von Portlaoise.

4 km östlich der Stadt stößt man auf die beeindruckenden, Efeu bewachsenen Ruinen des **Lea Castle** aus dem 13. Jh. am Ufer des Barrow. Es ist die einstige Festung von Maurice Fitzgerald, des zweiten Barons von Offaly. Die Burg besteht aus einem intakten Bergfried mit Turm und zwei Außenmauern sowie einem Pförtnerhaus mit Zwillingstürmen. Der Zugang erfolgt über einen Bauernhof 500 m nördlich von der Hauptstraße nach Monasterevin (R420).

Emo Court

Der ungewöhnliche, von einer grünen Kuppel gekrönte **Emo Court** (☎ 086-810 7916; www.heritageireland.ie; Emo; Erw./Kind 2,90/1,30 €, Anlagen Eintritt frei; ☺ Mitte Juni–Mitte Sept. Di–So 10.30–18.30, letzter Einlass 17.45 Uhr, Anlage ganzjährig tagsüber geöffnet) wurde 1790 von James Gandon, Architekt des Dublin's Custom House, entworfen. Ursprünglich war das imposante Gebäude der Landsitz des ersten Earl of Portarlington. Nachdem es viele Jahre als jesuitisches Novizenhaus gedient hatte, wurde das Haus mit der kunstvollen Mittelrotunde sorgfältig restauriert.

Auf dem großen Grundstück stehen 1000 verschiedene Baum- und Straucharten, etwa riesige Mammutbäume, und viele griechische Statuen. Beim Anblick des beeindruckenden Ziergartens („The Clucker") wird so mancher in Verzückung geraten. Im Park kann man herrlich picknicken oder einen ausgedehnten Waldspaziergang zum Emo Lake unternehmen.

Emo liegt ca. 13 km nordöstlich von Portlaoise, direkt an der R422, 2 km westlich der M7.

Rock of Dunamaise

Der **Rock of Dunamaise** (Eintritt frei; ☉ tagsüber; Ⓟ) ist eine markante Erscheinung, dramatisch auf einem Kalksteinvorsprung thronend. Erstmals wurde der Felsen auf einer Karte von Ptolemäus im Jahr 140 erwähnt und von mehreren, aufeinander folgenden Invasions- und Besetzungswellen durch die Wikinger, Normannen, Iren und Engländer heimgesucht. Cromwells Spießgesellen zerstörten die Stätte endgültig im Jahr 1650.

Derzeit werden die Ruinen stabilisiert und setzen deshalb, zumindest im Moment, etwas Phantasie voraus. Dafür ist die Aussicht vom Gipfel bei klarem Wetter einfach sensationell. Ein idealer Ort für ein Picknick! Mit etwas Glück erkennt man den Timahoe-Rundturm im Süden, die Slieve Blooms im Westen und die Wicklow Mountains im Osten.

Der Felsen liegt 6 km östlich von Portlaoise an der Straße nach Stradbally (N80). Oder man nimmt ein Taxi von **Portlaoise Taxi Service** (☎ 057-866 2270) für 20 € hin und zurück.

Stradbally

☎ 057 / 1200 Ew.

Das hübsche Örtchen Stradbally liegt 10 km südöstlich von Portlaoise entlang der N80 und ist Veranstaltungsort des jährlichen **Electric Picnic** (www.electricpicnic.ie), ein dreitägiges Open-Air-Festival, das sich selbst als „Boutique" bezeichnet, weil über 32 000 Besucher zugelassen werden (3-Tages-Pass: 220 €). Zu den Größen, die sich auf dem Gelände des Stradbally Estate die Ehre geben, gehören Björk, Jarvis Cocker, Primal Scream und Josh Wink.

Einer ganz anderen Gruppe dürfte eher das **Stradbally Steam Museum** (☎ 864 1878; www.stradbally steammuseum.com; Eintritt 5 €; ☉ Sa & So 10–16 Uhr) zusagen, ein Paradies für Liebhaber von Dampfmaschinen. Die Sammlung umfasst liebevoll restaurierte Feuerwehrwagen, Dampftraktoren und -walzen. Am Feiertagswochenende im August veranstaltet das Museum eine zweitägige Rallye. Die 40 ha große Anwesen von Stradbally Hall wird dann von dampfbetriebenen Maschinen und Oldtimern in Besitz genommen.

Die Dampflok der Guinness-Brauerei von 1895 im Dorf ist eng mit dem Museum verknüpft und wird für kurze Ausflüge auf der von Freiwilligen gebauten **Schmalspurbahn** genutzt (www.irishsteam.ie; Eintritt variiert; ☉ Ostern–Okt. So & Mo 14.30–17 Uhr, Feiertagswochenenden).

JJ Kavanagh & Sons (☎ 056-883 1106; www.jjkavan agh.ie) betreibt Busse auf der Strecke Portlaoise–Kilkenny mit Halt in Stradbally (von Portlaoise 3,50 €, 15 Min., Mo–Sa 2-mal tgl.).

Stradbally liegt auch auf der von Bus Éireann bedienten Route Waterford–Longford (Mo–Sa 2-mal tgl., So 1-mal), die auch durch Kilkenny, Carlow, Portlaoise (3,20 €, 15 Min.) und Athlone führt.

Timahoe

500 Ew.

Das winzige Timahoe ist wahrlich charmant, wenn auch nicht viel mehr als ein paar Häuser um einen dreieckigen Rasenplatz. Auf der anderen Seite eines plätschernden Bachs ragt wie aus einem Märchen ein 30 m hoher **Rundturm** aus dem 12. Jh. auf – fehlt nur noch Rapunzel und das Bild wäre komplett. Der Turm hat ein romanisches Eingangstor mit ungewöhnlichen Reliefs und ist Teil einer antiken Stätte, zu der auch die Ruinen einer Kirche aus dem 15. Jh. gehören. Irgendwie scheint der ganze Ort verzaubert, zumal sich fast kein Tourist hierher verirrt.

Timahoe liegt 13 km südöstlich von Portlaoise an der R426.

MOUNTRATH

☎ 057 / 1400 Ew.

Ebenfalls ein einst wohlhabendes Leinenzentrum war im 18. Jh. das mittlerweile verschlafene Nest Mountrath. Einziges Highlight ist der regelmäßig abgehaltene Viehmarkt. Der Hl. Patrick und die Hl. Brigida sollen hier Klöster gegründet haben, obwohl keinerlei Überreste gefunden worden sind.

Heute gilt das Kloster des Hl. Fintan, 3 km östlich an der Straße nach Portlaoise, aus dem 6. Jh. als Pilgerstätte. Sein Ruhm liegt im **St. Fintan's Tree** begründet: An einem der unteren Äste des großen Bergahorns soll es eine Rille geben, durch die Wasser mit heilender Wirkung fließt.

Ballyfin House, 8 km nördlich von Mountrath, ist ein architektonischer Schatz, der 1850 von Richard Morrison entworfen wurde. Da es derzeit wie viele andere historische Herrenhäuser in Irland zu einem Luxushotel umgebaut wird, ist es für Besucher geschlossen.

LP Tipp **Roundwood House** (☎ 873 2120; www.roundwoodhouse.com; Slieve Blooms Rd; EZ/DZ ab 100/150 €, Wochenpreise möglich; ☺ Febr.–Dez.), einen Landsitz, würde man gerne im Besitz reicher Freunde sehen. Das prächtige Anwesen im palladianischen Stil des 17. Jhs. liegt mitten im Grünen am Ende einer Allee. Zehn Zimmer verteilen sich über das historische Haupthaus und ein etwas moderneres Nebengebäude. Bücher en masse laden zu einer gemütlichen Lesestunde vor dem Kamin im Salon ein. Grundstück und vor allem die spielwütigen Hunde sind bei den Kids der Renner. Das Abendessen (30-50 €) ist ein Reigen aus regionalen Köstlichkeiten, der Käseteller ein wahrer Genuss. Nach dem Dinner gibt Besitzer Frank Kennan (seine Frau Rosemary schmeißt die Küche) gerne spannende Geschichten bei ein paar Drinks von der gut sortierten Bar zum Besten. Unbedingt darauf achten, wie man „Bush" ausspricht.

Mountrath liegt an der Bus-Éireann-Hauptstrecke von Dublin nach Limerick, mit täglich bis zu 14 Verbindungen in beide Richtungen.

SLIEVE BLOOM MOUNTAINS

Die besten Gründe für einen Abstecher nach Laois sind die Slieve (Schlie-wie) Bloom Mountains. Unvermittelt erheben sie sich aus einer weiten Ebene, sind allerdings nicht so spektakulär wie andere Gebirgszüge Irlands. Dafür begegnet man kaum Touristen, was sie wiederum reizvoll macht. Wenn man die einsamen Deckenmoore der Berggipfel, das Heideland, die Kiefernwälder und die abgeschiedenen Täler durchwandert, fühlt man sich wirklich fernab von allem.

Die höchste Erhebung ist der Mount Arderin (528 m), südlich vom Glendine Gap an der Grenze zu Offaly. Von hier kann man bei klarem Wetter die Gipfel aller vier historischen Provinzen Irlands sehen: Lugnaquilla im östlichen Leinster, Nephin im westlichen Connaught, Slieve Donard im nördlichen Ulster sowie Carrantuohil im südwestlichen Munster.

Wer eine Wanderung plant, sollte Mountrath im Süden und Kinnitty im Norden als Ausgangspunkt wählen. Für einen netten Spaziergang eignet sich **Glenbarrow**, südwestlich von Rosenallis, wo ein interessanter Pfad am Barrow entlangführt. Ebenfalls lohnenswert sind **Glendine Park** beim Glendine Gap und der **Cut-Bergpass**.

Informationen und über 30 ausgeschilderte Wanderwege für das gesamte County sind im *Laois Walks Pack* (2 €) zusammengefasst, das es bei der Touristeninformation in Portlaoise gibt.

Der **Slieve Bloom Way** (S. 750) ist ein 77 km langer, ausgeschilderter Rundweg durch die Berge, der zugleich die wichtigsten Sehenswürdigkeiten mit einschließt. Entweder man läuft allein oder schließt sich, von Mai bis Oktober, einer geführten Gruppe an, die vom **Slieve Bloom Walking Club** (☎ 0509-37299; www.slievebloom.ie; 5–20 € pro Pers.; ☺ Juni–Nov. So) organisiert wird. Die Entfernungen variieren zwischen 10 und 20 km.

WESTERN LAOIS

3 km westlich von Borris-in-Ossory liegt der einst wichtige Kutschenstopp **Ballaghmore Castle** (☎ 0505-21453; www.castleballaghmore.com; Ballaghmore; Erw./Kind 5/3 €; ☺ 10–17 Uhr). Die eckige Turmfestung von 1480 wirkt sehr stimmungsvoll, mit ihren schweren, knarrenden Holztüren, kalten Steinmauern und einer rätselhaften Sheila-na-Gig. Für 2000 € am Wochenende kann man das hübsch restaurierte historische Gebäude sogar mieten. Wem das zu teuer ist, der kann zumindest auf dem Burggelände nächtigen: im **Manor Guest House** (60 € pro Pers.) oder im Ferienhaus **Rose Cottage** (500 € pro Woche).

ABBEYLEIX
☎ 057 / 2400 Ew.

Abbeyleix (Abbey-leeks), 15 km südlich von Portlaoise, ist ein hübscher historischer Ort mit vielen Bäumen, schmucken Häusern und ordentlich viel Verkehr. Die ursprüngliche Siedlung entstand um ein Zisterzienserkloster des 12. Jhs. und befand sich eigentlich mal ganz woanders. Im 18. Jh. ließ der Landbesitzer Viscount de Vesci das Dorf niederreißen und an der jetzigen Stelle wieder aufbauen, da es zuvor regelmäßig von Überschwemmungen heimgesucht wurde. Während der großen Hungersnot erwies sich de Vesci als freundlicher Grundbesitzer, im Vergleich zu vielen anderen. Den Brunnenobelisk auf dem Marktplatz stellten die Pächter zum Dank auf.

Sehenswertes
Ein altes Schulgebäude am Nordende der Main Street beherbergt heute das **Heritage House** (☎ 873 1653; Erw./Kind 4/2 €; ☺ März–Okt. Mo–

ABSTECHER: LETZTE EINKEHR DER ARMEN IN DONAGHMORE

Das sonst unbeachtete Bauerndorf Donachmore ist Heimat eines düsteren Vermächtnisses der Hungersnot. 1853 wurde das **Donaghmore Workhouse** (☎ 086-829 6685; www.donaghmoremuseum. com; Erw./Kind 5/3 €; ☺ ganzjährig Mo–Fr 11–17, Juli–Sept. Sa & So zusätzlich 14–17 Uhr) als Armenhaus eröffnet – also für jene, die nicht verhungert oder geflohen waren. Die Zustände waren elend. Mahlzeiten wurden schweigend eingenommen, die Toiletten waren bestenfalls dreckig; Betten gab es kaum. Dahinter steckte folgende Absicht: Die besonders schlimmen Verhältnisse sollten die Armen abschrecken; vielleicht würden sie dann einfach sterben. Heute erinnert ein kleines Museum an diese schreckliche Zeit. Auch wenn das Gebäude geschlossen hat, ist doch allein die Präsenz der Einrichtung gruslig. Es liegt an der R435, 20 km westlich von Durrow.

10–17, So 13–17, Nov.–Febr. Mo–Fr 9–17 Uhr; ℗), Touristeninformation und Museum zugleich, das die bewegte Geschichte der Stadt nacherzählt. Zur Ausstellung gehören auch einige türkisch inspirierte Teppiche, wie sie in Abbeyleix zwischen 1904 und 1913 gewebt wurden. Ein paar schmückten sogar die *Titanic*.

De Vescis Villa, das **Abbeyleix House**, wurde 1773 von James Wyatt entworfen. Es liegt 2 km südwestlich der Stadt an der Straße nach Rathdowney, kann aber nicht besichtigt werden.

Weitaus beeindruckender sind die prächtigen **Heywood Gardens** (☎ 087-667 5291; www. heritageireland.ie; Eintritt frei; ☺ Mai–Aug. 8–21, April–Sept. bis 19, Okt.–März bis 17.30 Uhr; ℗), ein vom Denkmalamt verwalteter Besitz 4,5 km südöstlich der Stadt.

Schlafen & Essen

Farren House Farm Hostel (☎ 873 4032; www.farm hostel.com; B 20 €; ℗) Dieses urige, unabhängige Hostel ist in einem restaurierten Getreidespeicher aus Kalkstein untergebracht, der zu einem privat geführten Bauernhof gehört (Führungen sind möglich). Es gibt 45 Betten in 14 Zimmern mit Bad. Wer telefonisch bucht, sollte nach dem Essen und der Wegbeschreibung fragen. Das Haus liegt rund 6 km westlich von Abbeyleix mitten in der Pampa!

Fountain House B&B (☎ 873 1231; Main St; EZ/DZ 30/60 €; ℗) Seit über 40 Jahren ist dieses freundliche, kleine B&B eine saubere Unterkunft mitten in der Stadt.

Abbeyleix Manor Hotel (☎ 873 0111; www.abbeyleix manorhotel.com; EZ/DZ 75/130 €; ℗ 🖳) Hinter der wenig charmanten, anonymen Fassade verstecken sich 46 geräumige, moderne Zimmer mit WLAN. Wer es ruhiger mag, nimmt ein Zimmer nach hinten raus.

Das **Morrissey's** (☎ 873 1281; Main St) ist halb Kneipe, halb Laden und war früher mal ein Reisebüro und Bestattungsinstitut. Außerdem wurde es mal zum Pub des Jahres gekrönt. Bei Schummerbeleuchtung kann man sich entweder an der schiefen Bar am Pint festhalten, oder man lässt die Atmosphäre im Sitzen auf sich wirken – auf einer der alten Sitzbänke vor dem Kaminofen. Mit Sandwiches oder anderen Pub-Snacks klappt's auch besser mit dem Bier.

An- & Weiterreise

Abbeyleix liegt auf der Bus-Éireann-Strecke nach Dublin (9,30 €, 1¾ Std.) über Portlaoise und nach Cork (9,50 €, 2¾ Std.) über Cashel und Cahir. Täglich fahren sechs Busse in beide Richtungen.

DURROW

☎ 057 / 1200 Ew.

Hübsche Häuserreihen, Pubs und Cafés umgeben die gepflegten Rasenflächen von Durrow. Im Westen steht das nicht zu übersehende, imposante Tor zum **Castle Durrow**, einer großen Villa aus dem 18. Jh. im palladianischen Stil. Heute beherbergt das Haus ein luxuriöses **Hotel** (☎ 873 6555; www.castledurrow. com; EZ/DZ ab 140/200 €; ℗) mit 98 Zimmern. Auch wenn man keines davon gebucht hat, es lohnt sich auf jeden Fall ein kurzer Besuch des eleganten renovierten Gebäudes, ob für einen Snack auf der Terrasse oder für einen Spaziergang durch das 120 km² große Park- und Waldgelände. Im exzellenten Restaurant (Menüs 50 €, 19–20.45 Uhr) gibt's das beste vom schlosseigenen Biogemüsegarten. Da die Zimmer sehr unterschiedlich eingerichtet sind, lässt man sich am besten eine Auswahl zeigen.

Durrow liegt 10 km südlich von Abbeyleix und ist von der Innenstadt aus mit dem Bus (Route Dublin–Cork) erreichbar (3,10 €, 10 Min., 6 Busse tgl. in beide Richtungen).

COUNTY OFFALY

Auch wenn Offally nicht gerade zu den grünsten und gewässerreichsten Counties zählt, so merkt man doch schnell, dass es die Heimat der klösterlichen Stadt Clonmacnoise ist, die zu Irlands berühmtesten Sehenswürdigkeiten gehört. Auch sonst hat Offaly viel zu bieten: mit Klosterruinen geradezu übersäte Tiefebenen, historisch höchst interessante Ortschaften und kulinarische Spezialitäten.

Geografisch ist Offaly durch die tief liegenden Torfmoore geprägt. Gewaltige Ausdehnungen wie das Bog of Allen und das Boora Bog, wo Torf in riesigen Mengen gestochen wird, sind schrecklich gezeichnet. Im nordöstlichen Zipfel des Counties blieb das 665 ha große Clara Bog dafür erstaunlich unberührt und wird international für seine Tier- und Pflanzenvielfalt geschätzt. Es könnte sogar bald zum Unesco-Erbe erklärt werden.

In den zerklüfteten Slieve Bloom Mountains (S. 384) im Osten kann man hervorragend wandern. Angeln und Wassersport sind eher am Shannon und dem Grand Canal beliebt. Weitere Informationen stehen auf www.offaly.ie und www.ireland.ie/offaly.

BIRR

☎ 057 / 3650 Ew.

Der herzliche Empfang passt so gar nicht zu dem etwas unschönen Namen der Ortschaft. Zwei- bis dreistöckige georgianische, pastellfarbene Häuser säumen die Straßen. Birr wartet mit schönen Unterkünften, vielen Ess- und Trinkgelegenheiten sowie einigen interessanten Läden auf. Mitten im Ort kann man außerdem Birr Castle besichtigen, das von schroffen Mauern umgeben ist.

Geschichte

Birr geht auf ein Kloster zurück, das im 6. Jh. vom Hl. Brendan gegründet wurde. 1208 besaß die Stadt bereits eine anglonormannische Burg, Wohnsitz des Clans der O'Carroll, die über das umliegende Territorium herrschten.

In der Zeit der *Plantation of Ulster* um 1620 gingen Burg und Landgut in den Besitz von Sir Laurence Parsons über. Er wirkte auf das Schicksal der Stadt ein, indem er Straßen anlegte, eine Glasmanufaktur gründete und einen Erlass verfügte, nach dem jeder, der „Mist, Abfall, Schmutz oder Kehricht in die Gosse" warf, zu vier Pennys Strafe verdonnert wurde. Auch Schankmägde waren nicht mehr erlaubt: Jede Frau, die beim Bierausschenken erwischt wurde, bekam Stockhiebe verpasst. Zweifelsohne war der Mann ein schrecklicher Spießbürger. Die Burg blieb 14 Generationen lang in Familienbesitz. Noch heute wird das Anwesen vom jetzigen Earl und seiner Frau bewohnt.

Orientierung

Alle Hauptstraßen führen zum Emmet Square, auf dem eine Säule an den irischen Märtyrerhelden Robert Emmet erinnert. In einer Ecke steht das Dooly's Hotel von 1747, das früher auf der viel befahrenen Westroute als Poststation diente.

Praktische Informationen

Die Post befindet sich in der nordöstlichen Ecke vom Emmet Square.

Touristeninformation (☎ 932 0110; Castle St; ☽ Mai–Sept. Mo–Sa 9.30–13 & 14–17.30 Uhr) Hat gute Infos zur Region und über Birr.

Sehenswertes

BIRR CASTLE DEMESNE

Mit den Sehenswürdigkeiten und Gärten von **Birr Castle Demesne** (☎ 932 0336; www.birrcastle.com; Erw./Kind 9/5,50 €; ☽ 9–18 Uhr) verbringt man locker einen halben Tag. Die „Burg" selbst – mit so vielen Fenstern ist es eigentlich ein Herrenhaus – wird bewohnt und kann nicht besichtigt werden. Der Großteil des heutigen Baus stammt aus der Zeit um 1620, wobei Anfang des 19. Jhs. Veränderungen vorgenommen wurden.

Das 50 ha große Burggelände ist für seine prächtigen **Parkanlagen** berühmt, die um einen See angelegt wurden. Über 1000 Pflanzenarten in allen Größen und aus aller Welt gedeihen hier; irgendwas scheint immer gerade zu blühen. Besucher sollten sich den romantischen Kreuzgang aus Weißbuchen sowie die größten Buchsbaumhecken der Welt nicht entgehen lassen. Letztere wurden in den 1780er-Jahren angepflanzt und sind heute 12 m hoch.

Die Parsons waren eine bemerkenswerte irische Familie von bahnbrechenden Wissenschaftlern. Ihre Arbeiten sind im **Historischen Wissenschaftszentrum** dokumentiert. Zur Ausstellung gehört auch ein riesiges **Teleskop**, das William Parsons 1845 selbst baute. Der „Leviathan von Parsonstown", wie es genannt

wird, blieb 75 Jahre lang das größte Teleskop
der Welt und faszinierte eine Vielzahl von
Forschern und Astronomen. Es diente zur
Vermessung der Mondoberfläche und ermöglichte zahlreiche Entdeckungen, darunter die
Spiralform der Milchstraße. Nach dem Tod
von Williams Sohn fiel das ungeliebte und
unbeachtete Teleskop irgendwann auseinander. Im Zuge eines umfassenden Restaurie-
rungsprogramms in den 1990er-Jahren wurde
das Teleskop wieder aufgebaut: Es ist wieder
voll funktionstüchtig, und in der Hochsaison
finden dreimal am Tag Vorführungen statt.

WEITERE BAUWERKE & DENKMÄLER

In Birr herrscht kein Mangel an erstklassigen
georgianischen Häusern. Man braucht nur
durch die von Bäumen gesäumte **Oxmantown
Mall** zu schlendern, die Rosse Row und Emmet
Street oder die **John's Mall** verbindet, um einige
der schönsten Prachtbauten in Augenschein
nehmen zu können.

Bei der Touristeninformation gibt es eine
kostenlose Broschüre mit Einzelheiten zu den
wichtigsten Sehenswürdigkeiten. Dazu gehören eine **Statue** des dritten Earl of Rosse, der
megalithische **Seffin Stone** (der genau die Mitte
markieren soll) und **St. Brendan's Old Churchyard**,
wo der Hl. Brendan im 6. Jh. angeblich seine
Siedlung errichtet haben soll.

Aktivitäten

Ein wunderschöner, von Bäumen gesäumter
Uferweg verläuft Richtung Osten am Fluss
Camcor entlang, von der Oxmantown Bridge
zur Elmgrove Bridge.

Wer sportliche Herausforderungen sucht:
Das **Birr Outdoor Education Centre** (☎ 912 0029;
www.oec.ie; Roscrea Rd) bietet Bergwanderungen,
Klettertouren und Seilabstiege in die nahe gelegenen Slieve Blooms sowie Kanu- und Kajakfahrten auf Flüssen in der Umgebung an.

Birr Equestrian Centre (☎ 912 1961; www.birr
equestrian.ie; Kingsborough House; Treks 25 € pro Std.), 3 km
außerhalb von Birr an der Straße nach
Clareen, veranstaltet Ausflüge in die umliegenden Land- und Waldgebiete.

Schlafen

In Birr gibt es viele gute Unterkünfte zu moderaten Preisen.

Maltings Guesthouse (☎ 912 1345; themaltingsbirr@
eircom.net; Castle St; EZ/DZ ab 50/80 €; P) Dieses alte
Malzlagerhaus von 1810, das früher von der
Guinness-Brauerei genutzt wurde, liegt in

traumhafter Lage, direkt an der Burg und dem
Fluss Camcor. Die 13 geschmackvoll eingerichteten Zimmer sind ihr Geld wirklich wert.
Im Untergeschoss gibt es ein beliebtes Restaurant.

Stables Guesthouse (☎ 912 0263; www.thestables
restaurant.com; 6 Oxmantown Mall; EZ/DZ ab 50/80 €) Auf
einer von Birrs schönsten Straßen erhebt sich
dieses anmutige georgianische Stadthaus mit
toller Atmosphäre. Die sechs Zimmer sind
hübsch gestaltet, und wer nicht zu viel Gepäck
dabei hat, wird bestimmt in der Boutique
fündig.

Walcot B&B (☎ 912 1247; walcot@hotmail.com; Ecke
Oxmantown Mall & Ross Row; EZ/DZ ab 50/90 €; P) Das
solide, einfach elegante B&B steht direkt gegenüber der Burg. Gefrühstückt wird im formellen Speisesaal. Von den sechs plüschigen
Zimmern aus schaut man auf einen friedlich
wirkenden Privatgarten.

Dooly's Hotel (☎ 912 0032; www.doolyshotel.com;
Emmet Sq; Zi. ab 65–150 €; P 🖳) Dieses sehenswür-
dige Hotel könnte zentraler nicht sein, und
ein paar Überbleibsel lassen noch erkennen,
dass dieses Haus mal eine Poststation war.
Alle 18 Zimmer verfügen über eine moderne
Ausstattung (mit Breitband-Internetanschluss).

Essen & Ausgehen

In Birr kann man gut essen und trinken. Die
Stadt lockt mit interessanten Restaurants und
Pubs, in denen regelmäßigen Konzerte statt-
finden.

Emma's Café & Deli (☎ 912 5678; 31 Main St; Hauptgerichte 4–8 €; 🕒 ganzjährig Mo–Sa 9.30–18, Juni–Aug. So
12.30–17.30 Uhr) Aus diesem einfachen, aber sty-
lishen Café strömen herrliche Duftschwaden
auf Birr's Haupteinkaufsmeile. Entweder man
sitzt draußen oder verteilt sich um die Holztische drinnen, wenn man eine der Biosuppen,
Paninis oder warme, selbst gebackene *scones*
probieren möchte.

Riverbank (☎ 912 1528; Riverstown; Gerichte 8–28 €;
🕒 Di–So 12.30–14.30 & 17.30–22 Uhr) Wie der Name
bereits andeutet, liegt dieses locker-elegante
Lokal am hübschen Fluss Brosna, 1,5 km südlich vom Zentrum an der N52. Wer draußen
sitzt, hört beim Essen den Fluss. Die kreative
Speisekarte moderner irischer Küche ändert
sich hier je nach Saison.

Spinners (☎ 912 1673; Castle St; Gerichte 12–30 €;
🕒 Mi–Mo 16–21, So 12.30–14.30 Uhr) Hinter den dicken Mauern dieser wunderschön restaurierten Wollmühle verbirgt sich ein großartiges

---

ABSTECHER: SPUK AUF LEAP CASTLE

Leap Castle, Irlands größtes Spukschloss, (☎ 057-913 1115; seanfryan@oceanfree.net; R421; Eintritt 6 €; ☽ Öffnungszeiten erfragen) wachte einst über eine wichtige Route zwischen Munster und Leinster. Die Burg, mit feuchten Verliesen und einer „Blutigen Kapelle", war Schauplatz vieler grausiger Taten. Sie ist für ihre unheimlichen Erscheinungen berühmt – als bekanntester Bewohner gilt der „stinkende Geist", der fürchterliche Gerüche hinterlässt, nachdem er gesehen wurde.

Die Burg kann trotz andauernder Renovierungsarbeiten besichtigt werden und befindet sich rund 12 km südöstlich von Birr zwischen Kinnitty und Roscrea (in Tipperary) an der R421. Wenn sie einem bekannt vorkommt, liegt das vielleicht daran, dass ein besonders unheimliches Bild von Leap Castle den Einband mehrerer Ausgaben von Tim Wintons *Getrieben* zierte.

Restaurant. Die Zutaten für die Gerichte auf der abwechslungsreichen und saisonalen Karte (Fleisch, Fisch und vegetarisch) stammen aus der Region. Pluspunkt: In den Sommermonaten kann man herrlich auf der Terrasse im Innenhof sitzen.

Thatch (☎ 912 0682; Crinkill; Menüs 40 €; ☽ Di–Sa) Etwa 2 km südöstlich von Birr an der N62 steht dieser herrliche, 200 Jahre alte Land-Pub mit strohgedecktem Dach – wie der Name schon vermuten lässt. Die perfekt gezapften Pints kann man entweder drinnen an der Bar oder an einem der Picknicktische draußen genießen – also ein original „Irish Pub". Auch das Essen wird der Umgebung gerecht: sehr viele einfach zubereitete Fleisch- und Fischgerichte je nach Saison. Für den kleinen Hunger, werden kleinere Pub-Snacks serviert. Vorab reservieren!

Craughwell's (☎ 21839; Castle St) Ein Abend im Craughwell's macht riesigen Spaß. Freitags finden traditionelle Sessions statt, und samstags singt das Publikum auch mal spontan mit.

Chestnut (☎ 912 2011; Green St) Das Chestnut gibt es seit 1823 und es ist der wohl beste Pub im Zentrum. Die Einrichtung verbindet Eleganz mit Hopfendolden – beides kommt im versteckten Garten zur Geltung. Im Sommer wird häufig gegrillt.

Unterhaltung

Die hier gelisteten Veranstaltungsorte sind nur zwei von vielen in und um Birr.

Melba's Nite Club (☎ 912 0032; Emmet Sq; ☽ Fr–So) Im Keller des Dooly's Hotels erhält man aufschlussreiche Einblicke in das kuriose Paarungsverhalten der irischen Landbevölkerung.

Birr Theatre & Arts Centre (☎ 912 2911; www.birr theatre.com; Oxmantown Hall) Nettes Zentrum für gute Filme, Amateur-Theater, bekannte Musik-Acts und vieles mehr.

An- & Weiterreise

Bus Éireann verkehrt auf drei Routen: nach Dublin (13,20 €, 3½ Std., 1-mal tgl.) über Tullamore, nach Limerick (14,20 €, 1¼ Std., 5-mal tgl.) und nach Athlone (8,20 €, 1 Std., 5-mal tgl.).

Kearns Transport (☎ 0509-22244; www.kearnstrans port.com) fährt drei- bis viermal täglich nach Tullamore und Portumna, sowie einmal am Wochenende nach Galway.

Alle Busse starten am Emmet Square. Auf Schildern stehen die aktuellen Abfahrtszeiten.

KINNITTY

☎ 057 / 500 Ew.

Kinnitty ist ein schnuckeliges, verträumtes Dorf und ein guter Ausgangspunkt zu den Slieve Bloom Mountains (S. 384). Von dem Ort führen landschaftlich reizvolle Straßen durch die Berge nach Mountrath und Mountmellick, beide im Conty Laois.

Sehenswert ist das bizarre 10 m hohe **Steinpyramide** auf dem Dorffriedhof hinter der Church of Ireland. In den 1830er-Jahren ließ Richard Bernard die maßstabsgetreue Nachbildung der ägyptischen Cheopspyramide für die Familiengruft bauen.

Der Schaft des **Kinnitty-Hochkreuzes** aus dem 9. Jh. wurde im 19. Jh. zum Kinnitty Castle verschleppt und steht heute auf der Hotelterrasse. Adam und Eva und die Kreuzigung sind auf beiden Seiten gut zu erkennen.

Schlafen & Essen

Ardmore House (☎ 913 7009; www.kinnitty.net; the Walk; EZ/DZ 45/70 €; ℗ ☐) Frische Luft, Torffeuer und hausgemachtes *brown bread* – so lautet das Tagesprogramm in diesem tollen viktorianischen Bauernhaus mit fünf einfachen Zimmern. Nr. 2 und 5 haben einen Blick auf die komische Pyramide und die bergige Heidelandschaft. Wanderfreunde sollten sich nach den Touren erkundigen. Das B&B liegt an der R440, rund 200 m östlich von Kinnitty.

Kinnitty Castle Demesne (☎ 913 7318; www. kinnittycastle.com; Zi. ab 215 €; P 🖳) Der einstige Wohnsitz der O'Carrolls wurde im 19. Jh. in neugotischem Stil umgebaut und gehört zu den bekanntesten Herrenhäusern Irlands. Inmitten eines riesigen Grundstücks dient er heute als Luxushotel, wo vor allem ausschweifende Promi-Hochzeiten gefeiert werden. Man kann hier auch den Lord mimen und sich in der Falknerei und im Bogenschießen versuchen, im Park umherspazieren oder einfach in einem der 37 Luxuszimmer entspannen (alle mit WLAN). Das Restaurant im georgianischen Stil (Gerichte 20–30 €) ist eine noble Angelegenheit. Freitags gibt's traditionelle Musik in der Dungeon Bar. Die Burg liegt 3 km südöstlich der Innenstadt an der R440.

BANAGHER & UMGEBUNG
☎ 057 / 1800 Ew.

Pastellfarbene historische Gebäude reihen sich entlang der Hauptstraße von Banagher bis zum Ufer des Shannon. Dank des modernen Yachthafens erfreut sich der Ort bei Bootssportlern großer Beliebtheit. Hier geht es ganz entspannt zu. Wer mag, kann aber auch ein paar beeindruckende Festungen am Westufer besichtigen und sich mit Literaturgeschichte befassen.

1854 verbrachte Charlotte Brontë hier ihre Flitterwochen. Ihr plötzlicher Tod neun Monate später hat allerdings nichts mit Banagher zu tun. 13 Jahre zuvor nahm Anthony Trollope, gerade nachdem er den Briefkasten erfunden hatte, eine Stellung als Postbeamter im Dorf an. In seiner Freizeit schrieb er seinen ersten Roman, *The Macdermots of Ballycloran*.

Praktische Informationen
Die **Touristeninformation** (☎ 915 2155; offalywest@ hotmail.com; Crank House, Main St; 🕑 Mo–Fr 9–13 & 14–17 Uhr) verbirgt sich hinter der ungewöhnlichen Bogenfassade eines georgianischen Stadthauses und hält viele Infos über Banagher und Umgebung bereit. Ins Internet kann man hier für 1 € pro 15 Minuten.

Sehenswertes
An einer Furt über den Shannon gelegen war Banagher in stürmischen Zeiten von enormer strategischer Bedeutung. **Cromwell's Castle** wurde um 1650 errichtet, aber während der

Napoleonischen Kriege umgebaut. Zu gleicher Zeit entstanden auch **Fort Eliza** (eine fünfseitige Geschützbatterie, deren Wachhaus, Wassergraben und verbliebene Mauern noch zu sehen sind), eine **Militärkaserne** und der **Martello Tower**.

Die **St. Paul's Church** am oberen Ende der Main Street besitzt ein prächtiges Buntglasfenster, das ursprünglich für Westminster Abbey gedacht war.

Viele verbringen den Nachmittag auf den Straßen und Wegen entlang der sumpfigen Ufer von Shannon und Little Brosna.

Rund 3 km südlich von Banagher an der R439, in Lusmagh, liegt **Cloghan Castle** (☎ 915 1650; Lusmagh; 10 € pro Pers.; 🕑 nach vorheriger Vereinbarung), das seit fast 800 Jahren bewohnt wird. Die Burg hat mehr als genug Blutvergießen mitgemacht. Zunächst war sie die Festung der McCoghlan und wurde später Wohnsitz des mächtigen Clans der O'Carroll. Heute besteht der Bau aus einem gut erhaltenen normannischen Bergfried und einem Haus aus dem 19. Jh. voller interessanter Antiquitäten und Waffen. Die Führung dauert etwa eine Stunde.

Rund 8 km südlich von Banagher, bereits im County Galway, steht die **Meelick Church** aus dem 15. Jh., eine der ältesten noch genutzten Kirchen Irlands.

Aktivitäten
In der milden Jahreszeit kann man am Hafen Kanus mieten. An ruhigen Sommertagen eignen sich die hiesigen Gewässer perfekt zum Paddeln.

Ein paar Unternehmen vermieten auch Kabinenkreuzer, mit denen man über Irlands Wasserwege schippern kann, u. a. den Royal Canal und den Grand Canal (siehe S. 367); die angegebenen Preise gelten für die Hochsaison:

Carrick Craft (☎ 01-278 1666; www.cruise-ireland. com; The Marina) Schlafplätze für vier bis acht Personen kosten 1000–2500 € pro Woche.

Silverline Cruisers (☎ 915 1112; www.silverline cruisers.com; The Marina) Kojen für zwei bis acht Personen schlagen mit 900 - 2700 € pro Woche zu Buche

Schlafen & Essen
Wer nicht in einer Schlafkoje nächtigen will, darf mit der Auswahl an Unterkünften nicht wählerisch sein.

Crank House Hostel (☎ 915 1458; abguinan@eircom. net; Crank House, Main St; B 14 €; P) Das IHH-Hostel

---

ABSTECHER: SHANNON HARBOUR

Nur 1 km östlich von dem Ort, wo der Grand Canal auf den Shannon trifft, liegt **Shannonbridge**, ein winziges Dorf, das einen kurzen Ausflug oder Zwischenstopp lohnt. Schleusen regulieren den Fluss und der Blick führt weit über die sumpfigen Ebenen. Wanderwege verlaufen in alle Richtungen.

Hoch über dem Kanal thront das 1806 erbaute **Harbour Master's House** (☎ 057-915 1480; gkirwan@iol.ie; EZ/DZ ab 50/80 €; ☾ März–Dez.; **P**). Das Hotel wird von der Tochter eines Hafenmeisters geführt und hat fünf hübsche, unterschiedlich große Zimmer. Die zwei Pubs in der Gegend sind je nach Jahreszeit auf andere Weise attraktiv: Das Gleeson's lockt mit einem Biergarten, das Harbour mit Kamin und Essen.

Rund 10 km östlich von Banagher liegt das Dorf an der R356. In der Nähe befindet sich **Clonony Castle** aus dem 16. Jh., umgeben von einer überwucherten Zinnenmauer. Dass die zweite Frau von Heinrich VIII., Anne Boleyn, hier geboren sein soll, stimmt wohl kaum; wahr ist aber, dass ihre Cousinen Elizabeth und Mary Boleyn neben den Ruinen begraben liegen.

---

ist das einzige in Offaly. 40 Betten verteilen sich auf saubere 2- und 4-Bett-Zimmer; außerdem stehen eine Küche, Waschmöglichkeiten und ein Töpferraum zur Verfügung.

Charlotte's Way (☎ 915 3864; charlottesway@hotmail. com; The Hill; EZ/DZ 40/70 €; **P**) Im ehemaligen, schön restaurierten Pfarrhaus kann man in einem von vier günstigen, gemütlichen Zimmern nächtigen. Zum Frühstück gibt es frische Eier von den Hühnern im Garten. Charlotte Brontë kam während ihrer Flitterwochen oft als Gast vorbei. Nach ihrem Tod lebte ihr Mann Arthur hier als Rektor.

Brosna Lodge Hotel (☎ 915 1350; www.brosnalodge. com; Main St; EZ/DZ ab 50/90 €; **P**) Das privat geführte Hotel im Zentrum hat 14 großzügige, in maritimen Farben gestrichene Zimmer, die ihr Geld absolut wert sind. Restaurant (Gerichte 9–16 €) und Pub mit Biergarten sind aufgrund der mangelnden Konkurrenz sehr angesagt.

Heidi's Irish Coffee Shop (☎ 956 2680; Gerichte 4–10 €; ☾ 9–18 Uhr) Hinter der Touristeninformation gelegen mag der Name dieses Cafés an Zeiten erinnern, als es noch extravagant war, Margarine aufs Brot zu schmieren. Bei Einheimischen sehr beliebt, verstummen die Gäste, wenn ein Fremder den Laden betritt.

Unterhaltung

JJ Hough (☎ 915 1893; Main St) Neben dem Fluss gilt das Hough's als die Hauptattraktion von Banagher. Das 250 Jahre alte, weinumrankte Pub ist für seine Musiksessions bekannt – im Sommer fast jeden Abend, im Winter an den Wochenenden. An den Wänden kann man sich die vielen Erinnerungsstücke zu Gemüte führen oder im Biergarten die Sterne zählen.

An- & Weiterreise

Kearns Transport (☎ 0509-22244; www.kearnstransport. com) betreibt eine tägliche Verbindung von Banagher nach Birr.

SHANNONBRIDGE

☎ 090 / 380 Ew.

Das malerische Shannonbridge wurde nach einer schmalen Brücke mit 16 Bögen aus dem 18. Jh. benannt. Auf der anderen Flussseite beginnt County Roscommon. Dieses kleine, verschlafene Nest hat nur eine Hauptstraße und zwei Pubs (die Village Tavern bietet großartige traditionelle Musik). Am Ostende der Brücke hat die Touristinformation nur ab und an auf.

Unübersehbar erstrecken sich am Westufer die massiven **Befestigungsanlagen** aus dem 19. Jh. Dort waren schwere Geschütze postiert, die Napoleons Truppen aufhalten sollten, hätte er die Frechheit besessen, sie über den Fluss einmarschieren zu lassen. Heute ist im Fort das **Old Fort Restaurant** (☎ 967 4973; Gerichte 15–28 €; ☾ ganzjährig Mi–Sa 17–21.30, So 12.30–14.30 Uhr) untergebracht. Hier bekommt man irische Standardgerichte zu happigeren Preisen und hat draußen einen Blick auf die Brücke.

Clonmacnoise & West Offaly Railway Bog Tour

Bei dieser **Tour** gelangt man ins Herzstück des Blackwater Moors (Bord Na Móna; ☎ 967 4450; www. bnm.ie; Erw./Kind 7/5 €; ☾ April, Mai & Sept. Mo–Fr 10–17, Juni–Aug. tgl.). Die Fahrt verläuft über eine Schmalspurbahnstrecke, die früher zur Beförderung von Torf diente. Eine Diesellok tuckert mit ca. 10 km/h entlang – langsam genug, um die Landschaft und die besondere

Flora zu erleben, die sich seit Jahrtausenden nicht verändert hat. Bei Zwischenstopps kann man sich im Torfstechen versuchen.

Von Shannonbridge fährt man östlich auf der R357 Richtung Cloghan. Nach 5 km kommt eine ausgeschilderte Abzweigung nach Norden. Von dort sind es nochmal 3 km.

CLONMACNOISE
☎ 090 / 320 Ew.

In herrlicher Lage mit Blick auf den Shannon ist **Clonmacnoise** (☎ 967 4195; www.heritageireland.ie; Erw./Kind 5,30/2,10 €; ☺ Juni–Mitte Sept. 9–19, Mitte Sept–Okt. & Mitte März–Mai 10–18, Nov.–Mitte März 10–17 Uhr, letzter Einlass 45 Min. vor Schluss; Ⓟ) eine der wichtigsten historischen Klostersiedlungen Irlands. Die von einer Mauer umgebene Stätte umfasst eine Vielzahl früher Kirchen, Hochkreuze, Rundtürme und Gräber in erstaunlich gutem Zustand. Das umliegende Marschland, als Shannon Callows bekannt, bietet Lebensraum für viele Wildpflanzen. Es ist einer der letzten Zufluchtsorte für den vom Aussterben bedrohten Wachtelkönig (ein pastellfarbener Verwandter des Blesshuhns).

Geschichte

Grob übersetzt bedeutet Clonmacnoise (Cluain Mhic Nóis) „Weide der Söhne von Nós". Früher wäre das Sumpfland für Händler unpassierbar gewesen, die stattdessen auf dem Wasserweg oder über einen *Esker* (aus Gletschern geformte Kiesrücken) reisten. Als der Hl. Ciarán hier 548 ein Kloster gründete, war der Ort der wichtigste Scheideweg des Landes, die Kreuzung des von Norden nach Süden fließenden Shannon mit dem Ost-West verlaufenden Esker Riada (Straße der Könige).

Einst hatte die große Klosterstadt bescheiden begonnen. Ciarán starb nur sieben Monate nach dem Bau der ersten Kirche. Über die Jahre wuchs Clonmacnoise zu einer beispiellosen Bastion irischen Glaubens, irischer Literatur und Kunst und scharte eine große Laienbevölkerung um sich. Zwischen dem 7. und 12. Jh. kamen Mönche aus ganz Europa hierher, um zu studieren und zu beten. Ihnen verdankt Irland den Ruf als „Land der Heiligen und Gelehrten". Sogar die Hochkönige von Connaught und Tara wurden hier beerdigt.

Zum größten Teil stammen die Überreste aus dem 10. bis 12. Jh. Die Mönche lebten in kleinen Hütten, die rund um das Kloster verteilt standen. Die Abtei selbst war vermutlich von einem Graben oder Erdwall umgeben.

Mehrmals wurde die Stätte von den Wikingern und Iren niedergebrannt und geplündert. Nach dem 12. Jh. begann sie zu verfallen, im 15. Jh. diente sie bloß noch einem verarmten Bischof als Wohnsitz. 1552 verwandelten englische Truppen aus Athlone den Ort in eine Ruine: „Keine Glocke, groß oder klein, kein Bild, Altar, Buch, oder Schmuckstück, nicht einmal das Fensterglas entging den Räubern."

Zu den Schätzen, die diese andauernden Attacken überstanden, gehören der Krummstab der Äbte von Clonmacnoise, heute im Nationalmuseum in Dublin, und das *Leabhar na hUidhre* (*The Book of the Dun Cow*) aus

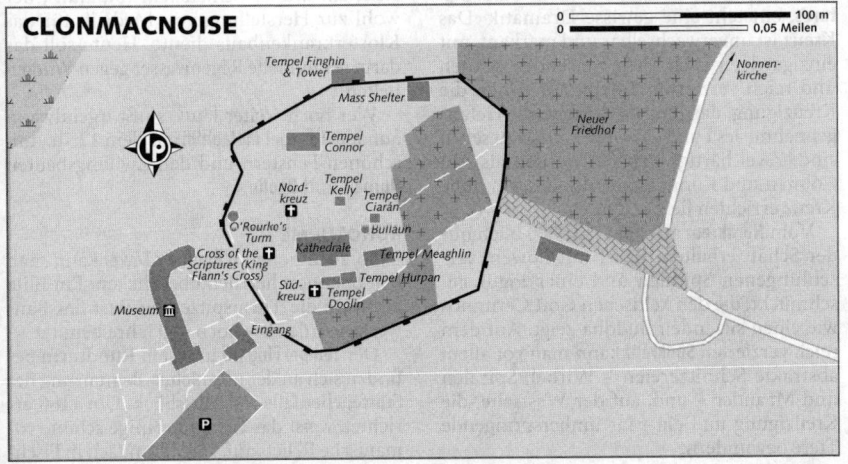

CLONMACNOISE

0 ────── 100 m
0 ────── 0,05 Meilen

Tempel Finghin & Tower
Mass Shelter
Tempel Connor
Nord-kreuz
Tempel Kelly
Tempel Ciarán
O'Rourke's Turm
Cross of the Scriptures (King Flann's Cross)
Kathedrale
Bullaun
Süd-kreuz
Tempel Doolin
Tempel Meaghlin
Tempel Hurpan
Museum
Eingang
Neuer Friedhof
Nonnen-kirche

Ⓟ

dem 12. Jh. Letzteres ist gegenwärtig in der Royal Irish Academy in Irlands Hauptstadt untergebracht.

Praktische Informationen

Auf dem Gelände findet man ein exzellentes Museum, ein Café und direkt am Eingang eine **Touristeninformation** (☎ 967 4134; ☼ Ostern–Okt. 10–17.45 Uhr). Wer im Sommer den Massen aus dem Weg gehen will, sollte entweder früh oder spät kommen; die engen Landstraßen sind oft mit Bussen verstopft. Für einen Besuch sollte man mindestens zwei Stunden einplanen.

Sehenswertes

MUSEUM

Am Eingang beherbergen drei kegelförmige Hütten das Museum und spiegeln damit die Bauweise früherer Klosterbehausungen wieder. Die 20-minütige audiovisuelle Vorführung bildet eine großartige Einführung.

Die Ausstellung umfasst originale Hochkreuze – an den Fundorten stehen heute Nachbildungen –, und verschiedene Artefakte, die bei Ausgrabungen gefunden wurden, darunter Silberfibeln, Gläser und ein Ogham-Stein. Außerdem kann man hier die größte europäische Sammlung frühchristlicher Grabplatten besichtigen. Viele sind in erstaunlich gutem Zustand, mit lesbaren Inschriften, die oft mit *oroit do* oder *ar* (ein Gebet für) beginnen.

HOCHKREUZE

Die düstere Darstellung ist genau richtig: Beim Hinabsteigen zu einem der schönsten Sandsteinkreuze Irlands, dem **Cross of the Scriptures**, entsteht eine gewisse Dramatik. Das Kreuz ist unverwechselbar und markant, mit einzigartigen nach oben weisenden Armen und reich verzierten Tafeln, auf denen die Kreuzigung, das Jüngste Gericht, die Gefangennahme Jesu und das Grab Christi zu sehen sind. Zwei bärtige Figuren werden als Abt Cólman und König Flann, der das 4 m hohe Kreuz errichten ließ, gedeutet.

Vom **Nordkreuz** aus dem Jahr 800 blieb nur der Schaft erhalten. Er ist mit Löwen, verschlungenen Spiralen und einer Figur geschmückt, die den keltischen Gott Cerunnos wie einen sitzenden Buddha zeigt. Auf dem reich verzierten **Südkreuz** kann man vor allem abstrakte Schnitzereien – Wirbel, Spiralen und Mäander – und, auf der Westseite, die Kreuzigung und ein paar umherspringende Tiere bewundern.

KATHEDRALE

Die Kathedrale, das größte Bauwerk von Clonmacnoise, wurde 909 erbaut, über die Jahrhunderte jedoch maßgeblich verändert und umgestaltet. Als interessantestes Merkmal gilt die aufwendige gotische Eingangstür aus dem 15. Jh. mit Reliefbildern der Heiligen Franziskus, Patrick und Dominik. Ein Flüstern wandert von einer Seite der Tür zur anderen. Vielleicht konnten dadurch die Aussätzigen zur Beichte gehen, ohne die Priester anzustecken.

Angeblich sollen die letzten Hochkönige von Tara – Turlough Mór O'Connor (gest. 1156) und sein Sohn Ruairí, oder Rory (gest. 1198) – nahe dem Altar begraben sein.

TEMPEL

Kleine Kirchen nennt man Tempel, nach dem irischen Wort *teampall* (Kirche). Das kleine überdachte Gotteshaus heißt **Temple Connor** und wird bis zum letzten Sonntag im Sommer von Gemeindemitgliedern der Church of Ireland besucht. Auf dem Weg zur Kathedrale kommt man an den dürftigen Fundamenten der Tempel **Kelly** (1167) und **Ciarán** vorbei, wo der Hl. Ciarán, der Begründer der Stätte, beerdigt sein soll.

Der Fußboden im Tempel Ciarán liegt tiefer als draußen, weil die ansässigen Bauern jahrhundertelang den Lehm abtrugen und mitnahmen, zum Schutz ihrer Ernten und Tiere. Obwohl der Boden mit Platten bedeckt ist, wird im Frühjahr immer noch Lehm von draußen mitgenommen.

An der südwestlichen Ecke des Tempels steht ein uralter Schleifstein (*bullaun*), der wohl zur Herstellung von Medizin für das Klosterkrankenhaus diente. Heute soll das darin gesammelte Regenwasser gegen Warzen helfen.

Wer noch weiter läuft, stößt irgendwann auf den Tempel **Melaghlin** aus dem 12. Jh., mit schönen Fenstern und den Zwillingsbauten **Hurpan** und **Doolin**.

RUNDTÜRME

Vom 20 m hohen **O'Rourke's Tower** kann man den Shannon herrlich überblicken. Ein Blitz zerstörte die Turmspitze, der Rest des Bauwerks wurde aber noch 400 Jahre benutzt.

Der **Tempel Finghin** samt Rundturm befinden sich an der nördlichen Begrenzung der Stätte, ebenfalls mit Flussblick. Um 1160 errichtet, weist das Gebäude einige schöne romanische Reliefs auf. Das Turmdach in Fischgrätmuster ist das einzige in Irland, das nie verändert wurde. Als die Klöster angegriffen wurden, galten die meisten Rundtürme als Zufluchtsort. Dieser diente vermutlich nur als Glockenturm, da der Eingang auf dem Boden liegt.

NOCH MEHR RUINEN

Außerhalb der Begrenzungsmauer der Stätte, 500 m östlich über den modernen Friedhof, steht die abgeschiedene **Nonnenkirche**. Von dort sind weder die Hauptstätte noch die Türme zu sehen. Das Gotteshaus besitzt wunderbare romanische Bögen mit feinen Reliefs. Eines davon gilt als älteste Sheila-na-Gig Irlands, ist aber wohl eher ein Akrobat.

Auf der Westseite der Anlage, in der Nähe des Parkplatzes, befindet sich eine Motte mit seltsam geformten Ruinen einer **Burg** aus dem 13. Jh., deren Mauern in Teamarbeit gestützt werden müssen.

Schlafen

Unmittelbar bei den Ruinen findet man kaum Übernachtungsmöglichkeiten.

Glebe Caravan & Camping Park (☎ 643 0277; www.glebecaravanpark.ie; Clonfanlough; Campingplatz 14 €; ☼ Ostern–Mitte Okt.) Der Wohnwagenpark erstreckt sich 5 km östlich von Clonmacnoise auf einer netten, 3 ha großen Anlage mit 35 Stellplätzen für Fahrzeug und Zelt. Zur Ausstattung gehören moderne sanitäre Einrichtungen, Fernseh-, Spiel-, Waschraum sowie Küche und Spielplatz.

Kajon House (☎ 967 4191; www.kajonhouse.ie; Cree vagh; DZ ab 67 €; ☼ Febr.–Okt.; P) Hier ist man Clonmacnoise am nächsten: 1,5 km von den Ruinen entfernt an der ausgeschilderten Straße nach Tullamore. Von den Besitzern wird man nicht nur herzlich begrüßt, man fühlt sich auch gleich wie zu Hause. Es gibt einen großen Hof und einen Picknicktisch; ein einfaches, mehrgängiges Abendessen lässt sich vorab arrangieren. Keine Lust auf Eier? Hier werden Pfannkuchen zum Frühstück serviert.

An- & Weiterreise

Clonmacnoise liegt 7 km nordöstlich von Shannonbridge an der R444 und rund 24 km südlich von Athlone im County Westmeath. Mit dem Auto gestaltet sich ein Abstecher in diese interessante Gegend gemütlicher.

Ansonsten kann man auch bei **Paddy Kavanagh** (☎ 087-240 7706; pkmail@eircom.net) in Athlone einen privaten Ausflug nach Clonmacnoise

oder eine Clonmacnoise & Bog Railway Tour buchen. Die Preise variieren je nach Anzahl der Teilnehmer und Länge des Besuchs der Stätte.

Von Athlone im County Westmeath (siehe S. 540) aus kann man auch mit dem Schiff nach Clonmacnoise fahren.

Ein **Taxi** (☎ 090-647 4400) von Athlone kostet etwa 50 €, inklusive einer Stunde Wartezeit.

TULLAMORE
☎ 057 / 10 400 Ew.

Ins geschäftige Tullamore (Tulach Mór) ziehen immer mehr Glück suchende Osteuropäer. Die Hauptstadt der Grafschaft Offaly ist außerdem *der* Ort für eine Pirogge (Teigtasche) zum Pint.

Die Geschichte der Stadt weist zwei merkwürdige Rückschläge auf. 1764 ertrank der Earl durch einen dummen Unfall. Sein Sohn war zu der Zeit erst sechs Monate alt und verständlicherweise nicht in der Lage, neue Baugenehmigungen zu erteilen, und so fiel Tullamore für 21 Jahre in einen regelrechten Dornröschenschlaf. Unsanft geweckt wurde sie durch einen zweiten Zwischenfall: Als 1785 ein Heißluftballon abstürzte, stand fast die gesamte Stadt in Flammen.

Auf lange Sicht war die Wirkung unerheblich: Tullamore ist heute wohlhabend und berühmt für seinen weichen Tullamore Dew Whiskey. Trotz einer Kleinigkeit – er wird heute im County Tipperary hergestellt – kann man die alte Brennerei am Ufer des Grand Canal noch besichtigen und vom flüssigen Gold probieren.

Praktische Informationen

Post (O'Connor Square)

Touristeninformation (☎ 932 5015; tullamoredhc@ eircom.net; Bury Quay; ☼ Mai–Sept. Mo–Sa 9–18 & So 12–17, Okt.–April Mo–Sa 10–17 & So 12–17 Uhr) Nicht ganz so günstig gelegen, auf der anderen Seite des Parkplatzes im Tullamore Dew Heritage Centre.

Tullamore Internet Café (☎ 936 0387; 5 Kilbridge St; 1 € pro Min.; ☼ 10–23 Uhr) Nahe der Touristeninformation.

Sehenswertes

TULLAMORE DEW HERITAGE CENTRE

Das **Heritage Centre** (☎ 932 5015; www.tullamore-dew. org; Bury Quay; Erw./Kind 6/3,20 €; ☼ Mai–Sept. Mo–Sa 9–18 & So 12–17, Okt.–April Mo–Sa 10–17 & So 12–17 Uhr) ist am Kanal in einem Lagerhaus von 1897 untergebracht. Neben der spannenden regio-

---

ABSTECHER: LOUGH BOORA

Ein Großteil der einst ausgedehnten Torfmoore wurde im 20. Jh. für die Stromversorgung abgebaut. **Lough Boora** (www.loughbooraparklands.com) steht heute im Mittelpunkt eines Naturschutzprojekts. 5 km östlich von Blue Ball an der N357 gelegen, umfasst der See 2000 ha. Über 50 km Wanderwege wurden angelegt; es gibt Plätze zur Vogelbeobachtung sowie Rastorte, wo man sehen kann, wie die Natur die Umgebung zurückerobert. Überall stehen große Skulpturen bekannter Künstler verteilt.

---

nalen Geschichte wird gleich für den Whiskey mitgeworben. Zum Glück liegt der Schwerpunkt auf Ersterem. Die spannende Ausstellung zeigt die Bedeutung des Grand Canal, der auch direkt vor dem Haus fließt, für die Region. Hier erfährt man erst, wie das Unglück mit dem Heißluftballon passierte, und bekommt anschließend einen Whiskey.

CHARLEVILLE FOREST CASTLE
Dank der Turmspitzen, Ecktürme, Efeuranken und knarzenden Bäume wirkt der massive Bau recht unheimlich. **Charleville Forest Castle** (☎ 932 3040; www.charlevillecastle.com; Eintritt für 1–2 Pers. 16 €, jede weitere Pers. 8 €; ⏱ reguläre Führungen Juli & Aug., Sept.–Juni nach Vereinbarung) war der Familiensitz der Burys, die einen der berühmtesten Architekten, Francis Johnston, 1798 mit dem Bau beauftragten. Das Innere und die Decken sind spektakulär; außerdem ist eine der eindrucksvollsten neugotischen Galerien Irlands hier zu sehen. Die Küche wurde einer Landkirche nachempfunden.

Eine Besichtigung ist nur im Rahmen einer Führung (35 Min.) möglich. Wer bei der Restaurierung des Klotzes helfen will, kann sich internationalen Freiwilligengruppen anschließen. In der Burg weiß man dazu Näheres; am besten erkundigt man sich auch gleich nach den genauen Öffnungszeiten. Der Eingang liegt an der N52, südlich von Tullamore. Wenn man Blue Ball erreicht, ist man zu weit gefahren; der heftige Verkehr dort kann ziemlich anstrengend werden.

Aktivitäten
Wo man Kanalschiffe mieten kann, steht auf S. 367.

Schlafen
Die Touristeninformation hält eine Liste mit einfachen B&Bs bereit.

Moorhill Hotel (☎ 932 1395; www.moorhill.ie; Clara Rd; EZ/DZ ab 80/100 €; P 🖳) Das Hotel liegt in einem viktorianischen Komplex mit zweistöckigen Flügeln. Die 42 Zimmer sind mit modernen und auch mit antiken Möbeln eingerichtet, und überall steht WLAN zur Verfügung. Inmitten von Walnussbäumen liegt das Hotel rund 3 km nördlich der Stadt an der N80. Zum Moorhills gehört ein beliebtes irisch-französisches Restaurant (Gerichte ab 18 €).

Das moderne **Tullamore Court Hotel** (☎ 934 6666; www.tullamorecourthotel.ie; O'Moore St; Zi. 80–200 €; P 🖳) am Ortsrand bringt einen Hauch von Eleganz in die Arbeiterstadt Tullamore. Die 104 Zimmer sind groß und für Geschäftsreisende gut ausgestattet (u. a. WLAN). Gehobenen Ansprüchen werden die Luxussuiten im neuen Flügel mit Blick auf die Stadt voll gerecht.

Essen & Ausgehen
Jeden Samstag findet auf dem Millennium Square und in der Main Street ein guter Bauernmarkt statt.

Mezzo (☎ 932 9333; Patrick St; Gerichte 10–16 €; ⏱ 17–21 Uhr) Nicht wahnsinnig authentisch (mit *fajitas* und Thai-Hühnchen), dafür verspricht die überwiegend italienische Speisekarte in diesem netten kleinen Bistro mediterrane Klassiker und riesige Portionen: Pasta mit viel Knoblauch, knusprige Pizza und überdurchschnittlichen Fisch. Alkohol muss man selber mitbringen.

Brewery Tap (☎ 932 1131; O'Connor Sq) Eine von mehreren stimmungsvollen Kneipen im Zentrum, hier geht's ziemlich laut zu. An den meisten Abenden wird Livemusik zu einem ordentlichen Pint gespielt.

An- & Weiterreise
BUS
Die Busse von Bus Éireann halten am Bahnhof südlich der Stadt. Von Tullamore fahren Busse nach Dublin (12,60 €, 2 Std., 3-mal tgl.), nach Portumna (4,20 €, 40 Min., 1-mal tgl.) über Birr und nach Waterford (16,70 €, 3¼ Std., 2-mal tgl.) über Portlaoise, Carlow und Kilkenny.

Auch **Kearns Transport** (☎ 912 0124; www.kearns transport.com) bietet tägliche Verbindungen nach Birr und Dublin an.

ZUG

Es gibt Schnellzüge in den Osten nach Dublin (16,50 €, 1¼ Std., 10-mal tgl.) und in den Westen nach Galway (17,50 €, 1½ Std., 6-mal tgl.) sowie nach Westport und Sligo. Der Bahnhof liegt am südwestlichen Stadtrand in der Cormac Street.

DURROW ABBEY

Im 6. Jh. gründete der Hl. Colmcille (Kolumban) die Durrow Abbey, die vor allem für das illustrierte *Book of Durrow* berühmt ist. Der Text aus dem 7. Jh., das älteste der großen Manuskripte, ist bis heute erhalten. Eine bemerkenswerte Leistung, wenn man bedenkt, dass das Buch auf einem Bauernhof entdeckt wurde, wo es in der Viehtränke lag, um Krankheiten zu heilen. Heute ist es im Trinity College in Dublin zu sehen.

Die Stätte umfasst fünf frühchristliche Grabsteine und das herrliche **Hochkreuz** der Abtei aus dem 10. Jh., dessen komplexe Hochreliefs das Opfer des Isaak, das Jüngste Gericht und die Kreuzigung Christi darstellen. Möglicherweise ist es ein Werk desselben Bildhauers, von dem auch die Reliefs am Cross of the Scripture in Clonmacnoise stammen. 2003 kaufte die Regierung die Stätte und ließ sie aufwendig restaurieren. Verschiedene Bereiche könnten daher beim Besuch geschlossen sein.

Der nördliche Weg an der Kirche vorbei führt zum **St. Colmcille's Well**, einer Pilgerstätte, die durch einen kleinen *cairn* (Steingrab) gekennzeichnet ist.

Durrow Abbey liegt 7 km nördlich von Tullamore am Ende einer langen Straße, westlich der N52.

County Clare

Clare (An Clár) allein ist eine ganze Reise wert. Hier verschmelzen wellenumtoste Atlantikküste und windgepeitschte Landschaften zu einer einzigartigen Komposition. Doch nicht nur solche Attraktionen locken. Im Herzen der Grafschaft schwingt ein Lied, das tief in die Seele dringt: Clare ist die Wiege der traditionellen irischen Musik. Sei es in winzigen Dorfkneipen oder auf großen Bühnen, die hiesigen Musiker pflegen das Liedgut ihrer Vorfahren nicht nur, sondern entwickeln es ständig weiter.

Größte Stadt der Region ist das pulsierende Ennis mit seinen engen Gassen und regem Nachtleben. Von hier lässt sich die ganze Grafschaft in kurzen Abstechern erkunden. Doch wer tief in Clares Geheimnisse eintauchen will, fängt am besten mit Streifzügen an der Küste an. Das kahle Ödland zwischen Kilkee und der Spitze von Loop Head prunkt mit schwindelerregenden Steilklippen und grandiosen Ausblicken aufs Meer. Nur wenige Urlauber dringen hierher vor. Weiter nördlich liegen unglaublich idyllische Dörfer wie Miltown Malbay, Ennistymon und Kilfenora, Orte voller Charakter und Charaktere, wo man sich im Nu zu Hause fühlt.

Die malerischen Landzungen der Cliffs of Moher und die musikerfüllten Pubs von Doolin ziehen hingegen viele Besucher magisch an. Hier bewegt man sich bereits am äußersten Rand des Burren, einer bizarren Landschaft voll wilder Schönheit und malerischer Ortschaften wie etwa Corofin.

Wer diesen meerumtosten, rauen Landstrich erforscht, wird schon bald ein eigenes Lied auf den Lippen haben.

HIGHLIGHTS

- **Urbane Wildnis** In Ennis (S. 402) mit seinen vielen Pubs das Nachtleben genießen
- **Ländliche Idylle** Rund um Loop Head (S. 415) wunderbare Straßen, Pfade und Dörfer erkunden
- **Clares Seele** Sich der Musik in den authentischen Pubs von Kilfenora (S. 432), Lisdoonvarna (S. 427) und Corofin (S. 433) hingeben
- **Karge Karstlandschaft** In der felsigen Einöde des Burren einsame Dolmen und verlassene Klöster bei Carron (S. 431) aufspüren
- **Dorfleben** Eintauchen in das atmosphärische Kulturstädtchen Ennistymon (S. 418)

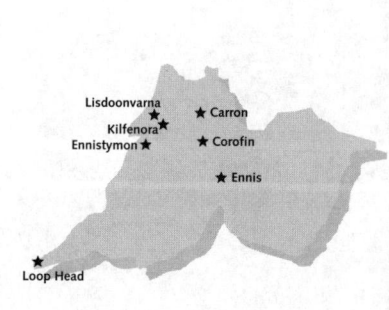

EINWOHNER: 105 000 | **FLÄCHE: 3147 KM²**

ENNIS & UMGEBUNG

ENNIS

☎ 065 / 18 900 Ew.

Ennis (Inis) ist ein quirliges Handelszentrum am Ufer des Fergus. Dieser fließt zunächst ostwärts und dann nach Süden, wo er in den Shannon mündet.

Wer ein bisschen städtisches Flair haben will, ist in Ennis genau richtig; von hier erreicht man in weniger als zwei Stunden alle Teile der Grafschaft. Die Stadt selbst hat wenige Sehenswürdigkeiten, punktet jedoch mit Kulinaria, Unterkünften und traditioneller Unterhaltung. Im Zentrum säumen moderne Geschäfte die schmalen, fußgängerfreundlichen Straßen.

Geschichte

Das enge Gassengewirr der Stadt zeugt heute noch von ihren Anfängen im Mittelalter. Die bedeutendste historische Stätte, Ennis Friary, wurde im 13. Jh. von den O'Briens, den Königen von Thomond, gegründet, welche auch die Burg errichteten. Ein Stadtbrand im Jahr 1249 legte die meisten hölzernen Gebäude der Stadt in Schutt und Asche. 1306 wurde der Ort erneut von einem der O'Briens dem Erdboden gleichgemacht.

Orientierung

Das alte Stadtzentrum bildet der Square (Hauptplatz). Von hier gehen die Hauptstraßen O'Connell Street, High Street (die später zur Parnell Street wird), Bank Place und Abbey Street sternenförmig ab. Man hat Anstrengungen unternommen, rund um die Parnell Street eine Fußgängerzone einzurichten, jedoch mit mehr oder weniger greifbarem Ergebnis. Am südlichen Ende der O'Connell Street erhebt sich die große, jedoch recht unscheinbare Kathedrale (1843); ihre Turmspitze ist als Orientierungspunkt schon von Weitem zu sehen.

Seit die Umgehungstraße N18 östlich der Stadt fertiggestellt wurde, hat sich die Verkehrslage sehr verbessert; allerdings führen die Wege zur Küste immer noch alle durchs Stadtzentrum.

Praktische Informationen

BIBLIOTHEKEN

De Valera Library (☎ 682 1616; Harmony Row; ☽ Mo, Mi & Do 10–17.30, Di & Fr bis 20, Sa bis 14 Uhr) Eine Stunde kostenloser Internetzugang und separate Plätze zum schnellen E-Mail-Abrufen.

BUCHLÄDEN

Abbey News Agency (36 Abbey St) Neben topografischen Karten gibt es hier auch eine gute Auswahl an irischen und internationalen Zeitungen.

Ennis Bookshop (☎ 682 9000; 13 Abbey St) Guter unabhängiger Laden für Landkarten und Bücher rund um die Region.

O'Mahony's (☎ 682 8355; Merchant Sq) Große Filiale des 100 Jahre alten Stammgeschäfts in Limerick.

GELD

Rund um den Square gibt's mehrere Banken mit Geldautomaten.

INTERNETZUGANG

Linkserve (☎ 689 3767; 4A Lower Market St; 1 € pro Std.; ☽ 10.30–21 Uhr) Im Obergeschoss kann man zu Schnäppchenpreisen surfen und telefonieren.

MEDIZINISCHE VERSORGUNG

Cassidy's Pharmacy (☎ 682 8765; 10 O'Connell St; ☽ 8–18 Uhr) Apotheke

POST

Die Post befindet sich am Bank Place nordwestlich vom Square.

TOURISTENINFORMATION

Ennis Touristeninformation (☎ 682 8366; www.shannon regiontourism.ie; Arthur's Row; ☽ Juli–Aug. 9.30–17.30, März–Juni & Sept.–Dez. Mo–Sa 9.30–13 & 14–17.30, Jan. & Febr. Mo–Fr 9.30–13 & 14–17.30 Uhr) Sehr hilfreich und kompetent. Gegen 4 € Provision werden Unterkünfte vermittelt; das Personal steht mit Rat und Tat zur Seite.

Sehenswertes

MONUMENTE & SKULPTUREN

Auf dem Square im Stadtzentrum steht das **Daniel O'Connell Monument**. Als O'Connell mit einer überwältigenden Mehrheit 1828 ins britische Parlament gewählt wurde, musste Großbritannien seine Zugangssperre für katholische Abgeordnete aufheben. Ein Jahr später war der Weg frei für das Gesetz zur Gleichberechtigung der Katholiken. Der „Große Befreier" steht auf einer hoch aufragenden Säule, sodass man ihn vom Sockel aus kaum sehen kann. Ein Bronzestandbild in der Nähe des Gerichtshofs zeigt Eamon de Valera. Er war von 1917 bis 1959 *teachta Dala* (TD; Mitglied des irischen Parlaments) für Clare.

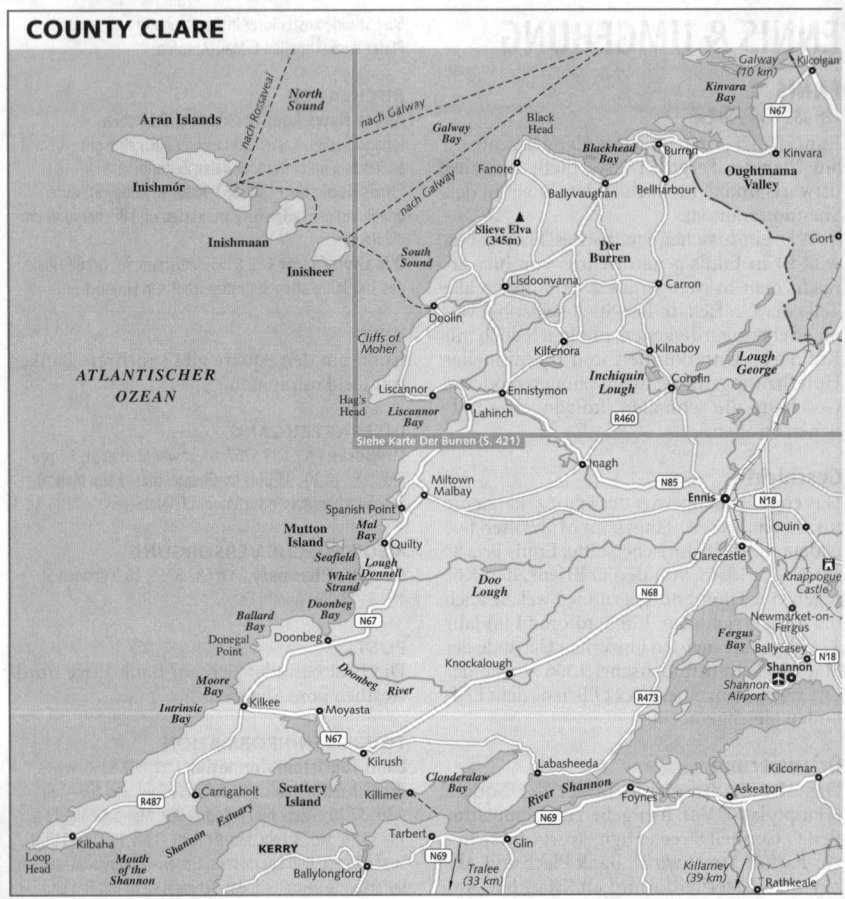

COUNTY CLARE

Zahlreiche **moderne Skulpturen** stehen überall verstreut rund ums Zentrum. Werke wie die *Weathered Woman* in der Old Barrack Street sind sowohl interessant als auch praktisch für eine kleine Verschnaufpause. Bei der Touristeninformation bekommt man eine Karte für einen Rundgang entlang des *Ennis Sculpture Trail*.

ENNIS FRIARY
Gleich nördlich vom Square befindet sich die **Ennis Friary** (☎ 682 9100; Abbey St; Erw./Kind 1,50/0,75 €; ☼ Juni–Mitte Sept. 10–18, April, Mai & Mitte Sept.–Okt. bis 17 Uhr). Gegründet wurde die Abtei zwischen 1240 und 1249 von Donnchadh Cairbreach O'Brien, König von Thomond. Viele der heutigen Gebäude hat man aber erst im 14. Jh.

vollendet. Auch wenn die Abtei sich nicht mit anderen Ruinen in Clare messen kann, besticht sie doch durch ein elegantes, fünfteiliges Fenster aus dem späten 13. Jh. und das Grabmal des McMahon (1460) mit Alabasterplatten, auf denen Szenen aus der Passion Christi dargestellt sind.

CLARE HERITAGE MUSEUM
Im gleichen Gebäude wie die Touristeninformation ist auch das kleine, kurzweilige **Volksmuseum** (☎ 682 3382; Arthur's Row; Eintritt frei; ☼ 9.30–13, 14–17.30 Uhr) untergebracht. Seine Ausstellung „Die Reichtümer Clares" folgt der 8000 Jahre alten Geschichte der Grafschaft anhand von Exponaten, die zu vier Themenbereichen zusammengefasst wurden: Erde, Macht, Glau-

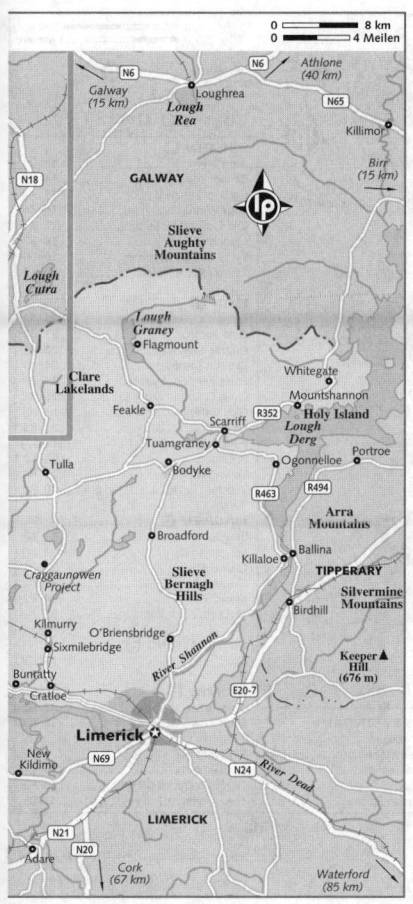

be, Wasser. Es erzählt auch von der Entwicklung des U-Bootes durch den aus Clare stammenden J. P. Holland, der gleich zwei Themenkomplexe ausfüllt.

Festivals & Events

Fleadh Nua (☎ 682 4276; www.fleadhnua.com)
Quirliges, traditionelles Musikfestival mit Gesang, Tanz und Workshops Ende Mai.

Ennis Trad Festival (www.ennistradfestival.com)
Mitte November wird eine Woche lang an verschiedenen Veranstaltungsorten überall in der Stadt traditionelle Musik gespielt.

Schlafen

Ennis bietet eine große Auswahl an Übernachtungsmöglichkeiten. An den meisten Hauptstraßen stadteinwärts findet man schlichte Frühstückspensionen, einige davon in Laufnähe zum Stadtzentrum. Viele Besucher kommen direkt vom Shannon Airport hierher, der weniger als 30 Autominuten weiter südlich liegt.

BUDGETUNTERKÜNFTE

Das etablierte Abbey Tourist Hostel in der Harmony Row schloss 2006 seine Tore. Bisher gibt es noch keinen Nachfolger.

Aín Karem (☎ 682 0024; 7 Tulla Rd; EZ/DZ 45/62 €; **P**) Das moderne, zweistöckige Haus steht nordöstlich vom Zentrum und ist hübsch eingerichtet. Im gleichen Viertel befinden sich verschiedene andere Frühstückspensionen; zum Stadtzentrum läuft man von hier aus zehn Minuten.

Sycamore House (☎ 682 1343; smsfitz@gofree.indigo.ie; Tulla Rd; EZ/DZ ab 45/62 €; **P**) Direkt gegenüber vom Ain Karem bietet diese Pension vier schlichte Zimmer. Das moderne, typisch irische Haus mit nur einem Stockwerk sticht nicht besonders hervor, ist aber sauber und freundlich – was will man mehr?

MITTELKLASSEHOTELS

Banner Lodge (☎ 682 4224; www.bannerlodge.com; Market St; EZ/DZ ab 45/80 €) Zentraler geht's nicht – und günstiger wohl auch nicht! Einige der Zimmer sind ziemlich klein, aber bei der Lage ist dies allemal ein Schnäppchen. Das Dekor des zweistöckigen Gasthofs wird von grellblauen Teppichen dominiert. Der Service ist minimal.

Carbery House (☎ 682 4046; Kilrush Rd; EZ/DZ 50/90 €; **P**) Etwa zehn Gehminuten südlich vom Zentrum befindet sich dieses gepflegte B&B mit zwei Kaminen. Zwar sorgen diese für eine warme Atmosphäre, doch wer im Bett nicht frieren will, sollte auf die Heizdecken zurückgreifen. Auch wer früh mit dem Flugzeug landet, ist hier willkommen, sofern Zimmer frei sind. Kreditkarten werden akzeptiert.

Four Winds (☎ 682 9831; Clare Rd; EZ/DZ 50/80 €; Mitte März–Mitte Okt.; **P**) Zu dem angenehmen, zweistöckigen Hotel mit gepflegten Zimmern gehört auch ein schöner Garten. Die sympathischen Inhaber akzeptieren Kreditkarten.

Queens Hotel (☎ 682 8963; www.irishcourthotels.com; Abbey St; EZ/DZ ab 65/90 €; **P**) Das Eckhaus mit der feinen Patina eignet sich bestens für alle, die anonym bleiben wollen. Die 48 Zimmer sind einheitlich ausgestattet und zeitlos in Rot- und Gelbtönen dekoriert. Im Foyer hat man

COUNTY CLARE

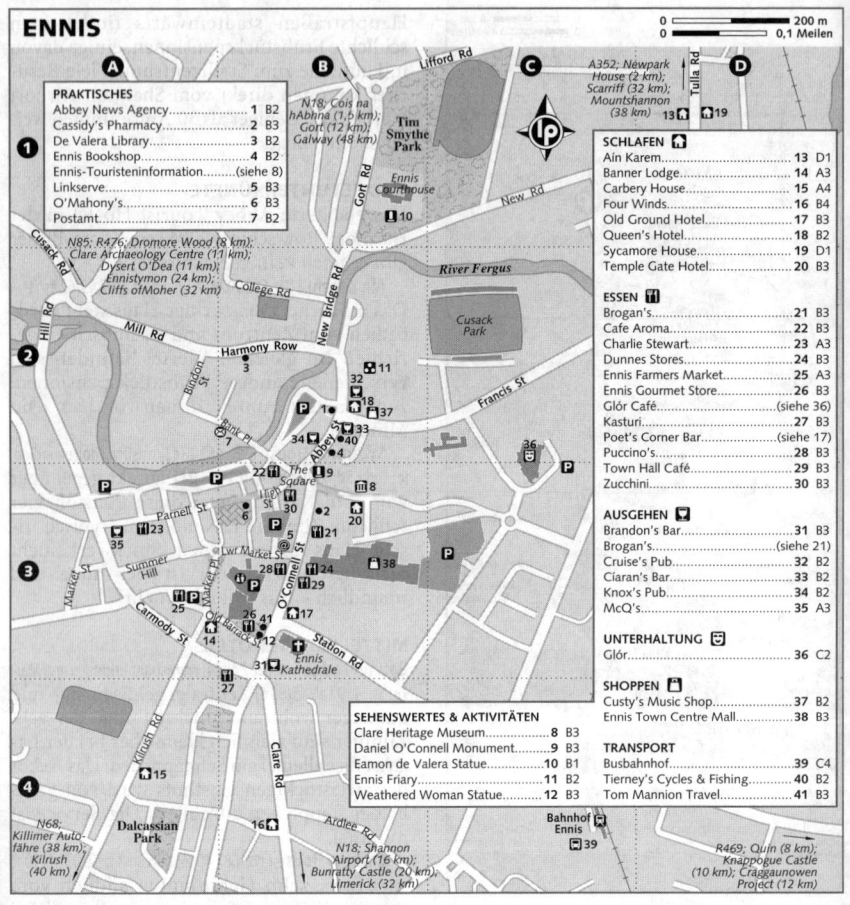

ENNIS

PRAKTISCHES		
Abbey News Agency	1	B2
Cassidy's Pharmacy	2	B3
De Valera Library	3	B2
Ennis Bookshop	4	B2
Ennis-Touristeninformation	(siehe 8)	
Linkserve	5	B3
O'Mahony's	6	B3
Postamt	7	B2

SCHLAFEN		
Aín Karem	13	D1
Banner Lodge	14	A3
Carbery House	15	A4
Four Winds	16	B4
Old Ground Hotel	17	B3
Queen's Hotel	18	B2
Sycamore House	19	D1
Temple Gate Hotel	20	B3

ESSEN		
Brogan's	21	B3
Cafe Aroma	22	B3
Charlie Stewart	23	A3
Dunnes Stores	24	B3
Ennis Farmers Market	25	A3
Ennis Gourmet Store	26	B3
Glór Café	(siehe 36)	
Kasturi	27	B3
Poet's Corner Bar	(siehe 17)	
Puccino's	28	B3
Town Hall Café	29	B3
Zucchini	30	B3

AUSGEHEN		
Brandon's Bar	31	B3
Brogan's	(siehe 21)	
Cruise's Pub	32	B2
Ciaran's Bar	33	B2
Knox's Pub	34	B2
McQ's	35	A3

UNTERHALTUNG		
Glór	36	C2

SHOPPEN		
Custy's Music Shop	37	B2
Ennis Town Centre Mall	38	B3

TRANSPORT		
Busbahnhof	39	C4
Tierney's Cycles & Fishing	40	B2
Tom Mannion Travel	41	B3

SEHENSWERTES & AKTIVITÄTEN		
Clare Heritage Museum	8	B3
Daniel O'Connell Monument	9	B3
Eamon de Valera Statue	10	B1
Ennis Friary	11	B2
Weathered Woman Statue	12	B3

WLAN-Anschluss und kann – ähnlich wie beim Chatten – unbemerkt durchhuschen.

Newpark House (☎ 682 1233; www.newparkhouse. com; EZ/DZ 65/100 €; ✲ Ostern–Okt.; 🅿) 2 km nördlich von Ennis steht das Newpark, ein von Weinreben umranktes Haus aus dem Jahr 1650. Seine sechs Zimmer sind mit alten und neuen Möbeln ausgestattet und mit zahlreichen alten Stichen dekoriert. Der Weg hierher führt die Tulla Road entlang bis zur Scarriff Road (R352). Am Roselevan Arms biegt man rechts ab.

SPITZENKLASSEHOTELS

Old Ground Hotel (☎ 682 8127; www.flynnhotels.com; O'Connell St; EZ/DZ ab 90/150 €; 🅿 💻) Im Foyer dieser alten Institution geht es immer lebhaft zu:

Alte Freunde lümmeln sich auf den Sofas, an den Tischen werden Geschäfte abgeschlossen und die Damen der benachbarten Kirchengemeinschaft tauschen bei einer Tasse Tee den neuesten Klatsch aus. Teile des weitläufigen Anwesens stammen aus dem 19. Jh. Die 83 Zimmer sehen ganz unterschiedlich aus; einige sind ausgesprochen hübsch und haben auch WLAN.

Temple Gate Hotel (☎ 682 3300; www.templegate hotel.com; am Square; EZ/DZ 120/170 €; 🅿 💻) Kaum ein Hotel liegt zentraler als dieses Haus etwas abseits von der O'Connell Street. Trotz seines schlichten Äußeren gehört es zur Spitzenkategorie. Die 70 modernen Zimmer sind alle mit WLAN ausgestattet. Der Service spricht vor allem Geschäftsreisende an.

Essen

Ennis bietet einen guten Mix an Restaurants, Cafés und Bars. In dem riesigen Einkaufszentrum **Dunnes Stores** (☎ 684 0700; Ennis Town Centre Mall; ❧ 24 Std.) gibt's alle möglichen Gaumenfreuden: von Essen vor Ort bis hin zu Lebensmittelgeschäften. Zum **Ennis Farmers Market** (Parkplatz Upper Market St; ❧ Fr 8–14 Uhr) kommen einige der besten Biohändler aus Clare.

GÜNSTIG

Puccino's (☎ 689 1665; 41 O'Connell St; Snacks 2–6 €; ❧ Mo–Sa 8–18 Uhr) Dieses winzige Lokal auf der Hauptstraße hat nicht nur eine Kaffeebar, sondern auch ein verlockendes Angebot an frischem Obst und Säften. Ein bisschen Kiefertraining gefällig? Dann mal ran an die Sandwiches.

Glór Café (☎ 684 3103; Friar's Walk; Hauptgerichte 3,75–8,50 €; ❧ Mo–Sa 10–17 Uhr) Das Café am Glór, dem örtlichen Kunstzentrum, ist entsprechend künstlerisch angehaucht: Suppen, Salate, Sandwiches, heiße Gerichte und Desserts sind kreativ und verführerisch. Auch Vegetarier kommen hier voll auf ihre Kosten.

Ennis Gourmet Store (☎ 684 3314; 1 Old Barrack St; Snacks 4–10 €; ❧ Mo–Sa 9–19, So 12–18 Uhr) Der schmucke Feinschmeckerladen schenkt heißen Kaffee oder Tee aus, den man am besten draußen im Freien genießt. Außerdem gibt es Suppen, Sandwiches und feine Delikatessen wie irische Käseplatten, Eingemachtes, gute Weine u. v. m.

Café Aroma (☎ 684 2703; Bank Place; Mahlzeiten 4–10 €; ❧ 8–19 Uhr) Das Café auf drei Etagen ist ein beliebter Szenetreff, in dem sich die Einheimischen frische Sandwiches holen (wunderbar schmeckt z. B. das Sandwich mit Speck, Avocado und Knoblauch). Oder man lässt sich zu etwas Handfesterem nieder.

MITTELKLASSEHOTELS

Poet's Corner Bar (☎ 682 8127; Old Ground Hotel, O'Connell St; Mahlzeiten 6–12 €; ❧ 12.30–21 Uhr) Diese berühmte alte Bar hat ihren guten Ruf zu Recht: Aufgetischt werden traditionelle Gerichte, von gekochtem Speck und Kohl in Petersiliensauce bis hin zu einer sämigen Fischsuppe, die über die Stadtgrenzen hinaus bekannt ist. Im dunklen Interieur spiegelt sich das authentische Clare wider.

Charlie Stewart (☎ 684 8477; 76 Parnell St; Mahlzeiten 7–18 €; ❧ 12–21 Uhr) Burger, Nachos, Pasta- und andere Bistrogerichte machen die Speisekarte in diesem großen, offenen Pub richtig interessant. Wenn abends Livemusik gespielt wird, schließt die Küche schon früher.

Brogan's (☎ 682 9859; 24 O'Connell St; Mahlzeiten 8–20 €; ❧ 10–22 Uhr) In diesem beliebten, alten Pub haben die Erbsen den richtigen Biss und die Kartoffeln scheinen nie auszugehen. Klassiker wie Speck mit Kohl sind hier der Renner; aber man findet auch modernere Kost auf der Karte.

Kasturi (☎ 684 8060; Carmody St; Mahlzeiten 10–20 €; ❧ Mo–Sa 12–14.30 & 18–22, So 13–16 Uhr) Im warmen Ambiente des Kasturi mundet die indische Küche ausgezeichnet. In dem großen, gediegenen Speisesaal kredenzt das großartige Personal alle Speisen mit Stil, Klassiker wie Tandoori-Hühnchen werden richtig zelebriert.

SPITZENKLASSEHOTELS

Town Hall Café (☎ 682 8127; O'Connell St; Mittagessen 6–14 €, Abendessen 20–35 €; ❧ 10–16.45 & 18–21.30 Uhr) Direkt neben dem Old Ground Hotel lädt das zum Hotel gehörende, ausgezeichnete Bistro im alten Rathausgebäude zum Verweilen ein. Unter den hohen Decken ist viel Raum für große Kunst, doch die sonst schlichte Kulisse lenkt nicht vom Essen ab: Tagsüber kommen zwanglose und kreative Gerichte auf den Tisch, am Abend wird's dann vornehmer und interessanter. Die Meeresgerichte schmecken fabelhaft.

Zucchini (☎ 686 6566; 7 High St; Hauptgerichte 25–30 €; ❧ 17–21.30 Uhr) Schon an der leuchtendroten Fassade erkennt man, dass sich dahinter etwas Besonderes verbergen muss. Die ambitionierte Speisekarte wechselt regelmäßig. Probieren sollte man z. B. überbackene Austern aus heimischen Gewässern mit Rucola, oder gebratenen Heilbutt mit Safran. Alle Zutaten kommen aus der Region, das Brot aus dem eigenen Backofen. Auch die Nachspeisen sind köstlich.

Ausgehen & Unterhaltung

Als Hauptstadt einer musikalischen Grafschaft mangelt es Ennis weder an Pubs mit traditionell irischer Musik noch an modernen Nachtclubs. Welcher gerade angesagt ist, liest man am besten im Wochenmagazin *Claire People* in der witzigen Kolumne des Restaurantkritikers Cormac MacConnell nach.

PUBS

Brogan's (☎ 682 9859; 24 O'Connell St) Eine tolle Musikertruppe heizt im Brogan's jeden Dienstag

COUNTY CLARE

und Donnerstag (im Sommer auch öfter) ab 21 Uhr kräftig ein. Das große Pub liegt an der Ecke zur Cooke's Lane.

Brandon's Bar (☎ 682 8133; O'Connell St) Unter den Pubs behauptet sich das Brandon's mit eigenen Musikabenden, insbesondere am Montag ab 21.30 Uhr. Neben traditioneller Musik wird hier auch Blues, Rock und sogar Diskomusik gespielt.

Cruise's Pub (☎ 684 1800; Abbey St) Zu der freundlichen Bar gehört auch ein großer Innenhof, wo man im Schatten der Abtei ein Bier unter freiem Himmel genießen kann. An den meisten Abenden finden ab 21.30 Uhr traditionelle irische Musiksessions statt.

Ciaran's Bar (☎ 684 0180; Francis St) In diesem Schlupfwinkel grübelt tagsüber mancher Kauz über einem Pint. Von Mittwoch bis Sonntag wird abends Jazz gespielt.

Knox's Pub (☎ 682 2871; Abbey St) Wer auf aktuelle Hits, DJs, Fußballübertragungen auf einer riesigen Leinwand und hohe Geräuschpegel scharf ist, der kommt bei Knox's voll auf seine Kosten. Mr. Knox, ein einstiger Kaffee-, Wein- und Spirituosenhändler, würde sich bei den Bassrhythmen im Grabe umdrehen. Die Bar hat bis weit nach Mitternacht geöffnet.

McQ's (☎ 682 4608; 78 Parnell St) An regnerischen Tagen, wenn aromatische Torffeuer knistern, ist dieses gemütliche Pub der Himmel auf Erden. Es gibt gutes Essen und eine Etage darüber einige einfache Zimmer.

VERANSTALTUNGSORTE

Cois na hAbhna (☎ 682 0996; ceoltrad@eircom.net; Gort Rd) Liebhaber irischer Musik und Kultur pilgern zu dieser fünfeckigen Halle 1,5 km nördlich der Stadt an der N18. Hier finden Veranstaltungen sowie eine breite Palette an Kursen in Tanz und Musik statt. Mittwochabends kann man Musik hören, an einigen Samstagen auch tanzen. Archiv und Bücherei sammeln alles Wissenswerte zu traditioneller irischer Musik, Liedgut, Tanz und Folklore in der Grafschaft Clare; außerdem werden Bücher und CDs verkauft.

Glór (☎ 684 3103; www.glor.ie; Friar's Walk) Clares Kulturzentrum ist in einem auffälligen modernen Gebäude untergebracht. Auf dem Programm stehen u. a. Kunst, traditionelle Musik, Theater, Tanz, Fotografie, Film. Der Schwerpunkt liegt natürlich auf irischem Kulturgut, doch ist man auch für internationale Einflüsse offen.

Shoppen

Ennis ist die beste Einkaufsstadt der Grafschaft. Alles Wichtige bekommt man in dem riesigen Komplex der **Ennis Town Centre Mall** mit den Dunnes Stores gleich hinter der O'Connell Street. Eine unauffällige Passage führt hinein. Samstagvormittags gibt's auf dem Marktplatz einen Wochenmarkt. Die größte Auswahl an Geschäften hat man in der O'Connell Street.

Custy's Music Shop (☎ 682 1727; www.custysmusic.com; Francis St) In diesem Musikladen gibt's einfach alles rund um irische Musik: CDs, Instrumente, Zubehör und Infos zur Szene. Im Internet findet sich auch ein Einkaufsportal.

An- & Weiterreise

BUS

Der **Busbahnhof** (☎ 682 4177) befindet sich neben dem Bahnhof. Ab Ennis verkehren Busse nach Cork (11,70 €, 3 Std., 9-mal tgl.); Doolin (8,80 €, 1½ Std., 3-mal tgl.) via Corofin, Ennistymon, Lahinch und Liscannor; Galway (9 €, 1½ Std., stündl.) via Gort; Limerick (6,30 €, 40 Min., stündl.) via Bunratty; sowie zum Shannon Airport (5,40 €, 50 Min., stündl.). Richtung Dublin steigt man in Limerick um.

ZUG

Vom **Bahnhof Ennis** (☎ 684 0444) fahren täglich neun Züge nach Limerick (8,20 €, 40 Min.) mit Anschluss u. a. nach Dublin. Im Gespräch ist, dass eventuell auch die Bahnstrecke Ennis–Galway wieder in Betrieb genommen werden soll.

Unterwegs vor Ort

Ein Taxi bestellt man entweder bei **Burren Taxis** (☎ 682 3456) oder nimmt eines am Taxistand des Bahnhofs bzw. beim O'Connell-Denkmal.

Tierney's Cycles & Fishing (☎ 682 9433; 17 Abbey St; ⏲ Mo–Sa 9–18 Uhr) vermietet gepflegte Mountainbikes für 20/80 € pro Tag/Woche inklusive Helm, Fahrradschloss und Reparaturset. Das Personal kann Empfehlungen für die besten Fahrradrouten mit dem geringsten Unfallrisiko geben.

Autos kann man bei **Tom Mannion Travel** (☎ 682 4211; www.tmt-ireland.com; 71 O'Connell St) mieten.

Parken ist kein Problem in der Stadt. Große Parkplätze befinden sich hinter der Touristeninformation in Friar's Walk und am Flussufer unweit der Abbey Street (mit Parkschein 1 € pro Std.).

RUND UM ENNIS

Nördlich von Ennis befindet sich die frühchristliche Stätte von Dysert O'Dea; im Südosten findet man mehrere schöne Burgen.
Zahlreich Sehenswürdigkeiten in Clare lassen
sich auf einem Tagesausflug von Ennis aus
besuchen.

Mit Nahverkehrs- und Schnellbussen
kommt man rund um Ennis fast überall hin.
Aber Achtung: Viele Verbindungen gibt es
nur von Mai bis September (einige nur im
Juli und August) bzw. an bestimmten Tagen.
Vor dem Aufbruch sollte man daher am **Busbahnhof von Ennis** (☎ 065-682 4177; www.buseireann.
ie) sorgfältig den Fahrplan studieren.

Dysert O'Dea

Wenn man auf den engen Fahrspuren mit
Grasstreifen in der Mitte nach **Dysert O'Dea**
(Karte S. 421) holpert, kann man die Vergangenheit förmlich spüren. Im 8. Jh. gründete der
hl. Tola hier ein Kloster. Kirche und Hochkreuz, das Weiße Kreuz des hl. Tola, stammen
aus dem 12. bzw. 13. Jh. Auf Letzteres ist auf
der einen Seite eine Darstellung von Daniel
in der Löwengrube zu sehen, die andere Seite
zeigt den gekreuzigten Jesus Christus über
dem Relief eines Bischofs. Interessant ist auch
der südliche Torbogen der romanischen Kirche mit verschiedenen Tiermotiven und
menschlichen Gesichtern. Hinter der Kirche
stehen die Überreste eines 12 m hohen Rundturms.

Ganz in der Nähe lieferten sich 1318 die
O'Briens, seinerzeit Könige von Thomond,
und Norman de Clares of Bunratty eine heftige Schlacht. Durch den Sieg der O'Briens
verzögerte sich die anglonormannische Eroberung von Clare um zwei Jahrhunderte. Das
nahe gelegene O'Dea Castle aus dem 15. Jh.
beherbergt heute das **Clare Archaeology Centre**
(☎ 065-683 7401; Erw./Kind 4/3,50 €; ☾ Mai–Sept. 10–
18 Uhr). Rund um die Burg führt ein 3 km langer
Geschichtspfad zu mehr als 20 Denkmälern
– von Ringfestungen und Hochkreuzen bis
hin zu einer alten Kochstelle. Über eine mittelalterliche Straße erreicht man nach 5 km
ein weiteres Steinfort.

Östlich von Dysert O'Dea erstreckt sich
Dromore Wood (Karte S. 421; ☎ 065-683 7166; www.
heritageireland.ie; Ruan; Eintritt frei; ☾ Besucherzentrum
Mitte Juni–Mitte Sept. 10–18 Uhr). Das 400 ha große
Naturreservat umfasst auch die Ruinen des
O'Brien Castle aus dem 17. Jh., zwei Ringfes-
tungen und die Kilakee-Kirche.

Dysert O'Dea befindet sich 1,7 km abseits der
Corofin Road (R476), 11 km nördlich von
Ennis. Dromore Wood liegt 8 km weiter öst-
lich, unweit der N18.

Bus Éireann (☎ 065-682 4177) fährt einmal täglich von Ennis nach Doolin und hält auch an
der R476.

Quin

☎ 065 / 460 Ew.

In Quin (Chuinche), einem kleinen Dorf
10 km südöstlich von Ennis, fanden Arbeiter
beim Bau der Bahnlinie Ennis–Limerick 1854
einen großen Goldschatz – die wichtigste Entdeckung prähistorischen Goldes in Irland.
Doch menschliche Gier und Armut gewannen
die Oberhand: Von Hunderten von Fundstü-
cken gelangten nur wenige ins Dubliner Nationalmuseum; das Gros der Beute wurde
verscherbelt. Vermutlich stammte das Gold
dieser und vieler anderer irischer Funde aus
den Wicklow Mountains an der Ostküste.

Das Franziskanerkloster **Quin Abbey** (☎ 684
4084) wurde 1433 auf den Grundmauern einer
älteren Burg aus dem Jahr 1280 errichtet.
Trotz häufiger Verfolgung lebten hier bis ins
19. Jh. Franziskanermönche. Ihr letzter Abt,
Vater Hogan, starb 1820 und wurde auf dem
Klostergelände begraben. Auch der berühmt-
berüchtigte Fireballs McNamara, ein noto-
rischer Duellant und Mitglied der hiesigen
Herrscherfamilie, hat hier seine letzte Ruhestätte gefunden. Über dem Hauptgebäude des
Klosters ragt ein eleganter Glockenturm auf,
den man über eine enge Wendeltreppe besteigen kann. Von oben blickt man auf den schönen Kreuzgang und die umliegende Landschaft. Die Stätte ist durchgehend geöffnet.

Neben dem Kloster steht die gotische **Kirche
des St. Finghin** aus dem 13. Jh.

Zahlreiche Cafés und Pubs säumen die ruhigen Gassen unweit der Ruinen. Auf der
Ennis zugewandten Dorfseite lohnt sich die
Einkehr im **Zion** (☎ 682 5417; Ennis Rd; Mahlzeiten
6–20 €; ☾ Mo–Mi 8–17, Do–Sa 22 Uhr). Von hier sieht
man das nahe Kloster mal aus einer anderen
Perspektive und kann sich mit ausgezeichnetem Kaffee, Tee oder Saft stärken. Tagsüber
gibt's Frühstück und frische, kreative Mittagessen, am Wochenende auch Abendessen.

Knappogue Castle

Etwa 3 km südöstlich von Quin erreicht man
Knappogue Castle (☎ 061368 103; www.shannonheritage.

COUNTY CLARE

ECHTES BIER

Ein hervorragendes Gegenmittel gegen die jämmerliche Bierkultur Irlands (was gibt's hier schon außer dem wohlbekannten Guinness?) findet sich an der Kreuzung zwischen N85 (nach Ennistymon) und R481 (nach Kilfenora in Inagh), 16 km nordöstlich von Ennis: die **Biddy Early Brewery** (☎ 065-683 6742; www.beb.ie), eine Seltenheit auf der Grünen Insel. Die Kleinbrauerei bietet eine eigene Palette an Bieren an. Dazu gehört das Black Biddy Irish Stout, ein Starkbier mit Charakter und Aroma, dessen Verkaufszahlen es mit vergleichbaren Massenbieren aufnehmen können. Alle Biere werden aus natürlichen Zutaten hergestellt, oft gibt es auch spezielle Saisonangebote. Vor Ort kann man ein Glas Bier in der luftigen Kneipe oder an den Tischen draußen im Freien genießen; in den meisten Monaten des Jahres wird auch Essen serviert. Wer sich die Biddy-Early-Legende erzählen lässt, wird verstehen, warum aus diesem Abstecher auch eine Einbahnstraße werden könnte.

---

com; Erw./Kind 7/3,35 €; ☺ April–Okt 9.30–16 Uhr), 1467 von den McNamaras erbaut. Diese herrschten vom 5. bis zur Mitte des 15. Jhs. über einen großen Teil von Clare und errichteten in dieser Region insgesamt 42 Burgen. Die Burgmauern von Knappogue sind nach wie vor intakt, im Innern ist eine schöne Ausstellung antiker Möbel und Kamine zu sehen.

Als Oliver Cromwell 1649 nach Irland kam, nutzte er Knappogue als Stützpunkt – so blieb die Festung vor Zerstörungen verschont. Nach der Restauration 1660 erhielt die Familie McNamara ihre Burg zurück. Seitdem wurden Fenster und andere Elemente hinzugefügt, um sie „wohnlicher" zu machen.

Im Hof befindet sich, wie allerorten üblich, ein kleines Souvenirgeschäft. Auf Knappogue werden auch **mittelalterliche Bankette** (☎ 061-360 788; Erw./Kind 52/26 €; ☺ April–Okt. 17.30 & 20.45 Uhr) für Touristen veranstaltet. Anders als auf Bunratty Castle (S. 406) bekommt man hier allerdings Besteck.

Craggaunowen

Noch mehr irisches Kulturerbe, aufbereitet für die breite Masse, gibt es in **Craggaunowen** (☎ 061-367 178; www.shannonheritage.com; Erw./Kind 8,50/5 €; ☺ Mai–April 10–18 Uhr) rund 6 km südöstlich von Quin zu sehen. Das Freilichtmuseum versammelt alte Bauernhöfe und Siedlungen, darunter ein *Crannóg* (künstliche Insel) und eine Ringfestung aus dem 5. Jh.; daneben sind Gerätschaften der Bronzezeit und eine 2000-jährige Eichenallee zu bestaunen.

Craggaunowen Castle selbst ist eine kleine, gut erhaltene Burg der McNamaras. Mit ihren vielen Tieren, etwa schnüffelnden Schweinen, begeistert sie vor allem Kinderherzen.

Zu Craggaunowen gehört auch ein angenehmes, kleines Café. Der nahe gelegene Cullaun Lake ist ein beliebtes Ausflugsziel für Bootsfahrten und Picknicks im Grünen. Ganz in der Nähe laden Waldpfade zum Wandern ein.

ÖSTLICHES & SÜDÖSTLICHES CLARE

Abseits von Atlantikküste und zerklüftetem Burren-Hochland wird Clare im Osten allmählich flacher. Hier ist das Land von grünen Ebenen geprägt, durch die sich weiche Hügelketten ziehen. Die östliche Grenze der Grafschaft bilden der Shannon und der langgezogene Binnensee Lough Derg, der sich 48 km von Portumna in der Grafschaft Galway bis nach Killaloe erstreckt. Aus dem zerklüfteten mystischen Westen Clares kommend, entdeckt man hier eine ganz andersartige, idyllische Wasserlandschaft mit Ufersiedlungen, Wäldern und Panoramablicken, die ihren eigenen Reiz hat. Im Südosten weitet sich der Shannon zu einem riesigen Mündungsdelta, die weiten Ebenen sind übersät mit Bauernhöfen und kleinen Dörfern. Hier zieht Bunratty Castle als Hauptattraktion Scharen von Besuchern an. Wichtigstes Einfallstor in die Region ist der nahe gelegene Shannon Airport.

SHANNON AIRPORT

☎ 061

Shannon, Irlands zweitgrößter Flughafen, war einmal ein viel genutztes Etappenziel auf der Transatlantikroute, als die Flugzeuge noch weniger Reichweite hatten und auf dem Weg zum europäischen Festland hier zum Auftanken landeten. Heute geht es deutlich entspannter zu.

Etwa 3 km vom Flughafen entfernt liegt **Shannon (Stadt)**, einst errichtet für die Mitarbeiter des Flughafens. Sie hat den Charme einer alten, sowjetischen Industrie-Planstadt – wenn auch mit besserer Warmwasserversorgung. Zum Bleiben verführt hier wenig.

Praktische Informationen

Im Shannon Town Center, einem Einkaufszentrum unweit der N19, findet man Banken, Lebensmittelläden und Fast-Food-Restaurants.

Auch im **Flughafenterminal** (☎ 742 6666; www. shannonairport.com) gibt es viele Einrichtungen, so auch eine schöne offene Aussichtsplattform für alle, die auf den nächsten Flug warten müssen. Fast alles befindet sich auf einer Ebene. Parken kann man nahe der Abfertigungshalle (1 € pro 15 Min.); wer das Auto weiter entfernt abstellt, zahlt weit weniger Parkgebühren.

Aer Rianta (☎ 712 000) An diesem Schalter gibt's Informationen zu Flügen bzw. rund um den Flughafen.

Bank of Ireland (☎ 471 100) Ab dem ersten Flug (ca. 6.30 Uhr) bis 17.30 Uhr geöffnet; Geld lässt sich entweder am Schalter oder am Geldautomaten wechseln.

Internetzugang Die Abfertigungshalle hat überall kostenloses WLAN. Vor dem Hughes & Hughes Bookshop stehen PCs (1,50 € pro 15 Min.).

Touristeninformation (☎ 471 664; www.shannon regiontourism.ie; ⏲ Mai–Sept. 6.30–18, Okt.–April 7–17.30 Uhr) Nahe der Ankunftshalle. Sie bietet umfassende Informationen rund um die Region und vermittelt Zimmer (4 €).

Schlafen & Essen

B&B-Unterkünfte, Restaurantketten und moderne Pubs gibt's im 3 km entfernten Shannon (Stadt); aber Ennis, Limerick und andere hübschere Städte – sogar Bunratty – sind nur 30 Minuten entfernt. Im Flughafenterminal befindet sich ein großes, oft überfülltes Restaurant mit Büfett.

Moloney's B&B (☎ 364 185; 21 Coill Mhara St; EZ/DZ 38/65 €; P) Die vier Zimmer in dieser heiteren Frühstückspension in Shannon sind blitzblank. Vom Flughafen kommend, verlässt man die N19 am großen Kreisverkehr Richtung Stadtzentrum. Dann geht's durch das Zentrum bis zu einer Kreuzung, an der links eine Nebenstraße abzweigt. Man hält sich weiter links und fährt an der Schule und dem Shannon Leisure Centre vorbei. An der nächsten Kreuzung biegt man rechts ab und nimmt die erste Straße links.

Park Inn Shannon Airport (☎ 471 122; www.parkinns. com; £1. 155 €; P ⛶) An einem Parkplatz vor der Abfertigungshalle befindet sich dieses einfache Motel mit Blick auf Sumpfland. Die 115 Zimmer mit WLAN sind für Geschäftsreisende geeignet und eine gute Option für alle, die einen frühen Flug gebucht haben und nicht extra ein Auto mieten wollen. Es gibt auch günstige Pauschalangebote.

Anreise & Unterwegs vor Ort
BUS

Bus Éireann (☎ 474 311; www.buseireann.ie ⏲ Mai–Sept. tgl., Okt.–April Mo–Fr 8–17 Uhr) betreibt einen Fahr-

---

DER SIRENENGESANG VON SHANNON

Lange nachdem der Shannon Airport als Zwischenstopp zum Auftanken ausgedient hatte, erlebte er einen neuen Aufschwung dank eines irischen Gesetzes, das internationale Flüge nach Dublin zur Zwischenlandung in Shannon verpflichtete. Und die listigen Einheimischen verstanden es, die Reisenden bei ihrem Zwangsaufenthalt um ihr letztes Wechselgeld zu erleichtern: Tatsächlich wurde hier der Duty Free Shop erfunden. Dem Flughafen verdanken wir auch Irish Coffee – dieses cremige Kaffeegetränk mit Whiskey, das sich besonders bei Amerikanern großer Beliebtheit erfreut (allerdings war es das ganze Jahr 2007 über wegen eines Arbeiterkonflikts nicht am Flughafen zu bekommen).

Abgesehen davon, dass Westirland durchaus einen Aufenthalt lohnt, war es immer schon eine faule Masche, Durchreisende zum Zwischenstopp in Shannon zu zwingen. In den letzten Jahren bekamen einige US-Fluggesellschaften die Erlaubnis, Dublin direkt anzufliegen. Die letzten Überbleibsel des obligatorischen Zwischenstopps in Shannon wurden schließlich durch den Open-Skies-Vertrag zwischen der EU und den USA 2007 aufgehoben. Wie erwartet, kritisierten lokale Behörden diese Regelung und grämten sich, dass ohne erzwungene Zwischenlandungen keine Touristen mehr in diese Region kommen würden. Allerdings ignoriert dieses Argument völlig die Tatsache, dass Shannon Airport ein Flughafen mit bester Infrastruktur ist und Westirland weiterhin Horden von Besuchern anziehen wird.

kartenschalter am Flughafen, in der Nähe der Ankunftshalle. Wenn dort geschlossen ist, kann man die Fahrkarten direkt beim Busfahrer kaufen. Direkte Busverbindungen gibt es nach Cork (11,70 €, 2½ Std., stündl.), Ennis (5,40 €, 50 Min., stündl.), Galway (10,80 €, 1¾ Std., stündl.) und Limerick (5 €, 30–55 Min., 2-mal stündl.). Sonntags ist der Busverkehr etwas eingeschränkter.

FLUGZEUG

Welche Flugverbindungen künftig vom Shannon Airport über den Atlantik gehen werden, regelt der Open-Skies-Vertrag, der voraussichtlich 2008 in Kraft tritt. Ein beliebtes Ziel ist der Flughafen bei Billigfliegern wie Ryanair, die das übliche Spektrum an europäischen Destinationen bedienen, z. B. Frankfurt/Hahn (bei Ryanair als Frankfurt bezeichnet, obwohl Hahn 75 km von der Mainmetropole entfernt ist). Auch vom/zum Londoner Heathrow Airport gibt es Verbindungen.

Fluggesellschaften, die Shannon direkt anfliegen:

Aer Lingus (☎ 0818 365 000; www.aerlingus.ie) Dublin, Boston, New York, Chicago, Los Angeles.

American Airlines (☎ 01-602 0550; www.aa.com) Chicago.

Central Wings (www.centralwings.com) Warschau.

Continental (☎ 1890 925 252; www.continental.com) Newark.

Delta Air Lines (☎ 1800 768 080; www.delta.com) Atlanta, New York.

Ryanair (☎ 0818 303 030; www.ryanair.com) London, Glasgow und zahlreiche europäische Flughäfen.

TAXI

Eine Taxifahrt ins Stadtzentrum von Limerick oder Ennis kostet ca. 32 €, sofern man über den Taxischalter am Flughafen bucht. Draußen am Taxistand zahlt man eventuell mehr. Der Schalter öffnet morgens, sobald die ersten Flüge gehen.

BUNRATTY

☎ 061

Bunratty liegt praktischerweise direkt an der N18 und ist mit jeder Menge Parkplätzen ausgestattet, die auch Bussen genügend Platz bieten. Ganz im Sinne von Regierungsplänen, den Tourismus zu fördern (oder gar zu melken?), zieht der Publikumsmagnet mehr Besucher an als irgendein anderer Ort der Region. Die Burg von Bunratty ragt bereits seit Jahrhunderten auf. In den letzten Jahrzehnten

wurde sie gründlich renoviert und mit verschiedenen Attraktionen umgeben. Im Themenpark wird ein altes irisches Dorf wieder zum Leben erweckt (doch wo sind die Pferdeäpfel?). Jedes Jahr schießen neue Verkaufsstände aus dem Boden und blockieren die Zufahrtsstraßen – viele verkaufen „authentisch irische Ware", die direkt von den Schiffen aus China kommt. Für Busreisegruppen gibt es ziemlich kostspielige Pauschalangebote inklusive Mahlzeit.

Von April bis Oktober wird Bunratty von Bussen und Reisegruppen belagert. Bei all dem Trubel übersieht man das eigentliche Dorf hinter dem Themenpark schon mal. Dabei kann man in dem hübschen Ort mit zahlreichen schattigen Plätzen wunderbar verweilen und einkehren. Für alle, die eine Unterkunft nahe beim Flughafen suchen, ist das nur 5 km westlich vom Shannon Airport gelegene Bunratty eine gute Alternative.

In Bunratty Village Mills, einem Einkaufszentrum nahe der Burg, befindet sich ein kleines **Besucherzentrum** (☎ 364 321; ☿ ganzjährig Mo–Fr 9–17.30, Mitte Mai–Sept. auch Sa & So). Hier gibt's auch Geldautomaten.

Bunratty Castle & Folk Park

Für **Bunratty Folk Park** und **Bunratty Castle** (☎ 360 788; www.shannonheritage.com; Erw./Kind 14/9 €) wird ein Kombiticket verkauft. Wenn die Burg geschlossen ist, kann man ein separates Ticket für den Park erwerben; in der Nebensaison sind die Preise etwas günstiger.

Der Souvenirshop am Eingang hat ein erkleckliches Angebot an schriller, irischer Ramschware. (Im Park ist der Weg zum Parkplatz mit „Ausgang durch den Laden!" ausgeschildert.)

BUNRATTY CASTLE

Bunratty Castle (☿ 9–16 Uhr) ist groß, quaderförmig und wuchtig, erfüllt also alle Anforderungen an eine Trutzburg. Die Wikinger erbauten eine befestigte Siedlung an dieser Stelle, damals eine von einem Burggraben umgebene Insel. Danach kamen die Normannen. Thomas de Clare errichtete hier in den 1270er-Jahren das erste Steingebäude. Die heutige Burg ist bereits das vierte Bauwerk am River Ratty. Sie wurde im frühen 15. Jh. von der tatkräftigen Familie McNamara erbaut, fiel aber kurz darauf an die O'Briens, Könige von Thomond, und blieb bis ins 17. Jh. in deren Besitz. Für eine kurze Zeit lebte hier

Admiral Penn, Vater des Quäkers William Penn, welcher den amerikanischen Bundesstaat Pennsylvania und die Stadt Philadelphia gründete.

Die Burg wurde vor Kurzem vollständig restauriert und ist heute mit exquisiten Möbeln, Gemälden und Wandbehängen des 14. bis 17. Jhs. ausgestattet. Die meisten Einrichtungsgegenstände gehörten ursprünglich nicht zur Burg, könnten aber zu jenen Zeiten durchaus hier gestanden haben, mit Ausnahme eines bizarren Siedekessels für Öl.

BUNRATTY FOLK PARK

Direkt an die Burg schließt sich der **Folk Park** (Erw./Kind 8,85/5,25 €; ⊙ Juni–Aug. 9–18, Sept.–Mai 9–17.30 Uhr, letzter Einlass 45 Min. vor Schluss) an. Er zeigt ein wieder aufgebautes traditionelles irisches Dorf mit Cottages, einer Schmiede, Webern und Bäckern. Eine komplette Dorfstraße mit Postamt, Pub und einem kleinen Café wurde nachgebildet.

Einige Gebäude wurden von ihrem ursprünglichen Standort hierher versetzt, bei den meisten handelt es sich jedoch um Rekonstruktionen. In der Hochsaison führen vier oder fünf Mitarbeiter in historischen Gewändern über das Gelände und erzählen von den „familienfreundlicheren" Seiten des Alltags am Ende des 19. Jhs. Die ganze Anlage verströmt den typischen Charme eines Disneyland-Paradieses. Einen viel authentischeren Eindruck vom einstigen ländlichen Irland bekommt man in Ortschaften wie Ennistymon.

Die **Traditionelle Irische Nacht** (☎ 360 788; Erw./Kind 46/23 €; ⊙ April–Okt. 19–21.30 Uhr) wird in einer Getreidescheune im Folk Park veranstaltet. Zahlreiche Rothaarige (echte oder falsche, Hauptsache der Job ist sicher) spielen dann traditionelle irische Musik, führen Tänze auf und versorgen die Gäste mit Irish Stew, einem Hammeleintopf, Apfelstrudel und *soda bread*. Obwohl es nicht den Bräuchen entspricht, wird auch Wein ausgeschenkt, der einen vielleicht sogar zum Mitsingen verleitet.

MITTELALTERLICHE BANKETTE

Wer den Rummel in der Scheune lieber auslassen möchte, kann sich auch für das **mittelalterliche Bankett** (☎ 360 788; Erw./Kind 55/27,50 €; ⊙ 17.30 & 20.45 Uhr) mit Harfenspielern und Hofnarren entscheiden. Auf den Tisch kommen Speisen mit mittelalterlichen Anklängen, also sehr viel Fleisch (wir vermuten allerdings,

dass die meisten bei wirklich authentischem Essen schnell das Weite suchen würden). Das Mahl wird mit den Fingern gegessen und mit Met, einer Art Honigwein, hinuntergespült. Unterhalten werden die Gäste dabei von Schauspielern und Bänkelsängern. Besonders beliebt sind diese Bankette bei Busreisegruppen, Einzelreisende sollten also früh genug reservieren.

Ähnliche Bankette, wenn auch etwas gesetzter, werden im Knappogue Castle (S. 374) und Dunguaire Castle (in Galway; S. 474) veranstaltet.

Schlafen

In Bunratty gibt es ein paar wenige Hotels und jede Menge B&Bs. Auf der großen Übersichtskarte am Eingang zum Park sind die Standorte zu finden; die meisten liegen etwas abseits des Rummels.

Briar Lodge (☎ 363 388; www.briarlodge.com; Hill Rd; EZ/DZ ab 50/65 €; Ⓟ) In einer ruhigen Sackgasse, 1,6 km von der Burg entfernt, bietet sich diese traditionelle Herberge als guter Schlupfwinkel an. Alle drei Zimmer haben kleine Extras wie Lockenstäbe (für den großen Auftritt beim Bankett).

Tudor Lodge (☎ 362 248; Hill Rd; EZ/DZ 50/75 €; Ⓟ) Nur ein paar Gehminuten vom Zentrum entfernt, lockt dieses hübsche Haus im nachgemachten Tudorstil. Die fünf preiswerten Zimmer sind rundum behaglich.

Bunratty Castle Hotel (☎ 478 700; www.bunratty castlehotel.com; EZ/DZ ab 80/150 €; Ⓟ 💻 🐕) Direkt am Ort des Geschehens, also nahe beim Touristenzirkus, liegt dieses moderne, attraktive Geschäftshotel. Alle 144 Zimmer haben WLAN-Anschluss und sind luxuriös ausgestattet. Sogar ein Spa gibt es hier.

Essen & Ausgehen

Die meisten Einkehrmöglichkeiten – insbesondere die Gastronomie in den Einkaufszentren – sind auf den Geschmack der breiten Masse ausgerichtet.

Durty Nelly's (☎ 364 861; Bunratty House Mews; Pubessen 5–12 €, Restaurant Hauptgerichte ab 20 €) Hier herrscht den ganzen Sommer hindurch Touristentrubel. Doch obwohl es direkt gegenüber der Burg liegt, hat sich das Nelly's seinen gewissen Charme bewahrt und die Mahlzeiten sind überraschend gut. Allerdings ist es im Pub gemütlicher als im Restaurant in der oberen Etage. In den Ecken hinter der Bar findet man meist einige Einheimische (unbezahlte

COUNTY CLARE

Statisten?) mit einem Glas Bier. Oft werden hier auch traditionelle irische Musikabende veranstaltet.

Red Door (☎ 466 993; Bunratty House, Hill Rd; Hauptgerichte 10–25 €; ☯ Di–So 12–15 & 18.45–21 Uhr) Unweit des echten Dorfes hinter dem Folk Park befindet sich dieses Spitzenrestaurant auf dem Grundstück eines alten Anwesens. Hier geben Kreationen aus heimischen Zutaten den Ton an. Die Speisekarte bietet zwar auch Gutes aus der internationalen Küche, mit Gerichten aus lokalem Fleisch oder Meeresfrüchten liegt man aber nie falsch.

Mac's Bar (☎ 361 511; Bunratty Folk Park) Dieser nette Ort liegt tatsächlich mitten im Folk Park. Von Juni bis September finden an den meisten Abenden traditionelle irische Musiksessions statt, das restliche Jahr über zumeist an den Wochenenden. Tagsüber hat die Bar wenig Reiz, aber wenn der Park schließt, wird's hier so richtig urig.

An- & Weiterreise

Bunratty liegt an der verkehrsreichen Bus-Éireann-Route von Limerick in Richtung Shannon Airport. Mindestens stündlich verkehren Busse in beide Richtungen. Die Fahrt dauert knapp 30 Minuten und kostet weniger als 5 €. Nach Ennis verkehrt mindestens 5-mal täglich ein direkter Bus (6,20 €, 30 Min.). Dieser hält vor dem Fitzpatrick Bunratty Shamrock Hotel in der Nähe der Burg.

KILLALOE & BALLINA
☎ 061 / 1750 Ew.

Nur getrennt durch einen schmalen Kanal, bilden Killaloe und Ballina eigentlich ein einziges Reiseziel, obwohl sie ganz unterschiedliche Charaktere haben und sogar zu verschiedenen Grafschaften gehören. Als Bindeglied spannt sich eine alte Brücke mit dreizehn Bögen über den Fluss, in nur fünf Minuten ist man auf der anderen Seite.

Killaloe (Cill Da Lúa) zeigt ein Clare wie aus dem Bilderbuch. Das Dorf liegt am Westufer des Loch Deirgeirt, der südlichen Verlängerung des Lough Derg, wo der Shannon aus dem See austritt. Im Westen schmiegt es sich an die schroff aufragenden Slieve Bernagh Hills, nach Osten hin bilden die Arra Mountains einen harmonischen Abschluss. Der 180 km lange East Clare Way führt durch den Ort.

Ballina in der Grafschaft Tipperary ist nicht ganz so malerisch wie Killaloe, hat aber die besseren Pubs und Restaurants. Es liegt am Ende einer landschaftlich schönen Route (R494, siehe S. 345), die von Nenagh aus am Ufer des Lough Derg entlangführt.

Von Killaloe und Ballina aus kann man den Shannon Richtung Norden bis zum Lough Key in der Grafschaft Sligo befahren; deswegen wimmelt es hier im Sommer nur so von Freizeitkapitänen.

Orientierung & Praktische Informationen

In Ballina spielt sich das Leben vor allem auf der Main Street ab, die vom Ufer den Berg hinaufführt. In Killaloe heißt die quirlige, enge Straße entlang des Flusses Bridge Street, nach der Rechtskurve wird sie zur Main Street.

Die **Touristeninformation** (☎ 376 866; Brian Boru Heritage Centre; ☯ Mai–Mitte Sept. 10–18 Uhr) liegt auf einer winzigen Insel unweit der Brücke in Killaloe und teilt sich die Räume mit dem Kulturerbezentrum und der **Bücherei** (☎ 376 062; Mo, Di & Do ☯ 10–13.30 & Mo, Di & Do 14.30–17.30 Uhr, Mi & Fr 10–17.30 & 18.30–20 Uhr, Sa 10–14 Uhr). Dort gibt es kostenlosen Internetzugang.

Einen Geldautomaten findet man in der AIB-Bank am Ende der Church Street.

Whelan's Essenstore (☎ 376 159; Church St, Killaloe) bietet die beste Auswahl an Zeitungen und Zeitschriften.

Glücklicherweise gibt es zu beiden Seiten des Flusses Parkmöglichkeiten. So schön sie auch ist, wird die Brücke doch zum Albtraum für Autofahrer: Auf nur einer Fahrspur staut sich regelmäßig der Verkehr und es dauert mitunter zehn Minuten oder länger, bis man endlich das andere Ufer erreicht. Zu Fuß ist man also besser dran. Beim Parkplatz in Killaloe stehen Toiletten für Besucher zur Verfügung.

Sehenswertes & Aktivitäten

Die **Kathedrale von Killaloe** (St Flannan's Cathedral; ☎ 376 687; Limerick Rd) datiert ins frühe 13. Jh. und wurde von der Familie O'Brien auf den Fundamenten einer Kirche aus dem 6. Jh. erbaut. Wunderbare Steinmetzarbeiten zieren die Innenseite des Südportals. Neben dem Portal steht der Stumpf eines Steinkreuzes, bekannt als Thorgrim's Stone. Der außergewöhnliche Stein stammt aus frühchristlicher Zeit und zeigt sowohl alte skandinavische Runen als auch irische Ogham-Inschriften. Auf dem Gelände der Kathedrale befindet sich

COUNTY CLARE

auch St Flannan's Oratory, eine romanische Kapelle aus dem 12. Jh.

Das **Brian Ború Heritage Centre** (☎ 376 866; www. shannonheritage.com; Lock House, Killaloe; Erw./Kind 3,20/ 1,65 €; ⏰ Mai–Sept. 10–18 Uhr) ist nach dem einheimischen Knaben benannt, der es als König schaffte, Irland nicht nur zu vereinigen, sondern auch vom Joch der Wikinger zu befreien. Seit Kurzem schreibt man diese Heldentaten allerdings eher den politischen Drahtziehern und Hintermännern der damaligen Zeit zu. Nichtsdestotrotz bemüht sich das Zentrum, die Legenden am Leben zu erhalten.

Im **TJ's Angling Centre** (☎ 376 009; Main St, Ballina) gibt es alles, was das Anglerherz begehrt. Die Ausrüstung kann man für 10 € pro Tag ausleihen. Wer ungeniert fragt, wird ausgiebig beraten. Auch Angelausflüge werden angeboten, doch die Forellen und Hechte beißen genauso gut vor Ort an.

Whelan's Boat Hire (☎ 086 391 9472; Whelan's Food Store, Church St, Killaloe) verleiht 6-m-Boote für 15/50 € pro Std./Tag, einschließlich der kompletten Angelausrüstung.

Längere Kreuzfahrten auf dem See kann man mit der **Spirit of Killaloe** (☎ 086 814 0559; Bridge St, Killaloe; Tickets 10 €) unternehmen.

Schlafen

In der Gegend gibt es eine große Auswahl an B&Bs, insbesondere an den Straßen am Seeufer. Im Sommer unbedingt vorher reservieren!

Arkansas B&B (☎ 376 485; arkans@eircom.net; Main St, Ballina; EZ/DZ 40/65 €; **P**) Hier gibt's vier sehr schlichte Zimmer in schöner Lage. Woher aber kommt der Name? Die sympathische Inhaberin erzählt, sie habe einmal einen Fischkutter namens Arkansas gesehen und der Klang des Namens habe ihr gut gefallen.

Kincora House (☎ 376 149; www.kincorahouse.com; Church St, Killaloe; EZ/DZ 40/70 €) Diese einfache Herberge in einem jahrhundertealten Stadthaus liegt mitten im Herzen von Killaloe. In den altmodischen Zimmern fühlt man sich wie bei seiner Lieblingstante.

Lakeside Hotel (☎ 376 122; www.lakeside-killaloe. com; Ballina; EZ/DZ ab 70/130 €; **P** ⚫ ⚫) In großartiger Lage nahe der Brücke in Ballina gelegen, lockt dieses fein herausgeputzte Hotel am Seeufer mit verschiedenen attraktiven Gemeinschaftsbereichen und einem Park zum Herumstreifen. Die 46 Zimmer sind sehr unterschiedlich, die Preise variieren je nach Ausblick.

Kincora Hall Hotel (☎ 061-376 000; www.kincorahall. com; Killaloe; Zi. 80–200 €; **P**) Dieses hübsche Hotel liegt 1,3 km nördlich der Brücke direkt am Ufer und hat sogar seinen eigenen Bootshafen. Das ganze Haus verströmt Komfort und verführt zur Weltflucht; die großen Zimmer sind elegant ausgestattet. Auch in der noblen Bibliothek kann man sich entspannen.

Essen & Ausgehen

Molly's Bar & Restaurant (☎ 376 632; Ballina; Mahlzeiten 8–24 €; ⏰ Essen 12–22 Uhr) Das Pub direkt am Brückenpfeiler hat eine schöne Dachterrasse, von der man die Verkehrstaus aus der Höhe betrachten kann. Bei Molly's geht's immer rund. Auf den Tisch kommt gute irische Hausmannskost wie Speck mit Kohl sowie typisches Pubessen wie Pizzen und Sandwiches. Am Wochenende legen DJs Diskohits auf, oder es wird Livemusik gespielt.

River Run (☎ 376 805; www.riverruncafe.com; Main St, Ballina; Hauptgerichte 10–16 €; ⏰ 12–22 Uhr) Klein, kess und elegant: Das Essen in diesem Bistro ist so kreativ wie die Kunst an den Wänden. Die Speisekarte ist nur kurz, bietet aber immer leckere Meeresfrüchte, Fisch, verschiedene Fleischsorten und vegetarische Gerichte. Die Nachpeisen sind verführerisch, die Weinkarte ist umfangreich.

Gooser's Bar & Eating House (☎ 376 791; Main St, Ballina; Abendessen 18–28 €; ⏰ Mo–Sa 12–22, So 12.30– 21.30 Uhr) Nur die Besuchermassen an den Wochenenden trüben das Schlemmererlebnis bei Gooser's etwas. Das beliebte Lokal ist bekannt für seine große Auswahl an Fischgerichten. Segler stürzen sich mit Wonne auf die üppigen Platten mit Fisch und Meeresfrüchten. Wer langes Warten vermeiden will, bestellt sich was in der Bar (Mahlzeiten 9,50– 24 €). Dort isst man auch ein bisschen günstiger.

Anchor Inn (☎ 376 108; Bridge St, Killaloe) Jeden Mittwochabend verwandelt sich das laute Anchor Inn in eine Musikbühne mit traditionellen irischen Klängen. Am Wochenende wird Livemusik gespielt. Das Lokal liegt direkt an der Brücke und ist nur einen Katzensprung vom Molly's entfernt.

Liam O'Riains (☎ 376 722; Main St, Ballina) Im stimmungsvollsten Pub der ganzen Gegend werden die Gäste gleich am Eingang von einem 12 kg schweren Hecht begrüßt, der als wahres Ungetüm an der Wand hängt. Alles andere ist eher angenehm: sanfter Kerzenschein und Fenster mit Blick auf den Fluss.

An- & Weiterreise

Von Montag bis Samstag fahren täglich vier Busse von **Bus Éireann** (☎ 313 333) von Limerick nach Killaloe (5,40 €, 45 Min.). Die Bushaltestelle ist vor der Kathedrale.

VON KILLALOE NACH MOUNTSHANNON

Eine malerische Straße mit Aussichtspunkten und Picknickplätzen führt am Lough Derg entlang Richtung Norden nach Mountshannon. Man nimmt ab Killaloe die R463 nach Tuamgraney und biegt dort Richtung Osten auf die R352 ein.

Ungefähr 2 km nördlich von Killaloe erreicht man **Beal Ború**, die Überreste eines Forts. Hier soll einst Kincora, der legendäre Palast des berühmten irischen Königs Brian Ború, gestanden haben. Dieser siegte 1014 in der Schlacht von Clontarf über die Wikinger und lebt heute im Namen zahlloser irischer Kneipen überall auf der Welt weiter. Archäologen fanden Spuren einer bronzezeitlichen Siedlung. Mit ihrer Lage weit über dem Lough Derg muss diese Stätte von strategischer Bedeutung gewesen sein.

Das **University of Limerick Activity Centre** (☎ 061-376 622; www.ulac.ie; Two Mile Gate) befindet sich etwa 3,5 km nördlich von Killaloe. Hier können Einzelpersonen oder Gruppen jede Art von Wassersport erlernen, z. B. Kanu- und Kajakfahren, Segeln oder Windsurfen. Dazu kommen Aktivitäten zu Lande wie Bogenschießen, Orientierungslauf und Waldspiele. An einer beeindruckend hohen Kletterwand kann man Griffe bzw. Auf- und Abseilen üben. Ein Wochenendkurs in verschiedenen Wassersportarten kostet ab 200 € pro Person.

Nur 1 km weiter erreicht man Cragliath Hill mit dem Fort **Griananlaghna**. Es wurde nach dem Urgroßvater von Brian Ború, König Lachtna, benannt.

In **Tuamgraney**, wo die Straße nach Mountshannon abzweigt, steht eine alte bedeutende Kirche, St Cronan's. Ihr angeschlossen ist ein kleines Museum, das **East Clare Heritage Centre** (☎ 921 351; www.eastclareheritage.com).

Schlafen & Essen

Lough Derg Holiday Centre (☎ 061-376 777; www.loughderg.net; Scarriff Rd, Killaloe; Cottages ab 400 € pro Woche; ⊙ Mitte Mai–Mitte Sept.) 6 km nördlich von Killaloe stehen nahe am Seeufer die Cottages des Holiday Centre mit je drei Schlafzimmern. An diesem Freizeitort werden viele Aktivitäten rund ums Wasser angeboten und Boote verliehen. Der Campingplatz wurde mittlerweile geschlossen.

Lantern House (☎ 061-923 034; www.lanternhouse. com; Scarriff Rd, Ogonnelloe; EZ/DZ ab 45/90 €; P) Etwa 10 km nördlich von Killaloe gelegen, bietet das moderne Haus mit sechs Zimmern traumhafte Ausblicke auf weite Teile des Lough Derg. Das Anwesen ist von herrlichen Heidekrautgärten umgeben. Im hauseigenen Restaurant (Hauptgerichte 12–24 €; geöffnet März–Okt. 18–21 Uhr) wird vorzügliche, moderne irische Küche kredenzt. Unbedingt vorher reservieren!

MOUNTSHANNON & UMGEBUNG

☎ 061 / 330 Ew.

Das Dorf Mountshannon (Baile Uí Bheoláin) am südwestlichen Uferabschnitt des Lough Derg wurde 1742 von einem aufgeklärten Großgrundbesitzer gegründet, um protestantischen Flachsarbeitern eine neue Heimat zu geben.

Im Hafen liegen immer Fischerboote, im Sommer füllt er sich außerdem mit Yachten und Kreuzfahrtschiffen. Von hier starten die Ausflüge nach Holy Island, einer der schönsten frühchristlichen Siedlungen in der Grafschaft Clare.

Die Gegend ist ein wahres Anglerparadies mit Bachforellen, Hechten, Flussbarschen und Brassen. Auskünfte zu Bootsverleihern und Ausrüstung erteilen die Unterkünfte.

Am Hafen gibt es öffentliche Toiletten.

Holy Island

2 km vor der Küste von Mountshannon liegt Holy Island (Inis Cealtra) mit einer alten **Klostersiedlung**, die vermutlich der hl. Cáimín im 7. Jh. gegründet hat. Neben einem Rundturm, der trotz fehlendem obersten Stockwerk immer noch über 27 m hoch ist, kann man auf der Insel vier alte Kapellen, eine Eremitenzelle und einige frühchristliche Grabsteine aus dem 7. bis 13. Jh. besichtigen. Eine der Kapellen besticht durch einen eleganten romanischen Bogen. Ein Kreuz im Innern zeigt die altirische Inschrift: „Betet für Tornog, der dieses Kreuz machte."

Die Wikinger plünderten das Kloster im 9. Jh., aber unter dem Schutz des beliebten Königs Brian Ború und anderen erlebte es eine neue Blütezeit.

Vom Hafen in Mountshannon kann man mit **Ireland Line Cruises** (☎ 375 011; Erw./Kind 8/4 €;

(❤ Ende April–Okt.) eine Inselumrundung unternehmen. Auch das East Clare Heritage Centre (siehe S. 410) in Tuamgraney veranstaltet solche Touren.

Schlafen & Essen

Lakeside Holiday Park (☎ 927 225; www.lakesideireland. com; Campingplatz 15 €; ❤ Mai–Okt.) Dieser weitläufige Park, wunderschön am See gelegen, bietet 35 Stellplätze und einige Miet-Wohnmobile (250 € pro Woche). Außerdem kann man hier Boote und Ausrüstungen zum Windsurfen, Rudern und Segeln mieten. Von Mountshannon geht es 2 km über die Portumna Road (R352) und dann in die erste Seitenstraße rechts.

Derg Lodge (☎ 927 319, 927 180; bridgebarbb@mail. com; Whitegate Rd., Mountshannon; EZ/DZ 40/60 €; **P**) Dieses angenehme B&B mit vier Zimmern liegt etwa 500 m vom Dorf entfernt. Die Lodge vermietet Boote für 35 € pro Tag bzw. mit einem *gillie* (Skipper) für 65 €.

Hawthorn Lodge (☎ 927 120; www.mountshannon-clare.com; EZ/DZ ab 45/60 €; **P**) Nur 1 km vom Dorf entfernt liegt dieses gepflegte Cottage, das alle Träume von einer einfachen ländlichen Zuflucht erfüllt. Wer die Heizdecke auf die höchste Stufe gedreht hat, mag an einem frostigen Morgen gar keinen Fuß mehr vor die Tür setzen.

Mountshannon Hotel (☎ 927 162; www.mountshannon-hotel.ie; Main St; EZ/DZ 50/80 €; ❤ März–Okt.; **P**) Dieses kleine Hotel ist ebenso hübsch wie die Stadt selbst, seine 14 Zimmer haben ein gutes Preis-Leistungs-Verhältnis. Draußen vor der Bar stehen Tische im Freien.

An Cupán Caifé (☎ 927 275; Main St; Mahlzeiten 8–18 €; ❤ Mai–Aug. 12–21, Sept.–April 12.30–21 Uhr, Mi geschl.) Das Café-Restaurant serviert in angenehm lockerer Atmosphäre interessante Kombinationen aus Fleisch und Meeresfrüchten und irische Variationen der italienischen Küche. Tagesgerichte bestehen oft aus einheimischem Fisch.

Harbour Restaurant (☎ 927 162; Mountshannon Hotel, Main St; Hauptgerichte 10–20 €) Das Hotelrestaurant am Hafen ist zu Recht beliebt. Gäste buchen weit im Voraus, um in den Genuss der kreativen Meeresgerichte zu kommen.

An- & Weiterreise

Mountshannon erreicht man am besten auf dem Wasserweg oder mit dem Auto. Bus Éireann fährt nur samstags einmal von Limerick hierher.

RICHTUNG NORDEN NACH GALWAY

Nördlich von Mountshannon verläuft die R352 parallel zum Lough Derg bis nach Portumna in Galway. Landeinwärts erstrecken sich rund um Feakle die Clare Lakelands, wo man an zahlreichen Seen wunderbar angeln kann.

SÜDWESTLICHES & WESTLICHES CLARE

Beim Blick auf die Landkarte sieht man, dass Loop Head an Clares Südwestspitze wie ein Finger in den Atlantik ragt. Mag er auch eher klein und gedrungen sein, steht er doch symbolisch für den endlosen Kampf der Titanen zwischen Land und Meer an diesem Abschnitt der irischen Küste.

Vom Seebad Kilkee bis hinunter zum Loop Head erstrecken sich überwältigende Steilklippen. Viele Touristen würdigen diese zu wenig und sparen sich ihre Entdeckungslust eher für die malerischen Cliffs of Moher auf. Zu Unrecht, denn diese erstaunlichen Felsformationen sind wahrhaft atemberaubend. Im Sommer trifft man hier allerdings oft auf Horden von Wanderern.

Nördlich der Klippen von Kilkee liegen die ruhigen Urlaubsorte Lahinch, Miltown Malbay und Doonbeg. Nicht den kleinsten Hauch von südländischem Feeling verströmt dieser Küstenabschnitt, stattdessen ist er von wilder windgepeitschter Schönheit. Vor 400 Jahren wurden hier viele glücklose Schiffbrüchige der spanischen Armada an den Strand gespült. Die Geschichten ihrer Nachkommen erregen die Einwohner bis heute.

Die beste Zeit hat man, wenn man sich an die schmalen, abgelegenen Pfade hält. Dann kann jeder seine ganz eigenen Entdeckungen machen, sei es nun die Einsamkeit eines versteckten Strandes oder doch lieber mehr Trubel in dem reizvollen Städtchen Ennistymon.

An- & Weiterreise
BUS

Gewöhnlich kann man sich darauf verlassen, dass zu allen größeren Städten eine oder zwei Verbindungen mit Bus Éireann bestehen. Ab Limerick verlaufen Routen entlang des Shannon nach Kilrush und Kilkee sowie durch Corofin, Ennistymon, Lahinch, Liscannor, zu den Cliffs of Moher und nach Doolin. Busse ab Ennis verkehren nach dem gleichen Schema. Im Sommer fahren die Busse an der Küste zwischen Kilkee und Lahinch im Durchschnitt zweimal täglich. Auf einigen anderen Strecken verkehren nur Schulbusse, die nicht jeden Tag fahren.

SCHIFF/FÄHRE

Shannon Ferry Limited (☎ 905 3124; www.shannonferries.com) betreibt eine Autofähre, die in 20 Minuten von Killimer über die Shannon-Mündung nach Tarbert in der Grafschaft Kerry übersetzt. Fahrkarten werden an Bord gelöst. Preise und Fahrpläne siehe S. 304. Damit spart man sich den großen Umweg über Land durch ganz Limerick.

KILRUSH

☎ 065 / 2700 Ew.

Kilrush (Cill Rois) ist eine interessante Kleinstadt, die nach Süden über die Shannon-Mündung auf die Hügel von Kerry blickt. Ihre Hauptstraße, die 30 m breite Frances Street, führt geradewegs zum Hafen. Sie spiegelt noch die Anfänge von Kilrush als Hafen- und Handelsstadt im 19. Jh. wider, als reger Verkehr zwischen Land und Meer herrschte. Am Kilrush Creek liegt der größte **Yachthafen** (www.kilrushcreekmarina.ie) der Westküste.

Kilrush's Touristeninformation (☎ 905 1577) zieht Jahr für Jahr um, befindet sich jedoch gewöhnlich immer in der Nähe der Frances Street. Sie hat etwa von Mai bis September geöffnet.

Auf dem Marktplatz gibt es eine ACC-Bank mit einem Geldautomaten; die Post und eine AIB-Bank mit Geldautomaten befinden sich in der Frances Street. Internetanschluss bekommt man bei **KK Computing** (☎ 905 1806; Frances St; 5 € pro Std.; ☼ 10–22 Uhr, kürzere Öffnungszeiten im Winter).

Sehenswertes & Aktivitäten

In der **St. Senan's Catholic Church** (Toler St) sind acht Buntglasfenster des bekannten Künstlers Harry Clarke zu sehen, der Anfang des 20. Jhs. wirkte. Östlich der Stadt liegt der **Kilrush Wood** mit einigen schönen alten Bäumen und Picknickwiesen.

Ein bemerkenswerter „verlorener Garten" ist der **Vandeleur Walled Garden** (☎ 905 1760; Erw./Kind 5/2 €; ☼ April–Okt. 10–18, Nov.–März bis 16 Uhr). Einst gehörte er zum Privatbesitz der wohlhabenden Vandeleur, einer Familie von Kaufleuten und Großgrundbesitzern, die im 19. Jh. mit harter Hand Zwangsräumungen durchsetzte und viele Einheimische zur Auswanderung zwang. Der weitläufige Park ist von einer Mauer umgeben. Er wurde umgestaltet und mit farbenprächtigen tropischen Gewächsen und seltenen Arten bepflanzt. Durch die Anlage führen mehrere Wanderwege, außerdem gibt es ein Café.

Nahe beim Yachthafen bietet der Erlebnispark **Kilrush Creek Adventure Centre** (☎ 905 2855; www.kilrushcreekadventure.com; Kilrush Creek) verschiedene Wassersportaktivitäten wie Windsurfen, Kanu- und Kajakfahren, Segeln und Jetski. Preise und Öffnungszeiten erfragt man telefonisch.

In der Shannon-Mündung leben über hundert Delphine. Je nach Wetterlage veranstaltet **Dolphin Discovery** (☎ 905 1327; www.discoverdolphins.ie; Kilrush; Erw./Kind 19/10 €) 2- bis 2½-stündige Touren. Die Boote legen am Yachthafen von Kilrush Creek ab.

Schlafen & Essen

B&Bs sind hier so allgegenwärtig wie Treibgut am Strand.

Katie O'Connor's Holiday Hostel (☎ 905 1133; katieoconnors@eircom.net; Frances St; B/DZ 17/36 €; ☼ Mitte März–Okt.) Dieses schöne alte Haus an der Hauptstraße stammt aus dem 18. Jh. und war eines der Stadthäuser der Familie Vandeleur. Heutzutage bereitet die Inhaberin Masie ihren Gästen einen herzlichen Empfang. In zwei Zimmern stehen 16 Betten zur Verfügung. Die Herberge gehört zum IHH-Verbund.

LP Tipp **Crotty's** (☎ 905 2470; www.crottyspubkilrush.com; Market Sq; EZ/DZ ab 45/70 €) Eine altmodische hohe Bartheke, die Fliesenböden und die vielen Winkel voller traditioneller Möbel geben dem Crotty's seinen unverwechselbaren Charme. In Sommernächten wird meistens Musik gespielt. Täglich gibt es warme Küche (Mahlzeiten 6–16 €) von bester Qualität. Die Tagesgerichte sind überaus preiswert und aus frischen Zutaten. Oben werden sieben kleine, saubere Zimmer vermietet. Der Service ist exzellent und die Inhaber verstehen was von ihrem Geschäft.

Hillcrest View (☎ 905 1986; www.hillcrestview.com; Doonbeg Rd; EZ/DZ ab 50/64 €; P) Etwa 1 km vom Zentrum entfernt liegt das große Anwesen oben auf dem Hügel. Die sechs Zimmer sind wunderschön möbliert. Frühstück wird in einem hellen Wintergarten serviert.

Harbour Restaurant (☎ 905 2836; Creek Marina; Mahlzeiten 8–25 €; ☼ 12–21 Uhr) Das moderne

LETZTER AUFRUF FÜR DIE WEST CLARE RAILWAY?

Auf einem Rundkurs von Ennis nach Kilrush und Kilkee verkehrte einst die Schmalspurbahn West Clare Railway. Allerdings war sie nur von 1892 bis 1961 in Betrieb. Größere Bekanntheit erlangte sie Anfang des 20. Jhs., als sich der beliebte Musiker Percy French in seinem Lied *Are Ye Right There Michael* über die Eisenbahn lustig machte. Anscheinend waren die notorisch verspäteten Züge der WCR daran schuld, dass French einmal ein Konzert in Kilkee verpasste. Für sein Spott- und Rachelied auf das lahme Management – so die viel erzählte Geschichte – wurde er wegen übler Nachrede verklagt. Percy gewann den Prozess, weil er zur Urteilsverkündung zu spät vor Gericht erschien. Als ihn der Richter um eine Erklärung für seine Verspätung bat, antwortete French: „Ich habe die West Clare Railway genommen, Euer Ehren." Daraufhin wurde das Verfahren eingestellt und er bekam die Gerichtskosten erstattet.

Heute existiert noch eine 2 km lange **Teilstrecke** (☎ 905 1284; www.westclarerailway.ie; Erw./Kind 6/3 €; ☼ Mai–Sept. 10–18 Uhr), die 6 km nordwestlich von Kilrush bei Moyasta parallel zur Straße nach Kilkee (N67) verläuft. Von Freiwilligen betrieben, verkehren Dampfloks in beide Richtungen quer durch die offene Landschaft. Wenn sich die irischen Sponsoren durchsetzen können, wird auch die Strecke zwischen Kilrush und Kilkee wieder in Betrieb genommen. Allerdings gibt es da ein Hindernis: Wie überall in Irland ist die Bahnstrecke durch den Bau neuer Wohnsiedlungen bedroht.

Bistro liegt – wen wundert's – direkt am Hafen und hat eine lange, attraktive Speisekarte, die von üppigen Sandwiches bis hin zu allen möglichen Fischgerichten reicht. Die Tische im Freien sind im Sommer sehr beliebt. Zum Sonnenuntergang kann man auch nur gemütlich auf einen kleinen Absacker einkehren.

Anreise & Unterwegs vor Ort

Bus Éireann fährt ein- oder zweimal täglich nach Limerick (1¾ Std.), Ennis (1 Std.) und Kilkee (15 Min.). Die Fahrpreise liegen im Durchschnitt bei 6 €.

Bei **Gleeson's Cycles** (☎ 905 1127; Henry St; 20/80 € pro Tag/Woche, Kaution 40 €) kann man Fahrräder mieten.

SCATTERY ISLAND

Auf dem heute unbewohnten, vom Wind zerzausten Eiland, welches 3 km südwestlich von Kilrush in der Flussmündung liegt, gründete der hl. Senan im 6. Jh. eine Klostersiedlung. Ihr 36 m hoher **Rundturm** ist einer der größten und besterhaltenen Irlands. Im Gegensatz zu anderen Türmen, deren Eingang hoch über dem Boden lag, hat dieser einen Zugang zu ebener Erde. Auch die Ruinen von fünf **mittelalterlichen Kirchen** einschließlich einer Kathedrale aus dem 9. Jh. stehen auf der Insel. Auf Streifzügen sammelt man viele bewegende Eindrücke.

Im **Besucherzentrum von Scattery Island** (www.heritageireland.ie; Eintritt frei) informiert eine Ausstellung über Natur und Geschichte der Insel, die unter Denkmalschutz steht. **Scattery Island**

Ferries (☎ 065-905 1327; Kilrush Creek Marina; Erw./Kind 12/6 €; ☼ Juni–Sept.) setzen von Kilrush zur Insel über. Einen genauen Fahrplan gibt es nicht, denn da Fahrten sind abhängig von den Gezeiten und vom Wetter. Der Aufenthalt auf der Insel dauert etwa eine Stunde. Fahrkarten bekommt man an dem kleinen Kiosk im Yachthafen.

KILKEE
☎ 065 / 1300 Ew.

Im Sommer tummeln sich am breiten Strand von Kilkee Tagesausflügler und Urlauber. Beliebt wurde Kilkee (Cill Chaoi) erstmals zu viktorianischen Zeiten, als betuchte Familien aus Limerick hier die ersten Strandhäuser errichteten. Heute gibt es ein reiches Angebot an Pensionen, Vergnügungshallen und Imbissstuben; die meisten sind durchaus geschmackvoll und hässliche Bausünden halten sich in Grenzen.

Im Norden der Bucht ragen hohe Steilklippen auf, im Süden tauchen bei Ebbe Felsen aus dem Wasser. Zu jeder Zeit bietet die Küste mit ihrer Brandung ein Naturschauspiel

Praktische Informationen

Bank of Ireland (O'Curry St) Hat einen Geldautomaten.

Post (O'Connell St) Gegenüber der Bücherei.

Touristeninformation (☎ 905 6112; O'Connell St; ☼ Juni–Aug. 9.30–17.30 Uhr) In Ufernähe.

Sehenswertes & Aktivitäten

Viele Besucher kommen wegen des schönen, geschützten **Strandes** und der **Pollock Holes**, natürlichen Felsenbecken in den Duggerna Rocks südlich vom Strand. Auf **St George's Head** im Norden kann man vor herrlicher Kulisse über die Klippen wandern. Im Süden der Bucht bilden die **Duggerna Rocks** ein ungewöhnliches, natürliches Amphitheater. Noch weiter südlich liegt eine große **Meeresgrotte**. All diese Ziele erreicht man über den Stadtbezirk West End, dort folgt man dem Küstenpfad.

Kilkee hat sich als **Tauchzentrum** einen Namen gemacht. Schöne Tauchgänge sind vor der Küste bei den Duggerna Rocks am westlichen Rand der Bucht möglich oder mit dem Boot weiter draußen an den Black Rocks. Allerdings sollte man unbedingt Erfahrung und Ortskenntnisse haben oder einen Tauchguide mitnehmen. An der Spitze der Duggerna Rocks birgt der kleine Meeresarm Myles Creek eine faszinierende Unterwasserwelt. **Oceanlife Ireland** (☎ 905 6707; www.diveireland.com; George's Head, Kilkee) beim Hafen vermietet Sauerstoffflaschen und Tauchausrüstung und bietet auch Tauchkurse für Anfänger an.

In der starken Brandung kommen Leute mit Surfbrett (und einem extradicken Neoprenanzug) voll auf ihre Kosten. Altbewährte Wellenreiter aus der Gegend betreiben die **Kilkee Surf School** (☎ 087-995 6231; Unterricht ab 30 € pro Tag) und nehmen ihre Schüler jeden Tag zu den besten Stellen mit.

Schlafen

Es gibt jede Menge Pensionen in Kilkee. Während der Hauptsaison ziehen die Preise jedoch deutlich an und es könnte schwierig werden, eine Unterkunft zu finden.

Green Acres Caravan & Camping Park (☎ 905 7011; Doonaha, Kilkee; Campingplatz 18 €; ⏰ Anfang April–Sept.) 6 km südlich von Kilkee an der R487 liegt dieser idyllische kleine Campingplatz mit 40 Stellplätzen am Shannon-Ufer.

Bayview (☎ 905 6058; www.bayviewkilkee.com; O'Connell St; EZ/DZ ab 45/64 €; P) Von den vorderen Zimmern dieser zentral an der Hauptstraße gelegenen Pension hat man einen schönen Ausblick auf die Bucht. Die acht Gästezimmer sind sehr unterschiedlich eingerichtet; allerdings kommt man kaum in Versuchung, etwas als Souvenir mitgehen zu lassen. Im Frühstücksraum herrscht historisches Ambiente.

Strand Guest House (☎ 905 6177; www.thestrandkilkee. com; The Strand; EZ/DZ ab 45/74 €; P) Direkt am Wasser gelegen, ist diese Pension mit sechs Zimmern schon seit vielen Sommern ein Dauerbrenner. Die Zimmer sind einfach ausgestat-

tet, haben aber alle Telefon, und einige bieten herrliche Ausblicke. Auch vom Lounge-Bereich aus ist der Blick wunderschön. An den Picknicktischen draußen kann man sein Starkbier bei einer salzigen Brise genießen.

Stella Maris Hotel (☎ 9455; www.stellamarishotel.com; O'Connell St; EZ/DZ ab 55/120 €; P) Das ganzjährig geöffnete Hotel hat 20 moderne Zimmer zur Auswahl. Von einigen Räumen der oberen Etage kann man auf die Brandung schauen, einige haben eine schnelle Internetverbindung. Das Hotel befindet sich direkt in der Ortsmitte. Und auch die Küche ist empfehlenswert.

Halpin's Stadthouse Hotel (☎ 905 6032; www. halpinsprivatehotels.com; Erin St; EZ/DZ ab 80/100 €; ⏰ Mitte März–Mitte Nov.; P) Dem schmucken georgianischen Stadthaus ist die Verwandlung in ein edles Hotel mit zwölf Zimmern geglückt. Es liegt zentral und legt sehr viel Wert auf elegante Optik, ganz im Gegensatz zum salzbefleckten Mobiliar an vielen anderen Strandorten. Einheimische gehen gerne in die stilvolle Kellerbar mit guter Weinkarte.

Essen

Kilkee hat mehrere Märkte; im Sommer schießen Imbissstände wie Pilze aus dem Boden.

Pantry (☎ 905 6576; O'Curry St; Mahlzeiten 6–12 €; ⏰ 10–22 Uhr) Dieses einfache Lokal punktet mit tadellos zubereiteten Klassikern wie Lasagne, Burgern oder Fish and Chips.

Stella Maris (☎ 905 6455; O'Connell St; Mahlzeiten 10–25 €; ⏰ 12–21 Uhr) Das beliebte Hotel bietet durchgehend warme Küche mit einheimischen Gerichten. Zum Schlemmen verführen die tollen Meeresfrüchte oder eines der vielen Tagesgerichte, die man entweder im schlichten, hellen Speisesaal oder im stets überfüllten Pub genießen kann.

Murphy Blacks (☎ 905 6854; The Square; Hauptgerichte 16–28 €; ⏰ April–Okt. Mi–So 17–21.30 Uhr) Wo bekommt man garantiert den besten Fisch? In einem Lokal, das einem ehemaligen Fischer gehört. Das beliebte Murphy Blacks ist jeden Abend ausgebucht, denn die Meeresfrüchte dort sind ein farbenfroher Augen- und Gaumenschmaus mit besonderen Aromen. In Sommernächten ist es an den Tischen draußen im Freien am schönsten.

Unterhaltung

Myle's Creek (☎ 905 6771; O'Curry St) In der Nebensaison ist es eher ruhig; im Sommer tummelt sich hier ein heiteres und geselliges Völkchen.

Von Juni bis August wird abends meist Musik gespielt, in einigen Nächten werden die Fiedeln weggepackt und den E-Gitarren gehört die Bühne.

Mary O'Mara's (☎ 905 6286; O'Curry St) Ein schlichter Pub mit beliebten traditionellen irischen Musikabenden den ganzen Sommer hindurch.

An- & Weiterreise

Bus Éireann verkehrt ein- oder zweimal täglich von Limerick nach Kilkee (13,50 €, 2 Std.) und Ennis (10,50 €, 1¼ Std.). Beide Strecken führen durch Kilrush.

VON KILKEE NACH LOOP HEAD

Südlich von Kilkee zieht sich die Landschaft in sanften Wellen bis hinunter zum Loop Head, wo sie abrupt in schwindelerregenden Klippen zum Atlantik hin abfällt. Die windgepeitschte Gegend ist von einem Netz alter Steinmauern überzogen. Hier schweift der Blick buchstäblich meilenweit in die Ferne und man ist weit weg von allem Touristentrubel. Der Landstrich eignet sich wunderbar zum Radfahren oder für Klippenwanderungen; öffentlichen Nahverkehr gibt es hier sowieso nicht.

Carrigaholt

☎ 065 / 100 Ew.

Am 15. September 1588 suchten sieben angeschlagene Schiffe der spanischen Armada Zuflucht in der Shannon-Mündung bei dem Dorf Carrigaholt (Carraig an Chabaltaigh). Eines, wahrscheinlich die *Annunciada*, wurde in Brand gesetzt und aufgegeben, schließlich versank es draußen vor der Flussmündung. Heute rühmt sich Carrigaholt einer der schlichtesten und reizendsten Hauptstraßen, die man überhaupt finden kann. Über dem Wasser ragen die Ruinen der McMahon-Burg aus dem 15. Jh. auf.

Mehr als hundert Delphine leben noch in der Shannon-Mündung. Wer sie beobachten will, ist bei **Dolphinwatch** (☎ 905 8156; www.dolphin watch.ie; Carrigaholt; Erw./Kind 22/11 €) gegenüber vom Postamt richtig. Von April bis Oktober werden je nach Wetterlage zweistündige Touren in der Mündung angeboten, auch Kreuzfahrten mit Sonnenuntergang über Loop Head stehen auf dem Programm.

Long Dock (☎ 905 8106; West St; Mahlzeiten 6–24 €; Ⓧ Essen 11–21 Uhr) ist ein stimmungsvoller Mix aus Pub und Restaurant mit Steinwänden und

> ### ABSTECHER ZU MALERISCHEN KLIPPEN
>
> Entlang der südlichen Bucht von Kilkee weist ein Schild den Weg zum sogenannten „Scenic Loop", einer Panoramastraße rund um die Landzunge. „Scenic", zu deutsch „malerisch", ist jedoch pure Tiefstapelei! Eine enge Fahrspur, die Loop Head Road, schlängelt sich 10 km Richtung Süden an der Küste entlang bis zur R487. Auf dieser Strecke verschlägt es einem vor Staunen den Atem: Ausblicke noch und noch auf Steilklippen wie aus dem Bilderbuch! Einige sind von der Wellenbrandung zerfranst und durchlöchert, andere wurden vom Land getrennt und stehen allein für sich wie einsame Wachposten mitten im Meer. Auf einer hockt ganz oben ein altes Haus – wie ist es bloß dahin gekommen? Unterwegs sollte man genügend Zeit einplanen, um herumzustreifen, seine Digitalkamera vollzuknipsen oder anzuhalten, weil Kühe über die Straße laufen.

-böden sowie einem anheimelnden Kaminfeuer. Fangfrischer Fisch ist das Leitthema: Nachdem man den Fischern bei der Arbeit in der Mündung zugeschaut hat, sieht man sie hier oft auf ein Glas Bier einkehren.

Wie Carrigaholt hat sich auch **Morrissey's Village Pub** (☎ 905 8041; West St) seit Langem kaum verändert, was ihm umso besser steht. Das ganze Jahr über kann man hier an vielen Abenden das Tanzbein schwingen. An der Straßenecke stehen immer Tische im Freien.

Kilbaha

☎ 065 / 50 Ew.

Die Landschaft rund um Kilbaha, einem winzigen Uferort, ist so karg und öde wie die Seele des Grundbesitzers aus dem 19. Jh., der die Dorfkirche niederbrennen ließ, damit seine Arbeiter keine Zeit mehr mit unproduktivem Beten verschwendeten. Bis heute sind die Narben noch spürbar. Beim Blick zu den Ruinen seines Hauses weit oben am Hang sagt ein Einheimischer: „Wohl, wohl, wir sind ihn losgeworden" – als sei dies nicht vor 150 Jahren, sondern erst gestern passiert.

Mehr über diese Geschichte und andere Details aus dem Dorfalltag erzählt eine einzigartige, moderne **Bildrolle**, eine Skulptur unter freiem Himmel.

COUNTY CLARE

Direkt am Wasser liegt das behäbige **Light-house Inn** (☎ 905 8358; www.thelighthouseinn.ie; EZ/DZ 30/60 €; P) mit elf einfachen und sauberen Zimmern. Im Pub werden das ganze Jahr über Sandwiches serviert, im Sommer auch leckere Fischgerichte (ab 12 €). An vielen Abenden wird Livemusik gespielt.

Loop Head

An klaren Tagen hat man von Loop Head (Ceann Léime), Clares südlichstem Punkt, einen herrlichen Ausblick zur südlich gelegenen Dingle Peninsula mit dem Mount Brandon (951 m), im Norden sieht man bis zu den Aran Islands und zur Galway Bay. Die Gegend ist ideal für ausgedehnte Spaziergänge. Ein langer Wanderweg führt über die Klippen bis nach Kilkee. Als markanter Farbtupfer krönt ein immer noch aktiver **Leuchtturm** (mit Fresnel-Linse) die Landspitze.

Die zumeist einsame Wildnis rund um Loop Head lädt zu individuellen Abenteuern ein. Bei **Loop Head Adventures** (☎ 905 8875; loopheadsports @eircom.net; ☼ Mai–Okt.) kann man sich beraten lassen und die passende Ausrüstung für Radtouren (15 € pro Rad und Tag), Angelausflüge (Angel und Zubehör 15 € pro Tag) oder zum Schnorcheln (Neoprenanzüge und Ausrüstung 30 € pro Tag) ausleihen. Der Tourenanbieter ist in der Nähe des Leuchtturms.

VON KILKEE NACH ENNISTYMON

Nördlich von Kilkee wird das Land zunehmend flacher und bietet weite Ausblicke über Weideflächen und Dünen. Die N67 führt etwa 32 km landeinwärts bis nach Quilty. Es lohnt sich, ab und zu eine der Nebenstraßen nach Westen zu nehmen und einsame Gegenden wie den White Strand nördlich von Doonbeg zu entdecken. 8 km westlich von Doonbeg liegt die **Ballard Bay** mit einem alten Fernmeldeturm, von dem man auf schöne Steilklippen blickt. Bei **Donegal Point** sitzen die Ruinen eines Forts auf den Klippen. Überall an der Küste lohnt sich das Angeln, sichere Strände sind in Seafield, Lough Donnell und Quilty zu finden. Hinter Quilty sieht man draußen vor der Küste **Mutton Island** liegen, eine kahle, von einem historischen Turm gekrönte Insel.

Doonbeg

☎ 065 / 610 Ew.

Doonbeg (An Dún Beag) ist ein winziges Seebad ungefähr auf halbem Weg zwischen Kilkee und Quilty. Ein weiteres Schiff der spanischen Armada, die *San Esteban*, havarierte hier am 20. September 1588 nahe der Mündung des Doonbeg ins Meer. Die Überlebenden wurden später am Spanish Point hingerichtet. Sehenswert ist außerdem der winzige **Burgturm** aus dem 16. Jh. neben der eleganten, siebenbogigen Steinbrücke.

Der ruhige **White Strand** (Trá Ban) zieht sich, gesäumt von Dünen, über 2 km an der Küste entlang. Er liegt nördlich der Ortschaft und ist kaum mehr zu verfehlen, seit sich dort das versnobte Doonbeg Golf Resort und Lodge ausgebreitet hat. Vom öffentlichen Parkplatz, den ein stabiler Zaun vom Golfresort abgrenzt, gelangt man durch eine Schneise in den Dünen zu einem traumhaften, sichelförmigen Strandabschnitt.

Schlafen & Essen

Camper finden viele schöne Flecken an den Seitenstraßen rund um Doonbeg, wo sie ihr Quartier aufschlagen können; die herrlichen Sonnenuntergänge gibt's gratis dazu. Die Stadt hat zwei beliebte, rustikale Pubs, in denen die Einheimischen jeden erdenklichen Anlass feiern.

Whitestrand B&B (☎ 905 5347; whitestrandbandb@ eircom.net; Killard; EZ/DZ 30/60 €; P) Von den beiden komfortablen Zimmern des modernen Hauses schaut man über eine wunderschöne kleine Bucht bis zur Sichel des White Strand. Die Herberge liegt sehr abgeschieden südlich der Ortschaft und 2 km vom Meer entfernt: Hier übertönt das Muhen der Kühe die Brandung.

Morrissey's (☎ 905 5304; www.morrisseysdoonbeg. com; Main St; EZ/DZ 70/100 €; ☼ März–Okt.; P ▣) Seit vier Generationen in Familienbesitz, hat dieses alte Pub unter dem derzeitigen Besitzer eine Wiedergeburt als hipper Szenetreff an der Küste erlebt. Die sieben Zimmer sind mit Queensize-Betten, Flachbildfernsehern und WLAN ausgestattet. Das Pub-Restaurant ist bekannt für seine einfachen, aber verführerischen Meeresgerichte, angefangen bei Fisch und Chips bis hin zu gegrilltem Lachs. Auf der Terrasse kann man mit Blick auf den Fluss speisen. Drinnen herrscht ein auffälliger Kontrast zwischen grellen Bonbonfarben und blendend weißen Wänden. Die Mahlzeiten kosten zwischen 8 und 20 €.

Miltown Malbay

☎ 065 / 1600 Ew.

Genau wie Kilkee war Miltown Malbay ein beliebtes Feriendomizil für gut betuchte

Viktorianer, und das, obwohl der Ort nicht direkt am Meer liegt: Der Strand beginnt erst 2 km weiter südlich am Spanish Point. In dem freundlichen Städtchen mit irischem Flair herrscht eine blühende Musikszene. Jedes Jahr findet hier das **Willie Clancy Irish Music Festival** (☎ 708 4148) statt – eine Hommage an den berühmten Sohn der Stadt und einen der bedeutendsten Dudelsackspieler Irlands. Normalerweise wird das Festival in der ersten oder zweiten Juliwoche veranstaltet; dann wird Miltown Malbay von Wandermusikern überrannt, die Pubs sind brechend voll und Guinness wird fassweise ausgeschenkt, Workshops und Kurse runden das ganze Ereignis ab; es ist dann keine Seltenheit, dass man einen Vortrag mit vierzig bekannten Fiedlern besucht.

Wissenswertes rund um den Ort erfährt man ganz nebenbei im **An Ghiolla Finn Gift Shop** (☎ 688 9239; Main St). Die bezaubernde Inhaberin Maureen Kilduff weiß über alles und jeden Bescheid.

Die wahrscheinlich freundlichste Pension im Ort ist das **An Gleann B&B** (☎ 708 4281; angleann @oceanfree.net; Ennis Rd; EZ/DZ 40/70 €; **P**). Abseits der R474, 1 km vom Stadtzentrum entfernt, warten einfache, aber behagliche Zimmer auf Gäste. Die Inhaberin Mary Hughes ist eine Seele von Mensch. Auch Radfahrer werden hier gut verpflegt.

Wer dem Geheimnis der Meisterköche auf die Spur kommen will, bucht einen Aufenthalt in der **Berry Lodge** (☎ 708 7022; www.berrylodge.com; Annagh; EZ/DZ 52/80 €; **P**), die eine anerkannte Kochschule betreibt. Lernende bekommen hier tiefe Einblicke in die Kochkunst – oft im Rahmen von mehrtägigen Kursen. Pauschalarrangements für rund 100 € pro Person und Tag beinhalten auch Kost und Logis. Wer keine Lust zum Lernen hat, kann auch einfach in eines der fünf freundlichen Zimmer ziehen und das ausgezeichnete Essen genießen. Die Lodge befindet sich südlich von Miltown Malbay.

Gegenüber vom Souvenirladen bietet **Baker's Cafe** (☎ 708 4411; Main St; Mahlzeiten 4 €; ⏰ Mo–Sa 7–19 Uhr) ausgezeichnete Backwaren und riesige Sandwiches – ideal für ein Picknick am Strand.

Nicht weit davon entfernt macht das **Old Bake House** (☎ 708 4350; Main St; Mahlzeiten 6–14 €; ⏰ 12–21 Uhr) als preisgekröntes Restaurant von sich reden. Die Küche ist schlicht, aber dennoch etwas Besonderes. Jeden Tag wechselt die Speisekarte. Highlights sind der Hummus-

salat mit Knoblauchbrot, Meeresgerichte in verschiedenen Varianten oder raffinierte Sandwiches. Auch kindgerechte Menüs werden angeboten.

O'Friel's Bar (☎ 708 4275; The Square) gehört zu einer Handvoll klassischer, authentischer Bars, in denen ab und an traditionelle Musiksessions stattfinden.

Bus Éireann verkehrt nur sehr eingeschränkt in dieser Gegend. Ein oder zwei Busse fahren täglich an der Küste entlang nach Norden und Süden sowie ins Landesinnere nach Ennis.

Lahinch
☎ 065 / 625 Ew.

Der Ferienort Lahinch (Leacht Uí Chonchubhair) lebt einzig und allein von strandhungrigen Touristen. Das lässt sich auch an den gierig glänzenden Augen der Einheimischen ablesen, ein Phänomen, das schon 2 km weiter landeinwärts in den Dörfern nicht mehr zu finden ist. Das Städtchen mit schönem Strand liegt geschützt an der Liscannor Bay. Im Sommer fallen ganze Touristenscharen mit locker sitzenden Geldbörsen ein; viele bringen ihre Golfschläger mit, um im berühmten Lahinch Golfclub eine Runde zu spielen.

Die Touristeninformation **Lahinch Fáilte** (☎ 708 2082; www.lahinchfailte.com; The Dell; ⏰ Juni–Aug. 9–20, Sept.–Mai 10–17 Uhr) befindet sich am nördlichen Ende der Main Street und gehört zu einem gut bestückten Souvenirshop. Draußen vor der Tür steht ein Geldautomat. Parken kann man an beiden Ortsenden nahe am Wasser.

Wie eine Welle überschwemmt die Surferszene den Strand. Unterricht bekommt man ab 30 € pro Stunde. Der **Lahinch Surf Shop** (☎ 708 1108; www.oceanscene.ie; Church St) gibt regelmäßig Kurse für jedes Niveau und verkauft Ausrüstungen.

Auch bei der **Lahinch Surf School** (☎ 087-960 9667; www.lahinchsurfschool.com; Strand Hut, Lahinch Prom) kann man Trainingsstunden nehmen und verschiedene mehrtägige Pauschalangebote buchen.

SCHLAFEN & ESSEN
Lahinch Hostel (☎ 708 1040; www.visitlahinch.com; Church St; B 17 €; Zi. 20–45 €) Die gut geführte Jugendherberge nahe am Strand hat saubere, helle Zimmer mit insgesamt 55 Betten. Am Haus kann man Surfbretter und Fahrräder unterstellen.

Auburn House (☎ 708 2890; www.auburnhouse.ie; School Rd; EZ/DZ ab 45/62 €; ☻ Febr.–Okt.) Eine echte Perle unter den Pensionen – jedoch fährt man leicht dran vorbei, weil man nur Augen für die schöne Landschaft hat. Die Unterkunft mit ausgezeichnetem Service und sechs Zimmern liegt an der südlichen Ortseinfahrt, gegenüber von den Klippen. Der Ausblick ist herrlich. Zum Zentrum läuft man nur drei Minuten zu Fuß.

Atlantic Hotel (☎ 708 1049; www.atlantichotel.ie; EZ/DZ ab 99/130 €; ℗ ▫) Schon am Empfang ist ein Hauch der guten alten Zeit spürbar: Das alteingesessene Hotel im Ortszentrum bietet 14 ordentlich ausgestattete Zimmer. In der Bar gibt's gutes Essen, das Restaurant bietet eine Auswahl an ungewöhnlich feinen Meeresgerichten (Hauptgerichte ab 29 €).

Barrtra Seafood Restaurant (☎ 708 1280; Miltown Malbay Rd; Hauptgerichte 16–28 €) Wer auf der Speisekarte „Seafood Symphony" liest, weiß schon fast alles über dieses ländliche Refugium 3,5 km südlich von Lahinch. Vom gemütlichen Speisesaal aus schweift der Blick über Weideflächen bis zum Meer. Die Küche gibt sich puristisch, natürliche Aromen geben hier den Ton an.

AN- & WEITERREISE

Bus Éireann bedient ein oder zwei Verbindungen täglich auf den Strecken Doolin–Ennis/Limerick, die in Lahinch halten. Im Sommer fahren ein bis zwei Busse täglich nach Doonbeg an der Küste entlang Richtung Süden.

DER POET & DIE PRIESTER

Ennistymon hat neben einer stattlichen Menge an Kulturverbänden noch mehr zu bieten. Hier lebte der walisische Dichter Dylan Thomas im Elternhaus seiner Frau Cáitlín McNamara, inzwischen das Falls Hotel. Heute gibt's in der Herberge eine erkleckliche Anzahl von Thomas-Memorabilien und außerdem eine Dylan-Thomas-Bar. Am anderen Ende der Skala steht *Father Ted*, eine erfolgreiche britische Sitcom über die witzigen Erlebnissen dreier irischer Priester auf der fiktiven Insel Craggy Island. Viele Szenen wurden rund um Kilfenora und Ennistymon gedreht, u.a. auch im Pub Eugene's, der Stammkneipe der Crew. Das einsame Pfarrhaus steht bei Kilnaboy.

ENNISTYMON
☎ 065 / 880 Ew.

Ennistymon (Inis Díomáin), ein zeitloses Dorf, liegt nur 4 km von Lahinch entfernt im Landesinneren, doch herrscht hier eine vollkommen andere Atmosphäre. Die Menschen gehen ihren Geschäften nach; und vor den markanten Häuserfassaden in der Main Street ist jede Menge fröhliches Schwatzen zu hören. Das Dorf wartet noch mit einer weiteren Überraschung auf: Hinter einem Torbogen nahe dem Byrne's Hotel erreicht man die tosenden **Cascades**, wo der River Inagh einen mehrstufigen Wasserfall bildet. Nach heftigen Regenfällen schwillt der Fluss an und stürzt braun schäumend ins Tal, an windigen Tagen riskiert man, vom Sprühnebel durchnässt zu werden.

In der **Bücherei** (☎ 707 1245; ☻ Mo, Di & Do 10–13.30 & 14.30–17.30, Mi & Fr 10–17.30 & 18.30–20, Sa 10–14 Uhr), unweit vom Hauptplatz, kann man kostenlos im Internet surfen. Geldautomaten und die Möglichkeit zum Geldwechseln gibt's bei der Bank of Ireland in der Parliament Street.

Neben ausgezeichneten Pubs und guten Übernachtungsmöglichkeiten verfügt Ennistymon außerdem über eine blühende Kunstszene. Neu am Platz sind die **Courthouse Studios & Gallery** (☎ 707 1630; Parliament St) mit einer beeindruckenden Galerie, die Wechselausstellungen irischer und internationaler Künstler zeigt. Auch Filmemacher wie Fergus Tighe haben sich hier eingemietet. Gleich südlich der Stadt an der N85 findet man die Studios und eine **Galerie** (☎ 707 2787; ☻ 10–18 Uhr) der Künstler Eamon Doyle und Phillip Morrison.

Schlafen & Essen

Byrne's (☎ 707 1080; Main St; Zi. 80–120 €) Gleich hinter der alteingesessene Pension mit Restaurant liegen die Cascades. Wenn das Haus nicht von dichtem Nebel verhangen ist, kann man auf der Dachterrasse unter freiem Himmel einen Drink genießen. Die reichhaltige Speisekarte bietet eine große Auswahl an Fisch und Meeresfrüchten (Hauptgerichte 15–25 €). Über eine knarzende, uralte Treppe gelangt man zu den sechs behaglichen Zimmern. Das Restaurant hat von Mai bis Oktober montags bis samstags zwischen 12 und 21 Uhr geöffnet; im restlichen Jahr nur von Mittwoch bis Samstag.

Falls Hotel (☎ 707 1004; www.fallshotel.ie; EZ/DZ ab 85/120 €; ℗ ▫ ☎) Das hübsche georgianische

Hotel wurde auf den Ruinen einer O'Brien-Burg errichtet und bietet 140 Zimmer. Alle verströmen einen Hauch Noblesse und sind mit wuchtigen, alten Möbeln eingerichtet. Von der Eingangstreppe hat man einen atemberaubenden Blick auf die Cascades, rund um das Hotel lädt der 20 ha große, bewaldete Park zu Spaziergängen ein.

Café Eclipse (☎ 087-977 5226; Parliament St; Mittagessen Hauptgerichte 8–10 €; ☺ Mo–Sa 8.30–17 Uhr) Wer mal ein üppiges, typisch irisches Frühstück probieren möchte, ist in diesem lebhaften kleinen Lokal am richtigen Platz. Den restlichen Tag über werden köstliche Sandwiches und warme Gerichte serviert.

Holywell Italian Restaurant (☎ 707 2464; Church St; Hauptgerichte 10–12 €; ☺ 12–22 Uhr) Am nördlichen Ende des Zentrums kann man in diesem schummrigen Restaurant bei Pizza oder Pasta romantisch flirten.

Unterhaltung

Eugene's (☎ 707 1777; Main St) In dem klassischen Pub erlebt man den Inbegriff von *craig*, also heiterer irischer Gesellligkeit. An den Wänden der behaglichen Bar hängt neben Fotos berühmter Schriftsteller und Musiker auch eine riesige Kollektion von Vistenkarten. Bei einem guten Tropfen aus der erstaunlichen Sammlung irischer Whiskeys und schottischer Whiskys lässt sich ausgiebig über deren Unterschiede palavern.

Cooley's House (☎ 707 1712; Main St) Ein weiteres großartiges Pub, doch wird hier im Sommer an den meisten Abenden Musik gespielt, im Winter gibt's Mittwochabends traditionelle Sessions.

An- & Weiterreise

Täglich unterhält Bus Éireann ein oder zwei Verbindungen auf der Strecke Doolin–Ennis bzw. Limerick via Ennistymon. Im Sommer fahren ein bis zwei Busse täglich über La hinch die Küste hinunter nach Doonbeg. Alle Busse halten vor Aherne's in der Church Street.

LISCANNOR & UMGEBUNG

☎ 065 / 380 Ew.

Das kleine Küstenstädtchen mit Blick auf die Liscannor Bay liegt an der R478, die Richtung Norden zu den Cliffs of Moher und nach Doolin verläuft. Liscannor (Lios Ceannúir) ist Namensgeber für einen in der Gegend vorkommenden dunklen Sandstein, der sich durch seine grobkörnige geriffelte Oberfläche auszeichnet und für Fußböden, Wände und sogar Dächer verwendet wird.

John Philip Holland (1840–1914), der Erfinder des U-Boots, wurde in Liscannor geboren und emigrierte 1873 in die USA. Als irischer Patriot träumte er davon, mit seinen Unterseebooten britische Kriegsschiffe versenken zu können. Eine etwas groteske Statue dieses Mannes (oder ist's ein Walross?) steht vor dem Hotel Cliffs of Moher.

Schlafen & Essen

Moher Lodge Farmhouse (☎ 708 1269; www.cliffsofmoher-ireland.com; EZ/DZ 45/70 €; ☺ April–Okt.; **P**) Dieser große Bungalow liegt wunderschön mit Blick aufs Meer inmitten von Weideland, das dem Inhaber gehört. Nach einem langen Wandertag heißen einen hier vier Zimmer willkommen. Moher Lodge liegt 3 km nordwestlich von Liscannor und 1 km von den Cliffs of Moher entfernt.

Cliffs of Moher Hotel (☎ 708 6770; www.cliffsofmoher hotel.ie; Main St; EZ/DZ ab 50/80 €; **P** 💻) Der schlichte, aber moderne Gasthof direkt in der Ortsmitte hat 23 schön möblierte und behagliche Zimmer. Die Puffin Bar und das U-Boot-Restaurant sind von Seemannsdekor geprägt.

Vaughan's Anchor Inn (☎ 708 1548; Main St; Hauptgerichte 12–25 €; ☺ 12–21.30 Uhr) Beliebt für seine exzellenten Meeresgerichte. Wenn es regnet, macht man es sich drinnen am Torffeuer gemütlich, wenn die Sonne scheint (oft nur 15 Min. später), kann man draußen die frische Brise genießen. Das Pub hat auch nach den Essenszeiten noch geöffnet.

Joseph McHugh's Bar (☎ 708 1163; Main St) Jede Menge Tische im Innenhof und regelmäßige traditionelle Musikabende machen dieses alte Pub zu einem Publikumsmagneten.

An- & Weiterreise

Bus Éireann fährt mit ein- bis dreimal täglich auf den Strecken Doolin–Ennis bzw. Limerick durch Liscannor.

HAG'S HEAD

Am südlichen Ende der Cliffs of Moher ragt Hag's Head ins Meer und bietet spektakuläre Aussichten auf die Steilklippen.

An der Spitze von Hag's Head hat die Brandung einen riesigen Felsenbogen in den Stein gewaschen, ein weiterer ist im Norden zu sehen. Der Wachturm auf der Klippe wurde für den Fall errichtet, dass Napoleon die Westküste Irlands angreifen würde. Er steht auf den Fundamenten des alten Forts Mothair, dem die berühmten Klippen weiter nördlich ihren Namen verdanken. Ein Wanderweg führt von der Landspitze über die Klippen und nach Liscannor.

CLIFFS OF MOHER

Sie schmücken Millionen Touristenbroschüren und gehören zu den beliebtesten Sehenswürdigkeiten Irlands: die Cliffs of Moher (Aillte an Mothair oder Ailltreacha Mothair). Aber wie bei vielen alternden Stars muss man hinter den Glamour schauen, um ihre eigentlichen Werte jenseits der Klischees zu erkennen.

Bis zu 203 m hoch ragt die Hochfläche auf, sie stürzt abrupt und nahezu senkrecht zur ständig tosenden See hin ab. Die Küste entlang ziehen sich Klippen aus dunklem Kalkstein in gleichförmiger Formation – ein Bild, das einen immer wieder zu erstaunen vermag, egal wie oft man es schon gesehen hat.

Doch die Schönheit hat ihren Preis: Massenandrang. Im Sommer herrscht Hochbetrieb und unzählige Busse entladen Horden von Touristen. Um den Menschenmassen Herr zu werden, wurde 2007 ein großes neues Besucherzentrum eröffnet. Es schmiegt sich fast unsichtbar an die Rückseite eines Hügels, glänzt also mit Bescheidenheit. Leider hat man gleichzeitig die Hauptwege und Aussichtsplattformen entlang der Klippen mit 1,5 m hohen Steinplatten begrenzt, zu hoch und zu weit von der Steilkante entfernt, um einen direkten Blick hinunterwerfen zu können. Die herrliche Sicht auf die Klippen – der einzige Grund zu kommen – wird dadurch eingeschränkt.

Wie bei vielen überlaufenen Naturwundern gibt es aber auch hier eine Lösung, wenn man bereit ist, etwas weiter zu laufen. Vom südlichen Ende der „Moher Wall" führt ein schmaler Pfad über die Klippen zum Hag's Head, wohin nur wenige vordringen. Ein weiterer Weg verläuft nach Norden, von dem allerdings abzuraten ist; man lasse sich also von gesundem Menschenverstand leiten. Mit einem Fernglas kann man unterwegs über 30 verschiedene Vogelarten beobachten, darunter Papageientaucher, die an den zerklüfteten Steilwänden nisten. An klaren Tagen erheben sich die scharfen Umrisse der Aran Islands aus der Galway Bay, dahinter ragen die Hügel von Connemara auf.

Wer die Klippen und ihre Fauna einmal aus einer anderen Perspektive betrachten möchte, sollte eine Kreuzfahrt buchen. Die größte Auswahl an Tourenanbietern hat man in Doolin (S. 427). Beliebt sind die Touren von **Cliffs of Moher Cruises** (☎ 065-707 5949; www.mohercruises.com; Doolin Pier; Erw./Kind 20/10 €; ☉ April–Okt.).

Praktische Informationen

Das neue **Besucherzentrum** (☎ 065-708 6141; www.cliffsofmoher.ie; ☉ Juni–Aug. 8.30–21, Mai & Sept. 8.30–19, März, April & Okt. 9–18, Nov.–Febr. 9.30–17 Uhr) – zeitgemäß „Cliffs of Moher Visitor Experience" genannt – zeigt eine Ausstellung zur Steilküste und ihrer Umgebung unter dem Titel „Atlantic Edge" (Erw./Kind 4/2,50 €). Das Personal macht Führungen im Freien und beantwortet alle Fragen, solange diese nicht über die üblichen FAQs hinausgehen, die auf einer Bustour immer gestellt werden (z. B.: „Wo kann man hier wandern?").

Der Parkplatz kostet 8 € – das Ticket sollte man bezahlen, bevor man es losgeht. Ganz in der Nähe bieten Verkaufsstände „authentische" Pullover und anderen Krimskrams an. Das Café beeindruckt wenig.

An- & Weiterreise

Zu den Klippen gibt es täglich ein bis drei Verbindungen mit Bus Éireann auf der Strecke Doolin–Ennis bzw. Limerick. Die lange Wartezeit auf den nächsten Bus könnte einem den Spaß an der schönen Aussicht etwas verderben. Also sollte man die Fahrt mit einem kleinen Spaziergang verbinden.

DER BURREN

Die Region des Burren ist steinig und vom Wind zerzaust, eine passende Metapher für den harten Existenzkampf derer, die hier draußen leben wollten. Der Burren erstreckt sich im Norden Clares von der Atlantikküste bis Kinvara in der Grafschaft Galway. Die einzigartige Landschaft wurde von voreiszeitlichen Meeren geformt und fiel durch tektonische Bewegungen trocken. Anders als an der malerischen Küste von Kerry oder Galway wird die Kraft des Ozeans hier nicht durch Inseln oder Landzungen gedämpft. Im Burren scheinen Land und Meer eine große, berauschende Einheit unter dem weiten Firmament zu bilden.

Boireann ist das irische Wort für „Felsland" – eine einfache, aber treffende Beschreibung

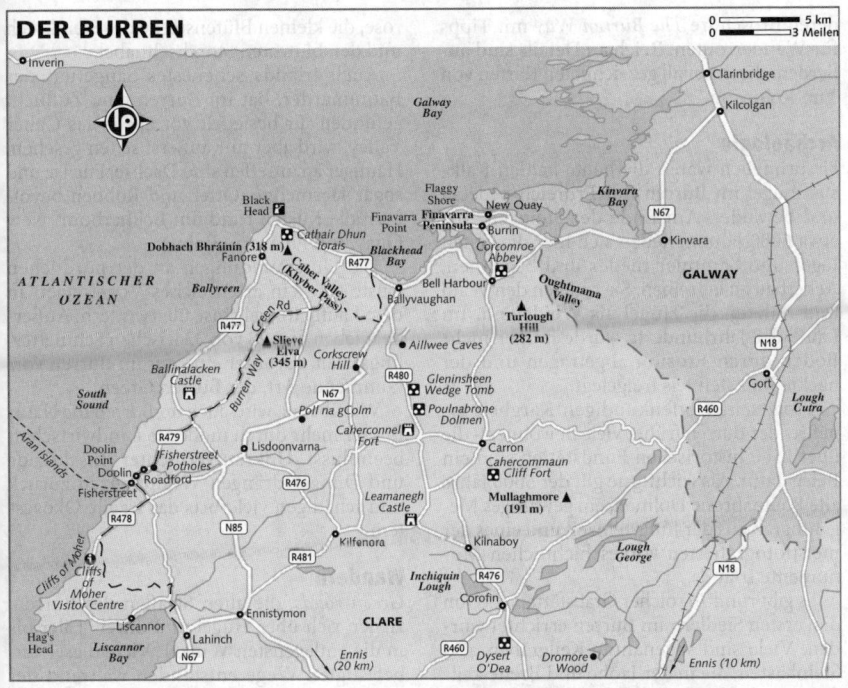

DER BURREN

0 — 5 km
0 — 3 Meilen

für die silbergraue Karstlandschaft. Große Steinplatten oder *clints* liegen wie Knochen verstreut auf den Hügeln. Zwischen den Felsrändern klaffen enge Spalten (*grykes*). In diesen geschützten, feuchten Klüften wachsen im Frühling herrliche Wildblumen, die zum ganz speziellen Charme des Burren beitragen: Sie wirken leuchtende, wenn auch kurzlebige Farbtupfer in der sonst sehr kargen Schönheit der Gegend. Vor allem an der Küste und im Süden des Burren entdeckt man faszinierende Dörfer, seien es Doolin an der Westküste, Kilfenora im Landesinneren oder Ballyvaughan im Norden an der Galway Bay. Die Küstenlinie bilden felsige Ufer, hie und da unterbrochen von Stränden und kahlen Kalksteinklippen. Im Landesinneren hingegen erstreckt sich eine einzigartige Landschaft aus kahlen Hügeln, übersät mit uralten Gräbern und mittelalterlichen Ruinen. Wer mit dem Auto unterwegs ist, nimmt am besten die kleineren Straßen und lässt seinem Entdeckungsdrang freien Lauf: Man verirrt sich nie für lange Zeit.

Weite Teile des Burren, insgesamt etwa 40 000 ha, sind als Nationalpark geschützt.

Ganz abgesehen davon, dass es gesetzlich verboten ist, sollte man auch aus eigenem ökologischen Verantwortungsbewusstsein keine Pflanzen ausreißen, keine Stücke von Denkmälern und Mauern mitnehmen und auch die Landschaft selbst nicht verändern. Man widerstehe also der Versuchung, „Lego zu spielen" und Dolmen oder andere Monumente nachzubauen, seien sie auch noch so klein.

Praktische Informationen

Zum Burren gibt es im Allgemeinen Reiseliteratur in Hülle und Fülle. Am besten durchstöbert man die Buchläden in Ennis oder hält in den Informationszentren vor Ort Ausschau nach altbewährten, aber immer noch relevanten Publikationen, etwa *Wild Plants of The Burren and the Aran Islands* von Charles Nelson. Auf der Landkarte *A Rambler's Guide & Map* aus der Tir-Eolas-Serie sind archäologische Stätten und andere interessante Stellen eingezeichnet. Es lohnt sich auch, nach George Cunninghams Buchreihe *Burren Journey* zu suchen, die sehr viel Insiderwissen zur Gegend bietet. Eine weitere gute Informationsquelle ist das Besucherzentrum in Ennis und

COUNTY CLARE

deren Broschüre *The Burren Way* mit Tipps für Wanderrouten. Reich an Details sind außerdem die liebevoll gezeichneten Karten von Tim Robinson.

Archäologie

Ursprünglich waren die heute kahlen Kalksteinhügel im Burren mit Erdreich bedeckt und bewaldet. Am Ende der Steinzeit, vor etwa 6000 Jahren, ließen sich hier die ersten Jäger und Sammler nieder und begannen, Ackerbau zu betreiben. Sie rodeten den Wald und nutzten die Hügel als Weideland. Im Laufe der Jahrhunderte wurde immer mehr Boden durch Erosion abgetragen und der nackte Kalksteinfels freigelegt.

Trotz seiner offenkundigen Kargheit ernährte der Burren früher viele Bewohner – die über 2500 historischen Fundstätten sind ein Beleg dafür. Als wichtigste gilt der 5000 Jahre alte Poulnabrone Dolmen, ein gewaltiges Megalithgrab aus der Jungsteinzeit und eines der meistfotografierten vorgeschichtlichen Monumente Irlands.

Es gibt rund 70 solcher Grabstätten, die von den ersten Siedlern im Burren errichtet wurden. Viele sind sogenannte Keilgräber, also Steinkästen, die in der Höhe und Breite keilförmig zulaufen und ungefähr so groß wie ein Doppelbett sind. Die Toten wurden hineingelegt und mit Erde und Steinen bedeckt. Ein gutes Beispiel dafür ist Gleninsheen südlich der Höhlen von Aillwee.

Die Region ist übersät von Ringforts – fast 500 an der Zahl –, darunter auch eisenzeitliche Festungen wie Cahercommaun bei Carron.

In späteren Zeiten erbauten die regionalen Herrscherfamilien viele Burgen, etwa Leamanegh Castle bei Kilfenora, Ballinalacken Castle bei Doolin und Gleninagh Castle an der Black Head Road.

Viele Ringfestungen und Steinmauern sind inzwischen spurlos verschwunden.

Flora & Fauna

Humusreicher Boden ist ein knappes Gut im Burren. Doch wo er sich in den Spalten sammeln kann, bildet er einen gut bewässerten und äußerst nährstoffreichen Lebensraum. In dem milden Atlantikklima gedeiht eine faszinierende Flora aus mediterranen, arktischen und alpinen Pflanzen. 75 % aller Wildpflanzen Irlands findet man hier, darunter zahlreiche schöne Orchideen, die cremeweiße Bibernellrose, die kleinen Blütensterne des Steinbrech und den blutroten Storchschnabel.

Auch Irlands scheuestes Säugetier, der Baummarder, hat im Burren eine Zuflucht gefunden. Er besiedelt vor allem das Caher Valley, wird aber nur äußerst selten gesehen. Häufiger anzutreffen sind Dachse, Füchse und sogar Hermeline. Otter und Robben bevölkern die Küsten rund um Bellharbour, New Quay und Finavarra Point.

Die Flussmündungen an der nördlichen Küste sind ein artenreiches Vogelrevier, in dem häufig Ringelgänse überwintern. Außerdem leben hier 28 von 33 irischen Schmetterlingsarten, darunter eine nur im Burren vorkommende Art, der Burren Green.

Wie überall, wird auch im Burren die Natur immer mehr durch moderne Landwirtschaft beeinflusst. Unkrautvernichter, Insektizide und Dünger drängen Wildpflanzen zurück und schädigen vielerorts das fragile Ökosystem.

Wandern

Green roads, die alten Straßen des Burren, ziehen sich über Hügel und durch Täler bis in die entlegensten Winkel. Viele dieser unbefestigten Wege entstanden während der großen Hungersnot als Arbeitsbeschaffungsmaßnahme, andere existieren schon seit Jahrtausenden. Heutzutage werden sie hauptsächlich von Wanderern und Landwirten genutzt. Einige Pfade wurden beschildert, die meisten sind jedoch recht unwegsam und vernachlässigt, obwohl viel für Wanderungen und offizielle Wanderrouten geworben wird.

Quer durch den Burren verläuft der Burren Way (siehe S. 698) von Ballyvaughan nach Doolin. Von dort führt er weiter landeinwärts über meist asphaltierte Wege, seit der Zugang zu den Cliffs of Moher eingeschränkt wurde.

Eine gute Möglichkeit, den Burren zu erkunden, sind geführte Wanderungen mit den Schwerpunkten Natur, Geschichte, Archäologie und Wildnis. Die Ausflüge kosten ab 15 € und können ganz individuell zusammengestellt werden. Empfehlenswert sind folgende Veranstalter:

Burren Hill Walks (☎ 065-707 7168, 088-265 4810; burren hillwalks@eircom.net; Ballyvaughan) Inhaber ist der einheimische Gästeführer Shane Connolly, der alles über die Region weiß.

Burren Wild (☎ 087 877 9565; www.burrenwalks.com; Bell Harbour) John Connolly bietet ein breite Palette an Wanderungen und Pauschaltouren an.

An- & Weiterreise

Verschiedene Buslinien fahren durch den Burren. Zu den Hauptrouten gehört die Strecke von Limerick und Ennis nach Corofin, Ennistymon, Lahinch, Liscannor, den Cliffs of Moher, Doolin und Lisdoonvarna; eine weitere verbindet Galway mit Ballyvaughan, Lisdoonvarna und Doolin. In der Regel verkehren ein bis drei Busse täglich, die meisten im Sommer.

Unterwegs vor Ort

Wer mit dem Auto anreist, kann an einem Tag weite Teile des Burren besichtigen und auch einige der vielen namenlosen Nebenstraßen erkunden. Für Touren querfeldein abseits der Hauptstraßen eignen sich Montainbikes am besten; meist werden sie von Hotels und Pensionen vermietet. Nicht zuletzt ist auch das Wandern eine wunderbare Sache, um die Schönheit der majestätischen Landschaften hautnah zu erleben.

DOOLIN

☎ 065 / 250 Ew.

Doolin sorgt immer für viel Wirbel in der Presse, denn hier schlägt das Herz der irischen Musikszene – dank einer Reihe von Pubs, in denen das ganze Jahr hindurch traditionelle Sessions stattfinden. Nicht minder spektakulär ist die Lage des Ortes nur 6 km nördlich von den Cliffs of Moher. Rundherum erstreckt sich eine windgepeitschte Landschaft mit riesigen Felsblöcken auf kargen Böden. Von hier setzen Schiffe zu den Aran-Inseln über.

Bei all diesen Vorzügen wird manch einer womöglich überrascht sein, dass Doolin, wie man es sich vorstellt, nur ein Hirngespinst ist. In Wirklichkeit besteht der Ort eigentlich aus drei winzigen Nachbardörfern. **Fisherstreet** liegt direkt am Wasser, Doolin selbst etwa 1 km östlich am Flüsschen Aille und **Roadford** einen weiteren Kilometer östlich. Jedes der Dörfer besteht nur aus ein paar Häusern; der Doolin genannte Ort hat daher gar kein richtiges Zentrum und ist etwas „vom Winde verweht".

Allerdings ist die Gegend bei Rucksacktouristen wie auch bei Urlaubern mit größerem Reisebudget (ehemalige Globetrotter mit festem Job) äußerst beliebt. Jugendherbergen und B&Bs liegen zuhauf verstreut in der rauhen Landschaft. Und in den Pubs, wo normalerweise abends Musik gespielt wird, geht es immer lebhaft zu.

Orientierung & Praktische Informationen

Die drei Ortsteile von Doolin sind leicht erreichbar. Wer auf der R479 vom Norden bzw. Black Head her kommt, stößt zuerst auf Roadford mit seinen Herbergen und zwei Pubs. Vom Osten kommend, ebenfalls auf der R479, erreicht man gleich hinter der Kreuzung mit der R478 das Dorf Doolin, wo sich auch der Markt befindet. Hier gibt es ein paar neuere Hotels und Einrichtungen. Wer vom Süden her anreist, nimmt eine kleine Straße, die nördlich der Cliffs of Moher von der R478 abzweigt und bis nach Fisherstreet führt. Dessen schöne bunte Ladenfronten geben ein perfektes Postkartenmotiv ab. 1,5 km entfernt liegen der Hafen und die Anlegestelle für Fähren.

In Doolin gibt es weder eine Bank noch ein Postamt. Jedoch wechseln viele Lokale und Läden Geld und bieten Internetzugang, z. B. das **Doolin Internet Café** (3 € pro 30 Min.; ⏰ 8–22 Uhr) in der Doolin Activity Lodge (S. 423). Im Hotel Doolin gibt es eine Touristeninformation mit Selbstbedienung (S. 425).

Aktivitäten

Der schönste Zeitvertreib in Doolin besteht darin, durch die windgepeitschten Landschaften zu wandern. Pfade führen in alle Richtungen; nur 6 km weiter südlich liegen die Cliffs of Moher.

Auch bei Höhlenforschern ist die Gegend sehr beliebt. Ganz in der Nähe befinden sich die **Fisherstreet Potholes**; 5 km nordöstlich von Lisdoonvarna erreicht man **Poll na gColm**, Irlands längste Höhle mit mehr als 12 km kartografierten Gängen. Mehr Informationen hierzu finden sich unter www.cavingireland. org. Etwas mehr als 1 km nördlich von Roadford entfernt birgt die **Doolin Cave** (☎ 707 5761; www.doolincave.ie; Erw./Kind 15/8 €) einen riesigen Stalaktiten, der wie ein Tintenfisch aussieht. Der Haupteingang befindet sich an den Fisherstreet Potholes; je nach Saison finden zu unterschiedlichen Zeiten Führungen statt.

Die Felsen nördlich von Doolin Harbour sind durchzogen von einem ungewöhnlichen System unterseeischer Höhlen, den sogenannten **Green Holes of Doolin**. Sie sind die längsten bekannten Unterwassergrotten in diesen Breiten. Nichttaucher können nördlich vom Hafen, 50 m vom Meer entfernt, einen vorsichtigen Blick in die „Hölle" werfen: Diese tiefe Felsenspalte ist 6 m breit, das brodelnde Was-

JAMES CULLINAN, MUSIKER AUS DOOLIN

James Cullinan spielt seit 35 Jahren Fiedel. In der Grafschaft Clare ist er ein anerkannter Musiker und spielt in verschiedenen Pubs in Doolin. „Das läuft immer ganz spontan", so seine Worte: „Ich gehe mit Freunden aus, trinke zwei oder drei Bier, höre Musik – dann packt es mich, ich renne meine Fiedel von zu Hause holen und schon sitze ich in der Kneipe und spiele." Abgesehen von den ungeplanten, durch Bier angeheizten Sessions, hält sich seine Fiedelei in Grenzen, denn er ist außerdem noch Wirt und Inhaber einer Pension mit Restaurant, die seinen Namen trägt und ebenfalls einen guten Ruf hat. Außerhalb der Sommersaison tritt er allerdings regelmäßig auf regionalen Musikfestivals auf. Für unsere Fragen hat er sich Zeit genommen:

Wie ist Doolin als Musikstadt bekannt geworden? In den 1970er-Jahren fingen Michael Russell und seine Brüder so richtig damit an, die alten Lieder wieder zum Leben zu erwecken. Sie besaßen einen Bauernhof, jedoch verstanden sie nicht besonders viel von Landwirtschaft – sobald sie von einer Musiksession hörten, ließen sie die Heugabel mitten auf dem Feld fallen und machten sich auf zum Spielen. So wurden sie schon bald bekannt und bekamen allmählich immer mehr Zulauf. Mit der Zeit erwartete das Publikum, dass hier immer was los war; also fingen die Kneipenwirte an, jeden Abend ein paar Kerle zu engagieren, welche die Bude aufheizten. Das war eine gute Möglichkeit, Bier gratis zu bekommen.

Wie sind Sie zur Musik gekommen? Ich hatte einen großartigen Musiklehrer. Das war Anfang der 1970er-Jahre, als irische Musik langsam wieder „in" wurde. Er gab jedem zuerst eine Tin Whistle (Blechflöte). Wenn man ein bisschen Talent zeigte, kriegte man eine Fiedel.

Warum sind Sie bei der Fiedel geblieben? Die irische Fiedel ist ungeheuer vielfältig. Ich kann bei jeder Session das gleiche Stück spielen, aber jedes Mal klingt es total anders. Das hängt davon ab, wo man sitzt, wer noch mitspielt, wie das Publikum reagiert, und so weiter und so fort …

Welches Publikum ist am besten? Wenn es laut ist. Man will das Gefühl haben, mitten unter den Leuten zu spielen.

Haben Doolin oder Clare einen einzigartigen Stil? Ja, wir spielen hier jede Menge Jigs & Reels (irischen Folk). In anderen Grafschaften hört man öfter Polkas oder Musik mit fremden Einflüssen. Aber die Musiker von Clare sind ziemlich konservativ. Die älteren Stammgäste kennen alles, was wir spielen. Also bleiben wir beim Altbewährten und haben mächtig Spaß dabei.

Was ist das Schlimmste, was in einer Pub-Session passieren kann? Einer fängt an zu singen. Wir bleiben bei unseren Jigs & Reels; sonst würde jeder nach ein paar Bierchen glauben, er könnte singen und die Regie übernehmen. Wir spielen aber für uns selbst und nicht um Betrunkene im Hintergrund zu begleiten.

Und das Zweitschlimmste? Irgendeiner kommt immer und wünscht sich „Devil Came Down to Georgia". Anscheinend spielen sie das in vielen schlechten irischen Pubs in Amerika.

ser an ihrem Grund birgt ein Labyrinth von Unterwasserstollen.

Wer in den Höhlen tauchen möchte, braucht sehr viel Erfahrung und eine komplette Ausrüstung.

Schlafen

In Doolin tauchen so oft neue Unterkünfte auf, wie betrunkene Touristen bei einer tra-

ditionellen Musiksession einen „Danny Boy" bestellen. Trotzdem sollte man zur Hauptsaison im Voraus buchen.

BUDGETUNTERKÜNFTE

Der Ort bietet eine breite Palette an Jugendherbergen.

Nagles Doolin Caravan & Camping Park (☎ 707 4458; www.doolincamping.com; Campingplatz ab 15 €;

(✹ April–Sept.) Ausblick satt und die Cliffs of Moher direkt vor der Nase! Der attraktive Campingplatz liegt nicht weit von Doolin entfernt. Die 60 Stellplätze sind Wind und Wetter ausgesetzt, also alle Zeltheringe gut befestigen!

Aille River Hostel (☎ 707 4260; ailleriver@esatclear. ie; Roadford; B/DZ 14/33 €; ✹ Mitte März–Dez., P 💻) Eine gute Wahl ist dieses umgebaute Gehöft aus dem 17. Jh., das malerisch am Flussufer im Oberdorf liegt. Es bietet Torffeuer, Warmwasserduschen und kostenlosen Wäscheservice. Die IHH-Herberge hat 30 Betten und Stellplätze für Wohnwagen und Zelte (ab 14 €).

Rainbow Hostel (☎ 707 4415; Roadford; B/DZ ab 14/34 €; P) In der gemütlichen Lounge nahm schon so manche Freundschaft ihren Anfang. Der alte Bauernhof an der Straße hat 30 Betten und gehört ebenfalls zum IHH-Verbund.

Paddy's Doolin Hostel (☎ 707 4421; www.doolinhostel. com; Fisherstreet, Doolin; B/Zi. 15/40 €; P) Die moderne IHH-Herberge, auch als Paddy Moloney's bekannt, bietet 90 Betten in Vier- und Achtbettzimmern oder private Zimmer mit eigenem Bad.

Doolin Cottage (☎ 707 4762; caroldoolin@hotmail. com; Roadford; EZ/DZ ab 34/56 €; ✹ März–Nov., P) Dieses reizvolle alte Haus verbreitet eine friedlichfreundliche Stimmung. Die drei sehr unterschiedlich großen Zimmer sind preiswert.

MITTELKLASSEHOTELS

Die meisten Pensionen und Lodges dieser Preiskategorie sind Häuser auf weitläufigen Grundstücken. Hier hat man jede Menge Auswahl.

Doolin Activity Lodge (☎ 707 4888; www.doolinlodge. com; Fisherstreet; EZ/DZ ab 40/60 €; P 💻) Diese imposante Pension besteht aus mehreren robusten, aber recht hübschen Steinhäusern auf einem großen Terrain. Die 14 Zimmer sind frisch möbliert; einige haben Dachfenster, durch die man den peitschenden Regen beobachten kann. Selbstversorger-Ferienwohnungen gibt's auch.

Dubhlinn House (☎ 707 4770; www.dubhlinnhouse. com; Doolin; EZ/DZ ab 45/64 €; P) Dieses helle und luftige B&B mit Blick aufs Wasser ist so heiter wie es aussieht. Die drei Zimmer sind einfach ausgestattet; dafür gibt es ein üppiges Frühstück aus vielfältigen Gerichten, darunter auch ein köstliches lockeres Omelett.

O'Connors Guesthouse (☎ 707 4498; www.oconnors doolin.com; Doolin; EZ/DZ ab 45/68 €; P) An einer Flussbiege des Aille gelegen, vermietet der noch aktive Landwirtschaftsbetrieb zehn Zimmer von unterschiedlicher Größe in einem ziemlich noblen Gehöft. Das frisch gebackene Brot am frühen Morgen versetzt einen womöglich in Arbeitslaune, aber schließlich ist hier Urlaub angesagt: Also einfach im Garten die Füße hochlegen und einer Kuh „Guten Tag" sagen.

Doonmacfelim House (☎ 707 4503; www.doonmac felim.com; Roadford; EZ/DZ ab 55/70 €; P) In den behaglichen Zimmern fühlt man sich wie bei seiner Lieblingstante. Ein bisschen Geschichte gibt's hier auch: Die ausgestellten prähistorischen Artefakte einschließlich einer Steinaxt wurden beim Bau dieses roten Stuckhauses gefunden.

Cullinan's Guest House (☎ 707 4183; www.cullin ansdoolin.com; Doolin; EZ/DZ ab 60/80 €; P) Die acht B&B-Zimmer mit Powerduschen und verschiedenen Extras gehören zur Spitzenkategorie, zwei haben sogar Balkone. Von der reizvollen Terrasse genießt man den Blick auf den Fluss Aille. Das Restaurant gehört zu den besten der Gegend. Inhaber ist ein bekannter irischer Musiker (siehe Kasten gegenüber).

Sea View House (☎ 707 4826; www.ireland-doolin. com; Fisherstreet; EZ/DZ ab 60/80 €; P) Auf einer Anhöhe oberhalb von Fisherstreet bietet dieses große Anwesen einen weiten Blick aufs Meer. In der Gemeinschafts-Lounge steht ein Fernrohr, um das Panorama zu genießen. Die vier Zimmer sind ebenso stilvoll und farbenfroh ausgestattet wie die Gemeinschaftsbereiche.

SPITZENKLASSEHOTELS

Hotel Doolin (☎ 707 4111; www.hoteldoolin.ie; Doolin; Coast Rd., Doolin; EZ/DZ 80/130 €; P) Das schicke Geschäftshotel mit 17 Zimmern ist Teil einer neuen Kampagne, die dem Dorf Doolin ein bisschen mehr Substanz verleihen soll. Creme- und Kaffeetöne bilden einen schönen Kontrast zu den sonst grellen Farben. Der Service ist gut. In der modernen Bar kommen all jene auf ihre Kosten, die eher auf Sport als auf Musik abfahren.

Essen

Selbstversorger finden im gut sortierten Doolin Deli alles, was sie brauchen. Der Laden liegt direkt hinter dem O'Connor's Pub in Fisherstreet an der Straße zum Pier.

McGann's (☎ 707 4133; Roadford; Mahlzeiten 6–15 €) McGann's bietet günstiges Pub-Essen in heiterer Atmosphäre. Man kann an einem Fenster bestellen und draußen an den Picknicktischen essen.

O'Connor's (☎ 707 4168; Fisherstreet; Mahlzeiten 8–18 €) Das beliebteste Pub der Stadt bietet köstliche irische Küche, etwa Suppe mit Meeresfrüchten, Speck mit Kohl oder Fish and Chips. Allerdings könnten die Busreisegruppen lästig werden.

Cullinan's (☎ 707 4183; 1-/2-/3-Gänge 25/32/40 €; Doolin; ☺ Do–Di 18–21 Uhr) Dieses ausgezeichnete Lokal neben der gleichnamigen Pension bietet köstliche Meeresgerichte sowie Fleisch und Geflügel. Die kurze Speisekarte wechselt oft, je nach dem, was frisch auf dem Markt ist. Dennoch sind die Gerichte immer pfiffig und kreativ, außerdem gibt es eine lange Weinkarte.

Ausgehen & Unterhaltung

Doolin hat sich vor allem mit seiner Musikszene einen Namen gemacht. In der Gegend leben viele Musiker, die eine fast symbiotische Beziehung mit den Touristen pflegen: Jeder stößt auf Gegenliebe beim anderen und von Jahr zu Jahr wird's ein wenig intensiver. Der große Besucherandrang bringt es aber mit sich, dass die Musik vom Niveau her nicht immer mit der in weniger überlaufenen Dörfern Clares mithalten kann (siehe Kasten oben). In der Nebensaison kann man hier jedoch jederzeit eine traditionelle Musiksession erleben.

Doolins drei Pubs werden hier in der Reihenfolge ihrer Wichtigkeit aufgelistet:

O'Connor's (☎ 707 4168; Fisherstreet) Die langgezogene Szenekneipe direkt am Wasser ist stets brechend voll. Wenn bei traditioneller irischer Musik aus vollem Hals gesungen und gebechert wird, herrscht eine Bombenstimmung. Auch das Essen schmeckt gut.

McGann's (☎ 707 4133; Roadford) McGann's hat alle klassischen Attribute einer authentischen irischen Musikkneipe. Manchmal setzt sich das Treiben bis auf die Straße fort. Essen kann man hier auch; draußen gibt's außerdem einen überdachten Bereich.

MacDiarmada's (☎ 707 4700; Roadford) Auch als MacDermott's bekannt, ist dieses einfache, rotweiße alte Pub die Lieblingskneipe der Einheimischen.

An- & Weiterreise

BUS

Bus Éireann fährt ein- bis dreimal täglich von Ennis (8,80 €, 1½ Std.) oder Limerick (13 €, 2½ Std.) über Corofin, Lahinch und die Cliffs of Moher nach Doolin. Busse verkehren auch nach Galway (12 €, 1½ Std., 1- oder 2-mal tgl.) via Ballyvaughan.

Im Sommer pendeln Shuttlebusse für Rucksacktouristen häufig zwischen Galway und Doolin oder anderen Zielorten in Clare. Diese werden von den Herbergen im großen Stil vermarktet.

SCHIFF/FÄHRE

In Doolin legen von April bis Oktober Fähren zu den Aran Islands ab. Drei verschiedene

---

WENN MUSIKSESSIONS DANEBEN GEHEN

Es war an einem schönen Abend außerhalb der Saison im beliebten Pub O'Connor's in Doolin. Die Kneipe war ziemlich voll und das Publikum lauschte dem klassischen Repertoire dreier Altmusiker. Mitten im Song gesellte sich ein amerikanischer Tourist dazu und fischte eine Gitarre aus dem teuren Reisekoffer, an dem noch die Gepäckstreifen vom Flughafen flatterten. Wie bei jeder guten Session machten die angestammten Spieler dem Neuankömmling Platz. Doch das sollten sie schnell bereuen. Während der nächsten Pause forderte der Kerl mit der Gitarre die anderen auf: „Macht mit!" und stimmte eine ernste und etwas falsche Version von „Eight Days a Week" an, ein Song, den man in traditionellen irischen Musiksessions selten hört. Die drei Einheimischen schauten sich an und zogen Grimassen, als hätten sie einen Kuhfladen gerochen. Schließlich fingen sie sich wieder einigermaßen. Der Amerikaner versuchte guten Mutes, ihren Liedern zu folgen, und blinzelte effektvoll in die Kamera seiner knipsenden Partnerin, während er ständig wiederholte: „Sieh nur, ich spiele mit richtigen irischen Musikern!"

An diesem Punkt mischte sich kurzerhand ein italienischer Tourist ein und brüllte: „Ich will auch mitsingen!" Er schnappte sich das Mikro, sang mit den Alten noch mehr ungläubige Blicke zuwarfen. Als sich der Sänger zurücklehnte, um loszusummen, rutschte er aus, stieß gegen den Tisch und verschüttete das ganze Bier. Inmitten von Chaos jammerte der Amerikaner ununterbrochen: „Das war mein erstes Guinness überhaupt!"

Fährlinien bieten während der Hochsaison zahlreiche Überfahrten an. Etwa 20 Min. fährt man zur 8 km entfernten Insel Inisheer (Hin- und Rückfahrt 30 €). Sie ist die kleinste und nächstgelegene der drei Aran-Inseln. Nach Inishmór dauert die Überfahrt 90 Min. mit einem Zwischenstopp auf Inisheer (Hin- und Rückfahrt 40 €). Nach Inishmaan verkehren die Schiffe nur unregelmäßig. Segeltörns werden wegen hohem Seegang oft abgesagt. Die Abfahrtszeiten sollte man telefonisch abfragen und Fahrten im Voraus buchen.

Doolin Ferries (☎ 7074455, 7074466; www.doolinferries.com; Doolin Pier)

Doolin Ferry (☎ 707 5555, 707 1710; www.doolinferry.com; Doolin Pier)

Jack B (☎ 707 5949; www.mohercruises.com; Doolin Pier; ☯ April–Okt.) bietet kombinierte Kreuzfahrten zu den Aran-Inseln und den Cliffs of Moher.

Unterwegs vor Ort
Verschiedene Herbergen und B&Bs vermieten Fahrräder; man muss sich vor Ort durchfragen.

LISDOONVARNA
☎ 065 / 950 Ew.

Lisdoonvarna (Lios Dún Bhearna), oder auch nur Lisdoon, ist bekannt für seine Mineralquellen. Seit Jahrhunderten kommen Gäste, um den irischen Kurort zu besichtigen und das heilsame Wasser zu schlucken. Das Städtchen war zu viktorianischen Zeiten sehr nobel, heute tummelt sich in der freundlichen Ortschaft eher die breite Masse. Lisdoon ist ein guter Stützpunkt, um den Burren zu erkunden.

Früher war die Stadt Zentrum der *basadóiri* (Heiratsvermittler), die einem gegen Gebühr den Partner suchten. Vor allem im September nach der Heuernte strömten hoffnungsvolle, hauptsächlich männliche Bewerber fein herausgeputzt in die Stadt. Eine echte Partnervermittlung ist heute eher unwahrscheinlich, aber das **Lisdoonvarna Matchmaking Festival** (www.matchmakerireland.com), das jedes Jahr im September und Anfang Oktober abgehalten wird, bildet den passenden Rahmen für Klamauk und Spaß, Musik und Bier, und natürlich für jede Menge gewinnbringender Geschäfte!

Orientierung & Praktische Informationen
Lisdoonvarna besteht im Wesentlichen aus einer Straße und einem zentralen Platz, von wo man Richtung Westen nach Doolin und an die Küste gelangt. Im Ort gibt es viele Geschäfte, Pubs, B&Bs und einige Hotels mit feinen Restaurants. Geld bekommt man auf der Post am nördlichen Ende der Main Street.

Im **Internet Shop** (☎ 707 5005; Main St; 2 € pro 20 Min.; ☯ Mai–Sept. Mo–Sa 9–18 Uhr) kann man im Web surfen.

Sehenswertes & Aktivitäten
Am südlichen Ende der Stadt liegt inmitten einer gepflegten, bewaldeten Anlage das Thermalbad mit einer Schwefelquelle und einem viktorianischen Pumpwerk. Das Wasser enthält Eisen, Schwefel, Magnesium und Jod und soll bei Rheuma und Drüsenbeschwerden lindernd wirken. Allerdings gibt es einen Haken: 2007 wurde das Thermalbad geschlossen, um verschiedene Renovierungspläne zu diskutieren. Aber man kann immer noch das Wasser verkosten, auch wenn das Geschmackserlebnis nicht gerade mit einer Weinprobe zu vergleichen ist. Ein Pfad hinter der Taverne führt nach 400 m zu **zwei Quellen** am Fluss. Die eine hat einen hohen Schwefelgehalt, die andere enthält reichlich Eisen. Man mixe sich nach Belieben einen Mineralcocktail.

Im **Burren Smokehouse Visitor Centre** (☎ 707 4432; www.burrensmokehouse.ie; Kincora Rd; Eintritt frei; April–Mai ☯ 10–17 Uhr, Juni–Okt. 9–18 Uhr, Nov.–März 10–16 Uhr) informiert ein sechssprachiger Videofilm über die traditionelle irische Kunst, Lachs zu räuchern. Dazu werden kostenlose Häppchen von leckerem Räucherlachs und anderem Fisch in unzähligen Varianten gereicht – vielleicht verleitet das auch zum Kauf? Auch guter Kaffee und Tee sowie Delikatessen und Kunsthandwerk werden feilgeboten. Eine Touristenbroschüre ist ebenfalls erhältlich. Das Zentrum liegt am Rand von Lisdoonvarna an der Straße nach Kincora (N67).

Schlafen & Essen
B&Bs schießen hier wie Pilze aus dem Erdboden. Während des Matchmaking Festivals im September sollte man besser im Voraus buchen.

Sleepzone (☎ 707 7168; www.sleepzone.ie; Doolin Rd; B/EZ/DZ 15/35/50 €; Ⓟ ▯) Was für eine Herberge! Das einstige Nobelhotel ist heute ein Koloss mit 124 Betten. Nur das Grundstück erinnert noch an seine Vergangenheit, ansonsten entspricht die Ausstattung dem üblichen Standard, ist aber ganz hübsch. Es gibt WLAN-Anschluss und kostenloses Kontinentalfrüh-

---

WANDERUNG DURCH DIE ZEIT

Eine kurzweilige Kletterpartie ist der Aufstieg zur **Ringfestung Cathair Dhún Iorais** bei Black Head, einem Relikt aus der Eisenzeit. Weil es keinen ausgeschilderten Pfad dorthin gibt, müssen Wanderer sich unbedingt mit Karte *(Ordnance Survey Discovery Series Nr. 51)* und Kompass ausrüsten. Das Terrain ist an einigen Stellen sehr felsig, also ist gutes Schuhwerk notwendig. Auch im Sommer müssen sich die Kletterer auf nasse, windige und möglicherweise kühle Wetterbedingungen einstellen. Zum Fort läuft man 1,5 km durch steiles Gelände.

Los geht's direkt oberhalb des Leuchtturms an der nördlichen Spitze von Black Head. Parken kann man landeinwärts neben der Straße. Zuerst wandert man von der Straße aus genau nach Süden und klettert zwischen Felsplatten einen steinigen Berghang hinauf, bis man einen grasbewachsenen Trampelpfad erreicht. Diesen überquert man und läuft weiter, bis das Gelände langsam flacher wird. Hier erhebt sich inmitten von Kalksteinplatten Cathair Dhún Iorais. Das Ringfort selbst gehört nicht zu den dramatischsten, aber seine Lage ist herrlich. Bei klarem Wetter genießt man atemberaubende Ausblicke auf Galway und Connemara.

Vom Fort aus kann man sich nach Südosten wenden, um die Kalksteinklippen zu umrunden, die im Westen als geschlossene Steilwand aufragen. Der Weg führt über einen breiten Bergrücken 1,3 km weiter südlich bis hinauf zum Gipfel des **Dobhach Bhráinín**, einem der höchsten Punkte im Burren (318 m). Auf diesem Abschnitt ist es äußerst wichtig, dass man gut mit Karte und Kompass umgehen kann, denn hier ziehen gelegentlich plötzliche Nebel auf. Dann verirrt man sich beim Abstieg vom Dobhach Bhráinín leicht auf den Klippen. In diesem Fall kehrt man besser zum Fort zurück und nimmt den gleichen Weg zurück.

---

stück. Von März bis Oktober pendelt ein Bus zwischen dem Hotel und dem Schwesterbetrieb in Galway.

Kincora House and Art Gallery (☎ 707 4300; www.kincorahotel.ie; EZ/DZ ab 45/70 €; März–Okt.; P) Im Westen der Stadt lockt dieses reizvolle, oben und über mit Wein berankte Landhaushotel. Das alte Gemäuer von 1860 zeugt von dem einstigen Reichtum während der Blütezeit des Heilbades. Wie zu erwarten, sind die 14 Zimmer herzallerliebst eingerichtet und mit jeder Menge irischer Kunst dekoriert. Auch das Pub und das Restaurant sind sehr einladend.

Sheedy's Country House Hotel & Restaurant (☎ 707 4026; www.sheedys.com; Sulphur Hill, Lisdoonvarna; EZ/DZ ab 90/140 €; März–Okt.; P) Das Hotel liegt wunderbar inmitten eines blühenden Grundstücks, auf dem Blumen, Gemüse und Kräuter gedeihen. Die elf Zimmer sind individuell und stilvoll eingerichtet, die Gemeinschaftsräume voller Charakter. Im Restaurant (Abendessen Hauptgerichte 20–28 €) wird moderne irische Küche vom Feinsten serviert.

Roadside Tavern (☎ 707 4084; Mahlzeiten 6–12 €) Unten am Fluss gelegen, verströmt dieser Gasthof irische Gemütlichkeit. Inhaber der dritten Generation ist Peter Curtin, der einen reichen Schatz erzählenswerter Geschichten in petto hat. Im Sommer gibt es täglich, im Winter am Wochenende traditionelle Musik-

abende. Zu jeder Zeit trifft man hier mitreißende Musiker an. Ein zufällig mitgehörtes Gespräch – Gast zum Wirt: „Ich nehme ein halbes Sandwich." Die Frau des Gastes zum Wirt: „Ach, geben Sie ihm ruhig ein ganzes, dann muss ich heute Abend nicht kochen."

Anreise & Unterwegs vor Ort

Bus Éireann fährt ein- bis dreimal täglich von Ennis über Lisdoonvarna nach Dooli; nach Limerick über Corofin, Lahinch und die Cliffs of Moher. Nach Galway fahren auch Busse via Ballyvaughan und Black Head.

FANORE
☎ 065 / 150 Ew.

Fanore (Fan Óir), 5 km südlich von Black Head, ist weniger ein Dorf als vielmehr ein Küstenabschnitt mit einem Geschäft, einem Pub und einigen verstreuten Häusern an der Hauptstraße R477. Der schöne Sandstrand liegt hinter einer weitläufigen Dünenlandschaft. Das ganze Jahr über tummeln sich hier die Wellenreiter; es gibt ausreichend Parkplätze und im Sommer auch Toiletten. Zurzeit entstehen immer mehr Ferienhäuser. Möglicherweise werden also auch in diesem verschlafenen Winkel der Grafschaft Clare schon bald andere Zeiten anbrechen.

Der gut sortierte Laden **Siopa Fan Óir** (☎ 707 6131; 9–21 Uhr im Sommer, bis 19 Uhr im Winter), gleich gegenüber vom O'Donohue's Pub, verkauft u. a. Angelzubehör, Wanderkarten, Surfboards, günstige Sandeimer etc.

Rund um Fanore gibt es nur wenige Einkehr- und Übernachtungsmöglichkeiten. Eine ist das **Rocky View Farmhouse** (☎ 707 6103; www. rockyviewfarmhouse.com; EZ/DZ 38/64 €; **P**), ein bezauberndes Haus im Herzen des küstennahen Burren. Es bietet sechs offene und luftige Zimmer, die wunderbar mit der kargen Landschaft am äußersten Rand des Burren harmonieren. Die Zutaten für das Frühstück stammen aus eigenem biologischen Anbau.

O'Donohue's (☎ 707 6119; Mahlzeiten 6–12 €; April–Okt.), ein Treffpunkt 4 km südlich vom Strand, bietet nicht nur solide Suppen, warme Gerichte und Sandwiches, sondern auch einen unverbrauchten irischen Charme. Es dominieren die Farben Blau und Weiß, der Blick schweift weit über das graue Meer.

Bus Éireann fährt ein- bis dreimal täglich von Galway über Black Head und Fanore nach Lisdoonvarna.

BLACK HEAD

Die Atlantikstürme haben das Gebiet rund um Black Head in eine geriffelte Landschaft kahler Felsen verwandelt. Hier und da sprießen Gras und Gebüsch in den Spalten. Die Landzunge im äußersten Nordwesten Clares wird von Geröllbrocken gesprenkelt, die wie einsame Wachposten in der Gegend herumstehen.

Um die Landspitze herum windet sich knapp über dem Meeresspiegel die Hauptstraße R477. Die Küste mit ihren Felsenplattformen dicht über dem Meer eignet sich gut zum **Angeln**: Hier beißen Pollacks, Lippfische und Makrelen an – mit etwas Glück auch Wolfsbarsche. Doch die Gewässer hier bergen auch Gefahren, selbst für Leute mit Erfahrung. Selbst wenn die See scheinbar ruhig ist, muss man mit plötzlichen Wellen rechnen.

RUND UM BALLYVAUGHAN
☎ 065 / 200 Ew.

Der ganze Charme des Burren konzentriert sich im beliebten Ballyvaughan (Baile Uí Bheacháin): Hier geht das karge Hügelland in die freundliche, begrünte Gegend der Galway Bay über. Der Ort ist eine ideale Basis für Ausflüge in den Norden des Burren. Aber wer einmal da ist, fährt meist nur ungern weiter.

Das Dorfzentrum liegt an der Kreuzung der N67 mit der Küstenstraße R477. Wer auf der N67 Richtung Süden und landeinwärts fährt, kommt direkt ins Herz des Burren. Nach Westen gelangt man auf die großartige Küstenstraße (R477), die rund um Black Head und weiter südwärts nach Doolin verläuft.

Gleich westlich der Kreuzung an der R477 befindet sich der Kai. Er wurde 1829 zu einer Zeit erbaut, als reger Handelsverkehr per Schiff mit den Aran-Inseln und Galway betrieben wurde. Man exportierte Getreide und Speck, importiert wurde Torf – eine knappe Ware im Burren.

Einige Meter hinter dem Hafen führt ein ausgeschilderter Weg zu einem Seevogelreservat mit schönem Ausblick auf das Watt.

Praktische Informationen

Das neue **Besucherzentrum** (☎ 707 7464; www.bally vaughantourism.com; März–Okt. 9–21, Nov.–Febr. Do–Mo 9–17 Uhr) befindet sich in einem großen Souvenirladen. Südlich der Ortsmitte bietet **Brendan's Boat** (☎ 707 7337; www.brendansboat.ie; April–Dez 9.30–18.30 Uhr), eine renommierte irische Gerberei, Internetzugang. Im gleichen Gebäude befinden sich ein Waschsalon und ein Fahrradverleih.

Sehenswertes & Aktivitäten

Ungefähr 6 km südlich von Ballyvaughan windet sich die N67 Richtung Lisdoonvarna in Serpentinen auf den **Corkscrew Hill** (180 m). Die Straße wurde in den 1840er-Jahren während der großen Hungersnot im Rahmen einer Arbeitsbeschaffungsmaßnahme erbaut. Von oben bietet sich ein schöner Rundblick über den nördlichen Burren und die Galway Bay; rechts sieht man den Aillwee Mountain mit seinen Höhlen, zur Linken erhebt sich der Cappanawalla Hill. Unten im Tal liegt das teilweise restaurierte Newtown Castle aus dem 16. Jh., einst Residenz der O'Lochlains.

In den kühlen Gewässern vor der Küste von Clare gibt es viel zu sehen, darunter riesige Krebse, welche die Herzen von Gourmets höher schlagen lassen. Das **Burren Adventure Dive Centre** (☎ 707 7921; www.burrenadventures.com; Main St) bietet Tauchkurse sowie komplette Tauchausrüstung an. Schnuppertouren für Anfänger kosten 95 €.

Schlafen & Essen

In Zentrumsnähe findet man verschiedene einfache B&Bs. Der **Bauernmarkt** (Sa 10–14 Uhr) von Ballyvaughan ist ein wahres Schlaraffenland mit Qualitätsprodukten aus heimischen Landen.

COUNTY CLARE

Ballyvaughan Lodge (☎ 707 7292; www.ballyvaug hanlodge.com; EZ/DZ ab 45/70 €; P) Dieses B&B liegt eingebettet in einen schönen Park und hat einen hübschen Innenhof, der von Blütenduft erfüllt ist. Die elf Zimmer sind behaglich.

Hyland's Burren Hotel (☎ 707 7037; www.hylands burren.com; Main St; EZ/DZ 65/80 €; P) Das zentral gelegene Haus mit 30 großen Zimmern besticht durch sein Flair: Als Geschäftshotel hat es sich trotz allem Lokalkolorit bewahrt. Zum Haus gehören eine Bar und ein Restaurant. Man sollte nach der hauseigenen Broschüre *Walks* fragen.

Rusheen Lodge (☎ 707 7092; www.rusheenlodge.com; Lisdoonvarna Rd; EZ/DZ 70/100 €; ⏲ Febr.–Nov.; P 💻) Vor allem die stilvolle, phantasiereiche Möblierung zeichnet diese Pension mit neun Betten aus. Im Innenbereich steht WLAN zur Verfügung. Draußen im Park grünt und blüht es. Die Lodge liegt etwa 750 m südlich vom Dorf entfernt an der N67.

Monk's Bar & Restaurant (☎ 707 7059; Old Pier; Hauptgerichte 10–20 €; ⏲ warme Küche 12–20 Uhr) Sein Renommee verdankt das Lokal den ausgezeichneten Meeresgerichten. Im Monk's herrscht ein heiteres, behagliches Ambiente und es mangelt nicht an Platz. Im Winter flackert ein Torffeuer im Kamin, im Sommer genießt man die frische Meeresbrise an den Tischen draußen im Freien. Das Pub hat bis spät in die Nacht geöffnet; in der Hochsaison finden an einigen Abenden traditionelle irische Musiksessions statt.

Ololainn (Main St) Wenn man der Straße zum Hafenkai hinunter folgt, entdeckt man diesen kleinen Zufluchtsort auf der linken Seite. Das Ololainn (o-*loch*-lain) ist perfekt geeignet, um einen zeitlosen Moment – oder zwei – in den altmodisch möblierten Winkeln zu verträumen. Draußen an der Tür hängt ein altes Bushmill-Schild.

An- & Weiterreise

Bus Éireann verkehrt ein- bis dreimal täglich von Galway über Ballyvaughan und rund um Black Head bis nach Lisdoonvarna und Doolin.

DER ZENTRALE BURREN

Im Herzen des Burren führt die R480 durch eine herbe, aber dennoch faszinierende Landschaft: Hier zeigt sich das karge Hochland von seiner schönsten Seite. Überall in der Region verstreut liegen verblüffende prähistorische Steinbauten.

Südlich von Ballyvaughan zweigt die R480 beim Wegweiser zu den Aillwee-Höhlen von der N67 ab und führt vorbei an Gleninsheen Wedge Tomb und dem Poulnabrone Dolmen zum Leamanegh Castle. Dort trifft sie auf die R476, welche weiter südöstlich nach Corofin verläuft. Jede kleine Nebenstraße – insbesondere jene Richtung Osten – lohnt einen Abstecher, um in eine beinahe überirdische Einsamkeit zu fliehen.

Aillwee Caves

Besonders bei Kindern sind die **Aillwee Caves** (☎ 065-707 7036; www.aillweecave.ie; Ballyvaughan; Erw./ Kind 12/5,50 €; ⏲ ab 10 Uhr) als Ausflugsziel beliebt. Die Haupthöhle erstreckt sich über 600 m weit in den Berg hinein. Von ihr zweigen weitere größere Höhlen ab; in einer plätschert sogar ein Wasserfall. Die Höhlen wurden vor mehr als 2 Mio. Jahren vom Wasser ausgewaschen. Gleich beim Eingang sind Spuren eines Braunbären zu sehen, der in Irland seit über 10 000 Jahren ausgestorben ist. Besichtigen kann man die Höhlen nur im Rahmen einer Führung, die genauen Zeiten erfragt man telefonisch. Im Sommer wird es oft sehr voll; dann kann man sich die Zeit bis zur nächsten Tour im Café vertreiben.

Gleninsheen Wedge Tomb

Eine der berühmtesten prähistorischen Grabstätten Irlands liegt an der R480 südlich der Aillwee Caves. Das Keilgrab von Gleninsheen wird auf ein Alter von 4000 bis 5000 Jahren datiert. Ein Junge namens Paddy Dolan, der hier Kaninchen jagte, entdeckte 1930 einen herrlichen goldenen Halskragen, ein sogenanntes Gorget. Das Stück wurde etwa um 700 v. Chr. gefertigt und gilt als eines der schönsten Funde prähistorischer Handwerkskunst in Irland. Es befindet sich heute im Nationalmuseum in Dublin (S. 99). Achtung: Manchmal ist das Zugangstor zur Grabstätte geschlossen.

Poulnabrone Dolmen

Poulnabrone Dolmen, ein *portal tomb* (Portalgrab), zählt zu den meistfotografierten antiken Monumenten Irlands und ist ein touristischer Anziehungspunkt in der Region. Auf einem Felsstreifen steht der riesige Dolmen (eine Steinplatte auf Tragsteinen) wie ein surrealer Raubvogel, der zum Flug ansetzt. Der Deckstein wiegt 5 t. Das Megalithgrab befindet sich 8 km südlich von Aillwee und

---

IN STEIN GEHAUENE LEGENDEN

Geologisch gesehen, scheint der Burren aus wenig mehr als einer Anhäufung alter Felsen zu bestehen; doch über die Entstehung dieser exquisiten Landschaft lässt sich eine ungeheuer spannende und abenteuerliche Geschichte erzählen, die bis in graue Vorzeiten zurückreicht. Der Burren ist eine in Europa einzigartige Karstlandschaft. Sie besteht fast nur aus Kalksteinfelsen, nur die höheren Lagen sind von einer Kappe aus Lehm und Schiefer bedeckt.

Im Karbon vor über 350 Mio. Jahren lag diese Region am Grund eines seichten warmen Meeres. Überreste von Korallen und Muscheln setzten sich auf dem Meeresboden ab, küstennahe Flüsse transportierten Sand und Schlick ins Meer, der die Kalkablagerungen bedeckte. Zeit und Druck verwandelten diese Schichten zu Gestein: unten bildete sich Kalkstein, darüber Schiefer und Sandstein.

Massive Verschiebungen der Erdkruste vor etwa 270 Mio. Jahren formten den heutigen europäischen Kontinent und hoben den Meeresboden aus dem Wasser. Bei diesem Prozess wurden die Kalksteinplatten gebogen und gebrochen und es bildeten sich lange, tiefe Klüfte, sogenannte Karren, die für den heutigen Burren typisch sind. Jede Kluft ist über und über mit Wildblumen bewachsen, die sich von dem spärlichen Erdreich ernähren und in einem Mikroklima aus milder, feuchter Luft leben.

Während mehrerer Eiszeiten schoben sich Gletscher über die Hügel und gaben ihnen ihre charakteristische abgerundete Form. Mancher Felsen wurde blankpoliert. Zugleich lagerte sich in der Region eine dünne Stein- und Humusschicht ab. Riesige Felsblöcke wurden vom Eis mitgeführt, die heute wie verstreute Fremdlinge in einem Ozean aus flachem Gestein liegen. Der ganze Burren ist geprägt von diesen „eiszeitlichen Findlingen", einer meist schon optisch erkennbaren, anderen Gesteinsart.

---

ist von der R480 aus zu sehen, ein Pfad führt von der Straße dorthin.

Der Dolmen wurde vor über 5000 Jahren errichtet. Bei Ausgrabungen im Jahr 1986 kamen neben Schmuck und Töpferwaren auch die Gebeine von 16 Menschen zutage. Radiokarbonuntersuchungen ergaben, dass diese zwischen 3800 und 3200 v. Chr. hier bestattet wurden. Ursprünglich wurde das Grab mit einem Steinhügel bedeckt, der im Lauf der Zeit abgetragen wurde. Besucher dürfen selbst rätseln, wie die Menschen das Ganze damals erbaut haben.

Caherconnell Fort

Wer ein gut erhaltenes *caher* (Siedlung mit Steinwall) aus der späten Eisenzeit bzw. der frühchristlichen Ära besichtigen will, macht einen Zwischenstopp im **Caherconnell Fort** (☎ 708 9999; Erw./Kind/Fam. 5/3/12; €; ☼ Juli–Aug. 9.30–18.30, März–Juni, Sept. & Okt. 10–17 Uhr; P), einer privat betriebenen Stätte. Exponate zeigen, wie die Entwicklung solcher Wehrsiedlungen Land- und Besitzansprüche einer immer stärker wachsenden und sesshaft werdenden Bevölkerung widerspiegelte. Die Trockenmauer des Forts ist hervorragend erhalten. Ein Besucherzentrum informiert zudem über viele andere Monumente in der Gegend. Das Fort

befindet sich 1 km südlich von Poulnabrone an der R480.

Carron & Umgebung

Einige Kilometer östlich der R480 liegt das winzige Dorf Carron (auf einigen Landkarten auch „Carran" bzw. „An Carn" auf Gälisch) abgelegen auf einer Anhöhe. Von dort öffnet sich ein weiter Rundblick über die Felsenlandschaft des Burren.

Unbedingt auf den Reiseplan gehört das **Burren Perfumery & Floral Centre** (☎ 065-708 9102; Carron; ☼ Juni–Sept. 9–19, Okt.–Mai bis 17 Uhr), denn es ist ein echtes Highlight. Hier in Irlands ältester Parfüm-Manufaktur werden aus Wildblumen des Burren verschiedene Düfte kreiert. Ein sehenswertes Video informiert über die Flora des Burren, deren Vielfalt schier umwerfend ist. Zum Beispiel wächst hier eine wohlriechende Orchidee in den Felsritzen. In den Kräutergärten kann man zahlreiche Blumenarten und Gewürze entdecken, das Café serviert Teesorten aus Bioanbau. Die Parfüm-Manufaktur ist an der Straßenkreuzung unweit der Carron Church ausgeschildert. Busse sind ausdrücklich nicht erwünscht.

Unterhalb von Carron liegt einer der schönsten *turloughs* (Wintersee) Irlands, bekannt als **Carron Polje**. Der slowenische Begriff

Polje ist gebräuchlich für solche wannenförmigen Mulden in Karstgebieten. Sie stehen im Winter voll Wasser und trocknen im Sommer aus. Das üppige Gras, das dann wächst, wird als Weide genutzt.

Südlich von Carron erstreckt sich fast bis nach Kilnaboy eine von Felsbrocken übersäte Landschaft. Egal welchen Pfad man hier nimmt, man stößt unweigerlich auf einen alten **Dolmen**.

Ungefähr 3 km südlich von Carron liegt am Rand eines steilen Tals die große Ringfestung **Cahercommaun**. Ihre Bewohner im 8. und 9. Jh. jagten Wild und bauten etwas Getreide an. Ein unterirdischer Gang führt von der Festung auf die Klippen hinaus. Zum Fort fährt man von Carron Richtung Süden und biegt nach links Richtung Kilnaboy ab. Nach 1,5 km führt ein Weg auf der linken Seite zum Fort. Ein Blick auf die übersichtliche Schautafel am Anfang des Weges verhilft zur besseren Orientierung.

Clare's Rock Hostel (☎ 065-708 9129; www.claresrock. com; Carron; B/DZ 14/38 €; ☽ Mai–Sept.; P ﹔) ist ein imposantes Gebäude aus grauem Granit. Es bietet 30 Betten und geräumige Zimmer. Alles ist gut in Schuss. Gäste können Fahrräder mieten oder sich im Garten mit Kobolden auf einem großen Schachbrett vergnügen.

Cassidy's (☎ 065-708 9109; Carron; Hauptgerichte an der Bar 4,50–9,50 €; ☽ Mai–Sept. tgl., Okt.–April nur am Wochenende) serviert eine gute Auswahl an Pub-Gerichten, darunter verschiedene mit witzigen Namen. Einige erinnern an die Vergangenheit des Pubs als britische RIC-Station und später als Garda-Kaserne. An manchen Wochenenden gibt's traditionelle irische Musik und Tanz.

KILFENORA
☎ 065 / 360 Ew.

Kilfenora (Cill Fhionnúrach) liegt am südlichen Rand des Burren, 8 km südöstlich von Lisdoonvarna. Es ist ein kleiner Ort, zu dem auch die winzige Kathedrale aus dem 12. Jh. passt. Auf dem Kirchhof stehen mehrere Hochkreuze. Niedrige Häuser in vielerlei Farben bilden einen dichten Ortskern.

Die Ortschaft hat eine starke Musiktradition, welche mit der Szene in Doolin konkurriert; allerdings ist Kilfenora nicht so überlaufen. Umjubelt ist die **Kilfenora Céili Band** (☎ 684 2228; www.kilfenoraceiliband.com), die schon seit 100 Jahren von Generation zu Generation spielt. Zu ihrem Ensemble gehören Fiedeln, Banjos,

Quetschkommoden und andere Instrumente. Sie tritt oft mittwochabends im Linnane's (siehe unten) auf.

Sehenswertes

Das **Burren Centre** (☎ 708 8030; www.theburrencentre. ie; Main St; Erw./Kind 7/4 €; ☽ Juni–Aug. 9.30–18 Uhr, Mitte März–Mai, Sept. & Okt. 10–17 Uhr) bietet eine Reihe unterhaltsamer und informativer Ausstellungen zu vielen Details aus Geschichte und Gegenwart der Region. Zum Zentrum gehören eine Teestube und ein Laden, der einheimische Produkte verkauft.

Die **Kathedrale** von Kilfenora war früher ein wichtiges Wallfahrtsziel. Im 6. Jh. gründete der heilige Fachan (oder Fachtna) hier ein Kloster, später war die Kirche Sitz des kleinsten Bistums Irlands, der Diözese Kilfenora. Heute stehen an dieser Stelle die Ruinen einer späteren protestantischen Kirche. Im Altarraum sind zwei Gräber mit schlichten Skulpturen zu sehen.

Kilfenora ist vor allem für seine **Hochkreuze** berühmt: Drei befinden sich im Kirchhof, ein weiteres großes aus dem 12. Jh. steht 100 m weiter westlich auf dem freien Feld. Am interessantesten ist das 800 Jahre alte **Doorty Cross**, das an prominenter Stelle westlich des Kirchenportals steht. Bis in die 1950er-Jahre lag es in zwei Teile zerbrochen am Boden, dann wurde es wieder aufgestellt. Eine Tafel im Kirchhof erläutert anschaulich die Ornamentik der Kreuze.

Schlafen & Essen

Kilfenora hat zwei fabelhafte Pubs.

Kilfenora Hostel (☎ 708 8908; www.kilfenorahostel. com; Main St; B/EZ/DZ 20/25/50 €; P ﹔) Weil das Haus mit Vaughan's Pub nebenan verbunden ist, gibt's hier ein Guiness gratis. Die neue Jugendherberge hat 46 Betten in neun Zimmern. Zu den Extras gehören WLAN, Waschmaschine und eine große Küche. Müde Globetrotter fühlen sich in der Lounge gleich wie im siebten Himmel.

Murphy's B&B (☎ 708 8040; lika@eircom.net; Main St; EZ/DZ ab 40/60 €; ☽ Mitte Febr.–Nov.) Direkt an der Hauptstraße betreibt Mary Murphy eine kleine, aber feine Frühstückspension mit schlichten Zimmern, in denen man gern für immer bleiben würde. Ihr gehören noch zwei weitere Häuser ganz in der Nähe.

Linnane's (☎ 708 8157; Main St; Mahlzeiten 5–12 €; ☽ warme Küche 12–20 Uhr) Hier widmet man sich typisch irischen Gerichten wie Speck mit

Kohl, Eintopf, Räucherlachs und mehr. Trotz der sehr spartanischen Einrichtung verbreiten Torffeuer wohlige Wärme. Im Sommer finden an vielen Abenden traditionelle irische Musiksessions statt.

LP Tipp **Vaughan's Pub** (☎ 708 8004; Main St; Mahlzeiten 9–12 €; ☽ warme Küche 10–21 Uhr) Was für ein tolles Pub! Die verlockende Speisekarte bietet eine gute Auswahl an Meeresgerichten, traditioneller Hausmannskost und einheimischen Delikatessen. In der irischen Musikszene genießt das Pub großes Ansehen. Im Sommer wird hier jeden Abend Musik gespielt, das restliche Jahr über ebenfalls an vielen Abenden. In der Scheune nebenan treffen sich donnerstags und sonntagabends Tanzlustige zum Set Dance, einem lebhaften irischen Volkstanz. Draußen im Freien lädt ein Biergarten zum Verweilen unter dem großen Baum ein.

An- & Weiterreise
Von/nach Kilfenora verkehren keine Busse.

COROFIN & UMGEBUNG
☎ 065 / 420 Ew.

Corofin (Cora Finne), auch Corrofin geschrieben, ist ein ruhiges Dorf am südlichen Rand des Burren. Der Ort ist bestens geeignet, um mit dem Alltagsleben in Clare auf Tuchfühlung zu gehen. In der Umgebung befinden sich einige *turloughs* und mehrere Burgen der O'Briens. Zwei davon liegen am Ufer des nahen Inchiquin Lough.

In einer alten Kirche von Corofin ist das interessante **Clare Heritage Centre** (☎ 683 7955; www.clareroots.com; Kirche St; Erw./erm. 4/2 €; ☽ April–Okt. 9.30–17.30 Uhr) untergebracht, dessen Ausstellung über die Zeit der Hungersnot während der Kartoffelpest informiert. Vor der verheerenden Seuche lebten 250 000 Menschen in Clare, heute sind es nur noch 95 000; die Bevölkerung ist also um rund 62 % zurückgegangen. In einem separaten Gebäude nebenan hilft das **Clare Genealogical Centre** (☎ 683 7955; ☽ Mo–Fr 9–17.30 Uhr) Besuchern dabei, nach ihren aus Clare stammenden Vorfahren zu forschen.

4 km nordwestlich von Corofin liegt an der Straße nach Leamanegh Castle und Kilfenora (R476) der kleine Ort **Kilnaboy**. Hier findet man die Ruinen einer Kirche mit einer sehenswerten Sheila-na-gig (Fruchtbarkeitsgöttin mit eindeutiger Pose) über dem Kirchenportal.

Schlafen & Essen
Corofin Dorf Hostel (☎ 683 7683; www.corofincamping.com; Main St; Campingplatz, B/DZ 14/16/22 €; **P**) Das Campinggelände hinter der IHH-Jugendherberge ist groß und weitläufig, drinnen gibt es 30 Betten. Im großen Gemeinschaftsraum steht ein Billardtisch zur Verfügung. Warme Duschen gibt's zum Nulltarif für alle.

Lakefield Lodge (☎ 683 7675; www.lakefieldlodgebandb.com; Ennis Rd; EZ/DZ ab 46/64 €; ☽ März–Okt.) Das gut geführte Haus, ein attraktiver Bungalow, befindet sich am Südrand des Dorfes mitten in einem Park. Die vier Zimmer sind behaglich, der Empfang ist herzlich.

Fergus View (☎ 683 7606; www.fergusview.com; EZ/DZ 52/74 €; **P** 🖳) Nase voll von Blutwurst? Hier gibt's eine riesengroße Frühstücksauswahl. Von der liebenswerten Unterkunft blickt man weit in die Ferne über Bauernhöfe bis hin zu den felsigen Hügeln am Horizont. Alle sechs Zimmer haben WLAN. Die Lodge liegt 3 km nördlich von Corofin an der R476.

Inchiquin Inn (☎ 683 7713; Main St; Mittagessen 6–10 €; ☽ warme Küche 9–18 Uhr) Hierher strömen auch die Einheimischen, denn die Küche ist einfach spitze: Kaum irgendwo findet man besseren Speck mit Kohl oder schmackhaftere Fischsuppe. Letztere ist sämig, würzig und duftet nach Räucherfisch. An einigen Sommerabenden finden traditionelle Musiksessions statt.

Corofin Arms Restaurant (☎ 683 7373; Main St; Mahlzeiten 8–20 €; ☽ Mi–Mo 17.30–21, So 12–21 Uhr) In dem überaus beliebten Bistro geben Gerichte mit einheimischen Zutaten den Ton an. Unbedingt probieren sollte man die Gerichte mit scharfem Kilnaboy-Käse, der weiter oben in der gleichen Straße hergestellt wird. Auch die Meeresfrüchte sind nicht zu verachten. Die hausgemachte Knoblauchsauce zergeht einem förmlich auf der Zunge.

An- & Weiterreise
Bus Éireann verkehrt an einigen Wochentagen sporadisch zwischen Corofin und Ennis.

DER NÖRDLICHE BURREN
Südlich der Grafschaft Galway erstreckt sich flaches Ackerland bis zu den schroffen Kalksteinhügeln des Burren, der westlich von Kinvara und Doorus im County Galway beginnt.

Von Oranmore im County Galway bis Ballyvaughan ist die Küstenlinie von kleinen

Meeresarmen und ins Meer ragenden Halbinseln gesäumt; einige wie die Landspitze von Finavarra oder New Quay lohnen einen Abstecher. Schmale Straßen winden sich die felsigen, vom Wind zerzausten Hügel hinauf, die mit alten verwitterten Steinruinen gesprenkelt sind.

Im Landesinnern nahe Bellharbour steht die weitgehend intakte Corcomroe Abbey; gegenüber liegen in einem ruhigen Seitental verborgen die Ruinen der drei alten Kirchen von Oughtmama. Die Galway Bay bildet den Hintergrund für eine außergewöhnliche Landschaft: kahle, in der Sonne schimmernde Steinhügel, dazwischen kleine Weiler und saftige Wiesen, wo sich Erdreich angesammelt hat.

Hier in Clares letztem Schlupfwinkel verkehren keine Busse. Die Gegend kann man nur mit dem Auto, dem Fahrrad oder auf den eigenen Füßen erkunden.

New Quay & Flaggy Shore

New Quay (Ceibh Nua) auf der **Finavarra Peninsula** liegt ca. 1 km abseits der Hauptstrecke Kinvara–Ballyvaughan (N67). Man erreicht es, indem man am Ballyvelaghan Lough 3 km nördlich von Bellharbour von der N67 abfährt.

Direkt am Ufer liegt **Linnane's Bar** (☎ 065-707 8120; New Quay; Mahlzeiten 9–20 €; ⏱ 12–20 Uhr), die bekannt für ihre Meeresgerichte ist. Kaum verwunderlich: Jahrhundertelang war die Gegend berühmt für ihre Austern; bis heute werden hier Schalentiere verarbeitet. Gelegentlich kann man sie direkt von der Fabrik hinter dem Pub kaufen.

Westlich von New Quay erstreckt sich ein besonders schöner Küstenabschnitt: Am **Flaggy Shore** fallen natürliche Kalksteinterrassen bis hinunter zum Meer. Ungefähr 500 m westlich vom Linnane's liegt an einer Kreuzung die **Russell Gallery** (☎ 065-707 8185; New Quay). Die Töpferei hat sich auf *raku* (japanische Keramiken mit bleihaltiger Glasur) spezialisiert. In der lichtdurchfluteten Galerie kann man außerdem die Werke von einer Reihe irischer Künstler und Bücher über die Region kaufen.

In der Nähe, gleich abseits der N67, befindet sich der Strickladen **Wilde & Wooley** (☎ 707 8042; Burren) von Antoinette Hensey, die maßgeschneiderte Strickwaren aus gefärbter Wolle mit raffinierten und wunderschönen Mustern anbietet. Ein Pullover kostet zwischen 150 und 200 €.

Zum Flaggy Shore biegt man von der N67 Richtung Norden ab. Die Straße verläuft westlich an der Küste entlang und führt schließlich südlich am **Lough Muirí** vorbei, wo man meistens Watvögel und Schwäne beobachten kann. Auch Otter sollen in der Gegend leben. An einer T-Kreuzung gleich hinter dem See zweigt eine kleine Straße rechts ab zu einem verfallenen **Martello-Turm** auf der Landspitze von Finavarra. Er stammt aus der Zeit, als Napoleon Angst und Schrecken verbreitete.

Bellharbour

Bellharbour (Beulaclugga), 8 km östlich von Ballyvaughan, ist nicht mehr als eine Straßenkreuzung mit einem Pub und einer wachsenden Anzahl von reetgedeckten Ferien-Cottages. Hinter der modernen Kirche St Patrick, 1 km nördlich der Weggabelung von Bellharbour, führt ein schöner Spaziergang über einen alten Feldweg zum nördlich gelegenen Abbey Hill.

Weiter landeinwärts erreicht man die Ruinen der Corcomroe Abbey, das Tal und die Kirchen von Oughtmama und die Binnenstraße, die direkt ins Herz des Burren führt.

Corcomroe Abbey

1,5 km von Bellharbour entfernt, liegt in einem schmalen Tal zwischen sanften Hügeln das stimmungsvolle Corcomroe, ein ehemaliges Zisterzienserkloster. Es ist ein wunderbarer Ort und eines der schönsten Gebäude dieser Art. Gegründet wurde die Abtei 1194 von Donal Mór O'Brien. Sein Enkel Conor na Siudaine O'Brien (verstorben 1267), König von Thomond, soll in der Gruft an der Nordmauer begraben liegen. Über einer schlichten Skulptur des Königs hängt ein Relief mit dem Bildnis eines Bischofs, der den Krummstab hält. Das erhaltene Gewölbe im Chorraum und in den Querschiffen zeichnet sich durch hohe Qualität aus. Überall in der Abtei finden sich wunderbare Schnitzereien aus romanischer Zeit. Im 15. Jh. begann dann der langsame Niedergang des Klosters. Verstreut zwischen den Ruinen liegen moderne Gräber.

Oughtmama Valley

In diesem einsamen und versteckten Tal liegen mehrere kleine Kirchen aus frühchristlicher Zeit. Wer sie besichtigen will, biegt bei Bellharbour landeinwärts ab und hält sich an der Weggabelung links. Nach weniger als 1 km sieht man rechter Hand bei Shanvally ein von Bäumen bestandenes Anwesen. Direkt hinter dem Haus führt ein holpriger Weg ins Landesinnere zu den 1,5 km entfernt liegenden Kirchen. Da die Parkmöglichkeiten an der Straße begrenzt sind, sollte man auf die Parkplätze rund 400 m vor Shanvally (Richtung Weggabelung, mit Blick auf Corcomroe) ausweichen. Die Kirchen von **Oughtmama** wurden

im 12. Jh. von Mönchen errichtet, die hier Einsamkeit suchten. Besonders sehenswert ist der romanische Bogen der westlichsten und größten Kirche. Hinter den Ruinen windet sich ein anstrengender Weg hinauf zum **Turlough Hill**. Oben wird man jedoch mit einem atemberaubenden Ausblick belohnt. In der Nähe des Gipfels finden sich Überreste einer **Bergfestung**.

County Galway

County Galway, das Herzstück des irischen Westens, bezaubert mit seiner Landschaft.

Mittelpunkt der Grafschaft ist die Stadt Galway selbst. Pubs und farbenfrohe Läden säumen die lebhaften kopfsteingepflasterten Gassen, die eine romantische, dörfliche Atmosphäre verströmen und eine phänomenale Kulturszene beherbergen. Traditionelle wie innovative Musiker, aber auch Künstler, Schriftsteller, Dichter sowie eine bunt gemischte Fangemeinde aus allen Teilen Irlands und dem Ausland werden gleichermaßen angezogen.

Von der Innenstadt aus führen größere Verbindungsstraßen sternförmig zu einigen der schönsten Landschaften Irlands. Im Nordwesten liegt das sagenumwobene Connemara, eine der größten und bedeutendsten Gaeltacht-Regionen mit einer Gälisch sprechenden Bevölkerung. Zerklüftete Berge, ausgedehnte Schafweiden, Moore und abgelegene Dörfer – lose durch Steinmauern verbunden – prägen diese von Wander- und Radwegen durchzogene Gegend. Im Sommer laden weiße Sandstrände an Connemaras Küsten zu erfrischenden Bädern und im Winter zu windgepeitschten Wanderungen ein. Südlich der Stadt Galway stößt man auf viele mittelalterliche Kirchen und Burgen, normannische Türme und Austernbänke. Nahtlos gehen die Felder östlich der Stadt in die idyllischen Midlands über.

Auf den von Wellen umtosten Aran Islands und auf Inishbofin sind altbewährte Traditionen fest verwurzelt: Ponykutschen, handgestrickte Pullover, uralte Sagen und Folklore. Zu den historischen Relikten der Inseln zählen in den Klippen verteilte, von den Elementen sauber geschrubbte Ringforts, und verrostete Schiffswracks erinnern an die Gewalt des Meeres.

Dem Charme der wilden Landschaften und lebendigen Traditionen kann sich kaum jemand entziehen. Wahrscheinlich wird die erste Reise nach Galway noch lange nicht die letzte gewesen sein.

HIGHLIGHTS

- **Zum Wohl!** Ein guter Schluck Ale von Galway Hooker (S. 447)
- **Noch mal Hooker** Im traditionellen Fischerboot die malerische Küste bei Roundstone entlangsegeln (S. 465)
- **Bestens drauf** Livemusik-Sessions im legendären Tigh Hughes (S. 461) in Spiddal
- **Inselträume** Zeitreise in eine vergangene Welt auf der Insel Inishmaan (S. 456)
- **Schwindelfrei** Wandern und Radfahren ganz hoch über dem tosenden Atlantik bei Clifden (S. 467)

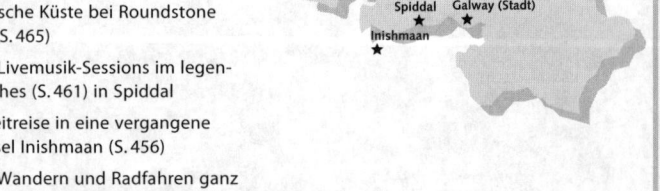

- EINWOHNER: 208 800
- FLÄCHE: 3760 KM²

COUNTY GALWAY

GALWAY (STADT)

☎ 091 / 65 800 Ew.

Kunstbegeistert und ausgeflippt präsentiert sich Galway (Gaillimh) mit seiner weltberühmten Szene. Grellbunt gestrichene Pubs werden allnächtlich zu Musikbühnen. Cafés säumen die verwinkelten kopfsteingeplasterten Straßen, in denen Geigen, Banjos, Dudelsäcke, Harfen und Tin Whistles (irische Flöte), Gitarren und *bodhráns* (Handtrommel mit Ziegenhaut-Bespannung) erklingen. Hier verzaubern Jongleure und Maler das Publikum, dort ziehen Poeten, Puppenspieler oder Magier in ausgefallenen Outfits Schaulustige in ihren Bann. Auf den Bühnen der Stadt führen Schauspieler traditionelles irisches Theater auf.

Die historischen Straßen sind zugleich modern und lebendig, schon allein, weil Studenten rund ein Viertel der Bewohner Galways ausmachen. Reste der mittelalterlichen Stadtmauer liegen zwischen Läden, die Aran-Pullover, handgemachte Claddagh-Ringe und stapelweise alte und neue Bücher verkaufen. Brücken überspannen den an Lachsen reichen Fluss Corrib, und eine lange Promenade führt am Strand entlang in den Vorort Salthill. Nächtlicher Mondschein erleuchtet hier die Galway Bay, wo die berühmten Austern produziert werden.

Das breite Spektrum kulinarischer Verlockungen findet man einerseits auf dem städtischen Wochenmarkt, wo Bauern in Gummistiefeln stapelweise gartenfrisches Gemüse ausladen, und andererseits in exquisiten Restaurants, die Neuinterpretationen der irischen Küche kreieren. In den vielen tollen Pubs mit Holztreppen wird schaumiges Guinness und Galway Hooker Ale ausgeschenkt sowie Irish Coffee serviert.

Selbst an irischen Maßstäben gemessen kann Galway sich über Niederschlagsmangel nicht beklagen. Einheimische sagen nicht: „Für morgen wird Regen vorausgesagt", sondern „Für *heute* ist kein Regen angekündigt. Doch kann man mit dem Wetter auch Glück haben, und an Sonnentagen flippt die Stadt richtig aus. Trotzdem herrscht an den häufig vorkommenden Regentagen gute Stimmung, insbesondere bei den zahlreichen Festivals.

Galway wird oft als *die* „irischste" Stadt bezeichnet, zumal man nirgends sonst soviel Gälisch in den Straßen, Geschäften und Pubs hören kann. Viele Einheimische befürchten jedoch, die letzten Stunden des „alten" Galway könnten geschlagen haben, bevor die Folgen der wirtschaftlichen Globalisierung sich bemerkbar machen. Doch zumindest bis jetzt blieb Galway seinem heiteren Wesen treu.

GESCHICHTE

Der irische Name Gaillimh leitet sich von dem keltischen Wort *gail* ab, das „Fremder" oder „Außenseiter" bedeutet und in der Lokalgeschichte ein wesentliche Rolle spielte. Das kleine Fischerdorf an der Mündung des Flusses Corrib entwickelte sich in normannischen Zeiten zu einer wichtigen Stadt, als Richard de Burgo (auch Burgh oder Burke) es 1232 den hier ansässigen O'Flahertys abtrotzte. Die Schutzwälle gehen etwa auf das Jahr 1270 zurück.

1396 übertrug Richard II. 14 Kaufmannsfamilien (*tribes*) die Macht, daher ihr Spitzname „City of the Tribes". Jeder Kreisverkehr in Galway trägt heute noch den Namen einer dieser Familien. Zwischen diesen mächtigen, vorwiegend englischen oder normannischen Clans und den führenden irischen Häusern von Connemara kam es häufig zu Reibereien. Ein großes Feuer zerstörte 1473 weite Teile der Stadt, schuf aber auch Platz für ein neues Straßennetz, und im 15. und 16. Jh. wurden viele massive Gebäude aus Stein errichtet.

Galway behielt unter den herrschenden Kaufmannsfamilien, die der englischen Krone zumeist treu ergeben waren, seine Unabhängigkeit. Die Hafenstadt florierte durch den Handel mit Salz, Fisch, Wein und Gewürzen aus Spanien und Portugal; das Güteraufkommen machte sogar London Konkurrenz. Doch besiegelte Galways Loyalität mit der englischen Krone schließlich ihren Niedergang. 1651 von Cromwell belagert, fiel die Stadt im folgenden Jahr. 1691 brachte die Soldateska Wilhelms von Oranien weitere Zerstörung. Die Handelsverbindungen mit Spanien rissen ab; Dublin und Waterford übernahmen den Löwenanteil des Seehandels. Für Galway folgten Jahrhunderte der Stagnation.

Erst Anfang der 1990er-Jahre erwachte die Stadt wieder zu neuem Leben: Immer mehr Touristen kamen und die Zahl der Studenten nahm zu. 1934 wurden die Gassen geteert und die reetgedeckten Hütten von Claddagh niedergewalzt; an ihrer Stelle entstanden neue, moderne hygienische Bauten, und seitdem hält der Boom an.

Die Stadt liegt nur drei Stunden von Dublin entfernt. Durch den Strom von Zuwanderern ist es die am schnellsten wachsende Stadt Europas.

ORIENTIERUNG

Galways kompaktes Zentrum schmiegt sich an Europas kürzesten Fluss, den Corrib, der Lough Corrib mit dem Meer verbindet. Während sich viele Geschäfte und Einrichtungen ans Ostufer drängen, liegen ein paar der besten Musikpubs und Restaurants auf der westlichen Seite des Flusses. Von dieser, in der Stadt als „West Side" bekannten Gegend aus führt ein zehnminütiger Fußweg zu den Ausläufern des am Meer gelegenen Vororts Salthill.

Vom grasbewachsenen Eyre Square aus Richtung Westen gelangt man zur größten Einkaufs- und Fußgängerzone der Stadt. Sie beginnt in der Williamsgate Street, geht dann in die William Street und Shop Street über und mündet schließlich in die gabelförmig abgehenden Mainguard Street und High Street. Direkt östlich des Eyre Square liegt der Bahn- und Busbahnhof und ein paar Hundert Meter nordöstlich von dort das Hauptbüro der Touristeninformation.

PRAKTISCHE INFORMATIONEN

Die Internetcafés der Innenstadt verlangen ca. 5 € pro Stunde. Ständig eröffnen neue, während andere wieder schließen. Man findet aber immer eine Möglichkeit, online zu gehen.

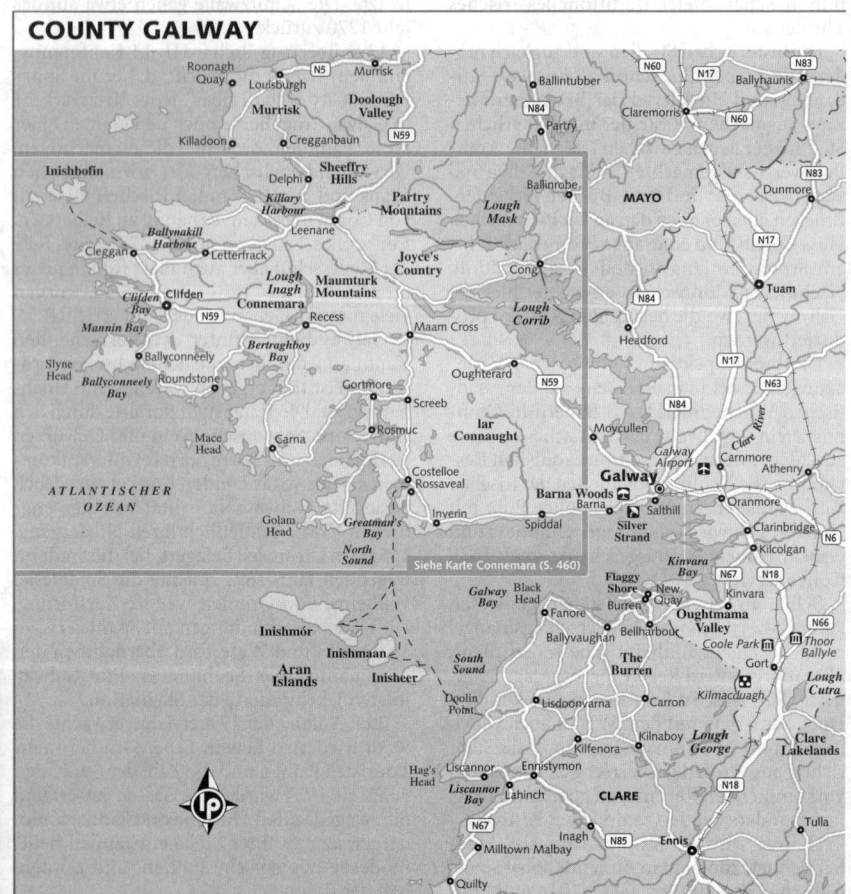

COUNTY GALWAY

Die Bankfilialen in der Innenstadt besitzen Geldautomaten.

Allied Irish Bank (Lynch's Castle, Ecke Shop St & Upper Abbeygate St)

Bank of Ireland (Eyre Sq) Mit zwei Filialen am Platz.

Charlie Byrne's (☎ 561 766; Cornstore, Middle St) Große Auswahl an antiquarischen Büchern und ermäßigter Waren, über etliche Räume verteilt. Gut zum Stöbern.

Eason's (☎ 562 284; Shop St) Superstore mit großer Reiseführerabteilung und guter Zeitschriftenauswahl.

Ireland West Tourism (☎ 537 700; www.irelandwest. ie; Forster St; ☯ Ostern–Sept. Mo–Fr 9–17.45, Okt.– Ostern Mo–Fr 9–17.45, Sa 9–12 Uhr) Großes, praktisches Infozentrum. Vermittelt Unterkünfte in der Umgebung, hält Infos zu regionalen Busfahrten und Bootsausflügen bereit, wechselt Geld und bietet kostenlose Telefonate mit lokalen Mietwagen-Agenturen an.

Laundrette (☎ 584 524; 4 Sea Rd; 8 € pro Waschladung).

Postamt (☯ Mo–Sa 9–17.30 Uhr) Auch Geldwechsel.

Prospect Hill Waschsalon (☎ 568 343; Prospect Hill; 8 € pro Waschladung).

Touristeninformation, Zweigstelle (Eyre Sq; ☯ Okt.–Ostern 13.30–17.30, Ostern–Sept. 9–17.30 Uhr) Infoschalter der Touristeninformation. Kostenlose Stadtpläne und Auskünfte.

USIT (☎ 565 177; www.usit.ie; 16 Mary St) Organisiert Reisen innerhalb Irlands und ins Ausland.

SEHENSWERTES & AKTIVITÄTEN
Collegiate Church of St. Nicholas of Myra

Das von einer pyramidenartigen Turmspitze gekrönte Bauwerk der **Collegiate Church of St. Nicholas of Myra** (☎ 564 648; Market St; Eintritt gegen Spende; ☯ April–Sept. Mo–Sa 9–17.45, So 13–17, Okt.–März Mo–Sa 10–16, So 13–17 Uhr) ist Irlands größte mittelalterliche Pfarrkirche, die noch genutzt wird. 1320 errichtet wurde sie im Verlauf der Jahrhunderte mehrmals umgebaut und erweitert. Dennoch blieb von ihrer ursprünglichen Form viel erhalten.

Christoph Kolumbus soll hier angeblich 1477 gebetet haben. Es wird vermutet, dass die Geschichte von seinem Besuch in Anlehnung an die Sagen um den Hl. Brendan aufkam, der im 6. Jh. nach Amerika aufgebrochen sein soll (S. 475). Schon immer wurde die Kirche mit der Seefahrt in Verbindung gebracht. So ist sie nach Nikolaus, dem Schutzheiligen der Seeleute, benannt.

Nach Cromwells Sieg wurde das Gotteshaus als Stall benutzt; noch heute kann man das beschädigte Mauerwerk aus dieser Zeit sehen. Trotz allem kam St. Nicholas noch recht glimpflich davon: 14 andere Kirchen in Galway wurden dem Erdboden gleichgemacht.

Teilweise sind Grabsteine des 16. bis 18. Jhs. in den Boden der Kirche eingelassen. Die Lynch-Kapelle beherbergt die Grabstätten der mächtigen Familie Lynch. Ein großer Steinsarg in einer Ecke soll die letzte Ruhestätte von James Lynch sein, einem Bürgermeister Galways im späten 15. Jh., der einer Legende zufolge seinen Sohn Walter für die Ermordung eines jungen spanischen Besuchers zum Tode verurteilte. Da kein Stadtbewohner die Exekution ausführen wollte, henkte Lynch seinen Sohn persönlich und zog sich dann aus dem öffentlichen Leben zurück. Draußen an der Market Street erinnert eine steinerne Ta-

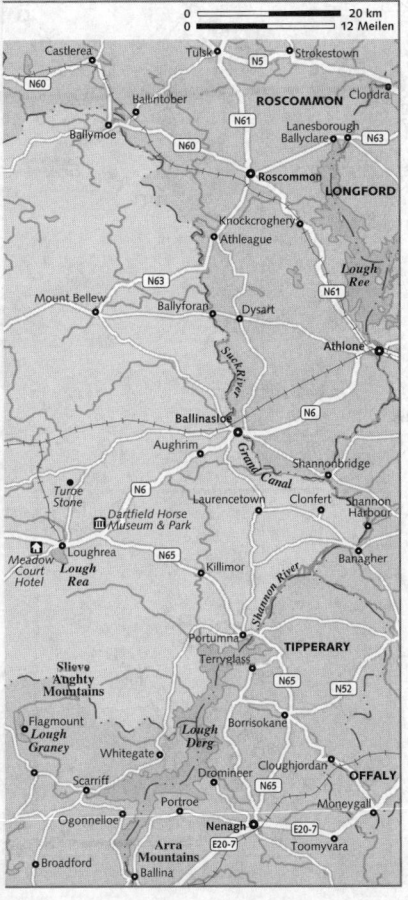

COUNTY GALWAY

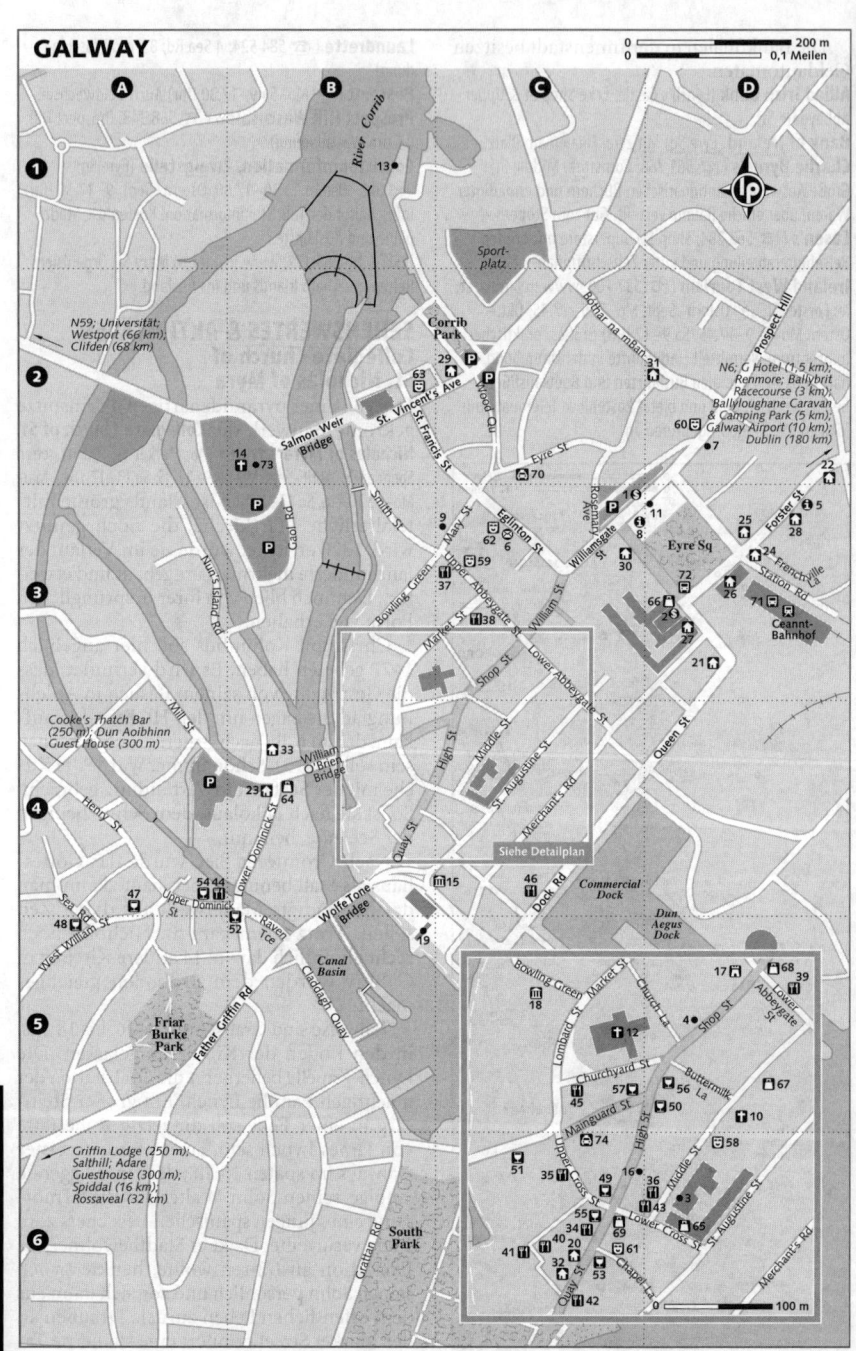

GALWAY

COUNTY GALWAY

fel am **Lynch Memorial Window** an die grausige Geschichte. An dieser Stelle soll einst der Galgen gestanden haben.

Die beiden Kirchenglocken gehen auf die Jahre 1590 und 1630 zurück.

Lynch's Castle

Zu den schönsten Herrenhäusern Irlands gehört das alte Steingebäude von **Lynch's Castle** (Ecke Shop St & Upper Abbeygate St; Eintritt frei) aus dem 14. Jh. Die heutigen Bauten wurden größtenteils um 1600 errichtet. Die Familie Lynch war die mächtigste der 14 herrschenden *tribes*. Zwischen 1480 und 1650 stellte sie nicht weniger als 80-mal den Bürgermeister.

Auf der steinernen Fassade kann man u. a. dämonische Wasserspeier und Wappen Heinrichs VII., der Familien Lynch und Fitzgerald of Kildare bewundern. Heute ist hier eine Filiale der Allied Irish Bank. Das Foyer birgt Geldautomaten und einen alten Kamin.

Spanish Arch & mittelalterliche Stadtmauern

Östlich der Wolfe Tone Bridge befindet sich am Fluss der Spanish Arch (1584), vermutlich eine Erweiterung der mittelalterlichen Stadtmauern. Offenbar diente der Bogen als Eingangstor für Schiffe, die im Zentrum ihre Waren, vor allem Wein und Branntwein, aus Spanien entluden.

Nach Neuerungen gilt der Eyre Square mit dem Bogen und den Rasenflächen heute als der bedeutendste öffentliche Platz in Galway. Und er wird bei Einheimischen immer beliebter. An Sommerabenden steigen hier oft spontane Events wie Filmvorführungen, die auf die Bogenwand projiziert werden.

Auf einer Zeichnung von Galway aus dem Jahr 1651 kann man die massiven Befestigungen noch deutlich erkennen, doch nach den Heimsuchungen Cromwells und Wilhelms von Oranien sowie Jahrhunderten der Vernachlässigung ist heute fast nichts mehr davon übrig. Einige wenige Überreste wurden aufwendig in das moderne Einkaufszentrum integriert, und im Untergeschoss eines ehemaligen Turms hat sich ein **Tarotkartenleser** (☎ 556 826, 087 902 4776; ⏰ nach Vereinbarung Mo & Do–Sa) niedergelassen.

Galway City Museum

In der Nähe des Spanish Arch wurde Mitte 2007 in neuen Räumlichkeiten das **Galway City**

COUNTY GALWAY

Museum (☎ 567 641; Spanish Pde; Erw./Kind 5/2,50 €; ☽ Di–Sa 11–13 & 14–17 Uhr; ☷) wieder eröffnet. Ausstellungsgegenstände geben Einblick in die Stadtgeschichte, darunter mehrere militärische Exponate aus dem Unabhängigkeitskrieg. Weiterhin wartet das Museum mit einer Forschungsabteilung, einem Coffeeshop und einem tollen Ausblick über Stadt und Bucht auf.

Galway Cathedral

Über dem Fluss Corrib thront die imposante **Galway Cathedral** (☎ 563 577; www.galwaycathedral. org; Gaol Rd; Eintritt gegen Spenden; ☽ 8–18 Uhr), im Jahr 1965 von dem Bostoner Kardinal Richard Cushing geweiht. Ihr vollständiger Name ist eine echte Herausforderung: Catholic Cathedral of Our Lady Assumed into Heaven and St. Nicholas. Die hohen Bögen und das Mittelschiff weisen eine schlichte Eleganz und ausgezeichnete Akustik auf, sodass sich ein Besuch der **Orgelkonzerte** auf jeden Fall lohnt. Über Zeiten und Programm informiert die Webseite.

Vom Spanish Arch führt ein Weg flussaufwärts über die Salmon Weir Bridge zur Kathedrale.

Eyre Square

Jahrelang war Galways Herzstück durch Erneuerungsarbeiten eine Baustelle mit entsprechendem Verkehrschaos. Doch das Ergebnis – eine freie Grünfläche mit Skulpturen und Fußwegen – ist wirklich gelungen. Offiziell heißt der Platz in Erinnerung an den Besuch des amerikanischen Präsidenten John F. Kennedy im Jahr 1963 Kennedy Park. Die Einheimischen nennen ihn aber weiterhin Eyre Square.

Die südwestlich angrenzende Straße ist heute Fußgängerzone. Fast die ganze Ostseite nimmt das in alter viktorianischer Pracht renovierte Hotel Meyrick, das ehemalige Great Southern Hotel, ein. Dieses elegante Gebäude besteht aus grauem Kalkstein. Am oberen Ende des Platzes liegt **Browne's Doorway** (1627), ein Fragment eines Wohnhauses, das einst einer der herrschenden Kaufmannsfamilien der Stadt gehörte und noch immer Eleganz ausstrahlt.

Salmon Weir

Östlich der Kathedrale überspannt die Salmon Weir Bridge den Corrib. Stromaufwärts ergießt sich das Wasser in ein großes Wehr, bevor es schließlich die Bucht von Galway erreicht. Diese Staustufe steuert den Wasserstand oberhalb. Wenn die Lachse flussaufwärts zu ihren Laichrevieren ziehen, kann man hier im klaren Wasser oft ganze Schwärme beobachten.

Die Lachs- und Meerforellensaison dauert etwa von Februar bis September, die meisten Fische durchqueren das Wehr aber im Mai und Juni. Um einen Angelschein zu bekommen und eine bestimmte Zeit zu reservieren, muss man mehrere Monate vor dem geplanten Besuch schriftlich oder telefonisch Kontakt mit dem Manager der **Galway Fisheries** (☎ 562 388; Nun's Island) aufnehmen.

Kenny Gallery

Die 1968 eröffnete erste **Galerie** (Kenny's; ☎ 562 739; www.kennys.ie; High St; ☽ Mo–Sa 9.30–18 Uhr) im Westen Irlands zeigt eine hochkarätige Sammlung irischer Kunst. In dem kunterbunten Stadthaus kann man nach Werken lokaler Talente Ausschau halten. Besucher können u. a. Charlotte Kellys abstrakte Landschaften, Kieran Tuohys Plastiken aus Mooreiche (aus den Wurzeln von Eichen, die im Torf der Moore unter Luftabschluss über Jahrtausende konserviert wurden), Drucke von Jennifer Cunningham und Liam Butlers Kupfer-Objekte bestaunen.

Alle Arbeiten stehen zum Verkauf. Aber auch wer nichts erstehen möchte, bekommt hier einen Eindruck davon, was die künftige Künstlergeneration Galways beschäftigt. Inhaber Tom Kenny kennt die lokale Szene wie seine Westentasche. Die Galerie bietet im Internet auch antiquarische Bücher an, darunter viele Titel auf Gälisch.

Nora Barnacle House

James Joyce umwarb in diesem kleinen Haus (☎ 564 743; 8 Bowling Green) ab 1909 seine zukünftige Gattin Nora Barnacle (1884–1951). Heute zeigt das privat geführte Museum Briefe und Fotos des Paares inmitten geschmackvoll arrangierter Möbel. Da die Öffnungszeiten variieren, ruft man am besten vorher an oder erkundigt sich bei der Touristeninformation. Der Eintritt kostet etwa 3 €.

Salthill

Einheimische wie Besucher flanieren gern über die **Prom**, eine Uferpromenade zwischen Stadtrand und Salthill. Die lokale Tradition schreibt vor, bis zu den Tauchplattformen (stadtauswärts 30–45 Min.) zu laufen und erst dann kehrtzumachen. Zurzeit gibt es Pläne, die Promenade über Salthill bis zum Silver Strand auf etwa 7,5 km zu verlängern.

In und um Salthill locken viele gemütliche Pubs, von denen man die von Stürmen umtoste Bucht beobachten kann. Zwischen Mai und September findet die traditionelle irische Tanz- und Musikveranstaltung **Trad on the Prom** (☎ 087 238 8489; www.tradontheprom.com) statt. Informationen zu Terminen und Tickets, etwa zu verschiedenen Show-plus-Dinner-Angeboten, hält die Webseite bereit.

GEFÜHRTE TOUREN

Wer nicht allzu viel Zeit mitbringt und einen Abstecher nach Connemara, Burren und Cliffs of Moher unternehmen möchte, macht am besten eine Bustour von Galway aus. Bootsausflüge direkt zum Lough Corrib werden ebenfalls organisiert. Touren können beim Veranstalter oder bei der Touristeninformation gebucht werden. Die Busse fahren am Kinlay House Hostel in der Merchants Road ab.

Burren Wild Tours (☎ 087 877 9565 oder 086 060 7858; www.burrenwalks.com; Erw./Stud. 22/18 €) Bietet während der Saison Bustouren zum Burren und den Cliffs of Moher mit einer leichten 1½-stündigen, geführter Bergwanderung an.

Corrib Princess (☎ 592 447; www.corribprincess.ie; Woodquay; Erw./Fam. 14/35 €; ☼ Mai–Sept.) Zwei bis

drei 90-minütige Rundfahrten pro Tag auf dem River Corrib und Lough Corrib. Sie starten ab Woodquay, direkt hinter der Salmon Weir Bridge.

Lally Coaches (☎ 562 905; www.lallytours.com; Erw./Kind/Stud. 22/13,50/16 €) Informative, unterhaltsame Bustouren mit einheimischen Führern nach Connemara, Burren, Cliffs of Moher.

O'Neachtain Tours (☎ 553 188; www.galway. net/pages/oneachtain-tours; Erw./Stud. 22/16 €) Busrundfahrten nach Connemara, Burren, Cliffs of Moher. Auf Anfrage gibt's Familienrabatt.

SCHLAFEN

Viele B&Bs liegen an den großen Zufahrtsstraßen und in Salthill. Um Galway und seine Attraktionen richtig genießen zu können, sollte man sich eine Unterkunft im Zentrum suchen. Wer länger in der Stadt bleiben möchte, findet in dem mittwochs erscheinenden kostenlosen *Galway Advertiser* (www.galway advertiser.ie) Kleinanzeigen zu Mietwohnungen.

Galways zahlreiche Feste (siehe unten) und die Nähe zu Dublin ziehen das ganze Jahr über sehr viele Besucher an, insbesondere am Wochenende. Hotelzimmer sind oft Monate vorher ausgebucht, am besten also vorab reservieren!

Die meisten unserer Empfehlungen stellen eigene Parkmöglichkeiten bereit oder geben Preisnachlässe für nahe gelegene öffentliche

---

DAUERPARTY

In Galway und Umgebung ist der Kalender nur so vollgestopft mit Festivals und Partys. Nachtschwärmer allerorten, Gastronomie bis in die Morgenstunden. Hier ein paar Highlights:

- **Cúirt Poetry & Literature Festival** (☎ 565 886; www.galwayartscentre.ie/cuirt) Die bekanntesten Autoren treffen sich bei Irlands wichtigstem Literaturereignis zu Poetry Slams, Theateraufführungen und Lesungen.
- **Galway Arts Festival** (☎ 566 577; www.galwayartsfestival.ie) Hochkarätiges zweiwöchiges Kulturprogramm mit Theater, Musik, Kunst und Comedy Mitte Juli.
- **Galway Film Fleadh** (☎ 751 655; www.galwayfilmfleadh.com) Eines der größten Filmfestivals von Irland steigt im Juli etwa gleichzeitig mit dem Arts Festival.
- **Galway Race Week** (☎ 753 870) Die Pferderennen in Ballybrit, 3 km östlich des Zentrums, bilden den Höhepunkt des lautesten aller Feste in Galway. Das Ereignis bricht Ende Juli bis Anfang August über die Region herein.
- **Galway International Oyster Festival** (☎ 527 282; oysters@iol.ie) Mit vielen, vielen Pints werden in der letzten Septemberwoche die vielen, vielen Austern hinuntergespült.

Infos zu den Galway-Hooker-Bootsrennen siehe auch S. 474, rund um die Austern S. 473, zu Workshops mit *bodhrán* (traditionelle Trommel mit Ziegenhaut-Bespannung) S. 459, zu dem ausgelassenen *Father-Ted*-Festival auf den Aran-Inseln S. 455.

Parkplätze. Man sollte sich beim Buchen danach erkundigen.

Budgetunterkünfte

Ballyloughane Caravan & Camping Park (☎ 755 338; galwcamp@iol.ie; Ballyloughane Beach, Renmore; Campingplatz 7–10 €; ☯ April–Sept.) Der ruhige, saubere und sichere Familienbetrieb liegt direkt am Strand und bietet einen tollen Blick auf die Bucht. Abseits der Straße nach Dublin (N6), 5 km von Galway.

Salmon Weir Hostel (☎ 561 133; www.salmonweir hostel.com; 3 St. Vincent's Ave; B 10–18 €, DZ 36–40 €) Hier trifft sich die Hippie-Gemeinde in dem von Gitarrenklang erfüllten Aufenthaltsraum; fast allabendlich steigen improvisierte Jam-Sessions. Das Haus hat WG-Ambiente und auch das Bad teilt man sich mit den anderen Gästen. Zwar wird kein Frühstück serviert, dafür sind Tee und Kaffee gratis. Um 3 Uhr nachts ist Sperrstunde. Wer zu spät kommt, steht im Regen.

Barnacle's Quay Street House (☎ 568 644; www. barnacles.ie; 10 Quay St; B 12,50–23 €, DZ 52–56 €; ☐ ☓) Tolle Lage – inmitten von Pubs, Restaurants und Cafés, wegen denen man schließlich nach Galway gekommen ist. In einem mittelalterlichen Gebäude untergebracht, wurde das gut geführte Hostel in den 1990er-Jahren erweitert. Die hufeisenförmige Küche ist mit raffinierten Toastern und einer Spülmaschine ausgestattet; der Aufenthaltsraum wird von einem großen Gasofen beheizt. Zum Frühstück werden u. a. *scones* und *soda bread* gereicht.

Kinlay House (☎ 565 244; www.kinlayhouse.ie; Merchant's Rd; B 14–23 €, DZ 50–62 €; ☐ ☓) Mit seinem lockeren Team, guter Ausstattung und absolut zentraler Lage direkt am Eyre Square ist das Kinlays alles in allem die beste Wahl in dem Preissegment. Auf den zwei hell erleuchteten Etagen fühlt man sich gleich wie zuhause, wozu Gemeinschaftsbereiche mit kostenlosem WLAN, zwei Küchen und zwei gemütliche Fernsehzimmer beitragen. Tagestouren in die Umgebung starten direkt vorm Haus und können an der Rezeption gebucht werden.

Weitere empfehlenswerte Übernachtungsmöglichkeiten:

Sleepzone (☎ 566 999; www.sleepzone.ie; Bóthar na mBan; B 13–28 €, DZ 52–76 €; ☐) Großer, beliebter Treffpunkt für Rucksackreisende. Internet und WLAN sind gratis. Geldwechsel, Billardtisch und Grillterrasse stehen ebenfalls zur Verfügung. Bitte beachten: In den Räumlichkeiten herrscht Alkoholverbot.

Galway City Hostel (☎ 566 959; www.galwaycity hostel.com; Eyre Sq; B 13,50–23 €, DZ 44–60 €; ☐) Gastfreundliche Unterkunft am Busbahnhof mit brandneuen Betten, renovierten Badezimmern und Balkon zum Abkühlen.

Claddagh Hostel (☎ 533 555; www.claddaghhostel galway.com; Queen St; B ab 15 €, DZ ab 50 €; ☐) Kleines, zentral gelegenes mehrstöckiges Haus mit verglastem Aufenthaltsraum, einwandfreier Küche und Essraum. Internetzugang und WLAN gratis.

Mittelklassehotels

St. Martin's B&B (☎ 568 286; www.stmartins.ie; 2 Nun's Island Rd; EZ 35–45 €, DZ 40–70 €; ☓) Der angenehme Aufenthalt beginnt gleich mit einem Begrüßungstee. Das zentrale, schön gestaltete Haus mit Blumengarten blickt auf die in den Corrib mündenden Wasserfälle. Mary und Donie Sexton, die herzlichen Gastgeber, servieren neben frisch gepresstem Orangensaft auch hausgemachtes dunkles Brot. Im Winter verteilt Mary sogar Wärmflaschen für die Betten.

Griffin Lodge (☎ 589 440; griffinlodge@eircom.net; 3 Father Griffin Pl; EZ 35–50 €, DZ 55–70 €; ☐ ☓) Schon die Begrüßung in diesem komplett renovierten B&B fällt absolut überschwänglich aus. Die acht tadellosen Zimmer in Minz- und Moosgrün sind bis auf ein paar elegante gerahmte Drucke und gehäkelte Baumwoll-Bettdecken sehr nüchtern gehalten.

Dun Aoibhinn Guest House (☎ 583 129; www. dunaoibhinnhouse.com; 12 St. Mary's Rd; EZ/DZ ab 39/58 €; ☐ ☐ ; „Dun-eiven" ausgesprochen) Das renovierte Stadthaus mit originaler Bleiverglasung und Dielenboden liegt zu Fuß nur fünf Minuten von den Lokalen der West Side entfernt. Mit Antiquitäten ausgestattete Zimmer bieten neben Flachbildschirmen und Sat-TV auch gratis WLAN, Laptop-Safe und Kühlschrank. Tee, Kaffee und Kekse bekommt man ebenfalls gratis. Für frische Croissants zum Frühstück huscht man auf die andere Straßenseite.

Galway Arms Inn (☎ 565 444; http://galwayarmsinn. ie; 65 Lower Dominick St; EZ/DZ ab 40/80 €) Balkone und teilweise Flussblick bieten die Zimmer im oberen Stockwerk dieses bodenständigen Pubs an der Ecke zur Mill Street. Ein herzhaftes irisches Frühstück gibt's von 9 bis 10.30 Uhr – praktisch, um sich nach einer langen Nacht in der Bar dann endlich auszuschlafen. Pluspunkt: gratis WLAN.

Adare Guesthouse (☎ 582 638; adare@iol.ie; 9 Father Griffin Pl; EZ 50–90 €, DZ 80–120 €; ☐) Blick auf einen Fußballplatz und Kindergarten, ländlicher

Charme und reibungsloser Service zeichnen dieses Haus mit zehn großzügigen Zimmern aus. Zum Frühstück hat man eine Riesenauswahl, darunter French Toast, Pfannkuchen, Räucherlachs und dampfender Porridge.

Spanish Arch Hotel (☎ 569 600; www.spanisharch hotel.ie; Quay St; EZ 75–85 €, DZ 99–145 €) Herrlich zentral liegt dieses Boutique-Hotel mit 20 Zimmern in einem ehemaligen Karmeliterkloster aus dem 16. Jh. Die mit massivem Holz vertäfelte Hotelbar wartet oft mit interessanter Livemusik auf. Wer es ruhiger mag, wählt eines der kleineren Zimmer auf der Rückseite. Das exzellente hauseigene Restaurant bietet Zimmerservice.

Skeffington Arms Hotel (☎ 563 173; www.skeffington. ie; Eyre Sq; DZ ab 99 €; ♿) Die Zimmer mit Blick auf den Eyre Square wurden kürzlich komplett renoviert und versprechen jetzt noch mehr Komfort. Hauptsächlich steigen Besucher hier aber wegen des traditionsreichen Pubs ab, das auch warme Lunchgerichte auftischt. Außerdem serviert das nur abends geöffnete Restaurant ausgezeichneten Meeresfrüchte-Eintopf mit einem Schuss Guinness. Ebenfalls beliebt: der Karma-Nigthtclub.

Garvey's Inn (☎ 562 224; www.garveysinn.com; Eyre Sq; DZ 110–120 €; ♿) Ursprünglich ein holzgetäfeltes Pub von 1861 – heute begeistert das freundliche, familiengeführte Hotel mit einem Blick aus der Vogelperspektive über die Oase des Eyre Square. Die gemütlichen Zimmer sind mit allen Annehmlichkeiten gespickt, bis zu Bügeleisen und Hosenbüglern.

Spitzenklassehotels

Hotel Meyrick (☎ 564 041; www.greatsouthernhotel galway.com; Eyre Sq; EZ/DZ/Suiten ab 120/135/150 €; P ⬚) 1852 als Eisenbahnhotel eröffnet und später in Great Southern Hotel umbenannt, präsentiert sich das stattliche Haus ganz standesgemäß. Kronleuchter, Samtgardinen mit Fransen, Spiegel mit abgeschrägten Kanten und weitere Annehmlichkeiten, wie Whirlpool auf dem Dach, schmücken das Hotel. Alle 99 Zimmer haben Badewannen. Die breiten Korridore boten auch den ausladenden Ballkleidern früherer Besucherinnen genügend Raum.

Forster Court Hotel (☎ 564 111; www.forstercourt hotel.com; Eyre Sq; DZ 145 €; ⬚ ♿) Das nüchterne, moderne Haus mit blau-golden gestalteten Zimmern besticht durch viele gut durchdachte Details, z. B. Flaschenöffner an der Wand, kostenlose Nutzung von Breitband und WLAN und an Sonntagen dekadent späte

Checkout-Zeiten bis 14 Uhr. Alle Zimmer, bis auf zwei, besitzen eine Badewanne und 20 verfügen über Balkone. An Wochentagen im Winter bekommt man bis zu 50 % Rabatt.

Park House Hotel (☎ 564 924; www.parkhousehotel. ie; Park Lane, Fair Green Rd; DZ ab 198 €; P ⬚) Das in einem alten Lagerhaus untergebrachte Privathotel hat exklusive Zimmer und eine prunkvolle Lobby mit bestickten Armsesseln. Verwöhnservice, Badezusätze von Molton Brown, Breitband-Internetzugang, Morgen- und Abendzeitungen gratis, Klimaanlage (eigentlich in Galway ja nicht nötig, aber man weiß ja nie ...) betonen das luxuriös angehauchte Ambiente.

LP Tipp **G Hotel** (☎ 865 200; www.theghotel.ie; Wellpark; DZ/Suiten ab 200/340 €; P ⬚ ♿) Galway fiel aus allen Wolken, als dieses ultracoole Haus in einem nicht weiter bemerkenswerten Businesspark eröffnete. Die postmoderne Einrichtung entwarf der ortsansässige Star-Ausstatter Philip Treacy. Im großen Salon hängen 350 Silberkugeln, die Cocktail-Lounge quietscht in Schiaparelli-Pink, die dunklen Sitzgelegenheiten des Restaurants erinnern an überdimensionale Muschelschalen. Von dem hauseigenen Wellnessbereich blickt man auf ein Bambuswäldchen, und in den Badewannen der meisten Suiten kann man auf Flachbildschirmen fernsehen. Parkplätze und WLAN stehen kostenlos zur Verfügung.

ESSEN

Fisch und Meeresfrüchte sind zweifellos die Spezialität Galways – ob Fish & Chips, fangfrisch im Eintopf oder perfekt zubereiteter Barsch. Austern gibt es direkt am Ort und in der Nähe bei Clarinbridge. Aber auch Vegetarier dürfen hier höchste Ansprüche an die ambitionierte Gastronomie stellen, sei es im Tagescafé oder im exklusiven Restaurant.

Restaurants

LP Tipp **Ard Bia** (☎ 539 897; www.ardbia.com; 2 Quay St; Snacks im Café 6–12 €, Mittaggerichte 10–14 €, Abendgerichte 16–26 €; ⬚ Café 10–17, Mittagessen 12–15, Restaurant Di–Sa 18.30–22.30 Uhr) Ard Bia bedeutet auf Gälisch „hohe Küche", was sich sowohl auf die luftige Höhe in der oberen Etage wie auch auf die Qualitätsansprüche des Restaurants bezieht. Die Besitzer betreiben auch eine Galerie in der Stadt. Im Speisesaal kann man zeitgenössische Kunstwerke und einheimische Keramik bewundern. Lunch-Specials sind z. B. üppige Hamburger mit Rosmarin, abends stehen Lamm und Paprika oder Tabouli-Tofu-Pastete auf der Karte.

McDonagh's (☎ 565 001; 22 Quay St; Fish & Chips ab 7,50 €, Hauptgerichte im Restaurant 15–23 €; ☺ Café & Takeaway Mo–Sa 12–24, So 17–23, Restaurant Mo–Sa 17–22 Uhr) Ohne einen Abstecher zu McDonagh's fehlt dem Aufenthalt in Galway etwas. Diese Institution ist zweigeteilt: Es gibt einen Take-away plus Café mit großen Esstischen (gut, um den Einheimischen näher zu kommen) und ein exklusives Restaurant. Hier stürzt sich alles auf den besten Fish & Chips von Galway. Kabeljau, Schellfisch, Scholle, Weißfisch und Lachs werden nonstop zubereitet, dazu wird hausgemachte Remoulade gereicht.

Mustard (☎ 566 400; Middle St; Hauptgerichte 8–13 €; ☺ 12–22 Uhr) Dieser blinkende neue Stern am kulinarischen Himmel überzeugt mit ausgewählten Weinen und einfallsreicher Küche. Appetit auf knusprig-aromatische Entenpizza mit Pflaumensauce oder Linsenkofta-Burger?

Druid Lane Restaurant (☎ 563 015; 9 Quay St; Mittaggerichte 8–13 €, Abendgerichte 15–27 €; ☺ Mo–Fr 17 Uhr–open end, Sa & So 13–16 & 17 Uhr–open end) Beliebte Hauptgerichte in diesem gemütlichen kleinen Restaurant sind Kaninchenrücken und gegrillte Entenbrust. Während die Vorspeisen unverkennbar internationale Einflüsse widerspiegeln, etwa Thai-Fischbällchen mit Lemongrass-Dip, sind die hausgemachten Desserts wie *bread-and-butter pudding* mit Baileys original irisch.

Finnegan's (☎ 564 764; 2 Market St; Hauptgerichte 10 €; ☺ Mo–Sa 9–22, So 11–22 Uhr) Authentische und angenehm bodenständige irische Küche lockt eine ebensolche Kundschaft an. Der hausgemachte Shepherd's Pie kommt dampfend aus dem Ofen, das traditionelle Irish Stew macht auch Schwergewichte satt und zum Nachtisch lockt Käsekuchen mit Baileys. Darüber hinaus bekommt man hier den ganzen Tag über ein reichliches irisches Frühstück. Alles in allem: eine ausgezeichnete Wahl.

Kirwan's Lane Creative Cuisine (☎ 568 266; Kirwan's Lane; Mittaggerichte 10–16 €, Abendgerichte 18–28 €; ☺ Mo–Sa 12–14 & 18–22 Uhr) Der Ruhm, eines der besten und kreativsten Restaurants der Stadt zu sein, ist dem Kirwan's jedenfalls nicht zu Kopf gestiegen. Irische Produkte kommen mit asiatischer Würze daher, der Service ist aufmerksam aber unaufdringlich, die Einrichtung gibt sich auf den zwei Stockwerken minimalistisch und elegant. Tischreservierung erforderlich.

Da Tang Noodle House (☎ 561 443; Middle St; Hauptgerichte 11,50–18,50 €; ☺ Mo–Sa 12–15 & 17.30–22, So 17.30–22.30 Uhr) Im stilvoll mit Lampions erleuchteten Gastraum gibt's gesunde, bekömmliche chinesische Kost, u. a. Pfannengerührtes und *satay*.

Oscar's Restaurant (☎ 582 180; Upper Dominick St; Tagesgericht 17 €, Hauptgerichte 25–30 €; ☺ Mo–Fr ab 19, Sa ab 18 Uhr) Zwar können die Öffnungszeiten variieren, dafür genießt man hier aber in quirliger Umgebung abenteuerliche kulinarische Kreationen wie Kammmuscheln mit Pistazien oder Kaninchenbraten auf Aprikosen. Die Präsentation der schön garnierten Speisen ist bühnenreif.

Cafés

Food 4 Thought (☎ 565 854; Lower Abbeygate St; Hauptgerichte 4–7 €; ☺ Mo–Fr 7.30–18, Sa 8–18, So 11.30–16 Uhr) Neben Bio- und vegetarischen Sandwiches bekommt man hier leckere *scones* und Vollwertgerichte wie Cashewnuss-Braten und Moussaka auf Gemüse. In diesem New-Age-Café erfährt man alles über Energy-Workshops und Yogakurse weit und breit.

Le Journal (☎ 568 426; Quay St; Mittaggerichte 4–9 €, Abendgerichte 10–22 €; ☺ Okt.–April 9–18, Mai–Sept. 9–22 Uhr) Bücher in Ledereinbänden und Anfangszeilen klassischer Romanen an den Wänden sorgen für ein literarisches Flair. Tagsüber bietet das Café preisgünstige Gerichte, an Sommerabenden verwandelt es sich in ein äußerst schickes Bistro.

Goya's (☎ 567 010; 2 Kirwan's Lane; Gerichte 4,50–9,50 €; ☺ Mo–Sa 9.30–18 Uhr) Wie schon die Auslagen zeigen, schmecken die erstklassigen Kuchen hier erste Sahne. Versteckt in einer kleinen Gasse gelegen ist diese Institution Galways ein toller Ort zum Relaxen. Vor blassblauer Kulisse bekommt man Segafredo-Kaffee und zu den süßen Verführungen Zitronenmeringues kredenzt. Mittags gibt es ein Tagesgericht (8 €).

Delight (☎ 567 823; 29 Upper Abbeygate St; Gerichte 5–10 €; ☺ Mo–Fr 9–18 Uhr, um Weihnachten und in der Race Week geschl.) Der Name ist die reinste Untertreibung, denn die unscheinbare Gourmetbar offeriert wirklich himmlische Sandwiches und Wraps, garniert mit Bergen von Sprossen und Weizenkeimlingen, sowie Säfte, Gebäck und ein Schokoladendessert, für das es sich zu sterben lohnt. Alles ist hausgemacht, selbst das Frühstücksmüsli. Neben dem Takeaway kann man es sich auch an ein paar Tischen gemütlich machen.

Sheridans on the Docks (☎ 564 905; 3 New Docks; Gerichte ab 6 €; ☺ Mo–Do 16.30–23.30, Fr 12.30–0.30, Sa 10–0.30 Uhr) In schicker, entspannter Atmosphäre serviert diese Bar am Ufer Käseplatten aus dem familiengeführten Laden Sheridans Cheesemongers. Offene Weine und eine interessante Auswahl an Bieren runden das Ganze ab.

Busker Brownes (☎ 563 377; Upper Cross St; Gerichte um 10 €; ☺ Mo–Do 10.30–23.30, Fr & Sa 10.30–0.30, So 12.30–23.30 Uhr) Diese in eleganten Brauntönen gehaltene Cafébar bietet leckere Pubmahlzeiten und spätes Frühstück. Außerdem wird hier oft live Ragtime-Jazz gespielt.

Selbstversorger

Richard McCabe's Bakery (☎ 865 641; www.mccabescakes.net; Cornstore, Cross St; ☺ Mo–Sa 6–18 Uhr) Für ein Picknick am Strand kann man sich in der Bäckerei des mehrmaligen Back-Weltmeisters Richard McCabe mit knusprigem frischen Brot und Blätterteigtaschen mit Wurst eindecken.

Sheridan's Cheesemongers (☎ 564 829; 14 Churchyard St; ☺ Mo–Fr 9.30–18, Sa 9–18 Uhr) Nicht nur Käsefans können hier aus einer Vielfalt an einheimischen und internationalen Sorten und Spezialitäten auswählen. Im Obergeschoss begeistert die Weinbar mit erlesenen Tropfen (Öffnungszeiten Di–Fr 14–21, Sa 12–20 Uhr).

AUSGEHEN

Galways Spitzname als „City of the Tribes" passt auch zum hiesigen Nachtleben. Für ihre überschaubare Größe hat die Stadt doch erstaunlich verschiedene Ecken zu bieten, wo man wiederum auf unterschiedliches Publikum trifft. Eyre Square und Umgebung ist das Viertel der Angestellten, Verkäuferinnen und Touristen. Die große Einkaufsmeile zieht eher Yuppies an. Rund um Woodquay bei der Salmon Weir Bridge begegnet man vor allem Besuchern aus der ländlichen Umgebung, während die West Side von extravaganten Künstlern und Musikern frequentiert wird. Egal in welchem Viertel – nirgends bleibt man durstig oder gelangweilt.

In den meisten Pubs spielen wenigstens ein paarmal in der Woche Live-Bands, ob nun im Rahmen von spontanen Sessions oder aufwendigen Events. Vielerorts wird sogar jeden Abend Programm geboten.

Séhán Ua Neáchtain (☎ 568 820; 17 Upper Cross St) Das unglaublich quirlige Lokal aus dem 19. Jh. mit knallblauen Wänden wird einfach Neáchtain's (*nock*-tans) genannt und zapft Galway Hooker.

HOOKER-BIER

Das seit 2006 in Galway gebraute Bier sollte nach Ansicht seiner beiden Erfinder eigentlich Cuckoo (Kuckuck) heißen. Denn genau so bezeichneten Familienmitglieder und Freunde die beiden Brauereigründer Ronan Brennan und Aidan Murphy, als sie von deren Idee erfuhren. Eine neue Biermarke im Guinness-seligen Irland, das war ja wirklich ein Kuckucksei – als wollte man den Eskimos Eis verkaufen.

Na ja, dann starteten die beiden Cousins (ihre Mütter sind Zwillinge), die aus dem Gastronomie- und Brauereibereich kommen, einen Internet-Wettbewerb, um einen passenden Namen für ihr Produkt zu finden. Galway Hooker, nach den Fischerbooten in der Bucht, war ein guter Kompromiss.

Soweit, so gut. Damit lief aber noch kein Bier aus dem Zapfhahn. Ronan erzählt: „Schließlich fanden wir eine alte Brauerei, die seit fünf Jahren stillgelegt war. Wir mussten sie komplett aufmöbeln und herrichten, einschließlich neuer Apparaturen. Das hieß eine Menge Betteln, Leihen und Klauen."

Das helle Ale wird ohne künstliche Zusätze gebraut. Ronan: „Chemikalien konnten wir uns nicht leisten." Und Aidan ergänzt: „Wir erreichen den Geschmack auf natürliche Art. In unserem Land gibt es wahrhaft eine Menge gutes Bier. Was fehlt, ist nur die Auswahl. Die Leute ändern ihre Trinkgewohnheiten sehr langsam. Wir haben genau geprüft, welche Pubs wir beliefern, und zwar nur jene mit aufgeschlossenem Publikum, wo Getränke auch nicht lange „überleben". Ehrlichkeit ist bei Bier alles. Wir wollen für die Leute in Galway das bestmögliche Gebräu herstellen."

Und das tun sie. Galway Hooker wird überall in der Stadt gezapft, auch in vielen Pubs der West Side. Wer auf den Geschmack gekommen ist: Am internationalen Export wird bereits gearbeitet.

Crane Bar (☎ 587 419; 2 Sea Rd) Stimmungsvolles, altes Pub westlich des Corrib. Wer ein improvisiertes abendliches Céilidh (traditionelle Musik- und Tanzveranstaltung) erleben möchte, hat hier die besten Chancen. In der fröhlichen, lebhaften Bar im Obergeschoss werden auch Sessions mit Newcomer-Bands organisiert.

Róisín Dubh (☎ 586 540; Upper Dominick St) Auch wenn Róisín Dubh mit seiner riesigen Dachterrasse zu einer Art Superpub hochstilisiert wurde, ist es immer noch der beste Ort, um neue Talente der Rockszene zu erleben, bevor sie berühmt werden.

Blue Note (☎ 589 116; 3 West William St) Die jazzige Pub-Tanzbar mit meist freiem Eintritt betreibt im Sommer einen herrlichen Biergarten.

Tig Cóilí (Mainguard St) Zwei Live-Céilidhs täglich locken die Massen in dieses feuerrote, authentische Pub abseits der High Street. Schwarz-Weiß-Fotos zeigen Szenen aus vergangenen Tagen.

Cooke's Thatch Bar (☎ 521749; 2 Newcastle Rd) Hier geht es gemütlich, einladend und kein bisschen touristisch zu. Das reetgedeckte Gasthaus aus dem 18. Jh. überzeugt mit phantastischem Guinness, einem beheizten Innenhof und mindestens einmal wöchentlich Livemusik.

Living Room (www.thelivingroom.ie; 5 Bridge St; Eintritt frei; ☽ Mo–Mi 10.30–21.30, Do–So 10.30–2 Uhr) Rotoranges Glamour-Dekor mit Originalmöbeln aus den Fünfziger- und Sechzigerjahren, DJs und eine nicht zu verachtende Küche bis 18 Uhr – Linving Room ist die zweite Heimat der Hippies, wenn es ihnen daheim zu langweilig wird.

Monroe's Tavern (☎ 583 397; Upper Dominick St) Freunde traditioneller Musik und Balladen kehren immer wieder gern hier ein. Nur bei Monroe's gibt's regelmäßig, immer dienstags, echt irischen Tanz. Fürs leibliche Wohl sorgt die angeschlossene Monroe's Pizza Cabin (☎ 582 887; kleine/mittlere/große Pizza ab 6/12,50/15 €; geöffnet Mo–Mi 16–24, Do–Sa 16–1 Uhr) mit der besten Pizza weit und breit.

Ebenfalls empfehlenswert:

Quays (☎ 568 347; Quay St) Gigantische Taverne mit zahlreichen holzvertäfelten Räumen und Gängen. Herrlich zum Abhängen, an den meisten Abenden finden Livekonzerte (von traditioneller bis hin zu Popmusik) statt.

Front Door (☎ 563 757; High St) Beheizte Balkone und gemütliche holzvertäfelte Sitzecken laden auf ein – oder auch zwei – Pint ein.

King's Head (☎ 566 630; 15 High St) Mainstream, professionell geführter Superpub in einem Steinhaus aus dem 17. Jh. Abends spielen meistens Rockbands, sonntags werden angesagte Jazz-Sessions (meist 12–16 Uhr) abgehalten.

Taaffe's Bar (☎ 564 066; 19 Shop St) Leider gingen viele der ursprünglichen historischen Details verloren, aber wegen der Sessions mit traditioneller irischer Musik (allabendlich ab 17 Uhr) ist es immer noch sehr beliebt.

UNTERHALTUNG

Der kostenlos verteilte, donnerstags erscheinende *Galway Advertiser* (www.galway advertiser.ie) informiert über aktuelle Veranstaltungen.

Nachtclubs

Gegen 23 Uhr füllen sich die meisten Clubs zum Bersten, ab 2 Uhr wird es dann wieder ruhiger. Die Eintrittspreise schwanken, je nach Programm.

Central Park (☎ 565 976; www.centralparkclub.com; 36 Upper Abbeygate St; ☽ 23–2 Uhr) Sieben Bars, Platz für 1000 Leute – das CP ist eine echte lokale Institution, speziell bei all jenen, die hip sein wollen.

cuba (☎ 565 991; www.cuba.ie; Eyre Sq; Eintritt 5–15 €; ☽ 20 Uhr–open end) Einfach immer nur der Menge folgen. Peppige DJs und Livevorführungen lassen den Tanzsaal beben.

Das **GPO** (☎ 563 073; www.gpo.ie; 21 Eglinton St; Eintritt 6–10 €) lockt mittwochs mit dem Sound der Achtziger- und Neunzigerjahre; die restlichen Abende sind House, R&B, Indie und Hiphop vorbehalten. Hier tummeln sich vor allem Studenten. Kein Wunder, sie haben meist freien Eintritt.

Karma (☎ 563 173; www.karma.ie; Eyre Sq; Eintritt 6–10 €; ☽ Do–So 23 Uhr–open end) Das zum Skeffington Arms Hotel gehörige Karma zieht ein distinguiertes Publikum mit ausgefallener Garderobe an.

Theater

Druid Theatre (☎ 568 617; www.druidtheatre.com; Chapel Lane) Das alteingesessene Theater ist für seine Aufführungen experimenteller Werke junger irischer Autoren berühmt.

Town Hall Theatre (☎ 569 777; Courthouse Sq) Hier laufen vorwiegend Broadway- und West-End-Shows. Hin und wieder gastieren aber auch Sänger.

An Taibhdhearc na Gaillimhe (☎ 562 024; Middle St) Diese Adresse ist für Schauspiel in gälischer Sprache bekannt.

CLADDAGH-RINGE

Das Fischerdorf Claddagh hatte einst seinen König samt eigenen Gebräuchen und Traditionen. Heute wird es komplett im Stadtzentrum von Galway aufgefangen, von der ursprünglichen Siedlung ist praktisch nichts mehr da. Doch ein Schmuckstück bleibt als zeitlose Erinnerung erhalten.

Claddagh-Ringe sind als Verlobungs- oder Ehering beliebt – oder einfach als ein nettes Souvenir. Sie bestehen aus einem Herz (Symbol der Liebe) zwischen zwei ausgestreckten Händen (Freundschaft) mit einer Krone (Treue) darüber. Alle möglichen Versionen werden rundum von Goldschmieden angefertigt, die billigste aus Silber ist ab etwa 15 € zu haben, für Platin mit Diamant muss man schon mal 1000 € oder mehr hinblättern.

Irlands ältester Juwelierladen, **Thomas Dillon's Claddagh Gold** (☎ 566 365; www.claddaghring.ie; 1 Quay St), besteht bereits seit 1750. Das kleine Museum hinter dem Verkaufsraum zeigt ein paar historische Schmuckstücke.

SHOPPEN

In den engen Straßen Galways findet man eine Vielzahl ausgefallener Läden – ob man es nun auf Haute Couture oder original irische Wollwaren (einschließlich Aran-Pullovern), Outdoor-Bedarf, irischen Schmuck, Kunst oder natürlich Musik abgesehen hat.

Galway Market (Churchyard St; ☻ Sa & So 7.30–15 Uhr) Galways attraktiver Markt bietet an zahlreichen Ständen frische landwirtschaftliche Erzeugnisse, Kunsthandwerk, Schmuck und warme Snacks. Inzwischen gibt es Pläne, die Marktzeiten von Donnerstag bis Sonntag zu erweitern. Am besten erkundigt man sich nach dem aktuellen Stand bei der Touristeninformation. Samstags sind Angebot und Publikum am vielfältigsten.

P Powell & Sons (☎ 562 295; powellsmusicshop@eircom.net; William St) Die richtige Adresse für irische Flöten (Tin Whistles), *bodhráns* und andere Musikinstrumente. Und die passenden Noten gibt's auch dazu.

Mulligan Records (☎ 564 961; 5 Middle St) Große Auswahl an irischer und Folk-Musik aus der ganzen Welt.

Einkaufszentren für den allgemeinen Bedarf sind beispielsweise das Eyre Square Centre mit riesigem Supermarkt (Dunne's), das Bridge Mills in einer alten Mühle am Fluss am Westende der William O'Brien Bridge sowie das Cornstore in der Middle St.

AN- & WEITERREISE
Bus

Vom **Busbahnhof** (☎ 562 000) in der Nähe des Eyre Square bietet **Bus Éireann** (www.buseireann.ie) zahlreiche Verbindungen zu allen wichtigen Städten des Landes und Nordirlands an. Eine Fahrt nach Dublin (3¾ Std.) kostet 13 €.

Zusätzlich verkehren private Linien. **Bus Nestor** (☎ 797 484; busnestor@eircom.net) fährt auch via Dublin Airport (10 €) nach Dublin (tgl. 5- bis 8-mal, 10 €), und zwar zwischen 6.30 und 17.25 Uhr alle paar Stunden an der Touristeninformation. Täglich sind ab der Touristeninformation Busse über **City Link** (☎ 564 163; www.citylink.ie) nach Dublin und zum Flughafen (12 bzw. 17 €) im Einsatz. **Michael Nee Coaches** (☎ 095-51082) bedient zwei- bis dreimal täglich andere Orte in Connemara; abgefahren wird jeweils an der Touristeninformation.

Flugzeug

BritishAirways (www.britishairways.com) fliegt von London, Manchester und Glasgow zum **Galway Airport** (GWY; ☎ 800 491 492; www.galwayairport.com; Carnmore). **Aer Arran** (www.aerarran.com) bietet Billigflüge von Galway nach London Luton, Edinburgh, Manchester, Birmingham und Lorient in Frankreich.

Der nächstgelegene größere Flughafen ist **Shannon Airport** (SNN; ☎ 061-712 000; www.shannonairport.com) für internationale und Inlandsflüge, u. a. von Ryanair. Auch kann man den **Knock Airport** (NOC; ☎ 094-67222; www.knockairport.com) von Galway aus gut erreichen.

Zug

Vom **Bahnhof** (☎ 564 222) am Eyre Square fahren fünf Züge täglich von/nach Dublin Heuston (einfache Fahrt ab 29 €, 3 Std.). Wer noch andere Städte bereisen möchte, muss in Athlone (1 Std.) umsteigen.

UNTERWEGS VOR ORT
Auto

Parker werden in der Stadt überall zur Kasse gebeten. Für die ersten 30 Minuten zahlt man 1 €, danach 0,80 € für jede weitere Stunde. Rund um das Zentrum finden sich Parkhäuser und gebührenpflichtige Parkplätze.

Galways unerwartet schnelles Wachstum und der daraus folgende Mangel an Infrastruktur führen dazu, dass das Verkehrsaufkommen im Zentrum manchmal sehr hoch sein kann. Wer seine Ferientage stressfrei verbringen möchte, sollte die Straßen wenigstens zu den Stoßzeiten den einheimischen Pendlern überlassen.

Bus

In Galway ist eigentlich alles zu Fuß erreichbar, selbst Salthill. Linienbusse fahren am Eyre Square ab. Eine Busfahrt nach Salthill kostet 1,20 €.

Fahrrad

Europa Bicycles (☎ 563 355; Hunter's Bldg; ☾ Mo–Sa) auf Earl's Island, gegenüber der Galway Cathedral, vermietet Räder (10 € für 24 Std.).

Vom/Zum Flughafen

Von Montag bis Freitag fährt täglich nur ein Bus vom Zentrum zum Galway Airport; Sonntag gibt es gar keine Verbindung. Er startet um 13.25 Uhr vom Flughafen aus; in Galway wird beim Busbahnhof um 12.50 Uhr abgefahren. Taxis zum bzw. vom Flughafen schlagen mit etwa 18 € zu Buche. Allerdings kann man sich am Flughafen per Telefonservice gratis eines bestellen. Einige B&Bs und Hotels organisieren einen Transfer.

Bus Éireann (www.buseireann.ie) bietet täglich von 7.55 bis 20.55 Uhr elf Verbindungen von Shannon Airport nach Galway (14,50 €) via Ennis (5,70 €) und von Galway nach Shannon Airport von 7.05 bis 20.05 Uhr. **Citylink** (www.citylink.ie) unterhält fünf Busse täglich zwischen Galway Tourist Office und Shannon Airport (15 €). Die Fahrt dauert knapp zwei Stunden.

Knock Airport ist durch einen Shuttle-Bus mit Charlestown verbunden. Von dort fahren Bus-Éireann-Direktbusse von/nach Charlestown und Galway (1¾ Std.).

Daneben bestehen mehrmals täglich Citylink-Verbindungen zwischen Dublin Airport und Galway (17 €). Der direkte Weg dauert 3¼ Stunden, mit Zwischenstopp in Dublin ist man 30 Minuten länger unterwegs.

Taxi

Taxistände findet man am Eyre Square, an der Bridge Street und am (Bus-)Bahnhof. Oder man versucht es bei den Taxiunternehmen: **Abbey Cabs** (☎ 569 469; Eyre St) bzw. **Galway Taxis** (☎ 561 111; Dominick St).

ARAN ISLANDS

Mit dem Schiff erreicht man in nur 40 Minuten vom Festland aus die Aran-Inseln, deren herbe Schönheit einem das Gefühl gibt, dem Alltag entkommen zu sein.

Die Kalksteininseln setzen geologisch die Karstlandschaft des Burren fort. Sie werden von gischtumtosten Klippen umrandet, und im Landesinneren wachsen auf einer dünnen Schicht Muttererde gelbe Butterblumen, Gänseblümchen und Frühlingsenzian. Oben auf den Felsspitzen thronen Befestigungsanlagen, darunter Dún Aengus auf Inishmór und Dún Chonchúir auf Inishmaan, die zu den ältesten archäologischen Stätten Irlands gehören.

Ein Netz uralter Steinmauern – alles in allem 1600 km – umgarnt die insgesamt drei Inseln wie ein Fischernetz aus Stein. Einst dienten sie als Begrenzung von Weideland für Schafe und Pferde sowie als Ablageort für die aus Feldern und Wiesen geklaubten Steine. Außerdem liegen auf den Inseln einige *clocháns* (Bienenkorbhütten) verstreut, die wie steinerne Iglus aussehen und aus frühchristlicher Zeit stammen.

Inishmór (Arainn, „Große Insel") ist die größte und von Galway aus am leichtesten erreichbare Insel. Sie beherbergt die wichtigsten und eindrucksvollsten archäologischen Grabungsstätten, bietet aber auch ein paar gut besuchte Pubs und Restaurants, besonders im Ort Kilronan. Auf dem kleinsten Eiland Inisheer (Inis Oírr, „Östliche Insel") lockt ein beeindruckendes Kunstzentrum. Von Galway, in den Sommermonaten auch von Doolin aus, ist sie ebenfalls ganzjährig leicht zu bereisen. Zeitlos erscheint hingegen Inishmaan (Inis Meáin, „Mittlere Insel") in der Mitte. Von Touristenströmen relativ unberührt hat sie noch am ehesten ihre uralten Traditionen bewahren können.

Die Infrastruktur der Inseln ist den im Sommer einfallenden Besuchermassen kaum gewachsen. Nur auf Inishmór gibt es einen Geldautomaten (mit beschränkten Zugangszeiten und gelegentlich ohne Bargeld). Kreditkarten werden eher selten akzeptiert, was man am besten vorab klärt. Restaurants und Pubs sind im Winter oft ganz geschlossen oder nur eingeschränkt geöffnet. Dennoch haben die Inseln in der wilden, windigen Jahreszeit eigentlich ihren größten Reiz.

Geschichte

Über die Menschen, die während der Eisenzeit die imposanten Steinbauten auf Inishmór und Inishmaan schufen, ist kaum etwas bekannt. Diese Stätten werden landläufig als Festungen bezeichnet, dienten aber vermutlich in vorchristlicher Zeit als religiöse Zentren. Einer Legende zufolge sollen die Forts von den Firbolgs errichtet worden sein, einem frühen keltischen Stamm, der vom Festland aus in Irland einfiel.

Man nimmt an, dass die Inselbewohner Landwirtschaft betrieben, was bei der felsigen Bodenstruktur eine echte Herausforderung gewesen sein musste. Die ersten Siedler verbesserten die Bodensubstanz mit Algen und Sand vom Strand. Mit langen *currachs* (Ruderbooten aus einem Holzrahmen, der mit geteerter Leinwand bespannt war) fuhren sie zum Fischen aufs Meer. Noch heute sind diese Boote ein Symbol für die Aran-Inseln.

Der christliche Glaube gelangte schon sehr früh auf die Inseln; die ersten Klosteranlagen wurden bereits im 5. Jh. von St. Enda (Éanna) gegründet. Enda war vermutlich ein irischer Clanchef, der zum Christentum konvertierte. Nachdem er einige Zeit in Rom studiert hatte, suchte er sich einen einsamen Ort und erbaute ein Kloster. Die heute noch erhaltenen Überreste stammen frühestens aus dem 8. Jh.

Ab dem 14. Jh. wetteiferten die beiden gälischen Familien der O'Briens und O'Flahertys um die Herrschaft über die Inseln. Während der Regierungszeit Elisabeth I. fielen sie an die Engländer, und zu Cromwells Zeiten war hier eine Garnison stationiert.

Unter dem wirtschaftlichen Niedergang Galways litten auch die Inseln. Gleichzeitig gelang es aber den Bewohnern, aufgrund der isolierten Lage ihre traditionelle Lebensweise bis weit ins 20. Jh. zu bewahren. Bis in die 1930er-Jahre trugen die Einheimischen ihre Tracht: knallroter Rock und schwarze Tücher die Frauen, weite Wollhosen und Westen mit bunten Gürteln *(crios)* die Männer. Die dicken hellen Aran-Pullover mit aufwendigen Mustern werden hier noch immer mit der Hand gestrickt.

Bis vor wenigen Jahrzehnten lagen die Inseln immerhin eine gefährliche Tagesreise über das unberechenbare Meer von der europäischen Kultur entfernt. Die Überfahrt auf den schnelleren Fähren ist heute erheblich kürzer, oft aber nicht weniger rau als früher. Erst mit Einführung der Luftverbindung am 15. August 1970 hat sich das Inselleben wirklich unwiderruflich gewandelt. Der historische Tag wird den Einheimischen wohl ewig in Erinnerung bleiben: Ein riesiger Sturm kam auf und man rief sie aus ihren Häusern, um sie ins Flugzeug zu setzen, damit dieses nicht weggeweht würde. In den folgenden Jahren wurden sie bei Stromausfällen immer mal gebeten, mit ihren Autoscheinwerfern die Rollbahn zu beleuchten, damit der Pilot landen konnte.

Heute gibt es auf allen drei Inseln weiterführende Schulen, während die Oberschüler noch vor 20 Jahren nach Galway ins Internat umziehen mussten, um weitere Bildung in Anspruch zu nehmen. Das bedeutete gleichzeitig ein abruptes Umschalten vom Gälischen auf das Englische. Von Landwirtschaft lebt heute keiner mehr, inzwischen gilt der Tourismus als wichtigste Einkommensquelle auf den Islets. Gälisch ist bei den Einheimischen immer noch die Muttersprache. Mit Besuchern parlieren sie aber auf Englisch.

An- & Weiterreise

FLUGZEUG

Alle drei Inseln verfügen über eine Landebahn. Startflugplatz auf dem irischen Festland ist der regionale Minna Airport in Connemara, in der Nähe von Inverin (Indreabhán), ca. 35 km westlich von Galway. **Aer Arann** (☎ 593 034; www.aerarannislands.ie) bietet Hin- und Rückflüge auf alle drei Inseln (5-mal tgl., im Sommer stündl.; Erw./Kind/Stud. 45/25/37 €) an. Der Flug dauert nur sieben Minuten, Gruppen ab vier Personen erhalten Rabatt. Es kann passieren, dass man in den winzigen Maschinen direkt neben dem Piloten im Cockpit mit einem etwas mulmigen Gefühl Platz nimmt, doch der betörende Ausblick macht das wieder wett. Von Galways Kinlay House Hostel zum Flughafen kostet eine Busfahrt hin und zurück 6 €.

SCHIFF/FÄHRE

Bei gutem Wetter setzt mindestens eine Fähre pro Tag nach Aran über. Am Eyre Square in Galway findet man mehrere Fährbüros, die neben der Überfahrt auch die Unterkunft organisieren können. Die Touristeninformation bietet den gleichen Service.

COUNTY GALWAY

Island Ferries (☎ 568 903, 572 273; www.aranisland ferries.com; Erw./Kind/erm. 25/13/20 €) und **Aran Direct** (☎ 566 535; www.arandirect.com; Erw./Kind/erm. 25/15/20 € inkl. Rückfahrt) betreiben Schnellverbindungen (40 Min.) von Rossaveal, etwa 40 km westlich von Galway. Die Busstrecke Galway–Rossaveal kostet hin und zurück 6/2,50 € für einen Erwachsenen bzw. ein Kind. Gestartet wird in Galway am Kinlay House Hostel 1½ Stunden, bevor die Fähre planmäßig loslegt. Für Autofahrer gibt es in Rossaveal unweit des Fährbüros einen Parkplatz. Pro Personenwagen schlägt die Überfahrt mindestens mit 160 € zu Buche und ist nicht auf allen Fahrten möglich. Auf Autos kann man auf den Inseln aber auch getrost verzichten.

Fähren nach Inisheer legen ebenso in Doolin (S. 426) ab.

Unterwegs vor Ort

Während der Saison verkehren Fähren zwischen den Inseln. Von Oktober bis April sind Verbindungen nur über Rossaveal möglich.

INISHMÓR
☎ 099 / 1300 Ew.

Die meisten Inselbesucher kommen nur bis Inishmór (Árainn). Größte hiesige Attraktion ist Dún Aengus, die steinerne Festung in

schwindelerregender Höhe auf den Klippen. Der Tourismus hat hier überall Einzug gehalten. Eine Armada von Minibussen wartet auf die Fähren und bietet Rundfahrten zu den Sehenswürdigkeiten – keine schlechte Idee, wenn man nur einen Tagesausflug machen möchte. Westlich des Hauptorts Kilronan (Cill Rónáin) erstreckt sich eine karge Landschaft, die nur von Steinwällen und Felsbrocken, vereinzelten Häusern und einem kuriosen Muster aus üppig grünem Gras und Kartoffeläckern unterbrochen wird.

Orientierung

Inishmór ist 14,5 km lang und maximal 4 km breit. Alle Boote legen in Kilronan an der südöstlichen Seite der Insel an. Der Flugplatz befindet sich 2 km südöstlich des Ortes; ein Shuttle-Bus kostet hin und zurück 5 €. Eine Hauptverkehrsstraße durchquert die gesamte Insel der Länge nach. Von ihr zweigen kleinere Straßen und Wege voller Steine ab.

Praktische Informationen

In der **Touristeninformation** (Karte S. 453; ☎ 61263; Kilronan; ☼ Juni–Sept. 13–19, Okt–Mai Mo–Fr 11–13 & 14–17, Sa & So 10–13 & 14–17 Uhr) am Ufer westlich der Fähranlegestelle in Kilronan arbeiten Inselbewohner. Hier kann man auch Geld wech-

ARAN LITERARISCH

Auf Aran wurden schon viele von den Musen geküsst – teils einfach als Unterhaltung in den langen Zeiten der Isolation, teils, um das restliche Land daran zu erinnern, „dass es uns gibt", wie es ein einheimischer Komponist einmal ausdrückte. Auch Künstler und Schriftsteller vom irischen Festland fühlten sich immer wieder vom elementaren Leben und den Naturgewalten angezogen.

Der Bühnenautor J. M. Synge (1871–1909) verbrachte auf den Inseln einige Zeit seines Lebens. Dem lokalen Dialekt lauschte er durch die Bodendielen seines Zimmers. Sein Stück *Riders to the Sea* (*Reiter ans Meer*, 1905) spielt auf Inishmaan, und *Die Aran Islands* (1907) wird als typische Darstellung des hiesigen Lebens immer wieder neu aufgelegt.

1934 kam der Amerikaner Robert Flaherty auf die Arans, um den Film *Man of Aran* zu drehen, der einen dramatischen Einblick in den rauen Alltag der Fischer gibt. Der Klassiker wird regelmäßig in Kilronan auf Inishmór vorgeführt.

Der Kartograf Tim Robinson schrieb einen wunderbaren zweibändigen Bericht über seine Streifzüge auf den Inseln: *Stones of Aran: Pilgrimage* und *Stones of Aran: Labyrinthe*. Sein Führer *The Aran Islands: A Map and Guide* ist ebenfalls hervorragend.

Weitere ausgezeichnete Publikationen sind *The Book of Aran*, herausgegeben von Anne Korf, mit 17 von Spezialisten verfassten Artikeln über bestimmte Aspekte der Inselkultur, sowie der *Aran Reader*, veröffentlicht von Breandán und Ruairí O hEither, mit Essays diverser Autoren zu Geschichte, Geografie und Kultur der Eilande.

Als Lokalmatador gilt Liam O'Flaherty (1896–1984) von Inishmór. Der talentierte Schriftsteller durchstreifte erst mal Nord- und Südamerika, bevor er 1921 nach Irland zurückkehrte, sich in den Bürgerkrieg stürzte und mehrere aufwühlende Romane verfasste, darunter *Famine*.

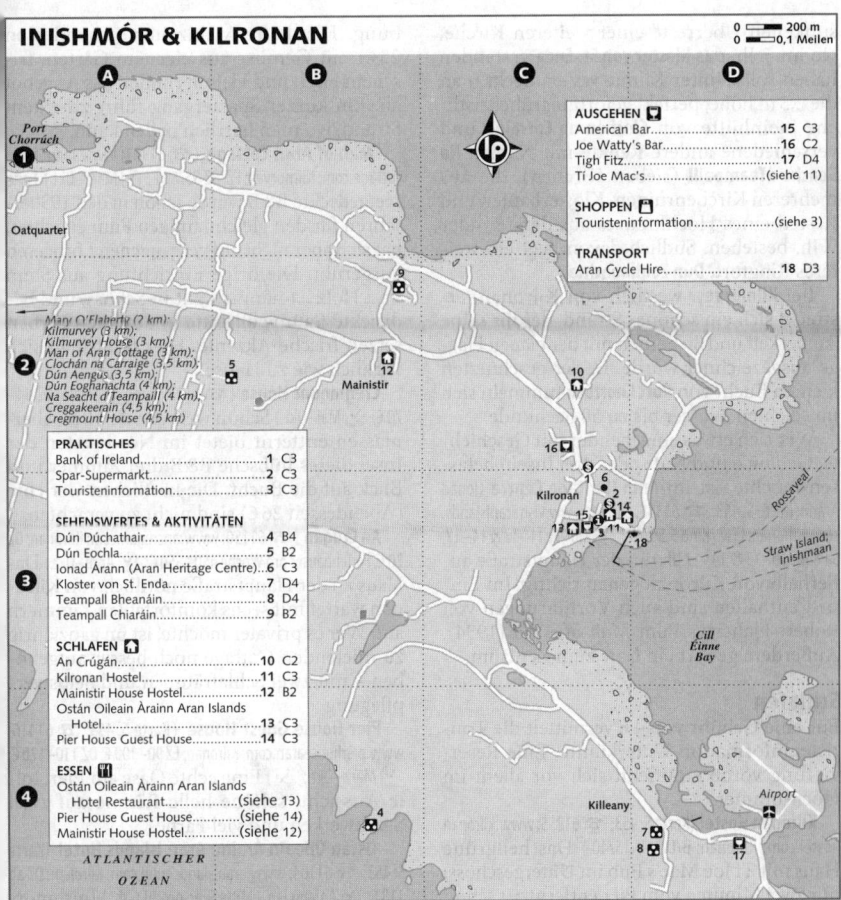

INISHMÓR & KILRONAN

0 — 200 m
0 — 0,1 Meilen

AUSGEHEN
American Bar...............................15 C3
Joe Watty's Bar...........................16 C2
Tigh Fitz....................................17 D4
Tí Joe Mac's...........................(siehe 11)

SHOPPEN
Touristeninformation.................(siehe 3)

TRANSPORT
Aran Cycle Hire..........................18 D3

Port Chorrúch
Oatquarter

Mary O'Flaberty (2 km);
Kilmurvey (3 km);
Kilmurvey House (3 km);
Man of Aran Cottage (3 km);
Clochán na Carraige (3,5 km);
Dún Aengus (3,5 km);
Dún Eoghanachta (4 km);
Na Seacht d'Teampaill (4 km);
Creggakeerain (4,5 km);
Cregmount House (4,5 km)

Mainistir

Kilronan

Rossaveal

Straw Island;
Inishmaan

PRAKTISCHES
Bank of Ireland..............................1 C3
Spar-Supermarkt............................2 C3
Touristeninformation......................3 C3

SEHENSWERTES & AKTIVITÄTEN
Dún Dúchathair..............................4 B4
Dún Eochla.....................................5 B2
Ionad Árann (Aran Heritage Centre)..6 C3
Kloster von St. Enda........................7 D4
Teampall Bheanáin..........................8 D4
Teampall Chiaráin...........................9 B2

SCHLAFEN
An Crúgán....................................10 C2
Kilronan Hostel.............................11 C3
Mainistir House Hostel..................12 B2
Ostán Oileain Árainn Aran Islands
   Hotel..13 C3
Pier House Guest House................14 C3

ESSEN
Ostán Oileain Árainn Aran Islands
   Hotel Restaurant...................(siehe 13)
Pier House Guest House...........(siehe 14)
Mainistir House Hostel.............(siehe 12)

Cill Éinne Bay

Killeany

Airport

ATLANTISCHER OZEAN

COUNTY GALWAY

---

seln. Die **Bank of Ireland** (Karte S. 453; Kilronan; Mi 10–12.30 & 13.30–15 Uhr) im Norden des Ortszentrums hat keinen Geldautomaten, dafür aber der kleine **Spar Supermarkt** (Karte S. 453; Kilronan; Juni–Aug. Mo–Mi 9–18, Do–Sa 9–19, So 10–17 Uhr).

Sehenswertes

Über Inishmór wachen drei spektakuläre Steinforts, die vermutlich etwa 2000 Jahre alt sind. Das bekannteste ist **Dún Aengus** (Dún Aonghasa; ☎ 61008; Erw./Kind/Fam. 2,10/1,10/6 €; 10–18 Uhr) mit dem bemerkenswerten *chevaux de frise*, einer dichten Reihe spitzer Steine, die sicher Feinde abschrecken sollten. Die mächtige Dünung am steilen Klippenabhang sind wirklich atemberaubend. Besonders, wenn man sie zu ruhigen Zeiten, etwa am Abend,

besucht. Man sollte auf jeden Fall aufpassen! Es gibt kein Geländer und der Wind kann sehr stark sein. Schon mehr als ein Besucher kam hier ums Leben.

An der Straße zwischen Kilronan und Dún Aengus liegt das kleinere, kreisförmige **Dún Eochla**. Ebenfalls in dramatischer Höhe auf den Klippen thront **Dún Dúchathair** direkt südlich von Kilronan.

Die Ruinen der vielen Steinkirchen erinnern an die christliche Vergangenheit. Die kleine **Teampall Chiaráin** (Kirche des Hl. Kieran) mit einem Hochkreuz im Kirchhof befindet sich in der Nähe von Kilronan. Im Südosten unweit der Cill Éinne Bay stößt man auf die frühchristliche **Teampall Bheanáin** (Kirche von St. Benen). An der Landebahn liegen die versunkenen Überreste einer weiteren Kirche, wo im 5. Jh. das **Kloster von St. Enda** gestanden haben soll. Hinter Kilmurvey entdeckt man die 2,5 m hohe, perfekt geformte frühchristliche Steinhütte von **Clochán na Carraige** und verschiedene andere Relikte mit Namen **Na Seacht dTeampaill** (sieben Kirchen), die aus mehreren Kirchenruinen, Klosterbauten und Resten eines Hochkreuzes aus dem 8. oder 9. Jh. bestehen. Südlich davon liegt ein weiteres Ringfort, **Dún Eoghanachta**.

Bei **Kilmurvey**, westlich von Kilronan, erstreckt sich ein schöner Strand, der für seine Sauberkeit und Sicherheit mit der blauen Flagge ausgezeichnet wurde. In der geschützten kleinen Bucht von **Port Chorrúch** tummeln sich im seichten Wasser bis zu 50 Seehunde.

Wer sich etwas eingehender mit Geschichte, Geologie und Natur der drei Inseln befassen möchte, ist im **Aran Heritage Centre** (Ionad Árann; Karte S. 453; ☎ 61355, 61354; www.visitaranislands. com; Kilronan; Erw./Kind 5,50/4 €; ⏲ Mo–Fr 11–13 & 14–17, Sa & So 10–13 & 14–17 Uhr) an der Hauptstraße außerhalb von Kilronan genau richtig. Im Eintritt enthalten sind auch Vorführungen von Robert Flahertys Film *Man of Aran* (1934). Außerdem gehört ein Café zum Zentrum.

Schlafen

Für eine Gebühr von 4 € vermittelt die Touristeninformation Unterkünfte. Eine Reservierung vorab empfiehlt sich vor allem im Hochsommer.

Kilronan Hostel (Karte S. 453; ☎ 61255; www.kilronan hostel.com; Kilronan; B/DZ ab 15/40) Das hellgrüne Haus mit Tí Joe Mac's Pub im Untergeschoss, nur zwei Minuten vom Pier entfernt, ist schon von der Fähre aus zu erkennen. Schallisolierte Gästezimmer garantieren Ruhe. Besonderer Service: kostenloser Verleih von Angelruten und Unterricht in Hurling am Strand.

Mainistir House Hostel (☎ 61169; www.mainistir houusearan.com; Mainistir; B/EZ/DZ 16/40/50 €) Bunt und schnittig wirkt das mit 60 Betten ausgestattete Hostel an der Hauptstraße nördlich von Kilronan. Hier fühlen sich junge Leute und Familien wohl. Frisches Gebäck am Morgen und ein kostenloser Abholservice ghören zum Service. Im Speisesaal werden leckere hausgemachte Mahlzeiten serviert.

Kilmurvey House (☎ 61218; www.kilmurveyhouse. com; Kilmurvey; EZ 55–60 €, DZ 90–100 €; ⏲ April–Sept.) Direkt am Weg zum Dún Aengus liegt dieses elegante Steinhaus aus dem 18. Jh. mit gut eingerichteten Zimmern in schöner Umgebung. Herzhafte Mahlzeiten (Abendessen 25 €) mit Gemüse aus eigenem Garten, frischem Fisch und Fleisch runden das Angebot ab. Ein kurzer Spaziergang führt zu einem Strand, wo man herrlich baden kann.

Man of Aran Cottage (☎ 61301; www.manofaran cottage.com; Kilmurvey; EZ/DZ 55/80 €; ⏲ März–Okt.) Das reetgedeckte B&B wurde schon in den 1930er-Jahren für den gleichnamigen Film errichtet, hat sich aber nicht auf vergangenen Lorbeeren ausgeruht. Die urige Einrichtung aus Stein und Holz ist nämlich gut in Schuss, und bedruckte Baumwollstoffe in dezenten Farben setzen frische Akzente. Hier fühlt man sich wirklich wie zu Hause.

Cregmount House (☎ 61139; Creggakeerain; DZ 64–70 €; ⏲ Mai–Okt.) Schön weit von den Besuchermassen entfernt bietet im Nordwesten der Insel dieses hübsche B&B drei Zimmer und Blick auf die Bucht. Die köstlichen Gerichte (Abendessen 26 €) sind nicht zu verachten.

An Crúgán (☎ 61150; www.ancrugan.com; Kilronan; DZ 70 €, Ferienhäuser pro Woche 450–550 €; ⏲ April–Okt.) Das Haus an der Hauptstraße nördlich von Kilronan wartet mit sechs komfortablen Zimmern auf. Wer es privater möchte, ist im ganzjährig zu mietenden Cottage noch besser aufgehoben – mit zwei Schlafräumen und Selbstverpflegung.

Pier House Guest House (Karte S. 453; ☎ 61416; www.pierhousearan.com; Kilronan; EZ 90–100 €, DZ 110–120 €; ⏲ März–Okt.; &) Eine echte Oase am Pier: tolle Aussicht, schöne helle Räume auf zwei Stockwerken und viel Farbe.

Ostán Oileain Árainn Aran Islands Hotel (Karte S. 453; ☎ 61104; www.aranislandshotel.com; Kilronan; DZ ab 118 €; ⏲ Anfang Jan.–Mitte Febr. geschl.; &) Inishmórs einziges Hotel verfügt über komfortable Gästezimmer in warmen Rost- und Blautönen, mit Plüschteppichen, glänzenden Holzmöbeln und allem Komfort eines modernen Hotels. Der Besitzer, P. J. O'Flaherty, ist gleichzeitig die treibende Kraft hinter den traditionellen Tanzveranstaltungen von *Ragús*. Wenn sie nicht auf Tour sind, treten diese regelmäßig auf der Insel auf. Genauere Auskünfte erfährt man an der Rezeption.

Essen

Mainistir House Hostel (☎ 61169; www.mainistirhouse aran.com; Mainistir; Büfett 16 €; ⏲ im Sommer ab 20, im Winter ab 19 Uhr) Die Küche bietet erstklassige Vollwertkost, hauptsächlich vegetarisch, z. B. Erbsen-Lauch-Tarte oder Birnen-Käsekuchen mit Amaretti. Am besten Tisch reservieren.

O FATHER – WO SEID IHR?

Begeisterte Fans der TV-Kultserie *Father Ted* aus den späten 1990er-Jahren erkennen den fiktiven Spielort „Craggy Island" an der irischen Westküste wieder, wenn sie das in der Eingangssequenz vorbeischwebende Schiffswrack der *Plassy* (S. 459) auf Inisheer live vor sich sehen. Abgesehen von diesem Shot wurde das meiste allerdings in einem Londoner Studio aufgenommen, dazu noch ein paar Stimmungsbilder aus County Clare, Wicklow und Dublin. Leider lassen sich weder Pfarrhaus noch Vaughan's Pub auf Aran finden – sie stehen bei Lisdoonvarna im County Clare.

Nichtsdestotrotz betrachten die Aran-Bewohner Father Ted als „ihre" Serie. Welche der drei Inseln allerdings den Titel „Craggy Island" beanspruchen darf, darüber redet man sich noch die Köpfe heiß. Zusätzliches Öl ins Feuer brachte das kürzlich in Inishmór gefeierte **Father-Ted-Festival** (www.friendsofted.org). Dabei wurde nicht mit verwegenen Einfällen gespart, wie Frühstücks-Charaden, von einheimischen Schulkindern auf Gälisch vorgeführte Sketche, eine Cocktailnacht zu Ehren von Father Jack (dem reichlich alkoholisierten, streitsüchtigen Priester-Kollegen der Serie), Inselrundgänge mit verkleideten Führern und ein bunter Ted-Abend.

Das Fest war allerdings nicht nur ein Vorwand, nach Art der Insel zu feiern, sondern diente auch zum Gedenken an den Schauspieler Dermot Morgan (Ted), der 1998 an einem Herzinfarkt starb. Überschüsse aus den Einnahmen gehen als Spende an eine kardiologische Stiftung in Westirland.

Der Probelauf war ein durchschlagender Erfolg, das Festival soll künftig jährlich Fans der Serie selig machen. Die Veranstaltungen werden vielleicht auf mehrere Inseln verteilt, um den Besucheransturm zu bewältigen und die „Craggy-Island"-Debatte zu entschärfen. Infos zu Terminen und Reservierungen bietet die Webseite.

Man of Aran Cottage (☎ 61301; www.manoforancottage.com; Kilmurvey; Sandwiches ab 3 €, Dinner-Menüs 35 €; ☺ Mittag- & Abendessen Juni–Sept., nur Abendessen März–Mai & Okt.) Das idyllische, historische, weiß gestrichene Cottage kredenzt frischen Fisch und interessante Geschmackserlebnisse mit Bio-Kräutern und Gemüse aus dem eigenen Garten. Bitte unbedingt Tisch reservieren.

Ostán Oileain Árainn Aran Islands Hotel Restaurant (Karte S. 453; ☎ 61104; www.aranislandshotel.com; Kilronan; Hauptgerichte 15,50–34,50 €; ☺ 12.30–16 & 17–21 Uhr) Ausgezeichnetes *seafood* verspricht in diesem schicken Restaurant wahre Gaumenfreuden – ob Krebs-Salat, Hummer und Regenbogenforelle. Nach dem Essen kann man in der urigen Bar einen Irish Coffee schlürfen, an vielen Abenden mit traditioneller Livemusik untermalt.

Pier House Guest House (Karte S. 453; ☎ 61416; www.pierhousearan.com; Kilronan; Hauptgerichte 22–28 €; ☺ Mittag- & Abendessen Mai–Okt.) Angesehenes Restaurant mit guter Küche.

Ausgehen

Tigh Fitz (☎ 61213; Killeaney) In Flugplatznähe, ca. 1,5 km von Kilronan (zu Fuß 25 Min.) entfernt, lockt dieses nette Pub mit traditioneller Livemusik an allen Wochenenden. Hier bekommt man auch exzellente Bargerichte von 12 bis 17 Uhr, Juni bis August.

Joe Watty's Bar (Karte S. 453; ☎ 61155; Kilronan) Das beste Pub von Kilronan. Fast allabendlich gibt es traditionelle Sessions, von Juni bis August auch Essen an der Bar (12–20 Uhr).

Tí Joe Mac's (Karte S. 453; ☎ 61248; Kilronan) Ebenfalls beliebt wegen zwangloser Musik-Sessions und ganzjährig servierter Pubkost.

American Bar (Karte S. 453; ☎ 61130; Kilronan) Niemand weiß, wie sie zu ihrem transatlantischen Namen kam. An mehreren Abenden pro Woche steigen hier jedenfalls fetzige Musik-Sessions, im Sommer wird täglich Lunch und Dinner geboten.

Shoppen

Die Läden rund um Kilronan begnügen sich meist mit maschinengestrickten Aran-Pullovern. Echte, handgefertigte Qualitätskleidung ist bei **Mary O'Flahrety** (☎ 61117; Oat Quarter) zu haben. Manchmal lässt Mary sich sogar beim Stricken über die Schulter schauen. Ein Sweater kostet etwa 100 €.

Die **Touristeninformation** (Karte S. 453; ☎ 61263; Kilronan; ☺ Juni–Sept. 11–19, Okt.–Mai Mo–Fr 11–13 & 14–17, Sa & So 10–13 & 14–17 Uhr) vertreibt u. a. interessante Grußkarten mit impressionistischen Werken des einheimischen Künstlers Micheál Ó Ceallaigh. Zudem hilft sie gern weiter, wenn jemand Originale erwerben möchte.

COUNTY GALWAY

Unterwegs vor Ort

Aran Cycle Hire (Karte S. 453; ☎ 61132; 10 € pro Tag) beim Pier vermietet robuste Fahrräder und bringt sie direkt zur Unterkunft. Eigene Fahrräder können auf der Fähre kostenlos mitgenommen werden.

Ganzjährig warten viele **Minibusse** (Tour 10 €) am Hafen auf die Passagiere und bieten eine 2½-stündige Rundfahrt zu den wichtigsten Sehenswürdigkeiten.

In gemächlicherem Tempo kann man per **Ponykutschen** (☼ März–Nov.) samt Chauffeur die Gegend zwischen Kilronan und Dún Aengus erkunden. Hin und zurück kostet die Strecke für bis zu vier Personen zwischen 60 und 100 €. Wenn zufällig kein Gespann am Pier wartet, fragt man bei der Touristeninformation nach.

INISHMAAN
☎ 099 / 200 Ew.

Auf Inishmaan (Inis Meáin) geht es am ruhigsten zu: Das Eiland mit den wenigsten Bewohner wird außerdem auch kaum von Touristen angesteuert. Frühchristliche Mönche auf der Suche nach Einsamkeit zog es ebenso an wie den Schriftsteller J. M. Synge, der hier vor über 100 Jahren fünf Sommer verbrachte. Bis heute hat sich die Insel viel von ihrem einstigen Charme bewahren können: friedliche Nutztiere, eindrucksvolle alte Festungen und warmherzige Bewohner, die vielleicht augenzwinkernd von ausgiebigen nächtlichen Whiskeytouren berichten. Polizei, die über die Einhaltung der Sperrstunde wachen würde, gibt es auf Inishmaan nicht. Die Landschaft mit ihrer zerklüfteten Küste, imposanten Klippen und leeren Stränden wirkt einfach atemberaubend.

Da die bodenständigen Insulaner tatsächlich kein Interesse an schnellen Euros haben, ist allerdings auch die touristische Infrastruktur entsprechend dünn gesät.

Orientierung & Praktische Informationen

Inishmaan ist etwa 5 km lang und 3 km breit. Die meisten Gebäude stehen an der Straße, die von Osten nach Westen über die Insel verläuft. Die wichtigste Schiffsanlegestelle befindet sich an der Ostseite, der Flugplatz im Nordosten. In An Córa hilft die **Inishmaan Island Co-operative** (☎ 73010; ☼ Mo–Fr 9–13 & 14–17 Uhr), nordwestlich von Pier und Post, Besuchern mit praktischen Informationen weiter.

Geldautomaten gibt es nicht; die Bank kommt jeden zweiten Dienstag des Monats auf die Insel.

Sehenswertes

Hervorragenden Ausblick auf die Kalksteintäler der Insel bietet das massive, ovale Steinfort von **Dún Chonchúir**, wahrscheinlich zwischen dem 1. und 7. Jh. angelegt.

Im **Teach Synge** (☎ 73036; Eintritt 3 €; ☼ nach Vereinbarung), ein reetgedecktes Häuschen an der Straße zum Fort, verbrachte der Schriftsteller J. M. Synge zwischen 1898 und 1902 seine Sommermonate.

Cill Cheannannach, südlich vom Hafen, ist eine schlichte Kirche aus dem 8. oder 9. Jh. Etwas weiter westlich entdeckt man das gut erhaltene steinerne Fort **Dún Fearbhaigh**, das auf die gleiche Zeit zurückgeht.

Im abgeschiedenen Westteil der Insel liegt **Synge's Chair**, ein Aussichtspunkt auf einer schroffen Klippe. Während unten die Brandung von Gregory´s Sound donnert, findet man im Windschatten der Felsen leicht ein geschütztes Plätzchen. Wie Synge kann man von hier aus alles in Ruhe bestaunen.

Auf dem Weg zu Synge's Chair führt ein Wegweiser zu einem **clochán**, der versteckt hinter einem Haus und Schuppen liegt.

Im Osten, etwa 500 m nördlich der Bootsanlegestelle, erstreckt sich der sichere, geschützte Strand von **Trá Leitreach.**

Schlafen & Essen

Die meisten B&Bs bieten Abendmahlzeiten, meist mit Zutaten aus ökologischem Anbau. Die Preise variieren zwischen 22 und 25 €.

Máire Mulkerrin (☎ 73016; EZ/DZ 25/40 €) Die bereits über 80-jährige Mrs. Mulkerrin mit ihren Röcken und Tüchern ist eine echte lokale Ikone. In ihrem schnuckeligen Haus lebt die Vergangenheit in alten Familienfotos weiter, der Küchenofen sorgt stets für eine angenehme Wärme.

Ard Alainn (☎ 73027; EZ/DZ mit Gemeinschaftsbad 25/50 €; ☼ Mai–Sept.) 2 km vom Pier entfernt (Hinweisschild folgen) liegt dieses Haus mit fünf einfachen Gästezimmern. Das reichhaltige Frühstück von Maura Faherty hält den ganzen Tag vor.

Tig Congaile (☎ 73085; tigcongaile@eircom.net; Moore Village, Inishmaan; EZ 40 €, DZ 54–70 €) Nicht weit vom Pier entfernt lässt es sich hier in modernen, komfortablen Zimmern nächtigen. Vilma Conneely wurde in Guatemala geboren und bereichert die lokale Gastronomieszene (Mittagessen ab 5 €, Abendessen ab 20 €; 10.30–21 Uhr) mit einer erstaunlichen Vielfalt: Sie bereitet aus den wenigen ihr zur Verfügung stehenden, heimischen Zutaten kreative Gerichte zu. Man sollte unbedingt die Meeresgemüsesuppe oder die Gemüse-Kräuter-Quiche probieren.

An Dún (☎ 73047; anduninismeain@eircom.net; EZ 45–60 €, DZ 70–100 €) Gegenüber dem Eingang zu Dún Chonchúir bietet dieses moderne Haus großzügige Zimmer mit Bad und eine Sauna. Auch Nicht-Hotelgäste kommen in den Genuss der herzerwärmenden Dinnermenüs, allerdings nur auf Vorbestellung. Zudem gibt es einen kleinen Gemischtwaren- und Gemüseladen, wo man sich gut für Tagestouren eindecken kann.

Óstán Inismeáin (☎ 73020; bfaherty@iol.ie; EZ 38–58 €, DZ 64–90 €) Mitten auf den blanken Steinplatten am Nordende der Insel schwebt dieses rosafarbene Gebäude im Motel-Stil mit zehn Gästezimmern, Pub (Mahlzeiten 5–9 €) und großem formellen Speisesaal (Mittag- & Abendessen 13–32 €). Nur mit den allerfrischesten Zutaten werden Bargerichte und À-la-carte-Speisen zubereitet.

Teach Anna (☎ 73054; DZ 70 €) Anna Byrne arbeitet tagsüber bei der Post und betreibt gleichzeitig dieses gemütliche B&B mit vier Zimmern, zu Fuß fünf Minuten vom Strand entfernt. Auf Wunsch verwöhnt die vielseitige Anna ihre Gäste sogar mit günstigen Abendmahlzeiten (12 €).

Teach Ósta (☎ 73003; Hauptgerichte ab 10 €; ☽ 12 Uhr–open end) An Sommerabenden herrscht immer tolle Stimmung in dem kleinen Pub, das oft bis weit nach Mitternacht geöffnet bleibt. Fürs leibliche Wohl sorgen Sandwiches, Suppen, Snacks, Fisch und Meeresfrüchte, allerdings nur bis 19 Uhr. Im Winter gib's manchmal gar nichts.

Shoppen

Cniotáil Inis Meáin (☎ 73 009) exportiert feine Strickwaren weltweit in die exklusivsten Geschäfte. Hier kann man ihre erstklassigen Pullover direkt vor Ort kaufen. Telefonische Anmeldung erwünscht.

Unterwegs vor Ort

Zu Fuß ist die Insel ausgezeichnet zu erkunden. Manchmal lassen sich Einheimische zu einem improvisierten Rundgang gewinnen (ab etwa 5 €).

INISHEER

☎ 099 / 300 Ew.

Obwohl Inisheer (Inis Oírr) nur 8 km von Doolin im County Clare entfernt liegt, hält die mangelnde touristische Infrastruktur größere Besucherströme fern. Die kleinste der Aran-Inseln verströmt einen ganz besonderen Zauber, der auf tief verwurzelter Mythologie und verwunschenen Landschaften beruht.

Die Mühlen der Zeit drehen sich hier sehr langsam. Erst in den 1970er-Jahren hatte man Elektrizität eingeführt, und auch nur in Form eines Generators. 1997 wurde die Insel mit einem Unterwasserkabel an das Stromnetz auf dem irischen Festland angeschlossen.

Inisheer überrascht mit einem überdimensionalen Kunstzentrum, das erhaben im Norden thront und sich den reichen künstlerischen Traditionen widmet.

Praktische Informationen

Im Juli und August bietet der kleine **Kiosk** (☽ 10–18 Uhr) am Hafen touristische Informationen. Auch hier gibt es keinen Geldautomaten. Die Bank macht am vierten Dienstag des Monats einen Abstecher auf die Insel.

Online lässt sich ein Aufenthalt mithilfe der Infos unter www.inisoirr-island.com gut vorausplanen.

Sehenswertes & Aktivitäten

Die meisten Sehenswürdigkeiten liegen im Norden der Insel. Nach 100 m Kletterei erreicht man den höchsten Punkt: **O'Brien's Castle** (Caislea'n Uí Bhriain) aus dem 15. Jh. Von hier bietet sich eine betörende Aussicht über Kleewiesen bis hin zu Strand und Hafen. Der Bau wurde auf den Überresten eines Ringforts, Dún Formna, aus dem 1. Jh. errichtet. Manchmal ist das Tor verschlossen, sonst kann man aber die Stätte ausgiebig besichtigen. In der Nähe steht ein Wachturm, der auf das 18. Jh. zurückgeht.

Am Strand (An Trá) befindet sich **Teampall Chaoimháin**, die Kirche des Hl. Kevin aus dem 10. Jh. Der Namenspatron der Insel liegt in der Nähe begraben. Am Vorabend seines Festtages am 14. Juni wird direkt am Meer um 21 Uhr eine Messe abgehalten. Kranke schlafen im Anschluss daran in der Hoffnung auf Heilung unter freiem Himmel.

Westlich des kleinen Sandstrandes am Pier beherbergt das **Inisheer Heritage House** (☎ 75021; Inisheer; Eintritt 2 €; ☽ Juli & Aug. 14–16 Uhr oder nach Vereinbarung), ein traditionelles, reetgedecktes

WANDERUNG: INISHEER

Die mittelschwere, 12 km bzw. fünf Stunden lange Strecke führt an vielen Sehenswürdigkeiten vorbei. Sie umrundet praktisch die ganze Insel, vom besiedelten Nordrand, vorbei an Feldern mit Steinmauern in der Mitte und im Süden, bis zur wilden, felsigen Südküste. Außer auf 2 km am Südstrand geht es über ebene Wege. Teilweise kommt man an gelben Markierungen für den Inis Oírr Way vorbei, der sich auf die Mitte und den Norden des Eilands beschränkt.

Von der Fähranlegestelle geht's auf der engen Straße parallel zum Wasser nach Westen, vorbei am Fisherman's Cottage Bistro. Man lässt einfach den Wegweiser nach links an der nächsten Kreuzung außer Acht und läuft stattdessen geradeaus zum kleinen Landungssteg für Fischerboote in der nordwestlichen Inselecke. Dann folgt man der nun geschotterten Straße und passiert eine weitere spitzwinklige Abzweigung nach links (hier tauchen wieder Wegweiser auf). Der steinige Strand erstreckt sich auf der einen Seite, ein buntes Mosaik aus Feldern mit gut erhaltenen Steinmauern auf der anderen.

Etwa 1 km hinter der spitzwinkligen Kreuzung verläuft der Weg entsprechend dem gemalten Wegweiser nach links. 100 m weiter gelangt man auf dem gepflasterten Weg zu Tobhar Éinne.

Hier kehrt man wieder auf die Küstenstraße zurück und marschiert nach Südwesten weiter, bis es recht uneben wird. Nach 600 m hält man sich Richtung Süden und erreicht, über Kalksteine und Grasstreifen schlendernd, einen Strand. Entlang der sanft geneigten Felsplattform passiert man das südwestliche Kap (Ceann na Faochnaí) und peilt dann Richtung Osten den Leuchtturm bei Fardurris Point (2 Std. ab Pier) an.

Nachdem man die den Leuchtturm eingrenzende Mauer umrundet hat, steigt man am Eingangstor über eine andere Mauer (Zauntritt). Von dort folgt man der nordöstlich ansteigenden Straße. Cill na Seacht Nínon (Kirche der Seven Daughters) ist an einer 1,5 km vom Leuchtturm entfernten Stelle zugänglich (rechts fast genau gegenüber zwei Scheunen mit Blechdächern). Auf der Säule am Eingang entdeckt man den Namen der Kapelle und einen Pfeil, der in etwa die Gehrichtung markiert. Über weitere Zauntritte durchquert man nun drei Felder, bis zu einem rostigen Tor in der von Efeu überwucherten Mauer, die das Kirchenareal umschließt. In der größten Umwallung sind fünf Steinplatten zu sehen, eine wird von einem eingemeißelten Kreuz verziert.

Wieder zurück auf der Straße geht's nordöstlich bis zum Dorf An Formna. Anschließend nimmt man die rechte Abzweigung, hält sich an der nächsten t-förmigen Kreuzung nochmals rechts und läuft an der Straße oberhalb von Lough More gen Süden. An der Gabelung marschiert man links Richtung Atlantikküste, bis das Wrack der *Plassy* direkt vor einem auftaucht. Ab dem Leuchtturm dauert dieser Abschnitt etwa eine Stunde.

Der Pfad führt dann weiter nach Norden und wird am Nordende von Lough More zu einer geteerten Straße, der man an der Nordküste entlang und am Flugplatz vorbei folgt.

Wer möchte, kann an der Landebahn zum Sandhügel mit dem antiken Teampall Chaomháin abbiegen. Ein Stückchen weiter zweigt die Straße links nach O'Brien's Castle ab. Ein enger Weg verläuft Richtung Nordwesten bis zu einer T-Kreuzung, wo man rechts gehend Cnoc Rathnaí, einen Grabhügel aus der Bronzezeit (1500 v.Chr.), ansteuert. Die Anlage ist bemerkenswert intakt, wenn man bedenkt, dass sie bis ins 19. Jh. unter Sand verborgen lag. Wenn man zum Strand weiterläuft und sich links durch das Gewirr der Gassen kämpft, hat man das Pier wieder erreicht.

Steinhaus, interessante alte Fotos, einen Geschenkladen und ein Café.

Die kleine Kirche von St. Gobnait, **Cill Ghobnait**, südwestlich des Inisheer Heritage House, stammt aus dem 8. oder 9. Jh. Sie ist nach Gobnait benannt, die hier aus Clare vor einem Verfolger Zuflucht suchte.

Etwa 2 km südwestlich der Kirche stößt man auf die Quelle von St. Enda, **Tobar Éinne**, noch immer ein beliebtes Pilgerziel der Einheimischen. Die Wallfahrt, auch *turas* genannt,

fordert, dass man an drei aufeinander folgenden Sonntagen hierher kommt, sieben Steine aufhebt und den kleinen Brunnen siebenmal umrundet, wobei man jedes Mal einen Stein fallen lässt. Gleichzeitig betet man Rosenkränze, bis ein sonderbarer Aal aus dem Wasser erscheint. Wer bei diesem Ritual wirklich so viel Glück hätte, den Fisch zu erblicken, dessen Zunge würde dadurch mit Kräften ausgestattet. Beispielsweie könne er dann im sprichwörtlichen Sinne Wunden gesund lecken.

Der ausgeschilderte, 10,5 km lange Wanderweg von **Inis Oírr Way** (Inisheer Way) führt an dem rostigen Wrack der **Plassy** vorbei. Der Frachter erlitt hier 1960 Schiffbruch und wurde hoch in die Felsen geschleudert, woraufhin, wie durch ein Wunder, alle Menschen an Bord überlebten. Im Pub von Tigh Ned werden alle Fotos und Berichte über die Rettungsaktion aufbewahrt. Eine Luftaufnahme des Wracks bildet auch die Einleitungssequenz der TV-Kultserie *Father Ted* (siehe Kasten O Father – wo seid Ihr?, S. 455). Unerreichbar am Südzipfel der Insel ragt der unbewohnte **Leuchtturm** von 1857 auf.

Festivals & Events

Ein Highlight des Kulturzentrums ist die einwöchige **Craiceann Inis Oírr International Bodhrán Summer School** (☎ 75067; www.craiceann.com) im Juni. Angeboten werden u. a. Meisterklassen für *bodhrán*, Vorträge und Workshops, begleitet von irischen Tanzveranstaltungen und sonstiger Unterhaltung. Craiceann ist das gälische Wort für „Haut" und bezieht sich auf die Ziegenhaut, mit der die runden Trommeln bespannt sind. Gehalten werden sie unter einem Arm, während die andere Hand den hölzernen Klöppel bedient. Treibende Kraft des Festivals ist der ortsansässige Micheal O hAlmhain, der schon mit den Chieftains und anderen irischen Bands auftrat. In der Zeit finden abends in allen Pubs Trommel-Sessions statt.

Schlafen & Essen

Brú Radharc Na Mara Hostel (☎ 75024; maire.searraigh @oceanfree.net; B 15 €; ☼ März–Okt.) Äußerst praktische Lage neben Pub und Pier. Im tadellosen Haus der Independent Holiday Hostels of Ireland (IHH) mit Meerblick steht Selbstversorgern eine Küche zur Verfügung. Außerdem kann man sich Fahrräder ausleihen. Unter gleicher Leitung steht das angeschlossene B&B (Zimmer 40 €), das einfache Gästezimmer mit Bad bietet.

Ard Mhuire (☎ 75005; unamcdonagh@hotmail.com; EZ/DZ 35/70 €; ☼ 10.12.–10.1. geschl.) Zentraler geht's (fast) nicht. Auf der linken Seite vom Pier wartet dieses doppelstöckige, von Familie Conneel geführte Haus von 1934 mit neu möblierten Zimmern auf. Das Frühstück kann sich durchaus sehen lassen; Abendessen gibt's nur auf Vorbestellung.

Óstán Inis Oírr (☎ 75020; EZ/DZ ab 33/63 €; ☼ April–Sept.) Das moderne Hotel der Familie Flaherty direkt oberhalb des Strandes bietet gemütliche Zimmer und herzhafte Küche in Pub und Restaurant (Hauptgerichte 8–14 €, April–Sept. mittags & abends geöffnet).

Radharc an Chláir (☎ 75019; bridpoil@eircom.net; EZ/DZ 38/70 €) In der Nähe von O'Brien's Castle besticht dieses angenehme B&B mit einer tollen Aussicht über die Cliffs of Moher und die Bucht von Galway. Man sollte unbedingt mehrere Wochen im Voraus reservieren. Die Gastgeberin, Brid Poil, überzeugt als begnadete Köchin – viele kommen immer wieder. Man kann für 10 € am Tag Fahrräder ausleihen. Auf Wunsch werden Abendessen für 20 € serviert.

Fisherman's Cottage (☎ 75073; Hauptgerichte 12–20 €; ☼ April–Okt.) Das gemütliche Fischerhaus am Pier ist auf leckere Fischgerichte und Gemüse aus biologischem Anbau spezialisiert.

Ausgehen

Tigh Ned (☎ 75004) Die seit 1897 bestehende Einrichtung ist einladend und erfrischend normal. Oft gibt es traditionelle Musik und mittags preiswerte Lunchgerichte.

Tigh Ruairí (☎ 75020) Rory Conneely bietet Livemusik mit viel Atmosphäre.

Óstán Inis Oírr (☎ 75020) Im Hotelpub kann man gut auf ein Pint einkehren.

Unterwegs vor Ort

Fahrräder bekommt man bei **Rothair Inis Oírr** (☎ 75033; 10 € pro Tag; ☼ Mai–Sept.) und – auch wenn man sich dort nicht einquartiert hat – bei **Brú Radharc Na Mara Hostel** (☎ 75024; maire. searraigh@oceanfree.net; 10 € pro Tag; ☼ März–Okt.).

Im Sommer werden Rundfahrten in **Ponykutschen** (5–10 € pro Std.) und in urigen, im Stil der reetgedeckten Hütten gestalteten **Wagen** (☎ 086 607 3230; 5–10 € pro Std.) angeboten, die von Traktoren gezogen werden.

CONNEMARA

Der gälische Begriff Conamara bezeichnet die „Meereseinbuchtungen" („Inlets of the Sea"), aus denen sich die zerklüftete Küste zusammensetzt.

Westlich von Spiddal (R336) schlängelt sich die Küstenstraße um kleine Buchten und erinnert – von Elchen einmal abgesehen – an entlegene Regionen wie Neuschottland und Neufundland im Osten Kanadas. Sie verbindet kleine Küstendörfer, darunter auch den

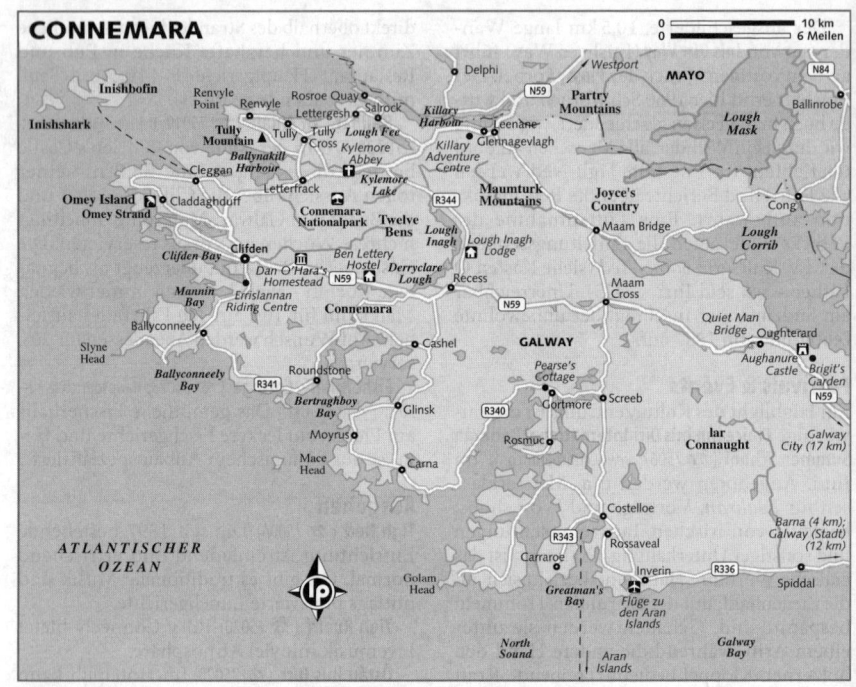

malerischen Fischerort Roundstone und das verschlafene Lennane bei Killary Harbour, dem einzigen Fjord des Landes. Clifden, die größte Stadt von Connemara, thront spektakulär auf einem Hügel. Vor der Küste ragt die idyllische Insel Inishbofin aus dem Meer.

Im Landesinneren sieht Connemara wie ein bunter Flickenteppich aus Moorland, abgeschiedenen Tälern und dunkel schimmernden Seen aus. Das Herz bilden die Maumturk Mountains und die grauen Quarzitgipfel der Gebirgskette Twelve Bens mit herrlichen Rad- und Wanderwegen. Reizvoll ist die Landschaft zu jeder Tageszeit, unvergleichlich präsentiert sie sich aber bei Sonnenuntergang, wenn alles in warmen Goldtönen leuchtet.

Eine der wichtigsten gälischsprachigen Regionen (Gaeltacht) Irlands beginnt um Spiddal und erstreckt sich entlang der Küste bis nach Cashel. Der landesweit zu empfangende gälische Sender Radio na Gaeltachta (www.rte.ie/rnag) und das gälischsprachige Fernsehen TG4 (www.tg4.ie) sind ebenso hier beheimatet wie die gälische Wochenzeitung *Foinse* (www.foinse.ie in Gälisch).

Für eine ausgiebige Erkundung der Gegend ist das ausgezeichnete *Connemara: Introduction and Gazeteer* von Tim Robinson unentbehrlich, ebenso *Connemara: A Hill Walker's Guide* von Robinson und Joss Lynam.

Das Touristenbüro in Galway (S. 439) informiert ausführlich über die Region. Online findet man bei **Connemara Tourism** (www.connemara-tourism.org) und **Go Connemara** (www.goconnemara.com) viel Wissenswertes und praktische Links.

Anreise & Unterwegs vor Ort
AUTO

Am besten kommt man mit individuellen Verkehrsmitteln in abgelegene Ecken dieser landschaftlich schönen Gegend. Manchmal wird es jedoch so eng, dass die malerischen Steinmauern schon an der Wagentür kratzen.

Ein gewisses Verkehrshindernis bilden auch die umhertrottenden schnuckeligen Schafe mit ihrem dicken, hellen Fell, schwarzen Beinen und schwarzem Kopf, die eine Vorliebe für Straßen zu haben scheinen. Selbst die besten Wege sind wegen des sumpfigen Untergrunds mehr oder weniger uneben.

Von Galway aus nach Westen verläuft die Küstenstraße (R336) durch Salthill, Barna und Spiddal; die direkte Inlandsverbindung (N59) passiert Oughterard. Die Fahrt von Maam Cross aus nordwestlich nach Leenane (R336) oder nordöstlich nach Cong (R345) im County Mayo führt durch Joyce Country, eine imposante Bergregion.

Viele Straßenschilder sind nur auf Gälisch. Man gleicht sie am besten mit den irischen Ortsnamen auf der Liste ab, die man in diesem Kapitel findet: Sie enthält die englischen Entsprechungen.

BUS

Zahlreiche organisierte Bustouren von Galway (S. 443) aus bieten einen guten Querschnitt durch die Region. Wer die Möglichkeit hat, sollte sich aber mehr als einen Tag Zeit nehmen, um ihre Geheimnisse zu erkunden.

Bus Éireann (☎ 091-562 000; www.buseireann.ie) bedient die meisten Gegenden von Connemara. Die Fahrpläne sind nicht sehr regelmäßig, viele Linien verkehren nur von Mai bis September oder sogar nur im Juli und August. Manche Fahrer halten auch zwischen den Orten, wenn man es vorher abspricht.

Michael Nee Coaches (☎ 095-51082), eine regionale private Busgesellschaft, bietet täglich Verbindungen von Galway aus und innerhalb Connemaras, z. B. nach Maam Cross, Recess, Cashel, Clifden, Letterfrack, Tully Cross und Cleggan. Wenn der Fahrer gnädig ist, lässt er Passagiere auch auf freier Strecke – beispielsweise für ein mitten in der Landschaft gelegenes Hostel – aussteigen. Das sollte man aber vorher abklären.

KÜSTENSTRASSE – VON GALWAY NACH MACE HEAD

Die gemächliche Küstenstraße zwischen Galway und Connemara führt durch reizvolle Gegenden und Dörfer.

Gegenüber des beliebten, mit blauer Flagge ausgezeichneten **Silver Strand**, knapp 5 km westlich von Galway, bieten sich in den dichten, grünen **Barna Woods** schöne Picknick- und Wandermöglichkeiten. Der Wald wird vom Galway County Council betreut und ist die Heimat der letzten wild wachsenden Eichen im Westen Irlands.

Das einst charmante Dorf Barna, weitere 3 km westlich, wurde völlig von den aktuellen bautechnischen Entwicklungen überrollt – sehr zum Unwillen der Einheimischen, die sich mit viel Engagement gegen die Neuerungen wehrten. Immerhin bekommt man in Barna bei **O'Grady's on the Pier** (☎ 091-592223; www.ogradysonthepier.com; Hauptgerichte 15–30 €; ☒ Mo–Sa ab 18, So 12.30–14.45 & ab 18 Uhr) mit die besten Fische der ganzen Gegend. Auf der Tageskarte stehen fangfrische Delikatessen, etwa gegrillter Seeteufel mit sautierten Kartoffeln und Pilzcreme, aber auch viele exzellente Fleischgerichte. Michael O'Gradys Nuss-Vanille-Eiscreme mit Karamellsauce ist wirklich unwiderstehlich; den krönenden Abschluss eines Dinneres verspricht die Bauernkäseplatte. Zum geruhsam ausgedehnten Sonntagslunch fallen Scharen von Einheimischen ein. Am besten rechtzeitig reservieren!

Weiter westlich liegt **Spiddal** (An Spidéal), ein erfrischend ursprüngliches Dorf und zugleich Tor zur Region Gaeltacht. Vor dem Ortseingang befinden sich auf der rechten Seite die **Spiddal Craft & Design Studios** (☎ 091-553376; www.spiddalcraftvillage). Hier kann man Holzschnitzern, Lederkünstlern, Bildhauern und Webern bei der Arbeit über die Schulter schauen, T-Shirts mit gälischer Aufschrift erwerben oder sich im Bistro (☎ 091-55030) bei einem Lunch stärken. Für Snacks ist das die beste Wahl in der Umgebung. Hochkarätige Sessions mit traditioneller Musik steigen bei **Tigh Hughes** (☎ 091-553447), wo ganz spontan auch schon mal Szene-Größen wie Bandmitglieder der Waterboys und von U2 auftauchen und kräftig mitmischen. Die Events starten dienstags gegen 21 Uhr. Das Pub liegt etwas abseits der Hauptstraße: Man biegt an der kleinen Kreuzung im Ortszentrum bei der Bank rechts ab, und ein paar Häuser weiter auf der rechten Seite taucht der Eingang auf.

Wenige Kilometer westlich von Spiddal wird die Landschaft zunehmend dramatischer. Die von einem Netz aus niedrigen Steinmauern durchzogenen Felder fallen bis zur zerklüfteten Küste ab. **Carraroe** (An Cheathrú Rua) bietet herrliche Strände, besonders den Coral Strand, der ganz aus Muschel- und Korallenteilchen besteht.

Die Inseln **Lettermore**, **Gorumna** und **Lettermullen** sind flach und wenig einladend. Ein paar Bauern fristen dort auf steinreichen Feldern ihr Leben. Gute Einnahmen bringt aber nur die Fischzucht.

Bei Gortmore an der R340 liegt **Pearse's Cottage** (Teach an Phiarsaigh; ☎ 091-574 292; Erw./Fam. 1,50/4,25 €; ☒ Ostern & Mitte Juni–Mitte Sept. 10–18, Frühjahr & Herbst Sa & So 10–17 Uhr). Pádraig Pearse

(1879–1916) führte mit James Connolly den Osteraufstand 1916 an und wurde später von den Briten hingerichtet. In diesem Haus schrieb er einige Kurzgeschichten und Stücke.

Auf der R340 erreicht man anschließend **Carna**, ein Fischerdorf mit reizvollen Wanderwegen nach **Mweenish Island** und Richtung Norden über Moyrus hinaus nach **Mace Head**. Die wilde Landzunge ist wegen ihrer nicht öffentlich zugänglichen Forschungsstation bekannt, wo Klima- und Wetterveränderungen sowie deren Auswirkungen auf die globale Atmosphäre aufgezeichnet werden.

Wer nicht unbedingt abends bis Roundstone oder weiter kommen möchte, kann noch andere lohnende Zwischenstopps einlegen.

Von Spiddal landeinwärts an einem Fluss mit vielen Forellen erstreckt sich der **Spiddal Caravan & Camping Park** (Pairc Saoire an Spidéil; ☎ 091-553 372; paircsaoire@eircom.net; River Rd, Spiddal; Campingplatz/Wohnwagenstellplatz 12/22 €; ☽ Mitte März–Okt.).

Zu den modernen Einrichtungen gehören kostenlose, saubere Duschen.

Das Tollste an dem weiß gestrichenen **Buninvhir B&B** (☎ 091-574 238; www.buninvhir.com; Derryrush, Rosmuc; EZ/DZ 35/58 €; ☽ Ostern–Sept.) ist der bezaubernde Blick auf die Kilkieran Bay. Aber auch die gemütlichen Betten mit Patchworkdecken, der Blumengarten und die ausgezeichneten Abendmahlzeiten (20 €), die bei gutem Wetter auf der Terrasse serviert werden, überzeugen. Kreditkarten werden allerdings nicht akzeptiert.

In einem echten Bilderbuchgarten mit Hühnern und Enten liegt das reetgedeckte **Cloch na Scíth** (☎ 091 553 364; www.thatchcottage.com; Kellough, Spiddal; DZ 64–68 €, Hütten ab 250 €; ℗). Nancy, die nette Gastgeberin, backt Brot im Eisentopf über dem Torffeuer, wie schon zu Großmutters Zeiten, und serviert Baileys am Feuer. Im Selbstversorger-Cottage sind Familien optimal untergebracht.

STIMMEN: AOIFE NÍ THUAIRISG VOM SENDER TG4

Was hat TG4 bewirkt?
Bevor wir mit dem Programm starteten, hatte Gälisch so einen Touch von ländlich oder rückständig und galt als Sprache der Leute, die sich nicht integrieren wollten. Die Radiomacher hatten anfangs kaum finanzielle Mittel zur Verfügung. Sie gingen wirklich ein großes Risiko ein, als sie junge Moderatoren holten, die klare Meinungen hatten und auch deutlich aussprachen. Heute ist es anders. Restaurants und Läden haben gälische Namen, gestylte Yuppie-Mütter melden ihren Nachwuchs zu teuren Gälischkursen an. Gälisch ist „in".

Ist Gälisch Ihre Muttersprache?
Ja. Ich stamme aus Connemara, zu Hause sprachen wir immer Gälisch, ich bin komplett mit dieser Sprache aufgewachsen. Als Kind mochte ich Big Bird von der *Sesamstraße* sehr gern, doch meine Mum musste immer übersetzen, weil er Englisch sprach. Heute macht unser Sender selber Programme für Kinder, sie können Shows wie *SpongeBob SquarePants* in ihrer Muttersprache hören.

Wo wird das alles synchronisiert?
In Studios in allen Teilen Irlands. Unsere Fernsehstation vergibt viel Arbeit rundum. Irland hat verschiedene Dialekte mit ganz unterschiedlichen Ausdrücken. Die wollen wir alle abdecken.

Sind denn die Stimmen und Ansager etc. alle gälische Muttersprachler?
Nein. Viele haben Gälisch als Zweitsprache gelernt. Manchmal trauen sie sich nicht, mit mir zu reden, weil Gälisch meine Muttersprache ist. Sie denken, sie sind nicht gut genug. Aber es ist einfach toll, sich in dieser Sprache zu verständigen, man muss nicht gleich ganz perfekt sein, um eine gute Unterhaltung zu führen. Ich bin sehr stolz auf meine Sprache. Viele Leute in meinem Alter lernten Irisch in der Schule, wo hauptsächlich Grammatik in sie hineingestopft wurde. Ich bin froh, dass wir die Sprache heute auf viel direktere, sinnvollere Weise vermitteln.

Neben den Fernsehsendungen bietet die Webseite von TG4 (www.tg4.ie) ein Streaming der Programme sowie ein Online-Archiv für Shows, darunter auch einzelne Episoden von Aoifes *Paisean Faisean* (mit englischen Untertiteln).

Wer selber Gälisch lernen möchte, findet internationale Sommerkurse der **National University of Ireland, Galway** (☎ 091-495 442; www.nuigalway.ie/iss) und **Cnoc Suain Cultural Centre** (☎ 091-555 703; www.cnocsuain.com) in Spiddal.

Am Ende der Cashel Bay lockt das **Cashel House Hotel** (☎ 095-31001; www.cashel-house-hotel.com; Cashel; EZ 95–135 €, DZ 190–310 €; Ⓟ), ein Landhaus im *Great-Gatsby*-Stil, mit 32 historisch eingerichteten Zimmern inmitten eines 17 ha großen Wald- und Parkgeländes. Angeschlossen ist auch ein Stall mit Connemara-Ponys (Reitstunden möglich), ein exquisiter Speisesaal und sogar ein kleiner Privatstrand.

Fliegenfischen bietet sich als Freizeitvergnügen für die Gäste des majestätischen **Ballynahinch Castle Hotel** (☎ 095-31006; www.ballynahinch-castle.com; Recess; DZ 210–360 €; ⏲ März–Nov.; Ⓟ), südwestlich von Recess, an. Zumindest ein Drink an der Bar lohnt sich immer. Manche der in Oliv- und Goldtönen drapierten Räume besitzen Himmelbetten mit Blick auf Fluss, Berge oder den imposanten Innenhof. Die Öffnungszeiten variieren saisonal, am besten ruft man vorher an.

OUGHTERARD & UMGEBUNG

☎ 091 / 2400 Ew.

Der Schriftsteller William Makepeace Thackeray sang ein Loblied auf die Kleinstadt Oughterard (Uachtar Árd). Ein schönerer Ort sei kaum zu finden, behauptete er. Glücklickerweise hat sich daran bis heute kaum etwas geändert. Oughterard, das hübsche Tor zu Connemara, liegt nur 27 km entfernt an der Hauptstraße von Galway nach Clifden bei Lough Corrib und gilt als eines der bedeutendsten Anglerzentren Irlands.

Unmittelbar westlich des Orts öffnet sich die Landschaft zu einem bunten Panorama aus Seen, Bergen und Sumpfland, das nach Westen hin immer spektakulärer wird.

Weitere Attraktionen in der Nähe sind Aughanure Castle, ein keltischer Erlebnisgarten, die Quiet Man Bridge sowie die pittoreske Fahrt auf der Glann Road zu einem Aussichtspunkt mit Blick auf den Hill of Doon.

Praktische Informationen

Bank of Ireland (Main St) Mit Geldautomat und Wechselstube.

Postamt (Main St)

Touristeninformation (☎ 552 808; www.connemarabegins.com; Main St; ⏲ Mo–Fr 9.30–17.30 Uhr) Bietet auch Internetzugang; für 15 Minuten zahlt man 1 €.

Sehenswertes

AUGHANURE CASTLE

Die düstere **Festung** (☎ 552 214; Erw./Kind 2,75/1,25 €; ⏲ April–Okt. 9.30–18 Uhr) aus dem 16. Jh. war einst Sitz der kämpferischen O'Flahertys. Sie hatten nach ihrem Sieg über die Normannen die Gegend jahrhundertelang unter ihrer Kontrolle. Das sechstöckige Turmhaus auf einem Fels oberhalb vom Lough Corrib wurde aufwendig restauriert. Rund um die Burg liegen die Überreste einer ungewöhnlichen Befestigungsanlage mit doppelter Mauer, die als zusätzlicher Schutz diente. Hier wurde bei Gefahr auch das Vieh untergebracht. Unterhalb der Burg durchfließt der See eine Reihe natürlicher Höhlen.

Aughanure Castle liegt 3 km östlich von Oughterard abseits der Hauptstraße von Galway (N59).

BRIGIT'S GARDEN

Auf halbem Weg zwischen Moycullen and Oughterard befindet sich **Brigit's Garden** (☎ 091-550 905; www.galwaygarden.com; Polagh, Roscahill; Erw./Kind 7/4 €; ⏲ Mitte April–Sept. 10–17.30 Uhr; Ⓟ ♿). Nach der keltischen Gottin benannt, die über die Lebenskreisläufe wacht, bietet er vier Jahreszeitengärten mit Bezug zu keltischen Festen und keltischer Mythologie. Auch Irlands größte Sonnenuhr kann man hier bestaunen. Ein Naturpfad schlängelt sich durch Wald und Blumenwiesen, und in der Teestube kommem hausgemachte Speisen mit Zutaten aus dem Garten auf den Tisch. Gelegentlich können Interessierte an New-Age-Kochkursen, Yoga-Workshops oder heidnischen Festivitäten teilnehmen. Zum Glück ist der Garten eine nicht-kommerzielle Einrichtung, die Besuchern Kultur und Natur der Gegend nahebringt. Wer mit dem Bus von Galway nach Clifden fährt, steigt in Roscahill bei der Post aus und folgt zu Fuß 2 km den Wegweisern. Oder man gibt vorher telefonisch Bescheid und lässt sich abholen.

QUIET MAN BRIDGE

Nur 3 km außerhalb von Oughterard in nordwestlicher Richtung und linker Hand erblickt man jene Brücke, die 1952 in dem gleichnamigen Film mit Maureen O'Hara und John Wayne eine Rolle spielte. Von der Hauptstraße aus ist das Bauwerk recht gut zu sehen. Am besten nimmt man den kurzen Feldweg, schreitet über die malerische Steinbrücke und betrachtet das „Quiet Man Country" der Umgebung. Es macht seinem Namen allerdings nur so lange alle Ehre, bis Tourbusse hier anhalten. Die meisten Filmszenen wurden übrigens in und um Ashford Castle in der

Stadt Cong in der benachbarten Grafschaft Mayo gedreht.

Schlafen & Essen

Canrawer House (☎ 552 388; oughterardhostel.com; Station Rd; B 15–17 €; Ⓨ Febr.–Okt.; Ⓟ) Schlafsäle und Familienzimmer sind hell und sauber. Im Innenhof kommen die Gäste zu einem Schwätzchen zusammen. Wer eigene Forellen zum Abendessen fangen möchte, kann beim Besitzer des rustikalen Blockhauses nachfragen. Angelstunden kosten 25 €, geführte Tagestouren auf dem See inklusive aller Ausrüstung 140 €.

Waterfall Lodge (☎ 552 168; www.waterfalllodge.net; Glann Rd; EZ/DZ 50/80 €; Ⓟ) Das freundliche viktorianische B&B in Rosatönen mit romantischer Beleuchtung liegt ganz zentral in einem Garten mit schönem Baumbestand an einem plätschernden Bach. Zum Frühstück werden u. a. Bücklinge, hausgemachte Pfannkuchen und erstklassiges French Toast serviert.

Boat Inn (☎ 552 196; www.theboatinn.com; Market Sq; DZ 90–120 €) Neben der Gemütlichkeit steht hier das leibliche Wohl der Gäste im Mittelpunkt (Hauptgerichte um 20 €; mittags & abends geöffnet). Ein echtes Irish Stew wärmt nach einem Tag am Wasser so richtig auf. Ebenso empfehlenswert: *fajitas*, riesige Beefburger mit hausgemachter Sauce und leckeren Tages-Desserts, z. B. frisch zubereitetem Vanillepudding. In der Bar kommen Livemusikfans regelmäßig auf ihre Kosten.

Currarevagh House (☎ 552 312; www.currarevagh. com; DZ 184–198 €; Ⓨ März–Mitte Okt.; Ⓟ) Eine romantischere Unterkunft als dieses Landhaus aus dem 19. Jh. am Ufer des Lough Corrib kann man sich kaum vorstellen. Der Nachmittagstee (9,90 €) wird am offenen Kamin serviert, abends locken exquisite fünfgängige Dinner (45 €, nicht nur für Hotelgäste). Für Ausflüge oder einen Angeltag wird man mit Lunchpaketen (13,50 €) versorgt.

White Gables (☎ 555 744; Moycullen; Abendmenüs 44,50 €, Mittagsmenüs am Sonntag 24,50 €, Hauptgerichte 24,50–29,50 €; Ⓨ Mitte Febr.–Mitte Dez. Di–Sa ab 19, So ab 12.30 & ab 19 Uhr) Bei romantischem Kerzenlicht treffen sich in diesem Stein-Cottage aus den 1920er-Jahren einheimische Familien zu besonderen Gelegenheiten. Zu den nostalgischen Dauerbrennern zählen Wienerschnitzel, Chicken Kiev, Meeresfrüchte-Cocktails oder Ente mit Orangensauce. Darüber hinaus hält die ausgezeichnete Weinkarte einiges bereit. Abendessen wird nur im Juli und im August

täglich serviert. White Gables befindet sich im kleinen Dorf Moycullen, 13 km nordwestlich von Galway an der N59.

Ausgehen

Power's Bar (☎ 557 047; Market Sq) In diesem reetgedeckten Haus bekommt man stets ein gutes Pint; an den Wochenenden wird Livemusik gespielt.

An- & Weiterreise

Bus Éireann fährt alle drei bis vier Stunden von Galway nach Oughterard. Aus Richtung Galway nimmt man die Newcastle Road (N59) Richtung Clifden.

LOUGH CORRIB

Der größte See der Republik Irland schneidet das westliche Galway vom Rest des Landes ab. Er ist über 48 km lang, hat eine Fläche von etwa 200 km² und sage und schreibe über 360 Inseln. Auf Inchagoill – der größten – steht eine Klostersiedlung, die Besucher von Oughterard oder Cong aus erreichen können.

Lough Corrib ist für seine Lachse, Meer- und Bachforellen weltbekannt. Höhepunkt der **Angelsaison** ist Mai, wenn Millionen Eintagsfliegen ein paar Tage lang schwärmen und Fische und Angler in Ekstase versetzen. Schnell steckt man ein paar lebende Fliegen an den Haken, die im Pulk mit ihren Artgenossen über dem Wasser schweben. Die Lachssaison beginnt erst im Juni. Der Betreiber des **Canrawer House** (☎ 552 388; oughterardhostel. com; Station Rd; Ⓨ Febr.–Okt.) in Oughterard informiert über Fischen und Bootsverleih. Eine Angelstunde kostet 25 €, ganztägige Ausflüge auf dem See, inklusive kompletter Ausstattung, schlagen mit 140 € zu Buche. Ausrüstung bekommt man bei **Thomas Tuck** (☎ 552 335; Main St, Oughterard; Ⓨ Mo–Sa 9–18.30 Uhr).

Die größte Insel im Lough Corrib ist das einsame Inchagoill mit vielen Relikten aus vergangenen Zeiten. Am meisten beeindruckt der **Lia Luguaedon Mac Menueh** (Stein von Luguaedon, Sohn von Menueh), ein Obelisk, der eine Grabstätte markiert. Der 75 cm hohe Stein steht neben der Saints' Church. Manche behaupten, die lateinische Inschrift sei die zweitälteste in ganz Europa – nach jener in den römischen Katakomben. **Teampall Phádraig** (Kirche des Hl. Patrick) ist eine sehr alte, kleine Kapelle mit einigen späteren Ergänzungen. Als schönstes Gotteshaus gilt die romanisch inspirierte Kirche der Heiligen,

Teampall na Naoimh, die vermutlich aus dem 9. oder 10. Jh. stammt. Der Torbogen wird von Schnitzereien verziert.

Inchagoill kann man auch per Schiff von Oughterard oder Cong im County Mayo erreichen. **Corrib Cruises** (☎ 092-46029; www.corrib cruises.com) fährt von Oughterard nach Inchagoill (Erw./Kind 13/6 €) und weiter nach Cong (20/9 €). Abgefahren wird um 11, 14.45 und 17 Uhr (Mai–Okt.).

LOUGH INAGH VALLEY

☎ 091

Die Route im Norden durch das Tal von Lough Inagh, nördlich der N59, gehört zu den landschaftlich reizvollsten in ganz Irland, was schon etwas heißen will, bei so vielen Highlights. Von zwei südlichen Startpunkten, zu beiden Seiten von Recess, aus kann man sich auf den wunderschönen Trip begeben. Die Ausläufer von Derryclare und Inagh Loughs begleiten den größten Teil der Strecke. An der Westseite ragt das Massiv der **Twelve Bens** auf, während eine malerische Fahrt an der Nordseite des Tals am Kylemore Lake vorbeiführt.

Am nördlichen Ende der Schlucht geht ein ebenfalls erkundenswerter Weg nach rechts von der Straße ab und endet in einem Tal.

In dem einwandfreien **Ben Lettery Hostel** (☎ 51136; www.anoige.ie/hostels/ben-lettery; Ballinafad; B 12–17 €; ☼ März–Nov.; **P**) wird man höchstens von blökenden Schafen geweckt. An der Hauptstraße nach Clifden mitten in der Wildnis von Connemara gelegen bietet die Pension eine Küche und einen Aufenthaltsraum. Für die Erkundung der Twelve Bens und des Lough Inagh Valley ist dieser Ort eine ideale Ausgangsbasis. Busse von Michael Nee halten hier an, wenn man es vorher mit dem Fahrer abspricht. Einchecken kann man in dem Hostel, 8 km westlich von Recess bzw. 13 km östlich von Clifden, allerdings nur von 17 bis 22 Uhr.

Etwa 7 km nördlich von Recess an der R344 präsentiert sich das **Lough Inagh Lodge** (☎ 34706; www.loughinaghlodgehotel.ie; EZ 104–138 €, DZ 168–240 €, Abendessen 43 €; **P**) in gediegener viktorianischer Großzügigkeit. Es serviert Abendessen, und in der ruhigeren Nebensaison kann man hier an einem Aquarellmalkursen teilnehmen. Drei Übernachtungen mit Frühstück, zwei Dinners und Unterricht an drei Tagen kosten ab 450 € pro Person. Nach den Kurszeiten erkundigt man sich direkt bei der Lodge.

ROUNDSTONE

☎ 095 / 400 Ew.

Das rund um einen Hafen mit vielen kleinen Booten angelegte Roundstone (Cloch na Rón) gehört zu den malerischsten Orten in Connemara. Fröhlich bunte Reihenhäuser und einladende Pubs überblicken die dunkle Bertraghboy Bay, wo sich Hummerfischer und traditionelle *currachs* auf dem Wasser tummeln. Die idyllische Szenerie zieht immer wieder Filmemacher, Künstler und Musiker an.

Sehenswertes & Aktivitäten

Ein altes Franziskanerkloster am Südrand des Dorfes beherbergt Malachy Kearns' **Roundstone Musical Instruments** (☎ 35808; www.bodhran.com; Michael Killeen Park; ☼ Juli–Sept. 9–19, Mai & Juni, Sept. & Okt. 9.30–18, Nov.–April Mo–Sa 9.30–18 Uhr). Kearns ist Irlands einziger hauptberuflicher Produzent traditioneller *bodhráns*. Er stellt hier die Trommeln für *Riverdance* her, verkauft aber auch Flöten, Harfen und preiswerte Notenheftchen mit irischen Balladen. Außerdem betreibt der Ire ein kleines Folk-Museum (Eintritt frei) sowie ein Café. Der angeschlossene **Geschenkladen** hat von der Teekanne bis zu Pullovern alles im Sortiment.

Über dem steinernen Pier thront der **Mount Errisbeg** (298 m), die einzige bemerkenswerte Erhebung an diesem Küstenabschnitt. Für den schönen Wanderweg von Roundstone zum Gipfel plant man etwa zwei Stunden ein. Er führt die kleine Straße lang, die hinter dem Pub O'Dowdb im Zentrum beginnt. Vom Gipfel bietet sich eine herrliche Aussicht auf die fernen Twelve Bens.

Galway Hooker Sailing Trips (☎ 21034; www.truelight.ie; Halb-/Ganztagesausflug 45/65 €; ☼ April–Okt.) kreuzt mit einem großartig renovierten alten Schiff von 1922 durch die an Seehunden und Tümmlern reichen Küstengewässer Connemaras.

Festivals & Events

Die **Roundstone Arts Week** (www.roundstoneartsweek.com) mit vielen einheimischen Künstlern, Musikanten und Schriftstellern findet meist Ende Juni oder Anfang Juli statt.

Schlafen & Essen

Gurteen Beach Caravan & Camping Park (☎ 35882; www.gurteenbay.com; Roundstone; Campingplatz 10 €) Der ruhige, gut ausgestattete Campingplatz liegt phantastisch in Strandnähe, etwa 2,5 km westlich der Stadt.

WO RAUCH IST, IST AUCH LACHS

Wen es interessiert, wie die berühmten Räucherlachse der Gegend produziert werden, der sollte in dem Familienbetrieb **Connemara Smokehouse** (☎ 095-23739; www. smokehouse.ie; Bunowen Pier, Ballyconneely; ☺ Führungen Juni–Aug. Mi 15 Uhr) vorbeischauen. Kostenlose Führungen zeigen das Filetieren, andere traditionelle Handgriffe sowie das Zerteilen und Verpacken von Wild- und Ökolachs. Demonstriert werden auch verschiedene Räuchermethoden, und natürlich gibt es zum Schluss Kostproben. Man sollte vorab reservieren. Außerhalb der Hauptsaison sind nach telefonischer Vereinbarung eventuell Besuche möglich.

Angler's Return (☎ 31091; www.anglersreturn.itgo. com; Toombeola; DZ ab 90 €; ☺ März–Nov.; P) Mit dem Auto erreicht man diese Unterkunft in knapp zehn Minuten über die R341 von Roundstone aus. Das von Gärten umgebene B&B ist optimal für Angler – und alle, die einfach die Ruhe und Schönheit von Bertraghboy Bay genießen möchten. Man nächtigt in modernen, freundlichen Räume, ohne eigenes Bad. Abendessen wird auf Anfrage serviert. Kinder unter vier Jahren sind allerdings nicht erwünscht.

St. Joseph's (☎ 35865; www.connemara.net/stjosephs; Main St; DZ 64–72 €; ☺ Ende Dez. geschl.; P) Christina Lowrys zentral gelegenes B&B bietet zuvorkommenden Service und einen herrlichen Blick auf den Hafen.

O'Dowd's (☎ 35809; Main St; Hauptgerichte 12–20 €; ☺ Restaurant April–Sept. 12–22, Okt.–März 12–15 & 18–21.30 Uhr) Das gemütliche alte Pub mit reichlich Patina hat seit seinem großen Auftritt in dem Hollywoodstreifen *The Matchmaker (Heirat nicht ausgeschlossen)* nichts von seiner Originalität eingebüßt und ist immer gut für ein Pint. Spezialitäten des angeschlossenen Restaurants sind Hummer und „ocean rolls" (mit Meeresfrüchten gefülltes Fischfilet in Dillsauce). Preisgünstiger fährt man mit den Bargerichten (8–17 €), die es bis 21 Uhr gibt.

VON ROUNDSTONE NACH CLIFDEN

Die R341 folgt der Küste von dem Hafenort Roundstone aus nach Clifden. Überall entlang dieser reizvollen Route erstrecken sich verlockende Strände für unbeschwerte Sommertage oder aufregende Winterwanderungen.

Dazu zählen der weißsandige **Trá Mhóir** (Great Beach), **Gurteen Bay** (auch Gorteen Bay) und **Dog's Bay**. Trá Mhóir liegt abseits der Straße, doch lohnt sich der kleine Umweg allemal: Man biegt bei Ballyconneely ab und fährt Richtung Süden zum Connemara Golf Club. Vor dem Strand geht es am **Bunowen Castle** vorbei.

Kitesurfen und Buggy-Boarding kann man überall an der Küste erlernen. Genauere Informationen sind bei **Connemara Kite Sports** (☎ 095-43793, 087-9673077; www.connemarakitesports. com) erhältlich.

Abseits der Küste verläuft eine zweite Strecke zwischen Roundstone und Clifden, die östlich von Clifden in die N59 mündet. Der holprige Weg durch die rostfarbene wilde Landschaft des **Roundstone Bog** ist nicht jedem ganz geheuer. Einheimische behaupten, das Moor sei verhext, und meiden die Straße nachts. Das ist allerdings auch ohne Spuk eine gute Idee. Im Sommer wird hier noch auf althergebrachte Art von Hand Torf abgebaut.

CLIFDEN & UMGEBUNG

☎ 095 / 1900 Ew.

Connemaras Hauptort Clifden (An Clochán) beherrscht das Ende der engen Bucht, wo der River Owenglin ins Meer fließt. Schon von der Küstenstraße aus erkennt man seine viktorianischen Häuser und Kirchtürme. Die Umgebung lädt zu schönen Wald- und Strandspaziergängen ein.

Das im Sommer von Besuchern überrannte Städtchen kann ihren altmodischen Charme nur noch im Winter bewahren. Ganzjährig ist Clifden mit seiner guten Infrastruktur (Entfernung nach Galway etwa 80 km) auch mit öffentlichen Verkehrsmitteln leicht erreichbar. Wer die Region erkunden will, ist hier gut aufgehoben.

Praktische Informationen

Banken mit Geldautomat und einen großen Supermarkt finden sich beim Market Square.

Postamt (Main St)

Shamrock Washeteria (Market Sq) Praktisch gelegener Waschsalon.

Touristeninformation (☎ 21163; clifden@ireland west.ie; Galway Rd; ☺ Ostern–Juni & Sept. Mo–Sa 10–17, Juli & Aug. 10–17 Uhr)

Two Dog Internet Café (☎ 22186; Church Hill; 5 € pro Std.)

Sehenswertes & Aktivitäten

Die Vergangenheit wird in **Dan O'Hara's Homestead** (☎ 21808; www.connemaraheritage.com; Lettershea; Erw./Kind unter 12 7,50/4 €; ☽ April–Okt. 10–18 Uhr, Nov.–März nach Vereinbarung), 7 km östlich der Stadt an der N59, lebendig. Hier wohnte und arbeitete der Bauer Dan O'Hara bis zu seiner Vertreibung. Im New Yorker Exil fristete er sein Leben dann als Streichholzverkäufer auf der Straße. Die gegenwärtigen Eigentümer renovierten das Anwesen und verwandelten es in eine Art Freilichtmuseum mit Vorführungen im Torfstechen, Dachdecken oder in der Schafschur. Auf einen Kaffee zwischendurch oder um ein bisschen im Museumsladen zu stöbern lohnt sich ein Abstecher allemal. Die Farm bietet auch Unterkünfte; nach Details erkundigt man sich telefonisch.

Vom Market Square aus führt die **Sky Road** nach Westen, in einem spektakulären Bogen stadtauswärts nach Kingston und wieder zurück nach Clifden. Unterwegs kommt man an wildromantischen zerklüfteten Küstenstreifen vorbei. Die 12 km lange Strecke lässt sich auch zu Fuß oder per Fahrrad gut bewältigen.

Bücher und Karten zu den zahlreichen Wanderwegen der Region gibt es im **Connemara Walking Centre** (☎ 21379; walkwest@indigo.ie; Market St; ☽ März–Sept.). Die Touristeninformationsbüros im ganzen County Galway geben ebenfalls Tipps und verkaufen Karten, beispielsweise zur neuen 250 km langen Route **Slí Chonamara**.

Wer nicht gern allein herumstreift, kann sich dem ortsansässigen Archäologen **Michael Gibbons** (☎ 21492; www.walkingireland.com) anschließen, der Tageswanderungen und mehrtägige, dem keltischen Jahreslauf angepasste Exkursionen organisiert. Preise und Daten erfragt man direkt bei Michael. **Connemara Safari** (☎ 21071; www.walkingconnemara.com) bietet ebenfalls Treks und Ausflüge auf mehrere Inseln an. Fünftägige Touren kosten einschließlich Unterkunft und Mahlzeiten 599 € und mehr.

Wenn man lieber Vierbeinern den Marsch überlassen möchte, kann man auf Connemara-Ponys des **Errislannan Riding Centre** (☎ 21134; info@connemara-tourism.org; Ballyconneely Rd) gemächlich durch die Landschaft schaukeln. Reitlehrer geben Unterricht und organisieren Ausritte am Strand und durch die Hügel. Je nach Programm variieren auch die Preise. Die Stallungen liegen 3,5 km südlich von Clifden an der R341.

Schlafen

Die besten Übernachtungsmöglichkeiten finden sich in der malerischen näheren Umgebung der Stadt.

Brookside Hostel (☎ 21812; www.brooksidehostel.com; Fairgreen; B 13,50–15 €, DZ 36–40 €; ☽ März–Okt.; Ⓟ) Der Besitzer, Richard Bartley, hat das IHH-Hostel selber aufgebaut. Es liegt friedlich unterhalb der Market Street am River Owenglin. Für Selbstversorger gibt es eine helle, saubere Küche, und man kann an geführten Wanderungen teilnehmen.

Clifden Town Hostel (☎ 21076; www.clifdentownhostel.com; Market St; B 15–17 €, DZ 36–40 €; Ⓟ) Mitten im Zentrum, unweit der Cafés, Restaurants und Pubs entfernt, bietet das freundliche, cremefarbene IHH-Hostel große Panoramafenster und sonnige Zimmer mit 34 Betten.

Ben View House (☎ 21256; www.benviewhouse.com; Bridge St; EZ 30–55 €, 60–80 €) Das zentral gelegene Gebäude von 1848 mit seinem altmodischen Charme und ebensolcher Gastfreundschaft hat Holzbalken und polierte Bodendielen.

Seamist House (☎ 21441; Market St; www.connemara.net/seamist; EZ 50–70 €, DZ 70–100 €) Ebenfalls mitten in der Stadt, umgeben von einem Märchengarten (aus dem stammen auch die Früchte für die Marmelade, mit der die frisch gebackenen *scones* bestrichen werden) besticht dieses Steinhaus mit einwandfreien Zimmern und gemütlicher Atmosphäre. Sehr zu empfehlen.

Mallmore House (☎ 21460; www.mallmorecountryhouse.com; Ballyconneely Rd; DZ 70–80 €; ☽ März–Sept.; Ⓟ) Ein unschlagbares Preis-Leistungs-Verhältnis bietet das schneeweiße georgianische Landhaus mit Veranda inmitten von 14 ha Wald, etwa 2 km vom Zentrum entfernt. Neben großen, elegant ausgestatteten Zimmern überzeugt es mit einem reichhaltigen Frühstück (u. a. Pfannkuchen und Räucherlachs).

Foyle's (☎ 21801; www.foyleshotel.com; Main St; EZ 72 €, DZ 114–170 €; ☽ Juni–Aug.) Optisch erinnert die blaue, weiß abgesetzte Fassade an Wedgwood-Geschirr. Das älteste Hotel am Platz verfügt über 30 Zimmer in romantischen Oliv- und Rosatönen und ein erstklassiges Restaurant (Hauptgerichte 15–20 €), das sich auf Meeresfrüchte spezialisiert hat. Der Innenhof voller Blumen lädt ebenso zum Relaxen ein wie auch das quirlige Pub.

Quay House (☎ 21369; www.thequayhouse.com; Beach Rd; EZ 95–115 €, DZ 140–180 €; ☽ Mitte März–Mitte Nov.) Das zauberhafte Haus in reizvoller Lage direkt am Wasser versprüht mit seinen über 200

Jahren historisches Flair. Einst wohnte hier der Hafenmeister, doch dient das Quay House schon lange als Hotel mit 14 großen, antik eingerichteten Zimmern, teilweise mit eigenem Kamin und Blick auf den Hafen. Frühstück wird in einem großen weinumrankten Wintergarten kredenzt.

Abbeyglen Castle (☎ 21201; www.abbeyglen.ie; Sky Rd; EZ/DZ ab 144/239 €; ☺ Febr.–Dez.; Ⓟ) Wer zufällig mit dem Privathubschrauber anreisen sollte, kann auf dem Rasen vor dem großartigen Schloss landen. Auch „normale" Gäste sind im historischen Haus des Gründers von Clifden, John d'Arcy, herzlich willkommen. Auf dem Anwesen kann man in den prächtig ausgestatteten Zimmern die Zeit verträumen, Billard spielen, im Restaurant dinieren oder auf ein Drink ins Pub vorbeischauen.

Essen & Ausgehen

Pubs und Restaurants sind im Zentrum reichlich vertreten. Wie in der gesamten Region dominieren Fisch und Meeresfrüchte.

Two Dog Café (☎ 22186; 2 Church Hill; Mahlzeiten 4–7 €) Dieses hippe, knallig Blau und Orange gestrichene Café serviert guten starken Kaffee, frisches Gebäck und leichte Snacks wie Tortilla Wraps. Die PCs im Obergeschoss bieten Internetzugang. Es ist übrigens das westlichste Internetcafé ganz Europas.

Lowry's Bar (☎ 21347; Market St; Mahlzeiten 4–9 €; ☺ Mo–Do 10.30–24, Fr & Sa 10.30–1, So 10.30–23.30 Uhr) Authentisch, traditionell, altmodisch, ohne Schnickschnack. Mehrmals in der Woche finden Céilidh-Sessions statt. Einfache irische Küche kommt hier auf den Tisch (z. B. Bratwurst mit Kartoffelpüree).

EJ Kings (☎ 21330; Market Sq; Hauptgerichte 13,50–22 €; ☺ So–Do 10.30–23, Fr & Sa 10–0.30 Uhr) Das schon seit 1852 bestehende, gut besuchte Pub bietet Suppen (u. a. etwas wässrigen *chowder*), über Eichenholz geräucherten Lachs, Krebse und erstklassiges Irish Stew. Vegetarier erfreuen sich an Tortillas mit Spinat-Ricotta-Füllung.

D'Arcy Inn (☎ 21146; Main St; Hauptgerichte etwa 15 €; ☺ 10.30–open end) Beliebter Treffpunkt mit Livemusik und Dichterlesungen. Auf der Speisekarte steht – was wohl sonst – *seafood*. Im Winter eingeschränkt geöffnet.

Fogerty's (☎ 21427; Market St; Hauptgerichte 17,50–25 €; ☺ Do–Di 17.30–22 Uhr) Im reetgedeckten Haus mit fröhlich blauen Fensterrahmen gibt's hauptsächlich Fisch und traditionelle irische Küche, darunter ein empfehlenswertes „fangfrisches" Tagesgericht.

Abbeyglen Castle (☎ 21201; www.abbeyglen.ie; Sky Rd; Menüs 49 €; ☺ Febr.–Dez. 19–21 Uhr) Auch wer sich nicht in diesem herrschaftlichen Haus einquartiert, kann fürstlich tafeln, beispielsweise Connemara-Lamm, Lachs oder frische Krustentiere. Tischreservierung erforderlich.

An- & Weiterreise

Busse, u. a. von Bus Éireann, aus Richtung Galway halten an der Market Street bei der Bibliothek.

Michael Nee Coaches (☎ 51082) betreibt zwischen Main Square und Galway von Juni bis September dreimal täglich Buserbindungen Ebenfalls in diesem Zeitraum verkehren zwei Busse am Tag nach Cleggan (Okt.–Mai 2-mal wöchentl.); von dort legt die Fähre nach Inishbofin ab.

Unterwegs vor Ort

Das übersichtliche Zentrum lässt sich gut zu Fuß erkunden. **John Mannion & Son** (☎ 21160; Bridge St) vermietet Fahrräder (10 € pro Tag), ebenso das **Connemara Walking Centre** (☎ 21379; walkwest@indigo.ie; Market St; ☺ März–Sept.).

CLAGGAGHDUFF & OMEY ISLAND

Am zerklüfteten Küstenstreifen nördlich von Clifden entlang erreicht man das kleine, geschilderte Dorf **Claddaghduff** (An Cladach Dubh). Wenn man an der katholischen Kirche Richtung Westen abbiegt, kommt man zum **Omey Strand**. Bei Ebbe kann man durch den Sand zu **Omey Island** spazieren oder fahren. Auf dem Inselchen aus Felsen, Sand- und Grasflächen leben immerhin 20 Einheimische. Im Sommer finden am Strand Pferderennen statt.

CLEGGAN

☎ 095 / 300 Ew.

Die meisten Besucher hasten nur auf dem Weg zur Inishbofin-Fähre durch das kleine Fischerdorf Cleggan (An Cloiggean), 16 km nordwestlich von Clifden. Schade, denn hier kommt so richtiges Wildwest-Feeling auf: Das **Cleggan Riding Centre** (☎ 44746; Preise variieren) verspricht Abenteuer auf dem Pferderücken, wie beispielsweise einen dreistündigen Ausritt über den Damm nach Omey Island.

INISHBOFIN

☎ 095 / 200 Ew.

Tagsüber wirkt Inishbofin ruhig und verschlafen. Enge Gässchen, grüne Wiesen und Sandstrände laden zu Spaziergängen und Radtouren ein, an Vieh und Seehunden vorbei. Doch abends – keine Polizei weit und breit, die über die Sperrstunde wachen könnte – geht es dann erfahrungsgemäß ganz schön rund im Pub.

Praktische Informationen
In der kleinen Post mit angeschlossenem Laden kann man Geld tauschen. Die meisten Pubs und Hotels wechseln Reiseschecks.

Sehenswertes & Aktivitäten
9 km vom Festland entfernt liegt das 6 km lange und 3 km breite Inishbofin. Am höchsten Punkt ragt die Insel 86 m aus dem Meer auf. Neben dem Nordstrand erstreckt sich **Lough Bó Finne**, dem das Eiland seinen Namen verdankt (*bó finne* bedeutet „weiße Kuh").

Der Hl. Colman begab sich 664 freiwillig auf Inishbofin ins Exil, nachdem er sich mit der Kirche wegen der Einführung des neuen Kalenders überworfen hatte. Er errichtete wohl nordöstlich des Hafens ein Kloster. Heute sind hier noch Ruinen einer kleinen **Kirche** aus dem 13. Jh. zu sehen. Die berühmte Piratenkönigin Grace O'Malley benutzte Inishbofin im 16. Jh. als Stützpunkt. Cromwells Truppen nahmen das Eiland 1652 ein und erbauten ein sternförmiges Gefängnis für Priester und Geistliche. Direkt am Pier gibt ein kleines, interessantes **Museum** (www.inishbofin.com; Eintritt frei; ☉ unterschiedliche Öffnungszeiten) umfassend Einblick in die wechselhafte Inselgeschichte. Zu den Exponaten zählen die Einrichtungsgegenstände eines alten Hauses, Fotos sowie traditionelle Farm- und Fischereigeräte.

Die unberührten Gewässer eignen sich super zum Tauchen (Sporttauchen S. 470).

Festivals & Events
Inishbofin wird im Mai so richtig wach gerüttelt. Das **Inishbofin Arts Festival** (☎ 45861; www. inishbofin.com) wartet mit Akkordeon-Workshops, archäologischen Wanderungen, Kunstausstellungen und Konzerten hochkarätiger irischer Bands wie der Frames auf.

Schlafen & Essen
Außerhalb von Umzäunungen darf man wild zelten, allerdings nicht auf und in der Nähe der Strände.

Inishbofin Island Hostel (☎ 45855; www.inishbofin-hostel.ie; Campingplatz 7 €, B 15 €, DZ 36–40 €; ☉ Anfang April–Sept.) Das nette IHH-Hostel in einem alten Bauernhof hat große Panoramafenster und nebenan malerische Zeltplätze. Von der Fähranlegestelle 500 m aufwärts.

Doonmore Hotel (☎ 45804; EZ 60–70 €, DZ 90–120 €; ☉ April–Sept.) In Hafennähe bietet diese Unterkunft bequeme, schlichte Zimmer und zum Lunch (15 €) und Dinner (30 €) frischen Fisch aus der Region *en masse*. Für Ausflüge wird gerne ein Lunchpaket zusammengestellt.

Day's Inishbofin House (☎ 45809; www.inishbofin house.com; DZ 110–240 €) Hier sind Körper und Seele gleichermaßen wohl versorgt. Dieses neu ausgestattete Hotel besticht durch mit ägyptischem Leinen drapierte Zimmer, eigenen Terrassen oder Balkonen (meist inkl. Meerblick) und einen Wellnessbereich. Das Restaurant (Mahlzeiten 25–45 €) glänzt mit mediterraner Küche, u. a. Risotto mit zartem Kürbis und Mascarpone oder Gänseleber-Fasanen-Pastete.

Anreise & Unterwegs vor Ort
Fähren von Cleggan nach Inishbofin (30–45 Min., Hin- & Rückfahrt 15 €) werden bei der Überfahrt oft von spielenden Delphinen begleitet. Bei rauer See fallen die Fähren aus. Im Zweifelsfall vorab informieren.

Island Discovery (☎ 45894, 45819; www.inishbofin islanddiscovery.com) fährt täglich von Cleggan nach Inishbofin.

Inishbofin Ferries (☎ 45903, 45806, 45831; inishbofin ferry@eircom.net) hat zwei Schiffe: die *Galway Bay* (April–Okt. 2-mal tgl., Juni–Aug. 3-mal tgl.) und das ältere Postboot *Dún Aengus* (ganzjährig Mo–Sa 11.30 Uhr).

Inishbofin Cycle Hire (☎ 45833) am Pier vermietet Fahrräder (15 € pro Tag).

LETTERFRACK & UMGEBUNG
☎ 095 / 200 Ew.
Das im 19. Jh. von Quäkern gegründete Letterfrack (Leitir Fraic) ist der ideale Ausgangspunkt für den Connemara-Nationalpark, Renvyle Point und Kylemore Abbey. Zwar mag das Dorf kaum mehr als eine Straßenkreuzung mit einigen Pubs und B&Bs sein, doch der umgebende Wald und nahe Küstenstreifen locken viele Outdoor-Begeisterte an. Der Ort liegt 15 km nordöstlich von Clifden an der N59.

Sehenswertes
KYLEMORE ABBEY
Wenige Kilometer östlich von Letterfrack steht die Abtei von **Kylemore** (☎ 41146; www.

kylemoreabbey.com; Erw./Stud./Kind unter 12 12/7 €/frei; Abtei Mitte März–Mitte Nov. 9–17.30, Mitte Nov.–Mitte März 10–16.30, Gärten Mitte März–Mitte Nov. 10–17 Uhr). Das wunderschön am Seeufer gelegene neogotische Haus aus dem 19. Jh. gehörte ursprünglich dem reichen englischen Geschäftsmann Mitchell Henry, der seine Flitterwochen in Connemara verbrachte. Seine Frau starb leider sehr jung. Beide ruhen heute in einem kleinen **Mausoleum** auf dem Anwesen. In der Nähe kann man eine kleine renovierte **neogotische Kapelle** besichtigen.

Im Zweiten Weltkrieg quartierte sich eine Gruppe Benediktinerinnen aus Ypern in Belgien in der Abtei ein. Sie etablierten ein exklusives Internat, das allerdings 2010 endgültig seine Tore schließen wird. Die weitere Zukunft von Kylemore ist noch ungewiss.

Bis die Schule zumacht, sind noch Teile der Abtei öffentlich zugänglich, darunter ein paar angestaubte Innenräume mit historischem Mobiliar. Auch lädt der viktorianische ummauerte **Garten** auf einen Spaziergang ein. Ohne Eintrittsgebühr kann man um den See und durch die angrenzenden Wälder schlendern. Auf dem Anwesen finden sich ein Souvenirshop sowie eine **Cafeteria** (Mahlzeiten 4–7 €; 9.30–17.30 Uhr) mit Sandwiches und einfachen warmen Gerichten, etwa Spaghetti bolognaise.

Mit der Ruhe ist es vorbei, wenn im Sommer bis zu 55 Busladungen pro Tag hier einfallen – noch nicht die etwa 2700 Autos mitgerechnet, die täglich dazukommen. Als einzige, einigermaßen ruhige Fluchtmöglichkeit bleibt dann nur noch eine Exkursion in die Umgebung mit der **Kylemore Abbey Fishery** (41178; www.kylemoreabbeyfishery.net; Angeltag ab 35 €, Gebühr für Angelausrüstung ab 15 € pro Tag). Auf den Ausflügen werden an Seen und Bächen Lachs und Forellen geangelt.

CONNEMARA-NATIONALPARK

Südöstlich von Letterfrack beginnt das **Naturschutzgebiet** (41054; www.heritageireland.ie; Letterfrack; Erw./Kind 2,90/1,30 €; Besucherzentrum & sonstige Einrichtungen März–Mai 10–17.30, Juni–Aug. 9.30–18.30, Sept.–Anfang Okt.10–17.30 Uhr, Außenanlagen ganzjährig geöffnet) mit 2000 ha Moor-, Hügel- und Heideland. Parkverwaltung und Besucherzentrum sind in den alten Gebäuden südlich der Kreuzung in Letterfrack untergebracht.

Innerhalb des Parks liegen einige der **Twelve Bens**, darunter Bencullagh, Benbrack und Benbaun. Das Herzstück ist **Gleann Mór** (Gro-

ßer Glen bzw. großes Tal), durch das sich der Fluss Polladirk seinen Weg bahnt. Hinauf zum Glen und durch die Berge der Umgebung führen schöne Wandertouren. Kürzere Wege lassen sich gut auf eigene Faust erkunden. Wem die Bens zu anstrengend sind, der kann den nahegelegenen **Diamond Hill** erstürmen.

Das Besucherzentrum informiert über Flora, Fauna und Geologie des Parks. Außerdem kann man sich hier Land- und Wanderkarten anschauen, bevor es dann ins Reservat geht. Eine Ausstellung über das Leben im Moor und die Dokumentation *Man and the Landscape* vermitteln Hintergrundwissen, das einem beim Erkunden des Naturschutzgebiets hilfreich und nützlich sein wird. Im Zentrum findet man einen Essbereich, und es steht Wanderern sogar eine Kochgelegenheit zur Verfügung.

Geführte Trekkingtouren (im Eintritt enthalten; Rundgänge Juni Mo, Mi & Fr 11, Juli & Aug. Mo, Mi & Fr–So 11 Uhr) durch das raue, sumpfige Areal starten am Besucherzentrum. Festes Schuhwerk und Regenkleidung nicht vergessen!

Aktivitäten

Entlang der Küste nördlich von Letterfrack, insbesondere ab Tully Cross nach Osten bis Lettergesh und Salrock, erstrecken sich herrliche weiße Sandstrände, darunter **Glassillaun Beach**. Für Taucher organisiert das am Gassillaun Beach gelegene Zentrum **Scuba Dive West** (43922; www.scubadivewest.com; Letterfrack) Kurse und Tauchgänge an der Küste und auf den Inseln. Ein ganzer Tag mitsamt Anleitung und Ausrüstung am Strand/vom Schiff aus kostet 99/119 €. Erstklassige Strände sind auch **Gurteen** und **Lettergesh**, wo die Pferderennen-Szenen für *The Quiet Man* gedreht wurden.

Zu erfrischenden **Wanderungen** verlockt die gesamte Küste, vor allem der Abschnitt von Renvyle Point zur Derryinver Bay. Eine empfehlenswerte Tour durch hügeliges Terrain (eine Strecke 4–5 Std.) beginnt an der Post in Lettergesh, führt bergauf nach Binn Chuanna und Maolchnoc und dann wieder abwärts zum Lough Fee. Für den 4 km langen Weg von Letterfrack auf den Gipfel des Tully Mountain sollte man eine halbe Stunde einplanen. Von oben bietet sich ein phantastischer Blick auf den Ozean.

Kurse

Hobbyköche sind bei **Pangur Ban** (41243; www.pangurban.com; Letterfrack) genau richtig. Das einladende Restaurant in einem reetgedeckten Haus veranstaltet u. a. zweitägige Kochkurse am Wochenende zu speziellen Themen ab 160 €. Allerdings muss man sich selbst um eine Unterkunft kümmern. „Breads and Cakes" („Brot und Gebäck") beispielsweise führt vor, wie man Hefebrot, traditionelles braunes *soda bread*, verfeinerte Brotvarianten von Zucchini-Walnuss bis Cranberry-Nuss herstellt. Aber auch Mandeltorte ohne Mehl und Kaffeekuchen stehen auf der Backliste. Vier bis sechs Teilnehmer können an einem Kurs teilnehmen. Genauere Infos stehen auf der Webseite.

Schlafen & Essen

Renvyle Beach Caravan & Camping (☎ 43462; Renvyle; Zeltplatz für Fahrradfahrer & Wanderer 8 €, Stellplatz 16 €; Ⓨ Ostern–Sept.) Campingplatz 1,5 km westlich von Tully Cross an einem Sandstrand.

WANDERUNG: KILLARY HARBOUR

Diese leichte, 18 km lange bzw. siebenstündige Wanderung führt durch grandiose Landschaften und zu interessanten geschichtlichen Stätten in der Gegend um Killary Harbour. Insgesamt werden 130 Höhenmeter überwunden. Salrock Pass ist der höchste Punkt der Route, die sich auch gut für bedeckte Tage eignet, wenn die höheren Gipfel in den Wolken verschwinden. Abwechslungsreich geht's über ruhige Schottergassen, *boreens* (Graswege) und zerklüftete Pfade. Es empfiehlt sich, Wanderschuhe zu tragen, da einzelne Abschnitte matschig oder morastig sein können.

Der Weg beginnt und endet 3 km südwestlich von Leenane an einem Steinbruch 20 m südwestlich des River Bunowen an der Hauptstraße Leenane–Clifden (N59). Am Steinbruch gibt es Parkplätze, er ist nur mit dem Auto zu erreichen.

An seinem Ausgang läuft man links und folgt nach 400 m der ersten Abzweigung rechts. Auf der Straße abwärts erreicht man bald zwei Tore und ein Schild, das die Weiterfahrt mit Privatfahrzeugen untersagt. Nachdem man das rechte Tor passiert hat, bleibt man noch gut 1 km auf der Strecke. Im nördlich gelegenen Hafen sind auf der ersten Routenhälfte stets die Bojen der schwimmenden Muschelbänke zu sehen. Bald geht der Pfad in einen Schotterweg über. Später folgen ein paar Tore und eine Brücke über einen Wasserfall. Dann verengt sich der Weg wieder zu einem grasbewachsenen Pfad (*boreen*).

Die Gegend litt sehr schwer unter der großen Hungersnot. Etwa 3 km hinter dem Ausgangspunkt erinnern die Ruinen mehrerer Steinhäuser des einstigen Weilers Foher, der damals völlig entvölkert wurde, an diese Zeit. Weiter geht's auf dem Graspfad an den Ruinen vorbei, dann über einen Tritt an der Mauer gen Westen. Der immer enger werdende Weg windet sich jetzt bergauf und umrundet eine Fläche mit blankem Fels. Die Reste des Mauerwerks der Hunger-Straße, die von den Einheimischen im Austausch für Nahrungsmittel gebaut wurde, sind am Rand noch zu erkennen.

Felsenreihen und Findlinge lockern jetzt die zerklüftete Landschaft auf, und schon bald sieht man die Schiffe und Gebäude von Rosroe (1½–2 Std. nach dem Ausgangspunkt). Man läuft an der Südseite einer langen, ein Feld umgrenzenden Steinmauer entlang, verlässt neben der Hütte den Graspfad und nimmt die kleine Straße zum Hafen von Rosroe. Nach etwa 200 m taucht rechter Hand das Pier auf – ein kleiner Abstecher dahin lohnt sich allemal.

Von der Anlegestelle kehrt man wieder auf die Straße und bis hinter die Stelle zurück, wo man den Graspfad hinter sich gelassen hat. Killary Harbour Little (bzw. Little Killary) heißt die malerische Bucht im Süden, deren Form genau dem größeren Fjord im Norden gleicht. Man folgt der Straße, die zu einer scharfen Rechtskurve ansteigt, nochmals 1 km. Hier verlässt man die Strecke, läuft geradeaus Richtung Osten weiter und durchquert ein Holztor. Ein kurzer steiler Anstieg führt zum Salrock Pass. Von dort aus bietet sich ein Blick über Killary Harbour und Little Killary.

Noch schwieriger gestaltet sich der Abstieg auf der Ostseite des Passes, doch schon bald kommt rechts eine Stelle, wo sich eine Mauer und ein Zaun kreuzen. Man läuft links durch ein Holztor und über einen rauen Pfad nach Salrock. Von dort folgt man den Strommasten bis zum bereits auf dem Hinweg passierten verlassenen Weiler Foher. Eine Mauer führt mitten durch die Ruinen bergab und zurück auf den Grasweg am Ostende des Dorfs. Die weitere Route zum Ausgangspunkt zurück entspricht dem Hinweg.

Old Monastery Hostel (☎ 41132; www.oldmonastery hostel.com; Letterfrack; Campingplatz ab 9 €, B 13–15 €, DZ 40–50 €; P ⌨ &) Über einen Holzweg, 400 m von der Kreuzung Letterfrack, ist das renovierte Steinhaus aus dem 19. Jh. mit ländlichem Charme und kostenlosem WLAN zu erreichen. Im Aufenthaltsraum mit vielen Bücher macht man es sich bei Kerzenlicht am Kamin gemütlich. Fürs leibliche Wohl sorgt ein vegetarisches Büfett (10 €), und die Angestellten organisieren regelmäßig Bootsausflüge zu den abgelegenen Inseln.

Renvyle House Hotel (☎ 43511; www.renvyle.com; Renvyle; DZ 110–240 €; P ⌨) Angeblich spukt es hier! Einst gehörte das Landhaus mit 56 Zimmern dem Dichter Oliver St. John Gogarty. Wer sich nicht gleich hier einquartiert, kann immerhin nach dem Spaziergang über die Halbinsel stilvoll einen Drink oder eine Erfrischung zu sich zu nehmen. Hausgästen stehen die Tennisanlagen und der ganzjährig geöffnete 9-Loch-Golfplatz zur Verfügung.

Pangur Ban (☎ 41243; www.pangurban.com; Letterfrack; Hauptgerichte 15–24 €; ⏱ Juli & Aug. 17.30–21.30, März–Juni & Sept.–Dez. Di–Sa 17.30–21.30 Uhr) In einem 300 Jahre alten Reetdachhaus, 100 m westlich der Kreuzung von Letterfrack. Pangur Ban hat sich in der Gourmetszene mit kreativen Variationen der irischen Küche einen Namen gemacht. Zum Repertoire gehören geschmorte Lammhaxen mit Guinness, Schmortopf vom Fasan mit Äpfeln und Cider mit Pastinakenmus. Wer sich selber versuchen möchte: Das Haus bietet Kochkurse an.

An- & Weiterreise

Linie 420 von **Bus Éireann** (☎ 091-562 000) verbindet ganzjährig Galway und Clifden (einfache Fahrt Erw./Kind 9,80/6,10 €), mit Zwischenstopps in Salruck, Lettergesh, Tully Church, Kylemore, Letterfrack, Cleggan und Claddaghduff.

LEENANE & KILLARY HARBOUR
☎ 095

Das kleine Dorf Leenane (oder Leenaun) döst bei Killary Harbour vor sich hin. Mit seinen vielen Muschelbänken gilt der Küstenabschnitt als einziger Fjord Irlands. Der Meeresarm reicht mit über 45 m Tiefe 16 km weit ins Land. Zwar sieht er wie ein Fjord aus, aber wissenschaftliche Studien ergaben, dass er nicht wirklich von Gletschern gebildet wurde. Am Nordende thront der **Mount Mweelrea** (819 m).

Leenane sonnt sich in seinem literarischem Ruhm: Es lieferte die Kulisse für *The Field* (1989), basierend auf John B. Keanes ergreifendem Stück über einen Bauern, der seinem Sohn ein Stück Pachtland zu vermachen versucht. Auch in der Theaterwelt ist der Ort bis London und New York bekannt – seit Martin McDonaghs Stück *The Beauty Queen of Leenane*.

Praktische Informationen
Im Ort gibt es weder Bank noch Geldautomat. Geldwechseln kann man nur bei der Post.

Sehenswertes
In einer Landschaft voller grasender Schafen kann man sich gleich direkt unter die Herde mischen, und zwar im **Sheep & Wool Centre** (☎ 42323, 42231; www.sheepandwoolcentre.com; Eintritt 4 €; ⏱ April–Okt. 9–18 Uhr). Neben Vorführungen im Spinnen und Weben zeigt das kleine Museum, wie man Wolle färbt. Gäste können beim Füttern der Tiere helfen oder sich selber im Café mit hausgemachtem Kuchen, Pies und Irish Stew stärken. Im angeschlossenen Laden werden Kunsthandwerk aus der Region und Wanderkarten verkauft. Außerhalb der Saison kann man das Zentrum eventuell nach vorheriger telefonischer Vereinbarung besuchen.

Aktivitäten
Kanufahrten, Kajak im Meer, Segeln, Klettern, Tontaubenschießen, Windsurfen, Wasserski, Bogenschießen, Tageswanderungen, Combat Laser Games und viele weitere Aktivitäten hat das **Killary Adventure Centre** (☎ 43411; www.killary.com; halber/ganzer Tag ab 40/80 €; ⏱ 10–17 Uhr), 3 km westlich von Leenane an der N59, auf Lager. Von April bis September sollte man Insektenschutz gegen die Mückenschwärme einstecken!

Ab Nancy's Point, etwa 2 km westlich von Leenane, bietet **Killary Cruises** (☎ 091-566 736; www.killarycruises.com; Erw./Kind/Fam. 19/9/42 €; ⏱ April–Okt. 4-mal tgl.) 1½-stündige Katamaran-Rundfahrten durch den Killary Harbour an. Manchmal von Delphinen begleitet, schippert das Boot an einer Muschelfarm vorbei. In der Forellenzuchtanstalt kann man bei der Fischfütterung zusehen.

Von Leenane aus locken ausgezeichnete **Wanderungen**, beispielsweise zum Wasserfall von **Aasleagh** (Eas Liath), 3 km entfernt im Nordosten von Killary Harbour. Eine weitere

COUNTY GALWAY

Alternative: Die Straße Richtung Westen führt 2 km an der Südküste entlang. Wo sie in Landesinnere abbiegt, kann man zu Fuß weiter geradeaus auf der alten Straße bis zum winzigen Fischerdorf **Rosroe Quay** mit nur elf Einwohnern weitergehen. Eine genaue Wegbeschreibung steht auf S. 471. Für ein- und mehrtägige geführte Wanderungen in der Gegend ist der erfahrene Gerry Greensmyth von **Croagh Patrick Walking Tours** (☎ 098-26090; www.walkingguideireland.com) genau die richtige Adresse.

Schlafen & Essen

Sleepzone Connemara (☎ 42929; www.sleepzone.ie; Campingplatz 10 €, B 13–22 €, EZ 30–40 €, DZ 44–60 €; ☒ März–Okt.; ℗ ▣) Das restaurierte Gebäude aus dem 19. Jh. wartet mit sauberen Schlafräumen und modernisierten Privatzimmern auf. Wer lieber an der frischen Luft schläft, kann draußen auch sein Zelt aufstellen. Außerdem punktet die Unterkunft mit: gratis WLAN, Bar im Haus, Grillterrasse, Tennisplatz und Fahrradverleih. Das Hostel organisiert auch die An- und Abreise von Galway, allerdings nur für Gäste (einfach/Hin- & Rückfahrt 8/12 €).

Killary Adventure Centre (☎ 43411; www.killary adventure.ie; B 18–24 €, DZ 64–70 €; ℗) Für spartanische Gemüter, die eher das Abenteuer als die Bequemlichkeit suchen, hat das Zentrum schlichte, saubere Schlafsäle und Doppelzimmer. Dazu gehören auch ein Restaurant (Dinner 25 €) und eine Bar mit Panoramablick auf Killary Harbour. Spezieller Familienrabatt.

Killary House (☎ 42254; www.connemara.com/killary house; Leenane; DZ 50–60 €; ℗) Das gemütliche B&B auf einem Bauernhof ist nur einen kurzen Fußmarsch von Leenane entfernt. Nach vorne hinaus bieten die Zimmer Aussicht auf die Bucht, nach hinten auf die Berge. Die preiswerteren Räume haben kein eigenes Bad. Auf Anfrage kann man hier auch essen, einschließlich Kindermenüs.

Blackberry Cafe (☎ 42240; Leenane, kleine Mahlzeiten 4,50–11 €, Abendgerichte 14–25 €; ☒ Juli & Aug. 12–16.30 & 18–21, Ostern–Juni & Sept. Mi–Mo 12–16.30 & 18–21 Uhr) Das erfrischend zeitgemäße Café serviert fabelhafte frische Meeresküche, z. B. geräucherten Connemara-Lachs oder Muscheln in Weißwein-Knoblauch-Sauce.

Ausgehen

Bauern und andere Einheimische besuchen gern die authentischen, mit dunklem Holz vertäfelten Pubs an Leenanes Hauptstraße, um in aller Ruhe ihre Pints an offenen Kaminen zu trinken oder sich einen wärmenden Irish Coffee zu genehmigen.

SÜDLICH VON GALWAY (STADT)

Viele Besucher brausen ohne Zwischenstopp auf dem Weg von oder nach County Clare durch diese Region. Dabei ist sie ausgesprochen reizvoll, wenn man sie ohne Hektik erkundet. Wer Galway zu seinem Standquartier auserkoren hat und mit dem Auto unterwegs ist, sollte sich auf keinen Fall die Austern-Restaurants in der Umgebung entgehen lassen.

CLARINBRIDGE & KILCOLGAN

☎ 091 / 2100 Ew.

Clarinbridge (Droichead an Chláirin) und Kilcolgan (Cill Choglán), nur 16 km südlich von Galway, werden während des **Clarinbridge Oyster Festival** (www.clarenbridge.com) am zweiten Wochenende im September quicklebendig. Die Austern schmecken aber bereits im Mai und den Sommermonaten am besten. Antiquitätenliebhaber können in den Läden auf Clarinbridges Hauptstraße herrlich stöbern.

Für eine gute Tasse Tee, an fein dekorierten Tischen in chinesischem Porzellan serviert, sind **Claire's Tea Rooms** (☎ 776606; Clarinbridge; Snacks 3–8 €; ☒ Di–Sa 10.30–17, So 13–17 Uhr) in einem alten Steinhaus die richtige Adresse.

Das Austernfestival wird von **Paddy Burke's Oyster Inn** (☎ 796 107; Clarinbridge; 6 Austern 10 €, Hauptgerichte 10–24 €; ☒ 12.30–22 Uhr) organisiert. Auch sonst tischt das altmodische Reetdachhaus an der Brücke gute und reichliche Portionen Fisch und Meeresfrüchte auf.

Wer dem Wegweiser an der Post nördlich von Kilcolgan folgt, trifft auf das **Moran's Oyster Cottage** (☎ 976 113; The Weir, Kilcolgan; 6 Austern 1 €, Hauptgerichte 13–20 €; ☒ Mo–Sa 12–22, So 10–22 Uhr). Das stimmungsvolle Pub mit Restaurant in einem reetgedeckten Haus blickt auf die Dunbulcaun Bay, von wo die Austern direkt auf den Teller wandern. Clarinbridge liegt an der Hauptstraße Galway–Gort–Ennis–Limerick (N18) und wird von zahlreichen Bus-Éireann-Linien aus Galway bedient. Kilcolgan befindet sich ebenfalls an der N18.

COUNTY GALWAY

ABSTECHER: GORT & UMGEBUNG

Motorisierte Fans von W. B. Yeats sollten sich zwei mit dem großen Dichter in Verbindung stehende Orte an der Autobahn von/nach Galway in der Nähe von Gort nicht entgehen lassen.

Ein normannischer Turm aus dem 16. Jh., der **Thoor Ballylee** (☎ 631 436; Peterswell; Eintritt 6 €; ☻ Mai–Sept. Mo–Sa 10–18 Uhr), diente Yeats 1922–29 als Sommersitz und inspirierte ihn zu seinem bekanntesten Werk *The Tower*. In dem renovierten Bauwerk sind noch Möbel des Dichters zu sehen, außerdem wird eine audiovisuelle Vorführung über sein Leben gezeigt. Zum Turm fährt man von Gort aus 3 km auf der N66 nach Loughrea und hält nach Wegweisern Ausschau.

Etwa 3 km nördlich von Gort liegt **Coole Park** (☎ 631 804; www.coolepark.ie; Eintritt 2,90 €; ☻ April, Mai & Sept. 10–17, Juni–Aug. 10–18 Uhr), das Zuhause von Lady Augusta Gregory, der Mitbegründerin des Abbey Theatre und großen Gönnerin von Yeats. Eine Ausstellung informiert über die Rolle des Anwesens in der Literaturszene jener Zeit, aber auch über die Tier- und Pflanzenwelt des angrenzenden Naturschutzgebietes. Als größte Attraktion gilt der Autografen-Baum, in den viele illustre literarische Gäste der Lady ihre Initialen schnitzten. Das Restaurant von Coole Park (Hauptgerichte 8–12 €) ist in den ehemaligen Stallungen untergebracht und bietet vollwertige Wraps und hausgemachte Burger.

5 km südwestlich von Gort befindet sich die komplexe Klosteranlage von **Kilmacduagh**. Neben einem kleinen See stehen der gut erhaltene 34 m hohe Rundturm, Überreste einer kleinen Kirche aus dem 14. Jh. (Teampall Mór MacDuagh), eine Johannes dem Täufer geweihte Kapelle und weitere kleine Kapellen. Ursprünglich, am Anfang des 7. Jhs., wurde die Abtei vermutlich vom Hl. Colman MacDuagh gegründet. Von hier bietet sich eine hervorragende Aussicht zum Burren. Die Anlage ist jederzeit zugänglich.

Wer zufällig Mitte Juni durch Gort reist, fühlt sich unweigerlich nach Rio versetzt. Gort hat prozentual den höchsten brasilianischen Bevölkerungsanteil von ganz Irland. Das **Brasilian Festival** (http://brasilianfestivalgort.blogspot.com) lässt mit Samba, *capoeira* (Kombination von Tanz und Schaukampf) und kulinarischen Spezialitäten heiße Stimmung aufkommen.

KINVARA

☎ 091 / 400 Ew.

Der kleine steinerne Hafen von Kinvara (auch Kinvarra) liegt beschaulich am Südostrand der Galway Bay – daher der gälische Name Cinn Mhara (Kopf des Meeres). Am zweiten Augustwochenende liefern sich hier alljährlich die traditionellen Galway Hooker (Segelboote) beim **Cruinniú na mBáid** (Treffen der Schiffe) ein Rennen.

Als zweiter Termin im Kalender sollte man sich **Fleadh na gCuach** (Kuckucksfest) vormerken. Das traditionelle Musikfestival findet Ende Mai mit über 100 Musikanten und einem Programm mit bis zu 50 Konzerten plus Rahmenprogramm und Parade statt.

Genaueres zu beiden Ereignissen steht auf der **Webseite** (www.kinvara.com).

Sehenswertes und Aktivitäten

Das schnörkelige **Dunguaire Castle** (☎ 637 108; Erw./Kind 4/2 €; ☻ Mai–Okt 9.30–17.30 Uhr) wurde um 1520 vom Clan der O'Hynes erbaut und präsentiert sich heute nach aufwendiger Restauration in ausgezeichnetem Zustand. Man nimmt an, dass es einst an der Stelle eines früheren Königspalasts aus dem 6. Jh. von Guaire Aidhne, dem König von Connaught, errichtet wurde. Unter den früheren Eigentümern war auch Oliver St. John Gogarty (1878–1957), ein Dichter, Schriftsteller, Chirurg und Senator des irischen Freistaates.

Die stilvollste Art, das Schloss zu erkunden, ist sicher ein **mittelalterliches Bankett** (☎ 061-361 788; www.shannonheritage.com; Bankett 49 €; ☻ Mai–Okt. 17.30–20.45 Uhr). Mit musikalischer Untermalung, Geschichtenerzähler, historischem Menü, Wein und einem Krug Met gelingt die Zeitreise in die Vergangenheit garantiert.

Schlafen & Essen

Doorus House (☎ 637 512; doorushouse@kinvara.com; Doorus; B 15–16 €; P ☐) Dieses reizende An Óige-Hostel, 6 km nordwestlich von Kinvara, atmet historisches Flair. In dem alten Herrenhaus empfing der einstige Besitzer, Graf Floribund de Basterot, so namhafte Gäste wie W. B. Yeats, Lady Augusta Gregory, Douglas Hyde und Guy de Maupassant. Die Schlafsäle sind schlicht und sauber. Von der Hauptstraße nach Ballyvaughan (N67) führt eine ausgeschilderte Abzweigung zum Hostel.

Burren View (☎ 637 142; www.kinvara.com/burren view; Doorus; DZ ohne/mit Bad 60/65 €; ☻ April–Sept.; Ⓟ) Etwa 6 km nordwestlich von Kinvara liegt der Hof der Familie O'Connor auf einer abgelegenen Halbinsel mit unglaublichem Blick über Galway Bay bis zum Burren. Ein mit blauer Flagge ausgezeichneter Badestrand ist nur einen kurzen Fußweg entfernt.

Keough's (☎ 637 145; Main St, Kinvara; Hauptgerichte 8–15 €) Das freundliche Lokal, in dem man gelegentlich Gälisch hört, bietet neben reichlich Flüssignahrung u. a. panierten frischen Fisch. Montags und donnerstags wird traditionelle Musik gespielt, die Samstage sind dem Tanz vorbehalten – wie in der guten alten Zeit.

An- & Weiterreise

Die Buslinie 423 verkehrt zwischen Galway und mehreren Orten der Grafschaft Clare und fährt auch über Kinvara. Ende Mai bis Ende November hält auch Linie 50 von Bus Éireann (Galway– Killarney) am Ort (Mo–Sa 3- bis 4-mal tgl., So 2-mal). Genauere Auskünfte erhält man beim **Busbahnhof von Galway** (☎ 091-562 000).

ÖSTLICHES GALWAY

Lough Corrib trennt das östliche Galway von den atemberaubenden Landschaften Connemaras und der Westküste des County. Diese Region besitzt einen völlig anderen Charakter: Im Osten ist Galway nämlich eher flach. Der kalksteinhaltige Untergrund schuf einen gut durchlässigen, fruchtbaren Mutterboden, der beste Voraussetzungen für die Landwirtschaft bietet. Das hat die Gegend mit den irischen Midlands gemein.

An- & Weiterreise

Mehrere Linien von **Bus Éireann** (☎ 091-562 000) verbinden Galway mit Athenry, Ballinasloe und Loughrea. Wer von Galway nach Portumna oder umgekehrt reist, muss in Kilbeggan umsteigen.

ATHENRY
☎ 091 / 2200 Ew.

Der Name Athenry ist eigentlich synonym mit dem irischen Volkslied „The Fields of Athenry", das sich mit der großen Hungersnot befasst und von Pete St. John in den 1970er-Jahren komponiert wurde. Angeblich auf einer Ballade aus den 1880er-Jahren basierend (was St. John bestreitet), interpretierten es inzwischen etliche Künstler. Mittlerweile gehört der Song zum Repertoire der Fans bei Sportveranstaltungen und wird dabei großzügig angepasst. Der Liverpooler Fußballclub hat ihn beispielsweise in „Fields of Anfield Road" umgewandelt.

16 km östlich von Galway gelegen verdankt der von Stadtmauern umgebene Ort seinen Namen einer nahe gelegenen Furt (Gälisch *áth*), die den Fluss Clare östlich der Ansiedlung durchquert. Hier grenzten früher drei Königreiche aneinander, worauf die Bezeichnung Áth an Rí (Furt der Könige) hinweist.

Das anschauliche **Athenry Arts & Heritage Activity Centre** (☎ 844 661; www.athenryheritagecentre. com; The Square; ☻ Mo–Fr 10–14 Uhr) informiert ausführlich über die Sehenswürdigkeiten und Wandermöglichkeiten der Stadt. Auf der **Webseite** (www.athenry.net) findet man Übernachtungs- und Restauranttipps. Weitere Auskünfte sind auch bei **Galway East Tourism** (☎ 850 687; www.galwayeast.com) erhältlich.

Angeblich beheimatet der Ort Irlands vollständigstes Ensemble mittelalterlicher Architektur. Zu den renovierten Gebäuden gehören eine **normannische Burg**, die mittelalterliche Gemeindekirche **St. Mary**, ein **Dominikanerkloster** mit exquisiten Steinmetzarbeiten auf den Grabsteinen und ein original erhaltenes **Marktkreuz**.

LOUGHREA & UMGEBUNG
☎ 091 / 4000 Ew.

Das nach dem kleinen See am südlichen Ortsrand benannte Loughrea (Baile Locha Riach) ist eine lebhafte Marktstadt, 26 km südöstlich von Galway, und besitzt den einzigen, komplett erhaltenen mittelalterlichen Wallgraben. Er verläuft von dem See bei Fair Green nahe der Kathedrale bis zum Fluss Loughrea nördlich der Stadt.

St. Brendan's Catholic Cathedral (☎ 841 212; Barrack St; Eintritt frei; ☻ Mo–Fr 11.30–13 & 14–17.30 Uhr) stammt aus dem Jahr 1903 und besticht durch Buntglasfenster im keltischen Stil, ihre Inneneinrichtung und Marmorsäulen. Allerdings ist sie nicht zu verwechseln mit St. Brendan's Church in der Church Street, die heute als Bibliothek dient.

Bei Bullaun, 7 km nördlich von Loughrea, befindet sich der säulenartige **Turoe Stone** mit fein gestalteten Reliefs, wie sie für die La-Tène-Zeit charakteristisch waren. Der Stein geht auf 300 v. Chr. bis 100 n. Chr. zurück und stand ursprünglich an einem eisenzeitlichen Fort, einige Kilometer entfernt.

An der Straße nach Osten Richtung Ballinasloe, gut 6 km von Loughrea, lädt das **Dartfield Horse Museum & Park** (☎ 843 968; www.dartfieldhorsemuseum.com; Erw./Kind 8/5 €; 🕑 9.30–18 Uhr) nicht nur Pferdefans auf einen Besuch ein. Dort erfährt man alles über Pferdezucht, Kutschen, die bunte Welt der Rennpferde und die Rolle dieser Tiere in der Geschichte Irlands. Ausritte und Kutschfahrten werden ebenfalls angeboten.

LP Tipp **Meadow Court Hotel** (☎ 841 051; www.meadowcourthotel.com; Clostoken; DZ ab 116 €; P) Für Liebhaber guter Küche ist das kirschrote Landhaus, 3 km westlich von Loughrea, eine Entdeckung (Abendessen 16–29 €; mittags & abends geöffnet). Auch die Übernachtung verspricht so einiges: romantische Räume mit Himmelbetten, Breitband-Internetanschluss und Zimmerservice. Wir verleihen ihm eine Medaille für den besten Seebarsch im Westen, mit Limone und Knoblauch abgeschmeckt. Hervorragend zubereitet und serviert werden auch die Vorspeisen, etwa frittierte Pilze. Eine exquisite Weinkarte rundet das kulinarische Erlebnis ab.

BALLINASLOE

☎ 0509 / 6000 Ew.

Ballinasloe (Béal Átha na Sluaighe) an der Verbindungsstraße Galway–Dublin (N6) ist für sein im Oktober stattfindendes Reiterfest, **Horse Fair** (www.ballinasloe.com), berühmt, das auf die Zeit der Hochkönige von Tara zurückgeht. Unweigerlich endet dabei alles auf den mehr oder weniger matschigen Wiesen und Feldern, was aber keinesfalls ein Hinderungsgrund sein sollte. Mit Gummistiefeln und robuster Kleidung ist man gut gewappnet. Das Fest versetzt die Stadt in eine nostalgische Jahrmarktatmosphäre, nicht zuletzt dank der etwa 80 000 Pferdehändler und Schaulustigen. Auch fühlt sich die in Irland heimische Gemeinde der Traveller angezogen und campiert zu der Zeit in tonnenförmigen traditionellen Wagen ganz in der Nähe. Mehr über diese Kultur erfährt man auf diversen Webseiten: **Irish Traveller Movement** (www.itmtrav.ie), **Univsity College Dublin** (www.ucd.ie/folklore), **Pavee Point Travellers Centre** (www.paveepoint.ie) stellen gute Informationsquellen dar.

Etwa 6 km südwestlich der Stadt an der N6 stößt man auf Aughrim. Hier fand die blutigste aller jemals auf irischem Boden ausgetragenen Schlachten statt. Sie endete mit einem gewaltigen Sieg Wilhelms von Oranien über die katholischen Truppen von James II. Das **Battle of Aughrim Visitor Centre** (☎ 73939; Aughrim; Erw./Kind 4/3 €; 🕑 Juni–Aug. Di–Sa 10–18, So 14–16 Uhr; ♿) bemüht sich, die Ereignisse im Verlauf des Krieges der zwei Könige angemessen einzuordnen. Wegweiser führen vom Zentrum zum eigentlichen Schlachtfeld.

Das **Hyne's Hostel** (☎ 73734; info@auldshillelagh.com; Aughrim, Ballinasloe; B 12–15 €; P ♿) hat nur zwölf Betten, weshalb man im Sommer und für das Horse Fair unbedingt reservieren sollte. Hier kann man Fahrräder ausleihen; außerdem wird innerhalb der Region ein Abholservice geboten.

CLONFERT CATHEDRAL

21 km südöstlich von Ballinasloe gelangt man zur kleinen Kirche von **Clonfert** aus dem 12. Jh. Der Legende nach steht sie an der Stelle eines früheren Klosters, das der Hl. Brendan im Jahr 563 gegründet haben soll. Angeblich liegt er auch hier begraben. Auch wenn historisch nicht ganz bewiesen ist, dass Brendan der „Seefahrer" wirklich in einem kleinen *currach* (Ruderboot aus einem Holzrahmen, der mit geteerter Leinwand bespannt war) die Küsten der Neuen Welt erreichte, wurden tatsächlich altirische Ogham-Inschriften – die älteste Form der Schrift auf der grünen Insel – in West Virginia entdeckt, die bereits aus dem 6. Jh. stammen. Das würde bedeuten, dass die Iren Amerika bereits vor Kolumbus betreten hatten.

Hauptattraktion ist ein sechsbogiger romanischer Torbogen, den surrealistisch anmutende Menschenköpfe zieren. Die Kirche befindet sich an einer Abzweigung der R256 und ist nur per Auto erreichbar.

PORTUMNA

☎ 0509 / 1900 Ew.

Im südöstlichen Winkel des County an einem See liegt Portumna, ein beliebter Ort bei Freizeitkapitänen und Anglern. Der **Lough Derg Holiday Park** (☎ 061-376 329; www.loughderg.net) vermietet Boote für 45/65/190 € pro halbem Tag/Tag/Woche.

Das imposante **Portumna Castle** (☎ 41658; Castle Ave; Erw./Kind 2/1 €; 🕑 April–Okt. 10–18 Uhr) wurde 1618 von Richard de Burgo (oder Burke) erbaut. Einen Besuch lohnt vor allem der in geometrischen Mustern angelegte Garten.

Counties Mayo & Sligo

Gerade mal ein paar Autostunden von Dublin entfernt erstrecken sich Mayo und Sligo schön abseits der ausgetretenen Pfade. Die dünn besiedelten Counties bezaubern durch unberührte Gebiete und Naturschönheiten. Wer der Alltagshetze entkommen möchte, steuert am besten die abgelegenen Inseln vor Mayo und Sligo, einsame Strände und wilde Moore an oder verbringt einige Tage in einem der kleinen Dörfer der Gaeltacht.

Mayo ist die rauere der beiden Grafschaften. Hier ragt die wildromantische sumpfige Landschaft weiter ins Meer hinein. „Zur Hölle oder nach Connaught" – dieses nicht gerade einladende Kompliment könnte man genauso auf Mayos Tiefebenen anwenden. Für Landwirtschaft weniger geeignet, bietet das County mit seinen Felsformationen und subtilen Farbspielen umso mehr fürs Auge. Kein Wunder, dass eine solche Umgebung den Charakter der Bewohner prägt. Härtere, aber auch freundlichere Menschen sind weit und breit nicht zu treffen.

Doch Sligo steht dem in nichts nach. Seine Hügellandschaft mit grünen Weiden inspirierte schon den Dichter William Butler Yeats zu den wohl ergreifendsten Gedichten der irischen Literatur. Dennoch gibt sich Sligo heute modern und zeitgemäß: Seine Küsten sind ein Dorado für Surfer aus aller Welt, und die Stadt Sligo mit ihren internationalen Restaurants, Kunstgalerien und modernen Hotels präsentiert sich weltoffen. Das County besitzt viele historische Stätten und ist nicht zuletzt Heimat ausgezeichneter traditioneller irischer Musiker.

Für den großen Adrenalinkick finden sich allerdings anderswo bessere Gelegenheiten als in den abgelegenen Landpensionen. Autofahrer, die jeder langsame Traktor zur Weißglut bringt, sollten um die Counties einen Bogen machen. Mayo und Sligo sind eher etwas für beschauliche Angelausflüge. Wer Ruhe sucht, ist hier genau richtig.

HIGHLIGHTS

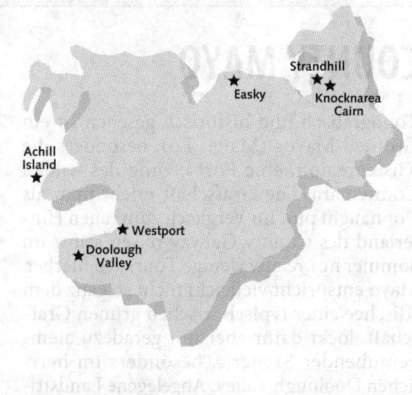

- **Tragik & Schönheit** Das atemberaubende Doolough Valley (S. 486), Schauplatz des verzweifelten Hungermarsches

- **Insel-Idyll** Ruhe und Abgeschiedenheit auf Achill Island (S. 489) vor Mayos Westküste

- **Singsang** In Matt Molloy's Pub (S. 485), Westport, erhebt man nicht nur die Gläser, sondern auch die Stimmen

- **Maeves Grab** Ein Steinhaufen bei Knocknarea beherbergt angeblich die sterblichen Überreste der legendären Königin (S. 507)

- **Adrenalinschub** Surfen das ganze Jahr über bei Strandhill (S. 507) und Easky (S. 509)

EINWOHNER: 178 900　　　　**FLÄCHE: 7195 KM²**

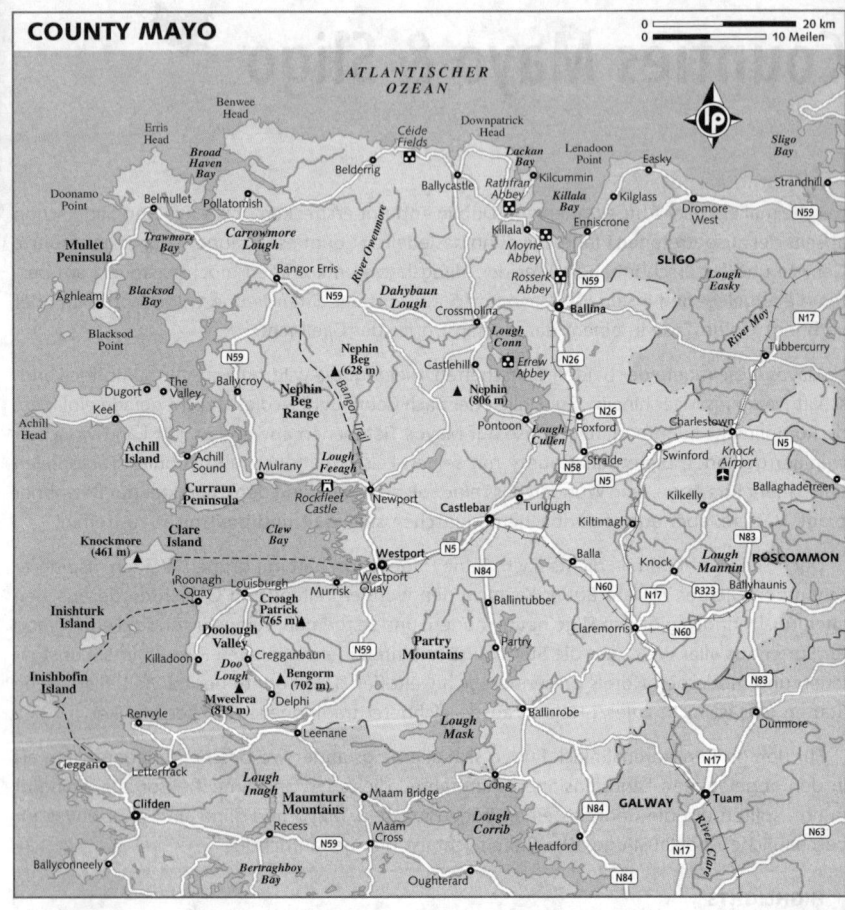

COUNTY MAYO

Topografisch und historisch gesehen ist ein Großteil Mayos (Maigh Eo), besonders die Küstenregion, eine Fortsetzung des wilden Connemara. Die Grafschaft erlebt man als Connaught pur. Im Vergleich zum rauen Hinterland des County Galway reisen selbst im Sommer nur relativ wenige Touristen hierher. Mayo entspricht vielleicht nicht so ganz dem Klischee einer typisch irischen grünen Grafschaft, lockt dafür aber mit geradezu atemberaubender Szenerie, besonders im herrlichen Doolough Valley. Abgelegene Landstriche wie dieser lassen die Sorgen der Welt vergessen.

Die Geschichte Mayos zeugt nicht gerade vom einfachen Landleben. Hier schlug die große Hungersnot mit am härtesten zu, wie es auch in dem Refrain „County Mayo, Mayo, God help us!" zum Ausdruck kommt. Viele wanderten damals aus, und heute recherchieren hier massenhaft Iren aus Übersee ihre Familiengeschichte. Die Einwohnerzahl hat nie wieder den Stand von vor der Hungersnot erreicht.

Wirtschaftlich hinkt Mayo allerdings hinter dem restlichen Irland her, doch lebt man deshalb nicht hinter dem Mond. Hier geht es einfach gemächlicher zu, was gerade auf viele Reisende anziehend wirkt. Und je weiter man nach Westen fährt, desto wilder wird das Land.

CONG

☎ 094 / 185 Ew.

Cong gibt sich wirklich Mühe, so auszusehen, wie man sich landläufig ein traditionelles irisches Dorf vorstellt. Die Zeit scheint hier seit den Dreharbeiten zu *The Quiet Man (Der Sieger)* 1951 stillgestanden zu sein. Zwar ist der Ort sehr malerisch in einer umwerfenden Landschaft gelegen, doch fehlt es ihm ein bisschen an Leben. In Cong selbst wohnen nur sehr wenige Menschen, dafür sind die Schaufenster der Geschäfte voll von Fotos mit John Wayne. Im Sommer verdoppelt sich mit Ankunft des ersten Reisebusses schlagartig die Zahl der Fußgänger.

Offensichtlich scheint das moderne Irland in Cong noch nicht angekommen. Für Filmfans ist es sicher spannend, den Schauplatz eines so berühmten Streifens zu besuchen. Auf faszinierende Weise lässt sich hier beobachten, wie die Grenzen zwischen Realität und Fiktion des Films verschwimmen. Wer die Ruhe des Frühjahrs oder Herbstes vorzieht, findet herrliche Waldwege zwischen der schönen alten Abtei und dem phantastischen Ashford Castle. Cong wartet mit friedlichen Flüssen, hübschen Steinbrücken und wildromatischen Waldlandschaften auf.

Das Dorf liegt direkt östlich der Grenze zum County Galway auf einer schmalen Landenge zwischen Lough Corrib und Lough Mask.

Praktische Informationen

Die **Touristeninformation** (Karte S. 479; ☎ 954 6542; Abbey St; ☼ März–Nov. 10–18 Uhr) befindet sich im alten Gerichtsgebäude (*old courthouse*) gegenüber der Cong Abbey. Filminteressierte können sich mit dem *Complete Tour Guide to the Quiet Man Locations* (5 €) eindecken.

Im Ort gibt es keine Bank, aber eine Geldwechselstube im Postamt in der Main Street und bei der Touristeninformation.

Sehenswertes

CONG ABBEY

Die aus dem 12. Jh. stammende **Augustinian Abbey** (Karte S. 479; Eintritt frei; ☼ Sonnenaufgang–Sonnenuntergang) ist mit ihren jahrhundertelang den Elementen ausgesetzten Mauern ein sinnträchtiges Zeugnis der Kirchengeschichte. Immerhin haben einige sehr schöne Steinmetzarbeiten die Zeit überdauert, darunter ein Portal, einige Fenster sowie beeindruckende mittelalterliche Bögen, die im 19. Jh. restauriert wurden.

Die Abtei wurde 1120 von Turlough Mór O'Connor, Großkönig von Irland und König von Connaught, an der Stelle einer Kirche aus dem 6. Jh. gegründet. Einst versammelte sich die Gemeinde im **Chapter House** (Kapitalsaal), um dort öffentlich ihre Sünden zu beichten. Heute ruhen viele Einwohner auf dem Friedhof, der sich in und um die Abtei erstreckt.

Von der Abtei führt ein mit bemoosten Bäumen gesäumter Pfad zum Fluss hinunter. Hier liegt der interessanteste Teil der Anlage: das winzige **Monk's Fishing House** (Karte S. 479) aus dem 16. Jh. Es wurde mitten über dem Fluss erbaut, sodass die Mönche ihren Fischfang durch ein Loch im Fußboden hochziehen konn-

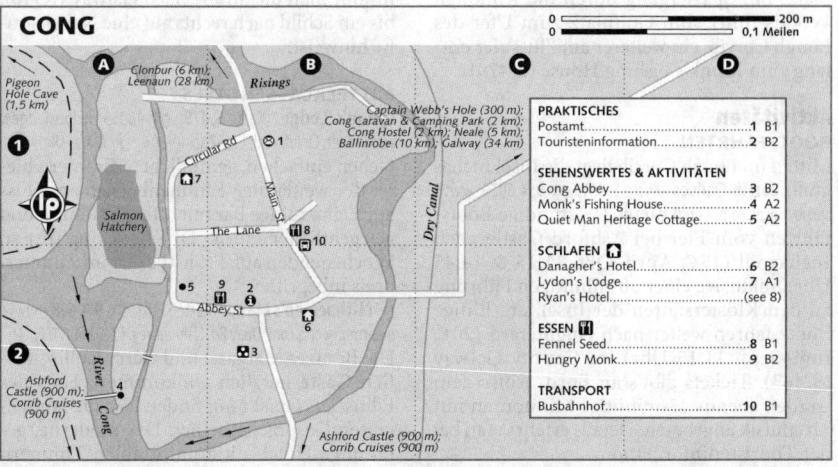

CONG

0 — 200 m
0 — 0,1 Meilen

Pigeon Hole Cave (1,5 km)

Clonbur (6 km); Leenaun (28 km)

Risings

Captain Webb's Hole (300 m); Cong Caravan & Camping Park (2 km); Cong Hostel (2 km); Neale (5 km); Ballinrobe (10 km); Galway (34 km)

Circular Rd

Main St

Dry Canal

Salmon Hatchery

The Lane

Abbey St

River Cong

Ashford Castle (900 m); Corrib Cruises (900 m)

Ashford Castle (900 m); Corrib Cruises (900 m)

PRAKTISCHES
Postamt..................................1 B1
Touristeninformation..................2 B2

SEHENSWERTES & AKTIVITÄTEN
Cong Abbey.............................3 B2
Monk's Fishing House..................4 A2
Quiet Man Heritage Cottage...........5 A2

SCHLAFEN 🛏
Danagher's Hotel.......................6 B2
Lydon's Lodge..........................7 A1
Ryan's Hotel.........................(see 8)

ESSEN 🍴
Fennel Seed............................8 B1
Hungry Monk...........................9 B2

TRANSPORT
Busbahnhof............................10 B1

ten. Ursprünglich gab es in der Küche wohl auch eine durch eine Schnur mit dem Haus verbundene Glocke. So wussten die Köche, wann sie den Topf aufs Feuer setzen sollten.

QUIET MAN HERITAGE COTTAGE

An die berühmten Filmzeiten von Cong erinnert das **Quiet Man Heritage Cottage** (Karte S. 479; ☎ 954 6089; Circular Rd; Erw./Kind/Stud. 3,75/2/3 €; ☺ März–Okt. 10–17 Uhr), ein Nachbau des Sean Thornton's White O'Mornin'Cottage aus dem Film. Hier befindet sich auch die **Archaeological and Historical Exhibition** der Gegend mit auf engem Raum zusammengedrängten Exponaten von 7000 v. Chr. bis ins 19. Jh.

ASHFORD CASTLE

Hinter der Cong Abbey endet das Dorf abrupt an den Wäldern von **Ashford Castle** (Karte S. 481; ☎ 954 6003; www.ashford.ie). Die Burg wurde 1228 als Sitz der Familie de Burgo erbaut und wechselte später mehrmals seinen Eigentümer, was man auch an mehreren An- und Umbauten erkennen kann. Zwischenzeitlich residierte hier die Familie Guinness – das nach ihr benannte Bier ist heute jedem ein Begriff. Arthur Guinness baute das Castle zu einem Jagd- und Fischereischloss um. In dieser Form ist es bis heute erhalten. Von der Burg mit ihren über den Fluss Cong ragenden Zinnen hat man eine beeindruckende Aussicht. Besucher können einen Blick in seine tadellos restaurierten Säle werfen. Als Hauptattraktion gilt allerdings die Umgebung: ein 140 ha großer Park mit Wäldern, Bächen, schmalen Pfaden und Golfplatz. Ein Spaziergang durch die Kinlough Woods führt vom Golfplatz zum Ufer des Lough Corrib, ein weiterer am Flussufer entlang zum Monk's Fishing House (S. 479).

Aktivitäten
BOOTSFAHRTEN

Mitten im Lough Corrib liegt die Insel Inchagoill. **Corrib Cruises** (Karte S. 481; ☎ 954 6029; www.corribcruises.com; Cong) bietet 1½-stündige Bootsfahrten vom Pier bei Ashford Castle nach Inchagoill (15 €, April–Okt. 11.15 & 14.45 Uhr), inklusive einer 30-minütigen Führung zu den Klosterstätten der Insel, an. Einige Boote fahren weiter nach Oughterard (20 €, Juni–Sept. 11.15 Uhr) im County Galway (S. 463). Tickets gibt's an Bord. Außerdem werden abends 45-minütige Minitouren mit Livemusik angeboten. Details erfährt man bei der Touristeninformation.

FALKNEREI

Ashford Castle ist an sich schon aristokratisch und altertümlich genug, doch hier residiert auch noch die **Falconry School** (Karte S. 481; ☎ 954 6820; www.falconry.ie). Eine großartigere Kulisse für das Erlernen dieser alten Kunst kann man sich kaum vorstellen. Mitten in den eindrucksvollen Ländereien des Castle gelegen, unterrichtet die Falknereischule Interessierte ab sieben Jahren im Umgang mit den Greifvögeln. Eine 45-minütige Einführung kostet pro Person 60 €, ab zwei Personen wird es billiger. Der längere „hawk walk" dauert 90 Minuten und schlägt mit 90 € zu Buche. Terminabsprache ist erforderlich.

Schlafen
BUDGETUNTERKÜNFTE

Cong Caravan & Camping Park (Karte S. 481; ☎ 954 6089; www.quietman-cong.com; Quay Rd, Lisloughrey; Campingplatz/Wohnwagenstellplatz 15/20 €) Auf dem dichten Rasen des angenehmen Campingplatzes lässt sich im Zelt herrlich weich schlafen. Die Familie betreibt das Hostel, dessen Einrichtungen Campern zur Verfügung stehen.

Cong Hostel (Karte S. 481; ☎ 954 6089; www.quietman-cong.ie; Quay Rd, Lisloughrey; B/EZ/DZ 15/25/50 €; [P]) Das freundliche, gut geführte Haus liegt 2 km außerhalb des Dorfes hinter dem Haupteingang zum Ashford Castle und ist Mitglied bei An Óige und Independent Holiday Hostels of Ireland (IHH). Es verfügt über kleine Schlafsäle und Privatzimmer, eine Waschküche, einen Filmvorführraum für The Quiet Man sowie einen Fahrradverleih. Östlich des Dorfes nimmt man die Straße nach Galway (R346), bis ein Schild nach rechts auf eine Nebenstraße hinweist.

MITTELKLASSEHOTELS

Lydon's Lodge (Karte S. 479; ☎ 46053; lydonslodge@eircom.net; Circular Rd; EZ/DZ ab 40/80 €; ☺ März–Okt.; [P]) Neben einfachen, gemütlichen Zimmern bietet der weitläufige Familienbetrieb am Fluss auch eine ruhige Bar mit offenem Kamin und gelegentlicher Musik. DJ King Cong tritt an Wochenenden auf. Frühstück ist im Zimmerpreis inbegriffen.

Michaeleen's Manor (Karte S. 481; ☎ 954 6089; www.quietman-cong.com; Quay Rd, Lisloughrey; EZ/DZ 50/70 €; [P]) Die Besitzer Margaret und Gerry Collins heißen Gäste herzlich willkommen. Fans des Films The Quiet Man finden hier die kompetenten Gesprächspartner. Das moderne, geräumige Hotel mit komfortablen Zimmern beherbergt zahlreiche Erinnerungsstücke an den Film; Gerry hatte seinerzeit viele Mitwirkende bei diesem Film kennengelernt. Margarets Frühstück bildet eine hervorragende Grundlage für ausgedehnte Spaziergänge im Park des nahe gelegenen Castle. Außerdem sorgen ein *hot tub* (whirlpoolähnliches Becken) und ein Tennisplatz für Entspannung und Abwechslung.

Danagher's Hotel (Karte S. 479; ☎ 954 6028; Fax 954 6495; Abbey St; EZ/DZ 50/80 €) Über einem netten, alten Pub an der Hauptkreuzung des Ortes gelegen, verfügt dieses Hotel über elf Zimmer mit Bad, einige haben eine schöne Aussicht. Das Danagher's ist nach der Figur des Victor McLaglen im Film benannt. Im Pub wird traditionelle irische Küche serviert.

Ryan's Hotel (Karte S. 479; ☎ 954 6243; www.ryanshotelcong.ie; Main St; EZ/DZ 55/100 €; P) Der beliebteste Treffpunkt von Cong mit nettem Restaurant und Pub. Die Zimmer (alle mit Bad) sind sauber und vorzeigbar, aber nicht besonders ausgefallen.

SPITZENKLASSEHOTELS

Ashford Castle (Karte S. 481; ☎ 954 6003; www.ashford.ie; DZ ab 310/750 € Nacht/Wochenende; P) Wer vorher eine Bank ausgeraubt hat, kann sich hier anschließend für eine oder zwei Nächte als König oder Königin fühlen – oder wenigstens als VIP zwischen den ganzen illustren Namen im Gästebuch. Zimmer und Service lassen (fast) keine Wünsche offen; im Preis sind Frühstück und Dinner im Schlossrestaurant George V. inbegriffen.

Essen

Cullen's at the Cottage (Karte S. 481; ☎ 954 5332; Ashford Castle; Hauptgerichte 7–25 €; Do–Mo 12.30–21.30 Uhr) Nach dem Restaurant von Ashford Castle die zweitbeste – preisgünstigere – Wahl. Auf der Karte stehen leckere Meeresfrüchte, Steaks und Vegetarisches. Eine gute Adresse für einen leichten Lunch nach einem ausgedehnten Waldspaziergang.

Fennel Seed (Karte S. 479; ☎ 954 6004; Ryan's Hotel, Main St; Bargerichte 8–12 €, Hauptgerichte 17–25 €; Mo–Sa 19–22, So 13–19 Uhr) Zwei Chefköche, die zuvor die besseren Leute in Ashford Castle beköstigten, haben ihren Schaffenskreis ins Dorf verlagert – und das mit großem Erfolg. Der Speiseraum vereint Eleganz mit Gemütlichkeit. Steaks und Lammkeule sind besonders zu empfehlen, aber auch Vegetarier werden nicht enttäuscht. Im benachbarten Crow's Nest Pub gibt's anständige Barmahlzeiten bis 19 Uhr.

Hungry Monk (Karte S. 479; ☎ 954 5842; Abbey St; Sandwiches 6–8 €, Salate 8–14 €; März–Okt. Mo–Sa 10–18 Uhr;) Der nette kleine Coffeeshop bietet eine gute Auswahl an leckeren Sandwiches, Suppen und Salaten, z. B. Sandwich mit dicken Scheiben Hausschinken und Mangochutney. Dazu wird hier der beste Kaffee des Ortes serviert.

An- & Weiterreise

Bus Éireann (☎ 096-71800; www.buseireann.ie) fährt regelmäßig nach Galway (einfach/Hin- & Rückfahrt 9/14 €) und Westport (8/13 €). Die Bushaltestelle findet man gegenüber vom Quiet Man Coffee Shop in der Main Street.

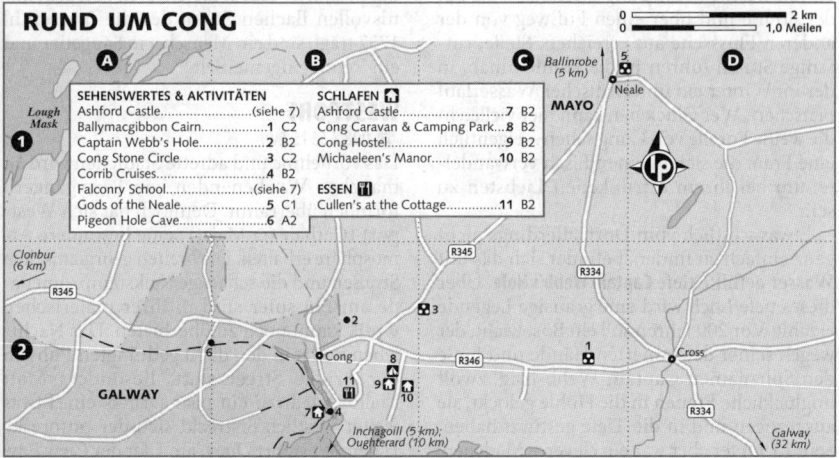

RUND UM CONG

| 0 | 2 km |
| 0 | 1,0 Meilen |

SEHENSWERTES & AKTIVITÄTEN
Ashford Castle..........................(siehe 7)
Ballymacgibbon Cairn.................1 C2
Captain Webb's Hole..................2 B2
Cong Stone Circle......................3 B2
Corrib Cruises..........................4 B2
Falconry School.......................(siehe 7)
Gods of the Neale.....................5 C1
Pigeon Hole Cave......................6 A2

SCHLAFEN
Ashford Castle..........................7 B2
Cong Caravan & Camping Park...8 B2
Cong Hostel.............................9 B2
Michaeleen's Manor..................10 B2

ESSEN
Cullen's at the Cottage...............11 B2

BAUERNPROTESTE UND EIN NEUES WORT

Der Ausdruck „Boykott" stammt ursprünglich aus dem unscheinbaren Dörfchen Neale. 1880 zog die Irish-Land-League-Arbeiter von den Ländereien Lord Ernes, des Großgrundbesitzers der Region, ab, um faire Pacht und bessere Lebensbedingungen für sie durchzusetzen. Als der Verwalter von Lord Erne, Captain Charles Cunningham Boycott, die streikenden Arbeiter verjagte, startete die örtliche Bevölkerung eine Kampagne gegen den Verwalter. Die Bauern weigerten sich nicht nur weiterzuarbeiten, sondern verwehrten Boycott auch alle anderen Dienste und Pflichten. Man sprach nicht mehr mit ihm und wollte nicht mehr neben ihm in der Kirche sitzen. Sogar Londoner Zeitungen wurden auf diese Ereignisse aufmerksam, und bald war der „Boycott" ein Synonym für organisierte gewaltfreie Proteste. Einige Monate später gab Boycott auf und verließ Irland.

Wer per Auto oder Fahrrad weiter nach County Mayo hineinfährt, sollte die N84 nach Castlebar meiden und die längere, aber schönere Strecke westlich nach Leenaun (am Anfang R345) und nördlich über Delphi nach Westport wählen, die auch durch das Doolough Valley verläuft.

Unterwegs vor Ort

Wer Fahrradtouren unternehmen möchte, kann sich beim Cong Hostel und Lisloughery House auf dem Anwesen von Ashford Castle (S. 480) einen Drahtesel mieten.

RUND UM CONG
Höhlen

Rund um Cong liegen überall Kalksteinhöhlen verstreut, von denen jede – typisch irisch – ihre eigene Geschichte oder Legende hat.

Eine der schönsten ist **Pigeon Hole**, eine tiefe Kalksteinkluft in einem Kiefernwäldchen, 1,5 km westlich von Cong. Man kann sie auf der Straße und über einen Fußweg von der anderen Flussseite aus erreichen. Steile, rutschige Stufen führen in die Höhle hinab, in der im Winter ein unterirdischer Wasserlauf plätschert. Wer Glück hat, kann hier vielleicht die weiße Forelle von Cong sehen – eigentlich eine Frau, die sich in einen Fisch verwandelte, um bei ihrem ertrunkenen Liebsten zu sein.

Etwas westlich vom Dorf, allerdings nicht ganz einfach zu finden, befindet sich das mit Wasser gefüllte tiefe **Captain Webb's Hole**. Über dieses tiefe Loch wird eine grausige Legende erzählt: Vor 200 Jahren soll ein Bösewicht, der wegen seiner deformierten Hände und Füße den Spitznamen Captain Webb trug, zwölf unglückliche Frauen in die Höhle gelockt, sie ausgezogen und in die Tiefe gestürzt haben. Sein 13. Opfer aber war ein cleveres Mädchen:

Sie bat Webb sich umzudrehen, während sie sich auszog, und schubste ihn dann in sein eigenes nasses Grab.

Steinkreise & Gräber

Die verwitterten Überreste des **Cong Stone Circle** ragen wie faule Zähne aus einem Feld etwa 1,5 km nordöstlich von Cong, direkt östlich der Neale Road (R345). 3,5 km östlich von Cong, nördlich der Cross Road (R346), liegt der überwucherte **Ballymacgibbon Cairn**. Hier soll die legendäre Keltenschlacht von Moytura stattgefunden haben. Man folgt der Ausschilderung und achtet dann rechter Hand auf einen Zaunübergang.

Neale

Wenn man am Nordende des Dorfes Neale, 6 km nordöstlich von Cong, abbiegt, steht 200 m östlich der Hauptstraße hinter einem nicht markierten Torweg links der merkwürdig behauene **Gods of the Neale**. In den geheimnisvollen flachen Stein, der die Jahreszahl 1757 trägt, sind ein Mensch, ein Säugetier und ein Reptil eingemeißelt.

WESTPORT
☎ 098 / 5315 Ew.

Das vornehme und adrette Städtchen wird an manchen Wochenenden von Partygängern förmlich überrannt. Dennoch hat sich Westport (Cathair na Mairt) seine besondere Atmosphäre erhalten. Die breiten georgianischen Straßen und die schattige Kalksteinpromenade am Flussufer sind in ihrer malerischen Optik kaum noch zu überbieten. Das Nachtleben findet in den dicht gedrängten Pubs an der Bridge Street statt. Besonders Matt Malloy's lädt zu ein paar Drinks ein. Etwas weiter westlich erstreckt sich der pittoreske Hafen, Westport Quay, am Ufer der Clew Bay.

Hier kann man gemütlich essen gehen oder sich zum Sonnenuntergang ein gepflegtes Bier genehmigen.

Die ungewöhnlich angelegte Stadt breitet sich von einem achteckigen Platz aus und zieht sich hinab zum River Carrowbeg. Die erste Siedlung wurde um eine O'Malley-Burg herum errichtet, fiel aber der Erneuerungswut der georgianischen Epoche zum Opfer. Im 18. Jh. wurde die neue Stadt von dem Architekten James Wyatt geplant, allerdings mit etwas Nachhilfe des georgianischen Superstars Richard Castle.

Praktische Informationen

Allied Irish Bank (Shop St) Geldautomat und Wechselstube.

Bookshop (☎ 26816; Bridge St; ⏰ 11–18 Uhr) Gute Auswahl an OS-Karten und Büchern über Irland.

Gavin's Video & Internet Cafe (☎ 26461; Bridge St; 4 € pro Std.; ⏰ 10–22 Uhr) Internetcafé.

Gill's Launderette (☎ 25819; James St; ab 5,35 € pro Waschladung; ⏰ Mo–Sa 9–18 Uhr) Waschsalon.

Touristeninformation (☎ 25711; www.ireland west.ie, www.visitmayo.com, www.westporttourism. com; James St; ⏰ Juli & Aug. Mo–Sa 9–18, So 10–18,

April–Juni & Sept. Mo–Sa 9–17.45, sonst Mo–Fr 9–12.45 & 14–17 Uhr)

Sehenswertes

WESTPORT HOUSE & COUNTRY PARK

Durch die Kommerzialisierung in den letzten Jahren hat sich dieser wundervolle **Landsitz** von 1730 (☎ 25430; www.westporthouse.ie; Quay Rd; Eintritt Haus & Garten Erw./Kind/Stud. 11,50/6,50/9 €, Attraktionen extra; ⏰ April–Sept. 11.30–17 Uhr, März & Okt. nur Sa & So; 🅿) kaum seinen Charme bewahren können. Früher zählte er zu den würdevollsten irischen Herrenhäuern. Leider hat er seine Seele verkauft und ist zu einer Art Themenpark mutiert. Unter dem Haus gibt es einen Pseudo-Kerker, auf den Galerien stehen schreckliche Wachsfiguren, und auf dem elegant gestylten See dümpeln Plastikschwäne. Eine Miniatureisenbahn und Wasserrutschen verunstalten den einst so friedlichen Garten. Insgesamt einfach zu viel des Guten.

Zu erreichen ist das Areal von Westport über die Quay Road Richtung Croagh Patrick und Louisburgh. Nach 1 km, kurz vor Westport Quay, biegt man rechts in eine kleine Straße ab und fährt durch die große Einfahrt.

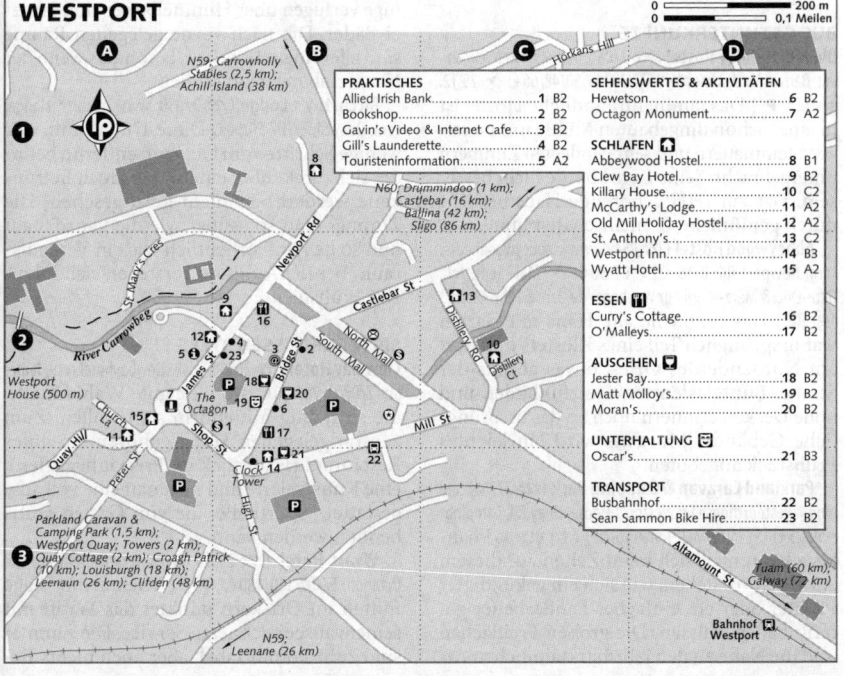

WESTPORT

0 — 200 m
0 — 0,1 Meilen

N59; Carrowholly Stables (2,5 km); Achill Island (38 km)

N60; Drummindoo (1 km); Castlebar (16 km); Ballina (42 km); Sligo (86 km)

River Carrowbeg

Westport House (500 m)

The Octagon

Clock Tower

Parkland Caravan & Camping Park (1,5 km); Westport Quay; Towers (2 km); Quay Cottage (2 km); Croagh Patrick (10 km); Louisburgh (18 km); Leenaun (26 km); Clifden (48 km)

N59; Leenane (26 km)

St. Mary's Cres

Newport Rd

Castlebar St

North Mall

South Mall

Distillery St

Mill St

Bridge St

James St

The Octagon

Shop St

Church St

Quay Hill

Peter St

High St

Altamount St

Flotkans Hill

Distillery Ct

Tuam (60 km); Galway (72 km)

Bahnhof Westport

PRAKTISCHES	
Allied Irish Bank	1 B2
Bookshop	2 B2
Gavin's Video & Internet Cafe	3 B2
Gill's Launderette	4 B2
Touristeninformation	5 A2

SEHENSWERTES & AKTIVITÄTEN	
Hewetson	6 B2
Octagon Monument	7 A2

SCHLAFEN 🏠	
Abbeywood Hostel	8 B1
Clew Bay Hotel	9 B2
Killary House	10 C2
McCarthy's Lodge	11 A2
Old Mill Holiday Hostel	12 A2
St. Anthony's	13 C2
Westport Inn	14 B3
Wyatt Hotel	15 A2

ESSEN 🍴	
Curry's Cottage	16 B2
O'Malleys	17 B2

AUSGEHEN 🍸	
Jester Bay	18 B2
Matt Molloy's	19 B2
Moran's	20 B2

UNTERHALTUNG 🎭	
Oscar's	21 B3

TRANSPORT	
Busbahnhof	22 B2
Sean Sammon Bike Hire	23 B2

Das Octagon Monument am Hauptplatz der Stadt wurde 1845 zu Ehren von George Clendening errichtet, einem Bankier, an den sich heute kein Mensch mehr erinnert. Bis 1922 stand seine Statue auf dem Sockel, doch im Bürgerkrieg wurde sie geköpft. 1990 ist dann eine römisch aussehende Statue des Hl. Patrick samt seinem von Schlangen umwundenen Stab an die Stelle des bedauernswerten Kapitalisten getreten.

Aktivitäten

Infos und Ausrüstung zum Angeln sowie Campen gibt es bei **Hewetson** (☎ 26018; Bridge St; ◷ Mo–Sa 10–17 Uhr).

Carrowholly Stables (☎ 27057; www.carrowholly-stables.com; Carrowholly) bietet geführte Ausritte auf Ponys und Pferden entlang der Clew Bay in allen Schwierigkeitsgraden an. Die Stallungen liegen 3 km nördlich des Stadtzentrums neben dem Westport Golf Club, Abzweigung von der N59 Richtung Newport. Man sollte vorher anrufen.

Schlafen

Die Touristeninformation vermittelt Zimmer (Gebühr 4 €).

BUDGETUNTERKÜNFTE

Old Mill Holiday Hostel (☎ 27045; oldmillhostel@eircom. net; Barrack Yard, James St; B/DZ/3BZ 17,50/48/66 €; ◷ 25.12. geschl.; **P**) Das familienfreundliche Hostel ist in einer schön umgebauten Mühle mit massiven Steinmauern und sehr gepflegten Zimmern untergebracht. Seine Lage könnte nicht besser sein. Das zur IHH gehörende Haus besticht durch gemütliche Gemeinschaftsräume.

Abbeywood Hostel (☎ 25496; www.abbeywoodhouse. com; Newport Rd; B 18–22 €, DZ 50 €; ◷ Mai–Sept. tgl., Okt.–Dez. & März–April nur Wochenende, Jan. & Febr. geschl.; **P** 🖳) Das originelle alte Haus mit Garten war ursprünglich Teil eines Klosters und liegt am Nordende des Ortes, etwas abseits der Straße. Buntglasfenster, Holzfußböden und hohe Decken erinnern noch an das ursprüngliche Gebäude. Morgens wird ein leichtes Frühstück angeboten.

Parkland Caravan & Camping Park (☎ 27766; cam ping@westporthouse.ie; Westport House, Quay Rd; Camping-platz 25 €; ◷ Mitte Mai–Anfang Sept.) Mit etwas Phantasie kann man sich beim Zelten auf diesem Anwesen vorstellen, wie sich ein gekündigter Pächter oder ein einfacher Landarbeiter gefühlt haben müssen. Die großen Freiflächen und die Nähe zu den jahrmarktähnlichen At-

traktionen am Haus sind ideal für Reisende mit kleinen Kindern.

MITTELKLASSEHOTELS

In Westport wimmelt es von B&Bs, die allerdings das ganze Jahr über an Wochenenden ziemlich ausgebucht sind.

Killary House (☎ 27457; killaryhouse@msn.com; 4 Distillery Ct; EZ/DZ 45/70 €; **P**) Im 18. Jh. war das stimmungsvolle B&B, das versteckt in einer Sackgasse liegt, eine Schnapsbrennerei (der Duft ist inzwischen verflogen). Heute vermietet es vier gemütlich ausgestattete Zimmer mit Bad.

St. Anthony's (☎ 28887; www.st-anthonys.com; Distillery Rd; EZ/DZ 45/80 €; **P**) Auf der anderen Flussseite versteckt sich dieses vornehme B&B hinter einer großen Hecke. Die mit Kletterpflanzen überwachsenen Mauern sind voller Vogelnester. Die Inneneinrichtung ist ebenso ein Hingucker: Zwei der sechs einfachen, aber eleganten Zimmer sind mit Jacuzzi-Bädern ausgestattet.

Westport Inn (☎ 29200; www.westportinn.ie; Mill St; EZ/DZ ab 49/98 €; **P**) Vornehm geht es auch in diesem zentral gelegenen Hotel mit seinen komfortabel eingerichteten Zimmern zu. Einige verfügen über Himmelbetten und Jacuzzi-Bäder. Die nach vorne gelegenen Räume sind allerdings etwas laut, besonders wenn der Nachtclub nebenan schließt.

McCarthy's Lodge (☎ 27050; www.mccarthyslodge. com; Quay St; EZ/DZ 50/90 €) Diese Unterkunft, nur wenige Schritte vom Octagon entfernt, befindet sich direkt über einem Pub, doch Betrunkene werden hier nicht gern gesehen. Die Zimmer sind so sauber wie die ganze Stadt und so hell und ordentlich wie ein Verkaufsraum bei IKEA. Preise verstehen sich inklusive Frühstück.

SPITZENKLASSEHOTELS

Clew Bay Hotel (☎ 28088; www.clewbayhotel.com; James St; EZ/DZ ab 70/140 €; **P**) Eine gute Wahl für alle, die so richtig mittendrin sein wollen. Zum zentral gelegenen Hotel gehören ein gutes Restaurant (Frühstück im Preis inbegriffen), eine Kunstgalerie und nebenan eine voll ausgestattete Sporthalle, die von Gästen gratis benutzt werden kann.

Wyatt Hotel (☎ 25027; www.wyatthotel.com; the Octagon; EZ/DZ 110/180 €; **P**) Neben seiner Lage mitten im Ortskern punktet das Wyatt mit seinem ausgezeichneten Service. Die Zimmer sind zwar komfortabel, aber auch nichts Besonderes. Hotelgäste können gratis das nahe gelegene Schwimmbad benutzen.

Essen

Curry's Cottage (☎ 25297; James St; Gebäck 2–4 €; 🕑 9.30–18 Uhr) Die nette kleine Teestube ist die einzige Adresse im Stadtzentrum für Kuchen oder *scones* mit Tee oder Kaffee. Sowohl morgens als auch nachmittags wird das Curry's von Einheimischen und Touristen gut besucht.

Towers (☎ 26534; the Harbour; Hauptgerichte 9–17 €; 🕑 12–21 Uhr) In einer ehemaligen Station der Küstenwache untergebracht, besteht dieser sehr gemütliche Pub aus einem ungewöhnlich kleinen Turmbau, groben Steinmauern und Buntglasfenstern. Feine irische Küche verspricht landestypische Spezialitäten mit frischen Meeresfrüchten und anderen lokalen Produkten.

O'Malley's (☎ 27307; Bridge St; Hauptgerichte 11–20 €; 🕑 Do–Di 18–22 Uhr) Das „Rund um die Welt"-Menü offeriert eine schier unglaubliche Anzahl an Gerichten aus der ganzen Welt, so etwa aus Italien, Thailand und Mexiko. O'Malley's befindet sich über dem gleichnamigen Pub.

Quay Cottage (☎ 26412; www.quaycottage.com; the Harbour; Hauptgerichte 18–25 €; 🕑 Di–Sa 18–23 Uhr) Hier kommen Meeresfrüchte ganz frisch von den Fischerbooten im Hafen auf den Tisch. Das Restaurant versprüht mit seinen an der Decke hängenden Hummerreusen maritimen Charme. Für Landratten stehen auch Fleisch- und vegetarische Gerichte auf der Karte. An der Straße Richtung Westport House.

Ausgehen

LP Tipp **Matt Molloy's** (☎ 26655; Bridge St) Matt Molloy, der Blechflötenspieler von den Chieftains, eröffnete diesen Pub schon vor Jahren, und bis heute brummt hier der Bär. Altmodisch und gemütlich geht es im Molloy's zu, das ohne jeglichen Schnickschnack auskommt. Ab etwa 21 Uhr steht live traditionelle Ceilidh-Musik im Hinterzimmer auf dem Programm. Vielleicht gibt ein älterer Stammgast aber auch spontan ein paar Lieder zum Besten.

Moran's (☎ 26320; Bridge St) Der Charme vergangener Zeiten, mit dem Westport heute lockt, ist auch in diesem traditionellen Pub erhalten. Moran's stammt aus einer Zeit, als die Pubs noch gleichzeitig Läden waren, wo man sich beim Einkaufen ein paar Pints hinter die Binde kippen konnte (und Gefahr lief, anschließend ohne seine Einkäufe nach Hause zu wanken). Von außen wirkt es wie ein Wohnhaus.

Jester Bar (☎ 29255; Bridge St) Ein viel cooleres Publikum frequentiert diese Bar. Bei den Gästen ist der entsprechende Look erwünscht. Ceilidhs und Anglerlatein sind out, hier ist Groove angesagt.

An- & Weiterreise

Bus Éireann (☎ 096-71800) fährt nach Achill Island (11 €, 30 Min., 2-mal tgl.), Dublin (16 €, 5 Std., 3-mal tgl.), Galway (13 €, 2 Std., 8-mal tgl.) und Sligo (15 €, 2 Std., 2-mal tgl.). Die Busse halten in der Mill Street. Sonntags gibt's weniger Verbindungen.

Der **Bahnhof** (☎ 25253) liegt 800 m von Stadtzentrum entfernt. Drei Züge verkehren täglich nach Dublin (Erw./Kind 30/15 €, 3 ½ Std.).

Unterwegs vor Ort

Taxis bestellt man bei **Moran's Executive Taxis** (☎ 25539) und **O'Toole Taxis** (☎ 087-243 2600). **Sean Sammon** (☎ 25471; James St) verleiht Fahrräder für 10 € am Tag.

RUND UM WESTPORT

Wer per Auto oder Fahrrad von Westport nach Connemara im County Galway oder nach Cong im Osten von Mayo reisen möchte, nimmt am besten die Quay-Hill-Route am Hafen vorbei, folgt der Küstenstraße bis Louisburgh und dann der R335 durch das Doolough Valley. Auf der Fahrt kann man eine phantastische Landschaft erleben.

Croagh Patrick

Der Hl. Patrick hätte sich kein besseres Ziel für seine Pilgerreise aussuchen können als diesen konisch geformten Berg, auch „The Reek" genannt, der 8 km südwestlich von Westport aufragt. An klaren Tagen wird der anstrengende zweistündige Aufstieg mit einer tollen Aussicht auf die vielen sandigen Inseln der Clew Bay belohnt.

Auf Croagh Patrick fastete Irlands Schutzheiliger 40 Tage und Nächte und vertrieb angeblich giftige Schlangen. Tausende von Pilgern betrachten das Besteigen dieses 765 m hohen heiligen Berges am letzten Sonntag im Juli, dem Reek Sunday, als einen Akt der Sühne. Die wahren Büßer kämpfen sich sogar über den Tóchar Phádraig (Patrick's Causeway), eine 40 km langen Strecke ab der Ballintubber Abbey, und bezwingen den Berg barfuß.

Weniger reuige Sünder nehmen den Weg, der bei Campbell's Pub in Murrisk (Muraisc) beginnt. Verirren kann man sich hier nicht. Am Anfang der Route befindet sich ein **Visitor Centre** (☎ 098-64114; www.croagh-patrick.com; ☺ Mitte März–Okt. 11–17 Uhr).

Gegenüber vom Parkplatz steht das **National Famine Memorial**, bei dessen Anblick es einem eiskalt über den Rücken läuft: Es ist die Skulptur eines von Skeletten umgebenen Geisterschiffes mit drei Masten und erinnert an die vielen Todesopfer der sogenannten *coffin ships* („Sargschiffe"), auf denen die Menschen der großen Hungersnot 1845 bis 1849 zu entkommen versuchten. Der Pfad am Denkmal vorbei führt zu den kärglichen Überresten von **Murrisk Abbey**, die 1547 von den O'Malleys gegründet wurde.

Louisburgh
☎ 098 / 210 Ew.

Louisburgh (Cluain Cearbán), ein kleines Dorf am Eingang zum Doolough Valley gelegen, wurde 1795 unter merkwürdigen Umständen gegründet. Es beruht auf einem simplen Vier-Straßen-System, bekannt als „the Cross". Entworfen und gebaut wurde die Ortschaft als lebendes Denkmal für einen Verwandten des ersten Marquis von Sligo, Lord Altamont (besser bekannt als John Browne): Sein Angehöriger fiel 1758 in der Schlacht von Louisburgh im kanadischen Nova Scotia.

Das **Famine Museum & Granuaile Visitors Centre** (☎ 66134; Church St, Louisburgh; Erw./Kind/erm. 3,50/1,50/2,50 €; ☺ Di 11–16, Do 15–19, Fr & Sa 12–16 Uhr) in der Bücherei bietet einen kurzen Einblick in das Leben und die Epoche von Grace O'Malley (Gráinne Ní Mháille oder Granuaile, 1530–1603), der berüchtigten Piratenkönigin von Connaught. Weitere Exponate informieren über die Hungersnot, die in diesem Teil von Mayo besonders schlimm wütete.

In der Umgebung erstrecken sich einige herrliche **Strände**, die mit der blauen Flagge ausgezeichnet sind. Der Old Head Beach, 4 km von Louisburgh direkt an der Hauptstraße nach Westport, ist besonders schön sandig und vor allem sicher.

Old Head Forest Caravan & Camping Park (☎ 087-648 6885; Old Head, Louisburgh; Campingplatz 12 €; ☺ Juni–Sept.) ist ein mittelgroßer Campingplatz im Wald, nur einen kurzen Fußmarsch vom gleichnamigen Strand entfernt, wo es einen Pier und eine Helling gibt und ein Rettungsschwimmer seinen Dienst tut.

Die Linie 450 von **Bus Éireann** (☎ 096-71800) verbindet Westport mit Louisburgh (6,50 €, 35 Min., bis zu 5-mal tgl. außer So) via Murrisk.

Killadoon

Das kleine Dorf Killadoon bietet Meerespanorama und riesige, fast immer leere Sandstrände. Tallabawn Beach und Dooarghtry Beach sind über eine schmale Küstenstraße, die Louisburgh Richtung Süden verlässt, erreichbar. Oder man nimmt die R335 und folgt in Cregganbaun einer Abzweigung nach Westen.

Bus Éireann (☎ 096-71800): Linie 450 Westport–Louisburgh fährt zweimal täglich, außer Sonntag, weiter nach Killadoon (15 Min.).

Doolough Valley

Die landschaftlich reizvolle R335 führt von Westport und Leenane (County Galway) durch das traumhafte Doolough Valley. Durch das Tal verlief einst 1849 der legendäre *famine walk*. Bei eisigen Temperaturen starben 400 Menschen, als sie von Louisburgh nach Delphi und zurück marschierten. Sie hatten gehofft, vom Großgrundbesitzer Nahrung und Hilfe zu bekommen, was ihnen aber versagt wurde. Am besten informiert man sich vorab über die Ereignisse oder stattet dem Famine Museum in Louisburgh einen Besuch ab. Anschließend sieht man die Route mit ganz anderen Augen. Einmal abgesehen davon ist Doolough etwas ganz Besonderes.

Es empfiehlt sich, die Strecke in aller Ruhe zu bewältigen. Morgens herrscht kaum Verkehr. Die Straße verläuft durch urtümliche, einsame Landstriche mit immer wieder neuen Hügeln. Man sieht kaum Häuser, keinen Torfabbau, nicht einmal Steinwälle. Nach dem schwarzen **Doo Lough** (Dark Lake) stößt man auf den bei Lachsanglern beliebten **Bundorragha River**. Auf dem weiteren Weg kommt man an anderen schönen Stellen vorbei.

Besucher können das Auto am See parken und entlang der Straße nach Delphi spazieren. Wer die Atmosphäre des Tals richtig genießen will, sollte ein oder zwei Tage in Delphi bleiben und vielleicht an einer Angeltour teilnehmen.

DELPHI (COUNTY GALWAY)
☎ 095

Es ist bestimmt kein Zufall, dass Delphi einer der bekanntesten Kurorte des Landes ist. In der wunderschönen bergigen Moorlandschaft kann man mal so richtig abschalten. Weit und breit gibt es keine Dörfer. Hier fällt es nicht schwer, das Handy einfach auszuschalten, alle Sorgen zu vergessen und sich ganz der Entspannung hinzugeben.

Ihren Namen erhielt die Gegend von ihrem berühmtesten Einwohner, dem zweiten Marquis von Sligo. Er meinte in seiner heimatlichen Umgebung eine große Ähnlichkeit mit der Region um das griechische Delphi zu erkennen.

LP Tipp **Delphi Lodge** (☎ 42222; www.delphilodge. ie; www.delphi-salmon.com; Leenane; EZ/DZ 130/200 €, Cottages für 4 oder mehr Pers. ab 800 €; P ⬛) Diese Unterkunft gibt einem eher das Gefühl, an einem geselligen Hausfest teilzunehmen, als Gast in einem Hotel zu sein. Zum Abendessen gibt es oft selbst geangelten Fisch. Die georgianische Lodge am See ist besonders beliebt bei betuchten Anglern, Wanderern und allen, die etwas Abgeschiedenheit suchen. Früher war es das Jagdhaus des Marquis von Sligo. Die Cottages eignen sich für Familien, die sich selbst versorgen wollen. Spezielle Anglerferien werden ebenfalls angeboten (bei der Buchung erkundigen).

Das Wellnesshotel **Delphi Mountain Resort & Spa** (☎ 42987, 42208; www.delphiescape.com; Leenane; EZ/DZ mit Frühstück & Aktivitäten ab 200/300 €; P ⬛) ist aus grob behauenem Stein und honigfarbenem Holz erbaut und verspricht Weltklasseniveau. Perfekt trifft es die Balance zwischen modernem Chic und rustikalem Ambiente – auch wenn es von außen ein wenig an eine Hobbit-Behausung erinnert. Für Nicht-Hotelgäste kosten die Anwendungen 80 bis 230 € am Tag.

Delphi Adventure Centre (☎ 42208; www.delphiadventureholidays.ie) liegt neben der Lodge und bietet über 25 Outdoor-Aktivitäten an – von Bergwandern über Floßbau bis zu Geländeübungen.

CLARE ISLAND
☎ 098 / 130 Ew.

In der Clew Bay liegen etwa 365 Inseln verstreut. Die größte von ihnen ist die bergige Clare Island, 5 km vor der Küste an der Mündung der Bucht ins Meer. Vom felsigen **Mount Knockmore** (461 m) beherrscht, führen auf dem Eiland Straßen und Wege durch eine abwechslungsreiche Landschaft – ideal zum Wandern und Klettern, ohne sich dabei zu verlaufen. Außerdem locken einige sichere Sandstrände.

Hier befinden sich auch die Überreste der Zisterzienserabtei **Clare Island Abbey** (um 1460) und des **Granuaile's Castle**, die beide mit der Piratenkönigin Grace O'Malley in Verbindung

gebracht werden. Der Burgturm war ihre Festung; allerdings wurde er bei seiner Übernahme durch die Küstenwache 1831 stark verändert. Angeblich liegt Grace in der kleinen Abtei begraben. Dort trägt ein Stein das Motto ihrer Familie: „Unbesiegt zu Lande und auf See."

Die Insel ist eine der wenigen Orte, an denen man noch Alpenkrähen (*choughs*) beobachten kann. Die Vögel sehen wie Amseln aus, haben aber rote Schnäbel.

Angeln und Sporttauchen können im Bay View Hotel & Hostel (siehe unten) gebucht werden.

Schlafen & Essen
Bay View Hotel & Hostel (☎ 26307; clareislhotel@ hotmail.com; B/EZ/DZ 20/40/70 €, EZ/DZ mit Bad 50/90 €; ☼ Mai–Okt.) Das einzige Hotel der Insel liegt am Hafen und bietet bei Sonnenuntergang einen umwerfenden Blick aufs Festland. Zur Unterkunft gehören auch ein Restaurant und eine Bar fürs abendliche Anglerlatein.

Cois Abhainn (☎ 26216; Fax 26250; Toremore; EZ/DZ 35/70 €; ☼ Mai–Okt.) Wer sich lieber „am Ende der Welt" einquartieren möchte, sollte sich an die windumtoste Südwestecke der Insel begeben, 5 km vom Hafen entfernt. Von diesem B&B genießt man eine phantastische Aussicht auf Inishturk Island. Allerdings verfügen nicht alle Zimmer über ein Bad. Abendessen, u. a. mit frisch gefangenem Fisch, wird auf Wunsch hin serviert.

Tagesausflügler bringen sich am besten ihren Proviant mit. Im Bay View Hotel & Hostel kommt anständige Pubkost auf den Tisch und in den B&Bs wird Abendessen angeboten (ab 15 €).

An- & Weiterreise
Der nächste Ort auf dem Festland ist Roonagh Quay, 8 km westlich von Louisburgh. Die Fähren von **Clare Island Ferries** (☎ 28288, 087-241 4653; www.clareislandferry.com) und **O'Malley's Ferries** (☎ 25045, 086-600 0204; www.omalleyferries.com) setzen in 15 Minuten von Roonagh über (Erw./Kind Hin- & Rückfahrt 15/8 €). Im Juli und August verkehren 15 Überfahrten täglich, sonst drei bis sechs.

Unterwegs vor Ort
Beim **Fahrradverleih** (☎ 25640) gegenüber vom Pier kann man Drahtesel für 10 € am Tag mieten. Taxis können beim Landungssteg bestellt werden.

INISHTURK ISLAND
☎ 098 / 100 Ew.

12 km vor der Westküste von Mayo – und damit noch abgelegender und weiter von den bekannten Touristenpfaden entfernt – liegt die eindrucksvoll zerklüftete Inishturk Island. Nur wenige Menschen leben auf dieser kleinen Insel, und auch Fremde verirren sich kaum hierher. Immerhin gibt es auf der Ostseite zwei **Sandstrände**, beeindruckende **Klippen** und eine herrliche **Flora und Fauna**. Auch für **Wanderer** hält die zerklüftete Hügellandschaft einiges bereit. Wer es etwas ruhiger angehen lassen möchte, bekommt beim Spazieren auf den Straßen einen guten Eindruck vom gemächlichen Leben vor Ort.

Unterkunft und Mahlzeiten gibt es in der bunten **Harbour Lodge** (☎ 45610; EZ/DZ inkl. Frühstück & Abendessen 35/70 €) nahe beim Fähranleger. Das etwa 1,5 km westlich vom Hafen entfernte, aber hübscher gelegene **Teach Abhainn** (☎ 45510; EZ/DZ 30/50 €; Abendessen 25 €; ☯ April–Okt.) ist eine Farm, die auch heute noch bewirtschaftet wird.

John Heanue betreibt eine **Fähre** (☎ 45541, 086-202 9670; Roonagh; Erw./Kind Hin- & Rückfahrt 25/12,50 €; ☯ 11 & 18.30 Uhr) vom Roonagh Quay bei Louisburgh. Zweimal wöchentlich wird auch Cleggan im County Galway angefahren. Fahrplan bitte telefonisch erfragen.

NEWPORT
☎ 098 / 530 Ew.

Newport (Baile Uí Fhiacháin), 12 km nördlich von Westport, ist ein malerisches Dorf aus dem 18. Jh. und ein beliebter Ausgangspunkt für Angler, die in der Clew Bay, in den Flüssen und Seen der Umgebung beste Bedingungen vorfinden. Als Hauptattraktion lockt ein Viadukt mit sieben Bögen, der 1892 für die Bahnlinie Westport–Achill erbaut wurde. 1936 wurde die Strecke stillgelegt, heute ist die Brücke nur noch Fußgängern vorbehalten. Als Hauptattraktion Newports gilt das imposante Newport House, ein georgianisches Anwesen, in dem gleichzeitig die meisten Besucher logieren. Der Bangor Trail (S. 492) und der Foxford Trail – beide enden in der Nähe – laden zum Wandern ein. Außerdem liegt Achill Island (S. 489) nur eine kurze Fahrt entfernt.

Die **Touristeninformation** (Main St; ☯ Mo–Fr 10–15 Uhr) gibt Auskünfte über Angelmöglichkeiten. Postamt und Wechselstube befinden sich auf der anderen Flussseite. Banken gibt es in Newport nicht.

Schlafen & Essen

Newport House (☎ 41222; www.newporthouse.ie; Main St; EZ 136–188 €, DZ 220–324 €; Abendessen 63 €; ☯ März–Sept.; [P] [🖳]) Das im Herbst von leuchtend rotem Efeu überwucherte, imposante georgianische Landhaus ist eines der besten Landhotels in Irland. Jedes Zimmer überzeugt mit einer sehr geschmackvollen Einrichtung. Frühstück ist im Preis inbegriffen. Berühmt wurde Newport House aber durch seine typisch irische Küche und eine Auswahl alter Weine, bei der Kenner leuchtende Augen bekommen. Selbst wenn man sich nicht in dem Hotel einquartiert hat, sind die Gartenanlagen einen Besuch wert. Das Personal hilft Gästen bei der Organisation von Angeltouren gerne weiter.

Hotel Newport (☎ 41155; www.hotelnewportmayo. com; Main St; EZ/DZ ab 80/120 €; [P]) Mitten im Ort gelegen, bietet das Hotel moderne Zimmer, ein gutes Restaurant mit lokalen Meeresfrüchten als Spezialität (Mahlzeiten im Zimmerpreis inbegriffen) sowie einen Pub.

An- & Weiterreise

Bus Éireann (☎ 096-71800) fährt häufig von Westport nach Achill Island mit Halt in Newport, wenn man dem Fahrer seinen Aussteige-/Zusteigewunsch signalisiert.

VON NEWPORT NACH ACHILL ISLAND
Burrishoole Abbey

Aus der Entfernung sieht die gespenstische Ruine der windumtosten **Abbey** (Eintritt frei; ☯ Sonnenaufgang–Sonnenuntergang) wie eine bizarre zweidimensionale Filmkulisse aus. Gegründet wurde sie 1486 von Dominikanern. Aber dummerweise brachte die Abtei die strenggläubige Gemeinde in echte Schwierigkeiten, denn Rom drohte mit der Exkommunizierung, weil der Bau dort nicht genehmigt worden war.

Etwa 2,5 km nordwestlich Richtung Achill weist ein Schild den Weg zur Abtei; ab da ist es noch 1 km.

Rockfleet Castle

Auch bekannt als **Carrigahowley** ist der trutzige Turm aus dem 15. Jh. einer der greifbarsten Orte, die mit der Piratenkönigin Granuaile (S. 486) in Zusammenhang stehen. Sie heiratete ihren zweiten Mann, Richard an-Iarrain (mit dem unglücklichen Spitznamen „Iron Dick" Burke), um Kontrolle über die Burg zu gewinnen. Wie sie von hier einen Angriff der Engländer abwehrte, ist legendär.

Der Turm steht in einem ruhigen Seitenarm der Clew Bay. Etwa 5 km westlich von Newport Richtung Achill folgt man einem Schild nach Süden.

Mulrany

Das langgezogene Dorf auf dem Hügel (gälisch An Mhala Raithní) ist der optimale Standort, um nachzuzählen, ob es in der Clew Bay tatsächlich 365 Inseln gibt. Mulrany liegt an der Landenge der Bellacagher Bay und wartet mit einem herrlichen, breiten und mit blauer Flagge ausgezeichneten Strand auf. Zwei Wege führen dorthin: Entweder geht man die Stufen gegenüber dem Park Inn hinunter oder nimmt den Weg neben der Tankstelle.

Schlafen

Die besten Mittelklassehotels findet man in Achill. Mulrany bietet ein paar einsame B&Bs mit toller Aussicht.

Traenlaur Lodge (☎ 098-41358; www.anoige.ie; Lough Feeagh, Newport; B 15 €; ☼ Juni–Sept.) Herrliches An-Óige-Hostel in einer ehemaligen Fischerhütte mit eigener Bootsanlegestelle am Lough Feeagh. In der Lodge quartieren sich oft müde Wanderer ein, denn hier treffen sich der Western Way und der Bangor Trail. Die Herberge ist 8 km von Newport entfernt und an der Straße nach Achill ausgeschildert.

Park Inn Mulrany (☎ 098-36000; www.parkinn mulranny.ie; N59, Mulrany; EZ/DZ ab 100/180 €; Ⓟ ⌨ ⓺) Das 1897 eröffnete Haus liegt auf einem 17 ha großen Waldgrundstück und bietet eine absolut unübertroffene Aussicht auf die Küste. Moderne Zimmer und ein empfehlenswertes Restaurant sind weitere Pluspunkte. Für Gäste sorgen Swimmingpool und Fitnessstudio für sportlichen Ausgleich. In der Nebensaison kann man unter der Woche günstige Pauschalangebote ergattern.

ACHILL ISLAND

☎ 098 / 960 Ew.

Achill (An Caol), Irlands größte vorgelagerte Insel, ist durch eine kurze Brücke mit der Hauptinsel verbunden und dadurch mit dem Auto zu erreichen. Trotzdem hat man hier das Gefühl, auf einem abgelegenen Eiland zu sein. Klippenlandschaft und felsige Landspitzen, aber auch geschützte Sandstrände, ausgedehnte Hochmoore und Berge bilden eine einzigartige Kulisse. Dazu kommt eine abwechslungsreiche Geschichte: Oft diente die Insel als Zufluchtsort für irische Rebellen. Im Winter geht es hier eher ungemütlich zu. Tosende Winde und eine peitschende See wirken nicht einladend, doch auch um diese Zeit sind Gäste willkommen. Die meisten Besucher ziehen allerdings die milden Sommer vor, wenn Heidekraut, Rhododendren und Wildblumen blühen. Bei richtigem Badewetter muss man damit rechnen, dass alle Ferienhäuser, Hotels und Campingplätze ausgebucht sind.

Der ruhige Weiler The Valley – der wohl traditionellste Flecken auf der Insel – verfügt über ein historisches Hostel. Im Dorf Keel herrscht am meisten Betrieb.

Praktische Informationen

Achill Tourism (☎ 47353; www.achilltourism.com, www.visitachill.com; Cashel; ☼ Juli & Aug. Mo–Fr 9–18, Sept.–Juni 10–16 Uhr), neben der Tankstelle von Lavelle, ist eine der besten Informationsquellen von ganz Mayo. Dahinter kann man im **Achill Computer Solutions** (☎ 47940; Cashel; 4 € pro Std.; ☼ 9.30–17 Uhr) ins Internet gehen. Postämter gibt es in den meisten Dörfern. Am Supermarkt in Keel findet sich ein Geldautomat.

Sehenswertes

SLIEVEMORE DESERTED VILLAGE

Die unheimlichen Überreste des verlassenen Dorfes am Fuß des Slievemore Mountain werden nach und nach bis auf die Fundamente abgetragen. Auf eindrucksvolle und ergreifende Weise verdeutlicht diese Stätte, wie hart das Leben einst war und wie leicht die Menschen ihre Existenzgrundlage verloren. Bis in die Mitte des 19. Jhs. lebte ein Teil der Bewohner ständig im Dorf, während der andere mit dem Vieh umherzog („booleying" genannt). Als die große Hungersnot ausbrach, waren die Einheimischen gezwungen, ans Meer zu ziehen, um dort mit Fischen ihren Lebensunterhalt zu verdienen. Das triste Bild wird durch den nebenan liegenden Friedhof noch verstärkt.

DOOAGH

In diesem Dorf legte Don Allum im September 1982 nach 77 Tagen auf See an, nachdem er als Erster den Atlantik in beide Richtungen in einem 6 m langen Ruderboot, der *QE3*, überquert hatte. Das Pub (es heißt tatsächlich so) zeigt Erinnerungsstücke an diese Leistung. Gegenüber steht ein Denkmal.

Aktivitäten

Einige wunderschöne Buchten auf Achill sind sicher genug zum **Schwimmen** und locken mit

ACHILL ISLAND

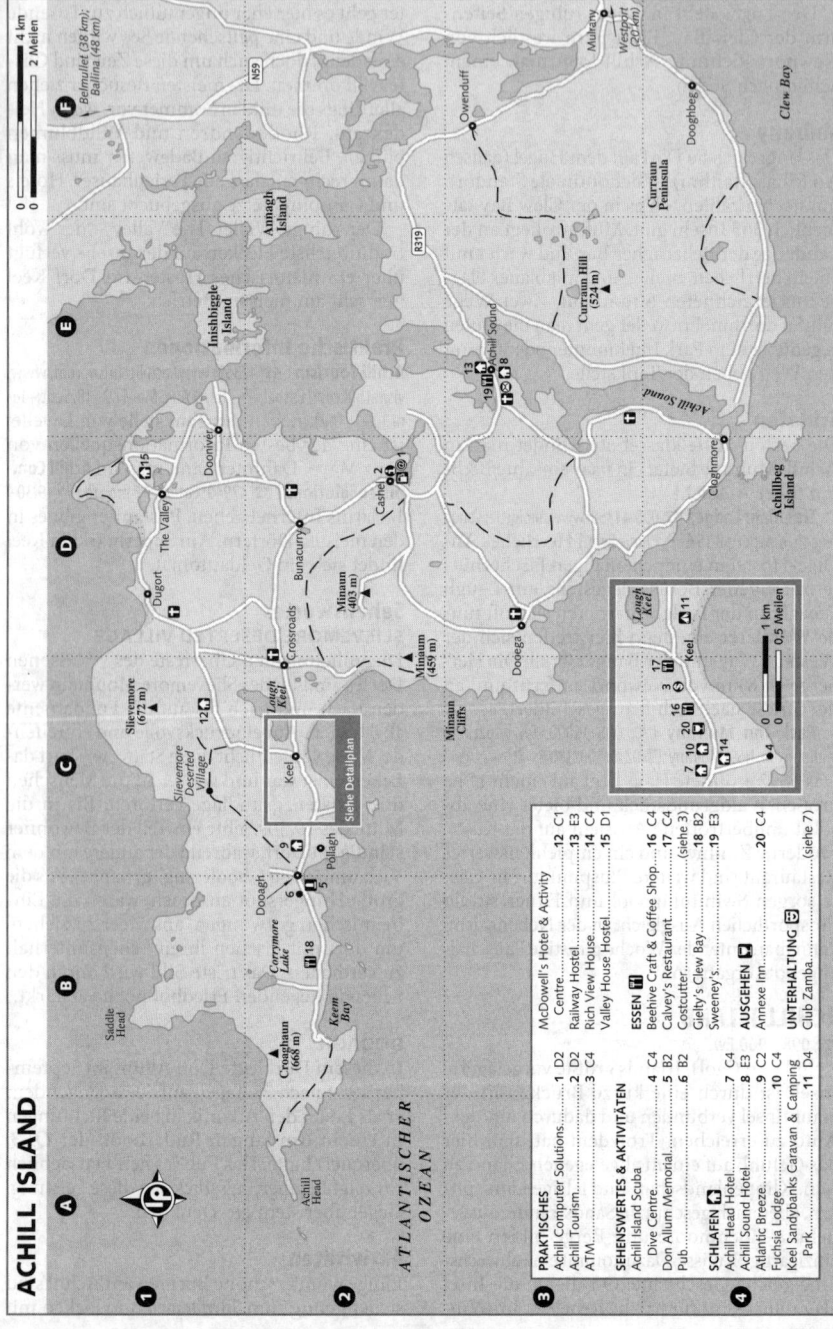

GREAT WESTERN – EIN GEISTERZUG

Der kurzen Geschichte der Great Western Railway in Achill Sound kann noch eine Fußnote hinzugefügt werden. Die Einheimischen erzählen zu gern die Legende über den Propheten Brian Rua O'Cearbhain, der im 17. Jh. die Vision hatte, dass hier eines Tages „Karren auf Rädern, die Rauch und Feuer speien", fahren und auf ihrer ersten und letzten Fahrt Leichen transportieren würden.

1894 kam es zu einer schrecklichen Tragödie, bei der 32 junge Einheimische in der Clew Bay ertranken – genau zu dem Zeitpunkt, als die Bahnstrecke fertig war. Der erste Zug von Westport nach Achill brachte die Toten zu ihren trauernden Angehörigen. 40 Jahre später, als die Bahnstrecke bereits stillgelegt worden war, erfüllte sich die Prophezeiung noch einmal: Zehn Wanderarbeiter aus Achill kamen 1937 im schottischen Kirkintilloch bei einem Feuer ums Leben. Die Strecke wurde ein letztes Mal in Betrieb genommen, um die Toten für die Beerdigung heimzuholen.

sauberen Badestränden. Außerhalb der Ferienzeit kann man an den mit blauer Flagge ausgezeichneten Stränden von Keel, Dooega, Keem, Dugort und am Golden Strand (Dugorts zweiter Strand) häufig mutterseelenallein die Ruhe genießen. Die Strände von Dooagh und Dooniver laden ebenfalls zum Baden ein.

Auf der Insel kommen **Wanderbegeisterte** voll auf ihre Kosten. Der höchste Punkt, Mount Slievemore mit 672 m, ist über einen Weg, der gleich hinter dem verlassenen Dorf beginnt, mühelos zu besteigen. Oben angekommen, öffnet sich ein phantastischer Ausblick auf die Blacksod Bay. Eine längere Wanderung führt auf den Mount Croaghaun (668 m), zum Achill Head und über einige der höchsten Klippen Europas. Achill Tourism gibt den zweisprachigen *Guide to Walking in Achill* (3,50 €) heraus, in dem 14 Touren beschrieben sind.

Hochseefischen organisiert **Tony Burke** (☎ 47257; tmburke@eircom.net; Keel), der Eigentümer der 10 m langen *Cuan na Cuime*. Dank des klaren Wassers ist Achill ein gutes Tauchrevier. **Achill Island Scuba Dive Centre** (☎ 087-234 9884; www.achilldivecentre.com; Purteen Harbour, Keel) vermietet Ausrüstung und gibt Tauchunterricht.

Windsurfen erfreut sich ebenfalls großer Beliebtheit. **Wind Wise** (☎ 43958; www.windwise.ie; Bunacurry) verleiht Equipment und erteilt Surfstunden. Weitere Aktivitäten umfassen Klettern, Kanufahren und Surfen. Richie O'Hara vom McDowell's Hotel & Activity Centre (siehe S. 492) südwestlich von Dugort gibt Unterricht und vermietet Kanus und Boards (15 € pro Std.). Auch zieht die Insel immer mehr Kitesurfer an; allerdings muss man – noch – seine eigene Ausrüstung mitbringen.

Zu den weniger anstrengenden Aktivitäten gehören Sommer-Malkurse von **Ó'Dálaigh** (☎ 36137; www.achillpainting.com). Seosamh Ó Dálaigh kennt die landschaftlich reizvollsten Orte für Motive und zeigt, wie man sie auf eine Leinwand bringt.

Festivals

In den beiden ersten Augustwochen kann man traditionelle irische Musik meilenweit hören, denn dann findet das **Scoil Acla Festival** (www.visitachill.com; ☎ 43063) statt. Diverse Workshops werben für irischen Tanz, Kultur und Musik. Gegen Abend verlagert sich das Ganze dann allerdings recht zügig in die Pubs.

Schlafen

BUDGETUNTERKÜNFTE

Keel Sandybanks Caravan & Camping Park (☎ 094-903 2054; www.achillcamping.com; Keel; Campingplatz 10 €; ⏰ Juni–Mitte Sept.) Der Campingplatz erstreckt sich auf einer gepflegten Grünfläche direkt am Strand (mit blauer Flagge) von Keel. Gästen stehen ein Aufenthaltsraum und eine Waschküche zur Verfügung.

LP Tipp **Valley House Hostel** (☎ 47204; www.valley-house.com; the Valley; Campingplatz/B/DZ 10/15/36 €, FZ ab 39,50 €; P) Hostel in einem herrlichen alten Landhaus, das ein bisschen heruntergekommen wirkt. Trotzdem versprüht Valley House dank eines wilden Gartens und eines Pubs mit Tischen auch auf der Terrasse einen ganz besonderen Charme. Alte Steinhäuser liegen verstreut in der felsigen Umgebung des Valleys. Doch das Hostel hat noch mehr zu bieten, nämlich eine gruselige Vergangenheit. 1894 wurde die Besitzerin von einem Einheimischen brutal überfallen, und das Theaterstück *The Playboy of the Western World (Der*

Held der westlichen Welt) von J. M. Synge beruht auf diesem Verbrechen. Der darauf basierende Film *Love and Rage* (1999) wurde teilweise hier gedreht. Zur Unterkunft gelangt man über die Straße Richtung Keel; an der Kreuzung in Bunacurry biegt man rechts (nach Nordosten) ab und folgt der Ausschilderung nach Dugort.

Railway Hostel (☎ 45187; Achill Sound; Campingplatz/ B 10/15€ P) Der ehemalige Bahnhof beherbergt jetzt ein schlichtes Hostel. Eigentlich liegt die Herberge gar nicht auf der Insel, aber dennoch nah genug an den Attraktionen – in der Hauptsaison also eine gute Alternative. Kurz vor der Brücke zur Insel ist man am Ziel.

Rich View House (☎ 43462; richviewhostel@hotmail. com; Keel; EZ/DZ 15/30 €) Hier geht es zwar recht locker zu, aber viel Komfort darf man nicht erwarten. Dafür ist der Besitzer, der direkt im Haus wohnt, ein ausgesprochen netter Typ, der alles über Achill weiß und gern mal seine Gäste in ein Pub einlädt.

MITTELKLASSEHOTELS

Atlantic Breeze (☎ 43189; www.atlantic-breeze.com; Pollagh, Keel; EZ/DZ 35/60 €; April–Okt.; P) Das preisgekrönte B&B, nahe Keel, hat drei Zimmer und einen Wintergarten mit schöner Aussicht.

Fuchsia Lodge (☎ 43350; fuchsialodge@eircom.ie; Keel; EZ/DZ 40/60 €; P &) Einen kurzen Fußmarsch von Keel entfernt verfügt dieses beliebte und praktische B&B über vier gemütliche Zimmer, von denen zwei miteinander verbunden und damit ideal für Familien sind. Eines der wenigen ganzjährig geöffneten B&Bs.

McDowell's Hotel & Activity Centre (☎ 43148; Slievemore Rd, Dugort; EZ/DZ 50/100 €; P) Da das McDowell's nicht an der Küste liegt, muss man auf den Meeresblick verzichten, doch das Angebot an vielen Aktivitäten wie Surfen, Segeln und Currach-Rudern macht das wieder wett. Das Hotel besitzt zehn ordentliche Zimmer und ein angenehmes Bar-Restaurant. Im Juli und August kann es hier recht voll werden. In der Nähe laden Wanderwege zu Touren ein.

Achill Sound Hotel (☎ 45245; www.achillsoundhotel. com; Achill Sound; EZ/DZ 55/100 €; P) Direkt hinter der Brücke auf die Insel gelegen, hält dieses familiengeführte Hotel einiges bereit: einfache, aber saubere Zimmer (einige bieten Blick über die Meerenge), eine Bar sowie ein Restaurant außerhalb der Lobby.

Achill Head Hotel (☎ 43108; www.achillhead.com; Pollagh, Keel; EZ/DZ 65/100 €; P) Das mittelgroße Hotel hat 19 modern eingerichtete Zimmer, einige mit Himmelbetten und Patchwork-Tagesdecken. Die Unterkunft liegt im Herzen von Keel und unweit vom Meer – allerdings weiter weg, als es die Webseite suggeriert.

Essen

Die meisten Hotels bieten Lunch und Dinner auch für Nicht-Hotelgäste an.

Beehive Craft & Coffee Shop (☎ 43018; Keel; Snacks um 7 €; April–Okt. 10.30–18 Uhr; P) Das Café mit Kunsthandwerksladen verwöhnt mit herrlich zubereiteten Suppen, zu denen braune *scones* gereicht werden. Wer richtig sündigen will, bestellt hausgebackenen Kuchen.

Calvey's Restaurant (☎ 43158; Keel; Hauptgerichte 6–18 €; Mo–Sa 18–22 Uhr) Im preisgekrönten Restaurant stehen sowohl frische Meeresfrüchte als auch Fleisch aus eigenem Schlachtbetrieb auf der Karte. Hauseigene Spezialität ist der Lammbraten, aber auch Vegetarier kommen auf ihre Kosten.

Gielty's Clew Bay (☎ 43119; www.gieltys.com; Dooagh; Sandwiches 4–7 €, Hauptgerichte 10–14 €; 10–21 Uhr) Gielty's wirkt etwas nichtssagend modern, wartet aber mit einer freundlichen Atmosphäre und guten irischen Mahlzeiten und Snacks auf. An Sommerabenden wird oft Livemusik gespielt, mehrmals in der Woche gibt es auch traditionelle Céilidh-Sessions.

Camper und Wanderer können sich bei **Sweeney's Supermarket** (☎ 45211) direkt hinter der Brücke auf Achill oder bei **Costcutter** (☎ 43125), einem Delikatessenladen und Supermarkt in Keel, mit allem Nützlichen eindecken.

Ausgehen & Unterhaltung

Von Mai bis September wird in den meisten Pubs und Hotels Livemusik gespielt.

Annexee Inn (☎ 43268; Keel) In diesem gemütlichen kleinen Pub finden das ganze Jahr über die besten traditionellen Musik-Sessions statt. Im Juli und August steht fast jeden Abend Livemusik auf dem Programm, sonst nur am Wochenende.

Club Zamba (☎ 43108; Achill Head Hotel, Pollagh, Keel) Der angesagteste Nachtclub von Achill protzt mit Videoleinwänden und Diskobeleuchtung. Per SMS kann man beim DJ Wunschtitel bestellen. Wer sich also vor dem Tanzen drücken möchte, kommt mit der Ausrede „Das ist nicht mein Musikstil" nicht mehr weit.

Anreise & Unterwegs vor Ort

Bus Éireann (☎ 096-71800) fährt ganzjährig von Montag bis Freitag nach Ballina und Westport und hält dabei insgesamt neunmal auf der Insel, u. a. in Dooagh, Keel, Dugort, Cashel und Achill Sound. Nach dem genauen Fahrplan erkundigt man sich bei der Touristeninformation.

Fahrräder vermietet **O'Malley's Island Sports** (☎ 43125; jomalley@eircom.net; Keel; ☺ Juni–Aug.), neben der Post in Keel. Man sollte allerdings vorher anrufen, sonst sind in der Hauptsaison alle Bikes verliehen.

BANGOR ERRIS

☎ 097 / 270 Ew.

Das unscheinbare kleine Dorf ist der Anfangsbzw. Endpunkt des 48 km langen **Bangor Trail**, der Bangor (Bain Gear) mit Newport verbindet. Die außergewöhnliche Wanderung führt durch einige der rauesten und abgeschiedensten Landstriche Irlands. Leider braucht man dazu gleich mehrere OS-Karten im Maßstab von 1:50 000 (S. 758).

Montags bis freitags verkehrt **Bus Éireann** (☎ 096-71800) abends (Juli & Aug. auch 1-mal mittags) nach Ballina (11 €, 1 Std.).

BALLYCROY-NATIONALPARK

Zum 1998 eröffneten Ballycroy-Nationalpark gehört eines der größten Moorgebiete Europas. Bei Redaktionsschluss war der Park allerdings noch nicht komplett zugänglich. In der phantastischen Landschaft bahnt sich der Owenduff River seinen Weg durch Sümpfe, wo viele Zugvögel Rast einlegen. Aufgrund dessen soll 2008 im nahe gelegenen Ballycroy ein Besucherzentrum eröffnet werden und Informationen über die Ökologie des Parks sowie Kultur und Geschichte der Region bereithalten. Wahrscheinlich werden auch geführte Touren für Besucher organisiert, die den Park nicht allein erkunden möchten. Am besten erkundigt man sich vor Ort.

MULLET PENINSULA

☎ 097

Die Halbinsel Mullet ragt etwa 30 km weit in den Atlantik hinein und ist mit der Hauptinsel nur durch Moorland verbunden. Dadurch wirkt sie abgeschiedener als manches echte Eiland. Erwartungsgemäß leben hier kaum Menschen, und auch nur wenige Besucher verschlägt es nach Mullet, was aber seinen Reiz nur noch verstärkt. Als *der* Anziehungspunkt gelten die unberührten Strände auf der geschützten Ostseite. Die Einheimischen sprechen Gälisch, und Hauptort ist das kleine Dorf **Belmullet** (Béal an Mhuirthead).

Praktische Informationen

Atlantek Computers (☎ 82255; Carter Sq; 6 € pro Std.; ☺ Mo–Sa 10–18 Uhr) Internetzugang.

Bank of Ireland (Carter Sq) Geldautomat und Wechselstube.

Erris-Touristeninformation (☎ 81500; Barrack St; ☺ Ostern–Sept. Mo–Fr 9.30–16.30 Uhr)

Postamt (Main St)

Blacksod Point & Umgebung

Die Straße von Belmullet nach Süden führt um die Spitze der Halbinsel, und bei Aghleam schließt sich der Kreis. Ganz in der Nähe liegen die Ruinen einer alten **Kirche**. Beim Blick über die Bucht sieht man auch die Stelle, an der *La Rata Santa Maria Encoronada*, ein Schiff der Spanischen Armada von 1588, strandete und anschließend von seinem Kapitän in Brand gesetzt wurde.

Auf dem Weg nach Blacksod Point kommt man an der **Elly Bay** vorbei, einem hübschen Strandabschnitt, an dem sich besonders gerne Vogelbeobachter treffen. Weiter südlich passiert die Straße dann den wunderschönen **Mullaghroe Beach**. Anfang des 20. Jhs. gab es bei Ardelly Point weiter nördlich eine Walfangstation.

Die Wetterstation auf der Halbinsel legte das Datum für den D-Day fest, an dem die Alliierten im Zweiten Weltkrieg in der Normandie landeten.

Schlafen & Essen

Western Strands Hotel (☎ 81096; www.westernstrands hotel.com; Main St, Belmullet; EZ/DZ 48/70 €) In dem recht großen Hotel über einem altmodischen Pub herrscht immer gute Stimmung. Mitten im kleinen Belmullet gelegen, hat das Western einiges zu bieten, u. a. Angeltouren, Radausflüge, Strände in der Nähe. Die Zimmer mit Bad sind einfach, aber unspektakulär, und in der Bar bekommt man gutes Essen.

Chez Nous (☎ 82167; chez_nous_belmullet@esatclear. ie; Church Rd, Belmullet; EZ/DZ 40/70 €; ☺ März–Dez.; (P)) Dieses moderne B&B verfügt über sehr gemütliche, geschmackvoll farbig gestaltete Zimmer. Die Pension befindet sich an der Straße nach Garda, ist ausgeschildert und nur fünf Gehminuten vom Kreisverkehr des Ortes entfernt.

Anreise & Unterwegs vor Ort

Bus Éireann (☎ 096-71800) betreibt eine Abendverbindung sechs Tage die Woche (Mo–Sa; im Juli & Aug. auch mittags) von Ballina nach Belmullet (11 €, 1¼ Std.) und weiter nach Blacksod Point.

McNulty's Coaches (☎ 81086; www.mcnultycoaches.com; Chapel St), mit einem Büro in der Nähe der Post von Belmullet, bieten täglich Busfahrten nach Castlebar an (einfach/Hin- & Rückfahrt 9/13 €, 1 ½ Std.).

POLLATOMISH

☎ 097 / 150 Ew.

Das hübsche, abgelegene Dorf (Poll an Tómais), manchmal auch Pullathomas geschrieben, liegt in einer ruhigen Bucht etwa 16 km östlich von Belmullet. Auf der Straße nach Ballycastle (R314) ist der Ort ausgeschildert. Hier findet man einen schönen **Sandstrand** und Wanderwege nach **Benwee Head**, wo man herrliche Aussichten genießen kann.

LP Tipp **Kilcommon Lodge Hostel** (☎ 84621; www.kilcommonlodge.net; Pollatomish; B/DZ 12/30 €; P) In malerischer Lage strahlt dieses freundlich familiengeführte Haus eine etwas eigenartige ländliche Atmosphäre aus. Im umliegenden Garten entdeckt man recht ausgefallene Dinge wie Walknochen; der Strand ist nur ein paar Schritte entfernt. Auf Wunsch wird auch Abendessen serviert.

BALLYCASTLE & UMGEBUNG

☎ 096 / 250 Ew.

Noch vor 50 Jahren wusste man nur von einem Megalith-Grab in der Umgebung von Ballycastle (Baile an Chaisil). Heute weist die Gegend mit die höchste Konzentration dieser Monumente in Europa auf. Dazu kommen noch eine phantastische Küstenlandschaft und ein hübsches Dorf, das nur aus einer bergab führenden Straße besteht. Hier herrscht eine ruhige, gemächliche und urige Atmosphäre.

Sehenswertes

CÉIDE FIELDS

Ein berühmter Witzbold beschrieb den Gegenstand der Archäologie einmal als „einen Haufen kleiner Mäuerchen". Nun kommt es in der Tat nicht oft vor, dass die Experten so aufgeregt um diese Mäuerchen herumspringen, wie es bei den **Céide Fields** (Achaidh Chéide; www.museumsofmayo.com; ☎ 43325), 8 km nordwestlich von Ballycastle, der Fall ist.

In den 1930er-Jahren fiel einem Einheimischen namens Patrick Caulfield beim Torfstechen ein Haufen Steine unter dem Torf auf. Etwa 40 Jahre später begann sein Sohn Seamus, den die Entdeckung des Vaters zum Archäologiestudium motiviert hatte, die Gegend genauer zu erforschen. Was er und später auch andere freilegten, war das weltweit größte steinzeitliche Denkmal, bestehend aus mit Steinmauern eingefassten Feldern, Häusern und Megalith-Grabstätten. Insgesamt fanden die Wissenschaftler etwa ½ Mio. t Steine. Die Überraschung: Vor etwa 5000 Jahren muss an dieser Stelle ein blühendes Dorf existiert haben, dessen Bewohner Weizen und Gerste anbauten, Schafe und Rinder hielten und ihr Land beeindruckend durchdacht einfriedeten.

Auch interessierten Laien bietet das preisgekrönte **Interpretive Centre** (☎ 43325; ceidefields@opw.ie; R314; Erw./Kind bis 6/Stud./erm. inkl. Führung 3,50/frei/1,25/2,50 €; ☻ Juni–Sept. 10–18, Mitte März–Mai, Okt. & Nov. 10–17 Uhr, sonst nur Gruppen) in einer Glaspyramide mit Blick über die Ausgrabungsstätte einen phantastischen Einblick in die Zeit vor 5500 Jahren. Es empfiehlt sich, an einer Führung teilzunehmen, denn sonst sieht die Anlage doch eher nur wie ein Haufen kleiner Mäuerchen aus.

Aktivitäten

Die **Heathfield Lodge Stables** (☎ 43350; liz@heathfieldstables.com; Ballycastle) bieten Reitstunden, für Kinder auf Ponys, und Ausritte durch die herrliche Küstenlandschaft bei Ballycastle an. Zu den Stallungen gelangt man nach 1 km auf der Straße nach Killala.

Schlafen & Essen

Stella Maris (☎ 43322; www.stellamarisireland.com; Ballycastle; EZ/DZ ab 155/200 €; Abendessen etwa 50 €) Ursprünglich beherbergte das herrliche alte Gebäude eine Station der Küstenwache, danach hatte hier ein Nonnenkloster seinen Sitz. Heute ist es eines der schönsten Hotels von Mayo. Die Zimmer sind in einer geschmackvollen Kombination aus Antiquitäten und modernem Mobiliar stilvoll eingerichtet, und das Restaurant genügt höchsten Ansprüchen. Unübertroffen aber die Lage: ca. 2,5 km außerhalb des Ortes mit Blick auf das Meer, die sanft geschwungenen grünen Hügel und Schafweiden.

Mary's Cottage Kitchen (☎ 43361; Lower Main St; Gerichte 2,50–11,50 €; ☻ Okt.–März Mo–Sa 10–15, April–

Sept. 10–18 Uhr) Aus der heimeligen Bäckerei duftet es stets nach frisch gebackenem Apfelkuchen. Außer Kuchen und Tee werden in dem Häuschen aus grauem Naturstein auch leichte Mahlzeiten serviert, im Sommer kann man es sich draußen im Garten gemütlich machen. Während der Hauptsaison ist das Mary's manchmal auch abends geöffnet.

An- & Weiterreise

Bus Éireann (☎ 71800) verkehrt von Ballycastle nach Ballina (9 €, 30 Min.) Montag bis Freitag zweimal täglich.

KILLALA & UMGEBUNG

☎ 096 / 650 Ew.

Das recht hübsche Örtchen Killala (Cill Alaidh oder Cill Ála) ist vor allem für die nahe gelegene gleichnamige Bucht und deren Rolle bei der französischen Invasion und der Rebellion von Wolfe Tone im Jahr 1798 berühmt.

Angeblich gründete der Hl. Patrick Killala, und die Church of Ireland soll an der Stelle stehen, wo einst die erste christliche Kirche gebaut wurde. Der 25 m hohe Rundturm überragt noch heute den Ort. 1800 wurde er vom Blitz getroffen, die Kuppel ist aber inzwischen erneuert. Eine nur im Sommer geöffnete **Touristeninformation** (☎ 32166; ☼ Juni–Sept. 10–17 Uhr) befindet sich 500 m außerhalb an der Straße nach Ballina.

Rathfran Abbey

Die Überreste des abgelegenen Dominikanerklosters von 1274 können ruhig und friedvoll, aber auch ziemlich gruselig wirken. Einzig das Krächzen der Krähen und Pfeifen des Windes stören hier die Ruhe. 1590 wurde das Kloster von den Engländern niedergebrannt, doch blieben die Mönche noch bis ins 18. Jh. in dieser Gegend.

Auf der R314 Richtung Norden verlässt man Killala, biegt nach 5 km und der Überquerung des River Cloonaghmore rechts ab. Nach weiteren 2 km geht's an der Kreuzung nochmals rechts ab.

Moyne Abbey

Der beeindruckende Bau der Franziskaner aus dem 15. Jh. wurde im 16. Jh. von Richard Bingham niedergebrannt. Um die einsame Ruine, nördlich von Ballina, zu erreichen, muss man Privatgrundstücke überqueren. Moyne Abbey liegt 3 km nördlich der Rosserk Abbey (S. 497) und taucht rechts hinter einem Feld auf.

Breastagh Ogham Stone

In den einsamen, mit Flechten überwachsenen Stein von der Größe eines Basketballspielers sind obskure Ogham-Schriftzüge eingemeißelt. Leider kann man die stark verwitterten Zeichen kaum erkennen. Der Stein steht auf einem Feld linker Hand der R314, kurz hinter der Abzweigung zur Rathfran Abbey. Beim Hinweisschild zum Stein muss man einen Graben überqueren.

Lackan Bay

Angetrieben von revolutionärem Eifer und besessen von dem Gedanken, den Engländern in ihrem Hinterhof eins auszuwischen, gingen am 22. August 1798 mehr als 1000 französische Soldaten unter dem Kommando von General Humbert in Kilcummin in der Killala Bay an Land. Man hoffte, dass ihre Ankunft die irischen Bauern dazu bringen würde, sich gegen die Engländer zu erheben (wie es der irische Patriot Wolfe Tone versprochen hatte).

Eine Abzweigung von der R314 nach rechts ist Richtung Kilcummin ausgeschildert. An der R314, kurz hinter der Abzweigung nach Lackan Bay, erblickt man die **Skulptur** eines französischen Soldaten, der einem gestürzten irischen Bauern aufhilft. Diese Figur steht genau an jener Stelle, wo der erste französische Soldat auf irischem Boden starb. Der **Strand** von Lackan Bay besteht aus tollem goldenem Sand und ist damit ideal für Kinder.

An- & Weiterreise

Der Bus von Ballina nach Ballycastle verkehrt von Montag bis Samstag zweimal am Tag. Die Haltestelle liegt vor McGregor's Zeitungsladen in Killala. Bei **Bus Éireann** (☎ 71800) kann man den genauen Fahrplan telefonisch erfragen.

BALLINA

☎ 096 / 9478 Ew.

Die lebhafte Stadt Ballina (Béal an Átha; balli-*nagh*) ist die größte im County und ein guter Ausgangspunkt für Ausflüge in den Norden von Mayo. Vor allem Anglerfreunde brechen von hier auf, um die Lachsreviere in der Umgebung unsicher zu machen. Angelausrüstung bekommt man im Ort problemlos. Ballina selbst wirkt nicht besonders schön. Immerhin findet man in den Straßen noch einige Spuren einstiger viktorianischer und edwardianischer Eleganz. Der River Moy bahnt sich mitten durch die Stadt seinen Weg.

Praktische Informationen

Atlantek Computers (☎ 70650; Circular Rd, 6 € pro Std.; ⊙ Mo–Sa 10–18 Uhr) Internetcafé.

AIB (Pearse St) Geldautomat und Wechselstube.

Moy Valley Resources (☎ 70848; Cathedral Rd; 9 € pro Std.; ⊙ 9–13 & 14–17.30 Uhr) Internetzugang, im gleichen Gebäude wie die Touristeninformation.

Post (O'Rahilly St) An der südlichen Verlängerung der Pearse Street.

Touristeninformation (☎ 70848; Cathedral Rd; ⊙ Apil.–Okt. Mo–Sa 10–17.30 Uhr, Nov.–März geschl.) Vom Zentrum aus auf der anderen Seite des River Moy.

Aktivitäten

Während der Saison ziehen ganze Heerscharen von Leuten in grünen Wathosen zum River Moy, eines der besten **Lachsgewässer** Europas. Oft sieht man Lachse im Ridge (Lachsteich) springen – manchmal von Fischottern und grauen Kegelrobben verfolgt.

Bei der Touristeninformation erhält man eine Liste mit den besten Stellen und Ansprechpartnern für einen Angelschein (*permit*). Die Saison dauert von Februar bis September, aber die besten Angelmonate sind Juni, Juli und August. Informationen, Ausrüstung und Angelscheine gibt es auch beim **Ridge Pool Tackle Shop** (☎ 72656; Cathedral Rd; ⊙ 8–17 Uhr). Hier wird ebenso Unterricht im Fliegenfischen organisiert.

Lough Conn, südwestlich von Ballina, ist eine Hochburg der Forellenfischerei. Rund um den See warten Boote und *ghillies* (Führer) auf Kundschaft. Pontoon bei Foxford gilt als idealer Ausgangspunkt, um sowohl im Lough Conn als auch im Lough Cullen **Forellen** zu fischen.

Festivals

Eines der besten Open-Air-Feste des Landes ist das jährliche **Ballina Street Festival** (☎ 79814; www.ballinastreetfestival.ie) in der ersten Julihälfte, das volle zwei Wochen dauert. Es wird ein bisschen von allem geboten: Paraden, Tanz, Kart-Rennen, traditionelle Kleidung und ein „Gladiator"-Turnier für Teenager.

Schlafen

Belleek Caravan & Camping Park (☎ 71533; www. belleekpark.com; Ballina; Campingplatz 18 €; ⊙ März–Nov.) Der gepflegte Grasplatz ist die erste Wahl für Camper, mit Waschmöglichkeiten, Küche und viel Platz für Kinder zum Spielen. Er liegt 2 km von Ballina entfernt und 300 m abseits der Straße nach Killala.

The Loft B&B (☎ 21881; www.theloftbar.ie; Pearse St; DZ 80 €) Moderne Zimmer bietet dieses elegante und stilvolle Hotel im Stadtzentrum. Da es über einem Pub liegt, kann es zur Sperrstunde hier etwas laut zugehen. Die nach hinten gehenden Zimmer sind ruhiger. Im Haus steht ein WLAN-Anschluss zur Verfügung.

Belleek Castle (☎ 22400; www.belleekcastle.com; EZ/DZ ab 100/150 €; ⊙ April–Dez.; Ⓟ) Ein phantastisches, neo-jakobinisches Landhaus mitten im Wald außerhalb von Ballina. Romantiker werden die Himmelbetten lieben, Geschichtsfans werden sich an den historischen Artefakten kaum sattsehen können. Wer Bio-Lebensmittel bevorzugt, kommt im Restaurant Granuailes voll auf seine Kosten. In der Bar

---

IRISCHER ABSTAMMUNG?

Während der großen Hungersnot wanderten viele Familien von Mayo in die ganze Welt aus. Begegnet man irgendwo auf der Welt den Nachnamen Barrett, Brennan, Dogherty, Doyle, Foy, Gallagher, Harkin, Henry, Kelly, Lavelle, McNulty oder McNicholas, kann man davon ausgehen, dass die Familien ursprünglich aus dem Norden von Mayo stammen. Die Lavelles sollen interessanterweise aus Frankreich kommen – man sagt, sie seien zur Zeit der Rebellion um 1798 nach Achill Island eingewandert. Nachforschungen können im **Mayo North Family Heritage Centre** (☎ 096-31809; Enniscoe, Castlehill, Ballina; ⊙ April–Sept. Mo–Fr 9.30–16 Uhr; Ⓟ) angestellt werden; für erste Konsultation zahlt man 75 €. Wesentlich interessanter ist das angeschlossene **Museum** (Erw./Stud. nur Museum 4/2 €, Museum & Garten 8/3 €; ⊙ April–Sept. Mo–Fr 10–18, Sa & So 14–18 Uhr), in dem alte Landwirtschaftsgeräte und Haushaltsutensilien gezeigt werden. Am ummauerten Garten von Enniscoe House gibt es einen Tearoom.

Nachnamen wie Burke, Duffy, Gallagher, Joyce, Kelly, Moran, Murphy, O'Connor, O'Malley oder Walsh sind im südlichen Mayo beheimatet, wo sich ein weiteres Zentrum der Ahnenforschung widmet: **South Mayo Family Research Centre** (☎ 094-954 1214; Main St, Ballinrobe).

Armada hat man das Gefühl, sich im Inneren einer spanischen Galeone zu befinden.

Essen

Gaughan's (☎ 70096; O'Rahilly St; Mittagessen 3–10 €; ⊙ Küche 11–15 Uhr) Dieser schummrige alte Pub ist bei Einheimischen sehr beliebt. Zum Lunch wird Hausmannskost serviert.

Dillon's Bar & Restaurant (☎ 72230; Dillon's Tce; Hauptgerichte 14–25 €; ⊙ Küche Mo–Do 15–21, Fr–So 12.30–21 Uhr) Der mit Wein bewachsene Hof gibt dem Restaurant eine romantische Note, besonders an warmen Sommerabenden. Im Dillon's werden nur lokale Erzeugnisse verarbeitet; in den warmen Monaten kann man schön draußen sitzen. Am Südende der Pearse Street biegt man rechts ab und tritt linker Hand durch einen Bogen ein.

Ausgehen

Fans von irischen Pubs werden sich in Ballina sicher nicht langweilen, denn die rund 60 Kneipen wollen erst einmal alle abgeklappert werden. In vielen wird Mittwoch- und Freitagabend traditionelle Musik gespielt.

An Bolg Buí (Yellow Belly; ☎ 22561; Tolan St) Das altertümliche, ganz aus Holz bestehende Pub an der Brücke ist der ideale Ort, um in aller Ruhe sein Bier zu trinken und dem Anglerlatein zu lauschen. Mittwochs steht traditionelle Musik auf dem Programm.

An- & Weiterreise

Bus Éireann betreibt eine tägliche Expresslinie vom **Busbahnhof** (☎ 71800; Kevin Barry St) nach Westport (10 €, 1 Std.). Weitere Busse verkehren nach Achill Island (13 €, 2–3 Std., 2-mal tgl.), Sligo (11 €, 1 ½ Std., 5-mal tgl.) und Dublin (16 €, 3 ½ Std., 6-mal tgl.).

Die Züge nach Dublin (30 €, 3 ½ Std., 3-mal tgl.) fahren vom **Bahnhof** (☎ 71818; Station Rd) an der südlichen Verlängerung der Kevin Barry Street ab. Ballina liegt an einer Nebenstrecke der Hauptverbindung Westport–Dublin; umgestiegen wird in Manulla Junction.

RUND UM BALLINA
Rosserk Abbey

Die stattliche Franziskanerabtei stammt aus der Mitte des 15. Jhs. und steht schon fast mit den Füßen im Wasser des Rosserk, eines Nebenflusses des River Moy. Im Altarraum befindet sich ein auffälliges steinernes Taufbecken, das mit fein ausgearbeiteten Steinmetzarbeiten eines Rundturms und mehrerer Engel verziert ist. Rosserk wurde im 16. Jh. von Richard Bingham, dem englischen Gouverneur von Connaught, zerstört.

Zur Abtei gelangt man auf der R314 von Ballina Richtung Killala. Nach 6,5 km zweigt an einem Hinweisschild eine Straße rechts ab. Anschließend fährt man an der nächsten Kreuzung links und nach 1 km nochmals rechts.

North Mayo Sculpture Trail

Der Trail mit 15 im Freien aufgestellten Skulpturen folgt im Grunde der R314 von Ballina nach Blacksod Point. Die Idee dazu lieferten die Entdeckungen bei den Céide Fields. 1993 wurde er anlässlich der 5000-Jahr-Feier von Mayo eröffnet. Bekannte Künstler aus acht Ländern erhielten den Auftrag, Skulpturen zu schaffen, die das nördliche Mayo mit all seiner Schönheit und Wildheit widerspiegeln sollten.

The North Mayo Sculpture Trail (Tír Sáile) beschreibt auf 60 Seiten detailliert alle Kunstwerke und wird in der Touristeninformation und in Buchläden verkauft. Der 90 km lange Trail ist gleichzeitig eine lohnenswerte Wandertour.

CROSSMOLINA & UMGEBUNG
☎ 096 / 940 Ew.

Das ruhige Landstädtchen Crossmolina (Crois Mhaoiliona) liegt zwar in der Nähe von Lough Conn, hat aber ansonsten nur wenig zu bieten und wird vielleicht auch dadurch kaum besucht. Wer gerne seinen Gedanken nachhängt, wie es das Angeln oftmals mit sich bringt, mag hier genau richtig sein.

In der Filiale der Bank of Ireland gegenüber Hiney's Pub steht ein Geldautomat. Angelausrüstung gibt es nur im 13 km entfernten Ballina (S. 495).

Sehenswertes & Aktivitäten

Um die Ruine der **Errew Abbey** zu besichtigen, muss man zunächst 800 m querfeldein über holprige Felder laufen. Doch die malerische Lage der Abtei, die an drei Seiten vom spiegelnden Lough Conn umgeben ist, lohnt die Mühe allemal. Unter den verfallenen Ruinen befindet sich ein Haus für Augustinermönche, das im 13. Jh. an der Stelle errichtet wurde, wo einst eine Kirche aus dem 7. Jh. gstanden hatte.

Zur Errew Abbey fährt man auf der Straße Richtung Castlebar gen Süden. 1 km hinter dem Heritage Centre biegt man an einem Hinweisschild links ab. Nach weiteren 5 km ist der Eingang bei einer Farm erreicht.

Eine zweistündige Wanderung führt durch eine schöne Landschaft auf den 806 m hohen **Mount Nephin**.

Schlafen & Essen

Enniscoe House (☎ 31112; www.enniscoe.com; Castlehill; DZ 180–224 €, Apt. mit 2 DZ 450–600 € pro Woche; Abendessen 48 €; ☼ April–Okt.; **P**) Ein stattlicher Landsitz, umgeben von Hügeln und Wäldern – besser kann man kaum logieren. Das 1750 erbaute Enniscoe House wirkt wahrhaft imposant, im Inneren setzt sich der noble Charakter fort. Neben den Gästezimmern im Haupthaus werden auch historische Apartments im Hof vermietet (wochenweise). Der ummauerte viktorianische Garten umfasst nur einen kleinen Teil des Anwesens, zu dem auch wilde Wälder mit Spazierwegen und riesige Weideflächen gehören.

Mount Falcon Country House Hotel (☎ 74472; www.mountfalcon.com; Foxford Rd; DZ 180–280 €; **P** 🐾) Wenn Enniscoe House überhaupt überboten werden kann, dann schafft dies Mount Falcon. Das Landhaus versteckt sich in einem 40 ha großen Waldstück zwischen Lough Conn und River Moy und besticht durch exquisite Zimmer, einen Wellnessbereich sowie ein ausgezeichnetes Restaurant – und nicht zuletzt durch ein eigenes Angelrevier am Fluss.

Healy's Restaurant and Country House Hotel (☎ 56443; www.healyspontoon.com; Pontoon, Foxford; EZ/DZ ab 65/90 €; Hauptgerichte 10–27 €; **P**) Malerisch zwischen See, Wäldern und Hügeln gelegen, bietet dieses Hotel ein relaxtes Ambiente. Die 1840 eröffnete Jagdlodge verfügt über dezent modernisierte Zimmer und zwei elegante Speisesäle, in denen „Surf-and-turf"-Klassiker (eine Kombination aus Merresfrüchten und Fleisch) serviert werden. Die Holztische vor dem Haus laden zu einem Drink ein.

Dolphin Hotel (☎ 31270; www.thedolphin.ie; Crossmolina; EZ/DZ 60/90 €; Mahlzeiten 8–17 €; ☼ Küche 8–22 Uhr) Der erhabene, schön hergerichtete Landgasthof begeistert mit seinen komfortablen Zimmern, mit einem guten Restaurant und ausgezeichneter Livemusik. Die Speisekarte reicht von einem All-you-can-eat-Lunch bis zu sorgfältig zubereiteten irischen Spezialitäten aus lokalen Zutaten. Landesweit bekannte Bands treten mehrmals wöchentlich im Club auf.

An- & Weiterreise

Bus Éireann (☎ 71800) fährt regelmäßig nach Ballina und Castlebar. Die Haltestelle liegt vor Hiney's an der Main Street.

CASTLEBAR & UMGEBUNG

☎ 094 / 10 290 Ew.

In Castlebar (Caisleán an Bharraigh's) verströmt eine aufstrebende Atmosphäre. An jeder Ecke wird gebaut, und auf den Straßen ist hier mehr Betrieb als sonstwo in Mayo. Außer einigen Hotels und Esslokalen hat der Ort allerdings nicht viel zu bieten. Ein Zwischenstopp lohnt sich nur, wenn man auf dem Weg zu den Sehenswürdigkeiten in der Umgebung ist.

Zu einem Platz in der Geschichte Irlands kam Castlebar 1798, als General Humberts zahlenmäßig unterlegene Armee aus französischen Revolutionären und irischen Bauern hier einen unerwarteten Sieg errang. Der schmachvolle Rückzug der britischen Kavallerie wird seitdem spöttisch als Castlebar Races bezeichnet.

Orientierung & Praktische Informationen

Richtung Norden ändert die Hauptstraße ihren Namen von Ellison Street in Main Street und anschließend in Thomas Street. The Mall liegt im Osten.

Allied Irish Bank (Main St) Geldautomat und Wechselstube.

Chat'rnet (☎ 903 8474; New Antrim St; 3,60 € pro Std.; ☼ 10.30–22.30 Uhr) Internetcafé gegenüber der Touristeninformation.

Touristeninformation (☎ 902 1207; Linenhall St; ☼ Mai–Sept. 9.30–13 & 14–17.30 Uhr) Westlich vom Nordende der Main Street.

Sehenswertes

NATIONAL MUSEUM OF COUNTRY LIFE

Das ausgezeichnete **Museum** (☎ 903 1755; www.museum.ie; Turlough Park, Turlough; Eintritt frei; ☼ Di–Sa 10–17, So 14–17 Uhr; **P** ♿) ist weder ein nostalgisches Andenken an eine sorgenfreie Vergangenheit noch eine düstere Abrechnung im Stil von *Angela's Ashes (Die Asche meiner Mutter)*. Auf vier Stockwerke werden ausgewählte Exponate, die sich auf die Periode von 1850 bis 1950 konzentrieren, anschaulich präsentiert. Zum National Museum of Ireland gehörend – die drei anderen Abteilungen befinden sich in Dublin – möchte dieses Museum eine dauerhafte Achtung vor dem kulturellen Reichtum einer Zeit vermitteln, die noch nicht völlig aus der Erinnerung verschwunden ist. Einige der gezeigten Traditionen und Fertigkeiten (vom Korbflechten bis zum Bootsbau) sind zwar sicher noch nicht ganz verloren, geraten aber zunehmend in Vergessenheit. Die Ausstellung erweckt Bewunderung für den Ideenreichtum, die Erfindungsgabe und die Genügsamkeit des irischen Volkes.

Die weitläufigen Grünanlagen am See laden zum Picknicken ein. Ein Teil des aus dem 19. Jh. stammenden Herrensitzes von Turlough kann besichtigt werden. Mittwochs und sonntags finden außerdem interessante Vorführungen und Workshops statt. Nähere Infos hierzu stehen auf der Webseite.

Der Anfahrtsweg zum Museum ist 5 km nördlich von Castlebar an der N5 ausgeschildert.

TURLOUGH ROUND TOWER
Bei dem undurchdringbar wirkenden Rundturm aus dem 9. Jh. mit seinem einzigen, hoch oben angebrachten Fenster denkt man sofort an Rapunzel. Er steht auf einem Hügel neben einer Kirchenruine aus dem 18. Jh., nordöstlich des National Museum of Country Life.

MICHAEL DAVITT MEMORIAL MUSEUM
Das kleine, aber mit viel Herz gestaltete **Museum** (☎ 903 1022; www.museumsofmayo.com; Straide; Erw./Kind 4/2 €; ☒ 10–18 Uhr; P) ist in einer ehemaligen Gefängniskirche untergebracht. Michael Davitt (1846–1906), Fenier und ein fanatischer Mitbegründer der Irish National Land League, wurde hier getauft und zur nahe gelegenen Straid Abbey begraben. In seiner Kindheit musste Davitt miterleben, wie seine Familie brutal aus ihrem Haus vertrieben wurde.

Auf der N5 fährt man Richtung Osten und biegt dann nach links auf die N58 Richtung Straide (auf manchen Karten Strade) ab. Von Castlebar aus sind es 16 km.

BALLINTUBBER ABBEY
Die Geschichte der reizenden kleinen **Abbey** (☎ 903 0934; www.ballintubberabbey.ie; Ballintubber; Eintritt frei; ☒ 9–24 Uhr; P) liest sich wie eine Sammlung von unglaublichen Legenden. Im Volksmund heißt sie „Die Abtei, die nicht sterben will", denn sie ist die einzige von einem irischen König gegründete Kirche Irlands, die heute noch genutzt wird. 1216 wurde sie neben dem Standort einer früheren Kirche errichtet, die der Hl. Patrick einst erbaut hatte, nachdem er vom Croagh Patrick heruntergestiegen war.

Ballintubber Abbey wurde von den Normannen niedergebrannt, von Jakob I. beschlagnahmt und von Heinrich VIII. unterdrückt. Das Dach des Hauptschiffs, von Cromwells Soldaten 1653 in Brand gesteckt, wurde erst 1965 restauriert. Messen waren damals verboten, und Priester wurden verfolgt. Trotz aller Widrigkeiten fanden weiterhin Gottesdienste in der Kirche ohne Dach statt.

Auf der N84 geht es südwärts Richtung Galway und nach etwa 13 km an der Campus-Tankstelle links ab. Von dort erreicht man nach 2 km die Abtei.

Schlafen & Essen
Imperial Hotel (☎ 902 1961; www.imperialhotelcastlebar.com; the Mall; EZ/DZ So–Do 55/90 €, Fr & Sa 65/110 €) Das älteste Hotel von Castlebar steht schon seit 1795 an der Mall. Mit seinen schachbrettartigen Böden und der gemütlichen alten Bar strahlt es einen netten altmodischen Charme aus. Die geräumigen Zimmer sind hingegen auf dem modernsten Stand.

Welcome Inn Hotel (☎ 22288; cb.welcome@mayo-ireland.ie; EZ/DZ 60/120 €; P) In einem kitschigen Pseudo-Tudorstil präsentiert sich das zweitgrößte Hotel in Castlebar. Während die Preise jenen im Imperial ähneln, wirkt das Welcome Inn jedoch längst nicht so bezaubernd und einladend. Allerdings punktet es mit seiner Lage mitten im Stadtzentrum. Die Zimmer sind sauber und angenehm.

Café Rua (☎ 902 3376; New Antrim St; Mahlzeiten 3–12 €; ☒ Mo–Sa 9.30–18 Uhr) Ein freundliches kleines Café, dessen treue Stammgäste vor allem wegen der sättigenden, typisch irischen Gerichte und Kuchen kommen. Schon aus einiger Entfernung umweht einen der Duft der Spezialität des Hauses: *champ*, eine Art Kartoffelbrei mit Zwiebeln. Das Frühstück ist etwas dürftig, der Kaffee aber ausgezeichnet.

Anreise & Unterwegs vor Ort
Die Busse von **Bus Éireann** (☎ 096-71800) fahren nach Westport (4 €, 20 Min., 10-mal tgl.), Dublin (16 €, 4 ½ Std., 1-mal tgl.) und Sligo (13 €, 1 ½ Std., 3-mal tgl.). Sonntags gibt es weniger Verbindungen. Die Haltestelle liegt auf der Market Street.

McNulty's Coaches (☎ 902 9948; www.mcnultycoaches.com) betreibt täglich Busse nach Belmullet. Die 1½-stündige Fahrt kostet einfach bzw. hin und zurück 9/13 €. Außerdem verkehren Busse nach Galway (Fr & Sa). Den Fahrplan erfragt man am besten telefonisch.

Der Zug von Westport nach Dublin hält in Castlebar (30 €, 3 ½ Std., 3-mal tgl.); der Bahnhof ist etwas außerhalb der Stadt an der N84 Richtung Ballinrobe.

KNOCK
☎ 094 / 595 Ew.

Auch Irland hat einen Wallfahrtsort, vergleichbar mit Lourdes oder Fatima: den Schrein von Knock (Cnoc Mhuire). Für Gläubige, besonders diejenigen, die dringend eines Wunders bedürfen, ist Knock ein bedeutendes Pilgerziel. Scharenweise strömen sie noch immer dorthin.

Bis 1879 war Knock ein ärmliches Dörfchen. Doch dann verwandelte eine göttliche Erscheinung den Ort in einen der heiligsten Schreine der katholischen Welt. Die vielen frommen Besucher bedeuten für zahlreiche, nicht so seriöse Händler natürlich ein gutes Geschäft, was dem Ganzen eine etwas widersprüchliche und zynische Note verleiht.

Der Marienschrein von Knock besteht aus mehreren Kirchen und Andachtsstätten im Ort. Rundum reihen sich Geschäfte, Restaurants und die **Touristeninformation** (☎ 938 8193; ☼ Mai–Sept. 10–18 Uhr). In der Filiale der Bank of Ireland steht ein Geldautomat.

Sehenswertes
CHURCH OF THE APPARITION
So soll alles passiert sein: Am 21. August 1879, einem Tag, an dem es in Strömen regnete, wurden zwei junge Frauen aus Knock dadurch erschreckt, dass ihnen Maria, Josef und der Hl. Johannes erschienen – umrahmt von einem weißen Licht am Südgiebel ihrer Gemeindekirche. Schon bald liefen 13 weitere Dorfbewohner herbei, und gemeinsam betrachteten sie die himmlische Erscheinung, bis es allmählich dunkel wurde.

Eine Untersuchung der Kirche bestätigte das Gesehene recht schnell als echtes Wunder, und in der Folge kam es zu einer ganzen Flut von Mirakeln, die alle vom Vatikan für echt erklärt wurden. Dabei handelte es sich vor allem um erstaunliche Heilungen von Kranken und Behinderten, die diesen Ort aufgesucht hatten. Noch heute beten pflichtgetreue Kirchgänger in der modernen Kapelle. Über dem Altar scheinen die ätherischen Skulp-

turen der Erscheinung zu schweben – aber diesmal aus weißem Marmor nachgebildet. In der Nähe steht die imposante, mit spitzen Zacken gekrönte **Basilica of Our Lady, Queen of Ireland**.

KNOCK FOLK MUSEUM
Nur einen kurzen Spaziergang von der Basilika entfernt, bemüht sich dieses kleine **Museum** (☎ 938 8100; Erw./Kind/erm. 4/3/3,50 €; ☼ Mai–Okt. 10–18, Nov.–April 12–16 Uhr), das Wunder von Knock greifbar zu machen. Es verfolgt die Geschichte von den ersten Zeugen über Wunderheilungen, die wiederholten Untersuchungen der Kirche bis hin zum Besuch von Papst Johannes Paul II. zum 100-jährigen Jubiläum der Erscheinung. Ein faszinierendes Foto zeigt reihenweise Krücken, die von wundersam geheilten Pilgern zurückgelassen wurden.

Schlafen
Da Knock regelmäßig von Pilgern heimgesucht wird, ist das Übernachtungsangebot riesig.

Belmont Hotel (☎ 938 8122; www.belmonthotel.ie; EZ/DZ 55/90 €; P ☐) Das Hotel, etwa 800 m südöstlich des Schreins, ist nicht mehr das neueste, aber dafür gut geführt. Hier geht es recht konservativ zu.

Knock House Hotel (☎ 938 8088; www.knockhouse hotel.ie; Ballyhaunis Rd; EZ/DZ ab 66/110 €; P) Moderner Bau aus Stein und Glas mit ausgefallener Optik, etwa 500 m östlich des Ortes.

An- & Weiterreise
Vom **Knock Airport** (☎ 936 7222; www.knockairport. com), 15 km nördlich an der N17, starten täglich Flugzeuge in Richtung Dublin (Aer Arann) und London Stansted (Ryanair). Im Mai 2007 eröffnete die Airline Flyglobespan eine direkte Verbindung nach New York JFK (3-mal pro Woche) und Boston (2-mal pro Woche). Beim Abflug sind 10 € Flughafengebühr fällig.

Die Buslinie 21 von Bus Éireann verkehrt von Knock nach Westport (9 €, 1 Std.), Castlebar (7 €, 45 Min.) und Dublin (16 €, 4 Std.) dreimal täglich, Sonntag nur einmal.

Unterwegs vor Ort
Ein Shuttle-Bus von **Bus Éireann** (☎ 096-71800) verbindet Knock Airport und Charlestown (4 €, 20 Min.), wo weitere Anschlussmöglichkeiten bestehen.

COUNTY SLIGO

Obwohl County Sligo (Sligeach) relativ klein ist, hat es neben seiner üppig grünen Landschaft erstaunlich viel Poesie, Folklore und Mythen zu bieten – genau das Richtige für Irlandfans. Diese Region inspirierte den Nobelpreisträger, Lyriker und Dramatiker William Butler Yeats (1865–1939) am stärksten. Mit Versen wie „The Lake Isle of Inisfree", in denen er über das einfache Landleben nachsann, machte er Sligo bekannt. Jene Insel im See existiert wirklich, und das Fleckchen Erde leuchtet wirklich so grün, wie es Yeats mit seinen Worten einst beschrieb. Daneben wartet Sligo mit beeindruckenden prähistorischen

Stätten auf. Die beiden oben abgeflachten Berge Knocknarea und Benbulben ragen über der gesamten Grafschaft auf. Besucher erleben das County aber nicht nur als eine beschauliche Provinz: Sligo-Stadt gibt sich weltoffen, und die herrliche Küste ist ein Paradies für Surfer.

SLIGO (STADT)
☎ 071 / 18 480 Ew.

Sligo ist sicher keine Kleinstadt, die nur von ruhmvoller Vergangenheit träumt. Malerisch am River Garavogue gelegen, prägen Steinbrücken, historische Bauwerke, Fußgängerzonen und Einkaufsstraßen das Bild im Ort. All das verströmt eine moderne Vitalität, sogar Hochhäuser aus Glas wachsen schon hie

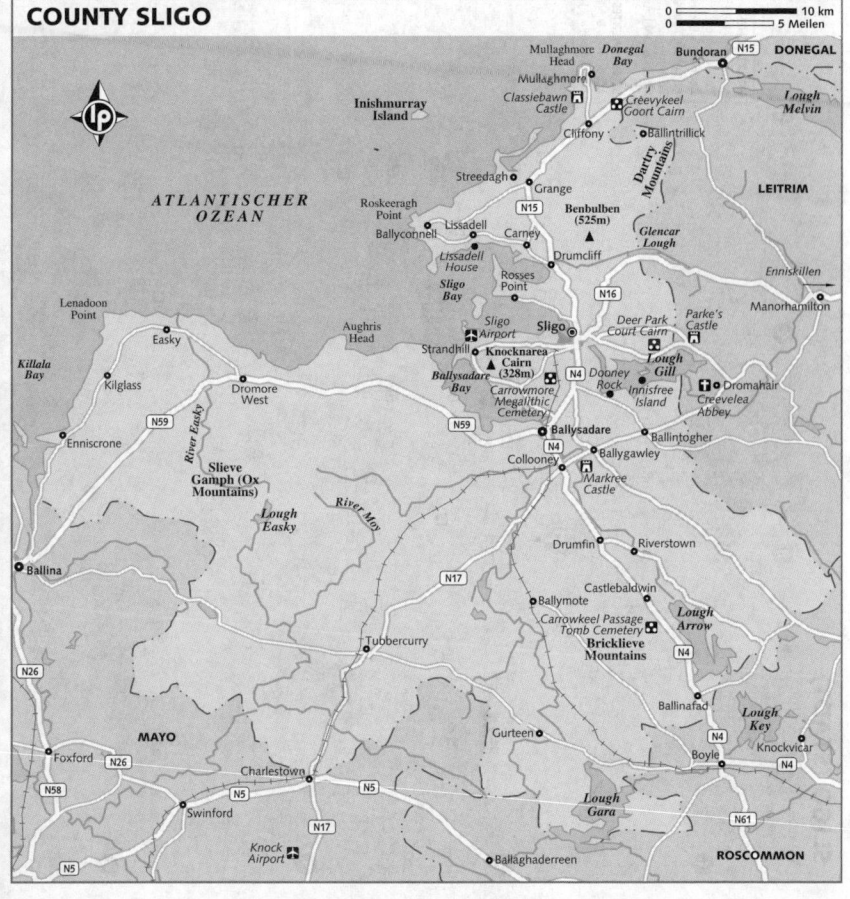

SLIGO (STADT)

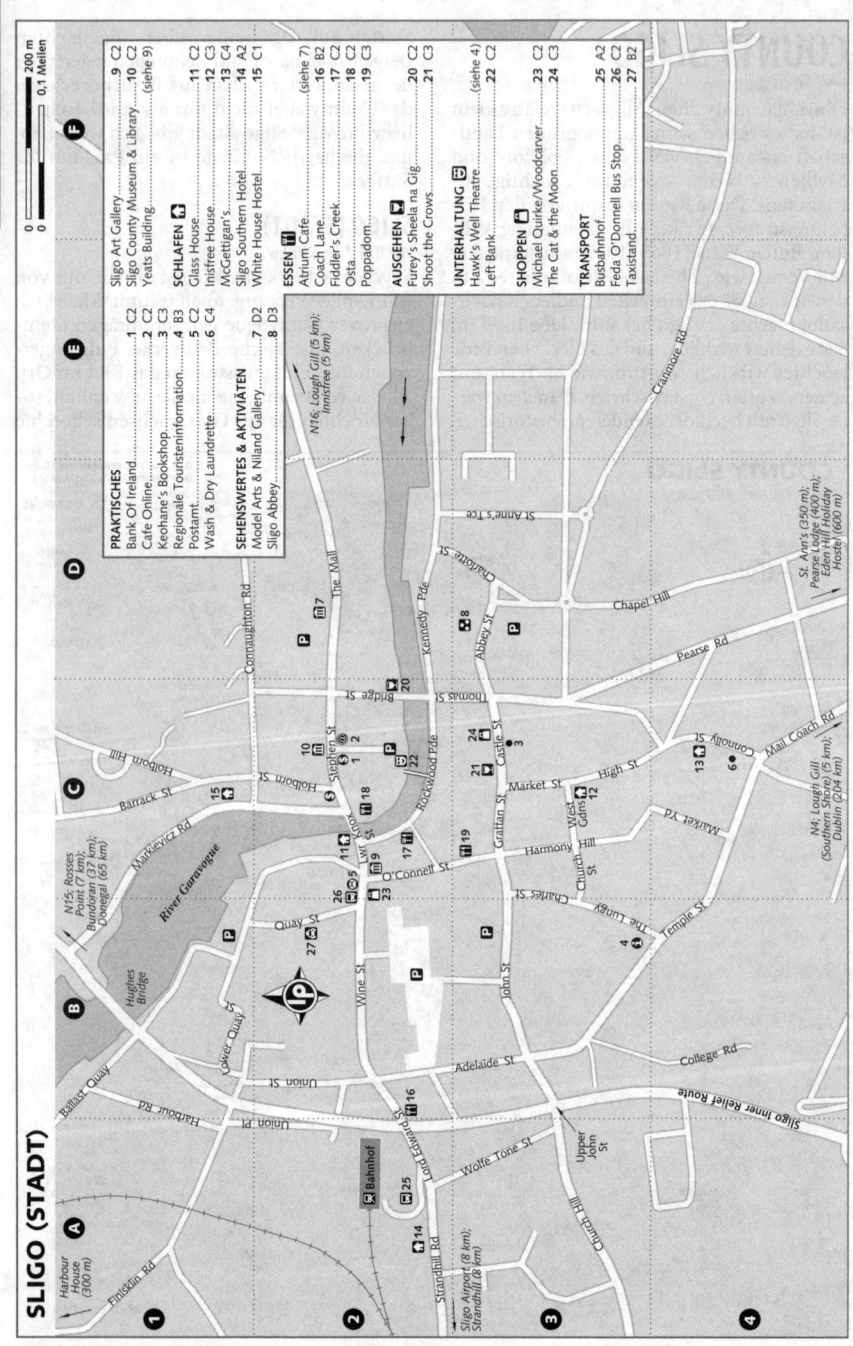

0 — 200 m
0 — 0,1 Meilen

PRAKTISCHES
Bank Of Ireland	1	C2
Cafe Online	2	C2
Keohane's Bookshop	3	C3
Regionale Touristeninformation	4	B3
Postamt	5	C2
Wash & Dry Laundrette	6	C4

SEHENSWERTES & AKTIVITÄTEN
Model Arts & Niland Gallery	7	D2
Sligo Abbey	8	D3

Sligo Art Gallery	9	C2
Sligo County Museum & Library	10	C2
Yeats Building	(siehe 9)	

SCHLAFEN
Glass House	11	C2
Inisfree House	12	C3
McGettigan's	13	C4
Sligo Southern Hotel	14	A2
White House Hostel	15	C1

ESSEN
Atrium Cafe	(siehe 7)	
Coach Lane	16	B2
Fiddler's Creek	17	C2
Osta	18	C2
Poppadom	19	C3

AUSGEHEN
Furey's Sheela na Gig	20	C2
Shoot the Crows	21	C3

UNTERHALTUNG
Hawk's Well Theatre	(siehe 4)	
Left Bank	22	C2

SHOPPEN
Michael Quirke/Woodcarver	23	C2
The Cat & the Moon	24	C3

TRANSPORT
Busbahnhof	25	A2
Feda O'Donnell Bus Stop	26	C2
Taxistand	27	B2

und da aus dem Boden. Die Einwohner bevorzugen Restaurants mit internationaler Küche, und die findet man in Sligo zuhauf. Insgesamt macht die Stadt einen recht selbstzufriedenen Eindruck. Weder vergisst man die Traditionen noch ruht man sich darauf aus. Kunst und Nachtleben warten mit einem lebhaften Mix aus ausgezeichneten Céilidh-Sessions und moderner Malerei auf. An warmen Tagen scheint der ganze Ort an den Restauranttischen am Kai zu sitzen. Für eine doch eher übersichtliche Stadt ist hier alles in allem eine ganze Menge los.

Praktische Informationen
Bank of Ireland (Stephen St) Geldautomat und Wechselstube.
Cafe Online (☎ 914 4892; 1 Calry Crt, Stephen St; 3,50 € pro Std.; ☷ Mo–Sa 10–23, So 12–23 Uhr) Hier kann man den eigenen Laptop ans Breitbandnetz anschließen.
Keohane's Bookshop (☎ 914 2597; Castle St) Gutes Sortiment an Büchern über Irland und ausgewählte Belletristiktitel.
North-West Regional Tourism Office (☎ 916 1201; www.irelandnorthwest.ie; Temple St; ☷ Juni–Sept. Mo–Fr 9–18, Sa & So 10–18, Okt.–Mai Mo–Fr 9–17 Uhr) Südlich des Zentrums; wer eine Unterkunft sucht, bekommt hier Hilfe.
Postamt (Wine St)
Wash & Dry Laundrette (☎ 914 1777; Connolly St; ab 8 €; ☷ Mo–Sa 9–18 Uhr)

Sehenswertes
SLIGO COUNTY MUSEUM
Das Beste an diesem **Museum** (☎ 914 1623; Stephen St; Eintritt frei; ☷ Juni–Sept. Mo–Sa 10.30–12.30 & 14.30–16.30, April, Mai & Okt. Di–Sa 14–17 Uhr) ist der Yeats-Raum. Zu den Exponaten gehören Fotos, Briefe und Zeitungsausschnitte, die mit dem Dichter in Zusammenhang stehen, außerdem Zeichnungen seines Bruders Jack B. Yeats. Im Raum auf der anderen Seite der Halle kann man das Gefängniskleid anschauen, das die Countess Constance Markievicz nach dem Aufstand von 1916 tragen musste. In der Galerie oben kann man zeitgenössische Werke von größtenteils regionalen Künstlern bewundern.

MODEL ARTS & NILAND GALLERY
Anders als die imposante Fassade aus dem 19. Jh. vermuten lässt, präsentiert sich das Innere von Sligos hervorragendem **Kunstmuseum (Gallery)** (☎ 914 1405; www.modelart.ie; the Mall;

Eintritt frei; ☷ Di–Sa 10–17.30, So 11–16 Uhr; ☷) angenehm luftig und modern. Die umfangreiche Sammlung umfasst Werke von Charles Lamb und Sean Keating und natürlich auch von Jack B. Yeats, einem der bedeutendsten modernen Künstler Irlands (der behauptete, nie etwas gemalt zu haben, ohne einen Gedanken an Sligo in seine Arbeit einfließen zu lassen). In der Galerie finden regelmäßig Wanderausstellungen, Lesungen, Filmvorführungen und Musikevents statt. Daran angeschlossen ist das Gourmet-Café Atrium (S. 504).

SLIGO ABBEY
Die malerischen Ruinen der **Sligo Abbey** (☎ 914 6406; Abbey St; Erw./Kind 2/1,25 €; ☷ Mitte März–Okt. 10–18, Nov.–Mitte März Fr–So 9.30–16.30 Uhr) haben eine wechselhafte Geschichte hinter sich. Um das Jahr 1252 vom Stadtgründer Maurice Fitz-Gerald für die Dominikaner errichtet, brannte die Abtei im 15. Jh. ab und wurde danach wieder aufgebaut. Einflussreiche Freunde retteten sie vor den schlimmsten Übergriffen in der elisabethanischen Zeit und brachten den geschnitzten Altar in Sicherheit, der als einziges die Reformation überdauern sollte. Mit dem Glück der Abtei war es jedoch endgültig vorbei, als sie 1641 in Brand gesteckt und danach ihre Steine geplündert wurden. Auf der Rückseite erscheinen die Eingänge ungewöhnlich niedrig – das liegt an den Massengräbern aus den Jahren der Hungersnot und des Krieges, die den Boden so stark angehoben haben.

YEATS BUILDING
An der Ecke Lower Knox Street/O'Connell Street, nahe der Hyde Bridge, steht das Yeats Building mit der **Sligo Art Gallery** (☎ 914 5847; www.sligogallery.com; Lower Knox St; Eintritt frei; ☷ Mo–Sa 10–17 Uhr), die Wanderausstellungen zeigt. Ein nettes Café mit Fenstern zur belebten Kreuzung hin ist im gleichen Gebäude untergebracht.

Festivals
Sligo veranstaltet einige hervorragende Festivals:
Sligo Live (www.sligolive.ie) Das Livemusik-Event bietet traditionelle und moderne Musik, und zwar in der ersten Juniwoche beim Sligo Race Course.
Yeats Festival (www.yeats-sligo.com) Drei Wochen lang dreht sich alles um irische Lyrik, Musik und Kultur. Zahlreiche Aufführungen und Veranstaltungen werden Ende Juli–Mitte August abgehalten.

Schlafen

BUDGETUNTERKÜNFTE

Eden Hill Holiday Hostel (☎ 914 3204; edenhill@eircom. net; Pearse Rd; Campingplatz 9 € pro Pers., B 11–15 €, DZ 36–40 €; P) Das umgebaute Haus aus der viktorianischen Ära ist das beste Hostel von Sligo; ursprünglich gehörte es der Familie Yeats. Eine freundliche Atmosphäre, tadellose Schlafsäle und eine große Gemeinschaftsküche zeichnen das Eden Hill aus. Das Hostel liegt 1,5 km vom Bahnhof entfernt, auf Wunsch werden die Gäste abgeholt (vorher anrufen!).

White House Hostel (☎ 914 5160; Fax 914 4456; Markievicz Rd; B 14 €4; ☺ März–Okt.; P) Wer näher am Geschehen sein möchte und Kontakt zu anderen Gästen sucht, ist in diesem zentral, aber ruhig gelegenen Hostel genau richtig. Von außen wirkt es leicht abgewrackt, doch die Schlafsäle sind vollkommen okay.

Harbour House (☎ 917 1547; www.harbourhouse hostel.com; Finisklin Rd; B 18–25 €, EZ/DZ 28/44 €; P) Liebhaber von modischem Design treffen mit diesem hervorragenden und gut ausgestatteten IHH-Hostel, knapp 1 km nordwestlich des Zentrums, eine gute Wahl. Trotz der moderaten Preise kann man hier einen gewissen Luxus erwarten: Die farbenfroh eingerichteten Zimmer mit Bad haben einen Fernseher und gute Betten.

MITTELKLASSEHOTELS

B&Bs säumen vor allem die Pearse Road.

LP Tipp **Pearse Lodge** (☎ 916 1090; pearselodge@ eircom.net; Pearse Rd; EZ 42–45 €, DZ 72 €; P) Die Besitzer bieten nicht nur einen umsichtigen Service, sondern wissen auch immer, was los ist. Die Zimmer sind einwandfrei und geschmackvoll eingerichtet. Zum reichhaltigen Frühstück werden geräucherter Lachs, Pfannkuchen und Vegetarisches aufgetischt. Alles in allem: empfehlenswert und sehr familienfreundlich.

Das **McGettigan's** (☎ 916 2857; www.bandbsligo.ie; Connolly St; EZ mit/ohne Bad 45/58 €, DZ 75/85 €; P) überzeugt vor allem durch seine Lage mitten im Zentrum des Geschehens. Nicht zu verachten ist das Frühstücksangebot, u. a. mit gegrillter Scholle (*flatfish*).

St Ann's (☎ 914 3188; Pearse Rd; DZ 70 €; P) Die gepflegte Pension mit (ungeheiztem) Swimmingpool, makellos in Form geschnittenen Hecken und verspielt eingerichteten Zimmern ist uneingeschränkt zu empfehlen.

Inisfree House (☎ 256 2532; High St; DZ 110 €; P) Auf großes Tamtam legt dieses Hotel zwar keinen Wert, punktet aber mit hübschen Zimmern und einer zentralen Lage. Im coolen Pub unten kann man den Abend bei einem Drink ausklingen lassen.

Spitzenklassehotels

Sligo Southern Hotel (☎ 916 2101; www.sligosouthern hotel.com; Strandhill Rd; EZ/DZ 95/150 €; P ☺ ▢ ☺) Der gepflegte Garten des eleganten Hauses grenzt an Busbahnhof und Bahnhof. Trotz modernster Annehmlichkeiten, wie Swimmingpool, Plasma-TV und Breitband-Internetzugang, herrscht im Inneren eine gemütliche Atmosphäre.

The Glass House (☎ 919 4300; www.theglasshouse.ie; Swan Point; EZ/DZ 130/218 €; P) Ein gewagtes architektonisches Statement: Die anmutige Konstruktion aus Glas und Geometrie direkt am Fluss ist jedenfalls nicht zu verfehlen. Die Zimmer mit toller Aussicht strotzen nur so vor Eleganz. Im Hotel findet sich außerdem ein ausgezeichnetes Restaurant mit Bar.

Essen

Das **Coach Lane** (☎ 916 2417; www.coachlane.com; 1-2 Lord Edward St; Hauptgerichte 14–28 €; ☺ 17.30–23 Uhr) ist mit die beste Wahl in Sligo. Mit Donaghy's Pub teilt sich das Restaurant die Küche. Am besten sucht man sich ein Plätzchen im Speisesaal mit extravagantem Flair. Erstklassige internationale und irische Gerichte werden hier serviert. Dazu gehören hauptsächlich Meeresfrüchte, wie z. B. saftige Muscheln aus Lissadell. Die Karte verheißt aber auch ein paar unerwartete Fleisch-Spezialitäten: Wie wäre es mit einem gegrillten Tipperary-Strauß?

Atrium Cafe (☎ 914 1405; Model Arts & Niland Gallery; Sandwiches & Snacks 6–10 €; ☺ Di–Sa 10–16, So 11–15 Uhr) Kunst macht hungrig? Das Café in der Galerie hat definitiv Gourmet-Niveau. Durch und durch empfehlenswert sind neben dem Sonntagsbrunch natürlich auch der Kaffee und die Desserts.

Fiddler's Creek (☎ 914 1866; www.fiddlerscreek.com; Rockwood Pde; Hauptgerichte 9–23 €; ☺ Küche 12–15 & 17.30–22 Uhr) Dieses Pub am Flussufer hat eine ausgezeichnete Speisekarte, die über die üblichen Fleisch- und Kartoffelgerichte hinausgeht. In der Bar mit dunklen mittelalterlichen Steinwänden geht es recht lebhaft zu, während der ruhigere Speiseraum nebenan eine verlockende Aussicht auf den Kai bietet.

Poppadom (☎ 914 7171; www.poppadom.ie; 34 O'Connell St; Hauptgerichte 10–20 €; ☺ 17–23.30 Uhr)

Liebhaber der indischen Küche kommen hier voll auf ihre Kosten. Südasiatische Köstlichkeiten werden in einer eher überraschenden Atmosphäre gereicht: Statt der üblichen Exotik herrscht hier minimalistische Eleganz mit zuvorkommendem, professionellem Service. Die Preise für Take-away-Gerichte sind recht günstig (6–13 €).

Osta (Hyde Bridge, Left Bank; leichte Mahlzeiten 5–10 €; ⏲ 8–21 Uhr) Hinter dem Namen verbergen sich sowohl ein Café wie auch eine Weinbar – beide sind freundlich eingerichtet und schön lichtdurchflutet. Gäste können ihre Blicke auf den Fluss bis zur Hyde Bridge schweifen lassen. An warmen Tagen kann man draußen am Kai sitzen.

Ausgehen

Sligo lockt Nachtschwärmer mit einigen der besten Locations im Nordwesten Irlands an. Bei jeder sich bietenden Gelegenheit werden hier spontane Musik-Sessions angestimmt. Allerdings eilt der Stadt auch der Ruf voraus, dass das Nachtleben mitunter ziemlich ausarten kann.

Shoot the Crows (☎ 916 2554; www.shootthecrows. ie; Castle St) In dem recht dunklen und etwas schmuddelig wirkenden alten Pub fühlen sich Lebenskünstler pudelwohl. Schon am frühen Abend füllt es sich vor allem mit vielen Stammgästen. Doch selbst wenn man sich kaum noch rühren kann, bleibt die Atmosphäre locker. Sessions finden hier regelmäßig statt. Von außen ist das Pub leicht zu erkennen: Die Fassade ist mit nackten Schönheiten bemalt.

Furey's Sheela na Gig (☎ 914 3825; Bridge St) Die nach einem gälischen Fruchtbarkeitssymbol – einer nackten Frau – benannte „old-style" Bar ist das Lieblingspub der traditionellen irischen Gruppe Dervish. Fast jeden Abend wird hier ausgezeichnete traditionelle Musik gespielt.

Unterhaltung

Left Bank (☎ 914 0100; 15 Stephen St) Left Bank ist mit seiner langen Bar und dem großen freien Raum einer der besten Veranstaltungsorte für Livemusik in Sligo. Oft geben Bands coolen, modernen Jazz zum Besten. Aber auch sonst geht es hier locker bis ausgelassen zu.

Hawk's Well Theatre (☎ 61526; www.hawkswell.com; Temple St) Das angesehene Theater bietet ein abwechslungsreiches Programm aus Konzerten, Tanz und Theaterstücken.

Shoppen

The Cat & the Moon (☎ 914 3686; www.thecatandthe moon.com; 4 Castle St; ⏲ 9–18 Uhr) Wer auf der Suche nach qualitativ hochwertigem irischen Kunsthandwerk und Kunstobjekten – und nicht nach pseudo-irischen Kitschsouvenirs – ist, wird bei The Cat & The Moon sicherlich fündig. Designerschmuck, Wollwaren und geschmackvolle Deko-Objekte werden hier verkauft.

An- & Weiterreise

BUS

Bus Éireann (☎ 916 0066) fährt vom Terminal unter dem Bahnhof in der Lord Edward Street ab. Zielorte sind Ballina (11 €, 1 ½ Std., 5-mal tgl.), Westport (15 €, 2 Std., 2-mal tgl.) und Dublin (16 €, 4 Std., 4-mal tgl.). Sonntags verkehren Busse seltener.

Die Busse von **Feda O'Donnell** (☎ 074-954 8114; www.fedaodonnell.com) pendeln zweimal täglich, am Freitag sogar viermal, zwischen Crolly (County Donegal) und Galway über die Städte Donegal und Sligo. Abgefahren wird vor Matt Lyon's Shop an der Ecke Wine Street/ Quay Street.

FLUGZEUG

Vom **Sligo Airport** (☎ 916 8280; www.sligoairport.com; Strandhill Rd) gibt es Direktflüge mit Aer Arann nach Dublin (ab 25 €; 40 Min., 2-mal tgl.).

ZUG

Nach Dublin verkehren vom **Bahnhof** (☎ 916 9888) aus vier- bis fünfmal täglich Züge (26 €, 3 ½ Std.) via Boyle, Carrick-on-Shannon und Mullingar.

Unterwegs vor Ort

Lokale Busse fahren nach Strandhill (2,70 €, Mo–Sa 5- bis 7-mal), einige davon weiter bis zum Flughafen. Ein Taxi zum Flughafen kostet etwa 15 €. An der Quay Street gibt es einen Taxistand. **Feehily's Taxis** (☎ 914 3000) sind rund um die Uhr erreichbar.

RUND UM SLIGO (STADT)
Rosses Point
☎ 071 / 780 Ew.

Der malerische Badeort Rosses Point (An Ros) lockt mit einem schönen, blau geflaggten Strand, Grasdünen, einer interessanten Vogelwelt und dem Benbulben, Sligos bekanntestem Wahrzeichen, das in einiger Entfernung in den Himmel ragt. Golfspieler finden hier

---

MICHAEL QUIRKE, DER HOLZSCHNITZER AUS DER WINE STREET

Wer Sligo besucht, sollte sich keineswegs den Laden von Michael Quirke entgehen lassen. Der Holzschnitzer und Geschichtenerzähler, ein lokales Original, residiert in seiner Werkstatt in einer ehemaligen Metzgerei. Neben Klötzen aus Birkenholz hängen noch die Fleischerwerkzeuge, darunter eine elektrische Knochensäge. Quirke, der selbst einmal Metzger war, betätigt sich seit 1968 als Holzschnitzer. Zwanzig Jahre lang übte er beide Berufe aus, doch dann hatte er die Nase voll vom Fleisch.

Viele seiner Werke sind von der irischen Mythologie inspiriert. Darüber weiß er auch viel zu erzählen. Neugierige Kunden und Besucher sind ihm immer willkommen.

„Die irische Mythologie ist im Unterschied zur griechischen noch immer lebendig und ändert sich laufend", sagt er. „Sie ist nicht in Stein gemeißelt und deshalb ist sie so interessant." Um zu demonstrieren, was er meint, stellt Quirke Zusammenhänge zwischen irischen Mythen, Musik, Geschichte, Flora, Fauna und heutigen Ereignissen her. Auch räumt er gleich mit beliebten Missverständnissen auf: „Oft ist bei Irland von Kaninchen die Rede, dabei haben wir Hasen. Das ist etwas ganz anderes. Kaninchen sind ängstliche, scheue Tiere und leben deshalb in Löchern. Unsere irischen Hasen aber haben Nerven wie Drahtseile. Sie verstecken sich nicht in Höhlen, und wenn sie rennen, drehen sie so richtig auf. Wenn ich mit meinem Hund spazieren gehe und ein Hase kaum 10 m entfernt aufspringt, merkt mein Hund das nicht einmal – so blitzschnell ist der Hase."

Quirke schnitzt beim Fabulieren weiter. Wenn's ihm reicht, legt er seine Arbeit beiseite, schüttelt dem Besucher die Hand und bemerkt, wie schön die Unterhaltung doch war.

---

einen ausgezeichneten Platz mit perfekt geschnittenen Greens. Wer nicht gerade campen möchte, muss hier für Übernachtungen tiefer in die Taschen greifen. Rosses Point liegt so nah an Sligo, dass man problemlos für einen Tagesausflug oder zum Dinner hinfahren kann.

AKTIVITÄTEN

Der 1894 gegründete **County Sligo Golf Course** (☎ 917 7134; www.countysligogolfclub.ie) gilt als einer der schwierigsten und bekanntesten Golfplätze Irlands und zieht Golfer aus ganz Europa an. Seine Lage auf einer Halbinsel ist einfach atemberaubend. Die Benutzung kostet von Montag bis Donnerstag ab 70 €, von Freitag bis Sonntag zahlt man 85 €. Im Winter sinken die Gebühren.

SCHLAFEN & ESSEN

Greenlands Caravan & Camping Park (☎ 917 7113; noelineha@eircom.net; Campingplatz 11 € pro Pers.; ⊙ Ostern–Mitte Sept.) Auf dem Platz am äußersten Rand der Landspitze mit nahe gelegenen Stränden fühlt man sich trotz Nähe zur Stadt recht abgelegen. Der Golfplatz liegt nebenan – also Vorsicht, Kopf einziehen!

Yeats Country Hotel (☎ 917 7211; www.yeatscountry hotel.com; EZ/DZ ab 90/140 €; P 🐾) Mangels eines eigentlichen Ortskerns ist dieses große Dreisternehotel so etwas wie das Zentrum von

Rosses Point. Es erhebt sich beeindruckend über Strand und Golfplatz und ist bei Golfern und Familien recht beliebt. Viele der geräumigen Zimmer haben Meeresblick.

Waterfront (☎ 917 7122; Hauptgerichte 13–28 €; ⊙ 17–21.30 Uhr) Ein weiteres Zugpferd im Ort: Das Pub-Restaurant bietet einen schönen Blick auf die Bucht und Oyster Island. Hier geht es immer recht lebhaft zu, und die Küche zaubert ausgezeichnetes *seafood*, vegetarische Speisen und Kinderportionen auf den Teller.

Deer Park Court Cairn

Nach einem zehnminütigen Fußmarsch vom Parkplatz durch einen duftenden Kiefernwald gelangt man zu dem rätselhaften Galeriegrab, auch Magheraghanrush genannt. Die bröckelnde Anlage stammt aus der Zeit um 3000 v. Chr. und ähnelt in groben Zügen einem menschlichen Körper. Sie hat ein großes „bauchartiges" Zentrum, wovon mehrere Grabkammern abzweigen, die wie Kopf und Beine angeordnet sind.

Auf der N16 fährt man von Sligo aus nach Osten und nimmt dann die R286 Richtung Parke's Castle. An der Straßengabelung biegt man zugleich wieder links auf die Nebenstraße nach Manorhamilton ab. Nach 3 km kommt der Parkplatz in Sicht. Von dort folgt man 50 m weit dem Pfad und läuft dann rechts den kleinen Hügel hinauf.

Knocknarea Cairn

Sligos ultimativer „Steinhaufen" liegt 2 km nordwestlich von Carrowmore und ist tief in den Mythen verankert. Angeblich handelt es sich um das Grab der legendären Königin Maeve (oder Königin Mab, wie sie in walisischen und englischen Erzählungen heißt). Die 40 000 t Stein sind jedoch nie genauer untersucht worden, obwohl spekuliert wird, dass sich darunter eine ähnlich spektakuläre Grabkammer wie in Newgrange befinden könnte.

Der gigantische Steinhaufen hoch oben auf dem Kalksteinplateau (328 m) scheint einem ständig über die Schulter zu schauen, wenn man es wagt, ihm zu nahe zu treten. Zum Knocknarea Cairn muss man einen 45-minütigen Fußweg absolvieren. Oben angekommen, wird man mit einer atemberaubenden Aussicht auf Benbulben, Rosses Point und den dahinterliegenden Atlantik belohnt.

Zunächst fährt man von Sligo nach Carrowmore und folgt dann der Ausschilderung nach Knocknarea. Oder man bleibt ab Carrowmore auf der Straße, biegt an einer Kirche rechts ab und orientiert sich an den Hinweisschildern.

Carrowmore Megalithic Cemetery

Der größte steinzeitliche Friedhof Irlands und der zweitgrößte Europas ist **Carrowmore** (☎ 916 1534; Erw./Kind/erm. 2,10/1,10/1,30 €; ☼ Ostern–Sept. 10–18 Uhr; P). Er beeindruckt sowohl durch seine Vielgestaltigkeit als auch durch seine Größe. Wohin man auch blickt, überall sind die sanft geschwungenen Hügel mit etwa 60 Steinkreisen, Ganggräbern und Dolmen übersät.

**TOP FIVE:
PRÄHISTORISCHE STÄTTEN**

- Unheimliche Steingräber des **Carrowmore Megalithic Cemetery** (siehe oben)

- Bahnbrechende archäologische Funde bei **Céide Fields** (S. 494)

- Gigantische Monumente auf dem **Carrowkeel Passage Tomb Cemetery** (S. 508)

- Ruhestätte der legendären Königin Maeve in **Knocknarea** (siehe oben)

- Gut erhalten – das Steingrab in **Creevykeel Goort** (S. 512)

Versuche, die Stätte zu datieren, brachten ganz unterschiedliche Ergebnisse. Allgemein wird aber angenommen, dass sie rund 700 Jahre älter ist als Newgrange im County Meath. Im Lauf der Zeit wurden viele Gräber zerstört, und etliche der übrig gebliebenen stehen heute auf Privatgrundstücken.

Die sorgsam aufgestapelten Dolmen waren ursprünglich mit Steinen und Erde bedeckt. Es ist daher ganz einfach sich auszumalen, wie das 2,5 km breite Gelände einmal ausgesehen haben mag. Um der Vorstellungskraft auf die Sprünge zu helfen (oder sie zu erschweren, wie Kritiker behaupten), hat die von Dúchas betreute Anlage eines der Hügelgräber rekonstruiert: Die Abdeckung fehlt, das Ganze ist rundum mit Draht eingezäunt und mit einem klaffenden Eingang versehen. Im Besucherzentrum an der Straße erfährt man alles über diese faszinierende Anlage.

Zum Carrowmore Megalithic Cemetery verlässt man Sligo bei Church Hill und fährt 5 km gen Süden. Die Strecke ist gut ausgeschildert.

Strandhill
☎ 071 / 1000 Ew.

Durch die großartigen Wellen des Atlantik, die in Strandhill (An Leathras) auf den langen rotgoldenen Strand auflaufen, hat sich der Ort, 8 km westlich von Sligo abseits der R292 Richtung Flughafen, zu einem Surf-Mekka von internationalem Rang gemausert. Die praktische 24-Stunden-Webcam (www.strandhillsurf cam.com) lässt Wellenreiter in Scharen herbeiströmen, sobald die Bedingungen gut sind.

Ausrüstung und Unterricht bietet der **Perfect Day Surf Shop** (☎ 087-202 9399; www.perfect daysurfing.com; Shore Rd). Die **Strandhill Surf School** (☎ 916 8483; www.strandhillsurfschool.com; Beach Front) ist eine hilfreiche Anlaufstelle, besonders für Anfänger und weniger Fortgeschrittene.

Eine weitere Attraktion sind die **Celtic Seaweed Baths** (☎ 916 8686; www.celticseaweedbaths.com; Shore Rd; einfaches/Doppelbad 18/22 €; ☼ 11–20 Uhr), ein Seetangbad, das sich immer größerer Beliebtheit erfreut. Damen können sich hier einmal wie Meerjungfrauen fühlen. Die moderne Anlage besticht durch ihre blitzblanken Einrichtungen.

Einige Kilometer Richtung Sligo kommt man an einer Stelle vorbei, wo man bei Ebbe zum **Coney Island** spazieren kann. Das New Yorker Coney Island soll seinen Namen übrigens einem Mann aus Rosses Point verdanken. Angeblich wurde der Wunschbrunnen der Insel vom Hl. Patrick gegraben. Der fleißige und aktive Heilige muss wirklich ständig auf Achse gewesen sein!

SCHLAFEN

Strandhill Caravan & Camping Park (☎ 916 8111; sxl@ iol.ie; Campingplatz 11 € pro Pers.; ☻ Juni–Sept.) Der Platz liegt ideal: direkt am Strand und nur durch Dünen vom Meer getrennt. 100 Standplätze und gute sanitäre Einrichtungen stehen Campern zur Verfügung.

Strandhill Lodge & Hostel (☎ 916 8313; www.strand hillaccommodation.com; Shore Rd; B/DZ 15/30 €; (P)) ist ein nettes und preiswertes Hostel direkt am Meer, wo sich natürlich vor allem Surfer tummeln. Das Hostel hat 33 Betten, auf unterschiedlich großen Schlafräumen verteilt, einige Doppelzimmer und eine Selbstversorgerküche.

Dunes Tavern (☎ 916 8131; www.accommodation strandhill.com; Top Rd; B/DZ 20/35 €) An der Hauptstraße gelegen, hat sich diese Taverne über einer Kneipe niedergelassen. Alle Zimmer haben Bad, sind sehr sauber und bieten Aussicht auf den Strand oder Knocknarea. Im Pub mit Billardtischen und Céilidh-Sessions geht es ganz gesellig zu.

AUSGEHEN

Strand Bar (☎ 916 8140; Shore Rd) Schon allein wegen der Inneneinrichtung und den Musikabenden an den Wochenenden sollte man auf einen Drink in dieses wunderbare, gemütliche Pub einkehren. Außerdem erfährt man hier alles übers Surfen, denn die Besitzer sind drei irische Champions. Im ersten Stock ist ein Fischrestaurant untergebracht.

An- & Weiterreise

Bus Éireann (☎ 916 0066) fährt von Sligo nach Strandhill und Rosses Point (2,70 €, Mo–Sa 5- bis 7-mal), davon abgesehen gibt es hier keine öffentlichen Verkehrsmittel. Nach Carrowmore und Knocknarea kann man zwar wandern, sollte dafür aber, inklusive Rückweg, einen ganzen Tag einplanen.

SÜDLICH VON SLIGO (STADT)
Collooney & Riverstown
☎ 071

LP Tipp **Markree Castle** (☎ 071-916 7800; www. markree castle.ie; Collooney; EZ/DZ ab 100/140 €; (P) (&)) ist die älteste bewohnte Burg von Sligo und heute ein Dreisternehotel in der Nähe des Dorfes Collooney. Gekrönt wird der Bau von protzigen Zinnen, die mehr dem Schmuck als der Verteidigung dienen, und auch die gotische Fassade hat etwas Schrulliges an sich. Was Markree Castle von anderen Burgen unterscheidet, ist sein etwas exzentrischer Charakter. Das Anwesen bietet eine komfortable, einladende Atmosphäre, die es von anderen, arrogant bis nobel daherkommenden Castle-Hotels positiv abhebt. Im burgeigenen Restaurant lässt es sich genüsslich speisen. Auf der N4 fährt man bis zum Kreisverkehr in Collooney. Da dort keine Wegweiser angebracht sind, folgt man der Ausschilderung zum Castle Dargon. Nach etwa 1 km erreicht man die Einfahrt zu Markree Castle.

Der reizende **Sligo Folk Park** (☎ 916 5001; www. sligofolkpark.com; Millview House, Rivers town; Erw./Kind 5/3 €; ☻ Mai–Okt. & Dez. Mo–Sa 10–16.30, So 12.30–17 Uhr) ist um ein wunderschön restauriertes Cottage aus dem 19. Jh. angelegt. Dazu kommen noch einige strohgedeckte Gebäude. Besucher können zudem diverse Farmwerkzeuge und eine Ausstellung über das Landleben bestaunen. Im Dezember erinnert die Anlage wohl eher an eine Weihnachtsstadt.

Jeden Sommer findet in der Stadt das **James Morrison Traditional Music Festival** (www.morrison.ie; ☻ 1. Woche im Aug.) statt. Das ganze Wochenende gibt es Livemusik sowie Workshops, wo man lernen kann, wie man Sean-Nós-Balladen singt oder traditionelle irische Reels auf einer Ziehharmonika oder einer Fiedel spielt.

In einem Herrenhaus aus grauem Mauerwerk untergebracht, scheint das **Coopershill House** (☎ 916 5108; www.coopershill.com; Riverstown; EZ/DZ 145/230 €; 5-Gänge-Abendessen ab 45 €; ☻ April–Okt.; (P)) in seiner eigenen Welt zu leben. Der idyllisch gelegene Zufluchtsort stammt aus der georganischen Zeit und erhebt sich auf einem Grundstück voller Wildblumen, umgeben von Vogelgezwitscher und mit einem Hirschgehege. Die meisten der acht Zimmer trumpfen mit herrlichen Himmelbetten auf.

Carrowkeel Passage Tomb Cemetery

Bei einem ausgiebigen Blick von hoch oben in den Bricklieve Mountains aufs Land hinunter verwundert es nicht mehr, dass diese Bergkuppe in prähistorischer Zeit als heilig galt. Die windumtoste Örtlichkeit mit etwa 14 Hügelgräbern, Dolmen und Überresten anderer Ruhestätten wirkt so imposant wie furchteinflößend. Zierliche Personen können sich in eine der Kalksteinkammern hineinquetschen, wer etwas kräftiger gebaut ist, bleibt leicht stecken. Das Gräberfeld wird auf die späte Steinzeit datiert (3000–2000 v. Chr.).

Carrowkeel liegt westlich von der N4 und näher an Boyle als an Sligo. Von Sligo aus biegt man in Castlebaldwin rechts ab und an der Weggabelung links. Die Stätte befindet sich 2 km von der Einfahrt entfernt. Der Bus Sligo –Athlone hält auf Wunsch in Castlebaldwin.

Ballymote
☎ 071 / 980 Ew.

Der hübsche kleine Ort ist sicher einen Abstecher wert, und sei es nur, um das riesige, von Efeu überwucherte **Ballymote Castle** an der Tubbercurry Road zu besichtigen. Von dieser Burg aus dem frühen 14. Jh. mit ihren eindrucksvollen Rundtürmen marschierte O'Donnell 1601 in die Schlacht von Kinsale und damit in sein Verderben.

Temple House (☎ 918 3329; www.templehouse.ie; Ballymote; EZ/DZ 85/170 €; Abendessen 35 €; ☼ April–Nov.; **P**) ist ein prächtiges georgianisches Landhaus auf einem 400 ha großen Grundstück und umgeben von Wäldern, Schafweiden und einem kristallklaren See. Zur Anlage gehört auch eine Tempelritter-Burg aus dem 13. Jh. Mit antikem Mobiliar bestückt, kann man u. a. etwas angestaubte naturgeschichtliche Sammlungen und Jagdtrophäen bewundern. Temple House liegt 4 km nordwestlich von Ballymote, nahe der N17.

Tubbercurry
☎ 071 / 1170 Ew.

Tubbercurry (Tobar an Choire), auch Tobercurry genannt, wird Mitte Juli aus seinem Dornröschenschlaf gerissen: Dann findet hier die einwöchige **South Sligo Summer School** (☎ 912 0912; www.ssssschool.org) mit irischer Musik und irischem Tanz statt. Die Teilnehmer können alles ausprobieren, z. B. schrille Flötenklänge mit der Tin Whistle oder einen Irish Jig. Weniger Aktive genießen Konzerte und lauschen Vorträgen.

Easky & Enniscrone
☎ 096

Easky (Eascaigh) ist eigentlich nur eine Siedlung entlang der Küstenstraße, bietet jedoch eines der besten Surfreviere von ganz Europa. Im Sommer trifft man Australier und Kalifornier an jeder Ecke. Das hilfreiche **Easky Surfing & Information Centre** (Irish Surfing Association; ☎ 49428; www.isasurf.ie) hält gute Informationen zum Surfen in der Umgebung bereit.

Weiter südlich erstreckt sich bei Enniscrone (Innis Crabhann) ein phantastischer, 5 km langer und mit blauer Flagge ausgezeichneter Sandstrand, auch The Hollow genannt. Außerdem ist der Ort für seine Seetangbäder bekannt (siehe Kasten unten).

Atlantic Caravan & Camping Park (☎ 36132; atlanticcaravanpk@eircom.net; Enniscrone; Campingplatz 10–15 €, Wohnwagenstellplatz 205–420 € pro Woche; ☼ März–Sept.), ein sandiger Zweisterneplatz, liegt direkt beim Hollow Beach. Hier kann man auch voll ausgestattete Wohnwagen für vier oder mehr Personen mieten.

An- & Weiterreise
Bus Éireann's (☎ 071-916 0066) Expressbus 23 von Dublin nach Sligo (16 €, 3 ½ Std.) und die Buslinie 64 von Galway (13 €, 2 ½ Std.) nach

---

NIXEN-TRÄUME

In ein Meerwasserbad zu hüpfen und sich mit Seetang abzureiben, das klingt etwas verrückt. Doch die Iren halten so etwas für gesund. „Homöopathische" Seetangbäder helfen seit Jahrhunderten bei Rheuma und Arthritis – und angeblich sogar bei einem Kater. Zwar ist die Heilwirkung nicht wissenschaftlich belegt, doch eines ist sicher: Schon nach einem einzigen Bad in der Brühe wird die Haut babyweich. Das seidige Öl des Seetangs enthält einen hohen Anteil an Jod, dem Hauptbestandteil der meisten Feuchtigkeitscremes.

Inzwischen werden Seetangbäder häufig angeboten. Besonders zu empfehlen sind die traditionellen **Kilcullen's Seaweed Baths** (☎ 36238; www.kilcullenseaweedbaths.com; Enniscrone; einfaches/Doppelbad 17/27,50 €, 30-minütige Massage 25 €; ☼ Mai–Okt. 10–21, Nov.–April Mo–Fr 12–20, Sa & So 10–20 Uhr). Der großartige edwardianische Bau verfügt über gigantische Porzellanwannen und Wasserhähne aus massivem Messing.

Etwas neuzeitlicher werden die Gäste in den **Celtic Seaweed Baths** (☎ 916 8686; www.celticseaweedbaths.com; Shore Rd, Strandhill; einfaches/Doppelbad 18/22 €; ☼ 11–20 Uhr) mit hochmodernen sanitären Einrichtungen empfangen.

Derry (18 €, 3 Std.) halten beide direkt vor Quigley's in Collooney. Der Bus 460, von Sligo nach Castlerea, fährt nur samstags und macht in Collooney (3 €, 15 Min.), Ballymote (5 €, 30 Min.) und Tubbercurry (7 €, 40 Min.) Halt. Montags bis samstags verkehren Busse von Sligo nach Collooney. Von Easky gibt es vier Verbindungen täglich (1-mal So) nach Sligo (8 €, 50 Min.) und Ballina (5 €, 30 Min.), und von Enniscrone aus sind viermal am Tag Busse (1-mal So) nach Sligo (9 €, 65 Min.) und Ballina (2,50 €, 15 Min.) unterwegs.

Der Zug von Sligo hält auf dem Weg nach Dublin in Collooney und Ballymote (jeweils 24 €, 4- bis 6-mal tgl.). Für den genauen Fahrplan sollte man beim **Bahnhof Sligo** (☎ 071-916 9888) anrufen.

LOUGH GILL

Der spiegelblanke „Lake of Brightness" (heller See) hat genauso viele Legenden wie Fische zu bieten. Eine Geschichte, deren Wahrheitsgehalt leicht zu überprüfen ist, behauptet, dass einst eine silberne Glocke von der Abtei von Sligo in den See geworfen wurde. Angeblich können nur diejenigen sie läuten hören, die keine Sünden begangen haben. Nichts gehört? Halb so schlimm ...

Von überall im County kann man den südöstlich von Sligo gelegenen See sowie weitere Attraktionen an einem Tag besuchen. Die 48 km lange Rundreise führt rund um das Gewässer und zum Parke's Castle, jenseits der Grenze im County Leitrim.

Dooney Rock

Der riesige Kalksteinhügel erhebt sich klobig über das Südufer des Sees. Yeats machte ihn in *The Fiddler of Dooney* unsterblich. Von oben hat man eine phantastische Aussicht auf den Lough Gill, und unterhalb der zerklüfteten Hänge kann man schöne Waldspaziergänge unternehmen.

Wer Solgo auf der N4 Richtung Süden verlässt, stößt auf den Wegweiser nach Lough Gill, wo man links abbiegt. An der T-Kreuzung geht es nochmals links auf die R287 zum Parkplatz von Dooney.

Innisfree Island

Das winzige Inselchen (Inis Fraoigh) liegt verlockend nah am Südostufer des Sees. Seine friedliche Ausstrahlung inspirierte Yeats zu seinem berühmten *The Lake Isle of Innisfree*:

I will arise and go now, and go to Innisfree,
And a small cabin build there, of clay and wattles made;
Nine bean rows will I have there, a hive for the honey bee,
And live alone in the bee-loud glade.

Von Dooney Rock fährt man weiter nach Osten und biegt an der Kreuzung links ab. Nach 3 km geht es wiederum links weg und weitere 3 km den Weg entlang. Eine kleine Straße verläuft dann zum See hinunter.

Creevelea Abbey (County Leitrim)

Ein kurzer Spaziergang am Flüsschen entlang führt vom Dorf Dromahair zu den Ruinen dieses vom Pech verfolgten Franziskanerklosters. Die Abtei wurde zum falschen Zeitpunkt gegründet, nur wenige Jahrzehnte, bevor 1539 alle Orden aufgelöst wurden. Obwohl das Kloster mehrmals ausbrannte und von Richard Bingham und später von Cromwell entweiht wurde, kamen die hartnäckigen Mönche immer wieder zurück. Im Kreuzgang sind einige ungewöhnliche Steinmetzarbeiten zu sehen, die den Hl. Franziskus zeigen – einmal mit seinen Wundmalen, ein anderes Mal, wie er zu den Vögeln predigt.

Von Innisfree kehrt man auf die R287 zurück und folgt den Schildern nach Dromahair und zur Abtei.

Parke's Castle (County Leitrim)

Es ist schon seltsam, dass das heute so friedvolle Anwesen von **Parke's Castle** (☎ 071-916 4149; Fivemile Bourne; Erw./Kind 2,75/1,25 €; ⊗ Mitte März–Okt. 10–18 Uhr; ℗) einst als Schutzschild von einem unliebsamen und ängstlichen englischen Landlord erbaut wurde. Im frühen Plantation-Stil errichtet, ziehen heute Schwäne auf dem Weg zum Lough Gill hier vorbei und ein gepflegter Rasen bedeckt den Burggraben.

Die von Grund auf restaurierte dreistöckige Burg markiert eine von fünf Seiten eines Areals, das an drei Ecken jeweils von einem Rundturm gesäumt wird. Besucher können an einer sehr unterhaltsamen Führung teilnehmen. Allerdings empfiehlt es sich, vorher das 20-minütige Video anzusehen.

Von Creevelea Abbey fährt man auf R287 weiter östlich, dann links Richtung Dromahair und folgt der Straße weiter gen Norden. Um von Parke's Castle nach Sligo zurückzukommen, biegt man Richtung Westen auf die R286 ab.

Rose of Innisfree

Die **Rose of Innisfree** (☎ 071-916 4266; www.roseof innisfree.com; Erw./Kind 12/6 €) bietet während der 1½-stündigen Fahrt über den Lough Gill Live-Rezitationen von Yeats' Gedichten mit Musikuntermalung an. Abgelegt wird am Parke's Castle um 11, 12.30, 13.30, 15.30 sowie 16.30 Uhr und zwar von Ostern bis Oktober. Das Unternehmen unterhält eine Buslinie von Sligo zum Castle. Details erfragt man am besten telefonisch.

An- & Weiterreise

AUTO & FAHRRAD

Man verlässt Sligo Richtung Osten über die Mall und kommt am Krankenhaus vorbei. Von der N16 geht's dann rechts auf die R286 zum Norduter des Lough Gill. Die südliche Route gestaltet sich bis Dooney Rock weniger reizvoll.

NÖRDLICH VON SLIGO (STADT)
Drumcliff & Benbulben

Den Kalksteinberg Benbulben (525 m) – eine der markantesten Erhebungen ganz Irlands – kann man überall an der Nordküste Sligos sehen. Für Irland ist sein Hochplateau ungewöhnlich eben und flach, während die fast senkrecht abfallenden Seiten von Rinnsalen durchzogen sind. Es wirkt fast so, als ob der Berg sich gegen unsichtbare Kräfte wehren würde, die ihn nach unten zu ziehen versuchen.

Seine besondere Schönheit ließ auch W. B. Yeats nicht unbeeindruckt. Vor seinem Tod in Menton, Frankreich, im Jahr 1939 äußerte er die Bitte: „Wenn ich hier sterbe, begrabt mich oben auf dem Berg, und nach ungefähr einem Jahr, grabt mich wieder aus und bringt mich unbemerkt nach Sligo." Seine Wünsche wurden erst 1948 erfüllt, als sein Leichnam auf dem Friedhof von Drumcliff beigesetzt wurde, wo sein Urgroßvater Gemeindepfarrer gewesen war.

Yeats' Grab liegt am Eingang der protestantischen Kirche; seine jung verstorbene Frau Georgie Hyde-Lee wurde gleich neben ihm beerdigt. Als Yeats sie heiratete, war er 52 – fast 30 Jahre älter als sie. Seine Grabinschrift stammt aus dem Gedicht *Under Ben Bulben:*

> Cast a cold eye
> On life, on death.
> Horseman, pass by!

(Kalt blicke du / auf Leben, Tod / Reiter, reit' zu!)
Die Grabesruhe wird heute leider durch den Verkehrslärm auf der N15 gestört.

Im 6. Jh. hatte der Hl. Colmcille genau diese Stelle für ein Kloster ausgewählt. Noch heute sieht man an der nahe gelegenen Hauptstraße die Ruinen eines **Rundturms**, der im Jahr 1936 vom Blitz getroffen wurde. Im Kirchhof steht ein außergewöhnliches **Hochkreuz** aus dem 11. Jh. mit verschiedenen, fein eingemeißelten Bibelszenen.

Im Sommer wird in der Kirche ein 15-minütiger Film über Yeats, den Hl. Colmcille und Drumcliff gezeigt. Im kleinen Teeladen kann man in Büchern blättern, Keramik aus örtlicher Produktion kaufen und die neuesten Kleeblatt-Anstecker begutachten.

SCHLAFEN & ESSEN

Benbulben Farm (☎ 071-916 3211; hennigan@eircom. net; Barnaribbon, Drumcliff; EZ/DZ 45/66 €; ☺ März–Okt.; ℗) Wer mitten im Yeats-Country übernachten möchte, trifft mit diesem abgelegenen

---

COPYRIGHT DAMALS UND HEUTE

Heutzutage werden Verletzungen des Copyrights sehr ernst genommen. Das ist aber noch nichts im Vergleich zur frühen irischen Kirche. Was heute mit einer saftigen Geldstrafe abgetan wäre, kostete 561 gleich 3000 Männer das Leben. Die treffend genannte „Schlacht um das Buch" wurde in Cooldrumman bei Drumcliff ausgetragen, nachdem der Hl. Colmcille (oder Columba) durch das Kopieren seltener religiöser Manuskripte die Gemüter in Aufruhr versetzt hatte. Der Fall landete schließlich vor dem örtlichen König, der den berühmten Ausspruch tat „Jeder Kuh ihr Kalb, jedem Buch seine Abschrift", aber gegen Colmcille entschied. Doch damit war die Sache nicht aus der Welt geschafft, und es kam zur erwähnten Schlacht. Das Blutvergießen soll den Heiligen dazu veranlasst haben, künftig so viele Seelen retten zu wollen, wie in der Schlacht umgekommen waren. Daraufhin gründete er das Kloster in Drumcliff und widmete sein Leben fortan der Verbreitung des Christentums.

Bauernhaus-B&B genau die richtige Wahl. Es liegt 2 km nördlich von Drumcliff.

Yeats Tavern (☎ 071-916 3117; N15, Drumcliff; Hauptgerichte 11–24 €; ⏰ 12–21.30 Uhr; **P**) Das beliebte große Restaurant mit Pub ist der interessanteste Zwischenstopp im nördlichen Sligo. Neben dem gewohnten Pint oder Irish Coffee kommen viele Gäste hierher, um sich zu stärken. Auf der Speisekarte stehen lokale „Surf-and-turf"-, einige Pasta- und vegetarische Gerichte. 300 m nördlich von Yeats' Grab.

Glencar Lough

Der gut ausgeschilderte See eignet sich nicht nur hervorragend zum **Angeln**, sondern hat auch einen herrlichen **Wasserfall** zu bieten. Yeats würdigt diesen malerischen Flecken Erde in *The Stolen Child*. Die Umgebung lässt sich am besten zu Fuß erkunden. Eine Wanderung führt nach Osten und dann über den steilen Weg im Norden des Tals.

Von Drumcliff sind es nicht einmal 5 km bis zum See. Ein Bus von **Bus Éireann** (☎ 071-60066) fährt von Sligo aus dorthin. Genauere Infos erfragt man telefonisch.

Lissadell House

Zwar verströmt **Lissadell House** (☎ 087-629 6928; www.lissadellhouse.com; Lissadell; Erw./Kind 6/3 €; ⏰ März–Okt. 11–18 Uhr; **P**) von außen den Charme eines Gefängnisses, doch sollte man sich davon nicht abschrecken lassen. Denn sonst verpasst man einen faszinierenden Einblick in das Leben einer der schillerndsten Familien Irlands.

1830 wurde das Haus von Sir Robert Gore-Booth im bereits damals plump und schwerfällig wirkenden georgianischen Stil erbaut. Dafür erstrahlt das Interieur umso mehr in Glanz und Pracht. Es war aber nicht ihr Wohlstand, der die Familie berühmt gemacht hat, sondern ihr politischer Aktivismus.

Sir Robert nannte sich selbst Count Markievicz, eine Affektiertheit, die seine berühmte Enkelin Constance Gore-Booth (1868–1927) übernahm. Sie war eine unermüdliche Kämpferin für die Unabhängigkeit Irlands und wurde für ihre Beteiligung am Osteraufstand zum Tode verurteilt, dann aber begnadigt. 1918 war sie die erste Frau, die in das britische Unterhaus gewählt wurde. Doch wie die meisten irischen Rebellen weigerte auch sie sich, ihren Sitz einzunehmen.

Ihre Schwester Eva war ein ebensolcher Hitzkopf, eine leidenschaftliche Frauenrechtlerin und Dichterin. Der Freundschaft zu beiden Schwestern setzte W. B. Yeats mit seinem Gedicht *In Memory of Eva Gore-Booth and Con Markievicz* ein Denkmal.

In der 45-minütigen Führung dreht sich alles um die Abenteuer, Marotten und kleinen Sünden der Familie. Dass auf den Wandmalereien im Speisesaal Bedienstete neben den Familienmitgliedern stehen, zeigt, wie wenig sich die Herrschaften um Konventionen scherten.

Von Sligo folgt man der N15 Richtung Norden und biegt in Drumcliff, kurz hinter Yeats Tavern, gen Westen ab.

Streedagh

Im Dorf Grange weisen Schilder den Weg zum Streedagh Beach, einem sichelförmigen Strand, an dem etwa 1100 Seeleute starben, als drei Schiffe der Spanischen Armada hier havarierten. Das Schwimmen ist zwar gefährlich, aber zum Reiten ist der Strand ideal. **Island View Riding Stables** (☎ 916 6156; www.islandview ridingstables.com; Grange; Erw./Kind 20/15 €/Std.) bietet diverse Reitaktivitäten, inklusive Pauschalangebote für Reitferien, an.

Mullaghmore

Der wundervolle **Strand** von Mullaghmore (An Mullach Mór) erstreckt sich als geschwungener Bogen aus dunkel-goldenem Sand an der Küste. Hier ist das Wasser schön flach und man kann gefahrlos baden. Für den bedauernswerten alten Lord Mountbatten war es hier allerdings nicht so sicher: In dieser Bucht brachte die IRA 1979 Sprengstoff an seinem Schiff an und tötete ihn.

Die Route führt um Mullaghmore Head herum, an dessen Spitze breite Felsvorsprünge in die Brandung des Atlantiks ragen. An der Straße liegt auch das recht blasiert wirkende **Classiebawn Castle** (keine Besichtigung), ein neugotischer, mit Türmchen versehener Protzbau, der 1856 für Lord Palmerston errichtet wurde und später das Zuhause des unglücklichen Lord Mountbatten war.

Creevykeel Goort Cairn

Das faszinierende prähistorische **Galeriegrab** (Eintritt frei; ⏰ Sonnenaufgang–Sonnenuntergang) hat die Form einer Hummerschere und enthält mehrere Grabkammern. Ursprünglich stammt die Anlage aus der Zeit um 2500 v. Chr., doch wurden später weitere Grabkammern hinzugefügt. Ist man erst einmal in dem ovalen offenen Vorhof, können sich zumindest kleinere

ABSTECHER: INISHMURRAY ISLAND

Die 1948 verlassene Insel **Inishmurray** zu besuchen ist gar nicht so einfach. Auf dem unbewohnten Eiland findet man frühchristliche Relikte friedlich neben faszinierenden heidnischen Objekten. Es gibt dort drei gut erhaltene **Kirchen, Bienenkorbzellen** und **Freiluftaltäre.** Das alte Kloster ist von einer dicken ovalen Mauer umgeben. Gegründet wurde es Anfang des 6. Jhs. vom Hl. Molaise, dessen hölzerne Statue einst in der Hauptkirche stand, jetzt aber im National Museum in Dublin zu sehen ist.

Auch die heidnischen Relikte wurden von den Mönchen von Inishmurray zusammengetragen. Dazu gehört eine Sammlung von Fluchsteinen: Wer jemanden verfluchen wollte, lief die Stationen des Kreuzgangs in umgekehrter Richtung ab und drehte dabei die Steine um. Es existierten auch getrennte Begräbnisstellen für Männer und Frauen, und man war überzeugt, dass ein Körper, den man an die falsche Stelle platziert hatte, sich im Lauf der Nacht umbetten würde.

Inishmurray liegt nur 6 km von der Hauptinsel entfernt, aber es gibt keinen regelmäßigen Fährverkehr. Mangels Anlegestelle hängt die Überfahrt auch vom Wetter ab. Ausflüge können im Juli und August für 30 € gebucht werden – entweder bei **Lomax Boats** (☎ 071-916 6124; tlomax@ eircom.net; Mullaghmore) oder **Joe McGowan** (☎ 071-916 6267; www.sligoheritage.com; Streedagh Point). McGowan ist ein enthusiastischer Geschichtsforscher und weiß fast alles über die Insel. Wer im Frühjahr und Herbst auf die Insel möchte, sollte eine Gruppe zusammenstellen, denn anders sind die 300 € für die Bootsmiete nur schwer aufzubringen.

Besucher unter dem von einem Stein geschützten Eingang hindurchducken und das Zentrum der Anlage in Augenschein nehmen.

Die Stätte liegt nördlich von Cliffony an der N15.

Schlafen

Benwiskin Centre (☎ 071-917 6721; www.benwiskin centre.com; Ballintrillick; B/FZ 15/60 €; Ⓟ Ⓖ) In den Tiefebenen des County stößt man 4 km östlich von Cliffony auf diese ganz spezielle Mischung aus Hostel und Gemeindezentrum. Die Lage könnte kaum malerischer sein. Das Hostel verfügt über tadellose Schlafräume mit Bad und einen schönen Garten. Im Sommer sollte man unbedingt rechtzeitig buchen. Zum Benwiskin Centre nimmt man die Straße nach Creevykeel und folgt der Ausschilderung.

An- & Weiterreise

Bus Éireann (☎ 071-916 0066) fährt von Sligo nach Drumcliff (3 €, 15 Min.), Grange (4 €, 20 Min.) und Cliffony (5 €, 25 Min.). Die meisten Busse nach Donegal und Derry verkehren über die N15. In Drumcliff befindet sich die Bushaltestelle unweit der Kirche, in Grange vor Rooneys Zeitungsladen und in Cliffony vor O'Donnell's Bar. Fahrpläne erhält man beim North-West Regional Tourism Office (S. 503).

Zentraler Norden

Die sechs nördlichen Counties – Cavan, Monaghan, Roscommon, Leitrim, Longford und Westmeath – sind vielleicht weit von der Küste entfernt (zumindest für irische Verhältnisse), doch mit dem imposanten River Shannon, der sich durch bewaldete Landschaften windet, und durchsetzt von zahlreichen Seen, ist auch in diesem Landesteil das Wasser immer in der Nähe.

Gleichzeitig ist die Region angenehm untouristisch. Das heißt nicht, dass es hier für Besucher nichts zu sehen gäbe. Cavan und Monaghan grenzen an Nordirland und bilden zusammen mit den nördlichen Grafschaften die Provinz Ulster. Der zentrale Norden beheimatet einige wichtige Museen zur Geschichte Irlands. Dazu kommen bedeutende keltische Fundstätten. Die wichtigste davon ist das Ehrfurcht einflößende Cruanchan Aí im County Roscommon mit Hügelgräbern, Cairns und Menhiren. Daneben bietet die Region viele Outdooraktivitäten wie Mountainbiking auf unberührten ländlichen Pfaden, Angeln, Bootsfahrten und Wassersport.

Trotz seiner Abgelegenheit bleibt dieser nördliche Landesteil nicht von den im ganzen Land stattfindenden Umwälzungen verschont. Die an der Küste mittlerweile astronomischen Immobilienpreise übersteigen die Möglichkeiten vieler, die gern ein Häuschen erwerben oder ein Geschäft eröffnen würden. Sie ziehen sich in die früher kaum als attraktiv empfundenen Zentralregionen zurück. Im Gegenzug hat Irlands Mitte nun ebenfalls Teil an dem seit einem Jahrzehnt zu beobachtenden wirtschaftlichen Aufschwung. Doch mit seinem Wasserreichtum, den riesigen Moorgebieten und den nebligen Wäldern bleibt der zentrale Norden Irlands letzte Wildnis und ein ideales Rückzugsgebiet.

HIGHLIGHTS

■ **Ab aufs Wasser** Rundfahrten bei Sonne und Kerzenschein auf dem Shannon-Erne Waterway (S. 533) in Carrick-on-Shannon

■ **Vogelperspektive** Luftiger Rundgang auf einem Baumwipfelpfad bei Lough Key (S. 529)

■ **Weg in die Vergangenheit** Auf einem neu entdeckten eichenen Moorpfad von 148 v. Chr. in County Longford (S. 535)

■ **Alles Käse** Käsereikurse und Verkauf des berühmten Corleggy Cheese direkt beim Erzeuger in Belturbet (S. 519)

■ **Dichter-Weg** Auf der Spur von Patrick Kavanaghs rund um Inniskeen (S. 527)

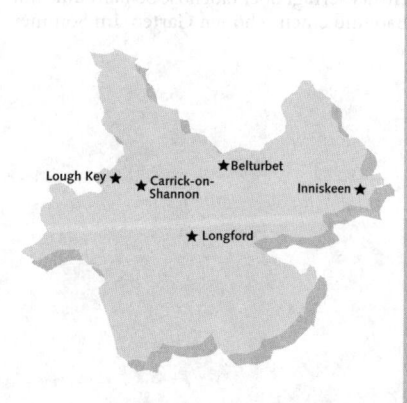

■ EINWOHNER: 291 650   ■ FLÄCHE: 9302 KM²

COUNTY CAVAN

Der irische Name An Chabháin bedeutet „Höhle", und in der Tat gibt es nicht viel festen Boden hier. Auch ist Cavan bekannt für seine Seen. Es soll nicht weniger als 365 davon geben – einen für jeden Tag des Jahres. Manche Bewohner meinen, es gebe sogar 366 Seen, sodass auch Schaltjahre abgedeckt sind. Dementsprechend ist Cavan ein Anglerparadies. Hier winkt wirklich jedem Petri Heil.

Cavan bietet einige spektakuläre Wanderwege durch die wilden Cuilcagh Mountains, in denen der 300 km lange Shannon entspringt. Wer immer noch nicht genug vom Wasser hat, der kann in Belturbet ein Boot für den Shannon-Erne Waterway mieten.

Geschichte

Magh Sleacht, eine Hochebene im Nordwesten nahe dem Grenzort Ballyconnell, war noch im 5. Jh. ein weit bekanntes Druidenzentrum. Die wichtige keltische Gottheit Crom Cruaich verschwand nach und nach aus dem Bewusstsein, als der heilige Patrick den christlichen Glauben einführte.

Im 12. Jh. versuchten die Anglo-Normannen in Cavan Fuß zu fassen, doch die Landschaft war so abweisend, dass die Region unter der Herrschaft des gälischen O'Reilly-Clans blieb. Dieser herrschte bis ins 16. Jh., als er sich anderen Ulster-Lords anschloss, um im Neunjährigen Krieg (1594–1603) gegen die Engländer zu kämpfen und – zu unterliegen.

Als Teil der Ulster Plantation wurde Cavan unter englischen und schottischen Siedlern aufgeteilt. In den 1640er-Jahren nutzte Owen Roe O'Neill die Probleme Englands, um einen Aufstand gegen die Siedler anzuzetteln. O'Neill starb 1649 – er wurde wahrscheinlich vergiftet – im Clough Oughter Castle bei Cavan.

Nach dem Unabhängigkeitskrieg von 1922 wurden die Ulster-Grafschaften Cavan, Monaghan und Donegal dem Süden zugeschlagen. So nah an der Grenze bleiben die republikanischen Gefühle bis heute stark. Die Befestigungen sind aber heute entfernt, sodass man den Grenzübertritt kaum wahrnimmt.

Aktivitäten

ANGELN

Die exzellenten Bedingungen locken Angler aus ganz Europa an die südlichen und westlichen Grenzen der Grafschaft. Hauptsächlich werden Wildbestände geangelt, in Lough Sheelin sind aber auch Zuchtforellen das Ziel. Die meisten Seen sind gut ausgeschildert, einschließlich Nennung der vorkommenden Fischarten.

Weitere Informationen gibt es bei **North West Tourism** (☎ 049-433 1942) und **Northern Regional Fisheries Board** (☎ 049-37174), beide in der Stadt Cavan.

WANDERN

Höhepunkt für viele Wanderer in der Region ist der Cavan Way (S. 749), der 26 km weit durch die Cuilcagh Mountains hindurch die Weiler Blacklion und Dowra verbindet. Von Blacklion führt er nach Süden durch ein von den Einheimischen „Burren" genanntes Gebiet mit prähistorischen Monumenten, vorbei an der Quelle des Shannon, des längsten Flusses in Irland, dann über die Straße nach Dowra, wobei man den Black Pigs Dyke passiert, einen alten Damm, der einst Irland in zwei Teile trennte.

Karten des Cavan Way sind in Blacklion und Dowra zu finden. Karten zum Herunterladen gibt es online bei www.cavantourism. com.

In Blacklion kann man außerdem den Ulster Way einschlagen (S. 750).

CAVAN (STADT)

☎ 049/ 3550 Ew.

Nach Meinung der Einwohner hat Cavan in den letzten Jahren einen richtigen Boom erlebt. Zum Glück ist das alles relativ. Noch immer ist es ein ruhiger Erholungsort, noch immer werden Fremde auf der Straße mit einem „Hello" gegrüßt. Eine Spezialität von Cavan sind die funkelnden Kristllgläser ebenso wie die glänzenden Pferde.

Orientierung & Praktische Informationen

Das Ortszentrum von Cavan besteht aus zwei parallelen Straßen – der immer noch ländlich anmutenden Main Street und der eleganteren Farnham Street mit georgianischen Häusern, einem großen Gerichtsgebäude, der Polizeistation und einem imposanten Kirchenbau.

Cavan Tourist Office (☎ 433 1942; www.cavantourism. com; Farnham Street; ⏰ Mo–Fr 9–17 Uhr) über der Bücherei im ersten Stock.

Ego Internet Café & Coffee House (☎ 437 3488; Convent Bldgs, Main St; ⏰ Mo–Sa 9–19 Uhr).

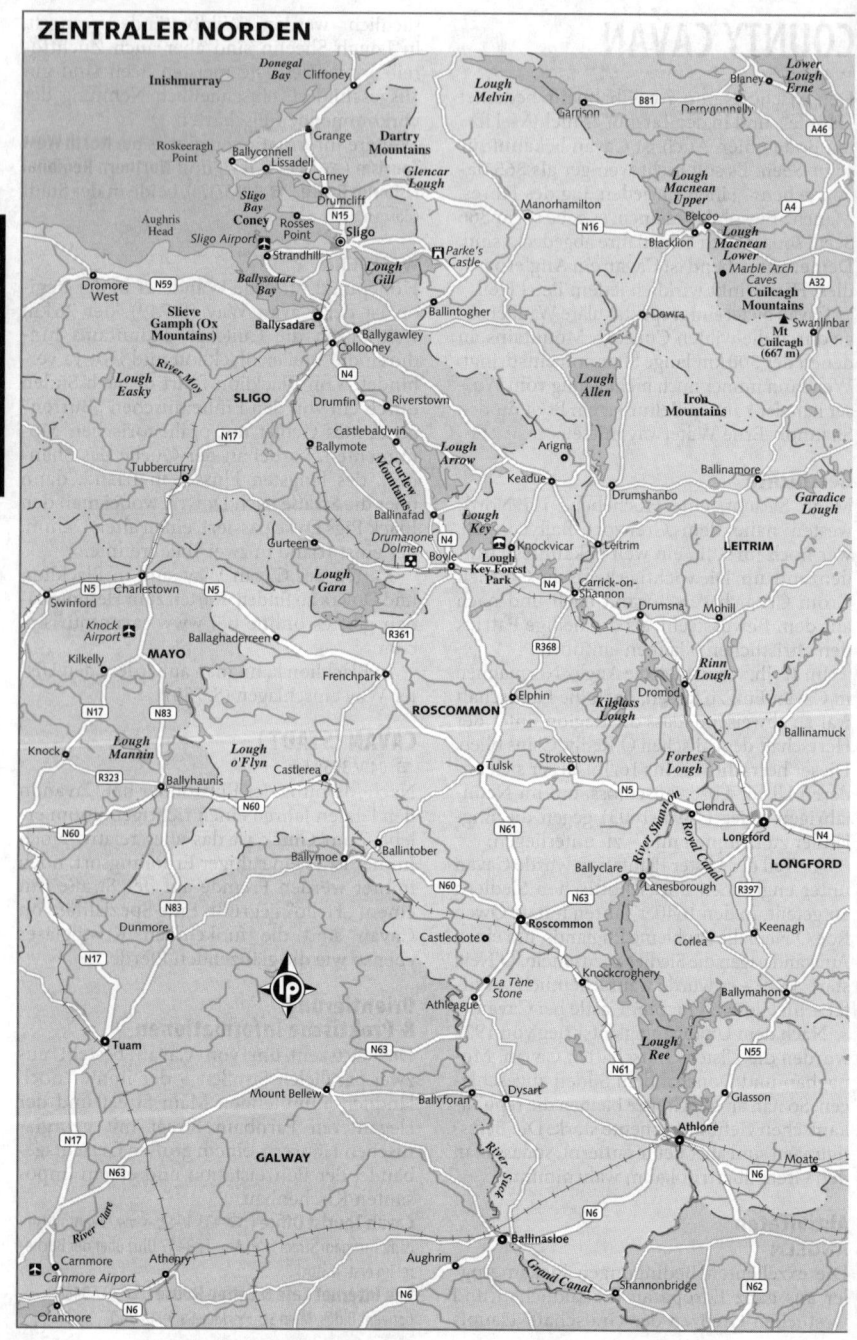

ZENTRALER NORDEN

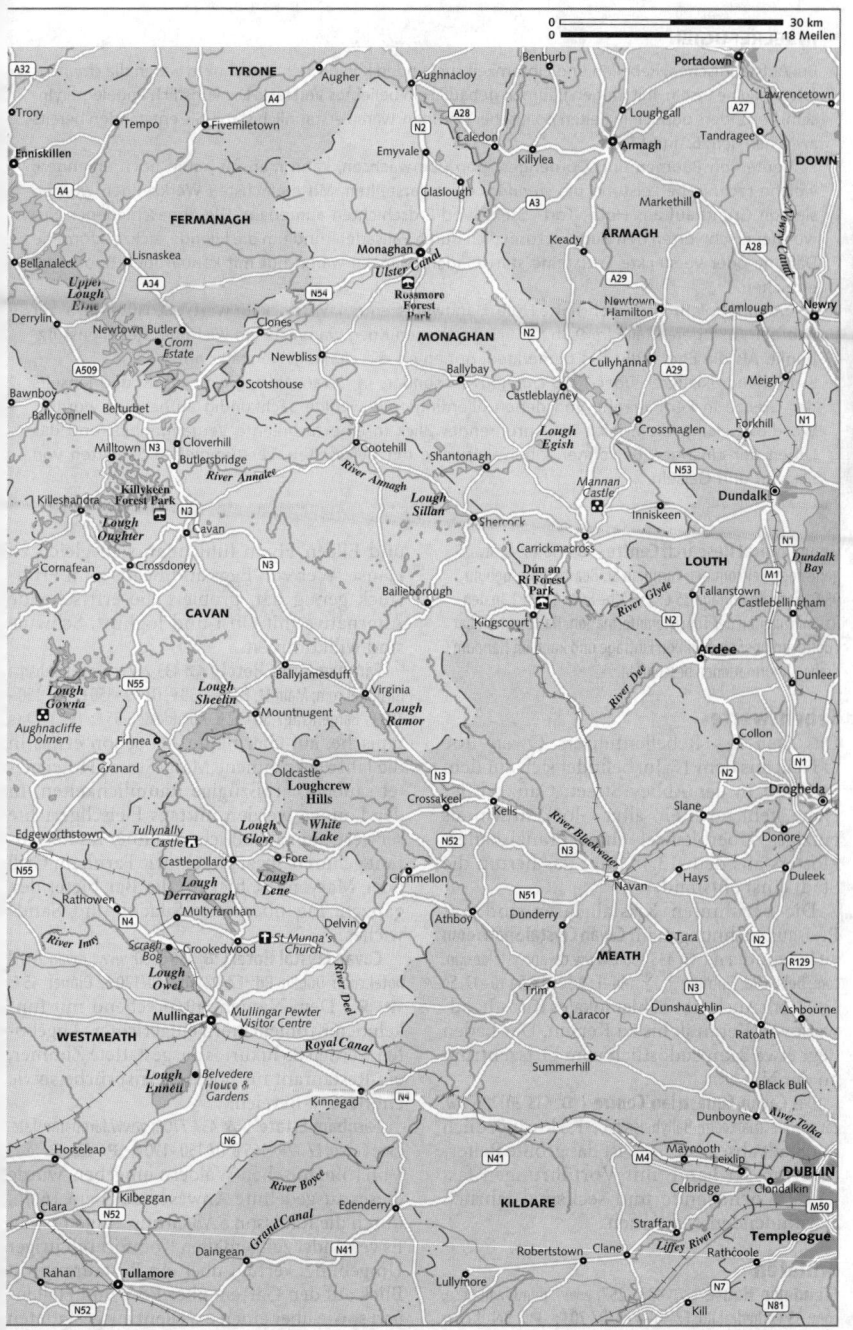

INSELREFUGIEN

Bei Aufständischen, Rebellen und Einsamkeit suchenden königlichen Bewohnern waren die *crannógs* (etwa „kleine Inseln, mit jungen Bäumen gebaut") ein beliebtes Versteck. Die künstlich angelegten Inseln, besonders populär in Zeiten politischer Unruhen, waren erstaunlich stabil. Sie entstanden bereits zwischen dem 6. und 17. Jh.

Heute von Bäumen und Dornengestrüpp überwachsen, kann man oft kaum noch erkennen, welche technische Leistung die *crannógs* einst darstellten. Mit einfachsten Werkzeugen wurden sie von Grund auf aus Holz-, Torf-, Stein- und Erdschichten aufgebaut. Die abgeschiedenen Bewohner erschwerten den Zugang zusätzlich durch Palisaden rund um die Eilande, zickzackförmige Dämme oder versteckte Trittsteine statt Pfaden. Manche waren nur mit kanuartigen Booten zu erreichen.

Crannógs dienten als wehrhafte Höfe, Handwerkszentren, Versteck für wertvolle Güter (u. a. zur Zeit der Wikingereinfälle im 9. Jh.). Im Neunjährigen Krieg waren sie ein wichtiger Rebellenstützpunkt. Als die Engländer das bemerkten, griffen sie die *crannógs* verstärkt an.

In Irland existieren über 1200 *crannógs* (besonders in Cavan, Monaghan, Leitrim und jenseits der Grenze in Fermanagh), von denen allerdings nur wenige sachkundig aufbereitet wurden. Wo dies gelang, bietet sich ein anrührender Blick in eine turbulente Vergangenheit und das Leben der einstigen Bewohner – beispielsweise mit gefesselten, verstümmelten Skeletten von Sklaven und Geiseln.

Genealogical Research Centre (☎ 436 1094; cavan genealogy@eircom.net; Farnham St; Bearbeitungsgebühr 95 €, einfache Anfrage 25 €; ☺ Mo–Fr 9–17 Uhr). In den Räumlichkeiten der Touristeninformation. Das Zentrum hat Zugriff auf über eine Million Einträge und kann im Handumdrehen Informationen beschaffen.

Sehenswertes

Das **Grab** des Rebellenführers Owen Roe O'Neill aus dem 17. Jh. befindet sich auf dem Friedhof in der Abbey Street. Ganz in der Nähe steht noch ein alter Glockenturm als einziges Überbleibsel eines Franziskanerklosters aus dem 13. Jh., um das herum die Stadt einst entstand.

Die berühmten Kristallgläser sind mit Preisauszeichnungen im **Cavan Crystal Showroom** zu bewundern (☎ 433 1800; www.cavancrystaldesign. com; Dublin Rd; Eintritt frei; ☺ Mo–Fr 9.30–18, Sa 10–17, So 12–17 Uhr). Auch gibt es hier lokales Kunsthandwerk von Keramik bis zu Kerzen. Der Laden liegt etwa 2 km südöstlich vom Ortszentrum an der N3.

Das **Cavan Equestrian Centre** (☎ 433 2017; www. cavanequestrian.com; Ballyhaise Rd), 1,5 km nördlich der Stadt abseits der N3, ist das größte Reiterzentrum im Land, mit Vorführungen fast jedes Wochenende und sechsmal jährlich stattfindenden Auktionen.

Schlafen

Glendown House (☎ 433 2257; www.glendownhouse. com; 33 Cathedral Rd; EZ 40–45 €, DZ 70 €; P) Bei Tom und Eileen Flynn fühlt man sich gleich zu Hause. Wer von Eggs and Beans zum Frühstück genug hat, probiert die erfrischende Alternative mit Obst und Joghurt. Schwule sind willkommen.

Farnham Arms Hotel (☎ 433 2577; www.farnhama rmshotel.com; Main St; EZ 65–130 €, DZ 99–150 €, 3BZ 150–180 €, Bargerichte7,50–12 €, Abendessen 35 €; P) Das typische, auf charmante Art schon etwas in die Jahre gekommene Main-Street-Hotel bietet saubere, großzügige Räumlichkeiten. In der Lounge werden mittags Fleischgerichte serviert, zum abendlichen Dinner im Restaurant gehören Spezialitäten wie Farnham Grill oder Maryland Chicken; die Bar bietet den ganzen Tag über gute Snacks und Sandwiches.

Cavan Crystal Hotel (☎ 436 0600; www.cavancrystal hotel.com; Dublin Rd; EZ/DZ ab 110/170 €, Dinner 45 €; P ☙) Dem Namen entsprechend mit funkelnden Kronleuchtern eingerichtet. Angeboten werden 85 luxuriös ausgestattete Zimmer, ein Restaurant für höchste Ansprüche sowie ein Beauty-Bereich.

Farnham Estate (☎ 437 7700; www.farnhamestate. com; Cavan; EZ 125–165 €, DZ 150–190 €; P ▢ ☙ ♿) Von romantischen Wäldern umgeben, wurde dieses ausgedehnte Anwesen aus dem 16. Jh. durch die Radisson SAS Group aufgemöbelt. Es verbindet zeitgemäßen Komfort mit uriger Umgebung, verfügt über ein Restaurant mit Blick auf den Garten, über Pool und Hallenbad sowie über einen exzellent ausgestatteten

Wellness-Bereich (auch für Tagesgäste offen) und liegt etwa 3 km östlich der Stadt an der R198.

Essen & Trinken

McMahons Café Bar (☎ 436 5484; www.mcmahonscafebar.com; Main St; kleine Snacks 4–5,50 €, Pizza 6–12 €; ☺ Café Mo–Sa 11–18, Bar tgl. 10–23.30 Uhr) Ganz schön hip; das Café könnte sich selbst in Dublin sehen lassen. Im Obergeschoss werden frisch gepresste Obstsäfte und frisch belegte Bagels angeboten. Unten in der interessant ausgestatteten Bar spielen freitags und sonntags Live-Bands, donnerstags und samstags sind die DJs dran. Zusätzlich gibt es Late-Night-Pizza bis 22 Uhr und über 200 Cocktails.

Melbourne Bakery (☎ 436 1266; Main St; Gerichte 6–10 €; ☺ Mo–Fr 9.30–17.30 Uhr) Dieser Bäckerei-Imbiss mit freundlichem Publikum und leckerem Gebäck ist ideal für ein ausgiebiges Frühstück oder um einen Happen zwischendurch zu essen.

Side Door (☎ /Fax 433 1819; Drumalee Cross; Gerichte 15–29 €; ☺ Di–Sa 17.30–22.30, So 12.30–16 & 17.30–21.30 Uhr) Der etwa 1 km lange Weg vom Stadtzentrum aus lohnt sich bestimmt: ein extravaganter Ort mit toller Hintergrundmusik, zeitgenössischer Kunst aus der Region an den Wänden und interessanten Gerichten aus aller Welt von Fajitas über Curry bis zu Steaks vom Grill.

Abbey Bar (☎ 433 1650; Coleman Rd) Viel dunkles Holz, schäbiges Mobiliar und echte Originale, die sehr merkwürdige Unterhaltungen führen – ein noch unverfälschter alter Pub.

Anreise & Unterwegs vor Ort

Busse fahren bei der kleinen **Busstation** (☎ 433 1353; Farnham St; ☺ Mo–Sa 7.30–20.30 Uhr) ab. Cavan liegt an den Buslinien Dublin–Donegal, Galway–Belfast und Athlone–Belfast. Busse nach Dublin (2 Std., Mo–Sa 6–22, So 8–20 Uhr), Abfahrt jeweils zur vollen Stunde. Busse nach Belfast (3 Std., Mo–Sa 2-mal tgl., So 1-mal tgl.), nach Galway (3¼ Std., Mo–Sa 2-mal tgl., So 1-mal tgl.) und nach Donegal (2¼ Std., 4-mal tgl.).

Bus Éireann (☎ 433 1353; www.buseirrann.ie; Farnham St) bedient außerdem weitere kleinere Routen landesweit, u. a. viermal täglich nach Bawnboy, Ballyconnell und Belturbet sowie nach Virginia, Kells, Dunshaughlin, Navan und Cootehill (Abfahrt zur vollen Stunde).

Taxis können unter ☎ 433 1172 oder ☎ 433 2876 bestellt werden.

RUND UM CAVAN (STADT)
Lough Oughter & Killykeen Forest Park

Angler treffen sich am Lough Oughter, das auf der Karte wie ein verspritzter Wasserfleck aussieht. Abgesehen vom Wildwasser-Angeln ist es auch für Naturfreunde und Wanderer ein Paradies. Man kann einfach eintauchen in eine Landschaft aus gleißenden Wasserflächen und hohen Baumdächern. Am besten ist es über den **Killykeen Forest Park** (☎ 049-433 2541; Auto 5 €, Fußgänger und

(Randnotiz vertikal:) **ZENTRALER NORDEN**

KÄSE ZUM SELBERMACHEN

Pasteurisierter Käse aus Ziegenmilch ist ziemlich einzigartig. Der schon vielfach mit Preisen ausgezeichnete, in reiner Handarbeit produzierte **Corleggy Cheese** (☎ 952 2930; www.corleggy.com; Belturbet) ist nochmals etwas Besonderes, da er nur in sehr kleinen Mengen produziert wird. Die Käserei verwendet ein vegetarisches Labferment. Das Aroma stammt von den Weidegründen rund um den Hof. Ausgezeichnet harmoniert es mit frischen Früchten wie Feigen oder Pflaumen. Daneben werden weitere Käsesorten aus Kuh- und Schafmilch auf dem Anwesen hergestellt, in Geschmacksrichtungen wie Knoblauch, Chili, Räucherkäse, Kreuzkümmel und grüner Pfeffer.

Jeden Donnerstag findet von 15 bis 18 Uhr ein Direktverkauf statt; außerdem auch am Marktstand von Silke Cropp in Dublin (Meetin House Sq Market in Temple Bar; S. 145).

Wer selber Hand anlegen möchte, kann einen der sommerlichen **Käsereikurse** von Silke besuchen. Sie dauern sonntags von 10 bis 17 Uhr und kosten 150 €, einschließlich Kaffee, Kostproben und Vollwertlunch mit Wein. Zum Schluss gibt es ein Kilo aus der Eigenproduktion zum Mitnehmen (Transportbehältnisse nicht vergessen).

Der Hof liegt 2,5 km nördlich des Ortes Belturbet: aus Richtung Cavan auf der N3 nach Belturbet kommend an der Stelle, wo die Hauptstraße einen scharfen Linksknick macht, nach rechts abbiegen. Dann die erste Einbiegung links nehmen und 2,5 km weiter fahren. Der Wegweiser nach Corleggy ist dann links zu sehen.

Radfahrer Eintritt frei) zu erreichen, 12 km nordwestlich von Cavan; dort führen mehrere Wanderwege zwischen 1,5 und 5,8 km Länge durch die Wälder und am Ufer entlang. Oft sind Hermeline, Dachse, Füchse, Grauhörnchen und Igel zu beobachten, ebenso interessante Vogelarten.

Viele der niedrigen, zugewachsenen Inseln in dem See waren künstlich angelegte und befestigte *crannógs*. Am bekanntesten ist **Clough Oughter Castle**, ein Rundturm aus dem 13. Jh. auf einem winzigen Landstückchen. Zuerst war es ein abgelegenes Gefängnis, dann der Sitz des Rebellenführers Owen Roe O'Neill, der hier vermutlich 1649 vergiftet wurde, schließlich zerstörte die Armee Cromwells 1653 den Bau. Obwohl er unerreichbar im Wasser liegt, lohnt sich ein Blick vom Ufer aus. Einen Aussichtspunkt erreicht man entweder zu Fuß durch den Wald oder mit dem Auto; dazu am Ausgang des Killykeen Parks links abbiegen und der engen Straße vom Dorf Garthrattan aus nach Norden folgen.

Butlersbridge & Cloverhill

Diese beiden etwas versteckt liegenden Ortschaften laden zu einem Zwischenstopp auf der Reise durch den zentralen Norden ein. Der schöne Weiler Butlersbridge (8 km nördlich von Cavan) am River Annalee bietet malerische Kulissen für ein Picknick am Fluss. Bei schlechtem Wetter tut es auch der **Derragarra Inn** (☎ /Fax 049-433 1003), ein efeubewachsenes Pub mit viel Holz im Inneren, Biergarten, Livemusik am Wochenende und guten Bar-Snacks.

In Cloverhill (9 km nördlich von Cavan) ist der vielfach gerühmte **Olde Post Inn** (☎ 047-55555; www.theoldepostinn.com; EZ/DZ 50/100 €, 5-Gänge-Menüs 53 €; ☼ Di–Sa 6.30–21, So 12.30–14.30 & 18.30–20.30 Uhr; Ⓟ) wirklich besuchenswert. Gearóid Lynchs Kochkünste umfassen alte irische Spezialitäten wie Spanferkel, Wildbret, Fasan und Steak. Zum Nachtisch gibt es warme Feigentorte mit karamellisierten Bananen und Bananeneis. Das längere Warten lohnt sich. Nach dem Mahl relaxt es sich gut in einem der sechs komfortablen Räume in der ehemaligen Poststation.

Den echten Farm-Alltag kann man beim **Fortview House** (☎ 049-433 8185; fortviewhouse@ hotmail.com; Drumbran; DZ ab 60 €; Ⓟ) kennenlernen. Angeboten werden auch Angeltouren und kostenloser Bootsverleih. Von Butlersbridge führt die N54 nach Cloverhill, direkt nach dem Olde

Post Inn nach rechts abbiegen. Nach 2 km auf dieser Straße erreicht man die Farm.

Belturbet

☎ 049 / 1300 Ew.

Mit seiner schönen Lage am Shannon-Erne Waterway ist dieses charmante, altmodische Städtchen 16 km nordwestlich von Cavan bei Anglern beliebt. Gleichzeitig ist es Ausgangspunkt für Boots- und Radtouren entlang des Kanals und durch das Flusssystem.

Emerald Star (☎ 952 2933; www.emeraldstar.ie; ☼ April–Okt.) verleiht Boote für Ausflüge zwischen Belturbet und Belleek. Boote mit zwei bis drei Kojen kosten ab 1050 € pro Woche in der Hochsaison; für zwei bis fünf Kojen mindestens 1500 €.

Fahrräder und Tipps für Rundfahrten gibt es von Padraig Fitzpatrick bei **Fitz Hire** (☎ 952 2866, 086-804 7521; fitzpatrickhire@eircom.net; Belturbet Business Park, Creeney; 15/45 € pro Tag/Woche). Für 10 € pro Fahrrad extra kann man sich von Padraig am Ende der Tour abholen lassen und muss nicht den gleichen Weg zurückfahren.

Aus Belturbet stammt der berühmte Corleggy Cheese (S. 519), der in den besten Restaurants des Landes serviert wird.

Von 1885 bis 1959 war die **Belturbet Railway Station** (☎ 952 2074; www.belturbet-station.com; Railway Rd; Erw./Kind/Stud. 2,50/1,30/2 €; ☼ Juni–Sept. 9.30–17 Uhr) in Betrieb, in den darauffolgenden 40 Jahren diente sie gelegentlich als Viehstall, bevor sie mühsam von freiwilligen Helfern renoviert wurde. Die Steine stammen vom nahe gelegenen River Erne.

Am gemütlichsten schläft man in kirschroten **Church View Guest House** (☎ 952 2358; www. churchviewguesthouse.com; 8 Church St; EZ 32 €, DZ 50 €; Ⓟ), bitte im Voraus buchen, da es wegen seines Kühlraumes und der Nähe zu den Seen ständig von Anglern belagert ist.

Bus Éireann (☎ 433 1353) Die Linie 30 verkehrt durch Belturbet, Haltestelle an der Post (Diamond), Montag bis Samstag sechsmal täglich, Sonntag viermal. Die wichtigsten Orte an der Route sind Dublin (2 Std.), Cavan (15 Min.) und Donegal (2¼ Std.).

IM SÜDEN VON CAVAN
Ballyjamesduff

☎ 049 / 870 Ew.

Wie der Name andeutet, war der Ort einst Sitz des Earl of Fife, James Duff, einer der ersten Großgrundbesitzer. Sein Nachkomme Sir James Duff befehligte die englischen

---

BALLY-WAS?

Über ganz Irland verstreut finden sich Ortsnamen mit dem Präfix „Bally" (und Variationen wie Ballyna und Ballina). Es leitet sich von dem irischen Begriff „Baile na" ab. Dieser wird oft fälschlich mit Stadt übersetzt, obwohl es bei der Einführung der Namen so gut wie keine Städte in Irland gab. Genauer trifft es wohl „Ort von" (ähnlich dem französischen Ausdruck *chez*). Folglich bedeutet etwa Ballyjamesduff „Ort des James Duff". Der gälische Name für Dublin war Baile Átha Cliath („Platz der eingefassten Furt"). Im Englischen würde dies ebenfalls zu Bally – vielleicht „Ballycleeagh"? Andere geläufige Namensbestandteile besonders in den mittleren und nördlichen Grafschaften sind Carrick (oder Carrig), der „Fels", wie etwa Carrickmacross („Fels von MacRoss") im County Monaghan.

Eine speziell in der Region von Connaught (gälisch Connacht) geläufige Vorsilbe ist Clon (oder Cluon), der gälische Begriff für „trockene Stelle" – in extrem feuchten Gegenden wie County Leitrim eine wirklich selten anzutreffende und daher auffällige Besonderheit.

Truppen während der Niederschlagung der Aufstände von 1798.

Heute ist die Stadt bekannt für ihr **Cavan County Museum** (☎ 854 4070; ccmuseum@tinet.ie; Virginia Rd; Erw./Kind 3/1,50 €; ☾ ganzjährig Di–Sa 10–17, Juni–Sept. So 14–18 Uhr) im abweisend wirkenden ehemaligen Kloster. Highlights der Ausstellung sind die Pighouse Collection (Trachten und folkloristische Gegenstände aus dem 18. bis 20. Jh.) und Funde aus Stein-, Bronze- und Eisenzeit sowie dem Mittelalter, darunter ein tausend Jahre altes Boot, das am Lough Erril gefunden wurde. Zu sehen ist auch einiges zur Geschichte des Sports in Irland.

Echte Turbo-Rennschweine sind beim dreitägigen **Ballyjamesduff International Pork Festival** (☎ 087 419 1859; cciarans goreilly@eircom.net; ☾ Mitte Juni) unterwegs, wenn sich tausende Schaulustige hier für die Wettrennen sowie zum Verspeisen riesiger Schweinerostbraten und zur Teilnahme an Kochwettbewerben mit Schweinefleisch einfinden. Einfach tierisch.

Nach Ballyjamesduff fahren keine Busse. Die am nächsten gelegene Haltestelle ist Virginia, von dort kostet ein Taxi etwa 10 €.

Lough Sheelin
☎ 049

Die Forellen beißen am besten im Mai und Juni an. Die baumbestandenen Ufer des Lough Sheelin eignen sich auch zu jeder anderen Jahreszeit gut zum Reiten, Wandern oder einfach für geruhsame Bootstouren.

Angenehme Übernachtungsmöglichkeiten finden sich an beiden Enden des 6 km langen Sees in den Dörfern Finnea (County Westmeath) und Mountnugent (etwa 24 km südlich von Cavan).

Ross House (☎ /Fax 854 0218; www.ross-house.com; Mountnugent; DZ 76 €, Apt. 180 €; ℗) ist ein historisches Farmhaus für gehobene Ansprüche mit schönen Außenanlagen am Seeufer und Tennisplatz (kostenlos), Reiten (ab 17 € pro Std.) und Bootsverleih (ab 20 € pro Tag). Die sechs großzügigen Räume haben teilweise eigenen Kamin und/oder Wintergarten. Neben High Tea (15 €) und viergängigem Dinner (22 €) gibt es auch Lunchpakete (5 €) für Bootstouren.

Crover House Hotel (☎ 854 0206; www.croverhouse hotel.ie; Mountnugent; DZ ab 140 €; ℗) ist eine weiträumige Anlage mit 40 Betten, Golfplatz, reizendem Garten und Panoramablick auf den See. Bootsverleih direkt im Hotel. Wer wirklich stilvoll unterwegs ist, kann hier sogar mit dem Hubschrauber anlanden.

DER OSTEN VON CAVAN

Viele Siedlungen im Osten der Grafschaft wie Virginia (Ver-dschinii ausgesprochen) wurden im 17. Jh. als Herrensitze angelegt. Es lohnt sich, in **Kingscourt** (1307 Ew.) zu halten und die **St. Mary's Catholic Church** mit wunderbaren bunten Glasfenstern von Evie Hone aus den 1940er-Jahren zu besichtigen.

Nordwestlich von Kingscourt findet sich der 225 ha große **Dún an Rí Forest Park** (☎ 042-966 7320; Auto/Fußgänger 5 €/Eintritt frei). Es gibt markierte Waldwanderwege, alle unter 4 km lang, Picknickplätze und einen Wunschbrunnen. Am Fluss sind Nerze und Fischotter zu beobachten. Am Waldrand liegt **Cabra Castle** (☎ 966 7030; www.manorhousehotels.com; EZ ab 112 €, DZ ab 173 €, Dinner 42 €; ℗ ⟨&⟩), etwa 3 km außerhalb von Kingscourt an der Straße nach Carrickmacross. Der heutige Bau stammt aus dem 19. Jh., der Vorgänger wurde von Cromwell zerstört. Das Anwesen beherbergt ein luxuriöses Hotel (80 Zimmer) mit viel Plüsch und historischen Möbeln, ausgezeichnetem Restaurant und 9-Loch-Golfplatz.

Der Westen von Cavan

Vor der imposanten Kulisse der Cuilcagh Mountains bildet der abgelegene Westen der Grafschaft die Grenze zu Nordirland.

Nur wenige Busse bedienen diese isolierte Region. Der Schnellbus Donegal–Dublin kommt durch Ballyconnell, Bawnboy und Swanlinbar (4-mal tgl.). Die Linie Galway–Belfast via Sligo hält in Blacklion (Mo–Sa 4-mal tgl., So 2-mal tgl.). Fahrplanauskunft bei **Bus Éireann** (☎ 433 1353) in Cavan.

Ballyconnell

☎ 049 / 1100 Ew.

Der Shannon-Erne Waterway windet sich durch das Dorf Ballyconnell mit einigen Übernachtungsmöglichkeiten.

Das einzige Hostel ist in einem umgebauten Bauernhof untergebracht: Das **Sandville House** (☎ 952 6297; http://homepage.eircom.net/~sandville; Bett ab 15 €, DZ ab 30 €; ✿ Ostern–Okt.; P) hat sowohl einen eigenen Meditationsraum wie eine Küche für Selbstversorger (dafür gibt's aber kein Frühstück). Es liegt schön ruhig in den Feldern 5 km südöstlich des Dorfes (Wegweiser an der R200). Busse der Linie Dublin–Donegal halten bei Bedarf am Slieve Russell Hotel, von dort aus werden Gäste abgeholt, wenn sie sich vorher ankündigen. Am besten lange im Voraus buchen, da das Haus oft für private spirituelle Veranstaltungen ausgebucht ist.

Entspannung in weitaus luxuriöserer Umgebung bietet das **Slieve Russell Hotel** (☎ 952 6444; www.quinnhotels.com; Cranaghan; DZ ab 198 €; P 💻 🌂) 2 km südöstlich des Ortes, bekannt für seine Marmorsäulen, Springbrunnen, Restaurants, Bars und einen 18-Loch-Golfplatz. Zum Fitnessbereich gehören u. a. Schwebetanks, eine Kräutersauna und eine Salzgrotte.

Blacklion & Umgebung

☎ 071 / 170 Ew.

Durchzogen vom Cavan Way (S. 749), strotzt der Landstrich zwischen Blacklion und Dowra vor prähistorischen Monumenten, darunter die Überreste eines *cashel*, einer ringförmigen Befestigungsanlage, und die Überreste mehrerer Schwitzhütten, die vorwiegend im 19. Jh. benutzt wurden.

Richtig lecker wird es in **MacNean House & Bistro** (☎ 985 3022; Fax 985 3404; Main Street; EZ/DZ 60/120 €, mehrgängiges Dinner 35–55 €, Hauptgericht 20–24,50 €; ✿ Restaurant Do & Fr ab 19, Sa ab 18.30 & 21.30, So ab 12.30, 15.30 & 19 Uhr; P). Hier kreiert der bekannte Fernsehkoch Neven Maguire, der in diesem imposanten Landhaus aufwuchs und es in eines der bekanntesten Restaurants des Landes umwandelte, wirklich außergewöhnliche Verführungen: Ravioli mit Krabben, Lamm mit Trüffeljus, für Vegetarier auch Avokado-Frühlingsrollen. Übernachtungsgäste kommen in den Genuss seines dampfenden Porridge-Frühstücks mit Honig und Sahne.

Busse der Linie Sligo–Belfast halten montags bis samstags viermal täglich in Blacklion, Sonntag zweimal. Haltestelle vor Maguires Restaurant.

Cuilcagh Mountain Park

Die Grenze zwischen der Republik und dem Norden verläuft auf dem Kamm des Mount Cuilcagh, des markanten Gipfels im Park. Seine markanten Hänge sind unter Schutz stehende Torfmoore. Das Besucherzentrum und die größte Attraktion des Parks, die Marble Arch Caves (S. 738), liegen von Blacklion aus kurz hinter der Grenze im County Fermanagh.

An- & Weiterreise

Die Expressbusse von **Bus Éireann** (☎ 01-836 6111) fahren auf der Route Dublin–Donegal. Busse in Richtung Norden nehmen nur Passagiere auf, die in Richtung Süden halten nur zum Aussteigen. Der Bus 109 von Dublin nach Cavan hält in Virginia (1¾ Std., stündl.). Die Linie Cavan–Dundalk führt durch Kingscourt (1 Std., Di & Do). Eine weitere Linie Dublin–Navan–Kingscourt (1¾ Std.) verkehrt mit zwei Bussen pro Tag (Mo–Sa, So nur ein Bus).

COUNTY MONAGHAN

Den wenigen Gästen, die durch Monaghan (Muineachán) kommen, fällt sofort die von kleinen, rundlichen Hügeln durchzogene Landschaft auf. Diese seltsamen Überreste aus der letzten Eiszeit bildeten sich durch abschmelzende Gletscher und werden hier Drumlins genannt.

Im Gegensatz zum Rest der Provinz bekam Monaghan von der Ulster Plantation nicht viel mit. Nach den Cromwell-Kriegen waren die lokalen Chiefs allerdings gezwungen, ihr Land zu einem Bruchteil des tatsächlichen Werts zu verkaufen. Oder es wurde von Cromwells Soldaten einfach beschlagnahmt.

Der Dichter Patrick Kavanagh (1905–67) wurde in Inniskeen geboren; das Literatur-

ABSTECHER ZUM JAMPA LING BUDDHIST CENTRE

Wer sich auf der Suche nach Erleuchtung befindet oder einfach relaxen möchte, ist genau richtig im **Jampa Ling Buddhist Centre** (☎ 952 3448; www.jampaling.org; Owendoon House, Bawnboy; B/EZ/DZ inkl. Mahlzeiten 32/39/68 €), das in herrlich unberührter Landschaft liegt. Der irdische Friede ist hier zu Hause, bedeutet doch schon der Name Jampa Ling „Ort der liebevollen Freundlichkeit". Wer will, kann Kurse (ab etwa 45 € pro Tag) über Galupa-Buddhismus, Philosophie und Meditation belegen. Alle Mahlzeiten sind rein vegetarisch. Gelegentlich gibt es Wochenendworkhops mit Joga, Kräutern und Heilpflanzen. Besucher können bleiben, so lange sie wollen. Von Ballyconnell den Wegweisern nach Bawnboy folgen. Im Dorf bei der Tankstelle links abbiegen und weiter auf der kleinen Straße, etwa 3 km. Am See vorbei, nach mehreren Kurven ist 250 m später das steinerne Eingangstor des Zentrums auf der rechten Seite zu sehen.

zentrum im Ort bietet anregende Einsichten in sein Leben und Werk.

County Monaghan ist berühmt für seine Spitzenarbeiten. Diese für die Augen sehr anstrengende Handarbeit wird noch heute in den seit dem frühen 19.Jh. als Wirtschaftszentren bekannten Orten Clones und Carrickmacross betrieben.

MONAGHAN (STADT)
☎ 047 / 5720 Ew.

Monaghan mag zwar die Hauptstadt der Region sein, ist jedoch vom Tourismus völlig unberührt. Die größte Attraktion ist das Heimatmuseum mit riesigen Sammlungen. Es lohnt sich auch, einfach durch die Straßen mit ihren eleganten Kalksteinbauten aus dem 18. und 19. Jh. zu spazieren.

Jahrhundertelang wurde die Gegend von der Familie MacMahon beherrscht. In Convent Lake, hinter dem St. Louis Convent, findet sich ein kleiner überwachsener *crannóg*, der Stammsitz des Clans im 14. Jh. Nach den turbulenten Kriegen des 16. und 17. Jhs. wurde die Stadt von schottischen Kalvinisten besiedelt.

Monaghan liegt 141 km nordwestlich von Dublin, nur 8 km von der Grenze zu Nordirland entfernt.

Orientierung & Praktische Informationen

Monaghan liegt eingequetscht zwischen zwei kleinen Seen – Peter's Lake im Norden und Convent Lake im Südwesten. Die Hauptstraßen bilden einen groben Bogen, der von den drei großen Stadtplätzen unterbrochen wird. Von Osten nach Westen sind dies der Church Sq, der Diamond (der nordirische Name für einen Stadtplatz) und der Old Cross Square.

Westlich des Bogens am oberen Ende der Park Street befinden sich Market Sq und die **Touristeninformation** (☎ 81122; www.monaghantourism.com; 6 Castle Meadow Ct; ☉ Mai–Mitte Okt. Mo–Fr 9–17 Uhr). Auskünfte für genealogische Fragen gibt die **Monaghan Ancestral Research Group** (☎ 82304; 6 Tully St).

Sehenswertes & Aktivitäten

Monaghan County Museum & Gallery (☎ 82928; comuseum@monaghancoco.ie; 1-2 Hill St; Eintritt frei; ☉ Mo–Fr 11–17, Sa 12–17 Uhr) ist ein ausgezeichnetes Regionalmuseum mit über 70000 Ausstellungsobjekten von der Steinzeit bis heute. Absolutes Highlight ist das **Cross of Clogher**, ein eichenes Altarkreuz, in dekorative Bronzeplatten eingefasst. Weitere eindrucksvolle Funde sind zwei Kessel von Lisdrumturk und Altartate, mittelalterliche *crannóg*-Artefakte und ein noch funktionstüchtiges originales Schloss mit Schlüssel aus dem Gefängnis von Monaghan.

Sehenswerte Bauten im Stadtbereich sind das **Dawson Monument** (1857) auf dem Church Sq, ein massiger Obelisk zur Erinnerung an Colonel Dawsons unglücklichen Tod im Krimkrieg, und die hoch aufragende gotische **St. Patrick's Church** sowie ein stattliches neodorisches **Gerichtsgebäude** (1829). Am auffälligsten ist aber das **Rossmore Memorial** (1875), ein viktorianischer Trinkbrunnen als Blickfang auf dem Diamond. Außerdem sind mehrere Gebäude mit sanft gerundeten Kanten zu finden, eine architektonische Besonderheit in Irland.

Direkt außerhalb des Stadtzentrums auf der Straße nach Dublin steht ein weiteres Relikt aus viktorianischer Zeit, die pseudo-mittelalterliche **St. Macartan's Catholic Cathedral** (1861), überragt von einem 77 m hohen nadelspitzen Turm.

ZENTRALER NORDEN

Über die hervorragenden Angelmöglichkeiten informiert Dick Kernan von **Venture Sports** (☎ 81495; 71 Glaslough St), dort gibt es auch Angelscheine.

Schlafen & Essen

Glendrum House (☎ 82347; Cootehill Rd, Drumbear; EZ/DZ 40/65 €; P) mit fünf modernen, komfortablen Zimmern liegt 10 Gehminuten vom Zentrum an der R188. Und für weitere Bewegung steht ein Golfplatz ganz in der Nähe zur Verfügung.

Four Seasons Hotel (☎ 81888; www.4seasonshotel.ie; Coolshannagh; DZ ab 140 €; P 🛂) ist organisatorisch nicht mit der internationalen Hotelkette gleichen Namens verbunden. Das moderne, geräumige Gebäude lockt mit zahlreichen Fitnesseinrichtungen wie Jacuzzibad, Sauna und Gymnastikraum. Der Service ist so freundlich wie professionell. Es liegt knapp 1 km vom Zentrum entfernt an der N2.

Andy's Bar & Restaurant (☎ 82277; 12 Market St; Hauptgerichte 13–22 €, Dinner 20–30 €; 🕑 Restaurant Di–Fr 16–22.15, Sa 12–22.15, So 15.30–22 Uhr) Andy's Bar kann sich wirklich kaum noch retten vor lauter Lobpreisungen. Am meisten imponiert die dunkle, altmodische Innenausstattung. Kulinarisch überzeugt das ausgezeichnete Bier, doch der frittierte Irish Brie mit warmem Wein und als Spezialität Monkfish mit Krabbenscheren und Limonensauce lassen einem ebenfalls das Wasser im Munde zusammenlaufen. Preisgünstige Bargerichte und Angebote für Kinder werden im viktorianischen Pub serviert.

Mediterraneo (☎ 82335; 58 Dublin St; Hauptgerichte 15–30 €; 🕑 Di 18–23, Mi–So 18–22 Uhr) Gäste werden an turbulenten Tagen in zwei Etappen abgefertigt, so beliebt ist dieses farbenstarke Bistro. Das Menü umfasst gute Fischgerichte sowie Pizza und Pasta. An Wochenenden bitte Tisch reservieren und rechtzeitig erscheinen, um Missverständnissen vorzubeugen.

Paramount (☎ 77333; 30 Market St; Hauptgerichte 16–30 €; 🕑 Mi–Mo 18.30–22 Uhr) Stilvolles, minimalistisch eingerichtetes Restaurant über Cooper's Pub. Das Haus serviert exzellentes Seafood und Steaks, Vegetarier finden immerhin ein paar probierenswerte Vorschläge auf der Karte.

Ausgehen

Sherry's (☎ 81805; 24 Dublin St) In einer der ältesten Bars von Monaghan fühlt man sich gleich ins Wohnzimmer einer älteren Jungfer aus den 1950er-Jahren versetzt. Fliesenboden, Kosmetiktischchen und angestaubte Nippessachen sind bestimmt seit Jahrzehnten nicht mehr angefasst worden.

Squealing Pig Bar & Restaurant (☎ 49550; The Diamond) Das Nachtleben von Monaghan spielt sich im Dunstkreis dieses dreistöckigen Hauses mit jugendlicher Ausstrahlung und vernünftiger Speisekarte (Dinner-style) mit mäßigen Preisen ab.

An Póc Fada (☎ 77952; North Rd) Benannt nach einem Begriff aus dem irischen Hurling-Sport. Das ansprechende Pub bringt Livemusik, meistens Rock.

Market House (☎ 38158; www.themarkethouse.ie; Market St; Eintritt frei—10 €) Die renovierte Markthalle aus dem 18. Jh. dient heute als Art Kulturzentrum mit Folk, Klassik- und Jazzkonzerten, Lesungen und Theateraufführungen, gelegentlich auch Filmen und Kunstausstellungen.

Anreise & Unterwegs vor Ort

Vom **Busbahnhof** (☎ 82377; North Rd), verkehren viele tägliche Städteverbindungen innerhalb der Republik und nach Nordirland. U. a. zwölfmal täglich (So 7-mal) nach Dublin (2 Std.), sechsmal nach Derry (2 Std.) über Omagh, fünfmal (So 4-mal) nach Belfast (2 Std.), neun Busse täglich (So 8-mal) nach Armagh (40 Min.). Zahlreiche tägliche Verbindungen in die nahen Orte Castleblayney, Ballybay, Carrickmacross und Ardee.

McConnon's (☎ 82020) private Busgesellschaft unterhält Verbindungen nach Dublin (Mo–Fr 2-mal, Sa & So je 1-mal), diese passieren Castleblayney, Carrickmacross und Slane. Busabfahrt neben der Drogerie Ronaghan am Church Square.

ROSSMORE FOREST PARK

Überreste des Familiensitzes der Rossmores aus dem 19. Jh. mit Freitreppe, ein paar Stützpfeiler und ein Friedhof für Haustiere sind im **Rossmore Forest Park** (☎ 047-433 1046; Auto/Fußgänger 5/Eintritt frei; 🕑 Juli & Aug.) zu bewundern. Farbenprächtiger Rhododendron und Azaleen verzaubern die Anlage im Frühsommer.

Neben Waldwegen und schönen Picknickstellen enthält der Park mehrere riesige Mammutbäume, eine herrliche Eibenallee und Grabstätten aus der Eisenzeit. Um 1930 wurde hier ein goldener Halsreif (Lunula) aus der Zeit um 1800 v. Chr. gefunden, der heute im

Nationalmuseum in Dublin aufbewahrt wird. Der Park liegt 3 km südwestlich von Monaghan an der Straße nach Newbliss (R189).

CLONES & UMGEBUNG

☎ 047 / 1720 Ew.

Das Wasser von Clones (Cluain Eois) muss wirklich etwas Besonderes enthalten: Clones ist die Heimatstadt des schwergewichtigen „Clones Colossus" Kevin McBride, der Mike Tyson 2005 so schlagkräftig besiegte, dass dieser danach direkt in den Ruhestand abtauchte, wie auch des „Clones Cyclone", des früheren Federgewichtsboxers Barry McGuigan, der 1985 die Weltmeisterschaft für sich entschied. McGuigan trainierte dann auch Daniel Day-Lewis sechs Monate lang für den 1997 produzierten Film The Boxer.

1997 machte Clones weitere cineastische Schlagzeilen mit Neil Jordans Film The Butcher Boy, der hier unter Mitwirkung zahlreicher Ortsbewohner als Statisten gedreht wurde. The Butcher Boy basiert auf Patrick McCabe's gleichnamigem düsteren Roman, der in der Stadt spielt. McCabe selber stammt übrigens aus Clones.

Clones war einst Sitz eines wichtigen Klosters aus dem 6. Jh., aus dem später eine Augustinerabtei wurde. Die größten Sehenswürdigkeiten des Ortes sind dementsprechend religiös geprägt. Am auffälligsten ist das schön erhaltene **Hochkreuz** am Diamond mit Darstellungen biblischer Geschichten wie der von Daniel in der Löwengrube.

Die Überreste der vom hl. Tiernach begründeten **Abtei** sind ebenso sehenswert wie der Stumpf eines 22 m hohen **Rundturms** aus dem frühen 9. Jh. auf dem südlich der Stadt gelegenen Friedhof. In der Nähe vermutet man auch Tiernachs Begräbnisstätte in einem massiven **Sarkophag**, ebenfalls aus dem 9. Jh., mit verwitterten Tierkopf-Reliefs.

Bushaltestelle, Post und Banken finden sich auf dem Hauptplatz (Diamond). Es gibt keine Touristeninformation, Infos sind aber bei **Ulster Canal Stores** (☎ 52125; Cara St; ☿ Sept.–Juni Mo–Fr 9–17, Juli & Aug. tgl. 9–17 Uhr) erhältlich, zusammen mit handgehäkelten Spitzenwaren aus lokaler Produktion. Über 120 Modelle sind im Angebot, Preise zwischen 8 und 125 €.

Neben dem Boxen sind die Bewohner von Clones fanatische Fans des Gaelic Football und mischen ganz schön in der nationalen Sportszene mit.

Schlafen & Essen

Lennard Arms Hotel (☎ 51075; www.lennardarms. com; The Diamond; DZ 70 €; **P**) Familiäres, einladendes Landhotel mit elf neu ausgestatteten bequemen Zimmern. Snacks und Mahlzei-

---

ZENTRALER NORDEN

ABSTECHER ZUM CASTLE LESLIE

Sir Paul McCartney und Heather Mills begingen hier in **Castle Leslie** (☎ 88109; www.castleleslie.com; Glaslough; DZ ab 290 €) ihre zum Scheitern verurteilte Hochzeit. Das sollte kein Hinderungsgrund sein, angebotene Aktivitäten zu nutzen und die spannende Schlossgeschichte ausgiebig zu ergründen. Der Leslie-Clan, dessen Wurzeln angeblich bis zum Hunnenkönig Attila reichen, erwarb das Schloss 1665 und residiert bis heute hier. Die 14 Gästezimmer erzählen kuriose Historien aus der Vergangenheit, jedes hat seinen einzigartigen Charakter. Der rote Raum, einst von W. B. Yeats bewohnt, besaß das erste moderne Badezimmer Irlands. Vom stattlichen neogotischen Himmelbett in Onkel Normans Raum wird behauptet, es schwebe gelegentlich samt Gästen frei im Raum. Desmonds Raum erinnert an ein (wirklich besonders) exzentrisches Familienmitglied: Desmond war mehr oder weniger mit Mick Jagger und Marianne Faithful befreundet, drehte Science-Fiction-Filme, komponierte experimentelle elektronische Musik und verfasste auch noch mehrere Romane, darunter den Bestseller der 1950er-Jahre: Flying Saucers Have Landed.

Die **Candle-Light-Dinners** (ab 52 €) sind eine opulente Angelegenheit. Ferner bietet Castle Leslie das ganze Jahr über zahlreiche **Kochkurse** mit dem bekannten Küchenchef Noel McMeel. Thematisch bewegen sie sich von „Irischer saisonaler Küche" bis „Tod durch Schokolade" und „Erotisch essen". Preise für Abendkurse ab 65 €, 185 € für ein- und 350 € für zweitägige Veranstaltungen (ohne Übernachtung).

Auch die **Fischgründe** am privaten See sind für Übernachtungs- und Tagesgäste zugänglich. Das neu gestaltete **Equestrian Centre** (☎ 88100; Reiten ab 30 € pro Std.) lockt mit 40 km Reitwegen.

An Wochenenden sind mindestens zwei Übernachtungen obligatorisch. Kinder unter 18 Jahren sind nicht erwünscht.

ten sind ganztägig an der Bar erhältlich. Als spezielles Arrangement kann man z. B. ein Anglerwochenende mit zwei Übernachtungen, Dinner und Angelausflug im hoteleigenen Boot für 100 € pro Person buchen.

Hilton Park (☎ 56007; www.hiltonpark.ie; DZ 220–300 €, Dinner 55 €; ☼ April–Sept.; **P**)) Das Innere dieses mondänen Landhauses wurde in den 1870er Jahren im Stil eines italienischen Palazzo mit bunten Glasfenstern und Räumen voller Antiquitäten umgestaltet. Gäste finden hier eine erstklassige Küche mit vielen Zutaten aus dem eigenen Biogarten, serviert in einer wahrhaft königlichen Umgebung (Dinner bitte 24 Stunden im Voraus buchen). Dazu kommt ein 18-Loch-Golfplatz. Das Haus liegt 5 km südlich von Clones an der L46 nach Scotshouse.

Anreise & Unterwegs vor Ort

Bus Éireann (☎ 82377) bedient die Linie Clones–Monaghan (30 Min., Mo–Sa 5-mal, So 1-mal), Anschlüsse nach Castleblayney, Carrickmacross, Slane und Dublin.

Ulsterbus (☎ 048-9066 6630) bietet eine direkte Verbindung pro Tag zwischen Clones und Belfast (2¾ Std.), eine weitere mit Umsteigen in Monaghan (nur Mo–Fr).

McConnon's (☎ 82020) operiert eine Linie nach Dublin (2 Std.), Abfahrt in Clones um 8.20 Uhr (Mo–Sa) mit Zwischenhalt in Monaghan, Castleblayney, Carrickmacross und Slane.

Collins Coaches (☎ 042-966 1631) fährt ebenfalls nach Dublin (2½ Std.), Abfahrt 7.45 Uhr (Mo–Sa) bzw. 17.45 (So) mit mehreren Zwischenstopps, u. a. in Carrickmacross.

CARRICKMACROSS & UMGEBUNG

☎ 042/ 1965 Ew.

Bis vor Kurzem war das Stadtzentrum von Carrickmacross (Carraig Mhachaire Rois) ein ständiges Verkehrschaos. Eine neue Umgehungsstraße hat endlich Ruhe in die City einziehen lassen. Heute sind auch Fußgänger wieder sicher.

Fans von Father Ted kennen Carrickmacross als Geburtsort von Ardal O'Hanlon alias Father Dougal McGuire in der Fernsehserie. O'Hanlons erster Roman *The Talk of the Town* spielt in „Castlecock", einer nur leicht verfremdeten Version der Stadt.

Carrickmacross wurde zuerst von Engländern und Schotten besiedelt. An der breiten Hauptstraße liegen noch einige elegante georgianische Häuser. Hauchzarte Carrickmacross-Spitzen werden heute weltweit exportiert, seit die Produktion 1871 von den Nonnen von St. Louis wiederbelebt wurde.

Es gibt im Ort keine Touristeninformation, die Webseite (www.carrickmacross.ie) hilft aber mit vielen Infos weiter.

Sehenswertes & Aktivitäten

In den ehemaligen Viehgattern der Stadt führt eine lokale Kooperative die **Carrickmacross Lace Gallery** (☎ 62506; Market Sq; ☼ April–Sept. Mo–Do 9.30–17.30, Fr 9.30–17 Uhr). Sie vertreibt spinnwebartige Spitzen. Anders als bei der Häkelware von Clones werden die Muster hier mit dickem Faden in engen Stichen auf Organzastoff aufgestickt. An freien Stellen werden Fenster in den Stoff geschnitten, zusätzlich wird das Ganze mit verschiedenen Zierstichen versehen. Ihren berühmtesten Auftritt hatten die Spitzen wohl, als sie die Ärmel am Brautkleid von Prinzessin Diana zierten.

Handwerkskunst ist auch in der **St. Joseph's Catholic Church** (O'Neill St) an zehn von Irlands bekanntestem Buntglaskünstler Harry Clarke gestalteten Fenstern zu bewundern.

Viele der Seen rund um Carrickmacross bieten phantastische **Angelmöglichkeiten**, beispielsweise Lough Capragh, Spring, Monalty und Fea; Informationen für Angler gibt **Peader O'Brien** (☎ 966 3207).

Schlafen & Essen

Red Door B&B (☎ 969 0691; www.thereddoor.ie; 51–53 Main St; EZ 70 €, DZ 100 €, Familienraum ab 120 €) Die schicke neue Pension liegt an der breiten Hauptstraße und ist gleich an ihrer roten Tür zu erkennen. Moderne Zugaben harmonieren mit der ursprünglichen Ausstattung, Familienzimmer sind mit Bad und Sprudelbrause ausgerüstet.

Grenmount Restaurant (☎ 966 1357; Main St; Hauptgerichte 5,50–12,50 €; ☼ Mo–Fr 9–20.30, Sa 9–20, So 10–20 Uhr) Das altmodische Café auf versetzten Ebenen ist bei den Einheimischen für ein kommunikatives Lunch oder ein frühes Abendessen mit den Kindern beliebt. Die reichhaltigen Mahlzeiten umfassen z. B. frischen panierten Kabeljau (andere Fischspezialitäten wie Krabben kommen aus der Gefriertruhe). Beim Essen in den komfortablen Sitzen hält das freundliche Personal der Gäste gern mit Neuigkeiten aus der Stadt und dem Laufenden.

Molly's Restaurant (☎ 969 2540; 1 Monaghan St; Lunch 7–14 €, Dinner 16–22 €; ☼ Mo 9–16, Di–Sa 9–16 &

18–22, So 13–20 Uhr) Das neueste Restaurant von Carrickmacross ist klein, aber fein und wird von Moira und Declan Dunne geführt. Die moderne irische Speisekarte bringt ein paar interessante Farbkleckse aus anderen Weltregionen, etwa einen portugiesischen Eintopf, Schweinefilet gefüllt mit Trüffelpüree oder mit Honig gegrillte Hühnerbrust mit pürierten Rübchen. Unumgänglich zum Dessert ist die göttliche Blaubeertorte mit ungewohnten Beigaben.

An- & Weiterreise

Bus Éireann (☎ 01-836 6111) verbindet mit vier Linien Dublin mit Letterkenny, Derry, Armagh und Portrush. Sie alle passieren Carrickmacross (2 Std., Mo–Sa 11-mal tgl., So 6-mal).

Collins Coaches (☎ 966 1631) unterhält eine Linie nach Dublin (Mo–Fr 5-mal tgl., Sa 4-mal, So 2-mal).

McConnon's (☎ 047-82020) Linie Dublin–Monaghan–Clones kommt ebenfalls durch Carrickmacross (2-mal tgl., Abfahrt 7.15 und 9.35, Sa 9.35 Uhr).

Matthews Coach Hire (☎ 042 937 8188; www.matthewscoach.com) fährt gelegentlich nach Dublin und Inniskeen.
Der Bus hält neben O'Hanlon in der Main Street.

INNISKEEN

☎ 042/ 310 Ew.
Der hochgelobte Dichter Patrick Kavanagh (1904–67) wurde im Dorf Inniskeen (Inis Caoin) geboren, etwa 10 km nordöstlich von Carrickmacross. Das **Patrick Kavanagh Rural & Literary Resource Centre** (☎/Fax 937 8560; www.patrickkavanaghcountry.com; Erw./Kind unter 12/Stud. 5/ Eintritt frei/3 €; ⌚ ganzjährig Di–Fr 11–16.30 Uhr, im Sommer auch gelegentlich am Wochenende) ist in einer alten Kirche untergebracht, in der Kavanagh auch getauft wurde. Die Begeisterung der Mitarbeiter für sein Leben und Werk ist richtig ansteckend.

Kavanaghs umfangreiches Epos *The Great Hunger* (1942) räumte auf mit den früheren Klischees in der anglo-irischen Dichtung und entzauberte die arme irische Landbevölkerung als hungergeplagt, innerlich gebrochen und sexuell unbefriedigt. Der Text seines bekanntesten Gedichts *On Raglan Road* (1946) über eine unerfüllte Liebe passte auf das traditionelle irische Lied „The Dawning of the Day"; im Repertoire u. a. von Van Morrison, Mark Knopfler, Billy Bragg und Sinéad O'Connor.

Die Begeisterung des Schauspielers Russell Crowe für Kavanaghs Werke reichte so weit, dass er vor einigen Jahren bei der Verleihung des BAFTA Award, als seine Rezitation von Kavanaghs Gedicht *Sanctity* (1937) bei der Fernsehübertragung dem Schnitt zum Opfer fiel und nicht gesendet wurde, den zuständigen Direktor an die Wand stieß, wobei auch einige Stühle ins Wanken gerieten; gleichzeitig drohte er dem Direktor an, dafür zu sorgen, dass dieser niemals in Hollywood arbeiten würde.

Informationen über **literarische Rundgänge** rund um den Ort finden sich auf der Webseite des Zentrums. Für eigene Erkundungstouren empfiehlt sich die Broschüre *Patrick Kavanagh Trail Guide* (0,70 €), die Fußgänger und Autofahrer auf einem 5,6 km langen Weg durch den Ort und die malerische Umgebung führt.

Jährlich im November findet im Zentrum ein **Patrick Kavanagh Weekend** statt, im August ein **Writers' Weekend**. Anmeldungen nimmt das Zentrum direkt entgegen.

Bus Éireann verkehrt drei- bis viermal täglich (Mo–Sa) zwischen Dundalk und Inniskeen (20 Min.). **Matthews Coach Hire** (☎ 042 937 8188; www.matthewscoach.com) bietet einige Verbindungen von Carrickmacross (15 Min.) aus.

COUNTY ROSCOMMON

In einer Landschaft, die zu einem Drittel aus Sumpf besteht, durchsetzt von inselreichen Seen und zusätzlich noch von den Flüssen Shannon und Suck durchzogen, ist das Angeln naturgemäß die größte Attraktion für Besucher. Daneben wartet die Region aber auch mit interessanten Museen, über 5000 Megalithgräbern, Ringwällen und Grabhügeln auf.

STROKESTOWN & UMGEBUNG

☎ 078 / 630 Ew.
Strokestown (Béal na mBuillí), etwa 18 km nordöstlich der Stadt Roscommon, ist zumindest einen mehrstündigen Abstecher wert, um das große Gut und das Famine Museum zu besichtigen. Die gigantomanische Hauptstraße wurde von einem der frühen Mahons angelegt, sie sollte die breiteste in Europa sein.

ZENTRALER NORDEN

Im Mai zum Wochenende des Bank Holiday findet das **International Poetry Festival** (☎ 947 4123; www.strokestownpoetry.org) statt, bei dem gälische und englische Musik und Dichtung im Mittelpunkt stehen. Wer selber an dem internationalen Lyrikwettbewerb teilnehmen will, findet die Bedingungen detailliert auf der Webseite.

Strokestown Park House & Famine Museum

Am Ende der Hauptstraße von Strokestown führen drei gotische Torbogen zum **Strokestown Park House** (☎ 33013; www.strokestownpark.ie; Haus, Museum & Gärten 11 €, nur Haus oder Museum 4,50 €, nur Außenanlagen 4 €; ◴ Mitte März–Okt. 10–17.30, Führungen Mo–Fr 11.30, 14 & 16, Sa & So 17 Uhr).

Das 12 000 ha große Anwesen wurde Nicholas Mahon von König Karl II. für seine Unterstützung im englischen Bürgerkrieg überschrieben. Nicholas' Enkel Thomas beauftragte im frühen 18. Jh. Richard Cassels mit dem Bau eines Landhauses im palladianischen Stil. Im Lauf der Jahrhunderte verkam das Anwesen, der Stern der Familie sank.. Als es schließlich 1979 an ein Autohaus veräußert wurde, war der Grundbesitz auf 120 ha zusammengeschmolzen. Immerhin wurde es komplett verkauft, sodass die Ausstattung insgesamt noch intakt vorhanden ist.

Zu besichtigen ist das Haus in einer 50-minütigen **Führung**, die u. a. eine aufwendig ausgestattete Küche mit den seinerzeit modernsten mechanischen Geräten sowie ein Kinderzimmer mit vielen Spielsachen aus dem 19. Jh. und lustigen Zerrspiegeln zeigt. Der **ummauerte Garten** beheimatet die längste Staudenrabatte von Irland und Britannien mit sommerlichem Blütenflor in allen Regenbogenfarben.

In denkbar großem Gegensatz zu Haus und Garten steht das wirklich bewegende **Strokestown Famine Museum**, das keinesfalls ausgelassen werden sollte, wenn man die Auswirkungen der verheerenden Hungersnöte der 1840er Jahre verstehen möchte. Das Museum zeigt ganz nüchtern die aussichtslose Lage der Armen, aber auch Ignoranz und Brutalität derer, die eigentlich hätten helfen können. Der in Strokestown ansässige Gutsbesitzer Major Denis Mahon warf hungernde Bauern, die die Pacht nicht zahlen konnten, vor die Tür und ließ sie mit Booten aus Irland abtransportieren. Fast 600 der 1000 Verschleppten starben auf den überladenen „Sargbooten".

Da verwundert es kaum, dass Mahon selber 1847 von einigen seiner Pächter umgebracht wurde. Daneben weist das Museum auch auf Hungernde in unserer heutigen Welt hin.

Cruachan Aí Visitor Centre

Jeder, der sich für keltische Mythologie interessiert, wird begeistert sein von der Umgebung des Dorfes Tulsk, denn hier finden sich 60 Nationaldenkmäler, darunter Menhire, Stein- und Hügelgräber sowie Befestigungen. Der Ort war der bedeutendste keltische Königssitz Europas. Die Landschaft und ihre heiligen Stätten schliefen in den letzten 3000 Jahren nahezu unberührt vor sich hin. Das **Cruachan Aí Visitor Centre** (☎ 071-963 9268; www.cruachanai.com; Tulsk; Erw./Kind 5/2,75 €; ◴ Juni–Okt. Mo–Fr 9–18, Sa 10–18, So 13–16, Nov.–Mai Mo–Sa 9–17 Uhr) ist mit Infotafeln, Karten und einer audiovisuellen Show ausgestattet. Es informiert auch über die aktuelle Zugänglichkeit der in Privatbesitz befindlichen Kultstätten.

Nach der Sage von *Táin Bó Cúailnge* (Der Rinderraub von Cooley) hatte Königin Maeve (Medbh) ihren Palast in Cruachan. Die Höhle von Oweynagat (Katzenhöhle) war dem Vernehmen nach der Eingang zur keltischen Unterwelt (otherworld).

Tulsk liegt 10 km westlich von Strokestown an der N5. Bus Éireann Linie Dublin–Westport hält direkt am Besucherzentrum.

BOYLE & UMGEBUNG

☎ 071 / 2200 Ew.

Das am Fuß der Curlew Mountains gelegene Boyle (Mainistir na Búille) wurde in den letzten Jahren etwas von Carrick-on-Shannon überholt, was den allgemeinen Aufschwung betrifft. Es gibt aber auch hier viele Attraktionen wie das King House Interpretive Centre mit vielen Exponaten zum Anfassen, einen 4000 Jahre alten Dolmen, einen inselreichen Waldpark und nicht zuletzt die wunderschöne Abtei.

Besucher, die Ende Juli anreisen, sollten sich das lebhafte **Boyle Arts Festival** (☎ 966 3085; www.boylearts.com) mit zahlreichen Veranstaltungen (Musik, Theater, Geschichtenerzählen, Ausstellungen zeitgenössischer Kunst) nicht entgehen lassen.

Geschichte

Die Geschichte Boyles ist die Geschichte der Familie King. Der aus Staffordshire stammende John King erhielt 1603 ein Le-

> **FREUNDE AUS DEM WELTALL**
>
> Das Bemerkenswerteste an Boyle und seiner Umgebung ist, dass hier in den letzten Jahren etliche UFOs gesichtet worden sein sollen, speziell an der ruhigen kleinen Straße im Norden nach Ballinafad. Nach einem außerordentlich mysteriösen Krachen in den nahe gelegenen Bergen wurde 1997 in Boyle die **UFO Society of Ireland** (☎ 966 2844) gegründet. Ein paar Kilometer weiter, in Carrick-on-Shannon (Roscommon-Seite), sind die **Golden UFO Investigations** (☎ 086 684 7866) beheimatet. Trotz der vielen Skeptiker kann man die Augen aufhalten – man weiß ja nie ....

hen in Roscommon mit der Auflage, die Iren Gehorsam und Unterwürfigkeit zu lehren. In den nächsten 150 Jahren vermehrten die Nachkommen durch vorteilhafte Heiraten und kaltblütige Eroberungen Ruhm und Vermögen und wurden eine der reichsten Grundbesitzerfamilien Irlands. Die Stadt Boyle wuchs mit dem Anwesen.

King House wurde 1730 errichtet, 1780 zog die Familie in das noch weitläufigere Rockingham House im heutigen Lough Key Forest Park um, das 1957 durch einen Brand zerstört wurde.

Die Schauspielerin Maureen O'Sullivan (die Mutter von Mia Farrow) wurde 1911 in einem Haus an der Hauptstraße gegenüber der Bank of Ireland geboren.

Praktische Informationen

Touristeninformation (☎ 966 2145; Ecke Military Rd & Main St; ☿ Juni–Anfang Sept. Mo–Sa 10–17.30 Uhr) im King House; falls geschlossen, werden Anrufe zum Galway Tourist Office (S. 439) weitergeleitet.

Úna Bhán Tourism Centre (☎ 966 3033; www.unabhan.net; ☿ Mai–Aug. tgl. 9–18, Sept.–April Mo–Fr 9–18 Uhr), ebenfalls im King House, hilft weiter, wenn die Touristeninformation geschlossen ist.

Sehenswertes & Aktivitäten

KING HOUSE INTERPRETIVE CENTRE

Nachdem die Kings nach Lough Key umgezogen waren, diente das imposante georgianische King House 1788 bis zur irischen Unabhängigkeit 1922 als Baracke für die raubeinigen Connaught Rangers. 1987 erwarb das County das Gebäude und baute es innerhalb mehrerer Jahre für rund 3,8 Mio. € zum **King House Interpretive Centre** (☎ 966 3242; www.king-

house.ie; Main St; Erw./Kind/Fam. 7/4/18 €; ☿ April–Sept. 10–18 Uhr; ♿) aus. Ein wirklich gelungenes Projekt. Skurrile Modelle aus allen Epochen erzählen die turbulente Geschichte der Könige von Connaught und des Ortes Boyle und lassen die Familie King wieder auferstehen – einschließlich der grausamen Geschichten von der Unterdrückung Untergebener während der Hungersnöte. Kinder können selber alte Kleidung, Schmuck und Lederschuhe anprobieren, mit einem Federkiel schreiben, eine Regimentstrommel ertönen lassen und aus speziell geformten Steinblöcken ein Deckengewölbe konstruieren.

Im von Mauern geschützten Innenhof findet samstags ein **Biomarkt** statt (☿ 10–14 Uhr). Die in weiß-grün gestreiften Zelten untergebrachten Stände bieten eine tolle Auswahl an biologisch erzeugten Produkten, darunter Fleisch, etwa 26 Fischarten, Käsesorten, Chutney, Brot und heiße Suppe zum Aufwärmen.

BOYLE ABBEY

Malerisch am River Boyle liegt die erstklassig renovierte (und dem Vernehmen nach von Geistern heimgesuchte) **Boyle Abbey** (☎ 966 2604; Erw./Kind/Fam. 2/1/5,50 €; ☿ Ostern–Ende Okt. 10–18, letzter Einlass 45 Min. vor Schluss). Die Abtei wurde 1161 von Mönchen aus Mellifont im County Louth gegründet und demonstriert den Übergang vom romanischen zum gotischen Stil. Dies ist am besten im Hauptschiff zu sehen, wo sich Bogen beider Stilrichtungen gegenüberstehen. Ungewöhnlich für die Architektur der Zisterzienser sind die Kapitelle im Westteil mit Figuren und Tierreliefs geschmückt. Nach der Säkularisierung der Klöster wurde die Abtei unter dem Namen Boyle Castle von der Armee beschlagnahmt. Der steinerne Kamin am Südende (einst Refektorium) stammt aus dieser Epoche.

Führungen durch die Abtei erfolgen stündlich, jeweils zur vollen Stunde beginnend.

LOUGH KEY FOREST & LEISURE PARK

Lough Key Forest & Leisure Park (☎ 966 2363; www.loughkey.ie; Wald Eintritt frei; ☿ Wald Juli & Aug. Mo–Do 10–18, Fr & So 10–21, Sept.–Juni 10–18 Uhr) mit seinen vielen kleinen Inseln ist schon lange wegen seiner malerischen Ruinen beliebt, darunter eine Abtei aus dem 12. Jh. auf der winzigen Trinity-Insel und ein Bau aus dem 19. Jh. auf Castle Island. Bei Kindern besonders beliebt sind der Wunschsessel, der Sumpfgarten, die Elfenbrücke und ein Aussichtsturm

ZENTRALER NORDEN

HARFENKLÄNGE

Der blinde Harfenist Turlough O'Carolan (1670–1738) wird als der letzte echte irische Barde gefeiert. Am berühmtesten ist das von ihm komponierte Lied „The Star-Spangled Banner".

Den größten Teil seines Lebens verbrachte O'Carolan in Mohill (County Leitrim), wo seine Gönnerin Mrs MacDermott-Roe lebte, bis er in das hübsche Dorf Keadue (County Roscommon) umzog. Dort wird ihm zu Ehren das **O'Carolan International Harp Festival & Summer School** (☎ 071-964 7204; www.keadue.harp.net; ☺ Ende Juli–Anfang Aug.) abgehalten. Das einwöchige Festivalprogramm umfasst Harfenworkshops, Konzerte und Vorträge. Vor dem Festival gibt es eine Woche lang Musik- und Tanzkurse.

O'Carolan ist in der Kirche von Kilronan außerhalb des Dorfes an der R284 nach Sligo begraben.

---

mit Blick über den See. Oft sieht man Wildtiere, für Wanderer gibt es mehrere markierte Pfade.

Nochmals aufgewertet wurde der Park durch das neue **Besucherzentrum** und die so genannte **Lough Key Experience** (Erw./Stud./Kind 7,50/6,50/5 €), zu der ein 250 m langer Baumwipfelpfad mit schöner Aussicht aufs Wasser gehört, der 7 m über den Boden verläuft. Weitere neue Attraktionen sind die **Boda Borg Challenge** (Erw./Kind 16/12 €, mind. 3 Pers.) und weitere Räumlichkeiten mit Freizeitangeboten und Puzzles (ideal für unerwartete Regentage); ferner ein **Abenteuerspielplatz** (Erw./Kind 5 €/Eintritt frei). Die Einrichtungen sind im Juli und August Montag bis Donnerstag 10 bis 18, Freitag bis Sonntag 10 bis 19 Uhr geöffnet, im September täglich 10 bis 18 Uhr. Genaue Öffnungszeiten am besten vorher noch mal erfragen.

Lough Key Boats (☎ 086-816 7037; www.loughkey boats.com) bietet im Sommer Wasserskikurse an, außerdem unterhaltsame Bootsausflüge mit der *Trinity*, Ruderbootverleih und Angeln. Hier wurden schon Hechte mit Rekordgewicht gefangen. Genaue Preise und Abfahrtszeiten sind bei Lough Key Boats und im Besucherzentrum zu erfahren.

Der 350 ha große Park war einst Teil des Rockingham-Anwesens, das die Familie King vom 17. Jh. bis 1957 besaß. Das von John Nash entworfene Rockingham House wurde in diesem Jahr durch einen Brand zerstört. Nur ein paar Ställe, Nebengebäude und Tunnels (die die Dienerschaft vor den erlauchten Blicken der Herrschaft verbergen sollten) blieben erhalten.

Für Campingfreunde gibt es Caravanpark und Zeltplatz.

Lough Key liegt 3 km östlich von Boyle an der N4. Bus Éireann Linie Sligo–Dublin verkehrt häufig zwischen Boyle und Lough Key.

DRUMANONE DOLMEN

Dieser beeindruckende **Portaldolmen**, einer der größten seiner Art in Irland, misst 3,3 m x 4,5 m und wurde vor mindestens 4000 Jahren errichtet. Er ist nicht einfach zu finden: entlang der Patrick Street nach Westen 2 km stadtauswärts, dann an der Kreuzung mit Wegweiser nach Lough Gara links halten. Dieser Straße 1 km folgen, dabei eine Eisenbahnbrücke unterqueren. Bitte die viel befahrene Strecke besonders vorsichtig überqueren.

DOUGLAS HYDE INTERPRETIVE CENTRE

Das Leben des aus Roscommon stammenden Dr Douglas Hyde (1860–1949) – Dichter, Autor und erster Präsident Irlands – wird im **Douglas Hyde Interpretive Centre** (Gairdín an Craoibhín; ☎ 094-987 0016; Frenchpark; Eintritt frei; ☺ Mai–Sept. Di–Fr 14–17, Sa & So 14–18 Uhr) gewürdigt. Neben seiner politischen Tätigkeit begründete Hyde 1893 die Gaelic League und sammelte ein Leben lang gälische Lyrik und Folklore, die ansonsten vielleicht für immer verloren wären.

Das Zentrum befindet sich in der ehemaligen protestantischen Kirche in Frenchpark, 12 km südwestlich von Boyle an der R361. Öffnungszeiten bitte telefonisch erfragen.

ARIGNA MINING EXPERIENCE

Irlands ersten und letzten Kohlebergwerks (um 1600 bis 1990) wird mit der **Arigna Mining Experience** (☎ 964 6466; www.arignaminingexperience. ie; Erw./Kind 8/5 €; ☺ 10–17 Uhr) in den Bergen oberhalb von Lough Allen gedacht. Spannend ist die 40-minütige Untergrundtour, die 400 m in die Tiefe der Kohleflöze führt. Sie wird von ehemaligen Bergleuten geleitet, die die harten und gefährlichen Arbeitsbedingungen selbst erfahren haben. Bitte festes Schuhwerk tragen, da der Boden feucht und matschig sein kann.

ARIGNA MINERS WAY & HISTORICAL TRAIL

Der 118 km lange, gut ausgeschilderte Weg vom nördlichen Roscommon über das östliche Sligo und mitten durch Leitrim führt über jene Pfade und Bergpässe, die die Bergarbeiter auf ihrem Weg zur Arbeit nahmen. Eine Broschüre mit detaillierter Wegführung ist in der örtlichen Touristeninformation und bei **Arigna Miners Way & Historical Trail Office** (☎ 078 47212; www.arignaminerswayandhistorical trail.com; Keadue Presbytery, Keadue) erhältlich.

Schlafen & Essen

Lough Key Caravan & Camping Park (☎ 966 2212; Campingplatz 12 €; ☽ Mai–Aug.) liegt direkt im malerischen Lough Key Forest Park und ist ausgezeichnet ausgestattet, u. a. mit Gemeinschaftsraum, Waschküche und Spielplatz. Die Touristeninformation am King House gibt genauere Auskünfte.

Royal Hotel (☎ 966 2016; Fax 966 4949; Bridge St; DZ 80–130 €, Hauptgerichte 8–15 €; **P**) Dieses im Stadtzentrum gelegene altmodische Landhotel aus dem 18. Jh. hat 22 schlichte, aber komfortable Zimmer, einige mit Blick auf den Fluss, Bar und ein täglich geöffnetes Restaurant mit guter Hausmannskost.

Stone House Café (Bridge St; Lunch 5–8 €; ☽ Juni–Aug. Mo–Fr 9.30–18, Sa 10–18, Sept.–Mai Mo, Di & Do–Sa 9.30–15 Uhr) Das charmante Häuschen am Fluss wurde einst vom Pförtner des privaten Frybrook House bewohnt. In angenehmer Atmosphäre genießt man Suppen, *panini* und traditionelle Gerichte, während das Wasser vorbeirauscht.

Chambers (☎ 966 3614; Bridge St; Hauptgerichte 14–24 €; ☽ Di–So 18–22 Uhr) Moderne irische Küche bester Qualität wird in den neuen Räumlichkeiten serviert, darunter Wildsau, Straußenfleisch mit Rösti und viele Fischgerichte.

Ausgehen

Moving Stairs (☎ 966 3586; The Crescent) Der lebhafteste Abendtreff Boyles bietet viel Livemusik in jeder Geschmacksrichtung von Jazz bis Folk und Rock..

Wynne's Bar (☎ 086-821 4736; Main St) Es kann schon mal passieren, dass einem hier in dieser leicht verschrobenen alten Bar im Stadtzentrum der irische Schauspieler Brendan Gleeson über den Weg läuft. Folksessions freitags ab

22 Uhr. Wer sitzen will, sollte sehr früh da sein.

Beim Moving Stairs befinden sich ein paar kleinere ruhige, hauptsächlich von Einheimischen frequentierte Kneipen.

Anreise & Unterwegs vor Ort

Bus Éireann (☎ 916 0066) bietet Verbindungen mit Sligo (50 Min., Mo–Sa 5-mal, So 4-mal) und Dublin (3 Std., Mo–Sa 5-mal, So 4-mal). Busabfahrt beim Royal Hotel in der Bridge Street.

Vom **Bahnhof** (☎ 966 2027) in der Elphin Street fahren dreimal täglich Züge nach Sligo (40 Min.) und Dublin (3 Std.) via Mullingar.

Taxiservice ☎ 966 3344 oder ☎ 966 2119.

ROSCOMMON (STADT)

☎ 090/ 1625 Ew.

Die Hauptstadt von Roscommon (Ros Comáin) bietet als lebhaftes Wirtschaftszentrum der Grafschaft kaum große Touristenattraktionen, aber immerhin gibt es ein sehr nettes Stadtzentrum und einige paar wirklich ansprechende Übernachtungsmöglichkeiten.

Die nur saisonal geöffnete **Touristeninformation** (☎ 662 6342; www.irelandwest.ie; John Harrison Hall, The Square; ☽ Juni–Aug. Mo–Sa 10–13 & 14–17 Uhr) befindet sich neben der Post.

Sehenswertes & Aktivitäten

Das in einer ehemeligen Presbyterianerkirche untergebrachte **Roscommon County Museum** (☎ 662 5613; The Square; Erw./Kind 2/1 €; ☽ Juni–Mitte Sept. Mo–Fr 10–15 Uhr) zeigt einige interessante Exponate, darunter eine Steinplatte mit Inschrift aus dem 9. Jh. aus dem Kloster des hl. Coman und eine mittelalterliche Sheila-na-gig aus Rahara. Das ungewohnte Fensterdekor mit Davidstern symbolisiert vermutlich die hl. Dreifaltigkeit.

Das 1269 erbaute normannische **Roscommon Castle** wurde bereits kurz nach Errichtung wieder von irischen Kriegern zerstört. Das turbulente Hin und Her zwischen Neuerrichtung und Niederreißen ging so weiter, bis die Burg 1652 von Cromwell endgültig eingenommen wurde. Massive Mauern und runde Bastionen ragen einsam aus einem Feld nördlich der Stadt empor und wirken aus der Ferne sehr imposant, wenn der Bau auch heute innen vollkommen ausgehöhlt ist.

Am Südrand der Stadt, nahe der Circular Road, steht das **Dominikanerkloster** aus dem

ZENTRALER NORDEN

13. Jh. Ein kurzer Besuch der ausgefallenen Reliefs des 15. Jhs. lohnt sich. Sie zeigen acht Schwerter und eine Axt schwingende *gallógli* („„gallowglasses" – Söldner), die offenbar ein frühes Abbild des Klostergründers Felim Ó'Conor an der Nordwand beschützen sollten.

Der Hauptplatz des Ortes wird dominiert vom ehemaligen Gerichtsgebäude (heute Bank of Ireland). Gegenüber fiel abgesehen von der Fassade des **alten Gefängnisses** vor einem Jahrzehnt alles der Bauwut für ein scheußliches Einkaufszentrum zum Opfer.

Bei der Touristeninformation sind Karten für den **Suck Valley Way** erhältlich, einen 75 km langen Wanderweg am River Suck entlang. Der Fluss wimmelt von Rotfedern, Schleien, Hechten und Flussbarschen. Unterwegs kommt man 7 km südwestlich der Stadt an der R366 am **La Tène Stone**, einem einzigartigen spiralförmig beschrifteten Stein aus der Eisenzeit, vorbei.

Schlafen & Essen

Gleeson's Guesthouse (☎ 662 6954; www.gleesonstown house.com; The Square; EZ/DZ ab 55/110 €, Hauptgerichte im Café 8–15 €, im Restaurant 14–35 €, mehrgängiges Menü im Restaurant ab 30 €; Ⓨ Café 8–18, Restaurant 12.30–14.30 & 18.30–21.30 Uhr; Ⓟ Ⓓ) Das Restaurant in einem denkmalgeschützten Stadthaus aus dem 19. Jh. ist wunderbar einladend. Es liegt abseits des Platzes in einem verwunschenen Hof. Die Zimmer sind in fröhlichen mediterranen Farben gehalten, auf Wunsch wird Babysitting organisiert. Im gleichen Anwesen unterhalten Eamonn und Mary Gleeson auch ein frequentiertes Café und das ausgezeichnete Restaurant Manse mit exzellenten Gerichten wie Salat von knuspriger Ente oder Milchlamm mit Senfkruste.

Castlecoote House (☎ 666 3794; www.castlecoote house.com; Castlecoote; EZ 95–115 €, DZ 150–190 €; Ⓟ) Das 8 km südwestlich von Roscommon gelegene georgianische, im palladianischen Stil errichtete weiße Landhaus bietet fünf unglaublich romantische Zimmer mit antiken Möbeln. Sie blicken auf den Obstgarten, Rasen, die Schlossruine oder den Fluss und sind teilweise sogar mit Himmelbett und Kronleuchtern ausgestattet. Zwei Tennisplätze runden das Angebot ab. Von Roscommon zu erreichen auf der R366 in Richtung Fuerty und dann bis Castlecoote. Beim Überqueren der Brücke in Richtung Dorf liegt das Doppeltor von Castlecoote House auf der rechten Seite.

Ausgehen

JJ Harlow's (☎ 663 0869; The Square) In der zu einer Bar mit historischem Flair umgewandelten einstigen Tuchwarenhandlung stehen noch immer Regale voller Waren. Manchmal gibt es Livemusik, u. a. Bluegrass und Jazz.

Roscommon Arts Centre (☎ 662 5824; www.roscom monartscentre.ie; Circular Rd) Das wirklich reichhaltige Programm umfasst viel Programmkino, Theatergastspiele und Konzerte. Aktuelle Veranstaltungen sind auf der Webseite zu finden.

Anreise & Unterwegs vor Ort

Bus Éireann (☎ 071-916 0066) Expressbusse zwischen Westport (2¼ Std.) und Dublin (3 Std.) via Athlone halten in Roscommon (3-mal tgl., So 1-mal). Die Haltestelle ist auf dem Square.

Der **Bahnhof** von Roscommon liegt in Abbeytown westlich des Stadtzentrums an der Straße nach Galway. Züge dreimal täglich (Fr 4-mal) auf der Strecke Dublin (2 Std.) – Westport (1½ Std.).

Taxiservice unter ☎ 087-979 1406.

COUNTY LEITRIM

Die Einheimischen behaupten, dass der Boden in der durch Lough Allen in zwei Hälften geteilten Grafschaft Leitrim (Liatroim) nur eimerweise verkauft wird – und das ist nur zur Hälfte ein Witz: Die überaus kargen Böden in Leitrim zwangen viele Menschen zur Auswanderung. Noch heute ist Leitrim mit seinen etwa 25 800 Einwohnern das am dünnsten besiedelte County. Andererseits hat es aber pro Kopf die höchste Pub-Dichte von ganz Irland.

Ein 1994 abgeschlossenes weitsichtiges Renovierungsprojekt war der als Shannon-Erne Waterway wiedereröffnete, aus dem 19. Jh. stammende Kanal zwischen Ballyconnell und Ballinamore. Diese symbolische Verbindung zwischen Nordirland und der Republik Irland verbindet die beiden wichtigsten irischen Flüsse Shannon und Erne in einem faszinierenden Netz aus Flussläufen, Seen und künstlichen Kanälen. Die 750 km lange Wasserstraße verläuft vom Shannon ab dem Ort Leitrim 4 km nördlich von Carrick-on-Shannon durch den Nordwesten des County Cavan zum Südufer des oberen Lough Erne direkt hinter der nordirischen Grenze im County Fermanagh.

Das quirlige Carrick-on-Shannon ist der ideale Ausgangspunkt zum Erkunden der Wasserlandschaften der gesamten Region.

CARRICK-ON-SHANNON

☎ 071 / 1850 Ew.

Seit Fertigstellung des Shannon-Erne Waterway besitzt Carrick-on-Shannon (Cora Droma Rúisc) die wichtigste Marina und profitiert vom Zuzug internationaler Wirtschaftsunternehmen. Der Tourismus bleibt dennoch die wichtigste Einnahmequelle. Die reizvolle Altstadt und die herrliche Lage am Fluss ziehen nach wie vor viele Wochenendbesucher an, sodass es sich empfiehlt, im Voraus zu reservieren.

Im 17. und teilweise noch im 18. Jh. war die Stadt protestantisch, Katholiken durften aber immer in einem „The Liberty" genannten Ortsteil (Uferseite von Roscommon) leben.

Orientierung & Praktische Informationen

Der L-förmige Hauptteil von Carrick (Main Street, dann eine Rechtskurve auf die Bridge Street zu) liegt in Leitrim, die Außenbereiche hinter der Brücke befinden sich dagegen schon in County Roscommon. Der Market Yard bildet die Ecke des „L".

Allied Irish Bank (AIB; Main St)

Postamt (Bridge St) Gegenüber Flynn's Corner House Bar

Internetcafé (☎ 962 1103; gartlans@eircom.net; Bridge St; 15 Min. 2 €; ☼ Mo–Sa 9.30–19 Uhr) über Gartlan's Newsagents.

Touristeninformation (☎ 962 0170; www.leitrim tourism.com; Old Barrel Store, Carrick-on-Shannon Marina; ☼ Ostern–Okt. 9.30–17 Uhr) Hier gibt es eine Broschüre

---

> ### EIN WEISER FLUSS
>
> Laut irischer Mythologie leitet sich der Name für den Fluss Shannon von der Prinzessin Sinann ab, einer Enkelin von Lír („oberster Gott des Meeres"). Die Sage erzählt, dass sich Sinann auf der Suche nach geheimem Wissen in eine Quelle stürzte, in der der Fisch der Weisheit schwamm. Das Wasser erhob sich zu einer tosenden Flut, die sich in einen großen Fluss ergoss.
>
> Eine Tafel auf der Hauptstraße von Carrick-on-Shannon gegenüber dem Market Yard erinnert an diese Geschichte.

über die Sehenswürdigkeiten der Stadt. Außerhalb der Saison hilft die Touristinformation von Sligo (S. 503) weiter.

Trinity Rare Books (☎ 96 22144; Bridge St) hält über 20 000 antiquarische und Secondhand-Bücher bereit, darunter auch gesuchte Erstausgaben und viele Titel über Irland.

Sehenswertes

Europas kleinste Kapelle ist die nur 3,6 m x 5 m messende **Costello Chapel** (Bridge St). Sie wurde 1877 von Edward Costello im Gedenken an seine früh verstorbene Frau Mary errichtet. Das Paar ruht heute vereint in der Kapelle. Das Innere besteht aus grauem Kalkstein mit einem einzigen bunten Glasfenster. Die einbalsamierten Leichen liegen in Bleisärgen zu beiden Seiten der Tür unter Glas. Der Türschlüssel wird bei der Touristeninformation aufbewahrt – falls sie versperrt sein sollte.

Carrick besitzt auf der St. George's Terrace einige außergewöhnliche Bauten des frühen 19. Jahrhunderts. Sehenswert ist **Hatley Manor**, der Sitz der Familie George, und das alte **Gerichtsgebäude** (heute Sitz der Regionalverwaltung) mit einem Tunnel zum Transport Gefangener von der Anklagebank zum (zerstörten) Gefängnis. Da bietet sich auch eine Pause in den Geschenkläden und Cafés auf dem erst kürzlich neu hergerichteten **Market Yard** an.

Aktivitäten

Einstündige Rundfahrten auf dem Shannon bietet das mit 110 Sitzen ausgestattete Schiff **Moon River** (☎ 962 1777; www.moon-river.net; The Quay). Zwischen Ostern und Oktober verkehren täglich mindestens zwei Touren (12 €), im Juni, Juli und August maximal vier. Genauere Auskunft an den Infotafeln am Kai. Schicke Nachtfahrten werden ebenfalls angeboten (S. 535 unter Ausgehen).

Wer lieber sein eigener Kapitän ist, findet in Carrick am Shannon-Erne Waterway an der Marina ein Zentrum für **Bootsvermietung** mit mehreren Anbietern. Die 16 Kanalschleusen funktionieren vollautomatisch, man benötigt keine Lizenz und erhält vor dem Auslaufen ausführliche Anweisungen zur Bedienung des Bootes. Bitte nicht vergessen, eine Karte der Wasserwege (in Buchhandlungen und bei den Bootsvermietern erhältlich) mitzunehmen, in der auch Wassertiefe und Lage der Schleusen verzeichnet sind. Die Preise für ein Boot mit vier Kojen liegen in der Hauptsaison bei mindestens 1000 €.

ZENTRALER NORDEN

Kommerzielle Bootsvermieter:

Carrick Craft (☎ Reservierungen 01-278 1666, Büro in Carrick 962 0236; www.carrickcraft.com; The Marina)

Crown Blue Line (☎ 962 7634; www.crownblueline. com; The Marina)

Emerald Star (☎ 962 0234; www.emeraldstar.ie; The Marina)

Die vom **Carrick Rowing Club** (☎ 962 0532) organisierte jährliche Regatta findet immer am ersten Sonntag im August statt und zieht Massen von Schaulustigen an..

Auskünfte für Angler erteilt die **Carrick-on-Shannon Angling Association** (☎ 962 0489; Gortmor House, Lismakeegan).

Schlafen

Auf dem in Roscommon gelegenen Flussufer kann man kostenlos zelten, allerdings ohne Campingeinrichtungen. Marken für die Duschen der nahe gelegenen Marina sind im Büro der Marina erhältlich.

An Oiche Hostel (☎ 962 1848; Bridge St; B 20 €; **P**) Das ein paar Häuser vom Fluss in Richtung Stadt über einer Tierarztpraxis gelegene kleine Hostel hat vier für Frauen und Männer getrennte Schlafsäle, bequem, aber nicht gerade preiswert. Es gibt eine Küche und einen Gemeinschaftsraum, aber kein Frühstück.

Four Seasons (☎ 962 1333; Main St; EZ 35–40 €, DZ 70–80 €) Die hübsche Pension ist in einem historischen Stadthaus untergebracht und ebenso nett wie die ganze Stadt und ihr freundlicher Gastgeber Mr Lannon.

Hollywell (☎ 962 1124; hollywell@esatbiz.com; Liberty Hill; EZ 70–90 €, DZ 100–140 €; ☽ Anfang Febr.–Anfang Nov.; **P**) Das elegante, von Efeu bewachsene georgianische Landhaus auf der Roscommon-Seite des Flusses bietet geräumige, ruhige Zimmer mit riesigen Betten. Zwei davon haben einen tollen Blick auf den Fluss mit seinen ständig wechselnden Farben. Die Gastgeber warten mit viel Wissenswertem über die Region und einem unschlagbaren Frühstück einschließlich frisch gebackenem Brot auf. Wegen der antiken Möbel und der unmittelbaren Nähe zum Wasser ist das Haus für kleinere Kinder nicht zu empfehlen.

Bush Hotel (☎ 962 0014; www.bushhotel.com; Main St; EZ 75–89 €, DZ 89–159 €; **P**)) Die zentral gelegene einstige Kutscherherberge mit gemütlicher Einrichtung, aber nicht sehr freundlichem Service hat auch einige Zimmer mit Blick auf den Garten. Das Haus bietet neben einem ganztägig geöffneten Coffeeshop auch ein gutes Restaurant mit freundlicherer Bedienung.

Essen

Coffey's Pastry Case (☎ 962 0929; Bridge St; Gerichte 3,50–8,25 €; ☽ Mo–Sa 8.30–19, So 9.30–19 Uhr) Selbstgebackene Kuchen, Quiches und andere preisgünstige Snacks offeriert dieser Coffeeshop. Im Obergeschoss liegt ein großer Speisesaal mit poliertem Linoleumboden, Schwarz-Weiß-Fotos von Stadtansichten und Holzfenster mit Blick über den Fluss.

Oarsman Bar & Boathouse Restaurant (☎ 962 1139; Bridge St; Lunch 8–10 €, Dinner 16–24 €; ☽ Mo–Mi 12–15.30, Do–Sa 12–14.30, Dinner Do–Sa 19–21.30 Uhr) Das Haus bietet ausgezeichnete Getränke, aber auch ausgesprochen leckere Gerichte, beispielsweise Truthahn mit Dattel-Kastanien-Füllung, Preiselbeerkompott und Zwiebel-Salbei-Jus.

Cryan's (☎ 962 0409; Bridge St; Hauptgerichte 10–15 €; ☽ 8–21.30 Uhr) Cryan bietet echt irisches Frühstück und die Leibspeisen aus Kindertagen wie Schinken, Kraut und Sherry Trifle. Die gigantischen Portionen werden in holzverkleideten Séparées mit fransengeschmückten Lampen serviert. Wichtig für Vegetarier: Auch die Gemüsesuppen werden hier mit Fleischbrühe zubereitet. Traditionelle Musik gibt es samstags und sonntags in den Abendstunden.

Vittos (☎ 962 7000; Market Centre; Hauptgerichte 10,50–20,50 €; ☽ Juni–Aug. Mo–Fr 12.30-14.30 & 17–22, Sa 12.30–22.30, So 12.30–21.30, Sept.–Mai Mo, Do & Fr 12.30–14.30 & 18–21.30, Sa 12.30–22, So 12.30–21 Uhr) Das familienfreundliche Restaurant bietet über 50 Gerichte in der ganzen Bandbreite zwischen Irland und Italien an, auch vegetarische und Meeresfrüchte-Risottos. Bedient wird schnell und freundlich. Kids erhalten am Wochenende und im Winter ihr Lunch sogar gratis.

Victoria Hall Restaurant (☎ 962 0320; Victoria Hall, Quay Rd; Hauptgerichte 18–29 €; ☽ 12.30–22 Uhr) Ein Plasmabildschirm schafft die Illusion von offenem Feuer. Trotz dieser etwas seltsamen Installation verströmt die elegante historische Halle eine gemütliche Atmosphäre. Auch kann man dem Küchenchef in seiner offenen Küche beim Zubereiten asiatisch inspirierter Gerichte zuschauen. Wie wäre es mit Seebarsch und King Prawns in Panang-Curry-Buttersauce? Bento-Boxen zum Lunch gibt's für 9–15 €.

Ausgehen

Flynn's Corner House (☎ 962 1139; Ecke Main & Bridge St) Das authentisch erhaltene Eckhaus bietet neben reichlich Guinness jeden Freitagabend Livemusik. Hoffentlich wird es noch nicht so schnell renoviert.

Moon River (☎ 962 1777; www.moon-river.net; The Quay; Eintritt 12 €) Lokale Bands lassen das mit 110 Sitzen ausgestattete Schiff am Samstagabend so richtig brummen – eine tolle Alternative zu den Kneipen an Land. Einlass ist 23.30 Uhr, die Fahrt geht bis 3 Uhr morgens über den Shannon, für müde Gäste gib es zwischen 1.30 und 2 Uhr einen Zwischenstopp zum Aussteigen.

Das **Kino** (Carrick Cineplex; ☎ 967 200; www.carrick cineplex.ie; Boyle Rd) zeigt hauptsächlich Neuproduktionen. Unterwegs kann man außerdem dem **Mobilen Kino** (www.leitrimcinema.ie) begegnen. Die Kuppel enthält neben zahlreichen Sitzen eine riesige Leinwand. Die Touristeninformation weiß, wo es sich gerade befindet und was aktuell auf dem Programm steht.

Anreise & Unterwegs vor Ort

Die Busse halten außerhalb von Coffey's Pastry Case.

Bus Éireann (☎ Dublin 01-836 6111, 916 0066) Die Linie 23 bietet Expressbusse zwischen Dublin (2¾ Std.) und Sligo (1 Std.; in beide Richtungen Mo–Sa 6-mal tgl., So 5-mal). Der Bus hält unterwegs in mehreren großen Orten wie Boyle, Longford und Mullingar.

Der **Bahnhof** (☎ 962 0036) liegt zu Fuß 15 Min. vom Stadtzentrum auf der Roscommon-Seite des Flusses. Hinter der Brücke rechts halten, dann links bei der Tankstelle in die Station Road. Von Carrick gibt es dreimal täglich eine Verbindung mit Dublin (2¼ Std.) und Sligo (55 Min.), freitags eine zusätzliche nach Sligo.

Leitrim Way

Der **Leitrim Way**, ein 48 km langer Wanderweg, beginnt in Drumshanbo und endet in Manorhamilton. Ausführlich beschrieben ist der Verlauf im Buch *Way-Marked Trails of Ireland* von Michael Fewer (bei der Touristeninformation erhältlich).

COUNTY LONGFORD

County Longford (An Longfort) ist eine ländlich-geruhsame Region mit viel Landwirtschaft abseits der Touristenströme. Ruhe suchende Angler kommen bei Lough Ree und Lanesborough hervorragend auf ihre Kosten.

Wanderurlauber, die das Besondere suchen, sollten sich die 145 km lange Strecke

über den Treidelpfad entlang des **Royal Canal** (S. 367) nicht entgehen lassen, der in Dublin beginnt und westlich von Longford bei Clondra den Shannon erreicht.

Einer der drei größten **Portaldolmen** Irlands mit einem etwas wacklig aufliegenden Deckstein befindet sich im Norden bei Aughnacliffe. Er soll etwa 5000 Jahre alt sein.

Während der Hungersnöte der 1840er und 50er Jahre litt Longford sehr unter der massenhaften Emigration und hat sich bis heute nicht wirklich erholt. Viele Emigranten landeten in Argentinien. Einer ihrer Nachfahren, Edel Miro O'Farrell, wurde dort 1914 sogar Präsident.

LONGFORD (STADT) & UMGEBUNG

☎ 043 / 6830 Ew.

Die Hauptstadt der gleichnamigen Grafschaft ist leicht in einem Tag zu besichtigen. Die gut erschlossene Hauptattraktion ist der in der Eisenzeit entstandene Corlea Trackway, ein Moorweg.

Literaturbegeisterte fallen jährlich im Februar zum **Longford National Writers Group Festival** in der Stadt ein, darunter Romanciers, Verfasser von Kurzgeschichten, Bühnenautoren und Dichter aus dem ganzen Land.

Infos über die gesamte Grafschaft vermittelt die freundliche **Touristeninformation** (☎ 42577; www.longfordtourism.com; Market Sq; ☾ Sommer 9–17.30 Uhr, Winter unterschiedlich).

Sehenswertes

Bei Mitte der 1980er Jahre durchgeführten Ausgrabungen in den riesigen Moorgebieten um Longford wurde ein außergewöhnlicher Moorweg aus Eichenholz (*togher*) entdeckt, der auf 148 v. Chr. datiert werden konnte. Ein 18 m langes Teilstück ist heute in einer feucht gehaltenen Halle im **Corlea Trackway Visitor Centre** (☎ 22386; Keenagh; Erw./ Kind/Fam. 3,70/1,30/8,70 €; ☾ April–Sept. 10–18 Uhr; ♿) ausgestellt. Der spannende 45-minütige Rundgang erschließt Besuchern die einzigartige Flora und Fauna des Moores, informiert über die Entdeckung des Pfades und die Anstrengungen, ihn für die Nachwelt zu erhalten. Im windigen Moorgebiet empfiehlt sich wetterfeste Kleidung. Die Anlage befindet sich 15 km südlich von Longford an der Straße nach Ballymahon (R397).

Der Moorweg hat lokale Künstler wie etwa **Michael Casey** (☎ 25297; www.michaelcaseysculptor.com) zu Skulpturen aus Mooreichen inspiriert.

Goldsmith Country (S. 542) grenzt an Longford/Westmeath.

Schlafen & Essen

Viewmount House (☎ 41919; www.viewmounthouse. com; Dublin Rd; EZ 50–60 €, DZ 90–100 €, Suiten 110–120 €, Dinner 50 €; ⊗ Restaurant 18–21 Uhr; **P**) Der sorgfältig restaurierte georgianische Familiensitz etwa 1 km außerhalb der Stadt ist das Beste, was Longford zu bieten hat: fünf ruhige Zimmer mit Stilmöbeln und soliden Holzbetten sowie mit Blick auf den gepflegten Garten. Das Frühstück wird unterm Kreuzgewölbe des in dezentem Blau gehaltenen Speisesaals serviert, neben dem Gewohnten auch hausgemachtes Müsli und Pecannusskuchen. Das lauschige Restaurant in der ehemaligen Remise ist auch für Gäste von auswärts geöffnet.

Aubergine Gallery Café (☎ 48633; 17 Ballymahon St; Hauptgerichte 12–18 €; ⊗ Di 12–17, Mi & Do 12–17 & 18–20, Fr & Sa 12–16 & 18–21.30, So 14–20 Uhr) Das junge, quirlige Restaurant befindet sich über einer Modeboutique. Das Angebot bewegt sich tendenziell im mediterranen Bereich, daneben gute vegetarische Gerichte.

An- und Abreise

Bus Éireann (☎ 090-648 4406) unterhält Linien von Longford nach Athlone (1 Std., Mo–Sa 6-mal tgl.), Carrick-on-Shannon (40 Min., Mo–Sa 6-mal tgl., So 5-mal), Dublin (2 Std., Mo–Sa 13-mal tgl., So 11-mal), Galway (2½ Std., Mo–Sa 3-mal tgl., So 1-mal) und Sligo (1½ Std., Mo–Sa 6-mal tgl., So 5-mal). Bushaltestelle außerhalb der Bahnstation in Longford.

Vom **Bahnhof** (☎ 45208) Longford verkehren Züge nach Dublin (1 Std. 40 Min., 4-mal tgl.) und Sligo (1¼ Std., Mo–Sa 3-mal tgl., So 4-mal, Fr eine zusätzliche Verbindung).

COUNTY WESTMEATH

Westmeath (An Iarmhí) wird dominiert von Seen und Kuhweiden. Gleichzeitig wartet die Grafschaft mit zahlreichen Attraktionen auf, seien es die launige Whiskeybrennerei oder das phantastische Fore Valley, seien es ein Ökohof, in dem man altirische Handwerkskunst erlernen kann, oder der älteste Pub von ganz Irland in Athlone, der Hauptstadt der Grafschaft. Auf Bootsausflüge kan man Lough Ree und seine von den Wikingern geprägte Geschichte erkunden.

MULLINGAR & UMGEBUNG

☎ 044/ 8820 Ew.

Mullingar (An Muileann gCearr) ist eine geschäftige und wohlhabende Provinzstadt, in deren Umgebung einiges geboten wird. Neben den fischreichen Seen lockt eine Zinnmanufaktur und als Hauptattraktion ein phantastisches Anwesen mit einer etwas anrüchigen Vergangenheit.

Die Stadt ist einer der wenigen Orte außerhalb Dublins, die James Joyce persönlich besucht hat; sie wird sogar in seinen Werken *Ulysses* und *Finnegans Wake* erwähnt. Restaurierte Abschnitte des Royal Canal (S. 367) durchlaufen Mullingar.

Praktische Informationen

In der Hauptstraße (die 5-mal ihren Namen ändert) gibt es mehrere Banken.

East Coast & Midlands Tourism (☎ 934 8761; www. eastcoastmidlands.ie; Dublin Rd; ⊗ Mo–Fr 9.30–13 & 14–17.15 Uhr) etwa 1,5 km östlich des Stadtzentrums ist ganzjährig geöffnet.

Waschsalon (☎ 934 3045; Dublin Bridge; ⊗ Mo–Sa 8.45–18.15 Uhr) mit Selbstbedienung.

Touristeninformation im Market House (☎ 934 8650; Ecke Mount & Pearse St; ⊗ Juni–Sept. Mo–Fr 9.30–17.15 Uhr) Zentral gelegen, aber nur saisonal geöffnet.

Postamt (Dominick St)

Sehenswertes

Die meisten Sehenswürdigkeiten von Mullingar liegen ein paar Kilometer außerhalb.

Die am Nordende der Mary Street im Ort befindliche imposante **Cathedral of Christ the King** wurde kurz vor dem 2. Weltkrieg erbaut. Im Inneren große Mosaiken der Hl. Anne und des Hl. Patrick, ausgeführt vom russischen Künstler Boris Anrep. Über der Sakristei liegt ein kleines **Kirchenmuseum** (☎ 934 8338; Erw./Kind 1,25/0,65 €; ⊗ Juli & Aug. Sa & So 15–16 Uhr), über einen Seiteneingang zugänglich. Gezeigt werden u. a. Gewänder des Hl. Oliver Plunkett.

MULLINGAR PEWTER

Zinnwaren sind der bekannteste Exportartikel Mullingars. Im **Mullingar Pewter Visitor Centre** (☎ 934 8791; www.mullingarpewter.com; Great Down, The Downs) kann man die Manufaktur besichtigen (⊗ Mo–Do 9.30–16, Fr 9.30–12.30 Uhr) und den Kunsthandwerkern beim Verarbeiten des mattgrauen Metalls zu Pokalen, Trinkbechern und Kunstobjekten zusehen. Das Zentrum liegt 6 km südöstlich von Mullingar an der Straße nach Dublin (N4).

BELVEDERE HOUSE & GÄRTEN

Belvedere House Gardens & Park (☎ 934 9060; www.belvedere-house.ie; Erw./Kind 8,75/4,75 €; ☺ Haus, Laden & Café März–April & Sept.–Okt. 10.30–17, Mai–Aug. 10–17, Nov.–Febr. 10.30–16.30, Gärten März–April & Sept.–Okt.10.30–19, Mai–Aug. 9.30–21, Nov.–Febr. 10.30–16.30 Uhr) ist ein wirklich imposantes Anwesen. Das 1740 erbaute Jagdhaus liegt inmitten von 65 ha Gartenland mit Blick auf Lough Ennell. Hinter den Mauern spielten sich gleich mehrere markerschütternde Geschichten ab. Der erste Graf, Lord Belfield, beschuldigte seine Frau und seinen jüngeren Bruder Arthur des Ehebruchs. Die Dame wurde 30 Jahre unter Hausarrest gehalten, Arthur verbrachte sein restliches Leben in einem Londoner Gefängnis. Der Graf selbst lebte derweil in Saus und Braus. Nach seinem Tod beteuerte seine Ehefrau noch immer ihre Unschuld.

Lord Belfield schaffte es auch, sich mit seinem zweiten Bruder George zu entzweien, der sich ein eigenes Anwesen in der Nähe errichtete. Das verrückteste Stück Baugeschichte Irlands war die schon als Ruine konzipierte **Jealous Wall**, die der Graf als Blickschutz vor Georges Haus setzte.

Das von Richard Cassels entworfene Belvedere House zeigt in den Obergeschossen elegante Rokokostukkaturen, die Gärten mit viktorianischen Gewächshäusern und schönen Uferpartien laden an sonnigen Tagen zum Wandern ein. Speziell für Kinder gibt es eine Trambahn und einen Streichelzoo mit Eseln, Ponys und Ziegen. Letzter Einlass in Haus und Gärten ist eine Stunde vor Schließung.

Belvedere House liegt 5,5 km südlich von Mullingar an der N52 Richtung Tullamore.

LOUGH ENNELL

Der See ist bekannt für seine guten Angelmöglichkeiten (Forellen). In dieser Umgebung erdachte Jonathan Swift seine weltberühmten Geschichten von *Gullivers Reisen* (1726), entsprechend wird die Anlage **Jonathan Swift Park** genannt.

Der Park liegt 10 km südlich von Mullingar an der N52.

Aktivitäten

ANGELN

Forellenangeln ist in den Gewässern rund um Mullingar sehr beliebt, besonders im White, Mount Dalton und Pallas Lake sowie im Lough Owel, Derravaragh, Glore, Lene, Sheelin und Ennell. Die 1894 mit 11,9 kg größte jemals in Irland gefangene Forelle stammte aus Ennell.

Die Angelsaison dauert – je nach Angelrevier – vom 1. März bzw. 1. Mai bis zum 12. Oktober. **Shannon Regional Fisheries Board** (☎ 934 8769) wacht mit Ausnahme von Lough Lene über sämtliche Seen.

Weitere Auskünfte erteilen East Coast & Midlands Tourism oder der freundliche **David O'Malley's Fishing Tackle Shop** (☎ 934 8300; 33 Dominick St) in Mullingar.

REITEN

Das **Mullingar Equestrian Centre** (☎ 934 8331; www.mullingarequestrian.com; Athlone Rd; Ⓟ) liegt südwestlich von Mullingar an der Straße nach Athlone (R390). Eine Reitstunde, Lunch und einen zweistündigen Ausritt gibt's ab 90 €. Zwei Übernachtungen plus Mahlzeiten und fünf Reitstunden kosten 275 €.

WASSERSPORT

Schwimmen ist möglich in Lough Ennell, Owel und Lene (von der EU mit der Blauen Flagge für sauberes Wasser und Sicherheit ausgezeichnet, im Juli und August von Rettungsschwimmern überwacht). Derravaragh ist dagegen sehr tief und ohne flache Stellen.

Am Lough Ennell vermietet **Lilliput Boat Hire** (☎ 26167; lilliputboathire@ireland.com; ab 20 € pro Tag & Boot) im Jonathan Swift Park Boote. Das daran angeschlossene **Lilliput Adventure Centre** (☎ /Fax 26789; www.lilliputadventure.com) organisiert Kajakfahrten, aber auch Aktivitäten an Land wie Klettertouren und Abseilkurse; Tagestouren mit vielseitigem Programm für etwa 40 €. Übernachtung im Schlafsaal inklusive vollem Programm 65 €, Zelten plus Programm 37 €.

Festivals & Events

Beim ersten **Hi:Fi festival** (www.hififestival.ie) im August 2007 ging es im Belvedere House in Mullingar mit Indie u. a. von The Prodigy und The Streets und DJs wie Sasha hoch her. Termine und Kartenvorverkauf über die Webseite.

Schlafen & Essen

Im Zentrum gibt es nur wenige B&Bs, umso mehr dafür an den Straßen Richtung Dublin und Sligo.

Lough Ennell Caravan & Camping Park (☎ /Fax 934 8101; eamon@caravanparksireland.com; Tudenham; Campingplatz ab 15 €; ☺ April–Sept.; Ⓟ) Der ruhige Cam-

ZENTRALER NORDEN

pingplatz ist von 8 ha Wald umgeben und liegt direkt am Ufer des Lough Ennell nur wenige Gehminuten vom Belvedere House entfernt bzw. 5 km südlich des Stadtzentrums an der N52 nach Tullamore.

Greville Arms Hotel (☎ 48563; www.grevillearmshotel.com; Pearse St; EZ 65–80 €, DZ 120–140 €; **P**)) Würde James Joyce heute nochmal vorbeischauen, fände er das Treppengewirr noch genauso vor wie seinerzeit in *Ulysses* beschrieben.

Gallery 29 (☎ 49449; 16 Oliver Plunkett St; Lunch 4–9 €, Dinner Hauptgerichte 14–22 €; ☺ Mo–Mi & Sa 9.30–17.30 Uhr, Do & Fr 9.30–open end) Das lebhafte, stilvolle und kreative Café wird immer beliebter; seine Vollwertkost hat schon Preise eingeheimst. Die hausgemachten Backwaren sind fast so aufwendig gestaltet wie die ausgestellten Kunstwerke. Zum Lunch gibt es auch warme Mahlzeiten wie Lachs aus dem Backofen, Suppen und Salate.

Ilia (☎ 40300; 28 Oliver Plunkett St; leichte Mahlzeiten 4,25–12 €; ☺ Mo–Sa 9–18 Uhr) Croissants, irisches warmes Frühstück und Pfannkuchen mit Ahornsirup – morgens ist das zweistöckige Café einer der belebtesten Treffpunkte in Mullingar. Mit Avocado-Krabben-Salat oder getoasteten Bagels ist es auch zur Lunchzeit beliebt.

Con's (☎ 934 0925; 22 Dominick St; Hauptgerichte 7–12 €; ☺ warme Küche 12–15 Uhr) Das Con's ist berühmt für die üppigen Fleischportionen und herzhaften Sandwiches. Oder man nimmt einen anregenden Schluck zwischendurch.

Oscar's (☎ 44909; 21 Oliver Plunkett St; Hauptgerichte 15–25 €; ☺ Mo–Do 18–21.30, Fr & Sa 18–22, So 12.30–14.15 & 18–20.15 Uhr) Die Einheimischen empfehlen diesen Ort gern fürs Abendessen, wenn sie von Fremden gefragt werden. Die Speisekarte bewegt sich mit Pasta, leckerer Pizza und französisch inspirierten Fleisch- und Geflügelgerichten im mediterranen Dunstkreis, die Auswahl an Weinen kann sich sehen lassen.

Ausgehen

Yukon Bar (☎ 934 0251; 11 Dominick St) Ein veritabler Wahrsager zieht viele Gäste in die Bar. Seine Audienzzeiten variieren, man bekommt nicht so leicht einen Termin. Am besten dienstags zwischen 14.30 und 16.30 Uhr versuchen. An der Bar werden montags und donnerstags Soul-, Blues- und Rocksessions organisiert. Auch im Hinterzimmer, dem Stables, treten gelegentlich Musiker auf.

Danny Byrne's (☎ 934 3792; 27 Pearse St) Die Kneipe zieht bei Sportübertragungen massenhaft lautstarke Fußball- und Rugbyfans vor die Bildschirme. Mittwochabends wird hier traditionelle irische Musik gespielt.

Mullingar Arts Centre (☎ 934 7777; www.mullingar artscentre.ie; County Hall, Lower Mount St) Das Zentrum organisiert regelmäßig Konzerte, Theater und Kunstausstellungen.

An- & Abreise

Bus Éireann (☎ 01-836 6111) verkehrt nach Athlone (1 Std., Mo–Sa 2-mal, So 1-mal), Ballina (3 Std., Mo–Sa 3-mal, So 4-mal) und Dundalk (2½ Std., Mo–Sa 2-mal, So 1-mal), außerdem Pendelverkehr nach Dublin (1½ Std.) mit vielen Verbindungen (Sa nur etwa 8-mal, So 5-mal). Bushaltestellen in der Austin Friar Street und bei der Bahnstation.

An der **Bahnstation** (☎ 934 8274) gehen je drei bis vier Züge in Richtung Dublin (1 Std.) und Sligo (2 Std.).

KILBEGGAN & UMGEBUNG

Das kleine **Kilbeggan** (652 Ew.) kann gleich mit zwei Berühmtheiten aufwarten: dem Whiskeymuseum in einer ehemaligen Brennerei und der in Irland einzigartigen Jagdrennbahn.

Wer sich für Industriegeschichte (und/oder Whiskey) interessiert, sollte sich **Locke's Distillery** (☎ 057-933 2134; Kilbeggan; Erw./Kind 6,25 €/Eintritt frei; ☺ April–Okt. 9–18, Nov.–März 10–16 Uhr) nicht entgehen lassen. Die 1757 gegründete Brennerei war bis zu ihrer Schließung vor einigen Jahrzehnten die älteste lizenzierte Einrichtung ihrer Art auf der Welt. Heute noch kann man die schwerfällige Technologie bewundern, die Werkstatt des Küfers und die Lagerhalle besichtigen und dem Knarren des Mühlrades lauschen. Geführte Rundgänge dauern 50 Minuten und enden unweigerlich mit einer Whiskeyverkostung.

Punting-Fans aus dem ganzen Land treffen sich abends wie in alten Zeiten bei den **Kilbeggan Races** (☎ 057-933 32176; www.kilbegganraces.com; Eintritt 15 €; ☺ Mai–Sept. etwa zweiwöchentlich).

6,5 km westlich von Kilbeggan (1,5 km westlich von Horseleap) abseits der N6 liegt das attraktive Kurhotel **Temple House & Health Spa** (☎ 057-933 35118; www.templespa.ie; EZ ab 145 €, DZ ab 250 €, Hauptgerichte im Restaurant 23,50–30 €; ☺ Di–So, Kureinrichtungen für Tagesgäste Mi–So, Restaurant Do 19–21, Fr & Sa 19–21.30, So 12.30–14 Uhr; **P** 💻) Das 250 Jahre alte Haus mit 40 ha Umland steht auf dem Areal eines alten Klosters. Die Nahrungsmittel stammen aus lokaler Produktion

(Kräuter frisch aus dem Garten), zum Dinner wird Wein serviert. Restaurant und Wellnessbereich sind auch für Tagesgäste offen. Erholsame „Entspannungstage" ab 140 €, luxuriöse „Verwöhntage" alles inklusive ab 220 €.

NÖRDLICH VON MULLINGAR
Crookedwood & Umgebung

Das kleine Dorf Crookedwood liegt direkt am Lough Derravaragh. Das 8 km lange Gewässer wird mit der Sage der Kinder von Lír in Verbindung gebracht. Die Kinder sollen dort in Schwäne verwandelt worden sein. Wie in so vielen Märchen hatte auch hier die böse Stiefmutter ihre Hände im Spiel. Jeden Winter werden die Bewohner an die Sage erinnert, wenn Tausende schneeweißer Schwäne aus Russland und Sibirien hier einen Zwischenstopp einlegen.

Etwa 3 km westlich von Crookedwood befindet sich das **Franziskanerkloster Multyfarnham**. In der Klosterkirche sind noch Reste des Vorgängerbaus aus dem 15. Jh. zu erkennen. Draußen am Fluss kann man den Stationen des Kreuzwegs folgen.

Östlich von Crookedwood führt eine kleine Straße zu den 2 km entfernten Ruinen der **Wehrkirche St. Munna**. Sie liegt an einer reizvollen Stelle, an der eine von Sankt Munna im 7. Jh. gegründete Kirche stand. Die Türschlüssel sind im nahe gelegenen Bungalow erhältlich.

Tullynally Castle Gardens

Familiensitz der Pakenhams ist das imposante neogotische **Tullynally Castle** (☎ 044-61159; www.tullynallycastle.com; Castlepollard; Garten Erw./Kind/Fam. 6/3/16 €; ☼ Juni–Aug. 14–18 Uhr). Das Schloss ist für Besucher nicht zugänglich. In der 12 ha großen Parkanlage gibt es u. a. künstliche Seen, einen chinesischen und einen tibetanischen Garten sowie eine Reihe wunderschöner 200-jähriger Eiben.

Zu erreichen von Mullingar aus über die N4, dann auf der R394 von Edgeworthstown nach Castlepollard, dort dem Wegweiser zu Schloss und Garten weitere 2 km nach Nordwesten folgen.

Fore Valley

Das smaragdgrüne Tal am Ufer von Lough Lene lässt sich ausgezeichnet zu Fuß oder per Fahrrad erkunden. 630 n. Chr. gründete Sankt Fechin ein Kloster direkt außerhalb des Dorfes Fore. Von der frühen Ansiedlung ist nichts erhalten, doch drei später errichtete Bauten in dem Tal stehen in Verbindung mit den „sieben Wundern", die sich hier ereignet haben sollen.

Der **Fore Abbey Coffee Shop** (☎ 044-61780; fore abbeycoffeeshop@oceanfree.net; ☼ Juni–Sept. tgl. 11–18, Okt.–Mai So 11–17 Uhr) am Ortsrand von Fore ist gleichzeitig Touristeninformation und zeigt ein 20-minütiges Video über die Wunder. Der Shop kann auch ortskundige Führer vermitteln (im Voraus buchen).

Von Mullingar aus führt der Weg über die N4, dann über die R394 nordöstlich nach Castlepollard. Von dort ist Fore ausgeschildert.

DIE SIEBEN WUNDER VON FORE

Das älteste der drei Gebäude ist die Kirche des Hl. Fechin mit Kanzel aus dem frühen 13. Jh. und Taufbecken. Über dem monumentalen Eingang befindet sich ein gewaltiger steinerner Türsturz mit eingemeißeltem griechischen Kreuz. Der Stein soll etwa 2,5 t wiegen und von Fechin allein mit der Kraft seines Glaubens in seine Position befördert worden sein **(Stone raised by Prayer)**.

Von der Kirche führt ein Pfad zur reizvollen kleinen Einsiedlerzelle **(Anchorite in a Stone)** aus dem 15. Jh., die immer wieder von Einsiedlern bewohnt war. Der Schlüssel ist in der Kneipe The Seven Wonders im Dorf erhältlich.

Auf der anderen Straßenseite am Parkplatz befindet sich **St. Fechin's Well** mit dem „Wasser, das niemals kocht" **(Water that will not boil)**. Zyniker sollten sich nicht dazu hinreißen lassen, diese Behauptung nachzuprüfen, denn es heißt, dass die Familie desjenigen, der es versucht, der ewigen Verdammnis anheimfällt. In der Nähe befindet sich ein Zweig des „Baumes, der niemals brennt" **(Tree that will not burn)**. Die Münzen, die hineingedrückt wurden, sind allerdings Ausdruck modernen Aberglaubens.

Etwas weiter entfernt liegen die weitläufigen Überreste eines Benediktinerklosters, des **Monastery of the Quaking Scraw**, das im 13. Jh. wundersamerweise auf dem einstigen Moor erbaut worden war. Im folgenden Jahrhundert wurde es zu einer befestigten Burg erweitert, daher die Schießscharten und Vierecktürme. Bitte Vorsicht – der westliche Turm ist stark einsturzgefährdet.

Die beiden letzten Wunder sind die „Mühle ohne Graben" **(Mill without a Race)** und das

„bergauf fließende Wasser" **(Water that flows uphill)**. Der Standort ist markiert. Fechin soll das Wasser aufwärts in Richtung Mühle bewegt haben, indem er 1,5 km entfernt beim Lough Lene seinen Stab an einen Stein schlug.

Rockfield Ecological Estate

In dem **Ökohof** (☎ 043-76025; imeldadaly@eircom. net; Rathowen; Geführter Rundgang 10 €, Hauptgerichte 20–25 €; ☽ nach Vereinbarung) erhält man wertvolle Anregungen zu nachhaltiger Lebensweise, aber auch Einblicke in die traditionelle irische Kultur und das irische Kunsthandwerk. Nach der zweistündigen Führung durch die Farm kann man sich bei kräftiger Vollwertkost aus hofeigener Produktion erholen – auf Sitzen, die aus abgestorbenen Ästen gefertigt wurden. Der Hof bietet auch **Tageskurse** (inkl. Lunch pro Pers. 100 €; Themen: Spinnen, Weben, Korbflechterei, Steinbildhauerei). Gelegentlich treten irische Bands auf, demnächst sollen auch Übernachtungsmöglichkeiten eingerichtet werden.

Von Mullingar geht es auf der Straße nach Longford (N4) 28 km nach Nordwesten in Richtung Rathowen. Am Ortsende nach links abbiegen, 1 km bis zur Kurve weiterfahren. Dort geht's auf der Straße nach links noch 1 km weit, dann führt ein Wegweiser zu der Farm.

ATHLONE

☎ 090 / 7350 Ew.

Die Lage von Athlone (Baile Átha Luain) genau in der Mitte der Grafschaft Westmeath hat Vor- und Nachteile. Küstenreisende übergehen den Ort einfach. Die Infrastruktur ist etwas mager. Beispielsweise bemüht sich Athlone schon lange um einen internationalen Flughafen – bislang allerdings ohne Erfolg, da dies die Wirtschaft in den Küstenregionen benachteiligen würde. Andererseits ist Athlone durch seine zentrale Lage von allen großen irischen Städten aus gut per Bahn und Auto zu erreichen, leidet aber nicht unter Verkehrsstaus und hat dadurch den Charme einer ländlichen Kleinstadt.

Der Shannon teilt den ehemaligen Garnisonsstandort in zwei Hälften. Die meisten Unternehmen und Einrichungen sind am Ostufer angesiedelt. Am Westufer im Schatten von Athlone Castle dagegen finden sich verwinkelte Gässchen, farbenfrohe Häuser, historische Kneipen, Antiquitätenläden, Buchbinder und erstklassige Restaurants.

Mitten in Athlone entsteht derzeit das größte Einkaufszentrum des Landes; gleichzeitig kämpft der Ort weiterhin um die Stadtrechte.

Orientierung & Praktische Informationen

Athlone liegt an der Straße Dublin–Galway (N6). Der von Lough Ree kommende Shannon durchfließt das Zentrum. Am Westufer liegen das markante Athlone Castle sowie die Peter-und-Paul-Kirche.

Die Webseiten www.athlone.ie und www. westmeathtourism.com informieren ausführlich. Unter www.acis.ie gibt es eine Pdf-Datei des *Athlone & District Tourist Guide*, u. a. mit Stadtrundgängen.

Bank of Ireland (Northgate St) direkt am Straßenanfang oberhalb des Custume Place.

Informationsbüro (☎ 647 3173; Lloyds Lane; ☽ 9–17 Uhr) der lokalen Handelskammer.

Postamt (Barrack St) Neben der Kirche.

Touristeninformation (☎ 649 4630; Athlone Castle; ☽ Mai–Sept. Mo–Fr 9.30–13 & 14–17.15 Uhr) im Wächterhaus der Burg.

Sehenswertes & Aktivitäten

ATHLONE CASTLE VISITOR CENTRE

Die Normannen errichteten die Burg schon 1210 an dieser wichtigen Wegekreuzung bei einer Furt am Fluss. In den folgenden Epochen war sie immer wieder hart umkämpft, besonders im turbulenten 17. Jh. 1690 saß die jakobitische Stadt eine Belagerung durch die Protestanten aus, fiel aber ein Jahr später nach einem katastrophalen Beschuss mit 12 000 Kanonenkugeln durch die Truppen Wilhelm von Oraniens. Vom 17. bis 19. Jh. viele Umbauten.

Das **Besucherzentrum** (☎ 649 2912; Erw./Kind./Fam. 5,50/1,60/12 €; ☽ Mai–Sept. 10–16.30 Uhr) zeigt informative Dioramen zur Belagerung Athlones 1691, zu Flora und Fauna der Shannonregion und zur Nutzung der Wasserkraft. Zu den Highlights gehört ferner ein Grammofon aus dem Besitz des großen, aus Athlone stammenden Tenors John McCormack (1884–1945) sowie ein Militär- und Heimatmuseum mit zwei Sheila-na-gigs. Eine Stunde reicht für die Besichtigung aus.

FLUSSFAHRTEN

Viking Tours (☎ 086-262 1136; vikingtours@ireland.com; 7 St. Mary's Pl; ☽ Mai–Sept.) lockt mit Flussrundfahrten auf dem Shannon an Bord eines rekonstruierten Wikinger-Langschiffs samt kostümierter Besatzung. Kinder erhalten Helm, Schwert und Schild. Die Fahrt geht nach Norden zum Lough Ree (Erw./Kind/Fam.12/10/40 €, 1½ Std.) oder südlich nach Clonmacnoise im County Offaly (Erw./Kind/Fam. 20/15/60 €, 4½ Std.). Im Juni, Juli und August täglich, im Mai und September beinahe täglich. Fahrpläne am besten bei der Touristeninformation erfragen.

Neu durchgestylt, bietet **Shannon Safari** (☎ 647 9558; www.shannonsafari.ie; 36 Silverquay) ganzjährig private einstündige Touren im Powerboat an. Zwei Personen bezahlen 80 €, Familien 100 €, längere Fahrten nach Vereinbarung. Anlegestelle am Hotel Radisson.

ANGELN

Informationen und Angelscheine sind beim freundlichen **Strand Tackle Shop** (☎ 647 9277; powell@iol.ie; The Strand) am östlichen Flussufer gegenüber der Burg erhältlich.

Schlafen

Bastion B&B (☎ 649 4954; www.thebastion.net; 2 Bastion St; EZ 40–50 €, DZ 60–70 €) Die peppige Pension in einem ehemaligen Laden bietet mit ihrer weißen Einrichtung einen guten Hintergrund für Kunstwerke, Kakteen und indische Wandbehänge. Die fünf Zimmer (drei davon mit eigenem Bad) sind hübsch, sauber und mit flauschigen Handtüchern ausgestattet. Der künstlerisch gestaltete Frühstücksraum wartet u. a. mit Obst, Filterkaffee, frischem Brot und einer Käseplatte auf. Ein toller Start in den Tag.

LP Tipp **Coosan Cottage Eco Guesthouse** (☎ 647 3468; www.ecoguesthouse.com; Coosan Point Rd; EZ/DZ 50/80 €, Snacks 2–3,50 €; P &) Das hübsche Häuschen ist umweltbewusst komplett aus Altmaterial gebaut. Die Besitzer nutzen Regenwasser, Windenergie und Pelletheizung. Warmes Frühstück mit Lachstörtchen, Sauna und Bar mit Guinness vom Fass. Wanderer können ab 13 Uhr für kleine Snacks, Getränke und ein Schwätzchen vorbeischauen. Das Haus liegt 2,5 km vom Zentrum entfernt ruhig zwischen Pferdekoppeln. Bus- und Bahnreisende werden kostenlos abgeholt. Kreditkarten werden nicht akzeptiert.

Prince of Wales Hotel (☎ 647 6666; www.theprinceofwales.ie; Church St; DZ ab 120 €; P ▯) Einstige Gäste wie der amerikanische Präsident Martin van Buren, der 1853 hier logierte, würden das Hotel heute nicht wiedererkennen, so grundlegend wurde es umgestaltet. Die creme- und schokoladenfarbenen Zimmer sind mit extravaganter Unterhaltungselektronik sowie schwarzen Marmorbädern ausgestattet. Neueste Erungenschaft ist das mondäne Restaurant Corvus. Lunch und Dinner nur samstags und sonntags (Hauptgericht plus Dessert und Kaffee/Tee 32,50 €); unter der Woche mittags und abends preisgünstigeres Barfood. Das Hotel liegt im Zentrum am östlichen Flussufer.

Essen

Athlone wird immer mehr zum Geheimtipp für Gourmets, besonders die Gassen am Westufer haben einiges zu bieten.

Left Bank Bistro (☎ 649 4446; Fry Pl; Snacks 3–6 €, Hauptgerichte 20–29 €; ☽ Snacks Di–Sa 10.30–12, Lunch 12–17, Dinner 17.30–22.30 Uhr) Frische, in Weiß gehaltene Inneneinrichtung, Regale mit Delikatessen, die angebotenen Gerichte sind eine Kombination aus erstklassigen irischen Zutaten mit mediterranem und asiatischem Touch – das extravagante Bistro zieht kaffeeschlürfende Webdesigner genauso an wie energiegeladene Businesstypen, die hier ihr Lunch einnehmen. Neben der guten Weinkarte gibt es ausgefallene Desserts wie Schokoladentrüffeltorte mit Himbeersauce. Das Personal ist wirklich professionell.

Olive Grove (☎ 647 6946; Custume Pl; Hauptgerichte 14–22,50 €; ☽ Di–So 12–16 & 17.30–22 Uhr) Eine weitere Verführung in Athlones Gastronomieszene. Das stilvolle Restaurant am Fluss serviert kreative Vorspeisen wie frittierte Mozzarellasticks mit pikanter Pfirsichsalsa und Hauptgerichte wie Hühnerbrust mit Räucherkäsefüllung oder Fisch aus dem Ofen mit Pistazienkruste.

Le Chateau (☎ 649 4517; Peter's Port; Hauptgerichte 22–30 €; ☽ Lunch ab 12.30, Dinner ab 17.30 Uhr) Das Lieblingsrestaurant der Einheimischen. Kein Wunder, denn die Gasträume auf mehreren Ebenen sind abends in romantisches Kerzenlicht getaucht. Die ausgezeichnete Küche bietet u. a. hervorragend zubereitetes Lamm und Roastbeef.

Zu den beliebtesten Cafés in der Szene gehören **Slice of Life** (☎ 649 3970; Bastion St; Hauptgerichte 3–7 €; ☽ Mo–Sa 9–18 Uhr) und **Foodies** (☎ 649 8576; Bastion St; Sandwiches 4–7 €; ☽ Mo–Sa 9.30–17.30 Uhr) mit gemütlichem Holzfeuer, gutem Kaffee und üppigen Muffins. Im selben knarrenden Holzbau befindet sich auch ein New-Age-angehauchter Geschenkeladen voll mit keltischen Talismanen, Kerzen, Kristallen und lokalem Kunsthandwerk.

Am ersten Wochenende des Monats wird zwischen Kirche und Athlone Castle ein Markt abgehalten.

Ausgehen

Sean's Bar (☎ 649 2358; Main St) trägt ihr Alter mit Würde. Angeblich schon um 900 gegründet, ist sie die älteste Pub Irlands. Offener Kamin, unebene Böden, Sägemehl, Piano und im Lauf der Jahre angesammelte Kuriositäten unterstreichen den Anspruch, der sogar durch eine Eintragung im *Guinness Book of Records* untermauert wird. Im Biergarten am Fluss gibt's im Sommer abends Livemusik, am heißesten geht es sonntags ab etwa 17.30 Uhr her.

Dean Crowe Theatre (☎ 649 2129; www.deancrowe theatre.com; Chapel St) Im neu ausgestatteten Theaterraum mit exzellenter Akustik gibt es das ganze Jahr über ein vielfältiges Programm mit Musik und Schauspiel.

Anreise & Unterwegs vor Ort

Athlones **Busbahnhof** (☎ 648 4406) liegt neben dem Bahnhof. Expressbusse mehrerer Ost-West-Routen halten hier. Busse nach Dublin (2 Std., 15-mal tgl.), Galway (1¼ Std.), Westport im County Mayo (Mo–Sa 3-mal tgl.), Mullingar (1 Std., Mo–Sa 3-mal, Fr ein zusätzlicher Bus, So 1-mal).

Vom **Bahnhof** (☎ 647 3300) fahren Züge nach Dublin (1¾ Std., Mo–Sa 9-mal tgl., So 7-mal), Westport (2 Std., 2-3-mal tgl.), Galway (1¼ Std., 4-6-mal tgl.). Der Bahnhof liegt am Ostufer an der Southern Station Road. Am besten vom Custume Place aus die Northgate Street entlanggehen. Die Verlängerung, Coosan Point Road, trifft in der Nähe von St. Vincent's Hospital auf die Southern Station Road. Taxiruf unter ☎ 647 4400.

LOUGH REE & UMGEBUNG

Viele der mindestens 50 Inselchen im **Lough Ree** waren einst von Mönchen bewohnt. Deren kirchliche Schätze zogen die räuberischen Wikinger magisch an. Heutige Besucher sind friedvoller und vergnügen sich hauptsächlich mit Segeln, Forellenangeln oder Vogelbeobachtungen. Viele Zugvögel brüten hier, u. a. Schwäne, Brachvögel und Watvögel.

Der Dichter, Schriftsteller und Dramatiker Oliver Goldsmith (1728–74), Verfasser des *Vicar of Wakefield*, ist eng mit der Landschaft am Ostufer von Lough Ree verbunden. Sehr treffend beschreibt der Autor **Goldsmith Country** in seinen Werken. Der Führer *Lough Ree Trail: a Signposted Tour* von Gearoid O'Brien ist bei der Touristeninformation in Athlone und Mullingar erhältlich. Die 32 km lange Tour durch Glasson (das Goldsmith als reizvollstes der Dörfer erwähnte) und an den Ufern von Lough Ree entlang ins County Longford eignet sich ideal zum Radfahren.

Das 8 km nordöstlich von Athlone an der N55 gelegene **Glasson** (816 Ew.) lädt mit guten Restaurants und lebhaften Pubs zu einem Zwischenstopp ein. In der Nähe liegt das **Wineport Restaurant** (☎ 648 5466; www.wineport.ie; DZ 150–350 €, Hauptgerichte 24–29 €, mehrgängiges Dinner 55 €; ⊙ Mi–Sa 17–22, So 12.30–21 Uhr), ein Bau aus Zedernholz am Seeufer. Hier wartet Küchenchef Feargal O'Donnell mit neuer irischer Küche auf. Trotz seines Ruhmes ist die Atmosphäre entspannt und einladend. Die zehn Fremdenzimmer sind nach Wein- und Champagnersorten benannt (mit kleinem Begrüßungstrunk). Bootsverleih auf Anfrage.

An- & Weiterreise

Bus Éireann (☎ 647 3322) Die Linie 466 von Athlone nach Longford hält (Mo–Sa 2-mal tgl.) in Glasson, Haltestelle bei Grogan's Pub.

County Donegal

Ganze Wochen könnte man im wilden Donegal verbringen. Die Schönheit dieser Grafschaft ist überwältigend, man möchte am liebsten voll in ihr aufgehen. Landstraßen führen vorbei an kahlen Bergen, rauen Klippen, schroffen Halbinseln und entlegenen Gaeltacht-Dörfern, vorbei an Schafweiden, leeren Stränden, eiskalten Bächen und weiten Sumpf- und Heidelandschaften. Am nördlichsten Punkt der Grafschaft scheint die Zeit stillzustehen. Die politischen und wirtschaftlichen Unruhen haben nachgelassen, und nur die Sturmböen am Atlantik verhindern, dass der Landstrich gänzlich in Idylle versinkt.

In seiner Abgeschiedenheit erscheint Irlands zweitgrößtes County – nur Cork ist größer – wie ein eigenes Land. Es wurde vom Mutterland abgetrennt, als der größte Teil Ulsters Nordirland einverleibt wurde. Vom Rest der Republik ist es durch den schmalen Finger des County Fermanagh getrennt. Donegal pochte schon immer hartnäckig auf seine Unabhängigkeit, ohne jedoch im fernen Dublin Gehör zu finden.

In Donegal dreht sich alles ums Wetter. Man muss gar nicht erst aufs Meer raus – das Meer brandet an die Küste und bringt steife Brisen mit sich. Nebelbänke ziehen vom Wasser über die Felder bis in die Städte hinein. Stürme kündigen sich gar nicht erst lange an, und genauso schnell scheint die Sonne wieder und taucht die vorher graue Landschaft in sattes Grün. Dann können Donegals Seebäder es mit jedem Badeort in Europa aufnehmen und versprechen herrliche Sommerferien. Lässt man sich durchs Wetter nicht aus der Ruhe bringen, dann zieht dieses kompromisslose Land einen völlig in seinen Bann.

COUNTY DONEGAL

HIGHLIGHTS

- **Natur pur** Brandung, Klippen, Hügel und Wälder von Dunfanaghy (S. 564)
- **Der Berg ruft** Alpiner Zauber um den Glen Gesh Pass (S. 556)
- **Wild und unberührt** Irlands äußerste Ecke Malin Head (S. 585)
- **Höhenrausch** Europas höchste Klippen bei Slieve League (S. 554)
- **Blick in die Vergangenheit** Die Ringfestung Grianán of Aileách (S. 589)

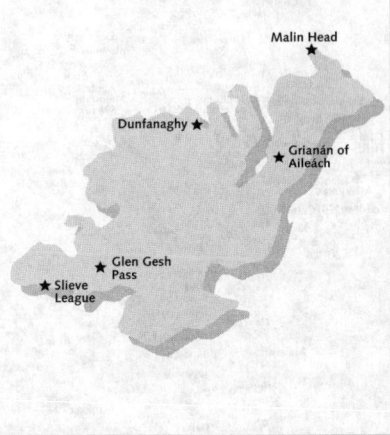

- **EINWOHNER:** 147 250
- **FLÄCHE:** 3001 KM²

Geschichte

Donegal ist übersät mit vorchristlichen Gräbern und prähistorischen Stätten, die bis zu 9000 Jahre alt sind. Dem Auftauchen der Kelten und ihrem Festungsbau hat das County seinen irischen Namen Dun na nGall (Festung des Fremden) zu verdanken. Dank dem Hl. Colmcille, der hier nicht nur die Bibel verbreitete, sondern sie auch über das Meer nach Schottland brachte, ist das Christentum untrennbar mit der Geschichte der Region verbunden.

Bis ins frühe 17. Jh. war das County zwischen zwei Clans aufgeteilt, den O'Donnels und den O'Neills. Die Plantation of Ulster, die auf die Niederlage und Flucht der Clans aus Irland folgte, stürzte das Land in Unterdrückung und Elend. Die Teilung Irlands 1921 verstärkte Donegals Isolation, weil es nun von Derry, dem bis dahin natürlichen Hinterland, abgeschnitten war. Viele Einheimische entlang der Küste profitierten von steigenden Grundstückspreisen. Während sich die Gemeinden landeinwärts ihren ländlichen Charakter bewahrt haben, zeigt sich in Letterkenny an der nordirischen Grenze, dass der Aufschwung auch diese entlegene Region erreicht hat.

Klima

Donegal scheint seine nördliche Lage in vielerlei Hinsicht zu widerlegen; hier friert es fast nie, und im Sommer steigen die Temperaturen bis auf 25 °C. Das liegt hauptsächlich

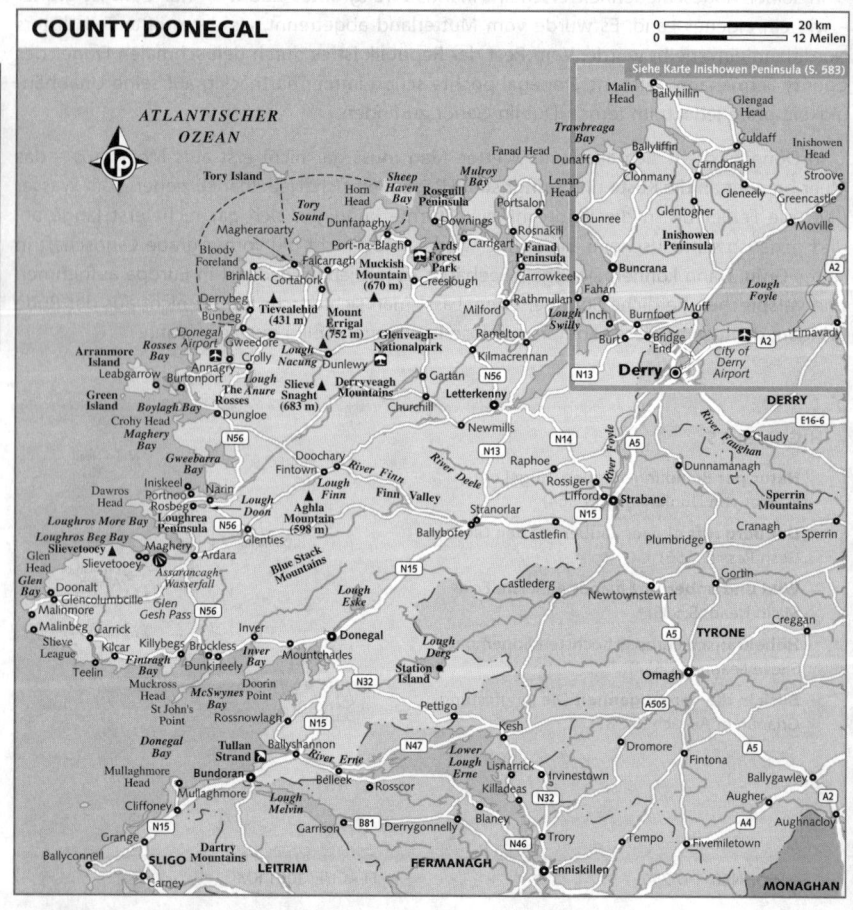

am warmen Golfstrom, der an der langen Küste vorbeiströmt. Doch wenn man den Winterstürmen und dem prasselnden Regen ausgesetzt ist, spielt es keine Rolle, dass das Thermometer offiziell 4 °C zeigt – es fühlt sich trotzdem arktisch kalt an. Andererseits verlockt der Sommer schon bei kaum 20 °C dazu, die Badesachen herauszuholen.

Sprache

Rund ein Drittel von Donegal liegt im Gaeltacht, wo Irisch (Gälisch) gesprochen wird und wo die Namen auf den Straßenschildern oft richtige Zungenbrecher sind. Dazu kommt noch, dass die Bewohner von Donegal ihren eigenen Dialekt sprechen, den selbst Irischsprachige aus Südirland kaum verstehen. Aber keine Panik – fast jeder Bewohner von Donegal spricht Englisch und hat damit keine Probleme. Es ist allerdings ratsam, sich die irischen Ortsnamen einzuprägen, die in diesem Band in Klammern hinter den englischen stehen.

An- & Weiterreise

Vom **Donegal Airport** (☎ 074-954 8284; www.donegal airport.ie; Carrick Finn) fliegen täglich Maschinen nach Dublin (ab 30 €, 50 Min.) und nach Glasgow Prestwick (ab 65 €, Fr & So). Der Flughafen liegt bei Carrick Finn (Charraig Fhion) etwa 3 km nordöstlich von Annagry an der Nordwestküste. Öffentliche Verkehrsmittel zum Flughafen gibt es nicht, die An- und Abfahrt muss man also selbst organisieren; am Terminal gibt es aber Autovermietungen.

Der **City of Derry Airport** (☎ 028-7181 0784; www. cityofderryairport.com) liegt kurz hinter der County-Grenze in Nordirland.

Unterwegs vor Ort

Wer kein Auto hat, ist fast immer auf den Bus angewiesen.

Das private Busunternehmen **Lough Swilly** (in Letterkenny ☎ 074-912 2863, in Derry 028-7126 2017; http:// home.clara.net/sjp/nibus/lswilly.htm) betreibt Buslinien in ganz Donegal.

Die westliche Hälfte des County (von Crolly bis Bundoran) wird von dem privaten Unternehmen **Feda O'Donnell** (☎ 954 8114; www.feda odonnell.com) bedient.

Donegal ist in erster Linie ein County zum Wandern und Radfahren. Bei den Touristeninformationen und in größeren Buchläden gibt es diverse Wanderführer. Empfehlenswert sind *New Irish Walks: West and North*

von Tony Whilde und Patrick Simms sowie *Hill Walkers' Donegal* von David Herman, die viele der in diesem Kapitel erwähnten Wanderrouten detailliert beschreiben.

Beim Autofahren ist mit allem zu rechnen: serpentinenreiche Straßen, Hinweisschilder ausschließlich auf Irisch, Verkehrsschilder, die sich hinter Büschen verstecken, falsche Richtungs- und Entfernungsangaben, fehlende Wegweiser. Vor allem aber muss man mit rücksichtslosen jungen Autofahrern rechnen, die immer wieder das Leben anderer Verkehrsteilnehmer gefährden.

DONEGAL (STADT)

☎ 074 / 2450 Ew.

Obwohl die Stadt Donegal recht hübsch ist, ist sie eher ein Ausgangspunkt für das County als ein eigenes Reiseziel. Es gibt zahlreiche Hotels und Pubs sowie eine alte Burg, die in der Nähe des zentralen Diamond über dem Ufer des Eske wacht. Die eigentlichen Schätze von Donegal liegen einige Autostunden nordwestlich.

Dieser Ort war einmal Treffpunkt der O'Donnells, der berühmten Clanchefs, die den Nordwesten vom 15. bis ins 17. Jh. regierten. Heute geht es ruhiger zu. Für Reisende aus Richtung Süden lohnt sich ein Zwischenstopp in der Stadt.

PRAKTISCHE INFORMATIONEN

Bank of Ireland (the Diamond) Eine von mehreren Banken mit Geldautomat und Wechselstube.
Blueberry Cybercafe (☎ 972 2933; Castle St; 1 Std. 4 €; ⏰ Mo–Sa 9–19.30 Uhr) Internetcafé über dem Blueberry Tearoom. Anmeldung am Schalter im Erdgeschoss.

TOP FIVE: PANORAMAWEGE

- Küstenstraße von Dunfanaghy (S. 564) nach Gweedore (S. 561)
- 100-Meilen-Rundfahrt um die abgelegene Halbinsel Inishowen (S. 5832)
- Schwindelnde Höhe am Horn Head (S. 564)
- Rundtour durch den überwältigenden Glenveagh-Nationalpark (S. 578)
- Serpentinenfahrt am Glen Gesh Pass (S. 556)

COUNTY DONEGAL

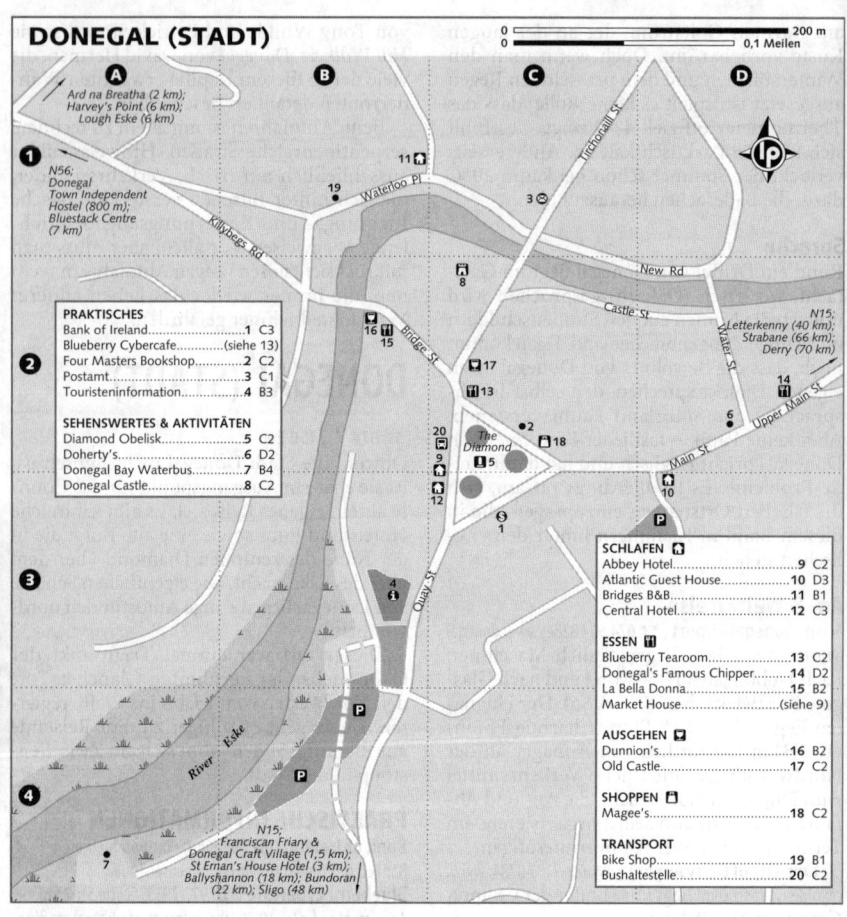

DONEGAL (STADT)

Ard na Breatha (2 km);
Harvey's Point (6 km);
Lough Eske (6 km)

N56;
Donegal
Town Independent
Hostel (800 m);
Bluestack
Centre
(7 km)

Waterloo Pl

Killybegs Rd

Tirchonaill St

New Rd

Castle St

Water St

N15;
Letterkenny (40 km);
Strabane (66 km);
Derry (70 km)

Bridge St

The Diamond

Main St

Upper Main St

Quay St

River Eske

N15;
Franciscan Friary &
Donegal Craft Village (1,5 km);
St Ernan's House Hotel (3 km);
Ballyshannon (18 km); Bundoran
(22 km); Sligo (48 km)

PRAKTISCHES
Bank of Ireland	1	C3
Blueberry Cybercafe	(siehe 13)	
Four Masters Bookshop	2	C2
Postamt	3	C1
Touristeninformation	4	B3

SEHENSWERTES & AKTIVITÄTEN
Diamond Obelisk	5	C2
Doherty's	6	D2
Donegal Bay Waterbus	7	B4
Donegal Castle	8	C2

SCHLAFEN
Abbey Hotel	9	C2
Atlantic Guest House	10	D3
Bridges B&B	11	B1
Central Hotel	12	C3

ESSEN
Blueberry Tearoom	13	C2
Donegal's Famous Chipper	14	D2
La Bella Donna	15	B2
Market House	(siehe 9)	

AUSGEHEN
Dunnion's	16	B2
Old Castle	17	C2

SHOPPEN
Magee's	18	C2

TRANSPORT
Bike Shop	19	B1
Bushaltestelle	20	C2

COUNTY DONEGAL

Four Masters Bookshop (☎ 972 1526; the Diamond) Eine gute Adresse für Bücher, Karten und Reiseführer.
Postamt (Tirchonaill St) Nördlich des Diamond.
Touristeninformation (☎ 972 1148; donegal@fail teireland.ie; Quay St; ☒ Mo—Sa 9–18 Uhr, So Juli—Aug. 12–16 Uhr, Mo—Sa Sept.—Juni 9.30—17.30 Uhr) Südlich vom Diamond.

SEHENSWERTES
Donegal Castle

Das oberhalb des Eske gelegene **Donegal Castle** (☎ 972 2405; Castle St; Erw./Kind 3,70/1,30 €; ☒ Mitte März—Okt. 10—18 Uhr, Nov.—Dez. 9.30—16.30 Uhr) ist ein beeindruckendes Monument sowohl irischer als auch englischer Macht. 1474 von den O'Donnells erbaut, war die Burg bis 1607 ihr Sitz, bis die Engländer beschlossen, endgültig

mit den lästigen irischen Clanführern aufzuräumen. Selbst als er schon besiegt war, gab sich Rory O'Donnell nicht geschlagen. Um zu verhindern, dass seine Burg in die schmutzigen Hände der Engländer fielen, brannte er sie nieder, bevor er sich durch die berüchtigte „Flucht der Earls" nach Frankreich absetzte. Der Sieg über die Clanfürsten bereitete den Weg für die Plantation of Ulster mit der Ansiedlung Tausender schottischer und englischer Protestanten und führte letztlich zu der Spaltung, unter der die Insel noch heute zu leiden hat.

1623 wurde die Burg von Basel Brooke wieder aufgebaut und um das danebenstehende dreigeschossige Haus erweitert. Heute fehlt viel von den einstigen Bauten, dennoch ist die Burg einen Besuch wert.

Diamond Obelisk

1474 gründeten Red Hugh O'Donnell und seine Frau Nuala O'Brien die **Franciscan Friary** an der Küste südlich der Stadt. 1601 wurde sie von Rory O'Donnell bei der Belagerung einer englischen Garnison versehentlich gesprengt, heute ist nur noch wenig übrig. Berühmt wurde das Franziskanerkloster durch vier Mönche, die befürchteten, dass die Ankunft der Engländer das Ende der keltischen Kultur bedeuten würde. Sie verfassten eine Chronik der keltischen Geschichte und Mythologie, die 40 Jahre vor der Sintflut beginnt und 1618 endet. Ihr Werk *The Annals of the Four Masters* ist noch heute eine der wichtigsten Quellen der frühen irischen Geschichte. Der **Obelisk** (1937) auf dem Diamond erinnert an das in Dublins National Library ausgestellte Werk.

AKTIVITÄTEN
Bootsausflüge

Eine phantastische Art, sich die Hightlights der Donegal Bay anzusehen, sind Bootsausflüge, wie sie **Donegal Bay Waterbus** (☎ 972 3666; www.donegalbaywaterbus.com; Donegal Pier; Erw./Kind 10/5 €) anbietet. Die 1¼-stündige Tour auf dem 20 m langen Boot bietet alles von historischen Stätten bis zu Buchten voller Robben. Es gibt einen Stopp an einer Insel-Villa und einer Burgruine. Im Sommer bis zu fünf Abfahrten täglich, während des restlichen Jahres mindestens eine, je nach Wetter. Abfahrtszeiten telefonisch erfragen.

Angeln

Angelscheine (permits) sind an allen Flüssen Pflicht. Ausrüstung und Infos bei **Doherty's** (☎ 972 1119; Main St; ☀ Di–Do 9–18 Uhr).

SCHLAFEN

Rund um Donegal gibt es viele Pensionen. Die Touristeninformation kann bei der Buchung behilflich sein.

Budgetunterkünfte

Donegal Town Independent Hostel (☎ 972 2805; lincunn8@eircom.net; Killybegs Rd, Doonan; B/DZ 16/40 €; ℗) Das von einem freundlichen Ehepaar mit Hund geführte private IHH-Hostel liegt 1,2 km nordwestlich der Stadt abseits der Killybegs Road (N56). Es verfügt über grellbunte, sehr saubere Schlafsäle und Zimmer und liegt in Fußgängerentfernung zur Stadt. Abholung möglich.

Bluestack Centre (☎ 973 5564; www.donegalbluestacks.com; Drimarone; B/FZ 16/50 €; ℗ ⟨⟩) In dem abgelegenen Hostel und Gemeindezentrum sind die Zimmer blitzsauber. Es gibt ein Basketballfeld; die Unterkunft ist ideal für Wanderer, die in die Bluestack Mountains wollen. Oft ist niemand da, also vorher anrufen! Das Hostel liegt 7 km nördlich der Stadt und ist ab dem Kreisel nordwestlich der Stadt ausgeschildert.

Mittelklasse- & Spitzenklassehotels

Atlantic Guest House (☎ 972 1187; Main St; EZ/DZ ab 35/45 €; ℗) Das Guest House ist nicht besonders gemütlich, aber dafür zweckmäßig direkt am Diamond gelegen. Es verfügt über 16 freundliche, saubere Zimmer, einige davon mit Bad. Die Matratzen sind etwas dünn.

Bridges B&B (☎ 972 1082; Waterloo Pl; EZ/DZ 40/70 €) Die kleine, von einer Familie geführte Pension ist sauber, ruhig und komfortabel.

Ard na Breatha (☎ 972 2288; www.ardnabreatha. com; Drumrooske Middle; EZ/DZ 65/130 €; ℗) Ein hervorragendes kleines Gästehaus in ländlicher Umgebung, 2,4 km außerhalb. Die Zimmer sind modern, sehr gut ausgestattet, der Service ist freundlich. Das Restaurant ist am Wochende abends geöffnet (Tischreservierung). Abzweigung ausgeschildert an der Straße nach Lough Eske.

Abbey Hotel (☎ 972 1014; www.whites-hotelsireland. com; the Diamond; EZ/DZ ab 70/130 €; ℗ ⟨⟩) Die alte Abtei (118 Zi.) in einem großen Steingebäude im Zentrum ist innen todschick und modern ausgestattet. Einige Zimmer liegen zum Fluss hin. Benutzung einer Sporthalle möglich. Elegantes Restaurant mit Bar.

Central Hotel (☎ 972 1027; www.centralhoteldonegal. com; the Diamond; EZ/DZ 80/140 €; ℗ ⟨⟩) Der „Zwilling" des Abbey ist ebenfalls ein imposantes Steingebäude mitten im Stadtzentrum. Es bietet Komfort und Ausstattung eines modernen Hotels. Die hinteren Zimmer liegen zum Fluss hin, in der Bar gibt es Livemusik. Im Winter verlockende Angebote.

St. Ernan's House Hotel (☎ 972 1065; www.sainternans. com; R267; EZ/DZ ab 150/230 €, Dinner 52 €; ☀ Mai–Okt.; ℗) Wer jemals auf seiner eigenen Insel wohnen wollte, wird sich in dieses prachtvolle Landhotel verlieben. Erbaut durch einen Neffen von Wellington im Jahr 1836, liegt es auf einem waldigen Inselchen etwa 3 km südlich von Donegal, auf allen Seiten lauschig von Wasser umflossen. Abzweigung ausgeschildert ab der Straße nach Laghey, Zufahrt

COUNTY DONEGAL

über einen Damm. Kinder unter sechs Jahren nicht erwünscht.

ESSEN

Donegal's Famous Chipper (☎ 972 1428; Upper Main St; Fish & Chips 5–6 €; ☾ Do–Di 12.30–23.30 Uhr) Außerhalb der Stadt ist dieser Ort wohl kaum bekannt, doch sollte man sich den gebratenen Kabeljau nicht entgehen lassen. Man kann an der Theke essen oder seine Mahlzeit in einen der vielen Pubs in der Nähe mitnehmen.

Blueberry Tearoom (☎ 972 2933; Castle St; Hauptgerichte 7–9 €; ☾ Mo–Sa 9–19 Uhr) Wegen seiner stets ofenwarmen Leckereien, *panini* und hervorragenden Pies ist der gemütliche Tearoom zu jeder Zeit gut besucht. Empfehlenswert sind die Mittagsmenüs. Es gibt alles von französischer bis zu mexikanischer Küche.

Market House (☎ 972 1014; the Diamond; Hauptgerichte 15–25 €; ☾ 12–14 & 17–19 Uhr) Trotz seiner Schottenteppiche und Steinwände macht das Market House weder einen touristischen noch altmodischen Eindruck. Die Küche bringt Altbekanntes mit einem zeitgemäßen Touch: frisch, leicht und vor allem lecker.

La Bella Donna (☎ 972 5790; Bridge St; Hauptgerichte 10–25 €; ☾ 12–17 & 19–21.30 Uhr) Die Begeisterung der Iren für italienische Küche findet auch im abgelegenen Donegal ihren Ausdruck., wie die zahllosen vornehm gekleideten Gäste am Abend in dem schicken Restaurant beweisen. Es gibt Pizza, Pasta und Steaks. Die *panini* mittags und der Espresso sind ein Hit.

AUSGEHEN

Das Nachtleben von Donegal ist etwas zufallsabhängig. Am empfehlenswertesten sind die Bars mit Livemusik.

Dunnion's (Bridge St) Der Wirt dieses Pubs in einer ehemaligen Schule am Fluss spielt Akkordeon und tanzt abends gerne Céiligh mit seinen Freunden. Hier ist am meisten los.

Old Castle (☎ 972 1062; Castle St) Die Kneipe in einem grauen Steinbau imitiert mit ihren Steinmetzarbeiten, den vorgekragten Fenstern und der niedrigen Holzdecke ein wenig die benachbarte Burg. Eine gute Wahl, um bei einem Glas Stout zu entspannen und mit den Einheimischen ins Gespräch zu kommen.

SHOPPEN

Donegal Craft Village (☎ 972 2225; Ballyshannon Rd; ☾ Mo–Sa 9–18, So 11–18 Uhr) In diesem 1,5 km südlich der Stadt gelegenen Komplex, in dem Kunsthandwerk verkauft wird, sind weder Gummi-Gnome noch Guinness-T-Shirts zu finden. Dafür gibt es hochwertige Töpferwaren, Kristallglas, handgewebte Stoffe, Schmuck und vieles mehr. Empfehlenswert ist das Raw Studio mit seinen geschnitzten Skulpturen von Michael Griffin.

Magee (☎ 972 2660; www.mageedonegal.com; the Diamond; ☾ Mo–Sa 9.30–18 Uhr) Magee ist ein kleines Warenhaus mit einem Verkaufsraum speziell für Donegal Tweed.

AN- & WEITERREISE

Häufige Busverbindungen von **Bus Éireann** (☎ 913 1008; www.buseireann.ie) zwischen Donegal und Sligo (11 €, 1¼ Std., 6-mal tgl.), Galway (17 €, 3½ Std., 2- bis 3-mal tgl.) und Killybegs (6 €, 35 Min., 3-mal tgl.) im Westen, Derry (11,50 €, 1½ Std.) und Belfast (16 €, 3½ Std.) im Norden und Dublin (16 €, 4 Std., 6-mal tgl.) im Südosten. Die Bushaltestelle liegt auf der Westseite des Diamond.

Feda O'Donnell (☎ 954 8114; www.fedaodonnell.com) fährt nach Galway (einfach/Hin- & Rückfahrt 15/22 €, 3½ Std., 2-mal tgl., 3-mal Fr und Sa) via Ballyshannon, Bundoran und Sligo. Abfahrt vor der Touristeninformation. Fahrten innerhalb von Donegal kosten 6 bis 10 €.

McGeehan Coaches (☎ 954 6150; www.mgbus.com) fährt zum Busbahnhof Dublin Busáras (einfach/Hin-] Rückfahrt 16/23 €, 4 Std., 2-mal Mo, Fr, Sa, So, einmal Di–Do), Haltestelle vor der Polizeiwache gegenüber der Touristeninformation.

UNTERWEGS VOR ORT

Der **Bike Shop** (☎ 972 2515; Waterloo Pl; Tag/Woche 10/60 €) ist der richtige Ort, um ein Fahrrad zu mieten und sich zu informieren.

RUND UM DONEGAL

LOUGH ESKE

Trotz seines vielversprechenden Namens „Fischsee" ist dieser malerische See nordöstlich der Stadt Donegal nicht mehr das fischreiche Gewässer, das es einmal war. Doch bieten sich hier hervorragende Möglichkeiten zum Radfahren oder Wandern durch die majestätischen Blue Stack Mountains.

Schlafen & Essen

Ardeevin Guest House (☎ 074-972 1790; http://ardeevin. tripod.com; Lough Eske; EZ/DZ 50/75 €; Ⓟ) bietet eine phantastische Aussicht über den See. In den letzten 40 Jahren hat sich dieses B&B mit seinen freundlichen Zimmern und dem altmodischen Garten zu einem Tipp für Wanderer entwickelt. 4 km nördlich der Stadt Donegal, zweite Abzweigung links von der Straße nach Letterkenny (N15), der Ausschilderung folgen.

Harvey's Point Country Hotel (☎ 074-972 2208; www.harveyspoint.com; Harvey's Point; DZ 199–299 €, 4-Gänge-Dinner 50 €; **P** 💻) Ein Luxusrefugium! Mit seinen weiten Flächen am See, großen Zimmern, Jacuzzi-Bad, erstklassigem Restaurant mit französischer Küche und einem Hubschrauber-Landeplatz lässt dieses Hotel kaum Wünsche offen. 6 km nördlich der Stadt Donegal.

An- & Weiterreise

Vom Diamond in Donegal geht es über die N56 nach Killybegs. Etwa 300 m hinter der Brücke rechts abbiegen, Ausschilderung nach Harvey's Point.

ROSSNOWLAGH

☎ 071 / 50 Ew.

Der altmodische Badeort Rossnowlagh (Ross Neamblach) südwestlich von Donegal kann mit einem 5 km langen blendend weißen Strand aufwarten, der mit der Blauen Flagge ausgezeichnet ist und hervorragende Bedingungen für **Surfer** bietet. Das beeindruckende Sandhouse Hotel befindet sich neben einem bescheidenen Caravanpark am Strand. Sonst gibt es nichts. Wer jedoch einfach relaxen will, kann es hier ganz gut aushalten.

Tief im angrenzenden Wald liegt das **Franziskanerkloster** (☎ 985 1342; Eintritt frei; 🕑 Mo–Sa 10–20 Uhr) mit seinen friedlichen Gärten. Der Kreuzweg führt hinauf auf einen mit Rhododendron bewachsenen Hügel mit phantastischer Aussicht.

Smugglers Creek (☎ 985 2367; smugcreek@eircom. net; EZ/DZ 45/80 €; 🕑 Ostern–Okt.; **P**) hat eine atemberaubende Lage hoch über der Bucht. Pub, Restaurant und Hotel sind zu Recht wegen ihrer ausgezeichneten Küche und der Aussicht beliebt. Zimmer 4 hat den besten Blick und zudem einen Balkon. Im Pub gibt es an Sommer-Wochenenden Livemusik.

Sandhouse Hotel (☎ 985 1777; www.sandhouse-hotel. ie; DZ 189–319 €; 🕑 April–Dez; **P** ♿), ein extravagantes ehemaliges Fischerhaus aus dem 19. Jh., bietet eine gesellige Atmosphäre und einen schönen Strand.

BALLYSHANNON

☎ 071 / 2230 Ew.

Das reizvolle Ballyshannon (Béal Átha Seanaidh), an einem steilen Hang über dem Fluss Erne gelegen, ist Welten entfernt vom benachbarten gesichtslosen Bundoran. Eine gute Wahl für alle, die in Ruhe die Küste erkunden wollen.

Praktische Informationen

Bank of Ireland (Market St) mit Geldautomat.
Postamt (Market St) nahe der Kreuzung.

AUF SCHUSTERS RAPPEN ÜBER DIE BLUE STACK MOUNTAINS

Wer die Blue Stack Mountains nicht nur vom Auto aus bewundern möchte, sollte sich diese zwar anstrengende, aber äußerst lohnende Wanderung über einen 18 km langen Rundwanderweg durch das zerklüftete Terrain nicht entgehen lassen. Die siebenstündige Tour führt auf mehrere Hügelkuppen bis über 600 m Höhe. Der **Blue Stack** ist mit seinen 674 m der höchste Gipfel – mit spektakulärer Aussicht über ganz Süddonegal. Ein kurzer, aber steiler, etwa einstündiger Abstecher führt zum Wasserfall **Eas Doonan**, der aus 30 m Höhe herabstürzt und nach einem heftigen Regen besonders faszinierend ist. Bei feuchtem Wetter kann der Weg matschig sein und etwas mehr Zeit erfordern.

Obwohl es sich kompliziert anhört, ist der Ausgangspunkt leicht zu finden: von der Stadt Donegal kommend von der N15 zum Lough Eske (Wegweiser) abzweigen. Es gibt dort drei Abzweigungen, die alle zum Lough Eske Drive führen. Über diese Straße geht es im Uhrzeigersinn zum Nordende des Sees, wo es zwei Haarnadelkurven gibt. Von der zweiten Kurve führt eine kleine Straße nach Edergole. Am Parkplatz dort findet sich ein Schild für Wanderer.

Es ist nicht verkehrt, vorher genaue Infos zu erfragen und eventuell eine Karte zu kaufen. Die OSI-Karte 1:50 000 Nr. 11 deckt das ganze Gebiet ab. Das Information Centre in der Stadt Donegal (S. 546) ist ausgezeichnet. Die Webseite http://mountainviews.ie bietet nützliche Infos mit zahlreichen Rückmeldungen von Wanderern, die bereits die Blue Stacks und andere Berge in Irland erkundet haben.

Touristeninformation (⊙ 9.30–13, 14–17 Uhr, geschl. Okt.–April) Eine kleine Auskunftsstelle am Busbahnhof.

Sehenswertes & Aktivitäten

ALLINGHAM'S GRAVE
Der Dichter William Allingham (1824–89) machte als Kind seine ersten Schreibversuche auf einer Fensterbank der AIB Bank in der Castle Street, die sein Vater leitete. Der Poet, der durch sein Gedicht *The Fairies* bekannt wurde, ist auf dem Friedhof der **St. Anne's Church** begraben. Die schlichte Grabinschrift lautet „Poet". Ausschilderung zur Kirche an der Main Street Richtung Dorrian's Imperial Hotel nach links.

ABBEY MILLS
Schon seit Jahrhunderten wird bei der **Abbey Assaroe** (☎ 985 8966; Abbeylands; Eintritt frei; ⊙ Juni–Sept. 11–19 Uhr, Okt.–Mai So 14.30–17 Uhr; P) die Wasserkraft des Flusses genutzt. Das Kloster wurde im späten 12. Jh. von Zisterzienser-mönchen aus County Roscommon gegründet. Die wieder betriebsfähigen Mühlen beherbergen ein Informationszentrum. Von der Straße Richtung Rossnowlagh (R231) nach 2 km nach links abbiegen, der Ausschilderung Abbey Mills folgen.

Festivals & Events
Das **Ballyshannon Folk & Traditional Music Festival** (www.ballyshannonfolkfestival.com) findet am letzten Wochenende im Juli oder dem ersten im August statt. Infos über das Internet.

Schlafen & Essen
Lakeside Caravan & Camping (☎ 985 2822; lakeside centre@eircom.net; Belleek Rd; Plätze ab 17 €, ⊙ März–Sept.) Eine gute Wahl ist dieser am Ufer des Assaroe Lake gelegene 4-Sterne-Campingplatz. Für Kinder gut geeignet. Von Ballyshannon über die N3 1 km weit in Richtung Belleek.

Breesy Centre (☎ 982 2925; www.breesycentre.com; Cashelard; B/DZ 20/40 €, Frühstück 5 €; P &) Diese in einem ruhigen Dorf 6 km nordöstlich von Ballyshannon gelegene ländliche Unterkunft verfügt über freundliche, saubere Zimmer mit Bad. Über die N15 in Richtung Norden, nach 5 km nach Osten abbiegen (Wegweiser nach Cashelard), dann 1 km weiter. Unten im Haus ein moderner Pub.

Cavangarden House (☎ 985 1365; www.littleireland. ie/cavangardenhouse; Donegal Rd; EZ/DZ 44/70 €; P) Dieses georgianische Landhaus liegt herrlich inmitten von Wiesen mit Baumbestand. Die

Zimmer verfügen über robuste altmodische Betten. Abendessen möglich. 3 km nach Norden über die N15, Ausschilderung.

Shannon's Corner (☎ 985 1180; Main St; Hauptgerichte 6–10 €; ⊙ 8.30–16.30 Uhr) Dieses eher bescheidene Bistro ist ein Geheimtipp für Hausmannskost und tolle Samies.

Ausgehen
Fin McCool's (☎ 985 2677; Main St) Ein traditionelles Pub, gelegentlich Livemusik.

Thatch Pub (Bishop St) Sehenswertes Pub am oberen Ende der Main Street mit interessantem Publikum.

An- & Weiterreise
Täglich Verbindungen mit **Bus Éireann** (☎ 074-912 1309) nach Bundoran (2,10 €, 10 Min.), Sligo (9 €, 50 Min.), Galway (17 €, 3½ Std.), Donegal (5 €, 25 Min.) und Dublin (16 €, 4½ Std.; via Enniskillen, Cavan und Navan). Der Busbahnhof liegt zwischen der Brücke und dem Uhrturm Gallogley Jewellers.

Die Busse von **Feda O'Donnell** (☎ 074-974 8114) fahren gegenüber vom Busbahnhof ab, und zwar zweimal täglich nach Donegal (5 €, 30 Min.) und Letterkenny (6 €, 1 Std.), am Freitag viermal; nach Sligo (6 €, 45 Min.) und Galway (15 €, 3 Std.) zweimal täglich, Freitag und Sonntag dreimal. Die Haltestelle ist vor Maggie's Bar, beim Kreisverkehr.

BUNDORAN
☎ 071 / 1680 Ew.
Kitschiger Badeort mit einer Ansammlung abstoßender Einkaufspassagen und Fastfood-Läden. Trotzdem lohnt sich ein Besuch in Bundoran (Bun Dobhráin) – vor allem für Surfer. Strand und nahe Dünen bieten ausgezeichnete Möglichkeiten zum Wandern, Sonnenbaden und Reiten. Am besten übernachtet man im ruhigeren Westen der Stadt.

Praktische Informationen
AIB Bank (Main St) mit Geldautomat und Wechselstube.
Postamt (Main St)
Touristeninformation (☎ 984 1350; bundoran@ irelandnorthwest.ie; the Bridge, Main St; ⊙ Mitte März–Sept. Mo–Fr 10–17, Okt.–Mitte März Fr & Sa 10–16 Uhr) Gegenüber dem Holyrood Hotel.

Aktivitäten
SURFEN & KITESURFEN
Die Brandung am Tullan-Strand nördlich des Stadtzentrums bietet ideale Bedingungen. Im

April finden hier die Irish National Surfing Championships statt. Weitere Informationen auf der Webseite der **Irish Surfing Association** (www.isasurf.ie).

Das **Donegal Adventure Centre** für Jugendliche (☎ 984 2418; www.donegal-holidays.com; Bay View Ave; Surfunterricht 3 Std. 35 €) verleiht Ausrüstung und bietet das ganze Jahr Surfunterricht an. Im Angebot sind zudem Kajakfahrten und Wanderungen durch die Wildnis. Kursteilnehmer können in Schlafsälen übernachten (25 €).

Bundoran Surf Co (☎ 984 1968; www.bundoransurfco. com; ☸ 9.30–19 Uhr) Unterricht im Kite-Surfen und Power-Kiten. Ein Tag Unterricht kostet 120 €. Verleih von normaler Surfausrüstung (Brett und Anzug pro halber Tag 30 €) und Surfunterricht (3 Std. 35 €). Es gibt Pauschalangebote für Unterricht und Übernachtung (siehe Webseite).

REITEN

Das von einer Familie betriebene freundliche **Donegal Equestrian Holidays** (☎ 984 1977; www. donegalequestrianholidays.com) direkt außerhalb der Stadt ist die Hauptattraktion für Nicht-Surfer. Das Angebot umfasst Reiten über die Dünen und am Strand, Unterricht auf jedem Level und Ponycamps für Familien. Telefonische Reservierung erforderlich. Ein einstündiger Ausritt kostet 45 €, längere Ausritte können ebenfalls gebucht werden.

WASSERSPASS

Schwimmen ist am Strand von Bundoran gefährlich. Wer nass werden will, besucht daher die **Waterworld** (☎ 984 1172; www.waterworldbundoran. com; Erw./Kinder bis 8 Jahre 8,50/3,50 €) ein Erlebnisbad am Strand mit Swimmingpool und Wasserrutschen. Wer sich gleichzeitig ein wenig ver-

wöhnen lassen möchte, findet ebenfalls dort das Seealgen-Bad **Aquamara** (☎ 984 1173; Bad ab 18 €; ☸ 11–19 Uhr). Siehe S. 509 für mehr Infos über die irische Seetang-Therapie.

Schlafen

Alle aufgeführten Adressen befinden sich im angenehmeren Westteil der Stadt.

Homefield Hostel (☎ 984 1288; homefield@indigo.ie; Bayview Ave; B/DZ 18/40 €; Ⓟ) Dieses 260 Jahre alte Gebäude diente einst als Feriendomizil des Viscount von Enniskillen und wurde später ein Kloster. Die nette, relativ preiswerte Lodge verfügt über saubere Schlafsäle mit sechs Betten und Doppelzimmer sowie gemütliche Sitzecken.

Bay View B&B (☎ 984 1237; Main St; EZ/DZ 40/64 €; Ⓟ) Einladendes stattliches edwardianisches Stadthaus am Strand mit historischem Ambiente. Die zweckmäßigen Zimmer verfügen über Bad. Die Räume nach vorn bieten einen schönen Blick auf die Meeresbrandung.

Fitzgerald's Hotel (☎ 984 1336; www.fitzgeraldshotel. com; EZ/DZ 65/110 €; Ⓟ) Die feinste Unterkunft bietet dieses kleine Hotel gegenüber vom Strand. Das ältere Gebäude wurde geschmackvoll saniert. Die Zimmer sind geräumig mit hervorragender Aussicht. Das Restaurant mit Bistro ist sehr empfehlenswert.

Essen

La Sabbia (☎ 984 2253; Bay View Ave; Lunch 6–9 €, Dinner 9–24 €; ☸ 9 Uhr–open end) Das farbenfrohe mediterran inspirierte Bistro verfügt über Sitzgelegenheiten im Freien und ist immer gut besucht. Auf der Speisekarte stehen Meeresfrüchte (empfehlenswert zu Beginn das Austernbuffet), Pasta und Pizza. Der Kaffee ist stark, die *panini* sind lecker.

COUNTY DONEGAL

SURFER-PARADIES

Es ist nicht gerade ein Geheimnis – für Surfer schon gar nicht –, dass die irische Westküste das schönste Surfparadies Europas ist. Sogar Traveller aus Australien und Südafrika kommen regelmäßig in Orte wie Bundoran und Easky (County Sligo), wenn ihre Gedanken sind ausschließlich bei den Beach-Breaks, Riff-Breaks und Point-Breaks, für die die Küste so berühmt ist.

Die bei Surfern beliebtesten Orte in Donegal sind Rossnowlagh (S. 549), Bundoran (siehe S. 550) und Dungloe (S. 559). In Sligo surft man am besten in Strandhill (S. 507) und Easky (S. 509), im County Mayo vor Achill Island (S. 490). Überall dort gibt es Ausrüstungen zu leihen bzw. zu kaufen. Wer neu einsteigen will, findet zahlreiche Schulen mit Unterricht für jeden Schwierigkeitsgrad.

Die Irish Surfing Association betreibt die informative Webseite www.isasurf.ie. Neueste Infos von anderen Surfern gibt es auch auf der Webseite www.globalsurfers.com. Mehr über Surfen und Schwimmen in Irland auf S. 752.

Fitzgerald's Bistro (☎ 984 1336; Main St; Hauptgerichte 16–24 €; ⏰ Ostern–Okt. Mi–So 18.30–21 Uhr, Okt.–Ostern nur Fr & Sa) Das beliebte Bistro des Fitzgerald's Hotel mit viel Plüsch und freundlichem Personal ähnelt etwas einer Jagdhütte. Die Spezialität sind Meeresfrüchte; Fleisch- und vegetarische Gerichte sind aber ebenfalls zu empfehlen. Sehr amüsanter Ort.

Ausgehen

Brennan's (☎ 984 1810; Main St; ⏰ Fr–So 0–4 Uhr) ist ein ruhiges und geselliges altes Pub mitten in der Stadt. Eine wahre Erholung nach der schrillen Stadtatmosphäre.

An- & Weiterreise

Die Busse von **Bus Éireann** (☎ 074-912 1309) halten an der Main Street. Es gibt täglich Verbindungen u. a. nach Sligo (8 €, 45 Min.), Galway (17 €, 2¼ Std.), Donegal (6 €, 40 Min.). **Ulsterbus/Translink** (☎ 028-9066 6630; www.ulsterbus. co.uk) fährt Montag bis Freitag dreimal täglich (Sa 1-mal) nach Belfast (17,50 €, 3½ Std.) via Enniskillen (12,50 €, 1¼ Std.). Die Busse von **Feda O'Donnell** (☎ 074-974 8114) verkehren von Crolly (6 €, 2½ Std.) nach Galway (14 €, 3 Std.) und halten in Bundoran vor dem Holyrood Hotel, zweimal täglich (Fr & So 3-mal).

DONEGALS SÜDWESTEN

VON MOUNTCHARLES NACH BRUCKLESS

Die Landschaft von Donegal wird immer attraktiver, je näher man der Küste bei Donegal kommt und je weiter man nach Norden fährt. Die Küstendörfer sind winzig, aber malerisch. Außer in ein paar Pubs und Cafés in Mountcharles und Dunkineely gibt es vor allem im Winter kaum Möglichkeiten zu essen. An Proviant muss man also in Donegal oder Killybegs denken.

Mountcharles

☎ 074 / 430 Ew.

Das an einem Hügel gelegene Mountcharles (Moin Séarlas) ist die erste Siedlung an der Küstenstraße (N56) südwestlich von Donegal. Etwa 2 km südlich des Ortes befindet sich ein sicherer Sandstrand. Die grün glänzende **Pumpe** auf dem höchsten Punkt des Dorfes bildete einst die Kulisse für unzählige Geschichten über Feen, Geister, historische Schlachten und mythologische Begegnungen – denn hier übte der im Dorf geborene Séamus MacManus, ein Dichter und *seanachaí* (Geschichtenerzähler) mit internationaler Reputation, in den 1940er–50er Jahren seine Kunst aus.

Dunkineely

☎ 074 / 350 Ew.

Das verschlafene kleine Dunkineely (Dún Cionnfhaolaidh oder Dún Cionnaola) liegt etwas weiter westlich. Von hier führt eine Nebenstraße hinunter zum **St. John's Point**, der sich als dünne Landspitze ins Meer bohrt. Es gibt einen Strand mit etwas Sand und eine phantastische Aussicht. Der Bereich um den Point ist ein ausgezeichnetes Tauchrevier.

Blue Moon Hostel (☎ 973 7264; http://homepage. eircom.net/~bluemoonhostel; Main St; Camping 5 € pro Pers., B/DZ 12/30 €; ⓟ) ist eine unabhängige IHO-Herberge. Das Hostel sieht zwar recht langweilig, fast schäbig aus, doch die Dreistockbetten sind bequem. Es gibt zwei Küchen, Waschmaschine mit Trockner und viele Infos über lokale Angebote wie Tiefseetauchen und Hochseeangeln.

Castle Murray (☎ 973 7022; www.castlemurray.com; St. John's Point; EZ/DZ 90/140 €; Hauptgerichte 17–24 €; ⏰ 18.30–21.30 Uhr; ⓟ) Das über den Klippen gelegene Gebäude ist keine Burg, sondern eher ein kleines gemütliches Hotel in einem alten Strandhaus. Es verfügt über 10 verspielt renovierte Zimmer – jedes ist einem kulturellen Thema gewidmet. Die Ausstattung ist zwar recht alt, aber die Zimmer sind komfortabel, die Sonnenuntergänge spektakulär. Das Frühstück ist exzellent, und so ist es kaum ein Wunder, dass auch das Restaurant mit seinen Meeresfrüchte-Spezialitäten à la française ein Geheimtipp ist. Unbedingt Krabben und Engelbarsch (*prawns & monkfish*) in Knoblauchbutter probieren!

Bruckless

☎ 074 / 180 Ew.

Die Streusiedlung Bruckless (An Bhroclais) etwa 2 km westlich von Dunkineely ist die nächste Station. Hier kann man ausreiten oder Ponytrekking ausprobieren: **Deane's Equestrian Centre** (☎ 973 7160; deanesequestrian@eircom.net; Darney, Bruckless; ⏰ 10–16 Uhr) bietet Reitstunden, Fünf-Minuten-Ponyritte für Kinder (5 €) und längere Ausritte (Erw./Kind ab 17/20 €) an. Reservierung erforderlich.

Das luxuriöse, von Efeu überwachsene georgianische **Bruckless House** (☎ 973 7071; www.iol.

ie/~bruc/bruckless.html; DZ 120 €; ⊙ April–Sept.; Ⓟ) ist traumhaft schön. Vor dem Haus liegt ein traditioneller Bauerngarten, im angeschlossenen Gestüt werden Connemara-Ponys gezüchtet. Die über 7 ha großen Gärten zur Küste hin laden zum Spazieren ein. Das Hotel ist mit orientalischen Antiquitäten möbliert. Wegweiser und Abzweigung an der Hauptstraße 3 km hinter Dunkineely.

An- & Weiterreise

Bus Éireann (☎ 972 1008) Buslinie 490 von Donegal nach Killybegs, Haltestellen an der Village Tavern in Mountcharles, am Postamt in Inver, in Bruckless und am Dunkineely Furniture Centre in Dunkineely.

KILLYBEGS
☎ 074 / 1400 Ew.

In Killybegs (Ceala Beaga) riecht es eindeutig nach Fisch – kein Wunder, denn der Ort ist Irlands wichtigster Fischereihafen und Standort einer großen Fischmehlfabrik. Abgesehen davon ist es eine hübsche Stadt mit verwinkelten Straßen, die auf den Hauptplatz nahe beim Pier münden. Bei Hochseeanglern ist der Ort ebenso beliebt wie als Ausgangspunkt für Touren zu den spektakulären Klippen hinter Kilcar.

Die **Touristeninformation** (☎ 973 2346; Quay St; ⊙ Mo–Fr 9.30–17.30 Uhr) befindet sich in einem Kiosk am Hafen. Die **Bank of Ireland** (Main St) hat einen Geldautomaten und eine Wechselstube.

Sehenswertes & Aktivitäten

Wenn man im Ort rechts den Hügel hinaufgeht, gelangt man zur **St. Mary's Church**. Vor ihr steht der außergewöhnliche **Tombstone of Niall Mór MacSweeney**. MacSweeney war Anführer des Sweeney-Clans, einer von Donegals Herrscherfamilien vor 1607. Auf dem Grabstein ist ein gepanzerter Krieger mit Federhelm, erhobener Streitaxt und griffbereitem Schwert dargestellt. Die kriegerische Figur zeigt einen *gallowglass*, einen der schottischen Söldner, die Ende des 13. Jhs. erstmals in den Norden und Westen Irlands kamen.

Mehrere Unternehmen bieten **Angeltouren** an, bei denen mit etwas Glück Seelachs, Kabeljau und Weißfische anbeißen. **Killybegs Angling Charters** (☎ 973 1144; www.killybegsangling. com; Blackrock Pier) vermietet Fischerboote (400 € für ein Boot). Der **Harbour Store** (☎ 973 1569; the Harbour) am Kai verkauft Angelausrüstung.

Es macht Spaß, in die wilde, abgelegene **Fintragh Bay** etwa 3 km westlich zu fahren. Sie ist über eine steil abfallende Straße zu erreichen. Das Wasser ist hier sauber, man kann gefahrlos schwimmen.

Schlafen

Ritz (☎ 973 1309; www.theritz-killybegs.com; Chapel Brae; B/DZ/FZ 20/60/70 €; Ⓟ ⓓ) Für diesen Preis ist das IHO-Hostel keine schlechte Wahl, zumal die Zimmer die Privatsphäre und den Komfort eines Hotels bieten. Es verfügt über eine große moderne Küche, farbenfrohe Zimmer mit Bad und TV und gemütliche Sitzecken. Ein leichtes Frühstück ist im Preis inbegriffen. Eine gute Wahl für Familien.

Seawinds B&B (☎ 973 2003; www.seawindsireland. com; the Diamond; EZ/DZ 40/60 €; Ⓟ) Mitten in der Stadt gelegen, bietet dieses B&B einfache, aber freundliche und zweckmäßig ausgestattete Zimmer. Ebenfalls eine gute Wahl für Familien

Tara Hotel (☎ 974 1700; www.tarahotel.ie; Main St; EZ/DZ 80/120 €; ⌨ ⓓ) Markenzeichen dieses modernen Hotels direkt am Hafen ist die edle, minimalistische Einrichtung. Die Zimmer verfügen über die übliche Ausstattung inkl. TV und Internetzugang. Sechs Zimmer mit Meeresblick haben einen Balkon (im Sommer 10 € extra).

ESSEN

Shines (☎ 973 1996; Killybegs; Fish & Chips 6 €; ⊙ Mi–Sa 11–14, 16–23.30 Uhr, So 15–23.30 Uhr) Wem das allgegenwärtige Aroma der Stadt Hunger auf Fisch macht, der ist in diesem Takeaway genau richtig. Salz drauf, einpacken und ab zum Strand.

22 Main Street (☎ 973 2876; www.22mainstreet. com; Main St; Hauptgerichte 11–22 €; ⊙ 17–22 Uhr) Wer Appetit auf Fisch hat, aber auch wer absolut keinen Fisch mag, ist in diesem Bistro im mediterranen Stil richtig. Mitten in der Stadt gelegen, bietet es Pizza und Pasta, Fischspeisen, Fish & Chips und hervorragendes irisches Rindfleisch.

Kitty Kelly's (☎ 973 1925; www.kittykellys.com; Kilcar Rd; Hauptgerichte 16–20 €; ⊙ Ostern–Sept. tgl., Okt.–März Do–So 18.30–21.30 Uhr) Dieses Restaurant in einem 200 Jahre alten Bauernhaus wird von einer geselligen lokalen Berühmtheit geführt. Man fühlt sich fast wie auf einer privaten Dinnerparty. Wie nicht anders zu erwarten, gibt es traditionelle irische Küche mit preisverdächtigen Fischgerichten. An der Küstenstraße

5 km westlich von Killybegs. Tischreservierung empfehlenswert.

An- & Weiterreise

Bus Éireann (☎ 912 1008) verkehrt wie folgt: Buslinie 492 nach Donegal (6 €, 30 Min.) Montag bis Samstag viermal täglich; Buslinie 490 nach Kilcar (4 €, 20 Min.) und Glencolumbcille (8 €, 45 Min.) Montag, Mittwoch und Freitag einmal täglich, Dienstag, Donnerstag und Samstag zweimal täglich. Im Juli und August fährt ein zusätzlicher Bus. Montag bis Samstag verkehren die Busse bis Malinmore weiter.

KILCAR & CARRICK

☎ 074 / 260 Ew.

Die kleinen Landstädte Kilcar (Cill Chártha) und das attraktivere benachbarte Carrick (An Charraig) sind gute Ausgangspunkte, um die atemberaubende Küstenlandschaft in Südwest-Donegal zu erkunden – und natürlich auch die phantastischen Klippen von Slieve League. In Kilcar wird übrigens der berühmte Donegal-Tweed produziert. Direkt außerhalb des Ortes befindet sich ein kleiner Sandstrand.

Die Landschaft lädt zum Wandern ein, auch wenn es oft bergauf und bergab geht. Die Touristeninformation stellt Infos über den Kilcar Way zur Verfügung. Infos auch bei **Aísleann Cill Cartha** (☎ 973 8376; Main St; ☒ Mo–Fr 9–17.30 Uhr), einem Gemeindezentrum mit angeschlossener Touristeninformation.

Infos gibt's beim **Ionad Cultúrach Sliabh Liag** (Slieve League Cultural Centre; ☎ 973 9077; www. sliabhleague.com; Teelin, Carrick) mit einem netten Café. Es gibt keine Bank. Zur Post geht es hinter O'Garas's Pub von der Main Street ab.

Sehenswertes

STUDIO DONEGAL

Neben dem Gemeindezentrum liegt **Studio Donegal** (☎ 973 8194; www.studiodonegal.ie; the Glebe Mill, Kilcar; Eintritt frei; ☒ Mo 10–17.30, Di–Do 9–17.30, Fr 9.30–17 Uhr), wo Tweeds mit der Hand gesponnen und gewebt werden. Manchmal können Besucher im oberen Stockwerk bei der Arbeit zuschauen.

SLIEVE LEAGUE

Die Klippen von Moher sind bei Fotografen zwar bekannter, doch die von Slieve League sind höher. Bereits die Anfahrt zu diesen spektakulären vielfarbigen Klippen – mit 600 m die höchsten in Europa – lässt einem die Haare zu Berge stehen. Vom Parkplatz führt ein Pfad um die fast senkrecht abfallende Felswand zum **One Man's Pass**.

Von der R263 bei Carrick 5 km nordwestlich von Kilcar die Abzweigung (Wegweiser nach Bunglass) nehmen, an dem schmalen Weg vorbeifahren, der mit Slieve League ausgeschildert ist, und bis zu der Ausschilderung Bunglass weiterfahren.

Aktivitäten

Drei Wanderrouten, die in Kilcar beginnen, sind allgemein als **Kilcar Way** bekannt. Von Teelin aus können erfahrene Wanderer einen Tagesausflug nach Norden unternehmen: Der Weg führt über Bunglass und den Klippenrand von One Man's Path (nichts für nicht Schwindelfreie!) nach Malinbeg bei Glencolumbcille. Bei starkem Wind oder schlechtem Wetter wegen der schlechten Sicht besser auf diese Tour verzichten!

Schlafen & Essen

Dún Ulún House (☎ 973 8137; dunulunhouse@eircom.net; Coast Rd; Campingplatz 10 €, B/DZ 15/45 €; ☒) Die tolle Aussicht auf die Reste einer Ringfestung ist das Erste, was einem in dieser Unterkunft auffällt, die von einem älteren Ehepaar geführt wird. Für Einzelreisende gibt es Betten in einem Schlafsaal. Die Unterbringung ist einfach, aber gemütlich, und die Wirte können mit Reiseinfos, Gälischunterricht und Ahnenforschung behilflich sein. Auf Wunsch gibt es Frühstück (7,50 €). Am Hügel versteckt sich ein kleiner Campingplatz. Das Haus liegt 1 km westlich des Dorfes.

Derrylahan Hostel (☎ 973 8079; derrylahan@eircom. net; Derrylahan, Kilcar; Campingplatz 12 €, B/DZ 14/36 €; ☒) Das nette und sehr gut geführte IHH-Hostel ist die beste Wahl für Camper und Reisende mit kleinem Geldbeutel. Die Farm ist noch in Betrieb. Die Schlafsäle sind komfortabel, es gibt ausreichend Kochmöglichkeiten sowie ein Haus für Gruppen bis 20 Personen und Fahrradverleih. 3 km westlich des Dorfes an der Küstenstraße. Abholung möglich.

Ostan Sliabh Liagh (☎ 973 9973; www.ostansliabhliag. com; Carrick; EZ/DZ 35/70 €; Mahlzeiten an der Bar 4–9 €; ☒) Dieses B&B mitten im malerischen Dörfchen Carrick verfügt über den größten Pub des Ortes und spartanisch eingerichtete, aber äußerst saubere Zimmer, die meisten mit Bad. Das Essen ist ganz anständig.

Blue Haven (☎ 973 8090; Kilcar-Killybegs Rd; Hauptgerichte 12–25 €; ☒ 18–22, So 12–15 Uhr) Das Restaurant ist modern und elegant und bietet aus lokalen Produkten zubereitete Hausmannskost. Die Atmosphäre ist sehr angenehm – außerdem erlebt man spektakuläre Sonnenuntergänge.

An- & Weiterreise

Bus Éireann (☎ 912 1309) Die Buslinie 490 verbindet Kilcar und Carrick mit Killybegs und Glencolumbcille (Mo–Fr 1-mal tgl., Sa 2-mal, So 1-mal). Im Juli und August fährt montags bis samstags ein zusätzlicher Bus. **McGeehan Coaches** (☎ 954 6150) fährt täglich von Glencolumbcille nach Dublin mit Halt in Carrick und Kilcar. Im Sommer gibt es zusätzliche Busse.

GLENCOLUMBCILLE & UMGEBUNG
☎ 074 / 255 Ew.

Das Hafenstädtchen Glencolumbcille (Gleann Cholm Cille, „Glen von Columbas Kirche") verdankt seine Schönheit seiner abgeschiedenen Lage zwischen den Klippen. Wer über den Glen Gesh Pass anreist, bekommt einen Eindruck von der einsamen Lage des Ortes. Es geht meilenweit durch Hügel- und Moorlandschaft, bevor das Meer und ein kleines gälisches Dorf in einem engen grünen Tal auftauchen.

Der Ort ist schon seit 3000 v. Chr. besiedelt, wovon viele steinzeitliche Funde in der Umgebung zeugen. Angeblich hat der Hl. Colmcille (Columba) im 6. Jh. ein Kloster gegründet (daher der Name des Tals), wobei er die steinzeitlichen Stehenden Steine (*turas*) christianisierte, indem er ein Kreuz einmeißelte.

Am **Colmcille's Feast Day** (9. Juni) wandern die Gläubigen um Mitternacht um die *turas* und die Ruine von Colmcilles Kirche und besuchen danach um 3 Uhr die Messe in der Dorfkirche.

Praktische Informationen

Teach Alasa (☎ 973 0116; Cashel; ☯ April, Juni & Sept. – Mitte Nov. Mo–Sa 10–18 Uhr, So 13–17 Uhr, Juli & Aug. Mo–Sa 9.30–21 Uhr, So 12–18 Uhr) verfügt nur über wenige Infos. Es gibt weder Bank noch Geldautomat, aber im Postamt kann Geld gewechselt werden.

Sehenswertes & Aktivitäten

FATHER MCDYER'S FOLK VILLAGE

Dieses **Folk Centre** (☎ 973 0017; www.glenfolkvillage. com; Doonalt; Erw./Kind 3/2 €; ☯ Ostern–Sept. Mo–Sa 10–18 Uhr, So 12–18 Uhr; **P**), ein Museum mit einer Mission, wurde 1967 von dem vorausschauenden Pater James McDyer gegründet, um die Traditionen für die Nachwelt zu erhalten. Es befindet sich in nachgebauten Cottages des 18. und 19. Jhs. mit authentischer Ausstattung. Im *shebeen* (ein illegaler Trinkort) werden ungewöhnliche lokale Weine verkauft, die aus Zutaten wie Seetang und Fuchsien hergestellt werden, sowie Marmeladen und Whiskey-Trüffel. Im Eintritt ist eine Führung enthalten. 3 km westlich des Dorfes am Stand.

STRÄNDE

Es gibt zwei Sandstrände mit schöner Brandung in **Doonalt**, westlich des Dorfes. Ein weiterer herrlicher kleiner Strand mit festem rötlichen Sand befindet sich bei **Malinbeg** an der Küstenstraße in Richtung Slieve League in einer gut geschützten Bucht zwischen den niedrigen Klippen.

WANDERN

Verschiedene Rundwanderwege führen durch die wildromantische Landschaft um die Stadt. Der **Tower Loop** (10 km, 2–3 Std.) führt über die beeindruckenden Klippen, der schwierigere **Drum Loop** (13 km, 3–4 Std.) führt in die Hügel nordöstlich des Ortes. Beide Touren beginnen und enden an der Kirche von Colmcille. Derzeit wird ein neues Walking Centre (☎ 973 0302) in Ufernähe fertiggestellt, das auch geführte Touren, Infos und Duschmöglichkeiten anbietet.

Kurse

Oideas Gael (☎ 973 0248; www.oideas-gael.com; ☯ Mitte März–Okt.) bei der Foras Cultúir Uladh (Ulster Cultural Foundation), 1 km westlich vom Ortszentrum, bietet verschiedene „Kultururlaube" – Kurse für irische Sprache und Kultur inkl. Tanz, Töpferei und Musik. Das Zentrum veranstaltet auch geführte Wanderungen durch das Hügelland von Donegal. Dreitägige Kurse kosten ab 100 €. Unterkunft kann vermittelt werden, sowohl in Pensionen als auch Ferienwohnungen, zu Preisen von etwa 20 bis 40 € pro Person und Nacht.

Schlafen

Dooey Hostel (☎ 973 0130; www.dooeyhostel.com; Standplätze/B/DZ 7,50/13/28 €; **P**) Das in die Jahre gekommene IHO-Hostel hat Charakter, nicht zuletzt, weil die Wirtin eine ältere Kettenraucherin mit wüster Mähne ist, die sich selbst „Mad" Mary O'Donnell nennt. Das Hostel ist richtig in den Hang gebaut, Felsen und tropfende Pflanzen reichen bis in den Flur hinein. Die Aussicht ist toll. Die Ausstattung ist einfach, aber jeder Schlafsaal verfügt über Bad und Küche. Dazu kommt ein Gruppenhaus für 20 Personen. Autofahrer sollten an der Glenhead Tavern abbiegen, dann sind es noch 1,5 km; Wanderer können die Abkürzung beim Folk Village nehmen. Nur Barzahlung.

Malinbeg Hostel (☎ 973 0006; www.malinbeghostel. com; Malinbeg, Glencolumbcille; B/EZ/DZ 16/25/40 €; ☾ geschl. Dez.–Anfang Jan.; **P**) Das Gegenteil des Dooey ist das sehr moderne und komfortable Malinbeg. Die Zimmer sind tadellos sauber und verfügen über eigene Bäder. Pluspunkte sind der tolle Strand, ein Laden und ein Restaurant. Auf Anfrage Abholung möglich.

Glencolumbcille Hotel (Óstán Ghleann Cholm Cille; ☎ 973 0003; www.glenhotel.com; EZ/DZ 60/110 €; **P**) Dieses kanariengelbe Haus steht mitten im hügeligen Hinterland, auch der hauseigene Golfplatz nimmt langsam Form an. Die 40 schicken Zimmer sind extrem groß. Etwas Besonderes ist die Suite mit Blick auf die Küste. Das Hotel liegt vom Folk Museum kommend in Richtung Malinbeg.

Essen
Im Winter gibt es nur wenige Möglichkeiten im Ort selbst. Der Laden neben dem Malinbeg Hostel verkauft Sandwiches.

An Cistin (the Kitchen; ☎ 973 0213; Glencolumbcille; Hauptgerichte 10–22 €; ☾ Ostern–Okt. 9–21 Uhr) Ein besserer Ort zum Essen wird kaum zu finden sein. Das Café-Restaurant, das zu Oideas Gael gehört, wird Feinschmecker begeistern. Die Fischgerichte sind zu empfehlen, und der sanfte Jazz im Hintergrund sorgt für eine angenehme Atmosphäre.

Silver Strand House (☎ 973 0220; Malinbeg; Hauptgerichte 15–20 €; ☾ tgl. Mai–Sept., Okt.–April Sa & So 9–21.30 Uhr; **P**) Das Strandlokal an der Spitze von Malinbeg serviert eine grandiose Fischplatte – bestens geeignet, um die lokalen Spezialitäten zu probieren.

Shoppen
Glencolumbcille Woollen Mill (☎ 973 0070; www. rossanknitwear-glenwoolmill.com; Malinmore; ☾ März–Okt. 10–20, Nov.–Febr. bis 17.50 Uhr) ist ideal zum Kauf von Wollsachen. Rossan-Strickwaren werden in der Gegend produziert, doch es werden auch Jacken aus Donegal-Tweed, Hüte und Krawatten sowie Schals aus Schafwolle verkauft. 3 km südwestlich von Cashel.

An- & Weiterreise
Bus Éireann (☎ 912 1309) Buslinie 490 fährt täglich nach Killybegs (8 €, 45 Min.), ein zusätzlicher Bus Juli bis August und samstags.

McGeehan Coaches (☎ 954 6150) fahren vor Biddy's Pub nach Killybegs (5 €, 1 Std.) und Dublin (20 €, 5 Std., 2-mal tgl.) ab. McGeehan-Busse auch nach Ardara, Dungloe und Glenties.

MAGHERY & GLEN GESH PASS
☎ 074 / 640 Ew.

Das Dörfchen am Nordende der Halbinsel liegt an einer malerischen Küstenlinie. Wer westlich am Strand entlangläuft, gelangt zu einem Felsvorsprung mit zahlreichen Höhlen. Während Cromwells Zerstörungsfeldzug durch Irland im 17. Jh. versteckten sich hier 100 Dorfbewohner, doch alle bis auf einen wurden gefunden und getötet.

Etwa 1,5 km östlich von Maghery trifft man auf den Wasserfall **Assarancagh**, hinter dem ein 10 km langer, markierter Wanderweg zum **Glen Gesh Pass** (Glean Géis, „Glen der Schwäne") beginnt, einem der schönsten Flecken Europas. Die Landschaft wirkt fast alpin mit ihren Bergen und grünen Tälern, in denen verstreut Bauernhäuser und kleine Seen liegen. Eine Straße führt von Glencolumbcille direkt zum Pass, Wegweiser Richtung Ardara.

ARDARA
☎ 074 / 580 Ew.

Das elegante und malerisch gelegene Ardara (Árd an Rátha) ist Donegals Zentrum für Strickwaren und handgewebten Tweed. Es ist nicht viel los hier, immerhin gibt es aber ein paar gediegene Pubs. Wer sich mit Winterkleidung eingedeckt hat, fährt am besten weiter über die Serpentinenstraße zum herrlichen Glen Gesh Pass, der direkt westlich des Ortes beginnt.

Die Touristeninformation befindet sich im Triona Design visitor centre (siehe Shoppen). Im Zentrum gibt es die Ulster Bank mit Geldautomat. Das Postamt liegt ein Stück weiter auf der Main Street.

Festivals & Events
Ende April oder Anfang Mai findet das **Cup of Tae Festival** (www.cupoftaefestival.com) für traditionelle Musik statt – dazu gehören eine Musikschule sowie Tanz und Geschichtenerzählen.

Schlafen & Essen

Drumbarron Hostel (☎ 954 1200; jfeeneyardara@eircom. net; the Diamond; B/DZ 16/36 €) Das zweistöckige georgianische Haus verfügt über zweckmäßige Schlafsäle mit Etagenbetten, eine große Küche und einen gemütlichen Gemeinschaftsraum. Wenn niemand im Hostel ist, beim B&B gegenüber klopfen. Nur Barzahlung.

Drumbarron House (☎ 954 1200; jfeeneyardara@ eircom.net; the Diamond; EZ/DZ 40/70 €) Das große und gemütliche B&B, das schon seit drei Generationen in Familienbesitz ist, wird zurzeit von einem Künstler geführt, dessen moderne Kunstwerke überall im Haus aufgehängt sind. Nur Barzahlung.

Green Gate (☎ 954 1546; http://thegreengate.eu; Ardvally, Ardara; EZ/DZ ab 40/70 €; **P**) Das idyllische B&B auf einem Hügel wird von dem geselligen Franzosen Paul Chatenoud geführt; wer hier einige Zeit verbringt, kann ihn ganz gut kennenlernen (er ist der Typ von Wirt, der sich gern mit seinen Gästen unterhält). Die Zimmer sind auf mehrere Strohdachhütten verteilt. Man hat einen schönen Blick über die Bucht. Hasen sind ständige Gäste. Hinter dem Woodhill House den kleinen Bildwegweisern mit einem Tor folgen.

Woodhill House (☎ 954 1112; www.woodhillhouse. com; DZ 98–150 €; **P**) Das Landhaus aus dem 17. Jh. ist nicht nur geschichtsträchtig, sondern es ranken sich auch viele Legenden darum. Der Garten ist sehr sehenswert, das gemütliche Restaurant hat eine Weinkarte, die selbst Kenner begeistert. 400 m südöstlich des Zentrums.

Nancy's Bar (☎ 954 1187; Front St; Hauptgerichte 8–12 €) Dieses Pub-Restaurant vermittelt seinen Gästen das Gefühl, sie säßen im Wohnzimmer von Nancy. Fischgerichte und *chowder*, eine Suppe aus Meeresfrüchten, sind die Spezialitäten, und man trifft immer nette Leute.

Unterhaltung

Corner House (☎ 954 1736; the Diamond) bietet jeden Abend von Juni bis September irische Musik – und dazu ein oder zwei Gläser von dem schwarzen Zeug, das hier ausgeschenkt wird. Oft fängt jemand spontan zu singen an, und wenn die Stimmung gut ist, stimmen alle mit ein.

Shoppen

Ardara ist der ideale Ort, um Wollsachen und warmen Tweed zu kaufen. Es gibt ein halbes Dutzend Läden, die auf die lokalen Strickwaren spezialisiert sind.

Triona Design (☎ 914 1422; www.trionadesign.com; Main St; ⏰ 9–19 Uhr) Hier kann man den Webern bei ihrer traditionellen Arbeit zuschauen und erfährt viel über die lange Geschichte dieses Berufsstandes. Die Qualität der Strickwaren überzeugt.

Kennedy's (☎ 954 1106; Front St) Seit über 100 Jahren bestimmt das Haus Kennedy maßgeblich Ardaras Ruf als Mekka für Pullover-Fans.

An- & Weiterreise

Im Juli und August hält die Linie 492 von **Bus Eireann** (☎ 912 1309) von Killybegs (4 €, 25 Min.) vor O'Donnell's in Ardara (Mo–Fr 3-mal tgl.). Von Juni bis Mitte September fährt **McGeehan Coaches** (☎ 954 6150) zweimal täglich via Donegal (4 €, 50 Min.) nach Dublin (17,50 €, 4½ Std.).

Unterwegs vor Ort

Don Byrne's of Ardara (☎ 954 1638; Main St) östlich vom Zentrum vermietet Fahrräder für 15/60 € pro Tag/Woche.

DAWROS HEAD

Die Halbinsel nördlich von Ardara ist übersät mit kleinen, funkelnden Seen in sanfter Hügellandschaft. Die beiden Ferienorte **Narin** und **Portnoo** sind an Sommerwochenenden wegen des herrlichen Blue-Flag-Strandes bei Narin ziemlich überlaufen.

Die sandige Spitze des Strandes weist auf die vorgelagerte Insel **Iniskeel**, die bei Ebbe zu Fuß erreichbar ist. Der Hl. Connell, ein Cousin Colmcilles, gründete hier im 6. Jh. ein Kloster, von dem kaum etwas übrig ist. Dafür finden sich auf der Insel viele interessante frühmittelalterliche christliche Relikte.

Ein weiterer Ausflug führt zum **Lough Doon**, 3 km südlich von Narin. In der Mitte des Sees steht das 2000 Jahre alte **Doon Fort**, eine befestigte längliche Siedlung. Wer hin möchte, muss ein Ruderboot (etwa 10 €) bei der Nachbarfarm ausleihen. Nur bei windstillem Wetter!

Wer jetzt Lust auf mehr Archäologie bekommen hat, sollte das **Dolmen Ecocentre** (☎ 074-954 45010; www.dolmencentre.com; Kilclooney; ⏰ Mo–Fr 9–17 Uhr) besuchen und sich Tipps für weitere prähistorische Stätten holen. Über einen Pfad links der Kirche bergauf erreicht man nach wenigen Minuten ein Ganggrab, das wie eine Schildkröte aussieht.

Ebenfalls auf der Halbinsel, umrahmt von grasbewachsenen Dünen, liegt **Tramore Beach**.

1588 lief hier ein Teil der spanischen Armada auf Grund. Die Überlebenden ließen sich zeitweise auf O'Boyle's Island im Kiltoorish Lake nieder und marschierten dann nach Killybegs, wo sie mit der *Girona* wieder in See stachen. Die *Girona* erlitt jedoch im selben Jahr in Nordirland ein ähnliches Schicksal. Über 1000 Seeleute verloren ihr Leben (siehe Kasten S. 710).

Schlafen

Narin und Portnoo haben viele B&Bs, meist von April bis September geöffnet.

Tramore Beach Caravan & Camping Park (☎ 074-955 1491; campbella@eircom.net; Rosbeg; Campingplatz 14 €) Der abgelegene Platz verfügt über 24 sandige Zeltplätze zwischen den Dünen, nur ein paar Schritte vom Strand entfernt. Zu erreichen über die Straße von Ardara nach Narin, dann links abbiegen, Wegweiser zum Tramore Beach.

Lackagh Mor Cottages (☎ 074-954 5935; mgyo@eircom.net; Lackagh; EZ/DZ 35/60 €; P) Die Gruppe von Steincottages ist eine gute Wahl für Familien oder Besucher, die es romantisch mögen. Die Cottages bieten einen schönen Blick aufs nahe Meer. Direkt außerhalb von Portnoo.

An- & Weiterreise

Von Montag bis Samstag (Juli & Aug.) fährt **Bus Éireann** 492 (☎ 074-912 1309) von Killybegs nach Portnoo (9 €, 55 Min., 2-mal tgl.).

GLENTIES

☎ 074 / 790 Ew.

Wirklich ein schönes Dorf – wie auch schon am Ortsschild kundgetan wird! Glenties (Na Gleannta) ist vielleicht etwas zu aufgeräumt, man hat ständig das Gefühl, eine alte Lady folge einem mit Schaufel und Besen. Doch die Lage am Anfang von zwei Tälern, hinter denen im Süden die Blue Stack Mountains aufragen, ist unbestreitbar wunderschön. Eine gute Wahl zum **Angeln** und **Wandern** in herrlicher Landschaft.

Im August findet zu Ehren des mutigen Patrick MacGill (1891–1963) eine **Summer School** (www.patrickmacgill.com) statt. MacGill, der Arbeiterdichter, wurde als Kind von seinen Eltern als Arbeitssklave verkauft, konnte später entkommen und schrieb schließlich für den englischen *Daily Express*. Glenties ist auch verbunden mit dem Dramatiker Brian Friel, dessen Stück (und späterer starbesetzter Film) *Dancing at Lughnasa (Tanz in die Freiheit)* in Glenties spielt.

Auf der Main Street befindet sich die Bank of Ireland mit Geldautomat und Wechselstube sowie das Postamt.

St. Connell's Museum & Heritage Centre (☎ 955 1227; Main St; Erw./Kind 2,50/1 €; ☼ April–Sept. Mo–Sa 10–13 & 14–16.30 Uhr) neben dem alten Gerichtsgebäude am Westende des Ortes bietet ein ziemlich chaotisches Sammelsurium lokaler Artefakte.

Schlafen & Essen

Campbell's Holiday Hostel (☎ 955 1491; www.campbellireland.com; B/DZ 12/28 €; ☼ April–Okt.; P) Ein tolles Hostel mit in unterschiedlichen Farben gestalteten Sechsbett- und komfortablen Doppelzimmern sowie mehreren Küchen und einer Waschküche. Es liegt versteckt hinter dem Museum, wenn man über die N56 von Ardara aus ankommt.

Brennan's B&B (☎ 955 1235; Main St; EZ/DZ 45/70 €; P) Dieser Familienbetrieb liegt rechts auf der Hauptstraße zwischen einladenden Pubs und Läden. Die Zimmer sind bequem und werden von der älteren Wirtin tadellos sauber gehalten.

Highlands Hotel (☎ 955 1111; http://homepage.eircom.net/~highlandshotel; Main St; EZ/DZ 52/96 €; Hauptgerichte 12–24 €) Das ruhige Landhotel liegt am Westende des Ortes. Das Essen ist ausgezeichnet und reichlich und immer aus frischen Zutaten zubereitet. Die einfachen Zimmer sind sauber und geräumig.

Unterhaltung

Beim Anblick des Schilfdachs könnte man glauben, **Paddy's Bar** (☎ 955 1158; Main St) sei ein übrig gebliebenes Fossil aus alten Zeiten. Innen ist sie jeoch komplett modernisiert und spricht alle Altersgruppen an. Es gibt Poolbillard und an mehreren Abenden pro Woche traditionelle Céilidhs.

An- & Weiterreise

Bus Éireann (☎ 912 1309) Busse der Linie 492 von Donegal nach Dungloe halten in Glenties (7 €, 45 Min., Mo–Fr 1- oder 2-mal tgl.).

FINN VALLEY & UMGEBUNG

Das selbst für Donegal abgelegene Finn Valley eignet sich hervorragend zum Angeln, Bergwandern und Radfahren. Im River Finn kann man **Lachse** fischen. Für **Wanderer** sind die Blue Stack Mountains und der Ulster Way (S. 750) ideal – aber nur mit Wanderkarten und Proviant. Das Finn Farm Hostel verkauft Karten und gibt Infos über die Gegend. Eine Tageswanderung ist z. B. der Marsch vom Hostel nach Glenties.

Der Hauptort ist **Ballybofey** (Bealach Féich), durch eine Bogenbrücke mit dem benachbarten **Stranorlar** verbunden. Im Ballybofey Balor Theatre befindet sich eine **Touristeninformation** (☎ 074-913 2377; Main St; ☻ Mo–Fr 9–17 Uhr). In der protestantischen Kirche liegt das **Grab** von Isaac Butt (1813–79), dem Begründer der Irish-Home-Rule-Bewegung.

Schlafen & Essen

Finn Farm Hostel (☎ 074-913 2261; Cappry, Ballybofey; Campingplatz/B/DZ 10/15/30 €; ℗) Das Hostel befindet sich auf einer Farm mit zahlreichen Pferdeställen. Dieser freundliche Ort ist typisch irisch, jedoch beklagen anspruchsvollere Gäste, dass alles ziemlich heruntergekommen ist. Das Hostel bietet Reitunterricht und geführte Wanderungen an und liegt etwa 2 km südwestlich von Ballybofey; die Abzweigung von der N15 ist mit „Hostel" ausgeschildert.

An- & Weiterreise

Bus Éireann (☎ 074-912 1309) betreibt die Schnellbuslinie 64 bis zu sechsmal täglich zwischen Galway (17 €, 4¾ Std.) und Derry (7 €, 35 Min.) via Sligo (12 €, 2 Std.), Donegal (6 €, 30 Min.) und Letterkenny (5 €, 25 Min.) mit Halt in Ballybofey. Lokale Busse verbinden Ballybofey mit Killybegs und ebenfalls Letterkenny.

McGeehan Coaches (☎ 074-954 6150) betreibt eine Linie von Glencolumbcille (8 €, 1¾ Std.) nach Letterkenny (5 €, 35 Min.). Die Haltestelle liegt vor dem Postamt von Fintown. Abfahrten Montag bis Samstag 8.40 und 13.20, Sonntag 17.55 Uhr, in die andere Richtung Montag bis Samstag 11.35 und 17.45, Sonntag 15 Uhr.

DONEGALS NORDWESTEN

In Irland gibt es kaum eine Region, die es mit der wilden Schönheit von Nordwest-Donegal aufnehmen kann. Hier haben die Menschen es nicht geschafft, die atemberaubende, wilde Landschaft zu zähmen. Das felsige Gaeltacht-Gebiet zwischen Dungloe und Crolly mit seinen zahllosen kleinen Seen und sauberen Sandstränden wird Rosses (Na Rossa) genannt. Weiter nordwestlich zwischen Bunbeg und Dunfanaghy wird es sanfter, aber

auch noch beeindruckender. Für viele ist dies der Inbegriff des unverfälschten Irlands. Die vorgelagerten Inseln Arranmore und Tory sind herrliche und faszinierende Ziele für alle, die eine sehr traditionelle Lebensweise kennenlernen möchten.

DUNGLOE & UMGEBUNG

☎ 074 / 950 Ew.

Der Hit der späten 1960er, „Mary from Dungloe" von Emmet Spiceland, hat dieses Städtchen bekannt gemacht. Jedes Jahr findet hier ein internationales Filmfestival statt, auf dem eine neue „Mary" gekrönt wird – so führt dieser Song auch heute noch ein Eigenleben. Abgesehen davon ist in Dungloe (An Clochán Liath) nicht viel los. Es ist der Hauptort der Rosses mit Unterkünften und Ausgangspunkt für Touren in das spektakuläre Umland. Das Nachbardorf **Kincasslagh** ist weitaus malerischer.

Die **Touristeninformation** (☎ 952 1297; ☻ Juni–Sept. Mo–Sa 10–14 & 15–18, So 11–17 Uhr) liegt abseits der Main Street hinter dem Bridge Inn. Die **Bank of Ireland** (Main St) hat einen Geldautomaten und eine Wechselstube. Das **Postamt** (Quay Rd) liegt in einer Nebenstraße der Main Street.

Aktivitäten

Angeln (Lachs und Forellen) im Dungloe River und Dungloe Lough ist ein beliebter Freizeitsport. Ausrüstung und Angelschein gibt es bei **Bonner's** (☎ 21163; Main St). Der nächste schöne Strand liegt 6 km südwestlich des Ortes bei der **Maghery Bay**.

Kevin Tobin, ehemaliger Surf-Champion, betreibt die **Dooey Surf School** (Scoil na dTonn; ☎ 952 2468; www.dooeysurfschool.com; 2 Std. Unterricht 25 €).

Festivals & Events

Der Sänger Crooner Daniel O'Donnell, Schwarm der Senioren in ganz England und Irland, kehrt jedes Jahr in seine Heimatstadt zurück, um Ende Juli/Anfang August das zehntägige **Mary from Dungloe Festival** (☎ 952 1254; www.maryfromdungloe.com) zu veranstalten. Tausende strömen dann in den Ort, um an allen möglichen Veranstaltungen teilzunehmen. Höhepunkt ist ein Umzug mit der neu gekrönten „Mary".

Schlafen & Essen

Iggy's B&B (☎ 954 3112; Main St, Kincasslagh; EZ/DZ 25/50 €; ☻ Juni–Sept.; ℗) Der Landgasthof ist ein Geheimtipp. Die Zimmer werden mit großmütterlicher Sorgfalt sauber gehalten, im Pub, in dem der alte Iggy höchstpersönlich hinter dem Tresen steht, trifft man immer interessante Leute. Auf der Karte vorwiegend Fischgerichte – nicht besonders ausgefallen, aber sättigend.

Carey's Viking House Hotel (☎ 954 3295; careysviking house@eircom.net; Kincasslagh; EZ/DZ 60/80 €; P) Dieses von einer Familie betriebene Hotel mit Restaurant bietet einen schönen Meeresblick; ein Golfplatz ist in der Nähe. Das Hotel ist modern, aber klein und mit traditioneller Ausstrahlung. Die Zimmer sind tadellos und freundlich.

Riverside Bistro (☎ 952 1062; Main St; Hauptgerichte 14–24 €; 🕑 12.30–15 & 18–22 Uhr) Das farbenfrohe kleine Bistro im französischen Stil bietet das richtige Ambiente für ein Candle-Light-Dinner mit ausgefallenen irischen und internationalen – auch vegetarischen – Gerichten.

An- & Weiterreise
McGeehan Coaches (☎ 954 6150) betreibt eine Linie von Dungloe nach Dublin (17,50 €, 4½ Std., 2-mal tgl., So 3-mal) via Glenties (4 €, 30 Min.) und Donegal (6 €, 1 Std.). Kein Bus nach Kincasslagh.

BURTONPORT
☎ 074 / 345 Ew.

Das winzige Dorf ist der Hafen für die Insel Arranmore, zu der man fast zu Fuß waten könnte. Burtonport (Ailt an Chorráin) lockt immer wieder eine ganze Menge verrückte Typen an. In den 1970ern hatte hier die Atlantis-Kommune ihren Sitz. Ihre bevorzugte Therapieform brachte ihr damals den Spitznamen „Schreihälse" ein. Später verzog sie sich in den kolumbianischen Urwald. Daraufhin erwählten die Silver Sisters Burtonport, um hier ihren viktorianischen Lebensstil auszuleben – inklusive historischer Kleidung. Der Ort ist hübsch, aber nicht besonders aufregend.

An **Angeltouren** interessierte Besucher wenden sich an **Inishfree Charters** (☎ 954 2245; www. burtonport.com; Boot pro Tag 270 €). Auch Halbtagsausflüge sind möglich. Weitere Touren an den Kiosken am Pier.

Der riesige Fiberglas-Hummer, der sich an der Außenmauer von **Lobster Pot** (☎ 954 2012; Main St; Hauptgerichte 10–20 €; 🕑 12–14 & 18–21.30 Uhr) festzukrallen scheint, zeigt unverkennbar, was hier auf der Karte steht: frische Meeresfrüchte. Ein angenehmes, geselliges Lokal mit einem Faible für Fußball.

Die Busse von **Lough Swilly** (☎ 912 2863) halten auf der Strecke von Dungloe nach Derry in Burtonport.

ARRANMORE
☎ 074 / 600 Ew.

Die nur 5 x 9 km große Insel Arranmore (Árainn Mhór) mit ihren sauberen Sandstränden liegt gerade mal ein paar Fährminuten von der Küste entfernt inmitten von dramatischen Klippen und Meereshöhlen. Die Insel ist seit der frühen Eisenzeit (800 v. Chr.) besiedelt, auf der Südseite gibt es noch heute eine prähistorische dreieckige Festung. Der Westen und Norden ist wild und zerklüftet, nur wenige Häuser stören die Einsamkeit. Rund um die Insel führt der **Arranmore Way** (3–4 Std.). Vor der Südwestspitze liegt das Vogelschutzgebiet **Green Island**, das man von Arranmore aus sehen, aber nicht besuchen kann. Hier leben Wachtelkönige, Schnepfen und viele Seevögel. Die Bevölkerung spricht Gälisch, ist jedoch überwiegend zweisprachig.

Schlafen & Essen
Arranmore Hostel (☎ 952 0015; www.arainnmhor.com; Leabgarrow; B/DZ 14/32 €) Einen kurzen Fußweg vom Fähranleger nach links liegt das Hostel mit 30 Betten, eingerichtet im ehemaligen Postamt. Die Besitzer wohnen nicht hier, daher besser vorher anrufen.

Arranmore House Hotel (☎ 952 0918; www.arranmorehousehotel.ie; Plohogue; DZ 40–60 €; Hauptgerichte 11–19 €) Ein modernes und flottes Hotel mit kleinem, aber feinem Restaurant und bequemen Zimmern. Nahe beim schönen Strand von Aphort.

Unterhaltung
Das Nachtleben der Insel ist berühmt. Ein halbes Dutzend Pubs mit Torffeuer bieten traditionelle Musiksessions; teilweise sind sie für die durstigen Fischer rund um die Uhr geöffnet.

An- & Weiterreise
Die **Arranmore Ferry** (☎ 952 0532; www.arainnmhor.com/ferry) legt die 1,5 km von Burtonport nach Leabgarrow in 25 Minuten zurück. (9 € Hin- & Rückfahrt; Juli & Aug. So 7-mal, Mo–Sa 8-mal, Sept.–Juni So 3-mal, Mo–Sa 5-mal; Fahrzeuge 26 € Hin- & Rückfahrt).

Wer auf der Insel nicht laufen will, kann bei **O'Donnell Taxis** (☎ 087-260 6833) eine Rundfahrt buchen. **Fahrradverleih** am Hafen (15 € pro Tag).

GWEEDORE & UMGEBUNG

☎ 074 / 1390 Ew.

Der irischsprache Distrikt Gweedore (Gaoth Dobhair) besteht aus einer Ansammlung kleiner Orte zwischen der Küste und dem imposanten Gipfel des Mt. Errigal. Gweedore ist Ausgangspunkt für Fahrten zur Insel Tory und in den Glenveagh-Nationalpark. Die zerklüftete Küste mit ihren vereinzelten weißen Sandstränden ist durch ausufernde Bebauung mit Ferienhäusern ziemlich verschandelt. Die Orte Derrybeg (Doirí Beaga) und Bunbeg (Bun Beag) an der R257 gehen dadurch heute fast ineinander über. Ein paar Kilometer östlich auf der R258 befinden sich mehrere Hotels an der Straße.

Zum Glück blieb das Hinterland von der Bauwut bisher verschont. Abseits der Küste gibt es kaum Häuser, das Einzige, was die eintönige Landschaft unterbricht, sind Dutzende kleiner fischreicher Seen.

An der Hauptstraße in Bunbeg befindet sich die National Irish Bank mit Geldautomat und Wechselstube; das Postamt ist in Derrybeg. Die Fähren zur Insel Tory legen in Bunbeg ab (S. 562).

Aktivitäten

Der schönste Wanderweg der Gegend ist der **Tullagobegley Walk** (Siúlóid Tullagobegley), ein historischer Pfad über den **Tievealehid** (Taobh an Leithid; 431 m). Auf diesem trugen die Einheimischen jahrhundertelang ihre Toten zum Friedhof in Falcarragh aus dem 13. Jh. Die 5½-stündige Wanderung beginnt beim Lough Nacung (Loch na Cuinge) östlich von Gweedore an der N56. Der Weg führt an Silberminen aus dem 19. Jh. vorbei zum Keeldrum, einem kleinen Ort am Rand von Gortahork, und endet am Friedhof von Tullagobegley in Falcarragh.

Leider ist der Weg unmarkiert, deshalb unbedingt die OS-Karte Blatt 1 mitnehmen.

Schlafen & Essen

Screag an Iolair Hil Hostel (☎ 954 8593; isai@eircom.net; Tor, Crolly; B/DZ 12,50/36 €; ☺ März–Okt.) Ein nettes kleines Hostel mit rustikalem Charme auf einer Farm inmitten der abgelegenen Felslandschaft 5 km oberhalb von Crolly, südwestlich von Gweedore an der N56. Die ortskundigen Besitzer begrüßen ihre Gäste wie alte Freunde. Sehr empfehlenswert.

Sleepy Hollows Campsite (☎ 954 8272; www.sleepyhollows.ie; Meenaleck, Crolly; Campingplatz 18 €; ℗) Der Campingplatz ist auf einer Wiese im Wald versteckt, zum Glück abseits des hässlichen Caravan Park. 200 m hinter Leo's Pub im Dorf Crolly.

Bunbeg House (Teach na Céidhe; ☎ 953 1305; www.bunbeghouse.com; EZ/DZ 50/80 €) Wirklich ein wunderschönes Anwesen! Das B&B in einer ehemaligen Getreidemühle liegt direkt am Hafen von Bunbeg in Sichtweite der Holzboote, die ständig gegeneinanderknarren. Es ist ein gemütliches Haus mit Holzvertäfelung und Rattanmöbeln. Tony Hawke hat es in seinem beliebten Reisebericht *Round Ireland with a Fridg* unsterblich gemacht.

Seaview Hotel (Óstán Radharc na Mara; ☎ 953 1159; www.visitgweedore.com/seaview.htm; Bunbeg; EZ/DZ ab 80/140 €; ℗) Dieses Traditionshotel an der Hauptstraße wurde erst vor kurzem völlig renoviert, wobei jedoch das historische Flair erhalten blieb. Die Lage am Strand ist äußerst reizvoll. Es verfügt über 40 große Zimmer.

Tábhairne Hughie Tim (Hauptgerichte 12–26 €; ☺ 13–21.30 Uhr) gehört zum Seaview Hotel und bietet gute Barmenüs.

Gola Bistro (Dinner 45 €; ☺ 18–22 Uhr) Ein elegantes Restaurant mit 4-Gänge-Menüs.

Leo's Tavern bietet auch gute Küche.

Unterhaltung

Man weiß nie im Voraus, wer in **Leo's Tavern** (☎ 954 8143; Meenaleck, Crolly), Donegals berühmtestem Pub, auftaucht. Besitzer sind Leo und Baba Brennan, die Eltern von Máire, Ciaran und Pól, die den Kern der Gruppe Clannad bildeten. Ein weiterer Familienspross, Enya, braucht Fans der modernen irischen Musik wohl nicht vorgestellt zu werden. Die Wände des Pubs sind übersät mit Goldenen, Silbernen und Platinschallplatten und anderen Devotionalien der erfolgreichen Kids. Der Pub liegt in Meenaleck, etwa 3 km südlich von Gweedore. Von Crolly 1 km über die R259 Richtung Flugplatz, mit „Leo's" ausgeschildert.

An- & Weiterreise

Feda O'Donnell (☎ 954 8114) fährt zweimal täglich (Fr & Sa 3-mal) von Gweedore nach Letterkenny (5 €, 1½ Std.), Donegal (6 €, 1¾ Std.), Sligo (10 €, 3¼ Std.) und Galway (20 €, 5½ Std.).

BLOODY FORELAND

Bloody Foreland (Cnoc Fola) mit der tosenden Brandung des Atlantiks verdankt seinen Namen der blutroten Farbe der Felsen bei

Sonnenuntergang. Leider beginnt auch hier schon die Verschandelung durch Ferienhäuser. Ein kurzer Stopp lohnt sich aber trotzdem. Die Küstenstraße führt nördlich und südlich von hier durch eine einsame, malerische Landschaft. Ideal für Radfahrer.

TORY ISLAND
☎ 074 / 190 Ew.

Unmittelbar den peitschenden Seewinden ausgesetzt und von Gischt umnebelt, hat die abgelegene Felseninsel Tory (Oileán Thoraí) einiges auszuhalten. Nichts schützt sie vor dem wilden Atlantik. Ihre Bewohner müssen schon hart im Nehmen sein. Immerhin ist der Landstrich bereits seit 4500 Jahren besiedelt. Die Insel liegt zwar nur 11 km von der Hauptinsel, doch die raue See hat längst ihre Unabhängigkeit zementiert.

So ist es kaum verwunderlich, dass Tory einer der letzten Orte in Irland ist, in denen die irische Kultur wirklich noch gelebt wird und nicht bloßes Lippenbekenntnis ist. Man spricht einen eigenen irischen Dialekt, sogar einen „König" haben die Insulaner gewählt. Im Lauf der Jahrhunderte erwarben sie sich einen Ruf für Schwarzbrennerei und Schmuggel von *poitín* (Torf-Whiskey). Am bekanntesten ist die Insel jedoch wegen ihrer „naiven" Künstler, deren Gemälde inzwischen bei Sammlern weltweit begehrt sind (siehe Infokasten S. 563).

Nachdem 1974 ein acht Wochen dauernder Sturm gnadenlos über die Insel gefegt war, plante die Regierung ihre dauernde Räumung. Glücklicherweise kam es nicht dazu, was zum Teil Pater Diarmuid Ó Peícín zu verdanken ist. Er stellte sich an die Spitze einer internationalen Kampagne, die Geld sammelte, einen regelmäßigen Fährdienst organisierte,

für Stromanschluss und vieles mehr sorgte. Der Niedergang der Fischerei stellt die eisern aushaltenden Insulaner nun vor neue Probleme.

Die Insel besitzt einen Kiesstrand und zwei Dörfer: West Town (An Baile Thiar) mit den meisten Einrichtungen der Insel und East Town (An Baile Thoir). Das östliche Ende wird von zerklüfteten Quarzitfelsen dominiert, die wie gewaltige Schlüssel aussehen, während das Südwestende zum wellenumtosten Grundfelsen abfällt.

Infos beim **Tory Island Co-op** (Comharchumann Thoraí Teo; ☎ 913 5502; www.oileanthorai.com).

Sehenswertes & Aktivitäten

In West Town wechseln sich Cottages mit frühkirchlichen Schätzen ab. Sankt Colmcille soll hier im 6. Jh. ein Kloster gegründet haben, und Reste der frühen Kirche sieht man an verschiedenen Stellen. Ein Beispiel ist das T-förmige **Tau Cross**, das auf frühe Kontakte zwischen Seefahrern und koptischen Christen aus Ägypten schließen lässt. Das Kreuz begrüßt die Fährpassagiere bei ihrer Ankunft. In der Nähe steht auch ein **Rundturm** mit fast 16 m Umfang und einem abgerundeten Eingang hoch über der Erde.

Die Insel ist ein Paradies für **Vogelbeobachter**. Hier leben über 100 Seevogelarten, und zwischen den Klippen im Nordosten nisten Kolonien von Papageitauchern (etwa 1400).

Schlafen & Essen

Teach Bhillie (☎ 916 5145; www.toraigh.net; West Town; EZ/DZ 25/40 €) Das nicht ausgeschilderte gelbe B&B liegt 300 m links der Fähranlegers. Die Zimmer sind spartanisch, aber sauber und wirken durch ihre Farbakzente lebendig. Die Gäste werden herzlich empfangen.

BUNGALOW-BAU-BOOM

Donegal ist zwar die hinterste Ecke Irlands, doch die Grundstückspreise explodieren, und ganze Küstenabschnitte sind mittlerweile durch die allgemeine Bauwut wie von einer schleichenden Invasion verschandelt. Massenweise schießen Fertighäuser aus dem Boden. Die natürliche Schönheit des Landes wurde in den letzten 15 Jahren durch die Zersiedelung stark beeinträchtigt. Gebiete wie Bloody Foreland, einst berühmt für romantische Sonnenuntergänge, werden heute als „Legoland" tituliert.

Auf etwa zwei Drittel der Baustellen in Donegal werden Ferienhäuser errichtet. Schon jetzt steht ein Viertel der Häuser im County einen Großteil des Jahres leer. Um den Schaden für die Natur zu begrenzen, haben die Behörden die Ausweisung von Bauland mit der Auflage verbunden, dass nur noch Erstwohnsitze errichtet werden dürfen. Doch zuvor wurden noch viele Baugenehmigungen erteilt. Bis die Bestimmungen greifen, wird wohl noch einige Zeit vergehen.

NAIVE KUNST AUF TORY ISLAND

Sicherlich erwartet man auf abgelegenen Inseln eine einzigartige Kultur. Kaum jemand würde dabei aber an eine eigenwillige, international renommierte Malergruppe denken. Die Künstler von Tory Island haben keine akademische Ausbildung, entwickelten aber trotzdem – oder gerade deshalb – einen ebenso volkstümlichen wie ausdrucksstarken eigenen Stil.

Der englische Maler Derrick Hill verbrachte in den 1950er-Jahren viel Zeit auf der Insel – malenderweise. Die Einheimischen schauten ihm neugierig über die Schulter. Angeblich meinte einer der Insulaner einmal zu Hill: „Das kann ich auch." Das war James Dixon, ein Autodidakt, der Bootslack mit selbstgemachten Pinseln aus Eselshaar einsetzte. Hill war beeindruckt von der Qualität seiner Gemälde und beide verband eine lange Freundschaft. Andere Einheimische ließen sich zu eigenwilligen Inselporträts inspirieren. Die bekanntesten sind Ruari Rodgers, Anton Meenan und Patsy Dan Rodgers, die mit Dixon zusammen ab den späten 1960er-Jahren internationale Ausstellungen bestritten. Ihre Gemälde schafften es bis nach Chicago, New York, Belfast, London und Paris und erzielen mittlerweile bei Auktionen enorme Preise. Patsy Dan reichte dieser Ruhm nicht aus, er ließ sich auch noch zum „König" von Tory Island krönen.

Viele Maler sind noch heute aktiv (Dixon verstarb 1970 mit 93 Jahren), ihre Werke sind häufig in der **Dixon Gallery** (☎ 916 5420) beim Tory Hotel ausgestellt. Auf dem Festland gibt es Kunst von der Insel, u.a. auch von Derrick Hill, in der Glebe Gallery (S. 577) zu sehen.

Graceanne Duffy's (☎ 913 5136; Fast Town; F7/D7 30/56 €, Dinner 13 €; ⊙ Mai–Okt.) Das B&B in dem kleinen Dorf der Insel hat drei einfache, aber bequeme Zimmer (zwei mit Dusche). Zutaten zu den Mahlzeiten stammen aus biologischem Anbau.

Tory Hotel (Óstán Thoraí; ☎ 913 5920; www.toryhotel. com; West Town; EZ/DZ 75/120 €, Hauptgerichte 8–11 €; P) Das moderne Hotel direkt am Pier verfügt über 14 in Pastellfarben gehaltene Zimmer. Das Personal ist hilfsbereit, die Mahlzeiten und Imbisse sind ordentlich. Sich zwei oder drei Tage am Stück einzumieten ist vergleichsweise günstig. In der People's Bar gibt es einen Musik- und Tanzclub.

Unterhaltung

Club Sóisialta Thórai (Tory Social Club; ☎ 916 5121; West Town) Das Gesellschaftsleben der Insel konzentriert sich auf diesen fröhlichen Club mit seinen regelmäßigen Céilidh-Abenden.

People's Bar (☎ 913 5920; West Town) Der Pub des Tory Hotel bietet eine relaxte Atmosphäre, um ein Pint zu trinken, zu erzählen oder traditionelle irische Musik zu hören.

An- & Weiterreise

Unbedingt Regenkleidung für die Überfahrt anziehen – es kann ziemlich wild zugehen. **Donegal Coastal Cruises** (Turasmara Teo; ☎ 953 1340) bedient die Insel (Erw./Kind./Stud. hin & zurück 22/11/16,50 €) von Bunbeg (Juni–Sept. tgl., Okt.–Mai Mo–Fr) und Magheraroarty

(Juni–Sept. 2-mal tgl., Juli & Aug. eine Extrafahrt tgl.). Nach Magheraroarty führt eine Abzweigung von der N56 am Westende von Gortahork bei Falcarragh; Wegweiser „Coastal Route/Bloody Foreland".

In der Hauptsaison verkehrt eine Fähre von Port-na-Blagh 2 km östlich von Dunfanaghy (gleiche Preise, Juli & Aug. mittwochs).

Bitte vorher anrufen, da die Überfahrt von Wetter und Tiden abhängt. Es kommt häufig vor, dass Reisende bei schlechtem Wetter auf der Insel festsitzen.

Unterwegs vor Ort

Fahrradverleih bei **Rothair ar Cíos** (☎ 916 5614; West Town; pro Tag 10 €).

FALCARRAGH & GORTAHORK
☎ 074 / 850 Ew.

Das gälischsprachige Falcarragh (An Fál Carrach) und der Nachbarort Gortahork (Gort an Choirce) sind schlichte kleine Ansiedlungen. Mehr touristische Infrastruktur bietet Dunfanaghy. Alle Orte sind jedoch typisch für das Leben der Gaeltacht; in der Nähe befindet sich ein guter Strand.

Die Polizeikaserne aus dem 19. Jh. beherbergt heute das **Falcarragh Visitor's Centre** (An tSean Bheairic; ☎ 918 0888; ⊙ Mo–Fr 9–17, Sa & So 12–17 Uhr) mit Touristeninformation und Café. Die Bank of Ireland am Ostende der Main Street hat Geldautomat und Wechselstube, das Postamt liegt am Westende der Hauptstraße von Falcarragh.

Sehenswertes & Aktivitäten

Zum windumtosten **Strand** sind es 4 km; einfach der Beschilderung „Trá" vom einen oder anderen Ende der Main Street folgen. Der Strand ist toll zum Wandern, Schwimmen dagegen ist wegen der Strömung gefährlich.

Der große graue **Muckish Mountain** (670 m) dominiert zwischen Dunfanaghy und dem Bloody Foreland die Küste. Vom Gipfel aus hat man eine unglaubliche Aussicht auf Malin Head und Tory Island. Der Aufstieg erfolgt südöstlich von Falcarragh über eine landeinwärts führende Straße durch einen Einschnitt (Muckish Gap).

Schlafen & Essen

Loistin Na Seamroige (Shamrock Lodge; ☎ 913 5057; Main St, Falcarragh; B/DZ 15/40 €; ☽ Mitte Jan.–Mitte Dez.) Dieses unabhängige Hostel liegt über dem besten Pub von Falcarragh. Die Schlafsäle sind sehr einfach, aber ganz passabel. Die Besitzerin Margaret ist hier groß geworden. Manchmal könnte man meinen, ihr Pub wäre das Wohnzimmer des Ortes.

Óstán Loch Altan (☎ 913 5267; www.ostanlochaltan. com; Gortahork; EZ/DZ 55/110 €, Hauptgerichte 14–21 €; Ⓟ) Das Hotel erinnert eher an amerikanische Hotelketten. Die Zimmer sind unpersönlich, aber komfortabel. Das Restaurant (☽ April–Okt.) bietet eher regionale Küche.

Maggie Dan's (☎ 916 5022; www.maggiedans.ie; An Phanc, Gortahork; Pizza 5–10 €; ☽ 18–24 Uhr; Ⓟ) Oft gibt es Klaviermusik in dieser hervorragenden Pizzeria. Es geht recht unkonventionell zu, gelegentlich finden Theateraufführungen der Maggie Dans Café Theatre Group statt. Die Pizzeria am Marktplatz ist eines der wenigen ganzjährig geöffneten Restaurants an diesem Küstenstreifen.

Unterhaltung

Teach Ruairi (☎ 913 5428; Beltany, Gortahork) ist eine traditionelle Bar etwa 1 km westlich von Gortahord, Abzweigung von der Straße nach Gweedore (Hinweisschild). An den meisten Abenden gibt es Livemusik, die Atmophäre ist sehr irisch.

An- & Weiterreise

Der Bus von **Feda O'Donnell** (☎ 954 8114) aus Crolly kommend hält an der Main Street, Falcarragh (Mo–Sa 2-mal tgl., Fr & So 3-mal). Von Falcarragh fährt er weiter nach Letterkenny (5 €, 1 Std.) und Galway (20 €, 5¼ Std.).

Der Bus von **John McGinley** (☎ 913 5201) von Anagry nach Dublin hält in Gortahork (4.50,

7.15 & 15.35 Uhr) und Falcarragh (10 Min. später; 16 €, 5 Std.). Fr & Sa zusätzliche Busse.

DUNFANAGHY & UMGEBUNG

☎ 074 / 300 Ew.

Das wunderschöne Dorf, wie auch die Küste und die gesamte Umgebung bilden zusammen ein Stück Irland pur. In nur wenigen Kilometern Umkreis um den Ort gibt es herrliche Strände, gewaltige Klippen, Bergpfade und sogar einen Wald. Einige hervorragende Restaurants und eine wirklich erstklassige Unterkunft ergeben ein perfektes Refugium.

Praktische Informationen

Die Allied Irish Bank, gegenüber dem Carrig Rua Hotel, hat keinen Geldautomaten. Es gibt aber einen in Ramsey's Shop am Ufer. Das **Postamt** (Main St; ☽ Mo–Sa 9–13 & 14–17.30 Uhr) wechselt Geld.

Sehenswertes

HORN HEAD

Die hoch aufragende Landzunge **Horn Head** (Corrán Binne) gehört zu den spektakulärsten Küstenabschnitten von Donegal. In den über 180 m hohen heidebedeckten Quarzitklippen mit ihrem Moor leben unzählige Vögel. Die Aussicht von der Spitze ist unbeschreiblich.

Man erreicht die Klippen mit dem Fahrrad oder Auto vom Ortsrand von Dunfanaghy Richtung Falcarragh. Die Straße umrundet die Landzunge (am besten im Uhrzeigersinn fahren) und bietet an schönen Tagen eine phantastische Aussicht auf Tory, Inishbofin, Inishdooey und die winzigen Inishbeg-Inseln im Westen, Sheep Haven Bay und die Halbinsel Rosguill im Osten, Malin Head im Nordosten und sogar auf die schottische Küste in der Ferne. Vorsicht bei schlechtem Wetter, die Strecke kann gefährlich sein.

ARDS FOREST PARK

Der bewaldete **Park** (☎ 912 1139; Eintritt frei) liegt etwa 5 km südöstlich von Dunfanaghy abseits der N56. Durch den Park ziehen sich viele markierte Wanderwege von 2 bis 13 km Länge. Der Park erstreckt sich über die nördliche Küste der Halbinsel Ards; einige Wanderwege führen zu sauberen Stränden. Der Wald besteht aus verschiedenen einheimischen Baumarten wie Esche, Birke und Eiche, aber auch eingeführten Laubbäumen und Koni-

(Fortsetzung auf Seite 573)

COUNTY DONEGAL

Outdoor in Irland

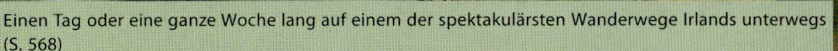

Einen Tag oder eine ganze Woche lang auf einem der spektakulärsten Wanderwege Irlands unterwegs (S. 568)

GARETH MCCORMACK

WANDERN & FAHRRAD FAHREN

Wer mit dem Auto über Irlands gewundene Landstraßen fährt, gewinnt schnell den Eindruck, er verpasse die schönsten Ecken dieser wildromantischen Landschaft. Um sich besser auf das Land und die irische Gemächlichkeit einzustimmen, erkundet man das alles am besten zu Fuß oder mit dem Fahrrad. Geruhsame Beobachter sind bald von der Vielfalt begeistert. Die Insel ist zwar nicht groß, aber dafür umso abwechslungsreicher: sanfte grüne Hügel, üppige Wälder, zerklüftete Kalksteinfelswände, weite Sandstrände, Inseln, Treidelpfade entlang der Kanäle, überwältigende Klippen und immer wieder Moore, so weit das Auge reicht.

Einsame Touren im County Cork auf dem Beara Way (S. 748)
EOIN

Radfahrer müssen zwar immer wieder die Straßen mit diesen lästigen Autos teilen, doch dafür verlaufen sie durch herrliche Landschaften – oft einsam gelegen oder an wilden Küsten.

Tageswanderungen

Fast jede Gegend Irlands bietet Möglichkeiten für beschauliche Tageswanderungen. Die Waldwege um Glendalough (S. 161) im County Wicklow sind ideal, um dem nahen Dublin für ein paar Stunden zu entfliehen. Am Barrow River in den Counties Kilkenny und Carlow entlang geht es über alte Treidelpfade von Borris (S. 380) nach Graiguenamanagh (S. 361). Ebenfalls im County Kilkenny verläuft der schönste Abschnitt des South Leinster Way (S. 362), eine 13 km lange Wanderung zwischen den netten Dörfern Graiguenamanagh und Inistioge. An beiden Enden dieser Wanderung warten Pubs für die wohlverdiente Stärkung. Im County Galway bietet die Clifden's Sky Road (S. 467) tolle Blicke auf die Küste von

Auf und ab am Gap of Dunloe (S. 281)
RICHARD CU

Wo die Berge auf das Meer treffen – Mount Mweelrea (S. 472), County Galway

GARETH MCCORMACK

Connemara; die Strecke ist gleichermaßen zum Wandern wie zum Radfahren geeignet. Wer durch die Wälder um Lough Key (S. 529) im County Roscomon streifen möchte, sollte keinesfalls den einzigartigen Baumwipfelpfad des Parks auslassen.

Küste

Die irischen Küsten drängen sich für lange, besinnliche Wanderungen mit Schuhen oder barfuß geradezu auf. Für viele Reisende ist die Küste das Wandergebiet schlechthin, besonders die von Connemara im County Galway und die ursprünglichen Strände der Counties Mayo und Sligo. Doch Vorsicht – manche Touren stellen Wanderer vor unerwartete Herausforderungen. Im County Antrim in Nordirland geht es oft über die Klippen knapp oberhalb der Brandung. Besonders spektakulär ist der letzte, 16,5 km lange Abschnitt des Causeway

Coast Way (S. 713) ab Carrick-a-Rede. Der Wexford Coastal Walk (S. 176) ist zwar nicht so tückisch, dafür aber umso länger. Auf seinen 221 km bekommt man einige Überreste von Schiffswracks zu sehen.

Der lange Weg auf den Gipfel des Brandon (S. 312), County Kerry

GARETH MCCORMACK

Berge

Natürlich lassen sich die irischen Berge nicht mit den Alpen vergleichen. Dennoch bieten sie tolle Wandermöglichkeiten, viele Strecken sind an einem Tag zu schaffen. Die Blue Stack Mountains (S. 549) im County Donegal bezaubern durch ihre vielfältige Landschaft mit dramatischen Gipfeln. Der Brandon Way (S. 362) im County Kilkenny windet sich von den Wäldern und Mooren am River Barrow hoch auf den malerischen Brandon Hill (516 m). Mount Leinster (S. 194) im County Wexford bietet von seinem 796 m hohen Gipfel Aussicht auf fünf Counties. Der schönste Bergwanderweg in Nordirland verläuft durch die Mourne Mountains (S. 674) im County Down. In diesem Gebiet erhebt sich auch der höchste Gipfel Nordirlands, der Slieve Donard (853 m; S. 675) – zu erreichen in einer Tageswanderung von der Stadt Newcastle.

Imposante Landschaftsbilder
am Wicklow Way (S. 751)

EDIN CLARKE

„Burren Way: durch die tolle Landschaft im County Clare"

Der Killarney-Nationalpark im County Kerry wartet mit phantastischen, aber auch schwierigen Routen für Wanderer und Radfahrer auf. Highlight ist die Besteigung des höchsten irischen Berges, des Mount Carrantuohil (1039 m; S. 282). 55 abenteuerliche Kilometer Radweg verlaufen ebenfalls durch den Park. Auf der benachbarten Dingle Peninsula ragt der Mount Brandon (951 m; S. 312) mit seinen spektakulären Trails auf, die tolle Aussichten versprechen.

Markierte Wanderwege

Das Land ist von einem Netz von markierten Fernwanderwegen durchzogen, die ebenso mehrtägige Touren ermöglichen. Einige sind zwar mehrere Hundert Kilometer lang, doch bieten sich auch einzelne Abschnitte für Ausflüge mit individueller Länge an. Der Beara Way (S. 748) in West Cork ist eine leichte, 196 km lange Rundtour entlang historischer Wege. Mit seinen 35 km ist der Burren Way (S. 749) weitaus kürzer. Er verläuft durch die einzigartige Felsenlandschaft in County Clare, entlang der Cliffs of Moher und über die Musikerstadt Doolin.

Der Cavan Way (S. 749) ist mit 26 km noch kürzer, doch bietet er eine beeindruckende Vielfalt – Moore, steinzeitliche Monumente und die Quelle des River Shannon. Auf eine Rundwanderung über eine der schönsten Halbinseln Irlands begibt man sich auf dem

Paddeln auf der Irischen See
(S. 752)

RICHARD WAREHAM FOTOGRAFIE / ALAMY

TREFFPUNKTE FÜR ABENTEURER

Treffpunkte für Sport und Abenteuer sind in ganz Irland zu finden, speziell in den Küstenregionen. Hier wird alles geboten, was man für Aktivitäten wie Kanu-, Kajakfahren, Surfen, Wandern, Klettern, Orientierungslaufen und sonstige Sportarten benötigt. Manche bieten sogar Unterkunftsmöglichkeiten an. Ein paar Profis:

- Killary Adventure Centre, County Galway (S. 472)
- Delphi Adventure Centre, County Mayo (S. 487)
- Dunmore East Adventure Centre, County Waterford (S. 202)
- Kilrush Creek Adventure Centre, County Clare (S. 412)
- University of Limerick Activity Centre, County Clare (S. 410)

Paradies für Surfer – Bundoran (S. 550), County Donegal

GARETH MCCORMACK

168 km langen Dingle Way (S. 749) im County Kelly. Der im County Tipperary beginnende und im County Waterford endende East Munster Way (S. 749) zieht sich 70 km weit durch Wälder und offene Moore sowie ein Stück über den Treidelpfad am River Suir. 214 km lang führt der Kerry Way (S. 749) durch die spektakulären Macgillycuddy's Reeks (S. 282) und entlang der Küste am Ring of Kerry.

Im Norden verläuft der Ulster Way (S. 750) im Kreis um die sechs nordirischen Counties sowie Donegal. Insgesamt ist er über 900 km lang, doch lässt er sich gut in kürzere Abschnitte aufteilen. Der beliebte 132 km lange Wicklow Way (S. 751) beginnt im Süden von Dublin und endet in Clonegal im County Carlow.

Der Kingfisher Trail (S. 727) ist ein markierter Fernradweg, der über 370 km auf kleinen Nebenstraßen durch die Counties Fermanagh, Leitrim, Cavan und Monaghan führt.

WASSERSPORT

Wer sich am und im Wasser zu Hause fühlt, ist in diesem kleinen Inselreich genau richtig. Irland verfügt über eine Küste von 3100 km Länge sowie zahllose Flüsse und Seen. Egal wo man sich befindet, nie ist es weit zum Surfen, Sporttauchen, Paddeln, Kanufahren, Schwimmen oder zum Lachseangeln in einem Fluss. Alle Wassersportarten erfreuen sich wachsender Beliebtheit. Was man hier noch nicht findet, wird aber wohl bald kommen. Sportausrüster und Kurse gibt's jedenfalls schon jetzt im Überfluss.

Surfen & Windsurfen

Surfen ist überall an der Küste, besonders im Westen, sehr angesagt. In der Stadt Bundoran (S. 550) im County Donegal werden jeden April die Irish National Championships ausgetragen. In der restlichen Zeit ist sie ein Paradies für Anfänger wie Fortgeschrittene. Easky (S. 509) und Strandhill (S. 507) im County Sligo sind berühmt für ihre ganzjährig gute Brandung. Zimmer und Board zu mieten ist unproblematisch. County

DRACHENFLIEGEN & PARAGLIDING

Wem Radfahren und Wandern allzu irdisch erscheinen, der kann sich in die Lüfte begeben und sich vom Wind tragen lassen. Die interessantesten Stellen für Drachenfliegen und Paragliding befinden sich am Mount Leinster (S. 194) im County Wexford, Great Sugarloaf Mountain (S. 169) im County Wicklow, an den Stränden in Benone und Magilligan (S. 704) im County Derry und auf Achill Island (S. 489) im County Mayo. Wer lokale Kontakte aufnehmen möchte, informiert sich auf den Webseiten der **Irish Hang Gliding & Paragliding Association** (www.ihpa.ie) und **Ulster Hang Gliding & Paragliding Club** (www.uhpc.co.uk).

Vierbeinige Freunde (S. 747)

HOLGER LEUE

REITEN

Bei der Vernarrtheit der Iren in ihre Pferde verwundert es nicht, dass Reiten ein beliebtes Freizeitvergnügen ist. Im Land finden sich Dutzende Reiterzentren, die nicht nur Pferde verleihen (ab 25 € pro Std.), sondern auch komplette Reiterferien organisieren.

Viele Besucher möchten gerne mal ein Connemara-Pony (S. 75) satteln. Das ist beim Errislannan Riding Centre (S. 467) bei Clifden im County Galway möglich. Professionelle, gute Reitställe gibt es aber überall – etwa das nette Team von Donegal Equestrian Holidays (S. 551) in Bundoran, County Donegal, oder Killarney Riding Stables (S. 267), die mehrtägige spannende Trecks auf der Halbinsel Iveragh im County Kerry anbieten.

Clare hat tolle Wellen bei Kilkee (S. 382), Lahinch (S. 386) und Fanore (S. 395).

An der Ostküste bieten sich gute Surfmöglichkeiten am Tramore Beach (S. 202) im County Waterford, wo sich auch die größte Surfschule Irlands befindet. Im County Wexford gilt der Rosslare Strand (S. 183) als der Anziehungspunkt schlechthin. Die Strände bei Portrush (S. 708) im County Antrim sind ebenfalls hervorragende Surf- und Bodysurf-Reviere. Im September und Oktober ist der Wellengang dort am höchsten und das Wasser am wärmsten.

„Anglerträume werden wahr im wasserreichen Irland"

Windsurfen wird an der irischen Küste immer beliebter, besonders in der flachen Bucht beim Rosslare Strand (S. 183) im County Wexford und vor Achill Island (S. 489) im County Mayo. Port-na-Blagh (S. 573) im County Donegal bietet sowohl für Windsurfen als auch für Kitesurfen tolle Bedingungen.

Kanu- & Kajakfahren

Die zerklüftete irische Küste ist für Kanu- und Kajaktouren ideal. Art und Schwierigkeitsgrad reichen von sanftem Paddeln bis zu Wildwasserfahrten und Kanusurfen. Für Rafting eignet sich der Winter am besten, denn dann lassen die häufigeren Regenfälle die Flüsse ansteigen. Der River Barrow (S. 376) im County Carlow ist ein Eldorado für Kanu- und Kajakfahrer. Auch die Backwaters des Lough Erne (S. 739) lassen sich nur per Kanu erkunden.

Sporttauchen

Da die irischen Küstengewässer kaum mit städtischen Abwässern verschmutzt sind, bieten sie mit die besten Reviere für Scuba Diving von ganz Europa. Die vor der Küste gelegenen Inselchen und Kliffs verfügen über ein besonders vielfältiges Tier- und Pflanzenleben unter Wasser. März bis Oktober ist die beste Zeit zum Tauchen. Die Sicht reicht weiter als 12 m, an guten Tagen bis 30 m. Scuba Dive West (S. 470) in Letterfrack im County Galway gilt als einer der besten Ausstatter und kann auch Tauchtrips an der Westküste organisieren.

Angeln

Angeln war schon immer der Freizeitsport in Irland, egal ob draußen auf dem Meer oder an einem ruhigen Fleckchen am Fluss. Berühmt ist das Land für Angeln auf Nicht-Salmoniden („coarse fishing", meistens frei), auf Brassen, Hechte, Barsche, Rotaugen, Rotfedern, Schleien, Karpfen und Aale. Salmonidenfang, auch als „game fishing" bekannt, umfasst Lachs, Meeres- und Bachforellen. Regenbogenforellen werden auch in Zuchtstationen großgezogen.

Die ausgedehnten Flusssysteme des Shannon und Erne, die sich südlich von Leitrim und Fermanagh erstrecken, sind hervorragende Angelreviere. Cavan (S. 515), das „Seenland", zählt zu den Lieblingsregionen passionierter Angler. Im Westen gibt es entlang der großen Seen Corrib (S. 464), Mask (S. 479) und Conn (S. 496) jede Menge B&Bs, gute und solide Boote sowie sachkundige Bootsführer.

TIERE BEOBACHTEN

Höhepunkt auf einer Wanderung durch die herrlichen irischen Landschaften ist oft die Beobachtung von Tieren. Die Wälder, Seen, Moore, Feuchtgebiete und Inseln sind reich an Vögeln, scheuen kleinen Pelztieren und Meeressäugern.

Landsäugetiere

Der Killarney-Nationalpark (S. 279) im County Kerry wurde wegen seines Pflanzen- und Tierartenreichtums von der UNESCO als Biosphärenreservat ausgezeichnet. Hier lebt die einzige wilde Rothirschherde, das wohl beeindruckendste einheimische Säugetier. Freche Hasen sind überall auf dem Land anzutreffen.

Meister Lampe auf Tour (S. 74)
RICHARD MILLS

Rotwild (S. 74) beim Touristen-Watching
RICHARD MILLS

Robbe beim Relaxen (S. 74)
RICHARD MILLS

Meeressäuger

Meeressäuger leben fast überall an Irlands Küsten, sogar noch in einigen Flüssen. Wale wie Finnwal, Buckelwal und Minkwal tauchen im Sommer oft vor der Küste von West Cork auf der Suche nach Nahrung auf. Delphine und Tümmler halten sich das ganze Jahr in den irischen Küstengewässern auf, wie in den natürlichen Häfen der Counties Kerry und Cork.

Robben sind an der Küste überall anzutreffen. Die besten Chancen bestehen auf Inishbofin (S. 468) vor Galway, bei Portaferry (S. 663) im County Down, auf Rathlin Island (S. 717) vor Antrim und um Greencastle (S. 584) bei der Halbinsel Inishowen in Donegal. Außerdem ist in Irland der Flussotter beheimatet. Zwar sind die Tiere äußerst scheu. Wer aber Geduld und gute Augen hat, kann sie an den Flüssen von Connemara (S. 459) im County Galway erspähen. Einige Otter verlassen sogar das Wasser, um in den Moorgebieten im Westen von Irland nach Nahrung zu suchen. Eher als die Tiere selbst sind jedoch ihre Spuren zu sehen – Wühlspuren im Torf oder die Abdrücke ihrer winzigen Pfoten.

Vögel

Irland zeichnet sich vor allem durch Vogelreichtum aus. Die Tiere sind oft nicht so scheu, was das Land zu einem Paradies für Vogelbeobachter macht. Einige seltene und vom Aussterben bedrohte Arten leben hier. Beschreibung einiger irischer Vögel siehe S. 74.

Papageientaucher (S. 74) RICHARD MILLS

Wanderfalke (S. 74) RICHARD MILLS

Irland ist auch Zwischenstopp für Zugvögel, die hier auf ihrer Reise aus der Arktis, von Afrika oder Nordamerika eine Pause einlegen. Durch die Winde verschlägt es manchmal exotische Arten hierher, die sonst in Westeuropa kaum zu sehen sind. Besonders interessant für Vogelbeobachter sind Brutstätten von Tölpeln, Dreizehenmöwen, Kormoranen und Reihern. An der Westküste taucht auch der seltene Wachtelkönig auf. Kolonien von Papageientauchern besiedeln die Klippen, besonders auf den Inseln vor Donegal und Nordirland. Die seit langem in freier Natur nicht mehr gesichteten Wanderfalken wurden 2001 im Glenveagh-Nationalpark in Donegal wieder ausgesetzt, und es besteht die Hoffnung, dass diese Art in Irland wieder heimisch wird.

Birdwatching ist so gut wie überall in Irland möglich. Viele der über 70 Naturschutzgebiete sind zugänglich, so Inishowen Peninsula (S. 582) im County Donegal, die Skellig Islands (S. 289), der Cooley Birdwatching Trail (S. 618) im County Louth und Castle Espie (S. 666) im County Down.

(Fortsetzung von Seite 564)

feren. Mit etwas Glück sind Füchse, Igel und Otter zu beobachten. 1930 wurde der südliche Teil der Halbinsel von Kapuzinermönchen übernommen; das Klostergelände ist für Besucher geöffnet.

DUNFANAGHY WORKHOUSE

Das finster wirkende Gebäude war das örtliche Arbeitshaus, das die Armen in Lohn und Brot halten sollte. Die Bedingungen waren hart. So lebten Männer, Frauen, Kinder und Kranke voneinander getrennt, ihr Leben war eine einzige Schufterei. Als die Hungersnot ausbrach, war das Arbeitshaus bald von verhungernden Menschen bevölkert. Nur zwei Jahre nach seiner Eröffnung 1845 lebten dort 600 Leute – doppelt so viele wie ursprünglich geplant.

Das Arbeitshaus, das westlich vom Zentrum hinter dem Postamt liegt, ist heute ein **Heritage Centre** (☎ 913 6540; simmonsjanis@hotmail. com; Main St; Erw./Kind 4,50/2 €; ☽ Mitte März–Sept. Mo–Fr 10–17, Sa & So 12–17 Uhr), das die Geschichte der „kleinen Hannah" und ihren Weg durch das Arbeitshaus erzählt. Morgens besichtigen manchmal ganze Schulklassen das Heritage Centre.

DUNFANAGHY GALLERY

Vom Heritage Centre die Straße aufwärts kommt man zur **Dunfanaghy Gallery** (☎ 913 6224; Main St; Eintritt frei; ☽ Mo–Sa 10–18 Uhr) in einem ehemaligen Krankenhaus. Die Galerie zeigt in mehreren Räumen alte und moderne Gemälde, historische Fotos von alten Platten, handgewebten Tweed, Töpfereiwaren, Schmuck und Bücher.

DOE CASTLE

Doe Castle (Caisléan na dTuath; Creeslough) aus dem frühen 16. Jh. war einst die Festung der schottischen Familie MacSweeney, bis es im 17. Jh. den Engländern in die Hände fiel. Die Burg liegt malerisch auf einer auf drei Seiten vom Meer umgebenen flachen Landzunge; auf der Landseite wurde ein Burggraben aus dem Fels gehauen. Die beste Sicht hat man von der Straße, die von Carrigart nach Creeslough führt. Die Burg ist nicht für Besucher geöffnet.

Doe Castle liegt etwa 16 km von Dunfanaghy an der Straße nach Carrigart und ist ausgeschildert.

CREESLOUGH & MUCKISH MOUNTAIN

Der unverwechselbare Muckish Mountain (670 m), ein auffälliger Orientierungspunkt im Gelände, bietet sich für eine Kletterpartie an – wenn er nicht gerade von Wolken und Dunst eingehüllt ist, was die Einheimischen *smir* nennen. Der Anmarsch erfolgt über das Dorf Creeslough, 11 km südlich von Dunfanaghy an der N56. In Creeslough steht eine ungewöhnliche moderne Kirche, die an einen halb aufgelösten Zuckerwürfel erinnert und ein Spiegelbild des Berges darstellen soll. Zum Muckish etwa 2 km nordwestlich des Dorfes rechts abbiegen. Nach weiteren 6 km beginnt der Aufstieg über einen holperigen Pfad.

STRÄNDE

In Dunfanaghy liegt der phantastische **Killyhoey Beach**, ein großer, fast leerer Sandstrand, der sich bis ins Ortszentrum erstreckt. **Marble Hill Beach** etwa 3 km östlich des Ortes in Port-na-Blagh ist abgelegener, aber dennoch sehr beliebt und im Sommer meistens überfüllt. Der schönste Strand von Dunfanaghy, **Tramore Beach**, erfordert einen 20-minütigen Spaziergang durch die Grasdünen direkt südlich des Dorfes (siehe Wandern).

Aktivitäten

WANDERN

Eine schöne Wanderung beginnt an der Straße von Dunfanaghy Richtung Horn Head. Man geht bis zur Brücke, dahinter links durch ein Tor und über einen Pfad bis zu den Dünen. Ein gut erkennbarer Weg führt weiter zum herrlichen **Tramore Beach**. Nach links bis zum Strandende weitergehen, von wo ein Weg zu dem Pfad nach Norden zur **Pollaguill Bay** führt. Am Ende der Bucht befindet sich ein Steinhaufen als Wegmarkierung. Von dort an der Küste entlanghalten – mit tollem Blick auf den 20 m hohen **Marble Arch**, der von der Brandung förmlich herausgemeißelt wurde.

Eine kürzere Wanderung beginnt beim Marble Hill Beach in Port-na-Blagh. Dort den Pfad auf der linken Strandseite nehmen, am Cottage vorbeigehen, 500 m durch Gestrüpp und oben auf den Klippen bis zu **Harry's Hole**. Die kleine Felsspalte ist bei den todesmutigen Kids der Umgebung besonders beliebt – sie springen von hier 10 m tief ins Wasser.

GOLF

Der **Dunfanaghy Golf Club** (☎ 913 6335; www.dunfanaghygolfclub.com) hat einen phantastischen

18-Loch-Platz direkt am Wasser. Er liegt am Dorfrand an der Straße nach Port-na-Blagh.

REITEN
Auf dem Pferderücken sind die weiten Strände und das Hinterland am besten zu erkunden. Reitausflüge können bei **Dunfanaghy Stables** (☎ 910 0980; www.dunfanaghystables.com; Main St; 25 € pro Std.) gebucht werden.

HOCHSEEANGELN & TAUCHEN
Richard Bowyer (☎ 913 6640; Port-na-Blagh) organisiert zwischen Ostern und September Hochseeangeltouren, die am kleinen Pier in Port-na-Blagh beginnen. Tauchausflüge veranstaltet **Diveology** (☎ 086-809 5737; www.diveology.com).

WINDSURFEN & KITESURFEN
Unterricht im Windsurfen und Ausrüstung gibt es bei **Marble Hill Windsurfing** (☎ 913 6231; richardharshaw@eircom.net; the Cottage, Marble Hill, Port-na-Blagh; ✆ Juli & Aug. tgl., Mai, Juni & Sept. nach Vereinbarung). Unterricht ab 40 €.

Schlafen

The Mill House (☎ 913 6409; www.corcreggan.com; Corcreggan Mill, Dunfanaghy; Campingplatz 8 € pro Pers., B/DZ/3BZ 20/40–55/70 €; **P**) Das neu aufgebaute Mill House gehört zum Anwesen der geschäftigen Corcreggan Mill (wird jedoch unabhängig davon geführt), nur ein paar Schritte vom Carriage Hostel entfernt. Die Schlafsäle sind sauber, die Matratzen hart. Es gibt auch Zimmer für Paare und Familien (ein Raum sogar mit einem Kinderbett). Camper können ihr Zelt auf einer ruhigen Wiese neben einem Bio-Gemüsegarten aufstellen. In den gemütlichen Aufenthaltsräumen ist meist viel los – es gibt Musiksessions, Massagekurse und Meditations-Seminare. Ein kontinentales/irisches Frühstück kostet 5/7 € extra. Mill House liegt 4 km südwestlich von Dunfanaghy an der N56 nach Falcarragh. Busse halten vor dem Hostel.

LP Tipp **The Carriage Hostel** (☎ 910 0814; www.the-carriage-hostel-corcreggan.com; Corcreggan Mill, Dunfanaghy; B 14–17 €, EZ 25–35 €, DZ 35–42 €; **P**) Wer einen Allerweltsschlafsaal vorzieht, der sucht besser anderswo. Das Carriage Hostel auf dem Gelände einer historischen Mühle verfügt über einen Eisenbahnwaggon aus dem 19. Jh. aus Mahagoni, der neben einem alten Trockenofen steht. Man hat die Wahl zwischen den Abteilen des Waggons – kein Luxus, aber

eine coole Sache (ganzjährig geöffnet) – oder dem rustikalen Haus des Trockenofens (Mai–Sept.). Bitte vorher Wünsche anmelden. Die Schlafsäle haben nur drei oder vier Betten. Die gemütlichen Aufenthaltsräume strahlen alten irischen Komfort aus.

Rosman House (☎ 913 6273; www.rosmanhouse.ie; Figart, Dunfanaghy; EZ/DZ 45/60 €; **P**) Das B&B mit seinen sechs blumengeschmückten sauberen Zimmern ist wirklich gemütlich, hier lebt auch eine sechsköpfige Familie. Es liegt ein Stück die Straße vom Workhouse hinunter zwischen Gärten und Feldern.

Arnold's Hotel (☎ 913 6208; www.arnoldshotel.com; Main St; EZ 92–95 €, DZ 124–158 €; ✆ April–Okt.; **P**) Das 1922 eröffnete Arnold's ist ein selbstbewusstes Hotel mit 30 Zimmern am Ufer der Sheep Haven Bay. Mit den tiefen Sesseln und dem gepflegten Terrassengarten ist der Ort ideal zum Relaxen. Es werden verschiedene Aktivurlaube angeboten (siehe Webseite).

Shandon Hotel (☎ 913 6137; www.shandonhotel.com; Sheep Haven Bay, Dunfanaghy; DZ 250 €, Minimum 2 Nächte; **P** 🛈) Dieses Hotel mit Spa bietet wohl die mondänste moderne Unterkunft in Donegal mit einer spektakulären Aussicht auf den Marble Hill Beach. Die geräumigen und elegant ausgestatteten Zimmer liegen alle zum Meer hin. Der Superlativ ist aber das Wellnessbad mit modernem Pool, Becken für die Kids, Saunen und voll ausgestatteter Sporthalle. Für die Gäste wird ein umfangreiches Fitness-Programm angeboten. Eine gute Wahl für Familien.

Essen

Muck 'n' Muffins (☎ 913 6780; Main Sq; Sandwiches & Snacks 3–8 €; ✆ Mo–Sa 10–17, So 11–17, Weinbar Aug. tgl., Sept.–Juli Fr & Sa ab 20 Uhr) Der ehemalige Getreidespeicher aus dem 19. Jh. direkt am Wasser beherbergt heute ein dreistöckiges Café mit Kunsthandwerksladen – der ideale Ort für gesunde Sandwichs, verlockende Kuchen und Muffins. An manchen Abenden ist die Weinbar geöffnet. Es werden Tapas und Käse angeboten.

Mill (☎ 913 6985; www.themillrestaurant.com; Figart, Dunfanaghy; 3-Gänge-Dinner 39 €; ✆ März–Dez. Di–So 19–21 Uhr) Die herrliche ländliche Atmosphäre und die perfekt zusammengestellten Mahlzeiten sind das reinste Vergnügen. Das Restaurant befindet sich in einer ehemaligen Flachsmühle, in der lange Jahre Frank Eggington wohnte, ein bekannter Maler der Gegend. Die Mill liegt am Südrand des Ortes an der

Straße nach Falcarragh. Tischreservierung empfohlen. Es gibt auch ein elegantes B&B (EZ/DZ 65/95 €).

LP Tipp **Cove** (☎ 913 6300; Rockhill, Port-na-Blagh; 4-Gänge-Dinner 40 €; ⏱ Mi–Mo 18–22, So 13–16 Uhr) Wer schick ausgehen und sich amüsieren will, ist hier genau richtig. Die Besitzer Siobhan Sweeney und Peter Byrne sind Perfektionisten, bei denen in der Küche, im Speiseraum und vor allem auf dem Teller jede Kleinigkeit stimmen muss. Die Mahlzeiten sind einfallsreich und scheinbar einfach, mit asiatischer Note. Nach dem Dinner lädt im oberen Stockwerk eine elegante Lounge zum Verweilen ein. An der Küstenstraße in Port-na-Blagh.

An- & Weiterreise

Feda O'Donnell (☎ 954 8114) betreibt Montag bis Samstag zweimal sowie Freitag und Sonntag dreimal täglich Busse von Crolly (5 €, 40 Min.) nach Galway (20 €, 5 Std.) mit Halt am Dunfanaghy Square.

Die Busse von **John McGinley** (☎ 913 5201) nach Dublin halten in Dunfanaghy (16 €, 4¾ Std.). Die Busse von **Lough Swilly** (☎ 912 2863) von Dungloe nach Derry (Mo–Fr 2-mal tgl., Sa 3-mal) machen in Dunfanaghy (7 €, 1½ Std.) halt.

DONEGALS OSTEN

LETTERKENNY

☎ 074 / 12 000 Ew.
Letterkenny (Leitir Ceanainn), die größte Stadt von Donegal, wächst rasend schnell, wie unschwer an den ständigen Staus zu bemerken ist. Der wirtschaftliche Aufschwung bringt einschneidende Änderungen mit sich, die von den meisten Einwohnern befürwortet werden. Das Wachstum wird sich in den nächsten Jahren wohl fortsetzen, wenn die Pläne für die Ansiedlung technischer Gewerbebetriebe am Stadtrand realisiert werden.

Auch kulturell tut sich einiges, insbesondere beim Theater. Studenten und Yuppies zieht es in die Pubs und Clubs. Für die Einheimischen ist das alles neu, für Besucher aber kaum einladend. Die meisten sind auf der Durchreise in den wildromantischen Norden von Donegal oder logieren in Letterkenny, um von hier die Halbinsel Inishowen zu erkunden. Wer öffentliche Verkehrsmittel benutzt, wird hier zwangsläufig einen kurzen Stopp einlegen.

Orientierung

Die Main Street, angeblich die längste Straße Irlands, verläuft von den Dunnes Stores am einen Ende bis zum Courthouse am anderen und teilt sich dabei in die Upper und Lower Main Street. An der Straßengabelung am oberen Ende der Upper Main Street geht die High Road nach links ab, die Port Road zum Busbahnhof und auf die Straße nach Derry.

Praktische Informationen

Die Webseite www.destinationletterkenny. com bietet nützliche Informationen.
AIB (Main St) Bankfiliale mit Geldautomat.
Bank of Ireland (Main St)
Cyberworld (☎ 912 0440; Lower Main St; 2 € pro Std.) Internetcafé.
Duds 'n' Suds Laundrette (☎ 912 8303; Pearse Rd; Waschmaschinenladung 8 €)
Northwest Tourist Office (☎ 912 1160; www. donegaldirect.ie; Neil Blaney Rd; ⏱ Juni–Aug. Mo–Fr 9–17, Sa & So 12–15, Sept.–Mai Mo–Fr 9–17 Uhr) Geführt von Fáilte Ireland (Irish Tourist Board). Die Touristeninformation ist weitaus schlechter als die in der Stadt Donegal. 1 km südöstlich der Stadt am Ende der Port Road.
Postamt (Upper Main St)

Sehenswertes & Aktivitäten

Das hügelige Profil der Stadt dominiert die gewaltige neogotische **St. Eunan's Cathedral** (1901), die sich in der Sentry Hill Road (von der Main Street die Church Lane hoch) erhebt. Sehenswert sind die kunstvollen keltischen Schnitzereien.

Rund um die Stadt gibt's Seen und Flüsschen, in denen man Lachse und Forellen angeln kann. Ausrüstung und Infos bei **Top Tackle** (☎ 916 7545; 55 Port Rd; ⏱ Mo–Sa 9.30–17.30 Uhr).

Festivals & Events

Das **Letterkenny Festival** (☎ 912 7856) ist ein viertägiges internationales Musik- und Tanzfestival, das Ende August stattfindet.

Schlafen

Port Hostel (☎ 912 5315; www.porthostel.ie; Port Rd; Campingplatz 20 €, B 15 €, DZ 36–40 €; P) Das moderne, zweckmäßige Hostel hat die Atmosphäre von College-Schlafsälen. Die meisten Gäste kommen aus Nordirland, besonders an Ferienwochenenden, dann geht es wirklich laut zu. Das Hostel liegt günstig, etwas bergauf durch eine gewundene Gasse hinter dem An Grianán Theatre. Karen, die gesellige Wirtin, hat viele Informationen über Donegal parat.

COUNTY DONEGAL

Letterkenny Court Hotel (☎ 912 2977; www.letter kennycourthotel.com; Main St; EZ/DZ ab 49/98 €; P) Dieses schön renovierte Hotel ist in einem farbenfrohen historischen Gebäude untergebracht und wartet mit gutem Service, Stil und zentraler Lage auf. Die Zimmer sind in frischen Pastellfarben gehalten, in nächster Nähe liegt etwa ein Dutzend Pubs.

Cove Hill House (☎ 912 1038; Port Rd; mit/ohne Bad EZ 45/35 €, DZ 60/50 €; P) Das komfortable und freundliche B&B ist voll von Nippes und Kitsch und hat einen wunderschönen Garten. Kreditkarten werden akzeptiert. Hinter dem Theater und neben dem Port Hostel.

Castle Grove (☎ 915 1118; www.castlegrove.com; Ramelton Rd; EZ/DZ 105/170 €; P) Verglichen mit Letterkennys langweiligen Business-Hotels ist diese Unterkunft in einem georgianischen Herrenhaus wirklich luxuriös. Es liegt 5 km stadtauswärts Richtung Ramelton. Das riesige Grundstück erstreckt sich bis zur Flussmündung, und der unglaublich akkurate Rasen wirkt wie mit der Nagelschere getrimmt. Die preisgekrönte irisch-französische Küche des Hotelrestaurants ist ein weiterer Pluspunkt.

Essen

Simple Simon's (☎ 912 2382; St. Oliver Plunkett Rd; Suppen & Salate 3–6,50 €; ☉ Mo–Sa 9–18 Uhr) „Genmanipuliert" ist ein Schwimpfwort in diesem engagierten Naturkostladen mit Café. Die angeschlossene Bäckerei produziert viele Leckereien (auch für Allergiker geeignet). Gute Auswahl an biologischem Obst und Gemüse.

Sienna (☎ 912 8535; Upper Main St; Hauptgerichte 5–9 €; ☉ Mo–Sa 9–18.30, So 10.30–17.30 Uhr) Das schicke Sienna ist tagsüber die richtige Adresse für Ciabatta- und *panini*-Sandwiches und einen starken Kaffee. Abends ist das Restaurant in romantisches Schummerlicht getaucht, und die Speisekarte bietet recht ausgefallene mediterrane Küche. Die kosmopolitische Atmosphäre wird abgerundet durch eine große Weinkarte und Life-Jazz.

Brewery (☎ 912 7330; Upper Main St; Bargerichte um 8 €, Hauptgerichte 13–26 €; ☉ 15–21 Uhr) In diesem Pub-Restaurant mit Blick auf einen kleinen Stadtplatz hat der Gast die Qual der Wahl: Unten gibt es ausgezeichnete Barmahlzeiten, oben im Restaurant riesige Portionen.

Yellow Pepper (☎ 912 4133; www.yellowpepper restaurant.com; 36 Lower Main St; Dinner 16–20 €; ☉ 12–22 Uhr) Hier treffen sich die Einheimischen, die einfach nur „normal" sein möchten – ein freundlicher und gemütlicher Familienbetrieb.

Dennoch halten viele Besucher das Restaurant für das beste der Stadt. Besonders empfehlenswert sind die Fischgerichte.

Ausgehen

Cottage Bar (☎ 912 1338; 49 Upper Main St) Die niedrige Decke dieses reizvollen Pubs ist mit so viel Schickschnack behängt, dass man sich beim Betreten unwillkürlich duckt. Wer erst einmal sicher sitzt, hat viel zu bestaunen. Bei nassem Wetter gibt es Plätze am offenen Feuer. Donnerstagabend lohnen sich die Musiksessions.

Unterhaltung

Casbah (Main St) Dieser Club ist in Letterkenny vor allem bei jungem Publikum angesagt. Wenn im Keller die Shows laufen, bebt das ganze Gebäude.

An Grianán Theatre (☎ 912 0777; www.angrianan. com; Port Rd) Das Stadttheater ist gleichzeitig das bedeutendste Kunstzentrum im Nordwesten. Hier stehen irische und internationale Stücke ebenso auf dem Spielplan wie Comedy und Musik. Zum Theater gehört ein gutes Café mit Bar.

An- & Weiterreise

Letterkenny ist eine wichtige Drehscheibe für Busse in den Nordwesten. Der Busbahnhof liegt am Kreisel an der Kreuzung Ramelton Road und der Straße nach Derry. Gepäckaufbewahrung 2 €.

Schnellbus Linie 32 von **Bus Éireann** (☎ 912 1309) fährt (tgl. 6-mal, So 4-mal) nach Dublin (16 €, 4 Std.) via Omagh (11 €, 1 Std.) und Monaghan (13 €, 1¾ Std.). Linie 64 von Derry (7 €, 35 Min.) nach Galway (15 €, 4¾ Std.) hält in Letterkenny (tgl. 3-mal, So 2-mal) und fährt dann weiter nach Donegal (8 €, 50 Min.), Bundoran (12 €, 1½ Std.), Sligo (12 €, 2¼ Std.) und Galway. Schnellbus 53 Derry–Cork fährt dreimal täglich (So 1-mal) über Letterkenny, Donegal (45 Min.) und Sligo (12 €, 2 Std.).

John McGinley (☎ 913 5201) fährt zweimal täglich Sonntag bis Donnerstag (Fr 3-mal, Sa 1-mal) von Annagry nach Dublin (15 €, 3¾ Std.) über Letterkenny und Monaghan.

Lough Swilly (☎ 912 2863) verkehrt regelmäßig von Derry (6,60 €, 1 Std.) nach Dungloe (8 €, 2 Std.) via Letterkenny und Dunfanaghy sowie direkt nach Letterkenny.

Feda O'Donnell (☎ 954 8114) betreibt zweimal täglich eine Linie von Crolly (5 €, 1½ Std.) nach Galway (16 €, 4 Std.) via Letterkenny,

Donegal, Bundoran und Sligo. Die Busse halten an der Straße vor dem Busbahnhof.

McGeehan Coaches (☎ 954 6150) fährt täglich außer Sonntag von Letterkenny nach Glencolumbcille (10 €, 2¼ Std.).

Unterwegs vor Ort

Taxis kann man bei **A Cabs** (☎ 912 2272) bestellen. An der Main Street gibt es Taxistände gegenüber vom Platz und vom Busbahnhof.

LOUGH GARTAN
☎ 074

Der Schutzherr der irischen Klöster, Sankt Colmcille (oder Columba), stammt aus der Nähe des glasklaren Lough Garta 17 km nordwestlich von Letterkenny. Aus seiner Zeit sind noch einige Steinobjekte und Kreuze erhalten. Die Umgebung lädt zu herrlichen Touren ein.

Colmcille Heritage Centre

Das **Heritage Centre** (☎ 913 7306; Gartan; Erw./erm. 2/1,50 €; ☼ Mai–Sept. Mo–Sa 10.30–18.30, So 13–18.30 Uhr) am Ufer des Lough Gartan ist die „Hall of Fame" des Hl. Colmcille. Interessant ist die Ausstellung zur Herstellung illuminierter Handschriften.

Colmcilles Mutter soll bei seiner Geburt – sie befand sich gerade auf der Flucht vor den Heiden – stark geblutet haben, und ihr Blut soll den braunen Lehm am Seeufer weiß gefärbt haben. Seitdem gilt der Lehm als Glücksbringer. Auf freundliche Nachfrage hin holen die Mitarbeiter vielleicht eine kleine Probe davon unter der Theke hervor.

Am Weg zum Zentrum stehen Hinweisschilder zur Ruine von **Colmcille's Abbey**. Ein Stück weiter befindet sich auf einem von Schafen beweideten Hügel der **Geburtsort** des Heiligen. Er ist mit einem schweren Kreuz gekennzeichnet. Daneben liegt ein interessantes prähistorisches Grab, das mit grün oxidierten Kupfermünzen bestreut ist. Es trägt den Namen „Flagstone of Loneliness" (Stein der Einsamkeit); angeblich hat Columba hier geschlafen. Früher glaubte man, die klobige Platte könne Heimweh heilen.

Zum Heritage Centre verlässt man Letterkenny über die R250 Richtung Glenties und Ardara; nach einigen Kilometern rechts auf die R251 zum Dorf Churchill abbiegen und den Schildern folgen. Oder von Kilmacrennan auf der N56, nach Westen abbiegen und der Ausschilderung folgen.

Gartan Outdoor Education Centre

Kurse in Sportarten wie Felsklettern, Seekajakfahren, Segeln, Surfen, Windsurfen und Bergsteigen für Erwachsene und Kinder bietet das **Adventure Centre** (☎ 913 7032; www.gartan. com; Gartan, Churchill). Es liegt 18 km nordwestlich von Letterkenny auf einem 35 Hektar großen Areal am Ufer des Lough Gartan.

Glebe Gallery & House

Der englische Maler Derrick Hill kaufte 1953 das historische **Glebe House** (☎ 913 7071; Churchill; Frw./Kind/erm. 2,75/1,25/2 €; ☼ Ostern tgl. 11–18.30, Mitte Mai–Sept. nur Sa–Do; Ⓟ ♿). Er wollte ein Domizil auf der irischen Hauptinsel unweit von Tory Island haben. Zuvor hatte es als Pfarrhaus und dann als Hotel gedient. Das Haus ist üppig und bunt dekoriert und verrät etwas vom Faible des Besitzers für Exotisches.

Der wahre Wert des Hauses liegt jedoch in Hills erstaunlicher Kunstsammlung. Außer seinen eigenen Werken und den Gemälden der Naiven Künstler von Tory Island (siehe Infokasten S. 563) hängen hier Werke von Picasso, Landseer, Hokusai, Jack B. Yeats und Kokoschka. Auch der bewaldete Garten in sehenswert. Die Führung durch das Haus dauert etwa 45 Min.

DUNLEWY & UMGEBUNG
☎ 074 / 700 Ew.

Nur nicht im falschen Augenblick blinzeln! Sonst verpasst man das winzige Dorf Dunlewy (Dún Lúiche) am Fuß des Mt. Errigal am Lough Dunlewy. Der das Dorf überragende Mt. Errigal hingegen ist kaum zu übersehen. Guter Ausgangspunkt für den Glenveigh-Nationalpark.

Sehenswertes & Aktivitäten
DUNLEWY LAKESIDE CENTRE

Das **Lakeside Centre** (Ionad Cois Locha; ☎ 953 1699; www.dunleweycentre.com; Dunlewy; Eintritt Haus und Grundstück oder Bootstour Erw./Kind 5,75/3,75 €, Kombiticket 9,50/ 6,50 €; ☼ Ostern–Okt. Mo–Sa 10.30–18, So 11–18 Uhr) bietet für jeden Geschmack etwas, besonders aber für Kinder. Zu sehen ist das strohgedeckte Cottage von Manus Ferry, einem örtlichen Weber, dessen Tweeds weltberühmt wurden (gest. 1975). Das Angebot umfasst einen Streichelzoo, Wanderungen am See, Ponytrekking und vor allem tolle Bootstouren über den See mit einem Geschichtenerzähler, der die lokale Historie, Geologie und gruselige Folklore aufleben lässt. Im Sommer werden Konzerte traditioneller Musik veranstaltet. Weiterhin gibt es ein Café mit Torffeuer und Kunsthandwerksladen. Derzeit wird das Zentrum um eine Theater- und Konzertbühne erweitert.

MOUNT ERRIGAL & THE POISONED GLEN

Der von Geröll übersäte Mt. Errigal (752 m) ist einer der höchsten Berge Irlands. Er überragt Dunlewy und zieht Wanderer mit seinem konisch geformten Gipfel geradezu magisch an. Der Aufstieg ist allerdings schwierig; außerdem sollte man sich vorher genau über das Wetter informieren, da die Besteigung an regnerischen oder nebligen Tagen gefährlich ist, wenn die Sicht durch Wolken stark eingeschränkt ist.

Zwei Wege führen auf den Gipfel. Für die einfachere Route (5 km) benötigt man etwa zwei Stunden, für die schwierigere (3,3 km) über den Nordwestkamm mit Kletterpartien über das Geröll etwa 2½ Stunden. Infos zu beiden Aufstiegen gibt's beim Dunlewy Lakeside Centre.

Der Legende zufolge erhielt der faszinierende Felsen von Poisoned Glen seinen Namen, als Balor, der einäugige König von Tory, hier von seinem im Exil lebenden Enkel Lughaidh ermordet wurde. Dabei soll das Gift aus seinem Auge den Felsen gespalten und die Schlucht vergiftet haben. Tatsächlich entstand der Name weniger dramatisch – durch den Fehler eines Kartografen: Die Einheimischen nannten die Schlucht An Gleann Neamhe („die himmlische Schlucht"), doch als der englische Kartograf die Gegend vermaß, notierte er versehentlich An Gleann Neimhe – „die vergiftete Schlucht".

Von der R251 gibt es mehrere Aussichtspunkte über die Schlucht. Man kann sie auch durchwandern, doch der Grund ist uneben und sumpfig. Vom Lakeside Centre führt eine 12 km lange zwei- bis dreistündige Wanderung an der Schlucht entlang. Dabei nach der Grünen Lady Ausschau halten – dem Geist, der hier spukt!

Schlafen

Errigal Hostel (☎ 953 1180; www.errigalhostel.com; Dunlewy; B/DZ 18/50 €; **P**) Das nur 2 km nördlich von Dunlewy am Fuß des Mt. Errigal gelegene An Óige-Hostel war bei Redaktionsschluss noch im Bau. Inzwischen sollte es geöffnet sein. Am besten vorher anrufen.

Radharc an Ghleanna (☎ 953 1835; radharcang@ hotmail.com; Moneymore, Dunlewy; EZ/DZ 35/60 €; **P**) Die

vier gemütlichen Zimmer des Land-Bungalows sind klinisch sauber, die Aussicht auf See und Poisoned Glen ist phantastisch. Über eine enge Straße unweit östlich vom Hostel zu erreichen.

GLENVEAGH-NATIONALPARK

Die Seen des **Glenveagh-Nationalpark** (Pairc Naísúnta Ghleann Bheatha; glenveaghnationalpark@duchas.ie; Eintritt frei; ☼ Febr.–Nov. 10–18, Einlass bis 17 Uhr) schimmern wie Morgentau in einem von Hügeln umgebenen Tal. Der Park ist einer der schönsten Flecken Irlands und macht das ca. 100 km² große Schutzgebiet zu einem Paradies für Wanderer. Es gibt viele Tierarten, darunter den Steinadler, der im 19. Jh. ausgerottet, im Jahr 2000 hier jedoch wieder angesiedelt wurde.

Allerdings wurde für die Entstehung des Parks ein hoher Preis gezahlt. Das Land war ursprünglich von 244 Pächtern bestellt worden, die vom Grundbesitzer John George Adair im Winter 1861 gewaltsam vertrieben wurden – angeblich wegen einer Verschwörung. Tatsächlich hat aber ihre Anwesenheit wohl die Verwirklichung seiner Visionen für das Tal gestört.

Der Bau des spektakulären Glenveagh Castle (1870–73) war sozusagen der krönende Abschluss in diesem Paradies. Adairs Frau Adelia führte zwei Dinge ein, die dem Park eine besondere Note verliehen: ein Rudel Rotwild und Rhododendron. Doch trotz ihrer Natur- und Tierliebe wird ihr Name bis heute nur mit Verachtung ausgesprochen. Die vertriebenen Pächter nahmen übrigens subtile Rache, als Adair 1885 beerdigt wurde. Als man seinen Sarg zur Beerdigung fuhr, musste man feststellen, dass das Grab bereits belegt war – mit einem Esel.

Mit Adairs Tod war die Geschichte noch lange nicht zu Ende: 1922 wurde das Castle kurzzeitig von der IRA besetzt, 1929 erwarb es Kingsley Porter, ein Kunstprofessor der Harvard University, der 1933 unter mysteriösen Umständen verschwand (angeblich ist er ertrunken, doch soll er später in Paris gesehen worden sein). Sechs Jahre später kaufte sein ehemaliger Student Henry McIlhenny das Anwesen. Von ihm sagte Andy Warhol einmal, er sei „der einzige Mensch in Philadelphia mit Ausstrahlung". 1975 verkaufte McIlhenny alles an die irische Regierung. Heute wird das Anwesen von der Denkmalschutzbehörde Dúchas verwaltet.

Im Park gibt es Wanderwege an den Seen entlang und durch Wälder und Hochmoore sowie einen Aussichtspunkt ein paar Minuten vom Castle entfernt.

Im **Glenveagh Visitor Centre** (☎ 074-913 7090; Churchill) kann man einen 20-minütigen Film zur Ökologie des Parks und über den berüchtigten Adair anschauen. Im Restaurant gibt es warme Snacks und Mahlzeiten, an der Rezeption wird ein Mückenschutzmittel verkauft, das hier im Sommer genauso unentbehrlich ist wie Wanderschuhe und Regenkleidung im Winter. Camping ist nicht gestattet.

Glenveagh Castle

Das etwas protzige **Castle** (Erw./Kind 3/1,50 €; ☼ Ostern–Okt. 10–18 Uhr) ist ein verkleinerter Nachbau von Balmoral Castle in Schottland. Henry McIlhenny drückte dem Haus seinen Stempel auf. Seine Jagdleidenschaft ist nicht zu übersehen. Es gibt wohl kaum einen Raum ohne Hirschgemälde – oder sogar ausgestopfte Tiere.

Die kurzweilige Führung zeigt eine Reihe prächtig eingerichteter Räume. Man könnte glauben, McIlhenny lebe hier noch immer. Am auffälligsten sind das mit Schottenmustern und Geweihen dekorierte Musikzimmer und der in knalligem Rosa gehaltene Raum, den Greta Garbo bei ihren Besuchen immer bewohnte – beide im Rundturm. Im Salon gibt es einen 300 Jahre alten Kamin, den McIlhenny von Ards Estate in der Nähe von Dunfanaghy erworben hatte.

Die exotischen Gärten sind ähnlich spektakulär und sehr gepflegt. Zu sehen sind eine Reihe Terrassen, ein italienischer Garten, ein ummauerter Küchengarten und der Belgische Weg, der von hier stationierten belgischen Soldaten im Ersten Weltkrieg angelegt wurde. Der kultivierte Charme der Gärten steht in reizvollem Gegensatz zur wilden Schönheit der umliegenden Landschaft.

Die letzte Führung beginnt etwa 45 Min. vor der Schließung. **Minibusse** (Erw./Kind hin & zurück 2/1 €) fahren alle 15 Min. vom Visitor Centre zum Schloss. Letzte Rückfahrt 18 Uhr.

DOON WELL & ROCK OF DOON

In vergangenen Jahrhunderten glaubte man, Quellwasser könne Gebrechen heilen. Den im Gebüsch rundum verteilten Rosenkränzen, Stoffbändern und sonstigen Devotionalien nach zu urteilen, scheinen dies auch heute noch viele von **Doon Well** (Tobar an Duin) zu erhoffen. Doch trotz des vielen Schmucks sieht diese Quelle eher wie ein Küchentisch als wie ein Wunschbrunnen aus.

Ein Schild weist auf den überwucherten **Rock of Doon** (Carraig an Duin) mit seiner weiten Aussicht hin. Hier wurden die O'Donnell-Könige gekrönt – vielleicht, weil sie von hier gleich zu Beginn schon mal einen Rundblick auf ihren gesamten Besitz hatten.

Direkt nördlich von Kilmacrennan beim Wegweiser von der N56 abbiegen. Quelle und Felsen liegen etwa 1,5 km nördlich vom Ort.

LIFFORD

☎ 074 / 1400 Ew.

Die in der Nähe von Strabane im County Tyrone gelegene kleine Stadt Lifford (Leifear) war früher der Gerichtssitz von Donegal. Das ist zwar längst Geschichte, doch lebt der Geist fort im **Old Courthouse** (☎ 914 1733; www.liffordoldcourthouse.com; Erw./erm. 5/3 €; ☼ Mo–Fr 10–16.30, So 12.30–16.30 Uhr; [P]) aus dem 18. Jh. Im Gerichtsgebäude befindet sich heute ein interessantes **Heritage Centre** mit unheimlich lebensechten Wachsfiguren, mit denen Manus O'Donnell die Geschichte von Donegals gälischen Clanführern erzählt und verschiedene Prozesse, die in dem nüchternen Gerichtssaal stattfanden, nachgestellt hat (inklusive denen gegen Napper Tandy und John „half-hanged" McNaughten und dem Mordprozess an Lord Leitrim). Die Zellen sind ebenfalls zu sehen – mit einer Audioshow, in der die Türen knallen und die Schritte der wegen Schafdiebstahl o. Ä. Verurteilten zu hören sind.

An- & Weiterreise

Bus Éireanns (☎ 912 1309) Schnellbuslinie 32 von Dublin (16 €, 3¼ Std.) nach Letterkenny (6,50 €, 20 Min.) hält fünfmal täglich in Lifford. Es gibt lokale Linien von Lifford nach Letterkenny, Ballybofey und Strabane.

DONEGALS NORDOSTEN

ROSGUILL PENINSULA

☎ 074

Am besten lässt sich die raue Schönheit von Rosguill mit dem Auto, dem Fahrrad oder auf einer Wanderung über den 15 km langen Atlantic Drive erkunden. Der Atlantic Drive zweigt von Süden gesehen im weitläufigen Dorf **Carrigart** (Carraig Airt) links ab (Ausschilderung). Im Dorf gibt es eine ganze Reihe Pubs und einen schönen abgelegenen Strand bei **Trá na Rossan**. Keinesfalls sollte man in Boveeghter oder in der Mulroy Bay schwimmen – das ist zu gefährlich. Sommergäste halten sich deshalb hier kaum auf; sie ziehen lieber 4 km weiter nördlich nach **Downings**, mit spektakulärem Badestrand. Das Dorf selbst ist jedoch eher etwas farblos.

Aktivitäten

Der tolle Platz des **Rosapenna Golf Club** (☎ 915 5301; www.rosapennagolflinks.ie; Downings; Platzgebühr 50–75 €) wurde 1891 von Old Tom Morris aus St. Andrews entworfen und 1906 von Harry Vardon umgestaltet. Er ist einer der besten Golfplätze an der irischen Küste. Die Landschaft wirkt genauso spektakulär wie der Platz, der selbst für Spieler mit niedrigstem Handicap eine Herausforderung darstellt.

Schlafen

Casey's Caravan Park (☎ 915 5301; rosapenna@eircom. net; Downings; Campingplatz 10–20 €; ✆ April–Sept.) Nirgends wohnt man näher zum Strand mit der Blauen Flagge als auf diesem sehr beliebten Campingplatz direkt an den Dünen. Das Dorf liegt gleich um die Ecke. Reservierung erforderlich.

Trá na Rosann Hostel (☎ 915 5374; www.anoige.ie; Downings; B 15 €; ✆ April–Okt.) Phantastische Aussicht und eine tolle Atmosphäre sind die Pluspunkte dieses An Óige-Hostels in einem ehemaligen Chalet. Der einzige Nachteil ist die Lage 6 km östlich von Downings. Wer kein Fahrzeug hat, muss trampen.

Beach Hotel (Óstán na Trá; ☎ 915 5303; beachhotel donegal@eircom.net; Downings; EZ/DZ 45/80 €; ✆ April–Okt.; P) Wer es gern etwas persönlicher mag, ist in diesem Familienbetrieb mit seinen 20 tadellosen Zimmern in Strandnähe gut untergebracht. Am besten nach einem der neuen Zimmer fragen – die meisten davon haben Meerblick.

Downings Bay Hotel (☎ 915 5586; www.downingsbay hotel.com; Downings; EZ/DZ ab 65/100 €; P ♿) Dieses Traditionshotel in unmittelbarer Strandnähe wurde komplett renoviert und bietet schönen Luxus. Die tadellosen Zimmer sind geräumig und bequem. Der Preis ist recht günstig, im Winter gibt es Preisnachlässe.

Essen

Old Glen Bar & Restaurant (☎ 915 5130; Glen, Carrigart; Hauptgerichte 14–23 €; ✆ 18–23 Uhr) Dieses tolle Pub ist authentisch und schenkt hervorragendes Bier aus. Im hinteren Teil befindet sich ein modernes Restaurant, das Fleisch- und Fischgerichte sowie Meeresfrüchte auf der Karte hat. Das Dörfchen Glen liegt abseits der R245 zwischen Creeslough und Carrigart, etwa 6 km südlich von Carrigart (Wegweiser).

Haven Restaurant (☎ 915 5586; Bargerichte 10–20 €, Hauptgerichte 16–25 €; ✆ 18.30–21.30 Uhr) Das Restaurant des Downings Bay Hotel hat eine überdurchschnittliche Küche. Barmahlzeiten gibt es in JC's Bar.

Anreise & Unterwegs vor Ort

Der lokale Bus von Carrigart nach Downings fährt selten. Besucher der Gegend sind auf ein eigenes Fahrzeug angewiesen.

FANAD PENINSULA

Der zweitnördlichste Punkt von Donegal, Fanad Head, schiebt sich östlich von Rosguill in den Atlantik. Die Halbinsel windet sich im Westen um Mulroy Bay und im Osten um Lough Swilly mit seinen hohen Klippen und Sandstränden. Die meisten Touristen bevorzugen die Ostseite mit ihrem herrlichen Strand und dem ausgezeichneten Golfplatz bei Portsalon sowie die ruhigen Orte Ramelton und Rathmullan. Es gibt nur wenige Unterkünfte, Reservierung ist daher empfehlenswert.

Portsalon & Fanad Head

Die britische Zeitung *Observer* nannte den Blue-Flag-Strand an der Ballymastocker Bay einmal den zweitschönsten Strand der Welt. Man kann gefahrlos schwimmen; der Strand ist daher Hauptattraktion des winzigen Portsalon (Port an tSalainn). Golfspieler finden hier den herrlich gelegenen **Portsalon Golf Club** (☎ 915 9459; Portsalon).

Knockalla Caravan & Camping Park (☎ 915 9108; Portsalon; Campingplatz 14–20 €; ✆ Mitte März–Mitte Sept.) liegt in Strandnähe an den unteren Hängen des Knockalla Mountain. Im Sommer ist er meist ausgebucht. Mit Küche, Wäscherei, Laden, Aufenthaltsraum und Spielplatz.

8 km weiter steht auf einer markanten Felsspitze der Leuchtturm von Fanad Head; die Anfahrt hierher ist phantastisch. Die Straße an den Klippen zurück nach Rathmullan gleicht einer Achterbahn. Unterwegs liegt das **Knockalla Fort**. Es wurde im 19. Jh. erbaut, um französische Schiffe abzuschrecken.

AN- & WEITERREISE

Lough Swilly Bus (☎ 074-912 2863) fährt zweimal täglich von Letterkenny nach Milford (3,50 €, 1 Std.) und von dort weiter nach Portsalon (9 €, 35 Min., nur ein Morgenbus).

Rathmullan

☎ 074 / 520 Ew.

Der reizvolle kleine Hafen von Rathmullan (Ráth Maoláin) strahlt eine solche Ruhe aus, dass man sich die unruhigen Zeiten des 16.–18. Jhs. kaum vorstellen kann. 1587 wurde hier Hugh O'Donnell, der 15-jährige Erbe des mächtigen O'Donnell-Clans, unter einem Vorwand auf ein Schiff gelockt und als Gefangener nach Dublin gebracht. Vier Jahre später konnte er am Heiligabend fliehen. Nach erfolglosen Racheversuchen starb er mit nur 30 Jahren in Spanien. 1607 hatten Hugh O'Neill, Earl von Tyrone, und Rory O'Donnell, Earl von Tyrconnel, es satt, gegen die Engländer zu kämpfen, und verließen Irland mit einem Schiff von Rathmullan für immer. Die als „Flucht der Earls" in die Geschichte eingegangenen Ereignisse bedeuteten praktisch das Ende des gälischen Irland und der Herrschaft der irischen Clans. Ihre Güter wurden konfisziert, um britischen Siedlern im Rahmen der Plantation of Ulster Land zuzuteilen. Wolfe Tone, Anführer des Aufstands von 1798, wurde hier gefangen genommen.

SEHENSWERTES

Das malerische Karmeliterkloster **Rathmullan Friary** ist von wildem Wein derart überwuchert, dass man meint, es könnte einstürzen, wenn man die Ranken entfernen würde. Das Kloster wurde 1508 von den MacSweeneys gegründet; 1595 fiel der englische Heerführer George Bingham hier ein und stahl den Hostienteller und die Priestergewänder. 1618 renovierte Bischof Knox das Kloster, um es als Residenz zu nutzen.

SCHLAFEN & ESSEN

Dinner in den Hotels 40–45 €. Mahlzeiten werden auch in mehreren Pubs angeboten.

Knoll (☎ 915 8241; Main St; EZ/DZ 35/70 €; ℗) Das gepflegte schwarz-weiße Haus wurde 1780 für den Kommandanten der Nordatlantikflotte gebaut und diente allen möglichen Zwecken – unter der Polizeiwache bis zum Postamt. Heute befindet sich hier ein gemütliches B&B mit drei Zimmern und einem herrlichen Garten. Ganz in der Nähe des Ufers.

Rathmullan House (☎ 915 8188; www.rathmullan house.com; EZ/DZ 115/230 €; ℗ ▯ ♿) Das luxuriöse Landhaus nördlich des Ortes am Lough Swilly verfügt über ein geheiztes Hallenbad, Sauna und Tennisplätze – und einen Garten am Ufer mit herrlichem Baumbestand. Sein Restaurant, das Weeping Elm, ist für ausgefallene biologische Küche bekannt.

Fort Royal (☎ 915 8100; www.fortroyalhotel.com; EZ/DZ 130/190 €; ☺ April–Okt.; ℗) Das weniger protzige, aber ebenfalls exklusive Hotel am Strand besitzt 15 altmodische Zimmer, ein herrliches Restaurant und eine weitläufige Gartenanlage, die genauso altertümlich wie das 1805 erbaute Haus wirkt. Ländlich einfache Cottages kann man für 500–700 € pro Woche mieten. Zum Hotel gehören ein privater Strand, ein Tennisplatz und ein Pitch-and-Putt-Platz.

AN- & WEITERREISE

Der **Lough Swilly** Bus (☎ 912 2863) von Letterkenny hält in Rathmullan (5 €, 45 Min., 2 mal tgl.) auf dem Weg nach Milford und Portsalon (nur Morgenbus).

Ramelton

☎ 074 / 1050 Ew.

Das malerische Ramelton (Ráth Mealtain, manchmal auch Rathmelton genannt) ist die erste Ortschaft, wenn man sich der Halbinsel von Osten nähert. Wie auf einem Gemälde sehen die hübschen georgianischen Häuser und grobgemauerten Lagerhäuser am Lennon River aus. Ruhe suchende, die ein paar Tage ausspannen möchten, sind hier genau richtig.

Die **National Irish Bank** (the Mall) wechselt Geld, hat aber keinen Geldautomaten. Das **Postamt** (Castle St) liegt in einer Seitenstraße der Mall.

SEHENSWERTES

In einem restaurierten Lagerhaus am Flussufer befindet sich das **Donegal Ancestry Family Research Centre & Heritage Centre** (☎ 915 1266; www. donegalancestry.com; the Quay; Erw.Kind 4/2 €; ☺ Mo–Do 9–16.30, Fr 9–16 Uhr) mit einer Ausstellung über die Geschichte von Ramelton. Auch Ahnenforschung wird betrieben (Erstberatung 15 €).

Ebenfalls sehenswert ist die Ruine der **Tullyaughnish Church** auf dem Hügel. Die Ostmauer weist romanische Steinmetzarbeiten auf, die von einer noch älteren Kirche auf der nahe gelegenen Insel Aughnish am River Lennon stammen. Von Letterkenny aus am Fluss rechts abbiegen und ihm etwa 400 m folgen.

SCHLAFEN & ESSEN

Lennon Lodge (☎ 915 1227; Market Sq; EZ/DZ 30/60 €; **P**) Dieses von einer Familie geführte B&B hat sich über einem Pub niedergelassen. Die Zimmer mit TV sind einfach, aber sauber. Es gibt eine Waschküche und einen großen Gemeinschaftsraum. Das Pub bietet an Wochenenden Livemusik sowie regelmäßig Dart-Wettbewerbe.

Crammond House (☎ 915 1055; crammondhouse@ramelton.net; Market Sq; EZ/DZ 35/64 €; ☺ April–Okt.; **P**) Schön altmodisch geht es in diesem ruhigen georgianischen Stadthaus am Nordrand von Ramelton zu. Die Zimmer sind groß und elegant möbliert.

Tanyard (☎ 915 1029; www.thetanyard.com; Bridgend, Ramelton; Apt. 255–470 € pro Woche; **P**) Wer wirklich einmal ein paar Tage in einem ruhigen Ort wie Ramelton verbringen möchte, ist mit einem Apartment in diesem ehemaligen georgianischen Lagerhaus gut beraten. Es liegt unmittelbar am Fluss mit der Rückfront direkt am Wasser und nur ein paar Schritte vom Ortszentrum entfernt. Die schicken Apartments mit Küche sind für maximal vier Personen ausgelegt.

Mirabeau Steak House (☎ 915 1138; the Mall; Hauptgerichte 9–18 €; ☺ 18–22 Uhr) Das schummrig beleuchtete Restaurant befindet sich im ehemaligen Wohnzimmer eines georgianischen Hauses am Flussufer. Seine französische Küche konzentriert sich auf Steaks und Meeresfrüchte, die Portionen sind riesig.

Bridge Bar (☎ 915 1119; Bridgend; Hauptgerichte 13–25 €; ☺ 18–23 Uhr) Auf der anderen Flussseite, etwa 100 m vom Zentrum entfernt, befindet sich die Bridge Bar, ein nettes altmodisches Landpub, wie es für Irland typisch ist. Im ersten Stockwerk ist ein gemütliches Restaurant eingerichtet, in dem es leckere Fischgerichte wie z. B. gegrillten Schwertfisch gibt.

AN- & WEITERREISE

Lough Swilly (☎ 912 2863) betreibt eine Linie von Ramelton nach Letterkenny (2,85 €, 30 Min., 3-mal tgl. Mo–Sa).

INISHOWEN PENINSULA

Die ausgedehnte Halbinsel Inishowen (Inis Eoghain) mit Lough Foyle im Osten und Lough Swilly im Westen erstreckt sich gerade weit genug in den Atlantik, um mit dem nördlichsten Punkt des Landes aufzutrumpfen: Malin Head. Die Halbinsel ist abgelegen, zerklüftet und menschenleer – ein wirklich einsamer und abgeschiedener Flecken. Vorgeschichtliche Relikte und Burgruinen gibt es hier massenweise, genauso wie traditionelle strohgedeckte Cottages und ehemalige Vorratsspeicher.

Die folgenden Orte liegen an der Strecke, die westlich von Derry die Küste von Lough Foyle bis Moville und dann nordwestlich nach Malin Head endet. Von Donegal aus erreicht man die Halbinsel aus dem Südwesten kommend über die Abzweigung nach Buncrana von der N13 Letterkenny–Derry.

Moville & Umgebung
☎ 074 / 1470 Ew.

Der schönste Ort auf Inishowen ist Moville (Bun an Phobail), dessen Straßen beim Hafen zusammenlaufen. Die alten Gebäude sind gut erhalten und verleihen dem Ort Flair. Unter der Woche wirkt Moville recht verschlafen, doch an Ferienwochenenden wird es von Touristen aus Nordirland überschwemmt. Moville war im 19. und frühen 20. Jh. ein betriebsamer Hafenort. Tausende Auswanderer nach Amerika stachen hier in See. Der **Coastal Walkway** von Moville nach Greencastle führt an dem Küstenabschnitt entlang, an dem die Dampfer einst vor Anker lagen. **Vogelbeobachter** kommen hier gleichermaßen auf ihre Kosten wie **Angler**, die vom Pier aus Makrelen, Meeräschen und Köhler, eine Seelachsart, fischen können.

Auf der Main Street befinden sich mehrere Banken mit Geldautomat sowie das Postamt.

SEHENSWERTES

Am Tor zum Friedhof von Cooley steht ein ungewöhnliches 3 m hohes **Kreuz** mit einem runden Loch am oberen Ende. Angeblich hat man sich früher durch dieses hindurch die Hände geschüttelt, um Verträge zu besiegeln. Ob die Vertragspartner so groß waren oder auf Kisten standen, ist nicht überliefert. Auf dem Friedhof steht auch das **Skull House**, das mit Sankt Finian in Verbindung gebracht wird, einem Mönch, der Colmcille im 6. Jh. des Plagiats einer seiner Handschriften beschuldigte. Er lebte hier in einem vom Hl. Patrick gegründeten Kloster, das bis ins 12. Jh. erhalten blieb.

Von Süden nach Moville kommend auf eine Abzweigung nach links achten. Ein Wegweiser zum Pitch-and-Putt-Platz von Cooley

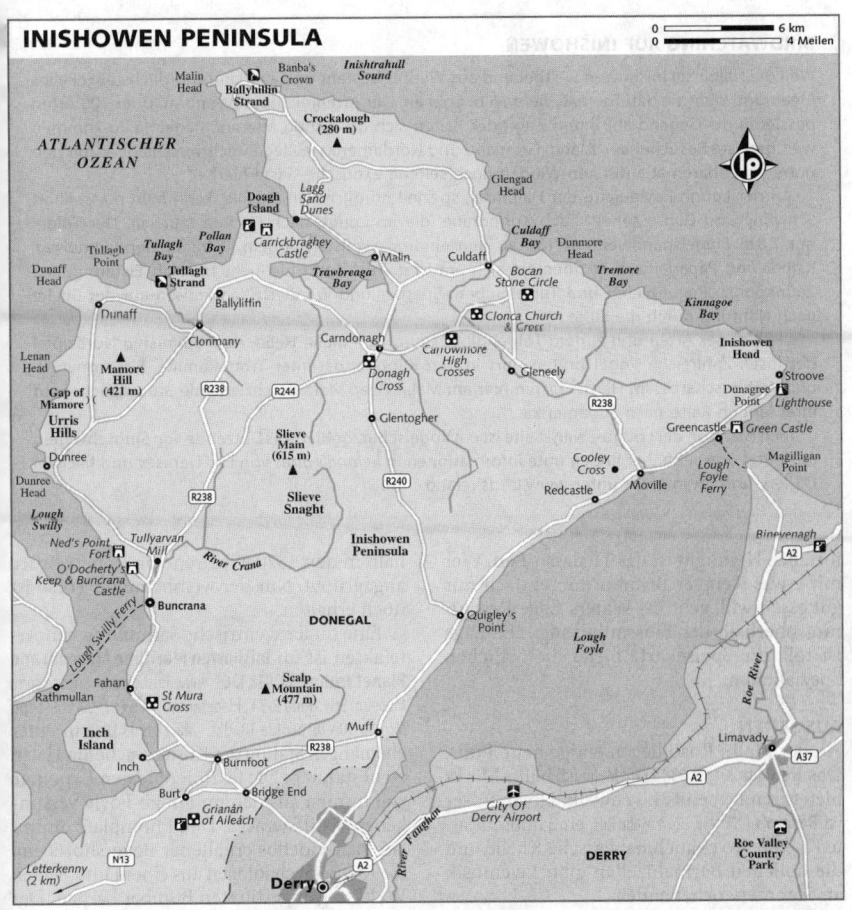

INISHOWEN PENINSULA

steht an der Straßenecke. Noch vor der Kirche abbiegen. Der Friedhof liegt nach gut 1 km Strecke auf der rechten Straßenseite.

FESTIVALS

Beim **Foyle Oyster Festival** (☎ 938 2753; Main St) Ende September werden Unmengen von Meeresfrüchten angeboten.

SCHLAFEN & ESSEN

Moville Holiday Hostel (☎ 938 2378; Malin Rd; B 15 €; P) Dieses abgelegene, von Bäumen umgebene Hostel steht an einem unbefestigten Privatweg, der von der Hauptstraße nach Westen abzweigt – ein ruhiges altes Steinhaus an einem plätschernden Bach, aber noch in Gehweite von der Hauptstraße.

Barron's Café (☎ 938 2472; Lower Main St; EZ/DZ 28/56 €) Das Café ist nichts Besonderes, aber ganz praktisch. Die Zimmer im oberen Stockwerk sind sauber und sehr gemütlich. Ein freundliches älteres Ehepaar betreibt dieses B&B.

Naomh Mhuíre (☎ 938 2091; catherinemcgroarty@ eircom.net; Main St; mit/ohne Bad EZ 40/35 €, DZ 70/60 €; ☼ März–Sept.) Das hübsche Stadthaus an einer Straßenecke im Ortszentrum verfügt über sechs einfache, aber saubere Zimmer, die meisten davon ohne eigenes Bad.

Carlton Redcastle Hotel (☎ 938 5555; www.carlton redcastlehotel.com; DZ 200 €, Hauptgerichte 14–27 €; P) Das luxuriöseste Hotel der Halbinsel liegt direkt am Lough nördlich von Moville. Die Zimmer sind in der Tat erstklassig und kom-

---

BIRDWATCHING AUF INISHOWEN

Weil die Halbinsel Inishowen weitgehend aus Wildnis besteht und an Irlands nördlichster Ecke ins Meer ragt, zieht sie naturgemäß viele Wildvögel an. Der Artenreichtum ist enorm. Über 200 Arten passieren die Gegend auf ihrem Zug oder halten sich ganzjährig hier auf. Regelmäßig kommen weit gereiste Besucher aus Island, Grönland und Nordamerika. Gelegentlich verschlägt es mit den unberechenbaren atlantischen Winden auch seltene exotische Gäste hierher.

An der Lough-Foyle-Seite der Halbinsel, speziell nördlich von Moville, kann man massenhaft Schwäne und Gänse sehen, auch Kormorane, die im Lough nach Fischen tauchen. Der Tölpel mit 1,8 m Flügelspannweite gehört zu den eindrucksvollsten Vögeln in Irland. Tannenmeisen, Reiher und Papageitaucher tummeln sich am Ufer. Zum Land hin sieht man oft Elstern, Stare, Zaunkönige, Regenpfeifer und Turteltauben. Sperber und Wanderfalken kreisen auf der Suche nach Nahrung durch die Lüfte.

Viele dieser Arten und zudem Tölpel gibt es auch am Malin Head, dem äußersten Nordzipfel der Insel. Zahlreiche Vögel brüten dort in den Klippen, darunter Trottellumme, Eissturmvogel und Krähenscharbe. Im Herbst rasten hier am Malin Head viele durchziehende Sturmtaucher auf ihrer langen Reise nach Südamerika.

Inch Island an der Lough-Swilly-Seite ist ein Vogelschutzgebiet, das Dutzende von Singschwänen anzieht. Vogelliebhaber finden gute Informationen in *Ireland's Birds* von Eric Demsey und Michael O'Clery und im Internet unter www.birdsireland.com.

COUNTY DONEGAL

fortabel. Highlight ist das Thalasso-Bad. Wer mit etwas weniger Brimborium einfach nur gut essen will, geht ins Waters Edge Restaurant oberhalb der Flussmündung. Die Lage ist toll, die Speisekarte bietet die örtlichen Spezialitäten.

AUSGEHEN

An der Malin Road liegen einige nette Pubs. Das **Rawdon's** (☎ 938 2225; Malin Rd) beim Markt bietet freitagabends Livemusik. Noch besser ist **Rosato's** (☎ 938 2247; Malin Rd), eine hübsche alte Kneipe, wo es auch italienische Küche und die üblichen Barmahlzeiten gibt; Livemusik an Sommerwochenenden.

AN- & WEITERREISE

Lough Swilly Bus (☎ 912 2863) fährt viermal täglich von Montag bis Samstag von Derry nach Moville (7 €, 45 Min.).

Greencastle

☎ 074 / 570 Ew.

Vor dem lebhaften kleinen Fischerhafen von Greencastle (An Cáisleán Nua) nördlich von Moville lassen sich immer wieder Robben beobachten, die ihre glatten Köpfe neugierig aus dem Wasser recken. Seinen Namen verdankt der Ort der 1305 von Richard de Bungo – wegen seiner Gesichtsfarbe auch Red Earl of Ulster genannt – erbauten Burg. Green Castle war Nachschubstation für das englische Heer in Schottland und wurde deshalb in den 1320er-Jahren von Robert Bruce angegriffen. Nur der weinberankte Torso ist noch erhalten.

Eine total exzentrische Sammlung von Artefakten ist im **Inishowen Maritime Museum and Planetarium** (☎ 938 1363; www.inishowenmaritime.com; Museum Erw./Kind 5/3 €, Planetarium 10/6 €; ⏰ April–Sept. Mo–Sa 10–18, So 12–18, Okt.–März bis 17 Uhr) in einer ehemaligen Station der Küstenwache am Hafen zu bestaunen. Die faszinierendsten Exponate stammen aus den im Lough Foyle versunkenen Schiffswracks. Den Ehrenplatz nimmt ein Paar tadellos erhaltener Boxershorts ein, die Meeresarchäologen aus einem im Zweiten Weltkrieg abgestürzten Bomber bargen. Der Untergang der Spanischen Armada und die Abreise irischer Auswanderer von hier sind zwei weitere interessante Themen des Museums. Achtung: Manchmal lassen die Kids aus der Umgebung vor dem Museum ihre Spielzeugraketen starten!

Die schlichte **Kealy's Seafood Bar** (☎ 938 1010; Hauptgerichte 11–27 €; ⏰ Juni–Aug. 12.30–15 & 19–22 Uhr, Sept.–Mai nur Do–So) am Hafen wurde für ihre Fischgerichte ausgezeichnet. Wer den Fisch noch frischer haben will, muss sich schon mit den Robben tummeln.

Lough Swilly (☎ 912 2863) Busse fahren fünfmal täglich (Mo–Sa) von Derry nach Shrove mit Stopp in Greencastle (7,50 €, 1 Std.).

Alle 25 Minuten gibt es eine Autofähre über **Lough Foyle** (☎ 938 1901; www.loughfoyleferry.com), die vor dem Museum startet und nach Magilligan geht. Einfache Fahrt für Auto/Motorrad/Erwachsene/Kind 9/4,50/2/1 €, die Überfahrt dauert 15 Minuten (Mo–Sa ab 7.20 Uhr, So ab 9 Uhr ganzjährig). Die letzte Fähre von April bis September legt um 21.50, von Oktober bis März um 19.50 Uhr ab.

Inishowen Head

Rechts hinter Greencastle geht es nach Stroove; nach 1 km kommt ein Wegweiser nach Inishowen Head. Ein Teil der Strecke ist befahrbar, aber auch ein Spaziergang zur Spitze ist schön und ganz gemütlich. Von dort sieht man an klaren Tagen den Giant's Causeway an der Küste von Antrim. Eine etwas anspruchsvollere Wanderung führt weiter zum Sandstrand an der **Kinnagoe Bay**.

Culdaff & Umgebung

☎ 074 / 180 Ew.

Ein hübscher Ort mit weitaus mehr Schafen als Einwohnern! Der verschlafene, abgelegene Ferienort Culdaff (Cúil Dabhcha) ist von mehreren historischen Stätten umgeben. Hauptanziehungspunkt ist jedoch ein Landpub mit schwungvoller Livemusik. Das Dorf liegt an der Hauptstraße Moville–Carndonagh (R238).

SEHENSWERTES & AKTIVITÄTEN

Heute ziehen Schafe durch die Ruinen von **Clonca Church** mit ihrem **Kreuz**. Im Inneren der Kirche steht ein mit eingemeißeltem Schwert und Wurfstock verzierter Grabstein, der von einem Magnus MacOrristin aufgestellt wurde. Der behauene Türsturz stammt vermutlich von einem früheren Gotteshaus. Draußen zeigen die Reste des Kreuzes an der Ostseite die wunderbare Brotvermehrung; an den Schmalseiten sind geometrische Muster zu erkennen.

Die Anfahrt erfolgt von Moville über eine Abzweigung rechts nach Culdaff bzw. von Carndonagh nach etwa 6 km nach links. Die Kirche und das Kreuz befinden sich 1,5 km rechts hinter einigen Farmgebäuden. Auf dem Feld eines Hofes östlich der Kirche steht ein Ring von etwa 30 prähistorischen Steinen, der **Bocan Stone Circle**. Von Clonca aus geht es hierher über die Straße bis zu einer T-Kreuzung mit einer modernen Kirche. Dort rechts und nach etwa 500 m links abbiegen (kein Schild!). Der Bocan Stone Circle liegt in einem mit Heidekraut bewachsenen Feld zur Linken.

Die schlichten, kurzarmigen **Carrowmore High Crosses** sind alles, was von einem alten Kloster übrig blieb, das einst beiderseits einer kleinen Gasse stand. Eines der Kreuze ist im Grunde nur ein bearbeiteter Stein, der Christus und einen Engel darstellt, während das andere, größere, aber schmucklose immerhin Kreuzform hat.

Vom Bocan Stone Circle und Clonca Church geht es zurück zur Hauptstraße Carndonagh–Moville. Dort links und direkt danach rechts abbiegen.

Am Strand von Culdaff kann man gut **schwimmen** und **windsurfen** und vom Pier aus auch **angeln** und **tauchen**.

SCHLAFEN & ESSEN

McGrory's of Culdaff (☎ 937 9104; www.mcgrorys.ie; Culdaff; EZ/DZ 70/120 €, Hauptgerichte 9–23 €; ⏰ Bargerichte 12.30–20, Restaurant Di–Sa 18.30–21, So 13–15 & 18–20.30 Uhr; **P**) Ein guter Ort, um Schafe zu zählen! Es gibt 17 schicke und modern ausgestattete Zimmer. Vor dem Schlafen sollte man sich jedoch die Livemusik unten in Mac's Backroom mit internationalen Sängern und Komponisten keinesfalls entgehen lassen. Im Restaurant werden traditionelle irische Mahlzeiten serviert.

Malin Head

☎ 074

Wer schon den südlichsten und westlichsten Punkt von Irland gesehen hat, kann nun noch den nördlichsten Ausläufer der Insel, Malin Head (Cionn Mhálanna), erkunden. Der den Elementen ausgesetzte Felsen erweckt beinahe den Eindruck, bald ins Meer zu stürzen. Er lädt dazu ein, einfach herumzuwandern, die wilde Landschaft in sich aufzunehmen und seinen Gedanken nachzuhängen, während der Wind einem fast die Kleider vom Leib weht. Es gibt nur ein paar Bauernhöfe ohne Verpflegungsmöglichkeit, also genügend Proviant einpacken!

An der Nordspitze **Banba's Crown** (Fíorcheann Éireann) steht ein klubiger **Turm** oben auf den Klippen. Er wurde 1805 von der britischen Admiralität erbaut und diente später als Signalturm der Firma Lloyd. Die hässlichen Betonbaracken wurden im Zweiten Weltkrieg vom irischen Heer als Wachtposten genutzt. Westlich des Parkplatzes führt ein Weg zum **Hell's Hole** (Höllenloch), einer Felsenschlucht mit starker Brandung. Nach Osten geht ein etwas längerer Weg zum **Wee**

House of Malin, einer Einsiedlerhöhle in den Klippen.

Mehrere gefährdete Vogelarten leben hier. Es ist einer der wenigen Orte, an denen man im Sommer noch den Ruf des seltenen Wachtelkönigs hören kann. Die auffälligsten anderen Vogelarten sind Dohlen, Schneeammern und Papageitaucher.

Das hübsche Plantation-Dorf **Malin** (Málainn) liegt 14 km südlich von Malin Head in der Trawbreaga Bay. Ein Rundwanderweg führt von der Gemeindewiese über **Knockamany Bens**, einen Hügel mit prächtiger Aussicht, und die **Lagg Presbyterian Church** (3 km nordwestlich von Malin), die älteste noch benutzte Kirche auf der Halbinsel. Besonders Kinder sind von den gewaltigen Sanddünen am Five Fingers Strand 1 km hinter der Kirche begeistert.

SCHLAFEN & ESSEN

Sandrock Holiday Hostel (☎ 937 0289; sandrockhostel@ eircom.net; Port Ronan Pier, Malin Head; B 10–12 €; P) Gäste werden in diesem beliebten, ganzjährig geöffneten IHH-Hostel auf der Westseite der Halbinsel wie Familienmitglieder aufgenommen. Es liegt an einer felsigen Bucht, wo die Fischer ihren Fang manchmal direkt vom Schiff aus verkaufen. Das Hostel verfügt über 20 recht gemütliche Betten, eine Waschküche und Fahrradverleih (9 € pro Tag). Abholung möglich.

Malin Head Hostel (☎ 937 0309; www.malinhead hostel.com; Malin Head; B/DZ 13/26 €; Juli–Sept.; P) Das freundliche IHH-Hostel hat 20 Betten, kostenlose heiße Duschen und einen Garten, dessen Bio-Obst und -Gemüse hier verkauft werden. Aromatherapie und Reflexzonenmassage werden ebenfalls angeboten (Fuß-/ Ganzkörpermassage 35/45 €). In der Nähe gibt es ein Geschäft, Busse halten vor dem Hostel.

Malin Hotel (☎ 937 0606; info@malinhotel.ie; Malin; EZ/DZ ab 65/110 €, Hauptgerichte 10–23 €; Bargerichte 12.30–15, Restaurant 18–22 Uhr) Von der Straße aus sieht man zunächst ein altes Pub, doch dahinter verbirgt sich ein modernes Hotel mit üppig ausgestatteten Zimmern. Im Pub-Restaurant werden handfeste irische Mahlzeiten angeboten; am Wochenende Unterhaltungsprogramm.

AN- & WEITERREISE

Am besten über die R238/242 von Carndonagh nach Malin Head, nicht von Culdaff aus über die Ostseite fahren! Eine Buslinie von **Lough Swilly** (☎ 912 2863) verkehrt Montag, Mittwoch und Freitag um 11 Uhr zwischen Derry und Malin Head via Carndonagh (4 €, 30 Min.); an denselben Tagen fährt ein Bus um 15 Uhr von Carndonagh nach Malin Head. Samstags gibt es drei Busse von Derry nach Malin Head.

Carndonagh
☎ 074 / 1680 Ew.

Carndonagh (Cardomhnach), das auf drei Seiten von Hügeln umrahmt wird, ist ein geschäftiges Einkaufszentrum für die Bauern der Umgebung. Nicht besonders aufregend, aber ganz praktisch, um Infos zu sammeln und Proviant einzukaufen.

Die hilfsbereite **Inishowen Touristeninformation** (☎ 937 4933; www.visitinishowen.com; Chapel St; Sept.– Mai Mo–Fr 9.30–17.30, Juni–Aug. Mo–Fr 9.30–19, Sa 11–16 Uhr) südwestlich des Diamond verkauft auch Angelkarten für ganz Donegal. Am Diamond befinden sich drei Banken, die AIB mit Geldautomat. Das Postamt liegt im Einkaufszentrum zwischen der Bridge Street und dem Donagh Cross.

SEHENSWERTES

Einst war Carndonagh ein wichtiges kirchliches Zentrum, woran mehrere frühchristliche Steinmonumente erinnern. Das wunderbare **Donagh Cross** aus dem 7. Jh. befindet sich unter einem Schutzdach bei der Anglikanischen Kirche am Ortsende Richtung Ballyliffin. Es ist mit einer reizenden, etwas gedrungenen Jesusfigur geschmückt, die den Betrachter mit großen Augen schelmisch anlächelt. Das Kreuz wird von zwei kleinen Säulen flankiert; eine zeigt vermutlich Goliath mit Schwert und Schild, die andere David mit seiner Harfe. Auf dem Friedhof steht eine Säule mit Ringelblumen-Relief, in der Nähe davon eine Kreuzigungsszene.

SCHLAFEN & ESSEN

Wer einen Tagesausflug nach Malin Head macht oder auf dem Campingplatz von Clonmary übernachtet, sollte sich im Supermarkt von Costcutter im großen Einkaufszentrum auf der Bridge Street mit Proviant versorgen.

Ashdale House (☎ 937 4017; www.ashdalehouse.net; EZ/DZ 47/64 €; März–Nov.; P) Der große Familienbetrieb 1 km außerhalb des Ortes in Richtung Malin ist das beste B&B von Carndonagh. Das freundliche moderne Gebäude erinnert an ein traditionelles irisches Herrenhaus.

Arch Inn (☎ 937 3209; the Diamond; Imbiss etwa 5 €)
Das Arch auf dem Hauptplatz serviert tagsüber gute Suppen und Sandwiches. Sonntagabends gibt es traditionelle Livemusik.

AN- & WEITERREISE

Ein **Lough Swilly** Bus (☎ 912 2863) fährt dreimal täglich außer Sonntag (Di & Mi nur 1-mal) von Buncrana nach Carndonagh (5,30 €, 45 Min.). Rückfahrt wochentags ebenfalls dreimal. Lough Swilly fährt auch (Mo, Mi, Fr, 3-mal Sa) von Derry (8 €, 55 Min.) nach Malin Head via Carndonagh.

Ballyliffin & Clonmany
☎ 074 / 700 Ew.

Obwohl es wirklich winzig ist, ist in dem abgeschiedenen Badeörtchen Ballyliffin (Baile Lifin) im Sommer einiges los. Die guten Hotels werden vor allem von nordirischen Urlaubern frequentiert, die es auf die beiden 18-Loch-Championats-Golfplätze und natürlich an die Strände zieht.

Beide Dörfer haben ein Postamt, aber keine Bank.

SEHENSWERTES

Etwa 1 km nördlich von Ballyliffin liegt der traumhafte, sandige **Pollan Strand**, der wegen der starken Brandung aber zum Schwimmen zu gefährlich ist. Entlang der Dünen am Nordende des Strandes gelangt man zur **Doagh Island** (jetzt Teil der Hauptinsel). Dort ist die aus dem 16. Jh. stammende kleine Ruine von **Carrickbraghey Castle** (Carraic Brachaide) ungeschützt der Meeresbrandung ausgesetzt.

Auf der Insel befindet sich auch das liebevoll rekonstruierte **Doagh Famine Village** (☎ 937 8078; www.doaghfaminevillage.com; Doagh Island; Erw./Kind 6/4 €; ☽ April–Sept. 10–17.30 Uhr), ein Dorf aus strohgedeckten Cottages. Die hervorragende Führung mit ihren unterhaltsamen Geschichten über einen Lebensstil, der im Verschwinden begriffen ist, macht auch nachdenklich, denn die damaligen Zustände erinnern an Hungergebiete in der heutigen Welt. Der Eintritt umfasst auch Tee und Gebäck. Reservierung erforderlich.

Der zweite Strand ist der **Tullagh Strand**, der ideal für Spaziergänge ist. Schwimmen ist zwar möglich, aber die Strömung kann sehr stark sein, sodass man bei Ebbe nicht ins Wasser gehen sollte. Weitere Spaziergänge führen von Clonmany nach **Butler's Glen** und **Dunaff Head**.

AKTIVITÄTEN

Mit seinen beiden Wettkampfplätzen ist der **Ballyliffin Golf Club** (☎ 937 6119; www.ballyliffingolfclub.com; Ballyliffin; Platzgebühr wochentags/Wochenende Old Links 50/55 €, Glashedy 65/75 €) einer der besten Golfplätze in Donegal. Die Landschaft ist so herrlich, dass man fast das Golfspielen vergessen könnte.

SCHLAFEN & ESSEN

Tullagh Bay Camping & Caravan Park (☎ 937 8997; Tullagh Bay; Campingplatz 14 €; ☽ Ostern–Sept.) Der windige, flache Campingplatz etwa 5 km außerhalb von Clonmany ist perfekt für kleine Sandburgenbauer, denn er liegt direkt hinter den Dünen des langen Tullagh Strandes.

Rossaor House (☎ 937 6498; rossaor@gofree.indigo.ie; Ballyliffin; EZ 45–50 €, DZ 70–80 €; **P**) Die etwas höheren Preise für dieses überdurchschnittliche B&B direkt außerhalb des Ortes sind gerechtfertigt. Abgesehen von der phantastischen Aussicht, den makellosen Zimmern und dem hübschen kleinen Garten werden hier auch noch selbstgemachter Honig und frische Scones angeboten.

Ballyliffin Lodge (☎ 937 8200; www.ballyliffinlodge.com; DZ ab 200 €, Bargerichte 6–14 €, Hauptmahlzeiten im Restaurant 16–30 €) Dieses Wellness-Hotel ist das beste in Ballyliffin. Die Zimmer haben Panoramablick und sind luxuriös und mit allen Annehmlichkeiten ausgestattet. Es gibt ein hochmodernes Wellnessbad und einen Golfplatz. Das angeschlossene Holly Tree Restaurant bietet kosmopolitische Atmosphäre, während Mamie Pat's Bar etwas intimer ist und handfeste Mahlzeiten serviert.

AN- & WEITERREISE

Lough Swilly Bus (☎ 912 2863) verkehrt zwischen Clonmany und Carndonagh (3,50 €, 20 Min., siehe S. 575).

Von Clonmany nach Buncrana

Es gibt zwei Strecken von Clonmany nach Buncrana: die landschaftlich schöne Küstenstraße über das Gap of Mamore und Dunree Head und die kürzere Straße durch das Hinterland (R238). Die beeindruckende Strecke über **Gap of Mamore** (262 m) führt auf ihrem Weg über Mamore Hill und Croaghcarragh nach Dunree (An Dún Riabhach) atemberaubend steil bergab. Auf einem Felsvorsprung ist in einer Festung aus dem 19. Jh. das **Guns of Dunree Military Museum** (☎ 074-936 1817; www.dunree.pro.ie; ☽ Juni–Sept. Mo–Sa 10.30–18,

So 13–18, Okt.–Mai Mo–Fr 10.30–16.30, Sa & So 13–18 Uhr) untergebracht. Ein herrlicher Flecken. Wen die Gewehre nicht beeindrucken, der kann Landschaft und Tierleben genießen.

Buncrana
☎ 074 / 3490 Ew.

Das hübsche Buncrana (Bun Cranncha) mit seinen zahlreichen Pubs liegt weniger abseits, hier ist schon etwas mehr los. Hauptattraktion ist der 5 km lange Sandstrand am Ufer des Lough Swilly. Im Sommer ist das Städtchen von Touristen aus Derry überlaufen.

PRAKTISCHE INFORMATIONEN
Bank of Ireland (Lower Main St) Geldautomat und Wechselstube.

Postamt (Upper Main St)

Touristeninformation (☎ 936 2600; Derry Rd; ☽ während der Saison Fr 11–15.30, Sa 11.30–14 Uhr) 1 km südlich des Stadtzentrums.

Ulster Bank (Upper Main St) Geldautomat und Wechselstube.

Valu Clean (☎ 936 2570; Lower Main St; ab 6 €) Wäscherei.

SEHENSWERTES
Über die sechsbogige Castle Bridge aus dem frühen 18. Jh. kommt man zum **O'Docherty's Keep**. Das Turmhaus wurde 1430 von den O'Dochertys, den lokalen Clanführern, errichtet, später von den Engländern niedergebrannt und für ihre eigenen Zwecke wieder aufgebaut. Das villenähnliche **Buncrana Castle** ließ 1718 John Vaughan erbauen; die Brücke stammt ebenfalls von ihm. Wolfe Tone wurde hier nach der erfolglosen französischen Invasion 1798 inhaftiert. 500 m weiter nach links geht es entlang der Küste zum **Ned's Point Fort**, das 1812 von den Briten erbaut wurde und heute von Graffiti-Künstlern in Beschlag genommen ist.

SCHLAFEN & ESSEN
Es gibt zahlreiche B&Bs, aber im August ist trotzdem alles schnell ausgebucht.

Tullyarvan Mill (☎ 936 1613; www.tullyarvanmill.com; Carndonagh Rd; B/DZ/4-Bett-Zi. 15/40/60 €; ☽ ganzjährig; P ☐ ☐) Neben der historischen Mühle mit ihrer Gartenanlage am Fluss liegt heute ein modernes, zweckmäßiges Hostel. Die Schlafsäle sind sauber wie in einer Kaserne, zu jedem Bett gehört ein kleines Schränkchen. Die Atmosphäre ist lebhaft, nicht zuletzt wegen der Kulturveranstaltungen und Konferenzen,

die hier anscheinend ständig stattfinden. Über die R238 nach Norden und der Ausschilderung folgen.

Caldra B&B (☎ 936 3703; caldrabandb@eircom.net; Lisnakelly; EZ/DZ 25/50 €, Hauptgerichte 5–15 €; ☽ Küche Mo–Do 8.15–20, Fr & Sa bis 21, So 10.30–21Uhr) Das geräumige moderne B&B mit seinen geschmackvoll ausgestatteten Zimmern liegt direkt am Lough Swilly nördlich der Stadt.

Lake of Shadows Hotel (☎ 936 1005; www.lakeof shadows.com; Grianán Park; EZ 54–62 €, DZ 88–104 €; P) Die elegante viktorianische Fassade erinnert an frühere Zeiten, als man „wegen der guten Seeluft" hierherreiste. Die 23 etwas verblichenen Zimmer im Blümchendesign verstärken diesen Eindruck noch. Zum Hotel kommt man von der Main Street aus durch die Church Street in Richtung Bucht.

Beach House (☎ 936 1050; www.thebeachhouse.ie; the Pier, Swilly Rd; Hauptgerichte 11–23 €; ☽ Di–Fr 17 Uhr–open end, Sa & So ab 12 Uhr) Die Lage dieses Restaurants mit seinen Spiegelglasfenstern direkt am Lough könnte nicht besser sein. Der Gastraum strahlt elegante Einfachheit aus – ganz passend zur modernen irischen Küche. Das Personal ist freundlich und aufmerksam.

UNTERHALTUNG
Die **Atlantic Bar** (☎ 932 0880; Upper Main St) aus dem Jahr 1792 ist Buncranas ältestes Pub. Leutselige ältere Herren stehen hinter dem Tresen, das Publikum ist bunt gemischt.

AN- & WEITERREISE
Von Buncrana fahren **Lough Swilly** Busse (☎ 912 2863) mehrmals täglich nach Derry und etwas seltener nach Carndonagh.

Lough Swilly Ferry (☎ 938 1901; www.loughfoyleferry. com) verkehrt von Buncrana nach Rathmullan (30 Min., 9-mal tgl., Auto/Motorrad/Erw./ erm. 12/6/3/2 €) von Mitte Juni bis September. Ein Fahrplan ist bei der Touristeninformation erhältlich.

Südlich von Buncrana
FAHAN
Im 6. Jh. gründete der Hl. Colmcille in Fahan ein Kloster. Zu den Überresten gehört das herrlich gearbeitete **St. Mura Cross** aus dem 7. Jh. auf dem Friedhof neben der Kirche. Es beidseitig mit einem Kreuz in kunstvoll verschlungenem keltischem Muster verziert. Die kaum noch lesbare griechische Inschrift ist die einzig bekannte aus dieser frühchristlichen Epoche.

GRIANÁN OF AILEÁCH

Die **Festung** (Eintritt frei; 🕙 10–18 Uhr; Ⓟ) in Form eines Amphitheaters umzieht die Kuppe des Grianán Hill wie ein Heiligenschein. Sie liegt 18 km südlich von Buncrana bei Burt; Abzweigung von der N13 ist ausgeschildert. In vielerlei Hinsicht gleicht sie wirklich einem Theater: Man hat eine atemberaubende Aussicht auf die umliegenden Loughs und bis ins entfernte Derry. Doch jedes Mal, wenn eine Busladung Touristen angekarrt wird, erinnert die Mini-Arena mit ihren 4 m dicken Mauern eher an einen Zirkus.

Die Festung ist vermutlich schon 2000 Jahre alt. Der Ort selbst diente wohl bereits in vorkeltischer Zeit als Tempel für den Gott Dagda. Vom 5. bis 12. Jh. residierten hier die O'Neills, bis die Festung von Murtogh O'Brien, dem König von Munster, zerstört wurde. Was heute zu sehen ist, wurde zum größten Teil 1874–78 wieder aufgebaut.

Der Entwurf für die karussellförmige **Burt Church** am Fuß des Hügels nimmt Bezug auf die Festung; sie wurde 1967 von dem Architekten Liam McCormack gebaut.

INCH ISLAND

Nur wenige Touristen besuchen die friedliche Inch Island, zu der man über einen Damm von der Hauptinsel aus gelangt. Hier kommen vor allem Ornithologen auf ihre Kosten. Es gibt eine Schutzstation für Schwäne, zwei kleine Strände und die Überreste einer alten Festung. **Inch Island Stables** (☎ 074-936 0335) veranstaltet Reitunterricht und Ausritte auf der Insel.

Counties Meath & Louth

In den benachbarten Counties Meath und Louth hat der Lauf der Geschichte seine Spuren hinterlassen. Hier entdeckte man in Brú na Bóinne und Loughcrew die faszinierenden Überreste der ersten irischen Einwohner, die vor 4000 Jahren ihre Grabstätten, die „irischen Pyramiden", anlegten. Frühe Christen schufen in Monasterboice, Mellifont und Kells Abteien, Türme und andere sakralen Bauwerke, die bis in unsere Tage überdauern und eine Zeit ohne elektrisches Licht heraufbeschwören. Während der vergangenen Jahrhunderte waren die beiden Counties oft Schauplatz heftiger Auseinandersetzungen zwischen der Bevölkerung und den über die Irische See eindringenden Invasoren.

Moderne Angriffe sind lokaler Natur, sie gehen von Irland selbst aus. Immer mehr entwickeln sich die Grafschaften zu Vororten Dublins, dessen Einwohner erschwingliche Häuser suchen. Das bedeutet Segen und Fluch zugleich, denn ein größeres Angebot an Veranstaltungen sowie ein lebendigeres Nachtleben bringt auch Verkehrsstaus und Zersiedelung mit sich. Im Tara Valley wird über den Bau der neuen Autobahn M3 diskutiert. Geschichte und Naturschutz haben sich der Bequemlichkeit und den Bedürfnissen der Zugezogenen unterzuordnen.

Von Dublin aus lassen sich die wichtigsten Attraktionen gut als Tagesausflüge erkunden. Lohnenswerter ist jedoch ein längerer Aufenthalt in den Counties. Drogheda eignet sich als Ausgangspunkt zu den Top-Sehenswürdigkeiten wie Newgrange, während das grenznahe Carlington zahlreiche Freizeitmöglichkeiten zu Lande und zu Wasser bietet. Noch spannender sind Wanderungen über die kleinen Nebenstraßen – hinter jeder Ecke warten Überraschungen aus der irischen Vergangenheit.

COUNTIES MEATH & LOUTH

HIGHLIGHTS

- **Wie in Ägypten** Spannende prähistorische Funde bei Newgrange (S. 593) und Knowth (S. 594) im hochinteressanten Brú na Bóinne

- **Verlorene Vergangenheit** Überraschende, kaum bekannte vorzeitliche Stätte der Loughcrew Cairns (S. 608)

- **Das Irland der Burgen** Die Burg von Trim mit ihren originalen Befestigungsanlagen (S. 602)

- **Moderner Alltag** Das facettenreiche und kosmopolitische Drogheda (S. 609)

- **Sommerlandschaft** Herrlich bunte Hügel und glitzerndes Wasser in Carlingford (S. 617)

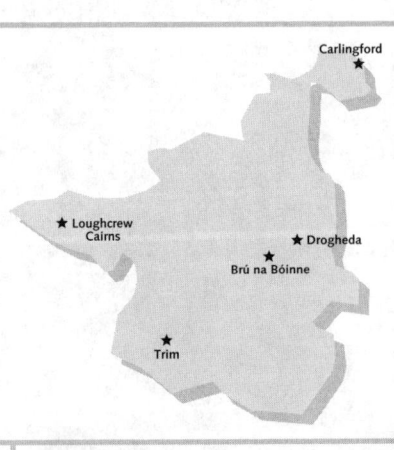

Carlingford ★

★ Loughcrew Cairns

★ Drogheda

Brú na Bóinne ★

★ Trim

■ EINWOHNER: 237 000	■ FLÄCHE: 2849 KM²

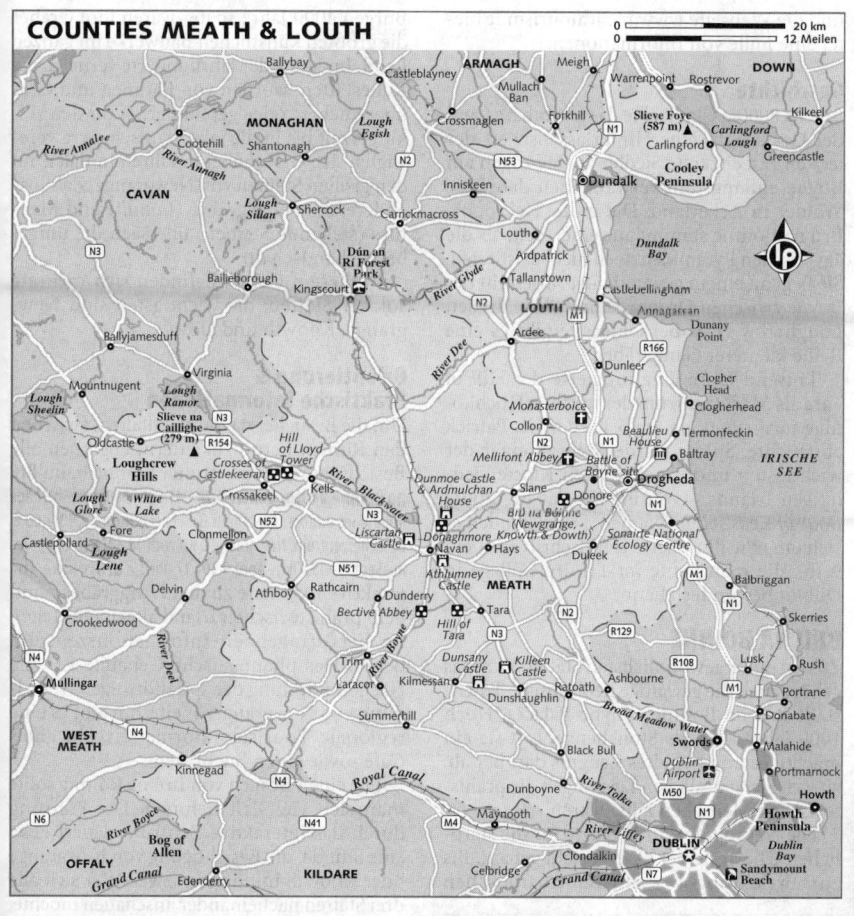

COUNTIES MEATH & LOUTH

COUNTY MEATH

In der ursprünglichen gälischen Aufteilung von Irland galt Meath (An Mhí) als Mide, „das Königreich der Mitte", und bildete eine der fünf Provinzen. Bis ins 6. Jh. hatten die Hochkönige in dem County ihren Sitz, und hier wurde die irische Politik gemacht.

Außer bei landwirtschaftlichen Angelegenheiten übt die Region heute keinen großen Einfluss mehr aus – aber bei diesem Thema weiß man, wovon man spricht. Nicht umsonst besagt eine alte Redewendung, eine Farm in Meath sei so viel wert wie zwei anderswo. Schon in frühester Vergangenheit zog der fruchtbare Boden Siedler an. Zu den bedeutendsten Sehenswürdigkeiten von Meath zählen die prähistorischen Stätten des Boyne Valley und das verschlafene Trim in den abgelegenen Hügeln von Tara.

In den letzten zehn Jahre wuchsen die Orte in Meath gewaltig an, denn auf der Suche nach erschwinglichem Wohnraum fielen die Dubliner regelrecht über Navan, Slane und Kells her. Dabei ist das Resultat widersprüchlich: Die vielen neu entstandenen Häuser und Geschäfte kann man ausgiebig betrachten, während man im Stau steckt.

Zu den besten Tourismusbehörden Irlands zählt die von Meath. Ihre ausgezeichneten Publikationen sind unbedingt zu empfehlen, und die Webseite www.meathtourism.ie bietet eine Fülle von Informationen.

Geschichte

Bereits 8000 v. Chr. lockte das fruchtbare Land der Grafschaft, eine Hinterlassenschaft der letzten Eiszeit, erste Siedler an. Sie zogen am Boyne entlang und verwandelten dabei die Wälder in Ackerland. Die große Nekropole Brú na Bóinne stammt aus einer Zeit, als die ägyptischen Pyramiden noch nicht existierten. Sie liegt an einem gewundenen Abschnitt des Boyne zwischen Drogheda und Slane. In den Loughcrew Hills bei Oldcastle gibt es eine Reihe kleinerer Ganggräber.

Tausend Jahre lang fungierte der Hill of Tara als Machtzentrum der irischen Hochkönige (*ard ríthe*), bis im 5. Jh. der Hl. Patrick auftauchte. Später wurde Kells zu einer der wichtigsten und innovativsten Klostersiedlungen Irlands – von ihr hat das berühmte *Book of Kells* seinen Namen. Dabei handelt es sich um eine illustrierte Handschrift aus dem 9. Jh., die man heute im Trinity College in Dublin bewundern kann.

BRÚ NA BÓINNE

Zu den außergewöhnlichsten Stätten Europas gehört auch die gewaltige neolithische Totenstadt Brú na Bóinne (Boyne Palace). Noch 1000 Jahre älter als Stonehenge, legt sie ein mächtiges und beredtes Zeugnis darüber ab, zu welch erstaunlichen Leistungen die prähistorischen Menschen fähig waren.

Die Nekropole wurde einzig für die sterblichen Überreste der Oberschicht gebaut. Bis zur Errichtung der anglonormannischen Burgen 4000 Jahre später waren ihre Gräber die größten künstlichen Bauwerke im ganzen Land. Im Laufe der Jahrhunderte verfielen die Ruhestätten, wurden von Bäumen und Gras überwuchert oder geplündert. Von der Wikingerzeit bis in die viktorianische Ära verewigten sich Grabräuber mit ihren Initialen auf den großen Steinen von Newgrange. Zahllose andere alte Hügelgräber (*tumuli*) und Menhire (stehende Steinen) übersäen die umgebende Landschaft.

In diesem Gebiet befinden sich mehrere solcher Stätten, die wichtigsten sind Newgrange, Knowth und Dowth.

Orientierung & Praktische Informationen

Um die Besucher davon abzuhalten, zwischen den Ruinen herumzuklettern, beginnen alle Besichtigungen von Brú na Bóinne beim **Brú na Bóinne Visitor Centre** (☎ 041-988 0300; www.heritage ireland.ie; Donore; Erw./Kind Besucherzentrum 2,90/1,60 €, Besucherzentrum, Newgrange & Knowth 10,30/4,50 €; ⊙ Juni–Sept. 9–19, Okt.–April 9.30–17 Uhr). Zahlreiche interaktive Exponate zu den Ganggräbern und dem prähistorischen Irland allgemein stehen im hervorragenden Informationszentrum bereit. Das phantastische Gebäude ist eine Nachempfindung der spiralförmigen Anordnung von Newgrange. Weiterhin gibt es eine regionale Touristeninformation, ein gutes Café sowie einen Buchladen.

Für einen Besuch von Brú na Bóinne sollte man sich viel Zeit nehmen. Die Führung durch das interaktive Zentrum dauert etwa eine Stunde, die Besichtigung von Newgrange oder Knowth mindestens zwei. Wer sich alle drei Stätten nacheinander anschauen möchte, braucht dazu auf jeden Fall einen halben Tag. Im Sommer, besonders an Wochenenden und während der Ferien, ist hier die Hölle los, und wer Pech hat, bekommt eines der Ganggräber nicht zu sehen. Es empfiehlt sich also, vorher zu buchen; schließlich liegt die Tageskapazität bei 750 Besuchern, wobei mitunter bis zu 2000 kommen. Im Sommer plant man daher seine Besichtigung am besten für die Wochenmitte oder den frühen Morgen.

Achtung: Wenn man zuerst Newgrange oder Knowth (Dowth ist für Besucher gesperrt) besichtigen möchte, wird man zwangsläufig zum Besucherzentrum geschickt. Die Führungen beginnen an einer Bushaltestelle, zu der man über die spiralförmige Boyne-Brücke gelangt. Nach nur wenigen Minuten

---

NEWGRANGE FARM

Genau das Richtige für Kinder! Ein paar Hundert Meter hügelabwärts und westlich von Newgrange liegt ein 135 ha großer **Bauernhof** (☎ 041-982 4119; www.newgrangefarm.com; Newgrange; Erw. 8 €, Fam. 12–30 €; ⊙ Ostern–Aug. 10–17 Uhr). Auf diesem Familienbetrieb dürfen die Besucher Enten und Lämmer füttern oder Häschen streicheln. Der liebenswürdige Farmer Bill sorgt dafür, dass es nicht langweilig wird. Man kann ebenso beim Dreschen zusehen wie bei der Schäferhund-Dressur oder sogar einem Hufschmied bei der Arbeit über die Schulter blicken. Von der N51 folgt man einfach der Beschilderung.

Fahrzeit kommen die Busse bei den Stätten an. Es ist nicht ratsam, die 4 km lange Strecke vom Visitor Centre zu Fuß zurückzulegen, denn wenn man auf der engen Straße einem Bus begegnet, gibt es kaum Platz zum Ausweichen.

Das Besucherzentrum findet man auf der Südseite des Flusses, 2 km westlich von Donore und 6 km östlich von Slane, wo Brücken über den Boyne führen. Newgrange selbst liegt direkt am nördlichen Flussufer, etwa 13 km südwestlich von Drogheda und 5 km südöstlich von Slane. Dowth erstreckt sich zwischen Newgrange und Drogheda, Knowth etwa 1 km nordwestlich von Newgrange bzw. 4 km über die Straße.

Sehenswertes
NEWGRANGE
Schon von Weitem zeigt sich, dass **Newgrange** (Erw./Kind Besucherzentrum & Newgrange 5,80/2,90 €) etwas Besonderes ist. Seine weißen, runden, von einem Grashügel überwucherten Steinwälle sehen irgendwie überirdisch aus. Auch die Größe von 80 m Durchmesser und 13 m Höhe beeindruckt. Doch erst darunter wird es richtig interessant: Hier trifft man auf Irlands tollstes steinzeitliches Ganggrab, eine der bemerkenswertesten prähistorischen Stätten Europas. Es stammt etwa aus der Zeit 3200 v. Chr. und ist somit 600 Jahre älter als die Pyramiden. Warum es errichtet wurde, bleibt bis heute unklar. Denkbar wäre eine Funktion als königliche Grabstätte oder auch als rituelles Zentrum, obwohl es aufgrund seiner Ausrichtung gen Sonne zur Wintersonnenwende ebenso als Kalender fungiert haben könnte.

Der Name leitet sich von „New Granary" (neuer Kornspeicher; das Grab diente tatsächlich in der Steinzeit als Getreidespeicher) ab, auch wenn die Einheimischen lieber glauben, dass er vom irischen Ausdruck für „Höhle von Gráinne" stammt. Dies ließe sich dann auf eine berühmte keltische Sage beziehen, die jedes irische Kind kennt. Die Geschichte *The Pursuit of Diarmuid and Gráinne* („Die Verfolgung von Diarmuid und Gráinne") handelt von der verbotenen Liebe zwischen der Frau des Fionn McCumhaill (oder Finn McCool), dem Anführer der Fianna, und Diarmuid, einem seiner vertrauenswürdigsten Offiziere. Als Diarmuid tödlich verwundet wurde, versuchte der Gott Aengus vergeblich, ihn zu retten, und brachte ihn nach Newgrange. Die verzweifelte Gráinne folgte ihm in die Höhle, wo sie noch lange nach seinem Tod ausharrte. Eine verdächtig an die Artussage erinnernde Erzählung (man ersetze Diarmuid und Gráinne durch Lancelot und Guinevere), die sich natürlich nicht historisch belegen lässt, aber immerhin eine gute Story abgibt. Newgrange spielt in der keltischen Mythologie noch eine weitere Rolle, nämlich als Zeugungsort des Helden Cúchulainn.

Im Laufe der Zeit verfiel Newgrange ebenso wie Dowth und Knowth; eine Weile lang nutzte man es sogar als Steinbruch. 1962 und 1975 wurde die Stätte restauriert.

Vor dem Haupteingang zum Grab liegt ein großartig behauener Stein mit zwei- und dreifachen Spiralen. Die Vorderseite wurde so umgebaut, dass Besucher nicht darüberklettern müssen. Durch eine Öffnung über dem Eingang fällt Licht ein. Genau gegenüber dem Grabhügel entdeckt man einen weiteren schön verzierten Stein. Einige Wissenschaftler sind der Ansicht, dass ursprünglich ein großer Kreis aus stehenden Steinen mit einem Durchmesser von 100 m die Anhöhe umgab. Es sind aber nur noch zwölf dieser Steine und unterirdische Reste von weiteren übrig geblieben.

Zusammengehalten wird das ganze Gebilde von 97 Steinblöcken des Schwellenrings, die ein Auseinanderbrechen des Grabhügels verhindern sollen. Elf davon sind mit ähnlichen Motiven geschmückt wie der Stein am Eingang; jedoch nur drei davon weisen großflächige Verzierungen auf.

Ursprünglich stammt der weiße Quarzit aus dem 70 km südlich gelegenen Wicklow. Zu einer Zeit ohne Pferd oder Wagen musste er über das Meer und dann über den Boyne hinauftransportiert werden. Außerdem wurde Granit aus den Mourne Mountains in Nordirland verarbeitet. Insgesamt fanden über 200 000 t Stein und Erde für das Grab Verwendung.

43 aufrechte Steine, einige mit Verzierung, säumen den engen, 19 m langen Gang. Durch ihn gelangt man etwa ein Drittel tief bis in die Grabkammer des gewaltigen Hügels. Diese verfügt über drei Nischen mit großen Steinbecken, in denen die Asche menschlicher Knochen aufbewahrt wurde. Außerdem müssen hier wohl Grabbeigaben wie Perlen und Anhänger gelegen haben, die aber bereits lange vor den ersten Archäologen gestohlen wurden.

Überdacht war die Anlage von einem 6 m hohen Gewölbe, das auf den massiven Steinblöcken auflag. 4000 Jahre lang verhinderte ein ausgeklügeltes Drainagesystem, dass Wasser ins Grab eindrang. Während der Wintersonnenwende (19.–23. Dez.) scheint die Sonne um 8.20 Uhr durch die Öffnung über dem Eingang. Langsam schieben sich die Strahlen dann den langen Gang entlang und erhellen die Grabkammer für 17 Minuten. Zweifellos ist dies eine ergreifende, beinahe mystische Erfahrung. Wer dabei sein darf, wird jedes Jahr am 1. Oktober aus einer Bewerberliste ausgelost – man sollte es also nicht versäumen, seinen Namen daraufzusetzen. Hat man kein Glück, kommt man wenigstens zum Trost in den Genuss eines künstlichen Wintersonnenaufgangs, der jeder Gruppe vorgeführt wird.

KNOWTH

Der nordwestlich von Newgrange gelegene Grabhügel in **Knowth** (Cnóbha; Besucherzentrum & Knowth Erw./Kind 4,50/1,60 €; ☺ Ostern–Okt.) wurde zur selben Zeit errichtet und übertrifft seinen bekannteren Nachbarn an Größe und archäologischer Bedeutung. In dieser seit 1962 erforschten Stätte befindet sich die größte jemals in Westeuropa ausgegrabene Sammlung von Ganggrab-Kunst.

Ausgrabungen legten recht schnell einen Gang zur zentralen Grabkammer frei, der mit 34 m deutlich länger als der von Newgrange ist. 1968 wurde auf der gegenüberliegenden Seite des Hügels ein 40 m langer Gang entdeckt. Obwohl die Kammern nicht verbunden sind, liegen sie so dicht beieinander, dass sich die Archäologen bei der Arbeit gegenseitig hören konnten. Im Hügel fanden sich außerdem die Überreste von sechs frühchristlichen unterirdischen Kammern in die Seite gegraben. Etwa 300 verzierte Steine und 17 Nebengräber umgeben den Haupthügel.

Noch mehrere Jahrtausende nach der Fertigstellung von Knowth lassen sich hier menschliche Aktivitäten verzeichnen, was die Komplexität der Anlage erklärt. In der Bronzezeit (um 1800 v. Chr.) wurde die Stätte von Menschen der Becherkultur – so genannt, weil sie ihre Toten mit Trinkgefäßen bestatteten – benutzt; in der Eisenzeit (500 v. Chr.) übernahmen sie dann die Kelten. Aus beiden Epochen konnten Objekte aus Bronze und Eisen geborgen werden. Um 800–900 n. Chr. entwickelte sich die Anlage zu einem *ráth* (Ring-

festung aus Erde) des sehr mächtigen Uí Néill (O'Neill)-Clans. 965 diente sie als Sitz von Cormac MacMaelmithic, der später für neun Jahre als irischer Hochkönig herrschen sollte. Im 12. Jh. errichteten die Normannen auf einem Hügel eine Palisadenfestung mit Bergfried. Um 1400 wurde die Anlage dann endgültig aufgegeben.

Mindestens zehn Jahre will man die Ausgrabungen noch fortführen. Einer der Vorzüge von Knowth ist daher, dass man den Archäologen bei der Arbeit über die Schulter schauen darf. Was angesichts der beengten Arbeitsbedingungen im Inneren keine benedenswerte Aufgabe sein dürfte.

DOWTH

Eine ähnliche Größe wie Newgrange weist auch der Rundhügel von **Dowth** (Dubhadh, „dunkel") mit etwa 63 m Durchmesser auf, doch ist er mit 14 m etwas höher. Er litt besonders stark unter den zahlreichen menschlichen Eingriffen, von Straßenbauern und Schatzjägern bis hin zu Amateurarchäologen, die im 19. Jh. das Hügelinnere aushöhlten. Eine Zeit lang hatte man sogar ganz schändlich eine Teestube auf seiner Spitze eingerichtet. Dowth blieb von modernen archäologischen Untersuchungen relativ unberührt, sodass sich hier gut erkennen lässt, wie Newgrange und Knowth viele Jahrhunderte ausgesehen haben müssen. Aus Sicherheitsgründen ist Dowth nicht für Besucher zugänglich, aber man kann den Hügel von der Straße aus sehen. Die Ausgrabungen begannen 1998 und dauern noch mehrere Jahre an.

Es gibt zwei Eingangsbereiche, die in versiegelte getrennte Kammern münden, sowie einen 24 m langen frühchristlichen unterdischen Gang auf jeder Seite, der mit der Westpassage verbunden ist. Dieser 8 m lange Durchbruch führt zu einem kleinen kreuzförmigen Raum. Dort dient eine Nische als Zugang zu weiteren kleinen Kammern. Ein derartiges Konzept ist nur von Dowth bekannt. Im Südwesten liegt der Eingang zu einem kürzeren Gang mit einer kleinen Räumlichkeit.

Nördlich des Hügels erkennt man die Ruinen von **Dowth Castle** und **Dowth House**.

Geführte Touren

Brú na Bóinne ist eine der Hauptattraktionen Irlands. Daher karren zahlreiche Anbieter ganze Busladungen voller neugieriger Touristen zum Besucherzentrum (Zutritt nur von dort), besonders von Dublin aus.

Mary Gibbons Tours (☎ 01-283 9973; www.newgrange tours.com; Führung & Eintritt 35 €) sind sehr zu empfehlen. An mehreren Dubliner Hotels beginnt die Fahrt montags bis samstags um 9.30 Uhr und umfasst das gesamte Boyne Valley mitsamt Newgrange und Tara. Kompetente Führer beschreiben spannend das keltische und präkeltische Leben in Irland. Mit der Tour erhält man Zutritt zu Newgrange auch an den Tagen, wenn die Kapazitäten eigentlich voll erschöpft sind.

Bus Éireann (☎ 01-836 6111; www.buseireann.ie; Erw./Kind 29/18 €; ☽ Mitte März–Sept. Mo–Do, Sa & So) veranstaltet Trips nach Newgrange und ins Boyne Valley. Los geht's am **Busáras** (Karte S. 84 f.; Store St) in Dublin um 10 Uhr, gegen 17.45 Uhr kehrt man zurück.

Schlafen & Essen

Drogheda liegt nicht weit von Brú na Bóinne entfernt und hat viele Hotels; der Nachbarort Slane lädt zum Mittagessen an. In der Nähe der Anlagen gibt es ebenfalls einige ausgezeichnete Unterkünfte und direkt in Brú na Bóinne ein gutes Café.

Newgrange Lodge (☎ 041-988 2478; www.newgrange lodge.com; B/DZ 15/50 €; P 💻) Diese schöne neue Unterkunft, östlich des Besucherzentrums, verfügt über Schlafsäle und Zimmer in Hotelstandard mit TV; die Rezeption ist rund um die Uhr besetzt. Zur Lodge gehören außerdem ein Café, eine Terrasse und ein Fahrradverleih sowie vieles mehr.

Rossnaree (☎ 041-982 0975; rossnaree@eircom.net; Newgrange; EZ/DZ 100/160 €; ☽ Mitte März–Okt.; P) An einer scharfen Kurve auf der engen Straße von Donore nach Slane, inmitten einer Farm, erhebt sich dieses prächtige Landhaus in italienischem Stil mit Blick auf den Boyne. Drei komfortable Zimmer stehen zur Verfügung, Dinner (45 €) muss am Vortag bestellt werden. Angeblich sollen sich die Ereignisse von *Fionn and the Salmon of Knowledge* genau hier zugetragen haben (siehe S. 596).

Glebe House (☎ 041-983 6101; www.glebenouse.ie; Dowth; Zi. 120 €; P) Das hübsche, von Blauregen umrankte Landhaus aus dem 17. Jh. besitzt vier herrliche Zimmer mit offenem Kamin und grellrotem Teppichboden. 7 km westlich von Drogheda gelegen, bietet das Haus einen Blick auf Newgrange und Dowth. Kinder unter zehn Jahren sind hier allerdings nicht erwünscht.

An- & Weiterreise

Von Drogheda fährt **Bus Éireann** (☎ 041-983 5023) direkt zum Eingang des Besucherzentrums (2 €, 20 Min., 4- bis 6- mal tgl.).

Newgrange Shuttlebus (☎ 1800 424 252; Hin- & Rückfahrt 18 €) startet ein- oder zweimal täglich vom Dubliner Stadtzentrum zum Visitor Centre in Brú na Bóinne. Reservierung erforderlich.

SCHLACHTFELD VON BOYNE

Über 60 000 Soldaten der beiden Heere von König James II. und Wilhelm III. kämpften 1690 auf dem Ackerland im Grenzgebiet der Counties Meath und Louth. Wilhelm siegte und James floh nach Frankreich. Heute gehört das **Schlachtfeld** (☎ 041-980 9950; www.battleofthe boyne.ie; ☽ Mai–Sept. 10–18 Uhr) zur Oldbridge Estate Farm. Die Denkmalschutzbehörde erschließt das Gebiet Schritt für Schritt; ein Besucherzentrum mit Ausstellung ist geplant. Derzeit kann man noch nicht viel sehen, dafür über Wiesen spazieren und über die geschichtlichen Ereignisse nachsinnen. Allerdings stammt der hiesige Lärm nicht von den Geistern der Soldaten, sondern von der Autobahn M1. Die Stätte, 3 km nördlich von Donore, ist von der N51 ausgeschildert.

SLANE

☎ 041 / 900 Ew.

Seine Entstehung verdankt das hübsche Slane (Baile Shláine) der gewaltigen Burg, die das Städtchen dominiert. Im Südwesten des Ortskerns, der aus schönen Steinhäusern und Cottages des 18. Jhs. besteht, erblickt man das massive graue Tor der in Privatbesitz befindlichen Festung. An der Kreuzung der Hauptstraßen stehen sich vier identische Gebäude gegenüber. Einheimische behaupten, dass sie einst für vier Schwestern gebaut wurden, die einander hassten und sich von ihren Häusern aus gegenseitig observierten.

Der Ort eignet sich gut als Ausgangspunkt für das 6 km östlich gelegene Newgrange.

Orientierung

Slane thront auf einem Hügel an der Kreuzung von N2 und N51, etwa 15 km westlich von Drogheda. Am Fuß des Hügels Richtung Süden führt eine schmale Brücke über den Boyne. Die Haarnadelkurve nördlich davon gilt als eine der gefährlichsten des Landes, weil es zuvor auch noch steil bergab geht. Tagsüber herrscht hier ein reges Verkehrsaufkommen.

FIONN & DER LACHS DER ERKENNTNIS

Eine der bekanntesten Geschichten des Fenier-Zyklus erzählt vom alten Druiden Finnewgan, der sich sieben Jahre lang abmühte, einen besonders schlüpfrigen Lachs zu fangen. Er sollte demjenigen, der ihn aß, ungeahnte Weisheit verleihen sowie die Gabe, in die Zukunft zu blicken. Eines Tages erschien der junge Fionn McCumhaill beim Alten am Fluss, um sich Anweisungen zu holen. Kaum war der junge Held aufgetaucht, gelang es Finnegan, den Lachs zu erwischen. Und wie es sich für ein Märchen gehört, kam alles ganz anders als erwartet. Finnegan legte den Fisch übers Feuer und ging leichtsinnigerweise fort. Vorher hatte er Fionn befohlen, auf den Lachs aufzupassen, aber nur ja nichts davon zu essen. Doch Pech gehabt: Als Fionn den Fisch am Spieß wendete, spritzte ihm ein Tropfen heißes Fett auf den Daumen. Er steckte ihn in den Mund, um den Schmerz zu stillen. Als Finnegan zurückkam und sah, was passiert war, wusste er, dass es zu spät war. Er ließ Fionn den ganzen Fisch essen, und so geschah es, dass der junge Mann Weisheit erlangte und in die Zukunft sehen konnte.

Sehenswertes

HILL OF SLANE

Etwa 1 km nördlich des Dorfes befindet sich der Hill of Slane, ein ziemlich unscheinbarer Hügel, dem erst die keltisch-christliche Mythologie zu einer gewissen Bedeutung verholfen hat. Der Legende nach soll hier der Hl. Patrick im Jahr 433 ein Osterfeuer entzündet haben, um im ganzen Land das Christentum zu verkünden. Laoghaire, der heidnische Hochkönig von Irland, war darüber erzürnt, denn schließlich hatte er ausdrücklich befohlen, dass in Sichtweite des Hügels von Tara kein Feuer brennen dürfe. Zum Glück – zumindest für die Zukunft der irischen Christen – hielten ihn seine vorausschauenden Druiden zurück und warnten ihn, dass „der Mann, der das Feuer entzündet hat, Könige und Fürsten überdauern wird". Laoghaire suchte daraufhin Patrick auf, doch sein gesamtes Gefolge, mit Ausnahme eines Mannes namens Erc, begegnete dem Heiligen mit Verachtung.

Ab jetzt ist die Story tatsächlich etwas weit hergeholt: Während des Treffens tötete Patrick einen Wächter des Königs und löste ein Erdbeben aus, um die Übrigen zu bezwingen. Nach dieser herkulischen Anstrengung beruhigte sich Patrick ein wenig und pflückte ein Kleeblatt, um mithilfe der drei Blätter das Paradoxon der Heiligen Dreifaltigkeit zu erklären: die Einheit von Vater, Sohn und Heiligem Geist in einem Gott. Laoghaire war davon nicht überzeugt, ließ ihn jedoch seine missionarische Arbeit fortführen. Patricks Erfolg an diesem Tag, abgesehen davon, dass er am Leben blieb, ein Erdbeben auslöste und Irland eines seiner Nationalsymbole bescherte, war der gute Erc. Dieser ließ sich taufen und wurde später der erste Bischof von Slane. Bis heute entzündet der Gemeindepfarrer hier am Ostersamstag ein Feuer.

Ursprünglich stand auf dem Hügel eine dem Hl. Erc geweihte Kirche, danach ein Rundturm und ein Kloster, von denen nur noch die Umrisse zu sehen sind. Später folgte eine Palisadenfestung, die man auf der Westseite des Hügels erkennen kann. Kirchenruine, Turm und andere Bauten waren im 16. Jh. Teil eines Franziskanerklosters. An klaren Tagen kann man vom immer geöffneten Turm den Hill of Tara und das Boyne Valley sowie wohl sieben irische Counties sehen.

Angeblich lebte der Hl. Erc als Einsiedler. Die Überreste einer kleinen gotischen **Kirche** (☉ 15. Aug.) sollen die Stellen bezeichnen, wo er zwischen 512 und 514 seine letzten Tage verbrachte. Am Nordufer hinter der protestantischen Kirche steht die Ruine an der Straße nach Navan auf dem privaten Conyngham-Grundstück.

SLANE CASTLE

Der Privatwohnsitz von Lord Henry Conyngham, Earl of Mountcharles, **Slane Castle** (☎ 988 4400; www.slanecastle.ie; Erw./Kind 7/5 €; ☉ Mai–Anfang Aug. So–Do 12–17 Uhr) liegt westlich des Ortszentrums an der Straße nach Navan. Irischen Fans dürfte er als Veranstaltungsort für Rockkonzerte im Freien ein Begriff sein.

Später baute Francis Johnson das 1785 von James Wyatt im neogotischen Stil errichtete Gebäude für die Besuche von Georg IV. bei Lady Conyngham um. Angeblich war sie seine Geliebte, und es heißt, die Straße von Dublin nach Slane sei extra eben und gerade angelegt worden, um die Anreise des verliebten Königs zu beschleunigen.

U2-Fans kennen die Burg wahrscheinlich vom Coverfoto des 1984 erschienenen Albums *The Unforgettable Fire*, das hier aufgenommen wurde. Sieben Jahre später legte ein *wirklich* unvergessliches Feuer den Großteil der Festung in Schutt und Asche. Wie sich herausstellte, war der Earl unterversichert. Eine große Sammelaktion, zu der auch die Sommerkonzerte beitrugen, ermöglichte eine sorgfältige Restaurierung, sodass dieses Anwesen seit 2001 wieder Besuchern offen steht.

LEDWIDGE MUSEUM

Das Geburtsort des Dichters Francis Ledwidge (1891–1917) beherbergt heute das **Ledwidge Museum** (☎ 982 4544; www.francisledwidge.com; Janesville; Erw./Kind 2,50/1 €; ⏰ 10–13 & 14–17 Uhr). Ledwidge fiel auf dem Schlachtfeld von Ypern, nachdem er bereits Gallipoli und Serbien überlebt hatte. Als fanatischer politischer Aktivist setzte er alles daran, einen Zweig der Gaelic League auch in seiner Region zu etablieren – doch vergebens. Daraufhin verlieh er seiner Enttäuschung in diesen Versen Ausdruck:

A blackbird singing,
I hear in my troubled mind,
Bluebells swinging
I see in a distant wind,
But sorrow and silence
are the wood's threnody,
the silence for you,
and the sorrow for me.

Außerdem dient das Cottage als gutes Beispiel für das Leben der Farmarbeiter im 19. Jh. Es liegt etwa 1,5 km nordöstlich von Slane an der N51 nach Drogheda.

Schlafen & Essen

Slane Farm Hostel (☎ 988 4985; www.slanefarmhostel.ie; Harlinstown House, Navan Rd; B/EZ/DZ 18/35/50 €) Die ehemaligen Stallungen, die der Marquis von Conyngham im 18. Jh. errichten ließ, sind zu einem erstklassigen Hostel umgebaut worden, das zu einer Farm bei Harlinstown House (wo die Besitzer wohnen) gehört. Unsere Leser schwärmen in den höchsten Tönen von dieser Unterkunft, 2,5 km westlich von Slane. Es gibt auch Selbstversorger-Cottages, die Preise erfragt man am besten direkt bei der Herberge.

Conyngham Arms Hotel (☎ 982 4155; www.conynghamarms.com; EZ/DZ ab 75/140 €) Dieses elegante Hotel aus dem 19. Jh. besticht durch die Atmo-sphäre und das Aussehen eines Dorfgasthauses. Schlafvergnügen versprechen Himmelbetten in den Zimmern. Im Restaurant werden irische Spezialitäten serviert (Hauptgerichte 9–13 €; 12–20 Uhr), und der schöne Garten bietet das richtige Ambiente für ein gepflegtes Bier.

LP Tipp Millhouse Boutique Hotel (☎ 982 0878; www.themillhouse.ie; Zi. 160–220 €; P 🖳) Ein Hit ist auch das neu eröffnete Hotel in einem georgianischen Herrenhaus aus dem 18. Jh., in dem einst der Müller der nahe gelegenen Mühle wohnte. Luxus pur verströmen die zehn, in modischen Kombinationen aus Braun, Creme und Malve gehaltenen Zimmer. Viele verfügen über riesige Badewannen und ermöglichen einen tollen Blick auf den Boyne. Nach der Sauna erwartet die Gäste eine ausgefallene Speisekarte. Vom Ort geht es 500 m bergab und vor der Brücke über die N2 rechts ab.

Boyle's Licensed Tea Rooms (☎ 982 4195; Main St; Snacks ab 3 €; ⏰ 10–17 Uhr) Jede ältere Dame würde hier in Verzückung geraten. Der Tearoom versteckt sich hinter einer wunderschönen mit Goldbuchstaben verzierten Geschäftsfassade. Zwar bietet die Speisekarte – in zwölf Sprachen! – nur die üblichen *scones* und Teegebäck, doch kommen die Gäste ohnehin nur wegen der Vierzigerjahre-Atmosphäre.

George's (☎ 982 4493; Chapel St; Hauptgerichte 4–8 €; ⏰ Di–Sa 9–18 Uhr) Direkt östlich der Kreuzung erwartet einen diese Patisserie mit zahlreichen Leckereien, darunter kreativ zubereitete Bio-Suppen, -Salate und -Sandwiches sowie köstliche *scones*, Torten und Kuchen. Ideal, um sich sein Picknick zusammenzustellen.

An- & Weiterreise

Der Bus Éireann fährt vier- bis sechsmal täglich nach Drogheda (2,50 €, 35 Min.), Dublin (8,20 €, 1 Std.) und Navan (2 €, 20 Min.).

VON SLANE NACH NAVAN

Entlang der 14 km langen Strecke auf der N51 Richtung Südwesten befinden sich zwischen Slane und Navan einige Herrenhäuser, Burgruinen, Rundtürme und Kirchen. Sehr aufregend sind sie aber nicht, anderswo in Meath findet man weitaus eindrucksvollere Bauwerke.

Dunmoe Castle liegt an einer schlecht ausgeschilderten Sackgasse Richtung Süden, 4 km vor Navan. Dieser einstige Sitz der Familie D'Arcy ist eine Ruine aus dem 16. Jh., von der aus man einen schöne Ausblick auf die Umgebung und das aus roten Ziegelsteinen erbaute imposante **Ardmulchan House** (nicht zugänglich) auf der anderen Boyneseite hat. 1649 soll Cromwell das Castle vom Flussufer aus beschossen haben, und der Legende nach führte ein Tunnel von der Burg unter dem Fluss hindurch.

Den 30 m hohen Rundturm und die aus dem 13. Jh. stammende Kirche von **Donaghmore** auf der rechten Seite, 2 km weiter Richtung Navan, kann man kaum übersehen. Überall begegnet man modernen Grabsteinen; Besucher sollten sich nicht den Turm aus dem 10. Jh. mit einer Kreuzigungsszene über der Tür entgehen lassen. Von der Kirchenmauer blieben Reste erhalten, nahe der Fenster sind Gesichter eingemeißelt.

NAVAN

☎ 046 / 3400 Ew.

Navan (An Uaimh), der Hauptort von Meath, lohnt sich nicht für einen längeren Aufenthalt. Eigentlich bietet sich das an einer Kreuzung der viel befahrenen N3 von Dublin und der N51, die von Drogheda nach Westmeath führt, gelegene Städtchen nur zum Umsteigen für Busreisende an.

Auskünfte erhält man bei der **Touristeninformation** (☼ Mo–Sa 10–18 Uhr) im ansehnlichen neuen **Solstice Arts Centre** (☎ 909 2300; Ecke Railway St & Circular Rd), das mit einer Galerie und Live-Darbietungen aufwartet.

Knapp 2 km außerhalb befindet sich **Athlumney Manor** (☎ 907 1388; www.athlumneymanor.com; Athlumney, Duleek Rd; EZ/DZ ab 50/70 €; (P) (🖳)), ein großes modernes Haus mit sechs bequemen Zimmern. Im Zentrum verfügt das schicke **Newgrange Hotel** (☎ 353 4690; www.newgrangehotel.ie; Bridge St; Zi. ab 90 €; (P) (🖳)) über 62 Räume und ein altmodisches Pub.

Ryan's Pub (☎ 902 1154; 22 Trimgate St; Barmeals ab 4 €; ☼ 12–20 Uhr) gilt als das beste traditionelle Pub am Ort und serviert gutes Essen, vor allem leckeren Räucherlachs. Nach dem „Felix-Special" fragen!

Stündlich verkehrt Bus Éireann von Dublin (9 €, 50 Min.) über Kells (3,30 €, 15 Min.) nach Cavan.

RUND UM NAVAN

Das eindrucksvolle und gut erhaltene **Athlumney Castle**, etwa 2 km östlich von Navan, wurde im 16. Jh. von der Familie Dowdall erbaut und 100 Jahre später erweitert. Nach der Niederlage von King James in der Schlacht am

Boyne steckte Sir Lancelot Dowdall die Burg in Brand, damit der Sieger, Wilhelm von Oranien, sie weder besetzen noch beschlagnahmen konnte. Er beobachtete das Feuer vom anderen Flussufer aus, bevor er sich nach Frankreich und dann nach Italien absetzte. Am Grundstück angekommen, muss man zuerst den Schlüssel beim Loreto-Kloster (rechts) abholen. Auf einer weiteren **Aufschüttung** im Klosterhof stand früher ein Holzturm.

Rund um Navan verlaufen schöne **Wanderwege**; besonders hübsch ist der Treidelpfad am alten Boyne-Kanal entlang Richtung Slane und Drogheda. Am Südufer kann man 7 km bis nach Stackallen und zur Boyne-Brücke spazieren, vorbei an Ardmulchan House und, auf der anderen Flussseite, an den Überresten von Dunmoe Castle.

An der N3 nach Kells sieht man 5 km nordwestlich von Navan die Ruine einer großen Burg, die einst der Familie Talbot gehörte. **Liscartan Castle** besteht aus zwei quadratischen Türmen aus dem 15. Jh., die durch einen hallenähnlichen Raum miteinander verbunden sind.

TARA

Dies ist Irlands Allerheiligstes, eine Region im Herzen der irischen Geschichte, Legende und Folklore. Hier war die Heimat der mystischen Druiden, der Priesterherrscher des alten Irlands, die ihre spezielle Art des keltischen Voodoozaubers unter den prüfenden Blicken der allmächtigen Göttin Maeve (Medbh) praktizierten. Später fungierte Tara als zeremonielle Hauptstadt der insgesamt 142 Hochkönige, deren Herrschaft erst mit der Verbreitung des Christentums im 6. Jh. ein Ende nahm. Auch gilt der Ort als eine der wichtigsten prähistorischen Stätten in ganz Europa. Hier findet man ein Ganggrab aus der Steinzeit und bis zu 5000 Jahre alte Grabhügel.

Zwar mag der **Hill of Tara** (Teamhair) eher wie ein unebener Bolzplatz aussehen, doch seine historische und folkloristische Bedeutung ist immens: Er ist das Camelot von Irland. Entsprechend lebhaft geht es hier zu. Eine neue Autobahn sollte mitten hindurch verlaufen. Trotz jahrelanger Proteste ignorierte die Regierung alle Einwände der Denkmalschützer – die Straße musste unbedingt durch das Tal führen. Als 2007 die ersten Tiefbauarbeiten begannen, hatten die Archäologen gut lachen. Man entdeckte eine Stätte, die

Stonehenge in nichts nachstand. Die Bauarbeiten wurden gestoppt, doch am liebsten möchten die Politiker noch immer ihre Straßenbaupläne über den Schutz des Kulturerbes stellen.

Von dieser Stätte aus genießt man einen phantastischen Blick über die sanfte grüne Landschaft mit ihren Hecken.

Geschichte

Die Kelten glaubten, dass Tara der geheiligte Wohnsitz der Götter und das Tor ins Jenseits sei. Demnach galt das Ganggrab als letzte Ruhestätte des mythischen Elfenvolkes Tuatha de Danann, das tatsächlich existierte. Nur handelte es sich dabei nicht um Elfen und Kobolde, sondern um Menschen, die während der Steinzeit auf die Insel kamen.

Mit der Entstehung der politischen Landschaft unter den Kelten schwand die Macht der Druiden. Kriegerische Stammesfürsten verliehen sich Königstitel und übernahmen die Herrschaft. Noch gab es kein vereintes Irland, sondern unzählige rí tuaithe (Kleinkönige) kontrollierten kleinere Gebiete. Jedoch wurde der König von Tara immer als Hochkönig angesehen, auch wenn seine tatsächliche Macht kaum über die Provinz hinausreichte. Cormac MacArt, der im 3. Jh. regierte, war der am meisten gepriesene Hochkönig.

Die wichtigste Rolle im Kalender von Tara spielte das dreitägige Ernte-feis (Fest), das an Samhain, einem Vorläufer des modernen Halloween, stattfand. Während des Festes lief der König zu Hochform auf: Er hörte sich Beschwerden an, erließ Gesetze und beendete Fehden – und das alles bei einem Ess- und Trinkgelage.

Als im 5. Jh. die ersten Christen kamen, nahmen sie sofort Kurs auf Tara. Der Legende nach hat Patrick das Osterfeuer zwar auf dem Hill of Slane (S. 596) entzündet, dennoch glauben einige, dass es sich in Wirklichkeit vielleicht doch auf dem heiligen Hügel von Tara zugetragen hat – niemand weiß es genau. Das Aufkommen des Christentums markierte den Anfang vom Ende der heidnisch-keltischen Kultur, und die Hochkönige verließen Tara, auch wenn die Könige von Leinster noch bis ins 11. Jh. hier aus regierten.

Im August 1843 versammelte sich in Tara die größte Menschenmenge, die je in Irland zusammengekommen war. Daniel O'Connell, der „Befreier" und Führer der Opposition gegen den Zusammenschluss mit Großbritannien, hielt hier eine seiner mitreißenden Ansprachen. 750 000 Menschen kamen, um ihm zuzuhören.

Praktische Informationen

In einer ehemaligen protestantischen Kirche (mit einem Fenster des bekannten Künstlers Evie Hone) ist jetzt das **Tara Visitor Centre** (☎ 046-902 5903; www.heritageireland.ie; Erw./Kind 2,10/1,10 €; ☾ Mitte Mai–Mitte Sept. 10–18, letzter Einlass 17.15 Uhr) untergebracht. Dort wird eine 20-minütige audiovisuelle Präsentation Tara: Meeting Place of Heroes („Tara: Treffpunkt von Helden") gezeigt. Tara ist immer zugänglich (kein Eintritt), und Einheimische spazieren hier oft mit ihren Hunden. Am Eingang stehen Informationstafeln, in der Nähe gibt es einen Laden mit Café.

Sehenswertes

RÁTH OF THE SYNODS

Die Namen der Grabhügel und anderer Erhebungen in Tara stammen aus alten Sagen; Mythologie und Religion vermischen sich hier mit historischen Fakten. Zum Teil ruht das Grundstück der protestantischen Kirche und der Friedhof auf den Überresten des **Ráth of the Synods**, einer dreifach umwallten Festung, in der einige frühe Treffen (Synoden) des Hl. Patrick stattgefunden haben sollen. Ausgrabungen lassen darauf schließen, dass die Stätte zwischen 200 und 400 n. Chr. für Begräbnisse, Rituale und als Wohnsitz genutzt wurde. Ursprünglich müssen zur Ringfestung wohl auch Holzhäuser gehört haben, die von hölzernen Palisaden umgeben waren.

Beim Graben auf dem Friedhof fand ein Junge im Jahr 1810 ein Paar goldene torques (sichelförmige Halsringe aus Blattgold), die man heute im National Museum in Dublin bestaunen kann. Spätere Ausgrabungen förderten römisches Glas, Tonscherben und Siegel zutage, die Verbindungen mit dem Römischen Reich belegen, obwohl die Römer ihre Macht niemals bis nach Irland ausgeweitet hatten.

Am schlechten Zustand der Anlage ist teilweise eine Gruppe britischer „Israeliten" schuld, die in den 1890er-Jahren auf der Suche nach der Bundeslade alles umgruben – sehr zum Ärger der Einheimischen. Ihr Anführer behauptete, innerhalb der Umzäunung eine mysteriöse Säule zu sehen, die aber sonst niemand wahrnahm. Als die Gruppe an dieser

Stelle nichts fand, erschien ihm plötzlich die unsichtbare Säule auf der anderen Straßenseite. Bevor die Abenteurer weitere Zerstörungen anrichten konnten, jagten die Bewohner sie zum Glück davon.

ROYAL ENCLOSURE

Bei der **Royal Enclosure** (Ráth na Ríogh) südlich der Kirche handelt es sich um eine große, ovale Ringfestung aus der Eisenzeit mit einem Durchmesser von 315 m. Sie wird von einem Wall und einem Graben umgeben, der aus dem massiven Fels unter der Erde herausgestemmt wurde. Innerhalb der Royal Enclosure befinden sich noch andere, kleinere Stätten.

Mound of the Hostages

Dieser kleine Hügel (Dumha na nGiall) in der Nordecke der Einfriedung ist der älteste bekannte Teil von Tara und auch der sichtbarste Überrest. Man nimmt an, dass er im 3. Jh. vermutlich als Gefängniszelle für die Geiseln des Königs Cormac MacArt gedient haben könnte. Tatsächlich datiert das kleine steinzeitliche Ganggrab etwa in die Zeit um 1800 v. Chr. und war noch während der Bronzezeit in Benutzung. Im Gang könnte man einige Steinmetzarbeiten bewundern, doch ist das Grab für die Öffentlichkeit nicht zugänglich.

Der Hügel erwies sich als wahre Schatzkammer voller Artefakte, darunter alte Bernsteinperlen und Fayencen (glasierte Keramiken) aus dem Mittelmeerraum. Mehr als 35 Gräber der Bronzezeit wurden hier entdeckt, ebenso zahlreiche eingeäscherte Überbleibsel aus der Steinzeit.

Cormac's House & Royal Seat

Innerhalb der Einfriedung findet man zwei weitere Erdbauten: Cormac's House (Teach Cormaic) und Royal Seat (Forradh). Obwohl sie sich sehr ähneln, ist der Royal Seat eine Ringfestung mit einem Haus in der Mitte, Cormac's House dagegen ein Grabhügel an der Seite der runden Wallaufschüttung. Von dort aus hat man den besten Blick auf die Täler des Boyne und des Blackwater.

Oben auf Cormac's House ragt der wie ein Phallus geformte **Stone of Destiny** (Lia Fáil) auf, der sich ursprünglich beim Mound of the Hostages befand. Er repräsentiert die Vereinigung der Götter des Himmels und der Erde. Angeblich soll er Krönungsstein der Hochkönige gewesen sein, doch andere Quellen lassen vermuten, dass der tatsächliche Krönungsstein der Stone of Scone war, der nach Edinburgh in Schottland gebracht und dort für die Krönungszeremonie britischer Könige verwendet wurde. Dazu musste sich der Königsanwärter auf den Stein stellen, und wenn dieser dann dreimal brüllte, wurde er gekrönt. Im Massengrab neben dem Stein ruhen 37 Männer, die 1798 beim Aufstand in Tara ums Leben kamen.

ENCLOSURE OF KING LAOGHAIRE

Südlich der Royal Enclosure liegt die **Enclosure of King Laoghaire** (Ráth Laoghaire), eine große, aber nicht sehr gut erhaltene Ringfestung. Angeblich hat man den König, Zeitgenosse des Hl. Patrick, in seiner Rüstung aufrecht stehend darin begraben.

BANQUET HALL

Nördlich des Kirchhofs treffen Besucher auf Taras ungewöhnlichstes Bauwerk, die **Banquet Hall** (Teach Miodhchuarta, „Haus des Met-Kreises"). Dieser rechteckige, in Nord-Süd-Richtung angelegte Erdbau misst 230 m x 27 m und war der Legende nach angeblich groß genug, um bei den Festen Tausende von Gästen zu bewirten. Zum Großteil stammen die Informationen aus dem im 12. Jh. verfassten *Book of Leinster* und dem *Yellow Book of Lecan*, das sogar Zeichnungen der Halle enthält.

Über den wahren Zweck der Anlage gehen die Meinungen allerdings auseinander. Aufgrund ihrer Lage könnte sie ein abgesenkter Eingang nach Tara gewesen sein, der direkt in die Royal Enclosure führte. Neuere Untersuchungen förderten Gräber innerhalb der Anlage zutage, und es kann daher sein, dass es sich bei den Wällen in Wirklichkeit um die Begräbnisstätten einiger Könige von Tara handelt.

GRÁINNE'S FORT

Gráinne war die Tochter von König Cormac und mit McCumhaill (Finn McCool) verlobt. An ihrem Hochzeitstag brannte sie jedoch mit Diarmuid O'Duibhne durch, einem der königlichen Krieger, was sie zur Hauptperson des Epos' *The Pursuit of Diarmuid and Gráinne* werden ließ. **Gráinne's Fort** (Ráth Gráinne) und die nördlichen sowie südlichen **Sloping Trenches** (Claoin Fhearta) nordwestlich davon sind Grabhügel.

Geführte Touren

Mary Gibbons Tours (☎ 01-283 9973; www.newgrange tours.com; Tour 35 €) veranstaltet Touren nach Brú na Bóinne, die das gesamte Boyne Valley ebenso einschließen wie den Hill of Tara.

Bus Éireann organisiert Ausflüge nach Newgrange und ins Boyne Valley (S. 595), an manchen Tagen auch nach Tara.

Ausgehen

O'Connell's (☎ 046-902 5122; Skryne) Dieses unverdorbene, ländliche und atmosphärische Pub bietet alles, was dazugehört: ein gemütliches offenes Feuer, freundliches Personal und zahlreiche Hinweise an den Wänden zu den Sagen der Umgebung. Er befindet sich in Skryne unweit von Tara.

An- & Weiterreise

Tara liegt 10 km südöstlich von Navan, an einer Abzweigung der N3 Dublin–Cavan. Die Busse von **Bus Éireann** (☎ 01-836 6111) fahren auf der Strecke von Dublin nach Navan in einer Entfernung von 1 km an der Stätte vorbei (8,40 €, 40 Min., Mo–Sa stündl., So 4-mal). Man kann den Fahrer bitten, am Tara Cross zu halten, und folgt von da an der Ausschilderung zu Fuß.

RUND UM TARA

In **Dunsany Castle** (☎ 046-902 5198; www.dunsany.net; Dunsany; Eintritt Erw./Kind 15 €/frei; ☽ im Sommer), dem Wohnsitz der Lords of Dunsany, der früheren Großgrundbesitzer um Trim Castle, sieht man, wie die oberen Zehntausend einst residierten. Die Dunsanys sind mit den Plunketts verwandt, deren berühmtestes Familienmitglied der Hl. Oliver war. Sein Haupt wird in einer Kirche in Drogheda aufbewahrt (S. 609). Da die Burg bewohnt ist, richten sich die Öffnungszeiten nach den Terminen der Familie. Aufgrund umfangreicher Renovierungen sind sie noch stärker eingeschränkt. Also am besten vorher anrufen.

Zu bestaunen gibt's eine eindrucksvolle private Kunstsammlung und viele andere Schätze, die im Zusammenhang mit wichtigen Persönlichkeiten der irischen Geschichte stehen, etwa mit Oliver Plunkett und Patrick Sarsfield, dem Anführer der irischen Jakobiten bei der Belagerung von Limerick im Jahre 1691. Einige restaurierte Räume im Obergeschoss können in einer erweiterten Führung besichtigt werden; allerdings kostet das extra. Wartungs- und Restaurierungsarbeiten muss

man praktisch immer in Kauf nehmen (kein Wunder bei einer Burg von 1180!), und es sind jedes Mal andere Räume für Besucher geöffnet.

In der alten Küche und einem Teil des ehemaligen Dienstbotentraktes hat sich jetzt eine **Boutique** (☎ 902 6202; ☽ 10–17 Uhr) niedergelassen, in der voller Stolz Produkte der Dunsany Home Collection angeboten werden. Eine ideale Möglichkeit, sich mit dem Luxus der gesellschaftlichen Oberschicht einzudecken. Hier kann man in der Region produzierte Tischdecken sowie diverse weitere Artikel für zu Hause erwerben, die Lord Dunsany, normalen Menschen eher als Edward C. Plunkett bekannt, höchstpersönlich kreiert hat.

Ein anderer Zweig der Familie Plunkett hatte seinen Sitz in der etwa 1,5 km nordöstlich von Dunsany gelegenen Ruine **Killeen Castle**. Das Herrenhaus von 1801 wurde um eine Burg herum errichtet, die Hugh de Lacy, Lord of Meath, im Jahre 1180 erbauen ließ. Es besteht aus einem neugotischen Bau zwischen zwei Türmen aus dem 12. Jh. Besichtigungen sind leider nicht möglich.

Die Burgen liegen etwa 5 km südlich von Tara an der Straße Dunshaughlin–Kilmessan.

TRIM

☎ 046 / 1600 Ew.

Das hübsche verschlafene Trim (Baile Átha Troim, „Stadt an der Furt mit dem Holunder") spielte einst in der Lokalpolitik eine bedeutende Rolle. Eine kurze Stadterkundung reicht aus, um auf Relikte seiner mittelalterlichen Vergangenheit zu stoßen, in erster Linie natürlich die unübersehbare Burg, die größte anglonormannische Festung Irlands. Im Mittelalter herrschte in Trim reges Treiben. Damals hatte sie fünf Stadttore und nicht weniger als sieben Klöster in unmittelbarer Umgebung.

Heute kann man sich das zwar kaum mehr vorstellen, aber Elisabeth I. dachte ernsthaft darüber nach, hier das Trinity College errichten zu lassen – ein Hinweis auf die einstige Bedeutung von Trim. Arthur Wellesley, Herzog von Wellington, der in Talbot Castle und St. Mary's Abbey studierte, ging hier eine Zeit lang zur Schule. In örtlichen Überlieferungen heißt es, dass der Herzog in einem Stall geboren sei, was seinen berühmten Ausspruch erklären sollte, dass jemand, der in einem Stall zur Welt kommt, noch lange kein Pferd ist.

Falls er es wirklich gesagt hat, was keinesfalls erwiesen ist, meinte er das sicher nicht wörtlich. Mit Stall und Pferd waren Irland und die Iren gemeint, denn er selbst erblickte in Dublin das Licht der Welt. Dennoch stellten die Einwohner ein Denkmal für ihn auf, die **Wellington Column** an der Kreuzung von Patrick Street und Emmet Street – weniger wegen seiner abfälligen Bemerkung über seine Herkunft, sondern weil seine beeindruckende Karriere Irland tatsächlich etwas Gutes brachte. Nach dem Sieg über Napoleon in der Schlacht bei Waterloo wurde der Eiserne Herzog Premierminister von Großbritannien und erließ 1829 den Catholic Emancipation Act, der die letzten repressiven Strafgesetze aufhob.

In Trim befand sich das County-Gefängnis, was zu dem Ausspruch führte: „In Kells sitzen die Bauern, in Navan die Gauner und in Trim wartet der Henker."

Dank seiner Straßen und den kleinen alten Arbeitercottages ist die Geschichte in Trim allgegenwärtig. Heute versucht man, den Ort verstärkt für den Tourismus zu erschließen.

Orientierung & Praktische Information

Alle Geschäfte in Trim liegen an oder in der Nähe der Market Street. Der hohe Kirchturm im Süden gehört zur **St. Patrick's Church**, die teilweise ins 15. Jh. datiert.

Bank of Ireland (Market St) Geldwechsel und Geldautomat.

Postamt (Ecke Emmet & Market Sts; ✆ Mo–Fr 9.30–18, Sa 9.30–13 Uhr).

Silkweb Design (☎ 948 1599; Market St; 1 € pro 15 Min.; ✆ Mo–Fr 9.30–18, Sa 10–16 Uhr) Mit Internetzugang im Obergeschoss.

Touristeninformation (☎ 943 7227; Town Hall, Castle St; ✆ Mo–Sa 9.30–17.30, So 12–17.30 Uhr) erteilt nützliche Auskünfte und gehört zum Trim Heritage Centre (siehe rechte Seite). Die praktische Broschüre *Trim Tourist Trail* (4 €) für Wanderer erhält man oben in der genealogischen Abteilung.

Sehenswertes

TRIM CASTLE

Das erstaunlich gut erhaltene Bauwerk zeugt von Trims Bedeutung im Mittelalter. 1173 errichtete Hugh de Lacy **Trim Castle** (King John's Castle; ☎ 943 8619; www.heritageireland.ie; Erw./Kind 3,70/1,30 €, nur die Anlagen 1,60/1 €; ✆ April–Okt. 10–18, Nov.–März Sa & So), doch Rory O'Connor, angeblich der letzte Hochkönig von Irland, zerstörte die Festungsanlage bereits ein Jahr später. De Lacy erlebte den Wiederaufbau nicht

mehr. Die Arbeiten am Gebäude, wie man es heute sieht, begannen etwa 1200 und seitdem blieb es beinahe unverändert. Hier lässt sich nichts vom Schnickschnack feststellen, der bei anderen sogenannten „castles" den Wehrcharakter des Baus verdorben hat. Für Interessierte empfiehlt sich eine kleine Broschüre, die man vor Ort kaufen kann.

Wer genau hinschaut, erkennt womöglich die Burg von Mel Gibsons 1996 gedrehtem Film *Braveheart*, in dem sie als „Double" für das Schloss von York diente. Ein interessanter historischer Zufall will, dass Königin Isabellas wirklicher Liebhaber, Roger de Mortimer, der Earl of March, zwischen 1316 und 1320 tatsächlich in dieser Burg lebte.

Obwohl König Johann 1210 nach Trim kam, um die Familie De Lacy zum Gehorsam zu zwingen – daher auch der andere Name der Burg: King John's Castle –, übernachtete er nie in der Festung. Am Abend seiner Ankunft verschloss Walter de Lacy das Tor und verließ die Stadt, sodass der König draußen auf einer Wiese kampieren musste.

In der Zeit der Anglonormannen hatte die Burg eine strategische Bedeutung am Westrand des Pale inne, der von den Anglonormannen beherrschten Region. Jenseits von Trim begann das Gebiet, in dem die irischen Stammesführer und Lords gegen ihre normannischen Rivalen um Macht und Land kämpften.

1536 wurde Trim von Silken Thoas und 1647 durch die Truppen der katholischen Konföderation, den Gegnern der englischen Parlamentarier, erobert. 1649 nahm Cromwells Armee der Stadt ein, wobei Burg, Stadtmauer und der gelbe Glockenturm Schaden nahmen.

Ein massiver, 25 m hoher und auf einem normannischen Erdwall gelegener Steinturm dominiert den grasbewachsenen, 2 ha großen Innenhof. Er hat drei Stockwerke, wobei das unterste von einer Wand zweigeteilt wird. Direkt außerhalb des Turms finden sich Reste einer früheren Mauer.

Zur 500 m langen und recht gut erhaltenen Außenmauer aus dem Jahr 1250 gehören acht Türme und ein Torhaus, ebenso einige Ausfalltore, durch die der Verteidiger Trim Castle verlassen und den Feind angreifen konnten. Das beste Stück der Mauer verläuft vom Boyne durch das Dublin Gate zur Castle Street.

In der Nordecke stand eine Kirche, und dem Fluss zugewandt lag die Königliche Mün-

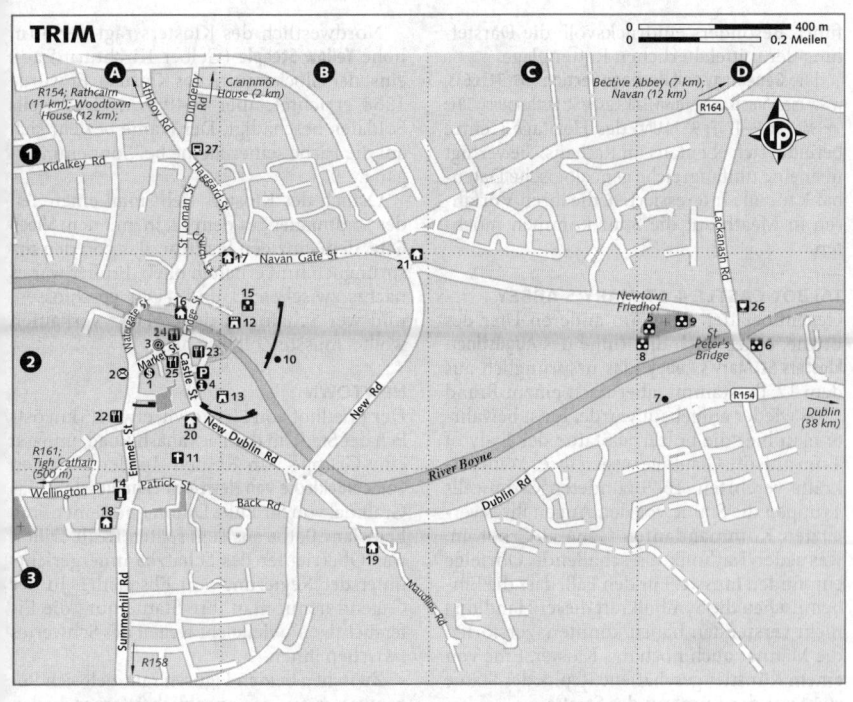

ze, wo bis ins 15. Jh. irische Münzen (die „Patricks" und die „Irelands") geprägt wurden. Die russische Kanone auf dem Parkplatz mit dem eingeprägten doppelköpfigen Adler des Zaren ist ein Beutestück aus dem Krimkrieg.

1465 befahl Eduard IV., dass jeder Dieb enthauptet werden sollte und sein Kopf anschließend als Abschreckung für andere Räuber auf Stangen gespießt öffentlich zur Schau gestellt werde. 1971 entdeckte man bei Ausgrabungen südlich des Turms die Überreste von zehn geköpften Männern – vermutlich die tatsächlichen (oder vermeintlichen) Verbrecher.

Nachts strahlen farbige Scheinwerfer das Mauerwerk der Festung an.

TRIM HERITAGE CENTRE

Zusammen mit der Touristeninformation ist im Rathaus das informative **Trim Heritage Centre** (☎ 943 7227; Town Hall, Castle St; Eintritt gegen Spende; Mo–Sa 9.30–17.30, So 12–17.30 Uhr) untergebracht. Auf Anfrage bekommt man *The Power and the Glory*, ein 20-minütiges Video über die mittelalterliche Geschichte von Trim, vorgeführt. Besonders eindrucksvoll: die Darstellung der mittelalterlichen Rattenplage.

Die **Genealogy and Heritage Section** (☎ 943 6633; www.meathroots.com; Town Hall, Castle St; Erstberatung 30 €; ☯ Mo–Do 9–17, Fr 9–14 Uhr) des Heritage Centre befindet sich ebenfalls im Rathaus. Sie verfügt über eine umfangreiche genealogische Datenbank für alle Interessierten, die ihren Vorfahren in Meath auf die Spur kommen möchten.

TALBOT CASTLE & ST. MARY'S ABBEY

Gegenüber der Burg, am anderen Ufer des Boyne, erhebt sich die Ruine des **Augustinerklosters St. Mary's Abbey**, das ursprünglich aus dem 12. Jh. stammt, aber nach einem Brand 1368 wieder aufgebaut wurde. Einst bewahrte man hier die hölzerne Statue der Lady of Trim auf, die Gläubige wegen ihrer Wunderkräfte verehrten. 1649 zündeten Cromwells Truppen die Statue vor den Augen ihres verletzten Kommandanten General Croot an, was jeder Katholik als schallende Ohrfeige empfinden musste. Für den Fall, dass die Einheimischen die Symbolkraft dieser Handlung nicht verstanden haben könnten, zerstörten die Männer auch noch das Kloster. Eine von einem Künstler geschaffene Replik der Statue steht vor der Ruine an der Straße.

1415 ließ Sir John Talbot, Vizekönig von Irland, einen Teil des Klosters zu einem schönen Herrenhaus umbauen, dem **Talbot Castle**. Das Talbot-Wappen ist an der Nordwand zu sehen. Talbot zog nach Frankreich in den Krieg, wo ihn Jeanne d'Arc 1429 bei Orléans besiegte. Er wurde gefangen genommen, wieder freigelassen und setzte seinen Kampf gegen die Franzosen bis 1453 fort. Man nannte ihn die „Geißel Frankreichs" oder auch die „Franzosenpeitsche". Shakespeare schrieb über diesen berüchtigten Mann in Heinrich VI.: „Ist dieser Talbot auswärts so gefürchtet/ Dass man die Kinder stillt mit seinem Namen?"

Im frühen 18. Jh. gehörte Talbot Castle Esther „Stella" Johnson, der Geliebten von Jonathan Swift. Sie kaufte das Herrenhaus für 65 £ Sterling und lebte dort 18 Monate, bevor sie es Swift für satte 200 £ verkaufte, der es wiederum ein Jahr bewohnte. Von etwa 1700 bis zu seinem Tod im Jahre 1745 war Swift Pfarrer in Laracor, 3 km südöstlich von Trim. Ab 1713 bekleidete er auch den weitaus bedeutenderen Posten des Dekans der St. Patrick's Cathedral in Dublin.

Nordwestlich des Klosters ragt der 40 m hohe **Yellow Steeple** (Gelber Kirchturm) auf, einst der Glockenturm des Klosters. Er wurde 1368 errichtet, aber 1649 von Cromwells Soldaten beschädigt. Der Name bezieht sich auf die Farbe seiner Steine bei Sonnenuntergang.

Östlich des Klosters sieht man einen Teil der Stadtmauer aus dem 14. Jh. mit dem **Sheep Gate**, dem einzigen Stadttor, das von den ursprünglich fünf erhalten blieb. Früher war es nachts zwischen 21 und 4 Uhr geschlossen, und wer Schafe auf dem Markt verkaufen wollte, musste Zoll bezahlen.

NEWTOWN

Der Friedhof von Newtown, etwa 1,5 km östlich der Stadt an der Lackanash Road, umfasst eine Gruppe von Ruinen. In der einstigen **Gemeindekirche von Newtown Clonbun** steht das Grabmal von Sir Luke Dillon und seiner Frau Lady Jane Bathe aus dem späten 16. Jh. Dillon war Oberrichter des Schatzkammergerichts unter der Regierung von Elisabeth I. In der Gegend nennt man ihre Statue nur „die Eifersüchtigen", vielleicht wegen des Schwertes zwischen ihnen.

Zwischen beiden Figuren sammelt sich Regenwasser an, das angeblich Warzen heilen soll. Wer mag, hält eine Nadel in die Pfütze und sticht sich dann in die Warze. Setzt die Nadel dabei Rost an, verschwindet der Schwulst. Manche behaupten, man müsse die Nadel anschließend als Gegengabe auf die Statue legen.

Zu den weiteren Ruinen zählen die **Cathedral of Sts. Peter and Paul** und die **Newtown Abbey** (Kloster der Stiftsherren von St.-Victor in Paris) aus dem 18. Jh. Die Kathedrale wurde 1206 geweiht und 200 Jahre später niedergebrannt. 1839 stürzten Teile ihrer Mauern bei einem Sturm ein und beschädigten dabei eine Wand von Trim Castle. Die Klostermauern werfen ein tolles Echo hinüber zum **Echo Gate** auf der anderen Flussseite.

Südöstlich dieser Ruinen und jenseits des Flusses liegt die **Crutched Friary**. Hier erblickt man die Ruinen eines Burg- und die Überreste eines Wachturms und anderer Gebäude, die als Hospital genutzt wurden. Ritter des Johanniterordens, die ein rotes Kreuz auf ihren Gewändern trugen, richteten es nach den Kreuzzügen ein. Die **St. Peter's Bridge** neben dem Kloster soll angeblich die zweitälteste Brücke Irlands sein.

Schlafen

Bridge House Tourist Hostel (☎ 943 1848; silvertrans@ eircom.net; Bridge St; B/DZ ab 20/50 €; **P**) Hier treffen sich jeden Abend die Traveller von überall („Ich hab' nicht gewusst, dass Trim so cool ist!"). Zwar sind die Schlafsäle etwas eng, aber die Zimmer ganz akzeptabel.

White Lodge (☎ 943 6549; www.whitelodgetrim.com; New Rd; EZ/DZ 44/64 €; **P** ⌨) In diesem Haus im amerikanischen Stil könnte man fast den Refrain von *Brady Bunch* pfeifen, wenn auch mit irischem Akzent. Es gibt sechs große helle Räume. 500 m östlich vom Zentrum, am Nordende der New Road gelegen.

Woodtown House (☎ 943 5022; woodtown@iol.ie; Athboy; Zi. 45–76 €; **P**) Für dieses besondere Landhaus lohnt sich die 12 km lange Anfahrt über die R154 in den Norden von Trim. Die restaurierte Innenausstattung aus dem 18. Jh. harmoniert mit dem herrlichen baumbestandenen Garten. Zwei der vier Zimmer haben Bad.

Crannmór House (☎ 943 1635; www.crannmor.com; Dunderry Rd; EZ/DZ ab 50/68 €; **P**) 2 ha Acker- und Weideland umgeben dieses weinumrankte alte Haus etwa 2 km außerhalb des Ortes an der Straße nach Dunderry. Der Besitzer vermittelt geführte Angeltouren.

Tigh Cathain (☎ 943 1996; www.tighcathaintrim.com; Longwood Rd; EZ/DZ 50/76 €; **P**) In einem hübschen großen Garten ruht das Landhaus im Tudor-Stil, etwa 1 km südwestlich des Ortszentrums. Drei herrliche Zimmer sind in Pink, Gelb und Blau eingerichtet.

Brogan's Guesthouse (☎ 943 1237; www.brogans.ie; High St; EZ/DZ ab 55/75 €; **P** ⌨) Schon seit 1915 begrüßt man im Brogan's Gäste, sowohl im netten Pub als auch in den hübschen, komfortablen Zimmern. Acht der 14 Räume sind in umgebauten Stallungen hinter dem Haus untergebracht, der Rest im Hauptgebäude. Achtung: Choleriker sollten das Hotelprospekt nicht lesen!

Highfield House (☎ 943 6386; www.highfieldguest house.com; Maudlins Rd; EZ/DZ ab 55/80 €; **P**) Das erhöht gelegene elegante Landhaus aus dem 18. Jh. verfügt über große, wunderschön restaurierte Aufenthaltsräume sowie sieben gemütliche Zimmer. Am besten eines nach hinten raus verlangen, um dem Straßenlärm zu entgehen.

Castle Arch Hotel (☎ 943 1516; www.castlearchhotel. com; Summerhill Rd; EZ/DZ ab 60/100 €; **P** ⌨) Die 22 Zimmer dieses modernen Business-Class-Hotels überzeugen durch schickes Design und schwere Vorhänge in antikem Stil. Seinen Namen verdankt das Castle Arch dem Bogen, der den Eingang umrahmt. Gutes Frühstück.

Trim Castle Hotel (☎ 948 3000; www.trimcastlehotel. com; Castle St; EZ/DZ ab 85/120 €; **P** ⌨) Ein modernes Boutique-Hotel, das man im Rahmen eines Bebauungsplans errichtet hat, um die Umgebung der Burg aufzuwerten. Die 68 Zimmer verfügen über WLAN-Anschluss und eine schlichte, zeitgemäße Einrichtung. Terrassen und Balkone mit Blick auf die Burg sind weitere Pluspunkte.

Essen & Ausgehen

Die meisten Pubs servieren anständige Mahlzeiten, und mit steigenden Touristenzahlen wächst auch das Angebot an Restaurants.

Egos Lunch Club (☎ 948 6731; Emmet St; Mahlzeiten 5–10 €; 🕐 Mo–Sa 9–17 Uhr) In diesem hellen modernen Café kann man so richtig schwelgen. Neben vielen Kaffeespezialitäten gibt's eine umfangreiche Speisekarte mit warmen Mahlzeiten, Sandwiches und Salaten.

Sally Rodgers (☎ 943 8926; Bridge St; Mahlzeiten 6–15 €; 🕐 Küche 17–21 Uhr) Immerhin hat die nicht besonders aufregende Bar Tische mit Blick auf den River Boyne. Oben im Restaurant bereiten malaysische Köche ungewöhnliche asiatische Kreationen sowie ausgezeichnete Fish & Chips zu.

Watson's Elementary Café (Market St; Mahlzeiten 7–10 €; 🕐 Mo–Sa 9–21 Uhr) Man muss kein Sherlock Holmes sein, um dieses solide Café zu entdecken. Das Angebot reicht von Omelette bis Shepherd's Pie.

Franzini O'Brien's (☎ 943 1002; French Lane; Hauptgerichte 12–20 €; 🕐 Di–Sa 18.30–22, So 13–21 Uhr) Die irische Speisekarte dieses Bar-Bistros verspricht internationale Einflüsse. Eine gute Adresse für Gourmets, die Meeresfrüchte und Hausmannskost aus regional produzierten Zutaten mögen. Wer nur auf ein Bier vorbeischaut, ist an der Bar gut aufgehoben.

Marcy Regan's (☎ 943 6103; Lackanash Rd, Newtown, Trim; 🕐 Do–Di) Angeblich gilt das kleine Pub neben der St. Peter's Bridge als das zweitältester Irlands. An Freitagen werden oft Musik-Sessions geboten.

An- & Weiterreise

Wegen der vielen Pendler fahren die Busse von Bus Éireann mindestens stündlich von Dublin nach Trim (8 €, 70 Min.). Die Haltestelle liegt vor dem Zeitschriftenladen am Nordende der Haggard Street.

RUND UM TRIM

In der Umgebung von Trim gibt es einige reizvolle anglonormannische Hinterlassenschaften. Etwa 7,5 km nordöstlich der Stadt Richtung Navan stößt man auf die 1147 gegründete **Bective Abbey**, der erste Zisterzienserableger der prächtigen Mellifont Abbey in Louth. Bei den heute sichtbaren Ruinen handelt es sich um Anbauten aus dem 13. und 15. Jh.: Kapitelsaal, Kirche, Wandel- und Kreuzgang. Nach Auflösung der Klöster 1543 wurde die Abtei als Festung genutzt und der Turm errichtet.

1186 begann Hugh de Lacy, Lord of Meath, die Abtei in Durrow im County Offaly abzureißen, um eine Burg zu bauen. Ein Arbeiter, bekannt unter den Namen O'Miadaigh oder auch O'Kearney, empörte sich über dieses Sakrileg derart, dass er de Lacy den Kopf abschlug und flüchtete. De Lacys Körper setzte man in der Bective Abbey bei, seinen Kopf jedoch in der St. Thomas' Abbey in Dublin. Daraufhin entbrannte ein Streit, wo die sterblichen Überreste aufzubewahren seien. Schließlich musste sogar der Papst eingreifen, der zu Gunsten von St. Thomas' Abbey entschied.

Etwa 12 km nordwestlich von Trim befindet sich an der Straße nach Athboy **Rathcairn**, der kleinste Gaeltacht-Distrikt (gälischsprachiger Bezirk) Irlands. Die Einwohner stammen von einer gälischsprachigen Gruppe in Connemara ab, die im Zuge eines sozialen Experiments in den 1930er-Jahren hier angesiedelt wurde.

KELLS

☎ 046 / 2400 Ew.

Berühmt geworden ist Kells durch die großartige illustrierte Handschrift, die den Namen der Stadt trägt und für die Besucher im Dubliner Trinity College Schlange stehen. Fast niemand macht sich die Mühe, den Ort zu besuchen, wo sie sich 600 Jahre lang befand, vom Ende des 9. Jhs. bis zur Entfernung durch die Kirche 1541. Abgesehen von den Überbleibseln des Klosters, in dem man das *Book of Kells* verwahrt hatte – einige interessante Hochkreuze und ein 1000 Jahre alter Rundturm – gibt es hier nicht viel zu tun oder zu sehen.

Praktische Informationen

In der **Touristeninformation** (☎ 924 9336; Kells Heritage Centre, Headfort Pl; ☽ Mai–Sept. Mo–Sa 10–17.30, So 13.30–17.30, Okt.–April Mo–Fr 10–17 Uhr) im Heritage Centre hinter dem Rathaus erhält man auch Auskunft über die entlegeneren Sehenswürdigkeiten in Meath, wie z. B. die Loughcrew Cairns.

Sehenswertes

KELLS HERITAGE CENTRE

Das **Heritage Centre** der Stadt (☎ 924 9336; Headfort Pl; Erw./Kind 4/3 €; ☽ Mai–Sept. Mo–Sa 10–17.30, So 13.30–17.30, Okt.–April Mo–Fr 10–17 Uhr) mit seinen zwei voll bepackten Etagen besitzt eine sehr schöne Kopie des berühmtesten Objektes der Gegend, des *Book of Kells*, das 807 nach einem Wikingerüberfall aus einem Kloster auf der schottischen Insel Iona hierhergebracht worden war. Daneben sind weitere Relikte und Artefakte aus dem 6. bis 12. Jh. zu bestaunen sowie ein maßstabsgetreues Modell der Stadt, wie sie im 6. Jh. ausgesehen hat.

MARKET CROSS

Bis 1996 hatte das **Market Cross** jahrhundertelang in der Cross Street im Herzen der Stadt gestanden. Dabei wurde das Kreuz nicht von Gläubigen verehrt, sondern diente im Aufstand von 1798 auch als Galgen. Die Briten hängten die Rebellen am Querbalken auf, einen an jeder Seite, damit das Kreuz nicht umstürzte. Doch was 1000 Jahre schlechtem Wetter und den frevlerischen Briten nicht gelang, schaffte 1996 ein fahrlässiger Busfahrer, der beim Wenden das Kreuz rammte und umwarf. Nach der Restaurierung stellte man es erneut vor dem Heritage Centre auf.

Auf der Ostseite des Kreuzes sind die Opferung Isaaks durch Abraham, die Brüder Kain und Abel, der Sündenfall, Wächter am Grab Jesu und eine wundervoll gearbeitete Reitergruppe dargestellt. Einzig die Kreuzigung ist auf seiner Westseite noch zu erkennen. Die Nordseite zeigt Jakob beim Kampf mit einem Engel.

RUNDTURM & HOCHKREUZE

Die protestantische Kirche **St. Columba** (Eintritt frei; ☽ Mo–Sa 10–13 & 14–17 Uhr, Gottesdienst nur So) westlich des Ortszentrums besitzt an ihrer Südseite einen 30 m hohen **Rundturm** aus dem 10. Jh. Zwar fehlt das konische Dach, aber das Bauwerk existiert mindestens seit 1076, denn in jenem Jahr wurde Muircheartach Maelsechnaill, Hochkönig von Tara, in einer der Turmkammern ermordet.

Im Kirchhof trifft man auf vier unterschiedlich gut erhaltene Hochkreuze aus dem 9. Jh.

Das **Westkreuz** am, vom Eingang aus gesehen, hinteren Ende des Areals ist nur noch ein Stumpf, geschmückt mit Szenen der Taufe Jesu, des Sündenfalls und dem Urteil Salomos auf der Ostseite sowie der Arche Noah auf der Westseite. Vom **Nordkreuz** blieb nur der schüsselförmige Grundstein erhalten.

Das am besten erhaltene Kreuz, das **Cross of Patrick and Columba** in der Nähe des Turms, trägt auf der östlichen Sockelseite die kaum noch lesbare Inschrift *Patrici et Columbae Crux*. Darüber sind Szenen von Daniel in der Löwengrube, dem Feuerofen, dem Sündenfall und eine Jagdszene sichtbar. Auf der anderen Seite prangen Abbildungen des Jüngsten Gerichts, der Kreuzigung und von Reitern mit einem Wagen sowie einem Hund.

Unvollendet blieb das andere, erhaltene Kreuz, das **East Cross** mit Kreuzigungsrelief und einer Gruppe von vier Figuren auf dem rechten Arm.

ST. COLMCILLE'S HOUSE

Wenn man den Kirchhof in Richtung Church Street verlässt, erblickt man links oben auf dem Hügel, zwischen den Häusern auf der rechten Seite der Church Lane, **St. Colmcille's House** (Eintritt frei; ☾ Juni–Sept. Sa & So 10–17 Uhr). Normalerweise steht es im Sommer offen. Falls nicht, kann man sich bei **Mrs Carpenter** (☎ 924 1778; 1 Lower Church View), im braunen Haus ein Stück den Hügel hinunter, den Schlüssel holen.

Das etwas plumpe, massive Gebäude ist ein Überbleibsel der alten Klostersiedlung. Sein Name führt leicht in die Irre, denn es wurde im 10. Jh. gebaut, während der Hl. Colmcille aber im 6. Jh. gelebt hatte. Wissenschaftler vermuten, dass es als klösterliche Schreibstube diente, in der Mönche Handschriften illuminierten.

Schlafen & Essen

Teltown House B&B (☎ 902 3239, 087-665 9022; Teltown; EZ/DZ 45/90 €; P) Dieses B&B in einem mit Efeu bewachsenen Bauernhaus verfügt über drei Zimmer. Seine Umgebung erweist sich dabei als wirklich geschichtsträchtig: Vor 2000 Jahren hielt man hier Irlands eigene „Olympischen Spiele" ab, und nochmals weitere 2000 Jahre zurück hatte jemand kunstvolle Kreismuster in den Felsen neben dem B&B gemeißelt. Mehr darüber kann man auf der Webseite www.mythicalireland.com/ancient-sites/news/teltown-rock-art.htm nachlesen.

Teltown House liegt 6 km südlich von Kells, östlich der N3 in Höhe des Silver Tankard Pub.

Headfort Arms Hotel (☎ 924 0063; www.headfort arms.ie; John St; EZ/DZ ab 70/120 €; P 💻) Das familiegeführte Haus direkt im Ortszentrum hat 45 moderne Zimmer mit WLAN-Anschluss; 32 davon im neuen Flügel, die restlichen im reizenden Altbau. Hierzu gehört auch das Vanilla Pod Restaurant (siehe unten).

In the Dock (☎ 924 7840; Kells Heritage Centre, Headfort Pl; Mahlzeiten 5–8 €; ☾ Mai–Sept. Mo–Sa 10–17.30, So 13.30–17.30, Okt.–April Mo–Fr 10–17 Uhr) Frische Bananensmoothies gelten als eine der Spezialitäten dieses beliebten Cafés im Heritage Centre.

Vanilla Pod (☎ 924 0084; Headfort Arms Hotel, John St; Hauptgerichte 11–17 €; ☾ 17.30–21.30, So 12–15 Uhr) Das im Headfort Arms Hotels integrierte, aber unabhängig geführte Bistro wird sehr für seine verlockenden internationalen Variationen einheimischer Gerichte gelobt.

An- & Weiterreise

Bus Éireann (☎ 01-836 6111) fährt von Kells nach Dublin (9,80 €, 1 Std., stündl.) via Navan. Es gibt auch eine Buslinie nach Cavan (9 €, 45 Min., stündl.).

RUND UM KELLS
Hill of Lloyd Tower

Es wird einem schnell klar, warum dieser 30 m hohe **Turm** (☎ 924 0064; Erw./Kind 3/2 €; ☾ nach Vereinbarung) auf dem Hill of Lloyd als „Binnenleuchtturm" bezeichnet wird. Earl of Bective ließ ihn 1791 zum Gedenken an seinen Vater errichten. Nach seiner Renovierung kann man ihn nun besteigen oder auch im umliegenden Park picknicken. Der Turm liegt 3 km nordwestlich von Kells, abseits von der Straße nach Crossakeel.

Crosses of Castlekeeran

Mitten in den Ruinen einer alten Einsiedelei haben die **Crosses of Castlekeeran** überdauert. Eigentlich beeindrucken die drei schlicht verzierten Kreuze aus dem frühen 9. Jh. (eines davon im Fluss) nicht besonders, aber der stille, zugewachsene Friedhof strahlt eine idyllische Stimmung aus. In der **Kirchenruine** in der Mitte finden sich ein paar frühe Grabplatten sowie ein Ogham-Stein (ein Stein mit der frühesten Form irischer Inschriften).

Man gelangt über einen Bauernhof dorthin, der etwa 2 km weit hinter dem Hill of Lloyd Tower an der Straße nach Crossakeel liegt.

COUNTIES MEATH & LOUTH

LOUGHCREW CAIRNS

Bei dem ganzen Wirbel um Brú na Bóinne wird dieses herrliche Fleckchen leicht übersehen. Doch gerade deshalb lassen sich die Loughcrew Cairns ganz in Ruhe besichtigen. Etwa 30 steinzeitliche Ganggräber liegen über drei Kuppen der Loughcrew Hills verstreut. Der Weg ist etwas beschwerlich, folglich macht sich kaum jemand die Mühe. Wer aber erst einmal diesen sinnträchtigen Ort erreicht hat, spürt sofort, dass sich die Anstrengung gelohnt hat.

Die auch als Slieve (Sliabh) na Caillighe und Hexenberge bekannten Hügel nordwestlich von Kells an der R154 bei Oldcastle bieten eine herrliche Aussicht auf die Umgebung. Dabei konzentrieren sich die wichtigsten Ganggräber auf drei Hügelkuppen: Carnbane East (194 m), Carnbane West (206 m) und Patrickstown (279 m). Allerdings wurde Letzteres durch Baumeister im 19. Jh. so zerstört, dass kaum mehr etwas zu sehen ist.

Auch diese Gräber entstanden wie in Brú na Bóinne um 3000 v. Chr., doch im Gegensatz zu ihren bekannteren und besser erforschten Nachbarn waren sie mindestens bis 750 v. Chr. in Benutzung. Wie in Newgrange weisen die größeren Steine bei einigen Gräbern ebenfalls spiralförmige Verzierungen auf. Manche Ruhestätten sehen wie große Steinhaufen aus, andere kann man schwerer erkennen, da bei ihnen die Steine abgetragen wurden. Archäologen entdeckten hier Knochenfragmente, Asche, Steinkugeln und -perlen.

Carnbane East

Carnbane East wartet mit besonders vielen Gräbern auf. **Cairn T** (☎ 049-854 2009; www.heritage ireland.ie; Eintritt frei; ☼ Mitte Juni–Aug. 10–18 Uhr; P) ist mit 35 m Durchmesser das größte und besteht aus zahlreichen gemeißelten Steinen. Einer der Schwellensteine draußen wird Hag's Chair genannt; ihn zieren Löcher, Kreise und andere Muster. Um in den Grabgang zu gelangen, benötigt man den Schlüssel und eine Taschenlampe. Vom Parkplatz aus dauert es etwa eine halbe Stunde auf den Carnbane East hinauf. An halbwegs klaren Tagen reicht die Sicht von der Kuppe aus bis zum Hill of Tara im Südosten; im Norden blickt man bis Cavan, im Nordosten bis Lough Ramor und im Nordwesten bis Lough Sheelin und Oldcastle.

Während der Sommermonate finden geführte Touren zu Cairn T statt. Doch die Einheimischen kennen sich auch ganz gut aus,

sodass man jederzeit einen ortskundigen Guide trifft, der einem nicht nur diese Stätte näherbringt, sondern auch einige andere Cairns. Auskunft dazu erhält man bei **Loughcrew Historic Garden** (☎ 049-854 1060; ☼ Mitte März–Sept. 12–17, Okt.–Mitte März 13–16 Uhr) oder in der Touristinformation in Kells.

Carnbane West

Vom selben Parkplatz aus gelangt man in etwa einer Stunde nach Carnbane West mit Cairn D und L, die beide 60 m Durchmesser aufweisen. Cairn D wurde jedoch bei einer erfolglosen Suche nach einer Grabkammer zerstört. Cairn L, nordöstlich von Cairn D, befindet sich ebenfalls in schlechtem Zustand. Allerdings kann man den Grabgang und die Kammer betreten und sich die zahlreichen verzierten Steine sowie das Steinbecken ansehen, das zur Aufbewahrung von menschlicher Asche diente.

Cairn L wird vom Heritage Service verwaltet, das den Schlüssel nur an Personen herausgibt, die ernsthafte Forschung betreiben wollen.

COUNTY LOUTH

Den Beinamen „The Wee County" (das kleine Ländchen) trägt man in dieser kargen Gegend mit Stolz. Doch immerhin, der herbe Küstenstrich blickt auf eine industrielle Vergangenheit zurück, und Drogheda entwickelt sich von einer unansehnlichen Stadt zu einem ansprechenden regionalen Zentrum. Es eignet sich gut als Ausgangspunkt nach Brú na Bóinne im County Meath. Zu den weiteren Attraktionen zählen die prähistorischen Stätten und Klosterruinen im Norden und Osten des Boyne Valley, wie z. B. Mellifont Abbey und Monasterboice. Im Norden, nördlich von Dundalk, lohnt ein Besuch der abgelegenen und beschaulichen Halbinsel Cooley.

Geschichte

Louth, das einst zum antiken Königreich Oriel gehörte, ist Schauplatz der wahrscheinlich gewaltigsten aller mythologischen Erzählungen des alten Irlands: *Táin Bó Cúailnge* (Viehdiebstahl von Cooley). Der größte irische Sagenheld Cúchulainn spielt darin die Hauptrolle. Mit *The Táin* erzählt Thomas Kinsella eine moderne Version dieser ebenso spannenden wie blutrünstigen Geschichte.

In der Grafschaft gibt es eine ganze Reihe von Klosterruinen aus dem 5. und 6. Jh. Archäologisch besonders interessant sind das Kloster bei Monasterboice und die spätere Zisterzienserabtei bei Mellifort; beide liegen in der Nähe von Drogheda.

Mit der Ankunft der Normannen im 12. Jh. begann eine Zeit großer Veränderungen und des Aufruhrs. Angelockt vom fruchtbaren Boden des Boyne Valley unterwarf der anglonormannische Adel die einheimische Bevölkerung und baute sich mächtige Häuser und Burgen. Die normannischen Invasoren waren für die Entstehung von Dundalk und der beiden Städte beidseits des Boyne verantwortlich, die sich 1412 zum heutigen Drogheda zusammenschlossen.

DROGHEDA

☎ 041 / 30 200 Ew.

Drogheda ist echt für eine Überraschung gut. Lange Zeit schlicht verkannt, zählt es zweifellos zu den interessantesten Orten nördlich von Dublin. Die einst befestigte Stadt auf beiden Ufern des Boyne besticht mit schönen alten Gebäuden, einer stattlichen Kathedrale und einem ausgezeichneten Museum, das zumindest einen Einblick in die bewegte Siedlungsgeschichte ermöglicht. Wirtschaftlicher Aufschwung und immer mehr Pendler aus Dublin hauchen Drogheda allmählich wieder Leben ein.

Mit seinen herrlichen alten Pubs, schicken Restaurants, engen Sträßchen, einem guten Nahverkehrssystem und zahlreichen Über-

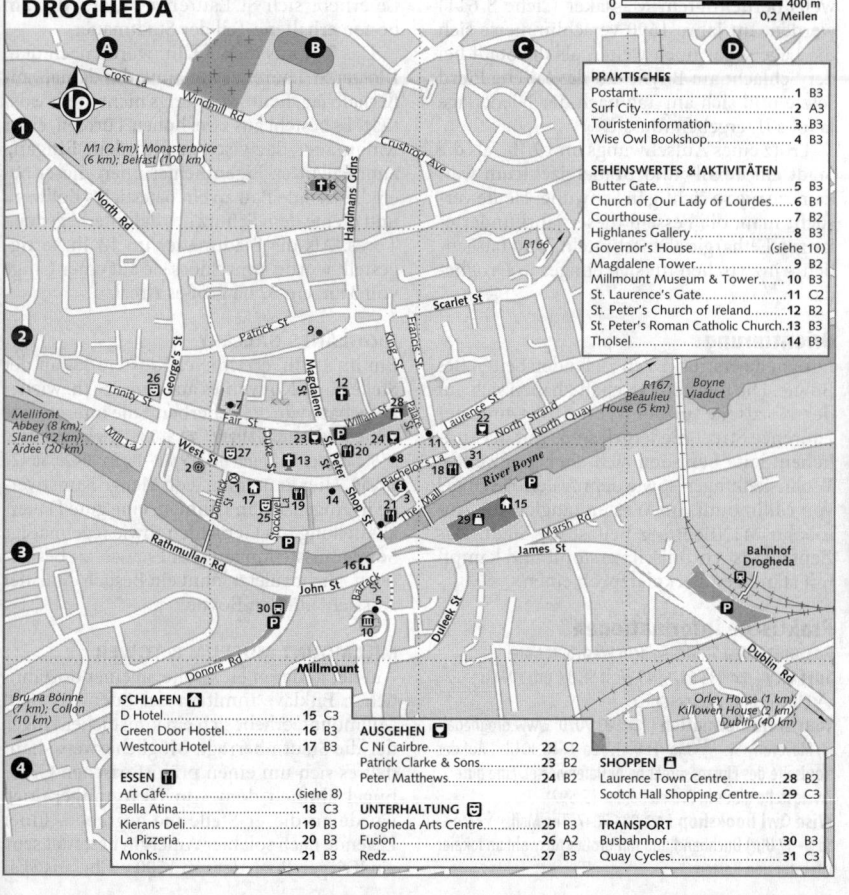

DROGHEDA

0 — 400 m
0 — 0,2 Meilen

PRAKTISCHES

Postamt	1 B3
Surf City	2 A3
Touristeninformation	3 B3
Wise Owl Bookshop	4 B3

SEHENSWERTES & AKTIVITÄTEN

Butter Gate	5 B3
Church of Our Lady of Lourdes	6 B1
Courthouse	7 B2
Highlanes Gallery	8 B3
Governor's House	(siehe 10)
Magdalene Tower	9 B2
Millmount Museum & Tower	10 B3
St. Laurence's Gate	11 C2
St. Peter's Church of Ireland	12 B2
St. Peter's Roman Catholic Church	13 B3
Tholsel	14 B3

SCHLAFEN

D Hotel	15 C3
Green Door Hostel	16 B3
Westcourt Hotel	17 B3

ESSEN

Art Café	(siehe 8)
Bella Atina	18 C3
Kierans Deli	19 B3
La Pizzeria	20 B3
Monks	21 B3

AUSGEHEN

C Ní Cairbre	22 C2
Patrick Clarke & Sons	23 B2
Peter Matthews	24 B2

UNTERHALTUNG

Drogheda Arts Centre	25 B3
Fusion	26 A2
Redz	27 B3

SHOPPEN

Laurence Town Centre	28 B2
Scotch Hall Shopping Centre	29 C3

TRANSPORT

Busbahnhof	30 B3
Quay Cycles	31 C3

Map labels: Cross La, Windmill Rd, Crushrod Ave, North Rd, M1 (2 km); Monasterboice (6 km); Belfast (100 km), Hardmans Gdns, R166, Scarlet St, Patrick St, Trinity St, George's St, Magdalene St, Francis St, King St, Laurence St, North Strand, North Quay, R167; Beaulieu House (5 km), Boyne Viaduct, Mellifont Abbey (8 km); Slane (12 km); Ardee (20 km), Fair St, West St, Duke St, William St, St. Peter's St, Shop St, Bachelor's La, The Mall, River Boyne, Marsh Rd, James St, Bahnhof Drogheda, Mill La, Dominic St, Rathmullan Rd, John St, Patrick St, Duleek St, Donore Rd, Millmount, Brú na Bóinne (7 km); Collon (10 km), Orley House (1 km); Killowen House (2 km); Dublin (40 km), Dublin Rd

COUNTIES MEATH & LOUTH

nachtungsmöglichkeiten bietet sich Drogheda hervorragend als Ausgangspunkt für die Sehenswürdigkeiten im Boyne Valley an. Brú na Bóinne im Westen ist nur 7 km entfernt.

Geschichte
Bereits 910 galt die Flussbiegung des Boyne als so attraktiv, dass die Dänen hier eine befestigte Siedlung gründeten. Im 12. Jh. fügten die Normannen eine Brücke hinzu und bauten die beidseits des Flusses entstandenen Orte aus. Außerdem errichteten sie eine große Burg bei Millmount auf der Südseite des Boyne. Im 15. Jh. hatte sich Drogheda zu einer der vier wichtigsten befestigten Städte von Irland gemausert und spielte eine bedeutende politische Rolle.

1649 sollte der Ort Schauplatz von Cromwells berüchtigtem Massaker (siehe S. 611) werden. Im Jahre 1690 verschlimmerte sich die Lage sogar noch weiter, als die Stadt bei der Schlacht am Boyne auf das falsche Pferd setzte und sich am Tag nach der Niederlage Jakobs II. ergeben musste.

Trotz eines Aufschwungs im 19. Jh., als die Stadt ein Textil- und Brauereizentrum war, kam sie nie so richtig in Schwung. Heute versucht man, die Fesseln dieser jahrhundertelangen Lethargie abzuschütteln. Und tatsächlich – inzwischen tut sich einiges in Drogheda.

Orientierung
Drogheda erstreckt sich zu beiden Seiten des Boyne. Die meisten Geschäfte haben sich auf der Nordseite an der West Street und der Laurence Street niedergelassen. Auf der südlichen Seite befinden sich eher langweilige Wohnsiedlungen sowie der mysteriöse Hügel von Millmount. Im Westen tangiert die Autobahn M1 Richtung Belfast die Stadt. Das Zentrum ist chronisch verstopft und kämpft mit ständigen Parkplatzproblemen.

Praktische Informationen
Postamt (West St) Neben dem Westcourt Hotel.

Surf City (☎ 983 6826; 45 West St; 3 € pro 30 Min.; ◷ 10–18 Uhr) Internetcafé.

Touristeninformation (☎ 983 7070; www.drogheda. ie; Mayoralty St; ◷ Mo–Fr 9–17, Sa 9–16.30 Uhr) Auf der Nordseite des Flusses direkt beim Hafenviertel. Eine gute Zweigstelle gibt's in Brú na Bóinne (S. 592).

Wise Owl Bookshop (☎ 984 2847; The Mall; ◷ Mo–Sa 9–17 Uhr) Buchhandlung mit großer Auswahl an lokaler Literatur und Karten.

Sehenswertes
ST. PETER'S ROMAN CATHOLIC CHURCH
Zum Interessantesten, was die **katholische Kirche** (West St) aus dem 19. Jh. zu bieten hat, gehört der geschrumpfte Kopf des Märtyrers Oliver Plunkett (1629–81). Eigentlich handelt es sich um zwei Gotteshäuser in einem: Das erste ließ Francis Johnston 1791 im klassischen Stil erbauen; das neuere, heute noch sichtbare kam im neogotischen Stil hinzu. Plunketts Kopf – vom Körper getrennt, nachdem er 1681 gehängt worden war – wird in einem Schaukasten aus Glas und Messing im nördlichen Querschiff ausgestellt. Nachts leuchten die bunten Glasfenster wunderschön.

ST. LAURENCE'S GATE
An der östlichen Verlängerung der Hauptstraße erhebt sich St. Laurence's Gate, der am besten erhaltene Teil der Stadtmauer.

Das Tor aus dem 13. Jh. wurde nach dem Kloster St. Laurence benannt, das damals außerhalb lag, heute allerdings nicht mehr existiert. Es besteht aus zwei hohen Türmen, einer Ringmauer dazwischen und dem Eingang zum Fallgitter. Eigentlich erinnert dieser beeindruckende Bau an ein befestigtes Bollwerk und diente dem Schutz des dahinterliegenden Tores. Als die Stadtmauer im 13. Jh. fertiggestellt wurde, umschloss sie auf einer Länge von 3 km ein 52 ha großes Areal.

HIGHLANES GALLERY
Ein im 19. Jh. errichtetes Kloster, das an der Stelle eines Konventes aus dem 15. Jh. wieder aufgebaut wurde, beherbergt die interessante neue **Highlanes Gallery** (☎ 980 3311; www.highlanes. ie; St Laurence St; Eintritt frei; ◷ 10–18, Do 10–20, So 12–18 Uhr). Hier kann man jede Menge Kunstwerke in Augenschein nehmen, eine gute Dauerausstellung mit Gemälden sowie regelmäßige Sonderausstellungen gibt es auch zu besichtigen. Nicht zuletzt lohnt ein Besuch dank der Aussicht auf den Boyne.

MILLMOUNT MUSEUM & TOWER
Auf der anderen Flussseite, in einer dorfähnlichen Enklave inmitten der öden Vorstadt Millmount, erhebt sich ein künstlicher Hügel, der die Stadt überragt. Möglicherweise handelt es sich um einen prähistorischen Grabhügel ähnlich dem von Newgrange; doch wurde an dieser Stelle nie gegraben. Einer Legende nach soll hier Amergin bestattet sein, ein Krieger-Poet, der um 1500 v. Chr. aus Spa-

nien in die Gegend kam. In der gesamten irischen Geschichte nahmen Dichter innerhalb der Gesellschaft eine Sonderstellung ein. Sie wurden ebenso verehrt wie gefürchtet.

Auf diesem praktischen Kommandoposten mit Blick über die Brücke errichteten die Normannen eine Festung. Ihr folgte eine Burg und schließlich 1808 der **Martello-Turm**, der im Bürgerkrieg von 1922 eine dramatische Rolle spielte. Von oben hat man eine herrliche Aussicht über die Stadt. Die Eintrittskarte für das Millmount Museum (siehe unten) gilt auch hier.

In Millmount lehnten sich die Verteidiger von Drogheda unter Führung von Gouverneur Sir Arthur Ashton ein letztes Mal auf, ehe sie sich Cromwell ergaben. Rund um den Fuß des Hügels baute man im 18. Jh. eine englische Kaserne, in der sich heute Kunsthandwerksläden, Museen und ein Restaurant niedergelassen haben.

Gegenwärtig ist das **Millmount Museum** (☎ 983 3097; www.millmount.net; Erw./Kind 4,50/2,50 €; ☺ Mo–Sa 10–18, So 14.30–17.30 Uhr) in einem Teil der Kaserne untergebracht und zeigt interessante Exponate zur Stadtgeschichte, darunter drei herrliche Gildenbanner aus dem späten 18. Jh., vielleicht die letzten im ganzen Land. Ein Raum widmet sich Cromwells Belagerung von Drogheda und der Boyne-Schlacht. Das ansehnlich gepflasterte Erdgeschoss steckt voller Gerätschaften und Küchenutensilien aus längst vergangenen Zeiten, so etwa ein Schnellkochtopf aus Gusseisen und ein frühes Bettsofa sowie ein hervorragendes Exemplar

eines *coracle* (kleines Fischerboot). Das **Governor's House** auf der anderen Flussseite präsentiert Sonderausstellungen.

Man kann mit dem Auto auf den Hügel fahren oder über die Treppe von der St. Mary's Bridge zu Fuß den Pitcher Hill hinaufsteigen.

Das aus dem 13. Jh. stammende **Butter Gate** nordwestlich von Millmount blieb als einziges echtes Stadttor bis heute erhalten. Dieser Turm mit seinem Bogengang ist etwa ein Jahrhundert älter als St. Laurence's Gate.

WEITERE BAUWERKE

Im **Tholsel** (Ecke West & Shop St), einem im 18. Jh. aus Kalkstein gebauten Stadthaus befindet sich heute eine Filiale der Bank of Ireland.

Nördlich des Zentrums trifft man auf die **St. Peter's Church of Ireland** (William St). Sie birgt den Grabstein von Oliver Goldsmiths Onkel Isaac sowie ein Wandbild, das zwei verhüllte Skelette zeigt. Auf merkwürdige Weise stehen diese mit dem Schwarzen Tod in Verbindung. Cromwells Männer steckten den Kirchturm in Brand, wobei 100 Menschen ums Leben kamen, die darin Zuflucht gesucht hatten. Die heutige Kirche (1748) ist der zweite Nachbau des von Cromwell zerstörten Originalgebäudes und steht in einem hübschen Kirchhof mit schmiedeeisernen Toren. Beachten sollte man auch die „Blue School" von 1844 auf einer Seite. Die neuere, recht ansprechende **Church of Our Lady of Lourdes** in der Nähe von Hardmans Gardens lohnt ebenfalls einen kurzen Abstecher.

BENIMM DICH ODER CROMWELL KRIEGT DICH

Für die Iren ist der erste englische Demokrat und Schutzherr ein Albtraum, und noch heute wird der Name von Oliver Cromwell (1599–1658) benutzt, um unfolgsame Kinder ins Bett zu scheuchen.

Cromwell hasste die Iren. Für ihn waren es verräterische Ungläubige, ein schmutziges Volk von Papisten, die im Bürgerkrieg auf der Seite von Charles I. gestanden hatten. Nachdem der „Engländer Gottes" im August 1649 mit 12 000 Mann in Dublin gelandet war, zog er sofort weiter nach Drogheda, einer strategischen Festungsstadt und Hochburg der Royalisten.

Als Cromwell vor den Stadtmauern von Drogheda eintraf, stieß er auf die 2300 Mann von Sir Arthur Aston, der damit prahlte, „wer Drogheda einnehmen kann, kann auch die Hölle einnehmen". Nachdem Aston sich geweigert hatte zu kapitulieren, rückte Cromwell mit schwerer Artillerie an und durchbrach nach zwei Tagen die Stadtmauer. Offensichtlich sollte nun die Hölle folgen.

Um andere Orte abzuschrecken, erteilte Cromwell den Verteidigern eine brutale Lektion. Stundenlang wurden Menschen massakriert, 3000 an der Zahl, zum Großteil Royalisten, aber auch Priester, Frauen und Kinder. Aston hatte man mit seinem eigenen Bein zu Tode geknüppelt. Von den Überlebenden gerieten viele in Gefangenschaft und wurden als Sklaven in die Karibik verkauft.

Cromwell verteidigte seine Aktion als Gottes gerechte Strafe für die verräterischen Katholiken, doch er beeilte sich kundzutun, dass er nie die Tötung von Zivilisten befohlen habe – sozusagen ein „Kollateralschaden" im 17. Jh.

Bei Redaktionsschluss wurde das bescheidene **Courthouse** (Fair St) aus dem 19. Jh. gerade renoviert. Hier bewahrt man Schwert und Zepter auf, die Wilhelm von Oranien nach der Schlacht am Boyne der Stadt überreichte.

Auf dem Hügel hinter der Innenstadt ragt der **Magdalene Tower** aus dem 14. Jh. auf, der Glockenturm eines 1224 gegründeten Dominikanerklosters. Begleitet von einem großen Heer nahm hier der englische König Richard II. 1395 in einer Zeremonie die Unterwerfung der gälischen Stammesfürsten entgegen. Jedoch hielt der Frieden nur einige Monate, und Richards Rückkehr nach Irland führte 1399 zu seiner Absetzung. 1468 wurde der Earl of Desmond an dieser Stelle wegen seiner verräterischen Kontakte zu den gälischen Iren enthauptet. Angeblich spukt im Turm eine Nonne.

Über das 1855 gebaute **Boyne Viaduct** östlich des Zentrums verläuft die Bahnlinie. Jeder der 18 herrlichen Steinbögen hat eine Spannweite von 20 m. Beim Bau der Pfeiler ging eine Baugesellschaft Bankrott.

Schlafen

Die meisten B&Bs befinden sich etwas außerhalb. Zentral liegen nur das Hostel und ein Businesshotel.

Das **Green Door Hostel** (☎ 983 4422; www.green doorireland.com; 13 Dublin Rd; B/DZ ab 18/52 €) existiert schon recht lange, bezog jedoch bessere Räumlichkeiten eines alten Gebäudes, nur 250 m vom Bahnhof Richtung Stadtmitte entfernt. Die Schlafsäle verfügen über vier bis zehn Betten, einige Doppelzimmer über TV und Bad. Im Sommer fahren Pendelbusse nach Newgrange und zu anderen Stätten.

Killowen House B&B (☎ 983 3547; www.killowen house.net; Woodgrange, Dublin Rd; EZ/DZ ab 45/66 €; P) Am gepflegten Garten erkennt man bereits, dass das Haus gut geführt ist – ein Eindruck, der sich innen bestätigt. Die vier Zimmer sind nämlich blitzsauber. Außerdem bekommt man gute Infos zu Touren im Boyne Valley.

Orley House (☎ 983 6019; www.orleyhouse.com; Bryanstown, Dublin Rd; EZ/DZ ab 45/70 €; P) Ein professionell geführtes B&B etwa 2 km außerhalb der Stadt an der Straße nach Dublin, mit gut ausgestatteten Zimmern. Das Frühstück wird in einem sonnigen Wintergarten serviert.

Westcourt Hotel (☎ 983 0965; www.westcourt.ie; West St; EZ/DZ ab 65/130 €; P ⌨) Ein „Klassiker"! Im Stadtzentrum angesiedelt, bietet das beliebte Westcourt 27 Zimmer, alle mit WLAN-Anschluss, sowie diverse Einrichtungen wie Café und Pub. Dabei könnte die zeitlose Zimmereinrichtung aus jeder Epoche der letzten 40 Jahre stammen.

D Hotel (☎ 987 7700; www.thed.ie; Scotch Hall; EZ/DZ ab 90/150 €; P ⌨) Ein Stern leuchtet über Drogheda – oder in der Lesart des Hotels: das „big D". In der todschicken Gegend am Südufer des Boyne gelegen, verfügt es über 104 Zimmer, alle mit WLAN-Anschluss sowie größtenteils toller Aussicht über die Stadt. Alles ist hip, manchmal etwas übertrieben: Einige Lampen wirken wie explodierende Wasserstoffbomben in einer Marshmallow-Fabrik.

Essen

Im Stadtzentrum gibt es eine gute Auswahl an Restaurants:

Monks (☎ 984 5630; 1 North Quay; Hauptgerichte 6–9 €; ⏱ Mo–Sa 8.30–18, So 10.30–17 Uhr) Eine nette Espressobar mit Café am Südende der Shop Street, Ecke North Quay, die als lokale Institution gilt. Man bekommt phantasievolle Sandwiches, und der Kaffee schmeckt ausgezeichnet.

Art Café (☎ 980 3295; Highlanes Gallery, St Laurence St; Mahlzeiten 6–10 €; ⏱ Mo–Sa 9–17 Uhr) Das Café in der neuen Highlanes Gallery strahlt eine angenehme Frische aus. Alles wird hausgemacht – leckere Suppen, Sandwiches und andere warme Mahlzeiten. WLAN-Anschluss inklusive.

Kierans Deli (☎ 983 8728; 15 West St; Mahlzeiten 6–12 €; ⏱ Mo–Sa 8.30–17.30 Uhr) Ein Spezialist für Schweinefleisch. Egal ob Schinken(speck), Pasteten oder leckere Zutaten fürs Picknick. In der hinten im Café untergebrachten Coffee Bar bekommt man ausgezeichnete Salate und Tagesgerichte.

Bella Atina (☎ 984 4878; The Mall; Hauptgerichte 9–15 €; ⏱ Mo–Sa 18–22.30 Uhr) Gemütlicher Country-Charme verbindet sich in diesem exzellenten italienischen Restaurant am Flussufer mit neuen Ideen. Innen dreht sich alles um die Farbe Rot – auch schon, bevor sich jemand mit Marinara-Sauce bekleckert hat. Die Nudelgerichte bereitet der Koch frisch zu, und die Cannelloni schmecken superb.

La Pizzeria (☎ 983 4208; St Peter St; Pizzas 10 €; ⏱ Do–Di 17–22 Uhr) Die in einer traditionellen offenen Küche gebackenen Pizzas sind wirklich Spitze! Zur Dekoration hängen an der Decke dieser außergewöhnlichen Pizzeria-Weinflaschen. Auch wenn alle anderen Restaurants leer bleiben sollten – hier ist immer etwas los.

COUNTIES MEATH & LOUTH

Ausgehen & Unterhaltung

PUBS

Drogheda hat Dutzende Bars und Pubs. Livemusik-Events werden auf der Webseite www.drogheda.ie angekündigt. Jeden Abend findet mindestens eine traditionelle Session statt.

LP Tipp **C Ní Cairbre** (Carberry's; ☎ 984 7569; North Strand) Beinahe eine Art Nationalheiligtum, das sich seit 1880 in Familienbesitz befindet. Die braunen Wände strahlen ein würdiges Alter aus. Alles ist mit alten Zeitungsausschnitten und „Malereien" früherer Pubbesucher bedeckt. Doch die Hauptsache bleibt hier die Musik: Die Kneipe ist *das* Zentrum traditioneller Klänge in der ganzen Region. Es gibt keine Mikrofone, sondern die Musiker setzen sich an einen Tisch und fangen einfach zu spielen an, wie es sich für eine Session gehört. Fast jeden Tag wird Livemusik geboten, mittwochs Gesang, sonntags oft Blues.

Peter Matthews (McPhail's; ☎ 984 3168; Laurence St) Wer eher auf moderne Popmusik steht, geht zu McPhail's (so wird das Pub genannt, egal was auf dem Schild steht). Hier laufen Hits und poppige Soundtracks. An manchen Abenden wird auch live gespielt, meist von Coverbands.

Patrick Clarke & Sons (☎ 983 6724; St Peter St) Eine herrliche alte Kneipe, scheinbar aus einer anderen Zeit. Der nie restaurierte Raum ist ganz in Holz gehalten, die bleiverglasten Türen tragen noch die Aufschrift „Open Bar". Natürlich schmeckt hier auch das Bier besser!

VERANSTALTUNGSORTE

Fusion (☎ 983 5166; www.fusiononline.ie; 12 George's St) Der schöne Biergarten kommt sehr gut an, ebenso die hippe Disko von Dienstag bis Sonntag mit ihrem Mix aus Oldies der Sechzigerjahre, Rock, House und Dancemusik. Das Publikum steht auf Alkopops.

Redz (☎ 983 5331; 79 West St) Hinter der kleinen coolen Bar verbirgt sich der Club, wo DJs und Shows dem in Scharen eintreffenden Publikum bis spät in die Nacht einheizen.

Drogheda Arts Centre (☎ 983 3946; www.droichead.com; Stockwell Lane) Wer Theater und Konzerte mag, ist in diesem lebhaften Kulturzentrum genau richtig. Oft werden auch spätabends Sessions mit traditioneller Musik, Rock, Jazz, Samba etc. geboten.

Shoppen

Inzwischen haben glitzernde Malls auch in Drogheda Einzug gehalten. Am Südufer beim D Hotel lockt das **Scotch Hall Shopping Centre** (Marsh Rd), etwas weiter unten in einer ehemaligen Schule das gleich große **Laurence Town Centre** (Laurence St).

An- & Weiterreise

BUS

Drogheda liegt nur 48 km nördlich von Dublin an der Autobahn M1 nach Belfast. Südlich des Flusses an der Ecke John Street/Donore Road befindet sich der Busbahnhof. Diese Route gehört zu den meistbedienten des

---

ABSTECHER ÜBER DIE KÜSTENSTRASSE

Die meisten Besucher nehmen die M1 nach Norden. Wer es jedoch nicht so eilig hat, das Meer sehen und durch das ländliche Irland fahren möchte – zumindest so lange, wie es noch nicht mit den Häusern der Dubliner verschandelt ist –, sollte die R166 von Drogheda an der Küste entlang nach Norden wählen.

Bis 1656 war das verschlafene Dorf **Termonfeckin** (Tearmann Féichín) Sitz des Primas von Armagh. Zwar ist die **Burg** (Eintritt frei; ☉ 10–18 Uhr) aus dem 15. Jh. bzw. das Turmhaus winzig, aber einen kurzen Besuch durchaus wert.

Etwa 2 km weiter nördlich gelangt man in den geschäftigen Fischerei- und Urlaubsort **Clogherhead** (Ceann Chlochair) mit seinem flachen Blue-Flag-Strand. Am besten die Wohnwagen-Burgen einfach nicht beachten.

In **Castlebellingham** endet die 33 km lange Strecke. Das Dorf gruppiert sich um ein **Herrenhaus** aus dem 18. Jh., dessen Besitzer ganze Bauerngenerationen dienen mussten. Auf dem Friedhof des Dorfs liegt Dr. Thomas Guither begraben, ein Arzt, der im 17. Jh. gelebt hatte. Angeblich brachte er die Frösche wieder nach Irland zurück, indem er Froschlaich in einem Teich des Trinity College in Dublin aussetzte. Der Legende nach hatte nämlich der Hl. Patrick 1000 Jahre zuvor allen Fröschen, Schlangen und Kröten befohlen, die Insel zu verlassen.

Von hier geht's weiter zum 12 km nördlich gelegenen Dundalk entlang der R132 durch Vororte oder schneller über die M1.

Landes, und **Bus Éireann** (☎ 983 5023) verkehrt regelmäßig zwischen Drogheda und Dublin (6,30 €, 1 Std., 1- bis 4-mal stündl.). Ebenfalls viel befahren ist die Strecke Drogheda–Dundalk (4,50 €, 30 Min., stündl.).

Von Drogheda starten auch Busse, die direkt beim Eingang des Besucherzentrums von Brú na Bóinne halten (2 €, 20 Min., 4- bis 6-mal tgl.).

ZUG

Den **Bahnhof** (☎ 983 8749) erreicht man unmittelbar südlich des Flusses und östlich des Stadtzentrums in der Nähe der Straße nach Dublin. Drogheda liegt an der Hauptstrecke Belfast–Dublin (Dublin 12 €, 30 Min.; Belfast 24 €, 1½ Std.). Neben zahlreichen langsameren Zügen verkehren fünf bis sechs Schnellzüge (sonntags nur fünf), die ausgezeichneten Service bieten.

Unterwegs vor Ort

Drogheda lässt sich wirklich mühelos zu Fuß erkunden. Viele interessante Orte in der Umgebung kann man gut per Fahrrad erreichen. **Quay Cycles** (☎ 983 4526; 11A North Quay; ab 20 € pro Tag) bei der Brücke vermietet Drahtesel.

RUND UM DROGHEDA

Um Drogheda breiten sich die Sehenswürdigkeiten nahezu sternförmig aus. Mellifont und Monasterboice, zwei Klosterstätten wenige Kilometer nördlich, sollten sich Besucher nicht entgehen lassen. Drogheda eignet sich auch prima als Ausgangspunkt zur Erkundung des Boyne Valley. Brú na Bóinne und das Schlachtfeld von Boyne liegen gerade einmal ein paar Minuten westlich, jenseits der Grenze zur Grafschaft Meath. Wer nach Dundalk und Nordirland weiterreist, hat drei Möglichkeiten: die schnelle, aber langweilige M1, die längere Inlandsstrecke über Collon und Ardee, an Monasterboice und Mellifont vorbei, oder die landschaftlich schöne Küstenstraße Richtung Carlingford.

Beaulieu House

Bevor Andrea Palladio und der allgegenwärtige georgianische Stil die irische Architektur im frühen 18. Jh. beeinflussten, herrschte die anglo-niederländische Baukunst vor, schlichter, aber ebenso hübsch. **Beaulieu House** (☎ 041-984 5051; www.beaulieu.ie; Haus & Garten 12 €, nur Garten 6 €; ☼ Mai–Mitte Sept. Mo–Fr 11–17, Juli & Aug. 13–17 Uhr), etwa 5 km östlich von Drogheda an

der Straße nach Baltray, gibt ein besonders schönes Beispiel ab und ist offenbar auch das erste unbefestigte Herrenhaus, das in Irland gebaut wurde – was kein gutes Licht auf die Nachbarschaftsbeziehungen jener Zeit wirft. Zwischen 1660 und 1666 hat man es auf Ländereien errichtet, die Cromwell von den Plunketts (der Familie des kopflosen Oliver) beschlagnahmt und dem Marschall der Irlandarmee, Sir Henry Tichbourne, übereignet hatte. Seitdem befindet sich das rote Ziegelhaus mit dem auffällig steilen Dach und den hohen Schornsteinen im Besitz der Familie.

Abgesehen vom Gebäude und den eleganten Gärten ist die ausgezeichnete Kunstsammlung im Inneren am interessantesten, die von weniger bekannten holländischen Meistern bis hin zu Werken moderner irischer Maler reicht.

Mellifont Abbey

Zu ihrer anglonormannischen Blütezeit war die **Mellifont Abbey** (☎ 041-982 6459; www.heritage ireland.ie; Tullyallen; Erw./Kind 2,10/1,10 €; ☼ Besucherzentrum Mai–Sept. 10–18 Uhr; P) das erste und bedeutendste Zisterzienserkloster des Landes. Zwar sind die Ruinen durchaus eindrucksvoll und einen Besuch auf jeden Fall wert, doch spiegeln sie die einstige Bedeutung der Stätte nicht mehr wider.

In der Mitte des 12. Jhs. hatten sich die irischen Mönchsorden ein bisschen zu sehr an das gute Leben gewöhnt und waren daher einer gewissen Korruption nicht abgeneigt. 1142 platzte Malachy, dem Bischof von Down (später für seine Bemühungen heiliggesprochen), der Kragen. Er ließ eine Gruppe regeltreuer Mönche aus dem französischen Clairvaux kommen, um in dieser abgelegenen Gegend ein Kloster zu bauen und so ernüchternd auf die einheimischen Glaubensbrüder einzuwirken. Allerdings vertrugen sich diese nicht mit ihren französischen Gästen, sodass sie bald wieder abreisten. Der Bau von Mellifont – lateinisch *mellifons* (Honigquelle) – ging jedoch weiter, und zehn Jahre später gab es neun weitere Zisterzienserklöster. Mellifont war schließlich das Mutterhaus für 21 kleinere Klöster. Einst lebten hier 400 Mönche.

Mellifont brachte nicht nur neues Gedankengut in die religiöse Szene Irlands, sondern auch einen neuen Architekturstil. Zum ersten Mal wurden in Irland Klöster so gebaut und angelegt wie im übrigen Europa. Von der ursprünglichen Siedlung blieben nur noch Fragmente erhalten, doch der Grundriss der ausgedehnten Anlage lässt sich leicht nachvollziehen.

Wie bei vielen anderen Zisterzienserklöstern gruppieren sich die Gebäude um einen offenen Kreuzgang. Nördlich davon befinden sich die Überreste einer im Wesentlichen aus dem 13. Jh. stammenden kreuzförmigen Kirche. Das Kapitelhaus im Süden ist teilweise mit mittelalterlichen glasierten Fliesen ausgelegt, die aus diesem Gotteshaus stammen. Hier lagen wohl auch das Refektorium, die Küche und der Wärmeraum — der einzige Ort, wo sich die enthaltsamen Mönche am Feuer wärmen konnten. Im Osttrakt waren einst die Schlafquartiere der Klosterbrüder untergebracht.

Das auffälligste Gebäude von Mellifont und eines der schönsten Beispiele der irischen Zisterzienserarchitektur ist das Lavabo, ein achteckiges Waschhaus für die Mönche aus dem 13. Jh. Über Bleirohre floss das Wasser vom Fluss hierher. Rund um den Hauptteil des Klosters müssen noch einige andere Gebäude existiert haben.

Nach der Auflösung der Klöster entstand an dieser Stelle 1556 ein befestigtes Herrenhaus im Tudorstil. Patron Edward Moore besorgte sich sein Baumaterial, indem er kurzerhand einige der Klostergebäude abriss.

1603 war dieses Haus Schauplatz eines entscheidenden Wendepunkts in der irischen Geschichte. Nach der verheerenden Schlacht von Kinsale nahm Sir Garret Moore den besiegten Hugh O'Neill, den letzten großen irischen Führer, bei sich auf, bis dieser sich dem englischen Lord Deputy Mountjoy ergab. O'Neill wurde daraufhin begnadigt, floh aber trotzdem 1607 mit anderen irischen Anführern aufs europäische Festland. 1727 gab man das Gelände dann vollständig auf.

Im Besucherzentrum neben der Stätte erhält man detaillierte Informationen über das Klosterleben. Die Ruinen sind jederzeit zugänglich und bieten schöne Picknickmöglichkeiten an einem Bach, etwa 1,5 km abseits der R168, der Hauptverbindung zwischen Drogheda und Collon. Eine Nebenstraße verknüpft Mellifont mit Monasterboice. Nach Mellifont Abbey verkehren keine öffentlichen Verkehrsmittel.

Monasterboice

Krächzende Raben schaffen genau die richtige Atmosphäre. **Monasterboice** (Mainistir Bhuithe; Eintritt frei; ☼ Sonnenaufgang–Sonnenuntergang; Ⓟ) ist eine faszinierende Klosteranlage mit einem Friedhof, zwei Kirchenruinen, einem der schönsten und höchsten Rundtürme Irlands sowie zwei der interessantesten Hochkreuze. Von Mellifont führen kurvenreiche Landstraßen direkt zum Komplex.

An Ende einer baumbestandenen Zufahrt und inmitten von Ackerland gelegen, besitzt Monasterboice eine ganz besondere Ausstrahlung, vor allem, wenn nicht viel los ist. Angeblich soll die ursprüngliche Klostersiedlung im 5. oder 6. Jh. vom Hl. Buithe, einem Anhänger des Hl. Patrick, gegründet worden sein, obwohl die Stätte vermutlich schon in vorchristlicher Zeit von Bedeutung war. Der Name des Hl. Buithe entwickelte sich irgendwie zu Boyne, und der Fluss ist nach ihm benannt. Man sagt, er sei über eine von oben heruntergelassene Leiter direkt in den Himmel gestiegen. 968 nahmen die einfallenden Wikinger die Siedlung ein. Doch sie hatten nicht mit Donal, dem Hochkönig von Tara, gerechnet, der sie davonjagte und dabei mindestens 300 Krieger tötete.

Die Hochkreuze von Monasterboice gelten als herausragende Beispiele keltischer Kunst. Sie hatten eine didaktische Funktion, denn sie brachten die Bibel auch den Ungebildeten nahe – gewissermaßen eine Art Cartoon der Heiligen Schrift. Wie griechische Statuen waren sie vermutlich bunt bemalt, doch alle Farbspuren sind längst verschwunden.

Das **Muirdach's Cross** nahe dem Eingang erhielt seinen Namen nach einem Abt aus dem 10. Jh. Worum es sich bei den eingemeißelten Darstellungen handelt, weiß man noch nicht. Auf der Ostseite könnte es sich eventuell (von unten aus) um folgende Szenen handeln: Sündenfall, Mord an Abel, David und Goliath, Moses, der Wasser für die Israeliten aus dem Felsen schlägt, und die Heiligen Drei Könige, die Maria und Jesus Geschenke bringen; in der Kreuzmitte das Jüngste Gericht mit den auferstandenen Toten, die auf ihr Urteil warten, weiter oben der Hl. Paulus in der Wüste.

Stärker auf das Neue Testament bezieht sich hingegen die Westseite. Von unten aus sieht man die Gefangennahme Jesu, den zweifelnden Thomas, Christus, der Petrus den Himmelsschlüssel überreicht, die Kreuzigung und Moses im Gebet mit Aaron und Hur. Die Abdeckung des Kreuzes ist dem Giebeldach einer Kirche nachempfunden.

Beim Rundturm ragt das **West Cross** auf, mit 6,50 m eines der höchsten in Irland. Es ist stärker verwittert, vor allem an der Basis, und nur etwa ein Dutzend der 50 Felder kann man noch erkennen. Dazu gehören auf der Ostseite David, der einen Löwen und einen Bären tötet, das Opfer Isaaks, David mit Goliaths Kopf und David vor Samuel kniend. Die Westseite zeigt die Auferstehung, die Dornenkrönung, die Kreuzigung, die Taufe Jesu, Petrus, der einem Diener im Garten Gethsemane das Ohr abschneidet, und den Judaskuss.

Ein drittes, einfacheres Kreuz in der Nordostecke soll von Cromwells Heer zerstört worden sein; es trägt nur wenige einfache Darstellungen. Wer ein Fotomotiv sucht: Mit dem Rundturm im Hintergrund gibt es in der Abenddämmerung eine tolle Silhouette ab.

In einer Ecke der Anlage steht der über 30 m hohe **Rundturm** ohne Dach. Zwar ist er für die Öffentlichkeit nicht zugänglich, doch kann man sich hier gut vorstellen, wie von oben aus Angriffe der Wikinger beobachtet wurden. Aufzeichnungen lassen vermuten, dass der Turm 1097 ausbrannte, wobei viele wertvolle Handschriften und andere Schätze verloren gingen.

Die Kirchenruinen stammen aus einer späteren Epoche und sind nicht so interessant; die modernen Grabsteine wirken oft recht trist.

Außerhalb des Areals hat im Sommer ein kleiner Souvenirladen geöffnet. Für die Anlage, etwa 8 km nördlich von Drogheda abseits der M1, bestehen keine festen Öffnungszeiten, aber um die Touristenmassen zu vermeiden, sollte man seinen Besuch auf den frühen Morgen oder späten Abend einplanen.

DUNDALK
☎ 042 / 28 200 Ew.

Schon immer war Dundalk ein Handelszentrum. Inzwischen lässt es sich in der Stadt jedoch weitaus angenehmer leben als früher. Sie wartet mit einigen Attraktionen auf, sodass sich ein Zwischenstopp von der M1 oder ein Tagesausflug von Carlingford lohnt.

Dundalk wuchs unter dem Schutz eines großen Anwesens der Familie Verdon heran, die im Jahr 1185 die Ländereien von König Johann erhalten hatte. Im Mittelalter lag der Ort am Nordrand des von den Engländern kontrollierten Pale, strategisch günstig an einer der Hauptverbindungen Richtung Norden.

Die **Touristeninformation** (☎ 933 5484; www.eastcoast midlands.ie; Jocelyn St; ☽ ganzjährig Mo–Fr 9–17, Juni–Mitte Sept. zusätzlich Sa 9–13 & 14–17.30 Uhr) findet man neben dem County Museum Dundalk.

Mitten im Stadtzentrum erhebt sich die reich verzierte **St. Patrick's Cathedral** aus dem 19. Jh., die der King's College Chapel in Cambridge, England, nachempfunden wurde. Davor erinnert das **Kelly Monument** (Jocelyn Street) an einen einheimischen Kapitän, der 1858 ertrank. Für einen Abstecher empfiehlt sich auch das interessante **County Museum Dundalk** (☎ 932 7056; Jocelyn St; Erw./erm. 4/2,50 €; ☽ Mo–Sa 10.30–17.30, So 14–18 Uhr, Okt.–April Mo geschl.). Die einzelnen Stockwerke widmen sich der frühen Stadtgeschichte, der Archäologie und der Normannenzeit. Eine Abteilung beschäftigt sich mit dem Wachstum der Industrie in der Region von den 1750er- bis in die 1960er-Jahre, wobei der hier produzierte kultige Kabinenroller von Heinkel nicht fehlen darf.

Das **Gerichtsgebäude** (Ecke Crowe & Clanbrassil St) im neugotischen Stil mit großen dorischen Säulen wurde von Richard Morrison entworfen, der auch jenes in Carlow errichten ließ. Auf dem Vorplatz thront die steinerne **Maid of Éireann**, ein Denkmal des Fenier-Aufstandes von 1798.

Wer jetzt Hunger bekommen hat, schaut bei **Rosso** (☎ 935 6502; 5 Roden Pl; Mittagessen 10 €, Abendessen 20–24 €; ☽ So–Fr 12–14.30 & 17.30–21.30 Uhr), einem der wenigen guten Restaurants vor Ort, vorbei. Gleich gegenüber der St. Patrick's Cathedral bietet dieses Lokal beliebte Mittagsgerichte wie etwa Risotto; abends werden regionale, gekonnt zubereitete Meeresfrüchte serviert. Das durchgestylte moderne Interieur bildet einen angenehmen Kontrast zur altmodischen Fassade.

Bus Éireann (☎ 041-982 8251) fährt fast stündlich nach Dublin (einfach/Hin- & Rückfahrt 6,30 €, 1½ Std.) und seltener nach Belfast. Der **Busbahnhof** (☎ 933 4075; Long Walk) liegt in der Nähe vom Gerichtsgebäude. Wer z. B. nach Carlingford weiterreisen möchte, kann hier gut vom Zug in den Bus umsteigen. Ab dem **Clarke Train Station** (☎ 933 5521), 900 m westlich vom Busbahnhof und Zentrum an der Carrickmacross Road, verkehren Züge auf der Dublin–Belfast-Linie nach Dublin (18,50 €, 1 Std., 10-mal tgl.).

HALBINSEL COOLEY
Von atemberaubender Schönheit sind die bewaldeten Hänge, die sich aus dem dunklen Wasser von Carlingford Lough zu den sonnigen, lebhaft schattierten Hügeln der Halbinsel erheben. Sie ermöglichen eine herrliche Aussicht über das Meer zu den nordirischen

Mourne Mountains und über die windgepeitschte Umgebung. Kleine Landstraßen winden sich hinunter zu den „Stränden" mit Steinen in allen Größen. Ein idealer Ort für alle, die Ruhe und Einsamkeit suchen.

Doch die Gegend hat auch etwas Beunruhigendes. Zwar mag die einsame und abgelegene Halbinsel zur Republik gehören, aber ihr Herz schlägt für die Wildnis von South Armagh, eine leidenschaftlich unabhängige Region in Nordirland und Hochburg der Republikaner, wo man Fremden mit tiefem Misstrauen begegnet.

Carlingford
☎ 042 / 1400 Ew.

In Carlingford (Cairlinn) präsentieren sich die Berge und die dramatischen Landschaften der Halbinsel von ihrer besten Seite. Das hübsche Dorf mit seinen weiß getünchten Häusern liegt direkt am Carlingford Lough unterhalb des Slieve Foye (587 m). Man kann sich kaum vorstellen, dass bis Ende der 1980er-Jahre nichts davon gewürdigt wurde. Damals versammelten sich die Bewohner und überlegten, was getan werden könnte, um ihr sterbendes Dorf zu retten. Im Heritage Centre erfährt man eindrucksvoll die Geschichte ihrer Bemühungen. Inzwischen dient der Ort mit seinen einladenden Pubs als ein ausgezeichneter Zwischenstopp auf der Reise von bzw. nach Norden, besonders an langen Sommerabenden.

PRAKTISCHE INFORMATIONEN
Die **Touristeninformation** (☎ 937 3033; www.carling ford.ie; ⚹ Okt.–März 10–17 Uhr, Di geschl.) findet man im ehemaligen Bahnhof, neben der Bushaltestelle am Ufer. Parkplätze sind vorhanden.

SEHENSWERTES
Holy Trinity Heritage Centre
Heute beheimatet die ehemalige Holy Trinity Church das **Heritage Centre** (☎ 937 3454; Churchyard Rd; Erw./erm. 3/1,50 €; ⚹ Mo–Fr 10–12.30 & 14–16, Sa & So 12–16.30 Uhr). Dabei sind die Infotafeln so aufgestellt, dass das Zentrum außerhalb der Öffnungszeiten auch als Konzerthalle genutzt werden kann. Auf einem Wandbild bekommt man einen Eindruck vermittelt, wie das Dorf zu seiner Blütezeit ausgesehen hat, als die Münze und Taafe's Castle noch direkt am Ufer standen. Ein kurzes Video beschreibt die Geschichte Carlingfords und die Anstrengungen, dem Ort neues Leben einzuhauchen.

King John's Castle
Carlingford war zunächst eine Wikingersiedlung und wurde im Mittelalter eine englische Festung unter dem Schutz der Burg, die man im 11. und 12. Jh. auf einer Anhöhe erbaut hatte, um den Zugang zum Lough zu überwachen. Das Tor auf der Westseite war so eng, dass jeweils nur ein Reiter hindurchkam.

Obwohl sich König John (Johann) eigentlich nicht lange in Irland aufhielt, sind viele Orte nach ihm benannt. 1210 verbrachte er hier allerdings einige Tage auf dem Weg zur Schlacht mit Hugh de Lacy bei Carrickfergus Castle in Antrim. Man vermutet, dass die ersten Seiten der Magna Carta, der ersten Verfassung der Welt, während seines Aufenthaltes in Carlingford entworfen wurden.

Noch mehr Sehenswertes
Unweit der Touristeninformation erhebt sich **Taafe's Castle**, ein Turmhaus aus dem 16. Jh., das früher am Ufer stand, bis man das Land davor benötigte, um eine kurzlebige Bahnstrecke zu errichten. Die **Münzstätte** in der Nähe des Platzes ist etwa genauso alt. Obwohl man annimmt, dass Eduard IV. 1467 Carlingford das Münzrecht verlieh, wurden hier nie welche geprägt. An den Fenstern weist das Gebäude interessante keltische Steinmetzarbeiten auf. Nicht weit entfernt steht das **Tholsel**, das einzige erhaltene Stadttor. Im 19. Jh. hat man es an den Ecken allerdings erheblich verändert, weil es für den zunehmenden Straßenverkehr ein Hindernis darstellte.

Westlich des Ortszentrums begegnet man den Überresten eines **Dominikanerklosters**. Es wurde um 1305 erbaut und nach 1539 von Austernfischern als Lagerhaus benutzt.

Carlingford ist Geburtsort von Thomas D'Arcy McGee (1825–68), einem der Gründerväter Kanadas. Gegenüber von Taafe's Castle erinnert eine Büste an ihn.

AKTIVITÄTEN
Für Aktivitäten wie Klettern, Orientierungslauf, Radfahren und Surfen eignet sich das **Carlingford Adventure Centre** (☎ 937 3100; www. carlingfordadventure.com; Tholsel St) ganz hervorragend.

Carlingford ist Ausgangspunkt des 40 km langen **Táin Trail**, der durch die Cooley Mountains einmal um die Halbinsel herumführt. Die Wanderung verläuft über Straßen, Wiesen und Waldwege. Auskünfte erhält man bei der Touristeninformation (siehe links) oder bei der **Touristeninformation in Dundalk** (☎ 042-933 5484; www.eastcoastmidlands.ie; Jocelyn St; ☉ ganzjährig Mo–Fr 9–17 & Juni–Mitte Sept. zusätzlich 9–13 & 14–17.30 Uhr).

Carlingford Pleasure Cruises (☎ 937 3239; Erw./Kind 12/6 €) bietet zwischen Mai und September einstündige Bootstouren an; die Abfahrtszeiten hängen von den Gezeiten ab.

Wer die einheimische Vogelwelt erkunden möchte, bekommt bei der Touristeninformation ausführliche Infos zum **Cooley Birdwatching Trail**. Der Weg führt durch Naturschutzgebiete, in denen Schnepfen, Mittelsäger, Bussarde, Meisen und verschiedene Finken beobachtet werden können.

FESTIVALS & EVENTS

Von Juni bis September ist in Carlingford fast an jedem Wochenende richtig was los. Ob Sommerkurse, Mittelalterfeste, Koboldjagden, oder Heimkehrfeste – hier kommt (fast) jeder auf seinen Geschmack. Das **Oyster Festival** Mitte August bildet den Höhepunkt.

SCHLAFEN & ESSEN

In Carlingford kann man weitaus angenehmer übernachten als in Dundalk. Im Sommer ist der Ort aber vor allem an den Wochenenden ziemlich voll. Also rechtzeitig buchen! Auch beim Essen lässt sich hier nichts falsch machen: Auf fast jeder Speisekarte stehen ausgezeichnete Fischgerichte.

Carlingford Adventure Centre (☎ 937 3100; www.carlingfordadventure.com; Tholsel St; B/EZ/DZ 22/35/56 €) Bei Gruppen erfreut sich das Centre großer Beliebtheit, und im Sommer beherbergt es im Untergeschoss oft lärmende Schulklassen. Einzelreisende, die sich davon nicht abschrecken lassen, können oben in schlichten Einzel- und Doppelzimmern übernachten.

McKevitt's Village Hotel (☎ 937 3116; www.mckevitts hotel.com; Market Sq; EZ/DZ 60/90 €; Ⓟ) Mit seinen 17 modernen Zimmern in Cremetönen und Weiß bietet dieses Hotel einen ausgezeichneten Standard. Einheimische kehren gerne in die nette Bar ein. Zum Haus gehört auch ein renommiertes Fischrestaurant, das Schooners (Abendessen 20–25 €).

Beaufort House (☎ 937 3879; www.beauforthouse. net; Ghan Rd; Zi. 65–100 €; Ⓟ ▣) Das geräumige B&B mit seinen sechs Zimmern an der Straße zum Pier hält eine bezaubernde Aussicht aufs Meer bereit. Neben dem Hotelbetrieb stehen

auch ein Yachtverleih und eine Segelschule zur Verfügung.

Oystercatcher Lodge & Bistro (☎ 937 3989; www. theoystercatcher.com; Market Sq; EZ/DZ ab 70/125 €) Dieses vornehme Restaurant ist für seine ausgezeichneten Austern bekannt, aber auch andere lokale Fischgerichte stehen auf der Karte (Hauptgerichte ab 15 €; ☉ Mo–Sa 18.30–21.30, So 17–20.30 Uhr). Oben befinden sich sieben bequeme große Zimmer. An Wochenenden müssen mindestens zwei Nächte gebucht werden, und unter der Woche kostet es deutlich weniger.

Ghan House (☎ 937 3682; www.ghanhouse.com; Main Rd; EZ/DZ ab 75/190 €; Ⓟ ▣) Etwa 1 km außerhalb des Ortes, an einer Abzweigung von der Straße nach Dundalk, liegt dieses prächtige georgianische Haus aus dem 18. Jh. Zwölf Zimmer sind mit antiken Möbeln und originalen Kunstwerken ausgestattet. Manche bevorzugen aber auch die vier originalen Räume im Hauptgebäude. Allen ist eines gemeinsam: der WLAN-Anschluss. Das hervorragende Restaurant (5-Gänge-Menüs ab 45 €; ☉ Mo–Sa 19–21.30, So 12.30–15.30 Uhr) serviert traditionelle irische Küche, oft mit regionalen Zutaten. Eine Kochschule weiht Interessierte in sämtliche Geheimnisse ein.

Magee's Bistro (☎ 937 3751; Tholsel St; Hauptgerichte 20–24 €; ☉ 10–21 Uhr) Hier bekommt man warmes Frühstück und riesige Lunches geboten. Zahlreiche andere Spezialitäten sowie interessante Dinner-Kreationen richten sich nach dem täglichen Marktangebot. Bei schönem Wetter kann man an Tischen im Freien essen.

AUSGEHEN

Im Dorf gibt's einige Pubs, allerdings nichts Herausragendes.

PJ O'Hares (☎ 937 3106; Newry St) Hinter dem altmodischen Tante-Emma-Laden vorn befindet sich ein klassischer gefliester Pub mit Torffeuer, wo sich die Gäste bei einem kühlen Guinness angeregt unterhalten. Die Mischung aus einer modernen Bar mit Tischen im Freien und dem original belassenen Pub wirkt sehr ansprechend. Im Sommer mit Musik.

AN- & WEITERREISE

Bus Éireann (☎ 933 4075) fährt von Montag bis Samstag nach Dundalk (5 €, 50 Min., Mo–Sa 4- bis 5-mal tgl.).

Belfast

Der Countdown für 2012 hat begonnen. Nein, nicht für die Olympischen Spiele in London, sondern für den 100. Jahrestag der Jungfernfahrt der RMS *Titanic* – der Ozeandampfer schlechthin –, die in der Belfaster Werft Harland & Wolff (siehe S. 625) gebaut wurde. 2012 will Belfast so richtig seine ruhmreiche Geschichte aufleben lassen.

Vielleicht mutet es etwas seltsam an, dass sich die Stadt mit einem bereits auf seiner ersten Reise gesunkenen Schiff identifiziert. Doch Belfast ist stolz auf dieses Meisterwerk damals modernster Technologie, an dem die innovativsten und begabtesten Konstrukteure der Zeit gearbeitet hatten. Und die Einheimischen erinnern einen ständig daran, dass die Titanic vollkommen in Ordnung war, als sie hier ablegte.

Einst mit Beirut, Bagdad und Bosnien im Viererpack der gefährlichen „B"s genannt, die Reisende meiden sollten, hat Belfast eine bemerkenswerte Wandlung vollzogen. Anstelle von Bomben und Straßenschlachten glänzt heute die schicke Partystadt mit hippem Publikum und Top-Hotels. Die Entwicklungen bringen auch eine ständige Veränderung der Skyline mit sich. Alte Werften weichen luxuriösen Apartmenthäusern im Titanic Quarter, und Victoria Square, Europas größtes Stadtsanierungsprojekt, steuert als weitere Touristenattraktionen ein gigantisches Shoppingcenter bei. Daneben hat Belfast viktorianische Architektur, eine glamouröse Ufermeile mit viel moderner Kunst, swingende Pubs und das zweitgrößte Kunstfestival von Großbritannien zu bieten.

Irgendwie passt es also, dass Belfast 2012 symbolisch die Titanic feiert und damit die jüngere Vergangenheit aus Chaos und Trümmern mit neuem Stolz und Optimismus verdrängen möchte. Wer schon vorher kommt, kann die Stadt noch in Ruhe genießen.

HIGHLIGHTS

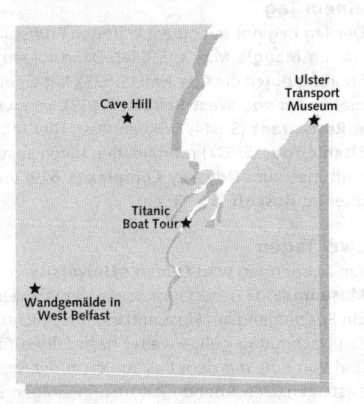

- **Take a Drink** Ein gepflegtes Guinness – oder auch zwei – in Belfasts viktorianischen Pubs (S. 646)

- **Sprechende Mauern** Politische Wandgemälde in West Belfast (S. 633)

- **Titanic-Tour** Mit dem Schiff durch die Docklands und Werften, in denen die *Titanic* gebaut wurde (S. 637)

- **Immer aufwärts** Herrlicher Panoramablick auf die Stadt von Cave Hill aus (S. 634)

- **Zurück in die Zukunft** Der weltberühmte DeLorean DMC im Ulster Transport Museum (S. 655)

Cave Hill ★

Ulster Transport Museum ★

Titanic Boat Tour ★

★ Wandgemälde in West Belfast

■ TELEFONVORWAHL: 028, 048 VON DER REPUBLIK IRLAND　　■ EINWOHNER: 277 000

BELFAST

GESCHICHTE

Belfast ist eine relativ junge Stadt mit wenigen Gebäuden aus der Zeit vor dem 19. Jh. Der Name leitet sich von dem Fluss Farset (gälisch *feirste*, etwa Sandbank oder sandige Furt) ab, der am Donegall Quay in den Lagan mündet. Heute fließt der Farset in einem unterirdischen Kanal. Der alte gälische Name Beál Feirste bedeutet „Mündung des Farset".

1177 errichtete der Normannenherrscher John de Courcy hier eine Burg. Zusammen mit der kleinen Ansiedlung wurde sie bereits 20 Jahre später wieder zerstört, erst 1611 gab es erneut einen nennenswerten Aufschwung, als Baron Arthur Chichester ein Schloss baute und weiteren Zuzug förderte.

Die Ulster Plantation im frühen 17. Jh. brachte die ersten Wellen englischer und schottischer Siedler. Im späten 17. Jh. folgten französische Hugenotten, die in ihrer Heimat unterdrückt wurden und eine blühende Leinenindustrie begründeten. Weitere Engländer und Schotten trafen ein, und mit ihnen kamen Industriezweige wie Seilerei, Tabakverarbeitung, Schiffs- und Maschinenbau hinzu.

Mit dem Schwerpunkt auf Textilindustrie und Werften bekam Belfast als einzige irische Stadt die volle Wucht der industriellen Revolution zu spüren. Nüchterne Reihenhäuser aus Ziegelsteinen wurden für die Fabrik- und Werftarbeiter errichtet. Aus den 20 000 Einwohnern von 1800 waren zu Beginn des Ersten Weltkriegs bereits 400 000 geworden, womit Belfast schon beinahe Dublin überholt hatte.

Die Teilung Irlands 1920 bescherte Belfast eine neue Rolle als Hauptstadt des abgetrennten Nordens. Gleichzeitig endete das industrielle Wachstum, was sich aber erst nach dem Zweiten Weltkrieg in einem echten Niedergang äußerte. Mit dem offenen Ausbruch der Feindseligkeiten 1969 erlebte die Stadt ständig neue Wellen von Gewalt und Blutvergießen. Schreckliche Bilder von Bomben und Terror, Morden und brutal durchgreifender Staatsmacht prägten Belfasts Image in der restlichen Welt.

Das Karfreitagsabkommen von 1998 diente als Grundlage für eine Aufteilung der Macht zwischen den divergierenden politischen Fraktionen in einer fortschrittlichen nordirischen Regionalversammlung (Northern Ireland Assembly) und ließ die Hoffnungen auf eine bessere Zukunft wieder wachsen. Seitdem profitiert Belfast von Investitionen, die besonders seitens der EU reichlich fließen. Große Teile der City wurden oder werden im Moment erneuert, die Arbeitslosigkeit konnte gesenkt werden, die Immobilienpreise steigen schneller als in jeder anderen britischen Stadt. Selbst der Tourismus boomt.

Ein historischer Meilenstein wurde am 8. Mai 2007 gelegt, als Reverend Ian Paisley, der hitzigköpfige protestantische Prediger und

---

BELFAST IN...

einem Tag

Der Tag beginnt mit einem kräftigen Frühstück in einem der vielen Cafés auf der Botanic Avenue, z. B. im **Maggie May's** (S. 644). Dann folgen ein Spaziergang ins Zentrum und eine kostenlose Führung durch die **City Hall** (S. 625). Mit einem schwarzen Taxi geht's anschließend zu den **Wandmalereien von West Belfast** (S. 633), von wo aus man sich vom Taxifahrer zu **John Hewitt Bar & Restaurant** (S. 644) bringen lässt. Hier legt man eine Mittagspause ein, bevor um 14 Uhr die **Titanic Tour** (S. 637) rund um den Hafen ansteht. Nach einem Abstecher zum **Lagan Weir** (S. 629) läuft man zum **Odyssey Complex** (S. 629) und kehrt zum Dinner in **Deane's Restaurant** (S. 643) oder im **Roscoff** (S. 643) ein.

zwei Tagen

Am zweiten Tag wird **Queen's University** (S. 630) besichtigt, die irische Frühgeschichte im **Ulster Museum** (S. 631) bestaunt sowie die Pflanzenvielfalt in den **Botanic Gardens** (S. 630) erkundet. Ein Spaziergang am Fluss entlang führt Richtung Süden zu **Cutters River Grill** (S. 645) zum Lunch. Am Nachmittag geht's weiter nach Süden über den **Lagan Towpath** (S. 631) zur Shaw's Bridge und von dort mit dem Bus zurück in die Stadt. Alternativ kann man auch den **Cave Hill** (S. 634) besteigen. Den Abend lässt man in einigen Belfaster Traditionspubs, wie **Crown Liquor Saloon** (S. 646), **Kelly's Cellars** (S. 646) oder **Duke of York** (S. 647), ausklingen.

Führer der Democratic Unionist Party, und Martin McGuinness, Abgeordneter von Sinn Féin und früherer IRA-Führer, in Stormont als Erster Minister bzw. Stellvertretender Erster Minister der neuen Regierung vereidigt wurden.

Immer noch erinnert aber vieles an die Unruhen. „Friedenslinien" trennen bis heute Stadtviertel. Und die jahrzehntelang erhitzten Gemüter, die Irland so tief spalteten, haben sich noch immer nicht abgekühlt. Doch trotz gelegentlicher Rückschläge herrscht eine optimistische Stimmung, sodass Belfast auf eine friedlichere Zukunft hoffen darf.

ORIENTIERUNG

Belfast liegt am Ende des Belfast Lough, beidseits des River Lagan, und wird im Westen von den steilen Abhängen des Black Mountain und Cave Hill begrenzt. Das Stadtzentrum befindet sich am westlichen Ufer des Lagan, und die imposante City Hall am Donegall Square gilt als markantes Wahrzeichen von Belfast. Nördlich des Platzes entlang des Donegall Place und der Royal Avenue lädt das Haupteinkaufsviertel zum Bummeln und Shoppen ein. Noch weiter Richtung Norden hat sich die einst heruntergekommene Gegend um Donegall Street und St. Anne's Cathedral heute zum extravaganten Cathedral Quarter gemausert.

Südlich des Donegall Square erstreckt sich die sogenannte Goldene Meile 1 km entlang von der Great Victoria Street über Shaftesbury Square und Botanic Avenue bis zur Queen's University und den grünen Vororten im südlichen Belfast. In diesem Viertel findet man Dutzende von Restaurants und Bars und die meisten Unterkünfte in mittlerer Preislage. Nordwestlich vom Donegall Square führt die Divis Street über den Westlink Motorway zur Falls Road und weiter nach West Belfast. Am östlichen Flussufer ragen die riesigen gelben Kräne der Werft Harland & Wolff in den Himmel.

Europa BusCentre und Great Victoria Street Station befinden sich hinter dem Hotel Europa in der Great Victoria Street, 300 m südwestlich der City Hall (Zugang über die Great Northern Mall). Während man auf das Laganside BusCentre gleich beim Albert Memorial Clock Tower, 600 m nordöstlich der City Hall, stößt, liegt die Belfast Central Station – leider nicht gerade zentral – 800 m östlich der City Hall in der East Bridge Street.

Die Fähren von Steam Packet legen am Donegall Quay an, 1 km nördlich der City Hall. Die Autofähre (Terminal der Stena Line) befindet sich 2 km und das Terminal der Norfolkline 5 km nördlich des Stadtzentrums (S. 651).

Karten

Das Belfast Welcome Centre hält kostenlose Stadtpläne bereit. Den detaillierteren *Collins Belfast Streetfinder Atlas* mit vollständigem Straßenverzeichnis bekommt man in den meisten Buchhandlungen. Am genauesten ist der etwas unhandliche Faltplan von Ordnance Survey of Northern Ireland 1:12000 *Belfast Street Map*, erhältlich im TSO Bookshop.

PRAKTISCHE INFORMATIONEN
Bibliotheken

Belfast Central Library (☎ 9050 9150; Royal Ave; ☾ Mo, Mi & Do 9–17.30, Di & Fr bis 17.30, Sa bis 16.30 Uhr)

Linen Hall Library (☎ 9032 1707; Ecke Fountain St & Donegall Sq; ☾ Mo–Fr 9.30–17.30, Sa bis 16.30 Uhr) Siehe S. 625

Buchläden

Bookfinders (☎ 9032 8269; 47 University Rd, South Belfast; ☾ Mo–Sa 10–17.30) Studentenfreundliches Antiquariat und Rechercheservice mit Galerie, Café und Dichterlesungen.

Bookshop at Queen's (☎ 9066 6302; 91 University Rd, South Belfast; ☾ Mo–Fr 9–17.30, Sa bis 17 Uhr) Irische Literatur, Politik und Geschichte.

Eason (☎ 9023 5070; 20 Donegall Pl; ☾ Mo–Mi, Fr & Sa 9–17.30, Do bis 21 Uhr) Bücher, Zeitschriften, Schreibwaren.

TSO Bookshop (☎ 9023 8451; 16 Arthur St; ☾ Mo–Fr 9–17, Sa 10–16 Uhr) Gut für Landkarten, Stadtpläne und Lonely Planet Reiseführer.

Waterstones (☎ 9024 0159; 44-46 Fountain St; ☾ Mo–Mi, Fr & Sa 9–18, Do 9–21, So 13–17.30 Uhr) Universelles Angebot, im Obergeschoss ein Café.

Geld

Geldautomaten gibt's überall in der Stadt. Wechselstuben findet man im Belfast Welcome Centre, in den Postämtern in der Bridge Street und am Shaftesbury Square sowie bei den Filialen von Thomas Cook.

Gepäckaufbewahrung

Wegen der schwierigen Sicherheitslage gibt es keine Gepäckaufbewahrung, weder an den Flughäfen noch auf den Bahnhöfen und Bus-

BELFAST

BELFAST

BELFAST

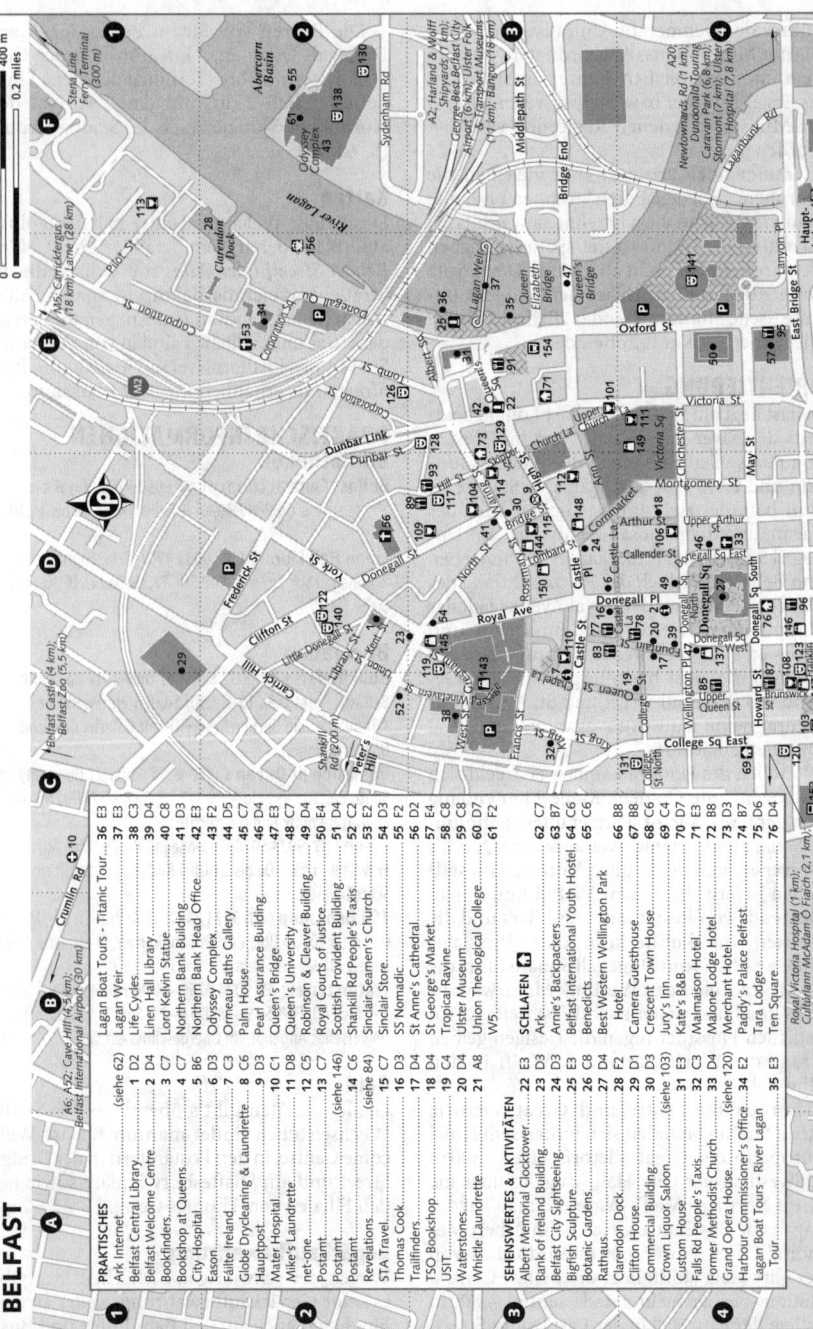

A6; A52; Cave Hill (4,5 km);
Belfast International Airport (30 km)

Crumlin Rd

Belfast Castle (4 km);
Belfast Zoo (5,5 km)

Stena Line
Ferry Terminal
(300 m)

A2; Harland & Wolff
Shipyards (1 km);
George Best Belfast City
Airport (3,6 km); Ulster Folk
& Transport Museum
(11 km); Bangor (18 km)

Royal Victoria Hospital (1 km);
Cultúrlann McAdam Ó Fiaich (2,1 km);
Farset International (2,4 km)

0   400 m
0   0.2 miles

To M5; Carrickfergus
(18 km); Larne (28 km)

Abercorn
Basin

River Lagan

Newtownards Rd (1 km);
Dundonald Touring
Caravan Park (6,8 km);
Stormont (5,7 km);
Ulster Hospital (7,8 km)

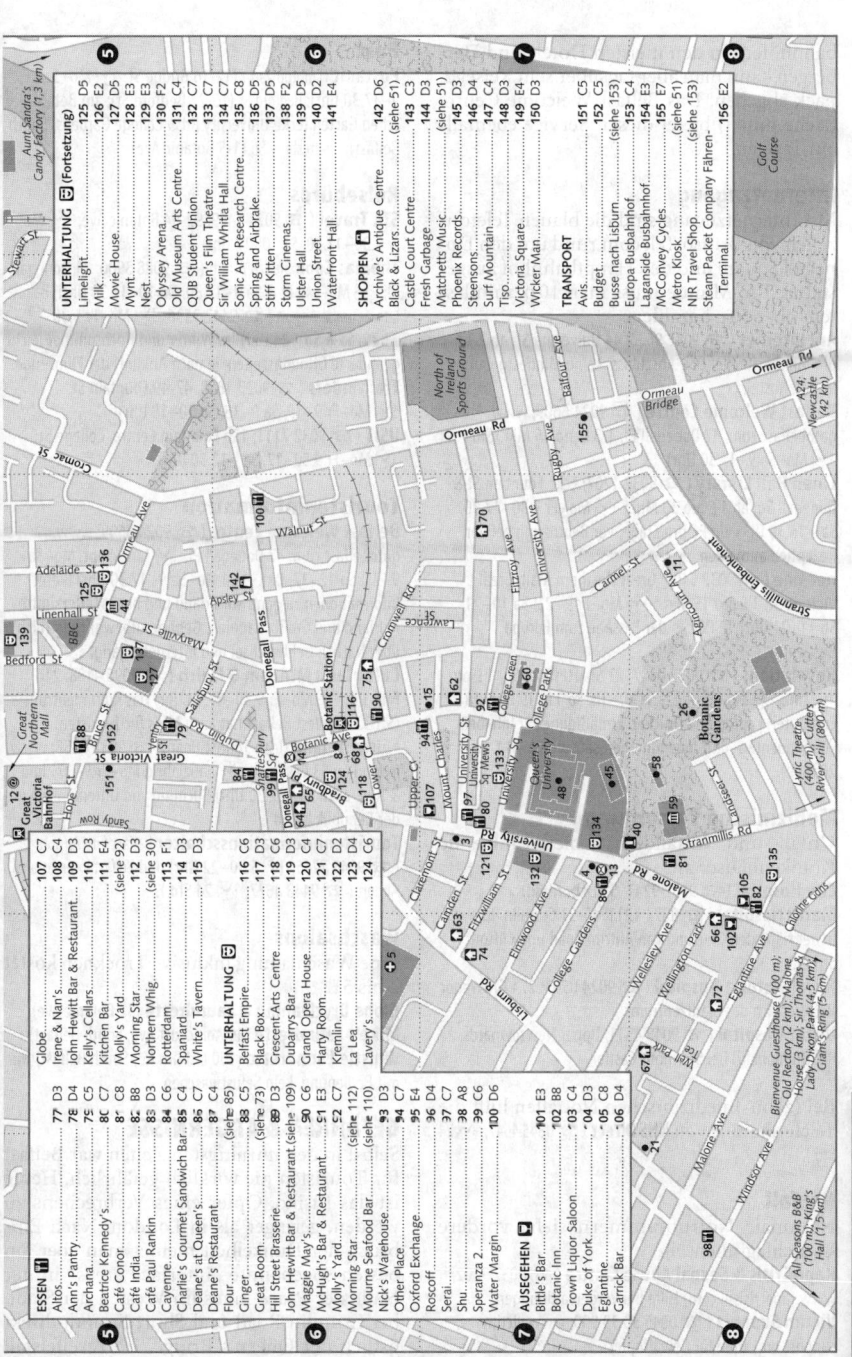

UNTERHALTUNG 🎭 (Fortsetzung)
Limelight 125 D5
Milk 126 E2
Movie House 127 D5
Mynt 128 E3
Nest 129 E3
Odyssey Arena 130 F2
Old Museum Arts Centre .. 131 C4
QUB Student Union 132 C7
Queen's Film Theatre 133 C7
Sir William Whitla Hall 134 C7
Sonic Arts Research Centre .. 135 C8
Spring and Airbrake 136 D5
Stiff Kitten 137 D5
Storm Cinemas 138 E2
Ulster Hall 139 D5
Union Street 140 D2
Waterfront Hall 141 E4

SHOPPEN 🛍
Archive's Antique Centre .. 142 D6
Black & Lizars .... (siehe 51)
Castle Court Centre 143 C3
Fresh Garbage 144 D3
Matchetts Music .... (siehe 51)
Phoenix Records 145 D3
Steensons 146 D4
Surf Mountain 147 C4
Tiso 148 D3
Victoria Square 149 E4
Wicker Man 150 D3

TRANSPORT 🚉
Avis 151 C5
Budget 152 C5
Busse nach Lisburn .... (siehe 153)
Europa Busbahnhof 153 C4
Laganside Busbahnhof 154 E3
McConvey Cycles 155 E7
Metro Kiosk .... (siehe 51)
NIR Travel Shop .... (siehe 153)
Steam Packet Company Fähren-
Terminal 156 E2

ESSEN 🍴
Altos 77 D3
Ann's Pantry 78 D4
Archana 75 C5
Beatrice Kennedy's 8C C7
Café Conor .... 8? C8
Café India 8C B8
Café Paul Rankin 83 D3
Cayenne 84 C6
Charlie's Gourmet Sandwich Bar .. 85 C4
Deane's at Queen's 86 C7
Deane's Restaurant 87 C4
Flour .... (siehe B5)
Ginger 83 C5
Great Room .... (siehe 73)
Hill Street Brasserie 89 D3
John Hewitt Bar & Restaurant .. (siehe 109)
Maggie May's 90 C6
McHugh's Bar & Restaurant 51 E3
Molly's Yard 52 C7
Morning Star .... (siehe 112)
Mourne Seafood Bar 93 D3
Nick's Warehouse 94 C7
Other Place 95 E4
Oxford Exchange 96 D4
Roscoff 37 C7
Serai 38 A8
Shu 39 C6
Speranza 2 .... 39 C6
Water Margin 100 D6

AUSGEHEN 🍷
Bittle's Bar 101 E3
Botanic Inn 102 B8
Crown Liquor Saloon 103 C4
Duke of York 104 D3
Eglantine 105 C8
Garrick Bar 06 D4

Globe 107 C7
Irene & Nan's 108 C4
John Hewitt Bar & Restaurant .. 109 D3
Kelly's Cellars 110 D3
Kitchen Bar 111 E4
Molly's Yard .... (siehe 92)
Morning Star 112 D3
Northern Whig 113 F1
Rotterdam 114 C6
Spaniard 114 D3
White's Tavern 115 D3

UNTERHALTUNG 🎭
Belfast Empire 116 C6
Black Box 117 D3
Crescent Arts Centre 118 C6
Dubarrys Bar 119 D3
Grand Opera House 120 C4
Harty Room 121 D7
Kremlin 122 D2
La Lea 123 D4
Lavery's 124 C6

BELFAST

bahnhöfen. In den meisten Hotels und Herbergen kann man aber tagsüber sein Reisegepäck abgeben. Das Belfast Welcome Centre (siehe unten) bietet diesen Service ebenfalls am Tage an.

Internetzugang

Mit Internetzugang sind die blauen Telefonzellen von British Telecom rund um den Donegall Square und den Hauptbahnhof ausgestattet. Pro Minute muss man 10 p, mindestens aber 50 p bezahlen.

Ark Internet (☎ 9032 9626; 44 University St; ab 2,1 p pro Min.) Schneller DSL-Anschluss, keine Mindestgebühr. Im Ark Hostel.

Belfast Welcome Centre (☎ 9024 6609; www.gotobelfast.com; 47 Donegall Pl; 1/3 £ pro 15 Min./Std.; ⊙ Mo–Sa 9–17.30 Uhr)

Linen Hall Library (☎ 9032 1707; Ecke Fountain St & Donegall Sq; ab 1 £ pro 30 Min.; ⊙ Mo–Fr 9.30–17.30, Sa –16.30 Uhr) Ein PC pro Etage, vor Benutzung bei der Rezeption anmelden.

net-one (☎ 9032 5400; Great Northern Mall, Great Victoria St; 1 £ pro 15 Min.; ⊙ Mo–Fr 9–21, Sa 10–21, So 11–21 Uhr) 12 PCs, in der Passage zum Europa BusCentre.

Revelations (☎ 9032 0337; 27 Shaftesbury Sq; 1 £ pro 15 Min.; ⊙ Mo–Fr 8–22, Sa 10–18, So 11–19 Uhr) 18 Computer, Laptop und Drucker. Ermäßigung für Inhaber von Studenten- und Jugendherbergsausweisen (1 £ pro 20 Min.).

Medizinische Versorgung

Unfall- und Notfalldienste bieten folgende Krankenhäuser an:

City Hospital (☎ 9032 9241; 51 Lisburn Rd)

Mater Hospital (☎ 9074 1211; 45-51 Crumlin Rd) In der Nähe der Kreuzung von Antrim Road und Clifton Street.

Royal Victoria Hospital (☎ 9024 0503; 274 Grosvenor Rd) Westlich des Stadtzentrums.

Ulster Hospital (☎ 9048 4511; Upper Newtownards Rd, Dundonald) Bei Stormont Castle.

Bei (zahn-)medizinischen Notfällen hilft die Telefonhotline von **NHS Direct** (☎ 0845 4647; ⊙ 24 Std.).

Notfall

Nationale Notrufnummern siehe vordere Umschlaginnenseite.

Rape Crisis & Sexual Abuse Centre (☎ 9032 9002; www.rapecrisisni.com) Hilfe bei Vergewaltigungen.

Victim Support (☎ 0845 30 30 900; www.victim support.org) Hilfe für Gewaltopfer.

Post

Postamt Hauptpostamt (12-16 Bridge St; ⊙ Mo–Sa 9–17.30 Uhr); Bedford St (16-22 Bedford St); am Botanischen Garten (Ecke University Rd & College Gardens, South Belfast); Shaftesbury Sq (1-5 Botanic Ave)

Reisebüros

STA Travel (☎ 9024 1469; 92-94 Botanic Ave; ⊙ Mo–Fr 9.30–17.30, Sa 10–17 Uhr)

Thomas Cook Stadtzentrum (☎ 9088 3900; 11 Donegall Pl; ⊙ Mo–Mi, Fr & Sa 9–17.30, Do 10–17.30 Uhr); Belfast International Airport (☎ 9442 2536; ⊙ Mo–Fr 5.30–21.30, Sa & So –24 Uhr) Im Winter und Hochsommer leicht geänderte Öffnungszeiten, je nach Ankunft der Flugzeuge.

Trailfinders (☎ 9027 1888; 47-49 Fountain St; ⊙ Mo–Fr 9–19, Sa 9–18, So 10–18 Uhr)

USIT (☎ 9032 7111; 13b Fountain Centre, College St; ⊙ Mo–Fr 9.30–17, Sa –12.30 Uhr)

Touristeninformation

Belfast Welcome Centre (☎ 9024 6609; www.gotobelfast.com; 47 Donegall Pl; ⊙ Juni–Sept. Mo–Sa 9–21, So 12–17, Okt.–Mai Mo–Sa 9–17.30 Uhr) Bietet Informationen zu ganz Nordirland und bucht Unterkünfte in Irland und Großbritannien. Gepäckaufbewahrung (nicht über Nacht), Geldwechsel und Internetzugang.

Cultúrlann McAdam Ó Fiaich (☎ 9096 4188; 216 Falls Rd; ⊙ Mo–Fr 9.30–17.30 Uhr) Das Kulturzentrum (S. 632) in West Belfast hat auch Infos für Touristen.

Fáilte Ireland (Irish Tourist Board; ☎ 9032 7888; www.ireland.ie; 53 Castle St; ⊙ ganzjährig Mo–Fr 9–17, Juni & Aug. auch Sa –12.30 Uhr) Buchung von Unterkünften in der Republik Irland.

Touristeninformationsschalter Belfast City Airport (☎ 9045 7745; ⊙ 5.30–22 Uhr) und Belfast International Airport (☎ 9448 4677; ⊙ 24 Std.).

Waschsalons

Eine Waschladung inklusive Trocknen kostet 4 bis 5 £.

Globe Drycleaning & Laundrette (37 Botanic Ave)

Mike's Laundrette (46 Agincourt Ave, South Belfast)

Whistle Laundrette (160 Lisburn Rd, South Belfast) Nur mit Bedienung, kein Selbstwaschen.

GEFAHREN & ÄRGERNISSE

Selbst in den unruhigsten Zeiten war Belfast für Touristen nie wirklich gefährlich. Heute ist das Risiko, Opfer eines Verbrechens zu werden, geringer als in London. Nach Einbruch der Dunkelheit meidet man aber am besten sogenannte „interface areas" in der Nähe der Peace Lines im Westen der Stadt, bei Crumlin Road und Short Strand, direkt östlich der Queen's Bridge. Im Zweifelsfall sollte man lieber vorher im Hotel/Hostel nachfragen.

Ein ärgerlicher Nebeneffekt der Unruhen besteht darin, dass es auf allen Zug- und Busbahnhöfen keine Gepäckaufbewahrungen gibt. Die Sicherheitskräfte sind zudem präsenter als in anderen Teilen Großbritanniens und Irlands. Gepanzerte Polizei-Landrover, verbarrikadierte Polizeistationen und Läden mit Sicherheitstüren (meist außerhalb des Stadtzentrums), die nur auf Klingeln öffnen, gehören zum Stadtbild.

Wer unbedingt Polizeistationen, Armeeposten oder andere militärische oder paramilitärische Einrichtungen fotografieren möchte, sollte sicherheitshalber zuvor eine Genehmigung einholen. In den protestantischen und katholischen Hochburgen in West Belfast sollte man Personen erst fotografieren, wenn sie dazu ihre Erlaubnis gegeben haben. Wird diese verweigert, ist das grundsätzlich zu akzeptieren. Fotografieren von Wandgemälden stellt hingegen kein Problem dar.

SEHENSWERTES
Stadtzentrum
CITY HALL
Die Industrielle Revolution veränderte das Gesicht der Stadt im 19. Jh. komplett. Der wirtschaftliche Aufstieg spiegelt sich in der extravaganten **City Hall** (☎ 9027 0456; www.belfastcity. gov.uk; Donegall Sq; Eintritt frei; ☼ Führungen Mo–Fr 11, 14 & 15, Sa 14 & 15 Uhr) wider. Aus weißem Portlandstein dem klassischen Renaissancestil nachempfunden, wurde das Rathaus 1906 fertiggestellt und mit Geldern aus Profiten der Gaswerke finanziert. Es verfügt über eine behindertengerechte Ausstattung. Aufgrund umfassender Renovierungsarbeiten ist das Rathaus bis zum Sommer 2009 allerdings geschlossen.

Vor dem Gebäude steht eine Statue der etwas mürrisch blickenden **Queen Victoria**. Die Bronzefiguren zu ihrer Seite symbolisieren Textilindustrie und Schiffbau, das Kind im Hintergrund Bildung. In der nordöstlichen Ecke des Geländes findet sich eine Statue von **Sir Edward Harland**. Der aus Yorkshire stammende Schiffsbauingenieur gründete die Werft Harland & Wolff und regierte Belfast als Bürgermeister von 1885 bis 1886. Südlich davon erinnert ein Denkmal an die Opfer der *Titanic.*

Dem **Marquess of Dufferin** (1826–1902), der im Laufe seiner Karriere als Botschafter in der Türkei, Russland, Paris und Rom sowie als Generalgouverneur von Kanada und Vizekönig von Indien diente, wird mit einer tempelartigen Stätte auf der Westseite des Rathauses gedacht, von einem indischen und einem türkischen Soldaten flankiert. Inzwischen sollte man hier auch eine lebensgroße Bronzestatue von George Best (1946–2005) bewundern können. Nach dem bekanntesten Fußballer Nordirlands wurde bereits der Belfast City Airport umbenannt.

Zu den Höhepunkten der kostenlosen **Führung** durchs Rathaus gehören die prächtig mit italienischem Marmor und bunten Glasfenstern verzierte Eingangshalle und Rotunde. Besucher können sogar auf dem Thron des Amtsinhabers im Rathaussaal Platz nehmen. Sehenswert ist auch die eigenartige Galerie von Porträts einstiger Bürgermeister. Da sich jeder Lord Mayor seinen Porträtmaler ausgewählt hat, ist eine interessante Sammlung ganz unterschiedlicher Stilrichtungen entstanden.

LINEN HALL LIBRARY
Gegenüber der City Hall am North Donegall Square befindet sich die **Linen Hall Library**

RED HAND OF ULSTER

Einer Legende zufolge soll der Anführer einer Armee – vielleicht waren es die O'Neills, vielleicht aber auch die O'Donnells – bei Erreichen der Küste seine Truppe angefeuert haben, indem er versprach, Ulster solle dem gehören, dessen rechte Hand als erste das Land berühre. Ein besonders gewiefter Bursche schnitt sich seine eigene Rechte ab, schleuderte sie ans Ufer und forderte Ulster für sich ein. Der Clan der O'Neill übernahm später die rote Hand in sein Wappen. Mit den Jahren wurde sie zum Symbol der gesamten irischen Provinz Ulster.

Die „Rote Hand von Ulster" begegnet einem vielerorts: als Teil der nordirischen Flagge und des Ulster-Wappens, über dem Eingang zur Linen Hall Library (siehe oben) am Donegall Square sowie als rotes Blumenbeet im Garten des Mount Stewart House (S. 664) im County Down. Auch ist die Hand als Zeichen der loyalistischen Terroristen auf vielen politischen Wandgemälden zu erkennen, als geballte rote Faust auch bei der Ulster Volunteer Force (UVF).

(☎ 9032 1707; www.linenhall.com; 17 Donegall Sq N; Eintritt frei; ◷ Mo–Fr 9.30–17.30, Sa bis 13 Uhr; ♿). 1788 gegründet, sollte sie „den Geist fördern und den allgemeinen Wissensdurst anregen". 100 Jahre später zog die Bibliothek aus der White Linen Hall (heute das Areal der City) ins derzeitige Gebäude um. Der erste Bibliothekar Thomas Russell war Gründungsmitglied der United Irishmen und eng mit Wolfe Tone befreundet – was daran erinnert, dass die Unabhängigkeitsbewegung ursprünglich von Belfast ausging. Russell wurde 1803 nach Robert Emmets fehlgeschlagener Revolte gehängt.

Die Bibliothek beherbergt etwa 260 000 Bücher, von denen mehr als die Hälfte Teil einer bedeutenden Sammlung irischer und regionaler Werke sind. In der politischen Abteilung findet man so ziemlich alles, was über nordirische Politik seit 1966 geschrieben wurde. Zur Bücherei gehört auch ein kleines **Café** (◷ Mo–Fr 10–16, Sa bis 12.30 Uhr), wo die gesamte Tagespresse ausliegt. Der Besuchereingang ist auf der Fountain Street, vom Haupteingang aus um die Ecke.

WEITERE GEBÄUDE AM DONEGALL SQUARE

Am West Donegall Square steht das mit zahlreichen Statuen verzierte **Scottish Provident Building** (1897–1902). Einige Figuren symbolisieren die Industriezweige, die Belfast zu seinem Reichtum verhalfen. Daneben erkennt man auch Sphinxen, Delphine und Löwenköpfe. Das Gebäude wurde vom Architektenbüro Young und MacKenzie errichtet, die 1902 am East Donegall Square das **Pearl Assurance Building** aus rotem Sandstein als Gegenstück schufen. Ebenfalls auf der Ostseite erhebt sich der klassizistische griechische Säulengang der ehemaligen **Methodistenkirche** (1847), heute hat hier die Ulster Bank ihren Sitz.

Auf der Nordseite des Platzes ist das ebenfalls sehr gelungene **Robinson & Cleaver Building** (1888) zu sehen. Es beherbergte zunächst das Royal Irish Linen Warehouse und später das nobelste Kaufhaus Belfasts, das heute von der Kette Marks & Spencer genutzt wird. 50 Büsten von Förderern der Royal Irish Linen Company zieren die Fassade, darunter Queen Victoria und der Maharadscha von Cooch Behar – beide gehörten einst zur Kundschaft.

CROWN LIQUOR SALOON

Nur wenige historische Sehenswürdigkeiten kann man gleichzeitig bei einem Glas Bier genießen. Der vom National Trust betreute **Crown Liquor Saloon** (☎ 9027 9901; 46 Great Victoria St; Eintritt frei; ◷ Mo–Sa 11.30–23, So 12.30–22 Uhr) zählt jedenfalls dazu. Belfasts berühmteste Bar wurde von Patrick Flanagan im späten 19. Jh. eingerichtet und strahlt den Glanz des prächtigen viktorianischen Stils aus. Seinerzeit sollte sie die gut betuchte Klientel der damals noch privilegierten Bahnreisenden und des Grand Opera House gegenüber anlocken.

Farbenprächtige italienische Kacheln zieren die Fassade (1885), ein Mosaik mit einer Krone ziert den Boden vor dem Eingang. Angeblich soll der Katholik Flanagan mit seiner protestantischen Frau über die Namensgebung diskutiert haben. Die Dame setzte sich durch: Zu Ehren der britischen Monarchie wurde das Pub „Krone" genannt. Flanagan rächte sich aber auf raffinierte Weise, indem er ebendiese Krone so platzierte, dass sie von den Gästen jeden Tag mit Füßen getreten wurde.

Die Inneneinrichtung (1898) überwältigt mit Buntglasfenstern, Marmor, Keramik, Spiegeln und Mahagoni. Für eine stimmungsvolle Beleuchtung sorgen originale Gasstrümpfe. Während eine lange, kunstvoll verzierte Theke eine Raumseite dominiert, stehen auf der anderen eine Reihe hölzerner Sitzecken. Diese sind mit Metallplatten aus dem Krimkrieg ausgestattet, die zum Anzünden von Streichhölzern dienen. Mit Klingelknöpfen konnte man noch Nachschub an Getränken ordern, ohne extra aufstehen zu müssen – das geht heute leider nicht mehr.

Über dem Crown befindet sich das **Flannigan's** (☎ 9027 9901), eine weitere interessante Bar, die mit vielen Souvenirs zur *Titanic* und die Seefahrt bestückt ist.

GRAND OPERA HOUSE

Eine der wichtigsten Belfaster Attraktionen aus viktorianischer Zeit ist das **Grand Opera House** (☎ 9024 1919; www.goh.co.uk; Great Victoria St; Führungen Erw./Kind 5/3 £; ◷ Führungen Mi–Sa 11–12 Uhr), gegenüber dem Crown Liquor Saloon. 1895 eröffnet und in den 1970er-Jahren komplett renoviert, wurde die Oper 1991 und 1993 durch Bombenanschläge der IRA schwer beschädigt. Manche Leute behaupten, die IRA habe hier zugeschlagen, damit die im benachbarten Hotel Europa einquartierten Journalisten zur Berichterstattung die Bar nicht einmal verlassen mussten.

Das Innere wurde originalgetreu restauriert, mit viktorianischem Pomp, geschwun-

genen Holz- und Stuckornamenten, Vergol-
dungen und geschnitzten Elefantenköpfen
zum Abschirmen der Logen. Siehe auch
S. 649.

ORMEAU BATHS GALLERY

Die **Ormeau Baths Gallery** (☎ 9032 1402; www.ormeau
baths.co.uk; 18a Ormeau Ave; Eintritt frei; ☻ Di–Sa 10–17.30
Uhr) ist Nordirlands wichtigste Ausstellungs-
halle für zeitgenössische Bildende Kunst und
in einem umgebauten öffentlichen Badehaus
aus dem 19. Jh., einige Straßenblocks südlich
des Donegall Square, untergebracht. In wechselnden Ausstellungen stellen irische und
internationale Künstler, darunter so kontro-
verse Vertreter wie Gilbert und George und
Yoko Ono, ihre Arbeiten aus.

THE ENTRIES

Der älteste Teil Belfasts rund um die High
Street hatte im Zweiten Weltkrieg erheblich
unter Bombenangriffen zu leiden. Einst waren
die als Entries bekannten engen Gassen, die
von High Street und Ann Street abzweigen,
blühende Handels- und Wohnstraßen. Allein
in **Pottinger's Entry** standen 1822 34 Häuser.

Joy's Entry wurde nach Francis Joy benannt,
der 1737 den *Belfast News Letter* gründete, die
erste Tageszeitung auf den britischen Inseln
erscheint noch heute. Einer seiner Enkel, Henry Joy McCracken, wurde 1798 exekutiert, da
er den Aufstand der United Irishmen unterstützt hatte.

Die United Irishmen waren 1791 von Wolfe
Tone in Peggy Barclay's Tavern im **Crown Entry**
gegründet worden und trafen sich in Kelly's
Cellars (1720; S. 646) in der Bank Street an der
Royal Avenue (United Irishmen siehe auch
S. 37).

White's Tavern (1630; S. 646) im **Wine Cellar
Entry** ist das älteste Pub der Stadt und auch
heute noch ein beliebter Treffpunkt zur Lunchzeit.

Cathedral Quarter

Das Viertel nördlich des Zentrums, rund um
die St. Anne's Cathedral und von Donegall
Street, Waring Street, Dunbar Street und York
Street begrenzt, nahm unter dem Schlagwort
Left Bank seinen Aufschwung. Restaurierte
Lagerhäuser aus roten Ziegelsteinen, Gassen
mit Kopfsteinpflaster, Künstlerateliers, Design-
büros, stilvolle Bars und Restaurants prägen
heute das Bild. Hier findet auch das Cathedral
Quarter Arts Festival (S. 639) statt.

Mit dem Bau der eindrucksvollen **St. Anne's
Cathedral** (☎ 9033 2328; www.belfastcathedral.org; Donegall St; Eintritt frei, Spenden willkommen; ☻ Mo–Fr 10–16
Uhr; ♿) im ibero-romanischen Stil wurde bereits 1899 begonnen, fertiggestellt wurde sie
allerdings erst 1982. Beim Betreten fällt sogleich der schwarz-weiße Marmorboden mit
Labyrinthmuster ins Auge. Während die
schwarze Linie im Nichts endet, führt die
weiße zur Errettung ins Paradies. Die zehn
Säulen des Langschiffes sind mit Reliefs verziert, die Alltagsszenen aus Belfast darstellen.
Sehenswert ist z. B. die Freimaurersäule im
Zentrum auf der rechten, südlichen Seite. Im
südlichen Seitenschiff befindet sich die Grabstätte des unionistischen Helden Sir Edward
Carson (1854–1935). Das atemberaubende
Mosaik *The Creation* in der Taufkapelle besteht aus 150 000 Stücken Buntglas. Zusammen mit einem weiteren Mosaik über dem
Westportal wurde es in siebenjähriger Arbeit
von den Schwestern Gertrude und Margaret
Martin zu schaffen.

Ein zehnminütiger Fußweg nordwestlich
von der Kathedrale über Donegall Street und
Clifton Street führt zum **Clifton House** (2a Hopewell
Ave, Carlisle Circus), das 1774 von Robert Joy (Henry Joy McCrackens Onkel) als Armenhaus
errichtet wurde. Das schönste erhaltene georgianische Gebäude Belfasts beherbergt heute
ein Pflegeheim.

Südlich der Kathedrale am Ende der Do-
negall Street steht das elegante, ebenfalls ge-
orgianische **Commercial Building** (1822), leicht
an dem auffälligen Namenszug der Northern
Whig Printing Company zu erkennen. Im
Erdgeschoss befindet sich eine moderne Bar.
Gegenüber entdeckt man das **Northern Bank
Building**, das älteste öffentliche Haus der Stadt.
Ursprünglich diente es 1769 als einstöckige
Wechselstube, 1777 wurde noch ein zweites
Geschoss hinzugefügt, bevor es schließlich
1845 von Sir Charles Lanyon, dem wichtigsten
viktorianischen Architekten der Stadt, zu
einem Bankgebäude im italienischen Stil um-
gebaut wurde.

Als eindrucksvollstes Erbe der viktoria-
nischen Epoche gilt indes das grandiose **Ulster
Bank Building** (1860), das heutige Merchant
Hotel (S. 640). Der Prunkbau im italienischen
Stil beeindruckt durch massive Säulen und
Skulpturen, die Britannia, Justiz und Handel
darstellen. Gusseiserne Gitter sind mit der *Red
Hand of Ulster* und Abbildungen irischer
Wolfshunde geschmückt.

BELFAST

Westlich von der Kirche, an der Kreuzung Royal Avenue/North Street, stößt man auf das **Bank of Ireland Building** (1929), ein schönes Beispiel des Art Déco. Der frühere **Sinclair Store** (1935), schräg gegenüber der Bank, wurde ebenfalls in dieser Stilrichtung errichtet.

Laganside & Lanyon Place

Das ehrgeizige **Laganside-Projekt** (www.laganside. com) soll das Zentrum von Belfast wiederbeleben und sanieren. So wurden in den 1990er-Jahren die Waterfront Hall, der Riverside Tower von British Telecom und das Belfast Hilton errichtet. Seitdem hat man mehrere Apartment-Wohnblöcke am Fluss und der Lanyon-Quay-Bürokomplex unweit der Waterfront Hall hochgezogen. Außerdem wurden mehrere denkmalgeschützte Gebäude restauriert, darunter McHugh's Bar am Queen's Square, die malerischen viktorianischen Lagerhäuser, die heute das Hotel Malmaison in der Victoria Street beherbergen, und der Albert Memorial Clock Tower.

Belfasts neueste Errungenschaft, das 29-stöckige **Obel** und damit zugleich höchstes Gebäude der Stadt, erhebt sich am Donegall Quay weit über das Wasser. Alle 182 Wohnungen waren bereits im Voraus veräußert, sage und schreibe 48 Stunden nach Verlaufsbeginn. 2008 soll der Bau dann endgültig fertig sein.

Einige Blocks weiter südlich befindet sich der brandneue, 320 Mio. £ teure Handelskomplex des **Victoria Square** (www.victoriasquare.com) mit einer riesigen Glaskuppel (Eröffnung 2008).

CLARENDON DOCK

In der Nähe der Fährhafens am Donegall Quay ist das im italienischen Stil gehaltene **Harbour Commissioner's Office** (1854) zu bewundern. Die Hafenmeisterei wurde in Inneren prunkvoll mit Marmor und Buntglasfenstern ausgeschmückt und zeigt Kunstobjekte und Skulpturen, die durch Belfasts Seefahrtsgeschichte inspiriert sind. Der für die *Titanic* errichtete Kapitänstisch hat hier überlebt; zu spät fertiggestellt, konnte er nicht mehr an Bord gebracht werden. Führungen durch die Räumlichkeiten werden zum jährlich stattfindenden Belfast Maritime Festival Anfang Juli angeboten. Auch an den European Heritage Open Days, normalerweise an einem Wochenende im September oder Oktober, steht das Gebäude offen (siehe Veranstaltungen unter www.ehsni.gov.uk).

Die **Sinclair Seamen's Church** (☎ 9086 8568; Corporation Sq; Eintritt frei; ☒ Mi 14–16, So 11.30–19 Uhr), neben dem Harbour Commissioner's Office, wurde 1857/58 von Charles Lanyon gebaut und sollte auswärtigen Seeleuten eine geistliche Heimat bieten. Heute ist sie teils Kirche, teils Seefahrtsmuseum und besticht durch eine Kanzel in Form eines Schiffsbugs mit roten und grünen Back- und Steuerbordlichtern. Ein Steuerruder aus Messing und ein als Taufbecken genutztes Kompasshaus wurden von einem Schiffswrack aus dem Ersten Weltkrieg geborgen. An der Wand hinter dem Steuer hängt die Schiffsglocke der HMS *Hood*.

Nördlich des Harbour Commissioner's Office liegt das renovierte **Clarendon Dock**. Von diesem gehen die Trockendocks ab, in denen Belfasts Schiffsbauindustrie ihre Ursprünge hatte: No 1 (1796–1800) ist das älteste Trockendock Irlands und war bis in die 1960er-Jahre in Betrieb; No 2 (1826) wird heute allerdings nur noch gelegentlich genutzt. Zwischen beiden steht das schöne, kleine **Clarendon Building**, in dem Büros der Laganside Corporation untergebracht sind.

CUSTOM HOUSE SQUARE

Südlich am Fluss entlang erbaute Lanyon das elegante **Custom House** zwischen 1854 und 1857 im italienischen Stil. Der Schriftsteller Anthony Trollope arbeitete hier einst im Postamt. Zum Flussufer hin sind auf dem Giebel Skulpturen von Britannia, Neptun und Merkur angebracht. Das Treppenportal am Custom House stellte Belfasts Gegenstück zur Londoner Speakers' Corner dar, woran noch eine Bronzefigur, die zu einer unsichtbaren Menschenmenge spricht, erinnert.

Auf der anderen Flussseite wird die Skyline East Belfast's von den riesigen gelben Kränen der Schiffswerft Harland & Wolff dominiert. Die moderne Queen Elizabeth Bridge überspannt den Lagan etwas weiter südlich, direkt dahinter liegt die **Queen's Bridge** (1843) mit ihren pittoresken Lampen. Die Brücke bildete Sir Charles Lanyons ersten wichtigen architektonischen Beitrag zum Belfaster Stadtbild.

QUEEN'S SQUARE

Am Ende der High Street hat Belfast mit dem **Albert Memorial Clock Tower** tatsächlich seinen eigenen schiefen Turm, der 1867 zu Ehren von Queen Victorias früh verstorbenem geliebten Gemahl errichtet wurde. Wenn er sich auch nicht so weit wie sein berühmtes Gegenstück in Pisa neigt, ist doch ein deutlicher Knick zur Südseite nicht zu bestreiten. Einheimische sagen dazu: „Old Albert not only has the time, he also has the inclination." Die Fundamente wurden bei der Renovierung abgestützt, und das Mauerwerk aus Scrabo-Sandstein erstrahlt heute wieder in makellosem Weiß.

Viele Bauten um den Glockenturm herum wurden ebenfalls von Charles Lanyon konzipiert. Das weiße Steingebäude direkt nördlich beispielsweise wurde 1852 als Hauptsitz der **Northern Bank** eröffnet.

Südlich des Turms an der Victoria Street befindet sich das Malmaison Hotel (1868; S. 640) in zwei ehemaligen Lagerhäusern für Sämereien. Die Friese mit exotischen Vögeln, Pflanzen und Nüsse fressenden Eichhörnchen links an der Fassade erinnern noch daran.

LAGAN WEIR

Schräg gegenüber vom Custom House steht *Bigfish* (1999), das markanteste der vielen modernen Kunstwerke, die das Flussufer zwischen Clarendon Dock und Ormeau Bridge säumen. Der riesige Keramiklachs symbolisiert die Regenerierung des Lagan und ist mit Kacheln gefliest, deren Motive die Belfaster Stadtgeschichte illustrieren.

Die Skulptur steht am **Lagan Weir**. 1994 wurde der Stauwehr im Rahmen der ersten Phase des Laganside-Projektes errichtet. Jahre der Vernachlässigung und des industriellen Abstieges hatten den Fluss Lagan, einst die Lebensader der Stadt, zu einem offenen Abwasserkanal verkommen lassen. An den Ufern hatten sich stinkende, unansehnliche Schlammbänke abgelagert. Zusätzlich zum Wehrbau wurde der Fluss ausgebaggert und mit Sauerstoff gereinigt. Dadurch hat sich die Wasserqualität so erheblich verbessert, dass heute wieder Lachse, Aale und Seeforellen flussaufwärts zum Laichen wandern.

Genaue Infos zu Bootstouren, die von hier starten, siehe S. 661.

LANYON PLACE

Ein fünfminütiger Fußweg nach Süden führt vom Lagan Weir zum Lanyon Place, dem Aushängeschild des Laganside-Projektes. Dominiert wird der Platz von der 2235 Sitzplätze umfassenden Waterfront Hall. Auf der anderen Seite der Oxford Street sieht man die neoklassizistischen **Royal Courts of Justice** (1933), die

von der IRA 1990 angegriffen wurden. Mittlerweile tauchen die Gerichtsgebäude wieder hinter den massiven Sicherheitszäunen auf, die sie einst geschützt haben.

Südlich der Royal Courts of Justice findet man den eleganten viktorianischen **St. George's Market** (☎ 9043 5704; Ecke Oxford & May St; Eintritt frei; Fr 6–13, Sa 9–15 Uhr). 1896 für den Handel mit Obst, Butter, Eiern und Geflügel erbaut, ist sie die älteste ununterbrochen genutzte Markthalle Irlands. Sie wurde 1999 restauriert und bietet heute jeden Freitag Blumen, Obst, Gemüse, Fleisch und Fisch sowie allgemeine Haushalts- und Secondhandwaren an. Samstags wird hier ein Viktualien- und Gartenmarkt, Anfang Dezember ein zweitägiger Weihnachtsmarkt abgehalten.

Titanic Quarter

Die ehemaligen Schiffsbauwerften – der Geburtsort der RMS *Titanic* – erstrecken sich am Ostufer des River Lagan, überragt von den gelben Kränen, die als Samson und Goliath bekannt sind. Gegenwärtig sind hier Sanierungs- und Restaurierungsmaßnahmen im Gange, die sich auf 1 Mrd. £ belaufen werden. Unter dem Namen **Titanic Quarter** (www.titanicquarter.com) sollen die heruntergekommenen Docklands in den nächsten 15 bis 20 Jahren grundlegend aufgemöbelt werden.

Die Pläne umfassen eine „Superattraktion", die bis zum 100. Geburtstag der *Titanic* 2012 fertiggestellt sein soll. Bis dahin informiert man sich am besten auf der unterhaltsamen und informativen Titanic Tour der Lagan Boat Company (S. 637) über die Geschichte des Schiffbaus.

ODYSSEY COMPLEX

Hinter diesem Namen verbirgt sich ein riesiges Sport- und Unterhaltungszentrum am östlichen Flussufer gegenüber dem Clarendon Dock. Der Komplex beherbergt u. a. ein interaktives Wissenschaftszentrum und eine Sportarena mit 10 000 Sitzen – Heimat der Eishockeymannschaft Belfast Giants , ein Multiplex-Kino mit einer IMAX-Leinwand, eine Halle für Videospiele sowie Dutzende Restaurants, Cafés und Bars.

Das auch „Werwaswowannwarum" genannte **W5** (☎ 9046 7700; www.w5online.co.uk; Erw./ Kind 6,50/4,50 £, 2 Erw. & 2 Kinder 19 £; Mo–Sa 10–18, So 12–18 Uhr, letzter Einlass 1 Std. vor Schließung;) ist eine interaktive Wissenschaftsausstellung für Kinder jeden Alters. Die Kids können hier

ihre eigenen Melodien komponieren (indem
sie die „Luftharfe" mit einem Schläger aus
Schaumgummi treffen), versuchen, einen
Lügendetektor zu überlisten, Wolkenringe
und Tornados erzeugen sowie ihre eigenen
Roboter und Rennautos entwerfen und herstellen.

Der Odyssey Complex liegt fünf Minuten
zu Fuß vom Wehr Lagan Lookout entfernt
auf der anderen Flussseite. Metro Bus 26 vom
Donegall Square West nach Holywood hält
ebenfalls dort (1 £, 5 Min., Mo–Fr 1-mal pro
Std.); die leicht zu übersehende Bushaltestelle befindet sich an der Sydenham Road.

SS NOMADIC

2006 wurde die **SS Nomadic** (☎ 9024 6609; www.
savenomadic.com; Erw./Kind 5/3 £; ✆ Mai–Sep. 10–18 Uhr)
als einziges noch existierendes Fahrzeug der
White Star Line, zu deren Flotte auch die *Titanic* gehörte, vor der Abwrackwerft gerettet
und zur Restaurierung nach Belfast gebracht.
Einst beförderte das kleine Dampfschiff Passagiere der ersten und zweiten Klasse zwischen
dem Hafen von Cherbourg und den riesigen
Ozeandampfern von Olympic Class (die zu
groß für den französischen Hafen waren).
Die SS Nomadic soll eines Tages im Hamilton
Dock nördlich des Odyssey Complex ausgestellt werden. Bis dahin kann man sie am Quay
in der Nähe des Komplexes bestaunen.

South Belfast

Die Goldene Meile – ein 1 km langer Abschnitt zwischen Great Victoria Street und
Shaftesbury Square mit Pubs und Restaurants
– erstreckt sich von der südlichen Innenstadt
bis zum Universitätsviertel und war früher
der Mittelpunkt des Belfaster Nachtlebens.
Nach Wiederbelebung des Zentrums ist sie
heute nicht mehr so gefragt, bietet aber immer
noch ganz gute Pubs und Lokale.

Metro Bus 8A, 8B und 8C verkehren vom
Donegall Square East über den Bradbury
Place und die University Road nach Queen's
University.

QUEEN'S UNIVERSITY

Es ist gar nicht so verkehrt, sich bei Charles
Lanyons Queen's College (1849) im Tudorstil
aus roten Ziegeln und honigfarbenem Sandstein an „Oxbridge" erinnert zu fühlen: Tatsächlich basiert der Entwurf des Mittelturms
auf dem Founder's Tower im Magdalen College von Oxford aus dem 15. Jh. Die renom-

mierteste Universität Nordirlands wurde 1845
von Queen Victoria gegründet, und zwar als
eines von drei Queen's Colleges; die beiden
anderen – nicht mehr so genannte – befinden sich in Cork und Galway. Sie sollten eine
weltliche Alternative zum anglikanischen Trinity College in Dublin bieten. 1908 wurde das
College zur Queen's University von Belfast
ernannt, die sich heute auf über 250 Gebäude
verteilt. Queen's hat etwa 25 000 Studenten;
besonders die medizinische, juristische und
technische Fakultät genießen einen ausgezeichneten Ruf.

Direkt hinter dem Haupteingang gibt es ein
kleines **Visitor Centre** (☎ 9097 5252; www.qub.ac.uk/
vcentre; University Rd; Eintritt frei; ✆ Mai–Sept. Mo–Sa
10–16, Okt.–April Mo–Fr 10–16 Uhr; ♿) mit Ausstellungen und Souvenirshop. Führungen sollte
man vorher telefonisch vereinbaren.

Das Universitätsviertel ist eine attraktive
Gegend mit ruhigen, begrünten Straßen. Der
University Square (1848–53) im georgianischen
Stil auf dem nördlichen Campusgelände gilt
als eine der schönsten Reihenhausstraßen in
ganz Irland. An ihrem östlichen Ende steht
das **Union Theological College** (1853), das von
Lanyon im Neorenaissancestil entworfen wurde. Ursprünglich war es das preybyterianische
College, später tagte hier das nordirische Parlament von Irlands Teilung bis zur Fertigstellung der Parlamentsgebäude in Stormont
1932.

BOTANIC GARDENS

Belfasts grüne Oase sind die **Botanic Gardens**
(☎ 9031 4762; Stranmillis Rd; Eintritt frei; ✆ 7.30 Uhr–Sonnenuntergang) ein kurzes Stück von der Universität entfernt. Direkt hinter dem Eingang an
der Stranmillis Road steht eine Statue des in
Belfast geborenen William Thomson, bekannt
als **Lord Kelvin**. Er war einer der Mitgründer
der modernen Physik und Erfinder der Kel-
vin-Skala zur Temperaturmessung bis zum
absoluten Nullpunkt bei Minus 273 °C (=
0 °K).

Das Herz der Anlagen ist Charles Lanyons
elegantes, zwischen 1839 und 1852 errichtetes
Palm House (Eintritt frei; ✆ Mo–Fr 10–12 & 13–17, Sa, So
& feiertags 14–17, Okt.–März Mo–Fr –16 Uhr). Als Meisterstück aus Gusseisen und gekrümmtem Glas
gilt die Kuppel mit Vogelkäfig. Die **Tropical
Ravine** (Eintritt frei; ✆ wie Palm House), ein imposantes Gewächshaus aus roten Ziegeln, wurde
von Gartenkurator Charles McKimm entworfen und 1889 fertiggestellt. Im Inneren kann

man von einem erhöhten Fußweg aus einen Dschungel aus tropischen Farnen, Orchideen, Lilien und Bananenstauden bewundern, die in einem künstlichen Tal gedeihen.

ULSTER MUSEUM

Bei schlechtem Wetter ist das nahe gelegene **Ulster Museum** (☎ 9038 3000; www.ulstermuseum.org. uk; Stranmillis Rd; Eintritt frei; ☻ Mo–Fr 10–17, Sa 13–17, So 14–17 Uhr) eine gute Alternative zum Botanischen Garten. Leider ist das Museum wegen Renovierungsarbeiten bis zum Frühjahr 2009 geschlossen.

Auch sollte man sich die **Early Ireland Gallery** nicht entgehen lassen. Schautafeln zur Urgeschichte Irlands und eine spektakuläre Sammlung mit Funden aus der Stein- und Bronzezeit geben praktische Hintergrundinformationen zu den vielen archäologischen Ausgrabungsstätten in Nordirland. Alle Exponate sind hervorragend präsentiert. Die Malone Hoard, 16 polierte neolithische Steinäxte, die nur wenige Kilometer vom Museum entfernt gefunden wurden, wirkt eher wie eine moderne Plastik als wie ein Ausstellungsstück.

Weitere Highlights sind die **Industrial History Gallery**, die sich der Leinenindustrie im Belfast des 19. Jh. widmet, sowie die **Treasures of the Armada**. Diese präsentiert Schmuck und andere Gegenstände, die aus dem 1588 untergegangenen Wrack *Girona* (siehe Kasten S. 710) und aus anderen versunkenen Schiffen der spanischen Armada geborgen wurden. Zu den Schätzen gehört auch ein goldener Salamander in einer Rubin-Fassung.

Prunkstück der **Egyptian Collection**, der ägyptischen Sammlung, ist die Mumie der Prinzessin Takabuti. In Belfast 1835 ausgewickelt war sie die erste Mumie, die außerhalb Ägyptens ausgestellt wurde. Wegen ihres ausgebleichten Haares wird sie heute von Einheimischen als „älteste künstliche Blondine von Belfast" bezeichnet.

Die oberen Stockwerke beherbergen **irische und britische Kunst** des 19. und 20. Jhs. Schwerpunkt bilden die Arbeiten des in der Stadt geborenen Sir John Lavery (1856–1941), der zu den gefragtesten und teuersten Porträtmalern im viktorianischen London gehörte.

West Belfast

Obwohl West Belfast als Kampfschauplatz in drei Jahrzehnten Bürgerkrieg und Unruhen schwer gebeutelt wurde, gehört das Viertel zu den Anziehungspunkten in Nordirland. Noch immer ist die jüngere Geschichte überall spürbar, doch herrschen auch Optimismus und Zukunftshoffnung.

Immer wieder ergreifend sind die kraftvoll gestalteten Wandmalereien, die sowohl die Geschichte des Nordirlandkonfliktes als auch aktuelle politische Ereignisse darstellen. Eine düstere Faszination erfasst besonders Besucher vom britischen Festland, wenn sie durch die früheren „Kriegsgebiete" in ihrem eigenen Hinterhof spazieren.

West Belfast entstand rund um die Flachsmühlen, die im späten 19. Jh. den Grundstein für den Wohlstand der Stadt legten. Hier konnte man in den Arbeitervierteln günstig

---

SPAZIERGANG AM FLUSS

Als Teil des Laganside-Sanierungsprojektes wurde auch der Treidelpfad (*towpath*) am Westufer des River Lagan wiederhergestellt. Auf einer Länge von 20 km kann man nun vom Stadtzentrum bis nach Lisburn zu Fuß oder mit dem Fahrrad dem gewundenen Flusslauf folgen. Das Belfast Welcome Centre gibt eine Broschüre mit einer detaillierten Karte (*Lagan Valley Regional Park – Towpath Leaflet*) heraus.

Eine kürzere, 10 km lange Strecke, die man bequem an einem halben Tag bewältigen kann, beginnt bei der **Shaw's Bridge** am südlichen Stadtrand. Man fährt mit den Buslinien 8A oder 8B vom Donegall Square East zur Haltestelle direkt vor dem Malone-Kreisverkehr, wo die Malone Road in die Upper Malone Road übergeht. Am Kreisverkehr folgt man den Schildern „Outer Ring A55" nach links und erreicht etwa fünf Minuten später den Lagan an der Shaw's Bridge.

Dann geht es am linken Ufer auf dem Rad-Fußweg flussabwärts; die Route ist mit roten „9"-Wegweisern markiert. Nach 30 Minuten beginnt der schönste Teil der Strecke, die **Lagan Meadows**. Diese bewaldete Flussschleife eignet sich hervorragend für ein ausgedehntes Picknick. Nach einer weiteren halben Stunde erreicht man **Cutters River Grill** (S. 645), wo sich eine Mittagspause anbietet. Von hier aus ist es eine weitere, gemütliche Stunde zu Fuß bis zum Lagan Weir im Stadtzentrum.

wohnen. Bereits zu viktorianischen Zeiten fand eine Trennung nach religiöser Überzeugung statt. Der Ausbruch der „Troubles" verhärtete nach 1968 die religiöse Kluft. Seit 1970 trennt eine Mauer, die ironischerweise „Peace Line" genannt wird, das loyalistisch-protestantische Shankill vom republikanisch-katholischen Viertel rund um die Falls Road.

Trotz des früheren Rufes ist die Gegend für Besucher heute sicher. Am besten tourt man durch West Belfast mit einem schwarzen Taxi (siehe S. 638). Diese *black taxis* fahren zu den spektakulärsten Wandmalereien entlang der Peace Line und zu anderen wichtigen Orten. Wer mag, kann eine Botschaft auf der Mauer hinterlassen. Die meisten Taxifahrer erklären einem sehr anschaulich und lebendig die Geschichte der Gegend.

Auch kann man West Belfast auf eigene Faust erkunden, ob zu Fuß oder mit den schwarzen Sammeltaxis entlang der Falls Road bzw. Shankill Road (siehe Kasten S. 653). Alternativ fahren die Buslinien 10A bis 10F von der Queen Street zur Falls Road; Bus 11A bis 11D verkehren vom Wellington Place zur Shankill Road.

Eine kostenlose Broschüre zum *West Belfast and Shankill Arts and Heritage Trail* ist beim Belfast Welcome Centre erhältlich, samt Karte mit zwei markierten Spaziergängen durch die Gegend um Falls und Shankill. Allerdings sind die Standorte der Wandmalereien nicht eingezeichnet.

FALLS ROAD

Auch wenn die Spuren der Vergangenheit noch unübersehbar sind, strahlt die Falls Road dennoch heute unerwartet viel Leben, Farbe und Optimismus aus. Die Bewohner sind freundlich und aufgeschlossen. Gemeinschaftsprojekte wie die Conway Mill, das Kulturzentrum Cultúrlann und die Touren mit den *black taxis* ziehen eine wachsende Zahl von Touristen an.

Dreh- und Angelpunkt der Aktivitäten ist das Kulturzentrum **Cultúrlann McAdam Ó Fiaich** (☎ 9096 4180; www.culturlann.ie; 216 Falls Rd; ☾ Mo–Fr 9–21, Sa 10–18 Uhr). In einer ehemaligen presbyterianischen Kirche aus rotem Mauerwerk untergebracht, bietet der gemütliche einladende Ort u. a. einen Infoschalter für Touristen, einen Laden mit einer großen Auswahl an Büchern über Irland und zur gälischen Sprache, an Kunsthandwerk, Kassetten und CDs mit irischer Musik sowie ein exzellentes Café-Restaurant (S. 646), ferner eine Kunstgalerie und ein Podium für Auftritte bei Musik, Literatur und Theaterveranstaltungen.

Einige Blocks weiter wurde die **Conway Mill** (☎ 9024 7276; www.conwaymill.org; 5-7 Conway St; Eintritt frei; ☾ Mo–Fr 10–17, Sa bis 15 Uhr), eine Flachsmühle aus dem 19. Jh., umgebaut und beherbergt heute über 20 kleine Läden und Ateliers, in denen Kunsthandwerk und Möbel hergestellt und verkauft werden. Weiterhin haben eine Galerie und eine Ausstellung zur Geschichte der Mühle hier ihren Platz. Das **Irish Republican History Museum** (☾ Di–Sa 10–14 Uhr) zeigt eine eindrucksvolle Sammlung an Artefakten, Zeitungsartikeln, Fotos und Archivdokumenten rund um die Aktivitäten der Republikaner von 1798 bis zu den großen Unruhen (*troubles*).

Siehe auch Stadtspaziergang S. 635.

SHANKILL ROAD

Obwohl das protestantische Shankill (aus dem Gälischen *sean chill,* zu Deutsch „alte Kirche") weniger Medienrummel und touristisches Interesse erfährt als die Falls Road, gibt es hier ebenfalls viele sehenswerte Wandmalereien. Die Einheimischen sind hier genauso freundlich, dennoch kommen viel weniger Besucher hierher als nach Falls. Offenbar tun sich die loyalistischen Stadtteile schwerer, ihre Seite der Geschichte zu vermitteln, als die Republikaner, die sich viel wirksamer zu präsentieren verstehen.

Wer sich zu Fuß zur Shankill Road aufmachen möchte, läuft am besten von der City Hall über den Donegall Place und die Royal Avenue, biegt dann auf Peter's Hill links ab und geht geradeaus über die zweispurige Westlink-Schnellstraße.

Hinter der Shankill Road liegt nach etwa 500 m in der Glencairn Road das **Fernhill House: The People's Museum** (☎ 9071 5599; www.fernhillhouse.co.uk; Glencairn Rd; Erw./Kind 2/1 £; ☾ Mo–Sa 10–16, So 13–16 Uhr). Das in einer großzügigen viktorianischen Kaufmannsvilla untergebrachte Museum zeigt die Rekonstruktion eines Arbeiterhauses aus den 1930er-Jahren ebenso wie Exponate zur Geschichte Shankills, der Autonomiekrise und die weltweit größte Sammlung zur Bewegung des Oranierordens (Orange Order). Zum Museum verkehren die Busse 11B, 11C oder 11D vom Wellington Place an der nordwestlichen Ecke des Donegall Square.

DIE WANDMALEREIEN VON BELFAST

Belfasts Tradition der politisch motivierten Malereien an Hauswänden ist schon 100 Jahre alt. 1908 brachten Unionisten aus Protest gegen die Home-rule-Politik Konterfeis von King Billy (Wilhelm III., protestantischer Sieger der Schlacht von Boyne 1690 über den katholischen James II.) an. Die Tradition wurde in den späten 1970er-Jahren durch die Unruhen neu belebt. Die Bilder sollten nun Territorien markieren, politische Inhalte vermitteln, historische Ereignisse verewigen und terroristische Aktivitäten verherrlichen – nicht starr und statisch, sondern aktuell und direkt.

Mauerbilder der Republikaner

Die ersten republikanischen Malereien 1981 behandelten den Hungerstreik im Maze-Gefängnis. Dutzende unterstützten dabei die Streikenden. Später erweiterten die Republikaner das Repertoire um politische Aussagen, irische Legenden und historische Ereignisse. Nach dem Karfreitagsabkommen von 1998 forderten die Maler in ihren Bildern eine Reform der Polizei und den Schutz der Nationalisten vor konfessionsbedingten Angriffen.

Geläufige Motive sind ein sich aus den Flammen erhebender Phoenix (Symbol für Irlands Wiedergeburt aus den Flammen des Osteraufstandes 1916), das Bild des Hungerstreikers Bobby Sands sowie Figuren und Szenen der irischen Mythologie. Bekannte Slogans: „Free Ireland", „Éirí Amach na Cásca 1916" (Gälisch für „Osteraufstand 1916") und „Tíocfaidh Ár Lá" („Unsere Zeit wird kommen").

Gemälde der Republikaner finden sich hauptsächlich in der Falls Road, Beechmount Avenue, Donegall Road, Shaw's Road, in Ballymurphy/West Belfast, New Lodge Road in North Belfast und Ormeau Road in South Belfast.

Loyalistische Gemälde

Während die Republikaner oft sehr künstlerisch und symbolreich arbeiteten, zeigten sich die Loyalisten gewöhnlich militaristischer und provokanter im Ton. Ihr Schlachtruf „No Surrender" (niemals aufgeben) ist allgegenwärtig, begleitet von roten, blauen und weißen Bordsteinen, paramilitärischen Abzeichen und King Billy, oft auf einem Schimmel sitzend dargestellt.

Daneben sieht man die rote Hand von Ulster, manchmal als geballte Faust (Symbol der Ulster Freedom Fighters, UFF); ebenso Reminiszenzen an den Ersten Weltkrieg, als 1916 an der Somme auch viele nordirische Soldaten fielen. Diese Demonstration nordirischer Loyalität gegenüber der britischen Krone ist als Gegengewicht zu den republikanischen Darstellungen des Osteraufstandes zu verstehen. Ein geläufiges Motto fragt: „Quis Separabit" (Wer sollte uns teilen?), der Spruch der Ulster Defence Association (UDA). Offensiver wird behauptet: „Wir behalten unseren Glauben und unsere Nationalität."

Aktuelle Motive

In den letzten Jahren wurden die Wandgemälde heiß diskutiert. Manche sehen in ihnen eine hässliche Erinnerung an die von Gewalt geprägte Vergangenheit, andere einen lebendigen Ausdruck der Geschichte Nordirlands. Zweifellos üben sie heute starke Anziehung auf Touristen aus, doch viele möchten die aggressivsten militaristischen Motive durch populärere ersetzt sehen, beispielsweise durch Berühmtheiten und Lokalmatadoren wie den Fußballspieler George Best und den Schriftsteller C. S. Lewis (*Narnia*).

Zwischendurch gibt es auch ganz ausgefallene oder sogar lustige Darstellungen, wie die Frage an der Weggabelung am Ende der Balfour Avenue von der Ormeau Road weg: „Wie kann die Quantenphysik den Ursprung des Universums erklären?" Sie war 2001 Teil einer Installation mit den zehn von Wissenschaftlern ausgewählten wichtigsten ungelösten Fragen der Physik. Vielleicht hat sie so lange überlebt, weil man darauf immer noch kein Antwort gefunden hat und das Bild auch eine Parallele zum – für Außenstehende ebenso vertrackten – Problem der irischen Teilung symbolisieren könnte.

Genaueres zu den Wandgemälden erklären das dreibändige Buch *Drawing Support* von Bill Rolston, *The Peoples' Gallery* der Bogside-Künstler sowie die Webseite des Mural Directory (www. cain.ulst.ac.uk/murals).

Vororte

CAVE HILL

Man sollte es sich nicht nehmen lassen, Belfast und Umgebung einmal von oben zu betrachten. Wer gerade kein eigenes Flugzeug startklar hat, begibt sich einfach auf den Cave Hill (368 m) am Nordrand. Von dort kann man die gesamte Stadt, die Docks und die sich immer weiter in die Landschaft ausbreitenden Vororte an den Ufern des Belfast Lough entlang gut überblicken. An klaren Tagen ist sogar Schottland am fernen Horizont zu erkennen. Siehe auch Kasten unten.

Der Hügel hieß ursprünglich Ben Madigan, nach Matudhain, einem Ulster-König aus dem 9. Jh. Das von Süden aus markante Profil wird von den Einheimischen seit ungefähr 200 Jahren „Napoleons Nose" genannt. Angeblich soll es der kaiserlichen Nase gleichen, doch dafür muss man schon viel Phantasie haben. Auf dem Gipfel finden sich die Reste der eisenzeitlichen Festung McArt's Fort. Hier blickten die United Irishmen, unter ihnen auch Wolfe Tone, 1795 auf die Stadt hinab und gelobten für die irische Unabhängigkeit zu kämpfen.

Cave Hill Country Park (☎ 9077 6925; Antrim Rd; Eintritt frei; ☽ 7.30 Uhr–Sonnenuntergang) erstreckt sich über die östlichen Abhänge. Im Park locken mehrere markierte Spazierwege und ein Abenteuerspielplatz für Kinder zwischen drei und 14 Jahren.

Die Buslinien 1A bis 1H fahren vom Donegall Square West zum Belfast Castle oder zum Belfast Zoo.

BELFAST CASTLE

1870 wurde das **Belfast Castle** (☎ 9077 6925; www. belfastcastle.co.uk; Antrim Rd; Eintritt frei; ☽ Mo–Sa 9–22, So –17.30 Uhr) für den dritten Marquess of Donegall im schottischen Barronial-Stil errichtet, der durch Queen Victorias Balmoral Castle populär geworden war. Das pompöse Bauwerk mit seinen Türmen beherrscht die südöstliche Flanke von Cave Hill und gehört seit 1934 der Stadt.

Aufwendige Renovierungsarbeiten zwischen 1978 und 1988 ersetzten die ursprüngliche Einrichtung durch eine gemütlich moderne Ausstattung. Heute werden hier gerne Hochzeitsempfänge ausgerichtet. Im Obergeschoss präsentiert das **Cave Hill Visitor Centre** Exponate zu Folklore, Geschichte, Archäologie und Naturgeschichte des Parks. Unten befinden sich das Cellar Restaurant und ein kleiner **Antiquitätenladen** (☽ Mo–Sa 12–22, So –17 Uhr).

Einer Legende nach soll es den Schlossbewohnern nur so lange gut gehen, wie eine weiße Katze hier lebt. Damit wird wohl auf die neun Katzenporträts angespielt, die in den schönen Gartenanlagen in Form eines Mosaiks, Gemäldes, einer Skulptur und Gartenmöbel auftauchen.

SPAZIERGANG AUF DEN CAVE HILL

Der Spaziergang beginnt vor dem Eingang zum Belfast Castle. Nach etwa 150 m trifft der vom Parkplatz hochführende Weg auf einen ebenen Pfad. Hier hält man sich rechts und marschiert weiter bergauf durch den Wald, bis nach etwa 800 m die Bäume an den östlichen Felsabhängen von Cave Hill enden. An den Höhlen, die dem Berg seinen Namen gaben, hält man sich links. Wenn man hier geradeaus weiterläuft, kommt im Norden nach 1 km der Parkplatz des Zoos. Nachdem man diesen überquert hat, geht es weiter Richtung Norden (rechts) an den Klippen entlang und zur Bergschulter hinauf (matschig). Der Pfad verläuft dann zurück gen Süden (links) und folgt dem Felsgraten zur Spitze.

Eine kleine Brücke und ein paar Stufen führen zum felsigen Gipfel mit einem Fort aus der Eisenzeit. Von hier aus kann man einen tollen Panoramablick über Stadt, Hafen und Lough genießen. Scarbo Hill und Tower dominieren den östlichen Horizont, die rundlichen Kuppeln der Mourne Mountains liegen im Süden.

Der jetzt breite und gut begehbare Weg setzt sich etwa 1 km südlich und dann westlich fort. An einer scharfen Rechtskurve neben einer Holzbank verlässt man diesen und folgt linker Hand hinter dem Zaunübertritt einem schwer zu erkennenden Feldweg abwärts. An einem alten Steinbruch überquert man einen weiteren Zaunübertritt und hält sich weiter links. Der Pfad verläuft jetzt steiler durch den Wald hinunter. Bei einer T-Kreuzung nimmt man linker Hand den besseren Weg, der zur T-Kreuzung oberhalb des Parkplatzes am Schloss zurückführt. Hier geht man rechts und erreicht den Ausgangspunkt (insgesamt 5,5 km, Gehzeit etwa 2 Std.).

BELFAST ZOO

Belfast Zoo (☎ 9077 6277; www.belfastzoo.co.uk; Antrim Rd; Erw./Kind April–Sept. 7,80/4,10 £, Okt.–März 6,30/3,20 £, Kind unter 4, Rentner & Behinderte Eintritt frei; ☾ April–Sept. 10–19, Okt.–März bis 16 Uhr, letzter Einlass 2 Std. vor Schließung) ist einer der attraktivsten Zoos in ganz Großbritannien und Irland. Die geräumigen Gehege liegen in einem schönen, leicht abschüssigen Areal. Besonders spannend sind die Pools der Seelöwen und Pinguine mit Unterwasserfenstern. Zu den selteneren Tierarten zählen Brillenbären, Rote Pandas und Tamarine. Die größten Publikumslieblinge sind aber Jack, der blauäugige weiße Tiger, die schnuckeligen Erdmännchen und eine ganze Kolonie von Kattas.

MALONE HOUSE

Das **Malone House** (☎ 9068 1246; www.malonehouse. co.uk; Upper Malone Rd; Eintritt frei; ☾ Mo–Sa 9–17, So 11–17 Uhr) ist ein spätgeorgianisches Landhaus auf dem Areal des Barnett Demesne, das in den 1820er-Jahren für den Kaufmann William Legge erbaut wurde. Heute dient das Anwesen vorwiegend als Veranstaltungs- und Konferenzort; außerdem finden Ausstellungen in der Higgin Gallery statt. Im umliegenden Park gedeihen Azaleen und Rhododendron; mehrere Pfade führen hinab zum Lagan Towpath (siehe Kasten S. 631).

Das Haus liegt etwa 5 km südlich des Zentrums. Die Buslinien Bus 8A oder 8B verkehren bis Dub Lane, Upper Malone Road.

SIR THOMAS & LADY DIXON PARK

Sanft geschwungene Wiesen, Wälder, Uferzonen und Gärten prägen diesen **Park** (Upper Malone Rd; Eintritt frei; ☾ ganzjährig 7.30 Uhr–Sonnenuntergang). Hauptattraktion ist der spektakuläre **Rose Garden** mit über 20 000 Blüten. Ein spiralförmig angelegter Garten dokumentiert die Entwicklung der Rose von ihren Wildformen bis zu den modernen Züchtungen. Ende Juli kann man die Rosen in voller Blüte bewundern. Außerdem befinden sich hier ein ummauerter und ein japanischer Garten, ein Spielplatz und ein Café.

Der Park liegt 1,5 km von Malone House entfernt.

GIANT'S RING

Das große **prähistorische Erdfort** (Eintritt frei; ☾ 24 Std.), eine kreisrunde neolithische rituelle Anlage mit einem Dolmen (als Altar der Druiden bekannt) in der Mitte, misst fast 200 m im Durchmesser. Stätten dieser Art wurden allgemein als Wohnort von Elfen und Feen angesehen und mit Ehrfurcht behandelt. Im 19. Jh. hat man den Giant's Ring allerdings als Rennarena zweckentfremdet, wobei die 4 m hohen Erdwälle als Sitztribünen dienten.

Die Anlage erstreckt sich 6,5 km vom Stadtzentrum an der Milltown Road bei Shaw's Bridge.

STORMONT

Die blendend weiße neoklassizistische Fassade des **Parliament House** in Stormont gehört zu einem der berühmtesten Gebäude Belfasts. In Nordirland hat „Stormont" denselben Symbolwert als Sitz der Macht wie Westminster in Großbritannien und Washington in den USA. 40 Jahre lang – vom Bau 1932 bis zur Übernahme der kompletten Regierungsverantwortung 1972 – war dies der Sitz des nordirischen Parlaments. Vor kurzem, am 8. Mai 2007, rückte Stormont wieder ins politische Bewusstsein, als die jahrzehntelangen erbitterten Feinde Ian Paisley und Martin McGuinness hier freundlich lächelnd als First Minister und dessen Stellvertreter vereidigt wurden.

Der Bau ragt erhaben am Ende einer 1,5 km langen, sanft ansteigenden Straße auf. Davor grüßt provokant die Statue des Erzunionisten Sir Edward Carson. Das Gebäude ist für die Öffentlichkeit geschlossen, doch die weitläufigen Außenanlagen stehen jedermann offen. Im Internet gibt es unter www.niassembly. gov.uk eine virtuelle Führung. Das nahe gelegene **Stormont Castle** aus dem 19. Jh. ist, wie auch Hillsborough in County Down, offizielle Residenz des Secretary of State for Northern Ireland (Staatsminister für Nordirland).

Stormont liegt 8 km östlich des Stadtzentrums. Die Zufahrt zweigt von der Newtonards Road (A20) ab. Vom Donegall Square West verkehren die beiden Buslinien 4A oder 4B dorthin.

STADTSPAZIERGANG

Der Stadtspaziergang führt von der Innenstadt durchs Herz des republikanischen West Belfast zum Milltown Cemetery. Startpunkt ist die **City Hall** (S. 625); von dort geht es nach Norden über den Donegall Place, dann nach links in die Castle Street und weiter geradeaus durch die Divis Street.

Nach Überqueren der viel befahrenen Westlink-Schnellstraße fällt der Blick auf

BELFAST

ROUTENINFOS

Start City Hall
Ziel Milltown Cemetery
Länge 4 km
Dauer eine Stunde

den berühmt-berüchtigten **Divis Tower**, einen 20-stöckigen Apartmentbau. Sicherheitskräfte nahmen die zwei obersten Stockwerke in den 1970er-Jahren als Beobachtungsstandort in Beschlag und überwachten von dort aus noch bis 2005 das Leben in den umliegenden Straßen.

Hinter dem Divis Tower sieht man auf der rechten Seite die Stahltore, die den Anfang der sogenannten **Peace Line**, einer 6 m hohen Mauer aus Stahl, Beton und Zaun, bilden. Sie trennt seit fast 40 Jahren die protestantischen und katholischen Wohnviertel. 1970 zunächst als „vorübergehende Maßnahme" errichtet, hat die „Friedenslinie" mittlerweile die Berliner Mauer überdauert und verläuft zickzackförmig etwa 4 km weit vom Westlink bis zum Fuß des Black Mountain. Inzwischen bleiben die Tore in der Mauer tagsüber offen, werden aber zwischen 17 und 8 Uhr immer noch geschlossen. Allein in Belfast existieren etwa 20 solche Absperrungen, in ganz Nordirland über 40. Sie sind das sichtbarste Zeichen der Teilung, unter der die Region so lange litt.

Nächste Etappe ist die **Solidarity Wall**. Die hiesigen Wandmalereien drücken republikanische Sympathien u. a. für Palästinenser, Kurden und Basken aus, während ein George W. Bush in den Darstellungen gar nicht gut wegkommt. Direkt dahinter geht die Divis Street in die Falls Road über, und die Conway Street führt rechts von der Celtic Bar zur **Conway Mill** (S. 632).

An der Ecke Falls Road/Sevastopol Street steht das rote Ziegelgebäude des **Sinn-Féin-Hauptquartier**. Hier befindet sich auch das berühmte Wandgemälde des lächelnden Bobby Sands; der „Hungerstreiker" wurde nur wenige Wochen vor seinem Tod 1981 zum Parlamentsabgeordneten für West Belfast gewählt. Der Text gibt Sands eigene Worte wieder: „Unsere Rache wird das Lachen unserer Kinder sein." Einige Blocks weiter gelangt man auf der rechten Seite, zwischen Waterford Street und Springfield Road, zum **Ruby Emerald Take-Away** (Falls Road 105). Auf dem Bürgersteig genau vor diesem Laden, der zwischen 1996 und 2003 Clinton's Hot Food hieß, fand im November 1995 der historische Händedruck zwischen Sinn-Féin-Führer Gerry Adams und dem US-Präsidenten Bill Clinton statt.

Linker Hand erblickt man die kunstvoll gestalteten Geländer des **Royal Victoria Hospital** von 1906. Das Krankenhaus rühmt sich, das erste Gebäude weltweit mit Klimaanlage gewesen zu sein. Auch war das RVH, wie Einheimische es nennen, maßgeblich an der Entwicklung des ersten tragbaren Defibrillators beteiligt und erwarb sich in den 1970er- und 1980er-Jahren einen hervorragenden Ruf in der Behandlung von Schusswunden. Die geschwungene Form der Geländer symbolisiert die Struktur der DNA mit kleinen gelben X- und Y-Chromosomen, und die per Laser in den Stahl gravierten Porträts geben den Verlauf eines menschlichen Lebens, von der Geburt bis zum Hundertjährigen, wider. Direkt hinter der Klinik befindet sich das Kulturzentrum **Cultúrlann MacAdam ÓFiaich** (S. 632).

Die gesamte Falls Road entlang stößt man auf republikanische Wandmalereien und Denkmäler, die an jene Menschen erinnern, die im Bürgerkrieg ums Leben kamen. An der Islandbawn Street, auf der rechten Seite, gedenkt das **Plastic Bullet Mural** der 17 Opfer, darunter acht Kinder, die durch die mittlerweile verbotene Plastikmunition der Sicherheitskräfte getötet wurden. Zwei Straßen weiter zweigt rechts die **Beechmount Avenue** ab; hier entdeckt man ein großes Wandgemälde, das den Osteraufstand „Éirí Amach na Cásca" darstellt. Auf dem Straßenschild wurde handgeschrieben „RPG Avenue" ergänzt, wobei RPG für „rocket-propelled grenade" steht. Die Straße erhielt ihren Spitznamen, weil sie für die IRA eine freie Schusslinie auf die Sicherheitstruppen in der benachbarten Springfield Road bot.

Nach weiteren 15 Minuten zu Fuß kommt man am **City Cemetery** und Falls Park vorbei und gelangt schließlich zum **Milltown Cemetery**, auf dem die Hungerstreikenden von 1981 begraben liegen. Auffallend sind die vielen grünen H's an den Straßenlampen; sie erinnern an die H-förmigen Zellenblöcke des Maze-Gefängnisses, wo die Hungerstreikenden inhaftiert waren. In der Hugo Street, gegenüber vom **City Cemetery**, steht auf einem großem Wandgemälde „St. James's Support the Hunger Strikers".

Statt zu Fuß den gleichen Weg zurückzulegen, kann man auch per Bus oder Taxi ins Zentrum fahren. Die Bushaltestelle befindet sich gegenüber dem Eingang zum Milltown Cemetery.

BELFAST MIT KINDERN

Das **W5** (S. 629) ist mit Sicherheit die größte Kinderattraktion der Stadt. Wenn die Kids erst einmal angefangen haben, alles auszuprobieren, können sie sich kaum wieder von den anschaulichen Experimentier-Bereichen loseisen. Der Odyssey Complex wartet mit weiteren Anziehungspunkten auf, wie etwa Videospiele, eine Bowling-Anlage und ein IMAX-Kino. Großer Beliebtheit erfreut sich ebenfalls der **Belfast Zoo** (S. 635), und auch das **Ulster Museum** (S. 631) bietet viele Ausstellungen und Veranstaltungen für Kinder jeden Alters an.

Spaß im Freien garantieren **Botanic Gardens** (S. 630) und der Abenteuerspielplatz im **Cave Hill Country Park** (S. 634). Lustig und spannend geht es auch im *crazy golf* bei **Pirates Adventure Golf** (☎ 9048 0220; www.piratesadventuregolf.com; 111A Dundonald Touring Caravan Park, Dundonald Rd; Erw./Kind 5,50/3,75 £; ☼ 10–22 Uhr) zu. Der Platz hat 36 Löcher, Wasserfälle, Springbrunnen und ein riesiges Piratenschiff.

Süßigkeiten stehen heutzutage wahrscheinlich nicht ganz oben auf der elterlichen Einkaufsliste, doch bei **Aunt Sandra's Candy Factory** (☎ 9073 2868; www.irishcandyfactory.com; 60 Castlereagh Rd; ☼ Mo–Fr 9.30–17, Sa 10–16.30 Uhr) ist vielleicht mal eine Ausnahme erlaubt. Der im Stil der 1950er-Jahre eingerichtete Laden begeistert mit Karamellbonbons, Schokolade, Toffee-Äpfeln und anderen traditionellen hausgemachten Leckereien. Vor dem Kauf lohnt sich eine Führung durch die Fabrik.

Zwar außerhalb der Stadt, aber nah genug für einen Tagesausflug, liegen das **Ulster Folk & Transport Museum** (S. 655) und die **Ark Open Farm** (S. 666). Beide sind ebenfalls bei Kindern sehr beliebt.

Das kostenlose monatlich erscheinende Infoheft *Whatabout?*, das man beim Belfast Welcome Centre erhalten kann, listet unter der Rubrik „Family Fun" diverse Veranstaltungen und Attraktionen speziell für Familien auf. Wer Ende Mai die Stadt bereist, sollte das **Belfast Children's Festival** (www.belfastchildrensfestival.com) mit verschiedensten kulturellen und pädagogischen Veranstaltungen nicht verpassen.

GEFÜHRTE TOUREN

Das Belfast Welcome Centre (S. 624) informiert über alle organisierten Touren. Wer persönliche Führer engagieren möchte, wendet sich ebenfalls ans Welcome Centre oder die **Northern Ireland Tourist Guide Association** (☎ 9753 3370; www.bluebadgeireland.org; halb-/ganztägig 75/130 £).

Bootsfahrten

Lagan Boat Company (☎ 9033 0844; www.laganboatcompany.com; Erw./Kind 8/6 £) bietet zwei 1¼-stündige Bootsfahrten an: Die **River Lagan Tour** (☼ April–Sept. Mo 14 & 15.30, Di–Do 12.30, 14 & 15.30, März & Okt. Di–Do 12.30 & 14 Uhr) führt vom Lagan Lookout stromaufwärts nach Stranmillis.

Mit der ausgezeichneten **Titanic Tour** (☼ März–Okt. Fr–Mo 12.30 & 14, Nov. & Dez. nur Sa & So, Mai–Sept. auch Fr–Mo 15 Uhr) können Besucher die heruntergekommenen Docklands flussabwärts unterhalb des Wehrs und auch das riesige Trockendock erkunden, in dem die *Titanic* und die *Olympic* mit nur 20 cm Spielraum untergebracht waren. Die Tour startet vom Donegal Quay beim *Bigfish*, nimmt aber auch am Odyssey Complex Passagiere auf.

Da die Touren sehr beliebt sind, bucht man am besten im Voraus.

Stadtrundfahrten mit dem Bus

Belfast City Sightseeing (☎ 9045 9035; www.belfastcitysightseeing.com; Erw./Kind 11/5 £) In den 1¼-stündigen Touren im offenen Bus werden folgende Sehenswürdigkeiten angefahren: City Hall, Albert Clock, Titanic Quarter, Botanic Gardens, Falls Road und Shankill in West Belfast mit ihren Wandmalereien. Abfahrt ist jede halbe Stunde im Sommer (Mai–Sept. 9.30–16.30 Uhr) bzw. stündlich im Winter (Okt.–März 10–16 Uhr) vom Castle Place.

Belfast International Youth Hostel (☎ 9032 4733; www.minicoachni.co.uk; 22 Donegall Rd; Tour Erw./Kind 9/6 £) Viele Leser empfehlen diese zweistündige Tour im Minibus zu allen wichtigen Sehenswürdigkeiten. Abfahrt vor dem Hostel täglich um 12 Uhr, Buchungen beim Belfast Welcome Centre.

Stadtrundfahrten mit dem Fahrrad

Life Cycles (☎ 9043 9959; www.lifecycles.co.uk; 36–37 Smithfield Market; 12–16 £ pro Pers.) organisiert dreistündige geführte Rundfahrten (Minimum 5 Pers.) durch das Stadtzentrum, South Belfast und über den Lagan Towpath. Im Preis ist die Miete für Helm und Fahrrad mit eingeschlossen. Mindestens einen Tag im Voraus telefonisch buchen. Eingänge befinden sich auf der West Street und der Winetavern Street.

BELFAST

VOLKES STIMME: KEN HARPER, TAXIFAHRER

Womit verdienen Sie Ihren Lebensunterhalt?
Ich biete *black-taxi*-Touren an. In Belfast arbeite ich schon seit 1968, das war gerade die Zeit, als die sogenannten Unruhen anfingen. Seit 1979 habe ich meine Lizenz. Ich erinnere mich noch, dass vor dem Waffenstillstand von 1994 nur gelegentlich mal ein Tourist nach Belfast kam und eine Stadtrundfahrt unternehmen wollte. Heute ist es Big Business.

Was wollen die Leute sehen?
Am beliebtesten sind sicher Shankill Road und Falls Road, darunter die Wandmalereien, die sogenannten Friedenslinien und überhaupt die Gegend, wo die meisten Unruhen stattfanden.

Verstehen Besucher eigentlich, um was es hier geht?
Manche ja, manche nein. Einige verstehen diesen Konflikt um die Teilung Nordirlands einfach nicht. Ich kann aber den meisten den Hintergrund der Probleme begreiflich machen. Die wohl dämlichste Frage bisher war: „Wer ist Sinn Fein?" – als ob das eine Person wäre. Ein anderer Tourist meinte vor der Statue Queen Victorias: „Ist das diese schlechte Königin?"

Stadtrundfahrten mit dem Taxi

Rundfahrten in schwarzen Taxis durch West Belfast mit seinen Wandmalereien – von Einheimischen „bombs and bullets" oder „doom and gloom" genannt – werden mittlerweile von immer mehr Taxiunternehmern angeboten. Qualität und Informationsgehalt können allerdings variieren, doch generell ist dies eine gute Möglichkeit, Belfasts Attraktionen auf unterhaltsame und persönliche Art kennenzulernen, und zwar auf die individuellen Interessen abgestimmt. Auch werden historische Taxitouren im Zentrum organisiert. Für eine einstündige Rundfahrt muss man etwa 25 £ für ein bis zwei Personen bzw. 8 £ pro Person für drei bis sechs Leute berappen. Wer anruft, wird überall im Stadtzentrum abgeholt. Hier drei empfehlenswerte Anbieter:
Harpers Taxi Tours (☎ 9074 2711, 07711-757178; www.harperstaxitours.co.nr)
Official Black Taxi Tours (☎ 9064 2262, kostenlos ☎ 0800 052 3914; www.belfasttours.com)
Original Belfast Black Taxi Tours (☎ 9058 6996, 07751-565359)

Stadtspaziergänge

Belfast Pub Tours (☎ 9268 3665; www.belfastpub tours.com; 6 £ pro Pers.; ☻ Start Mai–Okt. Do 19, Sa 16 Uhr) bietet eine zweistündige Tour (ohne Getränke) durch sechs traditionelle Pubs an. Treffpunkt sind die Crown Dining Rooms über dem Crown Liquor Saloon (S. 646) in der Great Victoria Street.
Blackstaff Way (☎ 9029 2631; 6 £ pro Pers.; ☻ Start Sa 11 Uhr) 1½-stündige Tour durch die Stadtgeschichte, am Blackstaff River entlang, der 1881 unterirdisch in einen Kanal verlegt wurde. Treffpunkt: Belfast Welcome Centre.

Historic Belfast Walk (☎ 9024 6609; 6 £ pro Pers.; ☻ Start Mi & Fr–So 14 Uhr) Auf der 1½-stündigen Tour wird Architektur und Geschichte des viktorianischen Stadtkerns und der Laganside erkundet. Treffpunkt am Belfast Welcome Centre.
Titanic Trail (☎ 9024 6609; 8/10 £ 1/2 Pers.) Auf eigene Faust kann man sich auch ins Stadtzentrum und Titanic Quarter mithilfe eines audiovisuellen Media Players in der Hand aufmachen. Per GPS wird der Standort bestimmt. Interessierte können sich beim Belfast Welcome Centre ein solches Gerät ausleihen, wobei sich zwei Personen jeweils eines teilen können.

FESTIVALS & EVENTS

Die **Stadtverwaltung** (☎ 9024 6609; www.belfast city. gov.uk/events) organisiert das ganze Jahr über vielfältigste Events, von der Parade zum St. Patrick's Day bis zur Lord Mayor's Show. Genaue Termine sind online zu erfahren.

März
Between the Lines (Crescent Arts Centre; ☎ 9024 2338; www.crescentarts.org) Zehntägiges Literaturfestival.
St. Patrick's Carnival (☎ 9031 3440; www.feile belfast.com) Zu Ehren von Irlands Nationalheiligem finden viele lokale Festivals und am 17. März eine große Karnevalsparade durch das Stadtzentrum statt.
Belfast Film Festival (☎ 9032 5913; www.belfast filmfestival.org) Ende März schwelgen begeisterte Cineasten für eine Woche in irischen und internationalen Filmproduktionen.

April
Titanic Made In Belfast Festival (☎ 9024 6609) In der ersten Aprilhälfte wird eine Woche lang das berühmteste Schiff der Welt und die Stadt, in der es gebaut wurde,

gefeiert. Es werden Sonderausstellungen, Führungen, Vorträge und Filme angeboten.

Mai
Belfast Marathon (☎ 2587 2828; www.belfastcity marathon.com) Am ersten Montag im Mai gehen Läufer aus der ganzen Welt hier an den Start. Amateure können sich auf einen Volks- und einen Spaßlauf freuen.
Cathedral Quarter Arts Festival (☎ 9023 2403; www.cqaf.com) Zwölf Tage Theater, Musik, Lyrik, Straßentheater und Kunstausstellungen. Anfang Mai rund um das Cathedral Quarter.

Juni
City Dance (Crescent Arts Centre; ☎ 9024 2338; www.crescentarts.org) Tanzfestival im Arts Centre.

Juli
Belfast Maritime Festival (☎ 9024 6609) Zweitägiges Fest Anfang Juli rund um Queen's Quay und Clarendon Dock mit Segelschiffen, Straßenkünstlern, Seafood und Livemusik. 2009 fällt das Event mit der Tall Ships Atlantic Challenge, zu deren Gastgebern Belfast zählt, zusammen (www.sailtraininginternational.org).

August
Féile an Phobail (☎ 9031 3440; www.feilebelfast.com) Das angeblich größte Bürgerfest Irlands bringt West Belfast Anfang August für zehn Tage in Aufruhr. Zu den Attraktionen gehören u. a. eine Karnevalsparade, Straßenpartys, Theatervorführungen, Konzerte und historische Touren durch die Innenstadt und den Milltown Cemetery.

Oktober
Belfast Festival at Queen's (☎ 9097 1197; www.belfastfestival.com) Das zweitgrößte Kunstfestival in Großbritannien findet rund um Queen's University drei Wochen lang von Ende Oktober bis November statt.
Halloween Carnival (☎ 9024 6609) Zwischen dem 27. und 31. Oktober werden spezielle Veranstaltungen in der ganzen Stadt abgehalten, u. a. eine Karnevalsparade, Geistertouren und Feuerwerk.

Dezember
Christmas Festivities (☎ 9024 6609) Die stille(re) Zeit wartet Ende November bis 31. Dezember mit Weihnachtsliedersingen, Laternenumzügen, Straßenkarneval und riesiger Eislauffläche beim Odyssey Complex auf.

SCHLAFEN
Von einfachen Touristenherbergen bis zu exklusiven Boutique-Hotels kommen in Belfast jedes Jahr neue Übernachtungsmöglichkeiten hinzu. Die traditionellen Unterkünfte – B&Bs im roten Ziegelbau der grünen Vorstädte von South Belfast und die Businesshotels im Zentrum – werden heute durch eine bunte Vielfalt an schicken Hotel-Restaurant-Nightclub-Komplexen, wie z. B. das Benedicts, ergänzt. Außerdem gibt es noch elegante und superteure Etablissements, die in renovierten historischen Gebäuden untergebracht sind, etwa das Ten Square und das Merchant Hotel.

Die meisten Unterkünfte in unteren und mittleren Preislagen liegen südlich des Zentrums im Universitätsviertel rund um die Botanic Avenue, University Road und Malone Road. In dieser Gegend, zu Fuß nur 20 Minuten von der City Hall entfernt, findet man unzählige preiswerte Restaurants und Pubs. In einem Hostel kostet ein Bett im Schlafsaal etwa 11 £ pro Nacht, für ein Doppelzimmer in einem guten B&B oder einer Pension werden zwischen 45 und 65 £ verlangt. 70 bis 100 £ muss man für ein Doppelzimmer in einem luxuriösen Mittelklassehotels berappen. Die gehobenen und teueren Mittelklasse- und Top-Hotels, in denen unter der Woche Geschäftsleute absteigen, locken am Wochenende (Freitag- bis Sonntagnacht) mit günstigeren Tarifen.

Im Sommer und zu den betriebsamen Festivalzeiten sollte man am besten vorab buchen. Das Belfast Welcome Centre übernimmt für eine Gebühr von 2 £ Reservierungen. Auch über die **Lonely Planet Website** (lonelyplanet.com) kann man Unterkünfte buchen.

Stadtzentrum
BUDGETUNTERKÜNFTE
Belfast International Youth Hostel (☎ 9032 4733; www.hini.org.uk; 22-32 Donegall Rd; B 8,50–12 £, EZ/DZ ab 18/26 £; 🖳 ♿) Belfasts moderne Jugendherberge (HINI) liegt sehr günstig am Shaftesbury Square. Nachts, wenn Pub- und Clubbesucher heimkehren, kann es daher etwas laut werden. Das Hostel verfügt über eine Küche, Waschmöglichkeiten und ein Café; Bettwäsche wird kostenlos gestellt. Freitags und samstags muss man für eine Übernachtung etwas tiefer in die Taschen greifen. Man fährt mit den Buslinien 9A oder 9B ab Donegall Square East oder Great Victoria Street (gegenüber vom Europa BusCentre) bis zum Bradbury Place.

MITTELKLASSEHOTELS
Benedicts (☎ 9059 1999; www.benedictshotel.co.uk; 7-21 Bradbury Pl; EZ/DZ ab 65/75 £; 🖳) Mitten in der Gol-

denen Meile, dem Zentrum des Nachtlebens, liegt dieses moderne und stilbewusste Hotel. Die Zimmer befinden sich über einer großen gotisch inspirierten Bar und einem Restaurant, wo auch Frühstück serviert wird. Wer es allerdings friedlich mag, dem wird das Benedicts nicht zusagen: Erst ab 1 Uhr kehrt nämlich Ruhe ein. Kostenloser Internetzugang über WLAN.

Jury's Inn (☎ 9053 3500; www.jurysdoyle.com; Fisherwick Pl, Great Victoria St; Zi. 69–89 £; 🖳) Die etwas farblos wirkende Modernität des Hauses wird durch seine exzellente Lage mehr als wettgemacht, denn es sind nur drei Minuten zur City Hall, und viele angesagte Pubs und Restaurants befinden sich in unmittelbarer Nähe. Darüber hinaus sind die Preise recht vernünftig. Es gibt feste Tarife für bis zu drei Erwachsene oder für zwei Erwachsene mit zwei Kindern. Frühstück kann für 9 £ bestellt werden.

SPITZENKLASSEHOTELS

Malmaison Hotel (☎ 9022 0200; www.malmaison-belfast. com; 34-38 Victoria St; Zi. ab 135 £, Suiten ab 255 £; 🖳 ●) Dieses Tophotel ist in zwei wunderschön renovierten Lagerhäusern im italienischen Stil untergebracht. Ursprünglich residierten dort in den 1850er-Jahren zwei rivalisierende Firmen. Gäste können heute in jedem erdenklichen Luxus schwelgen, von großen Betten und tiefen Ledersofas bis zu riesigen Bädern, die groß genug für zwei sind. In Schwarz, Rot, Schokoladenbraun und Creme kommt die dekadente Einrichtung daher. Die protzige Rockstar Penthouse Suite wartet mit einem gigantischen Nachtlager (fast 3 m lang), einer Badewanne für zwei und einem mit lilafarbenem Tuch bespannten Billardtisch auf!

LP Tipp Ten Square (☎ 9024 1001; www.tensquare. co.uk; 10 Donegall Sq S; Zi. ab 165 £; 🖳) Das ehemalige Bankgebäude südlich der City Hall hat eine aufwendige Feng-Shui-Renovierung hinter sich und begeistert heute als exklusives, im Shanghai-Stil durchgestyltes Boutique-Hotel mit freundlichem und aufmerksamem Service. *Cosmopolitan, Conde Nast Traveller* und sonstige Hochglanzmagazine geraten bei dem dunkel lackierten Holz, den cremefarbenen Teppichen und den niedrigen futonartigen Betten regelrecht in Verzückung. Zu den illustren Gästen zählen u. a. Bono, Moby und Brad Pitt.

Merchant Hotel (☎ 9023 4888; www.themerchanthotel.com; 35-39 Waring St; Zi. ab 220 £, Suiten ab 290 £; 🖳 Ⓟ)

FLUGHAFENHOTELS

Park Plaza Hotel (☎ 9445 7000; www.parkplazabelfast.com; Belfast International Airport, Aldergrove; EZ/DZ 105/120 £; 🖳 Ⓟ) Direkt gegenüber dem Terminal des Belfast International Airport liegt das Park Plaza mit 106 Zimmern, Business Centre, Räumlichkeiten für Konferenzen und kostenlosem Shuttleservice zum Stadtzentrum.

Park Avenue Hotel (☎ 9065 6520; www. parkavenuehotel.co.uk; 158 Holywood Rd; EZ/DZ 79/99 £; Ⓟ) Das exklusive Haus mit 56 Zimmern ist das nächstgelegene Hotel für den 3 km entfernten Belfast City Airport, zum Stadtzentrum sind es ebenfalls 3 km.

Belfasts luxuriösestes viktorianische Gebäude, die ehemalige Zentrale der Ulster Bank, ist heute das extravaganteste Hotel der Stadt. Eine fabelhafte Melange aus altmodischer Eleganz und zeitgemäßem Styling.

South Belfast

Während die Gegend rund um die Botanic Avenue mit den Buslinien 7A oder 7B von der Howard Street zu erreichen ist, gelangt man zur University Road und zur Malone Road mit den Bussen 8A oder 8B. Die Linien 9A oder 9B verkehren zu den Straßen rund um die Lisburn Road, wobei beide am Donegall Square East und an der Great Victoria Street, schräg gegenüber vom Europa BusCentre, abfahren.

BUDGETUNTERKÜNFTE

Paddy's Palace Belfast (☎ ☎ 9033 3367; www.paddyspalace.com; 68 Lisburn Rd; B 6–13,50 £, EZ/DZ 27/37 £; 🖳 Ⓟ) Der Neueinsteiger in der Gegend bietet saubere, komfortable, allerdings etwas düstere Schlafsäle, eine gut ausgestattete Küche, einen einladend hellen Aufenthaltsraum sowie kostenlosen Internetzugang. Das nette Personal kennt garantiert die besten Pubs in der Umgebung. Da am Haus kein Schild angebracht ist, wird der Eingang Ecke Lisburn Road/Fitzwilliam Street leicht übersehen.

Arnie's Backpackers (☎ 9024 2867; www.arniesbackpackers.co.uk; 63 Fitzwilliam St; B 9–11 £; 🖳) Das seit langem existierende Hostel liegt in einer ruhigen Reihenhausstraße im Universitätsviertel. In der Nähe haben sich viele gut besuchte Bars und Restaurants niedergelassen. Zwar wirkt alles etwas eng, doch das echte Kohlenfeuer, nette Mitbewohner und der sehr zuvorkommende Arnie (samt seiner zwei niedlichen Jack-Russel-Terrier) machen das sicher wett.

LP Tipp **Ark** (☎ 9032 9626; www.arkhostel.com; 44 University St; B 11 £, EZ/DZ 20/32 £; 🖳) In ein todschickes neues Haus an der Ecke University Street/Botanic Avenue – mitten ins Studentenviertel – ist das Ark umgezogen. Klein, gesellig und neu ausstaffiert, mit eigenem Internetcafé, präsentiert sich das sehr familienfreundliche Haus. Sperrstunde ist um 2 Uhr nachts. Nach dem kleinen Schild über der Haustür Ausschau halten.

Kate's B&B (☎ 9028 2091; katesbb127@hotmail.com; 127 University St; EZ/DZ 25/50 £) Kate's ist so richtig gemütlich – von den bunten Blumenkästen an den Fenstern bis zum hübschen Esszimmer. Hier tummeln sich neben viel Kleinkram auch meistens einige Katzen. Die Räume sind einfach, aber zweckmäßig, die Duschen etwas eng, aber bei diesem Preisniveau kann man sich eigentlich nicht beschweren. Die Botanic Avenue ist nur wenige Minuten entfernt.

All Seasons B&B (☎ 9068 2814; www.allseasonsbelfast. com; 356 Lisburn Rd; EZ/DZ/FZ 30/50/60 £; 🅿) Zwar nicht im Zentrum, aber dafür mitten auf der trendigen Lisburn Road, zwischen Cranmore Avenue und Cranmore Gardens, 150 m hinter der Polizeistation, befindet sich die Villa aus roten Ziegeln. Im Inneren warten helle, farbenfrohe Zimmer, moderne Bäder, ein geschmackvoller kleiner Frühstücksraum und ein bequemer Aufenthaltsraum. Die Buslinien 9A oder 9B fahren vom Zentrum aus hierher.

MITTELKLASSEHOTELS

Bienvenue Guesthouse (☎ 9066 8003; bienvenueguest house@aol.com; 8 Sans Souci Park; EZ/DZ 42/60 £; 🖳 🅿) Das in einer ruhigen Seitenstraße der Malone Road gelegene Guesthouse bietet vier Zimmer mit Bad/WC und Telefon in einem großen viktorianischen Gebäude. Die vier Zimmer entsprechen Hotelstandards und sind mit antiken Möbeln und Direktwahl-Telefon ausgestattet. Außerdem ist die Rezeption rund um die Uhr geöffnet und es liegen Tageszeitungen aus.

LP Tipp **Old Rectory** (☎ 9066 7882; www.anold rectory.co.uk; 148 Malone Rd; EZ/DZ 46/66 £; 🅿) Das schöne ehemalige viktorianische Pfarrhaus aus rotem Ziegelstein mit vielen original erhaltenen Details bietet vier geräumige Zimmer und einen gemütlichen Salon mit Ledersofa. Raffiniertes wird zum Frühstück serviert, etwa Wildbretwürstchen, Rührei mit Räucherlachs und frisch gepresster Orangensaft. Vom Zentrum aus braucht man zehn Minuten mit dem Bus; die leicht versteckte Zufahrt liegt auf der linken Seite, direkt hinter dem Deramore Park South.

Camera Guesthouse (☎ 9066 0026; camera_gh@ hotmail.com; 44 Wellington Park; EZ/DZ 50/68 £) Das gemütliche und einladende viktorianische B&B hat einen offenen Kamin im Aufenthaltszimmer. Das Reihenhaus liegt in einer der vielen alleeartigen, ruhigen Straßen von South Belfast. Das leckere Frühstück wird aus Bioprodukten zubereitet, und das nette Eigentümerpaar erzählt einem gerne alles Wissenswerte über die Stadt.

Tara Lodge (☎ 9059 0900; www.taralodge.com; 36 Cromwell Rd; EZ/DZ/3BZ 65/75/105 £; 🖳 🅿) Das B&B verfügt über einen eindeutig höheren Standard als die durchschnittlichen Pensionen in South Belfast. Schicke, minimalistische Inneneinrichtung, zuvorkommendes und effizient arbeitendes Personal, erstklassiges Frühstück sowie 18 freundliche und helle Zimmer machen das Tara Lodge zu einer guten Wahl. Die Unterkunft liegt in einer ruhigen Seitenstraße, ganz in der Nähe der lebhaften Botanic Avenue.

Crescent Town House (☎ 9032 3349; www.crescent townhouse.com; 13 Lower Cres; EZ/DZ/3BZ ab 90/110/130 £; 🖳 ♿) Ein weiteres geschmackvolles Boutique-Hotel in perfekter Lage am Rande der städtischen Partymeile. Das elegante viktorianische Stadthaus wartet mit einem DesignerParadies auf: Die Zimmer sind im Ralph-Lauren-Stil mit viel Seide, die luxuriösen Bäder mit Molton-Brown-Kosmetik und begehbaren Duschen ausgestattet.

SPITZENKLASSEHOTELS

LP Tipp **Malone Lodge Hotel** (☎ 9038 8000; www. malonelodge.com; 60 Eglantine Ave; EZ/DZ/Apt. ab 85/120/109 £; 🖳 🅿) Das Malone ist das Herzstück einer baumbestandenen viktorianischen Reihenhausstraße und hat viel Lob für die großen, exklusiv ausgestatteten Zimmer mit elegantem Gold- und Navy-Dekor, das gute Essen sowie das hilfsbereite, freundliche Personal bekommen. Auch bietet das Hotel Fünfsterne-Apartments mit ein, zwei oder drei Schlafzimmern für Selbstversorger an.

Best Western Wellington Park Hotel (☎ 9038 1111; www.wellingtonparkhotel.com; 21 Malone Rd; EZ/DZ ab 105/120 £; 🖳 🅿 ♿) Die moderne, sonnig-gelbe Einrichtung mit einigen Designerextras macht Wellie Park für Familien und Geschäftsreisen de gleichermaßen attraktiv. Ob superweiche Sofas, Bademäntel und -schlappen oder die aufs Zimmer gebrachte Tagespresse – so verwöhnt kommt man gern immer wieder. Wenn Partyfans an Wochenenden hier absteigen, kann es allerdings etwas laut werden,.

Außerhalb des Stadtzentrums

Dundonald Touring Caravan Park (☎ 9080 9100; www.theicebowl.com; 111 Old Dundonald Rd, Dundonald; Campingplatz/Wohnwagenstellplatz 9,50/16,50 £; ⏳ März–Sept.) Der kleine Platz mit nur 22 Stellplätzen befindet sich 7 km östlich des Zentrums in einem Park neben der Dundonald Icebowl, südlich der A20 nach Newtownards, und ist der am stadtnächsten gelegene Campingplatz.

Farset International (☎ 9089 9833; www.farsetinternational.co.uk; 446 Springfield Rd; EZ/DZ 34/48 £; P &) Die am ehesten als charmantes Hostel zu beschreibende Unterkunft in West Belfast wird von der Stadt unterhalten. Der freundliche, helle, moderne Bau mit seinen Außenanlagen überblickt einen kleinen See. Alle 38 Zimmer verfügen über Bad und TV. Frühstück ist im Preis enthalten. Abends kann man im Restaurant speisen, und Selbstversorger können eine Küche im Haus benutzen.

ESSEN

In den letzten fünf Jahren hat sich die Restaurantszene durch eine wahre Flut von neuen Lokalen völlig verändert. Sie alle bieten einen Standard, der es mit den besten Restaurants in Europa aufnehmen kann.

Stadtzentrum

Das Haupteinkaufsviertel nördlich des Donegall Square wird abends nach 19 Uhr zu einem stillen Labyrinth von heruntergelassenen Gittern und verlassenen Straßen. Tagsüber können sich die vielen Pubs, Cafés und Restaurants dagegen kaum vor Kundschaft retten. In den Abendstunden ist südlich des Donegall Square bis zum Shaftesbury Square am meisten los.

GÜNSTIG

Charlie's Gourmet Sandwich Bar (☎ 9024 6097; 48 Upper Queen St; Hauptgerichte 1–4 £; ⏳ Mo–Sa 8–17 Uhr) Charlie's lohnt sich für preiswerte, gesunde, sättigende Sandwiches. Auch das Frühstück mit getoastetem *soda bread* oder Ulster fry ist nicht zu verachten.

Ann's Pantry (☎ 9024 9090; 29-31 Queen's Arcade; Hauptgerichte 1,20–5 £; ⏳ Mo–Sa 9–17.30 Uhr) Diese

kleine Bäckerei mit angeschlossenem Café serviert köstliche hausgemachte Suppen, Pasteten (unbedingt *Steak-and-Guinness Pie* probieren), Kuchen und individuell zusammengestellte Sandwiches. Alles kann mitgenommen oder vor Ort gegessen werden.

Café Paul Rankin (☎ 9031 5090; 27-29 Fountain St; Hauptgerichte 2–5 £; ⏳ Mo–Mi, Fr & Sa 7.30–18, Do 7.30–18 Uhr) Geführt vom berühmtesten Küchenchef Nordirlands lockt das Café mit Qualitätskaffee, Kuchen, Focaccia, Suppen, Pasta und Salaten. Auf den bequemen Bänken und Sofas kann man es sich schön gemütlich machen.

LP Tipp **Flour** (☎ 9033 9966; 46 Upper Queen St; Hauptgerichte 4–5 £; ⏳ Mo–Mi, Fr & Sa 7.30–17.30, Do 22.30 Uhr) Die flippige kleine Crêperie führt hungrige Shopper mit einer tollen Auswahl an Baguettes, süßen und herzhaften Pfannkuchen mit Oliven, Feta und getrockneten Tomaten in Versuchung. Außerdem werden hausgemachte Suppen und frisch gepresste Säfte angeboten.

Morning Star (☎ 9023 3976; 17 Pottinger's Entry; Hauptgerichte 5–15 £; ⏳ Mo–Sa, Küche 12–21 Uhr) Die ehemalige Kutschenstation ist für ihr All-you-can-eat-Mittagsbüfett (5 £) berühmt. Oben im Restaurant kommen traditionelle irische Fleischgerichte (Riesensteak mit 700 g für 15 £), Muscheln, Austern, Aal, aber auch ausgefallene Genüsse wie Krokodil und Strauß auf den Tisch. Siehe auch S. 646.

MITTELTEUER

Altos (☎ 9032 3087; Anderson McCauley Bldg, Fountain St; Hauptgerichte 6–10 £; ⏳ Mo–Mi 10–17, Do bis 20, Fr & Sa bis 18 Uhr) An den Wänden des angesagten Bistros mit seinen hohen Decken hängen riesige moderne Gemälde. Die leichten Türkis- und Ockertöne passen zur mediterran angehauchten Speisekarte. Auch Vegetarier kommen im Altos nicht zu kurz.

Archana (☎ 9032 3713; 53 Dublin Rd; Hauptgerichte 6–11 £; ⏳ Mo–Sa 12–14 & 17–24, So 17–23 Uhr) Gemütliches und unprätentiöses indisches Lokal.

BELFASTS TOP-RESTAURANTS

■ Beatrice Kennedy's (S. 645)

■ Cayenne (S. 643)

■ Deane's Restaurant (S. 643)

■ Roscoff (S. 643)

■ Shu (S. 645)

Auf der separaten „Little-India"-Karte steht eine gute Auswahl an vegetarischen Gerichten. Ein *thali* (Platte mit drei Currys, Reis, *naan*-Brot, *pakora* und Dessert) macht für nur 13/9 £ (mit/ohne Fleisch) so richtig satt.

LP Tipp **Mourne Seafood Bar** (☎ 9024 8544; 34-36 Bank St; Hauptgerichte 9–14 £; ✆ Mo 12–18, Di 9–21, Mi & Do 12–21.30, Fr & Sa 12–22.30, So 13–18 Uhr) Entspannte Pub-Atmosphäre, rote Ziegelsteine und dunkles Holz mit von der Decke baumelnden Öllampen erwartet einen hier. Die Bar versteckt sich hinter einem Fischhändler, frischer als hier bekommt man Seafood also nicht serviert. Ein paar Menüvorschläge gefällig? Austern *au naturel* oder Rockefeller (Austern mit Petersilie, Parmesan und einer Sauce aus Butter, Kräutern und Bröseln), zarten Jakobsmuscheln mit Safran-Linguini, Tintenfisch mit Salz und Chili, gegrillter Knurrhahn mit Senf und Dillsauce. Da das Restaurant immer gerammelt voll ist, reserviert man am besten im Voraus, besonders am Sonntag.

Speranza 2 (☎ 9023 0213; 16-19 Shaftesbury Sq; Hauptgerichte 9–15 £; ✆ Mo–Sa 17–23.30, So 12.30–14.30 & 15–22 Uhr) Nunmehr seit 20 Jahren ist das kürzlich umgestaltete, Speranza eine echte Institution. In dem großen lebhaften italienischen Restaurant werden traditionelle Pizza und Pasta, aber auch ausgefallenere Kreationen serviert. Mit spezieller Kinderkarte, Kinderstühlen und Malbüchern ausgestattet fühlen sich auch Familien hier sehr wohl. Reservierung ist erst ab sechs Personen möglich. Ansonsten schaut man einfach vorbei und wartet notfalls an der Bar auf einen freien Tisch.

Water Margin (☎ 9032 6888; 159-161 Donegall Pass; Hauptgerichte 11–16 £; ✆ 12–23 Uhr) In der stilvoll umgestalteten Kirche, nur fünf Gehminuten östlich vom Shaftesbury Square entfernt, sind Anbeter der kantonesischen Küche genau richtig. Authentische chinesische Speisen, von kantonesischen Köchen zubereitet, und das freundliche, professionelle Personal machen das Water Margin zu einer empfehlenswerten Adresse im Stadtzentrum.

Oxford Exchange (☎ 9024 0014; 1. OG, St George's Market, Oxford St; Hauptgerichte 11–17 £; ✆ Mo–Do 12–22, Fr 12–23, Sa 17–23 Uhr) Schick und stilvoll präsentiert sich das lebhafte Oxford mit Dielenboden, schokoladenbraunen Stühlen, weißen Leinenservietten und einer gelben Tulpe auf jedem Tisch. Auf der Karte stehen beispielsweise Kabeljau in Bierteig mit Erbsenmus oder in Zeitungspapier servierte Riesenpommes.

Cayenne (☎ 9033 1532; 7 Ascot House, Shaftesbury Sq; Hauptgerichte 12–20 £, 2-/3-Gänge-Mittagessen 13/16 £; ✆ Mo–Fr 12–14.15, Mo–Do 18–22.15, Fr & Sa 18–20.45 Uhr) Hinter der anonymen Milchglasfassade verbirgt sich ein vielfach ausgezeichnetes, von dem bekannten Fernsehkoch Paul Rankin betriebenes Speiselokal. Die Innenausstattung in Schwarz und Bernsteinfarbe ist mit Konzeptkunst durchsetzt. Erstklassige irische Produkte, mit asiatischer oder mediterraner Note zubereitet, kommen im Cayenne auf den Tisch.

Ginger (☎ 9024 4421; 7-8 Hope St; Hauptgerichte 14–18 £; ✆ Mo–Sa 12–15 & 17–22 Uhr) An der unscheinbaren Außenfassade läuft man leicht vorbei – und verpasst damit einiges: Das gemütliche, kleine Bistro kredenzt nämlich Gerichte weitab des Üblichen. Der mit flammend rotem Haar gesegnete Chef (daher der Name) versteht sich auf seine Fertigkeiten. Aus erstklassigen irischen Zutaten zaubert er exquisite Gerichte wie Salat aus scharf angebratenem Lendensteak mit süß eingelegten Zwiebeln, Wasabi und Mangopüree, Austernpilz-Törtchen mit leichtem grünem Linsenpüree und Pommes aus Pastinaken.

TEUER

Deane's Restaurant (☎ 9033 1134; 34-40 Howard St; Hauptgerichte 15–20 £, 2-/3-Gänge-Mittagessen 16/20 £; ✆ Mo–Sa 12–15 & 17.30–22 Uhr) Michael Deane ist Küchenchef im einzigen Restaurant Nordirlands, das mit einem Michelin-Stern ausgezeichnet ist. Er verarbeitet nur beste irische und britische Produkte – Rindfleisch, Wild, Lamm, Fisch & Meeresfrüchte – für seine erstklassigen Gerichte. Typisch sind hier gebratene Jakobsmuscheln mit eingelegten Karotten, pürierter Brunnenkresse und Orangenvinaigrette, Wildbret mit Kartoffelpuffer, rotes Krautkompott oder *confit* von gewürzten Birnen. Der 2007 neu umgestaltete Speisesaal gibt sich heute ultracool, weitläufig und minimalistisch.

LP Tipp **Roscoff** (☎ 9031 1150; 7-11 Linenhall St; Hauptgerichte 16–22 £; ✆ Mo–Fr 12–14.15, Mo–Do 18–22.15, Fr & Sa 18–23.15 Uhr) Die dezente Einrichtung in blauen, weißen und dunkelgrauen Schattierungen, die polierten Holzfußböden und die weißen Leinen bilden eine stilvolle Kulisse für diese exklusive und gut geführte Restaurant. Trotz aller Optik steht hier das Essen an erster Stelle. Ebenfalls Paul Rankin gehörend, lässt sich das Roscoff von irischen Zutaten und der französischen Küche inspirieren und begeistert beispielsweise mit *carpaccio* (hauchdünne Scheiben von rohem Fleisch) von Wild mit Sellerieremoulade oder geschmortem Steinbutt mit Muscheln und Estragoncreme. 2- bzw. 3-Gänge-Menüs zu Mittag schlagen mit 16/20 £, 3-Gänge-Dinnermenüs mit 25 £ (nur Mo–Do) zu Buche.

Great Room (☎ 9023 4888; Merchant Hotel, 35-39 Waring St; 2-/3-Gänge-Mittagessen 16/20 £, Hauptgerichte 23–25 £; ☼ 7–23 Uhr) In der ehemaligen Schalterhalle der Ulster-Bank-Zentrale untergebracht, erstrahlt der große Speisesaal in atemberaubender Eleganz, mit vergoldetem Stuck, rotem Plüsch, Cherubinen aus weißem Marmor und einem gigantischen Kristallkronleuchter unter einer Glaskuppel. Passend zum Interieur die Speisen: dekadent und deliziös. Ob Gänseleberpastete, Lamm, Trüffel oder Kaviar – die französische Note ist unverkennbar.

Cathedral Quarter & Umgebung

John Hewitt Bar & Restaurant (☎ 9023 3768; 51 Donegall St; Hauptgerichte 5–7 £; ☼ Küche Mo–Sa 12–15 Uhr) Der nach dem Belfaster Dichter und Sozialisten benannte moderne Pub hat eine traditionelle Atmosphäre, und zu Recht genießt die Küche einen exzellenten Ruf. Das innovative Angebot mit wöchentlich wechselnder Karte umfasst etwa Tarte mit Brokkoli und Cashel-Käse mit sautierten Kartoffeln und Salat. Die Bar ist ein großartiger Platz für einen Drink (S. 646).

McHugh's Bar & Restaurant (☎ 9050 9999; 29-31 Queen's Sq; Mittagessen 5–7 £, Abendessen 8–15 £; ☼ Küche Mo–Sa 12–22, So 12–21 Uhr) Der restaurierte Pub mit alten Holzbänken und Sitzecken, alles schön traditionell, gilt als eines der besten Bar-Restaurants der Stadt. Während im Untergeschoss traditionelle Pubspeisen serviert werden (bis 19 Uhr), wird man oben mit raffinierteren Gerichten verwöhnt (ab 17 Uhr). Spezialität des Hauses sind orientalische Pfannenrührgerichte.

Hill Street Brasserie (☎ 9058 6868; 38 Hill St; Mittagessen 5–7 £, Abendessen 14–22 £; ☼ Mo–Sa 12–15, Di–Sa 17–23 Uhr) kann es durchaus mit Designstudios und Galerien in den Straßen rundum aufnehmen, denn diese kleine Brasserie wartet mit einer trendigen Einrichtung, Holz- und Schieferböden und einem oliv-auberginenfarbenem Interieur auf. Zwar erscheinen die Dinnerpreise etwas übertrieben, mittags kann man sich aber an leckerem Burger, dem Risotto des Tages und geschmack- und gehaltvollem Seafood Chowder preiswert satt essen.

Nick's Warehouse (☎ 9043 9690; 35-39 Hill St; Hauptgerichte 10–19 Uhr; ☼ Küche Mo–Fr 12–14.30, Di–Sa 18–21.30 Uhr) Nick's war bei seiner Eröffnung 1989 ein echter Pionier im Cathedral Quarter. Das geräumige Restaurant mit Weinbar aus roten Ziegelsteinen und hellem Holz lockt Gäste, die das Essen oder einen guten Drink genießen, gleichermaßen an. Die Speisekarte verspricht orignelle Seafood- und vegetarische Gerichte, etwa gegrillter Schwertfisch auf Kokosreis mit Ananas-, Chili- und Mais-Relish, Roulade aus Spinat, Paprika und Parmesan in Tomatensauce und Basilikumpesto.

South Belfast

GÜNSTIG

Maggie May's (☎ 9032 2662; 50 Botanic Ave; Hauptgerichte 3–6 £; ☼ Mo–Sa 8–22.30, So 10–22.30 Uhr) Wie zu Hause fühlt man sich in dem kleinen Café mit zwei Reihen gemütlicher Sitznischen und farbenprächtigen Wandgemälden vom alten Belfast. Zur Mittagszeit ist es voll mit verkaterten Studenten, die riesige Spätfrühstücksteller verschlingen. Ganztägig können Morgenmahlliebhaber hier von Tee mit Toast bis zu Pfannkuchen mit Ahornsirup alles Mögliche bestellen. Zum Lunch gibt es Suppen, Sandwiches oder ein *Steak-and-Guinness Pie*; Daim-Riegel und klebrig-süße Toffees gibt's für Leckermäuler zum Nachtisch. BYOB (Getränke sind selbst mitzubringen).

Other Place (☎ 9020 7200; 79 Botanic Ave; Hauptgerichte 7–9 £; ☼ 8–15 Uhr) Ebenfalls sehr beliebt in Studentenkreisen. Hier kann man in Ruhe zwischen roten Ziegelsteinen, orangefarbenem Kiefernholz und Antiquitäten die Sonntagszeitung studieren. Wer am Vorabend zu tief ins Glas geschaut hat, bekämpft seinen Kater mit einer großen Portion Lasagne, *cajun pita* (spezielles Fladenbrot) oder hausgemachten Hamburgern. Frühstück gibt es bis 11 Uhr.

MITTELTEUER

LP Tipp Molly's Yard (☎ 9032 2600; 1 College Green Mews; Mittagessen 5–8 £; 2-/3-Gänge-Abendessen 20/25 £; ☼ Mo–Sa 12–21.30 Uhr) In ehemaligen viktorianischen Stallungen untergebracht, wartet das exzellente Restaurant im Erdgeschoss mit einer gemütlichen Bistro-Bar und Tischen im Hof sowie oben mit einem rustikalen Speiseraum ganz luftig unterm Dach auf. Das saisonal variierende Menü umfasst je etwa ein halbes Dutzend Vorspeisen und Hauptgerichte, und zwar von exklusiven Variationen, wie Penne mit Enten-*confit*, gegrilltem Knoblauch und

Parmesancreme, bis zu herzhaften traditionellen Gerichten wie *cottage pie*. Molly's Yard besitzt sein eigenes Brauhaus (S. 647).

Café India (☎ 9066 6955; 42-46 Malone Rd; Hauptgerichte 7–10 £; ⏰ Mo–Do 12–14.30 & 17–23.30, Fr & Sa 12–24, So 13–23.30 Uhr) Die große rustikale Scheune über mehrere Ebenen mit lackiertem Holz hat deutlich mehr als das durchschnittliche indische Restaurant zu bieten. Das Essen ist ausgesprochen gut, sehr empfehlenswert etwa *palok chaat* (gewürzter Spinat und im Teigmantel frittierte Zwiebeln) und *Chicken tikka achari zeera* (*tandoori*-Hühnchen in einer scharfen Sauce mit Kreuzkümmel und Essiggurken).

Deane's at Queen's (☎ 9038 2111; 1 College Gardens; Hauptgerichte 8–14 £; ⏰ Mo & Di 11.30–21, Mi–Sa 11.30–22, So 13–17 Uhr) Michael Deane, Belfasts bekanntester Küchenchef, betreibt diese entspannte Bar mit Grill. Das Angebot umfasst exquisite Pub-Kost zu moderaten Preisen, etwa Muscheln in Cidre, Lauch-Gruyère-Tarte, Lyoner Wurst mit Sauerkraut, Schellfisch & Pommes frites mit Erbsenmus und Dill-Tartare.

Café Conor (☎ 9066 3266; 11A Stranmillis Rd; Hauptgerichte 8–15 £; ⏰ 9–23 Uhr) Im ehemaligen Glasdach-Studio des Belfaster Künstlers William Conor serviert dieses Bistro Pasta, Salate, Burger, Pfannengerührtes und irische Leibgerichte, wie Wurst mit Zwiebelsauce. Frühstück, etwa Waffeln mit Speck und Ahornsirup, bekommt man hier unter der Woche bis 12 Uhr und am Wochenende bis 15 Uhr. Der helle, großzügige Speisesaal wird von einem Porträt Conors dominiert.

Serai (☎ 9032 4000; 1 University St; Hauptgerichte 10–12 £; ⏰ Sa 12–14.30 & 17.30–23, So 12–14.30 & 17.30–22.30 Uhr) Hier treffen sich wohlhabendere Studenten auf ein Glas chilenischen Sauv Blanc. Das stilvolle Bar-Restaurant bietet asiatisch inspirierte Küche, sei es saftiges *satay*-Hühnchen und Salat mit Sojasauce und Sesam oder gebratener Tintenfisch mit Zitronengras und Chili oder *ikan kukus* (in Bananenblättern gedünsteter Fisch mit scharf-saurer Sauce). Preiswert lässt es sich am frühen Abend (17.30–19 Uhr) speisen: Ein Menü aus zwei Gängen plus Getränk kostet 12,50 £.

Shu (☎ 9038 1655; 253 Lisburn Rd; Hauptgerichte 10–18 £; ⏰ Mo–Fr 12–14.30 & 18–21, Sa 19–21.30 Uhr) Wer schon immer wissen wollte, was für die ganzen Möchtegern-Designer-Restaurants mit dunklem Holz und braunem Leder als Vorbild diente, ist hier richtig: Das Shu gilt eindeutig als der Pionier unter derartigen Adressen in Belfast. Das elegante Restaurant mit Kellerbar räumt immer noch regelmäßig Preise ab. Die französisch inspirierte Karte bietet Froschschenkel und Gänseleberpastete, gebratenes Maishuhn mit Ragout aus weißen Bohnen und Zitronenthymian oder *pithivier* (eine Art Pastete) mit Wildpilzen, Kürbis und Ricotta und pürierten Pastinaken.

LP Tipp **Beatrice Kennedy's** (☎ 9020 2290; 44 University Rd; Hauptgerichte 14–17 £; ⏰ Di–Sa 17–22.15, So 12.30–14.30 & 17–20.15 Uhr) Hier führen Studenten von Queen's ihre Eltern zu einem todschicken Dinner aus. Kein Wunder – bei dem in Kerzenschein getauchten edwardianischen Speisesaal in Grün und Burgunderrot mit roten Ziegelwänden, polierten Holzdielen, weißem Leinen und braunen Lederstühlen kommt schon die richtige feierlich-gediegene Stimmung auf. Die Gerichte sind so schlicht wie erstklassig, einschließlich hausgemachtem Eis und Brot – ob Tarte mit geräucherter Forelle und Krabben oder gebratener Seeteufel mit Kürbispüree und Fenchel. Vegetarier können aus einer speziellen Karte auswählen, die u. a. Apfel-Spinat-Tarte, Kartoffelgratin und Fenchelsalat bereithält. Wer am frühen Abend (17–19 Uhr) vorbeischaut, kann eine 2-Gänge-Dinner für 13 £ bestellen.

Außerhalb des Stadtzentrums

An Caife (☎ 9096 4184; Cultúrlann MacAdam ÓFiaich, 216 Falls Rd, West Belfast; Hauptgerichte 5–7 £; ⏰ Mo–Sa 9–21, So 10–18 Uhr). Bei der Erkundung West Belfasts lohnt sich ein Zwischenstopp im Café des Kulturzentrums (S. 632). Hier kommt altbewährte Hausmannskost wie Eintöpfe, Suppen, Pizza, Kuchen, *scones* (Teegebäck) und frisches Gebäck auf den Tisch.

Cutters River Grill (☎ 9080 5100; 4 Lockview Rd, Stranmillis; Mittagessen 8–13 £, Abendessen 9–19 £; ⏰ Küche 12–22 Uhr) Eines der wenigen Bar-Restaurants in Belfast, die unmittelbar am Fluss liegen. Lunch wird auch auf der Terrasse mit Blick auf den Lagan serviert, sodass man bei hausgemachter Lasagne und Salat mit gepökelten Hühnchenstreifen gleichzeitig die Boote vom nahe gelegenen Ruderclub beobachten kann.

AUSGEHEN

Belfasts Kneipenszene ist lebhaft und friedlich. Die älteren traditionellen Pubs haben es mittlerweile ziemlich schwer, sich gegen die wachsende Konkurrenz stilvoller Designerbars zu behaupten.

BELFAST

TOP FIVE:
TRADITIONSPUBS IN BELFAST

- Bittle's Bar (S. 646)
- Crown Liquor Saloon (S. 646)
- Duke of York (S. 647)
- Kelly's Cellars (S. 646)
- Morning Star (S. 646)

Öffnungszeiten bewegen sich meist von 11 oder 11.30 Uhr bis Mitternacht oder 1 Uhr, sonntags von 12.30 bis 24 Uhr. Manche Pubs bleiben auch den Sonntag geschlossen oder öffnen erst um 16 oder 18 Uhr.

An den Türstehern vorbeizukommen ist der schwierigste Teil beim Ausgehen in Belfast. Da es so viele Sicherheitsleute in der Stadt gibt, ist freundliches, gut ausgebildetes Personal eher eine Seltenheit. Einige schicke Bars haben eine Kleiderordnung, was bedeutet: keine Turnschuhe, keine Jeans, keine Baseballmützen, damit die Sicherheitskameras die Gesichter gut aufnehmen können, und definitiv keine Fußballfarben. Manche verbieten sogar ausdrücklich politische Tätowierungen.

Stadtzentrum

Crown Liquor Saloon (☎ 9024 9476; 46 Great Victoria St) Die berühmteste Bar von Belfast besitzt eine wunderbare viktorianische Inneneinrichtung. Trotz der sich hier massenhaft tummelnden Touristen (S. 626) kommen mittags und am frühen Abend viele Einheimische vorbei.

Garrick Bar (☎ 9032 1984; 29 Chichester St) Erst kürzlich wurde das 1870 gegründete Garrick renoviert. Dunkle Holzvertäfelung, Fliesenböden, eine Bar mit Säulen und alte Öllampen aus Messing garantieren aber weiterhin eine schön traditionelle Atmosphäre. Die gemütlichen Sitznischen haben lederbezogene Bänke, und ein echtes Kohlenfeuer erwärmt jeden Raum. Im vorderen Bereich wird mittwochs ab 21 Uhr und freitags von 17 bis 21 Uhr traditionelle Livemusik gespielt.

Irene & Nan's (☎ 9023 9123; 12 Brunswick St) Das Irene & Nan's wurde nach zwei Seniorinnen aus einem nahe gelegenen Pub benannt, die als zwei echte Glamour Queens auftraten. Die Bar verkörpert den neuen Belfaster Bartyp mit jeder Menge Designerchic und angeschlossenem Bistro. Ein entspannter Ort im Retrostil der 1950er-Jahre, der leckere Bistrogerichte und Cocktails serviert.

Morning Star (☎ 9023 5986; 17 Pottinger's Entry) Mindestens seit 1810 existiert diese Bar, die im *Belfast News Letter* als Endstation für die Kutsche von Dublin nach Belfast erwähnt wurde. Die hufeisenförmige Theke ist ziemlich groß, und gemütliche Sitzecken eignen sich bestens für ungestörte Unterhaltungen. Das Morning Star liegt neben weiteren traditionellen Pubs etwas versteckt in den kleinen Gassen, die von der High Street abzweigen. Siehe auch S. 641.

White's Tavern (☎ 9024 3080; 1-4 Wine Cellar Entry) 1630 gebaut, 1790 erneuert – und damit angeblich Belfasts älteste Taverne. Im Gegensatz zu Pubs boten Tavernen sowohl Verköstigung als auch Unterkunft an. Während unten die traditionelle irische Bar mit Torffeuer und Livemusik (Folk) von Mittwoch bis Samstag aufwartet, sorgen DJs im Obergeschoss, zwischen roten Ziegeln, hellem Holz und poliertem Kupfer, von Dienstag bis Sonntag für gute Stimmung und die passenden Klänge.

Kelly's Cellars (☎ 9032 4835; 1 Bank St) Belfasts ältestes Pub (im Unterschied zur Taverne, siehe oben White's Tavern), 1720 eröffnet, war ein Treffpunkt von Henry Joy McCracken und die United Irishmen, als sie 1798 ihren Aufstand planten. Es heißt, McCracken versteckte sich hinter der Bar vor britischen Soldaten, die ihn festnehmen wollten. Die altmodische Einrichtung ist bis heute geblieben, mit Deckengewölbe, abgescheuertem Tresen, voller Nippes und bunt gemischtem Publikum.

Bittle's Bar (☎ 9031 1088; 103 Victoria St) Immer gut besucht und sehr traditionell. Das Bittle's ist in Belfasts einzigem „Bügeleisen"-Gebäude, einem dreieckigen roten Ziegelbau aus dem 19. Jh., mit vergoldeten Kleeblättern verziert, untergebracht. Im keilförmigen Inneren schmücken Gemälde berühmter irischer Literaten die Wände, die von dem einheimischen Künstler Joe O'Kane gemalt wurden. Der Stolz des Pubs hängt an der Rückwand: Yeats, Joyce, Behan und Beckett stehen mit Guinnessgläsern an der Theke, während Wilde auf der anderen Seite Bier zapft.

Cathedral Quarter & Umgebung

John Hewitt Bar & Restaurant (☎ 9023 3768; 51 Donegall St) Das Hewitt gehört zu den wenigen Bars, die noch keine Fernseher und Spielautomaten aufgestellt haben. Geräusche macht einzig das Stimmengewirr. Neben Guinness werden hier auch Hilden Real Ales aus dem nahe gelegenen Lisburn sowie Hoegaarden und Erdinger Weißbier ausgeschenkt. Sessions mit Folk, Jazz und Bluegrass finden samstags ab 18 Uhr, sonntags ab 15 Uhr und wochentags ab etwa 21 Uhr statt. Siehe auch S. 640.

Northern Whig (☎ 9050 9888; 2 Bridge St) Eine georgianische Druckerei beherbergt heute diese moderne, schicke Bar. Das geräumige Innere wird von drei riesigen Statuen des sozialistischen Realismus, die Anfang der 1990er-Jahren aus Prag gerettet wurden, eingenommen. Nachmittags lässt es sich in den bequemen Sofas und Sesseln in modischen Schokoladen- und Café-au-lait-Farbtonen herrlich entspannen. Freitags und samstags wird es hier ab etwa 17 Uhr wesentlich lauter, wenn Damen und Herren in getrennten Grüppchen beginnen, ihre Bacardi Breezers und WKDs (Alkopop-Getränk mit Wodka) hinunterzukippen.

Duke of York (☎ 9024 1062; 11 Commercial Ct) Versteckt in einer Gasse mitten im ehemaligen Zeitungsviertel liegt das urgemütliche, traditionelle Duke. Einst trafen sich hier Drucker und Journalisten, die auch heute manchmal vorbeischauen. Zum Ruhm trug sicherlich bei, dass der Sinn-Féin-Führer Gerry Adams hier zu seinen Studentenzeiten hinter dem Tresen jobbte.

Spaniard (☎ 9023 2448; 3 Skipper St) Stil ist im Spaniard ein Fremdwort. Die enge Bar wirkt so vollgestopft, als wäre sie einfach irgendwo in eine Wohnung gezwängt worden. Jedes einzelne der abgenutzten Sofas strahlt aber mehr Atmosphäre aus als so manche durchgestylte Hochglanzbar. Freundliche Bedienung, gutes Bier, bunt gemischtes Publikum und Musik in einer Lautstärke, die auch noch Unterhaltungen zulässt – was will man mehr? Sonntags von 21 Uhr bis Mitternacht können sich Gäste Songs wünschen.

Rotterdam (☎ 9074 6021; 54 Pilot St) In dem puristischen, kompromisslos altmodischen Pub herrscht eine tolle Atmosphäre; Steinböden, offenes Feuer, niedrige Decken und perfekt eingeschenktes Guinness tragen viel dazu bei. Das Rotterdam ist für seine mitreißenden Live-Sessions (Jazz, Folk, Rock oder Blues) an fast allen Abenden bekannt. Im Sommer ziehen mit den Tischen auch die Gigs vor die Tür ins Freie.

South Belfast

Eglantine (☎ 9038 1994; 32 Malone Rd) Das „Eg" ist eine lokale Institution und gilt allgemein als die beste Studentenkneipe der Stadt. Hier

wird gutes Bier und Essen serviert; an den meisten Abenden stehen DJs hinter dem Mischpult. Während am „wilden Mittwoch" der elektrischer Rodeostier, Spaßboxen, Sumo-Ringen und andere Vergnügungen Massen anziehen, dreht sich dienstags alles rund um das große Unterhaltungs- und Musikquiz. An den Wochenenden wird hier gelegentlich auch in größerer Runde gefeiert.

Botanic Inn (☎ 9050 9740; 23-27 Malone Rd) Zusammen mit dem „Eg" und „Welly Park" (Wellington Park) bildete das „Bot" früher die zweite Säule des berühmt-berüchtigten Studentenpub-Dreiecks in der Malone Road. Während das renovierte Wellington Park heute leider eher die Anonymität einer Flughafen-Lounge ausstrahlt, ist das „Bot" immer noch eine wilde Adresse. Donnerstag bis Samstag ist oben im Top of the Bot Club Tanzen angesagt – dafür stehen die Leute bis auf die Straße Schlange –, und mittwochs kommen ab 21 Uhr Folkmusikfans live auf ihre Kosten. Außerdem werden Sportereignisse auf einer Großleinwand übertragen.

Globe (☎ 9050 9848; 36 University Rd) Das populäre Studentenpub scheint zugleich das Karaokezentrum von Belfast zu sein. Praktisch jeden Abend gibt es „Sing-it-yourself"-Sessions. Die Dekoration im Stil der 1970er-Jahre passt gut zu den wilden Retro-Sessions am Mittwochabend. Samstagnachmittag kann man Fußball- oder Rugbyspiele auf riesigen Bildschirmen verfolgen.

Molly's Yard (☎ 9032 2600; 1 College Green Mews; ☽ So geschl.) Die atmosphärische Restaurant-Bar (siehe auch S. 644) beherbergt Irlands erstes Brauhaus. Hier werden drei Biersorten hergestellt: Belfast Blonde (im Stil mitteleuropäischen Lager), Molly's Chocolate Stout und Headless Dog, ein dunkelbernsteinfarbenes Ale mit fruchtigem Hopfenaroma.

UNTERHALTUNG

Das Belfast Welcome Centre gibt die kostenlose monatliche Broschüre *Whatabout?* heraus, dass alle Veranstaltungen, Pubs, Clubs und Restaurants aufführt. Die Donnerstagausgabe des *Belfast Telegraph* hat eine eigene Unterhaltungs-Rubrik mit Club-Events, Tanzvorführungen und Kinoprogramm. Freitags bieten die *Irish News* Ähnliches unter der Überschrift „Scene".

Big List (www.thebiglist.co.uk) ist ein jeden Mittwoch erscheinendes kostenloses Wochenblatt, das über Pubs, Clubs und Musikveranstaltungen in ganz Nordirland informiert. Der Schwerpunkt liegt aber auf Belfast. **Belfast Beat** (www.admanpublishing.com) ist ein kostenloses Monatsheft und enthält einen Veranstaltungskalender für Freitag und Samstag. Ebenfalls einmal im Monat erscheint **ArtsListings** (www.art slistings.com); das Gratismagazin hält Kunstinteressierte in Nordirland auf dem Laufenden.

Nachtclubs

Clubs haben in der Regel zwischen 21 und 3 Uhr geöffnet, letzter Einlass ist um 1 Uhr.

Milk (☎ 9027 8876; www.clubmilk.com; Tomb St; Eintritt 5–10 £; ☺ Mi–So) In einem umgebauten Lagerhaus mit roten Ziegelmauern untergebracht, behauptet das Milk seine Stellung als einer der heißesten und vornehmsten Clubs von Belfast. Donnerstags findet hier die größte R&B und Hiphop-Nacht statt, freitags stehen Disco, House und Electro auf dem Programm, und samstags kommen Haus- und Gast-DJs zum Zug.

La Lea (☎ 9023 0200; www.lalea.com; 43 Franklin St; Eintritt 2–5 £; ☺ Mi–Sa ab 21 Uhr) Belfasts angeblich renommiertester Nachtclub ist das Ziel für Cocktail schlürfende, modebewusste Gäste über 23 (das bedeutet: keine Studenten). An der Tür wird das Publikum konsequent ausgesiebt. Imposant wirkt die Inneneinrichtung mit futuristischer Beleuchtung und großen kambodschanischen Steinköpfen.

QUB Student Union (☎ 0870 241 0126; Mandela Hall, Queen's Students Union, University Rd) Die Student Union betreibt mehrere Bars und Clubs, wo Musikveranstaltungen, Clubnächte und Liveauftritte stattfinden. Das Shine (www.shine.net; jeweils am ersten Samstag des Monats; Eintritt 19 £) ist einer der besten Nachtclubs in Belfast. Haus- und Gast-DJ's heizen mit härteren Tanzrhythmen im QUB mehr ein als in den meisten anderen Clubs.

Stiff Kitten (☎ 9023 8700; www.thestiffkitten.com; Bankmore Sq, Dublin Rd; Eintritt 5–10 £; ☺ Mo–Mi 23–1, Do bis 2, Fr bis 2.30, Sa bis 3, So bis 24 Uhr) Wer sich nicht so recht mit dem Studentenpublikum anfreunden kann, ist in dieser neuen stilvollen Bar mit Club gut aufgehoben. Das Stiff Kitten wird vom gleichen Management wie das Shine geführt und bietet ebenfalls klasse Musik, strahlt aber mehr Glamour aus – wie es einem 25+-Publikum wohl gefällt.

Schwulen- & Lesbentreffs

Belfasts schnell wachsende Schwulenszene konzentriert sich auf das Cathedral Quarter.

Über aktuelle Veranstaltungen kann man sich unter www.gaybelfast.net und www.queerni.com informieren.

Kremlin (☎ 9080 9700; www.kremlin-belfast.com; 96 Donegall St; ☺ Di 21–2.30, Mi–So 21–3 Uhr) Das Kremlin mit seinem sowjetischem Kitsch – Herz und Seele der nordirischen Schwulenszene – gehört Schwulen und wird auch von ihnen betrieben. Eine Leninstatue geleitet Besucher in die Tsar-Bar, von wo aus die Long Bar zum zentralen Clubbing-Bereich, dem „Roten Platz", führt. Hier ist jede Nacht was los. Event Horizon (Eintritt 5 £, 24–6 Uhr) ist samstags die einzige durchgehend geöffnete Clubnacht.

Dubarrys Bar (☎ 9032 3590; www.dubarrysbar.co.uk; 10-14 Gresham St) Eine der neuesten Adressen für Belfasts Schwule wendet sich an ein etwas älteres, intellektuelles Publikum und lockt mit durchgestyltem Interieur, coolen Melodien und gepflegter Konversation statt Blinklicht und dröhnender Tanzmusik. Lick! (www.lickwomen.com) ist die Clubnacht für Lesben, jeweils am dritten Freitag des Monats.

Mynt (☎ 9023 4520; www.myntbelfast.com; 2-16 Dunbar St) Ein weiterer neuer Club mit riesiger luxuriöser Lounge Bar und zwei weiteren Räumen. Die ganze Woche über wird hier Unterhaltung geboten. Höhepunkt bilden die sonntäglichen Shows, die von Belfasts beliebtester Transvestitenkönigin, Titti von Tramp, moderiert werden.

Union Street (☎ 9031 6060; www.unionstreetpub.com; 8-14 Union St) Stilvolle moderne Bar im Retro-Look mit vielen unverputzten Ziegelsteinen und dunklem Holz; kurios sind auch die Waschbecken in der Toilette. Das Union Street lockt sowohl homo- wie auch heterosexuelle Gäste an. Alle schätzen die entspannte Atmosphäre und das gute Essen.

Weitere schwulenfreundliche Pubs sind: **Nest** (☎ 9032 5491; 22-28 Skipper St), John Hewitt (S. 646) und Spaniard (S. 647).

Livemusik & Comedy

Bekannte Bands und Showgrößen treten vor ausverkauften Rängen in der Ulster Hall, Waterfront Hall, Odyssey Arena und King's Hall auf.

GROSSVERANSTALTUNGEN

Waterfront Hall (☎ 9033 4455; www.waterfront.co.uk; 2 Lanyon Pl) Die eindrucksvolle Waterfront ist mit 2235 Sitzen Belfasts größter Konzertsaal. Hier gastieren lokale, nationale und internationale Gäste, die Bandbreite reicht von Popstars bis zu Sinfonieorchestern.

Odyssey Arena (☎ 9073 9074; www.odysseyarena.com; 2 Queen's Quay) Das Heimatstadion der Eishockeymannschaft der Belfast Giants dient auch als Bühne für große Unterhaltungsveranstaltungen, wie z. B. Rock- und Popkonzerte, Bühnenshows und Hallensportwettbewerbe.

King's Hall (☎ 9066 5225; www.kingshall.co.uk; Lisburn Rd) In dem größten Ausstellungs- und Konferenzzentrum Nordirlands finden Musikshows, Messen und Sportveranstaltungen statt. Man gelangt mit allen Bussen entlang der Lisburn Road bzw. per Bahn bis Balmoral Station zur King's Hall.

ROCK

Belfast Empire (☎ 9024 9276; www.thebelfastempire.com; 42 Botanic Ave; Eintritt 4–10 £) Die umgebaute spätviktorianische Kirche bietet auf drei Etagen Unterhaltung und ist für ihre legendären Livekonzerte bekannt. Donnerstags präsentieren sich die besten lokalen und britischen Talente des Showbusiness, der Samstag ist bekannten und Tribut-Bands vorbehalten, der Dienstagabend der Comedy.

Limelight (☎ 9032 5942; www.the-limelight.co.uk; 17-19 Ormeau Ave) Der Mix aus Pub und Club mit Veranstaltungsbereich gleich nebenan (Spring and Airbrake, alles unter der gleichen Leitung) ist eine der ersten Adressen für Live-Rock und Indie. Hier traten schon Bands wie Oasis oder Franz Ferdinand, die Manic Street Preachers und die Kaiser Chiefs auf. Weitere Highlights: die alternative Clubnacht Helter Skelter (Eintritt 5 £, jeden Samstag ab 22 Uhr) und Belfasts größte Studentennacht Shag (Eintritt 3 £, jeden Dienstag ab 22 Uhr).

Lavery's (☎ 9087 1106; www.lavs.co.uk; 14 Bradbury Pl) Seit 1918 von derselben Familie geführt. In dem Zechtempel tummeln sich auf mehreren brechend vollen Ebenen Trinkfreudige aller Altersgruppen, ob Studenten oder Touristen, Biker oder Businessleute. In der Bar treten mittwochs einheimische Sänger und Liedermacher auf und donnerstags sorgen Independent und Alternative Bands für stimmungsvolle Livemusik. Während der Bunker Sonntag bis Donnerstag für lokale Bands und Musiker on tour reserviert ist, bestimmen DJs freitags und samstags das Programm.

FOLK, JAZZ & BLUES

Einige Pubs bieten regelmäßig Live-Sessions mit traditioneller irischer Musik, etwa Botanic Inn, Garrick Bar, White's Tavern, John Hewitt, Kelly's Cellars und Rotterdam (siehe Ausgehen).

Jazz- und Blues-Fans schauen am besten mal bei Hewitt, McHugh's, Rotterdam (siehe Ausgehen), im Crescent Arts Centre (siehe unten) sowie der **Kitchen Bar** (☎ 9032 4901; www.thekitchenbar.com; 38 Victoria Sq) vorbei.

KLASSIK

Ulster Hall (☎ 9032 3900; www.ulsterhall.co.uk; Bedford St) Ulster Hall, 1862 gebaut, ist ein beliebter Veranstaltungsort für alle möglichen Events von Rock- über Orgelkonzerte zur Mittagszeit bis zu Boxkämpfen und Aufführungen des Ulster Orchestra (www.ulster-orchestra.org.uk). Bis Ende 2008 ist die Halle leider wegen Renovierungsarbeiten geschlossen.

Die **School of Music** (☎ 9033 5337; www.music.qub.ac.uk; University Rd) der Queen's University veranstaltet jeden Donnerstag kostenlose Aufführungen zur Mittagszeit. Abendkonzerte finden im schönen Harty Room (School of Music, University Square) und am Sonic Arts Research Centre (Cloreen Park) statt, gelegentlich auch in der geräumigeren Sir William Whitla Hall (University Road). Interessierte können sich das Programm von der Webseite runterladen.

COMEDY

Belfast hat keinen ausgesprochenen Comedy-Club. Regelmäßige Abende werden aber im **Spring and Airbrake** (Ormeau Ave), Belfast Empire (S. 649) und bei der QUB Student Union (S. 648) abgehalten.

Theater & Oper

Grand Opera House (☎ 9024 1919; www.goh.co.uk; 2-4 Great Victoria St; ◷ Theaterkasse Mo–Fr 8.30–21, Sa –18 Uhr) Der großartige traditionsreiche Opernsaal ist Veranstaltungsort für Opern, Musicals und Comedy-Shows. Die Theaterkasse befindet sich auf der anderen Straßenseite, Ecke Howard Street.

Lyric Theatre (☎ 9038 1081; www.lyrictheatre.co.uk; 55 Ridgeway St; ◷ Theaterkasse Mo–Fr 10–19, Sa 16–19 Uhr) Im Lyric, südlich der Botanic Gardens unweit vom Fluss, wird klassisches Theater aufgeführt. Es finden aber auch viele Veranstaltungen des Belfast Festival at Queen's (S. 639) statt. Hollywoodstar Liam Neeson sammelte hier erste Bühnenerfahrung.

Old Museum Arts Centre (☎ 9023 3332; www.oldmuseumartscentre.org; 7 College Sq N; ◷ Theaterkasse

Mo–Sa 9.30–17.30, vor Veranstaltungen bis 19.30 Uhr)
Hochkarätige Theater- und Comedy-Veranstaltungen, gelegentlich auch Lesungen (Prosa und Lyrik) sowie Tanzdarbietungen.

Crescent Arts Centre (☎ 9024 2338; www.crescent
arts.org; 2-4 University Rd) Hier finden Konzerte,
Theateraufführungen, Workshops, Lesungen
und Tanzkurse statt. Außerdem gibt es regelmäßige Clubnächte (New Moon, 22 Uhr–
open end, Eintritt 6£, jeden ersten Samstag
im Monat) mit Livebands und anschließend
DJs. The Crescent ist auch Gastgeber eines
zehntägigen Literaturfestivals (Between the
Lines) im März und eines Tanzfestivals (City
Dance) im Juni.

Black Box (☎ 9024 4400; www.blackboxbelfast.com;
18-22 Hill St) beschreibt sich selbst als Ort für
„Livemusik, Theater, Literatur, Comedy, Film,
Bildende Kunst, Live Art, Zirkus, Kabarett
und alles, was dazwischen liegt". Die neue,
ansprechende Location liegt mitten im Cathedral Quarter.

Kino

Movie House (☎ 9024 5700; www.moviehouse.co.uk;
14 Dublin Rd) Multiplexkino im Stadtzentrum mit zehn
Sälen.

Queen's Film Theatre (☎ 9097 1097; www.queens
filmtheatre.com; 20 University Sq) Programmkino mit zwei
Sälen, nahe der Universität; einer der Hauptveranstaltungsorte des Belfast Film Festival.

Storm Cinemas (☎ 9073 9134; www.stormcinemas.
co.uk; Odyssey Pavilion) Größtes Multiplexkino der Stadt
mit zwölf Sälen und durchgehend Stadionsitzen, an den
Odyssey Complex angeschlossen.

Sport

Rugby, Fußball, Gaelic Football und Hockey
werden im Winter gespielt, Cricket und Hurling im Sommer.

Der **Windsor Park** (☎ 9024 4198; off Lisburn Rd),
südlich des Zentrums, ist Austragungsort internationaler Fußballspiele. Mehr Informationen stehen unter www.irishfa.com.

Im **Casement Park** (☎ 9038 3815; www.antrimgaa.
net; Andersonstown Rd), in West Belfast gelegen,
werden Gaelic Football- und Hurlingspiele
ausgetragen.

Odyssey Arena (☎ 9073 9074; www.odysseyarena.com;
2 Queen's Quay) Das Eishockeyteam der Belfast
Giants ist ein wahrer Publikumsmagnet in der
Arena im Odyssey Complex. Die Saison dauert von September bis März. Außerdem finden hier Hallensportarten wie Tennis und
Leichtathletik statt.

SHOPPEN

In der Belfaster Innenstadt konzentrieren sich
die gängigen Warenhausketten und Kaufhäuser in einem geschlossenen Einkaufsviertel
nördlich der City Hall. Zu den größten Shopping Malls zählen das **Castle Court Centre** (Royal
Ave) und der brandneue **Victoria Square** (zw. Ann
St & Chichester St). Donnerstags haben die Geschäfte bis 21 Uhr geöffnet.

Neuere Einkaufsstraßen finden sich in der
ultrahippen Lisburn Road zwischen Eglantine
Avenue und Balmoral Avenue. Eine lange
Reihe von roten Ziegelstein- und imitierten
Tudor-Fassaden säumt die Straße. Dahinter
lassen Modeboutiquen, Inneneinrichter,
Kunstgalerien und Feinkostläden, Espresso-
und Weinbars sowie exklusive Restaurants
keine Wünsche offen. Auf der Bloomfield
Avenue in East Belfast haben sich überraschend viele Designerläden (etwa ein Dutzend) niedergelassen.

Für Nordirland typische Waren sind das
elegante Belleek-Porzellan, alte und neue Leinenprodukte sowie Tyrone-Kristall.

Wicker Man (☎ 9024 3550; 12 Donegall Arcade;
Mo–Mi & Fr 9–18, Do 9–21, Sa 9–17.30, So 13–17 Uhr)
präsentiert eine ausgezeichnete, zeitgemäße
Auswahl an irischem Kunsthandwerk, Geschenken, Silberschmuck, Glas und Strickwaren.

Fresh Garbage (☎ 9024 2350; 24 Rosemary St;
Mo–Mi, Fr & Sa 10.30–17.30, Do 10.30–20 Uhr) Durch
die Goth-Symbole an der Tür kann man diesen Laden nicht verfehlen. Er ist schon seit
über 20 Jahren eine Kultadresse für Hippie-
und Gothklamotten sowie für keltischen
Schmuck.

Steensons (☎ 9024 8269; Bedford House, Bedford St;
Mo–Sa 10–17.30, Do bis 19 Uhr) Wer auf der Suche
nach handgefertigtem Schmuck ist, wird hier
sicher fündig. Steensons bietet Waren mit
modernem Design in Silber, Gold und Platin
aus einer Goldschmiede in Glenarm, County
Antrim (S. 708).

Archive's Antique Centre (☎ 9023 2383; 88 Donegall
Pass; Mo–Fr 10.30–17.30, Sa 10–18 Uhr) Eine richtige
Schatzkammer für Sammelobjekte und Kuriositäten. Auf drei Stockwerken wird irisches
Silber, Messing, Pub-Andenken, Militaria,
Bücher und Lampenzubehör verkauft.

Tiso (☎ 9023 1230; 12-14 Cornmarket; Mo, Di, Fr &
Sa 9.30–17.30, Mi 10–17.30, Do 9.30–20, So 13–17 Uhr) Ein
Eldorado für Wanderer und Kletterer: Hier
kann man sich mit Campingausrüstung und
wetterfester Kleidung eindecken.

Surf Mountain (☎ 9024 8877; 12 Brunswick St; ✹ Mo–Sa 9–17.30 Uhr) Skater- und Snowboardausrüstung für cooles Publikum.

Black & Lizars (☎ 9032 1768; 8 Wellington Pl; ✹ Mo–Sa 9–17.30 Uhr) Erste Adresse für jedweden Fotobedarf, auch für digitale Filme.

Matchetts Music (☎ 9026 8661; 6 Wellington Pl; ✹ Mo–Sa 9–17.30 Uhr) Gut ausgestattet mit Akustikinstrumenten von Gitarren und Mandolinen bis zu Flöten und *bodhráns* samt Noten und Liederbüchern für traditionellen irischen Folk.

Phoenix Records (☎ 9023 9308; Haymarket Arcade, Royal Ave; ✹ Mo–Sa 10–17 Uhr) Besitzer ist der Musikproduzent Terry Hooley, der unter seinem Label Good Vibrations 1978 *Teenage Kicks* von den Undertones herausbrachte. Belfasts bester Plattenladen, gleichzeitig kann man hier Konzerttickets kaufen und Informationen über Musikveranstaltungen erhalten.

Andere gute Einkaufsmöglichkeiten für irisches Handwerk und Musik u. a. bei Cultúrlann MacAdam ÓFiaich (S. 632; Mo–Fr 9–17.30, Sa 10–17.30 Uhr) und Conway Mill (S. 632; Mo–Fr 10–16 Uhr).

AN- & WEITERREISE
Bus
Belfast hat zwei Busbahnhöfe. Das größere **Europa BusCentre** (☎ 9066 6630) liegt hinter dem Hotel Europa neben dem Bahnhof Great Victoria Street Station, zu erreichen über die Great Northern Mall neben dem Hotel. Von hier fahren die Busse nach Derry, Dublin und zu weiteren Orten im westlichen und südlichen Nordirland ab. Das kleinere **Laganside BusCentre** (☎ 9066 6630; Oxford St) in Flussnähe bedient hauptsächlich Ziele im County Antrim, im östlichen County Down und Cookstown.

Beide Busbahnhöfe verfügen über **Informationsschalter** (✹ Mo–Fr 7.45–18.30, Sa 8–18 Uhr) und verteilen regionale Busfahrpläne. **Translink** (☎ 9066 6630; www.translink.co.uk) gibt ebenfalls Auskunft über Abfahrtzeiten und Tarife.

National Express (☎ 0870 580 8080; www.nationalexpress.com) bietet täglich eine Verbindung zwischen Belfast und London (34 £, 14 Std.) an, mit der Fähre nach Stranraer, via Dumfries, Carlisle, Preston, Manchester und Birmingham. Fahrkarten bekommt man im Europa BusCentre.

Informationen über Preise, Fahrtdauer und -häufigkeit in ganz Irland findet man auf S. 773.

Einfache Fahrten ab Belfast kosten:

Ziel	Preis (£)	Fahrzeit (Std.)	Häufigkeit
Armagh	7	1¼	Mo–Fr stündl. Sa 8-mal, So 3-mal
Ballycastle	8	2	Mo–Sa tgl. 3-mal
Bangor	3	¾	Mo–Sa halbstündl. So 8-mal
Derry	9	1¾	Mo–Sa halbstündl.,- So 11-mal
Downpatrick	4.50	1	Mo–Fr mind. stündl. Sa 6-mal, So 4-mal
Dublin	10	3	Mo–Sa stündl.
Enniskillen	9	2¼	Mo stündl., So 2-mal
Newcastle	6	1¼	Mo–Sa stündl., So 7-mal

Flugzeug
Flüge von Nordamerika, dem europäischen Festland und einigen großen britischen Flughäfen landen am **Belfast International Airport** (☎ 9448 4848; www.belfastairport.com; Aldergrove), 30 km nordwestlich der Stadt. Infos siehe S. 774.

Direktflüge aus Cork, Galway und den meisten britischen Städten landen auf dem günstiger gelegenen **George Best Belfast City Airport** (☎ 9093 9093; www.belfastcityairport.com; Airport Rd), nur 6 km nordöstlich des Stadtzentrums.

Schiff/Fähre
Der Autofährhafen der **Stena Line** (☎ 0870 570 7070; www.stenaline.co.uk), die Verbindungen von Belfast nach Stranraer in Schottland betreibt, liegt 2 km nördlich des Stadtzentrums. Um dorthin zu gelangen, fährt man die York Street entlang und biegt kurz hinter dem Yorkgate Centre rechts in die Dock Street ein. Weitere Autofähren nach Schottland legen in Larne, ungefähr 30 km nördlich von Belfast (S. 775), ab.

Fähren der **Norfolkline** (☎ 0870 600 4321; www.norfolkline-ferries.co.uk) zwischen Belfast und Liverpool docken am Victoria Terminal, 5 km nördlich der Stadt, an. Man nimmt die M2 Richtung Norden und biegt Ausfahrt 1 rechts ab.

Die **Steam Packet Company** (☎ 0871 222 1333; www.steam-packet.com) bedient die Strecke zwischen Belfast und der Isle of Man (3-mal wöchentl., nur April–Sept.). Abgefahren wird vom Dock nach Donegall Quay, in der Nähe des Stadtzentrums.

Für weitere Informationen zu Fährlinien und Preisen siehe S. 776.

THUMB TAB

Zug

Züge in Richtung Dublin und zu allen nordirischen Bahnhöfen fahren an der **Central Station** (East Bridge St) ab. Wer nach Portadown, Lisburn, Bangor, Larne Harbour und Derry reisen möchte, muss sich zur **Great Victoria Street Station** (Great Northern Mall) am Europa Bus-Centre begeben.

Auskünfte zu Tarifen und Fahrplänen erteilt **Translink** (☎ 9066 6630; www.translink.co.uk). Beim **NIR Travel Shop** (☎ 9023 0671; Great Victoria St Station; ◷ Mo–Fr 9–17, Sa bis 12.30 Uhr) kann man Züge, Fähren und Ferienpauschalangebote buchen. Das Zugticket für Reisende, die an der Central Station ankommen, gilt auch für eine einmalige Busfahrt im Stadtzentrum.

Zugfahrkarten von Belfast kosten durchschnittlich:

Ziel	Preis (£)	Fahrzeit (Std.)	Häufigkeit
Bangor	4	½	Mo–Sa halbstündl., So 8-mal
Derry	10	2¼	Mo–Sa 7- oder 8-mal tägl., So 4-mal
Dublin	24	2	Mo–Sa 8-mal tägl., So 5-mal
Larne Harbour	5	1	stündlich
Newry	8	¾	Mo–Sa 10-mal tägl., So 5-mal
Portrush	8	1¾	Mo–Sa 7- oder 8-mal tägl., So 4-mal

Sonntags lohnt sich ein Sunday-Day-Tracker-Ticket (5£), das zu unbegrenzter Nutzung aller Linienzüge in Nordirland berechtigt.

Weitere Informationen zum Bahnnetz in Irland siehe S. 775.

UNTERWEGS VOR ORT

Belfast verfügt über die wunderbare Einrichtung eines integrierten öffentlichen Verkehrssystems: Buslinien verbinden beide Flughäfen mit den Bahn- und Busbahnhöfen.

Auto & Motorrad

Autos können in Belfast eher hinderlich als nützlich sein, denn die Parkmöglichkeiten sind in der Innenstadt eingeschränkt. Am Straßenrand muss man von Montag bis Samstag zwischen 8 und 18 Uhr einen Parkschein lösen. Wer länger parken will, sollte eines der vielen mehrstöckigen Parkhäuser rund um das Stadtzentrum ansteuern.

Die wichtigsten Autovermietungen sind: **Avis** (www.avisworld.com) Stadtzentrum (☎ 9024 0404; 69-71 Great Victoria St); George Best Belfast City Airport (☎ 0870 608 6317); Belfast International Airport (☎ 0870 608 6316)
Budget (www.budget-ireland.co.uk) Stadtzentrum (☎ 9023 0700; 96-102 Great Victoria St); George Best Belfast City Airport (☎ 9045 1111); Belfast International Airport (☎ 9442 3332)
Europcar (www.europcar.com) George Best Belfast City Airport (☎ 9045 0904); Belfast International Airport (☎ 9442 3444)
Hertz (www.hertz.co.uk) George Best Belfast City Airport (☎ 9073 2451) Belfast International Airport (☎ 9442 2533)

Die auf der ganzen Insel operierende Agentur **Dooley Car Rentals** (☎ 9445 2522; www.dooleycarrentals.com; 175 Airport Rd, Belfast International Airport, Aldergrove) ist zuverlässig und preiswert: Für einen Kleinwagen zahlt man etwa 130£ pro Woche; dazu kommen nochmals 48£ für eine volle Tankladung. Gibt man den Wagen fast leer wieder ab, fährt man mit dieser Autovermietung dennoch günstiger als mit den großen Konkurrenzunternehmen.

Bus

Das Buslinennetz in Belfast wird von **Metro** (☎ 9066 6630; www.translink.co.uk) betrieben. Dabei werden immer mehr Niederflurbusse eingesetzt, die auch Rollstuhlfahrern problemloses Einsteigen ermöglichen.

Fahrkarten gibt es beim Busfahrer (inkl. Wechselgeld) und kosten zwischen 1 und 1,60£, je nach Streckenlänge. Dort bekommt man auch Metro Day Tickets (3,50£) für unbegrenzte Busnutzung im Innenstadtbereich (ganztägig Mo–Sa). Mit günstigeren Tickets kann man Montag bis Samstag erst ab 10 Uhr (2,50£) sowie den ganzen Sonntag (2,50£) fahren.

Die meisten Stadtbusse starten von den verschiedenen Haltestellen rund um den Donegall Square an der City Hall. Beim **Metro Kiosk** (◷ Mo–Fr 8–17.30 Uhr) an der Nordwestecke des Platzes werden kostenlose Übersichtskarten verteilt und Tickets verkauft.

Wer häufig die Stadtbusse benutzt, sollte sich am Metro Kiosk, im Belfast Welcome Centre oder im Europa bzw. Laganside Bus-Centre, eine Smartlink Travel Card besorgen. Die Grundgebühr kostet 1,50£, plus 5/10£ für jeweils fünf/zehn Fahrten. Man kann das Konto immer wieder beliebig aufstocken. Außerdem gibt es eine Wochenkarte, die zu unbegrenzten Fahrten berechtigt und mit

VOLKSTAXIS

Die schwarzen Taxis (*black taxis*), die an der Falls Road und Shankill Road in West Belfast entlang-kurven, haben mehr mit den türkischen dolmuş-Minibussen als mit ihren geräumigen Londoner Namensvettern gemein. Als Sammeltaxis bedienen sie fixe Routen, fahren erst ab, wenn sie voll sind, und lassen unterwegs Passagiere ein- und aussteigen – wie ein normaler Bus.

Und in der Tat dienten die „Volkstaxis", wie sie bald genannt wurden, in den 1970er-Jahren als Ersatz für die städtischen Busse. Denn der reguläre Busverkehr war auf dem Höhepunkt des Bürgerkrieges durch Straßenkämpfe fast völlig zum Erliegen gekommen. Da die Fahrergenossenschaften im Besitz der Stadt sind, konnten in schwierigen Zeiten dringend benötigte Arbeitsplätze geschaffen werden. Hier fanden z.B. ehemalige Internierte oder Gefangene eine neue Beschäftigung. Heute, über 30 Jahre später, sind die *black taxis* aus dem öffentlichen Nahverkehr nicht mehr wegzudenken. Bei der Castle Junction gibt es sogar einen „Busbahnhof" für diese Fahrzeuge.

Falls-Road-Taxis starten an der Castle Junction Ecke King Street/Castle Street. Tagsüber zeigt ein Schild hinter der Windschutzscheibe die Route an. Nach 17.30 Uhr bestimmt der erste Fahrgast in der Schlange die Richtung. Man kann die Taxis überall anhalten. Wer aussteigen will, klopft an die Fensterscheibe und bezahlt dann draußen vom Gehweg aus.

Die Taxis der Shankill Road fahren ab der North Street und halten an den Bushaltestellen. Möchte man aussteigen, sagt man zum Fahrer „next stop" und bezahlt vor dem Aussteigen. Auf beiden Routen kostet eine Fahrt zwischen 1 und 2£.

15,50£ zu Buche schlägt. Beim Einsteigen legt man die Karte einfach auf den Fahrkartenautomaten, der automatisch ein Ticket druckt.

Fahrrad

Die Route 9 des National Cycle Network verläuft mitten durch Belfast und über weite Strecken am westlichen Ufer des River Lagan sowie an der Nordseite des Belfast Lough entlang.

Fahrräder verleihen **McConvey Cycles** (☎ 9033 0322; www.mcconveycycles.com; 183 Ormeau Rd; ☙ Mo–Sa 9–18, Do bis 20 Uhr) und Life Cycles (S.637) für etwa 10£ pro Tag bzw. 40£ pro Woche.

Von/Zu den Fährhäfen

Vom Donegall Quay zur City Hall sind es nur 15 Minuten zu Fuß. Laganside BusCentre liegt nur fünf Gehminuten entfernt. Zu den Terminals von Stena Line und Norfolk Line gibt es allerdings keine öffentlichen Verkehrsanbindungen.

Züge zum Fährhafen in Larne Harbour fahren in der Great Victoria Street Station ab.

Von/Zum Flughafen

Die Airport Express Buslinie 300 verkehrt zwischen dem **Belfast International Airport** und dem Europa BusCentre (einfach/Hin- & Rückfahrt 6/9£, 30 Min.) alle 10 bis 15 Minuten zwischen 7 und 20 Uhr bzw. alle 30 Minuten von 20 bis 23 Uhr, während der Nacht stündlich. Die Rückfahrkarte gilt einen Monat lang. Ein Taxi kostet etwa 25£.

Alle 15 oder 20 Minuten zwischen 6 und 22 Uhr verbindet die Airport Express Buslinie 600 den **George Best Belfast City Airport** mit dem Europa BusCentre (einfach/Hin- & Rückfahrt 1,30/2,20£, 15 Min.). Für ein Taxi ins Stadtzentrum müssen Fahrgäste ungefähr 7£ berappen.

Details zum Airporter Bus von beiden Flughäfen nach Derry siehe S.702.

Taxi

Genauere Informationen über die *black taxis*, die über die Falls Road und Shankill Road fahren, stehen im Kasten auf S.653. Reguläre schwarze Taxis haben vorne und hinten gelbe Nummernschilder und können auf der Straße herangewunken werden.

Kleintaxis (*minicabs*) sind billiger, müssen aber telefonisch vorbestellt werden. Zwei entsprechende Taxiunternehmen: **Fona Cab** (☎ 9023 3333) und **Value Cabs** (☎ 9080 9080).

Zug

Nahverkehrszüge verbinden alle 20 bis 30 Minuten die Bahnhöfe Great Victoria Street Station und Central Station via City Hospital und Botanic Stations. Die Fahrkarten auf dieser Strecke kosten einheitlich 1£.

RUND UM BELFAST

LISBURN & UMGEBUNG

Die südwestlichen Vororte von Belfast reichen bis zum 12 km entfernten Lisburn (Lios na gCearrbhach). Genau wie Belfast gelangte auch Lisburn durch die florierende Leinenindustrie im 18. und 19. Jh. zu Wohlstand. Diesen Teil der Geschichte dokumentiert das hervorragende **Irish Linen Centre & Lisburn Museum** (☎ 9266 3377; Market Sq; Eintritt frei; ⏰ Mo–Sa 9.30–17 Uhr), das in einem schönen Market House aus dem 17. Jh. untergebracht ist.

Während im Erdgeschoss Exponate zur Kultur und historischen Entwicklung der Ge-

gend gezeigt werden, zeichnet oben die prämierte Ausstellung *Flax to fabric* („Vom Flachs zum Stoff") die spannende Geschichte der Leinenindustrie in Nordirland nach. Vor dem Ersten Weltkrieg war Ulster mit etwa 75 000 Beschäftigten die weltweit größte Leinen produzierende Region.

Viele audiovisuelle und interaktive Elemente vermitteln ein anschauliches Bild. So kann man z. B. den Webern an Jacquard-Webstühlen zuschauen oder das Flachsspinnen sogar selbst einmal ausprobieren.

Das **Lisburn Tourist Information Centre** (☎ 9266 0038; Lisburn Sq; ⏰ Mo–Sa 9.30–17 Uhr) liegt an dem Hauptplatz der Stadt.

Nach Lisburn fahren die Buslinien 523, 530 und 532 von der Upper Queen Street in Bel-

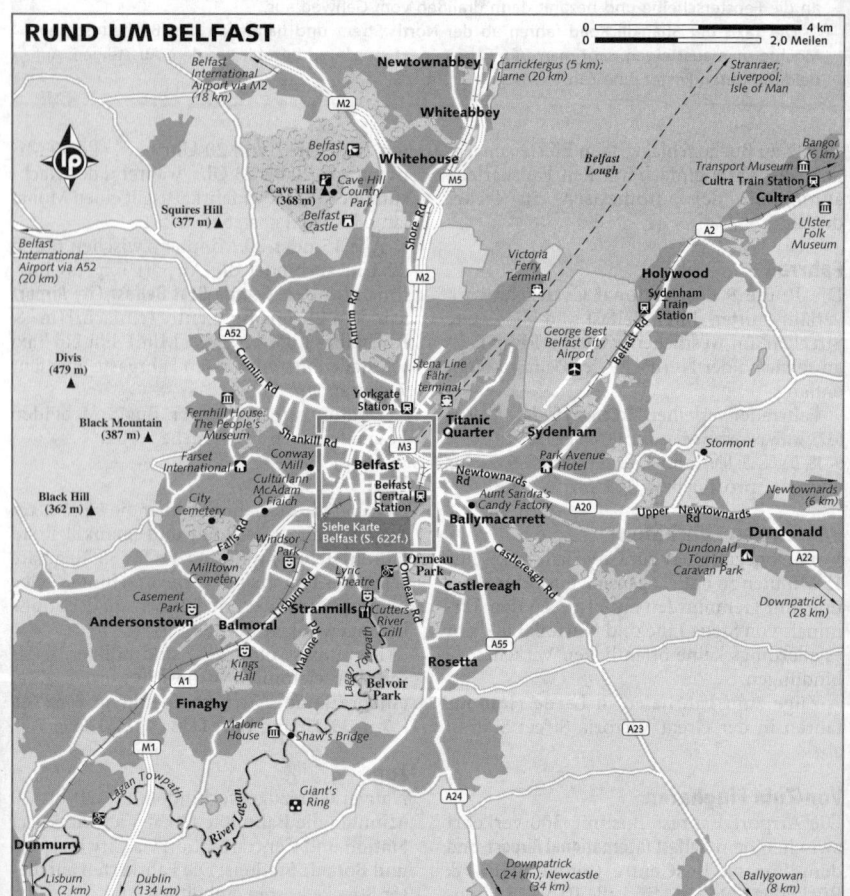

RUND UM BELFAST

fast (2,30 £, 40 Min., Mo–Fr alle 30 Min., Sa & So stündl.). Züge (3 £, 30 Min., Mo–Sa mind. alle 30 Min., So stündl.) verkehren von den Bahnhöfen Belfast Central und Great Victoria Street Station.

ULSTER FOLK MUSEUM & ULSTER TRANSPORT MUSEUM

Zwei der schönsten **Museen** (☎ 9042 8428; www. uftm.org.uk; Cultra, Holywood; Erw./Kind 5,50/3,50 £ pro Museum, Kombiticket 7/4 £; 🕓 Juli–Sept. Mo–Sa 10–18, So 11–18, März–Juni Mo–Fr 10–17, Sa 10–18, So 11–18, Okt.–Febr. Mo–Fr 10–16, Sa 10–17, So 11–17 Uhr) Nordirlands liegen dicht beieinander zu beiden Seiten an der A2.

Auf der südlichen Straßenseite befindet sich das Folk Museum. In diesem Freilichtmuseum können Besucher ein rekonstruiertes Dorf mit Bauernhäusern, Schmieden, Kirchen und Mühlen bestaunen und einen Eindruck vom irischen Leben in den vergangenen Jahrhunderten gewinnen. Stellvertretend für das Industriezeitalter wurden Reihenhäuser des 19. Jhs. mit roten Ziegelsteinen aus Belfast und Dromore hierher gebracht. Im Sommer führen Mitarbeiter in historischen Kostümen u. a. das Decken eines Reetdaches und Pflügen vor.

Gegenüber, auf der anderen Straßenseite, liegt das Transport Museum, eine Art technischer Zoo mit Dampflokomotiven, Waggons, Motorrädern, Straßenbahnen, Bussen und Autos.

Das Highlight der Autosammlung ist der Prototyp des DeLorean DMC, 1981 in Belfast aus rostfreiem Stahl hergestellt. Wirtschaftlich war der Wagen ein Desaster, wurde aber durch den Film *Zurück in die Zukunft* weltberühmt.

Größter Besuchermagnet ist die **Ausstellung** (www.titanicinbelfast.com) zur RMS *Titanic*. Hier sind die originalen Entwurfzeichnungen für die *Olympic* und die *Titanic*, Fotos der Schiffskonstruktion sowie Berichte über ihren Untergang zu sehen. Ergreifend wirkt die vor der Jungfernfahrt lancierte Reklame, darunter eine Anzeige für die Rückfahrt, die niemals stattfinden sollte.

Die Busse nach Bangor halten ganz in der Nähe. Der Bahnhof Cultra Station an der Zugverbindung Belfast–Bangor ist zu Fuß in zehn Minuten zu erreichen.

Counties Down & Armagh

Wenn man vom Gipfel des Scrabo Hill über das Land blickt, liegen die Schätze der Grafschaft Down wie Juwelen vor einem ausgebreitet. Nach Süden erstreckt sich der glitzernde Strangford Lough mit kleinen Inseln. An seinem Ufer erheben sich Castle Espie und das alte Kloster von Nendrum inmitten einer Wattlandschaft voller Vögel; auf der anderen Seite kann man das elegante Landhaus von Mount Stewart und die malerische Halbinsel Ards bestaunen.

An klaren Tagen erkennt man aus der Ferne die Mourne Mountains, deren samtige Hänge ins Meer tauchen, und das viktorianische Seebad Newcastle. Im Norden laden steinige, heidebewachsene Hügel zum Wandern ein und locken mit atemberaubenden Blicken auf Berge, Klippen und Meer. Ganz in der Nähe liegen Downpatrick und Lecale, das alte Betätigungsfeld des irischen Nationalheiligen.

Down ist eine Region mit saftigen Wiesen und fruchtbaren Feldern, ein reiches Land in mehr als nur einer Hinsicht. Hier liegt das wohlhabende Hinterland von Belfast, übersät mit Villen, Golfplätzen und Gourmet-Restaurants. Immerhin ist Down von der Hauptstadt aus leicht zu erreichen. An Wochenenden durchstöbert betuchte Kundschaft die Antiquitätenläden in Saintfield und Greyabbey oder schlürft frische Austern in Dundrum und Portaferry.

Armagh, Downs Nachbargrafschaft, ist ländlich geprägt, mit niedrigen Hügeln im Süden sowie üppigen Obstgärten und Erdbeerplantagen im Norden. Mittendrin die hübsche Kathedralenstadt Armagh. Nachdem es keine militärischen Wachtürme mehr gibt, hat das südliche Armagh seine Beschaulichkeit wiedererlangt. Heute überquert man beim Wandern die Grenze zur Republik, ohne es zu merken.

HIGHLIGHTS

- **Gipfel erstürmen** in den Granitbergen der Mourne Mountains (S. 674)

- **Ulster für Gourmets** Spitzenrestaurants in Hillsborough (gegenüber), Portaferry (S. 663) und Strangford (S. 670)

- **Gutshaus vom Feinsten** Gediegene Architektur und exquisite Parkanlagen am Mount Stewart House (S. 664)

- **Der Natur auf der Spur** Vögel am Castle Espie (S. 666) oder Seehunde bei Portaferry (S. 663) beobachten

- **Landidylle** Abseits der Touristenpfade auf Nebenstraßen durch South Armagh (S. 679)

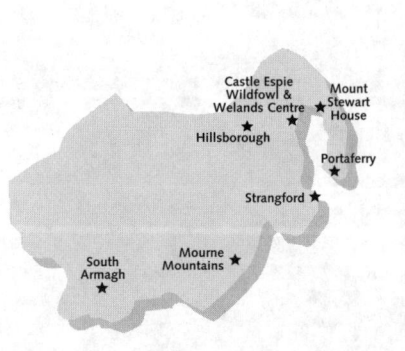

- TELEFONVORWAHL: 028, 048 VON DER REPUBLIK IRLAND
- EINWOHNER: 652 000
- FLÄCHE: 4696 KM²

COUNTY DOWN

DAS ZENTRUM DES COUNTY DOWN

Südlich von Belfast dehnt sich Weideland aus.
Nur das raue Moor von Slieve Croob südwestlich von Ballynahinch sorgt in dieser flachen
Gegend für Abwechslung. Die netten Städtchen Hillsborough und Banbridge liegen an
der A1 von Belfast nach Newry.

Hillsborough

2400 Ew.

Hillsborough ist für die Briten ein geläufiger
Name, denn hier befindet sich die offizielle
Residenz des Staatssekretärs für Nordirland.
Auf Hillsborough Castle werden Staatsober-
häupter empfangen (sowohl US-Präsident
George W. Bush als auch Bill Clinton waren
schon zu Besuch). Hier bettet auch die Queen
ihr gekröntes Haupt, wenn sie in Nordirland
weilt.

Das elegante kleine Hillsborough (Cromgh-
linn) wurde in den 1640er-Jahren von Colonel
Arthur Hill gegründet, der hier eine Festung
anlegte, um irische Aufständische zu unter-
werfen. Georgianische Bauten säumen den
Hauptplatz und die Main Street.

Die **Touristeninformation** (☎ 9268 9717; tic.hillsbo
rough@lisburn.gov.uk; the Square; 🕑 ganzjährig Mo–Sa 9–
17.30, Juli und Aug. So 14–18 Uhr) befindet sich im georgianischen Gerichtsgebäude im Ortszentrum.

SEHENSWERTES & AKTIVITÄTEN

Hauptsehenswürdigkeit des Ortes ist **Hillsborough Castle** (☎ 9268 2244; Main St; Führung Erw./Kind
5/3,50 £, nur Gelände 2,50 £; 🕑 Mai & Juni Sa 11–16.30 Uhr),
ein weitläufiges zweistöckiges Herrenhaus. Es
wurde 1797 im spätgeorgianischen Stil für
Wills Hill, den ersten Marquis von Downshire,
erbaut und in den 1830er- und 40er-Jahren
erheblich umgestaltet. Bei der Führung werden der Empfangssaal und die Speisesäle sowie der Lady Grey Room gezeigt, in dem der
britische Premierminister Tony Blair und US-
Präsident George W. Bush 2003 ihre Irak-
Konferenz abhielten.

Im **Hillsborough Courthouse** (☎ 9268 9717; tic.hills
borough@lisburn.gov.uk; the Square; Eintritt frei; 🕑 ganzjährig Mo–Sa 9–17.30, Juli & Aug. So 14–18 Uhr), einem
schönen alten georgianischen Bauwerk, illustriert eine Ausstellung die Aktivitäten des
Gerichts im 18. und 19. Jh.

Am Beginn der Main Street erinnert ein
Denkmal an Arthur Hill, den vierten Marquis

von Downshire. Gegenüber führt eine Allee
zur **St. Malachy's Parish Church** (Main St; Eintritt frei;
🕑 Mo–Sa 9–17.30 Uhr), einer der schönsten
irischen Kirchen des 18. Jhs. mit Zwillingstürmen am Ende der Seitenschiffe und einer
eleganten Turmspitze auf der Westseite.

Ganz in der Nähe erhebt sich **Hillsborough
Fort** (☎ 9268 3285; Main St; Eintritt frei; 🕑 April–Sept.
Di–Sa 10–19, So 14–19, Okt.–März Di–Sa 10–16, So 14–16
Uhr). Colonel Hill ließ es 1650 als Artilleriefes-
tung anlegen; 1758 baute man es zu einem
Turmhaus im neogotischen Stil um.

FESTIVALS

Jedes Jahr Ende August/Anfang September
überschwemmen etwa 10 000 Menschen – und
6000 Austern aus der Dundrum Bay – den
kleinen Ort, um das dreitägige **Oyster Festival**
(www.hillsboroughoysterfestival.com) zu feiern. Dann
gibt es nicht nur Spezialitäten der Region,
Getränke und viel Spaß, sondern auch einen
internationalen Austern-Esswettbewerb.

SCHLAFEN & ESSEN

Hillsborough mit seinen ausgezeichneten
Restaurants ist so etwas wie ein kulinarischer
Hot Spot. Weil die Lokale viel Zuspruch finden, sollte man an Wochenden am besten
vorher einen Tisch bestellen.

Fortwilliam Country House (☎ 9268 2255; www.
fortwilliamcountryhouse.com; 210 Ballynahinch Rd; EZ/DZ
40/65 £; 🅿) Dieses B&B bietet vier mit antiken
Möbeln luxuriös ausgestattete Zimmer. Besonders schick ist das viktorianische mit rosa
Tapeten, einem riesigen Mahagonischrank
und Blick auf den Garten. Die Eier zum Frühstück stammen von eigenen Hühnern, und es
duftet köstlich nach selbstgebackenem Weiß-
brot. Frühzeitig reservieren!

Hillside Bar & Restaurant (☎ 9268 2765; 21 Main
St; Bargerichte 7–11 £, 3-Gänge-Dinner 28 £; 🕑 Bargerichte
12–14.30 & 16.30–21, Restaurant Fr & Sa 19.30–21.30 Uhr)
In diesem gemütlichen Pub gibt's Real Ale
(und im Winter Glühwein am Kamin), an
Sonntagabenden Livejazz und im Sommer
einen netten Biergarten im Hof hinter dem
Haus. Im Restaurant oben geht es vornehmer
zu. Weiße Tischdecken, Kristallgläser und
die exklusive Karte mit Hummertörtchen,
gebratenen Wachteln, Wildbret und Steak
bestimmen hier das Bild.

LP Tipp **Plough Inn** (☎ 9268 2985; 3 the Square;
Hauptgerichte Bar 8–9 £, Restaurant 13–17 £; 🕑 Bargerichte
12–14.30, Restaurant 18–21.30 Uhr) Dieses gediegene
Pub mit dunklen Holzvertäfelungen, Nischen

und Ecken schenkt seit 1758 Bier aus. Im Restaurant im Rückgebäude wird Gourmetküche serviert. Unverputzte Wände, niedrige Decken und ein Kaminfeuer schaffen einen gemütlichen Rahmen für die interessanten Gerichte von Sushi bis Steak.

AN- & WEITERREISE
Linie 238 des Goldline Express vom Belfaster Europa BusCentre hält auf dem Weg nach Newry in Hillsborough (3 £, 25 Min., Mo–Sa mindestens stündl., So 8-mal).

Banbridge & Umgebung
Banbridge (Droíchead na Banna) ist ebenfalls ein hübsches Städtchen aus dem 18. Jh., das durch den Leinenhandel reich wurde.

Die Hauptstraße, Bridge Street, führt von der Brücke über den River Bann (daher der Name der Stadt) bergauf zur ungewöhnlichen **Downshire Bridge** auf der Hügelkuppe. Im 19. Jh. unterbrach man die Straße auf halber Höhe und trug die Hügelkuppe ab, damit die königlichen Postkutschen die Steigung besser schafften – allerdings nur, weil die Post gedroht hatte, sonst wegen des Berges die Stadt künftig zu boykottieren.

Am anderen Flussufer steht das **Crozier Monument** mit vier eigenwillig gemeißelten Eisbären. Captain Francis Crozier (1796–1848), der aus Banbridge stammte, befehligte die HMS *Terror*. Er erfror bei Sir John Franklins gescheiterter Suche nach der Nordwestpassage durch die Arktis. Crozier wohnte in

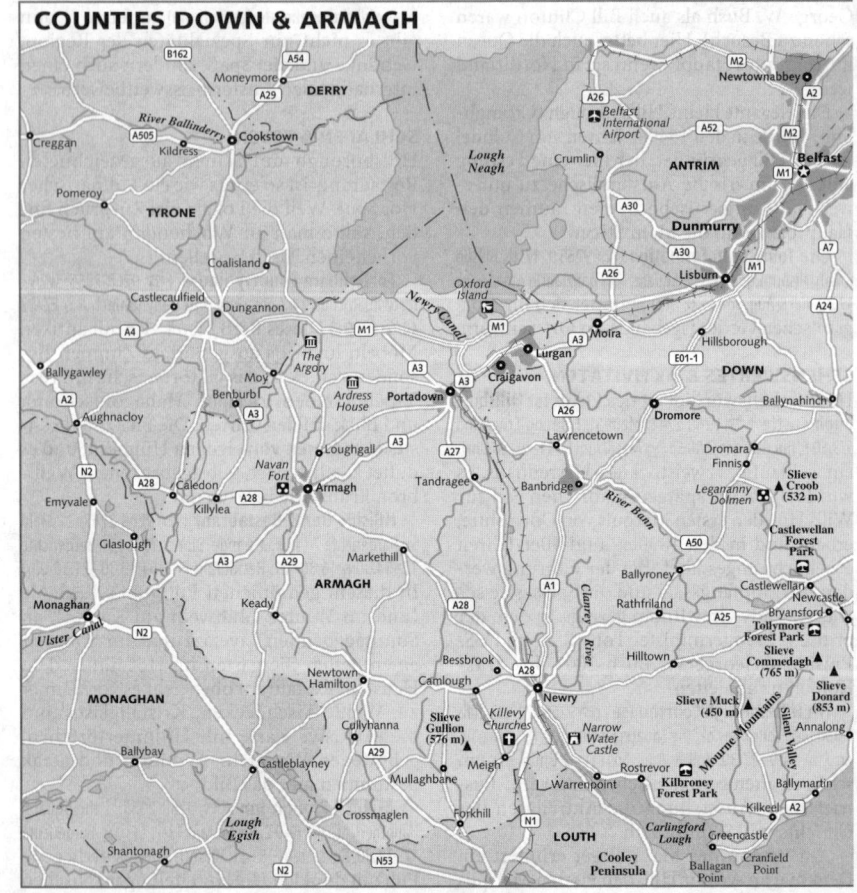

COUNTIES DOWN & ARMAGH

dem schönen blau-grauen georgianischen Haus gegenüber vom Denkmal.

In Banbridge beginnt der **Brontë Homeland Drive**, eine ausgeschilderte Strecke durch das Bann-Tal ins 16 km südöstlich gelegene Rathfriland. Patrick Brontë, der Vater der berühmten Schriftstellerinnen, ist hier geboren und aufgewachsen. Die Einheimischen sind der festen Überzeugung, dass seine Erzählungen aus den Mourne Mountains Emily Brontë zu ihrem Klassiker *Wuthering Heights* (*Sturmhöhen*) inspirierten.

Diese Verbindung schlachtet auch das **Brontë Homeland Interpretive Centre** (☎ 4062 3322; Drumballyroney; Erw./Kind 3/2 £; ⏰ April–Sept. Fr–So 12–16.30 Uhr) aus, so gut es geht. Das Zentrum befindet sich in der alten Schule und Kirche von Drumballyroney, 13 km südöstlich von Banbridge an einer Nebenstraße der B10. Patrick unterrichtete und predigte hier; geboren wurde er in Emdale, 6 km westlich, nahe der heutigen B3 zwischen Rathfriland und Loughbrickland.

Die Linie 238 des Goldline Express vom Belfaster Europa BusCentre nach Newry hält in Banbridge (5 £, 45 Min., Mo–Sa mindestens stündl., So 8-mal).

Saintfield & Umgebung
3000 Ew.

Saintfield ist eine hübsche, blühende Kleinstadt und ein beliebtes Wochenendausflugsziel für Belfaster, die das gute Dutzend Antiquitätenläden durchstöbern und die Teestuben füllen.

Der **Rowallane Garden** (☎ 9751 0131; Crossgar Rd, Saintfield; Erw./Kind 4,50/2 £; ⏰ Mitte April–Mitte Sept. 10–20, Mitte Sept.–Mitte April bis 16 Uhr, 24.12.–1.1. geschl.) 2 km südlich von Saintfield ist für seine spektakulären Rhododendren und Azaleen berühmt, die im Frühling im Schutz von Australischem Lorbeer, Stechpalmen, Kiefern und Rotbuchen ihre Pracht entfalten. In dem ummauerten Garten gedeihen außerdem seltene Primelarten, blauer Himalaya-Mohn, Funkien, Rosen, Magnolien und wunderbare Herbstkrokusse.

Zum Lunch empfiehlt sich das **March Hare** (☎ 9751 9248; 2 Fairview; Hauptgerichte 3–5 £; ⏰ Mo–Sa 9–17.30 Uhr) am westlichen Ende der Hauptstraße, eine gemütliche Teestube, in der selbstgemachte Suppen, Sandwiches und Kuchen serviert werden.

Saintfield liegt 16 km südlich von Belfast. Linie 215 (Belfast–Downpatrick) des Goldline Express hält hier.

Legananny Dolmen

Das wohl berühmteste steinzeitliche Monument von Ulster ist ein erstaunlich elegant wirkender, dreibeiniger Dolmen, der aussieht, als habe ein Riese den Deckstein behutsam auf drei Stelzen gesetzt. Der Dolmen steht erhöht am Westhang des Slieve Croob (532 m). Von hier hat man eine herrliche Aussicht auf die Mourne Mountains.

Legananny zu finden ist ohne eine 1:50 000-Karte ein Kunststück. Man fährt von Ballynahinch auf der B7 südwärts nach Rathfriland und durchquert die Weiler Dromara und Finnis. Dann hält man Ausschau nach einer nach links abzweigenden Nebenstraße, an welcher

Map labels:
Grey Point, Helen's Bay, Copeland Island, North Channel, Bangor, Crawfordsburn, A2, Holywood, Donaghadee, Somme Heritage Centre, Ark Open Farm, Ballycopeland Windmill, Ulster Folk & Transport Museums, Movilla Abbey, Newtownards, Millisle, Carrowdore, Scrabo Country Park, Mount Stewart, Ballywalter, Comber, Greyabbey, Grey Abbey, Castle Espie Wildlife & Wetlands Centre, Lisbane, A21, Nendrum Monastic Site, A20, Ballyhalbert, Ards Peninsula, Strangford Lough, Saintfield, A22, Cloghy, Portavogie, A2, Rowallane Gardens, Killyleagh, Crossgar, Castle Ward Estate, Portaferry, The Narrows, A7, A24, Inch Abbey, Saul, Kilclief, Seaforde, Struell Wells, Ballyquintin Point, Downpatrick, Lecale Peninsula, A25, Clough, B1, Ardglass, A2, A2, Dundrum, Minerstown, Killough, Tyrella, Murlough National Nature Reserve, Dundrum Bay, St John's Point, Bloody Bridge, IRISCHE SEE

der Legananny Dolmen ausgeschildert ist. Nach 3 km geht links wieder eine Straße ab (schwer zu findender Wegweiser). Dieser folgt man 2 km über den Hügel und hält sich beim Bauernhof links. Vom Parkplatz aus läuft man 50 m über einen Feldweg zum Dolmen.

VON BELFAST NACH BANGOR

Die Küstenregion, welche sich von Belfast östlich nach Bangor und darüber hinaus erstreckt, wird von Pendlern bewohnt, die in Belfast arbeiten. Hier residieren eher die Gutbetuchten, was der Region den Namen „Gold Coast" gab. Der attraktive **North Down Coastal Path** folgt der Küste von der Bahnstation Holywood bis Bangor Marina (15 km) und weiter ostwärts nach Orlock Point.

Siehe auch Ulster Folk and Transport Museums (S. 655).

Crawfordsburn
500 Ew.

Gut 3 km westlich von Bangor liegt das nette Museumsdorf Crawfordsburn an der B20. Das malerische **LP Tipp** Old Inn (☎ 9185 3255; www. theoldinn.com; 15 Main St, Crawfordsburn; Zi. 85–130 £; P) war früher Raststation für Kutschen auf dem Weg von Belfast nach Donaghadee (ehemaliger Hauptfährhafen für Großbritannien). Viele Berühmtheiten stiegen hier ab, so der junge russische Zar Peter der Große, Dick Turpin (Straßenräuber), der ehemalige US-Präsident George Bush senior und eine lange Reihe Literaten von Swift über Tennyson, Thackeray, Dickens und Trollope bis C. S. Lewis. Angeblich ist das 1614 eröffnete Old Inn Irlands ältestes Hotel. Das ursprüngliche schilfgedeckte Cottage (heute die Bar) wird von Anbauten aus dem 18. Jh. flankiert. Kamin, niedrige Decken und Holzvertäfelungen schaffen eine gemütliche Atmosphäre, hinter dem Haus befindet sich eine einladende Gartenterrasse. Die Zimmer sind mit Tapeten im Arts-and-Crafts-Stil und mit Mahagonimöbeln ausgestattet, das mit Eiche vertäfelte **Restaurant 1614** (3-Gänge-Dinner 30 £; Mo–Sa 19–21.30, So 12.30–14.30 Uhr) gilt als eines der besten irischen Speiselokale.

Hinter dem Old Inn zieht sich der **Crawfordsburn Country Park** (☎ 9185 3621; South Bridge Rd, Helen's Bay; Eintritt frei; April–Sept. 9–20, Okt.–März bis 16.45 Uhr) durch ein malerisches Tal bis zur Küste mit einem der schönsten Strände von Down. Durch den Park verlaufen verschiedene Wald- und Küstenwanderwege. Westlich liegt **Grey**

Point Fort (☎ 9185 3621; Eintritt frei; April–Sept. Mi–Mo 14–17, Okt.–März Sa & So 14–17 Uhr), ein Geschützstand aus dem frühen 20. Jh. mit Kommandoposten und Ausguck. Die 30 t schwere 15-cm-Kanone wurde zwar ab 1904 regelmäßig am Belfast Lough erprobt, aber nie im Ernstfall eingesetzt.

Die Buslinie B2 Belfast–Bangor hält stündlich in Crawfordsburn. Oder man reist mit dem Zug bis Helen's Bay Station, einem hübschen kleinen viktorianischen Bahnhof. Er wurde 1865 durch den Marquis von Dufferin erbaut, dem das umliegende Land gehörte.

BANGOR
76 800 Ew.

Bangor steht zu Belfast wie Brighton zu London – das viktorianische Seebad zieht immer mehr Pendler aus der Stadt an. Die Bahnlinie Belfast–Bangor wurde im späten 19. Jh. gebaut, um die Hauptstadt mit dem blühenden Badeort zu verbinden. Durch die Eröffnung einer riesigen Marina und den Anstieg der Immobilienpreise wurde die Stadt in den letzten Jahren recht wohlhabend, doch die Tradition eines kitschigen britischen Seebades wird bis heute im Pickie Family Fun Park am Leben erhalten.

Orientierung & Praktische Informationen

Busbahnhof und Bahnhof liegen beide an der Abbey Street am oberen Ende der Main Street. Am unteren Ende befinden sich die Marina und eine ganze Reihe von B&Bs östlich und westlich an der Queen's Parade und Seacliff Road. Bangor hat sowohl eine Main Street als auch eine High Street, die sich am Hafen in der Bridge Street vereinen.

Bangor Library (☎ 9127 0591; 80 Hamilton Rd; Mo–Mi & Sa 9–17.30, Do & Fr bis 21 Uhr) Internetzugang 1,50 £ für 30 Min. Bis September 2008 wegen Renovierung geschlossen.

Postamt (☎ 9145 0150; 143 Main St)

Touristeninformation (☎ 9127 0069; www.north down.gov.uk; 34 Quay St; Juli & Aug. Mo, Di, Do, Fr 9–18, Mi. 10–18, Sa 10–17 & So 13–17; Sept.–Juni Mo, Di, Do, Fr 9–17, Mi 10–17, Sa 10–16 Uhr, So geschl.) In einem 1637 als befestigte Zollwache erbauten Turm.

Sehenswertes & Aktivitäten

Abgesehen von der Uferpromenade ist Bangors Hauptattraktion der **Pickie Family Fun Park** (☎ 9185 7030; Marine Gardens; Ostern–Okt. tgl. 10–20, Nov.–Ostern Sa & So 10–20 Uhr), ein altmodischer Unterhaltungspark mit Schwanentret-booten, Abenteuerspielplatz, Gokartbahn und Bimmelbähnchen.

Blue Aquarius (☎ 07779-600607; www.bangorboat.com; ☿ Juli & Aug. Abfahrten tgl. 14 Uhr, April–Juni & Sept. Sa & So) bietet **Bootstouren** (Erw./Kind 5/2 £) in die Bangor Bay an. Die Boote starten vom Ponton an der Marina neben dem Pickie Family Fun Park. Im Juli und August werden **Angeltouren** für Familien (inkl. Ausrüstung und Köder Erw./Kind 12/10 £) angeboten. Abfahrt ist täglich um 9.30 & 19 Uhr vom Eisenhower-Pier (rechte Hafenseite, vom Land aus gesehen).

In den umgebauten Ställen, Lagerräumen und der Wäscherei von Bangor Castle befindet sich das **North Down Heritage Centre** (☎ 9127 1200; Castle Park Ave; Eintritt frei; ☿ ganzjährig Di–Sa 10–16.30, So 14–16.30, Juli & Aug. Mo 10–16.30 Uhr). Neben anderen historischen Exponaten ist hier ein Faksimile des *Antiphonary of Bangor* ausgestellt, eines kleinen Gebetsbuches aus dem 7. Jh., das gleichzeitig Irlands älteste erhaltene Handschrift ist (das Original befindet sich in der Bibliotheca Ambrosiana in Mailand). Eine interessante Abteilung beschäftigt sich mit dem Leben von William Percy French (1854–1920), einem berühmten Entertainer und Liedermacher (Percy French Society in Bangor http://www.percyfrench.org/pfindex.htm). Das Zentrum befindet sich im Castle Park westlich von Bahnhof und Busstation.

Am östlichen Stadtrand liegt das Fischerdorf Groomsport mit seinem malerischen Hafen, gesäumt von den **Cockle Row Cottages** (☎ 9145 8882; Eintritt frei; ☿ Juni–Aug. 11.30–17.30 Uhr). Eine dieser Hütten wurde als typische Fischerkate der Jahrhundertwende (um 1910) rekonstruiert.

Schlafen

Ennislare House (☎ 9127 0858; www.ennislarehouse.com; 7-9 Princetown Rd; EZ/DZ 30/55 £; 🖳 🅿) Das hübsche viktorianische Gebäude befindet sich nur 300 m nördlich des Bahnhofs und verfügt über helle große Zimmer mit modischem Dekor. Der freundliche Besitzer empfängt seine Gäste mit großer Herzlichkeit.

LP Tipp Cairn Bay Lodge (☎ 9146 7636; www.cairnbaylodge.com; 278 Seacliff Rd; EZ/DZ ab 40/70 £; 🖳 🅿) Das hübsche B&B in einer Villa am Meer liegt 1 km östlich des Stadtzentrums und blickt über die Ballyholme Bay. Edwardianische Eleganz zeigt sich in der Holzvertäfelung in Lounge und Speiseraum, die fünf Zimmer mit Bad strahlen eine Mischung aus antikem Charme und modernem Geist aus. Toller Garten, Gourmet-Frühstück und Meerblick.

Bangor Bay Inn (☎ 9127 0696; www.bangorbayinn.com; 10-12 Seacliff Rd; EZ/DZ ab 50/70 £; 🅿) Das gemütliche Hotel mit 15 Zimmern und Blick auf die Marina vereint Business-Komfort mit heimeliger Atmosphäre. Dazu kommen eine nette Bar und ein gutes Restaurant. Von den teureren Zimmern aus kann man den Sonnenuntergang über dem Hafen bewundern.

Clandeboye Lodge Hotel (☎ 9185 2500; www.clandeboyelodge.com; 10 Estate Rd, Clandeboye; EZ/DZ ab 85/95 £; 🖳 🅿) Das inmitten von Gärten am südwestlichen Stadtrand gelegene Hotel wirkt ein wenig wie eine moderne Backsteinkirche. Das kürzlich umgestaltete Haus bietet zwanglosen Luxus – große Zimmer, Bademäntel, Sekt und Schokolade – sowie Kaminfeuer im Winter und eine Terrasse für Drinks im Sommer.

Essen

Café Paul Rankin (☎ 9145 5400; 101 High St; Hauptgerichte 3–5 £; ☿ Mo–Sa 9–17, So 10–17 Uhr) Das helle Café ist wirklich familienfreundlich mit seinen Kindertellern und -sitzen, der Spielecke und dem Parkplatz hinter dem Haus. Es gibt bis 11.30 Uhr Frühstück (von Bagels bis Ulster Fries) und täglich wechselnde Mittagessen.

LP Tipp Jeffers by the Marina (☎ 9185 9555; 7 Gray's Hill; Hauptgerichte 8–12 £; ☿ Mo 9–16.30, Di–Sa 9–22, So 11–20 Uhr) Das schicke kleine Café-Restaurant mit Hafenblick serviert ganztägig Kaffee, Kuchen und Snacks; auf der Dinnerkarte stehen frisch zubereitete, interessante Gerichte wie Hummus, Feta und Olivenpaste oder geschmortes Lamm mit Tomaten, Fenchel und Safranreis.

Rioja (☎ 9147 0774; 119 High St; Hauptgerichte 9–13 £; ☿ Mo–Sa 12–14 & 17–21, Fr & Sa bis 21.30 Uhr, Okt.–Mitte April Mo geschl.) Das entspannte Bistro mit Terrakottafliesen und Kerzenlicht bietet spanische, französische und italienische Gerichte sowie *cataplana*, eine portugiesische Fischkasserolle. Keine Schanklizenz, doch man kann seinen eigenen Wein mitbringen (Korkgeld 1 £).

Coyle's Bistro (☎ 9127 0362; 44 High St; Hauptgerichte 13–17 £; ☿ Di–Sa 17–21, So 17–20 Uhr) Obwohl das Bistro über einer lauten Bar liegt, ist es hier ruhig und gemütlich, dafür sorgen auch die Holzvertäfelung, die Spiegelwände und die gedämpfte Beleuchtung. Die Speisekarte offeriert zeitgemäße Genüsse wie Kabeljau-Tempura mit Wasabi sowie Schalentiere und Safran-Risotto.

Unterhaltung

Jenny Watts (☎ 9127 0401; 41 High St) Das traditionelle Pub mit Biergarten hinter dem Haus zieht Gäste jedes Alters an. Am Dienstagabend gibt es Folk Music, am Donnerstag Easy Listening, am Freitag und Samstag Disko im Obergeschoss, am Sonntagnachmittag und -abend Jazz und Blues. Die Pubgerichte sind in Ordnung, und zu den Essenszeiten sind auch Kinder gern gesehene Gäste.

Café Ceol (☎ 9146 8830; www.cafeceolbangor.com; 17-21 High St; Eintritt frei bzw. 5 £; Ⓨ Mi–Fr 19–1, Sa 19–1.45 Uhr) Bangors größter und am besten besuchter Nachtclub hat eine schicke Bar, eine gemütliche Lounge und den eleganten Club „Mint" mit einer Studentennacht am Mittwoch, Musik der 80er am Donnerstag, sowie Dance, House, Funk und R&B am Samstag.

An- & Weiterreise

Linie B2 oder 502 des **Ulsterbus** (☎ 9066 6630; www.translink.co.uk) fährt vom Belfast Laganside BusCentre nach Bangor (3 £, 50 Min., Mo–Sa alle 30 Min., So 8-mal). Von Bangor verkehrt die Linie 3 nach Donaghadee (2,50 £, 25 Min., Mo–Sa stündl., So 4-mal) und die Linie 6 nach Newtownards (2 £, 20 Min., halbstündl.).

Es gibt auch Zugverbindungen von der Belfaster Great Victoria Station und vom Hauptbahnhof nach Bangor (4 £, 30 Min., Mo–Sa halbstündl., So stündl.).

ARDS PENINSULA

Die tief gelegene Landzunge Ards Peninsula (An Aird) umklammert den Strangford Lough wie ein Finger, der sich gegen die Lecale Peninsula und die Portaferry Narrows presst. Die Nordhälfte der Halbinsel mit ihren ausgedehnten Weizen- und Gerstenfeldern gehört zu den fruchtbarsten Regionen Irlands, während die Südhälfte eher von kleinen Äckern, weißen Cottages und gewundenen Straßen geprägt ist. An der Ostküste erstrecken sich schöne Sandstrände.

Donaghadee

6500 Ew.

Donaghadee (Domhnach Daoi) war bis 1874 der wichtigste Fährhafen nach Schottland, dann wurde die 34 km lange Seeroute nach Portpatrick durch die Route Stranraer–Larne ersetzt. Heute wohnen in den hübschen Hafenstädtchen vor allem Belfast-Pendler.

Die Stadt ist stolz auf Irlands ältestes Pub, das 1611 eröffnete **Grace Neill's**. Prominentester Gast im 17. Jh. war der russische Zar Peter der Große, der hier während seiner Europareise zum Mittagessen einkehrte. Im 19. Jh. nannte der englische Dichter John Keats das Pub „nett und sauber", er wurde aber von den Einheimischen, die ihn für einen sonderbaren Fremden hielten, wegen seines exotischen Aufzuges ausgelacht und beschimpft.

Von Juni bis September fahren Boote von **MV The Brothers** (☎ 9188 3403; www.nelsonsboats.co.uk) nach Copeland (Erw./Kind 3/2 £, tgl. ab 14 Uhr je nach Wetter). Seit Anfang des 20. Jhs. gehört die Insel den Meeresvögeln. Daneben werden Touren zum Hochseefischen angeboten (7 £ pro Pers., Abfahrten 10 und 19 Uhr); Ausrüstung und Köder werden gestellt.

SCHLAFEN & ESSEN

Pier 36 (☎ 9188 4466; 36 the Parade; EZ/DZ 50/70 £; Hauptgerichte 8–18 £; Ⓨ Mi–So Küche 12.30–14.30 & 17–21.30 Uhr) Ein prima Pub mit dicken Backsteinmauern und einem Speisesaal mit Terrakotta-Fliesen im hinteren Bereich. Aus dem gelben Raeburn-Ofen kommen selbstgebackenes Brot und Braten. Auf der Karte stehen Suppen, Eintöpfe, Würstchen mit Kartoffelbrei, Muscheln, Meeresfrüchte, Steaks und eine gute Auswahl an vegetarischen Gerichten. Im Obergeschoss werden einige komfortable B&B-Zimmer vermietet.

LP Tipp Grace Neill's (☎ 9188 4595; 33 High St; Hauptgerichte 8–15 £; Ⓨ Küche Mo–Sa 12–14.30 & 17.30–21.30, So 12.30–20 Uhr) Auf der Rückseite des ältesten irischen Pubs befindet sich eines der besten, modernen Bistros von Nordirland. Seine meergrünen, khakifarbenen und roten Backsteinwände sind mit künstlerischen Fotos des alten Donaghadee dekoriert. Auf der Speisekarte stehen edle Genüsse wie Fisch in Bierteig mit hausgemachten großen Kartoffelwedges, Beef-and-Guinness-Pie oder verführerische Desserts wie Käsekuchen mit Toblerone und Malteser-Schokokugeln. Sonntagnachmittag gibt's Livemusik.

Ostküste

Die A2 führt an der Ostküste der Halbinsel entlang durch Küstenorte und Caravansiedlungen wie Millisle (Oileán an Mhuilinn), Ballywalter und Ballyhalbert und leider auch durch den hässlichen Fischerhafen Portavogie. Die besten **Strände** sind der Long Sand südlich von Ballywalter und die Salzwasserlagune von Millisle mit einem steinernen Deich für sicheres Badevergnügen.

Etwa 1,5 km nordwestlich von Millisle steht die **Ballycopeland Windmill** (☎ 9054 6552; Moss Rd; Eintritt frei; ⊙ Juli & Aug. Di–Sa 10–18 & So 14–18 Uhr), eine Getreidemühle aus dem späten 18. Jh., die bis 1915 in Betrieb war und inzwischen wieder vollständig instand gesetzt wurde.

Portaferry
3300 Ew.

Portaferry (Port an Pheire), ein rund um ein mittelalterliches Turmhaus gewachsenes Städtchen, ist der attraktivste Ort der Halbinsel. Von hier blickt man über die Meerenge auf Strangford, wo ein ganz ähnliches Turmhaus steht. Eine meeresbiologische Station untersucht die Flora und Fauna des Lough. Hobbyforscher können sich im nahe gelegenen Exploris Aquarium betätigen. Es gibt ein paar gute Küstenwanderwege, bei schönem Wetter kann man auch vor einem Pub am Wasser sitzen und das ständige Kommen und Gehen der Yachten und Fähre beobachten.

Die **Touristeninformation** (☎ 4272 9882; tourism. portaferry@ards-council.gov.uk; Castle St; ⊙ Ostern–Sept. Mo–Sa 10–17, So 14–17 Uhr) befindet sich in einem restaurierten Stall beim Turmhaus.

SEHENSWERTES & AKTIVITÄTEN
Von **Portaferry Castle** (Eintritt frei; ⊙ Ostern–Sept. Mo–Sa 10–17, So 14–18 Uhr), dem kleinen Turmus aus dem 16. Jh. direkt neben der Touristeninformation, sowie dem Turmhaus in Strangford wurde früher der Schiffsverkehr durch die Meerenge kontrolliert.

Ganz in der Nähe befindet sich das ausgezeichnete Aquarium **Exploris** (☎ 4272 8062; www. exploris.org.uk; Castle St; Erw./Kind 6,90/4 £; ⊙ April–Aug. Mo–Fr 10–18, Sa 11–18, So 12–18, Sept.–März Mo–Fr 10–17, Sa 11–17, So 13–17 Uhr), das wirklich auf dem neuesten Stand der Forschung ist und über das Meeresleben im Strangford Lough und in der Irischen See informiert. Im Streichelbecken dürfen die Besucher Rochen, Seesterne, Seeanemonen und andere Meereslebewesen berühren. Zum Exploris gehört auch eine Robbenaufzuchtstation, in der verwaiste, kranke oder verletzte Robben gepflegt werden, bis sie wieder fit für die Wildnis sind.

Ein Spaziergang führt zum **Windmill Hill** mit seiner Windmühle oberhalb der Stadt. Von hier blickt man über die Narrows bis nach Strangford. Die Wikinger nannten diese Meerenge Strangfjöthr, „mächtiger Fjord", denn beim Gezeitenwechsel (4-mal tgl.) strömen pro Minute 400 000 m³ Wasser mit acht Knoten (15 km/h) durch die Enge. Einen Eindruck von der Gewalt der Strömung bekommt man, wenn man die Fähre bei Flut abdriften sieht.

An Ufer führen schöne **Spazierwege** 2,5 km nordwärts zur Ballyhenry Island (bei Ebbe zugänglich) und südlich zum 6 km entfernten Naturschutzgebiet von Ballyquintin Point. Hier ist ein idealer Standort, um Vögel und Robben zu beobachten oder den Blick auf die Mourne Mountains zu genießen.

Von Mai bis September organisieren **Des Rogers** (☎ 4272 8297) und **John Murray** (☎ 4272 8414) Angeltrips und Vogelbeobachtungstouren, aber auch Ausflugsfahrten auf dem Lough (halber/ganzer Tag etwa 75/150 £) für bis zu sechs Personen. Vorabbuchung erforderlich.

SCHLAFEN & ESSEN
Die Spitzenrestaurants hier und auf der anderen Seite in Strangford servieren natürlich in erster Linie Fischgerichte der Region.

Barholm (☎ 4272 9598; www.barholmportaferry.co.uk; 11 the Strand; B/EZ/DZ 13/18/35 £; ⊙ ganzjährig; Ⓟ) Hostel und B&B in einer viktorianischen Villa direkt am Wasser gegenüber der Fähranlegestelle. Es gibt eine geräumige Küche, eine Waschküche und einen großen hellen Frühstücksraum (3,75 £ extra). Beliebt bei Gruppen, deshalb rechtzeitig buchen.

Adair's B&B (☎ 4272 8412; 22 the Square; EZ/DZ 20/38 £, FZ 19 £ pro Pers.) Mrs. Adairs freundliches B&B befindet sich zwar in einem anonym wirkenden Haus am Hauptplatz (kein Schild, Hausnummer 22), ist aber sein Geld wert. Drei große Zimmer, ein Einzel-, ein Doppelund ein Familienzimmer (max. 4 Pers.).

Fiddler's Green (☎ 4272 8393; www.fiddlersgreen portaferry.com; 10-12 Church St; EZ/DZ 30/50 £; Ⓟ) Zu dem beliebten Pub-Restaurant gehört auch ein B&B mit vier gemütlichen Zimmern – eines davon mit Himmelbett (75 £ pro Nacht). Alle sind mit Kiefernmöbeln und Gemälden nett eingerichtet. Grandios ist das Frühstück! Im Pub gibt es freitags, samstags und sonntags traditionelle Musik-Sessions.

LP Tipp **Narrows** (☎ 4272 8148; www.narrows.co.uk; 8 Shore Rd; EZ/DZ 70/100 £; Ⓟ) Eine der besten Übernachtungsmöglichkeiten von ganz Nordirland! Seine hellen Zimmer sind sparsam, fast minimalistisch ausgestattet und blicken nach Westen über das Meer. Genauso relaxed und zwanglos wie das Hotel ist sein Restaurant (Lunch 7–11 £, Dinner 14–17 £; So–Do 12–20.30, Fr & Sa bis 21 Uhr). Auf der Speisekarte stehen einfach zubereitete, aber ausgezeichnete lokale Gerichte, es gibt selbstgebackenes Brot und eine gute Weinkarte. Spezialitäten sind Suppen aus Meeresfrüchten, Muscheln vom Strangford Lough mit Schnittlauch-Champagner-Sauce sowie gebratene Kammmuscheln mit Clonakilty-Blutwurst.

Portaferry Hotel (☎ 4272 8231; www.portaferryhotel. com; 10 the Strand; EZ/DZ ab 75/110 £; **P**)) Einige Reihenhäuser aus dem 18. Jh. wurden zu diesem freundlichen Hotel mit Zimmern im georgianischen Stil umgebaut. Meeresblick kostet 10 £ extra. Das familienfreundliche Restaurant serviert französisch angehauchte Küche.

AN- & WEITERREISE
Die Ulsterbusse 9, 509, 10 und 510 fahren von Belfast via Newtownards, Mount Stewart und Greyabbey nach Portaferry (6 £, 1¼ Std., Mo–Sa 12-mal tgl., So 4-mal). Häufigere Verbindungen gibt es ab Newtownards. (Achtung: Einige fahren über Carrowdore, halten aber nicht in Mount Stewart und Greyabbey.)

Die **Fähre** (☎ 4488 1637) zwischen Portaferry und Strangford verkehrt von Montag bis Freitag zwischen 7.30 und 22.30 Uhr im Halbstundentakt, Samstag bis 23 Uhr und Sonntag von 9.30 bis 22.30 Uhr. Die Überfahrt dauert etwa 10 Minuten. Eine einfache Fahrt/Hinund Rückfahrt am selben Tag kostet 5,30/8,50 £ für ein Auto inkl. Fahrer, 3,40/5,30 £ für Motorrad inkl. Fahrer und 1,10/1,80 £ für jeden weiteren Autoinsassen bzw. Fußgänger.

Greyabbey
1000 Ew.
Zum Dorf Greyabbey gehören die herrlichen Ruinen der **Grey Abbey** (☎ 9054 6552; Church Rd; Eintritt frei; ☻ April–Sept. Di–Sa 10–19, So 14–19, Okt.–März Sa 10–16, So 14–16 Uhr). Im Jahr 1193 gründete Affreca, die Frau des Normannenfürsten John de Courcy (Erbauer des Carrickfergus Castle), die Zisterzienserabtei. Sie wollte damit Gott danken, dass er sie auf einer stürmischen Überfahrt von der Isle of Man beschützt hatte. Ein kleines Besucherzentrum dokumentiert das Leben der Zisterzienser in Bildern und auf Infotafeln.

Die Abteikirche, der erste gotische Sakralbau Irlands, wurde bis ins 18. Jh. genutzt. An der Ostseite befindet sich ein Grabmal mit einer Figur, vermutlich Affreca; das Bildnis im nördlichen Seitenschiff könnte ihren Mann zeigen. Auf dem Gelände steht das Rosemount

House aus dem 18. Jh. Rasenflächen mit schattigen Bäumen und schönen Blumen laden zum Picknick ein.

Hoops Courtyard an der Main Street im Ortszentrum enthält 18 kleine Läden für Antiquitäten und Sammlerstücke. Die Öffnungszeiten variieren, doch sind alle mittwochs, freitags und samstags am Nachmittag geöffnet. **Hoops Coffee Shop** (☎ 4278 8541; Hoops Courtyard, Main St; Hauptgerichte 4–5 £; ☻ ganzjährig Mi, Fr & Sa 10–17 Uhr, Juli & Aug. tgl.), eine traditionelle Teestube, bietet neben köstlichen *Cream Teas* auch gutes Essen. Bei schönem Wetter stehen Tische im Hof.

Mount Stewart House & Gardens
Das phantastische **Mount Stewart** (☎ 4278 8387; Führung Haus & Gärten Erw./Kind 6,50/3 £, nur Gärten 5/2 £; ☻ Haus Juli & Aug. tgl. 12–18, Sept. Mi–Mo 12–18, Mai & Juni Mo & Mi–Fr 13–18, Sa & So 12–18, Mitte März–April & Okt. Sa, So & feiertags 12–18 Uhr) aus dem 18. Jh. ist einer der prachtvollsten Herrensitze von Nordirland. Er wurde für den Marquis von Londonderry erbaut und ist üppig mit Stuckaturen, Marmorskulpturen und wertvollen Kunstwerken ausgestattet. Auch das Porträt des Rennpferdes Hambletonian von George Stubbs, eines der bedeutendsten irischen Gemälde, hängt hier.

Die wunderschönen **Gärten** (☻ Mai–Sept. 10–20, April & Okt. bis 18, Mitte März–April bis 16 Uhr; ☻) wurden Anfang des 20. Jhs. von Lady Edith, der Frau des siebten Marquis, gepflegt. Hiervon profitierten vor allem ihre Kinder – die Dodo-Terrasse vor dem Haus ist mit seltsamen Figuren aus Geschichte (Dinosaurier und Dodos) und Mythologie (Greife und Meerjungfrauen), Riesenfröschen und Schnabeltieren bevölkert. Hoch über dem Lough steht der **Temple of the Winds** (☻ April–Okt. So 14–17 Uhr) aus dem 18. Jh., ein Pseudotempel im klassischen griechischen Stil.

Mount Stewart befindet sich an der A20, 3 km nordwestlich von Greyabbey und 8 km südöstlich von Newtownards. Busse von Belfast und Newtownards nach Portaferry halten am Tor. Das Erdgeschoss und große Teile der Gärten sind für Rollstuhlfahrer zugänglich. Letzter Einlass 1 Std. vor Schließung.

NEWTOWNARDS & UMGEBUNG
27 800 Ew.
Im 17. Jh. entstand die Stadt an der Stelle des Movilla-Klosters aus dem 6. Jh. Heute ist Newtownards (Baile Nua na hArda) eine geschäf-

tige, aber nicht weiter aufregende Stadt. Die **Touristeninformation** (☎ 9182 6846; tourism@ards-council.gov.uk; 31 Regent St; ⏱ Mo–Fr 9.15–17, Sa 9.30–17 Uhr) liegt neben dem Busbahnhof.

An der Church Street reihen sich einige schöne Gebäude aus dem 18. und 19. Jh. aneinander; besonders ins Auge fällt das **Market House** aus dem 18. Jh., in dem einst das Gefängnis untergebracht war. Auf Anfrage darf man eine Zelle besichtigen. Heute befindet sich hier das **Ards Arts Centre** (☎ 9181 0803; Conway Sq; Eintritt frei; ⏱ Mo–Do 9–17, Fr 9–16.30, Sa 10–16 Uhr) mit wechselnden Kunstausstellungen. Auf dem Platz vor dem Market House wird samstags **Markt** und im September das traditionelle Erntefest abgehalten.

Die Überreste der **Movilla Abbey** und ihrer Kirche aus dem 13. Jh. sind im Gräberwald des Movilla Cemetery (Old Movilla Rd, über die B172 Richtung Millisle) kaum noch auszumachen. Zwischen den Ruinen liegen einige interessante Gräber aus dem 12. und 13. Jh., einige davon möglicherweise von Tempelrittern.

Der Busbahnhof befindet sich in der Regent Street in der Nähe der Touristeninformation. Nach Belfast fährt Linie 5 (2,30 £, 35 Min., Mo–Sa etwa stündl., So 2-mal).

Scrabo Country Park

Newtownards wird vom weithin sichtbaren Scrabo Hill 2 km südwestlich der Stadt überragt. Hier erhoben sich einst ausgedehnte prähistorische Erdwälle, die aber bei Bau des 41 m hohen **1857 Memorial Tower** (☎ 9181 1491; Eintritt frei; ⏱ April–Sept. Sa–Do 10.30–18 Uhr) abgetragen wurden. Der Turm wurde zu Ehren des dritten Marquis von Londonderry errichtet. Innen informiert eine Diashow über den Strangford Lough, 122 Stufen führen auf die Aussichtsplattform hinauf. An klaren Tagen blickt man bis nach Schottland, die Isle of Man und sogar zum Snowdon in Wales. Der nahe gelegene stillgelegte Sandsteinbruch lieferte das Baumaterial für viele berühmte Gebäude, etwa den Albert Memoral Clock Tower in Belfast.

Somme Heritage Centre

Das **Somme Heritage Centre** (☎ 9182 3202; www.irishsoldier.org; 233 Bangor Rd; Erw./Kind 3,75/2,75 £; ⏱ Juli & Aug. Mo–Fr 10–17, Sa & So 12–17, April–Juni & Sept. Mo–Do 10–16, Sa 12–16, Okt.–März Mo–Do 10–16, 1. Sa des Monats 12–16 Uhr) veranschaulicht in einer faszinierenden, detailgetreuen Ausstellung die Schrecken des Somme-Feldzuges von 1916 aus der Sicht der Soldaten der 10. (irischen),

---

LORD CASTLEREAGH

Wer durch Mount Stewart spaziert, sollte auch an Robert Stewart, Lord Castlereagh (1769–1822), denken, der hier seine Kindheit verbrachte. Er ging als einer der besten britischen Außenminister in die Geschichte ein, war aber zu Lebzeiten in der Öffentlichkeit äußerst unbeliebt, weil er als Fürsprecher eines sehr repressiven Regimes galt. Liberale Reformer griffen ihn in der Presse scharf an, so auch Daniel O'Connell, der ihn als Vaterlandsmörder bezeichnete, sowie die Dichter Percy Bysshe Shelley und Lord Byron. Letzterer schrieb sogar ein *Epitaph for Lord Castlereagh*, das an Schärfe kaum zu überbieten war:

> Nie wird die Nachwelt ein erhebenderes Bildnis seh'n als dies:
> Hier liegen die Gebeine von Lord Castlereagh.
> Halt inne, Reisender, und piss!

Castlereaghs Vater, der erste Marquis von Londonderry, bereitete die politische Karriere seines Sohnes 1790 vor, indem er ihm einen Sitz im irischen Parlament als Vertreter der Grafschaft Down erkaufte. Die Kampagne verschlang stolze 60 000 £, sodass der Marquis die geplanten Umbauten von Mount Stewart nicht mehr durchführen konnte.

Als Chief Secretary für Irland in der Regierung von William Pitt war Castlereagh verantwortlich für die Niederschlagung des Aufstandes von 1798 und den Act of Union von 1801. Während der Napoleonischen Kriege war er Außenminister und vertrat sein Land 1815 auf dem Wiener Kongress. (Die 22 Stühle, auf denen die europäischen Führer während des Kongresses saßen, sind im Mount Stewart House zu sehen.) Der politische Erfolg brachte ihm letztlich kein Glück: Schon während seiner Amtszeit litt Castlereagh unter Verfolgungswahn und Depressionen. Schließlich schnitt er sich mit einem Brieföffner die Kehle durch.

16. (irischen) und 30. (Ulster-)Division. In einer Hightech-Show werden Kurzfilme vorgeführt. Das Zentrum versteht sich als Mahnmal für die im Krieg gestorbenen Männer und Frauen. Fotos erinnern an die Suffragettenbewegung und die Rolle der Frauen im Ersten Weltkrieg.

Das Zentrum liegt 3 km nördlich von Newtownards an der A21 Richtung Bangor. Bus 6 von Bangor nach Newtownards hält hier etwa halbstündlich.

Ark Open Farm

Gegenüber dem Somme Heritage Centre auf der anderen Seite der Hauptstraße befindet sich die **Ark Open Farm** (☎ 9182 0445; www.theark openfarm.co.uk; 296 Bangor Rd; Erw./Kind 3,90/3,20 £; 🕙 Mo–Sa 10–18, So 14–18, Okt.–Febr. tgl. bis 17 Uhr). Der Bauernhof mit seinen seltenen Schafarten, Rindern, Geflügel, Lamas und Eseln ist der Renner bei Familien. Die Kids dürfen Lämmer, Ferkel und Entenküken streicheln und füttern.

STRANGFORD LOUGH

Strangford Lough (Loch Cuan; www.strang fordlough.org) ist fast völlig von Land umschlossen; nur eine 700 m breite Meerenge bei Portaferry, die Narrows, verbindet ihn mit dem Meer. Die Westküste wird von buckligen Inselchen gesäumt – halb versunkenen eiszeitlichen Geschiebelehminseln, sogenannte *Drumlins*. An der Ostküste wurden diese von der Kraft der Wellen aufgebrochen und zu flachen Gezeitenriffen abgetragen, hier *Pladdies* genannt.

Im Lough leben große Kolonien von Kegelrobben, besonders an der Südspitze der Halbinsel Ards, wo sich die Meeresenge ins Meer öffnet. Zahlreiche Vogelarten bevölkern Meer und Watt, darunter Ringelgänse aus der kanadischen Arktis, die hier überwintern, Eiderenten und viele Watvögel. Eine hiesige Delikatesse sind die Austern aus dem Strangford Lough.

Castle Espie Wildfowl & Wetlands Centre

Etwa 2 km südöstlich von Comber liegt abseits der A22 nach Downpatrick das **Castle Espie Wildfowl & Wetlands Centre** (☎ 9187 4146; www.wwt.org.uk; Ballydrain Rd, Comber; Erw./Kind 5,50/2,75 £; 🕙 März–Okt. Mo–Fr 10.30–17, Sa & So 11–17.30, Nov.–Febr. Mo–Fr 11–16, Sa & So 11–16.30 Uhr). Das Gebiet ist ein Rückzugsort für Gänse, Enten und Schwäne – rund 75 % der weltweiten Population von

Hellbäuchigen Ringelgänsen verbringen hier den Winter – und ein Paradies für Hobbyornithologen. Die beste Besuchszeit ist im Mai und Juni, wenn die Gänse-, Enten- und Schwanenküken schlüpfen.

SCHLAFEN & ESSEN

LP Tipp **Anna's House B&B** (☎ 9754 1566; www.annas house.com; Tullynagee, 35 Lisbarnett Rd, Lisbane; EZ/DZ 45/70 £; 🅿) Westlich von Lisbane steht das Anna's, ein Landhaus im Öko-Stil mit tollem Garten und Blick auf einen kleinen Teich (Gäste dürfen hier kostenlos angeln). Die Gastfreundschaft ist unübertroffen, das Essen fast vollständig aus biologischem Anbau, das Brot selbstgebacken. Zum Frühstück gibt's eine reiche Auswahl von Räucherhering über Lachsomelette bis zu frischem Obstsalat.

Old Schoolhouse Inn (☎ 9754 1182; www.theold schoolhouseinn.com; Ballydrain Rd, Comber; EZ/DZ 50/70 £; 🅿) Südlich des Castle Espie steht an der Straße nach Nendrum das markante Old Schoolhouse mit zwölf luxuriösen, modernen Zimmern, die nach ehemaligen US-Präsidenten benannt sind. Das frühere Klassenzimmer, heute in dunklem Bordeauxrot und mit alten Musikinstrumenten dekoriert, ist jetzt ein preisgekröntes Restaurant (3-Gänge-Dinner 22 £; Mo–Sa 19–22, So 12–15 Uhr). Auf den Tisch kommt französische Landhausküche aus einheimischen Zutaten.

Old Post Office Tearoom (☎ 9754 3335; 191 Killinchy Rd, Lisbane; Hauptgerichte 3–5 £; 🕙 Mo–Sa 9.30–17 Uhr) Das strohgedeckte Cottage, in dem früher das Postamt untergebracht war, wurde in eine hübsche Teestube mit Kunstgalerie verwandelt. Cremefarbener Putz, Kiefernholzmöbel und ein Holzofen sorgen für Gemütlichkeit. Der Kaffee und die hausgemachten Scones sind wirklich lecker.

Nendrum Monastic Site

Die keltische Klostersiedlung **Nendrum** (Eintritt frei; 🕙 24 Std.) wurde im 5. Jh. unter Leitung des Hl. Mochaoi (St. Mahee) erbaut. Sie ist weitaus älter als die normannische Grey Abbey am anderen Ufer und völlig anders. Die Überreste lassen den ursprünglichen Grundriss noch deutlich erkennen; Fundamente von mehreren Kirchen, einem Rundturm, bienenkorbartigen Zellen und weiteren Gebäuden blieben erhalten. Außerdem stehen noch Reste von drei konzentrischen Steinwällen und dem Friedhof der Mönche – und das in herrlicher Insellage. Besonders interessant ist eine

TOP FIVE: ROMANTISCHE ZUFLUCHTSORTE IN NORDIRLAND

- Bushmills Inn (S. 711)

- Galgorm Resort & Spa (S. 725)

- Malmaison Hotel (S. 640)

- Narrows (S. 663)

- Old Inn (S. 660)

steinerne Sonnenuhr, die unter Verwendung von Originalteilen rekonstruiert wurde. Die kleine Straße, die von der Westküste des Lough nach Mahee Island führt, passiert einen Damm nach Reagh Island und eine Brücke, an der die Turmruine von Mahee Castle aus dem 15. Jh. steht.

Das kleine **Besucherzentrum** (☎ 9754 2547; Eintritt frei; ⊙ April–Sept. Di–Sa 10–19 & So 14–19, Okt.–März Sa 10–16 & So 14–16 Uhr) zeigt ein ausgezeichnetes Video, das Nendrum mit Grey Abbey vergleicht. Außerdem gibt es eine interessante Dokumentation über Zeitvorstellungen und Zeitmessung, die auch für Kinder gut verständlich ist.

Das Zentrum 5 km südlich von Comber ist ab Lisbane ausgeschildert und über die A20 zu erreichen.

Killyleagh
2200 Ew.

Das ehemalige Fischerdorf Killyleagh (Cill O Laoch) wird von der eindrucksvollen **Burg** (nicht öffentlich zugänglich) der Familie Hamilton überragt. John de Courcy ließ sie im 12. Jh. erbauen, die Rekonstruktion von 1850 im schottischen Baronial-Stil ruht auf der ursprünglichen normannischen Motte mit Einfriedung. An der Außenseite des Torhauses erinnert eine Tafel an den Naturkundler Sir Hans Sloane, der 1660 in Killyleagh geboren wurde. Seine Sammlung bildete den Grundstock für das British Museum (der Sloane Square in London trägt seinen Namen). Die Pfarrkirche beherbergt die Gräber der Blackwoods (Marquis von Dufferin), die im 18. Jh. in die Familie Hamilton einheirateten.

SCHLAFEN & ESSEN
Killyleagh Castle Towers (☎ 4482 8261; polly@killyleagh. plus.com; High St; Apt. für 4 Pers. 210/429 £ pro Wochenende/ Woche; ℗) Wer schon immer mal in einer Burg nächtigen wollte, kann sich für eine Woche

in einem der drei Tortürme von Killyleagh's Castle einmieten – Gartennutzung, Swimmingpool und Tennisplatz inbegriffen. Die beiden kleineren Türme haben vier, der große fünf Betten.

LP Tipp **Dufferin Coaching Inn** (☎ 4482 8229; www. dufferincoachinginn.com; 35 High St; EZ/DZ 45/70 £) Die bequeme Lounge in diesem hübschen georgianischen Inn war einst die örtliche Bank, heute kann man sich hier am Kohlenofen in die kostenlosen Sonntagszeitungen vertiefen. Im Büro des Filialleiters ist jetzt eine kleine Bibliothek untergebracht. Die sechs feudalen Zimmer sind gut ausgestattet, einige auch mit Himmelbett. Beim kleinsten Doppelzimmer befindet sich das Bad im Zimmer, diskret hinter einem Vorhang versteckt. Das ausgezeichnete Frühstück umfasst frisch gepressten Orangensaft, guten Kaffee und Rührei mit Räucherlachs.

Dufferin Arms (☎ 4482 1182; www.dufferinarms.co.uk; 35 High St; Hauptgerichte 7–15 £; ⊙ Mo–Mi 12–15 & 17.30–21, Do–Sa 12–21.30, So 12.30–19.30 Uhr) In diesem gemütlichen altmodischen Pub mit der größeren Stables Bar im Keller gibt es handfeste Pubgerichte, im Restaurant mit offener Küche und Kerzenlicht geht es etwas intimer zu. Am Freitag und Samstag spielen Bands ab 21 Uhr, Samstagnachmittag finden traditionelle Sessions statt.

AN- & WEITERREISE
Die Ulsterbusse 11 und 511 fahren von Belfast via Comber nach Killyleagh (4 £, 1 Std., Mo–Fr 8-mal, Sa 5-mal, So 2-mal). Linie 14 geht von Killyleagh weiter nach Downpatrick (3 £, 20 Min., Mo–Fr 8-mal, Sa 4-mal).

DOWNPATRICK
10 300 Ew.

Die Mission des Hl. Patrick's, das Christentum in ganz Irland zu verbreiten, begann und endete in Downpatrick. An den irischen Nationalheiligen erinnern folglich zahlreiche Stellen in dieser Gegend. Im nahe gelegenen Saul führte er den ersten Menschen zum Glauben, in der Down Cathedral ist er begraben. Am 17. März, St. Patrick's Day, wimmelt es in der Stadt nur so von Pilgern und Feierlustigen.

Downpatrick – heute das Verwaltungszentrum des County Down – existierte allerdings schon lange vor Ankunft des Heiligen. Dieser errichtete seine erste Kirche innerhalb des *dún* (Festung) von Rath Celtchair, einer noch heute sichtbaren Erhebung südwestlich der Kathedrale. Später war der Ort als Dún Pádraig (Patricks Festung) bekannt, im 17. Jh. wurde der Name zu Downpatrick anglisiert.

1176 soll der Normanne John de Courcy die sterblichen Überreste der Heiligen Colmcille und Brigid hierher gebracht haben, wo sie einem Sprichwort zufolge bei denen des Hl. Patrick ruhen: „In Down, three saints one grave do fill, Patrick, Brigid and Colmcille". Später erlebten Stadt und Kathedrale einen Niedergang, bis im 17. und 18. Jh. die Familie Southwell der Altstadt ihre heutige Form gab. Die schönsten Beispiele georgianischer Architektur finden sich entlang der English Street und der Mall, die zur Kathedrale führt.

Orientierung & Praktische Informationen

Der Busbahnhof befindet sich an der Market Street am Südrand des Stadtzentrums, an der A25 Richtung Süden nach Newcastle.

Im St. Patrick Centre nördlich des Busbahnhof ist die **Touristeninformation** (☎ 4461 2233; www.visitdownpatrick.com; 53A Market St; ☉ Juli & Aug. Mo–Sa 9.30–18 & So 14–18, Sept.–Juni Mo–Sa 10–17 Uhr) untergebracht.

Sehenswertes

Die **Mall** ist die wohl attraktivste Straße in Downpatrick. Sie wird von hübschen Gebäuden aus dem 18. Jh. gesäumt, darunter die 1733 erbaute Soundwell School und das Gerichtsgebäude mit einem schön verzierten Giebel.

SAINT PATRICK CENTRE

Das Zentrum beherbergt eine Multimedia-Ausstellung mit dem Titel **Ego Patricius** (☎ 4461 9000; www.saintpatrickcentre.com; 53A Market St; Erw./Kind 4,90/2,50 £; ☉ Juni–Aug. Mo–Sa 9.30–18 & So 10–18, April, Mai & Sept. Mo–Sa 9.30–17.30 & So 13–17.30, Okt.–März Mo–Sa 10–17, St. Patrick's Day 9.30–19 Uhr), die das Leben und Wirken des irischen Schutzheiligen illustriert. Häufig kommen Schulklassen hierher, um sich die Ausstellung mit Audio- und Videopräsentationen anzusehen. An mehreren Stellen wird aus der lateinischen *Confessio* zitiert, die um das Jahr 450 entstand und mit den Worten „Ego Patricius" („Ich bin Patrick") beginnt. Der Rundgang endet mit einem spektakulären Film, der die Zuschauer auf einen atemberaubenden Hubschrauberflug über Irland mitnimmt.

DOWN CATHEDRAL

Einer Legende zufolge starb St. Patrick in Saul. Engel forderten seine Schüler auf, den Leichnam auf einen von ungezähmten Ochsen gezogenen Karren zu legen. Wo die Tiere anhalten würden, sollte der Heilige beerdigt werden. Angeblich blieben sie bei der Kirche auf dem Hügel von Down stehen, dem späteren Standort der zur Church of Ireland gehörenden **Down Cathedral** (☎ 4461 4922; the Mall; Eintritt frei; ☉ Mo–Sa 9.30–16.30, So 14–17 Uhr).

Die Kathedrale ist ein Sammelsurium von Baustilen aus 1600 Jahren. Wikinger tilgten alle Spuren der frühesten Kirchen, schottische Plünderer zerstörten 1316 die normannische Kathedrale und das dazugehörige Kloster. Aus dem Bauschutt errichtete man im 15. Jh. eine neue Kirche, die 1512 fertiggestellt, jedoch bereits 1541 nach Auflösung der Klöster dem Erdboden gleichgemacht wurde. Das heutige Bauwerk stammt im Wesentlichen aus dem 18. und 19. Jh., das Innere wurde in den 1980er-Jahren völlig neu gestaltet.

Auf dem Friedhof südlich der Kirche steht ein Grabmal aus Mourne-Granit mit der Inschrift „Patrick". Der Belfast Naturalists' Field Club ließ es 1900 dort aufstellen, um die überlieferte Lage von **St. Patricks Grab** zu kennzeichnen.

Um in die Kathedrale zu gelangen, geht man die Treppe rechts am Saint Patrick Centre hinauf und biegt oben gegenüber vom Down County Museum nach links ab.

DOWN COUNTY MUSEUM

Wer vom Kathedrale bergab geht, gelangt zum **Down County Museum** (☎ 4461 5218; www.downcountymuseum.com; the Mall; Eintritt frei; ☉ Mo–Fr 10–17, Sa & So 13–17 Uhr) im ehemaligen Stadtgefängnis aus dem 18. Jh. In einem Zellenblock sind Modelle von einstigen Gefangenen und Infotafeln zu ihrem tristen Dasein aufgestellt. Schautafeln informieren über die Eroberung von Down durch die Normannen. Das größte Exponat steht jedoch im Freien – ein kurzer, ausgeschilderter Weg führt zum **Mound of Down**, einem schönen Beispiel für eine normannische Motte mit Schutzwall.

INCH ABBEY

Inch Abbey (☎ 9054 6552; Eintritt frei; ☉ 24 Std.) liegt, von der Kathedrale aus gut sichtbar, am anderen Flussufer. De Courcy ließ die Abtei 1180 für die Zisterzienser an der Stelle eines älteren irischen Klosters erbauen. Die englischen Zisterzienser durften keine Iren aufnehmen und behielten diese strenge Regel bis 1541 bei. Übrig geblieben sind fast nur Fundamente und niedrige Mauern; doch ein Besuch lohnt sich schon allein wegen der schönen Lage in den Auen des Quoile.

Zur Abtei fährt man etwa 1,5 km über die A7 Richtung Belfast, überquert den Fluss und biegt anschließend in die nächste Straße links ein.

DOWNPATRICK & COUNTY DOWN RAILWAY

Dieses **Eisenbahnmuseum** (☎ 4461 5779; www.downrail.co.uk; Market St; Erw./Kind 4,70/3,70 £; ☼ Sa & So 14–17 Uhr) lässt von Mitte Juni bis Mitte September, im Dezember, am St. Patrick's Day, an Ostern, dem 1. Mai und Halloween Dampfzüge auf einem wiederhergestellten Gleisabschnitt der alten Strecke Belfast–Newcastle fahren. Der westliche Endbahnhof liegt bei Ballydugan, der nördliche nahe der Inch Abbey. Unterwegs halten die Züge in der Nähe des Grabes von Magnus dem Barfüßigen, einem norwegischen König, der hier 1103 in einer Schlacht fiel. Mit dem Ticket für Hin- und Rückfahrt darf man auch den Lokschuppen und das Stellwerk besichtigen.

QUOILE COUNTRYSIDE CENTRE

Bei Hare Island, 3 km flussabwärts von Downpatrick, wurde 1957 ein Gezeitendamm erbaut, um Überflutungen zu kontrollieren. Das nun von der Staumauer eingeschlossene Wasser bildet das Quoile Pondage Nature Reserve, über dessen Flora und Fauna man sich im **Quoile Countryside Centre** (☎ 4461 5520; 5 Quay Rd; Eintritt frei; ☼ Schutzgebiet 24 Std., Besucherzentrum April–Aug. tgl. 11–17, Sept.–März Sa & So 13–17 Uhr) informieren kann. Das Zentrum befindet sich in einem kleinen Cottage neben den Ruinen von **Quoile Castle**, einem Turmhaus aus dem 17. Jh. Auf Castle Island ein Stück flussabwärts kann man **Vögel beobachten** (☼ 10–16 Uhr; ☻).

Schlafen & Essen

Denvir's Hotel & Pub (☎ 4461 2012; www.denvirshotel. com; 14 English St; EZ/DZ 38/60 £; ℗) Die alte, schon seit 1642 existierende Kutschenstation beherbergt heute ein B&B. Es bietet sechs schöne Zimmer mit Holzdielen, georgianischen Fenstern und alten Kaminen. Im eleganten Restaurant (Hauptgerichte 8–12 £; 12–14.30 & 17–21 Uhr) mit der riesigen, original erhaltenen Feuerstelle und freiliegendem Gebälk gibt es ausgezeichnete Mahlzeiten aus lokalen Zu-

taten wie Räucherforelle und Cashel-Blue-Cheese-Törtchen oder geschmorte Lammkeule mit Gemüse aus biologischem Anbau.

Mill at Ballydugan (☎ 4461 3654; www.ballydugan mill.com; Drumcullen Rd, Ballydugan; EZ/DZ/FZ 55/75/85 £; ℗) Diese acht Stockwerke hohe Mühle aus dem 18. Jh. mit Blick auf den Ballydugan Lake wurde zu einem Hotel mit Restaurant umgebaut. Es verfügt über elf stilvolle Zimmer mit unverputzten Wänden und offenem Gebälk. Die Mühle steht 3 km südwestlich von Downpatrick an der A25.

An- & Weiterreise

Downpatrick liegt 32 km südöstlich von Belfast. Die Buslinien 15, 15A und 515 fahren vom Europa BusCentre in Belfast nach Downpatrick (5 £, 1 Std., Mo–Fr mind. stündl., Sa 6-mal, So 4-mal); außerdem der Goldline Express 215 (50 Min., Mo–Sa stündl.).

Linie 240 des Goldline Express verkehrt von Downpatrick via Dundrum, Newcastle, Castlewellan und Hilltown nach Newry (5 £, 1¼ Std., Mo–Sa 6-mal, So 2-mal).

RUND UM DOWNPATRICK

Einer beliebten Überlieferung nach soll der Hl. Patrick von irischen Piraten aus Großbritannien entführt worden sein und sechs Jahre als Sklave Schafe gehütet haben (möglicherweise auf Slemish, S. 725), bis ihm die Flucht zu seiner Familie gelang. Nach einer theologischen Ausbildung kehrte er nach Irland zurück, um dort den Glauben zu verbreiten. Angeblich ging er am Ufer des Strangford Lough in der Nähe von Saul nordöstlich von

Downpatrick an Land. Seine erste Predigt hielt er in einem nahe gelegenen Stall. Nach 30 Jahren Missionstätigkeit zog er sich nach Saul zurück.

Saul

Bei seiner Ankunft im Jahr 432 gewann St. Patrick hier seinen ersten Anhänger: Díchú, der örtliche Häuptling, schenkte dem Heiligen einen Schafstall (gälisch *sabhal*, ausgesprochen „sohl") für seine Predigten. Westlich des Dorfes Saul liegt die mutmaßliche Stelle des *sabhal* mit dem Nachbau einer **Kirche mit Rundturm** aus dem 10. Jh., die 1932 zum 1500. Jahrestag seiner Ankunft errichtet wurden.

Östlich des Dorf erhebt sich der kleine Hügel des **Slieve Patrick** (120 m) mit einem Kreuzweg zur Hügelkuppe und einer mächtigen, 10 m hohen Statue des Heiligen, ebenfalls von 1932. Am St. Patrick's Day strömen zahllose Wallfahrer auf den Hügel.

Saul liegt 3 km nordöstlich von Downpatrick abseits der A2 Richtung Strangford.

Struell Wells

Die Quellen, denen man heilende Kräfte zuschreibt, werden traditionell mit dem Hl. Patrick in Verbindung gebracht. Es heißt, er habe hier als Bußübung fast eine ganze Nacht nackt und Psalmen singend in der Quelle, **Drinking Well**, verharrt. Er muss besonders zäh gewesen sein, denn die gut erhaltenen, aber eiskalten **Badehäuser** aus dem 17. Jh. sehen so aus, als würden sie eher krank als gesund machen. Die Stätte wird seit Jahrhunderten verehrt, obwohl alle Bauten nach 1600 entstanden sind. Zwischen den Badehäusern und der verfallenen Kapelle liegt **Eye Well**, deren Wasser angeblich Augenleiden heilen soll.

Die Quellen befinden sich in einem malerischen Tal 2 km östlich von Downpatrick. Man fährt über die B1 Richtung Ardglass und wendet sich hinter dem Krankenhaus nach links.

LECALE PENINSULA

Die flache Halbinsel Lecale erstreckt sich östlich von Downpatrick; im Norden, Süden und Osten ist sie von offenem Meer bzw. dem Strangford Lough umgeben, im Westen von den Feuchtgebieten der Flüsse Quoile und Blackstaff begrenzt. Ihr irischer Name Leath Chathail (gesprochen lay-kahal) bedeutet „Land von Cathal" (ein Fürst des 8. Jhs.). Die Halbinsel ist von fruchtbarem Ackerland bedeckt, ihre Küste von Fischerhäfen, Klippen und Sandstränden gesäumt.

Lecale ist ein „Wallfahrtsort" für Fans von Van Morrison – Coney Island, in seinem gleichnamigen Song verewigt, liegt zwischen Ardglass und Killough im Süden der Insel.

Strangford

550 Ew.

Das malerische Fischerdörfchen Strangford (Baile Loch Cuan) wird von **Strangford Castle** (☎ 9023 5000; Castle St; Eintritt frei) beherrscht, einem Turmhaus aus dem 16. Jh., dessen Gegenstück auf der anderen Seite der Narrows in Portaferry steht. Für eine Besichtigung holen sich die Schlüssel bei Mr. Seed auf der anderen Straßenseite in 39 Castle Street (10–16 Uhr). Am Ende dieser Straße führt ein Fußweg, der **Squeeze Gut**, auf den Hügel hinter dem Dorf, von dem man eine schöne Aussicht auf den Lough genießt. Von dort kann man in einem Bogen über die baumbestandene Dufferin Avenue (1,5 km) nach Strangford zurückkehren oder am Ufer entlang weiter bis zum Landsitz von Castle Ward (4,5 km) wandern.

Strangford liegt 16 km nordöstlich von Downpatrick. Fahrplan für die Autofähre Strangford–Portaferry siehe S. 664.

SCHLAFEN & ESSEN

Castle Ward Estate Camp Site (☎ 4488 1680; 19 Castle Ward Rd; Campingplatz/Wohnwagenstellplatz 7/12 £; ☼ Mitte März–Sept.) Der Eingang zu diesem bewaldeten Areal des National Trust am Ufer des Lough liegt abseits vom Haupteingang des Guts (näher beim Dorf).

Cuan (☎ 4488 1222; www.thecuan.com; the Square; EZ/DZ 53/85 £, Hauptgerichte 8–15 £; ☼ Küche Mo–Do 12–21, Fr & Sa 12–21.30, So 12–20.30 Uhr; ℗) Kaum zu verfehlen ist die grüne Fassade des Cuan, bei der Fähranlegestelle gleich um die Ecke. Im gemütlichen, holzvertäfelten Restaurant kommen Riesenportionen einheimischer Meeresfrüchte, Lamm- und Rindfleisch auf den Tisch. Das Hotel bietet neun bequeme und gut ausgestattete Zimmer.

LP Tipp **Lobster Pot** (☎ 4488 1288; 9-11 the Square; Pubgerichte 6–11 £, Restaurant Hauptgerichte 10–17 £; ☼ Mo–Sa 12–21.30, So 12–21 Uhr) Das charmante, altmodische Pub am Hafen bietet im Hinterraum ein Bistro mit grünen Marmortischen und Leinenservietten. Die Meeresfrüchte sind ausgezeichnet – Spezialität des Hauses ist Hummer, der den ganzen Tag serviert wird.

Castle Ward Estate

Castle Ward liegt wunderschön mit Blick auf die Bucht westlich von Strangford, wirkt aber ein bisschen wie eine gespaltene Persönlichkeit. Es wurde in den 1760er-Jahren für Lord und Lady Bangor – Bernard Ward und seine Frau Anne – gebaut, die ein seltsames Paar waren. Ihre architektonischen Vorstellungen waren so verschieden, dass dabei dieser exzentrische Landsitz herauskam – und anschließend die Scheidung. Während Bernard einen neoklassizistischen Stil favorisierte – zu sehen an der Fassade und dem Treppenaufgang –, bevorzugte Anne auf der Rückseite des Gebäudes eindeutig das Gothic Rivival, eine Variante der Neugotik, die im unglaublichen Fächergewölbe ihres „gotischen" Boudoirs ihren Höhepunkt fand.

Das Haus gehört heute zum **Castle Ward Estate** (☎ 4488 1204; Park Rd; Erw./Kind Haus und Gelände 6,50/3 £, nur Gelände 4,30/2 £; ☻ Haus Osterwoche, Juli & Aug. tgl. 13–18, April–Juni & Sept. Sa, So & feiertags 13–18; Gelände April–Sept. tgl. 10–20, Okt. März tgl. 10–16 Uhr) des National Trust. Auf dem Anwesen befindet sich ein viktorianisches Wäschereimuseum, das Strangford Lough Wildlife Centre, Old Castle Ward (ein schönes Turmhaus aus dem 16. Jh.) und Castle Audley (ein Turmhaus des 15. Jhs.).

Kilclief Castle

Kantig und gedrungen erhebt sich **Kilclief Castle** (☎ 9023 5000; Kilclief; Eintritt frei; ☻ Juli & Aug. Di–Fr 10–18, Sa & So 14–18 Uhr) mitten auf einer Farm, eingerahmt von Bauernhaus und baufälliger Scheune. Es wurde 1413–41 erbaut, um über die seewärts gelegene Einfahrt in die Narrows zu wachen, und ist damit das älteste Turmhaus der Grafschaft. Der Bau zeigt aufwendige Details und gilt als Vorbild für die Burgen von Ardglass, Strangford und andere auf der Halbinsel Lecale.

Kilclief Castle steht an der A2, 4 km südlich von Strangford.

Ardglass

2900 Ew.

Ardglass (Ard Ghlais) ist heute ein Dorf mit einem lebhaften Fischerhafen, war im Mittelalter aber ein wichtiges Handelszentrum mit bedeutendem Hafen. Übrig geblieben sind aus jener Zeit die sieben Turmhäuser aus dem 14.–16. Jh. am Hügel über dem Hafen.

Für die Öffentlichkeit zugänglich ist nur **Jordan's Castle** (☎ 9181 1491; Low Rd; Eintritt frei; ☻ Juli & Aug. Di, Fr & Sa 10–13, Mi & Do 14–18 Uhr), ein vierstöckiger Bau in Hafennähe, der im 15. Jh. zu Beginn der wirtschaftlichen Blüte Ulsters von einem wohlhabenden Händler erbaut wurde. Im Innern befindet sich ein Heimatmuseum und eine Sammlung von Antiquitäten, die der letzte Besitzer zusammengetragen hatte.

Ardglass liegt 13 km südlich von Strangford an der A2. Der Ulsterbus 16A fährt von Downpatrick nach Ardglass (20 Min., Mo–Fr stündl., Sa 7-mal, So 2-mal).

SCHLAFEN & ESSEN

Margaret's Cottage (☎ 4484 1080; www.margaret scottage.com; 9 Castle Pl; EZ/DZ 30/50 £; P) Das hübsche, blumengeschmückte Häuschen aus dem 18. Jh. (mit modernem Obergeschoss) liegt zwischen Aldo's Restaurant und der Ruine von Margaret's Castle. Es ist heute ein luxuriöses B&B mit vier gemütlichen Zimmern und einem offenem Feuer in der Lounge.

Aldo's Restaurant (☎ 4484 1315; 7 Castle Pl; Hauptgerichte 9–12 £; ☻ Juni–Aug. tgl. 17–22, restliches Jahr Do–So 17–22, So zusätzlich 12.30–14 Uhr) Eine Institution am Ort ist dieses gemütliche italienische Restaurant, in dem ausgezeichnete Meeresfrüchte, Pasta und vegetarische Gerichte serviert werden.

Curran's Bar (☎ 4484 1332; 83 Strangford Rd, Chapeltown; Hauptgerichte 8–18 £; ☻ Küche 12.30–21 Uhr) Dieses beliebte Pub 2,5 km nördlich von Ardglass an der A2 Richtung Strangford verfügt über ein stilvolles Restaurant mit ausgetretenen Dielen, offenem Feuer und alten Familienfotos an den Wänden. Auf den Tisch kommen einheimische Meeresfrüchte (empfehlenswert der geräucherte Schellfisch mit geschmortem Lauch und Dillbutter) und ausgezeichnetes irisches Rindfleisch mit Kartoffeln und frischem Gemüse vom Bauern Doyle an derselben Straße.

SÜDLICHES DOWN & MOURNE MOUNTAINS
Newcastle

7500 Ew.

In den letzten Jahren wurde das viktorianische Seestädtchen Newcastle (An Caisleán Nua) ganz schön umgekrempelt. Viel Geld hat man in eine über 1 km lange schicke Uferpromenade investiert, die mit modernen Skulpturen gesäumt ist, sowie in eine elegante Fußgängerbrücke über den Shimna. Das Facelifting ist der Stadt gut bekommen. Am Fuß der

Mourne Mountains erstrecken sich 5 km gold-gelber Sandstrand. Man hofft, dass die Stadt ihr Image eines angestaubten Seebades verliert und sich zu einem Zentrum für Outdoor-Aktivitäten und zum Tor des Mourne-Nationalpark entwickelt.

Auf einem kurzen Abschnitt der Hauptstraße findet man noch immer ein Sammelsurium von billigen Vergnügungslokalen und Fast-Food-Takeaways, in denen es am Wochenende auch mal derb zugehen kann. Dennoch ist die Stadt ein guter Startpunkt für Touren durch den Nationalpark von Murlough und die Mourne Mountains – zu Fuß, mit dem Auto oder Bus. Golfspieler aus der ganzen Welt zieht es zum Royal County Down Golf Course, von der Zeitschrift „Planet Golf" 2007 zum besten Golfplatz der Welt außerhalb der USA gekürt.

ORIENTIERUNG
Vom Busbahnhof führt die Main Street geradewegs auf die Berge zu, sie geht in die Central Promenade (mit der Touristeninformation linker Hand) und dann in die South Promenade über. Wenn man sich am Busbahnhof nach links wendet, erreicht man einen Kreisel. Geradeaus geht es zum Strand, rechts zur Downs Road und zur Jugendherberge, links zum Slieve Donard Hotel.

PRAKTISCHE INFORMATIONEN
Coffee-Net (☎ 4372 7388; 5-7 Railway St; 1 £ pro 15 Min.; ☽ Mo–Sa 9–18 Uhr) Internetzugang im Café im Busbahnhof.
Mourne Heritage Trust (☎ 4372 4059; www.mournelive.com; 87 Central Promenade; ☽ Mo–Fr 9–17 Uhr) Bücher, Landkarten und Broschüren über das Mourne-Gebiet sowie Infos zu Wanderungen in den Mournes.
Postamt (☎ 4372 2651; 6 Railway St) Gegenüber vom Busbahnhof.
Touristeninformation (☎ 4372 2222; newcastle.tic@downdc.gov.uk; 10-14 Central Promenade; ☽ Juli & Aug. Mo–Sa 9.30–19, So 13–19, Sept.–Juni Mo–Sa 10–17, So 14–17 Uhr) Verkauf von Büchern und Karten über die Region sowie traditionelles und modernes Kunsthandwerk.

SEHENSWERTES & AKTIVITÄTEN
Die Hauptattraktion von Newcastle ist der **Strand**; er erstreckt sich 5 km nordöstlich bis zum **Murlough National Nature Reserve** (Eintritt frei, Parken Mai–Sept. 3 £; ☽ 24 Std.), wo sich Fußpfade und Stege durch die grasbewachsenen Dünen schlängeln und schöne Ausblicke auf die Mournes bieten.

In der Stadt lockt das **Tropicana** (☎ 4372 5034; Central Promenade; Erw./Kind 3/2,50 £; ☽ Juli & Aug. Mo & Mi–Fr 11–19, Di & Sa 11–17, So 13–17.30 Uhr), ein Vergnügungszentrum für die ganze Familie mit beheiztem Freibad, riesigen Wasserrutschen und Planschbecken für die Kleinen.

Am Südende der Promenade befindet sich der **Rock Pool** (☎ 4372 5034; South Promenade; Erw./Kind 1,50/1,30 £; ☽ Juli & Aug. Mo–Sa 10–18 & So 14–18 Uhr), ein Seebad aus den 1930er-Jahren. Wenn es draußen zu kalt zum Schwimmen ist, bleibt immer noch das nahe gelegene **Soak** (☎ 4372 6002; www.soakseaweedbaths.co.uk; 5A South Promenade; ☽ Juni–Sept. tgl. 12–20, Okt.–Mai Mo, Do & Fr 14–20, Sa & So 12–20 Uhr), ein heißes Algen-Bad (1 Std. 20 £).

Der kleine **Hafen** am Südende der Stadt wurde früher von „Steinbooten" angelaufen, die den Mourne-Granit aus den Steinbrüchen vom Slieve Donard abtransportierten. Auf der anderen Straßenseite beim Hafen beginnt der **Granite Trail**, ein markierter Spazierweg entlang einer ehemaligen Seilbahn, welche die Granitblöcke zum Hafen brachte. Die 200 Höhenmeter lohnen sich auch wegen der schönen Aussicht von oben.

Im Norden der Stadt erstreckt sich der **Royal County Down Golf Course** (☎ 4372 3314; www.royalcountydown.org; Platzgebühr wochentags/Wochenende Mai–Okt. 135/150 £, Okt.–März 65/70 £). Dieser anspruchsvolle Championship-Golfplatz – Austragungsort des Walker Cup 2007 – ist gespickt mit blinden Abschlagstellen und mörderischen Roughs und wird regelmäßig unter die weltweiten Top 10 der Golfplätze gewählt. Für Gäste ist er Montag, Dienstag, Donnerstag, Freitag und Sonntag geöffnet.

SCHLAFEN
Tollymore Forest Park (☎ 4372 2428; 176 Tullybranigan Rd; Campingplatz/Wohnwagenstellplatz 9–13 £) Viele „Campingplätze" in Newcastle sind Wohnmobilstellplätze. Der nächstgelegene echte Campingplatz liegt 3 km nordwestlich des Stadtzentrums im malerischen Tollymore-Forstpark. Zu Fuß läuft man 45 Min. über die Bryansford Avenue und Bryansford Road.

Newcastle Youth Hostel (☎ 4372 2133; www.hini.org.uk; 30 Downs Rd; B £13; ☽ März–Okt. tgl., Nov & Dez. nur Fr & Sa, Jan. & Febr. geschl.) Die Jugendherberge befindet sich nur wenige Minuten vom Busbahnhof entfernt in einer schönen Villa aus dem 19. Jh. mit Meerblick. Sie bietet 37 Betten, meist in 6-Bett-Schlafsälen, Küche, Waschküche und TV-Raum.

LP Tipp **Briers Country House** (☎ 4372 4347; www.
thebriers.co.uk; 39 Middle Tollymore Rd; EZ/DZ 38/55 £; **P**)
B&B in einem friedvollen Bauernhaus in länd-
licher Umgebung mit Blick auf die Mournes,
1,5 km nordwestlich vom Stadtzentrum (an
der Straße Newcastle–Bryansford ausgeschildert). Das Frühstück ist riesig – auf
Wunsch auch vegetarisch –, der Frühstücksraum liegt zum Garten hin. Abendessen
gibt's's nur bei Vorbestellung.

Harbour House Inn (☎ 4372 3445; www.stoneboat
restaurant.com; 4 South Promenade; EZ/DZ 40/60 £; **P**)
Familienfreundliches Pub und Restaurant mit
vier Zimmern im oberen Stockwerk – zwar
etwas abgenutzt, aber sauber und bequem. Es
liegt direkt am alten Hafen, etwa 2 km vom
Busbahnhof entfernt, und ist ein guter Ausgangspunkt für die Besteigung des Slieve
Donard.

Beach House (☎ 4372 2345; myrtle.macauley@tesco.
net; 22 Downs Rd; EZ/DZ 40/70 £; **P**) Ein Frühstück
mit Meerblick – kein Problem im Beach
House, einem eleganten viktorianischen B&B
mit drei Zimmern (zwei mit eigenem Bad)
und Balkon (für alle Gäste) zum Strand hin.

Slieve Donard Resort & Spa (☎ 4372 3681; www.
hastingshotels.com; Downs Rd; EZ/DZ ab 120/150 £; **P** 🏊)
Das 1897 eröffnete Slieve Donard ist ein herrlicher viktorianischer Ziegelbau mit Blick auf
den Strand. Es wurde kürzlich renoviert und
mit einem luxuriösen Wellnessbad ausgestattet. Hier steigen die Golflegenden Tom Watson, Jack Nicklaus und Tiger Woods ab, wenn
sie in der Stadt sind.

ESSEN

Maud's (☎ 4372 6184; 106 Main St; Hauptgerichte 3–6 £;
🕐 9–21.30 Uhr) Das Maud's ist ein helles, modernes Café mit Panoramafenstern, die einen
weiten Blick über den Fluss zu den Mournes
bieten. Es serviert Frühstück, guten Kaffee,
leckere Scones und Rosinenbrötchen sowie
Crepes, Pizza und Pasta; auch Kinderteller.

Strand Restaurant & Bakery (☎ 4372 3472; 53-55
Central Promenade; Hauptgerichte 5–9 £; 🕐 Juni–Aug.
8.30–23, Sept.–Mai 9–18 Uhr) Seit 1930 gibt es in
diesem traditionsreichen Lokal am Meer neben Pommes-mit-allem auch großartige Eis-
kreationen und Kuchen, ganztägig Frühstück
(2–5 £), sowie Lunch und Dinner.

Percy French Bar & Restaurant (☎ 4372 3175;
Downs Rd; Hauptgerichte 7–12 £; 🕐 Küche 12–14.30 &
17.30–21 Uhr) Das Haus erinnert mit seinem Namen an den hiesigen Komponisten William
Percy French. Der schöne, scheunenartige

Raum mit niedrigem Gebälk bietet im Som-
mer Meerblick, im Winter ein prasselndes
Kaminfeuer. Auf der Speisekarte stehen
Steaks, Salate, mexikanische und italienische
Gerichte, wahlweise an der Bar oder im Re-
staurant serviert.

Camper können sich im **Lidl** (3 Railway St;
🕐 Mo–Mi & Fr 9–19, Do 9–21, Sa 9–18, So 13–18 Uhr) im
ehemaligen Bahnhof neben der Busstation mit
Proviant eindecken.

SHOPPING

Bei **Hill Trekker** (☎ 4372 3042; 115 Central Promenade;
🕐 Di–Sa 10–17.30 Uhr) am südlichen Stadtrand
gibt es die passende Ausrüstung zum Wandern, Klettern und Campen.

ANREISE & UNTERWEGS VOR ORT

Der Busbahnhof befindet sich in der Railway
Street. Von hier fährt der Ulsterbus 20 via
Dundrum zum Europa BusCentre in Belfast
(6 £, 1¼ Std., Mo–Sa stündl., So 7-mal). Die
Linie 37 fährt von Newcastle an der Küste
entlang nach Annalong und Kilkeel (3 £,
40 Min., Mo–Sa stündl., So 6-mal).

Über die Inlandroute verkehrt der Goldline Express 240 von Newry nach Newcastle
(5 £, 50 Min., Mo–Sa 6-mal, So 2-mal) über
Hilltown und weiter nach Downpatrick. Oder
man nimmt den Bus über die Küstenstraße
nach Newry und steigt in Kilkeel um.

Wiki Wiki Wheels (☎ 4372 3973; 10B Donard St;
🕐 Mo–Sa 9–18, So 14–18 Uhr) und **Ross Cycles** (☎ 4372
5525; Unit 9, Slieve Donard Shopping Centre, Railway St;
🕐 Mo–Sa 9.30–18, So 14–17 Uhr), beide beim Busbahnhof, verleihen Fahrräder für etwa 10/50 £
pro Tag/Woche.

Rund um Newcastle

DUNDRUM

An zweiter Stelle hinter Carrickfergus, der
schönsten normannischen Festung Nordir-
lands, folgt **Dundrum Castle** (☎ 9181 1491; Dundrum;
Eintritt frei; 🕐 April–Sept. Mo–So 10–19, So 14–19, Okt.–März
Sa 10–16, So 14–16 Uhr). Es wurde 1177 von John
de Courcy von Carrickfergus erbaut. Die Festung liegt hoch über der Dundrum Bay, die
für ihre Austern und Muscheln berühmt ist.

LP Tipp **Mourne Seafood Bar** (☎ 4375 1377; 10 Main
St; Hauptgerichte 7–16 £, 2-Gänge-Lunch 9 £; 🕐 April–Okt.
tgl. 12–21.30 Uhr, Nov.–März Mo & Di geschl.) ist eine
freundliche, zwanglose Fischbar in einem
viktorianischen Haus mit Holzvertäfelung, an
dessen Wänden lokale Kunstwerke zu bewundern sind. Serviert werden Austern auf fünf

verschiedene Arten, Suppe aus Meeresfrüchten, Krabben, Langusten und täglich wechselnde Fischgerichte.

Dundrum liegt 5 km nördlich von Newcastle. Busse der Linie 17 zwischen Newcastle und Downpatrick halten in Dundrum (2£, 12 Min., Mo–Fr 8-mal, Sa 3-mal, So 2-mal).

TOLLYMORE FOREST PARK
Der landschaftlich schöne **Forstpark** (☎ 4372 2428; Bryansford; Auto/Fußgänger 4/2 £; ☼ 10 Uhr–Sonnenuntergang) 3 km westlich von Newcastle wird von langen Wanderwegen am Fluss Shimna und an den Nordhängen der Mournes durchzogen. Das **Visitor Centre** (☼ Juni–Aug. tgl. 12–17, Sept.–Mai Sa & So 12–17 Uhr) in der Clanbrassil Barn (die Scheune wirkt eher wie eine Kirche) aus dem 18. Jh. informiert über Flora, Fauna und Geschichte des Parks. Mountainbike-Fahren ist im Park nicht erlaubt!

CASTLEWELLAN
Ein weniger raues Outdoor-Erlebnis bietet der **Castlewellan Forest Park** (☎ 4377 8664; Main St, Castlewellan; Auto/Fußgänger 4/2 £; ☼ 10 Uhr–Sonnenuntergang) mit leichten Spaziergängen um das Burggelände und **Forellenangeln** am hübschen See (Tageskarte 5 £).

Castlewellan ist das Zentrum des zehntägigen **Celtic Fusion Festival** (www.celticfusion.co.uk) mit keltischer Musik, Kunst, Theater, Tanz und anderen Veranstaltungen. Weitere Veranstaltungsorte sind in der ganzen Grafschaft Down, darunter Castlewellan, Newcastle und Downpatrick.

Mourne Mountains
Das Granitmassiv der Mourne Mountains beherrscht den Horizont, wenn man von Belfast gen Süden nach Newcastle fährt. Es ist eine der schönsten Ecken von Nordirland, eine charaktervolle Landschaft mit gelbem Ginster, grauem Granit und weiß getünchten Cottages. Die unteren Berghänge überzieht ein adrettes Netz von Steinmauern, die aus riesigen Granitblöcken aufgeschichtet wurden.

Bekannt wurden die Hügel 1896 durch ein Lied des irischen Komponisten William Percy French. Dessen Refrain „Where the Mountains of Mourne sweep down to the sea" fängt die Verschmelzung von Meer, Himmel und Berghängen perfekt ein. Bei Redaktionsschluss bestanden Pläne der Regierung, einen **Mourne-Nationalpark** (www.mourneworkingparty.org) zu schaffen.

Die nördlichen Mournes bieten hervorragende Möglichkeiten zum Bergwandern und Klettern. Spezielle Wanderführer sind *The Mournes: Walks* von Paddy Dillon und *A Rock-Climbing Guide to the Mourne Mountains* von Robert Bankhead. Sinnvoll ist außerdem die Karte der Ordnance Survey, entweder im Maßstab 1:50 000 „Discoverer Series" (Blatt 29: *The Mournes*) oder in 1:25 000 „Activity Series" (*The Mournes*), erhältlich bei der Touristeninformation in Newcastle.

GESCHICHTE
Der sichelförmige Streifen flachen Landes auf der Südseite der Bergkette ist auch als Kingdom of Mourne bekannt. Jahrhundertelang war er nur schwer zugänglich (ein Landweg verlief nördlich der Berge), deshalb entwickelte sich eine ganz eigene Landschaft und Kultur. Weder der Hl. Patrick noch die Normannen, deren nächste Festungen Greencastle und Dundrum waren, drangen hierher vor. Bis zum Bau der Küstenstraße im frühen 19. Jh. war ein Zugang nur zu Fuß oder über das Meer möglich.

Im 18. Jh. erwies sich der Schmuggel als einträgliches Geschäft. Nachts landeten Schiffe mit französischen Spirituosen an Bord, Lastpferde trugen die Fässer dann über die Hügel zur Straße und umgingen auf diese Weise die Zöllner in Newcastle. Der Brandy Pad, ein ehemaliger Schmugglerpfad von Bloody Bridge nach Tollymore, ist heute ein beliebter Wanderweg.

Neben Landwirtschaft und Fischerei war der Abbau des Mourne-Granits eine wichtige Einnahmequelle. Mit Karren schaffte man die Steine von den Hügeln hinunter zu den Häfen von Newcastle, Annalong und Kilkeel, wo sie auf „Steinboote" umgeladen wurden. Bordsteine aus Mourne-Granit findet man in Belfast, Liverpool, London, Manchester und Birmingham. Einige Steinbrüche sind noch in Betrieb; auch im 9/11 British Memorial Garden in New York fand der Mourne-Granit Verwendung.

SEHENSWERTES
Mitten in den Mournes liegt das schöne **Silent Valley Reservoir** (☎ 9074 6581; Auto/Motorrad 3/2 £, plus je Erw./Kind 1,50/0,50 £; ☼ April–Sept. 10–18.30, Okt.–März 10–16 Uhr), wo seit 1933 der Kilkeel aufgestaut wird. Auf dem Gelände gibt es reizvolle markierte Wanderwege, einen **Coffee Shop** (☼ Juni–Aug. tgl. 11–18.30, April, Mai & Sept. Sa & So 11–18.30 Uhr)

sowie eine interessante Ausstellung über den Bau des Damms. Vom Parkplatz fährt ein Shuttlebus (Erw./Kind Hin- & Rückfahrt 1,20/0,90 £) die 4 km durch das Tal zum Staudamm (Juli & Aug. tgl., Mai, Juni & Sept. nur an Wochenenden).

Mourne Wall, eine Feldsteinmauer, wurde 1904–22 errichtet, um Vieh aus dem Einzugsgebiet des Kilkeel und Annalong fernzuhalten, die man für die Wasserversorgung von Belfast aufstauen wollte. (Aufgrund ungünstiger geologischer Verhältnisse konnte der Annalong nicht gestaut werden und wird durch einen 3,6 km langen Tunnel unter dem Slieve Binnian in das Silent Valley Reservoir geleitet.) Die spektakuläre Mauer – 2 km hoch, 1 m dick und 35 km lang – windet sich über die Kuppen von 15 Bergen, darunter der höchste, Slieve Donard (853 m).

AKTIVITÄTEN

Wer gerne bergwandert, klettert, Kanu fährt oder sonstige Outdoor-Aktivitäten mag, findet interessante Angebote beim **Bluelough Mountain & Water Sports Centre** (☎ 4377 0074; www.mountainandwater.com; Grange Courtyard, Castlewellan Forest Park): Das Zentrum bietet eintägige Probekurse für Einzelpersonen, Paare und Familien (etwa 50–90 £ pro Pers.), Sonntagnachmittags auch schwierigere Touren. Kanus werden pro Stunde/Tag für 15/40 £ vermietet.

Auch bei nassem Wetter kann man klettern, und zwar am **Hot Rock** (☎ 4372 5354; www.hotrockwall.com; Erw./Kind 4,50/2,50 £; ☻ Sa–Mo 10–17, Di–Fr bis 22 Uhr), einer Kletterwand im Tollymore Mountain Centre. Der Eingang liegt an der B180, 2 km westlich vom Ausgangstor des Tollymore Forest Park. Kletterschuhe und Gurte werden für 3,50 £ verliehen.

Abseits der B180, 3 km westlich von Bryansford, liegt die Mountainboarding-Piste **Surfin' Dirt** (☎ 07739-210119; Tullyree Rd, Bryansford; ☻ Juli & Aug. Di–So 10–18, April–Juni & Sept.–Nov. Sa & So 11–18 Uhr). Eine dreistündige Anfängertour kostet inkl. Board, Sicherheitsausrüstung und Unterweisung 15 £.

Entspanntere Outdoor-Aktivitäten für Anfänger und Erfahrene werden vom **Mount Pleasant Pony Trekking & Horse Riding Centre** (☎ 4377 8651; www.mountpleasantcentre.com; Bannonstown Rd, Castlewellan; 12–15 £ pro Std.) angeboten. Es unternimmt verschiedene Touren durch den Park, kürzere Ausritte, auch am Strand entlang, und Ponytrekking.

GIPFELSTURM AM SLIEVE DONARD

Der rundliche Slieve Donard (853 m), höchster Hügel Nordirlands, überragt Newcastle wie ein schlafender Riese. Man kann von verschiedenen Punkten in und um Newcastle aus den Gipfel stürmen. Allerdings ist der Aufstieg steil und man sollte sich unbedingt mit Wanderschuhen, Regenkleidung, Karte und Kompass ausrüsten.

An schönen Tagen reicht die Sicht bis zu den Hügeln von Donegal, den Wicklow Mountains, zur schottischen Küste, zur Isle of Man und sogar bis zu den Snowdonia Hills in Wales. Zwei *cairns* unweit des Gipfels wurden lange für Einsiedlerzellen des Hl. Donard gehalten, der sich zur Zeit des frühen Christentums hierher zum Beten zurückgezogen haben soll.

Ab Newcastle (9 km, 3 Std.)

Die kürzeste, aber auch langweiligste Route beginnt am Parkplatz des Donard Park, 1 km südlich der Bushaltestelle am Stadtrand. Am äußersten Ende des Parkplatzes geht es nach rechts und durch das Tor, dann durch den Wald mit dem Fluss zur Linken. Ein Kiesweg führt durch das Tal des Glen hinauf zum Sattel zwischen Slieve Donard und Slieve Commedagh. Hier biegt man nach links ab und folgt der Mourne Wall bis zum Gipfel (zur Mourne Wall siehe S. 675). Zurück geht es über denselben Weg.

Ab Bloody Bridge (10 km, 3½ Std.)

Ausgangspunkt ist der Parkplatz bei Bloody Bridge an der Küstenstraße A2, 5 km südlich von Newcastle (alle Busse aus Kilkeel halten hier). Von dort führt ein alter Schmugglerpfad, der „Brandy Pad" (siehe Kasten S. 677), durch das Tal des Bloody Bridge River an alten Granitsteinbrüchen vorbei zum Sattel südlich des Slieve Donard. Dort biegt man rechts ab und folgt der Mourne Wall bis zum Gipfel. Die Felswand sollte man aber schon am Anfang überqueren, weil man dann die beste Aussicht hat. Zurück geht es über denselben Weg oder am Glen River entlang nach Newcastle.

Mourne Cycle Tours (☎ 4372 4348; www.mourne cycletours.com; 13 Spelga Ave, Newcastle) verleiht Mountainbikes und Tourenräder (½ Tag/Tag/Woche ab 10/15/80 £), hilft bei der Streckenplanung oder organisiert Familien-Radwochenenden inkl. Unterkunft.

FESTIVALS
In den Mournes finden verschiedene Wanderfeste statt, u. a. Ende Juni das **Mourne International Walking Festival** (www.mournewalking.co.uk) und Anfang August das Down District Walking Festival.

SCHLAFEN
Meelmore Lodge (☎ 4372 6657; www.meelmorelodge. co.uk; 52 Trassey Rd, Bryansford; Camping Erw./Kind 4/2,50 £, B/DZ 15/44 £; P) 5 km westlich von Bryansford liegt an den nördlichen Hängen der Mournes diese Lodge mit Hostel, gemütlicher Lounge, Küche, familienfreundlichem Campingplatz und einem Café.

Cnocnafeola Centre (☎ 4176 5859; www.mourne hostel.com; Bog Rd, Atticall; B/DZ/EZ 14/36/55 £; P) Das moderne, zweckmäßige Hostel befindet sich im Dorf Attical, 6 km nördlich von Kilkeel abseits der B27 nach Hilltown und 3 km westlich des Eingangs zum Silent Valley. Es gibt eine Gästeküche und ein Restaurant, in dem Frühstück (ab 4 £), Lunch und Dinner serviert werden.

AN- & WEITERREISE
Nur im Juli und August fährt Ulsterbus 405, der Mourne Rambler, eine Rundtour ab Newcastle mit einem Dutzend Zwischenstopps in den Mournes, darunter Bryansford (8 Min.), Meelmore (17 Min.), Silent Valley (40 Min.), Carrick Little (45 Min.) und Bloody Bridge (1 Std.). Die Busse fahren 6-mal täglich, erste Abfahrt ist um 9.30 Uhr, letzte um 16.30 Uhr. Empfehlenswert ist das Tagesticket (4 £) für beliebige Fahrten.

Linie 34A (nur im Juli und August) verkehrt von Newcastle bis zum Parkplatz des Silent Valley (30 Min., Mo–Fr 4-mal, Sa 3-mal, So 2-mal) über Donard Park (5 Min.) und Bloody Bridge (10 Min.).

Mournes Coast Road
Bei der Fahrt über die landschaftlich reizvolle Küstenstraße A2 von Newcastle nach Newry zeigt sich Down von seiner besten Seite. Annalong, Kilkeel und Rostrevor sind für Abstecher in die Berge gut geeignet.

ANNALONG
Der Hafen des Fischerdorfes Annalong (Áth na Long) bemüht sich vergeblich um malerisches Aussehen. Die **Corn Mill** (☎ 4376 8736; Marine Park; Erw./Kind 2/1,10 £; ◷ April–Okt. Mi–Mo 14–18, Nov.–März Mi–Mo 15–17 Uhr) aus dem frühen 19. Jh. überblickt die Flussmündung, aber ihre Wirkung wird von Graffiti und hässlichen Bauten am anderen Flussufer zunichte gemacht.

Übernachten kann man im familienfreundlichen **Cornmill Quay Hostel** (☎ 4376 8269; www. cornmillquay.com; Marine Park; B Erw./Kind 15/10 £, DZ 40 £; P), einem netten kleinen Bauernhof über dem Hafen. Es gibt vier Ferien-Cottages (ab 350 £ pro Woche in der Hauptsaison).

Das ansprechende **Harbour Inn** (☎ 4376 8678; 6 Harbour Dr; Hauptgerichte 5–9 £; ◷ Küche So–Fr 12.30–14.30 & 17–20 Uhr, Sa 12.30–21 Uhr) direkt am Hafen bietet eine attraktive Lounge und Bar mit Sofas an den Panoramafenstern sowie im Obergeschoss ein Restaurant mit schöner Aussicht auf die Mournes.

KILKEEL
Der Name Kilkeel (Cill Chaoil, „Kirche des engen Ortes") leitet sich von der **St.-Koloman-Kirche** aus dem 14. Jh. ab, deren Ruine auf dem Friedhof gegenüber der Touristeninformation steht. Der Ort hat einen geschäftigen Fischereihafen und einen Fischmarkt am Kai, der von der größten Fischereiflotte Nordirlands beliefert wird.

Im Nautilus Centre am Hafen befindet sich die **Touristeninformation** (☎ 4176 2525; kdakilkeel@ hotmail.com; Rooney Rd; ◷ Mo–Fr 9–13 & 14–17.30 Uhr, Ostern–Okt. auch Sa).

ROSTREVOR
Rostrevor (Caislean Ruairi) ist ein hübsches viktorianisches Seebad, dessen Pubs immer gut besucht sind. Ende Juli strömen die Folk-Musiker in Scharen zum hiesigen **Fiddler's Green International Festival** (☎ 4173 9819; www. fiddlersgreenfestival.co.uk).

Der Ort ist bekannt für seine zahlreichen Pubs, in den meisten gibt es regelmäßig Livemusik. Gutes Essen wird im **Kilbroney** (☎ 4173 8390; 31 Church St) und im **Celtic Fjord** (☎ 4173 8005; 8 Mary St) serviert.

Im Osten liegt der **Kilbroney Forest Park** (☎ 4173 8134; Shore Rd; Eintritt frei; ◷ Juni–Aug. 9–22, Sept.–Mai bis 17 Uhr). Vom Parkplatz am Ende der Waldstraße führt ein Spaziergang in 10 Min. weiter zum **Cloughmore Stone**, einem 30 t schweren Granitblock mit viktorianischen

---

WANDERUNG: DER BRANDY PAD

Der Brandy Pad ist ein ehemaliger Schmugglerpfad über die Mourne Mountains. Im 18. Jh. wurden Schnaps, Wein, Tabak und Kaffee auf dieser Route nach Hilltown geschmuggelt, um die Zollbeamten in Newcastle zu umgehen. Die Wanderung beginnt bei Bloody Bridge, 5 km südlich von Newcastle.

Der erste Wegabschnitt folgt der Route von Bloody Bridge (siehe Infokasten S. 675) auf den Slieve Donard bis zur Mourne Wall (3,5 km). Auf der anderen Seite des Walls (rechts halten) verläuft ein breiter Weg nach Norden über die flacheren Hänge des Slieve Donard, dann unterhalb der „Burgen", einer Gruppe erodierter Granitspitzen, nach Westen. Jenseits des Sattels unterhalb vom Slieve Commedagh führt der Weg sanft bergab ins Tal des Kilkeel River (bzw. Silent Valley). Danach schlängelt er sich am Ben-Crom-Stausee vorbei zum Hare's Gap, wo er wieder auf die Mourne Wall stößt.

Durch das Tor in der Mourne Wall verläuft die Route bergab nach Nordwesten, zuerst steil, dann sanfter über einen breiten Steinweg, den Trassey Track. Dieser mündet auf eine Nebenstraße und erreicht den Parkplatz bei Trassey Bridge in der Nähe der Meelmore Lodge (12 km von Bloody Bridge, 3–5 Std.).

Von hier kann man durch den Tollymore Forest Park nach Newcastle zurückwandern. Der Weg beginnt direkt oberhalb des Parkplatzes (8 km, 2–3 Std.). Im Juli und August fährt die Buslinie Mourne Rambler vom Parkplatz bzw. der Meelmore Lodge zurück.

Inschriften. Von hier oben genießt man eine tolle Aussicht über den Lough zum Carlingford Mountain.

Warrenpoint
7000 Ew.

Warrenpoint (An Pointe) ist ein viktorianischer Badeort am Carlingford Lough. Das Bild der Küste wird leider durch einen großen Industriehafen am westlichen Stadtrand beeinträchtigt. Die breiten Straßen, der Marktplatz und die kürzlich erneuerte Promonade sind trotzdem angenehm, und die Möglichkeiten zum Übernachten und Einkehren besser als in Newry oder Rostrevor.

Die **Touristeninformation** (☎ 4175 2256; Church St; ☼ Okt.–Mai Mo–Fr 9–13 & 14–17 Uhr, Juni–Sept. auch Sa) befindet sich im Rathaus.

2 km nordwestlich steht **Narrow Water Castle** (☎ 9181 1491; Eintritt frei; ☼ Juli & Aug. Di, Fr & Sa 10–13, Mi & Do 14–18 Uhr), ein schönes elisabethanisches Turmhaus, das 1568 zur Kontrolle der Flussmündung des Newry erbaut wurde.

SCHLAFEN & ESSEN

LP Tipp **Whistledown & Finns** (☎ 4175 4174; www. whistledown.co.uk; 6 Seaview; EZ/DZ 40/70 £) Diese Strandpension bietet Unterkünfte im Landhausstil. Es gibt fünf Zimmer (Nr. 2 hat ein Himmelbett aus Kiefernholz und ein Erkerfenster mit Meerblick), eine schicke Bar und ein Restaurant (Hauptgerichte 9–14 £; Mo–Sa 12–17 & 19.30–22, So 12.30–15.30 Uhr).

Boathouse Inn (☎ 4175 3743; www.boathouseinn. com; 3 Marine Pde; EZ/DZ 45/70 £; ℗) Das Boathouse bietet zwei erstklassige Speiselokale: das Boathouse Restaurant (Hauptgerichte 11–17 £; 19–22 Uhr), ein cooles Bistro mit Kerzenbeleuchtung, serviert einen modernen kulinarischen Mix, im Vecchia Roma (Hauptgerichte 6–15 £; 12–14.30 & 18–23 Uhr) gibt's karierte Tischdecken, Kerzen in Chianti-Flaschen und traditionelle italienische Küche. Die zwölf Zimmer sind bequem, aber nicht weiter aufregend.

AN- & WEITERREISE

Linie 39 verbindet Newry mit Warrenpoint (2 £, 20 Min., Mo–Sa mind. stündl., So 10-mal); einige Busse fahren weiter nach Kilkeel (1 Std.).

Newry
22 975 Ew.

Newry war lange Zeit Grenzstadt und wachte am Landweg von Dublin nach Ulster über das „Gap of the North", den Pass zwischen dem Slieve Gullion und den Carlingford Hills. Hauptstraße und Eisenbahn nehmen noch heute diesen Verlauf. Der Name leitet sich von einer Eibe (An tIúr) her, die der Hl. Patrick gepflanzt haben soll.

Nach der Eröffnung des Newry Canal 1742, der eine Verbindung zum Bann bei Portadown herstellte, wurde Newry ein geschäftiger Handelshafen. Hier verschiffte man Kohle aus

Coalisland am Lough Neagh sowie Leinen und Butter aus der Umgebung.

Heute ist Newry eine wichtige Einkaufsstadt mit großem Markt an Donnerstagen und Samstagen. Außerdem kann man von hier aus die Mourne Mountains, den Süden von Armagh und die Halbinsel Cooley in der Grafschaft Louth erkunden.

PRAKTISCHE INFORMATIONEN

Coffee-Net (☎ 3026 3531; Newry BusCentre, the Mall; 1 £ pro 15 Min.; 🕑 Mo–Fr 8.30–18, Sa 9–18, So 17–20 Uhr) Internetcafé.

Touristeninformation (☎ 3031 3170; Bagenal's Castle, Castle St; 🕑 ganzjährig Mo–Fr 9–17, Mitte Juni–Sept. Di–Fr bis 19, April–Sept. auch Sa 10–16 Uhr)

SEHENSWERTES

Zwischen den Grafschaften Down und Armagh herrschte im 19. Jh. eine so erbitterte Rivalität, dass der neue Ziegelbau des **Rathauses** 1893 direkt an der Grenze errichtet wurde – an einer dreibogigen Brücke über den Newry. Die Kanone davor wurde während des Krimkrieges (1853–56) erbeutet und der Stadt zum Dank für den Einsatz der Freiwilligen übergeben.

Bagenal's Castle ist das älteste Bauwerk der Stadt. Das Turmhaus wurde im 16. Jh. für Nicholas Bagenal, Großmarschall der englischen Armee in Irland, erbaut. Die Burg war völlig unter neueren Gebäuden verschwunden und wurde erst vor kurzem wiederentdeckt und restauriert. Heute beherbergt sie das **Newry and Mourne Museum** (☎ 3031 3178; www.bagenalscastle.com; Castle St; Eintritt frei; 🕑 Mo–Sa 10–16.30 & So 13–16.30 Uhr) mit Ausstellungen zum Newry Canal und zu Archäologie, Kultur und Folklore der Gegend.

Der **Newry Canal** verläuft parallel zum Fluss durch das Stadtzentrum und ist ein Schwerpunkt der Stadtentwicklung. Entlang des Kanals verläuft ein 30 km langer Radweg in nördlicher Richtung nach Portadown. Der **Newry Ship Canal** führt 6 km südlich auf Carlingford Lough zu, wo die Victoria-Schleuse wieder in Betrieb gesetzt wurde. Geplant ist, den Kanal in Zukunft auf ganzer Länge für Freizeitboote zu öffnen. Entworfen hat ihn Bauingenieur Sir John Rennie, von dem auch die Londoner Waterloo Bridge, die Southwark Bridge und die London Bridge stammen. Der Kanal ermöglichte auch größeren Hochseeschiffen die Einfahrt ins Albert Basin in Newry.

SCHLAFEN

Marymount (☎ 3026 1099; patricia.ohare2@btinternet.com; Windsor Ave; EZ/DZ 32/54 £; Ⓟ) Nur zehn Gehminuten vom Zentrum entfernt steht der moderne Bungalow in ruhiger Lage an einem Hügel abseits der A1 nach Belfast. Eines der drei Zimmer hat ein eigenes Bad.

Canal Court Hotel (☎ 3025 1234; www.canalcourthotel.com; Merchants Quay; EZ/DZ ab 80/130 £; Ⓟ) Das riesige gelbe Gebäude gegenüber vom Busbahnhof ist nicht zu verfehlen. Es ist zwar ein modernes Hotel, bietet aber mit seinen Ledersofas in der weiten, holzvertäfelten Lobby eine gewollt altmodische Atmosphäre. Das Restaurant ist nicht weit vom Chintz-Stil entfernt.

ESSEN & AUSGEHEN

Café Krem (☎ 3026 6233; 14 Hill St; Hauptgerichte 2–3 £; 🕑 Mo–Sa 8.30–18 Uhr) Eine freundliche, gesellige Atmosphäre und den besten Kaffee der Stadt gibt's im Café Krem, das sich wirklich von der Masse abhebt. Hervorragend sind die heiße Schokolade, die leckeren *panini* und die riesigen Softdrinks.

Brass Monkey (☎ 3026 3176; 1-4 Sandy St; Hauptgerichte 7–12 £; 🕑 Küche 12.30–14.30 & 17–20 Uhr) Im beliebtesten Pub von Newry, im viktorianischen Stil mit viel Messing, Ziegeln und Holzdekor, werden gute Pubgerichte serviert, von Lasagne und Burger über Meeresfrüchte bis Steaks.

Cobbles (☎ 3083 3333; 15 the Mall; Hauptgerichte 5–12 £; 🕑 Küche 10–21.30 Uhr) Diese Lounge-Bar strahlt dezente Eleganz aus: dunkler Parkettboden, helles Holz, Ledersessel und Sitzbänke in Burgunder und Creme. Bis 12 Uhr gibt's ein umfangreiches Frühstück, dann handfeste Mittag- und Abendessen. Die Speisekarte bietet Köstliches von Suppe und Sandwiches bis zu selbstgemachten Burgern und Pizza.

AN- & WEITERREISE

Das Newry BusCentre liegt an der Mall gegenüber dem Canal Court Hotel. Der Goldline Express 238 verbindet Newry mit dem Belfaster Europa BusCentre (7 £, 1¼ Std., Mo–Sa mind. stündl., So 8-mal) via Hillsborough und Banbridge.

Linie 44 fährt von Newry nach Armagh (5 £, 1¼ Std., Mo–Fr 2-mal tgl., Sa 3-mal), Linie 295 von Newry über Armagh und Monaghan nach Enniskillen (9 £, 2¾ Std., Mo–Sa 2-mal tgl., nur im Juli & August). Linie 39 verkehrt nach Warrenpoint (20 Min., Mo–Sa mind. stündl., So 10-mal) und Rostrevor (30 Min.), zehn-mal täglich auch weiter bis nach Kilkeel (4 £, 1 Std.).

Der Bahnhof liegt 2,5 km nordwestlich vom Zentrum an der A25. Vom Busbahnhof fährt stündlich die Linie 341 (kostenlos für Bahnreisende) hierher. Newry liegt an der Bahnstrecke zwischen Dublin (16 £, 1¼ Std.) und Belfast (8 £, 50 Min., Mo–Sa 10-mal tgl., So 5-mal).

COUNTY ARMAGH

SÜDLICHES ARMAGH

Ländlich und unerschütterlich republikanisch ist das südliche Armagh, von seinen Bewohnern „Land Gottes" genannt. Bei den britischen Soldaten, die hier in den 1970er-Jahren stationiert waren, hatte es einen unheilvolleren Spitznamen: „Banditenland". Da die Republik nur wenige Kilometer entfernt liegt, war der Süden von Armagh ein bevorzugter Schauplatz von Angriffen und Bombenanschlägen der IRA. Mehr als 30 Jahre patrouillierten britische Soldaten durch die Straßen der Dörfer, das Dröhnen der Hubschrauber gehörte zum Alltag.

Der Friedensprozess zeigt sich hier deutlicher als im restlichen Nordirland. Im Rahmen des „Normalisierungsprozesses" der britischen Regierung wurden das Militär 2007 abgezogen, die Wachtürme auf den Hügeln demontiert (ihre frühere Lage wird heute trotzig durch die irische Trikolore markiert) und die riesigen Kasernen in Bessbrook Mill und Crossmaglen geschlossen.

Die Menschen hoffen, dass dieser einst so gewalttätige Teil Nordirlands nun wieder wegen seiner historischen Stätten, der herrlichen Landschaft und der traditionellen Musik besucht wird.

Bessbrook

3150 Ew.

Bessbrook (An Sruthán) wurde Mitte des 19. Jhs. vom Quäker und Leinenfabrikanten John Grubb Richardson als „Modelldorf" für die Arbeiter seiner Flachsspinnerei gegründet. Hübsche Reihenhauszeilen aus hiesigem Granit säumen die beiden Hauptplätze Charlemont und College, beide mit Grünflächen in der Mitte. Daneben gibt es Rathaus, Schule, Badehaus und Apotheke. Angeblich diente Bessbrook als Vorbild für Bournville bei Birmingham in England, ein anderes Modelldorf,

---

TOP TEN: RESTAURANTS IN NORD-IRLAND (AUSSERHALB VON BELFAST)

- 55 Degrees North (S. 709)
- Brown's Restaurant (S. 700)
- Grace Neill's (S. 662)
- Lime Tree (S. 703)
- Lobster Pot (S. 670)
- Mourne Seafood Bar (S. 673)
- Narrows (S. 663)
- Oscar's (S. 731)
- Plough Inn (S. 657)
- Uluru Bistro (S. 684)

---

das die Familie Cadbury für ihre Schokoladenfabrik baute.

Im Ortszentrum befindet sich die gewaltige **Bessbrook Mill**. 1970 wurde sie von der britischen Armee requiriert und diente 30 Jahre lang als Militärbasis. Auf ihrem Hubschrauberlandeplatz soll der höchste Flugbetrieb in ganz Europa geherrscht haben. 2007 zogen die Truppen ab. Jetzt will man die Mühle zu Wohnungen umbauen, eventuell mit Galerie und Café.

Südlich von Bessbrook steht **Derrymore House** (☎ 8778 4753; ⏰ Gärten Mai–Sept. 10–19, Okt.–April bis 16 Uhr), ein elegantes strohgedecktes Cottage, das 1776 für Isaac Corry gebaut wurde. Corry war 30 Jahre lang irischer Parlamentsabgeordneter für Newry. 1800 wurde hier im Salon der Act of Union entworfen. Zu Redaktionsschluss war das Haus nicht zugänglich, der umliegende Park jedoch geöffnet. Er wurde von John Sutherland (1745–1826) angelegt, einem der bekanntesten Schüler des englischen Landschaftsarchitekten Capability Brown. Malerische Wege eröffnen schöne Ausblicke auf den Ring of Gullion.

Bessbrook liegt 5 km nordwestlich von Newry. Buslinie 41 fährt von Newry nach Bessbrook (15 Min., Mo–Sa stündl.), Linie 42 (nach Crossmaglen) und 44 (nach Armagh) halten am Eingang des Hauses an der A25 Richtung Camlough.

Ring of Gullion

Der Ring of Gullion ist eine mystische Region und tief im keltischen Sagenschatz verwurzelt. Ihren Mittelpunkt bildet Slieve Gullion (Sliabh gCuilinn, 576 m), wo der Keltenkrieger

Cúchulainn angeblich seinen Namen erhielt, nachdem er den Hund *(cú)* des Schmiedes Culainn getötet hatte. Der „Ring" zieht sich als zerklüftete Hügelkette von Newry bis zum 15 km südwestlich gelegenen Forkhill und umschließt den Slieve Gullion wie ein Ring. Ungewöhnlich ist die konzentrische Struktur.

KIRCHEN VON KILLEVY

Von Buchen umgeben, stehen diese verfallenen, miteinander verbundenen **Kirchen** (Eintritt frei; ganztägig) auf dem Gelände eines Nonnenklosters aus dem 5. Jh., das von der Hl. Moninna gegründet wurde. Die östliche Kirche stammt aus dem 15. Jh. und teilt sich eine Giebelwand mit der westlichen Kirche aus dem 12. Jh. Das Westtor mit seinem massiven Türsturz und Granitpfosten ist möglicherweise noch 200 Jahre älter. Auf der Seite des Friedhofs führt ein Fußweg zu einem weißen Kreuz hinauf, das die heilige Quelle von St. Moninna kennzeichnet.

Die Kirchen liegen 6 km südlich von Camlough an einer Nebenstraße nach Meigh. An einer Kreuzung sind Richtung Westen die Kirchen, Richtung Osten der Aussichtspunkt Bernish Rock ausgeschildert.

SLIEVE GULLION FOREST PARK

Eine 13 km lange Fahrt durch diesen reizvollen **Forstpark** (Eintritt frei; 8 Uhr bis Dämmerung) eröffnet wunderbare Ausblicke auf die nahen Berge. Vom Rastplatz am oberen Ende der Straße kann man zum Gipfel des Slieve Gullion wandern, der höchsten Erhebung im County Armagh. Oben liegen zwei bronzezeitliche *cairns* und ein kleiner See (Rundweg 1,5 km). Der Parkeingang befindet sich 10 km südwestlich von Newry an der B113 nach Forkhill.

MULLAGHBANE & FORKHILL

Im Dorf Mullaghbane (Mullach Bán) westlich des Slieve Gullion sollte man das **Tí Chulainn** (3088 8828; www.tichulainn.com; Eintritt frei; Mo–Fr 9–17, Sa 11–12.30 Uhr) besuchen. Dieses Kulturzentrum fördert die irische Sprache, Folklore, traditionelle Musik und Erzählkunst. Angeschlossen sind Ausstellung, Kunsthandwerkladen und Café sowie Hostel (40 £ pro Zi. für max. 3 Pers.).

Die Pubs im benachbarten Forkhill veranstalten Dienstagabend und jeden zweiten Samstagabend traditionelle Musik-Sessions und im Oktober ein Folkmusik-Festival.

Crossmaglen
1600 Ew.

Crossmaglen (Crois Mhic Lionnáin) liegt nur 4 km von der Grenze entfernt und ist stark republikanisch geprägt. Sein Marktplatz gehört zu den größten in Irland. Auf dem Höhepunkt der Unruhen war eine Stationierung in den Kasernen von „Cross" (oder XMG, wie es genannt wurde) unter britischen Soldaten besonders gefürchtet.

Inzwischen ist die Armee abgezogen, und Crossmaglen präsentiert sich den Besuchern als freundlicher Ort mit Pferdezuchten, einer berühmten Gaelic-Football-Mannschaft (Die Crossmaglen Rangers gewannen 2007 die gesamtirische Meisterschaft) und Pubs, die für ihre ausgezeichneten Musik-Sessions bekannt sind.

Infos gibt's bei **RoSA** (3086 8900; 25-26 O'Fiaich Sq; Mo–Fr 9–17 Uhr). **Twisted Briar Tours** (3026 0488; twistedbriar tours@ireland.com) organisieren individuelle Touren durch die Gegend für etwa 70 £ pro halbem Tag.

Murtagh's Bar (3086 1378; aidanmurtagh@hotmail. com; 13 North St; EZ/DZ 25/50 £) bietet gute Stimmung, traditionelle Musik, Pubessen und B&B, das brandneue **Cross Square Hotel** (3086 0505; www. crosssquarehotel.com; 4-5 O'Fiaich Sq; EZ/DZ 50/80 £; Hauptgerichte 7–10 £; Küche 9.30–21 Uhr) serviert den ganzen Tag Pubgerichte sowie Lunch und Dinner à la carte. Freitag, Samstag und Sonntag gibt's abends Livemusik.

Buslinie 42 verkehrt von Newry via Camlough und Mullaghbane nach Crossmaglen (4 £, 50 Min., Mo–Fr 6-mal, Sa 4-mal).

ARMAGH (STADT)
14 600 Ew.

Die kleine Kathedralenstadt Armagh (Ard Macha) ist seit dem 5. Jh. ein wichtiges religiöses Zentrum. Noch heute ist sie die kirchliche Hauptstadt Irlands und Sitz der anglikanischen und römisch-katholischen Erzbischöfe von Armagh mit oberster Funktion für ganz Irland. Die zwei Kathedralen – beide namens St. Patrick – stehen sich auf zwei Hügeln gegenüber.

Trotz einiger schöner georgianischer Gebäude wirkt die Stadt mit Baulücken und Ödland stellenweise etwas trüb und heruntergekommen. Vernagelte Fenster verstärken diesen Eindruck. Wegen der faszinierenden Armagh Public Library und dem nahe gelegenen Navan Fort lohnt sich ein Abstecher trotzdem.

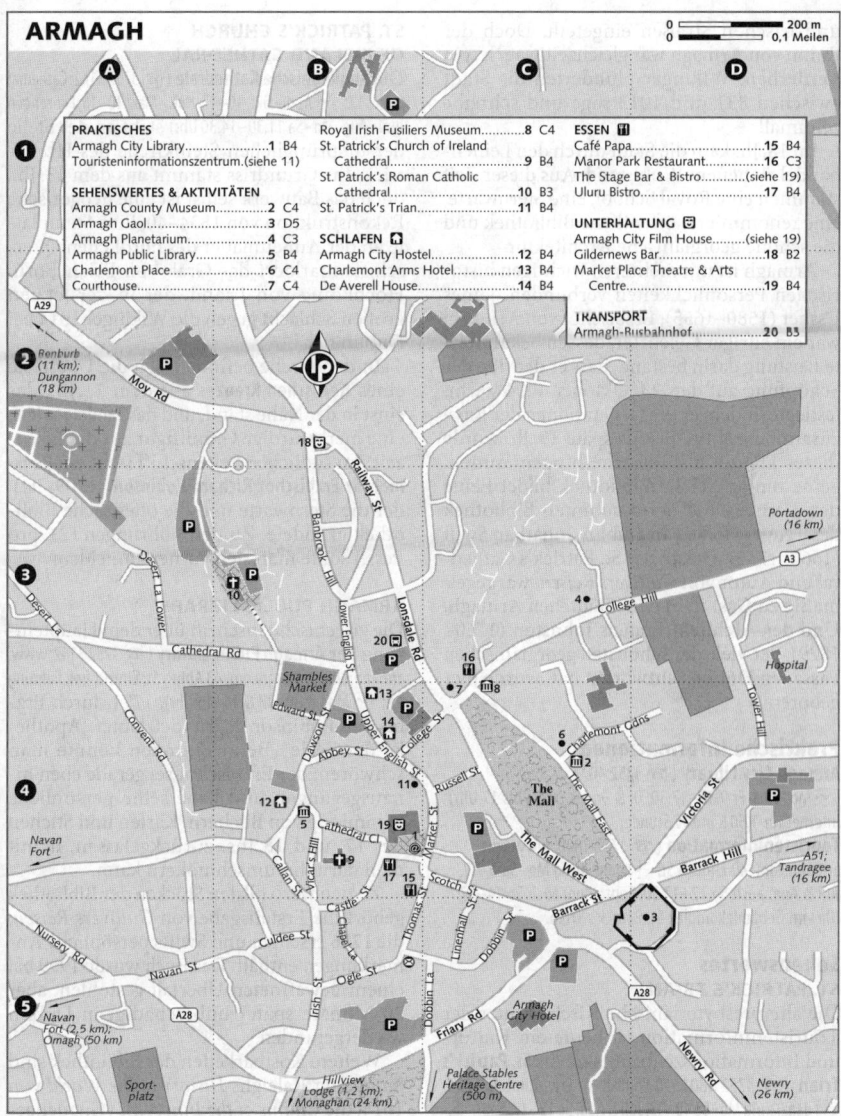

ARMAGH

PRAKTISCHES	Royal Irish Fusiliers Museum.............**8** C4	**ESSEN**
Armagh City Library....................**1** B4	St. Patrick's Church of Ireland	Café Papa..............................**15** B4
Touristeninformationszentrum.(siehe 11)	Cathedral...................................**9** B4	Manor Park Restaurant..............**16** C3
	St. Patrick's Roman Catholic	The Stage Bar & Bistro..........(siehe 19)
SEHENSWERTES & AKTIVITÄTEN	Cathedral.................................**10** B3	Uluru Bistro............................**17** B4
Armagh County Museum.............**2** C4	St. Patrick's Trian......................**11** B4	
Armagh Gaol.............................**3** D5		**UNTERHALTUNG**
Armagh Planetarium....................**4** C3	**SCHLAFEN**	Armagh City Film House........(siehe 19)
Armagh Public Library.................**5** B4	Armagh City Hostel...................**12** B4	Gildernews Bar.........................**18** B2
Charlemont Place.......................**6** C4	Charlemont Arms Hotel.............**13** B4	Market Place Theatre & Arts
Courthouse..............................**7** C4	De Averell House......................**14** B4	Centre...................................**19** B4
		TRANSPORT
		Armagh-Busbahnhof................**20** B3

Geschichte

Als der Hl. Patrick mit der Verbreitung des Christentums in Irland begann, wählte er als Ausgangspunkt eine Stätte unweit von Emain Macha (Navan Fort), dem Zentrum des heidnischen Ulster. 445 erbaute er Irlands erste steinerne Kirche auf einer nahen Anhöhe (auf der heute die Kathedrale der Church of Ire-

land steht) und bestimmte später, dass Armagh den ersten Rang unter allen irischen Kirchen einnehmen sollte.

Im 8. Jh. gehörte Armagh bereits zu den berühmtesten europäischen Zentren der Geistlichkeit, Gelehrsamkeit und des Kunsthandwerks. Die Stadt wurde in drei Distrikte, *trians*, mit jeweils englischen, schottischen und irischen Straßen eingeteilt. Doch der Ruhm von Armagh war gleichzeitig auch sein Verderben: Wikinger plünderten die Stadt zwischen 831 und 1013 sage und schreibe zehnmal!

Im 18. Jh. kam die Stadt durch den Leinenhandel zu neuem Wohlstand. Aus dieser Zeit stammen eine Royal School, eine Sternwarte, eine renommierte öffentliche Bibliothek und die schöne georgianische Architektur.

Armagh ist mit mehreren wichtigen historischen Persönlichkeiten verbunden. James Ussher (1580–1655), Erzbischof von Armagh, war ein eifriger Gelehrter, dessen bekannteste Leistung darin bestand, dass er den Tag der Schöpfung auf den 23. Oktober 4004 v. Chr. festlegte, indem er die Generationen der Bibel zusammenzählte. Bis ins späte 19. Jh. wurde dieses Datum als Tatsache hingenommen. Seine umfangreiche Bibliothek bildet heute den Kernbestand der berühmten Bibliothek des Trinity College in Dublin. Jonathan Swift (1667–1745), Dekan der St. Patrick's Cathedral und Autor von *Gullivers Reisen*, war regelmäßig zu Gast in in den Städtchen Armagh. Und der Architekt Francis Johnston (1760–1829), der viele der schönsten georgianischen Fassaden Dublins entworfen hat, wurde hier geboren.

Praktische Informationen

Armagh City Library (☎ 3752 4072; Market St; ☺ Mo, Mi & Fr 9.30–17.30, Di & Do bis 20, Sa bis 17 Uhr) Internet für 1,50 £ pro ½ Stunde.

Touristeninformation (☎ 3752 1800; www.visit armagh.com; 40 English St; ☺ ganzjährig Mo–Sa 9–17, Juli & Aug. auch So 12–17.30, Sept.–Juni auch So 14–17 Uhr) Im Gebäudekomplex St. Patrick's Trian.

Sehenswertes

ST. PATRICK'S TRIAN

Die alte presbyterianische Kirche hinter der Touristeninformation ist heute ein Kultur- und Informationszentrum namens **St. Patrick's Trian** (☎ 3752 1801; 40 English St; Erw./Kind 4,75/3 £; ☺ ganzjährig Mo–Sa 10–17, Juli & Aug. So 12–17, Sept.–Juni 14–17 Uhr). Es gibt drei Ausstellungen: Armagh Story beleuchtet die Geschichte von Armagh von der heidnischen Vorzeit bis zur Gegenwart, Patrick's Testament blättert auf interaktive Weise im alten *Book of Armagh*, und für die Kids gibt es das Land of Lilliput, wo ein Riesenmodell der berühmten Figur von Jonathan Swift Gullivers Abenteuer im Land Lilliput nacherzählt.

ST. PATRICK'S CHURCH OF IRELAND CATHEDRAL

Die **Anglikanische Kathedrale** (☎ 3752 3142; Cathedral Close; 1 £; ☺ April–Okt. 10–17, Nov.–März 10–16, Führungen Juni–Aug. Mo–Sa 11.30–14.30 Uhr) steht an der Stelle der ursprünglichen Steinkirche des Hl. Patrick. Ihr Grundriss stammt aus dem 13. Jh., doch das Bauwerk selbst ist eine neogotische Rekonstruktion von 1834–40. Eine Steinplatte an der Außenmauer des nördlichen Querschiffs markiert das Grab von Brian Ború, Hochkönig von Irland, der in der letzten großen Schlacht gegen die Wikinger 1014 bei Dublin fiel.

In der Kirche befinden sich die Überreste eines **Keltischen Kreuzes** aus dem 11. Jh., das einst in der Nähe stand, und das **Tandragee Idol**, eine merkwürdige Granitfigur aus der Eisenzeit. Im südlichen Seitenschiff steht ein **Denkmal für Erzbischof Richard Robinson** (1709–94), der die Sternwarte und die öffentliche Bibliothek gründete. Zu den Führungen (2 £ pro Pers.) sollte man sich vorher anmelden.

ARMAGH PUBLIC LIBRARY

Die griechische Inschrift über dem Haupteingang der **Armagh Public Library** (☎ 3752 3142; www. armaghrobinsonlibrary.org; 43 Abbey St; Eintritt frei, Führung 2 £; ☺ Mo–Fr 10–13 & 14–16 Uhr), 1771 durch Erzbischof Robinson gegründet, lautet „Apotheke der Seele". Beim Eintreten könnte man schwören, der Erzbischof sei gerade eben hinausgegangen und habe seine persönliche Sammlung von Büchern, Karten und Stichen des 17. und 18. Jhs. zurückgelassen, damit man darin herumschmökern kann.

Zu den wertvollsten Stücken der Bibliothek gehört die Erstausgabe von *Gullivers Reisen*, die 1726 erschien und Swifts persönliche Anmerkungen enthält. Das Buch wurde 1999 bei einem bewaffneten Überfall gestohlen, aber 20 Monate später unbeschädigt in Dublin wiedergefunden.

Weitere Kostbarkeiten der Bibliothek sind Sir Walter Raleighs *History of the World* von 1614, die *Claims of the Innocents* (Gnadengesuche an Oliver Cromwell) sowie eine umfangreiche Sammlung Stiche von Hogarth und anderen.

ST. PATRICK'S ROMAN CATHOLIC CATHEDRAL

Die zweite **St. Patrick's Cathedral** (☎ 3752 2802; Cathedral Rd; Eintritt frei; ☺ Mo–Fr 9–18, Sa 9–20, So 8–18.30 Uhr) wurde 1838–73 im Stil des Gothic

Revival mit großen Zwillingstürmen erbaut. Innen wirkt sie fast byzantinisch: Wände und Decke sind bis in den letzten Winkel von Mosaiken in leuchtenden Farben bedeckt. Der Altarraum wurde 1981 modernisiert und passt mit seinem markanten Tabernakel und Kruzifix nicht so recht zu den Mosaiken und Statuen der Kirche. Gottesdienste finden montags bis freitags 10 Uhr, sonntags 9, 11 und 17.30 Uhr statt.

THE MALL

Die Mall östlich des Stadtzentrums war noch im 18. Jh. Austragungsort für Pferderennen sowie Hahnen- und Stierkämpfe, bis Erzbischof Robinson entschied, dass solch vulgäres Treiben nicht zu einer Gelehrtenstadt passe. Stattdessen legte er einen eleganten georgianischen Park an.

An dessen Nordrand steht das **Gerichtsgebäude**, das durch eine IRA-Bombe zerstört und 1993 wiederaufgebaut wurde. Den ursprünglichen Bau von 1809 hatte der aus dem Ort stammende Francis Johnston entworfen, später einer der berühmtesten Architekten Irlands. Dem Gericht direkt gegenüber am Südrand steht das abschreckende **Armagh Gaol**. Das Gefängnis entstand 1780 nach einem Entwurf von Thomas Cooley und wurde bis 1988 benutzt.

Die östliche Parkseite ist von hübschen georgianischen Reihenhäusern gesäumt. **Charlemont Place** und der Säulengang vor dem **Armagh County Museum** (☎ 3752 3070; the Mall East; Eintritt frei; ⏰ Mo–Fr 10–17 Uhr, Sa 10–13 & 14–17 Uhr) stammen von Francis Johnston. Das Museum zeigt prähistorische Äxte, Fundstücke aus Mooren, Strohpuppen sowie Militäruniformen und -ausrüstungen. Gruselig ist ein gusseiserner Schädel, der früher den Galgen von Armagh zierte.

Im benachbarten **Royal Irish Fusiliers Museum** (☎ 3752 2911; the Mall East; Eintritt frei; ⏰ Mo–Fr 10–12.30 & 13.30–16 Uhr) wird die Geschichte des Regiments erzählt, das 1811 als Erstes eine der kaiserlichen Standarten von Bonaparte erbeuten konnte.

ARMAGH PLANETARIUM

Das Armagh Observatory wurde 1790 von Erzbischof Robinson gegründet und ist bis heute Irlands führendes astronomisches Forschungsinstitut. Das benachbarte **Armagh Planetarium** (☎ 3752 3689; www.armaghplanet.com; College Hill; Eintritt Ausstellungsgelände 2 £ pro Pers., Vorführungen Erw./Kind 6/5 £; ⏰ Di–Fr 13–17, Sa & So 11.30–17 Uhr) wendet sich hauptsächlich an die Jugend. Eine interaktive Ausstellung informiert über die Erforschung des Weltalls, das digitale Theater zeigt in spektakulären halbstündigen Shows Projektionen an der Kuppeldecke zu verschiedenen Themen (Shows siehe Webseite).

PALACE STABLES HERITAGE CENTRE

Am Südrand der Stadt überblickt der Primate's Palace die Ruinen eines Franziskanerklosters aus dem 13. Jh. Der Palast wurde für Erzbischof Robinson erbaut, als er 1769 zum Primas von Irland ernannt wurde. Heute beherbergen die Stallungen des Palastes das **Palace Stables Heritage Centre** (☎ 3752 9629; Palace demesne; Erw./Kind 4,75/3 £; ⏰ Juni–Aug. Mo–Sa 10–17 & So 12–17, April–Mai & Sept. Sa 10–17 & So 12–17 Uhr). Eine Reihe von Bildern zeigt, wie Gäste des Erzbischofs im 18. Jh. empfangen wurden.

Schlafen

Armagh City Hostel (☎ 3751 1800; www.hini.org.uk; 39 Abbey St; B/DZ 15/32 £; ⏰ März–Okt. tgl., Nov.–Febr. nur Fr & Sa, 23.12.–2.1. geschl.; ⓟ) Dieses moderne, zweckmäßige Hostel bei der Church of Ireland Cathedral ähnelt eher einem kleinen Hotel. Es gibt sechs bequeme Doppelzimmer mit Bad, TV und Teekessel sowie zwölf kleine Schlafsäle, eine gut ausgestattete Küche, Waschküche, Lounge und Lesezimmer.

Hillview Lodge (☎ 3752 2000; www.hillviewlodge.com; 33 Newtownhamilton Rd; EZ/DZ 38/50 £; ⓟ) Nur 1,5 km südlich von Armagh liegt die Pension Hillview, ein freundlicher Familienbetrieb mit sechs hübschen Zimmern und schönem Blick auf die Landschaft. Nebenan gibt es ein Drivingrange, wenn man seinen Golfabschlag verbessern will.

De Averell House (☎ 3751 1213; www.deaverellhouse.net; 47 Upper English St; EZ/DZ 40/70 £; ⓟ) Ein umgebautes georgianisches Stadthaus mit vier geräumigen Zimmern und Ferienwohnung sowie einem äußerst hilfsbereiten, freundlichen Besitzer. Die Zimmer zur Straßenseite sind etwas laut, das Doppelzimmer nach hinten ist am angenehmsten.

Charlemont Arms Hotel (☎ 3752 2028; www.charlemontarmshotel.com; 57-65 English St; EZ/DZ 50/80 £; ⓟ) Dieses Hotel stammt aus dem 19. Jh. und wurde im Stil seiner Zeit geschmackvoll renoviert – eichenholzgetäfelter Speiseraum, viktorianische Kamine, Kellerrestaurant mit Steinfliesenboden. Die Zimmer sind im Gegensatz dazu modern und elegant.

Essen

Café Papa (☎ 3751 1205; 15 Thomas St; Hauptgerichte 4–8 £; ⊙ Mo–Sa 9–17.30) In diesem Feinschmecker-Café werden guter Kaffee, Kuchen, selbstgebackenes Brot und Gourmet-Sandwiches serviert. Freitag- und Samstagabend gibt es Bistro-Dinners, Wein muss mitgebracht werden.

LP Tipp Uluru Bistro (☎ 3751 8051; 16-18 Market St; Hauptgerichte 5–12 £; ⊙ Di–Fr 12–14.30 & 18–21.30, Sa 12–22 Uhr) Der australische Wirt bringt etwas Flair vom anderen Ende der Welt nach Armagh. Auf der Speisekarte findet sich eine bunte Mischung von süß-saurem Thai-Hähnchen bis zu mariniertem, gegrilltem Känguru. Hinzu kommen einheimische Gerichte wie Fish & Chips in Bierteig.

Stage Bar & Bistro (☎ 3751828; Market Sq; Hauptgerichte 9–15 £; ⊙ Küche Mo–Sa 12–16, So 12.30–18, Do–Sa 17–21 Uhr, Caféküche Mo–Sa ab 9.30, So ab 12 Uhr) Dieses schicke kleine Bistro mit seinen kaffee- und cremefarbenen Sofas und Stühlen in der Theaterlobby bietet leckere vegetarische Mahlzeiten – empfehlenswert die vegetarischen Tempura mit Teriyaki-Dip –, Schweinekoteletts mit Kohl und Speck oder Lachsfilet mit Käse und Kräutersauce.

Manor Park Restaurant (☎ 3751 5353; 2 College Hill, the Mall; Hauptgerichte 19–25 £; ⊙ tgl. 12–14.30, Mo–Do 17.30–21.30, Fr & Sa 17.30–22 Uhr) Die weißen Tischdecken und silbernen Kerzenleuchter dieses stimmungsvollen französischen Restaurants passen ausgezeichnet zur gemütlichen altmodischen Aufmachung mit Ziegelwänden, Parkettböden und Perserteppichen. Die Speisekarte enthält alle gastronomischen Facetten: von Froschschenkelfrikassee bis hin zu Maränen und Aal aus lokalem Fang. Die Weinkarte ist so lang wie die Loire. Ein 2-Gänge-Menü kostet 21 £ (nur unter der Woche erhältlich).

Unterhaltung

Das **Market Place Theatre & Arts Centre** (☎ 3752 1821; www.marketplacearmagh.com; Market St; ⊙ Kasse Mo–Sa 9.30–16.30 Uhr) ist das wichtigste Kulturzentrum von Armagh: ein Theater mit 400 Plätzen, Galerien, Restaurant, Café und der Stage Bar mit Livemusik an Samstagabenden.

Armagh City Film House (☎ 3751 1033; www.armagh filmhouse.com; Market St; Erw./Kind 4/3 £) Gleich neben dem Arts Centre.

Gildernews Bar (☎ 3752 7315; 100 Railway St) Gildernews – die ehemalige Hughes' Bar – bietet jeden Dienstag um 22 Uhr traditionelle Musik-Sessions; an Freitagen und Samstagen legen DJs auf.

Wenn man Glück hat, kann man ein **Road Bowling** (www.irishroadbowling.ie) miterleben. Das traditionelle irische Spiel wird heute hauptsächlich noch in Armagh und Cork gespielt. Die Teilnehmer werfen auf wenig befahrenen Landstraßen kleine, 750 g schwere Metallkugeln. Gewinner ist derjenige, der es mit möglichst wenigen Würfen bis zur Ziellinie schafft. Meist finden die Spiele im Sommer an Sonntagnachmittagen statt, die Ulster Finals werden Ende Juni in Armagh ausgetragen. Infos gibt's bei der Touristeninformation.

An- & Weiterreise

Busse halten am Armagh BusCentre an der Lonsdale Road nördlich vom Stadtzentrum.

Der Goldline Express 251 fährt vom Belfaster Europa BusCentre (7 £, 1–1½ Std., Mo–Fr stündl., Sa 8-mal, So 3-mal) nach Armagh, Linie 44 von Armagh nach Newry (5 £, 1¼ Std., Mo–Fr 2-mal tgl., Sa 3-mal) und Linie 295 via Monaghan nach Enniskillen (7 £, 2 Std., Mo–Sa 2-mal tgl., nur Juli und Aug.).

Von Armagh nach Derry gibt es keine direkten Verbindungen – am schnellsten (3 Std.) geht es, wenn man in Dungannon umsteigt (Linien 72 und 273).

Einmal täglich außer samstags hält die Linie 278 Coleraine–Monaghan in Armagh (hier Richtung Dublin umsteigen), einmal täglich die Linie 270 Belfast–Galway.

RUND UM ARMAGH (STADT)
Navan Fort

Hoch auf einem Moränenhügel (*Drumlin*) 3 km westlich von Armagh erhebt sich Navan Fort (Emain Macha), die bedeutendste archäologische Stätte in Ulster. Vermutlich handelt es sich um eine prähistorische Provinzhauptstadt und rituelle Stätte, die Tara in der Grafschaft Meath ebenbürtig ist.

Der irische Name Emain Macha bedeutet „Zwillinge von Macha". Macha ist die mythische Königin oder Göttin, nach der Armagh benannt wurde (aus Ard Macha, „Höhen der Macha"). Die Stätte steht mit den Sagen von Cúchulainn in Verbindung und wird als Hauptstadt von Ulster und Sitz der legendären Knights of the Red Branch betrachtet.

Von etwa 1150 v. Chr. bis zur Verbreitung des Christentums war dies ein bedeutender Ort. Der Fund eines Berberaffenschädels deutet auf Handelsbeziehungen nach Nordafrika hin. Der größte kreisförmige Erdwall misst 240 m im Durchmesser und umschließt eine kleinere kreisförmige Struktur und einen eisenzeitlichen Grabhügel. Bis heute gibt die Kreisstruktur den Archäologen Rätsel auf. Vielleicht handelt es sich um eine Art Tempel, dessen Dach von konzentrischen Reihen hölzerner Pfosten getragen wurde und der innen mit einem riesigen Steinhaufen gefüllt war. Noch merkwürdiger ist, dass das Gebilde kurz nach seiner Errichtung um 95 v. Chr. in Brand gesteckt wurde – möglicherweise zu rituellen Zwecken.

Im benachbarten **Navan Centre** (☎ 3752 1800; 81 Killylea Rd, Armagh; Erw./Kind 4,75/3 £; ☽ Juni–Aug. Mo–Sa 10–17 & So 12–17, April, Mai & Sept. Sa 10–17 & So 12–17 Uhr) kann man sich über das Fort und seinen geschichtlichen Kontext informieren und den Nachbau einer eisenzeitlichen Siedlung besichtigen.

Von Armagh wandert man in 45 Min. zur Stätte oder fährt mit Bus 73 zum Dorf Navan (10 Min., Mo–Fr 7-mal tgl.).

NÖRDLICHES ARMAGH

Der Norden von Armagh, der „Obstgarten Irlands", ist die wichtigste Obstanbauregion der Insel, berühmt für ihre Äpfel und Erdbeeren. Im Mai versinkt das Land unter einer Decke aus rosa Apfelblüten.

Ardress House

Aus einem Bauernhaus entstand 1760 der Herrensitz **Ardress House** (☎ 3885 1236; 64 Ardress Rd; Erw./Kind 4/2 £; ☽ Mitte März–Sept. Sa, So & feiertags 14–18 Uhr). Von der originalen neoklassizis-

tischen Innenausstattung ist noch viel erhalten, darunter ein Tisch aus dem Jahr 1799, auf dem König Georg V. 1921 die nordirische Verfassung unterzeichnete. In den Wirtschaftsgebäuden befindet sich neben einer Schweinezucht und Schmiede auch eine große Sammlung landwirtschaftlicher Geräte. Der ummauerte Garten wurde mit alten Apfelbaumarten bepflanzt, für welche die Obstgärten des nördlichen Armagh berühmt sind. Über das bewaldete Grundstück führen schöne Spazierwege.

Ardress House liegt 15 km nordöstlich von Armagh an der B28 auf halbem Weg zwischen Moy und Portadown.

Argory

Ein schönes Landhaus erhebt sich über dem Fluss Blackwater: **Argory** (☎ 8778 4753; Derrycaw Rd; Erw./Kind Grundstück & Tour 5/2,50 £, nur Grundstück 3 £ pro Auto; ☽ Haus Osterwoche–Aug. tgl. 13–18, Mitte März–Mai & Sept.–Mitte Okt. Sa, So & feiertags 13–18 Uhr) hat viel von seiner Ausstattung aus dem Jahr 1824 behalten. Einige Räume werden sogar mit Gas aus eigener Erzeugung beleuchtet. Es gibt zwei aufwendig gestaltete Gärten mit Rosen, viktorianischen Eibenlauben und einer Lindenallee am Flussufer.

Argory befindet sich 3,5 km nordöstlich von Moy an der Straße nach Derrycaw (von der B28 abbiegen) und 5 km nordwestlich von Ardress.

Oxford Island

Im **Oxford Island National Nature Reserve** am Südrand des Lough Neagh (siehe Kasten unten) werden verschiedene Biotope geschützt –

LOUGH NEAGH

Lough Neagh (ausgesprochen „nai") ist der größte Süßwassersee von ganz Großbritannien und Irland. Die englische Stadt Birmingham hätte bequem darin Platz! Trotz seiner riesigen Fläche (32 km lang und 16 km breit) ist der See relativ flach – er reicht nirgendwo tiefer als 9 m. Er bietet nicht nur Wasservögeln einen wichtigen Lebensraum, sondern auch der Irischen Maräne, einer nur in Irland vorkommenden Fischart, und der Forellenart Dollaghan, die nur hier im Lough Neagh zu finden ist. Weil der See über den River Bann mit dem Meer verbunden ist, galt er schon in prähistorischen Zeiten als wichtige Wasserstraße. In der Aalfischerei sind noch heute etwa 200 Menschen beschäftigt.

Die wichtigsten Ausgangspunkte, um den See zu erkunden, sind die Stadt Antrim (S. 724) am Ostufer, Oxford Island (oben) im Süden sowie Ballyronan und Ardboe (S. 743) im Westen. Der **Loughshore Trail** (www.loughshoretrail.com) führt als 180 km langer Radwanderweg um den See herum. Die meisten Abschnitte verlaufen über ruhige Nebenstraßen etwas abseits des Ufers; westlich von Oxford Island und südlich der Stadt Antrim genießt man die schönsten Ausblicke über den See.

Waldland, Wildblumenwiesen, Schilfzonen und flache Seeufer. Das Naturschutzgebiet ist von Wanderwegen durchzogen, es gibt Infotafeln und Plätze zur Vogelbeobachtung.

Das **Lough Neagh Discovery Centre** (☎ 3832 2205; www.oxfordisland.com; Oxford Island, Lurgan; Eintritt frei; ☺ Mo–Fr 9–17, Sa & So 10–17, Juli & Aug. tgl. bis 18 Uhr) mitten in einem Schilfteich mit Wasservögeln bietet Informationen über den See, einen Souvenirladen und ein stilvolles kleines **Café**

(☺ ganzjährig 10–16.30, Ostern–Sept. bis 17.30 Uhr) mit Ausblick aufs Ufer.

An der benachbarten Kinnego Marina starten einstündige **Bootsfahrten** (☎ 3832 7573; Erw./Kind 4/2 £; ☺ April–Okt. Sa & So 13.30–18.30 Uhr) mit dem Boot *Master McGra* (12 Plätze) über den Lough.

Oxford Island liegt nördlich von Lurgan, ab Ausfahrt 10 von der M1 ist der Weg ausgeschildert.

Counties Derry & Antrim

Von Carrickfergus bis Coleraine ist die Küste Nordirlands ein wahrer Traum für Geologen. Hier hat der Ozean beständig schwarzen Basalt und weiße Kreide, die einen Großteil des Untergrunds von County Antrim bilden, freigeschwemmt. Die Felsen sind zu einer atemberaubenden Szenerie aus Klippen und Höhlen, Säulen und Spitzen ausgeformt, umrahmt von weiten, vom Atlantik umspielten Sandstränden. Diese zerklüftete Landschaft zählt zu den schönsten Küstenabschnitten der Insel. Neben Fotografen kommen hier auch Wanderer und Outdoorfans voll auf ihre Kosten – auf abenteuerlichen Pfaden oder beim Klettern an der 100 m hohen Felswand von Fair Head. Darüber hinaus finden Surfer hier die tollsten Wellen.

Touristen kommen in Scharen zur fremdartigen geologischen Formation des Giant's Causeway. Seine Anziehungskraft wird nur noch von der nahe gelegenen Hängebrücke Carrick-a-Rede (nur für starke Nerven) übertroffen. Wer die Besuchermassen umgehen möchte, macht sich zu den attraktiven, aber weniger überlaufenen Glens of Antrim auf, mit ihren malerischen Dörfern Cushendun, Cushendall und Carnlough, ihren sattgrünen Tälern und schäumenden Wasserfällen. Im Westen des County Derry ist das historische, in einer breiten Schleife des River Foyle gelegene Derry die größte Attraktion. Als einziger irischer Ort besitzt es eine vollständig erhaltene Stadtmauer, und eine Umrundung gehört zu den Highlights auf jeder Nordirlandreise. Derry hat zudem ergreifende Wandmalereien in Bogside und eine quirlige Musik- und Kneipenszene zu bieten.

An der nordöstlichen Küste warten Magilligan Point, Portstewart und Portrush mit riesigen Sandstränden auf. Von den steilen Basaltfelsen bei Binevenagh kann man eine phantastische Aussicht über Lough Foyle bis zu den von blauen Dunstschwaden umspielten Bergen vom County Donegal genießen.

HIGHLIGHTS

- **Stadtluft** Alte Mauern mit neuen Malereien und Livemusik in der geschichtsträchtigen Stadt Derry (S. 688)
- **Wellenritt** Surfen auf Atlantikwellen bei Portrush (S. 708)
- **Küstenpanorama** 16 km Fußmarsch an der spektakulären Küste von Carrick-a-Rede zum Giant's Causeway (S. 715)
- **Nervenkitzel** Mit Schwung über die atemberaubende Hängebrücke von Carrick-a-Rede (S. 713) bei Ballycastle
- **Vogelparadies** In aller Ruhe Meeresvögel und Seehunde auf der abgelegenen Insel Rathlin (S. 717) beobachten

Rathlin Island ★

Causeway Coast ★   ★ Carrick-a-Rede Rope Bridge

★ Portrush

★ Derry

| ■ TELEFONVORWAHL: 028, 048 VON DER REPUBLIK IRLAND | ■ EINWOHNER: 532 000 | ■ FLÄCHE: 4696 KM² |

COUNTY DERRY

DERRY/LONDONDERRY

83 700 Ew.

Die zweitgrößte Stadt Nordirlands entpuppt sich für manche Besucher als angenehme Überraschung. Derry (oder Londonderry; siehe Kasten S. 692) mag nicht gerade eine Schönheit sein und bleibt bezüglich Investitionen und Entwicklung auch weit hinter Belfast zurück. Doch eine großartige Flusslandschaft, historische Sehenswürdigkeiten und vor allem eine optimistische Stimmung haben die heutige fantastische vielfältige Kulturszene geschaffen.

Viele geschichtliche Ereignisse, von der Belagerung bis zu den Kämpfen von Bogside, prägten den Ort. Ein Gang rund um die Stadtmauer aus dem 17. Jh. ist wirklich ein Muss, ebenso ein Blick auf die erschütternden Wandmalereien und ein Besuch in den lebhaften Pubs. Die größte Anziehungskraft aber üben wohl die Bewohner selbst aus, mit ihrer Wärme, ihrem Witz und ihrer Gastfreundlichkeit.

Geschichte

Das wichtigste Ereignis in der Geschichte Derrys war die Belagerung 1688/89, deren Nachwirkungen noch heute rund um die Stadtmauern zu spüren sind. König James I. gewährte der Stadt 1613 eine königliche Charta

COUNTIES DERRY & ANTRIM

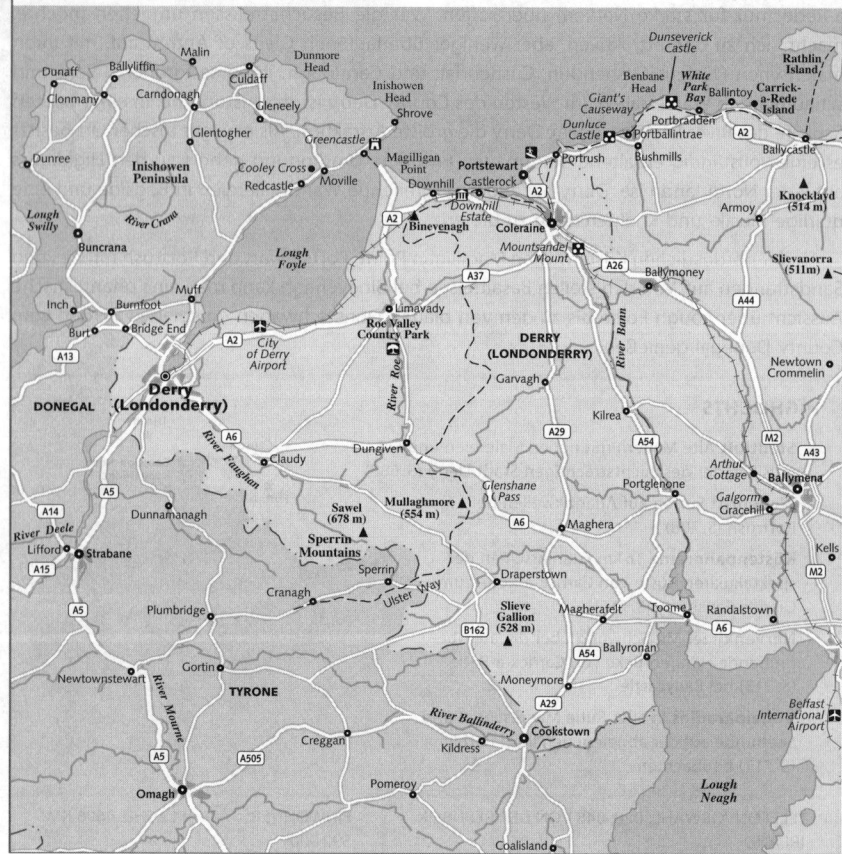

und forderte die Handelsgilden auf, Derry zu befestigen. Außerdem ließen sich in der Gegend von Coleraine (schon bald unter dem Namen County Londonderry) protestantische Siedler nieder.

In Großbritannien bescherte indessen die Glorreiche Revolution von 1688 nach Vertreibung des katholischen Königs James II. Irland den Niederländer Wilhelm von Oranien. Derry war die einzige Garnison, die nicht von der königlichen Armee eingenommen wurde. So begannen im Dezember 1688 katholische Truppen unter dem Earl of Antrim vom östlichen Flussufer aus die Stadt zu belagern.

Die Ankömmlinge schickten Abgesandte, um Bedingungen für die Übergabe der Stadt auszuhandeln, bereiteten aber gleichzeitig mit

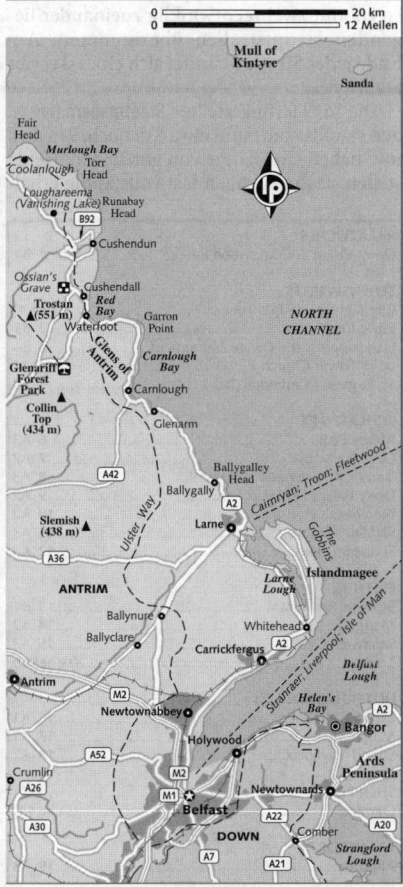

Fähren über den Fluss einen Angriff vor. 13 Lehrjungen beobachteten dies, verriegelten daraufhin die Stadttore und riefen: „Wir werden niemals aufgeben." Am 7. Dezember 1688 begann daraufhin die Belagerung von Derry. 105 Tage lang trotzten die protestantischen Einwohner Bombardierungen, Krankheiten und Hunger, wobei die Versorgungslage der Angreifer nicht viel besser war. Dann kam ihnen ein Schiff zu Hilfe und durchbrach die Belagerungslinie. Allerdings war die Hälfte der Stadtbewohner bereits gestorben. Im 20. Jh. machten die Protestanten von Ulster die Belagerung zum Symbol ihres Widerstandes gegen die Herrschaft der katholischen Republik. „No surrender" (niemals aufgeben) blieb bis heute ihr Schlachtruf.

Im 19. Jh. war Derry einer der wichtigsten Auswandererhäfen in die USA. Daran erinnert eine Skulpturengruppe auf dem Waterloo Place, die eine Emigrantenfamilie zeigt. Auch spielte die Stadt eine bedeutende Rolle im transatlantischen Handel mit Leinenhemden: Angeblich stellten ortsansässige Fabriken im amerikanischen Bürgerkrieg für beide Seiten Uniformen her. Bis heute erhält jeder US-Präsident jährlich zwölf Hemden aus Derry.

Orientierung

Zentrum der Altstadt ist der ummauerte Teil am Westufer des River Foyle. Der Busbahnhof ist unmittelbar außerhalb der Stadtmauern am Nordende. Von hier aus erstreckt sich die moderne City nördlich entlang der Strand Road. Der Bahnhof liegt am Ostufer, über die Craigavon Bridge im Waterside-Distrikt. Westlich der Altstadt findet man das Bogside-Viertel.

Praktische Informationen

BUCHLÄDEN

Bookworm (Karte S. 693; ☎ 7128 2727; 18-20 Bishop St Within; ◷ Mo-Sa 9.30–17.30 Uhr) Gute Auswahl an Büchern über Derry, die Unruhen und Irland allgemein. Mit angeschlossenem Café.

Eason (Karte S. 693; ☎ 7137 7133; Foyleside Shopping Centre, Foyle St; ◷ Mo & Di 9–18, Mi–Fr 9–21, Sa 9–19, So 13–18 Uhr) Größter Buchladen der Stadt im dritten Stock des Einkaufszentrums.

Foyle Books (Karte S. 693; ☎ 7137 2530; 12A Magazine St; ◷ Mo–Fr 11–17.15, Sa 10–17 Uhr) Gut bestückt mit antiquarischen Büchern.

GELD

Bank of Ireland (Karte S. 693; ☎ 7126 4992; 12 Shipquay St)

COUNTIES DERRY & ANTRIM

First Trust Bank (Karte S. 693; ☎ 7136 3921; 15-17 Shipquay St)

Thomas Cook (Karte S. 693; ☎ 7185 2552; 34 Ferryquay St)

INTERNETZUGANG

Café Calm (Karte S. 693; ☎ 7126 8228; 4 Shipquay St; 1 £ für 15 Min.; ☽ Mo–Sa 8.30–17 Uhr) Hier gibt's exzellenten Kaffee zum Surfen.

Central Library (Karte S. 693; ☎ 7127 2310; 35 Foyle St; 1,50 £ für 30 Min.; ☽ Mo & Do 9.15–20, Di, Mi & Fr bis 17.30, Sa bis 17 Uhr).

POST

Postamt (☽ Mo 8.30–17.30, Di–Fr 9–17.30, Sa 9–12.30 Uhr); Hauptpostamt (Karte S. 693; Custom House St) Bishop St Within (Karte S. 693)

TOURISTENINFORMATION

Derry Visitor & Convention Bureau (Karte S. 690; ☎ 7126 7284; www.derryvisitor.com; 44 Foyle St; ☽ Juli–Sept. Mo–Fr 9–19, Sa 10–16, So 10–17, März–Juni & Okt. Mo–Fr 9–17, Sa 10–17, Nov.–Febr. Mo–Fr 9–17 Uhr) Hier bekommt man Infos über ganz Nordirland und die Republik sowie Derry. Außerdem werden hier Bücher und Karten verkauft, Zimmerreservierungen in ganz Irland vorgenommen, und eine Wechselstube gibt es auch.

Sehenswertes

Derrys Altstadt ist Irlands ältestes Beispiel für eine geplante Stadt. Als Vorbild diente wahrscheinlich die französische Renaissancestadt Vitry-le-François, die 1545 vom italienischen Ingenieur Hieronimo Marino entworfen worden war. Beide Orte haben das berühmte Schachbrettmuster eines römischen Militärlagers mit zwei rechtwinklig zueinander liegenden Hauptstraßen übernommen. Am Ende jeder Straße befindet sich eines der vier Stadttore.

Die 1619 fertiggestellten **Stadtmauern** (www.derryswalls.com) sind etwa 8 m hoch, 9 m dick und haben eine Länge von gut 1,5 km. Heute stellen sie die einzigen fast vollständig erhal-

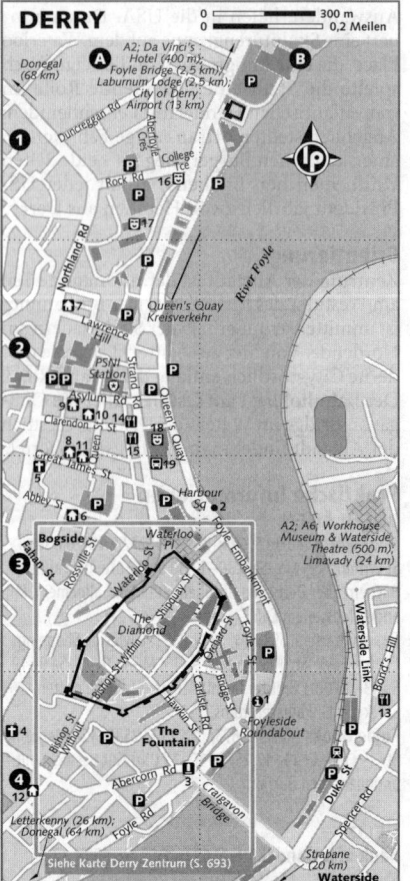

DERRY

0 ____ 300 m
0 ____ 0,2 Meilen

tenen in Irland dar. Die vier ursprünglichen Tore (Shipquay, Ferryquay, Bishop's und Butcher's) wurden im 18. und 19. Jh. umgebaut, drei weitere kamen hinzu (New, Magazine und Castle). Ihren Spitznamen, Maiden City (Jungfräuliche Stadt), verdankt Derry der Tatsache, dass die Stadtmauern niemals von Angreifern bezwungen wurde.

Einst wurden die Mauern unter Kontrolle der Honourable The Irish Society errichtet, einer 1613 von King James und den Londoner Gilden ins Leben gerufenen Organisation, die Derrys Finanzierung und Befestigung sowie die Besiedlung des Umlandes mit Protestanten überwachen sollte. Sie existiert bis heute, allerdings mit Schwerpunkt auf karitativer Tätigkeit, und ist noch immer Eigentümerin der Stadtmauern. Touren auf eigene Faust um die Altstadt siehe S. 698.

ALTSTADT

Direkt hinter dem Magazine Gate ist das preisgekrönte **Tower Museum** (Karte S. 693; ☎ 7137 2411; Union Hall Pl; Erw./Kind 4/2 £; ☿ Juli–Aug. Mo–Sa 10–17, So 14–17, Sept.–Juni Di–Sa & feiertags 10–17 Uhr) in einem Nachbau des Turmhauses aus dem 16. Jh. untergebracht. Am besten begibt man sich als Erstes in den fünften Stock, genießt den wundervollen Ausblick und besichtigt dann unten die ausgezeichnete Ausstellung zum **Untergang der Armada**. Hier wird die Geschichte der *Trinidad Valenciera*, ein Schiff der spanischen Armada, nacherzählt. 1588 in der Kinnagoe Bay in Donegal gesunken, wurde es 1971 vom Derry Sub-Aqua Club entdeckt und von Meeresarchäologen geborgen. Zur Sammlung gehören Bronzegewehre, Zinngeschirr und persönliche Gegenstände, etwa ein Holzkamm, ein Oliventopf, eine Schuhsohle, sowie eine 2,5 t schwere Kanone, die Phillip II. von Spanien als König von England darstellt.

Zweiter Ausstellungsschwerpunkt liegt auf der **Stadtgeschichte**. Gut durchdachte Exponate und audiovisuelle Elemente veranschaulichen die Historie Derrys von der Klostergründung durch den Hl. Colmcille (Columba) im 6. Jh. bis zur „Schlacht der Bogside" in den späten 1960er-Jahren. Man sollte sich für das Museum etwa zwei Stunden Zeit nehmen..

Aus demselben graugrünen Schiefer wie die Stadtmauern wurde zwischen 1628 und 1633 die **St. Columb's Cathedral** (Karte S. 693; ☎ 7126 7313; London St; Eintritt 2 £; ☿ Ostern–Okt. Mo–Sa 9–17, Nov.–Ostern Mo–Sa 9–13 & 14–16 Uhr) erbaut. Sie war

die erste nachreformatorische Kirche, die man in Großbritannien und Irland errichtet hatte, und ist heute das älteste Gebäude Derrys.

In der **Vorhalle** (unter dem Kirchturm am Eingang von St. Columb's Court) ist noch der originale Grundstein von 1633 mit folgender Inschrift zu sehen, der die Fertigstellung der Kirche dokumentiert:

> If stones could speake
> Then London's prayse
> Should sounde who
> Built this church and
> Cittie from the grounde

(Wenn Steine sprechen könnten, dann sollten sie London preisen, das diese Kirche und die Stadt erbaute.)

Auf dem kleineren Stein steht: „*In Templo Verus Deus Est Vereo Colendus*" (Der wahre Gott ist in seinem Tempel und soll wahrhaftig angebetet werden). Er stammt aus dem ursprünglichen Bau von 1164 und ist dem Schutzheiligen Colmcille gewidmet.

In der Vorhalle befindet sich auch eine Kanonenkugel, die während der großen Belagerung 1688/89 in den Kirchhof geschossen wurde. Damals waren in ihrem Hohlraum die Kapitulationsbedingungen versteckt. Das benachbarte **Kapitelhaus** zeigt weitere historische Gegenstände, darunter Gemälde, alte Fotos und vier gewaltige Schlösser, mit denen die Stadttore im 17. Jh. verriegelt wurden.

Das solide Rechteck des **Kirchenschiffs** im Stil der Planter's Gothic teilt mit vielen anderen irischen Gotteshäusern die kühle Strenge: dicke Wände, kleine Fenster, sichtbares Gebälk (von 1823). Letzteres ruht auf Kragsteinen, die nach den Konterfeis ehemaliger Bischöfe und Dekane geformt sind. Der Thron des Bischofs am hinteren Ende wurde im 18. Jh. aus Mahagoni gefertigt und weist Verzierungen im chinesischen Chippendale-Stil auf.

Die **Kanzel** und das bunte Glasfenster mit einer Darstellung von Christi Himmelfahrt stammen von 1887. Die Flaggen zu beiden Seiten des Fensters wurden bei der großen Belagerung von den Franzosen erbeutet. Während die gelbe Seide bereits mehrmals erneuert wurde, sind die Stangen und goldenen Drahtverzierungen hingegen original.

AUSSERHALB DER STADTMAUERN

Direkt außerhalb der Stadtmauern befindet sich gegenüber dem Tower Museum die neogotische **Guildhall** (Karte S. 693; ☎ 7137 7335; Guildhall Sq; Eintritt frei; ✦ Mo–Fr 9–17 Uhr). Ursprünglich 1890 errichtet, wurde sie im Jahr 1908 nach einem Brand neu aufgebaut. Als Sitz der alten Londonderry Corporation, die maßgeblich an der Diskriminierungspolitik gegenüber Katholiken bezüglich Wohnungs- und Arbeitsvergabe beteiligt war, wurde sie zum Hasssymbol der Nationalisten. Die IRA bombardierte das Gebäude 1972 zweimal. Zwischen 2000 und 2005 tagte hier die Untersuchungskommission zum Bloody Sunday (siehe Kasten S. 694. Sehenswert sind die schönen Buntglasfenster, ein Geschenk der London Livery Companies. Im Juli und August finden Führungen statt.

Das kleine und altmodische **Harbour Museum** (Karte S. 645; ☎ 7137 7331; Harbour Sq; Eintritt frei; ✦ Mo–Fr 10–13 & 14–16.30 Uhr) zeigt Schiffsmodelle, den Nachbau eines *currach* – ein frühchristliches Segelboot, wie es der Hl. Colmcille zum Übersetzen nach Iona benutzt haben muss – und eine vollbusige Galionsfigur der Minnehaha.

Es ist im alten Harbour Commissioner's Building neben der Guildhall untergebracht.

Betritt man die Stadt über die Craigavon Bridge, erblickt man als Erstes das Denkmal **Hands Across the Divide**. Die imposante Bronzeskulptur zweier Männer, die sich aufeinander zubewegen, symbolisiert den Geist der Versöhnung und eine hoffnungsvolle Zukunft. Sie wurde 1992, 20 Jahre nach dem Blutigen Sonntag, enthüllt.

Südwestlich der Stadtmauern stößt man auf die **Long Tower Church** (Karte S. 690; ☎ 7126 2301; Long Tower St; Eintritt frei; ✦ Mo–Sa 9–20.30, So 7.30–19 Uhr), Derrys erste katholische Kirche, die nach der Reformation errichtet wurde. 1784 im Neorenaissance-Stil erbaut, steht sie an der Stelle der mittelalterlichen Teampall Mór (Große Kirche) von 1164, deren Steine auch für die Stadtmauern von 1609 verwendet wurden. Das Projekt Long Tower wurde mit Unterstützung des damaligen anglikanischen Bischofs, Frederick Augustus Harvey, umgesetzt. Er stiftete für die Kapitelle vier korin-

---

DERRY ODER LONDONDERRY?

Derry/Londonderry – eine Stadt, zwei Namen. Ursprünglich hieß der Ort nach dem heidnischen Helden Doíre Calgaigh (Eichenhain des Calgach). Im 10. Jh. wurde er christianisiert zu Doíre Colmcille (Eichenhain des Columba) – zu Ehren des Heiligen, der hier im 6. Jh. die erste klösterliche Ansiedlung gegründet hatte.

Im Lauf der Zeit kürzte und anglisierte man den Namen zu Derrie oder Derry. 1613 wurden Stadt und Grafschaft in Anerkennung der Rolle, die London bei der Kolonisierung des nordwestlichen Ulster mit protestantischen Siedlern gespielt hatte, in Londonderry umbenannt. Im Alltag bleiben die Bewohner nach wie vor lieber bei Derry.

Als 1984 die Nationalisten im Stadtrat die Mehrheit errangen, votierten sie für eine Rückbenennung in Derry City Council. Das brachte natürlich die Unionisten zur Weißglut. Bis heute ist der Name ein Prüfstein politischer Einstellungen. Nationalisten halten an Derry fest, und Fanatiker veranstalten häufig auf Straßenschildern den "London"-Teil. Überzeugte Unionisten bestehen dagegen auf Londonderry – weiterhin der offizielle Name von Stadt und County in amtlichen Publikationen, Landkarten, Fahrplänen und beim Northern Ireland Tourist Board (NITB).

Radio und Fernsehen kombinieren oft diplomatisch, aber umständlich beide Namen zu "Derry-Schrägstrich-Londonderry", die BBC nennt jeweils bei der ersten Erwähnung den vollen Namen und anschließend nur "Derry". Der Regionalsender umschifft die Klippe elegant, indem er sich BBC Radio Foyle nennt. Nordirische Straßenschilder führen nach Londonderry, die in der Republik dagegen nach Derry (oder gälisch Doíre), die Tourismuswerbung sichert sich mit Derry-Londonderry-Doíre gleich dreifach ab.

2006 bat die Stadtverwaltung beim High Court in Belfast um Klärung und argumentierte, der Umbenennungsbeschluss von 1984 habe die Charta von 1613 außer Kraft gesetzt. Doch im Januar 2007 lehnte der Richter das Gesuch ab. Für eine Namensänderung wäre ein Gesetz des britischen Parlaments nötig, das nur von der Queen auf Vorschlag der britischen Regierung umgesetzt werden kann.

Zum Glück nimmt nicht jeder die Sprachfehde so ernst. Ein lokaler Radiomoderator schlug einfach "Stroke City" (Schrägstrich-Stadt) vor. Der Kürze halber benutzen im Alltag fast alle, gleich welcher Weltanschauung, die Kurzform Derry – so auch dieses Buch.

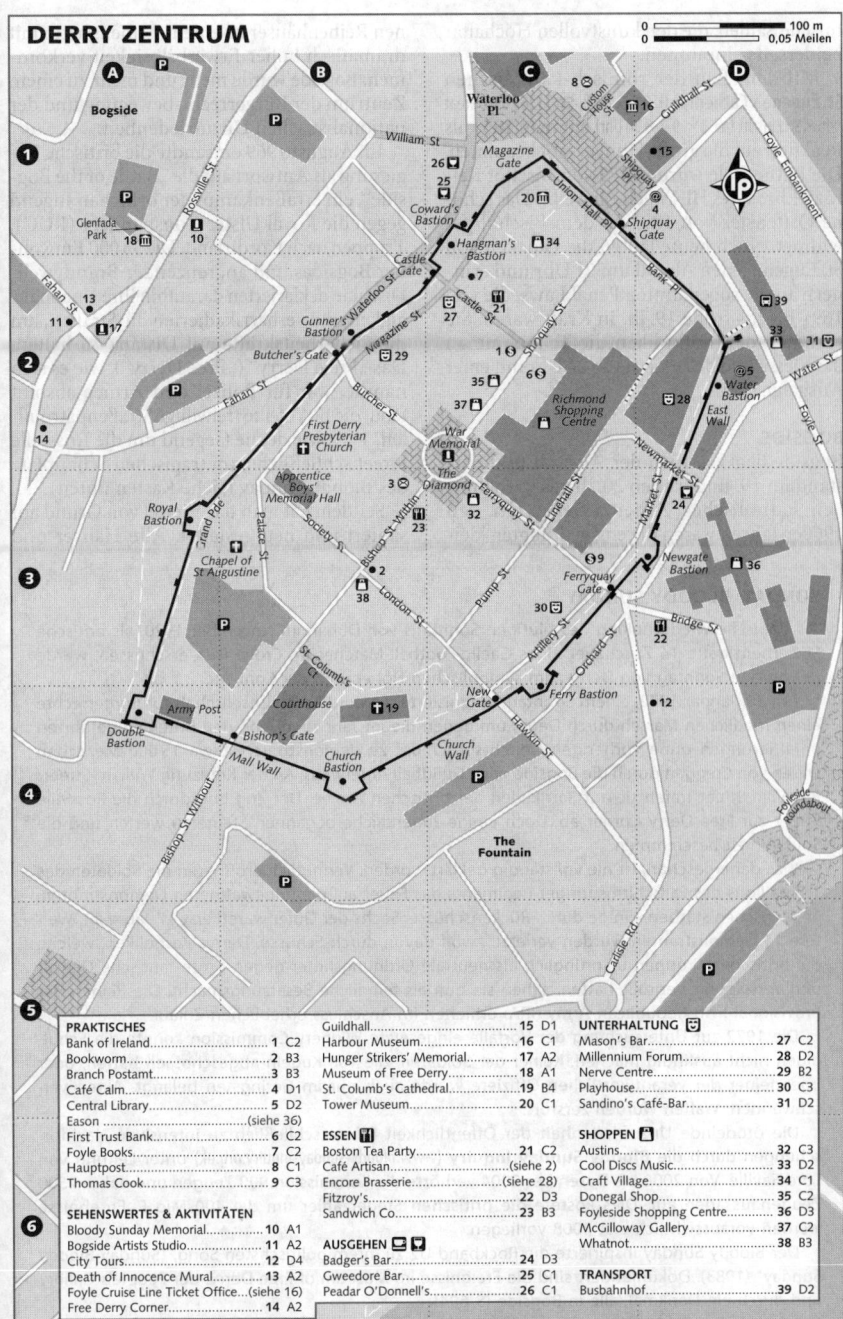

DERRY ZENTRUM

thische Säulen, die den kunstvollen Hochaltar beiderseits einrahmen.

Mit dem Bau der römisch-katholischen **St. Eugene's Cathedral** (Karte S. 690; ☎ 7126 2894; Great James St; Eintritt frei; ☺ 9–20.30 Uhr) hat man 1851 als Reaktion auf die große Hungersnot begonnen. Die Kathedrale wurde 1873 von Bischof Kelly zu Ehren des Hl. Eugene geweiht. Das schöne Ostfenster von 1891 ist dem Bischof gewidmet. Noch heute läuten die Glocken von St. Eugene jeden Abend um 21 Uhr und erinnern an die sogenannten Penal Laws, die von 1691 bis ins frühe 19. Jh. in Kraft waren. Sie verboten den Katholiken die Teilnahme an der Messe und belegten sie ab 21 Uhr mit einer Ausgangssperre.

BOGSIDE

Bogside liegt westlich der Altstadt und entstand im 19. und frühen 20. Jh. als vornehmlich katholisches Arbeiterviertel. In den 1960er-Jahren waren die eng gedrängten kleinen Reihenhäuser zu einem Armenghetto mit dramatisch hoher Erwerbslosigkeit verkommen. Bogside wurde mehr und mehr zu einem Zentrum der Bürgerrechtsbewegung und der nationalistischen Unzufriedenheit.

Im August 1969 entsandte die britische Regierung als Antwort auf die „Battle of the Bogside", ein Straßenkampf der örtlichen Jugend gegen die Royal Ulster Constabulary (RUC), Truppen nach Nordirland. Die 33 000 Einwohner Bogsides und angrenzender Brandywell-Distrikte deklarierten daraufhin ihre Unabhängigkeit und verbarrikadierten die Straßen, um die Sicherheitskräfte auf Distanz zu halten. Das „Freie Derry" („Free Derry"), wie es sich nannte, war für Polizei und Armee absolut tabu, die IRA stellte freiwillige Straßenpatrouillen. 1972 wurde die Gegend um die Rossville Street schließlich zum tragischen Schauplatz des Bloody Sunday (siehe Kasten unten).

Seitdem hat man das Viertel von Grund auf saniert und neu gestaltet: Alte Häuser und

---

SUNDAY, BLOODY SUNDAY

Als tragische Wiederholung des blutigen Sonntags von Dublin im November 1920, als britische Sicherheitskräfte 14 Zuschauer eines Gaelic-Football-Matches im Croke Park erschossen, wurde der blutige Sonntag von Derry zum symbolischen Höhepunkt der Konflikte.

Am 30. Januar 1972, einem Sonntag, organisierte die nordirische Gesellschaft für Bürgerrechte einen friedlichen Marsch durch Derry, um gegen die im Jahr zuvor von den Briten eingeführten Inhaftierungen ohne vorherigen Gerichtsbeschluss zu demonstrieren. Etwa 15 000 Menschen waren von Creggan durch die Bogside nach Guildhall unterwegs. An der Kreuzung William Street/ Rossville Street trafen sie auf Barrikaden der britischen Armee. Der Zug bog durch die Rossville Street zur Free Derry Corner ab. Doch einige Jugendliche begannen Steine zu werfen und die Soldaten zu beschimpfen.

Was dann geschah, ist nie vollständig geklärt worden. Vermutlich eröffneten die Soldaten des 1. Bataillons des Fallschirmspringer-Regiments das Feuer auf die unbewaffneten Demonstranten. 14 Menschen starben, einige durch Rückenschüsse. Sechs der Opfer waren erst 17 Jahre alt. Weitere 14 Demonstranten wurden verletzt, zwölf davon durch Schüsse. Derrys Katholiken, welche die britischen Truppen ursprünglich als neutrale Ordnungshüter gegen protestantische Gewalt und Verfolgung begrüßt hatten, sahen sie nun als feindliche Besatzungsmacht. Die Reihen der Provisional Irish Republican Army (IRA) erhielten im Anschluss erheblichen Zulauf.

Die 1972 zur Untersuchung der Vorfälle eingesetzte Widgery Commission konnte die Schuldigen nicht ausfindig machen. Keiner der Soldaten, die 108 Kugeln abgeschossen hatten, oder irgendeiner der verantwortlichen Offiziere wurde auch nur im Geringsten belangt. Akten verschwanden, Waffen wurden zerstört.

Die brodelnde Unzufriedenheit der Öffentlichkeit führte schließlich zu intensiven Nachforschungen durch die **Bloody Sunday Inquiry** (www.bloody-sunday-inquiry.org.uk) unter Leitung von Lord Saville. Von 2000 bis Dezember 2004 verhörte die Kommission 900 Zeugen und nahm 2500 Zeugenaussagen auf. Dies kostete die britischen Steuerzahler um die 400 Mio. £, Ergebnisse werden voraussichtlich erst 2008 vorliegen.

Der Bloody Sunday inspirierte die Rockband U2 zu ihrem politischsten Song, „Sunday Bloody Sunday" (1983). Dokumentiert sind die Ereignisse im Museum of Free Derry, der People's Gallery und durch ein Denkmal, alle in Bogside (S. 694).

Wohnungen wurden eingerissen und durch moderne ersetzt. Heute leben hier nur noch etwa 8000 Menschen. Alles, was von der alten Bogside übrig blieb, ist **Free Derry Corner** (Karte S. 693) an der Kreuzung Fahan Street/Rossville Street, wo noch immer an der Seitenwand eines Hauses der berühmte Slogan „You Are Now Entering Free Derry" steht. In der Nähe befindet sich das H-förmige **Hunger Strikers' Memorial** (Karte S. 693) und etwas weiter nördlich an der Rossville Street das **Bloody Sunday Memorial** (Karte S. 693). Der schlichte Granitobelisk gedenkt der 14 Zivilisten, die am 30. Januar 1972 von der britischen Armee erschossen wurden.

Das **Museum of Free Derry** (Karte S. 693; ☎ 7136 0880; www.museumoffreederry.org; 55-61 Glenfada Park; Erw./Kind 3/1,50 £; ☿ Mo–Fr 9–16.30, Sa 13–16.30, Juni–Sept. zusätzlich So 13–16.30 Uhr) an der Rossville Street dokumentiert die Geschichte der Bogside, der Bürgerrechtsbewegung und der Ereignisse um den Bloody Sunday mit Fotos, Zeitungsreportagen, Filmausschnitten und Berichten von Augenzeugen. Darunter finden sich auch ein paar Originalaufnahmen, die den Wandgemälden der People's Gallery zugrunde lagen.

People's Gallery

Elf Wandmalereien zieren die Stirnseite der Häuser entlang der Rossville Street nahe der Free Derry Corner und werden allgemein als People's Gallery bezeichnet. Geschaffen wurden sie von Tom Kelly, Will Kelly und Kevin Hasson, den „Künstlern von Bogside" (siehe Kasten S. 696). Die drei verbrachten den größten Teil ihres Lebens in diesem Viertel und durchlebten hier auch die schlimmsten Unruhen.

Ihre Wandgemälde entstanden zwischen 1997 und 2001 und erinnern an die wichtigsten Vorfälle während der *troubles*, besonders an Battle of the Bogside, Bloody Sunday, Operation Motorman – den Versuch der britischen Armee im Juli 1972, von der IRA kontrollierte Gebiete in Belfast und Derry zurückzuerobern – und an den Hungerstreik von 1981. Am aussagekräftigsten erscheinen die großen, einfarbig ausgeführten Motive, die wie Zeitungsbilder wirken. *Operation Motorman* zeigt einen britischen Soldaten, der eine Haustür mit einem Hammer einschlägt, *Bloody Sunday* eine Gruppe Männer unter Führung des Geistlichen Father Daly, die Jackie Duddys Leiche (der erste Todesfall jenes

Tages) wegtragen, *Petrol Bomber* porträtiert einen Jungen mit Gasmaske, eine Benzinbombe haltend.

Als das wohl ergreifendste Bild gilt aber *Death of Innocence,* Tod der Unschuldigen: Das strahlende 14-jährige Schulmädchen Annette McGavigan starb mitten im Gefecht zwischen IRA und britischer Armee am 6. September 1971 – die Unruhen forderten ihr 100. Opfer. Sie steht vor den wüsten Trümmern eines ausgebombten Hauses, die Dachbalken oben rechts bilden ein Kruzifix. Während auf der linken Seite ein mit dem Lauf nach unten deutendes, in der Mitte gebrochenes Gewehr der Gewalt absagt, symbolisiert ein Schmetterling Neuanfang und Hoffnungen im Friedensprozess.

Das letzte Wandgemälde der Serie ist das 2004 vollendete *Peace Mural.* Eine Friedenstaube schwingt sich aus einer Vergangenheit voller Blut und Traurigkeit in eine optimistische, sonnig-gelbe und friedliche Zukunft auf.

Wer sich für die Motive interessiert, kann auch unter www.cain.ulst.ac.uk/bogsideartists sowie im Buch *The People's Gallery*, das in den Buchläden von Derry und bei www.bogside artists.com erhältlich ist, nachschlagen. Das **Bogside Artists Studio** (☎ 7137 3842; Unit 7, Meenan Sq; Führungen 5 £ pro Pers.) versteckt sich hinter dem Bogside Inn. Gruppenführungen sollten im Voraus gebucht werden.

WATERSIDE

Auf der anderen Flussseite gegenüber der Altstadt liegt der größtenteils protestantische Waterside-District. Während der größten Unruhen zogen manche Protestanten aus der Gegend von Bogside hierher, um der Gewalt zu entkommen.

Im heutigen **Workhouse Museum** (☎ 7131 8328; 23 Glendermott Rd; Eintritt frei; ☿ Mo–Do & Sa 10–16.30 Uhr) befand sich von 1840 bis 1946 Derrys Arbeitshaus. Das Alltagsleben dort war ausschließlich darauf ausgerichtet, dass die 800 Insassen den Ort so schnell wie möglich wieder verließen – ob tot oder lebendig. Zu den Exponaten zählt ein grausiger, von Pferden gezogener Leichenwagen der die Verstorbenen abtransportierte.

Eine Ausstellung widmet sich der großen Hungersnot, und die eindrucksvolle Atlantic Memorial Exhibition dokumentiert die Rolle Derrys in der Atlantikschlacht im Zweiten Weltkrieg.

COUNTIES DERRY & ANTRIM

STIMMEN: DIE KÜNSTLER DER BOGSIDE

The Bogside Artists – die Brüder Will und Tom Kelly und ihr Freund Kevin Hasson – schufen die berühmten Wandgemälde der People's Gallery. Tom und Kevin waren 10 und 11 Jahre alt, als die Unruhen 1969 ausbrachen, Will in seinen frühen 20ern.

Wie war das, in so einer unruhigen Zeit in Derry aufzuwachsen? Kevin: „In der einen Minute kennt uns sonst keiner oder Derry und nicht mal Nordirland. In der nächsten sind wir in allen Nachrichten. Jeden Abend konnte man die täglichen Kämpfe im Wohnzimmer im Fernsehen anschauen. Als Kinder lebten wir natürlich in einer Phantasiewelt, wie alle Kinder. Für uns waren die Soldaten Außerirdische von einem anderen Planeten. Genauso malten wir sie dann auch auf unserem Bloody-Sunday-Bild zum Tod von Jackie Duddy. So empfanden wir das als Kinder, ohne jegliche historischen oder sonstigen Zusammenhänge. Alles in allem könnte man unsere Kindheit in Derry als sehr intensiv und bittersüß bezeichnen."

Will: „Wir empfanden, dass unser Schicksal geschlagen hatte. Wir waren ziemlich vom Marxismus eingelullt. Mit den Auseinandersetzungen in Paris und der Schwarzen Bürgerrechtsbewegung in Amerika glaubten wir, Teil einer Weltrevolution der Arbeiterklasse zu sein. Eine neue Weltordnung brach an, und wir standen ganz vorn. Schon als ganz junger Mann wurde ich mit der Frage nach dem Sinn und Ziel des Lebens konfrontiert, während ich sonst vielleicht nur einen sicheren Job oder die Gründung einer Familie im Kopf gehabt hätte. Persönliche Bedürfnisse mussten warten, jetzt zählte nur die direkte Bedrohung unserer Familien. Im Rückblick muss ich sagen, das ganze Experiment war irgendwie über-wirklich. Während der Hungerstreiks 1980–81 wurde es dann surrealistisch."

Welche Künstler schätzt ihr selber? Will: „Die alten Meister wie Raphael, Mantegna, die Tiepolos und Michelangelo kann man mit Straßenkunst nicht vergleichen. Diego Rivera kehrte ungefähr 20 Jahre *nach* der Revolution aus Paris zurück. Wir sind folglich nicht so beeindruckt von seinem Werk wie diejenigen, die Rivera als Freiheitskämpfer hochstilisieren. Er bildete die Geschichte Mexikos nicht so ab, wie sie war. Was er malte, war eine marxistische *Interpretation* dieser Geschichte. Nicht, dass wir uns mit Rivera vergleichen wollten. Er hat viel mehr geschaffen als wir. Wir erinnern uns aber an eine Besucherin, die gerade aus Mexiko zurückkam und die unsere Wandgemälde besser fand als seine. Stell dir vor."

Welche Motive der Bogside sind euch am wichtigsten? Tom: „*Death of Innocence* ist für mich herausragend – einerseits wegen der künstlerischen Dichte, aber auch als Antikriegs- und Friedensmotiv. Immerhin wurde es gemalt, lange bevor sich irgendjemand den Frieden auch nur im Traum vorstellen konnte."

Stadtspaziergang

Die Stadtmauern von Derry lassen sich in einer halben Stunde komplett umrunden. An vielen Stellen führen Stufen hinauf und hinab.

Der Spaziergang beginnt am Hauptplatz, dem Diamond, der vom **War Memorial** (**1**) dominiert wird.

Von dort geht's durch die Butcher Street zum **Butcher's Gate** (**2**). Während der großen Unruhen erhielt das Stadttor seine ursprüngliche Funktion aus dem 17. Jh. zurück: Wer von Bogside ins Zentrum wollte, musste erst Sicherheitssperre und Kontrollpunkt passieren. Vor dem Tor führen Treppen rechter Hand auf die Stadtmauern hinauf.

Durch das 1865 hinzugefügte **Castle Gate** (**3**) läuft man bergab zum **Magazine Gate** (**4**), das nach dem nahe gelegenen Pulvermagazin benannt ist. Innerhalb der Mauern steht der moderne **O'Doherty's Tower** (**5**). Einst befand sich an der Stelle im 16. Jh. eine Burg, heute ist hier das exzellente **Tower Museum** (**6**; S. 691) untergebracht. Außerhalb der Mauern erblickt man die neogotische **Guildhall** (**7**; S. 691) aus roten Ziegelsteinen.

Früher floss der River Foyle an den nordöstlichen Stadtmauern vorbei; von Coward's Bastion bis zur 1844 zerstörten Water Bastion konnten Schiffe direkt draußen andocken. In der Mitte verband das 1805 errichtete **Shipquay Gate** (**8**) den Hafen mit dem Markt. Über dem

Kevin: „Mir bedeutet unser *Peace Mural* am meisten, denn wir haben schon zehn Jahre, bevor wir es realisieren konnten, darüber nachgedacht. Außerdem war es sehr integrativ, weil katholische und protestantische Kids zusammen daran gearbeitet haben. Die Taube ist nicht einfach irgendein Klischee, sondern Symbol für unseren Stadtheiligen St. Columba, dessen lateinischer Name Columbanus ‚Taube' bedeutet."

Will: „Die sind für uns alle wie unsere Kinder. Es ist unfair, einzelne zu bevorzugen oder herauszustellen. Um bei dem Vergleich zu bleiben, ist vielleicht unser Erstgeborener, *The Petrol Bomber*, etwas Besonderes."

Was bietet Derry Besuchern? Will: „Wir finden alle, dass Derry was ganz Besonderes hat. Immer mehr wird es zum kulturellen Brennpunkt für Nordirland, um nicht zu sagen der ganzen Insel. Es ist eine Großstadt mit der Gemütlichkeit einer Kleinstadt. Die Freiheitsliebe der Bewohner – ob Jung oder Alt – ist echt ansteckend. Sie könnten jeden Mann und jede Frau direkt von der Straße weg schon allein wegen ihrer Schlagfertigkeit auf die Bühne stellen. Kurz gesagt, Derry macht Spaß. Und die Mädels hier sind sehr hübsch.

Reden Sie vor allem mit den Einheimischen. Mit ein oder zwei Guinness vor der Nase sind die in den Pubs nicht schwer zu finden. Die haben schon was zu erzählen! Vom Berg von Creggan gibt es eine gigantische Aussicht auf die Stadt und das Lough."

Tom: „Peadar O'Donnell's hat die beste traditionelle irische Musik. Das Craft Village schlage ich für Lunch oder einen kleinen Schluck zwischendurch vor."

Kevin: „Für ältere Semester gibt's im Tower Hotel gute Sessions mit irischer Musik, die sind sehr beliebt."

Will: „Ein kurzer Trip über die Grenze nach Buncrana bietet noch mehr Möglichkeiten – und auch einen netten kleinen Strand, wo du deinen Rausch am nächsten Morgen aussitzen kannst."

Wie sieht eurer Meinung nach die Zukunft von Derry in den nächsten zehn Jahren aus? Will: „Unterschwellig rivalisieren Derry und Belfast um die kreativste Kunstszene, etwa wie Rom und Florenz in der Renaissance. Das ist sicher gesund und kitzelt aus beiden Städten das Beste raus. Leider hat Dublin seinen alten Charme durch die Kommerzialisierung ziemlich verloren. Joyce, Beckett oder Behan würden sicher nichts mehr wiedererkennen. Dublin hat sich ehrlich gesagt selber aus dem Rennen geworfen. Es wird immer mehr ein zweites Blackpool."

Tom: „Mit den massiven Investitionen aus Großbritannien und Amerika, dem wachsenden Tourismus und intensiveren Wirtschaftsbeziehungen zwischen Norden und Süden können wir eigentlich nur profitieren – besonders die, die über 30 Jahre lang nur die Konflikte kannten. Wenn man weiß, *wie* schlecht alles sein kann, ist man dankbar für jede Verbesserung. Wir haben hier wirklich zum Glück auch viel Positives."

Bogen sind das Füllhorn und die Rute des Merkur – Symbol für Handel und Wirtschaft – zu sehen.

Die Stadtmauern wenden sich nun nach Südwesten und steigen neben dem modernen **Millennium Forum** (**9**) mit Theater und Konzertsaal steil an. Auf dem höchsten Punkt liegt das **Ferryquay Gate** (**10**), das die Lehrlinge (*apprentice boys*) zu Beginn der großen Belagerung 1688/89 verbarrikadierten. Damals gab es dort eine Zugbrücke und ein massives Torschloss. Sowohl Schloss als auch Schlüssel kann man heute im Kapitelsaal der St. Columb's Cathedral bewundern.

Über dem Tor findet sich ein Bild von Reverend George Walker. Unter den Bögen sind zu beiden Seiten Metallringe angebracht. Hier wurden die Pferde angebunden, die an Markttagen nicht in die Innenstadt durften.

Vom anschließenden Mauerstück blickt man auf das Wohnviertel von **Fountain** (**11**), die letzte nennenswerte protestantische Gemeinde am Westufer des Foyle. Die meisten Protestanten sind über den Fluss nach Waterside oder noch weiter weg gezogen. Auf dem runden, gepflasterten Platz vor dem New Gate wird jedes Jahr in der Nacht vor dem „Marsch der Lehrjungen" („Apprentice Boys March") ein 10 m hohes Freudenfeuer entzündet.

Das **Bishop's Gate** (**12**) teilt die südliche Mauer in zwei Hälften und wurde 1789 zum 100. Jahrestag der großen Belagerung erneuert.

Bischof Harvey, ein begeisterter Antiquitäten-sammler, trieb die Rekonstruktion voran und versuchte einen Triumphbogen zu Ehren von König Wilhelm I. Während der großen Belagerung forderte James II. genau hier die Kapitulation der Stadt.

Jenseits des Tors auf der Bishop Street Without steht der letzte verbliebene Turm des 1791 erbauten **Old Gaol** (13). Theobald Wolfe Tone, Gründer der United Irishmen, verbrachte hier nach der gescheiterten Revolution von 1798 einige Wochen hinter Gittern.

Die **Double Bastion** (14) an der Südwestecke der Mauer wird von einem Beobachtungsposten der Armee beherrscht, mit Abhörgeräten und Kameras ausgerüstet. Das Äußere ist mit Farbbomben beschmiert worden. Hier entdeckt man auch Roaring Meg, die berühmteste der während der Belagerung eingesetzten Kanonen. Ihr Lärm soll schrecklicher gewesen sein als alle tatsächlichen Schäden, die sie anrichteten.

Der nächste Abschnitt der Mauer wird auch die Grand Parade genannt und bietet einen ausgezeichneten Blick auf Bogside. Die bekannten Wandgemälde an den Häusern wurde von der Gruppe Bogside Artists (siehe Kasten S. 696) gestaltet.

Eine leere Säulenplatte auf der **Royal Bastion** (15) markiert den früheren Standort eines Denkmals für Reverend George Walker, den Stadtkommandanten während der großen Belagerung. Das 27 m hohe Monument wurde 1826 errichtet, von vielen Nationalisten aus der Nachbarschaft als Symbol der unionistischen Vormachtstellung gehasst und 1973 von der IRA in die Luft gesprengt. Das restaurierte Standbild Walkers steht heute in einem Garten neben der Apprentice Boys' Memorial Hall.

Hinter der Royal Bastion befindet sich die 1872 erbaute **Augustinerkapelle** (16) der Church of Ireland, und zwar auf dem Gelände eines vom Hl. Colmcille im 6. Jh. errichteten Klosters. Ein Stück weiter taucht die **Apprentice Boys' Memorial Hall** (17) auf, deren Fenster mit Stahlgittern geschützt sind. Genau wie der Beobachtungsposten der Armee wurden die Wände mit Farbbomben beschmiert. Dahinter erhebt sich der große korinthisch angehauchte Tempel der **First Derry Presbyterian Church** (18).

Hinter der Kirche entdeckt man das Butcher's Gate. Von hier aus kann man zum Diamond zurückkehren. Alternativ führen die zur Magazine Street zum Tower Museum und die Fahan Street nach Bogside (S. 694) und zur People's Gallery (S. 695).

ROUTENINFOS

Start Am Hauptplatz (Diamond)
Ziel Diamond
Länge 2 km
Dauer 30 bis 40 Minuten

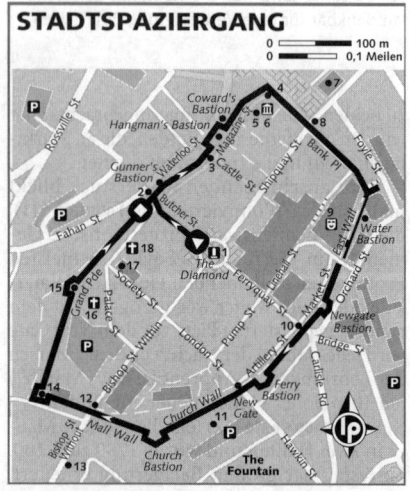

STADTSPAZIERGANG

0 —— 100 m
0 —— 0,1 Meilen

Geführte Touren

City Sightseeing Bus Tours (Karte S. 690; ☎ 9062 6888; www.city-sightseeing.com; Erw./Kind 8/5 £; ☽ März–Okt. 10–16 Uhr) Stadttouren im Open-top-Bus. Abfahrt stündlich vom Derry Visitor & Convention Bureau, Zusteigmöglichkeit auch an der Guildhall.

City Tours (Karte S. 693; ☎ 7127 1996; www.irishtour guides.com; Carlisle Stores, 11 Carlisle Rd) Einstündige historische Rundgänge zu Fuß, Treffpunkt ganzjährig täglich bei den Carlisle Stores 10, 12 & 14 Uhr (Erw./Kind 4/2 £). Auf dem Programm stehen auch Führungen nach Bogside und zu den Wandgemälden.

Derry Visitor & Convention Bureau (Karte S. 690; ☎ 7126 7284; 44 Foyle St) 1½-stündige Rundgänge in der Altstadt (Erw./Kind 6/4 £), Treffpunkt am Büro, immer Juli & August Montag bis Freitag 11.15 & 15.15 und November bis Juni Montag bis Freitag 14.30 Uhr. Im Preis ist der Eintritt für St. Columb's Cathedral enthalten.

Foyle Cruise Line (Karte S. 690; ☎ 7136 2857; www. foylecruiseline.com; Harbour Museum, Harbour Sq) Tägliche Rundfahrten mit dem Schiff auf dem Foyle. Ausflüge nach Culmore Bay (1¼ Std., Erw./Kind 6/4,50 £), Abfahrt 14 Uhr; Abendfahrten nach Greencastle mit Bar und Unterhaltungsprogramm (4 Std., Erw./Kind 12/8 £), Abfahrt 20 Uhr.

Festivals & Events

City of Derry Jazz Festival (☎ 7137 6545; www.cityof derryjazzfestival.com; Anfang Mai) Vier Tage Jazz total an diversen Veranstaltungsorten.

Foyle Regatta (☎ 7137 5055; www.cruisenorth-west. com; Anfang Juli) Große Schiffe, Regatta, Bootstouren, Livemusik, Unterhaltung am Flussufer.

Gasyard Wall Féile (☎ 7126 2812; www.freederry.org/ gasyard html; Anfang Aug.) Großes Kulturfestival mit Musik, Straßenkünstlern, Karneval, Theater und Veranstaltungen in Gälisch.

City of Derry Guitar Festival (☎ 7137 5550; www. cityofderryguitarfestival.com; Ende Aug.) Auf dem Universitätsgelände werden Aufführungen und Meisterklassen für Gitarre aller Stilrichtungen (Klassik, Akustik, Elektro, Flamenco, Bass) geboten.

Halloween Carnival (☎ 7137 6545; www.derrycity. gov.uk/halloween; 27.–31. Okt.) Die größte Straßenfete Irlands, und die gesamte Bevölkerung tanzt verkleidet mit.

Foyle Film Festival (☎ 7126 7432; www.foylefilm festival.com; Nov.) Eine Woche dauert das größte Filmfestival des Nordens.

Schlafen

Zu Festivalzeiten Unterkünfte am besten im Voraus buchen.

BUDGETUNTERKÜNFTE

LP Tipp **Derry City Independent Hostel** (Karte S. 690; ☎ 7137 7989; www.derry-hostel.co.uk; 44 Great James St; B/DZ ab 11/36 £; 🖳) Erfahrene Backpacker führen dieses kleine, freundliche Hostel, das mit Souvenirs ihrer Weltreisen geschmückt und in einem georgianischen Stadthaus, unweit des Busbahnhof (nordwestlich), untergebracht ist. Schick eingerichtete Doppelzimmer für Paare können in einem Nebengebäude, dem sogenannten „Dolce Vita", gebucht werden.

Das **Derry Palace Hostel** (Karte S. 690; ☎ 7130 9051; www.paddyspalace.com; 1 Woodleigh Tce, Asylum Rd; B ab 11£; 🖳 P) gehört zur irlandweit vertretenen Kette Paddy's Palace. Zentral gelegen, komfortabel eingerichtet und freundlich – Attribute, die das Hostel mit sonnigem Garten auszeichnen. Im Haus herrscht immer gelöste Stimmung, und die Angestellten organisieren Kneipentouren durch die Pubs mit traditioneller Musik.

MITTELKLASSEHOTELS

Laburnum Lodge (☎ 7135 4221; www.laburnumlodge. com; 9 Rockfield, Madam's Bank Rd; EZ/DZ 30/45 £; 🖳 P)

Von Lesern hoch gelobt: Die Villa in einer ruhigen Straße am nördlichen Stadtrand mit großen Zimmern und üppigem Frühstück wirkt besonders einladend. Bei Bedarf werden Gästen vom (Bus-)Bahnhof abgeholt.

Sunbeam House (Karte S. 690; ☎ 7126 3606; www. sunbeamhouse.activehotels.com; 147 Sunbeam Tce, Bishop St; EZ/DZ 35/48 £) Das geschmackvolle rote Ziegelhaus liegt nur fünf Gehminuten südwestlich der Stadtmauer. Zwar sind die vier witzig eingerichteten Zimmer etwas klein, was aber die Gastfreundschaft und das reichliche Frühstück sicher wettmachen.

LP Tipp **Merchant's House** (Karte S. 690; ☎ 7126 9691; www.thesaddlershouse.com; 16 Queen St; EZ/DZ 35/50 £) Dieses historische Stadthaus im georgianischen Stil ist eine Perle unter den B&Bs und wird von demselben Paar wie das Saddler's House geleitet. Es verfügt über elegante Wohn- und Esszimmer mit Marmorkamin und antiken Möbeln. Alle Zimmer sind mit TV, Wasserkocher und sogar Bademänteln ausgestattet. Zum Frühstück steht hausgemachte Marmelade auf dem Tisch. Die Zimmerschlüssel bekommt man bei Saddler's House.

Saddler's House (Karte S. 690; ☎ 7126 9691; www. thesaddlershouse.com; 36 Great James St; EZ/DZ 35/50 £) Fünf Minuten von der Stadtmauer entfernt ist dieses freundliche B&B in einem reizenden viktorianischen Stadthaus untergebracht. Alle sieben Räume besitzen ein eigenes Bad. Das ausgezeichnete Frühstück wird in der Küche serviert.

Abbey B&B (Karte S. 690; ☎ 7127 9000; www.abbey accommodation.com; 4 Abbey St; EZ/DZ 35/50 £; ♿) Dieses familiengeführte B&B überzeugt mit einladender Atmosphäre und sechs geschmackvoll eingerichteten Zimmern. Das Haus liegt nur etwas außerhalb der Stadtmauern am Rand der Bogside. In den „family rooms" stehen vier Betten.

Clarence House (Karte S. 690; ☎ 7126 5342; www. guesthouseireland.co.uk; 15 Northland Rd; EZ/DZ 35/60 £; 🖳) Als erstes B&B von Derry öffnete dieses herrschaftliche, viktorianische Stadthaus mit rotem Mauerwerk bereits 1962 seine Tore. Die netten, altmodischen Zimmer sind mit allem Möglichen ausgestattet, etwa Hosenbügler und Fön. Von Porridge über Obstsalat bis zum *fry-up* – einem kompletten, warmen Morgenmahl – reicht die Frühstücksauswahl. Im Aufenthaltsraum gibt es eine Bar, wo der Gastgeber einem in echter irischer Tradition die Haare vom Kopf reden kann.

Da Vinci's Hotel (☎ 7127 9111; www.davincishotel. com; 15 Culmore Rd; Zi. 50–85 £, Suiten ab 120 £; 🖥 P) Das gepflegte Boutique-Hotel am Westufer des Foyle ist das Quartier der Wahl für VIPs, Geschäftsleute und Politiker. Mit großen, stilvollen Zimmern, einer schicken Cocktailbar und einem Restaurant punktet dieses Haus, 1,5 km nördlich des Stadtzentrums.

Essen

GÜNSTIG

Boston Tea Party (Karte S. 693; 15 Craft Village; Snacks 2–4 £; 🕑 Mo–Sa 9–17.30 Uhr) Hausgemachte Suppen, Warmes zum Lunch, frisch gebackene Kuchen, nette Bedienung und der beste Apfelkuchen der Stadt – was will man mehr?

Café Artisan (Karte S. 693; ☎ 7128 2727; 18-20 Bishop St Within; Hauptgerichte 2–5 £; 🕑 Mo–Sa 9.30–17.30 Uhr) In dem coolen, kleinen, Café, etwas versteckt hinter dem Buchladen Bookworm, gibt's leckere hausgemachte Suppen, Sandwiches, italienische *panini* und exzellenten Cappuccino.

Sandwich Co (Sandwiches & Salate 3–4 £; 🕑 Mo–Sa 9–17 Uhr); Diamond (Karte S. 693; ☎ 7137 2500); Strand Rd (Karte S. 690; 61 Strand Rd) Ob weißes oder dunkles Brot, Baguette, *panini* oder Ciabatta – dieser Laden bietet individuell zusammengestellte Sandwiches und Salate mit gutem Preis-Leistungs-Verhältnis an.

MITTELTEUER

Encore Brasserie (Karte S. 693; ☎ 7137 2492; Millennium Forum, Newmarket St; Mittagsgerichte 6 £, Abendgerichte 10–13 £; 🕑 12–16 & 17–21 Uhr) Das schicke kleine Etablissement befindet sich im größten Veranstaltungsort der Stadt. Neben zuvorkommendem Service wartet es mit kulinarischen Dauerbrennern wie hausgemachter Lasagne oder geschmorten Lammhaxen und glasierten Möhren auf.

Fitzroy's (Karte S. 693; ☎ 7126 6211; 2-4 Bridge St; Hauptgerichte 8–13 £; 🕑 Mo–Sa 11–22, So 12–20 Uhr) Im lockeren Café wird bis 17.30 Uhr das gewohnte Lunch mit Burgern und Pommes serviert. Anschließend kommen zum bistroähnlichen Abendessen u. a. marokkanisches Lammkebab, gebackener Kabeljau mit Lauchrisotto oder Thai-Gemüsepfanne auf den Tisch. Für die recht preiswerten 2-/3-Gänge-Menüs (Mo–Do ab 20 Uhr) berappt man 12 bzw. 15 £. Auf der Carlisle Road findet man einen Nebeneingang.

Brown's Restaurant (Karte S. 690; ☎ 7134 5180; 1 Bond's Hill, Waterside; Hauptgerichte 10–15 £; 🕑 Di–Fr 12–14.30, Di–Sa 17.30–22 Uhr) Von außen nicht besonders einladend, doch im Inneren des netten kleinen Restaurants warten weinbrandfarbene Bänke, Chromstühle, fetzige Streifengardinen und ausgefallene Metalllampen sowie Rothko-Drucke an den Wänden. Die wechselnden Menüs sind gekonnt zusammengestellt und hauptsächlich mit frischen Produkten zubereitet. Unbedingt probieren: Seeteufel in einer Sauce aus Sherry, gerösteten Paprikaschoten und Chorizocreme.

Mange 2 (Karte S. 690; ☎ 7136 1222; 2 Clarendon St; Hauptgerichte 10–18 £; 🕑 12–14.45 & 17–22 Uhr) Wer sich mal verwöhnen lassen möchte, ist in diesem georgianisch angehauchten Lokal mit romantischen Keramikteelichtern genau richtig. Irische Zutaten werden mit einer unvergleichlich französischen Note versehen; so finden sich auf der Speisekarte u. a. Strangford-Lough-Muscheln à la Basquaise (in einer kräftigen Brühe mit Paprikaschoten, Knoblauch, Wein und Rahm). Aber auch Vegetarier kommen nicht zu kurz. Am früheren Abend gibt es preiswerte 3-Gänge-Menüs (32 £ für zwei Pers. inkl. einer Flasche Wein, Mo–Do 17.30–19 Uhr).

SELBSTVERSORGER

Tesco (Karte S. 690; ☎ 0845 677 9639; Quayside Shopping Centre, Strand Rd; 🕑 Mo–Do 9–21, Fr 8.30–21, Sa 8.30–20, So 13–18 Uhr) Großer, gut sortierter Supermarkt gleich nördlich der Stadtmauer.

Ausgehen

Egal, was man sonst noch in Derry vorhat – ein Abend in den quirligen Pubs darf auf keinen Fall fehlen. Wenn auch eher des geselligen Beisammenseins als der Biere wegen, denn die schmecken nicht so berauschend. Die netten Kneipen mit viel Atmosphäre haben meist bis 1 Uhr geöffnet. Oft liegen mehrere in Stolperreichweite, in der Waterloo Street beispielsweise gleich sechs.

Peadar O'Donnell's (Karte S. 693; ☎ 7137 2138; 63 Waterloo St) Stammkneipe der Backpacker. Hier gibt's jeden Abend gute traditionelle Musik, zum Wochenende oft auch schon nachmittags. Das Interieur ist einem typisch irischen Gemischtwarenladen nachempfunden – mit vollgeladenen Regalen, einem Schweinskopf und von der Decke baumelnden Schinken.

Badgers Bar (Karte S. 693; ☎ 7136 0763; 16-18 Orchard St) Feine viktorianische Einrichtung mit poliertem Messing und buntem Glas, holzvertäfelten Ecken und Nischen. Zum Lunch landen hier viele Shopper, um sich an den guten Pubmahlzeiten zu stärken. Abends kann man bei gedämpfter Atmosphäre gepflegt einen Drink zu sich nehmen.

Unterhaltung

CLUBS & LIVEMUSIK

Sandino's Café-Bar (Karte S. 693; ☎ 7130 9297; www.sandinos.com; 1 Water St; Eintritt frei; ☻ Mo–Sa 11.30–1, So 13–24 Uhr) Poster von Ché und die palästinensische Flagge an den Wänden, Fairtrade-Kaffee in den Tassen – das Café versprüht eine lockere, liberale, in jedem Fall aber linke Aura. Freitags um 21.30 Uhr und gelegentlich unter der Woche spielen Livebands, samstags stehen DJ-Sessions auf dem Programm. Sonntags kommen ab 15 Uhr Fans irischer Musik auf ihre Kosten, bevor es um 21.30 Uhr mit DJs oder Livejazz und Soul weitergeht. Außerdem werden regelmäßige Themenabende, Fundraising-Events und politische Veranstaltungen abgehalten. Genauere Infos stehen auf der Webseite.

Mason's Bar (Karte S. 693; ☎ 7136 0177; 10 Magazine St; Eintritt frei) Eine Stadt, die die Undertones hervorbrachte, bietet immer noch frische, wilde Livemusik. Freitags um 18 Uhr geht's bei Mason's mit den neuesten Newcomern der Stadt so richtig ab. Wöchentlich finden drei bis vier Events statt, samstags treten gelegentlich ab 22 Uhr Livebands auf. Programm unter www.myspace.com/masons629.

Earth@Café Roc (Karte S. 690; ☎ 7136 0556; 129-135 Strand Rd; Eintritt frei–5 £) Die bekannteste Bar Derrys mit Nightclub liegt in der Nähe der Uni. Dienstag ist Studentenabend, freitags werden Hits aus den Charts gespielt und Tanz geboten, und am Samstag sorgen Gast-DJs für gute Musik.

Gweedore Bar (Karte S. 693; ☎ 7126 3513; 59-61 Waterloo St) Diese Bar liegt nicht nur neben Peadar O'Donnell's, sondern gehört mit dazu. Hier gastieren an den meisten Abenden Rockbands. Oben gibt's eine DJ-Bar.

KONZERTE, THEATER & KINO

Millennium Forum (Karte S. 693; ☎ 7126 4455; www.millenniumforum.co.uk; Newmarket St) Irlands größter Theatersaal bietet hochkarätige Tanz-, Konzert-, Opern- und Musicalaufführungen.

Nerve Centre (Karte S. 693; ☎ 7126 0562; www.nervecentre.org.uk; 7-8 Magazine St) Das 1990 eröffnete multimediale Kulturzentrum fördert speziell junge einheimische Musik- und Filmtalente. Im Haus befinden sich Performance-Bereich, Theater, Programmkino, Bar und Café.

Playhouse (Karte S. 693; ☎ 7126 8027; www.derryplayhouse.co.uk; 5-7 Artillery St; ☻ Theaterkasse Mo–Fr 10–17 Uhr) Tanzvorführungen und Theater kommen im städtischen Kulturzentrum auf die Bühne. Die Context Gallery zeigt Ausstellungen einheimischer Künstler.

Waterside Theatre (☎ 7131 4000; www.watersidetheatre.com; Ebrington Centre, Glendermott Rd; ☻ Theaterkasse 9–16.30 Uhr) Im ehemaligen Fabrikgebäude, 500 m östlich des River Foyle, stehen Theater, Tanzveranstaltungen, Kabarett, Kindertheater und Livemusik auf dem Programm.

Magee College (Karte S. 690; ☎ 7137 5679; www.ulster.ac.uk/culture; University of Ulster, Northland Rd) Das College ist das ganze Jahr über Gastgeber diverser Kunstveranstaltungen, Klassikkonzerte und Theateraufführungen.

Strand Multiplex (Karte S. 690; ☎ 7137 3900; www.cineplex.ie; Quayside Shopping Centre, Strand Rd) Auf sieben Leinwänden flimmert das Neueste aus der Filmwelt.

Shoppen

Ogmiós (Karte S. 690; ☎ 7126 4132; 34 Great James St) Im An Gaeláras Gaelic Language Centre untergebracht, hat dieser Laden eine gute Auswahl an gälischen Büchern, CDs mit traditioneller Musik, Keramik, Drucke und Schmuck auf Lager.

Donegal Shop (Karte S. 693; ☎ 7126 6928; 8 Shipquay St) Eine renommierte Adresse für Kunsthandwerk führt irische Strickwaren, keltischen Schmuck, Tweedstoffe aus Donegal, irisches Leinen und sonstige Souvenirs.

McGilloway Gallery (Karte S. 693; ☎ 7136 6011; 6 Shipquay St) Auf der Suche nach zeitgenössischer irischer Kunst? Die Verkaufsgalerie bietet hauptsächlich Werke der lokalen Kunstszene an und organisiert mehrere Ausstellungen im Jahr.

Whatnot (Karte S. 693; ☎ 7128 8333; 22 Bishop St Within) Das interessante kleine Antiquitätengeschäft ist mit Schmuck, Militaria, Nippes und Sammlerstücken jeder Art nahezu vollgestopft.

Cool Discs Music (Karte S. 693; ☎ 7126 0770; 6/7 Lesley House, Foyle St) Einer der besten unabhängigen Musikläden im Land mit großer Auswahl an alter und neuer irischer Musik.

Austins (Karte S. 693; ☎ 7126 1817; 2 The Diamond) Bereits seit 1830 besteht das älteste nicht zu einer Kette gehörende Kaufhaus der Welt. Hier überzeugt vor allem die Fülle an Leinenwaren, die auf Wunsch auch verschifft werden.

Foyleside Shopping Centre (Karte S. 693; ☎ 7137 7575; Orchard St; ☾ Mo & Di 9–18, Mi–Fr 9–21, Sa 9–19, So 13–18 Uhr) Das große Einkaufszentrum direkt außerhalb der Stadtmauern beherbergt u. a. Filialen von Marks & Spencer, Virgin Megastore, Dixons.

Im kleinen Craft Village (Karte S. 693) sind mehrere nette Läden mit Kunsthandwerk untergebracht, darunter Kristall aus Derry, handgewebte Stoffe, Keramiken, Juweliere. Eingänge befindet sich auf Shipquay Street, Magazine Street oder beim Tower Museum.

An- & Weiterreise
BUS
Der **Busbahnhof** (Karte S. 693; ☎ 7126 2261) liegt an der Foyle Street, unmittelbar nordöstlich der Altstadt.

Buslinie 212, der *Maiden City Flyer*, bietet eine schnelle und häufige Verbindung zwischen Derry und Belfast (9 £, 1¾ Std., Mo–Sa alle 30 Min., So 11-mal) und hält auch in Dungiven. Goldline Express 274 fährt von Derry nach Dublin (14 £, 4 Std., tgl. alle 2 Std.).

Andere praktische Linien von Ulsterbus sind 273 nach Omagh (7 £, 1¼ Std., Mo–Sa stündl., So 6-mal) und 234 nach Limavady und Coleraine (6 £, 1 Std., Mo–Fr 5-mal, So 2-mal), zweimal täglich weiter bis Portstewart und Portrush.

Lough Swilly Bus Company (☎ 7126 2017) unterhält im Obergeschoss des Busbahnhofs ein Büro und betreibt Verbindungen nach Buncrana, Carndonagh, Dungloe, Letterkenny (5 £, 30–45 Min., Mo–Fr 9-mal tgl., Sa 5-mal) und Greencastle (1 Std., Mo–Sa 3-mal tgl.) im County Donegal. Es gibt auch einen Bus von Derry nach Malin Head (6 £, 1¼ Std., 2-mal tgl.) via Carndonagh (Mo, Mi, Fr & Sa) – eine echte Panoramastrecke.

TOP FIVE: B&BS IN NORDIRLAND

- Anna's House B&B (County Down; S. 666)
- Briers Country House (County Down; S. 673)
- Fortwilliam Country House (County Down; S. 657)
- Merchant's House (County Derry; S. 699)
- Whitepark House B&B (County Antrim; S. 714)

Bus Éireann (in Donegal ☎ 353-742 1309) bedient mit Linie 64 die Strecke Derry–Galway (13 £, 5¼ Std., 2-mal tgl.) via Letterkenny, Donegal und Sligo. Vier zusätzliche Busse verkehren täglich nur bis Sligo.

Der **Airporter-Bus** (Karte S. 690; ☎ 7126 9996; www.airporter.co.uk; Quayside Shopping Centre, Strand Rd) verbindet Derry direkt mit beiden Belfaster Flughäfen: Belfast International (einfach/Hin- & Rückfahrt 15/25 £, 1½ Std.) und George Best Belfast City (gleicher Preis, 2 Std.); (Abfahrt Mo–Fr stündl., Sa & So alle 2 Std.).

FLUGZEUG
Der **City of Derry Airport** (☎ 7181 0784; www.cityofderryairport.com) liegt etwa 13 km östlich von Derry an der A2 Richtung Limavady. Es gibt täglich Direktflüge nach Dublin und Glasgow International (British Airways), London Stansted, Liverpool, Nottingham East Midlands und Glasgow Prestwick (Ryanair).

ZUG
Derrys Bahnhof, in nordirischen Fahrplänen als Londonderry bezeichnet, befindet sich am Ostufer des River Foyle; ein kostenloser Shuttle verbindet ihn mit dem Busbahnhof in der Foyle Street. Eine Zugfahrt nach Belfast (10 £, 2¼ Std., Mo–Sa 7- oder 8-mal tgl., So 4-mal) gestaltet sich zwar langsamer, aber bequemer als eine Busreise. Außerdem ist die Bahnstrecke zwischen Derry und Coleraine landschaftlich reizvoller. Es verkehren auch häufig Züge nach Coleraine (7 £, 45 Min., 7-mal tgl.) mit Anschlussverbindung nach Portrush (8 £, 1¼ Std.).

Unterwegs vor Ort
Die Buslinie 143A nach Limavady hält am City of Derry Airport (30 Min., Mo–Fr 5-mal tgl., Sa 3-mal). Ein Taxi auf der gleichen Strecke schlägt mit etwa 10 £ zu Buche.

An der Foyle Street, außerhalb des Busbahnhofs, fahren die lokalen Ulsterbus-Foyle-Linien ab. Insgesamt werden auf 13 Routen die Vororte Derrys und nahe gelegenen Dörfer bedient. Ein Tagesticket mit unbegrenzter Nutzung dieser Buslinien schlägt mit 1,20 £ zu Buche.

Die Taxis von **Derry Taxi Association** (☎ 7126 0247) und **Foyle Delta Cabs** (☎ 7126 3905) fahren vom Zentrum aus überall hin.

Auf dem Weg nach Strabane führt die Radstrecke Foyle Valley mitten durch Derry und am Westufer des Flusses entlang.

LIMAVADY & UMGEBUNG

12 000 Ew.

Jane Ross (1810–79) wurde 1851 von einem Volkslied verzaubert, das ein blinder Fiedler unter ihrem Fenster in Limavady spielte. Sie schrieb die Melodie auf, die dann als O'Cahan's Lament, später als Londonderry Air bekannt wurde und schließlich als „Danny Boy" die Welt eroberte. Es ist wohl das berühmteste irische Lied überhaupt.

1612 übertrug James I. die Ortschaft Limavady an Sir Thomas Phillips, der die Plantation im County Londonderry durchsetzte. Der vorherige Clanchef, Sir Donnell Ballagh O'Cahan, war zuvor der Rebellion für schuldig befunden worden (mehr über die Plantation siehe S.39). Der ursprüngliche gälische Name Léim an Mhadaidh bedeutet „Sprung des Hundes" und bezieht sich auf einen von O'Cahans Hunden, der über eine Schlucht am River Roe sprang, um sein Herrchen vor einem feindlichen Überraschungsangriff zu warnen.

Die **Touristeninformation** (☎ 7776 0307; 7 Connell St; ☽ ganzjährig Mo–Fr 9–17, Juli & Aug.–17.45, Mai–Sept. auch Sa 9.30–17.30 Uhr) befindet sich nordöstlich des Zentrums im Bürokomplex des Limavady Borough Council.

Sehenswertes

Heute ist Limavady eine ruhige, wohlhabende Kleinstadt, die touristisch nicht wirklich viel zu bieten hat. Eine Ausnahme ist das **blaue Schild** an der Wand in der Main Street 51, gegenüber vom Alexander Arms Hotel, das an Jane Ross' Wohnhaus erinnert. Anfang Juni findet im Ort ein **Jazz- und Blues-Festival** (www.limavadyjazzandblues.com) statt.

Der reizende **Roe Valley Country Park**, etwa 3 km südlich von Limavady, wartet an beiden Seiten des River Roe mit 5 km langen Uferwegen auf. Die Gegend ist eng mit den O'Cahans verbunden, die das Tal bis zur Plantation beherrschten. Siedler erkannten im 17. Jh. die guten Anbaumöglichkeiten für Flachs im feuchten Flusstal und machten die Region zu einem bedeutenden Zentrum für die Leinenherstellung.

Das **Dogleap Centre** (☎ 7772 2074; Roe Valley Country Park, 41 Dogleap Rd; Eintritt frei; ☽ April–Sept. tgl. 9–18, Okt.–März bis 17 Uhr) dient zugleich als Besucherzentrum und Teestube. Nebenan wurde 1896 das erste **Wasserkraftwerk** von Ulster errichtet; es kann auf Anfrage beim Besucherzentrum besichtigt werden. Das ebenfalls nahe gelegene **Weaving Shed Museum** (Eintritt frei; ☽ Juli & Aug. tgl. 13–17, Mai & Juni Sa & So 13–17 Uhr) zeigt alte Fotos und Geräte zur Leinenherstellung. Zur Mühle, in der früher Flachs gestampft wurde, läuft man 20 Minuten. Der Weg führt an zwei Wachtürmen am Fluss vorbei, von denen aus früher der auf Feldern zum Bleichen ausgelegte Flachs bewacht wurde. Anschließend wurde er dann gehechelt.

Gute Angelmöglichkeiten auf **Forellen und Lachs** (www.roeangling.com) bietet der River Roe. Eine Tageslizenz ist für 15 £ bei **SJ Mitchell & Co** (☎ 7772 2128; Main St, Limavady) im Dogleap Centre und im Alexander Arms Hotel erhältlich. Die Angelsaison geht von der dritten Maiwoche bis zum 20. Oktober.

Wegweiser zum Park finden sich an der B192 zwischen Limavady und Dungiven. Die Buslinie 146 von Limavady nach Dungiven hält an der Abzweigung; der Park ist zu Fuß in etwa 30 Minuten von der Hauptstraße zu erreichen.

Schlafen & Essen

Alexander Arms Hotel (☎ 7776 3443; 34 Main St; EZ/DZ 28/45 £; **P**) Seit 1875 existiert dieses traditionsreiche Hotel mit Pub in zentraler Lage. Der freundliche Familienbetrieb bietet B&B, Bar- und Restaurantgerichte.

Hunter's Bakery & Oven Door Café (☎ 7772 2411; 5 Market St; Hauptgerichte 3–6 £; ☽ Mo–Sa 9–17.30 Uhr) Für den kleinen Hunger zwischendurch ist die Cafeteria hinten in der Bäckerei genau das Richtige. Guter Kaffee, Kuchen und Snacks werden hier serviert. Sie ist eine lokale Institution – schön altmodisch mit einer bunten Mischung einheimischer Gäste.

LP Tipp **Lime Tree** (☎ 7776 4300; 60 Catherine St; Hauptgerichte 14–17 £; ☽ Di–Fr 18–21, Sa 18–21.30 Uhr) Geschmackvoll in Dunkelrot und Beige gehalten, dezent mit Teelichtern beleuchtet: Alles in allem herrscht hier eine entspannte Atmosphäre. Limavadys bestes Restaurant tischt hauptsächlich regionale Spezialitäten auf, wie saftige Malin-Head-Krabben-Cakes, Meeresfrüchte-Thermidor mit Fisch aus Donegal oder Filetsteak aus der preisgekrönten Metzgerei Hunter's in Rotwein- und Estragonsauce. Vegetarische Geschmäcker werden ebenfalls befriedigt, etwa durch pikante Kichererbsentörtchen mit Dressing aus gerösteten Paprikaschoten. Außerdem gibt es ein 3-Gänge-Menü für 22 £ und ein preiswertes „Early-Bird"-Menü von Dienstag bis Freitag (2-/3-Gänge-Menü, 12,50/15 £, vor 19 Uhr).

An- & Weiterreise

Die Buslinie 143 verkehrt im Stundentakt zwischen Derry und Limavady (So 4-mal tgl.). Nach Belfast fährt kein direkter Bus, doch kann man in Coleraine oder Dungiven umsteigen. Linie 146 bedient die Strecke Limavady–Dungiven (40 Min., Mo–Fr 5-mal tgl.).

DUNGIVEN

3000 Ew.

Die kleine Marktstadt liegt 14 km südlich von Limavady und genau an der Strecke zwischen Belfast und Derry, die durch eine trostlose Moorlandschaft des Glenshane Pass verläuft. Zwar wirkt die im Verkehr versinkende Hauptstraße von Dungiven (Dún Geimhin) fast genauso trist wie die Heideflächen rundherum, doch lohnt die alte Abtei einen Zwischenstopp allemal.

Am Empfang des Dungiven Castle befindet sich eine **Touristeninformation** (☎ 7774 2428).

Sehenswertes

Man erreicht die Überreste der **Dungiven Priory** über die A6 am östlichen Stadtrand. Die Augustinerabtei geht bis ins 12. Jh. zurück, als sie ein Kloster aus vornormannischen Tagen ersetzte.

Im Chor der Kirche befindet sich das großartige **Grabmal von Cooey-na-Gal**, einem Clanchef der O'Cahans, der 1385 starb. In der Dunkelheit des abgetrennten Chores (am besten Taschenlampe mitbringen) sind die sechs Kilt tragenden *gallowglasses* (bewaffnete Gefolgsleute) auf dem Grabstein nur schwer zu erkennen. Die schottischen Söldner wurden von Cooey O'Cahan als Wächter angestellt, was ihm den Spitznamen „na-Gal" („von den Fremden/Ausländern") einbrachte. Das Grabmal wird von einem schön geschnitzten gotischen Baldachin überdacht.

Neben dem Zugang zum Kirchhof steht ein **Bullaun**, ein von Moos bedeckter hoher Stein, der ursprünglich von den Mönchen zum Getreidemahlen verwendet wurde. Heute sammelt sich nur noch Regenwasser darin. Als Wallfahrts- und Pilgerstätte wird der Felsblock vor allem von kranken Menschen aufgesucht, die auf Heilung hoffen. Ein Baum in der Nähe ist mit den von ihnen hinterlassenen Gebetszetteln übersät.

Schlafen

Flax Mill Hostel (☎ 7774 2655; www.flaxmill-textiles.com; Mill Lane, Derrylane; B 6 £; ⏱ März–Okt.; ℗) Die Besitzer der umgewandelten Flachsmühle aus dem 18. Jh. bauen ihr eigenes Bio-Gemüse an und erzeugen selbst Strom, aber vor allem weben sie Stoffe. Zugleich bieten sie hier eine schlichte Hostelunterkunft an. Die Mühle liegt 5 km nördlich von Dungiven; man folgt dem Wegweiser auf der B192 nach Limavady.

An- & Weiterreise

Der stündlich verkehrende Maiden City Flyer Bus 212 zwischen Derry und Belfast hält in Dungiven, ebenso die Linie 246 von Limavady (3 £, 25 Min. Mo–Fr 6-mal tgl., Sa 4-mal, So 2-mal).

DIE KÜSTE VON COUNTY DERRY

Magilligan Point

Die imposante, dreieckige Landspitze, die fast komplett die Mündung des Lough Foyle abschließt, wird größtenteils von einem militärischen Schießübungsplatz eingenommen. Einst stand hier ein berüchtigtes Gefängnis. Doch lohnen die ausgedehnten Sandstrände einen Besuch: **Magilligan Strand** im Westen und der 9 km lange **Benone Strand** im Nordosten. An der Spitze selbst bewacht ein **Martello-Turm** die Zufahrt zum Lough Foyle. Er wurde 1812 während der napoleonischen Kriege zur Abwehr einer möglichen französischen Invasion errichtet.

Neben dem Benone Strand gelegen verfügt der **Benone Tourist Complex** (☎ 7775 0555; 59 Benone Ave; Campingplatz/Wohnwagenstellplatz 9/13–15 £; ⏱ Juli & Aug. 9–22, April–Juni & Sept. bis Sonnenuntergang, Okt.–März bis 17 Uhr) über ein beheiztes Freibad, Planschbecken, Tennisplätze und einen Putting-Green. Zwischen Mai und September dürfen Hunde nicht an den Strand.

Die **Lough Foyle Ferry** (in der Republik Irland ☎ 074-938 1901; www.loughfoyleferry.com; Auto/Motorrad/Fußgänger 7/3,50/2 £) pendelt ganzjährig zwischen Magilligan Point und Greencastle im County Donegal. Die Überfahrt dauert zehn Minuten, und die Fähren legen viertelstündlich ab. Montags bis freitags startet das erste Boot um 7.20 Uhr, am Wochenende erst um 9 Uhr. Von April bis September geht die letzte Fähre um 21.50 Uhr, zwischen Oktober und Mai um 19.50 Uhr zurück.

Downhill

1774 ließ sich der exzentrische Bischof von Derry und 4. Earl of Bristol, Frederick Augustus Hervey, an der Küste westlich von Castlerock einen Landsitz errichten: Downhill. Das

Haus brannte 1851 ab und wurde 1876 wieder aufgebaut, nach dem Zweiten Weltkrieg jedoch endgültig aufgegeben. Die Ruinen stehen heute etwas verloren auf den Klippen.

Das ursprüngliche, 160 ha große Anwesen gehört heute zum **Downhill Estate** (☎ 2073 1582; Eintritt frei; ☽ Sonnenaufgang–Sonnenuntergang), das vom National Trust (Organisation für Denkmalpflege und Naturschutz) betreut wird. Die wunderschönen Landschaftsgärten unterhalb der Ruine sind ein Werk der gefeierten Gärtnerin Jan Eccles, die mit 60 Jahren zur Verwalterin von Downhill ernannt wurde und 30 Jahre lang hier arbeitete. 1997 verstarb sie mit 94 Jahren.

Hauptattraktion ist der kleine **Mussenden Temple** (Eintritt frei; Parken am Lion's Gate 3 £ pro Auto; ☽ März–Mai & Sept. Sa, So & feiertags 11–18, Juni tgl. 11–18, Juli & Aug. tgl. 11–19.30, Okt. Sa & So 11–17 Uhr), wo der Bischof seine Bibliothek oder seine Geliebte untergebracht hatte – darüber gehen die Meinungen auseinander. Bis ins hohe Alter hatte er eine Affäre mit der Mätresse Friedrich Wilhelms II. von Preußen.

Von Castlerock führt ein angenehmer 20-minütiger Spaziergang zum Tempel. Der Ausblick nach Westen über den Strand von Benone und nach Donegal sowie östlich nach Portstewart und zu den am Horizont verschwimmenden Bergen Schottlands ist atemberaubend. Der Pfad beginnt an der Meerseite des Caravanparks. Auf halber Strecke läuft man bergab in ein steilwandiges Tal und steigt schließlich die Treppen hinter dem kleinen See wieder hoch. Am Strand unterhalb des Tempels forderte der Bischof seine eigenen Priester zu Pferderennen heraus; die Sieger wurden mit lukrativen Kirchengemeinden belohnt.

An der Hauptstraße zweigt 1 km westlich, gegenüber dem Downhill Hostel, die landschaftlich reizvolle **Bishop's Road** ab. Sie führt durch eine Schlucht steil bergan und dann über Hügel nach Limavady. Vom **Gortmore**-Picknickplatz und den Klippen am **Binevenagh Lake** bieten sich grandiose Ausblicke über Lough Foyle ins County Donegal und die Sperrin Mountains.

LP Tipp **Downhill Hostel** (☎ 7084 9077; www.downhillhostel.com; 12 Mussenden Rd; B/DZ ab 10/30 £, FZ ab 35 £ plus 5 £ pro Kind; [P]) ist ein wunderschön restauriertes Haus aus dem späten 19. Jh., das etwas versteckt zwischen den Klippen liegt. Komfortabel lässt es sich in Schlafsälen mit sechs Betten, Doppel- und Familienzimmern nächtigen. Ein großer Aufenthaltsraum lockt mit einem offenen Kamin und Ausblick aufs Meer. Bei guten Windverhältnissen können Wellenreiter im Hostel auch Ausrüstung (Neoprenanzug und Board) leihen. In der benachbarten Töpferei kann man selber Teller, Tassen und Schalen bemalen. Da es in Downhill keine Läden gibt, sollte man sich vorher gut eindecken.

Buslinie 134 zwischen Limavady und Coleraine (20 Min., Mo–Fr 12-mal tgl., Sa 7-mal) hält in Downhill, ebenso Linie 234 Derry–Coleraine.

Castlerock

Das kleine Seebad lockt mit einem schönen Strand. An der Abzweigung von der Küstenstraße in Richtung Castlerock steht das **Hezlett House** (☎ 2073 1582; Führung Erw./Kind 3/2 £; ☽ Juli & Aug. Mi–Mo 13–18, Juni Sa & So 13–18 Uhr) aus dem späten 17. Jh. Das reetgedeckte Cottage beeindruckt mit Dachbalken aus Stein und Torf, die mit hölzernen Stangen verstärkt werden. Im Inneren dominiert der viktorianische Stil.

Der Bus 134 verkehrt zwischen Limavady und Coleraine (20 Min., Mo–Fr 12-mal tgl., Sa 7-mal) und macht in Castlerock Halt, wie auch die Linie 234, die Derry und Coleraine verbindet.

Außerdem fahren von Montag bis Freitag neun Züge täglich von Castlerock nach Coleraine (2 £, 10 Min., So 4-mal) und Derry (7 £, 35 Min.).

COLERAINE

25 300 Ew.

Coleraine (Cúil Raithin) liegt am Ufer des River Bann und ist ein wichtiger Verkehrsknotenpunkt sowie ein Einkaufszentrum. 1613 gegründet, gehörte die Stadt zu den ersten Ansiedlungen im Rahmen der Plantation im County Londonderry. Hier wurde 1968 die University of Ulster ins Leben gerufen – zum Leidwesen von Derry, das sich ebenfalls um den Zuschlag bemüht hatte.

Orientierung & Praktische Informationen

Die größtenteils verkehrsberuhigte Innenstadt erstreckt sich am Ostufer des River Bann. Vom Bus- und Eisenbahnhof geht's nach links über die Railway Road zur **Touristeninformation** (☎ 7034 4723; coleraineitc@btconnect.com; Railway Rd; ☽ Mo–Sa 9–17 Uhr). Wenn man sich dann an der King's Gate Street rechts hält, gelangt man ins Haupteinkaufszentrum und zur **Coleraine Library** (☎ 7034 2561; Queen St; ☺ Mo–Do 9.30–20, Fr & Sa 9.30–17 Uhr) mit Internetzugang (30 Min. 1,50 £).

Sehenswertes & Aktivitäten

In der Touristeninformation ist die Broschüre *Heritage Trail* erhältlich, die Besucher zu den „Resten" der einstigen Plantation-Stadt führt. Sehenswert ist die **St. Patrick's Church**, die teilweise auf das Jahr 1613 zurückgeht, sowie die Überbleibsel der alten Stadtmauern.

An jedem zweiten Samstag im Monat wird der **Causeway Speciality Market** (☺ 9–14.30 Uhr) auf dem Diamond abgehalten. Hier bekommt man lokale Erzeugnisse, wie Kunsthandwerk, Lebensmittel aus biologischem Anbau, Holzschalen, handgemachte Kerzen, Marmeladen vom Bauernhof aus Ballywalter und Schafskäse aus dem County Derry.

Nur 1,5 km südlich des Zentrums liegt am östlichen Flussufer der **Mountsandel Mount**, ein mysteriöser Erdwall, der zu einer frühchristlichen oder anglonormannischen Befestigungsanlage gehören könnte. Vom Parkplatz an der Mountsandel Road führt ein 2,5 km langer Wanderweg hoch über dem River Bann zum Berg. Zurück geht's von dort steil bergab zum Ufer und flussaufwärts zur viktorianischen Schleuse und zum Wehr in Cutts.

Auch kann man eine 1½-stündige Flusskreuzfahrt auf der **Lady Sandel** (☎ 07798 786955; www.riverbanncruises.com; Erw./Kind 8/5 £) unternehmen. Entweder schippert man von der Anlegestelle an der Strand Road (andere Flussseite gegenüber dem Stadtzentrum) flussaufwärts nach Macfinn durch die Schleuse von Cutts oder flussabwärts zur Mündung. Losgelegt wird zwischen Ostern und September Samstag und Sonntag jeweils um 15 Uhr; in den Monaten Juni, Juli und August werden zusätzliche Fahrten montags bis freitags um 11 und um 14 Uhr angeboten.

Schlafen & Essen

Im Zentrum findet man nur wenige Unterkünfte; die meisten B&Bs liegen am Ortsrand.

Lodge Hotel & Travelstop (☎ 7034 4848; www.thelodge hotel.com; Lodge Rd; EZ/DZ ab 63/78 £; Ⓟ) Knapp 1 km vom Stadtzentrum entfernt bietet die Lodge moderne, gut ausgestattete Zimmer sowie einfachere Räume im motelartigen Nebengebäude. Ein Familienzimmer für zwei Erwachsene und zwei Kinder ist ab 63 £ ohne Frühstück zu haben.

Camus Country House (☎ 7034 2982; 27 Curragh Rd, Castleroe; EZ/DZ 30/50 £; Ⓟ) Das reizende, mit Efeu bewachsene Haus aus dem 17. Jh. mit Blick auf den River Bann steht an der Stelle eines Klosters aus dem 8. Jh. Darauf weist noch ein altes keltisches Kreuz beim benachbarten Friedhof hin. Die Besitzer organisieren Angeltrips auf dem Fluss. 5 km südlich des Zentrums an der A54.

Ground (☎ 7032 8664; 25 Kings Gate St; Hauptgerichte 2–4 £; ☺ Mo–Sa 9–17.30 Uhr) Der fröhliche, kinderfreundliche Coffeeshop serviert ausgezeichneten Fairtrade-Kaffee und leckere Biokost wie Suppen, Sandwiches, *panini* und hausgemachte Kuchen. Nicht zu vergessen die Babynahrung aus biologischem Anbau, ein Wickelraum und alles, was Babys sich sonst noch wünschen.

An- & Weiterreise

Der Goldline Express Bus 218 verbindet Coleraine mit Belfast (8 £, 1¾ Std., Mo–Fr stündl., Sa 7-mal, So 3-mal), während die Linie 234 nach Derry (5,90 £, 1 Std., Mo–Sa 6- bis 9-mal tgl., So 2-mal) via Limavady fährt. Siehe auch An- & Weiterreise S. 708.

Regelmäßig verkehren Züge von Coleraine nach Belfast (8 £, 2 Std., Mo–Sa 7- bis 8-mal tgl., So 4-mal) und Derry (7 £, 45 Min., ebenso oft). Eine Nebenstrecke bedient die Route von Coleraine nach Portrush (1,60 £, 12 Min., Mo–Sa stündl., So 10-mal).

PORTSTEWART

7800 Ew.

Schon zu viktorianischen Zeiten beschrieb der englische Schriftsteller William Thackeray Portstewart als „geruhsam und ordentlich". Seitdem versucht der Golf- und Badeort seine kultivierte, exklusive Atmosphäre zu bewahren und sich von dem nur 6 km östlich gelegenen, viel lauteren Portrush abzuheben. Immerhin leben hier aber auch viele Studenten der University of Ulster von Coleraine.

Hauptattraktion ist der einmalige Strand. Hinzukommen mehrere Golfplätze mit Weltklasseformat und dementsprechend die höchsten Immobilienpreise im gesamten Norden. Fast jeder träumt von einem Ferienhaus in und um Portstewart. Allerdings wird die massive Nachfrage und die daraus folgenden baulichen Entwicklungen von vielen kritisch gesehen.

TOP FIVE: AUSSICHTSPUNKTE IN NORDIRLAND

- Binevenagh Lake (S. 705)
- Fair Head (S. 719)
- Cliffs of Magho (S. 737)
- Scrabo Hill (S. 665)
- Slieve Donard (S. 675)

Orientierung & Praktische Informationen

Das Zentrum von Portstewart besteht aus einer nach Westen verlaufenden Promenade und einem Hafen an ihrem Nordende. Ein Küstenpfad führt parallel zur Strand Road und nach 1,5 km gen Süden zum Portstewart Strand.

Die **Touristeninformation** (☎ 7083 2286; Town Hall, Crescent; ☺ Juli & Aug. Mo–Sa 10–13 & 14–16.30 Uhr) ist in der Bibliothek im roten Ziegelbau des Rathauses am Ende der Promenade untergebracht.

Sehenswertes & Aktivitäten

Man erreicht den breiten, 2,5 km langen **Portstewart Strand** entweder nach einem 20-minütigen Fußmarsch vom Zentrum aus oder mit dem Bus über die Strand Road. Auf dem festen Sand dürfen bis zu 1000 Autos parken (ganzjährig geöffnet, Ostern–Okt. 5 £ pro Fahrzeug).

Vom Portstewart Strand zu den White Rocks, 3 km östlich von Portrush, führt der **Port Path**, ein gut 10 km langer Küstenpfad und zugleich Teil des Causeway Coast Way.

Im Umkreis von wenigen Kilometern liegen rund um Portstewart drei der besten **Golfplätze** Nordirlands: Portstewart Golf Club (Gebühren wochentags/Wochenende 70/90 £), Royal Portrush (110/125 £) und Castlerock (60/75 £).

Anfang Mai wird auf einem Rundkurs zwischen Portrush, Portstewart und Coleraine das **North-West 200** (www.northwest200.org) ausgetragen. Dieses klassische Motorradrennen ist eines der letzten in Europa, das auf gesperrten öffentlichen Straßen stattfindet, und gleichzeitig das größte Outdoor-Sportereignis im ganzen Land. Bis zu 150 000 Schaulustige lockt das Event jedes Jahr an. Wer sich allerdings eher nicht für diesen Sport interessiert, sucht an diesem Wochenende am besten das Weite.

Schlafen

Ohne rechtzeitige Reservierung ist zum North-West-200-Rennen im Mai weit und breit kein Zimmer zu bekommen!

BUDGETUNTERKÜNFTE

Causeway Coast Independent Hostel (☎ 7083 3789; rick@causewaycoasthostel.fsnet.co.uk; 4 Victoria Tce; B/DZ ab 10/30 £) Das nette Reihenhaus direkt nordöstlich des Hafens bietet geräumige 4-, 6- und 8-Bett-Zimmer plus drei Doppelzimmer und funktionstüchtige Duschen. Außerdem wartet das Hostel mit einer Gästeküche, Waschmöglichkeiten und im Winter mit einem einladenden Kaminfeuer auf.

Portstewart Holiday Park (☎ 7083 3308; 80 Mill Rd; Campingplatz/Wohnwagenstellplatz 14 £) Vom Zeltplatz sind es gerade mal 15 Minuten zu Fuß zur Promenade. Auf der A2 von Coleraine kommend hält man sich beim Kreisverkehr an der Mill Road/Strand Road rechts.

MITTELKLASSEHOTELS

Cul-Erg B&B (☎ 7083 6610; www.culerg.co.uk; 9 Hillside; EZ/DZ 35/70 £; ☐) Herzlich, einladend und schön ruhig geht es in diesem familiengeführten B&B in einer Sackgasse zu. Das moderne, blumengeschmückte Reihenhaus liegt nur wenige Gehminuten von der Promenade entfernt. Die hinteren Zimmer haben einen herrlichen Blick aufs Meer.

Zum **Anchorage Inn** (☎ 7083 2003; www.theanchorbar.com; 87-89 The Promenade; EZ/DZ ab 45/75 £; P) gehören noch ein Pub und ein Restaurant. Manche der 20 luftigen, hellen Zimmer bieten Meerblick; das Haus ist einen Steinwurf von der Promenade weg.

Cromore Halt Inn (☎ 7083 6888; www.cromore.com; 158 Station Rd; EZ/DZ 55/80 £; ☐ P ♿) 1 km östlich des Hafens an der Ecke Station Road/Mill Road besticht das Cromore mit zwölf modernen, praktisch eingerichteten Zimmern im Motel-Stil, WLAN-Anschluss und den üblichen Kommunikationsgeräten. Pluspunkt: empfehlenswertes Restaurant im Haus.

Essen & Ausgehen

Morelli's (☎ 7083 2150; 53 The Promenade; Hauptgerichte 3–7 £; ☺ 9–23, Küche bis 20 Uhr) Eine echte lokale Institution. Von italienischen Einwanderern gegründet, verwöhnt das Morelli's seine Gäste bereits seit 1911 mit erstklassigem Eis. Außerdem kommen Pasta, Pizzas, Sandwiches, Omelette, Fish & Chips, aber auch guter Kaffee und Kuchen auf den Tisch. Der Ausblick über die Bucht zum Mussenden Temple, Benone Strand und nach Donegal ist wirklich grandios.

Harbour Café (☎ 7083 4103; 18 The Promenade; Hauptgerichte 4–8 £; ⏲ Mo–Fr 9–19, Sa 9–20 Uhr) Einheimische fühlen sich im „greasy spoon" (übersetzt „fettiger Löffel"; damit wird meist ein kleines, günstiges Lokal bezeichnet) richtig zu Hause. Frühstück, auch vegetarische Varianten, wird den ganzen Tag über serviert. Suppen, Sandwiches, *panini*, Fish & Chips und Tagesgerichte wie Pfeffersteak runden das kulinarische Angebot ab. Man wird zwar am Tisch bedient, bezahlt aber erst beim Verlassen an der Kasse.

Anchor Bar & Skippers (☎ 7083 2003; 87-89 The Promenade; Hauptgerichte 7–14 £; ⏲ Küche 12–21 Uhr) Hier brummt am meisten der Bär. Das traditionelle Pub ist bei Guinness-Trinkern und besonders bei Studenten der University of Ulster beliebt und serviert handfeste Pubkost. Die Bar ist bis 1 Uhr geöffnet. Dienstag, Freitag, Samstag und Sonntag sorgen DJs für gute Musik. Skippers Wine Bar wartet mit ausgefalleneren Gerichten wie Chilisteak, grünem Thai-Curry oder Seeteufel im Parmaschinkenmantel mit Pestosauce auf.

An- & Weiterreise

Zwischen Coleraine und Portstewart verkehrt die Buslinie 140 (2 £, 17 Min., etwa halbstündl., So seltener). Siehe auch An- & Weiterreise unten.

COUNTY ANTRIM

Anreise & Unterwegs vor Ort

In der viel besuchten Küstenregion von Antrim und am Giant's Causeway betreibt **Translink** (☎ 9066 6630; www.translink.co.uk) mehrere Buslinien speziell für Touristen.

Der Antrim Coaster (Linie 252) verbindet Coleraine mit Larne (8 £, 3 Std., Mo–Sa 2-mal tgl.) über Portstewart, Portrush, Bushmills, Giant's Causeway, Ballycastle und die Glens of Antrim. Täglich verkehrt ein Bus weiter bis/von Belfast Europa BusCentre (8 £, 4 Std.), er fährt in Belfast um 9 Uhr ab, in Larne um 10.05 & 15 Uhr. Busse Richtung Süden verkehren ab Coleraine um 9.50 & 15.40 Uhr. Von Juli bis September fahren auch sonntags Busse.

Von Juli bis Mitte September verbindet der Causeway Rambler (Linie 402) die Brennerei Bushmills mit Carrick-a-Rede (4 £, 25 Min,

7-mal tgl.) via Giant's Causeway, White Park Bay und Ballintoy. Es gibt ein Tagesticket für unbegrenzte Fahrten in beide Richtungen.

Nur im Juli und August fährt Bushmills Linie 177 als Doppeldecker mit offenem Deck (bei schönem Wetter) von Coleraine zum Giant's Causeway (einfach/Hin- & Rückfahrt 3/4,50 £, 1 Std., 4-mal tgl.) via Portstewart, Portrush, Dunluce Castle, Portballintrae und Bushmills Brennerei.

PORTRUSH

6300 Ew.

Der beliebte Badeort Portrush (Port Rois) platzt im Hochsommer aus allen Nähten. Deshalb konzentrieren sich die meisten Attraktionen auf traditionelle Familienunterhaltung. Gleichzeitig gilt Portrush aber als eines der schönsten irischen Surferparadiese und wartet mit dem heißesten Nightclub des Nordens auf.

Die **Touristeninformation** (☎ 7082 3333; Dunluce Centre, 10 Sandhill Dr; ⏲ Mitte Juni–Aug. tgl. 9–19, April–Mitte Juni & Sept. Mo–Fr 9–17, Sa & So 12–17, März–Okt. Sa & So 12–17 Uhr) reserviert auch Zimmer und wechselt Geld.

Sehenswertes & Aktivitäten

Das Schönste an Portrush ist der wunderbar sandige, 3 km lange **Curran Strand** östlich der Stadt, der sich bis zu den malerischen Kreideklippen der White Rocks erstreckt.

Berühmt ist auch **Barry's** (☎ 7082 2340; www.barrysamusements.com; 16 Eglinton St; Eintritt frei, 0,50–2 £ pro Runde; ⏲ Juli & Aug. tgl. 13–22.30, Juni Mo–Fr 13–18, So 13–22.30, So 13–21.30, April & Mai Sa 13–22.30, So 13–21.30 Uhr). Irlands größter Vergnügungspark unterhält die ganze Familie mit den üblichen Karussells, Geisterbahnen und Autoscootern.

Noch mehr Unterhaltung für Familien gibt's im **Dunluce Centre** (☎ 7082 4444; www.dunlucecentre.co.uk; 10 Sandhill Dr; Eintritt 3,50–4,50 £; ⏲ Juli & Aug. tgl. 10.30–18.30, Mai & Juni Mo–Fr 12–17, Sa & So 12–18, April Sa & So 12–18, Sept. & Okt. Sa & So 12–17 Uhr), einem Hightech-Abenteuerspielplatz speziell für Kinder, die sich in der Halle bei interaktiven Spielen, einer Schatzsuche per Computer und der Turbotour im Bewegungssimulator vergnügen können.

Waterworld (☎ 7082 2001; The Harbour; ⏲ Juli & Aug. Mo–Sa 10–20, So 12–20, Juni Mo–Fr 10–15, Sa 10–18, So 12–18, Mai & Sept. Sa 10–18, So 12–18 Uhr) am Hafen bietet ein Hallenbad, Wasserrutschen und sonstige Attraktionen für Kinder (Erw./Kind unter 8 Jahren 4,50/2,50 £, Familienkarte für

3/4/5 Personen 11,75/15,60/19,50 £) sowie eine Ten-pin-Bowlinganlage (ab 7,50 £; bis 22 Uhr geöffnet).

Noch mehr Knaller für Kids finden sich im **Portrush Countryside Centre** (☎ 7082 3600; Bath Rd; Eintritt frei; � Juli–Sept. 10–17 Uhr) mit einer Meeresausstellung, einem Streichelbecken und Fossilien-Schatzsuche.

Im Sommer werden regelmäßig **Bootsfahrten** und **Angeltrips** veranstaltet. Eine Liste der Anbieter gibt's bei der Touristeninformation. Für Reitfans, auch Anfänger, ist das **Maddybenny Riding Centre** (☎ 7082 3394; Maddybenny Farm, Atlantic Rd; Reitstunde/Ausritt 12 £ pro Std.) eine gute Adresse.

Portrush ist ein Brennpunkt der nordirischen **Surferszene**. Von April bis November verleiht der hilfsbereite **Troggs Surf Shop** (☎ 7082 5476; www.troggssurfshop.co.uk; 88 Main St; � 10–18 Uhr) Body- und Surfboards (5/10 £ pro Tag) sowie Neoprenanzüge (7 £ pro Tag), dazu gibt's Tipps und Beratung. Zwei Stunden Unterricht einschließlich Ausrüstung kosten 25 £.

Schlafen

Im Sommer füllen sich die Unterkünfte in Windeseile, man sollte daher am besten vorab reservieren.

BUDGETUNTERKÜNFTE

Activity Breaks Portrush (☎ 07834-450893; 1 Hopefield Grange; B/DZ ab 12/36 £; ▣ ℗) In einer Wohngegend 1 km südlich des Zentrums steht dieses moderne rote Ziegelgebäude mit einer weniger ansprechenden Fassade. Im Innern ist das neue Hostel dafür hervorragend ausgestattet mit Spa-Bad, Aufenthaltsraum mit Spielen, netter Küche, Gartengrill. Kostenlose Abholung von Bahn oder Bus.

Carrick Dhu Caravan Park (☎ 7082 3712; 12 Ballyreagh Rd; Zelt- & Caravanstellplätze ab 14 £ � April–Okt.) Der kleine Platz liegt 1,5 km westlich von Portrush an der A 2 Richtung Portstewart. Mit Speiselokal und Spielplatz.

A Pier View (☎ 7082 3234; www.apierview.co.uk; 53 Kerr St; EZ/DZ 25/50 £; ℗) Direkt am Hafen befindet sich das gemütliche B&B mit drei nett eingerichteten Zimmern. Vom luxuriösen Aufenthaltsraum und dem Wintergarten, in dem das Frühstück serviert wird, genießt man einen tollen Blick über Hafen und Strand.

MITTELKLASSEHOTELS

LP Tipp **Clarmont** (☎ 7082 2397; www.clarmont.com; 10 Landsdowne Cres; EZ/DZ ab 30/60 £) Eines der beliebtesten Gästehäuser am Landsdowne Crescent. Das Haus prunkt mit polierten Holzböden und alten Kaminen, die Einrichtung ist eine gelungene Mischung aus viktorianischen und modernen Elementen. Am schönsten sind die Zimmer mit Blick aufs Meer.

Albany Lodge Guest House (☎ 7082 3492; www.albanylodgeni.co.uk; 2 Eglinton St; EZ/DZ ab 60/90 £; ℗) Die elegante vierstöckige viktorianische Villa liegt nahe am Strand mit herrlichem Blick auf die Küste. Die Zimmer sind groß, einladend, in warmen Farben gehalten und mit Holzmöbeln ausgestattet, die Besitzer freundlich und unaufdringlich. Die Suite mit Himmelbett im Obergeschoss ist sicher ein paar Pfund extra wert: Auf dem Sofa liegend kann man in der tollen Aussicht versinken.

Essen

BUDGET

Café 55 (☎ 7082 2811; 1 Causeway St; Hauptgerichte 2–5 £; � Di–So 10–22 Uhr) Das Café hinter dem 55 Degrees North schenkt neben Alkohol auch guten Kaffee aus. Es gibt Bagels zum Frühstück und Tagesgerichte wie Fischpastete.

Coast (☎ 7082 3311; The Harbour; Hauptgerichte 5–9 £; ☞ Mo & Mi–Fr 12.30–14.30 & 17–22, Sa 12.30–22.30, So 12.30–22 Uhr) Ebenfalls Richtung Hafen gelegen, serviert dieses Lokal Pizza aus dem Steinofen, Nudelgerichte, Steak, Hähnchen und Fisch.

Harbour Bistro (☎ 7082 2430; The Harbour; Hauptgerichte 8–11 £; ☞ Mo–Sa 12.15–14.15 & 17–22, So 12.30–15 & 17–21 Uhr) Auf der erstklassigen Speisekarte stehen saftige Steaks, hausgemachte Burger, herzhaftes Hähnchen, orientalische und vegetarische Gerichte. Die familienfreundliche Atmosphäre (spezielle Kinderkarte) ist ein weiteres Plus. Das Harbour mit seiner Lage direkt am Hafen gehört zu den beliebtesten Speiselokalen am Ort.

MITTELTEUER

LP Tipp **55 Degrees North** (☎ 7082 2811; 1 Causeway St; Hauptgerichte 9–14 £; ☞ Di–So 17.30–21 Uhr) Eines der elegantesten Restaurants an der Nordküste. Die Riesenfenster erlauben beim Essen einen spektakulären Rundumblick auf Sand und Meer. Die ausgezeichnete Küche konzentriert sich auf unaufdringliche Gerichte mit markantem, unverfälschtem Geschmack – z. B. gedünsteter Seebarsch mit Ingwer und Frühlingszwiebeln oder gebratener Birnenkürbis mit Spargelrisotto. Wer früh zugreift, isst billiger (an Werktagen vor 18.45 Uhr Hauptgerichte 5–9 £).

DAS WRACK DER GIRONA

Die kleine Bucht 1 km nordöstlich des Giant's Causeway heißt Port na Spaniagh – Bucht der Spanier. An dieser Stelle schlug im Oktober 1588 die *Girona*, ein Schiff der spanischen Armada, im Sturm an den Felsen leck.

Die *Girona* war der berühmten Schlacht mit Sir Walter Raleighs Flotte im englischen Channel erfolgreich entkommen. Doch wie viele andere flüchtende spanischen Schiffe wurde sie durch das schlechte Wetter nördlich nach Schottland und Irland abgetrieben. Ursprünglich für 500 Mann Besatzung gebaut, war sie mit 1300 Menschen an Bord (darunter viele Überlebende von anderen Schiffswracks, sowie einem Teil des spanischen Hochadels) beim Auflaufen völlig überladen. Kaum ein Dutzend überlebte.

Somhairle Buidhe (Sorley Boy) MacDonnell (1505–90), der Befehlshaber des nahe gelegenen Dunluce Castle, rettete Gold und Kanonen aus dem Wrack. Mit dem Erlös modernisierte und vergrößerte er die Burg. Einige Kanonen sind noch an der Mauer landeinwärts zu sehen. Erst 1968 wurde das Wrack von einem Team Unterwasserarchäologen genauer untersucht. Sie bargen einen unglaublichen Schatz an Gold, Silber und Edelsteinen, aber auch Alltagsgegenstände der Seeleute. Heute sind diese im Ulster Museum (S. 631) in Belfast zu bewundern.

Unterhaltung

Kelly's Complex (☎ 7082 6633; www.kellysportrush.co.uk; 1 Bushmills Rd) Die Top-Adresse im Norden für Abendveranstaltungen! Regelmäßig sind hier DJs aus London und Manchester zu Gast, das Publikum kommt sogar aus Belfast und Dublin. Von außen flach und nicht gerade riesig wirkend, ist man vom Inneren sofort überwältigt: Sieben Bars reihen sich aneinander, drei Tanzebenen stehen zur Verfügung. Die Einrichtung reicht von altmodischen Holzvertäfelungen und antiken Möbeln bis zu ultramodernem Stahl und Spiegeln. Schon seit 1996 wird Lush!@Kellys (Eintritt 10 £, Sa 21–2 Uhr) veranstaltet, aber noch immer ist es eine der besten Clubnächte in Irland. Das Highlight des ganzen Jahres ist die **Beach Party** (www.thebeachparty.co.uk) Ende Juni auf dem East Strand, zu der auch schon Größen wie Fatboy Slim und Basement Jaxx erschienen.

Die Anlage liegt östlich von Portrush an der A 2 neben dem Golf Links Holiday Park.

Anreise & Unterwegs vor Ort

Der Busbahnhof liegt beim Dunluce Centre. Buslinie 140 verkehrt etwa alle 20 Minuten und verbindet Portrush mit Coleraine (2 £, 20 Min.) und Portstewart (2 £, 17 Min.). Siehe auch Anreise & Unterwegs vor Ort S. 708.

Der Bahnhof befindet sich südlich vom Hafen. Portrush liegt an der Linie nach Coleraine (2 £, 12 Min., Mo–Sa stündl., So 10-mal), von dort gibt es Verbindungen nach Belfast oder Derry.

Taxis bestellt man bei **Andy Brown's** (☎ 7082 2223) oder **North West Taxis** (☎ 7082 4446), die beide in der Nähe des Rathauses sind. Eine Fahrt zu Kelly's kostet etwa 5 £, zum Giant's Causeway etwa 10 £.

DUNLUCE CASTLE

Die Causeway-Küste zwischen Portrush und Portballintrae wird dominiert von den Ruinen des **Dunluce Castle** (☎ 2073 1938; 87 Dunluce Rd; Erw./Kind 2/1 £; ⏱ April–Sept. 10–18, Okt.–März 10–17 Uhr, letzter Einlass 30 Min. vor Schließung), das spektakulär auf einem Basaltfelsen steht. Im 16. und 17. Jh. war es Sitz der Familie MacDonnell (ab 1620 Grafen von Antrim), die innerhalb der Ummauerung ein Gebäude im Renaissance-Stil errichten ließ. Ein Teil des Schlosses mit der Küche stürzte 1639 ins Meer – samt sieben bedauernswerten Bediensteten und dem Abendessen.

Die Mauer zum Land hin ist mit Kanonen der *Girona*, einem in der Nähe gesunkenen Schiff der spanischen Armada (siehe Kasten oben) bewehrt. Unterhalb führt ein Pfad vom Pförtnerhaus zur Mermaid's Cave (Nixen-Höhle) am Burgfelsen.

Dunluce liegt 5 km östlich von Portrush, zu Fuß geht man eine Stunde über den Küstenweg. Alle Buslinien entlang der Küste halten am Dunluce Castle; siehe S. 708.

PORTBALLINTRAE

750 Ew.

Im Ersten Weltkrieg war Portballintrae der einzige Ort im Vereinigten Königreich, der von einem deutschen U-Boot beschossen wurde. Das ist allerdings schon alles an Bemerkenswertem. Das einstmals reizende Dorf an einer sandigen, hufeisenförmigen Bucht mit kleinem Hafen leidet heute stark unter dem „Aufschwung" und ist mit neuen Ferienwohnungen zugepflastert (nicht mal die Hälfte der Einwohner lebt dauerhaft hier). Es liegt knapp 2 km von Bushmills und 2,5 km zu Fuß vom Giant's Causeway entfernt. Der feine Sandstrand von Bushfoot erstreckt sich 1,5 km nach Nordosten.

Sweeney's Wine Bar (☎ 2073 2405; 6B Seaport Ave; Hauptgerichte 9–12 £; ☻ Küche 12–15 & 17–21 Uhr) in einer umgebauten Stallung aus dem 17. Jh. verbindet traditionelle Pub-Einrichtung – Holzvertäfelungen, Buntglasfenster, alte Sessel vor dem offenen Kamin – mit einem schicken zweistöckigen Wintergarten. Auf der Karte stehen leckere Pubgerichte wie Steak, Hähnchenspieße mit Erdnussdip und gegrillte Chili-Rippchen.

BUSHMILLS

1350 Ew.

Der kleine Ort Bushmills war lange ein Mekka für Liebhaber irischer Whiskys. Durch die gute Jugendherberge und die wieder in Betrieb genommene Bahnverbindung zum Giant's Causeway ist es heute außerdem ein praktischer Zwischenstopp für Wanderer an der Causeway-Küste.

Sehenswertes

Bushmills Distillery (☎ 2073 3218; www.bushmills.com; Distillery Rd; Erw./Kind 5/2,50 £; ☻ Mo–Sa 9.30–17.30, So 12–17.30 Uhr) ist die älteste legal betriebene Brennerei der Welt. Ihre Lizenz erhielt sie 1608 von King James I. Der Whiskey wird mit irischer Gerste und Wasser aus St. Columb's Rill, einem Nebenfluss des River Bush, gebrannt und in Eichenfässern gelagert. Beim Altern sinkt der Alkoholgehalt um bis zu 2 % pro Jahr – der durch Verdunstung verlorene Anteil wird recht blumig als „the angels' share" bezeichnet. Beim Abfüllen wird Whiskey schließlich auf eine Trinkstärke von 40 % verdünnt. Nach Besichtigung der Brennerei bekommt jeder ein Glas gratis (oder Softdrinks), und vier glückliche Besucher werden zu einer Whiskeyprobe eingeladen, bei der Bushmills mit anderen Marken verglichen wird. Die Führungen beginnen von April bis Oktober alle 30 Minuten (letzte Tour 16 Uhr). Von November bis März gibt es Montag bis Freitag sechs Führungen täglich, Samstag und Sonntag vier.

Die **Giant's Causeway & Bushmills Railway** (☎ 2073 2844; www.freewebs.com/giantscausewayrail way; Erw./Kind Hin- & Rückfahrt 5/2,50 £) läuft auf der Trasse einer Straßenbahn, die im 19. Jh. Touristen von Bushmills bis zum 3 km entfernten Besucherzentrum am Giant's Causeway beförderte. Die Schmalspurbahn mit einer Diesel- und zwei Dampfloks stammt von einer privaten Linie am Ufer des Lough Neagh. Züge fahren zwischen 11 und 17.30 Uhr stündlich, sie halten zur vollen Stunde am Causeway, zur halben in Bushmills. Im Juli und August verkehren sie täglich; von Ostern bis Juni sowie im September und Oktober nur an Wochenenden.

Schlafen & Essen

Mill Rest Youth Hostel (☎ 2073 1222; www.hini.org.uk; 49 Main St; B 14–15 £, DZ 35 £; ☻ geschl. Juli & Aug. 11–14; März–Juni, Sept. & Okt. 11–17 Uhr; ☐ ☒) Das moderne, zweckmäßige und kinderfreundliche Hostel liegt direkt beim Hauptplatz im Zentrum. Neben 4- bis 6-Bett-Zimmern steht auch ein Doppelzimmer mit eigenem Bad zur Verfügung, für alle zugänglich sind Küche, Restaurant, Waschküche und Fahrradschuppen. Das Haus ist von März bis Oktober täglich geöffnet, November bis Februar nur Freitag- und Samstagabend.

Ballyness Caravan Park & B&B (☎ 2073 2393; www. ballynesscaravanpark.com; 40 Castlecatt Rd; Campingplatz/ Wohnwagenstellplatz 17 £; ☻ Mitte März–Okt.; ☒) Der umweltfreundliche Caravanpark liegt etwa 1 km vom Ortszentrum entfernt an der B 66.

LP Tipp Bushmills Inn (☎ 2073 2339; www.bushmills inn.com; 9 Dunluce Rd; EZ/DZ ab 68/98 £; ☐) Eines der originellsten Hotels in Nordirland ist in einer alten Kutscherherberge – samt Torffeuer, Gaslampen und Geheimbibliothek in einem runden Turm. Die günstigsten Zimmer im älteren Teil des Gebäudes sind unserer Meinung nach die besseren, so richtig urig und gemütlich. Die größeren Räume liegen nebenan im Mill House (DZ ab 128 £). In den Stallungen aus dem 17. Jh. bietet heute das ausgezeichnete Restaurant (Mittagessen Hauptgerichte 10–11 £, Abendessen Hauptgerichte 13–19 £; Mo–Sa 12– 21.30, So 12.30–21 Uhr) mit heimeligen Sitznischen alles zwischen Sandwich und komplettem Dinner à la carte.

Copper Kettle (☎ 2073 2560; 61 Main St; Hauptgerichte 3–5 £; ☻ Mo–Sa 8.30–17, So 10–17 Uhr) Die ländliche Teestube serviert warmes Frühstück bis 11.30 Uhr, täglich wechselnde Lunchgerichte, guten Tee, Kaffee, Kuchen und Scones.

An- & Weiterreise

Siehe Anreise & Unterwegs vor Ort S. 708.

GIANT'S CAUSEWAY

Schon beim ersten Anblick versteht jeder sofort, weshalb unsere Vorfahren dachten, dass der Giant's Causeway künstlichen Ursprungs sein müsste. Die riesige, sanft zum Meer abfallende Fläche mit Massen dicht gepackter sechseckiger Steinsäulen sieht wirklich aus wie von Riesenhand geschaffen.

Die spektakulären Formationen – gleichzeitig nordirischer Naturpark und Weltnaturerbe der Unesco – gehören sicher zu den eindrucksvollsten Landschaften in ganz Irland, sind allerdings oft völlig von Besuchern überlaufen. Nach Möglichkeit sollte man den Causeway unter der Woche oder in der Nebensaison besuchen, um seine Ausstrahlung wirklich zu spüren. Beste Fotozeit im Frühjahr und Herbst ist bei Sonnenuntergang.

Orientierung & Praktische Informationen

Der Causeway selbst ist ohne Eintritt zugänglich. Für den überfüllten Parkplatz zahlt man dagegen 5/2 £ pro Pkw/Motorrad. Der 1 km lange Fußweg von dort ist leicht zu bewältigen. Minibusse, die auch Rollstuhlfahrer mitnehmen, fahren etwa alle 15 Minuten ab (Erw./Kind 1,60/0,80 £ Hin- & Rückfahrt). Von Juni bis August werden Führungen durch das Areal angeboten (Erw./Kind 2,50/1 £).

Obwohl bereits 2005 Pläne für ein hochkarätiges neues Infozentrum beschlossen wurden, waren bis zum Redaktionsschluss noch keine sichtbaren Zeichen davon zu bemerken. In der Zwischenzeit muss man mit einem improvisierten **Besucherzentrum** (☎ 2073 1855; www.giantscausewaycentre.com; Eintritt frei, audiovisuelle Show 1 £; ◷ Juli & Aug. 10–18, Sept.–Juni 10–17 Uhr) vorlieb nehmen, das schon seit 2000 in einem Holzhaus neben dem Souvenirladen und Tearoom des National Trust untergebracht ist.

Sehenswertes & Aktivitäten

Vom Parkplatz führt ein kurzer Fußweg in 10 bis 15 Minuten über die Teerstraße (für Rollstühle geeignet) zum Causeway selbst. Viel interessanter ist es aber, den Pfad auf den nordöstlichen Klippen zum 2 km entfernten Landzipfel zu nehmen und sich dort von einem atemberaubenden Blick auf Causeway und westliche Küstenlinie, Inishowen und Malin Head belohnen zu lassen.

Der Vorsprung mit spitzen Felsnadeln wurde 1588 von Schiffen der spanischen Armada bombardiert, die ihn irrtümlich für Dunluce Castle hielten. Das Wrack der spanischen Galleone *Girona* (siehe Kasten S. 710) liegt direkt vor der Landspitze. Der Rückweg in Richtung Parkplatz verläuft etwa nach der Hälfte abwärts über die ausgeschilderten

---

ENTSTEHUNG DES CAUSEWAY

Mythologie

Der Sage nach türmte der irische Riese Finn MacCool die Steine des Causeway auf, damit er das Meer überqueren und mit seinem schottischen Widersacher Benandonner, ebenfalls einem Riesen, kämpfen konnte. Als er den schlafenden Rivalen fand und sah, dass dieser viel größer war als er selber, floh er kurzerhand zurück nach Irland. Kurz darauf hörte Finns Frau Soon den wütenden Benandonner über den Causeway rennen, verkleidete Finn schnell als Baby und legte ihn in eine Wiege. Als der schottische Riese an die Tür hämmerte, bat Frau MacCool ihn, Finns Baby nicht zu wecken. Benandonner schloss aus der Größe des Babys, dass Finn selber absolut riesig sein müsse, und floh nun seinerseits lieber zurück nach Schottland. Dabei ging der Causeway in die Brüche. Übrig blieben nur die beiden Enden: Giant's Causeway in Irland und die Insel Staffa in Schottland mit ähnlichen Felsformationen.

Geologie

Etwas nüchterner hört sich die wissenschaftliche Erklärung an. Die Formation des Causeway bildete sich vor 60 Mio. Jahren, als eine dicke Schicht Basalt-Lava sich über ein Kalkbett ergoss. Beim langsamen Abkühlen von außen nach innen zog sich die Lavamasse zusammen und es entstanden Schrumpfungsrisse in dem für Basalt typischen sechseckigen Muster – ähnlich wie wenn Schlamm in einem austrocknenden See schrumpft und polygone Rissgitter bildet. Diese Risse setzten sich weiter ins Innere fort, bis die Lava erkaltet und erstarrt war. Durch Erosion wurde der Basalt langsam abgetragen und einzelne Teile brachen an den Kontraktionsrissen ab, dabei kamen vorwiegend sechseckige Säulen zum Vorschein.

Shepherd's Steps zu einem niedriger gelegenen Pfad, der zum Causeway führt (ganze Runde etwa 1½ Std.).

Alternativ dazu kann man auch zuerst den Causeway besuchen und dann den Küstenpfad nach Port Reostan nehmen, vorbei an imposanten Felsenformationen wie dem **Organ** (eine Reihe aufrechter Basaltsäulen, die an Orgelpfeifen erinnern), der **Harp** (harfenartig gefächerte Säulen) und den **Giant's Eyes** (zwei wie rostbraune Augenhöhlen wirkende Aushöhlungen, wo große Steinbrocken aus dem Felsgesicht gefallen sind). Der steile Rückweg führt über die Shepherd's Steps.

Wer Lust hat, wandert oben auf den Klippen nach Osten bis Dunseverick weiter (siehe Kasten S. 716).

Schlafen & Essen

Causeway Hotel (☎ 2073 1226; www.giants-causeway-hotel.com; 40 Causeway Rd; EZ/DZ 50/70 £; P) Die Lage ist wirklich nicht zu überbieten: Das vom National Trust geführte Hotel direkt am Causeway ist der ideale Standort, wenn man die Gegend frühmorgens oder abends in Ruhe erkunden möchte. Am schönsten sind die Zimmer 28 bis 32 mit Terrasse, von der man den Sonnenuntergang über dem Atlantik beobachten kann.

National Trust Tearoom (☎ 2073 1582; Snacks 2–4 £; Juli & Aug. 10–17.30, Sept.–Juni 10–16.30 Uhr) Serviert Tee, Kaffee und Snacks.

An- & Weiterreise

Buslinie 172 von Coleraine und Bushmills nach Ballycastle fährt das ganze Jahr über am Causeway vorbei. Siehe auch Anreise & Unterwegs vor Ort S. 708.

VON GIANT'S CAUSEWAY NACH BALLYCASTLE

Zwischen dem Causeway und Ballycastle liegt ein malerischer Küstenstreifen mit schwarzen Basaltklippen und weißen Kreidefelsen, Felseninseln, romantischen kleinen Häfen und breiten Sandstränden. Am besten erkundet man ihn zu Fuß auf dem 16,5 km langen markierten **Causeway Coast Way**, der vom Parkplatz in Carrick-a-Rede zum Giant's Causeway führt (siehe Kasten S. 716). Doch auch mit Bus und Auto sind die attraktivsten Stellen zu erreichen.

Etwa 8 km östlich vom Giant's Causeway thronen die mageren Überreste des **Dunseverick Castle** aus dem 16. Jh. spektakulär auf einer grasbewachsenen Klippe. 1,5 km entfernt befindet sich das kleine Feriendorf **Portbradden** mit einem halben Dutzend Häuser und der blau-weißen winzigen **St. Gobban's Church**, angeblich die kleinste Kirche Irlands. Von hier sieht man schon die spektakuläre **White Park Bay** mit weitläufigem Sandstrand, die man über die nächste Abfahrt der A 2 erreicht.

Ein paar Kilometer weiter liegt **Ballintoy** (Baile an Tuaighe), ein hübsches Dorf, das sich über einen Hügel bis hinunter zum malerischen Hafen zieht. Im dem restaurierten Kalkofen am Hafen wurde einst aus Kreide von den Klippen und Kohle aus Ballymoney Kalk gebrannt.

Die größte Attraktion ist die bekannte – für Leute mit Höhenangst eher berüchtigte – Hängebrücke von **Carrick-a-Rede** (☎ 2076 9839; Ballintoy; Erw./Kind 3,30/1,80 £; Juni–Aug. 10–19, März–Mai, Sept. & Okt. bis 18 Uhr). Die 20 m lange, schwankende Konstruktion spannt sich 30 m über dem tobenden Wasser von den Klippen zu der kleinen Insel Carrick-a-Rede.

Auf der Insel wird seit Jahrhunderten Lachsfischerei betrieben. Die Fischer hängen ihre Netze an der Landspitze ins Wasser, wo die Lachse auf dem Weg zu ihren heimatlichen Flüssen entlangziehen. Schon seit 200 Jahren ziehen sie die Hängebrücke in jedem Frühjahr wieder neu über den Abgrund (natürlich wurde die Konstruktion inzwischen erneuert).

Die Brücke ist vollkommen sicher, für nicht schwindelfreie Personen aber schwierig zu begehen. Bei Sturm wird sie geschlossen. Von der Insel hat man einen schönen Blick auf Rathlin Island und Fair Head im Osten. Am Parkplatz gibt es ein kleines Infozentrum des National Trust und ein Café.

Schlafen & Essen

Whitepark Bay Hostel (☎ 2073 1745; www.hini.org.uk; 157 White Park Rd, Ballintoy; B/DZ 15/35 £; April–Okt.; P) Das neu gebaute, moderne Hostel am Westrand von White Park Bay bietet hauptsächlich Vierbettzimmer, aber auch Doppelzimmer mit Fernsehern, alle mit eigenem Bad. Vom Aufenthaltsraum hat man eine schöne Aussicht. Zum Strand läuft man nur wenige Minuten durch die Dünen.

Sheep Island View Hostel (☎ 2076 9391; www.sheepislandview.com; 42A Main St, Ballintoy; Zeltplatz 5 £; B ab 12 £; P) Das ausgezeichnete unabhängige Hostel hat Schlafsäle und Zeltplätze, einfache Übernachtungsmöglichkeiten in der Campingscheune, Küche und Waschküche. In der Nähe gibt es einen Dorfladen. Von Giant's Causeway,

CAUSEWAY-WANDERUNGEN

Benbane
Head

Port
na
Spaniagh

Girona
Wreck
Site

Hamilton's
Seat

Chimney Tops

Port Reostan

The Harp

Giant's Eyes

Old Salmon
Fishery

Lower
Coast Path

Port
Noffer

The Organ

Giant's
Causeway

Croyer
Hill

Dunseverick
Castle

Dunseverick
Harbour

Shepherd's
Steps

Giant's Causeway
Visitor
Centre

Causeway Coast W.

Dunseverick

National Trust
Tearoom;
Carpark

Causeway Hotel

Giant's Causeway &
Bushmills Railway

Runkerry Rd

Blackrock

Bush
Bay

B146

A2

Bushmills
(2 km)

Bushmills
(2 km)

Bushmills und Ballycastle wird man kostenlos
abgeholt. Das Haus liegt an der Küstenstraße
in der Nähe der Abzweigung nach Ballintoy
Harbour. Ideal für Wanderer, die zwischen
Bushmills und Ballycastle unterwegs sind.

LP Tipp **Whitepark House B&B** (☎ 2073 1482; www.
whiteparkhouse.com; Whitepark Rd, Ballintoy; EZ/DZ 50/90 £;
P) Hübsch restauriertes Haus aus dem 18. Jh.
mit Blick auf die Bucht von White Park Bay.
Das B&B bietet traditionelle Gemütlichkeit,
alte Möbel und Torffeuer. Dekoriert ist es mit
asiatischer Kunst, welche die Besitzer auf ihren Reisen gesammelt haben. Es gibt drei
Zimmer, teilweise mit Meeresblick.

Roark's Kitchen (☎ 2076 3632; Ballintoy Harbour;
Hauptgerichte 2–5 £; ☺ Juni–Aug. tgl. 11–19 Uhr, Mai & Sept.
nur Sa & So) Die nette Teestube in einem Kalk-
steinbau am Quay von Ballintoy serviert Tee,
Kaffee, Eis, hausgemachten Apfelkuchen und
Lunch, z.B. Irish Stew oder Schinken-Hähn-
chen-Pie.

An- & Weiterreise

Die Buslinie 172 verkehrt ganzjährig an der
Küste zwischen Ballycastle, Bushmills und
Coleraine (Mo–Fr 6-mal tgl., Sa 1-mal, So

3-mal). Aussteigen kann man beim Giant's
Causeway, bei Ballintoy und Carrick-a-Rede.
Siehe auch Anreise & Unterwegs vor Ort
S. 708.

BALLYCASTLE
4000 Ew.

Am östlichen Ende der Causeway-Küste liegt
der reizvolle Hafen- und Ferienort Ballycastle (Baile an Chaisil). Er eignet sich gut für
einen Tag am Strand, ansonsten ist nicht viel
los. Hier legen auch die Fähren nach Rathlin
Island ab.

Die **Touristeninformation** (☎ 2076 2024; tourism@
moyle-council.org; 7 Mary St; ☺ Juli & Aug. Mo–Fr 9.30–19,
Sept.–Juni Mo–Fr 9.30–17 Uhr) ist am östlichen Stadtrand im Verwaltungsbau untergebracht, in
der Ann Street beim Hauptplatz gibt es Banken mit Geldautomaten.

Sehenswertes & Aktivitäten

An der familienfreundlichen **Promenade** lockt
ein riesiger Sandkasten mit Blick auf die Marina Kinder an. Eine Fußgängerbrücke führt
über die Mündung des Glenshesk River zu
einem schönen **Sandstrand**.

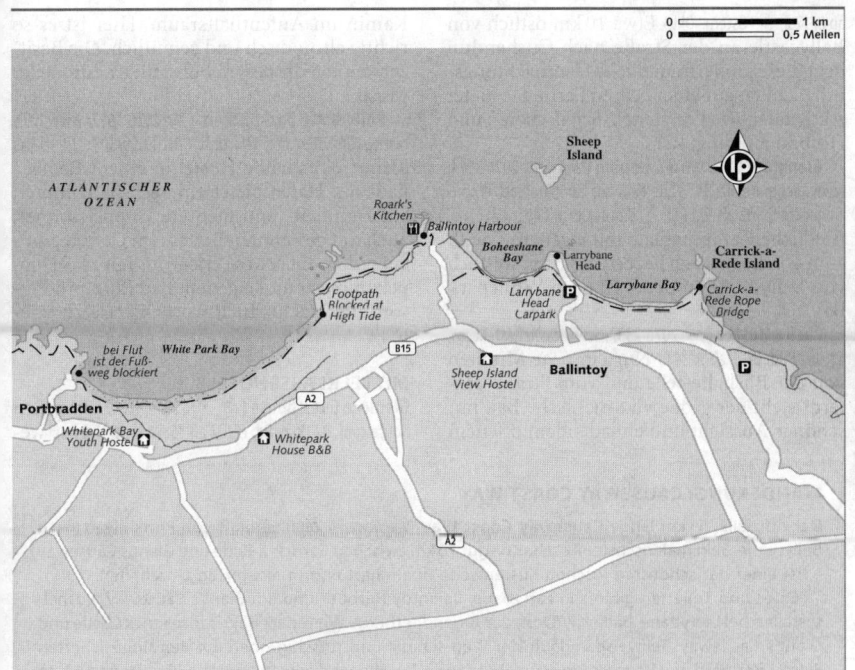

Das kleine **Ballycastle Museum** (☎ 2076 2942; 61A Castle St; Eintritt frei; ☼ Juli & Aug. Mo–Sa 12–18 Uhr) im Gerichtsgebäude aus dem 18. Jh. zeigt irische Kunst und Handwerk.

Beim Parkplatz am Hafen liegt das **Marconi Memorial**, eine Gedenktafel am Fuß einer Felsennadel. Guglielmo Marconis Helfer erreichten 1898 von Ballycastle aus per Funk Rathlin Island. Mit diesem Experiment wollten sie Lloyds in London Einsatzmöglichkeiten der drahtlosen Nachrichtenübertragung demonstrieren. Ihr Ziel war, London oder Liverpool vorab über die sichere Ankunft ihrer Transatlantikschiffe zu informieren, sobald sie den Kanal nördlich von Rathlin passierten.

Direkt östlich der Stadt liegen die Ruinen der 1485 gegründeten **Bonamargy Friary**. Auf dem Areal kann man spannende Streifzüge unternehmen. Leider ist die Gruft mit den Grabmälern der MacDonnell-Oberhäupter, darunter auch Sorley Boy MacDonnell von Dunluce Castle, für die Öffentlichkeit geschlossen.

Sea Treks Ireland (☎ 2076 2372; www.seatreks-ireland.com) unternimmt verschiedene Ausflüge mit dem Schnellboot vom Hafen aus, darun-

ter eine Fahrt entlang der Küste nach Carrick-a-Rede oder die Rundfahrt um Rathlin Island (ab 25 £ pro Person).

Angeltouren auf dem Meer organisiert **Ballycastle Charters** (☎ 07751-345791). Die 3-stündigen Fahrten starten Montag bis Freitag um 11 und 19 Uhr und kosten 15/10 £ pro Erwachsener/Kind inkl. Köder und Angelausrüstung.

Festivals

Die **Ould Lammas Fair** am letzten Montag und Dienstag im August gibt es schon seit 1606. Tausende Besucher fallen dann über die Marktstände auf dem Volksfest her, um zwei Spezialitäten zu kosten: „Yellowman" ist ein hartes Toffee, das schon ein paar Monate vor dem Fest verkauft wird. „Dulse" sind getrocknete essbare Algen. Der Obstladen am Hauptplatz hält meistens beide Leckereien vorrätig.

Schlafen

BUDGETUNTERKÜNFTE

Watertop Open Farm (☎ 2076 2576; www.watertopfarm. co.uk; 188 Cushendall Rd; Campingplatz/Wohnwagenstellplatz ab 8/12£; ☺ Ostern–Okt.) Etwa 10 km östlich von Ballycastle an der Straße nach Cushendun liegt diese kinderfreundliche Übernachtungsmöglichkeit auf einer echten Farm. Sie bietet Aktivitäten wie Ponyreiten, Schafscheren und Hofbesichtigung.

Glenmore Caravan & Camping Park (☎ 2076 3584; www.glenmore.biz; 94 White Park Rd; Campingplatz/Wohnwagenstellplatz ab 9/11£; ☺ April–Okt.) Der kleine, friedliche Campingplatz mit eigenem Lough zum Forellenfischen liegt etwa 4,5 km westlich von Ballycastle an der B 15 nach Whitepark Bay.

Castle Hostel (☎ 2076 2337; www.castlehostel.com; 62 Quay Rd; B/DZ ab 9/24£) Nur ein paar Minuten von der Bushaltestelle und vom Strand entfernt steht der große viktorianische Bau mit schöner Aussicht und einladendem offenem Kamin im Aufenthaltsraum. Hier ist es so richtig altmodisch und gemütlich. Die Besitzer kennen die besten Pubs mit traditioneller Musik.

Ballycastle Backpackers (☎ 2076 3612; www.bally castlebackpackers.net; 4 North St; B/DZ 12,50/30£; ☐) Das kleine, einladende Hostel in einem Reihenhaus am Hafen bietet ein Sechsbettzimmer, ein Familien- und mehrere Doppelzimmer, auch mit getrennten Betten. Im Garten gibt's außerdem ein nettes Ferienhaus mit zwei Doppelzimmern und eigenem Bad (20£ pro Person und Nacht, auch wochenweise zu mieten).

MITTELKLASSEHOTELS

Glenluce Guesthouse (☎ 2076 2914; www.glenluceguest house.com; 42 Quay Rd; EZ/DZ ab 35/50£; Ⓟ) Nur we-

---

WANDERUNG: CAUSEWAY COAST WAY

Der offizielle, 53 km lange **Causeway Coast Way** (www.walkni.com) verläuft von Portstewart nach Ballycastle. Sein malerischster Abschnitt – gut 16 km zwischen Carrick-a-Rede und Giant's Causeway –, ist einer der schönsten irischen Küstenwege überhaupt und in einem Tag zu schaffen.

Cafés und Toiletten gibt es in Larrybane, Ballintoy Harbour und am Giant's Causeway, Bushaltestellen bei Larrybane, Ballintoy/Dorf, der Jugendherberge Whitepark Bay, Dunseverick Castle und Giant's Causeway. Teilweise verläuft der Weg schmal und rutschig oben auf den ungesicherten Felsen. Bei Wind und Regen kann er gefährlich sein, bei Flut wird er manchmal beiderseits von White Park Bay unbegehbar. Tidenzeiten sollte man vorab bei der Touristeninformation erfragen.

Startpunkt ist in Larrybane, dem Parkplatz für Carrick-a-Rede. Oben auf den Klippen mit Blick auf Sheep Island beginnend, führt der Weg landeinwärts zur Kirche von Ballintoy. An der Kirche biegt man rechts ab und folgt der Straße zum Hafen. Weiter geht es an der Küste entlang, vorbei an konischen Felssäulen im Meer und um einen Kalkfelsen herum zum 2 km langen Sandstrand bei White Park Bay.

Am besten ist dieser bei Ebbe zu begehen, wenn der Sand fest ist. Am Ende der Bucht (das Haus mit gelbem Giebel ist die Jugendherberge von Whitepark Bay) klettert man über die Felsen am Fuß einer hohen Kalksteinklippe (teilweise rutschig) bis Portbradden. Falls der Abschnitt bei Flut blockiert sein sollte, kann man einen Umweg zur Jugendherberge hoch nehmen und auf der Straße bis Portbradden wandern.

Hinter Portbradden wird der weiße Kalkstein von schwarzem Basalt abgelöst, der Pfad schlängelt sich durch einen natürlichen Felstunnel und anschließend durch felsige Einbuchtungen. In der Ferne sind die hohen Klippen von Benbane Head zu sehen. Am winzigen Hafen von Dunseverick folgt man einer Nebenstraße 200 m, bis bei einem Wegweiser rechts Stufen nach unten führen. Weiter geht's über Uferwiesen, um eine Landspitze herum und am Wasserfall über die Fußgängerbrücke bis zum Parkplatz von Dunseverick Castle.

Von hier steigt der teilweise sehr schmale Klippenpfad ständig an und führt vorbei an einer alten Lachsfischerei, einer verrosteten Hütte fern am Strand. Beim höchsten und nördlichsten Punkt der Wanderung am Benbane Head markiert eine Holzbank den Aussichtspunkt Hamilton's Seat. William Hamilton war ein Pfarrer und Amateurgeologe aus Derry, der im 18. Jh. eine der ersten geologischen Beschreibungen des Causeway verfasste. Der Panoramablick auf die 100 m hohen Felsnadeln und Säulen Richtung Westen sollte vor dem Weitergehen ausführlich genossen werden. Wer den Causeway selbst besuchen will, geht jetzt über die Shepherd's Steps (ausgeschildert) und einen weiteren Kilometer bis zum Besucherzentrum und dem Ende des Weges. Insgesamt 16,5 km, fünf bis sechs Stunden.

nige Minuten vom Strand entfernt liegt die große viktorianische Villa mit zwölf geschmackvoll eingerichteten Zimmern, luxuriöser Lounge, eigenem Teeladen und Aquarell-Galerie.

Corratavey B&B (☎ 2076 2845; www.corratavey.co.uk; 40 Quay Rd; DZ/FZ 50/63 £; P) Messingknäufe an den Betten, poliertes Holz und warme Farben geben dem viktorianischen Haus in Strandnähe eine persönliche Atmosphäre. Die Besitzer sind selber begeisterte Wanderer und kennen die besten Wege in der Gegend. Sie sprechen auch etwas Deutsch.

Essen

Pantry (☎ 2076 9993; 41A Castle St; Hauptgerichte 2–4 £; Mo–Sa 9–17 Uhr) Die ehemalige Druckerei mit original erhaltenem schwarz-weißem Mosaikfußboden beherbergt ein quirliges Café. Serviert werden alle möglichen Sandwiches, von Pitta bis *panini*, von Bagels bis Baguette, dazu Cappuccino und hausgemachte Kuchen. Vom Hauptplatz aus bergauf gelegen.

Wysner's (☎ 2076 2372; 16 Ann St; Hauptgerichte 5–12 £; Juli & Aug. Mo–Sa 8–21, Sept.–Juni Mo, Di & Do–Sa 8–17, Fr & Sa 19–21 Uhr) Bei Einheimischen wie Gästen gleichermaßen beliebt, bietet das Café im Erdgeschoss Herzhaftes zum Lunch, z. B. Wurst mit Lauchgemüse, Speck und Zwiebelsauce. Das Restaurant im Obergeschoss offeriert abends exklusive Gerichte wie Steak, Lachs oder Muscheln.

LP Tipp **Cellar Restaurant** (☎ 2076 3037; The Diamond; Hauptgerichte 9–13 £; Juni–Aug. Mo–Sa 12–22, So 17–22, Sept.–Mai tgl. 17–22 Uhr) Das urtümliche kleine Kellerlokal mit kuscheligen Sitznischen und großem Kamin zieht besonders Liebhaber von Fisch und Meeresfrüchten an. Auf der Karte stehen gegrillter Hummer mit Knoblauchbutter und Lachs aus Carrick-a-Rede, aber auch Leckeres für Vegetarier, etwa Foccacia mit gebratenem Gemüse und Fajitas.

An- & Weiterreise

Der Busbahnhof liegt an der Station Road direkt östlich vom Hauptplatz. Ulsterbus Express 217 verbindet Ballycastle mit Ballymena, dort kann man in den Goldline Express 218 nach Belfast umsteigen (8 £, 2 Std., Mo–Sa 3-mal tgl.).

Linie 172 fährt die Küste entlang nach Coleraine (4 £, 1 Std., Mo–Fr 6-mal tgl., Sa 1-mal, So 3-mal) via Ballintoy, Giant's Causeway und Bushmills. Siehe auch Anreise & Unterwegs vor Ort S. 708.

Tickets für die Fähre nach Rathlin Island bekommt man am Schalter neben dem Hafen.

RATHLIN ISLAND

110 Ew.

Im Frühjahr und Sommer wird die zerklüftete Insel Rathlin (Reachlainn), 6 km vor der Küste von Ballycastle gelegen, von Tausenden brütender Seevögel und Hunderten von Robben bewohnt. Ansonsten gibt es ein Pub, ein Lokal, zwei Geschäfte und ein paar Übernachtungsmöglichkeiten.

Die Insel wurde 795 von den Wikingern überfallen, im Jahr 1575 erlebte sie ein weiteres Unglück. Damals wollte Sorley Boy MacDonnell seine Familie hier in Sicherheit bringen, doch sie wurden zusammen mit den meisten Inselbewohnern von den Engländern ermordet. Der bedeutendste Besucher war der schottische Held Robert the Bruce, der 1306 einige Zeit in einer Höhle an der Nordostspitze lebte und dort wirklich Geduld lernte. Der Legende nach sah er einer Spinne dabei zu, wie sie ihr Netz unbeirrt immer wieder neu webte. Dies soll ihn in seinem Entschluss bestärkt haben, weiter gegen die Engländer zu kämpfen, die er schließlich tatsächlich bei Bannockburn besiegte.

Hauptattraktion der Insel sind die Küstenlandschaft und das Vogelparadies im **Kebble National Nature Reserve** am Westufer. Vom **RSPB West Light Viewpoint** (☎ 2076 3948; Eintritt frei; April–Mitte Sept. 11–15 Uhr) bieten sich atemberaubende Ausblicke auf die benachbarten Meeresklippen. Im Frühjahr und Frühsommer brüten dort dicht gedrängt Trottellummen, Dreizehenmöwen, Tordalken und Papageientaucher. Im Sommer verkehrt ein Minibus vom Hafen zum Leuchtturm.

Wer keine Zeit hat, Kebble zu besuchen, sollte wenigstens vom Ballyconagan Nature Reserve des National Trust zum alten **Coastguard Lookout** spazieren, wo man auf die Felsklippen und hinüber zu den schottischen Inseln Islay und Jura schauen kann.

Das **Boathouse Visitor Centre** (☎ 2076 3951; Eintritt frei; Mai–Aug. 10.30–16 Uhr) südlich des Hafens informiert über Geschichte, Kultur, Tier- und Pflanzenwelt und Ökologie der Insel und gibt wertvolle Wandertipps.

Schlafen & Essen

An der Ostseite der Church Bay darf man auf einem Feld in Hafennähe kostenlos zelten.

Alle anderen Unterkünfte müssen auf jeden Fall im Voraus gebucht werden.

Kinramer Camping Barn (☎ 2076 3948; Kinramer; B 5 £) Die schlichte Hütte auf einem Biobauernhof liegt 5 km (zu Fuß 1 Std.) westlich des Hafens. Man muss Verpflegung und Bettzeug selber mitbringen und im Voraus buchen. Manchmal verkehren auch Minibusse.

Soerneog View Hostel (☎ 2076 3954; www.n-ireland holidays.co.uk/rathlin; Ouig; EZ/DZ 12,50/20 £; ☺ April–Sept.) 10 Minuten südlich vom Hafen liegt dieses Privathaus, das hostelähnliche Unterkünfte in drei Doppelzimmern, zwei davon mit getrennten Betten, bietet.

Coolnagrock B&B (☎ 2076 3983; Coolnagrock; EZ/ DZ £25/40; ☺ Dez. geschl.) Das allseits gelobte Gästehaus im Osten der Insel liegt wunderbar mit Blick übers Meer nach Kintyre. Es ist 15 Minuten von der Fähranlegestelle entfernt, der Besitzer holt einen auch ab.

Manor House (☎ 2076 3964; www.rathlinmanorhouse. co.uk; Church Quarter; EZ/DZ ab 30/60 £) Restauriert und betrieben vom National Trust, bietet das Herrenhaus aus dem 18. Jh. an der Nordseite des Hafens heute zwölf Zimmer – die größte und angenehmste Unterkunft auf der Insel. Bei Vorbestellung gibt es Abendessen.

Der Brockley Tearoom im Manor House serviert Suppen, Sandwiches, Kuchen und Scones; Pubgerichte gibt's in **McCuaig's Bar** (☎ 2076 3974) direkt östlich vom Hafen. Ein paar Schritte westlich der Fähranlegestelle (vom Pier kommend links halten) findet sich auch ein kleiner Gemischtwarenladen.

Anreise & Unterwegs vor Ort

Täglich verkehrt eine **Fähre** (☎ 2076 9299; www. calmac.co.uk; Erw./Kind/Fahrrad hin & zurück 10/5/1,30 £, 45 Min.) von Ballycastle; im Frühjahr und Sommer sollte man am besten reservieren.

In Ballycastle legen die Fähren von April bis September um 10, 12, 16.30 und 18.30 Uhr ab, zurück geht's von Rathlin um 8.30, 11, 15.30 und 17.30 Uhr. Im Winter fahren die Boote von Ballycastle um 10.30 und 16 Uhr (Fr 16.30 Uhr), von Rathlin um 9 und 15 Uhr.

Autos müssen auf dem Festland bleiben, doch kein Punkt auf der Insel ist mehr als 6 km (1½ Std. zu Fuß) von der Fähranlegestelle entfernt. Am Soerneog View Hostel können Fahrräder ausgeliehen werden (8 £ pro Tag). Von April bis August betreibt **McGinn's** (☎ 2076 3451) einen Shuttle zwischen der Fähre und dem Kebble Nature Reserve und bietet Minibustouren an.

GLENS OF ANTRIM

Der Nordosten Antrims ist eine Hochebene aus schwarzem Basalt über Lagen weißer Kreideplatten. Entlang der Küste zwischen Cushendun und Glenarm haben sich während der Eiszeit einige malerische Gletschertäler in das Plateau eingeschnitten – die bekannten Glens of Antrim.

Zwei ausgeschilderte Wanderwege durchqueren die Region: Der Ulster Way (S. 750) verläuft dicht am Meer und passiert alle Küstendörfer, während die 32 km lange Moyle Way durch das Hinterland vom Glenariff Forest Park nach Ballycastle führt.

Torr Head Scenic Road

Wenige Kilometer östlich von Ballycastle zweigt eine kleinere ausgeschilderte Panoramastraße von der A2 in Richtung Norden nach Cushendun ab. Sie ist nichts für ängstliche Fahrer und für Wohnwagen schon gar nicht geeignet: Eng und in gefährlichen Kurven schlängelt sie sich die steilen Abhänge über dem Meer entlang. Seitenstraßen führen zu den interessantesten Sehenswürdigkeiten: Fair Head, Murlough Bay und Torr Head. An klaren Tagen reicht die wunderschöne Aussicht übers Meer bis Schottland, vom Mull of Kintyre bis zu den Hügeln von Arran.

Der erste Abzweig endet am Parkplatz des National Trust in Coolanlough, dem Ausgangspunkt für eine Wanderung nach Fair Head (siehe Kasten S. 719). Der zweite führt steil abwärts nach **Murlough Bay**. Vom Parkplatz am Ende der Straße geht es am Ufer entlang zu den Überresten einiger Bergarbeiterhäuschen (10 Min.). Einst wurden an den Klippen Kreide und Kohle abgebaut und in einem Kalkofen südlich des Parkplatzes zu ungelöschtem Kalk gebrannt.

Der dritte Abzweig führt an den Ruinen einiger Häuser der Küstenwache vorbei und zur felsigen Landspitze von **Torr Head**. Oben thront die Station der Küstenwache aus dem 19. Jh., die aber schon in den 1920er-Jahren wieder aufgegeben wurde. Hier kommen sich Irland und Schottland am nächsten – der Mull of Kintyre liegt nämlich nur 19 km entfernt auf der anderen Seite des North Channel. Im späten Frühjahr und Sommer wird hier ähnlich wie in Carrick-a-Rede Lachsfischerei mit einem an der Landspitze befestigten Netz betrieben. Das alte Eishaus neben der Zufahrtstraße wurde zum Lagern der Fische benutzt.

WANDERUNG: FAIR HEAD

Vom Parkplatz des National Trust bei Coolanlough führt ein markierter Weg nach Norden, vorbei an einem kleinen See mit winzigen Inseln, eine davon ein *crannóg* (inselartige Ansiedlung im Neolithikum). Nach 1,5 km erreicht man den Gipfel der imposanten, 180 m hohen Basaltklippen, Fair Head. Hier bilden die Klippen, eines der wichtigsten Kletterparadiese in Irland, einen markanten Einschnitt, der von einem liegenden Felsblock überbrückt und Grey Man's Path genannt wird. Der Panoramablick reicht von der westlich gelegenen Rathlin Island zur Linken bis zur schottischen Insel Islay auf der rechten Seite; es folgen die drei Bergspitzen von Jura, die dunkle Landmasse des Mull of Kintyre sowie die kleine Insel Sanda. Im Osten liegt der gedrungene Kegel der Ailsa Craig und weit in der Ferne die Küste von Ayrshire.

Weiter geht's nach rechts über den schlecht zu erkennenden Pfad Richtung Süden, etwa 1,5 km oben über die Klippen und zum oberen Parkplatz an der Murlough Bay Road. Von dort führt ein weiterer, kaum erkennbarer Pfad mit gelben Markierungen 1 km nach Westen zurück nach Coolanlough. Insgesamt 4 km, 1–2 Std.

Cushendun

350 Ew.

Das nette Küstendörfchen Cushendun ist bekannt für seine einzigartigen Cottages im cornischen Stil. Sie wurden 1912 und 1925 auf Anordnung des Großgrundbesitzers Lord Cushendun vom Architekten Clough Williams-Ellis entworfen, der auch für den Bau von Portmeirion in Nordwales verantwortlich war. Heute gehört Cushendun größtenteils dem National Trust. Es gibt einen schönen Sandstrand, mehrere kurze Küstenwege (eingezeichnet auf der Infotafel am Parkplatz), sowie eindrucksvolle **Höhlen**, die in die überhängenden Klippen südlich des Dorfes eingeschnitten sind. Man folgt dem Pfad, der um die Feriensiedlung südlich der Flussmündung führt.

Eine weitere ungewöhnliche Naturerscheinung liegt 6 km nördlich des Dorfes an der A 2 nach Ballycastle: **Loughareema**, auch der „verschwindende See" genannt. Drei Rinnsale fließen hinein, doch keines kommt heraus. Nach heftigen Regengüssen dehnt sich der Lough zu imposanter Größe (400 m lang, 6 m tief), doch nach und nach versickert das Wasser durch Spalten im Kalkstein und zurück bleibt nur ein trockenes Bett.

SCHLAFEN

Cushendun Caravan Park (☎ 2176 1254; 14 Glendun Rd; Campingplatz/Wohnwagenstellplatz ab 8/16 £; ☼ Ostern– Sept.) Der von der Ortsverwaltung geführte Campingplatz liegt in einem schönen bewaldeten Areal nördlich des Ortes, nur fünf Minuten vom Strand entfernt.

Cloneymore House (☎ 2176 1443; ann.cloneymore@ btinternet.com; 103 Knocknacarry Rd; EZ/DZ 35/45 £; Ⓟ ♿) Das traditionelle familienfreundliche B&B an

der B 92, 500 m südwestlich von Cushendun, bietet vier perfekt ausgestattete, geräumige Zimmer, die nach irischen und schottischen Inseln benannt sind. Aran ist am größten. Es gibt eine Rampe für Rollstühle und einen Treppenlift, alle Räume sind für Besucher mit eingeschränkter Beweglichkeit geeignet.

Drumkeerin (☎ 2176 1554; www.drumkeeringuest house.com; 201A Torr Rd; EZ/DZ ab 30/50 £; Ⓟ) Der moderne, komfortable Bungalow 1 km nördlich des Dorfes wird von einem pensionierten Kunstlehrer betrieben, der auch gleich Mal- und Zeichenkurse anbietet. Das ausgezeichnete Frühstück mit selbstgebackenem Brot und Scones wird im Esszimmer serviert, von dem man einen tollen Blick auf den schönen Garten und die Cushendun Bay hat.

Mullarts Apartments (☎ 2176 1221; anne@mullarts. fsnet.co.uk; 114 Tromra Rd; DZ pro Wochenende/Woche 150/ 400 £; Ⓟ) Für höhere Ansprüche bietet Mullarts zwei luxuriöse Ferienwohnungen für je zwei bis fünf Personen in einer umgebauten Kirche aus dem 19. Jh., 2,5 km südlich des Dorfes.

ESSEN & AUSGEHEN

Cushendun Tearoom (☎ 2176 1506; 1 Main St; Hauptgerichte 3–9 £; ☼ März–Sept. tgl. 11–19, Okt.–Febr. Mo–Fr 11–19 Uhr) Die nette, ländliche Teestube neben der Brücke offeriert Tee und Kuchen, Sandwiches und Salat sowie Warmes zum Lunch wie Fish and Chips, Brathähnchen und vegetarische Tortillawraps.

Mary McBride's Pub (☎ 2176 1511; 2 Main St; Hauptgerichte 5–7 £; ☼ Küche April–Sept. 12–21, Okt.–März 12–20 Uhr) Die originale Bar (vom Eingang aus links) war mit 1,5 x 2,7 m Fläche die kleinste in Irland. Der restliche Raum gibt aber genügend Ellenbogenfreiheit. In den letzten Jahren hat das Pub etwas an Charme verloren und das Essen im traditionellen Stil ist nicht mehr so gut wie früher – nichtsdestotrotz bleibt es abends die einzige Wahl.

AN- & WEITERREISE

Der Bus 162 von Larne nach Cushendun (6 £, 1½ Std., Mo–Fr 1-mal tgl.) hält auch in Glenarm und Carnlough; viele Zug- und Busverbindungen gehen von Belfast nach Larne. Linie 162A nach Ballycastle (40 Min., Mo–Fr an Schultagen 1-mal tgl.) fährt in Cushendall um 9.25 Uhr ab, in Cushendun um 9.36 Uhr. Rückfahrt ab Ballycastle ist um 14.40 Uhr. Siehe auch Anreise & Unterwegs vor Ort S. 708.

Cushendall

1250 Ew.

Cushendall ist ein – häufig von Verkehrsstaus heimgesuchtes – Ferienziel am Fuß des Glenballyeamon, überragt von dem abgeflachten Gipfel des Lurigethan. Der kleine Strand ist voller Kieselsteine, bessere warten in Waterfoot und Cushendun.

Die **Touristeninformation** (☎ 2177 1180; 24 Mill St; ☼ Juli–Sept. Mo–Fr 10–13 & 14–17.30, Sa 10–13, Okt.–Juni Di–Sa 10–13 Uhr) wird von der historischen Gesellschaft der Glens of Antrim geleitet und bietet auch Internetzugang.

SEHENSWERTES

Im Zentrum erhebt sich das ungewöhnliche, 1817 erbaute **Curfew Tower** aus rotem Sandstein. Er imitiert einen Bau, den der Landbesitzer in China gesehen hatte. Ursprünglich diente der Turm als Gefängnis für „Müßiggänger und Aufrührer".

Vom Parkplatz am Strand führt ein Küstenweg 1 km nach Norden zu den malerischen Ruinen der **Layde Old Church**. Von dort blickt man auf die Insel Ailsa Craig, auch „Paddy's Milestone" genannt, und die schottische Küste. Vom frühen 14. Jh. bis 1790 diente das von Franziskanern gegründete Gotteshaus als Gemeindekirche. Auf dem Friedhof befinden sich mehrere imposante Grabmäler der MacDonnells, am Eingang ein altehrwürdiges, schon sehr demoliertes Kreuz mit nachträglicher Inschrift aus dem 19. Jh.

In Glenaan, 4 km nordwestlich von Cushendall, ist **Ossian's Grave** zu sehen. Das neolithische Kammergrab wurde nach einem legendären Krieger-Poeten des 3. Jhs. benannt. So romantisch das auch klingt, basiert es doch nicht auf Fakten. Man folgt dem Wegweiser

an der A 2; am besten parkt man an der Farm und geht zu Fuß weiter.

SCHLAFEN & ESSEN

Cushendall Caravan Park (☎ 2177 1699; 62 Coast Rd; Campingplatz/Wohnwagenstellplatz ab 8/16 £; ☼ Ostern–Sept.) Der Campingplatz mit Meerblick liegt nur 1 km vom Ortszentrum entfernt.

Mountain View (☎ 2177 1246; 1 Kilnadore Rd; EZ/DZ 25/40 £; ☼ April–Sept.; P) Duft von frisch gebackenem Brot strömt aus der Küche dieses relativ preiswerten, viktorianischen B&B. Es liegt nur fünf Minuten oberhalb des Zentrums und bietet zudem eine schöne Aussicht.

Cullentra House (☎ 2177 1762; www.cullentrahouse.com; 16 Cloughs Rd; EZ/DZ 25/40 £; P) Der moderne Bungalow liegt hoch über dem Ort am Ende der Cloughs Road mit tollem Ausblick auf die Küste. Drei bequeme, große Zimmer, ausgiebiges Frühstück und sehr nette Gastgeber warten auf einen.

Harry's Restaurant (☎ 2177 2022; 10 Mill St; Hauptgerichte 9–13 £; ☼ 12.30–21.30 Uhr) Das gemütliche Lokal mit ländlichem Touch ist die erste Adresse am Ort. Tagsüber gibt es Bargerichte, abends ab 18 Uhr dann Dinner à la carte; sonntags ein dreigängiges Mittagessen (Erw./Kind 13/6,50 £).

Arthur's Tea & Coffee Warehouse (☎ 2177 1627; 1 Shore St; Hauptgerichte 2–4 £; ☼ 10–17 Uhr) Das gut besuchte Café serviert Frühstück, Kaffee und Kuchen, hausgemachte Suppen und Snacks.

AN- & WEITERREISE

Die Busse nach Cushendun (gegenüber) halten auch in Cushendall.

Glenariff

Etwa 2 km südlich von Cushendall liegt das Dorf **Waterfoot** mit dem besten Sandstrand von ganz Antrim, der sich über 2 km erstreckt. Von hier führt die A 43 (Ballymena Road) landeinwärts durch Glenariff, das malerischste Tal Antrims. Der Schriftsteller Thackeray rief beim Anblick der Landschaft aus, dies sei eine „Schweiz im Miniaturformat". Vor Ort fragt man sich allerdings, ob er die echte Schweiz wohl jemals gesehen hatte …

Am Talende liegt der **Glenariff Forest Park** (☎ 2175 8232; Auto/Motorrad/Fußgänger 4/2/1,50 £; ☼ 10 Uhr–Sonnenuntergang). Seine Hauptattraktion ist der Wasserfall von **Ess-na-Larach**, der sich 800 m vom Besucherzentrum entfernt ergießt. Er ist auch von Laragh Lodge, 600 m flussabwärts, zu Fuß erreichbar. Durch den Park führen mehrere schöne Spaziergänge, als längster ein 10 km langer Rundweg.

Übernachten können Wanderer in einer Herberge. **Ballyeamon Camping Barn** (☎ 2175 8451; www.ballyeamonbarn.com; 127 Ballyeamon Rd; B 10 £; 💻) liegt 8 km südwestlich von Cushendall an der B 14 (1 km nördlich der Kreuzung mit der A 43) und etwa 1,5 km zu Fuß vom Haupteingang zum Forest Park entfernt.

An einer Abzweigung der A 43, 3 km nordöstlich des Parkeingangs, erreicht man **Laragh Lodge** (☎ 2175 8221; 120 Glen Rd; Hauptgerichte 8 £, 2-/3-Gänge-Sonntagslunch 10/12 £; 🕙 10.30–21, Küche 12–21.30 Uhr) mit Bar und Restaurant. Das Lokal im Cottagestil mit reichlich Deko serviert herzhafte Fleischgerichte mit Gemüse (keine Vegetarierkarte) und sonntags Braten zum Lunch.

Glenariff Forest Park ist von Cushendun (4 £, 30 Min., Mo–Fr 4-mal tgl., Sa 2-mal) und Ballymena (4 £, 40 Min.) mit dem Ulsterbus 150 erreichbar.

Carnlough
1500 Ew.

Die charmante Kleinstadt Carnlough wartet mit einem schönen Hafen und einem historischen Hotel auf. Viele Häuser aus dem einheimischen Kalkstein wurden 1854 im Auftrag des Marquess von Londonderry errichtet. Die Steinbrüche waren bis in die frühen 1960er-Jahre in Betrieb. Über die weiße Steinbrücke an der Hauptstraße transportierte einst eine Bahnlinie die Steine zum Hafen. Heute führt ein Fußweg über die ehemalige Trasse zu den schönen Cranny Falls.

Die **Touristeninformation** (☎ 2888 5236; 14 Harbour Rd; 🕙 Ostern–Sept. tgl. 10–22, Okt.–Ostern Mo–Sa bis 20 Uhr) ist in McKillop's Laden neben dem Londonderry Arms Hotel untergebracht.

SCHLAFEN & ESSEN
Londonderry Arms Hotel (☎ 2888 5255; www.glensof antrim.com; 20 Harbour Rd; EZ/DZ ab 55/90 £; 🅿) Die historische Kutschenstation von 1848 gehörte kurzzeitig Winston Churchill, der sie 1921 wieder verkaufte, nachdem er einmal in Zimmer 114 übernachtet hatte. Die antiken Möbel, Ohrensessel und glänzenden Mahagonihölzer schaffen eine wunderbar altmodische Atmosphäre. Leider passen die Bäder im Stil der 1970er-Jahre dazu wie die Faust aufs Auge. Das Restaurant (Hauptgerichte 14–18 £)

WANDERUNG: RUND UM GLENARIFF

Der abwechslungsreiche, 7,5 km lange Wanderweg führt von der bemoosten Schlucht mit Wasserfall bis auf das hohe Antrim-Plateau. Es ist einer der schönsten Waldwege in Nordirland. Startpunkt ist das Laragh Lodge Restaurant. Vor dort geht es über Planken (Eintritt Ostern–Okt. 1,50 £) flussaufwärts am Glenariff River entlang zur schäumenden Kaskade von Ess-na-Larach, dann in steilem Zickzack weiter bis zum Abzweig an einer Holzbank. Hier hält man sich rechts (der linke, ausgeschilderte Pfad führt zum Besucherzentrum) und wandert weiter mit dem Fluss zur Rechten.

An der nächsten Abzweigung biegt man rechts ab und überquert die Brücke mit Wegweiser nach Hermit's Fall. Der Weg führt bergauf durch eine weitere Schlucht mit noch mehr Wasserfällen. Oben angekommen, überquert man den Fluss erneut und steigt rechts ein paar Meter aufwärts zu einer Schotterstraße (dort weist ein Schild zum "Scenic Trail", von dem man gerade gekommen ist). Man geht über die Straße und ein paar Meter weiter über eine zweite. Von da führt ein deutlich sichtbarer Pfad durch den Wald. Wenn man schließlich aus den Bäumen auftaucht, öffnet sich ein schöner Blick auf Glenariff. Nun läuft man in einer weiten Kurve nach rechts gen Süden (hier weisen weitere Markierungen zum Scenic Trail, man halte sich in entgegengesetzter Richtung). Oberhalb des nächsten Tales mit dem Inver River in der Tiefe gabelt sich der Weg bei einem hölzernen Unterstand; links geht es steil bergab, man hält sich jedoch rechts und steigt hoch zum Glen.

Nach einer Linkskurve werden die drei Bäche, die den Inver River speisen, überquert. Dann geht es in Serpentinen aufwärts durch einen dichten Nadelwald, an dessen Rand man mit einem umwerfenden Ausblick auf Glenariff belohnt wird. Das Tal liegt wie eine grüne Hängematte zwischen den steilen schwarzen Basaltwänden. Kurz darauf folgt ein sehr steiler Abstieg im Zickzack, dann biegt man nach links ab. An der folgenden Waldstraße hält man sich rechts. Nach 1 km führt der Weg links steil bergab zu einem Tor. Hier wählt man die linke Abzweigung und nimmt die Fußgängerbrücke über den Fluss, dann biegt man rechts ab und gelangt zurück zum Ausgangspunkt. Insgesamt 7,5 km, 3–4 Std.

kredenzt Lammgerichte aus lokaler Produktion und Meeresfrüchte, die holzvertäfelte Bar ist ein „Schrein" für das berühmte irische Rennpferd Arkle.

Harbour Lights (☎ 2888 5950; 11 Harbour Rd; Hauptgerichte 7–12 £; ☽ Mi–So 12–21 Uhr) Das reizende kleine Café mit Restaurantbetrieb ist in einem Haus aus dem 19. Jh. an der ehemaligen Eisenbahnbrücke untergebracht. Von der Terrasse schaut man auf den Hafen.

AN- & WEITERREISE

Buslinie 162 fährt von Larne nach Glenarm und Carnlough (3 £, 40 Min., Mo–Sa 5- bis 6-mal tgl.); unter der Woche hat ein Bus pro Tag Anschluss Richtung Norden nach Cushendall und Cushendun. Linie 128 fährt nach Ballymena (3 £, 1 Std., Mo–Sa 4-mal tgl.). Siehe auch Anreise & Unterwegs vor Ort S. 708.

Glenarm
600 Ew.

Seit 1750 ist Glenarm (Gleann Arma), das älteste Dorf in den Glens, Familiensitz der MacDonnells. Gegenwärtig lebt der 14. Earl of Antrim in **Glenarm Castle** (☎ 2884 1203; www. glenarmcastle.com). Das private Anwesen versteckt sich hinter einer imposanten Wand, die von der Brücke entlang der Hauptstraße nach Norden verläuft. Das Schloss selbst ist nur an zwei Tagen im Juli geöffnet, wenn hier die Highland Games veranstaltet werden. Öffentlich zugänglich ist dagegen der reizvolle **Walled Garden** (Erw./Kind 4/2 £; ☽ Mai–Sept. Mi–So 11–17 Uhr).

Die **Touristeninformation** (☎ 2884 1705; 2 The Bridge; glenarm@nacn.org; ☽ Mo–Fr 9.30–17, So 14–18 Uhr) befindet sich neben der Brücke an der Hauptstraße. Für 2 £ pro 30 Min. kann man hier auch im Internet surfen.

Ein Spaziergang führt südlich des Flusses von der Hauptstraße in den alten Ortskern mit seinen gepflegten georgianischen Häusern. Wo sich die Straße zur Altmore Street erweitert, sieht man rechts das **Barbican Gate** (1682), den Eingang zu den Anlagen von Glenarm Castle. Auf der linken Seite bei **Steensons** (☎ 2884 1445; Toberwine St; ☽ Mo–Sa ganzjährig 9.30–17.15, Ostern–Sept. So 13–17.30 Uhr) kann man im Besucherzentrum Schmuckdesign bewundern und den Handwerkern bei der Arbeit zusehen.

Nach links geht es steil bergauf durch die Vennel Street, dann gleich nach dem letzten Haus nochmals nach links auf den Layde Path.

Dieser führt zu einem Aussichtspunkt mit ausgezeichnetem Blick über Dorf und Küste.

Riverside House B&B (☎ 2884 1474; faith.pa@btopenworld.com; 13 Toberwine St; EZ/DZ 30/45 £) Das renovierte georgianische Haus liegt mitten im alten Dorfkern. Von den beiden Doppelzimmern mit Kiefernmöbeln blickt man über den Fluss bis Glenarm Castle.

Für Busverbindungen siehe Carnlough (S. 720).

LARNE
17 600 Ew.

Larne (Lutharna) ist ein bedeutender Fährhafen von und nach Schottland und damit einer der wichtigsten Grenzorte Nordirlands. Mit seinen Betonbrücken und den riesigen Schornsteinen des Ballylumford-Kraftwerks gegenüber vom Hafen gewinnt das arme Larne allerdings keinen Schönheitspreis. Außer der wirklich ausgezeichneten Touristeninformation gibt es keinen Grund, sich hier länger aufzuhalten.

Der Hafenbahnhof befindet sich im Fährterminal. Von dort erreicht man das Stadtzentrum mit dem Bus oder in 15 Minuten zu Fuß: Man biegt rechts in die Fleet Street ein, dann nochmals nach rechts auf die Curran Road, danach links auf die Circular Road. Am großen Verkehrskreisel liegt der Hauptbahnhof links, die **Touristeninformation** (☎ 2826 0088; larnetourism@btconnect.com; Narrow Gauge Rd; ☽ Ostern–Sept. Mo–Sa 9–17, Okt.–Ostern Mo–Fr 9–17 Uhr) rechts, der Busbahnhof geradeaus unter der Straßenbrücke.

An- & Weiterreise
BUS

Buslinie 256 fährt direkt vom Stadtzentrum nach Belfast (4 £, 1 Std., Mo–Fr. stündl., Sa 6-mal, So nur Juli–Sept. 3-mal).

Richtung Norden zu den Glens of Antrim verkehren die Linie 162 und der Antrim Coaster (S. 708).

SCHIFF/FÄHRE

Informationen zu den Fähren von Schottland und England nach Larne findet man auf S. 769.

ZUG

Larne hat zwei Bahnhöfe, Larne Town und Larne Harbour. Vom Stadtbahnhof fahren mindestens stündlich Züge nach Belfast Central (5 £, 1 Std.); die Zugverbindungen vom

Hafenbahnhof sind auf die Ankunftzeiten der Fähren abgestimmt. Von Belfast Central hat man Anschluss zu den Bahnhöfen Botanic, City Hospital und Great Victoria Station.

ISLANDMAGEE

Islandmagee (Oileán Mhic Aodha) heißt die Landzunge, die Larne Lough im Osten abschließt. Bei **Brown's Bay** am Nordende der Halbinsel gibt es einen beliebten Sandstrand, in der Nähe liegt der pittoreske kleine Hafen **Portmuck**. Nur 300 m vom Festland entfernt lebt auf **Muck Island** die zweitgrößte Vogelbrutkolonie des Nordens.

An der Ostküste stehen die zerklüfteten Basaltklippen der **Gobbins**. Sie wurden bereits 1902 zur Touristenattraktion, als ein Ingenieur der Bahngesellschaft an der Küste einen spektakulären Fußpfad von Whitehead mit Stufen, Eisenbrücken und in den Fels gemeißelten Tunnels anlegte. Im Zweiten Weltkrieg war der Weg aber verfallen und wurde aus Sicherheitsgründen geschlossen. Im Ulster Museum (S. 631) in Belfast sind noch Fotos aus seinen Glanzzeiten zu sehen.

Vom Parkplatz am Nordende der Promenade in **Whitehead** führt ein interessanter Küstenweg unterhalb vom Leuchtturm um die Klippen von Black Head, vorbei an mehreren tiefen Höhlen und schließlich eine steile Treppe nach oben direkt zum Leuchtturm. Von dort kehrt man auf einem Zickzackweg wieder zurück auf den Küstenpfad und zum Parkplatz (3,5 km).

Von Mai bis Dezember kann man mit dem Schnellboot *North Irish Diver II* zweistündige **Bootstouren** (☎ 9338 2246) von Hafen in Whitehead zu den Gobbins und Muck Island (Erw./Kind 20/15 £, mind. 6 Teilnehmer) unternehmen; außerdem gibt es einen Wassertaxi-Service nach Bangor (15 Min., Hin- & Rückfahrt ab 10 £).

Auch von Bangor werden Schiffsausflüge zu den Gobbins angeboten.

CARRICKFERGUS

28 000 Ew.
Nordirlands beeindruckendste mittelalterliche Burganlage thront auf dem Felsvorsprung Carrickfergus (Carraig Fhearghais) und beherrscht die Zufahrt zum Belfast Lough. Im historischen Ortskern gegenüber der Burg finden sich interessante Häuser aus dem 18. Jh., sogar ein Teil der Stadtmauer aus dem 17. Jh. ist noch erhalten.

Die **Touristeninformation** (☎ 9335 8000; www.carrickfergus.org; Heritage Plaza, Antrim St; ☺ April–Sept. Mo–Sa 10–18, So 13–18 Uhr, Okt.–März Mo–Sa 10–17, So 13–17 Uhr) wechselt Geld und reserviert Unterkünfte.

Sehenswertes

Der zentrale Turm von Irlands erster und einziger normannischer Burg, **Carrickfergus Castle** (☎ 9335 1273; Marine Hwy; Erw./Kind 3/1,50 £; ☺ Juni–Aug. Mo–Sa 10–18, So 12–18; April, Mai & Sept. Mo–Sa 10–18, So 14–18; Okt.–März Mo–Sa 10–16, So 14–16 Uhr), wurde 1177 von John de Courcy gleich nach seiner Invasion in Ulster errichtet. Die massiven Mauern des äußeren Hofes wurden 1242 fertiggestellt und im 16. Jh. um Schießscharten aus rotem Ziegelwerk ergänzt. Im Turm ist ein Museum untergebracht. Überall verteilte lebensgroße Figuren lassen die Geschichte der Burg lebendig werden.

Von der Festung geht der Blick zum Hafen, wo **Wilhelm von Oranien** am 14. Juni 1690 auf seinem Weg zur Schlacht am Boyne landete. Eine blaue Gedenktafel an der alten Hafenmauer markiert die Stelle, wo er an Land ging; seine Bronzestatue steht nahebei am Strand.

Hinter den Glasfronten der Heritage Plaza auf der Antrim Street befindet sich das **Carrickfergus Museum** (☎ 9335 8049; 11 Antrim St; Eintritt frei; ☺ April–Sept. Mo–Sa 10–18, So 13–18; Okt.–März Mo–Sa 10–17, So 13–17 Uhr) mit Ausstellungsstücken zur Stadtgeschichte und einem netten Coffeeshop.

Die Eltern des siebten US-Präsidenten, Andrew Jackson, verließen Carrickfergus in der zweiten Hälfte des 18. Jhs. als Auswanderer. Sein Elternhaus wurde 1860 abgerissen, doch das **Andrew Jackson Centre** (☎ 9336 6455; Boneybefore; Eintritt frei; ☺ Juni–Sept. Mo–Fr 10–13 & 14–18, Sa & So 14–18; April, Mai & Okt. Mo–Fr 10–13 & 14–16, Sa & So 14–16 Uhr) residiert in einem nachgebauten reetgedeckten Cottage mit Lehmboden und offener Feuerstelle. Die Ausstellung zeigt die Lebensumstände der Jacksons in Ulster und die Verbindungen der Region in die USA. Das 2 km nördlich der Burg am Strand gelegene **US Rangers Centre** erinnert daran, dass die ersten US-Rangers im Zweiten Weltkrieg vor ihrem Einsatz auf dem europäischen Festland hier in Carrickfergus ausgebildet wurden.

Schlafen & Essen

Keep Guesthouse (☎ 9336 7007; www.thekeepguesthousecarrickfergus.co.uk; 93 Irish Quarter S; EZ/DZ 30/45 £) Das Gästehaus liegt gegenüber der Marina in

Zentrumsnähe an der Hauptstraße. Die vier attraktiven Zimmer sind mit modernem Dekor und originellen Kunstwerken an den Wänden ausgestattet. Am schönsten ist das geräumige Familienzimmer im ersten Stock.

Dobbin's Inn Hotel (☎ 9335 1905; www.dobbinsinn hotel.co.uk; 6-8 High St; EZ/DZ 48/68 £; Hauptgerichte 6–13 £; ☺ Küche 8–21 Uhr; 🖳) Mitten in der Altstadt bietet das freundliche, zwanglose Hotel 15 kleine, aber gut ausgestattete Zimmer mit knarrenden Bodendielen. Das Haus ist über 300 Jahre alt, was man an dem Versteck für verfolgte Katholiken und dem originalen Kamin aus dem 16. Jh. sehen kann.

Courtyard Coffee House (☎ 9335 1881; 38 Scottish Quarter; Snacks 2–4 £; ☺ Mo–Sa 9–16.45 Uhr) Hier gibt's leckere hausgemachte Suppen, kleine Lunchgerichte, Kaffee und Kuchen. Das Café unterhält eine Filiale im Carrickfergus Castle.

LP Tipp Wind Rose (☎ 9335 1164; Rodgers Quay; Hauptgerichte 8–12 £; ☺ Küche 12–21 Uhr) Das schicke moderne Bar-Bistro mit elegantem Restaurant im Obergeschoss (nur Fr & Sa abends geöffnet) serviert Nudelgerichte und Pizza, aber auch Steaks und Pfannengerührtes. Von der an sonnigen Nachmittagen sehr warmen Terrasse blickt man auf den Wald von Masten in der Marina.

An- & Weiterreise

Stündlich verkehren Züge zwischen Carrickfergus und Belfast (£3, 30 Min.).

COUNTY ANTRIM: HINTERLAND

Westlich der Hochmoor-Ebene, welche die Glens of Antrim abschließt, fallen die Hügel ab zum landwirtschaftlich geprägten Flachland um Lough Neagh und dem weiten Tal des Flusses Bann. Diese Region wird von Touristen kaum besucht, weil sie entweder lieber die Küstenstraße nehmen oder auf dem Weg von Belfast nach Derry ohne Zwischenstopp durchfahren. Doch mit etwas Muße lassen sich auch hier einige unaufdringliche Sehenswürdigkeiten entdecken.

Antrim
19 800 Ew.

Die Stadt Antrim (Aontroim) liegt am River Sixmilewater, in der Nähe einer schönen Bucht des Lough Neagh. Während des Aufstandes von 1798 tobte in der High Street eine Schlacht gegen die United Irishmen.

Die **Touristeninformation** (☎ 9442 8331; info@ antrim.gov.uk; 16 High St; ☺ Juli & Aug. Mo–Fr 9–17.30, Sa 10–15; Mai, Juni & Sept. Mo–Fr 9–17, Sa 10–13; Okt.–April Mo–Fr 9–17 Uhr) verteilt ein kostenloses Infoheft für historische Rundgänge und stellt einen Internetzugang (30 Min. 1,50 £) zur Verfügung.

Heute wird das Stadtzentrum von einer eher gesichtslosen modernen Einkaufspassage dominiert. Immerhin haben einige alte Bauten überlebt, darunter das schöne **Courthouse** von 1762, das **Barbican Gate** (1818) gleich in der Nähe und Teile der alten Burgmauern.

Durch das Tor und die Unterführung hindurch geht es zu den **Antrim Castle Gardens** (Eintritt frei; ☺ Mo–Fr 9.30–Sonnenuntergang, Sa 10–17, So 14–17 Uhr). Das Schloss brannte schon vor vielen Jahren ab, doch der Park ist eines der wenigen noch erhaltenen Beispiele für die Gartenkunst des 17. Jhs.

Die Lough Road führt vom Stadtzentrum nach Westen zum **Antrim Lough Shore Park** mit dem imposanten Lough Neagh (siehe Kasten S. 685). Am Ufer gibt es Picknicktische und Wanderwege.

Der Goldline Express 219 von Belfast nach Ballymena bedient auch Antrim (4 £, 40 Min., Mo–Fr stündl., Sa 7-mal). Daneben verkehren Züge von Belfast nach Antrim (4 £, 25 Min., Mo–Sa 10-mal tgl., So 5-mal) und weiter nach Derry.

Ballymena
29 200 Ew.

Ballymena (An Baile Meánach) ist die Heimat von Ian Paisley, dem Gründer und Führer der Free Presbyterian Church und der strikt antinationalistischen, antikatholischen Democratic Unionist Party (DUP), von Mai 2007 bis März 2008 außerdem First Minister of Northern Ireland. Der Stadtrat wird seit 1977 von der DUP kontrolliert und beschloss einstimmig, Darwins Evolutionstheorie an allen Schulen von Ballymena aus dem Religionsunterricht zu verbannen. In der Stadt wurde außerdem der Schauspieler Liam Neeson, bekannt aus *Schindlers Liste* und *Star Wars*, geboren.

Ecos Environmental Centre (☎ 2566 4400; www. ecoscentre.com; Broughshane Rd; Eintritt frei; ☺ Juli & Aug. Mo–Fr 9–17, Sa 10.30–17, So 12–17; Sept.–Juni Mo–Fr 9–17 Uhr) am östlichen Stadtrand ist ein Besucherzentrum, das sich erneuerbarer Energie und umweltfreundlichen Technologien widmet. Die Abwässer der Einrichtung werden in Schilfklärbecken gefiltert und bewässern anschließend Kopfweiden, die Brennmaterial liefern und zusammen mit Solaranlagen zur

ABSTECHER: GALGORM

Etwa 6 km westlich von Ballymena liegt das **Galgorm Resort & Spa** (☎ 2588 0080; www.galgorm.com; 136 Fenaghy Rd, Galgorm; Zi. ab 130 £; **P**), ein herrschaftliches Haus aus dem 19. Jh. in wunderschöner Umgebung am River Maine. Es wurde kürzlich von den Eigentümern des Belfaster Boutique-Hotels Ten Square (S. 640) übernommen, komplett umgestaltet und erweitert, und zählt nun zu Irlands exklusivsten Landhotels.

In **Gillie's Bar** (Hauptgerichte 7–16 £; ☷ Küche 7–22 Uhr), den einstigen Stallungen, verbreiten raues Mauerwerk, riesige Holzbalken, das offene Feuer und bequeme Sofas immer noch eine rustikale Atmosphäre. Gleichzeitig wurde der Bau aber erweitert zu einer spektakulären neuen Scheune mit hohem Dach und einem riesigen Kamin in der Mitte. Der monumentale Treppenaufgang wird von Sphinxen bewacht. Insgesamt eine wahrlich atemberaubende Umrahmung für die umwerfendsten Barmahlzeiten von ganz Irland.

Energiegewinnung genutzt werden. Kinder können selber viele interessante Experimente machen. Mit Spiel- und Picknickfläche, Ententeich und ferngesteuerten Spielzeugschiffen kommt auch sonst keine Langeweile auf.

Goldline Express 219 fährt von Belfast nach Ballymena (6 £, 1 Std., Mo–Fr stündl., Sa 7-mal), Linie 128 nach Carnlough an der Küste (3 £, 1 Std., Mo–Sa 4-mal tgl.).

Ballymena liegt an der Bahnlinie Derry–Belfast mit häufigen Verbindungen nach Belfast (6 £, Mo–Sa 10-mal tgl., So 5-mal).

Slemish

Die Skyline östlich von Ballymena wird vom markanten Felshügel des Slemish (438 m) dominiert. Wie viele andere Plätze in Nordirland wird auch dieser Berg mit dem Nationalheiligen assoziiert: Der Hl. Patrick soll in seiner Jugend hier Ziegen gehütet haben. Am St. Patrick's Day pilgern Tausende auf den Gipfel. Das restliche Jahr über ist der Aufstieg angenehm, allerdings steil und bei Regen auch rutschig. Oben wird man mit einem tollen Ausblick belohnt. Die Wanderung dauert vom Parkplatz insgesamt etwa eine Stunde.

Arthur Cottage

Die Vorfahren von Chester Alan Arthur (1830–86), dem 21. US-Präsidenten, lebten in Cullybackey, etwa 6 km nordwestlich von Ballymena. In dem reetgedeckten **Cottage** (☎ 2588 0781; Dreen, Cullybackey; Erw./Kind 2/1 £; ☷ 0-stern–Sept. Mo–Fr 10.30–17, Sa –16 Uhr) aus dem 18. Jh. backen die in traditionelle Kostüme gekleideten Mitarbeiter Brot und zeigen verschiedenes Handwerk (Juni, Juli & Aug. außer 12.8. Di, Fr & Sa 13.30 Uhr).

Cullybackey liegt an der Bahnlinie Belfast–Derry.

Counties Fermanagh & Tyrone

Eis und Wasser formten die noch immer ursprüngliche Landschaft von Fermanagh. Raue Hügel erheben sich über Felder mit glitzernden Schilfseen. Schon der Blick auf die Karte genügt um festzustellen: Das County ist zu etwa einem Drittel von Wasser bedeckt. Einheimische witzeln darüber: Sechs Monate im Jahr lägen die Seen in Fermanagh, die anderen sechs Monate befände sich Fermanagh in den Seen.

Dieses Labyrinth ist ein Paradies für Freizeitkapitäne und Angler. In den Loughs und Flüssen wimmelt es nur so von Forellen und Hechten. Und mit einem Motorboot lassen sich die reizvollen Wasserstraßen von Lough Erne und dem Shannon – ein Netz aus 750 km Flüssen, Seen und Kanälen – gut in ein bis zwei Wochen erkunden. Wer sich aus eigener Kraft fortbewegen möchte, paddelt am besten über den 50 km langen Lough Erne Canoe Trail.

Die Kalksteinkämme im Süden von Lough Erne werden von Höhlen durchzogen, und bei Marble Arch verläuft ein unterirdischer Fluss. Auf den Hügeln erstrecken sich Moore, seltene und gefährdete Biotope. Wer sich beim Radeln oder Wandern auf die Weite und Endlosigkeit der Landschaft einlässt, findet unterwegs Stille, Entspannung und eben immer wieder Wasser. Doch auch an Regentagen gibt es viel zu entdecken, etwa die herrschaftlichen Anwesen Florence Court und Castle Coole oder die weltberühmte Porzellanmanufaktur in Belleek.

Tyrone ist die Heimat des O'Neill-Clans und verdankt seinen Namen Tír Eoghain, einem legendären Häuptling (Land von Owen). Die Grafschaft wird von der tweedartig gemusterten Moorlandschaft der Sperrin Mountains dominiert, an deren Südflanken prähistorische Stätten liegen. Hauptattraktion des County ist der Ulster American Folk Park, ein Freilichtmuseum, das an die historischen Verbindungen zwischen Ulster und den USA erinnert.

HIGHLIGHTS

- **Klettern am Ende der Welt** Durch die bizarre Moorlandschaft am Gipfel des Cuilcagh Mountain (S. 740) wandern

- **Steinerne Gestalten aus der Vergangenheit** Seltsame Steinfiguren auf White Island (S. 735) und Boa Island (S. 735)

- **Abenteuer im Labyrinth** In den Höhlen von Marble Arch (S. 738)

- **Paddeln, was das Zeug hält** Abenteuerliche Kanutour auf dem Lough Erne (S. 737 & 739)

- **American Connection** Einblick in die historischen Verbindungen zwischen Irland und USA im Ulster American Folk Park (S. 741)

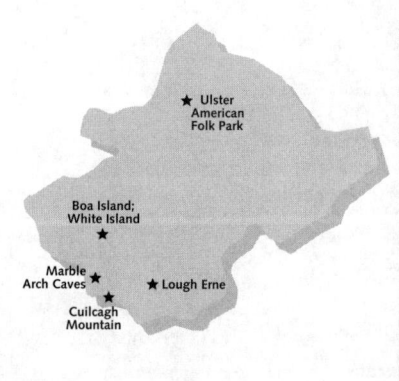

■ EINWOHNER: 227 000   ■ FLÄCHE: 5274 KM²

COUNTY FERMANAGH

ENNISKILLEN

11 500 Ew.

Das attraktive und charmante Enniskillen (Inis Ceithleann, „Caitlins Insel") liegt inmitten des Wasserwegenetzes und verbindet den Upper und den Lower Lough Erne. Der Weg über die mehr als 1,5 km lange Hauptstraße gleicht einer Berg- und Talfahrt über die Hügel. Einheimische sagen, man sei nur dann ein echter Enniskillener, wenn man „zwischen den Brücken" geboren ist, d. h. auf der Hauptinsel der Stadt, sich auch das Ortszentrum befindet. Seine schöne Lage, viele Freizeitboote im Sommer sowie die lebhaften Pubs und Restaurants machen Enniskillen zu einem idealen Ausgangsort für Touren zum Upper und Lower Lough Erne, nach Florence Court oder zu den Marble Arch Caves.

Oscar Wilde und Samuel Beckett wurden zwar beide nicht hier geboren, waren aber Schüler an der hiesigen Portora Royal School (Wilde 1864–71, Beckett 1919–23). Hier lernte Beckett Französisch, jene Sprache, in der er später schrieb. Während der Unruhen erlangte die Stadt traurige Berühmtheit: Am 11. November 1987, dem Poppy Day (Volkstrauertag), tötete eine IRA-Bombe elf Unschuldige während eines Gottesdienstes am Kriegerdenkmal.

Orientierung

Die Hauptstraße wechselt ihren Namen ein halbes Dutzend Mal auf ihrem Verlauf zwischen den beiden Brücken. Der prominente Clock Tower markiert das Stadtzentrum. An der zweiten Hauptstraße, die südlich parallel führende Wellington Road, befinden sich der Busbahnhof, die Touristeninformation und Parkplätze. Während der Rushhour kommen Fußgänger meist schneller voran, denn an der westlichen Brücke sind Staus um diese Zeit so ziemlich garantiert.

Praktische Informationen

Bank of Ireland (☎ 6632 2136; 7 Townhall St)
Eason (☎ 6632 4341; 10 High St; ☼ Mo–Sa 9–17.30 Uhr) Bücher und Karten über die Region.
Enniskillen Library (☎ 6632 2886; Hall's Lane; ☼ Mo, Mi & Fr 9.15–17.15, Di & Do 9.15–19.30, Sa 9.15–13 & 14–17 Uhr) Internet 1,50 £ pro 30 Minuten.
Postamt (3 High St) Im Dolan's Centra.

Touristeninformation (☎ 6632 3110; www.ferma nagh.gov.uk; Wellington Rd; ☼ Juli & Aug. Mo–Fr 9–19, Sa 10–18, So 11–17, Ostern–Juni & Sept. Mo–Fr 9–17.30, Sa 10–18, So 11–17, Okt. Mo–Fr 9–17.30, Sa & So 10–14, Nov.–Ostern Mo–Fr 9–17.30 Uhr) Zimmerbuchung, Geldwechsel, Verkauf von Angellizenzen, Post- und Faxservice.
Ulster Bank (☎ 6632 4034; 16 Darling St)

Sehenswertes

Enniskillen Castle (☎ 6632 5000; www.enniskillencastle. co.uk; Castle Barracks; Erw./Kind 2,95/1,95 £; ☼ ganzjährig Mo 14–17 & Di–Fr 10–17, Mai–Sept. auch Sa 14–17, Juli & Aug. auch So 14–17 Uhr; ☁) war im 16. Jh. eine Festung des Maguire-Clans und wacht noch immer über den westlichen Teil der Hauptinsel von Enniskillen. Das **Watergate** mit seinen beiden Türmen erhebt sich über den vorbeifahrenden Kajütbooten. Innerhalb der Mauern zeigt das **Fermanagh County Museum** Ausstellungsstücke zur Geschichte, Archäologie, Geografie und Fauna der Region. Im Bergfried aus dem 15. Jh. ist das Royal Inniskilling Fusiliers Regimental Museum untergebracht. Es beherbergt eine Sammlung aus Waffen, Uniformen und Orden, darunter acht Viktoriakreuze aus dem Ersten Weltkrieg, und ist jenem Regiment gewidmet, das 1689 auf der Burg aufgestellt wurde, um das Heer Wilhelms I. zu unterstützen.

Im Forthill Park am östlichen Stadtrand steht auf einem kleinen Hügel das **Cole's Monument** (Erw./Kind 1/0,50 £; ☼ Mitte April–Sept. 13.30–15 Uhr). Das Denkmal erinnert an Galbraith Lowry-Cole (1772–1842), einen von Wellingtons Generälen und gleichzeitig Sohn des 1. Earl of Enniskillen. Wer die 108 Stufen im Inneren der Säule hinaufsteigt, wird mit einem schönen Ausblick auf die Umgebung belohnt. Tickets gibt's bei der Touristeninformation.

Aktivitäten

Der **Kingfisher Trail** ist ein ausgeschilderter Fernradweg. Er beginnt in Enniskillen und verläuft über Nebenstraßen durch die Counties Fermanagh, Leitrim, Cavan und Monaghan. Seine Gesamtlänge beträgt 370 km. Wem das zu weit ist, kann stattdessen die kürzere, 115 km lange Rundfahrt unternehmen. Sie führt über Kesh, Belleek, Garrison, Belcoo und Florencecourt nach Enniskillen zurück – eine leichte Zweitagestour mit Übernachtungsmöglichkeit in Belleek. Eine Radkarte ist bei der Touristeninformation erhältlich.

Fahrräder verleiht das **Lakeland Canoe Centre** (☎ 6632 4250; www.arkoutdooradventure.com; Castle Island;

halber/ganzer Tag 10/15£), ebenso Kanus für zwei Personen (20£ für 2 Std.).

Angellizenzen bieten die Touristeninformation oder Home, Field & Stream (S. 731) an.

Details zum Bootsverleih findet man auf S. 733 und S. 739. Wer sich für Schiffstouren interessiert, schlägt das im Kasten auf S. 739 nach.

Touren

Blue Badge Tours (☎ 6962 1430; breegemccusker@btopen world.com) bietet Stadtführungen durch Enniskillen und zum Lough Erne an. Sie werden vom Historiker und Fremdenführer Breege McCusker geleitet. Spezielle Exkursionen führen zu den prähistorischen Stätten, Klöstern, Steinfiguren und Plantation Castles.

Erne Tours (☎ 6632 2882; Round 'O' Quay, The Brook; Erw./Kind 9/6£; ☼ Juli & Aug. tgl. 10.30, 12.15, 14.15 & 16.15, Juni tgl. 14.15, Mai, Sept. & Okt. Di, Sa & So 14.15 Uhr) veranstaltet mit seinem Wasserbus für 56 Passagiere, *MV Kestrel*, 1¾-stündige Bootstouren über den Lower Lough Erne mit Zwischenstopp auf der Insel Devenish. Abfahrt ist am Round 'O' Quay westlich des Stadtzentrums an der A46 nach Belleek. Samstags finden auch **Abendtouren** (Erw./Kind 30/15£; ☼ Mai–Sept. 18 Uhr) statt, mitsamt einem 3-Gänge-Dinner im Killyhevlin Hotel.

Schlafen
BUDGETUNTERKÜNFTE

Bridges Youth Hostel (☎ 6634 0110; www.hini.org.uk; Belmore St; B/EZ/2BZ 15/20/32£; P ☐) Dieses mo-

COUNTIES FERMANAGH & TYRONE

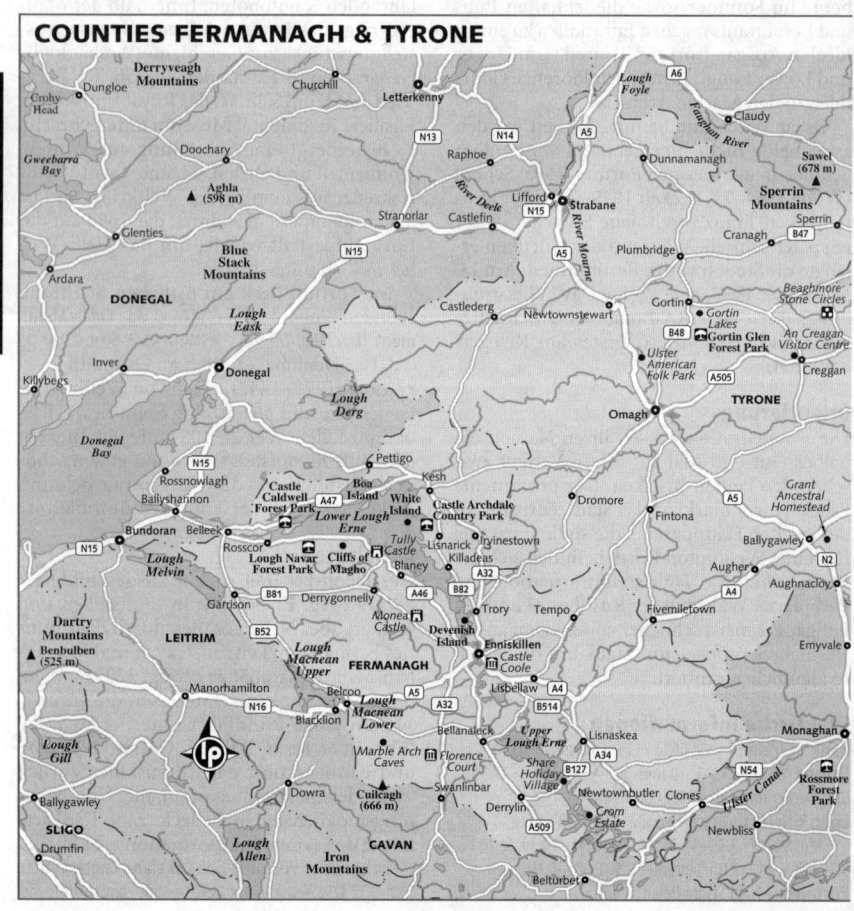

derne, zweckmäßige Hostel liegt direkt am Fluss in der Stadtmitte. Es verfügt über 4-Bett-Zimmer, jeweils mit Bad, sowie sechs 2-Bett-Zimmer, Küche, Restaurant, Waschmöglichkeiten und Fahrradschuppen.

Rossole Guesthouse (☎ 6632 3462; 85 Sligo Rd; EZ/DZ 30/45 £) Modernes Haus im georgianischen Stil mit hellem Wintergarten und Blick auf einen kleinen See. Das Gästehaus begeistert besonders Angler, die sich direkt vor der Haustür betätigen können. Im Garten stehen Ruderboote bereit. 1 km südwestlich des Stadtzentrums an der A4 nach Sligo gelegen.

Greenwood Lodge (☎ 6632 5636; www.greenwood lodge.co.uk; 17 Killivilly Ct, Tempo Rd; EZ/DZ 28/46 £; P) Die Besitzer dieser modernen, geräumigen Villa tun wirklich alles für das Wohlbefinden ihrer

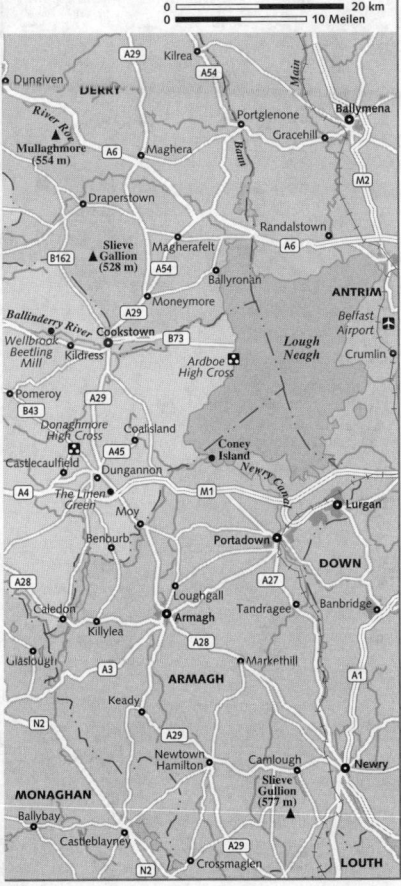

Gäste. Jedes der drei gemütlichen Zimmer hat ein eigenes Bad, das Frühstück wird frisch zubereitet, Fahrräder können untergestellt werden. In einer Nebenstraße 3 km nordöstlich der Stadt gelegen, abseits der B80.

MITTELKLASSEHOTELS

Railway Hotel (☎ 6632 2084; www.railwayhotelennis killen.com; 34 Forthill St; EZ/DZ 37,50/75 £) Nostalgische Erinnerungsstücke an die Zeit der inzwischen stillgelegten Eisenbahnlinie zieren die Wände dieses einladenden, 130 Jahre alten Hotels in Zentrumsnähe; die Zimmer zur Straßenseite können etwas laut sein.

Mountview Guesthouse (☎ 6632 3147; www. mountviewguests.com; 61 Irvinestown Rd; EZ/DZ 40/60 £; P) Die große, von Efeu umrankte viktorianische Villa liegt auf einem bewaldeten Grundstück, 800 m (10 Gehminuten) nördlich vom Stadtzentrum, und verströmt das Flair eines Landhauses. Es gibt drei Zimmer mit Bad, eine luxuriöse Lounge und sogar ein Snookerzimmer (Billard). Vom Mountview lässt sich die herrliche Aussicht auf den Race Course Lough genießen.

Belmore Court Motel (☎ 6632 6633; www.motel. co.uk; Tempo Rd; DZ £, Apt. 75–100 £; P) In einer umgebauten Reihenhauszeile direkt östlich des Zentrums gelegen, bietet das Belmore Mini-Apartments für Familien mit Kochmöglichkeit sowie vier normale Doppelzimmer. Preise verstehen sich ohne Frühstück.

SPITZENKLASSEHOTELS

Killyhevlin Hotel (☎ 6632 3481; www.killyhevlin.com; Killyhevlin; EZ/DZ ab 98/135 £; P) Enniskillens Top-Hotel liegt 1,5 km südlich der Stadt an der A4 Richtung Maguiresbridge Road in idyllischer Umgebung mit Aussicht auf den Upper Lough Erne. Viele der 43 Zimmer haben Seeblick. Am Lough stehen darüber hinaus 13 Chalets für jeweils zwei Personen bereit (250 £ pro Wochenende April–Juni, 195 £ Nov.–März; 575 £ pro Woche Juli–Okt.).

Essen
GÜNSTIG

Johnston's Jolly Sandwich Bar (☎ 6632 2277; 3 Darling St; Sandwiches 2–4 £; ☺ Mo–Fr 8–16, Sa 8.30–16 Uhr) Die traditionelle Bäckerei verkauft exzellente Sandwiches nach Wahl, Suppen, Pasteten und Kuchen zum Mitnehmen oder zum Verzehr vor Ort.

Rebecca's Place (☎ 6632 4499; Buttermarket; Snacks 2–5 £; ☺ Mo–Sa 9.30–17.30 Uhr) Mit Kieferntischen

COUNTIES FERMANAGH & TYRONE

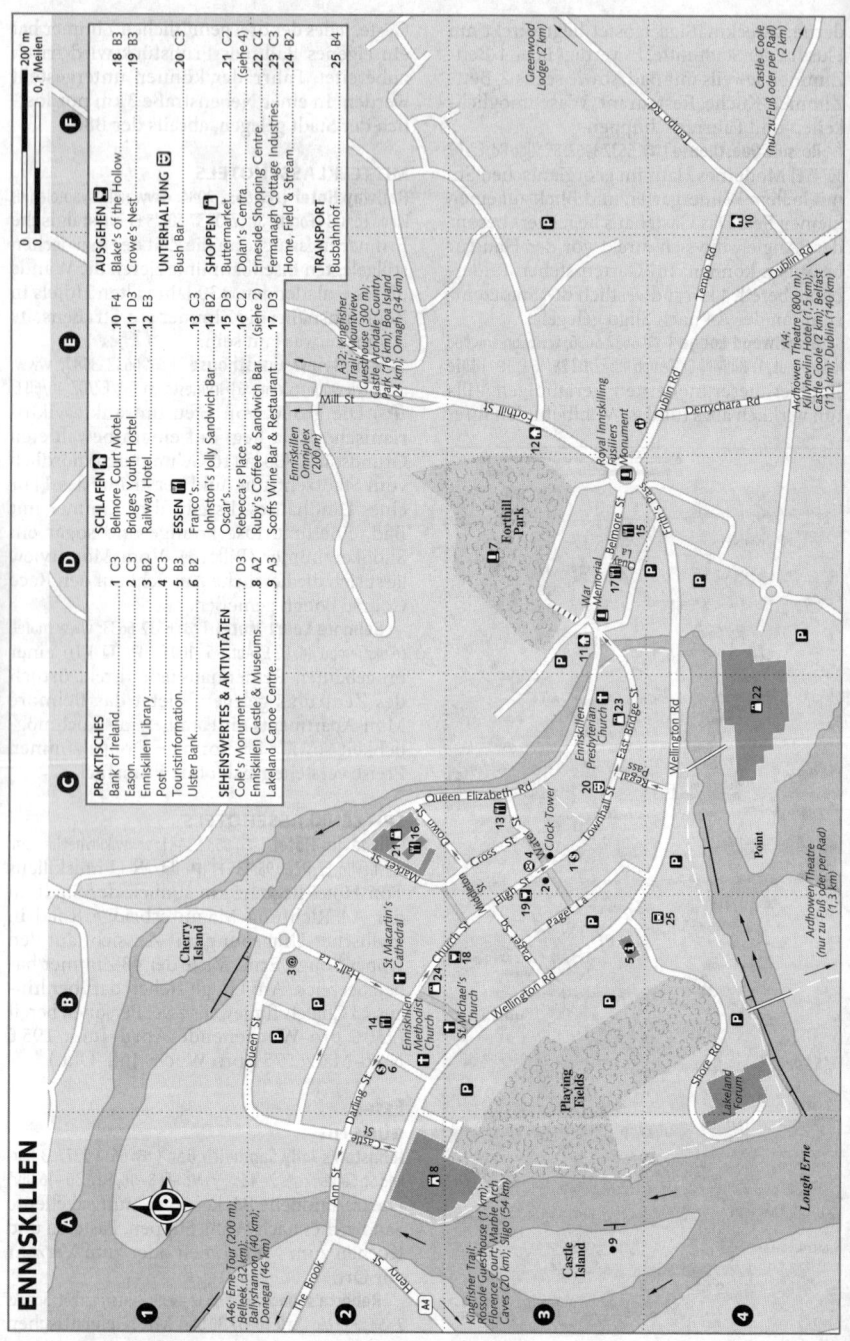

ENNISKILLEN

und -stühlen ist dieses angestammte Café in einem Kunsthandwerksladen eingerichtet. Ob Sandwiches, Salate oder Gebäck – alles schmeckt richtig gut.

Ruby's Coffee & Sandwich Bar (☎ 6632 9399; 10 High St; Snacks 2–5 £; ⏰ Mo–Sa 9–17.30 Uhr) Etwas versteckt über Easons's Bookshop liegt das gemütliche Ruby's, ausgestattet mit Sofas und Sesseln. Auf der Karte stehen Bagels und Croissants zum Frühstück, Sandwiches und Salate, Suppen und Ofenkartoffeln. Um aktuell informiert zu bleiben, liegen Zeitungen aus.

MITTELTEUER

Franco's (☎ 6632 4424; Queen Elizabeth Rd; Hauptgerichte 8–18 £; ⏰ 12–23 Uhr) Eine ehemalige Schmiede beherbergt dieses kleine, stets gut besuchte Lokal – ein Labyrinth aus winzigen holzvertäfelten Räumen mit Kerzenlicht. Die Küche lockt mit italienischen und asiatischen Gerichten sowie mit Fisch, Pizza und Pasta.

Scoffs Wine Bar & Restaurant (☎ 6634 2622; 17 Belmore St; Hauptgerichte 12–18 £; ⏰ tgl. 17–open end, So 12.30–14.30 Uhr) Die moderne Inneneinrichtung ist in Schokoladenbraun und Burgunderrot mit dunklem Holz gehalten und in gedämpftes Licht getaucht. Abenteuerlich mutet die internationale Speisekarte an, die gebratene Thunfischsteaks mit Kartoffelsalat und Aioli, Lauch-Pilz-Auflauf mit Nussstreuseln, aber auch Exotisches wie gebratenes Straußenfleisch auf *black pudding* (Blutwurst) und Apfelkompott umfasst. In der Weinstube unten bekommt man dagegen leichtere Mahlzeiten.

LP Tipp **Oscar's** (☎ 6632 7037; 29 Belmore St; Pizzas 8–12 £, Hauptgerichte 12–18 £; ⏰ 17–22 Uhr) Nach Renovierung und Wechsel des Wirtes präsentiert sich diese Institution von Enniskillen im oberen Stockwerk als zwangloses Restaurant in toskanischem Ambiente mit Holzofen für köstliche Pizzas. Darunter befindet sich ein eher konventionell eingerichteter Speiseraum in viktorianischem Stil. Die Speisekarte reicht von Pizza und Pasta bis zu gegrillten Steaks und Meeresfrüchten. Spezialitäten sind Törtchen aus Ziegenkäse mit *black pudding* aus Clonakilty sowie Garnelen-Ravioli mit geräuchertem Cheddar und Basilikumsauce. Auf Vorbestellung gibt es sogar Diät-Mahlzeiten.

Ausgehen

LP Tipp **Blake's of the Hollow** (William Blake; ☎ 6632 2143; 6 Church St) In diesem traditionellen vikto-

rianischen Pub wird das beste Guinness von ganz Ulster ausgeschenkt. Seit seiner Eröffnung im Jahre 1887 hat sich die Ausstattung kaum verändert: Marmortresen, vier große Sherryfässer, antike silberne Leuchter und die alte Holzvertäfelung mit der Patina von einem Jahrhundert Zigarettenrauch. Freitags ab 21 Uhr unterhält traditionelle Musik die Gäste.

Crowe's Nest (☎ 6632 5252; 12 High St) Lebhafte Bar mit Wintergarten und einem Hinterhof für sonnige Sommernachmittage. Jeden Abend wird ab 22.30 Uhr in der hinteren Bar Livemusik gespielt, im Sommer finden montags traditionelle Musik-Sessions statt.

Unterhaltung

Bush Bar (☎ 6632 5210; 26 Townhall St) mit Ledersesseln und gepolsterten Bänken in allen Kaffee-Schattierungen – von dunkel geröstet bis Café au lait – ist so etwas wie der Nightclub von Enniskillen schlechthin. Die Karte offeriert viele Cocktails. In der oberen Etage wird zu aufgelegten Platten oder Live-Bands getanzt.

Ardhowen Theatre (☎ 6632 5440; www.ardhowen theatre.com; Dublin Rd; ⏰ Kartenverkauf Mo–Fr 11–16.30, vor Aufführungen 10–19, Sa 11–13, 14–17 & 18–19 Uhr) Auf dem Spielplan stehen Konzerte, professionelle und Amateur-Theaterstücke und -Musicals, Pantomime und Filme. Etwa 2 km südöstlich vom Stadtzentrum an der A4 an einem See gelegen. Auffällig ist das imposante Gebäude durch seine Glasfassade.

Enniskillen Omniplex (☎ 6632 4777; www.omniplex. ie; Factory Rd) Kino mit sieben Sälen, 700 m nördlich des Stadtzentrums am Race Course Lough.

Shoppen

Buttermarket (☎ 6632 4499; Down St) Die renovierten Gebäude am alten Marktplatz beherbergen verschiedene Geschäfte für Kunsthandwerk, Gemälde, Töpferwaren, Schmuck und sogar Anglerbedarf.

Erneside Shopping Centre (☎ 6632 5705; The Point; ⏰ Mo–Mi, Fr & Sa 9–17.30, Do 9–21, So 13–17 Uhr) Moderner Komplex mit Geschäften, Cafés und einem Supermarkt. Der Millets Store verkauft Camping- und Outdoorausrüstung.

Fermanagh Cottage Industries (☎ 6632 2260; 14 East Bridge St) Kunsthandwerksgeschäft mit Leinen, Spitze und Tweed im Angebot.

Home, Field & Stream (☎ 6632 2114; 18 Church St) Große Auswahl an Angelausrüstung, Verkauf von Angellizenzen.

Dolan's Centra (3 High St; ◷ Mo–Sa 7.30–21, So 9–21 Uhr) Praktischer Minimarkt mit langen Öffnungszeiten und Postamt. Sonntagszeitungen bekommt man hier auch.

An- & Weiterreise

Linie 261 von Ulsterbus verkehrt von Enniskillen nach Belfast (9 £, 2¼ Std., Mo–Sa stündl., So 2-mal) via Dungannon. Buslinie 296 fährt nach Omagh (5 £, 1 Std., Mo–Sa 1-mal tgl.), in die andere Richtung nach Cork (8¼ Std.; in Landford umsteigen) über Athlone (3½ Std.). Enniskillen und Bundoran, via Belleek (45 Min.), verbindet Linie 99 miteinander (6 £, 1¼ Std., Mo–Sa 4-mal, So 2-mal).

Bus Éireann bedient mit der Linie 66 die Strecke nach Sligo (7 £, 1½ Std., Mo–Sa 5-mal tgl., So 2-mal) via Belcoo. Linie 30 verkehrt zwischen Dublin (12 £, 2½ Std., Mo–Sa 7-mal tgl., So 4-mal) und Donegal (1 Std.) und hält auch in Enniskillen und Belleek.

RUND UM ENNISKILLEN
Castle Coole

Als Georg IV. 1821 Irland besuchte, ließ der 2. Earl of Belmore extra ein Schlafzimmer für den König herrichten. Doch der hochwürdige Gast tauchte nicht auf Castle Coole auf, vielmehr bevorzugte er es, Zeit mit seiner Geliebten zu verbringen. Das mit roter Seide ausstaffierte Schlafzimmer zeigt Gemälde, die *The Rake's Progress* darstellen (die schnippische Reaktion des Earl auf das Nichterscheinen des Königs). Der Raum gilt als eines der Highlights während der einstündigen Führung durch **Castle Coole** (☎ 6632 2690; Dublin Rd, Enniskillen; Erw./Kind 5/2,20 £; ◷ Juli & Aug. tgl. 12–18, Juni Fr–Mi 13–18, April, Mai & Sept. Sa, So & feiertags 13–18 Uhr).

Das von James Wyatt entworfene palladianische Herrenhaus wurde zwischen 1789 und 1795 für Armar Lowry-Corry, den 1. Earl of Belmore, errichtet und ist wohl das reinste Beispiel neoklassizistischer Architektur im Irland des späten 18. Jhs. Es wurde aus silbrig-weißem Portlandstein erbaut, der unter großen Mühen und Kosten von Südengland herangeschafft werden musste: Man hat das Material zunächst mit dem Schiff nach Ballyshannon, dann weiter über Land zum Lough Erne und mit dem Boot nach Enniskillen transportiert. Die letzten 3 km mussten per Ochsenkarren zurückgelegt werden.

Baukosten von 70 000 £ trieben den Earl fast in den Bankrott, was seinen Sohn, Somer-

set Lowry-Corry, jedoch nicht davon abhielt, weitere 35 000 £ für die protzigen Regencymöbel und Einrichtungsgegenstände auszugeben. Am deutlichsten wird das im opulenten ovalen Salon, in dem sich die Familie und Freunde vor dem Abendessen einfanden. John Armar Lowry-Corry, der 7. Earl of Belmore, nutzt heute einen Teil des Hauses privat. Der Großteil steht unter der Obhut des National Trust.

In dem 600 ha großen **Landschaftspark** (Eintritt Auto/Fußgänger 2 £/frei; ◷ April–Sept. 10–20, Okt.–März 10–16 Uhr) liegt ein See, auf dem die einzige Grauganskolonie im Vereinigten Königreich lebt – und sogar hier überwintert. Es wird erzählt, die Earls of Belmore würden Castle Coole verlieren, sollten die Graugänse den See jemals verlassen.

Castle Coole steht an der A4 nach Dublin, 2,5 km südöstlich von Enniskillen. Zu Fuß ist es ein 30-minütiger Spaziergang: Vom Stadtzentrum biegt man links Richtung Dunnes Stores ab und läuft dann einfach geradeaus die Castlecoole Road entlang.

Sheelin Irish Lace Museum

Das **Museum** (☎ 6634 8052; www.irishlacemuseum.com; Bellanaleck; Erw./Kind 3/1,50 £; ◷ April–Okt. Mo–Sa 10–13 & 14–18 Uhr) zeigt eine Sammlung wunderschöner irischer Spitzen aus der Zeit zwischen 1850 und 1900. Die Stoffproduktion war vor und nach der Hungersnot eine bedeutende Heimindustrie in der Region. Vor dem Ersten Weltkrieg gab es im County Fermanagh etwa zehn Schulen, an denen die Kunst der Spitzenherstellung erlernt werden konnte. Das Museum liegt gut 6 km südwestlich von Enniskillen im Dorf Bellanaleck.

UPPER LOUGH ERNE

Der etwa 80 km lange Lough Erne besteht aus zwei Abschnitten, dem Upper Lough im Süden von Enniskillen und dem Lower Lough im Norden. Verbunden sind beide durch den Fluss Erne. Dessen Quelle liegt südlich im County Cavan, westlich von Ballyshannon mündet er in die Donegal Bay.

Upper Lough Erne ist weniger ein See, sondern eher ein Wasserlabyrinth mit über 150 Inseln, Landzungen, Schilfbuchten und mäandernden Staugewässern. Hier sind verschiedenste Vogelarten beheimatet: Schwärme von Singschwänen und Schellenten überwintern am Lough, im Frühjahr brüten Haubentaucher, und in einem 400 Jahre alten Eichenwäldchen auf der Insel Inishfendra südlich von Crom Estate lebt Irlands größte Graureiherkolonie.

Lisnaskea ist der Hauptort mit Geschäften, Pubs, Geldautomaten und einem Postamt. Auf einer Insel am Nordende des Lough bei Lisbellaw befindet sich die **Belle Isle School of Cookery** (☎ 6638 7231; www.irish-cookery-school.com. Hobbyköche können hier in eintägigen bis vierwöchigen Kursen die Kochkunst erlernen, sich ausprobieren und dabei auch alles über Weine erfahren. In Belle Isle Castle und seinen Wirtschaftgebäuden lässt es sich luxuriös nächtigen. Für einen Eintageskurs ohne Unterkunft muss man etwa 100 £ berappen.

Crom Estate

Inmitten des größten, natürlichen Waldes Nordirlands liegt das vom National Trust verwaltete, herrliche **Crom Estate** (☎ 6773 8118; Newtownbutler; Auto/Fußgänger 5,50 £/Eintritt frei, ☼ Anlage Juni–Aug. 10–19, Mitte März–Mai & Sept. bis 18; Besucherzentrum Ostermorgen & Mai–Mitte Sept. 10–18, Mitte März–April & Ende Sept. Sa & So bis 18 Uhr; ♿). Baummarder, seltene Fledermäuse und zahlreiche Vogelarten haben hier ein wahres Paradies gefunden.

Ein Spaziergang führt vom Besucherzentrum vorbei an der Ruine des alten Crom Castle mit seinem ummauerten Garten, dem stillgelegten Bowlingplatz und den alten Eiben auf ein Inselchen. Unterwegs beeindruckt immer wieder der Blick über den von Schilf bestandenen Lough. Man kann Boote ausleihen (5 £ pro Std.) und auf einem Campingplatz sein Zelt aufschlagen (10 £ pro Zelt & Nacht).

Wer sich über die Beobachtungsmöglichkeiten von Fledermäusen und anderen Wildtieren sowie für weitere Veranstaltungen interessiert, informiert sich auf der Webseite des **National Trust** (www.ntni.org.uk).

Das Estate liegt am Ostufer des Upper Lough, 5 km westlich von Newtownbutler.

Geführte Touren

Der **Inishcruiser** (☎ 6772 2122; Erw./Kind/Fam. 7/5/20 £; ☼ Ostern–Sept. So & feiertags 14.30 Uhr; ♿) bietet 1½- bis zweistündige Fahrten über den Lough an. Losgelegt wird am Share Holiday Village, 5 km südwestlich von Lisnaskea.

Aktivitäten

Bei der **Knockninny Marina** (☎ 6774 8590; bei Derrylin), am Westufer des Lough, können Boote für Angel- und Erkundungstouren ausgeliehen werden. Die Miete für ein Motorboot für sechs Personen mit Kajüte kostet 40 £ für einen halben und 60 £ für einen ganzen Tag. Wer auf zwei Rädern die Umgebung erkunden möchte, mietet für 4,50/10 £, entspricht einem halben bzw. ganzen Tag, ein Fahrrad. Einfach dem Wegweiser ab der Hauptstraße nördlich von Derrylin folgen.

Gäste des **Share Holiday Village** (☎ 6772 2122; www.sharevillage.org) bei Lisnaskea können für 10 £ pro Person und 2½ Stunden das angebotene Sportprogramm nutzen: Kanufahren, Surfen, Jollensegeln, Bogenschießen, Orientierungslauf und vieles mehr.

Schlafen & Essen

Lisnaskea Caravan Park (☎ 6772 1040; Gola Rd, Mullynascarty; Campingplatz/Wohnwagenstellplatz 8/12 £; ☼ April–Okt.) Von der Gemeinde unterhaltener Campingplatz in einer schönen bewaldeten Landschaft am Ufer des Colebrooke River, etwa 2 km nordwestlich von Lisnaskea, über die B514 Richtung Enniskillen zu erreichen.

Share Holiday Village (☎ 6772 2122; www.sharevillage.org; Smiths Strand, Lisnaskea; Campingplatz/Wohnwagenstellplatz 9,50/13,50 £; ☼ Ostern–Sept.) Share ist eine karitative Einrichtung, die sich für die Integration behinderter und nichtbehinderter Menschen einsetzt sowie vielfältige Aktivitäten und Kurse anbietet. Das Feriendorf wird hauptsächlich von Gruppen besucht, hat aber auch einen Campingplatz für 13 Wohnwagen und zehn Zelte. Eine vorherige Buchung ist ratsam. Das Holiday Village liegt 5 km südwestlich von Lisnaskea, abseits der B127.

Donn Carragh Hotel (☎ 6772 1206; www.donncarraghhotel.com; Main St, Lisnaskea; EZ/DZ 40/70 £; Ⓟ) Am Upper Lough Erne findet man nicht sehr viele Unterkünfte. Das nette, aber nicht besonders aufregende 18-Zimmer-Hotel mitten in Lisnaskea ist eines der besseren unter ihnen.

Knockninny House (☎ 6774 8590; www.knockninnymarina.com; bei Derrylin; Apt. ab 75/250/400 £ pro Nacht/Wochenende/Woche; Hauptgerichte 3–7 £; ☼ Café 10–17.30 Uhr; Ⓟ) Die in den 1870er-Jahren erbaute viktorianische Villa gilt als die beste Adresse am Lough Erne. Idyllisch am See gelegen, bietet das Haus zwei luxuriöse Ferienwohnungen (für 5 bzw. 7 Pers.) zur Selbstversorgung, die wochentags für eine Nacht, für ein Wochenende oder eine Woche gemietet werden können. Von der Terrasse des Cafés wandert der Blick auf den Hafen und einen kleinen Sandstrand.

COUNTIES FERMANAGH & TYRONE

Kissin Crust (☎ 6772 2678; 125 Main St, Lisnaskea; Hauptgerichte 2–5 £; ☻ 8.30–17 Uhr) Dieses nette Café erfreut sich bei Einheimischen großer Beliebtheit und verwöhnt seine Gäste mit hausgemachtem Apfelkuchen, *Lemon Meringue Pie* (Zitronenbaisertorte), Quiche und *scones*. Zum Lunch kommen Suppen, frisch zubereitete Sandwiches oder ein warmes Tagesgericht auf den Tisch.

An- & Weiterreise

Ulsterbus-Linie 95 fährt von Enniskillen am Ostufer des Lough nach Lisnaskea (3 £, 25 Min., Mo–Fr 5-mal tgl., Sa 3-mal, Juli & Aug. So 1-mal), Linie 58 verkehrt am Westufer nach Derrylin (3 £, 40 Min., Mo–Fr 6-mal tgl., Sa 4-mal) und weiter nach Belturbet im County Cavan.

LOWER LOUGH ERNE

Im Gegensatz zum Upper Lough ist der Lower Lough Erne eine relativ offene Wasserfläche. Seine etwa 90 Inseln konzentrieren sich vor allem am Südende. Zu frühchristlicher Zeit, als Landreisen noch beschwerlich waren, bildete Lough Erne eine Station auf der Reiseroute zwischen Donegals Küste und Leitrim im Hinterland. Entlang des Ufers begegnen einem daher religiöse und historische Stätten. Im Mittelalter war der Lough darüber hinaus Teil einer wichtigen Pilgerstrecke nach Station Island im Lough Derg, County Donegal.

Devenish Island

Devenish Island (Daimh Inis, „Ochseninsel") ist die größte von mehreren „heiligen Inseln" im Lough Erne. Zu den Überresten eines im 6. Jh. vom Hl. Molaise gegründeten **Augustinerklosters** gehören ein großartiger, fast vollständig erhaltener **Rundturm** aus dem 12. Jh., die Ruinen der St. Molaise Church und die St. Mary's Abbey, ein ungewöhnliches Hochkreuz aus dem 15. Jh. sowie viele faszinierende alte Grabsteine. Den Rundturm erklimmt man über vier Leitern. Zwischendurch kann man durch fünf kleine Maueröffnungen spähen und so eine, wenn auch beengte, Aussicht erhaschen.

Eine **Schnellbootfähre** (☎ 6862 1588; Erw./Kind Hin- & Rückfahrt 3/2 £; ☻ April–Sept. tgl. 10, 13, 15 & 17 Uhr) setzt vom Trory Point nach Devenish Island über. Von Enniskillen erreicht man die Insel über die A32 Richtung Irvinestown. Nach 5 km steht auf der linken Seite, direkt hinter einer Tankstelle und vor der Kreuzung der

B82 und der A32 ein Wegweiser. Am Fuße eines Hügels am Lough biegt man links zur Anlegestelle ab.

Ein Inselbesuch ist auch im Rahmen einer Bootstour mit Erne Tours (S. 728) ab Enniskillen möglich.

Killadeas

Auf dem Friedhof von Killadeas, 11 km nördlich von Enniskillen an der B82, kann man mehrere ungewöhnliche Reliefsteine bewundern. Am bekanntesten ist der 1 m hohe, aus dem 7. bis 9. Jh. stammende **Bishop's Stone**. Sein keltischer Kopf erinnert auf der schmalen Westkante an die Figuren von White Island. Seitlich ist das Relief eines Bischofs mit Glocke und Stab zu sehen. Ganz in der Nähe befindet sich auch eine hochkant gestellte Steinplatte mit mehreren tiefen Aushöhlungen (evtl. Bullauns) auf einer Seite und einem Kreuz in einem Kreis auf der anderen. Auch können Besucher hier eine zerbrochene Phallussäule und einen großen durchlöcherten Stein bestaunen.

GEFÜHRTE TOUREN

Lady of the Lake (☎ 6862 2200; www.ladyofthelaketours. com) am Erne Palace Restaurant, 2 km nördlich des Manor House, bietet Samstag und Sonntag Bootstouren über den See an.

SCHLAFEN & ESSEN

Manor House Country Hotel (☎ 6862 2211; www.manorhouse-hotel.com; Killadeas; EZ/DZ ab 100/125 £; ℗) Großartiges Landhaus aus dem 19. Jh. mit Blick über den Lough Erne. Das Gebäude mit Lobby im Stil eines griechischen Tempels, einem romanesken Pool und Jacuzzi wurde im neoklassizistischen Stil renoviert. Die öffentlichen Bereiche beeindrucken durchaus, nicht jedoch die zwar luxuriösen, aber etwas langweiligen Zimmer. Die hoteleigene **Watergate Bar** serviert handfeste Mahlzeiten (8–12 £), an Wochenenden wird Livemusik gespielt.

Castle Archdale Country Park

Der **Park** (☎ 6862 1588; Lisnarick; Eintritt frei; ☻ 9 Uhr–Sonnenuntergang) gehört zum Archdale Manor aus dem 18. Jh. und lockt mit einem schönen Spazier- und Radweg, der durch den Wald und am Ufer entlangführt. Die Bucht mit ihren vielen Inseln diente im Zweiten Weltkrieg als Basis der Catalina-Flugboote (Wasserflugzeuge). Einen historischen Einblick in die Zeit des hier stationierten alliierten Flottenkonvois gibt das **Besucherzentrum** (Eintritt frei; ☾ Juli & Aug. Di–So 11–19, Ostern–Juni So 12–18 Uhr).

Man kann Fahrräder mieten (pro Std./halber/ganzer Tag 4/8/12 £) oder reiten: Im Park werden Ponytrekking (15 £ pro Std.) und Kurzritte für Anfänger (5 £ pro 15 Min.) angeboten. Außerdem kann man Boote (2 Std./halber/ganzer Tag 30/45/60 £) und Angelausrüstung (5 £ pro Tag inkl. Köder) ausleihen.

Der Park liegt 16 km nordwestlich von Enniskillen, an der B82 unweit von Lisnarick.

SCHLAFEN & ESSEN

Castle Archdale Caravan Park (☎ 6862 1333; www.castlearchdale.com; Castle Archdale Country Park; Campingplatz 10–15 £, Wohnwagenstellplatz 15 £; ☾ Ostern–Okt.) Von Dauerstellplätzen dominierte Anlage in schöner Lage unter Bäumen mit guten Einrichtungen, darunter ein Geschäft, eine Waschküche, Spielplatz und Restaurant.

LP Tipp **Cedars Guesthouse** (☎ 6862 1493; www.cedarsguesthouse.com; Drummal, Castle Archdale; EZ/DZ ab 40/60 £; ℗) In einem ehemaligen Pfarrhaus südlich vom Parkeingang untergebracht, strahlt die friedlich erscheinende Pension mit seinen rosafarbenen Tagesdecken und dem antiken Mobiliar den Charme und die Atmosphäre eines viktorianischen Landhauses aus. Zehn kuschelige Zimmer warten auf Übernachtungsgäste.

Rectory Bistro (Hauptgerichte 11–15 £; ☾ Mi–Sa 18–21, So 12.30–15 & 17–21 Uhr) Das Bistro direkt neben dem Cedars Guesthouse besticht durch einen einladenden offenen Kamin, Kiefernholzausstattung, Kerzenlicht und Reminiszenzen ans Mittelalter. Die ehrgeizige Speisekarte reicht von Meeresfrüchte-Eintopf bis zu gebratenem Seeteufel mit schwarzem Pfeffer und Ingwer.

White Island

White Island in der Bucht nördlich des Castle Archdale Country Park gilt als die schönste Klosterstätte von Lough Erne. An der Ostspitze der Insel steht die Ruine einer Kirche aus dem 12. Jh. mit einem herrlichen romanischen Tor an der Südseite. Innen lehnen acht außergewöhnliche keltische Steingestalten an der Wand. Sie wirken wie kleine Kopien der bekannten kolossalen Statuen auf der Osterinsel und stammen vermutlich aus dem 9. Jh.

Ihre Anordnung ist jedoch neueren Datums. Die meisten Figuren wurden erst im 19. Jh. bei der Freilegung der Kirchenmauern

entdeckt, weil die Maurer im Mittelalter sie einfach als Baumaterial genutzt hatten. Die linke Figur stellt Sheila-na-gig, eine weibliche Figur mit vergrößerten Genitalien, dar. Aller Wahrscheinlichkeit nach geht sie auf die Entstehungszeit des Sakralbaus zurück, denn man kennt diese Abbildung auch aus anderen irischen Kirchen und Burgen. Ganz rechts in der Figurenreihe schaut dem Besucher ein finster dreinblickendes Steingesicht, ähnlich einer Totenmaske, an. Dazwischen tummeln sich Statuen von Heiligen, Sängern oder Jesus. Alle acht Hauptfiguren in der Mitte wurden vom gleichen Künstler geschaffen. Sowohl das Alter als auch die Bedeutung der Figuren sind umstritten. Eine Theorie geht davon aus, dass die beiden mittleren, gleich hohen Paare früher als Säulen für eine Kanzel dienten.

Die erste Figur, gleich neben der Sheila-na-gig, hat ein Buch (vielleicht Christus der Evangelist), die zweite einen Bischofsstab und eine Glocke (möglicherweise Christus als Bischof) in der Hand. Die dritte wurde als jugendlicher König David, den Verfasser der Psalmen, identifiziert. Die vierte hält zwei Greifvögel (eventuell als Symbole der Doppelnatur Christi als Mensch und Gott), die fünfte zeigt Schwert und Schild (deutbar als Zeichen der Wiederkehr Christi), und die sechste Figur blieb unvollendet.

Eine **Fähre** (☎ 6862 1892; Erw./Kind 3/2 £; ☾ Juli & Aug. tgl. 11–18, April–Juni & Sept. Sa & So 11–17 Uhr) setzt zu jeder vollen Stunde (außer 13 Uhr) von der Anlegestelle (Marina) im Castle Archdale Country Park zur Insel über. Tickets werden beim Bootsverleih Billieve verkauft. Die Überfahrt dauert 15 Minuten und ermöglicht einen halbstündigen Aufenthalt auf der Insel.

Boa Island

Boa Island am Nordende des Lower Lough Erne ist auf beiden Seiten mit dem Festland verbunden, denn die A47 durchschneidet die Insel in ihrer ganzen Länge. Auf dem verwilderten, schaurigen, mit Moos, Sträuchern und Hecken bewachsenen Friedhof von Caldragh am Westende thront der berühmte **Janus Stone**, eine ca. 2000 Jahre alte heidnische Janusfigur mit zwei grotesken menschlichen Köpfen, die voneinander abgewandt sind. Daneben steht die kleinere, einäugige Gestalt des **Lusty Man**. Sie wurde von der Nachbarinsel Lusty More hierher gebracht. Ursprung und Bedeutung konnten bisher nicht geklärt werden, manche halten ihn für einen Kriegsgott.

COUNTIES FERMANAGH
& TYRONE

Der Friedhof ist durch ein kleines, leicht zu übersehendes und verrostetes Schild etwa 1,5 km von der Westbrücke der Insel entfernt ausgeschildert.

SCHLAFEN & ESSEN

Lusty Beg Island (☎ 6863 3300; www.lustybeg.co.uk; Boa Island, Kesh; EZ/DZ 65/90 £; **P** ☒) Auf der Privatinsel, zu der eine Fähre von der Anlegestelle in der Mitte von Boa Island ablegt, finden sich Chalets für Selbstversorger (Juli & Aug. 435–470 £/Woche, 4–6 Betten), aber auch das rustikale Courtyard Motel mit 18 B&B-Zimmern. Für Erholung und sportliche Betätigung sorgen ein Tennisplatz, Wanderungen auf dem Naturpfad oder Kanufahren über den Lough.

Im gemütlichen **Island Lodge Restaurant** (☎ 6863 1342; Bargerichte 7–12 £, 4-Gänge-Dinner 25 £; ☒ Juli & Aug. 13–21 Uhr) lässt es sich ungezwungen und lecker schmausen, ob Ofenkartoffeln oder irischer Räucherlachs. An der Anlegestelle ist in einem Blockhaus ein Telefon angebracht, um die Fähre zu bestellen.

Castle Caldwell Forest Park

Das zwischen 1610 und 1619 erbaute Castle Caldwell ist heute nur noch eine Ruine. Auf halbem Weg zwischen Boa Island und Belleek gelegen, gilt der angegliederte **Park** (Eintritt frei; ☒ 24 Std.) als Vogelschutzgebiet und wichtiges Brutrevier der Trauerente.

Am Parkeingang erinnert der geigenförmige **Fiddle Stone** mit seiner stark verwitterten Inschrift an das dramatische Schicksal eines beliebten Fiedlers:

On firm land only exercise your skill; there you may play and safely drink your fill. To the memory of Denis Mc-Cabe, Fiddler, who fell out of the St Patrick Barge belonging to Sir James Caldwell Bart and Count of Milan and was drowned off this point August ye 13 1770.

(In Erinnerung an Denis McCabe, Fiedler, der aus der St.-Partrick-Barkasse fiel, die Sir James Caldwell Bart und Count of Milan gehört. Er ertrank hier am 13. August 1770.)

Belleek
550 Ew.
Belleeks (Beal Leice) Dorfstraße mit farbenfrohen, blumengeschmückten Häusern zu

beiden Seiten steigt von der Brücke aus an. Hier fließt der Erne aus dem Lower Lough meerwärts in Richtung Ballyshannon. Der Ort liegt direkt an der Grenze: Die Straße nach Süden verläuft zuerst 200 m lang durch die Republik Irland, bis sie sich wieder auf nordirischen Boden begibt. Wen wundert's, dass daher sowohl britische Pfund als auch Euros als Zahlungsmittel akzeptiert werden.

Das imposante georgianische Gebäude gleich neben der Brücke beherbergt die weltberühmte **Belleek Pottery** (☎ 6865 9300; www.belleek.ie; Main St; ☒ März–Okt. Mo–Fr 9–18, Sa 10–18, So 12–18, Nov. & Dez. Mo–Fr 9–17.30 & Sa 10–17.30, Jan. & Febr. Mo–Fr 9–17.30 Uhr). Sie wurde 1857 gegründet und sollte nach der großen Hungersnot Arbeitsplätze in der Region schaffen. Seitdem wird hier feinstes Parian-Porzellan hergestellt. Besonders bekannt ist die Manufaktur für ihre zierlichen Körbchen. Im Besucherzentrum finden sich ein kleines Museum, ein Ausstellungsraum und ein Restaurant. Besucher können im Halbstundentakt an einer **Führung** (Erw./Kind 4 £/frei) durch die Produktionsräume teilnehmen (ganzjährig Mo–Fr 9.30–12.15 & 13.45–16, Fr bis 15 Uhr).

SCHLAFEN & ESSEN

Moohan's Fiddlestone (☎ 6665 8008; 15-17 Main St; EZ/DZ 35/50 £; **P**) Traditionelles irisches Pub, das im oberen Stockwerk fünf Zimmer mit Bad bietet. Die Bar unten ist wegen ihrer spontan stattfindenden Musik-Sessions beliebt. Abends geht's hier deshalb recht quirlig zu.

Hotel Carlton (☎ 6865 8282; www.hotelcarlton.co.uk; Main St; EZ/DZ 60/90 £; **P**) Auf den ersten Blick würde man es nicht vermuten: Trotz seiner eleganten Luxuszimmer herrscht im Carlton mit seiner herrlichen Lage am Erne eine lockere und sehr familienfreundliche Atmosphäre. In der dazugehörigen Potters Bar erklingt oft Livemusik.

Thatch Coffee Shop (☎ 6865 8181; 20 Main St; Hauptgerichte 4–5 £; ☒ Mo–Sa 9–17 Uhr) Dieses nette kleine reetgedeckte Cottage aus den letzten Tagen des 18. Jhs. ist wahrscheinlich das älteste Gebäude von Belleek. Neben Kaffee kann man sich verschiedene selbstgebackene Kuchen, *scones*, Suppen oder Sandwiches schmecken lassen.

Black Cat Cove (☎ 6865 8942; 28 Main St; Hauptgerichte 6–10 £; ☒ 12–21 Uhr) Das freundliche, familiengeführte Pub sorgt mit antiken Möbeln und offenem Kamin für Gemütlichkeit und serviert ausgezeichnete Speisen. Zwischen

Mai und September wird dienstags, mittwochs und donnerstags abends Musik aufgelegt und gespielt.

Aktivitäten

ANGELN

Die Seen von Fermanagh sind sowohl für das Angeln von Süßwasserfischen als auch für das Sportfischen bekannt. Im Lough Erne dauert die Forellensaison von Anfang März bis Ende September. Lachse können hier zwischen Juni und Ende September geangelt werden. In der zweiten Maiwoche beginnt die einmonatige Saison des Eintagsfliegenfischens. Wer sein Glück mit Süßwasserfischen versuchen möchte, muss keine Sperrzeiten beachten.

Für das Vergnügen benötigt man zwei Papiere: einen Angelschein (*licence*) des Fisheries Conservancy Board und eine Genehmigung (*permit*) des Besitzers. Beides ist bei der Touristeninformation (S. 727) und bei Home, Field & Stream (S. 731) in Enniskillen sowie an der Marina beim Castle Archdale Country Park (S. 734) erhältlich. Am Yachthafen kann man sich außerdem mit sämtlichem Zubehör ausstatten. *Licence* und *permit* für den Lough Erne kosten zusammen 8,50/23 £ für 3/14 Tage.

Das **Belleek Angling Centre** im Thatch Coffee Shop (siehe gegenüber) in Belleek verkauft Anglerausrüstung und vermittelt Leihboote.

Unterweisung im Fliegenfischen erteilt **Michael Shortt** (☎ 6638 8184; fish.teach@virgin.net).

Enniskillens Touristeninformation gibt einen kostenlosen Angelführer für Fermanagh und das südliche Tyrone mit ausführlichen Infos zu Seen, Flüssen, Fischarten, Saison und Rechtslage heraus.

BOOTSVERLEIH

Viele Veranstalter vermieten Boote in Enniskillen, Killadeas, Castle Archdale Country Park, Kesh und Belleek. Die Preise für ein offenes Ruderboot mit Außenbordmotor liegen etwa bei 10 bis 15 £ pro Stunde und 50/75 £ pro halbem/ganzem Tag. Die Touristeninformation in Enniskillen verteilt auf Wunsch eine aktuelle Liste mit Anbietern und Preisen.

KANUFAHREN

Der **Lough Erne Canoe Trail** (www.nicanoeing.com) bietet Kanufans auf 50 km Strecke über den Lough und den Fluss zwischen Belleek und Belturbet zahlreiche Attraktionen. Achtung: Auf dem offenen Wasser des Lower Lough können sich bei stärkerem Wind unvermittelt hohe Wellen bilden. Deshalb sollten sich nur Erfahrene in diese offenen Gebiete wagen. Anfänger und Familien sind in den geschützten Seitenarmen des Upper Lough besser aufgehoben.

COUNTIES FERMANAGH & TYRONE

WANDERUNG: CLIFFS OF MAGHO

Die Kalksteinklippen von Magho dominieren die Westseite des Lough Erne. Sie erheben sich 250 m hoch und etwa 9 km entlang des Waldrands über dem Südufer. Der Ausblick von den Klippen über das glitzernde Wasser von Lough und Fluss oder hinüber zu den Blue Stack Mountains, zu den gleißenden Wellen in der Bucht von Donegal und den Felsenriffs von Slieve League ist einer der spektakulärsten, die Irland zu bieten hat. Wenn man schon mal hier ist, sollte man sich den Sonnenuntergang auf keinen Fall entgehen lassen. Der Anstieg ist zwar anspruchsvoll, dauert dafür aber nicht lang. In gut ein, zwei Stunden bewältigt man die 2,5 km. Unterwegs wird der raue Pfad teilweise recht holprig, deshalb sind gute Wanderschuhe angebracht.

Gestartet wird am Parkplatz des Lough Navar Forest Park an der A46, 13 km östlich von Belleek. Auf dem Schotterweg und dem anschließenden Waldpfad geht es zunächst steil bergauf und später in scharfen Zickzackkurven durch einen Laubwald. Im Frühling blühen hier überall Primeln. Zum Gipfel hin wird es flacher, und der Pfad zunehmend schmaler. An der Gabelung hält man sich rechts. Sobald man den Wald hinter sich lässt, entschädigt ein überraschender Panoramablick für die Mühen des Aufstiegs. Nach weiteren 500 m finden sich einige verlockende Picknickstellen, an denen man sich schön entspannen, stärken und die Natur genießen kann.

Wer wenig Zeit hat oder sich den Weg zu Fuß sparen möchte, kann den Aussichtspunkt von Magho auch per Pkw ansteuern. Der Eingang zum Lough Navar Forest Park für Autos (Auto 3 £; ⏰ 10 Uhr–Sonnenuntergang) liegt an der kleinen Straße nach Glennasheevar zwischen Garrison und Derrygonnelly, 20 km südöstlich von Belleek (B52 Richtung Garrison, nach 2,5 km links abzweigen). Trotzdem: Zu Fuß ist es um ein Vielfaches eindrucksvoller.

Die Touristeninformation in Enniskillen (S. 727) hält eine Karte und einen Führer (1,50 £) mit Startpunkten, Campingplätzen und anderen Einrichtungen entlang des Trails bereit. Kanus können beim Lakeland Canoe Centre (S. 727), in Enniskillen und bei Ultimate Watersports (siehe unten) geliehen werden.

WASSERSPORT

An der Castle Archdale Marina und auf Lusty Beg Island sind **Ultimate Watersports** (☎ 07808-736818 oder 07863-344172; www.ultimatewatersports. co.uk) mit Verleih von Ausrüstungen sowie Unterweisung in Wasserski, Wakeboarding, Jetskiing (oder Wassermotorradfahren) und Speedbootfahren vertreten.

An- & Weiterreise

Auf der Ostseite des Lough fährt die Ulsterbus-Linie 194 von Enniskillen nach Pettigo via Irvinestown (Mo–Sa 4- oder 5-mal tgl.) mit Halt beim Castle Archdale Country Park (35 Min.) und Kesh (1 Std.). Linie 99 verkehrt von Enniskillen via Blaney, Tully Castle und den Parkplatz für die Cliffs of Magho am Westufer nach Belleek (4 £, 45 Min., Mo–Sa 4-mal tgl., So 2-mal). Endhaltestelle ist Bundoran.

Linie 64 verbindet Enniskillen mit Belcoo (2 £, 25 Min., Mo–Fr 7- oder 8-mal tgl., Sa 3-mal, So 1-mal); sonntags und donnerstags (fahren die Busse zweimal täglich nach Garrison, Belleek und Bundoran weiter.

WESTLICH VON LOUGH ERNE
Florence Court

Zweifellos bestand für den 1. Earl of Belmore die entscheidende Antriebskraft für den späteren Bau von Castle Coole (bei Enniskillen; S. 732) in der Konkurrenz zur Familie Jones. In den 1770er-Jahren hatte dessen adliger Nachbar William Willoughby Cole, 1. Earl of Enniskillen, den Anbau der grandiosen palladianischen Flügel an das barocke Landhaus Florence Court angeordnet. Er benannte es nach seiner aus Cornwall stammenden Großmutter Florence Wrey.

Florence Court (☎ 6634 8249; Swanlinbar Rd, Florence-court; Erw./Kind 5/2,20 £; ⏱ Osterwoche, Juli & Aug. tgl. 12–18, Juni Mi–Mo 13–18, April, Mai & Sept. Sa, So & feiertags 13–18 Uhr) erhebt sich auf einem bewaldeten Grundstück am Fuße des Cuilcagh Mountain. Sein meisterhafter Stuck im Rokokostil und die antiken irischen Möbel machten es berühmt. Das Haus wurde 1955 durch einen Brand schwer beschädigt. Während der einstündigen Führung sieht man davon kaum noch etwas, sondern bewundert das Ergebnis sorgfältiger Restaurierungsarbeiten. Die prachtvollen Stuckverzierungen an der Decke im Esszimmer blieben original erhalten.

Florence Court wirkt behaglicher und wohnlicher als das eher kalte und strenge Castle Coole, insbesondere seitdem der persönliche Besitz des 6. Earl 1998 an seine Witwe zurückgegeben wurde. Der Earl hatte sich 1974 mit dem National Trust überworfen und war mit seinem Eigentum nach Schottland gezogen. In der Bibliothek hat man noch immer das Gefühl, als wäre der Earl nur kurz für einen Spaziergang hinausgegangen und würde jeden Moment zurückkehren.

In den **Anlagen** (Auto/Fußgänger 3,50 £/frei; ⏱ Mai–Sept. 10–20, Okt.–April 10–16 Uhr) gibt es einen ummauerten Garten. Südöstlich des Hauses wächst nahe des Cottage Wood eine uralte und legendenumwobene irische Eibe. Angeblich stammen alle irischen Eiben von diesem einen Baum ab.

Florence Court befindet sich 12 km südwestlich von Enniskillen. Zunächst folgt man der A4 Richtung Sligo und biegt dann links auf die A32 Richtung Swanlinbar ab. Die Ulsterbus-Linie 192 von Enniskillen nach Swanlinbar hält am Creamery Cross, etwa 2 km vom Schloss entfernt.

Marble Arch Caves

Auf einer Karstebene im Süden des Lower Lough Erne schufen immense Erosionskräfte, allen voran der viele versickernde Regen, ein Labyrinth aus Höhlen, unterirdischen Seen und Flüssen. Am größten und gewaltigsten sind die **Marble Arch Caves** (☎ 6634 8855; www.marblearchcaves.net; Marlbank Scenic Loop, Florencecourt; Erw./Kind 8/5 £; ⏱ Juli & Aug. 10–17, Ostern–Juni & Sept.–16.30 Uhr). Der französische Forscher Edouard Martel erkundete sie 1895 als Erster. Seit 1985 sind sie für Besucher geöffnet.

Die 1¼-stündige, spektakuläre Führung durch die Höhlen beginnt mit einer kurzen Bootstour auf dem torfigen, schaumigen unterirdischen River Cladagh zum Junction Jetty. Hier fließen die drei unter der Erde verlaufenden Flüsse Owenbrean, Aghinrawn und Sluh Croppa zusammen. Von dort geht es zu Fuß weiter an der Grand Gallery und dem Pool Chamber vorbei, während man vom Führer mit Späßen, auch über das Essen, unterhalten wird. Ein künstlicher Tunnel ver-

---

HAUSBOOTFERIEN AUF DEM LOUGH ERNE

Wer will, kann auf dem Lough Erne das Steuerrad selbst in die Hand nehmen. Dazu braucht man weder einschlägige Erfahrungen noch eine spezielle Qualifikation. Mehrere Veranstalter in Fermanagh vermieten Kajütboote. Vor dem Auslaufen werden die Ausflügler in einem Crashkurs mit dem schwimmenden Untersatz und den Grundbegriffen der Navigation vertraut gemacht. Während der Hauptsaison zwischen Juli und August ist ein Hausboot mit zwei Kojen ab etwa 600 £ (4 Kojen 1000 £, 8 Kojen 1600 £) pro Woche zu haben. In der Nebensaison fährt man etwa 10–30 % günstiger.

Die wichtigsten Veranstalter in Fermanagh:

Aghinver Boat Company (☎ 6863 1400; www.abcboats.com; Lisnarick, Lower Lough Erne)

Carrick Craft (☎ 3834 4993; www.cruise-ireland.com; Tully Bay, Lower Lough Erne)

Carrybridge Boat Company (☎ 6638 7034; Carrybridge, Lisbellaw, Upper Lough Erne)

Corraquill Cruising Holidays (☎ 6774 8712; www.corraquill.co.uk; Drumetta, Aghalane, Derrylin, Upper Lough Erne)

Manor House Marine (☎ 6862 8100; www.manormarine.com; Killadeas, Lower Lough Erne)

---

läuft zum New Chamber und macht es den Besuchern heute leicht, während sich die ersten Höhlenforscher noch durch einen natürlichen Gang weiter oben zwängen mussten. Die Tour folgt dem Owenbrean River über den Moses Walk, einem hüfthoch im Fluss versunkenen Weg, bis zur Calcite Cradle. Diese „Kalksteinwiege" besticht durch ihre eindrucksvollen Tropfsteinformationen. Da der Andrang an den Höhlen groß ist, empfiehlt es sich, eine Führung vorab zu buchen, erst recht bei Gruppen ab vier Personen.

Die Höhlen sind nach einem Kalksteinbogen über den River Cladagh benannt, den man über einen ausgeschilderten Fußweg vom Besucherzentrum aus erreicht.

In den 1990er-Jahren wurden die Höhlen plötzlich überflutet. Ursache waren offensichtlich Steinbrucharbeiten in einem der größten Abbaugebiete Irlands an den Ausläufern des Cuilcagh Mountain, dessen Flüsse in den Höhlen verschwinden. Die Überflutung gab den Anstoß zur Gründung des **Cuilcagh Mountain Park**, dessen Ziel es ist, die Moorlandschaft zu erhalten. 2001 wurde der Park als Unesco Geopark ausgewiesen. Geologie und Ökologie des Reservats werden im Besucherzentrum anschaulich erklärt.

Die Marble Arch Caves liegen 16 km südwestlich von Enniskillen und 4 km von Florence Court – entspricht einem einstündigen Spaziergang – entfernt und sind über die A4 Richtung Sligo und die A32 erreichbar.

Loughs Melvin & Macnean

Lough Melvin und Lough Macnean liegen an der B52 zwischen Belcoo und Belleek und damit an der Grenze zur Republik Irland. Lough Melvin ist für das Angeln von Lachsen und Forellen berühmt. Im See leben zwei ungewöhnliche, nur hier vorkommende Forellenarten: der Sonaghan mit seinen auffälligen schwarzen Flecken und die purpurrot gescheckte Gillaroo. Auch Bachforellen (Salmo trutta und Salmo ferox) oder Saiblinge gibt es in reicher Zahl.

Das am See gelegene **Lough Melvin Holiday Centre** (☎ 6865 8142; www.melvinholidaycentre.com; Garrison; Campingplatz 9 £, Wohnwagenstellplatz 13,50 £, B 17–20 £, DZ ab 30 £) bietet Höhlen-, Kanu-, Wander- und Angelferien an. Übernachten kann man entweder auf dem Campingplatz, in Schlafsälen oder in Zimmern mit Bad. Restaurant und Café vor Ort gehören ebenso zur Anlage.

Am Upper Lough Macnean vermietet das **Corralea Activity Centre** (☎ 6638 6668; www.activityireland.com; Belcoo) Fahrräder (10/15 £ pro halber/ganzer Tag) und zweisitzige Kanus (15/20 £ pro halber/ganzer Tag). Interessierte werden in Höhlentouren, Kanufahren, Klettern, Surfen und Bogenschießen unterwiesen. Der Preis dafür liegt bei 22 £ pro Tag.

Sein einladendes Pub mit Holzvertäfelung, ein in warmes Kerzenlicht getauchtes Restaurant und neun Zimmer mit Bad und zumeist Blick auf den Lough Macnean, machen das **Customs House Country Inn** (☎ 6638 6285; www.customshouseinn.com; Main St, Belcoo; EZ/DZ ab 40/60 £; 2-/3-Gänge-Dinner 18/21 £; P) zu einem reizvollen Ort für Einkehrer und Übernachtungsgäste.

Jenseits der Grenze in Blacklion, County Cavan, nur wenige Hundert Meter entfernt, verwöhnt ein Gourmet-Restaurant (S. 522) Hungrige aufs Feinste.

WANDERUNG AUF DEN CUILCAGH MOUNTAIN ÜBER DEN LEGNABROCKY TRAIL

Was wie die Miniversion des Mount Roraima über Marble Arch und Florence Court aufragt, ist der Cuilcagh (ausgesprochen kall-kei) Mountain, der mit seinen 666 m als höchste Erhebung von Fermanagh und Cavan gilt. Sein Gipfel liegt genau an der Grenze zwischen Nordirland und der Republik.

Geologisch gesehen setzt sich der Berg wie eine Torte aus vielen Schichten zusammen. Die Basis besteht aus Kalkstein mit Höhlen im Inneren, die Seiten aus Schiefer und Sandstein sind mit Moorland bedeckt. Steile, zerklüftete Abhänge umrahmen das Hochplateau aus Grit. Das Gebiet gehört zum Marble Arch Caves European Geopark (www.europeangeoparks.org).

Zwischen Torfmoos, Wollgras und Heide versteckt sich der klebrige Sonnentau, eine fleischfressende Pflanze. Die Felswände werfen das Krächzen der Rabenvögel und Schreien der Wanderfalken zurück. Das Gipfelplateau mit verstreuten Findlingen und tiefen Felseinschnitten wirkt wie aus einer anderen Welt. Hier brütet der Goldregenpfeifer, und man kann seltene Pflanzen, wie etwa den Alpenbärlapp, entdecken.

Der Rundweg um den Gipfel ist 15 km lang, dauert fünf bis sechs Stunden und beginnt auf dem ersten Abschnitt mit einem leichten Schotterweg. Für die weiteren Etappen auf sumpfigem Grund entlang des Steilabhangs sind gute Schuhe unerlässlich. Startpunkt ist der Parkplatz des Cuilcagh Mountain Park, 300 m westlich des Besucherzentrums der Marble Arch Caves (Kartenraster 121335; Karte: Ordnance Survey 1:50 000 Discovery series map, Blatt 26). Am Parkplatz liegt rechter Hand der Schacht von Monastir, ein tiefer, von Kalksteinklippen umringter Einschnitt. Hier versickert der Aghinrawn River auf seinem Weg ins unterirdische Flusssystem. Achtung: Die OS-Karte bezeichnet den Fluss fälschlicherweise als Owenbrean.

Man überklettert den Zauntritt neben dem Tor und wandert weiter den Legnabrocky Trail entlang, einen gewundenen, holprigen Pfad über grüne Kalksteinfelder. Durch den Sumpf klettert man dann weiter auf einem schwimmenden Bett aus Kies und Schilfmatten. Seitliche Abstecher auf den Holzplanken geben Einblicke in die Moorlandschaft. Nach etwa 4,5 km zurückgelegter Gesamtstrecke endet der Kiesweg an einem Tor. Von hier aus folgt man mehreren Markierungen (Holzpfosten) über den federnden Moorboden (keinesfalls vom Pfad abweichen, da man in den tiefen Sumpfschichten leicht stecken bleibt), bis es steil bergauf zum Gipfel geht. Dort bietet sich eine tolle Aussicht nach Westen zu den Felsen des kleinen Lough Atona. Hier hören die Markierungen auf. Den letzten Kilometer übers Plateau muss man alleine bewältigen, am besten peilt man den deutlich sichtbaren *cairn* an. Bei schlechter Sicht benötigt man Karte und Kompass.

Beim *cairn* – einer neolithischen Begräbnisstätte, etwa 100 m südlich des Gipfels – befinden sich zwei runde Fundamente prähistorischer Behausungen. An klaren Tagen reicht der Blick weit in die Ferne: von den Blue Stack Mountains in Donegal bis zu Croagh Patrick und vom Atlantischen Ozean bis zur Irischen See. Zurück zum Parkplatz geht's auf dem gleichen Weg.

COUNTY TYRONE

OMAGH

20 000 Ew.

Omagh liegt am Zusammenfluss von Camowen und Drumragh zum River Strule. Die geschäftige Marktstadt eignet sich als Ausgangspunkt zur Erkundung der Region mit dem Auto.

Leider wird Omagh (An Óghmagh) noch lange mit jener verheerenden Autobombe assoziiert werden, die hier 1998 29 Menschen tötete und 200 verletzte. Der von der Splittergruppe „Real IRA" gelegte Sprengsatz gilt als schlimmste Einzelaktion der 30-jährigen Unruhen Nordirlands. An die Toten wird in einem Gedenkgarten an der Drumragh Avenue, 200 m östlich des Busbahnhofs, erinnert.

Die **Touristeninformation** (☎ 8224 7831; tourism@ omagh.gov.uk; Strule Arts Centre, Town Hall Sq, Bridge St; ☻ April–Sept. Mo–Sa 9–17, Okt.–März Mo–Fr Uhr) befindet sich im neuen Kunstzentrum auf der gegenüberliegenden Flussseite (vom Busbahnhof aus gesehen). Eine Broschüre über den „Town Trail" führt zu den noch erhaltenen historischen Gebäuden.

Schlafen & Essen

Omagh Independent Hostel (☎ 8224 1973; www.omagh hostel.co.uk; 9a Waterworks Rd; B/2BZ ab 10/24 £, Campingplatz 12 £; ⊙ März–Okt.) Das friedliche, familien-freundliche, ökologische Hostel liegt 4 km nordöstlich der Stadt, etwas versteckt an einer Seitenstraße der B48 nach Gortin. Im Sommer ist die Umgebung mit Blumen übersät. Wer will, kann hier auch zelten. Wenn man vorher anruft, wird man vom Busbahnhof abgeholt.

LP Tipp **Mullaghmore House** (☎ 8224 2314; www.mullaghmorehouse.com; Old Mountfield Rd; EZ 34–42 £, DZ 78 £; 🖳 🅿) 1,5 km nordöstlich vom Stadtzentrum gelegen, bietet diese wunderschön restaurierte georgianische Villa den Luxus eines Landhauses, und das sogar einigermaßen erschwinglich. Extravaganzen wie eine Bibliothek mit Mahagonivertäfelung, einen Billardraum und ein Dampfbad mit Marmorfliesen tragen ihres dazu bei. Gusseiserne Kamine und antikes Mobiliar geben den Zimmern die passende elegante Note. Die Besitzer veranstalten Kurse für Möbelrestauration und traditionelles Kunsthandwerk.

Riverfront Coffee Shop (☎ 8225 0011, 38 Market St; Sandwiches 2–4 £; ⊙ Mo–Sa 9–17.30 Uhr) Ob ausgezeichneter Kaffee, Kuchen, Quiche, hausgemachte Suppen, Sandwiches nach Wahl (mit Baguette, *panini* oder Ciabatta), vegetarische, fett- und kohlenhydratarme Speisen – hier können (fast) alle Geschmäcker befriedigt werden.

Grant's of Omagh (☎ 8225 0900; 29 George's St; Hauptgerichte 7–15 £; ⊙ Mo–Fr 16–22, Sa & So 12–22 Uhr) Grant's wurde in Anlehnung an den US-Präsidenten Ulysses S. Grant benannt. Das Haus schwelgt mit seiner Dekoration, Fiedeln und *bodhráns* an der Wand über dem rauchgeschwärzten Kamin in der Bar sowie seinem amerikanisch angehauchten Restaurant förmlich im goldenen Glanz irischer Emigranten-Nostalgie. Die Speisekarte reicht von Steak und Burger über *cajun*-Hähnchen bis zu scharfen *enchiladas*.

An- & Weiterreise

Der Busbahnhof liegt an der Mountjoy Road, nördlich des Stadtzentrums (über die Bridge Street).

Linie 273 von Goldline Express fährt von Belfast nach Omagh (9 £, 1¾ Std., Mo–Sa stündl., So 6-mal) via Dungannon und weiter nach Derry (7 £, 1¼ Std.), während die Buslinie 94 nach Enniskillen (6 £, 1 Std., Mo–Fr 5- oder 6-mal tägl., Sa 3-mal, So einmal) verkehrt, wo Anschlussmöglichkeiten nach Donegal, Bundoran und Sligo bestehen. Die Strecke von Derry nach Omagh (7 £, 1 Std.,

alle 2 Std.) und weiter nach Dublin (11 £, 3 Std.) via Monaghan bedient die Linie 274.

RUND UM OMAGH
Ulster American Folk Park

Im 18. und 19. Jh. verließen Tausende (allein im 18. Jh. 200 000) Iren Ulster Richtung Amerika, um sich jenseits des Atlantiks ein neues Leben aufzubauen. Ihre Geschichte wird in einem der besten irischen Museen erzählt, dem **Ulster American Folk Park** (☎ 8224 3292; www.folkpark.com; Mellon Rd; Erw./Kind 4,50/2,50 £; ⊙ April–Sept. Mo–Sa 10.30–18, So & feiertags 11–18.30, Okt.–März Mo–Fr 10.30–17 Uhr). Letzter Einlass ist 1½ Stunden vor der Schließung.

In der Exhibition Hall werden die engen Beziehungen zwischen Ulster und den USA dokumentiert, denn die amerikanische Unabhängigkeitserklärung wurde auch von mehreren Männern aus Ulster unterzeichnet. Besucher können hier sogar eine echte Wild-westkutsche bestaunen. Aber der unbestritten interessanteste Teil ist das Freilichtmuseum der Alten und der Neuen Welt, durch die Attrappe eines Auswandererschiffs miteinander verbunden. Originale Gebäude aus verschiedenen Regionen von Ulster hat man hier rekonstruiert, darunter eine Schmiede, das reetgedeckte Cottage eines Webers, ein presbyterianisches Gemeindehaus sowie eine Schule. Im „amerikanischen" Teil stehen ein originales, steinernes Siedlerhaus aus dem 18. Jh. und eine Blockhütte, die beide aus Pennsylvania hierher transportiert wurden.

Führer und Handwerker in Kostümen erklären die Kunst des Spinnens, Webens oder der Kerzenherstellung. Regelmäßig finden Veranstaltungen statt, etwa eine Nachstellung von Schlachten des amerikanischen Bürgerkriegs, im Mai das Festival traditioneller irischer Musik, im Juli Feierlichkeiten zum amerikanischen Unabhängigkeitstag sowie im September das Appalachian and Bluegrass Music Festival. Eine einzige Stippvisite reicht kaum aus; Besucher sollten mindestens einen halben Tag zur Besichtigung einplanen.

Der Park liegt 8 km nordwestlich von Omagh an der A5. Die Buslinie 97 nach Strabane hält davor (15 Min.). Busse ab Omagh fahren Montag bis Freitag 7.55 und 13.25 Uhr und wieder um 15.20 und 16.50 Uhr zurück. Samstags verkehren Linien ab Omagh um 7.25 und 14.25 Uhr, die Rückfahrt erfolgt um 16.45 Uhr. Am besten erkundigt man sich nochmal bei der Touristeninformation, S. 740.

SPERRIN MOUNTAINS

Als Repräsentanten der Londoner Zünfte 1609 Ulster besuchten, setzte der Lord Deputy von Irland alles daran, dass sie von den Sperrin Mountains ferngehalten wurden. Er befürchtete, die Vertreter würden beim Anblick dieser trostlosen, sumpfigen Hügel ihre Idee aufgeben, Siedler in dieses Gebiet zu schicken. In der Tat: Bei Regen können die Sperrins tatsächlich trist wirken. Doch schon an einem sonnigen Frühlingstag, wenn sich die rostbraunen Sümpfe und der gelbe Stechginster gegen den strahlend blauen Himmel abheben, bieten sie tolle Wandermöglichkeiten – nicht zuletzt, weil die Gegend mit Tausenden von Menhiren und prähistorischen Gräbern übersät ist.

Der Hauptkamm der Sperrins erstreckt sich über 30 km entlang der Grenze zum County Derry. Höchste Erhebung ist der Mount Sawel (678 m), oberhalb der B47 zwischen Plumbridge und Draperstown, die sich wie eine Achterbahn um die Südhänge der Sperrins windet. Auf halbem Weg bietet das **Sperrin Heritage Centre** (☎ 8164 8142; 274 Glenelly Rd, Cranagh; Erw./Kind 2,70/1,65 £; ☽ Ostern–Okt. Mo–Fr 11.30–17.30, Sa 11.30–18, So 14–18 Uhr) einen Einblick in die Kultur, Naturgeschichte und Geologie der Region. Selbst Gold wurde in den Sperrins gefunden. Für 0,85 bzw. 0,45 £ kann man sein Glück in einem Bach in der Nähe selbst versuchen.

Wer den Mount Sawel besteigen möchte, sollte sich vorher unbedingt beim Sperrin Heritage Centre über die beste Route erkundigen. Bei schönem Wetter ist das zwar eine gut bewältigende Wanderung, doch reagieren manche Farmer ausgesprochen sauer und pampig, wenn jemand über ihr Land marschiert.

Gortin

Das Dorf Gortin liegt 15 km nördlich von Omagh am Fuße des Mullaghcarn (542 m), der südlichsten Erhebung der Sperrins. Auf der Kuppe stehen leider zwei Sendemasten. Am **Cairn Sunday**, dem letzten Sonntag im Juli, treffen sich Hunderte von Wanderern, um gemeinsam den Hügel zu besteigen. Sie erinnern damit an eine bis ins 19. Jh. bestehende Wallfahrt. Rund um das Dorf laden schöne Pfade zum Spazierengehen ein. Auf einer Panoramastraße gelangt man zu den **Gortin Lakes** und genießt unterwegs herrliche Ausblicke zum Hauptkamm der Sperrins im Norden.

TOP FIVE: TRADITIONSPUBS IN NORDIRLAND

- Bittle's Bar (S. 646)
- Blake's of the Hollow (S. 731)
- Grace Neill's (S. 662)
- Dufferin Arms (S. 667)
- Peadar O'Donnell's (S. 700)

Einige Kilometer südlich von Gortin in Richtung Omagh erstreckt sich der **Gortin Glen Forest Park** (☎ 8167 0666; Gortin Rd; Auto/Fußgänger 3 £/frei; ☽ 10 Uhr–Sonnenuntergang), wo im dichten Kiefernwald eine Herde japanischer Sika-Hirsche lebt. Die 8 km lange, landschaftlich reizvolle Strecke bietet wunderschöne Aussichten ohne schweißtreibende Anstrengung.

Die **Gortin Accommodation Suite** (☎ 8164 8346; www.gortin.net; 62 Main St; B/FZ 10/50 £) gehört zum modernen Outdoor Activity Centre mitten in Gortin. Im Hostel gibt es auch Familienzimmer mit einem Doppel- und zwei Einzelbetten sowie Bad.

Creggan

Etwa auf halbem Weg an der A505 zwischen Omagh und Cookstown (20 km östlich von Omagh) liegt das **An Creagán Visitor Centre** (☎ 8076 1112; www.an-creagan.com; Creggan; Eintritt frei; ☽ April–Sept. 11–18.30, Okt.–März 11–16.30 Uhr) mit einer Ausstellung über die Ökologie der Moore und die Archäologie der Region. Im Restaurant kann man sich stärken und im Geschenkladen nach einem passenden Souvenir stöbern.

Im Umkreis von 8 km um das Besucherzentrum befinden sich 44 prähistorische Stätten, darunter auch die **Beaghmore Stone Circles**. Zwar sind die Steine nicht besonders groß – sie messen weniger als 1 m –, doch das machen sie durch ihre Komplexität mit sieben Steinkreisen wieder wett. Einer der Kreise ist mit kleineren Steinen gefüllt und erhielt deshalb den Spitznamen „Drachenzähne". Daneben gibt es etwa ein Dutzend Steinreihen und *cairns* (Grabhügel). Die Stätte liegt etwa 8 km östlich von Creggan und 4 km nördlich der A505 (Schilder beachten).

Unterwegs vor Ort

Ulsterbus 403, bekannt als der *Sperrin Rambler*, verkehrt montags bis samstags zweimal täglich von Omagh nach Magherafelt über Gortin, das Sperrin Heritage Centre und Draperstown (im County Derry). In Omagh fährt um 10.05 Uhr ein Bus ab und kommt gegen 11 Uhr am Sperrin Heritage Centre an. Vom Zentrum besteht um 14.40 Uhr eine Verbindung zurück.

COOKSTOWN & UMGEBUNG

Cookstown rühmt sich, die längste (2 km) und breiteste (40 m) innerstädtische Straße Irlands zu haben. Dieses Resultat einer übereifrigen Stadtplanung im 18. Jh. ist mehr oder weniger auch das Einzige, was es im Ort selbst zu sehen gibt, denn die Hauptattraktionen befinden sich in der Umgebung.

Das Burnavon Arts and Cultural Centre westlich der Hauptstraße beherbergt die **Touristeninformation** (☎ 8676 9949; www.cookstown. gov.uk; Burn Rd, Cookstown; ☼ ganzjährig Mo–Sa 9–17, Juli & Aug. auch So 14–16 Uhr).

Wellbrook Beetling Mill

Zum *beetling* (Schlagen), der letzten Stufe der traditionellen Leinenproduktion, gehörte das Klopfen der Stoffbahnen mit Holzhämmern *(beetles).* Auf diese Weise sollte ein feiner Glanz erzeugt werden. Die vom National Trust betriebsbereit restaurierte **Wellbrook Beetling Mill** (☎ 8674 8210; 20 Wellbrook Rd, Corkhill; Erw./Kind 3,50/2 £; ☼ Osterwoche, Juli & Aug. tgl. 14–18, Mitte März– Juni & Sept. Sa, So & feiertags 14–18 Uhr) aus dem 18. Jh. ist noch immer mit der originalen Mechanik ausgerüstet. Guides in historischen Kostümen entführen in alte Zeiten und demonstrieren den Herstellungsprozess anschaulich. Die Mühle liegt an einem schönen Abschnitt des Ballinderry, 7 km westlich von Cookstown, Abzweigung von der A505 Richtung Omagh.

Ballyronan Marina

Etwas versteckt am Nordwestufer des Lough Neagh (siehe Kasten S. 685), 16 km nordöstlich von Cookstown, befindet sich der Ballyronan Marina, Heimathafen der kürzlich restaurierten **Maid of Antrim** (☎ 2582 2159; www. maidofantrim.com). Das Schiff wurde im Jahr 1963 auf dem schottischen Fluss Clyde vom Stapel gelassen und schippert nun seine Gäste in den Sommermonaten über den Lough. Man kann u. a. eine zweistündige Bootsfahrt (Erw./Kind 12/8 £) zur **Coney Island** im Süden unternehmen, die heute im Besitz des National Trust ist.

Ardboe High Cross

In der aus dem 6. Jh. stammenden Klosterstätte am Ufer des Lough Neagh stehen einige der besterhaltenen und am schönsten verzierten keltischen Steinkreuze Irlands. Allein das **Ardboe High Cross** aus dem 10. Jh. ist stattliche 5,50 m hoch und wird von 22 Reliefs mit biblischen Szenen geschmückt. Die Westseite des Kreuzes (zur Straße hin) zeigt Episoden aus dem Neuen Testament (von unten nach oben): Anbetung der Heiligen Drei Könige, das Wunder von Kanaan, die wunderbare Brotvermehrung, Jesu Einzug in Jerusalem, Verhaftung (oder Verhöhnung) Christi und in der Mitte die Kreuzigung.

Die stärker verwitterte Ostseite (Seeseite) stellt Szenen aus dem Alten Testament dar: Adam und Eva, die Opferung Isaaks, Daniel in der Löwengrube, die Jünglinge im glühenden Feuerofen. Darüber sind vermutlich das Jüngste Gericht und/oder die Verklärung Christi dargestellt. Auf den schmalen Nord- und Südseiten des Schaftes finden sich weitere Darstellungen.

Ardboe liegt 16 km östlich von Cookstown. Über die B73 fährt man durch Coagh, am ersten (weißen) Wegweiser nach Ardboe vorbei und weiter geradeaus. Bei dem braunen Hinweisschild biegt man zum Ardboe High Cross ab.

Schlafen & Essen

Drum Manor Forest Park (☎ 8676 2774; Drum Rd, Oaklands; Campingplatz/Wohnwagenstellplatz 9,50–11 £; ☼ Ostern–Sept.) Schöne Anlage 4 km westlich von Cookstown an der A505, umgeben von Seen, Waldwanderwegen, einer Schmetterlingsfarm und einer Baumschule.

Avondale B&B (☎ 8676 4013; www.avondalebb.co.uk; 31 Killycolp Rd; Zi. pro Pers. 25 £; [P]) In einem geräumigen edwardianischen Haus untergebracht besticht dieses B&B mit großem Garten, Patio und Wintergarten. Zwei Familienzimmer mit Bad (je ein Doppel- und ein Einzelbett) warten auf Übernachtungsgäste. Es liegt 3 km südlich von Cookstown an einer Abzweigung der A29 Dungannon Road.

LP Tipp Tullylagan Country House (☎ 8676 5100; www.tullylagan.com; 40b Tullylagan Rd; EZ/DZ 55/75 £; [P]) Das efeuumrankte Tullylagan ist von herrlichen Gärten am Flussufer umgeben und strahlt die Atmosphäre eines viktorianischen Landsitzes aus. Die Sofas haben schon reichlich Patina, und an den knallroten Wänden hängen goldgerahmte Spiegel. In den Badezimmern im Marmor-Look glänzen altmodische Armaturen. Das hauseigene **Restaurant** (Hauptgerichte 10–15 £, Mo–Sa 12–15 & 18.30–21, So 12.30–14.30 & 16–21 Uhr) serviert frische Meeresfrüchte und Steaks. 4 km südlich von Cookstown, Abzweigung von der A29.

An- & Weiterreise

Der Busbahnhof befindet sich in der Molesworth Street, östlich der Hauptstraße. Die Linie 210 verkehrt zwischen Cookstown und Belfasts Europa BusCentre (7 £, 1¾ Std., Mo–Sa 4-mal tgl., So 2-mal), und Linie 80 verbindet Cookstown mit Dungannon und umgekehrt (3 £, 45 Min., Mo–Fr stündl., Sa 8-mal).

DUNGANNON & UMGEBUNG

Dungannon ist ein angenehmer Marktflecken auf halbem Weg zwischen Cookstown und Armagh. Ein kurzer Stopp, etwa zum Einkaufen, lohnt sich allemal.

Das **Killymaddy Tourist Information Centre** (8776 7259; www.flavouroftyrone.com; 190 Ballygawley Rd; Mo–Fr 9–17, Sa & So 10–16 Uhr) befindet sich auf einem Campingplatz 10 km westlich von Dungannon an der A4 Richtung Enniskillen.

Tyrone Crystal

Benjamin Edwards aus Bristol gründete 1771 Irlands erste Kristallglasfabrik in Dungannon. Doch ihr waren nur weniger als 100 Jahre beschieden; 1870 wurde sie stillgelegt. 1968 belebte ein örtlicher Priester, Vater Austin Eustace, die Kristallglasproduktion erneut. Für die Gründung einer neuen Fabrik hatte er Geld gesammelt und wollte so die Arbeitslosigkeit bekämpfen. Der Beginn einer erfolgreichen Entwicklung.

Heute produziert **Tyrone Crystal** (8772 5335; www.tyronecrystal.com; Coalisland Rd, Killybrackey; Führungen Erw./Kind 5 £/frei; Mo–Sa 9–17 Uhr) noch immer hochwertiges Bleikristall. Auf Führungen wird der gesamte Herstellungsprozess gezeigt und erklärt: von der Glasschmelze im Hochofen über die Glasbläserei und -formgebung bis zum Schneiden und Schleifen. Der Eintritt in den Ausstellungsraum ist frei, die Kosten für die Besichtigung werden beim Kauf von Kristallwaren zurückerstattet.

Die gut ausgeschilderte Fabrik liegt 2,5 km nordöstlich von Dungannon an der A45 Richtung Coalisland. Buslinie 80 Richtung Cookstown hält in der Nähe.

Linen Green

Das in der ehemaligen Moygashel Linen Mill untergebrachte **Linen Green** (8775 3761; www.thelinengreen.com; Moygashel; Mo–Sa 10–17 Uhr) umfasst Designershops und Fabrik-Verkaufsläden. Im Besucherzentrum kann man eine Ausstellung über die Geschichte der örtlichen Leinenindustrie besichtigen. Schnäppchenjäger werden hier auf der Suche nach Damen- und Herrenbekleidung, Schuhen, Accessoires und anderen Leinenwaren sicher fündig. Zum Lunch empfiehlt sich das Deli on the Green (siehe S. 745).

Donaghmore High Cross

Donaghmore, 8 km nordwestlich von Dungannon an der B43 Richtung Pomeroy gelegen, ist für sein keltisches Hochkreuz aus dem 10. Jh. bekannt. Das außerhalb des Kirchhofs stehende Kunstwerk wurde im 18. Jh. aus zwei verschiedenen Kreuzen zusammengesetzt, wie man unschwer an der Verbindungsstelle in halber Schafthöhe erkennen kann. Die eingemeißelten biblischen Szenen gleichen denen auf dem Ardboe High Cross (S. 743). In der Nähe befindet sich in einer ehemaligen Schule aus dem 19. Jh. das **Heritage Centre** (8776 7039; Pomeroy Rd; Eintritt frei; Mo–Fr 9–17 Uhr).

Grant Ancestral Homestead

Ulysses Simpson Grant (1822–85) führte die Unionisten im amerikanischen Bürgerkrieg zum Sieg und regierte das Land später zwei Amtsperioden lang von 1869 bis 1877 als 18. US-Präsident. Sein Großvater mütterlicherseits, John Simpson, war 1760 von Tyrone nach Pennsylvania ausgewandert. Seine Farm in Dergenah wurde im Stil eines typischen nordirischen Kleinbauernhofs genauso restauriert, wie sie wohl zu Zeiten der Präsidentschaft von Grant ausgesehen hatte.

Die Einrichtung des **Grant Ancestral Homestead** (Dergina, Ballygawley; Eintritt frei; Mo–Sa 9–17 Uhr) zeugt hingegen nicht mehr von Authentizität, immerhin sind noch der originale Lageplan des Bauernhauses und einige Geräte erhalten. Es gibt eine Ausstellung über den amerikanischen Bürgerkrieg, ein Picknickgelände und einen Spielplatz. Aktuelle Öffnungszeiten erfragt man beim Killymaddy Tourist Information Centre (siehe links).

Das Haus liegt 20 km westlich von Dungannon südlich der A4. Man folgt einfach nur dem Wegweiser, 5,5 km westlich des Killymaddy Tourist Information Centre.

Schlafen & Essen

Dungannon Park (☎ 8772 7327; dpreception@dungannon.
gov.uk; Moy Rd; CampingplatzWohnwagenstellplatz 8/12 £;
Ⓨ März–Okt.) Dieser kleine Campingplatz mit
20 Stellplätzen gehört zur Gemeinde und verfügt über einen eigenen Forellensee zum Angeln. 2,5 km südlich von Dungannon an der
A29 Richtung Moy und Armagh erstreckt sich
diese ruhige, waldreiche Anlage.

Grange Lodge (☎ 8778 4212; www.grangelodge
countryhouse.com; 7 Grange Rd; EZ/DZ ab 55/79 £, 4-Gänge-
Dinner 28 £; Ⓟ) Das Grange mit seinen fünf Zimmern liegt wie ein kleines Juwel inmitten eines
8 ha großen Geländes. Einzelne Bereiche des
mit Antiquitäten möblierten Hauses stammen
von 1698, doch der größte Teil des Gebäudes mutet georgianisch mit viktorianischen
Anbauten an. Die Besitzerin wurde für ihre
Kochkünste bereits ausgezeichnet und veranstaltet Kochkurse. Ein Dinner sollte mindestens einen Tag im Voraus bestellt werden.
5 km südöstlich von Dungannon, dem Wegweiser von der A29 Richtung Moy folgen.

LP Tipp **Deli on the Green** (☎ 8775 1775; 2 Linen
Green, Moygashel; Hauptgerichte 5–7 £; Ⓨ Mo–Sa 10–17
Uhr) Nachdem das Shoppen im Linen Green
(siehe S. 744) erfolgreich und anstrengend
genug war, können sich Besucher in diesem
eleganten kleinen Bistro ausgezeichnet zum
Lunch stärken. Die Auswahl ist reichhaltig:
Es gibt ein Sandwich- und Salatbüfett, saf-
tige selbstgemachte Steakburger, gebratenes
Lachsfilet, Thai Chicken Curry und Pasta

mit einer Sauce aus Tomaten, Rucola und
Ziegenkäse.

Viscounts Restaurant (☎ 8775 3800; 10 Northland
Row, Dungannon; Hauptgerichte 9–15 £; Ⓨ Mo–Fr 12–21.30,
Sa & So 12.30–21.30 Uhr) Das kinderfreundliche
Viscounts in einer umgebauten Kirche lockt
mit einem Mittagsbüfett, Snacks und Dinner
à la carte. Inmitten des pseudo-mittelalter-
lichen Ambientes mit Ritterrüstungen,
Schwertern und Turnierbannern kommen
Steaks, Pasta, *stir-fries* (Pfannengerührtes)
und vegetarische Speisen auf den Tisch. An
Wochenenden ist eine Tischbestellung rat-
sam.

An- & Weiterreise

Der Busbahnhof von Dungannon liegt direkt
südwestlich des Stadtzentrums. Man hält sich
rechts, überquert die Brücke und läuft die
Scotch Street zum Hauptplatz entlang. Die
Buslinie 261 fährt von Belfasts Europa Bus-
Centre nach Dungannon (7 £, 1 Std., Mo–Sa
stündl., So 2-mal) und weiter nach Enniskillen
(7 £, 1½ Std.); Linie 273 verkehrt von Belfast
nach Derry via Dungannon und Omagh
(Mo–Sa stündl., So 6-mal).

Linie 80 bedient die Strecke Cookstown-
Dungannon (3 £, 45 Min., Mo–Fr stündl., Sa
8-mal), Linie 278 verbindet Coleraine mit
Dungannon (7 £, 1½ Std., Mo–Fr 2-mal tgl.,
Sa & So je 1-mal) und fährt dann weiter nach
Armagh (4 £, 30 Min.), Monaghan und Du-
blin.

COUNTIES FERMANAGH & TYRONE

Allgemeine Informationen

INHALT

PRAKTISCH & KONKRET

- Das metrische System wird für Gewichte, Maße, Geschwindigkeitsbeschränkungen und die meisten Beschilderungen verwendet. Nur auf den altmodischen Schwarz-auf-Weiß-Schildern werden Entfernungen noch in Meilen angegeben.

- Für Videorekorder und -player gilt das PAL-System.

- Stecker mit drei flachen Stromabnehmern passen in die Steckdosen (220 V, 50 Hz Wechselstrom)

- Einblicke ins irische Leben vermitteln eine der besten Zeitungen der Welt, die *Irish Times*, und Irlands meist verkaufte Zeitung, der *Irish Independent*.

- Beißende irische Politsatire bietet die zweiwöchentlich erscheinende Zeitschrift *Phoenix*, über tagesaktuelle Themen informiert das *Magill* Magazin.

- Wer sich über beide Seiten der nordirischen Politik informieren möchte, liest am besten sowohl das loyalistische Blatt *News Letter* als auch die pro-republikanische *Irish News*.

- Fernsehjunkies sollten *Questions and Answers* (RTE 1) nicht verpassen; das knallharte Politmagazin läuft immer Montagabend; oder eine der großartigen Dokumentationen auf dem irischsprachigen Sender TG4 (mit Untertiteln).

RTE Radio One (88–90 FM oder 567/729 MW) ist der Radiosender für Kultur und Politik; Lyric FM (96–99 FM) für klassische Musik nonstop; Newstalk 106–108 (106–108 FM) für Tagesthemen und Geplauder.

AKTIVITÄTEN

In der Natur aktiv zu werden, kann eine preisgünstige und erholsame Möglichkeit sein, das Land zu erleben und es aus einem ganz speziellen Blickwinkel heraus anders oder neu kennenzulernen. Weitere Informationen finden sich auf S. 565.

Angeln

Irland ist zu Recht ein klassisches Reiseziel für Angler. Hierbei unterscheiden die Iren zwischen dem Angeln auf Nichtsalmoniden (*coarse fishing*) und dem Forellen- und Lachsfang (*game fishing*), ersteres ist im Allgemeinen kostenlos. Es gibt Brassen (*bream*), Hechte (*pike*), Barsche (*perch*), Rotaugen (*roach*), Schleien (*tench*), Karpfen (*carp*) und Aale (*eel*). Hechte über 3 kg dürfen nicht getötet werden, und pro Angler ist auch nur ein Hecht erlaubt. Es wird nicht gerne gesehen, wenn Süßwasserfische getötet werden;

man sollte sie also besser zurück ins Wasser werfen. Wer *game fishing* bzw. den Salmonidenfang bevorzugt, kann Lachse, Meer- und Bachforellen angeln. Regenbogenforellen werden auch in Zuchtstationen großgezogen.

Die ausgedehnten Flusssysteme des Shannon und des Erne, die sich südlich von Leitrim und Fermanagh erstrecken, sind hervorragende Angelgebiete. Cavan, das „Seenland", zählt zu den Lieblingsorten passionierter Angler. Im Westen gibt es entlang der großen Seen Lough Corrib, Lough Mask und Lough Conn zahlreiche B&Bs, außerdem gute und solide Boote und kenntnisreiche Bootsführer. Die Gewässer sind nicht ganz ungefährlich, da sie oft mit versteckten Felsen und Untiefen übersät sind.

Irland ist zwar ein Anglerparadies, doch ging mit verstärkter Landwirtschaft und dem Wachstum der Städte eine allgemeine Verschlechterung der Wasserqualität einher – wenn auch in unterschiedlicher Intensität. Fáilte Ireland und NITB geben verschiedene Informationsblätter über das Angeln, über Anglerunterkünfte, Events und die nötigen Genehmigungen (*licences*) heraus.

Angelgenehmigungen bekommt man in der Republik in jedem Angelladen oder beim **Central Fisheries Board** (☎ 01-884 2600; www.cfb.ie; Unit 4, Swords Business Campus, Balheary Rd, Swords, Dublin).

Im Norden werden die Genehmigungen für *coarse fishing* und *game fishing* von der **Foyle, Carlingford & Irish Lights Commission** (☎ 028-7134 2100; www.loughs-agency.org; 22 Victoria Rd, Londonderry) für die Gebiete von Foyle und Carlingford und von der **Fisheries Conservancy Board** (☎ 028-3833 4666; www.fcbni.com; 1 Mahon Rd, Portadown, County Armagh) für alle anderen Gebiete verkauft. Zudem braucht man die Genehmigung des Gewässerbesitzers, meist ist es das **Department of Culture, Arts & Leisure, Inland Waterways & Inland Fisheries Branch** (☎ 028-9025 8863; 3rd fl., Interpoint, 20-24 York St, Belfast BT15 1AQ).

Drachenfliegen & Gleitschirmfliegen

Einige der schönsten Plätze zum Drachen- und Gleitschirmfliegen finden sich am Mount Leinster (S. 194) in Carlow, am Great Sugarloaf Mountain in Wicklow, an den Stränden von Benone und Magilligan (S. 714) in Derry und auf Achill Island (S. 489) in Mayo. Nähere Informationen finden sich auf den Webseiten der **Irish Hang Gliding & Paragliding Association** (www.ihpa.ie) und des **Ulster Hang Gliding & Paragliding Club's** (www.uhpc.co.uk).

Fahrrad fahren

Bei den Touristeninformationen gibt es Listen von Veranstaltern, die Radferien organisieren. Praktische Ratschläge für Touren auf zwei Rädern durch Irland folgen auf S. 773.

Irish Cycling Safaris (☎ 01-260 0749; www.cycling safaris.com; Belfield Bike Shop, UCD, Dublin 4) und **Go Ireland** (☎ 066-976 2094; www.goactivities.com; Old Orchard House, Killorglin, County Kerry) bieten Gruppenradtouren im Südwesten und Südosten Irlands und in den Counties Clare, Connemara, Donegal und Antrim an.

Golf

Informationen über Golfferien geben Fáilte Ireland, NITB, die **Golfing Union of Ireland** (☎ 01-505 4000; www.gui.ie; Unit 8 Block G, Maynooth Business Campus, Maynooth, County Kildare) oder die **Irish Ladies Golf Union** (☎ 01-269 6244; www.ilgu.ie; 1 Clonskeagh Sq, Clonskeagh Rd, Dublin 14) heraus.

Die Greenfees beginnen bei etwa 25 € pro Tag unter der Woche; für die schönsten und bekanntesten Plätze zahlen Golfer schon mal bis zu 300 €. Die Anlagen werden auf ihren Schwierigkeitsgrad hin getestet, viele können ganzjährig bespielt werden, vor allem Links-Plätze.

Klettern

Irlands Berge sind zwar nicht hoch, doch sehr schön und bieten wunderbare Klettermöglichkeiten (siehe S. 292). Die höchsten Gipfel liegen im Südwesten der Insel. Mount Carrantuohil in Kerry's Macgillycuddy's Reeks ist mit nur 1041 m der höchste Berg Irlands.

Sogenannte Adventure Centres organisieren Kletterkurse und -touren. Weitere Informationen bietet das **Mountaineering Council of Ireland** (☎ 01-625 1115; www.mountaineering.ie), das auch Kletterführer und die vierteljährliche Zeitschrift Irish Mountain Log herausgibt. Praktische Auskünfte hält auch die Webseite www.climbing.ie bereit.

Reiten

Bei der irischen Leidenschaft für Pferde ist es kein Wunder, dass Reiten ein beliebter Freizeitsport ist. Es gibt Dutzende von Reitställen in Irland, die vom Mieten eines Pferdes ab 25 € pro Stunde bis hin zu Reiterferien mit Aufenthalt und Verpflegung alles anbieten.

Empfehlenswerte Organisationen sind **Hidden Trails** aus Kanada (www.hiddentrails.com) und die **Ballycumisk Riding School** (☎ 028-37246, 087 961 6969; Ballycumisk, Schull, County Cork).

Vogelbeobachtung

Durch die Vielfalt und Größe der Vogelschwärme, die in Irland einen Zwischenstopp einlegen oder dort brüten, hat sich das Land zu einem Paradies für Vogelbeobachter entwickelt. Auch einige seltene oder stark bedrohte Arten können hier noch beobachtet werden. Auf S. 74 werden einige Vogelarten vorgestellt.

Irland hat mehr als 70 Vogelschutzgebiete eingerichtet, von denen einige jedoch nicht für Besucher zugänglich sind. Andere befinden sich in Privatbesitz – wer sie besuchen will, braucht die Erlaubnis des Eigentümers.

Weitere Informationen erhält man bei den Touristeninformationen und den folgenden Organisationen:

Birds of Ireland News Service (☎ 01-830 7364; www.birdsireland.com; 36 Claremont Ct, Glasnevin, Dublin 11)

BirdWatch Ireland (☎ 01-281 9878; www.birdwatch ireland.ie; Rockingham House, Newcastle, County Wicklow) organisiert Vogelbeobachtungstouren am Cape Clear im County Cork.

National Parks & Wildlife Service (☎ 01-888 2000; www.npws.ie; 7 Ely Pl, Dublin 2)

Royal Society for the Protection of Birds (RSPB; ☎ 028-9049 1547; www.rspb.org.uk; Belvoir Park Forest, Belfast, BT8 4QT)

Wandern

Irland wartet mit vielen großartigen Wanderpfaden auf, darunter 31 markierte, unterschiedlich lange Fernwanderwege. Es gibt jedoch einige Punkte, die aus einer Wanderung eine frustrierende oder sogar enttäuschende Erfahrung machen können. Manche der Wege, die zu den besten Europas gehören könnten, folgen kilometerlang eintönigen Waldwegen oder Asphaltstraßen. Die Strecken sind durch Schilder gekennzeichnet, auf denen ein gelber Pfeil und ein Wanderer abgebildet sind. Dies trifft jedoch leider oft nicht zu und so sind einige der Wege nur spärlich oder sogar überhaupt nicht markiert.

Traditionell besteht in Irland freier Zugang zu offenem Land; die ständig wachsende Zahl an Wanderern und die Fahrlässigkeit einiger weniger veranlasst manchen Farmer jedoch zu restriktiven Maßnahmen. Immer häufiger treffen Wanderer nun auf nichtoffizielle Schilder, die den Zugang zu Privatgrund verbieten bzw. auf Zäune, die Wanderwege versperren. Bei solchen Fällen sollte man sich an die örtlichen Touristeninformationen wenden.

Ein weiteres Problem besteht darin, dass manche Unterkünfte nur schwer erreichbar sind oder abseits der landschaftlich eindrucksvollen Gebiete liegen.

Für die Pflege und den Ausbau des Wegenetzes sorgen in der Republik das **National Waymarked Ways Advisory Committee** (NWWAC; ☎ 01-860 8823; www.walkireland.ie; Irish Sports Council, Top Floor, Block A Westend Office Park, Blanchardstown, Dublin 15) und in Nordirland das **Countryside Access & Activities Network** (CAAN; ☎ 028-9030 3930; The Stableyard, Barnett's Demesne, Belfast).

Nützliche Informationen liefern der Lonely-Planet-Führer *Walking in Ireland*, Michael Fewers *Irish Long-Distance Walks* und *Best Irish Walks* von Joss Lynam.

EastWest Mapping (☎ /Fax 054-77835; eastwest@ eircom.net) gibt gutes Kartenmaterial zu den Wanderwegen in der Republik und in Nordirland heraus.

Tim Robinson von **Folding Landscapes** (☎ 095-35886; tandmfl@iol.ie) erstellt ausgezeichnete detaillierte Karten über den Burren, die Aran Islands und Connemara. Der Wanderführer *Mountains of Connemara: A Hill Walker's Guide* von ihm und Joss Lynam enthält u. a. eine praktische Detailkarte.

Die Bergwacht erreicht man unter ☎ 999.

GEFÜHRTE WANDERUNGEN

Wer keine Wanderbegleitung hat, kann sich auch einer geführten Gruppe anschließen.

Go Ireland (☎ 066-976 2094; www.goactivities.com; Old Orchard House, Killorglin, County Kerry) organisiert Wanderungen in Westirland.

South West Walks Ireland (☎ 066-712 8733; www. southwestwalksireland.com; 6 Church St, Tralee, County Kerry) bietet eine Reihe sehr guter geführter und ungeführter Wanderungen im Südwesten und Nordwesten Irlands sowie im County Wicklow.

BEARA WAY

Der leichte bis mäßig schwere 196 km lange Wanderweg macht eine Schleife um die wunderschöne Beara Peninsula (S. 256) im Westen Corks. Bislang blieb die Halbinsel vom Massentourismus verschont und ist dadurch eine angenehme Alternative zur stärker besuchten Halbinsel Iveragh, die nördlich von Beara liegt.

Ein Teil des Weges folgt zwischen Castletownbere und Glengarriff der Strecke, die Donal O'Sullivan und seine Männer nahmen, nachdem Donals Burg 1602 von den Engländern nach elftägiger Belagerung besetzt worden war. In Glengarriff traf O'Sullivan andere Familien, mit denen er gemeinsam den Weg nach Norden fortsetzte. Dort hofften sie, auf die anderen gälischen Widerstandskämpfer zu treffen. Von den etwa 1000 Menschen, die sich in jenem Winter auf den beschwerlichen Weg nach Norden machten, erreichten nur 30 ihr Ziel.

Der Beara Way folgt meist alten Straßen und Wegen und führt nur selten höher als 340 m. Es gibt keinen offiziellen Start- oder Zielpunkt; die Strecke kann in beide Richtungen begangen werden. Lässt man Bere Island und Dursey Island aus, kann die Tour auf sieben Tage verkürzt werden. Wer in Castletownbere losläuft, ist in spätestens fünf Tagen in Kenmare.

BURREN WAY

Der 35 km lange Wanderweg überquert die Kalkstein-Hochebene des Burren (S. 420) im County Clare. Wanderer erleben hier eine fremdartige, einmalige Landschaft. Es gibt nur sehr wenig Erdboden und kaum Bäume, aber dennoch eine überraschende Vielfalt an Pflanzen. Der Weg zieht sich von Ballyvaughan (an der Nordküste des County Clare) bis Liscannor im Südwesten. Eine Wegstation ist das Dorf Doolin, ein bekanntes Zentrum traditioneller Musik. Die dramatischen Cliffs of Moher südlich von Doolin geltan als Höhepunkt der Route. Von den Klippen aus wurde inzwischen ein neuer Weg ins Landesinnere in Richtung Liscannor markiert. Ältere Karten zeigen oftmals noch den – inzwischen geschlossenen – alten Pfad entlang der Klippen.

Das späte Frühjahr oder der Frühsommer, wenn der Weg ziemlich trocken ist, eignen sich am besten für diese Wanderung. Da die Kalksteine sehr scharfkantig sind, sollte man unbedingt robuste Wanderstiefel tragen.

CAVAN WAY

Im Nordwesten des County Cavan liegen die Dörfer Blacklion und Dowra am Ende des 26 km langen Cavan Way. Der Weg führt von Nordosten nach Südwesten an einer Reihe steinzeitlicher Monumente (Steinhügeln, Ring-Forts und Grabmälern) vorbei und durch eine Gegend, die als eine der letzten Hochburgen des Druidentums gilt. Auf halber Strecke erblickt man an den Hängen der Cuilcagh Mountains den Shannon Pot, die offizielle Quelle des Shannon. Ab Blacklion geht es zunächst durch eine Hügellandschaft, danach

vom Shannon Pot bis Dowra über Straßen. Der höchste Punkt des Weges ist Giant's Grave (260 m). Zur Orientierung sollte man die OSNI-Karte Nr. 26 und den *Cavan-Way*-Führer mit Karte dabeihaben. Da die Strecke sumpfig sein kann, sollte man Ersatzsocken mitnehmen!

In Dowra treffen sich der Cavan Way und der Leitrim Way, der Manorhamilton und Drumshanbo miteinander verbindet.

DINGLE WAY

Die 168 km lange Wanderung im County Kerry führt um eine der schönsten Halbinseln des Landes (siehe S. 304). Bei einem Tagespensum von rund 21 km dauert der gesamte Rundweg ab Tralee acht Tage. Die ersten drei Tagesetappen sind leicht zu bewältigen. Da der allererste Abschnitt von Tralee nach Camp auch der langweiligste ist, nehmen viele den Bus bis Camp und wandern erst dort los.

EAST MUNSTER WAY

Der 70 km lange Weg führt durch Wälder und offenes Moorland, über kleine Landstraßen und einen Treidelpfad (*towpath*). Er ist deutlich mit schwarzen Wegweisern und gelben Pfeilen ausgezeichnet. Von Carrick-on-Suir (S. 342) im County Tipperary bis nach Clogheen im County Waterford braucht man drei Tage. Der erste Tag endet in Clonmel, der zweite in Newcastle und der letzte in Clogheen. Zwischen Carrick und Killeshin stehen neue Hinweisschilder, da ein Teil des stark verwitterten Weges neu angelegt werden musste.

KERRY WAY

Der 214 km lange Kerry Way ist der längste markierte Fernwanderweg in Irland und wird meist gegen den Uhrzeigersinn gelaufen. Er beginnt und endet in Killarney (S. 264). Die ersten drei Tage verläuft er abseits der Küste durch die spektakulären Macgillycuddy's Reeks (S. 281) und führt am 1041 m hohen Mount Carrantuohil, dem höchsten Berg der Republik, vorbei. Dann verläuft er entlang der Küste parallel zum Ring of Kerry (S. 283) durch Cahirciveen, Waterville, Caherdaniel, Sneem und Kenmare.

Wer am Tag gut 20 km zurücklegt, schafft die Strecke in etwa zehn Tagen. Hat man nur für ein Teilstück Zeit, sollte man die ersten drei Etappen bis Glenbeigh laufen; sie sind die schönsten. Von dort fährt ein Bus nach Killarney zurück.

Man kann gut eine Unterkunft finden, doch im Juli und August sind Reservierungen sinnvoll. Problematischer ist es mit Restaurants, weshalb man ausreichend Proviant mitnehmen sollte.

MOURNE TRAIL

Der Mourne Trail ist genau genommen der südöstliche Abschnitt des Ulster Way. Er verläuft südlich von Belfast und führt von Newry (S. 677) um die Mourne Mountains (S. 674) bis zum Badeort Newcastle (S. 671) und dann weiter bis Strangford (S. 670). Eine Fähre setzt die Wanderer nach Portaferry (S. 663) über, von wo man weiter nordwärts nach Newtownards (S. 664) laufen kann. Von Newry bis Strangford sind es 106 km, die in vier bis fünf Tagen zu schaffen sind.

Entlang des Weges erstrecken sich phantastische Berge, Wälder und Küstenlandschaften. Wenn man Newry einmal hinter sich gelassen hat, stören kaum noch Häuser den Blick auf die Natur. Für Wanderer, die konditionell einigermaßen fit sind, ist die Strecke nicht allzu schwierig. Bis Slievemoughanmore, dem höchsten Punkt des Ulster Way, steigt der Weg auf 559 m an.

SLIEVE BLOOM WAY

Der Slieve Bloom Way führt am geografischen Mittelpunkt von Irland vorbei. Der 77 km lange Wanderweg verläuft durch die Counties Offaly und Laois. Er umrundet komplett die Slieve Bloom Mountains (S. 384) und führt dort auch an den interessantesten Plätzen vorbei. Die Route folgt Wegen, Feuerschneisen in Wäldern und alten Landstraßen; sie kreuzt die Straße von Mountrath nach Kinnitty und jene von Mountrath nach Clonaslee. Der höchste Punkt ist der Glendine Gap (460 m). Ein guter Startpunkt ist der Parkplatz in Glenbarrow, 5 km außerhalb von Rosenallis.

Camping ist in den staatlichen Wäldern verboten, doch es gibt genügend offenes Land außerhalb der Gehölze, um sein Zelt aufzuschlagen. Andere Unterkünfte sind entlang der Strecke kaum vorhanden, auch öffentliche Verkehrsmittel fehlen weitestgehend. Busse halten jedoch in den nahe gelegenen Städten Mountrath und Rosenallis.

SOUTH LEINSTER WAY

Das kleine Dorf Kildavin im County Carlow liegt südwestlich unweit von Clonegal an den Hängen des Mount Leinster. Es ist der nördlichste Startpunkt des 100 km langen South Leinster Way, der sich durch die Counties Carlow und Kilkenny windet. Der Fernwanderweg folgt entlegenen Bergstraßen und Treidelpfaden, durchquert die mittelalterlichen Dörfer Borris (S. 380), Graiguenamanagh (S. 361), Inistioge (S. 361), Mullinavat und Piltown bis zum Ziel in Carrick-on-Suir (S. 342) an der Grenze zu Tipperary. Der südliche Abschnitt ist zwar nicht so malerisch wie der nördliche, doch die Hügel besitzen durchaus ihren eigenen Charme und bieten an sonnigen Tagen herrliche Ausblicke auf das Suir Valley und Waterford Harbour.

Der Weg verläuft zumeist in südwestlicher Richtung, kann aber auch in umgekehrter Richtung begangen werden. Je nachdem, ob in Graiguenamanagh ein Zwischenstopp eingelegt wird, dauert die gesamte Wanderung vier oder fünf Tage.

Viele Abschnitte liegen über 500 m hoch, wo sich das Wetter rasch ändern kann. Deshalb gehören gute Wanderstiefel, wetterfeste Kleidung und Vorräte für den Notfall zur Grundausrüstung.

ULSTER WAY:
NORDÖSTLICHER ABSCHNITT

Der Ulster Way führt als Rundwanderweg durch sechs nordirische Counties und durch das County Donegal in der Republik Irland. Für die 900 km lange Gesamtstrecke sollte man insgesamt fünf Wochen einplanen. Die Strecke lässt sich aber auch problemlos in kürzere Abschnitte unterteilen. Unterwegs werden unterschiedlichste Gegenden durchwandert: dramatische Küstenabschnitte, sanfte Seenlandschaften und im Landesinneren das Bergland der Mourne Mountains.

Einige der spektakulärsten Ausblicke liegen am 165 km langen nordöstlichen Abschnitt, der zunächst relativ unspektakulär in den westlichen Vororten von Belfast beginnt. Anschließend geht's dann aber durch die Glens of Antrim (S. 718) zur wundervollen Causeway-Küste (S. 716) mit der Unesco-Weltnaturerbestätte Giant's Causeway. Sechs bis sieben Tage reichen für diese Teilstrecke aus. Der Küstenabschnitt unmittelbar um den Giant's Causeway zieht vor allem im Hochsommer viele Besucher an, entsprechend knapp sind die Unterkünfte (rechtzeitige Reservierung wird empfohlen).

Wer durchschnittlich fit und gut ausgerüstet ist, sollte keine Probleme haben. Unkalkulierbar ist der Steinschlag, durch den immer mal wieder Teile des Küstenwegs blockiert werden. Auch wenn einige Etappen recht abenteuerlich und wild erscheinen, ist man nie allzu weit von der Zivilisation entfernt.

ULSTER WAY: DONEGAL-ABSCHNITT

Die Hauptstrecke des Ulster Way führt beim kleinen Wallfahrtsort Pettigo am Lough Erne ins County Donegal, kehrt dann aber umgehend wieder nach Rosscor in Nordirland zurück. Eine Nebenroute, die zur allgemeinen Verwirrung auch als Ulster Way bezeichnet wird, führt durch die Moore von Donegal nordwärts nach Falcarragh an der Nordküste. Wer dieser Strecke folgt, sollte für die 111 km vier bis fünf Tage einplanen. Wichtig zu wissen ist, dass karges Moorland im Landesinneren von Donegal vorherrscht, bei schlechtem Wetter (was häufig vorkommt) wird das Wandern dadurch schnell sehr anstrengend! Ab und zu findet sich auf Wegweisern das Wanderer-Symbol, doch im Allgemeinen zeigen schlichte weiße Schilder die Richtung an.

Wer gerne in der Wildnis unterwegs ist, für den ist dieser Abschnitt des Ulster Way genau der richtige. Die Landschaft präsentiert sich teilweise recht spektakulär, etwa der Blue Stack (S. 549), die Derryveagh Mountains oder der 752 m hohe Mount Errigal (S. 578), der höchste Berg im County Donegal. Der Fernwanderweg führt auch am Rand des berühmten Glenveagh-Nationalpark (S. 578) entlang, der sich für eine Unterbrechung der Reise anbietet. Es gibt unterwegs, nur wenige bedeutende historische Monumente, aber eine ganze Reihe kleinerer prähistorischer Grabstätten.

WICKLOW WAY

Der beliebte, 1982 eingerichtete Wicklow Way (www.wicklowway.com) war Irlands erster Fernwanderweg. Trotz ihres Namens beginnt die 132 km lange Strecke im Süden Dublins und endet in Clonegal im County Carlow. Der größte Teil verläuft jedoch durch County Wicklow. Schon kurz nach Beginn in Marlay Park, Rathfarnham, im Süden Dublins, führt der Weg in eine Bergwildnis; höchster Punkt ist der White Hill mit 633 m. Die Strecke verläuft über Glencree (S. 157), Powerscourt Estate (S. 155), Djouce Mountain, Luggala, Glenmacnass (S. 159), Glendalough (S. 159), Glenmalure (S. 164) und Aghavannagh. Gewandert wird über Waldwege, Viehpfade,

---

MEHR WANDERUNGEN IN IRLAND

- Der Wicklow Way – von Glendalough nach Aughrim (S. 163), County Wicklow
- Der Great Sugarloaf (S. 196), County Wicklow
- Mount Seefin (S. 255), County Cork
- Reeks Ridge (S. 282), County Kerry
- Mount Brandon (S. 312), County Kerry
- Tipperary Heritage Way (S. 337), County Tipperary
- South Leinster Way (S. 362), County Kilkenny
- Killary Harbour (S. 471), County Galway
- Inisheer (S. 458), County Galway
- Blue Stack Mountains (S. 549), County Donegal
- Slieve Donard (S. 675), County Down
- Fair Head (S. 719), County Antrim
- Causeway Coast (S. 712), County Antrim
- Die Cliffs of Magho (S. 737), County Fermanagh
- Cuilcagh Mountain über den Legnabrocky Trail (S. 740), County Fermanagh

---

Moorwege und Gebirgspässe – immer durch spektakuläre Landschaften.

Einige Wegabschnitte sind in schlechtem Zustand, vor allem südlich von Laragh, wo der Pfad meist in 500 m Höhe verläuft. Das Wetter kann sich schnell ändern, deshalb sind gute Wanderstiefel, wetterfeste Kleidung und Vorräte für den Notfall ein Muss. Es gibt viele attraktive Abstecher, z. B. von Glenmacnass hinauf zum Wasserfall oder zum Gipfel des 926 m hohen Lugnaquilla Mountain.

Der Wicklow Way kann in beide Richtungen begangen werden, die Mehrzahl der Wanderer startet jedoch in Dublin. Für die Gesamtstrecke sollte man acht bis zehn Tage Zeit lassen (ohne Abstecher). Wer die Wanderung auf der Hälfte in Laragh unterbricht, kann das Kloster in Glendalough besuchen und einige Spaziergänge in der Umgebung machen. Es ist ratsam, diesen beliebten Wanderweg zur Hochsaison, also Juni oder August, zu meiden. Zelten ist – nach Rücksprache mit den Farmern – entlang der Strecke möglich. Zur Hauptsaison lohnt eine

Reservierung; wer in den Hostels übernachtet, muss eigene Verpflegung mitbringen.

Einige Streckenabschnitte, wie die Derry-bawn Ridge, haben durch die Erosion stark gelitten. Der National Park Service bittet alle Wanderer, diese Etappen zu meiden, um so noch mehr Schäden zu verhindern. **EastWest Mapping** (☎ /Fax 054-77835; eastwest@eircom.net) gab 2005 einen neuen Führer *The Wicklow Way Map Guide* (mit Karten) heraus, der alle Streckenänderungen aufzeigt.

Wassersport

Mit seiner atemberaubenden, 3100 km langen Küste und zahlreichen Flüssen und Seen bietet Irland Wassersportlern jede Menge Möglichkeiten.

KANUFAHREN

Irlands zerklüftete Küste ist ein ideales Terrain für Kanuten. Die Insel bietet alle Schwierigkeitsgrade, vom gemütlichen Paddeln bis hin zu Wildwasserfahrten und Kanu-Surfen. Die beste Zeit für Rafting sind die Wintermonate, wenn die Flüsse durch die starken Regenfälle viel Wasser führen.

Informationen bekommt man der **Irish Canoe Union** (☎ 01-625 1105; www.irishcanoeunion.com).

SCHWIMMEN & SURFEN

Irland besitzt eine großartige Küste und einige tolle Sandstrände: Die saubersten und sichersten sind mit der blauen EU-Flagge ausgezeichnet. Eine Liste aller zertifizierten Strände ist bei der Behörde **An Taisce** (☎ 01-454 1786; www.antaisce.org; Tailors' Hall, Back Lane, Dublin 8) erhältlich, online informiert die Webseite www.blueflag.org (auch auf Deutsch).

Surfer finden unter www.surfingireland.net oder www.victorkilo.com Berichte über Strände und Wettervorhersagen. Frauen, die sich für einen reinen Frauen-Surfkurs interessieren, können sich an **Surf Honeys** (www.surfhoneys.com) in Sligo wenden. **Donegal Adventure Centre** (☎ 074-984 2418; www.donegal-holidays.com; Bay View Ave., Bundoran, County Donegal) ist eine hervorragende Surfschule für Jugendliche, und **Bundoran Surf Co.** (☎ 984 1968; www.bundoransurfco.com; Bundoran, County Donegal) bietet Kurse im Surfen, Kitesurfen und Power-Kiting an.

Die besten Monate mit den schönsten Wellen zum Surfen sind September (wenn das Wasser wegen des Golfstroms am wärmsten ist) und Oktober. Einige der besten Plätze finden sich an der Süd- und Südwestküste,

darunter Tramore (S. 191) in Waterford. Große Surfschulen gibt es in Sligo (S. 501) und Donegal (S. 551), wo man auch das Kitesurfen ausprobieren kann. Weitere Informationen stehen auf S. 551.

SEGELN

Segeln hat in Irland eine lange Tradition. Es gibt 120 Segelclubs im Land, darunter den **Royal Cork Yacht Club** (☎ 021-483 1023; office@royalcork.com) in Crosshaven, der 1720 gegründet wurde und damit der älteste der Welt ist. Zu den populärsten Segelrevieren zählen die Südwestküste, vor allem der Abschnitt zwischen Cork Harbour und der Dingle Peninsula, die Küsten von Kerry und Antrim, die geschützte Küstenabschnitte nördlich und südlich von Dublin sowie einige größere Seen, z. B. Lough Derg, Lough Erne und Lough Gill.

Die **Irish Association for Sail Training** (☎ 01-605 1621; www.irishmarinefederation.com) kontrolliert die professionellen Segelschulen, auf Regierungsseite ist die **Irish Sailing Association** (☎ 01-280 0239; www.sailing.ie) zuständig. Ein empfehlenswertes Buch, das man in den meisten Buchhandlungen erhalten kann, ist *Irish Cruising Club Sailing Directions*. Es beschreibt die Infrastruktur der Häfen, bietet Hafenpläne, Küsten- und Gezeiteninformationen.

TAUCHEN

In Irland gibt es einige der besten Tauchgebiete Europas – fast alle erstrecken sich vor der Westküste zwischen den küstennahen Inseln und Felsen. Die Tauchsaison geht von März bis Oktober. Die durchschnittliche Sichtweite liegt bei 12 m, kann an guten Tagen aber auch bis 30 m erreichen. Mehr Informationen zum Tauchen in Irland bietet Comhairle Fó-Thuinn (CFT), das **Irish Underwater Council** (☎ 01-284 4601; www.scubaireland.com). Das Council ist die für das Tauchen zuständige irische Behörde und gibt zur Auskunft die Tauchzeitschrift *SubSea* heraus (auch online erhältlich).

Divecology (☎ 028-28943; www.divecology.com; Cooradarrigan, Schull, County Cork) ist eine gute Tauchschule, die Touren zu lokalen Schiffswracks anbietet.

WASSERSKI

Überall in Irland bieten Wasserski-Clubs Unterricht, Ausrüstung und Boote an. Eine komplette Liste erhält man von der **Irish Water Ski Federation** (www.iwsf.ie).

WINDSURFEN

Windsurfer finden viele Gelegenheiten zur Ausübung ihres Sports – sogar auf dem Grand Canal in Dublin! Die Westküste wartet mit den größten Herausforderungen auf und ist am wenigsten überlaufen. Als ideales Windsurfinggebiet gilt die Bucht bei Rosslare im County Wexford (siehe S. 183), im Sommer werden dort Ausrüstungen verliehen und Unterrichtsstunden angeboten. Die **Irish Sailing Association** (☎ 01-280 0239; www.sailing.ie) liefert Details zu den besten Plätzen.

ALLEINREISENDE

In Irland allein zu reisen ist kein Problem. Die Iren sind extrem gesellig (vor allem auf dem Land) und immer offen für ein Schwätzchen im Pub oder auf öffentlichen Plätzen – ob man will oder nicht! Auch Hostels und Internetcafés sind ideale Orte, um auf andere Reisende zu treffen. Wer alleine unterwegs ist, kann über Kurse oder sportliche Aktivitäten Leute kennenlernen. Ein Nachteil beim Alleinreisen sind die höheren Kosten für das Übernachten. In vielen Unterkünften werden die Preise pro Zimmer und nicht pro Person berechnet. Und wenn der Zimmerpreis doch mal pro Person berechnet wird, zahlt man als Alleinreisender meist einen Aufschlag von bis zu 30 %.

ARBEITEN IN IRLAND

Die Tourismusbranche bietet verschiedene gering bezahlte Saisonarbeitsplätze, meist in Restaurants und Pubs. Manchmal wird auch eine unentgeltliche Arbeit gegen Bereitstellung von Unterkunft und Verpflegung angeboten, etwa vom **Burren Conservation Trust** (☎ 065-707 6105; jdmn@iol.ie; Admiral's Rest Seafood Restaurant, Fanore).

EU-Bürger dürfen ohne irgendwelche Formalitäten in Irland arbeiten.

Sehr hilfreich ist in Dublin die vom Staat finanzierte Stelle **Work in Ireland** (☎ 01-878 3156; www.workinireland.ie; 15–17 Eden Quay; ☎ Mo–Fr 9–20, Sa & So 11–17 Uhr); dort hilft man für 45 € pro Jahr beim Einrichten eines Bankkontos, dem Erstellen eines Lebenslaufs, bei der Terminabsprache für Vorstellungsgespräche und der Suche nach einer Unterkunft. Auch Sprachkurse werden vermittelt, und es gibt Ermäßigungen bei Fahrten und Telefonanrufen. **Nixers** (www.nixers.com) ist eine nützliche Website für Leute, dir auf der Suche nach Gelegenheitsjobs sind.

BOTSCHAFTEN & KONSULATE
Irische Botschaften & Konsulate

Botschaften der Republik Irland in Deutschland, Österreich und der Schweiz:

Deutschland Botschaft (☎ 030-220 720; www.botschaft-irland.de; Friedrichstraße 200, 10117 Berlin)

Österreich Botschaft (☎ 01-715 4246; vienna@iveagh.irlgov.ie; Rotenturmstraße 16-18, 1010 Wien)

Schweiz Botschaft (☎ 031-352 1442; irlemb@bluewin.ch; Kirchenfeldstraße 68, 3005 Bern)

Britische Botschaften fürs deutschsprachige Ausland (für Nordirland zuständig):

Deutschland Botschaft (☎ 030-204 570; www.britische botschaft.de; Wilhelmstraße 70, 10117 Berlin)

Österreich Botschaft (☎ 01-716 130; www.britishembassy.at; Jauresgasse 12, 1030 Wien)

Schweiz Botschaft (☎ 031-359 7700; www.britain-in-switzerland.ch; Thunstraße 50, 3000 Bern)

Botschaften & Konsulate in Irland

Wer durch eigenes Verschulden in Schwierigkeiten gerät, kann von seiner Botschaft keine Hilfe erwarten. Alle sind an die britischen bzw. nordirischen Gesetze gebunden. Bei echten Notfällen bietet die Botschaft jedoch Unterstützung, z. B. bei der Ausstellung von Ersatzpapieren nach einem Diebstahl.

Botschaften in Dublin:

Deutschland (☎ 01-269 3011; germany@indigo.ie; 31 Trimleston Ave, Booterstown, Blackrock, County Dublin)

Österreich (☎ 01-269 4577; 93 Ailesbury Rd, Dublin 4)

Schweiz Botschaft (☎ 01-218 6382; www.swissembassy.ie; 6 Ailesbury Rd, Dublin 4)

Deutsches Honorarkonsulat (☎ 028-9024 4113; Northern Ireland Chamber of Commerce and Industry, 22 Great Victoria St, Belfast BT2 7BJ)

Schweizer Konsulat Consular Agency of Switzerland (☎ 028-9032 1626; 8 Horse Park, Boneybefore, Carrickfergus, County Antrim)

ERMÄSSIGUNGEN
Heritage Card

Heritage Card (☎ 01-647 6587; www.heritageireland.com; Visitor Services, 51 St. Stephen's Green, Dublin 2; Erw./Kind/Stud. & Fam. 21/8/55 €) Die Karte gewährt ein Jahr lang freien Eintritt zu mehr als 75 Sehenswürdigkeiten.

National Trust (☎ 0870 458 4000; www.nationaltrust.org.uk; Erw./unter 25 Jahre/Fam. 43,50/19,50/77,50 €; Membership Dept, PO Box 39, Warrington WA5 7WD, UK) Der Mitgliedsbeitrag ermöglicht ein Jahr lang freien Eintritt zu 18 Sehenswürdigkeiten in Nordirland, lohnt sich aber eigentlich nur, wenn man auch die im Preis inbegriffenen Sehenswürdigkeiten in England besuchen will.

ALLGEMEINE
INFORMATIONEN

Seniorenkarten

Senioren erhalten nach Vorlage ihres Ausweises zahlreiche Ermäßigungen, etwa für öffentliche Verkehrsmittel oder Museen. Das Mindestalter liegt bei Männern zwischen 60 und 65, bei Frauen zwischen 55 und 65 Jahren.

Mietwagenfirmen vermieten ihre Autos meist nur an Fahrer bis zu einem Alter von 70 oder 75 Jahren.

Studenten- & Jugendkarten

Der Internationale Studentenausweis (International Student Identity Card = ISIC; www.isiccard.com) bringt Ermäßigungen bei Verkehrsmitteln, Einkäufen und Dienstleistungen, Theater- und Kinokarten sowie für Museen und Sehenswürdigkeiten. Die International Youth Travel Card (IYTC; www.isiccard.com) und die European Youth Card (Euro<26 card; www.euro26.org) bieten ähnliche Vergünstigungen für Nicht-Studenten unter 26 Jahren. Alle Karten sind bei Jugendherbergsverbänden, Studentenverbänden und Studentenreisebüros erhältlich.

ESSEN

Cafés und Restaurants sind in diesem Buch nach Preisen aufsteigend sortiert. Es gibt die Preiskategorien günstig (unter 10 €), mittelteuer (10–20 €) und teuer (über 20 €). Zu ernst sollte man die Präferenzliste der Reiseautoren nicht nehmen: Jeder hat einmal Lust auf Kaviar und dann wieder Appetit auf Fish & Chips.

Zu den Besonderheiten irischer Speisekarten und weiteren Hintergrundinformationen zu typisch irischem Essen und Trinken, siehe die Kapitel Essen & Trinken (S. 67) und Die irische Küche (S. 269).

FEIERTAGE & FERIEN

Gesetzliche Feiertage sorgen meist für Chaos auf den Straßen, da alle in unterschiedliche Richtungen unterwegs sind. Rund um die Feiertage sollte man Unterkünfte im Voraus buchen.

Gesetzliche Feiertage

Gesetzliche Feiertage in der Republik, in Nordirland oder beiden:

New Year's Day 1. Januar
St. Patrick's Day 17. März
Ostern (Karfreitag bis einschließlich Ostermontag) März/April
Maifeiertag Erster Montag im Mai

Weihnachten 25. Dezember
St. Stephen's Day (Zweiter Weihnachtsfeiertag) 26. Dezember

NORDIRLAND

Spring Bank Holiday Letzter Montag im Mai
Orangeman's Day 12. Juli
August Holiday Letzter Montag im August

REPUBLIK IRLAND

June Holiday Erster Montag im Juni
August Holiday Erster Montag im August
Oktober Holiday Letzter Montag im Oktober

Wenn St. Patrick's Day und St. Stephen's Day auf ein Wochenende fallen, werden sie am darauf folgenden Montag gefeiert. In der Republik hat an Karfreitag fast alles zu, obwohl er kein offizieller Feiertag ist. In Nordirland öffnen viele Geschäfte an Karfreitag, bleiben dafür aber am darauf folgenden Dienstag geschlossen.

Schulferien

In der Republik Irland gelten für das Schuljahr 2006/07 folgende Ferientermine:

Mid-term break 30. Oktober bis 3. November 2006
Weihnachten/Neujahr 22. Dezember 2006 bis 9. Januar 2007
Mid-term break 19. bis 23. Februar 2007 (für Grundschulen nur 22. & 23. Febr.)
Ostern 30. März bis 16. April 2007
Sommer Juli und August (auch Juni für weiterführende Schulen)

In Nordirland unterscheiden sich die Ferien für Grund- und weiterführende Schulen. Die Webseite www.deni.gov.uk/schools/index.htm gibt unter „school holidays" eine vollständige Übersicht.

FESTIVALS & EVENTS

Es gibt Hunderte von Feste jedes Jahr, die beliebtesten finden in den Sommermonaten statt. Im Folgenden werden die bekanntesten kurz vorgestellt. Bei den örtlichen Touristeninformationen ist zusätzliches Infomaterial erhältlich. Die Association of Irish Festival Events (AOIFE) hat eine sehr nützliche Webseite (www.aoifeonline.com), auch www.art.ie lohnt einen Blick. Örtliche Feste werden in den Regionenkapiteln aufgeführt.

FEBRUAR

Jameson Dublin International Film Festival (☎ 872 1122; www.dubliniff.com) Das größte Filmfestival der Insel. Hier werden lokale, internationale und künstlerische Filme gezeigt, sowie Mainstreamstreifen vor dem offizi-

AUF DER SUCHE NACH DEN AHNEN

Viele Besucher – wenn auch überwiegend aus dem englischsprachigen Raum– verbinden eine Reise nach Irland oft damit, nach irischen Vorfahren zu suchen. Erfolgreicher ist man eher, wenn man vor der Abreise einige grundlegende Fakten über jene Ahnen gesammelt hat: Wichtig sind die Namen und ungefähren Geburtsdaten derer, die Irland verlassen haben; hilfreich ist es auch, wenn man die ursprünglichen Counties und Gemeinden der Vorfahren kennt, ihre Konfession und die Namen der Eltern und des Ehegatten bzw. der Ehefrau.

Ein guter Ausgangspunkt für die Recherche in Irland ist die **National Library** (☎ 01-603 0200; www.nli.ie; Kildare St, Dublin 2); die **National Archives** (☎ 01-407 2300; www.nationalarchives.ie; Bishop St, Dublin 8); und das **Public Record Office of Northern Ireland** (Proni; ☎ 028-9025 5905; http://proni.nics. gov.uk; 66 Balmoral Ave, Belfast). Weitere nützliche Quellen: das **General Register Office** (☎ 090-663 2900; www.groireland.ie; Government Offices, Convent Rd, Roscommon) und das **General Register Office Northern Ireland** (☎ 028-9025 2000; www.groni.gov.uk; Oxford House, 49/55 Chichester St, Belfast). Hier werden irische Geburts-, Sterbe- und Heiratsregister aufbewahrt.

Weiterhin gibt es viele Agenturen und Einzelpersonen, die Ahnenrecherche gegen Gebühr betreiben. Informationen dazu hat die **Association of Professional Genealogists in Ireland** (APGI; c/o The Honorary Secretary, 30 Harlech Cres, Clonskeagh, Dublin 14). Im Norden kann man es bei der **Association of Ulster Genealogists & Record Agents** (Augra; c/o The Honorary Secretary, Glen Cottage, Glenmachan Rd, Belfast BT4 2NP) versuchen.

Über die irische Ahnenforschung sind Dutzende von Bücher erschienen. Tony McCarthys *Irish Roots Guide* bildet eine gute Einführung in das Thema; *Tracing Your Irish Ancestors* von John Grenham ist ein exzellenter und umfassender Guide.

ellen Filmstart. Das Festival findet in den letzten beiden Februarwochen statt.

MÄRZ

St. Patrick's Day (17 March; ☎ 01-676 3205; www. stpatricksday.ie) Ganz Irland feiert am 17. März ein riesiges Fest. Am ausgiebigsten wird in der irischen Hauptstadt gefeiert, wo in die Straßen eine Kakophonie von Paraden, Feuerwerken und Lightshows fünf Tage lang widerhallt. Mehr als 250 000 Menschen kommen dann nach Dublin. Auch in Cork, Armagh und Belfast finden Paraden statt, woanders sind die Festivitäten nicht ganz so pompös.

APRIL

Irish Grand National (www.fairyhouseracecourse.ie) Das Schaurennen der Jagdsaison findet auf der Rennbahn im County Meath am Ostermontag statt.

World Irish Dancing Championships (☎ 01-475 2220) Etwa 4000 Tänzer aus aller Welt kämpfen Ende März oder Anfang April um den Sieg. Die Veranstaltung findet jedes Jahr an einem anderen Ort statt.

MAI

Cork International Choral Festival (☎ 021-421 5125; www.corkchoral.ie) Eines der besten Chor-Festivals in Europa. Die Gewinner nehmen an der Fleischmann International Trophy Competition teil. Das Festival dauert vier Tage und beginnt am ersten Montag im Mai.

North West 200 (www.northwest200.org) Irlands berühmtestes Straßenrennen ist zugleich das größte

Outdoor-Sportevent des Landes. Mehr als 150 000 Zuschauer jubeln den Motorradfahrern entlang der Dreiecksroute zu. Das Rennen findet Mitte Mai statt.

Irish Open Golf Championship (☎ 01-505 4000; www.irishopenatadaremanor.ie) Das Turnier ist zwar nicht so prestigeträchtig wie das European Open, lockt aber dennoch einige der europäischen Topspieler an. Bis 2010 wird Mitte Mai beim Adare Manor im County Limerick gespielt.

Fleadh Nua (☎ 01-280 0295; www.comhaltas.ie) In Ennis (County Clare) kann man eine Woche lang traditionelle Musik erleben. Das Festival gilt als eines der wichtigsten des Landes und findet in der dritten Maiwoche statt.

Cat Laughs (☎ 056-7763837; www.thecatlaughs.com) Ende Mai bis Anfang Juni wird es in Kilkenny sehr lustig. Das landesbeste Comedy-Festival zieht die Crème de la Crème lokaler und internationaler Talente an.

JUNI

Irish Derby (☎ 045-441205; www.curragh.ie) Das beste Flachrennen des Landes findet in der ersten Juniwoche auf dem Renngelände im County Kildare statt. Eine großartige Veranstaltung für Rennsportbegeisterte und Leute mit ausgefallenen Hüten.

Bloomsday (☎ 878 8547; www.jamesjoyce.ie) Kleider wie zu Zeiten Edwards VII. und zum Frühstück Eier mit Speck und Bier sind nur zwei Bestandteile der Feierlichkeiten in Dublin, an dem Tag, an dem James Joyces *Ulysses* spielt. Das wahre Highlight ist, den Tag von Leopold Bloom zu verfolgen.

Wexford Opera Festival (☎ 053-912 2400; www.
wexfordopera.com) Irlands wichtigstes Festival für
Liebhaber von Opern und klassischer Musik in Johnstown
Castle. Das Festival dauert zwei Wochen und findet in der
ersten Monatshälfte statt.

JULI

All-Ireland Open Dance Championships (☎ 091-
632338; www.allirelanddancing.ie) Von Foxtrott bis Tango
– der beste irische Paartanzwettbewerb wird in Gort im
County Galway am ersten Monatswochenende abgehalten.

Willie Clancy Summer School (☎ 065-708 4281;
www.setdancingnews.net/wcss/) Sechs intensive Tage mit
Workshops für traditionelle Musik, Konzerte und Pub-
Sessions in Milltown Malbay im County Clare. Die besten
Musiker der Welt sind meist mit dabei.

Oxegen (www.mcd.ie) Zweitägiges Festival Mitte Juli am
Punchestown Racecourse im County Kildare mit internationalen Bands.

Galway Film Fleadh (☎ 091-751655; www.galway
filmfleadh.com) Eines der wichtigsten Filmfestivals des
Landes, bei dem irische und internationale Produktionen
gezeigt werden. Das Festival findet Anfang Juli statt.

Galway Arts Festival (☎ 091-509700; www.galway
artsfestival.ie) Das wichtigste Kunstfestival des Landes
stellt die Stadt Galway in den letzten zwei Monatswochen
mit einer Fülle von Konzerten und Theateraufführungen
komplett auf den Kopf.

**O'Carolan International Harp Festival & Summer
School** (☎ 071- 964 7204; www.keadue.harp.net)
Einwöchiges Festival im Norden zu Ehren des blinden
Komponisten der USA-Hymne. Ende Juli bis Anfang August
(siehe S. 530).

AUGUST

Electric Picnic (☎ 01-478 9093; www.electricpicnic.ie)
Kleines, aber feines Festival für alternative Musik auf dem
Gelände der Stradbally Hall im County Laois Ende August.
Comedy-Acts, Kunst und eine umweltfreundliche Atmos-
phäre runden das Programm ab.

Féile An Phobail West Belfast (☎ 048-9031 3440;
www.feilebelfast.com) Europas größtes Lokalkunstfestival
findet zwei Wochen lang auf der Falls Road in West Belfast
statt.

Fleadh Cheoil nah Éireann (☎ 01-280 0295; www.
comhaltas.com) Der Inbegriff des irischen Musikfestivals
lockt über 250 000 Besucher. Ende August wird es jedes
Jahr in einer anderen Stadt abgehalten und geht eine
Woche lang.

Galway Races (☎ 091-753870; www.galwayraces.com)
Das größte Pferderennen westlich des Shannon gilt als das
irische Pendant zum Cheltenham Festival und zieht jährlich
die Besuchermassen in der ersten Monatswoche an.

Mary from Dungloe (☎ 074-952 1254; www.mary
fromdungloe.com) Irlands zweitwichtigster Schönheits-

wettbewerb findet zum Monatsanfang in Dungloe im
County Donegal statt. Einigen nutzen ihn nur als Anlass für
eine Riesenparty, wobei die Teilnehmerinnen *wirklich* zur
„Mary des Jahres" gekrönt werden wollen.

Puck Fair (☎ 066-976 2366; www.puckfair.ie) Das
dreitägige Festival Mitte August ist wohl eines der
schrägsten Europas. In Killorglin im County Kerry feiert
man die chaotische Krönung einer Ziege.

Rose of Tralee (www.roseoftralee.ie) In Tralee findet
jedes Jahr in der dritten Monatswoche *der* irische Schön-
heitswettbewerb schlechthin statt, für den Frauen mit
irischen Wurzeln aus aller Welt anreisen. Für alle anderen
ist es vor allem eine gute Gelegenheit zum Trinken, Tanzen
und Feiern.

SEPTEMBER

Lisdoonvarna Matchmaking Festival (☎ 065-707 4005;
www.matchmakerireland.com) Die Stadt Lisdoonvarna im
County Clare veranstaltet einen Monat lang dieses
amüsante Dating-Festival für Parntersuchende von überall.

Dublin Fringe Festival (☎ 01-872 9016; www.
fringefest.com) Zweiwöchiges Festival Ende September bis
Anfang Oktober für Comedy und Experimentiertheater, das
dem Haupttheaterfestival vorausgeht und oft wesentlich
unterhaltsamer ist.

Ballinasloe Horse Fair (☎ 090-964 3453; www.
ballinasloe.com) Europas älteste Pferdemesse in Ballinasloe im County Galway wird von einem 10-tägigen Famili-
enfestival begleitet, das jedes Jahr ein Highlight im
Kalender ist.

OKTOBER

Dublin Theatre Festival (☎ 01-677 8439; www.
dublintheatrefestival.com) Beim wichtigsten aller irischen
Theaterfestivals kann man alle Theater der Stadt erleben.

Cork Film Festival (☎ 021-427 1711; www.corkfilm
fest.org) Dieses hervorragende Filmfestival Anfang Oktober
findet in den drei Kinosälen von Cork statt. Der Schwerpunkt liegt auf lokalen Filmen und Kurzfilmen.

Cork Jazz Festival (www.corkjazzfestival.com) Am
letzten Wochenende des Monats begeistert sich ganz Cork
für alle möglichen Spielarten des Jazz. Das Festival ist eines
der beliebtesten des Landes.

All-Ireland Finals (www.gaa.ie) Am dritten und vierten
Sonntag des Monats finden die Endrundenwettkämpfe um
die Hurling- und die Gaelic-Football-Meisterschaft statt.
Mit mehr als 80 000 Besuchern, die nach Croke Park in
Dublin strömen, ist es eines der größten Sportereignisse
des Jahres.

OKTOBER–NOVEMBER

Belfast Festival at Queens (☎ 0044-20-9097 1197;
www.belfastfestival.com) Das nordirische Kunstfestival
zieht Künstler aus aller Welt an – geboten wird alles, von
Bildender Kunst bis Tanz.

DEZEMBER
Weihnachten Das Fest ist auf dem Land eher eine stille Angelegenheit. Vor allem in Dingle im County Kerry lebt am zweiten Weihnachtsfeiertag wieder der Brauch der Wren Boys auf: Verkleidete Kindergruppen ziehen herum und singen Weihnachtslieder.

FOTOS & VIDEO

Die Tage in Irland können recht düster sein, daher sollte man auch lichtempfindlichere Filme mit 400 ASA, dabeihaben; in der Regel sollten Filme mit 200 ASA ausreichen. Lonely Planets *Travel Photography: A Guide to Taking Better Pictures* vom international bekannten Reisefotografen Richard I'Anson gibt viele praktische Tipps zum Fotografieren und ist speziell fürs Reisegepäck gedacht.

In Nordirland sollte man sich eine Genehmigung besorgen, bevor man Polizeireviere, Armeeposten oder andere militärische Einrichtungen fotografiert. Allgemein sollte man in den protestantischen und katholischen Hochburgen von Belfast keine Personen ohne Erlaubnis fotografieren. Eine Ablehnung muss respektiert werden.

FRAUEN UNTERWEGS

Bis auf ein paar Pfiffe oder alkoholgetränkte, plumpe Anmachversuche können Frauen herrlich entspannt durch Irland reisen. Vermeiden sollte man degegen Nachtspaziergänge alleine, vor allem in manchen Gegenden von Dublin, oder bei Nacht per Anhalter zu fahren. Wer ernsthaft in Schwierigkeiten gerät, sollte das den örtlichen Tourismusbehörden melden.

Um die Kleidung braucht „frau" sich in Irland kaum Gedanken zu machen; das Wetter verlockt außerdem nur selten zum Sonnenbad oben ohne. Verhütungsmittel findet man heutzutage sehr viel leichter als früher. Wer die Pille nimmt, sollte dennoch ausreichend Vorrat mitbringen.

Die Notrufnummer des Krisenzentrums für vergewaltigte Frauen lautet ☎ 1800 77 88 88.

FREIWILLIGENARBEIT

In den wohlhabenden westlichen Demokratien gibt es zwar nicht so viele Gelegenheiten für Freiwilligenarbeit wie in anderen Ländern; das heißt aber nicht, dass es keine Projekte gibt, bei denen sich freiwillige Helfer nützlich machen könnten. Ob Malerarbeiten in Wicklow, Hilfsdienste im Galwayer Krankenhaus oder Museumsführungen in Dublin – jede

Form von Zeit und Einsatz wird dankbar angenommen. Näheres unter www.volunteering ireland.ie.

GEFAHREN & ÄRGERNISSE

Irland ist sicherer als die meisten Länder Europas, trotzdem sollte man die normalen Vorsichtsmaßnahmen beachten. In Dublin ist die Beschaffungskriminalität unter Drogenabhängigen ziemlich weit verbreitet; gleiches gilt für Diebe und Taschendiebe (siehe S. 92).

Berüchtigt ist Irlands Hauptstadt für die Vielzahl aufgebrochener Autos; die dabei entstehenden Verluste sind oft nicht versichert.

In Nordirland geht es genauso sicher wie in allen anderen Gebieten zu. Es gibt aber Gegenden, vor allem in Belfast, wo der Konfessionskonflikt stark zu spüren ist. Deshalb sollte man auch weiterhin nicht grade um den 12. Juli nach Nordirland reisen, wenn die Märsche des Oranierordens stattfinden. Selbst viele Nordiren verlassen an diesen Tagen das Land, weil es nicht selten zu Ausschreitungen kommt.

GELD

Ein Kurzüberblick über die Kosten für Essen und Unterkunft in Irland steht auf S. 20 und S. 694. In Taxis und Restaurants, bei denen das Trinkgeld nicht im Preis inbegriffen ist, werden 10 % erwartet.

Bargeld & Reiseschecks

Bargeld ist zwar sehr bequem, leider aber auch riskant. Trotzdem empfiehlt es sich, bei der Ankunft etwas Bargeld dabei zu haben, in Nordirland am besten Pfund und Euro.

Reiseschecks sind weit verbreitet, können jedoch fast nur in Banken eingetauscht werden.

Geldautomaten & Kreditkarten

Kreditkarten sind beim Reisen ideal: Man kann damit problemlos größere Einkäufe tätigen und bekommt in vielen Banken und an Geldautomaten Bargeld. Geldautomaten sind meist internationalen Systemen wie Maestro, Cirrus oder Plus angeschlossen. Oft werden für Abhebungen im Ausland allerdings beträchtliche Gebühren von den Kreditkarteninstituten verlangt.

Karten wie Amex und Diners Club haben zwar kein Kreditlimit, werden in kleineren Geschäften aber oft nicht akzeptiert. Visa und

MasterCard sind zwar weit verbreitet, trotzdem kann man in vielen B&Bs und kleineren oder entlegenen Tankstellen nur mit Bargeld bezahlen.

Achtung: Man sollte immer die Telefonnummer bei sich haben, über die man im Fall eines Diebstahls oder sonstigen Verlustes die Karte sperren lassen kann.

Steuern & Erstattungen

Eine Mehrwertsteuer (VAT) in Höhe von 21 % wird in Irland auf die meisten Luxusgüter erhoben, ausgenommen davon sind Bücher, Kinderschuhe und Secondhand-Kleidung. Nicht-EU-Bürger, die gekaufte Waren innerhalb von drei Monaten ausführen, bekommen die Steuer rückerstattet.

Bei einem Betrag von mehr als 250 € auf einem *voucher* muss dieser vom Zoll in der Ankunftshalle in Dublin oder Shannon abgestempelt werden, bevor die Erstattung erfolgen kann.

In Nordirland bekommt man in den Läden zusätzlich ein Formular, das man am Zoll abgeben muss. Nachdem der Zoll dieses Formular abgezeichnet hat, geht es zurück an den jeweiligen Laden.

Währung

Seit Februar 2002 gilt in der Republik Irland der Euro. Großbritannien und Nordirland sind nicht Teil der Euro-Zone.

Nordirland hat eigene Pfundnoten, akzeptiert aber auch die britischen Scheine. In Großbritannien muss man nordirische Banknoten bei den Banken in britische umtauschen (bei gleichem Wert), da sie in den Läden nicht akzeptiert werden.

Die besten Wechselkurse bieten in der Regel die Banken. Wechselstuben sind länger geöffnet, haben allerdings auch einen schlechteren Wechselkurs und/oder höhere Gebühren. Auch viele Postämter tauschen Geld und haben Samstagvormittag geöffnet. Wechselkurse, so wie sie bei Redaktionsschluss gelten, sind auf der Innenseite des Buchumschlags aufgelistet.

INTERNETZUGANG

Wer seinen Laptop mitnehmen möchte, sollte sich einen passenden Adapter besorgen. Die Stromstärke stimmt im Normalfall mit der Stromstärke in deutschsprachigen Ländern überein. Es lohnt sich aber auch, ein weltweit verwendbares Modem anzuschaffen, da jenes im PC eventuell außerhalb des Landes nicht funktioniert. Rat zu den Problemen bei Reisen mit Laptops findet man unter www.kropla.com.

Viele große Internetanbieter (ISPs) wie beispielsweise **AOL** (www.aol.com), **CompuServe** (www.compuserve.com) und **AT&T** (www.att.com) haben in Irland Einwählknoten. Wer zu Hause einen regionalen Provider nutzt, sollte sich am besten an einen weltweit agierenden Provider wenden oder in ein Internetcafé gehen. Mit dem Namen des Posteingangsservers (POP oder IMAP), dem eigenen Kontonamen und dem Passwort sollte man von jedem, mit dem Internet verbundenen Computer auf seine Emails zugreifen können. Die einfachste Lösung ist jedoch, sich noch zu Hause eine kostenlose Email-Adresse zu besorgen, wie sie **Hotmail** (www.hotmail.com) oder **Yahoo!** (mail.yahoo.com) anbieten.

In den meisten größeren Städten Irlands gibt es Internetcafés. In der Republik kostet eine Stunde 4 bis 10 €, in Nordirland etwa 4 £. Die meisten öffentlichen Bibliotheken bieten kostenlosen Internetzugang an, doch oft ist er nur zu Zeiten zugänglich, in denen die Leitungen sowieso stark überbelastet und entsprechend langsam sind.

KARTEN & STADTPLÄNE

Viele Verlage geben gute Karten für Irland heraus. Die Michelin-Karte im Maßstab 1:400 000 (Nr. 923) ist eine gute Karte mit klaren Markierungen und Zusatzangaben zu den besonders schönen Straßenstrecken auf der Insel. Empfehlenswert sind auch die vier Karten (Norden, Süden, Osten und Westen) der Ordnance-Survey-Holiday-Serie im Maßstab 1:250 000. Collins bringt ebenfalls eine Reihe Karten für Irland heraus.

Wer detailliertere Pläne möchte – z. B. Wanderer oder Kartenliebhaber – sollte die Karten von Ordnance Survey Discovery kaufen. Sie decken das ganze Land in 89 Karten im Maßstab 1:50 000 ab. Es gibt sie im **National Map Centre** (☎ 01-476 0471; www.mapcentre.ie; 34 Aungier St, Dublin 2), über die Webseite (www.osi.ie) und in vielen Buchhandlungen in ganz Irland. Einen sehr umfassenden Stadtplan von Dublin bietet Lonely Planets *Dublin City Map* mit einem Register der Straßen und Sehenswürdigkeiten, eine Übersicht des Dublin Area Rapid Transport (DART), einem Plan der Vorortzüge und einem Vorschlag für einen Stadtspaziergang.

KINDER

Mit Kindern unterwegs Spaß zu haben, erfordert immer ein bisschen mehr Aufwand. Sinnvoll ist eine Ferienwohnung, denn oftmals ist es einfacher, nicht im Restaurant essen zu müssen und nicht auf den relativ engen Raum eines Hotel- oder B&B-Zimmers angewiesen zu sein. Im Großen und Ganzen, vor allem aber in ländlicheren Gegenden, findet man problemlos Restaurants und Hotels, die sich große Mühe geben, auf Familien mit Kindern einzugehen. In manchen Lokalen, vor allem in der Hauptstadt, ist die Anwesenheit von Kindern nach 18 Uhr nicht mehr zugelassen und in Pubs dürfen sich Kinder ohnehin nur bis 19 Uhr aufhalten.

Viele Sehenswürdigkeiten bieten Vergünstigungen für Familien; für die öffentlichen Verkehrsmittel gibt es Familienpässe. Es lohnt sich immer, mit anderen reisenden Familien mit (zufriedenen) Kindern Tipps auszutauschen bzw. Einheimische anzusprechen. Allgemeine Infos zu Reisen mit Kindern bietet Cathy Lanigans Buch *Travel with Children*, bei Lonely Planet erschienen.

Praktisch & Konkret

Die meisten Hotels stellen ohne Zusatzkosten Kinderbetten zur Verfügung, viele Restaurants haben Hochstühle für Kinder. Kindersitze im Auto (rund 50 € pro Woche) sind für den Nachwuchs zwischen neun Monaten und vier Jahren in allen Mietwägen Pflicht. Für Babys unter neun Monaten sollte man einen eigenen Sitz mitbringen, da nur größere und nach vorne gerichtete vermietet werden. Ganz wichtig: In Autos mit Airbag dürfen Kindersitze nicht auf den Beifahrersitz geschnallt werden!

Erstaunlicherweise sind Wickelräume selbst in den Stadtzentren eine Seltenheit.

In Irland wird so wenig gestillt wie in fast keinem anderen Land. Trotzdem können Frauen ihr Baby fast überall stillen, ohne groß aufzufallen.

Eine sehr gute Webseite für Schwangere und Eltern mit Kleinkind ist www.eumom.ie. Infos zu familienfreundlichen Unterkünften weltweit bietet die Homepage www.babygoes2.com.

KLIMATABELLEN

Dank des Golfstroms ist das irische Klima trotz der hohen Breitengrade relativ mild. Die Jahresdurchschnittstemperatur beträgt 10 °C.

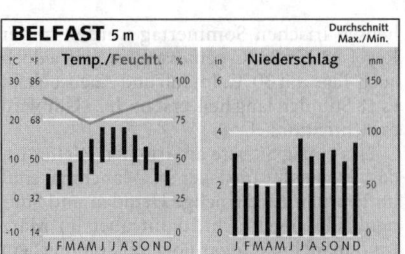

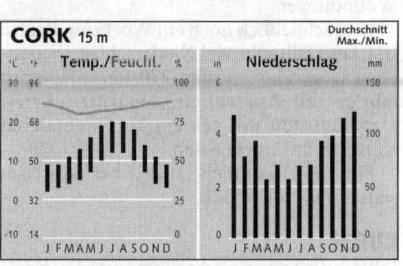

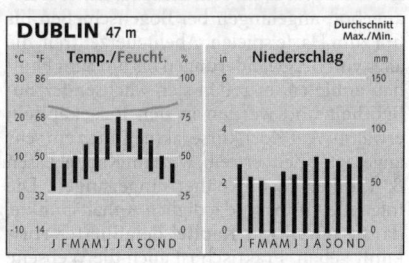

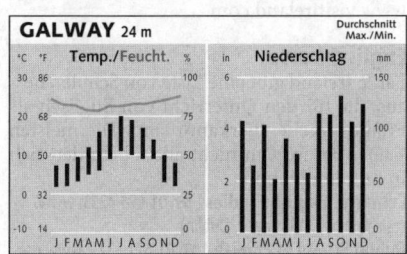

Auch im Winter fällt das Thermometer nur selten unter den Gefrierpunkt und es schneit kaum – meist gibt es nur ein oder zwei kurze Schneeschauer pro Jahr. Die kältesten Monate sind der Januar und der Februar mit Tagestemperaturen zwischen 4 und 8 °C (Durchschnitt 7 °C). Im Sommer misst das Thermometer am Tag angenehme 15 bis 20 °C. In den wärmsten Monaten, Juli und August, liegt die Durchschnittstemperatur bei 16 °C. An einem heißen irischen Sommertag werden in der Regel 22 bis 24 °C gemessen, es gibt jedoch auch Tage mit 30 °C. Im Juli und August bleibt es 18 Stunden lang hell, erst nach 23 Uhr wird es richtig dunkel.

Das einzig Sichere am irischen Wetter ist, dass es absolut unsicher ist. Manchmal sind im Februar kurzärmelige Hemden und Sonnenbrille angebracht, dafür aber im März (und manchmal sogar noch im Sommer) ein Wollpullover.

Und schließlich noch ein Wort zum Regen: In Irland fällt sehr viel Niederschlag, in manchen Gegenden werden 270 Regentage pro Jahr gezählt. Am schlimmsten trifft es Kerry. Der Südosten mit seinem kontinentaleren Klima ist am trockensten.

Für Informationen zu den besten Reisezeiten siehe auch S. 20.

KURSE

In Irland gibt es ein sehr umfangreiches Kursangebot, angefangen bei Bogenschießen bis hin zum Harfe spielen. Abenteuerzentren, die alles von Bergwanderungen bis hin zum Floßbau anbieten, erfreuen sich wachsender Beliebtheit und werden in den Reisekapiteln erwähnt. Auf Kochkurse, aktuell auch ein sehr angesagter Zeitvertreib, wird im Kapitel Essen & Trinken (S. 67) näher eingegangen. Die folgenden Infos sind lediglich Anhaltspunkte, da die jeweiligen Kapitel detaillierter Auskunft geben. Praktisch ist auch die Webseite www.visitireland.com.

Englischkurse

Fáilte Ireland gibt eine Liste von Schulen heraus, die für den Unterricht von Englisch als Fremdsprache anerkannt sind. Die meisten – aber bei weitem nicht alle – befinden sich in und um Dublin.

Centre of English Studies (☎ 01-671 4233; www.cesireland.ie; 31 Dame St, Dublin)
Dublin School of English (☎ 01-677 3322; www.dse.ie; 10-12 Westmoreland St, Dublin)
English Language Institute (☎ 01-475 2965; www.englishlanguage.com; 99 St Stephen's Green, Dublin)
Language Centre of Ireland (☎ 01-671 6266; www.lci.ie; 45 Kildare St, Dublin)

Irischkurse

Es werden eine Reihe von Kursen für die irische Sprache und Kultur angeboten, vor allem in den irischsprachigen Gaeltachtgebieten. Für weitere Informationen schaut man

auf der Webseite www.gaelsaoire.ie nach oder erkundigt sich bei Fáilte Ireland.
Intercelt (www.intercelt.com) Anbieter für irische Sprachurlaube.
Oideas Gael (☎ 074-973 0248; www.oideas-gael.com; Glencolumbcille, Donegal; 3-/7-Tageskurse 95/190 €; ⊗ März–Sept.) Irischkurse und andere „Kultururlaub"-Programme.

Kunsthandwerk

Das **Rockfield Ecological Estate** (☎ 043-76025; Rathowen; Tour 10 €, Gerichte 20–25 €; ⊗ nach Vereinbarung) bietet anregende Einblicke in ökologische Lebensweisen sowie in die traditionelle irische Kultur und verschiedene Kunsthandwerke. Zusätzlich zu zweistündigen Rundgängen durch die Farm kann man hier vorzüglich und gesund speisen. Serviert werden hausgemachte Gerichte, deren Biozutaten aus den weitläufigen Gärten stammen. Dabei sitzt man auf Stühlen, die aus herabgefallenen Ästen gefertigt wurden. Wem das nicht reicht, kann auch einen Tageskurs buchen. Zur Auswahl stehen Spinnen, Weben, Korbflechten, Holzschnitzerei und Bildhauerei (100 € pro Pers., Mittagessen inkl.).

Meditation

Jampa Ling Buddhist Centre (☎ 952 3448; www.jampaling.org; Owendoon House, Bawnboy; B/EZ/EZ inkl. Essen 32/39/68 €) bietet Meditationskurse an. Weitere Informationen dazu auf S. 523.

Musik

Im Juli und August veranstaltet die **Dingle Music School** (☎ 086-319 0438; Dykegate Lane, Kerry) *bodhrán*-Workshops für Anfänger (ab 12 €; Di-Do 12, Sa 11 Uhr). *Bodhrán*-Trommeln werden zur Verfügung gestellt. Außerdem gibt es einen Tin-Whistle(Blechflöten)-Workshop (25 €, Mo 11 Uhr).

Im Rahmen des O'Carolan International Harp Festival & Summer School werden **Harfen-Workshops** angeboten. Weitere Infos dazu findet man auf S. 530.

ÖFFNUNGSZEITEN

Im Allgemeinen gelten in der Republik und in Nordirland die gleichen Öffnungszeiten. Sie werden im Folgenden mit den Ausnahmen aufgeführt.

Banken Mo–Fr 10–16 Uhr (Do bis 17 Uhr)
Büros Mo–Fr 9–17 Uhr
Läden Mo–Sa 9–17.30/18 Uhr (Do, teilweise auch Fr bis 20 Uhr); So 12–18 Uhr in größeren Städten. Läden in

ländlicheren Städten schließen in der Mittagszeit und einen Tag in der Woche.

Postämter Nordirland Mo–Fr 9–17.30, Sa 9–12.30 Uhr; Republik Mo–Fr 9–18, Sa 9–13 Uhr. Kleinere Postämter schließen oft in der Mittagszeit und an einem Tag in der Woche.

Pubs Nordirland Mo–Sa 11.30–23, So 12.30–22 Uhr. Nach der jüngsten Aufhebung der Sperrstunde sind auch längere Öffnungszeiten möglich. Republik Mo–Do 10.30–23.30, Fr–Sa 10.30–0.30, So 12–23 Uhr (plus 30 Min. zum „Austrinken"). Pubs mit Bar öffnen Do–Sa bis 2.30 Uhr; Weihnachten und Karfreitag ist geschlossen.

Restaurants 12–22.30 Uhr; viele haben einen Tag in der Woche zu.

Touristeninformationen Mo–Fr 9–17, Sa 9–13 Uhr. Viele haben im Sommer längere Öffnungszeiten. Von Oktober bis April verkürzen sich die Öffnungszeiten, manche schließen dann an einigen Tagen oder sogar komplett.

POST

Die Postämter in der Republik werden von An Post, der irischen Post, betrieben. Für Nordirland ist die Royal Mail zuständig.

In der Republik kosten Postkarten und normale Briefe bis 50 g im Inland 0,48 €, nach Großbritannien Standard/Express 0,50/0,65 € und nach Kontinentaleuropa und dem Rest der Welt 0,55/0,65 €.

In Nordirland kosten Briefe nach Großbritannien 1. Klasse/2. Klasse 0,30/0,21 £ (bis 60 g). Für Luftpostbriefe unter 20 g zahlt man nach Kontinentaleuropa 0,42 £ und in den Rest der Welt 0,68 £ (unter 10 g kosten sie weltweit 0,47 £).

Für Informationen zu den Öffnungszeiten der Postämter siehe S. 760.

RECHTSFRAGEN

Wer Rechtsbeistand braucht, wendet sich am besten an das **Legal Aid Board** (☎ 066-947 1000; www.legalaidboard.ie). Es steht mit einer Reihe örtlicher Rechtsberatungszentren im Telefonbuch.

Der Besitz einer kleinen Menge Marihuana führt zu Geldstrafen oder einer Verwarnung, härtere Drogen ziehen schwerwiegendere Konsequenzen nach sich. Trunkenheit in der Öffentlichkeit ist zwar illegal, aber häufig. Betrunken zieht man in jedem Fall die Aufmerksamkeit der Polizei auf sich. Tätlichkeiten werden strikt geahndet und es passiert schnell, dass man die Nacht in der Zelle verbringen muss oder noch ernstere Strafen drohen.

REISEN MIT BEHINDERUNG

Das Reisen mit einer Behinderung kann in Irland eine sehr frustrierende Erfahrung sein, da Irland im europäischen Vergleich hier relativ weit zurückliegt. Zwar hat sich die Lage in den letzten Jahren verbessert, in manchen Bereichen geht es aber nur sehr langsam voran. Körperlich behinderte Menschen sollten sich vor der Abreise im Heimatland bei den entsprechenden Organisationen informieren, die oft verschiedene Publikationen zum Thema bereitstellen und Kontakte zu Reiseagenturen haben, die sich auf Reisen mit Behinderung spezialisiert haben.

Guesthouses, Hotels und Sehenswürdigkeiten richten sich immer mehr auf die Bedürfnisse Behinderter ein. Fáilte Ireland und das NITB geben Führer heraus, in denen für Rollstuhlfahrer geeignete Unterkünfte speziell markiert sind.

Die Nutzung des öffentlichen Nahverkehrs ist oft nur von wechselndem Erfolg gekrönt. In Großstädten gibt es zwar viele geräumige Niederflurbusse, in den kleineren Städten oder auf dem Land kann man davon allerdings in der Regel nicht ausgehen.

Züge sind mit Hilfe zugänglich. Wer im Voraus Bescheid sagt, wird am Bahnhof von einem Angestellten der irischen Bahngesellschaft Iarnród Éireann (theoretisch) zum Zug begleitet. Neuere Züge sind mit Hilfssystemen für Leute mit Seh- oder Hörbehinderungen ausgestattet.

Das **Citizens' Information Board** (☎ 01-605 9000; www.citizensinformationboard.ie) in der Republik und **Disability Action** (☎ 028-9066 1252; www.disabilityaction. org) in Nordirland geben weitere Auskünfte; das meiste Informationsmaterial beschäftigt sich allerdings eher mit den Rechten irischer Bürger mit Behinderungen. Reisende nach Nordirland finden auf der Webseite www. allgohere.com mehr Informationen.

SCHWULE & LESBEN

Obwohl die irischen Gesetze zur Homosexualität zu den liberalsten Europas gehören, werden Schwule und Lesben in weiten Teilen des Landes nicht toleriert. In Dublin, teilweise auch in Galway, Cork und Belfast gilt das zwar nicht, generell dürfen Schwule und Lesben ihre sexuelle Orientierung aber nicht offen zeigen. Das Mindestalter beträgt 17 Jahre (eigentlich kümmert es niemand, was wer zuhause macht), und weder Schwule noch Lesben sind (in der Republik) von der Armee

ALLGEMEINE
INFORMATIONEN

ausgeschlossen. Theoretisch ist das zwar gut, praktisch werden schwule Soldaten häufig diskriminiert. Obwohl Papst Benedikt XVI. die ganze Welt daran erinnert, dass Homosexualität ein Verbrechen gegen Gott ist, hält sich die katholische Kirche in Irland bei diesem Thema zurück.

Die monatlichen *Gay Community News* (www.gcn.ie) – online und als Zeitschrift in Clubs und Bars erhältlich – ist eine kostenlose Veröffentlichung der **National Lesbian & Gay Federation** (NLGF; ☎ 01-671 9076; 2 Scarlett Row, Temple Bar, Dublin).

Folgende Webseiten bieten Informationen zur Schwulen- und Lesbenszene:
Channel Queer (www.channelqueer.com)
Gaire (www.gaire.com)
Gay & Lesbian Youth Northern Ireland (www.glyni. org.uk)
Gay Ireland (www.gay.ie)

Praktische Organisationen:
Northern Ireland Gay Rights Association (Nigra; nigra@dnet.co.uk; ☎ 028-9066 5257; PO Box 44, Belfast)
Outhouse (☎ 01-873 4932; www.outhouse.ie; 105 Capel St, Dublin 1) Zentrum für Schwule, Lesben und Transsexuelle.

Folgende Informationsdienste können von überall in Irland angerufen werden:
Gay Men's Health Project (☎ 01-660 2189) Praktische Ratschläge zur Gesundheit von Männern.
Gay Switchboard Dublin (☎ 01-872 1055; ☽ Mo–Fr 7.30–21.30, Sa 15.30–18 Uhr)
Lesbian Line Belfast (☎ 028-9023 8668; ☽ Do 7.30–22 Uhr)
Lesbian Line Dublin (☎ 01-872 9911; ☽ Do 7–21 Uhr)
Mensline Belfast (%028-9032 2023; ☽ Mo–Mi 7.30–22 Uhr)

TELEFON

Eircom ist die größte Telefongesellschaft, obwohl es inzwischen eine ganze Reihe von Konkurrenten gibt. In Nordirland gehören die meisten öffentlichen Telefone der British Telecom (BT).

Auslandsgespräche ins deutsche Festnetz kosten beispielsweise von der Republik 0,24 € und von Nordirland 0,17 €. Am Abend und am Wochenende sind die Gebühren am niedrigsten. Wer ein ausländisches Mobilfunknetz anwählt, muss deutlich tiefer in die Taschen greifen. Hotels verlangen meist das Doppelte der normalen Preise. Faxe kann man von Postämtern oder von den meisten Hotels

---

STATISTIK

- In Irland darf man ab 18 Jahren wählen
- Die Schulpflicht endet mit 16 Jahren
- Alkohol ist offiziell ab 18 Jahren erlaubt
- Rauchen darf man ab 16 Jahren
- Hetero- und homosexueller Geschlechtsverkehr ist ab 17 Jahren erlaubt
- Mopedfahren darf man ab 16 Jahren
- Ab 17 Jahren darf man Auto fahren

---

aus schicken und empfangen (bis zu 2 € pro Seite).

Um von Irland aus nach Hause zu telefonieren, muss man eine der Nummern aus der Tabelle (siehe rechts) verwenden.

Ortsgespräche von einem Münzfernsprecher aus kosten in der Republik zu jeder Tageszeit 0,25 € für etwa drei Minuten (rund 0,50 € in ein Mobilfunknetz). In Nordirland zahlt man für ein Ortsgespräch mindestens 0,20 £.

Telefonkarten von Eircom oder anderen Anbietern gibt es in Zeitungsläden und Postämtern. Sie funktionieren an allen öffentlichen Telefonapparaten und machen die Suche nach Kleingeld überflüssig.

Mobiltelefon

Mit einer Verbreitung von 96 % und über 4 Mio. Nutzern scheint es, als würden die Iren an ihren Handys kleben und ihren Freunden jederzeit mitteilen, dass sie auf dem Weg sind. SMS ist gerade bei Jugendlichen eine richtige Sucht.

Irland nutzt den GSM 900/1800 Standard, der mit dem Rest Europas kompatibel ist. In Irland gibt es vier Anbieter: Vodafone ist am häufigsten, gefolgt von O2 Ireland, Meteor und 3. Es gibt drei verschiedene Vorwahlnummern: 085, 086 und 087. Mit der Rufnummernmitnahme können Kunden den Anbieter wechseln und dabei ihre Nummer behalten.

Alle vier Anbieter haben Abkommen mit den meisten international bekannten Mobilfunkunternehmen; das Telefonieren mit dem eigenen Handy dürfte in Irland, bis auf die teuren Gesprächsgebühren, also problemlos sein.

Für etwa 50 € werden Prepaid-Karten verkauft, die eine eigene Nummer haben und oft über bis zu 25 € Gesprächsguthaben verfügen. Ist das Guthaben aufgebraucht, sind Nachladekarten (10–35 €) an allen Zeitungsläden und Tankstellen erhältlich. Ähnliche Lösungen gibt es auch in Nordirland.

Vorwahlen

Die internationale Vorwahl für die Republik Irland ist 00353 (plus Ortsvorwahl ohne 0, gefolgt von der Rufnummer). Vom Ausland ist die Vorwahl für Nordirland die 004428, gefolgt von der gewünschten Rufnummer. Von Großbritannien aus wählt man 028, von der Republik aus 048. Die Ortsvorwahl von Nordirland ist generell die 028, sodass man bei Gesprächen innerhalb Nordirlands nur noch die Rufnummer wählen muss.

Bei Gesprächen von der Republik nach Großbritannien gilt die 0044, danach die Ortsvorwahl ohne 0 und dann die Rufnummer. Bei Gesprächen von Nordirland nach Großbritannien wählt man die Ortsvorwahl, gefolgt von der Rufnummer. Für Auslandsgespräche wählt man 00, den Ländercode, die Ortsvorwahl ohne 0 und dann die Rufnummer.

Nach	Aus der Republik	Aus Nordirland
Deutschland	☎ 1800 551 049 + Rufnummer	☎ 0800 890 049 + Rufnummer
Österreich	☎ 1800 551 043 + Rufnummer	☎ 0800 890 043 + Rufnummer
Schweiz	☎ 1800 551 041 + Rufnummer	☎ 0800 890 041 + Rufnummer

TOILETTEN

Öffentliche Toiletten – auf irisch oft durch *Fir* (Männer) und *Mná* (Frauen) gekennzeichnet – sind fernab der größeren Städte selten und wenn, dann befinden sie sich in der Regel in Einkaufszentren. In fast allen Restaurants und Pubs hängt ein Schild, dass die Toiletten nur von Gästen benutzt werden dürfen. Wenn man aber höflich fragt und nicht so aussieht, als würde man sich gleich den nächsten Schuss setzen wollen, drücken die meisten Wirte ein Auge zu. Und in vollen Pubs fällt es erst gar nicht auf.

TOURISTENINFORMATION

Fáilte Ireland (in der Republik ☎ 1850 230 330; in Großbritannien 0800 039 7000; www.discoverireland.ie) und das **Northern Irish Tourist Board** (NITB; Zentrale ☎ 028-9023 1221; www.discovernorthernireland.com; 59 North St, Belfast) bieten die meisten Informationen.

Neben diesen beiden Webseiten gibt es auch einen Buchungsservice. Telefonische Reservierungen sind über das Buchungssystem **Gulliver** des Northern Irish Tourist Board möglich (in der Republik ☎ 1800 668 668; in Großbritannien 0800 783 5740).

Fáilte Ireland betreibt auch ein Büro in **Belfast** (☎ 028-9032 7888; 53 Castle St, Belfast) und NITB ein Büro in **Dublin** (innerhalb der Republik ☎ 01-679 1977, 1850 230 230; 16 Nassau St, Dublin).

In der Republik und in Nordirland gibt es in jeder größeren Stadt eine Touristeninformation. Die meisten bieten auch Zimmervermittlung und die Buchung von Ausflügen an, außerdem Geldwechsel und den Verkauf von Karten und Büchern. Meist liegt auch kostenloses Informationsmaterial aus. Fáilte Ireland unterhält darüber hinaus noch sechs Außenstellen, die detaillierte Informationen zu den jeweiligen Gegenden und Regionen bereitstellen können.

Wichtige regionale Touristeninformationen in der Republik

Cork Kerry (☎ 021-425 5100; www.corkkerry.ie; Cork Kerry Tourism, Áras Discover, Grand Parade, Cork)
Dublin (www.visitdublin.com; Dublin Tourism Centre, St Andrew's Church, 2 Suffolk St, Dublin)
East Coast & Midlands (☎ 044-48761; www.eastcoast midlands.com; East Coast & Midlands Tourism, Dublin Rd, Mullingar) Für Kildare, Laois, Longford, Louth, Meath, North Offaly, Westmeath, Wicklow.
Ireland North-West & Lakelands (☎ 071-916 1201; www.irelandnorthwest.ie; Temple St, Sligo) Für Cavan, Donegal, Leitrim, Monaghan, Sligo.
Ireland West (☎ 091-537 700; www.irelandwest.ie; Ireland West Tourism, Aras Failte, Forster St, Galway) Für Galway, Roscommon, Mayo.
Shannon Region (☎ 061-361 555; www.shannon regiontourism.ie; Shannon Development, Shannon, Clare) Für Clare, Limerick, North Tipperary, South Offaly.
South East (☎ 051-875 823; www.southeastireland.com; South East Tourism, 41 The Quay, Waterford) Für Carlow, Kilkenny, Tipperary, Waterford, Wexford.

Touristeninformationen im Ausland

Außerhalb Irlands agieren Fáilte Ireland und das NITB gemeinsam unter dem Namen Tourism Ireland:

Deutschland (☎ 069-9231 8500; info.de@tourism ireland.com; Gutleutstraße 32, 60329 Frankfurt am Main)
Österreich (☎ 01-914 1351; corporate.austria@ tourismireland.com; Libellenweg 1, 1140 Wien)
Schweiz (☎ 069-9231 8500; tourismireland@bluewin.ch; Hindergartenstraße 36, 8447 Dachsen)

ALLGEMEINE INFORMATIONEN

UNTERKUNFT

Die Unterkünfte sind nach Preisen und Vorlieben der Autoren sortiert. An erster Stellen stehen die Favoriten, die oft das gewisse Etwas haben und sich von anderen Unterkünften abheben. Solche, die besonders Umwelt schonend sind, werden ebenfalls (wo möglich) hervorgehoben. Die angegebenen Hochsaison-Preise gelten, wenn nicht anders angegeben, pro Zimmer und Nacht. Unterschieden wird in Budgetunterkünfte (unter 60 €), Mittelklassehotels (60–150 €) und Spitzenklassehotels (über 150 €). Verschiedene Preise beziehen sich auf verschiedene Zimmerkategorien während der Hochsaison, in der Nebensaison bezahlt man mitunter weniger. In Dublin sind die Zimmerpreise unverhältnismäßig hoch – teilweise doppelt so hoch wie im restlichen Land.

Die meisten Unterkünfte verteuern sich an speziellen Wochenenden um bis zu 10 %, z. B. an gesetzlichen Feiertagen oder bei großen Sportereignissen. Hotels bieten oft auch Pauschalangebote bei mehr als einer Übernachtung (Mahlzeiten inkl.) an, vor allem in der Nebensaison. Es lohnt sich ebenso, bei Übernachtungen von Montag bis Donnerstag nach einem Nachlass auf den an der Tourismuszentrale festgelegten Preis zu fragen. Ironischerweise bekommt man an den Wochenenden in den Stadthotels oft günstigere Tarife als unter der Woche, weil dann die Hauptklientel (Geschäftsleute) ausbleiben.

In der Nebensaison (Nov.–März) ist es in ländlichen Gebieten kein Problem, einfach zu einem Hotel zu fahren oder zuvor kurz anzurufen. In der Hochsaison sollte man auf jeden Fall im Voraus buchen. Die irische (Fáilte Ireland) und nordirische Tourismuszentrale (Northern Ireland Tourist Board, NITB) reservieren Zimmer gegen eine Gebühr von 4 € und Ferienwohnungen gegen 7 €. Telefonische Buchungen sind über das Reservierungssystem **Gulliver Ireland** (Irland ☎ 1850 61 61 61; Großbritannien ☎ 0800 096 8644; Rest der Welt die kostenlose Hotline ☎ 6686 6866) möglich.

Viele Unterkünfte, vor allem in ländlichen Gegenden, schließen über Weihnachten und Neujahr; wer geöffnet hat, verlangt meist höhere Preise.

B&Bs

Die allgegenwärtigen „Bed and Breakfasts" (B&Bs) sind kleine Familienbetriebe mit höchstens fünf Zimmern in Bauern- oder alten Landhäusern. Die Standard-Unterschiede sind riesig, allerdings haben die meisten Zimmer ein eigenes Bad und kosten etwa 35 bis 40 € pro Person und Nacht. In luxuriösen B&Bs können die Preise auf 55 € oder mehr ansteigen. Die Ausstattung in den preisgünstigeren Unterkünften kann sehr eingeschränkt sein. TV, Telefon, Wasserkocher u. ä. finden sich eher in der mittleren bis gehobenen Kategorie. Außerhalb der großen Städte akzeptieren die meisten B&Bs nur Bargeld!

Camping

Campingplätze gibt es in Irland nicht so viele wie in Großbritannien oder auf dem Kontinent. Einige Hostels haben Zeltplätze auf ihrem Grundstück und erlauben die Mitbe-

---

UNTERKÜNFTE IM INTERNET

www.allgohere.com Diese Webseite richtet sich speziell an Reisende mit – und ohne – Behinderungen nach Nordirland.

www.corkkerry.ie Eine praktische Seite für Unterkünfte und Infos für den Südwesten.

www.daft.ie Anzeigen für Ferien- und Mietwohnungen.

www.discovernorthernireland.com Über die Seite von NITB kann man Unterkünfte buchen.

www.elegant.ie Hat sich auf Burgen, Altbauten und besondere Anwesen für Selbstversorger spezialisiert.

www.familyhomes.ie Eine Liste für privat geführte Guesthouses und Ferienhäuser.

www.gulliver.ie Fáilte Ireland und das Northern Ireland Tourist Board (NITB) sind die Betreiber dieses Online-Buchungssystems.

www.hostelworld.com Praktische Seite, um Hotels zu vergleichen und Betten zu buchen.

www.ireland.travel.ie Hotelbuchungsseite von Fáilte Ireland.

www.irishlandmark.com Eine nicht profitorientierte Denkmalschutzgruppe, die Ferienhäuser von historischer oder kultureller Bedeutung vermietet, z. B. Burgen, Leuchttürme und Torhäuser.

www.stayinireland.com Hat eine Liste mit Pensionen und Ferienhäusern.

UNTERKUNFT ONLINE BUCHEN

Wer weitere Unterkünfte von Lonely Planet Autoren beschrieben und empfohlen haben möchte, sollte sich beim Online-Buchungsservice auf www.lonelyplanet.com umsehen. Dort findet man zuverlässige Insidertipps zu den besten Unterkünften. Kritiken sind gründlich und unabhängig. Und das Beste ist: Man kann online buchen!

---

nutzung der sanitären Einrichtungen im Haus; dadurch sind sie angenehmer als die großen Campingplätze. Auf den kommerziellen Plätzen zahlt man für ein Zelt und zwei Personen 12 bis 20 €. Die in diesem Buch angegebenen Preise gelten – soweit nicht anders angegeben – für zwei Personen. Der Platz für einen Wohnwagen oder ein Wohnmobil schwankt zwischen 15 und 25 €. Die meisten Anlagen sind nur von Ostern bis Ende September oder Oktober geöffnet.

Ferienwohnungen & -häuser

Unterkünfte für Selbstversorger werden oft wochenweise vermietet, meist Apartments oder Ferienhäuser. Die Preise variieren je nach Region und Saison. Fáilte Ireland veröffentlicht einen Führer mit registrierten Ferienwohnungen und -häusern. Weitere Informationen stehen auch auf der Webseite www.ireland.travel.ie.

Guesthouses

Im Wesentlichen ähneln Guesthouses den B&Bs der höchsten Preiskategorie. Der Unterschied liegt in der Größe: Guesthouses haben zwischen sechs und 30 Zimmern. Die Preise variieren gewaltig; man muss mindestens mit 35 € pro Person (40 € in Dublin) bzw. bis zu 100 € in den besten Guesthouses rechnen. Im Gegensatz zu Hotels haben die meisten Guesthouses keine Lizenz für Alkoholausschank, oft aber ein Restaurant und eine gute Ausstattung. Kreditkarten werden fast immer akzeptiert.

Hostels

Die in diesem Buch angegebenen Preise für Hostel-Unterkünfte gelten für Personen über 18 Jahre. Ein Bett im Schlafsaal kostet in der Hauptsaison meist zwischen 13 und 25 €.

An Óige und Hostelling International Northern Ireland (HINI) sind die zwei Mitgliedsverbände von Hostelling International (HI), dem Internationalen Jugendherbergsverband.

Etwa die Hälfte der Hostels haben Familien- und kleinere Zimmer. An Óige gehören 23 Hostels in der Republik, HINI sechs in Nordirland.

An Óige (☎ 01-830 4555; www.irelandyha.org; 61 Mountjoy St, Dublin 7; ☷ Mo–Fr 9.30–17.30 Uhr)

HINI (☎ 028-9032 4733, Vorwahl 048 bei Anrufen aus der Republik; www.hini.org.uk; 22-32 Donegall Rd, Belfast BT12 5JN; ☷ 24 Std.)

Irland hat auch eine größere Anzahl unabhängiger Hostels (independent hostels), von denen einige ausgezeichnet sind. Viele warten mit toller Lage oder schöner Atmosphäre auf, haben dafür aber auch eine sehr einfache Ausstattung.

Die folgenden Organisationen mit Hostels in der Republik und in Nordirland bieten gute Unterkünfte:

Independent Holiday Hostels of Ireland (IHH; ☎ 01-836 4700; www.hostels-ireland.com; 57 Lower Gardiner St, Dublin 1)

Independent Hostel Owners of Ireland (IHO; ☎ 074-973 0130; www.holidayhound.com/ihi; Dooey Hostel, Glencolumbcille, County Donegal)

Hotels

Hotels reichen vom örtlichen Pub bis zu mittelalterlichen Burgen, die Preise variieren dementsprechend. Vor allem zur Nebensaison

---

ETWAS ANDERES

Als Alternative zum normalen Wohnmobil bieten sich Pferde gezogene Wagen an, mit denen man durch die Landschaft zuckeln kann. In der Hochsaison kostet ein solcher Wagen etwa 780 € pro Woche. Auf der Webseite www.ireland.ie findet man eine Liste von Betreibern; eine gute Quelle ist auch www.irishhorsedrawncaravans.com.

Einen ruhigen und erholsamen Blick auf die Landschaft bietet eine Fahrt mit einer Barkasse über die Kanäle des Landes. Fáilte Ireland hat eine Übersicht der Verleiher.

Oder aber man mietet sich ein Hausboot und schippert mit diesem über die Wasserstraßen Irlands. Eine Firma, die Hausboote für den Shannon-Erne Waterway vermietet, ist **Emerald Star** (☎ 071-962 0234; www.emerald star.ie).

---

und bei Online-Reservierungen lassen sich oft günstigere Raten aushandeln. Das Frühstück ist meist im Preis inbegriffen. Viele Hotelzimmer sind mit Fernseher, Wasserkocher, Kaffeemaschine und Telefon ausgestattet. Manche Hotels sind preisgünstiger als Guesthouses.

Wohnungstausch

Wohnungstausch wird immer beliebter. So kann man das Land bereisen und gleichzeitig ein Zuhause fern von daheim haben. In Irland gibt es mehrere Agenturen, die gegen Jahresgebühr einen internationalen Wohnungstausch organisieren. Als Mitglied erhält man Zugang zu einer Webseite sowie ein Buch mit Beschreibungen, Fotos und Infos über die Besitzer und ihre Häuser. Danach muss jeder seine eigenen Absprachen treffen. Manchmal darf man sogar das Auto mitbenutzen.

Homelink International House Exchange (☎ 01-846 2598; www.homelink.ie; 95 Bracken Dr., Portmarnock, County Dublin)

Intervac International Holiday Service (☎ 041-983 7969; www.intervac.com; Drogheda, County Dublin; ⏰ Mo--Fr 7--21 Uhr)

VERSICHERUNG

Reiseversicherungen, die Diebstahl, Verlust und medizinische Versorgung einschließen, sind bei einer Reise nach Irland sicher eine gute Investition. Doch je nach den einzelnen Policen ist der Umfang der medizinischen Versorgung bzw. der Kostenübernahme unterschiedlich hoch. Wie immer empfiehlt es sich, das Kleingedruckte genau zu lesen. Wichtig ist, dass die Versicherung den Rücktransport bei schweren Verletzungen garantiert (siehe auch S. 777).

VISA

EU-Bürger und Schweizer können ohne Visum in die Republik Irland und nach Nordirland einreisen und hier ohne Einschränkungen wohnen, arbeiten und studieren. Zur Einreise ist nur ein gültiger Personalausweis oder Pass erforderlich.

ZEIT

Im Winter gilt in Irland wie in Großbritannien die Greenwich Mean Time (GMT), d. h. Mitteleuropäische Zeit. Im Sommer werden die Uhren eine Stunde vorgestellt. Wenn es also in Berlin 12 Uhr ist, ist es in Dublin folglich 11 Uhr.

ZOLL

Zollfrei einführen darf man Gegenstände für den persönlichen Gebrauch. Bei Genussmitteln gelten folgende Richtmengen: 3200 Zigaretten (oder 400 Zigarillos, 200 Zigarren oder 3 kg Tabak) und entweder 10 l Spirituosen, 20 l mit Alkohol angereicherter Wein wie Sherry oder Port, 60 l Schaumwein, 90 l Wein oder 110 l Bier. Beim Überschreiten dieser Mengen muss ein persönlicher Bedarf nachgewiesen werden. Von Drogen- und Sicherheitskontrollen abgesehen, gibt es keine Zollkontrollen.

Die Mitnahme von Hunden und Katzen nach Irland und Großbritannien unterliegt strengen Quarantäne-Vorschriften. In Großbritannien und der Republik Irland gilt das EU Pet Travel Scheme: Dem Tier wird ein Mikrochip eingepflanzt, und sechs Monate *vor* der Einreise muss es einer Tollwutimpfung und einem Bluttest unterzogen werden. Weitere Informationen erteilt das **Department of Agriculture, Food & Rural Development** (☎ 01-607 2000) in Dublin.

Verkehrsmittel & -wege

INHALT

AN- & WEITERREISE

EINREISE
Da in Irland die Zahl der Asylbewerber im letzten Jahrzehnt deutlich gestiegen ist, werden Bürger afrikanischer, asiatischer und einiger osteuropäischer Länder bei der Einreise stärker kontrolliert. Die Grenze zwischen der Republik und Nordirland ist zwar noch politische Realität, trotzdem gibt es kaum Grenzkontrollen. Man geht schlicht davon aus, dass Nicht-EU-Bürger schon bei der Einreise nach Großbritannien kontrolliert wurden.

Reisepass
EU-Bürger dürfen frei nach Irland einreisen und ausreisen, sofern sie einen Personalausweis oder Reisepass dabei haben. Bei Nicht-EU-Bürgern muss der Reisepass ab dem Tag der Einreise noch mindestens sechs Monate gültig sein.

FLUGZEUG
Flughäfen & Fluglinien
Dublin und Shannon werden regelmäßig nonstop von Großbritannien, vom europäischen Festland und von Nordamerika aus angeflogen, nach Cork gibt es gute Nonstop-Verbindungen aus Großbritannien und Kontinentaleuropa.

Cork (ORK; ☎ 021-431 3131; www.corkairport.com)
Dublin (DUB; ☎ 01-814 1111; www.dublinairport.com)
Shannon (SNN; ☎ 061-712 000; www.shannonairport.com)

Weitere Flughäfen in der Republik werden nur von Großbritannien aus bedient:
Donegal (CFN; ☎ 074-954 8284; www.donegalairport.ie; Carrickfinn)
Kerry (KIR; ☎ 066-976 4644; www.kerryairport.ie; Farranfore)
Knock (NOC; ☎ 094-67222; www.knockairport.com)
Waterford (WAT; ☎ 051-875 589; www.flywaterford.com)

In Nordirland landen Flüge aus Großbritannien, Kontinentaleuropa und den USA am Flughafen **Belfast International** (BFS; ☎ 028-9448 4848; www.belfastairport.com).

Weitere Flughäfen in Nordirland, die regelmäßig von Großbritannien aus angeflogen werden:
Belfast City (BHD; ☎ 028-9093 9093; www.belfastcityairport.com)
Derry (LDY; ☎ 028-7181 0784; www.cityofderryairport.com)

Die wichtigsten irischen Fluglinien:
Aer Árann (☎ 1890 462 726; www.aerarann.ie) Kleine Fluggesellschaft, die innerhalb Irlands und nach Großbritannien fliegt.

DINGE ÄNDERN SICH ...
Gerade die Informationen in diesem Kapitel unterliegen ständigen Veränderungen. ständigen Veränderungen. Es empfiehlt sich daher, Tarife unmittelbar bei der Fluggesellschaft oder im Reisebüro abzufragen. Auch die aktuellen Sicherheitsbestimmungen im internationalen Reiseverkehr sind zu beachten. Aufgepasst beim Einkaufen! Die Angaben in diesem Kapitel sollen nur als Richtlinien dienen und ersetzen nicht die eigene sorgfältige und aktuelle Recherche vor Ort.

FAHRTKOSTEN

Die in diesem Buch genannten Fahrtkosten gelten als einfache Fahrt für Erwachsene, wenn nicht anders angegeben.

Aer Lingus (☎ 01-886 8888; www.aerlingus.com) Nationale irische Fluglinie mit Direktflügen nach Großbritannien und zum europäischen Festland.

Ryanair (☎ 01-609 7800; www.ryanair.com) Irlands Billigflieger bietet günstige Flüge nach Großbritannien und Kontinentaleuropa.

Fast alle internationalen Fluggesellschaften haben ihre irischen Büros in Dublin. Hier einige der Fluglinien, die Irland anfliegen:

Aer Árann (☎ 1890 462 726; www.aerarann.ie)
Aer Lingus (☎ 01-886 8888; www.aerlingus.com)
Air France (☎ 01-605 0383; www.airfrance.com)
Air Wales (☎ 1800 465 193; www.airwales.com)
Alitalia (☎ 01-844 6035; www.alitalia.com)
Austrian Airlines (☎ 01-608 0099; www.aua.com)
BMI British Midland (☎ 01-407 3036; www.flybmi.com)
British Airways (☎ 1800 626 747; www.britishairways.com)
City Jet (☎ 01-8700 300; www.cityjet.com)

Continental (☎ 1890 925 252; www.continental.com)
Delta Airlines (☎ 1800 768 080; www.delta.com)
EasyJet (☎ 048-9448 4929; www.easyjet.com; Knock)
KLM (☎ 01-663 6900; www.klm.com)
Lufthansa (☎ 01-844 5544; www.lufthansa.com)
Ryanair (☎ 01-609 7800; www.ryanair.com)
Swissair (☎ 01-677 8173; www.swiss.com)

Tickets

Der Kampf um die europäischen Strecken zwischen traditionellen Fluggesellschaften und Billigfliegern lässt die Preise immer weiter purzeln, und günstige Tickets sind auch leicht zu bekommen. Tickets bucht man entweder übers Reisebüro (vor Ort oder online) oder direkt bei den Fluggesellschaften (die besten Angebote sind meist nur online buchbar). In jedem Fall lohnt sich ein Preisvergleich. Bei einfachen Reisen sind Internet-Reisebüros sehr empfehlenswert. Wenn es sich um kompliziertere Arrangements handelt, ist der Weg ins Reisebüro vor Ort oft besser, denn dort werden auch Alternativen und günstige Angebote herausgesucht. Und nicht vergessen, vor dem Kauf des Tickets auch die speziellen Bedingungen der billigsten Flüge beachten.

KLIMAWANDEL & REISEN

Der Klimawandel ist eine ernsthafte Bedrohung für die Ökosysteme, von denen die Menschen abhängen. Zu diesem Problem trägt auch der Flugverkehr immer stärker bei. Lonely Planet hält Reisen allgemein betrachtet für etwas Positives, trotzdem hat jeder einzelne eine persönliche Verantwortung, die globale Erwärmung zu verringern.

Fliegen & Klimawandel

Fast jede Form motorisierten Reisens erzeugt Kohlendioxid; die Hauptursache für den von Menschen hervorgerufenen Klimawandel. Flugzeuge sind mit Abstand die schlimmsten Umweltsünder unter den Fahrzeugen, nicht nur wegen der bloßen Entfernungen, die sie überbrücken, sondern auch weil sie die Treibhausgase weit hinaus in die Atmosphäre abgeben. Die Statistiken sind erschreckend: ein Hin- und Rückflug von zwei Personen zwischen Europa und den USA trägt zum Klimawandel genauso viel bei wie der gesamte Jahresverbrauch an Gas und Strom eines durchschnittlichen Haushalts.

CO_2-Ausgleichs-Programm

Climatecare.org und andere Internetseiten haben so genannte „CO_2-Rechner". Reisende können hier für umweltverträgliche Reiseprogramme, die die globale Erwärmung reduzieren, einen finanziellen Beitrag leisten, gleichsam als Ausgleich für ihren eigenen Ausstoß an Treibhausgasen. Dazu gehören Projekte in Indien, Honduras, Kasachstan und Uganda.

Lonely Planet unterstützt gemeinsam mit Rough Guides und anderen Partnern in der Reisebranche das CO_2-Ausgleichsprogramm, das von climatecare.org. betrieben wird. Alle Reisen des Lonely Planet Personals und der Autoren werden ausgeglichen.

Weitere Informationen unter www.lonelyplanet.com.

BUCHUNGEN ONLINE
Cheap Flights (www.cheapflights.com) Amerikanisch-britischer Anbieter für günstige Flüge und Pauschalreisen.
Flug.de (www.flug.de) Deutscher Anbieter, gehört zum Reisebüro Travel Overland.
ebookers (www.ebookers.com) Irisches Online-Reisebüro.
Expedia (www.expedia.de) Internationales Online-Reisebüro.
Opodo (www.opodo.de) Internationales Online-Reisebüro.
STA Travel (www.statravel.com) Internationales Reisebüro für Studenten.

Kontinentaleuropa
Durch den Preiskrieg der Fluggesellschaften sind Flüge vom Kontinent nach Irland heute preiswerter denn je. **Aer Lingus** (www.aerlingus.com) kann man fast schon als Billigflieger bezeichnen, so günstig sind die Flüge zu über 40 europäischen Städten. **Ryanair** (www.ryanair.com), die Mutter der Lowcost-Airlines, mischt immer noch kräftig mit, hat aber den großen Nachteil, dass nur kleinere Flughäfen außerhalb der Großstädte angeflogen werden. Damit wird der Transfer teuer und zeitaufwendig. Auch nach Belfast bestehen einige sehr gute Verbindungen. Vor dem Buchen die Angebote vergleichen.

Großbritannien
Zwischen Großbritannien und Irland gibt es verwirrend viele Flüge. Die besten Angebote findet man online, und oft kosten die Flughafengebühren mehr als der Grundpreis des billigsten Tickets (die günstigsten Flüge sind meist frühmorgens oder spätabends zur Wochenmitte).
Von den meisten Regionalflughäfen Großbritanniens aus starten Flüge nach Dublin und Belfast, von manchen auch nach Shannon, Cork, Kerry, Knock und Waterford.

AUF DEM LANDWEG
Eurolines (www.eurolines.com)
Bietet dreimal täglich einen Zug-und-Fähr-service von Victoria Station in London nach Busáras in Dublin an. Informationen zum Grenzübertritt siehe S. 774.

AUF DEM SEEWEG
Viele Fähren und Schnellboote pendeln zwischen Großbritannien oder Frankreich und Irland. Die hier genannten Preise gelten für die einfache Fahrt eines Erwachsenen ohne Auto bzw. bis zu zwei Erwachsene im Auto, beides in der Hochsaison.

Großbritannien & Irland
FÄHRE & SCHNELLBOOT
Obwohl es jede Menge Verbindungen von Großbritannien nach Irland gibt, sollte man dennoch gründlich recherchieren, denn die Preise variieren beträchtlich – je nach Saison, Wochentag, Tageszeit und Aufenthaltsdauer. Oft kosten Hin- und Rückfahrt kaum mehr als eine einfache Fahrt; außerdem lohnt es sich, nach Spezialangeboten Ausschau zu halten. Mit einem internationalen Studentenausweis (ISIC) oder einem internationalen Jugendherbergsausweis (HI) bekommt man Ermäßigung.
Die folgenden Schifffahrtslinien verkehren zwischen Großbritannien und Irland:
Irish Ferries (☎ 0870-5171717; www.irishferries.com Fähr- und Schnellbootverbindungen von Holyhead nach Dublin und Fährverbindungen von Pembroke nach Rosslare.
Isle of Man Steam Packet Company/Sea Cat (☎ 1800 805 055; www.steam-packet.com) Fähr- und Schnellbootverbindungen von Liverpool nach Dublin oder Belfast über Douglas (auf der Isle of Man) und von Troon nach Belfast.
Norfolkline (in Großbritannien ☎ 0870-600 4321, in der Republik ☎ 01-819 2999; www.norfolkline.com) Fährverbindungen von Liverpool nach Belfast und Dublin.
P&O Irish Sea (in Großbritannien ☎ 0870-242 4777, in der Republik ☎ 01-407 3434; www.poirishsea.com) Fähr- und Schnellbootverbindungen von Larne nach Cairnryan und Troon und Fährverbindungen von Liverpool nach Dublin.
Stena Line (☎ 0870-570 7070; www.stenaline.com) Fährverbindungen von Holyhead nach Dun Laoghaire, von Fleetwood nach Larne und von Stranraer nach Belfast sowie Schnellbootverbindungen von Holyhead nach Dublin, von Fishguard nach Rosslare und von Stranraer nach Belfast.
Swansea Cork Ferries (in Großbritannien ☎ 01792-456 116, in der Republik ☎ 01-427 1166; www.swansea-cork.ie) Fährverbindungen von Swansea nach Cork.

Zu den Hauptstrecken von Großbritannien in die Republik Irland gehören:
Von Fishguard & Pembroke nach Rosslare Diese beliebten kurzen Fährverbindungen dauern 3½ (von Fishguard) oder vier Stunden (von Pembroke) und kosten rund 24/114 £. In der Nebensaison wird es deutlich billiger. Die Schnellbootverbindung ab Fishguard dauert weniger als zwei Stunden und kostet rund 30/130 £.
Von Holyhead nach Dublin & Dun Laoghaire Die Überfahrt dauert etwas über drei Stunden und kostet rund 24/124 £. Die Schnellbootverbindung von Holyhead nach Dun Laoghaire dauert etwas über 1½ Stunden und kostet 30/139 £.

VERKEHRSMITTEL & -WEGE

VERKEHRSMITTEL & -WEGE

FÄHRVERBINDUNGEN

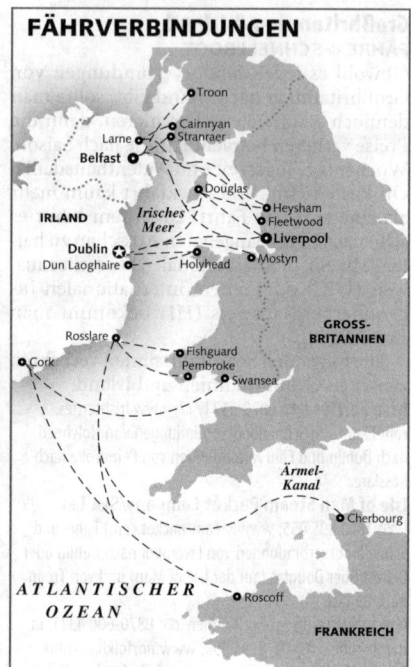

Troon
Cairnryan
Larne · Stranraer
Belfast
Douglas
IRLAND *Irisches Meer* Heysham
Fleetwood
Dublin · Liverpool
Dun Laoghaire · Holyhead Mostyn
GROSS-BRITANNIEN
Rosslare · Fishguard
Pembroke
Cork · Swansea
Ärmel-Kanal
Cherbourg
ATLANTISCHER OZEAN · Roscoff
FRANKREICH

Von Liverpool nach Dublin Die Fähre von Liverpool aus ist 8½ Stunden unterwegs und kostet 22/160 £. Kabinen bei Nachtfahrten kosten mehr. Eine Fahrt im Schnellboot dauert vier Stunden und kostet bis zu 35/240 £.

Von Swansea nach Cork Für die 10-stündige Überfahrt zahlt man rund 30/160 £, allerdings wird die Strecke nur von Mitte März bis Anfang November befahren.

Die Hauptstrecken von Großbritannien nach Nordirland:

Von Cairnryan nach Larne Das Schnellboot dauert eine Stunde und kostet 19/175 £. Die Fähre braucht 1¾ Stunden und kostet 14/115 £.

Von Fleetwood nach Larne Die 6-stündige Überfahrt kostet 119 £; Fußgänger werden nicht befördert.

Von Liverpool nach Belfast Die Überfahrt 8½ Stunden und kostet tagsüber 40/155 £ (inkl. Essen); bei Nacht 30/235 £ (inkl. Kabine & Essen).

Von Stranraer nach Belfast Das Schnellboot braucht 1¾ Stunden und kostet 20/130 £. Mit der Fähre ist man 3¼ Stunden unterwegs (16/85 £).

Man kann Bus- und Fährtickets von allen größeren britischen Städten zu Orten im irischen Busnetz kombinieren, was sich dank der Billigflüge allerdings kaum lohnt.

Die Fahrt von London nach Dublin dauert rund 12 Stunden und kostet einfach oft nur 15 £. Von London nach Belfast ist man 13 bis 16 Stunden unterwegs und zahlt 44 £. Nähere Informationen in London bei **Eurolines** (☎ 0870-514 3219; www.eurolines.com).

Frankreich
FÄHRE
Brittany Ferries (in der Republik ☎ 021-427 7801, in Frankreich ☎ 02 98 29 28 00; www.brittany-ferries.com) Wöchentliche Verbindungen von Roscoff nach Cork von Anfang April bis Ende September. Die Überfahrt dauert 14 Stunden und kostet bis zu 79/430 € ohne Kabine.
Irish Ferries (in Rosslare ☎ 053-33158, in Cherbourg ☎ 02 33 23 44 44, in Roscoff ☎ 02 98 61 17 17; www.irishferries.com) Ein- bis dreimal pro Woche von Roscoff nach Rosslare von Ende April bis Ende September; die Überfahrt dauert 17½ Stunden. Fähren von Cherbourg nach Rosslare verkehren ganzjährig (Ausnahme Ende Jan. & Febr.) zwei- bis viermal pro Woche; die Fahrzeit beträgt 20½ Stunden. Auf beiden Strecken zahlt man bis zu 130/575 € ohne Kabine.

UNTERWEGS VOR ORT

Das Herumreisen in Irland ist einfach und macht Spaß – kann aber auch furchtbar lang und kompliziert sein. Die Entfernungen sind überschaubar und es gibt ein gutes Straßennetz. Dafür verkehren die öffentlichen Verkehrsmittel eher selten, sind auch noch teuer, und zu vielen interessanten Plätzen gibt es überhaupt keine Verbindungen (vor allem keine Züge).

Ein eigenes Transportmittel ist also auf jeden Fall von Vorteil, und man sollte überlegen, sich zumindest für ein paar Tage ein Auto zu mieten. Die irischen Straßen sind schon viel besser geworden: Neben den vielen Landstraßen gibt es mittlerweile ein kleines, wachsendes Autobahnnetz. Allerdings gestaltet sich das Fahren auf manchen kleinen Landstraßen immer noch recht schwierig.

Wer nicht selbst am Steuer sitzen will: Mit Bussen, einem gelegentlichen Taxi oder Leihfahrrad, viel Zeit und Lust zum Wandern kommt man auch ohne Auto fast überall hin.

AUTO & MOTORRAD
Irlands neuer Wohlstand hat dazu geführt, dass wesentlich mehr Leute mit dem Auto unterwegs sind. Der Straßenbau kann da nicht

mithalten. So kommt es öfter zu Staus, vor allem an Feiertagswochenenden. **AA Roadwatch** (☎ 1550 131 811; www.aaroadwatch.ie) informiert in der Republik Irland über die Verkehrslage.

In der Republik werden Geschwindigkeitsbegrenzungen und Entfernungen in Stundenkilometern bzw. Kilometern angegeben (obwohl man manchmal noch die älteren weißen Schilder mit Meilenangaben sieht); im Norden werden Geschwindigkeitsbegrenzungen und Entfernungen in Meilen angegeben.

In der Republik braucht man gute Straßenkarten und Sinn für Humor angesichts der spärlichen Straßenbeschilderung. Außerdem sollte man sich auf den Nebenstraßen auf Schlaglöcher einstellen.

Das Benzin ist in der Republik um einiges billiger als in Nordirland. Die meisten Tankstellen akzeptieren Kreditkarten, einige kleine abgelegene nehmen manchmal nur Bargeld.

Alle Autos auf öffentlichen Straßen müssen versichert sein. Wer mit dem eigenen Auto anreist, sollte unbedingt vorher nachsehen, ob die Versicherung auch für Irland gilt.

Autokauf

In Irland ein Auto zu kaufen ist teurer als in den meisten anderen europäischen Ländern. Wer ein Auto kaufen (oder aus dem Ausland importieren will), muss die Steuer für die Zulassung und Kfz-Steuer bezahlen und eine Versicherung abschließen.

ERMÄSSIGUNGEN FÜR FÄHRE, BUS & ZUG

Für Reisen in ganz Europa

Der **InterRail-Pass** (www.interrail.com) bietet eine 50 %ige Ermäßigung auf Zugreisen in Europa und Ermäßigungen bei Irish Ferries und Stena Line. Man bekommt ihn an den meisten großen Bahnhöfen und in Studenten-Reisebüros.

Für Reisen in Irland

Travelsave (10 € im Süden, 7 £ im Norden) gibt Besitzern des Internationalen Studentenausweises (ISIC) 50 % Ermäßigung in irischen Zügen und 15 % auf den Strecken von Bus Éireann.

Die Faircard von Iarnród Éireann (10 €) bietet bis zu 50 % Ermäßigung auf Städteverbindungen für Leute unter 26 Jahren, während Weekender (7 €) für Reisende ab 26 Jahren 30 % Ermäßigung gibt (Fr–Di).

Unbegrenzte Fahrten mit Bussen & Zügen

Irish Rambler gilt nur in Bussen innerhalb der Republik. Man zahlt 53 € (für Reisen an drei Tagen innerhalb von acht Tagen), 116 € (acht Tage innerhalb von 15) oder 168 € (15 Tage innerhalb von 30).

Irish Rover kombiniert die Dienste von Bus Éireann und Ulsterbus. Die Karten kosten 73 € (für Reisen an drei Tagen innerhalb von acht Tagen), 165 € (acht Tage innerhalb von 15) und 245 € (15 Tage innerhalb von 30).

Explorer-Tickets von Iarnród Éireann gelten in den Zügen innerhalb der Republik. Man zahlt 138 € (für Reisen an fünf Tagen innerhalb von 15 Tagen) oder 171 € (dann ist Nordirland mit eingeschlossen).

Irish-Explorer-Tickets (210 €) ermöglichen Reisen an acht innerhalb von 15 Tagen mit Zügen und Bussen in der Republik.

Der Pass Freedom of Northern Ireland erlaubt unbegrenztes Fahren mit NIR, Ulsterbus und Citybus für 14 £ (ein Tag), 34 £ (drei Tage innerhalb von acht Tagen) oder 50 £ (für sieben aufeinanderfolgende Tage).

Die Emerald Card ermöglicht unbegrenztes Reisen in ganz Irland mit Iarnród Éireann, NIR, Bus Éireann, Dublin Bus, Ulsterbus und Citybus. Die Karte bekommt man für 236 € (fünf Reisetage innerhalb von 15 Tagen) oder 406 € (15 innerhalb von 30 Tagen).

Kinder unter 16 Jahren zahlen für all diese Pässe und für normale Fahrkarten die Hälfte. Kinder unter drei Jahren fahren in öffentlichen Verkehrsmitteln umsonst. Die oben genannten Pässe werden an allen größeren Bahnhöfen und Busbahnhöfen in Irland verkauft. Sie sind zwar günstig, lohnen sich aber nur, wenn man in Lichtgeschwindigkeit durch Irland reist.

VERKEHRSMITTEL & -WEGE

Mit dem eigenen Auto unterwegs

Nach Irland kann man problemlos mit dem eigenen Auto anreisen. Man sollte die Fahrzeugpapiere immer dabei haben, damit man auch beweisen kann, dass einem das Auto auch tatsächlich gehört.

Mitglieder von Automobilclubs sollten sich am besten schon zu Hause erkundigen, ob sie die Dienste (Karten, Informationen, Pannendienst, Rechtsbeistand, usw.) der irischen Automobilclubs kostenlos in Anspruch nehmen können.

Automobile Association (AA; www.aaireland.ie) Nordirland (☎ 0870-950 0600, Pannendienst 0800-667 788); Republik (Dublin ☎ 01-617 9999, Cork 021-425 2444, Pannendienst 1800-667 788)

Royal Automobile Club (RAC; www.rac.ie) Nordirland (☎ 0800-029 029, Pannendienst 0800-828 282); Republik (☎ 1890 483 483)

Führerschein

Außer man hat einen EU-Führerschein, der einem irischen Führerschein gleich kommt, ist der Führerschein aus dem eigenen Land ab dem Tag der Einreise zwölf Monate lang gültig; man sollte ihn aber schon vorher zwei Jahre besitzen. Wer keinen EU-Führerschein hat, sollte sich vor der Abreise vom Automobilclub einen internationalen Führerschein ausstellen lassen. Der Führerschein aus dem eigenen Land reicht meistens aus, um für drei Monate ein Auto zu mieten.

Der Führerschein muss jederzeit mitgeführt werden.

Mietwagen

Ein Auto in Irland zu mieten ist eine kostspielige Angelegenheit. Oft zahlt man weniger, wenn man direkt ein Pauschalangebot mit Leihwagen bucht. Wer im Juli und August anreist, sollte möglichst länger im Voraus buchen. Die meisten Autos haben Gangschaltung; es gibt Automatik-Autos, aber die sind teurer.

Internationale Mietwagenfirmen besitzen Filialen im ganzen Land. **Nova Car Hire** (www.rentacar-ireland.com) vertritt Alamo, Budget, European und National und bietet stark ermäßigte Preise. Bei Nova in der Republik Irland kostet in der Hochsaison ein kleines Auto rund 150 € pro Woche, ein mittelgroßes 185 € und ein Fünfsitzer 320 €. Im Norden sind vergleichbare Autos etwas teurer.

ENTFERNUNGEN (KM)

	Athlone	Belfast	Cork	Derry	Donegal	Dublin	Galway	Kilkenny	Killarney	Limerick	Rosslare Harbour	Shannon Airport	Sligo	Waterford	Wexford
Athlone	---														
Belfast	227	---													
Cork	219	424	---												
Derry	209	117	428	---											
Donegal	183	180	402	69	---										
Dublin	127	167	256	237	233	---									
Galway	93	306	209	272	204	212	---								
Kilkenny	116	284	148	335	309	114	172	---							
Killarney	232	436	87	441	407	304	193	198	---						
Limerick	121	323	105	328	296	193	104	113	111	---					
Rosslare Harbour	201	330	208	397	391	153	274	98	275	211	---				
Shannon Airport	133	346	128	351	282	218	93	135	135	25	234	---			
Sligo	117	206	336	135	66	214	138	245	343	232	325	218	---		
Waterford	164	333	126	383	357	163	220	48	193	129	82	152	293	---	
Wexford	184	309	187	378	372	135	253	80	254	190	19	213	307	61	---

Beim Automieten sollte man unbedingt darauf achten, dass der Preis Vollkasko-Versicherung, Versicherung gegen Diebstahl und Schaden an der Windschutzscheibe, Mehrwertsteuer und unbegrenzte Kilometer mit einschließt.

Wer von der Republik aus in den Norden fährt, sollte vorher prüfen, ob die Versicherung auch für Fahrten in den Norden gilt. Personen unter 21 Jahren dürfen kein Auto mieten; bei den meisten Leihwagenfirmen ist das Mindestalter 23 Jahre und man muss mindestens ein Jahr einen gültigen Führerschein haben. Manche Firmen in der Republik vermieten keine Autos an Personen über 74 Jahren. Im Norden besteht so eine Regelung nicht.

Motorräder und Mopeds werden nicht vermietet.

Parken
Irland ist winzig und die Iren lieben ihre Autos. Und da das keine gute Kombination ist, ist das Parken teuer und nicht selten ein Albtraum. In den Städten geht es meistens nicht ohne Parkschein oder -scheibe.

Verkehrsregeln
Eine Kopie der irischen Verkehrsregeln ist in den meisten Touristeninformationen erhältlich. Hier einige Grundregeln:

- Links fahren, rechts überholen.
- Fahrer und alle Mitfahrer müssen den Sicherheitsgurt anlegen.
- Kinder unter 12 Jahren dürfen nicht vorne sitzen.
- Für Motorradfahrer und Beifahrer besteht Helmpflicht.
- Bei der Einfahrt in einen Kreisverkehr hat Vorfahrt, wer von rechts kommt.
- Die Höchstgeschwindigkeiten betragen 120 km/h auf Autobahnen, 100 km/h auf Nationalstraßen, 80 km/h auf Landstraßen und 50 km/h in Ortschaften (oder gemäß den Schildern).
- Die Promillegrenze liegt bei 80 mg Alkohol pro 100 ml Blut oder 35 mg im Atem (ein Mann darf also grob geschätzt zwei Bier pro Stunde trinken, eine Frau eins). Achtung: Nach drei Pints (1½ bei Frauen) hat man die Grenze überschritten.

BUS
Bus Éireann (☎ 01-836 6111; www.buseireann.ie; Busáras, Store St, Dublin) ist das staatliche Busunternehmen der Republik und bietet im Süden ein dichtes

Liniennetz. Private Busunternehmen konkurrieren – oft sehr erfolgreich – mit Bus Éireann und verkehren auch dort, wo die staatlichen Busse selten oder gar nicht hinfahren.

Die größeren Unternehmen befördern Fahrräder meist kostenlos; man sollte aber vorsichtshalber nachfragen, um böse Überraschungen zu vermeiden. **Ulsterbus** (☎ 028-9066 6600; www.ulsterbus.co.uk; Milewater Rd, Belfast) ist das einzige Busunternehmen in Nordirland.

Buspässe
Näheres zu Sonderangeboten und Pässen im Kasten auf S. 771.

Preise
Eine Busfahrt ist wesentlich billiger als eine Zugfahrt, und private Unternehmen verlangen oft weniger als Bus Éireann. Im Allgemeinen kosten Hin- und Rückfahrkarten nicht viel mehr als einfache Fahrten.

Hier einige Beispiele für die Kosten einer einfachen Fahrt:

Strecke	Preis	Dauer (Std.)	Häufigkeit (Mo–Sa)
Belfast–Dublin	10 £	3	7
Derry–Belfast	9 £	1¾	10+
Derry–Galway	20 £	5¼	4
Dublin–Cork	10,50 €	4½	6
Dublin–Donegal	17,50 €	4	5
Dublin–Rosslare	16 €	3	12
Dublin–Tralee	22,50 €	6	12
Dublin–Waterford	11,50 €	2¾	7
Killarney–Cork	12,60 €	2	12
Killarney–Waterford	17,60 €	4½	12

Reservierungen
Buchungen für Bus Éireann sind online möglich, man kann aber keinen Platz für eine bestimmte Strecke reservieren.

FAHRRAD
Irland ist ideal für Radtouren, trotz des teilweise schlechten Straßenbelages und rauen Wetters. Wer im Westen radeln will, sollte wegen der vorherrschenden Winde besser von Süden nach Norden fahren. **Irish Cycling Safaris** (☎ 01-260 0749; www.cyclingsafaris.com; Belfield Bike Shop, UCD, Dublin 4) und **Go Ireland** (☎ 066-976 2094; www.goactivities.com; Old Orchard House, Killorglin, Co. Kerry) organisieren Radtouren für Gruppen im Südwesten, Südosten und in den Counties Clare, Connemara, Donegal und Antrim.

Busse transportieren Fahrräder, wenn genügend Platz ist; der Preis dafür variiert. Im

VERKEHRSMITTEL & -WEGE

Zug kostet die Mitnahme bei einer einfachen Fahrt zwischen 3 und 10 €. Fahrräder werden nicht auf allen Strecken akzeptiert, auch nicht von der Dublin Area Rapid Transit (DART); Informationen bei **Iarnród Éireann** (☎ 01-836 3333).

Normale Leihgebühren für Fahrräder liegen zwischen 15 und 25 € pro Tag bzw. 60 und 100 € pro Woche plus einer Kaution von etwa 100 €. Vor Ort gibt es viele unabhängige Fahrradverleiher, einige Firmen betreiben Filialen in ganz Irland:

Irish Cycle Hire (☎ 041-685 3772; www.irishcyclehire. com; Unit 6, Enterprise Centre, Ardee, Co. Louth)

Raleigh Ireland (☎ 01-626 1333; www.raleigh.ie, Raleigh House, Kylemore Rd., Dublin) Irlands größter Fahrradverleiher.

Rent-a-Bike Ireland (☎ 061-416983; www.ireland rentabike.com; 1 Patrick St, Limerick, Co. Limerick)

FLUGZEUG
Fluglinien in Irland

In Irland sind Inlandsflüge eigentlich überflüssig – außer man hat's eilig. Es gibt Flüge zwischen Dublin und Belfast, Cork, Derry, Donegal, Galway, Kerry, Shannon und Sligo, aber auch die Verbindung Belfast–Cork. Die meisten Flüge innerhalb Irlands dauern zwischen 30 und 50 Minuten.

Die einzigen Inlandsfluglinien sind:

Aer Árann (☎ 1890-462 726, in Dublin ☎ 01-814 5240, in Galway ☎ 091-593 034, in Cork ☎ 021-814 1058; www.aerarann.ie) Fliegt von Dublin nach Belfast, Cork, Derry, Donegal, Galway, Kerry, Knock und Sligo; von Galway zu den Aran Islands und zwischen Belfast und Cork.

Aer Lingus (Auskunft & Buchung ☎ 01-886 8844, Fluginformationen ☎ 01-705 6705, in Belfast ☎ 028-9442 2888; www.aerlingus.ie) Wichtigste Inlandsfluggesellschaft.

GEFÜHRTE TOUREN

Wer nicht viel Zeit mitbringt, kann überlegen, ob eine organisierte Tour nicht mehr Sinn macht. Es kostet allerdings weniger, auf eigene Faust loszufahren, und Irland ist klein genug, sodass man selbst die entlegensten Orte innerhalb weniger Stunden erreicht. Geführte Touren kann man in Reisebüros und Touristeninformationen der größeren Städte buchen oder direkt beim Veranstalter.

Bus Éireann (☎ 01-836 6111; www.buseireann.ie; 59 Upper O'Connell St, Dublin) Tagestouren zu verschiedenen Gegenden der Republik und durch den Norden.

CIE Tours International (☎ 01-703 1888; www. cietours.ie; 35 Lower Abbey St, Dublin) Organisiert vierbis elftägige Busfahrten in der Republik und im Norden, einschließlich Übernachtung und Essen. Die „Taste of Ireland"-Tour (5 Tage) führt durch Blarney, den Ring of Kerry entlang nach Killarney, zu den Cliffs of Moher und durch die Region um den Shannon (680 € zur Hochsaison).

Grayline Tours (☎ 01-872 9010; www.irishcitytours. com; 33 Bachelor's Walk, Dublin) Mit Sitz in Dublin bietet dieser Veranstalter Halb- und Ganztagestouren (22 €) von Dublin nach Newgrange, Glendalough und in den Norden von Dublin. Es gibt auch Drei- und Viertagesfahrten zum Ring of Kerry (295-400 €).

Over the Top & Into the West Tours (☎ 01-869 0769; www.overthetoptours.com) Täglich Touren durch das historische Wicklow (26 €), ins Boyne-Tal (28 €), Dreitagestouren in den Westen Irlands (255 €) und eine Fünftagestour durch Kerry und Cork (370 €).

Paddywagon Tours (☎ 01-672 6007; www.paddy wagontours.com) Drei- und Sechstages-Aktivtouren durch ganz Irland mit netten Reiseleitern. Übernachtet wird in IHH-Hostels.

Ulsterbus Tours (☎ 028-9033 7004; www.ulsterbus. co.uk) Veranstaltet viele Tagestouren durch den Norden und die Republik.

Es lohnt sich, auf **Golreland.com** (☎ 1800 668 668; www.goireland.com) nach Pauschalangeboten zu suchen.

Für passionierte Bahnfahrer organisiert **Railtours Ireland** (☎ 01-856 0045; www.railtours.ie; 58 Lower Gardiner St, Dublin 1) in Zusammenarbeit mit Iarnród Éireann eine Reihe von ein- bis zweitägigen Zugfahrten. Eine Dreitagesfahrt von Dublin nach Cork, Blarney Castle und Kerry kostet 219 €.

GRENZÜBERGÄNGE

In den letzten Jahren wurden die Sicherheitsmaßnahmen in Nordirland immer weiter gelockert; heute sind alle Grenzübergänge offen und meist unbesetzt. Dauergrenzposten wurden entfernt, und auf den Hauptstraßen erinnern nur die neuen Straßenschilder, die Farbe der Autonummernschilder und die Briefkästen daran, dass man gerade die Grenze überquert hat.

NAHVERKEHR

In Dublin (Dublin Bus), Belfast (Citybus) und anderen größeren Städten gibt es ein gut ausgebautes Nahverkehrsnetz. Dublin Area Rapid Transport (DART) verkehrt entlang der Küste. Die beiden Strecken des neuen Straßenbahnsystems Luas sind sehr beliebt, Taxifahrten meistens teuer.

SCHIFF/FÄHRE
Fähre

Es bestehen viele Fährverbindungen zu den vor der Küste gelegenen Inseln, auch zu den Aran Islands und Skellig Islands im Westen, zu den Saltee Islands im Südosten und zu den Tory und Rathlin Islands im Norden. Außerdem verkehren Fähren über Flüsse, Buchten und Seen, die vor allem für Radfahrer eine praktische Abkürzung darstellen.

Fahrten auf dem 258 km langen Shannon–Erne-Kanal und auf den vielen Seen sind sehr beliebt. Die Touristeninformationen empfehlen übrigens nur die bei ihnen registrierten Anbieter. Infos zu anderen Bootsanbietern stehen in den jeweiligen Kapiteln in diesem Buch.

TRAMPEN

Trampen wird in Irland immer unbeliebter, auch wenn man, verglichen mit anderen Ländern in Europa, nicht lang auf eine Mitfahrgelegenheit warten muss. Tramper sollten sich darüber im Klaren sein, dass sie ein kleines, aber dennoch ernstzunehmendes Risiko auf sich nehmen. Deshalb sollte man es besser lassen! Wer es doch probieren will – auf den Autobahnen ist trampen verboten.

ZUG

Iarnród Éireann (Irish Rail; ☎ 01-836 2222; www.irishrail. ie; 35 Lower Abbey St, Dublin) betreibt Züge in der Republik, die von Dublin in verschiedene Richtungen ausgehen. Trotzdem kommt man mit dem Zug nicht überall hin: Es gibt keine

ZUGSTRECKEN

TRANSPORT

Nord-Süd-Verbindung entlang der Westküste, kein Streckennetz in Donegal und keine Direktverbindungen von Waterford nach Cork oder Killarney. **Northern Ireland Railways** (NIR; ☎ 028-9089 9411; Belfast Central Station) betreibt vier Routen von Belfast aus. Eine ist an das Streckennetz der Republik angeschlossen und führt über Newry nach Dublin; die anderen drei führen östlich nach Bangor, nordöstlich nach Larne und nordwestlich nach Derry über Coleraine (siehe Karte von S. 775).

Preise

Zugfahren ist teurer als Bus, und gerade einfache Fahrten lohnen sich nicht – eine Hin- und Rückfahrt an Wochentagen kostet meist das gleiche wie eine einfache Fahrt. Für Erste-Klasse-Tickets zahlt man bei einfacher Fahrt 5 bis 10 € mehr als für ein normales Ticket.

Hier ein paar Preisbeispiele:

Strecke (Std.)	Preis (Mo–Sa)	Dauer	Häufigkeit
Belfast–Dublin	24 £	2	alle 30 Min.
Dublin–Cork	56,50 €	3¼	8
Dublin–Galway	42 €	3¼	5
Dublin–Limerick	43 €	2½	13
Dublin–Sligo	26 €	3	3
Dublin–Tralee	57 €	4½	8
Dublin–Waterford	24 €	2½	7

Reservierungen

Bei Iarnród Éireann muss man für alle Züge vorab reservieren und außerdem folgende Angaben an die Nummer ☎ 01-703 4136 faxen: Name, Anzahl der Fahrgäste, Datum und Uhrzeit der Verbindung, Kreditkartennummer und Ablaufdatum.

Gesundheit

VOR DER REISE

Irland besitzt zwar ein hervorragendes Gesundheitssystem, Vorbeugung kann für Auslandsreisen trotzdem nie schaden. Mit etwas Planung vor der Abreise, vor allem bei schon bestehenden Krankheiten, erspart man sich später Ärger. Medikamente sollte man z. B. in den deutlich beschrifteten Originalverpackungen mitbringen. Dazu am besten noch ein unterschriebenes und datiertes Schreiben des Hausarztes, in dem Krankheit und Medikamente beschrieben sind. Wer Spritzen bei sich hat, sollte unbedingt einen Brief des Arztes vorweisen können, in dem die medizinische Notwendigkeit bestätigt wird. Ersatzkontaktlinsen oder -brille sowie ein Rezept des Augenarztes sind ebenfalls empfehlenswert.

EMPFOHLENE IMPFUNGEN

Für die Einreise nach Irland werden keine Impfnachweise verlangt. Die Weltgesundheitsorganisation empfiehlt Reisenden generell und ganz unabhängig vom Zielland Impfungen gegen Diphtherie, Tetanus, Masern, Mumps, Röteln, Kinderlähmung und Hepatitis B.

VERSICHERUNG

Bei EU-Bürgern garantierte das Formular E111 („Auslandskrankenschein") die meisten medizinischen Behandlungen; es wird nun schrittweise durch die europäische Krankenversicherungskarte ersetzt, die nicht vor jeder Reise erneut angefordert werden muss. Allerdings ist beispielsweise ein Rücktransport in die Heimat nicht mit eingeschlossen. Für solche Notfälle empfiehlt sich eine zusätzliche Auslandskrankenversicherung. Privat Versicherte sollten prüfen, ob sie auch im Ausland versichert sind.

UNTERWEGS

REISEÜBELKEIT

Antihistamine wie Dimenhydrinat oder Meclizin sind oft eine gute erste Hilfe gegen Reiseübelkeit. Eine pflanzliche Alternative ist Ingwer.

IN IRLAND

DURCHFALLERKRANKUNGEN

Bei Durchfall gilt: Viel trinken, am besten spezielle Lösungen, die eine Dehydrierung verhindern. Wenn der Durchfall länger als 72 Stunden anhält, von Fieber, Schüttelfrost, heftigen Bauchschmerzen oder blutigem Stuhl begleitet ist, muss man auf jeden Fall einen Arzt aufsuchen.

GESUNDHEITSRISIKEN
Hitzschlag

Ein Hitzschlag (ja, auch in Irland kann das passieren!) tritt auf, wenn ein starker Flüssigkeitsverlust nicht genug mit Wasser oder Salz ausgeglichen wird. Auftretende Symptome sind Kopfschmerzen, Schwindel und Müdigkeit. Dehydrierung findet streng genommen bereits statt, wenn Durst sich bemerkbar macht – im Grunde sollte man immer so viel trinken, dass der Urin durchsichtig bleibt. Zur Behandlung eines Hitzschlags sollte man Wasser trinken und/oder Fruchtsaft, und den Körper mit kaltem Wasser und Luft zufächeln kühlen.

Unterkühlung

Unterkühlung tritt auf, wenn der Körper schneller Wärme verliert, als er produzieren kann. Wie immer hilft die richtige Vorbereitung, Risiko gering zu halten: Selbst an einem heißen Tag in den Bergen kann das Wetter schnell umschlagen. Man sollte also bei einer Wanderung an wasserfeste und warme Kleidung und einen Hut denken und andere über die geplante Route informieren.

Unterkühlung beginnt mit Frösteln, Orientierungslosigkeit und zunehmender Ungeschicklichkeit. Ohne Wiedererwärmung verschlechtert sich der Zustand des Betroffenen weiter und kann bis zur Apathie, Verwirrung und schließlich bis zum Koma führen. Dann muss ein weiterer Wärmeverlust

unbedingt verhindert werden, mit einem Unterschlupf, warmer Kleidung, heißen bzw. süßen Getränken und fremder Körperwärme.

MEDIZINISCHE VERSORGUNG & KOSTEN

Ausgezeichnete medizinische Versorgung ist jederzeit verfügbar; bei kleineren Beschwerden helfen auch die Apotheken weiter bzw. nicht-verschreibungspflichtige Medikamente. Außerdem können Apotheker bei größeren Beschwerden den richtigen Arzt empfehlen.

Sprache

Briten, Amerikaner und Neuseeländer, deutsche Geschäftsleute und norwegische Wissenschaftler, der indische Verwaltungsbeamte und die Hausfrau in Kapstadt – fast jeder scheint Englisch zu sprechen. Und wirklich: Englisch ist die am weitesten verbreitete Sprache der Welt (wenn's auch nur den zweiten Platz für die am meisten gesprochene Muttersprache gibt – Chinesisch ist die Nr. 1).

Und selbst die, die nie Englisch gelernt haben, kennen durch englische Musik oder Anglizismen in Technik und Werbung immer ein paar Wörter. Ein paar Brocken mehr zu lernen, um beim Smalltalk zu glänzen, ist nicht schwer. Hier die wichtigsten Wörter und Wendungen für die fast perfekte Konversation in fast allen Lebenslagen:

UNTERKUNFT
Wo ist ...?
Where's a ...?

eine Pension	*bed and breakfast, guesthouse*
ein Campingplatz	*camping ground*
ein Hotel	*hotel*
ein Privatzimmer	*room in a private home*
eine Jugendherberge	*youth hostel*

Wie ist die Adresse?
What's the address?

Ich möchte bitte ein Zimmer reservieren.
I'd like to book a room, please.
Für (drei) Nächte/Wochen.
For (three) nights/weeks.
Haben Sie ein ...?
Do you have a ... room?

Einzelzimmer	*single*
Doppelzimmer	*double*
Zimmer mit Doppelbett	*twin*

Wie viel kostet es pro ...?
How much is it per ...?

Nacht	*night*
Person	*person*

Kann ich es sehen?
May I see it?
Kann ich noch ein Zimmer bekommen?
Can I get another room?
Es ist gut, ich nehme es.
It's fine. I'll take it.
Ich reise jetzt ab.
I'm leaving now.

EINE RESERVIERUNG VORNEHMEN (telefonisch oder schriftlich)

An ...	*To ...*
Von ...	*From ...*
Datum	*Date*
Ich möchte ... reservieren.	*I'd like to book ...*
auf den Namen ...	*in the name of ...*
Vom ... bis zum ...	*from ... to ...*
Kreditkarte	*credit card*
Nummer	*number*
gültig bis ...	*expiry date*

Bitte bestätigen Sie Verfügbarkeit und Preis.
Please confirm availability and price.

KONVERSATION & NÜTZLICHES
Wer einen Fremden nach etwas fragt, sollte die Frage oder Bitte immer mit einer höflichen Entschuldigung einleiten (Excuse me, ...).

Guten Tag.	*Hello.*
Hallo.	*Hi.*

SPRACHE

Guten ...	Good ...
Tag	day
Morgen	morning
Tag	afternoon
Abend	evening

Auf Wiedersehen.	Goodbye.
Bis später.	See you later.
Tschüss.	Bye.
Wie geht es Ihnen?	
Wie geht es dir?	How are you?
Danke, gut.	Fine. And you?
	Und Ihnen?
Und dir?	... and you?
Wie ist Ihr Name?	
Wie heißt du?	What's your name?
Mein Name ist .../	
Ich heiße ...	My name is ...
Ja.	Yes.
Nein.	No.
Bitte.	Please.
Danke./Vielen Dank.	
Thank you (very much).	
Bitte (sehr).	
You're welcome.	
Entschuldigung.	Excuse me, ...
Entschuldigung.	Sorry.

WEGWEISER

Können Sie mir bitte helfen?
Could you help me, please?
Wo ist (eine Bank)?
Where's (a bank)?
Ich suche (den Dom).
I'm looking for (the cathedral).
In welcher Richtung ist eine öffentliche Toilette?
Which way's (a public toilet)?
Wie kann ich da hinkommen?
How can I get there?
Wie weit ist es?
How far is it?
Können Sie es mir (auf der Karte) zeigen?
Can you show me (on the map)?

links	left
rechts	right
nahe	near
weit weg	far away
hier	here
dort	there
an der Ecke	on the corner
geradeaus	straight ahead
gegenüber ...	opposite ...
neben ...	next to ...
hinter ...	behind ...
vor ...	in front of ...

Norden	north
Süden	south
Osten	east
Westen	west

Biegen Sie ... ab.	Turn ...
links/rechts	left/right
an der nächsten Ecke	at the next corner
bei der Ampel	at the traffic lights

SCHILDER	
Polizei	Police
Polizeiwache	Police Station
Eingang	Entrance
Ausgang	Exit
Offen	Open
Geschlossen	Closed
Kein Zutritt	No Entry
Rauchen verboten	No Smoking
Verboten	Prohibited
Toiletten (WC)	Toilets
Herren	Men
Damen	Women
Staatsangehörigkeit	nationality
Geburtsdatum	date of birth
Geburtsort	place of birth
Geschlecht	sex/gender
(Reise-)Pass	passport
Visum	visa

FRAGEWÖRTER

Wer?	Who?
Was?	What?
Wo?	Where?
Wann?	When?
Wie?	How?
Warum?	Why?
Welcher?	Which?
Wie viel?	How much?
Wie viele?	How many?

GESUNDHEIT

Wo ist der/die/das nächste ...?
Where's the nearest ...?

Apotheke	chemist
Zahnarzt	dentist
Arzt	doctor
Krankenhaus	hospital

Ich brauche einen Arzt.
I need a doctor.
Gibt es in der Nähe eine (Nacht-)Apotheke?
Is there a (night) chemist nearby?

SPRACHE

Ich habe mich verirrt.
I'm lost.
Wo ist die Toilette?
Where are the toilets?
Ich bin krank.
I'm sick.
Es tut hier weh.
It hurts here.
Ich habe mich übergeben.
I've been vomiting.
Ich habe Durchfall/Fieber/Kopfschmerzen.
I have diarrhoea/fever/headache.
(Ich glaube,) Ich bin schwanger.
(I think) I'm pregnant.
Ich bin allergisch gegen ...
I'm allergic to ...

Antibiotika	antibiotics
Aspirin	aspirin
Penizillin	penicillin

VERSTÄNDIGUNG

Verstehen Sie (mich)?
Do you understand (me)?
Ich verstehe (nicht).
I (don't) understand.
Könnten Sie...?
Could you please ...?
bitte langsamer sprechen
speak more slowly
das bitte wiederholen
repeat that
das bitte aufschreiben
write it down

NOTFÄLLE

Hilfe!
Help!
Es ist ein Notfall!
It's an emergency!
Rufen Sie die Polizei!
Call the police!
Rufen Sie einen Arzt!
Call a doctor!
Rufen Sie einen Krankenwagen!
Call an ambulance!
Lassen Sie mich in Ruhe!
Leave me alone!
Gehen Sie weg!
Go away!

ZAHLEN

1	one
2	two
3	three
4	four
5	five
6	six
7	seven
8	eight
9	nine
10	ten
11	eleven
12	twelve
13	thirteen
14	fourteen
15	fifteen
16	sixteen
17	seventeen
18	eighteen
19	nineteen
20	twenty
21	twenty-one
22	twenty-two
30	thirty
31	thirty-one
40	forty
50	fifty
60	sixty
70	seventy
80	eighty
90	ninety
100	one hundred
1000	one thousand
2000	two thousand
eine Million	one million

PAPIERKRAM

Name	name
Staatsangehörigkeit	nationality
Geburtsdatum	date of birth
Geburtsort	place of birth
Geschlecht	sex/gender
(Reise-)Pass	passport
Visum	visa

SHOPPING & DIENSTLEISTUNGEN

Ich suche ...
I'm looking for ...
Wo ist der/die/das (nächste) ...?
Where's the (nearest) ...?
Wo kann ich ... kaufen?
Where can I buy ...?
Ich möchte ... kaufen.
I'd like to buy ...
Wie viel (kostet das)?
How much (is this)?
Das ist zu viel/teuer.
That's too much/expensive.

SPRACHE

Können Sie mit dem Preis heruntergehen?
Can you lower the price?
Haben Sie etwas Billigeres?
Do you have something cheaper?
Ich schaue mich nur um.
I'm just looking.
Können Sie den Preis aufschreiben?
Can you write down the price?
Haben Sie noch andere?
Do you have any others?
Können Sie ihn/sie/es mir zeigen?
Can I look at it?

mehr	*more*
weniger	*less*
kleiner	*smaller*
größer	*bigger*

Nehmen Sie ...?
Do you accept ...?
   Kreditkarten
   credit cards
   Reiseschecks
   travellers cheques

Ich möchte ...
I'd like to ...
   Geld umtauschen
   change money (cash)
   einen Scheck einlösen
   cash a cheque
   Reiseschecks einlösen
   change some travellers cheques

ein Geldautomat	*an ATM*
eine Geldwechselstube	*an exchange office*
eine Bank	*a bank*
die ... Botschaft	*the ... embassy*
das Krankenhaus	*the hospital*
der Markt	*the market*
die Polizei	*the police*
das Postamt	*the post office*
ein öffentliches Telefon	*a public phone*
eine öffentlicheToilette	*a public toilet*

Wann macht er/sie/es auf/zu?
What time does it open/close?
Ich möchte eine Telefonkarte kaufen.
I want to buy a phone card.
Wo ist hier ein Internet-Café?
Where's the local Internet cafe?

Ich möchte ...
I'd like to ...
   Internetzugang haben

   get Internet access
   meine E-Mails checken
   check my email

UHRZEIT & DATUM
Wie spät ist es?
What time is it?
Es ist (ein) Uhr.
It's (one) o'clock.
Zwanzig nach eins.
Twenty past one.
Halb zwei.
Half past one.
Viertel vor eins.
Quarter to one.
morgens/vormittags
am
nachmittags/abends
pm

jetzt	*now*
heute	*today*
heute Abend	*tonight*
morgen	*tomorrow*
gestern	*yesterday*
Morgen	*morning*
Nachmittag	*afternoon*
Abend	*evening*

Montag	*Monday*
Dienstag	*Tuesday*
Mittwoch	*Wednesday*
Donnerstag	*Thursday*
Freitag	*Friday*
Samstag	*Saturday*
Sonntag	*Sunday*

Januar	*January*
Februar	*February*
März	*March*
April	*April*
Mai	*May*
Juni	*June*
Juli	*July*
August	*August*
September	*September*
Oktober	*October*
November	*November*
Dezember	*December*

VERKEHRSMITTEL & -WEGE
Öffentliche Verkehrsmittel
Wann fährt ... ab?
What time does the ... leave?
   das Boot   *boat*

der Bus — bus
der Zug — train

Wann fährt der ... Bus?
What time's the ... bus?
erste — first
letzte — last
nächste — next

Wo ist der nächste U-Bahnhof?
Where's the nearest underground station?
Welcher Bus fährt ...?
Which (bus) goes to ...?

U-Bahn — underground
(U-)Bahnhof — (underground) station
Straßenbahn — tram
Straßenbahn-
haltestelle — tram stop
S-Bahn — suburban (train) line

Eine Fahrkarte ... nach (Sydney).
A ... ticket to (Sydney).
einfache Fahrkarte
one-way
Rückfahrkarte
return
Fahrkarte erster Klasse
1st-class
Fahrkarte zweiter Klasse
2nd-class

... ist gestrichen.
The ... is cancelled.
... hat Verspätung.
The ... is delayed.
Ist dieser Platz frei?
Is this seat free?
Muss ich umsteigen?
Do I need to change trains?
Sind Sie frei?
Are you free?
Was kostet es bis ...?
How much is it to ...?
Bitte bringen Sie mich zu (dieser Adresse).
Please take me to (this address).

Eigene Verkehrsmittel
Wo kann ich ... mieten?
Where can I hire a...?
Ich möchte ... mieten.
I'd like to hire a/an ...
ein Fahrzeug mit Automatik
automatic
ein Fahrrad — bicycle

ein Auto — car
ein Allradfahrzeug — 4WD
einen Schaltwagen — manual
ein Motorrad — motorbike

Wie viel kostet es pro ...?
How much is it per ...?
Tag — day
Woche — week

Benzin — petrol
Diesel — diesel
bleifreies Benzin — unleaded
Autogas — LPG

Wo ist eine Tankstelle?
Where's a petrol station?
Führt diese Straße nach ...?
Does this road go to ...?
(Wie lange) Kann ich hier parken?
(How long) Can I park here?
Wo muss ich bezahlen?
Where do I pay?
Ich brauche einen Mechaniker.
I need a mechanic.
Ich habe (in ...) eine Panne mit meinem Auto.
The car has broken down (at ...)
Ich hatte einen Unfall.
I had an accident.
Das Auto/Motorrad springt nicht an.
The car/motorbike won't start.
Ich habe eine Reifenpanne.
I have a flat tyre.
Ich habe kein Benzin mehr.
I've run out of petrol.

STRASSENSCHILDER

Gefahr	Danger
Einfahrt verboten	No Entry
Einbahnstraße	One-way
Einfahrt	Entrance
Ausfahrt	Exit
Ausfahrt freihalten	Keep Clear
Parkverbot	No Parking
Halteverbot	No Stopping
Mautstelle	Toll
Radweg	Cycle Path
Umleitung	Detour
Überholverbot	No Overtaking

REISEN MIT KINDERN
Ich brauche ...
I need a ...

Gibt es ...?

Is there a/an...?

einen Wickelraum	*baby change room*
einen Babysitz	*baby seat*
einen Babysitter	*babysitter*
einen Kindersitz	*booster seat*
einen Babysitter-Service	*child-minding service*
eine Kinderkarte	*children's menu*
einen Kinderstuhl	*highchair*
(Wegwerf-)Windeln	*(disposable) nappies*
ein Kindertöpfchen	*potty*
einen Kinderwagen	*stroller*

Kann ich meinem Kind hier die Brust geben?

Do you mind if I breastfeed here?

Sind Kinder erlaubt?

Are children allowed?

Gälisch

2003 brachte die Regierung ein Gesetz ein, wonach alle offiziellen Dokumente, Straßenschilder und offizielle Verlautbarungen entweder in Gaeilge oder zweisprachig abgefasst sein müssen. Obwohl Gaeilge (Irisch) die Amtssprache ist, wird es nur in einigen Gegenden des ländlichen Irland gesprochen, die als Gaeltacht-Gebiete bekannt sind, vor allem in Cork (Chorcaí), Donegal (Dhún na nGall), Galway (Gaillimhe), Kerry (Chiarraí) und Mayo (Mhaigh Eo).

Irisch ist in den Schulen für die 6- bis 15-Jährigen Pflichtfach, doch der Unterricht in Gaeilge ist oft sehr trocken und phantasielos, sodass die meisten Kids ihn als Zeitverschwendung betrachten. Wenn man Leute außerhalb der Gaeltacht-Gebiete fragt, ob Sie Irisch sprechen, werden neun von zehn wohl antworten: „ahhh, cupla focal" (einige Ausdrücke) – und so ist es meist auch. Eigentlich schade, dass das Irische in den Schulen so unzulänglich vermittelt wird, denn viele Erwachsene bedauern es heute, dass sie so wenig von der alten Sprache ihres Landes verstehen. Endlich, und zum ersten Mal seit der Staatsgründung, ist vor kurzem ein neuer Lehrplan für Gaeilge eingeführt worden, der zwar die Stundenzahl reduziert, aber den Unterricht unterhaltsamer und praktischer machen soll.

AUSSPRACHE

Im Irischen gibt es drei Hauptdialekte: Connaught Irish (in Galway und im nördlichen Mayo), Munster Irish (in Cork, Kerry und Waterford) und Ulster Irish (in Donegal). Die hier angegebenen Grundlagen der Aussprache beziehen sich auf eine anglisierte Version des modernen Standarddirisch, das im Grunde eine Mischung aus allen dreien ist. Natürlich können die Angaben zur Aussprache der einzelnen Wörter oder Sätze nur ein Versuch sein, die irischen Laute einigermaßen nachvollziehbar zu beschreiben; wer wirklich sicher sein will, sollte genau auf die gesprochene Sprache vor Ort hören.

Vokale

Das Irische unterteilt die Vokale in lange (mit Akzent) und kurze (ohne Akzent) und, noch wesentlicher, in offene oder breite (**a**, **á**, **o**, **ó**, **u** und **ú**) und in geschlossene (**e**, **é**, **i** und **í**), was häufig einen Einfluss auf den nachfolgenden Konsonanten hat.

a	offenes „ä" wie im englischen „cat"
á	„o" wie in „Horn"
e	„e" wie in „nett"
é	„e" wie in „hey"
i	„i" wie in „sitzen"
í	„i" wie in „Biene"
o	„a" wie in „Wanne"
ó	„ou" wie „Show"
u	„u" wie in „nutzen"
ú	„u" wie in „gut"

Konsonanten

Es gibt zwar einige sehr ungewöhnliche Kombinationen wie **mh** oder **bhf**, doch die Aussprache ist einfacher als bei den Vokalen. Die meisten Konsonanten werden wie im Englischen oder Deutschen gesprochen.

bh	wie „v" in „Vulkan"
bhf	wie „w" in „Wille"
c	wie „k" in „Katze"
ch	wie „ch" in „pochen"
d	wie in „Dame", wenn ein offener Vokal folgt; „dsch" wie in „Dschungel", wenn ein geschlossener Vokal folgt
dh	„g" wie in „gehen", wenn ein offener Vokal folgt; „j" wie in „Jahr", wenn ein geschlossener Vokal folgt
mh	ein mit den Lippen gebildetes „w" wie im englischen „well"
s	ein stimmloses „s" wie in „lassen", wenn ein offener Vokal folgt; „sch" wie in „Schiff", wenn ein

	geschlossener Vokal folgt oder am Ende eines Wortes
t	wie in „Tag", wenn ein offener Vokal folgt; „tsch" wie in „Tschechien", wenn ein geschlossener Vokal folgt
th	„h" wie in „Haus"; „t" wie in „Hut" oder stumm am Ende eines Wortes

GESPRÄCHE

Hallo.
  Dia duit.   di·a guit
  (wörtl.: Gott sei mit dir)
Hallo. (Antwort)
  Dia is Muire duit.   di·as moira guit
  (wörtl.: Gott und Maria seien mit dir)
Guten Morgen.
  Maidin mhaith.   mo·dschin woh
Gute Nacht.
  Oíche mhaith.   ihk·heh woh
Auf Wiedersehen.
  Slán leat.   slohn liat
  (sagt derjenige, der geht)
Auf Wiedersehen.
  Slán agat.   slon egat
  (sagt derjenige, der bleibt)
Willkommen.
  Ceád míle fáilte.   kade mihla fohlche
  (wörtl.: 100 000 Willkommen)
(Vielen) Dank.
  Go raibh (míle)   goh rev (mihle)
  maith agat.   mah egat
..., bitte.
  ..., más é do thoil é.   ... mos ai du hell ai
Entschuldigung.
  Gabh mo leithscéal.   gamo lesch sceil
Wie geht es Ihnen?
  Conas a tá tú?   kenas oh toh tu
Mir geht es gut.
  (Tá mé) go maith.   (to mai) go ma
Wie heißen Sie?
  Cad is ainm duit?   kod is enim duit?
Ich heiße (Sean Frayne).
  (Sean Frayne) is   (schohn frain) is
  ainm dom.   enim dom
Ja/So ist es.
  Tá/Sea.   to/schei
Nein/So ist es nicht.
  Níl/Ní hea.   nihl/nih hei
noch eines
  ceann eile   kiohn elle
nett
  go deas   goh dies

WICHTIGE WÖRTER & SÄTZE

Was ist dies/jenes?
  Cad é seo/sin?   kad ai schoh/schin
Ich verstehe nicht.
  Ní thuigim.   nih higgim
Ich möchte nach ... fahren
  Ba mhaith liom   bo wo lohm
  dul go dtí...   dall go dih ...
Ich möchte ... kaufen
  Ba mhaith liom...   bo wo lohm ...
  a cheannach   e kianach

hier	*anseo*	onschoh
dort	*ansin*	onschin
geöffnet	*oscailte*	uskohlte
geschlossen	*dúnta*	duhnte
groß	*mór*	muhr
klein	*beag*	biog
langsam	*go mall*	goh mohl
schnell	*go tapa*	goh tope
schön (Wetter)	*go breá*	go broh
schlecht (Wetter)	*go dona*	go duhne
Laden	*siopa*	schoppe
Stadt	*baile*	bollje
Marktplatz	*lár an bhaile*	lohr en vellje

WOCHENTAGE

Montag	*Dé Luaín*	dei luhn
Dienstag	*Dé Máirt*	dei maart
Mittwoch	*Dé Ceádaoin*	dei keidihn
Donnerstag	*Déardaoin*	därdihn
Freitag	*Dé hAoine*	dei hihnih
Samstag	*Dé Sathairn*	dei sahern
Sonntag	*Dé Domhnaigh*	dei daunick

ZAHLEN

1	*haon*	hejin
2	*dó*	dou
3	*trí*	trih
4	*ceathaír*	kehirr
5	*cúig*	kuig
6	*sé*	schei
7	*seacht*	schockt
8	*hocht*	hukt
9	*naoi*	nei
10	*deich*	dschech
11	*haon déag*	hejin dschage
12	*dó dhéag*	do jage
20	*fiche*	fihkhe

Glossar

12. Juli – Tag, an dem der Oranierorden, der *Orange Order*, seine Umzüge abhält, um den Sieg König Williams III. über den katholischen König James II. in der Schlacht am Boyne 1690 zu feiern

An Óige – wörtlich übersetzt „die Jugend"; Jugendherbergsverein der Republik Irland

An Taisce – National Trust (staatliche Denkmalverwaltung) der Republik Irland

Anglo-Norman – Normannen, Engländer und Waliser, die im 12. Jh. nach Irland vordrangen

Apprentice Boys –loyalistische Organisation, die 1814 gegründet wurde, um alljährlich im August an die große Belagerung von Derry zu erinnern

ard – wörtlich übersetzt „hoch"; irischer Ortsname

ard rí – irischer „Hochkönig"

Ascendancy – bezieht sich auf die protestantische Aristokratie, die von den Anglonormannen oder jenen Siedlern abstammt, die sich während der *Plantation* hier niederließen.

bailey – Außenmauer; äußere Mauer einer Burg

bawn – befestigter Innenhof; von Mauern umgebenes Gelände um die Hauptgebäude einer Burg, das der Verteidigung diente und wo in unruhigen Zeiten auch Vieh gehalten wurde

beehive hut – siehe *clochán*

Black and Tans – britische Rekruten bei der Royal Irish Constabulary kurz nach dem Ersten Weltkrieg, berüchtigt wegen ihrer Brutalität

Blarney Stone – heiliger Stein in Blarney Castle, Grafschaft Cork, den man nach hinten gebeugt küssen muss und der dann die Redegabe verleihen soll

bodhrán – *bo-rohn*; in der Hand gehaltene Trommel aus Ziegenleder

bollocks – männliche Genitalien; wird als Ausdruck des Missfallens verwendet

Bord Na Móna – irische „Torfbehörde", zuständig für den Abbau von Torf zur Verbrennung in Kraftwerken

boreen – Gasse oder kleine Straße

Bronzezeit – frühestes Zeitalter, in dem Metall verarbeitet wurde, in Irland zwischen 2500 und 300 v. Chr.; nach der Steinzeit und vor der *Eisenzeit*

B-specials – nordirische Hilfspolizeitruppe, 1971 aufgelöst

bullaun – Stein mit einer Vertiefung, der wahrscheinlich als Mörser zum Zermahlen von Medizin oder Nahrungsmitteln diente; häufig in alten Klöstern gefunden

CAC IRA – Continuity Army Council of the *IRA*, ein Ableger der IRA

caher – ringförmiger, von Steinen eingeschlossener Bereich

cairn – Hügelgrab; aufgeschichtete Steine über einem prähistorischen Grab

camogie – Hurlingspiel der Frauen

cashel – Fort mit Ringmauer, siehe *ráth*

cath – wörtlich „Schlacht"; irischer Ortsname

céilidh – *kal-lih*, Treffen mit traditioneller Musik und Tanz; auch *ceili* genannt

Celtic Tiger – scherzhafte Bezeichnung für die irische Wirtschaft in den Boomjahren von 1990 bis etwa 2002

ceol – Musik

cha – Slangwort für Tee

champ – ein Gericht aus Kartoffelpüree mit Frühlingszwiebeln oder Lauch

chancel – Chorraum im Osten einer Kirche, Ort des Altars

chipper – Slangwort für Fastfood-Restaurants, die Fish 'n' Chips anbieten

cill – wörtlich „Kirche"; irischer Ortsname, auch *kill* geschrieben

cillín – wörtlich „kleine Zelle"; eine Einsiedelei, manchmal auch ein kleiner, abgelegener Friedhof für ungetaufte Kinder und andere „unerwünschte Tote"

Claddagh ring – Ring, der seit Mitte des 18. Jhs. in *Connaught* getragen wird: mit einem gekrönten Herzen, das sich zwischen zwei Hände schmiegt. Zeigen die Hände zum Herzen, ist der Träger verlobt oder verheiratet, zeigen sie zur Fingerspitze ist er noch auf der Suche

clochán – kreisförmiger Bau aus Stein, der in der Form an einen altmodischen Bienenstock erinnert und in frühchristlicher Zeit errichtet wurde

Connaught – eine der vier alten Provinzen Irlands, bestehend aus den Counties Galway, Leitrim, Mayo, Roscommon and Sligo; manchmal auch Connacht geschrieben

Continuity IRA – Splittergruppe der IRA, die sich gegen das Karfreitagsabkommen stellt und nur auf der Basis eines vereinten Irland zu Verhandlungen bereit ist

control zone – Bereich im Zentrum von Städten, meist die Hauptstraße, wo geparkte Autos aus Sicherheitsgründen nicht unbeaufsichtigt bleiben dürfen

craic – Unterhaltung, Klatsch, Spaß; auch *crack* geschrieben

crannóg – Pfahlbau; künstliche Insel in einem See, die ihren Bewohnern Sicherheit und gute Verteidigungsmöglichkeiten bot

crios – bunter Gürtel aus Wolle, der traditionell auf den Aran-Inseln getragen wird

cromlech – siehe *dolmen*

cú – Hund
culchie – verächtlicher Beiname, den die Dubliner allen Auswärtigen geben
currach – Ruderboot aus einem Gerüst von Weidenruten, das mit geteertem Segeltuch überzogen ist

Dáil – Unterhaus des Parlaments der Republik Irland
dairtheach – Andachtsraum, ein kleiner Raum für private Gebete
DART – Dublin Area Rapid Transport, eine Bahnlinie
delft – Delfter Keramik; glasierte blau-weiße Keramik aus Holland; in Irland bezeichnet das Wort jede Art von Keramik
demesne – Landbesitz rund um ein Haus oder Schloss
diamond – Stadtplatz
dolmen – Grabkammer oder Grab aus aufrechtstehenden Steinen mit einem quer liegenden Deckstein aus der Zeit um 2000 v. Chr.
draoícht – Zauber
drumlin – von zurückweichenden Gletschern abgerundeter Hügel
Dúchas – Behörde, die für Parks, Monumente und Gärten der Republik zuständig ist, früher Office of Public Works
dún – Festung, meist aus Stein errichtet
DUP – Democratic Unionist Party; 1971 von Ian Paisley gegründet, in strikter Opposition gegen die Versöhnungspolitik der *UUP*

Éire – irischer Name der Republik Irland
Eisenzeit –In Irland dauerte sie vom Ende der Bronzezeit etwa 300 v. Chr. (Ankunft der Kelten) bis zum Aufkommen des Christentums um das 5. Jh. n. Chr.
esker – Kieshügel
Fáilte Ireland – wörtlich „Willkommensausschuss"; Irische Tourismuszentrale
Fianna – mythische Kriegertruppe, die in vielen Erzählungen aus dem alten Irland eine Rolle spielt
Fianna Fáil – wörtlich „Krieger Irlands"; eine wichtige politische Partei in der Republik Irland, entstanden aus einer *Sinn-Féin*-Gruppierung, die den Vertrag mit Großbritannien von 1921 ablehnte
Fine Gael – wörtlich „Stamm der Gälen"; eine wichtige politische Partei in der Republik Irland, aus einer *Sinn-Féin*-Gruppierung entstanden, die den Vertrag mit Großbritannien von 1921 befürwortete und die erste Regierung des unabhängigen Irland stellte
fir – Männer (Sing. *fear*); Schild an Herrentoiletten
fleadh – Festival, Fest
fulacht fiadh – *Kochstelle aus der Bronzezeit*

Gaeltacht – Irisch sprechend
gallery grave – Galeriegrab; tunnelförmige Grabkammer
gallóglí – Söldner des 14. und 15. Jhs., zu *gallowglasses* anglisiert
garda – Polizei der der Republik Irland; Plural *gardaí*

ghillie – Angel- oder Jagdführer, auch *ghilly* geschrieben
gob – Mund; vom irischen Wort *gob* für „Vogelschnabel"
gort – wörtlich „Feld"; irischer Ortsname
grá – Liebe

Hibernia – wörtlich „Land des Winters"; römische Bezeichnung für Irland; die Römer verwechselten Irland und Island
hill fort – stammt meist aus der Eisenzeit; ein Graben umgibt einen Hügel und sichert so den Gipfel
HINI – Hostelling International of Northern Ireland; nordirische Jugendherbergsvereinigung
húicéir – traditionelles Schiff in Galway; auch als *hooker* bekann
hurling – irischer Sport, dem Hockey ähnlich
Hunger, the –manchmal gebrauchte irische Bezeichnung für die große Hungersnot von 1845–49

Iarnród Éireann – Eisenbahnen der Republik Irland
INLA – Irish National Liberation Association; 1975 als Splittergruppe der IRA entstanden, weil sie nicht mit dem Waffenstillstand einverstanden war; hält seit 1998 einen eigenen Waffenstillstand
IRA – Irish Republican Army; die größte paramilitärische Organisation der Republik, vor 80 Jahren gegründet, um für ein geeintes Irland zu kämpfen. 1969 teilte sich die IRA in die Official IRA und die Provisional IRA; die Official IRA ist nicht mehr aktiv, und die PIRA wurde zur IRA
IRB – Irish Republican Brotherhood; eine Geheimgesellschaft, die 1858 gegründet und im 20. Jh. wiederbelebt wurde; sie glaubte an die Unabhängigkeit und war auch bereit, dafür Gewalt anzuwenden; eine Vorläuferin der *IRA*, auch als Fenians bekannt

jackeen – Spottname für die Bewohner Dublins; ursprünglich auf die Dubliner gemünzt, die während des Besuchs von Queen Vitoria 1901 Union Jacks schwenkten
jarvey – Fahrer eines *jaunting car*
jaunting car –traditioneller Pferdewagen in Killarney

Kelten – kriegerische Stämme der Eisenzeit, die um 300 v. Chr. nach Irland kamen und das Land 1000 Jahre lang beherrschten
knackered – Slangwort für „müde, erledigt"

Leinster – eine der vier alten Provinzen Irlands mit den Counties Carlow, Dublin, Kildare, Kilkenny, Laois, Longford, Louth, Meath, Offaly, West Meath, Wexford und Wicklow
leithreas – Toiletten
leprechaun – boshafter Kobold oder Elfe aus der irischen Folklore
lough – See, lange schmale Bucht oder Meeresarm
loyalist – Vertreter der Ansicht, Nordirlands müsse mit Großbritannien verbunden bleiben; meist ein nordirischer Protestant

loyalist orders (loyalistische Orden) – bestehen vor allem aus dem *Orange Order* und den *Apprentice Boys*, die für die Zugehörigkeit zum Vereinigten Königreich eintreten

Luas – Light Rail Transit, öffentliches Eisenbahnsystem in Dublin; irisches Wort für „Geschwindigkeit"

LVF – Loyalist Volunteer Force; eine extreme loyalistische paramilitärische Gruppe, die den derzeitigen Friedensprozess ablehnt. Seit 1998 hält sie einen Waffenstillstand ein

marching season – die Zeit von Ostern bis in den Sommer hinein, in der die Paraden des Oranierordens,des *Orange Order*, stattfinden, die an den Sieg des protestantischen Königs William III. von Oranien über den katholischen James II. in der Schlacht am Boyne am 12. Juli 1690 und an die Vereinigung mit Großbritannien erinnern

Mesolithikum – Mittlere Steinzeit; etwa von 8000 bis 4000 v. Chr.; die Zeit, in der die ersten Siedler sich in Irland niederließen

midden – Abfallhaufen einer prähistorischen Siedlung

mná – Damen; Schriftzug an Toiletten

motte – frühe normannische Befestigung, ein abgeflachter Hügel mit einem Bergfried darauf; wird die Anlage von einer Mauer eingefasst, bezeichnet man das Ganze als *motte-and-bailey fort*; solche Befestigungen waren im frühen 13. Jh. in Irland zahlreich

Munster – eine der vier alten Provinzen Irlands, mit den Grafschaften Clare, Cork, Kerry, Limerick, Tipperary und Waterford

naomh – heilig

Nationalismus – Glauben an ein wiedervereinigtes Irland

Nationalist – Anhänger einer Wiedervereinigung Irlands

Neolithikum – Jungsteinzeit; zwischen 4000 und 2500 v. Chr. wurden die Menschen in Irland sesshaft; danach folgte die Bronzezeit

NIR – Northern Ireland Railways, die nordirische Eisenbahn

NITB – Northern Ireland Tourist Board; nordirische Tourismusbehörde

NNR – National Nature Reserves; nationale Naturschutzgebiete

NUI – National University of Ireland; nationale Universität Irlands, mit Fakultäten in Dublin, Cork, Galway und Limerick

North, the – die politische Einheit Nordirland, nicht der geografische Norden der Insel

Ogham Stone – Ogham ist die älteste Schrift in Irland; sie bestand aus einer Vielzahl von Kerben unter, auf oder oberhalb einer Linie; meist auf Stein

Oireachtas – Parlament der Republik, bestehend aus Unter- und Oberhaus, *Dáil* und Senat

Orange Order – Der 1795 gegründete Oranierorden bildet die größte protestantische Organisation in Nordirland mit bis zu 100 000 Mitgliedern; der Name erinnert an den Sieg König Williams von Oranien in der Schlacht am Boyne

Orangemen – Mitglied des *Orange Order*; nur Männer

óstán – Hotel

Palladian – palladianisch, also im Architekturstil, den Andrea Palladio (1508–80) in Anlehnung an die altrömische Architektur entwickelte

paramilitaries – Paramilitärs; bewaffnete illegale Organisationen, entweder *loyalists* oder *republicans*, denen man den Einsatz von Gewalt und Verbrechen zur Erreichung politischer und wirtschaftlicher Ziele vorwirft

Partition – Teilung Irlands 1921

passage grave – Ganggrab; keltisches Grab mit einer Kammer, die durch einen engen Gang zu erreichen ist, meist in einem Hügel

penal laws – Strafgesetze des 18. Jhs., die Katholiken den Kauf von Land, die Erlangung eines öffentlichen Amtes und Ähnliches verboten

Plantation – Siedlung protestantischer Migranten (manchmal *Planters* genannt) im Irland des 17. Jhs.

PSNI – Police Service of Northern Ireland, nordirische Polizei

poteen – illegaler Alkohol, aus Kartoffeln gebrannt

Prod – Slangwort für einen nordirischen Protestanten

provisionals – Provisional IRA, wurde nach dem Bruch mit der offiziellen *IRA* gegründet; eine sehr vielschichtige Gruppierung, die ihren Namen nach der provisorischen Regierung des Jahres 1916 trägt; die stärkste Kraft bei der Bekämpfung der britischen Armee im Norden; auch als Provos bekannt

PUP – Progressive Unionist Party; eine kleine unionistische Partei, die als politische Fassade der *UVF gilt;* sie befürwortet das Karfreitagsabkommen

rashers – irischer Speck

ráth – ringförmiges Fort mit Erdwällen um eine hölzerne Palisade

Real IRA – Splittergruppe der *IRA*, die das Karfreitagsabkommen ablehnt und sich damit gegen *Sinn Féin* stellt; die Real IRA zeichnete verantwortlich für den Bombenanschlag in Omagh 1998, bei dem 29 Menschen starben; trotz eines später geschlossenen Waffenstillstands gilt sie als verantwortlich für Bombenattentate und andere Gewalttaten in Großbritannien

Red Hand Commandos – illegale loyalistische paramilitärische Gruppierung

Red Hand Defenders – loyalistische paramilitärische Splittergruppe, 1988 von ehemaligen Mitgliedern der *UFF* und *LVF* gebildet

Republic of Ireland – Republik Irland; die 26 Grafschaften des Südens

republican – Republikaner; Befürworter eines vereinigten Irland

republicanism – Glaube an ein vereinigtes Irland, manchmal als militanter Nationalismus

rí – unbedeutende Könige, Kleinkönige

ring fort – ringförmige Siedlung, von Wällen und Gräben umgeben; von der Bronzezeit bis ins Mittelalter, vor allem in frühchristlicher Zeit

RTE – Radio Telefís Éireann; nationaler Rundfunksender der Republik, mit zwei Fernseh- und vier Hörfunkstationen

RUC – Royal Ulster Constabulary; früherer Name der bewaffneten Polizei Nordirlands, Police Service of Northern Ireland *(PSNI)*

sassenach – irisches Wort für „Sachse", gemeint sind alle Engländer

SDLP – Social Democratic and Labour Party; die größte nationalistische Partei im nordirischen Parlament; sie trug wesentlich zum Zustandekommen des Karfreitagsabkommens bei und will ohne Gewalt ein wiedervereinigtes Irland erreichen; überwiegend katholisch

seisún – Musik-Session

sept – Clan

shamrock – dreiblättriges Kleeblatt, mit dem der hl. Patrick die Dreieinigkeit erklärt haben soll

shebeen – vom irischen *síbín*; illegale Kneipe mit Alkoholausschank

sheila-na-gig – wörtlich „Sheila mit den großen Brüsten"; weibliche Figur mit übertriebenen Geschlechtsmerkmalen, an manchen Kirchen- oder Burgwänden in Stein gehauen. Es gibt viele Erklärungen dafür: von der Abschreckung männlicher Kleriker angesichts der Gefahren des Sex bis zur Möglichkeit, dass eine keltische Kriegsgöttin dargestellt ist

shillelagh – kräftige Keule oder Knüppel, vor allem aus Eiche oder Schwarzdorn

shinners – leicht verächtlicher Spitzname für Mitglieder von *Sinn Féin*

Sinn Féin – wörtlich „Wir selbst"; eine republikanische Partei, deren Fernziel ein vereinigtes Irland ist; wird als politischer Flügel der *IRA* betrachtet, betont aber stets, dass beide Organisationen völlig unabhängig voneinander seien

slí – Wanderweg

snug – Nebenzimmer in einem Pub, in dem nur Getränke serviert werden

souterrain – unterirdischer Raum, oft in *ring* bzw. *hill forts*; wahrscheinlich als Versteck bzw. Fluchtweg und/oder Lagerraum

South, the – der Süden, Republik Irland

standing stone – aufrechter, in den Boden gepflanzter Stein, in Irland weit verbreitet und aus verschiedenen Zeiten stammend; manchmal Kennzeichen für ein Grab

tánaiste – stellvertretender Premierminister der Republik Irland

taoiseach – Premierminister der Republik Irland

TD – *teachta Dála*; Parlamentsmitglied in der Republik Irland

teampall – Kirche

Tinkers – verächtlicher Begriff für irische Roma, die das Land durchziehen; siehe auch *Travellers*

trá – Strand

Travellers – der heute politisch korrekte Begriff für die wandernden Roma Irlands

Treaty – anglo-irischer Vertrag von 1921, der Irland teilte und dem Süden relative Unabhängigkeit verlieh; Ursache für den Bürgerkrieg 1922/23

trian – Bezirk

Tricolour – die grün-weiß-orangefarbene irische Flagge, deren Farben als Symbol für die Hoffnung auf eine Einigung des grünen katholischen Südens mit dem orangefarbenen protestantischen Norden stehen

turlough – vom irischen *turlach*; ein kleiner See, der in trockenen Sommern oft ganz verschwindet

UDA – Ulster Defence Association; die größte loyalistische paramilitärische Gruppe; hält seit 1994 einen Waffenstillstand

UDP – Ulster Democratic Party; eine kleine unionistische Partei mit Verbindungen zur verbotenen *UFF*

UFF – Ulster Freedom Fighters, auch bekannt als Ulster Defence Association; diese Gruppe ist für das Karfreitagsabkommen und hält seit 1994 einen Waffenstillstand ein

uillean pipes – irische Dudelsäcke, die mit einem Blasebalg an den Arm geschnallt sind; *uillean* ist das irische Wort für „Ellenbogen"

Ulster – eine der vier alten Provinzen Irlands; manchmal bezeichnet man damit auch die sechs Grafschaften Nordirlands, obwohl Ulster auch noch die Grafschaften Cavan, Moanghan und Donegal in der Republik umfasst

unionism – Glaube an die Fortdauer der politischen Union mit Großbritannien

unionist – Mensch, der die Verbindung Nordirlands mit Großbritannien aufrechterhalten will

United Irishmen – 1791 gegründete Organisation, deren Ziel es ist, die britische Macht in Irland einzuschränken; sie zeichnete für eine Reihe erfolgloser Aufstände und Unruhen verantwortlich

UUP – Ulster Unionist Party; die größte unionistische Partei in Nordirland und die stärkste im nordirischen Parlament, von Edward Carson gegründet; früher die einzige unionistische Organisation, heute von der *DUP* bedroht

UVF – Ulster Volunteer Force; eine illegale loaylistische paramilitärische Organisation in Nordirland

Volunteers – Ableger des *IRB*, der als *IRA bekannt wurde*

whisht – pst, sei still!

yoke – allgemeiner Begriff für „Ding", etwa in „Würdest Du mir mal das Ding da geben?"

Die Autoren

FIONN DAVENPORT   Hauptautor

Jede Gelegenheit war Fionn recht, Irland den Rücken zu kehren – weg geblieben ist er nie lang. Paris war eine nette Abwechslung, New York hielt ihn für eine Weile auf Trab; doch jedes Mal, wenn er im verregneten Dublin landete, durch den Regen spurtete und in ein Taxi hüpfte und die trostlos graue Landschaft zwischen Flughafen und Innenstadt an ihm vorüberzog, fragte er sich: „Was zum Teufel mach' ich da eigentlich?" Die Antwort darauf änderte sich mit der Zeit: Heute schätzt er mehr Lebensqualität. Fionns Beiträge für diese Ausgabe sind die Kapitel Reiseziel Irland, Bevor es losgeht, Reiserouten, Geschichte, Kultur, Dublin, County Wicklow, Allgemeine Informationen, Verkehrsmittel & -wege und Gesundheit.

JAMES BAINBRIDGE   Counties Wexford & Waterford, Kerry

James war als Teenager das erste Mal in Irland, wo er in Tipperary ein Musikfestival besuchte. Dort kam er auch mit der *Trad Session*, der traditionellen irischen Musik, in Berührung…und leider auch mit Pfirsichschnaps. Nichtsdestotrotz ist er seitdem regelmäßig hier zu Gast und bereist die wichtigsten Orte: Dublin, Belfast und Ballycastle im County Antrim. Für Lonely Planet hat er bereits die entlegensten Flecken der Erde erkundet; diesmal unternahm der Mann aus Shropshire eine kürzere Reise in ein Land nahe seiner Heimat England. Für einen Monat bei den Süßholz raspelnden Kelten war er bestens vorbereitet, schließlich hat er vier Jahre an der Universität in Glasgow studiert, wo die meisten seiner Freunde aus dem County Tyrone stammten.

AMANDA CANNING   Essen & Trinken, Die irische Küche, County Cork

In den 1990er-Jahren war Amanda von den Berichten über Dublin so fasziniert, dass sie der trendigen Stadt einen Besuch abstattete. Mittlerweile pendelt sie zwischen ihrem Heimatland England und Irland hin und her. Seitdem kippte sie einmal am Giants' Causeway um; sie wünschte, sie hätte in Belfast studiert; in Cork hat sie den besten Käse aller Zeiten gegessen und heimlich irischen Whiskey im County Cavan getrunken. Sie hofft, dass irgendwann die Eröffnung einer kleinen, unabhängigen Whiskeybrennerei der Grund für ihre Reise sein wird. Amanda gab die Irland-Ausgabe vom Lonely Planet Büro in London in Auftrag; zum ersten Mal hat sie dafür auch recherchiert und mitgeschrieben.

DIE LONELY-PLANET-AUTOREN

Warum sind die Reiseinformationen im Lonely Planet die besten auf der Welt? Die Antwort ist ganz einfach: Unsere Autoren sind begeisterte und absolut unabhängige Reisende. Sie recherchieren nicht übers Internet oder per Telefon, und sie erhalten keine Gegenleistung für eine positive Bewertung. Die Autoren reisen durch das Land – zu den bekannten und zu den entlegenen Orten. Sie schauen sich Tausende Hotels, Restaurants, Cafés, Bars, Galerien, Paläste und Museen höchstpersönlich an – und sie beschreiben alles genau so, wie es sie vorfinden. Weitere Hinweise über die Arbeit der Autoren: www.lonelyplanet.com.

TOM DOWNS
Natur & Umwelt, Outdoor in Irland, Counties Mayo & Sligo, Donegal

Tom ist Amerikaner mit irischem Blut. Seine Urgroßeltern und ein paar seiner Großonkels und -tanten waren in den 1890er-Jahren vom County Meath nach Iowa ausgewandert. Ein Glück für Tom, dass sein Großvater nicht fürs Bauernleben geschaffen war und stattdessen nach San Francisco zog. Tom fliegt regelmäßig nach Irland, um zusammen mit den Einheimischen ein paar gute Pints zu genießen. Einmal entdeckte er im County West Meath ein Autobahnschild: „Downs 10 km" (was neben seinem Nachnamen auch hügeliges Land bedeutet). Er fuhr die kurvige Straße zweimal entlang, sah aber nichts als öde Landschaften. Die Counties Donegal und Mayo mag er am liebsten.

CATHERINE LE NEVEZ
Zentraler Norden, County Galway

Catherine entdeckte ihre Reiselust schon im Alter von vier Jahren, bei einer Fahrt durch Europa. Seitdem war sie, wann immer es ging, unterwegs. Ihre Doktorarbeit in Creative Arts in Writing, ihren Master in Professional Writing und ihre Abschlussarbeit in Editing and Publishing verfasste sie auf Reisen.

Zu Catherines keltischen Kontakten gehören ihre irische und bretonische Vorfahren und irische Freunde, die ihr einbläuten, Irland wäre ein großartiges Land, wenn es nur überdacht wäre, und dass Guinness in Irland besser als sonst irgendwo schmeckt. Seitdem hat Catherine Irland mehrmals für Lonely Planet kreuz und quer bereist und dabei herausgefunden, dass Guinness so viel besser schmeckt, dass der Regen gar nicht mehr so schlimm ist.

RYAN VER BERKMOES
Mittleres Südirland, Counties Limerick & Tipperary, Kilkenny, Clare, Meath & Louth

Ryan Ver Berkmoes hat von Claire bis Louth alle Höhepunkte herausgepickt und streitet sich (ausgerechnet) mit dem Beamten der irischen Tourismusbehörde, der sein Gebiet „das Loch im Donut" nennt. Wen das putzige, grüne Krimskrams in den Souvenirläden nervt und wer das oft verborgene „wahre" Irland erleben will: Ryan betet seine zehn Counties schneller herunter, als man für das Zapfen eines Pints braucht. Viel schneller! Seit fast 25 Jahren stromert er schon durchs Hinterland. Von verlorenen Dorfpubs bis hin zu verblichenen Erinnerungen – Ryan schwelgt in einem Ort, wo sein Vorname die Menschen zum Lächeln bringt und sein Nachname für Stirnrunzeln sorgt.

NEIL WILSON
Belfast, Counties Down & Armagh, Derry & Antrim, Fermanagh & Tyrone

Neil reiste 1994 zum ersten Mal nach Nordirland, als nach dem Waffenstillstand erstmals so etwas wie Optimismus aufkam. Wenige Jahre später fand er heraus, dass fast all seine Vorfahren mütterlicherseits aus Ulster stammten, was auch sein Interesse für die Geschichte und Politik des Landes schürte. Durch seine Mitarbeit an neueren Lonely Planet Irland-Ausgaben konnte er die Friedensbemühungen mit eigenen Augen mitverfolgen. Er war verblüfft, als sich Ian Paisley und Martin McGuinness 2007 in Stormont zu Gesprächen trafen. Neil arbeitet in Vollzeit als Reisejournalist. Er lebt in Edinburgh und hat bisher über 40 Reiseführer für ein halbes Dutzend Verlage verfasst.

Hinter den Kulissen

ÜBER DIESES BUCH

Die 2. deutsche Auflage von *Irland* basiert auf der mittlerweile 8. englischen Auflage von *Ireland*. Alles begann 1994, als das Buch zum ersten Mal veröffentlicht wurde. Die 1. Auflage verfassten Jon Murray, Sean Sheehan und Tony Wheeler. Die letzte (7.) Ausgabe wurde von Fionn Davenport, Charlotte Beech, Tom Downs, Des Hannigan, Fran Parnell und Neil Wilson aktualisiert. Hauptautor der 8. englischen Ausgabe war Fionn (seine fünfte Mitarbeit an diesem Buch; zum 2. Mal als Hauptautor), mit dabei waren auch wieder Neil und Tom. Außerdem dabei: James Bainbridge, Amanda Canning, Catherine Le Nevez und Ryan Ver Berkmoes.

Verantwortliche Redakteure Fiona Buchan, Janine Eberle
Leitende Redakteure Dianne Schallmeiner, Katie Lynch, Suzannah Shwer
Leitende Kartografen Valentina Kremenchutskaya, Mark Griffiths
Leitende Layoutdesigner Jacqui Saunders, Celia Wood
Redaktionsassistenz Susie Ashworth, Yvonne Byron, Gennifer Ciavarra, Chris Girdler, Annelies Mertens, Averil Robertson, Laura Stansfeld, Louisa Syme, Phillip Tang, Fionnuala Twomey, Helen Yeates
Kartografieassistenz Hunor Csutoros, Corey Hutchison, Kusnandar, Jacqueline Nguyen, Andy Rojas, Amanda Sierp
Umschlagdesigner Jane Hart
Farbdesigner Yvonne Bischofberger
Projektleitung Craig Kilburn
Redaktion Sprachführer Quentin Frayne

Dank an Jennifer Garrett, Mark Germanchis, Liz Heynes, Adam McCrow, Darren O'Connoll, Trent Paton, Jane Rawson, Lyahna Spencer, Simon Tillema

DANKSAGUNGEN DER AUTOREN

JAMES BAINBRIDGE

Slainte an: Familie Edwards in Annestown, Chris in Wexford, Allan Jones und die Ballymaloe Cookery School, Arthur vom Hotel Naomh Seosamh, Billy Colfer und alle bei Hook Head, das Kennedy Homestead, MacMurrough Farm Hostel; Johnny Maguire, Richard Clancy und Neptune's in Killarney, Miffy in Kenmare, Nora und Jim in Listowel, Michael und Sue in Killorglin, die Touristeninformation, Gráinne und Martin in Dingle, die Touristeninformation in Tralee, Garry und Ryle von Baily's Corner; Janine,

Fionn und alle anderen Gefährten des „LP Stein von Blarney"; Kieron, Jamie und Carl für die musikalischen Interpretationen von Aphex Twin, Scharlach und Handyguthaben.

AMANDA CANNING

Besonderen Dank an Darina Allen, Frank Hederman, Veronica Steele, Seamus O'Hara und Peter Lyall dafür, dass sie sich die Zeit genommen haben, ihre Begeisterung für die beste Küche Corks zu teilen. Dank auch an alle unglaublich hilfsbereiten Kräfte der Touristeninformationen im gesamten County. Und schließlich noch ein extra großes Dankeschön an alle für die Wegbeschreibungen und Tassen Tee, als ich hoffnungslos verloren durch die verwirrenden Straßen von Cork radelte. Wären sie nicht gewesen, würde ich jetzt immer noch irgendwo heulend und verwirrt zwischen der R629 und der R632 sitzen.

TOM DOWNS

In Irland geht mein Dank an Brendan Rohan, Angelique Rohan, Desmond Donnellan, Peter Byrne,

---

WIR FREUEN UNS ÜBER EIN FEEDBACK

Post von Travellern zu bekommen ist für uns ungemein hilfreich – Kritik und Anregungen halten uns auf dem Laufenden und helfen, unsere Bücher zu verbessern. Unser reiseerfahrenes Team liest alle Zuschriften genau durch, um zu erfahren, was an unseren Reiseführern gut und was schlecht ist. Wir können solche Post zwar nicht individuell beantworten, aber jedes Feedback wird garantiert schnurstracks an die jeweiligen Autoren weitergeleitet, rechtzeitig vor der nächsten Nachauflage.

Wer uns schreiben will, schickt einfach eine Mail an lonelyplanet@mairdumont.com.

Hinweis: Da wir Beiträge möglicherweise in Lonely-Planet-Produkten (Reiseführer, Webseiten, digitale Medien) veröffentlichen, ggf. auch in gekürzter Form, bitten wir um Mitteilung, falls ein Kommentar nicht veröffentlicht oder ein Name nicht genannt werden soll. Wer Näheres über unsere Datenschutzpolitik wissen will, erfährt das unter www.lonelyplanet.com/privacy.

Neil D Grant, Liam von Buncrana, Michael Quirke, Karen McGlinchey, Mary Kearney, Margaret Collins, Gerry Collins, Pat Geagan und an einen Tramper namens Johnny Donaghue, der bei Belmullet in mein Auto stieg und mich eine Stunde zugetextet hat. Außerdem möchte ich den kenntnisreichen Herren danken, die den Graben in Achill ausgehoben haben. Einer von ihnen nannte sich „König der Insel". Ich hoffe, das Konzert in Cleveland war ein voller Erfolg. Bei Lonely Planet möchte ich meinen guten Freunden danken: Fiona Buchan, Janine Eberle, Mark Griffiths, Dianne Schallmeiner und Fionnuala Twomey.

CATHERINE LE NEVEZ

Sláinte an alle, die mir mit Wissen und Inspiration zur Seite gestanden haben: Declan Sharkey, Cormac und Diarmaid O'Culain, Helen O'Grady, Tony Tracy, Ronan Brennan, Aidan Murphy und Familie, Ciara O'Mahony, Lorraine und PJ auf Inishmór; die netten Menschen, die mir auf Inisheer und Inishmaan heißen Kaffee gebracht haben, Aoife Ní Thuairisg, Louise in Carrickmacross, Gerry Greensmyth, Jim Tierney, David Kelly, Vincent Queenan, und Damien, der mir beigebracht hat, wie man ein Pint zapft. Danke auch an Regan und Janine für die großartigen Kontakte. Bei Lonely Planet gilt mein großer Dank Fiona Buchan, Janine Eberle, Mark Griffiths, Fionn und dem Irland-Team. Und wie immer, *merci surtout* meiner Familie.

RYAN VER BERKMOES

Vielen herzlichen Dank an alle, die mir bei diesem Buch so viel Spaß bereitet haben. In Irland waren Emma Gorman, Tracey Coughlin und Co. sehr hilfreich; ein spezieller Dank geht an die Bibliothekare in Nenagh, die, wie all ihre Kollegen, unschätzbare Ratschläge erteilten. Ich hatte außerdem diesmal mehr Gesellschaft als sonst: Ian Posthumous, der beim Biertrinken in Kilkenny die wahre Bedeutung

---

LONELY PLANET: WEIT REISEN, BEWUSST HANDELN, NACHHALTIG FÖRDERN

Die Lonely Planet Story

Die Geschichte begann mit einem klassischen Reiseabenteuer: Tony und Maureen Wheeler tourten 1972 durch Europa und Asien nach Australien. Damals gab es für die Reise über Land keine wirklich hilfreichen Informationen, also veröffentlichten Tony und Maureen ihren ersten Lonely-Planet-Führer, der dem ständig wachsenden Bedarf nach solchen Informationen entsprach.

Am Küchentisch fing alles an – heute ist Lonely Planet der weltweit größte unabhängige Verlag für Reiseliteratur mit Büros in Melbourne (Australien), Oakland (USA) und London. Lonely Planet deckt den ganzen Globus ab, und die Liste der veröffentlichen Bücher und der Infos in verschiedenen Medien wird immer länger. Manche Dinge haben sich bis heute nicht verändert: Das Hauptziel ist nach wie vor, abenteuerlustigen Reisenden das an die Hand zu geben, was sie brauchen, um die Welt zu entdecken und besser zu verstehen.

Die Lonely Planet Foundation

Die Lonely Planet Foundation unterstützt innovative nichtkommerzielle Organisationen, die die Welt positiv verändern wollen. Jedes Jahr fließen 5% unseres Gewinns über diese Stiftung an Projekte, die von unseren Angestellten und Autoren sorgsam ausgewählt wurden. Das Spektrum unserer Partner reicht von Kabissa – einer Organisation, die kleine nichtkommerzielle Hilfsorganisationen in ganz Afrika mit moderner Technik ausstattet –, bis zur Foundation for Developing Cambodian Orphans (FDCO), die junge Frauen und Mädchen in Kambodscha vor Prostitution und Menschenhandel schützt.

Alle unsere Partner arbeiten im Gesundheits- und Bildungswesen oder im Bereich „sanfter Tourismus". Viele der von uns unterstützten Maßnahmen kommen Frauen und Kindern zugute, da sich auf diese Weise ganze Gemeinden am effektivsten fordern lassen. Dazu zählt z.B. ein Projekt für die Kinder der BaAka-Pygmäen in den Regenwaldgebieten der Zentralafrikanischen Republik.

Manchmal reicht es schon aus, wenn sich die Stiftung an der Restaurierung von Ruinen beteiligt, z.B. des Minaretts von Jam in Afghanistan. Das großartige Bauwerk lockt mittlerweile viele unerschrockene Touristen in die Region - seine Sanierung hat die Zukunftsaussichten der einheimischen Bevölkerung also deutlich verbessert.

Wer reist, lernt vieles mit anderen Augen zu sehen. Und viele der Organisationen, mit denen wir zusammenarbeiten, wollen dazu beitragen, dass die Menschen vor Ort sich selbst, ihre Kinder und ihre Zukunft mit anderen Augen sehen können.

von Ansicht und Autorität lernte; Paula Fentiman, die die Gans wild machte; Alevtina Chernorukova; meine langjährigen Freunde Paul McGinn und Familie; Janine Eberle; und mein irisches Goldstück Erin Corrigan. Außerdem Dank an Helena Kallianiotes, die Shins aus Portland und die Decemberists für die großartige Unterhaltung.

NEIL WILSON
Mein Dank geht an die freundlichen und hilfsbereiten Mitarbeiter der nordirischen Touristeninformationen, an Black-Cab-Führer Ken Harper, an die Bogside Artists, an Stepanie Sim-Doran von der RSPB und wie immer Carol Downie, für ihre Unterstützung und Reisebegleitung.

UNSERE LESER
Vielen Dank an folgende Traveller, die uns nach der letzten Auflage hilfreiche Tipps, Ratschläge und spannende Anekdoten geschickt haben:

Timo Agema, Bernard Allan, Mary Annett, Carolina Baker, Lella Baker, Lisa Barrell, Felicity Barrow, Jeff Bedsole, Laurence Belgrave, Jim Bleasdale, Cathy Bolger, Jeanette Bolliger, Samuel Borrego, Anthony Butler, Shelley Chick-Gravel, Dean Clark, Cherry Cormack-Loyd, John Crofton, Johanna Cullen, Neil Cullen, John Cunningham, Elodie Darmani, Payal Doctor, Geoff Doran, Timothy Douglas, Adam Dowden, Maureen Downes, Steve Draper, Kevin Duff, Kate Duffy, Pauline Emberson, Matthew English, Hilary Ewell, Paul Fatt, Heike Fehrholz, Chiara Ferrari, Stephan Flake, Nicole Fornasier, Geer Furtjes, Keith Garrett, Hana Geha, Danny Gibson, Richard Gill, Jean Ginot, Letja De Goede, Rui Gonçalves, Frieda Goovaerts, Brian Gosling, Paul Green, Laura Griffin, I Hamiltan, Harry Hauber, Susan Hickey, Shirley Hooijinga, Kim Hornix, Niall Hughes, Jordan Ingram, Tamara Jackson, Casey Johnson, C Jordan, Pauliina Kankainen, Alistair King, Brand King, Esther Kleine, Cornelia Knopp, Sophia Koch, Eva Koehler, Esther Lee, Richard Lilly, Urban Lindell, Lois Lindley, Christoph Luhn, David Lynch, Dugald Macfarlane, Peter Marshall, Sonja Maurus, Adrian McCarthy, Fiona Mclean, Deborah McQuaid, Karin Meister, Adrien de Mello, Brenda Millar, Heather Monell, Vicky Montcalm, Fabio Moscati, Breandán Murray, Ryan Mykita, Ruth Nevin, Paula New, Marina Nichelson, Hugh O'Beirne, Annicke O'Gara, Anne O'Shea, Penny Oakley, Jaime Odonovan, Anke Osterkamp, Phanis Pashos, Claudia Pfalzer, Mario Pichler, Karen Piotrowski, Anna Ptaszynska, Kathy Ramsey, Stacey Reherman, Gaylene Reisima, John Richards, Roger Robinson, Emily Rondel, Ashley Roof, Amanda Root, Belinda Roy, Catherine Savage, Alexandra Scheelke, Dieter Schwab, Tim & Jacqui Sherman, Matt Simington, Melanie Singleton, Gael Smits, Mick Speight, Eileen Stevens, Liam Stirrat, Danny Sullivan, Kerry Sullivan, Sharon Sullivan, Rachel Thompson, Michelle Thorpe, Andrea & Mirka Torreggiani, Joanna Tracey, E van Power, Andy van Stukkum, Els Veldkamp, Jacinta Walpole, Pam Weber, Joshua Welbaum, Ellie Wendell, Ken Westmoreland, Stefan Wimmer, Inga Wolfgramm, Erika Zarate

QUELLENNACHWEIS
Weltkugel auf der Umschlagrückseite © Mountain High Maps 1993 Digital Wisdom, Inc.

Register

REGISTER

REGISTER

REGISTER

REGISTER

GreenDex

UMWELTBEWUSST REISEN

Die folgenden Attraktionen, Unterkünfte, Cafés, Pubs und Restaurants haben bewiesen, dass Umweltschutz für sie nicht nur eine Marketingfloskel ist. Sie wurden daher von den Lonely Planet Autoren ausgewählt. Einige der Hotels, Kneipen und Restaurants unterstützen lokale Erzeuger oder engagieren sich für „slow food" – so stehen vor allem saisonale, regionale Produkte auf ihren Speisekarten. Auch sind Bauernmärkte und lokale Erzeuger direkt aufgeführt. Darüber hinaus finden sich umweltfreundliche Unterkünfte in der Liste, die sich beispielsweise für Recycling und Energiesparen einsetzen. Sehenswürdigkeiten haben ebenso Eingang in den Greendex gefunden, da sie zur Erhaltung der Umwelt beitragen, für Umweltbewusstsein stehen oder eine ökologische Auszeichnung (z. B. Strände mit blauer Flagge) erhielten.

Für weitere Infos rund um nachhaltiges Reisen in Irland schlägt man im Kapitel „Bevor es losgeht" (S. 21) nach.

Lonely Planet will noch mehr Anbieter von nachhaltigem Tourismus in seine Bücher aufnehmen. Wer der Meinung ist, dass wir ein Unternehmen übersehen haben oder mit unserer Auswahl nicht einverstanden sind, kann uns unter der E-Mail-Adresse talk2us@lonelyplanet.com.au mitteilen, was wir noch besser machen können. Mehr Infos zu umweltverträglichem Tourismus und Lonely Planet finden sich unter www.lonelyplanet.com/responsibletravel.

KARTENLEGENDE

VERKEHRSWEGE

Mautstraße	Fußgängerzone/Treppe
Autobahn	Tunnel
Landstraße	Fußgängerbrücke
Verbindungsstraße	Spaziergang
Feldweg	Rundgang
im Bau	Wanderung
unbefestigte Straße	Wanderpfad
	Piste

TRANSPORT

Fähre	Zug
Tram	Zug (unterirdisch)
Seilbahn, Funicular	

GEWÄSSER

Fluss	Kanal
Sumpfgebiet	Gewässer

GRENZEN

International	Antike Mauer
Provinzgrenze	Klippen

GEBIETSFORMEN

Sehenswertes Gebiet	Gelände
Strand, Wüste	Einkaufszentrum
Gebäude	Park
Campus	Felsen
christlicher Friedhof	Sportanlage
Wald	Stadtgebiet

STÄDTE

✪	Hauptstadt	◉	Provinzhauptstadt
●	Großstadt	◍	Mittelstadt
○	Kleinstadt	○	Ort, Dorf

SYMBOLE

Sehenswertes
- 🏖 Strand
- 🏰 Burg, Festung
- ✝ christlich
- 🗿 Denkmal
- 🏛 Museum, Galerie
- ● Sehenswürdigkeit
- 🏊 Schwimmbecken
- ⚐ Ruine
- 🚶 Wandern
- 🍷 Winzerei, Weinberg
- 🐾 Zoo, Vogelschutzgebiet

Essen
- 🍴 Restaurant

Ausgehen
- 🍺 Kneipe/Bar

Unterhaltung
- 🎭 Theater, Konzerte, etc.

Shoppen
- 🛍 Shoppen

Schlafen
- 🏨 Hotel, Pension, etc.
- ⛺ Camping

Transport
- ✈ Flughafen, Flugplatz
- 🚌 Busbahnhof
- 🚲 Fahrradweg
- P Parkplatz
- ⛽ Tankstelle
- 🚖 Taxistand

PRAKTISCHES
- 🏦 Bank, ATM
- Botschaft/Konsulat
- ✚ Krankenhaus, Arzt
- ℹ Praktisches
- @ Internetzugang
- Polizei
- ✉ Post, Hauptpost
- ☎ Telefon
- 🚻 Toiletten

GEOGRAFISCHES
- 🗼 Leuchtturm
- 📷 Aussichtspunkt
- ▲ Berg, Vulkan
- 🌲 Nationalpark
-)(Pass, Canyon
- Fließrichtung

Lonely Planet Publications, Locked Bag 1, Footscray, Melbourne, Victoria 3011, Australia

Verlag der deutschen Ausgabe:
MAIRDUMONT, Marco-Polo-Straße 1, 73760 Ostfildern, www.mairdumont.com, lonelyplanet@mairdumont.com

Chefredakteurin deutsche Ausgabe: Birgit Borowski
Übersetzung: Monika und Dieter Krumbach, Claudia Mark, Margit Sander, Karin Weidlich
Redaktion: Verlagsbüro Wais & Partner, Stuttgart, Kirsten Erler, Isabelle Oster, Verena Schmynec, Tina Steinhilber, Rainer Maucher, Petra Sparrer, Marion Krause, Katrin Girod-Mörgenthaler, Frauke Kaiser
Technischer Support: Primustype, Notzingen

Irland
2. deutsche Auflage Juli 2008, übersetzt von *Ireland 8th edition, Januar 2008* Lonely Planet Publications Pty

Deutsche Ausgabe © Lonely Planet Publications Pty, Juli 2008
Fotos © wie angegeben

Printed in China

Umschlagfoto: Eyeries auf Beara Peninsula, County Cork, Eoin Clarke/Lonely Planet Images. Die meisten Fotos in diesem Reiseführer können bei Lonely Planet Images, www.lonelyplanetimages.com auch lizenziert werden.